DICTIONNAIRE HISTORIQUE,

ARCHÉOLOGIQUE, PHILOLOGIQUE, CHRONOLOGIQUE,

GÉOGRAPHIQUE ET LITTÉRAL

DE LA BIBLE,

PAR LE RÉVÉREND PÈRE DOM AUGUSTIN CALMET,

RELIGIEUX BÉNÉDICTIN, ABBÉ DE SENONES.

QUATRIÈME ÉDITION,

REVUE, CORRIGÉE, COMPLÉTÉE ET ACTUALISÉE

PAR M. L'ABBÉ A. F. JAMES,

MEMBRE DE LA SOCIÉTÉ ROYALE ASIATIQUE DE PARIS ET DE PLUSIEURS AUTRES SOCIÉTÉS SAVANTES;

PUBLIÉ

PAR M. L'ABBÉ MIGNE,

ÉDITEUR DE LA BIBLIOTHÈQUE UNIVERSELLE DU CLERGÉ,

OU

DES COURS COMPLETS SUR CHAQUE BRANCHE DE LA SCIENCE ECCLÉSIASTIQUE.

4 VOLUMES IN-4°. — PRIX : 28 FRANCS.

TOME DEUXIÈME.

S'IMPRIME ET SE VEND CHEZ J.-P. MIGNE, ÉDITEUR,
AUX ATELIERS CATHOLIQUES, RUE D'AMBOISE, AU PETIT-MONTROUGE,
BARRIÈRE D'ENFER DE PARIS.

1859

ENCYCLOPÉDIE THÉOLOGIQUE,

OU

SÉRIE DE DICTIONNAIRES SUR TOUTES LES PARTIES DE LA SCIENCE RELIGIEUSE,

OFFRANT EN FRANÇAIS, ET PAR ORDRE ALPHABÉTIQUE,

LA PLUS CLAIRE, LA PLUS FACILE, LA PLUS COMMODE, LA PLUS VARIÉE
ET LA PLUS COMPLÈTE DES THÉOLOGIES.

CES DICTIONNAIRES SONT CEUX

D'ÉCRITURE SAINTE, — DE PHILOLOGIE SACRÉE, — DE LITURGIE, — DE DROIT CANON, —
DES HÉRÉSIES, DES SCHISMES, DES LIVRES JANSÉNISTES, DES PROPOSITIONS ET DES LIVRES CONDAMNÉS,
— DES CONCILES, — DES CÉRÉMONIES ET DES RITES, —
DE CAS DE CONSCIENCE, — DES ORDRES RELIGIEUX (HOMMES ET FEMMES), — DES DIVERSES RELIGIONS, —
DE GÉOGRAPHIE SACRÉE ET ECCLÉSIASTIQUE, — DE THÉOLOGIE DOGMATIQUE, CANONIQUE,
LITURGIQUE ET POLÉMIQUE, — DE THÉOLOGIE MORALE ET MYSTIQUE,
— DE JURISPRUDENCE CIVILE-ECCLÉSIASTIQUE, —
— DES PASSIONS, DES VERTUS ET DES VICES, — D'HAGIOGRAPHIE, — DES PÈLERINAGES RELIGIEUX, —
D'ASTRONOMIE, DE PHYSIQUE ET DE MÉTÉOROLOGIE RELIGIEUSES, —
D'ICONOGRAPHIE CHRÉTIENNE, — DE CHIMIE ET DE MINÉRALOGIE RELIGIEUSES, — DE DIPLOMATIQUE CHRÉTIENNE
DES SCIENCES OCCULTES, — DE GÉOLOGIE ET DE CHRONOLOGIE CHRÉTIENNES.

PUBLIÉE

PAR M. L'ABBÉ MIGNE,

ÉDITEUR DE LA BIBLIOTHÈQUE UNIVERSELLE DU CLERGÉ,

OU

DES **COURS COMPLETS** SUR CHAQUE BRANCHE DE LA SCIENCE ECCLÉSIASTIQUE.

PRIX : 6 FR. LE VOL. POUR LE SOUSCRIPTEUR A LA COLLECTION ENTIÈRE, 7 FR., ET MÊME 8 FR. POUR LE
SOUSCRIPTEUR A TEL OU TEL DICTIONNAIRE PARTICULIER.

52 VOLUMES, PRIX : 312 FRANCS.

TOME DEUXIÈME.

DICTIONNAIRE DE LA BIBLE.

TOME DEUXIÈME.

4 VOLUMES, PRIX : 28 FRANCS

S'IMPRIME ET SE VEND CHEZ J.-P. MIGNE, ÉDITEUR,
AUX ATELIERS CATHOLIQUES, RUE D'AMBOISE, AU PETIT-MONTROUGE,
BARRIÈRE D'ENFER DE PARIS.

1859

DICTIONNAIRE DE LA BIBLE.

D

'DABARITTE. Voyez DABERATH, qui suit.

DABERATH, ou DABERETH, ou DABARITH. Josué (*a*) parle de *Dabereth* ville de la tribu de Zabulon, ou du moins dans les confins de cette tribu. Ailleurs il marque clairement qu'elle est de la tribu d'Issachar (*b*). Cette ville fut cédée par la tribu d'Issachar aux Lévites pour leur demeure (*c*). Josèphe (*d*) en parle en plus d'un endroit, sous le nom de *Dabaritta* ou *Darabitta*, située dans le Grand-Champ, à l'extrémité de la Galilée, et de la Samarie. C'est peut-être la même que *Dabira*, que saint Jérôme met vers le mont Thabor, dans le canton de Diocésarée. Maundrel parle de *Débora* au pied du mont Thabor.

'DABESCHETH. Voyez DEBASETH.

DABIR, autrement CARIATH-SEPHER, la Ville des lettres; ou CARIATH-ARBÉ, ville de la tribu de Juda, assez près d'Hébron. Ses premiers habitants étaient des géants de la race d'Enac. Josué la prit, et fit mourir le roi qui y commandait (*e*). Dabir échut en partage à Caleb; et Othoniel ayant le premier monté à l'assaut, et entré dans cette ville, Caleb lui donna sa fille Axa en mariage (*f*). Dabir fut une ville des Lévites. (*Josue* XXI, 15, et 1 *Par.* VI, 58.)

[Ici dom Calmet dit, comme Simon, que Dabir est la même ville que Cariath-Arbé, située *près d'Hébron*; tandis qu'ailleurs, il dit que la ville d'Arbée, qui est la même que Cariath-Arbé, était *la même qu'Hébron*; d'où il suit que Dabir et Hébron seraient encore la même ville. Voy. ARBÉE. Il se trompe : Dabir est différent de Cariath-Arbé ou Hébron; mais, selon l'auteur sacré, elle est la même que Cariath-Sepher (*Jos.* XV, 15) et que Cariath-Senna (*Ibid.* verset 49). C'est donc encore à tort que dom Calmet distingue ces deux derniers noms qui appartiennent à la même ville. Cette erreur est une de celles, sans doute, qui m'ont échappé dans le premier volume; car je ne me flatte pas de les avoir toutes reconnues. Suivant dom Calmet,

Dabir serait encore la même ville que Dibon. *Voy.* ce mot.]

DABIR, ville de delà le Jourdain, dans la tribu de Gad. (*Josué* XIII, 26.) — [Barbié du Bocage la place près du confluent de la rivière de Jaser et du Jourdain; et Cahen, sur *Jos.* XV, 7, près du fleuve Jaboc.]

DABIR, roi d'Eglon, dont il est parlé dans Josué, X, 3.

[Ce roi fut un des cinq rois Amorrhéens qui se liguèrent contre Josué, et furent défaits, mis à mort et pendus (versets 3-27; XII, 1-12).]

DABRI, père de Salumith, de la tribu de Dan. Salumith était mère de cet Israélite qui fut lapidé dans le désert, pour avoir blasphémé le nom du Seigneur (*Levit.* XXIV, 11, 12, 13).

DADAN, second fils de Rhegma marqué *Genèse* X, 7. Les Septante lisent en cet endroit *Dadan*, comme la Vulgate et l'Hébreu; mais dans la *Genèse* X, 4, au lieu de *Dodanim*, ils lisent *Rhodanim*, et dans *Ezéch.*, XXVII, 15, au lieu de *Dedan*, ils lisent *les fils des Rhodiens*. Josèphe, dans la *Genèse* X, 4, n'a pas lu *Dodanim*, et n'en fait nulle mention (*g*). Et dans le même chapitre, au lieu de *Dadan*, il a lu *Juda*, et dit que ce Juda est père de certains Juifs de l'Ethiopie occidentale; mais la vraie leçon de la *Genèse* X, 7, est *Dadan*. Je ne sais si Dedan et Dedanim dont il est souvent parlé dans Isaïe (*h*), Jérémie (*i*), et Ezéchiel (*j*), est le même que Dodanim, dont il est parlé dans la *Genèse*, X, 4, entre les descendants de Japhet; ou si c'est le même que Dadan marqué dans le même chapitre verset 7, entre les descendants de Cham (1); ou si ce n'est pas plutôt un descendant de *Dadan* fils de Jecsan, et petit-fils d'Abraham par *Cethura*. [*Voy.* DADAN, fils de Jecsan, et DEDAN.] Il faut remarquer que dans le texte hébreu qui n'est point ponctué, les noms de *Dodan*, *Dadan* et *Dedan*, s'écrivent de même. Arias Montanus

---
(*a*) *Josue* XIX, 12.
(*b*) *Josue* XXI, 28.
(*c*) 1 *Par.* VI, 72.
(*d*) *Joseph. de Bello*, l. II, c. XXVI. Gr. et *de vita sua*, v. 1025.
(*e*) *Josue* X, 38, 39 ; XI, 21, XII, 13.
(*f*) *Josue* XV, 13, 16, 17.
(*g*) *Joseph. Antiq.* l. I, c. VII.
(*h*) *Isai.* XXI, 13, *in semitis Dedanim*
(*i*) *Jerem.* XXV, 23, XLIX, 8.

(*j*) *Ezech.* XXV, 13 ; XXVII, 15, 20 ; XXXVIII, 13.
(1) Le Dadan dont parle ici dom Calmet était le second fils de Regma, qui était le quatrième fils de Chus, qui était le fils aîné de Cham ; *Gen.* X, 6, 7. Barbié du Bocage dit que « Dadan, un des fils (petit-fils) de Chus, pourrait bien être le *Dan* ou le *Vadan* d'Ezéchiel, et dont la descendance aurait occupé l'extrémité sud-ouest de l'Arabie. » Le passage d'Ezéchiel, que Barbié du Bocage a en vue, est : XXVII, 19.

met les descendants de *Dadan* dans la Palmyrène, où se trouve la montagne *Aladan*, ou *Alsadadan*. Bochart met *Dadan* dans l'Arabie heureuse, à l'occident de Regma. Ce pays est nommé encore aujourd'hui *Dadena*, ayant pour capitale la ville de *Daden*. [*Voy*. RÉEMA et RHODES.]

DADAN, fils de Jecsan, et petit-fils d'Abraham par Céthura. Dadan fut père de Lathusim, d'Assurim, et de Loomim (*a*). Il demeura dans l'Idumée, où Jérémie place la ville de Dedan (*b*). Ezéchiel (*c*) parle de *Dedan*, qui venait trafiquer à Tyr avec ceux de Chobar, d'Eden, d'Assur, et de Chelmad. Ce qui fait juger que l'un ou l'autre des deux *Dadan* que l'on vient de voir, demeurait dans la Mésopotamie ou dans la Syrie, et auprès des peuples d'Eden et d'Assur. — [*Voy*. DEDAN.]

DAGON, ou DOG, ou DOCU, forteresse dans la plaine de Jéricho, où Ptolémée, fils d'Abobi, avait sa demeure, et où il tua en trahison Simon Machabée son beau-père (*d*), avec Mattathias et Judas ses deux fils. Jean Hircan fils de Simon, qui était alors à Gazara, vint assiéger Ptolémée son beau-frère, dans le château de Dagon; mais Josèphe raconte que lorsque Hircan s'approchait pour donner l'assaut à la forteresse, Ptolémée faisait cruellement battre de verges sur les murailles, à sa vue, la mère et les deux frères d'Hircan; le menaçant de les faire mourir, s'il continuait à le presser. La compassion qu'il eut des tourments de sa mère, fut cause que le siége tira en longueur, et que l'année sabbatique étant venue, Hircan fut obligé de lever le siége. Alors Ptolémée se sauva chez Zénon, surnommé Cotyla, tyran de Philadelphie, après avoir fait mourir la mère et les deux frères d'Hircan. Ce qui paraît contraire au récit du premier livre des Machabées, qui porte que Ptolémée fit mourir Mattathias et Judas, avec Ptolémée leur père, dans la salle du festin où ils avaient soupé.

DAGON, divinité des Philistins. Le nom de Dagon signifie un *poisson* (דג *dag*, ou דגון *dágón*), et nous croyons que l'on représentait Dagon comme une femme qui avait tout le bas d'un poisson (*e*),

Desinit in piscem mulier formosa superne,

comme les païens représentaient les *Tritons* ou les *Syrènes*. L'auteur du grand Etymologique dit que Dagon était Saturne, d'autres que c'était Jupiter, d'autres que c'était Vénus. Les Egyptiens adoraient cette déesse sous la forme d'un poisson, parce que dans la guerre de Typhon contre les dieux, Vénus s'était cachée sous la forme d'un poisson (*f*). Diodore de Sicile (*g*) dit qu'à Ascalon, ville fameuse des Philistins, on adorait la déesse *Dercéto*, ou *Atergatis*, sous la figure d'une femme, ayant tout le bas d'un poisson. Ovide (*h*):

Derceti, quam versa squamis velantibus artus
Stagna Palæstini credunt coluisse figura.

Lucien (*i*) nous dépeint de même la déesse Dercéto : Ἥμισυν μὲν γυνή, τὸ δ' ὁκοστοῦν ἐκ μήρων εἰς ἀκρούς πόδας ἰχθύος οὔρη ἀποτείνεται. Or cette déesse était la même que Vénus. Il y a donc toute apparence que Dagon n'était autre que cette divinité. —[*Voy*. ATERGATIS et DERCÉTO.]

L'Ecriture marque assez que la statue de Dagon avait la figure humaine, au moins par le haut, puisqu'elle dit que l'arche du Seigneur ayant été placée dans le temple de Dagon, le lendemain, lorsque les prêtres voulurent entrer dans ce temple, ils trouvèrent la tête et les mains de Dagon sur le seuil de la porte, pendant que le reste du tronc de la figure était demeuré à sa place (*j*). On peut voir notre dissertation sur l'origine, et sur les divinités des Philistins, à la tête du Commentaire sur le premier livre des Rois. Il y avait un temple de Dagon à Gaza, qui fut renversé par Samson (*k*). Il y en avait un autre à Azot, où les Philistins déposèrent l'arche du Seigneur (*l*). Il y avait une ville dans la tribu de Juda, nommée *Beth-Dagon* (*m*) ou demeure de Dagon; et une autre de même nom, sur les frontières d'Aser (*n*). Eusèbe met aussi un bourg nommé *Caphar-Dagon*, ou *Champ de Dagon*, entre Jamnia et Diospolis.

Philon de Biblos dans sa traduction de Sanchoniathon (*o*), dit que *Dagon* veut dire *Siton*, ou le dieu du froment; en effet *dágán* en hébreu [דגן] signifie le froment (1). Mais qui est ce Dieu du froment? c'est apparemment *Cérès*, car les Hébreux n'avaient point de nom féminin pour signifier les déesses; et Elien nous apprend qu'entre les noms qu'on donnait à *Cérès*, était celui de *Sito*, comme qui dirait la déesse du froment, parce qu'on la croyait inventrice de l'agriculture et du froment; on la dépeignait avec la charrue, des épis de froment, des fruits et du pavot autour de la tête ou dans les mains; on la joignait avec Bacchus inventeur du vin. Ils allaient ensemble dans les mystères; on célébrait conjointement leurs orgies.

Mais on la trouve aussi dépeinte avec des poissons, dans quelques médailles (*p*), ce qui revient au nom de *Dagon*, dérivé de la racine

---

(*a*) *Genes*. xxv, 3.
(*b*) *Jerem*. xxv, 23.
(*c*) *Ezech*. xxvii, 23.
(*d*) I *Macc*. xvi, 11. *Joseph. Antiq. l.* XIII, *c.* xv.
(*e*) *Horat. de arte Poetica*.
(*f*) *Ovid. Metam. l.* V. *Fab.* 5.
(*g*) *Diodor. l.* II, p. 85, seu 92.
(*h*) *Ovid: Metam. l.* IV. *Fab.* 3.
(*i*) *Lucian. de Dea Syr.*
(*j*) I *Reg.* v, 4, 5.
(*k*) *Judic.* xvi, 23 *et seq*.
(*l*) I *Reg.* v, 1, 2, 3.
(*m*) *Josue* xv, 41.
(*n*) *Josue* xix, 27.
(*o*) *Apud Euseb. præpar. l.* I.

(*p*) Voyez l'*Antiquité expliquée*, t. I, p. 85, fig. 8, 9, tab. XLV. Et notre *Dictionnaire de la Bible*, sous l'article HAUTS LIEUX, fig. 3 — [ou la même figure, dans la 40e planche de l'*Atlas du cours complet d'Ecriture sainte*].

(1) Voilà deux étymologies du nom de Dagon. L'une est enseignée par les rabbins et par ceux qui secouent le joug des Grecs; c'est celle que dom Calmet a adoptée : Dagon vient de *dag*, mot phénicien et hébreu, signifiant *poisson*. L'autre, tenue par ceux qui répudient l'autorité des rabbins; l'abbé Banier l'a admise : Dagon vient de *dágón*, mot phénicien et hébreu, signifiant *blé* ou *froment*. Laquelle est la vraie? Jurien les discute, et, s'efforçant de convaincre d'erreur Philon de Biblos, il se prononce en faveur de l'opinion des rabbins. Ses raisons sont bonnes; celles de Banier ne le sont pas moins · le procès subsiste. *Voyez*

Dag, un poisson. Dans une de ces médailles, qui est de la ville de Syracuse, les poissons au nombre de quatre, sont rangés sur le champ de la médaille, autour de la tête de la déesse, qui est couronnée de fruits. Dans une autre, les poissons se voient autour d'un taureau qui est sur le revers d'une médaille, aussi de Syracuse avec la tête de Cérès. Dans Philon de Biblos, Dagon est frère de Saturne, comme dans les auteurs grecs, Cerès est sœur du même Saturne. Cerès jouit des embrassements de son frère, selon les Grecs; Atergatis est sœur du même Saturne, selon Philon de Biblos.

Enfin, on décrit quelquefois Cérès avec les attributs de la déesse Isis des Égyptiens (*a*), à qui l'on attribuait de même l'invention de l'agriculture, du froment et des fruits, et que l'on honorait comme la Lune. Dans une statue antique de Cérès, trouvée à Toul, on remarque des épis autour de sa tête, en forme de cheveux ou de rayons.

Bérose, parlant d'Oannès, dit qu'il avait le corps et la tête de poisson; qu'au-dessus de cette tête, il y en avait une autre, et qu'au-dessous de la queue du poisson, il paraissait des pieds d'homme. C'est là, dit-on, la véritable figure de Dagon, qui avait différents noms dans différents pays. On trouve une médaille égyptienne (*b*), qui représente une femme à demi-corps, avec des mains tenant la corne d'abondance, et avec une queue de poisson, recourbée par derrière, ayant aussi des pieds faits comme ceux du crocodile ou du veau marin. Telle pouvait être la figure de la déesse Dagon. Les rabbins varient sur sa figure, parce qu'ils ne parlent qu'en devinant: les uns lui donnent le haut de l'homme et le bas du poisson; d'autres, au contraire, le haut du poisson et le bas de l'homme; d'autres le font tout homme ou tout poisson.

Diodore de Sicile (*c*) dit qu'à Ascalon, ville de la Palestine, on adorait *Dercéto*, ou *Atergatis*, sous le visage d'une femme, ayant tout le bas d'un poisson, à peu près comme on dépeint les Néréides. Près d'Ascalon, il y avait un étang fort profond, rempli de poissons consacrés à cette déesse, et dont les peuples de la ville s'abstiennent par superstition, croyant que Vénus s'étant autrefois jetée dans cet étang, y fut métamorphosée en poisson.

Hérodote (*d*) raconte que les Scythes ayant fait irruption dans la Palestine, dans le dessein de se jeter dans l'Égypte, Psammétichus, roi d'Égypte, détourna ce coup, par de grandes sommes d'argent qu'il leur apporta. Quelques Scythes s'étant jetés dans Ascalon, y pillèrent le temple de la déesse Vénus la Céleste, qui est un des plus anciens temples du monde que l'on connaisse. La déesse, irritée, leur envoya une maladie honteuse et douloureuse, les hémorroïdes, qui passa à leur postérité, en punition du sacrilège qu'ils avaient commis contre la déesse. On voit ici qu'Hérodote appelle Vénus la Céleste, la même déesse que les autres nomment Atergatis ou Dercéto, et que nous croyons être Dagon.

Saumaise croit (*e*) que Dagon est le même que *Ceto*, grand poisson marin; que *Ceto*, ou le monstre marin auquel Andromède fut exposée à Joppé, et que la déesse *Dercéto* des Ascalonites, ne sont qu'une même divinité. Selden (*f*) veut qu'*Atergatis* soit la même que *Dagon*, et que son nom d'*Atergatis* dérive de l'hébreu *Adir-Dagan*, magnifique poisson. Le nom de magnifique est souvent donné au vrai Dieu et aux fausses divinités Diane, la Persane, ou Vénus, fut, dit-on changée en poisson, en se jetant dans les eaux de Babylone. Manilius dit:

Cum Babylonias submersa profugit in undas.

DAIM, *Dama* ou *Damula*, bête fauve et sauvage, de grandeur moyenne entre le cerf et le chevreuil, portant ses cornes tournées en avant, mais dont les perches et les chevillures sont larges et plates, et non pas rondes. Il est naturellement fort peureux et fort timide. Le daim passait pour un animal pur, et dont la chair était bonne à manger (*g*): on estime surtout le jeune daim pour la délicatesse et le bon suc de sa chair. Il en est parlé dans le Cantique (*h*), dans les Proverbes (*i*) et dans Isaïe (*j*), comme d'un animal beau, aimable, prompt à la course. L'Hébreu *Tzeb*, ou *Tzebi* (צב vel צבי *Caprea vel Dama*), se prend pour le *chevreuil* et pour le *daim*.

DALAIAS, sixième fils d'Élioenai, de la famille de David. I *Par.* III, 24.

DALAIAS, [fils de Séméias et] un des conseillers du roi Joakim, qui s'opposa à ce prince, lorsqu'il voulut brûler le livre du prophète Jérémie (*k*), que Baruch avait écrit sous la diction de ce prophète. L'opposition de Dalaïas, d'Elnathan et de Gamarias, n'empêchèrent pas le roi Joakim de brûler les prophéties de Jérémie, parce qu'elles étaient contraires à son inclination.

[Un DALAIA est nommé par *Esdras* II, 60, et par *Néhémie* VII, 62, et dont les fils ou descendants revinrent de la captivité, au nombre de six cent cinquante-deux, suivant le premier, ou de six cent quarante seulement, suivant le second. Ce dalaïa est-il le même que le conseiller de Joakim? Ses descendants furent de ceux qui ne purent produire leur généalogie, ni prouver qu'ils étaient Israélites. *Esd.* II, 59. *Neh.* VII, 61.]

* DALAIA ou DELAÏA, fils de Métabéel et père de Sémaïas, qui, gagné par Tobie et

---

Jurieu, *Hist. des dogmes*, part. IV, ch. V, pag. 642; Banier, *Mythologie expliquée par l'Hist.*, liv. II, ch. II, et liv. VII, ch. IV, tom. I, pag. 572; dom Calmet, *Dissert. sur l'origine des Philistins*, part. II, sur les divinités des Philistins, art. Astaroth.

(*a*) Voyez l'*Antiquité expliquée*, t. I, p. 93 et 275.
(*b*) *Vaillant. appendic. hist. Ptolomœorum*.
(*c*) *Diodor. Sicul. Bibl. l.* II.

(*d*) *Herodot. l.* I.
(*e*) *Salman in Solin*. p. 571.
(*f*) *Selden. de Diis Syr. Syntagm.* II, *c.* III.
(*g*) *Deut.* XII, 15, 22; XIV, 5, *etc.*
(*h*) *Cant.* II, 9.
(*i*) *Prov.* VI, 5.
(*j*) *Isai.* XIII, 14.
(*k*) *Jerem.* XXXVI, 12, 25.

Sanaballat, cherchait a perdre Néhémie. *Neh.* VI, 10-13. *Voy.* SÉMAÏAS.

DALAIAU, de la race des prêtres. Il était de la vingt-troisième des bandes qui devaient servir dans le temple. I *Par.* XXIV, 18.

DALETH, quatrième lettre des Hébreux, d'où est venu le delta des Grecs (ד *daleth.* Δ *delta.* — [Cette lettre s'écrit V dans les médailles (S).]

DALILA, courtisane qui demeurait dans la vallée de Sorec, de la tribu de Dan, près le pays des Philistins (a). Samson en étant devenu amoureux, s'attacha à elle, et, selon quelques-uns (b), il l'épousa. Les princes des Philistins, l'ayant su, vinrent trouver cette femme, et lui promirent chacun onze cents pièces d'argent, si elle pouvait découvrir d'où lui venait cette force extraordinaire qu'il avait, et le leur faire savoir. Cette femme leur promit de s'employer pour cela ; et elle demanda à Samson d'où lui venait sa grande force, et ce qu'il faudrait faire pour la lui ôter. Samson lui répondit : *Si on me liait avec sept cordes faites de nerfs tout frais, je deviendrais faible comme les autres hommes.* Les princes des Philistins lui apportèrent donc sept cordes, comme elle avait dit ; elle en lia Samson, et, ayant caché dans sa maison des hommes qui attendaient l'événement de cette épreuve, elle cria : *Samson! les Philistins fondent sur vous.* Aussitôt il rompit les cordes, comme il aurait rompu un filet. Ainsi on ne connut point d'où lui venait sa force.

Dalila lui ayant demandé encore avec plus d'instance en quoi consistait sa force, il répondit : *Si on me liait avec des cordes toutes neuves, je deviendrais faible comme un autre homme.* Dalila l'en lia, et cria, comme la première fois : *Les Philistins viennent fondre sur vous;* et Samson, sans effort, rompit ces cordes comme un fil. Dalila lui ayant demandé une troisième fois, avec plus d'impétuosité, en quoi consistait sa force, Samson lui dit : *Si vous faites un tissu de sept tresses de mes cheveux, avec le fil dont on fait la toile, et que l'ayant attaché à un grand clou, vous enfonciez ce clou dans la terre, je serai faible.* Dalila le fit, et éveilla Samson, comme les autres fois, et Samson arracha le clou et le fil avec ses cheveux, sans aucune peine.

Alors Dalila commença à faire des reproches à Samson, de ce qu'il ne l'aimait pas et de ce qu'il l'avait trompée déjà trois fois ; elle l'importuna avec tant d'opiniâtreté, que, ne lui laissant aucun repos, enfin le cœur de Samson se ralentit, et il tomba dans un découragement mortel. Il lui dit donc : *Le rasoir n'a jamais passé sur ma tête, parce que je suis Nazaréen, et consacré à Dieu, dès le ventre de ma mère. Si l'on me rase la tête, toute ma force m'abandonnera, et je deviendrai faible comme les autres hommes.* Alors Dalila fit avertir les princes des Philistins de venir encore une fois dans sa maison, parce que, pour le coup, Samson lui avait découvert la vérité. Ils vinrent donc avec l'argent qu'ils lui avaient promis ; et Dalila lui ayant fait raser la tête, pendant qu'il dormait dans son sein, elle le repoussa avec violence, et lui dit : *Voilà les Philistins qui viennent fondre sur vous.* Samson, s'éveillant, voulut se mettre en défense, croyant qu'il avait toujours la même force qu'auparavant ; mais les Philistins l'enveloppèrent, le prirent, lui crevèrent les yeux, le chargèrent de chaînes, et le menèrent à Gaza, où il demeura en prison jusqu'à sa mort, comme nous le verrons sous l'article Samson. — [Dalila était-elle hébreue ou philistine ?]

DALMANUTHA. Saint Marc (c) dit que Jésus-Christ, s'étant embarqué sur la mer de Tibériade avec ses disciples, vint à *Dalmanutha.* Saint Matthieu (d), rapportant le même événement, dit que le Sauveur alla à *Magedan,* et plusieurs manuscrits de saint Marc lisent de même. Le grec de saint Matthieu porte *Magdala;* le syriaque, l'arabe et plusieurs anciens exemplaires grecs, portent *Magdan.* Il s'agit de savoir où sont situées *Magedan* et *Dalmanutha.* Brocard (e) a cru que *Magedan,* ou *Medan,* était la source du Jourdain, nommée *Dan,* au pied du mont Liban. Il est certain (f) qu'aux environs du lac *Phiala,* qui est la vraie source du Jourdain, il y a, pendant tout l'été, un grand nombre de Sarrasins, d'Arabes et de Parthes, qui y font une foire et qui y demeurent, à cause de la beauté du lieu et de la commodité du commerce. Ce qui lui fait donner le nom de *Medan,* c'est-à-dire foire, en arabe. Hégésippe (g) donne à cet endroit le nom de *Melda* ou *Meldan,* qu'il interprète *foire* ou *marché.* De *Meldan,* on peut faire *Delmana,* ou *Delmanata,* ou *Delmanutha.* Ainsi *Medan, Magedan, Delmana* et *Delmanutha* ne seront que la même chose, et il faudra dire que Jésus-Christ, ayant passé le lac de Tibériade, s'avança vers les sources du Jourdain, et alla à *Medan.*

Eusèbe et saint Jérôme placent *Magedan* aux environs de Gérasa, au delà du Jourdain. Ils disent que de leur temps ce canton s'appelait encore *Magedène.* Or, Gérasa était au delà, et à l'orient de la mer de Tibériade. Cellarius et Ligtfoot suivent la leçon qui porte *Magdala,* au lieu de *Magedan.* Ils placent *Magdala* au voisinage de Gadare et de Tibériade, à l'orient du lac de Génézareth, et disent que c'est au voisinage de cette ville de Magdala qu'était celle de Dalmanutha. Hammond et quelques autres prétendent que saint Marc a voulu parler de la ville de *Magedo,* nommée *Magedan* dans Zacharie (h), fameuse par la mort des rois Ochosias (i) et

---

(a) *Judic.* XVI, 4.
(b) *Chrysost. seu alius, de variis in Matth. locis; et in Philipp. homil.* 12, *et apud Anast. Antioch.* q. 63. *Abb. Joseph apud Cassian. Collat.* 17, c. XX. *Ephræm. Serm. advers. improbas mul. Perer. in Genes. Alii apud Serar* q. 5, *in Judic.*
(c) *Marc.* VIII, 10.
(d) *Matth.* xv, 39.
(e) *Brocard. Descriptio Terræ sanctæ,* c. III.
(f) *Vide Reland. Palæst.* t. 1, c. XLI, p. 908.
(g) *Hegesipp.* p. 108.
(h) *Zach.* XII, 11.
(i) IV *Reg.* IX, 27.

Josias *(a)*, qui y furent mis à mort. Jésus-Christ n'alla pas jusqu'à *Magedo*, mais jusqu'*aux confins de Magedan*, comme porte le texte de S. Marc. Nous avons suivi ce sentiment dans le Commentaire sur saint Matthieu, XV, 39. Mais depuis ce que nous avons trouvé du *Medan*, ou de la foire qui se tient auprès de Phiala, nous préférons le sentiment qui y place *Dalmanutha*.

[Ainsi, d'après cette dernière opinion de dom Calmet, Dalmanutha serait dans la demi-tribu de Manassé, à l'orient du Jourdain. Mais qu'est-ce que Dalmanutha? Est-ce un pays, une ville, un village, un lieu? C'est une contrée, dit Huré; une ville, dit Simon; suivant Barbié du Bocage c'est une ville située dans un petit pays du même nom; ce n'est qu'un lieu suivant le géographe de la Bible de Vence. Huré place Dalmanutha dans la tribu d'Issachar; c'est à tort. Je ne vois rien qui s'oppose à ce qu'on adopte l'opinion de Barbié du Bocage : il place la ville (et le petit pays) de Dalmanutha « à l'orient de la mer de Galilée, dans la demi-tribu de Manassé, près de *Magedan*, avec laquelle on l'a confondue. Cette ville fut entièrement détruite par les Romains. » *Voyez* MAGDALEL.]

DALMATIE, partie de l'ancienne Illyrie, le long du golfe de Venise [ou mieux, le long de la mer Adriatique, entre la Macédoine, la Haute-Mésie et la Liburnie, comme le dit Barbié du Bocage]. Saint Tite y alla prêcher l'Evangile. II *Timoth*. IV, 10.

DAMAN, animal qui existe dans la Palestine. *Voyez* BLÉ, § VIII.

DAMARIS, que quelques-uns *(b)* font femme de saint Denys l'Aréopagite, fut convertie par les prédications de saint Paul à Athènes *(c)*. On ne sait quelle fut la vie de Damaris. On dit qu'elle demeura à Athènes auprès de saint Denys, qui en fut évêque; et le ménologe des Grecs en fait mémoire le 4 d'octobre.

DAMAS, ville célèbre en Syrie. Elle a été longtemps capitale d'un royaume, nommé le *royaume de Damas*, ou *Aram de Damas*, ou *Syrie de Damas*. On ignore au vrai qui est le fondateur de Damas.

[Suivant M. Ch. Lenormant, professeur à la Faculté des Lettres de Paris, Hus ou Us, fils aîné d'Aram, cinquième et dernier fils de Sem (*Gen.*, X, 22, 23), fut le fondateur de Damas. Après avoir discuté quelques textes de la Genèse : « Le chapitre X nous présente donc, dit-il, sur l'origine d'Aram et de Huts, la version la plus vraisemblable et la plus conforme à l'histoire. Nous pouvons conclure de ce qu'il fait Huts fils d'Aram, qu'à l'époque où la branche araméenne se détacha de la tige sémitique pour se répandre dans les vallées du Liban, le nom de Huts désigna un des établissements séparés, qui furent le résultat de cette dispersion. » Et plus loin, lorsqu'il trace la marche d'Aram : « Aram.... établit son fils Huts à Damas et son autre fils Hul dans la Cœlésyrie (1). »]

Damas subsistait dès le temps d'Abraham, et quelques anciens (*d*) ont enseigné que ce patriarche y avait régné immédiatement après Damascus son fondateur. Ce qui est certain, c'est qu'il avait un affranchi, intendant de sa maison, qui était de Damas *(e)*, et qu'il poursuivit Codorlahomor et les cinq rois ligués jusqu'à Hoba, qui est à la gauche, ou au nord de Damas *(f)*. L'Ecriture ne nous apprend plus rien de cette ville jusqu'au temps de David. Alors Adad, roi de Damas, ayant voulu fournir du secours à Adarézer, roi de Soba, David les vainquit tous deux, et assujettit leur pays *(g)*. Josèphe *(h)* dit que ce roi Adad était le premier qui eût pris le titre de roi dans cette ville; et il le dit après Nicolas de Damas, historien du pays, qui vivait du temps d'Hérode le Grand.

Sur la fin du règne de Salomon *(i)*, Dieu suscita Razin, fils d'Eliada, qui rétablit le royaume de Damas, et qui secoua le joug des rois de Juda. Assez longtemps après, Asa, roi de Juda, implora le secours de Ben-adad, fils de Tabremon, roi de Damas, contre Basa, roi d'Israel, et l'engagea à faire irruption sur les terres de son ennemi *(j)*. Depuis ce temps, la plupart des rois de Damas sont nommés *Ben-adad* : par exemple, Ben-adad, fils de celui dont on vient de parler, qui assiégea Samarie, accompagné de trente-deux rois, sous Achab, roi d'Israel *(k)*. Ben-adad fut obligé de lever le siége de Samarie; et, l'année suivante, ayant remis une armée sur pied, il fut vaincu par Achab *(l)*, et il s'obligea de rendre au roi d'Israel les places que ses pères avaient prises sur Israel. Ben-adad n'ayant pas fidèlement exécuté sa promesse, et ayant refusé de restituer Ramoth de Galaad, donna occasion à diverses guerres entre les rois d'Israel et ceux de Damas.

Ben-adad fit la guerre à Joram, fils d'Achab, comme il l'avait faite à son père. Il assiégea Samarie, et fit diverses entreprises contre Israel. Mais le prophète Elisée renversait tous ses projets en les découvrant au roi Joram : en sorte que Ben-adad envoya des troupes pour arrêter ce prophète, et pour se le faire amener. Mais Elisée les frappa d'aveuglement, et les fit entrer dans Samarie, sans qu'ils s'en aperçussent *(m)*. Enfin, quelque temps après, Ben-adad étant tombé malade à Damas, Elisée y alla; et le roi lui ayant envoyé de grands présents par Hazael, le prophète prédit à Hazael qu'il ré-

---

(a) IV *Reg.* XXIII, 29.
(b) Chrysost. de Sacerdot. l. IV, c. VII, p. 67, *et Aster. homil.* 8, p. 62.
(c) Act. XVII, 34.
(d) Justin. l. XXXVI.
(e) Genes. XV, 2.
(f) Genes. XIV, 15. An du monde 2092, avant Jésus-Christ 1908, avant l'ère vulg. 1912.
(g) II *Reg.* v II, 5, *et* I *Par.* XVIII, 4, 5, etc.
(h) Joseph. Antiq. l. VII, c. VI.

(i) III *Reg.* XI, 23, 24, 25. An du monde 3027, avant Jésus-Christ 973, avant l'ère vulg. 977.
(f) III *Reg.* XV, 18. An du monde 3064, avant Jésus-Christ 936, avant l'ère vulg. 940.
(k) III *Reg.* XX, 1, 2 et seq.
(l) III *Reg.* XX, 23, 24.
(m) IV *Reg.* VI, 13, 14, 15.
(1) Ch. Lenormant, *Cours d'histoire ancienne*, ch. V, § 6 et 18, pag. 194 et 211. Paris, 1837. Il cite, à la fin des lignes que nous citons, *Michaëlis*, t. I, p. 188.

gnerait; et Hazael étant retourné vers Benadad, l'étouffa dans son lit, et régna en sa place (a).

Il hérita de la haine que ses prédécesseurs avaient eue contre le royaume d'Israel. Il lui fit la guerre et y commit mille ravages. Il attaqua même le royaume de Juda (b); et Joas, roi de Juda, fut obligé de racheter le pillage de son pays et de sa capitale, par de grandes sommes qu'il lui donna. Ben-adad, fils de Hazael, marcha sur les traces de son père. Il fit la guerre avec succès aux rois d'Israel et de Juda (c). Toutefois Joachas, roi d'Israel, le battit dans trois rencontres, et l'obligea de lui rendre les villes qu'Hazael avait prises sur son père.

Jéroboam II, roi d'Israel, reprit le dessus sur les rois de Syrie. Il conquit Damas et Emath, les deux principales villes de Syrie(d). Mais, après la mort de Jéroboam second, les Syriens rétablirent leur monarchie. Razin prit le titre de roi de Damas. Il se ligua avec Phacée, usurpateur du royaume d'Israel, et commit avec lui une infinité de ravages sur les terres de Joathan et d'Achaz, rois de Juda (e). Achaz ne se sentant pas assez fort pour leur résister, envoya demander du secours à Téglatphalassar, roi d'Assyrie. Celui-ci pour faire diversion, entra sur les terres de Razin, prit Damas, la ruina, fit mourir Razin, et envoya les Syriens ses sujets, en captivité au delà de l'Euphrate (f), suivant les prophéties d'Isaïe et d'Amos (g).

Damas se releva de toutes ces disgrâces. Nous croyons que Sennacherib la prit, en venant contre Ezéchias, ainsi qu'Isaïe le marque, chap. IX, v. 9. Holopherne la prit aussi du temps de Manassé, roi de Juda (h). Ezéchiel (i) en parle comme d'une ville florissante de son temps. Jérémie (j) la menace des armes de Nabuchodonosor, qui l'assujettit, de même que toutes les autres villes de Syrie. Après le retour de la captivité, Zacharie (k) lui prédit des malheurs, qui lui arrivèrent apparemment, lorsque les généraux d'Alexandre en firent la conquête (l). Il semble que Jonathas Machabée, frère de Simon, se rendit maître de Damas, pendant les troubles de Syrie (m); mais il ne paraît pas qu'il l'ait conservée. Les Romains s'en emparèrent vers l'an du monde 3939, lorsque Pompée, faisant la guerre à Tigranes, y envoya Métellus et Lælius, qui s'en saisirent (n). Scaurus s'y rendit quelque temps après; et après lui, Pompée, qui y fit venir Hircan et Aristobule qui se disputaient la royauté (o).

Damas demeura sous la domination des Romains, jusqu'à ce qu'elle tomba entre les mains des Arabes. Obodas, père d'Arétas, roi d'Arabie, dont parle S. Paul (p), était déjà maître de Damas sous Auguste (q); mais il ne la possédait pas dans une entière indépendance. Ce roi, comme plusieurs autres, était soumis aux Romains. Arétas, qui avait un gouverneur à Damas, lorsque saint Paul y vint, se brouilla avec les Romains; et lorsque les Juifs de Damas voulurent faire arrêter cet apôtre, Arétas était en guerre avec eux (r). Voilà à peu près ce qu'il est nécessaire de savoir sur les divers états de la ville de Damas, par rapport aux livres saints, et à l'histoire des Hébreux et du Nouveau Testament.

Naaman, général des troupes du roi de Syrie, étant venu trouver le prophète Elisée, pour être guéri de la lèpre; ce prophète lui dit de s'aller baigner sept fois dans le Jourdain. Mais Naaman tout fâché, répondit (s): *N'avons nous pas à Damas les fleuves d'Abana et de Pharphar, qui sont meilleurs que tous ceux d'Israel, pour m'y aller laver et pour me guérir?* Il y a des auteurs qui croient qu'Abana est l'Oronte, et Pharphar le Chrysorroas, fleuves célèbres en Syrie. Benjamin de Tudèle dit que le fleuve Abana, ou Amana, arrose la ville de Damas, et Pharphar arrose ses campagnes. Les voyageurs (t) nous apprennent que le fleuve qui passe dans Damas, s'appelle encore aujourd'hui Tarfar, Tarfaro, Farfaro, ou Fer, ou Pir. Etienne le géographe donne au fleuve de Damas le nom de Baradine; et Maundrel (u) assure que les Syriens le nomment Barrady. Ce fleuve a sa source dans l'Antiliban, et va se perdre dans des marais, à quatre ou cinq lieues de Damas, vers le midi. Ce voyageur dit qu'il n'a pu trouver dans ce pays aucun vestige du nom d'Abana, ni de Pharphar.

On montre à cinq cents pas de Damas, du côté du midi, sur le grand chemin, le lieu où saint Paul fut renversé par cette voix: *Saul, Saul, pourquoi me persécutes-tu?* On y bâtit une église, qui est à présent entièrement ruinée. On voit encore dans la même ville, la maison que l'on dit être celle de saint Ananie, qui baptisa et instruisit saint Paul; laquelle est changée en église, et dont les Turcs ont fait une mosquée. Plusieurs écrivains ont cru que Caïn et Abel avaient leur demeure auprès de Damas, et que c'est du sang d'Abel dont cette ville a pris son nom; car, en hébreu, *Dam-sak* signifie un *sac de sang*. On montre encore dans ces quartiers-là le tombeau d'Abel, qui est, dit-on, de la longueur de quarante pieds. Mais on ne peut faire aucun fond sur de pareils récits.

Les Arabes donnent à cette ville le nom de *Damaschk*, ou *Demeschk*, ou celui de *Scham*,

(a) IV Reg. VIII, 7, 8, etc.
(b) IV Reg. XIII, 17.
(c) IV Reg. XIII, 3, 21, 25.
(d) IV Reg. XIV, 25, etc.
(e) IV Reg. XVI, 5 et seq.
(f) IV Reg. XVI, 9.
(g) Isai. VII, 4, 8; VIII, x, 9; XVII, 1, 2, 3. Amos I, 5; 4.
(h) Judith. II, 17.
(i) Ezech. XXVII, 18.
(j) Jerem. XXV, 9, 10; XXVII, 8; XLIX, 23, 24.

(k) Zach. IX, 1.
(l) Plutarch. in Alex. Q. Curt. l. III.
(m) I Mac. XII, 32.
(n) Joseph. Antiq. l. XIV, c. IV.
(o) Antiq. l. XIV, c. V, VI.
(p) II Cor. XI, 32.
(q) Antiq. l. XVI, c. XV.
(r) En l'an de Jésus-Christ 37.
(s) IV Reg. V, 1, 2, 3, etc.
(t) Voyez David Syrie.
(u) Maundrel, Voyage d'Alep à Jérusalem.

qui est le nom de la province dont Damas est la capitale (a). Ils croient communément que cette ville a tiré son nom de *Dameschek Eliézer*, serviteur ou intendant de la maison d'Abraham, et que ce patriarche en est le fondateur. Il y a toutefois des historiens arabes qui font la ville de Damas encore plus ancienne que le siècle d'Abraham, et qui prétendent qu'elle a été fondée et nommée par Demschak, fils de Chanaan, fils de Cham et petit-fils de Noé.

Le géographe Persien dit que la campagne ou plaine de Damas, qui s'étend entre le Liban et l'Antiliban, et que les Arabes appellent Ganthah, est un des quatre paradis de l'Orient. Les trois autres sont Obolla dans la Chaldée, où il y a une rivière de même nom; Schebbaoran, en Perse, et la Sogdiane, que les Orientaux appellent la vallée de Samarcand. Ils prétendent qu'Adam a été créé près de Damas, d'une terre rouge que l'on voit au même endroit, et qui leur a paru plus propre que d'autre à former de la chair vive. Plusieurs placent au même endroit le paradis terrestre.

La ville de Damas, selon le géographe Etienne, a tiré son nom de son fondateur Damascus, fils de Mercure et d'Alcimède. Dans le premier livre des Paralipomènes, c: XVIII, 5, 6, *Damas* est nommée *Darmasch* (דרמשק, au lieu de דמשק *Damask*). Quelques-uns dérivent le nom de Damasch, ou *Damsak* de l'hébreu *Dam*, sang, et *sak*, un juste, comme pour marquer que cette ville a été souillée du sang d'Abel. Damas a été ville épiscopale métropolitaine sous le patriarche d'Antioche; mais aujourd'hui le patriarche grec d'Antioche y réside. Le temple de Damas passe pour un des plus beaux qu'aient les Turcs. Ils disent que ce temple fut d'abord bâti par les Sabiens, disciples de saint Jean-Baptiste, qui y conservaient le chef de ce saint précurseur suspendu à la voûte : ensuite les chrétiens s'en rendirent les maîtres, et en furent chassés par le Calif Valid, fils d'*Abdalmelech*, qui dépensa pendant plusieurs années tout le revenu qu'il tirait de la Syrie à l'embellir. Il y a un dôme magnifique qui porte le nom de dôme d'Aliat ; il est accompagné de plusieurs autres dômes de moindre grandeur, dont l'un s'appelle le dôme de la montée, ou de l'ascension de Mahomet au ciel : le troisième, le dôme de la résurrection des morts ; et le quatrième, le dôme de la balance ou du jugement dernier. Malgré toutes les révolutions qui sont arrivées à Damas, cette ville passe encore aujourd'hui pour une des plus belles et des plus considérables de l'Orient.

[L'Arabe Calid, surnommé le *glaive de Dieu*, à la tête des guerriers musulmans, prit Damas sur les chrétiens, qui devaient fuir et disparaître devant la face dévorante de l'Islam, devant cette religion nouvelle prêchée le sabre à la main, et dont les farouches sectateurs menaçaient d'asservir la terre tout entière. On peut lire dans Gibbon l'histoire du siège de la conquête de Damas par ces fanatiques enfants de Mahomet. Damas, après cela, fut l'objet de la convoitise des princes musulmans, le théâtre sanglant de leurs rivalités perpétuelles.

Au temps des Croisades, la douzième année du règne de Baudouin II, les Francs de Palestine se mirent en route pour aller assiéger Damas (décembre 1130) ; mais il leur sembla que Dieu s'opposait à leur entreprise, et ils revinrent sur leurs pas, quoique les hostilités eussent déjà commencé (1). Plus tard, sous Foulques d'Anjou, successeur de Baudouin II, Zenghi, prince de Mossoul, se disposait à venir s'emparer de Damas ; le Sultan qui gouvernait cette ville, implora le secours des chrétiens, leur promettant de les aider à reprendre Panéas, qui avait été récemment livrée à Zenghi. Ce dernier, à la vue de l'armée chrétienne, près de Damas, abandonna son dessein. Le sultan de Damas, reconnaissant, contribua puissamment à arracher à Zenghi la ville de Panéas, qui revint ainsi en la possession des chrétiens (2). Dans la croisade de Louis VII et de Conrad (1145 - 1149), sous Baudouin III, fils et successeur de Foulques, les chrétiens tentèrent de nouveau le siège de Damas ; après y avoir employé beaucoup d'héroïsme, et au moment de saisir la victoire, la discorde, appelée par l'ambition des chefs, s'établit parmi eux, et ils furent obligés de se retirer (3). Plus tard, Saladin fut couronné sultan de Damas et du Caire (4). Afdal, son fils aîné, lui succéda à Damas ; il se livra à la débauche, et Malek-Adhel, son oncle, lui fit la guerre au nom d'Aziz, autre fils de Saladin et sultan d'Egypte. Il prit Damas, en chassa Afdal, et s'y établit souverain (5). En 1200, un tremblement de terre détruisit en partie cette ville (6). Quelques années après, Malek-Adhel, renonçant à la souveraine puissance, et partageant ses Etats entre ses fils, donna au second, c'est-à-dire à Coradin, la souveraineté de Damas (7). Cette capitale ne cessa pas d'être disputée par les princes musulmans, ambitieux et avides du pouvoir. Près de deux siècles s'écoulèrent pendant lesquels Damas ne jouit de la paix que par intervalles ; puis parurent les Tartares. « En 1401, dit M. Poujoulat (8), époque où ces conquérants barbares épouvantaient l'Orient de leurs victoires, Damas était défendue par les armées d'Egypte, et les compagnons de Timour ou Tamerlan furent d'abord repoussés. La révolte des mamelucks ayant obligé le sultan de reprendre le chemin du Caire, les Damasquins, quoique réduits à leurs propres forces, continuèrent à résister. Timour offrit de lever le siège à des conditions que les habitants crurent pouvoir accepter. Mais le con-

---
(a) Biblioth. Orient. p. 282, 772, etc.
(1) Michaud, *Hist. des Croisades*, liv. V, tom. II, p. 86.
(2) Id., *ibid*., pag. 98.
(3) Id. *ibid*. liv. VI, pag. 183-189.
(4) Id. *ibid*. liv. VII, pag. 2.. et liv. IX, tom. III, pag. 27.
(5) Id. *ibid*. liv. IX, tom. III, pag. 6-9, 21.
(6) Id. *ibid*. liv. XII, pag. 255.
(7) Id. *ibid*. pag. 306
(8) *Correspond. d'Orient*, lettr. CXLIX, tom. VI, p. 233

quérant tartare viola le traité sous la foi duquel il avait pénétré dans la ville,... et ordonna le carnage à ses troupes... Le glaive n'épargna qu'une seule famille... et un certain nombre d'artisans armuriers qu'on envoya à Samarcande; c'est depuis ce temps que Damas a perdu ses fabriques de lames tant vantées (1). L'incendie fit de la capitale syrienne un monceau de cendres et de ruines, et le beau Barrady coula solitaire à travers les décombres et les jardins dévastés. »

Damas est appelée aujourd'hui par les Arabes EL-CHAM, *la Syrie*, parce qu'elle en est la capitale, et non point *El-Chams, le soleil*, selon quelques auteurs (2). Pokoke, Maundrel, Niebuhr, Volney, Ali-Bey, plusieurs voyageurs anglais modernes, entre autres Richardson, ont parlé de Damas; mais on connaît peu cette ville quand on ne l'a vue qu'à travers leurs récits, pleins, à la vérité, de détails curieux. M. Poujoulat, qui a aussi visité Damas, a fait sur cette antique cité le travail le plus intéressant et le plus complet qui existe jusqu'à ce jour. *Voyez* dans la *Correspondance d'Orient*, les lettres CXLV—CXLIX, tom. VI, pag. 148-235. C'est principalement le tableau de la ville et des mœurs de ses habitants à notre époque. Nous y trouvons quelques traits que nous devons mentionner ici :

« Les peuples qui ont passé par Damas n'y ont laissé aucune trace de beaux monuments. La porte de Saint-Paul (*Bab-Boulos*), à l'orient, est le débris le plus remarquable de la vieille cité (3).... La grande mosquée, celle qu'on a coutume de fermer en signe d'alarme, fut autrefois une église consacrée à saint Jean-Baptiste, selon les uns, à saint Jean Damascène, selon les autres; quelques auteurs prétendent aussi que cette église était dédiée au prophète Zacharie et qu'elle date de l'empire d'Héraclius ; cette dernière opinion est fondée sur ce que dans le premier siècle de l'ère chrétienne, les fidèles et surtout les Grecs aimaient à placer leurs temples sous l'invocation des anciens patriarches et des prophètes. Les auteurs arabes nous apprennent que le calife Valid, an 86 de l'hégire, répara et embellit le monument; ce qui a fait croire que la grande mosquée de Damas était l'ouvrage de ce calife. Je n'ai pas le temps de fouiller dans les vieilles origines pour déterminer avec une incontestable vérité, quel fut le premier fondateur de ce temple, sous quel saint patronage ce sanctuaire fut d'abord placé ; je me borne à dire que la grande mosquée est le plus beau monument de Damas ; l'édifice est d'architecture corinthienne ; la vue extérieure du monument présente des formes et un caractère qui rappellent les grandes œuvres du génie grec ; le premier âge de la foi chrétienne n'a rien enfanté de plus remarquable (4).... « La nef du centre, dit Ali-Bey, cité par M. Poujoulat, renferme le sépulcre du prophète Jean, fils de Zacharie.... » Les musulmans damasquins croient posséder le tombeau de Jean-Baptiste ; avec un peu d'attention et de critique, on peut reconnaître leur erreur. C'est à Tibériade que le précurseur du Christ eut la tête tranchée ; les disciples de Jean l'ayant su, dit l'Évangile, vinrent prendre son corps et le mirent dans un tombeau. Il est donc bien évident qu'il faudrait chercher le sépulcre du fils de Zacharie dans la Galilée et non point à Damas... Une tradition musulmane annonce qu'à la fin du monde saint Jean descendra dans la grande mosquée de Damas, comme Jésus, d'après la même tradition, descendra dans le temple d'Omar à Jérusalem, et Mahomet dans le temple de la Mecque (5)...

» D'après les informations que j'ai prises, et par un calcul qui d'ailleurs ne peut être qu'approximatif, je porterai à cent trente mille environ le nombre des musulmans à Damas; on compte à peu près deux mille Juifs, dix mille Grecs catholiques, cinq mille Grecs schismatiques ; le reste de la population chrétienne est arménien et syrien (6)...

» Le faubourg du sud de Damas se nomme *Bab-Allah* (la porte de Dieu), parce qu'il fait face aux chemins de Jérusalem et de la Mecque (7).

».... A une heure de Damas, à l'est, les Israélites vont visiter, au village de Jobar, le tombeau d'Élisée, renfermé dans une synagogue. Pokoke dit que cette synagogue, autrefois une église grecque, marque le lieu où le prophète Élisée couronna Hazael roi de Syrie, selon les ordres du Seigneur. On a remarqué que les habitants de Jobar ne coupent point le blé, mais qu'ils l'arrachent suivant une coutume mentionnée dans les livres saints. — Le village de Bezó, à une demi-heure au nord de Jobar, indique la place où Abraham atteignit les quatre rois qui retenaient Loth prisonnier ; c'est, dit-on, sur la montagne voisine de Bezé que les quatre rois reçurent la sépulture (8)...

... Je ne me suis pas donné la peine d'aller voir ce qu'on appelle la grotte de Jérémie ; l'endroit du paradis terrestre où le Seigneur fit entendre au premier homme son arrêt de mort après son péché ; le lieu où coula le

---

(1) « On ne fabrique à Damas que des sabres d'une trempe commune, et l'on ne voit chez les armuriers que de vieilles armes presque sans prix. J'ai vainement cherché un sabre et un poignard de l'ancienne trempe. Ces sabres viennent maintenant du Korassan, province de Perse, et même là on ne les fabrique plus. Il en existe un certain nombre qui passent de mains en mains, comme des reliques précieuses, et qui sont d'un prix inestimable. La lame de celui dont on m'a fait présent a coûté cinq mille piastres au pacha. Les Turcs et les Arabes, qui estiment ces lames plus que les diamants, sacrifieraient tout au monde pour une pareille arme ; leurs regards étincellent d'enthousiasme et de vénération quand ils voient la mienne, et ils la portent à leur front, comme s'ils adoraient un si parfait instrument de mort. » Lamartine, *Voyage en Orient*. tom. II, pag. 213.
(2) Dit M. Poujoulat, *Corresp. d'Orient*, lettr. CXLVI, tom. VI, pag. 160. M. de Lamartine, *Voy. en Orient*, tom. III, pag. 61, admet l'étymologie que rejette M. Poujoulat. « La célèbre ville de *Scham*, nom qui signifie *soleil*, dit-il en note, cette porte de la gloire (*Babel Cahbé*), comme l'appellent les Turcs. »
(3) Pag. 161.
(4) Pag. 170.
(5) Pag. 173.
(6) Pag. 188.
(7) Pag. 200.
(8) Pag. 207.

sang d'Abel; ces traditions de localité ne supportent pas la critique (1).

» Je reviens à Damas pour m'arrêter un moment au lieu où le persécuteur de l'Eglise, qui depuis fut saint Paul, se sentit frappé d'une lumière du ciel, et entendit une voix... Ce lieu est à un demi-mille de la ville, du côté de la porte de Saint-Paul, ou Porte orientale, à peu de distance du cimetière chrétien; près de là se voit un massif de maçonnerie qui peut-être appartient à quelque chapelle bâtie en mémoire de la conversion de saint Paul. Cet homme... fut conduit miraculeusement à Damas, dans une rue appelée la *rue Droite*, et que les chrétiens montrent encore. Ananie, dont j'ai visité la maison souterraine, alla trouver Paul pour lui rendre la vue et le faire chrétien. Il tomba des yeux de Paul quelque chose qui ressemblait à des écailles; le jour lui fut rendu, l'eau du baptême coula sur son front... Les Juifs, ne pouvant résister au nouvel Apôtre avec les armes de la parole, résolurent de le perdre. Celui-ci, averti du complot, ne trouva d'autre moyen de salut que la fuite. A la faveur des ombres de la nuit, ses disciples le descendirent dans une corbeille, le long du mur, et des catholiques grecs m'ont fait voir, près d'une porte murée, à l'ouest de la ville, l'endroit par où saint Paul parvint ainsi à s'échapper...Le lieu consacré par le souvenir de la conversion de saint Paul fait partie d'un vaste terrain uni, inculte et sans arbres. C'est là que la caravane de la Mecque a coutume de se réunir tous les ans avant de se mettre en marche, sous la conduite du pacha de Damas (2)... » Voy. ABANA, RAISIN.

Dans un ouvrage récemment publié, M. Victor Hennequin, malheureusement affecté d'une manie qui consiste à parler avec assurance de beaucoup de choses qu'il n'a point étudiées, s'exprime dans les termes suivants: « Tyr, Babylone, Ninive, ont péri comme l'avaient prévu les poëtes; mais ils avaient prédit en termes non moins formels la destruction de Damas, aujourd'hui florissante. *Prophétie* (d'Isaïe, XVII, 1) *contre Damas: Voilà que Damas va cesser d'être une ville, et elle deviendra comme un monceau de pierres d'une maison ruinée.* Isaïe a prédit à faux la destruction de cette ville (3). » M. Hennequin ignore l'histoire de Damas. Plus d'une fois cette ville a cessé d'être une ville et présenté l'aspect d'une maison ruinée. « Damas, dit Barbié du Bocage, fut prise, incendiée, et ses habitants transférés par Téglath-Phalasar... à Kir... Cependant Damas s'était relevée de ce désastre, lorsque Nabuchodonosor y porta le fer et le feu, etc. » Damas n'était plus une ville lorsqu'elle n'offrait aux regards qu'un monceau de décombres, et la prophétie d'Isaïe était alors vérifiée; mais Isaïe n'a pas prédit que des ruines de Damas il ne sortirait point une autre ville de Damas.

Le texte et les faits accusent l'auteur qui a donné lieu à notre remarque, et qui ne se doute même pas que les prophéties des *poëtes* bibliques sont de l'histoire écrite à l'avance.]

DAMIETTE, ville d'Egypte. Voy. PELUSE.

DAMMIM. Voy. APHES-DOMMIM, et PHÈS-DOMMIM.

DAMNA [ou plutôt DANNA], ville dans les montagnes de Juda. *Josue* XV, 49. — [Danna était située vers les frontières de Siméon, suivant Barbié du Bocage. Voy. le troisième article *Damna*, ci-après.]

DAMNA, ville de la tribu de Zabulon. *Josue* XXI, 34, 35. Elle fut donnée aux lévites de la famille de Mérari pour leur demeure. — [*Voy.* AMTHAR et REMMONA, et l'article suivant.]

DAMNA, ville de la tribu de Juda. *Josue* XV, 49. Il y en a encore une autre de même nom dans la tribu de Nephthali, qui fut donnée aux lévites. *Josue* XXI, 35.

[Cet article est évidemment la répétition des deux précédents. On y voit une différence, c'est que, dans ce dernier, Damna est attribuée à la tribu de Nephthali, et que, dans le second, elle l'est à celle de Zabulon. On voit par cette répétition et par cette différence que dom Calmet a fait son dictionnaire avec une incroyable négligence.]

DAN, cinquième fils de Jacob, et le premier de Bala, servante de Rachel (a). Rachel, voyant que Dieu ne lui avait point donné d'enfants, pria Jacob de prendre Bala, sa servante, afin qu'au moins par son moyen elle pût avoir des enfants. Jacob la prit, et Bala lui enfanta un fils; et Rachel dit: *Le Seigneur a jugé en ma faveur, et a exaucé ma voix, en me donnant un fils*; et elle l'appela Dan, qui signifie, il a jugé.

Dan n'eut qu'un fils nommé *Husim* (b). Ce qui n'empêcha pas qu'il n'eût une fort nombreuse postérité, puisqu'au sortir de l'Egypte, cette tribu était composée de soixante-deux mille sept cents hommes, capables de porter les armes, sans compter les femmes et les enfants (c). Jacob, au lit de la mort, donna sa bénédiction à Dan, en disant (d): *Dan jugera son peuple comme une autre tribu d'Israel. Que Dan soit comme un serpent dans le chemin, comme un céraste dans le sentier, qui mord l'ongle du cheval, et qui fait tomber le cavalier en arrière.* Jacob voulait dire que, quoique cette tribu ne fût pas des plus puissantes ni des plus célèbres d'Israel, elle ne laisserait pas de produire un chef de son peuple. Ce qui fut exécuté dans la personne de Samson, qui était sorti de Dan.

Jacob ajoute que Dan sera comme un serpent caché dans le chemin, qui mord l'ongle du cheval et renverse le cavalier; ce qui peut encore marquer sa valeur et son adresse à surprendre et à vaincre un ennemi plus fort que lui. D'autres ont cru que Jacob, par ces dernières paroles, voulait dire que

---

(a) *Genes.* XXX, 4, 5, 6, etc.
(b) *Genes.* XLVI, 23.
(c) *Num.* I, 38.
(d) *Genes.* XLIX, 16, 17.
(1) Pag. 208.

(2) Pag. 214, 215.
(3) Victor Hennequin, *Introduct. historiq. à l'étude de la législat. française*, tom. II, pag. 116 et 620, col. 2. Paris, 1842.

l'Antechrist sortirait de la tribu de Dan. Ce sentiment est très-commun dans les Pères et dans les auteurs ecclésiastiques. Ils se servent aussi, pour l'appuyer, de ce que, dans l'Apocalypse (*a*), saint Jean ne fait nulle mention de la tribu de Dan, parmi les autres tribus d'Israel; mais ces raisons, quoique appuyées par l'autorité de plusieurs anciens, ne sont pas toutefois fort convaincantes ; et l'origine de l'Antechrist sera toujours une question fort incertaine jusqu'après l'événement.

La tribu de Dan eut son partage dans un terrain fort gras et fort fertile, entre la tribu de Juda à l'orient, et le pays des Philistins à l'occident (1); mais ce terrain était fort resserré, parce que ce n'était proprement qu'un démembrement qui avait été fait des terres de Juda. C'est ce qui obligea ceux de cette tribu de chercher un pays plus étendu pour y envoyer une colonie de plusieurs de leurs familles, qui n'étaient pas assez au large dans leur propre terrain. Ils envoyèrent donc cinq hommes choisis des plus vaillants d'entre eux (*b*), pour chercher une demeure qui leur convint. Ils s'avancèrent jusqu'à *Laïs*, près les sources du Jourdain, qu'ils trouvèrent sans défiance, et vivant dans une pleine sécurité. Ils en vinrent donner avis à leurs compatriotes, qui envoyèrent six cents hommes bien armés, avec leurs familles, pour se rendre maîtres de Laïs. En passant par la montagne d'Ephraïm, ils prirent dans la maison de Michas un jeune lévite, qui y entretenait un culte superstitieux, et l'emmenèrent à Laïs. Ils se rendirent aisément maîtres de cette ville, et y établirent le même mauvais culte qu'ils avaient trouvé chez Michas. Ce fut alors que la ville, qui s'appelait auparavant Laïs, prit le nom de *Dan*, à cause de ceux de cette tribu qui s'en rendirent les maîtres. — [*Voyez* l'article suivant.]

Un historien juif, nommé Eldad (*c*), que quelques-uns font vivre au neuvième siècle vers l'an 880, et d'autres au treizième en 1283, a écrit que les Juifs de la tribu de Dan, ne voulant pas prendre les armes contre leurs frères, sous le règne de Jéroboam, se retirèrent en Ethiopie, où ils firent alliance avec les habitants du pays, et devinrent tributaires du roi d'Ethiopie. Ils remontèrent le Phison (il veut dire le Nil) et trouvèrent des peuples noirs comme des corbeaux, d'une stature de géant, et qui se nourrissaient de chair humaine. Les tribus de Nephthali, de Gad et d'Aser, suivirent en ce pays-là celle de Dan, et ayant passé les fleuves d'Ethiopie, s'y habituèrent, nourrissant des troupeaux, et demeurant sous des tentes. Ils avaient à leur tête un roi descendu d'Oliab, et gardaient les principales ordonnances de la loi. Leur prince pouvait mettre cent vingt mille cavaliers et cent mille fantassins sous les armes. Ces quatre tribus unies partagèrent entre elles les quatre saisons de l'année; chacune faisait la guerre pendant trois mois, et rapportait son butin au roi, qui en faisait un partage égal aux autres tribus qui étaient demeurées à la garde du pays. Mais cette transmigration est une pure fable, qui n'a pas le moindre fondement dans l'histoire sainte. — [*Voyez* ÆTHIOPIE et JUIFS.]

DAN, ville située à l'extrémité septentrionale du pays d'Israel, dans la tribu de Nephthali. [Cette ville, colonie des Danites, et à cause de cela nommée Dan, s'appelait auparavant Laïs, comme il est dit dans l'article qui précède.] Pour marquer les deux extrémités de la Terre promise, l'Ecriture se sert souvent de cette manière de parler (*d*) : *Depuis Dan jusqu'à Bersabée*. Dan était au nord, et Bersabée au midi. La ville de Dan était au pied du Liban, sur le ruisseau de Dan, ou du Jourdain; et plusieurs auteurs ont cru que le Jourdain, *Jordanes*, prenait son nom de l'hébreu *jor*, un ruisseau, et *Dan*, qui était une ville située près de sa source. [*Voyez* l'article suivant.] Mais on fera voir ailleurs que cette prétention souffre d'assez grandes difficultés. *Voyez* l'article JOURDAIN. Dan était à quatre milles de Panéas, du côté de Tyr (*e*). Quelques-uns (*f*) l'ont confondu mal à propos avec Panéas, parce que Dan est proche de cette ville. Jéroboam, fils de Nabath, mit un de ses veaux d'or dans la ville de Dan (*g*), et l'autre à Béthel. [*Voyez* DAPHNÉ.]

[Il est dit dans le Deutéronome (XXXIV, 1) que le Seigneur fit voir à Moïse, placé sur le Phasga, *tout le pays de Galaad jusqu'à Dan*. De quel Dan s'agit-il ? Est-ce de la ville ou du lieu qui en est différent et qui est l'objet de l'article suivant? Plusieurs croient qu'il est question de la ville, et tirent de cette opinion des conclusions diverses. Les uns prétendent que Moïse n'a rien écrit du XXXIV° chapitre du Deutéronome ; les autres soutiennent que Moïse en a certainement écrit les quatre premiers versets, et, admettant qu'il s'agit de la ville de Laïs, croient, ou que le nom de Dan fut écrit par anticipation, ou que dans la suite il fut substitué à celui de Laïs. Vaines disputes. Il y a un lieu qui se nomme Dan et qui n'est pas bien éloigné de la ville de Laïs ou de Dan ; c'est de ce lieu qu'il s'agit et non pas de la ville. Bersabée n'était aussi qu'un lieu à cette époque.]

(*a*) *Apoc.* VI.
(*b*) *Judic.* XVIII, 1, etc. *Josue* XIX, 46, 47.
(*c*) *Apud Bartolocci Bibl. Rabbinic. t.* I, p. 127.
(*d*) I *Reg.* XXX, 20. II *Reg.* III, 10; XVII, 11; XXIV, 2 *et passim*.
(*e*) *Euseb. in* δάν et Δηθδαραίς.
(*f*) *Hieronym. in Ezech.* XLVIII. *Philostorg. Hist. l.* VII, c. III, *alii*.
(*g*) III *Reg.* XII, 29.
(1) Elle occupait, sur le bord de la mer, entre le pays des Philistins et les tribus de Siméon, de Benjamin et d'Ephraïm, un des meilleurs cantons de la Palestine, qui, par sa position, leur offrait en outre le moyen de se livrer à la navigation; et en effet, ils possédaient les ports de Joppé et de Jamnia. Ils eurent, lors de leur établissement dans le pays, beaucoup à souffrir de la part des Amorrhéens, qui, réfugiés dans leurs montagnes, ne cessaient de les harceler (*Jud.* XVIII). Moïse (*Deut.* XXXIII, 22) avait prédit que Dan serait comme un lion, prédiction que justifia la bravoure des Danites ; ils prospérèrent. *Barbié du Bocage*.

*DAN, lieu jusqu'auquel Abraham poursuivit Codorlahomor et ses alliés. *Gen.* XIV, 14. Il y a au même lieu un *ruisseau* du même nom, et qu'on appelle aussi le petit Jourdain. *Voy.* ASOR et JOURDAIN. C'est de ce même lieu que parle Moïse, *Deut.* XXXIV, 1. *Voy.* mon addition à l'article précédent, et DAPHNÉ.

*DAN, dont parle Ezéchiel XXVII, 19, est, suivant les uns, la ville de Dan, l'ancienne Laïs; suivant d'autres, c'est le mont Ida, dans l'Asie Mineure. *Voy.* ma note sur DADAN.

*DAN (CAMP DE), lieu situé entre Saraa et Esthaol, d'où partirent les 600 Danites qui vinrent de là à Cariathiarim, derrière laquelle ils plantèrent leurs tentes, et se dirigèrent ensuite au nord vers Laïs, où ils s'établirent. Depuis cette époque, on a continué d'appeler ce lieu le *Camp de Dan*. *Judic.* XIII, 25; XVIII, 12.

DANIEL, prophète du Seigneur, sorti de la race royale de David, fut mené captif à Babylone, étant encore fort jeune, la quatrième année de Joakim, roi de Juda, du monde 3398, avant Jésus-Christ 602, avant l'ère vulgaire 606. On le choisit, avec trois de ses compagnons, Ananias, Azarias et Misaël, pour demeurer dans la cour de Nabuchodonosor (*a*), et on leur procura une éducation proportionnée à l'emploi auquel on les destinait. Daniel et ses compagnons firent de très-grands progrès dans toutes les sciences des Chaldéens, et ne voulurent pas se souiller, en mangeant des viandes qu'on leur servait de dessus la table du roi.

La première occasion où Daniel fit éclater sa sagesse, fut dans la délivrance de Susanne, injustement accusée, et condamnée (*b*) à la mort. Il fit reconnaître son innocence, et découvrit la calomnie des vieillards qui l'avaient accusée. *Voy.* l'article de SUSANNE. Quelque temps après, Nabuchodonosor, ayant vu en songe une grande statue composée de divers métaux(1), qui fut mise en pièces par une pierre détachée de la montagne, voulut savoir l'explication de son songe. Mais comme il l'avait oublié, il prétendit que les mages lui en donneraient non-seulement l'interprétation, mais aussi qu'ils le lui rappelleraient dans la mémoire. Comme la chose leur était impossible, ils furent tous condamnés à mort. Daniel en ayant été informé, devina et expliqua le songe, et fut établi intendant de la province de Babylone, et chef de tous les mages et de tous les devins du pays (2).

Une autre fois Nabuchodonosor ayant vu en songe un grand arbre (*c*) qui fut abattu, coupé, et mis en pièces, mais en sorte toutefois que sa racine demeura, Daniel prédit à ce prince que bientôt il serait réduit à l'état des bêtes, et qu'il serait chassé de son palais. L'événement suivit bientôt l'explication; et le prince fut frappé de manie, et s'imagina qu'il était devenu bœuf. Il fut sept ans dans cet état, après lesquels il remonta sur le trône, et régna comme auparavant.

Quelque temps après (*d*), il fit dresser une statue d'or, et fit publier qu'aussitôt qu'on entendrait le son des instruments de musique,

---

(*a*) *Dan.* I, 2, 3, 4, etc.
(*b*) *Dan.* XIII.
(*c*) An du monde 3434, avant Jésus-Christ 566, avant l'ère vulg. 570. *Dan.* IV, 1, 2, 3, etc.
(*d*) *Dan.* III, 1, 2, 3, etc. An du monde 3444, avant Jésus-Christ 556, avant l'ère vulg. 560.
(1) Lisez le chapitre II de Daniel, qui contient l'histoire de la vision de Nabuchodonosor. « C'est, dit M. Raoul Rochette, professeur d'archéologie, un précieux document sur les colosses des Babyloniens. Daniel, chap. II, raconte que Nabuchodonosor II avait vu en rêve une statue d'une grande élévation qui avait d'or fin la poitrine, et les bras d'argent, le ventre et les cuisses d'airain, les jambes et les pieds partie de fer, partie d'argile. En mettant à part le côté symbolique et religieux de ce récit, pour ne le considérer que dans ses rapports avec l'histoire de l'art, cette vision n'a pu arriver évidemment que chez une nation où les objets qu'elle représentait étaient familiers à tous les esprits, où l'on avait sous les yeux des colosses formés de différents métaux mélangés ensemble et travaillés au repoussé. Telles sont en effet les statues colossales auxquelles la Grèce enfance a rendu ses premiers hommages : la Diane d'Ephèse, la Junon d'Argos, etc. ; et plus tard, lorsque le progrès de la civilisation eut amené le perfectionnement de l'art, le génie de Phidias produisit son chef-d'œuvre à l'aide des mêmes procédés. C'était cette sculpture polychrôme qui, par le Jupiter Olympien, prosternait l'un des plus grands peuples de l'antiquité devant l'autre, et amenait, dans la personne de Paul-Emile, Rome victorieuse aux pieds du génie de la Grèce vaincue. »

Sur cet aperçu de M. Raoul Rochette, M. de Paravey s'exprime en ces termes : « Nous croyons que le savant professeur a négligé la véritable explication de la statue allégorique vue en songe par Daniel (*Sic*).

» Les métaux divers, comme les couleurs, répondaient, dans l'antique système hiéroglyphique, à des points spéciaux de l'horizon.

» Le *jaune* ou l'*or* répondait au centre, ou à la tête; le *vert* à l'est; le *rouge* ou le *cuivre* au sud; le *blanc* à l'ouest; le *noir* ou le *fer* au nord.

» Ainsi ces métaux divers désignaient les quatre empires principaux, par leurs positions relativement à Babylone. Encore actuellement les villes du Tunquin, toutes orientées, offrent à l'est, une porte *verte*; au sud, une porte peinte en *rouge*; à l'ouest, une porte *blanche*; au nord, une porte *noire*; et ce système allégorique qu'a entrevu M. Raoul Rochette, et qu'il a indiqué dans son cours, mais sans s'y arrêter suffisamment, lui eût expliqué, s'il eu avait pénétré plus profondément le sens, pourquoi les quatre mers ont des noms de couleurs qui leur furent donnés, en raison de leur position géographique et de la situation qu'elles occupaient à partir de l'Assyrie comme centre.

» La célèbre inscription de Sémiramis, conservée par Pollien, porte en effet que son empire s'étendait entre les quatre mers; locution qui a été emportée aussi de Babylone en Chine, mais qui là est absurde.

» Les quatre mers, que citait Sémiramis, sont le golfe Persique, ou mer *Verte* des Arabes, à l'*est*; le golfe Arabique, ou petite mer *Rouge*, au *sud*; la Méditerranée, que les Grecs et les Arabes nomment encore la mer *Blanche*, à l'*ouest*, et enfin, le *Pont-Euxin*, ou mer *Noire*, au *nord*.

» Ces noms ont été ensuite étendus aux mers de la Chine, des Indes, à l'Océan Atlantique et à l'Océan Ténébreux, puisque les Arabes nomment aussi la mer de la Chine, mer *Verte*, et que le nom de mer *Erythrée* ou *Rouge*, est celui de la mer des Indes dans tous les anciens auteurs.

» Tous ces noms supposent également l'Assyrie et la Judée comme centre, et cette conséquence, on le sent, est de la plus haute importance pour l'explication de l'histoire des Assyriens et des Chinois. »

(2) On s'est étonné que Daniel, emmené captif à Babylone, soit parvenu à cette haute position. Cet étonnement annonce, dans ceux qui le manifestent, une profonde ignorance des usages des cours orientales dans tous les temps. Aujourd'hui comme autrefois, les souverains de l'Orient s'amusent et ont des caprices. Pendant qu'ils se livrent aux plaisirs, ce sont souvent des esclaves, subitement devenus ministres, qui gouvernent l'État; et dans ces hautes fonctions, les esclaves se succèdent suivant la volonté capricieuse des monarques, cédant ordinairement aux suggestions de quelque autre esclave ou à quelque autre influence étrangère. L'histoire nous offre beaucoup d'exemples de ces révolutions de palais, et nous montra jusqu'à des nègres occupant, même dans la cour de Constantinople, les postes les plus élevés.

chacun eût à se prosterner, et à adorer la statue qu'il avait érigée (1). Daniel était apparemment alors absent de Babylone. Mais ses trois compagnons, ayant désobéi à l'ordre du roi, furent jetés dans une fournaise ardente, d'où ils sortirent sains et saufs. La grandeur et l'évidence du miracle engagèrent Nabuchodonosor à donner un édit en faveur de la religion des Juifs [*Voy.* ANANIAS]. Il mourut peu de temps après (*a*), et Evilmérodach lui succéda. Daniel conserva sous ce prince tout le crédit qu'il avait eu sous le roi son père.

Balthasar succéda à Evilmérodach ; et ce fut sous son règne que Daniel eut les fameuses visions des quatre animaux qui sortaient de la mer (*b*), et qui désignaient quatre empires : celui des Chaldéens, celui des Perses, celui des Grecs, et celui des Romains, ou plutôt celui des Séleucides et des Lagides. Après cela, et dans la même vision, Dieu fit voir à Daniel les persécutions que le roi Antiochus Epiphanes devait faire souffrir aux Juifs, la vengeance que Dieu en devait tirer, et les victoires que les Machabées devaient remporter contre lui. Dans le chapitre suivant (*c*), Dieu fit voir à Daniel un bouc et un bélier qui frappaient des cornes l'un contre l'autre. Le bouc marquait Alexandre le Grand ; et le bélier, Darius Condomanus, qui fut le dernier des rois de Perse successeurs de Cyrus. Le bélier fut vaincu et le bouc devint extrêmement puissant. Le prophète décrit les successeurs d'Alexandre, surtout Antiochus Epiphanes, sous la figure de quelques cornes qui s'élèvent de dessus la tête du bouc. Tout cela fut expliqué à Daniel dans la même vision par l'ange saint Gabriel.

Balthasar, roi de Chaldée [*Voy.* son article], ayant été tué la même nuit qu'il profana les vases sacrés du temple de Dieu (*d*), Darius le Mède, son grand oncle maternel, lui succéda (*e*). Ce roi, ayant établi six vingts satrapes sur les provinces de ses Etats (*f*), éleva au-dessus d'eux Daniel ; et il pensait même à lui donner l'intendance générale de tout le royaume : ce qui ayant allumé la jalousie des autres satrapes, ils engagèrent le roi à faire un édit qui défendait à tout homme de faire aucune demande ni à Dieu, ni à aucun autre, sinon au roi. L'édit fut publié et observé par tout le peuple : mais Daniel continua à faire ses prières à trois heures réglées, dans sa chambre, tourné du côté de Jérusalem. Ses ennemis en vinrent aussitôt donner avis au roi, qui fut obligé de le faire jeter dans la fosse au lion. Le lendemain Darius vint de grand matin à la fosse, et y ayant trouvé Daniel en parfaite santé, il ordonna qu'on l'en tirât, et qu'on y jetât en sa place ses accusateurs, avec leurs femmes et leurs enfants.

Ce fut sous le règne de ce prince que Daniel, ayant lu dans le prophète Jérémie le nombre des soixante et dix années qui devaient accomplir la désolation de Jérusalem, pria instamment et jeûna, pour en recevoir l'explication. Après sa prière, l'ange Gabriel vint lui révéler une autre chose de bien plus grande importance, qui est la mort, et le sacrifice du Messie, qui devait arriver au bout de soixante et dix semaines, composées de sept années chacune, et qui toutes ensemble font la somme de quatre cent quatre-vingt-dix ans.

La troisième année de Cyrus dans la Perse, qui concourt avec la première de Darius à Babylone (*g*), Daniel eut encore une grande vision, dans laquelle l'ange Gabriel lui dit que Michel lui avait aidé à surmonter le roi de Perse (*h*), c'est-à-dire Cyrus. Après cela, l'ange lui découvrit d'une manière presque aussi claire que s'il lui racontait une histoire, ce qui devait arriver dans la Perse après Cyrus (*i*), la venue d'Alexandre le Grand, ses conquêtes, l'empire des Perses abattu, et celui des Grecs élevé ; les royaumes de Syrie et d'Egypte longtemps en guerre l'un contre l'autre ; les persécutions d'Antiochus Epiphanes contre les saints ; la perte de ce prince

(*a*) An du monde 3444.
(*b*) *Dan.* VII.
(*c*) *Dan.* VIII.
(*d*) *Dan.* V, 1, 2, 3. An du monde 3415, avant Jésus-Christ 555, avant l'ère vulg. 539.
(*e*) *Dan.* IX. An du monde 3448, avant Jésus-Christ 552, avant l'ère vulg. 536.
(*f*) *Dan.* VI, 1, 2, etc.
(*g*) An du monde 3448, avant Jésus-Christ 552, avant l'ère vulg. 556.
(*h*) *Dan.* X.
(*i*) *Dan.* XI.

(1) Cette statue colossale avait soixante coudées de haut et six de large. Elle était beaucoup moins haute que la colonne de la place Vendôme, qui a quarante-trois mètres, tandis que les soixante coudées de la statue érigée par Nabuchodonosor ne font que trente mètres environ. Les interprètes sont embarrassés sur la situation du lieu où cette image fut dressée. Voici une explication donnée par M. Quatremère, dans ses *Mémoires géograph. sur Babylone*. « Nous lisons, dit-il, dans le livre de Daniel, III, 1, que Nabuchodonosor, ayant fait ériger une statue d'or, c'est-à-dire, sans doute, dorée, et probablement en l'honneur de Bel, dieu tutélaire de la Babylonie, célébra avec magnificence l'inauguration de cette image, dans une plaine appelée *Doura* דורא, située במדינת בבל. Les commentateurs, n'ayant pu comprendre comment une plaine pouvait se trouver renfermée dans l'enceinte de Babylone, ont supposé que le mot מדינא avait, chez les Chaldéens, la signification de *province*, et ils ont traduit, en conséquence : *Dans la province de Babylone*. Mais cette version n'est pas exacte. D'abord, le terme מדינא, en chaldéen, comme dans les autres langues qui ont avec cet idiome des rapports intimes, désigne, non pas *province*, mais *une ville* ; et il serait impossible de citer un passage dans lequel le premier sens dût être préféré au second. En second lieu, il est peu naturel de croire que le monarque de Babylone, voulant faire élever une statue en l'honneur de la principale divinité de son empire, eût choisi pour cet effet un terrain placé hors des murs de sa capitale. On sent bien que, dans ce cas, il a dû de préférence établir cette image dans l'enceinte même de Babylone. Or, une plaine comme celle de *Doura* ne pouvait se trouver que dans la partie occidentale de la ville. Nabuchodonosor, ayant choisi, pour agrandir sa capitale, un terrain immense qui renfermait, sans doute, des champs cultivés, des villages, des bourgs, chacun de ces lieux avait un nom particulier, qu'il conserva au moment où il se trouva renfermé dans l'enceinte de Babylone. La plaine de *Doura* faisait, sans doute, partie de ces champs compris dans les murs de cette ville, et qui, n'ayant encore pu se couvrir de maisons, étaient mis en culture, et offraient ainsi aux habitants une ressource assurée, et une garantie contre la disette qu'un long siège entraîne toujours avec soi. »

persécuteur, et la victoire et le bonheur des saints (a).

Après la mort de Darius le Mède, Cyrus monta sur le trône des Perses et des Mèdes (b). Daniel eut toujours beaucoup d'autorité dans ses Etats. C'est au temps de ce prince que nous rapportons l'histoire de Bel, et celle du Dragon, qui étaient adorés par les Babyloniens. Bel était une idole de bronze, à laquelle on offrait tous les jours douze mesures de farine, quarante brebis et six grands vases de vin (c). On croyait que cette idole consumait tout cela, et qu'elle était animée. Daniel entreprit de désabuser le roi. Il lui dit que Bel ne mangeait point ce qu'on lui offrait, mais que d'autres le mangeaient pour lui. En effet, il y avait soixante et dix prêtres de Bel, sans compter leurs femmes et leurs enfants, qui s'en nourrissaient, et qui entraient la nuit dans le temple par des conduits souterrains, sans qu'on s'en aperçût. Daniel étant donc venu au temple avec le roi, fit mettre sur l'autel la quantité ordinaire de viande, de pain, et de vin; et ayant fait sortir les prêtres, répandit de la cendre sur le pavé du temple; et étant sorti, fit mettre le sceau du roi à la porte, après qu'on l'eut bien fermée.

Pendant la nuit, les prêtres se rendirent dans le temple avec leurs femmes et leurs enfants, et consumèrent tout ce qui était sur l'autel. Le lendemain au matin, le roi vint avec Daniel; et ayant trouvé la porte bien fermée, et les sceaux en leur entier, ils ouvrirent la porte; et le roi ayant remarqué qu'il n'y avait rien sur l'autel de tout ce qui y avait été offert la veille, s'écria : *Vous êtes grand ô Bel, et il n'y a point en vous de tromperie.* Daniel commença à rire, et retenant le roi afin qu'il n'avançât pas plus avant, il lui dit : *Voyez ce pavé : de qui sont ces traces de pieds? Je vois,* dit le roi, *des traces de pieds d'hommes, de femmes, et de petits enfants;* et il entra dans une grande colère. Il fit donc arrêter les prêtres, leurs femmes et leurs enfants, et ils lui montrèrent les petites portes secrètes par où ils entraient, et venaient manger tout ce qui était servi sur la table. Le roi les fit donc mourir, et il livra à Daniel l'idole de Bel et son temple, qu'il fit renverser. —(Voy. Bel, mon addition, § v. Cette addition, empruntée du cours d'archéologie professé par M. Raoul Rochette, confirme le récit de Daniel.]

Il y avait aussi dans la ville un grand Dragon que les Babyloniens adoraient (d). Le roi dit à Daniel : *Vous ne pouvez point dire présentement que celui-ci ne soit pas un dieu. Adorez-le donc.* Daniel lui répondit : *J'adore le Seigneur mon Dieu : mais celui-ci n'est rien moins qu'un dieu. Que s'il vous plaît de me le permettre, je tuerai celui-ci, sans me servir ni d'épée ni de bâton.* Le roi le lui ayant permis, Daniel prit de la poix, de la graisse et du poil, et ayant fait cuire tout cela ensemble, il en fit des masses qu'il jeta dans la gueule du Dragon, et le Dragon creva. Les Babyloniens, étrangement irrités de cela, vinrent trouver le roi, et lui dirent : *Abandonnez-nous Daniel, ou nous vous ferons mourir avec toute votre maison.* Le roi fut donc contraint de leur abandonner Daniel, et ils le jetèrent dans la fosse aux lions, où il demeura six jours. Or il y avait dans la fosse sept lions, et on leur donnait chaque jour deux corps d'hommes, avec deux brebis ; mais on ne leur en donna point alors, afin qu'ils dévorassent Daniel.

En ce temps là, le prophète Abacuc, qui était en Judée, ayant préparé à manger pour ses moissonneurs, l'ange du Seigneur lui dit : *Portez à Babylone le dîner que vous avez préparé, et le donnez à Daniel qui est dans la fosse des lions.* Abacuc répondit : *Je n'ai jamais été à Babylone, et je ne sais où est la fosse.* Alors l'ange du Seigneur le prit par le haut de la tête, et le tenant par les cheveux, il le porta à Babylone au travers des airs ; et l'ayant mis au-dessus de la fosse, il donna à manger à Daniel ; et l'ange du Seigneur remit aussitôt Abacuc dans le lieu où il l'avait pris.

Le septième jour, le roi vint pour pleurer Daniel ; et s'étant approché de la fosse, il y vit Daniel, qui était assis au milieu des lions. Il jeta aussitôt un grand cri, et dit : *Vous êtes grand, ô Seigneur Dieu de Daniel ;* et l'ayant fait tirer de là, il y fit jeter ceux qui avaient voulu perdre le prophète, et les lions les dévorèrent devant lui en un moment (1). Voilà ce que l'Ecriture nous apprend de Daniel ; encore y a-t-il quelques auteurs qui tiennent qu'il y a eu deux Daniels, l'un de la famille de David, qui est le prophète dont nous parlons ; et l'autre de la tribu de Lévi, et de la famille d'Ithamar, à qui l'on attribue l'histoire de la délivrance de Susanne, et celle de la mort du Dragon et de la destruction du temple de Bel. Mais on n'a aucune preuve solide de cette distinction des deux Daniels.

La réputation de Daniel était si grande, même pendant sa vie, qu'elle était comme passée en proverbe (e). *Vous êtes plus sage que Daniel,* disait avec ironie Ezéchiel au roi de Tyr ; et dans un autre endroit, dans le même prophète (f), Dieu dit : *S'il se trouve au milieu d'une ville trois hommes du mérite de Noé, de Daniel, et de Job, ils garantiront leurs âmes du péril.* Josèphe (g) dit qu'il fut comblé des bienfaits de Dieu, et qu'il fut élevé au rang des plus grands prophètes. Il jouit de la faveur des princes et de l'affection des

---

(a) Dan. xii.
(b) An du monde 3456, avant Jésus-Christ 544, avant l'ère vulg. 548.
(c) Dan. xiv.
(d) Dan xiv, 22, 23, etc. An du monde 3457, avant Jésus-Christ 543, avant l'ère vulg. 547.
(e) Ezech. xxviii, 3.
(f) Ezech. xiv, 14, 20.
(g) Antiq. l. X, c. xii.

(1) Ce trait miraculeux de la vie de Daniel servit de leçon aux chrétiens dans les premiers siècles. « Parmi les images des persécutions, dit Cyprien Robert (Cours d'hiéroglyphique chrétienne), la plus commune est Dani l exposé nu entre deux lions, emblème des démons qui incessamment cherchent à dévorer l'homme. A genoux ou debout, il étend les bras en croix, et ce signe dompte les lions, dit saint Grégoire de Nazianze : c'est pourquoi ils regardent d'un air si soumis ce prophète, appelé dans l'Ecriture *l'homme des désirs.*»

peuples pendant sa vie; et après sa mort, il eut pour partage une réputation immortelle. Quelques Juifs (a) ont voulu autrefois exclure Daniel du rang des prophètes. Mais leur chagrin contre ce prophète ne vient que de ce qu'il est trop clair, et trop exprès pour Jésus-Christ, et qu'il marque trop expressément le temps de sa venue.

On croit que Daniel mourut dans la Chaldée, et qu'il ne profita pas de la permission donnée par Cyrus à tous les Juifs de s'en retourner dans leur pays. Les grands emplois qu'il possédait dans l'empire des Perses le retinrent parmi eux. Saint Épiphane dit qu'il mourut à Babylone, ce qui est suivi par la plupart des historiens. D'autres croient qu'il mourut à Suse, où il passa une bonne partie de sa vie, et où il eut plusieurs de ses visions. Benjamin de Tudèle raconte qu'on lui montra son tombeau à Chuzestan, qui est l'ancienne Suse (1). Josèphe (b) dit que, de son temps, on voyait encore à Ecbatane, capitale de Médie, une tour d'une structure admirable, que l'on disait avoir été bâtie par Daniel. Les rois de Perse et de Médie s'y faisaient enterrer, et on en confiait la garde à un prêtre de la race des Juifs.

Parmi les écrits de Daniel (2), il y a des pièces qui ont toujours constamment passé pour canoniques; d'autres qui ont été contestées fort longtemps. Tout ce qui est écrit en hébreu, ou en chaldéen (car il y a quelques pièces de chaldéen mêlées avec l'hébreu), tout cela est généralement reconnu pour canonique, tant chez les Juifs que chez les chrétiens. Mais ce qui ne se trouve qu'en grec, a souffert de grandes contradictions, et n'a proprement été reçu pour canonique que depuis la décision du concile de Trente (3). Du temps de saint Jérôme (c), les Juifs étaient partagés sur cela : les uns admettaient toute l'histoire de Susanne; d'autres la rejetaient tout entière; les uns en recevaient une partie, et en rejetaient une autre. Josèphe l'historien n'a rien dit de l'histoire de Susanne, ni de celle de Bel et du Dragon. Mais Joseph Ben-Gorion, auteur juif qui a écrit en hébreu, rapporte tout au long ce qui regarde Bel et le Dragon, et ne dit rien de l'histoire de Susanne. On peut voir tout ce qui regarde la canonicité de ces endroits, traité plus au long dans notre préface sur Daniel.

Les douze premiers chapitres de Daniel sont partie en hébreu, partie en chaldéen; les deux derniers sont en grec. Il parle hébreu, lorsqu'il récite simplement; mais il rapporte en chaldéen les entretiens qu'il a eus en cette langue avec les mages, et les rois Nabuchodonosor, Balthasar, et Darius le Mède (d). Il rapporte dans la même langue l'édit que Nabuchodonosor donna après que Daniel eut expliqué le songe qu'il avait eu d'une grande statue d'or (e). Cela fait voir l'extrême exactitude de ce prophète, qui rapporte jusqu'aux propres paroles des personnages qu'il fait parler. Le chap. III, v. 24 et suivants, jusqu'au quatre-vingt-dixième, sont en grec, aussi bien que les deux derniers chapitres; et c'est une grande question parmi les critiques, de savoir s'ils ont jamais été écrits en hébreu. La version grecque que nous avons de tout Daniel, est de Théodotion (f), celle des Septante est *perdue* il y a très-longtemps (4).

Porphyre (g) prétendait que les prophéties que nous avons sous le nom de Daniel, lui étaient faussement attribuées (5); que cet

(a) Vide apud Hieronym. Præfat. in Daniel. Theodoret Præfat. Comment. in Daniel.
(b) Antiq. l. X, c. ultimo.
(c) Hieronym. Præf. in Daniel. et in Dan. XII.
(d) Dan. II, 4 et seq. : III, v, vi, vIII.
(e) Dan. III, 98, 99, 100, et IV, 1, 2 et seq. ad. 31.
(f) Vide Hieronym. Præfat. in Daniel.
(g) Apud Hieronym. loco citato.
(1) « Près de Suse, dit M. Raoul Rochette, on voit un bloc de granit qui, suivant les traditions locales conservées jusqu'à nos jours, n'est autre que le *tombeau de Daniel*. En effet, si nous ne pouvons lui assigner avec certitude une origine aussi ancienne et aussi illustre, tout nous autorise, malgré la différence des lieux, à le considérer comme un produit de l'art babylonien. C'est un carré couvert sur ses deux faces d'inscriptions en caractères cunéiformes, semblables à ceux des monuments de Babylone. Au-dessus de ces caractères sont deux rangées de représentations symboliques d'hommes et d'animaux. On y remarque une figure qui a les traits caractéristiques des deux natures, et un monstre qui réunit un corps de sanglier, une tête d'homme avec des cornes et des jambes de bouc. Du reste, ce monument ne nous est pas assez connu pour que nous en puissions tenter une restitution et une explication certaine. Les trois dessins que l'on a publiés ont entre eux des différences telles que nous sommes forcés de suspendre notre examen jusqu'à ce que nous ayons des renseignements plus exacts. C'est pour les indigènes une sorte de talisman auquel s'attache une vénération superstitieuse. Ni les prières ni les offres des ambassadeurs ou des riches voyageurs n'ont pu les déterminer à laisser enlever ce bloc qui appartient à un peuple anéanti depuis tant de siècles.... »

« Cette pierre curieuse, dit M. de Paravey, seul débris important qui ait survécu à la splendide Suse, offre sur la face sculptée cinq rangées de figures qui se suivent par lignes horizontales, et qui offrent évidemment des constellations chaldéennes, analogues à celles du *Bétyle...*

» On peut voir sa figure, soit dans sir *Robert Ker-Porter*, soit dans le recueil de *Walpole* sur la Perse, soit dans le *Journal des Savants*, de novembre 1820, où le dessin de ce monument important est donné.

» On y remarquera, dans le haut, le croissant de la lune, entre une étoile à cinq pointes et une autre à quatre pointes; on y reconnaîtra facilement le *Chakal* ou *Syrius*, qui ouvre la marche des figures, et plus loin le Scorpion, le Trident; et enfin une Croix, aux quatre côtés égaux, analogue à la belle constellation de la Croix du Sud, déjà citée dans le célèbre poëme du *Dante*. Cette croix termine, dans le bas, à droite, la série des figures que présente la face principale de cette pierre. »

(2) Ces écrits, suivant M. Raoul Rochette, n'ont pas été assez consultés sous le rapport de l'art et de l'histoire des Babyloniens. Voyez LIVRES SAINTS, BALTHASAR, mon addition, DARIUS LE MÈDE, addition, et *Bel*, mon addition, §§ v et vi.

(3) Longtemps avant le concile de Trente, l'Église reconnaissait comme canoniques les fragments de Daniel. Il y avait seulement quelques particuliers qui en doutaient, par suite de l'obscurcissement de ce point de la tradition en certains lieux du monde catholique (S).

(4) Elle a été, à la fin du siècle dernier, publiée à Rome, d'après un célèbre manuscrit de la bibliothèque Chigi (S). —Ce manuscrit avait alors plus de huit siècles d'antiquité. Le titre de cette première édition de la version de Daniel par les Septante est en ces termes: *Daniel secundum Septuaginta ex Tetraplis Origenis nunc primum editus*, etc. Rome, 1772, in-fol.

(5) Des modernes ayant renouvelé ces attaques en s'appuyant sur des données philologiques, etc., Hengstenberg les a réfutés complétement dans un ouvrage allemand sur l'authenticité de Daniel (S). — Hengstenberg, protestant de la secte des piétistes ou mystiques, et professeur de théologie à Berlin, démontre, dans ce même volume, l'intégrité de Zacharie. Il établit l'authenticité de Daniel et l'intégrité de Zacharie de deux manières: 1° en réfutant

ouvrage était d'un imposteur, qui vivait en Judée du temps d'Antiochus Epiphanes, lequel, pour se concilier du crédit, avait contrefait l'inspiré, et avait fait en style prophétique le récit des choses qu'il voyait de ses yeux et qui se passaient de son temps. Que s'il a avancé quelque chose au delà du temps d'Epiphanes, il l'a fait au hasard, et contre la vérité. Ce célèbre ennemi de notre religion avait remarqué tant de clarté dans les prophéties de Daniel, qu'il les prit pour des histoires (1). Mais que Daniel ait vécu à Babylone longtemps avant Antiochus Epiphanes, et qu'il y ait écrit les prophéties que nous avons sous son nom, c'est ce que l'on ne peut raisonnablement contester (2). On peut voir la préface de saint Jérôme sur Daniel, et notre préface sur le même prophète.

Voici comme nous arrangeons la chronologie de Daniel : il fut mené à Babylone l'an du monde 3398, âgé peut-être de douze ans. L'histoire de Susanne peut être arrivée en 3401. Le songe de Nabuchodonosor, d'une grande statue d'or, en 3402. Le songe qu'eut le même prince, d'un grand arbre qui fut coupé jusqu'à la racine, en 3434. L'année suivante Nabuchodonosor tombe dans la manie, et croit être devenu bœuf. Il remonte sur le trône en 3443. La même année peut être arrivée l'histoire de la statue d'or érigée par ce prince. Daniel eut la vision des quatre bêtes au commencement du règne de Balthasar, en 3446. Deux ans après, c'est-à-dire en 3448, il eut la vision du bélier et du bouc, qui frappent des cornes l'un contre l'autre. Nous mettons en 3449, au commencement de Darius le Mède, les visions de Daniel rapportées aux chapitres IX, X, XI et XII de sa prophétie. Enfin, l'histoire de Bel et du Dragon arriva sous le règne de Cyrus, vers l'an 3468. Le temps de la mort de Daniel est inconnu.

Les rabbins, chagrins contre Daniel, apparemment parce que ses prophéties sont trop claires pour prouver que Jésus-Christ est le vrai Messie, et que le temps de la venue du Désiré des nations est arrivé, soutiennent qu'il ne doit pas être mis au rang des prophètes pour deux raisons (a) : la première, parce qu'il n'a pas vécu dans la Terre Sainte, hors de laquelle ne réside pas l'esprit de prophétie; la seconde, parce qu'il a passé sa vie à la cour d'un grand roi, dans les honneurs et dans une vie de délices, fort différente de la vie des autres prophètes. Quelques-uns ajoutent qu'il avait été eunuque, suivant cette parole d'Isaïe à Ézéchias (b) : *Ils prendront les enfants de votre maison, et en feront des eunuques qui serviront dans le palais des rois de Babylone.* Or la loi exclut de l'Église, ou de l'assemblée du Seigneur, toutes sortes d'eunuques (c) : *Non intrabit eunuchus Ecclesiam Domini.*

Il est vrai qu'Abénezra et la plupart des rabbins le purgent de ce dernier défaut; mais les autres accusations subsistent, et plusieurs se contentent de mettre ses écrits au rang des hagiographes, qui sont d'une bien moindre autorité que les Écritures canoniques. Ils ajoutent encore un autre trait malin contre ce prophète (d). Ils prétendent que, pendant que ses trois compagnons Sidrac, Mizac, et Abdénago (e), résistaient aux ordres impies du roi de Babylone, et qu'ils furent jetés dans la fournaise ardente, Daniel était allé en Égypte. Quoi faire ? Chercher des cochons, qu'il tira furtivement et adroitement de ce pays. Mais Josèphe (f) rend témoignage au grand mérite de Daniel. Le prophète Ézéchiel (g) le loue comme un des plus illustres personnages de son temps, et Jésus-Christ, dans l'Évangile (h), le reconnaît clairement pour vrai prophète.

Quelques-uns ont cru que Daniel était revenu en Judée avec Esdras; et les Orientaux enseignent (i) que ce fut Bahaman, fils d'Asfendias, roi de Perse, qui le renvoya. Ils ajoutent qu'il revint en Perse, et qu'il mourut dans la ville de Suse. Josèphe (j) raconte que Daniel avait bâti dans la ville d'Ecbatane un édifice fameux en forme de château, qui subsistait encore du temps de cet historien, et qui était si admirablement construit, qu'il semblait ne venir que d'être achevé, tant il conservait son premier éclat. C'était dans ce palais que les rois de Perse avaient choisi leur sépulture, et en considération de son fondateur, la garde en était encore de son temps commise à un homme de la nation des Juifs.

D'autres croient qu'il demeura à Babylone, ou à Suse, et qu'il ne revint jamais en Judée; son grand âge, ses emplois, et le besoin que ses frères avaient de sa protection dans le lieu de leur captivité, le dispen-

---

les objections des auteurs qui les ont attaquées, celles surtout de Gesenius et de Wette; et 2° en démontrant cette authenticité et cette intégrité par des preuves positives. Il serait à désirer que cet ouvrage et plusieurs autres fussent traduits en français et corrigés, au moyen de notes, en quelques endroits où les auteurs ont manqué de cette lumière qui n'existe que dans le catholicisme.

(a) *Hieronym. præfat. in Daniel. Maimonid. Mose-Nebochim parte* II, *c.* XLV. *Vide Grot. præf. in Esaiam.*
(b) IV *Reg.* XX, 18.
(c) *Deut.* XXIII, 1.
(d) *Gemar. Cod. Sanhedr. Coch.*
(e) *Dan.* III.
(f) *Joseph. Antiq. l.* X, *c.* XII.
(g) *Ezech.* XIV, 14; XXVIII, 3.
(h) *Matth.* XXIV, 15.
(i) *Bibliot. Orient.* p. 283.
(j) *Joseph. Antiq. l.* X, *c.* XII, lit *Ecbatane*, mais S. Jérôme lit *Suse.*

(1) M. Reghellini, en 1834, et M. Victor Hennequin, en 1842, sont, à notre connaissance, les deux plus modernes copistes de Porphyre.

(2) On a retrouvé récemment le nom de Darius écrit en caractères cunéiformes ou babyloniens dans une inscription persépolitaine. Il s'agit dans cette inscription d'un Darius qui vivait après Darius le Mède; mais qu'importe? Cette découverte est une preuve en faveur de l'authenticité du livre de Daniel. Le nom de Darius, dans cette inscription, se lit *Dareïousch*, et il est exactement écrit de même dans le chaldéen de Daniel et d'Esdras, דריוש, *Dareïousch*. Si le livre de Daniel avait été fait au temps d'Épiphane, où l'auteur aurait-il appris l'orthographe du nom de *Dareïousch*? et comme il s'agit de Darius le Mède, aurait-il pu s'attendre que l'on prendrait pour réelle son existence fabuleuse? Quant à la découverte du nom de Darius, écrit en caractères babyloniens, *voyez les Annal. de phil. chrét.* tom. X, p. 451.

sèrent apparemment de s'en retourner dans sa patrie. Il y en eut une infinité d'autres qui ne jugèrent pas à propos de quitter la Chaldée, où ils vivaient en repos, et où ils avaient leurs établissements, pour en aller chercher d'incertains dans un pays presque réduit en solitude.

Quelques Orientaux attribuent à Daniel l'invention de la géomancie, qu'ils appellent Reml (a). D'autres l'attribuent à Edris, qui est le même que le patriarche Enoch. Cette géomancie consiste à marquer plusieurs points sur des tables préparées à cet effet, qu'ils appellent Raml. Ces points, ainsi disposés en un certain nombre sur plusieurs lignes inégales, se peuvent aussi décrire avec la plume sur le papier; et celui qui devine par le moyen de cet art, se nomme *Rammal*.

Ils attribuent aussi à Daniel un volume qui a pour titre : *Principes de l'explication des songes;* et on trouve dans la Bibliothèque du roi, n° 410, un autre livre intitulé : *Odmathal-mantoul an Danial al-Nabi*, qui contient les prédictions reçues par tradition du prophète Daniel. C'est un ouvrage plein de faussetés, que les mahométans ont fabriqué sur le fondement des véritables prophéties de Daniel. Ils tiennent de plus que ce prophète prêcha la foi de l'unité d'un Dieu dans toute la Chaldée, et qu'il convertit le roi de Perse Lohorasb et Cyrus; que ce dernier donna à Daniel le gouvernement de la Syrie, et la possession de la ville de Damas.

[« Daniel, dit un écrivain protestant, a été pendant la captivité le représentant du peuple juif auprès des maîtres de l'Asie. Cette réflexion explique sa vie entière. Pour remplir cette mission, il fallait non pas seulement un homme de génie, mais un prophète. Dans tous les temps on a vu dans l'Orient des captifs faits à la guerre, des esclaves achetés sur un marché, s'élever, à force de talents, de bonheur ou d'intrigues, aux premières fonctions de l'État. L'élévation de Daniel, comme celle de Néhémie, est donc tout à fait dans les mœurs de ces contrées ; mais ces créatures des rois tombent avec celui qui les élève, et souvent leur sang coule sur sa tombe. Il fallait donc un prophète, pour que son crédit pût durer sous plusieurs règnes différents, survivre à toutes ces révolutions de cour et de gouvernement, renaître toujours à propos et défendre la vraie religion au milieu de l'idolâtrie. Aussi les exemples, les prodiges, les oracles de Daniel ont-ils eu pour but de soutenir le courage et l'espoir des Juifs ; la captivité ne devait pas interrompre la révélation.

» On a vu que la protection divine couvre Daniel dès son jeune âge; sa mission a commencé en quelque sorte dès son arrivée à Babylone, par le succès de ses abstinences...

» Ces docteurs, dont Daniel devint le chef, étaient divisés en écoles, et sous les noms divers de chaldéens, de mages, d'astrologues, de devins, remplissaient l'Asie. Ils étaient en possession de toute la science de ce temps,

(a) Biblioth. Orient , p. 709. *Raml.* et 285. *Danial.*

où quelques vérités, quelques calculs, quelques découvertes se mêlaient à beaucoup de préjugés et d'erreurs. L'astronomie, cultivée de temps immémorial en Orient, était leur étude favorite.... L'influence que Daniel a exercée sur eux doit avoir été très-grande, quoique nous manquions de données suffisantes sur ce sujet. L'arrivée des mages en Judée sous Hérode nous semble en être une trace non équivoque...

» On a accusé d'ostentation la piété de Daniel, priant presque en public. Il nous semble que le soupçon n'est pas fondé. C'était une de ces occasions où l'on doit se déclarer. Il faut se rappeler que l'édit de Darius n'exceptait personne. Vers qui les Juifs alors, ceux surtout de Babylone, pouvaient-ils tourner les yeux, si ce n'était vers le prophète ? Daniel, dans ce moment, leur devait son exemple, et qui sait combien son courage a empêché ses concitoyens d'obéir à l'impie décret ?

» Il n'est pas absolument impossible qu'un homme passe une nuit dans une fosse avec des lions, sans être dévoré. La férocité n'entre pas dans l'instinct de cet animal, et quand sa faim est apaisée, il dort au lieu de déchirer. Toutefois, il est évident qu'on doit voir ici une dispensation particulière de la Providence, et jamais miracle n'a été plus nécessaire. Quel triomphe pour tout le paganisme de l'Asie, quel coup terrible porté à la foi des Juifs, si un homme tel que Daniel avait péri pour avoir refusé de prier Darius, ou cessé pendant trente jours de prier Dieu !

» .... Une grande conformité de style et d'images existe entre Daniel et Ezéchiel, son contemporain. C'est que tous deux ont écrit dans les mêmes lieux, et l'on reconnaît dans leurs livres ces emblèmes longs et compliqués, qui forment un trait si remarquable de la littérature orientale. Ce goût du terroir, si l'on peut ainsi parler, inimitable par les étrangers, est une forte preuve de l'authenticité de ces écrits. »

Les historiens et les chronologistes sont fort embarrassés quand il s'agit de l'histoire des Juifs et de celle des Babyloniens dans la période embrassée par le livre de Daniel. Il a été lu sur ce sujet, le 18 mai 1843, à l'Académie de la Religion catholique à Rome, une Dissertation très-intéressante et qui paraît résoudre les difficultés. Elle a pour titre : *Essai sur la concordance de l'histoire et de la chronologie profane avec le livre de Daniel*, traduite en français et insérée dans les *Annal. de philos. chrét.*, tom. XXIX.]

DANIEL, fils de David et d'Abigaïl. I *Par.* III, 1. — [Il se nommait aussi Chéléab. II *Reg.* III, 3.]

DANIEL, de la famille d'Ithamar, revint de la captivité de Babylone. 1 *Esdr.* VIII, 2. — [Il est vraisemblablement le même qu'un prêtre de ce nom qui, au temps de Néhémie, fut de ceux qui signèrent l'alliance. *Neh* X, 6.]

DANNA, que dom Calmet appelle à tort Damna. *Voy.* DAMNA.

DANSE. On ne saurait assigner l'origine de cet exercice, mais on peut le dire aussi ancien que la poésie et la musique. La danse faisait partie des fêtes soit religieuses, soit nationales, chez les Hébreux comme chez les autres peuples. Elle accompagnait le chant ou la musique. « Les chœurs dont l'Ecriture parle si souvent, dit l'abbé Fleury (*Disc. sur la poésie des Hébreux*), étaient des troupes de danseurs ou danseuses. Elle fait mention de danses dans les réjouissances pour les victoires, et même dans les cérémonies de religion ; comme à la procession que fit David pour amener l'arche d'alliance en Sion, et à la dédicace de Jérusalem, sous Néhémias, où deux chœurs qui avaient chanté sous les murailles de la ville, vinrent finir ensemble dans le temple... Les lévites étaient distribués en plusieurs troupes, les uns jouant des instruments, les autres chantant et dansant avec modestie et gravité. » Suivant dom Calmet (*Dissert. sur les instrum. de musique*), le mot « *mahhalath* מחלת, ou maëleth Μαελέθ, comme portent les Septante [et la Vulgate] à la tête des Psaumes LII et LXXXVII, signifie proprement *la danse*. Ces Psaumes furent donc adressés au maître de la musique qui présidait à ces danses religieuses dont il est parlé si souvent dans l'Ecriture ; par exemple, après le passage de la mer Rouge (*Exod.* XV, 20) ; aux danses des filles qui venaient au tabernacle de Silo (*Judic.* XXI, 21) ; à celles qui se firent après la victoire de David sur Goliath (1 *Reg.* XVIII, 6) ; à l'avénement de Salomon à la couronne (3 *Reg.* I, 40). » Depuis longtemps la danse, en Orient, est dans le plus complet discrédit auprès des hommes graves, des personnes qui se respectent ; elle n'est plus usitée que parmi les gens avilis et méprisables. « En Orient, dit Chardin (*Voyag.*, tom. III, pag. 457), la danse est déshonnête, ou infâme si vous voulez, et il n'y a que les femmes publiques qui dansent. » D'Arvieux (*Mémoir.*, tom. III, p. 323) s'exprime en ces termes, en parlant des divertissements des Arabes : « Les hommes et les femmes arabes ne dansent jamais en public. Cet exercice paraît indécent. Il y a pourtant parmi eux des danseurs et des danseuses de profession, qui dansent pour de l'argent. »

DAPHCA, neuvième, ou dixième campement des Israélites dans le désert (*a*). Du désert de Sin, ils allèrent à Daphca ; de Daphca, à Alus.

[C'est le neuvième campement, suivant M. Delaborde. Les Israélites, dit Moïse dans son récit (*Exod.* XVII, 1), *étant partis du désert de Sin, et ayant demeuré dans les lieux que le Seigneur leur avait marqués, campèrent à Raphidim.* Et dans son journal (*Nomb.* XXXIII, 12) : *Ils vinrent de Sin à Daphca.* Sur quoi M. Léon Delaborde, qui a examiné les lieux, s'exprime en ces termes (*Comm. sur l'Exode*, pag. 98, col. 1) : « Il eût été impossible aux Hébreux avec leur lourde caravane et leurs nombreux troupeaux, de parvenir du désert de Sin à Raphidim en un jour ; c'est ce que ferait à peine un cavalier monté sur un bon dromadaire ; tandis qu'en divisant la distance jusqu'à Raphidim en trois journées,

(*a*) *Num.* xxxiii, 12.

DICTIONNAIRE DE LA BIBLE. II.

jusqu'au Sinaï en quatre, et depuis Suez, la distance totale en dix journées à peu près égale en longueur, du moins en fatigues, on explique le récit d'une manière satisfaisante, et l'on fait mieux ressortir la sagesse et l'habileté du chef d'une si grande caravane.

» Cette division est d'autant plus acceptable qu'elle est encore celle des caravanes chargées, et que les anciens pèlerins, qui voyageaient tranquillement à âne, l'observaient. Pierre de Suchen, en 1336, écrivait : *Von Alkir und Babilonia kompt man zu dem Berg Sinai in zwelf Tag-Reysen* (du Caire et de Babylone on va au Sinaï en douze jours).

» Daphca était peut-être un lieu habité, c'était certainement un endroit connu dans la contrée puisqu'il porte un nom ; de fait, ce devait être une des meilleures stations des Israélites, dans l'admirable fertilité et l'agréable fraîcheur de Ouady-Feyran.»

M. Delaborde a levé et dessiné avec grand soin la carte de cette vallée, et il l'a reproduite dans son ouvrage ; les positions de Sin, de Daphca et d'Alus s'y remarquent.

De Daphca, dit le texte sacré (*Num.*, ib. 13), *les Israélites vinrent camper à Alus.* « La vallée, poursuit M. Delaborde, était trop agréable, les troupeaux y trouvaient de trop abondants pâturages, pour que la grande émigration nomade hâtât sa marche. Elle s'arrête à Alus, qui, comme Daphca, désigne un lieu de halte, habituel aux caravanes, et offrant au voyageur une source et des palmiers. »]

DAPHNE [ou DAPHNIS, comme l'écrit la Vulgate.] Josèphe (*b*) parle d'une fontaine de Daphné qui augmente les eaux du Jourdain. Saint Jérôme et le Chaldéen lisent aussi, *la fontaine de Daphné* (*Num.* XXXIV, 11), où l'Hébreu porte simplement, *la fontaine*, de cette sorte [la Vulgate] : *Depuis le village d'Hénan, jusqu'à Séphama. De Séphama, ils descendirent à Rébla, vis-à-vis la fontaine de Daphnis*; l'Hébreu, *vis-à-vis* [ou plutôt à *l'orient d'Aïn*, c'est-à-dire de] *la fontaine.* [Les Septante ont ἀπὸ ἀνατολῶν ἐπὶ πηγάς, *depuis l'Orient jusqu'aux fontaines.*]

Il y a assez d'apparence que saint Jérôme et les interprètes Chaldéens avaient en vue la fontaine de Daphné, près d'Antioche. Mais ils pouvaient aussi regarder la fontaine de Daphné, voisine du lac Séméchon, de laquelle Josèphe fait mention. Il faut pourtant convenir que le texte de Josèphe enferme quelque difficulté. Il dit que *le lac Séméchon a trente stades de large, et soixante de long ; et que ses marais s'étendent jusqu'aux campagnes de Daphné, qui sont si délicieuses, surtout par leurs belles eaux, qui grossissent le petit Jourdain, et qui le conduisent dans le grand Jourdain, au-dessus du temple du veau d'or.* On sait que le temple du veau d'or était à Dan. Ainsi il y a assez d'apparence qu'au lieu *des campagnes de Daphné*, il faut lire, *les campagnes de Dan.*

DAPHNE, bois ou faubourg près d'Antioche, capitale de Syrie. Ce faubourg n'était

(*b*) *Joseph. de Bello*, l. IV, c. 1, p. 865.

2

pas adhérent à la ville, mais il en était distant d'environ quarante stades, ou une lieue et demie. Il était célèbre par ses belles eaux, par ses bois, et par son temple, qui était un asile sacré pour tous ceux qui s'y retiraient. Le grand-prêtre Onias III, craignant les entreprises de l'usurpateur Ménélaüs, s'était retiré par précaution dans l'asile de Daphné. Mais Ménélaüs ayant gagné Andronique, qui commandait à Antioche, en l'absence du roi Antiochus Epiphanes, Onias fut tiré frauduleusement de l'asile, et massacré par l'ordre d'Andronique (a).

Sozomène, Théodoret et saint Jean Chrysostome disent que l'oracle de Daphné se tut sous l'empereur Julien, que Gallus son frère, qui était chrétien, ayant résolu de purger ce lieu de la superstition qui y régnait, fit transporter d'Antioche à Daphné le corps de saint Babylas, qui avait été évêque de cette ville, et qui y avait souffert le martyre, cent ans auparavant, sous l'empereur Décius ; et que, depuis la présence de ce saint, comme il s'y était bien attendu, le démon avait entièrement cessé d'y rendre ses oracles. Mais Julien, voulant faire la guerre aux Perses quelque temps après, vint à Daphné pour consulter l'oracle sur cette guerre : après lui avoir sacrifié un grand nombre de victimes, l'oracle ne répondit autre chose, sinon que la présence de Babylas lui fermait la bouche ; l'empereur fort en colère ordonna aux chrétiens de transporter dans un autre lieu le corps du saint évêque ; mais la nuit suivante la foudre tomba sur le temple d'Apollon, réduisit en cendres l'autel et la statue du faux dieu, et ruina presque tout l'édifice. L'empereur Zénon fit depuis bâtir à Daphné les églises de Saint-Michel et de Sainte-Euphémie.

[« Il faut vous indiquer l'emplacement de la cité de Daphné, fameuse par son temple d'Apollon et son oracle, par ses voluptueux jardins et ses belles eaux : Daphné se trouvait à deux heures à l'ouest d'Antioche, du côté de la rive gauche de l'Oronte, sur le chemin de Lattaquié (Laodicée). Des mûriers, des vignes et des touffes de myrte couvrent le penchant d'une colline et une portion de terrain plat fermé de murs ; ce sont là les jardins de Daphné, appelés en arabe *Doueir*; d'abondantes sources sortent de terre et s'épanchent en flots limpides ; après une rapide et bruyante course, l'eau de Daphné tombe en deux grandes cascades vers l'Oronte ; l'endroit où naissent les fontaines se nomme *Beit-el-Moié* (maison de l'eau). Quelques moulins à farine de construction grossière, quatre ou cinq cabanes de terre ou de boue, tels sont les monuments que le temps et les Turcs ont mis à la place du temple d'Apollon, du sanctuaire de Babylas. A côté de la plus profonde fontaine de *Beit-el-Moié*, on remarque des débris massifs appartenant à un édifice des âges reculés ; je pourrais peut-être prouver que ces restes sont ceux du temple d'Apollon. » POUJOULAT, *Corresp. d'Orient*, Lettr. CLXXIV, tom. VII, page 203.

DAPHNIS, *Num*. XXXIV, 11. Voy. DAPHNÉ.

DARA, [dernier] fils de Zaré, de la tribu de Juda. 1. *Par*. II. 6.

DARABITTE, village dans le Grand-Champ. Voy. ci-devant DABARITTE.

DARCON, Juif qui revint de la captivité de Babylone. 2. *Esdr*. VII. 58. [A proprement parler, il n'était pas Israélite d'origine ; il était chef d'une famille nathinéenne, et ce furent ses descendants qui revinrent de la captivité.]

DARCMONIM דרכמנים. Ce terme se trouve dans l'Hébreu du premier livre d'Esdras, cap. II, v. 69, et dans le second d'Esdras, cap. VII, v. 70, 71, 72, et il y est ordinairement traduit par, *dragmas*, des dragmes. Or la dragme est une monnaie des Grecs, qui vaut huit sols et un denier. Saint Jérôme, 1. *Esdr*. II, 69, le rend par, *solidos*, des sols d'or ; et les Septante au même endroit, par, *des mines d'or*. Dans le second d'Esdras, VII, 70, 71, 72, saint Jérôme le traduit toujours par *dragmas*; et les Septante au même endroit par, *des pièces d'or*. Nous croyons avec M. le Pelletier de Rouen, que les *darcmonim* sont la même monnaie que les *adarcmonim*, qui se trouvent 1 *Paralip*. XXIX, 7, et 1 *Esdr*. VIII, 27 ; que les uns et les autres signifient *des dariques*, monnaie d'or très-pur, qui fut, dit-on, frappée par Darius fils d'Hytaspe, roi de Perse (b), ou plutôt, par un Darius plus ancien, selon le Scoliaste d'Aristophane (c) ; car Darius d'Hystaspe ne parut que plusieurs années après Esdras. Il n'est pas certain que les dariques anciennes aient été frappées au coin. Elles ne le furent que sous Darius, fils d'Hystaspe. *Voy*. DARIQUES et DARIUS le MÈDE.

M. le Pelletier, dont on a parlé, les estime à onze livres, onze sols, neuf deniers, et un quart, qui est, selon lui, la valeur du demi-sicle d'or des Hébreux. Mais M. Gronovius (d) l'estime à vingt dragmes d'argent, c'est-à-dire, à neuf livres, un sol et huit deniers ; en sorte que les mille darcmonim feraient dix mille quatre-vingt-dix livres de notre monnaie, et les vingt mille dariques, deux cent mille dix-huit cents livres.

DARD. Voy. JAVELOT.

DARIQUES. Voy. ci-dessus DARCMONIM. Les Dariques tirent leur nom de *Darius le Mède* (e), nommé autrement Cyaxares, oncle de Cyrus, qui fut laissé, par ce prince, gouverneur de Babylone, et des pays conquis sur les Chaldéens par Cyrus, pendant que ce prince était occupé à son expédition d'Egypte, de Syrie et des pays circonvoisins. Comme Darius trouva à Babylone des trésors immenses amassés par les rois de Chaldée, il en fit faire des monnaies d'or, qui par leur

---

(a) II *Macc*. c. IV, 33. An du monde 3834, avant Jésus-Christ 166, avant l'ère vulg. 170.
(b) *Herodot*. l. IV, c. CLXVI.
(c) *Scoliast. in Aristophan. Ecclesias.* v. 598.
(d) *Gronov. de pecunia vet.* l. I, c. III.
(e) *Vide Suid. voce* Δαρεικός. *Harpocration. Scholast. Aristophan. ut Ecclesium.*

finesse et leur pureté, car elles étaient de pur et, n'ayant presqu'aucun aloi, furent pendant plusieurs siècles préférées à toutes les monnaies d'Orient : elles se répandirent même dans la Grèce, et y furent très-estimées. Selon le docteur Bernard, Anglais (a), qui avait écrit des poids et des mesures anciennes, la darique pesait deux grains plus qu'une guinée. On frappa dans la suite d'autres pièces du même nom et de même valeur; et il y avait même des demi-dariques, qui ne valaient que moitié des premières, et n'avaient que la moitié du poids.

DARIUS. On connaît dans l'histoire plusieurs princes du nom de Darius. Nous nous bornerons à ceux dont il est parlé dans l'Ecriture. DARIUS LE MÈDE, nommé dans Daniel (b), était fils d'Astiages, roi des Mèdes, et frère de Mandane, mère de Cyrus, et d'Amyit, mère d'Evilmérodach, et aïeule de Balthasar. Ainsi Darius le Mède était oncle maternel d'Evilmérodach et de Cyrus. Le texte hébreu le nomme d'ordinaire *Dariavesch*, ou *Darius*. Les Septante le nomment *Artaxercès* dans Daniel, VI, 1, et le Grec du chap. XIII, 65, du même Daniel, lui donne le nom d'*Astiages*. Enfin Xénophon l'appelle partout *Cyaxares*. Ce prince succéda à Balthasar, roi de Babylone (c), son arrière-neveu, petit-fils de sa sœur, mort l'an du monde 3442, avant Jésus-Christ 558, avant l'ère vulgaire 554. Daniel ne nous dit pas qu'il y ait eu guerre entre eux : mais les prophètes Isaïe (d) et Jérémie (e) en parlent assez clairement; soit qu'ils entendent les guerres que Darius le Mède fit aux Babyloniens, ou celles que leur déclara Cyrus.

Darius, étant monté sur le trône de Babylone, jugea à propos d'établir six vingts satrapes sur ses Etats, afin qu'ils en gouvernassent les différentes provinces (f). Il mit au-dessus d'eux trois princes, dont Daniel était un, afin que les satrapes leur rendissent compte. Comme Daniel les surpassait tous en autorité, et que le roi songeait à l'établir surintendant de tout son royaume, les autres satrapes complotèrent de le perdre. Ils engagèrent le roi à faire un édit, qui défendait à tout homme de faire aucune demande à quelque Dieu, et à quelque homme que ce fût, sinon au roi. L'édit fut publié; et tout le peuple l'observa. Mais Daniel ayant continué à faire ses prières trois fois chaque jour, ses ennemis obligèrent le roi à le faire jeter dans la fosse aux lions; parce qu'un roi n'était plus maître de changer ce qu'il avait une fois ordonné avec le conseil et le consentement des grands. Darius fut affligé de la condamnation de Daniel; et le lendemain de grand matin, étant allé à la fosse des lions, et l'ayant trouvé sain et sauf, il le fit tirer de cette fosse, et y fit jeter ses accusateurs, avec leurs femmes et leurs enfants (g).

Ce fut sous Darius le Mède que Daniel eut la fameuse vision des soixante et dix semaines, après lesquelles le Christ devait être mis à mort, et celle des persécutions qu'Antiochus Epiphanes devait faire souffrir aux Juifs. Ces visions sont rapportées dans les chapitres IX, X, XI, XII de ce prophète. Darius le Mède mourut à Babylone vers l'an du monde 3456, avant Jésus-Christ 544, et avant l'ère vulgaire 548. Il eut Cyrus pour successeur dans la monarchie des Perses, des Mèdes et des Chaldéens, qui furent réunis sous un seul empire.

[Daniel, après avoir raconté la scène impie qui fut terminée par la mort violente de Balthasar, roi de Babylone, ajoute (V, 31) : *Et Darius le Mède lui succéda au royaume*.... « Quel est ce prince, dit M. Quatremère, membre de l'académie des Inscriptions (1), quel est ce prince dont le nom est resté complétement inconnu aux historiens grecs et latins, mais dont l'existence ne saurait être révoquée en doute, puisqu'elle nous est indiquée par un témoin oculaire des catastrophes qui accompagnèrent la prise de Babylone ? Une pareille question était bien propre à piquer la curiosité des amateurs de l'antiquité et de l'histoire; aussi a-t-elle été l'objet de nombreuses recherches....

» Les uns ont vu dans Darius, ce Cyaxare, qui, si l'on en croit Xénophon, fut fils d'Astyage, et beau-père de Cyrus. — D'autres ont cru y reconnaître Nériglissar, roi de Babylone, dont le nom se trouve indiqué dans les récits de Bérose, de Mégasthène. — D'autres l'ont confondu avec Darius, fils d'Hystaspe.— D'autres enfin ont supposé que Darius était un prince Mède, auquel Cyrus, en reconnaissance de ses services, avait conféré la satrapie de Babylone.

» La première opinion, qui semble s'accorder beaucoup mieux qu'aucune autre avec le récit de Daniel, avait longtemps obtenu les suffrages des historiens les plus éclairés. Et après avoir été combattue, réfutée, avec plus ou moins de succès, elle a été pleinement adoptée par les critiques, qui, dans ces dernières années, ont écrit sur cette partie des annales de l'antiquité, tels que dom Clément (2), MM. Berthold (3), Gesenius (4), Winer (5), Hengstemberg (6), Rosenmüller (7), etc. Toutefois de graves objections s'élèvent contre la vérité de la narration consignée dans la Cyropédie. »

M. Quatremère examine les quatre systèmes ci-dessus énoncés. Dans le cours de sa discussion, il rend à Daniel, considéré comme historien, un témoignage que nous devons recueillir. « Il est impossible, dit-il, de supposer que Daniel, qui écrivait à Babylone, et

---

(a) *Bernard. de ponderib. et mensuris antiq.*, p. 171.
(b) *Dan.* v, 31; ix, 1; xi, 1, etc.
(c) *l'an.* v, 31.— [*Voyez* ma note sur le mot BALTHASAR. (S).]
(d) *Isai.* XIII, XIV, XLV, XLVI, XLVII.
(e) *Jerem.* L, LI.
(f) *Dan.* vi, 1, 2.
(g) An du monde 3430, avant Jésus-Christ 550, avant l'ère vulg. 554.

(1) *Mémoire sur Darius le Mède*, 1838.
(2) *Art de vérifier les dates.*
(3) *Daniel... übersetzt und erklært.* p. 843 et suiv.
(4) *Lexicon hebr. et chald.*, p. 2.
(5) *Biblischer reqlwœrterbuch* t. I, p. 292.
(6) *Die authentie des Daniels.* p. 525 et suiv.
(7) *Scholia in Daniel.* p. 195, 196.

qui était contemporain des événements qu'il raconte, se soit grossièrement trompé, en changeant sans motif le nom du prince, dont il avait été le ministre, et substituant la dénomination de Darius à celle de Cyaxare. En outre Darius est désigné comme fils d'Assuérus (*Dan.* IX, 1); donc il n'était pas fils d'Astyage; car ces deux noms ont trop peu de ressemblance pour qu'ils aient été confondus par un homme qui vivait à la cour, et qui avait tant de moyens d'être instruit de la vérité. »

Après avoir réfuté, péremptoirement, ces mêmes systèmes, M. Quatremère expose son opinion, et d'abord il se reporte à une époque bien antérieure à la prise de Babylone, et recherche quelle fut la politique de Cyrus.

Astyage était un despote cruel; la noblesse mède demanda ou accepta l'intervention armée de Cyrus pour arrêter la tyrannie de ce monarque. Le héros perse vint en Médie, et une partie de la nation vint se ranger sous ses drapeaux. Bientôt il eut vaincu Astyage, et se garda bien de blesser les préjugés et l'orgueil national des Mèdes. « Au lieu de prétendre lui-même à l'empire, dit l'auteur, il engagea les Mèdes à se choisir un maître, pris dans leur sein, et se réserva l'honneur d'être le lieutenant du nouveau souverain. Mais on peut croire que Cyrus, en homme adroit et rusé, eut l'art de diriger les suffrages, et de les faire tomber sur un prince d'une origine illustre, mais déjà d'un âge avancé, sans enfants, et dont le caractère doux et pacifique devait laisser à Cyrus la chance de régner en réalité sous le nom d'un autre. Ce nouveau monarque fut sans doute le Darius, fils d'Assuérus, dont Daniel nous a conservé le nom et l'histoire. Le caractère de ce prince, tel que je viens de le tracer, nous est bien représenté dans les récits du prophète, qui nous le montrent partout comme un homme bon, humain et faible, et se laissant gouverner paisiblement par des insinuations étrangères. »

Alors à un empire Mède avait succédé un empire Médo-Perse (1).

« Cependant Cyrus, à la tête des troupes Médo-Perses, portait au loin ses armes victorieuses, étonnait l'Asie de ses exploits rapides, et était vanté dans le monde entier comme un conquérant infatigable et invincible.

» Après la conquête de Babylone, Darius établit sa résidence dans cette ville, qui pas-

sait avec raison pour la plus importante des cités de l'Orient. C'est là qu'après un règne de deux années, il termina tranquillement sa carrière. Il est probable que ce prince ne laissa point d'enfant, et Cyrus se trouva naturellement héritier de l'empire de l'Asie. Il est possible que dans cette circonstance, les Mèdes aient vu avec un secret déplaisir l'avénement de ce prince au trône; sans doute ils auraient mieux aimé voir la couronne passer à un souverain de leur nation, et non pas à un Perse. Mais leurs vœux à cet égard ne pouvaient se réaliser. Cyrus, par ses nombreux exploits, avait consolidé sa puissance, était devenu l'idole des troupes, l'objet de l'admiration de tout l'Orient. Tout contribuait donc à l'appeler au trône; les Mèdes n'auraient pu, sans une haute imprudence, s'opposer au torrent; et ils aimèrent mieux sans doute souffrir patiemment ce qu'ils ne pouvaient empêcher. Au reste, nous voyons, par le livre de Daniel, que Cyrus ne commença à compter la première année de son règne qu'au moment de la mort de Darius.

» Enfin rien n'empêche de croire que Cyrus n'ait porté constamment et pendant la vie de Darius le titre de roi de Perse. Nous savons par l'ancienne histoire de l'Orient que, dans tous les temps, à toutes les époques, tandis que l'Asie était soumise à un seul souverain, chaque pays n'en avait pas moins son roi particulier, qui, tout en gouvernant ses états avec une autorité absolue, reconnaissait la prééminence du monarque suprême, était tenu de marcher sous ses drapeaux, de lui payer des contributions plus ou moins fortes, et de contribuer, en toute circonstance, à la défense et à la prospérité de l'empire. C'est ainsi que dans l'Europe, au moyen-âge, de grands vassaux, investis souvent d'un pouvoir immense, n'en relevaient pas moins d'un seigneur suzerain, auquel ils devaient foi et hommage. Et ce que je viens de dire n'est pas appuyé sur une vaine supposition; car nous voyons chez les anciens Perses, ainsi que sous les dynasties des Arsacides et des Sassanides, des rois de l'Atropatène, de la Bactriane, et de l'Élymaïde, etc., qui tous relevaient du roi des rois, monarque de l'Asie.

» Mais, dira-t-on, si ce Darius a réellement occupé, durant plusieurs années, le trône de l'Orient, comment son nom est-il resté com-

---

(1) M. Quatremère fait bien voir qu'à cet égard ses idées ne reposent point sur de simples conjectures, et qu'elles « sont appuyées par tout ce que nous connaissons de l'histoire de l'Orient à cette époque. » Cyrus avait fait conclure une alliance intime des Mèdes avec les Perses, qu'il leur avait présentés comme des auxiliaires dévoués et intéressés à la consolidation de leur puissance. « Il fit adopter aux Perses le costume des Mèdes. Dans le langage de la chancellerie, tout était fait au nom des Mèdes et des Perses, et toujours le premier de ces deux noms se trouvait placé en première ligne. Dans le livre de *Daniel*, nous trouvons partout [VI, 8, 12, 15] ces mots: *Il a plu aux Mèdes et aux Perses : voilà ce qu'ordonnent les lois des Mèdes et des Perses.* [Voyez encore: V, 28; VIII, 20, où les Mèdes sont pareillement nommés les premiers.] Dans le livre d'*Esther*, nous retrouvons les mêmes expressions, [c'est-à-dire nous les retrouvons au chap. X. 2, où les Mèdes sont placés en première ligne, et au chap. I, 3, 14, 19, où les Perses sont nommés les premiers, par une raison que je suppose tenir à la politique, car l'histoire d'Esther se passa à la cour de Perse. De même III *Esdr.* III, 14]. Les mots des Mèdes et Perses devinrent inséparables, pour désigner les dominateurs de l'Orient. Ils sont employés concurremment chez les écrivains grecs, et nous les voyons même réunis dans un passage de la vie d'Alexandre, par Arrien. L'habitude de voir les Mèdes figurer en première ligne dans les affaires de l'Orient, a produit chez les Grecs cette expression de *guerre médique*, employée souvent au lieu de *guerre persique*. De là vient que Juvénal a dit: *Epotaque flumina Medo*. Dans un mémoire lu à l'Académie des Belles-Lettres, il y a plusieurs années, je crois avoir prouvé qu'une expression analogue à celle de *Médo-Perse* s'était perpétuée en Orient sous le règne des rois Sassanides, et avait été adoptée par sous les historiens de l'Arménie. »

plétement inconnu aux historiens grecs et latins? Ce silence peut, ce me semble, s'expliquer d'une manière naturelle. Il paraît certain que Darius n'avait à peu près que le titre de roi. Le commandement des armées et toute la puissance réelle appartenaient à Cyrus; les peuples de l'Orient s'accoutumaient à voir en lui leur véritable souverain, sans trop s'embarrasser peut-être du faible monarque qui végétait paisiblement dans les palais d'Ecbatane et de Babylone. D'un autre côté, les Perses qui, comme on peut le croire, étaient jaloux de la suprématie des Mèdes, fiers des trophées de leur chef, le montraient comme le monarque réel de l'Orient, et s'appliquaient, autant qu'il dépendait d'eux, à éclipser le faible rival de ce prince. Aussi, Hérodote, qui, dans son voyage à Babylone, avait appris de la bouche des Perses les faits qu'il raconte, n'avait point entendu prononcer le nom de Darius. Xénophon, qui, dans le cours de sa retraite, et en suivant les bords du Tigre, avait pu voir des Mèdes, et obtenir des éclaircissements historiques, avait peut-être entendu parler de Darius. Mais, soit que ceux à qui il devait ces renseignements eussent, sur leur propre histoire, des connaissances imparfaites, soit qu'il eût mal compris leurs récits, soit qu'il eût cédé trop facilement au plaisir d'embellir et de farder la vérité, il substitua à Darius un Cyaxare inconnu dans l'histoire, mais dont il se servit habilement pour répandre sur son ouvrage un intérêt romanesque.

» Au reste, est-il bien certain que les anciens aient entièrement ignoré l'existence de Darius le Mède?

» Nous lisons, dans les récits de quelques écrivains grecs, que les *dariques*, ces pièces de monnaie qui avaient cours dans l'empire Perse, tiraient leur dénomination, non pas de Darius, fils d'Hystaspe, mais d'un prince de même nom, plus ancien (1). Or, on peut croire que le prince indiqué était le même que Darius le Mède. En effet, il est difficile, ce me semble, de se persuader que Cyrus, maître d'un immense empire, dominateur de toute l'Asie, n'ait pas songé à faire frapper dans ses états une monnaie particulière, et qu'il se soit contenté des pièces qui avaient cours chez plusieurs nations de l'Orient. Or, si ce monarque, après la conquête de Babylone, conçut un pareil projet et le mit à exécution, il est présumable que, par égard pour Darius, il fit graver sur sa monnaie l'effigie de ce prince. Dans la suite, comme le nom de Darius le Mède avait peu retenti dans l'Orient, et encore moins chez les nations étrangères, on s'accoutuma naturellement à attribuer l'émission de ces pièces à Darius, fils d'Hystaspe, dont les exploits et les grandes qualités avaient jeté sur l'empire Perse un éclat si brillant. »

M. Paolo Mazio, dans une dissertation lue à l'Académie de la religion catholique, à Rome le 18 mai 1843 (2), recherche aussi qui fut Darius le Mède. Il trouve que le Cyaxare de Xénophon est fabuleux, que le Darius de Daniel n'est autre que le Nabonnid de Bérose, qui était étranger, c'est-à-dire, Mède; que ce Nabonnid ou Darius n'avait, d'après Mégasthène, aucun lien de parenté avec Labosoardoch ou Balthasar, auquel il succéda; qu'il parvint à l'empire par le seul meurtre de Balthasar, sans guerre, sans perturbation, sans difficulté aucune, et que Cyrus lui succéda. M. Paolo Mazio arrive donc à la même conclusion que M. Quatremère, mais par des voies différentes. Il serait utile de comparer avec critique leurs mémoires, peut-être sortirait-il de cet examen quelque lumière sur plus d'un point de l'histoire des anciens empires de l'Orient.]

DARIUS, *fils d'*HYSTASPE, fut un des sept conjurés qui tuèrent le faux *Smerdis*, et les mages usurpateurs du royaume des Perses. Darius, fils d'Hystaspe, fut reconnu roi par les six autres conjurés, de la manière que chacun sait. Car étant convenus entre eux (a) que celui-là serait reconnu roi, dont le cheval saluerait le premier le soleil à son lever, par ses hennissements, l'écuyer de Darius mena la veille le cheval de son maître avec une jument, au même lieu où le lendemain on se devait trouver pour cela. Dès le matin, les sept conjurés s'y rendirent. Darius y arriva au lever du soleil; et son cheval réveillé par ce qui s'y était passé la veille, commença à hennir. Aussitôt les six satrapes se jetèrent à bas de cheval, et se prosternant devant Darius, lui déférèrent unanimement la royauté (3). Cela arriva l'an du monde 3483, avant Jésus-Christ 517, avant l'ère vulg. 521.

Darius épousa d'abord Athosse fille de Cyrus, laquelle avait eu en premières noces *Cambyse* son propre frère, puis le faux *Smerdis*. Hérodote (b) dit que Darius en eut quatre fils, qu'elle eut pendant assez longtemps beaucoup de part au gouvernement. Ce qui fait juger que ce n'est pas la même que Vasthi, qui fut répudiée d'assez bonne heure par ce prince. Il épousa encore *Artistone*, pour qui il eut une tendresse particulière, qu'il préféra à ses autres femmes, et à qui il fit ériger une statue d'or battu au marteau (c). C'est apparemment la même qu'Esther. Outre ces deux femmes, il en eut encore plusieurs autres, à la manière des rois d'Orient. La première femme de ce prince était fille de Gobrias. Il épousa la princesse *Parmis*, fille de Smerdis, fils de Cyrus (d), et *Phœdima*, fille d'Othanes (e), et *Phralagune*, fille unique

---

(a) Justin. l. III. Herodot. l. III.
(b) Herodot. l. VII, c. III.
(c) Herodot. l. VII, c. LXIX.
(d) Herodot. l. VII, c. LXXXVIII.
(e) Idem ibidem, c. LXVIII, 69.
(1) *Suidæ Lexicon*, in V. Δαρικός. — Schol. ad Aristophanis concionatrices, v. 602.
(2) Cette dissertation qui est intitulée : *Essai sur la concordance de l'histoire et de la chronologie profane avec le livre de Daniel*, a été traduite en français et imprimée dans les *Annal. de Phil. chrét.*, tom. XXIX.
(3) Dom Calmet a omis de mentionner les discussions qui précédèrent la décision par suite de laquelle Darius fut reconnu roi, et qui sont bien autrement intéressantes que le hennissement du cheval de ce prince. *Voyez mon Histoire de l'Ancien Testament*, liv. VIII, chap. I, § II, t. II, pag. 108, 109.

d'Atarnès, frère de Darius (a). Ce fut apparemment l'une de celles-là qu'il répudia, et qui est nommée Vasthi (1) dans le livre d'Esther. Je ne rapporte pas cette histoire au long; on la verra dans l'article d'*Esther*, et on l'a déjà vue dans celui d'*Assuérus*. Nous plaçons la répudiation de Vasthi la quatrième année de Darius (b), du monde 3487. Esther devint son épouse, et fut reconnue reine vers l'an 3488, avant l'ère vulgaire 514.

La seconde année du règne de ce prince, du monde 3485, les Juifs, animés par les exhortations des prophètes Aggée et Zacharie, recommencèrent à travailler au temple, dont ils avaient interrompu l'ouvrage depuis le temps de Cyrus. Leurs ennemis en ayant donné avis à Darius, ce prince leur permit de continuer (c). Aman, fils d'Amathi, ayant abusé de la bonté que le roi avait pour lui, en demandant la mort de tous les Juifs qui étaient dans ses états, et Darius ayant été informé de l'injustice de sa demande, le fit lui-même pendre au poteau qu'il avait destiné pour Mardochée, et permit aux Juifs de se venger de leurs ennemis, en 3495. Ce prince réduisit Babylone après vingt mois de siége. Cette ville, autrefois la capitale de tout l'Orient, et la maîtresse de toutes les nations sous les règnes de Nabuchodonosor, et de ses fils et petits-fils, ne souffrit qu'avec une extrême répugnance de se voir réduite au second rang, et dépouillée de ses plus chères prérogatives, les rois de Perses ayant transféré à Suses le siége de leur empire. Elle résolut donc de se délivrer du joug de la servitude, et de se révolter contre les Perses (d). Dans ce dessein profitant de la révolution qui arriva en Perse, premièrement à la mort de Cambyse, et ensuite dans le massacre des mages, ils commencèrent à faire secrètement leurs préparatifs pour la guerre, et pour soutenir un long siége. Ils employèrent quatre ans à ces préparatifs, et lorsqu'ils crurent leur ville abondamment fournie de provisions pour plusieurs années, ils levèrent l'étendard de la rébellion, et refusèrent d'obéir à Darius, fils d'Hystaspe.

Ce prince leva promptement une armée, et vint faire le siége de Babylone avec toutes ses forces. Les Babyloniens n'osèrent s'exposer en pleine campagne contre un prince de la valeur de Darius. Ils s'enfermèrent dans leurs murailles, qui étaient d'une hauteur et d'une épaisseur qui les mettait hors d'insulte: et comme ils n'avaient à craindre que la famine, ils prirent la résolution la plus barbare dont on ait jamais ouï parler; ce fut d'exterminer toutes les bouches inutiles et incapables de combattre. Ils rassemblèrent donc toutes les femmes et tous les enfants, et les étranglèrent : ils réservèrent seulement chacun celle de leurs femmes qu'ils aimaient le plus, et une servante pour faire les ouvrages de la maison. Ainsi se vérifia cette parole d'Isaïe (e) : *Tu as dit, ô Babylone: Je serai toujours la maîtresse ; et tu n'as pas fait attention à ce qui doit l'arriver à la fin. Écoute, ville délicieuse, et qui habites sans crainte, qui dis dans ton cœur : Je suis, et nulle autre n'est semblable à moi ; je ne serai pas veuve, et je n'éprouverai pas la stérilité; ces deux maux fondront sur toi en un seul jour, la viduité et la stérilité*, etc. En effet, par la mort de ses femmes et de ses enfants, Babylone n'éprouva-t-elle pas en un seul jour ces deux malheurs ?

On croit avec raison que les Juifs qui demeuraient en Babylone, ou en furent chassés par les Babyloniens, comme trop attachés au roi Darius, qui favorisait en toutes choses leur nation, ou qu'ils prirent d'eux-mêmes le parti d'en sortir, lorsqu'ils virent les esprits résolus à la révolte. Les prophètes les avaient souvent avertis de fuir du milieu de cette ville criminelle. *Sortez du milieu de Babylone*, avait dit Isaïe (f), *fuyez du milieu des Chaldéens, annoncez à haute voix que le Seigneur a sauvé son peuple.* Et Jérémie (g) : *Retirez-vous du milieu de Babylone, sortez de la terre des Chaldéens. Je vais assembler contre elle une multitude de nations du côté de l'aquilon, qui la prendront, et la Chaldée sera en proie.* Et encore (h) : *Fuyez du milieu de Babylone ; que chacun de vous sauve son âme et sa vie. Le temps de la vengeance du Seigneur est arrivé ; Babylone a été comme une coupe d'or entre les mains du Seigneur, il en a enivré toutes les nations; elle est tombée tout d'un coup, elle est toute brisée,* etc. Enfin Zacharie, presque dans le même temps, c'est-à-dire, vers la cinquième année de Darius, avait fait dire aux Juifs de Babylone (i) : *O, fuyez de la terre d'aquilon, dit le Seigneur.... O Sion, qui habitez chez la fille de Babylone, sauvez-vous !*

Darius, fils d'Hystaspe, fut vingt mois devant Babylone, sans faire aucun progrès considérable ; la ville était fournie de toutes sortes de provisions pour plusieurs années : la hauteur et la force de ses remparts la rendaient imprenable ; la résolution de ses habitants était extrême : Babylone renfermait dans son enceinte un grand terrain vide (j), qui pouvait être cultivé, ce qui était d'une grande ressource aux assiégés ; de sorte qu'elle ne pouvait être prise ni par assaut ni par famine. Zopyre, un des généraux de Darius, entreprit de la prendre par stratagème. Il se fit couper le nez et les oreilles, et se fit diverses incisions sur tout le corps, et, en cet état, il se jeta dans la ville, se plaignant amèrement de la cruauté de Darius, qu'il accusait de l'avoir injustement mis en cet état. Il sut si bien gagner la confiance des Babyloniens, qu'ils lui confièrent le gouvernement de leur ville et le commandement de leurs

(a) *Herodot*, l. VII, c. ccxxiv.
(b) *Esth.* i, 3.
(c) I *Esdr.* vi, 12, 14.
(d) *Herodot*. l. III. *Justin*. l. I, c. x. *Polyæn*. l. VII.
(e) *Isai*. xlvii, 7, 8, 9.
(f) *Isai*. xlviii, 20.

(g) *Jerem*. l, 8
(h) *Jerem*. li, 6, 7, 8, 9.
(i) *Zach*. ii, 6, 9.
(j) Q. *Curt*. l. V, c. 1.
(1) L'époux de Vasthi me semble être Cambyse. *Voyez* ma note au mot Assuérus. (S).

troupes. Il s'en servit pour livrer la ville au roi, qui le combla de biens et d'honneurs pour tout le reste de sa vie.

Il n'eut pas plutôt Babylone en sa puissance, qu'il en fit enlever les cent portes d'airain, suivant la prédiction qu'en avait faite Jérémie (a) : *Voici ce que dit le Seigneur : Ce mur de Babylone qui est si épais sera renversé, ses portes si élevées seront brûlées, et les travaux des nations seront réduits au néant.* C'est ce que raconte Hérodote (b) : *Darius abattit les murs de Babylone*, non pas entièrement, car il les laissa à la hauteur de cinquante coudées, au lieu de deux cents qu'ils avaient auparavant ; *et il enleva toutes les portes, ce que n'avait pas fait Cyrus, lorsqu'il prit la ville ; enfin il fit crucifier trois mille des plus mutins*, et pardonna aux autres ; et pour empêcher que Babylone ne demeurât déserte, il y fit mener cinquante mille femmes des provinces voisines, pour remplacer celles qu'ils avaient tuées au commencement du siége.

Les autres guerres de Darius, fils d'Hystaspe, et les autres événements de son règne n'ont aucun rapport à notre sujet. Nous lisons que ce prince, qui parut toujours très-favorable aux Juifs, et qui avait même épousé Esther, et élevé Mardochée à de très-grands honneurs, et qui par conséquent devait avoir quelque connaissance du vrai Dieu, tomba sur la fin de sa vie dans l'erreur des mages adorateurs du feu. Zoroastre étant venu à sa cour (c) à Suse, sut si bien s'insinuer dans l'esprit du roi, et lui proposa ses sentiments avec tant d'adresse, que Darius embrassa ses sentiments, et son exemple fut suivi par les courtisans, la noblesse et tout ce qu'il y avait de personnes de distinction dans le royaume. Ainsi le magianisme, ou le culte du feu devint la religion dominante dans la Perse, et y continua jusqu'à l'établissement du Mahométisme dans le même pays.

Zoroastre tenta ensuite de faire embrasser sa religion à Argasp roi des Scythes orientaux, zélé sabéen ; et, pour en venir plus aisément à bout, il employa l'autorité de Darius. Le roi scythe indigné qu'on voulût lui faire une loi dans une chose de cette nature, se jeta dans la Bactriane avec une armée, battit les troupes de Darius, tua Zoroastre avec tous ses prêtres au nombre de quatre-vingts, et démolit tous les temples de cette province. Darius y accourut, tomba sur les Scythes avant qu'ils eussent eu le loisir de se retirer, fit un grand carnage de leurs troupes, les chassa du pays, et rétablit les temples qu'ils avaient détruits, surtout celui de Balch, qui était comme la métropole de toute la religion des mages ; Darius le rétablit d'une grandeur et d'une magnificence extraordinaire, et par reconnaissance, il fut nommé dans la suite *le temple de Darius Hystaspe*. On dit qu'il prit le titre de Maître des mages

(a) Jerem. LI, 58.
(b) Herodot. l. III.
(c) Religio veter. Persar. c. XXIV, XXV, XXVI.
(d) Porphyr. de abstinentia. l. IV.
(e) Herodot. l. VII, c. VII.

(d), et qu'il voulut qu'on gravât ce titre sur son tombeau.

Nous examinerons sur l'article d'Esther les difficultés qu'on forme sur la qualité d'époux d'Esther, que nous avons attribuée à Darius fils d'Hystaspe. Darius mourut l'an du monde 3519, avant l'ère vulgaire 481, après trente-six ans de règne (e). Voyez ARTAXERCÈS Longuemain et ASSUÉRUS.

[Le tombeau de Darius Hystaspe et ceux de ces successeurs existent encore. Ceux de Darius Hystaspe, de Xercès et de Darius Codoman sont creusés dans la montagne de Rachmed, sur un pic, à plus de soixante pieds au-dessus du sol, et où l'on ne parvient qu'en se faisant hisser au moyen d'une corde attachée autour du corps. Cette montagne est près de Persépolis. A deux lieues plus loin, sur un autre pic, dans le lieu appelé Wakschi-Roustam, sont les tombeaux des quatre autres rois Achéménides. Voyez, sur ces antiques monuments, Ker-Portet, *Voyag.*, tom. 1. p. 520 et suiv., et Raoul-Rochette, *Descript. des ruines de Persépolis*, dans les *Ann. de Ph. chrét.* t. XII, p. 140 et suiv.]

DARIUS CONDOMANUS. Ce prince était de la race royale des Perses, mais fort éloigné de la royauté, et dans un assez grand abaissement, lorsque Bagoas, eunuque fameux, qui avait fait périr successivement les rois Ochus et Arsès, le plaça sur le trône (f). Son véritable nom était Codoman ; et il ne prit celui de *Darius* que lorsqu'il fut fait roi. Il était descendu de Darius Nothus, qui eut un fils nommé Ostanes, lequel fut père d'Arsane, qui engendra Codoman. Celui-ci n'était d'abord qu'*astande*, c'est-à-dire courrier (g), ou tout au plus général des postes de l'empereur Ochus. Mais un jour étant à l'armée de ce prince, un des ennemis vint défier le plus vaillant des Perses. Codoman se présenta pour le combattre, et le vainquit (h), et pour récompense il fut fait gouverneur de l'Arménie. C'est de là que Bagoas le tira pour le placer sur le trône des Perses.

Bagoas s'aperçut bientôt que Darius n'était pas d'humeur à lui abandonner le gouvernement, et à se contenter du simple titre de roi. Il résolut de s'en défaire, et prépara du poison pour le faire périr (i). Mais Darius en ayant été averti, l'obligea à le boire lui-même, et s'assura ainsi la possession tranquille de la couronne. L'histoire nous représente Darius comme le plus bel homme et le mieux fait de tout l'empire des Perses, et en même temps comme le plus brave, le plus généreux, le plus doux et le plus clément.

Alexandre le Grand ayant été choisi par les états et villes libres de la Grèce pour commander en chef l'armée que l'on destinait contre les Perses, honneur qui avait été déféré au roi Philippe son père un peu avant sa mort, il passa en Asie à la tête de trente mille hommes de pied, et de cinq mille chevaux ; et ayant rencontré au passage du Gra-

(f) Diodor. Sicul. l. XVII.
(g) Plutarch. de fortuna Alexandri, et in vita ejusdem.
(h) Diodor. l. XVII. Justin. l. X, c. III.
(i) Diodor. l. XVII.

nique Darius, qui avait une armée cinq fois plus forte que la sienne, il remporta sur lui une grande victoire. Il le battit une seconde fois à Issus. Alors Darius lui fit faire jusqu'à trois fois des propositions de paix ; mais voyant qu'il n'y en avait point à espérer, il assembla une nouvelle armée, qui se trouva forte de deux cent mille hommes : il la mena vers Ninive. Alexandre l'y suivit. La bataille se donna près d'un petit village nommé Gangameles : Darius la perdit; Alexandre n'avait qu'environ cinquante mille hommes. Après cette défaite, Darius s'enfuit vers la Médie, dans l'espérance de tirer de cette province et de celles qui lui restaient encore au nord de l'Empire, de quoi tenter de nouveau la fortune.

Il arriva à Ecbatane, capitale de Médie, où il rassembla les débris de son armée (a), avec quelques nouvelles troupes qu'il leva. Alexandre, après avoir passé l'hiver à Babylone et à Persépolis, se mit en campagne pour aller chercher Darius. Celui-ci, sur l'avis de sa marche, partit d'Ecbatane dans le dessein de se retirer dans la Bactrienne, de s'y fortifier, et d'y augmenter son armée; mais il changea bientôt d'avis, s'arrêta tout court, et résolut de hasarder encore une fois le combat, quoique son armée n'eût alors qu'environ quarante mille hommes. Pendant qu'il s'y préparait, Bessus, gouverneur de la Bactrienne, et Nabarzanes, autre grand de Perse, arrêtèrent Darius, le chargèrent de chaînes, le mirent sur un chariot couvert, et s'enfuirent, l'emmenant avec eux vers la Bactrienne, résolus, si Alexandre les poursuivait, d'acheter leur paix en lui livrant son ennemi, sinon de le tuer, de s'emparer de la couronne, et de recommencer la guerre.

Huit jours après leur départ, Alexandre arriva à Ecbatane, et se mit à les poursuivre pendant onze jours de suite. Il s'arrêta enfin à Ragès, ville de Médie, n'espérant plus d'atteindre Darius : de là il se rendit au pays des Parthes, où il apprit ce qui était arrivé à ce prince infortuné. Après plusieurs jours d'une marche précipitée, il atteignit enfin les traîtres, qui, se voyant si pressés, firent ce qu'ils purent pour contraindre Darius à monter à cheval pour se sauver avec eux; mais ayant refusé de le faire, ils le percèrent de plusieurs coups, et le laissèrent mourant dans son chariot. Il était mort lorsqu'Alexandre arriva : il ne put refuser ses larmes à un spectacle si triste : il couvrit Darius de son manteau, et l'envoya à Sisigambis, épouse de ce prince, pour qu'elle lui fît donner la sépulture dans les tombeaux des rois de Perse.

Ainsi se vérifièrent les prophéties de Daniel, qui avait prédit la ruine de la monarchie des Perses. Il avait représenté cette monarchie sous l'idée d'un ours (b), qui avait trois rangs de dents dans la gueule, et à qui il fut dit : *Levez-vous, et rassasiez-vous de carnage.* Mais cette bête fut mise à mort par une autre bête qui était semblable à un léopard, et qui avait quatre ailes et quatre têtes. Le même empire des Perses était représenté dans la statue qui parut en songe à Nabuchodonosor (c), par la poitrine et les bras qui étaient d'argent; et celui d'Alexandre y était désigné par le ventre et les cuisses d'airain.

Dans un autre endroit, l'empire des Perses nous est encore figuré sous l'idée d'un bélier (d), qui donne des coups de cornes contre l'occident, contre le septentrion, et contre le midi : rien ne pouvait lui résister : il fit tout ce qu'il voulut, et il devint fort puissant. Mais en même temps un bouc (c'est Alexandre le Grand) vint du côté de l'occident, parcourut tout le monde sans toucher la terre : il avait une corne fort grande entre les deux yeux. Il s'avança contre le bélier qui avait des cornes, et s'élançant avec impétuosité, il courut contre lui de toute sa force, l'attaqua avec furie, le frappa, lui rompit les deux cornes, et l'ayant renversé, il le foula aux pieds, sans que personne pût délivrer le bélier de sa puissance. On ne peut rien ajouter à la clarté de ces prophéties.

Les auteurs grecs conviennent que le motif de la guerre des Grecs contre les Perses, était l'entreprise que Xercès avait faite contre la Grèce, dans laquelle, selon l'expression de Daniel (e), ce prince *avait animé tous les peuples contre la Grèce.* Mais les auteurs Orientaux racontent la chose autrement (f) Ils disent que *Darab II,* roi de Perse, fils de Bahaman, ayant fait la guerre à Philippe, roi de Macédoine, obligea ce prince à lui demander la paix. Il ne l'obtint que sous ces conditions : premièrement de payer au roi vainqueur mille beizaths, ou mille œufs d'or de tribut annuel : ces beizaths valaient chacun quarante dragmes d'argent : et en second lieu, de lui donner sa fille en mariage. Darab ayant reçu la fille du roi Philippe pour femme, et s'étant aperçu dès la première nuit de ses noces qu'elle avait l'haleine mauvaise, résolut de la renvoyer à son père, quoiqu'elle fût déjà enceinte.

Philippe la fit soigneusement garder jusqu'au temps de ses couches : elle enfanta Alexandre, que Philippe déclara lui appartenir, et à qui il laissa le royaume après lui. Darab, roi de Perse, mourut aussi vers le même temps, et eut pour successeur Dara, son fils (c'est Darius Codoman), qui fut un prince violent et cruel, qui aliéna tellement les esprits des peuples, et même des grands de sa cour, qu'ils députèrent à Alexandre le Grand, pour l'exhorter à faire la conquête de la Perse. Alexandre ayant donc refusé de payer le tribut ordinaire, et ayant répondu à ceux qui le vinrent demander, que la poule qui pondait les beizaths, ou les œufs d'or, s'était envolée à l'autre monde; Dara assembla une grande armée pour lui faire la guerre.

(a) *Arrian. l.* III. *Diodor. l.* XVII. *Plutarch. in Alex. Curt. l.* V.
(b) *Dan.* VII, 5, 6.
(c) *Dan.* II, 39, 40.
(d) *Dan.* VIII, 4, 5, 6, 20, 21.
(e) *Dan.* XI, 2.
(f) D'Herbelot, Biblioth. Orient. p. 285. *Dara et Darab.*

Alexandre se prépara à le bien recevoir, et alla même au-devant de lui jusqu'en Perse : il lui livra bataille, et le vainquit. Dara s'étant retiré dans sa tente, deux de ses officiers, natifs de Hamadan, lui passèrent leur épée au travers du corps, et s'enfuirent vers le camp du vainqueur. Alexandre, informé de ce qui s'était passé, accourut à la tente de Dara, qui respirait encore, lui prit la tête, la mit sur ses genoux, pleura son triste sort, lui protesta qu'il n'avait aucune part à sa mort. Dara ouvrant les yeux, le pria de le venger de la perfidie de ses serviteurs, lui donna sa fille Roxane en mariage, et lui recommanda de ne point mettre le gouvernement de la Perse entre les mains des Grecs. Ainsi il mourut entre les bras d'Alexandre, qui était son frère, selon les historiens, étant né de la fille de Philippe, épouse de Darab, comme Dara était né d'une autre femme du même Darab, père de Dara.

Darius Codoman, ou *Condomane* ne régna que six ans, depuis l'an du monde 3668, jusqu'en 3674. Il mourut en 3674; l'an 326 avant la naissance de Jésus-Christ, et l'an 330 avant l'ère vulgaire.

DAROMA, est le même que *Darom*, qui en hébreu signifie le midi. Eusèbe et saint Jérôme se servent souvent du terme *Daroma*, pour désigner la partie méridionale de Juda. Ce canton de Daroma s'étend du nord au midi, depuis la ville d'Eleuthéropolis, en avançant vers l'Arabie Pétrée, à la longueur de près de vingt milles : et du levant au couchant, depuis la mer Morte, jusqu'à Gérare et Bersabée (*a*).

*DARTRE. Les dartres peuvent se rapporter à la lèpre, comme des avant-coureurs et des dispositions à cette maladie. Ce n'est d'abord qu'une inégalité de la peau, avec une démangeaison assez petite, mais qui s'augmente dans la suite. La peau se charge d'une blancheur farineuse qui dégénère enfin en lèpre, lorsqu'au lieu de cette blancheur il survient des croûtes ou des écailles semblables à celles du poisson. Les Romains ont connu une espèce de dartres plus dangereuse que les ordinaires ; ils l'ont nommée *Mentagra*. Pline dit qu'on ne l'avait pas connue avant le règne de Tibère ; mais elle était si contagieuse qu'elle se communiquait par un seul baiser ou en touchant simplement celui qui en était affecté. Elle attaquait d'abord le visage, puis le cou, la poitrine et les mains, et rendait difforme, par une espèce de son, vilain et sale, qui couvrait le visage. On ne peut presque pas douter que ceux que Moïse ordonne d'enfermer, pour juger si la blancheur que l'on remarque sur leur corps s'est augmentée, ne fussent attaqués de dartres qui dégénéraient communément en lèpre (1).

DATHAN, fils d'Eliab, fut un de ceux qui conspirèrent avec Coré, Abiron et Hon, pour dépouiller Moïse et Aaron de l'autorité que Dieu leur avait donnée sur son peuple. Dathan et ses complices furent engloutis dans la terre, et descendirent au tombeau tout vivants (*b*). — [Voy. ABIRON et CORÉ.]

DATHEMA, ou DATHMAN, forteresse du pays de Galaad, où les Juifs de delà le Jourdain se retirèrent, et où ils soutinrent l'effort de Timothée, en attendant que Judas Machabée les vînt délivrer (*c*). On ignore la vraie situation de cette forteresse, mais cela ne fait rien quant à l'histoire de ce qui s'y passa. Avant la captivité de Babylone, et sur le déclin de la monarchie des royaumes de Juda et d'Israel, les nations qui étaient dans le pays de Galaad, c'est-à-dire, les Arabes, les Ammonites et les Moabites s'assemblèrent pour exterminer les Juifs de leur pays (*d*) ; car depuis l'édit d'Antiochus, qui les obligeait à quitter leur religion, tous les peuples leurs voisins et leurs ennemis, se crurent tout permis à leur égard, ils se joignirent même aux troupes d'Antiochus pour leur faire la guerre : mais les Juifs, informés de leur dessein, se retirèrent dans la forteresse de Datheman. Aussitôt ils envoyèrent des lettres à Judas Machabée et à ses frères, pour leur faire savoir l'état où ils se trouvaient réduits, et leur demander un prompt secours. Dans le temps qu'ils lisaient ces lettres, il leur vint de pareilles nouvelles de la part des Juifs de Galilée ; alors Judas fit assembler tout le peuple, pour délibérer sur ce qu'il y avait à faire dans ces conjonctures. Il fut résolu que Judas et Jonathas, son frère, passeraient le Jourdain, pour aller secourir ceux qui étaient dans le pays de Galaad ; et que Simon, leur autre frère, irait en Galilée, pour délivrer leurs frères, qui y étaient menacés d'une perte entière. Ils laissèrent dans la Judée, pour la garde du pays, Joseph et Azarias, avec défense de combattre jusqu'à leur retour.

Simon étant donc allé dans la Galilée, livra plusieurs combats aux nations ennemies, qui furent défaites et s'enfuirent devant lui ; et il les poursuivit jusqu'à la porte de Ptolémaïde, leur tua environ trois mille hommes, et remporta de riches dépouilles (*e*).

Judas Machabée, de son côté, et Jonathas, son frère, ayant passé le Jourdain, apparemment à Bethsan, marchèrent trois jours dans les déserts ; et les Nabathéens, peuples Arabes qui n'étaient point entrés dans le complot de ceux qui voulaient faire main-basse sur les Juifs, vinrent au devant d'eux avec amitié, et en ayant été reçus dans un esprit de paix, ils leur racontèrent tout ce qui se passait au sujet de leurs frères de Galaad, qui s'étaient renfermés dans les villes les plus fortes, où les ennemis les tenaient encore assiégés, et avaient résolu de faire marcher le lendemain leur armée, pour les perdre tous en un même jour (*f*).

(*a*) Voyez Reland. *Palæst. t.* I, *c.* XXXII, p. 185, 186.
(*b*) Num. XVI, 1..., 31. Psal. CV, 17. Vers l'an du monde 2552, avant Jésus-Christ 1448, avant l'ère vulg. 1452
(*c*) I Macc. v, etc. Joseph. Antiq. *l.* XII, c. II.
(*d*) I Macc. v 9.
(*e*) I Macc. v, 21, 22
(*f*) Ibid. v. 27..
(1) D. Calmet ou Vence, *Dissertat. sur la lèpre*, dans la Bible de Vence, t. III, p. 26.

Judas ayant reçu cet avis, partit aussitôt avec son armée contre Bosor, surprit la ville, la brûla, fit passer au fil de l'épée tous les mâles qu'il y trouva, et enleva tout le butin. De là il marcha toute la nuit pour se rendre à la forteresse de Datheman, et il arriva au point du jour dans le moment que l'attaque commençait avec de grands cris de part et d'autre, et que les ennemis montaient à l'assaut avec un grand nombre d'échelles et de machines. Alors Judas partagea son armée en trois corps, s'avança contre les ennemis en ordre de bataille, et lorsqu'il fut à portée, ses troupes firent retentir leurs trompettes, et poussèrent des cris vers le ciel en invoquant le secours de Dieu. Les soldats de Timothée reconnurent aussitôt que c'était Judas Machabée; ils quittèrent l'attaque de Datheman, et prirent la fuite. Judas les poursuivit, en fit un fort grand carnage, et il en demeura ce jour-là près de huit mille sur la place.

☞ *Observations* (1) *sur l'escalade de Datheman par Timothée, et sur le secours de cette forteresse par Judas Machabée* (2). — L'insulte des villes par escalade est, je crois, aussi ancienne que leurs fortifications, et toutes les machines que l'industrie a pu inventer pour s'en rendre maître, sont venues longtemps après. Il est vrai qu'on les a d'abord bloquées avant que l'on pensât à les escalader, et souvent l'on s'en tenait au blocus, lorsque les murs de la ville se trouvaient à l'abri de ces sortes d'entreprises par leur hauteur extraordinaire. Les attaques d'emblée et par escalade chez les Hébreux, étaient ordinairement environnantes, ils y joignaient quelquefois la sape et l'enfoncement des portes, pour faire diversion des forces de l'ennemi. Les Grecs et les Romains observaient aussi cette méthode; toute l'armée donnait en même temps et la cavalerie même y avait part. Dès que l'armée était arrivée devant une place, l'infanterie l'environnait de toutes parts; les frondeurs et les archers formaient une seconde ligne derrière les soldats pesamment armés, qui étaient commandés pour l'escalade, et la cavalerie formait une troisième ligne qui environnait les deux autres.

Ces trois lignes, ainsi disposées à une certaine distance, formaient chacune un cercle autour de la ville, et à mesure qu'elles en approchaient, le cercle devenait toujours plus petit, de sorte qu'il ne restait aucun intervalle dès qu'on était arrivé sur le bord du fossé, qui devait être à sec pour ces sortes d'entreprises; les archers et les frondeurs faisaient pleuvoir une grêle de flèches et de pierres sur ceux qui paraissaient aux défenses des murailles, pendant qu'on distribuait les échelles aux soldats pesamment armés, qui descendaient en hâte dans le fossé, s'avançaient au pied des murs, y appliquaient les échelles, et tâchaient de gagner le haut. Les Romains appelaient cette façon d'attaquer,

(a) Pharsale de Lucain, l. III.
(b) I *Mac.* v, 28.
(c) *Ibid.* v. 30.

corona capere, mais sûrement ils ne sont pas les premiers qui aient attaqué de la sort. non plus que les Grecs; les peuples de l'Asie observaient cette méthode, avant qu'ils fussent connus dans le monde. Ce qu'ils appelaient *tortue d'hommes*, était connu et pratiqué des Hébreux dans les attaques brusques et d'emblée; c'est-à-dire, que les soldats se couvrant de leurs boucliers qu'ils élevaient sur leur tête, et serrant leurs rangs et leurs files, s'avançaient au pied des murailles, sans crainte des pierres et des feux qu'on jetait d'en haut, et qui coulaient par dessus eux. M. de Brébœuf l'a fort bien expliqué dans la Pharsale (*a*):

Et joignant de concert leurs écus en tortue,
Les Romains vont couverts jusqu'au pied des remparts,
Et laissent derrière eux les cailloux et les dards.

Cette tortue n'est pas si clairement expliquée dans les Livres sacrés; mais on s'aperçoit assez que les Hébreux ne l'ignoraient pas. Ceci me paraît suffisant pour mettre le lecteur au fait de ces sortes d'attaques; venons présentement à l'action de Judas Machabée.

Cette entreprise de Judas contre Timothée est digne d'un aussi grand capitaine qu'il était; il ne va pas chercher un ennemi dégagé de tout embarras, et seulement campé devant la place, il prend mieux son temps, il attend que Timothée ait attaché l'escalade aux murs de la ville avec toutes ses forces, et qu'il n'ait rien à lui opposer, afin de pouvoir le surprendre et l'attaquer au moment que son armée se trouvant divisée, elle ne puisse avoir le temps de se réunir, et de se mettre en bataille pour lui résister. Judas sentait son armée trop faible pour en venir à une action générale et à découvert; son industrie lui fait naître un expédient qui l'assure du succès de son entreprise; pour mieux tromper son ennemi, *il fit marcher son armée vers le désert de Bosor, et surprit la ville tout d'un coup* (*b*). Timothée, informé que Judas tirait de ce côté-là, crut sans doute qu'il avait du temps de reste pour prendre Datheman par escalade, et ensuite aller secourir Bosor; mais il se trompa, cette ville fut prise sur-le-champ. Après cette expédition, Judas fit marcher son armée pendant toute la nuit au secours de Datheman avec tant de secret et de diligence, qu'il y arrive, *et au point du jour, levant les yeux*, dit l'Écriture (*c*), *ils aperçurent une troupe innombrable de gens qui portaient des échelles et des machines, pour se saisir de cette forteresse, et prendre ceux de dedans.* Il arriva justement au moment favorable qu'il souhaitait, c'est-à-dire lorsque l'attaque était déjà commencée; dans une telle surprise on ne sait comment s'y prendre, il faut donner ses ordres, abandonner une attaque, rassembler ses troupes qui environnent une ville, les mettre en bataille: tout cela ne se fait pas en un instant: Timothée se trouva dans cet embarras, ayant l'ennemi sur les bras, et dans son camp même.

(1) Par Folard, *Voyez* la préface, p. XI.
(2) I *Mac.* v, 9 et suiv.

L'auteur sacré nous donne l'ordre sur lequel Judas combattit (a) : *Il marcha en trois corps derrière les ennemis. Ils firent en même temps retentir les trompettes, et poussèrent des cris vers Dieu dans leur prière.* Ils joignirent à la surprise de leurs ennemis, la valeur, la bonne conduite, et le recours à celui qui est le Dieu des armées, et il les exauça; au lieu que Joseph et Azarias, que l'on avait laissés pour garder le pays, par envie des heureux succès de leurs frères, ayant, contre les ordres, fait marcher leurs troupes vers Jamnia (b), furent battus par Gorgias, qui sortit de la ville au-devant d'eux, et les mit en fuite : ainsi leur désobéissance et leur témérité furent justement punies, et firent voir que le succès des guerres saintes ne dépend ni du courage ni du grand nombre, Dieu seul en est l'auteur, et il n'approuve point les dispositions criminelles de ceux qui se portent même aux choses de religion, par des motifs de gloire et de vanité.

DATTE, fruit du palmier ou dattier, *phœnix dactylifera*, le φοῖνιξ des Grecs; arbre et fruit nommés ailleurs φοίνικος βάλανος. Le dattier est nommé dans les livres saints. Voy. PALMIER. Homère dit qu'il habite l'île de Délos. Il naît en Judée, en Syrie, ailleurs dans l'Orient, et dans d'autres pays chauds. La datte est un fruit cylindrique contenant une pulpe adoucissante, sucrée, un peu astringente, qui sert de nourriture à la plupart des peuples de l'Asie et de l'Afrique. On a trouvé des dattes dans des momies qui font partie du Musée égyptien de Paris. Un immense bois de dattiers, dit Champollion, dans sa lettre écrite de Sakkarah, le 5 octobre 1828, couvre maintenant l'emplacement de l'antique Memphis.

DAVID, fils d'Isaïe, ou de Jessé, de la tribu de Juda, et de la petite ville de Bethléem. Après la réprobation de Saül, le Seigneur envoya Samuel à Bethléem, pour sacrer roi celui des fils d'Isaï qu'il lui désignerait (c). Samuel étant arrivé à la maison d'Isaï, et ayant déclaré le sujet de son voyage, Isaï fit venir devant le prophète ses sept fils les uns après les autres; mais le Seigneur lui déclara que ce n'était aucun de ceux-là qui devait régner. On envoya donc quérir David, qui était encore jeune, n'ayant qu'environ quinze ans (a), et Samuel lui donna l'onction royale au milieu de ses frères (1). Après quoi David s'en retourna à son occupation ordinaire, qui était de paître les troupeaux.

Quelque temps après, Saül étant tombé dans une noire mélancolie, dont le démon se servait pour l'agiter (e), fut conseillé de faire venir David, pour jouer des instruments devant lui, et pour le soulager dans les accès de son mal. On lui dit que David était *un homme vaillant propre à la guerre, d'une taille avantageuse, bien fait de sa personne, et favorisé du Seigneur.* Il faut donc que David depuis l'âge de quinze ans, auquel il avait reçu l'onction royale, se soit acquis cette réputation de valeur parmi ses égaux, jusqu'à l'âge de vingt-deux ou vingt-trois ans qu'il avait alors. David s'acquitta si bien de ce qu'on demandait de lui, que le roi le fit son écuyer. Ce qui n'empêcha pas qu'il ne s'en retournât chez son père, lorsque Saül se porta mieux. Quelques années après (f), les Philistins s'étant mis en campagne, vinrent camper entre Azéca et Soco (g), [dans la tribu de Juda. Saül, à la tête de son armée, vint dans la Vallée du Térébinthe, de sorte que les Philistins, dit le texte, étaient d'un côté sur une montagne, et les Israélites du côté opposé sur une autre montagne, et la Vallée était entre eux. Les Philistins] avaient dans leur armée un géant d'une taille et d'une force extraordinaires, nommé Goliath, lequel insultait à l'armée d'Israel, demandant quelqu'un qui pût combattre contre lui. Les deux armées demeurèrent à la vue l'une de l'autre dans leur camp pendant quarante jours, sans qu'il se trouvât aucun Israélite qui osât se présenter pour combattre contre Goliath.

Cependant Isaï envoya David au camp, pour savoir des nouvelles de trois de ses fils qui étaient dans l'armée de Saül. David étant arrivé au camp, et ayant ouï le défi que faisait Goliath à toute l'armée d'Israel, se sentit porté d'une noble hardiesse, et témoigna qu'il le combattrait. Son frère aîné le reprit de sa témérité; mais enfin le roi ayant été informé des discours de David, le fit venir, et lui demanda s'il pourrait combattre le Philistin. David répondit qu'il le ferait, et que l'on ne devait pas s'effrayer des discours et des menaces de ce géant. Saül lui dit qu'il était trop jeune pour attaquer un homme qui avait toute sa vie fait la guerre. Mais David répondit : *Lorsque votre serviteur paissait le*

(a) *Ibid.* v. 35.
(b) *Ibid.* v. 58.
(c) I.*Reg.* xv, 1, 2, 3, etc.
(d) Nous mettons la naissance de David l'an du monde 2919, et son onction par Samuel en 2934, avant Jésus-Christ 1066.
(e) I *Reg.* xvi, 15, 16.
(f) An du monde 2942, avant Jésus-Christ 1058. David avait alors 22 ou 23 ans.
(g) I *Reg.* xvii, 1, 2, 3, etc.
(1) Ce n'est pas Dieu, suivant M. Hennequin (*Introd. hist. à la législat.*, tom. II, p. 29), qui envoie Samuel sacrer David. C'est à Samuel, prêtre, que Saül déplaît, et c'est Samuel qui, « en sacrant un prince, croit se marquer un serviteur. Aussi choisit-il un homme ignorant, un pasteur ; dans la famille de David, celui que Samuel préfère est le plus jeune et le plus faible. » Comment ! Samuel voulant changer la dynastie, faire la plus difficile des révolutions, quand, comme ici, la dynastie régnante est appuyée par des hommes de cœur, tels que Saül, son fils Jonathas, Abner et tant d'autres ; Samuel, dis-je, choisit alors, pour l'accomplissement de son grand dessein, un *berger ignorant, le plus jeune et le plus faible* des fils d'Isaï, qui n'était rien dans le gouvernement ! Ainsi M. Hennequin présente Samuel comme un politique ambitieux luttant contre la puissance établie et pleine de force et de vigueur, et choisissant pour la renverser l'homme le moins propre à le servir. Il n'est pas besoin de montrer l'absurdité des élucubrations de M. Hennequin. Samuel vivait depuis longtemps dans la retraite, il était âgé de 89 ans, selon l'*Art de vérifier les dates*, lorsqu'il vint sacrer David ; il retourna dans sa solitude et mourut neuf ans après, deux ans avant Saül. Et David, depuis son sacre, qui ne fut connu que de sa famille, se garda de rien entreprendre contre la droit ou le pouvoir de Saül. M. Hennequin dénature le caractère des personnages et des faits bibliques ; il efface l'histoire et trompe ses lecteurs.

troupeau de son père, il venait quelquefois un lion, ou un ours qui emportait un bélier du troupeau; alors je courais après eux, je leur arrachais la proie d'entre les dents; et lorsqu'ils se jetaient sur moi, je les prenais à la gorge, je les étranglais, et je les tuais. Car votre serviteur a tué un lion et un ours, et il tuera de même ce Philistin incirconcis.

Saül, admirant le courage de David, voulut le revêtir de ses propres armes. Mais David les ayant essayées, et ayant voulu marcher, les rendit, en disant qu'il ne pouvait marcher ainsi. Il reprit le bâton qu'il portait d'ordinaire, et ayant choisi dans le torrent cinq pierres bien polies, il les mit dans sa pannetière, et ayant la fronde à la main, il marcha contre Goliath. Celui-ci s'étant approché, et ayant remarqué que David était un jeune homme, vermeil, et fort beau, il le méprisa, et lui dit: *Suis-je un chien, pour que tu viennes à moi avec un bâton? Viens, viens, je donnerai ta chair à manger aux oiseaux du ciel.* David sans s'effrayer, marcha contre lui, et lui lança avec sa fronde une pierre au milieu du front avec tant de raideur, qu'il le renversa par terre. Aussitôt il courut, se jeta sur lui, tira l'épée de Goliath, et lui en coupa la tête (1). Alors les Philistins, voyant que le plus vaillant d'entre eux était mort, s'enfuirent, et les Hébreux les poursuivirent avec de grands cris.

Saül voyant marcher David contre le Philistin, s'enquit d'Abner qui était ce jeune homme. Abner lui répondit qu'il ne le connaissait pas. Ce qui est assez étrange, puisque ce prince l'avait vu souvent dans sa maison, lorsqu'il jouait des instruments en sa présence, et qu'il l'avait fait son écuyer (a). Il fallait que depuis qu'il n'avait paru devant ce prince, son visage, sa voix, son air, se fussent bien changés, ou que Saül eût été bien distrait dans cette occasion. Quoi qu'il en soit, après la victoire, Abner présenta David au roi, ayant en main la tête et l'épée de Goliath. Dès ce moment, Jonathas commença à aimer David, et il l'aima toujours depuis comme lui-même. Or il arriva que Saül et David revenant de cette expédition, les femmes d'Israël sortirent au-devant d'eux, chantant et dansant; et elles disaient (b): *Saül en a tué mille et David en a tué dix mille.* Ce qui irrita tellement Saül contre David, que depuis ce jour, il ne le regarda plus de bon œil. Cependant il le retint auprès de sa personne, et ne lui permit plus de s'en retourner dans la maison de son père. Il lui donna même le commandement de quelques troupes. Mais il ne lui accorda pas sa fille en mariage, quoiqu'il l'eût promise à celui qui tuerait Goliath (c).

Le lendemain Saül étant de retour en sa maison (d), le malin esprit le saisit; et David jouait de la harpe devant lui. Saül avait une lance à la main, dont il essaya par deux fois de percer David; mais David évita le coup. Dès lors Saül commença d'appréhender David, et de s'en donner de garde. Il l'éloigna de sa personne, et lui donna le commandement d'un corps de mille hommes. Il lui promit en même temps Mérob, sa fille aînée, espérant toujours qu'il tomberait entre les mains des Philistins, et qu'ils le feraient mourir. Mais David se conduisit avec tant de prudence et de sagesse, qu'il se tira de tous les dangers. Toutefois Saül au lieu d'accorder sa fille Mérob à David, la donna en mariage à Hadriel Molathite.

Michol, seconde fille de Saül, ayant conçu de l'amitié pour David, Saül en fut bien aise; et lui fit dire que pour mériter l'honneur de devenir gendre du roi, il ne lui demandait autre chose, que cent prépuces de Philistins; dans le dessein de le faire tomber entre leurs mains. Quelques jours après, David étant allé avec ses gens attaquer les Philistins, en tua deux cents, et en apporta les prépuces au roi (2). Alors Saül ne put se dédire de lui donner sa fille en mariage. Mais il ne quitta

(a) I Reg. xvi, 15, 16, 17, 18.
(b) I Reg. xviii, 6, 7.
(c) I Reg. xvii, 25.
(d) I Reg. xviii, 10.

(1) M. de Lamartine a parfaitement reconnu les lieux où David triompha de l'orgueilleux Philistin. Écoutons-le: « Après avoir marché environ deux heures par des sentiers affreux et sous un soleil dévorant, nous trouvâmes, au revers de la montagne, une petite source et l'ombre de quelques oliviers; nous y fîmes halte. Le site était sublime! nous dominions la noire et profonde vallée de Térébinthe, où David, avec sa fronde tua le géant philistin. La position des deux armées est tellement décrite dans la circonscription de la vallée et dans la pente et la disposition du terrain, qu'il est impossible à l'œil d'hésiter. Le torrent à sec sur les bords duquel David ramassa la pierre, traçait sa ligne blanchâtre au milieu de l'étroite vallée, et marquait, comme dans le récit de la Bible, la séparation des deux camps. Je n'avais là ni Bible, ni voyage à la main, personne pour me donner la clef des lieux et le nom antique des vallées et des montagnes; mais mon imagination d'enfant s'était si vivement et avec tant de vérité représenté la forme des lieux, l'aspect physique des scènes de l'Ancien et du Nouveau Testament, d'après les récits et les gravures des livres saints, que je reconnus tout de suite la vallée de Térébinthe et le champ de bataille de Saül. » *Voyage en Orient*, tom. I, pag. 410. Voyez TÉRÉBINTHE (ou VALLÉE du).

(2) Il est à propos de mentionner ici une découverte due aux recherches et à la science de Champollion le jeune. Il rend compte, dans ses lettres écrites d'Égypte des tableaux qu'il a examinés dans le palais de Médinet-Habou, à Thèbes; et son frère, M. Champollion-Figeac, a fait entrer la partie historique de ces lettres dans son ouvrage sur l'*Egypte* publié par F. Didot. Décrivant le deuxième tableau, M. Champollion s'exprime en ces termes: « Les princes et les chefs de l'armée égyptienne conduisent au roi victorieux (Rhamsès-Méïamoun, le premier Pharaon de la dix-neuvième dynastie, qui régnait fort longtemps avant David), quatre colonnes de prisonniers; des scribes comptent et enregistrent le nombre des mains droites et des parties génitales coupées aux Robou morts sur le champ de bataille. L'inscription porte textuellement: *Conduite des prisonniers en présence de sa majesté; ceux-ci sont au nombre de mille; mains coupées, trois mille; phallus coupés, trois mille.* Le pharaon, paisiblement assis sur son char, adresse une allocution à ses guerriers; il les félicite de leur victoire... » Sur un autre tableau, « on voit Rhamsès-Méïamoun debout sur un trône haranguant cinq rangs de chefs et de guerriers égyptiens qui conduisent une foule d'ennemis prisonniers, et ces chefs font une réponse au roi. En tête de chaque corps d'armée, on fait le dénombrement des mains droites coupées aux ennemis morts sur le champ de bataille, ainsi que celui de leurs phallus, sorte d'hommage rendu à la bravoure des vaincus. L'inscription porte au 2535 le nombre de ces trophées sur autant d'ennemis courageux et vaillants. » *Histoire d'Égypte*, faisant partie de la collection intitulée *Univers pittoresque*, pag. 157, 158.

Voici un fait qu'ont vu MM. Combes et Tamisier dans leur voyage entrepris au mois de février 1835 et achevé en mars 1837, et dont la relation a été publiée six ans

pas le dessein de le faire périr. Il en parla à Jonathas, son fils, et aux principaux de sa Cour (a); et Jonathas le détourna de cette résolution.

Peu de temps après (b), la guerre recommença; et David battit les Philistins. Il en tailla en pièces un grand nombre, et mit le reste en fuite. Or il arriva que le malin esprit s'étant de nouveau saisi de Saül, et David jouant de la harpe devant lui, le roi s'efforça de le percer avec sa lance, en la poussant contre lui; mais David évita le coup, et s'enfuit pour cette nuit-là. Saül envoya des gardes en sa maison, pour le prendre dès qu'il serait jour; mais Michol le descendit en bas par une fenêtre; et il se sauva ainsi. Le lendemain lorsqu'on voulut le prendre, Michol feignit qu'il était malade; et le roi ayant ordonné qu'on le lui amenât même dans son lit, Michol montra qu'il n'y était point, et qu'il n'y avait qu'une statue, qui avait un peloton de poil de chèvre, au lieu de tête.

David s'étant ainsi échappé, alla trouver Samuel à Ramatha, et lui raconta ce qui s'était passé. Samuel et David allèrent ensemble à Naïoth, qui n'en était pas loin, et où il y avait une communauté de prophètes. Et Saül, en étant informé, envoya du monde pour prendre David. Mais ces gens étant arrivés au lieu où étaient les prophètes, commencèrent à prophétiser avec eux. Saül y en envoya encore d'autres, qui en firent de même. Enfin il y vint lui-même, et se mit à prophétiser comme eux. Toutefois David ne se croyant pas en sûreté à Naïoth, vint secrètement trouver Jonathas (c), et se plaignit à lui de la conduite que Saül tenait à son égard. Jonathas le rassura, lui dit de se tenir caché dans un certain champ, et lui promit de lui faire savoir au troisième jour les vraies dispositions de Saül. Le lendemain, qui était le premier du mois, Saül, étant à table avec Abner et Jonathas, la place que devait occuper David demeura vide. Le roi n'en témoigna rien, s'imaginant que peut-être il lui était arrivé quelque souillure qui l'empêchait de s'y trouver. Mais le jour d'après, Saül demanda pourquoi le fils d'Isaï n'était point venu. Jonathas lui dit : *Il m'a prié de lui permettre d'aller à Bethléem, pour assister à un sacrifice solennel de sa famille, et je le lui ai permis.* Alors Saül entra en colère contre Jonathas, et menaça même de le tuer avec sa lance.

Jonathas reconnut donc que la perte de David était résolue. Le jour suivant, de grand matin, il alla dans un certain champ, comme pour s'exercer à tirer de l'arc, ainsi qu'il en était convenu avec David. Après avoir tiré quelques flèches, il renvoya son écuyer avec son arc et son carquois; et lorsqu'il fut seul, David le vint trouver, et Jonathas lui dit que Saül avait résolu de le perdre. Ces deux amis se jurèrent de nouveau une amitié constante; et David se retira à Nobé (d), vers le grand prêtre Achimélech, à qui il dit que le roi l'avait envoyé pour quelque affaire pressante, sans lui donner le loisir de prendre seulement des armes et des vivres. Achimélech lui donna l'épée de Goliath, qui était dans le tabernacle, et des pains de proposition, qui avaient été ôtés le jour précédent de dessus la table d'or (1). Doëg, iduméen, était alors à Nobé; et quelque temps après il découvrit à Saül ce qui s'était passé entre Achimélech et David; ce qui fut cause de la mort des prêtres, que Saül fit cruellement tuer (e).

David, ne se croyant pas en sûreté dans les terres de Saül, se retira chez Achis, roi de Geth, prince des Philistins. Mais y ayant été bientôt reconnu, il ne s'en sauva qu'en contrefaisant le fou et l'épileptique. De là il vint à Odollam (f), où ses frères et ses parents, et plusieurs autres personnes le vinrent trouver; en sorte qu'il se vit à la tête d'environ quatre cents hommes. Ensuite il alla au pays de Moab: mais il n'y demeura pas longtemps. Le prophète Gad lui ayant dit de s'en retourner au pays de Juda, il alla dans la forêt de Hareth, où le prêtre Abiathar le vint trouver, portant avec soi les ornements du grand prêtre (g). En ce temps-là, les Philistins ayant fait une irruption dans le pays, et s'étant jetés sur les moissons de Ceïla (h), David accourut à leur secours, et dissipa les Philistins. Saül ayant appris que David était à Ceïla, vint pour l'y assiéger et pour le prendre; mais David se retira dans le désert de Ziph; et de là il passa au désert de Maon. Saül en fut averti, et y vint avec tous ses gens. David était d'un côté de la montagne, et Saül de l'autre. Mais en même temps Saül ayant appris que les Philistins étaient entrés dans le pays, quitta la poursuite de David, et accourut pour s'opposer à eux.

David, échappé de ce danger, se retira dans le désert d'Engaddi (i). Saül y vint avec trois mille hommes pour l'y chercher. Mais étant entré dans une caverne pour quelque

(a) I *Reg.* xix.
(b) An du monde 2944, avant Jésus-Christ 1056, avant l'ère vulg. 1060.
(c) I *Reg.* xx.
(d) I *Reg.* xxi.
(e) I *Reg.* xxii, 6, 7, 8, 9, 10.
(f) I *Reg.* xxii.
(g) I *Reg.* xxii, 20, xxiii, 6, 7.
(h) I *Reg.* xxiii. Vers l'an du monde 2945, avant Jésus-Christ 1055, avant l'ère vulg. 1049.
(i) I *Reg.* xxiv. Vers l'an du monde 2946, avant Jésus-Christ 1054, avant l'ère vulg. 1058.

après leur retour. Ces intrépides voyageurs parcouraient le pays inconnu du Galla, et ils arrivaient à Dhèr, chez un chef de peuplade nommé Sammou-Nougous. « Nous levâmes par hasard la tête, disent-ils, et nous fûmes frappés d'un étrange spectacle; au haut de la porte d'entrée, étaient suspendus une soixantaine de membres virils qu'on avait empaillés et qui se balançaient agités par le vent : c'étaient les trophées de Sammou-Nougous, qui avait lui-même arraché ces parties sexuelles à des Galla ennemis, terrassés sur le champ de bataille; elles témoignaient authentiquement de sa haute valeur; et, lorsqu'il vit nos regards fixés sur ces affreuses dépouilles, il en parut tout glorieux. On aura peine à croire chez nous que ce gouverneur était d'une bonté rare. » *Voyage en Abyssinie, dans le pays du Galla*, etc., tom. II, pag. 309.

(1) « David ne fit aux questions d'Achimélech qu'une réponse évasive, dit un auteur, et lui cacha le triste secret de sa querelle et de sa fuite; ce silence était aussi prudent que généreux; David sans aucun doute n'a pas voulu mettre le pontife dans la dangereuse nécessité de se prononcer entre Saül et lui. »

nécessité naturelle, David qui y était caché avec ses gens, lui coupa, sans qu'il s'en aperçut, le bord de son manteau, et le laissa sortir sans lui faire aucun mal. Lorsqu'il fut assez loin, David sortit, cria après lui, lui remontra son innocence, et lui dit, qu'il était si éloigné d'en vouloir à sa vie, qu'il l'avait épargné dans une circonstance, où Dieu même semblait l'avoir livré entre ses mains. En même temps il lui montra le bord de son manteau qu'il avait coupé dans la caverne. Saül, touché de ce discours, versa des larmes, et reconnut que David était plus juste que lui. Il le pria de lui promettre avec serment de ne pas exterminer sa race, lorsqu'il serait monté sur le trône d'Israël; et David le lui ayant juré, il s'en retourna dans sa maison; et David se retira dans des lieux plus sûrs.

Pendant que David avait été dans le désert de Maon (a), il avait eu grand soin que ses gens ne fissent aucun tort aux troupeaux de Nabal, qui demeurait près de là, au Carmel, qui est au midi de Juda, fort différent d'un autre Carmel qui est sur la Méditerranée, au midi de Ptolémaïde. Le temps que Nabal tondait ses troupeaux étant venu, David envoya de ses gens pour le prier de lui donner quelque chose. Nabal reçut mal ses gens, leur parla brutalement, et les renvoya sans leur rien accorder. David, irrité de ce refus, et des insultes de Nabal, suivit le premier feu de son ressentiment, et jura que le même jour il exterminerait toute la maison de Nabal. Il se mit en chemin dans cette résolution. Mais Abigaïl, femme de Nabal, informée de ce qui s'était passé, accourut au-devant de David, lui fit des présents, et arrêta les effets de sa colère. David rendit grâces à Dieu de l'avoir envoyée, et de l'avoir empêché d'exécuter ce qu'on avait juré trop légèrement. Peu de jours après, Nabal mourut, et David épousa Abigaïl. — [Voy. ABIGAIL.]

Les Ziphéens ayant su que David était caché dans la colline d'Achila (b), en avertirent Saül, qui y vint avec trois mille hommes pour le prendre. Mais David, étant entré pendant la nuit dans la tente de Saül, prit sa lance et la coupe qui était à son chevet, et s'en alla sans que personne l'aperçût. Lorsqu'il fut de l'autre côté de la colline, il appela Abner à haute voix, et lui dit qu'il était un mauvais gardien; qu'on était entré dans la tente du roi, et qu'on lui avait pris sa lance et sa coupe; mais qu'il envoyât quelqu'un, et qu'on les rendrait. Saül reconnut alors le bon cœur de David, et s'en retourna dans sa maison.

Après cela (c), David, pour ôter à Saül toute envie de le poursuivre davantage, se retira chez les Philistins auprès d'Achis, roi de Geth (d). Ce prince lui donna la ville de Siceleg pour sa demeure; et David y étant, faisait des courses sur les Amalécites, sur ceux de Gessur et de Gersi, et tuait tout ce qu'il y trouvait, hommes et femmes; afin que l'on ne pût savoir où il avait été. Mais il ramenait à Achis tout le bétail qu'il pouvait prendre, disant à ce prince qu'il les avait pris au midi de Juda, de Jéraméel et de Céni; usant ainsi d'un déguisement qui n'est nullement imitable. Par cette conduite, David acquit tellement la confiance d'Achis, que ce prince ne feignit point de le mener avec lui à la guerre que les Philistins déclarèrent à Saül (e), quelque temps après (f). Mais les autres princes des Philistins l'ayant remarqué, obligèrent Achis de le renvoyer, craignant que dans le combat, il ne se tournât contre eux, pour se remettre bien avec Saül (g).

On ne peut guère douter que ce renvoi ne fît plaisir à David, qui s'était engagé dans une occasion bien délicate, ou de manquer de parole à Achis, ou de combattre contre son roi et contre sa patrie; cependant, par politique, il feignit d'en être fâché, et Achis lui en fit des excuses. David s'en retourna donc à Siceleg (h), et y étant arrivé, après trois jours de marche, il trouva que les Amalécites l'avaient pillée, y avaient mis le feu, et en avaient emmené toutes les personnes qu'ils y avaient trouvées. David et ses gens les poursuivirent, et ayant rencontré un esclave égyptien qu'un amalécite son maître avait été obligé de laisser dans le désert, parce qu'il ne pouvait pas suivre, ils apprirent de lui où étaient ceux qui avaient pillé Siceleg. David tomba sur eux avec ses gens, les tailla en pièces, et recouvra toutes les personnes et le butin qu'ils avaient pris.

Cependant le combat entre les Philistins et les Hébreux s'étant donné sur la montagne de Gelboé, Saül fut vaincu et mourut dans le combat avec Jonathas son fils, et grand nombre d'Israélites (i). Trois jours après cette action (j), il vint à Siceleg un amalécite qui en apporta la nouvelle à David, et qui se vanta d'avoir même aidé Saül à se tuer. En même temps il lui présenta le diadème et le brasselet de Saül. David et tous ses gens témoignèrent une très-grande douleur de la mort de Saül, et de la défaite d'Israël; David composa même un cantique lugubre en l'honneur de Saül et de Jonathas, et fit mourir l'amalécite qui s'était vanté d'avoir porté ses mains sur l'oint du Seigneur.

Alors David, par l'ordre du Seigneur, se retira à Hébron, et dans les lieux des environs avec tous ses gens (k); et ceux de la tribu de Juda l'y reconnurent pour roi, et lui donnèrent l'onction royale; pendant qu'Isboseth, fils de Saül, régnait à Mahanaïm, au delà du Jourdain, sur les autres

---

(a) I Reg. xxv. Vers l'an du monde 2947, avant Jésus-Christ 1055, avant l'ère vulg. 1057.
(b) I Reg. xxvi.
(c) An du monde 2947, avant Jésus-Christ 1055, avant l'ère vulg. 1057.
(d) I Reg. xxvii.
(e) I Reg. xxviii.
(f) An du monde 2949, avant Jésus-Christ 1051, avant l'ère vulg. 1053.
(g) I Reg. xxix.
(h) I Reg. xxx.
(i) I Reg. xxxi.
(j) I Reg. i. An du monde 2949, avant Jésus Christ 1051, avant l'ère vulg. 1053.
(k) II Reg. ii.

tribus d'Israël. Il y eut de temps en temps quelques combats entre les gens de David et ceux d'Isboseth, dans lesquels le parti de David avait toujours l'avantage (a). Un jour Isboseth ayant fait quelques réprimandes à Abner, général de ses troupes, celui-ci outré de dépit, vint trouver David, et lui promit de le rendre maître de tout Israel. Mais Joab en ayant conçu de la jalousie, et craignant que David ne donnât à Abner le commandement de ses troupes, le tua en trahison à la porte d'Hébron (b) Cette action déplut extrêmement à David, mais le crédit de Joab était dès lors si grand parmi les troupes, qu'il ne put en tirer la juste vengeance; il se contenta de la détester publiquement, et de faire de magnifiques funérailles à Abner.

Peu de temps après, Isboseth ayant été assassiné dans son lit (c), David fit mourir ses assassins, et fut reconnu roi sur tout Israel. Il prit Jérusalem sur les Jébuséens, et y établit sa demeure. Les Philistins, ayant su qu'il était reconnu roi de tout Israel, vinrent jusqu'à deux fois se camper auprès de Jérusalem; mais il les défit et les mit en fuite (d). Quelques années après (e), il transporta l'arche du Seigneur de Cariat-Yarim à Jérusalem, dans un lieu qu'il lui avait préparé dans son palais (f). Mais la mort d'Oza, qui fut frappé du Seigneur pour avoir porté la main à l'arche, fut cause que David la laissa dans la maison d'Obed-édom, assez près de la ville. Cependant il la fit venir dans son palais peu de temps après; et ce fut dans cette occasion que Michol l'ayant raillé, comme ayant dansé d'une manière indécente devant l'arche, David lui répondit : *Oui, devant le Seigneur, qui m'a préféré à votre père, et qui m'a établi prince de son peuple, je danserai, et je paraîtrai vil encore plus que je n'ai paru; je serai vil à mes propres yeux, et je n'en serai que plus glorieux devant tout le peuple du Seigneur* (1).

David, se voyant en paix dans son palais (g), conçut le dessein de bâtir un temple au Seigneur (h). Il communiqua sa pensée au prophète Nathan, qui y applaudit. Mais, la nuit suivante, Dieu fit connaître à ce prophète que cet honneur était réservé à un fils de David; et que, pour lui, il avait répandu trop de sang pour travailler à un ouvrage si saint. David se contenta donc de préparer tout ce qui était nécessaire en or, en argent, en cuivre, en fer et en bois pour cet édifice.

Après cela, David fit la guerre aux Philistins (i), et affranchit entièrement Israel de ces ennemis, qui les avaient molestés si longtemps. Il attaqua aussi les Moabites, et les traita avec une sévérité, que nous n'osons ni condamner, ni approuver, parce que les motifs et les circonstances de ces guerres ne nous sont pas bien connus. L'Ecriture dit qu'il en fit deux parts, dont l'une fut écrasée par des chariots armés de fer et de pierres, dont on se servait, en ce temps-là, pour triturer; et l'autre partie fut conservée et assujettie à payer tribut. Il soumit aussi toute la Syrie, et réduisit Adarézer à lui payer tribut. Au retour d'une expédition qu'il fit sur l'Euphrate (2), il battit les Iduméens orientaux dans la vallée des Salines, qui est apparemment entre Palmire et l'Idumée (3), leur tua dix-huit mille hommes, et mit des garnisons dans tout ce pays. Le temps précis de toutes ces guerres n'est pas bien connu.

Naas, roi des Ammonites, étant mort (j), David envoya faire des compliments de condoléance au fils et au successeur de ce prince (k). Mais les seigneurs ammonites persuadèrent à leur roi que David ne lui envoyait des ambassadeurs, que pour observer ses forces, et pour lui faire quelque jour la guerre. Le jeune prince, trop crédule, fit prendre les ambassadeurs de David, leur fit raser la moitié de la barbe, et leur fit couper la moitié de leurs habits. Pour venger cet outrage, David envoya contre Naas Joab, général de ses troupes, qui mit en fuite les Ammonites, avec les Syriens qu'ils avaient appelés à leur secours. L'année suivante (l), David marcha en personne contre les Ammonites, qui avaient appelé à leur secours les Syriens de delà l'Euphrate. Mais, et les Ammonites, et ceux qui étaient venus à leur secours, furent entièrement dissipés. La guerre ne fut pas toutefois encore finie. David résolut, l'année suivante (m), de se rendre maître de la capitale des Ammonites, et de les assujettir à sa domination. Il envoya Joab avec son armée, pour faire le siége de Rabbath (n); et, pour lui, il demeura à Jérusalem.

Un jour, s'étant levé de dessus son lit, après midi, et se promenant sur la terrasse de sa maison, il vit une femme qui se baignait dans un bain domestique (4). C'était

---

(a) II Reg. III.
(b) An du monde 2956, avant Jésus-Christ 1044, avant l'ère vulg. 1048.
(c) I Reg. IV, V.
(d) An du monde 2957.
(e) An du monde 2959.
(f) II Reg. VI.
(g) II Reg. VII.
(h) An du monde 2960, avant Jésus-Christ, 1040, avant l'ère vulg. 1044.
(i) II Reg. VIII.
(j) II Reg. X.
(k) An du monde 2967, avant Jésus-Christ 1032, avant l'ère vulg. 1036.
(l) An du monde 2968, avant Jésus-Christ 1033, avant l'ère vulg. 1037.
(m) An du monde 2969, avant Jésus-Christ 1031, avant l'ère vulg. 1035.
(n) II Reg. XI.

(1) Ces sortes de témoignages d'allégresse dans les circonstances solennelles se retrouvent aujourd'hui encore dans les mœurs de l'Orient. On sait que chez les peuples les plus anciens, la danse faisait partie des cérémonies religieuses. Toutefois, il y avait probablement quelque chose d'inusité dans le spectacle d'un roi dansant lui-même en pareille circonstance, puisque David s'attira le mépris de sa femme Michol, qui l'avait vu par une fenêtre. Poujoulat, *Hist. de Jérusalem*, ch. III, tom. I, pag. 71.
(2) Dom Calmet passe trop vite sur ces guerres, où David fut toujours triomphant, tellement que l'histoire ne nomme aucun roi contemporain dont la puissance ait égalé la sienne. *Voyez* mon *Hist. de l'Anc. Test.*, t. II, I, pag. 227, 230 et suiv.
(3) Il y a ici deux erreurs, une d'histoire et l'autre de Géographie. *Voyez* Absai, mon addition.
(4) Rectifions ici une grossière inexactitude qui a trouvé place dans plusieurs relations: Bethsabée se baignait sur la terrasse de sa demeure, et non point dans la piscine

Bethsabée, femme d'Urie le Héthéen, qui était pour lors à l'armée de Joab, au delà du Jourdain. David fit venir cette femme, dormit avec elle, et la renvoya. Peu de jours après, elle fit dire à David qu'elle avait conçu. Aussitôt, David, pour cacher son crime, et pour mettre à couvert l'honneur de Bethsabée, fit venir du camp à Jérusalem, Urie le Héthéen, et voulut l'engager à aller passer la nuit dans sa maison avec sa femme; mais Urie ne l'ayant pas fait, David le renvoya au camp avec des lettres écrites à Joab, par lesquelles il lui mandait de faire en sorte qu'Urie fût mis à mort par les Ammonites. Joab exécuta ces ordres; et, dans un assaut contre la ville, Urie ayant été abandonné des autres soldats, périt par l'épée des Ammonites. Aussitôt que David en fut informé, il épousa Bethsabée, et la fit venir dans sa maison. Cette action déplut extrêmement à Dieu. Tout Israel en fut scandalisé; et les étrangers mêmes en prirent occasion de blasphémer le nom du Seigneur (a).

Nathan vint donc trouver David (b), de la part de Dieu, et, sous une parabole étudiée d'un riche, qui avait pris à un pauvre une seule brebis qu'il avait (c), il engagea David à se condamner lui-même, et à reconnaître son péché. Nathan le menaça de remplir de sang sa maison, et de livrer ses femmes à un étranger (1), qui en abuserait à la vue de tout le monde (2), pour le punir du crime qu'il avait commis en secret. Il ajouta : *Pour vous, le Seigneur a transféré votre péché, et vous ne mourrez point : mais le fils qui vous est né, perdra la vie.* En effet l'enfant de Bethsabée mourut peu de jours après. Mais, l'année suivante, Bethsabée eut un autre fils (d), qui fut nommé Salomon, et à qui Nathan donna le nom d'*Aimé du Seigneur.*

Joab, ayant réduit la ville de Rabbath à l'extrémité, invita David à la venir prendre (e). David y alla, la prit, la pilla, en fit scier par le milieu du corps les habitants, les fit écraser sous des traînoirs et des chariots propres à triturer, les fit mettre en pièces avec des couteaux, et les fit jeter dans des fours à cuire des briques. Nous ne prétendons pas approuver cette conduite de David. Il est très-croyable qu'il tomba dans cet excès de cruauté, avant qu'il eût reconnu le crime qu'il avait commis avec Bethsabée, et pendant qu'il était encore dans toute la souillure de son iniquité, et abandonné de l'esprit de la grâce.

Après cela (f), Amnon, fils de David, ayant conçu une passion violente pour Thamar, sa sœur (g), et l'ayant violée de la manière que nous avons dite sous l'article d'AMNON, Absalom, frère de Thamar, résolut de s'en venger, et s'en vengea en effet deux ans après (h), en faisant tuer Amnon dans un festin où il l'avait invité. Après quoi, il se retira chez son beau-père, le roi de Gessur, où il demeura trois ans.

Joab le réconcilia à David (i), le fit revenir à Jérusalem; et enfin il obtint qu'il paraîtrait devant le roi comme auparavant; mais il abusa bientôt de l'indulgence de son père (j), et aspira à la royauté (k). Il alla à Hébron avec une troupe de gens affidés, et s'y fit reconnaître pour roi d'Israel (l). Aussitôt que David en fut informé, il prit la fuite, et sortit de Jérusalem, pour se rendre au delà du Jourdain. Il fut suivi par ses gardes, par ses meilleures troupes et par ses principaux amis. Chusaï d'Arach voulut aussi l'accompagner; mais David lui dit de s'en retourner, et qu'il lui serait plus utile dans la ville, en feignant de s'attacher à Absalom, et en ruinant les conseils d'Achitophel, qui était entré dans le parti de son fils, et qui donnait d'étranges inquiétudes à David, qui savait l'habileté de cet homme.

A peine David eut-il passé la montagne des Oliviers, qui est à l'orient de Jérusalem, que Siba, serviteur de Miphiboseth, vint au-devant de lui avec deux ânes chargés de provisions (m), qu'il présenta au roi. David lui demanda pourquoi Miphiboseth n'était pas venu. Siba répondit : *Il est demeuré à Jérusalem, en disant : La maison d'Israel me rendra aujourd'hui le royaume de mon père.* David, sans examiner la chose plus à fond, donna à Siba tous les biens de Miphiboseth; et la suite fit voir qu'il avait cru Siba trop légèrement, et que ce serviteur n'avait pas voulu donner une monture à Miphiboseth, pour suivre le roi.

David étant arrivé près de Bahurim, Séméï, fils de Géra, s'avança pour le charger d'outrages et de malédictions : mais David les supporta avec une patience vraiment héroïque, et qui faisait bien voir combien il était pénétré de repentir de ses fautes passées. Cependant Absalom étant arrivé à Jérusalem, fut reçu de tout le peuple; Chusaï même, ami de David, fut lui offrir ses services, et lui protesta qu'il serait à lui comme il avait été à David. Tout cela n'était qu'une feinte. Chusaï ayant été appelé au conseil d'Absalom, renversa le conseil qu'avait donné Achitopel, qui était de poursuivre le

---

(a) II Reg. xii, 14.
(b) An du monde 2970, avant Jésus-Christ 1034.
(c) II Reg. xii.
(d) An du monde 2971, avant Jésus-Christ 1029, avant l'ère vulg. 1033.
(e) An du monde 2969 ou 2970.
(f) An du monde 2972, avant Jésus-Christ 1028, avant l'ère vulg. 1032.
(g) II Reg. xiii.
(h) An du monde 2974, avant Jésus-Christ 1030.
(i) II Reg. xiv.
(j) II Reg. xv.
(k) An du monde 2980, avant Jésus-Christ 1024, avant l'ère vulg. 1024.
(l) An du monde 2981.
(m) II Reg. xvi.

qu'on montre aux voyageurs au milieu du terrain voisin de la porte du couchant, situé à gauche de l'entrée à Jérusalem. POUJOULAT, *Hist. de Jérus.*, ch. iv, tom. I, pag. 84.

(1) *A un étranger.* On entendrait par ce mot quelqu'un qui n'était pas d'Israel. Mais l'équivalent de ce mot n'est ni dans l'Hébreu ni dans la Vulgate, qui rend bien l'original en disant *à ton prochain.* Ce *prochain* était son propre fils, Absalom.

(2) Toute cette prophétie fut accomplie par les événements qui ont rendu Amnon et Absalom si tristement célèbres.

roi, sans lui laisser le temps de se reconnaître. Chusaï donna avis de tout à David, qui en sut profiter, passa promptement le Jourdain, et arriva à Mahanaïm (a). Absalom l'y suivit dès le lendemain, et on ne différa pas de livrer la bataille (b), où l'armée d'Absalom fut défaite et mise en fuite; et lui, étant demeuré attaché à un arbre par les cheveux, fut percé et mis à mort par Joab.

La nouvelle en ayant été portée au roi (c), l'accabla de douleur, et lui fit jeter des cris perçants. Joab lui fit connaître le tort que cette conduite faisait à ses intérêts. Le roi se montra donc au peuple, et reprit le chemin de Jérusalem. La tribu de Juda vint au-devant de lui; mais les autres tribus furent piquées de jalousie de ce que cette tribu semblait seule s'attribuer le roi; et il y eut quelques paroles un peu dures de part et d'autre. Enfin un nommé Séba, fils de Bochri, commença à sonner de la trompette, en disant (d) : *Nous n'avons que faire de David, et nous n'avons rien de commun avec le fils d'Isaï : Israel, retournez chacun dans vos maisons.* Ainsi tout Israel suivit Séba. Mais la tribu de Juda demeura attachée à David. Ce prince, étant arrivé à Jérusalem, envoya aussitôt Joab après Séba. Il s'était retiré à Abéla, ville du pays de Macha, et Joab l'y assiégea. Mais une femme sage de la ville persuada aux habitants de livrer Séba; et sa tête ayant été jetée à Joab par-dessus la muraille, il leva le siége, et la révolte fut dissipée. [*Voyez* ABEL, ville.]

Dieu ayant frappé tout le pays d'une grande famine, qui dura trois ans (e), l'oracle du Seigneur déclara que c'était à cause du sang des Gabaonites que Saül avait injustement répandu (f). David fit venir les Gabaonites, et leur demanda ce qu'ils voulaient qu'on leur fît, pour réparer l'injure qui leur avait été faite. Ils dirent : *Qu'on nous donne sept des enfants de Saül, afin que nous les mettions en croix à Gabaa.* David les leur accorda; et ils les crucifièrent dans Gabaa, patrie de Saül.

Quelques années après (g), David ayant ordonné qu'on fît le dénombrement de tout son peuple (1), le Seigneur en fut irrité (2), et le prophète Gad, venant trouver David, lui dit : *Voici ce que dit le Seigneur : Je vous donne le choix de trois fléaux que je vous prépare; ou votre pays sera affligé de la famine pendant sept ans, ou vous fuirez durant trois mois devant vos ennemis, ou la peste désolera vos états pendant trois jours.* [C'était le punir par où il avait péché. Le prophète aurait pu lui dire : Vous avez voulu dénombrer le peuple dans des vues d'orgueil et d'agrandissement; mais voici, pour vous confondre, Dieu va le décimer ! Plein de repentir et de douleur, David répondit à Gad : Je suis dans une très-grande anxiété; mais il vaut mieux que nous tombions dans la main du Seigneur, car ses miséricordes sont grandes, et que je ne tombe point dans les mains des hommes. Ainsi] David choisit la peste; et dès le lendemain ce fléau commença, et il mourut pendant les trois jours soixante et dix mille personnes. Encore la sentence ne fut point exécutée dans toute sa rigueur; car le Seigneur, touché par les prières de David, dit à l'ange exterminateur : *C'est assez.* Et David en actions de grâces, dressa un autel dans l'aire d'Ornan, où l'ange lui avait apparu. On croit que c'est en cet endroit que dans la suite on bâtit un temple au Seigneur.

Le roi, étant devenu fort vieux (h), ne pouvait plus s'échauffer (i). On lui donna donc une jeune fille, nommée Abisag, de Sunam, qui couchait auprès de lui, et qui le servait dans sa vieillesse. Nous croyons qu'elle fut vraiment épouse de David, quoiqu'elle soit toujours demeurée vierge. Cependant Adonias, fils aîné de David, commença à se donner un équipage de roi, et se forma un parti des principaux de l'état, qui pussent l'appuyer dans l'occasion. Nathan, qui savait les promesses que Dieu avait faites en faveur de Salomon, en avertit Bethsabée, et lui conseilla d'aller trouver le roi. Elle y

---

(a) II *Reg.* XVII.
(b) II *Reg.* XVIII.
(c) II *Reg.* XIX.
(d) II *Reg.* XX.
(e) An du monde 2983, avant Jésus-Christ 1017, avant l'ère vulg. 1021.
(f) II *Reg.* XXI.
(g) An du monde 2987, avant Jésus-Christ 1013, avant l'ère vulg. 1017.
(h) An du monde 2989, avant Jésus-Christ 1011, avant l'ère vulg. 1015.
(i) III *Reg.* I.
(1) II *Reg.* XXIV. C'est à Joab, général en chef de ses armées, que David ordonna de faire le recensement du peuple; et Joab, dans les représentations qu'il lui fit à ce sujet, lui donnait clairement à entendre que cette entreprise lui serait imputée à péché. En effet, « au chapitre XXX, 11-15 de l'Exode, dit M. Drach, il est expressément défendu de compter les individus dans le dénombrement du peuple, sous peine d'attirer la mortalité sur celui-ci. On ne devait compter que les pièces de monnaies ou autres objets donnés par chacun de ceux dont on faisait un recensement. La somme provenant de ces oblations individuelles était consacrée au Seigneur. Dans le temple de Jérusalem, quand les prêtres se disputaient quelqu'une des fonctions, on avait recours au sort des nombres; celui auquel se terminait un nombre donné était *vainqueur*; mais dans ce cas on évitait soigneusement de compter les personnes. (*Voyez* Talmud, traité *Yoma*, fol. 22. v.; et Maïmonides, traité *Themidin*, IV, 4.) [*Voyez* aussi l'article de SAÜL, ci-après, note sur le dénombrement qu'il fit du peuple pour aller porter la guerre chez les Amalécites.] Les Juifs modernes ont grand soin de ne pas compter les individus de leur nation. David a donc péché par le mode de recensement; son peuple a également péché en ne fournissant pas pour le service du culte la somme qui, d'ordinaire, était le résultat de cette opération »

(2) « David, un auteur, se laissa entraîner par cet ennui du repos qui tourmente la fin d'une vie agitée; des pensées d'orgueil s'élevèrent dans son cœur; le peuple d'Israel n'avait jamais été dénombré sans un ordre exprès de Dieu; David osa le prendre sur lui; il voulut connaître ses forces, lever des troupes, étendre ses conquêtes. Cette ambition qui a rendu tant de rois criminels était surtout impardonnable à David; le berger de Bethléhem ne devait-il pas se contenter d'un tel empire? Roi sur la terre d'un peuple qui avait son vrai roi dans le ciel, compter des soldats et méditer sans ordre ni sans motif des guerres nouvelles, c'était montrer l'ambition la plus désordonnée; c'était usurper les droits du Dieu des armées. David ne fit ces réflexions que trop tard, et seul de son avis, sourd aux remontrances de Joab et de ses chefs, il s'obstina dans son dessein. Le dénombrement n'était pas achevé, qu'il reconnut son péché; ses prières ne furent point exaucées; l'Éternel résolut de le punir... »

alla; et comme elle parlait encore, Nathan y vint lui-même, et remontra au roi qu'Adonias, à son insu et contre ce que le Seigneur avait promis à Salomon, voulait se faire reconnaître pour roi. Aussitôt David ordonna qu'on fît monter Salomon sur sa mule, qu'on le menât à Gihon, et qu'il y fût sacré roi. Ce qui fut exécuté sur-le-champ.

David, se sentant près de sa fin (a), fit venir Salomon (b), lui remit les plans et les modèles du temple (1), l'or et l'argent qu'il avait préparé pour cet effet (2), lui recommanda d'être toujours fidèle à Dieu, et lui dit de ne pas laisser impuni Joab, que son trop grand crédit avait rendu insolent, et qui avait commis plusieurs actions qui le rendaient digne de mort. Ce pieux prince crut devoir cela à la justice et à la postérité. Il lui enjoignit aussi de punir Séméi, pour les outrages qu'il avait prononcés contre lui, lors de sa fuite, sous la révolte d'Absalom. Après cela, il s'endormit avec ses pères, et fut enseveli dans la cité de David, l'an du monde 2990, avant la naissance de Jésus-Christ 1010, avant l'ère vulgaire 1014. Il avait régné sept ans et demi à Hébron, et trente-trois à Jérusalem; en tout quarante ans. Il mourut dans la soixante et onzième année de son âge.

Josèphe (c) raconte que Salomon mit dans le tombeau de David de grandes richesses, et que treize cents ans après, le grand-prêtre Hircan étant assiégé dans Jérusalem par le roi Antiochus le Pieux, et ne sachant où prendre de l'argent, dont il avait besoin pour donner à ce prince, afin qu'il levât le siège de la ville, Hircan ouvrit le tombeau de David, en tira trois mille talents, et lui en donna une partie. Il ajoute que plusieurs années après, Hérode le Grand ayant encore fait fouiller dans ce tombeau, en tira de très-grandes sommes.

Il y a assez d'apparence que Josèphe avait lu quelque chose de pareil dans d'autres mémoires de son pays, et qu'il y ajouta ce que la tradition des peuples y avait mis du sien. Nous lisons dans des mémoires que l'on a donnés en arabe dans les Polyglottes de M. le Jay, qu'on dit qu'Hircan étant assiégé par le roi Antiochus Sidétès, ouvrit un trésor, qui avait appartenu à quelques-uns des descendants de David, et qu'après en avoir tiré beaucoup d'argent, il y en laissa encore beaucoup, et recacha le trésor. Ce qui est bien différent de ce que dit Josèphe.

Benjamin de Tudèle, qui écrivait vers l'an 1173, raconte qu'environ quinze ans auparavant, un mur du mont de Sion étant tombé, les prêtres y firent travailler une vingtaine d'ouvriers. Un jour deux de ces ouvriers étant demeurés seuls après les autres, levèrent une pierre, qui leur donna entrée dans un lieu souterrain, où ils entrèrent. Ils y trouvèrent un palais soutenu de colonnes de marbre, et incrusté d'or et d'argent. A l'entrée il y avait une table, et sur cette table une couronne et un sceptre d'or. C'était, dit ce Juif, le tombeau de David; et vis-à-vis était celui de Salomon orné de même. Ils y virent aussi des urnes; mais ils ne purent voir ce qu'elles contenaient. Ayant voulu pénétrer plus avant, ils furent renversés par un tourbillon, et demeurèrent là sans sentiment jusqu'au soir. Alors ils ouïrent une voix, qui leur dit de se lever et de s'en aller. Benjamin assure qu'il a appris cette histoire de la bouche d'un pharisien nommé Abraham, qui avait, disait-il, été consulté sur cet événement par le patriarche de Jérusalem, et qui avait déclaré que c'était le tombeau de David. Tout cela sent si fort la fable, qu'il est inutile de le réfuter.

Il est indubitable que le tombeau de David fut toujours fort respecté parmi les Juifs. Saint Pierre, parlant aux Juifs (d), leur dit que le tombeau de ce prince était encore parmi eux.

Les païens mêmes le connaissaient; et Dion (e) nous apprend qu'une partie de ce mausolée était tombée du temps de l'empereur Adrien. Saint Jérôme (f) raconte qu'il allait

---

(a) An du monde 2990, avant Jésus-Christ 1010, avant l'ère vulg. 1014.
(b) III *Reg.* ii.
(c) *Joseph. Antiq. l.* vii, *c. ult.* An du monde 3870, avant Jésus-Christ 130, avant l'ère vulg. 134.
(d) *Act.* ii, 29.
(e) *Dio in Adriani vita.*
(f) *Hieronym. Ep. ad Marcellam.*
(1) Quel noble et touchant spectacle que celui du vieux roi David au bord du sépulcre, remettant à son fils Salomon le plan du temple du Seigneur, lui retraçant tout ce qu'il a fait, tout ce qu'il a préparé, médité pour l'œuvre sainte dont l'accomplissement doit pas lui appartenir, s'assurant de l'aide des anciens et des principaux du royaume, et contemplant le trépas sans murmure, heureux de la pensée que la main de son jeune fils élèvera au Seigneur un monument digne de sa majesté éternelle! (POUJOULAT, *Hist. de Jérus.*, ch. vii, tom. I, pag. 127).
(2) Des auteurs assez connus ont contesté la vérité du récit sacré touchant les richesses amassées par David. Aux réponses satisfaisantes qu'on leur a faites, nous allons ajouter les lignes suivantes, qui sont de M. le vicomte Alban de Villeneuve-Bargemont, *Cours sur l'histoire de l'économie politique,* 3e leçon : « La quantité de richesses accumulées entre les mains des rois du peuple Hébreu paraîtrait véritablement incroyable si, dans les époques contemporaines, l'histoire et jusqu'aux traditions fabuleuses qui en dérivent, ne constataient également l'existence de trésors immenses entre les mains de certains rois. Midas, Crésus, Cyrus, Sémiramis, Sardanapale, Artaxerxès, les Ptolémées, Alexandre, peuvent en effet nous aider à comprendre les trésors de David et de Salomon.

« David, selon les Écritures et les commentateurs, laissa environ *douze milliards* de notre monnaie pour la construction du temple bâti par Salomon. Ces richesses prodigieuses étaient le produit accumulé de ses conquêtes et des tributs l. vés sur les peuples conquis, des épargnes de quarante ans de règne, et peut-être aussi des rois ses prédécesseurs (sic). »

Et en note, sur le chiffre de *douze milliards* : « C'est à peu près le revenu annuel de l'Angleterre. Les immenses quantités d'or et d'argent tirées du Nouveau-Monde peuvent faire concevoir jusqu'à un certain point les calculs faits, d'après la Bible, sur les trésors laissés par David. Les écrivains ecclésiastiques font remarquer qu'en quarante ans de règne, par de nombreuses conquêtes et par une sage économie ce prince a pu, dans de si vastes états, dans un pays si riche et si peuplé, après tant de victoires et de riches dépouilles, amasser cent mille talents d'or et un million de talents d'argent, ou 12,481,020,562 livres, somme à laquelle on évalue les dons faits par David et par les princes et les grands de la cour, pour la construction du fameux temple de Jérusalem. — De nos jours, nous avons vu un chef de pirates, le dey d'Alger, avoir dans son trésor près de cent millions en or et en argent. Les trésors accumulés au sérail de Constantinople doivent être incalculables. »

souvent prier au tombeau de ce saint prophète. Le cardinal Grimani (a) nous a donné la représentation du tombeau que l'on tient être celui de David. Les nouveaux voyageurs (b) nous décrivent des tombeaux très-magnifiques, creusés dans le roc, que l'on tient être ceux des rois de Juda. Ils sont certainement très-anciens; mais il serait malaisé de distinguer celui de David de tant d'autres. — [V. Rois (sépulcres des), et SÉPULCRE de David.]

On attribue communément à David le livre des *Psaumes*, et on cite ces saints cantiques sous son nom. Il est certain qu'il en a composé un bon nombre; mais il serait difficile de prouver qu'il les a composés tous. [*Voyez* ASAPH.] Amos (c) reproche aux voluptueux d'Israel de dormir dans des lits d'ivoire, de se divertir à chanter au son des instruments, et de se flatter d'avoir comme David le don de composer des cantiques : *Sicut David putaverunt se habere vasa cantici*. On peut voir l'article des PSAUMES.

[L'article qu'on vient de lire n'est pas digne de David. Il faudrait le refaire tout entier, ainsi que beaucoup d'autres; mais je suis obligé de le laisser ici tel qu'il est, et ne puis que renvoyer à mon *Histoire de l'Ancien Testament*, liv. IV. J'ajouterai quelques appréciations justes et utiles touchant David considéré principalement comme guerrier et comme poëte et prophète.

« La peinture du caractère de David est ce qui donne aux deux premiers livres des Rois, dit M. de Cazalès (1), un peu de l'unité d'un poëme héroïque. Quel intérêt dans l'histoire de cet homme, tour à tour humble berger gardant les troupeaux de son père, guerrier sauveur d'Israel, chef de proscrits, roi puissant et glorieux, auquel n'a manqué aucune des grandeurs ni aucune des misères de l'humanité, pas même le crime; et pour achever son portrait, le plus grand des poëtes lyriques et le plus clairvoyant des prophètes. Si on le compare à tous les héros réels ou imaginaires de l'antiquité profane, on verra qu'il s'en sépare par un cachet de douceur, de tendresse, de générosité qu'on chercherait vainement dans les hommes chantés par Homère ou célébrés par les historiens grecs ou latins, et qui est déjà un pressentiment du Christianisme. David ressemble par beaucoup d'endroits aux guerriers chrétiens du moyen âge; et s'il est vrai qu'on trouve chez presque tous les peuples le germe de la belle institution de la chevalerie, nulle part cependant on ne rencontre rien qui se rapproche autant du type idéal du chevalier. Il manque, il est vrai, à David la galanterie et le culte des *dames*, choses qui ne pouvaient être même rêvées avant la réhabilitation de la femme par le Christianisme. Les femmes jouent un assez grand rôle dans son histoire, témoin Michol, Abigaïl et Bethsabée; mais, s'il les aime, c'est en maître, et un peu à la façon des sultans de l'Orient.

(a) *Apud Seslinon. de Architectura*, II. III, et apud Pinedam *de rebus Salom*. l. VIII, c. 3.
(b) Doubdan ch. 26. Morizon, etc.
(c) *Amos*, VI, 5.

A cela près, que de côtés chevaleresques en lui ! Sa fraternité d'armes avec Jonathas, son respect pour Saül son persécuteur, et la générosité avec laquelle il épargne sa vie; la douleur qu'il fait éclater à la mort de cet implacable ennemi; son amour pour ses soldats; son dévouement pour son peuple, lorsqu'il choisit parmi les fléaux dont Dieu veut frapper Israel, le seul qui puisse l'atteindre comme le dernier de ses sujets; tous ces traits et bien d'autres qu'on pourrait citer composent un des caractères les plus grands et les plus aimables que présentent les annales du monde.... »

« David chante les choses du ciel et de la terre sur un mode infini qui varie sans cesse, dit M. Poujoulat (2), et toujours avec de nouveaux trésors d'harmonie; il est surtout sublime quand il parle du Seigneur; combien il s'élève au-dessus d'Homère et de son Jupiter! Ici la lyre d'Homère est à la lyre du roi-prophète, ce qu'est un faible écho à une grande voix qui résonne; ce sera, si vous voulez, le pont d'airain de Salmonée, qui veut imiter le tonnerre du Tout Puissant; entre la muse de l'antique Olympe et la muse de Sion, je trouve les distances qui séparent l'homme de Dieu, la terre du ciel. »

« Sion! s'écrie M. de Lamartine (3), Sion! c'est le palais! c'est le tombeau de David! c'est le lieu de ses inspirations et de ses délices, de sa vie et de son repos! lieu doublement sacré pour moi, dont ce chantre divin a si souvent touché le cœur et ravi la pensée. C'est le premier poëte du sentiment! c'est le roi des lyriques! Jamais la fibre humaine n'a résonné d'accords si intimes, si pénétrants et si graves! jamais la pensée du poëte ne s'est adressée si haut et n'a crié si juste! jamais l'âme de l'homme ne s'est répandue devant l'homme et devant Dieu en expressions si tendres, si sympathiques et si déchirantes! Tous les gémissements les plus secrets du cœur humain ont trouvé leurs voix et leurs notes sur les lèvres et sur la harpe de cet homme! et si l'on remonte à l'époque reculée où de tels chants retentissaient sur la terre; si l'on pense qu'alors la poésie lyrique des nations les plus cultivées ne chantait que le vin, l'amour, le sang, et les victoires des muses et des coursiers dans les jeux de l'Elide, on est saisi d'un profond étonnement aux accents mystiques du roi prophète qui parle au Dieu créateur comme un ami avec son ami, qui comprend et loue ses merveilles, qui admire ses justices, qui implore ses miséricordes, et semble un écho anticipé de la poésie évangélique, RÉPÉTANT les douces paroles du Christ AVANT DE LES AVOIR ENTENDUES. Prophète ou non, selon qu'il sera considéré par le philosophe ou le chrétien, aucun d'eux ne pourra refuser au poëte-roi une inspiration qui ne fut donnée à aucun autre homme! Lisez de l'Horace ou du Pindare après un psaume

---
(1) *Cours sur l'histoire générale de la littérature*, 5ᵉ leçon; dans l'*Université catholique*, tom. V, p. 55, Paris, 1838.
(2) *Corresp. d'Orient*, lettr. CVIII, tom. IV, pag. 414.
(3) *Voyage en Orient*, tom. I, pag. 437.

Pour moi, je ne le peux plus ! » Dom Calmet ajoute ce qui suit.]

Les docteurs juifs (a) ont ajouté plusieurs particularités à l'histoire de David. Ils disent qu'Isaï, père de David, ayant sollicité sa servante, cette servante en avertit sa maîtresse, laquelle prit la place de la servante, et conçut David. Isaï, le croyant né d'une esclave, l'envoya garder ses troupeaux, et ne le crut pas digne de paraître devant Samuel. Mais Samuel déclara à Isaï que cette pierre rebutée par l'architecte, allait devenir la pierre de l'angle. On ajoute que David vint au monde circoncis. Ils fondent ce sentiment sur le titre de quelques psaumes qui portent *Michtam*, c'est-à-dire, *frappé parfaitement*, comme ayant été circoncis de la main de Dieu. D'autres disent qu'il ne fut circoncis qu'à quatorze ans, et que ce ne fut qu'à ce moment que Dieu lui dit : *Vous êtes mon fils, je vous ai engendré aujourd'hui :* il serait même mort dès le moment de sa naissance, si Adam, à qui Dieu l'avait prédit, ne lui avait prêté soixante-dix ans de sa vie (b).

Ils disent que David était roux comme Esaü, et d'une physionomie peu avantageuse ; que Samuel l'ayant remarqué, et voulant le rejeter à cause de son air farouche, Dieu lui dit qu'Esaü tuait les hommes sans forme de justice, et de son autorité ; mais que David ne ferait mourir personne sans consulter le sanhédrin. Quand David regardait quelqu'un de travers, il le rendait lépreux : c'est ainsi que Goliath et le front de ce géant fut aussitôt couvert de lèpre. Joab essuya le même sort, et quelque chose de pis. David lui-même devint lépreux, Dieu se retira de lui, et tout le sanhédrin l'abandonna pendant six mois que dura sa maladie.

Lorsqu'il parut devant Saül pour aller combattre Goliath, Saül fut étonné de voir que son armure lui devenait propre, quoiqu'ils fussent d'une taille très-différente. Il conclut de là que David serait roi ; mais David, pénétrant la pensée de Saül, s'excusa de prendre ses armes.

Absalom son fils était damné : de sept portés qu'il y a pour entrer en enfer, il en avait déjà passé cinq ; mais David ayant crié cinq fois : *Absalom mon fils*, à chaque fois il repassait une porte, et alors David entonna ce verset du psaume (c) : *Seigneur, donnez-moi quelques marques de votre faveur, afin que ceux qui me haïssent la voient et soient confondus.*

Ils disent que David avait une harpe qui jouait toute seule pendant la nuit, lorsqu'un certain vent soufflait ; ce son éveillait quelquefois David, et il s'en glorifiait, disant qu'il éveillait l'aurore, au lieu que l'aurore éveille les autres rois. On dit de plus qu'il épousa les deux sœurs vivantes, filles de Saül, savoir Mérob et Michol ; mais on sait qu'il n'épousa jamais Mérob, quoiqu'elle lui eût été promise en mariage. Ils accusent ce prince d'avoir donné dans les folies de l'astrologie et dans la magie, et même dans l'idolâtrie, et d'avoir désespéré de son propre salut.

Mais ce qui met le comble à leur extravagance, c'est ce qu'ils racontent de la mort de ce patriarche. Il avait connu par révélation, qu'il mourrait un jour de sabbat : ce jour n'était pas de son goût, parce qu'on n'y pouvait ni pleurer, ni pourvoir à ses funérailles. Il demanda délai jusqu'au lendemain, mais il ne put l'obtenir ; Dieu lui accorda seulement de ne mourir que le samedi au soir. Le diable attendait le moment qu'il cessât de lire la Loi pour le frapper de mort ; mais comme il n'en discontinuait pas la lecture, Satan s'avisa, pour le distraire, d'aller abattre des pommes dans le jardin du roi : David accourut au bruit ; et comme il descendait précipitamment par une échelle de bois pour découvrir le voleur, le diable tira l'échelle, le roi tomba et se tua.

Son cadavre demeura exposé aux chiens, parce qu'on n'osait le remuer le jour du sabbat. On consulta l'académie pour savoir ce qu'il y avait à faire dans une si triste conjoncture ; les docteurs ordonnèrent qu'on jetât des morceaux de pain autour du cadavre pour les chiens, jusqu'à ce que le sabbat fût passé. Les chiens préférèrent le pain au corps du roi, et David fut enterré. C'est ainsi que les docteurs hébreux défigurent les histoires les plus sérieuses par leurs badineries : on ne s'amuserait pas à les rapporter si on ne consultait que son inclination et le mépris qu'on en fait ; mais c'est une partie de la sagesse de connaître les erreurs et les folies des hommes (d) : *Transivi ad contemplandam sapientiam, erroresque et stultitiam*, dit Salomon.

Les musulmans (e) ne sont pas moins fabuleux que les Juifs, quand ils parlent de David. Mahomet dit que ce prince *tua Goliath, que Dieu lui donna le royaume et la sagesse, et lui enseigna tout ce qu'il voulut savoir*. Sur quoi un commentateur de l'Alcoran (f) dit que l'armée de Saül n'était que de trois cent treize hommes que Dieu avait choisis, parce qu'ils n'avaient bu dans le ruisseau qu'avec la main. Il confond l'histoire de Gédéon avec celle de Saül. Après que David eut tué Goliath, *Dieu lui donna le royaume*, parce que Saül avait promis sa fille en mariage, et la moitié de son royaume à celui qui tuerait le géant ; et Saül étant mort peu de temps après, David entra en possession de ses états. *Dieu lui donna aussi la sagesse* ; c'est-à-dire le don de prophétie, et son esprit pour composer le livre des Psaumes. Enfin *Dieu lui enseigna tout ce qu'il voulut savoir*, c'est-à-dire, le don de faire des cottes de maille, ou des haires et des cilices, qui était le métier ordinaire des prophètes ; ou même le don d'entendre le

---

(a) Bartolocci *Bibl. Rabinic.* t. II, p. 42, etc. Basnage *Hist. des Juifs*, l. vi, c. 19, art. 5, 6.
(b) C'est aussi la tradition des Musulmans, Bibl. Orient. p. 284.
(c) Psalm. LXXXV, 17. *Fac mecum signum in bo-num*, etc.
(d) *Eccl.*, ii, 12.
(e) Biblioth. Orient., p. 284.
(f) *Alcoran. cap. Bacrat.*

langage des oiseaux. Quelques-uns ajoutent que les oiseaux et les pierres lui obéissaient; que le fer s'amollissait entre ses mains, et que pendant les quarante jours qu'il pleura son péché, ses larmes étaient si abondantes et si fécondes, qu'elles faisaient croître les plantes.

DEBASETH, ville de la tribu de Zabulon. *Josué* XIX, 11. [Sur la limite nord-est de cette tribu. B. du B.]

DEBALAIM [ou DEBELAIM], père de Gomer, qui était femme du prophète Osée. *Osée*, 1, 3.

DEBERA [ou DEBIRA], ville de Benjamin, qui était auparavant à la tribu de Juda. *Josué* XV, 7. [Tout ce que dit l'écrivain sacré, c'est que Debira était sur la limite de Juda, au nord-est.]

DEBLATHA, DEBLATHAÏM, ou HELMON-DEBLATHAÏM, ville au delà du Jourdain, au pied du mont Nébo, ou Phasga.

[Deblatha et Deblathaïm ne sont point la même chose ; Deblatha est certainement un désert, témoin *Ezéch*. VI, 14, dans la Vulgate et d'autres versions, même dans l'Hébreu actuel; mais il est vraisemblable qu'on a pris ici comme quelquefois ailleurs, le *resch* pour un *daleth*, lettres qui se ressemblent, et que les copistes ont écrit *Deblatha* pour *Reblatha*. En admettant le *resch* au lieu du *daleth*, on lirait : *Depuis le désert* (arabique, au midi. *Voyez* DÉSERT, art. *Désert de Juda*) jusqu'à *Reblatha* (au nord), ce qui serait mieux. Un fait justifie cette correction : l'accomplissement de la prophétie par Nabuchodonosor, qui était à Reblatha lorsque Sédécias lui fut amené. Ainsi se trouve-t-il que Deblatha n'était ni un désert, ni une ville au pied du Nébo, mais la même ville que Reblatha, située près la frontière d'Israel, en Syrie, et nommée par Ezéchiel pour indiquer toute la Terre promise, depuis la limite méridionale jusqu'à ses confins au nord.

Deblathaïm ne donne lieu à aucune observation, si ce n'est qu'au lieu de *domus Deblathaïm*, comme porte la Vulgate; l'Hébreu a *Beth-Deblathaïm*. On a vu dans les BETH, que ce mot entre dans le nom de plusieurs villes ; il en est de même ici, c'est-à-dire, dans *Jérémie* XLVIII, 22, comme au verset suivant où il fait mention des villes de Beth-Gamul et de Beth-Maon. Beth-Deblathaïm était aussi une ville du pays de Moab ou de la tribu de Ruben.

Quant à Helmon-Deblathaïm, *Voyez* son article.]

DEBORA, prophétesse, femme de Lapidoth (*a*), qui jugeait les Israélites, et avait sa demeure sous un palmier, entre Rama et Béthel. Elle envoya chercher Barac, fils d'Abinoëm, lui ordonna de la part de Dieu d'assembler une armée de dix mille hommes, de les mener au Thabor, et lui promit la victoire contre Sisara, général de l'armée de Jabin : Barac refusa d'y aller, à moins que Débora n'y vînt avec lui. Débora y alla ; mais elle lui dit que pour cette fois, la victoire serait imputée à une femme, et non pas à lui. L'événement vérifia la prédiction de Débora. Sisara fut défait, ainsi qu'on l'a vu dans l'article de BARAC; et après la victoire, Débora et Barac composèrent un beau cantique d'actions de grâces, qui se lit au chap. V des Juges. Cette victoire arriva l'an du monde 2719; avant Jésus-Christ 1281; avant l'ère vulg. 1285.

DEBORA, nourrice de Rébecca, laquelle ayant accompagné Jacob à son retour de la Mésopotamie dans la Terre promise, y mourut, et fut enterrée au pied de Béthel sous un chêne qui, pour cette raison, fut appelé le Chêne du deuil (*b*), l'an du monde 2266 ; avant la naissance de Jésus-Christ 1734; avant l'ère vulgaire 1738. Le nom de Débora signifie une *abeille*.

DECACHORDON, instrument de musique à dix cordes, nommé en Hébreu *hasur*, était à peu près le même que notre harpe, de figure triangulaire, ayant un ventre creux, et résonnant par le bas. *Voyez* notre dissertation sur les instruments des Hébreux, à la tête du second tome du Commentaire sur les psaumes.

DECALOGUE. Ce sont les dix principaux points de la Loi de Moïse, contenus dans les dix-sept premiers versets du chap. XX de l'Exode. Le nom de *Décalogue* est formé du Grec *deca*, dix, et *logos*, paroles ; comme qui dirait *les dix paroles*, qui est le nom que les Juifs donnent aux dix préceptes dont j'ai parlé. *Voyez* LOIS.—[*Voyez* aussi ALLIANCE (*livre d'*.)]

DECAPOLE, contrée de la Palestine, ainsi nommée parce qu'elle comprenait dix villes principales situées, les unes en deçà, les autres au delà du Jourdain. La première et la principale des villes de la Décapole est 1, *Scythopolis*. Les autres sont, selon Pline (*c*) : 2, *Philadelphie* ; 3, *Raphanæ;* 4, *Gadara*; 5, *Hippos*; 6, *Dion*; 7, *Pella* ; 8, *Gérasa* ; 9, *Ganatha*; 10, *Damas*. D'autres les prennent autrement, comme Pline lui-même le remarque. Il est parlé de la Décapole en deux ou trois endroits de l'Evangile (*d*); et Jésus-Christ y prêcha souvent.

DECIME. *Voyez* DIXME.

DECLA, septième fils de Jectan (*e*). On place les descendants de Décla, ou dans l'Arabie Heureuse, féconde en palmiers, nommés *Dicla* en chaldéen et en syriaque; ou dans l'Assyrie, où se trouve la ville de *Degla*.

DECURION, officier des troupes romaines qui commandait à dix hommes. Il y en avait aussi dans les armées des Hébreux, comme on le voit par Moïse (*f*) qui, par le conseil de Jéthro, son beau-père, établit des chefs de mille hommes, des chefs de cent, de cinquante et de dix hommes, pour gouverner le peuple, pour le juger, et pour le conduire en paix et en guerre. Judas Machabée (*g*), en suivant cette disposition de Moïse, établit

---

(*a*) *Judic.* IV, 4, 5 et seq.
(*b*) *Genes.* xxxv, 8.
(*c*) *Plin. l.* V, *c.* xviii.
(*d*) *Matth.* IV, 45. *Marc.* v, 20; vii, 21.

(*e*) *Genes.* x, 27, et I *Par.* i, 21.
(*f*) *Exod.* xviii, 21, 25. *Deut.* i, 15.
(*g*) I *Mac.* iii, 55.

dans son armée de toutes ces sortes d'officiers. Joseph d'Arimathie est nommé dans l'Evangile (a) *noble décurion*; mais le texte grec porte *riche conseiller*, ou *riche sénateur*. Saint Luc, simplement, *conseiller* (b). On appelait *décurions*, les sénateurs des villes municipales et des colonies ; et c'est apparemment ce qui a obligé l'auteur de la Vulgate à traduire le grec *bouleutès*, par *decurio*.

DEDAN, peuple d'Idumée ou d'Arabie. *Voyez* ci-devant DADAN. Il est très-croyable que ces deux noms ne signifient que la même chose, et que les peuples nommés *Dédan*, ou *Dédanim* dans Isaïe, Jérémie, et Ezéchiel, sont les descendants de *Dadan* fils de *Rhegma*, petit-fils de Chanaan (*Genes.* X, 7), ou de *Dédan*, fils de *Jecsan*, petit-fils d'Abraham par Céthura (*Genes.* XXV, 3). Mais il est malaisé de discerner les uns des autres, parce que les caractères que l'Ecriture nous donne de ces deux *Dadan*, ou *Dédan*, ne sont pas assez distincts. Les prophètes Isaïe (c), Jérémie (d), et Ezéchiel (e), mettent visiblement les Dédanim avec les Arabes et les Iduméens, dans les prophéties fâcheuses qu'ils prononcent contre eux. Nous croyons que ces prédictions furent accomplies au temps de Nabuchodonosor qui assujettit tous ces peuples (f) cinq ans après la prise de Jérusalem. Ezéchiel met Dedan parmi les marchands qui venaient trafiquer à Tyr (g) ; il les met avec Gog et Magog qui viennent pour désoler et ravager (h) la terre d'Israel. Comme ces peuples demeuraient apparemment dans l'Arabie déserte, il est impossible de marquer au juste le lieu de leur demeure. Jérémie les met avec les Arabes qui coupent leurs cheveux en rond : *Et Dedan, et Thema, et Buz, et universis qui attonsi sunt in comam*.

[«Les Dedan ou Dedanim, dit Barbié du Bocage, étaient un peuple d'origine iduméenne, si l'on en croit Jérémie et Ezéchiel ; et cependant plusieurs auteurs, judicieux critiques, l'ont placé dans le golfe Persique, à l'une des îles Bahrein ou l'une des îles voisines (Heeren, *Comm. des Peuples de l'Antiq.*, t. II, p. 270; traduct. franç. d'Assemanni, *Bibl. orient.*, t. III), position très-éloignée de l'Idumée, dont la limite orientale ne s'étendait guère au delà du 34e degré de long. Quoi qu'il en soit, les *Dédanites* formaient une population très-commerçante, dont le trafic avec Tyr était considérable ; car ils venaient par caravanes jusque sur les marchés de cette ville, apporter de l'ivoire, de l'ébène et de magnifiques housses de chevaux, produits sans contredit étrangers à leur pays, mais qu'ils recevaient de nations plus éloignées par les différents ports de l'Arabie. Isaïe, menaçant l'Arabie de l'invasion des conquérants étrangers, ne manque pas de faire voir que le commerce qui forme la vie de ces populations, et entre autres de celles de Dedan, sera anéanti.»]

DEDANIM. *Voy.* DADAN et DEDAN.

DÉDICACE, cérémonie sainte par laquelle on consacre un lieu, un temple, un autel, un vase au culte de Dieu. Moïse dédia le tabernacle qu'il avait érigé dans le désert (i). Il consacra aussi les vases qui étaient destinés au service du tabernacle et au culte du Seigneur. Salomon dédia solennellement le temple qu'il avait bâti au Seigneur (j). Les Israélites, de retour de la captivité de Babylone, dédièrent le nouveau temple qu'ils avaient bâti (k), et immolèrent grand nombre de victimes au jour de cette dédicace. Les Machabées (l), ayant nettoyé le temple, qui avait été souillé par Antiochus Epiphanes, firent de nouveau la dedicace de l'autel ; et plusieurs croient que c'est cette dédicace qu'on continua de célébrer pendant l'hiver [*Voyez* HHANUCA], et à laquelle Notre Seigneur se trouva un jour, comme il est marqué dans saint Jean (m).

On dédia aussi le temple rebâti par Hérode ; il était plus beau et plus magnifique que ceux qui avaient été bâtis depuis le retour de la captivité. Hérode en célébra la dédicace avec beaucoup de solennité ; et, pour en rendre la fête plus auguste, il voulut qu'elle se fît le jour de l'anniversaire de son avénement à la couronne (n). Or il avait été déclaré roi à la fin de l'an 3964, avant Jésus-Christ 36, avant l'ère vulgaire 40, et le temple qu'il avait bâti fut dédié à la fin de l'année 32 d'Hérode, du Monde 3996, quatre ans avant la naissance de Jésus-Christ. Il y a assez d'apparence que c'est de cette dédicace du temple qu'il est parlé dans saint Jean (o), qui se célébrait pendant l'hiver, et à laquelle Jésus-Christ assista (p). — [Ces répétitions prouvent que cet ouvrage fut fait à la hâte].

Outre ces sortes de dédicaces des lieux saints, on dédiait aussi les villes, leurs murs et leurs portes, et enfin les maisons des particuliers. Néhémie (q) ayant achevé les murs et les portes de Jérusalem, en fit solennellement la dédicace. Le titre du psaume XXIX porte qu'il fut chanté à la dédicace de la maison de David. Et Moïse (r) veut qu'au jour du combat on publie à la tête de l'armée : *Qui est celui qui a bâti une maison neuve et qui ne l'a pas encore dédiée ? qu'il s'en retourne chez lui, de peur qu'il ne meure à la guerre, et qu'un autre ne dédie sa maison.* Cette dédicace se faisait principalement, selon les rabbins (s), lorsqu'on prononçait une certaine bénédiction, en attachant au po-

---

(a) *Marc.* xv, 43. Εὐσχήμων Βουλευτής.
(b) *Luc.* xxiii, 50. Βουλευτής ὑπάρχων.
(c) *Isai.* xxi, 3.
(d) *Jerem.* xxv, 23, et xlix, 8.
(e) *Ezech.* xxv, 13.
(f) *Joseph. Antiq. l.* X, c. 11.
(g) *Ezech.* xxvii, 15, 20.
(h) *Idem*, xxxviii, 13.
(i) *Exod.* xl. *Num.* vii.
(j) III *Reg.* viii,

(k) I *Esdr.* vi, 16, 17.
(l) I *Mac.* iv, 52, 53, 54, etc.
(m) *Joan.* x, 22.
(n) *Joseph. Antiq. l.* XIV, c. xxv, xxvi, p. 498, 499, et *Antiq. l.* XV, c. xiv, p. 515, 516.
(o) *Joan.* x, 22.
(p) *Voyez* Basnage, *Antiq. des Juifs*, t. I, p. 103.
(q) II *Esdr.* xii, 27.
(r) *Deut.* xx, 5.
(s) *Vide Chald. ad Deut.* vi. *Talmud. Maimon Halac Tephilim.*

teau de la porte quelques paroles de la loi, écrites sur un parchemin roulé dans une canne ou bâton creux (a).

C'est de là qu'est venue dans l'Eglise la coutume de dédier les temples, les oratoires ou chapelles, les autels : coutume qui a été pratiquée chez tous les peuples et dans toutes les religions. Mais nous nous bornons à ce qui regarde les saintes Ecritures.

DEGRÉS DE PARENTÉ, dans lesquels il était défendu de contracter mariage. *Voyez* PARENTS.

DELA, AU DELA, *trans*. Le terme hébreu *heber* (עֵבֶר), qui est ordinairement traduit par *trans*, signifie aussi au deçà; du moins on le trouve en plusieurs endroits, où il semble, par la suite du discours, qu'on devrait lire au deçà. Par exemple *Genèse* L, 10: *ad aream Athad, quæ sita est trans Jordanem*: l'aire d'Athad était à l'occident du Jourdain. Ainsi il semble qu'il aurait fallu traduire *cis Jordanem*, au deçà de ce fleuve, par rapport à la Palestine, où les Juifs avaient leur demeure; et encore *Num*. XXII, 1 : *Trans Jordanem Jericho fixa est* : Jéricho est située au delà du Jourdain : on sait que cette ville était au couchant de ce fleuve.

On pourrait dire que Moïse, écrivant ces choses, était à l'orient du Jourdain, et par conséquent qu'à son égard Athad et Jéricho étaient *trans Jordanem* ; mais Josué, qui demeurait au deçà et à l'occident de ce fleuve, s'exprime de même ; il nomme *trans Jordanem*, tant le pays qui était au deçà, que celui qui était au delà du fleuve. *Voyez* ch. XII, 1 : *Hi sunt reges quos percusserunt filii Israel trans Jordanem ad solis ortum*. Il nomme, après cela, *Séhon* et *Og*, dont les états étaient au delà et à l'orient du Jourdain ; dans le même chapitre, au ỳ. 7 : *Hi sunt reges quos percussit Josue trans Jordanem ad occidentalem plagam;* puis il nomme le roi de Jéricho, de Jérimoth, d'Eglon, de Dabir, et les autres qui habitaient à l'occident et au deçà du Jourdain, d'où je conclus que l'hébreu *heber* se prend pour *cis*, et pour *trans* ; ou plutôt qu'il signifie *ultra*, outre, et seulement le passage du fleuve, sans qu'on puisse conclure qu'il marque de çà, ou de là, à moins que l'auteur ne s'explique davantage.

DELÉAN, ville de la tribu de Juda (*Josué* XV, 38), — [au sud de Lachis, dit Barbié du Bocage].

DELTA (*b*), est la quatrième lettre de l'alphabet grec, qui vient de l'hébreu *daleth*. On appelle, en géographie, le *Delta* d'Egypte, cette partie du pays qui est arrosée par les sept branches du Nil, depuis sa division, jusqu'à ses sept embouchures dans la Méditerranée : *Septemplicis ostia Nili*. Cette partie de l'Egypte est nommée Delta, parce qu'elle approche assez de la figure de cette lettre Δ, ayant sa pointe vers le Grand-Caire, et sa base sur les côtes de la Méditerranée.

DELUGE. On appelle *diluvium* ou *déluge*, dans l'Ecriture, non-seulement cette terrible inondation par laquelle Dieu fit périr tous les hommes et tous les animaux terrestres et aériens, qui ne se trouvèrent pas dans l'arche ; mais aussi toutes sortes d'inondations, ou d'amas d'eaux extraordinaires. Ainsi le Psalmiste, parlant des eaux de la mer ou d'une violente tempête, l'exprime sous le nom d'un déluge (*c*) : *Dominus diluvium inhabitare facit*. Et ailleurs (*d*) : qu'un déluge d'eau n'approchera point du juste : *In diluvio aquarum multarum ad eum non appropinquabunt*. On remarque dans le langage commun les mêmes expressions. On donne le nom de déluge à toutes les inondations extraordinaires, comme celles qui arrivèrent du temps de Deucalion et d'Ogygès, et à celles que nous voyons dans nos rivières, après de longues pluies, ou après des orages extraordinaires. Dans le sens spirituel et allégorique, on dit un déluge de maux, d'afflictions. Dans le style de l'Ecriture, les grandes eaux marquent les grandes calamités (*e*).

Mais on entend principalement sous le nom de *déluge*, celui qui arriva sous Noé, et dans lequel, comme dit saint Pierre (*f*), il n'y eut que huit personnes qui furent sauvées. Or, voici ce que Moïse nous apprend sur ce sujet (*g*) : Les hommes de la race de Seth s'étant corrompus avec les filles de la race de Caïn, Dieu résolut de les faire périr, et dit en lui-même : *Mon esprit ne demeurera plus dans l'homme, parce qu'il n'est que chair, et sa vie ne sera plus que de six vingts ans*. Ces dernières paroles peuvent souffrir plusieurs sens ; par exemple : j'abrégerai la vie de l'homme, et je la réduirai à six vingts ans, de huit à neuf cents ans qu'elle était auparavant ; ou bien, je ne leur donne plus que six vingts ans à vivre d'ici au déluge ; il fallut, dit-on, tout ce temps à Noé pour bâtir l'arche, et pour y ramasser toutes les provisions nécessaires.

Dieu ayant donc résolu de détruire l'homme pécheur et les animaux qu'il avait créés pour lui, il dit à Noé : *Faites-vous une arche, une espèce de coffre de bois taillé et poli : vous y ferez de petites chambres, et vous l'enduirez de bitume dedans et dehors... Je ferai venir les eaux du déluge, et je ferai mourir tous les animaux vivants qui sont sous le ciel, et tout ce qui est sur la terre sera détruit. Je ferai alliance avec vous : vous entrerez dans l'arche, vous et vos fils, votre femme et les femmes de vos fils avec vous*. Il exécuta tout ce que le Seigneur lui avait commandé. Et : *Il était âgé de six cents ans, lorsque les eaux du déluge inondèrent la terre* (*h*). *Cette même année, le dix-septième jour du second mois, les sources du grand abîme furent rompues, et les cataractes du ciel furent ouvertes... Le déluge se répandit sur la terre pendant quarante*

(*a*) *Deut*. VI, 9, 10, 11.
(*b*) ה *D. lta*. ר *Daleth*.
(*c*) *Psalm*. XXVIII, 10.
(*d*) *Psalm*. XXXI, 6.
(*e*) *Job*. III, 24. *Psalm*. XVII, 17; LXVIII, 2, 15; CXXIII, 4, etc.
(*f*) I *Petri* III, 20, et II, II, 5.
(*g*) *Genes*. VI.
(*h*) *Genes*. VII, 17.

jours, et les eaux s'étant accrues, élevèrent l'arche en haut au-dessus de la terre. Elles inondèrent tout, et couvrirent toute la surface de la terre... Toutes les plus hautes montagnes qui sont sous le ciel en furent couvertes, et l'eau s'éleva de quinze coudées au-dessus des plus hautes montagnes... tous les hommes moururent, et généralement tout ce qui a vie, et qui respire sous le ciel.

Nous avons parlé ailleurs de l'arche de Noé, et de tout ce qui la regarde; *Voyez* ARCHE. On peut voir aussi l'article de Noé. Nous nous bornons ici uniquement à ce qui regarde le déluge; ses causes, ses circonstances, son universalité, ses effets. Les crimes des hommes montés à leur comble furent l'occasion du déluge; Moïse l'inculque en plus d'un endroit. Pourquoi Dieu prit-il cette voie plutôt qu'une autre? C'est ce qu'il n'est pas permis à l'homme de vouloir approfondir; et quand il aurait pris une autre voie pour exterminer les pécheurs, la curiosité de l'homme ne manquerait pas de former encore d'autres questions aussi peu raisonnables que celles-là.

Les commentateurs s'accordent fort bien sur l'année du déluge, qui arriva 1656 ans après la création du monde; mais il y a plus de difficulté sur le mois auquel commença le déluge. Plusieurs Pères ont cru qu'il avait commencé et fini au printemps; ils ont pris le second mois dont parle Moïse, pour le second de l'année sainte, laquelle commençait au mois de nisan, qui répond à mars vers l'équinoxe du printemps; entre autres preuves, ils en tirent une, de ce que la colombe rapporta à Noé une branche d'olivier, qui était, dit-on, un tendre rejeton de l'année. Nous croyons cependant, avec les plus habiles chronologistes, que l'auteur sacré a parlé en cet endroit du second mois de l'année civile, qui commençait en automne, vers notre mois d'octobre, et que ce second mois répondait partie à octobre, et partie à novembre; en sorte que le déluge commença en automne, et au commencement de l'hiver. Voici le calendrier de cette triste année 1656, selon M. Basnage (*a*), qui s'accorde en quelque manière avec notre sentiment.

An de la création du monde MDCLVI.

I. mois.	Septembre.	Mathusalem mourut âgé de 969 ans.
II.	Octobre.	Noé et sa famille entrèrent dans l'arche.
III.	Novembre,	le 17. Les fontaines et les abîmes furent ouverts.
IV.	Décembre,	le 26. La pluie commença, et dura quarante jours et quarante nuits.
V.	Janvier.	Toutes les bêtes et tous les hommes qui étaient sur la terre, furent ensevelis sous les eaux.
VI.	Février.	La pluie continua.
VII.	Mars.	Les eaux restèrent dans leur élévation jusqu'au 27, qu'elles commencèrent à s'abaisser.
VIII.	Avril,	le 17. L'arche s'arrêta sur le mont Ararat en Arménie.
IX.	Mai.	On demeura dans l'inaction pendant que les eaux se retirèrent.
X.	Juin,	le 1. Le sommet des montagnes se découvrit.
XI.	Juillet.	le 11. Noé lâcha le corbeau qui ne revint pas.
		le 18. Il lâcha la colombe qui revint.
		le 25. La colombe lâchée une seconde fois apporta le rameau d'olivier.
XII.	Août.	le 2. La colombe sortit pour la troisième fois, et ne revint plus.

An de la création du monde MDCLVII.

I. mois.	Septembre,	le 1er. La terre parut desséchée.
II.	Octobre.	le 27. Noé sortit de l'arche avec sa famille.

La question de l'universalité du déluge est la plus sérieuse et la plus importante. Quelques habiles gens l'ont niée, et ont prétendu que c'était une absurdité et un défaut de raison de la soutenir; que c'est se former une fausse idée de la grandeur et de la puissance de Dieu, que de le croire capable de faire des choses contraires à la nature et à la raison; que l'universalité du déluge est contraire à l'une et à l'autre; que l'on peut démontrer, par des preuves géométriques, que quand toutes les nuées de l'air se réduiraient en eaux et fondraient sur la terre, elles ne couvriraient pas sa superficie à la hauteur d'un pied et demi, et que quand toutes les eaux des fleuves et des mers se répandraient sur la terre, elles ne viendraient jamais à la hauteur de quatre mille pas, pour atteindre le sommet des plus hautes montagnes, à moins qu'elles ne se raréfiassent d'une manière extraordinaire; et alors elles n'auraient plus été en état de supporter le poids de l'arche; que quand tout l'air qui environne la terre serait changé en eaux, cela ne ferait pas plus de trente-un pieds d'eau, ce qui est bien éloigné de ce qu'il en faudrait pour couvrir toute la superficie de la terre et les plus hautes montagnes, jusqu'à quinze coudées au-dessus de leur sommet.

Tout cela paraît contraire à la raison, et ceci paraît contraire à la nature. La pluie ne tombe pas sur les hauteurs qui sont élevées de plus de six cents pas; elle ne descend pas de plus haut, et il ne peut s'y former aucune pluie qui ne soit aussitôt glacée par le froid qui y règne. D'où venait donc l'eau qui devait couvrir le sommet des montagnes qui sont au-dessus de la moyenne région de l'air? Dira-t-on que la pluie remonta à contre-sens? Comment les plantes ont-elles pu se conserver si longtemps sous les eaux du déluge? Comment les animaux qui sor-

(*a*) Antiq. Judaïq. tom. II, p. 399.

tirent de l'arche purent-ils se répandre par tout le monde? De plus, toute la terre n'était pas alors peuplée : pourquoi donc vouloir que le déluge ait été universel? Ne suffisait-il pas qu'il s'étendît dans les pays où il y avait des hommes? Comment faire venir des animaux des extrémités du monde, pour les faire entrer dans l'arche?

Ce sont là les principales objections que l'on forme contre l'universalité du déluge (a). Isaac Vossius les a proposées dans une Dissertation composée exprès, sous le titre : *De œtate mundi*, et dans son Epître à *André Colvius*, et dans ses réponses à *André Scotanus* et à *Georges Hornius*. Ce sentiment fut examiné pendant que le R. P. dom Jean Mabillon était à Rome, dans le voyage qu'il y fit en 1685, et les consulteurs de la sacrée congrégation de l'Indice lui ayant fait l'honneur de le consulter sur ce sentiment de Vossius (b), il leur exposa les raisons qu'on pouvait dire contre Vossius, et en même temps celles qu'on pouvait apporter pour l'excuser; il remarque que son opinion ne contient aucune erreur capitale contre la foi ni contre les bonnes mœurs; que Vossius n'a proposé ce système que pour répondre plus facilement aux objections des libertins qui se servent de ce qu'on dit de l'universalité du déluge, pour détruire l'autorité des saintes Ecritures ;

Que Vossius ne dit rien d'outré ni d'injurieux contre l'Eglise catholique, ni contre le sentiment qu'il combat, mais qu'il propose le sien simplement, comme plus vraisemblable; qu'il est utile de recevoir dans l'Eglise, ou du moins de tolérer des sens divers dans l'explication de l'Ecriture, pourvu qu'ils ne soient point contraires à l'autorité manifeste des livres saints et de l'Eglise; que ces expressions : *Omnis terra, omnes montes, omnis caro*, se peuvent prendre avec restriction, et s'y prennent assez souvent dans l'Ecriture; que quelques docteurs catholiques, comme Cajétan, ont cru que la montagne où il suppose qu'est situé le Paradis terrestre ne fut pas couverte des eaux du déluge. Que ce sentiment de Vossius n'ayant jusqu'ici causé aucun trouble parmi les catholiques, et n'ayant été attaqué que par les protestants, il n'y a aucun péril à le tolérer, et qu'il vaut mieux le laisser sans censure, que de se mêler dans les disputes qui sont entre les protestants; qu'en tout cas, si la congrégation veut flétrir cette opinion par une censure, il faut encore censurer la réfutation qu'en a faite George Hornius, à cause des discours injurieux qu'il tient contre l'Eglise catholique et le souverain pontife. Tel fut l'avis de ce sage et savant religieux.

Nous allons voir si Vossius a eu raison de s'éloigner en cela du sentiment commun des Pères et de tous les commentateurs catholiques et protestants. Il s'éloigne visiblement du texte de Moïse, que nous avons rapporté, et qui ne peut marquer plus clairement qu'il fait l'universalité du déluge ; il dit, non une fois, mais plusieurs, que les eaux du déluge se répandirent sur toute la terre, que tous les animaux qui sont sous le ciel furent noyés dans les eaux ; que les eaux s'élevèrent quinze coudées au-dessus des plus hautes montagnes : que peut-on de plus exprès pour l'universalité du déluge ?

Mais l'universalité du déluge est impossible, et non nécessaire, dit Vossius ; pourquoi inonder toute la terre, pour faire périr tous les hommes ? Ne suffisait-il pas de répandre les eaux dans les pays où il y avait des hommes ? Et qui a dit à Vossius que tout le monde n'était pas encore peuplé, après plus de deux mille ans ? car, selon les Septante, dont il soutient la chronologie, le monde avait plus de 2,200 ans (c) au commencement du déluge ; faut-il un plus long temps pour qu'il y ait des habitants dans tous les pays du monde ? De plus, croit-il trouver de moindres difficultés dans le système du déluge particulier ? Quelle nécessité dans cette hypothèse de faire construire à grands frais une arche prodigieuse, d'y rassembler toutes sortes d'animaux, d'y faire entrer huit personnes ; tout cela pour les garantir d'une inondation qui ne devait couvrir qu'une partie de la terre ? N'était-il pas plus aisé d'ordonner à ces gens de s'arrêter dans des pays où le déluge ne devait pas s'étendre, et d'y conduire par une providence particulière les animaux qui n'y étaient pas encore ?

Comment se peut-il faire que les eaux demeurent élevées quinze coudées au-dessus des plus hautes montagnes de l'Arménie, par exemple de la Chaldée, ou de la Perse, sans qu'elles se répandent dans les pays voisins ? Comment un vaisseau comme l'arche de Noé flottera-t-il pendant plusieurs mois sur une montagne d'eau, sans qu'il coule par son propre poids sur le penchant de cette montagne d'eau ? Or, telle était la situation de l'arche sur les eaux du déluge particulier, de l'aveu de Vossius lui-même.

Il dit que les plantes et les arbres seraient morts, si le déluge se fût étendu par tout le monde. Cependant ils ne sont pas morts dans son système, puisque Noé, sa famille et les animaux qu'il conserva dans l'arche vécurent au sortir de là, et s'habituèrent dans les pays mêmes où l'on convient que le déluge s'étendit, c'est-à-dire, aux environs du mont Ararat, dans la Mésopotamie, dans la Chaldée. Si les plantes et les arbres ne sont pas morts en ce pays-là, pourquoi seraient-ils morts ailleurs ? Et si Noé a pu repeupler le pays, supposé qu'ils y soient morts, pourquoi ne l'aurait-il pas pu faire dans le reste du monde, à la longue et dans la suite des siècles ? Et si les eaux du déluge particulier corrompirent tous les arbres et toutes les plantes du

---

(a) M. Le Pelletier, de Rouen, dans la préface de sa Dissertation sur l'Arche de Noé, dit qu'il y démontre que le déluge a dû être universel, comme l'Ecriture le dit, et comme la tradition constante des Eglises Juives et Chrétiennes l'a toujours cru. Et cependant il dit le contraire p. 344 et p. 416.

(b) *Votum D. Joan. Mabill. de quibusd. Isaaci Vossii opuscul. t. II, edit. operum posthum. ejusdem Mabill. an.* 1724, p. 59, etc.

(c) Il compte 2256 ans jusqu'au déluge.

pays où il s'étendit, d'où vient cette branche, ou ce rejeton d'olivier que la colombe rapporta à Noé (a)? On a tant d'expériences de la fécondité infinie de la nature dans la production et reproduction des plantes, on connaît tant d'effets merveilleux de la conservation des semences, et sous les eaux, et dans la terre et hors de la terre pendant plusieurs années, et qui après cela sont aussi fécondes qu'auparavant; on sait que l'eau est, à l'égard des plantes, un principe de fécondité infiniment plus propre à les conserver qu'à les détruire : que plusieurs plantes croissent sous les eaux (b), que toutes demandent de l'humidité pour se produire et se multiplier; le fumier des animaux et la fiente des oiseaux reproduisent dans les champs les grains qu'ils ont mangés; une terre vierge exposée à l'air produit des herbes qu'on n'y a jamais semées ; une terre tirée de l'eau en produira de même. Personne ne peut se vanter de connaître les sages précautions que l'auteur de la nature a prises pour la conservation des espèces. On a vu des troncs d'arbres reverdir et devenir féconds, après avoir été dix et onze ans arrachés de leurs racines (c).

Ajoutez que les eaux du déluge ne couvrirent toute la superficie de la terre que pendant environ cent dix jours : car, dès le premier jour du dixième mois, on commença à découvrir les sommets des montagnes : Noé était entré dans l'arche le dix-septième jour du second mois (d), après quoi la pluie tomba quarante jours et quarante nuits, et 256 jours avant la fin du déluge, les eaux commencèrent à remonter en vapeurs; ainsi, il s'en faut beaucoup que toutes les semences et les plantes aient été sous les eaux pendant un an entier.

La difficulté d'amener à Noé des animaux de tous les endroits du monde n'est pas telle qu'on se l'imagine. Le nombre des animaux créés dès le commencement n'est pas si grand qu'on le pourrait croire. Dieu créa un homme et une femme, et apparemment un couple de chaque animal mâle et femelle. De ce couple, de chevaux, par exemple, de chiens, de chèvres, sont nés tous les animaux de même espèce que nous connaissons. La différence qui se remarque entre les diverses sortes de chevaux et de chiens n'est pas plus grande que celle que nous voyons entre les différentes sortes d'hommes, dont les uns sont blancs, les autres noirs, les autres olivâtres, les autres rouges; les uns ont de la barbe, les autres sont sans barbe.

De plus, il y avait de toutes les espèces d'animaux aux environs du paradis terrestre, puisque Dieu y en amena à Adam de toutes les sortes, afin qu'il leur imposât des noms (e). Il est très-croyable que le paradis terrestre n'est pas loin de l'Arménie et des sources du Tigre et de l'Euphrate, que Moïse nomme expressément dans la description qu'il fait de ce jardin (f). Enfin on ne doute presque pas que l'arche de Noé n'ait été bâtie dans la Mésopotamie, et vers la Chaldée. Il y a donc toute apparence qu'il y avait, dans ce pays et aux environs, tout autant d'animaux qu'il en fallait pour mettre dans l'arche. S'il y en a quelques-uns qui, par une longue habitude qui est comme passée en nature, ne puissent pas vivre dans ce pays-là, ce que je crois très-difficile à prouver, il ne s'ensuit pas qu'il en ait été de même au temps de Noé : si tout d'un coup on faisait passer, des pays les plus chauds de l'Afrique dans les endroits les plus froids du Nord, des hommes ou des animaux, il est très-croyable qu'ils y périraient les uns et les autres ; mais il n'en serait pas de même s'ils y passaient en s'approchant insensiblement, ou s'ils y avaient été nourris dès leur jeunesse ; et s'il y a des animaux qui ne se trouvent plus qu'en certains pays, il n'en faut pas inférer qu'il n'y en ait jamais eu ailleurs ; on sait, au contraire, qu'il y avait autrefois beaucoup d'animaux d'une espèce dans un pays, où il ne s'en trouve plus que très-peu, ou point du tout aujourd'hui, comme des hippopotames en Egypte, des loups en Angleterre, des bièvres (g) en ces pays-ci.

Mais la plus forte des objections que l'on propose contre l'universalité du déluge se prend de l'impossibilité de trouver dans la nature autant d'eau qu'il en faudrait pour couvrir toute la terre à la hauteur que dit Moïse, c'est-à-dire, à quinze coudées au-dessus des plus hautes montagnes. On suppose que les plus hautes montagnes ont environ mille ou douze cents pas de hauteur perpendiculaire (1), il s'agit de savoir si toutes les eaux de la terre peuvent suffire à couvrir la terre à une telle hauteur ; c'est-à-dire, si les eaux de la mer, des fontaines, des rivières, des réservoirs d'eaux qui sont sur la terre, et les nuées qui sont dans l'air, peuvent suffire à ce que nous disons.

On a cru que, quand tout l'air qui est dans le monde, c'est-à-dire, dans l'atmosphère qui s'étend entre nous et la lune, aurait été condensé en eau, il n'aurait pas donné plus de trente-deux pieds d'eau de hauteur sur toute la terre, parce qu'on a supposé qu'une colonne d'air, depuis la terre jusqu'au haut de l'atmosphère, ne pesait pas plus que trente-deux pieds d'eau ; et cette supposition est fondée sur les meilleures expériences qu'on a faites pour prouver la pesanteur de l'air. Toutefois, ces expériences sont contredites par d'autres expériences qui paraissent aussi exactes et aussi sûres que les premiè-

---

(a) Genes. viii, 11.
(b) Plin. l. XIII, c. xxv. Voyez M. Le Pelletier, de Rouen. Dissert. sur l'Arche de Noé, c. xxxiii.
(c) Licet. l. III, c. vii, de his quæ diu vivunt sine alimento. Scalig. in Cardan. Exercit. 14.
(d) Genes. viii, 3, 4.
(e) Genes. ii, 19.
(f) Genes. ii, 8, 9, 10, 11.
(g) C'est un oiseau de rivière qui a le bec long, dentelé, et crochu par le bout, il a une crête sur le cou, le dos cendré, le ventre presque blanc, et les pieds rougeâtres.

(1) Ces douze cents pas font dix-neuf cent cinquante mètres. Les plus hautes montagnes sont en Asie ; ce sont les monts Himalaya, dont deux, situés dans le Thibet, s'élèvent jusqu'à plus de huit mille cinq cents mètres au-dessus du niveau de la mer. Ils sont nommés Dawalagiri et Tchhamoulari.

res (a), et qui donnent au moins lieu de douter de la vérité de ce principe, que c'est la pesanteur de l'air qui fait que l'eau et le vif-argent demeurent suspendus dans les tuyaux où on les a mis en équilibre avec l'air. De plus, on montre que s'il est vrai, comme le disent ceux qui ont poussé le plus loin les expériences de la pesanteur de l'air, que cinq cents toises d'élévation faisaient baisser de trente-sept lignes et demie le vif-argent renfermé dans des tuyaux bouchés par un bout, et que le même vif-argent demeurait suspendu à vingt-huit pouces et demi de hauteur dans les lieux qui sont au niveau de la mer; on montre, dis-je, que, dans ces suppositions, il ne devrait y avoir que deux lieues soixante toises de hauteur d'air qui pèserait autour du globe terrestre, quoique, selon les philosophes, il y ait plus de quatre-vingt-cinq ou quatre-vingt-six mille lieues de distance de la terre à la lune, et par conséquent une pareille étendue d'air, qui devrait peser comme celui qui est immédiatement autour de la terre.

Or, supposé qu'il pèse véritablement et qu'il vienne à être réduit en eau, quelle quantité n'en produira-t-il pas (b)? et s'il ne pèse pas, on ne peut rien conclure de son poids, ni pour, ni contre l'universalité du déluge. La vérité est que la pesanteur de l'air n'est autre chose, à mon sens, que l'effort que fait l'air pour s'éloigner du centre de son mouvement, que l'on suppose circulaire autour de la terre; et que la pesanteur des corps qui sont dans l'air ne consiste que dans la pression de l'air, qui, par le même effort dont on a parlé, les repousse vers la terre et agit sur eux avec plus ou moins de force, selon que ces corps sont plus solides, plus épais, plus terrestres ou plus subtils, plus poreux, plus aériens. Et tout cela ne fait rien à la question de l'universalité du déluge, et à savoir s'il y a dans la nature assez d'eau pour couvrir toute la terre à la hauteur que nous avons dite, c'est-à-dire, environ à douze mille pieds d'épaisseur tout autour du globe terrestre.

Au commencement de la création, le globe terrestre était tout enveloppé d'eaux (c), la terre était couverte du chaos, l'esprit de Dieu était porté sur les eaux, et les ténèbres couvraient toute la face de l'abîme; c'est ce que dit Moïse. Le Psalmiste ne s'exprime pas d'une manière moins expresse (d) : *Vous avez fondé la terre sur sa base, elle ne sera point ébranlée à jamais. L'abîme l'environnait comme un vêtement : les eaux étaient élevées au-dessus des montagnes. Mais vos menaces les firent fuir, la voix de votre tonnerre les remplit de crainte. Les montagnes s'élevèrent, et les vallons s'abaissèrent dans le lieu que vous leur ordonnâtes. Vous avez prescrit des bornes aux eaux, qu'elles ne passeront point; et elles ne reviendront point couvrir la terre.*

Voilà donc un déluge universel bien marqué au commencement du monde; et à quoi tient-il qu'il ne revienne une seconde fois ? Aux ordres du Seigneur, qui a dit aux eaux de la mer (e) : *Tu viendras jusqu'ici, et tu n'iras pas plus loin; tu briseras ici tes flots écumants.* Et la Sagesse dans les Proverbes (f) : *J'étais présente lorsqu'il environnait l'abîme de ses bornes, et qu'il lui prescrivait une loi inviolable.*

Mais, dira-t-on, il faudrait, pour réduire les choses au premier état où Moïse les décrit, que Dieu répandît sur la terre non-seulement les eaux de la mer, des fontaines et des fleuves, ce qui paraît impossible, à moins de déranger toute l'économie du globe terrestre; mais aussi qu'il rappelât sur la terre les eaux qu'il éleva au-dessus du firmament. (g) *Le Seigneur dit : Que le firmament se fasse, et qu'il divise les eaux d'avec les eaux; et il fit le firmament, et il divisa les eaux qui étaient sous le firmament d'avec celles qui étaient au-dessus.* Les eaux de dessous le firmament sont indubitablement les eaux de la mer et des fleuves; les eaux de dessus sont les eaux qui sont raréfiées dans l'atmosphère, et apparemment l'atmosphère elle-même : en un mot, en quelque lieu que soient ces eaux, et quoi qu'elles puissent être devenues, il est certain qu'elles ne sont pas anéanties, et qu'il fut tout aussi aisé à Dieu de les réduire en leur premier état, et de les former en eaux au temps du déluge, qu'il lui fut au commencement du monde de les réduire en air, ou en vapeurs; en tout cas, cela démontre que le déluge universel n'a rien de contraire aux lois de la nature, ni d'impossible à la puissance de Dieu.

Moïse, pour nous faire connaître le changement qui arriva alors dans la nature, nous dit (h) : *Que les sources du grand abîme d'eaux furent rompues, et les cataractes du ciel ouvertes; et que la pluie tomba sur la terre pendant quarante jours et quarante nuits :* c'est comme s'il disait, que la terre fut réduite à peu près au même état où elle était au commencement, qu'elle rentra en quelque sorte dans le chaos. Les barrières et les digues qui retenaient les eaux de la mer, furent rompues; les cataractes du firmament furent ouvertes; les eaux inférieures et les eaux supérieures se trouvèrent rassemblées comme au commencement.

Mais dans la supposition que l'arche ait été élevée de quinze coudées au-dessus des plus hautes montagnes, comment les hommes et les animaux qui étaient dans l'arche purent-ils vivre et respirer au milieu du froid et de l'extrême subtilité de l'air de la moyenne région, où l'on prétend que nul animal ne peut vivre longtemps. On peut

---

(a) Le Pelletier, Dissert. sur l'Arche de Noé, p. 36.
(b) L'auteur que nous avons cité montre qu'il en pourrait résulter 16,514 fois davantage qu'il n'en faut pour couvrir toute la terre à la hauteur marquée par Moïse. *Voyez* p. 384, 385, 386.
(c) Genes. 1, 2, 3.
(d) Psalm. ciii, 5, 6, 7.
(e) Job. xxxviii, 10, 11.
(f) Prov. viii, 27, 29.
(g) Genes. 1, 7, 8, 9.
(h) Genes. vii, 11, 12.

dire à cela deux choses : la première, que les raisons et les expériences prétendues que l'on oppose pour prouver que l'on ne peut vivre sur les plus hautes montagnes du monde, ne sont nullement certaines. Il est vrai qu'il fait plus froid, et que l'air est plus vif et plus subtil sur le sommet des plus hautes montagnes ; mais il n'est pas vrai qu'on y meurt, comme on le sait par plusieurs relations très-certaines.

Secondement, que la moyenne région de l'air ne doit pas être regardée comme un point fixe, ou une région limitée, qui ne monte ni ne descende jamais ; elle est plus ou moins élevée à notre égard, selon le plus ou le moins de chaleur du soleil. Durant l'hiver elle est bien plus près de la terre, que pendant les ardeurs de l'été ; ou pour mieux dire, le froid qui règne dans la moyenne région de l'air pendant l'été, règne aussi dans la basse région pendant l'hiver. Ainsi dans la supposition du déluge universel, il est évident que la moyenne région de l'air a dû se hausser et s'éloigner de la terre et des eaux ; et au contraire la basse région se rapprocher des uns et des autres, à mesure que les eaux du déluge croissaient ou décroissaient ; de manière que l'arche était toujours dans la basse région de l'air, lors même qu'elle était portée à quinze coudées au-dessus des plus hautes montagnes, et que les hommes et les animaux qu'elle renfermait respiraient le même air qu'ils auraient respiré sur la terre, mille ou douze cents pas plus bas, si le déluge ne fût pas arrivé.

On ne prétend pas toutefois par toutes ces raisons, prouver que le déluge universel se soit fait sans miracle. On reconnaît qu'il y en a un très-grand, surtout dans la chute des eaux pendant quarante jours, et dans leur évaporation ou dans leur retour dans les abimes et dans les airs, de quelque manière que cela se soit fait. On avoue que ce terrible événement renferme des difficultés presque inexplicables, tant dans le système qui le tient universel, que dans celui qui le croit seulement particulier ; et dès qu'il faut admettre un enchaînement de miracles dans l'un et dans l'autre système, il vaut mieux, ce me semble, s'en tenir au sentiment commun des Pères et des Interprètes de toutes les communions et de tous les siècles, que de chercher des routes nouvelles qui nous jettent dans des embarras pareils à ceux qu'on cherche d'éviter. Car si par le système du déluge particulier, on veut fermer la bouche aux libertins, et mettre à couvert l'autorité des saintes Écritures ; comment y réussira-t-on ? en faisant violence à son texte, et en lui faisant dire que le déluge ne couvrit qu'une partie de la terre, pendant que Moïse et tous les auteurs sacrés qui en ont parlé, marquent si distinctement son universalité.

M. Thomas Burnet, auteur anglais, dans son livre intitulé : *Telluris theoria sacra... Libri duo priores de diluvio et paradiso*; imprimé in-4°, à Londres, en 1681, a prétendu expliquer d'une manière physique, comment le déluge avait pu se faire. Il suppose que la terre dans son commencement était ronde, unie partout, sans montagnes ni vallées ; qu'au centre de la terre il y avait un grand abîme plein d'eau ; que la terre s'étant affaissée en plusieurs endroits par divers tremblements, et par différentes secousses, et s'étant élevée dans d'autres, avait donné ouverture aux eaux, qui sortirent avec impétuosité du centre où elles étaient enfermées, et se répandirent sur toute la terre ; que ces secousses et ébranlements, et les terres confusément accumulées formèrent les montagnes et les vallées ; que l'axe de la terre gardait au commencement un parfait parallélisme avec l'axe du monde se mouvant toujours directement sous l'équateur, et produisant un équinoxe perpétuel ; qu'à la vérité la zone torride était entièrement inhabitable, mais qu'en récompense il y avait un printemps perpétuel sur tout le reste de la terre ; que dans le premier monde il n'y avait ni mers, ni pluie, ni arc-en-ciel : qu'enfin la terre que nous habitons, après avoir passé par le feu, reprendra un jour sa première forme, jusqu'à ce qu'au dernier jour du jugement, elle soit changée en étoile fixe.

Nous ne nous appliquons pas ici à réfuter ce système, il nous suffit de l'avoir proposé. Il paraît assez par Moïse qu'il y avait avant le déluge des montagnes, des vicissitudes de saisons. Leidekker et quelques autres auteurs protestants ont écrit contre Burnet. On peut les consulter.

Un autre auteur anglais nommé Woodward, dans un livre intitulé : *Naturalis historia telluris illustrata*, etc., imprimé à Londres, en 1714, prétend que toute la masse de la terre ayant été dissoute par les eaux du déluge, il se forma ensuite une nouvelle terre dans le sein de ces eaux, composée de différents lits ou de différentes couches de la matière terrestre, qui nageait dans ce fluide ; que ces couches s'arrangèrent l'une sur l'autre à peu près suivant leurs différents degrés de pesanteur : en sorte que les plantes et les animaux, surtout les poissons et les coquillages, qui n'avaient point encore été dissous comme le reste, demeurèrent confondus avec les matières minérales et fossiles, qui les ont conservés dans leur entier, ou du moins qui en ont retenu les diverses empreintes, soit en creux, soit en relief.

C'est en suivant cette hypothèse qu'il explique ces coquillages, que l'on trouve dans les lieux fort éloignés de la mer, ces dents d'éléphants, ces os d'animaux, ces poissons pétrifiés, et cent autres choses que l'on rencontre au haut des montagnes et dans des lieux très-éloignés de la mer. Il prétend que tout cela ayant été enfoui dans la terre au temps du déluge universel, la matière bitumineuse, et les sels qui sont dans la terre, les ont pénétrés et conservés dans leur entier, et même quelquefois pétrifiés. On peut consulter l'auteur que nous avons cité, où l'on trouvera quantité de choses très-curieuses sur le déluge. *Voyez* aussi *Ray's Consequences of the deluge*, et *Scheuczer*

Piscium querelæ, et *Herbarium diluvianum*, imprimés à Zurich, le premier en 1708, et le second en 1709; *Nouvelles de la rép. des lettres*, mars 1704; Edm. Halley, Dissert. *in actis Philosophicis*. Londin. l. 16, p. 104; le Dictionnaire de Trévoux sous *déluge, coquillage, fossiles*. — [Consultez surtout le *Discours* de Cuvier *sur les révolutions du globe terrestre*. (S).]

Les Musulmans, les Païens, les Chinois et les peuples même de l'Amérique, ont conservé la tradition d'un déluge. Ils le racontent chacun à leur manière. Josèphe (a) cite Bérose, qui sur le témoignage des anciens monuments parlait du déluge comme en a parlé Moïse. Il parlait de Noé, de l'arche et des montagnes où elle s'était arrêtée. Abydène (b) raconte qu'un nommé Sésistrus fut averti par Saturne d'un déluge qui devait inonder toute la terre; que Sésistrus s'étant embarqué dans un vaisseau couvert, envoya quelques oiseaux pour savoir en quel état était la terre: que ces oiseaux revinrent jusqu'à trois fois. Alexandre Polyhistor racontait la même chose qu'Abydène, et ajoutait que les animaux à quatre pieds, les reptiles, et les volatiles furent conservés dans le vaisseau. Lucien, dans son livre de *la Déesse de Syrie*, dit que les hommes s'étant abandonnés aux derniers déréglements, la terre fut inondée d'un déluge, en sorte qu'il n'y eut que Deucalion qui resta sur la terre, s'étant retiré dans un vaisseau avec sa famille et des animaux de toutes sortes. Apollodore (c), Ovide (d) et plusieurs autres ont parlé au long du déluge de Deucalion; mais ils ont mêlé dans leur récit plusieurs circonstances qui ne conviennent qu'à celui de Noé.

Les Chinois tiennent que le déluge n'a pas inondé leur pays, qu'il n'a pas été jusqu'aux Indes : c'est ce qu'on voit dans le récit de deux Arabes mahométans qui voyagèrent en ce pays au neuvième siècle (e); mais les Arabes le croyaient sans difficulté.

Nous avons parlé ci-devant sous le mot APAMÉE, de la tradition qui voulait que l'arche de Noé se soit arrêtée près de cette ville, laquelle a même pour cette raison pris le surnom de *Kibotos*, c'est-à-dire l'arche : on a publié deux médailles frappées dans la même ville (f); l'une représente d'un côté la tête de l'empereur Philippe, avec cette légende en Grec : *L'empereur César Jules Philippe Auguste*, et sur le revers on voit une arche où sont renfermés Deucalion et Pyrrha, ou Noé et sa femme; sur le toit de l'arche il y a deux colombes, dont l'une tient un rameau d'olivier : sur un côté de l'arche, on lit le mot *Noé* : et autour du revers : *Sous Marc Aurèle Alexandre, second pontife des Apaméens*

La seconde médaille ressemble à la première, avec cette différence qu'elle représente la tête de *Lucius Septimus Severus Pertinax*, et que sur le revers on lit sur l'arche ces lettres grecques, ΝΗΤΩΝ; et autour du revers : *Sous celui qui préside aux combats des Magnésiens, des Apaméens*. Le père Kircher a cru que ces lettres grecques ΝΟΕ qui signifient Noé, étaient les dernières lettres du mot ΑΠΑΜΕΩΝ renversé. D'autres soutiennent que ces médailles sont faites à plaisir. Il faudrait les avoir vues et examinées. Ce qui est certain, c'est que ceux d'Apamée en Asie se vantaient d'avoir été les premiers fondés par Deucalion et Pyrrha, ou par Noé et sa femme au sortir de l'arche, et après le déluge (1).

Mahomet parlant du déluge (g), dit que quand *le temps que Dieu avait prescrit pour la punition des hommes fut arrivé, et que le four commença à bouillir et à regorger, Dieu dit à Noé: Prenez et faites entrer dans l'arche avec vous deux couples de tous les animaux.* Ce four qui commence à bouillir s'appelle en arabe *Tannour*, et les mahométans enseignent que ce four avait servi à Ève à cuire le pain, et qu'il vint jusqu'à Noé par succession : il est différent de nos fours ordinaires, et a son ouverture en haut assez étroite. Il est ordinairement de pierre ou de grès : on l'échauffe en y jetant du bois par le haut, et on applique la pâte par dehors tout autour du four, ou en dedans sur de petits cailloux blancs, dont la cruche est à demi pleine.

Lors donc que *le four commença à bouillir*, c'est-à-dire, que les eaux du déluge commencèrent à sortir avec impétuosité du fond de la terre, Dieu dit à Noé d'entrer dans l'arche avec sa famille, et les justes qui y voudraient entrer. Il y entra quatre-vingts personnes, mais Chanaan n'y voulut pas entrer. Après les six mois que dura le déluge, car ils ne le font pas durer davantage, *Dieu commanda à la terre, et dit : Terre, engloutis tes eaux ; Ciel, puise celles que tu as versées. L'eau commença aussitôt à diminuer*, l'ordre

---

(a) Joseph. l. I, contra Appion. p. 1043, 1044.
(b) Apud Euseb. Præpar. l. IX, c. XII.
(c) Apollodor. Biblioth. l. I, c. I.
(d) Ovid. Metamorph. l. II, v. 270 et seq.
(e) Renaudot, *Voyage de deux Arabes en Egypte au neuvième siècle*, imprimé à Paris en 1718.
(f) Octav. Falconer. Inscriptiones Atticæ Rom. 1668, p. 163. Kircher de Arca Noe, p. 138.
(g) Alcoran. cap. Hond.
(1) Jacques Bryant, célèbre antiquaire anglais, mort en 1804, avait prouvé que les médailles d'Apamée étaient une commémoration du déluge de Noé; il éprouva de la contradiction de la part de quelques savants, et voici en quels termes Visconti juge ce procès dans la *Biographie universelle*, art. Bryant. « Ces médailles, dit-il, sont frappées en l'honneur de Septime Sévère et de Philippe l'Arabe, dans la ville d'Apamée de Phrygie, ville qui se glorifiait de son ancien nom de Κιβωτός, Arche, Caisse. Elles présentent pour type l'arche de Noé, avec le nom de ce patriarche, gravé dans la légende, et les accessoires du corbeau; de la colombe et du rameau d'olivier. Quelques antiquaires anglais, dont les mémoires se trouvent dans le volume IV de l'*Archéologie*, ont tâché par des interprétations forcées, de mettre en doute, ou de faire entièrement disparaître les rapports de ce type avec l'histoire mosaïque du déluge ; mais le savant Eckhel a mis hors de question l'explication que Bryant avait donnée; et il a observé que ces traditions judaïques, à l'époque où ces médailles ont été gravées, étaient assez répandues parmi les païens pour que ceux-ci ne refusassent pas à puiser dans ces sources sacrées les idées et les faits qu'ils croyaient propres à éclaircir les ténèbres de leurs anciennes origines. »

de Dieu fut exécuté. L'arche s'arrêta sur la montagne de Gioudi, et on entendit cette voix du ciel : Malheur aux impies. Les interprètes remarquent que ce verset est le plus éloquent et le plus sublime de l'Alcoran, tant pour le sens, que pour les paroles.

[Cet article *déluge* n'est pas, on le voit bien, à la hauteur de la science actuelle, soit qu'il s'agisse de la critique du fait, soit qu'il s'agisse de sa défense. Le progrès des sciences physiques a fourni aux incrédules de nouveaux arguments contre ce fait, et aux apologistes de nouvelles preuves en sa faveur. Je ne connais aucune objection contre le déluge, qui n'ait été résolue. On en fera encore, et encore on les détruira. Il faudrait des volumes pour examiner les divers systèmes imaginés contre le récit de Moïse sur ce point d'histoire, et les réfutations qui en ont été faites : l'analyse qu'on en pourrait faire ne trouverait point ici un espace assez étendu. Que l'incrédulité s'ingénie à chercher dans les sciences quelque base à de nouveaux systèmes, cette entreprise n'effraie point l'homme de foi ; car il sait que si la science paraît être aujourd'hui favorable à l'incrédulité, demain, mieux étudiée, mieux connue, elle lui sera contraire. Supposez que l'on fasse dans les sciences une découverte qui donne lieu, contre le déluge mosaïque, à une objection plus spécieuse que toutes celles qui sont pulvérisées, à une objection qui paraisse invincible, et le soit même en effet ; ce serait peu encore, j'ose le dire, car en face de cette objection due à des découvertes faites dans les sciences, se trouvent les sciences elles-mêmes, qui participent en quelque sorte de l'infini, et qui ne disent jamais leur dernier mot ; c'en serait assez pour empêcher tout esprit raisonnable d'attaquer le récit de Moïse ; mais il y a plus, il y a le témoignage du genre humain qui atteste, à travers les générations, chez tous les peuples connus, la vérité de ce récit : témoignage contre lequel il n'est point de prescription possible, d'attentat triomphant.

Je voudrais que l'espace et le temps me permissent de citer ici les traditions des peuples touchant le déluge ; mais elles sont trop nombreuses et il faut que je me hâte.

Dom Calmet a dit que les peuples mêmes de l'Amérique ont conservé la tradition d'un déluge ; le fait de cette tradition n'est plus l'objet d'un doute. Il dit la même chose des Chinois et des Indous, et cependant il ajoute que les Chinois, d'après le récit des voyageurs qu'il cite, tiennent que le déluge n'a pas inondé leur pays, et n'a pas été jusqu'aux Indes. Nous allons entrer à cet égard dans quelques explications.

Les Indous ont connaissance d'un déluge dont l'histoire, quoique chargée par eux de plusieurs détails fabuleux et ridicules, offre beaucoup de traits frappants de ressemblance avec le récit de Moïse.

[« Ils croient, dit sir W. Jones, dont personne ne récusera le témoignage, que, sous le règne de Vaivasaouata, ou Enfant du Soleil, *toute la terre fut submergée*, et *tout le genre humain détruit* par un déluge, à l'exception de ce prince religieux, des sept richis et de leurs épouses. Cette histoire est racontée avec autant de clarté que d'élégance, dans le huitième livre du *Bhâgaouata*, d'où je l'ai extraite et traduite avec beaucoup de soin. Je me bornerai à en présenter ici un abrégé.

« Le démon Hayagriva ayant soustrait les
» védas à la vigilance de Brâhmah, pendant
» qu'il se reposait à la fin du sixième ma-
» naouantara, *toute la race des hommes de-*
» *vint corrompue*, hormis les sept richis et
» Satyavrata, qui régnait alors à Dravira.
» Un jour que ce prince s'acquittait de ses
» ablutions dans la rivière Gritâmala, Wich-
» nou lui apparut sous la forme d'un petit
» poisson, et, après avoir augmenté en sta-
» ture dans divers fleuves, il fut placé par
» Satyavrata dans l'Océan, où il adressa ces
» paroles à son adorateur surpris : *Dans*
» *sept jours un déluge détruira toutes les*
» *créatures qui m'ont offensé ; mais tu se-*
» *ras mis en sûreté dans un vaisseau merveil-*
» *leusement construit. Prends donc des herbes*
» *médicinales et des graines de toute espèce, et*
» *entre sans crainte dans l'arche avec les sept*
» *personnages recommandables par leur sain-*
» *teté, vos femmes et des couples de tous les*
» *animaux. Tu verras alors Dieu à la face, et*
» *tu obtiendras des réponses à toutes les ques-*
» *tions.*

» Il disparut à ces mots, et au bout de sept
» jours l'Océan commença à submerger les
» côtes, et la terre fut inondée de pluies
» continuelles. Satyavrata étant à méditer
» sur la divinité, aperçut un grand navire
» qui s'avançait sur les eaux. Il y entra,
» après s'être exactement conformé aux in-
» structions de Wichnou, qui, sous la forme
» d'un vaste poisson, permit que le navire
» fût attaché avec un grand serpent marin,
» comme avec un câble, à sa corne démesu-
» rée. Quand le déluge eut cessé, Wichnou
» tua le démon, recouvra les védas, instrui-
» sit Satyavrata dans la science divine, et
» le nomma septième Menou, en lui donnant
» le nom de Vaivasaouata. »

Tel est l'abrégé que fait sir W. Jones de l'histoire du déluge universel chez les Indous. Il est évident que ce déluge n'est autre que celui décrit par Moïse. Mais ce n'est pas tout : nous allons montrer, au moyen d'une preuve fournie par M. Klaproth (*Asia polyglotta*, in-4°, 1823), que l'époque où arriva cette grande catastrophe, d'après ces peuples, s'accorde avec celle que lui assigne Moïse. Il faut auparavant dire un mot du ridicule système chronologique de ces mêmes peuples.

L'année solaire des Indous se compose de 360 jours. Cent années solaires font la vie d'un homme ; mais pour les dieux inférieurs, une année solaire est comme un jour, et 360 années solaires sont comme une seule année.

La période ordinaire du monde se divise en quatre âges, savoir :

Krita-Juga	4,800	années des dieux inférieurs qui font	1,728,000 ann. sol.
Trita-Juga	3,600	id.	1,296,000.
Divapar-Juga	2,400	id.	864,000.
Kali-Juga	1,200	id.	432,000.

L'an 1822 de notre ère est l'année 4923 du *kali-juga*, dont la première année correspond à l'an 3101 avant Jésus-Christ.

Cette période ordinaire du monde est appelée *sadir-juga*, et comprend 12,000 années des dieux inférieurs, ou 432,000 années solaires : mille *sadir-juga*, ou 12,000,000 d'années des dieux inférieurs (4,320,000,000 d'années solaires), ne sont pour Brahma que comme un seul jour, du matin au soir. Ce jour de Brahma est appelé *dinâ-kalpa*, et contient avec la nuit 24,000,000 d'années des dieux inférieurs (8,640,000,000 d'années solaires.) Pendant cette nuit, Brahma est plongé dans le sommeil, et alors la terre est inondée par le *dina-praloya*, ou *le déluge jusqu'au jour*.

Le déluge des Indous est fixé vers la fin du troisième âge, immédiatement avant le quatrième ou *Kali-Juga*. Or, cette époque correspond à l'an 3101 avant Jésus-Christ. D'après la Bible samaritaine, le déluge eut lieu l'an 3044 avant Jésus-Christ. Il n'y a donc entre les deux époques que 57 ans de différence ; circonstance qui n'étonnera point, si l'on fait attention que cette supputation est appuyée sur la durée des vies successives d'un grand nombre d'individus, et que la différence peut ne tenir qu'à l'omission des fractions de quantité.

La chronologie indienne s'accorde donc avec celle de la Bible pour la détermination de l'époque du grand cataclysme.

Quant aux Chinois, ils reconnaissent aussi un déluge. Leurs annales, il est vrai, ne parlent pas d'une manière bien précise d'un déluge universel, mais elles racontent que, du temps de Fou-Chi (c'est-à-dire environ 3,100 ans avant notre ère), un rebelle nommé Koung-Koung (qui ne paraît point être la personnification du mauvais principe) disputa la souveraineté à Tchouan-Chio, et dans sa fureur il frappa la corne la montagne Pan-Djen avec une telle violence, que *les colonnes qui portaient le ciel furent brisées, et que les liens de la terre se rompirent*. Le ciel tomba du côté du nord-ouest et du sud-est ; la terre fut fondue. Il en résulta une grande inondation.

La chronologie chinoise est aussi conforme à la Genèse que celle des Indous. En 1822, époque à laquelle écrivait M. Klaproth, que nous copions, nous étions dans la 19ᵉ année du LXXVᵉ cycle chinois de 60 ans. La première année de ces cycles, qui fut la 61ᵉ année du règne de l'empereur Chouang-Ti, correspond à l'an 2637 avant Jésus-Christ. D'après les meilleurs historiens, trois empereurs précédèrent Chouang-Ti, savoir : Niu-Koua, Schin-Noung et Fou-Chi : ce dernier est regardé comme le fondateur de l'empire. Si maintenant l'on additionne les années des règnes de ces trois empereurs, et qu'on y ajoute les 60 premières années du règne de Chouang-Ti, et 2637 ans avant Jésus-Christ, on obtiendra l'époque suivante comme celle de la fondation de l'empire chinois :

Fou-Chi régna	115 ans.
Schin-Noung	140
Niu-Koua	130
Chouang-Ti avant les cycles.	60
Première ann. du premier Cycle	2,637 avantJ.-C.
Total	3,082

Nous avons donc trois époques remarquables et presque concordantes :

1° Déluge de Noé, d'après le texte samaritain, 3044 avant Jésus-Christ.

2° Déluge indien, et commencement de Kali-Juga, 3101 avant Jésus-Christ.

3° Déluge chinois de Koung-Koung, et fondation de l'empire chinois, 3082 avant Jésus-Christ.

Si l'on prend la moyenne de ces trois quantités, on obtiendra comme époque du déluge 3076 avant Jésus-Christ.

C'est ainsi que s'exprime le savant Klaproth. On voit que les Indiens et les Chinois, non-seulement ont connaissance du déluge universel décrit par Moïse, mais encore qu'ils assignent à cette inondation du monde primitif, la même époque que l'historien sacré. Je dis la même époque, car il ne faut tenir aucun compte de la différence qu'on voit dans les dates énoncées, non plus que de celle qui existe dans les textes samaritain, hébreu, des Septante, de la Vulgate, et entre les divers systèmes de chronologie.]

DEMAIN, se met dans l'Ecriture pour le temps à venir indéfiniment : Par exemple (*a*) : *Lorsque demain votre fils vous demandera ce que veut dire cette cérémonie du rachat du premier-né, vous lui direz : Le Seigneur nous a tirés de la terre d'Egypte par la force de son bras*, etc. Et ailleurs (*b*) : *Demain vos enfants diront aux nôtres : Qu'avez-vous de commun avec le Dieu d'Israel ? Dieu a mis entre nous le Jourdain pour nous séparer*, etc.

Dans le style des Orientaux, *aujourd'hui* signifie souvent la vie présente, et *demain* la vie future. Jésus-Christ défend à ses disciples de s'inquiéter *du lendemain*, et leur dit que le lendemain aura soin de lui-même ; qu'aujourd'hui suffit sa malice, ses inquiétudes, etc.

DEMAS, dont parle saint Paul dans ses Epîtres (*c*), était de Thessalonique. Il fut d'abord un des plus zélés disciples de l'Apôtre. Il le servit utilement à Rome pendant sa prison. Mais quelques années après (vers l'an 65 de Jésus-Christ), il le quitta pour suivre le siècle (*d*), et se retira à Thessalonique, d'où il était. Saint Epiphane (*e*) enseigne qu'il renonça à la foi, et qu'il s'engagea dans l'hérésie de Cérinthe, d'Ebion, et des autres.

(*a*) *Exod.* xiii, 14. *Deut.* vi, 20. *Josué* iv, 6, 21.
(*b*) *Josué* xxii, 24.
(*c*) *Coloss.* iv, 14.
(*d*) II *Timoth.* iv, 9.
(*e*) *Epiphan. hæres.* 51.

qui ne tenaient Jésus-Christ que comme un simple homme. Dorothée dans sa Synopse, dit qu'étant venu à Thessalonique, il devint prêtre des idoles. D'autres (a) veulent qu'il se soit relevé de sa chute; et Estius conjecture même que c'est lui que saint Ignace dans son Epître aux Magnésiens, appelle *leur évêque digne de Dieu*. Mais tout cela n'est fondé que sur la fausse supposition, que la seconde lettre de saint Paul à Timothée a été écrite pendant la première prison de saint Paul à Rome, et avant les Epîtres aux Colossiens et à Philémon.

DEMAS. Quelques-uns donnent ce nom à l'un des voleurs qui fut crucifié avec Jésus-Christ. D'autres l'appellent *Dumachus*.

* DEMETRIADE ou DEMETRIAS. *Voyez* ARACÉENS.

DEMETRIUS DE PHALÈRE, philosophe péripatéticien, disciple de Théophraste, mérita par ses rares qualités, de gouverner pendant dix ans la république d'Athènes, où on lui dressa par honneur trois cent soixante statues d'airain. Mais après cela, il tomba dans la disgrâce des Athéniens, qui le condamnèrent à mort pendant son absence et renversèrent toutes ses statues. Il se retira auprès de Ptolémée, fils de Lagus, roi d'Egypte, à qui il tâcha de persuader d'exclure de sa succession au royaume Ptolémée Philadelphe, son fils aîné, pour lui substituer les enfants d'Euridice. Mais Philadelphe étant monté sur le trône, chassa Démétrius de ses états; et celui-ci se fit mourir (b) par la morsure d'un aspic. C'est ce que raconte Diogène de Laërce dans la vie de ce philosophe (c).

Nous ne lui donnons place dans ce dictionnaire, que parce qu'on prétend que c'est à sa persuasion que le roi Ptolémée Philadelphe fit travailler à la version des Ecritures des Hébreux en Grec. Mais le seul récit de sa vie, que nous venons de voir, est entièrement contraire à cette opinion. Démétrius ne fut jamais sous Philadelphe ni en crédit ni en faveur en Egypte. Nous examinerons cela avec plus d'étendue dans l'article des SEPTANTE INTERPRÈTES. — [Nous l'examinerons aussi au même endroit, ou plutôt, nous rapporterons l'examen que nous avons fait de cette question, dans notre *Histoire de l'Ancien Test.*, liv. IX, chap. IV, n° 2, et dont le résultat est que la traduction des Septante fut faite après l'avénement de Ptolémée Philadelphe au trône, à la demande et par les soins de Démétrius de Phalère, mais avant la mort de Ptolémée, fils de Lagus, et par conséquent avant l'exil de Démétrius; car Philadelphe ne l'exila qu'après la mort de son père. *Voyez* ARISTÉE, ma note et mon addition.]

DEMETRIUS [1er surnommé] SOTER, roi de Syrie, régna douze ans, depuis l'an du monde 3842 jusqu'en 3854; avant Jésus-Christ 146; avant l'ère vulgaire 150. Il était fils de Séleucus IV, surnommé Philopator; mais il ne lui succéda pas immédiatement parce qu'il était à Rome en ôtage, lorsque son père mourut, et qu'Antiochus Epiphane son oncle, qui arriva en Syrie dans ces circonstances, se fit reconnaître pour roi, et régna en effet onze ans, et ensuite Antiochus Eupator son fils, deux ans. Enfin Démétrius Soter monta sur le trône de son père en 2842, comme nous l'avons dit. [Il était alors âgé de vingt-trois ans, environ, et commença son règne par un acte de justice contre deux favoris d'Antiochus Ephiphane qui vexaient impunément la Babylonie, qui faisait alors partie du royaume de Syrie. Ayant puni de mort l'un et relégué l'autre, il mérita par là le titre qu'on lui donna de Soter ou *Sauveur*. Le bonheur qu'il eut, peu de temps après, d'enlever à Ptolémée Philométor l'île de Chypre, sembla fortifier cette dénomination. Mais la suite de son règne le démentit. Enflé de ses succès, il se plongea dans la débauche, et abandonna le soin de l'état à ses ministres, aussi corrompus que lui.]

Il est souvent parlé de Démétrius Soter dans les livres des Machabées. Alcime, intrus dans la dignité de grand prêtre des Juifs, avec quelques autres mécontents de la même nation, aigrirent tellement l'esprit de Démétrius contre Judas Machabée, que ce prince envoya contre lui Bacchide avec une armée (d). Mais Judas Machabée se défendit avec tant de valeur, que Bacchide ne put rien gagner sur lui. L'année suivante, le roi envoya Nicanor en Judée; mais Nicanor fut entièrement défait, et lui-même perdit la vie dans le combat (e). Enfin Bacchide étant venu une seconde fois en Judée, opprima Judas par le grand nombre de ses troupes (f), et accabla de maux toute la nation des Juifs, qui étaient demeurés fidèles au Seigneur. Jonathas succéda à Judas dans le gouvernement de son peuple (g). Démétrius essaya de le surprendre et de le faire mourir : mais Jonathas se soutint pendant tout le temps du règne de Démétrius, et gouverna encore longtemps après lui.

Alexandre Ballès [ou Bala], qui se disait fils d'Antiochus Epiphane, s'étant fait reconnaître pour roi de Syrie par la garnison de Ptolémaïde (h), Démétrius se mit à la tête de son armée, et marcha contre lui (i). Il écrivit à Jonathas Machabée, et lui demanda des troupes contre Ballès (j); mais Jonathas préféra les offres et les conditions que lui offrit Alexandre Ballès, et s'attacha à son parti contre Démétrius. Celui-ci lui écrivit une seconde fois; mais Jonathas ne se fia pas à ses promesses. Enfin Démétrius ayant livré

(a) Est., Grot., Menoch., Cornel. in 2. Timoth. iv.
(b) Vers l'an du monde 3725 ou 3724. Philadelphe monta sur le trône en 3721.
(c) Diogen. Laert. in Demetrio Phalereo l. V, segm. 78, 79. Cicero orat. pro Rabirio. Vide Menag. notas in Diogen. l. V.
(d) I Mac. vii, et II Mac. xiv.
(e) I Mac. xv, et II Mac. vii.

(f) I Mac. ix, 2, 20. An du monde 3843, avant Jésus-Christ 137, avant l'ère vulgaire 161.
(g) I Mac. ix, 28.
(h) An du monde 3851, avant Jésus-Christ 149, avant l'ère vulgaire 153.
(i) I Mac. x, 1, 2.
(j) Mac. x, 3... 9. Vide Joseph. Antiq. l. XIII, c. iii.

bataille, fut tué combattant vaillamment (a), l'an du monde 3854, avant Jésus-Christ 146, avant l'ère vulgaire 150. Il eut pour successeur *Démétrius Nicanor*, dont nous allons parler. — [Démétrius Nicanor ne succéda pas immédiatement à son père; car Alexandre Bala, comme le rapporte dom Calmet, entra, après la mort de Démétrius Soter, en pleine possession du royaume de Syrie. *Voyez* l'article ALEXANDRE BALLÈS.]

DEMETRIUS [II, surnommé] NICANOR, ou NICATOR, fils de Démétrius Soter, fut envoyé par son père, au commencement de la guerre de Ballès, dans l'île de Cnide, afin de le mettre à couvert de tous les accidents qui pourraient arriver durant ce temps (b). Après la mort de son père, il demeura quelque temps (1) en repos, attendant l'occasion de se déclarer, et de recouvrer le royaume qui lui était dû. Enfin, cinq ans après la mort de Démétrius, du monde 3856, avant l'ère vulgaire 148, le jeune Nicanor passa en Cilicie avec quelques troupes (c) [que Lasthènes de Cnide, qui avait mis les Crétois dans ses intérêts, lui avait procurées]. Bientôt après, Apollonius, gouverneur de la Cœlé-Syrie, se joignit à lui; et comme Jonathas Machabée persistait dans l'alliance de Ballès, Apollonius lui fit la guerre avec assez peu de succès (d). Cependant les affaires de Ballès allaient de mal en pis, et Nicanor se fortifiait de plus en plus dans la Syrie.

L'an du monde 3858, Ptolémée Philométor vint en Syrie avec une armée, en apparence pour donner du secours à Ballès, son gendre, mais en effet pour se rendre maître de son royaume. Il fut assez heureux pour entrer dans Antioche, et y fut reconnu roi de Syrie. Mais il témoigna aux Syriens qu'ils lui feraient plaisir de donner la couronne à Démétrius Nicanor, son gendre (car il lui avait fait épouser sa fille Cléopâtre (2), après l'avoir ôtée à Alexandre Ballès). Ainsi, Démétrius remonta sur le trône de ses pères, et Ballès son compétiteur fut tué peu de temps après (e).

Jonathas, profitant des troubles de la Syrie, se fortifiait de plus en plus dans la Judée; il entreprit le siége de la forteresse de Jérusalem, qui était encore occupée par les Syriens. Démétrius, en ayant été informé, manda Jonathas pour lui venir rendre compte de sa conduite à Ptolémaïde (f), où il était. Jonathas s'y rendit avec de grosses sommes d'argent, et sut si bien gagner les bonnes grâces du roi, qu'il en obtint la confirmation de la dignité de grand prêtre, et l'immunité pour toute la province de Judée, moyennant trois cents talents qu'il promit au roi.

Démétrius, se voyant paisible possesseur de la Syrie, s'abandonna à toutes sortes d'excès; de sorte qu'il devint odieux et méprisable à ses sujets. Un certain Diodote, qui avait eu quelque commandement dans les armées d'Alexandre Ballès, entreprit de déposséder Démétrius, et de mettre sur le trône le jeune Antiochus, fils d'Alexandre Ballès, qui était alors tout enfant chez Elmachuel, roi des Arabes (g). Démétrius gâta encore ses affaires, en irritant ceux d'Antioche, à qui il voulut ôter les armes, et dont il fit tuer un grand nombre dans une sédition arrivée à ce sujet (h). Dès que Diodote, autrement appelé Tryphon, parut dans la Syrie avec le jeune Antiochus, les Syriens allèrent en foule le reconnaître, et se rendre à lui. Il se vit bientôt à la tête d'une bonne armée, livra la bataille à Démétrius, le battit, et l'obligea de s'enfuir à Séleucie (i), [dix-huit ans après qu'il était monté sur le trône].

Jonathas Machabée, sollicité par Tryphon, quitta le parti de Démétrius, et s'attacha à celui du jeune Antiochus le dieu (j), qui lui permit de faire la guerre aux peuples et aux villes de Phénicie, et de Syrie, qui tenaient encore pour Démétrius. Il les combattit avec beaucoup de succès, et s'acquit une grande réputation de valeur, avec son frère Simon Machabée.

Diodote, qui n'avait fait monter le jeune Antiochus sur le trône que pour régner sous son nom, ne se contenta pas encore des honneurs et du pouvoir de la royauté, il voulut en porter le nom et les marques; il fit mourir Antiochus (3), et se fit reconnaître roi de

---

(a) I *Mac.* x, 49, 50. *Joseph. l.* XIII. *Antiq. c.* v. *Justin. l.* XXXV.
(b) *Justin. l.* XXXV, *c.* II.
(c) I *Mac.* x, 68, 69. *Joseph. Antiq. l.* XIII, *c.* VIII. *Justin. l.* XXXV, *c.* II.
d) I *Mac.* x, 76, 89.
e) I *Mac.* xi, 14, 18. *Joseph. l.* XIII, *c.* VIII.
f) An du monde 3859, avant Jésus-Christ, 141, avant l'ère, vulgaire 145.
(g) I *Mac.* xi, 39, 40.
(h) I *Mac.* xi, 45, 53.
(i) I *Mac.* xi, 54, 55. *Joseph. Antiq. l.* XIII, *c.* IX.
(j) I *Mac.* xi, 57 et seq. *Joseph. Antiq. l.* XIII, *c.* IX.

(1) *Quelque temps!* Combien cela fait-il de temps? On ne s'attendrait pas à y trouver des années. A l'article Alexandre Ballès, dom Calmet dit que Démétrius Nicator ne demeura pas plus de *deux* ans en repos, et tout à l'heure il y a dit *cinq* ans. La date est fixée de cette manière : Démétrius Soter fut tué, et Alexandre Ballès lui succéda l'an 150. Ce dernier se vit dans une prospérité qui lui tourna la tête; croyant avoir fixé la roue de la fortune pour lui, il remit les rênes du gouvernement à son favori Ammonius, l'an 146, pour se livrer sans réserve à la volupté. Le ministre compromit son maître dans l'opinion publique, en faisant mourir tous ceux qui appartenaient à la famille royale. C'est alors que Démétrius Nicator, profitant de la disposition des esprits, tenta de monter sur le trône de ses ancêtres avec les moyens que lui avait ménagés Lasthènes de Cnide.

(2) Alors il n'avait point encore donné sa fille à Démétrius. Voici l'ordre des faits: Ptolémée Philométor vint au secours de Ballès. A Ptolémaïde, il s'aperçut qu'Ammonius, craignant qu'il ne voulût envahir la Syrie, tramait une conspiration contre lui. Ayant en vain demandé à Ballès, qui était son gendre, justice de cette perfidie, il tourna ses armes contre Ballès et s'empara d'abord de Séleucie sur l'Oronte, et ensuite d'Antioche, aidé par les Syriens qui détestaient presque également Ammonius et son maître. Ayant arrêté le premier comme il se sauvait déguisé en femme, ils le sacrifièrent à leur vengeance; après quoi ils offrirent à Philométor la couronne de Syrie. Ce prince la refusa en disant qu'elle appartenait à Démétrius. Alors Démétrius fut reconnu roi de Syrie, et alors, aussi Philométor reprit sa fille Cléopâtre, épouse de Ballès et la donna à Démétrius.

(3) Il imagina, pour satisfaire son ambition, un expédient qui fait horreur; il supposa, de concert avec un chirurgien qu'il avait gagné, que le jeune roi était attaqué de la pierre: on le traita du prétendu mal en conséquence et il mourut dans l'opération de la taille.

Syrie (1) sous le nom de Tryphon. Il avait un peu auparavant tué en trahison Jonathas Machabée, qui était un des plus puissants appuis du jeune prince. Simon, frère et successeur de Jonathas, ayant horreur de la cruauté de cet usurpateur, envoya une couronne à Démétrius Nicanor, le reconnut pour roi, et le pria d'accorder aux Juifs l'exemption du tribut. Ce prince, qui était alors comme relégué à Séleucie, dans un coin de ses états, lui donna volontiers ce qu'il demandait, lui accorda une amnistie générale du passé, et lui confirma toutes les grâces et les priviléges qui avaient été auparavant accordés à Jonathas. De sorte qu'en cette année 3861, avant Jésus-Christ 139, et avant l'ère vulgaire 143, les Juifs furent entièrement affranchis du joug des nations (a).

Démétrius, voyant que la plupart des villes abandonnaient son parti, et que ses troupes méprisaient sa nonchalance, résolut de faire la guerre aux Parthes (b); mais il ne fut pas heureux dans cette guerre. Il fut pris en trahison, et livré au roi des Parthes (c), qui le traita avec honneur, et lui donna sa propre fille en mariage. Cléopâtre, sa première femme, qu'il avait laissée à Séleucie avec ses enfants, voyant qu'il s'était engagé dans un autre mariage, envoya offrir à *Antiochus Sidetes*, frère de Démétrius, son mari, le royaume de Syrie, à condition qu'il la prendrait pour femme. Antiochus y consentit; et étant venu en Syrie, y prit le titre de roi, et écrivit à Simon Machabée pour lui demander son amitié (d). Il régna neuf ans, depuis l'an du monde 3865, jusqu'en 3874. Ayant entrepris de retirer son frère Démétrius d'entre les mains des Parthes, il leur déclara la guerre; mais après divers heureux succès, il y périt avec son armée, et Démétrius, son frère, retourna en Syrie, et remonta sur le trône. Il régna encore quatre ans, ayant été tué l'an du monde 3878, avant Jésus-Christ 122, avant l'ère vulgaire 126 (2). Il eut pour successeur Séleucus premier, son fils, à qui il laissa un dangereux concurrent en la personne d'Alexandre, surnommé *Zebina*.

DEMETRIUS, surnommé Eucærus, ou Eukairus, fils d'*Antiochus Gryphus*, n'est point connu dans les livres saints, mais Josèphe en parle comme d'un prince qui avait fait la guerre à Alexandre Jannée, roi des Juifs (e). Alexandre Jannée était si odieux aux Juifs ses sujets, qu'un jour leur ayant demandé ce qu'ils voulaient donc qu'il fît pour les contenter, ils répondirent qu'il n'avait qu'à s'aller pendre; et en même temps ils envoyèrent demander des troupes à Démétrius *Eucærus* contre leur propre roi. Démétrius vint avec quarante mille hommes de pied, et trois mille chevaux, et se campa à Sichem. Alexandre marcha contre lui à la tête de vingt mille Juifs de son parti et de six mille soldats étrangers. La bataille se donna, Alexandre fut vaincu, et obligé de se retirer sur les montagnes voisines. Alors les Juifs, touchés de l'infortune de leur roi, vinrent à lui de tous côtés, en sorte qu'il eut bientôt un corps de six mille hommes. Démétrius, craignant que leur nombre ne s'augmentât, jugea à propos de se retirer. Eucærus fut établi roi par Ptolémée Lathure (f), l'an du monde 3912. Il fut pris, et livré aux Parthes quelques années après. Mithridate, roi des Parthes, le traita avec honneur, et Démétrius mourut de maladie dans la cour de ce prince (g).

DEMETRIUS, orfèvre d'Ephèse, dont le principal trafic était de faire des niches, ou de petits temples de Diane d'Ephèse, qu'il vendait aux étrangers (h). Cet homme, voyant le progrès que faisait l'Evangile, non-seulement dans Ephèse, mais aussi dans toute l'Asie, assembla ceux qui, comme lui, gagnaient leur vie à faire de ces niches, et leur représenta le tort que faisait à leur commerce cette nouvelle doctrine prêchée par saint Paul. Il leur dit que non-seulement leur trafic en souffrait beaucoup, mais aussi que le culte de la grande Diane d'Ephèse courait risque d'être entièrement abandonné. A ces mots, ils entrèrent en fureur, et commencèrent à crier : *La grande Diane d'Ephèse!* Toute la ville fut aussitôt dans le trouble, et ils prirent Gaïus et Aristarque, compagnons de saint Paul, et les amenèrent en tumulte au théâtre. Saint Paul lui-même voulut s'y présenter, mais ses amis l'en empêchèrent.

On prit ensuite un Juif, nommé Alexandre, qu'on traîna dans l'assemblée; mais, dès qu'il voulut parler, et qu'on se fut aperçu que c'était un Juif, les cris recommencèrent, et durèrent pendant deux heures; en sorte qu'on n'entendait de toute part que ces mots : *La grande Diane d'Ephèse!* Enfin, un greffier de la ville étant entré dans l'assemblée, leur dit que personne n'en voulait à l'honneur de la grande Diane; que tout le monde était persuadé de leur zèle pour son service, et pour son culte; que, s'ils continuaient à crier ainsi, on pourrait les accuser d'avoir excité une sédition. Enfin que, si Démétrius avait quelque chose à démêler avec quelqu'un, il pouvait s'adresser aux magistrats, sans remplir ainsi la ville de confusion. Les Ephésiens se rendirent à ces raisons, et chacun s'en retourna dans sa maison.

DEMETRIUS, dont parle saint Jean dans sa troisième épître, ỳ. 12, comme d'un chré-

---

(a) I *Mac.* xiv, 38, 41, et xiii, 35, 42. *Joseph. Antiq. l.* XIII, c. ii.
(b) An du monde 3863, avant Jésus-Christ 137, avant l'ère vulgaire 141.
(c) *Joseph. Antiq. l. XIII, c. ix.* I *Mac.* xiv, 1, 2, 3, etc.
(d) An du monde 3865 avant Jésus-Christ 135, avant l'ère vulgaire 139. *Vide* I *Mac.* xv, 10, etc.
(e) *Joseph. Antiq. l. XIII, c. xxi.*
(f) *Joseph. Antiq. l. XIII, c. xxi.*

(g) *Antiq. l.* XIII, c. xxii, p. 461.
(h) *Act.* xix, 25. An de Jésus-Christ 57.
(1) Par une faction qui était opposée à Démétrius.
(2) Forcé de prendre la fuite, à la suite d'une bataille qu'il venait de perdre, il s'enfuit vers Ptolémaïde où il ne put entrer, puis à Tyr, où le gouverneur de cette ville le fit mettre à mort, l'an 126. Cet événement, qui rendit les Tyriens indépendants, donna naissance à l'ère qui porta leur nom. *Voyez* Ere.

tien très-vertueux. Quelques-uns (a) croient que c'est le même dont on vient de parler, lequel quitta le paganisme pour embrasser la religion de Jésus-Christ. Mais ce sentiment manque de preuves, aussi bien que la conjecture de ceux (b) qui font ce Démétrius évêque. Je ne parle point de la chronique du faux Lucius Dexter, qui porte que Démétrius était frère de Caius, à qui saint Jean adresse son épître.

DEMI-SICLE par tête ordonné par Moïse aux Israélites. Voyez *Exode*, XXX, 13, et ci-devant le mot CAPITATION.

DEMON, ou DÆMON, vient du Grec *Daimon* (Δαίμων), qui signifie savant, connaissant. On donne le nom de *démons*, ou *dæmones*, tant en grec qu'en latin, aux bons et aux mauvais anges, mais bien plus communément aux mauvais anges. En français, ce terme est borné aux seuls mauvais esprits. Les Hébreux ont exprimé le nom de démon par ceux de *Serpent*, de *Satan* (שטן, *Sathan*), ou *Tentateur*; de *Seddim* (שדים, *Vastatores*), ou destructeurs; de *Sehirim* (שעירים, *Hirsuti*), boucs, ou velus; et, dans les livres écrits en grec, par ceux de *Dæmones*, ou *Diabolus*, c'est-à-dire, *calomniateurs*, ou *esprits impurs*, ou autres semblables. Le prince des démons est nommé Béelsébub, Sammael, Asmodée, Bélial, Satan, Dragon, Ange exterminateur, Prince des puissances de l'air.

Plusieurs anciens Pères, trompés par le livre apocryphe d'Enoch, auquel ils attribuaient une grande autorité, et par des passages des Septante (c), où il est dit que les enfants de Dieu, voyant les filles des hommes qui étaient belles, prirent parmi elles des femmes, d'où sont sortis les Géants; plusieurs anciens Pères, dis-je, ont attribué aux anges et aux démons certains corps subtils, et certaines passions qui ne peuvent convenir qu'à des substances matérielles. Mais le sentiment de l'Eglise, suivi communément par les Pères, est que les bons comme les mauvais anges sont tous des esprits dégagés de la matière, qu'ils furent tous créés en même temps, et dans le même degré de grâce; mais que les uns ayant abandonné leur rang, et étant tombés dans l'orgueil, furent précipités dans l'enfer (d); et les autres étant demeurés fidèles à leur Créateur, furent confirmés dans la grâce, et établis dans une gloire éternelle.

Les rabbins sont partagés sur la nature et sur l'origine des démons. Les uns (e) soutiennent qu'ils sont spirituels, Dieu n'ayant pas eu le loisir de leur donner des corps, parce que le sabbat commença dans le moment qu'il allait leur en former. D'autres prétendent qu'ils sont corporels, distinguées entre eux par la différence des sexes, capables de se multiplier par la génération, et sujets à la mort. Quelques-uns enseignent qu'ils sont nés de la conjonction de Sammael, prince des démons, avec Eve, avant qu'Adam la connût. Quelques autres leur donnent Adam pour père, et Lilith pour mère. Ils disent qu'Adam, ayant été chassé du paradis, demeura cent trente ans dans l'excommunication (f); et que, pendant tout ce temps, les anges mâles s'approchaient d'Eve, et engendraient des démons. Adam, de son côté, s'approchait des démons femelles, et engendrait aussi des démons. Ce ne fut qu'après ces cent trente ans de pénitence, qu'Adam commença à avoir des enfants de sa femme, à son image et à sa ressemblance.

Quelques docteurs Juifs (g) enseignent qu'après la création d'Adam, Dieu fit descendre deux anges pour le suivre en tout lieu; l'un était à sa gauche et l'autre à sa droite. Après le péché, l'ange de la gauche engendra d'autres esprits qui peuplèrent l'air, et sont employés à fouetter ou à affliger les hommes. Ils croient de plus que les âmes des damnés se changent pour quelque temps en démons pour aller tourmenter les hommes; qu'ils visitent leurs tombeaux, et vont voir les vers qui rongent leurs propres cadavres, ce qui les remplit de douleur; et qu'après cela ils retournent dans les enfers. Ces démons ont trois avantages qui leur sont communs avec les anges : ils savent l'avenir, ils ont des ailes pour s'élever en l'air, ils volent en un moment du bout du monde à l'autre. Ils ont aussi trois imperfections qui leur sont communes avec les hommes : ils engendrent et se multiplient; ils boivent et mangent, et enfin ils sont sujets à la mort (h).

Les Juifs nous représentent les mauvais anges à la gauche du trône de Dieu pour recevoir ses ordres, pendant que les bons anges sont à sa droite pour exécuter ses volontés. Ils paraissent avoir pris ce sentiment de ce qui est dit dans le troisième livre des Rois (i) : *J'ai vu le Seigneur assis sur son trône, et toute l'armée du ciel debout autour de lui, à droite et à gauche; et le Seigneur a dit : Qui trompera Achab ? Et un esprit se présenta, et dit : Je le tromperai. Et le Seigneur répondit : En quoi le tromperas-tu ? J'irai, lui dit-il, et je serai un esprit de mensonge dans la bouche de tous ses prophètes.* Dans l'Evangile (j) on nous représente aussi les démons et les réprouvés à la gauche du souverain Juge. — [Voy. JOB, *note sur l'endroit où il est dit que les enfants de Dieu et Satan parurent devant le Seigneur.*]

D'autres docteurs (k) disent que les âmes des hommes se retirent du corps pendant le sommeil; et que les démons, profitant de leur absence, s'insinuent dans le corps pour y causer quelque souillure. De là vient que tous les matins les Juifs ont grand soin de se laver, et rendent grâces au Seigneur de ce qu'il a daigné restituer leur âme à son

---

(a) Serar. in 3. Ep. Joan.
(b) Catharin. Salmeron.
(c) Genes. vi, 2.
(d) Judæ v. 6.
(e) Bereschit Rabb. sect. 7. col. 3. Manassé Ben-Israel de Creat. problem. 23.
(f) Vide Rabb. Salom. in Psalm. LXXXIX, 23. Rab. Jerem. fil. Eliezer, etc.
(g) Voyez Basnage, Hist. des Juifs, tom. IV, l. VI, c. II, p. 170.
(h) Excerpta Gemarræ apud Hottinger. p. 124.
(i) III Reg. xxii, 19, 20, 21.
(j) Matth. xxv, 41.
(k) Vide Bartolocci Biblioth. Rabbinica t. I, p. 295.

corps. *Béni soyez-vous, Seigneur, de ce que vous restituez les âmes à leurs cadavres.* Ils regardent le sommeil comme une mort, parce qu'en effet, l'âme ne donne alors aucune marque de sa présence, que ses facultés sont comme anéanties; et ils croient que le démon se sert de ce temps d'inaction pour causer dans les corps des impressions capables d'en altérer la pureté.

L'Ecriture nous apprend que le péché est entré dans le monde par la jalousie du démon (a) : *Deus creavit hominem inexterminabilem, et ad imaginem similitudinis suæ fecit illum ; invidia autem diaboli mors introivit in orbem terrarum.* Voici comme les rabbins expliquent ce grand événement : Dieu, s'entretenant un jour avec les anges, remarqua que la jalousie s'était emparée de leur esprit à l'occasion de l'homme. Ils soutinrent que l'homme n'était que vanité, et que mal-à-propos il lui avait donné un si grand empire sur les créatures. Dieu soutint la dignité de son ouvrage par deux raisons : la première, parce que l'homme était destiné à le louer sur la terre, comme les anges font au ciel ; et la seconde, parce qu'Adam savait les noms de toutes les créatures, en quoi il était supérieur aux anges, qui ne le savaient pas. Sammaël, chef des esprits révoltés, résolut de faire perdre à l'homme les plus belles de ses prérogatives. Il descendit sur la terre, et ayant remarqué que le serpent était le plus rusé et le plus subtil de tous les animaux, il s'en servit pour tenter Eve, et pour lui inspirer des sentiments d'orgueil et d'indépendance. Eve fut séduite, et Adam eut la complaisance d'imiter la vanité et la désobéissance de sa femme. On voit ici que les Juifs donnent au chef des démons le nom de Sammaël, comme nous lui donnons celui de Lucifer. Ils ajoutent que Sammaël vint tenter Eve monté sur le serpent, qu'il la corrompit et en abusa, et qu'elle en conçut et enfanta Caïn.

Il est remarquable que, dans les livres de l'Ancien Testament écrits en hébreu, et avant la captivité de Babylone, nous ne lisons le nom d'aucun mauvais esprit ; mais seulement des noms généraux, qui désignent le premier des démons, ou les démons, ses suppôts. On y lit *Satan* : mais ce terme est un nom générique, qui signifie accusateur ou calomniateur, et qui a assez de rapport au grec *diabolos*, qui signifie la même chose. Tobie nous a appris le nom d'*Asmodée*, et dans l'Evangile nous lisons *Béel-sébub*, prince des démons. Le livre apocryphe d'Enoch est plein de noms d'anges et de démons ; mais ce livre n'est pas bien ancien : il ne paraît pas qu'il ait été connu par les anciens Juifs. Saint Jude est le premier qui l'ait cité.

Voici le précis de ce fameux ouvrage : Les filles des hommes s'étant multipliées, les *Egregori*, ou les Veillants (c'est ainsi que les Chaldéens nommaient les anges) dirent entre eux : Prenons des femmes parmi les filles des hommes. Ils étaient au nombre de deux cents, et *Sémexias*, ou *Sémiexas* était à

(a) *Sap.* II, 24.

leur tête avec dix-neuf autres ; savoir : 2 *Lotarenph*, 3 *Aracié*, 4 *Chababiel*, 5 *Orammânes*, 6 *Ramiel*, 7 *Sapsic*, 8 *Zaciel*, 9 *Balciel*, 10 *Azalzel*, 11 *Pharmarus*, 12 *Amariel*, 13 *Anagemas*, 14 *Thausael*, 15 *Samiel*, 16 *Sarinas*, 17 *Eremiel*, 18 *Tyriel*, 19 *Sariel*. Ils s'engagèrent par serment à faire tout ce qu'ils verraient faire à *Sémexias* leur chef. Ils prirent donc des femmes parmi les filles des hommes, et se souillèrent par toutes sortes d'ordures. Or, de ces mariages sortirent les géants, dont toute l'antiquité a tant parlé.

Azalzel, le dixième de ces mauvais anges, enseigna aux hommes l'art de fabriquer des armes, de fondre des métaux pour en faire de la monnaie : il montra de plus aux femmes l'art d'employer les fards et les ornements. *Sémexias* apprit aussi aux Géants à employer leur force, et à remuer leur passion. *Pharmarus* leur montra la vertu des simples et la force des poisons, des enchantements, des fascinations, et les moyens de rendre tout cela inutile, lorsqu'ils voudraient en empêcher les effets. *Balciel* enseigna aux hommes l'astronomie ; *Chababiel*, l'astrologie ; *Zaciel*, la divination par les signes de l'air ; *Arasiel*, les signes de la terre ; *Sapsic*, ceux de la lune. Telles furent les inventions que les anges rebelles enseignèrent à leurs femmes et à leurs enfants ; et de là ce déluge de maux et de désordres qui se répandirent sur la terre, et qui y attirèrent les derniers effets de la justice de Dieu.

Les bons anges, chefs de l'armée du ciel, *Michel*, *Gabriel*, *Raphael* et *Uriel*, informés des désordres que les révoltés avaient commis dans le monde, en portèrent leurs plaintes au Tout-Puissant, qui leur donna ses ordres pour en arrêter les progrès : Allez, dit-il, à Uriel, allez vers Noé, fils de Lamech, et dites-lui de se cacher pour un temps ; car je dois envoyer sur la terre un déluge qui fera périr tout ce qui se trouvera sur sa superficie ; instruisez-le de ce qu'il aura à faire pour se garantir de ce malheur, afin qu'il devienne père d'une race nouvelle.

Le Seigneur dit ensuite à Raphael : Allez, liez Azalzel, chargez-le de chaînes et le jetez dans les ténèbres ; ouvrez le plus profond du désert de Dudail, et jetez-y ce méchant ; amassez sur lui un tas de pierres brutes, couvrez-le de ténèbres, qu'il ne voie point la lumière ; et, au jour du jugement, il sera jeté dans le feu. Réparez le mal que les Veillants ont causé sur la terre, par le mystère d'iniquité qu'ils ont enseigné à leurs femmes et à leurs enfants.

Après cela, le Seigneur dit à Gabriel de marcher contre les géants fils des Veillants, de les mettre aux mains les uns contre les autres, afin qu'ils s'entretuent et qu'il n'en demeure aucun sur la terre.

Enfin il ordonna à Michel de lier Sémexias et les autres qui lui étaient attachés, et que lorsqu'ils auront été témoins de la mort violente des géants leurs fils, ils demeurent enchaînés dans les bois pendant soixante-dix générations, jusqu'au jour du jugement dernier; alors ils seront précipités dans le chaos éternel, dans le feu qui ne s'éteindra jamais. Pour les hommes qui auront imité leurs déréglements, et qui auront mérité la condamnation, ils seront précipités avec eux dans ces ténébreuses prisons.

Selon le récit de ce fameux ouvrage, ce n'est qu'assez longtemps après la création du monde que les mauvais anges se sont révoltés contre Dieu, à l'occasion de leur mariage avec les filles des hommes; qu'ils sont corporels, capables de passions honteuses, et d'engendrer des hommes, et qu'ils sont à présent enchaînés dans les déserts ou dans les forêts, en attendant qu'ils soient précipités dans l'enfer au jour du jugement.

L'autorité que plusieurs anciens ont donnée à ce faux livre d'Enoch, est cause que l'on rencontre plusieurs de ces sentiments répandus dans leurs écrits. Lactance (a), par exemple, a cru qu'il y avait deux sortes de démons: les uns célestes, et les autres terrestres. Les démons célestes sont les anges prévaricateurs qui, ayant été séduits par le prince des diables, se sont engagés dans des amours impures. Les terrestres, sont ceux qui sont sortis des premiers, comme les enfants de leurs pères. Ces derniers, qui ne sont ni anges ni hommes, mais qui tiennent le milieu entre ces deux natures, n'ont point été précipités dans l'enfer, comme leurs pères n'ont point été reçus dans le ciel. Les anges terrestres sont les esprits impurs, auteurs de tous les maux qui se commettent sur la terre.

D'autres Pères ont cru que Dieu pour punir la rébellion des mauvais anges, les avait revêtus de corps aériens. Saint Jérôme (b) dit que c'est là une des erreurs d'Origène: *Quod dæmones ob delicta aeriis corporibus sint vestiti*. Saint Augustin (c) paraît dans le même sentiment; il dit que les anges rebelles avant leur péché, avaient des corps célestes et spirituels; mais que depuis leur chute, ils sont revêtus de corps aériens, qui les rendent capables de ressentir les impressions du feu. Fauste de Riez avait avancé la même chose dans une épître que Claudien Mammert a réfutée. Les Grecs, dans le concile de Florence, soutinrent que les anges prévaricateurs, de spirituels qu'ils étaient avant leur chute, étaient devenus en quelque sorte matériels et charnels; d'où vient leur inclination pour les corps, comme on le voit dans ceux qui sont possédés et dans cette légion de démons qui demanda d'entrer dans des pourceaux (d).

(a) Lactant. l. II, c. xiv.
(b) Hieronymi Epist. ad Avitum.
(c) Aug. de Genes. ad litter. l. III, c. xvii. Vide et lib. XV de Civit. c. xxiii, et l. I contra Academic. c. vii, et l. II de Ordine c. ix.
(d) Matth. viii, 28-50.
(e) Origen. homil. 35, in Luc., et l. III de Princip. c. ii. Antioch. homil. 65. Nyssen. de Vita Mos. p. 139, oper. imperfect. in Matth homil. 5.
(f) Hermas l. II, mandat. 6.
(g) Buxtorf. Synag. Jud. c. x. Basnage, Hist. des Juifs, l. VI, c. ix, art. 14.
(h) Orpheus hymn. ad Musas Plutarch. in Bruto Servi

On remarque, dans les auteurs qui ont écrit sur la chute des anges, trois opinions diverses. Les uns en ont attribué la cause à leur orgueil et à leur vaine présomption; les autres, à leur jalousie contre l'homme; et les troisièmes, à leur amour déréglé pour les femmes; plusieurs joignent les deux premières causes, je veux dire, l'orgueil et la vaine complaisance de Lucifer dans ses perfections, dont il ne rapporta point la gloire à Dieu; et la jalousie qu'il conçut contre l'homme qu'il voyait comme un petit Dieu, établi sur les ouvrages du Seigneur. Ce dernier sentiment est presque le seul reçu aujourd'hui dans l'Eglise: celui que nous avons vu dans le livre d'Enoch, qui attribue leur chute à leur amour déréglé pour les femmes, est absolument abandonné par les théologiens.

Plusieurs anciens (e) ont attribué à chaque homme un mauvais ange qui lui tend continuellement des pièges et le porte au mal, comme son bon ange le porte au bien; opinion qu'ils avaient apparemment puisée dans le livre du Pasteur (f). Les Juifs (g) sont encore aujourd'hui dans ces sentiments, et on remarque les mêmes principes dans quelques anciens philosophes (h). Origène (i) croit que chaque vice a son mauvais ange qui y préside: démon d'avarice, démon de fornication, démon de superbe. L'Eglise demande pour les fidèles d'être délivrés du démon de fornication. On voit dans l'Evangile qu'on attribuait au démon la plupart des incommodités et des maladies. Nous y voyons un esprit muet, ou un démon qui rendait l'homme muet (j). Saint Luc parle d'une femme qui avait un esprit de maladie (k), *quæ habebat spiritum infirmitatis*, et que Satan tenait liée depuis dix-huit ans (1).

Nous tenons communément que les démons sont dans l'enfer, où ils souffrent la peine de leur révolte, et où ils exercent la justice vengeresse de Dieu sur les pécheurs. Saint Jean, dans l'Apocalypse (l), dit que Dieu envoya un ange du ciel ayant la clef de l'abîme, et une grande chaîne dans sa main; qu'il saisit le dragon, l'ancien serpent, qui est le diable et satan; il le lia, le jeta dans l'abîme, ferma la porte sur lui et la scella pour mille ans. Mais les anciens Pères avaient sur cela d'autres sentiments; ils plaçaient les démons dans l'air; et saint Jérôme dit que c'est le sentiment commun de tous les docteurs de l'Eglise, que l'air, qui est entre le ciel et la terre, est tout rempli de mauvais esprits (m): *Hæc autem omnium Doctorum opinio est, quod aer iste, qui cœlum et*

in Æneid. vi.
(i) Origen. homil. 15, in Josue
(j) Matth. ix, 32, 33.
(k) Luc. xiii, 11, 16.
(l) Apoc. xx, 1, 3.
(m) Hieronym. in Ephes. vi, 12.
(1) Voyez dans la traduction française du traité *de la Religion chrétienne* par Addison, une espèce de dissertation sur l'endroit où cet auteur établit deux faits bien intéressants, dont l'un est que la religion chrétienne a dépouillé les démons du pouvoir qu'ils exerçaient sur le genre humain.

terram medius dividens, inane appellatur, plenus sit contrariis potestatibus. Saint Augustin (a) croit qu'ils sont tombés de la plus haute et de la plus pure région de l'air, dans celle qui est plus près de la terre, laquelle n'est que ténèbres en comparaison de la sérénité et de la clarté de celle dont ils sont déchus.

Saint Chrysostome (b) a cru que les démons n'ont pas perdu, après leur péché, l'empire que Dieu leur avait donné sur l'air. Mais d'autres Pères soutiennent que s'ils sont dans l'air, c'est pour y souffrir la peine de leurs crimes, en attendant le jour du jugement où ils doivent être précipités dans l'enfer. Plusieurs anciens (c) expliquent même de la basse région de l'air, où ils supposent que les démons sont relégués, ce que les apôtres saint Pierre (d) et saint Jude (e) nous apprennent touchant l'état présent des démons. Ces apôtres nous les représentent enchaînés par des chaînes de fer et précipités dans le Tartare : *Rudentibus inferni detractos in Tartarum tradidit cruciandos* : mais plusieurs Pères l'entendent de l'air inférieur, qui, au regard du ciel, doit être considéré comme un abîme et un lieu ténébreux, une prison, un noir cachot.

La demande, que font les démons à Jésus-Christ, de ne les pas envoyer dans l'abîme, mais de leur permettre d'entrer dans le corps d'un troupeau de porcs (f), insinue que ces mauvais esprits trouvaient quelque rafraîchissement sur la terre; et la plainte qu'ils font que le Sauveur était venu les tourmenter *avant le temps*, fait croire que le temps de leur supplice n'était pas encore arrivé. Et lorsque Jésus-Christ prononce la sentence contre les méchants, il leur dit (g) : *Allez, maudits, au feu éternel, qui est préparé au diable et à ses anges.* Le feu éternel était donc simplement préparé au démon, ce mauvais ange n'en souffrait pas encore la peine. En effet, plusieurs anciens Pères (h) croient que les démons sont à la vérité condamnés au supplice éternel, mais qu'ils n'y seront réellement soumis qu'au jour du jugement. Il ne faut pas croire qu'ils soient aujourd'hui sans souffrances; la douleur, le désespoir, la rage de se voir déchus du souverain bonheur, et condamnés à des supplices éternels et infinis, leur tiennent lieu d'un très-grand supplice. Autre est le feu qu'ils souffrent à présent, et autre celui qu'ils souffriront après le dernier jour, dit saint Grégoire, pape (i). Leur sentence est définie, dit saint Bernard (j), mais elle n'est pas encore promulguée; le feu leur est préparé, mais ils n'y sont pas encore précipités. Bède le Vénérable (k) compare l'état présent des démons à celui d'un fébricitant qui, en quelque lieu et en quelque posture qu'il soit, porte avec lui la fièvre et son mal : *Ubicumque vel in aere volitant, vel in terris, aut sub terris vagantur, sive detinentur, suarum secum ferunt semper tormenta flammarum, instar febricitantis.* Et c'est le sentiment commun des théologiens d'aujourd'hui.

Que le démon ait autrefois affecté les honneurs divins, et que des peuples entiers aient été assez aveuglés pour les lui rendre, c'est de quoi on ne peut guère douter, après les témoignages exprès de l'Ecriture (l) : *Ils ont immolé aux démons, et non pas à Dieu; à des dieux qui leur étaient inconnus.* Et encore (m) : *Ils ont sacrifié leurs fils et leurs filles aux démons.* Et Baruch (n) : *Vous avez irrité celui qui vous a créés, le Dieu éternel, en immolant aux démons et non à Dieu,* etc. Et dans le Lévitique (o) Dieu défend aux Hébreux de faire des sacrifices aux démons, *aux boucs,* comme ils avaient fait jusqu'alors. Les Philistins adoraient Béelsébub, prince des démons, et le roi d'Israel envoya consulter cette fausse divinité (p), ce qui était lui rendre une espèce de culte, en la croyant capable de prédire l'avenir.

J'avoue toutefois que les Hébreux n'ont jamais, que je sache, rendu aucun culte au démon, dans le sens que nous prenons ce terme, pour un mauvais génie, pour satan, pour le diable, pour l'ancien serpent, pour Sammaël; mais dans la réalité, lorsqu'ils ont adoré des idoles, ils ont eu un sens adoré des démons, puisque les faux dieux ne valent pas mieux que les démons ; que leur culte est une invention du démon; que l'on y adore le crime, l'impudicité, l'orgueil, la cruauté. Quel autre Dieu que le démon pouvait exiger des victimes humaines, semblables à celles qu'on immolait, par exemple, à Moloch? Le terme hébreu אלילים, *Elilim, vana idola, terriculamenta,* que les Septante et la Vulgate ont traduit par *dæmonia,* signifie proprement des dieux de rien, des choses vaines, des épouvantails, et en ce sens il est vrai de dire que tous les dieux des païens sont des démons (q) : *Omnes dii gentium dæmonia.*

Pour les païens, on sait qu'ils adoraient Pluton, ou *Adès*, le Dieu des enfers, et les autres dieux infernaux; les Mânes, les Furies, les dieux mauvais et pernicieux (r), comme la Fièvre, Orbonne, que les pères et mères invoquaient pour détourner la mort de leurs enfants; la mauvaise Fortune, la Pâleur, la Peur, la Tempête, la Discorde, l'Impudence, la Calomnie, l'Envie, la Néces-

---

(a) Aug. l. III de Genes. ad litter. c. x. Enchirid. c. xxviii, in Psalm. cxlix.
(b) Chrysost. in Ephes. vi, homil. 4.
(c) Vide Aug. in Psalm. xl x. Gregor. Mag. l. XIII Moral. c. xvi. Beda in II Petri ii. Rupert. in Genes. xvii.
(d) I Petri. ii, 4.
(e) Judæ v. 6.
(f) Matth. viii, 29. Luc. viii, 31.
(g) Matth. xxv, 41.
(h) Tertull. Apologet. c. xxvii. Justin. Martyr. Apolog. utraque. Minut. Felix in Octav. Lactant. l. ultimo. Instit. Tatian. contra Gentes. Origen. homil. 8. in Exod. etc.
(i) Gregor. l. IV Moral. c. x.
(j) Bernard. serm. de Transitu S. Malachiæ.
(k) Beda in Jacob. iii.
(l) Deut. xxxii, 17.
(m) Psal. cv, 37.
(n) Baruc. iv, 7.
(o) Levit. xvii, 7.
(p) IV Reg..i, 2, 3, etc
(q) Psalm. xcv, 5.
(r) Cicero l. III de Natura deorum. Valer. Maxim. l. X, c. v

sité, la Violence. On dira, si l'on veut, que les Grecs et les Romains n'ayant pas la même idée du démon que nous en avons, ils ne lui rendaient pas des honneurs divins; mais ils les rendaient à des choses qui ne le méritaient pas mieux, et qui ne sont pas moins dangereuses que le démon; et saint Augustin (a) assure que l'on a consacré des temples, et qu'on a érigé des autels au démon dans tout le monde, et que les Romains (b) ont ordonné d'invoquer les bons génies, et d'apaiser les méchants par des sacrifices.

On assure que les Perses qui reconnaissaient deux principes, l'un bon, et l'autre mauvais; le premier nommé *Horomase*, et le second *Ariman* (c), offraient au premier des sacrifices d'actions de grâces; et au second, des sacrifices pour détourner les maux. Ils prenaient une herbe nommée Omomi, qu'ils pilaient dans un mortier en invoquant le dieu des enfers et des ténèbres: ils y mêlaient du sang d'un loup qu'ils avaient égorgé, et portaient cette composition dans un lieu où les rayons du soleil ne pouvaient jamais pénétrer; ils la jetaient là, et l'y laissaient. On dit que certains peuples de l'Amérique rendent un culte superstitieux au diable, c'est-à-dire, à ce mauvais principe, auquel ils attribuent le gouvernement de la terre.

Le démon du midi, dont il est parlé dans le psaume XC, 6: *Non timebis a timore nocturno... ab incursu et dæmonio meridiano*, est expliqué diversement (d). La plupart des rabbins l'entendent du plus dangereux et du plus violent des démons, qui ose nous attaquer en plein jour, au lieu que pour l'ordinaire les autres démons ne nous attaquent que la nuit. C'était, disent Théodoret et saint Jérôme, l'opinion du peuple, qu'il y avait certains démons dangereux à midi. Dans les pays chauds, où l'on dort ordinairement à midi, et où l'on n'ose s'exposer au grand soleil, le peuple craint les spectres et les démons à midi, comme la nuit, à cause de la solitude et du silence qui règnent dans l'un et dans l'autre de ces deux temps. On ne craint ni les esprits, ni les démons quand on est en compagnie, et au milieu du monde. Quelques-uns l'expliquent d'une maladie subite et violente, comme la peste qui tue soudainement, ou de l'épilepsie qui prive des sens et qui accable le malade; on attribuait ces maladies au démon. L'hébreu *Keteb* (מקטב ישב עחרי) est un terme dont la signification n'est pas bien fixée.

Vaheb, fils de Monbah, un des plus autorisés musulmans, en fait de traditions, qu'ils prétendent avoir reçues de la bouche de Mahomet, raconte que Dieu, avant la création d'Adam (e), créa les *dives*, ou *difs*, qui ne sont ni hommes, ni anges, ni diables, mais des génies ou démons nuisibles. Dieu leur donna le monde à gouverner pendant l'espace de sept mille ans, après quoi les *péris* autre espèce de démons moins mauvais, ou esprits follets, leur avaient succédé pendant deux mille ans, sous le gouvernement de Gian-ben-Gian, leur unique monarque. Ces deux sortes de créatures, je veux dire, les dives et les péris étant tombés dans la révolte contre Dieu, Dieu leur donna pour maître Eblis qui, étant d'une nature plus noble, et tenant de l'élément du feu, avait été élevé parmi les anges.

Eblis étant donc descendu du ciel en terre, fit la guerre aux dives et aux péris, qui s'étaient unis ensemble pour leur commune défense. Toutefois il y eut quelques dives qui, s'étant rangés sous l'obéissance d'Eblis, demeurèrent en ce monde jusqu'à la formation d'Adam et même jusqu'au siècle de Salomon, qui en eut quelques-uns à son service. Eblis attaqua le monarque Gian, le battit, et en peu de temps se rendit maître de tout le bas monde, qui n'était alors peuplé que des dives et des péris. Mais il oublia bientôt sa dépendance; il s'éleva contre Dieu, et commença à dire: Qui est semblable à moi? Je monte au ciel quand il me plaît, et si je demeure sur la terre, je la vois entièrement soumise à ma volonté.

Dieu, irrité de son insolence, résolut de l'humilier et de créer le genre humain. Il créa donc Adam, le forma de terre, l'établit monarque de la terre, et voulut même obliger Eblis, et les autres anges à adorer cette nouvelle créature. Eblis, secondé d'une troupe des siens, refusa de le faire, fut dépouillé de sa souveraineté, et encourut la malédiction de Dieu. C'est ce qui lui fit donner le nom d'*Iba*, c'est-à-dire *réfractaire*; celui de *Satan*, qui signifie *calomniateur*, et celui d'*Eblis*, qui signifie *désespéré*; car son premier nom était *Hareth*, qui signifie *gouverneur* ou gardien.

Selon ce système, voilà trois espèces de créatures créées longtemps avant Adam: les anges, les dives et les péris.

Ces deux dernières espèces de créatures sont à peu près ce que les Grecs nomment bons et mauvais génies, ou *démons*.

Philon (f) a cru que les anges, les démons et les âmes des hommes étaient de même nature et de même qualité, et que les anges ou les substances spirituelles, entraînés par une inclination et un certain attrait naturel, venaient se joindre aux corps et les animer; et que les âmes, après avoir été longtemps attachées aux corps, retournaient au lieu de leur première demeure dans les airs.

Josèphe (g) enseigne que les démons, qui possèdent certaines personnes, et qui les tourmentent quelquefois jusqu'à les faire mourir, ne sont autres que les âmes des méchants, qui se sont emparées des corps des possédés. Il dit ailleurs (h) que les pharisiens sont à peu près, à l'égard des âmes, dans les mêmes sentiments que ceux que nous venons

---

(a) *Aug. in Psalm.* xciv, n. 6, *et de Civit. l.* V, c. xxxii.
(b) *Idem de Consensu Evang. l.* I, c. xviii.
(c) *Plutarch. de Iside et Osiride.*
(d) *Vide Genebrard. in Psal.* xc, *et Chaldæum.*

(e) Biblioth. Orient. p. 298.
(f) *Philo de Gigantib. pag.* 286, *et alibi.*
(g) *Joseph. l.* VII, *de Bello*, c. xxv, p. 181.
(h) *Idem Antiq. l.* XVIII, c. ii, *et lib.* II, *de Bello*, p. 788.

de voir dans Philon. D'où l'on peut inférer que ces deux auteurs, de même que plusieurs autres Juifs de leur temps, tenaient une espèce de métempsycose; et que toute la différence qu'ils mettaient entre un ange et un démon, ne consistait que dans une bonté ou une malice morale.

L'Ecriture nous représente les démons comme toujours occupés à nous tromper, à nous tenter, à nous nuire, à nous tourmenter. Les morts prématurées et extraordinaires, les maladies du corps, surtout celles qui sont les plus inconnues et les plus opiniâtres, sont attribuées aux démons. Dans l'Evangile, nous voyons des hommes que le démon rendait muets (a), courbés, perclus. L'ange exterminateur met à mort les premiers-nés dans l'Egypte, les murmurateurs dans le désert, les sept premiers maris de Sara, fille de Raguel. C'est ce mauvais esprit qui tente Eve dans le paradis terrestre; Jésus-Christ dans le désert, David dans son palais, et lui inspire le dessein de faire le dénombrement de tout son peuple (b). Saint Pierre le représente qui rôde autour de nous, pour nous dévorer (c). Nous connaissons dans l'Ecriture des esprits d'erreur (d), des esprits d'impureté, des esprits de malice, des esprits d'infirmité. Saint Paul nous dit que le démon est comme un ennemi armé de traits enflammés, par lesquels il cherche à percer nos âmes (e).

Quoiqu'on ne doute pas qu'il n'y ait entre les démons la même subordination à peu près que parmi les anges, toutefois nous ne pouvons en marquer les degrés, parce que les livres saints ne nous en disent rien. Il est parlé, dans l'Evangile (f) de *Béelsébub, prince des démons;* et les Juifs accusaient Jésus-Christ de ne chasser les démons qu'au nom et par l'autorité de Belsébub. Le Sauveur nie qu'il chasse les démons de cette sorte, et il fait voir que si Belsébub chassait les diables, le règne de Belsébub serait divisé et se détruirait. Mais il ne nie pas qu'il n'y ait entre les démons quelque espèce de subordination. Il semble même la supposer, lorsque, dans la parabole du fort armé (g), il dit que le diable, étant chassé de sa maison, y retourne avec sept autres démons plus méchants que lui. Enfin saint Paul parle (h) *des principautés et des princes de ce monde, de ce siècle corrompu et ténébreux, des esprits de malice répandus dans l'air.* On peut voir notre Dissertation sur les bons et sur les mauvais anges, à la tête du Commentaire sur saint Luc. Je ne parle point des démons suivant les opinions des païens; je ne rapporte pas même plusieurs choses qui se trouvent dans les Pères, parce que je me borne, autant que je le puis, à la Bible, suivant le titre de ce Dictionnaire.

DEMOPHON, un des officiers de l'armée d'Antiochus Eupator, qui fut laissé dans la Judée après la trève faite entre ce prince et Judas Machabée (i).

DENABA, ville d'Idumée, dans laquelle régna Béla fils de Béor, de la race d'Esaü (j).—[Il n'était pas de la race d'Esaü, mais de celle de Séir Horréen. *Voyez* BALÉ *et* ELIPHAZ.]

DENIER, *denarius,* sorte de monnaie romaine, que l'on estime ordinairement à dix sols de France. Elle valait cinq petits sesterces romains (1). Le nom de *denarius* ne se lit pas dans l'Ancien Testament; mais il se lit souvent dans le Nouveau, et il y est pris pour une pièce d'argent en général, c'est-à-dire, pour le sicle, qui était la monnaie la plus ordinaire parmi les Hébreux, avant qu'ils fussent soumis aux Grecs et aux Romains. Saint Marc (k) et saint Luc (l) appellent *denier* ce que saint Matthieu (m) appelle *numisma census,* la pièce d'argent que l'on payait par tête aux Romains dans la Judée. Mais on en ignore la vraie valeur. Les rabbins (n), sous le nom de *denier,* entendent d'ordinaire un quart de sicle, c'est-à-dire, environ huit sols de notre monnaie.

[M. Dureau de la Malle dit que le *denier* d'argent romain se partageait en 2 quinaires, et le *quinaire* en 2 sesterces (2). Il parle des petits sesterces. Il prouve que ce denier était les $\frac{25}{13}$ de la drachme attique (3). Les monnaies d'argent romaines ont successivement perdu de leur valeur. Le denier de l'an de Rome 485 valait 1 fr. 63 c., parce qu'il en fallait 40 à la livre d'argent, qui valait 65 fr. 21 c. Le denier de l'an 510, dont il fallait 75 à la livre, ne valait que 0 fr. 87 c. (4); de l'an 513 à l'an 707, il ne valait que 0 fr. 78 c. (5).

M. Dureau de la Malle, dans son chapitre sur le prix de la journée de travail chez les Romains, rappelle que, dans le *Nouveau Testament,* le maître donne à ses journaliers un *denarius* (*Matth.* XX, 2 et suiv.), qu'il évalue, d'après Fabroni à 1 fr. 11 c. par jour (6). Comme le *denier* romain est assez souvent mentionné dans le *Nouveau Testament,* et qu'il en est aussi question dans l'histoire de l'Eglise dans les premiers siècles, nous allons emprunter de l'ouvrage de M. Dureau de la Malle une des tables de conversion dont M. Delorme, professeur de mathématiques, est l'auteur. C'est la XIVe (7). On y verra la valeur du denier successivement diminuée, depuis César jusqu'aux Antonins, et exprimée en monnaie française décimale.

(a) *Matth.* IX, 32, 33. *Luc.* XI, 14; XIII, 16.
(b) I *Par.* XXI, 1.
(c) I *Petri* V, 8.
(d) III *Reg.* XXII, 21.
(e) *Ephes.* VI, 16.
(f) *Matth.* XII, 24. *Luc.* XI, 15, 18.
(g) *Luc.* XI, 25, 26.
(h) *Ephes.* VI, 12.
(i) II *Mac.* XII, 2. An du monde 3841, avant Jésus-Christ 159, avant l'ère vulgaire 163.
(j) *Genes.* XXXVI, 32.
(k) *Marc.* XII, 15.
(l) *Luc.* XX, 24.

(m) *Matth.* XXII, 19.
(n) *Maimon. Halac. Siclem.* c. 1, § 3.
(1) Le *denier* ne valait que *quatre* petits sesterces, comme l'auteur le dit lui-même dans la table où il donne l'évaluation de cette dernière monnaie.
(2) *Economie politique des Romains,* liv. I, c. III, tom. I, p. 16; et c. IX, p. 73.
(3) *Ibid.* c. V, p. 25.
(4) *Ibid.* ch. VII, p. 46.
(5) *Ibid.* Tabl. de convers., p. 448.
(6) *Ibid.* ch. XIII, p. 128.
(7) *Ibid.* pag. 450.

Den. Rom.	Sous César.	Sous Auguste.	Sous Tibère.	Sous Claude.	Sous Néron.	De Galba aux Antonins.
	f.	f.	f.	f.	f.	f.
1	1 12	1 08	1 06	1 05	1 02	1
2	2 24	2 15	2 13	2 11	2 03	1 99
3	3 35	3 23	3 19	3 16	3 05	2 99
4	4 47	4 30	4 25	4 22	4 07	3 99
5	5 59	5 38	5 31	5 27	5 08	4 99
6	6 71	6 45	6 38	6 32	6 10	5 98
7	7 82	7 53	7 44	7 38	7 12	6 98
8	8 94	8 61	8 50	8 43	8 13	7 98
9	10 06	9 68	9 56	9 48	9 15	8 97
10	11 18	10 76	10 63	10 54	10 17	9 97
15	16 78	16 15	15 94	15 81	15 25	14 96
20	22 36	21 51	21 25	21 08	20 33	19 94
25	27 95	26 89	26 56	26 35	25 42	24 93
50	55 89	53 78	53 13	52 69	50 83	49 85
75	83 84	80 67	79 69	79 04	76 25	74 78
100	111 79	107 56	106 25	105 38	101 67	99 70
125	139 73	134 46	132 82	131 73	127 09	124 63
150	167 68	161 35	159 38	158 07	152 50	149 56
175	195 62	188 24	185 95	184 42	177 92	174 48
200	223 57	215 13	212 51	210 76	203 34	199 41
225	251 52	242 02	239 07	237 11	228 76	224 33
250	279 46	268 91	265 64	263 45	254 17	249 26

* **DÉNOMBREMENT.** Il y a une foule de dénombrements dans la Bible, sans parler des tableaux généalogiques, et ces dénombrements prouvent que la statistique, science toute nouvelle en Europe, et pour ainsi dire encore inconnue dans le reste de l'univers, était jusqu'à un certain point, dans plusieurs de ses branches, cultivée par les Israélites. *Voyez* STATISTIQUE.

DÉNOMBREMENT *fait par Auguste* sous le gouverneur de Syrie, Quirinus ou Cyrenius, *Luc*, XI, 1, 2. *Voyez* ci-après l'article de QUIRINIUS.

DENT. Les Hébreux appellent *l'ivoire* dent ou *dent d'éléphant* (a). Ils donnaient aussi quelquefois aux rochers nus et escarpés le nom de *dents* (b) : *Quasi in modum dentium scopuli ;* et le rocher dont Dieu fit sortir l'eau pour désaltérer Samson est nommé *machles,* c'est-à-dire, *la dent machelière* (c). Moyse ordonnant la peine du talion, veut qu'on donne *dent pour dent* (d). Grincer les dents, frémir des dents, sont des marques de douleur, de dépit, de colère : *Frenduerunt super me dentibus suis,* dit le Psalmiste (e). *Dieu brise les dents des méchants* (f); il les met hors d'état de nuire aux gens de bien. Les méchants se plaignent que leurs pères ont mangé la grappe verte, et que leurs enfants en ont les dents agacées (g), comme pour accuser Dieu d'injustice, de ce qu'il punit l'innocent et épargne le coupable. Amos (IV, 6) dit aux Juifs prévaricateurs, qu'il leur a envoyé *la netteté des dents* (נקיון שנים) ; c'est-à-dire, la famine. Vous n'aurez pas de quoi gâter vos dents : saint Jérome traduit, *stuporem dentium.* L'Évangile parle en plusieurs endroits du *grincement de dents* des damnés, de leur désespoir, de leur rage. David dit que ses ennemis ont des dents aussi aiguës et aussi tranchantes que l'épée et que les flèches (h), *dentes eorum arma et sagittæ.*

DENYS L'ARÉOPAGITE. Nous lisons dans les *Actes des Apôtres* (i) que saint Paul ayant été obligé de sortir de la ville de Bérée en Macédoine, de peur de tomber entre les mains des Juifs, qui étaient venus de Thessalonique soulever le peuple contre lui, passa en Achaïe et vint à Athènes. Pendant qu'il y attendait Sylas son compagnon, et Timothée son disciple, son esprit se sentait ému et comme irrité en lui-même, voyant une ville si célèbre, passionnée pour l'idolâtrie. Il y eut plusieurs conférences sur des matières de religion avec divers philosophes, surtout avec des épicuriens et des stoïciens ; les uns se moquèrent de ses discours, les autres dirent qu'il semblait vouloir introduire une religion nouvelle, et annoncer de nouveaux dieux, parce qu'il leur prêchait Jésus-Christ et la résurrection. Ils le prirent donc et le menèrent à l'aréopage, en disant : Vous nous annoncez des choses si nouvelles et si extraordinaires, que nous voulons savoir ce que cela veut dire ; car les Athéniens n'étaient occupés qu'à dire ou à apprendre des choses nouvelles.

Paul étant donc parvenu à l'aréopage, il leur dit que, passant au milieu de leur ville, et considérant les statues de leurs dieux, il y avait remarqué un autel [*Voyez* AUTEL *d'Athènes*] avec cette inscription : *Au Dieu inconnu.* « Je viens donc vous annoncer ce
» que vous ne connaissez pas, ce Dieu qui
» a fait l'univers et tout ce qu'il renferme,
» étant le Seigneur du ciel et de la terre. Il
» n'habite point dans les temples bâtis par
» les hommes ; il n'est point honoré par les
» ouvrages de la main des hommes, comme
» s'il avait besoin de ses créatures, lui qui
» donne à tous la vie, la respiration et toutes
» choses. Il a fait naître d'un seul mot toute
» la race des hommes ; il leur a donné la
» terre dans toute son étendue pour leur demeure, ayant déterminé l'ordre des temps
» et des saisons, et marqué les bornes de
» l'habitation de chaque peuple : c'était afin
» qu'ils le cherchassent et qu'ils le reconnussent par les choses mêmes qui leur
» tombaient sous les sens ; n'étant d'ailleurs
» pas loin de chacun de nous ; car c'est en
» lui et par lui que nous avons la vie, le
» mouvement et l'être, et, comme quelques-
» uns de vos poëtes l'ont dit, nous sommes
» les enfants de la race de Dieu.

» Puis donc que nous sommes ses enfants
» et sa race, nous ne devons pas croire que
» sa divinité soit semblable à de l'or, à de
» l'argent et à de la pierre, dont l'art et l'industrie des hommes ont fait des figures.
» Mais Dieu ayant laissé passer ces temps
» d'ignorance dans sa colère, fait maintenant
» annoncer à tous les hommes et en tous
» lieux qu'ils fassent pénitence, parce qu'il
» a ordonné un jour auquel il doit juger le
» monde selon la justice, par celui qu'il a
» destiné pour en être le juge, et dont il a

(a) III *Reg.* x, 22.
(b) I *Reg.* xiv, 4.
(c) *Judic.* xv, 19.
(d) *Exod.* xxi, 24.
(e) *Psalm.* xxxiv, 16.

(f) *Psalm.* lvii, 7.
(g) *Ezech.* xviii, 2.
(h) *Psalm.* lvi, 5.
(i) *Act.* xvii, 14 et seq.

» donné à tous les hommes une preuve cer-
» taine en le ressuscitant d'entre les morts.»
Lorsqu'ils l'entendirent parler de la résurrection des morts, quelques-uns s'en moquèrent, et les autres dirent qu'ils l'entendraient une autre fois sur ce point. Ainsi, Paul sortit de leur assemblée. [*Voyez* ARÉOPAGE.] Quelques-uns néanmoins se joignirent à lui et embrassèrent la foi, entre lesquels fut Denys, sénateur de l'aréopage ; une femme nommée Damaris, et d'autres avec eux (a). C'est ce que nous raconte saint Luc dans les *Actes*, et c'est presque tout ce que l'on sait de saint Denis l'Aréopagite. Quelques-uns ont cru que *Damaris* était sa femme (b), mais on n'en a aucune preuve certaine. Saint Chrysostome (c) témoigne que saint Denys était citoyen d'Athènes, ce qui est fort croyable, puisqu'on ne prenait pas ordinairement d'ailleurs les juges de l'aréopage. D'autres (d) ont écrit qu'il était de Thrace, ce dont on ne cite qu'un seul témoin peu capable de persuader. La grande réputation de justice, d'intégrité et de sagesse que l'on attribue aux juges de l'aréopage, est un grand préjugé pour la vertu et le mérite de saint Denys. Depuis sa conversion, il fut fait premier évêque d'Athènes (e), et après avoir beaucoup travaillé pour la propagation et la défense de l'Evangile, et avoir beaucoup souffert pour le même sujet, il couronna sa vie et sa confession par un glorieux martyre. On dit qu'il fut brûlé à Athènes vers l'an 95 de Jésus-Christ. Les Grecs ont marqué sa fête au troisième jour d'octobre. [*Voyez* ATHÈNES.]

Les Latins, depuis le temps de Louis le Débonnaire, se sont persuadé que saint Denys l'Aréopagite, premier évêque d'Athènes, était le même que saint Denys, premier évêque de Paris. On a beaucoup écrit sur ce sujet dans le dernier siècle, et il semble qu'à présent les disputes sont cessées, et que la distinction des deux saints Denys est bien reconnue. Je ne parle pas ici des ouvrages attribués à saint Denys l'Aréopagite ; ils ne regardent pas mon sujet, et d'ailleurs ils passent aujourd'hui parmi les savants pour entièrement supposés.

[D'autres savants, M. de Fortia d'Urban, membre de l'académie des Inscriptions et Belles-Lettres, et les Bénédictins de Solesmes ont entrepris séparément de réhabiliter les écrits de saint Denys l'Aréopagite. On a annoncé, en 1835, que M. de Fortia s'en occupait, et, quelques mois après, dans la même année, on imprimait que les Bénédictins se proposaient de donner une *traduction* des livres aréopagites, à laquelle seraient jointes de nombreuses notes, ayant pour but d'éclaircir tous les textes et de faire concorder, ou de comparer la science avec la théologie des Eglises orientale et occidentale, et aussi avec la théologie mystique, et avec les écoles et les idées philosophiques de ces premiers siècles.]

* DEPOT : l'injuste détenteur d'un dépôt qui lui avait été confié, ou d'une chose qu'il avait trouvée, devait, lorsque mu par le cri de sa conscience, il avait confessé son délit au prêtre (et non pas au juge), rendre la chose déposée, ou trouvée, ou sa valeur, et, de plus, le cinquième de sa valeur. Il devait encore, pour l'expiation de sa faute, offrir un bélier. Le prêtre priait pour lui, et la faute lui était pardonnée. Il ne s'agit pas ici d'une condamnation contre le coupable, mais de sa confession spontanée. *Levit.*, VI, 2-6.

DEPOUILLES prises sur l'ennemi. *Voyez* ci-devant BUTIN.

DERBE, ville de Lycaonie, où saint Paul et saint Barnabé se retirèrent après avoir été chassés d'Iconium (f), l'an de Jésus-Christ 41. Caïus, disciple de saint Paul et de saint Jean l'Evangéliste, était natif de Derbe (g).

* DERCETO, autrement Atergata, divinité païenne, est la même qu'Astarté, dit Frédéric Münter ; les poissons, dans toute la Syrie, lui étaient consacrés. Le temple d'Astarté à Héliopolis avait auprès de lui un étang (1). *Voyez* ASCALON, ASTARTÉ, ATERGATA, DAGON, etc.

DESCENDRE *et* MONTER. Ces deux termes se prennent souvent pour ALLER. *Nous montons à Jérusalem; il descendait à Jéricho. Abraham monta de l'Egypte. Jacob descendit en Egypte. Montez à Haï. Ils descendirent à Césarée.* Tout cela ne veut dire autre chose, sinon qu'ils allèrent à Jérusalem, en Egypte, à Jéricho, à Haï, à Césarée ; mais on désigne la situation du lieu où l'on va par les mots de monter ou de descendre.

Descendere in infernum, descendre dans le tombeau, dans le lieu où sont les morts. *Descendant in infernum viventes*, qu'ils descendent tout vivants dans le tombeau, comme Coré, Dathan et Abiron. Ce ne sont pas les morts qui vous loueront, Seigneur, ni *ceux qui descendent dans l'enfer*, dans le tombeau. Tous ceux qui descendent sur la terre l'adoreront : *In conspectu ejus cadent omnes qui descendunt in terram* (h). Ceux qui descendent dans la terre peuvent marquer, ou les hommes mortels qui naissent dans ce monde, ou les pauvres *qui descendent dans la poussière*, selon l'hébreu, ou les morts qui descendent dans le tombeau, dans la poussière.

Osée dit que Judas descendit avec Dieu (i) : *Judas testis descendit cum Deo et cum sanctis fidelis.* On l'explique de la tribu de Juda, qui descendit la première dans la mer Rouge, les autres tribus n'osant s'y hasarder. On peut aussi l'entendre de la tribu de Juda, qui demeura attachée au culte de Dieu et à la maison de David, pendant qu'Ephraïm et les au-

---

(a) An de Jésus-Christ 55, de l'ère vulgaire 56.
(b) Chrysost. l. IV de Sacerdotio c. VII. Aster homil. 8.
(c) Chrysost. l. IV, de Sacerdot. c. VII.
(d) Cæsar. Dialog. qu. 112.
(e) Dionys. Corinth. ep. ad Atheniens. apud Euseb. l. III, c. IV, Hist. Eccles

(f) Act. XIV, 19.
(g) Act. XX, 4.
(h) Psalm. XXI, 30.
(i) Osee XI, 12.
(1) Der tempel der Himmlischen-Gœttin zu Paphos, c'est-à-dire le Temple de Vénus-Uranie à Paphos ; in-4° Copenhague, 1824.

tres tribus se révoltèrent contre Roboam, et abandonnèrent le Seigneur.

Descendere in lacum, c'est-à-dire *mourir*, descendre dans le tombeau. *Lacus* en cet endroit signifie les cavernes, les tombeaux creusés dans le roc ou sous terre, où l'on descendait les morts.

Ceux qui descendent dans la mer (a), sont les marchands qui voyagent sur la mer. Jonas dit qu'il *descendit jusqu'au fondement des montagnes* (b), c'est-à-dire jusqu'au fond de la mer, où les montagnes ont leur base et leur fondement.

· DESCRIPTIONS DE JEREMIE. Le deuxième chapitre du second livre des Machabées commence en ces termes dans la Vulgate : *Invenitur autem in descriptionibus Jeremiæ prophetæ quod jussit eos...* sur quoi il existe deux opinions, l'une qui voit dans ce passage des *écrits* ou des mémoires de ce qui s'est passé du temps de Jérémie; et l'autre qui y trouve des *écrits* dont Jérémie lui-même est l'auteur. Ces deux sentiments ne sont guère bien appuyés; toutefois le premier nous paraît l'être beaucoup mieux que le second : car le grec porte : *On trouve dans les écrits* (ou *mémoires*, ἀπογραφαῖς) *que le prophète Jérémie ordonna à ceux*..... Il ne s'agit pas de plusieurs ouvrages composés par divers auteurs, mais d'un seul, quoique l'auteur ait employé le pluriel : nous avons aussi des *Annales*, des *Mémoires* composés par un seul auteur. Un peu plus loin, au verset 4, l'auteur parle au singulier (γραφῆ, *scriptura*) de ce même livre qui n'est pas venu jusqu'à nous.

DESERT. Ce terme est fort connu. Les Hébreux entendaient sous le nom de *midbar* (מדבר, Ἔρημος) *désert*, tout lieu non cultivé, particulièrement les montagnes. Il y avait des déserts entièrement arides et stériles. D'autres étaient très-beaux et très-fertiles en pâturages; d'où vient que l'Ecriture, en plus d'un endroit, parle de la beauté du désert : *Pinguescent speciosa deserti* (Ps. LXIV, 13). Et : *Super speciosa deserti planctum assumam* (Jer., IX, 10). Et : *Ignis devorabit speciosa deserti* (Joel. I, 20). L'Ecriture nomme plusieurs déserts de la Terre promise (c), et il n'y avait guère de ville qui n'eût son désert, c'est-à-dire, des lieux incultes, pour les pâturages et pour les bois.

On donne particulièrement ce nom au désert de l'Arabie, dans lequel les Israélites voyagèrent pendant quarante ans, après leur sortie d'Egypte. On peut voir sous le nom CAMPEMENTS, et dans la carte géographique, les diverses stations que les enfants d'Israel firent pendant tout cet espace. Les mahométans l'abrègent beaucoup, en réduisant les quarante ans de voyage à quarante jours (d). Ils ne laissent pas de dire que Moïse, Aaron et leur sœur Marie y moururent. Un de leurs poëtes se moquant des superstitions des Juifs, dit qu'ils errent toujours dans le désert.

Moïse assure (e) que pendant leur voyage leurs habits n'avaient pas été usés, ni leurs pieds foulés, *Vestimentum tuum quo operiebaris nequaquam vetustate defecit, et pes tuus non est subtritus; en quadragesimus annus est.* Saint Justin le martyr (f) et plusieurs interprètes, tant juifs que chrétiens, enchérissent encore sur le miracle, en disant que les habits des enfants croissaient avec eux et se proportionnaient à leur taille. Saint Jérôme (g) dit une chose encore plus incroyable, qui est que leurs cheveux et leurs ongles ne crûrent point pendant ces quarante ans. Mais d'autres (h) parlent d'une manière bien plus croyable, en disant que Dieu, par un effet de sa providence, pourvut si bien aux besoins des Hébreux, qu'ils ne manquèrent de rien, ni de nourriture, ni d'habits, ni de chaussures.

Nous avons aussi remarqué, sous les articles CHION et REMPHAM, que plusieurs Israélites adorèrent les idoles en secret, pendant tout leur voyage du désert. Et le Psalmiste (*Ps.* XCIV, 10 : אקוט בדור, LXX, προσώχθισα τῇ γενεᾷ) dit que le Seigneur a été irrité contre eux, pendant les quarante ans de ce voyage; ils n'ont fait que l'irriter, que l'offenser, que murmurer contre lui.

Le DÉSERT DE SUR (i) est vers la pointe de la mer Rouge. Agar, chassée de la maison d'Abraham, errait dans le désert de Sur. Les Israélites, au sortir de la mer Rouge, allèrent dans le désert de Sur. Il y avait apparemment une ville du nom de Sur anciennement dans ces quartiers-là. — [*Voyez* SUR.]

Le DÉSERT DE PHARAN était dans l'Arabie Pétrée, aux environs de la ville de Pharan. Ismael, fils d'Abraham, demeura dans le désert de Pharan (j). Habacuc (k) dit que le Seigneur apparut à son peuple dans les montagnes de Pharan. Les Hébreux voyagèrent assez longtemps dans ce désert. *Voyez* PHARAN.

Le DÉSERT DE SIN. Il y a deux déserts de ce nom dans l'Ecriture : le premier s'écrit avec un samech (*Exod.*, XVI, 1 : סין, *Sin*; et *Num.*, XXX, 11, 12); celui-ci est entre Elim et le mont Sinaï. Le second s'écrit avec un tzade (*Num.*, XX, 1, et XXXIII, 36 : צין, *Tsin*) : il était près de *Cadesbarné*, et cette ville de Cadesbarné était dans le désert de *Sin*, ou de *Zin*. — [*Voyez* ces mots.]

Le DÉSERT DE SINAÏ est celui qui était autour et aux environs du mont Sinaï (l). Le peuple y campa longtemps, et y reçut la plupart des lois qui sont dans les livres de Moïse.

Le DÉSERT D'ARNON, ou *Amon* (1), qui est dans le désert (m). Arnon est un torrent qui

---

(a) Psalm. CVI, 23.
(b) Jonas 1:7.
(c) Vide, si lubet, Reland. Palæst. t. I, p. 375.
(d) Karik Montekheb.
(e) Deut. VIII, 4.
(f) Justin. Dialog. cum Tryphone.
(g) Hieronym. ep. 58, nov. edit. p. 325.
(h) Cosmas Monach. indico-pleust. l. V, p. 205. Est in Deut VIII. Jun. Drus. Cler.
(i) Genes. XVI, 7.
(j) Genes. XXI, 21.
(k) Habac. III, 3.
(l) Exod. XIX, 2.
(m) Num. XXI, 13.
(1) C'est évidemment une faute typographique; lisez *Arnon*, comme dans le texte.

coule dans le désert de Galaad, ou dans les frontières de l'Arabie Déserte.

[Parce qu'il est dit dans le texte : *Arnon, qui est dans le désert*, dom Calmet donne à ce désert le nom d'*Arnon*; et, pour expliquer cette dénomination arbitraire, il lui donne aussi celle de *Galaad*, également arbitraire. Ce désert est encore mentionné au verset 18 ; c'est celui de *Cadémoth*, ainsi nommé dans le Deutéronome , II, 26. Au verset 20 du même chapitre des *Nombres*, il est dit dans la Vulgate : *Le Phasga qui regarde le désert*; on peut l'entendre du même désert mentionné aux versets 13 et 18, et qui est celui de Cadémoth, mais l'hébreu lit : *Le Phasga qui regarde Jésimon*.]

Le Désert de Ziph (*a*), où David s'était retiré en fuyant devant Saül. *Voyez* Ziph.

Le Désert de Maon (*b*) était dans le pays, et peut-être la capitale des Maoniens, ou Méoniens, dans l'Arabie Pétrée, à l'extrémité du partage de Juda.

Le Désert de Cadès (*c*), aux environs de *Cadesbarné*, dans la partie méridionale de Juda, et dans l'Arabie Pétrée.

Le Désert d'Idumée (*d*). On n'en peut pas marquer exactement l'étendue ni les limites; car l'Idumée elle-même était fort étendue dans les montagnes de l'Arabie.

Le Désert de Palmyre (*e*). Salomon bâtit Palmyre dans les déserts qui sont entre l'Euphrate et les fleuves d'Oronte et de *Chrysorroas*. Palmyre était dans la Syrie, environnée de déserts de toutes parts.

Le Désert de Deblata (*f*), aux environs de cette ville, qui était située dans le pays de Moab. Jérémie , XLVIII, 22. — [Je pense qu'il n'y a ni désert ni ville de ce nom, d'après les textes indiqués. *Voyez* Deblatha.]

Le Désert d'Égypte (*g*), dans Ezéchiel, semble marquer le désert où les Hébreux voyagèrent au sortir de l'Egypte pendant quarante ans. Tobie parle des déserts de la Haute Egypte, apparemment de la Thébaïde, où le démon Asmodée fut relégué et enchaîné.

[Il n'y a aucune raison pour confondre dans le même article le *désert d'Egypte* d'Ezéchiel et le *désert de la Haute Egypte* de Tobie. Il y en a une au contraire pour les distinguer , en affectant à chacun d'eux un article spécial. Le *désert* dont parle Ezéchiel, c'est le désert *Arabique*, qui se divise en plusieurs déserts, ayant chacun un nom particulier, suivant les localités ; le prophète l'appelle *désert d'Egypte*, parce que les Israélites le parcoururent en sortant d'Egypte pour venir dans la terre promise.]

Le Désert de Judée (*h*), où prêchait saint Jean-Baptiste, aux environs de Jéricho, dans le partage de la tribu de Juda. — [M. de Lamartine (*Voy. en Orient*, t. I, p. 419) et M. Poujoulat(*Cor. d'Or*.,t.IV,p. 223 *et suiv*.) disent que saint Jean-Baptiste fit entendre sa voix dans un désert situé à une heure et demie de Jérusalem , à l'occident. C'est une erreur. Le précurseur, lorsqu'il dut remplir sa mission, quitta le lieu où il était, et *vint*, dit saint Mathieu, *dans le désert de Judée* , c'est-à-dire qu'il *vint*, suivant la narration de saint Luc.*dans tout le pays qui est situé aux environs du Jourdain*, à l'orient de Jérusalem.]

* Désert de Juda ou de Judée, mentionné dans le livre des *Juges*, I, 16 , était situé au midi d'Arad, une des villes les plus méridionales de Juda. Ce désert est une fraction du désert arabique. *Voyez* Arad *et* Déblatha.

Le Désert de Thécué, le Désert de Bosor, le Désert de Gabaon, etc. *Voyez* Thécué, Bosor *et* Gabaon. Leurs déserts marquent les lieux incultes qui sont près de ces villes.

Le désert, mis absolument, signifie assez souvent les déserts de l'Arabie qui sont entre le Jourdain et les monts de Galaad, et le fleuve d'Euphrate : par exemple (*i*), Dieu promit aux Israélites tout le pays qui est *entre le désert et le fleuve*, c'est-à-dire, tout le pays qui s'étend depuis les monts de Galaad jusqu'à l'Euphate. Et ailleurs (*j*), il leur promet tout ce qui est entre le Liban, le désert, l'Euphrate et la mer Méditerranée.

* DÉSIRÉ DES NATIONS, *Desideratus cunctis gentibus*, ou, comme porte le texte original, le Désir de toutes les nations, חמדת כל הגוים, c'est-à-dire, Celui qui est digne du désir et de l'attente des nations : c'est le Messie , du consentement des Pères et des interprètes chrétiens. *Voyez* Aggée , II, 8. La mission de ce prophète avait pour objet de faire reconstruire, par Zorobabel et les autres Juifs revenus de la captivité, le temple de Jérusalem, qui avait été brûlé par les Chaldéens. *Mettez-vous à l'œuvre, parce que je suis avec vous, dit le Seigneur des armées. Je garderai l'alliance que j'ai faite avec vous*.....*J'ébranlerai tous les peuples, et le* DÉSIRÉ *de toutes les nations* VIENDRA, *et je remplirai de gloire cette maison , dit le Seigneur des armées*..... *L'or et l'argent sont à moi*..... *mais la gloire de cette dernière maison sera plus grande que celle de la première*, qui avait été bâtie par Salomon. Ce nom de Désiré *des nations* est un de ceux qui convenaient proprement au Messie, et il n'est pas possible de méconnaître sous ce nom Celui en qui tous les peuples devaient être bénis, selon la promesse faite à Abraham. Ce divin libérateur, objet du désir et de l'attente de tous les peuples, devait venir dans le temple bâti par Zorobabel, et c'est ce qui devait relever la gloire de ce temple au-dessus de celle du premier. Sa venue devait distinguer ce nouveau temple ; sa présence devait lui tenir lieu de l'or et de l'argent qui avaient été prodi-

---

(*a*) I *Reg.* xxiii, 15.
(*b*) I *Reg.* xxiii, 24.
(*c*) *Psalm.* xxviii, 8
(*d*) IV *Reg* iii, 8.
(*e*) II *Par.* viii, 4.
(*f*) *Ezech.* vi, 14.
(*g*) *Ezech.* xx, 36. Tob. viii, 3.
(*h*) *Matth.* iii, 1.
(*i*) *Exod.* xxiii, 31.
(*j*) *Deut.* xi, 24. *Josue* i, 4

tués dans celui de Salomon. On devait y voir non plus comme autrefois, l'arche construite par Moïse, et qui n'était que le symbole de la présence du Seigneur, mais le Fils de Dieu fait homme, l'arche vivante où la plénitude de la divinité devait habiter corporellement (*Col.*, II, 9). Or, ce temple ne subsiste plus ; il fut brûlé, ruiné de fond en comble l'an 70 de notre ère, et c'est en vain que l'empereur Julien essaya de le relever : le DÉSIRÉ *des nations* y est donc venu ; il y est donc venu avant que ce temple fût renversé ; il y est donc venu en la personne de Jésus-Christ, qui a lui-même déclaré qu'il était *le Fils de Dieu, envoyé de Dieu son Père pour sauver les hommes,* qui a prouvé sa mission par ses miracles, et spécialement par sa résurrection et son ascension glorieuse, après laquelle ce temple a été détruit, pour achever de prouver que Jésus-Christ était celui qui devait y être envoyé, et qui devait en faire toute la gloire.

DESSAU, bourg ou château près duquel se tinrent les Israélites, sous la conduite de Judas Machabée (*a*). On n'en sait pas la situation. [Cette forteresse, dit Barbié du Bocage, était située dans le voisinage de Jérusalem.]

DESTIN, en latin *Fatum*. Ce terme ne se lit pas dans l'Ecriture. Nous entendons sous le nom de Destin un ordre ou un enchaînement des causes secondes qui emporte une nécessité de l'événement. Les stoïciens soumettaient les dieux mêmes à la nécessité du Destin. Les philosophes païens, n'osant d'un côté imputer aux dieux le malheur qu'ils prétendaient leur arriver injustement, et de l'autre ne voulant pas reconnaître que c'était par leur faute, ont forgé le Destin, dont ils n'ont jamais eu d'idée bien distincte. Les Hébreux anciens attribuaient tout à Dieu, les biens et les maux, hors le péché. Dieu vengeur et juste envoyait les maux, les maladies, la guerre, la peste ; Dieu bon et miséricordieux accordait les biens et les grâces. Il employait pour nous faire du bien les bons anges, et pour les maux, les mauvais anges. Tout mal était envoyé, ou pour punir nos péchés, ou ceux de nos pères, ou de nos princes, ou de nos enfants, ou pour faire éclater les œuvres de Dieu. Voilà le système des Hébreux, adopté par l'Eglise chrétienne.

Ils croyaient que tous les événements, même ceux qui paraissent les plus casuels, étaient ordonnés par la Providence ; qu'il ne tombait pas un oiseau en terre sans le Père céleste ; que les cheveux de notre tête étaient comptés, que la Providence s'étendait jusqu'aux moindres animaux, et jusqu'aux plantes. Il n'est question ici que de savoir si les Juifs déréglés ont cru le destin, et si l'on trouve quelque trace de ce sentiment dans l'Ecriture. Il paraît que les impies dont Salomon exprime les sentiments dans le livre de l'Ecclésiaste, étaient dans les sentiments des stoïciens, que tout était ordonné par une cause supérieure, à laquelle rien n'était capable de résister (*b*) : *J'ai vu des justes affligés, comme s'ils avaient fait les œuvres des impies, et j'ai vu des impies qui vivaient avec autant d'assurance, que s'ils avaient fait tout le bien des plus justes...... J'ai reconnu que l'homme ne pouvait pénétrer la raison des œuvres de Dieu, et que plus il travaille pour la trouver, moins il la trouve* (*c*)... *L'homme ne sait s'il est digne de haine ou d'amour ; tout arrive également au juste et à l'impie, au bon et au méchant, à celui qui immole des victimes, et à celui qui méprise les sacrifices,* etc. *J'ai remarqué que la course n'est pas pour ceux qui sont vites, ni la guerre pour ceux qui sont braves, ni le pain pour ceux qui sont sages, ni les richesses pour les doctes, ni les faveurs pour ceux qui sont industrieux, mais que c'est le temps et le hasard qui règlent tout.* Voilà, ce me semble, le Destin bien marqué.

Josèphe l'historien (*d*), parlant des sectes qui régnaient de son temps parmi les Juifs, dit que les pharisiens attribuent tout ce qui arrive au Destin, mais toutefois sans ôter à l'homme son libre arbitre, et la liberté de se déterminer, parce que Dieu use envers l'homme de ce tempérament, qu'encore que toutes choses arrivent par son décret ou par sa volonté, l'homme conserve toutefois la liberté de choisir entre le vice et la vertu. Dans un autre endroit (*e*) il dit que les pharisiens attribuent toutes choses au Destin et à Dieu ; que pour l'ordinaire faire le bien ou le mal dépend de l'homme, mais que le Destin les aide à faire l'un ou l'autre. Voilà une idée du Destin rectifiée par l'idée de la religion judaïque qui reconnaissait un Dieu juste, bon, miséricordieux et puissant ; mais je ne sais ce qu'il entendait par le Destin, ni jusqu'où il étendait son pouvoir, et après cela que pourrait-il rester à l'homme ? Et toutefois il prétend que faire le bien ou le mal pour la plupart du temps était en son pouvoir. Il est sans doute assez malaisé de concilier tout cela, et de distinguer avec précision dans une seule action bonne ou mauvaise, la part que Dieu, le Destin et l'homme y avaient.

On a cru (*f*) qu'ils attribuaient au Destin ou aux influences des astres les événements nécessaires, et qu'ils n'en exceptaient qu'un petit nombre pour lequel ils laissaient une espèce de liberté ; et même ils voulaient que Dieu aidât dans les actions libres. C'est ainsi qu'il faut entendre cet axiome des anciens rabbins : *Tout est en la main du ciel, excepté la crainte de Dieu.* C'est-à-dire, que tout arrive nécessairement, et par une fatalité absolue, et que la seule volonté de l'homme est libre pour les choses qui regardent la religion. Le paraphraste chaldéen expliquant les paroles de Salomon (*g*) : *Un même acci-*

(*a*) II Mac. xiv, 16.
(*b*) Eccle. viii, 14, 17.
(*c*) Eccle. ix, 1, 11.
(*d*) Joseph. Antiq. l. XVIII, c. ii, p. 617. Πράσσεσθαι εἱμαρμένῃ τὰ πάντα ἀξιοῦντες οὐδὲ τοῦ ἀνθρωπείου τὸ βουλόμενον τῆς ἐπ' αὐτῇς ὁρμῆς ἀφαιροῦνται, δοκῆσαν τῷ Θεῷ κρᾶσιν γενέσθαι, καὶ τῷ ἐκείνης βου λευτηρίῳ, καὶ τῶν ἀνθρώπων τὰ θελήσαντα προσχωρεῖν μετ' ἀρετῆς ἢ κακία.

(*e*) Joseph. de Bello Jud. l. II, c. xii, p. 788. Εἱμαρμένῃ τε καὶ Θεῷ προσάπτουσι πάντα, καὶ τὸ μὲν πράττειν τὰ δίκαια, καὶ μὴ κατά, τὸ πλεῖστον ἐπὶ τοῖς ἀνθρώποις κεῖσθαι· βοηθεῖν δὲ εἰς ἕκαστον καὶ τὴν εἱμαρμένην.

(*f*) Bullus Harmon. Apost. Dissert. poster. c. xv. Voyez Basnage, Hist. des Juifs, l. III, c. ii.
(*g*) Eccle. ix, 2.

dent arrive au juste et au méchant, dit que cela se fait *par le Destin ;* mais il ajoute incontinent après que cela a été ordonné dans le ciel, et que Dieu l'a résolu. Cela ne regarde que les événements que nous appelons naturels, et non pas les bonnes ou les mauvaises actions morales, lesquelles sont produites par la volonté libre de l'homme, *mais aidée par le Destin,* selon Josèphe; apparemment à cause du concours de Dieu, et des causes secondes, et des circonstances qui aident la volonté, et écartent les obstacles qui pourraient la déterminer au contraire. Les Juifs modernes donnent beaucoup aux influences des astres; ils avouent qu'il n'y a point de disputes entre les sages sur ce sujet (*a*) ; ils souhaitent à leurs amis le jour de leurs noces, *que sa planète soit heureuse,* et ils remarquent soigneusement sous quelle planète et sous quel signe du zodiaque leurs enfants naissent : tout cela toutefois ne leur fait rien ôter aux droits de la toute-puissance de Dieu, et à son pouvoir sur le cœur et la volonté de l'homme ; mais ils n'ont pas tant disputé à beaucoup près sur la grâce et la liberté, et sur la manière de concilier l'une avec l'autre, que l'on a fait dans les écoles chrétiennes.

* DETENTION PROVISOIRE. M. Albert du Boys, résumant les recherches de M. Salvador sur ce point de droit criminel chez les Hébreux, s'exprime en ces termes : « On ne soumettait pas l'accusé à des interrogatoires occultes, où, dans son trouble, l'innocent peut fournir des armes mortelles contre lui; les recherches sur la moralité des témoins occupaient d'abord la pensée des juges. On ne le laissait pas languir indéfiniment dans une détention provisoire, qui est devenue de nos jours un dommage sans indemnité pour le citoyen, dont la justice, abusée d'abord par de fausses apparences, proclame ensuite la non-culpabilité. Hors le cas de flagrant délit, l'accusé hébreu n'était saisi qu'après un grand nombre de formalités, et on le traduisait immédiatement, pour se défendre, devant l'assemblée. S'il s'agissait d'un meurtre, il attendait l'heure de son jugement, ayant pour prison une ville entière, et pour protecteurs tous les magistrats de cette ville. » Albert du Boys, *Hist. du droit criminel des peuples anciens,* p. 66 ; Paris, 1845 ; et Salvador, *Institut. de Moïse,* tom. II, p. 59, 60; Paris, 1828. Ce dernier cite deux exemples pris du Nouveau Testament, *Act.*, IV, 3, 5, 21, et V, 26, 27, 40; mais il passe sous silence quelques circonstances qui ne sont pourtant pas indifférentes par rapport aux juges.

DEUIL. Les Hébreux, à la mort de leurs amis et de leurs proches, donnaient toutes les marques sensibles de douleur et de deuil. Ils pleuraient, déchiraient leurs habits, se frappaient la poitrine, jeûnaient, se couchaient sur la terre, allaient nu-pieds, s'arrachaient quelquefois les cheveux et la barbe, ou du moins se les coupaient, et se faisaient des incisions ou des égratignures sur le sein (*b*). Le temps du deuil était ordinairement de sept jours; mais quelquefois on l'abrégeait, ou on l'allongeait, selon les circonstances et la disposition où l'on se trouvait. *Luctus mortui septem dies*, dit Jésus, fils de Sirach (*c*). Mais ailleurs (*d*) il dit : *Faites le deuil de votre ami dans l'amertume de votre âme pendant un ou deux jours, pour vous mettre à couvert des traits de la médisance; mais après cela, consolez-vous, car la tristesse abrége la vie.* Les rabbins reconnaissent aussi divers degrés dans la douleur et dans le deuil. Dans les trois premiers jours, il est permis de s'abandonner aux larmes et à toute la vivacité de sa douleur. Les sept jours suivants, la douleur doit être plus modérée. Mais si l'on continue dans le deuil pendant un mois entier, on doit le faire avec beaucoup de tempérament. Les deuils de Saül (*e*), de Judith (*f*), d'Hérode le Grand (*g*), ne furent que de sept jours. Ceux de Moïse et d'Aaron furent de trente jours (*h*). Josèphe (*i*) dit que le deuil de trente jours doit suffire aux plus sages, dans la perte de leurs plus proches parents et de leurs plus chers amis.

Pendant toute la durée du deuil, les plus proches parents du mort, comme père, mère, mari, frère, sœur, enfants, demeuraient dans leur maison assis, et mangent par terre. La nourriture qu'ils prennent, est censée impure, comme eux-mêmes passent pour souillés; au moins cela était ainsi avant la ruine du temple par les Romains. *Leurs sacrifices sont comme le pain de ceux qui pleurent un mort,* dit Osée (*j*); *quiconque en mange, sera souillé.* Ils ont le visage couvert (*k*), et ne peuvent pendant tout ce temps vaquer à leur travail, ni lire le livre de la loi, ni faire leurs prières accoutumées. Ils ne se chauffent point, ne font point leur lit, ne découvrent point leur tête, ne se font point raser, ne coupent point leurs ongles, ne saluent personne, ne prennent point de bain. On ne leur parle point, qu'ils n'aient parlé les premiers. Ordinairement on va les visiter pour les consoler, et on leur porte quelque chose à manger, selon ces paroles (*l*) : *Donnez du vin à ceux qui sont affligés, et à ceux qui sont dans l'amertume de leur cœur; qu'ils boivent et qu'ils oublient leur pauvreté, leur affliction, et qu'ils perdent pour jamais la mémoire de leurs douleurs.*

Léon de Modène (*m*) dit qu'au retour des funérailles, les parents du mort s'asseyent à terre, et qu'après avoir ôté leurs souliers, on

---

(*a*) Maimonid. *Mose Neboch.* parte 2, c. x. *Thulmud.* in *Moed Katon.* fol. 28. *Abenezra, Abarbanel,* etc.
(*b*) *Levit.* xix, 28; xxi, 5. *Jerem.* xvi, 6.
(*c*) *Eccli.* xxii, 7.
(*d*) *Eccli.* xxxviii, 16, 17
(*e*) I *Reg.* xxxi, 13.
(*f*) *Judith.* xvi, 29.
(*g*) *Joseph. Antiq. l* XVII, c. x.
(*h*) *Num.* xx, 3. *Deut.* xxiv. 8.
(*i*) *Joseph. Antiq. l.* IV, c. viii.
(*j*) *Osee* ix, 4.
(*k*) *Ezech.* xxiv, 17.
(*l*) *Prov.* xxxi, 6.
(*m*) Léon de Modène, *Cérémonies des Juifs,* part. I, c. ix.

leur sert du pain, du vin et des œufs durs. Dans quelques endroits, on fait un grand repas à la parenté et à ceux qui ont assisté au convoi. Josèphe (a) dit qu'Archélaüs ayant fait pendant sept jours le deuil du grand Hérode, son père, traita magnifiquement le peuple; et que c'est la coutume parmi les Juifs, dans ces rencontres, de donner de grands repas à la parenté; ce qui incommode beaucoup de personnes qui ne peuvent soutenir cette dépense. Anciennement ils mettaient du pain et de la viande sur les tombeaux des morts (b), afin que les pauvres en pussent profiter, et qu'il priassent pour le repos du défunt.

Anciennement, dans les deuils publics, les Hébreux montaient sur les toits ou sur les plates-formes de leurs maisons, pour y déplorer leur malheur. Dans toutes les villes de Moab, dit Isaïe (c), *Je ne vois que des personnes revêtues de sacs : je n'entends sur tous les toits et dans les places publiques que des hurlements et les cris de douleur.* Et ailleurs, en parlant à Jérusalem (d), il lui dit : *Qu'avez-vous donc que vous voilà toute montée sur les toits, et qu'on n'entend de toutes parts que lamentations au milieu de vous, ville de joie et de plaisir ?*

On employait des pleureuses à gage, et des joueurs d'instruments dans les funérailles des Hébreux, de même que dans celles des Romains ; mais cet usage ne se remarque que depuis la domination des Romains dans l'Orient. Ils y introduisirent aussi cette coutume : Les personnes âgées étaient conduites au tombeau au son de la trompette, dit Servius, et les jeunes gens au son de la flûte. Dans saint Matthieu (e), nous voyons une troupe de joueurs de flûtes appelés pour les funérailles d'une jeune fille de douze ans. Chez les Romains, les rois avaient fixé le nombre des joueurs de flûte dans les funérailles. Il n'était pas permis d'en avoir plus de dix. Les rabbins décident parmi les Hébreux que le mari n'en pouvait avoir moins de deux aux funérailles de sa femme (f), sans compter les deux pleureurs et la pleureuse à gage, qui s'y trouvaient toujours. Si une femme de condition avait épousé un mari de moindre qualité, l'homme devait traiter son épouse dans sa pompe funèbre suivant sa condition, et non selon la sienne ; car, selon les rabbins, *la femme monte avec son mari, mais elle ne descend pas avec lui, même à la mort* (g).

Tous ceux qui rencontraient une pompe funèbre ou une compagnie de deuil devaient par honneur se joindre à elle, et mêler leurs larmes à celles de ceux qui pleuraient (h). C'est à quoi saint Paul semble faire allusion lorsqu'il dit (i) : *Il faut pleurer avec ceux qui pleurent, et se réjouir avec ceux qui se réjouissent.* Et le Sauveur, dans l'Évangile (j) : *A qui comparerai-je cette race ? Ils sont semblables aux enfants qui sont dans les places publiques, et qui crient à leurs semblables : Nous vous avons joué de la flûte, et vous n'avez point voulu danser : nous avons fait des lamentations, et vous n'avez point pleuré.* Lorsque Jésus-Christ était conduit au supplice, les femmes de Jérusalem le suivaient et faisaient de grandes lamentations (k). La fille de Jephté étant dévouée par son père pour être immolée (1), alla sur les montagnes pour y faire, avec ses compagnes, des lamentations de sa propre mort, et de ce qu'elle mourait sans avoir été mariée (l). Coutume qui s'observa dans la suite dans le pays où les filles allaient sur les montagnes pour pleurer la virginité de la fille de Jephté. Dans la Palestine et dans la Syrie, les femmes vont aussi certains jours dans les cimetières pour y faire le deuil de leurs proches.

L'habit de deuil, parmi les Hébreux, n'est fixé ni par la loi, ni par la coutume : on voit seulement dans l'Ecriture que, dans ces circonstances, ils déchiraient leurs habits ; pratique qu'ils observent encore aujourd'hui, mais ils n'en déchirent qu'une petite partie, et seulement pour la forme. On voit aussi que, dans le deuil, ils se revêtaient de sacs ou de cilices, c'est-à-dire, d'habits rudes et mal faits, et d'une étoffe brune ou noire (m), et d'un tissu fort grossier. Aujourd'hui, pour ne se pas rendre ridicules, ils portent le deuil à la manière du pays où ils vivent, sans y être astreints par aucune loi. On peut voir notre dissertation sur les funérailles des Hébreux, qui est imprimée à la tête du Commentaire sur les Nombres.

DEUTÉRO-CANONIQUES, dénomination par laquelle on désigne certains livres de la Bible, pour les distinguer de ceux qu'on appelle *proto-canoniques*. Les Juifs, pour l'Ancien Testament, et les protestants pour les deux Testaments, n'admettent comme inspirés que ceux auxquels nous donnons le nom de *proto-canoniques*. Les *deutéro-canoniques* de l'Ancien Testament sont ceux que la synagogue n'admit pas dans le canon, et que l'Église catholique y ajouta. Il y en a sept, ce sont : Tobie, Judith, la Sagesse, l'Ecclésiastique, Baruch, y compris la lettre de Jérémie, qui forme le chap. VI, le premier et le second livre des Machabées ; puis quelques fragments, savoir, 1° dans le livre de

---

(a) *Joseph. l. II, c. 1, de Bello Jud.*
(b) *Tob. IV, 18. Eccli. xxx, 18. Baruch. VI, 26, 31.*
(c) *Isai. xv, 3.*
(d) *Isai. xxii, 1.*
(e) *Matth. ix, 23.*
(f) *Misna tit. Chetuboth.*
(g) *Gemar Babyl., ad tit. Chetuboth.*
(h) *Joseph. l. II, contra Appion., p. 1075, a.*
(i) *Rom. xii, 15.*
(j) *Luc. vii, 32. Matth. xi, 17.*
(k) *Luc. xxiii, 27.*
(l) *Judic. xi, 38.* — [Il y a dans le texte : *Elle alla avec ses compagnes et ses amies, et elle pleurait sa virginité sur les montagnes.*]
(m) II *Reg. iii, 31. III Reg. xx, 31, 32, xxi, 27. IV Reg. xix, 1, 2. II. Esdr. ix. 1. Esth. iv, 1, 2. 3. Job. xvi, 16. Psal. xxix, 12. Isai. xv, 3, xx, 3, xxii, 12, xxxvii, 1, 2, lviii, 5. Baruch. iv, 20. Dan. ix, 3. Joel. i, 8, 13. Amos, viii, 10. Jon. iii, 5, 6, 8. Apoc. xi, 3.*

(1) Je n'adopte pas cette opinion, que je crois fausse, et que je me propose de pulvériser un jour, en réfutant d'abord les raisons sur lesquelles on la fonde. J'établirai ensuite la vérité du sentiment contraire, par la critique du texte, par la législation, par les mœurs de l'époque, par le caractère et la position personnelle de Jephté.

Daniel, chap. III, depuis le verset 24 jusqu'au 90, y compris; et les chapitres XIII et XIV tout entiers; et 2°, dans le livre d'Esther, les sept derniers chapitres, depuis le dixième, verset 4, jusqu'au seizième, verset 24.

Les deutéro-canoniques du Nouveau Testament sont ceux qui, après avoir d'abord passé pour douteux, ont été ensuite reconnus par l'Église comme inspirés. Ce sont, dans l'Évangile selon saint Marc, dernier chapitre, depuis le verset 9 jusqu'à la fin; dans celui selon saint Luc, chap. XXII, versets 43 et 44, dans celui selon saint Jean, le chap. VIII, depuis le verset 2 jusqu'au 22; l'Épitre de saint Paul aux Hébreux; celle de saint Jacques, la seconde de saint Pierre; la deuxième et la troisième de saint Jean; celle de saint Jude, et l'Apocalypse de saint Jean.

Les protestants, avons-nous dit, rejettent les deutéro-canoniques; il faut distinguer : Luther et Calvin n'admettent aucun de ceux de l'Ancien Testament; quant à ceux du Nouveau, Luther les a presque tous rejetés, et Calvin presque tous admis. Le canon de chacun de ces prétendus réformateurs a subi le sort de leurs sociétés; comme du luthéranisme et du calvinisme il est sorti des sociétés dissidentes, plusieurs de ces sociétés se sont fait chacune un canon particulier, admettant ou rejetant, comme leurs mères, ce qui leur convenait ou ne leur convenait pas. Mais aux protestants de toutes les sectes on peut proposer à méditer quelques lignes d'un des leurs, qui a acquis une grande célébrité. Je veux parler de Grotius, et voici ce qu'il dit dans son *Traité de la vérité de la religion chrétienne*, liv. III, chap. I.

« Il est vrai que nous recevons aujourd'hui pour canoniques quelques parties des divines Écritures, qui semblent n'avoir pas eu dès le commencement une telle autorité, comme l'Épitre de S. Jacques, celle de S. Jude, les deux de saint Jean, l'Apocalypse et l'Épitre aux Hébreux; mais dès lors même plusieurs églises les avaient pour authentiques, et nous voyons que quelques-uns des plus anciens Pères les ont citées comme ayant une autorité divine. Ceux qui ne se sont pas servis de leurs témoignages, ou ignoraient que ces livres existassent, ou croyaient avoir des raisons pour douter de leur canonicité : ces nuages se sont dissipés peu à peu : la vérité s'est éclaircie, et tout le monde chrétien n'a plus aujourd'hui qu'un même sentiment sur ce point. Je ne vois pas en effet ce qui aurait pu porter à supposer ces écrits, puisqu'ils ne tiennent que le même langage, et qu'ils n'enseignent que les mêmes vérités qui rendent les autres si respectables.

» On ne sait pas, dit-on, quel est l'auteur de l'Épitre aux Hébreux; on n'est pas certain que les deux lettres qui portent le nom de saint Jean, l'apôtre, soient de lui; quelques-uns doutent aussi qu'il ait composé l'Apocalypse. Je le veux : est-ce une raison suffisante pour rejeter ces précieux monuments? Ne doit-on pas faire plus d'attention à la qualité d'un écrivain qu'à son nom? Combien d'histoires ne recevons-nous pas dont nous ignorons les auteurs? Celui qui nous a laissé le récit des actions de César dans la guerre d'Alexandrie nous est inconnu, en estimons-nous moins ce qu'il nous apprend? Quand un auteur était contemporain des faits qu'il rapporte; quand il a vu une partie de ce qu'il écrit, quel qu'il soit, il mérite notre créance. Or telles sont les marques qui caractérisent particulièrement les auteurs de ces livres dont on cherche en vain à diminuer l'autorité. Ils ont vécu dans les premiers temps du Christianisme; ils l'assurent eux-mêmes. Dieu les avait favorisés de grâces singulières; ce sont encore eux qui nous l'apprennent. Que faut-il de plus pour mériter notre soumission? Dire qu'ils ont pu se vanter d'être ornés des qualités qu'ils n'avaient pas, ou qu'ils ont pu mettre leurs noms à des écrits étrangers, en vérité c'est avancer un sentiment bien absurde. Non, il n'est pas croyable que des hommes dont toutes les paroles respirent la bonne odeur de la piété et un amour sincère pour le vrai, aient voulu s'exposer à être accusés un jour du crime de faussaire et d'imposteur; crime infamant, détesté par tous les gens de bien, et puni même de mort chez les Romains (1). »

Grotius prouve ensuite que tous ces auteurs n'ont pu rien écrire que de vrai, et qu'on ne peut les accuser ni d'ignorance ni de mauvaise foi.

DEUTÉRONOME; le dernier des cinq Livres de Moïse. Les Grecs lui ont donné le nom de *Deutéronome*, comme qui dirait la seconde loi ou répétition de la loi; parce qu'en effet Moïse y fait une espèce de récapitulation de ce qu'il avait fait et établi dans les livres précédents. Les Hébreux lui donnent le nom de *Ellé-haddebarim*, qui sont les premiers mots de cet ouvrage dans le texte hébreu. Quelques rabbins lui donnent le nom de *Misne*, c'est-à-dire, *seconde Loi*; d'autres, celui de *Livre des réprehensions*, à cause des reproches que Moïse y fait aux Israélites dans les chapitres I, VIII, IX, XXVIII, XXX, XXXII. Celivre contient l'histoire de ce qui s'est passé dans le désert, depuis le commencement de l'onzième mois, jusqu'au septième jour du douzième mois de la quarantième année depuis la sortie d'Égypte; c'est-à-dire, l'histoire d'environ six semaines.

Quelques-uns ont douté que ce livre fût de Moïse, parce qu'il y est parlé de la mort de ce législateur, et que l'auteur parle du pays de delà le Jourdain, comme aurait fait un homme qui aurait écrit au deçà, et au couchant de ce fleuve. Mais à l'égard de la première raison, nous convenons que le récit de la mort de Moïse a été ajouté à ce livre; et pour la seconde raison, nous croyons que le terme hébreu *heber*, que l'on a traduit par *trans Jordanem*, au delà du Jourdain, peut aussi signifier au deçà (עבר *Heber*, trans, ou cis. בעבר *In transitu*).

en dit aussi quelque chose.

---

(1) Valère-Maxime en rapporte plusieurs exemples à la fin de ses livres. Jules Capitolin, dans la Vie de Pertinax,

Dans le Deutéronome, Moïse harangue d'abord le peuple (*a*), et lui rappelle à la mémoire ce qui s'était passé depuis leur sortie d'Egypte jusqu'à leur arrivée dans les plaines de Moab. Il leur parle une seconde fois (*b*) dans le chapitre V et dans les suivants, et leur expose les lois de Dieu, qu'il avait reçues à Sinaï, y en ajoute de nouvelles, et explique les anciennes. Il continue, dans les chapitres XXVIII, XXIX et XXX, à exhorter le peuple à l'observance fidèle des lois de Dieu. Il leur déclare ensuite que Josué est destiné de Dieu pour lui succéder dans le gouvernement de la multitude. Il écrivit ce qu'il venait de leur dire (*c*), mit cet écrit entre les mains des lévites et des anciens de la nation, et leur recommanda d'en faire la lecture tous les sept ans dans l'assemblée générale, à la fête des Tabernacles.

Peu de jours après, il récita en présence du peuple un excellent cantique où il prédit leurs infidélités futures. Il leur ordonna d'en faire des copies, et d'en conserver la mémoire, pour s'exciter à demeurer constamment fidèles au Seigneur. Enfin, le même jour, Dieu lui ayant ordonné de monter sur le mont de Nébo, afin qu'il y mourût, il assembla tout le peuple, et, comme un bon père, il donna à toutes les tribus sa bénédiction, et leur prédit séparément ce qui leur devait arriver. Après quoi, il monta sur la montagne, et y mourut. Voilà le précis de ce qui est raconté dans le Deutéronome.

[Le Deutéronome est comme le testament de Moïse. « On ne saurait exprimer, dit M. de Cazalès, tout ce qu'il y a de magnificence dans les promesses, d'énergie terrible dans les menaces, de tendresse éloquente dans les exhortations. Quoi de plus sublime que ce long morceau prophétique (c. XXVIII), où la bénédiction ou la malédiction sont mises devant les yeux d'Israel pour qu'il choisisse ; quoi de plus touchant que cette espèce de péroraison qui commence par ces mots : *Les préceptes qui te sont donnés ne sont pas au-dessus de toi*, ni loin de toi,... mais tout à côté, dans la bouche et dans ton cœur, afin que tu puisses les accomplir (XXX).» Puis la voix du prophète, avant de se taire pour jamais, devient plus sublime, plus retentissante encore, et fait entendre l'admirable cantique : *Cieux, écoutez ma voix : que la terre prête l'oreille aux paroles de ma bouche*. C'est le chant du cygne de cet homme divin, l'un des plus nobles instruments dont Dieu se soit jamais servi, le plus doux et le plus fort des hommes, et dont l'histoire se termine dignement par ce peu de mots que son successeur a ajoutés : *Et il ne s'éleva plus dans Israel de prophète comme Moïse, que Jehovah connût face à face*. » *Voyez* PENTATEUQUE.]

DEUTÉROSE. — C'est ainsi que les Juifs appellent leur *Misne*, ou seconde loi. *Deuterosis* en grec (*d*) a la même signification à peu près que *Misna* en hébreu : l'une et l'autre signifient *seconde*, ou plutôt itération. Eusèbe (*e*) accuse les Juifs de corrompre le vrai sens des Ecritures par les vaines explications de leurs Deutéroses. Saint Epiphane (*f*) dit qu'on en citait de quatre sortes : les unes sous le nom de Moïse, les autres sous le nom d'Akiba, les troisièmes sous celui d'Adda ou de Juda, et les quatrièmes sous le nom des enfants des Assamonéens ou des Machabées. Il n'est pas aisé de dire si la Misne d'aujourd'hui est la même que celles-là, si elle les contient toutes ou seulement une partie, ou si elle en est différente. Saint Jérôme (*g*) dit que les Hébreux rapportaient leurs Deutéroses à Sammaï et à Hillel. Si elles avaient cette antiquité bien prouvée, cela serait considérable, puisque Josèphe (*h*) parle de Sammeas, qui est le même que Sammaï, au commencement du règne d'Hérode. Saint Jérôme parle toujours des Deutéroses avec un souverain mépris ; il les regardait comme un recueil de fables, de puérilités, d'obscénités : il dit que les principaux auteurs de ces belles décisions sont, suivant les Juifs, *Bar-Akiba, Siméon* et *Helles*. Bar-Akiba est apparemment l'aïeul ou le père du fameux Akiba : Siméon est le même que Sammaï, et Helles le même que Hillel. *Voyez* l'article MISNA.

DEVINS. *Voyez* ci-après DIVINATIONS, MAGIE, *et* PYTHON.

DÉVOUMENTS. — Le plus ancien exemple de dévoûment que nous ayons est celui que Balac, roi de Moab, voulut faire faire par Balaam contre l'armée d'Israel qui campait près de son pays (*i*). Balac envoya donc à Balaam des députés pour lui dire : *Venez pour maudire, pour dévouer ce peuple, parce qu'il est plus fort que moi, et que je n'ose l'attaquer de vive force, afin que je voie si je pourrai, par quelque moyen, le combattre et le chasser de mes terres : car je sais que celui que vous bénirez sera béni, et que celui que vous maudirez sera maudit*. Balaam vint donc avec les envoyés de Balac, quoiqu'avec assez de contradiction, ainsi qu'on l'a vu dans l'article de BALAAM. Etant arrivé dans le pays de Moab, Balac le mena sur les hauteurs de Baal, et lui fit voir de là l'extrémité du camp d'Israel. Alors Balaam fit ériger sept autels, et y offrit des sacrifices, après quoi il se retira à l'écart, en attendant l'inspiration de Dieu. Alors le Seigneur lui mit dans la bouche ces paroles : *Balac, roi de Moab, m'a fait venir de Syrie, des montagnes d'Orient : Venez, m'a-t-il dit, et maudissez Jacob ; hâtez-vous, et détestez Israel. Comment maudirai-je celui que le Seigneur n'a point maudit? comment détesterai-je celui que le Seigneur ne déteste pas? Je le verrai du haut des rochers, je le considérerai du sommet des collines. Ce peuple habitera seul et séparé, et ne sera point mis au nombre des nations. Qui pourra comp*

(*a*) Ch. I, II, III, IV.
(*b*) Ch. V, VI et suiv. jusqu'au XXVII.
(*c*) Deut. XXXI, 9, 10, 14.
(*d*) משנה Misna, δευτέρωσις.
(*e*) Euseb. in Isai. I, v. 22, p. 362.
(*f*) Epiphan. hæres. 33, n.. 9.
(*g*) Hieronym. in Isai. VIII.
(*h*) Joseph. l. XIV Antiq., c. XVII, et lib. XV, c. I.
(*i*) Num. XXII, 5.

ter la poussière de Jacob, et qui pourra connaître le nombre de la postérité d'Israel? Que je puisse mourir de la mort des justes, et que la fin de ma vie ressemble à la leur.

Comme Balaam, au lieu de malédictions, donnait des bénédictions aux Israélites, Balac le pria de se taire, et, l'ayant conduit dans un autre endroit, d'où il ne pouvait voir qu'une partie du camp d'Israel, il y érigea de nouveaux autels et y offrit des sacrifices. Mais Balaam recommença de nouveau à bénir Israel, en disant : *Dieu n'est point comme l'homme, pour mentir, ni comme le fils de l'homme, pour changer. Il a dit, et ne fera-t il pas? Il a parlé, et n'exécutera-t-il pas? Il n'y a point d'idoles dans Jacob, ni de statues dans Israel. Le Seigneur son Dieu est avec lui, et on entend dans son camp le son de la victoire de ce roi tout-puissant. Il n'y a point d'augure dans Jacob, ni de devin dans Israel,* etc., ou autrement : *Il n'y a point de devin ni d'augure contre Israel.* C'est en vain que vous cherchez à le dévouer et à le faire maudire : ni les dévoûments, ni les malédictions ne peuvent rien contre lui : son Dieu est au-dessus de tout l'art des magiciens, et de toute la malice des démons.

C'est là le seul exemple de cette sorte de dévoûment que nous trouvions dans l'Écriture.

Josèphe (*a*) nous en fournit encore un autre. Pendant les troubles qui arrivèrent en Judée entre Hircan et Aristobule frères, qui se disputaient la souveraine sacrificature et la principauté des Juifs, Aristobule avec ses gens étant enfermés et comme assiégés dans le temple par Hircan, qui était dans Jérusalem avec ceux de son parti, ceux-ci firent venir dans leur armée un nommé Onias, qui vivait en réputation de sainteté, et qui passait pour avoir obtenu, par ses prières, de la pluie dans une grande sécheresse : ils s'imaginèrent que ses malédictions seraient assez efficaces pour attirer les effets de la vengeance divine sur Aristobule et ceux de son parti.

Onias résista longtemps à leurs importunités; mais enfin, voyant qu'on ne cessait point de le tourmenter, il leva les mains au ciel au milieu de l'armée, et prononça ces paroles : *Seigneur Dieu, gouverneur de l'univers, puisque ceux qui sont avec nous sont votre peuple, et que ceux qui sont assiégés sont vos prêtres, n'écoutez les prières ni des uns ni des autres contre le parti opposé.* Ceux qui l'avaient invité de venir furent si outrés de se voir ainsi frustrés de leur attente, qu'ils le lapidèrent sur-le-champ, et lui ôtèrent ainsi cruellement la vie.

On remarque plusieurs dévoûments d'une autre sorte dans l'Histoire sainte : c'est lorsque l'on dévouait à l'anathème un peuple, une ville, un pays, une famille : par exemple,

le Seigneur dévoua à l'anathème la nation (*b*) des Chananéens, et les Amalécites (*c*). Les Israélites dévouèrent à l'anathème la ville d'Horma (*d*), la famille d'Achan (*e*), et la ville de Jéricho (*f*). Dans ces occasions, on faisait périr ordinairement tout ce qui était dans ces provinces, dans ces villes. Comme on ne devait point entreprendre de guerre sans consulter le Seigneur, qu'il était comme le général et le chef des armées d'Israel, que ses prêtres sonnaient la charge et le signal du combat en son nom, on était comme sûr du succès, pourvu qu'on lui fût fidèle, et sous une telle protection on méprisait les dieux étrangers des ennemis : ils ne passaient pas pour des dieux, et on ne daignait pas ni les évoquer, ni prendre contre eux la moindre précaution.

Mais les païens, qui admettaient la pluralité des dieux, et qui les croyaient subordonnés en puissance les uns aux autres, employaient les enchantements et les dévoûments pour nuire à leurs ennemis, à leurs villes et à leurs armées. Ils évoquaient quelquefois les divinités tutélaires des villes, pour ôter à leurs ennemis leur protection et leur défense. On dit, par exemple, que les Tyriens enchaînèrent la statue d'Apollon (*g*), et l'attachèrent à l'autel d'Hercule, dieu tutélaire de leur ville, de peur qu'il ne les abandonnât et ne se retirât de la ville : *Aurea catena devinxere simulacrum, aræque Herculis, cujus Numini urbem dicaverant, inseruere vinculum, quasi illo deo Apollinem retenturi.*

Les Romains, dit Macrobe (*h*), persuadés que chaque ville avait ses dieux tutélaires, avaient certains vers qu'ils employaient pour évoquer ces dieux, ne croyant pas se pouvoir rendre maîtres de la ville sans cela; et quand même ils auraient pu la prendre, ils croyaient toujours que c'aurait été un grand crime que de prendre les dieux captifs avec la ville : c'est pour cela que les Romains ont toujours tenu fort secret le nom véritable et caché de leurs villes, fort différent du nom qu'on leur donnait parmi le peuple (*i*), comme aussi le nom du dieu tutélaire de leurs villes (*j*). Pline nous apprend que le nom secret de Rome était *Valentia*, et qu'on punit sévèrement Valerius Soranus pour l'avoir révélé. Or voici la formule dont ils se servaient pour évoquer le dieu tutélaire d'une ville : « Si c'est un dieu, si
» c'est une déesse, sous la garde de laquelle
» est le peuple et la ville de Carthage, je
» vous prie, vous, ô grand dieu, qui avez
» pris cette ville et ce peuple sous votre tutelle,
» je vous conjure, et je vous demande
» en grâce d'abandonner le peuple et la ville
» de Carthage, de quitter toutes ses demeures,
» temples, lieux sacrés, de les délaisser,
» de leur inspirer la crainte, la terreur

(*a*) *Joseph. Antiq. l.* XIV, *c.* IV, *et de Bello, l.* I, *c.* v.
(*b*) *Deut.* xx, 16, 17.
(*c*) I *Reg.* xv, 3.
(*d*) *Num.* xxi, 3.
(*e*) *Josue* vii, 13, 24, 25.
(*f*) *Josue* vi, 17.

(*g*) *Q. Curt. l.* IV.
(*h*) *Macrob. Saturnal. l.* III, *c.* ix.
(*i*) *Plin. l.* III, *c.* v, *l.* XXVIII, *c.* ii. *Solin. c* ii *Plutarch. problem.* 2.
(*j*) *Macrob. Saturn. l.* III, *c.* ix.

» et l'oubli, et de vous retirer à Rome chez
» notre peuple; que notre demeure, nos
» temples, nos choses sacrées et notre ville
» vous soient plus agréables. Faites-nous
» connaître que vous êtes mon protecteur,
» celui du peuple romain et de mes soldats.
» Si vous faites cela, je m'engage par vœu
» de vous fonder des temples et des jeux. »
On peut voir dans Tite-Live (a) l'évocation
des dieux de Véies. Les Toscans évoquaient
la foudre quand ils croyaient en avoir besoin (b). Numa Pompilius l'évoqua souvent
avec succès. Tullus Hostilius l'ayant évoquée sans employer les rites accoutumés, fut
lui-même frappé de la foudre.

Quant aux dévoûments que l'on faisait
des armées ennemies, ou des villes assiégées,
en voici un exemple tiré de Macrobe (c):
« Dis-Pater (c'était Pluton), Jupiter, les Mâ-
» nes, ou de quelque nom que vous voulez
» être appelé, je vous prie instamment de
» jeter la frayeur et la crainte dans l'armée
» dont je veux parler, et dans la ville de
» Carthage; que vous teniez pour dévoués
» et maudits, que vous priviez de la lumière,
» et que vous éloigniez de ce pays tous ceux
» qui porteront les armes contre nous, et qui
» attaqueront nos légions et notre armée;
» que toutes leurs armées, leurs champs,
» leurs villes, leurs têtes et leurs vies soient
» compris dans ce dévoûment, autant qu'ils
» peuvent y être compris par les dévoûments
» solennels. Ainsi je les dévoue, je les char-
» ge de tout le mal qui pourrait m'arriver à
» moi, à mes magistrats, au peuple romain,
» à nos armées, à nos légions; afin que vous
» me conserviez, moi et ceux qui m'em-
» ploient, l'Empire, les légions, et notre ar-
» mée qui est occupée dans cette guerre. Si
» vous voulez faire ces choses, comme je les
» connais et entends, je vous promets un
» sacrifice de trois brebis noires, à vous,
» Terre, mère de toutes choses, et à vous,
» grand Jupiter. »

*DEXTRALIA, ou DEXTRALIOLA. Voyez
DROITE.

DIA, ville de delà le Jourdain, attribuée
à l'Arabie dans la Notice de l'Empereur Léon.

DIABLE. — Ce terme vient du grec *diabolos* (Διάβολος, *calumniator, accusator*), qui
signifie un *calomniateur*. Il se trouve assez rarement dans l'Ancien Testament. Quelquefois
il répond à l'hébreu *Bélial* (III *Reg.* XXI, 13 :
בְּנֵי בְלִיַּעַל); et d'autres fois, au nom *Satan* (*Ps.*
CIX, 6 : וְשָׂטָן יַעֲמֹד עַל יְמִינוֹ). Le premier signifie un homme qui ne vaut rien, un libertin;
et le second, un adversaire, un accusateur en
justice. L'auteur de la Vulgate a mis aussi *diabolus* dans Abacuc (III, 5 : רֶשֶׁף) : *Egredietur
diabolus ante pedes ejus*; au lieu de l'hébreu
rescheph, qui signifie un *charbon*. Ainsi il faudrait traduire : La mort, ou *la peste marchera*
devant sa face, et le charbon ira devant lui.
Dans les livres de l'Ancien Testament qui sont
écrits en grec, *diabolus* se prend pour le *démon*(d), ou simplement pour *ennemi* (e): mais
dans le Nouveau Testament, il signifie toujours le démon, le grand ennemi du genre
humain.

Nous avons parlé assez au long dans l'article DÉMON, de la chute de Lucifer et des
siens. Nous y avons vu qu'*Eblis*, selon les
Mahométans, était celui que nous nommons
Lucifer. Il est bon d'ajouter encore ici un
mot de cet *Eblis*, dont le nom approche de
celui de *diabolas* (f). Les Musulmans l'appellent aussi *Azazel*, qui est le nom que l'Écriture donne au bouc émissaire (g); et c'est
apparemment aussi le même qu'*Azazel*, que
le livre d'Enoch donne à un des chefs des
anges révoltés. Ils tiennent qu'*Eblis* fut
nommé de ce nom, qui signifie réfractaire,
à cause de sa révolte contre Dieu, et qu'ayant
reçu ordre de se prosterner devant Adam, il
n'en voulut rien faire, sous prétexte qu'étant
de la nature du feu, il ne devait pas fléchir
le genou devant Adam, qui n'était formé
que de terre. Ils disent que les anges avaient
été créés plusieurs milliers d'années avant
Adam, et que le feu dont ils étaient composés était d'une activité bien plus grande que
celle du feu ordinaire; qu'il était de la nature
de la foudre.

Nous avons déjà remarqué qu'ils étaient
capables d'engendrer, et qu'en effet ils avaient
engendré d'autres génies de même nature
qu'eux, et imitateurs de leur désobéissance
et de leur révolte. Ils croient qu'Eblis demanda à Dieu un délai pour n'être pas tourmenté dans l'enfer. Dieu lui accorda ce délai,
mais sans lui en marquer le terme. Ils ajoutent qu'il durera jusqu'au temps de la première trompette qui sonnera avant le jour
du Jugement; qu'alors Eblis mourra, et demeurera mort pendant quarante ans, c'est-
à-dire, jusqu'au temps de la seconde trompette; et alors il ressuscitera avec tous les
hommes. Ils ne prononcent pas le mot d'*Eblis*, sans y ajouter *le maudit de Dieu*, ou *al-
regim, le lapidé*, le chassé à coups de pierres.

Dans les livres de l'Ancien Testament
diabolus signifie tantôt le démon, comme
dans cet endroit (h) : *Invidia diaboli mors
introivit in orbem terrarum:* C'est par la jalousie du diable que la mort est entrée dans
le monde. Tantôt pour un accusateur, un
adversaire qui nous poursuit devant les juges; par exemple (i) : *Diabolus stet a dextris
ejus;* qu'il paraisse en jugement; que son
accusateur soit à sa droite, et que lorsqu'il
sera jugé, il soit condamné. Et ailleurs : (j)
*Dum maledicit impius diabolum, maledicit
ipse animam suam:* Lorsque le méchant maudit son adversaire, il se maudit lui-même :
il s'est attiré cet ennemi par sa mauvaise

(a) *Tit. Liv. Decad.* I, l. V.
(b) *Plin. l.* II. *c.* XIII.
(c) *Macrob. l.* III, *c.* IX *Saturnal.*
(d) *Sap.* II, 24. *Eccli.* XXI, 30.
(e) I *Mach.* I, 38. *Factum est hoc ad insidias sanctificationi, et in Diabolum malum in Israel.*

(f) *Biblioth. Orient.*, p. 307, 465, et 785.
(g) *Num.* XVI, 5, 6, 7, etc.
(h) *Sap.* II, 24.
(i) *Psalm.* VIII, 6.
(j) *Eccli.* XXI, 30.

conduite ; s'il eût été sage, il n'aurait point eu d'ennemi. D'autres le prennent comme signifiant le démon. Celui qui maudit le démon qui le tente, et qui le fait tomber dans le péché, ne doit se plaindre que de soi-même, il n'est tombé que parce qu'il l'a voulu.

Quelquefois *diabolus* se prend pour un méchant, un libertin, un homme sans foi et sans loi ; un enfant de Bélial : par exemple (*a*) : *Adductis duobus viris filiis diaboli* : on fit venir deux faux témoins, deux enfants du diable, deux faussaires, deux fils de Bélial. Enfin dans le premier livre des Machabées (*b*) il est dit que les étrangers mirent une garnison dans la citadelle de Jérusalem, et que cela fut un piége, *et un mauvais diable dans Israel* ; c'est-à-dire, ce fut une occasion de divisions, de querelles, de guerres, de profanations ; ce fut comme un piége, et un sujet de chute à plusieurs.

[Il est dit dans quelques endroits que Satan, l'esprit de mensonge, ou le diable, se tenait devant le Seigneur avec les anges. *Voyez* dans l'article Job une note sur ces endroits.]

DIACONAT. *Voyez* Diacres.

DIACONISSE [ou mieux Diaconesse]. On appelait *diaconisses* certaines veuves ou vierges, qui servaient l'Eglise dans des ministères que les diacres ne pouvaient pas exercer par eux-mêmes ; comme 1° de garder les portes de l'endroit de l'Eglise où les femmes s'assemblaient ; car elles ne se trouvaient pas dans les mêmes lieux que les hommes : elles avaient dans l'église des places séparées. 2° Les diaconisses aidaient à déshabiller les femmes avant le baptême, et à les habiller au sortir des saints bains. 3° Elles instruisaient dans le particulier les personnes de leur sexe, et allaient visiter ceux qui étaient en prison pour la foi. On les choisissait d'un âge mûr et avancé, de bonnes mœurs et de bonne réputation. Anciennement on les établissait en cérémonie, et avec l'imposition des mains (*c*). Saint Paul, dans l'Epître aux Romains (*d*), parle de Phœbé, diaconisse de l'Eglise, qui était au port de Cenchrées. Le même apôtre (*e*) veut que celle que l'on reçoit au rang des veuves, pour servir l'Eglise, n'ait pas moins de soixante ans, qu'elle n'ait eu qu'un mari, qu'on lui rende témoignage de ses bonnes œuvres ; si elle a bien élevé ses enfants, si elle a exercé l'hospitalité, si elle a lavé les pieds aux saints [c'est-à-dire aux fidèles], si elle a secouru les affligés, si elle s'est appliquée à toutes sortes de bonnes œuvres. Il exclut de ce nombre les jeunes veuves.

DIACRE, vient du grec *diaconos* (*f*), qui signifie *ministre*, serviteur. On emploie ce terme dans le langage ecclésiastique, pour signifier ceux dont la fonction est d'aider l'évêque, ou le prêtre dans l'offrande du saint sacrifice de l'autel, et dans la distribution de l'Eucharistie ; et outre cela, dans le service des pauvres, et dans la distribution de ce qui leur est nécessaire. Le nombre des disciples croissant de jour en jour à Jérusalem (*g*), il s'éleva un murmure des Grecs, c'est-à-dire des gentils convertis, contre les Hébreux, de ce que leurs veuves étaient négligées dans la distribution journalière des aumônes. | « Alors on aperçut dans cette société, composée d'hommes et qu'on eût pris pour une société d'anges, quelque chose qui rappelait la terre ; c'est-à-dire un germe de division, un peu d'agitation et de trouble, faibles pierres de scandale qui ne vont pas encore au fond et qui remuent à peine la surface. Ces légères rumeurs ne s'élevèrent pas dans l'ordre spirituel ; il s'agit simplement d'une question d'administration temporelle, soulevée par les rapports de la vie ordinaire. Pour la première fois dans l'Eglise, on vit se heurter les diverses branches du même tronc. — La cause ne fut pas grave. Les fidèles avaient coutume de prendre leurs repas en commun. Selon l'exemple donné dans la Cène par le Sauveur lui-même, l'Eglise primitive avait soin de préparer à la fois la table de la nourriture habituelle et la table de la nourriture sacrée (1). Ce double service était confié aux veuves ; mais dans ce ministère quotidien les femmes des provinces grecques se plaignirent d'être méprisées, de ne pas se trouver au même rang que les autres (2). Les veuves d'ailleurs avaient droit à des secours qu'on leur partageait ; peut-être aussi fut-ce de l'abus que quelques-unes d'entre elles prétendaient s'être glissé dans ce partage que naquit cette contestation (3). Quoi qu'il en soit (4),] les apôtres assemblèrent la multitude des fidèles, et leur dirent : *Il n'est point juste que*

(*a*) III *Reg.* xxi, 13.
(*b*) I *Mac.* i, 58.
(*c*) *Concil. Laodic. c.* ii.
(*d*) *Rom.* xvi, 1.
(*e*) *Timoth.* v, 9, 10.
(*f*) διάκονος. *Diaconus, Minister.*
(*g*) *Act.* vi, 1.

(1) *Sicut Christus in ultima cœna, ita Ecclesia primitiva mensam communem et sacram quotidie conjunxit, ut patet* I Cor. xi. *Utriusque autem ministerio et servitio fideles viduæ præpositæ erant Et quia utraque mensa, sacra et communis, quotidie parabatur, ut patet* Act. ii, *hoc ministerium quotidianum appellatum est.* J. Mansi, *Acta Concilior.*, tom. I, *not.* Severini Binii.

(2) *In diebus illis, crescente numero discipulorum, factum est murmur Græcorum adversus Hebræos.* Act. vi, 1. —Græcorum, *Judæorum scilicet in Græcia* (*in provinciis natorum ubi familiaris lingua græca*) *habitantium adversus* Judæos *in Palæstina habitantes ; nondum enim gentibus Evangelium Christi prædicatum fuerat ; itaque, quod habitussent cum Græcis, Græci appellabantur ; qui vero Judæi in Palæstina commorabantur, Hebræi nominabantur.* Baronius, *Annal. ecclesiast.*, an. 34.

(3) C'est la supposition de dom Calmet, dans son commentaire. « Les apôtres, pour ne se pas trop partager, dit-il, avaient confié le soin de la distribution de la nourriture et des autres nécessités à des personnes fidèles, au nombre des Juifs convertis, et apparemment des disciples qui avaient suivi le Sauveur pendant sa vie. Le choix ne pouvait être plus sage. Cependant, comme depuis la prédication de salut Pierre plusieurs Juifs étrangers, des provinces où l'on ne parlait que grec, ou même de ceux qui étaient habitués à Jérusalem, s'étaient convertis et avaient apporté leurs biens en commun avec les autres, les veuves qui appartenaient à ceux-ci se plaignirent que, dans la distribution du boire et du manger, on les négligeait, et qu'on faisait entre elles et les autres veuves qui parlaient hébreu des distinctions peu favorables. Les Grecs en murmuraient, et la chose vint aux oreilles des apôtres. »

(4) M. Ch. de Riancey, *Cours sur l'histoire législative de l'Eglise.*

nous abandonnions la parole de Dieu, pour avoir soin des tables. Ainsi choisissez d'entre vous sept hommes de bon témoignage, remplis du Saint-Esprit et de sagesse, afin que nous les établissions pour avoir soin de ce ministère. Ils en choisirent donc sept (1), savoir : Etienne, Philippe, Procore, Nicanor, Timon, Parménas et Nicolas, qu'ils présentèrent aux apôtres, et qui furent ordonnés par l'oraison et l'imposition des mains (2).

[« Remarquons-le, l'assemblée procéda à l'élection non de plein droit, mais en vertu de la libre concession des apôtres (3). Ceux-ci lui avaient dicté les conditions selon lesquelles elle devait faire son choix, et lorsqu'elle eut désigné les sept diacres, ils prièrent et ils leur imposèrent les mains. De cette façon, ils les constituèrent dans les fonctions dont la nécessité s'était fait sentir, leur remirent l'inspection de la table ordinaire et de la table mystique, avec la distribution des dons de la charité, et leur donnèrent part en outre à la prédication de l'Evangile et dans l'administration de certains sacrements (4). Telle est l'origine de l'ordre des diacres. Il entrait dans le plan du Sauveur que les fonctions du ministère qu'il instituait fussent régulièrement divisées, que le corps de l'Eglise fût servi par divers membres appropriés à l'usage de ses besoins ; enfin que l'édifice auguste s'élevât successivement et sans confusion sur les degrés d'une hiérarchie majestueuse (5). A chacun donc sa place et son rôle. Saint Paul s'écrie : *Le Christ ne m'a pas envoyé pour baptiser, mais pour évangéliser* (6). Cette institution ne fut pas sans effet, et les résultats ne se firent pas attendre. La dispute fut assoupie ; la parole de Dieu se répandit davantage ; le nombre des disciples s'accrut (7) et le martyr du premier diacre Etienne vint mettre le dernier sceau et l'approbation divine à la décision apostolique (8). »]

Saint Paul, dans sa première Epître à Timothée (a), veut que les diacres soient chastes, sincères, irréprochables ; qu'ils ne soient ni grands buveurs, ni attachés à un gain sor-

dide ; qu'ils conservent le mystère de la foi dans une conscience pure ; qu'on les éprouve bien, avant que de les admettre au sacré ministère ; qu'ils n'aient épousé qu'une femme ; qu'ils aient soin de leur maison et de leur famille.

DIADEME. *Voyez* COURONNE.

DIANE, déesse célèbre du paganisme, qui était principalement honorée à Ephèse. Elle était du nombre des douze grands dieux. On lui donnait aussi les noms de *Hébé*, *Trivia*, *Hécate*. C'était la Lune dans le ciel. On l'appelait Diane sur la terre, et Hécaté dans l'enfer. On l'invoquait sous le nom de *Lucine* dans les accouchements. On la dépeignait avec un croissant sur la tête, et un arc à la main, en habit de chasseuse. Elle passait pour vierge ; et c'est pour cela que les abeilles lui étaient consacrées. Diane, adorée à Ephèse, était représentée d'une autre sorte. Sa statue était couverte de mamelles quelquefois depuis la tête jusqu'aux pieds ; et quelquefois elle avait seulement le sein et le ventre couverts de mamelles ; et tout le reste était une espèce de piédestal, orné de distance en distance de têtes de cerfs, de chiens, et de bœufs à demi-corps. Les mamelles étaient un emblème de sa fécondité, et marquaient qu'elle était la nourrice des hommes et des animaux. Les têtes de chiens et de cerfs désignaient qu'elle était la déesse de la chasse (b).

On disait que Diane était fille de Jupiter et de Latone, et sœur utérine d'Apollon. Elle était adorée dans la Palestine dès le temps d'Isaïe et de Jérémie, sous le nom de *Méni*, c'est-à-dire, la déesse des mois, ou la Lune. On lui offrait des pains et des liqueurs sur des autels, au coin des rues, au commencement du mois (c). Elle était reconnue pour la déesse des rues, avec Apollon son frère, qui passait pour le dieu de la bonne fortune (d). On l'adorait aussi sous le nom de *la reine du ciel*, et on lui offrait des gâteaux sur les plates-formes ou sur les toits, au coin des rues, et aux portes des maisons. *Les enfants amassent le bois, les pères allument le feu, et les mères mêlent la graisse avec la farine, pour*

(a) I Timoth. III, 8...12.
(b) *Vide Hieronym. Prolog. in Epist. ad Ephes.*
(c) *Isai* LXV, 11.
(d) *Aristophan. in Pluto, et in Thesmo Phorias.*

(1) Le mot de *sept* est consacré dans l'Ecriture. *Voyez* le mot SEPT. Il est fait mention dans le livre de Tobie, XII, 15, et dans l'Apocalypse, 1, 3, de sept esprits qui servent devant le Seigneur. On conserva le nombre de sept diacres dans les principales Eglises. Il y avait sept diacres à Rome du temps du pape saint Corneille (Euseb. *Hist. eccles.* lib. VI, cap. XIII), et au temps du martyre de saint Laurent (Prudent., *de Coron. Martyr.*, hym. 2). Il y en avait aussi un pareil nombre à Sarragosse du temps de saint Vincent (*Id*, *Ibid.* 5); et le concile de Néo-Césarée (cap. I, ou XV dans le grec) ordonne qu'il n'y en aura pas davantage, même dans les plus grandes villes.

(2) *Hoc concilium apostolorum habitum est Hierosolymis anno 34 (aut 33) ante martyrium Stephani, qui post Christi in cœlum ascensionem mense septimo, et biennio ante Pauli conversionem, lapidatus est.* J. Mansi, *Act. concilior.* tom. I, *not.* Severini Binii.

(3) *Placuit igitur ut ex gratia et concessione dumtaxat, non ex jure, credentium multitudo ex LXX discipulis Domini (teste Epiphanio, lib. I, c. XXI) septem viros boni testimonii eligeret seu potius postularet. Ex gratia et concessione Petri, non ex jure.* Baron., *Annal. eccles.* Bellarmin., *De Clericis*, lib. I.

(4) *Apostoli electis qui non tantum communibus, sed etiam sacris mensis et functionibus præficiendi essent, prævia communi oratione, manus imposuerunt, iisque quotidianum utriusque mensæ ministerium Evangelii prædicationem, et sacramentorum quorumdam dispensationem et administrationem commiserunt : adeo ut non immerito XVI canon VI synodi* (in Trullo habitæ), *velut illegitimæ matris illegitimus et spurius filius censendus sit, quod per illum septem diaconos ab apostolis electos sacris mysteriis non ministrasse decernitur; quod autem diaconi ordinati dicuntur mensis communibus præfecti, non sic accipiendum est ut, quod est ministrorum mensarum, cæteris accumbentibus quæ ad cibum potumque pertinebant, illuc inferrent ; sed quod ex quibuscumque opus esset, eleemosynas dividendo curarent.* Baronius, *Hist.*, ann. 34, n. 243, 287, et ann. 1, n. 1.

(5) *Ita nimirum Ecclesia, tamquam ornatissimum corpus diversis jam tum constabat membris, non eumdem actum habentibus, ad quæ apte continenda opus erat compage legum, per quas sua cuique membro officia et functiones describerentur.* Voyez Rom. XII, 4, 5. I Cor. XII, 22. Et Zallinger, *Institution* lib. V, n. 336.

(6) I Cor. I, 17.
(7) Act. VI, 7.
(8) M. de Riancey, *ut supra*.

faire *des gâteaux à la Reine du ciel*, dit Jérémie (a). — [*Voyez* REINE DU CIEL.]

On a vu ci-devant, sous l'article de DÉMÉTRIUS, ce qui arriva à Éphèse, à l'occasion de la prédication de saint Paul, qui y prouvait la vanité des idoles, et allait ruinant le culte de Diane et des autres faux dieux. Démétrius, qui gagnait sa vie à faire de petits temples d'argent, ou des niches, ou même des médailles, où était représentée Diane d'Éphèse avec son fameux temple, y excita un tumulte, qui faillit de causer une sédition dans la ville. Voyez *Act.* XIX, 24, et les suivants.

[Diane avait-elle un temple à Éphèse ? On en pourrait douter, d'après ces paroles de M. Michaud (1) : « M. Fauvel (ex-consul d'Athènes) a voué une espèce de culte à l'antiquité ; il ne pardonne pas volontiers à ceux qui commettent sur ce point quelque hérésie ; il ne pardonne pas même à saint Paul d'avoir pris Cybèle pour Diane dans son Épître aux Éphésiens. » Il n'est pas inutile, à ce propos, de remarquer que saint Paul ne parle pas de ces déesses dans son Épître aux Éphésiens ; mais qu'aurait donc dit M. Fauvel, si saint Paul ou saint Luc (*Act.* XIX, 24-40) eussent pris Diane pour Cybèle? Diane était adorée à Éphèse ; elle y avait un temple. « Cléopâtre obtint d'Antoine, dit Josèphe (*Antiq.*, XV, ch. IV), de faire tuer Arsinoé, sa sœur, lorsqu'elle était en prière à Éphèse, dans le temple de Diane. » « Je parlerai d'abord, dit M. Michaud (2), de notre course aux bains de Diane (aux environs de Smyrne). Un voyageur du dix-septième siècle avait reconnu là les vestiges d'un temple ; M. Fauvel a distingué un pilastre et des tronçons de colonnes à travers les joncs et les roseaux. On croit que ce sont les ruines d'un temple élevé à Diane par une colonie venue d'Éphèse. » Et M. Poujoulat, qui a visité Éphèse : « Je n'étais pas loin d'Éphèse, dit-il (3), et je me trouvais tout à coup sur d'antiques ruines ; ne pouvais-je pas croire que mon cheval foulait quelques restes de l'ancienne capitale de l'Ionie, et qu'il marchait peut-être sur un dernier débris de ce fameux temple de Diane, dont Éphèse ne garde plus aucun vestige ? » Et plus loin (4) : « Je ne parlerai pas des débris d'une grande muraille et d'un aqueduc, que j'ai vus dans un vallon, avant d'arriver à Échelle-Neuve ; cet aqueduc, qui portait autrefois les eaux de Néopolis à Éphèse, est si ruiné, qu'on n'y reconnaît plus rien. C'est là que les auteurs placent l'ancienne Phygéla, petite cité dont l'histoire ne parlerait point si elle n'avait eu la gloire de posséder un temple de Diane, bâti par Agamemnon, à son retour de la guerre de Troie. » Et ailleurs : « Plein des souvenirs du fameux temple de Diane (5), tel que nous l'ont représenté Vitruve, Pline et Strabon (6), vous êtes impatient sans doute d'apprendre ce qui subsiste encore de ce grand monument. C'est ici surtout que ma science est en défaut. J'interroge en vain les lieux et les livres, je ne trouve partout que des doutes, des conjectures hasardées, des suppositions vagues, des systèmes qui n'expliquent rien. Au milieu d'un amas confus de ruines, je demande aux colonnes, aux blocs de marbre, à chaque pierre, s'ils n'ont point appartenu au temple le plus célèbre qui fût jamais, et toutes les pierres sont muettes, et les ruines n'ont point de voix. Les voyageurs qui ont visité Éphèse ont placé, chacun dans une position différente, le temple de la grande déesse. Les uns ont cru en trouver des vestiges au sud-est du mont Prion, les autres au nord, d'autres à l'ouest ; quelques-uns, tels que Chandler, plus raisonnables peut-être, ont déclaré n'avoir rien reconnu de positif sur l'emplacement du monument. Ceux qui regardent les souterrains voisins des marais ou du port comme des ruines du temple (et ceux-là sont en assez grand nombre) oublient évidemment que ces souterrains se trouvent dans l'enceinte de la ville, et que le temple était éloigné de plusieurs stades des murailles d'Éphèse.

» Le culte de Diane à Éphèse remonte aux premiers âges ; ce furent, dit-on, les Amazones qui, les premières, sous le règne de Thésée, sacrifièrent à la déesse sur les rives du Caystre ; elles déposèrent dans le tronc d'un ormeau une Diane de cèdre ou d'ébène, grossièrement taillée. Ainsi commença le culte de la grande déesse ; un tronc d'arbre fut son premier temple ; plus tard elle eut un sanctuaire qui devint la merveille de l'univers..... Personne n'ignore quel fut le sort de ce monument : un fou, qui cherchait à tout prix l'immortalité, voulut associer son nom à la destruction du temple de Diane. Le second temple bâti à l'honneur de la déesse, ne le cédait en rien à la magnificence du premier. Telle était la vénération des peuples pour la grande Diane, que la guerre elle-même respecta toujours les trésors placés sous la sauvegarde de la déesse ; l'histoire a cité Néron comme étant le seul qui eût osé toucher à ce sanctuaire... Quand les rois et les peuples accouraient à l'envi sur les bords du Caystre pour déposer leurs offrandes sur les autels de Diane, qui eût osé dire qu'un

---

(a) *Jerem.* VII, 18. Voyez aussi *Jerem.* XI, 13 ; XLIV, 17, 18, et *Ezech.* XVI, 25.
(1) *Corresp. d'Orient*, lettr. XI, tom. I, pag. 242.
(2) *Ibid.* lettr. XII, pag. 250.
(3) *Ibid.* lettr. XIII, pag. 279.
(4) *Ibid.* pag. 282.
(5) *Ibid.* lettr. XIV, pag. 291.
(6) Le temple de Diane à Éphèse, dit dom Calmet (*Dissertat. sur les temples des anciens*), est sans contredit un des plus magnifiques que l'antiquité ait élevés. L'architecture n'en était ni égyptienne ni syrienne. Il avait au dehors deux ailes de chaque côté, c'est-à-dire deux rangs de colonnes tout autour, et huit de profondeur aux faces de devant et de derrière (Vitruv. tom. III, cap. x). La longueur du temple était de quatre cent vingt-cinq pieds sur deux cent vingt de largeur. Cent vingt-sept rois y avaient donné autant de colonnes dont chacune était haute de soixante pieds. Il y en avait trente-six enrichies d'ouvrages. Ses portes étaient de cyprès, bois qui ne change point et est toujours luisant. Pline dit qu'on le trempa quatre ans dans la colle. Toute la charpente était de cèdre, et on montait jusqu'au haut par un escalier fait d'un cep de vigne, apporté de Chypre. Il serait impossible de faire une description détaillée des riches et rares ornements de ce fameux temple. Il fut achevé en deux cent vingt ans, aux frais communs de toute l'Asie.

jour le voyageur chercherait en vain la place du temple? »

Dom Calmet, dans sa Dissertation sur l'origine des Philistins, insérée dans la Bible de Vence, suppose que la Diane d'Ephèse est la même que la Diane de Perse, que la déesse d'Hiéropolis en Syrie, dont Lucien a tant parlé, que Dercéto, Atergatis, Vénus la céleste, Dagon, Astaroth, Astarté, et la déesse des bois dont il est parlé si souvent dans l'Ecriture (IV *Reg.*, XXI, 7: *Posuit quoque idolum Luci*, heb. אשרה, *Aschera*, et ailleurs). [*Voyez* BEL, § VIII.]

Il existe au musée de Leyde quatre pierres portant des inscriptions phéniciennes ou puniques; M. Hamaker, professeur de langues orientales à Leyde, composa une dissertation pour les expliquer; M. Etienne Quatremère examina ces explications, et en proposa de différentes, dans un Mémoire inséré dans le *Journal asiatique* de janvier 1828. Voici en quels termes M. Quatremère a interprété la première inscription: *Dominæ nostræ Thalath, et domino nostro, hero nostro, Baal-Hamman, hoc quod vovit Ebedaschtoret* (servus Astartes) *scriba filius Ebedmilkar.* — Tholath ou Thalath est, selon M. Quatremère, le nom d'une divinité phénicienne qui répond à la Diane des Grecs. Baal-Hamman rappelle certaines dénominations fort en usage dans la Bible.

Thorlacius a publié à Copenhague, en 1829 (*Voyez Dansk Literat. Tidende*, 1829, n° 6), une petite dissertation sur une terre cuite antique, provenant de la Sicile, représentant une figure analogue à celle de la Diane d'Ephèse, et de plus contenant une inscription grecque de quatorze lignes; cette inscription est une invocation à la déesse qui facilite les accouchements. Dans la première section, l'auteur prouve par les attributs que la figure représente réellement Diane, adorée en Asie et en Sicile sous le nom d'Artémis; dans la seconde section, il prouve que cette terre cuite était une table votive suspendue dans le temple de Diane par quelque femme qui désirait obtenir des couches heureuses et faciles.

A Kangovar, dans la Perse, Aucher-Eloy a vu les restes d'un temple de Diane; la base de ses colonnes est encore en place, dit-il; et M. Texier ajoute en note que le sous-bassement occidental est encore parfaitement conservé. *Voyez* Aucher-Eloy, RELATIONS *de voyages en Orient*, tom. I, pag. 247.]

DIBON, dans la tribu de Juda (a), peut-être la même que *Dabir* [*Voyez* ce mot] ou *Cariath-Sepher*. Les Septante nomment *Dibon*, la ville qui est nommée *Dabir* dans l'hébreu. *Josue* XII, 26. — [Barbié du Bocage croit que Dabir est autrement nommée Dimona; et il la place au sud de la tribu de Juda, peut-être à l'ouest de Cabséel.]

DIBON, ville donnée à la tribu de Gad par Moïse (b), et ensuite cédée à celle de Ruben (c). Eusèbe dit que Dibon était un grand bourg sur l'Arnon. [Au nord de cette rivière, dit Barbié du Bocage, qui rappelle que Dibon, aujourd'hui Diban (*Voyez* DIBON-GAD), a été le sujet des prédictions faites contre Moab. On y voit encore quelques ruines.] C'est apparemment la même que Dibon-Gad, *Num.* XXXIII, 45, qui est un des campements des Hébreux sous Moïse. [*Voyez* DIBON-GAD.] Saint Jérôme dit qu'on l'appelait encore de son temps indifféremment Dibon ou Dimon, à cause de la ressemblance des lettres. — [*Voyez* DIBON, ville de Juda.]

DIBON-GAD. La même [ville] que *Dibon*, dont on vient de parler.

[Dibon-Gad n'est pas une ville, et doit par conséquent être distingué de Dibon qui en est une. C'est probablement, non pas un désert [*Voyez* MARCHES, sur le XL° campement], mais une vaste campagne dont il est fait mention à cause de la trente-neuvième station des Israélites. « Cette position, dit M. Léon Delaborde, est au nord de Zared, au sud de l'Arnon, à distances à peu près égales entre ces deux torrents et entre Katrane et Tafyle. Le lieu nommé Diban, que Burckardt trouva entre les deux bras de l'Arnon, me semble trop au nord, et une étymologie ne suffit pas quand les distances ne concourent pas à la même coïncidence. Il est probable que c'est de cette station que Moïse envoya ses ambassadeurs à Sehon, roi des Amorrhéens. (*Num.* XXI, 21)].

DIDRAGME, en grec, *Didracma*, pièce de monnaie valant deux dragmes (d). La dragme valait huit sous un denier. Les deux dragmes valaient donc seize sous deux deniers, qui reviennent à peu près à la valeur du demi-sicle hébraïque, qui valait seize sous deux deniers, et $\frac{11}{16}$ d'un denier. Les Juifs étaient obligés par la loi de payer par tête un demi-sicle par an au temple du Seigneur (e). Il est dit dans saint Matthieu (f), que ceux qui recevaient le tribut ou la capitation des deux dragmes, ou du demi-sicle, vinrent le demander à Notre-Seigneur; et que Jésus-Christ ayant envoyé saint Pierre pêcher dans le lac, lui dit que le premier poisson qu'il prendrait aurait dans la bouche une pièce de quatre dragmes; qu'il la prit, et qu'il la donna aux receveurs de ce tribut, pour Jésus-Christ et pour soi. *Voyez* ci-devant CAPITATION.

[Il est remarquable que notre divin Sauveur ne paya le tribut que pour lui et pour Pierre, et non point aussi pour ses autres apôtres, qui cependant étaient présents.]

DIDYMUS, c'est-à-dire *Gemellus*, jumeau. C'est la signification du terme hébreu ou syriaque *Thomas. Thomas, qui dicitur Didymus* (g). *Voyez* THOMAS.

DIES ou JOUR, nom que Job donna à la première fille qui lui naquit dans l'état prospère où Dieu le rétablit. *Job.* XLII, 14.

DIEU. C'est le nom que nous donnons à l'Etre éternel, infini, incompréhensible, créa-

---

(a) II *Esdr.* XI, 25.
(b) *Num.* XXXII, 3... 33, 34.
(c) *Josue* XIII.
(d) *Matth.* XVII, 25. Διδραγμα.

(e) *Exod.* XXX, 13.
(f) *Matth.* XVII, 23.
(g) *Joan.* XI, 16; XX, 24.

teur de toutes choses, qui conserve et gouverne tout par sa toute-puissance et sa sagesse, et qui est l'unique objet de notre culte. Dieu, à proprement parler, ne peut avoir de nom, puisqu'étant unique, et n'étant point sujet aux qualités individuelles qui distinguent les hommes, et sur lesquelles sont fondées les différentes dénominations qu'on leur donne, il n'a aucun besoin de nom, pour le distinguer d'autres dieux, ni pour le différencier, n'ayant point de semblables. Les noms qu'on lui attribue sont donc plutôt des descriptions, ou des épithètes, qui nous marquent ses qualités divines par des termes nécessairement équivoques, puisqu'ils sont pris de l'usage commun, et qu'on les donne aux créatures comme à lui ; que de véritables noms, qui représentent sa nature comme elle est.

Les Hébreux lui donnent communément le nom de *Jehova*, ou *Jao*, ou *Jaho* (a), qu'ils ne prononcent jamais, mais au lieu duquel ils se servent de celui d'*Adonaï*, ou d'*Elohim*, qui signifient les maîtres, les seigneurs. Ils lui donnent aussi le nom d'*El*, qui signifie *fort* ; ou *Saddaï*, qui peut signifier celui qui se suffit à lui-même ; ou, suivant une autre prononciation, le destructeur, le puissant ; ou *Elion*, le Très-Haut, ou *El-sebaoth*, le Dieu des armées ; ou *Ia*, Dieu. Dans l'Exode, l'ange qui parlait au nom de Dieu (b) dit à Moïse : *Si l'on vous demande quel est le nom de celui qui vous a envoyé, vous direz : Celui qui est m'a envoyé vers vous. Je suis celui qui est*, ou : *Je serai celui qui sera*. On peut voir l'article JEHOVA.

* DIEU INCONNU, auquel les Athéniens avaient dressé un autel. *Voyez* AUTEL d'*Athènes*.

DIEUX, *Faux Dieux*. Le nom de *Dieu*, en hébreu *Elohim*, dans l'Ecriture, est fort équivoque : on le donne souvent au vrai Dieu, quelquefois aux anges, quelquefois aux juges et aux princes, et quelquefois aux faux dieux et aux idoles : par exemple (*Genes.* I, 1) : *Dieu créa le ciel et la terre* ; l'hébreu *Elohim* marque en cet endroit le vrai Dieu. *Exod.* XXII, 20 : *Qui immolat diis occidetur*, celui qui sacrifie aux faux dieux (*elohim*) sera mis à mort. Et encore (c) : *Non est similis tui in diis, Domine, et non est secundum opera tua* ; il n'y a point de dieu qui vous ressemble, ni qui égale vos œuvres. Il parle des faux dieux. Dans les livres de Moïse on donne très-souvent aux anges le nom de dieu : par exemple, on appelle ainsi les trois anges qui apparurent à Abraham, et qui sauvèrent Loth (1) ; à celui qui apparut à Moïse dans le buisson ardent ; à celui qui conduisit les Israélites dans le désert.

Enfin on donne le nom de dieux aux princes, aux magistrats, aux grands hommes, dans ces passages (d) : Si l'esclave veut demeurer avec son maître, on l'amènera aux dieux : *Offeret eum dominus diis*, aux magistrats, aux juges, qui lui perceront l'oreille avec une alène. Et encore (e) : *Si latet fur, dominus domus applicabitur ad deos* : Si le voleur est inconnu, on fera paraître le maître de la maison *devant les dieux*, les juges, les magistrats. Et ailleurs (I *Reg.* II, 23 : אם יהטא איש לאיש יפללו אלהים) : *Si un homme pèche contre un autre homme, les dieux le jugeront*, ou les accorderont ; ils plaideront leur cause *devant les juges*, etc. Vous ne direz point de mal des dieux (f) : *Diis non detrahes* : vous ne parlerez point contre la réputation des juges, des grands. Josèphe (g) et Philon (h) croient que Moïse a voulu par là défendre de parler mal des dieux étrangers. Le Psalmiste dit que le Seigneur est assis au milieu des dieux et qu'il juge avec eux (i) : *Deus stetit in Synagoga deorum, in medio autem deos dijudicat*. Et ailleurs (j) : Les dieux de la terre se sont fort élevés. Et encore (k) : Dieu dit à Moïse : *Je vous ai établi le Dieu de Pharaon*.

Les bons Israélites avaient une si grande aversion et un si extrême mépris des dieux étrangers, qu'ils ne daignaient pas même les nommer (l) ; ils déguisaient, ils défiguraient leurs noms, en y substituant quelque terme de mépris : par exemple, au lieu d'*Elohim*, ils les nomment *Elilim* (אלילים), des riens, des dieux de néant : au lieu de *Miphibaal*, et de *Méribaal*, et de *Jérubaal*, ils disaient *Miphiboseth*, et *Mériboseth*, et *Jériboseth* : *Baal* signifie un maître, un mari, et *Boseth* signifie une chose honteuse, une chose digne de confusion. Quelquefois aussi ils nommaient les idoles *des ordures*, en hébreu *Gélulim* (גלולים), *stercora*, ou *dii stercorei*. Dieu défend aux Israélites de jurer par les dieux étrangers et de prononcer leurs noms dans leurs serments (m).

Moïse dit que les Israélites ont adoré les dieux étrangers, *qu'ils ne connaissaient point et à qui ils n'avaient pas été donnés* (n) ; c'est-à-dire, des dieux qui n'étaient point leurs dieux, à qui ils n'appartenaient pas ; ce qui augmente leur ingratitude et le crime de leur rébellion. On peut traduire l'hébreu : *Des dieux étrangers, et qui ne leur avaient rien donné*. En comparant ce passage avec d'autres de l'Ecriture, il semble que Dieu ait abandonné les autres nations aux dieux étrangers, aux astres, aux idoles, et qu'il se soit réservé son peuple comme son propre héritage ; non qu'il excuse ou qu'il pardonne

---

(a) יהוה *Jehovah*. אדני *Adonai*. אלהים *Elohim*. אל *El*. שדי *Sadai*. אל צבאות *El-Sabaoth*. עליון *Elion*. יה *Jah*.
(b) *Exod.* III, 13, 14.
(c) *Psalm.* LXXXV, 8.
(d) *Exod.* XXI, 6.
(e) *Exod.* XXII, 8.
(f) *Exod.* XXII, 28.
(g) *Joseph. l.* II, *contra Appion. Antiq. l.* IV, *c.* VIII
(h) *Philo. l.* I, *de Monarch.*, et *l.* III, *de Vita Mos.*
(i) *Psalm.* LXXXI, 1.
(j) *Psalm.* XLVI, 10.

(k) *Exod.* VII, 1.
(l) *Psalm.* XV, 4. *Exod.* XXIII, 13
(m) *Exod.* XXIII, 13.
(n) *Deut.* XXIX, 26.

(1) Des Pères et des commentateurs disent, et j'adopte leur sentiment, qu'il s'agit ici des trois personnes divines, ainsi représentées sous forme visible. Il en est de même dans les deux exemples qui suivent, c'est-à-dire, qu'ils y reconnaissent le Fils de Dieu préludant au salut des hommes avant son incarnation. *Voyez* ANGE, parmi mes notes.

l'idolâtrie des autres peuples; mais elle est sans comparaison moins criminelle que celle des Hébreux. Comparez *Deut.* XXIX, 26. avec *Deut.* IV, 19; XVII, 3; *Act.* VII, 42; *Jerem.* XIX, 13; IV. *Reg.* XVII, 16; XXI, 3, 5, 2; II *Par.* XXXIII, 3, 5; *Amos* V, 25, 26, 27; et *voyez* saint Clément d'Alexandrie, *Stromat.* liv. VI, p. 669, et saint Justin, *Dialog. cum Tryphone*, p. 274. B.

DIEVEENS. *Voyez* DIÉVI.

DIÉVI, peuples dont il est parlé dans Esdras (*a*). Apparemment les mêmes dont il est dit dans le quatrième livre des Rois (*b*), que le roi d'Assyrie les fit venir des pays de *Cutha* et d'*Ava*, dans la Samarie. Les Diévéens sont les peuples d'*Ava*; peut-être de ce canton de l'Assyrie qui est arrosé par le fleuve *Diaba* (*c*). — [*Voyez* DINÉENS.]

DILATER, *Dilatare*. Ce terme est principalement consacré à signifier la dilatation du cœur, qui arrive dans la joie et dans la prospérité, opposée au resserrement du cœur qui arrive dans l'adversité (*d*) : *In tribulatione dilatasti mihi*. Et saint Paul (*e*) : *Cor nostrum dilatatum est.*

Dilater se met aussi pour étendre ses limites, porter ses conquêtes en un pays étranger (*f*) : *Dilatet Dominus Japhet*, que le Seigneur lui donne un vaste partage (*g*). *Cum dilatavero terminos tuos*, lorsque j'aurai étendu vos limites.

Dilatare os, ouvrir la bouche, se prend en bonne et en mauvaise part (*h*). *Contre qui as-tu ouvert la bouche? qui as-tu humilié* (*i*)? *Dilataverunt super me os suum*, ils m'ont outragé de leur bouche contre moi, ils m'ont outragé de paroles. Et dans un autre sens (*j*) : *Dilata os tuum, et implebo illud*, ouvrez votre bouche et je la remplirai, comme un enfant qui demande à manger et à qui sa mère ou sa nourrice donnent la nourriture. Le Sage (*k*): *Ne vous mêlez point avec celui qui ouvre ses lèvres*, avec le babillard ; l'hébreu, *avec celui qui trompe par ses lèvres.*

(*a*) I Esdr. IV, 9.
(*b*) IV Reg. XVII, 24.
(*c*) Ammian. l. XXIII.
(*d*) Psalm. IV, 2.
(*e*) II Cor. VI, 11.
(*f*) Genes. IX, 27.
(*g*) Exod. XXXIV, 24.
(*h*) Isai. LVII, 4.
(*i*) Psalm. XXXIV, 21.
(*j*) Psalm. LXXX, 11.
(*k*) Proverb. XX, 19 : לְפֹתֶה שְׂפָתָיו S. Jérôme a lu לפתח שפתיו
(*l*) Isai. V, 14. Habac. II, 5
(*m*) Psalm. XVII, 37.
(*n*) Apoc. I, 10.
(*o*) Barnab. Ep. p. 36.
(*p*) Justin. Martyr. Apolog. 2, ad finem.
(*q*) Iren. apud auctor. Resp. ad Orthodox.
(*r*) Tertull. Apologet. et de anima.
(*s*) Origen. homil. 6, in Exod.
(1) C'est la première fois qu'est ainsi nommé le jour du sabbat ou du repos chrétien; mais ce n'est pas la première fois qu'il est fait mention de ce jour dans le Nouveau Testament, comme je vais le marquer tout à l'heure.
(2) A l'occasion d'un événement qui arriva un jour de l'an 58, jour qui était le premier de la semaine, saint Luc (*Act.* XX, 7) nous apprend que les fidèles étaient assemblés pour célébrer les saints mystères; le premier jour de la semaine était celui où Jésus-Christ était ressuscité (*Marc.* XVI, 2, 9), c'est-à-dire, le dimanche. Avant cette

L'enfer a dilaté son âme et a ouvert sa bouche à l'infini (*l*), pour recevoir les braves et les puissants de mon peuple ; le tombeau a ouvert sa bouche, il est prêt à engloutir une infinité de morts; il ne demande qu'à dévorer, qu'à absorber.

Vous avez dilaté mes pas (*m*) ; vous m'avez tiré de l'embarras, du resserrement où j'étais, vous m'avez mis au large, etc.

DIMANCHE, *Dies Dominica*, jour du Seigneur. Il en est parlé dans l'Apocalypse (*n*): *Fui in spiritu in Dominica die* (1). Les chrétiens, dès le commencement (2), honorèrent d'une façon particulière le jour de la résurrection du Sauveur qui arriva le lendemain du sabbat. Les apôtres, pour conserver la mémoire de ce jour si glorieux à Jésus-Christ et à son Eglise, jugèrent à propos de transporter au dimanche le repos qui s'observait parmi les Juifs le jour du sabbat (3). Saint Barnabé, dans son épître (*o*), dit que nous célébrons le huitième jour dans la joie, en mémoire de la résurrection de notre Sauveur, parce que c'est ce jour-là qu'il est ressuscité et monté au ciel. Saint Ignace le martyr, dans sa lettre aux Magnésiens, veut que nous honorions ce jour du Seigneur, ce jour de la résurrection, le premier et le plus excellent des jours. Saint Justin le martyr (*p*), dit que les chrétiens s'assemblaient ce jour-là, parce que c'était le jour de la création du monde et de la résurrection de Jésus-Christ. On voit la même chose dans saint Irénée (*q*), dans Tertullien (*r*), dans Origène (*s*) et dans les constitutions attribuées aux apôtres.

[Malgré ce qu'on vient de lire, il s'est trouvé des auteurs qui ont donné au dimanche une tout autre origine; quoiqu'il ne soit pas absolument nécessaire de les réfuter, je vais emprunter de M. Fr. Pérennès, déjà cité, quelques lignes, qui, d'ailleurs, compléteront cet article : « La célébration du dimanche, dit-il, a toujours été regardée comme d'institution apostolique. Il est inutile, dit

date, saint Paul, (I *Cor.* XVI, 2) avait déjà parlé, par occasion aussi, du premier jour de la semaine ou du dimanche comme étant celui où il convenait de faire ce qu'il recommandait.
(3) « Car il convenait, dit M. Pérennès (*de l'Institut. du dimanche*, liv. II ch. IV, pag. 84), que, de même que sous l'ancienne loi l'on célébrait le jour où l'univers naissant sortit des mains du Créateur, on célébrât sous la loi nouvelle le jour où l'univers déchu retrouva ses titres de glorification sur la pierre du divin sépulcre.— Par le mystère de la résurrection a été consommée la rédemption des hommes. *Si Jésus-Christ n'était pas ressuscité*, dit saint Paul, *c'est vainement que nous croirions en lui*.
— Les Grecs nommèrent le dimanche le jour de la résurrection du Seigneur, ἀναστάσιμος βασίλειος.»

« D'après le christianisme, dit M. Flottes, dans l'*Encyclopédie moderne*, au mot FETES, *il faut chercher premièrement le royaume de Dieu et sa justice*. De plus, la révélation chrétienne nous montre plus souvent Dieu comme Sauveur et sanctificateur du genre humain, que comme auteur et conservateur de la nature. Cet esprit domine dans toutes les solennités de la loi nouvelle. C'est lui qui a déterminé la substitution du *dimanche* au *sabbat*. Le sabbat rappelait la création dans l'ordre physique opérée par la toute-puissance divine. Le dimanche rappelle la régénération spirituelle des hommes consommée par la résurrection de Jésus-Christ. Les principales fêtes du Christianisme sont des monuments qui conservent la mémoire et qui prouvent la vérité des faits surnaturels sur lesquels repose la religion chrétienne. »

l'évêque Wight (*sur le sabbat*, pag. 192), de fouiller les Ecritures pour y trouver la preuve que le dimanche a été institué par les Apôtres comme fête hebdomadaire. La preuve en existe dans l'accord constant et unanime de toutes les Eglises du monde chrétien à regarder, dès leur origine, ce jour comme spécialement consacré à la prière et aux exercices de la piété. Le savant Taylor, qui considère ce jour dominical comme une loi purement ecclésiastique, convient cependant que cette loi nous venant des Apôtres, son obligation sera perpétuelle ; car il n'y aurait, pour se soustraire à une telle disposition, aucun motif plausible, et qui soit fondé sur une autorité aussi irréfragable. *L'Eglise, métaphysiquement parlant*, dit Suarez, *pourrait changer le jour du dimanche; mais elle ne le pourrait pas moralement, par la raison que, quelle que soit son origine, le précepte d'observer le dimanche a tant de ressemblance avec les préceptes divins, tant de conformité avec la loi naturelle, tant de motifs de convenance et de religion, que jamais l'Eglise qui est toujours dirigée par l'Esprit de Dieu, n'aura de raison légitime pour transporter le dimanche à un autre jour.* Calvin est le seul qui, au mépris de la tradition, ait voulu, suivant Barclai, transférer le dimanche au jeudi, en mémoire de l'Ascension de Jésus-Christ.

» Nous ne rapporterons point ici les témoignages des Pères (1) qui, dans les premiers siècles du Christianisme, viennent s'ajouter à l'autorité des Apôtres... Il nous suffira de rappeler que la religion du Christ, en montant sur le trône des Césars, fit un précepte obligatoire de la sanctification du dimanche. Toutefois l'édit de Constantin du 6 mars 321 n'enjoint de chômer ce jour qu'aux juges, aux soldats qu'il déchargeait, à cette occasion, de leur service militaire, aux artisans et aux peuples des villes, sans y soumettre les habitants des campagnes. Constantin se servit encore dans son édit de l'expression *jour du soleil*, parce qu'il voulait faire observer sa loi par les païens mêmes à qui ce terme était familier. Il arrêta que ses soldats païens sortiraient en pleine campagne le dimanche, et qu'ils feraient en commun les prières, rédigées de manière qu'ils participassent, autant qu'il était en eux, aux hommages que les vrais croyants rendaient à la Divinité. Cette loi de Constantin renferme un article où se décèle l'esprit régénérateur et bienfaisant du Christianisme ; c'est celui qui permet de faire, le dimanche et les jours de fêtes, tous les actes nécessaires pour affranchir les esclaves. La disposition qui regardait les habitants des campagnes fut ensuite changée par les conciles, notamment par le troisième concile d'Orléans, tenu en 538, qui ordonne à tous, sans distinction d'état et de profession, de célébrer le dimanche. Depuis cette époque, l'usage officiel de la semaine s'est répandu chez tous les peuples chrétiens (2) »].

* DIMANCHE DES PALMES ou des RAMEAUX, fête chrétienne instituée en mémoire de l'entrée triomphante de notre Sauveur dans Jérusalem. Cet événement eut lieu, non le second jour de la semaine ou le lundi, comme le prétend dom Calmet dans sa *Dissertation sur la dernière Pâque de Notre-Seigneur*, mais le premier jour de la semaine qui est devenu notre dimanche, et ce jour était le 29 mars de l'an 33. Jésus-Christ, dans une ou deux circonstances antérieures, avait pris la fuite, lorsque des Juifs l'avaient voulu proclamer roi ; son temps alors n'était pas encore venu. Mais en ce jour, son temps étant proche, il rechercha ou du moins accepta les honneurs de la royauté. Conférez les quatre récits évangéliques *Matth.* XXI, 1-9 ; *Marc.* XI, 1-10 ; *Luc.* XIX, 29-40 ; *Joan.* XII, 12-19. Entre autres circonstances remarquables dans cet événement, il en surgit une de l'opposition anti-nationale des Pharisiens, car ils appartenaient au parti de l'empereur : mécontents d'entendre les acclamations du peuple et de voir une si imposante manifestation politique, à l'occasion de l'arrivée de Jésus-Christ dans la capitale, ils allèrent le trouver : *Maître*, lui dirent-ils, *reprenez vos disciples* (vos partisans ; c'était tout le peuple) et forcez-les de se taire. Jésus leur répondit : S'ils se taisent de gré ou de force, *les pierres crieront..... Luc.* XIX. 39, 40.

* DIMES. *Voyez* DIXMES.

DIMAS, ou *Dismas*, ou *Desmas*. C'est, selon quelques-uns, le nom du bon larron qui fut crucifié avec Jésus-Christ. D'autres l'appellent *Titus* ; d'autres, *Vicimus* ; et d'autres, *Matha*. Rien de certain.

DIMONA, ville dans la partie méridionale de Juda. *Josue* XV, 22. — [*Voyez* REMMONA.]

DINA, fille de Jacob et de Liah. Dina naquit après Zabulon (a), vers l'an du monde 2250 ; avant J. C. 1750 ; avant l'ère vulgaire 1754. Lorsque Jacob son père fut de retour dans la terre de Chanaan, Dina, âgée d'environ quinze ou seize ans, eut la curiosité d'aller à une fête des Sichémites, pour voir les femmes du pays (b). Mais Sichem, fils d'Hémor le Hévéen, prince de la ville, l'ayant vue, conçut un grand amour pour elle, l'enleva et la viola ; et la voyant triste, il tâcha de la gagner par ses caresses. Il alla ensuite trouver son père Hémor, et le pria de lui faire épouser cette fille. Hémor et son fils en allèrent parler à Jacob. Dans ce moment, les frères de Dina revinrent des champs ; et ayant appris ce qui s'était passé, ils en furent étrangement irrités.

Lors donc que Hémor et Sichem parlèrent au père et aux frères de Dina, et qu'ils la leur demandèrent en mariage, les enfants de

---

(a) *Genes.* xxx, 21.
(b) *Genes.* xxxiv, 1, 2.
(1) Saint Justin, cité partout ; saint Ignace d'Antioche ; saint Pierre, évêque d'Alexandrie, martyrisé en 311 ; saint Denis de Corinthe ; saint Clément d'Alexandrie ; Tertullien ; saint Cyprien ; saint Ambroise, de Milan, etc., etc.
(2) M. Fr. Pérennès, *De l'institution du dimanche, considérée principalement dans ses harmonies avec les besoins de notre époque*, liv. II, ch. iv. Paris, 1845. Excellent livre d'un homme de bien.

Jacob leur répondirent frauduleusement et leur dirent : *Nous ne pouvons donner notre sœur à un homme incirconcis ; la seule condition sous laquelle nous pouvons vous donner notre sœur, est que vous receviez la circoncision comme nous.* Hémor et Sichem agréèrent cette proposition et la firent agréer à ceux de la ville. Ainsi tous les hommes de Sichem se circoncirent ; et trois jours après, lorsque la douleur de leur plaie était la plus violente, Siméon et Lévi, fils de Jacob et frères de Dina, entrèrent dans la ville et mirent à mort tous les mâles. Ils égorgèrent Hémor et Sichem, et emmenèrent Dina, leur sœur, dans la maison de leur père. Ils pillèrent la ville, prirent tout le bétail et firent captifs toutes les femmes et les enfants. Ainsi ils vengèrent l'outrage fait à leur sœur, à l'insu et sans le consentement de Jacob leur père.

On ne sait pas ce que devint Dina depuis cette affaire. Les Hébreux tiennent qu'elle épousa le saint homme Job ; de quoi on n'a pas la moindre preuve. Et certes si Job est le même que *Jobab*, le quatrième depuis Esaü frère de Jacob, il n'y a nulle apparence que Dina ait pu vivre jusqu'à ce temps, pour devenir la femme de ce saint homme.

DINÆI, *Dinéens*, peuples dénommés dans Esdras (a) qui s'opposèrent au rétablissement du temple de Jérusalem. — [*Voyez* l'article DINÉENS, qui suit.]

DINEENS. Salmanasar, roi d'Assyrie, avait emmené (an 718 av. J. C.) une partie du peuple d'Israel en captivité, et laissé l'autre dans le pays, qui fut administré par des gouverneurs assyriens. Il est à croire que dans la suite il y eut une révolte des Israélites contre cette domination étrangère. Assar-Haddon, petit-fils de Salmanasar, les fit tous transporter au delà de l'Euphrate (an 672 av. J. C.), et pour repeupler l'ancien royaume d'Israel, il y fit venir des habitants de *Babylone*, de *Cutha*, d'*Avah*, d'*Emath*, et de *Sepharvaim* (IV *Reg.* XVII, 24), et encore d'ailleurs, sans doute. Ils furent dans la suite nommés *Samaritains*. Lorsque les Juifs furent revenus de la captivité et qu'ils se furent mis à bâtir un temple à Jérusalem (an 535 av. J. C.), les Samaritains leur demandèrent à contribuer avec eux à cette construction ; mais les Juifs, qui les considéraient comme des ennemis, et qui savaient qu'ils mêlaient les superstitions idolâtriques au culte du vrai Dieu, ne crurent pas devoir agréer leur demande. Alors les Samaritains s'appliquèrent à traverser l'entreprise des Juifs autorisée par Cyrus ; ils gagnèrent par argent le satrape et ses conseillers, et vinrent à bout de faire suspendre les travaux, par suite d'une lettre calomnieuse que ces ministres écrivirent à Cambyse, fils et successeur de Cyrus. Dans cette lettre, immédiatement après leurs noms et leurs qualités, ils mentionnent les Samaritains en les distinguant par le nom primitif de chacune de leurs colonies envoyées par Assar-Haddon, qu'ils appellent Asenaphar (1) : ce sont « les *Dinéens*, les *Apharsathachéens*, les *Terphaléens*, les *Apharséens*, les *Erchuéens*, les *Babyloniens*, les *Susanéchéens*, les *Diévéens*, et les *Elamites*, et les autres d'entre les peuples que le grand et glorieux Asenaphar a transportés et fait demeurer dans les villes de Samarie, etc. »

DIOCESARÉE, autrement SEPHORIS, en Galilée. *Voyez* SEPHORIS.

DIODOTE, autrement TRYPHON, avait été capitaine dans les troupes d'Alexandre Ballès. Voyant que Démétrius Nicanor, roi de Syrie, était tombé dans le n épris, et avait encouru la haine de ses soldats, il entreprit de placer sur le trône de Syrie Antiochus, fils de Ballès son maître, qui était tout enfant dans la cour d'Elmalchuel, roi des Arabes (b). Il fit tant, que le roi des Arabes lui confia le jeune prince ; et Diodote le fit reconnaître pour roi de Syrie par les troupes, et par les peuples du pays (c). Cependant Diodote gouvernait souverainement sous le nom de ce jeune prince. Il se lassa de n'avoir que l'autorité de roi ; il voulut en porter le titre. Il feignit que le jeune Antiochus était tourmenté de la pierre, et corrompit des médecins, qui le tuèrent, en le voulant tailler (d). Ainsi il prit le diadème, et changea son nom de Diodote en celui de Tryphon.

Voulant s'assurer de la protection des Romains, il envoya au sénat une statue d'or de la Fortune, du poids de dix mille pièces d'or. Mais le sénat, sans refuser son présent, éluda la demande qu'il faisait qu'on le reconnût pour roi. On reçut la Fortune d'or, et on mit dans l'inscription qu'elle avait été donnée par le jeune Antiochus, le même qui avait été mis à mort par Tryphon (e).

D'un autre côté, Simon Machabée voyant que toute la conduite de Tryphon était un pur brigandage (f), se sépara de lui, et entra dans le parti de Démétrius Nicanor ; les soldats même de Tryphon l'abandonnèrent, et se donnèrent à Cléopâtre (g), épouse du même Démétrius, qui était allé au delà de l'Euphrate faire la guerre aux Parthes. Ainsi Tryphon fut contraint de se retirer dans la ville de Dora, en Phénicie, où il fut bientôt assiégé par Antiochus Sidétès, frère de Démétrius Nicanor. Tryphon trouva moyen de se sauver de Dora, et de se retirer à Orthosie, où il fut de nouveau poursuivi par Antiochus. De là il se retira à Apamée sa patrie (h), où il fut forcé et mis à mort (i). Strabon (j) dit qu'il fut tellement pressé dans

---

(a) I Esdr. iv, 9.
(b) I *Mach.* xi, 39, 40.
(c) An du monde 3860, avant Jésus-Christ 140, avant l'ère vulg. 144.
(d) I *Mac.* xiii, 31, 32. Liv. l. LV. *Strab.* l. XVI. *Justin.* l. XXXVI
(e) Diodor. Sicul. *Leg.* 31.
(f) I *Mac.* xiii, 34, 37, xiv, 10, 33.
(g) An du monde 3864, avant Jésus-Christ 136, avant l'ère vulg. 140. *Joseph. Antiq.* l. XIII, c. xii.
(h) An du monde 3866, avant Jésus-Christ 134, avan l'ère vulg. 138.
(i) *Joseph. Antiq.* l. XIII, c. xii.
(j) Strabo l. XIV, p. 668.
(1) A moins que, comme on l'a supposé, Asenaphar ne soit le chef sous l'autorité duquel ces colonies furent établies dans le royaume d'Israel. *Voyez* ASENAPHAR, note.

un château où il s'était enfermé, qu'il fut contraint de se donner la mort. Georges Syncelle (a) raconte qu'il se jeta dans le feu.

DIORIX, ou Dioryx. Ce terme se trouve *Eccli.* XXIV, 41 : *Ego quasi fluvii dioryx.* Quelques-uns (b) ont pris ce terme comme un nom propre de fleuve. Mais c'est un nom grec, qui signifie un canal, un ruisseau. Dans le même chap., v. 43, ce terme est traduit par *trames. Factus est mihi trames abundans.*

DIOSPOLIS. Ce nom ne se lit pas dans les livres saints ; mais nous avons dit dans le Commentaire sur Nahum, que c'était apparemment cette ville que ce prophète avait voulu marquer sous le nom de *No-Ammon,*(c), que saint Jérôme traduit ordinairement par *Alexandrie.* Nahum décrit *No-Ammon* comme une ville *pleine de peuples, située au milieu des fleuves, tout environnée d'eaux, dont la mer est le trésor, et dont les eaux sont les murailles et les remparts. L'Ethiopie était sa force, aussi bien que l'Egypte, et une infinité d'autres peuples. Il lui venait du secours de l'Afrique et de la Libye; et cependant elle a été emmenée captive en une terre étrangère.* Il nous a paru que ces caractères ne conviennent à nulle autre ville mieux qu'à *Diospolis,* ville située dans le Delta sur un des bras du Nil, entre Busiris au midi, et Mendèse au septentrion : elle est à l'extrémité de deux bras du Nil, dont chacun a son embouchure dans la Méditerranée, qui est à une petite distance de Diospolis : il y avait autour d'elle de grands lacs (d), à qui l'Ecriture donne souvent le nom de mer. Son nom de *Diospolis,* la ville de Jupiter, vient à celui de *No-Ammon,* demeure de Jupiter Ammon : elle était à portée de recevoir le secours dont parle Nahum ; les eaux étaient sa force et ses remparts, etc.

Toutefois, comme de très-habiles gens croient que *No-Ammon* était la ville de Thèbes, capitale de la Thébaïde, nous proposerons sous son titre les raisons que l'on peut apporter en sa faveur.

DIOSPOLIS, autrement LYDDA. *Voyez* LYDDA.

DIOTREPHE. On ne sait qui était Diotrèphe, ni de quelle Eglise il était évêque, ni même s'il était évêque. Grotius croit que Caïus, à qui saint Jean écrit sa troisième Epître, et qui demeurait au même lieu que Diotrèphe, était dans l'une des sept églises qui sont nommées dans l'Apocalypse. Ligfoot croit qu'il demeurait à Corinthe. Quoi qu'il en soit, Diotrèphe était un homme qui n'exerçait pas l'hospitalité envers ceux qui venaient de la part de saint Jean, et qui ne permettait pas que les autres l'exerçassent. OEcuménius, Bède, et quelques nouveaux commentateurs veulent que Diotrèphe ait été hérétique. D'autres croient qu'il était un chrétien judaïsant, qui ne voulait pas admettre à sa table les gentils convertis. Mais d'autres prétendent tout le contraire, et que Diotrèphe ne voulait pas recevoir ceux qui étaient convertis du judaïsme. *Voyez* III *Joan.,* v. 9.

DIPLOIS. C'est un mot grec qui signifie un habit doublé, ou un manteau doublé. On dit que les anciens ne doublaient pas leurs habits ; et qu'ils appelaient *Diplois,* ou habits doubles, ceux qui étaient si vastes, qu'on pouvait les replier et les mettre doubles ; tels étaient les manteaux des philosophes cyniques : ils les repliaient autour d'eux pour ne se pas découvrir entièrement à nu, parce qu'ils n'avaient point de tuniques par-dessous. Horace, parlant de Diogène le cynique, *l.* I, *Epist.* 17, dit :

Contra quem duplici panno patientia velat.

Le Psalmiste (*Psal.* CVIII, 24. מְעִיל Δίπλοῖς), prie Dieu de confondre ceux qui le déchiraient par leur médisance, et de les couvrir de honte comme d'un habit doublé : *Operiantur sicut diploide confusione sua.* Mais l'Hébreu *mehil* signifie proprement un manteau, ou un habit de dessus. Baruc a aussi employé le terme *diplois,* chap. V, v. 2. Mais comme nous ne l'avons pas en hébreu, nous ne pouvons dire ce qu'il a voulu marquer par ce mot.

DIPONDIUS. Saint Luc (e) se sert du mot *dipondius,* pour marquer une sorte de très-petite monnaie : *Nonne quinque passeres veneunt dipondio?* Dans saint Matthieu, qui rapporte la même chose, on lit (f) : *Nonne duo passeres asse veneunt?* Deux petits oiseaux ne se vendent-ils pas un as, ou un sol? Le Grec lit *assarion,* au lieu d'*as.* Or *assarion* valait, selon les uns, la moitié de l'as, c'est-à-dire, quatre deniers, et $\frac{2}{5}$; et selon d'autres, un quart de denier, c'est-à-dire, deux deniers et $\frac{2}{10}$. *Dipondius* semble plutôt marquer la moitié de l'*as*.

DIPSAS, sorte de serpent, dont la morsure cause une soif mortelle ; d'où lui vient le nom de *dipsas,* qui, en grec, signifie altéré. En latin, on l'appelle *situla,* un sceau. Moïse en parle *Deut.* VIII, 15 : *Ductor tuus fuit in solitudine.., in qua erat scorpio ac dipsas.* Le terme hébreu (g) *tzimaon* répond fort bien au grec *dipsas,* et marque l'altération que cause la morsure de ce serpent. Quelques-uns entendent l'hébreu *tzimaon,* d'un lieu désert et aride.

DISAN, et DISON, tous deux fils de Séhir le Horréen (*Genes.* XXXVI, 21, et I *Par.* I, 38).

[*Disan* était le septième fils de Séir, et Dison le cinquième. *Disan* eut pour fils Hus et Aram, ou plutôt Aran (*Gen.* XXXVI, 28, et 1 *Par.* 1, 42). Il était chef ou prince horréen (*Gen., ibid.,* 21. 30). Quant à *Dison, voyez* son article.]

DISCERNEMENT DES ESPRITS. C'est un don de Dieu dont parle saint Paul (I *Cor.* XII, 10). Il consiste à discerner entre ceux

---

(a) Syncell. in Chronico.
(b) Rabon. in Eccli. xxiv, 41. Complut. Sixt. V. Fluvius Dorix. Alii, fluvius Vorax. Alii, fluvius Dorax.
(c) Nahum. iii 8.
(d) Strabo l. XVII. Laert. l. V. Suid. in Demetrio Phaler.
(e) Luc. xii, 6.
(f) Matth. x, 29.
(g) Heb. צִמָּאוֹן Tzimaon. Græc. Δυψάς.

qui se disent inspirés de Dieu, si c'est le bon ou le mauvais esprit qui les anime, ou qui les inspire, si ce sont de vrais ou de faux prophètes. Ce don était d'une très-grande importance dans l'Ancien Testament, où il s'élevait souvent de faux prophètes, et des séducteurs qui trompaient les peuples; et dans le Nouveau, aux premiers siècles de l'Eglise, où les dons surnaturels étaient communs, où l'ange de Satan se transfigurait quelquefois en ange de lumière; où les faux apôtres cachaient sous l'extérieur de brebis des sentiments de loups ravisseurs : aussi saint Jean disait aux fidèles (a) : *Ne croyez point à tout esprit, mais éprouvez les esprits s'ils sont de Dieu*. Voyez dans le Deutéronome XVIII, 20, 21, 22, les marques que Dieu donne pour distinguer les vrais d'avec les faux prophètes.

DISCIPLE. Tout le monde sait la propre signification de ce terme. Dans le Nouveau Testament, le nom de *disciple*, absolument pris, signifie un *fidèle*, un *chrétien*, un *disciple*, un *sectateur* de Jésus-Christ, ou des Apôtres. Par exemple (b) : *Le nombre des disciples croissant, il s'éleva un murmure des Grecs contre les Hébreux*, etc. Et ailleurs (c) : *Il y avait à Damas un disciple nommé Ananie*; et Paul *ne respirant que le sang contre les disciples du Seigneur*, c'est-à-dire, contre les chrétiens.

Souvent le nom de *disciple* se met pour celui d'apôtre, surtout dans l'Evangile (d) : mais ailleurs il faut distinguer les apôtres des disciples. Les apôtres furent choisis spécialement de Jésus-Christ, d'entre ses disciples (e), pour être les dépositaires de ses mystères les plus secrets, et les principaux ministres de sa religion. Ils étaient au nombre de douze.

Mais les disciples qui suivirent le Sauveur dès le commencement, et à qui l'on donne simplement le nom de *disciples*, étaient au nombre de soixante et douze (f). *Il les désigna par leurs noms, et les envoya (g) deux à deux devant lui dans tous les lieux où il devait venir lui-même, et il leur disait : La moisson est grande; mais les ouvriers sont en petit nombre. Priez donc le maître de la moisson qu'il envoie des moissonneurs à sa moisson. Allez, je vous envoie comme des agneaux au milieu des loups. Ne portez ni besace, ni poche, ni souliers, et ne saluez personne dans le chemin. Quand vous entrerez dans une maison, dites premièrement : La paix soit dans cette maison. S'il s'y trouve un enfant de paix, votre paix se reposera sur lui, sinon elle retournera vers vous. Demeurez dans la même maison, mangeant et buvant ce que l'on vous servira; car l'ouvrier est digne de sa récompense.*

Quand vous entrerez dans une ville, guérissez les malades qui y seront, et dites-leur : Le royaume des cieux est venu jusqu'à vous. Que s'ils ne vous reçoivent point, secouez sur eux jusqu'à la poussière de vos pieds... Celui qui vous écoute, m'écoute; et celui qui vous méprise, me méprise. Je vous donne le pouvoir de marcher sur les serpents et les scorpions, et sur toute la puissance de l'ennemi, sans que rien vous puisse nuire. Ne vous réjouissez point de ce que les démons vous sont soumis, mais plutôt de ce que vos noms sont écrits dans le ciel, etc. Voilà les préceptes et les avis que le Sauveur donna à ses soixante et douze disciples, lorsqu'il les envoya prêcher dans les villes de Judée. On trouve particulièrement, chez les Grecs, quelques listes des soixante et douze disciples; mais elles ne sont ni anciennes, ni certaines. Il n'y en avait encore aucune du temps d'Eusèbe (h), c'est-à-dire au quatrième siècle. Les Latins font la fête des soixante et dix disciples (car on met assez indifféremment soixante et dix ou soixante et douze) (i) le 15 de juillet, et les Grecs le 4 de janvier.

On pourrait mettre au nombre des soixante et dix disciples (j), saint Barnabé, Sosthènes, saint Matthias, Joseph Barsabas, Thadée, frère de saint Thomas, les sept diacres (k), savoir : Etienne, Philippe, Procore, Parmenas, Nicanor, Timon, Nicolas d'Antioche; saint Marc, saint Luc, Andronique et Junius, parents de saint Paul (l); Jude, surnommé Barsabas, Silas, Simon le Noir, Luce de Cyrène, Manahem, Mnason, qui est qualifié ancien disciple (m), Ananie, qui baptisa saint Paul (n), Aristion et Jean, dont parle Papias (o).

*DISON, cinquième fils de Séir le Horréen (*Gen.* XXXVI, 21, et I *Par.* 1, 38), fut prince ou chef de famille (*Gen., ib.* 21, 30); ses enfants furent : Hamdan (ou Hamran, par le changement fréquent du daleth en resch), Eseban, Jethran et Charan (*Gen., ib.*, 26, et I *Par.* 1, 41).

*DISON, premier fils d'Ana et frère d'Oolibama, qui était aussi un fils et non une fille (*Gen.* XXXVI, 25. *Voy.* OOLIBAMA). Cet Ana n'était pas le second fils de Sébéon, troisième fils de Séir, comme le dit Huré, d'après le verset 24, mais le quatrième fils de Séir (verset 20). *Voy.* ANA, et I *Par.* 1, 38 et suiv.

DISPERSION. Saint Pierre et saint Jacques écrivant *aux Juifs de la dispersion* (p), c'est-à-dire qui étaient dispersés dans différents pays de l'Orient, comme le Pont, la Galatie,

---

(a) Joan. IV, 1.
(b) Act. VI, 1.
(c) Act. IX, 10.
(d) Matth. V, 1, VIII, 23, 25.
(e) Luc. VI, 13. Matth. X, 2, etc.
(f) Luc. X, 1... 17.
(g) An de l'ère vulg. 31, ou 35 de Jésus-Christ.
(h) Euseb. l. I, c. 12, Hist. Eccl
(i) Le Grec de saint Luc dans les imprimés, ne lit que 70 ; mais le Latin et plusieurs manuscrits grecs lisent 72. La plupart des Pères lisent 70; mais plusieurs d'entre eux, lorsqu'ils s'expliquent plus distinctement, en reconnaissent 72. Voyez Mill. in Luc. x, 1, et Tillemont, Not. 24 sur Jésus-Christ.
(j) Vide Euseb. l. I, c. XII.
(k) Vide Epiphan. de Christo, c. 4.
(l) Rom. XVI, 7.
(m) Act. XXI, 16.
(n) Act. IX, 10.
(o) Apud Euseb. l. III, c. 39, Hist. Ecces.
(p) I Petr. I, 1, et Jacobi I, 1.

la Bithynie, l'Asie et la Cappadoce, et saint Jacques, d'une manière encore plus vague, *aux douze tribus qui sont dans la dispersion*. Ce n'est pas que toutes les tribus fussent alors dispersées dans les différentes parties du monde : on sait que la Judée était encore remplie de Juifs, puisque ces deux Epîtres ont été écrites avant la guerre des Juifs contre les Romains ; mais depuis les différentes captivités causées par les rois d'Assyrie et de Chaldée, il y eut toujours, surtout dans l'Orient, une infinité de Juifs dispersés, et de toutes les tribus : c'est ce qu'on appelait *la dispersion*. Par exemple, Néhémie prie le Seigneur de rassembler la dispersion de son peuple (*a*) : *Congrega dispersionem nostram*. Et les Juifs disaient de Jésus-Christ, qui menaçait de les quitter (*b*) : *Ira-t-il dans la dispersion des Gentils ?* On peut voir les articles de Captivité et de Transmigration.

DISSOLUTION, *dissoudre*, *dissolutio*, *dissolvo*. Ces termes latins se prennent diversement. Saint Paul désire d'être dégagé des liens du corps (*c*) : *Cupio dissolvi, et esse cum Christo*. Les paralytiques et ceux qui sont saisis d'une grande frayeur, sont sans force et sans résistance ; ils ne peuvent se soutenir, leurs nerfs sont relâchés (*d*) : *Dissolutus est paralysi*. Et Ezéchiel (*e*) : *Omnes manus dissolventur*. Et encore : *Dissolvisti omnes renes eorum*. Et Eccli. XXV, 32. *Manus debiles et genua dissoluta*. Et Josué, v. 1 : *Dissolutum est cor eorum*, leur cœur est tombé dans l'abattement. Isaïe (*f*) met *dissolutio* comme synonyme de *angustia*. Et Nahum parle de la dissolution, et l'abattement des genoux (*g*) : *dissolutio geniculorum*. Dans les Proverbes (*h*), *mollis et dissolutus* marque un homme qui est mou et lâche dans son travail. Et ailleurs, XIX, 15 : *Anima dissoluta esuriet*, l'âme lâche et paresseuse languira de faim.

Dissolvere templum Dei, ou *Dissolvere opus*, dans le Nouveau Testament, signifie le ruiner, le détruire.

DIVINATION. Les Orientaux, et surtout les Israélites (1), ont toujours été fort attachés à la divination, à la magie, aux arts curieux d'interpréter les songes, et de chercher à connaître l'avenir par des voies illicites : c'est une suite de leur génie timide et superstitieux. Lorsque Moïse publia la loi du Seigneur, ce mal était déjà très-commun dans l'Egypte et dans les pays voisins ; et pour guérir les Israélites du penchant qu'ils avaient à consulter les devins, les diseurs de bonne aventure, les augures, les interprètes des songes, etc., il leur promit que l'esprit de prophétie ne sortirait point du milieu d'eux, et leur défendit, sous de très-grièves peines, de consulter les devins, les astrologues et les autres personnes de cette espèce (*i*). Il ordonna de lapider ceux qui se vantaient d'avoir l'esprit de Python ou de divination (*j*). *Lorsque vous serez entrés dans le pays que le Seigneur vous donnera, prenez bien garde de ne pas imiter les abominations de ces peuples, et qu'il ne se trouve personne parmi vous qui purifie son fils et sa fille, en les faisant passer par le feu, ou qui consulte les devins, qui observe les songes ou les augures, ou qui use de maléfices, de sortiléges, d'enchantements, ou qui consulte ceux qui ont l'esprit de Python, qui se mêlent de deviner, ou qui consultent les morts.... Dieu vous suscitera un prophète comme moi, de votre nation et d'entre vos frères ; ce sera lui que vous consulterez.* Les écrits des prophètes du Seigneur sont pleins d'invectives contre les Israélites qui consultaient les devins, et contre les faux prophètes qui se vantaient de prédire l'avenir, et séduisaient ainsi les peuples.

Il y avait plusieurs sortes de *divinations* : on devinait par l'eau, par le feu, par la terre, par l'air, par le vol des oiseaux, par leur chant, par les sorts, par les songes, par la baguette. Nous avons parlé de la divination par l'eau, dans l'article de Coupe de Joseph. On peut rapporter à la *divination par le feu*, ou *Pyromancie*, les observations des foudres, des éclairs, des météores, comme aussi les opérations des mages autour du feu qu'ils entretenaient dans leurs enclos ou temples, nommés *Pyrathein*. Ils y entrent tous les jours, dit Strabon (*k*), et y demeurent pendant une heure, faisant des enchantements, ayant en main un faisceau de petites verges, et portant des bonnets ou tiares velues, et si grandes, qu'elles leur descendent jusqu'aux lèvres.

La *divination par la terre*, ou *Géomancie*, est commune parmi les Perses. Ils en attribuent l'invention à *Edris*, qui est le même que le patriarche Enoch, ou au prophète Daniel. Elle consiste à marquer plusieurs points sur un sable préparé, qu'ils appellent *Raml* (*l*) ; ces points, disposés en un certain nombre sur plusieurs lignes inégales, se décrivent aussi avec la plume sur le papier : celui qui se mêle de deviner, par le moyen de cet art s'appelle *Rummal*. Il tire des connaissances prétendues de l'avenir, de la combinaison de ces points et de ces lignes. Cela seul montre assez la vanité de cette sorte de divination.

La *divination par la baguette* est connue par Ezéchiel, XXI, 22. On peut voir ce que nous en avons dit, dans le *Dictionnaire de la Bible*, sous l'article Batons. Strabon, l. XV, parle des baguettes ou des verges que tenaient en main les mages, dans leurs cérémonies religieuses, autour de leur feu prétendu sacré.

(*a*) II Mac. vii, 26, 27.
(*b*) Joan. vii, 35.
(*c*) Philip. i, 23.
(*d*) I Mac. ix, 55.
(*e*) Ezech. vii, 17 et xxix, 7.
(*f*) Isai. viii, 22.
(*g*) Nahum. ii, 11, 10.
(*h*) Proverb. xviii, 9

(*i*) Levit. xx, 27
(*j*) Deut. xviii, 9, 11, 12, etc.
(*k*) Strabo l. XV.
(*l*) Biblioth. Orient., p. 709.
(1) On pourrait appeler de ce jugement et prouver que les Israélites étaient, au contraire, généralement, quant à la divination, etc., moins superstitieux que les autres peuples.

La *Divination par le vol*, par le chant, par le manger des oiseaux, est assez connue; je ne sais toutefois si elle était en usage parmi les Hébreux. *Voyez* ci-devant l'article AUGURE.

Il paraît qu'on tirait autrefois des augures par les serpents. Le terme hébreu (a) *nachasch*, qui se prend souvent pour augurer, tirer des augures, signifie aussi un *serpent*. Bochart (b) a recueilli quelques exemples de divination par le moyen des serpents. Les Egyptiens avaient des serpents qu'ils appelaient de *bons démons* (c) ou de bons génies : *Ægyptios dracunculos Roma habuit*, *quos illi agatho-dæmones vocant*. Rien n'est plus commun que de voir le serpent dans les *Abraxas*, qui, comme l'on sait, étaient des talismans, des figures magiques. —[*Voyez* FLÈCHES.]

DIVISER se prend pour couper, mettre en pièces, couper en deux. Le supplice de scier et de couper par le milieu du corps est assez commun dans l'antiquité. Nous en avons parlé dans l'article des SUPPLICES. Saint Matthieu y fait allusion dans ce passage (d) : *Dividet eum, partemque ejus ponet cum Hypocritis*. Et Daniel, XIII, 15 : *Angelus Dei scindet te medium. Voyez* aussi II *Reg.* XII. 31 : *Divisitque cultris*, et II Mac. I. 16 : *Diviserunt membratim*. Les autres significations de *divido* sont connues.

DIUM, ville attribuée à la Cœlé-Syrie par Ptolémée, et mise au soixante-septième degré et demi de latitude, et au trente-unième et demi de longitude. Pline la place au voisinage de Pella (e), au delà du Jourdain, et la compte parmi les villes de la Décapole. Les anciennes notices des empereurs la joignent à l'Arabie. Josèphe dit que Pompée la rendit à ses anciens habitants (f). Etienne le géographe dit qu'Alexandre la bâtit (Δῖον... πόλις κοίλης Συρίας, κτίσμα Ἀλεξάνδρου).

DIVORCE, ou RÉPUDIATION. Moïse avait toléré le divorce pour de justes causes. Voici ses paroles (g) : *Si un homme épouse une femme, et qu'après cela elle ne trouve pas grâce à ses yeux, à cause de quelque chose de honteux, il lui* (1) *écrira une lettre de divorce, la lui mettra en main, et la renverra hors de sa maison. Que si après être sortie de chez son premier mari, elle en épouse un autre* (2), *et que celui-ci la renvoie encore, et qu'il lui donne un écrit de répudiation, ou même s'il vient à mourir, son premier mari ne la pourra reprendre pour femme, parce qu'elle est souillée et abominable aux yeux du Seigneur* (3). Les commentateurs sont fort partagés sur le sens de ces paroles, *pour quelque chose de honteux*, ou, suivant l'hébreu, *pour une chose de nudité* (ערות דבר ; LXX : Αἰσχρὸν χρῆμα) (4).

L'école de Sammaïas (h), qui vivait peu de temps avant Jésus-Christ, enseignait que pour pouvoir légitimement répudier sa femme il fallait que l'homme eût trouvé dans elle quelque action réellement honteuse, et contraire à l'honnêteté. Mais l'école d'Hillel, disciple de Sammaïas, enseignait, au contraire, que les moindres raisons suffisaient pour autoriser un homme à répudier sa femme : par exemple, qu'il pouvait faire divorce avec elle, si elle lui faisait une mauvaise cuisine, ou qu'il trouvât une autre femme qui fût plus de son goût. Il traduisait ainsi le texte de Moïse : *S'il a trouvé en elle quelque chose, ou une chose honteuse* (5). Akiba, autre fameux rabbin, fut encore plus indulgent que Hillel, puisqu'il disait que, pour pouvoir répudier une femme, il suffisait qu'elle n'agréât point à son mari. Il expliquait ainsi le texte de Moïse : *Si elle ne trouve pas grâce à ses yeux* ; première raison ; et 2° s'il trouve en elle quelque chose de honteux. Josèphe (i) et Philon (j) marquent assez que de leur temps les Juifs se croyaient le divorce permis pour les causes les plus légères. Les Hébreux d'aujourd'hui sont dans les mêmes principes. Quand une femme, dit Léon de Modène (k), ne donnerait à son mari aucun

---

(a) נחש Serpents. Item, *augurari, conjecture*.
(b) Bochart. *Hierozoic.* l. I, c III, part. 1.
(c) Lamprid. in Elagabalo.
(d) *Matth.* xxiv, 51.
(e) *Plin.* l. V, c. XVII.
(f) Joseph. *Antiq.* l. XIV, c. VIII.
(g) *Deut.* xxiv, 1, 2, 3, etc.
(h) Vide Selden., *Uxor. Hebraica*, l. III, c. XVIII, *et* X.
(i) Joseph. *Antiq.* l. IV, c. VIII, *et lib. de Vita sua ad finem*.
(j) Philo de *special. Legib. præcept.* 6 et 7.
(k) Leo Mutin. *ceremon. Jud.* parte 4, c. VI.

(1) Ce pronom *lui*, לה, ne signifie pas *à elle*, mais *pour elle, à l'intention de cette femme*. Il faut que la lettre de divorce soit entièrement écrite dans l'intention de servir pour le divorce de telle femme et de tel homme....... M. Drach, *Du divorce dans la synagogue*, pag. 18. Rome, 1840.

(2) Le texte ne dit pas simplement : *Que si étant sortie de sa maison, elle est devenue l'épouse d'un autre homme* ; mais il ajoute après la première proposition ce mot ; והלכת, *et elle est allée, s'en est allée, s'est retirée* (de la maison de son mari), pour annoncer qu'en sortant de cette manière de la maison de son mari, elle sort tout à fait de la dépendance de celui-ci, et devient entièrement libre de sa personne. *Idem, ibid.*, p. 20.

(3) *Son premier mari...... ne pourra plus la reprendre pour être sa femme après qu'elle a été souillée ; car c'est une abomination devant Jehova*. Il est clair que la femme divorcée (le plus souvent *malgré elle...*) qui s'est remariée, n'est appelée ici *souillée* qu'à l'égard de son premier ou précédent mari, et ce serait une *abomination devant le Seigneur*, s'il la reprenait sortant des bras d'un autre, ce qui serait un moyen de prêter sa femme, et de la reprendre au bout d'un certain temps. *Idem., ibid.*, pag. 19.

(4) M. Drach traduit : *Car il a découvert en elle quelque chose de déshonnête*, et dit en note : « La traduction française de David Martin, adoptée par la société biblique, porte ici « quelque chose de *malhonnête*. » La *déshonnêteté* et la *malhonnêteté* sont deux choses tout à fait différentes. » *Ibid.* p. 15.

(5) Le texte de la loi du Deutéronome XXIV, qui accorde la faculté de divorcer porte : *Parce qu'il a trouvé en elle* ce que l'Hébreu nomme *hervat dabar* ערות דבר. Ces deux mots, dont le premier est à *l'état construit*, comme disent les grammairiens, ce qui les unit, pour le sens, autant que dans d'autres langues deux mots dont le second est au génitif, signifient à la lettre *fœditatem rei*, la déshonnêteté d'une chose, ce qui veut dire *rem fœdam*, ou, comme traduit fort bien la Vulgate, *aliquam fœditatem*, quelque chose de déshonnêté. Mais Hillel, pour appuyer sur le texte de la loi écrite sa doctrine si relâchée, sépare ces deux mots contre toutes les règles de la langue, et les explique ainsi : « Si le mari a trouvé, remarqué, en elle une *faute de déshonnêteté*, ערוה, ou quelqu'autre chose, דבר, il est autorisé à la répudier. » Voyez Talmud, traité Ghittin, mischna dernière, et la discussion de la Ghemara, fol. 90 recto. *Idem., ibid.*, p. 71.

sujet de plainte, il pourrait la répudier, pour peu qu'il en fût dégoûté.

Mais Notre-Seigneur Jésus-Christ a limité la permission de répudier au seul cas d'adultère. *Il a été dit aux anciens*, dit-il (a) : *Si quelqu'un répudie sa femme, qu'il lui donne des lettres de divorce. Et moi je vous dis que quiconque répudie sa femme, hors le cas de la fornication, l'expose au crime d'adultère; et celui qui épouse une femme répudiée commet lui-même un adultère.* Paroles qui ont été interprétées de plusieurs manières différentes. Quelques-uns, sous le nom d'*adultère* ou de *fornication*, ont entendu toutes sortes de grands crimes, comme l'idolâtrie, l'infidélité, etc., qui sont quelquefois désignées dans l'Écriture sous le nom de *fornication*. Les autres l'ont déterminé au seul crime d'adultère réel et d'infidélité.

Origène (b) croit que le Fils de Dieu a marqué la fornication, non comme le seul cas où le divorce est permis, mais comme un exemple des autres crimes où il peut user de ce pouvoir. Mais presque tous les autres Pères et les interprètes ont pris les paroles de Jésus-Christ dans leur sens strict et rigoureux, et la pratique de l'Église, qui est la véritable interprète de la Loi, a toujours été conforme à ce dernier sentiment. Quant au crime d'infidélité, voici comme saint Paul (c) s'en explique : Pour ce qui est de ceux qui se convertissent au christianisme, ce n'est pas le Seigneur, mais c'est moi qui leur dis, que si un homme fidèle a une femme infidèle, et qu'elle consente de demeurer avec lui, qu'il ne se sépare point d'avec elle. Et de même, si une femme fidèle a un époux infidèle, et qu'il consente de demeurer avec elle, qu'elle ne se sépare point d'avec lui. Que si l'infidèle se retire, qu'il se retire; car le frère ou la sœur fidèles ne sont point assujettis à la servitude dans cette occasion.

Une autre difficulté que l'on forme au sujet du divorce consiste à savoir s'il est permis aux personnes répudiées et séparées par le divorce de se remarier en toute liberté. La loi de Moïse ne défendait pas aux parties séparées de se remarier (1), et les lois des premiers empereurs chrétiens le permettaient expressément. Tertullien (d) croit que le lien du mariage est dissous par l'adultère, et que la femme répudiée peut épouser un autre homme. Origène (e) dit que de son temps, quelques évêques accordaient la même permission à ceux qui leur étaient soumis. On cite plusieurs conciles, surtout des Églises de France (f), qui supposent ou qui autorisent le même usage.

Mais si ces choses se sont quelquefois pratiquées, elles ont presque toujours été condamnées. Le concile d'Elvire (g) reconnaît cet abus; il le désapprouve et le condamne. Les canons attribués aux apôtres (h) défendent expressément à celui qui a répudié sa femme d'en épouser une autre du vivant de la première. Les papes Sirice, Innocent I, Léon, Étienne et Zacharie dans leurs épîtres décrétales, proscrivent hautement ces mariages, et les traitent d'adultères. Enfin l'Église latine a toujours enseigné que le lien du mariage subsiste malgré le divorce le plus légitime; et le concile de Trente (i) a prononcé anathème contre tous ceux qui oseraient dire que *l'Église erre, lorsqu'elle enseigne que le lien du mariage n'est pas dissous par l'adultère de l'une ou de l'autre partie; et même que celle qui est innocente est obligée de garder le célibat durant la vie de l'autre partie; et que celui ou celle qui se marie après le divorce commet un adultère.* On peut voir notre Dissertation sur le divorce, à la tête du Commentaire sur le Deutéronome.

Il y a toute sorte d'apparence que le divorce était en usage parmi les Hébreux avant la loi, puisque le Fils de Dieu dit (j), que ce n'est qu'à cause de la dureté de leur cœur que Moïse leur a permis le divorce; c'est-à-dire, parce qu'ils étaient accoutumés à cet abus, et pour empêcher ou prévenir de plus grands maux. En effet, nous voyons qu'Abraham répudia Agar, à cause de son insolence, et à la prière de Sara. Onkélos, et le paraphraste jérosolymitain, et plusieurs rabbins croient que la cause du murmure d'Aaron et de Marie contre Moïse (k) était fondée sur ce que Moïse avait répudié Séphora, selon les uns, ou, selon d'autres, Tharbis, fille du roi d'Éthiopie. D'autres croient que leur murmure venait, non de ce qu'il avait répudiée, mais de ce qu'il l'avait reprise après avoir fait divorce avec elle. Mais la vérité est qu'il l'avait simplement renvoyée chez Jéthro, son beau-père, pour un temps, et sans dessein de s'en séparer pour toujours.

Nous ne trouvons aucun exemple de divorce dans tous les livres de l'Ancien Testament écrits depuis Moïse (2). Les Juifs eux-

---

(a) *Matth.* v, 32.
(b) *Origen. homil.* 7, *in Matt.*
(c) I *Cor.* vii, 11, 12.
(d) *Tertull. l.* IV contra *Mar.*, et lib. de *Monogamia*, etc.
(e) *Origen. homil.* 7, *in Matt.*
(f) *Concil. Arelat.* 1, can. 10. *Concil. Aurel. an.* 2. c 11. *Vermer.* c. 5, 6, 11, 17, 20. *Compendiens.* c. 16. *Synod. Hybern. S. Patricii. an.* 514. c. 16.
(g) *Concil. Eliberit.* c. 8, 9.
(h) *Canon. Apost.* 48.
(i) *Concil. Trident. sess.* 24, *can.* 7
(j) *Matth.* xix, 8. *Marc.* x, 5.
(k) *Num.* xii, 1.
(1) M. Drach (*libro citato*, pag. 25) conclut en ces termes son examen de la loi sur le divorce : « Il s'agissait de prouver, contre de graves auteurs, que la loi rendait la femme divorcée entièrement indépendante de son premier mari et lui laissait toute liberté de se remarier sans avoir besoin de s'y faire autoriser par qui que ce fût. »

(2) M. Drach (*ibid.*) entreprend d'établir que, d'après les traditions hébraïques les plus anciennes et les plus authentiques, la synagogue admettait, dans les siècles bien antérieurs à Jésus-Christ, 1° que dans le commencement le mariage a été institué comme une *alliance indissoluble*; 2° que Moïse, cédant à une nécessité du moment, accorde temporairement la permission de renvoyer sa femme; 3° que Jéhova, qui unit lui-même les époux, éprouve du déplaisir de leur séparation, et qu'il ne veut pas que son saint nom s'associe au divorce; 4° que celui qui profite de la condescendance involontaire de Moïse devient odieux au Seigneur; 5° que les prêtres, à cause de la sainteté de leur état, ne pouvaient pas épouser une femme répudiée, bien qu'ils pussent prendre une veuve. (S).

mêmes écrivent que l'on ne permit pas à David de répudier aucune de ses femmes pour épouser Abisag; et qu'il fut contraint de la prendre à titre de concubine, ou de femme du second rang, parce qu'il avait déjà le nombre de dix-huit femmes permis par les coutumes. Le même prince garda jusqu'à la mort toutes les femmes qu'Absalom, son fils, avait publiquement déshonorées. Il ne les répudia pas, il se contenta de les enfermer jusqu'à leur mort. Il est pourtant certain qu'ils n'usaient que trop souvent de l'indulgence que leur permettait la Loi, et qu'ils faisaient trop légèrement divorce avec leurs femmes. Le beau-père de Samson jugea que ce gendre avait répudié sa fille, puisqu'il la donna à un autre (a). La jeune femme du lévite qui fut déshonorée à Gabaa, avait abandonné son mari, et ne serait jamais retournée avec lui, s'il ne fût allé la rechercher (b). Salomon parle d'une femme déréglée qui a abandonné son mari, le directeur de sa jeunesse, et qui a oublié le parti de son Dieu (c). Le prophète Malachie (d) loue Abraham de n'avoir pas répudié Sara quoiqu'elle fût stérile; et invective contre les Juifs, qui avaient abandonné et méprisé *la femme de leur jeunesse;* et Michée leur reproche (e) d'avoir chassé *leurs femmes des maisons de leurs délices, et d'avoir ôté les louanges de Dieu de la bouche de leurs enfants.* Esdras et Néhémie obligèrent grand nombre de Juifs de répudier les femmes étrangères qu'ils avaient épousées contre la disposition de la Loi (f); et Salomon déclare que celui *qui répudie une honnête femme, se prive d'un bien; et que celui qui retient une femme adultère est un fou et un insensé* (g). Tout cela prouve que les divorces n'étaient pas si rares en ce temps-là.

Josèphe l'historien (h) a cru que les lois de Moïse ne permettaient pas aux femmes de faire divorce avec leurs maris, et qu'elles défendaient à celles qui les auraient quittés, d'en épouser d'autres, sans avoir auparavant reçu du premier des lettres de divorce. Cet auteur croit que Salomé, sœur du grand Hérode, est la première (1) qui se soit donné la liberté de répudier son mari. Hérodias, dont parle l'Evangile (i), avait aussi répudié Philippe, son mari, comme on l'infère du récit de Josèphe (j). Cet auteur raconte que sa propre femme le quitta peu de temps après qu'il eut été affranchi par l'empereur Vespasien (k). Les trois sœurs du jeune Agrippa, qui fut premièrement roi de Chalcide, et ensuite de la Trachonite et de la Batanée, usèrent du droit de faire divorce avec leurs maris. Bérénice l'aînée répudia Polémon, roi de Pont, quelque temps après l'avoir épousé. Mariamne, sa sœur, quitta Archélaüs son premier mari, pour épouser Démétrius, alabarque des Juifs d'Alexandrie. Enfin Drusille, la troisième, quitta Aziz, roi d'Emèse (l), pour épouser Félix, gouverneur de Judée (2).

On a douté dans l'Eglise chrétienne s'il est permis aux femmes, comme aux hommes, de répudier leurs maris adultères. Saint Basile, (m) dans sa Lettre canonique à Amphiloque, reconnaît qu'on observe religieusement la loi qui permet le divorce des hommes envers leurs femmes adultères, mais que l'usage veut que les femmes demeurent avec leurs maris, quoique coupables du même désordre. Les Grecs, qui ont expliqué les Canons des apôtres (n), prétendent que cet usage a toujours été observé parmi eux, qu'une femme ne peut pas quitter son mari pour cause d'adultère. On a vu ci-devant que Josèphe l'historien ne croyait pas que la loi de Moïse permît aux femmes de quitter leurs maris. En conséquence de ces principes, quelques anciens chrétiens (o) ont permis à l'homme qui avait répudié sa femme, d'en épouser une autre; mais ils

(a) Judic. xv, 2.
(b) Judic. xix, 2, 3.
(c) Proverb. xi, 16, 17.
(d) Malach. xi, 15.
(e) Michée xi, 9.
(f) I Esdr. xi, et II Esdr. xiii, 23, 24... 26, 30.
(g) Proverb. xviii, 12.
(h) Joseph. Antiq. l. XV, c. xi.
(i) Matth. xiv, 3. Marc. vi, 17.
(j) Joseph. Antiq. lib XVIII, c. vii
(k) Joseph. lib. de Vita sua.
(l) Idem Antiq. l. XX, c. xv.
(m) Basilii ep. ad Amphiloc. c. ix.
(n) In Canonem 8 Apostolorum.
(o) Voyez saint Basile à Amphiloque, c. ix. Ambrosiaster. in I Cor. vii, 10, 11. Concil. Eliberit. c. ix.

(1) Josèphe ne dit pas que Salomé soit la première Juive qui ait répudié son mari; ceux qui le disent en s'autorisant de cet historien, avancent une chose fausse, suivant M. Drach, et ne comprennent pas son texte. « Il suffit, dit-il, de jeter un regard sur le texte grec de Josèphe pour se convaincre que dans cette circonstance Salomé s'autorisa de la coutume abusive qui avait prévalu sur la principale disposition de la loi du Deutéronome. » Voyez *du Divorce dans la synagogue,* par M. Drach, pag. 90; Rome, 1840.

(2) « Comme c'était généralement reçu alors que la femme pouvait *renvoyer* son mari, Josèphe n'accompagne d'aucun blâme ces trois répudiations; mais il fait tomber toute son indignation sur l'union de Drusille avec un homme étranger à sa religion: *Elle s'était laissé entraîner,* dit-il, *à violer en ce point la disposition de la loi de son pays:* παραβᾶσα τὰ πάτρια νόμιμα ἐτίθετο καὶ τῷ φίλιπ᾽ γημασθαι (Antiq. lib.

XX, c. vi, n, 2; ce qui ne veut pas dire comme l'a traduit Arnaud d'Andilly: Elle ne craignit point d'abandonner pour ce sujet sa religion).

» Hélas! le pauvre Josèphe éprouva lui-même les conséquences désagréables de la *coutume qui avait prévalu, le* νόμου ἐπ᾽ ἐξουσία. Il avait épousé, par ordre de Vespasien, une jolie captive juive de Césarée. La volage « ne resta pas longtemps auprès de moi, dit-il; elle me quitta *après avoir rompu notre union.* » Il s'en consola en épousant une autre femme à Alexandrie, la même qu'à son tour il renvoya si lestement...

» On trouve même une répudiation de cette espèce de la part d'une chrétienne dans le premier siècle de l'Eglise. Il est vrai que saint Paul, I Cor. vii, 10, 13, répète après son divin Maître et le nôtre: « Præcipio, non ego sed Do-
» minus, uxorem a viro non discedere. Et si qua mulier fide-
» lis habet virum infidelem, et hic consentit habitare cum
» illa, NON DIMITTAT VIRUM. » Mais ce précepte est subordonné à une condition: il faut que la partie infidèle consente à demeurer avec la partie fidèle, *pacifice et sine contumelia fidei christianæ,* pour me servir des expressions de Lyran.

» De la cette proposition de la théologie catholique (Perrone, *De Matrimonio,* c. ii, prop. 2): *Matrimonium ab infidelibus legitime contractum dissolvi potest quoad vinculum, si alterutro conjuge ad fidem converso, nolit alter cum eo pacifice vivere, vel non consentiat habitare sine contumelia Creatoris.* » M. Drach, *lib. citat.,* pag. 93-97, qui cite aussi Liebermann, *Institutiones theologicæ,* edit. de Mayence, 1836, tom. V, pag. 403, et M. Carrière, *De Matrimonio,* tom. I, pag. 183. *Voyez* THÈCLE (Sainte).

n'ont pas accordé la même liberté à la femme.

Mais d'autres (a) accordent la même liberté à l'homme et à la femme de faire divorce, et même de passer à un second mariage. Saint Justin le martyr parle d'une femme chrétienne qui envoya des lettres de divorce à son mari qui vivait dans le déréglement. Saint Jérôme parle de Fabiole, dame romaine, qui quitta son mari à cause de ses désordres. Les Grecs encore aujourd'hui sont dans l'usage de faire divorce dans le cas marqué dans l'Evangile (b), et même de se marier après cela comme si par l'adultère le lien du mariage était dissous; et les Pères du concile de Trente (c) sur les remontrances des Vénitiens, qui avaient dans leurs états plusieurs Grecs qui suivaient cet usage, eurent la condescendance de dresser leur canon d'une manière qui, sans approuver ces sortes de mariages, sauve la doctrine de l'Eglise latine, qui est dans un usage contraire : *Anathème à tous ceux qui osent dire que l'Eglise erre, lorsqu'elle enseigne, selon la doctrine de l'Evangile et des apôtres, que le lien du mariage n'est pas dissous par l'adultère de l'une ou de l'autre partie, et que l'une et l'autre des parties, même celle qui est innocente, est obligée de demeurer dans le célibat, durant la vie de l'autre partie, et que celui ou celle qui se marie après le divorce, commet un adultère.*

Le Sage semble faire un précepte de la répudiation dans le cas d'adultère, lorsqu'il dit (d) : *Celui qui demeure avec une femme adultère*, c'est-à-dire, qui ne fait pas divorce avec elle, *est un fou et un insensé*. Le concile de Néocésarée (e) ordonne à un prêtre de répudier sa femme, si elle est tombée dans l'adultère après l'ordination de son mari. Saint Augustin (f) semble avoir pris le même passage des Proverbes, comme contenant un précepte. Saint Jérôme s'explique à peu près dans le même sens, écrivant sur saint Matthieu. Mais saint Paul, en conseillant à la femme de se réconcilier à son mari (g), montre assez quelle a été l'intention du Sauveur, et la plupart des Pères ont toujours dissuadé le divorce, et conseillé la réconciliation.

Parmi les Juifs le divorce est devenu beaucoup plus rare, depuis qu'ils se sont trouvés dispersés parmi les nations, qui ne permettent pas la dissolution du mariage pour des causes légères (h) : toutefois on ne laisse pas de voir encore aujourd'hui quelque divorce parmi les Juifs et leurs femmes. Un mari jaloux défend d'abord à sa femme de voir celui qui lui fait ombrage; que si après cela le bruit court qu'elle continue de voir son galant, et qu'on les trouve ensemble, surtout en flagrant délit, alors les rabbins lui ordonnent de la répudier pour toujours, quand même il ne voudrait pas ; cependant il est libre à cette femme de se remarier à qui elle juge à propos, pourvu que ce ne soit pas à celui qui a donné lieu à la répudiation.

Une jeune fille au-dessous de dix ans, soit qu'elle ait son père, ou non, après avoir épousé un mari, si ce mari ne lui agrée point, elle peut se démarier, jusqu'à ce qu'elle ait douze ans et un jour, qui est le temps auquel elle a la qualité de femme. Il lui suffit de dire qu'elle ne veut point un tel pour son mari, dont elle prend deux témoins, qui mettent par écrit sa déclaration ; après quoi elle peut se marier à qui elle juge à propos.

Pour empêcher que les hommes Juifs n'abusent de la liberté qu'ils ont de faire divorce, les rabbins ont ordonné plusieurs formalités, qui consomment bien du temps, et donnent le loisir aux mariés de se réconcilier et de bien vivre ensemble. Quand l'accommodement est désespéré, une femme, un sourd, ou un notaire dresse la lettre de divorce. Il l'écrit en présence d'un ou de plusieurs rabbins ; elle doit être écrite sur un vélin réglé, qui ne contienne que douze lignes en lettres carrées, en observant une infinité de petites minuties, tant dans les caractères que dans la manière d'écrire et dans les noms et surnoms du mari et de la femme. De plus, l'écrivain, les rabbins et les témoins ne doivent être parents, ni du mari, ni de la femme, ni entre eux.

Voici la substance de cette lettre, qu'ils appellent *Gheth*; *Un tel jour, mois, an et lieu, moi N. je vous répudie volontairement, je vous éloigne, je vous rends libre, vous N. qui avez été ci-devant ma femme, et je vous permets de vous marier à qui bon vous semblera*. La lettre écrite, le rabbin interroge avec subtilité le mari, pour savoir s'il est porté volontairement à faire ce qu'il a fait. On tâche qu'il y ait au moins dix personnes présentes à l'action, sans compter les deux témoins qui signent et deux autres témoins de la date : après quoi le rabbin commande à la femme d'ouvrir les mains, et de les approcher l'une de l'autre pour recevoir cet acte, de peur qu'il ne tombe à terre ; et après l'avoir interrogée tout de nouveau, il lui donne le parchemin, et lui dit : *Voilà ta répudiation, je t'éloigne de moi, et te laisse en liberté d'épouser qui tu voudras.* La femme le prend et le rend au rabbin, qui le lit encore une fois, après quoi elle est libre. On omet quantité de petites circonstances, qui n'ont été inventées que pour rendre cette action plus difficile. Ensuite le rabbin avertit la femme de ne se point marier de trois mois, de peur qu'elle ne soit enceinte. Depuis ce temps l'homme et la femme ne peuvent plus demeurer seuls en aucun endroit, et chacun d'eux peut se remarier. — [*Voyez*, sur la question du divorce dans l'ancienne et dans

---

(a) *Constit. Apostol. l.* III, c. 1. *Epiphan. hæres.* 59. *Origen. in Matth.* xix, 8. *Pollent apud. Aug. l.* 1 *de Adulterin. conjug.* c. vi.
(b) *Matth.* v, 32.
(c) *Concil. Trident. Can.* 6. *Vide Fravaolo, Hist. Concil. Trident. l.* VIII.
(d) *Proverb.* xviii, 22.
(e) *Concil. Neocæsar.* c. viii.
(f) *Aug. l.* I. *Retract.* c. xix.
(g) I *Cor.* vii, 10, 11.
(h) Léon de Modène, part. 4, c. iv et vi. *Voyez* Basnage, *Hist. des Juifs* l. VII, c. xxii, art. 20.

la moderne synagogue, l'ouvrage de M. Drach, que j'ai plusieurs fois cité.]

DIXIÈME, pris dans le sens d'une mesure; par exemple, *decimam similæ*, un dixième de pure farine, signifie un *gomor*, ou un *assaron*, la dixième partie de l'*épha*, ou du *bath*. Le nom de *decima* est formé sur l'hébreu *assaron*, qui vient d'*asar*, dix. Or l'assaron contient environ trois pintes, mesure de Paris.

DIXMES, ou DÉCIMES. Nous ne connaissons rien de plus ancien en fait de dîmes, que celles qu'Abraham donna à Melchisédech, roi de Salem (a) au retour de son expédition contre les quatre rois ligués avec Codorlahomor. Abraham lui donna la dîme de tout ce qu'il avait pris sur l'ennemi. Jacob imita la piété de son aïeul, en vouant au Seigneur (b) la dîme de tout ce qu'il pourrait acquérir dans la Mésopotamie. Sous la loi (c) Moïse veut *que toutes les décimes de la terre, soit des grains, soit des fruits des arbres, appartiennent au Seigneur. Que si quelqu'un veut racheter ses dîmes, il donnera un cinquième par-dessus leur valeur. Toutes les dîmes des bœufs, des brebis, des chèvres, et de ce qui se passe sous la verge du pasteur, seront offertes au Seigneur.*

Les pharisiens du temps de Jésus-Christ, pour se distinguer par une observation plus littérale de la Loi, ne se contentaient pas de payer la dîme des grains et des fruits de la campagne, qui sont compris sous le nom général de *proventus*, revenus; ils donnaient aussi la dîme des légumes de leurs jardins, que la loi n'exigeait point. Le Sauveur ne désapprouve pas leur exactitude (d); mais il se plaint de leur hypocrisie et de leur orgueil. On lit encore dans leur Thalmud (e), que tout ce qui se mange, qui se met en réserve, et qui vient de la terre, est sujet aux prémices et à la dîme.

La dîme se prenait sur tout ce qui restait après les offrandes et les prémices payées. L'on apportait les dîmes aux lévites dans la ville de Jérusalem, ainsi qu'il paraît par Josèphe (f) et par Tobie (g). Les lévites mettaient à part pour les prêtres la dixième partie de leurs dîmes; car les prêtres ne les recevaient pas immédiatement du peuple, et les lévites ne pouvaient pas toucher aux dîmes qu'ils avaient reçues, qu'ils n'eussent auparavant donné aux prêtres ce qui leur était assigné par la Loi.

Sur les neuf parts qui restaient aux propriétaires après la dîme payée aux lévites, on en prenait encore une dixième que l'on faisait transporter en espèce à Jérusalem; ou si le chemin était trop long, on y portait la valeur en argent, en y ajoutant un cinquième sur le tout, ainsi que l'enseignent les rabbins (h). Cette dîme était employée à faire dans le temple des festins qui avaient assez de rapport aux agapes des premiers chrétiens. C'est ainsi que les rabbins entendent ces paroles du Deutéronome (i) : *Vous mettrez à part la dixième partie de tous vos fruits, et vous la mangerez en la présence du Seigneur votre Dieu.* Et ces autres du même livre (j) : *Vous ne pourrez point manger dans vos villes la dîme de votre froment, de votre vin, et de votre huile, ni les premiers-nés de vos bestiaux, ni rien de ce que vous avez voué au Seigneur.... mais vous mangerez ces choses devant le Seigneur votre Dieu, dans le lieu qu'il aura choisi. Vous, vos enfants, vos serviteurs, et les lévites*, etc. Josèphe (k) parle aussi de ces festins que l'on faisait dans le temple, et dans la ville sainte.

Tobie (l) dit que tous les trois ans il payait exactement *la dîme aux prosélytes et aux étrangers*. C'est apparemment parce qu'il n'y avait ni prêtres, ni lévites dans la ville où il demeurait. Moïse parle de cette dernière espèce de dîme (m) : *La troisième année vous séparerez encore une autre dîme de tout le revenu de cette année-là, et vous la mettrez en réserve dans vos maisons ; et le lévite qui n'a point d'autre part dans la terre que vous possédez ; l'étranger, l'orphelin, et la veuve qui sont dans vos villes, viendront manger et se rassasier, afin que le Seigneur vous bénisse*, etc. Nous croyons que cette troisième dîme n'est différente de la seconde que nous venons de voir, qu'en ce que la troisième année on ne la portait pas au temple, mais qu'on la consumait sur les lieux, et chacun dans la ville de sa demeure. Ainsi il n'y avait, à proprement parler, que deux sortes de dîmes : celle qu'on donnait aux lévites et aux prêtres, et celle qui était employée en festins de charité, soit dans le temple, ou dans les villes du pays.

Samuel (n) parlant aux Israélites de ce que leur roi leur ferait payer, dit : *Il prendra la dîme de vos moissons, de vos vignes, et de vos troupeaux*. Nous ne voyons pourtant pas distinctement dans l'histoire des Juifs, qu'ils aient payé régulièrement la dîme à leurs princes. Mais la manière dont parle Samuel, insinue que c'était un droit commun parmi les rois d'Orient.

Aujourd'hui les Juifs ne payent plus la dîme, du moins ils ne s'y croient plus obligés (o), si ce n'est ceux qui sont établis dans le territoire de Jérusalem et de l'ancienne Judée; car il y a peu de Juifs aujourd'hui qui aient des terres en propre, ni des troupeaux; on donne seulement quelque chose pour le rachat des premiers-nés, à ceux qui ont quelques preuves qu'ils sont sortis de la race des prêtres, ou des lévites. On assure toutefois que ceux des Juifs qui veulent passer pour les plus religieux, donnent aux pauvres la dixième partie de tout leur revenu.

(a) *Genes.* XIV, 20
(b) *Genes.* XXVIII, 22.
(c) *Levit.* XXVII, 30, 31, 32.
(d) *Matth.* XXIII, 23. *Luc.* XI, 42.
(e) *Talmud. Seder Seraïm Massec.*
(f) *Joseph. Antiq. l.* IV, c. VIII.
(g) *Tob.* I, 6.
(h) *Vide Lyran. in Deut.* XXVI, 12.

(i) *Deut.* XIV, 22, 23.
(j) *Deut.* XII, 17, 18.
(k) *Joseph. Antiq. l.* IV, c. VIII.
(l) *Tob.* I, 6.
(m) *Deut.* XIV, 28, *et* XXVI, 12.
(n) I *Reg.* VIII, 15, 16.
(o) Léon de Modène, partie I, c. XII.

Les chrétiens payent aussi la dîme de leurs terres aux ministres du Seigneur ; mais ce n'est pas en vertu d'aucune loi que Jésus-Christ ou ses apôtres aient promulguée : le Sauveur n'a rien ordonné sur ce sujet ; seulement en envoyant ses apôtres prêcher dans les villes d'Israël (a), il leur défendit de porter ni bourse, ni provisions, mais d'entrer dans la maison de ceux qui voudraient les recevoir, de manger ce qu'on leur offrirait : Car, ajoute-t-il, tout ouvrier est digne de sa récompense et de son vivre. Et saint Paul veut que celui qui reçoit l'instruction, partage ses biens avec celui qui la lui donne (b) ; c'est là l'ordre naturel, il est juste que ceux qui servent à l'autel vivent de l'autel (c) : et qui a jamais fait la guerre à ses propres frais ?

Mais dans les commencements de l'Eglise, les ministres des autels ne vivaient que des aumônes et des oblations des fidèles. Dans la suite on donna des terres et des revenus fixes aux églises et aux ministres du Seigneur ; les fidèles même commencèrent d'assez bonne heure à leur donner une certaine portion de leurs biens, que l'on nomma dîme, à l'imitation de celle que l'on payait aux prêtres de l'ancienne alliance, quoique chacun ne donnât que ce que sa dévotion lui inspirait, sans aucune obligation marquée, ni pour la quantité, ni pour la qualité. Enfin les évêques, de concert avec les princes séculiers, en firent une loi, et obligèrent les chrétiens à donner aux ecclésiastiques la dîme de leur revenu et des fruits qu'ils recueillaient. Comme ces règlements ne se sont pas faits en même temps, ni d'une manière uniforme, on ne peut marquer au juste l'époque de l'établissement de la dîme ; mais elle est ancienne, et dès le sixième siècle on la payait déjà, quoique d'une manière non uniforme, ni sous une égale obligation partout. Origène (d) croit que les lois de Moïse touchant les dîmes et les prémices, ne sont pas abrogées par l'Evangile, et qu'on doit encore les garder sous la loi nouvelle. Fra Paolo, dans son Traité des Bénéfices, dit qu'avant le huitième et neuvième siècle, on n'avait point payé de dîmes en Orient et en Afrique ; mais ceux qui ont traité cette matière avec plus d'exactitude, ont fait voir qu'on avait payé les dîmes dès les premiers temps. Tout l'Orient étant à présent sous la domination des princes infidèles, l'usage de payer les dîmes n'y est plus connu.

Les peuples barbares, les Grecs et les Romains païens, par un sentiment de religion commun à toutes les nations, ont souvent offert leurs décimes à leurs dieux : les uns s'en sont fait une obligation permanente, les autres l'ont fait dans des cas singuliers, et par le mouvement d'une dévotion passagère. Les marchands arabes qui trafiquaient en enceus, n'en osaient vendre qu'ils n'en eussent payé la dîme (e) à leur dieu Sabis. Les Perses étaient fort religieux à offrir à leurs dieux la dîme des dépouilles qu'ils avaient prises sur l'ennemi (f). Les Scythes eux-mêmes envoyaient leurs décimes à Apollon (g). Les Carthaginois avaient coutume d'envoyer à Tyr, dont ils étaient une colonie, la dîme de tous leurs biens (h), et ils envoyèrent à Hercule de Tyr la dîme des dépouilles qu'ils avaient prises en Sicile (i). Le vaisseau qui apportait la dîme ordinaire des Carthaginois à Tyr, y arriva peu de temps avant qu'Alexandre en fît le siège (j). Pisistrate écrivant à Solon (k), pour l'engager à retourner à Athènes, lui dit que chacun y paye la dîme de ses biens pour offrir des sacrifices aux dieux. Les Pélasges qui s'étaient établis en Italie, reçurent commandement de l'Oracle d'envoyer leurs décimes à Apollon de Delphes (l). Plutarque fait mention en plus d'un endroit de la coutume des Romains d'offrir à Hercule la dîme de ce qu'ils avaient gagné sur l'ennemi.

DOBERAT. *Voyez*. DABERATH.

DOCH (1) autrement DAGON ; forteresse près de Jéricho. *Voyez* DAGON.

DOCTEURS JUIFS. *Voyez* RABBINS

DODAI. *Voyez* AHOH.

DODAIM, ou DUDAÏM. *Voyez* MANDRAGORE.

DODANIM, dernier fils de Javan. Plusieurs lisent dans l'Hébreu, *Rhodanim*, et croient qu'il peupla l'île de Rhodes. Nous avons tâché de montrer dans le Commentaire sur la Genèse, X, 4, que *Dodanim* est le père des *Dodoniens* habitants à Dodone et aux environs.

[Il est parlé deux fois du dernier fils de Javan, savoir, *Gen.* X, 4, et I *Par.* I, 7. Dans ces deux endroits la Vulgate lit *Dodanim*. Dans le premier l'hébreu porte ce même nom, mais dans le second, qui lui est parallèle, il a *Rodanim*. Le Pentateuque Samaritain porte *Rodanim*, et les Septante ont lu aussi *Rodanim*, à chaque endroit dans l'hébreu. Ceux qui, comme Dom Calmet, admettent la leçon de la Vulgate, croient que le *daleth* du nom *Dodaim* dans la Genèse a été changé en *resch*, dans le nom *Rodanim* des Paralipomènes. Il me semble que c'est le contraire qui a eu lieu ; c'est-à-dire, que les copistes ont changé en *daleth* le *resch* dans le mot *Rodanim* de la Genèse. Le texte Samaritain et la lecture des Septante s'accordent avec l'hébreu des Paralipomènes pour substituer leur Rodanim au Dodanim de la Vulgate. Par les *Rodanim*, les Septante ont entendu les *Rhodiens* ; je ne suis pas en mesure de m'expliquer sur la valeur de cette interprétation .]

DODAU, père du prophète Eliézer, dont il est parlé II *Par.* XX, 37.

DODO. *Voyez* AHOH.

(a) *Matth.* x, 10. *Luc.* x, 7, 8.
(b) *Galat.* vi, 6.
(c) I *Cor.* IX, 13.
(d) Origen. homil. xi, *in Numeros*.
(e) *Plin. l.* XII, c. XIV.
(f) *Xenophon. Cyropæd. l.* IV, 5, 7.
(g) I *Solin. c.* XXVII. *Mela l.* II, c. v.

(h) Diodor. l. XX.
(i) Justin. l. XVIII.
(j) Q. Curt. l. IV, c. II.
(k) Laert. l. I.
(l) Dionys. Halicarn.
(1) I *Mac.* XVI, 15.

DOEG, Iduméen (a), pasteur des mules de Saül, s'étant trouvé à Nobé, lorsque David y vint pour demander de la nourriture au grand-prêtre Achimelech, en donna avis à Saül, et fut cause que ce prince fit venir tous les prêtres qui étaient à Nobé, et les fit mettre à mort en sa présence, comme complices de la prétendue conspiration de David (b). Lorsque les prêtres, au nombre de quatre-vingt-cinq, furent devant le roi, et qu'il eut commandé à ses gens de les tuer, aucun n'osa porter les mains sur les prêtres du Seigneur. Mais Doeg, ayant reçu cet ordre, l'exécuta sans répugnance et sans scrupule. — [Doeg est le sujet du Psaume LI.]

DOIGT. Le *doigt de Dieu* marque sa puissance, son opération. Les magiciens de Pharaon (c) reconnurent le doigt de Dieu dans les miracles de Moïse. Ce législateur donna aux Hébreux la Loi écrite du doigt de Dieu. (d) Les cieux sont l'ouvrage du doigt de Dieu (e). Le Seigneur porte avec trois doigts la masse de la terre (f). Jésus-Christ dit qu'il chasse les démons par le doigt de Dieu (g) ; il insinue par là que le royaume des cieux est arrivé.

DOIGT, comme mesure, en hébreu *esbah* (h), contient un $\frac{64}{90}$ de pouce. Il y a quatre doigts dans la palme, et six palmes, ou paumes, dans la coudée ; la coudée est de presque vingt pouces et demi.

DOMITIEN. L'empereur Domitien, fils de Vespasien, et frère de Tite, le dernier des douze Césars, succéda à Tite son frère l'an de Jésus-Christ 81, le 13 septembre, et se décria par ses débauches et ses cruautés. Il persécuta l'Eglise, et fit, dit-on, mourir le pape saint Clet. L'apôtre saint Jean étant à Rome fut mis dans une cuve d'huile bouillante (i), près la porte Latine ; mais il n'en souffrit aucun mal : ensuite il fut relégué dans l'île de Pathmos, qui est une des Sporades dans l'Archipel. Dans la même persécution, Domitien, sachant qu'il y avait des chrétiens de la race de David, et parents de Jésus-Christ, craignit qu'ils ne fissent quelque entreprise contre l'état : c'étaient les petits-fils de Judas, frère de Jésus-Christ selon la chair (j) ; apparemment fils de Joseph, et d'une première femme. Ils furent amenés à Domitien par un soldat : l'empereur leur demanda s'ils étaient de la race de David ; ils le confessèrent. Il leur demanda combien de terre ils possédaient, et combien d'argent : ils répondirent qu'à eux deux ils avaient vaillant neuf mille deniers, et qu'ils n'avaient pas ce bien en argent, mais en terres contenant seulement trente-neuf plethres, qui font environ sept arpents et quatre perches de Paris ; qu'ils en payaient les tributs, et en subsistaient en les cultivant eux-mêmes : en même temps ils montrèrent leur mains pleines de calus, et leurs corps endurcis au travail.

L'empereur leur demanda ce que c'était que le royaume de Jésus-Christ, en quel lieu, et quand il devait régner. Ils répondirent que son royaume n'était ni terrestre, ni de ce monde, mais céleste et angélique ; qu'il paraîtrait à la fin du monde, quand il viendrait, dans sa majesté, pour juger les vivants et les morts. Domitien, les méprisant comme des personnes viles, les renvoya sans leur faire aucun mal ; il donna même un ordre pour faire cesser la persécution, du moins, en Judée. Ces deux confesseurs gouvernèrent depuis les églises, et vécurent jusqu'au temps de Trajan. Domitien mourut l'an 96 de Jésus-Christ, le 17 de septembre, la quinzième année de son règne.

DOMMIM. Voy. APHÈS-DOMMIM, et PHES-DOMMIM.

DONEC, particule latine, qui signifie ordinairement *jusqu'à ce que*, ou *tandis que*, et qui marque qu'une chose finit en un certain temps, et qu'elle ne dure que jusqu'à ce temps. Mais, dans l'Ecriture, *donec* ne se prend pas toujours de cette sorte. Souvent il signifie simplement ce qui s'est fait, ou ce qui se fera jusqu'alors, sans qu'on en puisse conclure qu'il ne se fera pas plus longtemps. Par exemple, saint Matthieu (k) dit que saint Joseph ne connaissait pas la sainte Vierge, jusqu'à ce qu'elle eut enfanté son premier-né. *Et non cognoscebat eam, donec peperit filium suum primogenitum.* On n'en peut pas conclure qu'il l'ait connue après la naissance du Sauveur. Tout de même saint Paul dit à Timothée (l) : *Vaquez à la lecture jusqu'à ce que je vienne.* Est-ce à dire qu'il n'y doit plus vaquer après l'arrivée de saint Paul ? Et le psalmiste, parlant de la personne du Père, dit au Messie (m) : *Asseyez-vous à ma droite, jusqu'à ce que je mette tous vos ennemis à vos pieds.* Est-ce à dire qu'alors Jésus-Christ cessera de régner, et d'être assis à la droite de son Père ? Voy. *Genes.*, XXVIII, 15, et I Reg. XV, 35 ; *Isa.*, XLVI, 4 ; *Matth.*, XII, 20, *et Psalm.* CXXII, 13.

DONNER, *Dare*. Ce verbe se prend pour mettre, établir, donner, accorder, permettre, rendre, livrer. Vous nous avez livrés, comme des brebis, à la boucherie (n) : *Dedisti nos tamquam oves escarum.* Vous m'avez livré mes ennemis (o) : *Inimicos meos dedisti mihi dorsum.* Vous avez mis la joie dans mon cœur (p) : *Dedisti lætitiam in corde meo.* Vous ne permettrez pas que votre saint voie la corruption (q) : *Non dabis sanctum tuum*

(a) I *Reg.* xxi, 7. Josèphe a lu dans le texte *Aram*, au lieu d'*Edomi.* Il a dit que Doëg était Araméen ou Syrien, au lieu d'Iduméen. Il a fait cette faute après les Septante.
(b) I *Reg.* xxii, 16, 17, 18.
(c) *Exod.* viii, 19.
(d) *Exod.* xxxi, 18.
(e) *Psalm.* viii, 4.
(f) *Isai.* xl, 12.
(g) *Luc.* xi, 20.
(h) אֶצְבַּע, *Digitus.*

(i) *Tertull. Præscrip. c.* xxxvi. *Heronym. de Scriptoribus.*
(j) *Hegesipp. apud Euseb. l.* III, *c.* xx, *Hist. Eccl.*
(k) *Matth.* i, 25.
(l) I *Timoth.* iv, 13.
(m) *Psalm.* cix, 1.
(n) *Psalm.* xliii, 12.
(o) *Psalm.* xvii, 41.
(p) *Psalm.* iv, 7.
(q) *Psalm.* xv, 10.

videre corruptionem. Vous rendrez votre serviteur un sujet de bénédictions (*a*) : *Dabis eum in benedictionibus dulcedinis.* Rendez-leur selon leurs œuvres (*b*) : *Da illis secundum opera eorum.* J'ai été mis en oubli comme un mort (*c*) : *Oblivioni datus sum.* Vous m'avez exposé à l'opprobre de l'insensé (*d*) : *Opprobrium insipienti dedisti me.* Il a fait entendre sa voix, son tonnerre (*e*) : *Dedit vocem suam.*

Il a abandonné leurs fruits à la nielle (*f*) : *Dedit ærugini fructus eorum.* Sonnez de la tymbale ou du tympanum (*g*) : *Date tympanum.* Il leur a fait trouver grâce et miséricorde devant leurs ennemis (*h*) : *Dedit eos in misericordiam,* etc. Que Dieu ne permette pas que vos pieds soient ébranlés (*i*) : *Non det in commotionem pedem tuum.* Il s'appliquera à l'étude de la Loi : *Cor suum dabit,* etc. Je leur donnerai des enfants pour princes (*j*) : *Dabo pueros principes eorum.* Je réduirai les cèdres en solitude (*k*) : *Dabo in solitudinem cedrum.* Je vous ai constitué pour faire alliance avec mon peuple (*l*) : *Dedi te in fœdus populi.* Ne cessez pas de publier ses louanges (*m*) : *Ne detis silentium ei.* Je graverai ma loi dans leur cœur (*n*) : *Dabo legem meam in visceribus eorum.*

DOR, ou DORA (1), capitale d'une contrée de la terre de Chanaan, nommée, dans l'hébreu, *Nephath-dor.* Josué la conquit, et en tua le roi (*o*). Il donna la ville de *Dor* à la demi-tribu de Manassé de deçà le Jourdain (*p*). Cette ville est située sur la Méditerranée, avec un assez mauvais port; elle est placée entre Césarée de Palestine et le mont Carmel, à neuf milles, ou trois lieues de Césarée. Elle est souvent attribuée à la Phénicie. Antiochus Sidétès y assiégea Tryphon, usurpateur du royaume de Syrie (*q*).

Quelques jeunes gens de la ville de Dor, ayant, de leur propre mouvement, et sans le consentement des magistrats (*r*), placé une statue de l'empereur dans la synagogue que les Juifs avaient dans cette ville, le roi Agrippa, en ayant été informé, alla aussitôt trouver Pétrone, gouverneur de la province, lui porta ses plaintes contre l'entreprise de ceux de Dor, présenta à Pétrone les ordonnances des empereurs, qui avaient accordé aux Juifs dans toute l'étendue de l'empire, non-seulement le libre exercice de leur religion et de leurs lois, mais aussi le droit de bourgeoisie, et le pria de réprimer l'insolence de ceux de Dor, et de les obliger d'ôter la statue de l'empereur du lieu où ils l'avaient mise. Pétrone écrivit sur cela une lettre très-forte aux magistrats de cette ville, leur ordonna de lui envoyer les auteurs de cette innovation, et de prendre garde qu'à l'avenir il n'arrivât rien de pareil; que l'on ne cherchât aux Juifs aucune occasion de querelle, et qu'on laissât à chacun la liberté d'adorer Dieu selon ses rites.

[La ville de *Dor*, qui occupait un rang distingué parmi les villes de Chanaan, n'est plus qu'un village nommé *Tantoura.* « On distingue encore, dit M. Poujoulat (2), sur une pointe de terre, les restes d'une forteresse ou d'une ville qui existait encore au temps des croisades, et que les chroniques du temps appellent *Mirla.*

» Le village de Tantoura est situé sur le bord de la mer; il y a là une espèce de port dans lequel on ne peut entrer sans danger. La côte n'offre aucun abri, aucun refuge aux navigateurs. Les peuples de ces rivages n'ont longtemps vécu que des dépouilles des naufragés, et tandis que les Arabes vagabonds attendaient le voyageur égaré dans le désert, ceux qui habitaient les côtes attendaient les navires battus par la tempête; ainsi vivaient naguère les Arabes de Tantoura, et ce n'est que depuis un siècle qu'ils se sont mis à cultiver la terre, qui est dans ce pays d'une très-grande fécondité.

» Le village, composé d'une soixantaine de maisons, ne ressemble point aux villages que nous avons vus en Turquie.... Nous avons eu tout le temps de le parcourir, ainsi que les environs... Toutes les habitations sont à peu près construites sur le même plan; leur intérieur, qui n'est qu'un réduit étroit et voûté, ne ressemble pas mal au dedans d'un four. Au milieu de chaque cabane est un tronc d'arbre qui en soutient la voûte; ce sont partout les formes arrondies de l'architecture arabe, et le village, vu de loin, pourrait se prendre pour une réunion de taupinières. Au reste, les animaux de nos basses-cours sont beaucoup mieux logés que les habitants de Tantoura.

» Toutefois, ce peuple paraît moins malheureux que celui que nous avons vu à Saint-Jean-d'Acre et à Caypha....

» Les femmes sont vêtues d'une longue robe bleue qui leur descend jusqu'aux talons, et qui s'ouvre sur la poitrine; la robe est serrée au milieu du corps par une ceinture d'étoffe, quelquefois même par une simple corde. Un bandeau fait de pièces de monnaie orne leur front et leur pend des deux côtés jusqu'à l'oreille; elles ont aux bras de petites chaînes de verre ou de métal (3). Nous n'avons point vu de femmes voilées; le sexe ne manque pas d'une certaine beauté, mais l'habitude qu'ont les femmes de se noircir les lèvres et les sourcils avec

---

(*a*) *Psalm.* XX, 7.
(*b*) *Psalm.* XXVII, 4.
(*c*) *Psalm.* XXX, 13.
(*d*) *Psalm.* XXXVIII, 9.
(*e*) *Psalm.* XLV, 7.
(*f*) *Psalm.* LXXVII, 46.
(*g*) *Psalm.* LXXX, 3.
(*h*) *Psalm.* CV, 46.
(*i*) *Psalm.* CXX, 3.
(*j*) *Isai.* III, 4.
(*k*) *Isai.* XLI. 19.
(*l*) *Isai.* XLIX, 8.

(*m*) *Isai.* LXII, 7.
(*n*) *Jerem.* XXXI, 33.
(*o*) *Josue* XII, 23.
(*p*) *Josue* XVII, 11.
(*q*) I *Mac.* XV, 11.
(*r*) *Joseph. Antiq. l.* XIX, *c.* V, 6.
(1) *Voyez* ADOR *et* ADORA, avec les *notes.*
(2) *Correspond. d'Orient,* lettre XCIII, tom. IV, pag. 150-155.
(3) Ceci rappelle quelques-uns des objets de parure en usage parmi les filles d'Israel, et mentionnés par Isaïe, III, et 17 suiv.

je ne sais quelle drogue, donne à leur physionomie quelque chose de dur et de repoussant. Ce sont les femmes qui ont soin des bestiaux, et qu'on charge de tous les travaux domestiques. La plupart des habitants n'ont qu'une femme, car, dans leur maison, ils ne pourraient en loger deux ; le scheirk, logé d'une manière plus commode, en a jusqu'à quatre : il les fait travailler comme des servantes ou des esclaves. Ce sont les femmes du scheirk qui ont nettoyé et balayé notre appartement, l'écurie de la maison (1), et qui nous ont apporté le pilaw et le lait bouilli que nous avons mangés à notre souper. Nous avions vu dans la cour, à notre arrivée, la première femme du scheirk, occupée de moudre du froment sur un moulin à bras ; cette occupation m'a rappelé que, dans l'antiquité, les femmes étaient ainsi chargées de moudre le blé ; Jésus-Christ, annonçant la destruction de Jérusalem ; dit ces paroles : *Deux femmes moudront au moulin : l'une sera prise et l'autre laissée.* La femme du scheirk, occupée de ce travail lorsque nous avons paru, n'a pas même daigné tourner vers nous ses regards. La reine de Saba n'aurait pas eu plus de fierté ; elle avait sur son front un bandeau de piastres d'argent et portait des bracelets de verre bleu.

» Les hommes sont vêtus d'un manteau, ou plutôt d'une pièce de feutre, rayé de noir et de blanc, qui tombe sur leurs épaules, et leur laisse le bras droit découvert ; ils n'ont pas d'autre parure...

» Le scheirk paraît avoir sur ces Arabes la plus grande autorité ; c'est lui qui est chargé de recevoir les impôts, et cette fonction ajoute encore à la crainte qu'il inspire ; il veille lui seul pour le maintien de l'ordre, et lorsqu'il se commet quelque infraction aux lois, il administre lui-même les corrections. Le scheirk de Tantoura nous a donné le spectacle de sa justice ; en rentrant chez lui après notre tournée dans le village, nous l'avons trouvé sur sa porte, frappant à grands coups, un jeune homme accusé de je ne sais quelle faute ; tout se passait sans aucune résistance, sans même qu'on entendît une plainte..... »]

DORCAS (2). Ce terme, en grec, signifie un chevreuil, de même que *Tabita* en syriaque.

DORDA, musicien fameux de la race des lévites, fils de Mahol. 3 *Reg.*, IV, 31.

DORIS, première femme d'Hérode le Grand, qu'il avait épousée, n'étant encore que particulier. Il en eut Antipater, dont on a parlé au long dans son article. Doris, étant entrée dans le complot de ce mauvais fils, fut disgraciée et chassée du palais d'Hérode (a). Il y a apparence que Doris était Iduméenne. Josèphe parle de *Theudio*, qui était son frère.

(a) *Antiq.* l. XVII, c. vi.
(b) *Dan.* xii, 2.
(c) *Joan.* xi, 11.
(d) *Ephes.* v, 14.
(e) II *Petri.* xi, 3.
(f) *Isai.* lxv, 4. בנצורים ילינו.
(g) *Virgil. Æneid.* vii.
(h) *Strabo* l. XVI, p. 523.

DORMIR, s'endormir, se prend pour *le sommeil du corps*, pour *le sommeil de l'âme*, la langueur, la lâcheté, *le sommeil de la mort.*

Vous dormirez avec vos pères, vous mourrez comme eux. Et Jérémie, LI, 39 : *Dormiam somnum sempiternum.* Et Daniel (b) : *Qui dormiunt in terræ pulvere :* Ceux qui dorment dans la poussière du tombeau (c). *Lazare, notre ami, dort, allons le réveiller.* il est mort, allons le ressusciter. *Levez-vous, vous qui dormez, ressuscitez des morts, et Jésus-Christ vous éclairera* (d) ; il parle à ceux qui sont dans la mort de l'infidélité et du péché. *La main qui doit les perdre ne dort pas*, dit saint Pierre (e) ; Dieu n'est pas endormi ; il saura les punir quand il sera temps. Et Salomon, *Prov.* XXIII, 21 : *Vestietur pannis dormitatio* : Le sommeil sera vêtu de haillons ; les dormeurs et les paresseux vivront dans la pauvreté.

Isaïe parle d'une pratique superstitieuse des païens, qui allaient dormir dans les temples des idoles pour avoir des songes prophétiques (f) : *Qui habitant in sepulcris, et in delubrio idolorum dormiunt.* Il parle des Juifs superstitieux et idolâtres, qui, au mépris des prophètes et du temple du Seigneur, allaient dans les tombeaux et dans les temples des idoles, pour y dormir et y avoir des songes sur l'avenir. Les païens se couchaient, pour cela, sur les peaux des victimes immolées (g) :

. . . *Cæsarum ovium sub nocte silenti*
Pellibus incubuit stratis, somnusque petivit.

L'hébreu du passage que nous avons cité d'Isaïe se peut traduire ainsi : *Ils demeurent dans les sépulcres, et passent la nuit dans les monuments,* ou dans les lieux déserts. Strabon (h) dit que les Juifs dorment dans leurs temples, et y attendent des songes prophétiques, pour eux-mêmes, et pour les autres ; mais que Dieu n'en envoie qu'à ceux qui vivent dans la pureté et dans la justice.

Dormir se prend aussi pour le commerce d'un homme avec une femme. *Genes.* XIX, 33. Les filles de Loth *dormirent avec leur père*, etc

* DORYMENES ou DORYMINE, père de ce Ptolémée dont il est parlé I *Mach.* III, 38, et II *Mach.* IV, 45.

DOS, *Dorsum.* Vous m'avez fait voir le dos de mes ennemis, vous les avez mis en fuite en ma présence (i) *: Inimicos meos dedisti mihi dorsum.* Abattez leur dos (j) : *Dorsum eorum semper incurva;* accablez-les de fardeaux, réduisez-les en servitude. *Posuisti tribulationes in dorso nostro* (k) : Vous nous avez chargés comme des bêtes de somme, vous nous avez accablés de maux. *Je leur tournerai le dos, et non la face*, dit le Seigneur dans *Jérémie* XVIII, 17. Et (l) :

(i) II *Reg.* xxii, 41, *et Psalm.* xvii, 41.
(j) *Psalm.* lxviii, 24.
(k) *Psalm.* lxv, 11.
(l) *Psalm.* cxviii, 11.
(1) Pour y loger honnêtement M. Poujoulat et ses compagnons, le scheirk en avait fait sortir les bestiaux.
(2) *Act.* ix, 36, 39.

Les pécheurs ont labouré sur mon dos : Supra dorsum meum fabricaverunt ; l'hébreu, *araverunt.*

Mon petit doigt est plus gros que n'était le dos de mon père, disait imprudemment Roboam aux Israélites (*a*): Je suis plus gros par le doigt qu'il ne l'était par le corps, par les reins; j'ai plus de puissance et d'autorité qu'il n'en eut jamais (*b*). *La verge est sur le dos de celui qui manque de cœur,* ou d'esprit; l'insensé, le paresseux, mérite d'être puni de coups de verges. Ezéchiel vit en esprit un homme ou un ange, qui portait une écritoire *sur son dos* (*c*), ou plutôt, *sur ses reins,* suivant l'hébreu : c'est dans le même sens qu'il faut prendre ce que dit Roboam, que son petit doigt est plus gros que son père ne l'était par le dos, *par les reins.*

DOSITHÉE, qui se disait prêtre, et de la race de Lévi, porta en Egypte l'Epître nommée *Purim* (*d*), c'est-à-dire le livre d'Esther traduit en grec. On ne connaît pas bien qui était ce Dosithée. Ussérius croit que c'est le même à qui Ptolémée Philométor, roi d'Egypte, donna le commandement de ses troupes, avec un autre juif nommé Onias (*e*). Dosithée apporta le livre d'Esther à Alexandrie l'an 4537 de la période Julienne, du Monde 3827, avant J.-C. 173, avant l'Ere vulg. 177.

DOSITHÉE, un des officiers des troupes de Judas Machabée (*f*) fut envoyé pour forcer la garnison que Timothée avait laissée dans la forteresse de Characa dans le pays des Tubiéniens. On ne sait si c'est le même Dosithée, qui est nommé dans le même chapitre du second livre des Machabées (*g*), et dont il est dit qu'il était de *Bacenor :* et qu'ayant saisi Gorgias, comme il voulait le prendre vif, un cavalier Thrace se jeta sur lui, et lui ayant coupé l'épaule, donna lieu à Gorgias de se sauver à Marésa.

DOSITHÉE, *Dosithéens.* Les Juifs prétendent que Dosthaï, ou Dosithée, fils de Janneus, vivait sous le règne de Sennachérib, et qu'il fut l'un des deux prêtres que ce prince envoya pour instruire la colonie des Chutéens qu'il avait envoyée à Samarie, et que les lions dévoraient (*h*). Saint Epiphane (*i*) veut que les Dosithéens aient été une quatrième branche d'hérétiques à Samarie ; mais il n'en dit pas assez pour nous instruire qui étaient, et d'où venaient ces hérétiques. Photius (*j*) raconte qu'après l'entretien que Jésus-Christ eut avec la Samaritaine auprès du puits de Sichem, il s'éleva dans Samarie deux partis considérables, dont l'un soutenait que Jésus-Christ était le vrai Messie prédit par Moïse, en disant (*k*) : *Dieu vous suscitera un prophète semblable à moi.* L'autre soutenait que Dosithée, né à Samarie, et contemporain de Simon le Magicien, était le véritable Messie.

Hégésippe (*l*), qui vivait dans le second siècle de l'Eglise, place Dosithée et ses sectateurs au commencement du Christianisme, avec ceux de Simon le Magicien. On attribue à saint Hippolyte un traité contre les hérésies, qui commençait par les Dosithéens. Origène (*m*) oppose Jésus-Christ, dont l'Evangile était prêché par toute la terre, à Simon et à Dosithée, dont les sectes étaient déjà péries, quoiqu'ils se fussent vantés de faire des miracles, et que Dosithée eût voulu se faire passer pour le Messie, lorsque le Sauveur parut. L'auteur des constitutions apostoliques (*n*) avance que Cléobius et Simon le Magicien étaient disciples de Dosithée ; mais qu'ils le chassèrent, et lui ôtèrent le premier rang qu'il s'était voulu donner parmi eux.

Tout cela est bien éloigné de ce que disent les Juifs, qui font vivre Dosithée du temps de Sennachérib, et du sentiment de saint Jérôme, qui en fait le chef des Saducéens. Il paraît indubitable que cet homme vivait du temps de Simon le Magicien, et qu'il avait déjà son parti formé dans le pays de Samarie, lorsque le Sauveur parut. On assure qu'il était juif de naissance, et que s'étant voulu distinguer par quelques explications nouvelles parmi les docteurs de sa nation, qui faisaient leur étude des explications mystiques de la loi (*o*) et des traditions de leurs anciens, et ayant affecté le premier rang parmi ces rabbins, il en fut rejeté ; et de dépit il se jeta dans le parti des Samaritains, où il forma une secte (*p*) qui faisait la circoncision comme les Juifs, et le sabbat, avec tant de rigueur, que pendant les vingt-quatre heures que durait cette fête, ils demeuraient sans bouger au lieu et en la place où ils s'étaient trouvés au commencement du sabbat ; ils jeûnaient avec beaucoup de rigueur, et se privaient de tout ce qui avait été animé.

Quelques-uns d'entr'eux gardaient la virginité, et les autres s'abstenaient de l'usage du mariage lorsque leurs femmes étaient enceintes ; ou selon d'autres, ils condamnaient les secondes noces. Ils ne recevaient que les cinq livres de Moïse, et tenaient Dosithée leur chef pour le Messie (*q*). Lui-même s'appliquait les oracles qui sont dans le Pentateuque, et que nous expliquons de Jésus-Christ. Les Samaritains opposés à Dosithée en faisaient l'application à Josué successeur de Moïse. On assure que Dosithée disparut, et fut trouvé mort dans une caverne, rongé de vers, et plein de mouches. On a attribué

(*a*) 3. Reg. xii, 10 : כטני עבה ממתניאבי
(*b*) Prov. X, 13.
(*c*) Ezech. ix, 11 : במהיו
(*d*) Esth. xi, 1.
(*e*) Joseph. contra Appion. l. ii.
(*f*) II Mach. 12, 19, 20, 21, etc.
(*g*) II Mach. xii, 35.
(*h*) IV Reg. xvii, 24, 25, 27, etc.
(*i*) Epiphan. de Hæres. l. i
(*j*) Photius Cod. 150.

(*k*) Deut. xviii, 15, 18.
(*l*) Hegesipp. apud Euseb. l. IV, c. 22, Hist. Eccles.
(*m*) Origen. contra Cels. l. I. et l. VI.
(*n*) Clem. Constit. Apostol. l. VI. c. 8.
(*o*) Vide Nicetam l. l, c. 35. Euseb. præp. l. XI, c. 3, et l. xii, c. 1. Δευτερώσεις Deuteroses. Δευτερώτας les Deuterotes, qui se mêlent d'expliquer les Deuteroses
(*p*) Epiphan. de Hæres. l. I.
(*q*) Epiphan. loco citato, μετὰ τὸ βιώσαι. Lege μετὰ τὸ ἀνάστη ou μετὰ τὸ βιῶσαι. Le Moine, varia sacra, t. II, p. 1102.

sa retraite à la folle vanité de vouloir passer pour immortel, comme s'il eût été enlevé du milieu des hommes, et transporté au ciel tout vivant. Mais la découverte de son corps manifesta son imposture, sans toutefois détromper ses disciples, qui dirent qu'il s'était retiré pour vaquer plus librement à la philosophie. Il y avait encore quelques disciples de Dosithée en Egypte au sixième siècle. [*Voy.* l'article qui suit.]

DOSITHÉE vivait du temps de Jésus-Christ ; il fut contemporain et associé de Simon le Magicien (a) ; voulant devenir chef des docteurs juifs, et n'ayant pu y réussir, il se jeta dans le parti des Samaritains, et y forma une secte qui porta son nom (b). Cette secte faisait profession d'une grande austérité dans le manger, et d'une grande pureté. Dosithée, s'étant enfermé dans une caverne, y mourut par une privation entière de toute sorte de nourriture. Nous ne nous étendons point sur ce Dosithée, ni sur sa secte, parce qu'il n'en est point parlé dans la Bible.

[Cet article, qui n'est qu'une répétition partielle de celui qui précède immédiatement, est une des mille preuves que dom Calmet a fait son Dictionnaire avec une extrême négligence.]

DOTHAIM, ou DOTHAÏN, ou DOTHAN, ville (1) à douze milles, ou quatre lieues de Samarie , vers le septentrion (c). Les frères de Joseph étaient à *Dothaïm*, lorsqu'ils vendirent Joseph à des marchands Ismaélites qui venaient de Galaad (d). Le camp d'Holopherne s'étendait depuis Dothaïm jusqu'à Belthem (e). [Voy. ASOR. — Il est parlé de *Dothan*, dans le IV° livre des *Rois*, VI,13. Ce lieu, dit Barbié du Bocage, appartenait à la tribu de Zabulon ; il était situé à peu de distance au nord de Samarie, auprès de la célèbre vallée de Jezrael, à laquelle il a aussi en partie donné son nom, car la *Genèse* l'appelle *Plaine de Dothaïn*.]

DOUBLE, *Duplex*. Ce terme a plusieurs significations dans l'Ecriture. Le double de l'argent : *Pecuniam duplicem* (f) ; le double de la nourriture : *Cibos duplices* (g) : deux fois autant d'argent et de nourriture.

Un habit double, *vestis duplex*, peut marquer un habit double, comme était le pectoral du grand prêtre : *Quadrangulum et duplex* (h) ; ou un habit complet, une paire d'habit, le manteau et la tunique (i) ; *Vestem duplicem*, ou, *Vestes mutatorias duplices*.

Le double signifie quelquefois la multitude (j) : *Suscepit de manu Domini duplicia pro omnibus peccatis suis* : Il a été puni au double. Jérém. XVII, 18 : *Duplici contritione contere illos* : Brisez-les doublement ; punissez-les sévèrement. *Reddam duplices iniquitates et peccata eorum* (k) : Je punirai doublement leurs iniquités ; ou, je leur ferai souffrir des peines proportionnées à leurs iniquités. *Duplicia mala invenies* (l) : Vous trouverez des maux au double ; des châtiments au double de vos péchés.

Cœur double, langue double, esprit double, sont opposés au cœur simple, droit,sincère ; à la langue vraie, à l'esprit juste, fidèle, sincère, etc.

DRAGME, *Dracma*. La valeur de la dragme ordinaire était de huit sols un denier ; les deux dragmes font à peu près le demi-sicle, et les quatre dragmes, le sicle.

DRAGON (2). Ce terme se trouve souvent dans l'Ecriture ; il répond d'ordinaire à l'hébreu (m) *thannim*, ou *thannin*, qui signifie un grand poisson, un dragon marin. Les Septante le traduisent communément par *dracones*, rarement par *de grands poissons* (n), quelquefois par *des sirènes* (o), ou des *autruches* (p). Saint Jérôme le rend plus souvent par *dracones*, mais il le prend quelquefois pour des *sirènes*, ou des *lamies*. On voit à peu près les mêmes variétés dans Aquila, Symmaque et Théodotion. Sous le nom de *sirènes*, ils entendent apparemment des monstres marins ; car on ne peut pas l'expliquer des animaux fabuleux de ce nom, dont parlent les poètes. Il est certain, en comparant les divers endroits où se rencontre le terme *tannin*, ou *tanninim*, qu'il signifie quelquefois de grands poissons, soit des fleuves, ou de la mer (q) ; et d'autres fois des serpents de terre, et venimeux (r) ; et comme je crois, plus particulièrement le crocodile, et la baleine (s).

Quant aux dragons dont on parle, et dont les livres sont pleins, la plupart ne sont autres que de vieux serpents arrivés avec l'âge à une prodigieuse grandeur. Il y en a à qui l'on donne des ailes, des pieds, des griffes, des crêtes et des têtes de différentes figures. On ne doute point qu'il n'y ait des serpents ailés ; et il en est fait mention dans Moïse, *Num*. XXI, 6, sous le nom de *zaraph*. Les Babyloniens adoraient un dragon, que Daniel fit mourir (t). Rien n'est plus ordinaire, dans la religion païenne, que le culte des serpents et des dragons.

DRAGON. Ce terme se prend quelquefois pour le démon. Saint Jean, dans l'Apocalypse (u), nous dépeint « un grand dragon roux,

(a) Hegesipp. apud Euseb. l. IV, c. 12, *Hist. Eccl.*
(b) Epiphan. hæres. 13. *Dosith.*
(c) Euseb. *in locis.*
(d) Genes. xxxvii, 17.
(e) Judith. vii, 3.
(f) Genes. xliii, 12.
(g) Exod. xvi, 22, 29.
(h) Exod. xxviii, 16.
(i) Judic. xvii, 10. IV Reg. v. 22.
(j) Isai. xi, 2.
(k) Jerem xvi, 18.
(l) Eccli. xii, 7.
(m) פְּתַן *Thannim*. 70, δράκοντες.
(n) Genes. i, 21.
(o) Job. xxx, 29. Isai. xxxiv. 13 ; xliii, 20.

(p) Jerem. xlix, 32.
(q) Genes. i, 21. Job. vii, 12. Psalm. lxxiii, 13, cxlviii,
Isai. xxvii, 1. Ezech. xxxii, 2.
(r) Exod. vii, 9, 10, 12. Deut. xxxii, 33. Psalm. xc, 13.
Isai. xxxv, 7. Jerem. xiv, 6.
(s) Psalm. lxxiii, 13. Isai. li, 9. Ezech. xxix, 3.
(t) Dan. xiv, 22. — [*Voyez* l'article DANIEL, *ci-dessus !*
(u) Apoc. xii, 3, 4, 7, etc.
(1) Lieu, disent Barbié du Bocage et le géographe de la Bible de Vence.
(2) Les naturalistes modernes ont donné ce nom à un genre de reptiles de l'ordre des sauriens. Ce sont de petits lézards, en général assez doux, qui peuvent voltiger d'un arbre à l'autre, à l'aide de deux ailes membraneuses placées de chaque côté de leur corps.

» ayant sept têtes et dix cornes, et sept dia-
» dèmes sur ses têtes : sa queue tirait en
» terre la troisième partie des étoiles du
» ciel. Le dragon se mit devant la femme
» qui était sur le point d'enfanter, afin
» qu'aussitôt qu'elle aurait enfanté, il dévo-
» rât son fruit. Elle enfanta un fils qui de-
» vait gouverner toutes les nations avec la
» verge de fer. Et il se fit un grand combat
» dans le ciel : Michel et ses anges combat-
» taient contre le dragon et contre ses anges;
» et le dragon fut vaincu, et depuis ils ne
» parurent plus dans le ciel. Et le grand dra-
» gon fut jeté en terre, ce serpent ancien,
» qui est nommé le diable et Satan, qui sé-
» duit tout le monde : il fut jeté en terre,
» et tous ses anges avec lui. » Tout cela
nous marque le combat du démon contre l'E-
glise de Jésus-Christ, et sa défaite par saint
Michel, chef de l'Eglise militante. *Voyez*
aussi *Apoc.* XIII, 2, 4, et XVI, 13; XX, 2.

Il y a plusieurs endroits dans les prophètes
où le nom de *Draco* ne peut marquer un animal aquatique, puisqu'il est parlé de leurs
cris; par exemple (*a*) : *Voilà deux grands
dragons qui s'élèvent l'un contre l'autre, prêts
à combattre. A leurs cris toutes les nations se
sont émues pour attaquer la nation des justes.*
Et Jérémie (*b*) : *Les ânes sauvages se sont mis
sur les rochers, attirant le vent comme des
dragons. Leurs yeux sont tombés en défail-
liance, faute de nourriture.* Et Michée (*c*) : *Je
ferai le deuil comme un dragon, et je me plain-
drai comme une autruche.*

Dans d'autres passages où l'on parle de la
ruine d'une ville, des ravages d'une province,
d'une terre réduite en solitude, on dit (*d*)
qu'elle devient la demeure des dragons;
comme en effet les serpents, les dragons, les
bêtes venimeuses, ont leur retraite dans les
lieux inhabités, dans les ruines des villes,
dans les masures : d'où vient que les anciens
leur ont attribué la garde des trésors. Mais
il faut avouer que souvent ce nom se prend
pour un grand poisson, un animal aquatique. Les Hébreux mettaient à peu près dans
la même classe les poissons et les serpents :
ils les comprenaient également sous le nom
de *reptiles* et de *serpents*.

Chez les profanes le dragon était le symbole de la santé : ils ne dépeignaient pas Esculape, ni la déesse Hygicia, la Santé, sans
un serpent auprès d'eux, ou autour de leur
bâton, ou dans leur main. Les vrais dragons,
au rapport de Solin (*e*), ont la gueule petite, et ne peuvent mordre; ou s'ils mordent,
leur morsure n'est pas venimeuse. Les Egyptiens les appelaient de bons génies, et les tenaient apprivoisés dans leurs maisons. Il ne
faut pas croire que ce soit de ces dragons
dont nous parlent les prophètes; ceux-ci
étaient des animaux dangereux, mauvais,
funestes, sauvages, etc.

DRAGON, *fontaine du Dragon*, dont il est
parlé dans le second livre d'Esdras, était à
l'orient de Jérusalem. Néhémie, *étant sorti la
nuit par la porte de la vallée, passa devant la
fontaine du Dragon et devant la porte du Fumier* (1). On montre encore cette fontaine
dans une espèce de cave souterraine, où l'on
descend par vingt degrés. Les Turcs l'appellent *la fontaine de Marie*, et croient que la
sainte Vierge s'en est servie pour les usages
de sa maison.

DROITE. La main droite marque la puissance, la force. L'Ecriture attribue d'ordinaire à *la droite de Dieu* les plus grands effets de sa toute-puissance (*f*) : *Dextera tua,
Domine, magnificata est : dextera tua, Domine, percussit inimicum.* Voyez les psaum.
XX, 9; XLIII, 4, *et passim.*

Etre assis à la droite de Dieu, se met ordinairement pour avoir une égalité de gloire
et de puissance. Le Fils de Dieu est souvent
représenté comme assis à la droite du Père
céleste (*g*) : *Dixit Dominus Domino meo : Sede
a dextris meis.* Et (*h*) : *Amodo videbitis Filium hominis sedentem a dextris virtutis Dei.*

La droite marque ordinairement le côté
du midi, comme la gauche celui du septentrion; car les Hébreux parlaient des parties du monde par rapport à eux, comme
ayant la face tournée à l'orient, le derrière
au couchant, la main droite au midi, et la
gauche au septentrion. Ainsi *kedem*, qui signifie le devant, marque aussi l'orient; *achor*,
qui signifie ce qui est derrière, désigne
l'occident; *jamin*, la droite, le midi; *schemol*,
la gauche, ou le septentrion. Par exemple
(*i*) : *Hachila qui est à la droite du désert.....
Maon à la droite de Jesimon*; c'est-à-dire, *au
midi du désert et de Jesimon.*

L'accusateur était ordinairement à la droite
de l'accusé; par exemple, (*j*) : *Diabolus stet
a dextris ejus.* Et dans Zacharie le démon
était à la droite du grand prêtre Jésus pour
l'accuser (*k*) : *Satan stabat a dextris ejus, ut
adversaretur ei.*

Souvent dans un sens tout contraire, *être
à la droite de quelqu'un*, signifie le défendre,
le soutenir, le protéger; par exemple (*l*) :
*Le Seigneur est à ma droite, afin que je ne sois
pas ébranlé.* Et ailleurs (*m*) : *Le Seigneur est
à la droite du pauvre, pour le garantir*, etc.

*Ne s'écarter de la loi de Dieu ni à droite,
ni à gauche*, est une expression commune
dans l'Ecriture, pour dire, ne s'en éloigner
en rien du tout, ni en voulant excéder, et
faire plus qu'elle ne commande, ni en faisant
moins; ou plutôt la suivre constamment et in-
variablement, comme un voyageur, qui ne s'é-
carte de son chemin, ni à droite, ni à gauche.

(*a*) *Esth.* xi, 6, 7.
(*b*) *Jerem.* xiv, 6.
(*c*) *Mich.* x. 18.
(*d*) *Vide Isai.* xiii, 21; xxxix, 13. *Jerem*, ix, 11; x, 22; xiv, 6; xlix, 33; li, 39; li, 34, 37.
(*e*) *Solin.* c x.
(*f*) *Exod.* xv, 6.
(*g*) *Psalm.* cix, 1.
(*h*) *Matth.* xxvi, 64. *Coloss.* iii, 1. *Hebr.* i, 3; x, 12, etc
(*i*) I *Reg.* xxiii, 19, 24.
(*j*) *Psalm.* cviii, 6.
(*k*) *Zach.* iii, 1.
(*l*) *Psalm.* xv, 8.
(*m*) *Psalm.* cviii, 31
(1) *Nehem.* ii, 13, 14; iii, 15; xii, 33.

Le Sauveur, dans l'Évangile, pour marquer le secret dans lequel nous devons faire nos bonnes œuvres, dit (a) : *Que votre main gauche ne sache pas ce que fait votre main droite;* évitez sur toutes choses la vanité et l'ostentation dans le bien que vous faites.

DEXTRALIA, ou *Dextraliola*, sont des bracelets dont les hommes se paraient aussi bien que les femmes. C'est de ces bracelets dont Moïse (b) parle, lorsqu'il veut que les Israélites aient toujours la loi de Dieu présente à leur esprit, et qu'elle soit *comme un signe en leur main* (c), comme un sceau attaché à leur anneau ou à leur bracelet. Comparez cet endroit avec *Eccli.* XLIX, 13 : *Quomodo amplificemus Zorobabel? Nam et ipse quasi signum in dextera manu.*

La droite et la gauche jointes ensemble signifient du côté ou d'autre indéfiniment. Si vous allez à droite, j'irai à gauche. Ne vous détournez des commandements de Dieu ni à droite, ni à gauche ; ne vous en écartez en rien du tout. On loue des archers qui vinrent trouver David, et qui se servaient de la fronde, de la main gauche comme de la droite (d) : qui étaient ambidextres. Dans Jonas (e) il est dit qu'il y avait dans Ninive plus de six-vingt mille hommes qui ne savaient pas discerner leur main droite de la gauche : on pourrait l'entendre, comme le passage précédent, de ceux qui se servaient des deux mains pour combattre ; mais la plupart l'expliquent des enfants, qui ne savaient pas discerner la droite de la gauche, comme une marque de leur innocence.

Donner la main, *dare dexteram*, est une marque de société et d'amitié. Saint Paul dit (f) : Jacques, Céphas, et Jean me donnèrent la droite : *Dextras dederunt mihi et Barnabœ societatis.* Dans les livres des Machabées cette expression se rencontre à chaque pas : *Demus dexteras hominibus* (1). *Postulaverunt ab eo dexteras* (2). *Dexteram dedit, accepit, abiit* (3).

On levait la main droite en faisant serment (g) : *Juravit Dominus in dextera sua.*

DROMADAIRES, sorte de chameau nommé dromadaire, *dromas*, ou *dromedarius*, à cause de sa promptitude à courir, d'un terme dérivé du grec *dremo*, je cours. Les dromadaires sont plus petits que les chameaux ordinaires, plus grêles, plus dispos. Ils ont sur le dos une espèce de selle naturelle, qui est composée d'un grand poil, qui se dresse, et forme comme une assez grosse bosse. Les personnes de qualités dans l'Orient se servent ordinairement de dromadaires, lorsqu'ils veulent faire plus de diligence. On assure qu'ils peuvent faire en un jour plus de cent mille pas, qui ont un peu plus de trente-trois lieues, a trois mille pas la lieue. Il y en a même qui feront cinquante lieues par jour (4), selon Vincent le Blanc (h). Isaïe, chapitre XLVI, ỳ. 20, le nomme *Biccuroth*, selon Bochart. Mais le mot *Bichrim*, que l'on trouve dans le même prophète, et que saint Jérôme a traduit par dromadaires (i) : *Dromedarii Madian et Epha*, signifie, selon plusieurs interprètes, des jeunes chameaux. Toutefois *bichra*, qui est le féminin de *bicher*, se prend pour une dromadaire dans Jérémie (j); et c'est ainsi que l'entendent Aquila, Symmaque et Théodotion. Saint Jérôme : *Cursor levis*, un coursier.

Le nom de *bactrien* que l'on donne au dromadaire (5), approche assez de l'hébreu *bikker*, un dromadaire, et *bikkerah*, ou *bikerath*, une femelle dromadaire. Il y a des dromadaires de deux sortes (6), l'un plus grand, qui a deux bosses sur le dos, et l'autre plus petit, qui n'en a qu'une. L'un et l'autre sont fort communs dans les parties occidentales de l'Asie, comme la Syrie et l'Arabie. Celui qui n'a qu'une bosse sur le dos est le plus communément appelé *chameau*; l'autre se nomme *dromadaire* (7). Ils sont l'un et l'autre capables d'une fort grande fatigue, ils ont le poil doux et ras ; mais vers le milieu du dos, le chameau a une petite éminence couverte d'un poil élevé d'un pied sur la bosse, et le dromadaire a deux bosses et deux éminences de poil. Toutefois ces éminences sont petites, et, à le bien prendre, les dromadaires et les chameaux ne sont guère plus bossus que les autres animaux. Ils n'ont point de dents canines et incisives : ils n'ont point de cornes aux pieds, mais leurs pieds sont seulement couverts d'une peau charnue. On dit qu'en buvant ils troublent l'eau avec le pied, ce que les uns attribuent à une cause, les autres à une autre : on croit néanmoins que c'est pour rendre leur eau moins légère, afin qu'elle leur dure plus longtemps dans l'estomac. On dit qu'ils en boivent quantité, et la gardent longtemps pour la soif future ; on veut même que les voyageurs, dans une nécessité pressante, leur ouvrent l'estomac pour en tirer l'eau, et se désaltérer (8). Leur estomac est composé de quatre ventricules, et au second il y a plusieurs ouvertures qui donnent entrée à environ vingt cavités faites comme des sacs, qui leur servent de réservoirs. Le dromadaire a sept pieds et demi de haut, depuis le sommet de la tête jusqu'à terre.

[*Voyez* CHAMEAU. Plusieurs savants se sont occupés de rechercher la patrie du dromadaire. M. A. Desmoulins a fait sur ce sujet

---

(a) Matth. vi, 3.
(b) Exod. xxxv, 22. Num. xxxi, 50.
(c) Exod. xiii, 9.
(d) I Par. xii, 2.
(e) Jonas iii, 21.
(f) Galat. ii, 9.
(g) Isai. lxii, 8.
(h) Vincent le Blanc, Voyage, partie 2, c. 22
(i) Isai. lx, 6.
(j) Jerem. ii, 23. בברה קלה Aq. Sym. Th. δρομάς.
(1) I Mac. vi, 58.

(2) I Mac. xi, 66.
(3) II Mac. xiii, 22.
(4) Je ne crois pas qu'on dise de ces choses-là aujourd'hui.
(5) M. Léon Delaborde appelle bactrien un chameau noir à deux bosses. *Voyez* CHAMEAU.
(6) D. Calmet, au mot *Chameau*, dit qu'il y a trois sortes de chameaux, dont la troisième est celle des dromadaires.
(7) J'ai déjà dit, au mot *Chameau*, que c'était tout le contraire.
(8) C'est une fable absurde.

un Mémoire qui fut lu le 28 juin 1823 à l'Académie des Inscriptions, et inséré dans les *Mémoires du Muséum d'histoire naturelle*, tom. X. De nouvelles recherches relatives à son *Histoire naturelle des races humaines* le portèrent à opérer d'importantes rectifications dans le Mémoire précité. Dans un Appendice à ce travail, il dit : « L'origine asiatique du chameau dromadaire est positivement exprimée par Pline (lib. VIII, cap. 18) quand il dit : *L'Orient, entre autre gros bétail, nourrit les chameaux, dont il y a deux genres, les bactriens et les arabes : ils diffèrent en ce que les uns n'ont qu'une bosse, et les autres deux*. Déjà le fait de cette origine avait été implicitement énoncé par Varron (*De Lingua latina*, lib. IV) : *Le chameau*, dit-il, *a apporté dans le Latium son nom syriaque.* » M. Dureau de la Malle reconnaît la Palestine pour la patrie du dromadaire. *Voy.* BLÉ, § VIII. Les savants qui ont traité du chameau n'en ont pas exactement distingué les espèces et les variétés, de sorte que nous n'avons pas encore une bonne histoire des diverses sortes de chameaux.]

DRUMA, concubine de Gédéon, et mère d'Abimélech, qui fut choisi roi ou juge par ceux de Sichem (*a*) compatriotes de Druma.

DRUMOS, ou DRYMOS, ou DRYMAS, est une campagne située aux environs du mont Carmel, tirant vers Césarée de Palestine. Les Septante traduisent quelquefois *Saron* par *Drymos*. Strabon (*b*) parle de *Drymos* et du mont Carmel comme de deux lieux voisins. Josèphe (*c*) en parle de même : il dit que les habitants du mont Carmel conçurent l'espérance de se rendre maîtres du canton nommé *Drymos*.

DRUSILLE, troisième fille du grand Agrippa et de Cypros. Elle fut d'abord fiancée à Épiphane, fils d'Antiochus, roi de Comagène, sous la promesse que ce jeune prince fît de prendre la circoncision. Mais n'ayant pas voulu exécuter cette condition, le mariage fut rompu. Drusille épousa ensuite Azize, roi des Émesséniens. Mais peu de temps après elle quitta Azize, pour épouser Claude Félix, gouverneur de Judée (1), dont elle eut un fils nommé Agrippa. Ce fut devant Drusille et devant Félix son mari que saint Paul parut (*d*), et rendit témoignage à la religion de Jésus-Christ. Et comme l'Apôtre parlait avec sa force ordinaire de la justice, de la chasteté, et du jugement dernier, Félix effrayé lui dit : *En voilà assez pour le présent; je vous ferai venir quand il sera temps.* Drusille passa pour une des plus belles personnes de son siècle, mais elle ne passa pas pour la plus chaste.

DUDIM, ou DODAIM, ou DUDAIM. *Voyez* MANDRAGORE.

DUDIA, capitaine des vingt-quatre mille hommes qui servaient auprès de la personne de David et de Salomon, dans le second mois de l'année (*e*).

DUEL, de la tribu de Gad, père d'Eliasaph (*f*).

DUMA, sixième fils d'Ismael (*g*). Isaïe (*h*) parle de la ville ou du canton de *Duma*, dans l'Idumée, ou au voisinage. Eusèbe (*i*) dit que *Duma* est un grand bourg dans la partie méridionale de Juda, à dix-sept milles d'Eleuthéropolis.

[Y a-t-il quelque chose de commun entre Duma, fils d'Ismael, et Duma qui est l'objet d'une prophétie menaçante d'Isaïe? c'est ce que nous ne saurions décider. Dans Isaïe, Duma est une ville ou un canton d'Idumée, suivant dom Calmet ; suivant d'autres, c'est l'Idumée elle-même, car c'est ainsi que les Septante l'ont entendu, et je me range volontiers à leur avis, quoique Gesenius dise qu'il y a deux endroits du nom de Duma dans l'Arabie Pétrée, appelés, l'un Duma d'Irak, et l'autre Duma du Rocher; l'on croit, dit-il encore, que ce dernier est celui dont parle Isaïe, et qui est situé à la frontière de l'Arabie proprement dite, et du désert de la Syrie. Mais il faut faire attention qu'immédiatement après la prophétie contre Duma, que je crois être l'Idumée (*Is.* XXI, 11, 12) il y en a une spéciale contre l'Arabie (verset 13). D'ailleurs le verset 11 prouve qu'il s'agit de l'Idumée : *Prophétie contre Duma. On me crie de Séir...* Comme s'il y avait : *Prophétie contre l'Idumée. On me crie de l'Idumée...*]

DUR, se prend pour difficile, triste, malheureux, cruel, austère, etc. (*j*). *Non vobis durum esse videatur quod me vendidistis;* l'hébreu : *Ne vous affligez point de m'avoir vendu.* Malheur à leur colère (*k*), *parce qu'elle est dure;* l'hébreu : *parce qu'elle est endurcie,* opiniâtre. Pharaon accabla les Israélites *par des ouvrages durs* (*l*), difficiles, insupportables. Vous êtes un peuple *d'une tête dure* (*m*), indocile, inflexible. Ces enfants de Sarvia (*n*) *me sont durs,* me traitent avec hauteur, et exercent des duretés à contre-temps. Nabal était *un homme dur et méchant*, un homme sans humanité, sans douceur, sans considération (*o*). *J'ai suivi des voies dures,* j'ai mené une vie austère, j'ai eu une conduite difficile. *Un cœur dur,* endurci, insensible. *Un front dur et insolent. J'ai rendu votre front plus dur que le leur* (*p*). Les Israélites sont endurcis jusqu'à l'insensibilité : ils ont perdu toute honte. Je vous rendrai encore plus dur et plus hardi à reprendre le mal qu'ils

---

(*a*) *Judic.* VIII, 31.
(*b*) *Strabo, l.* XVI.
(*c*) *Joseph. Antiq. l.* XIV, *c.* 24, *et de Bello,* l. I, *c.* 11.
(*d*) *Act.* XXIV, 25.
(*e*) I *Par.* VII, 4.
(*f*) *Num.* VII, 14; VIII, 47 ; X, 20.
(*g*) *Genes.* XXV, 14. I *Par.* I, 30.
(*h*) *Isai.* XXI, 11.
(*i*) *Euseb in locis.*
(*f*) *Genes.* XLV, 5.
(*k*) *Genes.* XLIX, 7.
(*l*) *Exod.* I, 14.
(*m*) *Exod.* XXXII, 9.

(*n*) II *Reg.* III, 39.
(*o*) *Psalm.* XVI, 4.
(*p*) *Ezech.* III, 8.
(1) Voilà une singulière contradiction dans la vie de Drusille; elle répudia (les femmes, à cette époque, s'attribuaient le droit de répudier leurs maris, tout comme les hommes s'étaient attribué celui de répudier leurs femmes; et pourquoi pas ?); Drusille donc répudia son fiancé Épiphane (les fiançailles formaient le lien matrimonial), parce qu'il refusait de tenir sa promesse, c'est-à-dire d'embrasser le judaïsme, et elle épousa Aziz, qui avait adopté exprès ce culte; mais elle le répudia aussi pour épouser Félix, qui était et resta païen.

ne le sont à le faire. Et dans Isaïe (a) : *J'ai rendu votre face comme un rocher très-dur.* Vos péchés *sont devenus durs* et incorrigibles (b). *Propter multitudinem iniquitatis tuæ dura facta sunt peccata tua.* La jalousie est *dure comme l'enfer* (c) : elle est cruelle, sévère, implacable comme la mort et le tombeau (d). *Le cheval indompté devient dur*, intraitable, à moins qu'on ne le dresse de bonne heure.

DURA, grande plaine aux environs de Babylone, où Nabuchodonosor fit placer la statue de soixante coudées de haut, et de six de large, qu'il voulut faire adorer à tous ses sujets : ce que Sidrach, Misael et Abdénago ayant refusé, ils furent jetés dans une fournaise ardente, d'où ils sortirent sains et saufs (e).

Les Hébreux croient que c'est dans cette plaine de Dura qu'arriva la résurrection dont il est parlé dans Ezéchiel, XXXVII. Mais il est bien plus vraisemblable que cette résurrection n'était que figurative, et qu'elle n'arriva qu'en vision. Le Seigneur voulait marquer par là à Ezéchiel le retour futur de la captivité des Juifs.

DYNASTIES. On appelle de ce nom le gouvernement des premiers monarques de l'Egypte. Les Egyptiens comptent trente dynasties dans l'espace de trente-six-mille cinq cent vingt-cinq ans ; mais la plupart des chronologistes les traitent de fabuleuses, et il est sûr que ces dynasties ne sont pas toujours successives, mais collatérales. Ainsi, quand on les admettrait, il s'en faudrait bien que les Egyptiens eussent une aussi grande antiquité qu'ils s'en vantent. — [*Voyez* les *Annales de philos. chrét.*]

DYSCOLE, vient du grec *dyscolos*, difficile, fâcheux, rude, incommode. Saint Pierre (f) veut que les serviteurs chrétiens soient soumis non-seulement à leurs maîtres qui sont doux et modestes, mais aussi aux *dyscoles* et fâcheux.

E

*EAU. Après que Dieu eut créé la matière, lorsqu'elle était encore à l'état nommé chaos par les anciens, l'eau environnait le globe terrestre (*Gen.* I, 2). Cette tradition, révélée par Dieu, recueillie et enregistrée par Moïse, a été connue des anciens philosophes grecs. Thalès, le premier d'entre eux, le premier des sept sages et fondateur de la première école de philosophie, nommée ionique, enseigna que l'eau était le principe de tous les êtres matériels. Suivant lui, tout vient de l'eau, et tout s'y résout. On pourrait démontrer que cette doctrine a été empruntée du récit mosaïque ; ce serait un beau travail, qui établirait que sur ce point une tradition primitive a été l'origine de l'école ionique. Thalès, en effet, était phénicien ; on a dit, à la vérité, qu'il était né à Milet ; mais d'autres ont montré qu'il quitta la Phénicie, sa patrie, pour passer en Egypte et puis en Grèce. Les sciences physiques ont, de nos jours, confirmé, sur ce même point, comme tant d'autres, le récit de l'historien sacré : elles reconnaissent et proclament qu'à l'origine les eaux couvrirent le globe et furent le berceau des êtres animés ; en un mot, elles prouvent que la matière était alors dans un état de fluidité tel que l'exprime Moïse. *Voyez* mon *Hist. de l'Ancien Test.*, tom. I, *Commentaire des six jours selon les sciences humaines*, pag. 1. « Avant la création de l'atmosphère, dit M. Chaubard (*L'Univers expliqué par la révélation*, n° 58), il n'y avait ni ne pouvait y avoir des vapeurs aqueuses comme il y en a maintenant au-dessus de la terre. Ainsi, toutes les eaux de notre monde, ou au moins les éléments (oxygène et hydrogène) dont elles se composent, étaient alors rassemblées en une seule masse. Or, la Bible distinguant fort bien (versets 6, 7) la masse des eaux de l'univers, de la masse des eaux de la terre, il est évident que l'abîme liquide dont il est ici question (verset 2), n'est autre chose que *la masse élémentaire des eaux de l'univers* — Puisque, d'après le récit de la Bible, la terre était, dès son origine, entièrement couverte ou enveloppée par l'abîme des eaux, il s'ensuit évidemment qu'elle est de forme globuleuse, ou, comme disent les astronomes, un sphéroïde. Par conséquent, la révélation était encore ici en avant de la science. »

*EAU, servant chez les Hébreux aux purifications légales, était un symbole de purification spirituelle. L'usage de ces ablutions se trouve aussi dans le paganisme. « Les païens, dit Fabricius (*Théologie de l'eau*, ch. VI), ont toujours fait beaucoup de cas du bain, non-seulement pour la propreté et la netteté extérieures, mais aussi comme d'une partie de leur religion (1). Ils ont particulièrement attribué à l'eau de la mer (2) la vertu extraordinaire de nettoyer des péchés, parce que apparemment une eau salée et une eau de savon est de sa nature plus propre à décrasser le corps qu'une autre eau. Dieu lui-même avait donné aux Juifs différentes lois (*Lévitique*, XV, *et suiv.*; *Nombr.*, XIX, etc.) touchant les aspersions et les ablutions d'eau, qui leur étaient des

---

(a) *Isai.* L, 7.
(b) *Jerem.* xxx, 14
(c) *Cant.* vIII, 6.
(d) *Eccli.* xxx, 8.
(e) *Dan.* III, 1 et seq.
(f) 1 *Petr.* II, 18.

(1) Jo. Lomejerus in Epimenide, sive syntagmate de gentium lustrationibus, Zutphan. 1700, in 4°, aliique scriptores laudati, cap. 11 Bibliographiæ antiquariæ
(2) Notum illud Euripidis, Iphigenia in Tauris, V, 1193. et apud Laertium III, 6 : Θάλασσα κλύζει πάντα τ' ἀνθρώπων κακά. Plura Rhodiginus XI, 22, et Casellius, lib. 1, c. 3, Variar.

types de la purification spirituelle, de la repentance et du renoncement au péché, comme aussi de ce que leurs péchés devaient être lavés par le sang du Messie (*Jo. Markius, Dissert. philologico-exeget. ad loca vet. Testam., exercit.* 3 ; *Henric. Jacob. Bashuysen, de lavacris et lotionibus Hebræorum, eorumque mysterio*) ; mais ils ont chargé ces cérémonies d'un beaucoup plus grand nombre de particularités (*D. Jo. Henric. Majus, select. Exercitat. tom.* I, p. 479 *et seq.*), et en ont abusé en les tournant en superstition; en quoi ils ont été suivis par les hérétiques iudaïsants d'entre les chrétiens, comme les elcésaïtes et les sampséens, de qui saint Épiphane témoigne qu'ils prétendaient rendre service à Dieu par leurs bains (*Epiphanius, Hæres., l.* III, 1, p. 461). Il paraît que c'est aussi des Juifs que Mahomet a emprunté les bains et les ablutions, qu'il recommande avec tant de soin, et que les mahométans mettent, avec la prière, au nombre des devoirs (1) essentiels de leur religion (*Adrian. Reland. de Religione Mohammedica*, p. 5 *et* 67 *seq.*; *Jean Chardin, Voyage en Perse, t.* VII, p. 105 *et* 121 *et suiv.*). Mais Notre-Seigneur Jésus-Christ a institué le baptême, que saint Pierre (I *Pierre*, III, 21) appelle *la figure à laquelle répond maintenant le baptême, non celui qui consiste à purifier la chair de ses souillures, mais celui qui, engageant la conscience à se conserver pure pour Dieu, nous sauve par la résurrection de Jésus-Christ*, dont il avait donné un type dans son baptême (*Rom.*, VI, 4). De même quand il lava les pieds à ses disciples (*Jean*, XIII), ce ne fut pas seulement pour leur donner un exemple efficace d'humilité, mais aussi, comme *il nous a été donné de Dieu pour être notre sagesse, notre justice, notre justification et notre rédemption* (I *Cor.*, I, 30), il voulut les faire souvenir de la sanctification, et les exhorter avant son départ à y marcher avec persévérance.

EAUX CHANGÉES EN SANG, première plaie dont Dieu frappa l'Égypte. Le Pharaon avait résisté à l'évidence d'un miracle de grâce, celui du bâton changé en serpent : les miracles de punition devaient suivre. Sur l'ordre de Dieu, Aaron leva son bâton, frappa le Nil, et toutes les eaux de l'Égypte, celles dont usaient les Égyptiens, furent changées en sang. L'historien sacré ajoute que les magiciens *imitèrent* ce miracle (2); de manière que le Pharaon, qui ne voulait pas que les Hébreux s'en allassent, put dire à Moïse et à Aaron : Vous le voyez, ils font ce que vous faites. Mais, puisque *toutes* les eaux avaient été changées, où donc les magiciens en prirent-ils pour faire leur opération? *Feceruntque similiter* : « Ceci, dit M. Léon Delaborde, ne s'applique qu'à une imitation en petit et pour ainsi dire en échantillon. Il n'y avait plus d'eau pure dans le pays que celle retirée péniblement par les habitants dans des trous où elle arrivait filtrée; c'est sur cette eau que les magiciens opérèrent... Saint Augustin (3), ainsi que le livre de la Sagesse (4), croit que les magiciens se servirent de l'eau du pays de Gessen, qui avait été préservée de la plaie générale (5). »

C'est sans doute d'après cette opinion de saint Augustin que quelques commentateurs, notamment le Père de Carrières, disent que les magiciens *envoyèrent chercher de l'eau dans la terre de Gessen*. En admettant, dans mon *Histoire de l'Ancien Testament* (6), qu'ils opérèrent sur l'eau apportée exprès de cette province, mais croyant, d'après le verset 24ᵉ, comme chose plus vraisemblable, j'ai ajouté : *ou sur l'eau des puits que les Égyptiens creusèrent le long du fleuve*, etc.; car il était plus urgent d'en avoir pour remédier au mal de la soif chez les hommes et chez les animaux, que pour l'opération des magiciens, et il n'est guère possible d'admettre que de toutes les parties de l'Égypte on soit allé chercher de l'eau dans le canton de Gessen. Cette réflexion, indépendamment du 24ᵉ verset, me paraît assez juste pour qu'on ne croie pas nécessaire d'envoyer au loin les Égyptiens chercher de l'eau pour boire, voyage dans lequel plusieurs seraient morts de soif. Il n'est pas dit dans le livre de la *Sagesse* que les magiciens envoyèrent chercher de l'eau dans ce canton, mais seulement que *les Israélites, lorsque leurs ennemis n'en trouvaient point, se réjouissaient d'en avoir abondamment*. Or les Israélites n'étaient point renfermés dans les limites de la province de Gessen; ils étaient répandus dans d'autres parties de l'Égypte, et avaient leurs habitations parmi celles des Égyptiens (7), comme il y avait de ces derniers qui demeuraient parmi eux dans la terre de Gessen. On peut se demander si les Égyptiens *amis* des Israélites n'étaient pas préservés des maux dont Dieu frappa le pays; quoi qu'il en soit, on peut croire que beaucoup d'Égyptiens, amis ou ennemis, voisins des Israélites, puisèrent de l'eau dans leurs puits, et que celle sur laquelle opérèrent les magiciens venait de là et des trous creusés le long du fleuve, plutôt que de la province de Gessen.

EAUX DE JALOUSIE, que l'on faisait boire aux femmes soupçonnées d'adultère. *Num.* V. 17, 18, *et suiv. Voyez* ce que j'ai dit sous l'article ADULTÈRE.

Cette épreuve marquée d'une manière si circonstanciée dans Moïse, et tolérée parmi les Juifs, est une des choses les plus extraordinaires qu'on puisse s'imaginer, et qui ne pouvait s'exécuter que par un miracle perpétuel dans Israël. On ne peut douter que les sages de la nation n'en aient toujours fort désapprouvé l'usage, et que Moïse ne l'ait

---

(1) *Des devoirs essentiels de leur religion*. Abu Jaaphar Ebn Tophaïl, autrement appelé *Abu Beker*, auteur arabe, qui a écrit la vie de *Haï Ebn Jokdan*, a cru que les mortels peuvent parvenir à la connaissance de la nécessité des purifications religieuses par l'eau, en contemplant la pureté des corps célestes, c'est-à-dire des astres.
(2) *Exod.* VII, 20-22.
(3) *Quæst.* XXIII *et* XXVI *in Exod.*
(4) XI, 5.
(5) Léon Delaborde, *Comment. sur l'Exod.* VII, 22.
(6) Tom. I, pag. 102, col. 2.
(7) *Voyez* le mot *Gessen*.

accordée qu'à la dureté du cœur des Hébreux, accoutumés apparemment à voir de pareilles épreuves chez les Egyptiens, ou chez les autres peuples qui leur étaient connus (1), et capables de se porter aux dernières extrémités, et aux plus grandes violences, si on la leur avait refusée (2).

Ceux d'aujourd'hui ne pratiquent plus cette manière d'épreuve depuis la ruine du temple par les Romains (a). [*Voyez* JALOUSIE.] Mais si un mari conçoit quelque soupçon contre sa femme, il lui défend de voir celui qui lui fait ombrage; si elle continue à le voir, qu'on les trouve ensemble, et que les indices soient forts contre elle, alors il est contraint par les rabbins de la répudier, quand même il ne le voudrait pas, et de s'en séparer pour toujours.

Il est certain que, depuis très-longtemps, les peuples d'Orient sont dans l'usage de faire subir des épreuves de différentes sortes à ceux qu'on soupçonnés de quelques crimes qu'on ne peut découvrir par les voies ordinaires. Les plus communes des épreuves sont celles du fer chaud, et des eaux bouillantes. Elles sont à présent communes dans la Chine. Lorsqu'un homme est accusé d'un crime qui mérite la mort (b), on lui demande s'il est disposé à subir l'une ou l'autre de ces deux épreuves; s'il s'y soumet, on lui met sur la main sept feuilles d'un certain arbre, et par-dessus les feuilles un fer rouge. Il le tient pendant quelque temps, puis le jette par terre. Aussitôt on lui enferme la main dans une poche de cuir, qui est en même temps cachetée avec le sceau du prince. Au bout de trois jours, si sa main se trouve saine et entière, il est déclaré absous, et son accusateur condamné à payer un marc d'or envers le prince. L'épreuve de l'eau se fait en jetant un anneau dans une chaudière d'eau bouillante. Si l'accusé l'en retire sans souffrir de brûlure, il est reconnu innocent.

Cette épreuve est connue dans Sophocle (c), et elle a été fort longtemps en usage parmi les chrétiens de la plus grande partie de l'Europe (d). On prétendait même la faire passer pour bonne et religieuse, puisqu'on trouve des messes et des prières qu'on disait dans ces occasions. Les Indiens sont encore aujourd'hui dans ces pratiques. Les Cafres obligent ceux qui sont soupçonnés de quelques crimes capitaux, à avaler du poison, à lécher un fer chaud, ou à boire de l'eau bouillante, dans laquelle on a fait cuire des herbes amères; les nègres de Loango et de Guinée, les Siamois, et d'autres Indiens ont la même superstition, et sont très-persuadés que ces épreuves ne font jamais de mal aux innocents.

EAUX DE L'ABIME; ce sont les eaux de la mer, des rivières, les eaux cachées dans les réservoirs qui sont sous la terre. On les appelle aussi les *eaux inférieures*, pour les distinguer des eaux du ciel, des nuées, des pluies, de la rosée, qui sont appelées les eaux *supérieures*, séparées des *inférieures*, par ce qu'on appelle le firmament (e), c'est-à-dire, l'air ou le ciel. L'Ecriture dit que le Seigneur a mis les abîmes dans ses trésors, qu'il leur a fixé des bornes qu'elles ne peuvent outrepasser.

* EAUX INFÉRIEURES et SUPÉRIEURES. *Voyez* EAUX *de l'abîme*.

EAUX DE CONTRADICTION. Moïse (f) raconte que les Israélites étant arrivés à Cadès [*Voyez* MARCHES et CAMPEMENTS], et venant à manquer d'eau, ils se soulevèrent contre lui et contre Aaron son frère, en disant : « Plût à Dieu que nous fussions morts avec nos frères devant le Seigneur! Pourquoi nous avez-vous fait sortir de l'Egypte, pour nous faire venir dans ce désert, où l'on ne peut ni semer ni moissonner, et où l'on ne peut avoir ni vignes, ni figues, ni amandiers, et où l'on ne trouve pas même d'eau pour boire? Moïse et Aaron, ayant renvoyé la multitude, entrèrent dans le tabernacle du Seigneur, et s'étant prosternés en terre, ils crièrent au Seigneur, et lui dirent : Seigneur, écoutez les cris de ce peuple, et ouvrez-leur votre trésor, une fontaine d'eau vive, afin qu'ils soient désaltérés, et qu'ils cessent de murmurer. Alors le Seigneur dit à Moïse : Prenez la verge, et assemblez le peuple, vous et votre frère Aaron, et parlez à la pierre devant eux, et elle vous donnera de l'eau.

» Moïse, ayant donc pris la verge, assembla le peuple devant le rocher, et leur dit : Ecoutez, rebelles et incrédules, pourrons-nous tirer de l'eau de cette pierre? Alors Moïse leva la main, et ayant frappé deux fois la pierre avec la verge, il en sortit de l'eau en abondance, en sorte que le peuple et tout son bétail eurent à boire. En même temps le

---

(a) Léon de Modène, part. 4, c. vi.
(b) Voyage de la Chine au neuvième siècle p. 37, notes p. 159.
(c) In Antigon. v. 274.
(d) Ducange, Lexic. Ferrum candens. Juret. in not. ad Yvon. Carnut. Bulux. in not. ad Capitular.
(e) Genes. i, 6, 7; vii, 11. Exod. xv, 5. Deut. viii, 7; xxxiii, 13. Isaï. li, 10, etc.
(f) Num. xx, 2, 3 et seq.
(1) L'auteur dit *apparemment*; c'est trop dire. Je pense que c'est certainement à tort que Moïse et les Hébreux beaucoup plus copistes qu'ils ne le sont des Egyptiens et de je ne sais quels autres peuples. Je voudrais qu'on établît quels usages, quelles lois, quelles institutions, étaient propres aux Egyptiens, par exemple, et sont passés chez les Hébreux. De dire : les Hébreux ont emprunté ceci ou cela des Egyptiens, c'est chose très-facile et très-commode; mais on ne produit aucune preuve de ces singulières et gratuites assertions

(2) Longtemps après Moïse il y eut aussi chez les Athéniens une épreuve analogue à celle des eaux de jalousie. « La femme accusée d'adultère, dit M. Albert du Boys (*Hist. du droit criminel des peuples anciens*, ch. v, § 5, pag. 184, in-8°; Paris, 1845), pouvait être admise, dans certains cas, à se disculper par un serment inscrit sur une tablette que l'on suspendait à son cou. Elle s'avançait alors dans l'eau jusqu'à mi-jambe; si elle était innocente, l'onde restait paisible dans son lit; si au contraire elle était coupable, l'onde s'élançait tout à coup comme pour engloutir jusqu'aux traces du faux serment et les dérober aux regards du soleil (Achil. Tat. *Antiquités grecques* de Robinson, tom. I, pag. 400). Ce sont là des épreuves à ajouter à celles du feu, mentionnées dans Sophocle. L'épreuve imposée à la femme adultère était vraisemblablement une invention miséricordieuse des prêtres ou des magistrats athéniens, destinée à l'arracher à une condamnation imminente. »

Seigneur dit à Moïse et à Aaron : Parce que vous ne m'avez pas cru, et que vous ne m'avez pas sanctifié devant les enfants d'Israel, vous ne ferez point entrer ce peuple dans le pays que je leur ai promis. C'est là *l'eau de contradiction* où les enfants d'Israel se mutinèrent contre le Seigneur, et où il fut sanctifié au milieu d'eux.» Au lieu d'*eaux de contradiction*, l'Hébreu lit (מי מריבה) : *eaux de meribah*, eaux de querelle, de contestation, de murmure du peuple contre Moïse et contre Dieu. [*Voyez* JOSUÉ, § XXXI]

On demande en quoi consiste le péché que Moïse commit en cette occasion, et qui déplut si fort à Dieu, qu'il le priva de l'honneur de faire entrer son peuple dans la terre promise? Le psalmiste nous dit (a) que Moïse fut aigri et troublé par les murmures du peuple, et qu'il témoigna du doute par ses paroles : *Irritaverunt eum ad aquas contradictionis, et vexatus est Moyses propter eos, et distinxit labiis suis*. Il témoigna quelque doute aux promesses du Seigneur. Dieu, lui avait promis absolument qu'il tirerait de l'eau du rocher; Moïse en douta en quelque sorte : *Pourrons-nous tirer de l'eau de cette pierre*? Il frappe *deux fois* le rocher, et Dieu lui avait dit simplement de lui parler; il craint que dans cette rencontre Dieu, irrité contre le peuple, ne lui refuse ce qu'il avait promis; *anima eorum variavit in me*, dit le prophète Zacharie (b); leur âme fut flottante, incertaine, douteuse.·

Ils ne *sanctifièrent pas le Seigneur* : ils ne lui rendirent pas l'honneur qui lui est dû, par une obéissance exacte, fidèle, ferme et constante à ses paroles ; *ils ne le sanctifièrent pas devant le peuple*, ils donnèrent à ce peuple une idée trop basse du pouvoir ou de la bonté de Dieu ; ils déshonorèrent en quelque sorte sa puissance par une conduite si peu assurée. Enfin *le Seigneur fut sanctifié en eux*, il fit éclater sur Moïse et Aaron sa justice et sa majesté. Il apprit au peuple en leur personne , et par le châtiment qu'il exerça contre eux, de quelle manière il veut être servi. Et en effet, rien n'est plus propre à nous inspirer de la terreur, et à nous faire connaître jusqu'à quel point Dieu est jaloux de sa gloire, que la punition de Moïse et d'Aaron, dans une chose qui nous paraît si peu considérable.

EAUX DE MARA. Voy. MARA.

EAUX DES PIEDS. C'est ainsi que les Hébreux appellent l'urine ; *Isai*. XXXVI, 12 : *Ut bibant urinam pedum suorum* ; l'Hébreu : *aquam pedum suorum*.

EAUX, marquent aussi souvent la postérité. *Vous êtes sortis des eaux de Juda* (c). *L'eau coulera de son seau* (d). *Buvez l'eau de votre citerne, et faites couler vos eaux dans les places publiques*, etc. (e).

EAUX DE MEROM (*f*). Plusieurs croient que ce sont les eaux du lac Séméchon, situées entre les sources du Jourdain, et le lac de Tibériade : mais il est plus probable que *Mérom*, ou *Méromé*, était dans le Grand-Champ, et, comme dit Eusèbe, à douze milles de Sébaste, vers Dothaïm. Débora dit que Zabulon et Nephthali combattirent contre Sisara dans le canton de Méromé (g). Or, il est certain qu'ils combattirent au pied du mont Thabor, et sur le torrent de Cison.

EAUX. Les grandes eaux désignent souvent les peuples nombreux, dans le style des prophètes. *Apoc.* XVII. 15 : *Aquæ quas vidisti,.... populi sunt*.

EAUX FIDÈLES, Isaïe, XXXIII, 16. Ce sont des eaux qui ne manquent jamais, des eaux de source, qui ne tarissent point, opposées aux *eaux menteuses* , Jérémie XV , 18. Ainsi une *maison fidèle* (h) signifie une maison qui subsistera toujours : *Ædificabo ei domum fidelem* : et (i), *fidelis erit domus tua*. Et de même, *Merces fidelis*, une récompense certaine et assurée. Et encore : Je le ficherai comme un clou dans un lieu fidèle (*j*) : *Figam illum paxillum in loco fideli*, dans un lieu ferme et inébranlable.

EAUX VIVES. Eaux de source, eaux coulantes, eaux de fontaine, par opposition aux eaux de citerne, aux eaux mortes, aux eaux d'étang et de lac.

Comme le *pain*, dans l'Ecriture, se prend pour toute sorte de nourriture, ainsi l'*eau* se prend pour toute sorte de boisson. On reproche aux Moabites et aux Ammonites de n'être pas venus au-devant des Israélites dans le désert (*k*), *avec du pain et de l'eau*, c'est-à-dire avec les rafraîchissements convenables. Nabal dit avec insulte aux gens de David (*l*) : *Je prendrai mes pains et mes eaux, et je les donnerai à des gens que je ne connais point*. Le faux prophète de Jéroboam vient dire au prophète du Seigneur (m) : *Un ange m'a dit Ramenez-le avec vous dans votre maison, afin qu'il mange du pain et qu'il boive de l'eau*.

EAUX ETRANGÈRES, EAUX FURTIVES (*n*) et dérobées, marquent les plaisirs illicites avec des femmes étrangères. On reproche aux Israélites d'avoir abandonné la source d'eau vive, pour chercher à se désaltérer dans les citernes percées, etc. (*o*), c'est-à-dire, d'avoir quitté le culte de Dieu, pour adorer des divinités ridicules.

Les EAUX marquent quelquefois les afflictions, les malheurs (*p*) : *Inundaverunt aquæ super caput meum* ; et le Psalmiste (q) . *Sauvez-moi , Seigneur, car les eaux sont entrées jusqu'au fond de mon âme*. Voyez aussi *Psalm*.

(a) *Psalm*. cv, 32, 33.
(b) *Zach*. xi, 8.
(c) *Isai*. XLVIII, 1.
(d) *Num*. XXIV, 7.
(e) *Prov*. v, 15, 16.
(f) *Josue* xi, 5. 7.
(g) *Judic*. v, 18.
(h) I *Reg*. II, 35.
(i) II *Reg*. VII, 16.

(j) *Isai* XXII, 23.
(k) *Deut*. XXIII, 4.
(l) I *Reg*. XXV, 2.
(m) III *Reg*. XIII, 18.
(n) *Prov*. IX, 17.
(o) *Jerem*. II, 13.
(p) *Thren*. III, 54.
(q) *Psalm*. LXVIII, 1.

CXXIII, 4, 5, etc. *Non me demergat tempestas aquæ*, etc. *Psalm.* CXVIII, 16.

Les EAUX marquent aussi quelquefois les larmes et la sueur : *Quis dabit capiti meo aquas, et oculis meis fontem lacrymarum* (a) ? Et *per cuncta genua fluent aquæ*, Ezech. XXI, 7, et VII, 17.

EBAL [ou HÉBAL (1)], huitième fils de Jectan (b). La plupart croient qu'il peupla une partie de l'Arabie. On y trouve un canton nommé *Abalite*, ou *Avalite*.

EBAL, [troisième] fils de Sobal (c), un des descendants [ou des fils] de Séir le Horréen.

EBAL, montagne près de Sichem. *Voy.* HÉBAL.

EBEN-EZER, c'est-à-dire, *la pierre du secours*. C'est le nom du camp où étaient les Israélites, quand ils furent défaits par les Philistins, et que l'arche du Seigneur tomba entre les mains des infidèles (d). — [*Voy.* ABEN-ESER.]

EBIONITES. *Voy.* ÉVANGILES.

EBODA, ville de l'Arabie Pétrée (e). Apparemment la même qu'*Oboda*, ou *Oboth*. *Num.* XXI, 10, et XXXIII, 43, 44. *Voy.* OBOTH.

ECARBOUCLE, *Carbunculus*. *Voy.* ESCARBOUCLE.

ECARLATE. *Voy.* COCCUS, COCCINUS, etc.

ECBATANE, ville de Médie, bâtie par Déjocès, roi des Mèdes (f), et environnée de sept murs, lesquels étaient de hauteur et de couleur inégales. Le plus ample de ces murs avait, selon Hérodote, autant d'étendue que ceux d'Athènes, c'est-à-dire, cent soixante-dix-huit stades (g), ou vingt-trois mille trois cents pas, qui font près de huit lieues. Les créneaux de ces murs étaient de diverses couleurs : les premiers étaient blancs, les seconds, noirs ; les troisièmes, rouges ; les quatrièmes, bleus ; les cinquièmes, d'un rouge foncé ; les sixièmes, argentés ; les septièmes, dorés. Hérodote donne tout cet ouvrage à Déjocès ; mais le livre de Judith (h) attribue la construction d'Ecbatane à Arphaxad, que nous croyons être le même que Phraortes, successeur de Déjocès.

Ecbatane était située dans l'ancienne Médie ; et elle est souvent attribuée à la Perse. Les rois de Perse avaient accoutumé d'y passer l'été, à cause de la fraîcheur de l'air. Il est dit dans le premier livre d'Esdras (i) que l'on trouva à Ecbatane de Médie la copie de l'édit de Cyrus, qui permettait aux Juifs de s'en retourner dans leur pays ; mais plusieurs interprètes traduisent *achmeta*, qui est dans l'original, par une *cassette*, une *armoire*, une *cruche*. On trouva cet édit dans l'armoire qui était dans les archives de la Médie. Le livre de Tobie met la ville de Ragès dans les montagnes d'Ecbatane (j). Enfin il est dit dans les Machabées (k) qu'Antiochus Epiphane, étant à Ecbatane, apprit la déroute de ses armées dans la Palestine.

[*Voyez* les *Annales de philosophie chrétienne*, au mot ECBATANE dans la table générale du tome XII. Aucher-Eloi, ancien libraire et botaniste, est un des derniers voyageurs qui aient vu le lieu où fut Ecbatane. « *Hamadan*, dit-il, bâtie en terre comme toutes les villes de la Perse, est bien déchue de la gloire de l'antique *Ecbatane* dont elle occupe à peu près l'emplacement ; je dis à peu près, car Ecbatane, suivant le rapport des géographes anciens, et particulièrement d'Hérodote, devait être beaucoup plus sur le penchant de l'Elwend. La ville actuelle est presque en plaine, à l'exception du château en ruine, et ne pourrait point, comme le dit Morier, compter ses collines comme Rome et Constantinople : on ne conçoit guère comment ce voyageur a pu voir ainsi. Il n'y a aucun monument ancien bien remarquable, si ce n'est des inscriptions à têtes de clous (2) gravées sur le rocher. On y remarque une vaste mosquée, *Mesgid-Djouma*, qui est en ruine. C'est un édifice qui passe pour être le tombeau d'Esther et de Mardochée. [*Voy.* ESTHER.] On y lit une inscription en hébreu dont on peut voir le texte et la traduction dans Morier. — Hamadan ne compte pas plus de 15,000 habitants ; il y a un petit nombre d'Arméniens et de Juifs. On y voit le tombeau d'Avicenne et des ruines de tombeaux, de très-belles mosquées avec des caractères kufiques ; enfin un antiquaire pourrait y faire de belles découvertes (3). On peut s'y procurer de bonnes médailles et de belles pierres gravées ; mais les Anglais, en les achetant sans rime ni raison, en ont fait élever le prix immodérément, et les Juifs se sont emparés de ce genre de trafic. » Aucher-Eloi, *Relations de voyages en Orient*, première partie, pag. 248-250. Paris, 1843.]

ECBATANÉ, ou plutôt GABBATA, ville située au pied du mont Carmel, du côté de Ptolémaïde (l). C'est là où Cambyse mourut, s'étant blessé à la cuisse avec son cimeterre, comme il montait à cheval (m). *Voy.* notre Dissertation sur Gog et Magog, à la tête du Commentaire sur Ezéchiel.

ECCETAN, père de Johanan, qui [descendait d'Azgad] ramena de la captivité de Babylone cent dix personnes (n). — [*Voy* AZGAD.]

(a) *Jerem.* IX, 1.
(b) *Genes.* x, 28.
(c) *Genes.* XXXVI, 23.
(d) I *Reg.* IV, 1 et seq. An du monde 2888, avant Jésus-Christ 1112, avant l'ère vulg. 1116, sous le grand prêtre Héli.
(e) *Ptolom. Tab.* 4 *Asiæ*.
(f) *Herodot. l.* I, *c.* 98.
(g) *Thucydid. l.* I.
(h) *Judith.* 1, 1.
(i) I *Esdr.* VI, 2. באחמתא
(j) *Tob.* v, 8.
(k) II *Mac.* IX, 3.
(l) *Plin. l.* V, *c.* XIX.

(m) *Herodot. l.* III, *c.* LXIV.
(n) I *Esdr.* VIII, 21.
(1) I *Par.* I, 22.
(2). Ces inscriptions sont gravées dans les rochers granitiques du mont Elwend. Elles sont désignées par les habitants sous le nom de Gagdinameh (l'histoire du trésor). Ces inscriptions, que les travaux récents des philologues ont expliquées en partie, sont en langue assyrienne et perse (*Note de M. Texier*).
(3) Le public jouira sans doute bientôt de celles qu'y a faites M. Ch. Texier. *Voy.* le prospectus récemment publié de son grand ouvrage sur l'Arménie et la Perse. (Note de M. le comte Jaubert, éditeur de l'ouvrage d'Aucher-Eloi.)

ECCLÉSIASTE. Le livre sacré de l'*Ecclésiaste* a pour titre dans l'hébreu, *Coheleth*, qui est un nom féminin, dont la signification littérale est, *celle qui parle en public*, ou, *celle qui convoque l'assemblée*. Mais les Grecs et les Latins, sans avoir égard au genre, lui ont donné le nom d'*Ecclésiaste*, c'est-à-dire, *un orateur*, un homme qui parle en public. Salomon, à qui l'on attribue ce livre, se désigne dès le premier verset par ces mots (a) : *Paroles de Coheleth, fils de David, roi de Jérusalem*. Il parle de ses ouvrages, de ses richesses, de ses bâtiments (b), et en particulier de ses proverbes, ou de ses paraboles (c). Il y déclare qu'il a été le plus sage, et le plus heureux de tous ceux qui l'ont précédé à Jérusalem (d). Ce qui le caractérise d'une manière qui ne laisse point de doute sur son sujet.

Malgré ces raisons, il s'est trouvé des critiques qui ont douté que Salomon ait écrit cet ouvrage. Grotius croit qu'il fut composé longtemps après Salomon, et que ce fut Zorobabel qui le fit rédiger en faveur de son fils Abiud (e), et dans la vue de dresser un monument éternel à la pénitence de Salomon. L'auteur des *Sentiments de quelques théologiens de Hollande* dit que l'Ecclésiaste est un dialogue où un homme de bien dispute contre un impie, qui est dans les sentiments des Saducéens. Il croit y remarquer des choses qui sont directement opposées les unes aux autres, et qui ne peuvent venir de la même personne. Mais on n'a aucune preuve que Zorobabel ait fait rédiger cet ouvrage ; on n'y voit aucune trace de dialogue (1) ; et s'il y a des sentiments qui paraissent contraires les uns aux autres, c'est que Salomon y dispute pour et contre, qu'il propose les objections des Saducéens, et qu'il y répond.

Les Hébreux, saint Jérôme, et la plupart des commentateurs croient que cet ouvrage est le fruit de la pénitence de Salomon ; qu'il le composa sur la fin de sa vie, lorsque, détrompé de la vanité des choses du monde, il commença à détester ses égarements et à retourner au Seigneur. On trouve en effet dans ce livre des marques de son repentir. Il y dit qu'il a cherché tout ce qui pouvait contenter ses sens, qu'il ne s'est refusé aucun plaisir, et qu'il n'a trouvé partout que vanité. Mais ces raisons n'ont pas empêché que l'on n'ait douté du salut de Salomon ; et sa pénitence est encore aujourd'hui un grand problème dans l'Eglise.

Les rabbins nous enseignent, et saint Jérôme le confirme après eux, que ceux qui recueillirent les Ecritures sacrées après la captivité, et qui les placèrent dans le canon, firent d'abord quelque difficulté sur le livre de l'Ecclésiaste. Ils délibérèrent s'ils ne le supprimeraient pas, à cause des sentiments dangereux qui s'y rencontrent et des expressions capables d'inspirer des doutes sur l'immortalité de l'âme (2). Mais, l'affaire ayant été mise en délibération, il fut conclu qu'on le recevrait comme Ecriture inspirée, en considération de ce qui y est dit à la fin, touchant la crainte de Dieu, et l'observation de ses lois (f) : et depuis ce temps ce livre a toujours passé pour canonique, tant parmi les Juifs que parmi les chrétiens. Il est vrai que Théodore de Mopsueste (g) a cru que Salomon l'avait composé sans aucune inspiration particulière ; et Philastrius remarque que quelques hérétiques le rejetaient, comme favorisant l'épicuréisme. Mais ces sentiments n'ont jamais été ni suivis ni approuvés. L'Eglise les a condamnés comme contraires à la foi et au respect dû aux Ecritures canoniques.

Salomon, dans cet ouvrage, propose les sentiments des Saducéens et des Epicuriens dans toute leur force. Il prouve fort bien la vanité des choses du monde, l'inutilité des occupations des hommes, l'incertitude de leurs connaissances. Il propose les plus fortes objections que l'on puisse former contre l'immortalité de l'âme ; mais à la fin il conclut par ces termes : *Ecoutons tous la fin de ce discours : craignez Dieu, et observez ses commandements ; car c'est en cela que consiste tout l'homme*. Voilà à quoi se terminent toutes ses obligations ; voilà le seul moyen de devenir heureux.

ECCLÉSIASTIQUE. Le livre de l'*Ecclésiastique* est ainsi nommé en latin, peut-être pour le distinguer de celui de l'*Ecclésiaste*, ou pour marquer qu'il contient, de même que le premier, des préceptes et des exhortations à la sagesse et à la vertu. Les Grecs l'appellent *la Sagesse de Jésus, fils de Sirach*, ou *la Sagesse de Sirach*, ou *Panaretos de Jésus, fils de Sirach*. Ce terme *Panaretos* signifie un livre de toutes les vertus. L'auteur y ramasse une infinité de maximes, et d'in-

---

(a) *Eccle.* I, 1. קהלת *Coheleth.*
(b) *Eccle.* II, 4, 5, 6.
(c) *Eccle.* XII, 9.
(d) *Eccle.* I, 16.
(e) *Grot. Præfat. in Eccle. et in Eccle.* XII, 11, 12.
(f) *Eccli.* XII, 13.
(g) *Vide Synod. V Constantinop.*, act. 4.

(1) Je ne vois aucun danger à admettre que ce livre a la forme indiquée par les *théologiens de Hollande* ; et il faut avouer qu'il est difficile de ne pas la lui reconnaître. Cette forme, adoptée par Platon et Cicéron dans la plupart de leurs ouvrages, est en effet la plus convenable aux matières qui y sont traitées. M. Bonnetty a aussi reconnu *deux interlocuteurs* dans le livre de l'Ecclésiaste. *Voy.* la note suivante.

(2) M. Munk, israélite, dans ses *Réflexions sur le culte des anciens Hébreux*, insérées dans le tome IV de la traduction de la Bible par M. Cahen, réfute les objections des auteurs qui ont prétendu que les anciens Hébreux ne croyaient pas à l'immortalité de l'âme. — Après avoir rapporté plusieurs preuves en faveur de son sentiment, qui est la vrai, il cite l'Ecclésiaste : « La doctrine de l'immor-
» talité de l'âme, dit-il, est encore plus clairement énoncée
» dans le livre de *Koheleth* : lorsque l'homme va à la mai-
» son de l'éternité (ch. XII, 5), *la poussière retourne à la
» terre, telle qu'elle était, mais l'esprit retourne vers Dieu
» qui l'a donné* (vers. 7). — Il est très-vrai, ajoute-t-il
» en note, que dans ce livre, qui paraît être composé de
» différents fragments de philosophie, il y a d'autres pas-
» sages qui expriment des doutes sur l'immortalité de
» l'âme ; mais ces doutes eux-mêmes prouvent l'existence
» de cette doctrine chez les Hébreux. » — M. Munk, dit
là dessus M. Bonnetty (*Annales de philos. chrét.*, tom.
» XIII, p. 172), aurait pu dire plutôt que dans ce livre il y
» a deux interlocuteurs, un *croyant* et l'autre *impie*. Ce qui
» explique suffisamment ses doutes. »

structions pour tous les états de la vie et pour toutes sortes de conditions.

Quelques anciens (a) ont attribué cet ouvrage à Salomon; mais il est certain que l'auteur est beaucoup plus récent que Salomon. Il y parle de plusieurs personnes qui ont vécu après ce prince. Il se nomme lui-même au chapitre L, vers. 29 : *Moi Jésus, fils de Sirach, j'ai écrit dans ce livre la doctrine de la sagesse et des instructions*. Le chap. LI est inscrit : *Prière de Jésus, fils de Sirach*. L'interprète, qui l'a rendu de syriaque ou d'hébreu en grec, dit au commencement que son aïeul Jésus l'a composé en hébreu.

Quant au traducteur, saint Athanase, saint Epiphane et saint Jean Damascène ont cru que Jésus, fils de Sirach, avait eu un fils de même nom que lui, et encore un petit-fils, nommé *Jésus*, et surnommé *fils de Sirach*, lequel traduisit ce livre d'hébreu en grec. Ce qui est certain, c'est que nous ne savons le nom du traducteur par aucun monument authentique ; car le titre du prologue, qui l'appelle *Jésus*, ne lit pas ce nom dans le grec de l'édition romaine.

Quelques rabbins croient que *Bensira*, auteur juif, dont on a deux alphabets de proverbes, est le même que notre *Jésus, fils de Sirach*. Ce sentiment a été suivi par plus d'un auteur chrétien; et on remarque beaucoup de conformité entre les sentences de ces deux écrivains. On peut voir le parallèle qu'en a fait Cornelius à Lapide, à la tête de son commentaire sur l'Ecclésiastique. Mais s'il est vrai, comme le veulent les Juifs, que Bensira soit neveu de Jérémie et père d'un nommé Uziel, on ne peut dire qu'il soit le même que Jésus, fils de Sirach, qui a vécu longtemps après le retour de la captivité, et depuis la monarchie des Ptolémées en Egypte.

On ne sait pas précisément en quel temps vivait l'auteur de cet ouvrage. Il fait l'éloge du grand prêtre Simon, comme d'un homme qui ne vivait plus. Mais, comme il y a eu plus d'un grand prêtre de ce nom, la difficulté subsiste tout entière. Il y a toutefois assez d'apparence qu'il veut marquer Simon II, après la mort duquel on vit arriver aux Juifs tous les maux qui ont pu faire dire à Jésus, fils de Sirach, ce qu'on lit dans les chapitres XXXVI et L. Celui qui l'a traduit en grec vint en Egypte la trente-huitième année de Ptolémée VII, qui fut surnommé Evergète, second du nom, ainsi qu'il nous le dit lui-même dans sa préface. Mais pour l'auteur de la traduction latine faite sur le grec, il est entièrement inconnu. Saint Jérôme n'a point touché à ce livre. Nous l'avons encore tel que les anciens Pères l'ont connu et cité, et d'un latin très-barbare.

Quant à la canonicité de l'Ecclésiastique, elle a été autrefois assez contestée. Il y a plusieurs anciens catalogues des livres canoniques où il ne se trouve point. Saint Jérôme (b) dit que l'Eglise le reçoit pour l'édification, mais non pas pour autoriser les dogmes de la religion : *Ad œdificationem plebis, non ad auctoritatem ecclesiasticorum confirmandam*. Mais c'est aujourd'hui un sentiment reconnu dans toute l'Eglise catholique que ce livre est reçu dans le canon des saintes Ecritures; et l'on peut montrer par le témoignage de plusieurs Pères de tous les siècles, et par la tradition de toutes les Eglises chrétiennes, qu'il a toujours été révéré et cité comme inspiré du Saint-Esprit, par un grand nombre d'écrivains ecclésiastiques. Et si quelques anciens ne l'ont pas reçu dans leur catalogue, c'est qu'ils s'étaient bornés à n'y mettre que les écrits qui n'étaient point contestés et qui étaient admis unanimement par les juifs et par les chrétiens.

. [« L'Ecclésiastique, écrit l'an 175 avant l'ère chrétienne, livre admirable qui sans doute a donné la pensée et le modèle de l'*Imitation de Jésus-Christ*, qui a avec lui tant d'analogie par la forme et surtout par l'onction si douce et si tendre, célèbre la sagesse, la charité et le mépris des richesses.

« L'intelligence et la science religieuse, » dit-il, se trouvent dans les trésors de la sa-» gesse: mais la sagesse est en exécration » aux pécheurs. *Il n'y a rien de plus injuste* » *que celui qui aime l'argent ;* car un tel » homme vendrait son âme même, parce qu'il » s'est dépouillé tout vivant de ses propres » entrailles. » Chap. I, vers. 26.

« Si vous avez un esclave qui vous soit » fidèle, qu'il vous soit cher comme votre » propre vie. Traitez-le comme votre frère, » parce que vous l'avez acquis au prix de » votre sang. » Chap. XXXI.

« Nos pères ont commandé aux peuples, et » les peuples ont reçu la solidité de leur sa-» gesse, des paroles toutes saintes : les pre-» miers sont des hommes de charité, et les » œuvres de leur piété subsisteront à ja-» mais. » Chap. XLIV.

« Ce peu de citations (jointes à d'autres tirées de Job, des Proverbes et de l'Ecclésiaste) doit suffire pour faire apprécier la philosophie religieuse du peuple hébreu dans ses rapports avec l'économie politique. Dans l'esprit des sages et des chefs de ce peuple, qui faisaient remonter toute science à la révélation primitive, les richesses étaient considérées comme une marque gratuite de la bonté divine. Elles ne devaient point être recherchées immodérément. Elles ne pouvaient être acquises qu'avec justice, c'est-à-dire, par une conquête légitime, ou mieux encore par la pratique des vertus génératrices de l'aisance et du bien-être, le travail, la tempérance et l'épargne. La destination des richesses nationales ne pouvait, à leurs yeux, avoir un objet plus nécessaire et plus noble que la religion. » Le vicomte Alban de Villeneuve-Bargemont, *Cours sur l'histoire de l'économie politique*. 3ᵉ leçon.

ECDIPPE, autrement Actib. [*Voyez* Achsaph, Achzib ou Achziba, Acsaph et Ac ib.]

ECHAIA, chef de la famille, marqué dans

(a) *Innoc. I Ep. ad Exuper. Concil. Carth. 3. Origen. homil. 8 in Num. et homil. 1 in Ezech. Chrys. in Psal. cxxxiv. Hilar. in Psal. cxliv. Cyprian. l. III, Ep. 4. Optat.*
(b) *Hieron. Præfat. in lib. Salom.*
lib. III contra Donat. Leo Magn. ser. 1, de Quadrag., et alit.

Esdras (II *Esdr.* X, 26).—[L'un de ceux qui, au retour de la captivité, signèrent l'alliance avec le Seigneur, sur la proposition de Néhémie.]

ECHELA. Apparemment la même que *Ceila*, ville dans la partie méridionale de Juda. *Voyez* CEILA.

ECHI, sixième fils de Benjamin. *Genes.* XLVI, 21. Les Septante font *Echi*, fils de Bala, et seulement petit-fils de Benjamin. *Echi* est le même que *Ahiram*. *Num.* XXVI, 38.—[*Voyez* AHARA.]

ECHMALOTARQUE, ou plutôt ÆCHMALOTARCHÈS (*a*), terme grec, qui signifie chef de la captivité, ou chef des captifs. C'est ainsi qu'on appelle ceux que les Juifs prétendent avoir eu le commandement ou le gouvernement du peuple durant la captivité de Babylone. Ils croient que ces chefs ou gouverneurs étaient toujours tirés de la tribu de Juda et de la race de David. Mais ils seraient fort empêchés de prouver l'existence de leurs prétendus *Echmalotarques*.

ECHO. Il est parlé de l'écho *Sap.* XVII, 18 : *Resonans de altissimis montibus echo*. Le mot grec *echos* signifie simplement du *bruit*. Mais *Echo* est le nom d'une nymphe qui fut métamorphosée en pierre, et qui n'a conservé que la voix (*b*) :

Nec prior ipsa loqui didicit resonabilis Echo.
Corpus adhuc Echo, non vox erat; et tamen usum
Garrula non alium, quam nunc habet, oris habebat.

ECLIPSE. Le mot *éclipse* ne se lit pas dans l'Ecriture. Les Hébreux ne paraissent pas avoir beaucoup philosophé sur les éclipses. Ils les considéraient comme des effets miraculeux et comme des marques sensibles de la colère de Dieu (*c*). Job semble dire que l'éclipse est causée par l'interposition de la main de Dieu entre nous et l'astre éclipsé (*d*) : *In manibus abscondit lucem, et præcipit ei ut rursus adveniat*. Il dit ailleurs (*e*) que Dieu fait défense au soleil de se lever, et qu'il ne se lève point; qu'il enferme les étoiles, et les met comme sous le sceau. Ezéchiel parle d'une manière plus populaire (*f*), lorsqu'il dit que Dieu couvre le soleil de nuages, lorsqu'il nous en dérobe la lumière par une éclipse.

L'éclipse qui arriva à la mort de notre Sauveur (*g*) est un miracle incontestable, puisque la lune, étant alors dans son plein, ne pouvait naturellement causer d'éclipse. De plus les éclipses ne durent d'ordinaire qu'environ une heure. Celle-ci en dura trois : *A sexta hora, tenebræ factæ sunt super universam terram, usque ad horam nonam*. Origène (*h*), suivi de plusieurs autres, a cru que cette obscurité ne fut que pour la Judée, qui est assez souvent désignée sous le nom de toute la terre. D'autres croient que tout notre hémisphère fut alors couvert de ténèbres. Jules Africain (*i*), Eusèbe et saint Jérôme (*j*) ont cité Phlégon, affranchi de l'empereur Adrien, qui dit qu'en la quatrième année de la deux cent deuxième olympiade, qui est celle de la mort de Jésus-Christ, il y eut une éclipse du soleil, la plus grande que l'on eût encore vue, puisqu'en plein midi on découvrait les étoiles dans le ciel. Tertullien (*k*) renvoie les païens aux archives publiques pour y trouver la nuit arrivée en plein midi.

Rufin (*l*) fait dire à saint Lucien, prêtre d'Antioche, martyrisé en 312, parlant aux païens : Consultez vos annales, et vous trouverez que lorsque Jésus-Christ mourut le soleil cessa de paraître, et le jour fut interrompu par des ténèbres extraordinaires. Thallus, auteur ancien, est aussi nommé par Jules Africain comme ayant marqué les ténèbres de la passion de notre Sauveur. Le faux Denys l'Aréopagite (*m*) dit qu'étant à Héliopolis en Egypte, il remarqua l'éclipse arrivée dans cette occasion; et comme il savait que, selon les règles de l'astronomie, elle ne pouvait arriver en ce temps-là, Allophanes, qui étudiait alors dans cette ville avec lui, s'écria : *Ce sont là, mon cher Denys, des changements surnaturels et divins*; ou, ce sont là des changements des choses divines. Suidas fait dire à saint Denys même : *Ou la divinité souffre, ou elle compatit à celui qui souffre*. *Voyez* notre dissertation sur les ténèbres arrivées à la mort de Jésus-Christ. *Recueil de dissertations*, t. III, p. 295.—[*Voyez* aussi Huet, *Démonstr. évangél.*, prop. III, § 8; Buffier, *Exposition des preuves de la religion*, n⁰ˢ 95 et 96; Addison, *De la religion chrétienne*, sect. II. § 1, notes du traducteur : ouvrages qui font partie de la collection des *Démonstrations* publiée par M. Migne, tome V, col. 56, et tome IX, col. 143 et 921. *Voyez* encore les *Annal. de philos. chrét.*, la table générale des douze premiers volumes, au mot ECLIPSE.]

ECOLES ou ACADÉMIES DES JUIFS. Les Hébreux ont toujours été très-soigneux d'enseigner et d'étudier les lois qu'ils avaient reçues de Moïse. Les pères de famille étudiaient et enseignaient dans leurs propres familles. Les rabbins enseignaient dans le temple, dans les synagogues et dans les académies. On prétend que, dès avant le déluge (*n*), il y avait des écoles de science et de piété dont les patriarches étaient les directeurs. On met Adam à leur tête, puis Enos, et enfin Noé. Melchisédech, dit-on, tenait école dans la ville de *Cariat-Sépher*, autrement *Hébron*, dans la Palestine; Abraham, qui avait été instruit par Héber, enseigna en Chaldée et en Egypte. Les Egyptiens apprirent de lui (*o*) l'astronomie et l'arithmétique; Jacob succéda à Abraham dans

---

(*a*) Αιχμαλωταρχή.
(*b*) Ovid. *Metamorph.* l. III.
(*c*) *Vide Joel.* II, 10, 31, et III, 15.
(*d*) Job. XXXVI, 52.
(*e*) Job. IX, 7.
(*f*) Ezech. XXXII, 7.
(*g*) Matth. XXVII, 45.
(*h*) Origen. *in Matth.* XXVII.
(*i*) Jul. *African. apud Syncell.*
(*j*) Euseb. *et Hieron. in Chronic.*
(*k*) Tertull. *Apologet.* c. XXI.
(*l*) Rufin. l. IX, c. VI *Hist. Eccl.*
(*m*) Dionys. *Areopag. Ep.* 7 ad Polycarp.
(*n*) *Voyez* Boulduc. *Ecclesia ante legem*. Sander. *Vinnie. Biblioth.* Basnage, l. V, t. VII, c. VII, *Hist. des Juifs*.
(*o*) Joseph. *Antiq.* l. I, c. VIII.

l'exercice d'enseigner. L'Ecriture dit (a) qu'*il était homme simple et habitait dans les tentes*, c'est-à-dire, selon le paraphraste chaldéen, *qu'il était parfait et ministre de la maison de doctrine*.

Tout cela est certainement très-peu solide et très-incertain. On ne peut douter que Moïse, Aaron et les anciens d'Israel n'aient instruit le peuple dans le désert, et que plusieurs bons Israélites n'aient été très-soigneux d'instruire dans la crainte de Dieu leur famille; mais tout cela ne nous prouve pas encore les écoles que nous cherchons. Sous Josué, nous voyons des espèces d'académies de prophètes, où *les enfants des prophètes*, c'est-à-dire, leurs disciples, vivaient dans l'exercice d'une vie retirée et austère, dans l'étude, la méditation et la lecture de la loi de Dieu. Il y avait de ces écoles de prophètes à Naïoth de Ramatha, sous Samuel. David et Samuel s'y retirèrent (b). Saül y envoya du monde pour prendre David; mais les envoyés s'étant approchés de la troupe des prophètes, à la tête desquels était Samuel, ils se mirent à prophétiser avec eux; les seconds et les troisièmes que ce prince envoya en firent de même; et lui-même, y étant venu, fut saisi de l'esprit de Dieu et se mit à prophétiser comme les autres.

Nous en voyons encore sous les prophètes Elie et Elisée, à Béthel (c) et dans la plaine de Jéricho (d). Il y en avait un grand nombre même dans le royaume d'Israel (e). Quelques-uns (f) ont cru qu'Elie en avait aussi une communauté sur le mont Carmel. On allait consulter ces prophètes sur les affaires importantes; on allait écouter leurs leçons, comme il paraît par l'hôtesse d'Elisée. Son mari lui demande pourquoi elle va voir le prophète, puisque ce jour *n'était ni le sabbat ni la néoménie* (g). Ces écoles subsistèrent jusqu'à la captivité de Babylone; et il semble même que les captifs allaient encore entendre les prophètes, lorsqu'il s'en trouvait dans les lieux où ils étaient. Ezéchiel (h) raconte divers entretiens qu'il eut avec les anciens d'Israel, qui vinrent le voir et le consulter plusieurs fois. Le peuple s'assemblait aussi autour de lui, comme pour l'entendre et l'écouter; mais ils ne tenaient compte d'exécuter ses paroles.

A ces écoles ou communautés de prophètes succédèrent les synagogues. On doute qu'il y en ait eu avant la captivité de Babylone; cependant on lit dans le psaume XXXIII, v.8, que Nabuchodonosor brûla toutes les synagogues du pays. Les anciens d'Israel passèrent la nuit en prières dans le lieu de l'assemblée (i), *Per totam noctem intra ecclesiam oraverunt*, demandant le secours du Seigneur contre Holopherne. Le grec d'Esther, c. IV,
v. 16, insinue qu'il y avait aussi des synagogues à Suse du temps d'Esther et de Mardochée. On assure que le nombre s'en multiplia tellement dans la Judée depuis le retour de la captivité, qu'il y en avait dans la seule ville de Jérusalem jusqu'à quatre cents, selon les uns, ou trois cent quatre-vingt-quatorze, selon les autres. Chaque corps de métier y avait la sienne, et les étrangers y en avaient aussi plusieurs (j).

Ce ne fut que depuis le retour de la captivité que l'on vit dans Israel les distinctions des sectes de Pharisiens, de Saducéens, d'Esséniens. On trouve aussi dans l'Evangile celle des Hérodiens. Chaque secte avait ses écoles particulières. On peut voir les articles de chacune d'elles.

La méthode d'enseigner dans les synagogues et dans les écoles se remarque parfaitement dans l'Evangile et dans les *Actes*. Jésus-Christ, âgé de douze ans, est trouvé dans le temple au milieu des docteurs, les écoutant et les interrogeant (k). Étant un jour entré dans la synagogue de Nazareth, sa patrie (l), on lui présenta le volume du prophète Isaïe; il le développa et l'ouvrit, et, ayant lu un passage du prophète, il le roula de nouveau et s'assit pour parler : il le lut donc debout, à peu près comme nous lisons l'Evangile. Saint Paul dit qu'il avait étudié aux pieds de Gamaliel (m). Philon (n) rapporte que dans l'assemblée des Esséniens, les enfants sont assis aux pieds de leurs maîtres, qui leur interprètent la loi et leur en développent les sens allégoriques et figurés, à la manière des anciens philosophes. L'auteur publié sous le nom de saint Ambroise (o) sur les Épîtres de saint Paul dit que chez les Hébreux les rabbins sont assis dans des chaires élevées; les écoliers plus savants et plus avancés sont sur des bancs au-dessous de leurs maîtres, et les plus jeunes sont assis à terre sur des nattes. Mais les auteurs du Thalmud enseignent (p) qu'anciennement le maître était assis, et les écoliers debout; mais cet usage changea dès avant la ruine du temple par les Romains; et depuis ce temps le maître était assis à la première place, et les écoliers autour de lui, assis comme lui dans des chaires, ou assis par terre. Le maître enseignait ou par lui-même, ou par interprète. S'il se servait d'interprète, il lui parlait hébreu, et celui-ci l'expliquait en langue vulgaire. Si les écoliers voulaient faire quelque question au maître, ils s'adressaient à l'interprète, qui la proposait au rabbin et rapportait aux écoliers la réponse qu'il avait faite.

Saint Jérôme (q) dit que, peu de temps avant la naissance de Jésus-Christ, deux fameux

---

(a) *Genes.* xxv, 27.
(b) I *Reg.* xix, 19, 20 et seq.
(c) IV *Reg.* ii, 3 : *Egressi sunt filii prophetarum qui erant in Bethel*
(d) IV *Reg.* ii, 5: *Accesserunt filii prophetarum qui erant in Jericho.*
(e) II *Reg.* xviii, 4, 13 et seq. · xix, 1; xx, 35, etc.
(f) *Ligtfoot. Centur.* p. 661.
(g) IV *Reg.* iv, 23.
(h) *Ezech.* xx. 1. 2, 3, etc. *et* xiv, 1, 2; xxv, 31.
(i) *Judith* vi, 21, 22.
(j) *Vitringa. De Synag. veter. l.* I, p. ii, c. x. Franc. Hartman. *Dissert.* p. 257.
(k) *Luc.* ii, 46.
(l) *Luc.* iv, 16, 17.
(m) *Act.* xxii, 3.
(n) Philo. lib. *quod omnis probus liber.*
(o) *Ambrosi Act. in* I *Cor.* xiv.
(p) *Thalmud.* tit. מגילה *Megillah.*
(q) *Hieron. in Isai.* c. viii, l·iii.

rabbins, Sammaï et Hillel, chefs de deux célèbres écoles, formèrent deux partis parmi les Juifs, et furent maîtres des Scribes et des Pharisiens. Akiba leur succéda et fut maître du fameux Aquila, interprète des Ecritures de l'Ancien Testament. Akiba eut pour successeur Méir; après lequel parut Johanan, fils de Zachaï; puis Eliézer, ensuite Delphon, Joseph le Galiléen, et enfin Josué, qui présida à cette école jusqu'à la prise de Jérusalem. C'est ainsi que les Juifs donnaient la succession de leurs docteurs au temps de saint Jérôme.

Les rabbins enseignent qu'après la ruine de Jérusalem on établit une école à *Japhné*, nommée depuis *Ivelin* en Galilée, et une autre à *Lydde* ou *Diospolis*. Akiba professa d'abord à Diospolis, puis à Japhné. Gamaliel lui succéda à Diospolis, et il succéda à Gamaliel à Japhné. Mais la plus fameuse académie de ce pays-là fut celle de *Tibériade*, sur la mer de Galilée. C'est là que professèrent successivement *Juda le Saint*, disciple de Méir, *Chanina* et *Johanan*. Quelque temps après, Juda se retira de Tibériade et ouvrit une école à Séphoris, et y professa pendant dix-sept ans. Mais il est bon de remarquer que toute cette succession de maîtres et d'écoles est très-peu certaine. *Voyez* le P. Morin, *Exercitations bibliques*, l. II, exercit. II, c. I et III.

Après la chute des écoles de la Palestine, que l'on fixe vers le milieu du troisième siècle, les Juifs vont chercher la succession de leurs docteurs au delà de l'Euphrate, à *Sora* à *Pundebita*, à *Nahardea* et à *Perutz-Schibbur*, lieux peu connus, et dont la situation est fort douteuse. Ils croient que ce furent les docteurs Rab et Samuel, disciples de Juda le Saint, qui les fondèrent vers l'an 220. Elles subsistèrent, disent-ils, pendant huit cents ans, jusque vers l'an 1030 de Jésus-Christ : alors elles furent détruites par les Sarrasins.

Du débris de ces écoles se formèrent celles de l'Egypte et de l'Europe : leurs docteurs parurent principalement en Espagne. Moïse, fils de Maïmon ou Maïmonide, était né à Cordoue. Il fut disciple d'Averroès, il se retira en Egypte, et y mourut vers l'an de Jésus-Christ 1205. Rabi Nathan, chef de l'école de Rome, mourut en 1106. Abenezra, autre fameux rabbin, est mort à Rhodes en 1174. Le rabbin Salomon, nommé autrement *Raschi* ou *Jarchi*, natif de Lunel en Languedoc, ou de Troyes en Champagne, mourut à Trèves en 1180. Kimchi était né à Narbonne : il a fleuri depuis l'an 1200 jusque vers l'an 1250. Voilà les principaux rabbins, et le temps auquel ils ont vécu. On peut se former, par ce qu'on vient d'en dire, une idée de leurs écoles et de la succession de leurs docteurs. Nous en avons parlé plus au long dans la Dissertation sur les écoles des Juifs.—[*Voyez* ci-après l'article ETUDES *des Hébreux* et mon

Dictionnaire de l'Ecriture sainte, au mot ECOLES.]

ECOUTER se met très-souvent pour *obéir*. *Vous n'avez point écouté ma voix* (a) ; vous ne m'avez point voulu obéir *Pourquoi écoutez-vous ce qu'on vous dit contre David* (b) ? pourquoi croyez-vous mes ennemis? *Le Seigneur entendra entre vous et moi* (c) ; il sera témoin de mon innocence et de l'injustice que vous me faites. *Ecouter* se met aussi pour *approuver*, pour *exaucer*, pour *apprendre*, etc.

ECRITOIRE. Les Hébreux mettaient dans l'écritoire, qu'ils appelaient *késeth* (קסת *Ezech*. IX, 2, 3, 11), tous les petits ustensiles dont ils se servaient pour écrire. *Voyez* CEINTURE.

ECRITURE. On dispute sur l'inventeur des lettres et de l'écriture. Quelques-uns soutiennent que l'on écrivait dès avant le déluge, et qu'Adam est l'inventeur des lettres; d'autres croient que Moïse est le premier auteur dont on ait des écrits, et qu'avant lui on n'a aucun monument écrit. Dans toute la vie des patriarches on ne voit aucun vestige d'écriture. Moïse ne cite aucun écrit composé avant lui ; car *le livre des guerres du Seigneur*, cité dans les Nombres, XXI, 14, est un passage ajouté au texte de Moïse, ou c'est un écrit composé de son temps. Il est vrai que l'on parle d'un livre composé par Adam et d'un autre par Enoch, et qu'on attribue au premier homme et à Enoch certains autres écrits. [*Voyez* LIVRES PERDUS.] Josèphe (d) parle de certaines colonnes avec des inscriptions faites avant le déluge. On rapporte aussi certains écrits que l'on dit avoir été composés par Abraham; mais tout cela passe pour fabuleux et apocryphe, au jugement des plus judicieux critiques.

On convient que dans le monde nous n'avons rien aujourd'hui de plus ancien, ni de plus authentique que les livres de Moïse: mais il ne s'ensuit pas qu'avant lui on n'ait pas écrit. Il paraît au contraire par son récit même que l'écriture était assez commune en ce temps-là, et dans l'Egypte, d'où les Hébreux étaient sortis, et parmi les Israélites. Ceux-ci paraissaient tout accoutumés à cette manière d'exprimer leurs pensées et ses sentiments. Les principaux de la nation lurent sans doute les tables de la loi; Moïse avait été instruit de toute la science des Egyptiens; il avait donc sans doute appris leur manière d'écrire (e). *Voyez* l'article LETTRES.

[*Voyez* sur l'origine de l'Ecriture, les *Annales des philos. chrét.*, notamment le tom. XXVIII, etc.]

ECRITURE. Ce terme, pris absolument, marque d'ordinaire les livres sacrés de l'Ancien et du Nouveau Testament (f). *N'avez-vous jamais lu dans les Ecritures* (g) ? *Comment s'accompliront les Ecritures* (h) ? *Toute écriture divinement inspirée est utile à en-*

(a) *Psalm.* LXXX, 12, 14.
(b) I *Reg.* XXIV, 10.
(c) *Genes.* XVI, 5.
(d) *Joseph. Antiq.* l. I.
(e) *Voyez* notre Dissertation sur la matière et la forme des livres anciens.
(f) *Matth.* XXI, 42.
(g) *Ibid.* XXVI, 54.
(h) II *Timoth.* III, 16.

seigner, à reprendre, à corriger et à instruire dans la justice.

[Sur l'Ecriture considérée comme seule règle de foi et de morale par les protestants, *Voyez* la IX° *conférence* de Mgr Wiseman, dans la collection des *Démonstrations*, tom. XV, col. 947-954.

Ce qui suit aurait été mieux placé au mot Bible, mais j'aime mieux le mettre ici que de ne pas le mettre du tout. Le lecteur ne m'en voudra pas.

La réforme a enfanté un grand nombre de versions de la sainte Bible; elle a traité ce livre divin d'une manière qui a déjà eu de bien déplorables conséquences. Voici un tableau de ses entreprises téméraires et du sort lamentable que le livre par excellence a subi entre ses mains. Nous l'empruntons du premier article sur l'*Eglise romaine et la sainte Bible*, par le P. Pitra, nouveau bénédictin, et corédacteur de l'*Auxiliaire catholique* (1). Ce savant s'exprime en ces termes :

« La réforme se lève à grand bruit, pour rétablir, dit-elle, le règne de la parole de Dieu. L'Evangile sera dégagé des interprétations humaines, le Verbe révélé reprendra son universelle et infaillible omnipotence; la parole qui a créé le monde va régner seule sur les intelligences. Ainsi parlaient les novateurs qui s'arrogeaient le titre d'Eglise évangélique. Que resta-t-il de ces promesses? En quelques années, au sein de cette réforme, la sainte Bible, dépouillée de l'auréole d'inspiration dont l'avaient entourée seize cents ans ou plutôt trente siècles de foi, descend au niveau des œuvres de l'homme. C'est peu : quelques années encore, et, descendue plus bas, elle tombe au-dessous des plus viles productions humaines, elle s'en va en lambeaux sous le sarcasme des philosophes et le scalpel des rationalistes. Les coryphées de la réforme, de leur vivant, purent prévoir cette lamentable humiliation. Luther s'en exprimait avec son amertume ordinaire : « Le plus
» grand mal, dit-il en parlant de quelques
» disciples indociles, c'est que, pour soutenir
» opiniâtrément ce qu'ils ont une fois
» follement débité, ils consultent les oracles
» de Dieu pour en patronner leurs er-
» reurs. Eh! bon Dieu! y a-t-il rien qu'ils ne
» bouleversent, qu'ils ne dépravent, qu'ils
» ne corrompent, non-seulement pour flé-
» chir, mais pour torturer tout à leur sens.

(1) Article inséré dans ce recueil, 1re livraison, pag. 23.

(2) Tandem (quod est caput mali) dum obstinate tueri pergunt quod semel temere effutiverunt, tunc oracula Dei consulunt, ex quibus errorum suorum patrocinia quærunt. Ibi, Deus bone! quid non invertunt, quid non depravant atque corrumpunt, ut ad sensum suum non dico inflectant, sed vi ficurvent! Scilicet vere dixit poeta : *Furor arma ministrat*. Hæccine est dicendi via, versari et volutare Scripturas, ut libidini nostræ serviant, ut sensui nostro subjiciantur? Quo nihil est stolidius. O sonticam pestem! et certissima zizania inimici hominis quibus vult obcæcare verum semen! Et adhuc miramur unde tot sectæ inter eos qui primum nomen Evangelio dederant et renascenti Verbo! Luther, *Præfatio Opuscul.*

(3) Der Teufel richt ein solch Gerümpel in der Schrift an, und macht viel Sekten, Hesserey und Rotten unter den Christen. Und weil ein jegliche Rotte die Schrift für sich zog, und auf iren Sinn deutet, ward daraus das die Schrift den Namen überkommen hat, das

» Le poëte avait raison de dire : *La fureur
» donne des armes.* Est-ce une façon de par-
» ler permise que de tourner et retourner les
» Ecritures, pour les assujettir à notre ca-
» price, pour les soumettre à notre sens?
» Quelle stupidité! ô peste inouïe! pure zi-
» zanie de l'homme ennemi, qui veut étouffer
» la vraie semence. Et nous nous étonnons
» qu'il y ait tant de sectes entre ceux qui se
» sont ralliés à l'Evangile et au Verbe de
» Dieu renaissant (2)? » — « Le diable, dit-il ail-
» leurs, s'est servi de l'Ecriture comme d'une
» friperie, et a fait surgir une foule de sectes,
» d'hérésies, de schismes parmi les chrétiens.
» Et comme chaque secte confisque l'Ecri-
» ture à son profit et l'amène à son sens, il
» en est résulté que l'Ecriture elle-même a
» reçu différents noms, et qu'elle a été appe-
» lée un livre hérétique, parce que toute hé-
» résie en découle, et que chaque hérétique
» prétend s'autoriser des saintes Ecritu-
» res (3). »

« Calvin est moins véhément, mais non moins explicite : il blâme sans ménagement les innombrables versions nouvelles qu'enfantait la réforme, « à tel point, dit-il, que,
» perdant le vrai sens et l'intelligence du
» Christ, nous nous laissons surprendre par
» les fantaisies judaïques, comme il est ar-
» rivé à tous les interprètes, *sans m'excepter
» moi-même* (4). » La confession ne peut être plus claire ni plus édifiante. Voici qui a dû plus coûter au réformateur de Genève :
» Décidément, il serait mieux de laisser là
» l'étude de la langue hébraïque, pour reve-
» nir simplement à la vieille version Vul-
» gate usitée jusqu'ici (5). » Qu'on nous permette encore une citation qui pourra surprendre davantage : « Que le monde dure en-
» core, dit le même Calvin, et il s'en va devenir
» nécessaire derechef, pour sauver dans ce
» pêle-mêle d'interprétations scripturaires
» l'unité de la foi, d'accepter les décrets du
» concile (6). »

Cependant les excès qui effrayaient les pères de la réforme n'étaient rien au prix des scandales que l'école rationaliste donne au monde depuis le milieu du siècle dernier. Jusque-là, la Bible protestante, bien que mutilée et livrée sans contrôle à la pâture du fanatisme, était pourtant demeurée un livre divin. Déjà, il est vrai, quelques voix isolées préludaient à l'exégèse rationnelle : il

sie ein Hesserbuch heisst, als daraus alle Hesserey entsprungen ist, weil alle Hesser sich mit der Schrift behelfen. M. Luther. *Wider die Schwarmgeister*, opp. germ. edit. Luff., tom. II, p. 102. Ce texte de Luther est si obscur, que nous n'osons garantir que notre traduction soit tout à fait littérale.

(4) Ut interim omissa vera sententia et intellectu de Christo... Judaicæ imaginationes nobis incautis obrepant, quemadmodum omnibus interpretibus video evenisse, nullo, ac ne me quidem, excepto. Calvin. *Præfatio ad novissima verba David*.

(5) Omnino melius esset, omisso studio Hebraicæ linguæ, simpliciter retinere olim hactenus receptam et usitatam versionem Bibliorum quæ maxima ex parte jam per novos Testamenti libros explicata et illustrata est, quam tam novas versiones cumulare. *Ibid*.

(6) Si diutius steterit mundus, iterum necessarium erit, ut propter diversas Scripturæ interpretationes, quæ nunc sunt, ad servandam fidei unitatem concilii decreta recipiamus. *Ibid.*

est remarquable qu'on trouve encore un juif en tête de cette nouvelle guerre aux livres saints ; c'est le rabbin panthéiste d'Amsterdam, Benoît Spinosa, qui a posé les premiers principes de la nouvelle école (1) : « Tout ce » qui est raconté dans les livres révélés s'est » passé conformément aux lois établies dans » l'univers (2). J'accepte selon la lettre la » passion, la mort, la sépulture du Christ, » mais sa résurrection comme une allégo-» rie (3). »

« Peut-être même faudrait-il remonter plus haut que Spinosa, et jusqu'aux plus vantés des rabbins du moyen âge, sans excepter le célèbre Maïmonides, que la nouvelle synagogue appelle le prince de ses interprètes (4). Au moins faut-il compter pour précurseurs du rationalisme, non-seulement les déistes anglais et les sociniens allemands, qui affichaient l'horreur de toute révélation (5), mais les plus renommés docteurs de la réforme, un Grotius, un Scaliger, qui ont attaqué tantôt l'un, tantôt l'autre des livres canoniques ; mais les chefs eux-mêmes, Calvin, qui ne pouvait supporter l'Apocalypse ; Luther, qui appelait lettre de paille l'Epître de saint Jacques ; et enfin la réforme entière, qui renouvela l'attentat de la synagogue en retranchant toute une moitié des saints livres sous le titre de deutéro-canoniques (6). C'était déchirer en deux parts la robe du Christ, ce merveilleux tissu des textes sacrés, son vêtement d'honneur. Faut-il s'étonner qu'il ait été, après cette insulte des scribes et des docteurs, mis en pièces, tiré au sort et vendu à vil prix ?

» Aussi, lorsque Semler eut publié, en 1771-1775, son *Examen du canon*, Toelner, en 1772, son livre sur l'*Inspiration*, ce fut comme le signal d'une débâcle. Les plus indécis s'élancèrent sans ménagement dans la nouvelle exégèse : Michaelis, Rosenmüller, Paulus, Ernesti même, malgré son austère modération, aidèrent cette révolution de tout leur ascendant et formulèrent hardiment ses principes. Eichorn commença par la Genèse la démolition pièce à pièce ; Bauer alla presque jusqu'au bout par sa *Mythologie de la Bible* ; Daub, dans ses *Théorèmes de théologie*, demandait grâce uniquement pour tout ce qui ne se rapportait ni aux anges, ni aux démons, ni aux miracles. Schleiermacher poussait avec une sorte de délire au développement du mythe, qui envahit en effet la théologie protestante. Les plus vieilles annales du monde, le véritable testament de soixante générations, le pacte d'alliance entre Dieu et les hommes, devenu le jouet d'une critique de pédants, fut traité comme une épopée, comme un conte oriental. Le Nouveau Testament fut encore plus en butte aux traits de la prétendue Eglise évangélique. Schleiermacher déclara qu'il n'y avait d'authentique dans l'Evangile araméen de saint Matthieu que des causeries (λογία) encadrées dans un récit arbitraire par l'interprète grec. Wilke n'admet d'évangile original que saint Marc, et regarde saint Luc et saint Matthieu comme des compilations d'un recueil de Papias. Encore l'Evangile de saint Marc est-il moins un récit fidèle qu'une combinaison de seconde main ; saint Jean est l'œuvre assez récente des prêtres d'Ephèse, plagiaires de Philon. Bruno Bauer, l'un des derniers destructeurs, attaque le fond et la forme, le but et le principe de l'Evangile : ce n'est qu'une pure tradition, qu'une légende successivement élaborée par les premiers âges, le fruit, sinon de la fraude, au moins de l'hallucination. L'abîme s'élargissait immensément ; Strauss apparut : son livre fameux déchira les derniers voiles, détruisit les dernières illusions, donna le dernier mot de cette exégèse dévorante et de toute la réforme ; ce mot, l'Allemagne protestante elle-même l'a prononcé : c'est le *nihilisme*. Il ne restait plus qu'à faire l'oraison funèbre du Christianisme, et on dit qu'un professeur de Berlin, Feuerbach, s'en est acquitté publiquement et officiellement.

» Il y aurait bien d'autres funérailles à célébrer, si le rationalisme allemand disposait des destinées du monde. Poussant de proche en proche son criticisme dissolvant, il a envahi tout le domaine des connaissances humaines. Après la Bible, les Pères furent mis au creuset. Les premiers siècles, longtemps objet d'une prédilection fanatique, furent les plus maltraités. Semler entre autres découvrit toute une fabrique d'apocryphes, qu'il plaça au troisième siècle, à Alexandrie, et d'où il vit sortir les fragments de saint Irénée, les Stromates de Clément Alexandrin, les œuvres de saint Hippolyte et plusieurs traités de Tertullien. En même temps les classiques, à leur tour, s'évanouissaient en traditions vaporeuses : Hérodote et Homère, Tite-Live et Virgile, les épopées, les monuments, les témoignages les plus positifs n'étaient plus qu'allégories menteuses ; le mythe a coulé à plein bord sur le terrain le plus ferme de l'histoire. La philosophie surtout a pris son

---

(1) Tract. theol. politic., c. ix, p. 128, et passim.
(2) Lettres à Oldembourg.
(3) Lettre xve.
(4) Il définit l'esprit de prophétie en termes qui le confondent avec une noble pensée, un grand sentiment : Cum quis auxilio divino ita instructus est et præditus, ut eo moveatur et animetur ad magnum et heroicum aliquod facinus perpetrandum...; ut... hoc donum vocatur spiritus Domini. *More Neboukim*, part. ii, cap. xlv, p. 317, edit. Buxtorf.
(5) L'un des disciples immédiats de Luther, Gaspard Sweufeld, sous les yeux de son maître, appelait sans façon la Bible tout entière une lettre homicide ; saint Paul, un vase cassé ; saint Jean, un jeune écervelé ; saint Pierre, un renégat ; saint Matthieu, un usurier, etc. Ces licences mettaient le maître en fureur. Calvin, à son tour, voyant

autour de lui d'autres novateurs qui prirent le nom de *Libertins* et renversaient toute la Bible, leur adressait avec tout son flegme les aménités que voici : *Quin etiam porcus ille Quintinus unumquemque apostolorum ubiquo scomate notaverat.* L'anglais J. Tolland découvrit dans l'Ecriture tout un vaste système de panthéisme.
(6) Nous croyons devoir faire ici une remarque. Au lieu de *deutéro-canoniques*, lisez apocryphes ; car les livres appelés deutéro-canoniques appartiennent au Canon catholique, où les livres saints sont distingués en *proto-canoniques* et en *deutéro-canoniques*. Les livres que l'Eglise reconnaît sous cette dernière dénomination sont regardés comme apocryphes par les protestants. *Voyez* Weith, *Scriptura sacra contra incredulos propugnata*, pars iv, sect. i, quæst. 1.

essor dans les espaces les plus imaginaires; de théorie en théorie, les écoles rivales de Hégel, de Kant, de Schelling en sont venues à mettre en doute la réalité de la raison, de la pensée, de la vie, l'homme et le monde. La nature même apparaît comme un Protée aux mille formes insaisissables; la chaîne des êtres, les familles, les genres, la terminologie, tout se confond dans un chaos sans bornes. La plus légère teinture des travaux scientifiques de l'Allemagne, et à certains égards de l'Angleterre elle-même, suffit pour convaincre que tout fondement échappe au protestantisme, emporté dans un abîme sans fond, le *nihilisme* de Strauss.

» Telle est la force invincible qui pousse à cette décadence, que les efforts même en apparence les plus féconds multiplient les ruines. Ainsi, si quelque chose devait en dehors de l'Eglise conserver le dépôt de la Révélation, ce devait être assurément les sacrifices énormes des sociétés bibliques pour répandre partout les livres saints. Et pourtant qu'a-t-on fait? On a accepté des rationalistes allemands les recensions du texte sacré les plus téméraires; on a donné à leurs éditions mutilées et défigurées une publicité immense; aux fautes calculées on a ajouté les retranchements involontaires, les contre-sens monstrueux, les interpolations inévitables dues à l'incurie des traducteurs pris sans choix dans toutes les langues du monde. La parole de Dieu a donc été livrée à la confusion de Babel, et dans quelque temps il sera plus aisé de déchiffrer les briques vitrifiées de Sennaar que de comprendre les Bibles que le protestantisme a semées dans le monde.

» Heureusement pour sauver la Bible, la foi, la science et le bon sens, il reste à l'humanité, au protestantisme même et au rationalisme, l'Eglise romaine..... »

ECRITURES CANONIQUES. *Voyez* l'article CANON DES ECRITURES. On attribue communément le canon des Ecritures, ou le recueil des Livres sacrés de l'Ancien Testament, à Esdras, qui le rangea dans l'ordre le plus convenable: il le divisa en trois parties: 1° *la Loi*, 2° *les Prophètes*, 3° *les Ketubim*, ou hagiographes, c'est-à-dire, écrits sacrés. Le Sauveur paraît faire attention à cette ancienne manière de diviser la Bible, lorsqu'il dit(*a*): *Il fallait que tout ce qui est écrit sur mon sujet dans la loi de Moïse, dans les prophètes et dans les Psaumes, fût accompli.* Les Psaumes sont à la tête des hagiographes. Josèphe contre Appion (*b*) reconnaît la même distribution. *Nous n'avons*, dit-il, *que vingt-deux livres qui soient d'une autorité divine, dont cinq sont de Moïse; les prophètes qui ont succédé à Moïse en ont composé treize; les autres quatre sont des hymnes à l'honneur de Dieu, et des préceptes pour la vie humaine.* Il faut toutefois remarquer que les Juifs ont varié en la division des livres saints; et encore aujourd'hui au lieu de vingt-deux livres, ils en comptent vingt-quatre: mais ce n'est qu'une différence de nom; et quand on dit que le canon fut fixé par Esdras, il faut encore l'entendre avec restriction; car il n'a pu, par exemple, y mettre Malachie, ni Esther, ni même Néhémie, où il est parlé du grand prêtre Jaddus, et de Darius Condomanus, empereur des Perses, qui n'ont vécu qu'après Esdras.

[*Voyez*, au mot CANON, ma note sur le Canon des Juifs (S).]

ÉCRIVAINS DES ARMÉES, scribes ou secrétaires des rois hébreux; ils avaient dans leurs attributions tout ce qui concernait les troupes, les fortifications, etc. On peut dire qu'ils étaient les ministres de la guerre chez les Hébreux. IV *Reg.* XXV, 19. Isaïe XXXIII, 18, et ailleurs. Leur qualité s'exprime en hébreu par le mot *sóferim* (ספרים); on pourrait dire aussi qu'ils avaient sous leurs ordres des officiers qui portaient le même titre qu'eux. Mais il y avait plusieurs sortes de *sóferim*: on appelait aussi de ce nom des docteurs qui copiaient les livres saints et qui les expliquaient, et des espèces de notaires ou de greffiers.

ECRON. *Voyez* ACCARON.

ECUYERS. Chez les Hébreux, lorsque le roi allait à l'armée en personne dans les premiers temps, il était à pied, comme le moindre soldat; mais il avait auprès de lui un ou plusieurs écuyers, en hébreu *nóscé kelim* (נשא כלים), c'est-à-dire, *porteur d'armes*, parce que les écuyers portaient en effet les armes du roi. Quand David parut à la cour de Saül, ce prince le fit son écuyer (I *Reg.* XVI, 21). Abimélech, fils de Gédéon, avait aussi un écuyer (*Judic.* VI, 54), de même que Jonathas (I *Reg.* XIV, 6) et Joab (II *Reg.* XXIII, 37, et I *Par.* XI, 39), et, chez les Philistins, Goliath (I *Reg.* XVII, 7). L'Ecriture parle dans un endroit de dix écuyers de Joab (II. *Reg.* XVIII, 15). Depuis que les rois commencèrent d'aller à la guerre montés sur des chariots, on ne remarque plus cette sorte d'officiers; seulement ils avaient un char vide qui les suivait (II *Par.* XXXV, 24), afin qu'ils pussent le prendre, en cas qu'il arrivât quelque chose à celui qu'ils montaient. *Dissertat. sur les officiers des rois hébreux*, dans la Bible de Vence, tom. VI, p. 248.

EDDO, chef des Nathinéens, qui étaient en captivité dans les montagnes Caspies (*c*). Esdras les envoya inviter à retourner avec lui à Jérusalem. — [*Voyez* ELIÉZER.]

EDEMA, ville de Nephthali. *Josué*, XIX, 36.

EDEN, province d'Orient, où était le paradis terrestre (*d*). *Le Seigneur avait planté dès le commencement un jardin de délices*; le texte hébreu porte, *un jardin dans Eden.* Nous parlerons ailleurs du paradis terrestre. Nous nous contenterons ici de marquer la province d'*Eden.* Il est parlé du pays d'*Eden*, ou d'*Aden*, en plus d'un endroit de l'Ecriture. Isaïe (*e*) parle des *enfants d'Eden*, ou des peuples de ce pays, *qui étaient à Tha-*

(*a*) *Luc.* XXIV, 44.
(*b*) *Lib.* I, *contra Appion.*
(*c*) I *Esdr.* VIII, 17.

(*d*) *Genes.* II, 8. גן בעדן.
(*e*) *Isai.* XXXVI, 1, 12.

lassar. On voit la même chose au quatrième livre des *Rois*, XIX, 12, 13, où les enfants d'Eden sont joints à *Gozan*, *Haran* et *Reseph*. Ezéchiel (a) met aussi les marchands du pays d'Eden avec ceux de *Charan*, de *Canné*, d'*Assur* et de *Chalmad*. Or *Charan* est la même que Charres en Mésopotamie, sur le Chaboras; Canné, ou *Calné*, peut être *Callinicum*, dans la Mésopotamie. Nous croyons que le pays d'Eden s'étendait dans l'Arménie, et qu'il renfermait les sources de l'Euphrate, du Tigre, du Phasis et de l'Araxe (1).

Quelques-uns croient que le jardin d'*Eden* était aux environs du Jourdain, et le nom même de Jourdain est dérivé de *jor* (b), ruisseau, et d'*Aden*. Jor-Aden, *ruisseau d'Aden;* que le lac de *Génésareth*, qui est à quelques lieues au-dessous de la source de cette rivière, dérive de *Gennat-Sara* (c), le jardin du Prince, ou le jardin principal. Enfin l'Ecriture (d) dit que le pays du Jourdain, aux environs de Sodome et Gomorrhe, était comme le paradis du Seigneur. Les musulmans, sous le terme de *Gennat-Adn*, jardin d'Eden (e), entendent le paradis des bienheureux, où ils croient qu'Adam fut transporté, et d'où ensuite il fut chassé. Ils disent que quand Dieu créa le jardin d'Eden, il y créa ce que l'œil n'a point vu, ni l'oreille entendu, ni le cœur de l'homme compris; que Dieu lui donna l'usage de la parole, à ce paradis, et qu'il lui fit proférer ces mots : Il n'y a point d'autre Dieu que Dieu même. Ils ajoutent que ce paradis a huit portes, au lieu que l'enfer n'en a que sept; d'où ils concluent que la miséricorde de Dieu surpasse sa justice, et qu'il est plus aisé de se sauver que de se perdre.

— [*Voyez* l'article suivant.]

[Il sortait du pays d'Eden, où était le jardin de délices dans lequel Dieu plaça nos premiers parents, un fleuve qui se divisait en quatre canaux (*Gen*. II, 10-14) : le Phison, qui coule autour du pays d'Hévilath; le Géhon, qui entoure le pays d'Éthiopie; le Tigre (*Hiddekel*), qui se répand vers les Assyriens, et l'Euphrate (Phrath). « Mais rien, dit Barbié du Bocage, n'est plus incertain que la position de ce jardin de délices; elle a donné lieu à un nombre infini d'opinions. On l'a placé sur la terre et hors de la terre; on l'a transporté des régions glacées de la Suède aux climats étouffants de l'équateur, dans l'Inde, et même en Amérique. Cette question, d'une solution réellement difficile, sinon impossible, ne saurait avoir un terme qu'autant que l'on serait bien fixé sur le nom, la position et la correspondance de chacun des quatre canaux dont la *Genèse* fait mention. Voici les principales hypothèses qui ont été émises à ce sujet : BOCHART et HUET, conservant, comme l'ont fait d'autres commentateurs, les noms du Tigre et de l'Euphrate, font du *Phison* la branche occidentale du Tigre, et du *Géhon* la branche orientale. Dans ce cas, le mot *Ethiopie*, version du mot *pays de Chus* de la *Genèse*, devrait être rendu par le nom moderne de *Khosistan;* et alors *Eden* serait dans le pays de Sennaar, pachalick actuel de Bagdad. — RELAND et D. CALMET font correspondre le *Phison* au *Phase*, le *Géhon* à l'*Araxe*, et placent le pays d'*Hévilath* dans la Colchide, celui de *Chus* dans le pays des Cosséens, et *Eden* dans l'*Arménie*. — LECLERC (*Comm. in Pentat*.). adopte le *Chrysorrhoas* pour le *Phison*, l'*Oronte* pour le *Géon*, et met *Eden* en Syrie, aux environs de Damas, où le reconnaissent d'ailleurs les mahométans.
— Suivant MICHAELIS, le Géhon est l'*Oxus*, et le Phison est l'*Araxe;* Eden serait donc dans le lieu que couvre maintenant la mer Caspienne : opinion dont se rapproche, quant à *Eden*, M. LATREILLE (*Mém. sur divers sujets de Géogr. anc*., Paris, 1819, in-8°), qui le place dans le *Mazanderan*, pays situé sur le bord de cette mer, prenant l'*Oxus* pour le Phison, le Géhon pour le fleuve *Tedzen*, le *Mardus* pour le *Hiddekel*, et le *Phrath* pour le *Phase* ou l'*Araxe*. — M. HARTEMANN (*Auklär. über. Asien*, t. I. p. 3. seq.), reconnaissant le *Phase* dans le *Phison*, l'*Oxus* dans le *Géhon*, la *Colchide* dans le pays d'*Hévilath*, la *Bactriane* dans celui de *Chus*, range *Eden* dans la riche plaine de Cachemire, le paradis des Indous. — M. BATTEMANN (*Erdk. des Morgenlands*, Berlin, 1803) fait correspondre *Eden* avec les Indes : pour cela, le *Bésynga* représente le *Phison;* le *Ganges*, le *Géhon;* l'*Indus*, le *Hiddekel;* le pays d'*Ana*, celui d'*Hévilath;* enfin l'Éthiopie, celui de *Chus*. L'honneur de renfermer le Paradis terrestre a encore été attribué à l'île de *Ceylan*, à la *Prusse* et même à la *Suède*. Au milieu des difficultés sans nombre qui surgissent de cette question, il est, comme on le voit, à peu près impossible d'avoir une opinion établie sur une base fixe et sûre. »
L'opinion de Michaëlis, et surtout celle de Huet, avaient paru assez plausibles à l'abbé Guenée. On peut voir, dans ses *Lettres de quelques juifs*, qui sont entre les mains de

---

(a) *Ezech*. XXVI, 23.
(b) יאור־עדן *Ior-aden*.
(c) גנהשרה *Ganhasarah*.
(d) *Genes*. II, 8.
(e) *Biblioth. Orient*. p. 36. Adn.
(1) On croirait, à la première vue, que dom Calmet distingue deux localités nommées Eden : celle d'Eden où était le paradis terrestre, et celle d'Eden-Thalassar, d'après IV *Reg*. XXX, 12, 13, et *Isaïe* XXXVII, 12. Il les distingue en effet dans son commentaire sur les Rois, où il place l'Eden-Thalassar dans la Syrie. Mais, dans sa Dissertation sur le paradis terrestre, il confond cet Eden avec la province ou était le séjour de nos premiers parents. C'est encore ce qu'il fait ici, où, reconnaissant le pays d'Eden-Thalassar dans la Mésopotamie, il suppose que ce pays s'étendait en Arménie, où était le paradis terrestre.

Il paraît, cependant, qu'il y avait au moins deux pays d'Eden. Barbié du Bocage les distingue avec plus de précision que dom Calmet ne l'avait fait d'abord. Indépendamment de celui où Dieu avait placé le berceau du genre humain, il traite d'un autre en ces termes :

« *Eden;* pays appartenant à la Mésopotamie, et situé dans le pachalick actuel de Diarbékir, à l'O. du Tigre. Suivant Assemani (*Bibl. orient*., II, 224), ce serait le pays appelé aujourd'hui *Maadan*. On a cependant appliqué aussi cette dénomination, dans le prophète *Ezéchiel*, au port de l'Arabie Heureuse, nommé encore à présent *Aden*. » — Il ajoute : « Selon les versions, autres que celle de Sacy, le prophète Amos parlerait aussi d'une ville d'Eden, mais différente de celle-ci; cette ville aurait été située dans le Liban, auprès du fleuve Adonis. » C'est celle dont Calmet va bientôt parler.

tout le monde en quels termes il les expose. *Petit comment.*, IV° Extrait, § IV. *Voyez* ARMÉNIE, mon addition.]

EDEN, ville sur la montagne de Liban, dans un lieu très-délicieux. Près de là est le fleuve Adonis; et un peu plus au midi, les cèdres du Liban. Nous croyons que c'est cette ville d'Eden, ou Aden, dont parle le prophète Amos en ces termes : *Je détruirai celui qui tient le sceptre de la maison d'Eden*, ou, selon la Vulgate, *de la maison de volupté.*—[*Voyez* ma note sur l'article précédent.]

[Le 10 novembre 1832, M. de Lamartine errait, c'est son expression, sur la colline que les Grecs nomment San-Dimitri, à une lieue environ de Bayruth, en se rapprochant du Liban et en suivant obliquement la courbe de la ligne de la mer. A cette occasion, il s'exprime comme il suit : « Nous parcourions, dit-il, les terrasses naturelles ou artificielles qui forment des gradins de verdure de toute la colline de San-Dimitri. Dans mon enfance, je me suis représenté souvent ce paradis terrestre, cet Eden *que toutes les nations ont dans leurs souvenirs*, soit comme un beau rêve, soit comme une tradition d'un temps et d'un séjour plus parfait ; j'ai suivi Milton dans ses délicieuses descriptions de ce séjour enchanté de nos premiers parents ; mais ici, comme en toutes choses, la nature surpasse infiniment l'imagination. Dieu n'a pas donné à l'homme de rêver aussi beau qu'il a fait. J'avais rêvé Eden, je puis dire que je l'ai vu (1). » Eh bien, non ! il ne l'avait pas vu. Cinq mois après, ayant quitté Damas, il gravit une montagne « où il avait eu une si belle apparition de cette cité. » Il fit « halte pour la contempler encore, et en emporter l'éternelle image. Je comprends, dit-il, que les traditions arabes placent à Damas le site du paradis perdu : aucun lieu de la terre ne rappelle mieux l'Eden.... (2). » On ne se tromperait sûrement pas si on disait qu'il y a encore plus de différence entre ces belles apparitions et le séjour de nos premiers parents, qu'il n'y en a entre elles et les délicieuses descriptions de Milton. C'était vers la colline aujourd'hui nommée San-Dimitri par les Grecs, qu'était la ville d'Eden, ainsi nommée, sans doute, à cause des délices de la localité. Si à la *si belle apparition* de Damas, M. de Lamartine a compris que les traditions arabes placent à cet endroit le site du paradis perdu, on comprend aussi que ces traditions sont de celles qui, comme le dit M. Poujoulat (3), ne supportent pas la critique.]

EDEN. [lévite] fils de Joah [descendant de Gerson]. II *Par.* XXIX, 12. — [Le même qu'un autre est nommé, *ibid.* XXXI, 15.]

EDER, ville de Juda. *Josué* XV, 21.

[Cette ville, située sur la limite de Juda, vers l'Idumée, a été confondue, non sans vraisemblance, dit Barbié du Bocage, avec celle d'*Adar*. Nicolas Sanson suppose qu'elle est la même qu'*Arad* ou *Hered*, ville royale des Chananéens. Suivant Huré, c'est la même qu'*Adar et Hered*. Il se fonde sur ce que les Septante, *Josué* XV, 21, lisent *Ara*, au lieu d'*Éder* que portent l'Hébreu et la Vulgate, et sur ce que les mêmes Septante, au chapitre XII, 14, ont *Ader*, pour *Arad* qui est dans l'Hébreu, pour *Hered* qui se lit dans la Vulgate. « Ce qui fait voir, dit-il, qu'*Eder* est la même qu'*Adar* et *Hered*. » Il est difficile de décider. *Voyez* ADAR et ARAD.]

EDER, *Tour d'Éder*, Tour du troupeau, près de Bethléem (*a*), selon plusieurs interprètes (*b*) (4). D'autres croient que Michée a voulu marquer par là la ville de Jérusalem. Le texte hébreu porte : *Et vous, Tour du troupeau d'Ophel.* Il y avait dans Jérusalem une *tour d'Ophel*.

EDER, fils de Musi, et frère de Moholi (*c*), —[de la famille de Mérari].

EDESSE, ville de Mésopotamie, bâtie environ trois cents ans avant Jésus-Christ par le grand Séleucus, roi de Syrie (*d*), dans cette partie de la Mésopotamie que l'on appelait Osrhoëne (5), est devenue célèbre dans l'Eglise par la Lettre que Jésus-Christ écrivit au roi *Abgare* (*e*), ou *Agabare*, ou *Abagare*, qui régnait à Edesse. On peut voir l'article d'*Abgare*, ou ABAGARE. Le comte Darius, dans saint Augustin (*f*), dit que Jésus-Christ avait promis à Abgare, que la ville d'Edesse serait imprenable ; et Évagre (*g*) remarque que, quoique cela ne fût pas dans la Lettre du Sauveur, c'était néanmoins la croyance commune des fidèles, laquelle se fortifia beaucoup, lorsque Cosrhoës, roi de Perse, y ayant mis le siège, fut obligé de le lever (6). Saint Thadée, un des Septante disciples, et diffé-

---

(*a*) Mich. IV, 8.
(*b*) Beda, Remig. Haimon. Grot.
(*c*) I Par. XXIII, 23.
(*d*) Hieron. *in Chronico*.
(*e*) Euseb. l. I, c. XIII, *Hist. Eccl.*
(*f*) Apud Aug. Ep. 230, nov. Edit.
(*g*) Evagr. l. IV, c. XXVI, *hist. Eccl.*
(1) *Voyage en Orient*, tom. II, pag. 75.
(2) *Ibid.*, pag. 226.
(3) *Corresp. d'Orient*, lettr. CXLVIII, tom. VI, pag. 208. *Voyez* DAMAS, mon addition.
(4) Il est parlé ailleurs de la *Tour d'Eder*. Jacob, après avoir enseveli Rachel, sur le chemin d'Ephrata qui est Bethléem, vint dresser ses tentes au delà de la Tour d'Eder ou du Troupeau. *Gen.* XXXV, 15. Ici l'hébreu porte la *Tour d'Eder*; les Septante la *Tour de Gader*, et la Vulgate la *Tour du Troupeau*.
(5) « Édesse, que les talmudistes font aussi ancienne que Ninive et dont ils attribuent la fondation à Nemrod, a été appelée *Antioche*, en l'honneur d'Antiochus ; pour la distinguer de la capitale de la Syrie, on lui avait donné le surnom de la fontaine de Callirhoé. Nos chroniqueurs l'appellent *Rhoa* : c'est la corruption du mot grec *rhoé* qui signifie fontaine. Édesse se nomme aujourd'hui Orfa. La commune opinion des érudits lui donne pour fondateur Séleucus le Grand, environ trois cents ans avant Jésus-Christ. Orfa est située dans une grande vallée, entre deux collines rocheuses et pelées, tout à fait détachées de la chaîne du Taurus. La ville a quatre milles de circuit ; des murs flanqués de tours rondes ou carrées l'environnent. Des fossés profonds ajoutaient à la défense de la place (lorsque les Croisés s'y présentèrent). Une citadelle s'élevait sur la pointe méridionale de la colline qui domine Orfa du côté de l'ouest. Le voyageur retrouve encore les murailles, les tours et les fossés. Le château est en ruines, et dans son enceinte apparaissent des masures et une mosquée abandonnée. Cette citadelle était jadis comme une seconde ville, avec les bazars, des églises et des palais. » MICHAUD, *Hist. des Croisades*, tom. I, pag. 196.
(6) *Voyez* sur le miracle de ce siège, un article du marquis de Fortia-d'Urban, membre de l'Académie des Inscriptions et Belles-Lettres, dans les *Annal. de philos. chrét.*, tom. XIX, pag. 185 et suiv.

rent de l'apôtre de même nom, fut envoyé par saint Thomas pour instruire les peuples d'Edesse (a), les convertit au Christianisme, avec leur roi Abgare, qui avait commencé à croire en Jésus-Christ sur la seule réputation de sa doctrine et de ses miracles (1).

[*Chronologie des rois d'Edesse*, tirée de l'*Art de vérifier les dates avant Jésus-Christ*, in-8°, tom. II, p. 446, 447. — « Edesse, ville autrefois fameuse par un temple consacré à la déesse syrienne, passait pour une des plus riches villes de la terre, et surnommée, à cause de ce temple, Hiéropolis, ou ville sainte; était située dans la Mésopotamie, sur les bords du Scirtus, entre le mont Massius et l'Euphrate. Jusqu'aux troubles domestiques qui agitèrent et affaiblirent la Syrie, cette ville n'avait été que la principale d'une province qui appartenait aux Séleucides; mais durant ces troubles, un particulier se rendit maître d'Edesse et de son territoire fertile, et en forma un royaume qui passa à sa postérité.

» AUGARE, ou ABGARE, est le nom de ce particulier qui se fit appeler roi d'Edesse. Nous ne savons point précisément sous quel roi de Syrie arriva cette révolution. L'histoire nous apprend seulement que le fondateur de ce nouveau royaume défit souvent les Syriens, et laissa, à sa mort, sa petite principauté dans un état florissant.

» ARIAMNE, ou ABGARELL, était fils d'Augare, et prit comme son père le nom d'Abgare, qui fut commun à tous les rois d'Edesse. Ce prince se rendit maître de toute la province d'Osroène, et ayant fait alliance avec Pompée contre Tigrane le Grand, roi d'Arménie, il fournit à son armée tous les vivres dont elle avait besoin. (*an* 64 *av. J.-C.*). Dans la guerre des Romains contre les Parthes, il feignit d'être pour Crassus, mais entretint avec l'ennemi une correspondance secrète, qui fut la principale cause de la défaite des Romains à Carres. (An 53).

» NEBANIAS succéda à son père Abgare II, et eut pour fils et successeur Abgare III, qui suit.

» ABGARE III est célèbre dans l'histoire ecclésiastique, par la prétendue lettre qu'il écrivit à notre Sauveur et par la réponse qu'il en reçut. Casaubon, Gretser, Tillemont, Du Pin et le P. Alexandre, ont discuté l'authenticité de ces lettres (2).

» *Depuis J.-C.* ABGARE IV, fils du précédent, vivait du temps de l'empereur Claude et donna des troupes à C. Cassius, qui avait ordre de placer Méherdate sur le trône de Parthie (*an* 50 *dep. J.-C.*). Quand Méherdate arriva à Edesse, Abgare, gagné par les Parthes, l'y retint jusqu'à ce que les ennemis eussent rassemblé leurs forces, et dans la chaleur du combat ayant abandonné les Romains, il fut cause de la défaite de leur armée.

» ABGARE V, contemporain de l'empereur Trajan, lui envoya, durant la guerre qu'il eut à soutenir contre les Parthes (*an* 115 *dep. J.-C.*), deux cent cinquante chevaux de prix, grande quantité d'armes de toute espèce, et soixante mille javelines. L'empereur n'accepta que trois cuirasses, et déclara le roi d'Edesse ami et allié du peuple romain.

» ARBANDE, fils d'Abgare V et son successeur, fut extrêmement considéré par Trajan.

» ABGARE VI, successeur d'Arbande son père, est représenté par Epiphane comme un prince vertueux.

» *An* 197 *dep. J.-C.* ABGARE VII régnait à Edesse du temps de l'empereur Sévère, qu'il secourut dans les guerres d'Orient. Il l'accompagna ensuite à Rome, où il fut reçu et entretenu avec la dernière magnificence. Quelques années après, il fut soupçonné, par Caracalla d'entretenir des correspondances avec les ennemis des Romains. Le roi d'Edesse vint à Rome pour se justifier (*an* 212). L'empereur n'ayant pas trouvé ses raisons valables, s'assura de sa personne, et réduisit son royaume en province romaine. »

Edesse, ainsi nommée par les Grecs, est l'ancienne *Ur* des Chaldéens, patrie d'Abraham, et la moderne *Orfa*. *Voy.* UR. Je vais citer des voyageurs qui l'ont vue et en ont parlé. Le célèbre J.-S. Buckingham, après avoir passé l'Euphrate à Bir (3), atteignit Orfa, qui en est éloignée de douze myriamètres, environ. Cette ville est pleine de souvenirs de tous les âges. Là, dit la tradition, fut le berceau d'Abraham; là, dans les jours qui précédèrent ceux du patriarche, le culte des poissons était en honneur. Etait-ce Vénus sous la forme d'un habitant des eaux qui recevait ses adorations? étaient-elles adressées aux carpes du lac qui avoisine Orfa, à raison de la source sacrée qui alimente ce petit lac? c'est ce qu'il n'est pas facile d'expliquer, même à l'aide de tous les documents et de tous les passages réunis par le voyageur anglais. Pline nous apprend qu'Orfa porta aussi le nom de Callirhoé, nom qu'elle tirait de celui de la source dont nous venons de parler.

« Orfa est bâtie au pied d'une hauteur, dit Aucher-Eloi. Toute cette montagne calcaire est creusée par la main de l'homme pour y faire des habitations ou peut-être des tombeaux. Il y a de tous côtés de belles citernes, et la route elle-même a été taillée dans le rocher. Orfa était l'*Edessa* des Grecs, l'*Ur*

(a) *Euseb. l.* II, *c.* 1, *Hist. Eccl.*
(1) Edesse « était la capitale de l'Arménie au temps de Jésus-Curist. Thaddée jeta dans cette ville les premières semences du Christianisme. L'apôtre Barthélemy, que les peuples de l'Inde, de l'Arabie et de la Perse, vénèrent comme leur illustre missionnaire, porta aussi ses pas à Edesse, et, de là il traversa avec Thaddée, l'Arménie, la Cappadoce et l'Albanie. Les germes précieux de la foi furent donc déposés en Arménie dès le commencement de la mission des apôtres; mais ils ne prirent leur accroissement et ne fructifièrent que lorsque saint Grégoire (l'Illuminateur) vint les féconder de ses sueurs et de son sang. »—Eug. Boré, *Biogr. cath.*, article ABGARE.
(2) *Voyez* Abagare.
(3) *Bir* ou *Biredjik*, ancienne *Birtha*. Cette ville possède une grande forteresse construite sur un rocher dont l'Euphrate baigne le pied; du reste, elle tombe en ruines comme les murailles de la ville, auxquelles on a fait depuis peu quelques réparations pitoyables. La ville est en fort mauvais état; elle peut avoir 3 ou 4000 habitants, presque tous Turcs. On y voit beaucoup d'habitations pratiquées dans le rocher. *Aucher-Eloi*, pag. 181.

des Chaldéens, d'où Abraham vint demeurer dans l'Haran (1); Nemrod passe pour en avoir été le fondateur. Avant la conquête qu'en firent les Romains, c'était la capitale de l'Osroëne. Depuis la conquête d'Alexandre, la population fut mélangée avec des Arméniens, des Syriens, des Arabes... — Orfa est située à l'entrée des gorges de la montagne, et peut être regardée comme la clef de la Syrie et de la Mésopotamie ; elle est ceinte de murailles en mauvais état, et pourvue d'une citadelle qui ne vaut guère mieux. Quoiqu'il en soit, c'est une place importante... La plaine d'Orfa est très-fertile et assez bien cultivée dans les parties basses (2)... Orfa, compris les militaires, peut avoir 20 ou 25 mille habitants, dont 2,000 chrétiens, 500 juifs, le reste musulmans (3). » M. Poujoulat, qui visitait Orfa vers la même époque, dit que « la population de cette ville s'élève à plus de cent mille habitants, environ quarante mille Arméniens et le reste musulmans (4). » Suivant M. Michaud, « Orfa renferme une population de quinze mille habitants, tous musulmans, excepté un millier d'Arméniens et une centaine de jacobites. Au milieu de la cité est une ancienne église avec un clocher, contemporaine des croisades et qui depuis longtemps est convertie en mosquée. Les musulmans ont quinze sanctuaires, les chrétiens en ont deux (5). »

Le nom arabe d'Edesse est *Ourrha* ou *Rouha*, suivant M. Eug. Boré (6). Ce nom Rouha me paraît être le même que le *Rhoé* ou *Rhoa* du Callirhoé des Grecs. *Ourrha* rappelle *Ur*, qui se retrouve dans *Orfa*. M. Boré admet avec M. Buckingham qu'Edesse fut bâtie sur les ruines d'Ur, cite la Genèse XI, 28, et renvoie là-dessus à Bochart, *Phaleg*, l. I, ch. XXI, à Cellarius, *Geogr. ant.* p. II, p. 729-760; et à Michaelis, *Bibl. Orient.* p. XVII, p. 76 (7).

La Mésopotamie, que les Hébreux appellent Aram-Naharaïm, et où est Edesse, fait encore, à proprement parler, partie de la Syrie, et lui fut longtemps réunie politiquement, dit ailleurs M. Boré (8). Ce savant dit encore (9) : « Le Christianisme, malgré les schismes et les hérésies, s'est conservé dans la Syrie, qui fut son berceau. En effet, suivant la tradition, l'Evangile, apporté aux rois d'Edesse (10) par les apôtres, soumit à ses lois un nombre considérable de disciples ; et la Syrie se trouva avoir donné naissance à la première Eglise publiquement constituée. La foi nouvelle.... produisit.... l'école d'Edesse, que l'on peut appeler le séminaire de la Perse chrétienne. »

Sous les Sarrasins, Edesse avait pour gouverneur un prince grec qui leur payait tribut ; échappée à l'invasion des Turcs, elle fut le refuge de tous les chrétiens du voisinage. Elle se rendit à Baudoin, frère de Godefroy de Bouillon, en 1097, et devint une principauté franque, qui, s'étendant sur les deux rives de l'Euphrate et sur le revers du mont Taurus, comptait plusieurs villes florissantes. Vers 1144, Edesse fut prise par les musulmans conduits par Zenghi, qui fut assassiné par ses esclaves peu de temps après. Bientôt la ville fut reprise par les chrétiens, et bientôt elle retomba au pouvoir des musulmans, à qui elle demeura. *Voyez* Michaud, *Hist. des Croisades*, tom. I, 197 et suiv., et tom. II, 78, 109 et suiv., et 202.

« Les chroniques, dit M. Poujoulat (11), nous parlent d'une cité de *Samosate* qui dépendait de Roha, et que le prince musulman Balduk occupait injustement ; Baudoin avait cherché à s'en rendre maître, mais désespérant de s'emparer de la forteresse, il était parvenu à la racheter avec de l'or et des présents. Je trouve ce château de Samosate sur la rive gauche de l'Euphrate, au nord-est d'Orfa, à l'extrémité d'un angle formé par le fleuve; il se nomme aujourd'hui *Semisat;* le château est ruiné ; à côté du château se voit une petite cité. Les chroniques parlent d'une autre ville nommée Sororgia, qui fut prise par Baudoin ; cette ville, située à quelques heures au sud d'Edesse, existe encore sous le nom de *Seroug*. »]

EDISSA (a), autrement *Esther*, nièce de Mardochée. *Voyez* ESTHER.

EDITH. Les anciens rabbins donnent ce nom à la femme de Loth, et celui de *Plutith* à une de ses filles. *Edith* en hébreu signifie *témoignage*, parce que la femme de Loth, changée en statue de sel, est un monument qui rend témoignage de son incrédulité. Vid *Fabric. Apocryph. V. T. t.* I, p. 431.

EDNA, et EDNAS, deux vaillants hommes de la tribu de Manassé, qui se détachèrent de son parti —[du parti de Saül]— pour embrasser celui de David (b).

EDNA, général des troupes de Josaphat, roi de Juda (c).

EDNA, lévite qui, au retour de la captivité de Babylone, quitta sa femme, qu'il avait épousée contre la Loi (d).

EDOM, autrement *Esaü*, fils d'Isaac, et frère de Jacob. Le nom d'*Edom*, qui signifie *roux* ou *rouge*, lui fut donné ou à cause qu'il vendit son droit d'aînesse à Jacob pour un

---

(a) *Esth.* II, 7.
(b) I *Par.* XII, 20.
(c) I *Par.* XVII, 14.
(d) I *Esdr.* x, 30.
(1) Haran est à moins de dix myriamètres d'Orfa, à droite de la route d'Orfa à Mardin.
(2) « A l'ouest d'Orfa se déploie une charmante et riche nature: à la vue de ces beaux vergers d'oliviers, d'amandiers, d'orangers, de mûriers, de grenadiers, on se rappelle les traditions qui ont placé là les délices de l'Éden primitif. » MICHAUD, *Hist. des Croisades*, tom. I, pag. 197.
(3) Aucher-Eloi, *Relations de voyages*, pag. 183, 184.
(4) *Correspond. d'Orient*, lettr. CLXXI, tom. VII, pag. 155.
(5) Michaud, *Hist. des Croisades*, tom. I, pag. 197.
(6) Précis de l'hist. d'*Arménie*, dans la collection de l'*Univers pittoresque*, publiée par F. Didot, pag. 19, col. 2.
(7) *Ibid.*
(8) *Mémoire à l'Académie des inscriptions et belles-Lettres*, dans la *Correspond. et Mém. d'un voyageur en Orient*, tom. I, pag. 21.
(9) Dans le même *Mémoire*, pag. 11.
(10) Bayer, *Historia Edessenu ex nummis illustrata* Peters., 1734. Moyse de Khorène, liv. II.
(11) *Ibid., ubi supra.*

mets de lentilles qui était roux (a), ou à cause de la couleur de son poil et de son teint. On peut voir l'article d'ESAU. L'*Idumée* tire son nom d'*Edom*, et souvent dans l'Ecriture elle est appelée *pays d'Edom. Voyez* IDUMÉE. — [*Voyez* aussi AMALEC et ELIPHAZ.]

EDOMIA, village de Palestine. *Hieronym. ad Abdiæ, c.* I.

EDRAI, ville au delà du Jourdain dans la tribu de Manassé (b). — [Elle faisait, auparavant, partie du royaume de Basan. Dans son territoire, fut donnée, par Moïse, la bataille où Og, roi de ce pays, perdit la vie. Cette bataille rendit les Israélites maîtres du royaume de Basan et des autres Etats de Galaad. *Num.* XXI, 33 et suiv.; *Deut.* I, 4, 5; III, 1 – 16 ; *Josué*, XII, 4 – 6 ; XIII, 12, 30, 31.] On l'appelle aussi *Edreï*, *Edraa* et *Adraa*, et peut-être encore *Edera* dans Ptolémée, lorsqu'il parle des villes de la Batanée. Eusèbe met *Edraï* à vingt-quatre (c) ou vingt-cinq milles (d) de *Bostres*, ville d'Arabie, en tirant vers le septentrion.

[« *Edraï*, dit Barbié du Bocage, était située à l'ouest de Bostra, sur une montagne. C'est aujourd'hui le village de *Draa*, dans l'ancienne Auranicide ; on y voit quelques ruines. »]

EDRAI, ville de la tribu de Nephtali. *Josué* XIX, 37.

EDRIS. C'est le nom que les musulmans donnent à Enoch. *Voyez* ENOCH.

EDUMA, village situé à douze milles de Sichem, vers l'orient (e).

EFFÉMINÉS, *effeminati*. Dans plusieurs endroits de l'Ecriture il en est parlé dans un sens assez différent de celui que nous donnons à ce terme dans notre langue. Les *efféminés*, dans le style des livres saints, marquent des hommes corrompus, consacrés à quelque divinité profane, qui se prostituaient en son honneur. Le terme *kaddesch* (f), que l'on a traduit par *effeminatus*, signifie proprement un homme consacré ; mais par abus on l'a attribué à ceux et à celles qui se prostituaient publiquement, surtout en l'honneur de Baal ou d'Astarté. Ces honteuses victimes de l'impudicité avaient des loges dans les bois de futaie, où ils exerçaient leurs infamies : *Ædiculas effeminatorum*. Moïse (g) avait expressément défendu ces désordres dans Israel, mais l'histoire des Juifs (h) fait voir qu'ils n'ont été que trop fréquents parmi eux.

On trouve aussi le nom d'*effeminati* dans *Isaie* III, 4 ; mais l'hébreu y lit *parvuli*, des petits (i), des gens sans lumière et sans expérience. On lit de même dans les *Proverbes* XVIII, 8 : *Pigrum dejicit timor, animæ autem effeminatorum esurient*. Mais ce verset n'est pas dans l'hébreu ; et le terme grec *androgynos* marque un homme qui participe aux deux sexes, de l'homme et de la femme.

EFFREM. *Voyez* EPHRÆM, ou EPHRAIM.

EGALLIM, ou ÆGALLIM, ou ENGALLIM, ou simplement GALLIM, est à huit milles d'*Aréopolis*, vers le midi, selon Eusèbe. Mais saint Jérôme (j) met *Engallim* vers l'embouchure du Jourdain, dans la mer Morte. Ainsi il faut qu'*Egallim*, et *Engallim*, soient deux villes toutes différentes.

EGEE, eunuque d'Esther [c'est-à-dire, à qui avait été confiée la garde des femmes du roi Assuérus, et à qui fut confiée celle d'Esther et des autres jeunes filles entre lesquelles ce monarque voulait choisir une épouse pour remplacer Vasthi]. *Esth.* II, 3, 8, 15.

EGIPTE. *Voyez* EGYPTE.

EGLA, sixième femme de David, et mère de Jétraham (k). Plusieurs (l) croient que *Egla* est la même que Michol, et qu'elle mourut en couche de Jétraham Mais ce qui fait douter qu'Egla soit Michol, c'est qu'il est dit II *Reg.* VI, 23, que Michol n'eut point d'enfants. *Michol filiæ Saul non est natus filius usque in diem mortis suæ. Egla* signifie une *génisse* (m).

EGLISE. Le nom grec *Ecclesia* signifie *assemblée* ; il se prend et pour le lieu de l'assemblée, et pour les personnes qui s'assemblent. On le trouve employé pour marquer une assemblée profane, et pour une assemblée sacrée, et de religion.

Dans les livres de l'Ancien Testament, *Ecclesia* se prend quelquefois pour la société des Juifs, par exemple (n) : *Cur eduxistis Ecclesiam Domini in solitudinem ?* pourquoi avez-vous fait venir l'assemblée, le corps, la multitude du peuple de Dieu dans le désert ? Et ailleurs (o) : L'eunuque, le bâtard, l'Ammonite et le Moabite n'entreront pas *dans l'Eglise du Seigneur* : on ne les recevra pas dans le pays, on ne pourra ni se marier avec eux, ni leur permettre de demeurer au milieu du peuple ; ou bien, on ne les recevra pas comme prosélytes pour professer la religion du Seigneur. Cela marque un souverain éloignement, un extrême mépris pour ces sortes de gens : on les regarde comme des profanes, avec lesquels on ne veut pas que les Hébreux aient aucun commerce, ni pour le sacré, ni pour le civil.

Mais, à l'égard des Iduméens et des Egyptiens, Moïse leur permet d'entrer *dans l'Eglise du Seigneur après la troisième génération* (p) ; c'est-à-dire, si un Egyptien ou un Iduméen s'habitue dans le pays, et y veut être prosélyte de domicile, ses enfants pourront, après la troisième génération, épouser une femme israélite, et participer aux prérogatives des Hébreux ; ou autrement, si

---

(a) *Genes.* XXV, 25, 30.
(b) *Euseb. in Locis.*
(c) *Josue*, XIII, 31.
(d) *Euseb. in Esdrai.*
(e) *Idem in Astaroth.*
(f) קָדֵשׁ *Kadesch. Effeminatus.*
(g) *Deut.* XXIII, 15.
(h) III *Reg.* XIV, 24, XV, 12, XXII, 47. IV *Reg.* XXIII, 7. *Job.* XXXVI, 14. *Osée* IV, 14.
(i) *Isai.* III, 4, עוֹלִים.
(j) *Hieron. in Ezech.* XLVII, 10.
(k) II *Reg.* III, 5 ; I *Par.* III, 5.
(l) *Ita Rabb. et Auth. Tradit. Hebr. in* II *Reg.*
(m) עֶגְלָה *Juvenca.*
(n) *Num.* XX, 4.
(o) *Deut.* XXIII, 1, 2, 3, etc.
(p) *Ibid.* v. 8.

un Hébreu épouse une femme iduméenne ou égyptienne, ses enfants ne pourront être regardés comme vrais Israélites qu'à la troisième génération : ils ne pourront épouser une Israélite, et avoir entrée dans le temple et dans les emplois publics.

L'Église se prend aussi pour la communion de société et de prières du peuple de Dieu. Être *exclu de l'Église,* signifie l'excommunication. Par exemple, il est dit que celui qui, après avoir touché un mort, ou assisté à des funérailles, ne se sera pas purifié avec l'eau lustrale, où l'on jetait de la cendre d'une vache rousse immolée à cet effet (a), *sera exterminé de l'assemblée du Seigneur, parce qu'il a profané son sanctuaire:* il sera excommunié et exclu de l'assemblée d'Israël ; il sera regardé comme un profane et un incirconcis. Les rabbins entendent cela de la mort du corps, d'une mort prématurée, ou d'une mort violente; ou de la mort de l'âme, ou de l'un et de l'autre, selon la grièveté du crime, et l'importance de la matière.

L'Église se met aussi pour le lieu saint, le tabernacle, le temple, ou la synagogue, où le peuple du Seigneur s'assemblait. Les anciens d'Israël firent leur prière dans l'église, ou la synagogue de Béthulie (b) : *Intra ecclesiam oraverunt.* Et le Psalmiste (c) : Je vous louerai *dans l'église;* je publierai vos louanges *dans l'église des saints; dans une grande église,* c'est-à-dire dans le temple, où les saints, les Israélites, et enfin tout le peuple s'assemblent.

L'Église se met pour la société des fidèles, qui ont conservé le dépôt de la vraie religion, depuis le commencement du monde jusqu'à aujourd'hui, et qui la conserveront jusqu'à la fin des siècles. Moïse nous a conservé la succession de cette Église, depuis le commencement du monde jusqu'à son temps, et depuis Moïse jusqu'à la venue de Jésus-Christ, nous avons les livres sacrés des Hébreux, et leurs histoires, qui nous apprennent les différentes révolutions qui sont arrivées dans la religion parmi les Israélites. Adam instruisit ses fils de la vraie religion ; mais bientôt la corruption des mœurs se glissa dans sa famille : on vit se former deux Églises, l'une composée des enfants de Dieu descendus de Seth, et l'autre composée des enfants des hommes sortis de la race de Caïn. L'une et l'autre se continua jusqu'au déluge : après le déluge, Noé inspira à ses fils les sentiments de religion dont il était rempli : mais on ne sait jusqu'à quand ils la conservèrent.

Moïse nous conduit depuis Sem jusqu'à Abraham, père des fidèles ; mais il ne nous dit point si la vraie religion se conserva dans les descendants de Cham et de Japhet, ni jusqu'à quel temps elle y subsista. Mais, d'un côté, nous voyons que les aïeux d'Abraham adoraient les idoles dans la Chaldée (d), et de l'autre, nous savons que la crainte du Seigneur n'était pas entièrement bannie de la Palestine et de l'Egypte, lorsqu'Abraham y arriva, puisque le roi de Gérare craignait le Seigneur, et avait horreur du crime, de même (e) que le roi d'Egypte. Le grand prêtre Melchisédech est encore une preuve de ce que nous venons de dire (f). Le même Abraham s'imaginait qu'il y avait au moins dix ou vingt justes dans Sodome (g). Depuis Abraham jusqu'à Jésus-Christ on trouve une succession suivie de la vraie Église parmi les Juifs et les autres descendants de ce patriarche; car il est très-croyable que les fils d'Abraham par Agar et par Céthura conservèrent aussi pendant quelque temps le dépôt de la foi qu'ils avaient reçu de leur père. Job, un des descendants d'Esaü, et ses amis connaissaient le Seigneur. Les Ammonites et les Moabites, descendus de Loth, ne tombèrent pas apparemment tout d'un coup dans l'idolâtrie, où nous les voyons déjà sous Moïse.

Les Ismaélites, fils d'Abraham et d'Agar, se vantent d'être toujours demeurés attachés au culte du vrai Dieu, et d'avoir étendu sa connaissance dans l'Arabie, comme Isaac dans la Palestine. Nous ne les en croyons pas sur leur parole ; car, il est certain que du temps de Mahomet, et longtemps auparavant, ils avaient quitté la vraie foi ; mais il est impossible de marquer au juste l'époque de leur perversion. Quant aux descendants d'Isaac, on a des preuves indubitables que, malgré tant de révolutions arrivées dans leur nation, malgré les fréquentes prévarications de la plupart de leurs princes, et les infidélités presque continuelles de la plupart des Israélites, le Seigneur a toujours été connu parmi eux, et que Dieu s'y est toujours réservé un bon nombre de vrais adorateurs; et qu'enfin c'est dans Israël qu'il faut chercher la vraie Église, jusqu'à la formation de l'Église de Jésus-Christ.

Dans les livres du Nouveau Testament on l'emploie d'ordinaire pour l'Église de Jésus-Christ, qui est l'assemblée des fidèles, qui, sous la conduite des pasteurs légitimes, ne font qu'un même corps, dont Jésus-Christ est le chef [invisible, et le pape, successeur de saint Pierre, que Jésus-Christ établit à sa place, le chef visible]. On la prend aussi pour les Églises particulières, comme celles de Corinthe, d'Éphèse, de Thessalonique, et ainsi des autres. — [Ces églises particulières et primitives ont été, ainsi que plusieurs autres, fondées par les apôtres. *Voyez* mon addition au mot Apôtre.]

EGLON, roi des Moabites, opprima les Israélites pendant huit ans (h). Eglon, s'étant ligué avec les Ammonites et les Amalécites, s'avança jusqu'à la ville des Palmes, c'est-à-dire *Jéricho,* ou *En-Gaddi,* dont il se rendit maître. Il avait sa demeure ordinaire à Jéricho, et le Seigneur suscita Aod pour délivrer son peuple de l'oppression des Moabi-

---

(a) Num. xix, 20, 21.
(b) Judic. vi, 21.
(c) Psalm. xxi, 25. 26.
(d) Genes. xx, 3, 4, 5.
(e) Genes. xii, 17, 18.
(f) Genes. xiv, 18.
(g) Gen. s. xviii, 23, 24, 25.
(h) Judic. iii, 12, et suiv.

tes. Nous avons vu, sous l'article d'AOD, la manière dont il mit à mort Eglon. Cette servitude, sous les Moabites, dura depuis l'an du monde 2591 jusqu'en 2599; avant Jésus-Christ 1401 ; avant l'ère vulg. 1403.

EGLON, ville de la tribu de Juda. *Josué*, XV, 39.

[Elle était auparavant capitale d'un des petits Etats amorrhéens, dont le roi, au temps de Josué, s'appelait Dabir (*Josué* X, 3). *Voyez* DABIR. Le chef d'Israel, après la mort de ce roi, assiégea et prit sa capitale (versets 34, 35). « Elle était située au nord-ouest d'Hébron ; on la nomme encore aujourd'hui Eglon ; on y voit des ruines, » dit Barbié du Bocage.]

EGYPTE, pays d'Afrique, nommé en hébreu MEZOR ou MEZRAÏM, et en grec AIGUPTOS, d'où vient le latin ÆGYPTUS, et le français EGYPTE, et Cophte (1) MIZRAÏM, était fils de Cham ; et *Ægyptus* était, dit-on, un ancien roi de ce pays, fils de *Bélus*, et frère d'*Armaïs*. Mizraïm eut pour fils (*a*) *Ludim, Anamim, Laabim, Nephtüim, Phetrusim* et *Caslüim*, qui ont peuplé divers cantons de l'Egypte, ou des environs. Les anciens géographes mettaient une partie de l'Egypte dans l'Asie, et l'autre dans l'Afrique. La partie d'Asie était à l'orient du Nil, et l'autre partie à l'occident du même fleuve. Souvent aussi, dans les anciens, on attribue à l'Arabie la partie de la basse Egypte qui est à l'orient du Nil ; et l'Ecriture attribue le même terrain au pays de *Chus*, qui est si souvent traduit par l'*Ethiopie*.

L'Egypte était partagée par *nomes* ou cantons ; ils y comptaient quarante-deux nomes, qui étaient comme autant de petites provinces. On distinguait la haute et la basse Egypte. La haute s'appelait aussi Thébaïde, à cause de la ville de Thèbes, qui en était la capitale. Elle s'étendait bien avant vers le midi, jusqu'aux frontières de l'Ethiopie. La basse Egypte comprenait principalement le Delta et ce qui s'étend sur les côtes de la Méditerranée. Tout le monde sait que l'Egypte n'a proprement qu'un fleuve, qui est le Nil, lequel, par ses inondations, cause toute la fertilité du pays.

Les Arabes nomment *Rib* ou *Rif* (*b*) cette partie d'Egypte qui s'étend depuis le Caire jusqu'à la Méditerranée. La haute Egypte s'appelle *Saïde*, ou Thébaïde, et la partie d'entre deux s'appelle *Souf*. Le nom de *Rib*, ou de *Rif*, est connu dans l'Ecriture (*c*) : *Memor ero Rahab et Babylonis scientium me*. Rahab est le même que *Rib*. On le trouve encore en ce sens dans le *Psaume* LXXXVIII, 11, et dans *Isaïe*, XXX, 7, et LI, 9. Le nom de *Souf* se trouve aussi dans les livres saints écrits en hébreu. Moïse appelle mer de *Souf* ce que nous appelons mer *Rouge*. Il est étonnant que *Saïd*, qui est le nom de la fameuse Thèbes, capitale de la haute Egypte, ne se trouve pas dans l'Ecriture. On croit que Thèbes y est nommée *No-Ammon*, ou *la demeure de Jupiter*. M. d'Herbelot dit que Saïd, en arabe, signifie un terrain élevé, et qu'ils appellent *Saïd-Mesr* la partie supérieure de l'Egypte, qui est la Thébaïde.—Or la Thébaïde est encore divisée en supérieure, inférieure et moyenne. La supérieure comprend les villes d'*Arment*, d'*Arsoüan* (ou Syenne) d'*Asna* (apparemment Latopolis), de *Soiouth* : quelques-uns y joignent les villes de *Kift*, *Coss* et d'*Acsour*.

La Thébaïde inférieure comprend les villes d'*Abousig*, d'*Aschmounim*, de *Manraloux* et de *Fioum*. Celle du milieu comprend la ville d'*Akonin*.

Le nom de *Mesr*, ou *Misor*, ou *Misraïm*, fils de Cham, s'est conservé dans la ville du même nom, qui a été nommée successivement *Misor*, *Memphis*, ou *Moph*, *Babylone*, et *le Caire* (*d*). Elle porta le nom de Moph, ou Memphis, jusqu'au temps d'Alexandre le Grand ; alors on lui donna le nom de Babylone, à cause de sa situation et du rapport qu'elle avait avec Babylone de Chaldée. Cette ville fut conquise par les Arabes, l'an 18 ou 19 de l'hégire. Amrou-Ben-As, qui la prit, fit bâtir tout auprès une autre ville, qui fut nommée *Fusthath*, à cause de la tente de ce général, qui fut dressée fort longtemps au même lieu. Les califes fatimites s'étant rendus maîtres de l'Egypte, en ajoutèrent encore une autre qu'ils nommèrent *Caherah*, c'est-à-dire la *Victorieuse*, qui nous est connue aujourd'hui sous le nom du grand Caire. [Voy. BABYLONE d'*Egypte*.]

Les sultans mammelus, de la dynastie des Circassiens, ayant fait depuis bâtir un château fort élevé et bien fortifié sur la rive orientale du Nil, y attirèrent la plupart des habitants du Caire, en sorte que cette ville insensiblement changea de situation, et que le Caire, bâti par les Fatimites, n'est plus connu que sous le nom de *vieux Caire*. Le Caire est bâti sur la rive orientale du Nil, mais l'ancienne Misor, ou Mesr, était bâtie sur la rive occidentale du même fleuve.

Quant au nom d'Egypte, il vient de *Kibt*, ou *Kibthi*, qui est l'ancienne ville de *Coptos*, dans la haute Egypte (*e*), éloignée du Nil de sept parasanges, qui font environ quatorze lieues. Cette même ville de *Coptos* donna le nom aux Cophtes, ou Egyptiens d'aujourd'hui, qui sont tous chrétiens, et parlent un langage mêlé du grec et de l'ancien égyptien. Les Turcs appellent *Kibs* les anciens Egyptiens naturels du pays, qui ne sont pas musulmans. Leurs auteurs parlent de l'Egypte comme d'un des plus beaux et des meilleurs pays du monde : un de leurs auteurs dit que le terroir de ce pays est, pendant trois mois de l'année, blanc et éclatant comme une perle, trois mois noir comme le musc, trois mois vert comme les émeraudes, et trois mois jaune comme l'ambre. Il fait le dénombrement de toutes les choses qui ne se

---

(*a*) *Genes*. x, 13.
(*b*) Bibliot. Orient., p. 716, *Rif*.
(*c*) *Psalm* LXXXVI, 4.
(*d*) Bibliot. Orient., p. 579. *Mesr*.

(*e*) Idem p. 1003. Kibt. — [*Voyez*, dans notre addition au mot CAPHTHOR, lle, une autre étymologie du nom de l'Egypte.]
(1) *Voy*. au mot COPTATE (S.).

trouvent qu'en Egypte : les principales sont la mine des émeraudes orientales, l'orge rouge, l'opium, le baume de la Matarée, le froment de Joseph, l'art de faire éclore des poulets dans des fours, le miel des abeilles de Baensa, la colocase, le fin lin, la case, le limon aigre adouci par l'eau du Nil, le poisson nommé scinchur, plusieurs sortes de bois et de marbres singuliers, la plante du papier, etc. Il ne doit donc pas paraître si surprenant que les Israélites dans le désert regrettassent un si beau et un si excellent pays.

Homère (a) a donné au Nil le nom d'*Ægyptus*. Plusieurs anciens (b) ont écrit que l'Egypte n'était qu'un grand atterrissement produit par le Nil; et les Ethiopiens en étaient si persuadés, qu'ils se servaient de ce raisonnement pour prouver qu'ils étaient plus anciens que les Egyptiens. Bochart a réfuté ce sentiment dans son *Phaleg.*, l. IV, c. xxiv.

L'Egypte est partagée en deux par une grande chaîne de montagnes, qui est entre le Nil et la mer Rouge, et qui s'étend du nord au midi. L'espace qui est entre ces montagnes et la mer Rouge est occupé par les Arabes, et presque entièrement désert; mais ce qui est entre le Nil et ces montagnes est le pays du monde le plus fertile. On est obligé de jeter du sable sur les terres, pour diminuer leur excessive fécondité : elle vient des débordements du Nil, qui se répand régulièrement sur ses terres, en commençant au solstice d'été (c), et y demeure pendant tout le temps que le soleil parcourt le signe du Lion : il décroît quand il vient au signe de la Vierge, et finit au signe de la Balance. Les anciens Egyptiens faisaient par an sur le même fonds deux récoltes de blé; aujourd'hui on se contente d'une. Après la moisson de l'orge, on sème dans le même champ du riz, des melons, des concombres. On dit que l'Egypte fournissait à Rome vingt millions de boisseaux de blé.

Pline (d) dit qu'on commence à semer au commencement de novembre, qu'on fait la moisson en avril, et qu'on l'achève au mois de mai. Moïse (e) remarque qu'au milieu de mars, lorsque les Israélites sortirent de l'Egypte, l'orge et le lin, qui étaient déjà avancés, furent gâtés par la grêle; mais que le froment, qui est plus tardif, fut conservé. Les Egyptiens semaient leur orge et leur lin avant l'hiver, c'est-à-dire, au commencement de novembre, après que les eaux du Nil s'étaient retirées. L'hiver en ce pays est très-modéré, et l'on y met les chevaux au vert aux mois de janvier et de février. La moisson du froment était achevée, pour la Pentecôte, dans la Palestine et dans l'Egypte : il faut bien que toute la moisson soit faite, lorsque le Nil commence à se déborder.

Les Egyptiens se vantaient d'être les plus anciens peuples du monde : ils ont passé pour inventeurs des sciences et des arts (1); ils ont communiqué aux Grecs les noms des dieux et la fausse théologie ; ils ont poussé la superstition et l'idolâtrie plus loin qu'aucun autre peuple, ayant rendu leur culte aux astres, aux hommes, aux animaux, et même aux plantes, si l'on en croit les païens eux-mêmes, qui ont raillé leur excessive superstition (2). C'est à leur imitation que les Hébreux dans le désert ont rendu leur culte au veau d'or (f), et que Jéroboam proposa à ses sujets de pareilles figures pour objet de leurs adorations. Moïse nous apprend que les Hébreux immolaient des animaux, dont les Egyptiens regardaient la mort comme une abomination (g) et une

---

(a) *Odyss*, xiv, v. 258. Στῆσα δ' ἐν Αἰγύπτῳ ποταμῷ νέας ἀμφιελίσσας.
(b) *Diodor.* l. 1, p. 23, et l. III, p. 101. *Herodot.* l. II, c. v. *Aristot. Meteor.* l. 1, c. xiv.
(c) *Plin.* l. XVIII, c. xviii.
(d) *Plin.* ibid. *Cassian. collat.* 15, c. iv. *Joseph.* l. III *Antiq.*, c. x.
(e) *Exod.* ix, 31, 32.
(f) *Exod.* xxxii, 6.
(g) *Exod.* viii, 25.
(1) *Voyez* mon addition au mot ABRAHAM.

Voici le résumé de ce que les nouvelles découvertes en Egypte ont fait connaître sur l'état de l'industrie et des arts chez les anciens Egyptiens :

Ils fabriquaient des toiles de lin aussi belles et aussi fines que les nôtres : on trouve, dans les enveloppes des momies, des toiles de coton d'une finesse égale à celle de notre mousseline et d'un tissu très-fort; et l'on voit par quelques-unes de leurs peintures qu'ils savaient faire des tissus aussi transparents que nos gazes, nos linons, ou même que nos tulles.

L'art de tanner le cuir leur était parfaitement connu, de même que celui de le teindre en diverses couleurs, comme les maroquins, et d'y imprimer des figures.

Ils savaient fabriquer aussi une sorte de verre grossier, avec lequel ils faisaient des colliers et autres ornements.

L'art d'émailler, et celui de la dorure étaient portés chez eux à un haut degré de perfection : ils savaient réduire l'or en feuilles aussi minces que les nôtres, et possédaient une composition métallique semblable à notre plomb, mais un peu plus molle.

Ils avaient porté fort loin l'art de vernir. La beauté de la couverte de leurs poteries n'a point été surpassée, peut-être même égalée, par les modernes.

La peinture n'a jamais été très-perfectionnée par eux; ils paraissent avoir toujours ignoré l'art de donner du relief aux figures, par le mélange des clairs et de l'ombre; mais ils disposaient les couleurs avec intelligence, et le trait dans leurs beaux ouvrages est d'une hardiesse et d'une pureté extraordinaire. Du reste, ils n'entendaient rien à la perspective, et presque tous leurs dessins ne présentent les objets que de profil : l'uniformité des attitudes et des poses montre assez qu'en peinture, comme en sculpture, les artistes égyptiens étaient forcés de ne point s'écarter d'un certain style de convention qui s'est conservé jusque sous les derniers empereurs romains.

Il en était de même de l'architecture : très-remarquable par la grandeur des masses, par la majesté de l'ensemble, par le grandiose qui en caractérise tous les détails, elle était lourde, sans goût dans la disposition des parties, dans le choix des ornements. Il paraît que, dès les plus anciens temps, ils l'ont portée au plus haut degré qu'il leur était donné d'atteindre, et qu'elle n'a éprouvé presque aucun perfectionnement sensible dans les siècles postérieurs. LETRONNE.

(2) « Je ne puis, dit Virey, me persuader qu'un peuple qui adore des ognons, des chats, des crocodiles, des hippopotames, qui ne sait ni dessiner ni écrire par lettres alphabétiques, qui n'a jamais su faire une voûte, ait pu être une nation bien policée et bien florissante. Un pays peuplé de crocodiles, d'hippopotames, ne me paraît point un pays bien couvert de hommes. Des savants à qui Thalès de Milet apprend à mesurer la hauteur des pyramides par leur ombre ne me paraissent pas de grands savants. Enfin les anciens Egyptiens, vu, sont toujours été bien inférieurs aux Grecs. Ceux-ci allaient y chercher, dit-on, la sagesse, lorsqu'ils étaient encore barbares; mais les Egyptiens sont toujours demeurés à demi barbares, et les Grecs ont été aussi policés et plus ingénieux que les Européens modernes. » *Nouv. Diction. d'hist. naturelle*, au mot HIPPOPOTAME.

chose détestable. Il nous dit aussi que les Egyptiens ne voulaient pas manger avec les Hébreux (a), parce qu'ils détestaient tous les pasteurs de brebis.

On est assez partagé sur le motif de cette haine. Les uns croient qu'elle est fondée sur ce que les rois surnommés pasteurs, venus d'Arabie, ayant fait irruption en Egypte, y dominèrent assez longtemps, selon le récit de Manéthon (b).

D'autres croient que les Egyptiens, accoutumés, depuis leur roi Sésostris, à une vie molle et oisive, avaient horreur des pasteurs, dont la profession est plus laborieuse et plus active. Enfin d'autres veulent que les Egyptiens aient eu un grand éloignement des pasteurs hébreux et des autres, parce qu'ils tuaient et qu'ils mangeaient les brebis, les moutons, les chèvres, les boucs, qui étaient l'objet du culte des Egyptiens.

Nous avons examiné, sous le nom de CÉRÉMONIES, si les Hébreux ont reçu des Egyptiens les cérémonies et les lois qui sont communes aux deux nations, ou si les Egyptiens les ont reçues des Hébreux (1).

Rien n'est plus commun dans l'Ecriture que le nom de l'Egypte. Ce pays est, à proprement parler, le berceau de la nation des Hébreux. Joseph, y ayant été mené et vendu comme esclave, fut bientôt, par un effet sensible de la sagesse et de la providence de Dieu, établi intendant et comme vice-roi de toute l'Egypte. Il y fit venir son père et toute sa famille, au nombre d'environ soixante et dix personnes; et, après deux cent quinze ans (c), ils en sortirent au nombre de six cent trois mille cinq cent cinquante hommes capables de porter les armes, sans compter les femmes ni les enfants (2). Ce ne fut qu'à force de miracles et de châtiments que le roi d'Egypte permet aux Hébreux de sortir de son pays. Moïse frappa l'Egypte de dix plaies, avant que ce prince endurci pût se résoudre de relâcher un grand peuple qu'il avait asservi, et dont il tirait de grands services; et, après même les avoir congédiés et contraints de se retirer, il se repentit, les poursuivit avec son armée; et étant entré inconsidérément après eux dans le lit de la mer Rouge, il y périt avec tous les siens.

Le nom commun des rois d'Egypte était *Pharaon*, qui, parmi eux, signifie la souveraine puissance. Mais outre ce nom ils en avaient un autre qui leur était propre. L'histoire nous a conservé les noms de plusieurs rois d'Egypte (d), et une suite de leurs dynasties. Mais l'envie qu'ont eue les historiens de cette nation de relever leur grande antiquité leur a fait exagérer la durée de leur empire, et leur a fait perdre toute créance auprès des gens qui aiment la vérité. Ils soutiennent que l'Egypte a été gouvernée successivement par les dieux, les demi-dieux, ou les héros, et enfin les hommes, ou les rois. Ils donnent au règne des dieux et des demi-dieux trente-quatre mille deux cent un ans, et à celui de ces rois, depuis Ménès jusqu'à Nectanèbe, deux mille trois cent vingt-quatre ans. Nectanèbe fut déposé par Artaxerxès Ochus, roi de Perse, quinze ans avant la monarchie d'Alexandre le Grand. Depuis Nectanèbe jusqu'à la naissance de Jésus-Christ on compte environ trois cent quarante ans. De sorte que depuis le commencement de la monarchie des Egyptiens jusqu'à la naissance du Sauveur il y aurait trente-six mille huit cent soixante-cinq ans. Supputation qui est abandonnée par tous nos chronologistes.

On prétend que la manière dont les anciens Egyptiens comptaient leurs années a beaucoup contribué à enfler leur chronologie et à multiplier le grand nombre d'années de leurs premiers rois. Paléphate (e) dit qu'anciennement ils comptaient la durée du règne de leurs princes par jours, et non par années. Et qui nous assurera que ceux qui sont venus depuis n'auront pas mis des années au lieu de jours; et que lisant, par exemple, qu'Hélios, fils de Vulcain, a régné quatre mille quatre cent soixante-dix-sept jours, c'est-à-dire, douze ans trois mois quatre jours, ils n'auront pas avancé qu'il aura régné quatre mille quatre cent soixante-dix-sept ans?

Diodore de Sicile (f) dit que les Egyptiens nous content des fables, lorsqu'ils nous assurent que les plus anciens de leurs dieux ont régné chacun au moins douze cents ans, et les moins anciens au moins trois cents ans. En sorte que depuis le règne d'Hélios ou du Soleil jusqu'au passage d'Alexandre le Grand dans l'Asie ils comptent vingt-deux mille ans de règne. Mais, ajoute-t-il, comme ce nombre d'années excède toute créance, quelques-uns, pour les excuser, remarquent qu'au commencement leur année n'était que d'un mois, suivant le cours de la lune;

(a) Genes. XLVI, 34.
(b) Manetho apud Joseph. l. I, contra Appion. Euseb. Præpar. l. X, c. XIII.
(c) Ils entrèrent en Egypte l'an du monde 2298, et ils en sortirent en 2513, avant Jésus-Christ 1487, avant l'ère vulg. 1491.
(d) Vide Manethon. apud Joseph. l. I, contra Appion. Chronic. Ægypt. apud Syncell. Marsham. Can. Chronolog. Ægypt.
(e) Palæphati Fragment. ex Chronico Alex.
(f) Diodor. Sicul. l. I, p. 15, d., et Plin. l. VII, c. XLVIII.

(1) Il est un fait que personne ne peut contester : c'est que Moïse, par ses institutions, voulait séparer, isoler le peuple hébreu de tous les autres peuples, notamment des Egyptiens. Je n'ai jamais pu comprendre comment il s'est trouvé des auteurs qui aient osé avancer que ses institutions, précisément, soient celles mêmes des Egyptiens. Ceux qui ont réfuté ces auteurs leur ont encore, à mon avis, beaucoup trop accordé. Les critiques qui prétendent que Moïse a emprunté des Egyptiens leurs cérémonies, leurs pratiques, etc., prétendent aussi que les Hébreux, qui avaient si longtemps vécu parmi les Egyptiens, ne croyaient pas à l'immortalité de l'âme, et que Moïse leur enseigna pas ce dogme, qui cependant était fondamental chez les Egyptiens, comme chez tous les peuples.

Expliquez-nous, savants et consciencieux critiques, comment il s'est fait que Moïse n'ait pas emprunté des Egyptiens ce dogme, qui devait bien autrement important que des lois qui devaient être abrogées, lorsque serait venu ce prophète semblable à lui, qu'il prédit si longtemps d'avance.

(2) Cet accroissement de la population des Israélites donné lieu à quelques difficultés de la part des incrédules. Nous les avons résolues. *Voyez* le mot ACCROISSEMENT.

de sorte que les douze cents ans de règne de chaque dieu se reduiraient à douze cents mois, ou cent ans. Dans la suite, dit-il encore, l'année d'Egypte ayant été faite de quatre mois, ils avancèrent que leurs rois avaient régné chacun au moins trois cents ans, qui font douze cents mois, ou cent ans. De cette sorte on réduisait à une durée raisonnable l'excessive antiquité des dynasties égyptiennes. Censorin (a) assure qu'anciennement l'année égyptienne n'était que de deux mois, et que ce fut le roi Pison qui lui en donna quatre, et qui enfin le fixa à douze mois.

De plus il est certain que les dynasties d'Egypte, que l'on nous vante, ne sont pas toutes successives, mais qu'il y en a beaucoup de collatérales, et que la plupart de ces rois, que l'on place l'un après l'autre, ont souvent été contemporains, l'un régnant dans un canton de l'Egypte, et l'autre dans un autre. Aussi ces listes portent-elles sept noms différents, suivant les sept cantons où les dynasties subsistaient; savoir : à *This*, à *Memphis*, à *Diospolis*, à *Thanis*, à *Séthron*, à *Éléphantine* et à *Saïs*. Or, en mettant ces dynasties bout à bout, on comprend aisément qu'on en peut extrêmement étendre la durée, et leur donner une antiquité qu'elles n'ont point du tout. Ainsi, pour ne pas risquer de donner le faux pour le vrai, on nous excusera si nous ne rapportons pas ici la liste des premiers rois d'Egypte. — [*Voyez* Josué, *passim*.]

Depuis *Mezraïm*, l'Ecriture nomme toujours les rois de ce pays du nom de *Pharaon*. Elle ne nous a conservé les noms propres que de quatre de ces princes : *Sésac* (b), *Néchao* (c), *Sua* (d), et *Ephrée* (e). Sésac peut-être *Sésonchis*; Néchao est *Néchos* d'Hérodote (f); Sua est le même que *Sabacon* ou *Séthon* (g), et Ephrée est *Apriès* (h), marqué dans le même auteur. Sésac vivait du temps de Roboam, fils de Salomon; *Néchao*, du temps de Josias, roi de Juda; *Sua*, du temps d'Osée, roi d'Israel; et *Ephrée* du temps de Jérémie et de Sédécias. Hérodote le fait fils de Psammis, et petit-fils de Néchos. On peut voir son histoire dans cet auteur. Depuis Apriès, nous trouvons Amasis, Psammétichus, sur lequel Cambyse fit la conquête de l'Egypte, l'an du monde 3479, avant Jésus-Christ 521, avant l'ère vulgaire 525 (i). Après cela, on trouve encore dans l'Egypte les rois suivants, *Inarus*, *Achoris*, *Tuchos*, *Nectanebus*. Ce dernier fut dépouillé par Artaxerxès Ochus, l'an du monde 3654, avant Jésus-Christ 346, avant l'ère vulgaire 350. Environ dix-neuf ans après, Alexandre le Grand entra dans l'Egypte, et en fit la conquête l'an du monde 3673, avant Jé-

sus-Christ 327, avant l'ère vulgaire 331.
Les Ptolémées succédèrent à Alexandre, et on en a une suite bien assurée.

Ptolémée, fils de *Lagus*, et surnommé *Soter*, régna trente-neuf ans; depuis la mort d'Alexandre, arrivée l'an du monde 3681, jusqu'en 3720.

Ptolémée Philadelphe régna trente-huit ans depuis 3720 jusqu'en 3758.

Ptolémée Evergète régna vingt-cinq ans; depuis 3758 jusqu'en 3783.

Ptolémée Philopator, dix-sept ans; depuis 3783 jusqu'en 3800.

Ptolémée Epiphane, vingt-quatre ans; depuis 3800 jusqu'en 3824.

Ptolémée Philométor, trente-sept ans; depuis 3824 jusqu'en 3861.

Ptolémée Evergète, ou *Phiscon*, vingt-sept ans; depuis 3861 jusqu'en 3888.

Ptolémée Lathure, trente-six ans six mois; depuis 3888 jusqu'en 3923.

Cléopâtre, fille de Lathure, et femme d'Alexandre I, régna six mois.

Alexandre I, neveu de Lathure, établi en 3924, mort en 3943. Vide *Usserium ad annum mundi* 3924.

Alexandre II, fils d'Alexandre I, fut chassé par les Alexandrins en 3939.

Ptolémée Nothus, ou *Aulétes*, régna treize ans; depuis 3940 jusqu'en 3953.

Ptolémée Denys, ou *Bacchus*, régna trois ans huit mois; mort en 3957.

Cléopâtre, sœur de Ptolémée, depuis 3957 jusqu'en 3974. — [*Voyez* LAGIDES.]

On fera des articles particuliers de tous ces rois, qui sont nommés dans la Bible, et qui ont eu quelque part aux affaires des Hébreux.

EGYPTE (TORRENT D') ou FLEUVE D'EGYPTE. L'Ecriture marque assez souvent le fleuve, ou le torrent d'Egypte, comme limites de la terre promise du côté de l'Egypte et du midi. Par exemple, Dieu dit à Abraham (j): *Je vous donnerai cette terre, depuis l'entrée d'Emath jusqu'au torrent d'Egypte jusqu'au fleuve de l'Euphrate*. Et ailleurs (k), Salomon rassembla tout son peuple pour la dédicace du temple, *depuis l'entrée d'Emath jusqu'au torrent d'Egypte*. Enfin Moïse, marquant les limites méridionales de la terre promise, les met (l) *depuis Asemona jusqu'au torrent d'Egypte, et jusqu'à la grande mer*, qui est la Méditerranée. *Voyez* la même chose *Josué*, XV, 4.

Il s'agit à présent de savoir quel est ce fleuve ou ce torrent d'Egypte. Plusieurs ont cru que c'était le *torrent de Besor* (m) autrement le torrent du Désert, situé entre Gaze et Rhinocorure. Mais nous ne doutons nullement que ce ne soit le Nil, le seul fleuve qui arrosait l'Egypte. Josué le désigne visiblement par le nom (n) de *Sichor*, qui est le vrai

---

(a) *Censorio de Die Natali*, c. xix.
(b) IV Reg. xi, 40.
(c) IV Reg. xxiii, 29. Jerem. xlvi, 2.
(d) IV Reg. xvii, 4.
(e) Jerem. xliv, 30.
(f) Herodot. l. II, c. clviii, clix.
(g) Herodot. l. II, c. cxli.
(h) Herodot. l. II, c. clxi.
(i) Constantin Manassé, dans sa Chronique, ne donne à la durée de la monarchie des Egyptiens que 1663 ans. Or, en remontant depuis la conquête de l'Egypte par Cambyses, cela ne va qu'à l'an du monde 1816, environ 160 ans après le déluge.
(j) Genes. xv, 18.
(k) II Par. vii, 8.
(l) Num. xxxiv, 5.
(m) I Reg xxx, 10
(n) Josue xiii, 3. שיחר

nom du Nil ; comme qui dirait, le fleuve trouble, à cause des eaux de ce fleuve, qui sont souvent troubles et boueuses. Amos (*a*) le désigne sous le nom de *torrent du Désert*, parce que le bras le plus oriental du Nil, et le plus voisin de la terre de Chanaan, était près de l'Arabie, ou du désert nommé en hébreu *Araba*, et arrosait le nome nommé Arabique par les Egyptiens. Le terme hébreu *nahol*, que l'on a rendu par *torrent*, signifie aussi un fleuve.

[N. Sanson ne marque pas le torrent d'Egypte sur sa carte, et dans sa table il le confond avec le torrent de Besor. Reichard l'a aussi confondu avec ce même torrent. Barbié du Bocage le distingue, mais il semble ne pas admettre avec dom Calmet, qu'il soit un des bras du Nil. « Le fleuve ou torrent d'Egypte, dit-il, était situé sur la limite méridionale de la terre de Chanaan, du côté de l'Egypte. On le considère généralement comme le torrent qui se jette à la mer près de l'ancienne Rhinocorure. On l'appelait aussi *Sihor*. »]

EGYPTE (FUITE DE JÉSUS-CHRIST EN). *Voyez* FUITE.

* EL. Ce nom, qui entre dans la composition du nom d'*Emmanuel*, donné au Messie par Isaïe (VII, 14), et qui signifie *Dieu avec nous* (עם, *em*, avec, נו, *nu*, nous, et אל, *El*, Dieu) est, un des noms les plus anciens sous lesquels Dieu ait été invoqué. C'est celui qui désigne sa *force* et sa *puissance*. Lorsque l'Ecriture nous dit que Melchisédech était prêtre du *Dieu* suprême, c'est le nom de *El* qu'elle lui donne. C'est encore de *El* qu'elle parle, quand elle ajoute que Melchisédech bénit Abraham, disant : *Béni soit Abram par le Dieu* (EL) *suprême, Créateur du ciel et de la terre....* Et encore il n'y a aucun doute que ce nom ne fût plus anciennement reçu. Tout fait croire que c'était sous ce nom que les Chananéens, dont Melchisédech était roi, et les autres peuples d'alentour adoraient le Dieu véritable. Ce qui le prouve, c'est que la plupart des noms propres d'hommes ou de villes que nous trouvons dans l'Ecriture, et qui commencent ou finissent par *el*, comme *El-iezer*, *El-daa*, *El-iphaz*, etc., sont des composés du nom de Dieu, *El*. Bonnetty, *Annales de philos. chrét.*, tom. VII, pag. 419, note 3.

ÉLA [descendant d'Esaü], successeur d'Oolibama dans le gouvernement de l'Idumée. *Genes*. XXXVI, 41.

ELA, père du fameux Séméi, de la tribu de Benjamin. II *Reg*. IV, 18.

ELA, fils de Baasa, roi d'Israel. Il fut assassiné par Zambri, après deux ans de règne (*b*). Il laissa un fils nommé Osée, qui tua Phacée, usurpateur de sa couronne. IV *Reg*. XV, 30.

(*a*) *Amos* VI, 15.
(*b*) III *Reg*. XVI, 6, 7, 8, 9.
(1) La situation primitive de la race de Sem était sur le revers méridional des montagnes d'Arménie. *Elam* fut le premier chef de tribus qui l'abandonna. Il émigra et descendit jusqu'au bord du golfe Persique. M. CH. LENORMANT, *Cours d'hist. anc.*

[Osée, qui tua Phacée et fut le dernier roi d'Israel, ne pouvait être fils d'Ela, qui l'était de Baasa. Dom Calmet confond ici deux Ela, qui vivaient à deux siècles de distance. Suivant la chronologie adoptée par notre auteur, Ela fut assassiné l'an 925 avant Jésus-Christ, et Osée tua Phacée l'an 735. Dom Calmet veut-il dire *descendant* d'Ela ? Mais l'historien sacré dit (III *Reg*. XVI, 11) que Zambri *extermina toute la maison de Baasa, sans en laisser aucun reste, et sans épargner aucun de ses parents, ni de ses amis.*]

* ELA, père d'Osée, dernier roi d'Israel. IV *Reg*. XV, 30; XVII, 1; XVIII, 1, 9. *Voyez* l'article précédent.

* ELA, fils de Caleb. I *Par*. IV, 15.
* ELA, benjamite, fils d'Ozi. I *Par*. IX, 8.

ELAD, petit-fils d'Ephraïm, qui fut tué dans la ville de Geth, pendant le séjour des Hébreux en Egypte. I *Par*. VII, 21.

ELADA, fils de Tahat, et petit-fils d'Ephraïm. I *Par*. VII, 20.

* ELAH-GABALA. *Voyez* ASIMAH.

ELAI, aïeul de Judith. *Judith* VIII, 1.

ELAM. *Voyez* ÆLAM.

* ELAM, fils aîné de Sem. *Gen*. X, 22; I *Par*. I, 17.

* ELAM, pays ainsi nommé du fils aîné de Sem, « dont la descendance, dit Barbié du Bocage, peupla en grande partie le rivage du golfe Persique, à l'orient du Tigre. Sous son nom, on comprit cependant d'une manière spéciale le pays renfermé entre l'Eulœus et l'Oroates, la Médie et le golfe Persique, qui conserva pendant toute l'antiquité la dénomination d'*Elymaïs* (1). Au N., l'Elymaïs était montueuse, et au S. marécageuse. Suivant Daniel, *Suse* a dû en être la capitale, quoique l'on trouvât sur les bords de l'Oroates une ville d'Elymaïs qui était loin d'être sans importance. Ses habitants, appelés *Elamites*, étaient, surtout ceux du Nord, bons archers et guerriers redoutables, mais livrés au brigandage, comme l'ont toujours été à peu près les peuples montagnards de cette partie de l'Asie ; les autres se livraient plus facilement aux travaux sédentaires et surtout à l'agriculture. Dès le temps d'Abraham, on voit un de leurs souverains, Chodorlabomor, jouir d'un grand pouvoir ; il tient sous le joug, pendant trois ans, les peuples du pays de Chanaan. C'est à la suite d'une révolte de ces peuples, tentée dans le but de repousser cette domination étrangère, que la *Genèse* nous apprend ce fait, qui sans elle nous serait inconnu. Les rois de Sennaar et de Pont fournirent des secours à ce prince, peut-être à un autre titre que celui d'allié, car on pourrait les croire alors sous la dépendance du roi d'Elam. Quoi qu'il en soit, ce pouvoir n'était pas très-bien affermi, car, après la défaite de Chodorlabomor par Abraham, il n'est plus question de la puis-

Les *Elamites*, voisins des Mèdes, sont descendus d'Elam. La capitale de ce pays (golfe Persique) était Elymaïs, la Perse fut aussi nommée *Elam*, et Persépolis a porté aussi le nom d'*Elam* (I *Mac*. VI, 12, et II *Mac*. IX, 2). M. BONNETTY, *Annal. de philos. chrét.*, tom. XV, pag. 456. *Voyez* ELYMAÏS.

sance des princes d'Elam. Elam subit en effet le joug des Assyriens, des Mèdes et des Babyloniens, avant de s'élever, sous le nom de Perse, au degré de gloire que lui acquit le génie du grand Cyrus. Lors de la destruction du royaume de Juda par Nabuchodonosor, une partie de la population juive fut remplacée sur les terres de la Judée par des peuples tirés de divers lieux du pays d'Elam; et au retour de la captivité ceux-ci figurent encore au nombre des peuples transplantés qui s'opposèrent le plus vivement à la reconstruction du temple de Jérusalem. » — *Voyez* ELYMAIS.

* ELAM, lévite descendant de Coré, était le cinquième fils de Mésélémia, et un des portiers du temple. I *Par.* XXVI, 3.

* ELAM, chef de famille benjamite, sorti de celle de Sésac. I *Par.* VIII, 24, 25.

* ELAM, chef de famille, dont les descendants revinrent, au nombre de douze cent cinquante-quatre, de la captivité avec Zorobabel. *Esdr.* II, 7; *Néh.* VII, 12. Soixante-onze autres de ses descendants, en comptant Isaï, fils d'Athalias, revinrent aussi dans la patrie avec Esdras. *Esdr.* VIII, 7. Dans ce dernier endroit la Vulgate le nomme *Alam*. Séchénias, un de ses descendants, proposa à Esdras de renvoyer les femmes étrangères et de faire alliance avec le Seigneur (X, 2 et suiv.), et six autres, qui avaient épousé de ces femmes, les renvoyèrent (26). Il ne faut pas confondre cet Elam avec le suivant.

* ELAM, autre chef de famille, dont les descendants revinrent pareillement, au nombre de douze cent cinquante-quatre, de la captivité avec Zorobabel. *Esdr.* II, 31; *Néh.* VII, 34.

* ELAMITES, habitants du pays d'Elam. *Gen.* XIV, 1, 9; *Esdr.* IV, 9. *Voyez* DINÉENS. *Act.* II, 7. *Voyez* ELAM.

ELANITE, ou ELANITIQUE. Le golfe Elanitique tire son nom de la ville d'*Ela* ou *Ailan*, qui est situé sur le rivage oriental de la mer Rouge. Pline met cent cinquante milles depuis Gaze jusqu'à Elat, et Strabon y met douze cent soixante stades. *Elat*, ou *Elan*, était un des trois ports de la mer Rouge. Le premier était à Bérénice, le second à Clysma, et le troisième à *Elath*. — [*Voyez* ELAT.]

ELASA, fils d'Heller [lisez Hellès], et père de Sisamoï. I *Par.* II, 39, 40.

* ELASA, benjamite, descendant de Saül par Jonathas, était fils de Rapha ou Raphaïa, et père de Asel. I *Par.* VIII, 37, et IX, 43.

* ELASA, fils de Saphan, fut un des deux députés que Sédécias envoya à Nabuchodonosor, et dont se servit Jérémie. *Jer.* XXIX, 3.

* ELASA, descendant de Pheshur, fut un de ceux qui, ayant épousé des femmes étrangères pendant la captivité, les renvoyèrent lorsqu'ils furent rentrés dans la patrie. *Esdr.* X, 22.

ELAT, ou ELATH, ou AILA, ou ÆLATH, ville d'Idumée, sur le golfe Elanitique de la mer Rouge. Eusèbe ne la met qu'à dix milles de Pétra, vers l'Orient (1). David, ayant vaincu les Idumées, se rendit maître d'Elath (2). Les Idumées, s'étant remis en liberté sous le règne de Joram, fils de Josaphat (3), demeurèrent indépendants jusqu'au temps d'Ozias, ou Azarias, qui reprit sur eux la ville d'Elath (4); mais il ne conserva pas longtemps cette conquête. Razin, roi de Syrie, reprit cette place sur Ozias, et en chassa les Juifs (5).

Aila se trouve dans les anciens sous le nom d'*Elane*, d'*Elath*, d'*Elas*, d'*Ælan*, ou d'*Elon*. Strabon la met à douze cent soixante stades de Gaza; ce qui fait environ cent cinquante-sept mille pas. Pline n'y compte que cent cinquante mille pas: cette différence est petite pour une si grande distance. Saint Jérôme (6) dit que la ville d'Elath était à l'extrémité de la Palestine; Procope (7) la met aussi à l'extrémité orientale de la Palestine. Dans les conciles on trouve quelques évêques d'Elath parmi ceux de la troisième Palestine.

Voici ce qu'Abulféda dit de cette ville (8) : *Ailat*, ou *Ælat*, ou *Elath*, ou *Elan*, était autrefois une petite ville, avec quelques terres fertiles aux environs. Ce n'est plus aujourd'hui qu'une tour, qui sert de demeure à un gouverneur, qui dépend de celui du grand Caire. Il n'y a plus là de champs semés. Autrefois il y avait une forteresse bâtie dans la mer; mais à présent elle est toute ruinée. Le commandant loge dans la tour dont nous avons parlé, laquelle est bâtie sur le rivage (9). *Aila* est située vis-à-vis de Colzum; Aila est à l'orient, et Colzum au couchant. Le mont Sina est entre deux. Abulféda met *Aila* au cinquante-cinquième degré de longitude, et au vingt-neuvième degré de latitude. Il cite Almostarec, qui la met au cinquante-sixième degré et quarante minutes de longitude, et au vingt-huitième degré cinquante minutes de latitude. — [*Voyez* ESIONGABER.]

* ELCANA, second fils de Coré, et frère d'Asir ou Aser, son aîné, et d'Abi-Asaph, son puîné. *Ex.* VI, 24. Il y a du désordre dans cette généalogie, qui est celle des lévites; j'ai essayé, aux mots ABI-ASAPH (addition) et AMASAI (note), d'y mettre un peu de clarté; je ne sais si j'y ai réussi. *Voyez* encore les ELCANA qui suivent.

* ELCANA, père de Sophaï (I *Par.* VI, 26) ou de Suph (vers. 35). La généalogie, depuis cet Elcana jusqu'aux fils de Samuel, ne présente point de difficulté. Sophaï ou Suph fut père de Nahath (I *Par.* VI, 26) ou de Thohu (vers. 34, et I *Reg.* I, 1); — qui le fut d'Eliab (I *Par.* VI, 27) ou Eliel (vers. 34) ou Eliu (I *Reg.* I, 1); — qui le fut de Jéroham (I *Par.* VI, 27, 34, et I *Reg.* I, 1); — qui le fut d'Elcana (*ibid.*); — qui le fut de Samuel (I *Par.* VI, 27, suivant les Septante de l'édition d'Alcala

---

(1) Euseb. *in locis Hebr. in* Αιλα.
(2) *Confer* II *Reg.* VIII, 14, cum II *Par* VIII, 17.
(3) II *Par.* XXI, 8, 9.
(4) IV *Reg.* XIV, 22.
(5) IV *Reg.* XIV, 6.

(6) Hieronym. *in Ailat*.
(7) Procop. l. I, de Bello Persico, c. XIX.
(8) Abulféda, Description de l'Arabie, p. 31, 32.
(9) Idem, Description de la mer Rouge, p. 74, 75.

ou de Complute, leçon confirmée par le vers. 33 et par I *Reg.* I, 1); — lequel Samuel fut père de Vasséni (I *Par.* VI, 28) ou Johel (vers. 33) et d'Abia.

Mais de qui cet Elcana, père de Sophaï, était-il fils? C'est ce qu'il n'est pas facile de décider, quoiqu'il soit dit fils de Mahath, I *Par.* VI, 35. Il y a deux fragments généalogiques de Lévi dans ce chapitre des Paralipomènes. Le premier, compris dans les versets 22-28, donne la généalogie de Lévi par Caath, et c'est ce fragment qui présente des difficultés. Le second, compris dans les versets 33-38, se suit bien et n'annonce aucun désordre; il donne la généalogie d'Héman, chantre ou chef de musique, fils de Johel ou Vasséni, et petit-fils de Samuel, jusqu'à Israel ou Jacob, père de Lévi et grand-père de Caath. Comme nous l'avons montré, ces deux fragments se rencontrent à Elcana, père de Sophaï, et s'accordent jusqu'aux fils de Samuel. Ils semblent s'accorder pareillement à Asir, qui fut le père de Thahath (vers 24 et 37);— qui le fut d'Uriel (24) ou Sophonias (36); — qui le fut d'Ozias ou Azarias ; — qui le fut de Saül ou Johel (24 et 36).

Ici se présente une difficulté. *Voyez* les versets 25, 35, 36, depuis Saül ou Johel jusqu'à Elcana, père de Sophaï ou Suph.

Les deux généalogies s'accordent encore, en ce qu'elles disent que Cahath fut le père d'Aminadab (22) ou Isaar (38); — qui le fut de Coré (*ibid.*); mais depuis Coré jusqu'à Tahath elles ne concordent plus. *Voyez* les versets 22 et 23, 37 et 38. Toutefois, je demeure persuadé qu'une grande partie de cette nouvelle difficulté peut être levée par la conférence de ces versets avec *Exod.* VI, 24.

* ELCANA, présenté comme fils d'Asir, qui l'était de Coré, et comme père d'Abi-Asaph. I *Par.* VI, 22, 23.

* ELCANA, supposé par des commentateurs, être le même que le second fils de Coré, est présenté (I *Par.* VI, 25) comme père d'Amasaï, d'Achimoth et d'un autre Elcana (*Voyez* l'hébreu, qui semble être un peu différent de la Vulgate); plus loin (vers. 36), il est dit fils de Johel, et (vers. 35) père d'Amasaï.

* ELCANA, fils d'Elcana. *Voyez* l'article précédent.

* ELCANA, lévite, père d'Asa. I *Par.* IX, 16. Il était portier, si c'est encore de lui qu'il est fait mention au chap. XV, 23.

ELCANA, de la tribu de Lévi [fils de Jéroham et] père de Samuel, était de Ramatha, du canton de Sophim. I *Reg.* I, 1, 2. — [*Voyez* ELCANA, père de Sophaï.]

ELCANA, général de l'armée d'Achas, roi de Juda. Il fut tué par Zéchir [lisez Zéchri], qui commandait celle de Phacée, roi d'Israel (a).

ELCESI, village de Galilée, illustre par la naissance du prophète Nahum (b). On montrait ce village, presque ruiné, encore du temps de S. Jérôme (c). Théophylacte dit qu'il est au delà du Jourdain.

ELCHANAM, ou ELCHANAN, fils de l'oncle paternel d'Azaël (d). Apparemment le même que *Elchanan, fils de Jaïr*, que saint Jérôme a exprimé par, *Adeo datus filius saltus* (e).

ELDAA, fils de Madian, et petit-fils de Céthura et d'Abraham (f).

ELDAD et MÉDAD, ayant été désignés par Moïse (g) pour être du nombre des soixante et dix anciens d'Israel qui devaient l'aider dans la conduite du peuple, et ne s'étant pas trouvés avec leurs collègues dans l'assemblée, ne laissèrent pas d'être remplis comme eux de l'Esprit de Dieu, et ils commencèrent à prophétiser au milieu eu camp. Josué l'ayant su, et craignant que cela ne portât préjudice à la gloire de Moïse, lui dit : *Seigneur, empêchez-les.* Mais Moïse lui répondit : *Pourquoi vous piquez-vous de jalousie pour moi? Plût à Dieu que tout le peuple prophétisât, et que Dieu répandît sur lui son Esprit!* Il y en a qui croient qu'Eldad et Médad étaient frères de Moïse; mais ce sont des traditions sans aucun fondement.

ELEALÉ, ville de la tribu de Ruben (h). Eusèbe la place à un mille d'Hésébon. — [Elle avait appartenu aux Moabites, qui la reprirent. *Isa.* XV, 4 ; XVI, 9; *Jer.* XLVIII, 34.]

ELEAZAR, troisième fils d'Aaron, et son successeur dans la dignité de grand prêtre. Phinées succéda à Éléazar. Celui-ci entra dans la terre promise avec Josué; et on croit qu'il y vécut vingt-trois ou vingt-cinq ans. Le souverain pontificat demeura dans la famille d'Eléazar jusqu'au temps du grand prêtre Héli, qui était de la famille d'Ithamar. Eléazar fut enterré à Gabaat de Phinées, dans la tribu d'Ephraïm (i).

ELEAZAR, fils d'Aminadab, à qui l'on confia la garde de l'arche du Seigneur, lorsqu'elle fut renvoyée par les Philistins (j). On croit qu'Eléazar était prêtre ou au moins lévite, quoique son nom ne se trouve pas dans les dénombrements des enfants de Lévi. Il demeurait à Gabaa, qui était apparemment le lieu le plus élevé et le plus sûr de la ville de Cariath-Iarim. Gabaa, en hébreu, signifie une hauteur. L'Ecriture dit qu'on *consacra Eléazar pour être le gardien de l'arche du Seigneur;* soit que cette consécration fût une simple destination à cet emploi, ou qu'on lui donnât l'onction sacerdotale, ou qu'on l'obligeât à se purifier, pour recevoir chez lui ce sacré dépôt.

ELEAZAR, fils d'Ahod, un des trois braves de David, qui lui allèrent puiser de l'eau dans la citerne de Bethléem, en passant au travers du camp des Philistins (k). — [Il était

---

(a) II *Par.* xxviii, 7.
(b) *Nahum* i, 1.
(c) *Hieron. Prolog. in prophet. Nahum.*
(d) I *Par.* xi, 26.
(e) III *Reg.* xxi, 18.
(f) I *Par.* i, 33.

(g) *Num.* xi, 24, 25, etc.
(h) *Num.* xxxii, 37.
(i) *Josue*, xxiv, ult.
(j) I *Reg.* vii, 1. An du monde 2888, avant Jésus-Christ 1112, avant l'ère vulg. 1116.
(k) II *Reg.* xxiii, 9, I. *Par.* xi, 16, 17.

fils de Dodo l'Ahohite. *Voyez* AHOD.] C'est le même Eléazar qui, seul, arrêta un jour l'armée des Philistins, et qui en fit un si grand carnage, que son épée se trouva collée à sa main (*a*).

ELEAZAR, surnommé ABARON, OU AURAN, frère de Judas Machabée. Il est nommé, dans le premier livre des Machabées (*b*), Eléazar fils de Saura; et dans Josèphe, *Auran* ou *Avran*. Eléazar donc ayant aperçu dans l'armée du roi Antiochus Eupator, qui assiégeait alors Bethsura, un éléphant plus beau et plus richement harnaché que les autres, et s'imaginant que le roi pouvait être dessus, il se fit jour au travers des ennemis; et s'étant glissé sous cet animal, il lui perça le ventre avec son épée; mais l'éléphant, en tombant, l'écrasa sous lui. [*Voyez* ESDRAS.]

ELEAZAR, vieillard vénérable de Jérusalem, qui souffrit la mort sous la persécution d'Antiochus Epiphanes. On doute si ce fut à Jérusalem ou à Antioche qu'il consomma son martyre. Il paraît certain, par le second des Machabées et par Josèphe, qu'il souffrit en présence du roi Antiochus Epiphanes (*c*), de même que les sept frères Machabées; mais il n'est pas si clair si ce fut à Antioche ou à Jérusalem. L'ancien traducteur du livre de Josèphe qui a pour titre, *de l'Empire de la raison*, dit que ce fut à Antioche; mais le texte grec de Josèphe ne le dit pas; il suppose au contraire que les sept frères souffrirent à Jérusalem. Il dit la même chose, l. XII des *Antiquités*, c. VII. D'autres veulent que les sept frères souffrirent à Antioche: on y montrait autrefois leurs tombeaux (*d*). Saint Augustin parle de l'église dédiée sous leur nom dans cette ville (*e*). Les martyrologes Lyran, Sérarius, Tirin, Joseph, fils de Gorion, mettent leur martyre à Antioche. Or il paraît certain qu'Eléazar souffrit au même lieu que les sept frères Machabées; tous les auteurs qui en ont parlé joignent son martyre à celui de ces généreux frères.

Le saint vieillard dont nous parlons était un des principaux docteurs de la loi (*f*); saint Grégoire de Nazianze et saint Ambroise (*g*), après Josèphe, croient qu'il était de la race sacerdotale. Il fut présenté à Antiochus Epiphanes, et on voulut le forcer à manger de la viande de pourceau, même en lui ouvrant la bouche par force; mais, préférant la mort à une vie qu'il ne pouvait conserver que par une lâcheté criminelle, il alla volontairement et de lui-même au supplice. Ceux qui étaient présents, touchés d'une injuste compassion, à cause de l'ancienne amitié qu'ils lui portaient, le prirent à part, et le supplièrent de trouver bon qu'ils lui apportassent des viandes dont il était permis de manger, afin qu'il pût dire qu'il avait obéi aux ordres du roi en mangeant des viandes du sacrifice, et qu'on le garantît ainsi de la mort; mais, considérant son âge, ses cheveux blancs, la vie innocente qu'il avait menée jusqu'alors, il répondit qu'il aimait mieux descendre au tombeau que de faire ce qu'on demandait de lui : *Car il n'est pas digne*, dit-il, *de l'âge où nous sommes, d'user de cette fiction, qui serait cause que plusieurs jeunes hommes, s'imaginant qu'Eléazar, à l'âge de quatre-vingt-dix ans, aurait passé de la vie des Juifs à celle des païens, seraient portés à l'imiter ; ainsi j'attirerais sur moi une tache honteuse, et l'exécration des hommes sur ma vieillesse; car encore que je me délivrasse des supplices dont je suis menacé, toutefois je ne pourrais éviter la main du Tout-Puissant, ni pendant ma vie, ni après ma mort.*

A ces mots, ceux qui le conduisaient au supplice entrèrent tout d'un coup dans une grande colère contre lui, attribuant à orgueil les paroles qu'il venait de prononcer; et, comme il était près de mourir sous les coups dont on l'accablait, il jeta un grand soupir, et dit : *Seigneur, vous savez qu'ayant pu me délivrer de la mort je souffre dans mon corps les plus sensibles douleurs; mais dans mon âme j'ai la joie de mourir pour votre crainte.* Il mourut après avoir dit ces paroles. C'est tout ce que nous apprend le second livre des Machabées, que nous tenons pour canonique.

Mais Josèphe, dans le livre *de l'Empire de la raison*, raconte la chose avec plus d'étendue. Il dit qu'Antiochus étant venu à Jérusalem, et voyant que le peuple méprisait ses ordonnances, monta au lieu le plus haut de la ville, accompagné des principaux de sa cour et de ses soldats en armes, et ayant commandé qu'on contraignît les Juifs à manger de la chair de porc et de tout ce qui avait été immolé aux idoles, sinon qu'on les fît mourir sur la roue, Eléazar fut le premier qui lui fut présenté. Antiochus lui parla et essaya de lui persuader d'obéir à ses ordres; mais Eléazar lui répondit d'une manière pleine de fermeté et de sagesse, et refusa constamment de se soumettre à ses ordres impies. Aussitôt les gardes du roi se jetèrent sur Eléazar, l'entraînèrent au lieu du supplice, le dépouillèrent, lui lièrent les mains derrière le dos, et le déchirèrent à grands coups de fouet, pendant qu'un héraut lui criait : *Obéissez aux ordres du roi;* mais il demeura inébranlable au milieu des coups, jusqu'à ce qu'épuisé par la perte de son sang et par les coups dont tout son corps était déchiré, il tombât par terre, sans rien perdre de la vigueur de son âme. Alors un soldat lui sauta sur le ventre pour l'obliger à se relever ; mais il n'opposa à tout cela que son invincible patience. Quelques-uns de ses anciens amis voulurent lui persuader de faire au moins semblant de manger des viandes immolées aux idoles; mais il le refusa constamment. Son refus les mit en colère; ils le jetèrent dans le feu, le tourmentèrent avec des instruments de fer, lui coulèrent des li-

---

(*a*) I *Par.* XI, 13; II *Reg.* XXIII, 10.
(*b*) I *Mac.* VI, 43. Joseph. *Antiq. l.* XII, *c.* XIV.
(*c*) I *Mac.* VI, *ultimo*; VII, 1, 2 *et seq*. An du monde 5837, avant Jésus-Christ 163, avant l'ère vulg. 167.
(*d*) *Hieron. l. de Locis Hebr.* verbo *Modin.*

(*e*) *Aug. serm.* 1, *de Mac.*, 30 nov. edit.
(*f*) II *Mac.* VI, 18, 19, 20, etc.
(*g*) *Nazianz. Orat. de Mac.* Ambros. *l.* II, *de Jacob, Vita beata, c.* X.

queurs puantes dans les narines. Il mourut au milieu de ces supplices, priant le Seigneur de recevoir son sang et sa vie, comme une victime d'expiation pour ses frères. Il souffrit l'an du monde 3837, avant Jésus-Christ 163, avant l'ère vulgaire 167.

ELEAZAR, grand prêtre, fils d'Onias I, et frère de Simon, surnommé le Juste. Simon ayant laissé un fils, nommé Onias, trop jeune pour remplir la charge de grand sacrificateur, Eléazar, oncle du pupille, exerça en sa place la grande sacrificature pendant dix-neuf ans, depuis l'an du monde 3725 jusqu'en 3744, avant Jésus-Christ 256. [Josèphe, *Antiq.*, l. XII, c. 2.]

ELEAZAR, fils d'Eliud et père de Mathan, aïeul de saint Joseph (a).

ELEAZAR, fils de Moholi et frère de Cis. I. *Par.* XXIII, 21.

[Il n'eut pas de fils; mais il eut des filles qui furent mariées aux fils de Cis, leurs frères, c'est-à-dire, leurs cousins germains (vers. 22).]

ELEAZAR, fils de Boéthus, établi grand prêtre par Archelaüs, ethnarque de Judée (b). Il eut pour successeur Jésus, fils de Siah.

[Il n'était pas fils de Boéthus, mais de Simon, qui l'était de Boéthus; il était frère de Joazar, fils de Simon. Joazar fut grand prêtre l'an 1ᵉʳ de l'ère vulgaire; Eléazar lui succéda en l'an 3, et eut pour successeur, en l'an 5, Jésus, fils de Siah. *Voyez* Josèphe, *Antiq.* XVII, 17; XVIII, 6, et la chronologie des grands prêtres dans ce Dictionn., tom. I, pag. XLVI, col. 2.]

ELEAZAR, fils d'Ananus, établi grand prêtre par Valérius Gratus. Il avait succédé à Ismael, fils de Phabus (c), et eut pour successeur Simon, fils de Camith.

ELEAZAR, fils de Dinée, chef de voleurs, attaqua plusieurs fois les Samaritains, et fut enfin vaincu, pris et mis à mort par Cumanus (d).

ELEAZAR, fils du grand sacrificateur Ananias, fut un des boute-feux de la révolte des Juifs, qui attira enfin la ruine de leur temple et de leur nation (e).

Il est parlé, dans Josèphe, de plusieurs autres hommes du nom d'Eléazar; mais, comme ils n'ont point de rapport à l'Ecriture, je ne les rapporte pas ici.

* ELEAZAR, prêtre, fils de Phinées. *Esdr.* VIII, 33.

* ELEAZAR, père de Jason, qui fut un des ambassadeurs que Judas Machabée envoya aux Romains pour demander leur alliance. I *Mac.* VIII, 17.

ELECTE, *Electa*, était, à ce que l'on croit, une dame de qualité à qui saint Jean l'Evangéliste adresse sa première [seconde] Epître. Elle demeurait aux environs d'Ephèse, et saint Jean lui écrit et à ses enfants pour les précautionner contre les hérétiques de ce temps-là, qui niaient la divinité de Jésus-Christ et la vérité de son incarnation. Quelques-uns (f) croient que le nom d'*Electa*, qui signifie *choisie*, n'est pas un nom propre, mais une épithète honorable donnée à cette dame, dont le nom propre n'est pas exprimé dans l'Epître de saint Jean. D'autres (g) veulent que son nom propre soit *Kyria*; d'autres (h) que ce ne soit point à une personne, mais à une Eglise entière, que l'Epître est adressée. Saint Clément d'Alexandrie, dans son Commentaire sur les Epîtres canoniques, dit qu'Electe était une dame de Babylone, à qui saint Jean écrivait. *Voy.* notre Préface sur cette Epître.

ELECTE. Saint Jean salue Electe dont nous venons de parler, *au nom de sa sœur Electe et de ses fils*. Ce qui est aussi embarrassé que ce que nous venons de voir de la première Electe. On ne sait si celle-ci est une dame ou une Eglise.

ELECTRUM. Il y a un *electrum* naturel, qui se trouve dans certaines mines; il y en a un autre artificiel, qui se fait en ajoutant une certaine quantité d'argent. Si cette quantité excède la cinquième partie, l'*electrum* ne résiste point à l'enclume. Homère parle de l'*electrum* dans la description qu'il fait du palais du roi Ménélaüs. Hélène consacra une coupe d'*electrum* dans le temple de Minerve qui est dans l'île de Lindos. Le vrai *electrum* brille à la lumière plus fort que l'argent : on dit même que les coupes faites de ce métal découvrent le venin qu'on y aurait mis par un éclat semblable à l'arc-en-ciel, et par un bruit comme s'il y avait du feu (i).

ELECTRUM se met aussi quelquefois pour l'*ambre*, ou *succin*, ou *karabé*, qui est une substance bitumineuse, d'un goût résineux et un peu âcre, d'une odeur d'huile de térébinthe, lorsqu'on en frotte les morceaux les uns contre les autres, un peu désagréable étant brûlée, communément jaune et transparente, quelquefois rouge, et quelquefois blanchâtre ou plutôt pâle; et lorsqu'elle est échauffée par le frottement elle attire les brins de paille. Le karabé se ramasse principalement sur les côtes de la mer Baltique, et surtout sur celles de Prusse : on en trouve même dans la terre, à quelque distance de la mer. Mais il ne paraît pas que les anciens Hébreux aient connu cet *electrum*. Celui dont il est parlé dans Ezéchiel (j) était un métal plus précieux que ni l'or ni l'argent, dit saint Jérôme (k). Le terme hébreu *hachasmal* (l) signifie plutôt, selon Bochart (m), de l'*orichalcum*, du clinquant, de l'oripeau.

ELEPH, ville de la tribu de Benjamin. *Josue*, XVIII, 28.

(a) *Matth.* I, 15.
(b) An du monde 4004, de Jésus-Christ 4, et premier de l'ère vulg.
(c) Etabli en 4027, 23 de l'ère vulg.
(d) *Antiq.* lib. XX, c. v.
(e) *De Bello*, l. II, c. xvii, in *Lat.* xu. λ. in *Gr.* p. 809,810.
(f) Bartholom. *Petri et Cleric. in II Joan.*
(g) Athanas. *in Synopsi.*

(h) Quidam apud OEcumen. Mauduit, Dissert. 23. Cornel. a Lapide. Serar. in v. 13. Fromond.
(i) Plin. l. XXXIII, c. iv.
(j) Ezech. i, 4; viii, 2.
(k) Hieron. in Ezech. i.
(l) החשמל *Hachasmal.* Pagnin. *Crepitans flamma.*
(m) Bochart. *de Animal. sacr.* l. II, l. IV, c. xvi.

ÉLÉPHANT (1), le plus gros des animaux à quatre pieds (2). Ceux qui ont étudié plus exactement la nature de l'éléphant nous disent plusieurs choses fort extraordinaires de la sagacité, de la fidélité, de la prudence, de l'intelligence même de cet animal. On lui a souvent vu faire des choses qui sont fort au dessus de ce que font les autres bêtes (3). Les Hébreux semblent l'avoir ordinairement désigné sous le nom de *béhémoth* (4), qui signifie en général des animaux de service. Les Grecs et les Latins ont souvent désigné les éléphants sous le nom général de bêtes, qui revient à la signification de l'hébreu *béhémoth*. Le nom *Elephas* peut venir d'*Aleph*, qui signifie *instruire*, à cause de la docilité de cet animal, ou d'*Eleph*, qui signifie un *chef*, un *capitaine*, parce que l'éléphant est comme le chef des autres animaux terrestres.

Voici ce que le Seigneur, parlant à Job, XL, 10, 11 *et seq.*, dit de l'éléphant ou *béhémoth : Il mange le foin comme un bœuf.* Ce qui a un rapport admirable à ce que nous en apprennent les historiens. L'éléphant n'est pas carnassier, et n'est nullement farouche ; il se nourrit de foin, d'herbes, de légumes, comme nos animaux domestiques.

Sa force est dans ses reins, sa vertu est dans le nombril de son ventre. Les parties naturelles de l'éléphant sont sous son ventre, comme celles du cheval ; mais ses testicules sont cachés dans ses reins (*a*). Dans le style de l'Ecriture, la vertu d'engendrer est souvent exprimée par des termes tout semblables à ceux-ci. Voy. *Genèse*, XLIX, 3 ; *Deut*. XXI, 17 ; *Psalm*. XXII, 51 ; CIV, 36, etc.

Le Seigneur continue dans Job, verset 12 : *Sa queue se roidit comme le cèdre ; les nerfs de cette partie de l'éléphant, qui sert à la génération, sont entrelacés l'un dans l'autre.* La femelle de l'éléphant le reçoit couchée sur le dos, contre le naturel des autres animaux (5), et il ne couvre jamais la femelle, tandis qu'il voit quelqu'un (6).

Verset 13 : *Ses os sont comme des tuyaux d'airain, ses cartilages sont comme des lames de fer.* Ces expressions hyperboliques marquent la force extraordinaire de l'éléphant ; d'un coup de trompe, il tue un chameau ou un cheval. On a vu porter à un éléphant, avec ses dents, deux canons de fonte, attachés ensemble avec des câbles, pesant chacun trois mille livres, l'espace de cinq cents pas. On lit dans les livres des Machabées (*b*) qu'un éléphant de l'armée d'Antiochus portait jusqu'à trente-deux hommes armés. Ces hommes étaient dans une tour de bois bien solide, sur le dos de l'éléphant, et la tour était liée par dessous le ventre par une chaîne bien forte.

Verset 14 : *L'éléphant est le commencement des voies du Seigneur, celui qui l'a fait, lui a donné son épée.* Cet animal est comme le chef-d'œuvre de la main de Dieu, parmi les animaux à quatre pieds. Il l'emporte sur tous les autres animaux, par sa grosseur, sa force, sa docilité, son adresse, sa modestie, sa fidélité, sa pudeur, son agilité, sa longue vie.

Nul animal n'approche plus de l'homme, si l'on fait attention à son industrie, sa sagacité, sa reconnaissance ; il entend le langage de son conducteur ; enfin, l'on raconte tant de choses de sa docilité et de sa facilité à apprendre, que tout cela passerait pour fabuleux, s'il n'était attesté par plusieurs auteurs très-sérieux et très-graves (7).

L'Ecriture ajoute que Dieu *lui a mis son épée en main*, il lui a confié ses armes ; l'éléphant est terrible dans sa colère. Il n'y a rien qui tienne contre lui : il renverse les arbres, les maisons, les murs ; il foule aux pieds tout ce qui se présente devant lui, il renverse les escadrons entiers. Ses armes sont sa trompe et ses dents, ou ses cornes, car quelques anciens les appellent ainsi. Sa trompe est un cartilage long et creux, comme une grosse trompette ; elle lui pend entre les dents, et lui sert comme de main. D'un coup de trompe, il tue un cheval ; il enlève avec sa trompe un poids prodigieux. Ses dents sont l'ivoire que nous connaissons, et que l'on travaille en Europe : il est de la nature de la corne, et peut s'amollir. On a vu des dents d'éléphants grosses comme la cuisse, et de la longueur d'une toise. Lorsqu'ils se battent l'un contre l'autre, ils se heurtent de leurs dents, comme les taureaux de leurs cornes.

Verset 15 : *Les montagnes lui produisent des herbages ; c'est là que toutes les bêtes de la campagne viendront se jouer.* L'éléphant est le plus doux des animaux que l'on connaisse ; il n'use jamais de sa force que l'on ne l'y contraigne. Ce n'est point de ces animaux qui font la terreur des autres animaux. S'il est obligé de passer à travers

---

(*a*) Aristot. *Hist. animal.* l. II, c. 1. Plin. l. XI, 59.
(*b*) 1 Mac. vi, 37.
(1) *Elephas*, mammifère de la famille des pachydermes.
(2) « En général, les *éléphants* sont les plus gros quadrupèdes, et ils surpassent même la taille du *rhinocéros* et de l'*hippopotame*. Ils sont, après la *baleine*, les plus grandes masses de matière animée. Ils ont ordinairement de huit à douze pieds de hauteur (John Corse, *Philos. transact.*, 1799, part. 1, pag. 32 et seq.), depuis l'épaule jusqu'à terre... Ces animaux peuvent peser de cinq à huit milliers. » Virey, *Nouv. Dict. d'hist. nat.*, Paris, Déterville.
(3) « L'étendue de l'intelligence n'est point en rapport avec la matière vivante. Une *fourmi* a plus d'instinct peut-être qu'une *baleine*, et l'esprit du *chien* ne le cède point à celui de l'éléphant : car quoique tout le monde soit assez disposé à reconnaître dans ce monstrueux animal une grande intelligence, nous prouverons facilement qu'on lui en a beaucoup trop accordé. » *Idem ibid.* L'auteur le prouve en effet.
(4) Suivant Bochart et la majeure partie des savants de nos jours, *béhémoth* désigne l'hippopotame auquel convient parfaitement tout ce que l'auteur sacré dit du *béhémoth* (S). — [*Voyez* Béhémoth.]
(5) C'est une erreur ; les éléphants s'accouplent à la manière des autres quadrupèdes.
(6) C'est encore une erreur.
(7) Il y a dans tout cela beaucoup d'exagération; l'éléphant n'a pas même toutes les qualités qu'on lui attribue parmi ces qualités, il en est de morales, ce sont des vertus, la modestie, la pudeur, etc. Il me paraît étrange que l'on reconnaisse des vertus dans les bêtes. L'observation prouve que l'éléphant ne les possède pas plus que les autres animaux. Je ne relève pas avec détail tout ce qu'il y a d'exagéré et de faux dans cet article.

d'une troupe d'autres bêtes, il les éloigne doucement avec sa trompe pour se faire place. Il paît dans les champs et dans les prairies, et les animaux les plus faibles et les plus doux se jouent impunément en sa présence.

Verset 16 : *Il dort à l'ombre, dans le frais des roseaux, et dans des lieux humides.* Tout cela convient admirablement à l'éléphant. Ellien (a) dit qu'on peut l'appeler un animal de marais, à cause qu'il demeure ordinairement le long des eaux et dans des lieux humides. Il se plonge quelquefois dans des rivières, de sorte qu'on ne lui voit plus que le bout de la trompe. Pendant l'été, il se couvre de limon, pour éviter la chaleur.

Verset 18 : *Il absorbera un fleuve sans s'étonner, et il se flatte que le Jourdain viendra s'écouler dans sa gueule.* Il boit beaucoup et à grands traits, comme s'il devait engloutir la rivière, et comme si le Jourdain devait à peine suffire pour étancher sa soif. L'hébreu à la lettre : *Il boira un fleuve, et ne se hâtera point.* Il boira à loisir, et prendra le temps de troubler l'eau qu'il boit, comme pour la rendre plus nourrissante, ou pour y ajouter un certain goût, et lui ôter sa douceur, qui ne pique pas assez sa langue. On convient que l'éléphant boit beaucoup ; et Aristote (b) assure qu'on en a vu qui buvaient jusqu'à 14 amphores, mesure de Macédoine. L'amphore, selon Budée, est environ la huitième partie du muid de Paris, ou tient environ trois boisseaux. L'Écriture ajoute, *qu'il a la confiance que le Jourdain entrera tout entier dans sa bouche* : ou, il ne craint rien, quand le Jourdain heurterait contre sa bouche. Il passe hardiment les plus grands fleuves, pouvu qu'il puisse seulement mettre le bout de sa trompe hors de l'eau.

Verset 19 : *On le prendra par les yeux, comme un poisson se prend à l'hameçon.* Les serpents attaquent principalement les éléphants par les yeux : *Oculos maxime petunt,* dit Pline (c), *inde fit ut plerumque cœci et fame ac mœroris tabe confecti reperiantur* (elephantes). On dit aussi (d) qu'il y a dans le Gange des serpents longs de soixante aunes, qui les prennent par la trompe lorsqu'ils boivent, les entraînent et les noient dans l'eau. Mais on peut l'entendre plus simplement en suivant l'hébreu : *On le prend par les yeux dans des pièges, on lui perce le nez.* On attrape les éléphants sauvages par le moyen d'une femelle d'éléphant qui est en chaleur, et que l'on place dans un lieu étroit entre des barricades, où l'éléphant s'engage et est pris. C'est ce qui s'appelle ici prendre par les yeux ; comme on dit d'Holopherne qui fut pris par les yeux, en voyant la beauté de Judith (e).

On tend aussi des pièges à l'éléphant : on le prend dans des fosses profondes creusées exprès et couvertes d'un peu de terre semée sur des claies qui en ferment l'ouverture. Je ne lis pas *qu'on lui perce les naseaux*, ou la trompe, comme on fait aux chameaux, aux buffles et même aux chevaux en Orient ; mais apparemment que du temps de Job on en usait autrement qu'aujourd'hui.

Il est parlé dans le troisième livre des Rois (f) *des dents d'éléphant*, ou de l'ivoire. L'hébreu porte *schenhabbim;* on sait que *schen* signifie une *dent*, mais on a raison de douter que *habbim* signifie l'éléphant. J'aime mieux dire que *schen* signifie l'ivoire, ce qui est incontestable ; et que *habbim*, ou plutôt *habenim*, signifie de l'ébène ; ainsi il faut séparer ces deux mots, que l'on a mis en un mal à propos.

Il est souvent fait mention d'éléphants dans les livres des Machabées, parce que, depuis le règne d'Alexandre, on se servit beaucoup de ces animaux dans les armées des rois de Syrie et d'Egypte ; au lieu qu'auparavant il ne paraît pas que l'on en ait vu dans la Judée, ni dans la Syrie.

On lit dans le livre des Machabées (g) que l'on montra aux éléphants de l'armée d'Antiochus Eupator du jus de raisins et de mûres, pour les animer au combat, comme pour les accoutumer à voir le sang ; car naturellement cet animal n'est pas sanguinaire ni cruel. On voit dans un autre endroit (h) qu'on les enivrait en leur donnant *du vin pur mêlé avec de l'encens*, ou *avec des paquets d'encens;* on trempa ces paquets dans le vin pour le rendre plus fumeux et plus propre à enivrer les éléphants, dans la vue de faire écraser sous leurs pieds les Hébreux qui étaient en Egypte : ce supplice est connu dans l'antiquité.

* ELEPHANTIASIS, espèce de lèpre, qui paraît être celle que Celse appelle λευκή, *leucé* ou *blanche*, et celle dont parle Moïse, dans le *Lévitique*, XIII, 10, 11, 19, 20, 24 ; laquelle est la plus enracinée, la plus dangereuse, la plus difficile à guérir. Elle rend la peau rude et inégale comme celle de l'éléphant ; elle ronge et cause de violentes démangeaisons. Il se forme sur le cuir des croûtes ou des écailles comme celles du poisson, et des ulcères qui s'amortissent et reverdissent les uns sur les autres. La chair vient à ce point d'insensibilité, qu'on perce avec une aiguille le poignet et les pieds, même le gros tendon, sans qu'on en ressente de la douleur. Cette maladie rend les pieds de ceux qui en sont attaqués comme ceux des éléphants ou des chevaux rongés de farcin ; leurs cuisses enflent, mais sans douleur ; toutefois ils ne peuvent se servir de leurs pieds pour marcher.

Manéthon et Apion (*apud Joseph.*) prétendaient que les Hébreux avaient été chassés d'Egypte parce qu'ils étaient infectés de cette horrible maladie. Strabon, Tacite et Juvénal ont donné dans cette fable, qui a été solide-

---

(a) Ælian. l. IV, c. xxiv, et l. XIII, c. viii, l. IX, c. lvi, et l. XVII, c. vii, etc.
(b) Aristot. l. VIII, Hist. animal., c. ix.
(c) Plin. l. VIII, c. xii.
(d) Idem, ibid.
(e) Judith. x, 17.
(f) III Reg. x, 22. שֶׁנְהַבִּים Schen-habbim.
(g) I Mac. vi, 34.
(h) III Mac. v.

ment réfutée par Josèphe ; ce qui toutefois n'a pas empêché quelques modernes, peu judicieux, il le faut bien dire, de la reproduire comme une vérité. Tout porte à croire, au contraire, que la lèpre prit naissance en Egypte, parmi les Egyptiens ; les Hébreux en furent atteints comme tous les autres peuples de l'Orient.

Lucrèce (*lib.* VI) dit que l'*éléphantiasis* était particulière aux Egyptiens :

Est elephas morbus qui præter flumina Nili
Gignitur, Ægypto in media, neque præterea usquam.

Pline (*lib.* XXVI, *cap.* 1) reconnaît la même chose : *Ægypti peculiare hoc malum.* Il dit aussi que certaines dartres contagieuses, qui s'étaient répandues dans Rome, parmi les personnes de condition, ne purent être guéries que par des médecins venus d'Egypte, pays où ces sortes de maux sont fréquents. L'*éléphantiasis* n'était pas connue à Rome avant le temps de Pompée, et ce mal n'y fut pas longtemps commun : il commençait ordinairement par le visage ; on voyait dans la narine comme une espèce de lentille qui se répandait bientôt par tout le corps, et qui rendait la peau tachetée de diverses couleurs, inégale, raboteuse, épaisse en quelques endroits et mince en d'autres ; à la fin elle devenait toute noire, et laissait la chair collée sur les os ; les doigts des pieds et des mains enflaient aux malades. Les rois d'Egypte, pour se guérir de cette maladie quand ils en étaient attaqués, employaient des bains faits avec du sang de petits enfants.

Prosper Alpin, qui, après avoir été reçu docteur en 1578, suivit en Egypte George Emo consul de Venise, comme étant son médecin, et passa trois ans dans l'ancien pays des Pharaons, dit, dans son curieux et intéressant ouvrage *De medicina Egyptiorum* (Venise, 1591, in-4°), que l'*éléphantiasis*, qui attaque principalement les pieds, est encore fort commune en Egypte. *Voyez* MALADIES.

ELEUTHERE, fleuve ou rivière de Syrie, ayant sa source entre le Liban, et l'Anti-Liban (*a*), et qui, après avoir arrosé la vallée qui est entre ces deux montagnes, va se dégorger dans la Méditerranée, vers l'île d'Arad. Plusieurs placent très-mal à propos l'Eleuthère entre Tyr et Sidon. Il était bien au delà de ces villes, vers le septentrion. — [On l'appelle aujourd'hui *Nahr-el-Kebir* (la rivière grande).]

ELEUTHEROPOLIS, ville de la tribu de Juda, dont il n'est fait nulle mention dans les livres sacrés de l'Ecriture, mais qui devait être fort célèbre du temps d'Eusèbe et de saint Jérôme, puisqu'ils prennent de là la plupart de leurs distances des villes méridionales de Juda. Elle était ville épiscopale de la première Palestine, comme il paraît par les anciennes Notices Ecclésiastiques. Ce qu'il y a ici de singulier, c'est que cette ville si fameuse, et qui sert de point fixe à Eusèbe et à saint Jérôme pour déterminer les distances et la position des autres villes, est elle-même assez difficile à fixer dans la carte. Nous savons par Josèphe qu'elle était à vingt milles de Jérusalem. Antonin dans son *Itinéraire* nous apprend qu'elle était à vingt-quatre milles d'Ascalon, et à dix-huit milles de Lydda. Eusèbe la met à cinq milles de Geth, à vingt-cinq milles de Gérare, à vingt milles de Jéther, à sept milles de Lachis, et à huit milles de Céïla. (*b*).

ELI, c'est-à-dire, *mon Dieu.* Notre Sauveur étant à la croix s'écria (*c*) : ELI, ELI, *lama sabachtani*, ou plutôt, *lama sabadetani*, Mon Dieu, mon Dieu, pourquoi m'avez-vous abandonné ? Ce qui est pris du psaume XXI, 1.

* ELIA, chef de famille benjamite. I *Par.* VIII, 27.

ELIA. On trouve deux hommes de ce nom dans Esdras (*d*), lesquels répudièrent leurs femmes au retour de la captivité, parce qu'ils les avaient prises contre la loi.

* ELIAB, père de Dathan et d'Abiron, *Num.* XVI, 1, 12, et ailleurs. *Voyez.* AARON, mon addition, tom. I, col. 13, au commencement et à la fin.

ELIAB, fils d'Hélon, prince de la tribu de Zabulon (*e*).

ELIAB, fils [aîné] d'Isaï, et frère de David (*f*) [Il est nommé Eliu, I *Par.* XXVII, 18.]

ELIAB, fils d'Elcana, et père de Jéroham, de la tribu de Lévi (*g*). — [*Voyez* ELCANA.]

ELIAB, un des braves de l'armée de David ; il vint joindre ce prince à Sicéleg, pendant qu'il fuyait la persécution de Saül (*h*). Il est nommé *Eliaba de Salaboni*, 1 *Par.* XI, 32. I *Reg.* XXIII, 32.

* ELIABA. *Voyez* l'article précédent.

ELIACIM, de la race des prêtres, revint de Babylone avec Zorobabel (*i*).

ELIACIM, fils d'Helcias, intendant de la maison du roi Ezéchias. Le texte hébreu peut signifier qu'il était intendant du temple ou de la maison de Dieu (*j*) ; car *la maison*, absolument prise, signifie souvent le temple. Nous croyons qu'Eliacim était fils du grand-prêtre Helcias, qui vivait sous Ezéchias (*k*) ; et qu'il succéda à son père, et posséda la dignité de grand-prêtre sous Manassé (*l*). Il était grand-prêtre pendant le siège de Béthulie (*m*) Il est quelquefois nommé *Joakim* (*n*) ; et il y a beaucoup d'apparence que c'est le même que Helcias, qui a vécu sous Josias (*o*), et encore depuis (*p*). —[*Voyez* les chronologies des grands-prêtres, à la tête du 1er volume.]

ELIACIM, [fils de Josias], roi de Juda, fut surnommé *Joakim*. Il succéda à son frère

---

(*a*) Vide I. *Mac.* xi, 7. *Joseph. Antiq. l.* XIII, *c.* viii, ix.
(*b*) Vide *Reland. Palæstin.* l. II, *c.* v, p. 422.
(*c*) *Matth.* xxvii, 46. לָמָה אֵלִי לְמָה זְבַחְתָּנִי
(*d*) I *Esdr.* x, 21, 26.
(*e*) *Num.* I, 9, et ailleurs.
(*f*) I *Reg.* xvi, 6, et ailleurs.
(*g*) I *Par.* vi, 27.
(*h*) I *Par.* xii, 1-10.

(*i*) II *Esdr.* xii, 40.
(*j*) IV *Reg.* xviii, 18.
(*k*) IV *Reg.* xviii, 18, 26, 37 ; xxii, 8, 10 ; xxiii, 4, 24.
(*l*) *Isaï.* xxii, 20, 21.
(*m*) *Judith.* iv, 5.
(*n*) *Judith.* xv, 9.
(*o*) IV *Reg.* xxii, 4, *et* II *Par.* xxxiv, 9.
(*p*) *Baruc* i, 7.

Jéchonias, et fit le mal devant le Seigneur. *Voyez* ci-après JOAKIM, ou JOACHIM, et IV *Reg.* XXIII, 34, 35; XXIV, 1 et suiv.; II *Par.* XXXVI, 4.

ELIACIM, fils d'Abiud, et père d'Asor. *Matth.* I, 13.

ELIACIM, un des ancêtres de la sainte Vierge. *Luc.* III, 30.

ELIADA, un des fils de David. I *Par.* III, 8. — [Il est appelé *Baaliada*, *Ibid.*, XIV, 7, et *Elioda*, II *Reg.* V, 16.]

ELIADA, père de Razon. III. *Reg.* XI, 23.

ELIADA, un des généraux des armées du roi Josaphat. II *Par.* XVII, 17. — Il commandait deux cent mille hommes armés d'arcs et de boucliers.

ELIAM, père de Bethsabée, femme d'Urie, laquelle devint, après, femme de David, et mère de Salomon, II *Reg.* XI, 3.

ELIAM, fils d'Achitophel, de la ville de Gélon, et un des trente braves de l'armée de David. II *Reg.* XXIII, 34.

ELIASAPH, fils de Düel [ou Luel (S)], était chef de la tribu de Gad, du temps de Moïse (*a*).

ELIASIB, grand-prêtre de la race d'Eléazar. Il succéda à [son père] Joachim, que Josèphe (*b*) marque sous le règne de Xerxès. Il était grand-prêtre du temps de Néhémie, et vivait en 3550. On ne sait ni l'année précise de sa mort, ni celle de la durée de son pontificat. On lui donne aussi les noms de *Joasib*, et de *Chasib*. Il eut pour successeur [son fils] Joïda, ou Juda. II *Esdr.* XII, 10.

[Au retour de la captivité, et avec le concours des prêtres ses frères, il bâtit la tour du Troupeau, à Jérusalem. Cette construction fut précédée de cérémonies religieuses (*Ibid.* III, 1). Son nom est rappelé aux versets 20, 21, et aux chapitres XII, 22, 23, et XIII, 28. Huré trouve, à tort, dans ces textes, deux grands-prêtres du nom d'Eliasib. C'est, probablement, le même Eliasib, encore distingué par Huré, qui est nommé I *Esdr.* X, 6; mais est-il le même que l'ami ou le parent de Tobie l'ammanite? *Voyez* l'article suivant.]

* ELIASIB, prêtre, qui, au retour de la captivité, était ami ou parent affectionné de Tobie l'ammanite, intime de Sanaballat, et qui le favorisait; il en résulta des affaires dont on peut lire le récit dans *Néhémie* XII, 4 et suiv. L'hébreu présente quelques différences qui me paraissent avoir quelque importance. Je ne saurais, d'après ce récit et les textes cités dans l'article d'Eliasib, le grand-prêtre, décider s'il y avait deux personnages du nom d'Eliasib, l'un grand-prêtre, et l'autre simple prêtre, ou s'il n'y en avait qu'un qui serait le grand-prêtre. Cependant *Néhémie* XIII, 28 m'incline à croire que n'y en avait qu'un : ce texte dit qu'un des fils de Joïada, fils du grand-prêtre Eliasib, épousa une fille de Sanaballat. Josèphe, *Antiq.* XI, 8, appelle *Manassé* ce fils de Joïada. *Voyez* GARIZIM, MANASSÉ, SANABALLAT, TOBIE.

ELIASIB, chef de famille sacerdotale, auquel, au temps de David, échut le onzième sort pour remplir ses fonctions. I *Par.* XXIV. 12.

* ELIASIB, lévite, chantre; ELIASIB, citoyen, de la famille de Zéthua; et ELIASIB, autre citoyen, de la famille de Bani. Dans le temps de la captivité ils épousèrent des femmes étrangères; mais de retour dans la patrie, ils les renvoyèrent. *Esdr.* X, 24, 27, 36.

* ELIASUB, deuxième fils d'Eliœnaï. I *Par.* III, 24.

ELIATHA, huitième fils d'Héman. Son emploi était de chanter devant l'arche du Seigneur. Il était dans la vingtième classe des lévites. I *Par.* XXV, 27.

ELICA DE HARODI, un des trente braves, et des premiers officiers de l'armée de David (*c*).

ELICIENS. Dans le livre de Judith (*d*) il est parlé d'*Erioch, roi des Eliciens.* Le grec et le syriaque lisent : *Arioch, roi des Elymdens*, ou des peuples du pays d'Elam, dans la Médie, ou dans l'ancien pays des Perses. Nous voyons, dans la Genèse (*e*), *Arioch, roi d'Ellasar*. Ce pays d'Ellasar pourrait bien être celui des Eliciens.

ELIDAD, fils de Chaselon, de la tribu de Benjamin, fut un des députés pour faire le partage de la terre de Chanaan (*f*).

ELIE, fameux prophète, natif de la ville de Thisbé, située au delà du Jourdain, dans le pays de Galaad. Quelques-uns (*g*) le font prêtre de la race d'Aaron, et lui donnent pour père un nommé *Sabaca* : mais ces particularités, qui ne sont point marquées dans l'Ecriture, ni dans les anciens, ne sont pas d'une grande autorité. Plusieurs Pères (*h*) ont cru qu'il avait gardé une virginité perpétuelle. Ce prophète fut suscité de Dieu, pour s'opposer comme un mur d'airain à l'idolâtrie, et surtout au culte de Baal, que Jézabel et Achab avaient introduit dans Israel. La première fois que l'Ecriture nous parle d'Elie, elle nous le représente qui vient dire à Achab (*i*) : *Vive le Seigneur le Dieu d'Israel, devant lequel je suis présentement. Il ne tombera pendant ces années ni rosée, ni pluie, que selon la parole qui sortira de ma bouche.*

En même temps le Seigneur lui ordonna de se retirer au delà du Jourdain, sur le torrent de Carit. Il obéit; et Dieu lui envoyait tous les matins et tous les soirs des corbeaux, qui lui apportaient de la chair et du pain; et il buvait de l'eau du torrent (*j*). Mais le tor-

---

(*a*) *Num.* I, 14.
(*b*) *Antiq. l.* XI, *c.* v.
(*c*) II *Reg.* XXIII, 25.
(*d*) *Judith.* I, 6.
(*e*) *Genes.* XIV, 1, 9.
(*f*) *Num.* XXXIV, 21.
(*g*) *Doroth. in Synopsi. Joan. Jerosolymit. l.* I, tom. IX. *Biblioth. PP. Isidor. et Epiphan. de Vita et morte Prophet.*

(*h*) *Ambros. l.* I *de Virgin. Hieron. l.* I, *contra Jovinian. Ephrœm. l.* I. *Parœnes. l.* I.
(*i*) III *Reg.* XVII, 1, 2. An du monde 3092, avant Jésus-Christ 908, avant l'ère vulg. 912.
(*j*) Quelques-uns croyent qu'au lieu *des corbeaux*, il faut traduire les Arabes, ou ceux d'Horeb. L'Hébreu porte *Arabim*, ערבים. *Voyez* ci-devant l'article CORBEAUX.

rent s'étant séché, à cause de la chaleur, Dieu dit à Elie d'aller à Sarepta, ville des Sidoniens, et qu'il y trouverait une veuve qui lui donnerait à manger. Il y alla; et lorsqu'il fut à la porte de la ville, il aperçut une femme veuve qui ramassait du bois, et lui dit : *Donnez-moi un peu d'eau, afin que je boive.* Et comme elle en allait quérir, Elie lui cria : *Apportez-moi aussi, je vous prie, un peu de pain.* Elle lui répondit : *Vive le Seigneur! je n'ai point de pain; mais j'ai seulement autant de farine qu'il en peut tenir dans ma main, et un peu d'huile dans un petit vase. Je viens ramasser quelque bois, pour apprêter à manger à moi et à mon fils, afin que nous mangions, et après cela que nous mourions.* Elie lui dit : *Faites-moi auparavant un petit pain cuit sous la cendre, et apportez-le-moi; puis vous en ferez pour votre fils : car voici ce que dit le Seigneur : La farine qui est dans le pot, ne manquera point, et l'huile qui est dans le vase, ne diminuera point, jusqu'au jour que le Seigneur enverra la pluie sur la terre.* La chose arriva comme il l'avait prédit, et il demeura chez cette veuve (a).

Quelque temps après (b), l'enfant de cette femme tomba malade, et mourut. La mère, accablée de douleur, vint trouver Elie, et lui dit : *Qu'y a-t-il entre vous et moi, homme de Dieu? Etes-vous venu ici pour renouveler la mémoire de mes péchés, et pour faire mourir mon fils?* Elie lui dit : *Donnez-moi votre fils;* et l'ayant pris entre ses bras, il le mit sur son lit, et cria au Seigneur, pour lui demander la vie de cet enfant. Après cela, il se mit sur l'enfant par trois fois, en se mesurant à son petit corps; et le Seigneur exauça la voix du prophète, et rendit la vie à l'enfant.

Trois ans après (c), le Seigneur ordonna à Elie d'aller trouver Achab, roi d'Israel (d) Cependant comme la famine était extrême à Samarie, Achab envoya par tout le pays de ses gens, pour chercher quelque lieu où l'on pourrait trouver du fourrage pour nourrir les animaux. Abdias, un des officiers de la maison du roi, étant occupé à cette recherche, Elie se présenta devant lui, et lui dit d'aller dire à Achab : *Voici Elie.* Abdias s'en défendit, disant : *Quand je vous aurai quitté, l'Esprit du Seigneur vous transportera en quelque lieu inconnu; et quand Achab ne vous trouvera pas, il me fera mourir.* Elie lui dit : *Vive le Seigneur! je me présenterai aujourd'hui devant Achab.* Abdias alla donc aussitôt avertir le roi, qui vint incontinent après trouver Elie; et en l'abordant, il lui dit : *N'êtes-vous pas celui qui trouble tout Israel?* Elie lui répondit : *Ce n'est pas moi qui ai troublé Israel; c'est vous-même, et la maison de votre père, lorsque vous avez abandonné les commandements du Seigneur, et que vous avez suivi Baal. Maintenant donc assemblez tout Israel sur le mont Carmel, et amenez-y les quatre cent cinquante prophètes de Baal, avec les quatre cents prophètes d'Astarté, que Jézabel nourrit de sa table; et nous verrons qui est celui de vous ou de moi, dont la religion est la véritable.*

Achab assembla donc et le peuple d'Israel, et les faux prophètes de Baal et d'Astarté, sur le mont Carmel; et Elie leur dit : *Jusqu'à quand serez-vous comme un homme qui boite des deux côtés? Si le Seigneur est Dieu, suivez-le; et si c'est Baal, ne suivez que lui.* Le peuple ne répondit pas un seul mot. Elie ajouta : *Je suis seul du parti du Seigneur, et les prophètes de Baal sont au nombre de quatre cent cinquante; qu'on nous donne des bœufs; ils en immoleront un, et moi l'autre. Le bœuf sur qui le feu du Ciel descendra, fera voir que le vrai Dieu est celui auquel il est immolé.* La proposition fut agréée du peuple. Les prophètes de Baal dressèrent leur autel, immolèrent leur bœuf, le mirent sur l'autel, et commencèrent à invoquer leurs dieux. Et comme Baal était sourd à leur voix, ils sautaient par-dessus l'autel, et se faisaient des incisions à leur manière, criant de toute leur force. Cependant Elie leur insultait, en disant : *Criez plus haut; car Baal est peut-être endormi, ou en chemin, et il ne vous entend pas.*

Mais enfin l'heure du midi étant passée, Elie appela le peuple, rétablit en leur présence l'autel du Seigneur, qui était ruiné, prit douze pierres, en mémoire des douze tribus d'Israel, en bâtit un nouvel autel. Il fit une rigole et comme deux sillons tout autour, prépara le bois, coupa le bœuf par morceaux, le mit sur l'autel, répandit jusqu'à trois fois beaucoup d'eau par-dessus le bois et l'holocauste; en sorte que les eaux coulaient autour de l'autel, et que la rigole en était pleine. Après cela, invoquant le Seigneur, il le pria de déclarer par un miracle qu'il était le seul vrai Dieu. En même temps le feu du Seigneur tomba sur l'autel, et dévora le bois, l'holocauste, les pierres et la poussière même du lieu. Alors tout le peuple se jetant le visage contre terre, s'écria : *C'est le Seigneur qui est le vrai Dieu.* En même temps Elie dit au peuple : *Prenez tous les faux prophètes de Baal, et qu'il n'en échappe pas un seul.* On les prit, on les mena au bas de la montagne, sur le torrent de Cison, et on les y fit tous mourir.

Elie dit ensuite à Achab : *Allez, mangez et buvez; car j'entends le bruit d'une grande pluie.* Il n'y avait alors nulle apparence de pluie : mais le prophète savait qu'il en devait tomber le même jour une très-grande quantité. Elie monta sur le sommet du Carmel, et se penchant par terre, il mit la tête entre ses genoux, et il dit à son serviteur : *Allez du côté de la mer, et regardez si vous voyez quelque chose.* Il y alla six fois, sans rien voir : mais la septième fois, il lui vint dire qu'il voyait un nuage qui s'élevait de la mer, grand comme le pied d'un homme. Elie dit donc à son serviteur : *Allez dire à Achab de faire mettre les chevaux à son char, de peur que la pluie ne le surprenne.* Le roi monta sur son char, et prit la route de Jezrael. Elie de

---

(a) An du monde 3093, avant Jésus-Christ 907, avant l'ère vulg. 911.
(b) III *Reg.* xvii, 17

(c) An du monde 3096, avant Jésus-Christ 904, avant l'ère vulg. 908.
(d) III *Reg.* xvii, 1, 2, etc.

son côté se ceignit et se mit à courir devant le char d'Achab; et la pluie tomba en grande quantité.

Jézabel, femme d'Achab, ayant su qu'Elie avait fait mourir tous les prophètes de ses dieux (a) envoya dire à Elie que le lendemain elle lui ferait perdre la vie. Ce prophète prit la fuite et alla jusqu'à Bersabée, au midi de la tribu de Juda. Y étant arrivé, il renvoya son serviteur, et s'avançant de plus en plus dans l'Arabie Pétrée, il marcha tout le jour; et sur le soir, étant accablé de fatigue, il se coucha sous un genièvre, et pria Dieu de le tirer du monde. En même temps un ange le toucha, et lui dit : *Levez-vous, et mangez.* Il se leva; et regardant auprès de sa tête, il vit un pain cuit sous la cendre, et un vase d'eau. Il mangea donc, et but. Il se recoucha, et dormit. Le lendemain l'ange l'éveilla encore, et lui dit : *Levez-vous, et mangez; car il vous reste un grand chemin à faire.* Il se leva, mangea et but; et, fortifié par cette nourriture, il marcha quarante jours et quarante nuits jusqu'à Horeb, la montagne de Dieu.

Etant arrivé là, il se mit dans une caverne, où il demeura. Et le Seigneur lui dit : *Que faites-vous là, Elie?* Il répondit : *Je brûle de zèle pour vous, Seigneur, Dieu des armées; parce que les enfants d'Israel ont abandonné votre alliance, ils ont détruit vos autels, ils ont tué vos prophètes; et étant demeuré seul, ils cherchent encore à m'ôter la vie.* Le Seigneur lui dit : *Sortez et demeurez à l'entrée de votre caverne sur la montagne.* Lorsqu'il y fut, le Seigneur lui fit entendre un grand vent qui passait par là : mais le Seigneur n'était point dans ce vent impétueux. Après cela, la terre trembla : mais le Seigneur n'était pas dans ce tremblement. Ensuite il passa un feu; le Seigneur n'était point aussi dans ce feu. Après le feu, on entendit le souffle d'un petit vent, qui était le symbole de la présence du Seigneur. A ce moment, Elie se jeta la face contre terre, et se couvrit le visage de son manteau. Le Seigneur lui demanda, comme il avait fait d'abord : *Que faites-vous là, Elie?* Il répondit : *Je suis brûlé de zèle, parce que les enfants d'Israel ont violé votre alliance, ils ont renversé vos autels, tué vos prophètes par l'épée; et étant demeuré seul, ils cherchent encore à m'ôter la vie.*

Le Seigneur lui dit : *Retournez par le chemin par où vous êtes venu, et allez par le désert vers Damas; et lorsque vous y serez arrivé, vous oindrez Hazael, pour être roi de Syrie; vous oindrez aussi Jéhu, fils de Namsi, pour être roi d'Israel; et vous donnerez l'onction à Elisée, fils de Saphat, pour être prophète en votre place. Quiconque aura échappé à l'épée d'Hazael, sera tué par Jéhu; et quiconque aura échappé à l'épée de Jéhu, sera tué par Elisée. Au reste, ne croyez pas que vous soyez seul demeuré fidèle à mon alliance; je me suis réservé dans Israel sept mille hommes, qui n'ont point fléchi le genou devant Baal, qui ne l'ont point adoré, en portant leur main à leur bouche pour la baiser.*

Elie étant donc parti du mont Horeb, vint dans la tribu d'Ephraïm, près d'Abel-Meüla; et ayant trouvé Elisée qui labourait avec douze paires de bœufs, il lui mit son manteau sur les épaules, et lui déclara la volonté de Dieu, qui l'appelait au ministère de la prophétie. Elisée aussitôt quitta ses bœufs, courut après Elie, et lui dit : *Permettez-moi, je vous prie, que j'aille embrasser mon père et ma mère; et après cela, je vous suivrai.* Elie lui répondit : *Allez, et revenez; car pour moi, j'ai fait ce que j'avais à faire.*

Quelques années après (b), Achab ayant pris la vigne de Naboth, et Jézabel ayant fait condamner injustement à mort ce bon Israélite (c), ainsi qu'on le dira sous l'article de NABOTH, le Seigneur ordonna à Elie d'aller trouver Achab, et de lui reprocher le crime qu'il venait de commettre (d). Elie vint donc au-devant de ce prince, qui allait dans la vigne de Naboth, pour en prendre possession, et il lui dit : *Vous l'avez donc tué, et vous vous êtes emparé de sa vigne? Voici ce que dit le Seigneur : En ce même lieu où les chiens ont léché le sang de Naboth, ils lécheront aussi votre sang.* Achab dit à Elie : *En quoi avez-vous trouvé que je me déclarasse votre ennemi?* Elie répondit : *En ce que vous êtes vendu pour faire le mal aux yeux du Seigneur. Je vais vous accabler de malheurs; je vous retrancherai, vous et toute votre postérité, de dessus la terre; je rendrai votre maison comme celle de Jéroboam, fils de Nabat, et comme la maison de Baasa, fils d'Ahia; parce que vous avez fait pécher Israel. Et voici l'arrêt que le Seigneur a prononcé contre Jézabel : Les chiens mangeront Jézabel dans la campagne de Jezrahel. Si Achab meurt dans la ville, il sera mangé par les chiens; et s'il meurt dans les champs, il sera mangé par les oiseaux du ciel.*

Achab, ayant entendu ces paroles, déchira ses vêtements, couvrit sa chair d'un cilice, jeûna, se coucha dans le sac, et marcha ayant la tête baissée. Alors le Seigneur dit à Elie : *N'avez-vous pas vu Achab humilié devant moi? Puis donc qu'il s'est humilié devant moi, je ne ferai point tomber sur lui, pendant qu'il vivra, les maux dont je l'ai menacé; mais sous le règne de son fils, je les ferai fondre sur sa maison.*

Ochosias [fils d'Achab], roi d'Israel, étant tombé de la plate-forme de sa maison (e), et s'étant blessé dangereusement, envoya de ses gens consulter Béel-sébub, Dieu d'Accaron, pour savoir s'il relèverait de sa maladie (f). Mais l'ange du Seigneur parla à Elie, et lui dit d'aller au-devant des gens du roi de Samarie, et de leur dire : *Est-ce qu'il n'y a point de Dieu dans Israel, que vous consultez ainsi le Dieu d'Accaron?* C'est pour-

---

(a) III *Reg.* xix.
(b) An du monde 3103, avant Jésus-Christ 895, avant l'ère vulg. 899.
(c) III *Reg.* xxi, 1, 2, 3, etc.
(d) III *Reg.* xxi, 17, 18.
(e) IV *Reg.* i, 3.
(f) An du monde 3108, avant Jésus-Christ 892, avant l'ère vulg. 896.

quoi voici ce que dit le Seigneur : *Vous ne relèverez point du lit où vous êtes; mais vous mourrez très-certainement.* Après cela, Elie s'en alla. Ceux qui avaient été envoyés par Ochosias, étant retournés, ils lui racontèrent ce qui leur était arrivé, et qu'un inconnu leur avait dit qu'il mourrait très-certainement. Le roi leur demanda comment était fait celui qui leur avait parlé. Ils répondirent : C'est un homme couvert de poil (*a*), qui est ceint sur les reins d'une ceinture de cuir. A ces marques, Ochosias reconnut que c'était Elie.

Aussitôt il envoya vers lui un capitaine de cinquante hommes avec ses soldats. Cet officier étant monté vers Elie qui était assis sur une haute montagne, lui dit : *Homme de Dieu, le roi vous commande de descendre.* Elie lui répondit : *Si je suis homme de Dieu, que le feu descende du ciel, et vous dévore avec vos cinquante hommes.* La parole du prophète fut aussitôt suivie de l'effet. Le capitaine fut consumé du feu du ciel avec toute sa compagnie. Le roi en ayant encore envoyé un autre, il fut consumé de même. Enfin un troisième étant venu vers Elie, se jeta aux pieds du prophète, et le conjura de lui sauver la vie, et à ses gens. Alors l'ange du Seigneur dit à Elie de descendre avec lui. Il descendit donc, et le suivit; et étant devant le roi, il lui répéta ce qu'il avait déjà dit à ses gens, qu'il ne relèverait point de cette maladie : et en effet il mourut peu de temps après.

Elie, ayant appris par révélation, que Dieu devait bientôt le transporter hors de ce monde (*b*), voulut cacher le miracle de ce transport à Elisée, son compagnon inséparable (*c*). Mais Dieu l'avait découvert non-seulement à Elisée, mais aussi aux autres prophètes de Béthel et de Jéricho. Elie dit donc à Elisée : *Demeurez ici, parce que le Seigneur m'a envoyé à Béthel.* Elisée lui répondit : *Vive le Seigneur! je ne vous abandonnerai point.* Lorsqu'ils furent à Béthel, Elie lui dit : *Demeurez ici, parce que le Seigneur m'a envoyé à Jéricho.* Mais Elisée lui répondit qu'il ne le quitterait point. Etant à Jéricho, il dit à Elisée d'y demeurer, parce que le Seigneur l'envoyait vers le Jourdain. Mais Elisée lui jura, comme il avait fait auparavant, qu'il ne se séparerait point de lui. Ils allèrent donc ensemble vers le Jourdain ; et cinquante des enfants des prophètes les suivirent de loin. Elie et Elisée étant arrivés sur le bord du fleuve, Elie prit son manteau, et l'ayant plié, il en frappa les eaux, qui se divisèrent en deux parts ; et ils passèrent tous deux à sec.

Lorsqu'ils furent passés, Elie dit à Elisée : *Que voulez-vous que je vous donne, avant que je sois enlevé d'avec vous?* Elisée lui dit : *Je vous prie que votre double esprit repose sur moi;* c'est-à-dire, obtenez-moi de Dieu le don de prophétie dans la même mesure que vous le possédez. Le *double* peut marquer le *semblable*. Ou : Donnez-moi le double lot dans votre succession, le double de votre esprit ; le don de prophétie et celui des miracles, au double de ce que vous en possédez. Ou enfin *le double* peut marquer l'abondance, comme dans ces passages (*d*) : *Il a reçu le double de la main de Dieu :* et (*e*) : *Affligez-les d'une double douleur.*

Elie lui répondit : *Vous me demandez une chose bien difficile. Néanmoins, si vous me voyez, lorsque je serai enlevé d'avec vous, vous aurez ce que vous avez demandé : mais si vous ne me voyez point, vous ne l'aurez pas.* Lorsqu'ils continuaient leur chemin, un char de feu et des chevaux de feu les séparèrent tout d'un coup l'un de l'autre, et Elie monta au ciel, élevé dans un tourbillon. En même temps, Elisée s'écria : *Mon père, mon père, qui êtes le chariot d'Israel et son conducteur.* Après cela, il ne le vit plus ; et ramassant le manteau qu'Elie avait laissé tomber en montant, il s'en revint au bord du Jourdain, prit le manteau d'Elie, en frappa les eaux du fleuve, qui du premier coup ne furent pas divisées : mais ensuite les ayant frappées une seconde fois, elles se partagèrent, et il passa au travers.

Alors les prophètes de Jéricho et des environs reconnurent que l'esprit d'Elie s'était reposé sur Elisée; et venant au-devant de lui, ils le prièrent de trouver bon que l'on envoyât cinquante hommes robustes, pour chercher Elie, croyant que l'esprit de Dieu l'aurait peut-être jeté dans quelque lieu désert et écarté. Elisée leur dit que cela était inutile. Ils ne laissèrent pas d'y aller : mais ils revinrent, après l'avoir cherché inutilement pendant trois jours. Cela arriva l'an du monde 3108 ; avant la naissance de J. C. 892; avant l'ère vulgaire 896.

Huit ans après l'enlèvement d'Elie (*f*), on apporta à Joram, roi de Juda, des lettres du prophète Elie (*g*) où il était écrit : Voici ce que dit le Seigneur, le Dieu de votre père David : Parce que vous n'avez point marché dans les voies de votre père Josaphat, ni dans celles d'Asa, rois de Juda, mais que vous avez suivi l'exemple des rois d'Israel, et que vous avez fait tomber Juda et Jérusalem dans la fornication de la maison d'Achab, et que de plus, vous avez fait tuer vos frères, de la maison de votre père, et qui étaient meilleurs que vous; le Seigneur va aussi vous frapper d'une grande plaie, vous et votre peuple, vos enfants, vos femmes et tout ce qui vous appartient. Vous serez frappé d'une dyssenterie longue et maligne, qui vous fera jeter peu à peu vos entrailles.

Il y en a (*h*) qui croient que cette lettre fut écrite du lieu où est à présent le prophète

---

(*a*) Il était velu, ou il était vêtu d'un habit de peau avec son poil. L'hébreu : *Un homme maître du poil.* אִישׁ בַּעַל שֵׂעָר.

(*b*) An du monde 3108, avant Jésus-Christ 892, avant l'ère vulg. 896.

(*c*) IV *Reg.* ii, 1, 2, 3

(*d*) *Isai.* XL, 2.

(*e*) *Jerem.* XVII, 18.

(*f*) An du monde 3116, avant Jésus-Christ 884, avant l'ère vulg. 888.

(*g*) II *Par.* XXI, 12.

(*h*) *Ita Hebræi, Tirin. Mariana.*

Elie : d'autres (a), qu'elle avait été écrite avant le transport du prophète ; et d'autres (b), que ceci n'arriva qu'en songe au roi Joram. On voyait autrefois (c) un livre intitulé : *La Prophétie, ou l'Apocalypse, ou l'Ascension d'Elie*, d'où l'on croyait que saint Paul avait tiré ces paroles qu'il cite I Cor. II, 9 : *L'œil n'a point vu, l'oreille n'a point entendu, et le cœur de l'homme n'a point compris ce que Dieu a préparé à ceux qui l'aiment.* Les rabbins dans leur *Seder olam*, ou la Suite des siècles, disent qu'Elie est à présent occupé à écrire les actes et les événements de tous les âges du monde.

On croit qu'Elie et Enoch sont encore aujourd'hui en vie, et qu'ils doivent venir à la fin du monde, pour combattre contre l'Antechrist. Les Juifs (d) et les Chrétiens (e) ont embrassé ce sentiment ; et on explique d'ordinaire de cet avénement ces paroles de l'Apocalypse (f) : *Je susciterai mes deux témoins, et ils prophétiseront couverts de sacs, pendant mille deux cent soixante jours.*

Enfin les Juifs (g) attribuent à un certain Elie, que quelques-uns (h) ont pris pour le prophète Elie, dont nous venons de parler, une fameuse prophétie qui porte : *C'est une tradition de la maison d'Elie, que le monde durera six mille ans ; savoir, deux mille sans loi, deux mille sous la loi, et deux mille sous le Messie. Mais les années du Messie qui sont écoulées, sans qu'il ait paru, se sont écoulées à cause de nos péchés.* Il y a beaucoup plus d'apparence que cette tradition vient d'un Elie plus récent qu'Elie de Thesbé ; de même que trois livres dont on nous parle (i), et qui sont intitulés : 1. *Le Grand Ordre d'Elie ;* 2. *Le Petit Ordre d'Elie ;* et 3. *La Caverne d'Elie.*

L'auteur de l'Ecclésiastique (j) a consacré un éloge à la mémoire d'Elie, où il fait le précis de sa vie, et où il donne son vrai caractère : *Elie s'est élevé comme un feu, et ses paroles brûlaient comme un flambeau ardent. Il frappa le peuple de famine, et il le réduisit à un petit nombre. Par la parole du Seigneur, il ferma le ciel, et il fit tomber le feu par trois fois. Quelle gloire, ô Elie, vous êtes-vous acquise par vos miracles, qui, par la parole du Seigneur, avez fait sortir un mort des enfers, et l'avez arraché à la mort !* (Il parle du fils de la veuve de Sarepta.) *Vous avez fait tomber les rois dans le dernier malheur, et vous les avez fait descendre de leur lit dans le tombeau.* (Il entend Achab, Ochosias, Jézabel, à qui il a prédit les derniers malheurs.) *Vous qui entendez sur le mont Sina le jugement du Seigneur, et sur le mont Horeb les arrêts de sa vengeance. Vous qui oignez les rois pour la vengeance* (Jéhu et Hazael) *et qui prenez des prophètes, pour les laisser pour vos successeurs après vous* (Elisée fut le successeur d'Elie.) *Vous qui avez été enlevé au ciel dans un tourbillon de feu et dans un char traîné par des chevaux ardents. Vous qui avez été destiné pour adoucir la colère du Seigneur par les jugements que vous exercerez au temps prescrit, pour réunir les cœurs des pères à leurs enfants et pour rétablir les tribus d'Israel.*

L'Ecclésiastique, en cet endroit, fait allusion à ce passage de Malachie (k) : *Je vous enverrai le prophète Elie avant le grand et terrible jour du Seigneur, et il convertira le cœur des pères envers leurs fils, et le cœur des fils envers leurs pères ; de peur que je ne vienne, et que je ne frappe la terre d'anathème.*

C'est ce qui doit s'exécuter à la fin des siècles, avant le jugement dernier. Mais le Sauveur, dans l'Evangile (l), nous avertit que le prophète Elie est déjà venu en esprit dans la personne de saint Jean-Baptiste ; et les évangélistes nous apprennent (m) que, dans la transfiguration du Sauveur, Elie et Moïse parurent et s'entretinrent avec lui touchant sa passion future.

[« Le ministère d'Elie et de son successeur Elisée, dit un auteur, offre le dernier et le plus puissant effort de la Providence pour sauver les dix tribus et les retirer des ténèbres croissantes de l'idolâtrie. Aussi, Elie est, après Moïse, le plus grand prophète de l'économie de la loi. Son origine, comme celle de Melchisédech, est perdue. Tout est mystérieux et sublime dans son histoire, et, pour en bien juger, il faut, avant tout, se transporter au siècle où il a vécu. C'était le temps que le nom de Dieu a été le plus mis en oubli ; Achab et Jézabel avaient formé le dessein de ruiner à jamais le culte du Seigneur, et d'établir à sa place celui de Baal. Le royaume de Juda, plus heureux sous Josaphat, était aussi plus fidèle, et c'était le royaume des dix tribus qui avait le plus besoin d'oracles ; aussi est-il à remarquer qu'Elie, si nous possédons toute son histoire, n'a jamais mis le pied dans Jérusalem. A quel excès d'infidélité devaient être descendues les dix tribus, puisque Dieu même est obligé de dire à son prophète qu'il lui reste des serviteurs ! Pour combattre les exemples et les fureurs d'Achab, pour retirer Israel des ténèbres de plus en plus profondes de l'idolâtrie, il fallait un homme tel qu'Elie, animé d'un zèle aussi ardent, revêtu d'un pouvoir aussi extraordinaire, et Dieu, qui mesure ses secours sur les besoins de ses enfants, lui a départi des dons qui l'élèvent au second rang parmi les prophètes ; si cette génération avait

---

(a) Menoch. Jun. Piscat Kimchi.
(b) Grotius in II Par. xxi, 12.
(c) Origen. in Matth. xxvii, 9. Tract. 35. Hieronym. Ep. ad Pammach. et in Isai. lib. XVII, Euseb. l. IX, c. xxx, Præpar. Fabric. Apocryph. Vet. Test. p. 1072, 1073, 1074.
(d) Vide Ligtfoot. ad Matth. xvii, 10.
(e) Justin. Martyr. Dialog. cum Tryphon. p. 268. Epiphan. de Vita et morte Prophet., etc.
(f) Apoc. xi, 3.

(g) Gemar. Sanhedr. c. xi, § 29. Gemar. Aboda Sara c. i, etc.
(h) Is Voss. de Sybillin. orat. c. vii.
(i) Sgambati. l. II Archiv. V. Vest. p. 520. Bartholocci. Bibl. Rab. t. I, p. 133 et 182.
(j) Eccli. xlviii, 1 et seq.
(k) Malach. iv, 6.
(l) Matth. xi, 14, xvii, 10, 11, 12.
(m) Matth. xvii, 3, 4. Marc. ix, 3. Luc. ix, 30.

pu être convertie, Élie l'aurait régénérée.

» Que si l'on reprend un à un les prodiges de son histoire pour en discuter la sagesse ou la vérité, on reconnaît que tous se tiennent, et qu'on doit les admettre ou les nier ensemble. Ils sont tous d'un genre tellement divin, s'il est permis de parler ainsi, que l'on ne peut accuser Élie d'artifices ou de déceptions ; ce n'est pas ainsi que l'on trompe. La ressource reste d'accuser l'historien de mensonge ; mais qui peut lire avec bonne foi ces récits sans y voir le cachet de la vérité ? Les tableaux du séjour d'Élie chez la veuve de Sarepta, de l'épreuve offerte aux prêtres de Baal, des phénomènes magnifiques dont Horeb fut le théâtre, sont tracés avec une sublimité si naïve et si simple, que la foi naît de l'admiration, et qu'un esprit sincère ne peut s'empêcher de dire comme le peuple : C'est l'Éternel qui est Dieu. »]

Plusieurs Juifs ont cru qu'Élie était le même que Phinées, fils d'Éléazar et petit-fils d'Aaron, à cause du grand zèle que l'un et l'autre ont témoigné pour la gloire de Dieu; opinion qui est fondée sur le dogme de la métempsycose, qui est commune parmi les mahométans, parmi plusieurs Juifs, et même parmi quelques chrétiens orientaux ; mais on sait que Phinées a vécu plusieurs siècles avant Élie.

Enfin plusieurs Juifs, du temps de Notre-Seigneur, croyaient qu'Élie était ressuscité en sa personne, ou que l'âme d'Élie était passée dans le corps de Jésus-Christ (a).

Les musulmans (b) racontent qu'un nommé *Khéder*, ou *Khizir*, général des troupes d'Alexandre, différent d'Alexandre le Grand, et plus ancien que lui, eut le bonheur de trouver la fontaine de vie qu'Alexandre avait longtemps cherchée inutilement. Khéder en but à longs traits, et devint par là immortel. On lui donne le nom de *Khéder*, qui signifie *verdoyant*, à cause que depuis ce temps il jouit d'une vie florissante et immortelle. Khéder est selon eux Élie, qui vit dans un lieu de retraite, dans un jardin délicieux où coule la fontaine de vie, et où se trouve l'arbre de vie, par le moyen duquel il entretient son immortalité : c'est là où il attend le second avénement de Jésus-Christ, auquel Élie doit de nouveau paraître dans le monde.

Les mages de Perse prétendent que Zoroastre leur maître a été un des disciples du prophète Élie ; du moins que leurs ancêtres ont été instruits par les disciples des deux prophètes Élie et Élisée. Cette fiction est fondée sur ce qu'Élie fit tomber le feu du ciel (c), et sur ce qu'il fut enlevé sur un chariot de feu (d), élément que les disciples de Zoroastre regardent comme le principal objet de leur culte. — [N'est-ce qu'une fiction ? c'est une tradition qui constate que Zoroastre est venu dans le pays d'Israël, et qu'il en a emporté des connaissances dont on retrouve des traces dans la religion, la philosophie et les traditions de la Perse.]

ELIEL, de la tribu de Manassé, et très-vaillant homme, du temps de Joathan, roi de Juda, et de Jéroboam II, roi d'Israël (e).

ELIEL, lévite de la famille de Caath (f).— [Il est appelé aussi Éliab, 1 *Par.* VI, 27, et Éliu, I *Reg.* I, 1.]

ELIEL. Ou trouve encore deux hommes de ce nom parmi les braves qui accompagnèrent David dans sa disgrâce, pendant la persécution de Saül (g). [*Voyez* les deux suivants.]

* ELIEL, gadite, se joignit à David fuyant la persécution de Saül, et est nommé parmi ses braves. I *Par.* XI, 46 ; XII, 11.

* ELIEL DE MAHUMI, un des braves de David. I *Par* XI, 46.

* ELIEL, benjamite, descendant de Séméi. I *Par.* VIII, 20, 21.

* ELIEL, benjamite, descendant de Sésac, I *Par.* VIII, 22, 25.

* ELIEL, *Voyez* CHONÉNIAS.

ELIEZER. Les musulmans lui donnent (h) le nom de *Dameschak*, ou *Damascenus*, et ils croient que c'était un esclave noir que Nemrod donna à Abraham, quand il l'eut vu sortir, par la vertu du nom de Dieu, du milieu des flammes où il l'avait fait jeter. Abraham le prit tellement en affection, qu'il lui donna l'intendance de toute sa maison, et qu'il le destinait même à être son héritier avant la naissance d'Isaac. Abraham étant arrivé en Syrie, y bâtit une ville, à laquelle il donna le nom de son esclave Dameschak : c'est la ville de Damas, si célèbre aujourd'hui. D'autres croient, avec bien plus de vraisemblance, qu'Éliézer était natif de Damas, et qu'il avait un fils qu'Abraham voulait faire son héritier. *Voyez Gen.* XV, 1, 2, 3, et les Commentateurs sur cet endroit.

Lorsqu'Abraham voulut envoyer Éliezer dans la Mésopotamie, il lui dit (i) : *Mettez votre main sous ma cuisse, afin que vous me promettiez avec serment de ne prendre jamais aucune Chananéenne pour femme à mon fils, mais que vous irez au pays où sont mes parents, afin d'y prendre une femme pour mon fils Isaac. Que si la fille ne veut pas venir, vous ne serez plus tenu à votre parole. Mais gardez-vous bien de ramener jamais mon fils en ce pays-là.* Éliézer fit ce que son maître demandait ; et, étant parti avec plusieurs chameaux et de riches présents, il alla à la ville de Charres en Mésopotamie.

Étant arrivé sur le soir près d'un puits hors de la ville, il fit plier les genoux à ses chameaux pour les faire reposer, et il pria le Seigneur de lui faire connaître par quelque signe la personne qu'il destinait pour femme à Isaac. *Je vous prie, Seigneur*, dit-il, *que la fille à qui je dirai : Abaissez votre cruche, et donnez-moi à boire, et qui me répondra : Buvez, et*

(a) *Matth.* XVI, 14. *Marc.* VI, 15. *Luc.* IX, 8.
(b) D'Herbelot, *Bibl. Orient.*, p. 491, *Ilia*, et 992, *Khéder.*
(c) III *Reg.* XVIII, 24. IV *Reg.* I, 10, 12.
(d) IV *Reg.* II, 11. *Eccli.* XLVIII, 9.
(e) I *Par.* V, 24.

(f) I *Par.* VI, 34
(g) I *Par.* XI, 46
(h) D'Herbelot, *Bibl. Orient.*, p. 291, *Dameschak.*
(i) *Genes.* XXIV, 1, 2, etc. An du monde 2148, avant Jésus-Christ 1852, avant l'ère vulg. 1856.

je donnerai aussi à boire à vos chameaux, soit celle que vous avez destinée pour femme à Isaac votre serviteur. A peine eut-il achevé sa prière, que Rébecca, fille de Bathuel et cousine germaine d'Isaac, parut avec une cruche pleine d'eau sur son épaule. Eliézer lui en demanda. Aussitôt elle abaissa sa cruche, lui donna à boire, et s'offrit d'en donner aussi à ses chameaux (1). Eliézer, charmé d'une si heureuse rencontre, lui fit un présent de deux pendants d'oreilles et de deux bracelets d'or, lui demanda qui elle était, et s'il pouvait loger chez son père. Rébecca lui dit qu'elle était fille de Bathuel, et qu'il y avait chez son père tout ce qu'il fallait pour lui et pour sa suite. Eliézer s'inclina profondément, rendit grâces à Dieu, et déclara qu'il appartenait à Abraham.

Aussitôt Rébecca courut en donner avis à sa mère; et Laban son frère alla trouver Eliézer, pour l'amener dans la maison. Lorsqu'on fut près de se mettre à table, Eliézer dit qu'il ne mangerait point qu'il n'eût exposé le sujet de sa députation. Il leur raconta son voyage, et ce qui lui était arrivé à la porte de la ville avec Rébecca, et conclut par leur demander Rébecca en mariage pour Isaac. Laban et Bathuel, frères de Rébecca, répondirent: *Le Seigneur a assez marqué sa volonté dans cette affaire; nous ne pouvons nous y opposer. Rébecca est devant vous; prenez-la, et l'emmenez, et qu'elle soit l'épouse du fils de votre maître.* Eliézer s'inclina profondément, fit de grands présents à Rébecca, à sa mère et à ses frères; après quoi on se mit à table.

Le lendemain, les frères et la mère de Rébecca prièrent Eliézer que la fille demeurât au moins dix jours avec eux; mais Eliézer répondit qu'il ne pouvait différer son retour. Et ils dirent: *Appelons la fille, et demandons-lui son sentiment.* Lorsqu'elle fut venue, ils lui dirent: *Voulez-vous bien partir à présent avec cet homme?* Elle répondit: *Je le veux bien.* Ils la laissèrent donc aller; et Eliézer partit le jour même, pour se rendre à Béersabée, où demeurait alors Abraham.

[« Ce récit, dit un auteur, est l'un des plus remarquables de l'Ecriture par son inimitable simplicité; l'imagination n'y va pas au delà; ces transactions si importantes, traitées avec une confiance si grande et conclues en un jour; cette prière touchante où respire toute l'affection d'un bon serviteur pour un bon maître; cette épreuve où toute la générosité consiste à puiser un peu d'eau, cette impatience de partir avec la jeune fille, tout ici nous reporte à l'enfance des sociétés humaines, aux beaux jours de la vie pastorale, aux temps où la civilisation était encore dans les champs. Ces traits de mœurs valent mieux que des dates, et sont un signe d'antiquité, où il est impossible de soupçonner des erreurs de chiffres.

» On peut ajouter que le zèle d'Eliézer est d'autant plus digne d'éloges, qu'avant la naissance d'Isaac il avait pu espérer d'hériter des immenses richesses d'Abraham. »]

ELIEZER, fils de Moïse et de Séphora, naquit à Madian, pendant le séjour de Moïse, son père, en ce pays-là (a). Il eut un fils nommé Rohobia (b). Quelques-uns (c) ont cru que ce qui est raconté (*Exod.* IV, 24, 25) d'un ange qui vint à la rencontre de Moïse, lorsqu'il retournait de Madian en Egypte, devait s'entendre comme si cet ange eût voulu tuer Eliézer, parce qu'il n'était pas circoncis. L'Ecriture ne dit pas bien clairement qui était celui à qui l'ange en voulait. Les uns croient que c'était à Moïse, d'autres que c'était à Eliézer.

ELIEZER, lévite qui sonnait du cor devant l'arche, lorsque David la transporta à Jérusalem. 1 *Par.* XV, 24.

ELIEZER, fils de Zéchri de la tribu de Ruben, était chef de vingt-quatre mille hommes de sa tribu, sous le règne de Salomon [lisez de David]. I *Par.* XXVII, 16.

ELIEZER, fils de Dodaü, prophète qui prédit à Josaphat, roi de Juda, que les vaisseaux qu'il avait équipés avec l'impie Ochosias, roi d'Israël, seraient brisés au port d'Asiongaber, sans pouvoir faire le voyage projeté à Tharsis (d).

ELIEZER, le premier nommé des députés d'Esdras vers les fils de Lévi, à la fin de la captivité. Artaxerxès Longuemain avait donné un édit en faveur des Juifs, et ceux-ci, en grand nombre, sous la conduite du prêtre Esdras, se rassemblaient sur le bord du fleuve Ahava. Dans toute cette multitude il y avait des prêtres, mais il ne s'y trouvait point de simples lévites, ni de Nathinéens. Alors Esdras appela Eliézer, Ariel, Séméia, Elnathan, Jarib, un autre Elnathan, Nathan, Zacharie et Mosollam qui étaient des chefs de familles, Joïarib et Elnathan, qui étaient pleins de sagesse et de science, et les envoya vers Eddo, chef des captifs auxquels les rois de Babylone avaient assigné pour résidence le lieu nommé Casphia, dans les montagnes caspiennes, entre la Médie et l'Hircanie. Eddo était Nathinéen, chef de ses frères, et aussi des simples lévites qui avaient été confondus avec les Nathinéens dans la captivité. Les députés, chargés de s'adresser à Eddo et de ramener des ministres ou des serviteurs du temple, s'acquittèrent avec succès de leur mission. Ils revinrent suivis d'Issechel (nom propre que la Vulgate rend par ces mots *virum doctissimum*), lévite de la famille de Moholi; de Sarabia, avec ses fils et ses

---

(a) *Exod.* II, 22; XVIII, 4 *et suiv.*
(b) I *Par.* XXIII, 17.
(c) *Ita Rabb. quidam. Tertull. contra Judæos* c. III. *Vide Aug. qu.* II, *in Exod.*
(d) II *Par.* XX, 37.
(1) De Ur, patrie d'Abraham, nommée depuis Edesse, et maintenant Orfa, à Haran ou Charres, où arrivait Eliézer, la distance n'est pas bien longue. Charres est à droite de la route d'Orfa à Mardin. — Or, peu avant d'arriver à Orfa, « on trouve sur la route, dit Aucher-Eloi (*Relation de Voyages en Orient*, pag. 182), plusieurs puits très » profonds, dans lesquels on descend par des chemins in » clinés, forts commodes et fort bien creusés dans la ro » che. Nous campâmes (le 13 avril 1835) près d'un de ces » puits. » Le lendemain Aucher-Eloi était à Orfa.

frères, au nombre de dix-huit ; de Hasabia, et avec lui Isaïe de la famille de Mérari, avec ses frères et ses fils, au nombre de vingt ; enfin, de deux cent vingt Nathinéens, c'est-à-dire de ces Chananéens devenus depuis longtemps israélites et destinés au service des lévites, qui étaient consacrés à celui des prêtres dans les fonctions du culte. I *Esdras* VIII, 15-20.

* ELIEZER, prêtre qui, ayant épousé une étrangère, dans le temps de la captivité, la renvoya lorsqu'il fut de retour. I *Esdr.* X, 18.

ELIEZER, lévite qui au retour de la captivité de Babylone répudia sa femme, parce qu'il l'avait épousée contre la disposition de la loi (a).

ELIEZER, fils de Jorim, un des aïeux de Jésus-Christ selon la chair (b).

" ELIEZER, troisième fils de Béchor, qui était le second de Benjamin. I *Par.* VII, 6, 8.

ELIHOREPH [fils de Siba et] un des conseillers de Salomon. III *Reg.* IV, 3.

ELIM, septième [sixième] campement des Israélites dans le désert (c), où ils trouvèrent douze fontaines et soixante et dix palmiers. D'Elim ils allèrent au désert de *Sin*. [*Voyez* MARCHES, addition.]

* ELIM. *Voyez* BÉER-ELIM.

ELIMELECH, de la ville de Bethléem, et mari de Noémi, dont il eut deux fils, Mahalon et Chélion. Une grande famine étant survenue dans la Judée, Elimélech fut obligé de quitter sa patrie et de s'en aller avec sa femme et ses deux enfants au pays de Moab, où il mourut au bout de dix ans, aussi bien que Mahalon et Chélion, qu'il avait mariés à deux femmes moabites nommées Orpha et Ruth, dont on parlera sous leur article.

Les Hébreux (d) expliquent d'Elimélech ce qui est dit dans les Paralipomènes (e) : *Et Joakim, et les hommes de Cosba et de Joas, qui se sont mariés dans Moab et qui demeurent à Léhem;* ce que saint Jérôme a ainsi exprimé dans la Vulgate : *Qui stare fecit solem, virique mendacii, et securus et incendens, qui principes fuerunt in Moab, et qui reversi sunt in Lehem.* Joakim est *Elimélech*. Son nom signifie *il a fait arrêter*, et les Hébreux racontent que *Joakim*, voyant ceux de Bethléem, ses compatriotes, plongés dans le désordre, essaya de les en tirer par ses remontrances et par ses miracles. Il fit arrêter le soleil comme avait fait Josué. Mais ce prodige n'ayant rien produit sur l'esprit de ceux de Bethléem, il leur prédit une famine qui l'obligea lui-même à se retirer au pays de Moab avec ses deux fils, nommés, dit-on, dans les Paralipomènes, *les hommes de mensonge*, parce qu'ils n'y eurent point d'enfants. *Ils s'y marièrent, et demeurèrent à Bethléem,* non eux-mêmes en personnes puisqu'ils moururent chez les Moabites, mais en la personne de Noémi, leur mère, et de Ruth, sa bru, qui y épousa Booz, dont elle eut Obed, aïeul de David. Mais nous mettons tout cela au rang des fables rabbiniques.

ELIODA, fils de David et d'une de ses concubines (f). — [*Voyez* ELIADA.]

ELIOENAI, fils [aîné] de Naaria, et père d'Oduïa, [d'Eliasub, de Pheléia, d'Accab, de Johanan, de Dalaïa et d'Anani : il était descendant de David par Salomon]. I *Par.* III, 23, 24.

ELIOENAI, fils d'Asiel, de la tribu de Siméon. I *Par.* IV, 36. — [Le texte ne le dit pas *fils d'Asiel*.]

ELIOENAI, [quatrième] fils de Béchor, de la tribu de Benjamin. I *Par.* VII, 8. — [Il était petit-fils de Benjamin.]

ELIOENAI, fils d'Asaph, un des portiers du temple. I *Par.* XXVI, 3.

ELIOENAI, fils de Zarehe, après le retour de Babylone, se sépara de sa femme parce qu'elle était d'une religion étrangère. I *Esdr.* VIII, 4, et X, 22.

ELIONÉE, grand prêtre des Juifs, succéda à Matthias, fils d'Ananus ; l'an du monde 4047, et l'année suivante il eut pour successeur *Simon Canthare*. — [*Voyez* les listes des grands prêtres, tom. I.]

ELIPHAL, fils d'Ur, un des vaillants hommes de l'armée de David. I *Par.* XI, 35.

ELIPHALETH, fils de David. II *Reg.* V, 16 [et I *Par.* XIV, 7. Il est appelé Elipheleth. I *Par.* III, 8]. Il y en a encore un autre [fils de David] de même nom. I *Par.* XIV, 7 [c'est-à-dire 5, et III, 7].

ELIPHALETH, [troisième] fils d'Esec [descendant de Saül]. I *Par.* VIII, 39.

ELIPHALU, lévite qui assista au transport de l'arche à Jérusalem. I *Par.* XV, 18, 21.

ELIPHAS, fils d'Esaü et d'Ada, fille d'Elon. Il eut cinq fils : Theman, Omar, Sépho, Gathan et Cénez.

[D. Calmet omet un des fils d'Eliphaz, c'est-à-dire, *Amalec*, qu'on a rendu le plus célèbre de tous en le prenant pour le fondateur du peuple amalécite, dont il est souvent parlé dans l'Ecriture, mais qui existait longtemps auparavant, comme nous l'avons déjà prouvé, d'après l'historien sacré, au mot AMALEC (*voyez* ce mot). Pour compléter notre travail, nous allons nous livrer à une nouvelle étude, examiner le récit biblique touchant la famille et les descendants d'Esaü par Eliphaz.

Voici, dit l'historien (*Gen.* XXXVI, 9 et suiv.), *toute la postérité d'Esaü, père d'Edom* (ou du peuple iduméen qui habite aujourd'hui) *sur la montagne de Séir. Voici les noms de ses fils : Eliphaz....* dont les fils furent : *Theman, Omar, Sepho, Gatham et Cenez. Eliphaz.... avait une concubine.... qui lui donna encore Amalec.... Voici les tribus* ou grandes familles *des descendants d'Esaü :.... la tribu Theman*, etc., *et la tribu Amalec. Ce*

(a) I *Esdr.* x, 23.
(b) *Luc.* III, 29.
(c) *Exod.* XVI, 27.
(d) *Author. Tradit. Hebr. in Paralip. Lyran. Tost.* Hebr.
(e) I *Par.* IV, 22.
(f) II *Reg.* 16.

sont là les tribus d'Éliphaz, dans le pays d'Édom ou d'Idumée (1).

Ces tribus, bien que chacune soit distinguée ici par le nom de son chef, ne forment néanmoins qu'un seul peuple, dont Esaü est le père : *Esaü, père d'Édom*, dit le texte. Dans la suite elles ne sont plus distinguées, quoique souvent il soit parlé des Iduméens. Elles sont au nombre de quatorze (versets 15-18), et je ne vois pas pourquoi celle dont Amalec était le chef serait devenue un peuple à part. Rien ne nous indique qu'Amalec ait quitté la montagne de Séir pour aller demeurer près de la mer Rouge. Nous voyons au contraire que, quand Moïse rédigeait la Genèse, la tribu d'Amalec, comme les autres, habitait l'Idumée. *Voici*, dit-il, TOUTE *la postérité d'Esaü, père d'Édom ou des Iduméens sur la montagne de Séir;* il est loin, comme on voit, d'en excepter la famille d'Amalec. Moïse, aux versets 40-43, donne une liste de chefs iduméens, descendants d'Esaü; ils sont au nombre de onze, et comme il ajoute : *Ce sont là les chefs des tribus d'Édom, établies et fixées dans ce pays*, on pourrait supposer que les trois autres qui ne sont pas nommées allèrent s'établir et se fixer ailleurs, et que parmi elles était sans doute celle d'Amalec. Cette supposition ne serait pas fondée, quand même on la renforcerait en disant que ces onze tribus ne sont mentionnées ici que pour faire connaître celles qui s'éloignèrent de l'Idumée. On doit la repousser, 1° parce qu'il en faudrait conclure que Moïse aurait fait une répétition parfaitement inutile dans un récit déjà trop court; 2° parce que les noms cités aux versets 40-43 ne sont pas les mêmes que ceux des versets 15-18; et 3° parce que l'historien, dans la liste des tribus sorties d'Éliphaz, qu'il commence par celle de Théman et qu'il finit par celle d'Amalec, dit formellement, sans exception aucune, qu'elles sont *dans le pays d'Édom* (verset 16).

Mais alors que signifie le document renfermé dans les versets 40-43? Essayons de le découvrir, puisque l'occasion s'en présente et que nous y sommes naturellement amenés. Certains critiques n'ont vu que des fragments disparates dans ce chapitre. Analysons-le, étudions-le. Il nous offre d'abord, versets 1-5, un premier document, c'est la liste des femmes qu'Esaü épousa dans le pays de Chanaan et des enfants qui lui en naquirent dans ce même pays; et puis, versets 6-8, un second document qui nous apprend qu'Esaü, quittant le pays de Chanaan, vint s'établir dans celui de Séir, occupé par les Horréens; et puis, versets 9-19, un troisième document, dans lequel nous voyons Esaü présenté comme le père, le premier fondateur du peuple iduméen, quels furent les fils de ses fils et les tribus qu'ils fondè-

rent; et puis, versets 20-30, un quatrième document, qui est la liste des fils de Séir ou des tribus horréennes dont ils étaient les chefs politiques (2). Dans les trois premiers documents, qui se suivent chronologiquement, l'historien s'occupe d'Esaü et du pays de Séir, où il est venu se fixer; dans le quatrième il remonte jusqu'à Séir, Horréen, qui, le premier, donna son nom à ce pays, et nomme ses fils, les tribus qui en naquirent et les chefs qui les gouvernèrent. Mais on ne saurait dire quel espace de temps embrasse ce document; l'historien le conduit-il jusqu'à l'époque où Esaü vint s'établir dans le pays de Séir? On l'a cru généralement; mais cette opinion qui rend Séir contemporain d'Esaü

	Séir		Esaü
(Versets 20-22	Lotan	versets 4, 11	Éliphaz
	Hori		Theman).

est réfutée par Moïse lui-même, qui présente (XIV, 6) les descendants de Séir comme formant au temps d'Abraham une peuplade déjà nombreuse, environ cent soixante et dix ans avant l'établissement d'Esaü dans le pays de Séir.

Vient ensuite, versets 31-39, un cinquième document, liste de huit rois qui se succèdent sans interruption dans un espace de temps dont on ne peut reconnaître les limites, quoiqu'il soit dit qu'ils *régnèrent dans le pays d'Édom avant que les enfants d'Israël n'eussent un roi*. Il semble que le texte a subi une altération passée plus tard dans les *Paralipomènes*, I, 43. Quels sont ces huit rois? Sont-ils de la race d'Esaü ou de celle de Séir? L'opinion commune est qu'ils sont de la race d'Esaü, et qu'ils régnèrent dans le pays d'Édom après qu'Édom ou Esaü se fut emparé du pays de Séir. Le texte paraît favoriser cette opinion, parce qu'il est *dans le pays d'Édom;* mais elle est détruite par le verset 40, où l'historien, immédiatement après avoir nommé ces huit rois, commence un sixième document en annonçant *les noms des chefs politiques des tribus sorties d'Esaü*.

Reprenons. Dans le quatrième document, l'historien parle de Séir, de ses fils, de ses petits-fils ou des tribus qui formaient divers gouvernements indépendants les uns des autres. Un changement s'opère dans la politique de ces tribus, qui cessent d'obéir chacune à un chef particulier, et qui toutes se constituent en monarchie élective. Le cinquième document nous montre cette monarchie. Je le considère comme faisant partie de l'histoire de Séir et non pas de celle d'Esaü, comme s'il y avait aux versets 30 et 31 : *Voilà les tribus des Horréens et de leurs chefs dans le pays de Séir, et voici les rois qui commencèrent à régner dans le même pays avant que les enfants d'Esaü vinssent s'y établir*,

---

(1) La Vulgate rend par *dux*, chef, le mot *alouf*, rendu ici par tribu; mais le sens est le même : car, comme la tribu suppose le chef, le chef suppose la tribu. Toutefois, *alouf* étant, comme l'a remarqué un hébraïsant de nos jours, la *forme énergique et renforcée d'elef*, qui veut dire *famille*, et la tribu n'étant que la réunion de plusieurs familles, il me semble qu'il est plus rationnel de rendre le mot *alouf* par *tribu*. Je ferai observer en outre que si la

Vulgate traduit, au verset 15, le mot *aloufim*, pluriel d'*alouf*, par *duces*, elle le traduit, au verset 16, par le mot *filii*. Au premier lieu, l'hébreu dit : *Voici les* ALOUFIM *des descendants d'Esaü;* la Vulgate : *Hi* DUCES *filiorum Esau;* et, au second, l'hébreu : *Ce sont là les* ALOUFIM *d'Éliphaz,* et la Vulgate : *Hi* FILII *Éliphaz.*

(2) Je dis les *chefs politiques*, pour distinguer l'acception dans laquelle est pris le mot *aloufim* du verset 30.

ou bien qui y régnèrent avant que les enfants d'Esaü s'en fussent rendus les maîtres. Aucun de ces huit rois n'est issu de son prédécesseur; tous sont choisis dans des familles différentes. Sous le règne des trois premiers, Denaba est la capitale; les quatre suivants habitent Avith, et le dernier Phaü. Ces changements de gouvernement et de capitale sont causés sans doute par des faits majeurs, comme la guerre de Chodorlahomor et l'arrivée et la demeure permanente de la famille nombreuse et riche d'Esaü (versets 6 et 7). On a cru qu'à son arrivée Esaü chassa tout à coup de ce pays le peuple horréen, qui l'occupait depuis longtemps, et qui était plus puissant que sa famille; mais cela est contraire à l'histoire, qui constate, dans un autre endroit (*Deut.* XI, 12), que ce furent ses descendants qui en dépossédèrent les Horréens, qu'ils les exterminèrent devant eux et s'établirent à leur place. Il faut remarquer que c'est seulement lorsque la monarchie des Horréens est éteinte que Moïse (versets 40-43) nomme les chefs politiques des tribus issues d'Esaü. Cette circonstance ne confirme-t-elle pas le sentiment que je cherche à établir?

Ainsi l'histoire du pays de Séir, devenu le pays d'Edom, est complète dans ce chapitre qui, à ce qu'il paraît, a causé de grands embarras aux commentateurs. Moïse l'a faite sans interruption depuis son origine jusqu'à l'époque où les descendants d'Esaü en furent entièrement les maîtres.]

ÉLIPHAS, un des amis de Job (*a*), apparemment un des descendants d'Éliphas, fils d'Esaü.

* ÉLIPHÉLETH, fils de David. *Voyez* ÉLIPHALETH.

* ÉLIPHÉLETH, fils d'Aasbaï, était un des braves de David. II *Reg.* XXIII, 34.

* ÉLIPHÉLETH, descendant d'Adonicam, revint de la captivité avec Esdras. *Esdr.* VIII, 13.

* ÉLIPHÉLETH, descendant d'Asom, ayant épousé une étrangère dans la captivité, la renvoya au retour. I *Esdr.* X, 33.

ÉLISA, fils de Javan (*b*). On croit qu'Elisa a peuplé l'Élide dans le Péloponèse (1). On trouve la province d'Élis et une contrée nommée *Alisium* par Homère. Ézéchiel (*c*) parle de la pourpre d'Elisa, que l'on apportait pour vendre à Tyr. Or on pêchait beaucoup de ce poisson dont on teignait la pourpre à l'embouchure de l'Eurotas, et les anciens parlent souvent de la pourpre de la Laconie (*d*). On pêchait aussi de ces poissons dans le golfe de Corinthe.

ÉLISABETH, fille d'Aminadab, sœur de Nahasson et femme d'Aaron. Elle fut mère de Nadab, d'Abiu, d'Éléazar et d'Ithamar (*e*).

ÉLISABETH, épouse de Zacharie et mère de Jean-Baptiste. Saint Luc (*f*) dit qu'elle était des filles d'Aaron, c'est-à-dire, de la race des prêtres. Mais tout ce que l'on dit de son père et de sa mère n'est nullement certain. On sait que l'ange ayant annoncé à Zacharie la naissance future de Jean-Baptiste, et Zacharie étant de retour dans sa maison, Élisabeth conçut. L'Église grecque fait une fête de cette conception de saint Jean dans le sein d'Élisabeth le 23 de septembre; et les plus anciens martyrologes des Latins la marquent le 24 du même mois. Élisabeth cacha pendant cinq mois (*g*) la grâce que Dieu lui avait faite; mais l'ange Gabriel la découvrit à la sainte Vierge (*h*), et lui annonça cette conception miraculeuse comme un gage et une assurance de la naissance du Messie dont elle devait devenir mère sans avoir commerce avec aucun homme.

Aussitôt Marie se hâta d'aller à Hébron pour visiter sa cousine sainte Élisabeth. Dès qu'elle entra dans la maison de Zacharie et qu'elle l'eut saluée, l'enfant que portait Élisabeth tressaillit dans son sein, et Élisabeth, remplie du Saint-Esprit, s'écria : *Soyez bénie entre toutes les femmes, et béni soit le fruit de votre ventre. D'où me vient ce bonheur que la mère de mon Seigneur vienne vers moi? car aussitôt que votre voix a frappé mes oreilles, mon enfant a tressailli de joie. Vous êtes bien heureuse d'avoir cru, parce que tout ce qui vous a été prédit par le Seigneur arrivera.* Marie demeura avec Élisabeth pendant trois mois (*i*), et elle fut apparemment témoin des merveilles qui arrivèrent à la naissance de ce saint précurseur, car, lorsqu'on vint le huitième jour pour circoncire l'enfant, comme on lui donnait le nom de Zacharie, sa mère répondit que son nom était Jean. On fit signe à Zacharie, qui était devenu muet depuis l'apparition de l'ange, et, ayant pris des tablettes, il écrivit : *Jean est son nom.* Aussitôt le lien de sa langue fut délié, et il commença à louer Dieu.

Les Orientaux (*j*) croient qu'Hérode, ayant résolu de faire mourir le fils de Zacharie avec les enfants de Bethléem, Élisabeth, mère de l'enfant, le porta dans les montagnes pour le cacher; mais, comme elle ne pouvait monter, elle s'adressa à la montagne et lui dit : *Montagne de Dieu, recevez-moi avec mon fils.* Aussitôt la montagne s'ouvrit, les reçut dans son sein et les cacha. L'ange du Seigneur était avec eux pour les garder, et ils étaient environnés de lumière. Cependant Hérode fit demander à Zacharie où était son fils; Zacharie n'ayant pas voulu le lui déclarer, ce prince le fit tuer dans le temple même, entre l'autel des holocaustes et le vestibule du temple. C'est ce qu'on lit plus au long dans le Protévangile de saint Jacques et dans d'autres anciens monuments qui ne sont pas reçus pour authentiques dans l'Église.

(*a*) *Job* II, 11, etc.
(*b*) *Genes.* x, 4. I *Par.* I, 7.
(*c*) *Ezech.* XXVII, 7.
(*d*) *Horat. Pausan. Plin.*
(*e*) *Exod.* VI, 23.
(*f*) *Luc.* I, 5.
(*g*) *Luc.* I, 24, 25.
(*h*) *Luc.* I, 36, 37.
(*i*) *Luc.* I, 56, 57.
(*j*) *Vide Protevangel. Jacobi* n. 22. *Petr. Alex. Can.* 13, *de Pœnitentia. Eustat. Antioch.* Vide et Græc. Μεναια, 5, *sep.*
(1) *Voyez* Bochart, lib. III, c. IV.

Quant à la parenté de la sainte Vierge et de sainte Elisabeth, elle ne peut faire aucune difficulté; car encore qu'Elisabeth fût de la tribu d'Aaron, et Marie de celle de Juda, elles pouvaient fort bien être parentes, soit qu'un parent de Marie de la tribu de Juda ait épousé, par exemple, la mère d'Elisabeth, ou que le père d'Elisabeth ait épousé une fille de Juda, parente de Marie. Aucune loi n'obligeait les prêtres juifs de n'épouser que des filles de leurs tribus, ni ne défendait aux filles de la race des prêtres d'épouser des hommes d'une autre tribu que de celle de Lévi. Il n'y avait qu'un seul cas où les filles étaient contraintes de se marier dans leurs tribus : c'est lorsqu'elles étaient héritières dans leurs familles, au défaut de frères (a).
— [*Voyez* HURÉ, au mot ELISABETH.]

ELISAMA, fils d'Ammiud, et chef de la tribu d'Ephraïm du temps de Moïse (b). Il fit au nom de sa tribu les offrandes solennelles à la dédicace du tabernacle.

ELISAMA, fils d'Icamia, et père de Sellum (c).

ELISAMA. On trouve deux hommes de ce nom, qui étaient fils de David (d).
[Le premier (I *Par.* III, 6) est encore nommé Elisua (XIV, 5, et II *Reg.* V, 15). Le nom du second se trouve I *Par.* III, 8; XIV, 7, et II *Reg.* V, 16.]

ELISAMA, père de Nathanias, et aïeul d'Ismael (e). Celui-ci tua Godolias, que Nabuchodonosor avait laissé pour gouverner le reste du peuple de la Palestine, après la prise et la ruine de Jérusalem.

ELISAMA, de la race sacerdotale, fut envoyé avec quelques autres par Josaphat, roi de Juda, pour exhorter les Israélites à renoncer à l'idolâtrie (*f*). — [*Voyez* BEN-HAÏL.]

ELISAPHAN, fils d'Osiel, oncle d'Aaron, et chef de la famille de Caath (g). Moïse dit à Elisaphan d'ôter du tabernacle et de transporter hors du camp les corps de Nadab et d'Abiu, qui avaient été mis à mort par le feu envoyé de Dieu (h).

ELISAPHAN, fils de Pharnac, de la tribu de Zabulon, fut un des députés pour faire le partage de la terre promise (i).

ELISAPHAT, fils de Zéchri, qui aida le pontife Joïada à mettre sur le trône le jeune roi Joas (j).

ELISÉE, fils de Saphat, disciple et successeur d'Elie dans le ministère de la prophétie, était de la ville d'Abelmeüla, que quelques-uns mettent au delà du Jourdain, dans la tribu de Ruben (k), mais qui était bien plus vraisemblablement au deçà de ce fleuve (l), dans la tribu de Manassé, à dix milles de Scythopolis, vers le midi, dans le grand champ qui s'étend le long du Jourdain (m). [*Voyez* ABEL-MÉHULA.] Elie, ayant reçu de Dieu l'ordre de donner l'onction prophétique (n) à Elisée, fils de Saphat, vint à Abelmeüla, et, ayant trouvé Elisée qui labourait avec douze paires de bœufs, il s'approcha de lui, lui jeta son manteau sur les épaules. Elisée aussitôt quitta ses bœufs, courut après Elie et lui dit : *Permettez-moi, je vous prie, que j'aille embrasser mon père et ma mère, et après cela je vous suivrai*. Elie lui répondit : *Allez, et revenez, car pour moi j'ai fait tout ce que j'avais à faire*. Après cela Elisée prit une paire de bœufs qu'il tua; il en fit cuire la chair avec le bois de la charrue, et la donna à manger au peuple. Après quoi il s'en alla, et suivit Elie.

Nous avons dit, sur l'article d'ELIE, comment Elisée suivit son maître lorsque le Seigneur le transporta hors de la vue des hommes, et comment il hérita de son manteau, et de son double esprit (o). Etant arrivé au bord du Jourdain avec le manteau d'Elie, il en frappa les eaux, qui d'abord ne furent point séparées. Alors Elisée dit : *Où est à présent le Dieu d'Elie?* Et frappant les eaux une seconde fois, elles se partagèrent de côté et d'autre, et il passa au travers. A ce miracle les enfants des prophètes reconnurent que l'esprit d'Elie s'était reposé sur Elisée, ils se prosternèrent devant lui, et le reconnurent pour son successeur (p).

Lorsqu'il fut arrivé à Jéricho, les habitants de la ville lui dirent : *Seigneur, la demeure de cette ville est très-commode; mais les eaux en sont amères, et la terre stérile*. Elisée leur répondit : *Apportez-moi un vaisseau neuf, et mettez-y du sel*. Cela étant fait, il alla à la fontaine de Jéricho, jeta le sel dans les eaux, et les rendit saines et potables, comme elles le sont encore aujourd'hui. Allant ensuite à Béthel, les enfants du lieu se raillaient de lui, en disant : *Monte, chauve ; monte, chauve*. Elisée les maudit au nom du Seigneur ; et en même temps il sortit deux ours de la forêt voisine, qui en dévorèrent quarante-deux.

Les rois d'Israel, de Juda et d'Edom s'étant mis en campagne contre le roi de Moab, qui s'était révolté contre celui d'Israel (q), arrivèrent dans des lieux déserts, où il n'y avait point d'eau, et où leur armée était en danger de périr. Alors les trois rois allèrent trouver Elisée, qui se trouva heureusement au camp (r). Elisée ayant vu Joram roi d'Israel, lui dit : *Qu'y a-t-il entre vous et moi? Allez chercher les prophètes de votre père et de votre mère*. Il ajouta : *Vive le Seigneur! Si*

(a) *Num.* xxvii, 1, 2, et seq. et xxxvi, 1, 2, 3-6
(b) *Num.* vii, 48.
(c) I *Par.* ii, 41.
(d) II *Par.* iii, 6, 8.
(e) IV *Reg.* xxv, 25 [et *Jer.* xli, 1].
(f) II *Par.* xvii, 8.
(g) *Exod.* vi, 22; *Num.* iii, 30; I *Par.* xv, 8; II *Par.* xxix, 13.
(h) *Levit.* x, 4.
(i) *Num.* xxxiv, 25.
(j) II *Par.* xxiii, 1, etc.
(k) *Epiphan. de Vita et Morte prophet.*

(l) III *Reg.* iv, 12, et xix, 16. *Judic.* vii, 22, 23.
(m) *Euseb. et Hieron. in Abelmeüla*
(n) III *Reg.* xix, 16, 17, etc.
(o) IV *Reg.* ii, 1, 2, 3, etc., 14, 15, 16. Le double esprit marque l'esprit de prophétie et des miracles, ou l'esprit de Dieu au double de ce que l'avait eu Elie, ou simplement le don de prophétie dans un très-haut degré.
(p) An du monde 3108, avant Jésus-Christ 892, avant l'ère vulg. 896.
(q) IV *Reg.* iii, 1, 2, etc.
(r) An du monde 3109, avant Jésus-Christ 891, avant l'ère vulg. 895.

je ne respectais la personne de Josaphat, roi de Juda, qui est ici présent, je ne vous aurais pas seulement regardé. Mais maintenant faites-moi venir un joueur de harpe; et pendant que cet homme jouait, l'Esprit de Dieu se fit sentir sur Elisée, et il dit : *Voici ce que dit le Seigneur : Faites plusieurs fosses le long de ce torrent : car vous ne verrez ni vent, ni pluie, et néanmoins le lit de ce torrent sera rempli d'eau, et vous boirez, vous et vos animaux.* La chose arriva la nuit suivante, comme il l'avait prédite.

Vers le même temps (a), la veuve d'un des prophètes vint dire à Elisée que le créancier de son mari voulait prendre ses deux fils pour les faire esclaves (b). Elisée multiplia l'huile qui était dans la maison de cette veuve, en sorte qu'elle en eut assez pour payer son créancier.

Elisée passait assez souvent à Sunam, ville de la tribu de Manassé, de deçà du Jourdain (c); et une matrone avait coutume de le recevoir dans sa maison. Comme elle n'avait point d'enfants, Elisée lui promit de la part du Seigneur, qu'elle accoucherait d'un fils (d). Sa prédiction fut suivie de l'effet; mais quelques années après l'enfant mourut (e). Elisée était alors au mont Carmel. La mère de l'enfant y accourut, et ne voulut pas quitter le prophète qu'il ne vînt en sa maison. Il y vint, et rendit la vie à l'enfant, en priant pour lui, et en se courbant sur lui pour le réchauffer.

Elisée étant à Galgale (f) pendant une grande famine (g), un des enfants des prophètes voulut préparer à manger à ses frères; et étant allé à la campagne, il amassa des coloquintes sauvages plein son manteau; et les ayant mises dans le pot, on les servit devant Elisée, et les autres prophètes. Mais dès qu'ils en eurent goûté, ils s'écrièrent : *C'est un poison mortel.* Elisée s'étant fait apporter de la farine, en jeta dans le pot, et on n'y sentit plus d'amertume.

Vers le même temps, il multiplia vingt pains d'orge, et en rassasia plus de cent personnes (h).

Naaman, général des troupes du roi de Syrie, étant lépreux, fut conseillé de venir trouver Elisée (i), pour en obtenir la guérison. Elisée sans sortir de sa maison, lui fit dire de s'aller baigner sept fois dans le Jourdain, et qu'il serait nettoyé. Naaman, tout fâché, voulait s'en retourner : mais ses gens lui dirent que, ce que le prophète lui demandait étant si aisé, il devait au moins essayer si les eaux du Jourdain le guériraient. Il alla donc, et se baigna sept fois, et il fut parfaitement guéri. Après cela, il revint trouver

Elisée, et lui offrit de très-grands présents ; mais l'homme de Dieu les refusa constamment. Naaman le pria donc de lui permettre d'emporter la charge de deux mulets de la terre du pays d'Israel, protestant qu'il n'aurait à l'avenir point d'autre Dieu que le Seigneur. Il ajouta : *Je vous supplie de demander pour moi pardon au Seigneur, lorsque mon maître entrera dans le temple de Remmon, pour y adorer, en s'appuyant sur ma main si j'y entre avec lui, et si j'y adore.* Le prophète répondit : *Allez en paix.* Et Naaman s'en retourna.

Quelques interprètes (j) traduisent par le passé la demande de Naaman : Je vous supplie de prier le Seigneur pour moi : lorsque le roi mon seigneur, est entré dans le temple de Remmon, pour y adorer, en s'appuyant sur ma main, si j'ai adoré dans ce temple lorsqu'il y adorait, que le Seigneur me le pardonne. En sorte que Naaman demanderait pardon d'une faute passée, et non pas permission pour une action future, ce qui nous paraît bien plus probable.

Giézi, serviteur d'Elisée, n'imita pas le désintéressement de son maître. Il courut après Naaman (k), et lui demanda un talent et deux habits au nom d'Elisée. Naaman lui donna deux talents et deux habits, et les fit porter par ses gens jusqu'auprès de la ville. Alors Giézi les prit, et les cacha dans sa maison. Mais Elisée, à qui Dieu avait fait connaître l'action de Giézi, lui en fit des reproches, et lui dit que la lèpre de Naaman demeurerait pour toujours attachée à lui et à toute sa famille. En effet dès ce moment Giézi fut frappé de lèpre, et se retira d'avec Elisée.

Un jour les enfants des prophètes (l) étant allés couper du bois sur le bord du Jourdain, l'un d'eux laissa tomber dans l'eau le fer de sa cognée. Mais Elisée coupa un morceau de bois, le mit dans l'eau, et aussitôt le fer de la cognée surnageant, vint s'attacher à ce bois.

Le roi de Syrie était en guerre contre le roi d'Israel (m), et ne pouvait s'imaginer comment tous ses desseins étaient découverts, et prévenus par les ennemis (n). On lui dit que c'était le prophète Elisée qui révélait tout au roi d'Israel. Bénadad envoya donc des troupes, pour prendre le prophète, lorsqu'il était à Dothan ; mais Elisée les frappa d'une espèce d'aveuglement ; en sorte qu'il les mena, sans qu'ils le reconnussent, jusque dans Samarie. Alors il pria Dieu de leur ouvrir les yeux, il leur fit donner à boire et à manger, et les renvoya vers leur maître.

(a). An du monde 3109.
(b) IV Reg. iv, 12, etc.
(c) IV Reg. iv, 8, 9, 10, etc.
(d) An du monde 3109, avant Jésus-Christ 891, avant l'ère vulg. 895.
(e) An du monde 3113, avant Jésus-Christ 887, avant l'ère vulg. 891.
(f) IV Reg. iv, 38.
(g) An du monde 3114. Elle dura sept ans, jusqu'à l'an du monde 3120, avant Jésus-Christ 880, avant l'ère vulg. 884.
(h) IV Reg. iv, 41.

(i) IV Reg. v, 1, 2, etc. L'année n'est pas bien connue.
(j) *Voyez* Bochart, Dissert. sur cet endroit, et Jean-André Quensted, Dissert. sur IV Reg. v. 18, et plusieurs autres, et notre supplément à la fin de l'*Apocalypse*, pag. 127.
(k) IV Reg. v, 20, 21. et seq.
(l) IV Reg. vi, 1, 2, 3.
(m) IV Reg. vi, 8, 9, et seq.
(n) An du monde 3115, avant Jésus-Christ 885, de l'ère vulg. 889.

Quelque temps après (a), Bénadad, roi de Syrie, ayant assiégé Samarie (b), la famine y fut si grande, que la tête d'un âne y fut vendue quatre-vingts pièces d'argent, et la quatrième partie d'une très-petite mesure d'une sorte de pois chiches, appelés fiente de pigeons, cinq sicles, et qu'une mère mangea son propre enfant [*voyez* ANTHROPOPHAGIE]. Joram, roi d'Israel, croyant qu'Elisée pouvait faire cesser cette famine, s'il voulait, et lui imputant les maux qu'elle causait dans la ville, envoya du monde, pour lui couper la tête. Le prophète le connut en esprit, et fit fermer sa porte. A peine le messager du roi était arrivé devant la maison d'Elisée, que le roi y arriva lui-même, et lui fit de grandes plaintes de l'état où se trouvait la ville. Elisée lui répondit (c) : *Voici ce que dit le Seigneur: Demain à cette même heure, la mesure de farine se donnera pour un sicle à la porte de Samarie, et on aura pour un sicle deux mesures d'orge.* Un des officiers du roi répondit : *Quand le Seigneur ouvrirait les cataractes du ciel, pour faire pleuvoir des vivres, ce que vous dites pourrait-il être?* Elisée lui répondit : *Vous le verrez de vos yeux, mais vous n'en mangerez point.* En effet, dès la nuit suivante, les Syriens levèrent le siége, et la chose arriva comme Elisée l'avait prédite.

A la fin des sept années de famine qu'Elisée avait prédites (d), ce prophète alla vers Damas (e), pour exécuter l'ordre que le Seigneur avait donné à Elie plusieurs années auparavant (f), de déclarer Hazaël roi de Syrie. En ce temps-là, Bénadad, roi de Syrie, était malade ; et ses gens lui ayant dit qu'Elisée était dans le pays, il envoya Hazaël, un de ses premiers officiers, pour le consulter, et pour lui demander s'il pourrait relever de sa maladie. Elisée répondit à Hazaël : *Allez, dites à Bénadad qu'il guérira; mais le Seigneur m'a fait voir qu'il mourra assurément.* Et demeurant quelque temps sans rien dire, il versa des larmes, et son visage parut changé. Hazaël lui demanda : *Pourquoi mon seigneur pleure-t-il?* Elisée lui répondit : *Parce que je sais combien de maux vous ferez à Israel. Vous brûlerez leurs villes fortes, vous ferez passer au fil de l'épée leurs jeunes hommes, vous écraserez contre terre leurs petits enfants, et vous fendrez le ventre aux femmes grosses.* Hazaël ne vérifia que trop ces prédictions. A son retour, il étouffa Bénadad, et, s'étant fait déclarer roi, fit une infinité de maux aux Israélites.

Vers le même temps (g), Elisée envoya un des enfants des prophètes donner l'onction royale à Jéhu, fils de Josaphat, et petit-fils de Namsi (h), en exécution de l'ordre que le Seigneur en avait donné à Elie quelques années auparavant (i). Jéhu ayant reçu l'onction royale, exécuta tout ce qui avait été prédit par Elie contre la famille d'Achab et contre Jézabel. On peut voir JÉHU, ACHAB, JÉZABEL.

Elisée étant tombé malade de la maladie dont il mourut (j), Joas, roi d'Israel, le vint voir (k); et il pleurait, en lui disant : *Mon père, mon père, vous êtes le char d'Israel, et celui qui le conduit.* Elisée lui dit : *Apportez-moi un arc et des flèches ;* et le roi les lui ayant apportées, il dit au roi de mettre ses mains sur cet arc; et en même temps le prophète mit les siennes sur celles du roi, et lui dit : *Ouvrez la fenêtre qui regarde l'orient, et tirez une flèche.* Et l'ayant tirée, Elisée dit : *C'est la flèche du salut du Seigneur, c'est la flèche du salut contre la Syrie ; vous remporterez la victoire à Aphec contre la Syrie.* Elisée lui dit encore de tirer contre la terre; et il tira trois fois, puis s'arrêta. Alors l'homme de Dieu se mit en colère, et lui dit : *Si vous eussiez frappé la terre cinq, six ou sept fois, vous auriez battu la Syrie jusqu'à l'exterminer entièrement; mais vous ne la battrez que trois fois.*

Elisée mourut donc; et cette même année, il vint des voleurs de Moab sur les terres d'Israel. Or il arriva que quelques Israélites portant un homme au tombeau à la campagne, virent ces voleurs, et jetèrent le corps qu'ils portaient, dans le tombeau d'Elisée. Le corps ayant touché les os d'Elisée, cet homme ressuscita, et se leva sur ses pieds. C'est ce que l'auteur de l'*Ecclésiastique* a relevé dans l'éloge qu'il a fait d'Elisée, en disant (l) : *Son corps prophétisa même après sa mort; il fit quantité de prodiges pendant sa vie, et il continua d'opérer des merveilles après sa mort.*

On lit dans quelques auteurs peu autorisés (m), qu'au jour de la naissance d'Elisée, un des veaux d'or de Galgale meugla avec tant de force, que l'on entendit sa voix jusqu'à Jérusalem. Et il dit : *Celui-ci détruira leurs idoles de sculpture, et il brisera leurs statues de fonte.*

ELISÉE, FONTAINE D'ELISÉE, prend sa source à deux traits d'arbalète de la montagne de la Quarantaine. Elle coule dans la plaine de Jéricho, qui a soixante stades de long, et vingt de large (n). Elle passe au midi de Galgale ; et après avoir été partagée en plusieurs ruisseaux, elle tombe dans le Jourdain (o). C'est cette fontaine dont les eaux furent adoucies par Elisée, ainsi que nous l'avons vu ci-devant.

[« A mi-chemin de la montagne de la Quarantaine, dit M. Poujoulat (*Corresp. d'Orient*, lettre CVI, mars 1831, tom. IV, pag. 374),

---

(a) An du monde 3119, avant Jésus-Christ 881, avant l'ère vulg. 885.
(b) IV *Reg.* vi, 24, 25.
(c) IV *Reg.* vii, 1, 2, 3, etc.
(d) An du monde 3120 avant Jésus-Christ 880, avant l'ère vulg. 884.
(e) IV *Reg.* viii, 7, 8.
(f) An du monde 3007. *Voyez* III *Reg.* xix, 15
(g) An du monde 3120, avant Jésus-Christ 880, avant l'ère vulg. 884.

(h) III *Reg.* ix, 1, 2, 3.
(i) IV *Reg.* xix, 15. An du monde 3097.
(j) IV *Reg.* xiii, 14, 15.
(k) An du monde 3165, avant Jésus-Christ 835, avant l'ère vulg. 839.
(l) *Eccli.* xlviii, 13, 14.
(m) *Vide Doroth. et Epiphan. et Isidor. de Vita et Morte Prophet. et Chronic. Paschal.*, p. 161.
(n) Joseph. *de Bello*, l. V, c. iv.
(o) Sanut. *secret. fidel. crucis*, p. 247.

nous nous sommes arrêtés à la *fontaine d'Elisée* ; cette source, d'abord semblable à une petite rivière, est bientôt réduite à un petit ruisseau qui se partage en trois branches ; l'une de ces branches se rend, à l'aide d'un conduit, dans le bassin de Rihha (1) ; les deux autres vont arroser les terres environnantes. Un bouquet de ces arbres, que les Arabes appellent *dom* (2), couvre d'ombre et de fraîcheur la fontaine d'Elisée... La fontaine d'Elisée, avec ses bords fleuris et ses ombrages, par le cours de ses eaux et par tout ce qui tient à son site, m'a rappelé les sources du Scamandre ; mais les images qu'on y rencontre ne sont pas les mêmes. Au lieu où naît le fleuve, fils de Jupiter, nous avions vu des femmes avec des urnes sur leur tête et vêtues comme les anciennes filles d'Ilion. Dans la source qui porte le nom du prophète du Seigneur, j'ai vu deux bédouins au corps noirâtre, qui se baignaient accroupis au milieu des eaux. »

ÉLISÉES, CHAMPS ÉLISÉES ou ÉLISIENS. On appelle de ce nom, dans la théologie païenne*, certaines campagnes remplies de bois, de prairies, de fontaines agréables dans les enfers, où allaient après leur mort les héros et les gens de bien (a), pendant que les impies et les scélérats étaient tourmentés dans le noir Tartare par différentes sortes de supplices. On croit que le nom de Champs Elisiens vient de l'Hébreu *Halaz* (b), qui signifie se réjouir, parce que les âmes qui sont dans les Champs Elisiens, y demeurent dans le repos et dans la joie :

> Devenere locos lætos et amœna vireta
> Fortunatorum nemorum, sedesque beatas,

dit Virgile. D'autres (c) le dérivent du nom d'*Eliza*, fils de Javan, qui peupla une partie du Péloponèse.

On croit que les Champs Elisiens sont de l'invention des Grecs ; mais je ne doute pas qu'ils ne viennent plutôt des Egyptiens et des Hébreux. Nous trouvons dans les prophètes (d) quelques descriptions de l'état des âmes des héros après leur mort, qui ont beaucoup de rapport à ce que les profanes nous disent des Champs Elisiens, par exemple (e) : *Le jour qu'Assur est descendu dans l'enfer, j'ai ordonné un deuil général,* dit le Seigneur, *j'ai fermé sur lui l'abîme, j'ai arrêté le cours de ses fleuves et des grandes eaux qui l'arrosaient* (voilà l'Achéron et les autres fleuves de l'enfer) ; *le Liban et tous les arbres de la campagne ont été ébranlés de sa chute; toutes les nations ont été frappées d'étonnement lorsqu'il est descendu dans le tombeau; tous les bois d'Eden, ou tous les arbres du jardin délicieux, qui sont au plus profond de la terre, ont été comblés de joie: avec lui sont descendus tous les plus beaux arbres du Liban, qui étaient son bras et sa force, et qui se reposaient sous son ombre. A qui ressemblez-vous maintenant parmi tous les arbres, vous qui étiez si grand? Vous voilà enfin réduit au fond de la terre avec les arbres d'Eden; vous y dormirez avec tous ceux qui ont été tués par l'épée.. Là sera Pharaon avec toutes ses troupes.*

On voit dans toute cette description que le roi d'Assyrie est comparé à un cèdre du Liban, qui ébranle de sa chute tous les arbres de cette montagne ; que les princes et les rois qui étaient tributaires du roi d'Assyrie, sont comparés aux arbres du pays d'Eden. Tous ces arbres sont descendus en enfer pour y former une forêt ou un jardin délicieux.

Isaïe nous représente les rois des nations assis sur des trônes dans l'enfer, qui viennent au-devant du roi de Babylone (f). *L'enfer a été troublé à ton arrivée*, dit-il au roi de Babylone, *les géants se sont levés pour venir au-devant de toi : les princes de la terre et les rois des nations sont descendus de leurs trônes* (pour te faire honneur) *et t'ont adressé la parole, en disant : Tu as donc été percé de plaies aussi bien que nous, tu es devenu comme l'un de nous; ton orgueil a été précipité dans l'enfer* (ou dans le tombeau), *ton lit sera la pourriture, et ta couverture seront les vers,* etc.

De même que dans l'idée des païens, les Champs Elisées étaient séparés du Tartare et de la demeure des méchants, par des murs insurmontables et un fleuve de feu, qui empêchaient que l'on ne pût passer de l'un dans l'autre (g); ainsi, selon l'idée de l'Ecriture (h), il y a un abîme profond qui sépare les bienheureux qui sont dans le sein d'Abraham, des méchants qui sont dans l'enfer. *Inter vos et nos chaos magnum firmatum est, ut hi qui volunt hinc transire ad vos, non possint ; neque inde huc transmeare.* Cela n'empêchait pas toutefois que les méchants ne vissent le bonheur des gens de bien, et cela même faisait une partie de leur supplice. Ainsi nous voyons le mauvais riche qui parle à Abraham, et le prie de faire avertir ses frères de se donner de garde de tomber dans ce lieu de tourments : ainsi dans le livre de la Sagesse (i), les méchants sont témoins de la gloire des gens de bien : *Videntes turbabuntur timore horribili, et mirabuntur in subitatione insperatæ salutis, dicentes intra se : Hi sunt quos habuimus aliquando in derisum.* Ainsi, dans Virgile (j), on entend les cris et les gémissements des damnés, les coups

---

(a) Virgil. l. VI, v. 638. Tibull. l. I, Eleg. 3.
(b) עלם עלז ou עלז Halaz.
(c) Berould. et Hornius Hist. Philos. l. III, c. II. Genes. x, 4.
(d) Ezech. xxvii, 2.
(e) Ezech. xxxi, 15 et seq.
(f) Isai. xiv, 9 et seq.
(g) Virgil. Æneid. l. VI, v. 548.
(h) Luc. xvi, 26.
(i) Sap. v, 1, 2, 3.
(j) Virgil. Æneid. vi, v. 557.

(1) « Misérable village qui remplace Jéricho, la cité de Josué et de Vespasien. Rihha, dans la langue arabe, a la même signification que Rahab dans la langue des Hébreux; et Rahab est le nom de cette femme qui livra Jéricho à Josué. »

(2) « Le dom, espèce d'arbre particulier à Jéricho, porte un petit fruit rouge, qu'on mange dans le pays ; les femmes de Jérusalem, surtout celles qui sont en état de grossesse, recherchent beaucoup ce fruit. Les branches du *dom* sont épineuses. »

qu'on leur donne, et le mouvement des chaînes dont ils sont chargés.

Hinc exaudiri gemitus, et sæva sonare
Verbera : tum stridor ferri, tractæque catenæ.

De même que les Juifs croient que les âmes de ceux qui ne sont pas enterrés rôdent sur la terre, et ne peuvent avoir de repos que leurs corps ne soient dans la sépulture ; ainsi chez les païens (a) ceux qui n'étaient pas enterrés ne pouvaient être reçus dans la barque de Caron, ni passer dans le lieu où ils étaient destinés :

Hæc omnis quam cernis inops inhumataque turba est,
Nec ripas datur horrendas, nec rauca fluenta
Transportare prius quam sedibus ossa quierunt.

Enfin de même que les rabbins croient que les âmes des morts peuvent revenir et reviennent en effet, surtout pendant les douze mois qui suivent leur trépas, puis retournent en enfer ou dans le lieu où les âmes attendent la résurrection générale, ainsi les profanes croyaient que les apparitions, surtout des personnes mortes depuis peu, étaient fréquentes ; que les âmes sortaient de l'enfer et y rentraient assez souvent (b), à l'exception toutefois des grands scélérats, à qui l'on n'accordait pas cette liberté. D'où vient qu'Ezéchiel dit que Dieu ferma la porte de l'abîme sur le roi d'Assur, quand il fut descendu dans l'enfer (c), et que, dans le livre d'Enoch, Dieu ordonne à saint Michel de charger de chaînes les anges rebelles, et de les précipiter dans le fond de la terre ; et dans l'Apocalypse (d), l'ange descend du ciel ayant en main la clef de l'abîme, saisit le démon, l'enchaîne, le jette dans l'abîme, ferme la porte sur lui, et la scelle afin qu'il n'en puisse jamais sortir. Le mauvais riche, dans saint Luc, ne peut sortir du lieu des supplices (e).

ELISUA, fils de David, né à Jérusalem. II. Reg. V. 15. — [Voyez ELISAMA.]

ELISUR, fils de Sédéur, chef de la tribu de Ruben, du temps de Moïse (f).

ELIU, fils de Séméïas, un des vaillants hommes de la tribu de Manassé, qui se jetèrent dans le parti de David, pendant sa fuite sous Saül (g).

ELIU, lévite, un des portiers du temple établis par David. I Par. XXVI, 7.

ELIU, [fils aîné d'Isaï, et] frère de David, chef de la tribu de Juda. I Par. XXVII, 18. — [Voyez ELIAB.]

ELIU, un des amis de Job (h). Il était de la race de Nachor. — [Voyez Buz.]

* ELIU. Voyez ELCANA, père de Sophaï.

ELIUD, fils d'Achim, et père d'Éléazar. Voyez la généalogie de Jésus-Christ selon la chair. Matt. I, 14, 15.

* ELLASAR. La Vulgate suppose que c'est le Pont, province d'Asie. Gen. XIV, 1. Saint Jérôme l'a traduit ainsi d'après Aquila qui était lui-même natif du Pont. D'autres cependant ont pensé que ce pourrait être le même lieu que Thelassar, où était un lieu nommé Eden. Voyez EDEN en Thélassar. (Géogr. de la Bible de Vence).

ELMADAN, un des aïeux de Jésus-Christ selon la chair. Luc. III, 28.

* ELMELECH, ville de la tribu d'Aser, Jos. XIX, 26. N. Sanson suppose qu'elle est la même que Helba, Judic. I, 31 ; et Barbié du Bocage la place sur le bord de la rivière de Bélus.

* ELMODAD, fils aîné de Jectan, Gen. X, 26. D. Calmet, sur ce texte, suppose qu'il fut le père des Eldomares dans la Mésopotamie, où il y avait une ville nommée Almodème.

ELNATHAN, fils d'Achobor, et père de Nohesta, qui fut mère de Joakim, roi de Juda (1). Elnathan fut un de ceux qui s'opposèrent à ce que le roi brûlât les prophéties de Jérémie (i). Il fut envoyé en Egypte, pour en tirer le prophète Urie, qui s'y était sauvé (j). — [Voyez ABDON, appelé aussi Achobor.]

* ELNATHAN ; il y en a trois de nommés dans Esdras, VIII, 16, qui étaient des docteurs. Voyez ELIEZER.

ELNEAM, ou ELNAEM, père de quelques braves hommes [lisez hommes braves] du temps de David (k).

ELOHI, ou ELOI, ELOHIM, un des noms de Dieu. On donne quelquefois ce nom aux anges, aux princes, aux grands, aux juges, et même aux faux dieux. Voyez la suite du discours qui fait juger du vrai sens de ce terme. C'est le même qu'Eloha. Celui-ci est au singulier, et Elohim au pluriel. Cependant Elohim se construit souvent avec le singulier, surtout lorsqu'on parle du vrai Dieu : mais en parlant des faux dieux, on le construit plutôt avec le pluriel.

ELON, ville de la tribu de Dan. Josue XIX, 43.

ELON, en hébreu, signifie une chenaie. Ainsi on lit Elon-Mambré, Elon-Moré, Elon Beth-chanan ; c'est-à-dire, la Chenaie de Mambré, ou le chêne de Mambré, etc.

ELON, héthéen, père de Basemath, femme d'Esaü. Genes. XXVI, 34, et XXXVI, 2.

ELON, de la tribu de Zabulon, et chef de la famille des Elonites Gen. XLVI, 14; Num. XXVI, 26.

* ELON ou HÉLON, ville lévitique de la tribu de Dan. I Par. VI, 69. C'est la même que la célèbre Aialon. Jos. XIX, 42; XXI, 24, etc. Voyez AIALON.

* ELON EN SAANANIM, ville frontière septentrionale de la tribu de Nephthali. Jos. XIX, 33.

ELPHAAL, [benjamite, second] fils de Mélusim. I Par. VIII, 11, 12.

ELTECON, ville de la tribu de Juda, aux confins de la tribu de Benjamin. Josue XV, 59.

(a) Virgil. Æneid. VI, v. 324.
(b) Voyez le songe d'un Arménien nommé Er, raconté dans Platon. De Rep. l. X, p. 614, 615.
(c) Ezech. XXXI, 15.
(d) Apoc. XX, 1.
(e) Luc. XVI, 23, 24 et seq.
(f) Num. VII, 30.
(g) I Par. XII, 20.
(h) Job. XXXII, 2 ; XXXIV, 1, etc.; XXXV, 1, etc.; XXXVI, 1, etc.
(i) Jerem. XXXVI, 12.
(j) Jerem. XXVI, 22.
(k) I Par. XI, 46.
(1) IV Reg. XXIV, 8.

ELTHECÉ, ELTHECO, ou ELTHECA, ville de la tribu de Dan [sur la limite méridionale.] Elle fut donnée aux lévites de la famille de Caath. *Josue*, XIX, 44; XXI, 23.

ELTHOLAD, ville de la tribu de Juda (a), qui fut ensuite cédée à la tribu de Siméon (b). — [Elle est nommée *Tholad*, I *Par*. IV, 29.]

ÉLUL, mois des Hébreux, qui revient à peu près à notre mois d'août. Il n'a que vingt-neuf jours. C'est le douzième mois de l'année civile, et le sixième de l'année sainte. Le septième ou le neuvième jour de ce mois, les Juifs jeûnent, en mémoire de ce qui arriva après le retour de ceux qui étaient allés considérer la terre promise (c).

Le vingt-deuxième de ce mois, se fait la fête de la Xylophorie, dans laquelle on portait le bois au temple (d). Selden dit qu'on la célébrait le dix-huitième du mois Ab. Le vingt-sixième du même mois, on fait mémoire de la dédicace des murs de Jérusalem par Néhémie (e).

ELUSAI, un des braves de l'armée de David. I *Par*. XII, 5.

ELUSE, ville d'Arabie ou d'Idumée. Apparemment la même qu'*Alus*, *Allus*, ou *Chaluze*. Voyez ci-devant ALUS, et *Num*. XXXIII, 13, 14.

ÉLYMAIS, ou ELYMAIDE, ville capitale du pays d'Elam, ou de l'ancien pays des Perses. L'Écriture nous apprend (f) qu'Antiochus Epiphanes ayant appris qu'il y avait à Elymaïs de très-grands trésors dans un temple qui y était, résolut de l'aller piller; mais que les citoyens d'Elymaïs ayant été informés de sa résolution, se soulevèrent contre lui, le chassèrent et l'obligèrent de s'enfuir. L'auteur du second livre des Machabées a donné à cette ville le nom de *Persépolis* (g), apparemment parce qu'elle était autrefois capitale de Perse; car d'ailleurs on sait que Persépolis et Elymaïs étaient deux villes fort différentes : Elymaïs sur l'Eulées, et Persépolis sur l'Araxe. Le temple qu'Antiochus voulut piller, était celui de la déesse *Nannée*, selon l'auteur du second livre des Machabées; ou *Vénus*, selon Appien; ou *Diane*, selon Polybe, Diodore, Josèphe et saint Jérôme.

ÉLYMAS, autrement BAR-JESU (h), magicien, qui séduisait Sergius Paulus, proconsul, ou gouverneur de l'île de Chypre. Le nom d'*Elymas* en arabe signifie un *magicien*. Ce magicien donc résistant à Paul, et cherchant à détourner Sergius Paulus de la foi, Paul jetant les yeux sur lui, le frappa d'aveuglement. Ce miracle fit une si forte impression sur le proconsul, qu'il se convertit. Voyez BAR-JESU.

(a) *Josue*, xv, 30.
(b) *Josue* xix, 4.
(c) *Num*. xiii, 14.
(d) *Joseph. de Bello*, l. II, c. xvii, p. 811.
(e) II *Esdr*. xii, 28, 29, etc.
(f) *Mac*. vi, 1.
(g) I *Mac*. ix, 2.
(h) *Act*. xiii, 7, 8, 9.
(i) I *Par*. ii, 6. II *Par*. v, 12.
(j) *Josue* xiii, 5. *Judic*. iii, 3, et III *Reg*. vi, 1, 65. IV *Reg*. xiv, 25. II *Par*. vii, 8.
(k) *Joseph. Antiq*. t. I, c. vii, p. 14.

ELZABAD, fils de Séméïas, lévite, un des portiers du temple. I *Par*. XXVI, 7.

ELZEBAD, un des trente braves de l'armée de David. I *Par*. XII, 13. C'est peut-être le même que le précédent.

EMALCHUEL, roi des Arabes auprès duquel était élevé Antiochus, fils d'Alexandre. I *Mac*. XI. 39.

EMAN, troisième fils de Zara, et petit-fils de Juda. I *Par*. II, 6. Voyez HEMAN.

EMAN, lévite descendant de Coré, maître de la musique du temple (i). Le psaume LXXXVII porte le nom d'*Eman Ezrahite*. Voyez HEMAN, qui est le même qu'*Eman*.

ÉMATH, ville célèbre de Syrie. Nous croyons que c'est *Emèse* sur l'Oronte. L'entrée d'*Emath*, dont il est parlé assez souvent dans l'Ecriture (j), n'est autre que le défilé qui conduisait de la terre de Chanaan dans la Syrie, par la vallée qui est entre le Liban et l'Antiliban. On marque cette entrée d'*Emath*, comme la limite septentrionale de la terre de Chanaan, opposée à la limite méridionale, qui était au Nil, au fleuve d'Egypte. Josèphe (k), suivi par saint Jérôme (l), a cru qu'*Emath* était *Epiphanie* : mais Théodoret (m) et plusieurs autres habiles géographes soutiennent que c'est Émèse en Syrie.

Le même Théodoret (n) témoigne qu'Aquila avait traduit *Emath* par *Epiphanie*. Pour lui, il croit qu'on doit distinguer deux villes d'Emath; l'une surnommée *la Grande* dans Amos (o), qui est la même qu'Emèse; l'autre nommée simplement *Emath*, qui est, dit-il (p), la même qu'*Epiphanie*. Saint Jérôme (q) et saint Cyrille d'Alexandrie (r) croient au contraire qu'*Emath la Grande* est Antioche, et qu'*Emath* sans épithète est *Epiphanie*. Mais je ne sais si par le texte des Ecritures on pourrait montrer qu'il y a eu deux Emath en Syrie. Josué (s) assigne la ville d'*Emath* à la tribu de Nephthali. Thoü, roi d'Emath, cultivait l'amitié de David (t). Cette ville fut prise par les rois de Juda, et reprise sur les Syriens par Jéroboam second (u). Les rois d'Assyrie s'en rendirent les maîtres sur le déclin du royaume d'Israel, et transportèrent les habitants d'Emath dans la Samarie (v).

[Dom Calmet ne reconnaît qu'une ville du nom d'*Emath*. Simon en avait reconnu quatre : une dans la tribu de Nephthali, vers la source du Jourdain, d'après *Josué*, XIX, 35; c'est, dit-il, la même qu'*Amath*. La seconde, dans la tribu de Benjamin; il ne cite ici aucun texte. « La troisième, dans la Syrie, et s'appelait *Emath la Grande* ou *Hiéropolis*, nommée aujourd'hui *Antioche* de Syrie. La quatrième, aussi dans la Syrie, s'appelle *Emath*

(l) *Hieron. in locis, in Emath et et in Amos*, vi, et in *Ism*. xlvii.
(m) *Theodoret. in Jerem*. xlvi, et in *Jerem*. iv.
(n) *Theodoret. qu*. 22, in II *lib. Reg*.
(o) *Amos*, vi, 2.
(p) *Theodoret in Jerem*. iv, et in *Jerem*. xlvi.
(q) *Hieron. ad Amos*, vi, et in *Ezech*. xlvii.
(r) *Cyrill. Alexand. in Amos*, p. 312
(s) *Josue*, xix, 35.
(t) II *Reg*. vii, 9.
(u) IV *Reg*. xiv. 28.
(v) IV *Reg* xvii, 24, et xviii, 34. etc.

la *Petite*, et à présent *Epiphane*. » Simon ne cite aucune autorité.

Huré compte « deux provinces d'Emath, et deux villes de ce nom. 1° Emath est un pays de Syrie qui borne la terre promise du côté du septentrion ; c'est pourquoi, pour marquer toute l'étendue de la terre de Chanaan, on voit souvent dans l'Ecriture : *Ab introitu Emath usque ad torrentem Ægypti* : Depuis l'entrée d'Emath jusqu'au fleuve d'Egypte, *c'est-à-dire depuis le septentrion de la Judée jusqu'au midi*. Cette partie septentrionale était appelée *Emath-Soba* ou *Suba*. Il Par. VIII. v. 3. 4. C'est cette partie de la Syrie où régnait Adarezer que David subjugua. I Par. XVIII. 3. *Percussit Adarezer, regem Soba, regionis Emath*, et qui est appelée *Syrie de Sobal*. Judith. III. 1. du côté de l'Arabie ; car Isa. XI. 11. les Septante, au lieu d'Emath, lisent : Arabie. Suba ou Soba était la ville capitale. IV Reg. XIV. 25. Num. XIII. 22. II Reg. VIII. 9. Jer. LXIX. 23. IV Reg. XVII. v. 24. 30. etc.

2° La partie méridionale d'Emath était dans la terre promise, dans la tribu de Nephthali, et qui se nomme *Emath Judæ*, pour la discerner de l'autre. IV Reg. XXVIII. 28. c. XXIII. 33. (C'est le pays d'Amathite, dont il est fait mention. I Mac. XII. 25).

3° Emath, ville royale, était dans la tribu de Nephthali, près du mont Liban, sur les frontières du pays de Damas. Jos. XIX. 35.

4° Une autre ville de ce nom, appelée *la Grande Amos*, VI. 2. *Ite in Emath Magnam*. Saint Jérôme et plusieurs autres croient que c'est Antioche de Syrie ; d'autres croient que c'est Epiphanie.

Ce nom Emath, ville ou pays, a plusieurs autres noms dans l'Ecriture : Hemath, Amath, Hamath, Ammad, Ammath, Hammath, Amathe : les Grecs l'appellent *Epiphania* ; c'est Amathæus ou Hamathæus, fils de Chanaan, qui a habité ce pays et bâti cette ville. »

Barbié du Bocage ne mentionne que deux villes d'Emath ; laissons-le parler :

« Emath, ville située au N. de la tribu de Nephthali, et servant de ce côté de limite à la Palestine. Elle devait se rapprocher par sa position du défilé ou passage qui menait à travers les montagnes du Liban à la grande ville syrienne d'Emath, et que pour cette raison on voit peut-être fréquemment désignée dans l'Ecriture sous la dénomination de *l'entrée d'Emath*. Cette désignation aussi souvent opposée à celle du *torrent* ou *de la rivière d'Egypte*, qui est au S. de la terre de Chanaan, que celle de Dan l'est au nom de la ville de Bersabée, indique la délimitation de ce pays au N.

« Emath, Hémath ou Amath, appelée par les Grecs *Epiphania*, et aujourd'hui *Hamah*, grande ville de la Syrie, bâtie sur l'Oronte, et où régnait dans le XIV° siècle le sultan Abulfeda, plus connu comme historien et géographe, que comme prince. Emath, dont on a rapporté l'origine à Amatheus, le onzième fils de Chanaan, était une ville riche et puissante, assez importante pour avoir mérité les funestes menaces des prophètes. On y adorait une idole appelée *Asima*. Emath eut ses princes particuliers ; du temps de David on y voit en effet régner un roi nommé Thoü, qui envoie son fils complimenter l'élu de Dieu, au sujet du triomphe qu'il a remporté sur Adérézer, roi de Soba. Quelle était la puissance du prince d'Emath ? on pourrait croire, d'après le langage des *Paralipomènes*, que le pays de Soba dépendait jusqu'à un certain point de lui, puisque Soba est dans le pays d'Emath, et qu'Adérézer agissant contre David, d'après les instigations du roi d'Emath, aurait ensuite été abandonné par lui, et traité en ennemi. Quoi qu'il en soit, après la défaite d'Adérézer, Thoü reconnut David comme son maître, mais son pays fut positivement pris par Salomon, qui y fit même fortifier plusieurs villes déjà très-fortes. Il subit ensuite le même sort que le royaume d'Israel, et devint la proie des Assyriens, qui en tirèrent des colonies, qu'ils établirent dans la Samarie pour remplacer les Israélites que Téglath-Phalasar emmenait captifs. »

Le géographe de la Bible de Vence s'exprime en ces termes :

« Emath, ville qui était sur les frontières septentrionales de la Terre-Sainte, sur les bords de l'Oronte. *Num*. XXXIV, 8. Il ne faut pas la confondre avec *Emesse*, située au sud d'Emath, et à peu de distance de l'Oronte. Dom Calmet prétend que le *Chemin d'Emath* dont il est si souvent parlé dans l'Ecriture, est le chemin qui conduisait à cette ville. Elle est nommée ailleurs *Hémath*, I *Par*. XVIII, 3 et 9. Elle est appelée II *Par*. VII, 3, *Emath-Soba* ; et dans *Amos*, VI, 2, *la Grande Emath*. Ces deux noms servaient à la distinguer de celle qui va suivre.

« Emath, ville de la tribu de Nephthali. *Jos*. XIX, 35. »

Il m'a suffi de rapporter ces opinions sans les discuter. Je vais encore citer. « Les compagnons de Raymond, de Robert et de Tancrède, dit Michaud (1), n'avaient pas pris la route directe (de *Marrah*, située entre *Hamath* et *Alep*) pour marcher vers Jérusalem : ils s'étaient rendus à *Hama* (sic), l'ancienne *Epiphania*, à *Emèse*, appelée aujourd'hui *Horen*, et, se rapprochant ensuite de la mer, étaient allés mettre le siège devant Archas, place située au pied du Liban, à quelques lieues de Tripoli. »

M. Poujoulat termine une de ses lettres (2) en annonçant « qu'une grande caravane a été arrêtée et dépouillée par les Arabes à quatre journées d'ici (de Damas), près de *Hums*, l'ancienne *Emesse*. » Enfin *Voyez* APAMÉE.]

EMBAUMER. Les anciens Egyptiens, et à leur imitation les Hébreux, embaumaient les corps des morts (3). Joseph fit embaumer le

---

(1) *Hist. des Croisades*, liv. III, tom. I, pag. 287, 291.
(2) *Corresp. d'Orient*, lettr. CXLIX, mai 1831, tom. VII, pag. 255.

(3) On a pensé que c'est peut-être pour avoir abandonné la coutume d'embaumer les corps, que l'Egypte se voit maintenant si fréquemment ravagée par la peste.

corps de Jacob, son père (a), *par ses médecins*, *et il se passa 40 jours pendant qu'ils exécutaient ses ordres: car c'est la coutume d'employer tout ce temps à embaumer un corps, et toute l'Egypte pleura Jacob pendant 70 jours.* Les Egyptiens attribuaient à Isis l'invention de l'art de la médecine, et en particulier du remède de l'immortalité (b), qui n'est autre, à mon sens, que celui d'embaumer et de rendre par ce moyen les corps incorruptibles. On prétend que les inondations du Nil ont rendu les embaumements comme nécessaires à l'Egypte, parce que les eaux du Nil tenant tout le plat pays inondé pendant près de deux mois, on n'y peut enterrer les morts, et on est obligé de les conserver dans les maisons pendant tout ce temps, à moins de les porter sur les hauteurs, et dans les rochers, qui se trouvent souvent bien éloignés des demeures du mort. Ajoutez que quand on aurait enterré avant l'inondation quelque corps dans la terre, l'inondation qui survient le rejetterait hors de la terre, le terrain sablonneux et humide ne se trouvant pas assez ferme pour le retenir dans son sein contre l'action de l'eau, qui le soulèverait et le pousserait hors de terre, comme plus léger que le sable (c).

Or voici la manière dont les Egyptiens embaumaient les corps (d). Quand un homme est décédé, on porte son corps chez des ouvriers, dont le métier est de faire des cercueils. Ils prennent la mesure du corps, et lui font un cercueil proportionné à sa taille, à sa qualité, et au prix qu'on y veut mettre: car il y a une grande diversité de prix, à cause de la différence de la façon: le dessus du cercueil représente celui qui y doit être renfermé: si c'est un homme, ou si c'est une femme: si c'est un homme de condition, on le remarque à la figure qui est représentée sur le couvercle du cercueil; on y joignait d'ordinaire des peintures et des embellissements proportionnés à la qualité de la personne.

Quand le corps est rapporté au logis, on convient avec les embaumeurs du prix qu'on veut mettre à l'embaumement; car il y en a de plusieurs prix. Le plus haut est d'un talent, le médiocre est de vingt mines, et le moindre est très-peu de chose. On croit que le talent égyptien valait 2688 livres de notre monnaie. On fait venir d'abord un dessinateur qui marque sur le corps étendu l'endroit qu'il faut ouvrir au côté gauche, et la longueur de l'incision. Un disséqueur avec une pierre d'Ethiopie fort tranchante fait cette incision et se retire au plus vite, parce que les parents du mort qui sont présents, prennent des pierres, et le poursuivent comme un impie pour le lapider.

Cette opération étant achevée, les embaumeurs, que l'on considère comme des personnes sacrées, entrent pour faire leur office. Ils tirent par les narines, avec un fer crochu fait exprès, tout le cerveau du mort, et remplissent le crâne de drogues astringentes; ils tirent aussi par l'ouverture qu'on a faite au côté tous les viscères, à la réserve du cœur et des reins. On lave les intestins dans du vin de palmier et dans d'autres drogues fortes et astringentes. On oint tout le corps d'huile de cèdre, de myrrhe, de cinnamome et d'autres drogues pendant environ trente jours; de manière que le corps se conserve tout entier, sans pourriture, sans perdre son poil, et non-seulement il est exempt de pourriture, mais il conserve même une bonne odeur.

Après cela on met le corps dans le sel pendant environ quarante jours. Ainsi, quand Moïse dit qu'on mit quarante jours pour embaumer Jacob, il faut l'entendre de ces quarante jours qu'il demeura dans le sel de nitre, sans y comprendre les trente jours qu'on mit à faire les autres cérémonies dont on a parlé auparavant; en sorte qu'en tout on fut soixante-dix jours à faire son deuil en Egypte, comme le marque aussi Moïse.

Ensuite on tire le corps du sel, on le lave, on l'enveloppe de bandelettes de lin trempées dans la myrrhe, et on le frotte d'une gomme dont les Egyptiens se servent au lieu de colle. Alors on rend le corps aux parents, qui le mettent dans le cercueil et le gardent dans leurs maisons ou dans des tombeaux faits exprès. On en trouve aujourd'hui dans l'Egypte, dans des chambres ou voûtes souterraines, qui justifient pleinement ce que nous venons de dire.

Ceux qui n'ont pas le moyen de faire la dépense que nous avons marquée se contentent de seringuer dans les intestins du mort, par le fondement, une liqueur tirée du cèdre, et l'y laissant, enferment le corps dans du sel de nitre. Cette huile ronge les intestins; en sorte qu'on la fait sortir avec les intestins desséchés et exempts de pourriture. Le corps, enfermé dans le nitre, se dessèche, et il ne reste que la peau collée sur les os. Ceux qui sont trop pauvres pour faire aucune dépense considérable se contentent de déterger l'intérieur, en y seringuant une liqueur qui le lave, et puis mettent le corps dans le nitre pendant soixante-dix jours, pour le dessécher, sans autre cérémonie.

L'Ecriture parle encore de l'embaumement de Joseph (e), de celui du roi Asa (f) et de celui de Jésus-Christ (g). Joseph fut sans doute embaumé à la manière des Egyptiens, puisqu'il mourut dans ce pays. Asa fut embaumé ou plutôt brûlé d'une manière particulière (1). Le texte porte qu'*on le mit sur son lit tout rempli d'odeurs et de parfums les*

(a) *Genes.* 1, 2 et seq.
(b) *Maneth. apud Euseb. Præpar l. II.*
(c) Voyez Cassian. Collat. 15, c. III, et Cicer. Tuscul. qnæst. l. I.
(d) *Herodot. l. II, c.* LXXXVI. *Diodor. l. II, c. v.*
(e) *Genes.* 1, 25.
(f) II *Par.* XVI, 13, 14.

(g) *Matth.* XXVII, 59. *Marc.* XVI, 1. *Luc.* XXIII, 56. *Joan.* XIX, 40.
(1) Voyez *De l'origine de la crémation, ou de l'usage de brûler les corps;* dissertation traduite de l'anglais de Jamieson, membre de la société royale d'Edimbourg, Boulard; Paris, 1821, in-8º de 68 pag.

plus excellents, et qu'on brûla le tout sur lui, avec beaucoup d'appareil et de pompe. L'Hébreu, à la lettre : *On le coucha dans le lit, qu'on avait rempli de parfums et de diverses espèces d'aromates, et on les lui brûla dans un très-grand feu;* comme si ces aromates avaient brûlé auprès de son corps. Mais la plupart des interprètes croient qu'on le brûla avec ces aromates, dans un lit de parade, à peu près comme on faisait les empereurs romains.

Il paraît certain que l'on brûlait quelquefois les corps morts, surtout ceux des rois; et je ne sais si la coutume n'en vint pas du roi Asa, dont on vient de parler. L'Ecriture remarque qu'on ne fit pas au roi Joram l'honneur de le brûler, comme on avait fait ses prédécesseurs (a) : *Non fecit ei populus secundum morem combustionis, exsequias, sicut fecerat majoribus suis.* Jérémie (b) promet au roi Sédécias qu'on lui rendra ce dernier devoir, comme on avait fait aux rois, ses prédécesseurs : *Secundum combustiones patrum tuorum regum priorum, sic combureret te.* On brûla le corps du roi Saül, après l'avoir enlevé des murs de Bethsan, où les Philistins l'avaient attaché (c).

Quant à l'embaumement de Jésus-Christ, les évangélistes nous apprennent que Joseph d'Arimathie, ayant obtenu son corps, acheta un linceul blanc pour l'envelopper, et que Nicodème acheta cent livres de myrrhe et d'aloès, avec quoi ils l'embaumèrent et le mirent dans le tombeau de Joseph d'Arimathie, qui était creusé dans le roc. Ils n'y purent faire plus de cérémonie alors, parce que la nuit approchait et qu'on allait entrer dans le repos du sabbat. Cependant, les femmes qui avaient suivi Jésus depuis la Galilée avaient dessein de l'embaumer d'une manière plus parfaite, d'abord qu'elles en auraient le loisir : c'est pourquoi elles remarquèrent bien l'endroit du sépulcre et achetèrent des aromates pour cela. Elles demeurèrent en repos pendant tout le jour du sabbat, et le dimanche, de grand matin, elles prirent leurs aromates pour aller au sépulcre et pour l'embaumer; mais elles ne purent exécuter leur dessein, car Jésus-Christ était ressuscité vers le milieu de la nuit. Il avait été frotté tout simplement de myrrhe et d'aloès, enveloppé de bandelettes, enseveli dans un grand linceul, et sa face avait été couverte d'un suaire. C'est ce qu'on remarque en comparant les divers passages de saint Jean (d) où il est parlé de sa sépulture. On voit la même chose dans l'histoire de la résurrection de Lazare, à la différence qu'il n'y est point parlé d'aromates.

EMBRASEMENT, autrement nommé *Tabéera*, campement des Israélites dans le désert. *Voyez* TABÉERA.

EMBUCHES, *insidiæ; dresser des embûches, insidiari* (e). Ces termes ne se prennent pas toujours, dans leur propre signification, pour dresser des embûches à quelqu'un, l'attaquer en secret, lui tendre des pièges : ils signifient quelquefois simplement attaquer un homme qui ne s'en défie pas, attaquer par derrière, se cacher dans un lieu pour surprendre quelqu'un. *Voyez* le livre des Juges, chap. IX, v. 25, 32, 34, 35. Abimélech, qui était demeuré caché avec les siens sur les hauteurs de Sichem, en sorte néanmoins qu'ils dépouillaient les passants et les maltraitaient, vinrent attaquer la ville de Sichem, partagés en trois corps : *Tetendit insidias juxta Sichimam in quatuor locis.* L'Hébreu, à la lettre : *Ils dressèrent des embûches contre Sichem, en quatre têtes.* Et un peu plus loin, v. 43 : *Abimélech étant informé de la marche de Sichem, il prit son armée et la partagea en trois corps, lui dressant des embûches dans le champ.* Il paraît certain qu'en ces passages il n'est pas question d'embûches proprement dites. Dans le premier livre des Rois, Saül se plaint que David lui dresse des embûches (f) : *Insidiator usque hodie permanens.* Or, il n'y avait rien de moins fondé que cette accusation, en prenant le terme *insidiari* dans sa propre signification; mais il pouvait dire, quoique faussement, que David était son ennemi caché. Et dans les Paralipomènes (g), il est dit que Dieu tourna les embûches des ennemis d'Israel contre eux-mêmes; c'est-à-dire leurs efforts, leur malice, leurs armes contre eux-mêmes; car les ennemis dont elles parlent n'y venaient ni en secret, ni par ruse : ils marchaient hautement en armes contre Israel.

EMER. *Voyez* ADDON. « Emer, ailleurs *Immer*, dit Barbié du Bocage, était un des cantons de l'empire chaldaïco-babylonien, où des Juifs furent transférés. Les *Immireni* étaient une nation tributaire de la Perse. »

ÉMERAUDE, pierre précieuse de couleur verte, nommée en latin *smaragdus*. Nous croyons que c'est le *sohem* marqué dans Moïse, *Genes.* II, 12 (h), et rendu dans la Vulgate par *lapis onychinus.* Il est encore parlé de l'émeraude, *Exod.* XXVIII, 17, parmi les pierres qui étaient au rational du grand-prêtre. Mais l'Hébreu porte en cet endroit *baraketh* (i), qui signifie un éclair, le brillant d'un astre : ce qui peut faire conjecturer qu'il désigne plutôt la pierre nommée *ceraunia, astroites*, ou *iris*, dont Pline rapporte plusieurs espèces. On peut se souvenir de ce qu'on a déjà dit, que l'on n'a rien de certain sur la signification de la plupart des noms hébreux qui marquent des pierres précieuses. On trouve dans les histoires d'Orient plus d'un roi nommé *Soem* ou *Sohem*, que nous croyons signifier l'émeraude.

EMESE. Nous croyons que c'est *Emath. Voyez* ci-devant. Emèse était sur l'Oronte, à dix-huit milles de Laodicée, pas loin du Liban.

(a) II Par. xxi, 19.
(b) Jerem. xxxiv, 5.
(c) I Reg. xxxi, 12.
(d) Vide Joan. xix, 40, xx, 5.
(e) אָרַב בָּאוֹ ה.

(f) I Reg. xxii, 8, 13.
(g) II Par. xx, 22.
(h) שֹׁהַם Sohem.
(i) בָּרֶקֶת Baraketh.

EMIM, anciens peuples du pays de Chanaan, au delà du Jourdain, qui furent défaits par Codorlahomor et ses alliés (a). Moïse dit qu'ils furent battus à *Save-Cariathaïm*, ou dans la *plaine de Cariathaïm*. Or, Cariathaïm était dans le pays que Séhon conquit sur les Moabites. (b) Les Emim étaient un peuple belliqueux et d'une taille gigantesque : *Populus magnus et validus, et tam excelsus, ut de Enacim stirpe quasi gigantes crederentur* (c). Il y a assez d'apparence que ce qui est dit, *Genes.* XXXVI, 24, d'*Ana, qui trouva les Jeumims dans le désert*, doit s'entendre des Emim, qu'Ana rencontra et qu'il battit. *Voyez* ANA et le Commentaire sur l'endroit cité de la Genèse.

EMMANUEL. Ce terme hébreu signifie *Dieu avec nous*. [*Voyez* EL.] Isaïe (d), dans la célèbre prophétie où il annonce à Achaz la naissance du Messie, qui devait sortir d'une mère vierge, dit que cet enfant sera nommé et sera réellement *Emmanuel*, c'est-à-dire, *Dieu avec nous*. Il répète la même chose (e) en parlant de l'armée ennemie qui devait venir inonder la Judée : *Elle étendra ses ailes sur la vaste étendue de votre terre, ô Emmanuel!* Saint Matthieu (f) nous avertit que cette prophétie fut accomplie à la naissance de Jésus-Christ, sorti de la Vierge Marie, et réunissant en lui-même les deux natures : la divine et l'humaine. En ce sens, véritablement *Emmanuel*; c'est-à-dire, *Dieu avec nous*. [*Voyez* EL.]

EMMAUS, bourgade à soixante stades (g), ou deux lieues et demie de Jérusalem, du côté du nord; célèbre par ce qui arriva le jour de la résurrection de notre Sauveur, à deux disciples qui y allaient. Comme ils étaient en chemin, Jésus-Christ se joignit à eux sous la forme d'un voyageur, leur fit voir par les Ecritures qu'il fallait que le Christ souffrît la mort et ressuscitât; et lorsqu'ils furent arrivés à Emmaüs, Jésus-Christ feignant de vouloir passer outre, ils le contraignirent de demeurer avec eux; et pendant qu'ils soupaient, ils le reconnurent dans la fraction du pain. L'un de ces disciples s'appelait Cléophas, et l'autre *Emmaüs*, selon S. Ambroise (h) et un très-ancien manuscrit de Corbie dont nous avons donné les variétés de leçons à la fin de notre Commentaire sur le Nouveau Testament. Il y avait à *Emmaüs* des eaux chaudes qui étaient très-salutaires. On y bâtit une église au même lieu où était la maison de Cléophas, que Jésus-Christ avait honorée de sa présence. Josèphe (i) dit que Vespasien laissa en Judée huit cents de ses soldats, à qui il donna le bourg d'Emmaüs pour leur demeure. Il ajoute que ce bourg était à soixante stades de Jérusalem; en quoi il convient avec saint Luc. — [*Voyez* AMMAUS.]

[On va voir, dans l'article suivant, que dom Calmet, d'après l'ancien Itinéraire de la Palestine et Reland, admet que le nom de *Nicopolis* ne fut pas donné au petit bourg d'Emmaüs dont il s'agit ici, mais à une ville de même nom, située ailleurs et bien différente. Huré avait dit que c'est de ce petit bourg d'Emmaüs appelé *Nicopolis*, qu'il est fait mention I *Machab.* III, 40, 57; IV, 3. Reland dit le contraire. Cependant l'auteur des *Voyages de Jésus-Christ*, Paris, 1831, et M. Poujoulat dans une lettre qu'il écrivait le mois d'avril de la même année, en quittant Jérusalem, donnent le nom de *Nicopolis* au bourg d'Emmaüs. Barbié du Bocage et le géographe de la Bible de Vence, parlant de ce bourg, ne citent pas le nom de *Nicopolis*, et ne mentionnent point, sous ce nom, de ville de Judée. Voici comment s'exprime M. Poujoulat :

« Dans la lettre où je vous racontais mes promenades aux environs de Jérusalem, écrivait-il à M. Michaud, j'aurais dû vous parler d'*Emmaüs*; je me souviens que vous avez désigné le village d'Anathot comme étant l'Emmaüs des Croisés; mais il est bon de fixer aussi l'emplacement de l'*Emmaüs* des Romains et de l'Évangile (1). Cette cité que Varus, préfet de Syrie, livra aux flammes pour venger la mort de quarante soldats victimes d'une sédition populaire, cette cité dont Vespasien releva les murailles, et qui, du temps d'Antonin Héliogabale, refleurit sous le nom de *Nicopolis*, était située au nord-ouest de Jérusalem, à trois heures de distance. Ce fut sur le chemin d'Emmaüs, alors simple bourgade, que le Christ, après sa résurrection, apparut à deux disciples qui s'en allaient tristes et s'entretenaient de la mort de leur Maître. L'endroit de cette apparition était marqué par une église dont on retrouve quelques restes. *Emmaüs* n'est plus aujourd'hui qu'un amas de pierres au milieu desquelles cinq ou six familles de Fellahs se sont construit d'humbles habitations. Des débris de murs sont les seuls vestiges de l'église bâtie par sainte Paule en l'honneur de Cléophas.... » [Lettre CXXIX, tom. v, pag. 353.]

EMMAUS, ville de Judée, située à vingt-deux milles de Lidda, comme le témoigne l'ancien Itinéraire de la Palestine. C'est cette ville qui, dans la suite, fut nommée *Nicopolis*, et fort différente du bourg d'Emmaüs marqué par saint Luc et par Josèphe, et qui n'était qu'à dix milles de Jérusalem. M. Reland (j) prouve très-bien la différence de ces deux villes, par Josèphe, par saint Jérôme, par les Machabées et par les Talmudistes. Il

---

(a) *Genes.* xiv, 5.
(b) *Josue*, xiii, 19, 20, 21, etc.
(c) *Deut.* ii, 10.
(d) *Isai.* vii, 14.
(e) *Isai.* viii, 8.
(f) *Matth.* i, 23.
(g) *Luc.* xxiv, 13.
(h) *Ambros. Apolog. David.* l. II, c. viii, in *Luc.* xii, in *Symbol.* c. xxix, de tempore, serm. 19.
(i) *Joseph.* l. VII, *de Bello*, c. xxvi, in Latino, xζ in Græco, p. 983, d. e.

(j) Reland. *Palæstin.* l. II, c. vi, p. 427, 428, etc. Vide et lib. III, p. 758, et seq.
(1) Dans une autre lettre, la XCIII⁰, écrite au mois de février, avant d'avoir vu la ville sainte, et dans laquelle il décrit la route de Ramla à Jérusalem, M. Michaud dit : « En quittant Ramla, on marche pendant deux heures au milieu d'une plaine qui paraît fertile... Après avoir parcouru trois lieues de pays, nous sommes arrivés à un village qu'on appelle *Amoas*. Plusieurs voyageurs, trompés par la ressemblance des noms, ont placé là l'ancien *Emmaüs*... » Tom. IV, pag. 179.

est pourtant vrai que saint Jérôme, dans l'épitaphe de sainte Paule, a confondu Emmaüs qui était à soixante stades de Jérusalem, avec l'autre qui fut surnommée *Nicopolis*. Mais dans d'autres passages il parle de cette dernière Emmaüs d'une manière qui ne peut convenir à celle de saint Luc. [*Voyez* mon addition à l'article précédent.] Il y avait dans la ville d'Emmaüs ou Nicopolis, des bains d'eaux chaudes (a), où l'on tenait par tradition que Notre-Seigneur avait lavé ses pieds, et avait communiqué à ces eaux une vertu salutaire. Julien l'Apostat fit boucher cette fontaine en haine de Jésus-Christ. Quelques-uns ont cru que c'était là que Zacharie et Elisabeth avaient fait leur demeure. Les auteurs confondent presque toujours ces deux Emmaüs. — [*Voyez* AMMAUS.]

EMMAUS, ville voisine de Tibériade (b), où il y avait des eaux chaudes, ainsi que dans les autres villes de ce nom; car *Emmaüs* ou *Ammaüs* vient de l'hébreu *chamath*, qui signifie des bains d'eau chaude. — [*Voyez* AMMAUS.]

[C'est de cette *Emmaüs* que parle M. de Lamartine dans sa description des *bords sacrés du beau lac de Génésareth*. « Voilà, dit-il, *Emmaüs*, où le Christ choisit au hasard ses disciples parmi les derniers des hommes, pour témoigner que la force de sa doctrine est dans sa doctrine même, et non dans ses impuissants organes. » — « La mer de Galilée, large d'environ une lieue à l'extrémité méridionale où nous l'avions abordée, s'élargit d'abord insensiblement jusqu'à la hauteur d'*Emmaüs*, extrémité du promontoire qui nous cachait la ville de Tibériade. » — « Nous arrivâmes à l'extrémité de ce promontoire qui s'avance dans le lac, et la ville de Tibériade se montra tout à coup devant nous, comme une apparition vivante et éclatante d'une ville de deux mille ans... » — « Arrêté là, au bain minéral turc d'*Emmaüs*. — Coupole isolée et entourée de superbes débris de bains romains ou hébreux. — Nous nous établissons dans la salle même du bain. Bassin rempli d'eau courante, chaude de 100 degrés Farenheit. — Pris un bain... (1).»]

EMMER, chef d'une famille sacerdotale, qui était la seizième dans le rang que leur assigna David (c). Les descendants d'Emmer revinrent de Babylone au nombre de quinze cent deux (d).

EMONA, ville de la tribu de Benjamin, Jos. XVIII, 24, à l'ouest de Jéricho.

EMPÊCHER. *Prohibeo* se met pour *défendre* (e) : *Quod Domini lege prohibetur* : ou pour *détourner* (f) : *Soyez bénie du Seigneur, vous qui m'avez détourné d'aller répandre le sang*; et pour *retenir* (g) : *Je ne retiendrai pas mes lèvres* : je ne cesserai de vous louer. *Prohibe linguam tuam a malo* (h) : Retenez vos lèvres à ne proférer aucune mauvaise parole (i). *Mortuo non prohibeas gratiam*. Témoignez votre reconnaissance aux morts. Aggée chapitre I, verset 10 : *Prohibiti sunt cœli ne darent terræ pluviam* : Dieu n'a pas permis que les cieux donnassent de la pluie à la terre. Eccli XLVI, 9 : *Prohibere gentem a peccatis*. Détourner le peuple du péché. Jérém. XLVIII, 10 : Malheur à celui qui retient son épée, et qui ne verse pas le sang : *Maledictus qui prohibet gladium suum a sanguine*.

EN, ou *Ein*, ou *Æen*, où *Ain*, ou *In*. Ce mot signifie une fontaine [ou un *œil*] en hébreu (j), d'où vient qu'il se trouve dans la composition de tant de noms de villes, comme *En-Dor, En-Gaddi, En-Gallim, En-Semesch*, etc. — [*Voyez* FONTAINE.]

ENABRIS, lieu situé entre Scythopolis et Tibériade (k).

ENAC, *Enacim*, géants fameux dans la Palestine. Enac, père des Enacim, était fils d'Arbé, qui donna son nom à *Cariat-Arbé*, ou Hébron (l). Enac eut trois fils, savoir : Sesaï, Ahimam et Tholmaï (m), qui en produisirent un grand nombre d'autres, terribles par leur férocité et par la grandeur de leur taille. Les Hébreux disaient qu'en comparaison de ces hommes monstrueux, ils n'étaient que comme des sauterelles. Quelques-uns ont cru que le nom de *Phénicien*, donné aux Chananéens et surtout aux Sidoniens, venait de *Bene-Enac* (n), fils d'Enac (2). D'autres en font venir le nom grec *Anax*, qui signifie un roi, un maître. Caleb, aidé de la tribu de Juda, prit Cariat-Arbé (o), et ruina les Enacim l'an du monde 2559. — [*Voyez* Josué, § XIV.]

ENAIM, ville de la tribu de Juda, *Josue*, XV, 34, [au nord-est d'Hébron], peut-être la même qui est marquée, *Genes*. XXXVIII, 21,

(a) *Theophan. Chronogr.* p. 41, et Sozomen. l. V, c. xx et *Itiner. sancti Villibaldi*.
(b) *Vide Joseph. de Bello*, l. IV, c. I, pag. 864. b. c.
(c) I Par. ix, 12, et xxiv, 13
(d) I gsdr. ii, 37.
(e) Levit. iv, 22.
(f) I Reg. xxv, 33.
(g) Psalm. xxxix, 10.
(h) Psalm. xxx ii, 14.
(i) Eccli. vii, 57.
(j) עין Ain ou Hain.
(k) *Joseph. de Bello*, l. III, c. vi.
(l) *Josue*, xiv, 15.
(m) *Josue* xv, 14. *Num.* xiii, 25.
(n) בני ענק *Beni Enach*.
(o) *Judic*. x, 20. *Josue*, xv, 14.
(1) Lamartine, *Voyage en Orient*, tom. I, pag. 330, 332, 335.
(2) « Inachus, avant lequel les Grecs n'ont rien connu de plus ancien, était phénicien : son nom est de même origine que celui des Phéniciens (Bochart, *Chanaan*, lib. I, c. 1), chez lesquels le nom d'*Anac* ou *Enac* était le plus illustre (ce nom n'était donné qu'aux rois et aux grands), d'où les Grecs avaient à leur manière formé le phénicien de *phe-anac*, qui veut dire enfants d'Enac, appelés aussi dans l'Ecriture *Enacim*, ou *Enacides*. Ainsi ont été formés *Inachus* et sa postérité les *Inachides*. » Delort de Lavaur, *Conférence de la fable avec l'histoire*, in-8°, pag. 22.

« FRÉRET, dans son savant *Mémoire sur les premiers habitants de la Grèce*, dit Barbié du Bocage, prétend que le nom d'*Enac*, au pluriel *Enacim*, était attribué particulièrement aux princes et aux plus braves du pays de Chanaan, et que les Grecs ont conservé dans leur mot Ἄναξ, roi, et ses dérivés, et le nom d'*Enac* et le sens de ce mot. Le célèbre INACHUS, dont le nom figure dans l'histoire des colonies étrangères fondées en Grèce, et qui était sorti de l'Egypte, ne serait lui-même, suivant ce savant, qu'un chef d'origine chananéenne, dont le nom *Enac* aurait été changé en *Inachus*, et qui se serait porté, à une époque reculée, de l'Egypte, où une partie des Chananéens avait émigré, dans la Grèce. CLAVIER (*Histoire des premiers temps de la Grèce*, tom. I, pag. 20) adopte la même opinion. »

où nous lisons dans notre Vulgate que Thamar s'assit sur un double chemin : *Sedit in bivio*. Mais l'hébreu lit (*a*) : *Elle s'assit à Enaïm*; et les Septante : *Elle se mit à Enan sur le chemin*. D'autres croient qu'en cet endroit *Enan* ou *Enaïm* signifie simplement *une fontaine*; ce qui est plus vraisemblable.

ENADA. Eusèbe met un lieu de ce nom entre Eleuthéropolis et Jérusalem, à dix milles d'Eleuthéropolis. Il y a un autre *Enada* dans la tribu d'Issachar. *Josue*, XIX, 21. *Voyez* ci-après ENHADA.

ENAN, père d'Ahira, de la tribu de Nephthali. *Num*. 1, 15. Cet Ahira était chef de sa tribu du temps de Moïse.

ENAN, ou ENON. Apparemment la même que *Enna*, ou *Inna*, ou *Ana*, dont nous avons parlé ci-devant. Ezéchiel parle *d'Enan*, chap. XLVIII, 1, et *d'Enon*, ou *Chazar-Enon*, XLVII, 17, comme d'une ville connue, qui faisait la limite septentrionale de la terre promise. Moïse, dans le livre des *Nombres* (*b*), parle aussi de la ville d'Enan : *Ad Sephrona, et villam Enan, hi erunt termini in parte aquilonis*. Ce pourrait être *Guana*, au nord de Damas, ou *Ina*, marquée par Ptolémée, ou *Aennos* des Tables de Peutinger, au midi de Damas. C'est peut-être aussi *En-Hazor*, ou *Ein-Chazor*, de Nephthali. *Josue*, XIX, 37. [Barbié du Bocage place *Enan* ou *Enon*, village, sur la frontière septentrionale de la tribu de Nephthali, du côté de Damas. *Voyez* AION.]

ENAN, un des ancêtres de Judith. *Judith* VIII, 1.

ENCÆNIES, *Encœnia* en grec, signifie dédicace, renouvellement. *Voyez* ci-devant DÉDICACE, et *Joan*. X, 22.

ENCENS, ENCENSOIRS. L'encens est une résine aromatique et odoriférante. Elle sort d'un arbre surnommé *thurifère*, dont les feuilles sont semblables au poirier, selon Théophraste ; on l'incise aux jours caniculaires, pour en faire sortir la résine. L'encens mâle est le meilleur; il est rond, blanc, gras au dedans, et s'enflamme sitôt qu'on le met sur le feu. Il est aussi appelé *oliban*. L'encens femelle est mou, plus résineux, et moins agréable à l'odeur que l'autre. Celui du pays de Saba est le meilleur et le plus estimé des anciens ; ils en parlent avec éloge (*c*) :

India mittit ebur, molles sua thura Sabæi.

Présenter l'encens était une fonction propre aux prêtres ; ils entraient dans le Saint tous les jours deux fois, savoir le matin et le soir, pour y brûler l'encens. Le jour de l'expiation solennelle, le grand prêtre prenait avec une cuillère de l'encens ou parfum concassé, et prêt à être mis dans l'encensoir, et le jetait sur le feu dans le moment qu'il entrait dans le sanctuaire, afin que la fumée, qui s'élevait de l'encensoir l'empêchât de considérer avec trop de curiosité l'arche et le propitiatoire : Dieu le menace de mort s'il manque à cette cérémonie (*d*). Il n'appartenait pas aux lévites de mettre la main à l'encensoir. On sait quelle terrible punition Coré, Dathan, Abiron et leurs complices éprouvèrent pour avoir voulu imprudemment s'arroger cet honneur (*e*). Les encensoirs des anciens Hébreux étaient fort différents de ceux dont on se sert aujourd'hui. Ils ne pendaient pas à de grandes chaînes : c'étaient des espèces de réchauds ou cassolettes, avec un manche ou même sans manche, que le grand prêtre posait sur l'autel des parfums, ou qu'il portait dans le sanctuaire. Saint Jean (*f*), dans l'Apocalypse, parlant des encensoirs que tenaient les quatre animaux et les vingt-quatre vieillards, leur donne simplement le nom de plats, ou coupes d'or pleines de parfums, *Phialas aureas plenas odoramentorum*; ce qui donne l'idée d'encensoirs fort différents des nôtres. On voit dans les médailles de Simon Machabée des encensoirs fumants semblables à une coupe, ou à un calice avec son pied. *Voyez* les médailles que nous avons fait graver à la fin de notre Dictionnaire de la Bible, tome II, p. 562. — [Ce renvoi, qui appartient à la première édition, est une des mille preuves que dom Calmet n'a pas, pour ainsi dire, mis la main à la seconde édition de son ouvrage.]

ENCENS, *incensum*, signifie quelquefois dans l'Ecriture les hosties et les graisses des victimes qu'on immolait, comme en ce passage (*g*) : *Aaron et ses fils offraient l'encens sur l'autel des holocaustes et sur l'autel des parfums*. On sait que l'on n'offrait point d'encens sur l'autel des holocaustes, mais que l'on y brûlait des victimes, comme une odeur agréable au Seigneur.

ENCHANTEMENT. La loi de Dieu condamne les enchantements et les enchanteurs. Elle se sert de plusieurs termes pour marquer les enchantements. 1° *Lachasch* (*h*), qui signifie proprement parler à voix basse, comme font les magiciens dans leurs évocations et leurs opérations magiques. Moïse se sert du mot *latim*, secrets, lorsqu'il parle des enchantements faits par les magiciens de Pharaon (*i*). On emploie aussi le nom *Caschap* (*j*), qui signifie ceux qui usent de prestiges, de fascinations, de tours de passe-passe pour tromper les yeux et les sens. On se sert aussi du terme *Chabar* (*k*), qui signifie proprement lier, assembler, associer, réunir ; ce qui a lieu principalement dans ceux qui charment les serpents, qui les apprivoisent, et les rendent doux et sociables, de farouches, de dangereux et d'intraitables qu'ils étaient.

Nous avons des exemples de toutes ces

(*a*) Genes. xxxviii, 14 : תשב כפתה עינים.
(*b*) Num. xxxiv, 9, 10.
(*c*) Virgil. Georgic. 1 et 2. Vide et Æneid. 1. Theophrast. Hist. Planar. l. IX, *c*. iv. Et alii passim.
(*d*) Num. xvi, 13.
(*e*) Ibid. 31, 32, 33.
(*f*) Apoc. v, 8.

(*g*) I Par. vi, 49.
(*h*) לחש Mussitavit. Psalm. lvii, 6. Isai. xxvi, 16, etc.
(*i*) Exod. vii, 22. בחמל Secretis.
(*j*) II Par. xxxiii, 6. Exod. xxii, 8. בעשפים *Præstigiatores, fascinatores, circulatores*.
(*k*) Deut. xvii, 11. Psalm. lviii, 6. הבר *Sociare, adunare*

manières d'enchantements. Dans l'Ecriture, il est ordinaire aux magiciens, aux sorciers et aux enchanteurs de parler à voix basse, et comme en chuchotant; on les appelait *ventriloqui*, parce qu'ils parlaient comme du fond de leur estomac. Ils affectent le secret et des manières mystérieuses pour cacher la vanité, ou le ridicule, ou la honte de leur art pernicieux. Souvent leur prétendue magie ne consiste que dans la subtilité de leurs tours, dans leur souplesse, ou dans des secrets naturels inconnus aux ignorants : d'où vient qu'ils affectent l'obscurité et la nuit, ou qu'ils ne veulent faire paraître leur science que devant des ignorants, et en présence du petit peuple, et ne craignent rien tant que l'examen sérieux, le grand jour et la présence des gens éclairés.

Quant aux enchantements dont se servirent les magiciens de Pharaon pour contrefaire tous les miracles que fit Moïse, il faut dire, ou que ce furent de pures fascinations et des illusions qu'ils firent aux yeux des spectateurs (*a*), ou que, s'ils firent de vrais miracles et des changements réels dans leurs verges, dans les eaux du Nil et dans tout le reste, c'est par l'application des causes secondes à la production des effets qui dépendent originairement et essentiellement de la puissance de Dieu, et en donnant certaine forme, ou en imprimant certains mouvements à une substance créée(*b*); et, comme ces impressions, ces changements et ces mouvements sont au-dessus des forces connues de la nature, ils passent pour miraculeux. Mais Dieu ne permet jamais que les miracles produits par les mauvais esprits soient tels, que nous soyons nécessairement induits à erreur; car ou il mettra des bornes à leur puissance, comme il fit aux magiciens de Pharaon, qui, n'ayant pu produire des moucherons, furent obligés de reconnaître que *le doigt de Dieu* se mêlait de ce que faisait Moïse (*c*); ou ils se découvriront par leur mauvaise doctrine, par leur impiété, par le déréglement de leur conduite, qui sont les marques que Moïse a données pour discerner le mauvais du bon prophète (*d*) : *S'il s'élève au milieu de vous un prophète qui se vante d'avoir eu un songe, et qui prédise quelque signe, et que ce qu'il a prédit arrive, et qu'il vous dise : Allons, et suivons les dieux étrangers.... vous ne l'écouterez point, parce que le Seigneur vous tente, pour savoir si vous l'aimez de tout votre cœur,* etc.

Les enchantements des serpents, les guérisons des plaies par les charmes, les métamorphoses, dont nous parlent saint Augustin et Apulée, d'un homme en un âne, en un chameau, ou en tout autre animal, étaient communs parmi les anciens. Le Psalmiste(*e*) nous parle *du serpent ou de l'aspic sourd, qui se bouche les oreilles pour ne pas entendre la voix de l'enchanteur, ni du magicien qui enchante avec sagesse, avec art, avec industrie et subtilité;* l'hébreu à la lettre : *La voix de ceux qui parlent bas, et de ceux qui emploient des charmes habilement;* ou la voix de celui qui apprivoise, qui adoucit les serpents. Jérémie (*f*) menace les Juifs, de la part de Dieu, et leur dit : *J'enverrai contre vous des serpents dangereux, contre lesquels les charmes ne pourront rien.* Et l'Ecclésiaste (*g*) : *Le médisant est semblable à ces serpents contre lesquels les charmes n'ont aucun pouvoir.* Job parle aussi des enchanteurs qui faisaient crever les serpents (*h*) : *L'enchanteur fera-t-il crever le Léviathan ?* Et l'Ecclésiastique (*i*) : *Qui aura pitié de l'enchanteur qui aura été mordu par le serpent ?*

Saint Augustin (*j*) reconnaît que les Marses, peuple d'Italie, avaient autrefois le secret d'enchanter les serpents : *On dirait que les serpents entendent le langage de ces peuples, tant on les voit obéissants à leurs ordres; ils sortent de leurs cavernes aussitôt que le Marse a parlé.* Souvent les enchanteurs se contentent de chasser les serpents d'un certain canton (*k*) :

Primum quas valli spatium comprendit arenas,
Expurgat cantu, verbisque fugacibus angues.

Quelquefois ils les faisaient crever (*l*) :

Viperes rumpo verbis et carmine fauces.

D'autres fois ils les engourdissaient, les endormaient, les apprivoisaient, et leur ôtaient leur férocité (*m*) :

Spargere qui somnos cantuque manuque solebat.

Origène (*n*) et Eusèbe (*o*) parlent des enchantements des serpents comme très-ordinaires, de leur temps, dans la Palestine. Néarque (*p*), qui avait suivi Alexandre le Grand dans ses expéditions, dit que les Indiens n'emploient presque point d'autres remèdes contre les morsures des serpents que les enchantements, et qu'il y en a qui vont par le pays, faisant profession de leur art pour gagner leur vie. Les Psylles et les Marses ne se contentaient pas de guérir les plaies en les suçant, ils vendaient des lames magiques, pour servir de préservatifs contre les morsures des serpents (*q*).

Enchanter les maladies, arrêter le sang par des enchantements, guérir les morsures des serpents, enchanter la goutte et les entorses, sont choses communes dans l'antiquité. Pindare (*r*) assure que Chiron le Centaure guérissait toutes sortes de maladies par ses enchantements, et qu'Esculape guérissait toutes sortes de fièvres, d'ulcères, de

---

(*a*) Philo l. I, *de Vita Mos. Joseph. Antiq.* l. II, c. v. *Justin.* q. ad *Orthodox.* quæst. 22. *Just. Dialog. cum Tryphone*, et alii.
(*b*) Aug. qu. 21, *in Exod.* et l. XVIII, *de Civit. D. Thom.* 1 parte, qu. 101, art. 41, et 2-2, qu. 178. Est. ad 2, etc.
(*c*) Exod. vin, 18, 19.
(*d*) Deut. xiii, 1, 2, etc.
(*e*) Psalm. lvii, 5.
(*f*) Jerem. viii, 17.
(*g*) Eccle. x, 11.
(*h*) Job. xl, 25.

(*i*) Eccli. xii, 13.
(*j*) Aug. *de Genesi ad litt.* l. XI, c. xxviii.
(*k*) Lucan. l. IX, v. 913, *Pharsal.*
(*l*) Ovid. Metamorph. fab. 2, *de Medea.*
(*m*) Virgil. Æneid. 7.
(*n*) Origen. homil. xx. *in Josue.*
(*o*) Euseb. *in Psalm.* liii.
(*p*) Nearch. apud Strabon. l. XV.
(*q*) Arnob. l. II..
(*r*) Pindar. Pyth. Od. 4.

blessures et de douleurs par de doux enchantements, par des potions, par des remèdes topiques ou par des incisions. Homère (a) assure qu'on arrêta le sang qui coulait de la plaie d'Ulysse, en usant d'enchantements. Caton (b) rapporte certains vers que l'on prononçait pour guérir un membre déboîté.

On usait aussi quelquefois de la musique et du chant, qui est une espèce de charme et d'enchantement pour guérir certaines maladies de l'esprit, ou, du moins, causées par le dérangement de l'esprit, ou par l'émotion des passions. Galien (c) dit qu'il a sur cela une grande expérience, et qu'il peut encore employer l'autorité d'Esculape, son compatriote, qui soulageait par la musique et la mélodie ceux dont le tempérament était altéré par une trop grande chaleur; et Platon (d) dit que les sages-femmes d'Athènes avaient le secret de faciliter les accouchements par certains charmes et par des enchantements.

Les Hébreux, peuple extraordinairement superstitieux (1), n'ont pas, à la vérité, poussé si loin l'usage des enchantements et des charmes dans la guérison des maladies, parce qu'ils étaient retenus par leur loi, qui leur interdisait les enchantements et la magie, et parce que leurs rois et leurs prêtres veillaient avec un soin égal à prévenir ces désordres et à en arrêter le cours. Toutefois on ne laisse pas de voir parmi eux des vestiges de cette superstitieuse manière de guérir les maladies. Il y en a même qui prétendent l'autoriser par l'exemple de Moïse, qui fit mettre au bout d'une pique un serpent ailé d'airain (e), afin que ceux qui avaient été mordus des serpents, nommés *saraph*, fussent guéris en le regardant. Nous avons déjà vu que la coutume d'enchanter les serpents et de charmer leurs morsures était commune parmi les Israélites, puisque Jérémie (f) les menace, au nom du Seigneur, d'envoyer contre eux des serpents contre la morsure desquels l'enchanteur ne pourra rien; et que l'Ecclésiastique (g) dit que personne n'aura pitié de l'enchanteur qui aura été mordu des serpents. Saül employa la musique et le son de la harpe de David (h), pour se faire soulager dans les accès de sa mélancolie et de la possession du démon qui le tourmentait.

Josèphe (i) assure que Salomon reçut de Dieu l'art de guérir les maladies et la vertu de chasser les démons; qu'il composa des charmes ou enchantements contre les maladies, et des exorcismes contre les démons. Il ajoute que cette manière de guérir était encore de son temps fort usitée parmi les Juifs; qu'il y avait un Juif, nommé Eléazar, qui avait ce secret, et qui, par le moyen d'un anneau dans lequel était enchâssée une racine montrée par Salomon, avait délivré plusieurs possédés en présence de l'empereur Vespasien et de ses fils. Le roi Ezéchias, voyant l'abus que le peuple faisait du serpent d'airain composé par Moïse, le fit mettre en pièces (j). Il brûla aussi, dit-on, les livres de médecine que l'on attribuait à Salomon.

ENCRATITES. *Voyez* ÉVANGILE.

ENDOR, ou ÆN-DOR, ville de la [demi-]tribu de Manassé (k). Eusèbe la place à quatre milles du mont Thabor, vers le midi, près de Naïm, tirant vers Scythopolis (l). C'est là où demeurait la pythonisse que Saül consulta un peu avant la bataille de Gelboë (m).

[Cette ville, à l'ouest de la demi-tribu de Manassé, en deçà du Jourdain, « était située auprès du torrent de Cison, dit Barbié du Bocage. Elle existait encore au temps d'Eusèbe : aujourd'hui *Endar*. »]

ENÉE, homme de la ville de Lyde, qui, étant perclus de tous ses membres, fut guéri par saint Pierre (n).

ENFANT, *puer*, ou *filius*. L'Ecriture donne souvent le nom d'enfant ou de fils aux disciples. Salomon, dans ses Proverbes, donne à son disciple le nom d'enfant. *Audi, fili mi*, etc. Les enfants du démon, les fils de Bélial, sont ceux qui suivent les maximes du monde et du démon. On donne aussi le nom de fils ou d'enfants aux descendants d'un homme, quelque éloignés qu'ils en soient ; par exemple, les enfants d'Edom, les enfants de Moab, les enfants d'Israel. On dit : les enfants de la noce, les enfants de lumière, les enfants de ténèbres, pour dire, ceux qui sont de la noce, ceux qui s'attachent à la lumière ou aux ténèbres ; les enfants du royaume, ceux qui appartiennent au royaume.

Le nom d'*enfant*, se donne souvent à des personnes assez âgées. Par exemple, Joseph est appelée *puer*, enfant, quoiqu'il eût au moins seize ans (o). Isaac en avait plus de vingt lorsque Abraham lui donnait encore ce nom (p). Benjamin (q), âgé de plus de trente ans, est encore nommé *puer parvulus*. Les Hébreux, de même que les Grecs et les Latins, donnaient aussi à leurs serviteurs et à leurs esclaves le nom de *pueri*, enfants. Enfin ce nom d'enfant se met souvent pour des hommes : *Des enfants étrangers m'ont manqué de parole* (r) : *Ils se sont attachés à des enfants étrangers* (s) : *L'enfant de cent ans mourra* (t) ; c'est-à-dire, l'homme mourra à l'âge de cent ans ; on ne verra plus de morts prématurées.

ENFANTS DE DIEU, marquent quelquefois

(a) Homer. Odyss. T.
(b) Cato de Re rust. c. CLX.
(c) Galen. de Sanitate tuenda, l. I, c. VIII.
(d) Plato Theotect. p. 149.
(e) Num. XXI, 8, 9.
(f) Jerem. VIII, 17.
(g) Eccli. XII, 13.
(h) I Reg. XVI, 14, 15.
(i) Joseph. Antiq. l. VIII, c. II.
(j) IV Reg. XVIII, 4.
(k) Josue XVIII. 11.

(l) Euseb. in Aendor, et Endor
(m) I Reg. XXVIII, 13.
(n) Act. IX, 34.
(o) Genes. XXXVII, 2, 3, 4, etc.
(p) Genes. XXII, 6.
(q) Genes. XLIV, 20.
(r) Psalm. XVII, 46.
(s) Isai. II, 6.
(t) Isai. LXV, 20.
(1) Moins que les autres pourtant.

les anges ; par exemple (a) : *Les enfants de Dieu s'étant un jour présentés devant le Seigneur, Satan s'y trouva aussi avec eux.* Et dans le psaume (b) : *Qui sera semblable à Dieu entre les enfants de Dieu?* On donne aussi ce nom aux gens de bien, par opposition aux méchants, aux enfants de la race de Seth, opposés à la race de Caïn (c) *Les enfants de Dieu, voyant les filles des hommes qui étaient belles, prirent pour femmes celles qui leur plurent.* — [*Voyez* GÉANTS.]

Les juges, les magistrats, les prêtres, sont aussi nommés *enfants de Dieu* (d). *J'ai dit : Vous êtes des dieux, et vous êtes les enfants du Très-Haut* : il parle aux juges. Et ailleurs en parlant aux prêtres (e) : *Apportez des victimes au Seigneur, enfants de Dieu; rendez la gloire et l'honneur.* Tout cela par opposition aux *enfants des hommes*, qui sont les hommes du commun, le simple peuple, *les hommes en général.*

Ailleurs (f) on appelle les Israélites *enfants de Dieu*, par opposition au peuple gentil ; au lieu qu'auparavant on leur disait : Vous n'êtes pas mon peuple : on les appellera *les enfants de Dieu.*

Et quelquefois (g) on donne ce nom aux élus, aux bienheureux : *Ecce quomodo computati sunt inter filios Dei, et inter sanctos sors illorum est.*

Dans le Nouveau Testament les fidèles sont communément appelés *enfants de Dieu*, en vertu de leur adoption et des prérogatives que Jésus-Christ leur a acquises en prenant la chair humaine, et en nous communiquant la qualité d'enfants de Dieu par le baptême, et par la participation des mérites de sa mort. Il nous a donné, dit saint Jean (h), *le pouvoir de devenir enfants de Dieu.* Et saint Paul, en plus d'un endroit, relève les avantages de l'adoption des enfants de Dieu que nous avons reçue par le Saint-Esprit (i) : *Quicumque Spiritu Dei aguntur, ii sunt filii Dei.... Ipse Spiritus testimonium reddit spiritui nostro quod sumus filii Dei.* Et ailleurs (j) : *Vous êtes les enfants de Dieu par la foi*, etc.

ENFANTS DES HOMMES. On donne ce nom aux hommes de la race de Caïn qui ont vécu avant le déluge, et en particulier aux géants, à ces hommes corrompus et violents, qui corrompirent leurs voies avant le déluge (k), et qui attirèrent sur la terre les plus terribles effets de la colère de Dieu. Dans la suite on nomma *enfants des hommes* les méchants, les impies, les mauvais Israélites : par exemple (l) : *Filii hominum usquequo gravi corde.* Et (m) : *Diminutæ sunt veritates a filiis hominum.* Et (n) : *Filii hominum dentes eorum arma et sagittæ.* Et (o) : *Vani filii hominum, mendaces filii hominum in stateris*, etc. Mais très-souvent les *enfants des hommes* se mettent sans aucune notion odieuse pour les hommes (p). *Qu'est-ce que l'homme, pour que vous pensiez à lui, ou le fils de l'homme, pour que vous y fassiez attention?* Et (q) : *Les yeux du Seigneur interrogent les enfants des hommes.* Et encore (r) : *Ils feront connaître votre gloire aux enfants des hommes.*

ENFANTS DE BÉLIAL. *Voyez* BÉLIAL.

ENFANTS IMMOLÉS A MOLOCH. *Voyez* MOLOCH.

ENFANT PRODIGUE. Ce qu'il fut réduit à manger. *Voyez* GOUSSES.

ENFER, *infernus;* en hébreu, *scheol* (s). Ce terme, dans l'Ecriture, signifie souvent le *tombeau*, le *fond de la terre*, où reposent les corps des morts. Jacob dit qu'il descendra dans le tombeau, ou *dans l'enfer*, accablé de douleur, pour la mort de son cher fils Joseph (t). Les conjurés Coré, Dathan et Abiron furent engloutis dans la terre, et descendirent tout vivants dans l'enfer (u), c'est-à-dire, ils furent enterrés tout vivants. *Vous ne laisserez pas mon âme dans l'enfer*, dit le Psalmiste (v) ; vous ne permettrez pas que mon corps pourrisse dans le tombeau.

L'enfer se met aussi pour la demeure des âmes après leur séparation du corps. C'est dans ces lieux souterrains *où les géants gémissent sous les eaux*, suivant l'expression de Job (w). C'est là où le mauvais riche fut enseveli (x), et où les anges rebelles sont précipités et retenus par les chaînes de l'enfer : *Rudentibus inferni* (y).

Enfin le nom d'*enfer* désigne quelquefois le lieu où les âmes des saints attendaient la venue du Sauveur, et d'où elles sortirent après la résurrection, pour aller dans le ciel jouir d'un bonheur éternel. C'est dans cet enfer que Jésus-Christ est descendu après sa résurrection (z) : *Descendit ad inferos*. C'est lui dont il est dit (aa) : *Non derelinques animam meam in inferno, nec dabis Sanctum tuum videre corruptionem.* On lui applique aussi ces mots d'Osée (bb) : *Je serai ta mort, ô mort! je serai ta morsure, ô enfer*, etc.

Nous avons parlé ci-devant sous le mot CHAMPS ELISÉES, du sentiment des Hébreux et des païens sur l'état des âmes après la mort. Les savants sont partagés sur l'origine ou sur les premiers auteurs de l'enfer, du Tartare, des champs Elisées, et de ce qu'on

---

(a) Job. I, 6, et II, 1.
(b) Psalm. LXXXVIII, 7.
(c) Genes. VI, 2.
(d) Psalm. LXXXII, 6.
(e) Psalm. XXVIII, 1.
(f) Ose. I, 10. Vide Joan. XI, 52.
(g) Sup. V, 5.
(h) Joan. I, 12.
(i) Rom. VIII, 14.
(j) Galat. III, 26.
(k) Genes. VI, 2, 4.
(l) Psalm. IV, 3.
(m) Psalm. XI, 2.
(n) Psalm. LVI, 10.
(o) Psalm. LXI, 10.
(p) Psalm. VIII, 5; XLIII, 5.
(q) Psalm. X, 5.
(r) Psalm. CXLIV, 12.
(s) שאול *Scheol, Infernus, sepulcrum.*
(t) Genes. XXXVII, 35.
(u) Num. XVI, 30, 33.
(v) Psalm. XV, 10.
(w) Job. XXVI, 5.
(x) Luc. III, 22.
(y) II Petr. II, 4.
(z) II Petr. II, 4.
(aa) Psalm. XV, 10. Act. II, 27.
(bb) Ose. XIII, 14.

lit dans les Pères grecs et latins sur l'état des âmes séparées du corps. Quelques-uns (a) prétendent que les anciens Juifs ne reconnaissaient que des peines ou des récompenses temporelles pour les bons et pour les méchants. La loi ne semble pas en promettre d'autres. Elle menace l'Israélite de la mort, d'une mort prématurée, d'une mort honteuse, des derniers supplices, du retranchement ou extermination, de l'excommunication, de l'extinction de sa famille, de la stérilité de sa terre, de la captivité, de l'esclavage, du transport dans une terre étrangère, d'être vaincu et poursuivi par ses ennemis, de voir un ciel d'airain et une terre de fer, etc.; mais jamais de l'enfer et de la mort éternelle : et de même à proportion pour les récompenses. Elle promet une longue vie, une nombreuse famille, d'abondantes récoltes, des troupeaux féconds, une paix profonde dans son pays, la victoire contre ses ennemis, les richesses, l'abondance, les honneurs, ce qui flatte l'amour-propre et les sens; mais elle ne parle jamais ni de la vie éternelle, ni de la gloire du paradis, ni des récompenses de l'autre vie.

Les savants croient que ce n'est que par le commerce que les Juifs ont eu avec les Grecs, qu'ils ont commencé à examiner ce qu'Homère et les autres poëtes disaient de l'enfer, du Tartare, des champs Elisées; et qu'alors on vit les docteurs juifs se partager, les uns ayant adopté ce que disaient les Grecs, et les autres s'étant tenus aux anciens sentiments reçus dans la nation. Et ce partage produisit, dit-on, les sectes que l'on vit depuis parmi les Juifs: celles des Pharisiens et des Esséniens, plus favorables aux sentiments des Grecs ; et celles des Saducéens, plus conformes à l'ancienne tradition des Hébreux. C'est ce que prétendent ces auteurs.

D'autres croient que c'est plutôt des Perses ou des Egyptiens que les Juifs ont reçu ces sentiments, que non pas des Grecs ; parce qu'on voit ces opinions chez les Orientaux et chez les Egyptiens, de même que chez les Grecs, et qu'on est prévenu que la religion des Grecs est venue des Orientaux ou des Egyptiens, et qu'elle ne s'est formée que sur les idées qu'ils ont empruntées d'ailleurs. Les auteurs de ces opinions ont cela de commun, qu'ils conviennent que les Juifs ont pris d'ailleurs les idées qu'ils ont de l'enfer et du paradis, et que les chrétiens les ont reçues d'eux.

Mais, si l'on veut examiner de près les livres des Hébreux, on trouvera qu'ils ont pensé et parlé à peu près comme les Grecs, avant Homère, Hésiode et les plus anciens poëtes de cette nation. Job, le Psalmiste, Salomon, Isaïe, Jérémie et Ezéchiel ont parlé clairement de l'enfer où les méchants sont détenus. Moïse lui-même (b) a parlé d'un feu qui s'est allumé dans la colère du Seigneur, qui brûle jusqu'au fond de l'enfer, qui dévore la terre et toutes ses plantes, et qui brûle les fondements des montagnes. Et ailleurs (c) : *Je vous ai aujourd'hui proposé la vie et le bien, et d'un autre côté la mort et le mal.* Il est évident que les gens de bien ne sont pas toujours récompensés dans cette vie, ni les méchants punis dans ce monde selon leur mérite. Moïse a donc voulu marquer une autre vie, et une autre mort, d'autres biens et d'autres maux que ceux de cette vie. Et si les Hébreux n'attendaient rien après leur mort, pourquoi Balaam demande-t-il à Dieu que sa fin ressemble à la leur? *Moriatur anima mea morte justorum, et fiant novissima mea horum similia* (d).

Mais venons aux témoignages plus exprès. On convient que Job vivait à peu près au temps de Moïse : et, quoiqu'il y ait quelque difficulté sur l'auteur du livre qui porte son nom, les uns l'attribuant à Job lui-même, d'autres à Moïse, d'autres à Salomon, et d'autres à Isaïe, on doit croire que l'écrivain de cet ouvrage a exprimé les sentiments de Job, c'est-à-dire, ceux qui étaient reçus de son temps dans son pays, et parmi les Iduméens, ou les Arabes. Or il marque distinctement les peines de l'enfer; il dit que les géants, ces anciens scélérats qui corrompirent toutes les voies de la nature par leurs crimes, et dont Dieu noya les abominations dans le déluge, que ces *géants gémissent sous les eaux* (e), et ceux qui demeurent avec eux. Le lieu de leur supplice, *l'enfer est découvert aux yeux de Dieu, et le lieu de perdition ne peut se cacher à sa lumière.* Et ailleurs (f) : que *le méchant passe de la froideur de la neige aux plus excessives chaleurs, que son crime descende jusque dans l'enfer, que sa miséricorde soit mise en oubli, et que sa douceur soient les vers.*

Tout cela est d'avant les poëtes, qui nous ont appris que les géants rebelles contre Jupiter sont précipités sous les eaux, et enfermés sous le poids des montagnes (g).

Hic genus antiquum terræ, Titania pubes,
Fulmine dejecti fundo volvuntur in imo.

On peut voir Homère, et Hésiode (h) et les autres poëtes qui ont écrit depuis.

Salomon, plus ancien que tous les auteurs de la Grèce, parle de l'enfer à peu près de même que Job; il nous représente les géants. La femme déréglée invite les insensés à jouir des plaisirs; et ils ne savent pas que c'est là la voie de l'enfer où les géants ont leur demeure (i), et que ceux qui mangent à la table d'une débauchée vont dans le plus profond de l'enfer. Il dit ailleurs (j) que la *maison d'une courtisane penche vers la mort,* et

---

(a) Luc de Bruges. *Voyez* Basnage, *Hist. des Juifs*, t. IV, l. VI, c. xxxi.
(b) *Deut.* xxxii, 22.
(c) *Deut.* xxx, 15.
(d) *Num.* xxiii, 10.
(e) *Job.* xxvi, 5.
(f) *Job.* xxiv, 19, 20.

(g) Virgil. Æneid. vi. Confer Æneid. 3, *de Encelade, et Æneid.* ix, *de Typhœo*, etc.
(h) Homer. *Iliad.* viii. Hesiod. *Theogon.* Ἔνθα θεοὶ πικρῆς ὑπὸ ζόφῳ ἠερόεντι. — Δέσμασι νεικείουσι ὑπ' ἀκαμάτοιο θεμέθλα.
(i) *Proverb.* ix, 18.
(j) *Proverb.* ii, 18, 20.

que ses sentiers mènent aux enfers, ou aux géants...., et que ceux qui y entrent, n'en sortent plus. Et encore (a) : *Ses pieds conduisent à la mort, et ses pas penchent jusque dans l'enfer.* Et (b) : *Sa maison est le chemin de l'enfer, qui conduit jusqu'à la profondeur de la mort.* Et encore (c) : *L'enfer et la perdition sont à nu devant lui, à plus forte raison les cœurs des hommes.* Voilà encore l'enfer, la perdition, la demeure des géants, représentés comme le lieu où les méchants, les débauchés, les adultères sont relégués et punis. Cela n'est certainement pas imité d'Homère, ni d'Hésiode, ni, à plus forte raison, de Virgile, non plus que cet autre passage du même Salomon (d) : *Qui erraverit a via doctrinæ, in cœtu gigantum commorabitur.*

Si l'on pouvait prouver que tous les psaumes sont de David, on pourrait trouver dans ces divins cantiques d'excellentes preuves contre ceux qui prétendent que les anciens Juifs n'ont pas eu d'idée distincte de l'enfer ; mais quand l'auteur du psaume LXXXVII n'aurait vécu qu'au temps de la captivité de Babylone, il serait toujours bien certain qu'il n'aurait pas emprunté ses sentiments sur l'enfer dans les écrits des Grecs. Voici comme il parle à Dieu : *Ferez-vous des miracles à l'égard des morts (e), et les médecins les ressusciteront-ils pour vous louer?* Ou, selon l'hébreu : *Et les Réphaïm se lèveront-ils pour publier vos louanges?* Attendez-vous que les anciens géants sortent de l'enfer pour vous louer? Il ajoute : *Vos merveilles seront-elles connues dans les ténèbres, et votre justice dans l'oubli?* car l'enfer, la perdition, l'oubli, sont des mots synonymes : les païens même mettaient dans l'enfer le fleuve *Léthé*, ou de l'oubli, et tenaient que les morts en buvaient pour perdre le souvenir de la vie (f) :

Lethæi ad fluminis undam
Securos latices, et longa oblivia potant.

Le prophète Isaïe était à peu près contemporain d'Hésiode et d'Homère ; Ezéchiel vivait quelque temps après ces anciens poëtes ; mais on peut bien assurer qu'ils n'ont eu nulle connaissance ni de leurs personnes ni de leurs écrits ; et cependant ils parlent de l'enfer et de l'état des morts en l'autre vie d'une manière pour le moins aussi claire qu'eux et sous des expressions très-semblables aux leurs. Isaïe (g) parle du feu des damnés qui ne s'éteint point, du ver qui les ronge et qui ne meurt point, et de la pesanteur insupportable qui les environne : *Corpora virorum qui prævaricati sunt in me, vermis eorum non morietur; et ignis eorum non extinguetur, et erunt usque ad satietatem visionis universæ carnis* : l'hébreu à la lettre : *Ils seront un sujet de dégoût à toute chair.* Le même prophète dit ailleurs (h) : *Les morts ne ressusciteront point, les géants ne vivront point, parce que vous les avez réduits en pou-*

dre, et que vous avez effacé jusqu'à la mémoire de leur nom. Les voilà donc réduits dans l'enfer et dans l'oubli. *Mais vos morts* (les Israélites) *revivront; ceux qui ont été tués dans moi ressusciteront : réveillez-vous de votre sommeil, vous qui habitez dans la poussière, parce que la rosée qui tombe sur vous est une rosée de lumière et que vous ruinerez la terre des géants;* ou plutôt selon l'hébreu : *Vous ferez tomber la terre des géants: Vous accablerez les géants vos ennemis par la terre qui tombera sur eux, et qui fermera sur eux l'ouverture de l'abîme.* Comparez *Ezech.* XXXI, 10 ; *Jerem. Lament.* III, 5 ; *Psalm.* LXIII, 16, et ce que les poëtes disent des portes de l'enfer et de la difficulté d'en sortir.

Le même Isaïe, parlant de la chute du roi de Babylone, lui dit (i) : *L'enfer a été troublé à ton arrivée, les géants se sont levés pour venir au devant de toi : les princes de la terre et les rois des nations sont descendus de leurs trônes, et t'ont adressé la parole en disant : Tu as donc été percé de plaies aussi bien que nous, et tu es devenu semblable à nous. Ton orgueil a été précipité dans l'enfer; ton lit sera la pourriture, et ta couverture seront les vers. Comment es-tu tombée du ciel, étoile du matin, qui paraissais avec tant d'éclat au point du jour? Te voilà donc enfin dans l'enfer, réduit à un coin du tombeau. Ceux qui te verront se prosterneront devant toi, en disant : Est-ce donc là cet homme terrible qui a répandu la terreur dans toute la terre?* Voilà une prosopopée fort approchante de celles qu'on voit dans les poëtes et dans les auteurs profanes qui ont décrit l'enfer et les champs Elisées.

Ezéchiel est encore plus exprès (j) : *Le jour qu'Assur est descendu dans l'enfer, j'ai ordonné un deuil général; j'ai fermé sur lui l'entrée de l'abîme* (afin qu'il ne pût sortir); *j'ai arrêté le cours de ses fleuves et des grandes eaux qui arrosaient* (ce cèdre). *Le Liban et tous les arbres de la campagne ont été ébranlés de sa chute. Toutes les nations ont été frappées d'étonnement lorsqu'il est descendu dans le tombeau : tous les arbres du jardin d'Eden qui sont au plus profond de la terre ont été comblés de joie. Avec lui sont descendus tous les plus beaux arbres du Liban, qui étaient son bras et sa force, et qui reposaient sous son ombre. Vous voilà enfin réduit au fond de la terre avec tous les arbres d'Eden; vous y dormirez avec ceux qui ont été tués par l'épée. Là se trouve Pharaon avec toutes ses troupes.*

Il adresse ensuite la parole au roi d'Egypte, et lui dit de descendre dans l'enfer avec les autres (k) : *Descendez et endormez-vous avec les incirconcis : les plus puissants qui sont dans l'enfer lui parleront, ces incirconcis qui y sont depuis si longtemps, et qui*

(a) Proverb. v, 5.
(b) Proverb. vii, 27.
(c) Proverb. xv, 11.
(d) Proverb. xxi, 16.
(e) Psalm. LXXXVII, 11, 13.
(f) Virgil. Æneid. vi.

(g) Isai. LXVI, 24.
(h) Isai. XXVI, 14, 19.
(i) Isai. XIV, 9 et seq.
(j) Ezech. XXXI, 15, 16.
(k) Ezech. XXXII, 18, 19.

ont été mis à mort par l'épée. Là est Assur avec tous les siens, qui ont autrefois répandu la terreur dans la terre des vivants : ils sont rangés autour de son tombeau. Là est Elam, là Mosoch et Thubal. Ils ne dormiront point parmi les braves qui sont descendus dans l'enfer avec leurs armes, et qui ont mis leur épée sous leur tête, etc.

Remarquez ici, comme dans les poëtes, que les morts conservent dans l'enfer les marques de leur profession, et les instruments de leurs inclinations. Ici les héros portent leur épée dans l'enfer, et la mettent sous leur chevet; dans Virgile ils ont leurs chevaux, leurs chariots, leurs armes et leurs exercices dans les champs Elisées (a) :

> Quæ gratia currum
> Armorumque fuit vivis; quæ cura nitentes
> Pascere equos, eadem sequitur tellure repostos.

Les Esséniens, dont Josèphe (b) donne une idée si avantageuse, étaient à peu près dans les mêmes sentiments que les païens, au sujet des âmes séparées des corps. Ils tenaient l'âme immortelle, et qu'aussitôt qu'elle était dégagée du corps, elle s'élevait pleine de joie vers le ciel, comme affranchie d'une longue servitude et déliée des liens de la terre : que les âmes des justes allaient au delà de l'Océan dans un lieu de repos et de délices, où elles ne sont sujettes à aucun dérangement des saisons; celles des méchants au contraire sont reléguées dans des lieux exposés à toutes les injures de l'air, où elles souffrent des tourments éternels. Josèphe ajoute qu'il lui paraît que c'est sur ces idées que les poëtes grecs ont forgé les lieux délicieux où demeurent leurs héros et leurs demi-dieux, et les supplices dont sont tourmentés les méchants dans l'enfer sous l'empire de Pluton.

Les Juifs mettent l'enfer au centre de la terre : on a vu ci-devant qu'ils l'appelaient l'abîme et la perdition; qu'ils le croyaient sous les eaux et sous les montagnes. Ils l'appellent aussi assez souvent *Gehennon*, ou *Gehenna*, qui signifie la vallée d'Hennon, ou des enfants d'Hennon, qui était comme la voirie de Jérusalem, où l'on immolait des enfants au dieu Moloch. *Voyez* GEHENNA. Les païens croyaient de même le lieu des supplices au plus profond de la terre (c).

> Tum Tartarus ipse
> Bis patet in præceps tantum, tenditque sub umbras,
> Quantus ad æthereum cœli suspectus olympum.

Les PORTES DE L'ENFER, dont notre Sauveur a parlé dans l'Evangile (d), ne sont autres que la puissance de l'enfer; car les Orientaux donnent le nom de portes aux palais de leurs princes. Les Juifs disent que l'enfer a trois portes : la première est dans le désert : c'est par là que Coré, Dathan et Abiron descendirent dans l'enfer; la seconde est dans la mer : car il est dit que Jonas, qu'on avait jeté dans la mer, (e) *cria à Dieu du ventre de l'enfer*. La troisième est dans Jérusalem ; car Isaïe dit (d) : *Que le feu est en Sion, et la fournaise en Jérusalem*. Ces remarques sont frivoles ; mais il est certain que Pythagore et les poëtes parlent des portes de l'enfer. Virgile (g) :

> Porta adversa ingens, solidoque adamante columnæ :
> Vis ut nulla virum, non ipsi exscindere ferro
> Cœlicolæ valeant.

Les Hébreux reconnaissent sept degrés de peines dans les enfers, parce qu'ils trouvent que ce lieu est appelé de sept noms différents dans l'Ecriture, et qu'ils sont persuadés qu'il y a une grande diversité de peines entre les damnés. Les chrétiens y ont aussi reconnu divers degrés de peines; mais personne ne s'est jamais avisé d'en marquer le nombre. Il est très-croyable qu'il est infini, comme les degrés de démérites des hommes sont innombrables. Plusieurs théologiens admettent quatre espèces d'enfers, savoir l'enfer des damnés, le purgatoire, le limbe des enfants, et celui des pères : car tous ces lieux sont quelquefois nommés enfers ; mais ce nom ne convient proprement et à la rigueur qu'à celui des damnés.

L'éternité des peines de l'enfer est reconnue dans toute l'Ecriture : le feu des damnés ne s'éteindra point, et leur ver ne mourra point. Mais les Juifs croient qu'il y en a peu d'entre eux qui doivent demeurer pour toujours dans l'enfer (h). Ils tiennent que tout Juif qui n'est point entaché d'hérésie, et qui n'a point contrevenu à d'autres points marqués par les rabbins, n'est pas plus d'un an en purgatoire, et qu'il n'y a que les infidèles ou les grands scélérats qui demeurent pour toujours en enfer. Tout le monde sait qu'Origène croyait aussi que les peines des damnés finiraient un jour. Manassé-Ben-Israel (i) nomme trois sortes de personnes qui seront damnées éternellement : les athées qui nient l'existence de Dieu, celui qui nie la divinité de la loi, et enfin celui qui nie la résurrection des morts. Ces gens, quand d'ailleurs leur vie serait pure, seront punis par des supplices qui ne finiront point. D'autres rabbins (j), comme Maimonides, Abravanel et quelques autres, soutiennent qu'après un certain temps l'âme des méchants sera anéantie.

Comme le bonheur du paradis est exprimé dans l'Ecriture sous l'idée d'un festin ou d'une noce, où règnent la lumière, la joie et les plaisirs, ainsi l'enfer est représenté dans le Nouveau Testament comme un lieu ténébreux où règnent la douleur, la tristesse, le dépit, la rage, le désespoir et le grincement de dents, comme d'une personne exclue ou chassée, pendant l'obscurité de la nuit et la rigueur du froid, d'un festin où elle se flattait d'entrer.

Les rabbins reconnaissent trois différentes

(a) Æneid. vi, v. 653.
(b) Joseph. de Bello l. II, c. xii, p. 787, 788, et Antiq. l. XVIII, c. ii p. 617.
(c) Virgil. Æneid. vi, v. 576.
(d) Matth. xvi, 18.
(e) Jonas ii, 3.
(f) Isai. xx. 9.

(g) Virgil. Æneid. vi.
(h) Léon de Modène, *Cérémonies des Juifs*, partie v, c x.
(i) Manassé Ben-Israel de Resurrect. l. II, c. viii, p. 181.
(j) Moses Maimonid. Porta retribution. Lent. Resurrect. Jud. p. ult.

sortes de supplices dans l'enfer : le froid, le chaud, le trouble, ou le désespoir de l'âme (a). Le froid et le feu sont marqués dans Job (b) : *Ad nimium calorem transeat ab aquis nivium :* Qu'il passe de l'eau des neiges à une chaleur excessive. Et l'auteur du Commentaire sur Job, qui est parmi les œuvres de saint Jérôme, entend de même ce passage ; et il semble que l'Evangile a voulu désigner ces deux sortes de supplices, en marquant d'une part un feu qui ne s'éteint point, et de l'autre, le froid et les ténèbres de la nuit, et le grincement de dents ; ou plutôt le tremblement de froid jusqu'à grelotter (c). L'auteur du quatrième livre d'Esdras (d) met les âmes des damnés entre le feu et l'eau ; ayant le feu à la droite et l'eau à la gauche, également tourmentés de l'un et de l'autre. Les rabbins croient que Dieu tira de l'enfer le feu dont il brûla Sodome, et l'eau dont il inonda la terre au temps du déluge. Ainsi les païens ont imaginé dans l'enfer un fleuve de feu, c'est le Phlégéton, et un fleuve froid comme la glace, c'est l'Achéron, et ils ont dit que les Titans étaient tourmentés, les uns dans l'eau, et les autres dans le feu (e).

Aliis sub gurgite vasto
Infestum eluitur scelus, aut exuritur igni.

Les regrets, les remords, le désespoir des damnés sont exprimés par les rabbins sous le nom de désordre de l'âme ; c'est ce qu'Isaïe (f), et après lui l'Evangile (g), ont voulu marquer par ce ver qui ronge et qui ne meurt point : *Vermis eorum non moritur.*

Les musulmans (h) ont emprunté des Juifs et des chrétiens le nom de *Gehennem*, ou *Gehim*, pour signifier l'enfer ; *Gehennem* en arabe signifie un puits très-profond, et *Gehim* un homme laid et difforme ; *Ben-Gehennem*, un fils de l'enfer, un réprouvé. Ils donnent le nom de *Thabeck* à l'ange qui préside à l'enfer.

Ils reconnaissent sept portes de l'enfer (i), de même que les Juifs y reconnaissent sept degrés de peines ; et c'est aussi le sentiment de plusieurs commentateurs, qui mettent au premier degré de peine, nommé *Gehennem*, les musulmans qui auront mérité d'y tomber. Le second degré, nommé *Ladha*, est pour les chrétiens ; le troisième, nommé *Hothama*, pour les Juifs ; le quatrième, nommé *Saïr*, est destiné aux sabiens ; le cinquième, nommé *Sacar*, est pour les mages, ou *guèbres*, adorateurs du feu ; le sixième, nommé *Gehim*, pour les païens et les idolâtres ; le septième qui est le plus profond de l'abîme, porte le nom de *Haoviath*, et est réservé aux hypocrites qui déguisent leur religion, et qui en cachent dans le cœur une autre que celle qu'ils professent au dehors.

D'autres expliquent autrement ces sept portes d'enfer. Par exemple, il y en a qui croient qu'elles marquent les sept péchés capitaux. Quelques-uns les prennent des sept principaux membres du corps, dont les hommes se servent pour offenser Dieu, et qui sont les sept principaux instruments de leurs crimes. C'est pourquoi un poëte persien a dit : *Vous avez les sept portes d'enfer dans votre corps; mais l'âme peut faire sept serrures à ces portes ; la clé de ces serrures est votre franc arbitre, dont vous pouvez vous servir pour si bien fermer ces portes, qu'elles ne s'ouvrent plus à votre perte.*

Outre la peine du feu, qui est celle du sens, et que les musulmans reconnaissent comme nous, ils croient aussi la peine du dam, qui est la plus terrible de toutes, et sans laquelle l'autre serait peu de chose : c'est un éloignement de Dieu, et une privation de sa vue et de la vision béatifique, qui fait le plus grand supplice des damnés. — [*Voy.* FEU.]

EN-GADDI (1), autrement HAZAZON-THAMAR (j), c'est-à-dire, la ville du palmier, à cause qu'il y avait quantité de palmiers dans son territoire. Elle était fertile en vignes de Cypre et en arbres qui portaient le baume. Salomon, dans son Cantique, parle *des vignes d'Engaddi* (k). Cette ville était près du lac de Sodome, à trois cents stades de Jérusalem (l), pas loin de Jéricho et de l'embouchure du Jourdain dans la mer Morte. Il est assez souvent parlé d'Engaddi dans l'Ecriture. Ce fut dans une caverne du désert d'Engaddi que David eut occasion de tuer Saül (m), qui le poursuivait.

En-Gaddi, en hébreu, signifie, *la fontaine* [ou *l'œil*] *du chevreau* (n). — [*Voyez* FONTAINE.]

[« Les environs d'*Engaddi* furent témoins de la défaite des Amorrhéens, des Amalécites et autres peuples confédérés contre le roi des Elamites Chodorlahomor et ses alliés, et de celle des Ammonites et des Moabites réunis contre Josaphat, roi de Juda. » BARBIÉ DU BOCAGE. *Voyez* AMALEC.

« Les montagnes d'Engaddi s'étendent à l'est du mont Français (ou le mont de Béthulie), à une distance d'une lieue environ. Ces montagnes, maintenant incultes et dépouillées, furent jadis vantées pour le baume et le raisin qu'elles produisaient : *Mon bien-aimé*, dit l'Epouse des Cantiques, *est beau comme une grappe de raisin suspendue aux vignes d'Engaddi.* L'aride bruyère et le thym odoriférant forment toute la végétation de ces collines. Un voyageur moderne a été mal informé quand il a dit que le vin de Jérusalem provenant encore des coteaux d'Engaddi. Au temps de saint Jérôme il existait une petite cité appelée *Engaddi*, habitée par des Juifs ; tout a disparu aujourd'hui ; le seul village

---

(a) Vide Bartolocci, t. II.
(b) Job. XXIV, 19.
(c) Matth. XXII, 13, 14.
(d) IV Esdr.
(e) Virgil. Æneid. VI.
(f) Isai. LXVI, 24.
(g) Marc. IX, 43, 45.
(h) D'Herbelot. Bibl. Orient., p., 368, *Gehennem*.

(i) Alcoran c. De la pierre
(j) II Par. XX, 2.
(k) Cant. I, 14.
(l) Joseph. Antiq. l. IX, c. 1.
(m) I Reg. XXIV, 1, 2, 3 et seq.
(n) עין גדי Ein-Gaddi.
(1) Jos. XV, 62.

de ces mornes solitudes est un amas de masures croulantes, appelées en arabe *Dereben-aber*. Engaddi n'a conservé de sa beauté ancienne que son nom, qui veut dire en hébreu *œil de chevreau*. Les tribus campées dans les vallons d'Engaddi ont une réputation de rapacité et de barbarie. » M. Poujoulat, *Corresp. d'Orient*, lettre CXXI, avril 1831, tom. V, pag. 204.

Il paraît cependant qu'il y a encore des vignes à Engaddi. Le 28 octobre 1832, M. de Lamartine a vu, dans des sentiers qui conduisent à Jérusalem, « quelques femmes de Bethléhem ou de Jéricho, portant sur leurs têtes un panier de raisins d'Engaddi, ou une corbeille de colombes qu'elles vont vendre le matin, sous les térébinthes, hors des portes de la ville. » *Voyage en Orient*, t. I, p. 435. Mais ceci ne constate peut-être que la réputation des anciens raisins d'Engaddi.]

EN-GALLIM, ou Ein-eglaim, la fontaine des veaux. Ezéchiel (*a*) parle de ce lieu, et il l'oppose à Engaddi : *Les pêcheurs sècheront leurs filets sur la mer Morte, depuis Engaddi jusqu'à Engallim.* Saint Jérôme dit qu'*Engallim* est située au commencement de la mer Morte, où le Jourdain entre dans cette mer. Eusèbe met une ville d'Agallim de l'autre côté de la mer Morte, à huit milles d'Aréopolis. Mais cette dernière était trop éloignée de la mer dont il s'agit, pour croire que c'est celle d'Eusèbe.

[Comme dom Calmet, le géographe de la Bible de Vence dit qu'Engallim n'était qu'un lieu. Il ajoute « qu'on le suppose être situé vers l'extrémité septentrionale de la mer Morte. » Barbié du Bocage dit que c'était une « ville de la tribu de Benjamin, située à l'embouchure du Jourdain, dans la mer Morte. »]

ENGANNIM, ville dans la plaine de la tribu de Juda (*b*).

ENGANNIM, ville de la tribu d'Issachar(*c*). Elle fut donnée aux lévites de la famille de Gerson (*d*). — [Ailleurs elle est nommée *Anem.* I *Par.* VI, 73.]

ENGANNA. Saint Jérôme dit qu'il y a une ville de ce nom vers Gérasa, au delà du Jourdain.

ENGASTRIMYTHOS(*e*), devins, magiciens. *Voyez* Python.

EN-HADA, ville de la tribu d'Issachar (*f*). Eusèbe met une ville d'*Enada* sur le chemin d'Eleuthéropolis à Jérusalem, à dix milles d'Eleuthéropolis.

EN-HAZOR, ville de Nephthali. *Josue*, XIX, 37. Ne serait-ce pas *Atrium Ennon*, ou *Chazor-ennon* d'Ezéchiel, XLVII, 17; XLVIII, 1, et la ville d'*Enna* de Moïse ? *Num.* XXXIV, 5. — [*Voyez* Enan.]

[« N. Sanson suppose, dit le géographe de Vence, que *En-hasor* est un surnom d'Edraï, ville de la même tribu. Dom Calmet plaçait vers cet endroit *Asor*, ville royale des Chananéens, *Jos.* XI, 1, et c'est aussi l'opinion de Danville. »]

ENIVRER. Voyez Ivrogne, Ivresse.

ENNOM, qui a donné son nom à la vallée *Ge-hennom*, ou à la *vallée des enfants d'Ennom* (*g*). Cette vallée est à l'orient de Jérusalem. On l'appelle aussi vallée de Topheth. On croit qu'on y adorait le dieu Moloch, et qu'on y entretenait un feu perpétuel en son honneur. On peut voir ce que nous avons dit sur Gehenna.

ENNON, ou ÆNNON, lieu où saint Jean baptisait, parce qu'il y avait abondance d'eaux (*h*). Ce lieu était à huit milles de Scythopolis, vers le midi, entre Salim et le Jourdain (*i*). — [Ennon, suivant Barbié du Bocage, était une *ville* de la demi-tribu ouest de Manassé, située non loin du Jourdain, sur un ruisseau qui court s'y jeter, et à peu de distance de Salim.]

ENOCH, ou Henoch, fils de Caïn (*j*). C'est de son nom que la première ville qui soit marquée dans l'Ecriture, a pris son nom. Caïn l'appela Enoch, ou Enochie, à cause de son fils. — [*Voyez* Henoch.]

Enoch, *fils de Jared* (*k*), naquit l'an du monde 622 ; avant Jésus-Christ, 3378 ; avant l'ère vulgaire, 3382. Il engendra Mathusala, âgé de soixante-cinq ans ; il vécut encore trois cents ans après, et eut plusieurs fils et plusieurs filles. Il marcha avec Dieu, et après avoir vécu en tout trois cent soixante-cinq ans, *il ne parut plus, parce que le Seigneur l'enleva du monde.* Quelques-uns (*l*) prennent ces dernières paroles, comme si elles marquaient qu'Enoch mourut d'une mort naturelle, mais prématurée, parce que véritablement il vécut bien moins que les autres patriarches de ce temps-là ; comme si Dieu, pour le garantir de la corruption, eût voulu le tirer de bonne heure de ce monde. Mais la plupart des Pères et des commentateurs enseignent qu'il n'est point mort, et que Dieu le transporta hors de la vue des hommes, de même que, longtemps après, il transporta Elie sur un chariot de feu. Saint Paul, dans l'Epître aux Hébreux, marque assez clairement qu'Enoch n'est point mort (*m*) : *C'est par la foi qu'Enoch fut enlevé, afin qu'il ne vit point la mort ; et on ne le vit plus, parce que le Seigneur le transporta ailleurs.* Et Jésus, fils de Sirach (*n*), selon la Vulgate, dit qu'il fut transporté au paradis ; ce qu'il faut entendre du paradis terrestre (*o*). Le Grec ne lit pas *le paradis*. Saint Jérôme l'entend du ciel (*p*) : *Enoch et Elias rapti sunt cum corporibus in cœlum.*

(*a*) *Ezech.* xlvii, 10.
(*b*) *Josue.* xv, 34.
(*c*) *Josue*, xix, 21.
(*d*) *Josue*, xxi, 29.
(*e*) ἐγγαστρίμυθος, *Ventriloquus*.
(*f*) *Josue*, xix, 21
(*g*) *Josue,* xv, 8; xviii, 16. IV *Reg.* xxiii, 10. II *Esdr.* xi, *Jerem.* vii, 31.
(*h*) *Joan.* iii, 23.
(*i*) *Euseb. in locis* in *Ænnon*.
(*j*) *Genes.* iv. 17.
(*k*) *Genes.* v, 18, 19.
(*l*) *Vide Arab. et Manassé Ben-Israel, lib. de Fragilit. human. sect.* 22, art. 7. *Calvin. Rabb. quidam.*
(*m*) *Hebr.* xi, 5.
(*n*) *Ecclí.* xliv, 16.
(*o*) *Irenæ. l.* IV, *c.* xxxviii. *August. l.* VI, *Oper. imperfecti contra Julian. c.* xxx.
(*p*) *Hieron. in Amos* viii.

L'apôtre saint Jude (a) cite un passage du livre d'Enoch, qui donne bien de l'exercice aux interprètes. On demande si l'apôtre a pris ce passage d'un certain livre d'Enoch, que l'on voyait aux premiers siècles de l'Eglise, et dont nous avons encore de longs fragments ; ou s'il l'avait reçu par tradition, ou enfin par une révélation particulière. Il est plus vraisemblable qu'il l'avait lu dans le livre dont nous avons parlé, lequel, quoique apocryphe, pouvait contenir plusieurs vérités, dont saint Jude, éclairé d'une lumière surnaturelle, a pu faire usage pour l'édification des fidèles. Voici le passage cité par saint Jude : *Enoch, le septième, après Adam, a aussi prophétisé des hérétiques et des méchants, en disant : Voici le Seigneur qui vient avec les milliers de ses saints pour juger et condamner tous les impies de toutes leurs impiétés qu'ils ont commises, et de tous les blasphèmes qu'ils ont prononcés contre Dieu.*

Les plus anciens Pères, comme saint Justin, Athénagore, saint Irénée, saint Clément d'Alexandrie, Lactance et autres Pères des premiers siècles, avaient puisé dans ce livre d'Enoch un sentiment qu'on voit dans leurs ouvrages, c'est que les anges s'allièrent aux fil'es des hommes, et en eurent des enfants. Tertullien (b) parle de cet ouvrage en plus d'un endroit, et toujours avec estime. Il voudrait que l'on crût qu'il fut conservé par Noé dans l'arche pendant le déluge, ou qu'Enoch lui-même l'écrivit de nouveau après le déluge, et l'envoya à Noé. Il dit que si les Juifs ne le reçoivent pas, on n'en doit rien conclure à son désavantage ; que c'est apparemment parce qu'il parle trop en faveur de Jésus-Christ. Mais tout cela n'a pas empêché que l'Eglise n'ait mis cet écrit au rang des apocryphes, et que plusieurs Pères très-éclairés, comme Origène (c), saint Jérôme (d) et saint Augustin (e), n'en aient parlé comme d'un livre qui n'avait par lui-même aucune autorité ; quoique la prophétie citée par saint Jude fût d'une autorité divine, à cause de l'inspiration de ce saint apôtre. L'auteur du Testament des douze patriarches cite plusieurs choses du livre d'Enoch, qui ne se trouvent plus.

Le désir de posséder le livre d'Enoch engagea le fameux M. Peirescht à de grandes recherches et à des dépenses considérables (f). On lui rapporta qu'il était en Ethiopie, et il fit tant qu'on le lui apporta. C'est l'ouvrage d'un nommé *Bahaïla Michaïl*, qu'on lui donna au lieu du livre d'Enoch. M. Ludolf, l'ayant recouvré, l'a fait connaître comme l'ouvrage d'un imposteur. Voici le commencement de ce livre : *Au nom du Père, du Fils, et du Saint-Esprit. C'est ici le livre des mystères du ciel et de la terre ; il contient le sujet du premier et du dernier tabernacle, et celui de toutes les créatures. C'est ce qu'a appris Abba-Bahaïla-Michaïl, et il l'a su de Tamhana Samaï. L'ange qui lui a été envoyé lui a dit : Ecoute... le Père n'est pas avant le Fils : le Fils n'est pas avant le Père, ni le Saint-Esprit avant le Père et le Fils,* etc. ; ce qui est bien différent du livre d'Enoch connu et cité par les anciens, et dont M. Fabricius nous a donné les fragments qui sont échappés à la longueur de tant de siècles.

Les Orientaux ont conservé diverses traditions peu certaines touchant Enoch, qu'ils appellent *Edris*. Par exemple, ils croient que, dans les guerres continuelles que se faisaient les enfants de Seth et ceux de Caïn, c'est-à-dire la race des enfants de Dieu contre les enfants des hommes, Enoch fut le premier qui commença ces guerres (g), et qui introduisit la coutume de faire des esclaves de ceux d'entre les Caïnites qui avaient été pris dans le combat. Seth était le monarque universel du monde dans ces premiers temps, et Mahaléel, nommé Doudasch par les mahométans, était un de ses généraux, et combattait nu depuis la tête jusqu'au nombril, par la seule force de ses bras.

Ils croient de plus (h) qu'Enoch reçut de Dieu le don de sagesse et de science dans un degré éminent, et que Dieu lui envoya du ciel trente volumes remplis de tous les secrets des sciences les plus cachées ; d'où vient que les livres d'Enoch sont encore aujourd'hui si célèbres et si respectés dans l'Orient, quoiqu'ils ne les possèdent pas, et ne les connaissent que par réputation. Outre ces livres qu'il reçut du ciel, il en composa encore un bon nombre, qui leur sont aussi peu connus que les premiers.

Dieu l'envoya aux descendants de Caïn pour les ramener dans le bon chemin ; mais ceux-ci ayant refusé de l'écouter, il leur déclara la guerre, et réduisit leurs femmes et leurs enfants en esclavage. Ils lui attribuent l'invention de la plume et de l'aiguille, ou de la couture et de l'écriture, de l'astronomie et de l'arithmétique, et encore plus particulièrement de la géomance. On sait ce que Josèphe (i) a dit de deux colonnes, l'une de pierre, pour résister à l'eau ; et l'autre de brique, pour résister au feu, sur lesquelles les enfants de Seth, avant le déluge, écrivirent leurs découvertes astronomiques.

On dit de plus qu'Edris, ou Enoch, fut la cause innocente, ou l'occasion de l'idolâtrie, un de ses amis, affligé de son enlèvement, ayant formé par l'instigation du démon une statue qui le représentait si au naturel, qu'il s'entretenait des jours entiers avec elle, et lui rendait des honneurs particuliers, qui dégénérèrent peu à peu en superstition. D'autres fixent l'époque de l'idolâtrie sous Enos, et expliquent ces paroles de l'Ecriture (j) : *Ipse cœpit invocare nomen Domini* : Il com-

---

(a) Judæ v. 14, 15.
(b) Tertull. de Cult. femin. l. I, c. III, et l. II, c. x, et de Idololat. c. IV et xv, et Apolog. c. XXII.
(c) Origen. homil. 28 in Numer., et l. V contra Cels., p. 267.
(d) Hieron. de Scriptorib. Eccles., in Jud. apostol.
(e) Aug. l. XV de Civit. c. XXIII, et l. XVIII, c. XXXVIII.
(f) Ludolf. Comment. in Hist. Æthiop. 3, not. xxxiv, p. 547.
(g) D'Herbelot, Bibl. Orient., p. 301, Doudasch.
(h) Idem, p. 310, Edris.
(i) Joseph. Antiq. l. I, c. III.
(j) Genes. IV, 26.

mença d'invoquer le nom du Seigneur ; comme s'il y avait : *Alors on profana le nom du Seigneur ;* car l'Hébreu peut aussi recevoir ce sens. [*Voyez* Enos.] Enfin les chrétiens orientaux tiennent qu'Enoch est le Mercure *Trismégiste*, ou trois fois très-grand des Egyptiens, plus connu sous le nom d'*Hermes*. On donne à Enoch un fils, nommé *Sabi*, que les Sabiens d'Orient veulent faire passer pour auteur de leur secte.

Les profanes semblent avoir eu quelque connaissance d'Enoch, et de la prédiction qu'il fit du déluge. Etienne le géographe le nomme *Anacus*, et dit qu'il demeura dans la ville d'Iconium en Phrygie. Un oracle avait prédit que tout le monde périrait après la mort d'*Anac*. Il mourut âgé de plus de trois cents ans, et les Phrygiens, à sa mort, donnèrent de si vives marques de douleur, qu'elles sont passées en proverbe, et que l'on dit, *pleurer Anac*, pour marquer un deuil extraordinaire. Le déluge de Deucalion suivit de près la mort d'Anac. Voilà ce que dit Etienne. Eusèbe (*a*) cite d'Eupolème, que les Babyloniens reconnaissent Enoch comme premier inventeur de l'astrologie ; qu'il est le même qu'Atlas des Grecs, qu'il eut pour fils Mathusalé, et qu'il reçut, par le ministère des anges, toutes les rares connaissances qu'il avait.

Les rabbins tiennent qu'Enoch, ayant été transporté au ciel, fut reçu au nombre des anges ; et que c'est lui qui est connu sous le nom de *Métatron*, ou de Michel, l'un des premiers princes du ciel, qui tient registre des mérites et des péchés des Israélites. Ils ajoutent qu'il eut Dieu même et Adam pour maîtres, et qu'ils lui enseignèrent la manière de bien servir le Seigneur, et de lui offrir des sacrifices. On attribue à Enoch l'invention de quelques lettres et quelques livres d'astrologie. Les Juifs le font auteur de la formule de la grande excommunication. On peut voir sur cela M. Fabricius, *de Apocryphis V. T.*, et les auteurs qu'il cite. — [*Voyez* Démon, où il y a une longue analyse du livre d'Enoch. *Voyez* aussi les *Annales de philos. chrét.* tom. I, 298 ; II, 267 ; IX, 48, 103 ; XVI, 120 ; XVII, 161 et suiv., 172 et suiv., 374 et suiv.]

ENOCH, ou Hénoch, fils de Madian, et petit-fils d'Abraham et de Céthura (*b*).

ENOCH, ou Hénoch, fils aîné de Ruben, et auteur de la famille des Enochites (*c*).

ENOS, fils de Seth (*d*), et père de Caïnan. Il naquit l'an du monde 235 ; avant Jésus-Christ 3765 ; avant l'ère vulgaire 3769. Il mourut âgé de neuf cent cinq ans, l'an du monde 1140 ; avant Jésus-Christ 2860 ; avant l'ère vulgaire 2864. Moïse nous dit qu'*Enos commença à invoquer le nom du Seigneur ;* c'est-à-dire, qu'il fut inventeur des cérémonies de la religion, et des rits du culte extérieur que l'on rend à Dieu. D'autres traduisent l'Hébreu par (*e*) : *Alors on commença à invoquer le nom du Seigneur.* Enos forma la manière publique et extérieure d'honorer Dieu. Ce culte se soutint et se conserva dans la famille d'Enos, pendant que la famille de Caïn se plongeait dans toute sorte de déréglements et d'impiétés.

Plusieurs Juifs (*f*) croient que, du temps d'Enos, l'idolâtrie commença à s'introduire dans le monde. Ils traduisent l'Hébreu par : *On commença alors à profaner le nom du Seigneur ;* on commença à le donner à la créature, aux idoles (1) ; on pourrait aussi traduire de cette sorte (*g*) : *On commença alors à se qualifier du nom du Seigneur.* Les gens de bien, pour se distinguer des méchants, commencèrent à prendre la qualité d'enfants de Dieu, ou de serviteurs de Dieu ; d'où vient que Moïse, Genes. chap. VI, 1, 2, dit que *les enfants de Dieu*, c'est-à-dire, les descendants d'Enos, qui jusque-là avaient conservé la vraie religion, *voyant les filles des hommes qui étaient belles, prirent pour femmes toutes celles qu'ils avaient choisies.*

Génébrard (*h*) attribue quelques écrits à Enos ; il dit qu'il écrivit *sur la religion, sur la manière de prier Dieu, et sur les cérémonies.* Mais on n'a aucune connaissance de ces prétendus ouvrages, et il ne cite aucun auteur ancien qui en ait fait mention.

Les Orientaux (*i*) ajoutent à son histoire, que Seth, son père, le déclara prince souverain et grand pontife des hommes après lui ; qu'Enos fut le premier qui ordonna des aumônes publiques pour les pauvres, qui établit des tribunaux publics pour rendre la justice, et qui planta ou plutôt qui cultiva le palmier. Il mourut âgé de neuf cent soixante-cinq ans, et laissa Caïnan, l'aîné de ses fils, pour successeur de sa dignité de prince souverain et de grand prêtre.

EN-SEMES (*j*), c'est-à-dire, *Fontaine du Soleil*, située sur les frontières de Juda et de Benjamin (*k*) (2). On doute si c'est une ville, ou une simple fontaine. On montre au delà de Béthanie, en allant au Jourdain, une fontaine, que l'on dit être celle du Soleil. Mais cela n'est nullement certain.

Les Arabes (*l*) appellent de ce nom l'ancienne métropole d'Egypte, que les Hébreux ont appelée *On*, et les Grecs *Héliopolis.* Isaïe (*m*) prédit qu'il y aura un jour dans

---

(*a*) Euseb. *Præpar. l.* IX.
(*b*) Genes. xxv, 4.
(*c*) Genes. xlvi, 9.
(*d*) Genes. iv, 26.
(*e*) Genes. iv, *ultimo.* עז הוחל לקרא בשם יהוה.
(*f*) Ita Chald. uterque alii. *Vide Cartvigt. ad Genes.* iv, etc.
(*g*) *Vide Aquil.*
(*h*) Genebr. *Chronol. l.* I, p. 10.
(*i*) D'Herbelot, *Bibl. Orient.*, p. 117, *Anosch.*
(*j*) עין שמש *Ein semesch, Fons solis*
(*k*) Josue, xv, 7 ; xviii, 17.

(*l*) Idem, p. 79, Ain-al-Schamasch.
(*m*) Isai. xix, 18. עיר החרס 70. Edit. Rom. «Ἀδες λουλια.

(1) M. Cahen, qui est Juif, traduit en ces termes : *Alors on commença à nommer par le nom de l'Eternel.* Et en note, il dit : « A nommer, ou invoquer. Ceci pourrait bien être l'origine de la prière adressée à l'Eternel, désigné par son nom quadrilatère. »

Pagnin, qui était catholique, traduit par *profaner.* MM. Franck et Glaire traduisent par *invoquer.*

(2) « Située sur la limite de la tribu de Benjamin, au nord. Ses eaux s'écoulaient dans le Jourdain et formaient la ligne de démarcation entre les deux tribus d'Ephraïm et de Benjamin. » Barbié du Bocage.

l'Egypte cinq villes qui parleront la langue phénicienne, ou hébraïque, et qui jureront au nom du Seigneur; et que l'une de ces villes s'appellera *la ville du Soleil* (*Hir-Hacheres*). On croit que c'est *Héliopolis*, ville célèbre dans l'Egypte, sur le Nil, à une demi-journée de Babylone d'Egypte. Je crois que c'est cette ville que les Arabes veulent désigner sous le nom de fontaine du Soleil, *Ain-al-Schamasch*. Mais M. d'Herbelot (a) dit que c'est la ville de *Coss*, située dans la haute Egypte, et la plus grande des villes d'Egypte après le grand Caire. Il prétend que *Coss* est l'ancienne et fameuse ville de Thèbes, située sur le Nil. Il faut voir ci-après HÉLIOPOLIS.

ENTHOUSIASME. On donne ce nom à la fureur poétique qui transporte l'esprit, enflamme l'imagination, et lui fait dire des choses sublimes et surprenantes. Virgile a fort bien décrit l'enthousiasme de la prêtresse d'Apollon, qu'Enée consulta avant son voyage aux enfers (b):

At Phœbi nondum patiens immanis in antro
Bacchatur Vates, magnum si pectore possit
Excussisse Deum; tanto magis ille fatigat
Os rabidum, etc.

On donne aussi quelquefois le nom d'enthousiasme à l'inspiration des prophètes, parce que, dans le moment qu'ils prophétisaient, ils paraissaient tout transportés et hors d'eux-mêmes, et parlaient un langage extraordinaire. Ainsi Saül, ayant fait rencontre d'une troupe de prophètes qui prophétisaient au son des instruments, se mit à prophétiser au milieu d'eux (c): *Insiluit spiritus Domini in eum, et prophetavit in medio eorum*. Le même prince, étant allé pour arrêter David qui était au milieu des prophètes, fut saisi de l'Esprit de Dieu (d), se déshabilla, et demeura tout nu au milieu d'eux tout le jour et toute la nuit. Les Hébreux expriment ordinairement l'enthousiasme des prophètes sous le nom de *la main du Seigneur*, qui se fait sentir en eux, ou de l'esprit du Seigneur *qui saute sur eux*, ou qui les *revêt*. Le prophète Elisée (e), étant dans l'armée des rois de Juda et d'Israel, et ayant été consulté par le roi Josaphat, pria qu'on lui fit venir un joueur d'instruments pour calmer son esprit ému; car il venait de parler avec émotion à Joram, roi d'Israel : *Adducite mihi psaltem; cumque cantaret psaltes, facta est super eum manus Domini.* L'on dit que les pythagoriciens employaient le chant et les instruments de musique pour se procurer la paix du cœur et la sérénité de l'esprit (f): *Pythagorœi mentes suas a cogitationum intentione, cantu fidibusque ad tranquillitatem traducebant*.

Les faux prophètes et les devins du paganisme entraient dans une espèce de fureur, lorsqu'ils étaient dans leur enthousiasme; mais les prophètes du Seigneur étaient poussés d'une douce impression, qui, sans troubler leur esprit ni leur imagination, leur donnait la force, la majesté et l'autorité nécessaires pour parler et agir comme les ambassadeurs de Dieu; au lieu que les devins et les faux prophètes, n'étant animés que d'un mauvais génie, ou même contrefaisant une inspiration qu'ils n'avaient pas, s'agitaient et se donnaient des mouvements forcés, faisaient des contorsions violentes, et s'efforçaient de se défaire du démon qui les agitait.

Il est vrai que quelquefois Dieu agissait sur l'esprit de ses prophètes avec tant de force, qu'il leur faisait en quelque sorte violence. Jérémie (g) se plaint au Seigneur qu'il l'a en quelque sorte trompé, en l'engageant dans l'emploi de la prophétie : *Vous m'avez séduit, Seigneur, et j'ai été séduit; vous avez été plus fort que moi, et vous avez prévalu. Je suis devenu le sujet de leur moquerie tout le jour. J'ai dit en moi-même : Je ne nommerai plus le Seigneur, et je ne parlerai plus en son nom; mais en même temps il s'est allumé dans mon cœur un feu brûlant, qui s'est enfermé dans mes os, et je suis tombé dans la langueur, n'en pouvant plus supporter la violence.* Eliu dans Job dit à peu près de même (h) : *Je suis rempli de l'esprit, et je ne puis m'empêcher de parler; ma poitrine est comme un tonneau de vin nouveau sans soupirail, qui rompt le vaisseau où il est renfermé.*

Tel était l'enthousiasme des vrais prophètes : il les animait, les échauffait, les transportait, leur faisait une douce violence, allumait leur zèle, en sorte qu'ils ne pouvaient s'empêcher d'invectiver contre les désordres, et de reprendre les pécheurs. Mais ces impressions si vives, si fortes et si efficaces n'étaient pas telles, que *l'esprit des prophètes ne fût pas soumis aux prophètes,* comme dit saint Paul (i), et qu'ils ne conservassent pas la connaissance, la présence d'esprit, la tranquillité, convenables; on voit même certains prophètes qui se sont défendus de prophétiser; comme Jonas qui s'enfuit à Tharse, pour ne pas prêcher à Ninive (j); et ces prophètes dont le Seigneur se plaint, qui, par timidité, ne voulaient pas annoncer au peuple tout ce qu'il leur inspirait (k) : *Ecce ego ad prophetas, ait Dominus, qui furantur verba mea unusquisque a proximo suo.* En un mot, les vrais prophètes n'étaient pas comme ces devins, qui dans leur fureur parlaient malgré eux, et sans savoir ce qu'ils disaient, qui faisaient mille efforts inutiles, pour tâcher de secouer le joug du démon qui les agitait (l).

Bacchatur demens aliena per antrum
Colla ferens, vittasque Dei, Phœbeaque serta,
Erectas discussa comas, per inania templi
Ancipiti cervice rotas... magnoque exæstuat igne,
Iratum te, Phœbe, ferens, etc.

(a) D'Herbelot. *Bibl. Orient.*, p. 274, *Coss.*
(b) Virgil. Æneid. vi.
(c) I Reg. x, 5, 10.
(d) I Reg. xix, 23, 24.
(e) IV Reg. iii, 15, 16.
(f) Cicero Tuscul. quæst. l. IV.

(g) Jerem. xx, 7, 8.
(h) Job, xxxii, 18, 19.
(i) I Cor. xiv, 32.
(j) Jonas, i et ii.
(k) Jerem. xxiii, 29, 30.
(l) Lucan. Pharsal. l. V

L'Eglise et les Pères (a) ont condamné les montanistes qui enseignaient que les vrais prophètes étaient emportés hors d'eux-mêmes en prophétisant comme les prêtres et les prêtresses d'Apollon dans leur enthousiasme.

ENTRAILLES. Les entrailles sont le siége de la miséricorde, la tendresse, la compassion. *Les entrailles de Joseph furent émues* à la vue de son frère Benjamin (b); il se sentit attendri et touché. La vraie mère de l'enfant que Salomon ordonna que l'on coupât en deux, sentit ses entrailles émues à cette proposition, et consentit qu'on le donnât à celle qui n'en était pas la mère (c). Elle fut touchée de compassion. Le Seigneur nous a visités *par les entrailles de sa miséricorde* (d), en nous envoyant le Messie. Saint Paul recommande aux fidèles d'avoir des *entrailles de miséricorde* pour leurs frères (e). Il loue Philémon d'avoir donné le repos aux *entrailles* des saints (f); et il le prie de recevoir Onésime comme ses *entrailles* (g) : *Ut viscera mea suscipe.*

Job, décrivant un riche dur et impitoyable, dit que ses *entrailles* sont chargées de graisse (h); et Salomon, dans les Proverbes (i), que les *entrailles* des impies sont cruelles. Et saint Paul, II *Cor.* VI, 12, fait une espèce de reproche d'amitié aux Corinthiens, en leur disant : *Mes entrailles ne sont point resserrées pour vous, mais les vôtres le sont pour moi.*

Les Hébreux mettent aussi quelquefois dans les *entrailles* la sagesse et l'intelligence : *Qui a mis la sagesse dans les* entrailles *de l'homme?* dit Job (j). Et le Psalmiste (k) : *Mettez un esprit de droiture dans mes entrailles.* Et Isaïe (l) : L'esprit des Egyptiens sera dissipé, anéanti *dans ses entrailles, et je dissiperai son conseil.* Il tombera dans le trouble et dans l'égarement d'esprit, dans l'incertitude. Et Jérémie (m) : *Je graverai ma loi dans leurs entrailles.* Et Abacuc (n) : *L'idole n'a point d'esprit dans ses entrailles.* Il n'a ni esprit, ni âme, ni intelligence.

La Sagesse parle des Chananéens qui mangeaient *des entrailles d'hommes* (o), des mangeurs de chair humaine. *Voy.* CHAIR. Autrefois on sacrifiait un homme à Bacchus, dans l'île de Chio (p), et on le déchirait tout vivant. On en faisait autant dans l'île de Ténédos. Encore au neuvième siècle (q), on vendait de la chair humaine à la Chine, dans les places publiques. Pour ce qui est de manger de la chair et des entrailles des animaux tout vivants, cela était commun dans les Bacchanales (r).

ENTRER ET SORTIR, dans le style des Hébreux, signifie toutes les actions de la vie (s) : *Que le Seigneur conduise votre entrée et votre sortie.* Tout le temps que le Seigneur Jésus *est entré et sorti parmi nous* (t). Et ailleurs (u) : *Afin qu'il sache votre entrée et votre sortie.*

ENTRER DANS L'EGLISE (v), ou dans l'assemblée du Seigneur, signifie être incorporé dans la nation des Juifs, avoir part à ses intérêts, à ses prérogatives.

ENTRER CHEZ UNE FEMME, entrer dans son appartement, n'appartenait qu'à son mari (x). Entrer chez elle, c'est-à-dire l'épouser ou user du droit que le mari a envers sa femme.

EPAPHRAS, fut, à ce qu'on croit (y), le premier évêque de Colosses. Il avait été converti par saint Paul, et avait beaucoup contribué à la conversion de ceux de Colosses, ses compatriotes. Il vint à Rome, dans le temps que saint Paul y était dans les liens, et il fut lui-même mis en prison avec l'Apôtre, à cause de la foi de Jésus-Christ (z). Ayant appris que les faux apôtres, profitant de son absence, avaient semé l'ivraie sur le bon grain dans son Église, il engagea saint Paul, dont le nom et l'autorité étaient respectés dans toute la Phrygie, d'écrire aux Colossiens, pour les tirer de l'erreur, et pour leur faire connaître les faux docteurs. Saint Paul, pour soutenir l'autorité d'Epaphras, et pour relever son mérite auprès des Colossiens, dit (aa) qu'il *lui est très-cher, qu'il est son fidèle compagnon dans le service de Dieu, et un fidèle ministre de Jésus-Christ.* Les Martyrologes marquent la fête de saint Epaphras le 19 juillet, et disent qu'il souffrit le martyre à Colosses.

EPAPHRODITE, évêque des Philippiens (bb), ou, comme l'appelle saint Paul (cc), *apôtre de Philippes*, ou, en prenant ce nom d'*apostolus* dans sa signification littérale, *envoyé des Philippiens*, parce qu'il fut envoyé par les fidèles de cette Eglise, pour porter de l'argent à l'Apôtre qui était alors dans les liens (dd), et même pour le servir de sa personne en leur nom. Il le fit avec beaucoup de zèle, et s'exposa à de grands dangers, ce qui lui causa une maladie qui le réduisit à l'extrémité, et l'obligea de demeurer longtemps à Rome. L'année suivante, qui était la 62ᵉ de Jésus-Christ, il se hâta de retourner à Philippes, parce qu'il avait appris que les Phi-

---

(a) *Hieron. præfat. in Isai. in Nahum et in Abacuc. Origen. l.* VI, *in Joan., et l.* VII, *contra Cels. Chrysost. et Basil. in Psal.* XLIV, 2.
(b) *Genes.* XLIII, 30.
(c) III *Reg.* III, 26.
(d) *Luc.* I, 78.
(e) *Colos.* III, 12.
(f) *Philem.* v, 7.
(g) *Ibid.* v. 12.
(h) *Job,* XXI, 24.
(i) *Prov.* XII, 10.
(j) *Job,* XXXVIII, 36.
(k) *Psalm.* L, 12.
(l) *Isai.* XIX, 3.
(m) *Jerem.* XXXI, 33.
(n) *Habac.* II, 19.
(o) *Sup.* XII, 5.
(p) *Porphyr. de Abst. l.* III.
(q) Voyage de deux Arabes à la Chine, p. 55.
(r) *Arnob. l.* V, *contra Gentes. Lucian., prostalia Clem Alex. Protreptic.* p. 19.
(s) *Psalm.* CXX, 8.
(t) *Act.* I, 21.
(u) II *Reg.* III, 25.
(v) *Deut.* XXIII, 1, 3, *etc.*
(x) *Judic.* XV, 1. *Genes.* XXIX, 21; XXX, 3 *et passim.*
(y) *Vide Coloss.* I, 7; IV, 12. *Adon. Usuard. Martyrol. Rom.*
(z) *Philem.* v. 23. An de Jésus-Christ 61.
(aa) *Coloss.* I, 7.
(bb) *Theodoret. in Philipp.* p. 323, 333.
(cc) *Philipp.* II, 25; IV, 18.
(dd) An de Jésus-Christ 61.

lippiens, ayant su sa maladie, en avaient été fort affligés. Saint Paul le chargea d'une lettre aux Philippiens, qui nous apprend toutes ces particularités.

Les Grecs font la fête de saint Epaphrodite le 8 ou 9 de décembre, aussi bien que le 29 et le 30 de mars, et le qualifient apôtre, l'un des soixante et dix disciples, et évêque d'Adriaque ou d'Andraque. Un discours attribué à Métaphraste dit que saint Pierre ordonna un Epaphrodite évêque à Terracine ; mais il ne dit point si c'est le même Epaphrodite dont saint Paul fait mention. Le Martyrologe romain met la fête de saint Epaphrodite, évêque de Terracine, au 22 de mars.

EPAULE. Donner ou *prêter son épaule pour porter le fardeau* (a), signifie *se soumettre à la servitude*. L'Ecclésiastique conseille à son élève de *soumettre son épaule* (b) au joug de la sagesse. Le Messie a délivré son peuple *de la verge* ou *du joug* auquel il était assujetti (c) : *Virgam humeri ejus superasti*. Baruc. 11. 21, exhorte les Juifs captifs à Babylone à *soumettre leurs épaules* au roi Nabuchodonosor, afin qu'ils puissent vivre en paix sous son empire. Dans un sens contraire, l'Ecriture appelle une épaule rebelle (d), *humerum recedentem*, celle qui ne veut pas se soumettre au joug ; et ceux qui le portent de concert et ensemble, *servientes humero uno*. Sophon. III, 9.

On portait quelquefois sur les épaules les marques d'honneur et d'empire. Job (e) prie Dieu de rendre son jugement sur son sujet, *afin que je porte ma sentence sur mon épaule, et que je m'en fasse comme une couronne.* Isaïe (f) dit que le Messie portera la marque de son empire sur son épaule : *Factus est principatus ejus super humerum ejus.* Dieu promet à Héliacim, fils d'Helcias, de lui donner (g) *la clef de la maison de David : il la portera sur son épaule ; il ouvrira, et nul ne fermera ; il fermera, et nul n'ouvrira.*

ÊTRE PORTÉ SUR LES ÉPAULES, marque quelquefois une sorte de distinction et d'honneur. Dieu dit que quand il fera revenir son peuple de la captivité de Babylone, il donnera le signal aux peuples (h), et *qu'ils rapporteront ses fils entre leurs bras, et ses filles sur leurs épaules.* — [Dans des baldaquins, selon l'usage de l'Orient (S).]

Quelquefois, au contraire, cela marque une grande impuissance, une extrême disgrâce. Dieu ordonna à Ezéchiel de faire une brèche, et de se faire emporter par là sur l'épaule, et pendant la nuit (i), pour désigner la prise de Jérusalem, et la captivité du roi et du peuple. Isaïe (j) et Baruch (k), pour marquer l'impuissance des idoles, disent qu'on est obligé de les porter sur les épaules.

EPENETE, disciple de saint Paul, fut apparemment un des premiers qu'il convertit étant en Asie, puisqu'il l'appelle *les prémices de l'Asie* (l). Les Grecs font sa fête le 30 de juillet, avec les saints Crescent et Andronique, et ils disent d'eux tous qu'ils moururent en paix, après avoir prêché la foi de Jésus-Christ en divers endroits. Dorothée fait saint Epénète évêque de Carthage.

EPHA, fils aîné de Madian, et petit-fils d'Abraham et de Céthura. Epha eut sa demeure dans l'Arabie Pétrée, apparemment auprès des Madianites, auxquels il est joint dans Isaïe (m). Il donna son nom à la ville d'Epha, nommée par les Septante *Gæpha* ou *Gephar* (n), parce qu'ils prononcent assez souvent le haïn comme un G ; ainsi ils lisent *Gasa*, au lieu de *Hasa* ; *Gomorrhe*, au lieu de *Homorrhe*. La ville d'Epha et le petit pays d'alentour faisaient partie du pays de Madian, situé sur le bord oriental de la mer Morte, fort différent d'un autre pays de Madian, situé sur la mer Rouge. Ptolomée parle d'un bourg nommé *Ippos*, sur le bord oriental de la mer Morte, un peu au dessous de *Modian* ou *Madian*. Il y avait beaucoup de chameaux et de dromadaires dans le pays de Madian et d'Epha, comme on le voit par le livre des Juges (o) et par Isaïe (p) : *Dromadarii Madian et Epha.*

EPHA, [cinquième] fils de Jéhadaï. I. *Par.* II, 47.

EPHA, concubine de Caleb, et mère de Haran, de Mosa et de Gezez. I. *Par.* II, 46.

EPHA, mesure des Hébreux. *Voy.* EPHI.

EPHEBIA, *Ephebium* (q). Les Grecs avaient plusieurs sortes d'exercices dont ils faisaient grand cas, et ils mettaient une partie de leur gloire à y réussir. Lorsque Jason et les autres Juifs, peu attachés à leur loi, voulurent se conformer aux façons de faire des Grecs, ils commencèrent à établir dans Jérusalem des *gymnases* pour les hommes faits, et des *ephebia* ou *ephebias* pour les jeunes garçons au-dessus de quatorze ans. Vitruve (r) distingue tout cela avec beaucoup d'exactitude. Comme dans les lieux d'exercice on s'exerçait tout nu, l'auteur du second livre des Machabées parle de ces lieux comme d'autant de lieux infâmes, destinés à la prostitution : *Optimos quosque epheborum in lupanaribus ponere* (s).

EPHER, [deuxième] fils de Madian, e frère d'Epha, I *Par.* I, 33. Il demeurait au delà du Jourdain, III *Reg.* IV, 10. — [Il est nommé Ophur, *Gen.* XXV, 4.]

(a) *Genes.* XLIX, 15.
(b) *Eccli.* VI, 26.
(c) *Isai.* IX, 4
(d) II *Esdr.* IX, 29.
(e) *Job*, XXXI, 36.
(f) *Isai.* IX, 6.
(g) *Isai.* XXII, 22.
(h) *Isai.* XLIX, 22.
(i) *Ezech.* XII, 6, 7.
(j) *Isai.* XLVI, 23
(k) *Baruc.* VI, 5.

(l) *Rom.* XVI, 5. Le texte grec lit, *les prémices de l'Achaïe*. S. Chrysostome, *homil.* 31 *in Rom.*, p. 588, et Theodoret. *in Rom.* p. 115, ont lu de même.
(m) *Isai.* LX, 6.
(n) *Genes.* XXV. עיפה 70, Γαιφα vel Γεφαρ.
(o) *Judic.* VI, 5.
(p) *Isai.* LX, 6.
(q) II *Mac.* IV, 9, 12.
(r) *Vitruv.* l. V, c. 11.
(s) II *Mac.* IV, 12.

EPHER, [troisième] fils d'Ezra, I *Par.* IV, 17.

EPHER, [chef de famille] de la tribu de Manassé. I *Par.* V, 24.

* EPHER ou, selon l'hébreu, HEPHER, III *Reg.* IV, 10, où il est dit que, sous Salomon, Ben-Hesed, un de ses officiers, eut l'intendance d'Aruboth, dans la circonscription de laquelle furent comprises la ville de Socho et la terre d'*Epher*. On ne sait si Aruboth était une ville ou une contrée, et où elle était située. On ignore pareillement la situation du pays d'Epher. Mais comme Aruboth, Socho et Epher formaient une même intendance, on doit en inférer qu'elles étaient voisines : or, Socho était située dans la tribu de Juda, *Jos.* XV, 35. Barbié du Bocage suppose qu'Aruboth, ville ou pays, devait être à l'ouest de Jérusalem, non loin de cette ville, et dans la tribu de Juda. Le géographe de la ville de Vence suppose qu'Epher « était apparemment la contrée qui donnait son nom à Geth-Hepher, ville de la tribu de Zabulon, *Jos.* XIX, 13. »

* EPHER. *Voy.* GETH-EPHER et HEPHER.

EPHESE, ville très-célèbre de l'Asie-Mineure, dans l'Ionie. Ce qui la rendait le plus recommandable parmi les païens, et ce qui y attirait une infinité d'étrangers, était son fameux temple de Diane, qui passait pour une des sept merveilles du monde, et dont la longueur était de quatre cent vingt-cinq pieds, et la largeur de deux cent vingt. Il y avait cent vingt-sept colonnes faites par autant de rois. Toutes les provinces de l'Asie avaient contribué à son bâtiment, et on avait mis deux cents ans à le bâtir.

L'apôtre saint Paul vint à Ephèse pour la première fois (a), en l'an de Jésus-Christ 54; mais il n'y séjourna que peu de jours, parce qu'il allait à Jérusalem. Il promit aux Juifs d'Ephèse, qui l'invitaient à y demeurer quelque temps, qu'il y reviendrait quelque jour. En effet, il y revint quelques mois après, et y demeura pendant trois ans, jusqu'en l'an 57, qu'il fut obligé d'en sortir par une sédition causée par l'orfèvre Démétrius (b), dont le principal commerce consistait à faire des niches, ou des figures d'argent de la Diane d'Ephèse. C'est de là que saint Paul écrivit sa première Epître aux Corinthiens.

Les Ephésiens étaient fort adonnés aux arts curieux, à la magie, aux sortiléges, à l'astrologie judiciaire. Les lettres, ou les caractères d'Ephèse, *Ephesia grammata*, étaient passés en proverbe, pour marquer des caractères magiques. Un jour, quelques Juifs qui se mêlaient d'exorciser des possédés pour de l'argent, ayant exorcisé un énergumène au nom de Jésus-Christ, que saint Paul prêchait (c), le possédé se jeta sur eux, les maltraita, les chassa, et les laissa tout nus, en leur disant : *Je connais Jésus, et je sais qui est Paul; mais vous, qui êtes-vous?* Cet accident remplit de crainte tous les habitants d'Ephèse, Juifs et Gentils. Et plusieurs personnes, qui s'étaient attachées aux arts curieux, brûlèrent publiquement les livres qu'ils en avaient, dont le prix montait à une somme très-considérable.

L'Apôtre passa encore à Ephèse dans le dernier voyage qu'il fit allant à Rome, en l'an 65 de Jésus-Christ. Etant à Rome, dans les liens (d), il leur écrivit une lettre fort pathétique et fort touchante, et en même temps fort relevée et sublime. Il mourut l'année suivante, 66 de Jésus-Christ.

Aquila et Priscille, hôtes de saint Paul, vinrent de Corinthe à Ephèse avec lui, et y firent quelque séjour (e). Apollon, Juif d'Alexandrie, y vint aussi, et y prêcha (f). On sait que l'apôtre saint Jean y passa une grande partie de sa vie, et qu'il y mourut. La sainte Vierge y mourut aussi, et y fut enterrée, selon les pères du concile d'Ephèse, qui marquent qu'on y voyait son tombeau (g), et que la cathédrale de la même ville était dédiée sous son nom. Enfin, on assure que Marie-Magdeleine, étant venue dans la même ville, y mourut en paix (h).

Saint Timothée, disciple de saint Paul, fut fait premier évêque d'Ephèse par l'Apôtre, qui lui imposa les mains (i). Ce qui n'empêchait pas que saint Jean l'évangéliste ne résidât dans la même ville, et n'y fît les fonctions d'apôtre, et n'eût inspection sur toute la province. S'il est vrai que saint Timothée ne soit mort qu'en l'an 97, sous l'empire de Nerva, et sous le proconsul Pérégrin, saint Jean étant encore dans l'île de Pathmos, on ne peut guère s'empêcher de dire que l'ange d'Ephèse à qui saint Jean écrit, ne soit saint Timothée (j). Il lui donne de grandes louanges, mais il lui fait un reproche, qui est qu'il s'était relâché de sa première charité. Il ajoute : Souvenez-vous donc de l'état d'où vous êtes déchu, faites-en pénitence, rentrez dans la pratique de vos premières œuvres ; sinon, je viendrai à vous, et j'ôterai votre chandelier de sa place, si vous ne faites pénitence *Voyez* ci-après l'article de *saint* TIMOTHÉE. Ce saint souffrit le martyre à Ephèse, et fut enterré sur une montagne près de la ville. Il eut pour successeur saint Onésime.

[Sur les ruines d'Ephèse, dont le *chandelier a été ôté de sa place*, voyez la *Corresp. d'Orient*, lettre XIV, de M. Poujoulat, tom. 1, pag. 287 et suiv.; et Keith, *Accomplissement des prophéties*, dans les *Démonstrat. évangél.*, tom. XV, col. 464. Sur le temple de Diane, *voyez* DIANE.]

EPHPHETAH. C'est un terme hébreu, ou plutôt syriaque, qui dérive de l'hébreu *patah*, *ouvrir*, *ouvrez-vous* (k). Le Sauveur prononça ce terme lorsqu'il guérit un sourd et

---

(a) *Act.* XVIII, 19, 22.
(b) *Act.* XIX, 24.
(c) *Act.* XIX, 14 *et seq.*
(d) *Ephes.* VI, 20, 21, 22 ; III, IV, 1.
(e) *Act.* XVIII, 2, 3, 18.
(f) *Act.* XXIII, 24, 25.

(g) *Concil.* t. III, pp. 561 et 574.
(h) *Photius Cod.* 275, p. 1325.
(i) I *Timoth.* cap. IV, v. 14, et II *Timoth.* cap. I, v. 6. *Chrysost.* in I *Tim. hom.* 15, et in II *Tim. hom.* I.
(j) *Apoc.* II, 1, 2, 3, 4, 5.
(k) חתפה *ephphetath*.

muet, en lui mettant ses doigts dans les oreilles, et de sa salive sur la langue, puis levant les yeux au ciel, et jetant un profond soupir, il dit *ephphetah, ouvrez-vous;* et aussitôt ses oreilles furent ouvertes, et sa langue déliée (a).

EPHI, mesure creuse des Hébreux, qui contenait vingt-neuf pintes, chopine, demi-setier, un posson, et un peu plus. Le *bath* est le même que l'*éphi*, ou *épha*.

EPHOD (1), sorte d'ornement des prêtres hébreux. *Ephod* vient du verbe *aphad* (b), qui signifie lier, attacher, ceindre; et l'usage de cet habillement revenait fort bien à cette signification, puisque l'éphod était une espèce de ceinture qui, prenant derrière le cou, et par-dessus les deux épaules, venait descendre par devant, se croisait sur la poitrine, et servait ensuite à ceindre la tunique, en faisant le tour du corps. Elle avait quelque rapport à l'étole de nos prêtres, avec cette différence, que nous laissons pendre les deux bouts de l'étole, après l'avoir croisée sur la poitrine; au lieu que l'éphod faisait deux fois le tour du corps, ceignait la tunique; et après cela ses extrémités tombaient par devant jusqu'à terre.

Il y avait deux sortes d'éphod, l'un, de simple lin pour les prêtres, et l'autre, de broderie pour le grand-prêtre. Comme celui des simples prêtres n'avait rien de particulier, Moïse ne s'est point arrêté à le décrire. Mais il nous décrit au long celui du grand-prêtre. Voici ce qui le distinguait (c) : Il était composé d'or, d'hyacinthe, de pourpre, de cramoisi, de coton retors; c'est-à-dire, c'était un tissu de différentes couleurs très-riche. Il y avait sur les épaules de l'éphod, ou plutôt à l'endroit de l'éphod qui venait sur les deux épaules du grand prêtre, deux grosses pierres précieuses, qui étaient chargées du nom des douze tribus d'Israel, six noms sur chaque pierre.

A l'endroit où l'éphod se croisait sur la poitrine du grand prêtre, il y avait un ornement carré, nommé le rational; en hébreu (d) *choschen*, dans lequel étaient enchâssées douze pierres précieuses, où l'on avait gravé les noms des douze tribus d'Israel; un sur chacune des pierres. Enfin, l'éphod retournait par derrière, ceignait la tunique, et venait se nouer par devant, à la manière de ces grandes ceintures des Orientaux, dont les extrémités descendent presque jusqu'à terre.

L'éphod des simples prêtres, qui n'était que de lin, avait la même étendue et le même usage; mais il était moins précieux et moins orné. Cet ornement était propre aux prêtres; et saint Jérôme (e) dit qu'on ne le trouve dans l'Ecriture que quand il s'agit des prêtres : *Illud breviter attende, quod numquam nisi in sacerdotio nominetur ephod.* On ne croyait pas que le culte, vrai ou faux, pût subsister sans sacerdoce et sans éphod. Gédéon fit un éphod des dépouilles des Madianites (f), et cet ornement fut un sujet de chute à Israel. Micha, ayant fait une idole (g), et l'ayant mise dans sa maison, ne manqua pas d'y faire un éphod. Dieu prédit aux Israélites, dans Osée (h), qu'ils seront longtemps sans rois, sans princes, sans sacrifices, sans autel, sans éphod, sans téraphim; enfin Isaïe (i), parlant des faux dieux que les Israélites adoraient, leur attribue des éphods. *Vous souillerez les lames d'argent de vos idoles, et l'éphod de vos dieux couverts de lames d'or.*

L'éphod se met souvent pour le *rational* et pour l'*urim et thummim* qui y étaient attachés, parce que tout cela tenait à l'éphod, et ne faisait qu'un avec lui.

Quoique l'éphod fût un ornement propre aux prêtres, on ne laissait pas de le donner quelquefois à des laïques. David portait cet ornement dans la cérémonie du transport de l'arche de la maison d'Obédédom à Jérusalem (j). Samuel, quoiqu'il ne fût que lévite, et enfant, portait l'éphod dans le tabernacle (k).

Les lévites, régulièrement, ne devaient pas porter l'éphod. Leur habit ne différait pas de celui des laïques; du moins Moïse ne fait aucun règlement particulier sur le sujet de leur habillement. Toutefois, à la cérémonie de la dédicace du temple de Salomon, les lévites et les chantres, qui n'étaient pas de l'ordre des prêtres, étaient revêtus d'habits de fin lin (l) : *Vestiti byssinis;* de même que David, à la cérémonie du transport de l'arche de la maison d'Obédédom dans le palais du roi (m). Josèphe (n) remarque que, du temps du roi Agrippa, et un peu avant la prise de Jérusalem par les Romains, les lévites prièrent ce prince de faire assembler le Sanhédrin, pour qu'on y fît un règlement qui leur permît de porter l'étole de lin, de même que les prêtres. Ils flattèrent Agrippa, en lui disant que cela contribuerait à la gloire de son règne. Agrippa leur accorda leur demande; mais l'historien remarque que c'était une innovation contraire aux lois du pays, auxquelles on n'a jamais donné atteinte impunément.

Spencer (o) et Cunæus (p) ont prétendu que les rois des Juifs avaient droit de porter l'éphod, et de consulter le Seigneur par l'*Urim et Thummim.* Ils se fondent principalement

(a) Marc. vii, 32, 33, 34.
(b) אפד Ephod אפד Aphad.
(c) Exod. xxviii, 6, 7, et 9.
(d) חשן Choschen. Græc. Λογεῖον, Rationale.
(e) Hieron. ad Marcellan
(f) Judic. viii, 27.
(g) Judic. xvii, 5.
(h) Osee. iii, 4.
(i) Isai. xxx, 22.
(j) II Reg. vi, 14.
(k) I Reg. xii, 18.
(l) II Par. v, 12.
(m) I Par. xv, 27.
(n) Joseph. Antiq. l. XX, c. viii, p. 699. φέρειν αὐτοῖς ἐξεῖναι τοῖς ἱερεῦσιν ἐπιτρέψαι λινῆν στολήν
(o) Spencer de Urim et Thummim.
(p) Cuneus de Rep. Hebræor. l. I, c. xiv.
(1) Il me semble, d'après les divers renseignements fournis par la Bible, que l'*éphod* était composé de deux pièces (une pour chaque épaule) réunies à leurs deux extrémités au bas et au haut, par un lien qui était du même tissu que l'éphod. *Voyez* mes scholies sur les versets 6-12 du ch. xxviii de l'*Exode* (S).

sur ce qui est dit dans le premier livre des Rois (a), que David, arrivant à Siceleg, et trouvant que les Amalécites avaient pillé la ville, et emmené ses femmes et celles de ses gens, dit au grand prêtre Abiathar: *Appliquez-moi l'éphod, et Abiathar appliqua l'éphod à David: Applica ad me ephod, et applicavit Abiathar ephod ad David.* La suite favorise ce sentiment. Verset 8: *David consulta le Seigneur, en disant: Poursuivrai-je ces brigands, et les prendrai-je, ou ne les prendrai-je pas? Et le Seigneur lui dit: Poursuivez-les, car indubitablement vous les prendrez.* On lit aussi (b) que Saül consulta le Seigneur, et que le Seigneur ne lui répondit ni *par les songes, ni par les prophètes.* Il consulta donc le Seigneur par l'*Urim;* par conséquent il se revêtit de l'éphod.

Mais la plupart et les plus savants commentateurs croient que ni David, ni Saül, ni Josué, ni aucun autre prince d'Israel, ne se revêtit de l'éphod du grand prêtre, pour consulter par lui-même le Seigneur, et que les passages que nous avons rapportés ne signifient autre chose, sinon : Revêtez vous de l'éphod, et consultez pour moi le Seigneur; à la lettre : *Approchez pour moi l'éphod, et Abiathar fit approcher l'éphod pour David.* Grotius croit que le grand prêtre tourna l'éphod ou le pectoral du côté de David, afin que ce prince pût voir par ses yeux que Dieu lui répondrait par les pierres du rational. Dans ces rencontres Dieu rendait des oracles, et découvrait l'avenir par la bouche des grands prêtres, auxquels seuls appartenait le droit de porter l'éphod avec le rational, et de consulter le Seigneur sur les événements importants qui concernaient le bien public de la nation.

On peut voir URIM et THUMMIM, pour savoir de quelle manière on consultait le Seigneur.

EPHRA, ville d'Ephraïm [lisez de la demi-tribu ouest de Manassé], patrie de Gédéon (c). On n'en sait pas la vraie situation.

[Huré trouve une autre ville d'*Ephra;* il la met dans la tribu de Benjamin, I *Reg.*, XIII, 17, et dit qu'elle est appelée Ophera, *Jos.*, XVIII, 23. Le géographe de la Bible de Vence dit que l'Ephra de I *Reg.*, XIII, 17, est la même que la patrie de Gédéon, et est différente d'Ophera.]

EPHRAIM, second fils du patriarche Joseph et d'Aseneth, fille de Putiphar, naquit en Egypte vers l'an du monde 2293 ou 2294. Ephraïm fut mené par son père Joseph, avec Manassé, son frère, à Jacob, au lit de la mort (d). Jacob ayant fait approcher les deux frères, Ephraïm et Manassé, mit sa main droite sur Ephraïm, qui était le cadet, et sa gauche sur Manassé, qui était l'aîné : Joseph, leur père, ayant voulu changer ses mains, et mettre la droite de Jacob sur Manassé, en lui disant: *Cela ne convient point ainsi, mon père, car celui-ci est l'aîné : Jacob lui répondit : Je le sais, mon fils, je le sais;* Manassé se multipliera et sera père de plusieurs peuples; mais Ephraïm sera plus grand et plus nombreux; et le temps viendra qu'Ephraïm et Manassé seront des espèces de formules de bénédictions, et que l'on dira : *Que Dieu vous comble de ses faveurs comme il en a comblé Ephraïm et Manassé.*

Pendant le séjour des Israélites dans l'Egypte, les enfants d'Ephraïm ayant fait une irruption dans la Palestine (e), les habitants de Geth les tuèrent, et Ephraïm, leur père, les pleura pendant plusieurs jours, et ses frères vinrent pour le consoler. Ensuite il eut un fils nommé *Beria,* et une fille nommée *Sara,* qui bâtit Béthoron-la-Haute, et Béthoron-la-Basse, et Ozen-Sara. Il eut aussi pour fils Rapha, Reseph et Thalé. La postérité d'Ephraïm se multiplia tellement en Egypte, qu'au sortir de ce pays, ils étaient au nombre de quarante mille cinq cents hommes au-dessus de vingt ans, et capables de porter les armes (f). Ils avaient pour chef Elisama, fils d'Ammiud.

Après qu'ils furent entrés dans la Terre promise, Josué, qui était de cette tribu, leur donna leur partage entre la Méditerranée au couchant, et le Jourdain à l'orient : la demi-tribu de Manassé fut placée au nord, et celles de Dan et de Benjamin au midi. L'arche d'Alliance et le tabernacle demeurèrent assez longtemps dans cette tribu, à Silo; et depuis la séparation des dix tribus, le siége du royaume d'Israel fut toujours dans la tribu d'Ephraïm. Ephraïm même est assez souvent mis pour tout le royaume des dix tribus. On dit aussi *Ephræm,* au lieu d'Ephraïm (g). *Filii Ephræm intendentes et mittentes arcum;* et le canton de cette tribu est nommé *Ephrata* dans le Psaume CXXXI, 6 : *Ecce audivimus eam in Ephrata* : Nous avons appris que l'arche a été à Silo, dans le partage d'Ephraïm. Enfin quelquefois *Ephrataeus* signifie un homme d'Ephraïm (h) : *Numquid Ephratæus es?... Dic ergo Schibboleth.* Elcana père de Samuel, est surnommé *Ephrataeus,* I *Reg.*, I, 2.

Mais le nom d'*Ephrata* se prend aussi pour *Bethléem,* et *Ephrataeus,* pour un homme de Bethléem, ainsi qu'on le dira ci-après. La tribu d'Ephraïm fut menée en captivité au delà de l'Euphrate, avec les autres tribus d'Israel, par Salmanasar, roi d'Assyrie, l'an du monde 3283; avant Jésus-Christ 717; avant l'ère vulgaire 721. Quelques-uns prétendent qu'elles subsistent encore très-nombreuses dans la Tartarie, dans la Chine, ou dans les Indes ; mais nous avons examiné dans une dissertation faite exprès, cette question (i), et nous avons essayé de montrer que les dix tribus revinrent dans la Palestine, vers le règne d'Alexandre le Grand (1). Quant aux

---

(a) I *Reg.* xxx, 7; ויגש בידו את האיפור לא דוד
(b) I *Reg.* xxviii, 6.
(c) *Judic.* vi, 11, 24; vii, 27; ix, 5.
(d) *Genes.* xlviii, 8, 9, 10.
(e) I *Par.* vii, 20, 21.
(f) *Num.* ii, 18, 19.
(g) *Psalm.* lxxvii, 9.

(h) *Judic.* xii, 5.
(i) Dissert. à la tête du livre des Paralipom. p. 20, 21 et suiv.

(1) Je crois qu'il n'y a pas d'inconvénient à dire que, bien que les dix tribus soient revenues dans la Palestine, il y eut néanmoins beaucoup d'Israélites qui préférèrent rester dans les pays où ils étaient établis. Tous les Juifs,

Chutéens ou Samaritains, qui furent envoyés dans la Samarie, après le transport des dix tribus, nous en parlerons sous l'article des Chutéens ou des Samaritains.

EPHRAIM, ou Ephræm [ou Ephrem], ville dans la tribu d'Ephraïm, vers le Jourdain; peut-être celle où Jésus-Christ se retira peu de temps avant sa passion (a). [*Voyez* Ephræm.]

EPHRAIM, ville de Benjamin, à huit milles de Jérusalem, selon Eusèbe (b). Elle était aux environs de Béthel (c). Je crains qu'on n'ait confondu cette ville avec la précédente; car saint Jérôme met vingt milles, au lieu de huit milles qu'on lit dans Eusèbe.

* EPHRAIM. Forêt d'Ephraim, au delà du Jourdain, près de laquelle Absalon livra la bataille aux troupes de son père (d). C'est dans cette forêt qu'il fut pris par le cou dans une branche; il y périt et y fut enterré. Elle ne devait pas être bien éloignée de Mahanaïm, où était David.

* EPHRAIM (Montagne d'), chaîne de montagnes commençant vers la limite des tribus de Benjamin et d'Ephraïm, et s'étendant au N. jusque dans la tribu d'Issachar. Elle appartenait presque entièrement aux tribus des enfants de Joseph, Ephraïm et Manassé; elle contenait plusieurs villes importantes: telles étaient *Thamnat-Saara*, qui fut donnée à Josué; *Sichem, Gabaa, Phanuel*, etc. Salomon établit une intendance pour elle seule. C'était sur cette montagne que se trouvaient en partie les hauts lieux d'Israel, et où était pratiqué, par conséquent, le culte des idoles (Barbié du Bocage).

* EPHRAIM, nom de l'une des portes de Jérusalem, au nord.

EPHRATA, seconde femme de Caleb, qui fut mère de Hur (e). On croit que c'est elle qui donna son nom à la ville d'Ephrata, nommée autrement Bethléem.

EPHRATA, autrement Bethléem (1), ville à deux lieues de Jérusalem, célèbre par la naissance de David, roi d'Israel, et infiniment davantage par la naissance de Jésus-Christ, Fils de Dieu et Sauveur du monde. On dit *Ephratæus*, pour dire un homme natif de Bethléem (2).

Ephrata se trouve dans le Psaume CXXXI, 6, pour désigner le partage d'Ephraïm: *Ecce audivimus eam in Ephrata*: Nous avons appris que l'arche d'Alliance a été à Silo dans l'Ephratéenne, dans le partage d'Ephraïm. On dit aussi *Ephratæus* pour un homme de la tribu d'Ephraïm (f).

EPHRÉE, roi d'Egypte (g), qui vivait du temps de Sédécias, roi de Juda, et du grand Nabuchodonosor, roi de Chaldée. Les Hébreux l'appellent *Hophra*, et Hérodote *Apries* (h).

Sédécias, roi de Juda, las de porter le joug du roi de Babylone, fit alliance avec Ephrée, roi d'Egypte, et lui envoya à cet effet des ambassadeurs la septième année de son règne. Ezéchiel (i) lui en fit de grands reproches: *Celui qui s'est adressé à l'Egypte, et qui lui a demandé des chevaux et des soldats, réussira-t-il et évitera-t-il le danger? Celui qui a fait cette action et qui a faussé sa foi, en sera-t-il quitte pour cela? Je jure par ma vie, dit le Seigneur, il mourra au milieu de Babylone, dans la ville du roi dont il a violé l'alliance, et faussé le serment.*

Deux ans après, c'est-à-dire la neuvième année de Sédécias, Nabuchodonosor marcha contre Jérusalem (j), et prit toutes les villes de Juda, à l'exception de Lachis, d'Azecha et de Jérusalem. Pharaon Ephrée, voyant son allié dans la dernière extrémité, sortit de l'Egypte à la tête de son armée, pour venir à son secours. Nabuchodonosor leva le siège de Jérusalem, et marcha contre le roi d'Egypte; et en même temps Jérémie (k) prédit à Sédécias que les Egyptiens s'en retourneraient dans leur pays, sans oser combattre contre les Chaldéens; et que Nabuchodonosor prendrait la ville de Jérusalem, ce qui arriva en effet: Sédécias lui-même fut pris et mené à Babylone. Alors Jérémie (l) prédit que le roi d'Egypte serait livré entre les mains de ses ennemis, comme Sédécias l'avait été entre les mains de Nabuchodonosor; et Ezéchiel (m) adressa sa parole à Ephrée, et lui dit: « Voici ce que dit le Seigneur: Je viens à vous, Pharaon, roi d'Egypte, grand dragon, qui vous couchez au milieu de vos fleuves, et dites: Le fleuve est à moi, et c'est moi-même qui me suis créé. Je mettrai un frein à vos mâchoires, et j'attacherai à vos écailles les poissons de vos fleuves; je vous jetterai dans le désert avec tout le poisson de votre fleuve; vous tomberez sur la face de la terre, on ne vous relèvera point, et on ne vous ensevelira point; mais je vous donnerai en proie aux oiseaux du ciel et aux bêtes de la terre, et tous les habitants de la terre sauront que je suis le Seigneur, parce que vous avez été à la maison d'Israel un appui aussi faible qu'un roseau. Lorsqu'ils ont voulu s'attacher à vous, et vous prendre avec la main, vous vous êtes rompu, et vous leur avez déchiré toute l'épaule, et lorsqu'ils pensaient s'appuyer sur vous, vous vous êtes éclaté en pièces, et vous leur avez rompu tous les reins. C'est pourquoi je vais faire tomber la guerre sur vous; le pays d'Egypte sera réduit en solitude, et ils sauront que c'est moi qui suis le Seigneur, etc. ».

à beaucoup près, ne revinrent pas non plus de la captivité de Babylone, et pourtant ces derniers doivent être considérés comme aimant leur patrie mieux que les premiers.

(a) Joan. xi, 54.
(b) Euseb. in Ephron. Vide et Joseph. de Bello, l. V, c. viii.
(c) Epiphan. contra hæres. l. I; et II Par. xiii, 19.
(d) II Reg. xviii, 6, 7, 8.
(e) I Par. ii, 19.
(f) I Reg. i, 2. Judic. xi, 5.

(g) Jerem. xliv, 50.
(h) Herodot. l. II, c. 161, 162, 169.
(i) Ezech. xvii, 15.
(j) IV Reg. xxv, 1. II Par. xxxvi, 17. Jerem. xxxii, 1; lii, 4.
(k) Jerem. xxxvii, 5, 6.
(l) Jerem. xlv, 30.
(m) Ezech. xxix, 1, 2, etc.
(1) Gen. xxxv, 16, 19; xlviii, 7. Ruth. iv, 11. Mich. v, 2.
(2) Ruth. i, 2; I Reg. xvii, 12.

Les chapitres XXX et XXXI du même prophète sont aussi contre le roi d'Egypte. Ezéchiel y décrit la chute de l'Egypte, sa ruine, sa désolation, d'une manière très-pathétique. L'onzième année de Sédécias (a), le septième jour du premier mois, le Seigneur dit à Ezéchiel : « Fils de l'homme, j'ai brisé le bras du roi d'Egypte, et il n'a pas été enveloppé pour le guérir. On ne l'a pas enveloppé de linges et de bandes pour qu'il puisse reprendre ses forces, et tenir l'épée.... Je briserai son bras dont il se tenait si fort, et je ferai tomber l'épée de sa main; je disperserai l'Egypte dans les nations, et je la jetterai au vent par les pays; j'affermirai le bras du roi de Babylone, et je lui mettrai en main mon glaive; et le bras du roi d'Egypte sera abattu, et tombera; et ils sauront que je suis le Seigneur, lorsque j'aurai mis mon glaive entre les mains du roi de Babylone. »

Quelques mois après (b) Ezéchiel prophétisa de nouveau contre Ephrée, roi d'Egypte, et le Seigneur lui dit : « Fils de l'homme, dites à Pharaon et à son peuple : A qui ressemblez-vous dans votre grandeur? Considérez Assur : il était comme un cèdre du Liban. Ses branches étaient belles et bien couvertes de feuilles, il était fort haut, et son sommet s'élevait au milieu d'une belle verdure..... un grand nombre de nations habitaient sous ses rameaux..... Tous les arbres du jardin de délices lui portaient envie. Mais parce qu'il s'est élevé d'orgueil, je l'ai livré entre les mains du plus puissant d'entre les peuples, qui le traitera comme il lui plaira... Et vous, Pharaon, vous serez aussi précipité avec tous les arbres délicieux au fond de la terre; vous dormirez au milieu des incirconcis, avec ceux qui ont été tués par l'épée; tel sera le sort de Pharaon et de tout son peuple, dit le Seigneur notre Dieu.

Le prophète continue au chapitre suivant, et fait un cantique lugubre sur la chute de Pharaon Ephrée (c) : « Vous avez été semblable au lion des nations, et au dragon qui est dans la mer (à la baleine) : vous frappiez de la corne tout ce qui était dans vos fleuves, vous en troubliez les eaux avec les pieds, et vous renversiez tous les fleuves. C'est pourquoi voici ce que dit le Seigneur notre Dieu : J'assemblerai contre vous une multitude de peuples, j'étendrai sur vous mon rets, et je vous entraînerai dans mon filet, je vous jetterai sur la terre, et je vous laisserai au milieu des champs, et j'abandonnerai votre cadavre aux oiseaux du ciel et aux animaux de la terre. J'obscurcirai le ciel à votre mort, je ferai noircir les étoiles; je couvrirai le soleil d'une nuée, et la lune ne répandra plus sa lumière : je ferai pleurer votre mort à toutes les étoiles du ciel..... L'épée du roi de Babylone viendra fondre sur vous : je renverserai vos troupes si nombreuses par les armes des braves. Tous ces peuples sont des peuples invincibles : ils détruiront l'orgueil de l'Egypte, et toute la multitude de ses gens sera dissipée ; et lorsque j'aurai ainsi détruit l'Egypte et tous ses peuples, alors ils sauront que je suis le Seigneur.

Ces prédictions ne tardèrent pas d'avoir leur exécution, premièrement contre la personne d'Apriès, ou Ephrée, ou Hophra, par les mains d'Amasis, et ensuite contre le royaume d'Egypte et les Egyptiens, par l'armée de Nabuchodonosor. Hérodote dit que Ephrée était fils de Psammis, et petit-fils de Néchos ou Néchao, roi d'Egypte et qu'il fut pendant longtemps considéré comme un des plus heureux princes du monde. Il fit la guerre aux Tyriens et aux Sidoniens avec assez de succès : mais ayant équipé une flotte pour réduire ceux de Cyrène, il perdit presque toute son armée. Les Egyptiens, chagrins de ce mauvais succès, se soulevèrent contre lui, prétendant qu'il n'avait exposé ses troupes contre les Cyrénéens, que pour se défaire de ses sujets, et afin que ce qui lui en restait, lui demeurât plus soumis. Il députa vers les séditieux un de ses officiers, nommé Amasis, pour essayer de les ramener : mais ils le prirent, le déclarèrent roi, et marchèrent sous sa conduite contre Apriès, qui perdit toute son armée, et fut pris lui-même prisonnier. Amasis le traita assez bien : mais le peuple l'ayant demandé, le fit étrangler. Ainsi mourut Apriès, selon Hérodote.

[« Il fut ensuite, par les soins d'Amasis, sans doute inhumé dans les tombeaux royaux de sa famille. Hérodote dit que ces tombeaux existaient dans l'enceinte de l'Hiéron de Néïth, auprès du principal édifice, le temple proprement dit, à main gauche en entrant... Il paraît que la haine publique s'attacha à la mémoire du Pharaon Ephrée, que l'humanité d'Amasis ne put pas l'en préserver; et l'on a cru en reconnaître les preuves trop évidentes sur quelques monuments, notamment sur une stèle où, parmi plusieurs rois nommés, on trouve, immédiatement avant le nom d'Amasis, celui d'un prince qualifié de *Rêmesto*, mot qui emporte étymologiquement l'idée de *haine profonde*. Le même cartouche se retrouve sur une statue naophore du Vatican ; et, comme la stèle est d'une époque postérieure au règne même d'Amasis, et date du règne de Darius, on a présumé que ce cartouche outrageant pour le roi Apriès avait été substitué au cartouche consacré durant sa prospérité, et adopté dans les inscriptions publiques..... » CHAMPOLLION-FIGEAC, Précis de l'histoire de l'*Egypte*, dans l'*Univers pittoresque*, publié par F. Didot, pag. 372.]

Après la mort d'Ephrée, Nabuchodonosor prit et ruina Jérusalem (d), puis il attaqua la ville de Tyr (e), et la prit après un siège de treize ans. Il souffrit pendant ce long siège de grandes incommodités, et pour le dédommager en quelque sorte, Dieu dit à Ezéchiel :

(a) *Ezech*. xxx, 20.
(b) *Ezech*. xxxi, 1, 2, etc. Le premier jour du troisième mois de l'année onzième.
(c) *Ezech*. xxxii, 1, 2, 3, etc.

(d) An du monde 3415, avant Jésus-Christ 585, avant l'ère vulg. 589.
(e) An du monde 3432, avant Jésus-Christ 569, avant l'ère vulg. 573.

« Fils de l'homme (a), Nabuchodonosor, roi de Babylone, m'a rendu avec son armée un grand service au siége de Tyr; toutes les têtes de ses gens en ont perdu les cheveux, et toutes leurs épaules en sont écorchées, et néanmoins, ni lui ni son armée. n'ont point reçu de récompense pour le service qu'ils m'ont rendu à la prise de Tyr; c'est pourquoi voici ce que dit le Seigneur Dieu : Je vais donner à Nabuchodonosor le pays d'Egypte, il en prendra tout le peuple, il en fera son butin, il en partagera les dépouilles, et son armée recevra ainsi sa récompense, et il sera payé du service qu'il m'a rendu dans le siége de Tyr; je lui ai abandonné l'Egypte, parce qu'il a travaillé pour moi, dit le Seigneur. »

En effet, Nabuchodonosor marcha contre l'Egypte, et la subjugua depuis Migdol, ou Magdol, qui est à l'entrée de ce royaume, jusqu'à Sienne, qui est à l'autre extrémité vers les frontières d'Ethiopie (b). Il y fit partout d'étranges ravages (c), tua un grand nombre d'habitants, remporta de grandes victoires, et réduisit la terre à une si grande solitude, qu'elle ne put se rétablir de quarante ans (d). Nabuchodonosor accorda à Amasis des conditions de paix. Il laissa ce prince dans l'Egypte avec le titre de roi, mais soumis et tributaire : après quoi il se retira à Babylone chargé de riches dépouilles de tant de provinces assujetties.

EPHRÆM, le même qu'Ephraïm. *Psalm.* LXXVII, 9. *Filii Ephræm intendentes et mittentes arcum*, Les enfants d'Ephraïm grands archers. — [Voyez EPHRAÏM.]

EPHRÆM. La ville d'EPHREM; la même qu'EPHRAÏM ci-devant.

[Barbié du Bocage suppose que cette ville d'*Ephrem* est peut-être bien la même que l'*Ephron* des *Paralipomènes*, ville de la tribu de Benjamin, dont Abner [lisez Abia], roi de Juda, s'empara sur Jéroboam, roi d'Israel, ainsi que de Béthel et de Jesana, [II *Par.* XIII, 19], et où Jésus-Christ se retira avec ses disciples après la résurrection de Lazare [*Joan.* XI, 54]. Le géographe de la Bible de Vence, qui distingue Ephrem d'Ephron, fait remarquer qu'*Ephrem*, où Jésus-Christ se retira, est mis près de Béthel, par l'historien Josèphe, et que N. Sanson lui donne cette position. *Voyez* APHÆREMA.]

EPHRON, fils de Séor, vendit à Abraham la caverne double, ou la caverne de *Macphéla*, pour y enterrer Sara (e).

EPHRON, ville de Benjamin. II *Par.* XIII, 19. — [*Voyez* EPHRÆM.] [Le géographe de la Bible de Vence dit que cette ville était de la tribu d'Ephraïm.]

EPHRON, ville située au delà du Jourdain, que Judas Machabée (f) prit et saccagea, au retour de son expédition contre Timothée, général des Syriens.

[C'était, dit Barbié du Bocage, une « ville très-forte de la tribu de Gad, dans le pays de Galaad, vers le confluent du Jaboc et du Jourdain; ou, suivant d'autres, au N.-O. de Bethsan ou Scythopolis. » N. Sanson la suppose près du lac de Tibériade.]

EPHRON, montagne de la tribu de Juda, *Jos.* XV, 9, située, dit Barbié du Bocage, sur les confins de celles de Benjamin et de Dan, vers Cariathiarim.

EPICÆRUS, ville à l'orient du Jourdain, dont parle Ptolémée.

EPICURIENS, philosophes qui mettaient le souverain bien dans le plaisir; non dans la volupté et dans des plaisirs honteux et déréglés, mais dans des plaisirs sensibles, modérés, réglés. Ils niaient la providence et l'immortalité de l'âme. Saint Paul étant venu à Athènes, eut des conférences avec les philosophes épicuriens (g).

EPINES, *spinæ*. La couronne d'épines dont le Sauveur fut couronné dans sa passion a donné beaucoup d'exercice aux savants. Thomas Bartholin a fait sur ce sujet une dissertation, qui est imprimée avec son Traité sur la croix du Sauveur. Tous les évangélistes marquent expressément que le Sauveur fut couronné d'épines; mais ils ne disent pas de quelle sorte d'épines, ni à quelle fin on lui donna cette couronne. Il y a toute apparence que ce fut pour l'insulter et pour se railler de sa prétendue royauté; les soldats, pour joindre la douleur à l'insulte, choisirent des épines pour lui percer et déchirer la tête. *Christus Jesus, quale, oro te, sertum pro utroque sexu subiit?... Certe præter figuram contumeliain promptu est, et turpitudo et dedecoratio, et his implexa sævitia, quæ tunc Domini tempora et fœdaverunt et laurinaverunt* (h).

Mais quelle espèce d'épines choisirent les soldats pour en couronner le Sauveur? La plupart l'entendent de l'épine ordinaire *rubus*, qui porte un petit fruit, nommé prunelles, qui fleurit blanc, et porte des épines avec ses feuilles. Il y en a qui croient que, comme en ce pays-là les épines étaient en fleur dans cette saison, les soldats choisirent exprès des épines pour lui faire une couronne de fleurs, qui fût en même temps hérissée de pointes, afin que l'insulte ne fût pas exempte de tourments.

D'autres (i) remarquent que dans la Palestine, et surtout autour de Jérusalem, on ne voit point aujourd'hui de ces épines dont on vient de parler; mais seulement du *rhammus*, ou *noirprun*, ou *bouc-épine;* ainsi il y a toute apparence que les soldats prirent de cette épine, qui se trouva sous leurs mains, et que les évangélistes n'ont voulu désigner autre chose, sous le nom général d'épines.

Quelques autres sont pour l'*acacia*, parce que cet arbre est nommé *épine*, en Grec *acanthé*, sans addition.

D'autres (j) se sont déclarés pour la blan-

(a) *Ezech.* xxix, 18, 20; xxx, 1, 19.
(b) *Ezech.* xxx, 6.
(c) *Ezech.* xxix, 30, 31, 32.
(d) *Idem*, xxix, 13.
(e) *Genes.* xxiii, 6, 7, 8, etc.
(f) I *Mac.* v, 46. II *Mac.* xii, 27.
(g) *Act.* xvii, 18.
(h) Tertull. *de Corona militis.*
(i) Bellon. l. II. *Observ.* c. lxxxviii. Vide *Hieron. in Abacuc.* iii. Gretzer l. I, *de Cruce* c. xii.
(j) Marcel. *Empiric.* c. xxiii.

che épine, ou *aubépine*, qui est un arbrisseau des plus communs, et armé de piquants raides et durs; ses fleurs sont blanches et odoriférantes.

Le jonc marin a aussi ses défenseurs (a). Il est muni d'une pointe fort aiguë à l'extrémité, et on dit que les pointes de la sainte couronne, que l'on montre en différents endroits, ont beaucoup de rapport à la pointe du jonc marin. Durand, qui est un des plus anciens qui l'aient examinée (car elle avait été apportée à Paris, lui étant encore enfant), dit qu'elle était de jonc marin (b). D'autres qui l'ont encore examinée de nos jours, tant à la Sainte-Chapelle, qu'à Notre-Dame de Paris, où l'on en conserve une partie, sont de même sentiment. M. Baillet remarque que la sainte couronne qui se conserve à la Sainte-Chapelle de Paris, n'a plus d'épines, depuis qu'on en a arraché la dernière du temps de Louis XIII.

D'autres en grand nombre (c) se sont opposés à ce sentiment, comme contraire au texte des évangélistes, qui nous ont parlé d'épines, et non de jonc marin, lequel d'ailleurs n'était pas propre au dessein des soldats, puisqu'il n'a qu'une seule pointe à son extrémité. Bartholin (d) se joint à ceux qui sont contre le jonc marin : il cite Delrio, qui dit avoir examiné plusieurs fois la sainte couronne qui est à Paris, et en avoir vu dans plusieurs autres endroits, tant en Espagne qu'aux Pays-Bas, et ailleurs, et n'y avoir jamais rien remarqué qui ressemblât au jonc marin, mais bien à l'épine de bouc, ou noirprun, ou en général à une épine grosse et ronde. Telle est encore celle qui se conserve à Trèves, et que nous avons fait graver d'après Mazénius (e). Voyez-la dans sa juste grandeur sous l'article LANCE — [c'est-à-dire dans l'*Atlas du Cours complet d'Écriture sainte*. *Voyez* aussi l'article COURONNE D'ÉPINES, et JÉRICHO].

On dispute encore si le Sauveur porta sa couronne d'épines sur la croix, ou si on la lui ôta lorsqu'on le dépouilla de ses habits. Les sentiments sont partagés sur cela; et il est impossible de les concilier, ni de terminer la difficulté, les auteurs sacrés ne nous ayant rien appris sur cela. L'histoire ancienne ne nous a rien appris non plus de la manière dont la sainte couronne s'est conservée, et est venue jusqu'à nous. Il est même assez difficile de croire que toutes les épines et toutes les parties de la sainte couronne, que l'on montre en différents endroits, ne viennent que de la seule couronne du Sauveur.

EPIPHANES. Ce terme grec signifie proprement ce qui paraît avec éclat; et on donne cette épithète aux dieux, lorsqu'ils apparaissent aux hommes. Antiochus, frère de Séleucus, étant heureusement arrivé en Syrie, peu après la mort de son frère, fut regardé comme une divinité favorable qui se montrait dans le pays, et reçut pour cela le surnom d'Epiphanes. *Voyez* ANTIOCHUS *Epiphanes*.

EPIPHANIE. Nous donnons le nom d'*Epiphanie* à la fête où l'Eglise célèbre la manifestation de Jésus-Christ aux hommes, et où elle fait mémoire de l'adoration des Mages, du baptême du Sauveur, et de son premier miracle aux noces de Cana.

EPIPHANIE, ville de Syrie, sur l'Oronte, entre Antioche et Apamée. Plusieurs anciens (f) disent qu'elle s'appelait anciennement *Emath*, avant qu'Antiochus Epiphanes lui eût donné le nom d'*Epiphanie*. Saint Jérôme et plusieurs autres croyent que c'est la même qu'Emath la Grande. Il dit qu'encore de son temps, les Syriens appelaient Epiphanie *Emmas*. Mais nous avons montré sur l'article d'Emath, qu'Emath n'est point Epiphanie, mais Emèse en Syrie. — [*Voyez* EMATH et APAMÉE.]

EPITRES DE SAINT PAUL. Nous en parlerons sous l'article de ce saint apôtre, et nous en marquerons les dates.

* EPITRE DE SAINT BARNABÉ. *Voyez* BARNABÉ.

* EPIS (CHAMP-DES-). *Voyez* CHAMP-DES-EPIS.

EPOMIS, terme grec, que l'on a traduit en latin par *superhumerale*, et qui répond à l'hébreu *Ephod*. *Voyez* EPHOD.

EPOQUE, terme de chronologie qui marque certains points fixes et assurés pour compter les années depuis un temps jusqu'à l'autre. La création du monde est la première de toutes les époques, elle se fixe à l'an 710 de la période Julienne, 4000 avant Jésus-Christ.

La seconde est celle du déluge, l'an du monde 1656, et 2344 avant Jésus-Christ.

La troisième est celle de la tour de Babel, que l'on met diversement. Nous la plaçons vers l'an du monde 1800, avant Jésus-Christ 2200.

La quatrième est à la seconde vocation d'Abraham dans la ville de Haran, l'an du monde 2083, avant Jésus-Christ 1917.

La cinquième, à la sortie des Israélites de l'Egypte, l'an du monde 2517, avant Jésus-Christ 1483.

La sixième, à la dédicace du temple, en 3001 ; avant Jésus-Christ 999.

La septième, à la fin de la captivité de Babylone, en 3468 ; avant Jésus-Christ 532.

La huitième, à la naissance de Jésus-Christ, en l'an du monde 4000 ; avant l'ère vulgaire 4 ans.

Et pour l'histoire profane, nous fixons 1° la fondation de l'empire des Assyriens par Bélus, en 2737 ; avant Jésus-Christ 1263.

2° L'ère de Nabonassar, ou l'époque de la mort de Sardanapale, et de la fondation de l'empire des Babyloniens et de celui des Mèdes, en 3257 ; avant Jésus-Christ 743.

(a) *Hugo Cardin. in Joan. Tolet. Perer. Alii. Durand.* l. VI *Divin. offic.* c. XVII.
(b) *Voyez* M. Baillet, *Vie des Saints*, t. IV, p. 247. Instruments de la Passion de Jésus-Christ.
(c) *Baron. Annal. ad an.* 34. n. 86. *Casaub. Exercit.* 74. *Jac. Janson. in Vita coccin. Delrius de Passione, lect.* 9.
(d) *Dissert. de spinea Corona.*
(e) Annales de Trèves de Bronvérus, t. I, p. 585.
(f) *Hieron. in locis Hebr. in Emath. et ad Amos* vi *Aquila. Theodoret. in* II *Reg. qu.* 22, *et in Jerem.* IV. *Cyrill. Alex. in Amos.*

3° Le règne de Cyrus à Babylone, et la fondation de l'empire des Perses, en 3468; avant Jésus-Christ 532.

4° Le règne d'Alexandre le Grand sur les Perses, et la fondation de la monarchie des Grecs, en 3674; avant Jésus-Christ 326.

5° Le commencement du règne d'Auguste, en 3960, quarante ans avant la naissance de notre Sauveur, et quarante-quatre ans avant l'ère vulgaire.

EPOUX, EPOUSE, qui se marie, qui est conjoint par mariage. Selon la coutume des Hébreux, l'époux achetait son épouse; avant les fiançailles on convenait des conditions du mariage, et de la dot que le mari donnait à son épouse, et des présents qu'il devait faire au père et aux frères de la fille. Ce qui se voit assez clairement dans l'histoire de Jacob (a). Sichem, fils d'Hémor, demandant Dina en mariage, dit à Jacob et aux frères de la fille (b) : *Que je trouve grâce à vos yeux, et je donnerai tout ce que vous ordonnerez ; demandez quelle dot et quels présents il vous plaira, et je donnerai volontiers tout ce que vous souhaitez : seulement accordez-moi cette fille en mariage.* Osée achète sa femme pour quinze pièces d'argent, et une mesure et demie d'orge (c). Cela n'empêchait pas que le père ne donnât à sa fille certains présents, suivant ses moyens et sa condition, pour ses ajustements et pour les frais de la conduite de l'épouse chez son époux. La coutume avait fixé la valeur de cela à cinquante *zuzim*. Le *zuzim* était, suivant les rabbins, une pièce d'argent de la valeur d'un denier, c'est-à-dire, la quatrième partie d'un sicle d'argent, ou environ huit sols de notre monnaie (d).

EPOUX se dit de Jésus-Christ. L'Église chrétienne est son épouse. Le Cantique des Cantiques est une allégorie de l'union de Jésus-Christ avec son Église. Le festin de l'Époux et de ses amis est la divine Eucharistie : tous les chrétiens sont invités aux noces de l'époux, à la félicité éternelle.

EPOUX DE SANG, *sponsus sanguinum*. Séphora ayant circoncis son fils avec une pierre tranchante, elle toucha les pieds de Moïse en disant : Vous m'êtes un époux de sang : *Sponsus sanguinum tu mihi es* (e). Les commentateurs donnent différents sens à ce passage qui est assez obscur; pour moi, il me semble que Séphora fait ici allusion à quelques cérémonies usitées dans les mariages. Elle peut dire qu'elle avait acheté son époux par le prix du sang de son fils; ou que Moïse était à son égard un époux sanguinaire, puisque sa religion l'obligeait à répandre le sang de son fils, par une cérémonie sanglante et douloureuse : *Sponsus sanguinum ob circumcisionem*. Les anciens Arabes (f) avaient une coutume qui peut donner quelque lumière à ce que dit ici Séphora : lorsque deux personnes voulaient faire alliance ensemble, ils choisissaient un témoin, ou un médiateur, qui tirait de leur sang, en frappant leurs mains avec une pierre tranchante; il tirait ensuite deux flocons de laine des habits de ceux qui faisaient alliance, il les trempait dans leur sang, puis il mettait de ce sang sur sept pierres qui étaient au milieu d'eux ; ainsi se confirmait leur alliance. Séphora a pu dire à Moïse que le sang d'Eliézer cimenterait pour toujours leur amitié et leur alliance. Les Elamites dans leurs mariages, se tirent, dit-on, réciproquement du sang du doigt qui répond au cœur ; c'est le sceau de leur union.

EPROUVER, *tenter*. Dieu a voulu vous éprouver pour voir si vous marchiez dans ses voies (g); après vous avoir éprouvé et affligé, il a eu pitié de vous (h). Dieu dit à Gédéon de mener ses troupes sur un ruisseau, afin qu'il les éprouvât en cet endroit (i). On éprouve l'or et l'argent dans les creusets, ainsi le Seigneur éprouve les cœurs (j).

Le verbe *probo* se met aussi pour *connaître, examiner* (k). *Omnia probate, quod bonum est tenete.* Vous savez bien examiner la face du ciel, *faciem cœli nostis probare* (l). Et ailleurs (m), *ut probetis potiora.* Et encore : Renouvelez-vous en esprit, afin que vous connaissiez quelle est la volonté de Dieu (n) : *Ut probetis quæ sit voluntas Dei bona*, etc.

Probare tirones, IV Reg. XXV, 10; celui qui fait faire l'exercice, ou qui éprouve les jeunes soldats. L'hébreu (o): *Celui qui est le maître des bouchers ou des cuisiniers*, ou *de la garde du roi.*

EQUIVOQUE. Un mot équivoque est celui qui exprime deux choses toutes différentes, par exemple, dans l'Ecriture le mot de *père*, signifie le père dans son acception naturelle, et l'aïeul, le bisaïeul, l'auteur d'une race, d'une génération, d'une famille; ainsi Adam est *père* de tous les hommes. *Père* se prend aussi pour le maître, l'inventeur ; par exemple, on dit que (p) *Jubal est le père de tous les joueurs d'instruments*. Le nom de père peut aussi marquer un homme que l'on respecte, aussi Hiram, roi de Tyr, donne le nom de *père* à un habile ouvrier qu'il envoye à Salomon, etc (q). Les termes de *frères et de sœurs* sont de même très-équivoques dans la langue sainte, et ils signifient non-seulement le frère et la sœur, dans l'acception commune et naturelle, mais aussi les cousins et cousines, les parents proches et éloignés, ceux de la même nation, et même l'ami et l'amie, l'époux et l'épouse. *Voyez Cantic*. VIII, 1, 8 10, etc. No-

---

(a) Genes. XXIX.
(b) Ibid. XXXIV, 11, 12.
(c) Ose. III, 2.
(d) Selden. Uxor Hebr. lib. II.
(e) Exod. IV, 28.
(f) Herodot. lib. III, 6, 8.
(g) Exod. XX, 20.
(h) Deut. VIII, 16.
(i) Judic. VII, 4

(j) Prov. XVII, 3.
(k) I Thess. V, 21.
(l) Luc. XII, 56.
(m) Philipp. I, 10.
(n) Rom. XII, 2.
(o) IV Reg. XXV, 10. רב טבחים
(p) Genes. IV, 21.
(q) II Par. II, 13.

tre Sauveur a quelquefois usé d'équivoque, mais sans dessein de tromper; par exemple, lorsqu'il a dit (a) : *Lazare notre ami dort :* ce qu'il entendait du sommeil de la mort; et ses disciples, du sommeil ordinaire. Et ailleurs (b) : *Abattez ce temple, et je le rebâtirai dans trois jours;* ce qu'il entendait de son corps qu'il devait ressusciter dans trois jours ; au lieu que les Juifs l'entendaient du temple du Seigneur, qu'ils croyaient que Jésus-Christ promettait de rebâtir dans trois jours.

Les patriarches ont quelquefois usé d'équivoques, dans des cas où ils paraissaient avoir envie de tromper; par exemple, lorsque Abraham dit que Sara est sa sœur, et lorsque Isaac dit la même chose de Rebecca : ceux à qui ils parlaient l'entendaient sans doute dans le sens naturel, et comme voulant dire que Sara n'était pas l'épouse d'Abraham, ni Rebecca l'épouse d'Isaac; et, quoique l'Ecriture rapporte ces exemples, elle n'entend pas toutefois les justifier. La religion condamne tout mensonge, mais elle ne condamne pas toute équivoque. Il y a certaines équivoques qui ne trompent personne, et qui se disent sans envie de tromper; il y en a d'autres qui se mettent au nombre des facéties et des bons mots, que la morale n'exclut pas de la conversation, comme ne blessant ni la vérité, ni la charité, ni la bonne foi, ni la justice.

ERASTE, Corinthien et disciple de saint Paul, est appelé par cet apôtre *trésorier de la ville* (c), c'est-à-dire de Corinthe, où saint Paul était alors, ou de Jérusalem, selon les nouveaux Grecs (d). Eraste s'attacha à saint Paul, et quitta, pour cela, sa charge d'économe ou de trésorier. Il le suivit à Éphèse (e), où il était l'an 56 de Jésus-Christ, d'où saint Paul l'envoya en Macédoine avec Timothée, apparemment pour préparer les aumônes des fidèles. Ils étaient tous deux avec lui à Corinthe en l'an 58, lorsqu'il écrivit aux Romains, qu'il salue de la part de l'un et de l'autre; et il y a apparence qu'Eraste suivit toujours depuis l'Apôtre, jusqu'au dernier voyage qu'il fit à Corinthe, en allant souffrir le martyre à Rome en 65. Car alors Eraste demeura à Corinthe, comme saint Paul le manda peu de temps après à Timothée (f).

Usuard, Adon et le Martyrologe romain disent que saint Paul avait laissé Eraste en Macédoine, et l'en avait fait évêque; et qu'enfin il fut martyrisé à Philippes. Les Grecs, au contraire, dans leurs Ménées, le font évêque de Panéade, vers les sources du Jourdain, lui donnent le titre d'apôtre, le mettent au nombre des septante disciples, et disent qu'il mourut en paix, après avoir parcouru toute la terre, pour annoncer la foi de Jésus-Christ. Mais ni les uns ni les autres ne produisent aucune preuve de ce qu'ils avancent. Les Latins l'honorent le 26 de juillet, et les Grecs le 10 de novembre.

* ERCHAEENS. *Voyez* DINÉENS.

(a) Joan. XI, 11.
(b) Joan. II, 19.
(c) Rom. XVI, 23; Οἰκονόμος.

ERE, *Æra.* C'est à peu près la même chose qu'*époque*, dont nous avons parlé ci-devant. Les chronologistes appellent *ère* les points fixes de leur chronologie. Les profanes, par exemple, parlent beaucoup de la première olympiade, de la guerre de Troie, du voyage de la toison d'or, de l'ère de la fondation de Rome, de l'ère de Nabonassar, de l'ère d'Alexandre le Grand, de l'ère des Séleucides, ou, comme parlent les livres des Machabées, de l'année des Grecs ; enfin, de l'année de Jésus-Christ.

Nous fixons l'ère de la première olympiade à l'an du monde 3228, avant Jésus-Christ 772.

La prise de la ville de Troie par les Grecs, l'an du monde 2820, avant Jésus-Christ 1180.

Le voyage de la toison d'or, en 2760.

La fondation de Rome, en 2856.

L'ÈRE DE NABONASSAR, en 3257, avant Jésus-Christ 743.

L'ÈRE D'ALEXANDRE LE GRAND, ou sa dernière victoire contre Darius, en 3674, avant Jésus-Christ 326.

L'ÈRE DES SÉLEUCIDES, l'an de la période Julienne 4403; du monde 3692; avant Jésus-Christ 308; avant l'ère vulgaire, 312. Les Juifs l'appellent *l'ère des contrats*. Le premier livre des Machabées en met le commencement au printemps, et le second, en automne.

* L'ÈRE DE TYR OU DES TYRIENS. Démétrius Nicator, ayant perdu, près de Damas, une bataille décisive avec l'armée de Ptolémée Physcon, roi d'Égypte, prit la fuite et voulut se retirer à Ptolémaïde, où était Cléopâtre, sa première femme, qu'il avait répudiée; mais cette princesse lui ayant fait fermer les portes de la ville (an 126 avant Jésus-Christ), il s'enfuit à Tyr, dont le gouverneur le fit mettre à mort (Justin, XXXIX, cap. 1 ; Josèphe, *Antiq.*, lib. XIII, c. 17). C'est de cette année 126 que date l'indépendance des Tyriens ; ils se firent une *ère* propre, qui subsistait au temps du concile de Chalcédoine, cinq cent soixante-quatorze ans après cet événement.

L'ÈRE DE LA NAISSANCE DE JÉSUS-CHRIST, en 4000, le 25 de décembre, 3 ans, 6 jours avant notre ère vulgaire, dans laquelle nous comptons cette année 1730, au lieu qu'en prenant exactement l'ère de la naissance du Sauveur, il faudrait compter 1733. On peut voir les autres ères sous l'article d'ÉPOQUE. En voilà autant qu'il en faut pour fixer la chronologie des livres de la Bible. *Voyez* aussi la Table chronologique.

EREBINTHON-OICOS, c'est-à-dire, maison des pois chiches, village près de Jérusalem. *Joseph. de Bello,* l. VI, c. 13.

EREMBON, bourg de Judée, à seize milles d'Eleuthéropolis, vers le midi. *Eusèbe, de Locis.* Peut-être le même qu'*Ereminthe*, dont parle le même Eusèbe.

(d) Menea 10 Novemb. Ughell. l. VI, p. 1130.
(e) Act. XIX, 22.
(f) II Tim. IV, 20.

ERICIUS, hérisson. *Voyez* ci-après HERI-
CIUS, HÉRISSON.

ERIOCH, roi des Eliciens (a), selon la
Vulgate, ou *Arioch, roi des Elyméens*, selon
le Syriaque. On trouve dans la Genèse (b) un
Arioch, roi d'Ellasar. On ne connaît pas le
pays des Eliciens, mais celui des Elyméens
ou des Elamites, qui est celui des anciens
Perses. L'Ecriture nous dit que le combat
entre Arphaxad, roi des Mèdes, et Nabuchodonosor, roi d'Assyrie, se donna à Ragau,
près l'Euphrate et le Tigre, dans la campagne d'Erioch, roi des Eliciens.

ERMES, autrement MERCURE. *Voyez* HER-
MES.

EROGE. Josèphe (c) dit que sous le règne
d'Ozias, roi de Juda, il arriva un si grand
tremblement de terre à Jérusalem, qu'une
partie du mont des Oliviers s'en détacha et
roula jusqu'au lieu nommé *Erogé*, à quatre
stades de la ville.

ERUCA, chenille. Le terme hébreu *ga-
zam* (d), que nous traduisons par *chenille*, signifie, selon Bochart, une sorte de *sauterelle*.
D'autres le traduisent par un *ver*.

ESAAN, ville de la tribu de Juda (e).

ESAR-ADDON. *Voyez* ASAR-ADDON.

ESAU, fils d'Isaac et de Rebecca, naquit
l'an du monde 2168, avant Jésus-Christ
1832, avant l'ère vulgaire 1836. Lorsque le
temps des couches de Rebecca fut arrivé (f),
elle se trouva mère de deux jumeaux, et celui qui sortit le premier, était velu comme
une peau; ce qui lui fit donner le nom d'*E-
saü* (g), comme qui dirait un homme fait, ou
un homme d'un âge parfait. Quelques-uns
dérivent le nom d'Esaü, de l'arabe *gescha*,
ou *gescheva*, qui signifie un cilice. Lorsque
Esaü fut devenu grand, il s'exerça au labou-
rage et à la chasse; et Isaac, son père, avait
pour lui une tendresse particulière. Un jour
que Jacob, son frère, avait fait cuire un mets
de lentilles, Esaü revenant des champs, fort
fatigué, lui dit : *Donnez-moi de ce mets roux,
parce que je suis extrêmement las*. Jacob lui
répondit : *Vendez-moi donc votre droit d'aînesse*. Esaü le lui vendit et s'engagea avec
serment à le lui céder. Après quoi, ayant
mangé le mets de lentilles, il s'en alla, se
mettant fort peu en peine de ce qu'il venait
de faire.

Esaü, âgé de quarante ans (h), épousa
deux femmes chananéennes (i); l'une nom
mée Judith, fille de Béeri le Héthéen; et
l'autre, Basemath, fille d'Hélon, du même
pays. Ces mariages déplurent fort à Isaac
et à Rebecca. Or, Isaac étant devenu vieux,
et sa vue étant extrêmement baissée, il dit à
Esaü de lui aller chercher quelque chose à
la chasse, afin qu'au retour, il lui donnât sa
dernière bénédiction (j). Esaü prit ses armes, et s'en alla à la chasse. Mais, pendant
son absence, Jacob, aidé de Rebecca, sa
mère, se présenta pour obtenir la bénédiction d'Isaac; s'étant déguisé, et feignant
qu'il était Esaü, il l'obtint. Isaac le combla
de bénédictions, et le déclara maître de tous
ses frères. Esaü étant de retour, et ayant appris d'Isaac même ce qui s'était passé, il lui
demanda s'il ne lui avait pas aussi réservé
une bénédiction. Isaac, touché de ses pleurs,
lui dit : *Votre bénédiction sera dans la graisse
de la terre et dans la rosée du ciel; vous vivrez de votre épée, et vous serez assujetti à
votre frère : mais le temps viendra que vous
secouerez son joug, et que vous vous en délivrerez*.

Esaü, outré de dépit contre Jacob, conservait contre lui une haine secrète, et disait : *Le temps du deuil de mon père viendra,
et je me déferai de mon frère Jacob*. Ces choses ayant été rapportées à Rebecca, elle dit
à Jacob qu'il fallait qu'il allât dans la Mésopotamie, auprès de son oncle Laban, jusqu'à
ce que la colère d'Esaü fût passée. Elle y fit
consentir Isaac, et Jacob partit, à l'insu
d'Esaü, pour Haran. Cependant Esaü épousa
plusieurs femmes, tant Chananéennes, que
des filles d'Israel et de Nabajoth, dont il
eut plusieurs enfants. Il s'établit dans les
montagnes, à l'orient du Jourdain, et y devint fort puissant (k). — [*Voyez* ADA, ANA,
ASOR, BASEMATH *et* ELIPHAZ.]

Jacob, à son retour de Mésopotamie avec
ses femmes et ses enfants (l), craignant
qu'Esaü n'eût gardé son ressentiment contre
lui (m), lui envoya des messagers avec des
présents, pour gagner ses bonnes grâces, et
pour désarmer sa colère. Esaü reçut
bien les envoyés de Jacob, et vint lui-même
au-devant de lui avec quatre cents hommes.
Jacob crut qu'il venait pour faire main-
basse sur sa troupe, il s'adressa à Dieu, et
le pria de le protéger contre son frère. Mais
Esaü venait dans un esprit de paix; les deux
frères s'embrassèrent tendrement. Esaü reçut les présents que Jacob lui fit, s'offrit de
l'accompagner avec ses gens, et de lui faire
escorte jusqu'au delà du Jourdain. Mais Jacob l'ayant remercié, Esaü s'en retourna le
même jour, à Séhir. Les deux frères se trouvèrent à la mort de leur père Isaac (n); et, comme
ils étaient fort riches en bestiaux (o), et que
le pays ne pouvait suffire aux pâturages de
tant de bétail, ils se séparèrent, et Esaü se
retira dans les montagnes des Horréens et de
Séhir, où il avait demeuré dès auparavant.

Esaü eut trois femmes, la première nom-

(a) *Judith*, 1, 6.
(b) *Genes*. xiv, 1.
(c) *Antiq*. l. ix, c. 11.
(d) *Amos* 1, 4, גזם *Gazam*. 70. Κάμπη. *Vide et Amos*
II, 25, *Joel*. iv, 9.
(e) *Josue*, xv, 52.
(f) *Genes*. xxv, 24, 25, 26, *etc*
(g) עשו *Esau*.
(h) L'an du monde 2208, avant Jésus-Christ 1792; avant
l'ère vulg. 1796.

(i) *Genes*. xxvi, 34.
(j) *Genes*. xxvii, 1, 2, 3.
(k) *Genes*. xxxvi.
(l) An du monde 2265, avant Jésus-Christ 1735, avant
l'ère vulg. 1739.
(m) *Genes*. xxxii, xxxiii.
(n) An du monde 2288, avant Jésus-Christ 1712, avant
l'ère vulg. 1716.
(o) *Genes*. xxxvi, 6, 7.

mée *Judith* (a), ou *Oolibama* (b); la seconde nommée *Basemath* (c), ou *Ada* (d); et la troisième *Maheleth* (e), ou *Basemath* (f). Judith fut mère de *Jéhus*, de *Jhélon*, et de *Coré*. Ada fut mère d'*Eliphaz*. Mahéleth eut pour fils *Rahuel*. On ne sait rien d'assuré de la mort d'Esaü Le Testament des douze patriarches, ouvrage assez ancien, mais apocryphe, dit qu'Esaü étant venu attaquer son frère à main armée, fut mis à mort la quarantième année du patriarche Juda, qui pouvait être la cent vingt-unième d'Esaü, du monde 2289, avant Jésus-Christ 1711, avant l'ère vulg. 1715. On croit que le roi *Erythros* (g), qui a, dit-on, donné le nom à la mer Rouge, et dont on montrait le tombeau dans l'île Tyrine, ou Aggris, est le même qu'Edom. *Erythros* en grec signifie rouge, de même qu'*Edom* en hébreu. Le Testament des douze patriarches, dont on a parlé, dit qu'il fut enterré au mont de Séir; mais cette pièce ne mérite aucune créance. Jacob était descendu en Egypte depuis longtemps, en la quarantième année de Juda, et était mort l'année précédente.

Les mahométans appellent Esaü du nom *Ais*, et ajoutent à son histoire quelques particularités : par exemple (h), que Jacob ayant obtenu par surprise la bénédiction qu'Isaac destinait à Esaü, celui-ci pria son père de demander à Dieu qu'il lui plût faire naître de sa race des rois et des conquérants, puisqu'il avait demandé pour Jacob qu'il sortît de sa race des saints et des prophètes; ce qu'Isaac ne lui voulut pas refuser. En exécution de cette promesse, Dieu donna à Esaü un fils nommé *Roum*, duquel sont descendus les empereurs grecs et romains.

C'est une tradition commune à toutes les nations du Levant qui ont quelque connaissance des livres sacrés, que, du temps d'Abdon, juge des Hébreux, une colonie d'Iduméens passa en Italie, où elle s'établit; que Latinus régna parmi eux, et que Romulus, fondateur de Rome, tirait d'eux son origine. Tout cela est une fable mal inventée par les Juifs, pour faire tomber contre les chrétiens, et même contre la personne sacrée de Jésus-Christ, tout ce qui est dit dans l'Ecriture contre l'Idumée et les Iduméens.

Les plus fameux rabbins (i) soutiennent opiniâtrément cette impertinente tradition. Le Thalmud appelle l'Italie et Rome, *le cruel empire d'Edom*. Les Juifs tiennent que les Iduméens, ayant embrassé le christianisme sous Constantin, se jetèrent dans Rome et dans l'empire romain; d'autres veulent que ç'ait été un prêtre iduméen qui porta la religion chrétienne dans Rome. Quelques cabalistes ont même l'impiété de dire que l'âme d'Esaü est passée dans le corps de Jésus-Christ par la métempsycose : pour preuve de ce sentiment, ils remarquent qu'en renversant les lettres hébraïques qui composent le nom de Jésus et celui d'Esaü, on les trouve les mêmes (j) : ils sont nés sous la même planète de Mars; *edom* signifie *roux*. Les empereurs romains étaient vêtus de rouge; les cardinaux portent encore la même couleur. Les belles raisons!

Joseph, fils de Gorion (k), raconte la chose autrement. Tzépho, petit-fils d'Esaü, détenu prisonnier en Egypte par Joseph, s'enfuit auprès d'Enée, roi de Carthage, qui le fit général de ses troupes. Enée passa d'Afrique en Italie, battit deux fois Turnus, roi de Bénevent, et lui enleva Jania (ou Lavinia) qu'il voulait épouser. Pablus, neveu d'Enée, fut tué dans le combat, aussi bien que Turnus, et on leur éleva deux tours ou mausolées, qu'on voyait encore, dit-il, entre Rome et Albe, lorsqu'il écrivait. Les Africains commandés par Tzépho, repassèrent souvent en Italie pour la piller. Ce fut dans une de ces expéditions qu'ayant perdu un jeune veau, il le retrouva dans une caverne, où un homme moitié bouc et moitié homme le dévorait. Il tua ce monstre et ramena son veau. (L'auteur semble avoir eu en vue la fable de Cacus.) Les habitants du pays, délivrés de ce monstre qui désolait leurs troupeaux, honorèrent Tzépho comme un héros, et lui donnèrent le nom de Janus. Ils l'appellent aussi Saturne, du nom de l'étoile qu'on adorait en ce temps-là. Ainsi voilà un Iduméen roi et dieu en Italie.

La suite de l'histoire du fils de Gorion n'est pas moins impertinente que ce qu'on en vient de lire. Il raconte que Latinus, successeur de Tzépho, déclara la guerre à Asdrubal, roi de Carthage, pour se venger d'Enée, qui avait fait bâtir un pont ou un aqueduc, qui conduisait les eaux d'Italie en Afrique. Une partie du pont fut rompue, Asdrubal fut vaincu et mis à mort; Latinus poussa ses conquêtes jusque dans l'Allemagne et la Bourgogne. Que d'impertinences ! Cependant quelques auteurs les ont adoptées, au moins en partie, puisqu'on cite une inscription trouvée à Palerme en Sicile, où l'on lit ces mots (l) : *Il n'y a point d'autre Dieu que le seul Dieu; il n'y a point d'Etre puissant que le même Dieu. Le Dieu que nous adorons est le seul qui donne la victoire. Le gouverneur de cette tour est Saphet, fils d'Eliphaz, fils d'Esaü, frère de Jacob, fils d'Isaac, fils d'Abraham*.

Abulfarage dit qu'Esaü fit la guerre à Jacob, et que Jacob tua Esaü d'un coup de flèche; ce qui a quelque rapport à ce qu'on lit dans le Testament des douze patriarches. Les mahométans tiennent que Sennachérib était de la race d'Esaü; ils nomment aussi les Grecs et les Latins *Francs rouges*, ou Iduméens, comme descendants, à ce qu'ils prétendent, de *Roum*, fils d'Esaü.

(a) *Genes.* xxvi, 34.
(b) *Genes.* xxxvi, 2.
(c) *Genes.* xxvi, 34.
(d) *Genes.* xxxvi, 2.
(e) xxviii, 9.
(f) xxxvi, 3.
(g) *Strabo l.* XVI. Q *Curt. l.* X. *Plin. l.* VI, c. xviii.

(h) Bibliot. Orient., p. 80, *Ais*.
(i) Abrabanel, Aben-Ezra, Joseph. Albo. Voyez Basnage, *Hist. des Juifs*, t. 1, l II. c. v.
(j) ישוע *Jesuah*. עשו *Esau*.
(k) *Josippos l.* I, c. II, p. 4.
(l) *Fazellus de Reb. Sicul. Decad.* I, l. VIII, c. *de Panormo*.

ESBAAL, le même qu'*Isboseth*, quatrième fils de Saül (a). Les Hébreux, pour éviter la prononciation du mot *Baal*, mettaient en sa place *boseth*, qui signifie *confusion*. Ainsi, au lieu de *Miphibaal* et d'*Esbaal*, ils disaient *Miphiboseth* et *Isboseth*.

ESBON, fils de Béla et petit-fils de Benjamin. 1 *Par.* VII, 7.

ESBUS, ville au delà du Jourdain. *Voyez* ESÉBON ou HÉSÉRON.

ESCARBOUCLE, en latin *carbunculus*, en grec *anthrax*, et en hébreu *nophec* (b). L'escarboucle est comme un gros rubis, ou grenat, rouge-brun, et foncé, tirant sur le sang de bœuf. Elle jette des rayons qui brillent même pendant la nuit, et qui étincellent beaucoup plus que ceux du rubis. Au reste, Braunius observe, après Boëtius de Boot, que l'*anthrax*, ou *carbunculus* des anciens, n'était autre que notre rubis.

* ESCHOL. *Voyez* ESCOL.

ESCLAVAGE, ESCLAVES. [*Voyez* LOI, § XXII.] Tous les hommes sont créés libres et égaux, et l'esclavage n'est entré dans le monde que par le péché. [*Voyez* mon *Histoire de l'Ancien Testament*, tom. I, pag. 27, col. 1 et suivantes, et ci-après GABAON.] Noé, pour punir Cham, son fils, qui avait insulté à sa nudité, donna sa malédiction à Chanaan, fils de Cham, et l'assujettit à l'esclavage (c) : *Maledictus Chanaan, servus servorum erit fratribus suis*. Abraham, ayant été choisi de Dieu pour devenir le père de la race des fidèles, reçut la marque de la circoncision, comme un caractère qui le faisait connaître pour serviteur du Seigneur (d). Ses descendants se sont toujours piqués de liberté (e) : *Nemini servivimus umquam*, disaient les Juifs à Jésus-Christ; et saint Paul relève la liberté des vrais enfants d'Abraham, comme vraiment libres, nés de la mère libre, par opposition à la race d'Ismael, née de la mère servante (f) : *Non sumus ancillæ filii, sed liberæ, qua libertate Christus nos liberavit*. Cela regarde la liberté et la servitude morale ; mais les rabbins soutiennent qu'ils n'ont jamais été assujettis à personne par une servitude qu'ils nomment intrinsèque et qui change l'état de la personne. S'ils ont été assujettis à l'esclavage, cela n'a pas détruit l'état de liberté dans lequel ils sont nés.

Cela n'empêche pas que les Hébreux n'aient souvent été assujettis à divers princes, par exemple aux Egyptiens, aux Philistins, aux Chaldéens, aux Grecs et aux Romains. [*Voyez* LIBERTÉ.] Plusieurs, pressés par la nécessité, étaient obligés de vendre leur liberté ; et d'autres étant pris à la guerre, demeuraient esclaves de leurs vainqueurs. Moïse lui-même marque deux ou trois sortes d'esclaves parmi les Hébreux : ils avaient des esclaves étrangers, acquis par la voie de la guerre ou par leur argent, ou nés dans leurs maisons.

Les maîtres avaient sur eux une autorité entière et souveraine : ils pouvaient les vendre, les échanger, les punir, les juger, les faire mourir même sans forme de procès (g). Si un maître frappe son esclave ou sa servante avec une verge, et qu'ils meurent entre ses mains, il sera coupable de crime ; mais s'ils survivent un ou deux jours, il ne sera pas puni comme homicide, parce que son esclave est le prix de son argent.

Cela doit s'entendre, disent les rabbins (h), des esclaves hébreux, mais non pas des esclaves étrangers, qu'un maître pouvait avoir et envers lesquels il exerçait impunément telle rigueur qu'il jugeait à propos ; car à cet égard la loi de Moïse n'avait rien ordonné. Ils suivaient les règles communes des autres nations, chez qui tous les maîtres avaient tout pouvoir sur leurs esclaves (i) : *Apud omnes peræque nationes animadvertere possumus dominis in servos vitæ necisque potestatem fuisse*. Les personnes sages néanmoins ont toujours fort désapprouvé la liberté que certains maîtres se donnaient de faire ainsi mourir leurs esclaves. Caton le Censeur ne faisait jamais mourir aucun de ses esclaves, qu'il n'eût été condamné et trouvé digne de mort par ses autres esclaves (j). Job témoigne qu'il n'a jamais refusé d'entrer en jugement avec ses esclaves (k), lorsqu'ils ont eu quelque difficulté avec lui. Les Athéniens punissaient de mort ceux qui avaient tué un esclave, comme celui qui avait tué un homme libre.

Le texte samaritain de cet endroit est tout différent de l'hébreu ; il lit : *Celui qui aura frappé son serviteur ou sa servante avec une verge, s'ils meurent entre ses mains, il ne sera pas recherché, il ne mourra point ; et s'il survit deux ou trois jours, il ne sera pas puni, parce que c'est le prix de son argent* ; comme si tout ceci ne regardait qu'un esclave, chananéen ou gentil, que les lois civiles permettaient de frapper à mort impunément.

Le Paraphraste chaldéen, quelques rabbins et quelques commentateurs croient de même que ceci ne regarde pas les esclaves hébreux ; car, disent-ils, on ne peut pas dire que l'esclave israélite soit le prix de l'argent de son maître, *pecunia illius est*. Il n'était en servitude que pour peu d'années, et le dommage que son maître se faisait en le mettant à mort, et se privant ainsi du service qu'il en pouvait espérer, ne l'aurait pas assez puni ; au lieu que la perte d'un esclave étranger portait un préjudice considérable à un maître intéressé ; et il était en quelque sorte bien puni de sa cruauté, par la mort d'un homme qui était à lui pour toujours, et qui pouvait lui laisser des enfants de même condition que lui.

Voici les règles que Moïse prescrit pour les esclaves hébreux (l) : *Si la pauvreté ré-*

(a) II *Par.* VIII, 33; IX, 39.
(b) *Exod.* XXVIII, 18. בְּרֶקֶת, 70 Ἄνθραξ.
(c) *Genes.* IX, 25.
(d) *Genes.* XVII, 10.
(e) *Joan.* VIII, 33.
(f) *Galat.* IV, 31.

(g) *Exod.* XXI, 20, 21.
(h) Vide Selden, *de Jure nat. et Gent.* t. IV, c. 1.
(i) L. I. *De his qui sui vel alieni sunt juris*.
(j) Plutarch. *in Catone*.
(k) *Job*, XXXI, 13, 14, 15.
(l) *Levit.* XXV, 39, 40.

duit votre frère à se vendre à vous, vous ne l'opprimerez point en le traitant comme un esclave, mais vous le traiterez comme un ouvrier à gage. Il travaillera chez vous jusqu'en l'année du jubilé, et alors il sortira avec sa femme et ses enfants, et il retournera à la famille et à l'héritage de ses pères; car ils sont mes esclaves, dit le Seigneur, c'est moi qui les ai tirés de l'Egypte; ils ne seront point vendus à des étrangers comme les autres esclaves. Ayez des esclaves des nations qui sont autour de vous... Voilà ceux que vous prendrez pour esclaves. Ce n'était donc pas l'intention du Seigneur, que les Israélites fussent réduits en servitude perpétuelle par leurs frères, ni qu'ils fussent vendus à des étrangers, pour demeurer esclaves toute leur vie : que si un Hébreu s'était vendu à un étranger demeurant dans le pays, cet Hébreu pouvait se racheter par son épargne, s'il en avait le moyen; sinon un de ses plus proches parents le pourra racheter, en rendant au maître la somme qu'il en a donnée, déduction faite des services qu'il lui a rendus, et en comptant ce qui lui reste de temps à servir jusqu'au Jubilé; car alors il avait droit de sortir de servitude sans rançon.

Dans un autre endroit (a) Moïse fait ces ordonnances au sujet des esclaves hébreux : *Lorsque vous achèterez un esclave hébreu, il vous servira pendant six ans, et la septième année il sera mis en liberté, sans vous rien donner.* Les rabbins veulent que l'esclave ait été obligé de servir pendant les sept années pleines; mais la plupart des commentateurs croient qu'il sortait libre en l'année sabbatique, quand même il n'aurait encore servi que deux ou trois ans. Moïse ajoute : *Il aura en sortant le même habit qu'il avait en entrant, et sa femme sortira avec lui.* L'Hébreu porte : *S'il vient avec son corps, il sortira avec son corps; s'il vient marié, sa femme sortira avec lui.* Les rabbins disent que le maître était obligé de nourrir la femme et les enfants de l'esclave, quoiqu'il n'y eût que le mari qui fût esclave.

Mais si le maître lui a donné une femme dont il ait eu des enfants, la femme et les enfants demeureront au maître, mais l'esclave sortira avec ses habits ou avec son corps. On peut donner plusieurs sens à cette loi. Un maître pouvait faire épouser à un esclave hébreu une femme esclave d'une autre nation, et comme cette femme n'était pas israélite, elle ne pouvait pas jouir du privilége de l'année sabbatique; mais son mari hébreu la quittait et rentrait en liberté dans cette année. On demande si le mariage était dissous par cette séparation? Les sentiments des interprètes sont partagés sur cette question (b). Ce qui nous paraît le plus certain, c'est que, comme il n'y avait point proprement de mariage entre les esclaves qui s'étaient ainsi pris sans choix et sans liberté, aussi il n'y avait point de dissolution de mariage dans leur séparation. On peut voir les commentateurs sur cet endroit (c). *Que si un esclave dit : J'aime mon maître, ma femme et mes enfants, je ne veux point sortir pour jouir de la liberté, son maître l'amènera devant les dieux* (devant les juges), *et ensuite le faisant approcher de la porte* du logis de son maître (d), *il lui percera l'oreille avec une alène, et il demeurera en servitude pour toujours;* c'est-à-dire, selon les commentateurs (e), jusqu'à l'année du jubilé : car alors tous les esclaves sans exception rentraient en liberté. Les rabbins ajoutent qu'ils étaient aussi affranchis à la mort de leurs maîtres, et qu'ils ne passaient point à ses héritiers.

Si quelqu'un vend sa fille pour être servante (f) *ou esclave, elle ne sortira pas de servitude, comme les autres servantes ont accoutumé de sortir;* c'est-à-dire, les lois que l'on vient de voir ne la regardent point. Il y a une autre jurisprudence pour les filles, que pour les hommes ou les garçons hébreux. Un père ne pouvait vendre sa fille pour esclave qu'elle ne fût en âge de puberté, disent les rabbins (g), et qu'il ne fût lui-même réduit à la dernière indigence. De plus, quand un maître achetait une fille israélite, c'était toujours dans la présomption qu'il la prendrait pour femme, ou qu'il la ferait épouser à son fils. D'où vient que Moïse ajoute : *Que si elle ne plaît pas à son maître, et qu'il ne veuille pas l'épouser, il la mettra en liberté;* ou, selon l'hébreu, *il la fera racheter, et il ne lui sera pas permis de la vendre à un peuple étranger, en lui faisant injustice, et en contrevenant à sa parole;* à la promesse, au moins implicite, qu'il lui avait faite de la prendre pour femme.

Que s'il la fait épouser à son fils (h), *il la traitera comme on traite les filles libres :* il aura soin que son fils la traite comme son épouse; qu'il ne la méprise point et ne la maltraite point; *et s'il en fait épouser une autre à son fils, il lui donnera sa dot, ses vêtements et ce qui lui est dû pour sa virginité;* ou, selon l'Hébreu, s'il en fait épouser une autre à son fils, *il ne diminuera point les vêtements, la nourriture et la demeure de la première;* c'est-à-dire, selon plusieurs commentateurs (i), si le maître qui a acheté cette fille, et qui l'a fait épouser à son fils, fait épouser une seconde femme à son fils, il aura soin que son fils traite cette première femme comme son épouse; qu'il lui donne la nourriture, le vêtement, et qu'il lui rende les devoirs du mariage comme à sa véritable épouse; sinon, *il sera libre à cette femme de sortir de chez lui sans rien payer.*

Autrement, si le père de famille qui a acheté la fille israélite ne l'épouse pas, et ne la fait pas épouser à son fils, ou s'il veut la renvoyer après l'avoir gardée quelque temps, il sera obligé de la marier à un autre, ou

---

(a) *Exod.* xxi, 1, 2, etc.
(b) Vide *Cornel. a Lapide, et Estius in loca difficillora*, etc.
(c) *Exod.* xxi, 5, 6.
(d) *Deut.* xv, 17.

(e) *Hieron. in Galat.* i. *Grot. Vatab. Tirin.*, etc.
(f) *Exod.* xxi, 7.
(g) Vide *Selden.* l. IV, c. vii *de Jure nat. et Gent.*
(h) *Exod.* xxi, 9, 10.
(i) 70, *Chald. Jonath. Rabb.*, alii plures.

de la vendre à un autre maître hébreu, aux mêmes conditions qu'il l'avait prise lui-même, en lui donnant la dot, les habits et le prix de sa virginité, conformément à l'usage, ou selon qu'il sera réglé par les juges.

Un Hébreu pouvait tomber dans l'esclavage de plusieurs manières. 1° Dans une extrême pauvreté ils pouvaient vendre leur liberté (a). 2° Un père pouvait vendre ses enfants pour esclaves (b). 3° Les débiteurs insolvables étaient livrés pour esclaves à leurs créanciers (c). 4° Les voleurs qui ne pouvaient restituer leur vol, ou la valeur, étaient vendus au profit de celui à qui ils avaient fait le vol (d). 5° Ils pouvaient être pris en guerre ou par les voleurs. 6° Ils pouvaient être volés, par le crime qu'on nomme *plagium*, et ensuite vendus pour esclaves, comme Joseph fut vendu par ses frères. 7° Enfin, un esclave hébreu racheté d'un gentil par un de ses frères, pouvait être vendu par celui-ci à un autre Israélite.

L'Ecriture exprime par le mot d'esclavage, l'assujettissement d'un peuple à un autre; par exemple (e), Isaac dit à Esaü : *J'ai établi Jacob votre maître, et j'ai assujetti tous ses frères à sa servitude.* Et ailleurs les Egyptiens disent à Joseph (f) : *Achetez-nous pour demeurer en servitude perpétuelle envers le roi.* Et Samuel annonçant aux Hébreux les droits du roi (g) : Il prendra vos esclaves et vos servantes, et vous lui serez assujettis comme esclaves, *Vosque eritis ei servi.* Et David dit à Goliath (h) : S'il peut combattre contre moi, et qu'il me tue, nous serons vos esclaves ; et si au contraire j'emporte la victoire, et que je le fasse mourir, vous serez nos esclaves, et vous nous demeurerez assujettis : *Si autem ego prævaluero, vos servi eritis, et servietis nobis.*

[Dom Calmet confond sous le mot d'esclaves tous ceux qui sont au service d'autrui pour diverses raisons, et les captifs ou prisonniers de guerre. La question est de savoir si la législation mosaïque consacrait l'esclavage, dans le sens où l'on prend ordinairement ce mot. Je ne le crois pas. Dieu délivrant Israel, ce peuple qu'il appelle son *Fils aîné*, de la *Maison de servitude*, lui aurait-il fait retrouver la servitude dans la terre de la liberté? On l'a dit, on le répète, on donne des raisons, on cite des textes, on produit des faits. Je n'accepte aucune de ces raisons; quant aux textes, je pense qu'on interprète les uns à tort dans ce sens, et que les autres ne regardent point les Hébreux; et quant aux faits, ils ne s'appliquent point à la question.]

ESCOL, un des alliés d'Abraham, qui demeuraient avec lui dans la vallée de Mambré, et qui l'accompagnèrent dans la poursuite de Codorlahomor et des autres rois ligués qui avaient pillé Sodome et Gomorrhe, et emmené Loth, neveu d'Abraham (i).

ESCOL, vallée ou torrent d'Escol, ou *vallée du Raisin*, dans la partie méridionale de Juda. C'est là que les envoyés des Hébreux coupèrent un raisin d'une telle grosseur, qu'il fallut deux hommes pour le porter (k). Saint Jérôme, dans l'épitaphe de sainte Paule, parle d'Escol comme d'une ville.

[J'aime mieux la manière dont s'exprime Barbié du Bocage : « La *vallée* d'Escol ou *de la* Grappe de raisin, dit-il, est une vallée de la Judée située près d'Hébron, où l'on cultivait principalement la vigne, comme on la cultive encore, au dire de Shaw. Les espions envoyés par Moïse y coupèrent une branche de vigne avec sa grappe; elle était d'un tel poids, qu'il fallut deux hommes pour la porter; c'est de là que lui vint son nom de *Vallée de la Grappe de raisin*. Au fond de cette vallée coulait un torrent qui avait également reçu de là son nom *Nehel-Escol*, ou *Torrent de la Grappe*. »]

ESDRAS, était de la race sacerdotale. Quelques-uns le font fils du grand prêtre Saraïas, qui fut mis à mort par Nabuchodonosor à Réblata, après la prise de Jérusalem. Mais il y a bien plus d'apparence qu'il était simplement son petit-fils, ou même son arrière petit-fils. On croit qu'il revint pour la première fois, de Babylone à Jérusalem, avec Zorobabel, au commencement du règne de Cyrus à Babylone, l'an du monde 3468, avant Jésus-Christ 532, avant l'ère vulgaire 536. Esdras écrivit l'histoire de ce retour et de ce qui le suivit (l); et comme il était très-habile dans la loi du Seigneur, et tout rempli de zèle pour son service, il eut sans doute beaucoup de part à tout ce qui se fit dans ces commencements.

Les ennemis des Juifs ayant trouvé moyen de les rendre suspects à la cour de Perse, il en vint un ordre qui leur défendit de continuer le bâtiment du temple, qu'ils avaient repris après la mort de Cyrus et de Cambyse (m). Mais cet ordre ayant été révoqué au commencement du règne de Darius, fils d'Hystaspe, en 3485, ils recommencèrent à bâtir; et l'on fit la dédicace du temple en 3489, avant Jésus-Christ 511, avant l'ère vulgaire 515.

Cependant Esdras était retourné à Babylone, apparemment pour quelques affaires de sa nation; et la septième année du règne d'Artaxerxès à la longue main, du monde 3537, avant Jésus-Christ 463, avant l'ère vulgaire 467, ce prince le renvoya à Jérusalem (n), et lui accorda tout ce qu'il était venu demander. Il lui donna des lettres patentes par lesquelles il permettait à tous les Israélites qui étaient dans son royaume, de s'en retourner à Jérusalem, et d'y porter l'or et l'argent qu'ils auraient, et celui que le roi et ses conseillers offraient au temple du Sei-

---

(a) *Levit.* xxv, 29.
(b) *Levit.* xxi, 7.
(c) IV *Reg.* iv, 1.
(d) *Exod.* xxii, 3.
(e) *Genes.* xxvii, 37.
(f) *Genes.* xlvii, 19.
(g) I *Reg.* viii, 16, 17.
(h) I *Reg.* xvii, 8, 9.
(i) *Genes.* xiv, 13, 24.
(k) *Num.* xiii, 24, 25, *et* xxxii, 9; *et Deut.* i, 24.
(l) I *Esd.* i, ii, iii, iv, etc.
(m) I *Esd.* iv, 7, 17. An du monde 3484, avant Jésus-Christ 516, avant l'ère vulg. 520.
(n) I *Esd.* vii, 1...., 6 *et seq.*

gneur, et de l'employer à acheter des victimes, pour être offertes dans la maison de Dieu. Le roi leur rendit aussi les vases précieux du temple, qui n'avaient pas été rendus sous Cyrus. Artaxerxès ordonnait à ses trésoriers des provinces de delà l'Euphrate, de fournir à Esdras tout ce qui serait nécessaire pour les sacrifices, tant en froment, qu'en vin, en huile, en sel et en argent. Il accordait de plus l'immunité à tous les prêtres et ministres du temple du Seigneur. Enfin, il permettait à Esdras d'établir des juges et des magistrats pour juger le peuple, et lui accordait le pouvoir de gouverner et d'instruire le peuple qui était de retour à Jérusalem.

Esdras, muni de ces ordres et de ces pouvoirs, assembla une assez grande troupe d'Israélites (a), et se mit en chemin pour s'en retourner à Jérusalem. Etant arrivé sur le bord du fleuve Ahava, il envoya inviter quelques prêtres et quelques ministres du temple, qui étaient à *Caspia*, apparemment aux montagnes Caspiennes, de revenir avec eux dans la Palestine; et on lui en amena deux cent cinquante-huit personnes. Il publia un jeûne, pour demander à Dieu un heureux voyage. Il remit par compte, aux principaux de sa troupe, tous les vases d'or et d'argent que le roi lui avait rendus. Enfin ils se mirent en chemin au nombre de dix-sept cent soixante et quinze hommes, et arrivèrent tous heureusement en Judée, l'an du monde 3537, avant Jésus-Christ 463, avant l'ère vulgaire 467.

Esdras, ayant appris que plusieurs Israélites, tant des prêtres et des lévites, que des magistrats et du peuple, s'étaient alliés avec des femmes étrangères et idolâtres (b), déchira ses vêtements, s'arracha les cheveux de la tête et la barbe; et, s'étant assis dans le temple, il demeura dans la douleur et dans le silence jusqu'au sacrifice du soir. Alors il adressa sa prière à Dieu, et lui demanda pardon pour les péchés du peuple. Une grande multitude s'étant assemblée autour de lui, les principaux du peuple résolurent de renouveler l'alliance avec le Seigneur, et de renvoyer les femmes étrangères qu'ils avaient épousées, avec les enfants qui en étaient nés. Tout le peuple qui était présent s'y engagea par serment. Mais comme il y avait un grand nombre d'absents, Esdras fit publier dans Juda et dans Jérusalem un ordre à tout le peuple de se trouver au temple dans trois jours (c).

Tout le peuple s'étant assemblé au jour prescrit, Esdras leur fit connaître la grandeur du péché qu'ils avaient commis, en épousant des femmes étrangères, et leur déclara la résolution qui avait été prise, quelques jours auparavant, de faire divorce avec ces femmes, et de renvoyer leurs enfants. Tout le peuple répondit qu'il consentait à ce qui avait été résolu. Mais comme la saison était très-fâcheuse, et que cela n'était pas l'affaire d'un jour, il fut résolu qu'on nommerait des commissaires pour procéder à l'exécution de cette résolution (1). C'est ce qui fut exécuté l'an du monde 3538, avant Jésus-Christ 462, avant l'ère vulgaire 466.

Esdras eut la principale autorité dans Jérusalem jusqu'à l'arrivée de Néhémie (d), qui fut envoyé en Judée par Artaxerxès, avec autorité de gouverneur (e). La seconde année du gouvernement de Néhémie (f), et après le rétablissement des murs de Jérusalem, le peuple s'étant assemblé au temple, pour y célébrer la fête des Tabernacles, on pria Esdras de faire la lecture de la loi du Seigneur. Il la lut donc depuis le matin jusqu'à midi, accompagné de quelques lévites, qui étaient à ses côtés, et qui imposaient silence au peuple. Le lendemain ils vinrent trouver Esdras, pour lui demander comment ils devaient célébrer la fête des Tabernacles. Il le leur expliqua, et continua pendant toute l'octave à faire dans le temple la lecture de la loi du Seigneur (g). Tout cela fut suivi du renouvellement solennel de l'alliance avec le Seigneur (h).

Voilà ce que nous savons de plus certain touchant la vie d'Esdras. Josèphe dit qu'il fut enterré à Jérusalem, mais les Juifs croient qu'il mourut en Perse, dans un second voyage qu'il y fit auprès du roi Artaxerxès. On y montre son tombeau dans la ville de Samuze. On lui donne près de six vingts ans de vie.

On a prétendu qu'il avait eu la principale part à la révision et à la compilation de la plupart des livres de l'Ecriture. Il les retoucha, y fit quelques légers changements, les rédigea et les mit en l'état où nous les avons aujourd'hui. Comme il était très-instruit, très-zélé, et très-attentif à ramasser tous les anciens monuments de sa nation, et, avec cela, rempli de l'esprit de prophétie, il est très-probable qu'il travailla en effet beaucoup à recueillir les livres saints, et à composer le Canon, qui fixe ceux de l'Ancien Testament au nombre de vingt-deux, comme ils sont aujourd'hui reconnus par les Hébreux.

Quelques-uns ont aussi assuré qu'il était inventeur de la Massore et des points voyelles, et qu'il avait changé l'ancienne écriture, ou les anciens caractères hébreux (i) pour

---

(a) I Esdr. VIII.
(b) I Esd. IX.
(c) I Esd. x. An du monde 3538, avant Jésus-Christ 462, avant l'ère vulg. 466.
(d) An du monde 3550, avant Jésus-Christ 450, avant l'ère vulg. 454.
(e) II Esd. I, 1, 2, etc.
(f) An du monde 3551, avant Jésus-Christ 449, avant l'ère vulg. 453.
(g) II Esd. VIII.
(h) II Esd. IX, X.

(i) *Hieron. Prolog. Galeato. Talmudici in Sanhedrin.*
(1) L'expulsion d'une épouse et des enfants serait à la fois une horrible cruauté et une perturbation profonde dans notre société; elle n'avait pas le même caractère et les mêmes résultats dans la société israélite, où l'on usait facilement du divorce. Toutefois c'était un sacrifice qu'Esdras exigeait du cœur de l'homme, et ce sacrifice était nécessaire à la restauration nouvelle de la nation juive. M. Poujoulat, *Hist. de Jérus.*, ch. XIV, tom. I, pag. 307.

leur substituer les caractères chaldéens, dont les Juifs se servent aujourd'hui. On a cru qu'il avait renouvelé, réparé, composé de nouveau toutes les saintes Ecritures, qui étaient entièrement péries durant la captivité de Babylone. Enfin, on a prétendu qu'il était le même que le prophète Malachie. Il n'y a aucun de ces articles qui ne demandât au moins une grande dissertation : mais comme nous ne pouvons pas nous étendre beaucoup dans un dictionnaire, nous nous contenterons de dire en peu de mots ce que nous pensons sur chacune de ces difficultés.

La Massore et les points voyelles sont de beaucoup postérieurs à l'origine du christianisme, et par conséquent au temps d'Esdras, ainsi que nous le montrerons sous les articles MASSORE, MASSORÈTHES, POINTS VOYELLES. A l'égard des anciens caractères hébreux, qui sont les mêmes que ceux des anciens Phéniciens et des Samaritains d'aujourd'hui, nous avons fait voir dans une dissertation particulière (a), 1° Qu'il n'y a nul inconvénient à dire qu'Esdras changea l'ancienne écriture hébraïque, pour lui substituer le caractère hébreu moderne, qui est le même que le chaldéen; 2° Que ce changement ne fut pas d'abord universel, mais qu'il ne se fit que par partie, et insensiblement, puisqu'encore assez longtemps après Esdras, on a vu dans l'écriture des Juifs des vestiges de l'ancien caractère hébreu (1).

L'autorité du quatrième livre attribué à Esdras (b) a entraîné plusieurs Pères (c) dans le sentiment qui veut qu'Esdras ait dicté de nouveau toutes les saintes Ecritures, que ce livre dit avoir été perdues durant la captivité de Babylone. Mais on a démontré que ce quatrième livre est une pièce apocryphe et sans autorité, et que ce qu'il dit du prétendu renouvellement des Ecritures, est démenti par les Ecritures mêmes. *Voyez* notre dissertation sur ce sujet, à la tête du Commentaire sur le premier livre d'Esdras.

Enfin le sentiment qui veut que Malachie soit le même qu'Esdras, est soutenu non-seulement par les rabbins et par saint Jérôme (d), mais aussi par l'abbé Rupert et par quelques autres. Nous avons apporté, dans la préface sur ce prophète, quelques raisons pour appuyer cette conjecture. Il est certain que *Malachie* ou *Malachia* est moins un nom propre, qu'un nom commun, qui signifie l'*Ange du Seigneur*, ou le *Messager du Seigneur*; et que du temps d'Esdras on appelait assez souvent les prophètes *Malachies*, ou anges du Seigneur. Voyez *Aggée*, I, 13; *Malach*. III, 1. Les Pères ont souvent cité Malachie sous le nom d'*ange* ou d'*envoyé de Dieu*. Le nom *Esdras* est générique, et signifie *un intendant, un aide. Voyez* son article.

Nous avons quatre livres sous le nom d'Esdras: mais il n'y a que les deux premiers qui soient reconnus pour canoniques dans l'Eglise latine. Les deux autres sont apocryphes. Le premier et le second n'en font qu'un dans l'hébreu. Le premier de ces livres est constamment l'ouvrage d'Esdras. Il y raconte des choses dont il était témoin, et parle souvent en première personne. Le second livre qui porte le nom d'Esdras, est communément attribué à Néhémie. Il faut pourtant avouer qu'on y a ajouté quelques petites choses qui ne peuvent appartenir à Néhémie. Par exemple, on y parle du grand prêtre Jeddoa, et du roi Darius (e). Ce *Jeddoa* n'est autre que Jaddus, sous lequel Alexandre le Grand vint à Jérusalem; et *Darius*, est Darius Condomanus, qui fut vaincu par Alexandre le Grand, plus de six vingts ans après l'arrivée de Néhémie à Jérusalem.

Le troisième livre qui porte le nom d'Esdras, passe pour canonique chez les Grecs. C'est le même, au fond, que le premier d'Esdras; mais on l'a interpolé, en y ajoutant diverses circonstances, dont la principale est l'histoire des trois gardes du corps de Darius, du nombre desquels était Zorobabel. L'auteur raconte que ces trois gardes se proposèrent de soutenir : l'un, que la chose du monde la plus forte était le vin; le second, que c'était le roi. Zorobabel, qui était le troisième, prétendit que c'étaient les femmes, mais que la vérité était encore plus forte que tout cela. Lorsque Darius fut éveillé, les trois gardes lui proposèrent leur problème. Le roi fit assembler ses officiers et ses gouverneurs de provinces. On lut les propositions des trois gardes, et chacun d'eux parla pour soutenir son sentiment. Zorobabel remporta le prix, de l'aveu de toute l'assemblée; et pour récompense, Darius lui permit de retourner à Jérusalem, de rebâtir le temple du Seigneur, et d'y reporter les vases sacrés, que Nabuchodonosor en avait enlevés plu-

---

(a) *Voyez* cette dissertation à la tête du Commentaire sur Esdras.
(b) IV *Esd.* XIV, 19, 20, 21, etc.
(c) Clem. Alex. l. I Stromat. Iren. l. III, c. xxv. Basil. Ep. ad Chilonem. Leont. lib. de Sectis, art. 2. Isidor. l. VI Origin. Alii.
(d) Hieronym. Præfat. ad Malac. et in Commentar. pluries.
(e) II *Esdr.* XII, 27.
(1) Je pense qu'il n'y a eu dans les caractères hébreux d'autres changements que ceux que le temps y a introduits insensiblement et à la longue. Au siècle de Jésus-Christ, ces caractères avaient beaucoup d'analogie avec ceux des inscriptions palmyriennes et des médailles asmonéennes, comme on le voit par le titre de la croix que nous publions dans le mot de Dictionnaire. Les variantes que présentent les Septante et même le Samaritain prouvent, au moins pour bon nombre d'entre elles, que les lettres similaires dans l'alphabet actuel l'étaient également dans l'ancien alphabet, ce qui suffit pour établir que cet ancien alphabet n'était pas celui employé actuellement dans les Pentateuques dits Samaritains. — La comparaison des médailles, des inscriptions palmyriennes, des anciens manuscrits, montrent comment les lettres hébraïques se sont peu à peu modifiées et sont arrivées à être ce qu'elles sont aujourd'hui, sans qu'il soit possible d'admettre un changement subit introduit par Esdras, qui, dans l'hypothèse de ceux que nous réfutons, aurait pris en Assyrie un caractère (le rond) qui n'y existait pas. — Les briques babyloniennes portent des inscriptions dont les lettres rappellent celles des Phéniciens et des Samaritains. Ne serait-ce donc pas ces dernières qu'Esdras aurait popularisées, de sorte que les lettres samaritaines seraient les lettres babyloniennes, et que les caractères du Pentateuque des Samaritains, bien loin d'être les primitifs, seraient ceux dans lesquels les peuples envoyés d'Assyrie auraient conservé le Pentateuque transcrit avec leurs lettres nationales (S) ?

sieurs années auparavant. Mais, comme je l'ai déjà dit, ce livre passe pour apocryphe dans l'Eglise latine.

Le quatrième livre est écrit avec assez d'artifice, comme si Esdras lui-même l'avait composé : mais il porte dans lui-même différents caractères de fausseté. L'auteur croyait que le jour du jugement était proche, que toutes les âmes, tant des bons que des méchants, seraient délivrées de l'enfer, après le jour du jugement. Il parle de deux animaux monstrueux, créés de Dieu, au commencement du monde, pour faire, après la résurrection, un festin à tous les élus. Il dit que les dix tribus d'Israel sont passées dans un certain pays, qu'il nomme Arseret, qu'Esdras a réparé tout le corps des saintes Ecritures, qui étaient entièrement péries. Il parle de Jésus-Christ et des apôtres d'une manière si claire, que l'Evangile même n'est pas plus exprès. On peut voir notre dissertation sur ce livre, à la tête des livres d'Esdras. Ni la Synagogue, ni l'Eglise grecque, ni la latine, ne l'ont jamais reçu unanimement pour canonique, quoique quelques Pères l'aient quelquefois cité, et que l'Eglise latine, dans son office, ait emprunté quelques paroles tirées de ce livre. Nous ne le connaissons plus en grec; il n'a jamais été en hébreu ; il est imprimé en latin à la fin de la plupart de nos Bibles.

On a attribué à Esdras les deux derniers livres des Rois, et les Paralipomènes, et plusieurs autres livres de la Bible; et il y a assez d'apparence qu'au moins il les a revus et compilés. Les Juifs lui attribuent aussi certains règlements, certaines bénédictions et certaines prières. Enfin l'on parle d'une Apocalypse, d'une vision, et d'un songe d'Esdras. Mais rien de tout cela n'est authentique (a).

Les Juifs font un cas extraordinaire d'Esdras : ils disent que si la loi n'avait pas été donnée par Moïse, Esdras aurait mérité d'être le législateur des Hébreux. Les mahométans le nomment *Ozaïr, fils de Seraiah.* Ils racontent de lui (b) qu'étant en chemin pour retourner de Babylonie en Judée, il s'arrêta en un village fort près de cette ville, nommé *Sair-Abad*, ou maison de la promenade, ou *Diar-Anab*, lieu de vignoble : qu'il s'y bâtit une cabane le long d'un vieux pan de muraille, vivant de quelques fruits qu'il ramassait dans la campagne des environs. Comme il voyait de là Jérusalem, qui n'était qu'un tas de ruine, il lui vint dans l'esprit de dire : *Comment Dieu pourra-t-il rétablir ces ruines, et faire revivre les habitants de ce lieu?* A peine eut-il conçu cette pensée, que Dieu le frappa de mort, et il demeura cent ans au même lieu sans sépulture.

Or il arriva que quelque temps après le roi de Perse envoya les Juifs à Jérusalem, avec pouvoir de la rebâtir : Esdras, après avoir été mort pendant cent ans, ressuscita comme un homme qui s'éveille de son sommeil, et ne croyant pas avoir dormi plus d'un jour, il jeta les yeux sur Jérusalem, qu'il vit rebâtie et bien peuplée. Alors il s'écria : *Certainement Dieu est tout-puissant, puisqu'il peut faire tout ce qu'il lui plaît.*

C'est une très-ancienne tradition (c), que nous voyons dans le livre qui porte le nom de quatrième livre d'Esdras, dans plusieurs Pères, comme saint Irénée, Tertullien, saint Clément d'Alexandrie, saint Basile, saint Jérôme, saint Augustin, et quelques autres, qu'Esdras est le réparateur des livres saints, et que tous les exemplaires en ayant été brûlés, perdus, ou dissipés sous les derniers rois de Juda, et pendant la captivité, Esdras les écrivit de nouveau. Les mahométans ont embelli cette tradition par de nouveaux traits. Ils disent qu'Esdras, au retour de la captivité, ne cessait d'instruire le peuple, et de lui parler de la loi de Dieu; mais comme les textes sacrés étaient perdus, on ne faisait pas beaucoup de cas de ses instructions.

Les Juifs, pour éprouver s'il avait aussi conservé la mémoire des saintes Ecritures, comme il s'en vantait, lui mirent en main cinq plumes, avec lesquelles il commença à écrire avec autant de facilité et de rapidité que s'il n'en avait eu qu'une; et ce fut ainsi qu'il écrivit de mémoire tous les livres sacrés, sans se servir d'aucun exemplaire.

Cette merveille ne convertit pas encore les Juifs. Ils se disaient entre eux : Comment pourrons-nous savoir si ce qu'a écrit Esdras est le véritable texte sacré, puisqu'il n'y a personne d'entre nous qui l'ait jamais lu, ni qui en puisse rendre témoignage? Alors l'un d'eux se leva et dit : Je me souviens d'avoir ouï dire à mon père, qu'autrefois mon aïeul avait caché un exemplaire de la loi dans le trou d'un rocher, en un tel endroit. On y alla, on chercha et on trouva l'exemplaire qui avait été caché pendant si longtemps; on le collationna avec ce qu'Esdras avait écrit, et on le trouva si semblable, qu'il n'y eut pas une seule lettre de différence. Alors le peuple, étonné de ce prodige, s'écria : Ozaïr est le Fils de Dieu, puisqu'il a pu faire une chose si extraordinaire et si supérieure à la portée des forces humaines. De quoi Mahomet prit occasion de blasphémer contre Jésus-Christ, en disant que Dieu n'a point de Fils, parce qu'il n'engendre point.

Le quatrième livre qui porte le nom d'Esdras (b), raconte la chose autrement. Esdras ayant demandé à Dieu qu'il lui plût lui donner son esprit, afin qu'il pût écrire de nouveau ce qui avait été dans les livres saints qui étaient perdus, Dieu lui dit : Allez trouver le peuple, et dites-leur de ne vous pas chercher de quarante jours : préparez quantité de tablettes de buis, et prenez avec vous Sarea, Dabrias, Salemias, Echanus et Asiel, ces cinq hommes qui savent écrire promptement, puis revenez ici, et j'allumerai dans

---

(a) Vide *Jo. Albert. Fabric. Cod. pseudepigraph. V. T.* art 229, p. 1145 *et seq.*
(b) Alcoran c. *Bacra.* D'Herbelot, *Bibl. Orient.*, p. 697, *Ozaïr.*
(c) *Voyez* notre dissertation sur ce sujet.
(d) IV *Esdr.* XIV, 23, 24 *et seq.*

votre cœur une lumière qui ne s'éteindra point, que ce que j'ai dit ne soit exécuté. Esdras fit ce que Dieu lui avait commandé. Il vint au lieu destiné, Dieu lui présenta une coupe pleine d'une liqueur de couleur de feu. Il en but, et il sentit son cœur enflammé d'une ardeur qui le dévorait. Il commença à dicter aux cinq hommes dont nous avons parlé : il parla pendant quarante jours entiers, et on écrivit deux cent quatre livres. Il ne prenait de la nourriture que pendant la nuit. Dieu lui dit : Réservez soixante-dix de ces livres, que vous donnerez aux plus sages du peuple ; pour les autres, mettez-les en lumière, afin que les dignes et les indignes les puissent lire.

Les chrétiens orientaux disent (a) qu'Esdras avala de la poussière du puits où le feu sacré avait été caché, et reçut ainsi le don du Saint-Esprit, qui le rendit capable de rétablir les livres sacrés. Tout ceci prouve le grand progrès qu'a fait dans l'Eglise et hors de l'Eglise ce sentiment, que nous avons réfuté au long dans une dissertaion faite exprès.

ESDRAS. Le texte de la Vulgate (b) porte qu'Esdras ayant lu dans le sacré volume, Judas Machabée livra la bataille aux Syriens : mais le texte sacré et le Syriaque, au lieu d'*Esdras*, lisent *Eléazar ;* et il y a assez d'apparence que ce fut Eléazar, frère de Judas [1 *Mac.*, II, 5], qui fit cette lecture.

ESDRELON, campagne [plaine ou vallée] d'Esdrelon [ou de Mageddo], située dans la tribu d'Issachar, et qui s'étend de l'orient en occident, presque depuis Scythopolis, jusqu'au mont Carmel (c). On l'appelle aussi le *Grand Champ*, ou la *Grande Plaine*, la *Vallée de Jezrael*, et la *campagne d'Esdrela*. [*Voyez* BÉATITUDES (*Montagne des*). Barbié du Bocage donne à la plaine d'Esdrelon douze à treize lieues de longueur sur cinq ou six de largeur, et la place « dans la tribu de Zabulon, entre le mont Carmel et le Jourdain à son issue de la mer de Galilée. Dans les premiers âges du peuple juif, ajoute-t-il, à l'époque de l'empire romain, au temps des croisades, et même dans les temps tout modernes, cette plaine fut le théâtre d'événements mémorables ; aussi, en y entrant, comme l'observe M. Buckingham, le voyageur ne peut-il se défendre de cette sorte d'émotion que Johnson attribue avec tant de vérité et d'éloquence aux campagnes de Marathon. Cette plaine est enfermée de tous côtés par de hautes collines ; c'est à peine si l'on y aperçoit quelques masures servant d'abri aux rares pasteurs arabes qui errent sur ses excellents pâturages, et cependant elle se fait encore remarquer par un luxe de productions qui justifie bien ce don spécial de fertilité qui lui est attribué par les livres saints ; le Cison l'arrose en partie. Elle reçut les différents noms qui lui ont été appliqués de la position des lieux importants qui la dominent, tels que *Mageddo, Jesrael* et *Esdrelon*. »]

ESDRELON, ou *Esdrela ;* bourg qui donnait son nom à la campagne d'Esdrelon. C'est la même chose que Jezrael, dans la tribu d'Issachar, *Josue*, XIX 18, à dix milles de Scythopolis, comme le porte l'ancien itinéraire. *Voy*. JEZRAEL.

ESDRIN (d), nom de ville au delà du Jourdain, où se donna un combat entre Judas Machabée et Gorgias et Timothée. Quelques-uns, comme Grotius et Hillerus, lisent *Ephron*, au lieu d'*Esdrin*. d'autres croient, avec assez de vraisemblance, qu'*Esdrin* est un nom d'homme : *Qui cum Esdrin erant ;* c'est-à-dire, ceux qui étaient commandés par Esdras, etc.

[Pourquoi par *Esdras*? L'auteur a sans doute voulu dire par *Esdrin*. Au reste, il ne peut être ici question d'une ville ; il s'agit d'un homme. Huré dit que c'est un capitaine juif ; cela ne peut pas être. L'édition d'Alde et par *Gorgias*, et le récit fait assez comprendre qu'il s'agit en effet de Gorgias.]

ESEBAN, fils de Dison, fils d'Esaü. *Genes.* XXXVI, 26. — [Non pas fils d'Esaü. *Voyez* ÉLIPHAZ].

ESEBON, fils de Gad (e), fonda apparemment, ou rétablit la ville d'Esebon.

ESEBON [ou plutôt HESEBON], ville célèbre au delà du Jourdain, nommée autrement ESBUS, CHESTON, CHASPHON, CHASCOR. Elle était, dit Eusèbe, à vingt milles du Jourdain, vers l'orient. Elle fut donnée à la tribu de Ruben (f) : mais apparemment qu'elle fut recédée à celle de Gad, puisqu'elle se trouve parmi les villes que cette tribu donna aux lévites pour leur demeure (g). Elle avait d'abord appartenu aux Moabites, sur lesquels le roi Séhon l'avait conquise. Elle fut reprise par les Israélites peu de temps avant la mort de Moïse. Enfin, après le transport des dix tribus au delà du Jourdain, les Moabites s'en emparèrent (h). Pline l'attribue à l'Arabie (i). Salomon, dans le Cantique des Cantiques (j), parle des eaux d'Esebon : et le second livre des Machabées (k) dit que l'étang d'Esebon avait deux stades ou trois cents pas de long.

ESEC, fils de Mola. I *Par*. VIII, 39. — [*Voyez* ASEL.]

ESELIAS, père de Saphan. II *Par*. XXXIV, 8. — [Il est appelé Aslia, IV *Reg*. XXII, 3.]

ESEM, ville de la tribu de Juda. *Josue*, XV, 29. Peut-être la même qu'*Esmona*, ou *Asemona*. — [*Voyez* ASEM.]

ESER, second fils de Séir, Horrhéen. *Genes.* XXXVI, 21. 27.

ESER. *Voyez* EZER.

ESIONGABER ou ASIONGABER, ville de l'Idumée, ou de l'Arabie Déserte, sur le bord de la mer Rouge, et sur un golfe de cette

---
(a) D'Herbelot, *Bibl. Orient.*, p. 698, col. 2.
(b) II *Mac.* VIII, 23.
(c) Vide *Euseb. in Jezrael, et in Arbela ; et Joseph. de Bello,* l: IV, c. II. *Hieronym. ad Ose.* I.
(d) II *Mac.* XII, 36.
(e) *Genes.* XLVI, 1, 6.

(f) *Josue*, XIII, 17.
(g) *Josue*, XXI, 37. II *Par*. VI, 8.
(h) *Jerem.* XLVIII, 2.
(i) *Plin. l*. V, c. XI.
(j) *Cant.* VII, 4.
(k) II *Mac.* XII, 16.

mer, appelé le golfe d'Elan. Les Israélites, après avoir été quelque temps à Hébrona, vinrent à Esiongaber ; de là ils allèrent au désert de Sin, où est la ville de Cadès (*Num.* XXXIII, 35). C'est au port d'Esiongaber que Salomon équipait ses flottes pour aller à Ophir (III *Reg.* IX, 26). On peut voir ce que nous avons dit ci-devant sur ELATH, ville située sur le golfe Elanitique. Josèphe dit qu'Esiongaber est la même que Bérénice, fameuse ville sur la mer Rouge (*Antiq.*, *l.* VIII, *c.* II, p. 269, *f*). Mais il y a beaucoup d'apparence qu'il a confondu Bérénice, qui est sur le bord occidental de la mer Rouge, tirant vers l'Ethiopie, avec la ville d'Esiongaber, située sur le golfe Elanitique et sur le bord opposé.

[Suivant dom Calmet, Esiongaber est tantôt le trente-quatrième, et tantôt le trente-neuvième campement des Israélites ; tantôt il reconnaît qu'ils sont venus d'Hébrona à Esiongaber, et tantôt il imagine qu'après avoir campé à Hébrona, ils campèrent à Elath, puis vinrent à Esiongaber. Voyez sa *Table chronologique*, au tom. I, pag. 15, col. 2, et le mot CAMPEMENTS. Barbié du Bocage, le géographe de la Bible de Vence et M. Léon de Laborde se rencontrent à ce point du voyage des Israélites : c'est, disent-ils, leur trente-deuxième station ; et j'admets ce sentiment.

M. de Laborde a suivi pas à pas les Israélites ; il a observé, étudié, expliqué leurs marches et leurs campements. Je n'hésite pas à rejeter tous les travaux qui ont été faits sur ce sujet pour ne m'en tenir qu'au sien, qui réunit toutes les conditions propres à lui mériter tous les suffrages. *Voyez* MARCHES et CAMPEMENTS.

Hébrona est le campement qui précéda celui d'Esiongaber. M. de Laborde, commentant ce texte des *Nombres*, XXXIII, 35 : Les Israélites *campèrent à Esiongaber*, donne des explications dont nous allons extraire quelques passages.

« La route suivie par les pèlerins de la Mecque, dit-il (*Comment. sur l'Ex. et les Nomb.*, p. 123, col. 2), nous servira à mieux préciser celle des Israélites. Ils descendirent par le ravin à pente rapide qui s'appelle par cette raison El-Akabah, et ils s'approchèrent de Cadès [trente-troisième campement], où les espions [partis de Rethma, quinzième campement] devaient les rencontrer... » L'auteur annonce ensuite qu'il va examiner quelle était la position d'*Elath* et d'Esiongaber, ces deux villes maritimes qui jouent un rôle important aussi bien dans l'histoire sainte que dans l'histoire générale ; il donne la carte du golfe et continue en ces termes (pag. 124) :

« Elath, Eziongaber et le mont Séir, paraissent comme trois points voisins, qui tiennent les uns aux autres, dans le plus ancien document où ces trois noms se trouvent mentionnés (*Deut.* II, 8).

» Le mont Séir, comme nous l'avons démontré, doit s'entendre de toute la montagne des Edomites (*Gen.* XXVI, 9). C'est le Djebel-Scherra, qui s'étend depuis Ouadi-Getoun jusqu'aux anciennes possessions des Moabites. A côté de cette montagne s'élevaient donc deux villes qui ne pouvaient être que très-voisines puisque *le chemin de la mer Rouge* que nous avons reconnu être la Ouadi-Araba, est en même temps appelé le chemin d'Elath et d'Eziongaber (*Deut.* II, 8).

» Des renseignements postérieurs qui, toutefois, datent encore du règne de Salomon, nous apprennent qu'Eziongaber était un port de mer (1 *Rois*, IX et X), et nous savons par les Pères de l'Eglise, ainsi que par les géographes arabes et les historiens des croisades, qu'Elath, dont le nom s'est conservé dans Ailah, se retrouve aujourd'hui dans Hale, ainsi que dans Akabah-Aila, et que cette ville est également située sur le bord de la mer, à l'extrémité septentrionale du golfe de l'Akabah.

» Nous avons donc une position qui nous est connue et une autre position qu'il faut chercher, sans qu'il nous soit permis de nous éloigner d'un voisinage très-rapproché.

» Il n'y a pas assez d'espace dans l'extrémité du golfe pour placer deux villes, deux ports de mer, deux industries rivales. Aila y a conservé ses ruines ; cherchons plus loin Eziongaber.

» Eziongaber, selon Bochart, aurait une signification : il exprimerait *une côte hérissée de rochers*, un rocher s'élevant dans la mer *en forme de dos, et contre lequel les vagues viennent mugir* (*Geographia sacra*, 1646, pag. 764). Rien ne répond mieux à cette description qu'une île, qui, comme celle de Graie (Emrag, *Djezireth Pharaon*), s'élève dans la mer.

» Près d'Ailah, nous apprend Makrizi, s'élevait autrefois une grande et belle ville du nom d'*Asioun*, et Seetzen a trouvé, dans l'ouvrage géographique de Murack Mackmed, fils d'Ackmed, un passage qui se rapporte à celui-là : *Près d'Ailah* (Eloth) *était une ville du nom d'Azioum, où se trouvaient beaucoup de palmiers, de fruits et de champs cultivés* (*Monat. Corresp.*, 1809, sept. XVIII, pag. 239 et 307). Les noms d'Azioum et d'Eziongaber offrent, sans doute, beaucoup de ressemblance, si, comme Eusèbe et saint Jérôme, on écrit le dernier Ἀσία. Au nord de l'île de Graie et du golfe où les vaisseaux trouvent un abri contre les vents, on rencontre des ruines qui s'étendent en forme d'enceinte et de buttes de décombres. Il y a de l'eau, des palmiers, des acacias et une plaine qu'une industrie persévérante peut avoir cultivée. Je vois là cet Azioum qui répond à la partie d'Eziongaber située sur la côte, au faubourg d'approvisionnement de l'île et du port.

» Ce port est bien protégé contre les vents d'ouest et du nord. L'île le défend contre ceux de l'est. Aujourd'hui, si la Syrie acquérait le même genre de sécurité que l'Egypte, ce serait une question de savoir si les quarante-cinq lieues qui séparent l'Akabah de El-Arisch ne seraient pas plus rapidement parcourues que le détour de Suez au Caire et du Caire à Alexandrie.

» Cherchons dans le texte si, malgré sa concision, nous ne trouverons pas quelque trait descriptif qui convienne à cette localité. Salomon, engagé par l'adresse du roi de Phénicie dans des goûts de luxe et des entreprises qui pouvaient lui donner des moyens de les satisfaire, fit une expédition sur la mer Rouge.—*Le roi Salomon fit construire aussi des vaisseaux à Asiongaber, qui est près d'Elath, sur le bord de la mer Rouge* (III *Rois*, chap. IX, verset 26 ; II *Chron.*, VIII, 16). Dans les expéditions, Eziongaber ressort comme le point important, tandis qu'Ailah ne semble pas avoir été utilisé dans cette entreprise. Plus tard, cette dernière ville n'est même plus citée, Eziongaber est seul indiqué comme l'endroit où se construisent les vaisseaux qui doivent naviguer sur cette mer. — Josaphat ayant fait alliance avec Ochosias, *il convint avec lui qu'ils équiperaient une flotte pour aller à Tharsis. Ils firent donc bâtir des vaisseaux à Eziongaber* (II *Chron.*, XX, 36). *Mais ces vaisseaux ne purent y aller, parce qu'ils furent brisés à Eziongaber* (I *Rois*, XXII, 49). Ce fait peut nous servir à mieux déterminer la nature du lieu. Il laisse supposer un abri pour les vaisseaux, qui n'offre pas toute sûreté, qui devient même dangereux sous l'influence de certaine direction de vent, puisque les vaisseaux se brisent sur sa côte, hérissée de rochers. Tout ici convient encore à l'île de Graie et à la position de l'Azioum des Arabes, où des caravanes nombreuses et armées déposaient les matériaux de construction et les marchandises précieuses, qui une fois transportés dans l'île, étaient les uns transformés en vaisseaux, les autres mises en magasin ou à l'abri des peuplades environnantes, dont il eût été difficile, autrement que par l'isolement, de contenir longtemps l'avidité.

» Les vaisseaux, une fois construits, étaient amarrés à l'île et tenus au large par des ancres. Ils étaient à l'abri, par l'élévation du rocher, du vent de nord-est et de nord-nord-est, qui règne presque toute l'année et souffle avec violence dans ce golfe [pag. 125, col. 1]. Mais un changement subit au sud-ouest ou au nord-ouest portait les vaisseaux sur l'île et les brisait contre les rochers.

» D'après ces courtes citations, nous pouvons nous représenter un peuple conquérant, établi sur cette côte et protégé par ses armes, bâtissant et équipant des vaisseaux, les envoyant au loin, puis abandonnant ces entreprises par la difficulté de se maintenir dans un pays toujours en révolte, et laissant aux peuples indigènes une exploitation dont ils leur avaient fait connaître les avantages et appris les moyens. Mais aussi de ce moment, en même temps que la suite des documents s'interrompt, le nom d'Eziongaber disparaît à jamais. Ce changement opéré ainsi, sans raisons évidentes, s'explique facilement. Du moment que le conquérant étranger disparaît de ses côtes, la position qu'il avait choisie perd tous ses avantages. Les indigènes, tranquilles sur leur sol, n'ont pas besoin de l'isolement que l'île assurait, et entre les villes d'Eziongaber et d'Elath ils choisirent de préférence la seconde située plus près du territoire qu'ils parcouraient et offrant plus de ressources. Cette ville d'Elath est encore citée deux fois dans l'Ecriture (*Rois*, II, chap. XIV, 22 ; XVI, 6) ; puis son nom passe dans toutes les traditions et vient s'intercaler, plus ou moins altéré, dans les ouvrages grecs, latins et arabes, sous la forme de Eloth, Elath, Ailath (saint Jérôme : la dixième légion était à Ailath, *Onomast.*, et *Notitia dignitatum*). OEla, OElas, OElat, OElana (Josèphe, *Hist.*, VIII, 6 ; IX, 19 ; Pline, *Hist. nat.*, V, 12) ; Ailana (Diodore de Sicile) ; Ailanon (Etienne de Byzance, *de Urb.*) ; Ailas (Procope, *de Bello Pers.*) ; Eila, Eilat, Eilana, Leana, Elas (*Notitiæ antiquæ*) ; Elana (Strabon, liv. XVI ; Ptolémée, *Georg. Min.*), et chez les Arabes, Ailah, Ailat, Akabah Aila, Akbet Aileh, Hœle, etc. »

M. Léon de Laborde présente ensuite ses recherches sur Elath ; c'est son histoire depuis le temps de Mahomet, qui lui laissa une lettre de franchise et son manteau. Et revenant à Esiongaber, il termine en ces termes (p. 126, col. 2, et 127, col. 1) :

« La position d'Eziongaber, à l'extrémité du golfe Elanitique, n'est pas admise généralement. Ainsi, Pococke (*Descr. de l'Orient*, ed. angl., I, 137) ; Montagu (*Account of his Journey*, mars 1766) ; Sicard (*Missions du Levant*, tom. V, pag. 396) ; Shaw (tom. II, p. 46) ; Gosselin (*Recherches, golfe Arabique*, p. 99) ; Büsching (*Erdbeschr. von Asien*), le placent dans le fond du port de Cherm, qui est beaucoup trop au sud ; on se demande pourquoi des vaisseaux se seraient arrêtés ainsi sur la côte de la Péninsule, quand ils avaient la mer devant eux et des abordages meilleurs et plus près de leur but, à Dahab, à Noebe, à l'île de Graie et près de l'Ackabah ; enfin, pourquoi débarquer si loin de si riches marchandises, quand il est impossible de faire passer une caravane sur le littoral depuis Cherm jusqu'en Syrie. Danville (*Mémoires sur l'Egypte*, pag. 238), en supposant à l'extrémité du golfe une bifurcation, avait placé commodément chacune de ces villes aux extrémités des deux pointes ; mais le golfe n'a qu'une pointe et Eziougaber, placé près d'Elath sur cet espace rétréci, ne s'explique pas, quand on se rappelle que ces deux villes avaient le même genre d'industrie. L'opinion de Bochart (*Geographia sacra*, p. 344) et celle de Calmet (*Litter. Comment. in Exodum*) se trouvent ainsi combattues, et il est inutile de discuter celle de Josèphe l'historien, qui prétendait que Eziongaber se nommait, de son temps, Bérénice ; car, comme il nous dit que Salomon fit construire dans le golfe d'Egypte les vaisseaux qu'il envoyait à Ophir, il est probable qu'il confondait ensemble les deux golfes et des sites entièrement différents.

» Il faut un certain temps avant que les découvertes prennent leur place dans le domaine public et soient acceptées généralement. J'en citerai, pour exemple, la carte que M. Arundale vient de publier en 1837, *From the best authorities*, et celle de M. de Gerambe, qui a paru depuis elle ; toutes deux sont copiées sur les anciennes cartes de la Syrie et de l'Arabie Pétrée avec le golfe fourchu et les chaînes de montagnes qui se croisent entre la mer Morte et la mer Rouge, tels qu'on les représentait il y a quarante années. Voyagez donc, Burckhart, Seetzen, etc., etc., pour qu'après vingt années on prenne ce souci de la publication de vos découvertes ! »]

ESMONA, ou HESMONA, ou ASEMONA, ville dans l'Arabie Pétrée, où les Hébreux firent une station dans le désert (*a*). Elle est attribuée à la tribu de Juda. *Josue*, XV, 27. — [*Voyez* ASEMONA.]

ESNA, ville de la tribu de Juda, *Josue*, XV, 47.

ESPAGNE. Tout le monde connaît cette partie de l'Europe, qui est environnée de la mer : de l'Océan, du côté du couchant et du nord ; de la Méditerranée, du côté du midi et de l'orient ; et de la France, du côté de l'orient et du nord. Les Hébreux appellent l'Espagne *Sépharad* (*b*). Eusèbe et après lui Bochart (*c*) croient que *Tharsis* est le père des Espagnols. Saint Paul dit aux Romains (*d*) qu'il espère les aller voir, lorsqu'il ira en Espagne. Mais on doute qu'il y ait jamais été. *Voyez* les commentateurs sur *Rom.* XV, 24. Plusieurs Pères l'ont assuré positivement (*e*). D'autres en parlent avec plus de réserve. Baronius et Pererius sont pour l'affirmative. Scot et saint Thomas sont pour la négative. *Voyez* M. de Tillemont, *Note* 73 sur saint Paul. — [*Voyez* aussi GAULES.]

ESPERANCE. L'espérance d'Israel (*f*) était la venue du Messie, et la fin de la captivité de Babylone, et le bonheur du ciel. Le Seigneur est l'espérance des justes ; leur espérance ne sera point confondue ; au contraire, l'espérance des impies périra : *Spes impiorum peribit* (*g*), elle sera sans effet ; ou même ils vivront et mourront sans espérance. *L'espérance qui est différée afflige l'âme* (*h*) ; mais quand on possède ce qu'on désire, l'âme est consolée. La chair du juste (*i*) *reposera en paix* : elle attendra tranquillement la résurrection future. Abraham espéra en Dieu contre toute espérance (*j*), *contra spem in spem*, lorsqu'étant sur l'âge Dieu lui promit un fils. *L'espérance de l'ingrat se fond comme la glace* (*k*) : il parle des Israélites qui négligeaient de recueillir la manne, qui se fondait au soleil, et leur espérance s'évanouissait. Les prisonniers d'espérance (*l*), *vincti spei*, sont les Israélites qui étaient en captivité, mais qui espéraient d'en sortir.

L'ESPÉRANCE, dans le Nouveau Testament, se prend d'ordinaire pour l'espérance en Jésus-Christ, l'espérance aux biens éternels, l'espérance de la résurrection future : *Gloriamur in spe gloriæ filiorum Dei* (*m*). *L'épreuve produit l'espérance, et l'espérance ne confond point* (*n*). Notre espérance est fondée sur la patience, et la consolation que nous tirons des Ecritures (*o*). *La foi, l'espérance et la charité* (*p*) sont tout le trésor des Chrétiens. Jésus-Christ est toute notre espérance (*q*) : *Christi Jesu spei nostræ*. C'est dans ses mérites, dans son sang, dans sa grâce, dans ses promesses, dans son esprit, que consiste toute notre espérance dans cette vie et dans l'autre.

ESPHATHA, troisième fils d'Aman, *Esther*, IX, 7.

ESPINE. *Voyez* ci-devant EPINE.

ESPIONS. Le patriarche Joseph (*r*) veut faire arrêter ses frères ; et arrête en effet et met en prison Siméon, feignant de croire qu'ils étaient des espions. Suivant les lois de la guerre, un espion trouvé dans le camp mérite d'être pendu.

Moïse envoya douze *espions* pour considérer le pays de Chanaan (*s*), et pour savoir quelle était la nature du pays, quelles étaient ses forces, ses villes, ses habitants. Ils partirent du camp de Pharan [de Rethma], mirent quarante jours à faire le tour du pays, et revinrent au camp des Israélites, chargés d'une branche de vigne avec son raisin, qu'ils portaient à deux qu'un bâton, tant à cause de la grosseur du fruit que dans la crainte de le froisser. Etant de retour [à Cadès], ils firent leur rapport au peuple en disant : *Le pays d'où nous venons est véritablement un pays où coulent des ruisseaux de lait et de miel, comme on le peut reconnaître par les fruits que nous avons rapportés ; mais il a des habitants très-forts, et des villes très-bien fortifiées : nous y avons vu des géants de la race d'Enach : Amalec habite vers le midi ; les Héthéens, les Jébuséens et les Amorrhéens dans les montagnes ; les Chananéens le long de la mer.* — [*Voyez* MARCHES et CAMPEMENTS].

Alors le peuple commença à murmurer (*t*), en disant : *Nous ne pourrons jamais nous rendre maîtres de ce pays, parce que le peuple qui l'habite est plus fort que nous.* Mais Caleb, un des envoyés, tâcha de les rassurer, en disant : *Allons nous emparer de ce pays, nous en viendrons aisément à bout.* Les au-

---

a) *Num.* xxxiii, 29.
(*b*) *Abdias*, i, 20.
(*c*) *Bochart. Phaleg.* l. III, c. vii.
(*d*) *Rom.* xv, 24, 28.
(*e*) *Epiphan. hæres.* 27. *Chrysost. Præfat. in Epist. ad Hebr. Hieronym. in Isai.* xi. *Theodoret. in* II *Timoth.* iv, *et in Philipp.* i, 20. *Gregor. in Job* l. XXXI, c. xxii.
(*f*) *Act.* xxviii, 20.
(*g*) *Prov.* x, 28. *Job.* viii, 13.
(*h*) *Prov.* xiii, 12.
(*i*) *Psalm.* xv, 9. *Act.* ii, 26.

(*j*) *Rom.* iv, 18.
(*k*) *Sap.* xvi, 29.
(*l*) *Zach.* ix, 12.
(*m*) *Rom.* v, 2.
(*n*) *Rom.* v, 4, 5.
(*o*) *Rom.* xv, 4.
(*p*) 1 *Cor.* xiii, 13.
(*q*) 1 *Timoth.* i, 1.
(*r*) *Genes.* xlii, 9, 14.
(*s*) *Num.* xiii, 2, 3 *et seq.*
(*t*) *Num.* xiv, 1, 2, 3, etc.

tres, au contraire, décrièrent cette terre, en exagérant la difficulté qu'il y avait d'en faire la conquête, en disant : *Ce pays dévore ses habitants, et les peuples que nous y avons vus sont d'une grandeur extraordinaire. Nous y avons vu des hommes monstrueux, des géants de la race d'Enach, auprès desquels nous ne paraissons que comme des sauterelles.* A ces mots tout le peuple se mit à crier, et ils pleurèrent toute la nuit, murmurant hautement contre Moïse et Aaron, et s'entre-disant l'un à l'autre : *Etablissons sur nous un chef qui nous ramène en Egypte.* Josué et Caleb firent en vain tous leurs efforts pour les rassurer ; le peuple courut aux pierres pour les lapider.

Mais tout d'un coup la gloire du Seigneur parut sur le tabernacle de l'alliance, et il fit entendre sa voix à Moïse, et menaça de frapper tout le peuple, et de les exterminer ; mais Moïse intercéda pour eux, et obtint qu'ils ne mourraient point tous à la fois ; mais le Seigneur jura qu'aucun de ceux qui avaient ainsi murmuré contre lui ne verrait la terre qu'il avait promise à leurs pères, à l'exception de Caleb et de Josué, qui lui étaient demeurés fidèles.

Il est encore parlé d'*espions* dans le livre de Josué (*a*). Ce chef du peuple de Dieu, étant près de faire passer le Jourdain aux Israélites pour les mettre en possession de la terre promise, envoya deux hommes à Jéricho, pour savoir l'état de cette place : ils allèrent et entrèrent chez une femme nommée Rahab. Elle les reçut ; et le roi de Jéricho, ayant été bientôt informé de leur arrivée, envoya les demander à Rahab ; mais elle les cacha sur la plate-forme de sa maison, et dit aux envoyés du roi qu'ils étaient sortis un peu avant la nuit et avant qu'on fermât les portes de la ville. Dès que les envoyés s'en furent retournés, elle alla trouver les espions, et leur dit qu'elle savait que le Seigneur leur avait livré le pays de Chanaan, que la frayeur en avait saisi tous les habitants ; que le bruit des miracles que le Seigneur avait faits en leur faveur s'était répandu partout, et y avait jeté la consternation ; qu'elle les priait, en reconnaissance de ce qu'elle venait de faire pour leur sauver la vie, de lui promettre avec serment de la conserver elle et sa famille, lorsqu'ils se seraient rendus maîtres de Jéricho. Les espions le lui promirent, et elle les descendit avec une corde par-dessus la muraille de la ville qui donnait derrière sa maison ; et ainsi ils s'en retournèrent sains et saufs vers Josué. Saint Paul loue la foi de Rahab, qui reçut et sauva ces espions (*b*). — [*Voyez* Josué, §§ XXI et XXII.]

ESPRIT. Dans l'Ecriture le nom d'*Esprit, Ruach* en hébreu, *Pneuma* en grec, et *Spiritus* en latin (*c*), se prennent tantôt pour le Saint-Esprit, troisième personne de la sainte Trinité, qui inspire les prophètes, anime les gens de bien, verse son onction dans nos cœurs, nous comble de lumières et de consolations, au nom duquel nous sommes baptisés, de même qu'au nom du Père et du Fils ; enfin l'Esprit vivifiant, qui procède du Père et du Fils.

D'autres fois il se prend pour le souffle, la respiration, la vie animale, qui convient aux hommes et aux animaux (*d*) ; ce souffle que Dieu nous a donné, et qu'il retire de nous, quand il nous ôte la vie.

Il signifie aussi l'âme raisonnable qui nous anime, et qui subsiste même après la mort du corps ; cette substance spirituelle, raisonnable, libre, capable de la béatitude éternelle.

Le nom d'esprit se met quelquefois pour le vent ; ainsi *Spiritus procellarum* (*e*). *Spiritus grandis et fortis* (*f*). *In spiritu vehementi conteres naves Tharsis* (*g*), etc. Dans tous ces endroits *spiritus* ne désigne qu'un grand vent.

L'ESPRIT se prend aussi pour marquer un ange, un démon, ou une âme séparée du corps. Il est dit dans les *Actes* (*h*) que les Saducéens niaient l'existence des âmes et des esprits. Jésus-Christ, apparaissant à ses disciples, leur dit : *Touchez-moi, et voyez que je ne suis pas un esprit ; car un esprit n'a ni chair, ni os* (*i*). Dans saint Paul les bons anges sont appelés (*j*), *administratorii spiritus*. Il est dit dans les livres des Rois que le mauvais esprit envoyé par le Seigneur agitait Saül (*k*) ; et dans l'Evangile les démons sont souvent nommés *esprits impurs*, *mauvais esprits*, *esprits de ténèbres*.

L'ESPRIT se prend quelquefois pour la disposition du cœur ou du corps, parce que l'on présumait que les bonnes ou mauvaises dispositions de l'un ou de l'autre étaient causées par de bons ou mauvais esprits. Ainsi on dit : *l'esprit de jalousie* (*l*), *l'esprit de fornication* (*m*), *l'esprit de prières* (*n*), *l'esprit d'infirmité* (*o*), *l'esprit de sagesse et d'intelligence* (*p*), *l'esprit de crainte du Seigneur* (*q*), etc.

ESPRIT, qui animait les prophètes, et qui causait en eux des mouvements et des enthousiasmes. *Voyez* ci-devant ENTHOUSIASME.

DISCERNEMENT DES ESPRITS. C'est un don de Dieu qui consiste à discerner si un homme est vraiment inspiré de l'Esprit de Dieu, ou si c'est un faux prophète, un imposteur, qui ne suit que l'impression de son propre esprit, ou de l'esprit de Satan. Saint Paul parle du *discernement des esprits* (*r*), parmi les dons miraculeux que Dieu accordait aux fidèles au commencement du christianisme. Et saint

---

(*a*) Josue, II, 1, 23, etc.
(*b*) Hebr. II, 31.
(*c*) רוּחַ Ruah, Πνεῦμα, Spiritus.
(*d*) Genes. VII, 15. Num. XVI, 22. Job. XII, 10.
(*e*) Psalm. X, 7.
(*f*) III Reg. XIX, 11.
(*g*) Psalm. XLVII, 8.
(*h*) Act. XXIII, 8.
(*i*) Luc. XXIV, 39.

(*j*) Hebr. I, 14.
(*k*) I Reg. XVI, 14 ; XVIII, 10 ; XIX, 9.
(*l*) Num. V, 14.
(*m*) Ose. IV, 12.
(*n*) Zach. XII, 10.
(*o*) Luc. XIII, 11.
(*p*) Eccli. XV, 5. Isai. XI, 2.
(*q*) Isai. XI, 2.
(*r*) I Cor. XII, 10.

Jean dans sa première Epître (a) : *Ne croyez pas à tout esprit, mais éprouvez les esprits s'ils sont de Dieu.*

ETEINDRE L'ESPRIT. Saint Paul (b) dit aux Thessaloniciens de ne pas éteindre l'esprit : *Spiritum nolite exstinguere.* On peut éteindre l'Esprit-Saint en deux façons : 1° en forçant en quelque sorte le Saint-Esprit de se retirer de nous, par le péché, par le déréglement des mœurs, par la vanité, par l'avarice, par la négligence, et par les autres crimes opposés à la charité, à la vérité, à la paix, ou aux autres dons du Saint-Esprit ; 2° on éteint le Saint-Esprit lorsqu'on fait des actions qui font que Dieu retire de nous ses dons surnaturels et gratuits, comme la prophétie, le don des langues, le don de guérir les maladies ; car, encore que ces dons fussent purement gratuits et que Dieu les communiquât quelquefois à des méchants, toutefois il les accordait aussi souvent aux prières des fidèles, et il les retirait pour punir l'abus ou le mépris qu'on en faisait.

ATTRISTER L'ESPRIT (c) se peut encore prendre en deux manières: ou dans le sens de la grâce intérieure, habituelle ou actuelle ; ou dans le sens des dons miraculeux dont Dieu favorisait les premiers chrétiens. On attriste l'Esprit de Dieu, en résistant aux saintes inspirations, aux mouvements de sa grâce, en vivant d'une manière tiède et négligente. On l'attriste aussi en méprisant ses dons, en les négligeant, en faisant abus de ses faveurs, par la vanité, la curiosité, la négligence. Et dans un sens contraire (d) : *Nous ressuscitons l'Esprit-Saint qui est en nous,* par la pratique des vertus, par la fidélité à répondre à ses inspirations, par la ferveur dans son service, par le renouvellement de notre reconnaissance, etc.

ESPRIT, en tant qu'il est opposé à *la chair,* marque l'âme qui nous anime : *Mon esprit ne demeurera plus dans l'homme, parce qu'il n'est que chair (e).* Je vais faire périr tous les hommes, je vais faire retirer d'eux mon souffle et l'âme que je leur ai donnée, parce qu'ils sont tous charnels, abrutis par des passions charnelles, par des actions brutales ; parce qu'en un mot, *toute chair a corrompu sa voie (f)* ; ils ont, en quelque sorte, oublié qu'ils étaient des hommes raisonnables, pour se plonger dans les déréglements des bêtes.

ESPRIT, dans le moral, est opposé à *la chair (g). Je suis soumis par l'esprit à la loi de Dieu ; et par la chair à la loi du péché.* Et encore (h) : *Si vous vivez selon la chair, vous mourrez ; mais si par l'esprit vous mortifiez les actions de la chair, vous vivrez.* Et ailleurs (i): *Les œuvres de la chair sont la fornication, l'impureté, la dissolution,* etc.; *mais les fruits de l'esprit sont la charité, la joie, la paix, la patience, l'humanité, la bonté, la persévérance,* etc.

L'ESPRIT DE JÉSUS-CHRIST qui anime les vrais chrétiens et les enfants de Dieu, et qui les distingue des enfants de ténèbres, qui sont animés de l'esprit du monde, est le don de la grâce et d'adoption ; l'Esprit-Saint qui est répandu dans nos cœurs, et qui nous donne la confiance de crier vers Dieu : Mon Père, mon Père (j). Ceux qui sont animés de cet esprit ont *crucifié leur chair avec ses vices et ses mauvais désirs ; si nous vivons de l'esprit, marchons selon l'esprit (k).* Et ailleurs (l) : *Celui qui n'a pas l'esprit de Jésus-Christ, n'est pas à lui : Qui spiritum Christi non habet, hic non est ejus.* L'esprit de Jésus-Christ animait les prophètes (m), et les portait à rechercher avec soin en quel temps devait arriver ce qu'ils avaient prédit touchant sa passion et sa gloire.

L'ESPRIT DE JÉSUS-CHRIST (n), *par lequel il a été prêcher aux esprits qui étaient en prison, et qui avaient été autrefois incrédules du temps de Noé.* Ce passage embarrasse extrêmement les commentateurs, et il souffre des difficultés presque insurmontables. On peut voir les commentateurs qui l'ont traité exprès. Voici le sens qui nous paraît le plus simple : Jésus-Christ, après sa résurrection, par la vertu du même Esprit-Saint qui l'avait ressuscité, descendit aux enfers, ou dans la prison, dans le lieu où les âmes des saints patriarches étaient détenues, et où elles attendaient sa venue ; il leur annonça leur délivrance, et les tira de ce cachot ; et à l'égard *des esprits qui avaient été autrefois incrédules au temps de Noé,* à l'esprit de Jésus-Christ, qui leur avait fait annoncer la vérité, et qui les avait fait exhorter à la pénitence du temps de Noé, mais qui, n'ayant pas voulu profiter de ses avis, étaient morts dans l'incrédulité et dans l'endurcissement ; ceux-là apprirent aussi la venue de Jésus-Christ, et furent informés de sa descente aux enfers ; mais cette nouvelle ne fit qu'augmenter leurs remords, leurs supplices, et leur désespoir.

ESPRITS. APPARITIONS DES ESPRITS. Le sentiment qui croit que les esprits, les anges, les démons, les âmes des morts, apparaissent quelquefois aux hommes, est universellement répandu parmi toutes les nations. Il est fondé sur une infinité d'histoires et d'expériences, et principalement sur l'autorité des livres sacrés. Les livres de l'Ancien et du Nouveau Testament sont remplis d'apparitions d'anges et de démons ; et on y voit l'opinion qui croit le retour et l'apparition des esprits et des âmes des défunts, dans l'histoire de l'évocation de Samuel par la pythonisse (o), dans ce que dit Jésus-Christ à ses apôtres : *Voyez et touchez : un esprit n'a ni chair ni os (p)* ; dans ce que pensaient les apôtres, voyant Jésus-

---

(a) I Joan. IV, 1.
(b) I Thess. V, 19.
(c) Ephes. IV, 30.
(d) II Timot. I, 6.
(e) Genes. VI, 3.
(f) Genes. VI, 12.
(g) Rom. VII, 25.
(h) Rom. V.II, 13.
(i) Galat. V, 19, 22.
(j) Rom. VIII, 5.
(k) Galat. V, 4.
(l) Rom. VIII, 9.
(m) I Petri I, 11.
(n) I Petri III, 19.
(o) I Reg. XXVIII, 11, 12.
(p) Luc. XXIV, 39.

Christ qui marchait pendant la nuit sur les eaux (a), *Dicentes quia phantasma est*. Et dans les *Actes des apôtres* (b), saint Pierre étant venu frapper à la porte, on crut que c'était son ange, parce qu'on savait qu'il avait été mis en prison quelques jours auparavant. Et dans les livres des Machabées (c), le grand prêtre Onias et le prophète Jérémie apparaissent en songe à Judas Machabée.

ESRIEL, fils de [Galaad et arrière-petit-fils de] Manassé. *Josue*, XVII, 2; I *Par.* VII, 14. — [*Voyez* ASRIEL.]

ESRON, fils de Pharès, père d'Aram. *Ruth*, IV, 18; *Matth.* I, 3; *Luc.* III, 33. — [Il est le même qu'Hesron, *Gen.* XLVI, 12.]

* ESRON, ou HESRON, ville de la tribu de Juda, *Jos.* XV, 3, située sur les frontières de cette tribu, dit le géographe de la Bible de Vence; au nord de Cadès-Barné, dit Barbié du Bocage. Est-elle la même qu'Asor-la-Nouvelle ou Carioth-Hesron (*ibid.*, 25), comme le suppose le géographe de la Bible de Vence?

* ESRON. *Voyez* HESRON.

ESSA, ville de delà le Jourdain, qui fut prise par Alexandre, roi des Juifs (d).

ESSÉNIENS. On ignore l'origine des Esséniens et l'étymologie de leur nom. Pline (e) dit qu'ils subsistaient depuis plusieurs milliers d'années, sans mariage et sans aucun commerce avec des personnes d'un autre sexe : *Ita per sæculorum millia, incredibile dictu, gens æterna est, in qua nemo nascitur.* Le quatrième livre des Machabées (f) les appelle *Hasdanim*, et dit qu'ils subsistaient déjà du temps d'Hyrcan, grand prêtre des Juifs, vers l'an du monde 3894, avant Jésus-Christ 106, avant l'ère vulgaire 110. Le premier Essénien dont Josèphe (g) fasse mention est un nommé Judas, qui vivait du temps d'Aristobule et d'Antigone, fils d'Hyrcan. Suidas (h) et quelques autres après lui ont cru que les Esséniens étaient une branche des Réchabites, qui, comme on sait, vivaient dès avant la captivité de Babylone.

Saint Epiphane (i) dérive leur nom de Jessé, père de David; ou de Notre-Seigneur Jésus-Christ, dont le nom, selon lui, signifie *médecin* ou *sauveur*. Il dit que c'était une secte de Samaritains, à qui Elxaï avait inspiré diverses erreurs. Drusius croit que les Esséniens sont une branche des Pharisiens. Saumaise veut qu'ils aient tiré leur nom de la ville d'*Essa* dont on a parlé plus haut; enfin Serrarius (j) rapporte jusqu'à douze opinions sur le seul nom des Esséniens. Nous croyons que les *Chasidim*, dont il est parlé dans quelques psaumes (k), et les *Assidéens* des Machabées (l) sont la vraie source des *Esséniens* (1).

Voici la peinture que Josèphe (m) fait des Esséniens : Ils vivent entre eux dans une union parfaite, et ont en horreur la volupté, comme le plus dangereux poison. Ils ne se marient pas, mais ils nourrissent les enfants des autres comme s'ils étaient à eux, et leur inspirent de bonne heure leur esprit et leurs maximes. Ils méprisent les richesses, et ne possèdent rien qu'en commun. L'huile et les parfums sont bannis de leurs demeures. Ils ont un air austère et mortifié, mais sans affectation, et portent toujours des habits bien blancs. Ils ont un économe qui a soin de distribuer à chacun ce dont il a besoin; ils exercent l'hospitalité envers ceux de leur secte, en sorte qu'ils ne sont jamais obligés de prendre de provisions dans leurs voyages.

Les enfants qu'ils élèvent sont tous traités et vêtus de la même sorte, et ne changent point d'habits que les leurs ne soient entièrement usés. Tout le commerce se fait entre eux par échange; chacun donne ce qui lui est superflu pour recevoir ce dont il a besoin. Ils ne parlent pas avant le lever du soleil, si ce n'est qu'ils prononcent quelques prières qu'ils ont apprises de leurs pères, et qu'ils adressent à cet astre, comme pour l'inviter à se lever. Après cela, ils vont au travail, où ils demeurent jusqu'à la cinquième heure du jour, qui revient à peu près à onze heures du matin.

Après cet exercice, ils s'assemblent tous ensemble; et, se ceignant avec des linges blancs, ils se baignent tous dans l'eau fraîche, puis ils se retirent dans leurs cellules, où il n'est permis à aucun étranger d'entrer. De là ils passent dans leur réfectoire commun, qui est comme un temple sacré, où ils demeurent dans un profond silence. On leur sert du pain et un mets à chacun. Le prêtre fait la prière; après quoi ils peuvent manger. Ils finissent aussi leur repas par la prière. Puis ils quittent leurs habits blancs, avec lesquels ils ont mangé, et retournent à leur travail jusqu'au soir. Alors ils reviennent au réfectoire, et font manger leurs hôtes avec eux, s'il leur en est survenu quelqu'un.

Ils sont très-religieux observateurs de leurs paroles, et leur simple promesse vaut les serments les plus sacrés. Ils évitent le jurement comme le parjure même. Le soin qu'ils ont des malades est très-grand, et ils ne souffrent pas qu'ils manquent de la moindre chose. Ils lisent avec soin les ouvrages des anciens, et cette étude les rend habiles dans la connaissance des plantes, des pierres, des racines et des remèdes. Avant que d'accorder l'entrée de leur secte à leurs postulants, ils les éprouvent pendant un an, en leur faisant pratiquer leurs plus pénibles exercices. Après ce terme, ils leur donnent entrée au réfectoire commun et au bain;

(a) *Matth.* xiv, 26.
(b) *Act.* xii, 13, 15.
(c) II *Mac.* xv, 12, 15, 16.
(d) *Antiq. l.* XIII, c. xxiii.
(e) *Plin. l.* V, c. xvii.
(f) IV *Mac.* c. vi.
(g) *Antiq. l.* XIII, c. xix.
(h) *Suidas in* Ὠρογονοι, etc.
(i) *Epiphan. hæres.* 29, de Nazaræis, c. iv, p. 120

(j) *Serrar. Trihæres. l.* III, c. i.
(k) *Psalm.* lxxviii, 2; lxxxiv, 9.
(l) I *Mac.* ii, 42. *Synagoga Assidæorum.* II *Mac.* xiv, 7, *et* xliv, 10.
(m) *Joseph. de Bello, l.* II, c. xii, p. 785 *et seq.* Vide *et* Philo. lib. Quod omnis probus liber, p. 876.
(1) Les Chasidies étaient une secte qui se divisait en Pharisiens et Esséniens. Voy. Carpzov, *Apparatus historico-criticus*, pag. 217 et suiv. (S).

mais ils ne les admettent dans l'intérieur de la maison qu'après deux autres années d'épreuves. Après ces deux ans, on les reçoit à une espèce de profession, dans laquelle ils s'engagent par les serments les plus horribles à observer les lois de la piété, de la justice, de la modestie, la fidélité à Dieu et aux princes, de ne découvrir jamais aux étrangers les secrets de la secte, et de conserver précieusement les livres de leurs maîtres et les noms des anges. Si quelqu'un viole ces promesses et tombe dans quelque faute notable, il est chassé de la société, et meurt souvent de misère, parce qu'il ne peut recevoir de nourriture d'aucun étranger, étant lié par les serments dont on vient de parler. Quelquefois les Esséniens, touchés de compassion, les reçoivent lorsqu'ils ont donné de longues et solides preuves de leur conversion.

Après Dieu, ils ont un souverain respect pour Moïse et pour les vieillards. Le sabbat parmi eux est très-régulièrement observé. Non-seulement ils n'allument point le feu, et ne préparent rien ce jour-là, ils ne remuent pas même un meuble, et ne se déchargent pas même des superfluités de la nature. Les autres jours, lorsqu'ils sont obligés de satisfaire à ce devoir, ils se retirent loin à l'écart ; et, après avoir creusé une fosse de la profondeur d'un pied avec une bêche qu'ils portent toujours à leur ceinture, ils satisfont à leur besoin, se baissant et se couvrant tout autour avec leurs habits, de peur de souiller les rayons de Dieu, dit Josèphe. Après quoi ils remplissent de terre le trou qu'ils ont fait, et vont se purifier après cette action, comme s'ils avaient contracté quelque souillure.

Les Esséniens vivent d'ordinaire fort longtemps, et plusieurs atteignent à l'âge de cent ans ; ce que l'on attribue à la simplicité de leur nourriture et au grand régime de leur vie. Ils font paraître une fermeté incroyable dans les tourments, et on en vit de grands exemples durant la guerre des Romains contre les Juifs. Ils tiennent les âmes immortelles, et croient qu'elles descendent de l'air le plus élevé dans les corps qu'elles animent, où elles sont attirées par un certain attrait naturel, auquel elles ne peuvent résister. Après la mort, elles retournent avec rapidité au lieu d'où elles étaient venues, comme sortant d'une longue et triste captivité. Ils ont sur l'état des âmes après la mort à peu près les mêmes sentiments que les païens, qui placent les âmes des gens de bien dans les champs Elysiens, et celles des impies dans le Tartare et dans le royaume de Pluton, où elles sont tourmentées selon la qualité de leurs fautes.

Il y en a parmi eux quelques-uns qui sont mariés. Dans tout le reste ceux-là sont d'accord avec les autres Esséniens. Ils ne prennent des femmes qu'après s'être assurés pendant trois ans si elles sont d'une bonne santé et propres à donner des enfants bien sains. Dès que leurs femmes sont enceintes, ils ne s'en approchent plus. L'esclavage passe dans leur esprit comme une injure faite à la nature humaine : ainsi ils n'ont point d'esclaves parmi eux. Il y en a plusieurs entre eux qui ont le don de prophétie ; ce que l'on attribue à la lecture continuelle qu'ils font des auteurs sacrés et à la manière simple et frugale dont ils vivent. Ils croient que rien n'arrive dans le monde que par les décrets de Dieu ; et leur secte a assez de rapport à celle des pythagoriciens parmi les Grecs. Outre les hommes qui faisaient profession de la vie dont on vient de parler, il y avait aussi des femmes qui suivaient le même institut et les mêmes pratiques.

Quoique les Esséniens fussent les plus religieux de leur nation, ils n'allaient pas toutefois au temple de Jérusalem, et n'y offraient point de sacrifices sanglants. Ils craignaient de se souiller par le commerce des autres hommes, dont la vie n'était pas si pure que la leur. Ils y envoyaient leurs offrandes, et offraient à Dieu le sacrifice d'un cœur pur et exempt de crimes. Philon (a) dit que les Esséniens sont au nombre d'environ quatre mille dans la Judée ; et Pline (b) semble fixer leur principale demeure au-dessus d'Engaddi, où ils se nourrissent du fruit de leurs palmiers, qui sont communs en ces quartiers-là. Il ajoute qu'ils demeurent éloignés du bord de la mer, de peur de se corrompre par le commerce des étrangers. Philon assure qu'on en voyait dans plusieurs villes, mais qu'ils préféraient la demeure des campagnes ; ils s'appliquaient à l'agriculture et à d'autres exercices laborieux, qui ne les éloignaient point de la solitude dont ils faisaient profession.

Leurs études n'étaient ni la logique ni la physique, mais la morale et les lois de Moïse. Ils s'y appliquaient principalement les jours de sabbat. Ces jours-là ils s'assemblent dans leurs synagogues, où chacun est assis selon son rang ; les anciens au-dessus, et les plus jeunes au-dessous. Un de la compagnie fait la lecture, et un autre des plus instruits en fait l'explication. Ils se servent beaucoup de symboles, d'allégories et de paraboles, à la manière des anciens. Voilà l'idée que Josèphe et Philon nous donnent des Esséniens. Nous ne voyons pas dans l'Evangile que Jésus-Christ en ait parlé, ni qu'il ait prêché parmi eux. Il n'est pas hors d'apparence que saint Jean-Baptiste a vécu parmi eux jusqu'au temps qu'il commença à baptiser et à prêcher la pénitence (c). Le désert où Pline place les Esséniens n'était pas fort éloigné d'Hébron, que l'on croit être le lieu de la naissance de saint Jean. *Voy.* ci-devant ASSIDÉENS.

Voici la peinture que Philon (d) fait des *Esséniens*, qu'on peut appeler *pratiques*, à la distinction des *thérapeutes*, qu'on peut appeler Esséniens *contemplatifs*. Le nombre des premiers est d'environ quatre mille ; ils vivent dans la Palestine, éloignés du commerce des autres hommes. « Leur nom est

---
(a) Philo lib. Quod omnis probus liber.
(b) Plin. l. V, c. xvii.

(c) Vide Epiphan. hæres. 29, de Nazaræis.
(d) Philo lib. Quod omnis probus liber.

pris du mot grec *hosios*, qui signifie saint, et qui marque leur grande piété ; mais cette étymologie n'est pas tout à fait exacte. Quoique fort religieux et fort attachés au culte de Dieu, ils ne lui sacrifient rien qui ait vie. Ils se contentent de lui offrir le sacrifice d'une âme pure et sainte, qu'ils s'efforcent pour cet effet de purifier. Ils demeurent à la campagne, et évitent les grandes villes, à cause de la corruption qui y règne ordinairement, persuadés que, comme on contracte des maladies en respirant un air infecté, aussi les mauvais exemples des habitants de l'endroit où l'on passe sa vie font souvent sur l'esprit des impressions ineffaçables.

» Les uns travaillent à la terre et les autres à des métiers et à des manufactures des choses seulement qui servent pendant la paix, ne voulant faire que du bien à eux-mêmes et aux autres hommes. Ils n'amassent ni or ni argent, ne font pas non plus de grands acquêts de terre pour augmenter leurs revenus, contents de posséder ce qui est nécessaire pour subvenir aux besoins de la vie. Ce sont peut-être les seuls hommes qui, sans argent et sans terre, par choix plutôt que par nécessité, se trouvent assez riches, parce qu'ils ont besoin de peu de choses, et que, sachant se contenter de rien, pour ainsi dire, ils sont toujours dans l'abondance. Vous ne trouvez pas un artisan parmi eux qui veuille travailler à faire une flèche, un dard, une épée, un casque, une cuirasse ou un bouclier, ni aucune espèce d'armes, de machines ou d'instruments qui servent à la guerre. Ils ne font même, pendant la paix, aucune des choses dont les hommes font un mauvais usage. Ils ne se mêlent ni du trafic ni de la navigation, de crainte que cela ne les engage dans l'avarice. Ils n'ont point d'esclaves, mais ils se servent les uns les autres ; ils condamnent la domination que les maîtres exercent sur leurs esclaves, comme une chose non-seulement injuste et contraire à la société, mais aussi comme impie et contraire à la loi de nature, qui, comme une mère commune, a fait naître tous les hommes frères et égaux ; mais la cupidité qui a pris le dessus, détruit cette parenté, et met entre eux la haine et l'indifférence, au lieu de l'amitié et de la familiarité qui devraient y régner.

» Pour ce qui est de la philosophie, ils laissent la logique à ceux qui se plaisent aux disputes de mots, et la regardent comme absolument inutile pour acquérir la vertu. Ils laissent aussi la physique et la métaphysique, excepté ce qui regarde l'existence de Dieu, ou la production originale de toutes choses, à ceux qui ont du temps de reste pour s'y appliquer, ou qui sont entêtés de les subtiliser. Mais ils étudient beaucoup la morale, dont ils trouvent les fondements et les règles dans les lois de leur pays, qui sont telles, qu'elles n'ont pu partir de l'esprit de l'homme, sans une inspiration particulière de la Divinité. Ils s'y instruisent tous les jours, mais principalement le septième, qui est saint parmi nous ; ils s'abstiennent de tout travail ce jour-là, et se rendent dans leurs synagogues ou lieux d'assemblées, où chacun se place selon son rang de réception dans le corps ; les plus nouveaux y occupent toujours la dernière place, et s'y rangent dans la bienséance convenable pour y entendre la parole de Dieu. Cela fait, un d'entre eux prend le livre et fait la lecture ; un autre, qui est d'ordinaire un des plus habiles, explique ce qui a été lu. Ils suivent dans leur explication la méthode de développer les sens allégoriques des Écritures.

» Leurs instructions roulent principalement sur la sainteté, l'équité, la justice, l'économie, la politique, la distinction du vrai bien et du vrai mal, de ce qui est indifférent, de ce qu'on doit fuir. Les trois maximes fondamentales de leur morale sont l'amour de Dieu, l'amour de la vertu, l'amour du prochain. Ils donnent des preuves de leur amour de Dieu dans une chasteté constante pendant toute leur vie, dans un grand éloignement du mensonge, et en attribuant à Dieu tout ce qui est bon, sans le faire jamais auteur du mal. Ils font voir leur amour pour la vertu dans leur désintéressement, dans leur éloignement de la gloire et de l'ambition, dans leur renoncement au plaisir, dans leur continence, leur patience, leur simplicité, leur facilité à se contenter, leur mortification, leur modestie, leur respect pour les lois, leur constance, et les autres vertus. Enfin ils font voir leur amour pour le prochain dans leur libéralité, et leur conduite égale envers tous, et leur communauté de biens, sur laquelle il est bon de s'étendre un peu ici.

» Premièrement nul d'entre eux en particulier n'est maître de la maison où il demeure ; tout autre de la même secte qui y viendra, y sera maître comme lui. Comme ils vivent en société et boivent et mangent en commun, on prépare à manger pour toute la communauté, tant pour ceux qui sont présents que pour ceux qui surviennent : il y a un dépôt commun dans chaque communauté particulière, où l'on réserve tout ce qu'il faut à chacun pour la nourriture et pour les habits. Tout ce que chacun gagne s'apporte dans la masse commune ; et si quelqu'un tombe malade, en sorte qu'il ne puisse plus travailler, on lui fournit du commun tout ce qui lui est nécessaire pour le rétablissement de sa santé. Les plus jeunes portent un grand respect aux anciens, et les traitent à peu près de même que les enfants traitent leurs pères dans leur vieillesse.

» Josèphe (a) nous apprend que les Esséniens attribuent tout à Dieu. Ils tiennent les âmes immortelles, et croient que la justice est de toutes les choses la plus digne de nos empressements et de nos recherches. Ils envoient leurs offrandes au temple, mais n'y offrent point de sacrifices sanglants. On leur en refuse l'entrée, à cause des purifications usitées parmi les Juifs (auxquelles apparemment ils ne veulent pas se soumettre, ou parce qu'ils se croient plus purs que les

(a) *Joseph. Antiq. l.* XVIII, c. 11.

autres), et ils sont obligés de faire leurs sacrifices dans leur société particulière. Du reste, ce sont de très-honnêtes gens, dont l'emploi principal est l'agriculture. Leur justice est admirable et surpasse tout ce qu'on en connaît chez les Grecs et les Barbares, comme s'y exerçant de longue main, et n'en interrompant jamais le cours. Leurs biens sont communs, et celui qui est entré riche dans leur société, n'en possède pas plus que le plus pauvre de tous. Leur nombre est de plus de quatre mille hommes : ils ne souffrent parmi eux ni femmes, ni esclaves, regardant celles-ci comme une source perpétuelle d'injustice, et celles-là comme une cause d'embarras et de divisions ; ainsi, vivant séparés des autres hommes, ils se servent l'un l'autre dans leurs besoins réciproques.

» Pour receveurs des biens et des revenus communs de leur société, ils choisissent les prêtres les plus distingués par leur mérite, qui sont aussi chargés d'en donner ce qu'il faut pour la table de la maison. Leur manière de vivre n'a rien de singulier ni d'affecté ; elle est simple, et à peu près la même que celles des pléistes parmi les Daces. Dans un autre endroit, Josèphe dit que les Esséniens soutiennent que le destin gouverne tout, et qu'il n'arrive rien aux hommes que ce qu'il a réglé. » On peut consulter, sur les *Esséniens*, les auteurs qui ont traité des sectes des Juifs. *Voyez* notre Bibliothèque sacrée, sous ce titre, *Sectes des Juifs* (1).

ESTHAMO, ou ESTEMO, ville dans la partie méridionale de Juda (*a*). Eusèbe dit que c'était un gros bourg dans le canton d'Eleuthéropolis, au nord de cette ville. Elle fut cédée aux prêtres pour leur demeure (*b*).

[Elle est nommée *Estémo*, *Jos*. XXI, 14 ; — *Esthamo*, I *Reg*. XXX, 28 ; — *Esthémo*, I *Par*. VI, 58 ; — et *Istémo*, *Jos*. XV, 50.]

ESTHAMO, fils de Jesba. I *Par*. IV, 17. — [Le texte porte : ... *Et Jesba, père d'Esthamo*. Il y en a qui croient que *père* signifie, ici, comme souvent ailleurs, *chef, prince*. Cela peut être. Il est difficile de décider, d'autant plus que le texte paraît avoir souffert quelque dommage. Comparez avec le verset 18. Au verset 19 il y a un autre *Esthamo*, dont il va être parlé.]

ESTHAM [de Machati], fils d'Odaïa [sœur de Naham]. I *Par*. IV, 19.

ESTHAOL, ville de la tribu de Dan (*c*). Elle avait d'abord appartenu à la tribu de Juda (*d*). Eusèbe (*e*) dit qu'elle était à dix milles d'Eleuthéropolis, en allant vers Nicopolis.

ESTHER, autrement EDISSA, de la tribu de Benjamin, fille d'Abihaïl. Ses parents étant morts, Mardochée, son oncle paternel, prit soin de son éducation. Après qu'*Assuérus*, autrement Darius, fils d'Hystaspe, eut répudié Vasthi (*f*), on chercha, dans toutes les provinces de l'empire des Perses, toutes les plus belles personnes que l'on put trouver ; Esther fut de ce nombre (*g*). On l'amena à la cour, et elle fut confiée à un eunuque pour la nourrir et lui fournir tout ce qui était nécessaire. On lui donna sept filles pour la servir, et elle demeura ainsi un an entier à se disposer, par l'usage des huiles de senteur et des parfums, à se présenter devant le roi.

Le temps étant venu (*h*) qu'elle devait être conduite à l'appartement du roi, on lui donna tous les ornements qu'elle voulut ; et elle trouva grâce aux yeux du roi Assuérus. Il lui mit sur la tête le diadème royal, et la déclara reine en la place de Vasthi. Le roi fit ses noces avec une magnificence royale, et fit des largesses et des remises à ses peuples, à cause de cette fête. Or, Esther ne déclara point qui elle était, et ne dit pas que Mardochée était son oncle, parce que celui-ci le lui avait défendu.

Le roi Assuérus ayant élevé en honneur un de ses officiers, nommé Aman, et celui-ci voulant exiger des honneurs qui ne sont dus qu'à Dieu, Mardochée les lui refusa constamment ; ce qui lui attira l'indignation d'Aman (*i*) : et, pour se venger du mépris prétendu que Mardochée faisait de sa personne, il obtint du roi un ordre de mettre à mort tous les Juifs qui étaient dans ses États (*j*). Mardochée en donna avis à Esther, et lui fit dire qu'il fallait qu'elle se présentât au roi, et lui demandât la révocation de cet ordre, qu'Aman n'avait obtenu qu'en surprenant le roi. Esther s'en défendit (*k*) sur ce qu'il y avait déjà trente jours que le roi ne l'avait point fait venir, et qu'elle n'osait l'aller trouver, sans être appelée, à cause de la défense que le roi avait faite, sous peine de la vie, à qui que ce fût, d'entrer dans sa salle intérieure, sans y être appelé par ses ordres ; à moins qu'il n'étendît vers la personne qui se présenterait son sceptre d'or, et qu'il ne la garantît de la mort par cette marque de clémence.

Mardochée ne se rendit pas à cette raison. Il fit dire à Esther que nul danger ne devait l'empêcher de secourir sa nation dans une telle extrémité, et que c'était apparemment pour cela même que Dieu l'avait élevée à la dignité royale, afin de la mettre en état d'agir dans une occasion comme celle-là. Esther se disposa donc par la prière, par l'humiliation et par le jeûne, à se présenter

(*a*) *Josue*, xv, 50 ; *et* xxi, 14. I *Reg*. xxx, 18.
(*b*) I *Par*. vi, 53.
(*c*) *Josue*, xix, 41.
(*d*) *Josue*, xv, 33.
(*e*) *Euseb. in Estaoul*.
(*f*) An du monde 3486, avant Jésus-Christ 514, avant l'ère vulg. 518.
(*g*) *Esth*. ii.
(*h*) An du monde 3490, avant Jésus-Christ 510, avant l'ère vulg. 514.
(*i*) *Esth*. iii.
(*j*) An du monde 3495, avant Jésus-Christ 505, avant l'ère vulg. 509.
(*k*) *Esth*. iv.
(1) Il y indique des traités généraux, *Nicolai Serrarii, Trihæresis, seu de tribus Judæorum sectis*, ouvrage qui se trouve parmi ses opuscules ; *Josephi Scaliger, Elenchus. Trihæreseos*, parmi ses ouvrages ; *Joannis Drusii, de Sectis Judæorum*, Arnhem, 1619 ; Basnage et quelques autres ; mais il n'indique aucun ouvrage traitant particulièrement des Esséniens. On trouve dans les œuvres complètes de Racine un beau tableau de la doctrine et de la vie des Esséniens ; c'est ce que j'ai lu de mieux sur ces braves gens.

devant le roi : elle dit à Mardochée de passer de même trois jours et trois nuits dans le jeûne et la prière, pour attirer la miséricorde de Dieu sur son entreprise.

Après les trois jours (a), Esther se revêtit de ses habits royaux ; et s'étant rendue à l'appartement du roi, elle se tint vis-à-vis la porte de la salle intérieure où était le trône du roi. Assuérus, l'ayant vue, étendit vers elle son sceptre d'or et lui dit : *Esther, que demandez-vous ? Quand vous me demanderiez la moitié de mon royaume, je vous la donnerai.* Esther lui répondit : *Je supplie le roi de venir aujourd'hui, s'il lui plaît, au festin que je lui ai préparé, et Aman avec lui.* Le roi et Aman vinrent donc au festin de la reine, et le roi lui dit de nouveau qu'elle pouvait lui demander tout ce qu'elle désirerait. Mais Esther ne lui demanda autre chose, sinon qu'il lui plût revenir encore le jour suivant dîner chez elle avec Aman.

Le roi y vint donc, et Aman avec lui (b); et, dans la chaleur du vin, Assuérus lui ayant réitéré les mêmes promesses qu'il lui avait faites auparavant, Esther lui répondit : *O roi, si j'ai trouvé grâce à vos yeux, je vous supplie de m'accorder ma propre vie et celle de mon peuple, pour lequel j'implore votre clémence.* Le roi lui dit : *Et qui est celui qui a conspiré contre votre vie et contre celle de votre peuple ?* Esther répliqua : *C'est cet Aman que vous voyez, et qui est notre plus cruel adversaire.* Le roi en même temps se leva tout en colère et sortit dans le jardin qui était près de la salle. Aman se leva aussi de table, et se jeta aux genoux de la reine, pour la supplier de lui sauver la vie. En même temps, le roi étant rentré, et ayant vu Aman qui s'était jeté sur le lit de table où était Esther, s'écria : *Comment ! il veut encore faire violence à la reine en ma présence, et dans ma maison ?* A peine la parole fut sortie de la bouche du roi, que l'on saisit Aman, qu'on lui couvrit le visage, et qu'on le mena pour le faire mourir. *Voy.* AMAN.— [*Voy.* NINIVE.]

Le même jour (c), le roi révoqua l'ordre qu'il avait donné d'exterminer tous les Juifs de ses États, et leur permit à eux-mêmes de se venger de leurs ennemis, de tuer les hommes, les femmes et les enfants, et de piller leurs maisons. Le jour pour exécuter cette vengeance fut marqué au treizième jour du mois *Adar*, qui était le même jour auquel Aman avait résolu de les faire périr. En exécution de cette permission, les Juifs firent un grand carnage de leurs ennemis (d) dans toute l'étendue du royaume d'Assuérus ; en sorte que, dans la seule ville de Suse, ils tuèrent jusqu'à cinq cents de leurs ennemis, sans compter les dix fils d'Aman. Ils continuèrent encore le lendemain à tuer leurs ennemis, avec la permission du roi, mais seulement dans Suse ; et on compta dans les autres villes jusqu'à soixante-quinze mille morts, que les Juifs massacrèrent le treizième jour d'Adar. Ils choisirent le quatorzième du même mois pour faire une fête solennelle en mémoire de cet événement, et ils donnèrent à cette fête le nom de *Purim*, c'est-à-dire *les sorts*, à cause que ce jour-là ils devaient être mis à mort, suivant le sort qu'Aman avait tiré à cette intention.

Le livre d'Esther, qui contient l'histoire que nous venons de rapporter, a toujours passé pour canonique, chez les Juifs comme dans l'Église chrétienne ; mais la canonicité des additions (1) qui se trouvent à la fin de ce livre dans les éditions latines, et qui ne sont pas dans les exemplaires hébreux, a été fort contestée. Les exemplaires de la version grecque que nous avons ne sont pas uniformes entre eux, et sont assez différents de l'hébreu ; et les anciennes traductions latines qu'on avait de cet ouvrage avant celle de saint Jérôme différaient, et du texte hébreu, et des versions grecques. On lit dans le grec, à la tête de ce livre, que *la quatrième année de Ptolémée et de Cléopâtre, Dosithée, accompagné de Ptolémée son fils, apporta en Egypte la lettre de Purim, qu'ils disaient avoir été traduite en grec par Lysimaque, fils de Ptolémée.* On croit que le roi Ptolémée sous lequel cette tradition fut apportée en Egypte, est *Ptolémée Philométor*, mort en 3861, longtemps après Ptolémée Philadelphe, sous lequel on fixe communément la version des Septante. C'est apparemment ce Lysimaque qui est l'auteur des additions qui se remarquent dans le texte grec d'Esther.

Quant à l'auteur original de ce livre, on est assez partagé sur cela. Saint Clément d'Alexandrie (e), suivi de quelques rabbins et de plusieurs de nos commentateurs, l'attribue à Mardochée, et le livre lui-même favorise ce sentiment, puisqu'il porte (f) que Mardochée écrivit cet événement : *Mardochæus memoriam rei litteris tradidit*. D'autres (g) le donnent à Esdras ; d'autres (h) croient que la grande synagogue le composa et le mit dans le canon des Écritures. Nous fixons le temps auquel cette histoire arriva, sous le règne de Darius, fils d'Hystaspe, que nous croyons être le même qu'Assuérus. On peut voir ASSUÉRUS, AMAN, MARDOCHÉE, où nous rapportons plusieurs circonstances de l'histoire d'Esther. *Voyez* aussi notre Préface sur le livre d'Esther.

[Esther et Mardochée furent, à ce qu'il paraît, ensevelis dans le même sépulcre, à *Ecbatane*, aujourd'hui *Hamadan*, où on voit encore un monument sépulcral élevé à leur honneur. Sir Robert Ker-Porter, qui visitait cette ancienne capitale des Mèdes au mois de septembre 1818, parle en ces termes du tombeau d'Esther et de Mardochée :

« Les habitants juifs d'Ecbatane... prirent

(a) Esth. v.
(b) Esth. vii.
(c) Esth. viii.
(d) Esth. ix.
(e) *Clem. Alex.* l. I *Stromat.*
(f) Esth. xii, 4.
(g) Epiphan. de *Ponderib. et mensur.* Aug. de *Civit.* l. XVIII, c. xxxvi. Isidor. Origin. l. VI, c. ii.
(h) Talmud. in Baba Batra, c. i. Rabb. plures.
(1) La paraphrase chaldaïque de ces additions a été publiée par Assemani dans le catalogue de la bibliothèque du Vatican, et par l'abbé de Rossi dans son *Specimen variarum lectionum ex codice Pii VI*; Rom. 1782 (S).

un vif intérêt aux questions que je leur fis sur la tombeau d'Esther et de Mardochée, dont le dôme s'élève encore au-dessus des chétives habitations de ce pauvre reste d'Israel, encore languissant sur la terre de sa captivité. Cette tombe est regardée de tous les Juifs existant en Perse comme un lieu de sainteté particulière; à certaines époques, ils y font des pèlerinages dans le même esprit de pénitence qui leur faisait tourner autrefois les yeux vers Jérusalem. Le rabbin, gardien du sépulcre, auquel je m'adressai pour le voir, parut flatté de ma curiosité, et se mit ensuite en devoir de la satisfaire; nous traversâmes la ville en passant sur beaucoup de ruines et de décombres, avant d'arriver à un terrain clos, plus élevé qu'aucun de ceux du voisinage, au milieu duquel est le tombeau juif, bâtiment carré, en briques, de la forme d'une mosquée, terminé par un dôme un peu allongé, le tout se dégradant faute d'entretien. La porte du monument, suivant l'ancien style sépulcral du pays, est fort petite, et d'une seule pierre très-épaisse. La clef est toujours entre les mains du chef des Juifs d'Hamadan, et sans doute elle n'a pas cessé d'y être depuis l'enterrement du saint couple, juste objet de leur reconnaissance, puisqu'il préserva leurs pères d'un massacre qui devait les envelopper tous. Le tombeau actuel d'Esther occupe la même place que l'ancien, qui fut détruit par Tamerlan. » Sir ROBERT KER-PORTER, *Voyages en Arménie, en Perse*, etc. Londres, 1821. *Voyez* ECBATANE.]

ESTHON, fils de Mahir, et père de Bethrapha. I *Par.* IV, 11, 12.

ESTRADE, ou tribune d'airain de Salomon. C'était comme un piédestal carré, de trois coudées de haut, de cinq de long, et d'autant de large (a), sur lequel était un siège ou une espèce de trône, dont le dossier était en rond; il était placé vis-à-vis la porte du parvis des prêtres, dans la partie supérieure du grand parvis : c'est là où le roi se mettait ordinairement, lorsqu'il allait au temple.

* ETAM, rocher où se retira Samson. *Jug.* XV, 8, 11. *Voyez* l'article suivant.

* ETAM, ville occupée par les Siméonites. I *Par.* IV, 32, rebâtie et fortifiée par Roboam, II *Par.* XI, 6. C'était peut-être dans le territoire dépendant de cette ville qu'était le rocher d'Etam, où Samson se retira. N. Sanson suppose qu'elle est la même qu'Athar, *Jos.* XIX, 4, et qu'Ether., XV, 42. Barbié du Bocage et M. Cahen disent qu'elle était dans la tribu de Juda; je ne sais sur quoi ils se fondent. *Voyez* l'article suivant.

* ETAM, homme ou ville de la tribu de Juda, I *Par.* IV, 3. L'hébreu porte : *Voici les fils du père d'Etam*; le chaldéen : *Voici les docteurs demeurant à Etam*. Peut-être le mot père doit-il s'entendre comme signifiant *chef, prince*; voyez les versets suivants. Au reste, le commencement de ce chapitre paraît avoir souffert quelque dommage.

ETENDRE LA MAIN signifie châtier, exercer sa sévérité, sa justice (b). *Extendit manum suam in retribuendo*, Dieu a tiré son peuple de l'Egypte avec sa main étendue et son bras élevé; il l'en a tiré à force de prodiges et de châtiments, dont il a frappé les Egyptiens. *La main de Dieu est encore étendue* (c), il est encore tout prêt à frapper.

ETENDRE SA MAIN est quelquefois un geste de miséricorde. *J'ai étendu ma main pendant tout le jour* (d) *vers un peuple ingrat et rebelle. J'ai appelé*, dit le Sage (e), *et vous avez refusé de m'entendre; j'ai étendu ma main, et nul n'a regardé.*

Je n'ai pas voulu étendre ma main sur l'oint du Seigneur (f); je ne l'ai pas voulu tuer. *Etendez un peu votre main sur Job, et vous verrez s'il ne vous bénit en face* (g); frappez-le, traitez-le avec rigueur, et vous verrez s'il ne vous blasphème.

ETENDRE LA MAIN SUR UNE CHOSE, la prendre, la dérober. Il fera serment (h) *qu'il n'a pas étendu sa main sur ce qui appartient à son prochain.*

ETENDRE LE DOIGT est un geste railleur (i). *Si abstuleris de medio tui catenam, et desieris extendere digitum* : Si vous ôtez du milieu de vous la chaîne ou le joug dont vous accablez vos créanciers [j'imagine qu'il veut dire *débiteurs*], et que vous vous absteniez de les montrer au doigt, par un geste insultant et moqueur. Quelques-uns prennent cela pour un geste de menace, comme *Nicanor étendit sa main contre le temple* (j), menaçant de le brûler.

ETENDRE LE NIVEAU SUR UNE VILLE, la ruiner, la raser, la mettre rez de terre. *Perpendiculum extenditur super Jerusalem*, dit Zacharie (k); et, *Cogitavit Dominus dissipare murum filiœ Sion. Tetendit funiculum suum*, dit Jérémie (l).

ETERNEL, ÉTERNITÉ. Ces termes se prennent souvent pour un long temps, et il ne faut pas toujours les prendre dans la rigueur; par exemple, on appelle (m) *les montagnes éternelles*, pour marquer leur antiquité. Dieu promet à David un trône, un règne éternel, une postérité qui ne s'éteindra jamais; c'est-à-dire que son empire et celui de ses enfants sera d'une très-longue durée; qu'il sera même éternel, si on l'entend du règne du Messie. Ainsi, *Le juste ne sera jamais ébranlé*; *vous nous conduirez dès à présent jusqu'à l'éternité*, etc., c'est-à-dire pendant toute notre vie.

Mais l'éternité, quand il s'agit de Dieu, marque toujours une éternité réelle. *Dominus regnabit in œternum et ultra* (n). Et ailleurs : Je lèverai ma main au ciel, et je ferai

---

(a) II *Par.* VI, 13.
(b) *Psalm.* LIV, 21.
(c) *Isai.* V, 25; IX, 12, 17.
(d) *Isai.* LXV, 2.
(e) *Prov.* I, 24.
(f) I *Reg.* XXIV, 11.
(g) *Job*, I, 11.

(h) *Exod.* XXII, 8, 11.
(i) *Isai.* LVIII, 9.
(j) I *Mac.* VII, 35, 47.
(k) *Zach.* I, 16.
(l) *Thren.* II, 8.
(m) *Genes.* XLIX, 26, *et Deut.* XXXIII, 15.
(n) *Exod.* XV, 18.

serment en disant (a) : *Je vis éternellement.* Les bienheureux jouiront d'une vie et d'un bonheur éternel, et les réprouvés seront jetés au feu éternel (b). Le Fils de Dieu est nommé *le Prêtre éternel selon l'ordre de Melchisédech* (c). Son Evangile est nommé (d) *l'Evangile éternel;* le rachat qu'il nous a procuré, *la rédemption éternelle* (e) ; son sang qu'il a répandu pour nous, *le sang de l'alliance éternelle* (f) ; la gloire et la récompense qu'il nous a méritées, *un poids éternel de gloire* (g); *æternum gloriæ pondus;* le mystère de son incarnation et de notre salut, *mysterium temporibus æternis tacitum* (h), le mystère inconnu aux temps éternels. Il a été révélé aux patriarches et aux prophètes, mais d'une manière obscure et cachée. *Les tabernacles,* ou les tentes *éternelles* (i), sont les demeures que Dieu destine dans le ciel aux prédestinés. La Sagesse éternelle, *ab æterno ordinata sum* (j) ; c'est un éclat qui rejaillit *de la lumière éternelle,* etc. : *candor lucis æternæ* (k).

ETHAI, fils de Rébaï, surnommé Géthéen, natif de la ville de Gabaath (l), était un des plus fidèles serviteurs de David. Il se distingua dans la guerre de David contre Absalon (m).

[Il est appelé Ithaï, II *Reg.* XXIII, 29, si toutefois Ethaï, fils de Ribaï, de Gabaath, dans la tribu de Benjamin, *ibid.*, et I *Par.* XI, 31, est le même qu'Ethaï, Géthéen, II *Reg.* XV, 19, 22.]

* ETHAI, deuxième fils que Roboam eut de Maacha. II *Par.* XI, 20.

ETHAM, troisième station des Israélites, après leur sortie d'Egypte (*Exod.* XIII, 20; *Num.* XXXIII, 6). Etham devait être vers la pointe de la mer Rouge. C'est peut-être la même que *Buthus* ou *Buthum.* D'Etham, les Hébreux allèrent à Phihahiroth.

[Etham, d'après Barbié du Bocage et M. Léon de Laborde, ne marque pas la troisième station des Israélites, mais seulement la deuxième, en comptant Soccoth pour la première, et avant de passer la mer Rouge. « La position d'Etham, *in extremis finibus solitudinis* (*Exod.* XIII, 20), est naturellement, dit M. de Laborde (*Comment. sur l'Exode*, pag. 72, col. 2), entre Soccoth et la mer Rouge, un peu rapprochée de la mer que du précédent campement. Au milieu d'une plaine de sable et de rochers assez accidentés, sans cependant qu'une chaîne de montagnes ou de collines puisse fixer de limite, il serait difficile de déterminer d'une manière précise une position qui n'est indiquée que par un nom sans signification. Aujourd'hui encore, ce désert, qui n'appartient à aucune tribu, n'a pas de lieu de halte habituel, tandis que dans les autres parties du désert, une source, une caverne, un rocher, est un but que les caravanes atteignent chaque soir à leur tour ; ici, elles campent au hasard là où la nuit les surprend....

»....La remarque contenue dans le texte, qu'Etham est à la frontière du désert, nous serait d'une grande utilité, si nous pouvions déterminer quelle était alors la limite des possessions égyptiennes et celle du désert; mais ces limites, qui ne se fixent pas par les terrains cultivés, sont toujours arbitraires : elles dépendent du plus ou moins de puissance, d'un côté, du plus ou moins d'audace, de l'autre. »

Moïse dit dans l'*Exode*, XV, 22, 23, qu'ayant fait partir les Israélites de la mer Rouge, ils entrèrent dans le désert de *Sur*, marchèrent trois jours sans trouver d'eau et arrivèrent à Mara ; et dans le texte parallèle des *Nombres*, XXXIII, 8, il dit qu'ayant passé par le milieu de la mer Rouge, les Israélites entrèrent dans le désert, et qu'après avoir marché trois jours dans le désert d'*Etham*, ils campèrent à Mara. — C'est que la mer Rouge, à l'endroit où la passèrent les Israélites, partage en deux le désert d'Etham, et que la partie située à l'orient de cette mer portait aussi le nom de *Sur* ou de *Sour*.

« Le nom de *Sour* s'est conservé dans la vallée de *Sdour*, dit encore M. de Laborde (*Ibid.*, pag. 84, col. 1), et il me semble appartenir plutôt à cette localité précise (*Exod.* XV, 22] qu'au désert entier ; mais c'était l'habitude de Moïse, comme elle est celle des Arabes, de transporter souvent les noms d'une partie à l'ensemble : le désert de Sour, le désert de Pharan. Dans les *Nombres*, où l'on est nécessairement plus précis, parce que le récit empiète moins sur la nomenclature, il est dit (XXXIII, 8) : *Ambulantes tribus diebus per desertum* Etham, *castrametati sunt* in Mara. Voilà donc bien le désert d'*Etham*, où se trouvaient les Hébreux en abordant sur la rive orientale, rétabli sur toute la côte où il ne fait qu'un jusqu'à Mara et Elim, donnant seulement passage à *Ouadi-Sdour*, le désert de Sour. La description d'un géographe ne saurait être plus rigoureusement exacte. »

M. Champollion-Figeac avait adopté une autre opinion sur la position d'*Etham*. « Le premier jour, dit-il (Précis de l'hist. d'*Egypte*, dans l'*Univers pittoresque*, pag. 17, col. 1), les Hébreux arrivèrent à un lieu nommé Soccoth ; le second, au fond du désert, entre la mer et des rochers inaccessibles, et cette position est encore reconnaissable à Byr-Soueys, où un coude de la mer se joint à la haute chaîne du mont Attaka, et semble fermer le désert. » Et M. de Laborde (*Comm.*, appendice, pag. 34, col. 1) remarque « que l'opinion des savants français qui cherchent *Etham* à l'endroit où se trouve aujourd'hui Bir-Suez (*Voyez* en particulier

---

(a) *Deut.* xxxii, 40.
(b) *Matth.* xxv, 46.
(c) *Psalm.* cix, 4.
(d) *Apoc.* xiv, 6.
(e) *Hebr.* ix, 12.
(f) *Hebr.* xiii, 20.
(g) II *Cor.* iv, 17.
(h) *Rom.* xvi, 25.
(i) *Luc.* xvi, 9.
(j) *Prov.* viii, 23.
(k) *Sap.* vii, 26.
(l) I *Par.* xi, 31.
(m) II *Reg.* xv, 20, 21, etc.

Dubois-Aymé dans sa dissertation sur le séjour des Hébreux en Egypte, *Descript.* tom. VIII, pag. 113) a pour elle beaucoup de vraisemblance. Cet endroit est ainsi décrit par le P. Sicard, p. 61 : « On arrive enfin à l'issue de la vallée, et l'on se trouve dans la plaine de Suez ; on découvre la ville ainsi que la mer, et l'on descend par une pente douce à Bir-Suez ou fontaines de Suez: ces fontaines ne sont qu'à une lieue de Suez. » C'est à peu près dans cette région que doit avoir été situé *Etham*, désigné comme étant à l'extrémité du désert, et conduisant à Bir-Suez, suivant cette remarque de Dubois-Aymé : « L'eau est très-rare dans toute cette contrée, et ces fontaines doivent fixer les stations des caravanes. »]

ETHAM [ou plutôt ETAM]. Rocher d'Etham, où Samson se retira, après avoir brûlé les moissons des Philistins (a).

ETHAM ou AITHAM, ETHAN ou AITHAN ; dans la tribu de Juda (1). Il paraît par le second livre des Paralipomènes, XI, 6, qu'Ethan ou Aithan était entre Bethléhem et Thécué. Josèphe (2) parle d'un lieu de plaisance appelé Hétan, à la distance de deux *schœnes* de Jérusalem, c'est-à-dire, à cinq lieues de cette ville (3), où Salomon allait souvent, parce que ce lieu était très-agréable par ses beaux jardins et par ses belles eaux. C'est apparemment de là que Pilate, peu d'années avant la ruine de Jérusalem, avait amené par des aqueducs des eaux dans la ville, à grands frais, et par de fort longs circuits, à cause des montagnes qui se trouvaient sur le chemin (4) Les voyageurs (5), parlent des belles eaux et des vastes bassins que l'on voit encore aujourd'hui au voisinage de Bethléhem, et que la tradition du peuple croit, avec beaucoup de fondement, avoir été faits par Salomon. Ces bassins sont d'un ouvrage magnifique, et les eaux y sont très-belles et très-abondantes. Il y a trois bassins : le premier a deux cents pas de long et cent de large; le second a cent quatre-vingt-dix pas de long, cent quinze de large, et soixante de haut; le troisième a deux cent quatre-vingt-neuf pas de long, cent quatre-vingt-dix-sept de large, et cent quatre de haut. On voit aussi des restes de l'aqueduc qui conduisait ces eaux dans Jérusalem.

ETHAM, ou plutôt *Ethan*, lieu délicieux par ses belles eaux et par ses beaux jardins, à deux *schœnes* (b) ou soixante stades, c'est-à-dire à six lieues de Jérusalem, vers le midi, où Salomon allait souvent pour se divertir. Il y avait au même endroit une ville nommée *Etham*, Josue, XV, 60, dans le grec des Septante, et I Par. IV, 32, et II Par. XI, 6, et *Joseph. Antiq. l.* VIII, c. 2, 3.

(a) *Judic.* xv, 8.
(b) *Antiq. l.* VIII, c. II, p. 272.
(c) Cotovic. le Brun, le Père Roger, etc.
(d) *Joseph. de Bello, l.* II, c. XIII.
(e) *Isidor. Pelus. l.* II, ep. 66.
(f) III *Reg.* IV, 31.
(g) I *Par.* VI, 44.
(h) I *Par.* xv, 17 et seq.
(i) יתן *Ethan, validus, fortis*

Les voyageurs (c) parlent des belles eaux qu'on voit encore à cinq ou six lieues de Jérusalem. Nous croyons que ce sont les mêmes que Pilate fit conduire à Jérusalem (d), et on remarque encore aujourd'hui des ruines de l'aqueduc qui les y amenait. Quelques-uns (e) croient que les fleuves d'Ethan, dont il est parlé dans le psaume LXXIII, 15, ne sont autres que ces eaux d'Etham. [*Voyez* AQUEDUC et FONTAINE SCELLÉE.]

ETHAN ESRAITE, un des hommes les plus sages de son temps. Salomon était cependant plus sage que lui (f). Le psaume LXXVIII porte le nom d'Ethan Esraïte. On peut voir notre Supplément sur les psaumes. Ethan Esraïte est le même que *Ethan*, fils de Chusi ou Chasia, de la tribu de Lévi et de la famille de Mérari (g). Il s'appelait aussi *Idithun*, et il paraît sous ce nom à la tête de plusieurs psaumes. Ethan était un des premiers maîtres de la musique du Temple (h).

ETHAN, fils de Samma [lisez Zamma], lévite de la famille de Gerson. [I *Par.* VI, 42.]

ETHAN, *fleuves d'Ethan*. Il en est parlé dans le psaume LXXIII, 15, et ou l'explique, ou des eaux d'*Ethan*, dont on vient de parler [*Voy*. ETHAM], ou des *fleuves violents et rapides*, suivant la force de l'hébreu *Etham* (i), qui signifie *fort, haut, élevé*. Les Juifs l'entendent des fleuves que les Israélites passèrent en venant dans la terre sainte. Ils croient que l'Arnon fut mis à sec, de même que le Jourdain, pour donner passage aux Hébreux.

ETHAN, deuxième fils de Zara, et petit-fils de Juda et de Thamar. I *Par.* II, 4, 6.

ETHANIM, mois des Hébreux, III *Reg.* VIII, 2. C'est dans ce mois que le temple de Salomon fut dédié. Après le retour de la captivité, on donna au mois *Ethanim* le nom de *Thizri*, qui répond à notre mois de septembre.

ETHAROTH, ETHROTH, ou ATHAROTH. Il y a plus d'une ville de ce nom. Il y en a une dans la tribu de Gad, *Num.* XXXII, 33, apparemment la même qu'*Atharoth-Sophan*, qui fut donnée à la tribu de Gad, XXXII, 35, et une autre sur les frontières d'Ephraïm, entre Janoé et Jéricho, *Josue*, XVI, 7 C'est apparemment la même qu'*Atharoth-Adar*, marquée, *Josue*, XVI, 5, et XVIII, 13.

ETH-BAAL, roi des Sidoniens, père de Jézabel, épouse d'Achab (j).

ETHECA. Ce terme se trouve dans Ezéchiel, XLI, 15, 16 : *Ethecas ex utraque parte centum cubitorum*. Ce terme est formé sur l'hébreu *athikim* ou *ethikim*, qui peut signifier une *galerie*, un *portique*, un *lieu séparé*. Saint Jérôme, qui a employé le terme *etheca*, au chapitre XLI d'Ezéchiel, le rend, au chapitre XLII, 3, 5, par un portique, et

(j) III *Reg.* XXI, 31.
(1) Vide *Græc. Alex. Josue*, xv, 60. I *Par.*IV, 32. II *Par.* XI, 6. *Joseph. Antiq.* VIII, I.I.
(2) *Joseph. Antiq. l.* VIII, c. II, p. 272.,
(3) Hérodote dit que le *schœnus* était de 60 stades, ou 700 pas.
(4) *Joseph. lib.* II *de Bello*, c. XIII.
(5) *Cotovic.* Le Brun, le R. P. Eugène Roger, etc Voyez *Reland Palæstin. l.* I, c. XLVI, p. 500, 501.

c'est sa vraie signification. Cependant, dans son commentaire, il lit *Ectheta*, et dit que ce terme signifie un balcon (a) : *Ecthetas Romæ appellant solaria de cœnaculorum parietibus eminentia, sive Mœniana, ab eo qui primus invenit*.

ETHEEL, fils d'Isaïe, père de Maasia, de la tribu de Benjamin (b).

ETHEI, fils de Jéraa [esclave égyptien affranchi de Séjan, qui lui donna une de ses filles ; il fut] père de Nathan (c). C'est peut-être le même que *Ethi*, un des braves de l'armée de David (d).

ETHER, autrement ATHAR ou JÉTHER, à vingt milles d'Eleuthéropolis, près de Malatha, dans la partie la plus méridionale de Juda (e). Ether fut d'abord attribuée à la tribu de Juda (f), et ensuite elle fut cédée à Siméon (g). [N. Sanson suppose qu'elle est la même qu'Elam. *Voy.* ATHAR.]

* ETHI, Gadite, un des braves de David. I *Par.* XII, 11. *Voy.* ETHEI.

ÉTHIOPIE, autrement ABYSSINIE, un des plus grands royaumes de l'Afrique. Il est souvent parlé, dans l'Ecriture, de l'*Ethiopie*; mais, sous ce nom, il ne faut pas toujours entendre l'Ethiopie proprement dite. Le plus souvent, sous le nom de *Chus*, qu'on traduit par Ethiopie, il faut entendre le pays qui est sur les côtes orientales de la mer Rouge, et à la pointe de cette mer joignant l'Egypte. Séphora, femme de Moïse, qui était de Madian sur la mer Rouge, est appelée *Chusite*, ou *Ethiopienne* (h). On peut voir ce que nous avons dit ci-devant sur le mot CHUS et sur CANDACE, reine d'Ethiopie.

Le nom de *Chus*, qu'on traduit d'ordinaire par l'*Ethiopie*, se donne à trois pays différents les uns des autres : 1° au pays de *Chus*, sur le fleuve Géhon ; 2° au pays de *Chus*, sur la rive orientale de la mer Rouge ; 3° au pays de *Chus*, situé au-dessus de la Thébaïde et de la haute Egypte, et faute de distinguer ces termes, on est tombé dans des fautes très-considérables.

Les anciens auteurs profanes n'ont pas été plus constants dans l'acception du mot d'Ethiopie. Ils l'ont donné, 1° à l'Ethiopie proprement dite ; 2° à certains peuples d'Arabie, situés sur la mer Rouge, d'où vient qu'Homère (i) distingue les Ethiopiens en orientaux et occidentaux, les uns du côté du Nil et de la mer Rouge, et les autres de l'autre côté de la même mer et du même fleuve. Denys le Géographe (j) et Eustathe parlent aussi des Ethiopiens orientaux, situés vers l'Arabie. 3° Enfin ils placent d'autres Ethiopiens dans la Chaldée et dans la Susiane, puisque Memnon, fils de l'Aurore, qui vint de Suse à la guerre de Troie, est nommé roi d'*Ethiopie* dans Hésiode (k), et dans Pindare (l), l'*Ethiopien*, fils d'Aurore.

Hérodote (m) reconnaît deux sortes d'Ethiopiens dans l'armée de Xerxès : les uns orientaux, qui avaient leur demeure en Asie, et étaient rangés avec les Indiens, dont ils ne différaient que par le langage et la chevelure ; ils avaient les mêmes armes, et portaient en manière de casque des peaux de têtes de chevaux, dont les oreilles et les crins leur servaient comme de panaches et d'aigrettes ; et au lieu de bouclier, ils avaient des peaux de grue, ou plutôt leurs boucliers étaient couverts de peaux de grue. Les Ethiopiens d'Afrique (n) ont les cheveux fort noirs et fort crépus, et ceux d'Asie les portent fort longs. Il dit ailleurs qu'ils se servent d'arcs très-longs et très-forts, que l'airain est chez eux le plus précieux des métaux ; qu'ils vivent très-frugalement, et jouissent d'une longue vie. Ce qui nous importe ici, c'est que cet auteur reconnaît des Ethiopiens d'Asie et des Ethiopiens d'Afrique.

Hérodote (o) ajoute que ceux d'Afrique prennent aussi la circoncision, de même que les Egyptiens ; mais il n'ose assurer lequel de ces deux peuples est le premier qui l'a pratiquée, parce qu'elle est très-ancienne chez tous les deux. Nous verrons ci-après que les Ethiopiens reconnaissent qu'ils l'ont reçue des Juifs.

Lors donc que, dans le texte sacré, on parle de l'Ethiopie, il faut bien distinguer ces pays et ces différentes nations, pour ne pas tomber dans l'équivoque. L'Ecriture ne nous parle que d'un homme du nom de *Chus*, qui était fils de Cham et frère de Chanaan (p). On ne sait s'il donna son nom à tous les pays connus dans le texte hébreu, sous le nom de *Chus*, et dans les interprètes, sous celui d'*Ethiopie*. Plusieurs croient que sa vraie et première demeure fut dans l'Arabie Heureuse, sur les côtes orientales de la mer Rouge ; que de là ses descendants passèrent dans l'Afrique, et peuplèrent l'Ethiopie. D'autres veulent, au contraire, que l'Arabie n'ait porté le nom d'Ethiopie que parce que les Ethiopiens la subjuguèrent et la possédèrent longtemps (q). Mais, dès le temps de Moïse, le pays qui borde la mer Rouge du côté de l'Orient portait déjà le nom de Chus; et alors, e ne sais si l'on peut soutenir que les Ethiopiens avaient déjà conquis cette partie de l'Arabie.

On nomme plus communément l'Ethiopie proprement dite du nom d'*Abyssinie*, que les Arabes dérivent d'*Habasch* (r), fils de Chus. Cet *Habasch* n'est point connu dans la Bible, ni même *Chus*, dont les mahométans le font sortir ; car l'Ecriture ne nous donne qu'un

---

(a) Vide *nov. edit. Hieronym.*, p. 714.
(b) II *Esdr.* XI, 7.
(c) I *Par.* II, 35, 36.
(d) I *Par.* XII, 11.
(e) Euseb. et Hieronym. in Jether, et Ether.
(f) Josue, XV, 42.
(g) Josue, XIX, 7.
(h) Num. XII, 1.
(i) Homer. Odyss. l. II, v. 22.
(j) Dionys. 177.

(k) Hesiod. Theogon. v. 984.
(l) Pindar. Olymp. 2.
(m) Herodot. l. VII.
(n) Idem, l. III.
(o) Idem, l. II.
(p) Genes. x, 6.
(q) Bibl. Orient., p. 409, Habasch.
(r) שבב Habasch. חבשי Abyssinus. חבשה Abyssina regio.

homme du nom de *Chus*, qui fut frère de Chanaan, et père de Nemrod, de Saba, de Hévila, de Sabata, de Rhegma et de Sabathaca; au lieu que les Arabes font *Chus*, père d'Habasch, fils et non pas frère de Chanaan; et certes, il y a beaucoup d'apparence que *Chus*, père de Nemrod et des autres dont nous venons de parler, qui demeurèrent dans l'Asie, et dont la demeure était sur le Géhon, est tout différent de *Chus*, fils de Chanaan, qui peupla une partie de l'Arabie Heureuse, qui est l'Ethiopie proprement dite, nommée autrement Abyssinie, du nom de son fils *Habasch*.

La ville de *Coss*, située sur le Nil, dans la haute Egypte, et que quelques-uns confondent avec la fameuse Thèbes (*a*), a pris son nom de *Chus*, père des Ethiopiens. Les Arabes les appellent non-seulement *Habasch* ou *Abyssins*, mais encore *Chus* ou *Chousch*, de même que les Hébreux. Les Persans les nomment *Indiens noirs*, et ils disent que les Indiens (c'est-à-dire sans doute les Ethiopiens) demandèrent des évêques à Simon le Syrien, patriarche jacobite d'Alexandrie. Les Ethiopiens appellent *Salama* celui auquel les Grecs et les Latins donnent le nom de Frumentius, et qui leur fut envoyé par saint Athanase, pour leur annoncer l'Evangile. Depuis ce temps, ils ont toujours reçu leurs évêques des patriarches d'Alexandrie. Jusqu'au temps de Salama, ils n'avaient eu que la circoncision, qui leur avait été enseignée par Sadok, grand prêtre des Juifs, qui leur avait été envoyé, disent-ils, du temps de Salomon, pour les instruire dans le judaïsme. C'est ce que racontent les Ethiopiens.

D'autres croient que ces peuples reçurent la foi de saint Matthieu, ou de saint Barthélemy, ou de saint Philippe, ou de l'eunuque de la reine Candace, qui fut baptisé par saint Philippe, l'un des sept diacres (*b*), et fort différent de l'apôtre du même nom; mais tous ces divers sentiments ne sont fondés que sur l'équivoque du nom d'Ethiopie. Saint Matthieu annonça, dit-on, l'Evangile aux Ethiopiens de dessus l'Araxe, ou du voisinage des Perses; saint Barthélemy l'annonça aux Indiens, connus, chez les anciens, sous le nom d'Ethiopiens; ou dans l'Arabie Heureuse, où l'on a vu qu'il y avait un canton nommé *Chus*, ou Ethiopie; enfin le diacre saint Philippe ou l'Eunuque purent prêcher l'Evangile aux sujets de la reine Candace, qui régnait dans l'Arabie, ou dans la péninsule de Méroë, qui est quelquefois comprise sous le nom d'Ethiopie.

Le nom de d'*Habasch* ou *Abyssin*, que l'on donne aux Ethiopiens, signifie proprement un mélange de diverses nations ramassées et unies ensemble (1). Ce nom comprend les Abyssins, les Nubiens et les Ponges. Ce sont les Arabes qui leur ont donné ce nom, que les Ethiopiens ont rejeté longtemps, et qu'ils ne prennent pas encore dans leurs livres. Ils se nomment Ethiopiens, et leur pays, le *royaume d'Ethiopie*, ou *Becra Agazi*, pays de liberté, ou bien, gens qui ont décampé, pour marquer qu'ils sont sortis de l'Arabie Heureuse, qui est l'ancienne Ethiopie, ou l'ancien pays de *Chus*, pour passer dans le pays qu'ils occupent aujourd'hui. Cette transmigration arriva, selon Eusèbe, pendant la servitude des Israélites en Egypte, ou vers le temps de Josué et des Juges, selon [le] Syncelle. Mais si cela est, on doit dire qu'il en resta encore un grand nombre en Arabie; car nous y en voyons encore longtemps depuis.

Les Abyssins sont maures, olivâtres, ou noirs, selon les diverses provinces qu'ils habitent; on dit qu'ils naissent blancs, avec une petite tache noir au nombril, qui s'étend, peu de temps après leur naissance, par tout le corps; quand ils sont transportés en Europe, ils deviennent blancs à la seconde ou troisième génération.

Il est souvent parlé de l'Ethiopie et des Ethiopiens dans l'Ecriture. Moïse dit que le Géhon, un des quatre fleuves du paradis terrestre, tourne dans la terre de *Chus* (*c*), en Ethiopie, c'est-à-dire, dans le pays qui est arrosé par l'Araxe, qui est l'ancienne demeure des Scythes, ou Chutes, ou Chutéens. On lit dans les *Nombres* (*d*) que Moïse avait épousé une Ethiopienne, c'est-à-dire, Séphora, fille de Jétro, prêtre de Madian, dans le pays de Chus, sur le bord oriental de la mer Rouge. Dans le quatrième livre des Rois (*e*), on voit que Tharaca, roi d'Ethiopie, vint contre l'armée du roi Sennachérib. Ce Tharaca était un roi d'Ethiopie ou d'Arabie, dans le sens que nous venons de le dire. Le topaze d'Ethiopie dont parle Job (*f*), venait de la mer Rouge et du pays de Chus, qui est dans l'Arabie Heureuse. Zara, roi d'Ethiopie (*g*), qui marcha avec deux cent mille hommes et trois cents chariots contre Asa, roi de Juda, régnait dans le même pays. Habacuc (*h*) parle des tentes des Ethiopiens et des Madianites, qui furent troublées, lorsque le Seigneur parut à Sinaï : on a déjà vu Séphora, qui était Madianite, nommée Ethiopienne. Madian était donc dans le pays de

---

(*a*) Bibl. Orient., p. 274.
(*b*) Act. viii, 27.
(*c*) Genes. ii, 13.
(*d*) Num. xii, 1.
(*e*) IV Reg. xix, 9.
(*f*) Job, xxviii, 19.
(*g*) II Par. xiv, 9.
(*h*) Habac. iii, 7.

(1) « On lit, dans les annales conservées par les prêtres d'Axoum, que les enfants de Chus vinrent s'établir en Abyssinie et peuplèrent rapidement cette contrée : leurs descendants habitèrent d'abord des cavernes creusées dans les rochers, et ils bâtirent plus tard la ville d'Axoum, qui devint bientôt la capitale d'un grand empire... La chronique du pays nous apprend encore qu'un grand nombre de colonies vinrent s'établir dans cette partie de l'Ethiopie qui avoisine la mer Rouge : la plupart des peuplades qui se réunirent dans cette contrée fertile étaient parties de la Palestine, d'où elles s'étaient exilées pour éviter la colère de Josué. La race abyssinienne n'est donc pas une race pure, c'est un mélange de plusieurs nations; le mot *habach*, sous lequel on désigne ce peuple, signifie assemblage ou réunion, et les diverses langues qu'on parle encore dans le pays ne découlent pas de la même source : les principales sont le tigréen, l'ambarique, l'agous de Damot, l'agous de Lasta, le galla, le gaffa et le changalla. » Combes et Tamisier. *Voyage en Abyssinie*, tom. III, pag 58; Paris, 1843.

Chus dont nous parlons dans l'Arabie Heureuse, sur le bord de la mer Rouge.

Le roi Assuérus dans Esther (a), régnait depuis les Indes jusqu'à l'Ethiopie, c'est-à-dire, jusqu'à l'Abyssinie d'aujourd'hui : car Hérodote dit que ce pays payait tribut à Darius, fils d'Hystaspe. Nabuchodonosor dont il est parlé dans Judith (b), envoya des ambassadeurs dans la Palestine, dans la terre de Gessé, et jusqu'aux frontières de l'Ethiopie : apparemment l'Ethiopie proprement dite, au midi de l'Egypte. Sophonie (c) dit que l'on viendra adorer le Seigneur de delà les fleuves d'Ethiopie, *ultra flumina Æthiopiæ inde supplices mei;* et Isaïe (d) dit: Malheur à la terre qui use de cymbales, et qui est au delà des fleuves d'Ethiopie: *Væ terræ cymbalo alarum, quæ est trans flumina Æthiopiæ.* On est partagé sur ces fleuves d'Ethiopie, ou ces fleuves de Chus. Ce ne peut être les fleuves de l'Arabie ; ce pays n'a pas de fleuves considérables. Il paraît indubitable que le prophète Isaïe a voulu désigner l'Egypte par le nom de *terre qui est au delà des fleuves d'Ethiopie.* Ces fleuves sont donc le Nil, et ses bras qui arrosent la basse Egypte. Ce pays, à l'égard de la Judée, était au delà du Nil, puisqu'on ne pouvait aller dans aucun endroit du Delta, sans passer quelque bras du fleuve ; et que toute la basse Egypte était coupée par des canaux. Ces fleuves venaient d'Ethiopie ; on sait que le Nil a sa source dans ce pays. — [*Voyez* NIL.]

Ezéchias envoie ses ambassadeurs vers le roi d'Egypte pour lui demander son secours contre Sennachérib, selon Isaïe, et le prophète Sophonie prédit que les Egyptiens viendront un jour rendre leurs adorations au Seigneur. L'un et l'autre de ces deux prophètes ne désignent que l'Egypte par ce pays qui est au delà des fleuves d'Ethiopie. Le Psalmiste (e) prédit de même que l'Egypte et l'Ethiopie viendront offrir leurs hommages au Seigneur : *Venient legati ex Ægypto, Æthiopia præveniet manus ejus Deo.* Isaïe (f) prédit la captivité de l'Egypte et du pays de Chus, ou de l'Ethiopie. On peut l'expliquer, ou de l'Ethiopie orientale, située dans l'Arabie, ou de l'occidentale, située à l'occident de la mer Rouge, et au midi de l'Egypte. Le même prophète (g) dit que le Seigneur rappellera son peuple dispersé dans l'Assyrie, dans l'Egypte, dans l'Ethiopie, dans le canton de Phétros. Dans cet endroit, on peut entendre, ou l'Ethiopie proprement dite, ou le pays de Chus sur l'Araxe. Ailleurs (h) il dit que le Seigneur a livré l'Egypte, l'Ethiopie et Saba, pour racheter les Israélites ; ce qu'on peut expliquer des Ethiopiens d'Arabie, à cause qu'ils sont joints à *Saba,* autre peuple de l'Arabie Heureuse. Il faut dire la même chose de cet autre passage d'Isaïe (i) : *L'Egypte avec tous ses travaux, l'Ethiopie avec son trafic, et Saba avec ses hommes d'une haute taille, passeront vers vous, se rendront à vous.*

L'Ethiopie proprement dite est marquée dans les passages que nous allons citer (j). *Je réduirai l'Egypte en solitude,* depuis Migdol jusqu'à Syène, située aux confins de *l'Ethiopie.* Et Jérémie (k) : *L'Ethiopien pourra-t-il changer la couleur de sa peau?* Et le Psalmiste (l) : *Vous avez brisé la tête du dragon, du léviathan, du crocodile, et vous l'avez donnée à manger aux peuples d'Ethiopie.* Cela s'explique des peuples de Tentyre dans la haute Egypte, qui faisaient la guerre au crocodile, et le mangeaient, au lieu que les Egyptiens lui rendaient des honneurs divins. Jérémie (m) joint les *Chusim* aux Libyens : *Procedant fortes, Æthiopia et Libyes, tenentes scutum.* Daniel (n) les joint de même : *Per Libyam et Æthiopiam transibit;* ce qu'on ne peut naturellement expliquer que des Ethiopiens ou Abyssins. *Voyez* aussi Ezéchiel, XXX, 4, 5, où ces peuples sont mis ensemble comme voisins. L'eunuque de la reine Candace était du même pays. Mais par tous ces passages il paraît que l'on comprenait sous le nom de *Chus,* non-seulement l'Ethiopie qui est au-dessus de Syène et des cataractes, mais aussi une partie de la Thébaïde.

[Nous aurions trop de choses intéressantes à dire sur l'Ethiopie ou l'Abyssinie et ses habitants pour que nous soyons tentés d'entreprendre ici cette tâche; d'ailleurs la nature de cet ouvrage ne les comporte pas : il n'est pas possible de réduire aux minces proportions d'un article, eût-il six fois la longueur de celui qu'on vient de lire, les documents qui nous sont fournis par les découvertes modernes. Je ne parle guère que de ceux qui se rattachent à la Bible : les autres n'ont pour moi qu'une importance secondaire. Il faudrait, sur l'Ethiopie et sur l'Egypte, sur les pays baignés par l'Euphrate des ouvrages spéciaux : là se trouve la confirmation des récits bibliques, dont la vérité commence à se faire jour dans les ténébreuses régions du doute qui ne sait pas prendre un parti sage, et de l'incrédulité savante et imbécile en même temps.

L'article de dom Calmet sur l'Ethiopie est tiré, mal tiré d'anciens ouvrages, de ceux du Père Jérôme Lobo, missionnaire portugais, et de Job Ludolf, natif d'Erfurt, qui vivaient dans le dix-septième siècle. Les relations de ces deux voyageurs sont généralement exactes. Après eux sont venus, surtout, Bruce, Salt, lord Valentia, et MM. Combes et Tamisier : leurs ouvrages fournissent les plus utiles matériaux pour un nouvel ouvrage dans lequel on aurait pour but de démontrer par eux la vérité des traditions et des vérités bibliques.]

(a) *Esther.* I, 1 ; VIII, 9 ; XII, 1.
(b) *Judith.* I, 9.
(c) *Sophon.* III, 10.
(d) *Isai.* XVIII, 1
(e) *Psalm.* LXVII, 32.
(f) *Isai.* XX, 3.
(g) *Isai.* XI, 11.

(h) *Isai.* XLIII, 3.
(i) *Isai.* XLV, 14.
(j) *Ezech.* XXIX, 10. Voyez l'hébreu.
(k) *Jerem.* XIII, 23.
(l) *Psalm.* LXXIII, 14.
(m) *Jerem.* XLVI, 9.
(n) *Dan.* XI, 43

ETHNARQUE, c'est-à-dire prince d'une nation, dépendant d'un roi supérieur. Archélaüs, fils d'Hérode, fut nommé ethnarque de Judée par Auguste (a).

ETIENNE, en grec *Stephanos*, qui signifie *une couronne*. Saint Etienne premier martyr, était apparemment du nombre des Juifs hellénistes, qui avaient cru en Jésus-Christ. Saint Epiphane (b) croit qu'il était du nombre des soixante et dix disciples de Jésus-Christ : mais cela n'est nullement certain. Jésus-Christ avait destiné ses soixante et dix disciples à enseigner et à prêcher ; et il semble que saint Etienne, et les six autres premiers diacres n'avaient point encore de destination particulière, lorsqu'on les choisit pour le service des tables. Ce fut l'an 53 de Jésus-Christ que les sept diacres furent élus. Saint Etienne est toujours mis à leur tête, comme le premier et le plus digne. On croit qu'il avait étudié aux pieds de Gamaliel. Comme il était plein de zèle et du Saint-Esprit (c), il faisait de grands prodiges, et de grands miracles devant le peuple : et quelques-uns de la synagogue des affranchis, des Cyrénéens, des Alexandrins, et quelques autres, étant entrés en dispute avec lui, ne pouvaient résister à la sagesse et à l'esprit qui parlaient par sa bouche.

Alors ils subornèrent des gens, qui dirent qu'ils l'avaient ouï blasphémer contre Moïse et contre Dieu; et, par ces calomnies, ils émurent le peuple, qui l'entraîna devant le conseil de la nation, ou le Sanhédrin ; et ils produisirent contre lui de faux témoins, qui déposèrent qu'ils l'avaient ouï parler contre le temple et contre la loi, et avancé que Jésus de Nazareth détruirait le lieu saint, et abolirait l'observance de la loi de Moïse. Etienne parut au milieu de l'assemblée ayant le visage brillant comme un ange ; et le grand-prêtre lui ayant demandé ce qu'il avait à répondre à ces accusations (d), il fit un discours, dans lequel il montra qu'il n'avait rien dit ni contre Moïse, ni contre le temple; mais que les Juifs eux-mêmes avaient toujours été opposés à Dieu et aux prophètes. Il leur reprocha leur endurcissement et leur infidélité; la mort qu'ils avaient fait souffrir aux prophètes, et enfin à Jésus-Christ.

A ces paroles ils entrèrent en fureur, et ils grinçaient les dents contre lui. Mais Etienne levant les yeux au ciel, vit la gloire de Dieu, et Jésus qui était debout à la droite de Dieu ; et il dit : *Je vois les cieux ouverts, et le Fils de l'Homme qui est debout à la droite de Dieu*. Alors les Juifs s'écrièrent tout d'une voix, et se bouchèrent les oreilles, comme ayant horreur de ce prétendu blasphème ; et se jetant sur lui, ils le traînèrent hors de la ville, et le lapidèrent. Les témoins mirent leurs habits aux pieds d'un jeune homme nommé Saul, qui était alors un des plus ardents persécuteurs des chrétiens, et qui fut dans la suite un des plus zélés prédicateurs de l'Evangile. Etienne cependant invoquait le Seigneur, en disant : *Seigneur, ne leur imputez point ce péché;* et après cette parole, il s'endormit au Seigneur ; et quelques personnes pieuses prirent soin de l'ensevelir, et de faire ses funérailles avec un grand deuil (e) (1).

Voilà ce que l'Ecriture nous apprend de saint Etienne et de son martyre. On lit plusieurs particularités de sa sépulture, et ensuite de la découverte de son corps, dans un ouvrage imprimé à la fin du septième tome de la nouvelle édition de saint Augustin ; sous le nom du prêtre Lucien. Son culte est très-ancien et très-célèbre dans l'Eglise, et Dieu a opéré par ses reliques une infinité de miracles, dont la plupart sont très-avérés.

ETOILE, *stella*; en hébreu (f), *cochab*. Les anciens Hébreux comprenaient sous le nom d'*étoiles* (2), tous les astres, les constellations et les planètes ; en un mot, tous les corps célestes et lumineux, à l'exception du soleil et de la lune. L'Ecriture s'exprime souvent d'une manière qui semble attribuer de l'intelligence et du sentiment aux astres. Le soleil et la lune étaient nommés par les Israélites idolâtres, le roi et la reine du ciel, et les étoiles en étaient comme l'armée, ou la milice (g); les uns et les autres ont souvent reçu des honneurs qui ne sont dus qu'au Créateur.

Le nombre des étoiles passait pour infini ; et le Psalmiste, pour relever la grandeur de la magnificence de Dieu (h), dit qu'il compte le nombre des étoiles, et qu'il les appelle toutes par leurs noms : *Qui numerat multitudinem stellarum, et omnibus eis nomina vocat.* Il est comme un roi qui fait la revue de son armée, et qui donne à tous ses soldats le nom qu'il juge à propos. Lorsque l'Ecriture veut marquer une multiplication extraordinaire et innombrable, elle prend sa similitude des étoiles du ciel, ou du sable de la mer (i) : *Je multiplierai votre race comme les étoiles du ciel.* Job (j) dit qu'aux yeux de Dieu, les étoiles elles-mêmes ne sont point pures; qu'elles formaient un concert de musique en son honneur au commence-

---

(a) Antiq. l. XVII, c. xiii
(b) Epiphan. de Christo, c. iv, p. 50.
(c) Act. vi, 5, 6, etc. An de Jésus-Christ 37, de l'ère vulg. 34.
(d) Act. i, et seq.
(e) Act. viii, 2.
(f) כוכב *Chocab. Stella, sidus.*
(g) Deut. xvii, 3.
(h) Psalm. xlvi, 4.
(i) Genes. xv, 5, xxii, 17, xxvi, 4. Exod. xxxii, 13 etc.
(j) Job. xxv, 5.
(1) Etienne fut lapidé sur un rocher à fleur de terre, que nous avons vu non loin de la porte de Jérusalem qui porte aujourd'hui son nom. C'est après être resté un jour et une nuit exposé aux chiens et aux oiseaux, que son corps trouvé furtivement la sépulture à quelque distance de Jérusalem, dans un champ appartenant à son vieux maître Gamaliel. Du lieu de son supplice, révéré par le pèlerin chrétien, Etienne avait pu contempler le mont des Olives, et peut-être le ciel s'ouvrit-il pour lui à ce même point d'azur qui s'était ouvert pour recevoir le divin Maître à l'heure de l'ascension. Etienne commence cette magnifique série de confesseurs de la foi qui ont trouvé un glorieux calvaire dans toutes les contrées du globe. M. Poujoulat, *Hist. de Jérus.* ch. xviii, t. II, p. 10.
(2) « Ces fleurs brillantes semées dans les jardins du ciel. »

ment du monde (a); et que Dieu les retient comme sous la clef, et empêche qu'elles ne paraissent, quand il juge à propos (b).

Dans les temps de disgrâces et de calamités publiques, on dit que les étoiles retirent leur lumière, et sont couvertes de ténèbres (c), qu'elles tombent du ciel, et qu'elles disparaissent (d). Ce sont des expressions figurées et expressives, que les explications ne font qu'atténuer et affaiblir. Amos (e) dit que les Israélites dans le désert portaient un astre, ou une étoile, à qui ils rendaient des honneurs divins : *Portastis sidus dei vestri;* l'Hébreu : *Stellam deorum vestrorum*. Job (f) parle en deux endroits des quatre principales constellations qui étaient connues des anciens: l'Ourse, l'Orion, les Hyades, et l'Etoile du midi.

Amos (g) parlant de l'idolâtrie des Israélites dans le désert, nous apprend qu'ils ont porté *l'étoile de leurs dieux*. On demande quelle est cette étoile, ou cet astre ; car, sous le nom d'*étoile*, les Juifs comprenaient les planètes et les autres astres. Les uns (h) croient que c'était la figure de la planète de Saturne ; et ce sentiment est assez commun : d'autres croient que c'est la lune; mais je ne sais si jamais on l'a comprise sous le nom d'étoile. Les Septante ont lu : *L'astre de votre dieu Rempham;* sur quoi l'on peut voir l'article REMPHAM, pour ne pas répéter ce que nous avons dit ailleurs.

L'ÉTOILE prédite par Balaam dans ce passage (i) : *Une étoile sortira de Jacob, une verge s'élèvera d'Israel, et elle frappera les chefs de Moab : il sortira de Jacob un Dominateur, et il perdra les restes des villes.* Cette étoile signifie, selon les Juifs modernes, le roi David, qui vainquit les Moabites, et les assujettit à sa domination. Mais les anciens Juifs, comme les paraphrastes Onkelos et Jonathan, l'expliquent du Messie; et c'est indubitablement le sens littéral et naturel de ce passage. Quelques-uns (j) ont cru que Balaam avait prédit en cet endroit l'apparition de l'étoile matérielle qui s'éleva au temps de la naissance du Sauveur, et qui porta les mages à venir en Judée chercher Celui dont cette étoile annonçait la naissance. Mais cette étoile n'était pas sortie de Jacob, et on ne peut lui appliquer ce qui est dit ici de cette étoile, qui marque indubitablement un dominateur, un conquérant, un grand prince, en un mot, le Messie. Les Juifs en étaient si persuadés du temps de Jésus-Christ, et encore quelque temps après, que le fameux imposteur Bar-Caliba se fit appeler *Bar-Cocheba*, le *fils de l'étoile*, prétendant être le Messie, et engagea les Juifs de la Palestine dans une révolte qui acheva de ruiner cette malheureuse nation.

L'ÉTOILE *qui parut aux mages* (k), et qui les conduisit à Bethléem où le Sauveur était né, fournit la matière à bien des conjectures. Quelques anciens (l) ont cru que c'était un astre nouveau, créé exprès pour annoncer aux hommes la venue du Messie. D'autres (m), que c'était une espèce de comète, qui avait paru extraordinairement dans l'air. D'autres (n) ont avancé que c'était un ange revêtu d'un corps lumineux, en forme d'étoile qui, par son mouvement dirigé du côté de la Judée, fit naître aux mages l'envie de le suivre, et de chercher ce qu'il désignait. Plusieurs Pères ont appuyé ce sentiment, fondés sur ce que cet astre paraissait intelligent et raisonnable, paraissant et disparaissant, s'arrêtant et s'avançant selon qu'il était nécessaire pour conduire les mages au lieu qu'il fallait. Ligtfoot (o) conjecture que c'est la même lumière qui avait apparu aux pasteurs qui avaient leurs troupeaux près de Bethléem, et qui ayant été observée par les mages, leur fit croire qu'à cet endroit était né le Messie attendu depuis si longtemps.

L'auteur du Commentaire imparfait sur saint Matthieu, dit que cette étoile descendit sur la montagne où les mages l'attendaient depuis plusieurs siècles; qu'elle leur apparut ayant au milieu d'elle un jeune enfant et une croix au-dessus; que cet enfant leur parla, et leur ordonna de se transporter en Judée. Saint Epiphane (p) a suivi la même tradition, qui est tirée du livre apocryphe de Seth. Quelques-uns (q) ont avancé que cette étoile était le Saint-Esprit, qui apparut aux mages sous la forme d'un astre, comme il apparut dans la suite sous la forme d'une colombe au baptême de Jésus-Christ. Saint Ignace le martyr (r) dit que cet astre jetait un éclat qui surpassait celui de toutes les étoiles du ciel; que le soleil, la lune, et les autres astres lui servaient comme de compagnie, et le suivaient par honneur; que tout le monde était en admiration en voyant son éclat. Saint Augustin (s) l'appelle avec raison la magnifique langue du ciel, qui parlait aux mages, et les instruisait en quelque sorte sur le Verbe fait chair et réduit au silence : *Quid erat, nisi magnifica lingua cœli?*

On ne convient pas du temps auquel l'étoile apparut aux mages. Plusieurs croient qu'elle leur apparut deux ans avant la naissance de Jésus-Christ, et que les mages s'étant mis en marche aussitôt qu'elle parut, furent deux ans à faire leur voyage (t). D'autres

(a) *Job*, xxxviii, 7.
(b) *Job*, ix, 7.
(c) *Ezech.* xxxii, 7. *Joel.* ii, 1, iii, 20
(d) *Matth.* xxiv, 29. *Marc.* xiii, 25.
(e) *Amos*, v, 26. כבב אלהיכם
(f) *Job*, ix, 9 et xxxviii, 31.
(g) *Amos* v, 26. ככא אלהינם
(h) Grot. Lud. de Dieu. Scaliger., etc.
(i) *Num.* xxiv, 17.
(j) S. Maxim. serm. iii, de Epiphan. Haymo, Drutmar. Procop. D. Thom. alii apud Barad.
(k) *Matth.* ii, 2.

(l) Leo Magn. serm. i de Epiphan. Chrysost. in Matth. homil. 6. Ambros l. II in Luc., etc.
(m) Origen. l. I contra Cels. Maldon. Grot., etc.
(n) Evangel. infantiæ Christi. Chrysost. Theophylast. in Matth., etc.
(o) Ligfoot Hor. Tamuld. et in Harmon.
(p) Epiphan. hæres. 26 et 39.
(q) Quidam apud author. Mirabil. sanctæ Scripturæ.
(r) Ignat. Mart. ep. ad Ephes.: Ita et Evangel. infantiæ.
(s) Aug. t. V, serm. 200, nov. edit. et serm. 203.
(t) Quidam apud Theophylact. Author. serm. 131 et 132 in Epiphan. in append. t. V sancti Aug.

veulent qu'elle ne se soit levée qu'au moment de la naissance du Sauveur; et ceux-ci sont encore partagés, car les uns veulent que les mages ne soient arrivés à Bethléem que deux ans après la naissance du Sauveur (a). D'autres les y font arriver treize jours après cette naissance; et, pour faire plus grande diligence, ils leur donnent des dromadaires pour montures. Il y en a qui ont cru que l'étoile avait apparu dès le moment de l'incarnation de Jésus-Christ, ou même de celle de saint Jean-Baptiste.

On forme encore quelques difficultés, savoir si l'étoile a été vue de tout le monde, ou seulement des mages. Les uns (b) croient que tout le monde la vit; que tous les peuples furent témoins du phénomène; que les uns n'en connaissant point le mystère, se contentèrent de l'admirer, et qu'il n'y eut que les mages à qui Dieu en fit connaître la signification, et à qui il donna l'attrait pour la suivre. D'autres (c), au contraire, croient que peu de gens la virent; que les mages eux-mêmes ne la virent que par reprise et de temps en temps, lorsqu'il était nécessaire pour les guider, et les affermir dans leur résolution. Enfin la plupart (d) veulent que les mages l'aient vue durant tout leur voyage, et qu'elle ne disparut qu'au moment qu'ils furent arrivés à Jérusalem. Alors ils se virent dans la nécessité de demander où était le *nouveau roi des Juifs*. [*Voyez* MAGES.]

ETRANGER. *Voyez* ci-après PROSÉLYTES, [et LOI, § XXI.]

[« Bien des publicistes, M. de Pastoret entre autres, dit M. Foisset (1), ont peu compris le véritable esprit de la législation de Moïse en ce qui touche les étrangers. Comment l'auteur de *Moïse considéré comme législateur et comme moraliste*, a-t-il pu dire (page 68) que la loi *inspirait la haine à leur égard*? Avait-il donc oublié ces paroles du *Lévitique* : « Si l'étranger habite dans votre terre et qu'il séjourne au milieu de vous, ne lui en faites pas de reproches; mais qu'il soit parmi vous comme s'il était né dans votre pays. *Vous le chérirez comme vous-mêmes*, car, vous aussi, vous fûtes étrangers dans la terre d'Egypte (*Lévit.* XIX, 33, 34 ; *Exod.* XXIII, 9). » Et ce n'était point là un simple conseil. Nulle législation ne s'est montrée aussi équitable, aussi tendre pour l'étranger que celle des Hébreux; il avait, comme la veuve et l'orphelin, sa part dans toutes les récoltes (*Deut.* XXIV, 19-22). Qu'il y a loin de là aux législations grecque et romaine, dans la langue desquelles *étranger* était synonyme d'*ennemi* (2) ! Mais, à côté

(a) Epiphan. hæres. 52. Hieron. in chronic. Nicephor. Beda, etc.
(b) Ignat. ad Ephes. Evangel. infantiæ.
(c) Basil. homil. de hum. Christi nativ. Author de Mirabilib. sacr. Scripturæ, qu. 4.
(d) Chrysost. homil. 6 in Matth. Ambros l. II in Luc. Bern. serm. 3 in Epiphan. Aug. serm. 200, 201, 205, nov. edit., etc.
(e) Exod. xiii, 9.
(f) Deut. vi, 7.
(g) Hieron.

de cette bienveillance active pour l'individu étranger, reflet précieux et prolongé de l'hospitalité patriarcale, veillait une aversion profonde pour la nationalité étrangère, l'horreur de l'idolâtrie, de ses sacrifices homicides (3) et de ses mœurs dissolues, unique barrière qui protégeât la nationalité hébraïque, sentiment conservateur que Moïse ne put malheureusement faire passer des lois dans les mœurs que d'une manière bien imparfaite. Et voilà pourquoi l'Iduméen, fils infidèle d'Abraham, ne pouvait siéger dans l'assemblée générale du peuple qu'après la troisième génération, c'est-à-dire, lorsqu'il serait présumé avoir perdu tout esprit de retour au polythéisme, et pourquoi Moab et Ammon, ces peuples nés de l'inceste et trop dignes de leur origine, en étaient exclus à jamais (*Deut*. XXIII, 3, 8).»]

ETUDES DES HÉBREUX. La principale étude des Hébreux a toujours été la loi du Seigneur. On en voit la pratique recommandée dans tout l'Ancien Testament. Moïse (e) veut que la loi du Seigneur soit dans leur bouche jour et nuit, qu'elle soit comme un avertissement devant leurs yeux, et un signe dans leurs mains. Il veut qu'ils la gravent dans leurs cœurs (f), qu'ils l'apprennent à leurs enfants, qu'ils la méditent en tout temps, assis dans leurs maisons, marchant à la campagne, durant la nuit, pendant le sommeil, et le matin en s'éveillant; qu'ils en fassent comme un bracelet sur leurs bras, et comme un pendant au milieu de leurs yeux, et qu'ils l'écrivent sur les montants de leurs portes : c'était là l'étude des prophètes, des patriarches et des bons Israélites.

Leur étude ne se bornait pas aux lois et aux cérémonies prescrites par Moïse. Ils étudiaient leurs histoires, et même les généalogies, en sorte que les enfants des Juifs, au rapport de saint Jérôme (g) savaient sur le bout du doigt toutes les généalogies qui se trouvent dans les Paralipomènes. Dès leur plus tendre jeunesse (h), ils s'accoutument à étudier les lois de Dieu, à les apprendre par cœur, à les pratiquer, et ils s'y affectionnent de telle sorte, qu'ils sont prêts à donner leur vie pour leur observation.

Depuis qu'ils eurent les écrits des prophètes, ils s'appliquaient très-sérieusement à connaître le sens des prophéties, et à en étudier les sens cachés. Nous le voyons par Daniel, qui s'appliquait avec tant de soin à développer le sens de ses propres révélations, et de celles du prophète Jérémie (i), qui marquaient la fin de la captivité du peuple de Dieu. Jésus, fils de Sirach, nous

(h) Joseph. l. I contra Appion.
(i) Dan. vii, 28 ; ix, 2, 3, 22, 23, 24.
(1) Cours d'introduction à l'Histoire du droit, troisième leçon.
(2) Hostis enim apud majores nostros is dicebatur quem nunc peregrinum dicimus. Indicant enim xii Tabulæ : ADVERSUS HOSTEM ÆTERNA AUCTORITAS ESTO (Cic. de Offic., lib. I). On connaît l'acception du mot grec βάρβαρος.
(3) Omnes enim abominationes, quas adversatur Dominus fecerunt diis suis, offerentes filios et filias, comburentes igne. Non facies similiter Domino Deo tuo.

est dépeint comme un vrai savant (a) qui, après avoir étudié avec grand soin *la loi, les prophètes et les autres livres qui avaient été écrits dans sa nation*, s'appliqua lui-même à écrire quelque chose qui pût servir à la postérité. Et voici le portrait que le fils de Sirach lui-même nous fait d'un vrai savant à la manière des Hébreux (b). « Le sage qui s'adonne à l'étude, et qui médite la loi du Seigneur, recherchera la sagesse de tous les anciens, et il fera son étude des prophètes ; il conservera dans son cœur les discours des hommes célèbres, et il entrera en même temps dans les mystères des paraboles ; il tâchera de pénétrer dans le sens des proverbes et des sentences obscures, et se nourrira de ce qu'il y a de plus caché dans les paraboles. Il entrera au service des grands, et il paraîtra devant les gouverneurs des provinces. Il passera dans les terres des nations étrangères, pour éprouver parmi les hommes le bien et le mal..... Et s'il plaît au souverain Seigneur, il le remplira de l'esprit de l'intelligence ; et alors il répandra comme une pluie les paroles de la sagesse, etc. » L'apôtre saint Pierre nous apprend quelle était l'étude des prophètes (c) : ils recherchaient quel temps et quelles circonstances l'esprit de Jésus-Christ, qui parlait en eux, avait voulu marquer, en faisant prédire les souffrances du Sauveur et la gloire qui les devait suivre.

Depuis les conquêtes d'Alexandre le Grand, les Juifs qui se trouvèrent mêlés avec les Grecs dans la plupart des provinces d'Orient, commencèrent à prendre quelque goût pour leur langue et pour leur étude. A l'imitation des philosophes de la Grèce, ils se partagèrent en différentes sectes ; les uns, comme les pharisiens, donnèrent dans une partie des sentiments des stoïciens et des platoniciens ; les autres, comme les saducéens, embrassèrent quelque dogme des épicuriens (1) ; les autres, comme les esséniens, méprisaient, dit Philon (d), la logique, la physique et la métaphysique, c'est-à-dire, ce qu'il y a d'inutile et de pure curiosité dans ces sciences ; ils ne s'appliquaient qu'à la morale et à la loi de Dieu, qu'ils expliquaient d'une manière relevée et allégorique.

Du temps de Notre-Seigneur, il paraît que le fort des études des docteurs juifs roulait principalement sur les traditions de leurs pères. Jésus-Christ leur reproche en toute occasion d'avoir abandonné la loi de Dieu, et ses vrais sens, pour donner dans des explications contraires au sens des lois et à l'intention du législateur. Saint Paul, qui avait été dans ces principes, en fait voir aussi les inconvénients dans ses Epîtres, en rappelant toujours les lois à leur origine et à leur véritable sens. Mais tout cela n'a pas été capable de guérir l'esprit des Juifs sur cet article. Ils sont aujourd'hui plus entêtés que jamais de leurs traditions : elles font le principal objet de leur étude. On peut voir ce que nous avons dit ci-devant sous le titre ECOLES des Juifs, et ci-après sous les noms SYNAGOGUES et TRADITION.

EUBULE, disciple de saint Paul, dont il est fait mention dans la deuxième Epître à Timothée, IV, 21. Il est honoré par l'Eglise grecque le 28 de février.

EUCHARIS. Ce terme, selon la force du grec, signifie *gracieux, agréable*. Il se trouve dans l'Ecclésiatique, VI, 5 : *Lingua eucharis in bono homine abundat*. Le Grec lit *eulalos*, bien disant, au lieu d'*eucharis*.

EUCHARISTIE. Terme consacré dans l'Eglise catholique, pour marquer le sacrement qui contient réellement et en vérité le corps et le sang de Notre-Seigneur Jésus-Christ, sous les apparences du pain et du vin, consacrés au sacrifice de la Messe. On lui donne le nom d'Eucharistie, parce que Jésus-Christ, dans l'institution de ce divin Sacrement, *rendit grâces à Dieu*, rompit le pain et bénit le calice (e). Or, dans le grec, *eucharistia* signifie *action de grâces*, et revient à l'hébreu *barach* (f), bénir, ou *hodah*, louer.

EULEE. Le fleuve Eulée. *Voyez* ci-après *Ulai*.

EUMENES, roi de Bithynie et de Pergame, dont il est parlé au premier livre des Machabées, chap. VIII, 8. Ayant joint ses armes à celles des Romains dans la guerre qu'ils eurent contre Alexandre le Grand, il reçut pour sa récompense le pays *des Indiens, des Mèdes et des Lydiens*. C'est ainsi que porte le texte des Machabées. Mais il y a assez d'apparence qu'il faut lire *les Ioniens, les Mysiens et les Lydiens*. Voyez le Commentaire sur I *Mac.* VIII, 8.

* EUNICE, mère de saint Timothée (g), était juive de naissance ; mais elle avait épousé un païen, qui fut père de saint Timothée (h). Eunice avait été convertie au christianisme par un autre prédicateur que saint Paul ; car quand cet apôtre arriva à Lystres, il y trouva Eunice et Timothée déjà avancés en grâce et en vertu.

EUNOMIENS, branche d'Ariens, ainsi nommée d'Eunomius, évêque de Cysique, qui vivait dans le IV° siècle, et ajouta quelques opinions particulières à celles d'Arius. On les a aussi appelés *Anoméens*, du mot grec *anomion*, qui signifie *dissemblables*, parce qu'ils prétendaient que le Fils et le Saint-Esprit différaient en tout du Père. Ce sont les premiers hérétiques qui aient nié l'inspiration de l'Ecriture. Pressés par les témoignages de saint Paul, qu'on opposait à leurs erreurs, ils imaginèrent de dire que quelquefois l'Apôtre avait parlé sans être éclairé par l'Esprit divin. Cette nouveauté, qui n'était qu'une misérable défaite, fut rejetée comme un blasphème et bientôt étouffée sous les anathèmes de toutes les Eglises chré-

---

(a) *Ecclesiastici prologus*.
(b) *Eccli.* xxxix, 1, 2, 3.
(c) I *Petri.* 1, 11.
(d) *Philo l. Quod omnis probus liber*.
(e) *Matth.* xxvi, 27.
(f) Εὐχαριστία, ברך *Benedicere*.
(g) II *Timoth.* 1, 5.
(h) *Act.* xvi, 1, 2.

(1) Voyez mon *Histoire de l'Ancien Testament*, tome II.

tiennes. (Epiph., *Hæres.*, 76). Les Eunomiens, comme les protestants, rejetaient le culte des martyrs et l'honneur rendu aux reliques des saints. On les appelait aussi *Troglodytes.*

EUNUQUE, vient du grec *eunouchos* (*a*), qui signifie un homme qui a la garde du lit : parce qu'ordinairement, dans les cours des rois d'Orient, on confiait à des eunuques la garde des lits et des appartements des princes et des princesses ; mais principalement des princesses qui, comme on le sait, vivent fort resserrées, et fort éloignées de la vue et de la compagnie des hommes. Le terme hébreu *saris*, signifie un véritable eunuque, soit qu'il soit né tel naturellement, ou qu'il ait été fait eunuque par la main des hommes. Mais assez souvent ce terme, de même que le grec *eunouchos*, et le latin *eunuchus*, se prennent dans l'Ecriture pour un officier d'un prince, servant à sa cour, et occupé dans l'intérieur du palais ; soit qu'il fût réellement eunuque, ou non. Ce nom était un nom d'office et de dignité ; et encore aujourd'hui, dans la cour des rois de Perse et des Turcs, les premiers emplois de la cour sont possédés par de vrais eunuques. Putiphar, eunuque de Pharaon, et maître de Joseph, avait femme et enfants (*b*).

Dieu avait défendu à son peuple de faire des eunuques, et de couper même les animaux (*c*); il avait dit dans le Deutéronome (*d*), que *celui dans lequel ce qui est destiné à la conservation de l'espèce, aura été coupé ou froissé, ou retranché, n'entrera point dans l'assemblée du Seigneur.* On explique ces paroles diversement. Les uns (*e*) croient que par là Dieu défend aux eunuques de se marier à des Israélites. D'autres (*f*), que Dieu leur défend l'entrée de son temple ; d'autres (*g*), qu'il leur interdit les charges de magistrature. Mais il est plus croyable que Dieu les excluait seulement des prérogatives extérieures attachées à la qualité d'Israélites et de peuple du Seigneur. Ils étaient regardés dans la république comme des bois arides et inutiles (*h*) : *Ecce ego lignum aridum.* Mais cela n'empêchait pas que ceux qui étaient fidèles observateurs de la loi de Dieu, n'eussent part au bonheur, et aux récompenses des justes : *Hæc dicit Dominus eunuchis : qui custodierint Sabbata mea,... et tenuerint fœdus meum, dabo eis in domo mea, et in muris meis, locum et nomen melius a filiis et filiabus* (*i*).

Il y avait des eunuques dans la cour des rois de Juda et d'Israel, des officiers nommés *sarisim* (*j*), eunuques ; mais c'étaient apparemment des esclaves des peuples étrangers, ou, si c'étaient des Hébreux, le nom d'eunuques qu'on leur donne, marque simplement leur office et leur dignité.

Notre Sauveur dans l'Evangile (*k*) parle d'une sorte d'eunuque, différente de celle dont on vient de parler ; ce sont ceux *qui se sont faits eunuques pour le royaume des cieux*, c'est-à-dire qui, par un motif de religion, ont renoncé au mariage, et à l'usage de toutes sortes de plaisirs de la chair. Origènes (*l*) et quelques anciens hérétiques avaient autrefois pris les paroles de Jésus-Christ à la lettre, et prétendaient qu'il conseillait de se faire eunuque pour gagner le royaume du ciel.

EUNUQUE DE LA REINE CANDACE. *Voyez* **PHILIPPE**, *diacre.*

EUPATOR, Voy. **ANTIOCHUS** *Eupator.*

EUPHRATE, fleuve fameux qui a sa source dans les montagnes d'Arménie, et qui arrose les frontières de la Cappadoce, de la Syrie, de l'Arabie déserte, de la Chaldée, et de la Mésopotamie, et de là va tomber dans le golfe Persique. Aujourd'hui il se dégorge dans cette mer par un canal qui lui est commun avec le Tigre ; mais autrefois il avait son canal particulier : et du temps de Pline (*m*) on voyait encore des vestiges de cet ancien canal. Moïse (*n*) dit que l'Euphrate est le quatrième des fleuves qui avaient leur source dans le Paradis terrestre (1). L'Ecriture l'appelle souvent le *grand fleuve*, et elle le donne pour limite, du côté de l'Orient, au pays promis de Dieu aux Hébreux (*o*). Les auteurs profanes (*p*) nous apprennent que l'Euphrate se déborde pendant l'été, comme le Nil, lorsque les neiges des montagnes d'Arménie viennent à fondre. L'auteur de l'Ecclésiastique semble dire la même chose. *Eccli.* XXIV, 36.

L'Euphrate a sa source dans les monta-des quatre grands fleuves mentionnés dans la Genèse. Ils ont retrouvé le Pichon, le Guichon et le Hidekel dans le Gour, l'Araxe et le Tigre. Quant à l'Euphrate, spécialement désigné, il n'y avait pas lieu à contestation, puisqu'il prend effectivement sa source dans le nord, et qu'il sert de limite à l'Arménie même, du côté de l'occident. En effet, il a son origine près de la ville actuelle d'Erzeroum où il sort des monts Bin-gueul, c'est-à-dire, les mille lacs. Il se forme de la réunion de plusieurs autres rivières plus ou moins considérables, parmi lesquelles on remarque le Kaïl, qui est évidemment le Lycus de Pline, puisque ce mot, dans la langue arménienne, a la signification de *loup*, comme λύκος en grec. Depuis le lieu où toutes les rivières qui contribuent à former l'Euphrate se sont réunies, ce fleuve coule, vers le midi, entre la petite et la grande Arménie ; il sépare la Mésopotamie de la Syrie, et il entre enfin dans l'Irakarabe, où il se joint au Tigre. Ces deux fleuves se jettent ensemble dans le golfe Parsique au-dessous de la ville de Basrab. » M. E. BORÉ. Précis de l'hist. d'*Arménie*, dans l'*Univers Pittoresque* de Didot. *Voyez* **ARMÉNIE**, col. 589.

(*a*) *Heb.* סריס *Saris.* Εὐνοῦχος, *Eunuchus.*
(*b*) *Genes.* xxxix, 1, 7, xli, 45.
(*c*) *Levit.* xxii, 24.
(*d*) *Deut.* xxiii, 1.
(*e*) *Rabb. Salom, Aben-Ezra. Abarb. Lyr. Vat.* etc.
(*f*) *Philo de victimas offerentibus.*
(*g*) *Muis, Jun. Gerar. Bonfrer. Tir.*
(*h*) *Isai.* lvi, 3.
(*i*) *Isai.* lvi, 4.
(*j*) *I Reg.* viii, 15. *III Reg.* xxii, 9, *et IV Reg.* ix, 32, xxiv, 12, 15, *et I Par.* xxviii, 1.
(*k*) *Matth.* xix, 12.
(*l*) *Origen. in Matth.* i, 15, p. 569 et 570. *Hæretici Valesii apud Aug. hæres.* 37, *et Epiphan. hæres.* 58.
(*m*) *Plin. l. VI, c.* xxvii *et* xxviii.
(*n*) *Genes.* ii, 14.
(*o*) *Deut.* i, 7. *Josue,* i, 4.
(*p*) *Strabo lib.* XVI, *Plin. l.* XVIII, *c.* xvii *et* xviii, *et Solin. c.* L, etc.

(1) Plusieurs savants qui ont cru voir dans le pays d'Arménie l'ancienne position du paradis terrestre, ont apporté, à l'appui de leur assertion, la preuve de l'existence

gnes d'Arménie, de même que le Tigre. Quelques anciens ont cru que ces deux fleuves avaient une source commune (a) :

> Quaque caput rapido tollit cum Tigride magnus
> Euphrates, quos non diversis fontibus edit.
> Persis...

et Boèce, dans sa Consolation de la philosophie (b) :

> Tigris et Euphrates uno se fonte resolvunt,
> Et mox abjunctis dissociantur aquis.

Mais on sait à présent le contraire, et que ces deux fameuses rivières ont leur source à une assez grande distance l'une de l'autre. Pline (c) et Strabon (d) mettent sa source dans le mont Abo, ou Aba en Arménie ; mais dans presque tout le reste, ces deux auteurs se contredisent. Strabon dit que ce fleuve sort du côté septentrional du mont Taurus, et qu'il coule d'abord vers l'Occident, et ensuite vers le Midi. Pline au contraire dit, après des témoins qui avaient été sur les lieux, que l'Euphrate va du septentrion au midi, et puis retourne au couchant.

Les Arabes (e) divisent l'Euphrate en grand et petit ; le grand est celui qui, prenant sa source dans les monts Gordiens, se décharge dans le Tigre près d'Anbar et de Pelongiah. Le petit, dont le canal est souvent plus gros que celui du grand, prend son cours vers la Chaldée, passe par Cousah, et va se décharger dans le Tigre, entre Vassith et Naharvan, en un lieu nommé aujourd'hui *Carna*, c'est-à-dire, *Corne*, parce qu'en effet il est la corne, ou le confluent du grand et du petit Euphrate.

Du petit Euphrate l'on passe dans le grand, par un canal que Trajan fit creuser. C'est la *Fossa Regia* ou le *Basilius fluvius* des Grecs et des Romains, que les Syriens ont appelé *Nahar-Malca*, par où l'empereur Sévère passa pour aller assiéger la ville de Ctésiphon sur le Tigre. La violence du golfe Persique cause un reflux à l'Euphrate jusqu'à plus de trente lieues au dessus de son embouchure. Les Arabes sont persuadés que les eaux de l'Euphrate sont salutaires, et qu'elles ont la vertu de guérir toutes sortes de maux.

[« L'origine du mot Euphrate n'est pas certaine (dit Moscati) dans une notice sur un Mémoire de sir W. Ouseley, intitulé : *Observations on the river Euphrates* (Observations sur l'Euphrate), lu à la Société royale de littérature de Londres, le 24 fév. 1824). Quelques-uns le dérivent de la racine hébraïque פרה, *phara*, produire ; mais cette étymologie est arbitraire. Sir W. Ouseley s'est efforcé de découvrir la véritable. Dans ses recherches sur la source de ce fleuve, il a tâché de reconnaître quel était le nom qu'il portait dans le pays. Il l'a trouvé cité dans l'histoire d'Arménie par Moïse de Chorène, qui vivait dans le cinquième siècle ; il l'appelle *Ephrat*. Maintenant les Arméniens et les Turcs qui vivent sur ses bords, le nomment *Frat* ou *Forat*, et, avec un accent plus doux, *Foïad*. » Mais cela ne nous apprend pas quelle est la *véritable étymologie* du mot Euphrate.]

EUPOLÈME, fils de Jean, un des ambassadeurs que Judas Machabée envoya à Rome, I. *Mac.* VIII, 17, l'an du monde 3843.

EUPOLÈME, auteur ancien cité dans Josèphe, dans saint Clément d'Alexandrie, et dans Eusèbe (f). On ignore le temps auquel il a vécu. Il avait écrit sur les rois des Hébreux.

EUTYQUE, *Eutychus*. C'est le nom de ce jeune homme de la ville de Troade, qui s'étant trouvé avec les autres disciples au lieu où saint Paul était, et s'étant assis sur une fenêtre pendant que l'Apôtre prêchait, s'endormit, et tomba d'un troisième étage dans la rue. Saint Paul étant descendu, se coucha sur lui, l'embrassa, et dit aux frères : *Ne craignez point, son âme est en lui ; et il le leur rendit vivant* (g).

EVANGÉLISTE. Ce nom signifie celui qui annonce une bonne nouvelle. On nomme donc *Evangéliste*, non-seulement ceux qui écrivent, mais aussi ceux qui prêchent l'Evangile de Jésus-Christ, et en général tous ceux qui annoncent quelque heureuse nouvelle. Dans Isaïe (h), le Seigneur dit qu'il donnera à Sion *un évangéliste*, un ambassadeur, un prophète, un envoyé qui lui annoncera ce qu'il voudra lui faire savoir. Dans les Actes (i), on donne à Philippe, un des sept diacres, le nom d'*évangéliste*. Saint Paul (j) parle des évangélistes, et il les met dans un rang au-dessous des apôtres et des prophètes. Il dit à Timothée (k) de faire le devoir d'évangéliste. Il y avait, au commencement du christianisme, de ces évangélistes, ou de ces prédicateurs qui, sans être attachés à aucune Eglise, allaient prêcher partout où le Saint-Esprit les conduisait (l). [Je suis tenté de dire qu'il est malheureux qu'il n'y en ait plus. Saint Vincent de Paul avait bien quelque chose de ces premiers évangélistes.] Enfin on nomme plus communément *évangélistes*, saint Matthieu, saint Marc, saint Luc et saint Jean, qui sont auteurs des quatre évangiles, qui sont les seuls que l'Eglise reconnaisse pour canoniques. [*Voyez* PIERRE, addition]

EVANGILE, vient du grec *evangelion*, qui signifie *bonne nouvelle* (m), parce qu'en effet le livre qui contient le récit de la vie, des miracles, de la mort, de la résurrection, de la doctrine de Jésus-Christ, renferme la meilleure nouvelle que l'on puisse annoncer aux hommes. Nous donnerons un précis de

---

(a) Lucan. Pharsal. l. III.
(b) Boet. l. II, de Consol. Philos. carm. 1. Vide et Q. Curt. l. V, et Sallustii fragmenta.
(c) Plin. l. V, c. XXIV.
(d) Strabo lib. XI.
(e) D'Herbelot, Bibl. Orient., p. 333.
(f) Joseph. l. I, contra Appion. Clem. Alex. l. I Stromat. Euseb. Præparat. l. IX.
(g) Act. XX, 10. An de Jésus-Christ 60, de l'ère vulgaire 57.
(h) Isai. XLI, 27.
(i) Act. XXI, 8.
(j) Ephes. IV, 11.
(k) Timot. IV, 5.
(l) Vide Grot. ad Act. XXI, 8.
(m) Εὐαγγέλιον. Evangelium, bonus nuntius.

l'histoire évangélique dans la vie de Jésus-Christ. [*Voyez* Jésus-Christ.] Nous ne reconnaissons que quatre Evangiles canoniques, ceux de saint Matthieu, de saint Marc, de saint Luc et de saint Jean, desquels nous parlerons dans l'article de chacun des évangélistes. [*Voyez* Pierre, addition.]

Mais outre ces quatre évangiles, reconnus de toute l'Eglise catholique, il y en a plusieurs autres apocryphes et sans autorité, dont les uns sont venus jusqu'à nous, et les autres sont entièrement perdus. En voici la liste :

1. L'Evangile selon les Hébreux.
2. L'Evangile selon les Nazaréens.
3. L'Evangile des douze apôtres.
4. L'Évangile de saint Pierre.

Ces quatre Evangiles ne sont apparemment que le même sous différents titres. C'est l'Evangile de saint Matthieu qui fut corrompu par les Nazaréens hérétiques.

5. L'Evangile selon les Egyptiens.
6. L'Evangile de la naissance de la sainte Vierge. On l'a en latin.
7. L'Evangile de saint Jacques. On l'a en grec et en latin, sous le nom de Protévangile de saint Jacques.
8. L'Evangile de l'enfance de Jésus. On l'a en grec et en arabe.
9. L'Evangile de saint Thomas. C'est le même que le précédent.
10. L'Evangile de Nicodème. On l'a en latin.
11. L'Evangile éternel.
12. L'Evangile de saint André.
13. L'Evangile de saint Barthélemy.
14. L'Evangile d'Apelles.
15. L'Evangile de Basilide.
16. L'Evangile de Cérinthe.
17. L'Evangile des Ebionites. — [Les Ebionites étaient de ces pharisiens qui soutenaient que la pratique des cérémonies légales, imposées aux Hébreux par la législation mosaïque, était nécessaire pour être sauvé. On sait que cette doctrine occasionna des disputes à Antioche, qui donnèrent lieu à l'assemblée ou concile des apôtres, dont saint Luc nous fait le récit au chap. XV des *Actes*. Sur ce concile, à l'occasion duquel l'esprit de parti a émis de fausses assertions, voyez l'*Etude* que j'en ai faite dans le *Mémorial catholique*, publié par M. L. F. Guérin, n° de janvier 1846, tom. V, page 206.]
18. L'Evangile des Encratites. C'est le même que celui de Tatien.
19. L'Evangile d'Eve.
20. L'Evangile des Gnostiques.
21. L'Evangile de Marcion. C'est le même que celui qui est attribué à saint Paul.
22. L'Evangile de saint Paul : le même que celui de Marcion.
23. Les petites et les grandes Interrogations de Marie.
24. Le Livre de la naissance de Jésus-Christ. Apparemment le même que le Protévangile de saint Jacques.
25. L'Evangile de saint Jean, autrement le livre du trépas de la sainte Vierge.
26. L'Evangile de saint Matthias.
27. L'Evangile de la Perfection.
28. L'Evangile des Simoniens.
29. L'Evangile selon les Syriens.
30. L'Evangile de Tatien : le même que celui des Encratites.
31. L'Evangile de Thadée, ou de saint Jude.
32. L'Evangile de Valentin : le même que l'Evangile de la vérité.
33. L'Evangile de vie, ou l'Evangile du Dieu vivant.
34. L'Evangile de saint Philippe.
35. L'Evangile de saint Barnabé. [*Voyez* Barnabé.]
36. L'Evangile de Saint Jacques le Majeur.
37. L'Evangile de Judas d'Iscariot.
38. L'Evangile de la Vérité. Le même que celui de Valentin.
39. Les faux Evangiles de Leucius, de Séleucus, de Lucianus, d'Hésychius.

On peut consulter sur toutes ces fausses pièces M. Fabricius dans son *Codex apocryphus novi Testamenti*, etc., et notre Dissertation sur les Evangiles apocryphes, à la tête du Commentaire sur saint Matthieu.

Les anciens hérétiques ont d'ordinaire commencé par attaquer les Evangiles, pour appuyer leurs erreurs, ou pour les excuser. Les uns ont rejeté tous les vrais Evangiles, pour leur en substituer de faux. C'est ce qui a produit les Evangiles d'Apelles, de Basilide, de Cérinthe, et quelques autres. D'autres ont corrompu les vrais Evangiles, et en ont retranché ce qui les y incommodait, ou y ont mis ce qui favorisait leurs mauvais dogmes. Ainsi les Nazaréens gâtèrent l'Evangile original de saint Matthieu, et les Marcionites tronquèrent celui de saint Luc, qui était le seul qu'ils reçussent. Les Alogiens voyant leur condamnation trop marquée dans saint Jean, le rejetèrent, et n'admirent que les trois autres évangélistes. Les Ebionites rejetaient saint Matthieu, et recevaient les trois autres Evangiles. Les Cérinthiens ne reconnaissaient que saint Marc, et les Valentiniens que saint Jean.

[Voici des notions générales, exactes et nouvelles sur les Apocryphes.

Un écrivain distingué, considérant les saintes Ecritures sous le rapport de l'art, s'exprime en ces termes au sujet des évangiles apocryphes : « Comme les évangiles canoniques n'entrent point dans les détails de la vie du Sauveur depuis son enfance jusqu'à sa prédication chez les Juifs, quelques chrétiens des premiers temps, emportés par leur enthousiasme au delà des saintes règles, remplirent ces lacunes de légendes, où souvent la profondeur du sens contraste avec la naïveté de la forme. Ces premiers monuments de notre poésie primitive nous ont été transmis sous le titre peu attrayant d'*Evangiles apocryphes*, et les précautions prises pour nous empêcher de les regarder comme des livres canoniques, nous ont presque fait oublier que nous possédions ce trésor de littérature chrétienne. — On ne veut pas dire ici que tous les *évangiles apocryphes* présentent ce caractère. Il en est qui contiennent des témoignages réellement historiques que la critique a su apprécier. D'autres renferment une partie de récit évangélique, altérée par les sectaires. » M. Rio, *Cours sur l'art chrétien*, Introduct., dans l'*Université catholique*, tom. I, pag. 3.

« La dénomination d'apocryphes, par laquelle on désigne parfois toute espèce de récit controuvé, s'applique spécialement, dit un autre écrivain non moins habile et judicieux, à un recueil de documents fabuleux sur les personnages de l'Evangile, qui n'a qu'une valeur très-contestable en histoire, mais qu'on doit considérer comme le premier monument de la poésie chrétienne. Les légendes qu'il contient portent généralement le nom d'*Evangile*. Quelques-unes, en plus petit nombre, ont un autre titre : soit celui d'*Histoire*, soit celui d'*Actes*. Les uns et les autres sont l'œuvre naïve de la foi populaire. Il ne faut pas les confondre avec les livres publiés sous les mêmes titres par les hérésiarques des premiers siècles. Inventions ténébreuses et perfides, ceux-ci furent composés pour défendre de fausses doctrines et leur servir de véhicule. On y prêtait à Jésus-Christ et aux apôtres des actions et des discours qui n'étaient point historiques, mais qu'on espérait faire passer pour tels, à l'aide du silence de l'Evangile, sur plusieurs points et sur plusieurs époques, et qu'on supposait propres à appuyer certaines opinions auprès du peuple. Depuis Simon jusqu'à Marcion, il n'est pas un chef de secte un peu remarquable qui n'ait eu son Nouveau Testament à lui. Les évêques orthodoxes, les saints Pères, les papes mirent, dès le principe, beaucoup d'ardeur à dévoiler ces machinations de l'erreur et du mensonge, et à en détruire les monuments. Leur zèle a souvent réussi. Il nous reste en effet très peu de ces apocryphes systématiques, et de ceux qui ont survécu, aucun que nous sachions, ne nous est parvenu intégralement.

» Si l'histoire de la philosophie y a perdu certains documents importants sur les erreurs orientales de l'époque chrétienne, la littérature n'y a aucun regret. Compositions abstraites par le fond, résultats des préoccupations dogmatiques de quelques gnostiques bâtards, la sécheresse en faisait le caractère principal, et l'on y sentait bien plus la polémique que la poésie. Il n'en est pas ainsi des légendes du *cycle évangélique* (1) proprement dit. Celles-ci sont de simples traditions, peut-être un peu trop crédules et un peu trop puériles, mais qui assurément n'ont pas été faites à mauvaise intention. La bonhomie et la candeur y brillent à chaque page, et il y a une telle conformité dans quelques-uns de leurs récits avec ceux de l'Evangile, que la critique a incliné à les regarder, sur plusieurs points, comme le complément authentique de la narration des apôtres. Nous ne réveillerons pas néanmoins les discussions qui se sont élevées sur ce point ; il importe peu à notre objet de connaître le degré de confiance qu'il convient de leur accorder : ce n'est point comme documents d'histoire positive que nous les envisageons, mais comme témoignages d'histoire morale. Leur valeur, qui serait là fort problématique, est ici incontestable. Ces récits familiers et anecdotiques faits au foyer, sous la tente, aux champs, dans les haltes des caravanes, contiennent un vivant tableau des mœurs populaires de l'Eglise naissante. Là, mieux que partout ailleurs, se peint la vie intérieure de la société chrétienne. Nulle part on n'étudiera mieux la transformation qui s'opérait alors, sous l'influence du christianisme, dans les rangs inférieurs. La riche source d'idées et de sentiments, ouverte par le nouveau culte, s'y épanche avec abondance et liberté. Il se peut que ce que ces livres nous racontent de la sainte Vierge et de ses parents, de Jésus et de ses apôtres ne soit point très-exact, cela même est probable ; mais les usages, les pratiques, les habitudes qu'ils révèlent involontairement sont véritables. Evidemment ils prêtent aux personnages sacrés de l'Evangile des discours qu'ils n'ont jamais tenus ; mais s'ils leur ont prêté telle conduite, telle démarche, telle parole, c'est qu'elles étaient dans l'esprit du temps, c'est qu'on les croyait dignes de ceux auxquels on les attribuait. Ces légendes sont donc, à vrai dire, un commentaire populaire de l'Evangile, et le mensonge même en est vrai. » M. P. Douhaire, *Cours sur l'histoire de la poésie chrétienne*, Introduction, dans l'*Université cathol.*, tom. IV, pag. 366, 367.

M. l'abbé Douhaire présente ensuite l'histoire des Apocryphes, de laquelle nous allons extraire ce qui suit, sans entrer avec lui dans les détails relatifs à chacune des légendes. « Trois sortes de personnes, dit-il (*Ibid.*, seconde leçon, dans le même recueil, tom. V, pag. 121 et suiv.), ont écrit sur ce sujet ; en premier lieu, ceux qui ont travaillé sur l'histoire de l'Eglise primitive ; secondement, les compilateurs qui ont rassemblé les matériaux de l'histoire ecclésiastique ; enfin les critiques qui se sont occupés de l'exégèse et de la censure des textes du Nouveau Testament. Venus dans un temps où les croyances naïves qui avaient fécondé ces légendes étaient éteintes, ni les uns ni les autres n'en purent comprendre la valeur poétique. Aussi serait-ce une grande erreur d'imaginer que le sentiment littéraire fut pour quelque chose dans l'inclination qui les porta vers ces matières. L'amour de la controverse, le désir de justifier la foi du reproche de superstition, peut-être aussi l'envie de se faire un nom dans la carrière, fort illustre alors, de l'érudition, tels furent les motifs qui les poussèrent à rechercher et à commenter les Apocryphes. Le ton fort peu respectueux dont ils en parlent le prouve de reste. Au dire des Varennius, des Coccus, des Lequien, des Richard-

---

(1) Le mot de cycle est emprunté de la langue des critiques allemands chez lesquels il désigne l'ensemble des compositions faites, aux différentes époques, sur un même sujet. Ainsi, par *cycle évangélique* les légendes relatives aux personnages de l'Evangile, dont quelques-unes se tiennent et forment une sorte d'unité.

Simon, etc., etc., ce ne sont qu'histoires puériles et contes à dormir debout.

» Parmi ces impassibles aristarques, il en est cependant qui ont droit à la reconnaissance de la poésie et de l'art, pour avoir rassemblé, corrigé et édité avec zèle et quelquefois avec amour ces fragments dédaignés d'une littérature élémentaire, et pour n'en avoir pas jugé la commentation indigne de leur savoir. Nous leur devons, en témoignage de gratitude, une mention particulière.

» Le premier de tous est un théologien protestant, appelé Michel Néander, qui joignit un recueil incomplet des apocryphes à une édition greco-latine du Petit Catéchisme de Luther (Bâle, 1543-1548), sous ce titre : *Apocrypha : hoc est, Narrationes de Christo, Maria, Joseph, cognatione et familia Christi, extra Biblia, apud veteres Patres, historicos et philologos reperta*. Thomas Istig, professeur de théologie protestante à Leipzig, en donna plus tard une table méthodique dans son livre intitulé : *De Bibliothecis et Catenis Patrum*. Nicolas Glaser en publia, à Hambourg, une autre collection, fort incomplète aussi et qui ressemble à celle de Néander pour l'étrangeté et la confusion des matériaux.

» Quelques recueils analogues parurent encore en Allemagne, en Italie et en France, dans le courant du dix-septième siècle, mais trop peu soignés ou trop peu spéciaux pour mériter qu'on s'y arrête et qu'on rappelle les noms oubliés de leurs auteurs. Il n'en est pas ainsi de celui que publia, au commencement du dix-huitième siècle le bon et docte Fabricius. Cet illustre érudit était né à Leipzig en 1668, et se distingua de bonne heure par ses mœurs douces, son intelligence élevée et son savoir immense. Appelé tout jeune à Hambourg pour y remplir la chaire d'éloquence, il y passa le reste de sa vie, refusant pour les travaux chéris qu'il y avait entrepris les places les plus honorables et les plus lucratives. Malgré la sécheresse du protestantisme qu'il professait, il y avait dans ce candide Allemand, comme il s'appelait lui-même, une conception vive et profonde de la poésie du christianisme ; et, au plus fort de ses préoccupations classiques, il sentait un attrait mystérieux le ramener vers les monuments de la littérature des premiers siècles, qu'il avait une fois entrevus dans la bibliothèque d'un de ses amis. Il nous raconte lui-même qu'un soir (c'était au moment de son début à Hambourg), devisant à souper avec son ami Christian Hillischer, la conversation tomba sur les Evangiles apocryphes. Ils en causèrent longtemps et se convainquirent qu'il y aurait une grande utilité à en publier une édition complète. Les deux amis ne se quittèrent pas sans se promettre d'y travailler chacun de son côté ; mais Fabricius tint seul parole. En 1703 parut son premier recueil en 2 vol., intitulé : *Codex apocryphus Novi Testamenti*, qu'il augmenta, en 1719, d'un troisième volume. Cet ouvrage ne fut pas plutôt connu, qu'il acquit la réputation la plus haute et la plus méritée. Il serait difficile en effet de trouver, dans un livre de ce genre, plus de mérites divers, la science, l'érudition, la connaissance approfondie des langues anciennes et des langues orientales, la clarté, la sobriété et l'élégance du langage. On est confondu à la pensée du travail que dut exiger une pareille publication, et sa composition semble en quelque sorte miraculeuse, quand on se rappelle que le même auteur menait de front, avec ses cours publics, la préparation de deux autres ouvrages non moins gigantesques, la *Bibliothèque grecque* et la *Bibliothèque latine*. En 1723 parut le dernier complément de cette collection, sous ce titre : *Codex Veteris Testamenti, Hamburgi, sumptu Th. Christ. Felginer*. Il présente fort bien, dans ce dernier volume, le côté véritablement grave des documents qu'il contient. « Ne croyez point, lecteur, dit-il,
» que je me laisse prendre à ces fables. » (Il venait d'avouer, le bon homme, qu'il y trouvait grand plaisir.) « Si j'ai cru devoir les
» rassembler, c'est que j'ai pensé que le
» meilleur moyen de les réfuter était de les
» présenter dans leur intégrité et dans leur
» ensemble aux lecteurs consciencieux. Comme ce sont d'ailleurs des choses qui datent
» de loin, j'estime qu'elles ne seront pas sans
» utilité pour ceux qui se livrent à l'étude de
» l'antiquité ecclésiastique. Tout n'y est pas
» faux, au surplus, et, comme dit le poëte,
» *il n'y a pas que mensonge dans la bouche*
» *des Crétois*. Ces faux Evangiles contiennent
» sur les mœurs, les usages et les traditions
» juives des renseignements qu'il y aura
» plaisir et avantage à recueillir. C'est le cas
» de dire, avec Clément d'Alexandrie, qu'il
» est de ces choses dont l'inutilité même est
» utile. »

» Tous ces spirituels et doctes détours n'ont pas d'autre but que de donner au public protestant le change sur les véritables motifs qui avaient porté Fabricius à publier les apocryphes et à dissimuler l'attrait poétique qui, dans le fond, avait été son principal mobile. Telles étaient alors les préventions du protestantisme contre tout ce qui tenait aux traditions tolérées ou respectées par l'Eglise, qu'on eût fait mauvais parti au professeur de Hambourg d'une pareille disposition. De nos jours même, cette croyance étroite n'a-t-elle pas gâté l'un des plus beaux ouvrages historiques de l'Allemagne ? N'est-ce point par une prévention innée contre les traditions catholiques que les frères Grimm ont omis dans leur recueil des traditions germaniques toutes les légendes relatives à saint Boniface, légendes cependant si belles et si gracieuses ! Mais revenons à Fabricius.

» Son recueil fit sensation en Europe, malgré les préoccupations philosophiques qui déjà y dominaient les esprits. Saisissant l'idée exposée par Fabricius, que les livres apocryphes du Nouveau Testament pouvaient très-bien servir à la justification des livres canoniques, un ministre anglican en publia, à Oxford, en 1768, une traduction accompagnée de commentaires dirigés particulièrement contre la doctrine impie de Toland. Réimprimée plus tard sans nom d'auteur, cette traduction du R. Jeremias Jones paraît avoir eu peu de succès. Une traduction française des Apocryphes, imprimée à Londres, en 1779, par l'abbé B***, témoigne encore de la sensation produite par ce recueil; mais l'oubli dans lequel il est tombé depuis atteste bien plus hautement la direction antichrétienne donnée depuis lors aux esprits.

» Après Fabricius, l'homme à qui notre reconnaissance doit le plus est un professeur de l'université de Hale, M. Jean-Charles Thilo, qui a consacré vingt ans d'une érudition immense et d'un savoir profond à compléter le monument élevé par son devancier, et à lui donner la perfection dont le temps et les découvertes modernes avaient fait sentir l'absence. Nous avons sous les yeux la première partie, la seule publiée de ce vaste travail. L'éloge si mérité que nous venons d'en faire n'est, hélas! qu'un éloge funèbre. M. Thilo est mort l'an dernier (1837), laissant son œuvre incomplète.

» La collection des Apocryphes, telle que l'ont faite les recherches et les épurations de Thilo, Fabricius, et leurs prédécesseurs, comprend quatorze légendes principales et complètes, et plusieurs fragments de légendes perdues. Nous nommerons d'abord les plus importantes, dans l'ordre chronologique des personnages auxquels elles se rapportent, ou des événements qu'elles racontent :

1° *Histoire de Joseph, l'artisan en bois.*
2° *Evangile de la nativité de la sainte Vierge Marie.*
3° *Histoire de la nativité de Marie et de l'enfance du Sauveur.*
4° *Evangile de l'enfance du Sauveur.*
5° *Protévangile de saint Jacques, ou Récit historique de Jacques le Mineur, frère et cousin de Jésus-Christ, et premier évêque de Jérusalem, touchant la naissance du Sauveur et de sa mère.*
6° *Evangile de Thomas l'Israélite et le philosophe, ou des actions que fit Jésus encore enfant.*
7° *Evangile de Nicodème, suivi des lettres de Pilate.*
8° *Histoire apostolique, par Abdias.*
9° *Actes des apôtres.*
10° *Apocalypses.*

» Telles que nous les possédons, ces légendes ne sont pas, à proprement parler, l'œuvre originelle des premiers chrétiens. Il est facile, en effet, de voir, aux répétitions, aux interruptions, aux sutures fréquentes de la narration, qu'elles sont, dans leur forme actuelle, le résultat d'une sorte de syncrétisme poétique, et qu'elles ont été formées, à une époque ancienne, des traditions isolées des Eglises particulières réunies en corps de récit. Si les faits sur lesquels nous appuyons cette remarque sont certains, il en serait de ces premiers monuments de la poésie chrétienne comme de toutes les épopées nationales, qui n'ont été composées primitivement que de chants épars, rassemblés et coordonnés dans la suite sur un plan régulier. Il y a une telle identité dans le développement de la poésie spontanée des nations, que le rapport que nous venons d'indiquer nous semble extrêmement probable.

» Quoi qu'il en soit, la rédaction dernière de ces légendes remonte, pour la plupart, au troisième siècle. Elles forment, par la division naturelle de leurs groupes, un cycle véritable, qui embrasse toute l'histoire de l'établissement du christianisme, depuis la conception de la Mère du Sauveur jusqu'à l'entière manifestation de son Evangile aux nations de la terre. On reconnaît bien l'instinct poétique à la régularité de ce thème. L'histoire n'a point ce caractère de perfection ; ses tableaux, toujours incomplets parce qu'ils sont l'expression d'une réalité de trouble et d'obscurité, ne se déroulent pas avec tant de régularité. On peut dire, à quelques égards, de l'imagination des masses ce que les anciens disaient de la nature, qu'elle a horreur du vide. En effet, elle ne tolère pas dans la vie des héros les lacunes auxquelles est trop souvent condamnée l'histoire. Les annales ont-elles laissé des intervalles obscurs dans leurs biographies, elle se hâte de les remplir de ses créations fantastiques. Voyez Charlemagne, par exemple : l'histoire dit peu de choses de sa jeunesse, et ce n'est guère qu'à l'âge de dix-sept ans qu'elle nous le montre dans quelques guerres entreprises par son père en Allemagne. Mais de sa naissance, de son enfance, qu'en savait-on? Rien. La poésie a suppléé à cette absence de documents authentiques, et les deux gracieux romans de *Berthe aux grans piés* et de *Maînet* ont enrichi de deux actes merveilleux le grand drame de la vie du vainqueur des Saxons. Le premier nous a peint sa mère, victime douce et résignée de l'ambition d'un ministre déloyal qui substitue sa propre fille à celle de son maître, et jette celle-ci sanglante et à demi morte dans un ruisseau, d'où elle est retirée par un meunier chez lequel elle souffre en silence jusqu'au jour où elle est rencontrée par Pepin, qui l'épouse et la rend mère du grand Charles. Le second nous montre ce dernier lui-même, héros avant l'âge, proscrit à dix ans, et rachetant par sa prudence et sa valeur le trône auquel l'appelait sa naissance.

» Et ce n'est pas seulement aux *desiderata* de l'histoire des premières années de Charlemagne que la poésie populaire a ainsi satisfait ; c'est à toutes les périodes de son règne qu'elle a joint ces compléments grandioses. La longue série des romans du *cycle carlovingien* n'est pas autre chose que sa biographie imaginaire. Nous citons Charlemagne, nous aurions pu citer tout aussi bien Achille, Robin-Hood, ou le Cid ; les procédés de la poésie instinctive sont les mêmes pour toutes ces grandes personnalités : c'est toujours une réalité élevée à l'idéal par l'imagination. La différence de cet idéal dans chaque poëme fait la différence des civilisations. Dans les poëmes grecs c'est la force corporelle qui constitue la grandeur du héros ; dans les poëmes saxons c'est la constance, l'habileté aux armes et la ruse ; dans les poëmes espagnols c'est la bravoure et la loyauté; dans les poëmes carlovingiens la modération dans la force et la constance dans la valeur ; dans les poëmes chrétiens c'est l'exercice, à un degré divin, de toutes les vertus évangéliques.

» Ce nom de poëmes, nous pouvons sans répugnance, après ce que nous avons dit, le donner à nos légendes, quelque éloignées qu'elles soient de toute forme poétique : on sait qu'il ne signifie autre chose sous notre plume qu'une composition propre à élever l'âme et à y faire naître des sentiments supérieurs. Considérés dans leur ensemble, et comme formant un tableau poétique de la conquête du monde par l'Evangile, les Apocryphes sont l'un des plus beaux monuments qu'on possède, et nous ne sachions pas de littérature qui ait en ce genre non-seulement rien de si élevé, mais rien d'aussi complet.

» Pour en comprendre le développement et en sentir la beauté, il faut lire ces légendes dans l'ordre où nous les avons placées (lequel n'est point celui des éditeurs), c'est-à-dire l'*Evangile de la nativité de Marie*, d'abord ; puis l'*Histoire de la nativité de Marie et de l'enfance du Sauveur*, l'*Histoire de Joseph l'artisan en bois*, l'*Evangile de l'enfance du Sauveur*, le *Protévangile de saint Jacques*, l'*Evangile de Thomas*, l'*Evangile de Nicodème*, et enfin les diverses légendes concernant les missions des apôtres et classées sous le nom général d'*Actes des apôtres*. Il ne faudrait point se figurer qu'ainsi ordonnées ces légendes forment entre elles un tout harmonieux, une épopée en plusieurs chants successifs. C'est une œuvre qu'il serait facile de produire, sans doute, en retranchant les répétitions qui se trouvent dans chaque légende; mais ces retranchements n'ont pas été faits : aussi chaque évangile empiète-t-il sur l'autre, le répète, et parfois le contredit. Il y a de tout dans tous. A quelques circonstances près, c'est dans plusieurs le même fonds, mais diversement narré, mais relevé par des détails différents. La naissance et l'éducation de la sainte Vierge est racontée dans deux légendes, identiques quant aux faits, et cependant revêtues d'un caractère très-distinct. Il en est de même de l'enfance du Sauveur, sur laquelle nous avons quatre récits qui n'ont de ressemblance que par les faits principaux.

» Ces rapports fondamentaux et ces dissemblances extérieures tiennent à deux causes, à la teinte particulière du génie des peuples chez lesquels chaque légende a pris naissance, et à la date plus ou moins récente de leur apparition. Celles qui nous viennent des Arabes ou des Egyptiens sont bien plus surchargées de faits merveilleux que celles qui sont d'origine juive ; comme aussi les anciennes sont plus sobres de style et moins ornées que celles qui sont relativement récentes. »]

(a) D'Herbelot, *Bibl. Orient.*, p. 2, 3, *Engil*.
(b) Alcoran, sur. 3.
(c) Rom. II, 16, et XVI, 25, et II Tim. II, 8.
(d) Hieron. de Scriptorib. Eccles. Athanas. Synops. Tertull.

Les mahométans croient que Dieu envoya son Evangile à Jésus-Christ, mais que cet Evangile ne subsiste plus, du moins dans sa pureté primitive ; ils soutiennent qu'il est entièrement perdu (a), ou qu'il est fort altéré par les chrétiens, de manière que, selon leurs principes, on ne peut faire aucun fond sur ce que nous en pouvons citer, à moins qu'il ne soit conforme à ce qui en est cité dans l'Alcoran, composé par Mahomet, qui n'avait jamais lu l'Evangile, et qui n'était pas même en état de le lire ; il en cite à la vérité quelques passages, mais peu exactement, et comme un homme qui l'avait ouï citer, et qui n'en avait qu'une légère teinture. Par exemple, voici comme il rapporte la Salutation angélique (b) : « O Marie, Dieu vous annonce la naissance de son Verbe qu'il a produit : son nom sera le Christ Fils de Marie. Il sera glorieux dans ce monde et dans l'autre : il sera du nombre de ceux qui s'approchent de Dieu. Il parlera étant encore dans le berceau et dans le maillot, et lorsqu'il sera plus grand, ce sera un homme de bien. »

Et voici la prière qu'ils attribuent à Jésus-Christ, fort différente du *Pater noster*, qu'il nous a enseigné.

« Mon Dieu, je ne puis ni éloigner le mal que je déteste, ni acquérir le bien que j'espère. Les autres ont déjà reçu leur récompense, mais j'attends le salaire de mon ouvrage. Nul pauvre n'est plus pauvre que moi. Accordez-moi le pardon, ô grand Dieu ! Seigneur, ne permettez point que je charge d'opprobre mon ennemi, ni que mon ami me méprise ; que ma religion ne me soit point un sujet d'affliction; que le monde ne soit point l'objet de mon amour, ni le sujet de mon application et de mon étude. Ne me donnez pas pour maître celui qui n'aura point de compassion de moi. Accordez-moi ces grâces par votre miséricorde, ô le plus miséricordieux de ceux qui font miséricorde. »

Les disciples de Mahomet croient que nous en avons retranché divers passages qui étaient favorables à Mahomet. Quoique saint Paul n'ait pas écrit d'Evangile, il ne laisse pas de citer son Evangile (c), *secundum Evangelium meum*, soit qu'on l'entende de l'Evangile de Jésus-Christ, qu'il prêchait et qu'il avait appris par révélation, ou de l'Evangile de saint Luc (1), que quelques anciens lui attribuaient (d), comme s'il l'avait dicté à saint Luc, ou qu'il lui eût simplement conseillé de l'écrire, et qu'il l'eût aidé à le composer ; ou qu'enfin saint Luc l'ayant appris de la bouche de saint Paul, son maître, on ait attribué au maître l'ouvrage du disciple.

EVE, la première femme, épouse d'Adam. *Voyez* HÈVE.

ÉVEQUE, vient du grec *episcopos*, et du latin *episcopus*, qui signifie un *surveillant*, un homme qui a l'inspection et l'intendance sur quelque chose. Néhémie (e) parle de l'é-

1. IV contra Marcion. c. v. Euseb. l. III, c. IV, et l. V, c. XXVI
(e) II Esdr. XI, 22. חיל פקידם 70. Ἐπίσκοπος αὐτῶν.
(1) Cela ne veut-il pas dire : *Selon la bonne nouvelle que je prêche, selon la salutaire doctrine que j'enseigne ?*

vêque des lévites de Jérusalem : *Et episcopus levitarum in Jerusalem Azzi filius Bani* : Azzi avait l'inspection sur les autres lévites. L'hébreu *pekid*, que l'on a rendu par *episcopus*, a la même signification. Les Athéniens donnaient ce nom au président de la justice, et le Digeste donne la même qualité aux magistrats qui ont l'inspection sur le marché au pain, et d'autres choses de cette nature. Mais la notion la plus commune du nom d'*évêque* est celle qui se trouve dans les Actes et dans les Epîtres de saint Paul (*a*) pour le chef et le premier pasteur d'une Eglise considérable, ayant sous lui d'autres pasteurs inférieurs et subordonnés.

Les évêques sont les successeurs des apôtres, et les juges en chef des disputes qui regardent la foi. Saint Pierre donne à Jésus-Christ (*b*) le nom de *pasteur et d'évêque de nos âmes*. En effet il est le pasteur des pasteurs et l'évêque des évêques. Saint Paul décrit en ces termes les qualités que doit avoir un évêque (*c*) : *Celui qui désire l'épiscopat désire une bonne œuvre. Il faut donc que l'évêque soit irrépréhensible, qu'il n'ait point épousé qu'une femme, qu'il soit sobre, prudent, grave et modeste, chaste, aimant l'hospitalité, et capable d'instruire ; qu'il ne soit ni sujet au vin, ni violent et prompt à frapper ; mais équitable, modéré, doux, désintéressé*, etc. — [*Voyez* mon *Dictionnaire de l'Ecriture sainte*, au mot EVEQUE.]

D'*episcopus* on a fait *episcopatus*, dont se sert le Psalmiste (*d*) pour marquer *office*, inspection, intendance. Et saint Pierre s'en est servi pour désigner l'apostolat, dont le traître Judas était déchu à cause de son crime. Saint Mathias lui fut subrogé, et reçut son épiscopat (*e*) : *Et episcopatum ejus accipiat alter.*

EVERGETES, mot grec qui signifie *bienfaisant*. C'est le surnom de deux rois d'Egypte. Ptolémée, III et VII.

EVI, un des princes de Madian qui furent tués dans la guerre que Moïse leur fit (*Num.* XXXI, 8) l'an du monde 2553, avant J.-C. 1447.

EVILMERODACH, fils et successeur du grand Nabuchodonosor, roi de Babylone. Il gouverna d'abord le royaume pendant la maladie de son père, qui s'était mis dans l'esprit qu'il était métamorphosé en bœuf (*f*). Mais après sept ans, l'esprit étant revenu au roi et son imagination s'étant guérie, il remonta sur le trône ; et Evilmérodach fut, à ce que l'on croit, mis en prison par son père (*g*). Ce fut dans cette prison qu'Evilmérodach fit connaissance et amitié avec Jéchonias, roi de Juda, qui avait été amené en Babylone par Nabuchodonosor ; en sorte que, aussitôt après la mort du roi, Evilmérodach étant monté sur le trône tira Jéchonias de prison, le combla de faveurs, et le plaça au-dessus de tous les autres rois qui étaient dans sa cour à Babylone (*h*).

Les Hébreux et, après eux, saint Jérôme et plusieurs interprètes (*i*) disent qu'Evilmérodach, après la mort de son père, voyant que les premiers du royaume faisaient difficulté de le reconnaître, craignant que Nabuchodonosor ne fût encore en vie, Evilmérodach, pour les convaincre qu'il était véritablement mort, le fit tirer du tombeau et traîner par les rues à la vue de tout le monde. D'autres ajoutent que Jéchonias lui inspira de faire déterrer le roi son père, et d'en donner le corps haché à trois cents corbeaux, de peur qu'il ne revînt du tombeau comme il était revenu de sa métamorphose en bœuf.

Evilmérodach ne régna qu'un an, suivant notre chronologie, et il eut pour successeur immédiat son fils Balthasar (1). Josèphe (*j*) dit qu'il eut pour successeur Nériglissor, puis Labosordach, et enfin Balthasar, dont nous parlons ici ; et cette disposition est suivie par saint Jérôme (*k*) et par quelques autres. Ce n'est point ici le lieu d'entrer dans le fond de cette difficulté. On peut voir notre discours sur les monarchies d'Orient, à la tête d'Isaïe, et notre commentaire sur Daniel, v. 1, pag. 627, 628, 629, et notre Histoire de l'Ancien Testament.

EVOCATION de l'âme de Samuel. *Voyez* l'article SAMUEL.

EVODE, ou EVODIE, dont parle saint Paul, aux Philippiens (*l*). Quelques manuscrits grecs lisent *Evodum*, ou *Evodium*, comme si c'était un homme : mais les imprimés et la plupart des manuscrits lisent au féminin *Evodiam*, Evodie ; et il y a assez d'apparence qu'Evodie et Syntique étaient deux femmes d'une grande vertu, qui avaient aidé saint Paul dans l'établissement de l'Evangile. Ces deux personnes étaient en différend pour quelque sujet qui nous est inconnu ; saint Paul les conjure de se réunir dans les mêmes sentiments. D'autres (*m*) croient que Syntique était un homme , et Evode une femme, et que saint Paul les prie de se réconcilier. Mais, le Martyrologe mettant Syntique au nombre des saintes le 22 juillet, il faut croire que le sentiment le plus commun a été qu'Evodie et Syntique étaient deux femmes.

*EXAMEN EN MATIÈRE DE RELIGION. Les ennemis de l'Eglise l'ont accusée d'interdire l'examen de ses croyances et de ses enseignements, et ils ont revendiqué ce qu'ils appellent le *droit d'examen*. Cette accusation n'est pas plus fondée que beaucoup d'autres qui viennent de la

---

(*a*) *Act.* xx, 28. *Philipp.* i, 1. I *Timoth.* iii, 2. *Tit.* i, 7.
(*b*) I *Petr.* ii, 25.
(*c*) I *Timoth.* iii, 1, 2, etc.
(*d*) *Psalm.* cviii, 8.
(*e*) *Act.* i, 20. 21.
(*f*) *Dan.* iv. 29. An du monde 5435, avant Jésus-Christ 569, avant l'ère vulg. 569.
(*g*) *Dan.* iv, 31, 33. An du monde 5443, avant Jésus-Christ 557, avant l'ère vulg. 561.
(*h*) IV *Reg.* xxv, 27. *Jerem.* lii, 31. An du monde 3444,
avant Jésus-Christ 556, avant l'ère vulg. 560.
(*i*) *Hieronym. in Isai.* xiv, 19. *Haymo et Hugo in Isai.* xiv. *Hist. Scolas. in Dan.* v. *Tostat. in* IV *Reg.* xxv.
(*j*) *Joseph. Antiq. l.* X , *c.* xii *contra Appion. l.* I, *pag.* 1045.
(*k*) *Hieron. in Dan.* iv.
(*l*) *Philipp.* iv, 2.
(*m*) *Quid apud Theophylact., Erasm.,* etc.
(1) *Voyez* ma note au mot BALTHASAR (S).

même source. La vérité est que l'Eglise considère l'*examen* comme un *devoir*, et qu'elle exhorte à le remplir. L'Eglise mosaïque, sur laquelle est entée l'Eglise catholique, recommandait aussi la pratique de ce devoir. On trouve même l'examen dans l'Eglise patriarcale. D'un côté nous voyons les promesses de Dieu, de l'autre leur accomplissement, puis l'*examen* proclamant *Dieu fidèle à ses promesses, à sa parole*. C'est ainsi que, sous ce rapport, on trouve, pour ainsi dire, à chaque page de la Bible l'*examen* s'exerçant chez le peuple de Dieu. Moïse ne limite pas l'*examen* aux preuves de la vraie religion, il l'étend à la comparaison de la religion vraie avec les religions fausses. Quelle est, dit-il (*Deut.* IV, 7, 8), *la nation, si puissante qu'elle soit, qui ait des dieux si près d'elle comme nous avons notre Dieu présent à toutes nos prières ? Oui, quelle est cette célèbre nation qui ait (comme nous) des cérémonies, des lois justes et toute une doctrine semblable à celle que je vous propose aujourd'hui ?*

Et Josué, ayant rassemblé solennellement toutes les tribus, leur dit (*Jos.* XXIV, 15) : *S'il vous semble que ce soit un malheur pour vous de servir le Seigneur, vous êtes libres ; choisissez aujourd'hui qui vous plaira de servir, ou les dieux qu'ont servis vos ancêtres dans la Mésopotamie, ou les dieux des Amorrhéens dont vous habitez le pays.*

Examinez, dit Isaïe (XXXVI, 16), *examinez avec soin le livre du Seigneur, et lisez ; vous trouverez qu'aucune des choses que j'annonce ne manquera....*

Jésus-Christ engage les Juifs incrédules à *examiner les Ecritures*, afin d'y puiser les preuves qu'il est le Messie. *Examinez*, leur dit-il (*Joan.* V, 39), *les Ecritures.... elles rendent témoignage de moi*. Quand il dit : *Si je n'avais fait parmi eux des œuvres que nul autre n'a faites*, ils ne seraient point coupables d'incrédulité ; il leur reproche de n'avoir point examiné ses œuvres divines.

Les Juifs de Béroé, plus nobles que ceux de Thessalonique, dit le livre des *Actes* XVII, 11, reçurent la prédication de l'Evangile avec beaucoup d'affection et d'ardeur, *examinant tous les jours les Ecritures, pour vérifier si ce qu'on leur disait était véritable.*

Saint Paul (*Rom.* XII, 2) exhorte les fidèles à se transformer, par un renouvellement de l'esprit, *in novitate sensus vestri*, afin de bien apprécier, *ut probetis*, ce que Dieu veut, ce qui lui est agréable, ce qui est bon et parfait. Il les appelle *fils de lumière* et leur dit encore : *N'agissez point imprudemment, mais appliquez-vous à connaître quelle est la volonté de Dieu* (*Eph.* V, 8, 17).

Et saint Pierre nous fait une loi d'être toujours prêts à répondre, pour notre justification, à quiconque nous demandera des explications sur les espérances qui naissent de notre foi : *Parati semper ad satisfactionem omni poscenti vos rationem de eâ quæ in vobis est spe*. I *Petr.* III, 15.

L'Eglise a constamment tenu le même langage. Depuis Jésus-Christ jusqu'à Grégoire XVI, qui la représente et la continue aujourd'hui parmi nous, et depuis le pape jusqu'au catéchiste, elle veut que tous sachent rendre raison de leur foi et de leurs espérances : c'est pourquoi elle a des écoles, des docteurs, des missionnaires. Les premiers prédicateurs du christianisme ont dit : Voilà ce que nous vous annonçons ; comparez, examinez, choisissez. Les païens, qui suivaient des religions humaines, ont d'abord tué les prédicateurs de la religion divine ; ces évangélistes furent bientôt et sans cesse remplacés par d'autres qui eurent le même sort ; enfin les païens ont comparé, examiné, puis, la grâce de Dieu survenant, ils ont choisi la religion divine. Il en fut ainsi, il en est encore ainsi, soit qu'on enseigne le catholicisme aux nouvelles générations dans les pays où il est établi, soit que ses héros aillent l'annoncer aux peuples plongés encore dans les ombres de la mort. Voilà ce qui s'est fait, voilà ce qui se continue : c'est l'Eglise prescrivant le devoir de comparer, d'examiner, en un mot, de connaître, puis facilitant à chacun l'accomplissement de ce devoir, absolument nécessaire au salut. *Voyez* MIRACLE.

EXCELSA, hauts lieux où les Israélites allaient immoler aux idoles, ou même au Seigneur, contre son commandement exprès. *Voyez* ci-après HAUTS LIEUX.

EXCOMMUNICATION, peine ecclésiastique qui, en punition d'un péché mortel et grave, sépare de la communion de l'Eglise et prive des biens spirituels ceux qui l'ont encourue. Il y a deux ou trois sortes d'excommunications : la grande, qui sépare la personne du corps des fidèles : ainsi saint Paul excommunia l'incestueux de Corinthe (*a*) ; la mineure, qui est une défense d'administrer ou de recevoir les sacrements ; la dernière est celle qui prive seulement de la compagnie des fidèles. Il en est parlé dans la seconde Epître aux Thessaloniciens (*b*) : *Nous vous dénonçons, mes frères, que vous ayez à vous séparer de tous ceux d'entre vos frères qui se conduisent d'une manière peu réglée, et qui ne suivent point l'ordre et la tradition que nous leur avons donnée*. Voyez aussi le verset 14 : *Si quelqu'un n'obéit point à ce que nous vous ordonnons par notre lettre, notez-le, et n'ayez point de commerce avec lui, afin qu'il en ait de la confusion*. Saint Augustin (*c*) parle en plus d'un endroit de cette dernière sorte d'excommunication. On en voit la pratique dans la règle de saint Benoît (*d*). Théophylacte (*e*) dit que cette séparation de la compagnie des fidèles passait autrefois pour une grande peine.

L'ancienne Eglise a été fort réservée à séparer les fidèles de son sein par l'excom-

---

(*a*) I *Cor.* v, 1, 2, 5, 4, 5.
(*b*) II *Thessal.* III, 6.
(*c*) *Aug. lib. contra Epist. Parmen. c.* II, *et contra Donatist. post collat. c.* IV, *et lib. de Fide et Operib. c.* II.
(*d*) *S. Benedict. Reg. c.* XXIV, 26.
(*e*) *Theophylact. in* II *Thessal.* III.

munication. Elle ne l'a fait que rarement, pour des raisons très-sérieuses et très-importantes, et toujours avec douleur. On distingue l'excommunication *médecinale* de l'excommunication *mortelle*. La première s'employait envers les pénitents, que l'on séparait de la communion jusqu'à ce qu'ils eussent satisfait à la pénitence qui leur était imposée. La seconde était portée contre les hérétiques et les pécheurs impénitents et rebelles à l'Eglise. Le pouvoir d'excommunier a été donné à l'Eglise dans la personne des premiers pasteurs : il fait partie du pouvoir des clefs que Jésus-Christ même donna aux apôtres immédiatement, et dans leurs personnes aux évêques qui sont leurs successeurs.

Les causes de l'excommunication se peuvent réduire à trois chefs : l'erreur, le crime et la désobéissance. Dans le commencement on n'usait du glaive spirituel que pour des causes spirituelles ; mais dans la suite on fut obligé de réprimer les entreprises des méchants contre les personnes et les biens ecclésiastiques par des censures et par l'excommunication. La troisième manière d'excommunier était fort en usage dans la primitive Eglise. Les fidèles se séparaient eux-mêmes de ceux dont les apôtres et les évêques leur disaient de se séparer. Ensuite les évêques employèrent les menaces, les anathèmes, les sentences d'excommunication ; enfin, pour rendre ces cérémonies plus effrayantes, on les accompagna d'actions capables d'inspirer de la terreur, comme d'allumer les cierges, de les éteindre, de les jeter par terre, de les fouler aux pieds en prononçant l'excommunication, de prononcer des malédictions contre l'excommunié, etc.

Le principal effet de l'excommunication est de séparer l'excommunié de la société des fidèles de lui ôter le droit d'assister aux assemblées de religion, de le priver de l'Eucharistie, de l'assistance aux prières communes, des sacrements et de tous les autres devoirs par lesquels les chrétiens sont liés en une même société et une même communion. Un excommunié est à l'égard des autres fidèles comme un publicain et un païen, suivant les termes de l'Evangile (*a*) ; mais elle ne le prive point du tout des devoirs qui lui sont dus en qualité d'homme, de citoyen, de père, de mari, de roi, par le droit naturel, par le droit des gens et par le droit civil. Et lorsque les apôtres ordonnent de n'avoir point de commerce avec les excommuniés (*b*), de ne pas manger avec eux, de ne pas même les saluer (*c*), cela doit s'entendre des devoirs de simple civilité, qu'il est libre de rendre ou de ne pas rendre, et non pas des obligations naturelles et d'une obligation fondée sur la nature ou sur le droit des gens (1).

Quant à l'excommunication des Juifs, nous en voyons la pratique dès le temps de Barach et de Débora, si l'on en croit les rabbins (*d*). Il est dit dans le cantique de Débora (*e*) : *Maudissez Méroz, dit l'ange du Seigneur, maudissez ceux qui s'assiéront auprès de lui, parce qu'ils ne sont pas venus au secours du Seigneur avec les forts.* Méroz fut donc excommunié, disent les Juifs, au bruit de quatre cents trompettes ; Barach, qui est nommé l'ange du Seigneur, le maudit, et avec lui ceux qui s'assiéraient auprès de lui. Mais cet exemple ne paraît pas bien propre pour montrer l'antiquité de l'excommunication. Nous la voyons d'une façon plus expresse du temps d'Esdras et de Néhémie (*f*), lorsqu'ils excommunièrent ceux qui ne voudraient pas répudier les femmes étrangères qu'ils avaient prises contre la loi, et qu'ils s'engagèrent eux-mêmes, sous peine d'excommunication, à observer les lois du Seigneur.

Les Esséniens, en faisant profession dans leur secte (*g*), s'engageaient par les plus redoutables serments à en observer les lois ; et quand quelqu'un d'entre eux était tombé dans une faute considérable, on le chassait de la société des autres Esséniens ; et celui qui était ainsi chassé mourait assez souvent d'une mort malheureuse : car, étant lié par ses serments et par ses vœux, il ne pouvait recevoir aucune nourriture de la main des étrangers ; et, ne pouvant avoir de commerce avec ceux dont il était séparé, il était forcé pour vivre de se nourrir d'herbes sauvages, comme une bête, jusqu'à ce que ses membres se corrompaient et tombaient peu à peu. Il arrivait quelquefois que les Esséniens, touchés de compassion, les retiraient de cet état et les recevaient de nouveau dans leur corps, lorsqu'ils croyaient qu'ils avaient assez expié la faute qu'ils avaient commise. Voilà l'excommunication, ses causes, ses effets et son absolution.

Notre Sauveur, dans l'Evangile (*h*), prédit à ses apôtres que les Juifs, en haine de lui, les excommunieront et les maltraiteront. Ils vous chasseront de leurs synagogues, leur dit-il ; ils vous feront paraître devant les tribunaux et vous condamneront au fouet. On dit que chez les Juifs l'on fouettait ordinairement les excommuniés, avant que de les chasser de la synagogue. L'excommunication était précédée par la censure et les monitions. Elle se faisaient d'abord en secret ; mais, si le coupable ne se corrigeait pas, *la maison du jugement*, c'est-à-dire, l'assemblée des juges, lui dénonçait avec menace qu'il eût à se corriger. S'il persistait dans son opiniâtreté, on rendait contre lui la censure publique par quatre sabbats consécutifs, où l'on proclamait le nom du coupable et la nature de sa faute, afin de lui faire honte. Enfin, s'il demeurait incorrigible, on l'excom-

---

(*a*) *Matth.* xviii, 17.
(*b*) I *Cor.* v, 1, 2, 3, 4, 5, et II *Thessal.* iii, 6, 14.
(*c*) II *Joan. v.* 10, 11.
(*d*) Vide Gemar. *Babylon. ad tit. Moëd. Katon,* c. iii, *et Selden. de Synedriis,* l. I, c. vii, viii.
(*e*) *Judic.* v, 23.

(*f*) I *Esdr.* x ; 8. I *Esdr.* xiii, 25. 28. *Joseph. Antiq. l.* XI, *c.* v.
(*g*) *Joseph. de Bello,* l. II, c. xii.
(*h*) *Matth.* x, 17. *Joan.* ix, 22, *et* xvi, 11 ; *et Luc.* vi, 22
(1) Que signifie donc, au bout du compte, la défense des apôtres ? et quelle est son importance ?

muniait. Il semble que Notre-Seigneur fait allusion à cette pratique, lorsqu'il nous ordonne (a) d'avertir notre frère secrètement entre nous et lui; puis que nous prenions quelques témoins avec nous pour l'avertir; et enfin que nous le dénoncions à l'Eglise. Que si après cela il ne rentre point dans son devoir, que nous le regardions comme un pécheur et un publicain.

La sentence d'excommunication parmi les Juifs était conçue en ces termes : *Qu'un tel soit dans l'excommunication, ou dans la séparation;* ou, qu'un tel soit excommunié ou séparé. Les juges, ou la synagogue, ou même les particuliers, avaient droit d'excommunier; mais régulièrement c'était la *maison du jugement* ou la *cour de justice* qui portait la sentence de l'excommunication solennelle. Un particulier pouvait en excommunier un autre, et il pouvait pareillement s'excommunier lui-même, comme ceux qui s'anathématisèrent et s'engagèrent à ne boire ni manger qu'ils n'eussent pris saint Paul mort ou vif (b). Enfin on excommuniait quelquefois les bêtes; et les rabbins enseignent que l'excommunication a son effet jusque sur les chiens. Ils croient qu'un homme peut être excommunié en songe, lorsqu'en dormant il croit voir les juges, qui, par une sentence juridique, ou même un particulier, qui le déclare excommunié. Dans ce cas, ils se tiennent pour frappés d'excommunication; parce, disent-ils, qu'il se peut faire que Dieu les ait excommuniés en dormant, ou que ses ministres l'aient fait par son ordre.

Ceux qui avaient porté la sentence d'excommunication pouvaient la lever et déclarer absous celui qui l'avait encourue, pourvu qu'il donnât des marques de son repentir. On ne pouvait absoudre que présent celui qui avait été excommunié présent. Celui qui avait été excommunié par un particulier pouvait se faire absoudre par un juge public ou par trois hommes choisis exprès pour cela. Celui qui s'était excommunié lui-même, ne pouvait régulièrement s'absoudre soi-même; il fallait pour cela dix personnes choisies du milieu du peuple. Enfin celui qui avait été excommunié en songe devait chercher dix hommes savants dans la loi et dans la science du Talmud pour lui donner l'absolution.

On distingue d'ordinaire trois sortes d'excommunications parmi les Juifs. La première se nommait *niddui* (c), c'est-à-dire, *séparation.* C'est l'excommunication mineure. Elle durait trente jours, et séparait l'excommunié de l'usage des choses saintes. La seconde était nommée *cherem* (d), c'est-à-dire, *anathème.* C'est une espèce de réaggrave de la première, et répond à peu près à notre excommunication majeure. Elle exclut l'homme de la synagogue, et le prive de tout commerce civil. Enfin la troisième sorte d'excommunication est appelée (e) *schammatha,*

et était au-dessus de l'excommunication majeure. Elle se publiait, dit-on, au bruit de quatre cents trompettes, et ôtait toute espérance de retour à la synagogue. On prétend même que la peine de mort y était attachée. Mais Selden soutient que ces trois termes, *niddui, cherem* et *schammatha,* sont souvent synonymes, et que les Juifs n'ont jamais eu, à proprement parler, que deux sortes d'excommunications : l'une majeure, et l'autre mineure. On peut consulter cet auteur dans son premier livre *de Synedriis veterum Hebræorum,* chap. VII et VIII.

Léon de Modène (f) dit que quand le rabbin excommunie quelqu'un, il le maudit publiquement; après quoi, pas un Juif ne peut parler à l'excommunié, ni approcher de lui à la distance d'une toise. L'entrée de la synagogue lui est défendue, et il est obligé de s'asseoir pieds nus à terre, comme s'il lui était mort un parent, jusqu'à ce qu'il soit absous par un ou plusieurs rabbins, et béni de nouveau. Si la faute mérite une excommunication plus solennelle, on s'assemble dans la synagogue, et on allume des torches noires; puis, au son d'un cor, on prononce malédiction à qui a fait ou fera telle chose. A quoi toute l'assemblée répond : *Amen.*

Les païens avaient aussi leur excommunication pour de grands crimes, comme on le voit chez les Grecs, les Latins et les Gaulois : mais cette matière ne regarde point notre sujet. Nous nous bornons aux livres de l'Ancien et du Nouveau Testament.

* EXCRÉMENTS. La coutume d'employer les excréments des bœufs et des chameaux pour faire cuire le pain était commune dans les pays pauvres de l'Orient; et les voyageurs modernes nous apprennent qu'elle se conserve encore parmi les Arabes voisins de l'Euphrate et en d'autres endroits. On étend sur une pierre une pâte sans levain et épaisse; on la couvre d'excréments d'animaux; on les allume, et le pain cuit assez promptement sous ces cendres.

C'est d'après ces usages qu'on doit se former une idée de l'ordre que Dieu donna à Ezéchiel, *en vision,* et non en réalité (*Ezech.* IV, 12). Il voulait que le prophète fît du feu pour cuire son pain avec des excréments humains dont les plus pauvres n'avaient pas besoin de faire usage, afin de marquer l'extrême misère où seraient réduits les Juifs en punition de leurs crimes. Ainsi tombent les sales et fades bouffonneries de Voltaire au sujet de ce qu'il appelle le *déjeuner d'Ezéchiel.*

EXEDRA. Ce terme latin se trouve assez souvent dans les livres des *Rois* et des *Paralipomènes* (g). Il signifie proprement des sièges qui se trouvent sous les portiques, où l'on a coutume de s'assembler, ou les chambres joignant ces portiques, où il y a plusieurs sièges pour l'usage de ceux qui s'y retirent. Dans l'Ecriture il se prend pour les appartements qui régnaient autour des par-

---

(a) *Matth.* XVIII, 16, 17.
(b) *Act.* XXIII, 12.
(c) נדוי *Niddui, separatio.*
(d) חרם *Cherem, anathema.*

(e) שמתא *Schammatha, excisio.*
(f) Léon de Modène, part. II, c. III.
(g) IV *Reg.* XXIII, 11, et I *Par.* IX, 26, 33; XXIII, 28; XXVIII, 12. *Jerem.* XXXV, 2.

vis du temple, dans lesquels les prêtres et les lévites qui étaient de service se retiraient pour boire, pour manger, pour dormir, et où l'on serrait les provisions du temple et les richesses qui y étaient offertes.

EXEMPLE, se prend en bonne et en mauvaise part. *Dieu vous rendra un exemple parmi toutes les nations* (a) : vous serez un exemple de sa sévérité et de sa rigueur. Job dit qu'il est l'exemple et la fable du public (b); qu'on le cite comme un exemple de disgrâces et de malheurs. Saint Joseph ne voulut pas accuser la sainte Vierge et en faire un exemple de la vengeance publique (c), *cum nollet eam traducere :* il ne voulut pas la déshonorer. Le grec porte : Il ne voulut pas en faire un exemple par une punition publique et exemplaire.

EXEMPLE se met aussi pour un modèle de vertu : *Que Ruth soit dans votre maison un exemple de vertu* (d). Le vieillard Eléazar souffrit le martyre, et laissa aux jeunes et aux vieux *un grand exemple de vertu et de force* (e). Le Sauveur dit qu'il nous a donné l'exemple d'humilité, afin que nous l'imitions (f). Et saint Paul veut que Timothée *soit l'exemple des fidèles* (g).

EXODE. Ce terme vient du grec *exodos,* qui signifie *sortie.* Il se donne au second des livres sacrés de l'Ancien Testament, parce qu'il contient l'histoire de la sortie des Israélites de l'Egypte, sous la conduite de Moïse. On y voit la naissance de Moïse, son éducation, sa fuite, les persécutions que les rois d'Egypte firent souffrir aux Hébreux, le retour de Moïse du pays de Madian, les plaies dont il frappa l'Egypte, la sortie des Hébreux, le passage de la mer Rouge, la manière dont la loi fut donnée, l'érection du tabernacle, et la célébration de la seconde Pâque. Il contient l'histoire de cent quarante-cinq ans, à la prendre depuis la mort de Joseph, arrivée l'an du monde 2369, avant Jésus-Christ 1631, avant l'ère vulgaire 1635, jusqu'à l'an du monde 2514, qui est la fin de la première année après la sortie de l'Egypte. Les Hébreux donnent à ce livre le nom de *Veelle schemoth* (h), parce qu'il commence par ces mots, qui signifient : *Et voici les noms,* etc.

La chronologie que nous suivons ne fait demeurer les Hébreux en Egypte que pendant deux cent quinze ans, depuis l'entrée de Jacob dans ce pays, l'an 2298, jusqu'à la sortie des Israélites sous Moïse, l'an du monde 2513. Cependant on lit expressément dans l'Exode chap. XII, v. 40, qu'ils y demeurèrent quatre cent trente ans : *Habitatio autem filiorum Israel qua manserunt in Ægypto, fuit quadringentorum triginta annorum.* [*Voyez* ACCROISSEMENT DE LA POPULATION DES ISRAÉLITES EN EGYPTE.] M. Boivin l'aîné, qui a travaillé très-longtemps sur la chronologie de Josèphe et des Septante, prétend avoir rétabli par le moyen d'un passage de Manéthon le nombre de quatre cent trente ans dont parle Moïse. Voici le passage de Manéthon (i) : « Nous eûmes un roi, nommé *Timaus,* sous lequel, je ne sais pourquoi, Dieu nous fut contraire. Tout d'un coup, lorsqu'on s'y attendait le moins, des hommes d'une origine obscure vinrent du côté de l'Orient, et firent irruption dans notre pays : ils s'en rendirent aisément les maîtres, même sans livrer combat. S'étant saisis des princes qui gouvernaient l'Egypte, ils mirent le feu aux villes du pays, renversèrent les temples des dieux, et traitèrent selon toute la rigueur de la guerre ceux qui tombèrent entre leurs mains : enfin ils choisirent pour roi l'un d'entre eux, nommé *Salatis.*

» Ce prince établit le siége de son empire dans la ville de Memphis, et toute l'Egypte haute et basse lui devint assujettie. Il mit de grosses garnisons dans les lieux les plus forts du pays, et fortifia principalement la frontière orientale, prévoyant bien que les Assyriens, quand une fois ils seraient devenus plus puissants, ne manqueraient pas de tenter la conquête de l'Egypte. Ayant remarqué dans le nome Saïtique une ville nommée *Abaris,* d'une situation très-avantageuse, il la fortifia, et, l'enfermant d'une très-vaste enceinte de murailles, il y mit une garnison de deux cent quarante mille hommes...

» Salatis mourut après dix-neuf ans de règne; il eut pour successeur Bœon, qui en régna quarante-quatre. Apachnas succéda à Bœon, et régna trente-six ans, Apophis soixante et un, Janias cinquante ans et un mois; enfin Assis, le dernier de tous, régna quarante-neuf ans deux mois. Ces six princes régnèrent de suite en Egypte, et traitèrent le pays en ennemis, s'efforçant d'en arracher, pour ainsi dire, jusqu'à la racine.

» La race de ces princes s'appelait *Hicsos,* c'est-à-dire *rois pasteurs....* Il y en a qui disent qu'ils étaient Arabes : dans d'autres livres je lis qu'ils étaient non *rois,* mais *captifs;* car en égyptien, *Hic,* lorsqu'il se prononce comme *Hac,* signifie des captifs, et cela me paraît plus vraisemblable et plus conforme à l'ancienne histoire. »

Manéthon ajoute que ces rois pasteurs et leurs descendants possédèrent l'Egypte pendant cinq cent onze ans, après quoi les rois de la Thébaïde et du reste de l'Egypte leur firent une longue et sanglante guerre.

Sous le roi *Alis-Fragmuthosis,* les pasteurs furent vaincus et chassés de l'Egypte, et réduits dans la ville d'*Avaris* ou *Abaris,* qu'ils avaient fermée de murailles dans l'étendue de dix mille arpents de terre. *Thémosis,* fils d'*Alis-Fragmuthosis,* les y assiégea avec une armée de quatre cent quatre-vingt mille hommes; et voyant qu'il ne pouvait les réduire par la force, il leur permit de se retirer où ils voudraient. Ils sortirent donc d'E-

---

(a) *Num.* v, 21. II *Par.* vii, 20.
(b) *Job,* xvii, 6.
(c) *Matth.* i, 19, παραδειγματίσαι.
(d) *Ruth.* iv, 11.
(e) II *Mac.* vi, 31.
(f) *Joan.* xiii, 15.
(g) I *Timoth.* iv, 12.
(h) ואלה שמות *Veelle schemoth.* Græc: ἔξοδος: *Exitus*
(i) *Manethon apud Joseph. lib.* I, *contra Appion,* pag 1042.

gypte, et se retirèrent en Judée, où ils bâtirent Jérusalem, d'une grandeur capable de contenir toute leur multitude. Ils passèrent par les déserts de Syrie, craignant la puissance des Assyriens, qui étaient alors les maîtres de l'Asie.

Voilà sur quoi l'on fonde la restitution chronologique pour la demeure des enfants d'Israël dans l'Egypte, dont nous avons parlé. M. Boivin arrange son système de cette sorte : Les Hébreux passèrent paisiblement soixante-onze ans dans l'Egypte, sous Jacob et Joseph, du temps des Pharaons, protecteurs des Israélites. Ils y régnèrent ensuite deux cent cinquante-neuf ans et dix mois, sous Ephraïm, fils et successeur de Joseph, et sous *Beria, Rapha, Reseph, Thalé* et *Thaan*, ses fils, dénommés dans les Paralipomènes (a). Le même Ephraïm et ses fils sont nommés dans l'histoire sacrée des Egyptiens, citée par Manéthon, *Salathis, Boeon, Aphachnas, Apophis, Janias, Assis*.

Enfin ils y passèrent quatre-vingt-dix-neuf ans deux mois en servitude, sous les Pharaons, leurs ennemis, sous les Ephraïmites *Laadan, Ammiud* et *Elizama*, aussi dénommés dans les Paralipomènes (b). Les Israélites ont donc changé trois fois d'état en Egypte : ils y ont été successivement *pasteurs, rois* et *captifs*. Leur vie pastorale et leur servitude ne sont point contestées ; il ne reste qu'à montrer qu'ils y ont régné. L'Ecriture ne le dit pas ; mais elle rapporte des actions de royauté et d'autorité absolue qu'ils y ont faites, selon M. Boivin.

Il suppose qu'à la mort de Joseph, ou à la mort de Pharaon, son protecteur, il y eut changement de dynastie en Egypte, et que les héritiers de Pharaon qui avait élevé Joseph furent supplantés par *Vaheb*, dont le nom se trouve dans le livre des Guerres du Seigneur, cité dans les Nombres (c), et qui est nommé Timaüs dans Manéthon. Ce nouveau Pharaon, *qui ne connaissait point Joseph*, ni les services qu'il avait rendus aux Egyptiens; Vaheb, dis-je, jaloux de la puissance des Israélites, entreprit de rétablir l'idolâtrie dans la terre de Gessen, occupée par les Hébreux. Ephraïm, fils et successeur de Joseph, s'y opposa, et voulut venger la mort des anciens Pharaons, protecteurs de sa famille; mais cette guerre ne lui fut point heureuse : dès sa première expédition, qui fut contre la ville de Geth, il perdit neuf de ses fils, qui sont : *Suthala* I, *Bared, Thalath* I, *Elada, Thalath* II, *Sabud, Suthala* II, *Ezer* et *Elad*.

L'Ecriture parle de cette expédition (d), mais elle dit simplement qu'ils furent mis à mort *par ceux de Geth, dont ils voulaient envahir les biens*, et d'ailleurs Geth n'était pas dans l'Egypte.

Les autres fils d'Ephraïm *vinrent pour consoler leur père* (e), et prirent la résolution de venger la mort de leurs frères. Ephraïm donc, à la tête des pasteurs, c'est-à-dire de tous ceux qui adoraient le vrai Dieu, attaqua les Egyptiens. C'est dans cette guerre, dit notre auteur, qu'arrivèrent les miracles *dans la plaine de Thanis*, dont il est parlé dans les psaumes (f). *Vaheb fut dévoré par un tourbillon de feu*, comme dit le livre des Guerres du Seigneur, *et le soleil et la lune s'arrêtèrent, pendant que la nation des justes se vengeait de ses ennemis*, comme dit le livre des Justes cité dans Josué (g). Alors *Ephraïm*, nommé autrement *Salathis*, prit le titre de roi d'Egypte, et il eut pour successeurs ses fils dénommés ci-devant.

Après deux cent cinquante-neuf ans et dix mois de règne, les Ephraïmites dégénèrent, oublièrent le Seigneur, et tombèrent dans l'idolâtrie, comme on le voit dans Josué (h). Dieu les livra à leurs ennemis, qui les battirent dans un grand combat, marqué au psaume LXXVII, 9, 10, 11, 12, 42, 43. Ils demeurèrent assujettis aux Egyptiens pendant quatre-vingt dix-neufans et deux mois, jusqu'à leur sortie de l'Egypte sous Moïse.

M. Boivin croit qu'il y a une interruption d'histoire dans l'Ecriture, depuis la mort de Joseph, par où finit la Genèse, jusqu'à la naissance de Moïse, par où commence l'Exode. Il prétend que l'histoire de ce temps-là était contenue dans d'anciens livres qui sont perdus, et dont il ne reste que les titres et quelques fragments dans les auteurs sacrés comme *Le livre des Guerres du Seigneur* (i), *le Livre des Justes* (j), et celui des *Cantiques Proverbiaux* (k).

Ce système serait beaucoup plus plausible, si le nombre des années marqué dans Manéthon revenait exactement à celui de Moïse ; mais au lieu que Moïse ne marque que 430 ans depuis l'entrée des Hébreux dans l'Egypte sous Jacob, jusqu'à leur sortie sous Moïse ; Manéthon dit que les rois pasteurs et leurs descendants régnèrent en Egypte pendant *cinq cent onze ans*, après quoi les rois de la Thébaïde leur firent la guerre pendant longtemps, et enfin les obligèrent de se retirer en Judée. La différence des années est grande, et je ne vois guère de moyen de la concilier ; d'ailleurs le règne d'Ephraïm et de ses cinq fils successivement sans interruption et sans qu'aucun de ceux-ci ait laissé le royaume à son fils, paraît peu croyable : il est même assez malaisé de prouver que le dernier de ces cinq fils ait vécu 250 ans, comme il le faut supposer dans le système de M. Boivin : quoiqu'il en soit, voici comme il dispose cette succession des rois pasteurs.

Rois de Gessen.

Jacob, 17 ans ;
Joseph, 54 ans ;

(a) I Par. vii, 23, 25, 26, 27.
(b) I Par. vii, 26.
(c) Num. xxi, 14.
(d) I Par. vii, 20, 21.
(e) I Par. vii, 22.
(f) Psalm. lxxvii, 12, 43.

(g) Josué, x, 13.
(h) Josué, xxiv, 14.
(i) Num. xxi, 14.
(j) Josué, x, 13, et I Reg. i, 18.
(k) Num. xxx, 27.

Hicsos, ou rois pasteurs, selon Manéthon.

Ephraïm sous le nom de *Salathis*, 19 ans;
Béria, autrement Béon, 44 ans;
Rapha, autrement Aphachnas, 36 ans 7 mois.
Reseph, autrement Apophis, 61 ans;
Thalé, ou Janias, 50 ans 1 mois;
Thaan, ou Assis, 49 ans 2 mois.

Hacsos, ou captifs pasteurs. Servitude en Egypte.

Laadan, 40 ans;
Ammiud, 40 ans;
Elizama, 19 ans 2 mois;

Depuis l'entrée de Jacob en Egypte, jusqu'à la sortie de Moïse, il y a 430 ans (*a*).

Nun, fils d'Elizama, contemporain de Moïse, qui a régné 40 ans;
Josué, fils de Nun, a jugé 27 ans.
Tous ceux-ci sont descendus de Joseph par Ephraïm.

EXORCISTES. Ce terme vient du Grec *exorcisein* (*b*), qui signifie *conjurer*, employer le nom de Dieu pour chasser les démons des lieux ou des corps qu'ils possèdent. Nous appelons *exorcistes*, dans l'Eglise chrétienne, un des quatre ordres mineurs, dont l'office était de conjurer les possédés et les énergumènes. On voit par les premiers apologistes de notre religion (*c*), que les démons redoutaient les exorcismes des chrétiens, et que les simples fidèles exerçaient sur ces malins esprits un très-grand empire. Il est croyable que le don des miracles n'étant plus si commun, on ordonna d'assez bonne heure dans l'Eglise des exorcistes qui exerçassent d'office ces fonctions, que la plupart des fidèles exerçaient auparavant d'eux-mêmes, ou par le mérite de leur foi, ou par un don particulier qu'ils avaient reçu au baptême.

Les Juifs avaient aussi leurs exorcistes, comme Jésus-Christ l'insinue dans l'Evangile; car les pharisiens ayant avancé qu'il ne chassait les démons qu'au nom de Béelzébub, il leur répond (*d*) : *Si c'est par Béelzébub que je chasse les démons, par qui vos enfants les chassent-ils? C'est pourquoi ils seront eux-mêmes vos juges.* Josèphe (*e*) raconte qu'un certain Juif, nommé Eléazar, guérissait les possédés par le moyen d'un anneau où était enchâssée une racine que l'on disait avoir été découverte par Salomon. L'odeur de la racine, mise sous le nez du possédé, le faisait tomber par terre; et l'exorciste conjurait le démon, et lui défendait de retourner dans ce corps. Il dit ailleurs qu'une certaine racine, nommée *barad*, qui naît en Judée, a la vertu de chasser les démons, lorsqu'on l'applique sur le corps des possédés.

Les apôtres (*f*) nous apprennent qu'il y avait de ces exorcistes juifs qui se mêlaient de chasser les démons au nom de Jésus-Christ : *Seigneur, nous avons trouvé un homme qui chasse les démons en votre nom, et nous l'en avons empêché, parce qu'il ne vient point avec nous.* Ces exorcistes continuèrent à en user de même après la mort du Sauveur : *Quelques-uns de ces gens-là* (*g*) *allant de ville en ville, entreprirent d'invoquer le nom de Jésus sur ceux qui étaient possédés des malins esprits, en leur disant : Nous vous conjurons par Jésus, que Paul prêche. Mais le malin esprit leur répondit : Je connais Jésus, et je sais qui est Paul; mais vous, qui êtes-vous?* Enfin, saint Justin, saint Irénée, Origène et Tertullien parlent des Juifs, qui se vantaient de chasser les démons (*h*), et qui les chassaient en effet quelquefois, en invoquant le Dieu d'Abraham.

EXPIATION. Les Hébreux avaient diverses sortes de sacrifices d'expiation, pour les fautes d'ignorance commises contre la loi (*i*), et pour se purifier de certaines souillures légales, qui étaient regardées comme des indécences, ou même comme des fautes qui méritaient d'être expiées par certaines victimes. Par exemple, une femme après ses couches (*j*), un lépreux, lorsqu'il était nettoyé de sa lèpre (*k*), devaient offrir quelques hosties, pour se purifier; de même que ceux qui, ayant touché quelque chose d'impur, avaient oublié ou négligé de se purifier au temps et à la manière qui sont prescrits par la loi (*l*). Ces sacrifices d'expiation ne remettaient pas par eux-mêmes les fautes réelles commises contre Dieu, ils n'effaçaient pas la difformité du péché qui déplaît à Dieu; mais ils réparaient simplement la faute extérieure et légale, et mettaient le transgresseur à couvert de la peine temporelle, dont Dieu ou les juges punissaient ces fautes, lorsqu'on négligeait de les expier par les voies marquées par la loi.

Voici les cérémonies qui s'observaient lorsqu'un Israélite offrait un sacrifice pour le péché (*m*). Il amenait sa victime au tabernacle, mettait la main sur la tête de l'animal, confessait sa faute, immolait son hostie dans le parvis, au lieu où l'on immolait les holocaustes, au nord de l'autel. Le prêtre prenait du sang de l'animal, en touchait avec les doigts les cornes de l'autel des holocaustes, répandait le reste du sang au pied de l'autel, ôtait toute la graisse qui couvre les intestins et les reins de la victime, et faisait brûler cette graisse sur l'autel. Enfin le prêtre priait pour celui qui offrait la victime, et sa faute lui était pardonnée.

On pouvait offrir pour l'expiation du péché, ou une chèvre (*n*), ou une brebis (*o*),

---

(*a*) *Exod.* xii, 40.
(*b*) ἐξορκίζειν, *Adjurare*.
(*c*) *Justin. Mart. Apolog. pro Rel. Christ. Tertull. Apolog. : Credite illis cum verum de se loquantur, qui mentientibus creditis. Nemo ad suum dedecus mentitur Prudent Apotheos. contra Jud.*
(*d*) *Matth.* xii, 27.
(*e*) *Joseph. Antiq. l.* VIII, *c.* ii
(*f*) *Marc.* ix, 37. *Luc.* ix, 42.
(*g*) *Act.* xix, 15.

(*h*) *Justin. Dialog. cum Tryphone. Iren. l.* II, *c. v. Origen. l.* I *et* IV *contra Cels. Tertull. l.* IV *contra Marcion.*
(*i*) *Vide Levit.* iv.
(*j*) *Levit.* xii, 6, 7.
(*k*) *Levit.* xiv, 4, 5 *et seq.*
(*l*) *Levit.* v, 1, 2, 3.
(*m*) *Levit.* iv, 27, 28, etc.
(*n*) *Levit.* iv, 28.
(*o*) *Levit.* iv, 32.

ou un agneau, ou un chevreau (*a*), ou deux colombes ; ou enfin quelque offrande de farine, pour les plus pauvres (*b*). Il y avait quelques cérémonies particulières lorsque le grand prêtre, ou un prince du peuple, ou tout le peuple étaient tombés dans quelques fautes. Mais c'était presque toujours la même chose quant au fond (*c*). La chair des animaux offerts pour l'expiation du péché était aux prêtres (*d*). Nul étranger n'avait droit d'en goûter.

EXPIATION. *Fête de l'Expiation solennelle.* Cette fête se faisait le dixième du mois de *Tizri*, qui répond au mois de septembre. Les Hébreux l'appellent *kippur*, ou *chippur*, c'est-à-dire, pardon, ou expiation, parce qu'on y expiait les fautes de toute l'année. Voici les principales cérémonies qui s'y observaient. Le grand prêtre, après s'être lavé non-seulement les pieds et les mains, comme dans les sacrifices ordinaires, mais tout le corps, s'habillait de simple lin (*e*), comme les autres prêtres. Il ne portait alors ni sa robe d'hyacinthe, ni l'éphod, ni le rational, parce qu'il allait expier ses propres péchés et ceux du peuple. Il offrait d'abord un jeune taureau et un bélier pour ses péchés et pour ceux des autres prêtres. Il mettait ses mains sur la tête de ces victimes, et confessait ses péchés, et ceux de sa maison; puis il recevait de la main des princes du peuple, deux boucs pour le péché, et un bélier pour être offert en holocauste au nom de toute la multitude.

On tirait au sort lequel des deux boucs serait immolé au Seigneur, et lequel serait mis en liberté. Après cela il mettait dans un encensoir du feu sacré de l'autel des holocaustes, jetait par-dessus de l'encens, et entrait ainsi dans le sanctuaire. Après l'avoir encensé, il en sortait, prenait du sang du jeune taureau qu'il avait immolé, et le portait dans le sanctuaire; puis, trempant son doigt dans ce sang, il en jetait sept fois entre l'arche et le voile qui séparait le Saint du sanctuaire. Il en sortait une seconde fois, et immolait, à côté de l'autel des holocaustes, le bouc sur lequel était tombé le sort pour être sacrifié. Il en portait le sang dans le sanctuaire, et faisait sept fois des aspersions avec son doigt trempé dans le sang, entre l'arche et le voile qui séparait le Saint du sanctuaire. De là il retournait dans le parvis du tabernacle, et faisait de tous côtés des aspersions avec le sang du bouc ; pendant tout cela, aucun des prêtres, ni du peuple, ne pouvait se trouver dans le tabernacle, ni dans le parvis. Après cela, il venait à l'autel des holocaustes, en mouillait les quatre cornes avec le sang du bouc et du jeune taureau, et l'arrosait sept fois de ce même sang.

Le sanctuaire, le parvis et l'autel étant ainsi purifiés, le grand-prêtre se faisait amener le bouc qui était destiné à être mis en liberté. Il mettait la main sur la tête de cet animal, confessait ses péchés et ceux du peuple, et donnait ce bouc à un homme préparé pour cela, qui le conduisait dans un lieu désert, et le mettait en liberté, ou le précipitait, selon quelques-uns. *Voyez* ce que l'on a dit sur AZAZEL. Après cette cérémonie, le grand prêtre se lavait tout le corps dans le tabernacle, et reprenant d'autres habits, et selon quelques-uns, ses habits de cérémonie, c'est-à-dire, l'éphod, le rational et la robe couleur d'hyacinthe, il immolait en holocauste deux béliers, l'un pour lui, et l'autre pour le peuple.

La fête de l'Expiation solennelle était une des principales solennités des Hébreux (*f*). Ils y gardaient un grand repos et un jeûne rigoureux. Ils se confessent ce jour-là jusqu'à dix fois, à commencer dès la veille avant le souper, en mémoire de ce que le grand prêtre prononçait dix fois le nom de Dieu dans cette solennité. Et voici la manière dont se fait cette confession (*g*) : Deux juifs se retirent dans un coin de la synagogue ; celui qui se confesse, se tourne la tête du côté du nord, et le dos du côté du midi ; il s'incline profondément, se découvre le dos, confesse ses péchés, et frappe sa poitrine, à chaque fois que celui qui écoute la confession, le frappe d'une lanière de cuir, dont il lui donne trente-neuf coups, en récitant ces paroles, *Psal.* LXXVIII, 38 : *Mais le Seigneur est miséricordieux ; il condamne l'iniquité, mais il n'extermine pas le pécheur ; il a détourné sa colère, et n'a point allumé toute son indignation.*

Ils prennent ce jour-là pour se réconcilier les uns aux autres ; celui qui a offensé son prochain, va le trouver dès la veille, et lui demande pardon. Si celui qui a été offensé ne veut pas lui pardonner, le premier prend avec lui trois autres hommes, le vient trouver et lui demande encore pardon une ou deux fois. Que s'il s'obstine à ne lui pas accorder le pardon, l'autre va prendre dix hommes, et vient de nouveau en leur présence lui demander pardon. Que s'il ne l'accorde pas, alors celui qui a fait toutes ces démarches est censé absous, et il croit fermement en avoir assez fait pour mériter le pardon devant Dieu (*h*). Si la personne offensée est morte, celui qui veut lui faire satisfaction, va au cimetière accompagné de dix personnes, et en leur présence il dit : *J'ai péché contre le Dieu d'Israel et contre tel qui est ici enterré.*

Buxtorf dit qu'ils se préparent à cette fête dès le commencement du mois tizri, qui est le premier de l'année civile ; et que, pendant tous les dix jours qui précèdent l'Expiation solennelle, ils jeûnent et s'exercent dans des pratiques de pénitence, et prient Dieu de détourner les maux dont ils s'étaient rendus dignes. Ils se lèvent de grand matin, se confessent trois fois par jour, ne plaident point, n'excommunient personne. Le neu-

---

(*a*) *Levit.* v, 15.
(*b*) *Levit.* v, 11.
(*c*) *Levit.* iv, 1, 2, 3, etc.
(*d*) *Levit.* vii, 5, 6, 7.
(*e*) *Levit.* xvi, 4.
(*f*) *Levit.* xvi.
(*g*) *Buxtorf. Synag. Jud. c.* xx
(*h*) *Buxtorf. Synag. Jud. c.* xx.

vième jour de l'année, qui est la veille de l'Expiation, chacun deux prend un coq blanc, si l'on en peut trouver de cette couleur; sinon, d'un autre plumage, pourvu qu'il ne soit pas rouge, ils récitent quelques prières, et se frappant la tête avec la tête du coq par trois fois, ils disent à chaque fois : *Ce coq servira pour mon rachat, il portera la mort que j'ai méritée, il sera ma réconciliation, il mourra pour moi, et j'entrerai dans la vie bienheureuse avec tout Israel.* Après cela, ils lui coupent la gorge, l'éventrent, le plument, le cuisent et le mangent (a). Léon de Modène (b) dit que cela se pratiquait autrefois en Italie et au Levant; mais qu'on y a supprimé cette coutume, parce qu'on a reconnu que c'était une superstition sans aucun fondement.

Plusieurs Juifs passent la nuit qui précède la fête de l'Expiation, dans la synagogue, occupés à la prière et aux exercices de la pénitence; ils se revêtent d'habits de deuil, de blanc, ou de noir, et quelques-uns prennent l'habit avec lequel ils veulent être enterrés. Ils vont sans souliers et sans bas, et se rendent à la synagogue de très-bonne heure. On y fait quatre prières solennelles; le matin, à midi, après midi et au soir.

Voici quelques cérémonies particulières et quelques explications rabbiniques sur ce qui se pratique ce jour-là parmi les Juifs (c); La coutume était autrefois de séparer le grand prêtre d'avec sa femme sept jours avant cette fête, de peur qu'il ne contractât quelque souillure avec elle, comme s'il arrivait qu'elle eût ce que les femmes ont coutume d'avoir. Le rabbin Juda soutenait que si la femme du souverain sacrificateur mourait dans l'intervalle de ces sept jours, il se remarierait aussitôt, afin de satisfaire à la loi qui lui ordonnait de faire l'Expiation pour lui *et pour sa femme*, ou, selon le texte (d), *pour lui et pour sa maison;* mais cette décision n'a pas été approuvée par les Sages.

La veille du jour de l'Expiation, on donnait au grand prêtre quelques anciens qui lisaient devant lui, et qui l'exhortaient lui-même à lire *pour voir s'il avait appris à lire, ou s'il ne l'avait pas oublié;* mais cette précaution n'était nécessaire que sous le second temple, où la grande sacrificature était vénale. Ces anciens l'empêchaient aussi de manger trop la veille de la fête, de peur qu'il ne s'endormît. On le conduisait ensuite dans la chambre haute d'un nommé *Abtinez* (e), où on le faisait jurer qu'il n'apporterait aucun changement aux rites anciens. On croit que cette précaution n'était venue que de ce que les Saducéens voulaient que le grand prêtre répandît le parfum avant que d'entrer dans le Saint, ce qui était contraire à la tradition. On sait que Hyrcan et Ananus, grands sacrificateurs, étaient Saducéens, et ce serment était nécessaire à des gens de leur façon : comme ce serment paraissait injurieux au grand prêtre, il pleurait en le prêtant, et les prêtres pleuraient aussi d'être réduits à le lui faire prêter.

La nuit se passait à expliquer la loi, ou à lire quelques passages de Job, d'Esdras ou de Daniel. Si le sacrificateur n'était pas assez habile pour parler toujours, il avait à ses côtés des jeunes gens qui jouaient de la flûte, ou le poussaient du doigt pour le réveiller lorsqu'il s'endormait, et qui continuaient dans cet exercice jusqu'à l'heure du sacrifice. Le matin on se faisait honneur d'aller nettoyer l'autel et d'en ôter les cendres; l'empressement avec lequel les prêtres y couraient, causait souvent des accidents : car en se poussant sur les degrés de l'autel, il arrivait quelquefois que quelqu'un tombait et se blessait, ce qui obligea à partager les emplois. Il y avait d'ordinaire neuf sacrificateurs ordonnés pour le sacrifice du matin, et onze pour celui du soir ; mais dans les grandes solennités, comme celle de l'Expiation, on en mettait dix le matin et douze le soir. On choisissait aussi les lévites pour accommoder les victimes. Il y en avait vingt-quatre pour un veau, et on assignait à chacun la partie de l'animal qu'il devait dépouiller ou préparer.

Avant que de commencer ses fonctions, chaque prêtre devait se laver. Les rabbins disent que le souverain sacrificateur se lavait cinq fois, parce qu'il était obligé de changer cinq fois d'habits, et qu'à chaque fois qu'il en changeait, il fallait se laver. Ces habits étaient de lin; ceux du matin étaient de lin de Péluse, et ceux du soir de lin des Indes, et coûtaient huit cents drachmes.

Anciennement, les sorts que l'on tirait pour le bouc émissaire étaient de bois; mais le fils de Gamaa les fit d'or. Le roi Monobase fit faire de même métal toutes les anses des vases qui servaient au temple le jour de l'Expiation.

Le grand prêtre portait dans le sanctuaire un encensoir d'or très-pur, rempli de parfums, et demandait à Dieu une bonne température de l'air, que le sceptre ne fût point ôté cette année-là des mains de Juda, qu'il n'y eût point de famine dans Israël, et que les prières des voyageurs ou des étrangers ne fussent point exaucées; la prière était courte, de peur que le peuple ne s'effrayât, s'il demeurait trop longtemps dans le sanctuaire; car on était persuadé qu'il y avait toujours du danger de pénétrer dans ce lieu que Dieu remplissait de sa présence. Le grand prêtre en sortait marchant à reculons, regardant toujours vers l'arche ou vers la *pierre du fondement*, que les rabbins supposent avoir été placée au milieu du sanctuaire, depuis la perte de l'arche sous le second temple. Après cela il immolait le bouc qui devait être égorgé, ainsi qu'on l'a dit.

Le bouc Azazel, ou le bouc émissaire, était

(a) *Buxtorf Synag. Jud. c. xx.*
(b) *Cérémonies des Juifs,* part. III, c. VI
(c) Basnage, *Hist. des Juifs,* t. V, l. VII, c. xv, art. 8. *Misna, Ordo Festorum,* etc
(d) *Levit.* XVI, 17.
(e) Cet Abtinez avait autrefois présidé sur ceux qui préparaient le parfum, et avait donné son nom à cet apartement, bâti sur la porte des eaux.

conduit au précipice non-seulement par les prêtres, mais aussi par les laïques. Il y avait un chemin ou une levée préparée exprès pour cela, et il y avait des tentes ou dix relais depuis Jérusalem jusqu'au lieu où il devait être précipité. C'était un précipice affreux et si rempli de rochers, qu'avant que le bouc fût à demi tombé, ses membres étaient tout en pièces ; et, pour donner avis de l'exécution au peuple qui l'attendait avec inquiétude dans le temple, il y avait des signaux qu'on élevait de distance en distance, pour la faire savoir avec plus de promptitude. On assure aussi qu'en même temps le ruban d'écarlate qu'on attachait à la porte du temple changeait aussitôt sa couleur en blanc, pour marquer que Dieu avait accepté le sacrifice, et que les péchés du peuple étaient remis. On ajoute que ce miracle cessa quarante ans avant la destruction du second temple.

Après la cérémonie achevée, le grand prêtre lisait la loi, donnait la bénédiction au peuple, changeait d'habits et faisait un grand repas, pour se réjouir de ce qu'il était sorti du sanctuaire sain et sauf. Le peuple jeûnait exactement pendant toute cette fête, à laquelle on attribuait de grands effets : car, selon les Juifs, la pénitence, quoique accompagnée d'une résolution de bien vivre, *suspend seulement les péchés, mais la fête de l'Expiation les abolit*, et ceux qui meurent avant ce jour les expient par la mort. Voilà ce que les rabbins enseignent sur la manière dont on célébrait anciennement la fête de l'Expiation.

Quant aux Juifs modernes, voici comme ils la solennisent. Ils se préparent à cette grande fête dès le jour précédent par des oraisons et par le sacrifice d'un coq ; ainsi qu'on l'a dit ci-devant. De là ils vont au cimetière prier Dieu de pardonner aux pécheurs, en mémoire des saints qui y sont enterrés : on se plonge dans l'eau, afin de faire une ablution entière de ses péchés : on prépare des bougies pour le lendemain ; chacun porte la sienne à la synagogue ; les plus dévots en ont deux, l'une pour le corps et l'autre pour l'âme, dont ils lui donnent le nom.

Sur le soir, lorsque la fête commence, on va à la synagogue, chacun y allume sa bougie, et on entonne des cantiques d'une voix forte. Les femmes en même temps allument des chandelles à la maison, et tirent des présages de la lueur de la chandelle, et de la consistance du suif ou de la cire. Si la lumière est claire et brillante, on en conclut la certitude de la rémission des péchés ; si elle est pâle, on s'en afflige ; et tout de même si le suif ou la cire coule, on craint tout de la colère de Dieu.

Le lendemain, de grand matin, on retourne à la synagogue : le jour entier se passe dans un jeûne rigoureux, sans exception d'âge ni de sexe : on ne permet de manger à personne, sinon aux enfants au-dessous de douze ans. On lit une longue prière, par laquelle on déclare que tous les serments et les promesses qui n'ont pas été accomplis dans le cours de l'année sont anéantis, parce que la propitiation du péché est faite. On lit dans le Lévitique ce qui regarde cette fête et le bouc Azazel. On continue de prier tout le jour ; quelques-uns y passent encore la nuit suivante. A la fin de la fête, le rabbin donne la bénédiction au peuple, en levant les mains ; et le peuple, par respect pour la main du prêtre ou plutôt pour la majesté de Dieu qu'il représente, met les mains devant ses yeux et se cache le visage. Lorsque la nuit est venue, en sorte qu'on puisse voir les étoiles, pour marquer que le jeûne est fini, on sonne du cor en mémoire du Jubilé, et on croit que Dieu fait entendre sa voix, qui déclare qu'il a pardonné les péchés, et que chacun peut s'en retourner chez soi avec cette confiance, que ses iniquités lui sont remises. Alors ils s'en retournent dans leurs maisons, où ils se revêtent d'habits blancs et propres, se mettent à table, et rompent le jeûne ; car de tout le jour ils n'ont pris aucune nourriture, ni aucune boisson. Voilà de quelle manière les Juifs d'à présent célèbrent cette fête.

Les Juifs croient que ce fut le jour de l'Expiation solennelle qu'Adam se repentit et commença sa pénitence ; que ce même jour Abraham reçut la circoncision, et Isaac fut lié pour être immolé ; d'où vient qu'ils prient Dieu de leur pardonner, *à cause de la ligature d'Isaac*. De plus, ils enseignent que ce fut ce jour-là que Moïse descendit de la montagne de Sinaï, avec de nouvelles tables de la Loi. Il y en a qui changent de nom, pour marque de leur changement intérieur, et pour pouvoir dire à Dieu (a) : *Je suis un autre, ce n'est pas moi qui ai commis ce péché*.

EXTERMINATEUR. — Ange exterminateur. *Voyez* ANGES, DÉMONS, SENNACHÉRIB.

EXTRÊME, EXTRÉMITÉ, derniers. *Extremi populi*, les derniers du peuple. Jéroboam établit pour prêtres des hauts lieux les derniers du peuple ; l'Hébreu à la lettre : *Des extrémités du peuple* (b). Dans la Genèse (c) Joseph présente à Pharaon cinq des derniers de ses frères : *Extremos fratrum suorum quinque viros*. Ceux de Dan envoyèrent *cinq hommes de leurs extrémités* (d), ou cinq hommes *des derniers d'entre eux*, pour aller chercher une demeure plus commode pour leur tribu. Isaïe (e) dit que le Seigneur a éloigné *toutes les extrémités du pays*, les derniers du pays.

Mais quelques savants interprètes (f) soutiennent que *les extrémités*, dans ces passages, ne signifient pas les moindres et les derniers ; mais, au contraire, les premiers, les plus distingués, comme qui dirait ceux qui sont à la tête, au haut, à l'extrémité honorable. D'autres (g) prétendent que ces expressions ne marquent aucun choix, aucune distinction d'honneur ; que Joseph présenta à Pharaon cinq de ses frères, les premiers

---

(a) Maimonid. de Pœnitent. c. x, p. 99.
(b) III Reg. xii, 31.
(c) Genes. xlvii, 2.
(d) Judic. xviii, 2.
(e) Isai. xxvi, 15.
(f) Lud. de Dieu in Genes. xlvii.
(g) Grot. Vatab. Jun. Fag., etc.

qui lui vinrent sous la main.

L'EXTRÉMITÉ DE LA TERRE. La louange du Seigneur s'entendra *de l'extrémité du monde* (a), de tous les endroits du monde. Le Seigneur ramènera son peuple de l'extrémité de la terre (b). Il fait lever les nues de l'extrémité du monde (c). Il fait venir Abraham de l'extrémité de la terre (d). Toutes ces expressions marquent un pays fort éloigné; comme nous disons qu'on vient du bout du monde, quand on vient de loin.

LES DERNIERS TEMPS (e), *Extremo tempore* ou *ad extremum*, marquent quelquefois un temps fort éloigné; quelquefois le temps du Messie, et quelquefois la fin du monde.

* EZECHIA, ou HEZECHIA, ou HEZECIA, chef du peuple dont les descendants revinrent, au nombre de quatre-vingt-dix-huit, de la captivité avec Zorobabel. *Esd.* II, 16; *Neh.* VII, 21. On trouve le même nom, Hézécia, parmi les chefs du peuple qui signèrent, au temps de Néhémie, le contrat du renouvellement de l'alliance avec Dieu. *Neh.* X, 17. Ezéchia descendait d'Ather, et est appelé *Jézéchia* dans l'hébreu d'*Esdras*, II, 16.

EZECHIAS, roi de Juda, fils d'Achaz et d'Abi, naquit l'an du monde 3251, Achaz, son père, n'ayant encore qu'onze ans (f). Il y a sur cet âge quelque difficulté; mais l'Ecriture marquant qu'Achaz n'avait que vingt ans lorsqu'il commença à régner, et qu'il ne régna que seize ans, il s'ensuit qu'il n'a vécu que trente-six ans. Or, la même Ecriture dit qu'Ézéchias avait vingt-cinq ans lorsqu'il commença à régner. Il faut donc conclure qu'Achaz, son père, l'avait eu à l'âge de onze ans; ce qui est assez extraordinaire, mais qui n'est nullement impossible (1).

Ézéchias succéda à son père Achaz l'an du monde 3277 ou 3278, avant Jésus-Christ 722, avant l'ère vulgaire 726. Il fit ce qui était bon et agréable au Seigneur (g). Il détruisit les hauts lieux, abattit les bois profanes et brisa les statues que le peuple avait adorées sous le règne d'Achaz. Il fit mettre en pièces le serpent d'airain que Moïse avait fait, parce que les enfants d'Israël lui brûlaient de l'encens. Dès le premier mois de la première année de son règne (h), il fit ouvrir les grandes portes de la maison du Seigneur, et les rétablit. Il convoqua les prêtres et les lévites, et les exhorta à purifier et à nettoyer le temple, et à le mettre en état d'y offrir les sacrifices, comme du passé. Les prêtres et les lévites ayant exécuté les ordres du roi, on commença à immoler sur l'autel du temple les victimes pour le péché, et les holocaustes que le roi fournit. Après cela, les princes du peuple offrirent encore une grande quantité de victimes; et le culte du Seigneur fut parfaitement rétabli dans sa maison.

Comme jusqu'alors on avait négligé de faire la fête de Pâque, Ezéchias invita à cette fête non-seulement tout son peuple, mais aussi ceux du royaume d'Israël (i). Quelques-uns s'en moquèrent; mais plusieurs y vinrent, et on fit la pâque la plus solennelle que l'on eût vue depuis très-longtemps. Après cela, tout le peuple se mit à ruiner les restes d'idolâtrie, qui étaient non-seulement dans les terres de l'obéissance d'Ezéchias, mais aussi dans celles où régnait Osée, dernier roi d'Israël, qui voyait sans jalousie que son peuple retournât au culte du Seigneur. Ezéchias mit tous ses soins à entretenir le bien qu'il avait établi dans le temple (j), et à faire fournir aux prêtres et aux autres ministres du Seigneur les aliments et les choses nécessaires pour leur entretien. Tout le peuple apporta les dîmes et les prémices en si grande quantité, qu'il y en eut de reste.

Quelques années après (k), Ezéchias secoua le joug du roi des Assyriens (l), et refusa de lui payer le tribut accoutumé. Il battit les Philistins, et ruina tout leur pays, depuis la tour des gardes jusqu'aux villes fortes. Il se mit à fortifier Jérusalem, à en réparer les murs et à y bâtir des tours. Il y ramassa des armes et des provisions, établit de bons commandants sur ses troupes, boucha les sources qui étaient au dehors de la ville, et n'oublia rien pour se mettre en état de faire une vigoureuse résistance.

Cependant Sennachérib, roi d'Assyrie, marcha contre lui, entra dans les terres de Juda, et se rendit maître de la plupart des villes du pays. Ezéchias, voyant que les rois d'Egypte et de Chus, avec qui il avait fait alliance (m), ne venaient point à son secours, et ne se sentant pas assez fort pour résister à un si puissant ennemi, lui envoya des ambassadeurs pour le prier de se retirer de dessus ses terres, lui promettant de se soumettre à tout ce qu'il voudrait.

Sennachérib lui demanda trois cents talents d'argent et trente talents d'or; et pour lui faire cette somme, Ezéchias fut obligé d'épuiser tous ses trésors, et d'arracher même les lames d'or qu'il avait autrefois mises aux portes du temple. Mais Sennachérib, ayant reçu cet argent, au lieu de s'en retourner et de laisser Ezéchias en paix, lui envoya de Lachis, dont il faisait le siège, à Jérusalem, trois des premiers officiers de sa cour, pour le sommer de se rendre. Ces officiers demandèrent à parler à Ezéchias; mais ce prince

---

(a) *Isai.* XLII, 10.
(b) *Isai.* XLIII, 6.
(c) *Psalm.* CXXXIV, 7. *Jerem.* x, 13.
(d) *Isai.* XLI, 9.
(e) *Num.* XXIV, 14, 24. *Deut.* XXXI, 19. *Isai* LXII, 11.
(f) IV *Reg.* XVI, 1, comparé à IV *Reg.* XVIII, 1. Voyez notre comment. sur IV *Reg.* XVI, 1, etc.
(g) IV *Reg.* XVIII.
(h) II *Par.* XXIX, 3, 4, etc.
(i) II *Par.* XXX.
(j) II *Par.* XXXI.
(k) L'an du monde 3290 ou 3291.
(l) IV *Reg.* XVIII, 7. II *Par.* XXXII, 1, 2, 3, etc.
(m) IV *Reg.* XVIII, 24; XIX, 9.
(1) D'après la chronologie de l'*Art de vérifier les dates*, Achaz monta sur le trône « à l'âge de vingt-cinq ans, et non de vingt seulement, comme le portent l'Hébreu et la Vulgate, contredits sur cela par les Septante de l'édition de Londres et les versions arabe et syriaque... Il mourut à l'âge de quarante ans, vers la fin de la quinzième année de son règne... Ezéchias lui succéda à l'âge de vingt-cinq ans. » J'omets les explications. Si Achaz avait quarante ans lorsqu'il mourut, et Ezéchias, vingt-cinq ans lorsqu'il lui succéda, il s'ensuit qu'Achaz avait *quinze* ans lorsque Ezéchias vint au monde.

ne jugea pas à propos de sortir de la ville; il leur envoya Eliacim, Sobna et Joahé, à qui Rabsacès parla d'une manière insolente, exagérant le pouvoir de son maître, et disant qu'Ezéchias ne pourrait pas même lui fournir mille hommes, pour monter mille chevaux que Sennachérib lui fournirait. Il ajouta que c'était en vain que les Juifs mettaient leur confiance dans le roi d'Egypte : que Pharaon serait à leur égard comme un roseau cassé, qui se brise sous celui qui veut s'appuyer dessus, et qui lui perce la main; que Sennachérib n'était venu dans la Judée que pour obéir à l'ordre du Seigneur, qui lui avait dit : Entrez dans cette terre, et la ravagez.

Et comme Rabsacès parlait hébreu, et que le peuple de Jérusalem était sur les murs qui l'écoutait, les députés d'Ezéchias le prièrent de parler syriaque, parce qu'ils entendaient cette langue, et de ne pas parler hébreu devant tout le peuple qui écoutait de dessus les murailles. Rabsacès répondit : Est-ce pour parler à votre maître et à vous, que mon seigneur m'a envoyé ici ? et n'est-ce pas plutôt pour parler à ces hommes qui m'écoutent du haut des murs, et que vous voulez réduire à boire avec vous leur urine, et à manger leurs excréments ? En même temps il éleva sa voix et exhorta le peuple à venir se rendre à son maître, ajoutant que comme il n'y avait point eu de dieux qui eussent pu garantir de ses mains les nations qu'il avait subjuguées, aussi le Seigneur ne pourrait les sauver des armes du roi d'Assyrie.

Ezéchias, ayant entendu ces blasphèmes, (a) déchira ses habits, se couvrit d'un sac, alla à la maison du Seigneur, et envoya rendre compte au prophète Isaïe de ce que Rabsacès avait dit; mais Isaïe dit : *Voici ce que dit le Seigneur : Ne craignez point ces discours menaçants et pleins de blasphèmes que vous avez entendus. Je vais envoyer contre Sennachérib un esprit de frayeur, qui l'obligera à s'en retourner à son pays; et il y périra par l'épée.* En effet, ce roi, ayant quitté le siége de Lachis, et étant allé faire celui de Lebna, apprit que Tharaca, roi de Chus, marchait contre lui pour le combattre. Il quitta le siége de cette place pour aller à la rencontre de Tharaca; et en même temps il envoya des lettres à Ezéchias, par lesquelles il lui disait qu'il ne devait pas mettre sa confiance en son Dieu ; que cela ne le garantirait pas de ses mains, non plus que les dieux des autres nations ne leur avaient de rien servi contre l'effort de ses armes.

Ezéchias, ayant reçu ces lettres, monta au temple, les étendit devant le Seigneur, fit sa prière, et pria Dieu de le délivrer des mains de ce fier et insolent ennemi. Le Seigneur exauça sa prière, et lui envoya dire par le prophète Isaïe, qu'il ne craignît point les menaces de Sennachérib ; que ce prince serait bientôt obligé de s'en retourner dans son pays ; qu'il ne ferait point le siége de Jérusalem, et ne l'attaquerait point ; et que le Seigneur protégerait et défendrait la ville et son peuple. En effet, la même nuit qui suivit cette prédiction, l'ange du Seigneur descendit dans le camp des Assyriens, et y tua cent quatre-vingt-cinq mille hommes de l'armée de Sennachérib; de sorte que ce prince fut obligé de se retirer promptement à Ninive, où deux de ses fils le tuèrent à coups d'épée, comme il adorait son dieu Nesroch dans son temple. Il eut pour successeur Assaradon (b).

Peu de temps après cette guerre, et la même année que Sennachérib était venu sur les terres de Juda, qui était la quatorzième année d'Ezéchias, ce prince tomba très-dangereusement malade (c). C'était apparemment un abcès ou un ulcère. Les rabbins (d) croient que Dieu le frappa de cette maladie, en punition de sa négligence, parce qu'il n'avait pas composé un cantique d'actions de grâces, pour sa délivrance de la guerre de Sennachérib. Mais le second livre des Paralipomènes (e) semble attribuer cette maladie à l'élévation du cœur d'Ezéchias, qui n'avait pas assez reconnu qu'il ne devait sa délivrance qu'à la pure faveur de Dieu. Quoi qu'il en soit, le prophète Isaïe le vint trouver, et lui dit : *Mettez ordre aux affaires de votre maison ; car vous ne vivrez pas davantage, et vous mourrez.* Ezéchias, se tournant le visage contre la muraille, adressa sa prière à Dieu avec une abondance de larmes. Isaïe n'était pas encore passé la moitié du vestibule, que le Seigneur lui dit de retourner vers Ezéchias. Il y vint, et lui dit : *Voici ce que dit le Seigneur : J'ai entendu votre prière, et j'ai vu vos larmes. Je vous ai guéri, et dans trois jours vous irez au temple ; et j'ajouterai encore quinze ans à votre vie. De plus, je vous protégerai contre le roi des Assyriens, et je garantirai Jérusalem de ses insultes.* En même temps Isaïe se fit apporter une masse de figues, qu'il mit sur l'ulcère du roi ; et il fut guéri.

Mais auparavant Ezéchias lui avait dit : *Quel signe aurai-je que le Seigneur me guérira ?* Isaïe lui répondit : *Voulez-vous que l'ombre du soleil avance de dix lignes, ou qu'elle retourne en arrière de dix lignes dans l'horloge d'Achaz ?* Ezéchias demanda que l'ombre retournât de dix lignes en arrière, comme chose qui lui paraissait plus difficile ; et le prophète ayant invoqué le Seigneur, l'ombre retourna comme il l'avait promis. Il y a assez d'apparence que cette rétrogradation, qui fut très-sensible et très-réelle dans la montre d'Achaz, fut causée par quelque réflexion des rayons du soleil, sans qu'il fût nécessaire que cet astre rétrogradât réellement. Ezéchias, après sa guérison, composa un cantique d'actions de grâces au Seigneur, que le prophète Isaïe nous a conservé (f).

(a) IV Reg. xix.
(b) An du monde 3291, avant Jésus-Christ 709, avant l'ère vulg. 713.
(c) IV Reg. xx, 1, 2, 3, etc. et Isai. xxxviii, et II Par.
(d) Rabb. apud. Hieronym. in Isai. xxxviii.
(e) II Par. xxxii, 24.
(f) Isai. xxxviii, 10, 11, etc.

xxxii, 29, 30.

— [*Voyez* NINIVE.]

[« Ce prodige a pu être remarqué partout, dit Delort de Lavaur (1) ; on aperçut le soleil revenir et prendre son cours du couchant, comme s'il s'y était levé, et rebrousser vers le levant, comme s'il devait s'y coucher (2). Le soleil remonta de dix degrés, par lesquels il était déjà descendu. Le roi de Babylone envoya des ambassadeurs (3) à Ezéchias, pour s'instruire particulièrement avec lui du prodigieux changement qu'on avait vu dans le ciel, et qui avait surpris toute la terre.

» Dieu avait fait un prodige de même espèce en faveur et sur l'ordre de Josué (4), qui par sa seule parole arrêta le soleil et la lune pour avoir le temps d'achever la défaite des Amorrhéens, contre lesquels il combattait à la tête du peuple de Dieu ; ces astres, alors immobiles durant douze heures, firent durer ce jour autant que deux jours ordinaires ; si bien qu'il semblait que le soleil, comme il fit depuis pour Ezéchias, eût de même reculé durant six heures, et fût revenu dans autant de temps au même point où il s'était arrêté ; sans que cela apportât dans ces deux occasions aucun changement aux choses de la terre, qui semblent cependant dépendre si fort du cours des astres.

» La mémoire en est gravée dans les traditions anciennes des Égyptiens, qui confirment la foi de ces prodiges par l'attestation de témoins qu'on ne peut soupçonner de vouloir favoriser les Juifs et relever leur gloire.

» Hérodote (liv. II) rapporte que ces traditions des temps reculés, que les Égyptiens donnaient à leur nation, portaient qu'on y avait vu le soleil changer quatre fois son cours ; c'est-à-dire, aller deux fois se coucher vers l'endroit où il se lève ordinairement, et se lever autant de fois du côté où il a accoutumé de se coucher, sans que ce renversement eût produit aucun changement sur la terre ni sur les eaux, sans qu'il eût causé des morts ni des maladies ; et il joint ce récit immédiatement à celui du monument de Sennachérib, comme ils se suivent dans l'histoire sainte.

» Solin (5) Polyhistor dit de même que les Égyptiens tiennent des anciennes traditions de leurs ancêtres, qu'ils ont vu autrefois coucher le soleil où il se lève, et se lever où il se couche. On ne peut souhaiter des témoignages plus authentiques, pour confirmer la vérité de ces prodiges et la foi de nos saintes Ecritures. »]

En ce temps-là (an du monde 3291, avant J.-C. 709, avant l'ère vulgaire 713), Mérodach, ou Bérodach-Baladan, roi de Babylone, envoya des lettres et des présents à Ezéchias (a), parce qu'il avait su qu'il avait été malade, et qu'il savait qu'au temps de sa guérison, il était arrivé un grand prodige à Jérusalem (b). Ezéchias se trouva fort flatté de cette ambassade. Il fit voir aux envoyés du roi de Babylone tous ses trésors, ses aromates, ses vases précieux ; en un mot, il ne leur cacha rien de tout ce qui était dans son palais. Le prophète Isaïe vint ensuite trouver le roi ; et ayant appris ce qui s'était passé, il lui dit de la part du Seigneur : *Il viendra un temps que tout ce qui est dans votre maison, et tout ce que vos pères y ont amassé jusqu'à ce jour, sera transporté à Babylone. Vos enfants mêmes seront pris pour être eunuques dans le palais des rois de Babylone.* Ezéchias répondit : *La volonté de Dieu soit faite ; tout ce qu'il a ordonné est plein de justice : que la paix et la vérité règnent dans les jours de ma vie.* Ce prince passa tranquillement les dernières années de sa vie, amassa de grandes richesses, fit conduire des eaux dans la ville, et mourut l'an du monde 3306, avant Jésus-Christ 694, avant l'ère vulgaire 698. Il eut pour successeur Manassé, qui n'hérita ni de sa sagesse ni de sa piété. Les livres saints rendent témoignage au mérite et à la piété d'Ezéchias en plusieurs occasions ; et Jésus, fils de Sirach, auteur de l'Ecclésiastique, lui a consacré un éloge dans le chapitre XLVIII de son livre. — [*Voy.* mon *Histoire de l'Ancien Testament.*]

EZECHIAS, second fils de Naaria, descendant de Zorobabel. I *Par.* III, 23.

EZECHIAS, fils de Sellum, fut un de ceux qui s'opposèrent aux Israélites qui avaient emmené captifs un grand nombre de leurs frères de la tribu de Juda, et qui les obligèrent à les remettre en liberté (c). [*Voyez* AZARIAS, fils de Johanan.]

EZECHIEL, fils de Busi, prophète de la race sacerdotale (d), fut emmené captif à Babylone par Nabuchodonosor, avec Jéchonias, roi de Juda, l'an du monde 3405, avant Jésus-Christ 595, avant l'ère vulgaire 599. Dieu ne lui communiqua l'esprit de prophétie que durant sa captivité ; car il ne paraît pas qu'avant son arrivée dans la Mésopotamie, il eût encore prophétisé.

Il commença son ministère la trentième année (e) de son âge, selon plusieurs, ou plutôt, la trentième année depuis le renouvellement de l'alliance avec le Seigneur, faite sous le règne de Josias ; ce qui revient à la cinquième année de la captivité d'Ezéchiel, l'an du monde 3410 ; et il prophétisa pendant vingt ans, jusqu'en 3430, qui était la quatorzième année après la prise de Jérusalem, avant Jésus-Christ 570, avant l'ère vulgaire 574.

Un jour donc qu'Ezéchiel était au milieu des captifs, sur le fleuve de Chobar, ou Chaboras, il eut une vision, où le Seigneur lui apparut sur un trône ou une espèce de chariot, porté par quatre chérubins, appuyés sur quatre manières de roues (f). Le Sei-

---

(a) IV *Reg.* xx, 12, 15.
(b) II *Par.* xxi, 31.
(c) II *Par.* xxviii, 13.
(d) *Ezech.* i, 3.
(e) *Ezech.* i, 1.
(f) *Ezech.* i.

(1) *Conférence de la fable avec l'histoire*, ch. xxv.
(2) *Isaï.* xxxviii, 8.
(3) *Ut interrogarent de portento quod accidisset super terram.* II *Paralip.* xxxii, 31.
(4) *Josue.* x, 12.
(5) *De l'Égypte*, ch. xxxv.

gneur lui fit entendre sa voix, et l'envoya annoncer à son peuple ce qui devait leur arriver (a). Il lui sembla qu'on lui présentait un livre en rouleau, et qu'il le mangeait. Après cela, il se trouva au milieu des captifs (b), et y demeura assis sur le fleuve Chobar pendant sept jours, ne cessant de pleurer. Alors le Seigneur lui adressa sa parole, et l'établit sentinelle de son peuple. En même temps le Seigneur lui apparut de nouveau dans sa gloire, et lui ordonna de s'enfermer dans sa maison, et lui prédit qu'on l'y arrêterait, et qu'on l'y lierait avec des chaînes comme un furieux. Ce qui arriva en effet.

Pendant qu'il était ainsi arrêté dans son logis (c), Dieu lui dit de dessiner sur une brique, ou sur une pièce de terre molle, la ville de Jérusalem assiégée et environnée de remparts, suivant la manière ancienne d'assiéger les villes ; de mettre entre la ville et lui une plaque de fer ; d'avoir les yeux arrêtés sur cette ville ; de demeurer trois cent quatre-vingt-dix jours couché sur son côté gauche, pour marquer les iniquités des enfants d'Israël ; et, après cela, de se retourner et de demeurer quarante jours couché sur son côté droit, pour marquer les iniquités de Juda. Ces quatre cent trente jours marquaient la durée du siége de Jérusalem par Nabuchodonosor (d) et celle de la captivité des dix tribus, qui devait être de trois cent quatre-vingt-dix ans ; et celle de Juda, qui devait être de quarante ans, à commencer à la dernière prise de Jérusalem, sous Sédécias, ou plutôt à la quatrième année d'après ce siége, lorsque Nabuzardan enleva ce qui restait de Juifs dans le pays, et les transporta à Babylone (e), l'an du monde 3420, et en les finissant, à la mort de Balthazar, vers l'an 3466, selon Ussérius ; ou, mettant le commencement à la prise de Jérusalem en 3416 et la fin en 3457, qui est la première année de Cyrus à Babylone, selon notre supputation.

Dieu lui dit ensuite (f) de prendre du froment, de l'orge, des fèves, des lentilles, du millet et de la vesce ; de s'en faire autant de pains qu'il devait demeurer de jours couché sur son côté, et de frotter ces pains avec des excréments qui sortent du corps de l'homme. Ezéchiel ayant témoigné sa répugnance sur ce dernier article, Dieu lui permit de prendre en la place de la fiente de bœuf. Tout cela était une figure de ce qui devait arriver dans Jérusalem, où les Israélites devaient être réduits pendant le siége à manger du pain souillé, et encore en petite quantité, et dans des frayeurs et des inquiétudes continuelles. Après cela, Dieu lui dit de se couper les cheveux (g), d'en faire trois parts, d'en brûler une partie, d'en couper une autre partie avec l'épée, et de jeter le reste au vent, pour marquer que les habitants de Jérusalem seraient, les uns consumés par la peste et par la famine, les autres mis à mort par le glaive, et les troisièmes dispersés en divers endroits du monde.

L'année suivante (h), Ezéchiel fut transporté en esprit à Jérusalem (i), et Dieu lui fit voir les abominations et les idolâtries que les Juifs y commettaient, et qui devaient attirer sur eux les plus terribles effets de la vengeance du ciel. Comme il était encore dans le temple, Dieu ordonna à cinq anges, qui portaient chacun un instrument de mort, de tuer dans Jérusalem tous ceux qui ne seraient point marqués du signe de vie (j) ; et en même temps il ordonna à un ange, qui était avec les cinq autres, de passer au milieu de la ville, et de marquer d'un T tous ceux qui gémissaient et qui étaient affligés des désordres de Jérusalem. Tout cela fut exécuté, et la vengeance commença par le temple du Seigneur, qui fut bientôt rempli de sang et de carnage. Le Seigneur, ayant de nouveau paru dans sa gloire (k), ordonna au même ange, qui avait imprimé le caractère de vie sur ceux qui devaient être sauvés, de prendre des charbons du milieu des chérubins qui portaient le trône du Seigneur, et de répandre ces charbons sur la ville ; ce qui marquait le feu de la guerre et de la vengeance divine qui devait bientôt tomber sur elle.

Cinq ans avant le dernier siége de Jérusalem (l), le Seigneur dit à Ezéchiel (m) : « Préparez-vous comme un homme qui
» quitte son pays pour aller ailleurs ; vous
» ferez transporter vos meubles devant vo-
» tre peuple en plein jour, et vous passerez
» d'un lieu en un autre devant leurs yeux,
» pour voir s'ils y feront attention. Percez
» la muraille de votre maison, et sortez-en
» par l'ouverture que vous aurez faite. Vous
» aurez des hommes qui vous porteront sur
» leurs épaules durant l'obscurité, et vous
» aurez un voile sur les yeux, afin que ce
» spectacle attire leur attention. Vous leur
» direz que ce que vous faites s'exécutera
» lorsque l'ennemi aura pris Jérusalem, et
» que le roi Sédécias sera ainsi traité et em-
» porté de son palais. » Il ajouta : que ces choses n'étaient point éloignées, et que bientôt on en verrait l'accomplissement. Enfin il invective fortement contre les faux prophètes, et les fausses prophétesses, et contre ceux qui se laissaient séduire à leurs vaines prédictions (n).

Pendant que ces choses se passaient dans la Mésopotamie, Sédécias, roi de Juda, pre-

---

(a) Ezech. II.
(b) Ezech. III.
(c) Ezech. IV.
(d) Le siége de Jérusalem commença le dixième jour du dixième mois de la neuvième année de Sédécias. La ville fut prise le neuvième jour du quatrième mois de la onzième année du même prince ; en tout 19 mois, ou 570 jours. Mais, comme Nabuchodonosor interrompit le siége pour marcher contre le roi d'Egypte, on peut retrancher de ce nombre 4 mois et demi, resteront quatre cent trente jours.
(e) Jerem. LII, 30

(f) Ezech. IV, 9, 10, etc.
(g) Ezech. V.
(h) An du monde 3410 avant Jésus-Christ 590, avant l'ère vulg. 594.
(i) Ezech. VIII.
(j) Ezech. IX.
(k) Ezech. X
(l) An du monde 3411, avant Jésus-Christ 589, avant l'ère vulg. 593.
(m) Ezech. XII.
(n) Ezech. XIII, XIV.

nait des mesures secrètes avec les rois d'Egypte, d'Edom, et quelques autres princes voisins, pour se révolter contre Nabuchodonosor, roi de Babylone (a). Ce prince marcha contre Jérusalem, et en fit le siége l'an du monde 3414, avant Jésus-Christ 586, avant l'ère vulgaire 590, le dixième jour du dixième mois de la neuvième année de Sédécias. Le même jour et la même année, Ezéchiel, qui était en Mésopotamie, à plus de deux cents lieues de Jérusalem, annonça cet événement aux Juifs qui étaient avec lui en captivité (b); il représenta la ruine future de Jérusalem et de ses habitants sous la figure d'une chaudière pleine de chair et d'os, laquelle est mise sur le feu jusqu'à ce que la chair et les os soient consumés et que le cuivre même de la chaudière soit fondu et brûlé. En même temps, la femme du prophète étant morte, Dieu lui défendit de la pleurer et d'en faire le deuil. Le peuple ayant demandé au prophète ce que voulaient dire toutes ces actions figuratives, il leur répondit que Dieu leur allait ôter tout ce qu'ils avaient de plus cher: leur temple, leur ville, leur patrie, leurs parents et leurs amis; et qu'ils n'auraient pas même la triste consolation de les pleurer.

Pendant le siège de Jérusalem, Ezéchiel prophétisa contre l'Egypte (c) et contre Tyr (d). Il apprit la prise de Jérusalem le cinquième jour du dixième mois (e), de l'an du monde 3417, environ six mois après que la ville avait été rendue (f); ce qui fait juger que la demeure de ce prophète était dans un endroit fort reculé de la province, et fort éloigné de Babylone, où cette nouvelle fut sans doute bientôt portée. Dès la veille du jour auquel le messager arriva, le Seigneur avait ouvert la bouche au prophète, et lui avait fait prédire que les restes du peuple qui étaient demeurés dans la Judée, et qui se flattaient encore d'un prompt rétablissement, seraient aussi dispersés, comme il arriva en effet quatre ans après (g). Ce fut apparemment en ce même temps qu'il prédit les malheurs des Sidoniens, des Tyriens, des Iduméens, des Ammonites (h), qui arrivèrent cinq ans après la ruine de Jérusalem (i).

Le siége de la ville de Tyr (j) et la guerre de Nabuchodonosor contre l'Egypte (k) sont, après les affaires des Juifs, ce qui se fait le plus remarquer dans Ezéchiel. Après ces visions fâcheuses, Dieu lui fit voir des objets plus consolants: le retour de la captivité, le rétablissement de la ville et du temple, du royaume et des villes de Juda et d'Israël; leurs victoires contre leurs ennemis, et leur état nouveau plus florissant que le premier. Tout cela est compris dans les chapitres XXXVI, XXXVII, XXXVIII et les suivants, jusqu'à la fin du livre.

Saint Jérôme (l) croit que comme Jérémie prophétisait à Jérusalem en même temps qu'Ezéchiel au delà de l'Euphrate, on envoyait les prophéties de celui-ci à Jérusalem, et réciproquement celles de Jérémie dans la Mésopotamie, afin de consoler et d'affermir les Juifs captifs dans leur exil. On dit (m) qu'Ezéchiel fut mis à mort par le prince de son peuple, parce qu'il l'exhortait à quitter l'idolâtrie. On ne voit guère quel pouvait être ce prince du peuple juif sur le Chaboras, où demeurait Ezéchiel. On assure aussi que son corps fut mis dans la même caverne où avaient été mis Sem et Arphaxad, sur le bord de l'Euphrate. Benjamin de Tudèle dit que ce tombeau est derrière la synagogue, entre l'Euphrate et le Chaboras; qu'il est placé sous une fort belle voûte bâtie par le roi Jéchonias; que les Juifs y entretiennent une lampe qui brûle toujours, et qu'ils se vantent d'y conserver le livre écrit de la main de ce prophète, qu'ils lisent tous les ans au jour de l'Expiation solennelle.

Josèphe (n) dit qu'Ezéchiel laissa deux livres sur la captivité de Babylone. Il dit ailleurs (o) que, ce prophète ayant prédit la ruine du temple et que Sédécias ne verrait pas Babylone, cet écrit fut envoyé à Jérusalem. Il est vrai qu'Ezéchiel, c. XII, v. 13, prédit que ce prince serait mené à Babylone, et qu'il ne la verrait point. Mais on ne lit pas dans les ouvrages d'Ezéchiel que nous avons aujourd'hui, que cet écrit ait été envoyé à Babylone. Saint Athanase (p) a cru que l'un des deux volumes d'Ezéchiel ne subsistait plus. Spinosa croit que ce que nous avons de ce prophète n'est que le débris d'un plus grand écrit. Mais nous ne voyons aucune bonne preuve de tout cela; et nous ne savons d'où Josèphe avait appris le qu'il dit de ces deux prétendus ouvrages d'Ezéchiel.

Les œuvres de ce prophète ont toujours été reconnues pour canoniques, et on ne les lui a point contestées. Toutefois les Juifs disent que le sanhédrin délibéra longtemps si l'on mettrait son livre dans le canon. On lui objectait l'obscurité du commencement et de la fin de sa prophétie (q), et ce qu'il dit ch. XVIII, 2, 20, que le fils ne porterait plus l'iniquité de son père; ce qui est contraire à Moïse (r), qui dit que le Seigneur venge l'iniquité des pères sur les enfants jusqu'à la troisième et quatrième génération.

Saint Clément d'Alexandrie (s) dit que

(a) An du monde 3411. Ezech. xvi, 1, 15, 17.
(b) Ezech. xxiv.
(c) Ezech. xxix, 16, et xxx, xxxi.
(d) Ezech. xxvi, xxvii, xxviii.
(e) Ezech. xxxiii, 21.
(f) Jérusalem fut prise le neuvième jour du quatrième mois de la onzième année de Sédécias. IV Reg. xxv, 2, 3, etc.
(g) Jerem. lii, 30. En 3420.
(h) Ezech. xxv.
(i) An du monde 3421. Voyez Joseph. Antiq. l. X, c. ii.
(j) Ezech. xxvi, xxvii.
(k) Ezech. xxix, xxx, xxxi.
(l) Hieron. in Ezech. xii, p. 766, nov. edit.
(m) Vide Epiphan. de Vita et Morte prophet.
(n) Antiq. l. X, c. vi.
(o) Antiq. l. X, c. x.
(p) Athanas. in Synopsi.
(q) Hieron. Præfat. in Ezechiel. et Comment. in cap. i Prophet.
(r) Exod. xxxiv, 7, et xx, 5
(s) Clem. Alex. l. I Stromat

quelques-uns croient que Nazaratus, Assyrien, précepteur de Pythagore, était le même qu'Ezéchiel. Mais pour lui il n'est nullement de cet avis. Il ne croit pas que Pythagore ait jamais vu Ezéchiel. Ce philosophe a vécu assez longtemps après notre prophète. Saint Épiphane et Dorothée racontent diverses choses dans la vie d'Ezéchiel qui passent pour fabuleuses dans l'esprit des plus savants critiques. Ils disent, par exemple, que ce prophète fit plusieurs miracles dans la Chaldée; qu'il partagea les tribus de Dan et de Gad dans Babylone; qu'il envoya contre eux des serpents, qui dévorèrent leurs enfants et leur bétail, en punition de leur idolâtrie; qu'il ramena le peuple à Jérusalem pour confondre les incrédules; enfin qu'il fut enterré dans le pays des Spyres, apparemment des Sapires. Quoi qu'en disent certains auteurs, le temps et le genre de sa mort sont incertains. Les Juifs ne permettaient pas la lecture, au moins du commencement de ce prophète, avant l'âge de trente ans.

Les Juifs ont parlé d'Ezéchiel d'une manière fort méprisante (a). Ils disent qu'il était serviteur ou garçon, *puer*, de Jérémie; qu'il était l'objet des railleries et des moqueries de son peuple : d'où vient qu'on lui donna le nom de fils de *Buzi*, c'est-à-dire, fils du mépris, ou du méprisé. Ils l'accusent d'avoir enseigné plus d'une chose contraire à Moïse, par exemple sur la matière des sacrifices, et d'avoir dit que Dieu ne ferait pas passer la peine du péché des pères aux enfants; au lieu que Moïse la fait descendre jusqu'à la troisième et quatrième génération (b). Sous ce prétexte, le sanhédrin délibéra un jour de le rayer du nombre des écrivains sacrés et de retrancher ses ouvrages du canon des livres saints.

Une autre raison qui fit balancer de supprimer ses ouvrages fut leur obscurité, principalement la vision du chariot mystérieux au chapitre premier. Les suffrages allaient presque tous à le condamner, si le rabbin Chananias, qui vivait alors, ne se fût offert d'en lever toutes les difficultés. On y consentit, et, pour l'aider dans son travail, on lui fit présent de trois cents tonneaux d'huile pour allumer ses lampes, et pour l'éclairer pendant qu'il travaillerait à cet ouvrage. On comprend bien que tout cela n'est qu'une hyperbole des talmudistes, pour exagérer la difficulté d'expliquer les prophéties d'Ezéchiel; et il est à croire que tout ce qu'ils racontent de la délibération du sanhédrin à ce sujet est une pure fable.

Benjamin de Tudèle raconte dans ses voyages qu'il a vu, à quelques lieues de Bagdad, un superbe mausolée, au-dessus duquel était une fameuse bibliothèque. Le mausolée était le tombeau du prophète Ezéchiel, qui était fréquenté tous les ans par tous les chefs de la captivité, qui s'y rendaient avec une nombreuse suite. C'est un lieu de dévotion, non-seulement pour les Juifs, mais aussi pour les Perses, les Mèdes, et quantité de musulmans, qui y vont faire leurs présents et s'acquitter de leurs vœux. Ces peuples ont ce lieu en une singulière vénération; les armées mêmes n'y touchent jamais. Une lampe luit continuellement sur son tombeau, et c'est le chef de captivité de Bagdad qui fournit de quoi l'entretenir. Ce pèlerinage continue encore aujourd'hui avec beaucoup de dévotion (1).

Quant à la bibliothèque qu'on voyait au même lieu, il dit qu'elle était très-nombreuse, et que tous ceux qui mouraient sans enfants l'augmentaient, en y envoyant de leurs livres. On y voyait même, dit-on, l'original des prédictions de ce prophète, qu'il avait écrit de sa main. Voilà qui paraît fort circonstancié, et qui a assez l'air de vrai.

Cependant un auteur assez ancien (c) dit qu'il fut tué par le commandant de sa nation, irrité de la censure que le prophète faisait de sa conduite, et qu'il fut enterré dans la caverne où reposaient Sem et Arphaxad, ancêtres d'Abraham. Un auteur qui vivait du temps de Constantin dit qu'Ezéchiel est enterré à Bethléem, dans le même lieu que Jessé, David et Salomon.

On sait qu'Ezéchiel parle d'une résurrection fameuse (d), et qu'un jour ayant été mené dans un champ plein d'os, l'esprit de Dieu lui ayant fait faire le tour du champ, lui dit: *Croyez-vous que ces os ressusciteront?* En même temps il lui dit: *Prophétisez sur ces os, et dites-leur : Os arides, écoutez la parole du Seigneur; je vais répandre dans vous l'esprit de vie, et vous vivrez.* En effet, comme le prophète parlait, tous ces os commencèrent à se remuer et à se rejoindre, et enfin ils ressuscitèrent. On a fort disputé sur cet événement s'il était réel, ou s'il était seulement figuratif et arrivé en esprit pour marquer au prophète d'une manière plus vive et plus expresse le retour de la captivité des Juifs. Plusieurs rabbins ont cru que la chose était arrivée dans la rigueur comme le raconte le prophète; mais la plupart des commentateurs croient que le tout se passa en idée et en vision (2).

Voici comme (e) les mahométans la racon-

(a) *Voyez* Bartholocci, *Bibl. Rabb.* l. II. Basnage, *Hist. des Juifs*, t. IV, p. 294 ; l. VI, c. xix.
(b) Comparez *Exod.* xx, 5, et *Ezech.* xviii, 2, 5, 4, etc.
(c) Epiphan. de *Morte prophet.* t. II, p. 241.
(d) *Ezech.* xxxvii, 1.
(e) D'Herbelot, *Bibl. Orient.*, p. 992, *Khazkhil*.
(1) Le 23 mai 1835, Aucher-Eloi était sur la route de Bagdad à Hilla (Babylone), vers le Khan Azad. « Nous trouvâmes sur la route, dit-il, une grande quantité de Juifs, de Persans, d'Hindous, d'Arabes, qui se rendaient en pèlerinage, les premiers à Kéféli, où est le tombeau d'Ezéchiel, mont pendant la captivité de Babylone, les derniers à Kerbela. » Le 25, il était à Hilla ou Babylone. « Nous partîmes de bonne heure, dit-il, pour visiter Birs Nemroud, qu'on suppose avoir été le temple de Bélus..... De la sommité (des ruines de ce temple) j'aperçus Kéféli, où est le tombeau d'Ezéchiel. » Aucher-Eloi, *Relations de voyages en Orient*; Paris, 1843, p. 232, 241.
(2) « Un bas-relief funéraire dans Bottari offre le jugement dernier figuré par la résurrection du champ d'ossements de la vision d'Ezéchiel, suivant la parole de Jéhovah : *Voici que j'ouvrirai vos tumulus et vous tirerai de vos sépulcres*; vision au sujet de laquelle l'Apôtre dit : *Oportet corruptibile hoc induere corruptionem, et mortale hoc induere immortalitatem*. Parmi les morts nus, les uns ont déjà la moitié du corps hors de terre, les autres ne font que montrer leur tête au-dessus du sol. » M. CYPRIEN ROBERT, *Cours d'hiéroglyphique chrétienne*.

tent : La petite ville de Davardan, qui est de la dépendance de la ville de Vassith, ayant été attaquée de la peste, plusieurs des habitants quittèrent leurs demeures et conservèrent leur vie. Une autre année, la peste s'y fit sentir de nouveau, et tous les habitants en sortirent avec leurs troupeaux. Comme ils furent arrivés dans une profonde vallée, deux anges apparurent aux deux extrémités de la vallée, qui leur annoncèrent la mort de la part de Dieu. Ils moururent tous avec leurs bestiaux. Les habitants du voisinage en ayant été informés, s'y rendirent pour leur donner la sépulture; mais le nombre des morts était si grand, qu'ils n'en purent venir à bout. Ils fermèrent la vallée de deux murailles aux deux bouts, et laissèrent une grande partie des cadavres sur la terre, où ils furent bientôt consumés, et il n'en resta que les os. Le prophète Ezéchiel, passant par là quelques années après, fit cette prière à Dieu : Seigneur, de même qu'il vous a plu manifester sur ceux-ci votre puissance avec terreur, regardez-les maintenant d'un œil de clémence et de miséricorde. Dieu exauça ses prières, et les ressuscita. Voilà quel est le caractère de ces peuples orientaux; il n'y a presque aucune histoire qu'ils ne déguisent, et qu'ils n'embellissent à leur manière. Les musulmans font succéder Ezéchiel à Caleb, fils de Jéphoné, qui jugea Israel après la mort de Josué. Voilà un anachronisme des plus forts.

EZECHIEL, père de Séchénias. I Esdr. VIII, 5.

EZECHIEL, poëte hébreu, a écrit en grec une tragédie sur Moïse. Saint Clément d'Alexandrie (a) et Eusèbe (b) l'ont citée. Frédéric Morel la publia à Paris en grec et en latin en 1609.

* EZEL, rocher situé à cinq stades de Jérusalem, près duquel se cacha David, lorsque les circonstances le forcèrent à se séparer de Jonathas, et où ce dernier vint l'avertir des mauvaises dispositions de Saül à son égard. I Reg. X, 19.

EZER, père [ou prince] d'Hosa, de la tribu de Juda. I Par. IV, 4.

EZER, prêtre qui revint de la captivité de Babylone. II Esdr. XII, 41.

EZIEL, fils d'Araïa, contribua au rétablissement de Jérusalem, après la captivité de Babylone. — [Eziel était orfévre, ou chef d'une famille d'orfévres. Neh. III, 8, seul endroit où il soit mentionné.]

* EZRA, Judaïte, père de Jéther, Méred, Epher, Jalon, Marie (homme), Sammaï et Jesba. I Par. IV, 17.

*EZRAHITE, III Reg. IV, 31; Ps. LXXXVII, 1; LXXXVIII, 1.

* EZREL, descendant de Bani, fut un de ceux qui, ayant épousé des femmes étrangères dans le temps de la captivité, les renvoyèrent lorsqu'ils furent revenus dans la patrie. Esdr. X, 41.

* EZRI, Jud. VI, 11, 24, et VIII, 32, le même qu'Abiézer, fils de Galaad. Voy. ABIÉZER.

EZRI, fils de Chélub, intendant des labourages de David. I Par. III, 23.

EZRICAM, [troisième] fils de Naaria, parent [descendant] de David. I Par. III, 23.

EZRICAM, fils [aîné] d'Asel, parent [descendant] de Saül. I Par. VIII, 38, et IX, 44. — [Voy. ASEL.]

EZRICAM, de la tribu d'Ephraïm [grand maître de la maison d'Achaz, roi d'Israel], fut massacré par Zéchri. II Par. XXVIII, 7.

EZRICAM, fils d'Assub, lévite. I Par. IX, 14. — [Il était fils d'Hasébia et père d'Hassub.]

EZRIEL, de la tribu de Manassé [chef de famille. I Par. V, 24].

* EZRIEL ou EZRIHEL, fils de Jéroham, un des braves de l'armée de David, et intendant de la tribu de Dan. I Par. XXVII, 22.

EZRIEL, père de Saraïas. Jer. XXXVI, 26.

F

FABIUS, tribun de l'armée de Pompée, fut un des premiers qui entrèrent par la brèche dans le temple de Jérusalem (c). Je ne sais si c'est le même Fabius qui se laissa gagner par argent par Antigone, fils d'Aristobule (d).

FACE. Le Seigneur promet à Moïse que sa face marchera devant les Israélites (e) : Facies mea præcedet te, et requiem dabo tibi. Sous ces termes les uns entendent Dieu même; ma face, moi-même, disent les Septante, ou bien mon ange, l'ange de ma face, l'ange Michel, que j'ai donné pour conducteur à mon peuple. L'ange de la face désigne aussi le Messie dans Isaïe LXIII, 9 : Angelus faciei ejus salvavit eos. [Et, selon quelques-uns, dans le texte précédent, Exod. XXXIII, 13, 14; ce qui me paraît plus vraisemblable.]

On appelle anges de la face les premiers anges ou les archanges qui assistent devant la face du Seigneur, qui voient sa face, qui sont les plus proches de sa personne. L'Ecriture, parlant d'une manière populaire, représente souvent le Seigneur dans le ciel comme le monarque des Assyriens ou des Perses dans son palais, n'admettant en sa présence qu'un nombre de ses principaux officiers, qui ont l'honneur de le voir et de le servir. Voyez Tobie XII, 15; Apoc. I, 4.

Moïse, au même endroit (f) dont nous avons parlé, prie le Seigneur de lui faire voir sa face : Si inveni gratiam in conspectu tuo, ostende mihi faciem tuam. Et ensuite de lui faire voir sa gloire : Ostende mihi gloriam tuam, ce qui est la même chose que faciem

---

(a) Clem. Alex. l. I Stromat.
(b) Euseb. Præparat. l. IX.
(c) Antiq. l. XIV, c. VIII, p. 474, et de Bello l. I, c. V, v. 720. An du monde 3941, avant Jésus-Christ 59, avant l'ère vulg. 63.
(d) Antiq. l. XIV, c. XXI
(e) Exod. XXXIII, 13, 14.
(f) Exod. XXXIII, 17.

tuam. Dieu lui répond : Je vous montrerai toutes sortes de biens, ou toute ma gloire; je passerai devant vous et je vous donnerai pour signal de ma présence mon nom, que je prononcerai alors; mais *pour ma face, vous ne la pourrez voir, car nul homme ne la verra sans mourir.* C'était une persuasion certaine que l'homme, en cette vie, ne pouvait supporter la vue de Dieu sans mourir. *Voyez* Gen. XVI, 13; XXXII, 30 ; Exod. XX, 19; XXIV, 11 ; Judic. VI, 22, 23.

Le Seigneur exécuta sa promesse : il passa devant la caverne où Moïse s'était mis. Moïse vit sa gloire qui passait devant l'ouverture de la caverne, mais il ne vit point la face du Seigneur, ch. XXXIV, 6, 7 : il le vit seulement par derrière. Toutefois il est dit dans le livre des Nombres, XII, 4, que *Dieu lui parle bouche à bouche, et qu'il voit le Seigneur clairement et non par énigme.* Et ailleurs, Num. XIV, les Chananéens ont oui dire que *vous êtes au milieu de votre peuple, et qu'on vous y voit face à face.* Et au Deutéronome, V, 4 il est dit que Dieu a parlé aux Hébreux face à face, du milieu du feu ; mais dans tous ces passages *face à face* doit s'entendre simplement comme s'il disait que Dieu s'est manifesté aux Israélites, qu'il leur a fait entendre sa voix d'une manière aussi distincte que s'il leur eût apparu face à face.

LA FACE DE DIEU marque quelquefois sa colère : *La face du Seigneur est sur ceux qui font le mal* (*a*). Et : *Ils ont été dissipés par la colère de son visage* (*b*). Et encore (*c*) : *Comme la cire se fond devant le feu, ainsi les pécheurs périssent devant la face de Dieu.* On trouve aussi *la face* dans un sens contraire : *Faites luire votre face sur nous* (*d*). Et ailleurs, (*e*) : *Montrez-nous votre face, et nous serons sauvés.* Et : *Je serai rassasié lorsque votre gloire, votre face, paraîtra* (*f*). *Vous les cacherez dans le secret de votre face* (*g*). Vous les protégerez et vous les comblerez de vos faveurs.

RECONNAITRE LA FACE DE QUELQU'UN, faire acception de personne (*h*) : *Usquequo facies peccatorum sumitis.* Et Salomon (*i*) : *Celui qui reconnaît la face dans le jugement fait mal.* Le juge doit avoir les yeux fermés sur les personnes, pour ne les ouvrir qu'à la justice. Dans Malachie, I, 8, 9, quelquefois *connaître la face* signifie faire faveur. *Si quomodo suscipiat facies vestras Dominus. J'ai encore en cela reçu vos prières, etc.* (*j*); l'Hébreu, à la lettre : *J'ai reçu votre face.*

CRACHER A LA FACE, AU VISAGE, marque le souverain mépris, *Num.* XII, 14. La femme dont le mari était mort sans enfants, si le frère de ce mari ne voulait pas l'épouser, elle lui crachait au visage. *Deut.* XXV, 9.

LE SALUT DE LA FACE DU SEIGNEUR (*k*) marque le salut qu'il promet par sa faveur.

LE PAIN DES FACES sont les pains de proposition, qui étaient toujours devant la face du Seigneur. *Voyez* PAINS DE PROPOSITION.

FADUS. *Cuspius Fadus*, gouverneur de Judée. *Voyez* CUSPIUS.

FAIRE, se prend pour accomplir et observer la loi, travailler à quelque ouvrage, acquérir quelque chose. *Les âmes qu'Abram fit à Haram* (*l*), les esclaves qu'il acquit en ce lieu. *Se faire une maison* (*m*), songer à s'établir, à acquérir du bien. *Se faire des chariots et des cavaliers* (*n*), se donner un équipage. *Faire un chevreau* (*o*), le sacrifier à Dieu, le faire cuire. *Faciam te in gentem magnam* (*p*), je vous rendrai père d'un grand peuple. *Facere salutem magnam* (*q*), faire éclater sa puissance en sauvant son peuple. *Faire sentir mauvais quelqu'un* (*r*), le mettre en mauvaise odeur, le décrier. *Faire avec Dieu* (*s*), être aidé et favorisé de Dieu, servir d'instrument à sa puissance.

Faire, simplement, marque réussir. Recommandez vos voies au Seigneur et espérez en lui, et il fera, *et ipse faciet* (*t*), il donnera un heureux succès à vos entreprises. *Hæc faciat mihi Deus, et hæc addat* : formule de jurement où l'on n'exprime pas le mal qu'on souhaite, ni à soi, ni aux autres.

FAMINE. L'Ecriture parle de plusieurs famines arrivées dans la Palestine et dans les pays voisins : par exemple, du temps d'Abraham (*u*), et encore du temps d'Isaac (*v*). Mais la plus grande dont on ait connaissance est celle de sept ans qui arriva en Egypte du temps de Joseph (*x*). Elle est considérable et par sa durée, et par son étendue, et par sa grandeur, et en ce que l'Egypte est un des pays du monde le moins sujet à ces maux, à cause de son extrême fécondité.

La famine est quelquefois un effet naturel, comme quand le Nil ne déborde pas en Egypte, ou que la pluie ne tombe pas en Judée dans les temps où elle a accoutumé de tomber, c'est-à-dire, au printemps et à l'automne, ou lorsque les chenilles, les hannetons ou les sauterelles viennent fondre sur le pays et en consument les fruits. Les prophètes nous marquent ces dernières causes de la famine en plus d'un endroit.—*Voyez*, par exemple, la magnifique description que fait Joel (*y*) de la venue des sauterelles dans le pays : il les compare à une armée nombreuse et terrible, et décrit les ravages qu'elles faisaient dans le pays.

Souvent aussi la famine était un effet de la colère de Dieu sur son peuple : par exem-

---

(*a*) *Psalm.* XXXIII, 17.
(*b*) *Psalm.* LIV, 22.
(*c*) *Psalm.* LVII, 3.
(*d*) *Psalm.* XXX, 17.
(*e*) *Psalm.* LXXII, 4.
(*f*) *Psalm.* XVI, 15.
(*g*) *Psalm.* XXX, 21.
(*h*) *Psalm.* LXXXII, 2.
(*i*) *Prov.* XXVIII, 21.
(*j*) *Genes.* XIX, 21.
(*k*) *Psalm.* XLI, 6.
(*l*) *Genes.* XII, 5.
(*m*) *Genes.* XXX, 30.
(*n*) III *Reg.* I, 5.
(*o*) *Genes.* XVIII, 21.
(*p*) *Genes.* XII, 2.
(*q*) *Exod.* XIV, 7.
(*r*) *Genes.* XXXIV, 30.
(*s*) I *Reg.* XIV, 45.
(*t*) *Psalm.* XXXVI, 5.
(*u*) *Genes.* XII, 10.
(*v*) *Genes.* XXVI, 1.
(*x*) *Genes.* XLI, 27
(*y*) *Joel.* I, 2, 3, 4, etc.

ple (a), le Seigneur envoie le prophète Gad à David pour lui dire que, pour punition de la vanité qui l'avait engagé à faire le dénombrement de son peuple, Dieu lui donnait l'option ou de sept années de famine, ou d'avoir pendant trois mois le dessous contre ses ennemis, ou de voir son pays attaqué de peste pendant trois jours. Et sous le règne d'Achab (b), *le Seigneur appela la famine sur la terre, et elle y demeura sept ans.* Les prophètes menacent souvent les Israélites *du glaive de la famine*, ou de la guerre et de la famine, deux maux qui vont d'ordinaire ensemble.

Amos (c) menace le peuple de Dieu d'une autre sorte de famine, qui est celle d'entendre la parole de Dieu : *Mittam famem in terram; non famem panis, neque sitim aquæ, sed famem audiendi verbum Domini.*

[*Voyez* mon *Dictionnaire de l'Ecriture sainte*, au mot FAMINE.]

* FARD. On donne ce nom à diverses substances, plus ou moins nuisibles, que l'on emploie dans le dessein d'embellir le teint ou de rendre la peau plus douce. « Jézabel, ayant appris l'arrivée de Jéhu, se para les yeux avec du fard d'antimoine » (4 *Rois* IX, 30). Chez les Romains dégénérés l'usage de se farder était commun aux hommes aussi bien qu'aux femmes (*Voyez* Pline, *Hist. nat.* XI, 37, *et* Juvénal II, 93). Chez les Persans de grands yeux noirs, doux et languissants constituent la perfection de la beauté : les femmes cherchent à atteindre cette perfection par l'emploi de l'antimoine cru (sulfure d'antimoine). *Voyez* ANTIMOINE.

FARINE. La loi de Moïse permettait aux plus pauvres des Israélites qui n'avaient pas le moyen ni d'offrir de gros animaux, ni même des oiseaux ou des colombes, en holocauste, ou pour le péché, d'offrir au moins de la farine (d). Si l'offrande était pour le péché, on donnait au prêtre la dixième partie d'un éphi, c'est-à-dire, environ trois pintes de farine, mesure de Paris. On ne l'arrosait point d'huile, et on n'y mettait point d'encens, parce que c'était une offrande pour le péché. Le prêtre en prenait une poignée qu'il jetait sur le feu de l'autel, et après avoir prié pour l'expiation de celui qui fournissait l'offrande, le reste de la farine était à lui ; c'était comme son honoraire et sa récompense. Si l'offrande était de pure dévotion, on y mêlait de l'huile, et on mettait par-dessus de l'encens (e). Le prêtre en jetait une poignée sur le feu de l'autel ; et tout l'encens qu'on avait mis dessus, et tout le reste lui demeurait comme une chose qui lui était due : mais nul autre que les prêtres n'en pouvait manger, et encore n'en mangeaient-ils que dans le lieu saint, c'est-à-dire, durant le temps de leur service dans le tabernacle. On offrait aussi dans le tabernacle diverses sortes de gâteaux ou de pains. *Voyez* le *Lévitique*, chap. V, v. 4, 5, 6, 7, etc., pour les cérémonies qui s'y observaient.

FASCINATION, charme qui empêche qu'on ne voie les choses comme elles sont en effet. On lit dans l'Evangile de l'enfance de Jésus-Christ (f), qu'un jeune homme ayant été changé en mulet, fut guéri et rétabli en son premier état par la sainte Vierge, qui mit sur lui l'enfant Jésus. Homère parle des compagnons d'Ulysse changés en pourceaux par les charmes de Circé. On lit de pareilles fascinations dans la Vie de saint Hilarion écrite par saint Jérôme, et dans plusieurs autres vies des saints. La métamorphose d'Apulée est fort connue. Saint Augustin (g) parle de quelques personnes qui changeaient en bêtes de somme ceux à qui elles faisaient manger certaines drogues. Tous ces changements ne consistaient que dans l'imagination des spectateurs, et dans la fascination de leurs sens, et de ceux à qui ces accidents arrivaient.

Saint Paul se sert du terme de fascination dans un sens figuré, en parlant aux Galates (h) : *Quis vos fascinavit non obedire veritati?* Qui vous a fasciné le cœur et l'esprit, pour vous porter à donner dans de vaines nouveautés, et à abandonner les vérités que je vous ai prêchées? Et le Sage (i) : *Fascinatio nugacitatis obscurat bona :* La fascination, l'enchantement, le charme des choses du monde, de ses plaisirs, etc., ternit les bonnes choses. On peut voir sur les métamorphoses prétendues causées par les sorciers, ce que dit saint Augustin, l. XVIII *de la Cité de Dieu*, chap. XVI, XVII, XVIII, et ce qu'on a dit sur la métamorphose de Nabuchodonosor en bœuf.

FAUNES. Les faunes sont des animaux sauvages de la nature des singes, ayant quatre pattes, mais ne se servant communément que de celles de derrière : ils ont le visage à peu près comme l'homme, le devant sans poil, et le derrière tout velu. On en trouve dans les Indes, dans la province d'Angola. On dit qu'on en apporta un, il y a quelques années, en Hollande, où il vécut quelque temps. Saint Jérôme (j) dit que du temps de l'empereur Constantin on en porta un à Alexandrie qui y mourut bientôt d'ennui et de tristesse ; on l'embauma, et on le porta à l'empereur, qui était alors à Antioche. Le même saint dit que saint Antoine en rencontra dans son chemin, en allant chercher saint Paul l'Ermite. Plutarque raconte qu'après la défaite de Mithridate on en amena un à Sylla. On connaît aussi d'autres faunes, qui sont des divinités champêtres des païens, ayant des cornes sur la tête et des pieds de bouc.

Les faunes, ou divinités bocagères et champêtres, ne sont point connus des Grecs, mais seulement des Latins, qui faisaient leur fête

---

(a) II *Reg.* XXIV, 12, 13.
(b) IV *Reg.* VIII, 1, 2.
(c) *Amos*, VIII, 11.
(d) *Levit.* V, 11, 12, 13.
(e) *Levit.* II, 1, 2, 3, *et Levit.* VI, 14, 15, 16.
(f) *Evangel. infant.* p. 185, *apud Fabric. Apocryph*

Novi Testamenti.
(g) *Aug. de Civit. Dei,* l. XVIII, c. XVI, 17, 18.
(h) *Galat.* III, 1.
(i) *Sap* IV, 12.
(j) *Hieron. in Vita Pauli.*

le cinquième de décembre, et qui leur sacrifiaient un chevreuil dans les prés, parmi les réjouissances de tous les villages voisins. *Faune* chez les Romains était la même chose que *Pan* chez les Grecs; du moins les Faunes étaient compagnons de Pan. Quoiqu'on les honorât comme des demi-dieux, on croyait pourtant qu'ils mouraient après un certain temps.

Le prophète Jérémie (a) et quelques autres leur donnent l'épithète de *Ficarii*, que quelques-uns traduisent par *mangeurs de figues*. Plusieurs exemplaires lisent *sicariis* au lieu de *ficariis*, et l'expliquent de faunes cruels et assassineurs; mais la leçon *ficariis* est plus communément reçue. D'autres dérivent *ficarii*, non des figues, *ficus*, *ficûs*, mais du mot *ficus*, *fici*, qui signifie *le fic*, une excroissance de chair spongieuse et fibreuse, qui vient en différents endroits du corps, et principalement autour du fondement et des parties honteuses, et à laquelle on croyait que les faunes étaient sujets. On les représente de même que les satyres, tantôt avec la forme humaine, ayant seulement une queue comme de cheval ou de bouc (b), et tantôt avec des oreilles de bouc et des cornes: enfin on les confond presque toujours avec les satyres; d'où vient que, quand on en parle, on dit *faunus an satyrus*, parce qu'on ignore si c'est l'un ou l'autre, à cause qu'on les dépeint de même.

Quant à l'existence des faunes, on sait que saint Jérôme a fait ce qu'il a pu pour la prouver dans sa Vie de saint Paul l'Ermite; mais il n'a pas réussi à la persuader à bien du monde. Il y a encore une infinité d'incrédules sur l'article, quoique les relations qui nous parlent des hommes marins et des sauvages pourraient rendre la chose moins incroyable. On voit dans certains endroits des singes qui ont assez de ressemblance aux faunes et aux satyres, et qui sont assez adroits et assez divertissants pour faire croire qu'ils ont de l'intelligence. Il y a beaucoup d'apparence que les anciens, qui ont honoré les faunes, les sylvains, les pans et les satyres, en ont parlé et pensé comme ils ont fait des tritons, des nymphes et des néréides; ils ont imaginé des génies qui dominaient dans les bois, dans les champs et dans les déserts, dans la mer et dans les eaux; et la superstition leur a donné ensuite des corps feints à plaisir, à peu près comme nos peintres en donnent aux anges et aux démons, aux vertus, aux vices, aux villes, aux provinces, aux dieux des fleuves, et aux déesses des fontaines, etc.

L'hébreu porte dans l'endroit cité de Jérémie: *Habitabunt dracones cum faunis ficariis* (c): *Les ziims y demeureront avec les iims;* et on trouve les mêmes termes dans Isaïe, XXXIV, 14, où nous lisons, suivant la Vulgate: *Les démons et les onocentaures s'y rencontreront;* l'hébreu (d): *Les ziims rencontreront des iims.* En comparant tous les passages où se trouvent ces termes, il nous paraît que *ziim* signifie des pêcheurs, des matelots, des gens de mer, et *iim* des îles; et qu'on peut traduire l'endroit de Jérémie par: *Les pécheurs habiteront les îles;* et celui d'Isaïe: Les pêcheurs, ou ceux qui navigueront dans ce pays-là, y rencontreront des îles; c'est-à-dire, Babylone sera tellement ruinée, que les eaux couvriront même ses ruines, et que les pêcheurs et les nautoniers qui passeront par là n'y verront que quelques îles formées de l'amas de ses ruines.

FAUX PROPHETES. *Voyez* PROPHÈTES.

*FAVORI ou AMI du roi. Cette qualité n'était point une dignité particulière ni un titre d'office. On a cependant toujours vu dans les cours d'Orient des hommes honorés de cette qualité. « Quelque hauteur, quelque empire que les rois d'Orient exercent envers leurs sujets, dit la Bible de Vence (1), et bien qu'ils les regardent plutôt comme des esclaves que comme des égaux, ils n'ont pu se priver entièrement du plaisir de l'amitié; et s'ils n'ont pas voulu descendre jusqu'à s'égaler à leurs sujets, ils ont élevé quelques-uns de ceux-ci aux plus grands honneurs, il les ont comblés de leurs faveurs et honorés de leur amitié et de leur familiarité. Nous connaissons, dans l'Ecriture, Ochosiath, ami d'Abimélech, roi de Gérare (2); Chusaï, ami de David (3); et Zabud, fils de Nathan, prêtre (ou prince) et *ami* de Salomon (4). Le traducteur du troisième livre d'Esdras nomme *amis du roi* les sept conseillers qui étaient ordinairement en sa présence (5). Aman avait été élevé par Assuérus aux plus grands honneurs, et on lui donnait même la qualité de *père du roi* (6).

*FECONDITE; elle était très-honorée chez le peuple de Dieu. « Ce qui influait sur la population des Hébreux plus encore que toutes les autres institutions, dit M. J.-E. Cellérier (*Esprit de la législation mosaïque*, t. II, p. 35), c'était l'honneur dont la fécondité était entourée, et l'opprobre qu'entraînait, dans l'opinion nationale, le célibat ou la stérilité. L'histoire des Hébreux, avec ses espérances et ses promesses, tendait, comme leurs institutions, à produire cet effet. La postérité d'Abraham devait être aussi nombreuse que le sable de la mer. Dès lors une famille considérable fut un bienfait de Dieu et un titre de gloire en Israel; la privation d'enfants, un châtiment céleste et une honte. Chaque famille devait être continuée par ses descendants et conservée avec le nom de son fondateur, nom qui remontait aux premiers âges de la nation. A ce nom se rattachaient un héritage inaliénable et souvent de glorieux souvenirs; tous les membres de la famille

---

(a) *Jerem.* L, 39.
(b) *Voyez* l'Antiquité expliquée, t. I, p. 267 et suiv.
(c) *Jerem.* L, 39. אִיִּים עִם צִיִּים.
(d) *Isai.* XXXIV, 14. אִיִּים אֶת צִיִּים.
(1) *Dissert. sur les officiers de la cour et des armées des rois hébreux,* dont le fond est de dom Calmet.

(2) *Gen.* XXVI, 26.
(3) II *Reg.* XV, 37; XVI, 16.
(4) III *Reg.* IV, 5.
(5) III *Esdr.* VIII, 12; I *Esdr.* VII, 14.
(6) *Esther* XVI, 11.

liés à ce nom et à cet héritage regardaient comme un grand malheur de la voir s'éteindre ou seulement s'affaiblir. Si un homme mourait sans enfants, la loi donnait à ses proches des moyens légaux d'en faire adopter à son ombre, et leur en faisait un devoir. » *Voyez* LÉVIRAT.

FEMME. Le Seigneur ayant créé tous les animaux par couple, mâle et femelle, et les ayant amenés à Adam (a), celui-ci ne remarqua pas dans la revue qu'il fit des animaux qu'il y en eût aucun semblable à lui, ni créé pour lui ; c'est pourquoi on croit qu'il pria Dieu de lui donner une compagne et une aide, comme il en avait donné à tous les autres animaux. Dieu lui envoya donc un profond sommeil, et lorsqu'il était endormi, Dieu tira une côte de son côté, dont il forma la femme. A son réveil Adam l'ayant aperçue s'écria : *Voilà maintenant l'os de mes os, et la chair de ma chair ; elle s'appellera d'un nom qui est dérivé de celui de l'homme, parce qu'elle a été tirée de l'homme* (1), *c'est pourquoi l'homme quittera son père et sa mère, et s'attachera à sa femme, et ils seront deux dans une même chair*, ou ils ne seront qu'un dans deux corps différents, à cause de la production des enfants qui sont le sang de l'un et de l'autre.

Quelques écrivains ont cru qu'Adam avait été créé ayant les deux sexes, parce qu'il est dit dans Moïse, Genes. I, ỳ 26 : *Faisons l'homme à notre image et ressemblance. Et* ỳ 27 : *Et il fit l'homme à son image et ressemblance ; il le créa à son image, et le forma mâle et femelle* (2). Il parle de l'ouvrage du sixième jour. Et au chapitre suivant, v 20, 21, etc., il raconte la formation de la femme de la manière que nous l'avons rapportée. On dit donc que l'homme était déjà formé mâle et femelle avant qu'Eve fût créée. D'autres croient (b) que les corps d'Adam et d'Eve furent créés dès le sixième jour, mais attachés et collés l'un à l'autre par le côté, et qu'ensuite Dieu ayant envoyé un profond sommeil à Adam, il le sépara de la femme ; et c'est ainsi qu'on explique ces mots : *Dieu tira la femme d'une de ses côtes*. L'hébreu se peut traduire par : *Il prit une femme de son côté, et mit de la chair en sa place.* D'autres veulent que l'homme et la femme aient été créés le sixième jour, selon la Genèse, chapitre I, v 27, et que ce qui est raconté au chap. II, v 20, 21 et suiv., est une récapitulation ou un supplément de ce qui avait été raconté auparavant d'une manière trop concise.

Il y en a qui croient (c) que la manière dont la création de la femme est racontée dans Moïse doit s'entendre dans un sens métaphorique et allégorique, et non pas d'une manière réelle et historique. Il faut avouer que le récit de l'auteur sacré présente à l'esprit quelque chose qui ressent l'allégorie et la figure. Ce sommeil d'Adam, cette côte tirée de son côté, la chair que Dieu remit en la place, tout cela paraît nous appeler à une explication plus relevée que ce que la lettre offre à l'esprit. Mais il est trop dangereux de donner atteinte à la vérité des Écritures ; et d'ailleurs les Pères ont constamment expliqué ce passage à la lettre.

Quelques rabbins croient que Dieu avait créé une première femme à Adam avant Eve, dont la création est racontée dans la Genèse, chap. II, v. 21, 22, etc. Cette première femme s'appelait *Lilith*, et elle se sépara d'Adam, sans vouloir jamais retourner avec lui. *Voyez* ci-après LILITH.

On sait ce que les profanes racontent de *Prométhée*, qui forma l'homme du limon de la terre, et vola le feu du ciel pour lui donner la vie. Jupiter, irrité du vol de Prométhée, ordonna à Vulcain de former la femme du limon de la terre. Cette femme fut appelée *Pandore*. Jupiter lui donna une boîte pleine de malheurs et de misères, pour la donner à Prométhée. Pandore donna la boîte à Epiméthée, qui prit Pandore pour femme, accepta la boîte, et l'ouvrit. Tous les malheurs et les misères en sortirent aussitôt, et se répandirent sur tout le genre humain. Il se hâta de la refermer ; mais il était trop tard ; tout le mal en était sorti : il ne resta au fond que l'espérance.

La femme fut créée pour être la compagne et l'aide de l'homme ; elle lui fut égalée dans le domaine que Dieu leur donna sur tous les animaux ; mais depuis le péché Dieu l'assujettit à l'empire de l'homme : *Sub viri potestate eris* (d). Sara (e) appelle Abraham son nom de l'homme *isch*. Une dérivation analogue n'existe pas dans les autres langues sémitiques ou helléniques. Toutefois les anciens Latins disaient *vira* ou *vir*, d'où sont restés les mots *virgo, virago.* » Il ajoute : « Plusieurs commentateurs hébreux infèrent de là que le premier langage du genre humain fut l'hébreu. *Voyez* Abarbanel, Cosri et Jarchi. »

(a) Genes. ii, 20.
(b) Rabb. Samuel Manassé Ben-Israel. Maimonid. Eugubin. in Genes. in Cosmopœia.
(c) Philo Allegor. leg. l. III, p. 109, 110. Cajetan. in Genes.
(d) Genes. iii, 16.
(e) Genes. xviii, 12. I Petr. iii, 6.

(1) *Hæc vocabitur* virago, *quoniam de viro sumpta est* : ainsi s'exprime la Vulgate, Gen. ii, 23. « Notre langue, dit M. Boré (Précis de l'histoire d'Arménie, dans l'*Univers pittoresque* de F. Didot., pag. 127, col. 2, note), ne peut reproduire le jeu de mots existant dans l'hébreu, où il est dit : « Elle s'appellera *ischa*, parce qu'elle a été prise de *isch*, » l'homme. En latin on dirait *vocabitur* virago, *quia ex viro sumpta est*, bien que le sens de *virago* ne corresponde pas avec justesse à l'idée de *femme*. » M. Cahen traduit l'hébreu : *Que celle-ci soit appelée* femme, *parce qu'elle a été prise de l'homme*. J'aime mieux la traduction de M. Boré ou celle de MM. Glaire et Frank : *Qu'elle soit nommée* ischa, *parce qu'elle a été tirée de* isch. Mais voici une note que M. Cahen a mise sur le mot אִשָּׁה, ischa, et qui me plaît : « En hébreu le mot *ischa* est dérivé du

(2) Il y a dans le texte : *Faisons* adam... *il fit* adam ; *il les créa mâle et femelle, il leur donna l'autorité*... Le mot *adam* n'est point ici un nom propre, un nom personnel restreint uniquement au père du genre humain, mais un nom commun aux deux sexes, et qui dans l'hébreu, comme le mot *homo* dans le latin et le mot *homme* dans le français, comprend l'homme et la femme. En effet la femme n'est pas un être distinct de l'homme quant à la nature, mais seulement quant au sexe. J'avais déjà fait cette remarque dans mon *Histoire de l'Ancien Testam.*, tom. I, pag. 6, note. Le mot *adam* a la signification commune que je viens d'indiquer dans onze passages que j'ai rapportés à l'article ADAM, dans mon *Repertorium Biblicum*.

seigneur (1). Outre les devoirs communs prescrits par la loi aux hommes et aux femmes, il y avait certains assujettissements propres à ce sexe : comme sont les souillures légales qu'elles contractaient durant le temps de leurs incommodités ordinaires (a), et celles qui suivaient leurs couches (b), et celles qui naissaient de certains flux d'humeurs hors des temps réglés par la nature (c). La loi les soumet aussi aux eaux de jalousie (d), si leurs maris concevaient contre elles quelques soupçons bien fondés; et lorsqu'ils ne trouvaient pas en elles les signes de virginité, ils pouvaient les répudier (e). La loi ne donne aucune action à la femme contre son mari; mais elle permet au mari de faire divorce avec sa femme, et de la faire lapider si elle lui a manqué de fidélité.

Les rabbins (f) disent que tout ce qui est défendu aux hommes dans les préceptes négatifs, l'est aussi aux femmes; mais qu'à l'égard des préceptes affirmatifs, elles ne sont point obligées à ceux qui demandent un terme préfix pour les exécuter; et cela fondé sur la faiblesse et la délicatesse de leur sexe, sur l'obéissance qu'elles doivent à leurs maris, et sur les services qu'elles sont obligées de leur rendre. Elles doivent avertir leurs maris du temps de leurs mois, afin qu'ils ne s'approchent pas d'elles. De plus, elles doivent, en achevant de pétrir le pain, faire un petit gâteau, qui était autrefois offert au Seigneur; mais aujourd'hui on le jette au feu. Enfin elles doivent allumer dans leurs maisons une lampe le vendredi au soir, pour la nuit du sabbat. Voilà ce que les rabbins appellent les préceptes des femmes. — [*Voyez* ASSEMBLÉES.]

Si une femme mariée fait un vœu, de quelque nature qu'il soit, elle n'est point obligée à y satisfaire (g), si son mari s'y oppose et la contredit le jour même. Que s'il attend jusqu'au lendemain pour s'y opposer, ou qu'ayant su la chose, il soit demeuré dans le silence, il est censé y consentir, et la femme est tenue à acquitter son vœu. On peut voir saint Paul, I *Cor.* VII, 2, 3, 4 *et sequ.*, pour les devoirs des femmes envers leurs maris. Il veut qu'elles leur soient soumises comme à Jésus-Christ. *Ephes.* V, 22. Il leur défend de parler et d'enseigner dans l'église, et d'y paraître la tête découverte et sans voile. I *Cor.* XI, 5 ; XIV, 34. Il ne permet pas à une femme d'enseigner, ni de dominer sur son mari; il veut qu'elle demeure dans la soumission et dans le silence, il ajoute que la femme se sauvera par la production et l'éducation de ses enfants, si elle les élève dans la foi, dans la charité, dans la sainteté et dans une vie bien réglée. Enfin, *voyez* l'Épître à Tite, II, 4, 5, et la première Épître de saint Pierre, III, 1, 2, 3, où il leur recommande la modestie, et d'avoir un grand éloignement des frisures, des ornements superflus et de la somptuosité des habits.

FEMME ADULTÈRE. Son histoire a été rapportée au mot ADULTÈRE, ainsi que les raisons pour et contre l'authenticité de ce récit. Outre les réponses déjà faites aux objections dirigées contre elle, M. l'abbé Sionnet présente d'utiles et décisives observations. Dom Calmet dit dans son article que *plusieurs anciens manuscrits syriaques ont lu* l'histoire de la femme adultère, et c'est à ce propos que M. Sionnet s'exprime dans les termes suivants :

« La *versio simplex* seule, dans quelques manuscrits, ne présente pas cette *histoire*. Elle se trouve dans la version *philonénienne* et *héracléenne*, dans la version *copte memphitique* (2), dans la version *géorgienne* et les meilleurs manuscrits de la version *arménienne* (3), dans la version *arabe*, dans la version *italique*. Elle est citée dans les *Constitutions apostoliques*, etc. Elle est dans la majeure partie des manuscrits *grecs* les plus anciens. Voyez *Georgii fragmentum Evangelii S. Joannis*, CLXXIII, p. 184 et suiv. L'Église romaine l'a toujours lue dans la liturgie, et il n'existe aucun motif qui ait pu en déterminer l'insertion dans l'Evangile de saint Jean, avec le contexte duquel elle s'accorde parfaitement. Son authenticité est donc certaine. Aussi, les critiques les plus célèbres, même parmi les protestants, l'ont-ils admise. *Voyez* Rosenmüller, Scholies sur le Nouveau Testament, sixième édition. Consultez, sur la question de l'authenticité, *Fragmentum Evangelii S. Joannis, græco-coptothebaicum* IV *sæculi.... opera Georgii*, in-4°, Romæ 1789, n. 184—232 (S). »

FEMME DE LOTH, changée en statue de sel. *Voyez* STATUE DE SEL et LOTH.

FER, *ferrum*. Moïse défend d'employer à l'autel du Seigneur des pierres qui aient été touchées par le fer (h), comme si le fer leur imprimait quelque souillure. Il dit que les pierres de la Palestine sont du fer (i) : *Enim lapides ferrum sunt*; c'est-à-dire qu'elles sont d'une dureté égale au fer, ou qu'étant fondues, elles forment le fer [*voyez* BLÉ, § VIII]. La servitude des Hébreux dans l'Egypte est nommée en plus d'un endroit *fornax ferrea*(j), une fournaise de fer, ou plutôt une fournaise, une forge de forgeron. *Un joug de fer* (k) marque un joug, une domination dure et insupportable. *Le fer perça l'âme de Joseph* (l), lorsqu'il fut injustement mis en prison. *Le*

(a) *Levit.* XV, 19.
(b) *Ibid.* XII, 2, 3.
(c) *Ibid.* XV, 25.
(d) *Num.* V, 14, 15.
(e) *Deut.* XXII, 25.
(f) Léon de Modène, *Cérémon. des Juifs*, partie V, c. IV.
(g) *Num.* XXX, 7 *et seq.*
(h) *Deut.* XXVII, 5.
(i) *Deut.* VIII, 9.
(j) *Deut.* IV, 20. III *Reg.* VIII, 51.
(k) *Deut.* XXVIII, 48.

(l) *Psalm.* CIV, 18.
(1) Que conclure de cela? rien dans la question de l'assujettissement de la femme; car si Sara appelait Abraham *son seigneur*, Abraham appelait Sara *sa dame* ou *sa princesse*. Voyez mon *Repertorium Biblicum*, verbo UXOR, § V sur I *Petr.* III, 6.
(2) Ceci réfute une erreur de M. Glaire, de qui j'ai emprunté une note pour éclaircir ou compléter les objections contre l'authenticité du récit dont il s'agit.
(3) Ceci achève de corriger la note empruntée de M. Glaire.

fer aiguise le fer, dit le Sage (a); ainsi l'homme aiguise la face de son ami : la présence d'un homme, d'un ami, nous rend plus assurés, plus hardis. Dieu menace son peuple, ingrat et infidèle, de rendre à son égard le ciel de fer, et la terre d'airain (b), de rendre la terre stérile, et l'air sec et sans pluie. Des chariots de fer (c) sont des chariots armés de fer, de pointes, de faux. Voyez CHARIOTS. Le faux prophète Sédécias se fit des cornes de fer (d), pour persuader à Achab qu'il battrait la Syrie. Gouverner avec la verge ou le sceptre de fer (e), se met pour gouverner avec une autorité absolue; et cela ne se dit pas d'un règne dur et cruel, mais du règne du Messie. Votre cou est un nerf de fer (f), vous êtes aussi dur et aussi inflexible que le fer. Dieu dit qu'il rendra Jérémie aussi raide qu'une colonne de fer (g) : Ego dedi te hodie in columnam ferream.

[Le fer est un des métaux que les savants ont considérés par rapport à l'histoire de l'homme; ils ont trouvé que l'usage du fer chez un peuple révélait que ce peuple était dans un haut degré de civilisation. Aussi, M. Dureau de la Malle, après avoir savamment exposé une suite d'observations et d'études sur l'emploi des métaux chez les peuples anciens, conclut-il *qu'on peut déterminer à priori le degré de civilisation d'un peuple d'après la seule connaissance de l'espèce de métal, or, cuivre, argent ou fer, qu'il emploie pour ses armes, ses outils ou sa parure* (1). Il établit par des faits que *l'or est le premier des métaux précieux qui ait dû être employé dans l'enfance de la civilisation, et qui l'ait été en effet longtemps avant l'argent* (2); — *que l'usage de l'or en ustensiles ou en bijoux peut très-bien s'allier avec un état de choses voisin de la barbarie, tandis que l'emploi de l'argent à ces mêmes besoins dénote par lui seul un état social assez avancé* (3); — *que l'emploi du cuivre, de même que celui de l'or, s'allie très-bien avec un état voisin de la barbarie* (4); — enfin, *que l'usage du fer prouve une civilisation encore plus avancée que celle où l'on trouve l'emploi de l'argent* (5). — Que dire de l'usage de l'airain? Annonce-t-il un état social tenant le milieu entre la civilisation déjà perfectionnée que suppose l'emploi de l'argent, et la civilisation encore plus perfectionnée que suppose l'usage du fer? C'est ce qu'on pourrait penser, peut-être, car, bien que déjà mentionné dans les poëmes d'Homère, le fer y paraît d'un usage très-rare: au prix de l'airain, cet alliage de cuivre, de zinc ou d'étain, dont les sociétés grecque et romaine se servirent si longtemps, même pour la fabrication des haches et des rasoirs (6); mais je crois qu'il n'y a pas de nécessité à admet-

tre l'état social intermédiaire qui est en question : diverses causes pouvaient priver de fer les sociétés grecque et romaine dans le temps où chez elles l'usage de l'airain était si général.

M. Dureau de la Malle (7) fait cette remarque : *Hésiode, au commencement de son poëme sur l'agriculture* (8), *dit que dans les anciens temps la terre fut travaillée avec l'airain, parce que le fer n'avait pas encore été découvert :*

Χαλκῷ δ' ἐργάζοντο· μέλας δ' οὐκ ἔσκε σίδηρος.

Il ajoute : *Lucrèce* (9) *confirme cette idée juste et vraie de l'antique poëte d'Ascrée par ce vers :*

Et prior æris erat quam ferri cognitus usus.

J'admets cette tradition comme vraie, mais je dis que l'état social où l'on sait faire l'airain n'est pas moins avancé que celui où l'on emploie le fer. Ainsi, de même qu'il ne paraît pas y avoir de différence entre la société qui fait usage de l'or et celle qui se sert de cuivre, je n'y en vois pas non plus entre les sociétés qui emploient, l'une l'airain, et l'autre le fer.

La barbarie étant l'état social d'un peuple, voici donc les degrés de civilisation par lesquels il a passé :

1er degré, marqué par l'usage de l'or ou du cuivre;

2e degré, marqué par l'usage de l'argent;

3e degré, marqué par l'usage de l'airain ou du fer.

Mais la barbarie est l'état d'un peuple dégénéré; ce n'est pas celui de l'humanité à son origine. La société humaine a commencé par le plus haut de ces degrés de civilisation : la Bible le prouve en disant que Tubal-Caïn, le septième descendant du premier homme, était habile *à travailler en toutes sortes d'ouvrages d'airain et de fer* (10), et les savants ne font que confirmer cette vérité quand ils établissent par des faits que l'état social qui emploie l'airain ou le fer est le plus avancé dans la civilisation.

Il faut remarquer en outre que l'airain et le fer sont les premiers métaux travaillés dont la Bible parle. La tradition rapportée par Hésiode et rappelée par Lucrèce appartient évidemment à ce premier des monuments historiques, où l'airain est nommé avant le fer. Si le fer fut découvert après la manière de faire l'airain, l'Ecriture ne le dit pas, et je l'ignore; le poëte, qui probablement ne le savait pas davantage, dit qu'il fut découvert avant. Cette supposition, qui ne peut être fondée que sur la tradition biblique, où l'airain est nommé avant le fer, loin d'infirmer mon assertion touchant le degré

(a) Prov. xxvii, 17.
(b) Levit. xxvi, 19.
(c) Josue, xvii, 16, 18.
(d) III Reg. xxii, 11 et II Par. xviii, 10.
(e) Psalm. ii, 9. Apoc. ii, 27; xii, 5.
(f) Isai. xlvii, 4.
(g) Jerem. i, 18.
(1) Economie politique des Romains, liv. I, ch. viii, t. I, p. 57.
(2) Ibid. p. 48.

(3) Economie politique des Romains, p. 49. Voyez Or, où les passages sont cités en entier.
(4) Ibid., p. 57.
(5) Ibid. p. 48 et suiv., passim.
(6) Ibid., p. 58.
(7) Ibid., p. 57.
(8) ἔργα, I. 151, et Tzetzes, Sch., p. 48; ed. Heinz., 1603.
(9) V, 1286.
(10) Gen. iv, 22.

* **FESTINS.** Dieu avait fait cette loi aux Hébreux : « Vous célébrerez la fête des Se-
» maines en l'honneur du Seigneur votre
» Dieu, en lui présentant l'oblation volon-
» taire (du travail) de vos mains.... Et vous
» ferez devant le Seigneur votre Dieu des
» *festins de réjouissance*, vous, votre fils et
» votre fille, votre serviteur et votre ser-
» vante, le lévite, l'étranger, l'orphelin et
» la veuve.... Vous célébrerez aussi la fête
» des Tabernacles...., et ferez des *festins de
» réjouissance*, vous, etc. » *Deut.* XVI, 10 et
suiv. et ailleurs. Ainsi Dieu voulait que son
peuple se réjouît, et que la joie animât les
fêtes religieuses, qui étaient aussi des fêtes
nationales. « Outre les dîmes destinées à la
tribu de Lévi, dit M. Cellérier (1), une seconde dîme devait être prélevée sur les fertiles domaines des Hébreux (2). Mais la loi
qui enlevait cette seconde dîme à l'agriculture, la lui rendit immédiatement, à condition de l'employer aux jouissances sociales,
morales et bienveillantes. Deux ans sur
trois, elle devait servir à des banquets d'actions de grâces, à l'époque des fêtes solennelles. Ces banquets avaient le double effet
d'associer au séjour de Jérusalem et aux
temps des fêtes religieuses, des impressions
d'allégresse et d'abondance ; puis de faire
souvent asseoir à la même table des Hébreux
de diverses tribus.

» La troisième année, la seconde dîme
avait une autre destination, mais tendait
également, et plus efficacement encore, à
faire naître, par la joie, l'affection mutuelle
et la paix. Elle se dépensait encore en festins d'actions de grâces, mais ceux-ci avaient
lieu sur le sol même qui avait vu croître les
récoltes, et dans la demeure du propriétaire ;
ses voisins pauvres y devaient être appelés
avec le lévite, l'esclave [lisez le serviteur],
l'étranger, et très-probablement le merce-
naire, quoiqu'il n'en soit pas fait une mention précise dans la loi...

» Évidemment le législateur aime à associer les festins au culte, et c'est avec cette
intention qu'il accoutume son peuple à so-
lenniser ainsi les fêtes sacrées. Les banquets
étaient en effet l'accompagnement obligé des
sacrifices volontaires, par lesquels les solennités religieuses étaient célébrées. Bientôt
on dut regarder les banquets comme un des
éléments nécessaires de la fête et du culte,
et les sabbats, les nouvelles lunes, toutes les
époques consacrées par la religion en furent
accompagnées, même en l'absence du sacrifice eucharistique. Ainsi le voulait le législateur. »

Ces festins étaient accompagnés, comme
ils le sont encore généralement en Orient et
quelquefois ailleurs, de musique, de divertissements, de chants, de parfums. Comme
partout, la viande et surtout le vin, le vin
qui *réjouit les hommes*, selon l'expression de
l'Ecriture (3), y jouaient sans doute les principaux rôles. Mais il faut croire que dans
ces temps anciens les Hébreux ne buvaient
que pour goûter longuement la joie, et non
pour la perdre bientôt avec la raison : *Exsul-
tatio animæ et cordis, vinum moderate pota-
tum* (4). Il est probable que dans la suite ces
festins religieux et civiques ne suffirent plus
aux Hébreux, et qu'ils en firent de particuliers où s'introduisit la licence. *Voyez Ps.*
LVIII, 13 ; *Prov.* VII, 18 ; *Amos* VI, 5, et mon
Repertorium Biblicum, v° VINUM.

FESTUS. *Porcius Festus* succéda à Félix
dans le gouvernement de la Judée (a), l'an de
Jésus-Christ 60. Comme Félix son prédécesseur voulait faire plaisir aux Juifs, en quittant son gouvernement, il laissa saint Paul
dans les liens, à Césarée de Palestine (b).
Festus étant venu pour la première fois à
Jérusalem, les principaux des Juifs le prièrent de condamner Paul, ou du moins de le
faire amener à Jérusalem, voulant le faire
assassiner en chemin (c). Festus le refusa,
disant que ce n'était pas la coutume des Romains de condamner un homme sans l'entendre ; mais il dit qu'ils pouvaient venir à
Césarée, et qu'il écouterait leurs accusations
contre Paul. Quelques jours après ils y vinrent en effet, mais Paul appela à César, et
arrêta ainsi les poursuites des Juifs et la
mauvaise volonté de Festus, qu'ils avaient
gagné par une somme d'argent.

Festus, ayant trouvé la Judée remplie de
brigandages, s'appliqua à poursuivre les voleurs qui désolaient la province (d). Il réprima aussi un magicien qui attirait le peuple
dans le désert ; enfin il mourut en Judée vers
le commencement de l'an 62 de Jésus-Christ,
et Néron nomma Albin pour lui succéder (e).

FETES. Dieu, par un effet de sa sagesse,
avait établi plusieurs fêtes parmi les Juifs
pour plusieurs raisons. 1° Pour perpétuer la
mémoire des grands événements et des merveilles qu'il avait faites en faveur de son
peuple : par exemple, le sabbat rappelait la
création du monde ; la Pâque, la sortie d'E-
gypte ; la Pentecôte, la Loi donnée à Sinaï, etc. 2° Pour attacher le peuple à sa religion par la vue des cérémonies et par la
majesté du service divin. 3° Pour lui procurer certains plaisirs et certains repos permis :
car les fêtes étaient accompagnées de réjouissances, de repas de charité, de divertissements honnêtes. 4° Pour leur donner des
instructions ; car dans les assemblées de religion on lisait et on expliquait la loi de
Dieu. 5° Pour renouveler les connaissances,
les liaisons, l'amitié des tribus et des familles entre elles, lorsque des différentes villes

---

(a) Vide *Antiq. l.* XX, c. vii.
(b) *Act.* xxiv, 27.
(c) *Act.* xxv, 1, 2, 3, etc.
(d) *Joseph. de Bello, l.* II. c. xxiv, et *Antiq. l.* XX
c. vii.
(e) *Antiq. l.* XX, c. viii.

(1) *Esprit de la législation mosaïque*, tom. II, pag. 118-124.
(2) *Deut.* xii, 5-7, 17, 18 ; xiv, 22, 19 ; xvi, 10, 11 ; xxvi,
12, 13. *Voyez* Michaëlis, *Mosaisches Recht.* §§ 143, 192.
(3) *Ibid.* ix, 15. *Voyez* encore *Ps.* xxii, 5 ; ciii, 15.
(4) *Eccli.* xxxi, 36.

du pays elles venaient et se rencontraient trois fois l'année dans la ville sainte. — [*Voyez* FESTINS, *et* LOI, § XI.]

Les Hébreux avaient un grand nombre de fêtes. La première et la plus ancienne de toutes était le Sabbat, ou le septième jour de la semaine, institué pour conserver la mémoire de la création du monde (*a*). *Le Seigneur bénit le septième jour, et il le sanctifia*, dit Moïse, *parce qu'en ce jour-là il avait cessé l'ouvrage de la création.* Quelques anciens Pères et quelques rabbins (*b*) ont cru que le sabbat avait été observé parmi les justes dès le commencement du monde. Mais le sentiment le plus universel est qu'on ne commença à le chômer que depuis le commandement que le Seigneur en donna aux Israélites, au campement de Mara, quelque temps après leur sortie d'Egypte (*c*).

L'année sabbatique, qui revenait tous les sept ans et qui était toute destinée au repos, et l'année du jubilé, qui arrivait au bout de sept fois sept ans, ou la quarante-neuvième année, étaient encore des espèces de fêtes, qu'on peut regarder comme une suite de celle du Sabbat.

La Pâque était instituée en mémoire de la sortie d'Egypte et de la grâce que le Seigneur avait faite à son peuple, en épargnant ses premiers-nés, lorsqu'il passa dans l'Egypte, et y faisant mourir tous les premiers-nés des Egyptiens (*d*). On la célébrait le quatorzième ou plutôt le quinzième du premier mois de l'année sainte, qui était le septième de l'année civile. La fête commençait après midi du quatorze, et se célébrait proprement le quinzième de Nisan. Elle durait sept jours ; mais il n'y avait que le premier et le dernier jour de l'octave qui fussent chômés. *Voyez* l'article PAQUE.

LA FÊTE DE LA PENTECÔTE se célébrait le cinquantième jour après la Pâque, en mémoire de ce que la Loi fut donnée à Moïse sur le mont Sinaï, cinquante jours après la sortie d'Egypte. On comptait sept semaines de jours depuis Pâque jusqu'à la Pentecôte, à commencer au lendemain de la Pâque (*e*). Les Hébreux l'appellent pour cela *la Fête des Semaines*, et les chrétiens *Pentecôte*, qui signifie *le cinquantième jour.*

LA FÊTE DES TROMPETTES se célébrait au commencement ou au premier jour de l'année civile, auquel on sonnait de la trompette, pour annoncer le commencement de l'année, qui était au mois de Tizri, répondant à notre mois de septembre. C'était plutôt une fête civile qu'une solennité sacrée. On ne connaît aucune cause religieuse de son établissement. Moïse ordonne de la chômer et d'offrir ce jour-là certains sacrifices (*f*). Les rabbins veulent que l'on sonne de la trompette en réjouissance de ce qu'Isaac fut délivré, lorsqu'il était sur le point d'être immolé.

LES NÉOMÉNIES, ou les premiers jours de chaque mois étaient en quelque sorte une suite de la fête des Trompettes. La loi n'obligeait pas au repos ce jour-là, mais elle ordonnait simplement d'offrir certains sacrifices particuliers (*g*). Il paraît que ces jours-là on sonnait aussi de la trompette (*h*), et que l'on faisait quelque espèce de fête et de festin (*i*). *Voyez* NÉOMÉNIES.

LA FÊTE DE L'EXPIATION, ou du *Chippur*, ou du *Pardon*, se célébrait au dixième jour de tizri, qui était le premier jour de l'année civile (*j*). Elle était instituée pour l'expiation de tous les péchés, des irrévérences et souillures que tous les Israélites, depuis le grand prêtre jusqu'au dernier du peuple, avaient pu commettre pendant l'année. On y jeûnait rigoureusement, et on y offrait divers sacrifices. *Voyez* ci-devant EXPIATION.

LA FÊTE DES TENTES, ou *des Tabernacles*, dans laquelle tous les Israélites étaient obligés de se trouver au temple, et de demeurer pendant huit jours sous des tentes faites de feuillages, en mémoire de ce que leurs pères, dans le désert, avaient demeuré pendant quarante ans dans des tentes, comme des voyageurs. Elle se célébrait le 15 du mois de tizri, qui était le premier de l'année civile. Le premier et le septième jour de cette fête étaient très-solennels (*k*). Mais pour le reste de l'octave, on pouvait travailler. Au commencement de la fête, on portait au temple, en cérémonie, deux vases d'argent, l'un plein d'eau, et l'autre plein de vin, que l'on répandait, tous les sept jours de la fête, au pied de l'autel des holocaustes (*l*).

L'octave des trois grandes fêtes de l'année, qui sont Pâque, la Pentecôte et les Tabernacles, c'est-à-dire, le septième jour après ces fêtes, était chômée comme le jour même de la fête, et tous les mâles étaient obligés de se trouver au temple dans ces trois fêtes (*m*). Mais la loi ne les obligeait pas d'y demeurer pendant toute l'octave : ils pouvaient s'en retourner dès le lendemain de la solennité (*n*), si ce n'est dans la fête des Tabernacles, où il semble qu'ils devaient demeurer pendant tous les sept jours.

Outre ces fêtes marquées dans Moïse, on trouve aussi la *Fête des Sorts*, ou *Purim*, instituée à l'occasion de la délivrance des Juifs, qu'Aman voulait faire périr, sous le règne d'Assuérus (*o*). *Voyez* ESTHER, MARDOCHÉE, ASSUÉRUS.

La mort d'Holopherne, marquée dans Judith (*p*). *Voyez* JUDITH.

LA FÊTE DE LA DÉDICACE DU TEMPLE, OU

(*a*) *Genes.* II, 3.
(*b*) *Voyez* notre Commentaire sur la Genèse, II, 3, *et Selden. de Jure nat. et gent. l.* III, *c.* XIII.
(*c*) *Exod.* XV, 25, 26.
(*d*) *Exod.* XII, 14 *et seq.*
(*e*) *Levit.* XXIII. *Num.* XXIX. *Exod.* XXIII, 14, *etc.*
(*f*) *Levit.* XXIII, 24, 25, *et Num.* XXIX, 1, 2.
(*g*) *Num.* XXVIII, 11.
(*h*) *Num.* X, 10.
(*i*) I *Reg.* XX, 5, 18, etc.
(*j*) *Levit.* XXII, 27, 28. *Num.* XXIX, 7.
(*k*) *Vide Levit.* XXIII, 34, 35, *et Num.* XXIX, 12, 13.
(*l*) *Misna tit. Suca, et Bartenora in cap.* IV *Misnæ.*
(*m*) *Exod.* XXIII, 14. *Deut.* XVI, 16.
(*n*) *Deut.* XVI, 7.
(*o*) *Esther.* IX, 29, 30.
(*p*) *Judith. ult. v.* 31.

plutôt du renouvellement du temple, qui avait été profané par Antiochus Epiphanes (*a*), se célébrait pendant l'hiver, et on croit que c'est cette fête, qui est nommée *Encœnia* dans l'Evangile (*b*). *Voyez* ci-devant DÉDICACE. Josèphe dit qu'on l'appelait *Fête des lumières* (*c*). Voici ce qui en est dit dans les livres des Machabées : Judas et ses frères ayant défait l'armée de Gorgias, se rendirent au temple de Jérusalem, qu'ils trouvèrent profané et abandonné, en sorte que les parvis étaient pleins de ronces et de halliers, les portes étaient brûlées, l'autel profané, et les bâtiments ruinés. Après avoir répandu bien des larmes, ils commencèrent à nettoyer la place, et employèrent les prêtres à démolir l'autel qui avait été profané. Ils en mirent les pierres dans un lieu propre, en attendant qu'il vînt un prophète qui leur dît ce qu'il en faudrait faire. Ils en érigèrent un autre de pierre brute, rétablirent le Saint et le sanctuaire, y mirent le chandelier, la table des pains de proposition et l'autel des parfums. Ils allumèrent les lampes, mirent les pains sur la table sacrée, firent brûler l'encens, offrirent des hosties et des holocaustes, et firent la dédicace du temple pendant huit jours, avec toute la solennité que les circonstances purent permettre. Josèphe ajoute qu'on donna à cette fête le nom de *Fête des lumières*, apparemment parce que ce bonheur leur était arrivé lorsqu'ils l'attendaient le moins, et qu'ils l'avaient regardé comme une nouvelle lumière qui se levait sur eux.

Léon de Modène (*d*) entre en un plus grand détail sur la manière dont on célébrait cette fête. Il dit que les anciens sages ont ordonné la célébration de cette fête en mémoire de la victoire que Judas Machabée remporta sur les Grecs. « On allume une lampe le premier jour, deux au second, et ainsi en continuant jusqu'au dernier, qu'on en allume huit. Cela est fondé sur ce que les ennemis étant maîtres de la ville et du temple, et l'ayant profané, Jocanan et ses enfants les en chassèrent et les défirent; et comme au retour il ne se trouva point d'huile pure pour allumer les lampes du chandelier à sept branches, il s'en rencontra dans un petit vase ciselé assez pour brûler une nuit; mais cette huile dura huit nuits, par miracle, ce qui obligea, en mémoire de cet événement, d'allumer autant de lampes que nous avons dit.

» On célèbre aussi dans cette fête l'entreprise de Judith sur Holopherne, quoiqu'elle ne se soit pas exécutée dans la même saison, à ce que disent quelques-uns.

» Pendant ces huit jours, on peut négocier et travailler; car tout ce qu'il y a d'extraordinaire consiste dans l'ordre d'allumer ces lampes, et en ce qu'on ajoute aux prières une louange pour cette victoire, et tous les matins le psaume CXIII et les suivants avec le XXX. Il y aussi quelque petite différence pour le manger. On appelle cette fête *Hanucha*, c'est-à-dire, *Exercice*, ou *Renouvellement*, parce qu'on commença à y renouveler les exercices interrompus dans ce temps-là. »

Le vingt-unième de septembre, les Juifs font une fête, qu'ils appellent des *Rameaux*, en mémoire de la prise de Jéricho. Dans le même mois, ils ont *la fête des Collectes*, parce que ce jour-là on fait une cueillette pour la dépense des sacrifices.

Ils ont encore la fête pour la mort de Nicanor. I *Mach.*, VII, 48, 49, et II *Mach.*, XV, 37.

La fête pour la découverte du feu sacré, sous Néhémie. II *Macch.*, I, 18 *et seq.*

La fête de la Xylophore, dans laquelle on portait le bois au temple. *Joseph., de Bello, l.* II, *c* λα, *seu* 17, *in lat., p.* 811.

Dans l'Eglise chrétienne, nous ne voyons point de fête distinctement instituée par Jésus-Christ ni par les apôtres. Toutefois Jésus-Christ nous ayant ordonné de manger son corps et de boire son sang, et de faire mémoire de sa passion toutes les fois que nous célébrerions ses mystères, a semblé instituer dans son Eglise une fête et une mémoire perpétuelle de sa passion. Les chrétiens ont toujours célébré la mémoire de sa résurrection, et ne se contentant pas d'en faire la fête une fois chaque année, ils l'ont faite tous les dimanches; et nous voyons dans l'Apocalypse que ce jour était déjà communément nommé *le jour du Seigneur* (*e*), *Fui in spiritu in dominica die*. Saint Barnabé (*f*) dit que nous célébrons le huitième jour dans la joie, parce que c'est le jour auquel Jésus-Christ est ressuscité. On voit la même chose dans saint Ignace le martyr (*g*), dans saint Justin (*h*), dans saint Irénée (*i*), dans Tertullien (*j*), dans Origène (*k*). [*Voyez* DIMANCHE, une note tirée de l'*Encyclopédie moderne*.]

FEU, *ignis*. Dieu a souvent apparu dans le feu, et environné de feu, comme lorsqu'il se fit voir dans le buisson ardent, et qu'il descendit sur le mont Sinaï, au milieu des flammes, des tonnerres et des éclairs. Le feu est un symbole de la divinité. *Votre Dieu est un feu brûlant*, dit Moïse (*l*). Il se fait voir à ses prophètes Isaïe, Ezéchiel et à saint Jean, au milieu du feu. Le Psalmiste nous décrit le chariot de Dieu tout enflammé, *Ps.* XVII, 9, 10. Dieu nous menace de venir au milieu du feu, à son second avénement. Daniel (*m*) dit qu'il sort de sa face un fleuve de feu brûlant et rapide. La colère de Dieu est comparée au feu, et les effets de sa colère, qui sont la guerre, la famine et les autres fléaux, sont désignés sous la même idée. Le feu est souvent mis pour la foudre, le tonnerre, le feu du ciel

Les anges mêmes, comme ministres du

(*a*) I *Mac.* IV, 52, 54, 55, etc.
(*b*) Joan. x, 22.
(*c*) Joseph. Antiq. l. XII, c. 11, p. 415.
(*d*) Léon de Modène, *Cérémonies des Juifs*, p. 3, c. IX.
(*e*) Apoc. I, 10.
(*f*) Barnab. Epist. p. 56.
(*g*) Ignat. Epist. ad Magnes.
(*h*) Justin. Apolog. II, ad finem.
(*i*) Irenæ. apud scriptorem Quæst. ad Orthodox.
(*j*) Tertull. Apologet. et lib. de Anima.
(*k*) Origen. homil. 6 in Exod.
(*l*) Deut. IV, 24.
(*m*) Dan. VII, 10.

Seigneur, sont comparés à un feu ardent (a). Le Seigneur, ou son ange représentant sa majesté, conduit les Israélites dans leur voyage du désert, sous la forme d'une colonne de feu (b), qui les éclaire pendant la nuit (1); le feu du ciel tomba souvent sur des victimes immolées au Seigneur, pour marque de son approbation et de sa présence. On croit que c'est ainsi que Dieu témoigna approuver les sacrifices d'Abel (c). Lorsque Abraham fit alliance avec le Seigneur (d), un feu pareil à celui d'une fournaise passa au milieu des victimes partagées, et les consuma. Le feu tomba sur les sacrifices que Moïse immola à la dédicace du tabernacle (e), et sur celui de Manué père de Samson (f), et sur celui de Salomon, à la dédicace du temple (g), et sur celui d'Elie au mont Carmel (h), et enfin sur celui de Néhémie, au retour de la captivité (i).

On conservait dans le temple, sur l'autel des holocaustes, un feu perpétuel (j), que les prêtres avaient soin d'entretenir, en y brûlant continuellement du bois. Lorsque Nabuchodonosor prit Jérusalem, le prophète Jérémie prit ce feu sacré et perpétuel (k), et accompagné de quelques autres (2) prêtres, le cacha dans une citerne où il n'y avait point d'eau. Au retour de la captivité, Néhémie ayant envoyé les petits-fils des prêtres qui avaient caché ce feu, pour le chercher; au lieu de feu, ils lui apportèrent de l'eau boueuse, et l'ayant répandue sur l'autel, il en sortit incontinent un feu très-clair, qui consuma les victimes qui y étaient.

Outre ce feu sacré qui s'entretenait sur le grand autel des holocaustes, il y avait dans le temple plusieurs cuisines (l), pour y cuire la viande destinée à la nourriture des prêtres, et celles des victimes pacifiques que le peuple offrait, et qu'il mangeait dans le parvis du temple en la présence du Seigneur. Pour suffire à l'entretien de tous ces feux, on apportait au temple une grande quantité de bois, et l'on avait institué à cet effet une espèce de fête, nommée *Xylophoria*, dans Josèphe (m).

Les anciens Chaldéens adoraient le feu, aussi bien que les anciens Perses et quelques autres peuples de l'Orient. Plusieurs ont cru qu'Abraham avait été jeté dans le feu, pour n'avoir pas voulu adorer cet élément. C'est ce que saint Jérôme a voulu insinuer, lorsqu'il a dit (n) que Dieu avait tiré ce patriarche du feu des Chaldéens, au lieu de dire qu'il l'avait fait sortir de la ville d'Ur en Chaldée (3). Nabuchodonosor fit jeter dans une fournaise ardente les trois compagnons de Daniel, parce qu'ils refusaient d'adorer une statue qu'il avait érigée (o). mais Dieu sut les garantir de l'effet du feu; la flamme ne les endommagea pas.

LE FEU DE L'ENFER est désigné d'une manière assez claire dans l'Ancien Testament. Moïse invectivant contre les Israélites rebelles au Seigneur, leur dit (p) : *Un feu s'est allumé dans ma fureur, et il brûlera jusqu'au fond de l'enfer : il dévorera la terre et toutes ses plantes, et consommera jusqu'aux fondements des montagnes.* Voilà le feu de l'enfer, et le lieu du supplice des méchants placé au plus profond de la terre. Isaïe est encore plus exprès (q) : *Qui de vous pourra habiter dans un feu dévorant ? Qui de vous demeurera dans ces ardeurs éternelles ?* Et ailleurs : (r) *Les cadavres de ces hommes qui m'ont manqué de fidélité, seront livrés à un ver qui ne mourra point, et à un feu qui ne s'éteindra point.* Et l'Ecclésiastique (s) : *La vengeance que Dieu exercera contre l'impie, sera le ver et le feu.* *Voyez* aussi Job XX, 26 : *Devorabit eum ignis qui non succenditur.* Et XXIV, 19 : *Ad nimium calorem transeat ab aquis nivium.*

Le Sauveur dans l'Evangile (t) s'est servi de la même similitude pour marquer le supplice des damnés. Il parle aussi souvent du feu éternel, qui est préparé au diable, à ses anges et aux réprouvés (u). Et saint Jude (v) dit que *Sodome et Gomorrhe et les villes voisines, qui se sont portées à abuser d'une chair étrangère, sont proposées comme un exemple du feu éternel, par la peine qu'elles ont soufferte.* Il est inutile d'entasser d'autres passages pour le Nouveau Testament, puisque tout le monde convient que le feu éternel qui doit consumer les méchants, y est très-clairement marqué. Saint Jean dans l'Apocalypse, c. XX, v. 14 et 15, vit un étang de feu, où la bête et son faux prophète avaient été jetés, et qui étaient le partage des infidèles, des abominables, des homicides; enfin ce feu est le symbole ordinaire de la vengeance de Dieu sur les méchants.

Mais savoir si cela doit s'entendre d'un *feu* élémentaire et matériel, ou d'un feu métaphorique; d'un ver ordinaire vivant et sensible, ou d'un ver allégorique et figuré; en un mot, si le feu d'enfer ne consiste que dans une douleur vive, cuisante, et le ver dans le remords et le désespoir des damnés, c'est sur quoi les docteurs et les Pères sont partagés. Origène (x) en plus d'un endroit

---

(a) *Psalm.* CIII, 4.
(b) *Exod.* XII, 21.
(c) *Genes.* IV, 4.
(d) *Genes.* XV, 17.
(e) *Levit.* IX, 24.
(f) *Judic.* XIII, 19, 20.
(g) II *Par.* VII, 1.
(h) III *Reg.* XVIII, 38.
(i) II *Mac.* I, 19, et II, 10.
(j) *Levit.* VI, 12.
(k) II *Mac.* I, 19, 20, et II, 1, 2, 3.
(l) *Ezech.* XLVI, 23, 24.
(m) *Joseph. de Bello*, l. II, c. XX, p. 811, b, seu c. XVII, in Lat.
(n) II *Esdr.* IX, 7.
(o) *Dan.* III, 11, 12, 13, etc.

(p) *Deut.* XXXII, 22.
(q) *Isai.* XXXIII, 14.
(r) *Isai.* LXIV, 24.
(s) *Eccli.* VII, 19.
(t) *Matth.* IX, 24.
(u) *Matth.* XXV, 41.
(v) *Judæ* v. 7.
(x) *Origen. homil.* 13 in *Exod. c; lib.* II *de Princip.* c. II.

(1) C'était le Fils de Dieu qui, par la délivrance du peuple choisi, préludait à la délivrance du genre humain, courbé sous la double tyrannie des démons et des souverains.
(2) Jérémie était de la race sacerdotale.
(3) Ne peut-on pas admettre l'un comme l'autre ? *Voyez* ABRAHAM et UR.

a enseigné que les flammes de l'enfer, aussi bien que le ver des damnés, n'étaient point réelles. Saint Ambroise enseigne la même chose (a) : *Nec corporalium aliquis stridor dentium, nec ignis aliquis perpetuus flammarum corporalium, neque vermis est corporalis.* Ce feu, ajoute-t-il, n'est autre que la douleur des péchés ; ce ver n'est autre que le remords de la conscience. Saint Jérôme (b) reconnaît que c'est le sentiment de plusieurs, que le feu qui brûle les damnés n'est que le déchirement et les peines de leur conscience. *Ignis qui non exstinguitur, a plerisque conscientia accipitur delictorum.* Saint Grégoire de Nysse (c) est exprès pour ce sentiment, et saint Jean Damascène (d) dit nettement que ce n'est point un feu matériel ; qu'il est fort différent de notre feu ordinaire, et que les hommes ne savent guère ce que c'est. Ce sentiment est encore aujourd'hui assez commun chez les Grecs ; et au concile de Florence, ils soutinrent que le feu du purgatoire n'était point un feu vrai et réel.

Mais dans l'Eglise latine le sentiment le plus commun et le plus suivi, est que les damnés sont tourmentés d'un feu réel, qui les brûle très-véritablement, et qu'ils sont rongés d'un ver matériel et sensible, qui ne meurt point. Saint Augustin (e) ne se contente pas de proposer nûment là-dessus ce qu'il pense, il prévient l'objection qui nous vient naturellement dans l'esprit sur ce sujet. Car enfin comment une âme qui est une substance spirituelle, peut-elle donner prise à un feu élémentaire ou à un ver vivant et matériel ? Saint Augustin répond : Pourquoi ne le croirions-nous pas des âmes séparées du corps, puisque l'esprit de l'homme, qui n'est certainement pas corporel, éprouve actuellement la peine du feu ? Car enfin ce n'est pas le corps qui souffre la chaleur, ni le froid, ni la douleur ; c'est l'âme qui est attachée au corps. Et pourquoi les démons et les âmes des damnés ne seraient-elles pas inséparablement attachées au feu qui les brûle, et au ver qui les ronge, de même que notre âme est unie à notre corps ; avec cette différence toutefois, que nos âmes donnent la vie à notre corps, au lieu que les feux dont nous parlons ne causent que des tourments aux démons et aux damnés ? *Adhærebunt ergo spiritus dæmonum, immo spiritus dæmonis, licet incorporei, corporeis ignibus cruciandi ; non ut ignes isti quibus adhærebunt, eorum junctura inspirentur, et animalia fiant ; sed, ut dixi, miris et ineffabilibus modis adhærendo, accipientes ex ignibus pœnam, non dantes ignibus vitam.*

Saint Cyprien (f) nous représente l'enfer comme un gouffre fumant, qui renferme un feu actif et dévorant. Saint Chrysostome (g) nous y décrit des fleuves de flammes et des flots de feu qui enveloppent et qui brûlent les damnés sans les consumer. Saint Jérôme (h) reconnaît que dans l'enfer il y a deux supplices très-réels, d'un froid excessif et d'un feu brûlant : et l'auteur imprimé sous son nom, sur le livre de Job (i), dit que le feu de la géhenne n'est pas un feu ordinaire, qui ait besoin d'aliment pour s'entretenir, mais qu'il s'entretient de lui-même : *Ignis gehennæ non materiis quibusdam et pabulis vivit ut ardeat, sed per se ipsum ut creatus est vigens,* etc. Saint Grégoire le Grand (j) dit la même chose d'une manière très-précise : *Gehennæ ignis cum sit corporeus, et in se missos reprobos corporaliter exurat, nec studio humano succenditur, nec lignis nutritur, sed creatus semel, durat inexstinguibilis,* etc. Dans le quatrième livre de ses Dialogues (k) il inculque la même doctrine, et raisonne à peu près comme saint Augustin, sur la manière dont le feu corporel agit sur l'âme dégagée de la matière. La plupart des scolastiques ont adopté ce dernier sentiment, qui est presque universel dans l'Eglise latine.

Le Fils de Dieu dit qu'il a apporté le feu sur la terre, et qu'il ne désire autre chose sinon qu'il soit allumé (l). Il est venu baptiser par le Saint-Esprit, et par le feu (m). Pour vérifier cette prédiction il a envoyé le Saint-Esprit sur ses disciples en forme de langues où d'étincelles de feu (n).

LE FEU doit un jour consumer le monde, selon saint Pierre (o) : *Cœli ardentes solventur, et elementa ignis ardore tabescent.* Et encore (p) : *Les cieux et la terre d'à présent sont réservés pour être brûlés par le feu.* Saint Paul (q) assure que Jésus-Christ *viendra au milieu des flammes exercer sa vengeance contre ceux qui ne connaissent point Dieu.* Et ailleurs (r) : *Le jour du Seigneur fera voir quel est l'ouvrage de chacun, parce qu'il sera dévoré par le feu, et le feu mettra à l'épreuve l'ouvrage de chacun.* Le Psalmiste décrivant la venue du Seigneur dans son jugement, dit (s) : *Le feu marchera devant lui, et il embrasera autour de lui tous ses ennemis. Les foudres ont paru sur la terre, la terre les a vus, et en a été troublée. Les montagnes se sont fondues comme la cire devant le Seigneur,* etc.

Les profanes ont eu quelque connaissance de cette vérité ; soit qu'ils l'aient apprise par le commerce des Hébreux, ou par la lecture des livres saints, soit que ce soit là une de ces vérités qui se sont conservées par la tradition parmi toutes les nations, soit enfin que le raisonnement et la connaissance qu'ils ont eue des éléments et de l'état de la terre,

---

(a) Ambros. *l.* VII *in Luc. c.* xiv.
(b) Hieron. *in Isai.* lxvi.
(c) Gregor. Nicæn. *de Anima et resurrect.*
(d) Damascen. *l.* IV, *de Fide c. ult.*
(e) Aug. *l.* XXI *de Civit. c.* x, *et l. de Fide et operib. c.* xv.
(f) Cyprian. *de Laude Martyrii.*
(g) Chrysost. homil. 44, et 55, *in Matth.*
(h) Hieronym. *in cap.* x *Matt.*
(i) Comment. *in Job, sub nomine Hieronymi, c* xx.
(j) Gregor. *l.* XV *Moral. c.* 29.
(k) Idem, *l.* IV *Dialog. c.* xxix.
(l) Luc. xii, 49.
(m) Matth. iii, 11.
(n) Act. ii, 3.
(o) II Petr. iii, 12.
(p) II Petr. iii, 7.
(q) II Thessal. i, 7, 8.
(r) I Cor. iii, 13.
(s) Psalm. xcvi, 3, 4, 5.

Jour ait fait comprendre qu'un jour le monde devait finir par le feu. Josèphe (a) remarque comme une ancienne tradition, que dès avant le déluge les enfants de Seth ayant appris d'Adam que le monde devait périr premièrement par l'eau, et ensuite par le feu, voulurent conserver à la postérité les découvertes qu'ils avaient faites dans l'astronomie, les gravèrent sur deux colonnes, l'une de pierre pour résister à l'eau, et l'autre de brique pour résister au feu ; qu'ils placèrent ces deux colonnes dans la Syriade, et que de son temps on voyait encore la colonne de pierre.

Je n'examine point ici la vérité de cette tradition, mais il est bien certain que longtemps avant Josèphe, les philosophes grecs croyaient que le monde finirait par le feu. Héraclite (b) tenait ce sentiment, et disait qu'après avoir passé par les flammes, il renaîtrait du milieu du feu. Les stoïciens soutinrent dans la suite cette opinion. Cicéron l'a bien marquée dans ses livres de la Nature des dieux (c) : *Ex quo eventurum ut ad extremum omnis mundus ignesceret, cum humore consumpto neque terra ali posset, neque remearet aer..... ita relinqui nihil præter ignem : a quo rursum ac de eo, renovatio mundi fieret.* Qu'après cet embrasement, le monde, qu'ils tenaient pour un dieu et pour un animal vivant, se renouvellerait.

Ovide parle aussi de cette ancienne tradition, qui croyait que le monde serait un jour consumé par les flammes (d) :

Esse quoque in fatis reminiscitur affore tempus,
Quo mare, quo tellus, correptaque regia cœli.
Ardeat, et mundi moles operosa laboret.

Lucain en parle de même (e) ; il dit à César qu'il est inutile de s'affliger pour n'avoir pas brûlé les corps des soldats tués à la bataille de Pharsale ; que le temps viendra qu'ils seront consumés par le feu avec le reste du monde :

Hos, Cæsar populos, si nunc non usserit ignis
Uret cum terris, uret cum gurgite ponti;
Communis mundo superest rogus, ossibus astra
Mixturus...

On peut voir notre dissertation sur la fin du monde, dans notre commentaire sur saint Paul.

FEU ÉTERNEL *adoré par les Perses.* Voyez ci-après ZOROASTRE et ZABIENS. Les mages disaient que ce feu leur était venu du ciel, et que c'était pour cela qu'ils le gardaient si religieusement. Les rois de Perse ne marchaient point sans qu'on portât devant eux une portion du feu sacré. On peut voir dans Quinte-Curce avec quelles cérémonies cela se pratiquait (f). *Ignem cœlitus lapsum apud se sempiternis ferculis custodiri,* dit Ammien Marcellin (g) ; *cujus portionem exiguam ut faustam, præisse quondam Asiaticis regibus dicunt.*

Tout cela paraît être inventé des Hébreux,

(a) Joseph. Antiq. l. I, c. III.
(b) Apud. Simplic. Comment. in Aristot lib. de Cœlo, p. 1, c. IX.
(c) Tull. Cic. l. II, de Nat. deorum.
(d) Ovid. Metamorph I.
(e) Lucan. Pharsal. l. VII.

qui entretenaient sur l'autel des holocaustes un feu éternel, qui était venu du ciel sur les premières victimes qui avaient été immolées par Aaron et par ses fils sur l'autel du tabernacle (h). Il n'est pas certain que la loi qui commande de conserver un feu perpétuel sur l'autel, se soit observée dans le désert, où le peuple était obligé de camper souvent et d'être longtemps en marche. Maimonide croit qu'on entretenait trois feux sur l'autel des holocaustes ; l'un sur lequel on brûlait l'holocauste de tous les jours, et les victimes qui s'immolaient. Le second fournissait des charbons pour brûler de l'encens dans le Saint sur l'autel d'or. Le troisième brûlait toujours, pour accomplir la loi qui veut qu'il y ait toujours du feu allumé sur l'autel du Seigneur. Quelques rabbins enseignent qu'il n'était pas besoin de mettre du bois sur le feu de l'autel, que si l'on y en mettait, c'était plutôt pour cacher le miracle, que par aucune nécessité.

FEU, supplice du feu. *Voyez* SUPPLICES.

FEU (*Temples du*). Les Hébreux prévaricateurs élevèrent des temples destinés au culte du feu. *Voyez* sur ce sujet une dissertation de l'abbé Arri, intitulée *Essai philologique et historique sur les temples du feu mentionnés dans la Bible*, et insérée dans les *Annales de philos. chrét.*, tom. XIV, p. 27.

FÈVE. Il est parlé de ce légume II Reg. XVII, 28, et Ezech. IV, 9, qui servait de nourriture aux Hébreux, mais non pas communément, peut-être. « Les Egyptiens, dit Hérodote (cité par M. Champollion-Figeac dans son *Egypte*, page 116, col. 1), ne sèment jamais de fèves dans leurs champs, et si quelques-unes y croissent naturellement, ils ne doivent les manger crues, ni même cuites ; les prêtres ne peuvent en supporter la vue, et ils les considèrent comme un légume impur. » Plus loin (pag. 175, col. 1), M. Champollion-Figeac rappelle la prohibition et l'horreur des fèves chez les Egyptiens : « L'usage des fèves, dit-il, était aussi expressément défendu ; on n'en semait point, et les plants qui pouvaient naître par hasard étaient soigneusement arrachés. Ce légume était déclaré impur. » Je voudrais bien que ceux qui prétendent que Moïse copia les lois et les coutumes égyptiennes m'apprissent pourquoi il ne défendit pas aux Hébreux l'usage des fèves comme il l'était aux Egyptiens. *Voyez* LOI, § IV.

FIANÇAILLES. *Voyez* NOCES, où nous parlons aussi des fiançailles.

[« Selon la loi mosaïque, les fiançailles constituaient le véritable lien, appelé en terme de théologie juive *erucin*, ארוסין. Il fallait que l'homme fiancé, ארוס, s'il voulait redevenir libre, recourût à la formalité de la répudiation. Chez les Romains il fallait de même répudier pour rompre les fiançailles. La formule était : *Conditione tua non utor* (1).

(f) Q. Curt.
(g) Ammian. Marcel. l. XII.
(h) Levit. IX, 24.
(1) La formule du divorce romain était : *Res tuas tibi habeto.*

» Le fiancé désigné par le terme *aruss*, ארוס, est bien différent du fiancé juif des temps modernes, qu'on appelle *hhatan*, חתן. Celui-ci n'est engagé que par une simple *promesse de mariage*. Il la peut retirer moyennant une petite amende à titre de dommages-intérêts. Encore, le plus souvent cette amende ne s'acquitte-t-elle pas, n'étant pas exigible, et aussi parce que la partie blessée dédaigne de recevoir cette indemnité.

» L'acte moderne qu'on appelle improprement *fiançailles*, et qui n'est accompagné d'aucune cérémonie religieuse, sans la présence du rabbin, s'appelle en hébreu *kenass*, קנס, ce qui veut dire *amende*, parce que chacune des deux parties, non pas *contractantes*, mais promettantes, s'engage à payer l'amende déterminée dans l'acte, si elle retire sa parole.

» Les fiançailles de la synagogue ancienne produisaient un véritable lien aux yeux de la religion. Ce lien était sous la sauve-garde de l'opinion publique. Si la fiancée manquait à l'honneur, au préjudice de celui à qui elle avait engagé sa foi, la loi ordonnait *de la lapider publiquement*. Deut. XII, 23, 24.

» Si le *aruss*, fiancé, ne voulait pas épouser son *aruça*, fiancée, il était obligé de la répudier en règle.

» C'est de cette manière que la très-sainte Vierge était *desponsata* à saint Joseph. Quand celui-ci résolut de la *répudier* (*dimittere*), animé comme il était de la charité au degré le plus héroïque, pour ne pas la *dénoncer* en déclarant la raison de ce divorce, il voulut lui remettre le *libelle de séparation* sans l'intervention des autorités de la synagogue, (*clam*)..... Le ministère du rabbin n'est pas nécessaire dans cet acte... La loi du Pentateuque ne prescrit point l'intervention du dépositaire de l'autorité spirituelle, pour la remise de la lettre de divorce. En droit, il suffit qu'elle ait eu lieu en présence de deux témoins mâles hébreux.» M. Drach, *Du Divorce dans la Synagogue*, pag. 99, 229, etc.]

FIEL. Nous avons déjà parlé *du vin mêlé de fiel*, que l'on présenta à Jésus-Christ pendant qu'il était à la croix, Matth. XXVII, 34. *Voyez* l'article Vin, où l'on tâche de concilier saint Matthieu avec saint Marc, dont l'un parle du vin mêlé avec le fiel, et l'autre du vin mêlé avec la myrrhe. Le prophète Habacuc parle aussi du fiel mêlé avec le vin employé pour enivrer (a) : *Væ qui potum dat amico suo mittens fel suum, et inebrians, ut aspiciat nuditatem ejus.* Nous croyons que le prophète veut parler de la conduite que Pharaon Hophra, roi d'Egypte, tint avec le roi Sédécias : il promit son secours à Sédécias, et l'engagea à se révolter contre Nabuchodonosor ; mais il lui manqua dans le besoin : *Il lui donna à boire son fiel, et l'enivra pour* avoir le plaisir de *voir sa nudité*. Les rabbins racontent que ce fut Nabuchodonosor qui, étant un jour dans un festin avec ses amis, fit venir Sédécias, et lui donna à boire une liqueur enivrante, pour l'exposer à la risée. Mais pourquoi y mêler le fiel ? Le fiel est un puissant digestif : les Ethiopiens s'en servent au lieu de moutarde. Quand Moïse ordonne de manger l'agneau pascal avec de l'amertume, on pourrait bien l'entendre du fiel. Le fiel mêlé au vin le fait passer plus vite, et par conséquent monter plus promptement à la tête. Moïse (b) menace de la part de Dieu les Israélites de rendre leurs raisins *des raisins de fiel, et leur vin du fiel de dragon* ; c'est-à-dire, de changer la douceur de leurs raisins en amertume, et leur vin en poison, qui enivre et qui empoisonne, au lieu de nourrir et de réjouir. On voit par Tobie (c) que le fiel d'un poisson servit à lui guérir les yeux. Pline (d) parle de l'usage qu'on faisait du fiel dans les maux des yeux : *Ad oculorum medicamenta utilius habetur.* Dans Jérémie (e), *Donner à boire de l'eau de fiel*, marque une affliction très-amère. Et le Psalmiste (f) dit que ses ennemis, ou plutôt les ennemis du Messie, lui ont offert *du fiel pour manger, et du vinaigre pour boire*. Le fiel d'amertume, dans les Actes (g), marque la haine, l'aigreur, la malice, l'envie, etc.

FIENTE DE PIGEONS. Il est dit au quatrième livre des Rois, chap. VI, 25, que, pendant le siége de Samarie, *le quart d'un cabe de fiente de pigeon se vendait cinq sicles*. La quatrième partie du cabe est un demi-setier, un posson, un pouce cube, et un peu plus. Les cinq sicles font huit livres de notre monnaie. On sait que la fiente de pigeon n'est point une nourriture propre à l'homme, même dans la plus extrême famine. Josèphe et Théodoret (h) ont cru que cette fiente de pigeon s'achetait au lieu de sel. Les rabbins veulent que ç'ait été non la fiente des pigeons, mais le grain de leur jabot, qu'ils rapportaient plein des champs, où ils allaient paître pendant le siége. Junius et Fullerus l'entendent du ventre du pigeon. Mais Bochart (i) croit que, sous le nom de fiente de pigeon, on doit entendre ici une sorte de mousse d'arbre, ou de terre graveleuse, qui ressemble aux pois chiches, qui a la qualité de rafraîchir, et dont on fait du vin avec du miel. Les Arabes lui donnent le nom de pois chiches.

FIGUE, *Figuier*. Cet arbre et ce fruit sont fort connus : ils étaient très-fréquents dans la Palestine [*voyez* Blé, § VIII] ; et il en est fort parlé dans l'Ecriture. Nos premiers parents couvrirent leur nudité avec des feuilles de figuiers, soit qu'on l'entende des figuiers ordinaires ou d'une autre sorte de figuier (j), dont les feuilles sont beaucoup plus larges. Le prophète Amos étant repris par Ama-

---

(a) Habac. ii, 15.
(b) Deut. xxxii, 32, 33.
(c) Tob. vi, 5 ; xi, 8, 13.
(d) Plin. l. XXVIII, c ix.
(e) Jerem. viii, 14 ; ix, 15. Thren. v, 19.
(f) Psalm. lxviii, 21.
(g) Act. viii, 23.
(h) Joseph. Antiq l. IX, c. 2, et Theodoret. qu. 21 in Reg.
(i) Bochart. de Animal. sacr. t. II, l. I, c. vii, art 7.
(j) Genes. iii, 7.

sias, prêtre de Béthel, de ce qu'il prophétisait des choses fâcheuses contre le royaume d'Israël (a), répondit à Amasias : *Je ne suis ni prophète, ni fils de prophète; mon occupation est de conduire des troupeaux, et de piquer des figues sauvages,* ou des sycomores. Pline, Théophraste et Dioscorides parlent de ces figues sauvages, et de la manière de les piquer. *Scalpendo tantum ferreis unguibus, aliter non maturescit,* dit Pline (b); mais elle meurt quatre jours après qu'on l'a piquée : *sed cum factum est, quarto die demetitur.*

Voici la manière dont M. de (c) Tournefort décrit la caprification ou la piqûre des figues dans les îles de Zia, Tine, Mycone, Scio, et dans la plupart des autres îles de l'Archipel: « Il faut remarquer avant toutes choses que dans la plupart de ces îles on cultive deux sortes de figuiers ; la première espèce s'appelle *Ornos,* dérivé du grec littéral *erinos,* figuier sauvage, ou le *caprificus* des Latins. La seconde espèce est le figuier domestique. Le sauvage porte trois sortes de fruits, *fornites, cratitires,* et *orni,* absolument nécessaires pour faire mûrir les figues des figuiers domestiques.

» Ceux qu'on appelle *fornites,* paraissent dans le mois d'août, et durent jusqu'en novembre sans mourir. Il s'y engendre de petits vers d'où sortent certains moucherons que l'on ne voit voltiger qu'autour de ces arbres. Dans le mois d'octobre et de novembre ces moucherons piquent d'eux-mêmes les seconds fruits des mêmes pieds de figuier : ces fruits que l'on nomme *cratitires* ne se montrent qu'à la fin de septembre, et les *fornites* tombent peu à peu après la sortie de leurs moucherons. Les *cratitires* au contraire restent sur l'arbre jusqu'au mois de mai et renferment les œufs que les moucherons des *fornites* y ont déposés en les piquant.

» Dans le mois de mai, la troisième espèce de fruits commence à pousser sur le même pied de figuier sauvage, qui a produit les deux autres. Ce fruit est beaucoup plus gros, et se nomme *orni;* lorsqu'il est parvenu à une certaine grosseur, et que son œil commence à s'entrouvrir, il est piqué dans cette partie par les moucherons des *cratitires,* qui se trouvent en état de passer d'un fruit à l'autre pour y décharger leurs œufs.

» Il arrive quelquefois que les moucherons des *cratitires,* dans certains quartiers, tardent à sortir, tandis que les *orni* de ces mêmes quartiers sont disposés à les recevoir, et alors on est obligé d'aller chercher les *cratitires* dans un autre quartier, et de les ficher à l'extrémité des branches des figuiers dont les *orni* sont en bonne disposition, afin que les moucherons les piquent ; si l'on manque ce temps, les *orni* tombent, et les moucherons des *cratitires* s'envolent.

» Il n'y a que les paysans appliqués à la culture des figuiers qui connaissent les moments, pour ainsi dire, auxquels il faut y pourvoir ; et pour cela ils observent avec soin l'œil de la figue ; car cette partie non-seulement marque le temps où les piqueurs doivent sortir, mais aussi celui où la figue doit être piquée avec succès. Si l'œil est trop dur et trop serré, le moucheron n'y saurait déposer ses œufs ; et la figue tombe, si cet œil est trop ouvert.

» Ces trois sortes de fruits ne sont pas bons à manger ; ils sont destinés à faire mûrir les fruits des figuiers domestiques. Voici l'usage qu'on en fait : pendant les mois de juin et de juillet, les paysans prennent les *orni* dans le temps que leurs moucherons sont prêts à sortir, et les vont porter tout enfilés dans des fœtus sur les figuiers domestiques. Si l'on manque ce temps favorable, les *orni* tombent, et les fruits du figuier domestique ne mûrissant pas, tombent aussi dans peu de temps. Les paysans connaissent si bien ces précieux moments, que tous les matins, en faisant leur revue, ils ne transportent sur les figuiers domestiques que les *orni* bien conditionnés, autrement ils perdraient leur récolte. Ils savent si bien ménager les *orni,* que leurs moucherons font mûrir les fruits des figuiers domestiques dans quarante jours...

» Je ne pouvais assez admirer la patience des Grecs, occupés pendant plus de deux mois à transporter les moucherons piqueurs d'un figuier à l'autre ; j'en appris bientôt la raison. Un de leurs arbres rapporte ordinairement jusqu'à deux cent quatre-vingts livres de figues, au lieu que les nôtres n'en rendent pas vingt-cinq livres. Les piqueurs contribuent peut-être à la maturité des fruits du figuier domestique, en faisant extravaser le suc nourricier dont ils déchirent les tuyaux en déchargeant leurs œufs. Peut-être aussi, qu'outre leurs œufs, ils laissent échapper quelque liqueur propre à faire fermenter doucement avec le lait de la figue, et en attendrir la chair. »

Je n'oserais assurer que cette manière de piquer ou de faire piquer les figues fût en usage dans la Palestine du temps du prophète Amos, ni que sa profession ait été de conduire des troupeaux, et de faire mûrir les figues domestiques par le moyen des figues sauvages ; au moins le lecteur verra-t-il, par cette description de M. Tournefort, une manière assez extraordinaire de faire hâter la maturité de ces fruits ; ce qui, certainement, a beaucoup de rapport à ce que faisait Amos.

Il est dit, dans l'Evangile (d), que Jésus-Christ, venant de Béthanie assez matin, se sentant pressé de la faim, s'approcha d'un figuier pour y cueillir quelques figues, mais n'y ayant trouvé que des feuilles : *car ce n'était pas le temps des figues, il le maudit, et aussitôt il sécha jusqu'à la racine.* Ce qui embarrasse dans ce passage, c'est que saint Marc dit expressément (e) *que ce n'était pas le temps des figues.* Les figues les plus hâtives

---

(a) *Amos,* vii, 14.
(b) *Plin. l.* XIII, *c.* vii.
(c) Tournefort, *Voyage,* lettre viii, t. II, in-8°, p. 25.
(d) *Matth.* xxi, 19. *Luc.* x, xi.
(e) *Marc.* xi, 13.

viennent pendant les mois de juillet et d'août, et les plus tardives viennent aux mois de septembre et d'octobre. Or, ce qui est raconté dans l'Evangile arriva quatre ou cinq jours avant la Pâque, et par conséquent avant le quinzième de la lune de mars. Or, en cette saison, il n'était pas temps de chercher des figues à manger sur un figuier. Ainsi, dans cette supposition, il semble qu'il y a une espèce d'incongruité, 1° d'aller chercher des fruits sur un arbre dans un temps où l'on sait qu'il n'en doit pas porter; et 2° de maudire cet arbre, parce qu'il n'a point de fruit, comme si c'était sa faute.

Pour sauver cet inconvénient et pour ne pas avouer que Jésus-Christ ait été capable de faire une action qui emporte quelque idée d'indécence, les interprètes se sont donné la torture. Les uns ont traduit (a) ; *Car ce n'était point une année de figues.* Les figues avaient manqué cette année; mais, quand le texte grec pourrait souffrir ce sens, ce qui n'est pas certainement, de l'aveu même de ceux qui proposent cette traduction, de quel mérite serait cette réflexion en cette saison-là? Jésus-Christ va chercher des figues sur un arbre, au milieu du mois de mars, quatre mois avant les premières figues, et six mois après les dernières, il n'en trouve point, il maudit le figuier, et pourquoi? parce que les figues avaient manqué cette année-là. Cette réflexion rectifie-t-elle l'incongruité qui paraît dans l'action du Sauveur?

D'autres, comme Heinsius (b) et Gataker (c), et la version gothique traduisent, *car là où il était, c'était la saison des figues.* Il faut, pour soutenir cette version, changer et la ponctuation et les accents ordinaires du texte, et faire parler l'Evangéliste d'une manière trop concise et trop éloignée du style ordinaire de saint Marc. D'ailleurs, il n'est pas vrai que dans la Palestine le dixième ou douzième de la lune de mars fût la saison des figues. Il est certain qu'en ce pays-là elles ne mûrissent pas sitôt.

La plupart des anciens et des nouveaux interprètes ont regardé cette action de Jésus-Christ comme une figure de la réprobation des Juifs : le figuier dont nous parlons n'avait que des feuilles ; en cela il ressemblait aux Juifs, qui n'avaient que les apparences de la religion et de la piété. Le figuier n'était pas coupable de n'avoir pas de fruit en un temps où il n'en produit pas naturellement; mais les Juifs étaient criminels de manquer de fruits des bonnes œuvres, lorsque Jésus-Christ a paru au milieu d'eux. Il maudit le figuier innocent, pour faire connaître la malédiction qui était près de tomber sur les Juifs incrédules et impénitents. Ces raisons sont assez plausibles; mais il reste encore une objection. Comment veut-on prouver que c'est avec justice que la synagogue est réprouvée, si c'est injustement que le figuier est maudit ?

Il faut donc, s'il est possible, chercher quelque solution à ces difficultés. Nous avouons qu'alors ce n'était pas le temps des figues ; le texte de saint Marc le dit expressément, et la suite de l'histoire le prouve assez, puisque ceci arriva avant le milieu du mois de mars; mais nous croyons qu'il pouvait y en avoir de précoces ; et Jésus-Christ pouvait le présumer, voyant l'arbre chargé de feuilles. Il est certain qu'il y a des figues précoces : Isaïe (d) compare la beauté de Samarie à ces figues précoces que l'on saisit et que l'on mange aussitôt qu'on les trouve : *Quasi temporaneum ante maturitatem autumni, quod cum aspexerit videns, statim ut manu tenuerit, devorabit illud.* Et Osée (e) dit que le Seigneur a trouvé Israel *dans le désert, comme une figue précoce.* Et Jérémie (f) les décrit comme d'excellentes figues : *Ficus bonas habebat nimis, ut solent esse primi temporis.* Théophraste et Pline (g) reconnaissent une sorte de figuier toujours vert et toujours chargé de fruits, les uns mûrs ou fort avancés, selon la saison, et les autres en fleurs ou en boutons. En Palestine, où l'hiver est fort tempéré, il pouvait aisément y avoir des figues précoces au mois de mars; ainsi Notre-Seigneur n'a rien fait contre les règles de la sagesse et de la bienséance en allant chercher en cette saison des figues sur un figuier chargé de feuilles; et la malédiction qu'il donna au figuier infructueux, dans cette occasion, est une figure exacte de la réprobation des Juifs.

Dans le style de l'Ecriture, vivre en paix *sous sa vigne et sous son figuier* marque un temps de bonheur et de prospérité (h) : *Habitabit Juda et Israel absque timore ullo, unusquisque sub vite sua et sub ficu sua.* Voyez aussi Mich. IV, 4, et Zach. III, 10, et I Mach. XIV, 12.

Isaïe appliqua un paquet de figues sèches sur l'abcès ou sur l'ulcère, ou enfin sur la gorge d'Ezéchias (i); car on ignore quelle sorte de maladie il avait ; et bientôt après il fut guéri. Les médecins conviennent que les figues sont utiles dans toutes ces sortes d'incommodités. Elles s'emploient utilement pour mûrir les abcès, pour guérir les ulcères, et contre les maux de gorge ou esquinancies.

FILLE DE LA VOIX, en hébreu *Bath-Kol.* Voyez ci-devant BATH-KOL, et Basnage, *Hist. des Juifs*, t. VII, l. X, c. 2.

* FILS DU ROI; ils étaient assez souvent les premiers ministres de leur père. L'Ecriture (1) nous dit que les *premiers à la maison de David* étaient ses fils, et ailleurs (2) qu'ils étaient *prêtres,* c'est-à-dire, les premiers officiers de sa cour (3), les premiers ministres de ses commandements. Le roi Ochosias avait quarante-deux princes, fils de ses frè-

---

(a) Marc. XI, 13. οὐ γὰρ ἦν καιρὸς σύκων. Hammond, le Clerc, Simon, notes sur le N. T.
(b) *Heinsius* l. II, c. VI. *Exercit. sacr.*
(c) *Gataker in Marc.* XI.
(d) *Isai.* XXVIII, 4.
(e) *Ose.* IX, 10.
(f) *Jerem.* XXIV, 2. האני הבכורות

(g) *Theophrast. Hist. plant.* l. IV, c. II. *Plin.* l. XIII, c. VIII, et l. XV, c. XVIII.
(h) III Reg. IV, 25.
(i) IV Reg. XX, 7.
(1) I Par. XVIII, 17.
(2) II Reg. VIII, 18.
(3) Septante : Αὐλάρχαι.

res et princes de Juda, qui étaient près de sa personne et le servaient (1). L'héritier présomptif avait beaucoup d'avantages par-dessus ses frères. Salomon fut mis sur le trône avant la mort de son père; et l'on a cru apercevoir, par la durée du règne des rois d'Israel et de Juda, que quelques-uns furent ainsi associés au trône par leur père. C'était un usage passé en loi chez les Perses (2), que les rois qui allaient à la guerre hors du royaume étaient obligés de désigner leur successeur avant leur départ. On peut juger du train de ceux qui devaient succéder aux états de leurs pères par ce que l'Ecriture dit d'Absalom et d'Adonias : ils avaient (3) des gardes et des chariots, et des *coureurs* qui marchaient devant eux (4).

FIN, *finis*. Plusieurs psaumes portent en tête : *In finem, psalmus David* : Pour la fin, psaume de David. L'hébreu lit *Lamnaseach*, au vainqueur, ou au chef de la musique. *Voyez* ce que nous avons dit sur LAMNASEACH.

LA FIN se met pour la destruction (*a*) : *La fin de toute chair est venue en ma présence* : je suis résolu de faire périr les hommes et les animaux. *Fines terræ*, les extrémités du monde. *Fines Israel*, les limites du peuple d'Israel.

In finem se met quelquefois pour toujours. *Ut quid, Deus, repulisti in finem* (*b*) ? *Non in finem oblivio erit pauperis. Usquequo obliviscaris me in finem*? etc.

NOTRE FIN APPROCHE (*c*), le temps de notre destruction est arrivé. *Venit finis super populum* (*d*) : Dieu est résolu de faire périr le peuple. *La fin des méchants est la mort* (*e*), ce sera là leur récompense. *Finis legis Christus* (*f*), Jésus-Christ est la consommation, l'accomplissement de la loi. *La fin du précepte est la charité* (*g*) : l'on accomplit véritablement la loi, en remplissant le précepte de la charité. Jésus-Christ est *l'Alpha et l'Omega : le commencement et la fin* (*h*) ; le commencement et la fin de la loi ; le commencement et la fin de nos espérances.

FIN DU MONDE. *Voyez* MONDE.

FIRMAMENT. L'Ecriture dit (*i*) que Dieu fit le firmament au milieu des eaux, pour séparer les eaux inférieures des eaux supérieures. Elle se sert du terme *rakiah*, que l'on traduit par *expansum*, une chose étendue, ou *firmamentum*, chose affermie, solide. Le verbe *rakah*, d'où dérive *rakiah*, signifie étendre un métal à coups de marteau (*j*), aplatir, écraser, battre. Moïse se sert de ce terme pour marquer l'or qu'on battit, pour en couvrir l'arche et les tables du Saint : Ezéchiel (*k*),

et l'auteur du second livre des Rois (*l*), pour battre, accabler, fouler aux pieds ses ennemis ; Isaïe, pour marquer les lames d'or qui couvrent les idoles (*m*) ; le même Isaïe et le Psalmiste, pour exprimer la terre étendue, qui surnage sur les eaux (*n*) ; car c'est ainsi que la concevaient les Hébreux : enfin Jérémie, pour désigner les lames d'or, ou l'or battu que l'on apportait de Tharsis (*o*).

Tout cela nous insinue que sous le nom de *firmament, rakiah*, les Hébreux entendaient le ciel, qui, comme une voûte immense et très-solide, sert de barrière et de digue entre les eaux supérieures et les inférieures, et que les astres sont enchâssés dans cette voute (*p*), comme des pierres précieuses dans un métal d'or ou d'argent. Mais de ce que les anciens Hébreux avaient cette idée, on n'en doit pas inférer que la chose soit de même. Les écrivains sacrés se proportionnent d'ordinaire aux préjugés du peuple dans ces sortes de choses, dont la connaissance est assez indifférente.

FLAVE JOSEPHE. *Voyez* JOSÈPHE *l'historien*.

FLAVIUS SYLVA, successeur de Bassus dans le gouvernement de la Judée (*q*). Il prit le château de Massada, où les rebelles s'étaient maintenus depuis la prise de Jérusalem, et serra de si près Eléazar, un des chefs des assassins, qu'il l'obligea de se donner la mort, après avoir tué toute la garnison. Cela arriva l'an de Jésus-Christ 72. *Sylva* fut le dernier gouverneur de Judée.

FLECHES. *Sort avec les flèches*. Ezéchiel (*r*) nous apprend que Nabuchodonosor s'étant mis à la tête de ses armées, pour marcher contre Sédécias, roi des Juifs, qui s'était révolté contre lui, et contre celui des Ammonites, qui était aussi entré dans sa révolte ; Nabuchodonosor, dis-je, étant arrivé à la tête de deux chemins, mêla ses flèches dans un carquois, pour en tirer un augure de la marche qu'il devait prendre ; qu'il consulta les *téraphim*, et regarda le foie des animaux, pour savoir quel parti il devait prendre, et lequel il devait attaquer plutôt de Sédécias, ou du roi d'Ammon. Saint Jérôme, Théodoret (*s*), et après eux les nouveaux commentateurs, croient que ce prince prit plusieurs flèches, écrivit sur chacune d'elles le nom d'un roi, d'une ville ou d'une province qu'il devait attaquer ; par exemple, sur l'une, *Jérusalem*, sur l'autre, *Rabbath*, capitale des Ammonites, et sur une autre, l'*Egypte*, etc. Après avoir jeté ces flèches dans un carquois, il les faisait mêler, puis on les tirait ; et celle qui

---

(*a*) Genes. VI, 13.
(*b*) Psalm. LXXIII, 1.
(*c*) Thren. IV, 18.
(*d*) Amos, VIII, 2.
(*e*) Rom. VI, 21.
(*f*) Rom. X, 4.
(*g*) I Tim. I, 5.
(*h*) Apoc. I, 8 ; XX, 1, 13.
(*i*) Genes. I, 6. רקיע 70, et alii Græci: στερέωμα, Firmamentum.
(*j*) Exod. XXXIX, 3. Num. XVI, 39.
(*k*) Ezech. VI, 11 ; XXV, 6.
(*l*) II Reg. XXII, 43.
(*m*) Isai. XL, 19.

(*n*) Isai. XLII, 5, et LXIV, 24. Psal. CXXXVI, 6.
(*o*) Jerem. X, 9.
(*p*) Genes. I, 17.
(*q*) Joseph. de Bello, l. VII, c. λ vel 28, in Lat. p. 985. e.
(*r*) Ezech. XXI, 21.
(*s*) Hieron. Theodoret. et alii in Ezech. XXI.
(1) II Par. XXII, 8. IV Reg. X, 13, 14.
(2) Hérodote, lib. I et VII.
(3) II Reg. XV, 1. Vide et III Reg. I, 5.
(4) Tiré de la Bible de Vence , *Dissertat. sur les officiers de la cour et des armées des rois hébreux*, dont le fond est de dom Calmet.

venait la première, était regardée comme une déclaration de la volonté des dieux, qui voulaient qu'il attaquât premièrement la ville, la province ou le royaume dont le nom était sur la flèche.

Les anciens Arabes, idolâtres avant Mahomet, avaient une manière de divination qu'ils appelaient le *sort des flèches* (a). Ces flèches étaient sans fer et sans plume, et ils les appelaient en leur langue *acdah* et *azlam*. Elles étaient au nombre de trois, enfermées dans un sac, qui était entre les mains de celui qu'ils nommaient *le devin du dieu Hobal*, idole du temple de la Mecque, avant la venue de Mahomet. Sur l'une de ces flèches il était écrit : *Commandez-moi, Seigneur ;* sur la seconde : *Défendez-moi, Seigneur ;* sur la troisième il n'y avait rien d'écrit. Quand quelqu'un voulait entreprendre quelque action, il allait trouver le devin, auquel il portait un présent. Ce devin tirait une des flèches de son sac : si la flèche du commandement sortait, l'Arabe entreprenait aussitôt son affaire : si celle de la défense paraissait, il différait d'exécuter son entreprise pendant un an entier. Lorsque la flèche blanche sortait, il fallait tirer de nouveau.

Les Arabes consultaient ces flèches sur toutes sortes d'affaires, mais particulièrement sur leurs mariages, sur la circoncision de leurs enfants, sur leurs voyages et leurs expéditions de guerre. Ils s'en servaient encore pour diviser quelque chose entre eux, et particulièrement les parties de la victime ou du chameau, qu'ils sacrifiaient sur certaines pierres, ou à des idoles qui étaient autour du temple de la Mecque. Mahomet défend très-expressément ces sortes de divinations dans son Alcoran.

M. Thévenot (b) dit que dans le Levant on voit encore à présent grand nombre de devins qui sont assis à terre sur un petit tapis au coin des rues, avec quantité de livres étalés devant eux. Ils prennent quatre flèches, qu'ils dressent en pointe l'une contre l'autre, et les font tenir à deux personnes ; puis ils mettent sur un coussin une épée nue devant eux, et lisent un certain chapitre de l'Alcoran. Si l'on demande, par exemple, lequel des Turcs ou des chrétiens aura l'avantage dans une guerre qu'on veut entreprendre, on donne le nom de *Chrétien* à deux de ses flèches, celui de *Turc* aux deux autres. A mesure que le devin lit son Alcoran, les flèches s'agitent malgré ceux qui les tiennent, comme si elles se battaient et étaient capables de sentiment. Celles qui abattent les autres et montent sur elles, sont les victorieuses, et prédisent sûrement la victoire à ceux qu'elles représentent, soit Turcs, soit chrétiens.

Les anciens Germains (c) coupaient en plusieurs pièces une branche d'un arbre fruitier, et marquant ces branches de certains caractères, les jetaient au hasard sur un drap blanc. Alors le père de famille, si la chose se passait dans une maison particulière, levait ces branches l'une après l'autre, et en tirait des augures pour l'avenir, par l'inspection des caractères qu'il y remarquait.

Les Scythes (d) avaient aussi leur manière de tirer des augures par les branches d'arbres. Leurs devins prenaient de grands fagots de branches de saule, qu'ils déliaient et étendaient par terre l'une après l'autre, en prononçant certaines prédictions. Ils reprenaient ensuite ces branches dans un ordre contraire, et liaient de nouveau les fagots, prononçant à chaque verge d'autres prédictions. Tout cela fait voir l'antiquité de cette superstitieuse manière de tirer des augures de l'avenir par les flèches ou les branches des arbres. On peut voir aussi Ammien Marcellin, liv. XXXI, sur la manière dont les Alains tiraient des pronostics de l'avenir par l'inspection des verges — [*Voyez* DIVINATION.]

* FLECHES, instrument servant à la guerre, furent faites d'abord avec des roseaux, plus tard on se servit de baguettes armées d'un dard. Quelques expressions figurées n'autorisent pas à croire qu'on les empoisonnât; mais il est certain qu'on s'en servait pour incendier. Le carquois avait la forme d'une pyramide renversée, et s'attachait derrière le dos, de manière que le soldat pût prendre les flèches par dessus son épaule (1). *Voyez* ARC, BÉLIER.

FLEUVE. Les Hébreux donnent le nom de *fleuve* sans addition, quelquefois au *Nil*, d'autres fois à l'*Euphrate*, et d'autres fois au *Jourdain*. C'est la suite du discours qui détermine le sens de cette expression vague et générale. Ils donnent aussi souvent le nom de fleuve à des torrents, ou à des rivières peu considérables, à la mer; par exemple, Jonas (e) dit qu'il s'est trouvé *enveloppé par les fleuves*, c'est-à-dire, par les eaux de la mer. Abacuc (f) parlant du passage de la mer Rouge, dit que *le Seigneur a partagé l'eau des fleuves* ; et le Psalmiste (g), que *le Seigneur a desséché les fleuves rapides*, ou les fleuves de la force; et ailleurs (h), que le Seigneur a fondé la terre sur la mer, et qu'*il l'a établie sur les fleuves*. Ce qui signifie la même chose dans l'un et l'autre membre. Hérodote (i) raconte que le roi Xerxès ayant fait jeter des liens dans l'Hellespont, et lui ayant fait donner les étrivières, lui dit : *C'est à bon droit que personne ne t'offre des sacrifices, fleuve trompeur et amer.*

Voici la liste des principaux fleuves ou torrents de la Palestine :

Le Jourdain, l'Arnon, le Jabok, le Carith, le Sorech, au delà du Jourdain.

Le Bésor, le Cison, le Bélus, le torrent de Jezrael, qui tombe dans le Jourdain près de

---

(a) D'Herbelot, *Bibl. Orient.*, p. 42. *Akdah*.
(b) Thévenot, *Voyage du Levant*, ch. xxvi.
(c) Tacit. *de Morib. Germ.*
(d) Herodot. l. IV, c. LXVII
(e) *Jonas*, II, 4.
(f) *Habac*, III, 8, 9.
(g) *Psalm.* LXXIV, 15.
(h) *Psalm.* XXIV, 2.
(i) Herodot. l. VII. ὡς ἐόντι καὶ δολερῷ τε καὶ ἁλμυρῷ ποταμῷ.
(1) *Introd. aux livres de l'Anc. et du Nouv. Test.* tom. II, p. 465.

Scythopolis, l'Eleuthère, le Sabbation, le torrent du Roseau ou de Canna, le Barrady, autrement Abana et Farfar, fleuves de Damas.

On peut voir tous ces fleuves sous leurs titres ou sous celui des villes à qui ils appartiennent.

* FLEUVES (les quatre) du paradis terrestre. *Voyez* PHISON, GÉHON, TIGRE, EUPHRATE.

FLORUS. Gessius Florus succéda à Albinus dans le gouvernement de la Judée (*a*), l'an de Jésus-Christ 54. Sa mauvaise conduite et ses excès rallumèrent la furie des Zélateurs, et poussèrent à bout la patience des Juifs. Il les força à se révolter contre les Romains, l'an de Jésus-Christ 66. Florus était un homme en qui toute pudeur et toute humanité étaient éteintes. Tout gain, de quelque nature qu'il fût, lui était bon. La cruauté qu'il exerça contre les Juifs, fut excessive. Il avait avec lui sa femme nommée Cléopâtre, aussi méchante que lui, et qui lui avait procuré ce gouvernement par le moyen de Poppée, femme ou concubine de Néron. Les voleurs qui désolaient la Judée, étaient avec lui sûrs de l'impunité, en lui faisant part de leur butin. Lorsque la révolte des Juifs fut déclarée, Florus, au lieu de chercher les moyens de l'éteindre, ne s'appliqua qu'à la fomenter, n'espérant trouver l'impunité de ses crimes, que dans la rébellion des Juifs.

Cestius Gallus, gouverneur de Syrie, étant venu à Jérusalem, l'an de Jésus-Christ 66, les Juifs se plaignirent à lui de Forus, leur gouverneur. Gallus leur fit espérer que Florus changerait de conduite; mais après son retour en Syrie, Florus recommença ses vexations et ses violences. Césarée commença la révolte. Jérusalem la suivit de près. Gestius l'ayant appris, accourt en Judée avec une armée; il entre dans la ville de Jérusalem, et assiège le temple; et comme il était près de le prendre, il se retire et est battu par les Juifs (*b*). Il écrit à Néron, et charge Florus de la révolte et de tout ce qui s'en était suivi. Josèphe ne nous dit point ce que devint Florus. Il sortit apparemment de la Judée, lorsque Vespasien y entra, l'an de Jésus-Christ 67.

FLUTE, instrument de musique dont il est quelquefois parlé dans l'Ecriture sous les noms de (*c*) *chalil*, *machalath*, *masrokithé* et *huggab*. Ce dernier est ordinairement traduit par *organum*, l'orgue. Mais ce n'était apparemment qu'une flûte à plusieurs tuyaux de grandeur inégale, qui n'avaient point de trous, et qui n'étaient ouverts que par le haut. On en jouait, en faisant couler successivement ces tuyaux sur la lèvre d'en bas, et en soufflant dedans. *Voyez* ORGUE.

Pour les autres flûtes marquées dans l'Ecriture, il n'est pas aisé d'en marquer la forme. On dit qu'anciennement ceux qui jouaient de la flûte, en avaient deux dans la bouche, l'une au côté droit, qui n'avait qu'un trou, et l'autre au côté gauche, qui en avait deux. Celle-ci rendait un son plus aigu, et l'autre un son plus grave. *Voyez* notre *Dissertation sur les instruments de musique des Hébreux*, à la tête du second tome du Commentaire sur les psaumes, page 86, etc. Il est parlé dans l'Evangile (*d*) des joueurs de flûtes qui étaient assemblés pour assister aux funérailles de la fille de Jaïr, et pour conduire son corps au tombeau, au son de leurs instruments.

Les rabbins enseignent qu'il n'était pas permis d'avoir moins de deux joueurs de flûte, dans les obsèques des personnes de moindre condition, outre la pleureuse de cérémonie (*e*); et Josèphe (*f*) raconte que le faux bruit de sa mort s'étant répandu à Jérusalem, plusieurs personnes louèrent des joueurs de flûte pour faire ses funérailles. Mais dans l'Ancien Testament, nous ne voyons rien de pareil. Les Juifs avaient apparemment pris cet usage des Romains. Quand c'était une vieille personne qui était morte, on se servait de la trompette; et de la flûte quand c'était une jeune fille (*g*), comme on le voit pratiqué dans l'histoire de l'Evangile que nous venons de rapporter.

FOI, *Fides*, est une vertu théologale, qui fait que nous tenons pour certain qu'il y a un Dieu, et nous nous soumettons à toutes les vérités qu'il nous a révélées par l'Ecriture et par la Tradition, et qu'il nous propose par son Eglise. Cette foi, accompagnée de la pratique des bonnes œuvres, donne la vie au juste (*h*) : *Justus ex fide vivit*. On peut la considérer, ou de la part de Dieu, qui révèle ses vérités, ou de la part de l'homme, qui leur donne son consentement; et dans l'un et l'autre sens, elle est nommée *fides*. *L'incrédulité des Juifs a-t-elle anéanti la foi de Dieu?* dit saint Paul (*i*); c'est-à-dire, sa vérité souveraine et infaillible, qui nous découvre ses mystères.

Les Juifs ont treize articles de foi, qui sont reçus parmi eux sans aucune contradiction (*j*).

I. Qu'il y a un Dieu créateur de toutes choses, premier principe de tous les êtres, qui peut subsister indépendamment d'aucune partie de l'univers, et sans lequel rien ne peut subsister.

II. Que Dieu est un et indivisible, mais d'une unité différente de toutes les autres unités.

III. Que Dieu n'a point de corps, et qu'il est tellement incorporel, qu'il n'a aucune qualité corporelle.

IV. Qu'il est éternel, et que tous les autres

(*a*) *Antiq. l.* XX, *c.* IX, *et de Bello l.* II, *c.* XXIV, XXV, p. 798 *et seq.*
(*b*) *Joseph. de Bello, l.* II, *c.* XL, p. 821.
(*c*) חליל *Chalil.* מחלה *Machalat.* במזרקת *Masrokoth.* עגב *Huggab.*
(*d*) *Matth.* IX, 23, 24.
(*e*) *Vide Selden. Uxor. hebr. l.* III, *c.* VIII.
(*f*) *Joseph. de Bello, l.* III, *c.* XV.
(*g*) *Stat. Thebaid. l.* VI. *Ovid. Propert. Servius.*
(*h*) *Rom.* I, 17. *Abac.* II, 4.
(*i*) *Rom.* III, 3.
(*j*) Léon de Modène, part. III, *c.* 12, *Cérémonies des Juifs*

êtres, hors lui, ont eu un commencement avec le temps.

V. Qu'on ne doit adorer et servir que Dieu seul, et qu'on ne doit ni adorer ni servir aucun autre, ni comme médiateur, ni comme intercesseur.

VI. Qu'il y a eu, et qu'il peut encore y avoir des prophètes, disposés à recevoir les inspirations de Dieu.

VII. Que nul autre n'a été plus grand prophète que Moïse, et que le degré de prophétie dont il a été honoré, était singulier et fort supérieur à celui de tous les autres prophètes.

VIII. Que la loi que Moïse a donnée aux Juifs, a été toute dictée du Saint-Esprit; qu'elle ne renferme pas une syllabe qui soit purement de Moïse, et que l'explication de ses préceptes, laquelle ils ont reçue par tradition, est entièrement sortie de la bouche de Dieu, qui l'a donnée à Moïse.

IX. Que cette loi est immuable, et qu'on ne peut ni y ajouter, ni en retrancher.

X. Que Dieu connaît et dispose de toutes nos actions humaines.

XI. Que Dieu récompense ceux qui observent sa loi, et châtie ceux qui la violent; que la meilleure récompense est celle de l'autre vie, et que le plus grand châtiment est la damnation de l'âme.

XII. Qu'il viendra un Messie, qui sera d'un mérite infiniment supérieur à celui de tous les autres monarques qui ont été avant lui; qu'encore qu'il tarde à venir, on ne doit point douter de sa venue, ni se prescrire un temps où elle doive arriver, et encore moins le tirer de l'Ecriture, puisqu'il ne doit jamais y avoir de roi dans Israel, qui ne soit de la race de David ou de Salomon.

XIII. Que Dieu ressuscitera tous les morts à la fin des temps, et qu'ensuite Dieu fera un jugement universel de tous les hommes en corps et en âme.

Quant aux articles de la foi des chrétiens, ils sont compris dans les symboles et dans les décisions des conciles.

La foi se prend aussi pour une ferme confiance en Dieu, qui fait qu'on s'adresse à lui sans hésiter, soit qu'on lui demande des faveurs dans la prière, ou des miracles pour sa gloire. *Ayez de la foi comme un grain de moutarde, et vous direz à cette montagne : Retire-toi de là; et elle vous obéira; et rien ne vous sera impossible,* dit le Sauveur (*a*). *Que celui d'entre vous qui a besoin de sagesse, la demande à Dieu, qui est l'auteur de tout bien; mais qu'il la demande avec foi et sans hésiter,* etc. dit saint Jacques. (*b*).

Enfin *la foi* se prend pour la bonne foi, la fidélité à exécuter ses promesses, la vérité; et en ce sens, on l'applique non-seulement à Dieu, mais aussi à l'homme. Isaïe décrivant le Messie (*c*), dit que *la justice sera son baudrier, et la foi sa ceinture,* c'est-à-dire, qu'il sera juste et fidèle. Et David parlant à Ethaï (*d*), lui dit : Retournez-vous-en dans Jérusalem avec vos frères ; le Seigneur vous traitera dans sa miséricorde et dans sa vérité, *parce que vous m'avez témoigné votre reconnaissance et votre foi,* c'est-à-dire, votre fidélité.

FOLIE. *Voyez* SOTTISE.

FONTAINE. Il y a plusieurs fontaines célèbres dans la Judée. Nous en avons marqué la plupart, dans les lieux auprès desquels elles se trouvent. Par exemple, en parlant de Jezrael et d'Emmaüs, on a dit qu'il y avait une fontaine près de ces lieux. Nous avons aussi parlé ci-devant, sous le nom d'AïN, de plusieurs villes qui tirent leurs noms des fontaines; car en hébreu *aïn*, ou *ein*, ou *en*, signifie l'œil, ou une *fontaine.* Ainsi *En-sémes* veut dire la fontaine du soleil ; *En-gaddi*, la fontaine du chevreau ; *En-gannim,* la fontaine des jardins; et ainsi des autres.

FONTAINE DU ROGEL. *Voyez* ROGEL.
FONTAINE DE GÉHON. *Voyez* GÉHON.
FONTAINE DE SILOE. *Voyez* SILOE.
FONTAINE DE NAZARETH. *Voyez* NAZARETH.
Et ainsi des autres.

FONTAINE DE L'ETHIOPIEN, est celle où l'Ethiopien, eunuque de la reine de Candace, fut baptisé par le diacre Philippe, ainsi qu'il est dit dans les Actes (*e*). Les uns la mettent assez près de Bethléem, et d'autres près de Bethsur. Eusèbe et l'ancien Voyage de Jérusalem la placent au pied de la montagne sur laquelle est située Bethsur. Or Bethsur était à vingt milles de Jérusalem, et fort près d'Eleuthéropolis. Du temps de saint Jérôme, la fontaine de l'Eunuque étant sortie de la terre, y rentrait presque aussitôt. Aujourd'hui ses eaux sont reçues dans un bassin, d'où elles se répandent dans un canal, qui les porte environ à vingt pas de là, dans un réservoir, et de ce réservoir elles se répandent dans la vallée.

FONTAINE DES EAUX VIVES, qui tombent avec impétuosité du Liban, et dont il est parlé dans le *Cantique des cantiques* (*f*), est, selon les nouveaux voyageurs (*g*), une fontaine très-abondante, qui se trouve à une lieue de Tyr, dans la plaine. Elle est bâtie en forme de tour carrée, élevée de terre de quinze coudées, dans laquelle les eaux sont enfermées comme dans un puits, de la largeur d'environ quinze pieds en carré. Elles en sortent par quelques portes ou ouvertures, avec tant d'impétuosité, qu'elles font tourner, au sortir de là, un moulin à blé à cinq meules. On peut monter à cheval jusqu'au-dessus de cet édifice, par une large montée de pierre, qui est du côté qui regarde Tyr. Il y a encore deux autres puits, auxquels on va de ce premier par un canal large d'environ trois pieds. Ces eaux étaient sans doute aux Tyriens du temps de Salomon ; et on n'a aucune preuve que ce prince ait voulu marquer cette source en particulier, dans le passage cité du Cantique.

(*a*) *Matth.* XVII, 19.
(*b*) *Jacob.* I, 6.
(*c*) *Isai.* XI, 5.
(*d*) II *Reg.* XV, 20.

(*e*) *Act.* VIII, 36.
(*f*) *Cant.* IV, 15.
(*g*) *Voyez* Doubdan, Breidembach, Adrichom, etc. — [Ces *nouveaux* voyageurs sont fort anciens.]

Fontaine Scellée, *Fons Signatus*, dont il est parlé aussi dans le *Cantique des cantiques* (a), est apparemment une allégorie, qui désigne la chasteté de l'Epouse sainte. Les voyageurs parlent d'une fontaine considérable qui se voit à une lieue et demie de Bethléem, et dont nous avons parlé ci-devant sous le nom d'*Ethan*. C'est là, à ce que l'on prétend, la Fontaine Scellée de Salomon. Pour la Fontaine d'Ethan, ou ces eaux que l'on montre près de Béthléem, on peut voir les voyageurs (b) qui en ont parlé. Nous avons donné la description des réservoirs où elles se conservent d'après M. Le Brun, sous l'article Etham. C'est de là que venait l'eau que Pilate conduisit à Jérusalem, quelques années avant la guerre des Romains contre les Juifs.

[Dom Calmet semble distinguer la Fontaine d'Ethan de la Fontaine Scellée : celle-ci *à une lieue et demie* de Bethléem, et l'autre plus *près* de cette ville. Je pense que ces deux fontaines sont la même.

« Une heure de marche, dit M. Poujoulat(1), vous conduit de Bethléem aux *piscines de Salomon*; on laisse, à main droite, un couvent grec consacré à saint Georges, et une mauvaise bourgade musulmane qui l'avoisine. Comme je me plaignais à mes guides des chemins à peine praticables que nous suivions, ils m'ont fait remarquer les restes d'une ancienne voie par où passaient les chars de Salomon. Les trois piscines qui portent les noms des fils de David, sont des bassins taillés au ciseau, d'une dimension et d'une profondeur peu communes. Le premier a cent cinquante pas de longueur sur vingt-quatre de largeur; le second est d'une dimension plus grande, le troisième est le plus beau. Ces piscines ne reçoivent que les eaux du ciel. Elles sont creusées en pente de manière que l'eau puisse descendre de l'une à l'autre. A deux cents pas, au nord de la première piscine, on trouve la *Fontaine Scellée*, cavité assez profonde d'où s'échappent trois sources abondantes. D'énormes pierres en ferment l'entrée, et la fontaine est aussi bien défendue qu'à l'époque où Salomon la fermait avec son sceau royal. Les trois sources se joignent d'abord dans un petit canal souterrain ; ce canal, après avoir traversé ce qu'on appelle le *Château*, verse ses eaux dans une grotte où l'on descend par dix escaliers [Sic]. Les eaux se rendent ensuite dans un conduit revêtu de pierres, lequel passe à côté des piscines, s'en va à Bethléem et de là à Jérusalem par des détours sans nombre. Le père Nau était mal informé quand il a dit que l'eau de la Fontaine Scellée se déchargeait dans les piscines. Les belles sources sont trop rares en Judée pour les laisser se perdre dans des bassins abandonnés. — L'édifice qu'on nomme le *Château*, construit près des piscines, est une enceinte entourée de murs crénelés. J'ai vu dans cette enceinte plusieurs cabanes de boue habitées par des familles musulmanes. Ces familles veillent à la conservation de la Fontaine Scellée, réputée sainte parmi les Turcs ; ce serait un crime de souiller ses eaux, et les gardiens sont là pour dénoncer ou punir. Mais une telle garde me semble inutile ; tous les peuples de ces contrées révèrent l'eau comme une douce manifestation de la Providence ; ce n'est point l'Arabe qui souillera jamais une source (2). — » *Voyez* Jardin de Salomon.

Madame de Lamartine a vu aussi les *Bassins de Salomon* et la *Fontaine Scellée* : « En descendant (de Bethléem) vers la plaine, dit-elle (3), on nous montre une grotte où la tradition veut que la sainte Vierge se soit retirée au moment de son départ pour l'Egypte... Après une heure de marche nous arrivons à une petite vallée étroite et encaissée, arrosée par un limpide ruisseau. C'est le *Jardin de Salomon*.... Nous prenons à droite, et nous montons péniblement pendant une heure ; arrivés sur la hauteur, nous y trouvons les plus beaux restes d'antiquités que nous ayons encore vus : trois immenses citernes, creusées dans le roc vif et suivant la pente de la montagne, l'une au dessus de l'autre, en terrasse ; les parois aussi nettes, les arêtes aussi vives que si elles venaient d'être terminées ; leurs bords, couverts de dalles comme un quai, résonnaient sous les pieds des chevaux. Ces beaux bassins, remplis d'une eau diaphane, sur le sommet d'une montagne aride, étonnent et inspirent une haute idée de la puissance qui a conçu et exécuté un si vaste projet ; aussi sont-ils attribués à Salomon. Pendant que je les contemple, mes compagnons de voyage les mesurent et les trouvent chacun d'environ quatre cents pieds sur cent soixante-quinze ; le premier est le plus long, le dernier le plus large ; il a deux cents pieds au moins d'ouverture ; ils vont en s'agrandissant jusqu'au sommet ; au-dessus de la plus élevée de ces citernes gigantesques, une petite source cachée sous quelques touffes de verdure, est le *Fons signatus* de la Bible, et alimente seule ces réservoirs qui se déversaient anciennement dans des aqueducs conduisant l'eau jusqu'au temple à Jérusalem ; les restes de ces aqueducs se retrouvent continuellement sur notre route. Non loin de là, d'anciens murs crénelés, probablement du temps des Croisades, entourent une enceinte où la tradition suppose un palais habité par les femmes de Salomon : il n'en reste guère de vestiges, et l'emplacement, couvert de fumier et d'ordure, sert aujourd'hui de cour, où se retirent la nuit les bergers et le bétail qui viennent séjourner sur les montagnes, dans la saison des pâturages, comme sur les Alpes en Suisse. Nous retournâmes à Jérusalem par une ancienne route large et pavée, appelée la Voie de Salomon, qui est bien plus courte et plus directe que dant dans un étroit vallon, on arrive, après une demi-heure de marche, au *Jardin Fermé*. »

(a) *Cant.* iv, 13.
(b) Cotovic., Eugène Roger, Le Brun, p. 272.
(1) *Corresp. d'Orient*, lettre cxxii. V, p. 193-195.
(2) « A l'est des Piscines, ajoute M. Poujoulat, en descen-

(3) Dans le *Voyage en Orient* de M. de Lamartine, t. II, p. 202-204.

celle que nous avions prise le matin ; elle ne passe point à Bethléem. »

La Fontaine ou le Puits de Jacob était près de la ville de Sichem (a).

Fontaine du Jugement, ou Fontaine de Misphat (b). C'est la même que les *Eaux de contradiction*, que Moïse tira d'un rocher à Cadesbarné (c).

Fontaine de Daphné. *Voyez* Daphné.

Fontaine d'Elisée. C'est celle dont les eaux furent adoucies par Elisée (d). Elle coule dans la campagne de Jéricho (e), et va tomber dans le Jourdain. —[*Voyez* Elisée (*Fontaine d'*).]

Fontaine d'Agar. C'est celle que l'ange découvrit à Agar, lorsqu'elle était dans la solitude, au midi de Bersabée, *Genes*. XXI, 19.

Fontaine du Dragon. Elle était apparemment à l'orient de Jérusalem. II *Esdr*. II, 13. *Voyez* Dragon.

Fontaine de Samson, qui sortit du rocher nommé *la Dent machelière*, en hébreu, *Machtès*, a subsisté longtemps, et subsiste peut-être encore à présent dans la tribu de Dan, près du lieu nommé *Lechi*, c'est-à-dire, *la mâchoire*. Le martyr Antonin et Glycas (f) mettent cette fontaine aux faubourgs d'Eleuthéropolis. Quelques rabbins (g) la placent près du torrent de Cédron, et d'autres près de Tibériade. Saint Jérôme (h) semble mettre Morasthi entre Socoth et la Fontaine de Samson. Ce qui revient assez à ceux qui la mettent près d'Eleuthéropolis.

Fontaine dans un sens métaphorique se met pour la génération, pour les enfants. *Que vos fontaines s'écoulent au dehors* (i), ayez une nombreuse postérité. *O vous qui êtes sortis des fontaines d'Israel* (j) : *Benedicite Domino de fontibus Israel*. Voyez aussi Eccli. XII, 6 : *Conteretur hydria super fontem*.

Fontaine se dit aussi de toutes sortes de sources d'eaux ; par exemple : *Toutes les fontaines du grand abîme se rompirent* (k). *Fons hortorum, puteus aquarum viventium* (l). Une fontaine d'eau vive, ou *une fontaine de vie* ; c'est une source d'eau vive, soit qu'elle sorte de terre comme une fontaine, ou qu'elle soit au fond d'un puits (m). *Fons sanguinis*, le sang d'une personne qui est incommodée d'une perte de sang naturelle, ou autrement.

FORÊT D'Ephraim. *Voyez* Ephraim, et II *Reg*. XVIII, 6.

Forêt de Hareth, où David se retira. I *Reg*. XXII, 5. Elle était dans la tribu de Juda.

Forêt de Béthel, d'où Elisée fit sortir des ours, qui dévorèrent les enfants de Béthel qui lui insultaient (n). On croit que cette forêt était voisine de la ville de Béthel.

Forêt du Liban. Outre la vraie forêt du Liban, où croissent encore aujourd'hui les cèdres [*Voyez* Cèdre (1) et Liban] et d'autres arbres, l'Ecriture donne le nom de Forêt du Liban à un palais que Salomon avait fait bâtir à Jérusalem (o), joignant le palais de la fille du roi d'Egypte. Salomon y faisait sa demeure ordinaire, et toute la vaisselle qui était dedans était de pur or. On lui donna le nom de *Palais de la Forêt du Liban*, ou à cause de la grande quantité de cèdre qu'on y avait employé, ou à cause de la multitude des colonnes dont il était soutenu.

Quelques-uns mettent cette maison ou ce palais dans les montagnes du Liban : mais il y a beaucoup plus d'apparence qu'elle était dans Jérusalem même ; et ce qui le prouve encore évidemment, c'est que les trois cents boucliers d'or que l'on portait devant Salomon, lorsqu'il allait au temple, étaient certainement dans une salle de ce palais. III *Reg*. X, 17.

FORNICATION. ce terme se prend dans l'Ecriture non-seulement pour le crime d'impureté, mais aussi pour l'idolâtrie et pour toute sorte d'infidélité commise contre Dieu. On confond assez souvent la fornication avec l'adultère (p) : *Uxor tua in civitate fornicabitur*. L'Ancien et le Nouveau Testament (q) condamnent toute sorte d'impureté et de fornication, tant corporelle que spirituelle ; c'est-à-dire tant celle qui se commet corporellement dans sa chair que celle qui se commet par l'idolâtrie, l'apostasie, l'hérésie, l'infidélité envers Dieu.

FORTUNAT, dont il est parlé dans la première Epître de saint Paul aux Corinthiens (r), vint de Corinthe à Ephèse, pour y visiter saint Paul. Nous ne savons pas les particularités ni de sa vie, ni de sa mort. Seulement saint Paul appelle Stéphane, Fortunat et Achaïque les prémices de l'Achaïe et dit qu'ils s'étaient consacrés au service des saints et de l'Eglise. Ce furent Stéphane, Fortunat et Achaïque qui portèrent la première Epître de saint Paul aux Corinthiens.

FORTUNE. On entend sous le nom de Fortune une divinité bizarre et aveugle, qui, selon les païens, présidait à tous les événements et distribuait les biens et les maux selon son caprice. Les anciens Grecs ne connaissaient pas cette vaine divinité. On ne la trouve pas dans leurs livres. Ils attribuaient aux dieux le bien et le mal qui leur arrivait. Les auteurs sacrés de l'Ancien et du Nou-

---

(a) *Joan*. IV, 5, 6.
(b) *Genes*. XIV, 7.
(c) *Num*. XX, 13, 24, etc.
(d) IV *Reg*. II, 19, 20.
(e) *Joseph. de Bello*, l. V, c. IV.
(f) *Glycas Annal*. p. 2.
(g) Vide *Bochart. de Animal. sacr. part*. I, l. I, c. XV.
(h) *Hieron. Epitaph. Paulæ*, p. 64, H.
(i) *Prov*. V, 16.
(j) *Psalm*. LXVII, 27.
(k) *Genes*. VII, 11.
(l) *Cant*. IV, 15.

(m) *Levit*. XX, 18, et *Marc*. V, 19.
(n) IV *Reg*. II, 24.
(o) III *Reg*. VII, 2, X, 17.
(p) *Amos*, VII, 17.
(q) *Levit*. XXI, 7. *Deut*. XXII, 21 ; XXIII, 18. *Prov*. XXIII, 27. *Tob*. IV, 17, et I *Cor*. VI, 9, 13, 15. *Coloss*. III, 5. *Heb*. XIII, 4.
(r) I *Cor*. XVI, 15, 17.
(1) La forêt du Liban couvrait le mont Liban au nord de la terre de Chanaan, dit le géographe de la Bible de Vence, qui indique II *Par*. XXV, 18.

veau Testament n'ont point employé le mot de *Fortune* dans leurs livres, au sens que nous lui donnons. Nous ne la faisons entrer dans ce dictionnaire, que parce que [dans la Vulgate] Isaïe (a) reproche aux Hébreux d'avoir érigé des autels à la Fortune : *Qui ponitis Fortunæ mensam, et libatis super eam*. Il est certain que du temps d'Isaïe ni le nom ni la chose de *Fortune* n'étaient pas connus parmi les Hébreux ; aussi le texte original porte : *Qui dressez une table à Gad, et qui remplissez vos vases de liqueurs pour en faire des libations à Meni*. Il est question de savoir qui étaient ces deux divinités *Gad* et *Meni*.

Il y a beaucoup d'apparence que *Gad* signifie le Soleil, et *Meni* la Lune. Le soleil était le dieu de la bonne fortune, aussi bien que la lune : ces deux astres étaient considérés comme des principes heureux et des dieux bienfaisants ; et on croyait que ceux qui étaient nés sous l'aspect de l'un ou de l'autre de ces deux astres, jouissaient d'une constante prospérité. C'était la doctrine des Egyptiens et des Perses, et apparemment aussi des Syriens, puisque *Liah* ayant fait épouser Zelpha à Jacob, et en ayant eu par son moyen un fils, elle dit : *Heureusement*, ou à la bonne fortune ; (l'hébreu, *dans Gad*) *et elle donna à ce fils le nom de Gad (b)*.

Kimchi et Abrabanel (c) disent que, chez les Arabes, l'étoile ou la planète de Jupiter porte le nom de *Gad*, et que cet astre a des influences heureuses pour ceux qui naissent sous son aspect. M. d'Herbelot (d) dit que les Arabes appellent *Sad*, ou *Saad*, la planète de Jupiter, la plus heureuse des planètes, que nos astronomes appellent ordinairement *Fortuna major*; de même que la planète de Vénus est nommée *Sad-Saghir*, *Fortuna minor*, la petite Fortune. Ils donnent à la même planète de Jupiter le nom de *Moschteri* (e) ; mais en terme d'horoscope ils l'appellent *Saad*, *Alsoud*, Fortune des Fortunes.

Les Persans donnaient le nom d'*Ormozd* (f) au génie qui préside au premier jour de l'année solaire ; c'est le même que les Grecs ont appelé *Oromasdes*. Il était regardé par les sectateurs de Mahomet, non-seulement comme le bon génie, mais comme le premier dé la bonne fortune ; et *Zoharah*, qui est la planète de Vénus, comme la planète de la petite fortune. Ils opposaient *Ormozd*, ou Oromasde, dieu de la bonne fortune, à *Aherman*, ou *Arimanios*, dieu du mauvais destin.

Pour revenir à *Gad* et *Meni*, dont parle Isaïe, nous croyons que *Gad* des Syriens, était le même que *Sâd* des Arabes et qu'*Ormozd* des Perses ; qu'il présidait à la bonne fortune, qu'il signifiait le soleil, ou la planète de Jupiter ; et que *Meni* signifiait la lune, ou la planète de Vénus ; et qu'elle répondait à *Zoharah* des Perses, ou à *Sad-Saghir* des Arabes.

On honorait ces divinités dans la Palestine, en dressant des tables à *Gad*, et en versant des liqueurs en l'honneur de *Meni* (g). Démosthène nous apprend que chez les Grecs on sacrifiait pour la bonne fortune, ou pour obtenir quelque bonheur, à *Apollon*, qui préside aux rues : à *Latone* et à *Diane*. (On sait qu'Apollon était le soleil, et Diane la lune.) On leur dressait des tables aux coins des rues dans les carrefours, on leur offrait des coupes pleines de vin, on y brûlait des odeurs, on faisait des danses, et on portait des couronnes en leur honneur (h). Strabon parle de plusieurs temples dédiés à *Men* ou à *Manus*, à Anaïs, ou Diane, ou la Lune, qu'on voyait dans l'Arménie, où le culte de cette déesse était très-commun.

Saint Jérôme (i), écrivant sur le passage d'Isaïe que nous examinons, dit que c'est une ancienne coutume venue du paganisme, et qui subsiste encore dans presque toutes les villes, surtout en Egypte et à Alexandrie, de mettre aux coins des rues, le dernier jour de l'an, des tables couvertes de toutes sortes de biens, et des coupes pleines de vin mêlé avec du miel, comme pour un heureux présage de la nouvelle année. Jérémie (j) reproche aux Juifs d'offrir à la reine du ciel, c'est-à-dire, à la lune, des gâteaux et des liqueurs. *Voyez* notre commentaire sur Isaïe LXV, 11. On trouve souvent, dans les anciens monuments (k), la Fortune représentée avec les marques du soleil et de la lune, avec celles d'Isis, et accompagnée d'Hécate, et avec deux étoiles qui pourraient bien être celles de Jupiter et de Vénus, toutes deux consacrées à la bonne fortune.

FOSSE, *Fovea*. Ce nom se prend quelquefois pour le tombeau. La bouche de la femme étrangère *est comme une fosse profonde* (l). *Celui contre qui Dieu est irrité y tombera*. Et encore (m) : *Fovea profunda est meretrix, et puteus angustus aliena*. La prison où Joseph fut enfermé est aussi nommée *fovea* (n). *Dieu descendit avec lui dans la fosse*. C'est un proverbe commun dans l'Ecriture (o) : *Celui qui creuse la fosse y tombera*. Celui qui tend des pièges aux autres y sera pris lui-même. *Ils ont creusé une fosse pour m'y faire tomber, et ils y sont tombés les premiers*. Il paraît que parmi les Hébreux on creusait ainsi souvent des fosses, pour prendre les hommes et les bêtes.

FOUET. Le supplice du fouet était fort commun chez les Hébreux. Moïse ordonne (p) que celui qui aura mérité la peine du fouet soit condamné par les juges *à être couché par terre, et battu de verges en leur présence*,

---

(a) Isai. LXV, 11. הֶעֹרְ־כִים לַגַּד שֻׁלְחָן וְהַמְמַלְאִים לַמְּנִי מִמְסָךְ׃
(b) Genes. xxx, « בגד 70. &c. *Vulg. feliciter*
(c) Vide Grot. in Genes. xxx, 11.
(d) D'Herbelot, *Bibl. Orient.*, p. 728.
(e) Idem, p. 626.
(f) Idem, p. 694.
(g) *Démosthen. contra Midiam et adversus Macartata.*

(h) *Strabo*, l. IX, p. 352, et l. XII, p. 583.
(i) *Hieron. in Isai.* LXV, 11.
(j) *Jerem.* VII, 18, et XLIV, 17, 18.
(k) Antiquité expliquée, t. I, p. 310, 311.
(l) *Prov.* xxII, 14.
(m) *Prov.* xxIII, 27.
(n) *Sap.* x, 13.
(o) *Psalm.* VII, 16. *Eccl.* x, 8. *Eccli.* xxVII, 29.
(p) *Deut.* xxv, 2.

autant que la faute le demandera; en sorte néanmoins qu'on n'excède pas le nombre de quarante coups; afin que votre frère ne sorte pas de devant vous indignement déchiré. Il y avait deux manières de donner le fouet : l'une, avec des lanières, ou des fouets de cordes ou de cuir ; et l'autre, avec des verges, ou des branches de quelque arbre.

Les rabbins croient que les fautes ordinaires commises contre la loi et soumises à la peine du fouet étaient punies, non à coups de verges, mais à coups de fouet ; ils comptent jusqu'à cent soixante-huit fautes soumises à cette peine (a), et ils tiennent que toutes les fautes punissables avec quelles la loi n'attache pas la peine de mort s'expient par le fouet. On dépouillait le coupable depuis les épaules jusqu'à la ceinture, et on le liait par les bras à une colonne assez basse, afin qu'il fût penché, et que l'exécuteur pût aisément frapper sur son dos. Il y en a qui soutiennent qu'on ne donnait jamais ni plus ni moins de trente-neuf coups ; mais que, dans les grandes fautes, on frappait avec plus de force. Mais d'autres croient que lorsque la faute ou d'autres circonstances le demandaient, on pouvait ajouter à ce nombre de coups. Saint Paul (b) nous apprend qu'il a reçu, à cinq occasions différentes, trente-neuf coups de fouet de la part des Juifs ; ce qui insinue que ce nombre était fixe, et qu'on ne le passait point.

Le même apôtre marque clairement au même endroit le châtiment des verges, différent de celui du fouet : *Ter virgis cæsus sum*. Et lorsqu'il fut arrêté par les Juifs dans le temple, le tribun des troupes romaines, étant accouru pour le tirer des mains des Juifs et voulant savoir la raison du tumulte qui était arrivé à son occasion, le fit lier et étendre par terre pour lui donner la question, et pour le faire frapper de verges (c); car c'est ainsi que les Romains donnaient la question ordinaire. La bastonnade, que l'on donnait quelquefois sur le dos, et que l'on donne aujourd'hui dans l'Orient sur la plante des pieds élevés en haut, pendant que le patient est couché sur le ventre; cette peine est différente de la flagellation, ou du fouet.

Les rabbins enseignent que la peine du fouet n'était pas ignominieuse parmi eux, et qu'on ne la pouvait reprocher comme une tache à ceux qui l'avaient soufferte. Ils prétendent qu'aucun Israélite, pas même le roi, ou le grand prêtre, n'était dispensé de cette loi, lorsqu'il était tombé dans quelque faute qui méritait qu'on la lui fît subir. Mais il faut l'entendre de la peine du fouet, qu'ils donnaient dans leurs synagogues, et qui était plutôt une peine légale et particulière, qu'un supplice public et honteux. Philon (d), parlant de la manière dont Flaccus traita les Juifs d'Alexandrie, dit qu'il leur fit souffrir la peine du fouet, qui n'est, dit-il, pas moins insupportable à un homme libre que la mort même. Notre Sauveur, parlant des douleurs et des ignominies de sa passion, met d'ordinaire sa flagellation au premier lieu (e).

FOULON. CHAMP DU FOULON, FONTAINE DU FOULON. *Voyez* ROGEL. Ce terme signifie un *foulon*. La Fontaine du Foulon était ou celle de Siloë, ou une de ses branches.

FOURMI (1), insecte fort commun, qui a fourni au Sage le symbole de la vie laborieuse et diligente (f). *Voyez* aussi *Prov.* XXX, 24, 25, où le Sage relève la sagesse de la fourmi, qui amasse pendant l'été de quoi se nourrir pendant l'hiver.

FOURS DES HÉBREUX. *Voyez* PAIN.

FRAPPER, se met très-souvent pour *mettre à mort*. David *frappa le Philistin*, il mit à mort Goliath. *Le Seigneur frappa Nabal;* il *frappa Osa :* il les mit à mort.

FRAPPER se met aussi pour affliger, frapper de crainte, de peste, de pauvreté, d'ulcères, de maladies, de plaies. *Frapper une armée*, la battre, la mettre en déroute; *frapper le camp des Philistins*, le dissiper, remporter la victoire sur les Philistins. *Percutere fœdus*, à la lettre, *frapper l'alliance*, ou contracter l'alliance ; parce qu'ordinairement on tuait des animaux, et on immolait des victimes pour ratifier les alliances. Dieu frappa les Philistins *in posteriora* (g), il leur envoya les hémorroïdes ou d'autres maladies dans le fondement. *Frapper de la langue*. Jérémie XVIII, 18 : *Venite et percutiamus eum lingua,* accablons-le d'injures et d'outrages; répandons contre lui toutes sortes de médisances. *Frapper des mains* est quelquefois un geste d'applaudissement et d'approbation, et d'autres fois un geste et un mouvement de douleur, d'étonnement.

FRAPPER LA JOUE (h), FRAPPER DU POING, ne demandent point d'explication. Jésus-Christ fut frappé à coups de poing et reçut des soufflets dans sa passion (i). *Frapper sa cuisse* (j) marque de l'indignation, de la douleur, de l'étonnement. Frapper de la main contre la main, *Percute manu ad manum* (k), signifie, marquez votre douleur en frappant des mains (l); *Dieu les frappera par le souffle de sa bouche*, il les fera périr par son souffle. *Frapper la conscience faible de votre frère* (m); lui causer des peines de conscience, et l'exposer à commettre quelque péché. *Frapper son cœur*, David frappa son cœur (n); il eut du scrupule d'avoir coupé l'extrémité de la casaque de Saül. *Voyez* ci-après PLAIE.

FRAYEUR, se met quelquefois pour l'objet de la frayeur. Aussi on dit *la frayeur d'Isaac*, pour marquer le Dieu que craignait

---

(a) Vide, *si lubet*, Selden. l. II, c. XIII de *Synedriis*, et Schikard. *de Jure Reg. c.* II, *theorem*. 7.
(b) II Cor. x, 24.
(c) Act. XXII, 24, 25.
(d) Philo in Flac. et de Specialib Legib.
(e) Matth. xx, 19. Marc. x, 34. Luc. XVIII, 32.
(f) Prov. VI, 6.
(g) Psalm. LXXVII, 66.
(h) Thren. III, 30.
(i) Matth. XXVI, 64.
(j) Jerem. XXXI, 19.
(k) Ezech. XXI, 14.
(l) Isai. XI, 4.
(m) I Cor. VIII, 12.
(n) I Reg. XXIV, 6.
(1) Fourmi (*formica*), genre d'insectes hyménoptères, fournissant un acide particulier, appelé *acide formique*

Isaac (a): *Nisi Deus patris mei Abraham, et timor Isaac adfuisset mihi, forsitan modo nudum me dimisisses.* Dieu dit qu'il enverra sa frayeur (b) devant son peuple, pour arrêter et consterner les peuples de Chanaan; que sa terreur les mettra en fuite. Job dit que les terreurs de Dieu combattent contre lui (c); et le Psalmiste, que les frayeurs du Seigneur ont jeté la terreur dans son âme (d).

FRÈRE. Ce terme se prend non-seulement dans sa signification ordinaire et littérale, mais aussi en général pour un parent, un homme du même pays, de la même nation; et encore plus généralement pour un homme en général, pour notre prochain, dans l'idée que Jésus-Christ a voulu que nous ayons de tout le monde, et qu'il nous a commandé d'aimer comme nous-mêmes.

Frère se met aussi quelquefois pour celui qui ressemble à un autre dans le bien comme dans le mal (e): *Celui qui est mou et lâche dans ses ouvrages est frère de celui qui les dissipe*, et qui ruine ses affaires. Et Job (f): *J'ai été frère du dragon et compagnon des autruches. Je les ai imités dans leurs cris de douleur et dans leur fuite des hommes.* Et l'Ecclésiastique (g): *Celui qui répand le sang et celui qui trompe l'ouvrier à gages sont frères*; ces deux crimes sont égaux.

Frère se met aussi pour l'ami, pour l'époux, comme la sœur pour l'épouse. *Quis mihi det te fratrem meum, sugentem ubera matris meæ* (h)? Et *Vulnerasti cor meum, soror mea sponsa* (i). Et Job (j): *J'ai dit à la vermine: Vous êtes ma sœur.* Et Salomon, dans les Proverbes (k): *Dites à la sagesse: Vous êtes ma sœur.*

Selon la loi de Moïse (l), le frère d'un homme mort sans enfants était obligé d'épouser la veuve de son frère, pour lui susciter des enfants, afin que son nom et sa mémoire ne fussent pas éteints dans Israel. *Voyez* ci-après les articles LÉVIRAT et VEUVE.

[FRÈRES. La coutume entre les rois de s'appeler frères est très-ancienne (III *Rois*, IX, 13; XX, 33). Aujourd'hui les souverains s'appellent *cousins*; il serait curieux de savoir quand et surtout pourquoi ce changement de qualification a eu lieu. Le nom de frères se donnait souvent aussi aux gouverneurs des provinces. II *Machab.* XI, 22.]

FROMAGE. *Voy.* ci-après l'article VIANDE.

*FROMENT. *Voyez* BLÉ. « Parmi les bénédictions de la terre, dit un auteur, les plus importantes et les plus significatives, dans les temps anciens comme dans les temps nouveaux, sont le froment, la vigne et l'olivier.

» Moïse, sentant sa fin approcher, parlait ainsi aux Hébreux, comme ils allaient entrer dans la terre promise: « Si vous obéis-
» sez aux commandements que je vous fais
» aujourd'hui d'aimer le Seigneur votre
» Dieu, et de le servir de tout votre cœur, il
» donnera à votre terre les premières et les
» dernières pluies, et vous recueillerez de
» vos champs le froment, l'huile et le vin. »
Par là étaient signifiées toutes les prospérités matérielles, cette *graisse* de la terre et cette *rosée* du ciel, promises par Isaac à Jacob.

» Le froment était, dans l'antiquité, le partage exclusif des peuples forts et mâles, possédant un territoire, et capables de travailler le fer; les peuplades faibles et dispersées, troupeaux errants, sans nom, sans lois et sans chefs, vivaient, à l'aventure, de racines, de fruits ou de coquillages. Depuis l'établissement du christianisme, et par son influence salutaire, le froment a été donné successivement à tous les peuples; il s'est introduit peu à peu dans leur régime alimentaire, dont il est devenu la base. Les sauvages seuls, visiblement en dehors de la loi commune et comme frappés d'une sorte d'excommunication naturelle, en demeurent privés. Le froment est une condition importante de la civilisation, puisque sa culture oblige l'homme à prévoir et à se maintenir en rapport avec les astres; c'est le premier pas qu'il fait dans la mission qu'il a reçue de conformer la terre au ciel: de là le *calendrier* et le système *métrique* (1), qui sont l'expression, dans le temps et dans l'espace, de cette conformation successive et conjonctive. Ajoutons que cette précieuse céréale, pour conserver ses qualités nutritives, exige de la part de l'homme une action continuelle: le blé, le plus anobli par la culture, s'il est abandonné à lui-même, ne tarde pas à dégénérer; il s'abâtardit bientôt, se dépouille de son caractère, et retourne à la rusticité des graminées, d'où il est sorti; il peut alors se changer en seigle, en avoine ou en ivraie, et au lieu de donner de bon grain, il devient même un obstacle à la production du bon grain; ce qui, pour le dire en passant, nous fournit une utile leçon.

» La vigne appartient à ces nations puissantes qui ont concouru directement à l'avancement des desseins de Dieu, et rempli providentiellement sur la terre l'importante fonction de ministres de l'humanité. Pour bien comprendre tous les priviléges attachés à cette plante, il faut se rappeler qu'elle a fleuri, pour la première fois, sous la salutaire influence de l'arc-en-ciel, et qu'elle est demeurée parmi nous comme un témoin des promesses que Dieu a faites à Noé, et par lui à tous les hommes. Il faut savoir aussi que Japhet, qui fut choisi pour être le ministre de sa distribution sur la terre, planta la vigne au même lieu qui fut depuis le Calvaire; qu'il foula le raisin, pour la première fois, au moyen du pressoir, figure mysté-

---

(a) *Genes.* XXXI, 41.
(b) *Exod.* XXIII, 27. *Deut.* II, 25.
(c) *Job.*, VI, 4.
(d) *Psalm.* LXXXVII, 17.
(e) *Prov.* XVIII, 9.
(f) *Job.* XXX, 29.
(g) *Eccli.* XXXIV, 27.

(h) *Cant.* VIII, 1.
(i) *Cant.* IV, 9.
(j) *Job.* XVII, 14.
(k) *Prov.* VII, 4.
(l) *Deut.* XXV, 7.
(1) Il ne faut pas confondre le *mètre* de ce système avec celui du Bureau des Longitudes.

rieuse de la croix (1) ; qu'il sépara le vin du marc et du vinaigre, et imagina de le conserver dans des peaux de boucs, enduites de graisse ; et que c'est seulement après cette initiation que ses fils se dispersèrent au loin, emportant avec eux la plante et le procédé. Nous laissons aux amateurs le soin d'étudier et d'interpréter ces diverses circonstances initiales. Bornons-nous à remarquer qu'il a toujours existé une relation secrète entre le vin et le pressoir.

» Chez tous les peuples qui ont été favorisés de la vigne, les familles nobles ou patriciennes avaient seules l'usage du vin. La loi des douze Tables l'interdisait aux profanes et aux plébéiens, et la violation de cette loi était punie de mort, comme un attentat à la souveraineté La coupe était le signe de l'autorité : on la rencontre souvent avec cette attribution sur les monuments et les tombeaux, et encore aujourd'hui on la retrouve parmi nous, comme un signe de préséance et d'honneur.

» Chez les Juifs, peuple royal, d'où devait sortir le roi de l'univers, non-seulement l'usage du vin était permis à tous, mais encore la vigne croissait pour eux avec un surcroît de bénédictions, inconnu aux autres peuples, et suffisamment attesté par cette fameuse grappe que les envoyés de Moïse rapportèrent de la terre promise.

» Si le pain est la base ou le corps du régime alimentaire, le vin en est la force ou l'esprit. Le pain signifie l'*asile*, et le vin la *cité*. Si un étranger se présente à votre table, vous ne pouvez lui refuser le pain ; et si vous lui accordez le vin, il a chez vous les mêmes droits que vous. Le pain et le vin ayant donc reçu cette haute acception par toute la gentilité, l'abolition de l'esclavage et l'admission de tous les hommes au même patriciat, à la même filiation divine, au sein d'une seule et même communion, sans distinction de couleur, de race ou de famille, ne pouvaient être mieux annoncées qu'en appelant tous les hommes à la participation de ces deux aliments ; et c'est pourquoi le saint sacrement de l'Eucharistie, qui, indépendamment de sa divine signification universelle, est la consécration de cette communion, a été institué sous les espèces du pain et du vin.

» Aussi pur que le froment, noble comme la vigne, l'olivier a été donné aux enfants d'Abel (2), et, depuis le commencement, il n'a pas cessé de contribuer visiblement ou secrètement à l'amélioration de la race humaine par la douceur de son fruit et les qualités bienfaisantes qui y sont attachées. Tous les peuples l'ont regardé comme le symbole de la paix. Après le déluge, c'est une branche d'olivier que la colombe apporte à Noé, pour lui annoncer que les eaux s'étaient retirées, que la terre était pacifiée.

L'*huile*, par un privilége qui n'appartient qu'à elle, peut alimenter la vie et la lumière ; elle aide à fermer les plaies, et sert de base aux parfums ; et comme sa marque est ineffaçable, elle signifie la consécration. Jacob répand de l'huile sur une pierre, pour la consacrer au Seigneur. Moïse prescrit l'onction des pontifes et des rois. L'huile est donc à la fois un aliment, un phosphore, un liniment et un onguent. Aussi elle est citée par les théologiens comme un symbole de la grâce divine, qui pénètre doucement l'âme, la fortifie, l'éclaire, la guérit et la console ; et elle forme la matière des trois sacrements particulièrement institués pour nous donner le Saint-Esprit avec l'abondance de ses grâces, savoir : la confirmation, l'ordre et l'extrême-onction.

» Remarquons ici que la farine du froment et le jus de la vigne doivent subir préalablement une fermentation spiritueuse, avant d'arriver à l'état d'aliment, au lieu que l'huile est simplement une expression de son fruit, qui n'exige aucune manipulation pour être applicable à nos besoins, d'autant plus douce et plus suave, qu'elle est plus immédiate et plus rapprochée de sa source. Or cette fermentation est une sorte d'exorcisme qui consiste à expulser un certain esprit dont la nature est suffisamment indiquée par l'effervescence avec laquelle il s'échappe, et parce qu'il donne la mort à tous ceux qui ont l'imprudence de le respirer.

» Remarquons encore que le jus de la vigne a des inconvénients dont l'huile et la farine paraissent complétement affranchies. Sans nous expliquer sur la nature de ces inconvénients, il est certain que la vigne a une tige ligneuse, souvent tortue, qui pousse des jets grimpants, longs et flexibles. Il est certain que cette plante porte dans son fruit des signes impurs, qu'il ne faut pas chercher à découvrir, et sur lesquels on ne saurait trop méditer, quand une fois on les a rencontrés. Mais il n'est pas moins certain que, quels que soient ces inconvénients, la sagesse les évite ou les surmonte facilement, et même quelquefois les ferait servir à ses fins, comme il est prouvé par l'histoire de Loth.

» Parmi toutes les substances fournies par cette nature sensible et corporelle pour les usages de l'homme, il n'en est point de plus favorables, il n'en est point de plus efficaces que le froment, l'huile et le vin. »

FRONDE, en latin *Funda*, instrument de corde, dont on se sert à jeter des pierres avec plus de violence. On attribue l'invention de la fronde aux Phéniciens (*a*) ou aux habitants des îles Baléares (*b*), nommées aujourd'hui Majorque et Minorque. Les Hébreux s'en sont beaucoup servis autrefois : ceux de la tribu de Benjamin avaient tant d'adresse à manier la fronde, qu'ils auraient adressé dans un cheveu, sans que leur pierre s'en

---

(*a*) Plin. l. VII, c. LVI.
(*b*) Vegetius de Re militari, l. IV
(1) Voyez les *Méditations de la sœur Anne-Catherine Emmerich*.
(2) Quelques personnes bien intentionnées nous ayant fait observer qu'Abel était mort sans postérité, nous croyons devoir avertir, pour éviter toute méprise, que nous n'entendons parler ici que d'une filiation purement spirituelle, continuée par Seth substitué à Abel, et qui a traversé le déluge par Noé et Sem, son troisième fils.

écartât le moins du monde (a). Cela est exagéré, je le veux ; mais il prouve toujours leur extrême habileté à user de la fronde. On sait la gloire que David s'acquit, lorsqu'il terrassa d'un coup de fronde le géant Goliath, qui était la terreur de tout Israel (b) L'Écriture remarque que David étant à Siceleg (c), il lui vint une troupe de frondeurs habiles, qui se servaient de la main gauche comme de la droite. Ozias, roi de Juda, avait fait de grands amas d'armes dans ses arsenaux (d), et en particulier d'arcs et de frondes à jeter des pierres. — [*Voyez* ARMES.]

FRONT. On dit *un front d'airain; un front de femme débauchée, un front endurci*, pour un impudent, un pécheur insolent et endurci. Isaïe (e) : *Frons tua œrea*. Jérémie (f) : *Frons mulieris meretricis*. Ezéchiel (g) : *Domus Israel attrita fronte est*. Dieu dit à ce prophète, qu'il lui rendra la face plus forte que celle des mauvais Israélites, et le front plus dur que celui de ceux à qui il l'envoyait.

On croit que Dieu imprima sur le front de Caïn un signe pour le faire reconnaître (h), de même à peu près que Dieu fit marquer d'un *tau* sur le front ceux des Israélites qui gémissaient, et qui ne prenaient point de part aux désordres de leurs frères (i); et que, dans l'Apocalypse (j), Dieu fait marquer ses élus d'un signe sur le front, afin qu'on ne les confonde pas avec les pécheurs.

FRONTAUX. C'est un carré de peau de veau dure qui renferme quatre morceaux de parchemin, sur lesquels les Juifs écrivent quatre passages de la loi, et qu'ils mettent sur le front. Voici comme Léon de Modène (k) décrit les frontaux : On écrit sur quatre morceaux de parchemin, avec de l'encre faite exprès et en lettres carrées, ces quatre passages, un sur chaque morceau : 1° (l) *Consacrez-moi tous les premiers-nés des hommes*, etc. depuis le commencement du chapitre XIII de l'Exode jusqu'au ỳ 10. 2° Depuis le ỳ 11 du même chapitre jusqu'au ỳ 16 : *Et lorsque le Seigneur vous aura fait entrer dans le pays des Chananéens*, et ce qui suit. 3° Depuis le ỳ 4 du chapitre VI du Deutéronome : *Ecoutez, Israel; le Seigneur votre Dieu est le seul Dieu*; et ce qui suit jusqu'au ỳ 9 du même chapitre. 4° Depuis le ỳ 13 du chapitre XI du même livre : *Si vous obéissez à tous les commandements que je vous fais*, etc., jusqu'à la fin du ỳ 21 du même chapitre; et tout cela pour obéir à ces paroles de Moïse (m) : *Ces commandements seront comme un signe dans votre main, et comme quelque chose qui est pendu entre vos yeux, afin que vous vous en souveniez*.

On attache ensemble ces quatre petits morceaux de parchemin, et on en forme un carré sur lequel on écrit la lettre *schin* ש, puis on met par-dessus un petit carré de peau de veau dure, d'où il sort deux courroies larges d'un doigt, et longues d'une coudée et demie ou environ. Ce carré se met sur le milieu du front, et les courroies, après avoir ceint la tête, font un nœud en forme de la lettre ד, puis viennent se rendre devant l'estomac : on l'appelle *Teffila-Schel-Rosch*, ou tephila de la tête. Les plus dévots le mettent non-seulement à la prière du matin, mais aussi à celle du midi ; mais le commun des Juifs ne le met qu'à la prière du matin. Il n'y a que le chantre de la synagogue qui est obligé de le porter à midi comme au matin.

On demande si l'usage des frontaux et des autres phylactères a été ordonné à Moïse, comme une observation littérale et d'obligation ; en sorte que, de tout temps, les Hébreux les aient portés ou aient été obligés de les porter. Les sentiments sont partagés sur cela. Ceux qui en croient l'usage d'obligation rigoureuse se fondent sur le texte de Moïse, qui en parle d'une manière positive, et comme des autres préceptes de la loi ; il veut qu'on écrive les commandements de Dieu sur les portes des maisons ; qu'on les écrive comme un signe sur ses mains, et comme un ornement sur son front (n). S'il y a obligation d'écrire ces commandements sur sa porte, comme le texte l'insinue, il n'y en a pas moins pour les écrire sur ses mains et sur son front. Du temps de Jésus-Christ l'usage en était tout commun, non-seulement dans la Judée, mais aussi parmi les Juifs indiens, perses et babyloniens, selon saint Jérôme (o). Et longtemps auparavant, les docteurs que le grand prêtre Eléazar (p) envoyait à Ptolémée Philadelphe, roi d'Egypte, parlaient de ces phylactères comme d'une chose reçue de tout temps parmi eux, et en rapportaient le commencement à Moïse.

On ajoute (q), pour confirmer ce sentiment, que, du temps de Moïse, les païens étaient chargés d'amulettes ou de préservatifs, remplis de superstitions, et même de choses sales et honteuses ; que, pour guérir son peuple de ces mauvais usages, ou pour le prévenir et l'en garantir, il lui ordonna de porter sur leurs mains et sur leurs fronts des phylactères ou préservatifs d'une autre sorte, c'est-à-dire, les paroles saintes de ses ordonnances.

D'autres soutiennent, au contraire, que les préceptes de Moïse, qui parlent de ces écritures sur les portes, des signes sur la main, et des frontaux entre les yeux, se doivent prendre dans un sens allégorique et

---

(a) Judic. xx, 16.
(b) I Reg. xvii, 49.
(c) I Par. xii, 2.
(d) II Par. xxvi, 14.
(e) Isai. xlviii, 4.
(f) Jerem. iii, 3.
(g) Ezech. iii, 7, 8.
(h) Genes. iv, 15.
(i) Ezech. ix, 4
(j) Apoc. vii, 3; ix, 4.

(k) Léon de Modène, *Cérémonies des Juifs*, 1 part., c. xi, art. 4.
(l) Exod. xiii, 1 et seq.
(m) Exod. xiii, 16.
(n) Exod. xiii, 16.
(o) Hieron. in Matth. xxiii. Ita et Theophylact
(p) Eleazar. apud Euseb. Præpar. l. VIII, c. ix.
(q) Vide Ligtfoot. Horæ Hebr. in Matth. Scaliger., etc.

figuré, pour dire qu'il faut être fort soigneux à conserver le souvenir de la loi de Dieu, et à observer ses commandements ; qu'il faut les avoir toujours présents, et ne les oublier jamais. Il est certain qu'avant la captivité de Babylone on n'en voit pas la moindre trace dans l'histoire des Juifs. Jamais les prophètes n'ont invectivé contre l'omission ou la négligence de cette pratique, jamais il n'en a été question dans les réformes des mœurs des anciens Hébreux. On ignore le temps auquel on a écrit l'ouvrage qui contient l'histoire de la prétendue version des Septante et de la mission des soixante-dix Docteurs, par le grand prêtre Eléazar ; mais les savants sont aujourd'hui assez d'accord que toute cette histoire est faite à plaisir, et qu'elle n'est guère plus ancienne que Josèphe et Philon. L'usage reçu et presque général dans tout l'Orient, du temps de Notre-Seigneur, de porter des phylactères et des frontaux, ne décide ni pour l'antiquité de cette pratique, ni pour son utilité. Jésus-Christ ne l'a pas absolument condamnée, elle est d'elle-même fort indifférente ; mais il en a condamné l'abus, qui consistait en ce que les Pharisiens les portaient avec affectation, et plus grands que le commun des Juifs. Encore aujourd'hui, les Juifs caraïtes, qui ne s'attachent qu'à la lettre de la loi et méprisent les vaines traditions des Pharisiens, appellent les autres Juifs *des ânes bridés*, parce qu'ils portent de ces *téphilims* et de ces frontaux (a). On peut voir ci-après PHYLACTÈRES.

FRUIT. *Voyez* POMME. Le fruit marque quelquefois la récompense. *Si utique est fructus justo* (b). Et Salomon (c) : *Comedent fructus viæ suæ* : Ils recevront la récompense de leur mauvaise conduite. *Le fruit du ventre* signifie les enfants (d) : *De fructu ventris tui ponam super sedem tuam. Le fruit des lèvres*, la peine ou la récompense de ses paroles, selon qu'elles sont bonnes ou mauvaises. Je visiterai le fruit du grand cœur du roi d'Assyrie (e) : *Visitabo super fructum magnifici cordis regis Assur*, je le punirai des discours insolents qu'il a tenus contre moi. *Le fruit incirconcis* (f) ou impur, dont il est parlé dans le Lévitique, est le fruit des trois premières années d'un arbre nouvellement planté. Il était censé souillé, et il n'était pas permis d'en manger pendant tout ce temps. La quatrième année, on l'offrait au Seigneur, après quoi il était commun et d'un usage ordinaire. *Les fruits de l'esprit*, dont parle saint Paul (g) *sont la charité, la joie, la paix. Les fruits de la justice*, dont parle le même apôtre (h), *se sèment dans la paix* du Saint-Esprit. Les passions déréglées et les sentiments de la chair produisent des fruits de mort (i) : *Ut fructificarent morti*; elles donnent la mort à l'âme.

FUITE DE JÉSUS-CHRIST EN EGYPTE. Après la purification de Marie et la présentation de Jésus-Christ au temple, l'ange du Seigneur apparut en songe à Joseph, et lui dit (j) : *Prenez l'Enfant et sa mère, et fuyez en Égypte, et demeurez-y jusqu'à ce que je vous avertisse d'en sortir ; car Hérode doit chercher à ôter la vie à l'Enfant*. Joseph obéit incontinent et se retira en Egypte. Hérode, quelques jours après, fit mourir dans Bethléem et dans sa banlieue tous les enfants mâles qui étaient au-dessous de deux ans, et mourut lui-même cinq ou six mois après, vers la fête de Pâques. Alors l'ange avertit Joseph de revenir en Judée, et lui dit que ceux qui cherchaient à faire périr l'Enfant étaient morts. Ainsi selon notre chronologie, en fixant la fuite de Jésus-Christ en Egypte, au trois ou au quatrième février, et son retour en Judée vers le deuxième avril, cette fuite n'a été que d'environ deux mois.

Le faux évangile de l'enfance de Jésus est rempli de prétendus miracles et de circonstances merveilleuses, qu'on prétend être arrivés dans le voyage de Jésus-Christ en Egypte ; mais nous ne faisons aucun cas de ces fictions, plus propres à détruire qu'à édifier. Les Pères (k) ont dit qu'à l'arrivée de Jésus-Christ dans l'Egypte les idoles étaient tombées, et qu'il était allé jusqu'à Hermopole dans la Thébaïde. On montre encore aujourd'hui à deux milles du Caire une fontaine que l'on croit avoir été produite par Jésus-Christ enfant, où la sainte Vierge lava ses langes. C'est ce qui se lit aussi dans l'Evangile de l'enfance et dans quelques anciens.

Les Egyptiens (l), tant chrétiens que mahométans, ont une tradition qui porte que Jésus-Christ a bâti la ville de *Bahana*, dans la Thébaïde inférieure proche de *Fioum*, de même que le patriarche Joseph a bâti cette dernière ; que c'est à Bahana que Jésus-Christ a appelé ses apôtres, qui pêchaient sur le fleuve du Nil ; qu'il y régna en personne et y laissa ses apôtres pour ses successeurs dans cet Etat. Les Juifs ont été longtemps possesseurs de cette ville, comme successeurs prétendus des disciples de Jésus-Christ. Elle est assise sur un lac qui se forme de la décharge des eaux du Nil, et ce lac est nommé par les gens du pays *Mer de Joseph*. Il est si couvert d'arbres fruitiers, qu'on ne l'aperçoit que de fort près.

D'autres croient que Jésus-Christ se retira à la Matharée durant sa fuite. *Voyez* MATHARÉE. L'Evangile de l'enfance de Jésus (m) dit qu'à l'arrivée du Sauveur, l'idole de la ville où il arriva tomba d'elle-même, et que le

---

(a) Simon, addit. au supplém. à Léon de Modène, pag. 224.
(b) Psalm. LVII, 12.
(c) Prov. I, 31.
(d) Psalm. CXI, 13.
(e) Isai. X, 12.
(f) Levit. XIX. 23. לים ערלים
(g) Galat. V, 22.
(h) Philip. I, 11. Jacob. III, 18.
(i) Rom. VII, 5.
(j) Matth. II, 3, 4, etc.
(k) Athanas. in Gent. l. II, ad Maxim. I. Cyrill. Jerosolym. Catech. x. Vitæ PP. l. II, c. 7. Hieronym. in Isai. XIX, v. 1. Sozomen. l. V, c. XXI.
(l) D'Herbelot, Bibl. Orient., p. 171.
(m) Evang. infantiæ apud Fabric. t. I. Apocryph. N. T. p. 175, 176.

démon publia son arrivée. Eusèbe (a) et saint Athanase (b), et après eux plusieurs anciens, ont avancé qu'alors toutes les idoles d'Egypte furent renversées. On applique à cet événement ce passage d'Isaïe XIX, 1 : *Ecce Dominus ascendet super nubem levem, et ingredietur Ægyptum, et commovebuntur simulacra Ægypti a facie ejus.* Et Jérémie XLIII, 13 : *Et conteret statuas domus solis quæ sunt in terra Ægypti; et delubra deorum Ægypti comburet igni.*

FULVIE, dame romaine qui, ayant embrassé la religion des Hébreux, donna de l'or et de la pourpre à quelques Juifs qui l'avaient instruite, dans l'intention qu'on enverrait ces choses au temple de Jérusalem. Mais ces Juifs retinrent ces présents et en firent leur profit ; ce qui, ayant été rapporté à l'empereur Tibère, fut cause de l'édit qu'il donna pour chasser tous les Juifs de la ville de Rome (c).

FUNÉRAILLES. *Voyez* Morts.

G

GAAL, fils d'Obed, étant venu dans la ville de Sichem pour secourir les Sichémites contre Abimélech, fils de Gédéon (d), inspira à ceux de la ville une nouvelle confiance (e), en sorte qu'ils commencèrent à sortir, à ravager les vignes et les campagnes ; et, parmi leurs festins et leurs réjouissances, ils faisaient des imprécations contre Abimélech. Gaal se distinguait entre tous les autres, et criait : *Qui est Abimélech, et quelle est Sichem, pour lui être assujettie? Qui m'établira sur ce peuple pour exterminer Abimélech ?* Zébul, gouverneur de la ville de la part d'Abimélech, ayant ouï ces discours, en informa Abimélech, qui vint contre lui avec une armée. Gaal sortit de la ville et se tint d'abord auprès de la porte, n'étant pas bien sûr si ce qui paraissait de loin était l'armée d'Abimélech. Mais Abimélech étant proche, Gaal s'avança pour le combattre. Il fut vaincu et obligé de prendre la fuite. Il voulut se retirer dans Sichem, Mais Zébul l'en empêcha, et l'Ecriture ne dit pas ce qu'il devint depuis ce temps. *Voyez* ci-devant Abimélech.

GAAS, montagne du lot d'Ephraïm, au nord de laquelle était Thamnat-Saré, lieu célèbre par le tombeau de Josué (f). Eusèbe dit qu'encore de son temps on montrait le tombeau de Josué près de *Thamnat*.

Gaas, *torrent, ou vallée de Gaas*, dont il est fait mention II *Reg*. XXIII, 30, et I *Paral.*, XXXII, était apparemment au pied de la montagne de Gaas. *Haddaï* ou *Hurai* était de la vallée de Gaas.

GABA, ville située au pied du mont Carmel, entre Ptolémaïde et Césarée (g), [dans la tribu d'Issachar, dit Barbié du Bocage.] Josèphe dit qu'on l'appelait aussi *la ville des cavaliers*, parce que Hérode l'avait donnée pour retraite à ses cavaliers vétérans. M. Réland croit que c'est la même que *Caipht* ou *Hepha*, au pied du mont Carmel, du côté qui regarde la ville et le port de Ptolémaïde. Le géographe Etienne parle de la ville de *Gabé*, qu'il attribue à la Galilée. Eusèbe (h) met une petite ville de *Gaba* ou *Gabé* à seize milles de Césarée de Palestine, du côté du grand Champ de Légion. Si c'est là *Gaba* ou *Gabé* dont parlent Josèphe et Etienne, elle doit être au midi du Carmel, et je ne vois pas comment elle peut appartenir à la Galilée.

GABA, ville de la tribu de Benjamin, nommée par Isaïe, X, 29. Elle paraît être la même, dit le géographe de la Bible de Vence, que *Gabaath*, nommée par le même prophète au même endroit. *Voyez* Gabaath.

GABAA, ville de la tribu de Benjamin (i), célèbre par plus d'un endroit. Elle donna naissance à Saül, premier roi d'Israël, d'où vient qu'on l'appelle assez souvent *Gabaa de Saül*, ou *Gabaa, patrie de Saül*.

Elle est aussi fameuse par ses crimes, et surtout par celui qu'elle commit envers la femme d'un jeune lévite qui était venu loger à Gabaa (j). D'abord personne n'offrit le couvert à ces étrangers, et ils demeurèrent sur la place jusqu'à ce qu'un vieillard les priât de venir dans sa maison (k). A peine avaient-ils soupé, que tous ceux de la ville vinrent environner la maison du vieillard, demandant avec de grands cris qu'il fît sortir ces gens qui étaient dans sa maison, disant qu'ils les voulaient *connaître*. Ils cachaient sous ce terme une action honteuse et abominable. Le vieillard fit ce qu'il put pour les détourner de ce mauvais dessein ; et, voyant qu'ils ne l'écoutaient point, il leur dit : *J'ai une fille qui n'est point mariée, et cet homme a sa femme, je les amènerai vers vous, et vous les aurez pour satisfaire votre passion. Je vous prie seulement de ne pas commettre à l'égard d'un homme un crime si détestable.* En même temps, le lévite leur amena lui-même sa femme, et l'abandonna à leurs outrages. Et après avoir abusé d'elle toute la nuit, ils la laissèrent ; et cette femme étant revenue à la maison où logeait son mari, elle tomba morte les bras étendus sur le seuil de la porte.

Son mari l'ayant trouvée en cet état, la prit et l'emporta sur son âne dans sa maison, la coupa en douze morceaux, qu'il envoya à chacune des douze tribus d'Israël.

(a) *Euseb. Demonst. Evangel.* l. VI, c. xx, et l. IX, c. ii.
(b) *Athanas. de Incarnat. Verbi*, t. I.
(c) *Antiq.* l. XVIII, c. v.
(d) An du monde 2771, avant Jésus-Christ 1229, avant l'ère vulg. 1233.
(e) *Judic.* ix, 26 et seq.
(f) *Josue* xxiv, 50. *Judic.* ii, 9.

(g) *Lib.* II, c. xix, et l. III, c. ii, *de Bello*.
(h) *Euseb. ad vocem Gabathon*.
(i) *Josue*, xviii, 24. I *Esdr.* ii, 26. II *Esdr.* vii, 30.
(j) Vers l'an du monde 2591, avant Jésus-Christ 1409, avant l'ère vulg. 1413.
(k) *Judic.* xix.

Alors les onze tribus assemblées demandèrent que ceux de Benjamin leur livrassent les coupables, afin qu'on en fît un exemple. Mais, au lieu d'exécuter une chose si raisonnable, ils se mirent en état de défendre par les armes ceux de Gabaa : d'où s'ensuivit une guerre qui faillit à ruiner entièrement la tribu de Benjamin.

Les Benjamites mirent sur pied une armée de vingt-cinq mille hommes, sans compter les habitants de Gabaa, qui étaient au nombre de sept cents, combattant également de la main gauche comme de la droite, et si habiles frondeurs qu'ils auraient pu frapper un cheveu d'un coup de pierre (a). L'armée d'Israël était composée de quatre cent mille hommes ; elle s'assembla à Silo, où était l'arche du Seigneur, pour le consulter et savoir qui serait leur général. Le Seigneur répondit : *Que Juda soit votre général.*

Le lendemain, dès la pointe du jour, les enfants d'Israel s'étant mis en campagne vinrent camper près de Gabaa, et commencèrent à battre la ville ; mais les Benjamites firent une sortie sur eux et leur tuèrent vingt-deux mille hommes. Les Israélites, consternés, allèrent pleurer jusqu'à la nuit devant le Seigneur (car l'arche avait été transportée de Silo au camp devant Gabaa). Là ils le consultèrent en disant : *Devons-nous combattre encore les enfants de Benjamin, nos frères ?* Le Seigneur répondit : *Marchez contre eux et leur livrez bataille.* Le lendemain, ils s'avancèrent donc en ordre de bataille vers Gabaa ; les habitants, avec les Benjamites, sortirent de la ville et tombèrent sur eux avec tant d'impétuosité, qu'ils leur tuèrent encore dix-huit mille hommes. Alors les enfants d'Israel, entièrement consternés, vinrent devant l'arche et, s'étant assis, y pleurèrent et jeûnèrent jusqu'au soir, offrirent des holocaustes et des hosties pacifiques, et consultèrent encore le Seigneur, par le moyen de Phinées, qui était alors grand prêtre, et lui dirent : *Devons-nous encore combattre nos frères les enfants de Benjamin, ou demeurer en repos ?* Le Seigneur leur répondit : *Marchez contre eux, car demain je les livrerai entre vos mains.*

Ils partagèrent leur armée en trois corps : l'un fut mis en embuscade derrière la ville, afin d'y entrer et d'y mettre le feu, d'abord que les habitants en seraient sortis ; l'autre, composé de dix mille hommes, devait se présenter devant la ville, avec ordre de lâcher pied dès que ceux de Gabaa seraient en leur présence ; le troisième corps, qui était le plus considérable, et qui composait le gros de l'armée, était caché dans un lieu appelé Baalthamar, et ne devait paraître que lorsque les Benjamites seraient éloignés de la ville et attirés en pleine campagne par les dix mille hommes qui devaient feindre de prendre la fuite.

Le stratagème réussit comme on l'avait projeté ; ceux de Gabaa, étant sortis avec leur audace ordinaire, se mirent à poursuivre les fuyards sans prendre aucune précaution pour la défense de leur ville ; ceux qui étaient derrière en embuscade y entrèrent sans résistance et y mirent le feu. Alors les autres qui avaient fait semblant de fuir, voyant la fumée de la ville, firent volte-face, et, étant soutenus par le gros de l'armée qui était à Baalthamar, et qui parut en même temps, ils tombèrent sur les Benjamites, et en firent un grand carnage ; ceux qui voulurent regagner leur ville se trouvèrent enveloppés et taillés en pièces par ceux qui venaient d'y mettre le feu. Il y eut, en cette occasion, dix-huit mille hommes des Benjamites passés au fil de l'épée. Comme leur armée fut dispersée en divers endroits, on en tua encore dans une rencontre cinq mille, et deux mille dans un autre endroit. Ainsi le nombre des morts ce jour-là fut de vingt-cinq mille hommes. Ceux qui purent échapper se retirèrent sur le rocher de Remmon. Les Israélites ensuite entrèrent dans Gabaa, et firent tout passer au fil de l'épée, depuis les hommes jusqu'aux bêtes, et toutes les villes et villages de la tribu de Benjamin furent traités de même et consumés par le feu (1).

☞ *Observations* (2) *sur la guerre des onze tribus contre les Benjamites à Gabaa. Judic.* XX. Rien n'était plus juste que cette guerre des onze tribus, qui ne prirent les armes contre celle de Benjamin que pour venger un crime énorme et abominable : aussi, lorsqu'ils furent à Silo, où étaient le tabernacle et l'arche du Seigneur, pour le consulter et savoir qui les commanderait en chef, il leur répondit (b) : *Que Juda soit votre général*, marque évidente que le Seigneur agréait cette guerre. Cependant les onze tribus qui composaient une armée si formidable, furent deux fois battues honteusement devant Gabaa, par une armée qui leur était infiniment inférieure, et perdirent quarante mille hommes dans ces deux actions. Cela étonne et paraît surprenant, car Dieu n'est point protecteur du crime. Les interprètes se tirent d'affaire du mieux qu'ils peuvent sur ces deux victoires remportées si près l'une de l'autre par les Benjamites. Dom Calmet dit dans son Commentaire « que les Israélites ne demandent point d'abord au Seigneur s'il a pour agréable qu'ils fassent la guerre à leurs frères ; qu'ils s'assemblent, et prennent d'eux-mêmes leur résolution : ce qui fut cause de leur mauvais succès. Il ajoute que l'on aurait sujet d'en être surpris, si l'on ne savait que les jugements de l'Éternel sont bien au-dessus de ceux des hommes, et que souvent nos desseins des plus justes, et nos intentions les plus saintes, ne sont point suivies du succès qu'on croyait avoir droit d'espérer, afin qu'el'homme apprenne à s'humilier, à se défier de ses forces, et à mettre sa confiance, non pas dans sa justice, ni dans la force de son bras, mais

---

(a) *Judic.* xx, 16.
(b) *Ibid.* vers. 18.
(1) *Voyez* le calendrier des Juifs, mois de Sebath, xxiii, au tom. I, parmi les pièces préliminaires, pag. xlix, col. 2.
(2) Par Folard. *Voyez* la préface, pag. xi.

dans la miséricorde et dans la protection du Tout-Puissant. Cette morale est excellente, mais dans un cas pareil, où l'innocence opprimée et le sang répandu criaient vengeance au ciel et réunissaient tous les esprits pour punir un crime qui faisait horreur, fallait-il aller consulter le Seigneur? Il est vrai qu'ils avaient toujours coutume de le consulter, mais c'était dans des choses qui paraissaient douteuses (a); comme on le voit ici, quand il s'agit de choisir un général : il fallait que Dieu le nommât ou le désignât, afin que les autres chefs des tribus lui fussent soumis, et que l'envie de commander ne vînt à les désunir. De plus, l'Ecriture ne les accuse d'aucun crime: Phinées, qui était grand prêtre, n'aurait pas manqué de le leur reprocher, lorsqu'ils furent le trouver pour consulter le Seigneur; ils n'avaient rien fait contre les Benjamites, leurs frères, qui ne fût selon les règles de l'équité et le droit des gens; ils avaient envoyé des ambassadeurs pour leur demander les coupables afin de les punir; mais, sur leur refus, ils voient bien qu'il en faut venir à une guerre ouverte. Ils s'assemblent, ils vont consulter le Seigneur, ils lui demandent un général; il le nomme: n'est-ce pas lui demander sa protection, et lui faire connaître qu'ils ne prennent les armes que pour venger son honneur, et punir les auteurs et les défenseurs d'un crime détestable? Cependant ils sont battus; ils recourent à lui, il leur ordonne de combattre une seconde fois; ils sont encore battus: Dieu les trompet-il ? Je n'ai garde de le croire; je pense, comme le savant commentateur, *Que les jugements de Dieu sont bien au-dessus de ceux des hommes, et que ses voies sont incompréhensibles.* Mais venons présentement aux actions.

Le Seigneur ayant nommé Juda pour commander les enfants d'Israel, *ils marchèrent dès la pointe du jour, et vinrent se camper près de Gabaa; s'avançant de là pour combattre les enfants de Benjamin, ils commencèrent à battre la ville* (b). Je croirais volontiers qu'ils environnèrent d'abord la ville pour en faire le siége, et pour l'insulter de toutes parts, en l'attaquant par la sape et par l'escalade; car la méthode des Juifs, dès qu'il s'agissait de siége, était d'investir la place de toutes parts, et de tirer des lignes de circonvallation ou de contrevallation, selon les craintes (1). Ceux de Gabaa, suivant les apparences, profitèrent du moment favorable pour faire une sortie générale, afin de ne pas avoir toute l'armée d'Israel sur les bras; de sorte qu'ils tombèrent sur une partie de cette prodigieuse armée, qu'ils mirent en fuite, et dont ils tuèrent vingt-deux mille hommes.

Après cette première déroute, les Israélites se retirèrent dans leur camp. *Le lendemain*, dit l'auteur sacré (c), *s'appuyant sur leurs forces et sur leur grand nombre, ils se remirent en bataille dans le même lieu où ils avaient combattu.* Si ce verset n'était pas suivi d'un autre qui nous démontre qu'ils s'humilièrent devant le Seigneur, pour implorer sa miséricorde, les interprètes auraient raison de dire que, « fiers de leur nombre, et présumant trop de leurs forces, Dieu leur envoya une perte si sensible; » mais, au contraire, ils allèrent auparavant pleurer devant lui, et le consulter pour savoir s'ils combattraient encore contre les enfants de Benjamin, leurs frères. *Le Seigneur leur répondit* (d) : *Marchez contre eux, et leur livrez bataille.* N'était-ce pas reconnaître leur impuissance, et que, malgré leur grand nombre, ils ne pouvaient rien, si Dieu ne les soutenait de sa main toute-puissante; cependant ils furent encore battus, et perdirent dix-huit mille hommes.

Enfin les enfants d'Israel, consternés de leurs disgrâces, n'ont cependant recours qu'à Dieu; ils viennent au tabernacle; là ils gémissent, jeûnent jusqu'au soir, lui offrent des holocaustes et des hosties pacifiques, et le consultent par le moyen du grand prêtre Phinées, en disant : *Combattrons-nous encore nos frères les enfants de Benjamin, ou abandonnerons-nous cette entreprise, et nous en retournerons-nous en paix?* Le Seigneur enfin les exauça, et leur dit par la bouche de son serviteur Phinées (e) : *Marchez contre eux; car demain je les livrerai entre vos mains.*

Ensuite ils dressèrent des embuscades autour de la ville. Cette ruse me ferait croire qu'ils n'investirent pas la place de toutes parts; ou bien qu'ils ramassèrent dans cette dernière action toutes leurs forces ensemble, faisant mine d'abandonner cette entreprise, et de se retirer, afin que les Benjamites donnassent plus aisément dans le piége. Ainsi ils partagèrent leur armée en trois corps : l'un fut mis en embuscade derrière la ville, avec ordre à celui qui le commandait d'attendre le moment que les Benjamites en sortiraient pour s'en saisir et y mettre le feu. Le second corps, composé de dix mille hommes, s'avança vers l'ennemi pour l'attirer loin de la ville. Les Benjamites, s'imaginant que les dix mille hommes ne s'étaient avancés que pour couvrir la retraite du gros de l'armée d'Israel, tombèrent dessus. Les dix mille hommes feignirent de lâcher pied peu à peu pour les attirer dans la plaine : pendant ce temps-là l'embuscade qui était derrière la ville s'étant levée, s'en empara et y mit le feu. Alors les dix mille hommes qui fuyaient firent volte-face; le gros de l'armée, qui était à Baalthamar; s'avança en ordre de bataille, et les embuscades commencèrent à paraître; en sorte que les Benjamites furent environnés et attaqués de toutes parts : *Ainsi le Seigneur les tailla en pièces aux yeux des enfants d'Israel, qui tuèrent ce jour-là vingt-cinq mille et cent hommes, tous gens de guerre et de valeur* (f). L'Ecriture remar-

---

(a) Voyez *Num.* ix, 9. *Judic.* xviii, 5, 6. I *Reg.* xiv, 37. xxiii, 2, 4, 9, xxx, 8. II *Reg.* ii, 1, vers. 19, 23, xxi, 1. IV *Reg.* xxii, 13, 18. I *Par.* xiv, 10, 14. II *Par.* xviii, 4, 5.
(b) *Jud.* xx, vers. 19, 20.
(c) *Ibid.* vers. 22.
(d) *Jud.* xx, 23.
(e) *Ibid.* vers. 28.
(f) *Ibid.* vers. 44.
(1) Voyez la *Dissertation sur la poliorcétique des Hébreux*, parmi les pièces préliminaires.

que que cela arriva dans un temps où il n'y avait point de roi dans Israel, et où chacun faisait ce qu'il jugeait à propos. [Ici finissent les *Observations* de Folard.]

Gabaa était environ à deux lieues de Jérusalem (*a*), vers le septentrion [au nord-ouest, dit Barbié du Bocage], assez près de Gabaon, et de Cariat-Yarim. Du temps de saint Jérôme (*b*) elle était entièrement ruinée. Josèphe la met à trente stades de Jérusalem (*c*) ; mais saint Jérôme (*d*) ne la place qu'à sept milles de la même ville. Je crois que c'est la même que *Gabaat* de Josué, XVIII, 28.

[Suivant Barbié du Bocage et le géographe de la Bible de Vence, Gabaa est encore la même que GABAÉ, GABÉE et GÉBA. *Voyez* ces noms et GABAATH et GABÉÉ.

« *Gabaa*, dit le géographe de la Bible de Vence, est une ville de la tribu de Benjamin (*Judic*. XIX, 14). Elle est la même que *Gabée* (*Jos*. XVIII, 24), ou *Gabaé*, ville lévitique (*Jos*. XXI, 17 ; I *Par*. VI, 60). Elle est aussi nommée ailleurs *Géba* (*Neh*. XI, 31). Elle était la demeure de Saül (I *Reg*. X, 26); et par conséquent elle est la même que *Gabaath de Saül*, nommée dans *Isaïe*, X, 29. »

Barbié du Bocage remarque que « Asa, roi de Juda, reconstruisit Gabaa avec les matériaux de Rama. » Il ajoute : « Gabaa est quelquefois prise comme ville marquant la limite du royaume de Juda, et opposée dans ce cas à la ville de Bersabée, qui est située au sud. On conserva pendant quelque temps à Gabaa l'arche apportée de Cariathiarim. Ce fut de là que David la fit transporter à Jérusalem. »]

Gabaa, en hébreu, signifie une colline ; ainsi l'on ne doit pas être surpris de voir dans un pays de montagnes comme la Judée un si grand nombre de lieux nommés *Gabaah, Gabaon, Gabbata, Gabbathon, Gabbaï, Gabé*. Tout cela ne signifie qu'une hauteur, et quelquefois, dans l'Ecriture, des noms propres appelés *Gabaa*, sont traduits par *les hauteurs*. Par exemple, Zacharie XIV, 10 : *Revertetur omnis terra de colle Remnon ad austrum Jerusalem*. L'hébreu : *Toute la terre reviendra, depuis Gabaa jusqu'à Remnon*. Et, au contraire, *Gabaa* marquée II. *Reg*. VII, 1, comme une ville, n'est autre que la hauteur de Cariat-Yarim.

* GABAATH, ville de la tribu de Benjamin (*Jos*. XVIII, 28), différente de *Gabaa*, patrie de Saül, dont il vient d'être parlé, et, par conséquent de *Gabaath de Saül*, mentionnée par Isaïe, X, 29. *Voyez* mon addition à l'article précédent, la citation du géographe de la Bible de Vence, qui pense que la ville de *Gabaath* dont il s'agit ici serait peut-être la même que Gaba nommée par Isaïe à l'endroit indiqué.

GABAATH DE PHINÉES, ville située dans les montagnes d'Ephraïm, laquelle fut donnée en partage à Phinées, fils d'Eléazar. Ce fut le lieu de la sépulture du grand prêtre Eléazar. *Jos*. XXIV, 33.

[« C'était aussi, dit Barbié du Bocage, la patrie de l'un des forts de David. Isaïe la nomme *ville de Saül*, ce qui semblerait, du moins à ses yeux, en faire la même ville que Gabaa. » *Voyez* GABAATH DE SAUL.]

* GABAATH DE SAUL, nommée ainsi dans le seul texte d'Isaïe X, 29, est la même, dit le géographe de la Bible de Vence, que *Gabaa*, ville de la tribu de Benjamin et patrie de Saül, 1 *Reg*. X. 26. *Voyez* GABAA, mon addition.

* GABAE, ville lévitique de la tribu de Benjamin (*Jos*. XXI, 17), nommée ailleurs *Gabéé*.(*Jos*. XVIII, 24, et I *Par*. VI, 60). Elle est la même, dit le géographe de la Bible de Vence, que *Gabaa* (*Judic*. XX, 14). *Voyez* GABAA, mon addition.

* GABALA, la même que BYBLOS et GIBLOS, aujourd'hui DJEBAÏL ou DJEBALI. *Voyez* BYBLOS *et* GIBLOS.

GABAON, ville capitale (1) des *Gabaonites*, qui vinrent surprendre la religion de Josué et des anciens d'Israel, en leur faisant entendre qu'ils étaient d'un pays fort éloigné, et qu'ils souhaitaient faire alliance avec le peuple du Seigneur (*e*). Josué et les anciens n'eurent pas la précaution de consulter Dieu sur cette affaire ; ils s'engagèrent trop légèrement dans l'alliance de ces peuples (*f*) : mais bientôt ils reconnurent leur faute ; et ayant fait venir les Gabaonites, ils leur reprochèrent leur supercherie ; et sans révoquer la promesse qu'ils leur avaient faite de les conserver, ils les condamnèrent à porter l'eau et le bois au tabernacle du Seigneur, comme des esclaves, ou des captifs pris à la guerre ; servitude dans laquelle ils demeurèrent jusqu'à la ruine et l'entière dispersion de la nation juive.

Trois jours après, les rois chananéens, ayant appris que les Gabaonites s'étaient livrés aux Hébreux (*g*), vinrent assiéger la ville de Gabaon. Les Gabaonites ne se sentant pas assez forts pour résister à cinq rois qui les venaient attaquer ; car Adonisédech, roi de Jérusalem ; Oham, roi d'Hébron ; Pharan, roi de Jérimoth ; Japhia, roi de Lachis ; et Dabir, roi d'Eglon, étaient devant leur ville avec leurs armées ; ils vinrent trouver Josué et lui demandèrent un prompt secours contre ces cinq princes. Josué marcha toute la nuit avec l'élite des troupes d'Israel, attaqua les cinq rois dès le matin, les mit en fuite, et les poursuivit jusqu'à la descente de

---

(*a*) *Hieron. in Ose. c. v.*
(*b*) *Hieron. in Epitaph. Paulæ, et in Sophon.* 1.
(*c*) *Joseph. l.* III *de Bello, c.* 11 *in Lat., seu* 5 *in Græc.* p. 832.
(*d*) *Hieron. in Ose. v.*
(*e*) *Josue,* IX, 5, 4 *et seq.*
(*f*) An du monde 2553, avant Jésus-Christ 1441, avant l'ère vulg. 1451.

(*g*) *Josue,* x, 3 *et seq.*
(1) Il semblerait, d'après ce mot, qu'il y avait un royaume de Gabaon. La Vulgate, en effet, dit que Gabaon était *une des villes royales* de Chanaan (*Jos*. x, 2); mais on ne voit pas qu'elle ait eu un roi, et l'hébreu dit qu'elle était *comme une des villes royales*. Elle n'était donc pas capitale d'un Etat politique particulier.

Béthoron. Alors Dieu fit tomber sur eux une grêle de pierres, qui en assomma un très-grand nombre ; et Josué, craignant que la nuit ne lui ravit une partie des avantages de cette victoire, pria Dieu de retarder le cours du soleil et de la lune, en disant : *Soleil, qui êtes vis-à-vis Gabaon, ne vous remuez point ; et vous, lune, arrêtez-vous vis-à-vis Aïalon.* Dieu écouta la voix de Josué : le soleil et la lune s'arrêtèrent, et on ne vit jamais un si long jour. Josué et le peuple d'Israël eurent donc tout le loisir de poursuivre et de tuer leurs ennemis. — [*Voyez* AÏALON.]

Les cinq rois furent pris et enfermés dans une caverne, en attendant que Josué et le peuple fussent de retour de la poursuite des ennemis : après quoi on les égorgea et on les pendit à des poteaux, où ils demeurèrent jusqu'au soir. Nous ne nous étendons point ici à satisfaire à toutes les questions que l'on peut former sur ce miracle de Josué. On peut consulter sur cela notre *Dissertation* qui est à la tête du Commentaire de Josué.

Les Gabaonites étaient de la race des Hévéens, anciens habitants du pays, et ils possédaient quatre villes, dont Gabaon était la capitale. Ces villes étaient Caphira, Béroth, Cariat-iarim et Gabaon, qui furent depuis données à la tribu de Benjamin, à l'exception de Cariat-iarim, qui tomba en partage à la tribu de Juda. Les Gabaonites demeurèrent toujours, dans la suite, soumis aux charges que Josué leur avait imposées, et fort fidèles aux Israélites. Toutefois Saül, on ne sait par quel mauvais zèle, en fit périr un très-grand nombre (*a*), s'imaginant peut-être qu'il était de son devoir d'exterminer tous les restes des Chananéens du pays ; mais le Seigneur, en punition de cette cruauté, envoya sous le règne de David une grande famine qui désola tout le pays et qui dura trois ans (*b*). David, touché des maux de son peuple, s'adressa au Seigneur ; et les prophètes lui dirent que ce mal continuerait toujours, jusqu'à ce qu'on eût vengé les Gabaonites de la cruauté que Saül avait exercée contre eux, au préjudice de l'alliance que Josué et les princes du peuple avaient faite au nom du Seigneur. Alors David demanda aux Gabaonites quelle satisfaction ils désiraient. Ils répondirent : *Qu'on nous donne sept fils de Saül, et nous les ferons mourir, pour venger le sang de nos frères.* David leur livra donc deux fils que Saül avait eus de Respha, et cinq fils que Mérob, fille de Saül, avait eus d'Hadriel. Les Gabaonites les crucifièrent devant le Seigneur. Cela s'exécuta au commencement du printemps, lorsqu'on commence dans la Palestine à couper les orges. Respha, concubine de Saül, demeura près de ces corps et y coucha, les gardant contre les oiseaux du ciel et contre les animaux carnassiers, depuis le commencement de la moisson, jusqu'à ce que Dieu, fléchi par ce sacrifice, envoyât de l'eau sur la terre et lui rendit sa fécondité.

Depuis ce temps il n'est plus fait mention, dans l'Ecriture, des Gabaonites, comme composant une espèce de peuple à part ; mais nous croyons qu'on doit les entendre sous le nom de *Nathinéens* (*c*), ou *donnés*, qui étaient des esclaves publics destinés au service du temple. Dans la suite on joignit aux Gabaonites ceux des Chananéens que l'on assujettit, et à qui l'on voulut bien conserver la vie. On voit, par l'Ecriture, que David (*d*), Salomon (*e*) et les princes de Juda en donnèrent un bon nombre au Seigneur, et que ces Nathinéens ayant été menés en captivité avec la tribu de Juda et les lévites, il en revint un grand nombre avec Esdras, Zorobabel et Néhémie, et qu'ils continuèrent, après la captivité comme auparavant, à servir au temple, sous les ordres des prêtres et des lévites (*f*).

Gabaon était assise sur une hauteur, comme son nom même le dénote. Elle était à quarante stades de Jérusalem (*g*), selon Josèphe ; c'est-à-dire environ à deux lieues de cette ville, vers le nord. Elle est nommée *Gabaa*, II *Reg.* V, 25, comparé à I *Par.* XIV, 16. Gabaa et Gabaon ont la même signification littérale. Il est parlé, dans quelques endroits de l'Ecriture (*h*) de la fontaine et de la piscine de Gabaa, qui étaient apparemment au bas du coteau sur lequel était bâtie Gabaon.

On ne sait ni quand, ni par qui, ni à quelle occasion le tabernacle et l'autel des holocaustes, que Moïse avait faits dans le désert, furent transportés à Gabaon ; mais on sait certainement qu'ils y étaient sur la fin du règne de David (*i*) et au commencement de celui de Salomon. David, ayant vu l'ange du Seigneur sur l'aire d'Ornan, en fut tellement effrayé, qu'il n'eut pas la force d'aller jusqu'à Gabaon, pour y offrir le sacrifice. Mais Salomon, étant monté sur le trône de David, alla à Gabaon pour y sacrifier (*j*), parce que c'était là le plus considérable de tous les hauts lieux du pays où les sacrifices étaient alors tolérés, parce que le temple n'était pas encore bâti.

GABARA, ou GABAROTH, ville de Galilée. Josèphe en parle en plus d'un endroit du livre de sa *Vie*, et dans ses livres de la Guerre des Juifs, comme d'une des principales villes de cette province. Gabara était à quarante stades de Jotapat (*k*). M. Reland montre que quelquefois les copistes ont mis *Gadara*, au lieu de *Gabara*, dans le texte de Josèphe.

GABATHA, lieu dans la partie méridionale de Juda, à douze milles d'Eleuthéropo-

---

(*a*) II *Reg.* xxi, 1, 2, 3, etc.
(*b*) An du monde 2983, avant Jésus-Christ 1017, avant l'ère vulg. 1021.
(*c*) I *Par.* ix, 2.
(*d*) I *Esdr.* viii, 20.
(*e*) I *Esdr.* ii, 58. III *Reg.* ix, 20, 21.
(*f*) Vide I *Esdr.* viii, 17 ; ii, 70, et II *Esdr.* iii, 26 ; xi, 21.

(*g*) Joseph. *Antiq. l.* VII, *c.* x. Ailleurs il la met à 50 stades de Jérusalem, *l.* II *de Bello, c.* xxxvii.
(*h*) II *Reg.*, ii 6, *et Jerem.* xl, 12, *et Joseph. l.* II, *de Bello, c.* xxiv.
(*i*) I *Par.* xxi, 29, 30.
(*j*) III *Reg.* iii, 4.
(*k*) *Joseph. de Vita sua p.* 1017.

lis, où l'on montrait autrefois le sépulcre du prophète Abacuc (a).

GABBATHA. Il est parlé, dans l'Evangile (c), d'un lieu du palais de Pilate, d'où ce président prononça la sentence de mort contre Jésus-Christ (1), et qui s'appelait en hébreu *Gabbatha*, qui vaut autant qu'en grec *lithostrôtos*, c'est-à-dire *pavé de pierre*. C'était apparemment une éminence, ou une terrasse, ou même une galerie, ou un balcon, qui était pavé de pierre ou de marbre, et avec cela élevé; car *Gabbatha* signifie principalement l'élévation.

GABATHON, ou GEBBETHON, ville de la tribu de Dan, attribuée aux lévites (b).

GABÉ. *Voyez* ci-devant GABA.

GABÉÉ, ville lévitique de la tribu de Benjamin (I *Par.* VI, 60), nommée ailleurs *Gabaé* (*Jos.* XXI, 17), est la même que *Gabaa* (*Judic.* XX, 14).

GABEL, ou GABÉLUS, de la tribu de Nephthali, ayant été mené en captivité au delà de l'Euphrate, avec Tobie l'ancien, son parent (d), établit sa demeure à Ragès, ville de Médie. Il avait emprunté dix talents d'argent de Tobie, son parent. Ces dix talents valaient environ quarante-huit mille six cent soixante et onze livres dix-sept sous six deniers, en prenant le talent hébreu à quatre mille huit-cent soixante sept livres trois sous neuf deniers.

Tobie l'ancien, se croyant près de sa fin, envoya Tobie son fils à Ragès (e) pour répéter sa dette à son cousin Gabel. Mais le jeune Tobie s'étant marié à Ecbatane par le conseil de l'ange Raphaël, qui le conduisait sous le nom d'Azarias, et n'ayant pu venir lui-même à Ragès, pria Azarias, son conducteur, d'y aller et de lui rapporter la somme qui était due par Gabel. Azarias s'acquitta de cette commission, rapporta les dix talents et ramena Gabel aux noces du jeune Tobie, à Ecbatane. Les textes hébreu et grec du livre de Tobie portent que les dix talents que le jeune Tobie allait répéter n'étaient point un prêt, mais un simple dépôt que Gabélus avait reçu de Tobie.

GABELLE, impôt du sel, « existait en Syrie sous les successeurs d'Alexandre, puisque le livre des Machabées (I *Mac.* X, 29) dit formellement que Démétrius n'en exempta que les Juifs. Les Romains, selon leur usage constant de conserver les impôts établis, la maintinrent sans doute après la conquête de la Syrie. » DUREAU DE LA MALLE, membre de l'Institut, *Economie politique des Romains*, liv. IV, ch. xx, tom. II, pag. 465; Paris, 1840.

GABER, fils d'Uri, intendant de la province de Galaad et de Basan, au delà du Jourdain, sous le règne de Salomon (f)

GABIM. Il en est parlé dans Isaïe X, 31 : *Médéména s'est enfuie; habitants de Gabim, rassurez-vous*. On ne sait quelle était la situation de *Gabim*; et plusieurs le prennent en général pour des hauteurs (g) : *Fuyez à Médéména; habitants des hauteurs, sauvez-vous*.

GABINIUS. L'histoire romaine parle de plusieurs personnes du nom de Gabinius. Celui dont nous voulons parler s'appelait *Aulus Gabinius*. Il avait un emploi considérable dans l'armée de Pompée, et fut envoyé par ce général à Jérusalem (h), pour recevoir l'argent qu'Antigone avait promis à Pompée (i). Mais, Antigone ayant manqué à sa parole, Gabinius fut obligé de s'en retourner sans rien faire. Mais Pompée, étant venu assiéger Jérusalem, prit la ville et le temple, et envoya Antigone prisonnier à Rome avec ses enfants. Alexandre, fils d'Aristobule, s'étant échappé (j), revint en Judée, rassembla quelques troupes et commença à inquiéter la province. Mais Gabinius ayant été fait consul et étant venu en Syrie en la place de Scaurus, l'an du monde 3946, avant Jésus-Christ 54, avant l'ère vulgaire 58, marcha contre lui et le battit, et le réduisit à s'enfermer dans le château d'Alexandrion (k). Après cela, Gabinius, parcourant la Judée, y rétablit plusieurs villes qui avaient été ruinées pendant les guerres précédentes : comme Samarie, Azor, Scythopolis, Anthédon, Apollonie, Jamnia, Raphia, Dora, Marissa, Gaza et quelques autres.

Cependant les Romains assiégeaient Alexandre dans Alexandrion, et Gabinius, ayant pacifié la province et rétabli les villes dont on vient de parler, retourna au siége d'Alexandrion. Alexandre se voyant pressé, demanda la paix; et il l'obtint en rendant les forteresses qui étaient en sa puissance, lesquelles Gabinius fit toutes raser par le conseil de la mère d'Alexandre, qui craignait que ces places ne fournissent à son fils de nouvelles occasions de révolte contre les Romains.

Enfin Gabinius rétablit Hircan à Jérusalem, lui confirma la dignité de la grande sacrificature, établit dans la province des gouverneurs et des juges pour le gouvernement du peuple; en sorte que la Judée passa de l'état monarchique à l'état aristocratique. Il y avait des tribunaux à Jérusalem, à Gadare (ou à Dore), à Amathunte, à Jéricho et à Séphoris, afin que le peuple trouvant dans tous les quartiers du pays des juges pour connaître de ses différends, ne fût pas obligé de s'éloigner beaucoup du lieu de sa demeure. Il y a des savants (l) qui croient que l'établissement du Sanhédrin doit son origine à Gabinius.

Josèphe (m) assure que Gabinius renvoya

(a) *Euseb. et Hieron. in Gabaat.*
(b) *Josue*, xxi, 23; xix, 44.
(c) *Joan.* xix, 13.
(d) *Tob.* 1, 16, 17. An du monde 3283, avant Jésus-Christ 717, avant l'ère vulg. 721.
(e) *Tob.* vi, vii, viii, ix
(f) III *Reg.* iv, 19.
(g) נדדה מדמנה ישבי הגבים העזו׃
(h) An du monde 3940, avant Jésus-Christ 60, avant l'ère vulg. 64.
(i) *Antiq. l.* XIV, c. vi, vu et seq.
(j) *De Bello*, l. I, c v, ad finem.
(k) *Antiq. l.* XIV, c. x, et de *Bello*, l. I, c. vi.
(l) *Petav. de Doctrin. temporum*, l. II, c. xxvi.
(m) *Antiq. l.* XIV, c. ii, et de *Bello*, l. I, c. vi.
(1) Pilate ne prononça point de sentence de mort contre Jésus Christ.

à Rome Aristobule et ses fils avec une lettre au sénat qui portait qu'il avait promis à la mère des jeunes princes, fils d'Aristobule, qu'on les renverrait aussitôt en Judée; ce qui fut fidèlement exécuté : le sénat ayant retenu dans les liens le roi Aristobule, et ayant renvoyé en Judée Alexandre et Antigone, ses fils. Quelque temps après, Gabinius marcha contre les Parthes; mais étant arrivé aux frontières de leur pays, et ayant déjà passé l'Euphrate, il reçut de l'argent de Ptolémée Aulètes, roi d'Egypte, et, quittant sa première résolution, il amena son armée en Egypte au secours de ce prince, contre lequel les peuples d'Alexandrie s'étaient révoltés.

L'an du monde 3949, avant Jésus-Christ 51, avant l'ère vulgaire 55, Crassus fut envoyé en Syrie en la place de Gabinius. Celui-ci étant arrivé à Rome, fut fortement accusé de vexation par les Syriens; et Cicéron, qui le regardait comme le principal auteur de son bannissement, déploya contre lui toute la véhémence de ses discours; en sorte qu'on regarda comme un grand bonheur qu'il en eût été quitte pour l'exil. Il y demeura jusqu'à ce que Jules César l'en rappelât. Il revint en qualité de triumvir en Syrie (a), vers l'an du monde 3963, et il y témoigna beaucoup d'amitié à Phasael et à Hérode, en considération des services qu'il avait reçus d'Antipater seize ans auparavant, lorsqu'il faisait la guerre en Judée.

GABISCH, Pierre de Gabisch. Voyez ci-après Pierre de Foudré.

GABRIEL, un des premiers anges du paradis. Son nom signifie la force de Dieu. Il fut envoyé au prophète Daniel (b) pour lui expliquer les visions du bélier et du bouc qu'il avait vus, et le mystère des septante semaines qui lui avait été révélé. Gabriel dit à Daniel qu'il avait eu à combattre le prince des Perses pendant vingt et un jours, et que nul n'était venu à son secours que Michel, prince du peuple hébreu (c). On ignore quel est ce prince des Perses contre lequel Gabriel eut à combattre. Les uns l'expliquent de l'ange tutélaire de ce peuple, d'autres du roi de Perse. On peut voir sur cela les commentateurs.

Le même ange Gabriel fut envoyé à Zacharie (d) pour lui annoncer la naissance future de Jean-Baptiste (e); et comme Zacharie ne pouvait croire que vieux comme il était, et Élisabeth sa femme n'étant plus en état de concevoir, il pût avoir un fils, l'ange lui dit : *Je suis Gabriel qui suis debout devant le Seigneur, et qui ai été envoyé vers vous pour vous annoncer cette bonne nouvelle; mais parce que vous n'avez pas voulu croire à ma parole, vous demeurerez muet, et vous ne parlerez point jusqu'à un certain temps.*

Six mois après cet événement (f), le même ange Gabriel fut envoyé à Nazareth vers une vierge nommée Marie (g), épouse ou seulement fiancée de Joseph, selon plusieurs interprètes. Il lui dit : *Je vous salue, pleine de grâce, le Seigneur est avec vous, vous êtes bénie entre toutes les femmes.* Marie fut troublée à ce discours; mais l'ange lui dit : *Ne craignez point, Marie, vous avez trouvé grâce devant le Seigneur. Vous concevrez et vous enfanterez un fils, et vous lui donnerez le nom de Jésus. Il sera grand, et sera appelé le FILS DU TRÈS-HAUT. Le Seigneur Dieu lui donnera le trône de David son père, et il régnera éternellement sur la maison de Jacob.* Marie lui demanda comment cela s'exécuterait, et l'ange lui répondit : *Le Saint-Esprit descendra sur vous, et la vertu du Très-Haut vous couvrira comme de son ombre. C'est pourquoi ce qui sortira de vous sera nommé Fils de Dieu. Et de peur que ceci ne vous paraisse incroyable, voilà Elisabeth, votre cousine, qui a aussi conçu un fils dans sa vieillesse, et elle est aujourd'hui dans son sixième mois; pour vous montrer que rien ne sera impossible au Seigneur.* Marie répondit : *Je suis la servante du Seigneur, qu'il me soit fait selon votre parole.* En même temps l'ange s'en alla et disparut.

C'est apparemment le même ange Gabriel qui apparut à saint Joseph, lorsqu'il méditait de quitter la sainte Vierge, et qui lui dit de se retirer en Egypte lorsque Hérode eut pris la résolution de faire mourir tous les enfants de Bethléem; enfin qui l'avertit de s'en retourner en Judée après la mort d'Hérode. Les cabalistes enseignent que saint Gabriel fut maître ou précepteur du patriarche Joseph.

Les Orientaux ajoutent plusieurs choses à ce que l'Écriture nous apprend de l'archange Gabriel (h). Les mahométans l'appellent *l'esprit fidèle*, et les Persans le nomment par métaphore *le paon du ciel* ou *du paradis*. Dans le second chapitre de l'Alcoran on lit : *Quiconque est ennemi de Gabriel sera confondu.* Ils croient comme nous que cet archange annonça à la sainte Vierge qu'elle devait enfanter Jésus-Christ. Ils disent que Gabriel est le gardien des trésors célestes, c'est-à-dire des révélations; que les Juifs se sont toujours plaints de Gabriel, et ont employé le secours de Michel contre lui, car Michel leur a toujours été favorable; et ils disaient même : *Si Mahomet s'était servi de Michel, et non pas de Gabriel, nous l'aurions tous suivi.* C'est Gabriel, selon eux, qui a apporté à leur faux prophète Mahomet les révélations qu'il a publiées; c'est lui qui l'a conduit au ciel monté sur l'Al-Borak. (C'est un animal d'une taille moyenne entre l'âne et le mulet, qui lui servit de monture lorsqu'il monta de Jérusalem au ciel.) Enfin Gabriel est l'ami des musulmans, parce qu'il a servi le Messie, qu'ils révèrent, et l'ennemi des Juifs, qui l'ont rejeté.

Ils ajoutent à ces rêveries que les Thému-

(a) Vide *Joseph. Antiq. l.* XIV, *c.* x, *et de Bello, l.* I, c. vi.
(b) *Dan.* viii, 16, et ix, 21; xi, 1 *et seq.*
(c) *Dan.* x, 13 et 21.
(d) An du monde 3999, quinze ou seize mois avant la naissance de Jésus-Christ
(e) *Luc.* i, 11 *et seq.*
(f) Au du monde 4000 neuf ou dix mois avant la naissance de Jésus-Christ.
(g) *Luc.* i, 7, 8, etc.
(h) D'Herbelot, *Bibl. Orient.*, p. 363

dites, ancienne tribu des Arabes qui est éteinte, ayant refusé d'écouter les instructions du patriarche Saleh, furent menacés d'une mort prochaine, c'est-à-dire dans trois jours. Ils employèrent ces trois jours à se creuser des fosses pour se mettre à couvert de l'orage qu'ils craignaient. Le quatrième jour ils se rassurèrent, croyant que le temps de la punition était passé, et sortirent de leurs maisons. Mais l'archange Gabriel leur apparut, ayant les pieds posés sur la terre et la tête élevée jusqu'au ciel. Ses ailes s'étendaient depuis l'orient jusqu'à l'occident, et ses cheveux rouges comme le corail couvraient tout l'horizon. A cette vue les Thémudites, effrayés, se jetèrent dans leurs trous; mais Gabriel, élevant sa voix, leur cria : *Mourez tous, car vous êtes maudits de Dieu, qui vous a condamnés.* En même temps la terre trembla, toutes les maisons du pays furent renversées, et les Thémudites ensevelis sous leurs ruines.

GAD, fils de Jacob et de Zelpha, servante de Liah (*a*). Liah, femme de Jacob, voyant qu'elle ne produisait plus d'enfants, et jalouse de sa sœur Rachel, qui avait donné Bala, sa servante, à Jacob, lui donna aussi Zelpha, afin qu'elle en eût des enfants par son moyen. Zelpha devint enceinte, et enfanta un fils que Liah nomma *Gad*, en disant : *Heureusement*; car Gad signifie le Dieu de la bonne fortune. —[*Voyez* FORTUNE.]

Gad eut sept fils qui furent Séphion, Aggi, Suri, Esébon, Chori, Arodi et Areli (*b*). Jacob donnant sa bénédiction à Gad, lui dit (*c*) : *Gad combattra couvert de ses armes à la tête d'Israel, et retournera du combat couvert de ses armes.* Il semble faire allusion à ce qui arriva après la mort de Moïse. Gad ayant reçu son partage au delà du Jourdain avec la tribu de Ruben et la demi-tribu de Manassé, marcha en armes à la tête d'Israel pour lui aider à faire la conquête de la terre des Chananéens au deçà de ce fleuve. Gad s'en retourna quelque temps après, bien armé et chargé de dépouilles.

Moïse, dans son dernier cantique, parle aussi de Gad en ces termes (*d*) : *Gad a été comblé de bénédictions; il a saisi l'épaule et la tête de sa proie; il a reconnu sa prérogative, en ce que* (Moïse) *le docteur d'Israel devait être mis* (dans le tombeau) *dans son partage. Il a marché avec les princes de son peuple, et a observé à l'égard d'Israel les lois du Seigneur et les ordres qu'on lui avait prescrits,* en lui commandant de marcher à la tête du peuple dans la guerre contre les Chananéens. Moïse mourut sur le mont Nébo, et fut enterré dans une vallée voisine, au delà du Jourdain (*e*), où Gad avait reçu son partage. L'auteur du *Testament des douze patriarches* loue la force corporelle du patriarche Gad; mais nous n'employons pas volontiers l'autorité d'un auteur aussi fabuleux que celui-là.

La tribu de Gad sortit de l'Egypte au nombre de quarante-cinq mille six cent cinquante hommes (*f*). [Depuis, ce nombre dut augmenter; il y eut un corps militaire de 24,000 Gadites compris dans la garde du roi David.] Après la défaite des rois Og et Séhon, Gad et Ruben et la moitié de Manassé demandèrent à Moïse qu'il lui plût leur donner leur partage dans ces pays nouvellement conquis, alléguant le grand nombre de bestiaux qu'ils avaient (*g*). Moïse le leur accorda, sous la charge et à condition qu'ils accompagneraient leurs frères dans la conquête du pays de delà le Jourdain que le Seigneur leur avait promis (*h*). Ainsi Gad eut son partage entre Ruben au midi, et Manassé au nord, ayant les montagnes de Galaad à l'orient, et le Jourdain à l'occident. *Voyez* la Carte géographique.

[« Les Gadites y firent des parcs, dit Barbié du Bocage, des étables pour leurs bestiaux, et construisirent ou relevèrent des villes fortes détruites par suite de l'invasion. Placés comme ils l'étaient ils occupaient la partie méridionale du pays de Galaad, dont les montagnes formaient la limite à l'E; à l'O. coulait le Jourdain, dans lequel venait se rendre le Jaboc, limite donnée à la tribu par le *Deutéronome*, et quelques autres rivières ou torrents qui entretenaient la fertilité du pays. Les villes principales furent *Aroër*, *Jazer*, *Dibon*, *Succoth*, *Phanuel*, *Mahanaim*, *Ramoth-Galaad* et *Maspha*. Plus tard ce pays entra en partie dans la Pérée et la Batanée. La tribu de Gad prospéra; les villes reconstruites acquirent de l'importance: ainsi se réalisa la prédication de Moïse, *Gad a été comblé de bénédictions; il s'est reposé comme un lion; il a saisi le bras et la tête de sa proie.*»]

GAD, prophète, ami de David, qui le suivit durant ses disgrâces sous Saül et qui lui fut toujours fort attaché. L'Ecriture le qualifie *prophète et voyant de David* (*i*); apparemment parce que Dieu l'avait destiné pour assister ce prince, et pour lui prédire ce qui lui devait arriver. La première fois que nous le voyons avec David, c'est lorsque ce prince se retira dans le pays de Moab, pour y mettre en sûreté son père et sa mère (*j*), la première année de sa fuite (*k*) et de la persécution de Saül. Comme donc David était dans le pays de Moab, le prophète Gad lui dit d'en sortir, et de s'en retourner dans la terre de Juda.

Après que David eut pris la résolution de faire faire le dénombrement de son peuple (*l*), le Seigneur lui envoya le prophète Gad, qui lui dit (*m*): *Voici ce que dit le Seigneur : Je*

(*a*) *Genes.* xxx, 9, 10, 11.
(*b*) *Genes.* xlvi, 16.
(*c*) *Genes.* xlix, 19.
(*d*) *Deut.* xxxiii, 20.
(*e*) *Deut* xxxiv, 1 *et seq.*
(*f*) *Num.* i, 20, 21.
(*g*) *Num.* xxxii, 1, 2, 3, etc.
(*h*) *Num.* xxxii, 28, 29.

(*i*) II *Reg.* xxiv, 11.
(*j*) I *Reg.* xxii, 5.
(*k*) An du monde 2944, avant Jésus-Christ 1056, avant l'ère vulg. 1060.
(*l*) An du monde 2987, avant Jésus-Christ 1013, avant l'ère vulg. 1017.
(*m*) II *Reg.* xxiv, 12, 13, *et* I *Par.* xxi, 11.

vous donne le choix de trois fléaux que je vous prépare; choisissez celui que vous voudrez; ou la famine pendant sept ans; ou de fuir devant vos ennemis durant trois mois; ou la peste dans vos États pendant trois jours. David choisit la peste; et Dieu, ayant considéré son humiliation, voulut bien encore abréger le temps qu'il lui avait dit. Il ordonna à l'ange exterminateur de remettre son épée dans le fourreau, et de cesser de tuer. Alors le prophète Gad vint dire à David (*a*) d'aller dresser un autel au Seigneur dans l'aire d'Ornan, autrement Aréüna, Jébuséen. Gad avait écrit un volume de la vie de David, qui est cité dans le premier livre des Paralipomènes, XXIX, 29. C'est tout ce que nous savons de ce prophète.

GAD, divinité païenne, dont il est fait mention dans plus d'un endroit de l'Ecriture. Par exemple, Isaïe LXV, 11. *Vous qui avez abandonné le Seigneur, et qui dressez une table à Gad, et qui faites des libations à Méni.* On trouve dans la Palestine un lieu nommé *Baal-Gaad;* ou le dieu Gad; et on assure que les Arabes donnent le nom de Gad à l'étoile de Jupiter, et à ce qui est bon et bienfaisant. Nous croyons que dans le passage cité d'Isaïe il signifie le soleil, et que saint Jérôme, qui l'a traduit par: *Qui ponitis fortunæ mensam*, a entendu par *Gad* la bonne fortune. En effet les anciens tireurs d'horoscopes croyaient que le soleil marquait le bon génie, et la lune la bonne fortune (*b*). *Voyez* ci-devant FORTUNE.

GADARA, ou GADARE, ville célèbre de delà le Jourdain. Josèphe dit qu'elle était capitale de la Pérée (*c*), et située à l'orient du lac de Tibériade, à soixante stades de son bord (*d*). Pline (*e*) assure qu'elle est située sur le fleuve Hiéramace. Elle donnait son nom à un canton de delà le Jourdain. Pompée rétablit Gadare, en considération de Démétrius, son affranchi, qui était natif de cette ville (*f*). Gabinius y établit un des cinq tribunaux où l'on rendait la justice dans la Judée (*g*). Polybe dit qu'Antiochus le Grand fit le siège de Gadare, qui passait pour la plus forte place du pays, et qu'il la reçut à composition (*h*). Saint Epiphane (*i*) parle des bains d'eaux chaudes de Gadare. On trouve beaucoup d'anciennes médailles de cette ville, et quelques-uns de ses anciens évêques dans les souscriptions des conciles. Saint Marc (*k*) dit que notre Sauveur, ayant passé la mer de Tibériade, vint dans le canton *des Gadaréniens*, etc. C'est ainsi que porte le grec imprimé. Saint Luc lit de même, chap. VIII, 26, dans le grec. Saint Matthieu, chap. VIII, 28, porte *Gerasenorum*, ou *Gergesenorum:* mais quelques-uns de ses exemplaires grecs lisent aussi *Gadarenorum*. Origène croit qu'il faut lire *Gergesenorum* (*l*). *Voyez* les diverses leçons de M. Mille, et notre Commentaire sur saint Matthieu, chap. VIII, 28.

GADARA, ville de Palestine, au voisinage de Diospolis et de Nicopolis (*m*). Nous croyons que c'est la même que *Gazer, Gazera, Gedor, Gadara, Gador, Gaderoth*, dont il est souvent parlé dans les livres des Machabées et dans Josèphe. *Voyez* RELAND., *Palæstin.* l. III, p. 679. On a déjà remarqué que dans le texte de Josèphe on lisait en quelques endroits *Gadara*, au lieu de *Gabara*. Gabara était au couchant, et Gadara à l'orient de la mer de Tibériade. — [*Voyez* GADER, etc.]

GADDA, ville de la tribu de Juda (*n*). Eusèbe dit que de son temps on voyait encore un gros lieu à l'extrémité méridionale de Juda, sur la mer Morte. Dans la Vulgate, *Josue*, XV, 27, on lit *Haser-Gadda*.

* GADDEL, chef de famille nathinéenne, dont les descendants revinrent de la captivité avec Zorobabel. I *Esdr.* II, 47.

GADDI, I *Par.* XII, 8, signifie des hommes de la tribu de Gad, et non pas un nom de lieu nommé *Gaddi*. — [Huré croit, à tort, que Gaddi est une ville. *Voyez* GADDI.]

GADDI, fils de *Susi*, de la tribu de Manassé, fut un des douze qui allèrent reconnaître la terre de Chanaan sous Moïse. *Num.* XIII, 12.

GADDIS, surnom de Jean, fils de Mattathias et frère de Judas Machabée. Quelques exemplaires lisent *Kaddis*, qui signifierait *saint:* mais *Gaddis* peut signifier un *chevreau*, ou la bonne *fortune*. — [*Voyez* FORTUNE.]

GADER [ville royale des Chananéens]. Le roi de Gader fut pris et mis à mort par Josué (*o*). Gader est apparemment la même que *Gador*, I *Par.* IV, 39, et *Gaderoth*, II *Par.* XXVIII, 18, *Gedor, Josue*, XV, 58, et *Gazer, Gazera*, ou même *Gadara*, ou *Gadera*, dans les Machabées. *Voyez* ci-devant GADARA, ville de Palestine. — [*Gader* ou *Geder*, suivant Barbié du Bocage, était située dans le sud de la Judée du côté de Dabir. N. Sanson suppose que *Gader* était, non pas la même que *Gédor* située dans la tribu de Juda, *Jos.* XV, 58, mais la même que *Gédéra*, située dans la même tribu (*Ibid.* 36), et nommée *Gadéra* dans quelques exemplaires.]

GADEROTH, II *Par.* XXVIII, 18, la même que *Gadora, Gazera, Gazer, Gadura*, etc. *Voyez* GADARA, [ville de Palestine. *Voyez* aussi *Gader. Gaderoth* est apparemment la même que *Gidéroth*, dit le géographe de la Bible de Vence. *Gaderoth* était la patrie de Jésabad, un des vaillants capitaines de David.]

GADGAD, montagne dans le désert de Pharan. Les Hébreux y campèrent dans leur voyage du désert. — 'Ce fut leur vingt-neu-

---

(*a*) II *Reg.* xxiv, 17, 18. On ne sait pas au juste le temps que dura cette peste; l'Ecriture ne le marque pas, mais elle insinue qu'il fut abrégé.
(*b*) *Voyez* notre Commentaire sur la Genèse, ch. xxx, 11.
(*c*) *De Bello*, l. V, c. m.
(*d*) *Idem, lib. de Vita sua*, p. 1025.
(*e*) *Plin.* l. V, c. xvi.
(*f*) *Joseph. Antiq.* l. XIV, c. viii, p. 478.
(*g*) *Antiq.* l. XIV, c. x.
(*h*) *Polyb. Histor.* l. V.
(*i*) *Epiphan.* l. I *Advers. hæres.* p. 151.
(*k*) *Marc.* v. 1.
(*l*) *Origen. Comment. in Joan.*
(*m*) Stephan. in Gadara. Strabo l. XVI.
(*n*) Josue, xv, 27.
(*o*) Josue, xii, 13.

vième station.] Elle est entre Béné-Jacan et Jétebatha. *Num.* XXXIII, 32.—[Cette montagne, dit Barbier du Bocage, dépend sans doute des *Nigri montes*, ou montagnes Noires.]

GADI, père de Manahem. Ce Manahem fut roi, ou plutôt usurpateur du royaume d'Israel (*a*).

GADI, lieu d'où était natif Bonni, un des braves de David (*b*). C'est apparemment *Gadda*, ou *Hazer-Gadda*, dans la partie méridionale de Juda. *Josue* XV, 27. — [Le géographe de la Bible de Vence fait remarquer que N. Sanson prend *Gaddi* pour un lieu, et suppose qu'il est le même que *Gadi*; il n'adopte pas cette opinion, qui est erronée, comme le prouve la comparaison de I *Par.* XII, 8 et 14 ; mais il confond *Gadi* avec *Gaddi*, parce que chacun de ces noms peut signifier simplement Gadites, hommes de la tribu de Gad. Il faut distinguer, ce nous semble; en conséquence nous reconnaissons qu'il s'agit de Gadites, 1 *Par.* XII, 8, 12, et d'un lieu, *Gadi*, II *Reg.* XXIII, 36, parce qu'ici l'historien, donnant la liste des braves de David, exprime leur lieu natal.]

GADOR. La même que Gadara, Gaderoth, Gazer, Gazera, etc. — [*Voyez* GADARA, ville de Palestine, GADER, GÉDOR.]

GAHAM, fils de Nachor et de Roma. *Genes.* XXII, 24.

GAHER, lévite, qui revint de Babylone avec Esdras. I *Esdr.* II, 47.

[Gaher n'était pas lévite, et ne revint pas de Babylone, parce qu'il n'y alla pas. Huré a commis ici les deux mêmes erreurs. Calmet en a ajouté une. Gaher était chef de famille nathinéenne, et ce furent ses descendants qui revinrent de la captivité, non pas avec Esdras, mais avec Zorobabel.]

* GAI. *Voyez* ACCARON, à la fin.

GAI-ABARIM. *Voyez* JÉ-ABARIM.

GAIUS, autrement CAIUS, disciple de saint Paul. *Act.* XIX, 29, et I *Cor.* I, 14. *Voyez* ci-devant CAIUS I.

GAIUS, disciple de saint Jean. *Voy.* CAIUS II.

GALAAD, fils de Machir, et petit-fils de Manassé (*c*), eut son partage dans les montagnes de Galaad, au delà du Jourdain. C'est de là qu'il prit le nom de Galaad; car ces montagnes portaient déjà ce nom longtemps avant sa naissance. Il eut pour fils Jézer, Hélec, Asriel, Séchem, Sémida et Hépher. *Voy. Num.* XXVI, 30, 31.

* GALAAD, dont le nom est fréquemment reproduit, partie de la Palestine située à l'orient du Jourdain, et s'étendant entre ce fleuve et les montagnes de Galaad, depuis le pied du mont Hermon jusqu'au fleuve d'Arnon. Le Jaboc la coupait à peu près vers le centre. Le sol y était bon, gras, fertile et riche en pâturages ; le bétail y venait et y multipliait très-bien ; aussi fut-elle assignée aux tribus qui possédaient le plus de bétail, à celles de Ruben et de Gad pour la portion située au sud du Jaboc, et à Manassé (demi-tribu orientale) pour la portion qui était au nord de cette rivière. Le pays de Galaad renfermait plusieurs villes importantes. Jaïr, fils de Manassé, en possédait soixante qui prirent aussi le nom général de *Havoth-Jair*, c'est-à-dire, *villes de Jaïr*. Osée, prophétisant contre ce pays, l'appelle une retraite de fabricateurs d'idoles.—Les *Galaadites*, étaient les habitants du pays de Galaad (BARBIER DU BOCAGE).

GALAAD. Montagnes de Galaad, à l'orient du Jourdain, qui séparent les pays d'Ammon, de Moab, de Ruben, de Gad et de Manassé, de l'Arabie déserte. Souvent *Galaad* est mis pour tout le pays de delà le Jourdain. Eusèbe dit que le mont de Galaad s'étend depuis le Liban au nord jusqu'au pays que possédait Séhon, roi des Amorrhéens, et qui fut cédé à la tribu de Ruben. Ainsi cette chaîne de montagnes devait avoir plus de soixante et dix lieues de long du midi au septentrion, et elles comprenaient les montagnes de Séhir, de Basan, et peut-être celles de la Trachonite, d'Auran et d'Hermon. Jérémie semble aussi dire que Galaad est le commencement du Liban : *Galaad, tu mihi caput Libani. Jerem.* XXII, 6. *Voyez* saint Jérôme et les interprètes sur cet endroit.

Jacob, à son retour de la Mésopotamie, arriva en six jours aux montagnes de Galaad (*d*). Laban, son beau-père, le poursuivit et l'atteignit comme il était campé sur ces montagnes. Après quelques reproches assez vifs de part et d'autre, ils firent alliance au même endroit, y dressèrent un monceau de pierres pour monument de leur alliance, et lui donnèrent chacun un nom suivant la propriété de sa langue. Laban l'appela *Jegar-schahadutah*, le monceau du témoignage ; et Jacob, *Gal-haëd*, le monceau du témoin ; d'où lui est venu le nom de *Galaad*.

Comme ces montagnes étaient couvertes d'arbres résineux, l'Ecriture vante beaucoup la résine de Galaad (*e*). Les marchands qui achetèrent Joseph venaient de Galaad, et portaient de la résine en Egypte (*f*).

* GALAAD. La Vulgate semble dire que Jephthé fut enterré dans une ville nommée *Galaad. Judic.* XII, 7. Mais au même endroit la Vulgate dit que c'était sa ville, et, par un autre texte, il paraît que sa ville était Maspha en Galaad. *Ibid.* XI, 34. N. Sanson pensait aussi lui-même que Galaad pourrait bien marquer, non la ville, mais le pays où Jephthé fut enterré. Dom Calmet l'explique en ce sens (GÉOGRAPHIE SACRÉE de la Bible de Vence).

GALATIE, province de l'Asie Mineure, ayant à l'orient la Cappadoce, au couchant la Bithynie, au midi la Pamphilie, et au septentrion le Pont-Euxin. Quelques troupes de Gaulois [après avoir pillé le temple de Delphes] s'étant jetées dans l'Asie Mineure, firent la conquête de ce pays, s'y établirent, et l'appelèrent *Galatie*, du nom de *Galatia*, qui en grec signifie la *Gaule*.

[« Originaires de la Gaule, les Galates, dit Barbié du Bocage, formaient trois peu-

---

(*a*) IV *Reg.* xv.
(*b*) II *Reg.* xxiii, 36.
(*c*) *Num.* xxvi, 29.

(*d*) *Genes.* xxxi, 21 *et seq.*
(*e*) *Jerem.* viii, 21 ; xlvi, 11 ; li, 8.
(*f*) *Genes.* xxxvii, 25.

ples différents : les *Tolistoboïens*, les *Tectosages* et les *Trocmiens*. Ils ravagèrent l'Asie Mineure, vendirent leurs secours aux princes du pays en guerre les uns contre les autres, et finirent par se faire céder différents cantons pris sur la Phrygie, la Bithynie, la Paphlagonie et la Cappadoce, lesquels réunis formèrent la *Galatie*, que l'on nomma aussi *Gallo-Grèce* (*Strab.*, XII, 567). C'était un pays montueux et cependant très-fertile, arrosé par le *Sangarius* et l'*Halys*, qui tous deux se jettent dans la mer Noire. Parmi ses montagnes se distinguent le mont *Olympe*, au nord-ouest d'Ancyre, et le mont *Adoreus*, près de Pessinus. Les *Tolistoboïens* habitaient à l'ouest, ayant pour villes principales *Pessinus*, *Gordium* ou *Juliopolis* et *Amorium*, patrie d'Ésope. Les *Tectosages* étaient contigus ; *Ancyre* (Angora) était leur principale ville (1). Les *Trocmiens*, les plus reculés à l'est, avaient pour capitale *Tavium*. Ces peuples conservèrent leur langage pendant 600 ans environ. Ces trois divisions furent dans la suite partagées chacune en 4 *cantons* que l'on appela *tétrarchies*, en sorte que le nombre de ces tétrarchies fut de 12 ; chaque tétrarchie avait son *tétrarque*, son *décaste* et son *stratophylax*, c'est-à-dire son gouverneur, son juge et son général. Il y avait un conseil ou sénat composé de 300 anciens. La constitution était aristocratique, et les assemblées générales se tenaient dans une forêt de chênes, *drynemetum* (*Strab.*, XII, 567, trad. fr., t. IV, 2ᵉ part., p. 90). L'exercice de la souveraineté était d'abord entre les mains de trois chefs ; elle passa bientôt entre celles de deux, et enfin un seul la posséda. Sous Déjotarus et Amyntas, qui s'élevèrent au rang de rois, le territoire de la Galatie s'accrut d'une partie de la Pamphylie et de la Lycaonie. Sylla, Pompée, Antoine y firent la guerre. Devenus les maîtres du pays 25 ans avant Jésus-Christ, sous Auguste, les Romains, réunissant tout ce qui avait été ajouté par Amyntas à la Galatie, en firent une seule province. Sous Théodose le Grand ou Valens, on partagea cette province en *Galatia Prima* ou *Proconsularis*, capitale *Ancyra*, et en *Galatia Secunda* ou *Salutaris*, capitale *Pessinus*. — La population, composée de Grecs, de Celtes et d'autres nations, était très-mélangée. Beaucoup d'habitants étaient Juifs. Saint Paul les visita pendant son second voyage apostolique, et y fonda plusieurs communautés chrétiennes. »]

Les Galates, à qui saint Paul a écrit une de ses Épîtres, étaient les descendants de ces anciens Gaulois. Saint Paul prêcha plus d'une fois dans leur pays (a), et y forma une Église considérable. Il est croyable que ce fut lui qui le premier y prêcha aux Gentils ; mais on a lieu de présumer que saint Pierre y avait prêché avant lui aux Juifs, puisque sa première Épître est adressée aux *Juifs de la dispersion du Pont, de la Galatie, de la Cappadoce*, etc. (b). Et ce furent apparemment (2) les Juifs qui y avaient été convertis par saint Pierre qui causèrent parmi les Gentils convertis de la même nation les troubles qui donnèrent occasion à saint Paul de leur écrire son Épître, dans laquelle il s'applique principalement à établir sa qualité d'apôtre, que l'on voulait lui contester pour le mettre au-dessous de saint Pierre, qui ne prêchait ordinairement qu'aux Juifs, et qui observait les cérémonies de la loi. Il montre ensuite l'inutilité de ces cérémonies et de la circoncision (3) ; il s'élève avec force contre les faux docteurs, qui cherchaient à le décrier et à détruire son autorité ; enfin il leur donne d'excellents préceptes pour le règlement de leurs mœurs et pour se conserver dans la pureté du christianisme. Les souscriptions qui se lisent dans les éditions grecques de cette Épître marquent qu'elle fut écrite de Rome. Théodoret (c) croit que c'est la première de celles que saint Paul écrivit de cette ville, et saint Jérôme (d) veut qu'il l'ait écrite étant dans les liens. Mais nous aimons mieux suivre le sentiment qui veut qu'elle ait été écrite d'Éphèse l'an de J.-C. 55.

— [Il y a à Angora un monastère qui est occupé par des moines arméniens schismatiques ; Aucher-Eloi dit (pag. 72) que, suivant la tradition, il fut fondé par saint Paul.]

Dans les livres des Machabées (e) il est dit que Judas Machabée, exhortant ses gens à combattre vaillamment contre les Syriens, leur rapporta divers exemples de la protection de Dieu sur les Hébreux, et entre autres celui qu'ils éprouvèrent dans un combat qui se donna dans la Babylonie, où six mille Juifs tuèrent cent vingt mille Galates. Le grec est plus circonstancié. Il porte que les Galates, étant venus attaquer l'armée des Juifs dans la Babylonie, l'armée des Juifs n'était que de huit mille hommes, soutenus de quatre mille Macédoniens ; ces derniers n'osant en venir aux mains, les huit mille Juifs seuls défirent cent vingt mille Galates.

(a) Il y prêcha d'abord l'an de Jésus-Christ 51. *Act.* XVI, 6, et ensuite en l'an 54. *Act.* XVIII, 23.
(b) I *Petr.* I, 1.
(c) *Theodoret. in Paul. Prolog.* p. 5.
(d) *Hieron. in Galat.* VI, 11.
(e) II *Mac.* VIII, 20.
(1) Aucher-Eloi était à Angora dans le mois de mars 1832. Il parle des prisonniers français qui y avaient été envoyés à l'époque de la campagne d'Égypte, et de la « sympathie des habitants arméniens pour eux et en général pour tous les Français : cela tient, dit-il, à la religion et à la tradition conservée dans le pays qu'ils sont descendants des Gaulois qui s'établirent autrefois dans la Galatie. » (*Relations de voyages en Orient*, tom. I, pag. 71 ; Paris, 1843). Il ajoute qu'il y avait des négociants français à Angora avant la révolution, qu'il n'y en a plus et qu'on voit les tombeaux de plusieurs d'entre eux ; que la Galatie produit des pommes, et qu'à Angora elles acquièrent une très-grande dimension. La population d'Angora est celle-ci : « Arméniens catholiques, 7,764 ; Arméniens schismatiques, 288 ; Grecs, 1,200 ; Turcs, 8,000 ; Juifs, environ cent familles » Pag. 68.
(2) On voit qu'il va faire des conjectures.
(3) Saint Pierre, fort longtemps avant que saint Paul n'écrivît aux Galates, avait par suite d'une révélation spéciale, converti le premier les Gentils, et il ne leur avait point, tant s'en faut, imposé l'obligation d'observer les cérémonies légales ; également avant la même époque il avait, dans une assemblée solennelle, décidé, et *décidé seul*, que les Gentils ne devaient point être assujettis à ces cérémonies inutiles pour le salut. *Voyez* mon *Étude sur le concile de Jérusalem* dans le *Mémorial catholique* de M. L.-F. Guérin, tom. V, livraison de janvier 1846.

L'Ecriture ne nous apprenant rien sur le temps et les autres circonstances de cette défaite, nous n'en pouvons rien dire d'assuré. Il y a même assez d'apparence qu'il faut entendre ici non les Galates établis dans la Galatie, mais les Gaulois qui étaient alors répandus dans l'Asie. Le grec *Galatai* se prend également pour les uns et pour les autres.

GALBANUM, sorte de gomme ou d'aromate qui entrait dans la composition du parfum (a) qui devait être brûlé sur l'autel d'or dans le Saint. Le *galbanum* est un suc tiré par incision d'une plante qui ressemble à la férule, et qui croît dans la Syrie, sur le mont Amanus. L'odeur n'en est pas fort agréable, surtout lorsqu'elle est seule. Le terme *galbanum* vient de l'hébreu *chalbanah*, qui signifie *gras, onctueux, gommeux*.

GALGAL. Josué (b) parle d'un roi *de Galgal des Gentils* qui fut vaincu et mis à mort à l'arrivée des Hébreux dans la terre promise. Nous croyons que *Galgal des Gentils*, en cet endroit, est le même que *Gelil des Gentils* dans Isaïe, IX, 1, et qu'il signifie la haute Galilée, qui s'étendait principalement au delà du Jourdain, vers les sources de ce fleuve.

[La ville de *Galgal*, dit Barbié du Bocage, qui la nomme aussi *Galgala*, était « située dans la plaine de Saron en Samarie, dans la tribu d'Éphraïm, à 6 milles nord d'Antipatris, selon Eusèbe et saint Jérôme. C'était là que Josué avait établi son camp, lorsque les Gabaonites vinrent lui faire leur soumission.»]

GALGAL [ou Galgala], lieu célèbre au couchant du Jourdain, où les Israélites campèrent assez longtemps après leur passage de ce fleuve. On y bâtit depuis une ville considérable, qui est devenue fameuse par plusieurs événements dont l'histoire nous a conservé le souvenir. *Galgal* était environ à une lieue du Jourdain et à une pareille distance de Jéricho. Ce nom lui fut donné à l'occasion de la circoncision que le peuple reçut en cet endroit. Après cette opération, le Seigneur dit (c): *J'ai ôté de dessus vous aujourd'hui l'opprobre d'Egypte*. A la lettre : *J'ai roulé de dessus vous*, etc., car *(ralgal* signifie *roulement*. Comme l'arche avait été longtemps à Galgal, ce lieu devint fameux dans la suite, et le peuple continua pendant longtemps à y aller en pèlerinage (d). On croit que Jéroboam, ou du moins quelqu'un de ses successeurs rois d'Israel, y mit un des veaux d'or qu'il fabriqua et qu'il fit adorer par son peuple (e).

Il semble que dès le temps d'Aod, juge d'Israel, il y avait déjà à Galgal des idoles, puisqu'il est dit qu'Aod; ayant offert ses présents au roi, s'en alla jusqu'à Galgal (f), que de là il revint, et feignit d'avoir à lui découvrir quelque secret de la part de Dieu, comme s'il avait reçu quelque oracle à Galgal. Ce fut au même endroit que le peuple s'assembla pour confirmer le royaume à Saül (g); et enfin ce fut à Galgal que Saül eut le malheur d'encourir la colère de Dieu, en immolant des victimes avant la venue de Samuel (h). C'est là où il reçut la sentence de sa réprobation pour une autre faute bien plus considérable qu'il commit, en épargnant le roi d'Amalec avec ce qu'il y avait de meilleur et de plus précieux dans leurs dépouilles (i). Saint Jérôme (j) dit que sainte Paule passa à Galgal et y vit le camp des Israélites, le monceau des prépuces et les douze pierres que Josué y avait fait mettre.

GALGALA, lieu situé vis-à-vis de Sichem, près des monts Hébal et Garizim. *Deut.* XI, 30.

GALILÉE, province de la Palestine. Elle s'étend principalement dans la partie septentrionale de la Palestine, au delà de la plaine de Jezrael ou du Grand-Champ. Elle se divise en haute et en basse Galilée. La basse Galilée s'étend dans les tribus de Zabulon, d'Aser et de Nephtali, au deçà du Jourdain, et au couchant de la mer de Tibériade. La haute Galilée s'étend principalement au delà du Jourdain, tirant vers la Trachonite, vers le Liban et vers la Batanée. On l'appelait *la Galilée des Gentils*, parce qu'elle était occupée par des peuples gentils mêlés avec les Juifs, ou plutôt parce qu'elle confinait avec des peuples gentils, comme sont les Phéniciens, les Syriens, les Arabes.

Comme ce que nous venons de dire que la Galilée s'étendait au delà du Jourdain souffre quelque difficulté, il faut l'appuyer de quelques preuves. Judas le Gaulonite est appelé le Galiléen dans les Actes (k) et dans Josèphe (l). Or Gaulon était au delà du Jourdain; la Galilée s'étendait donc dans ce pays-là. De plus, Josèphe (m) met Bethzaïde au delà du Jourdain; cette ville était sûrement de Galilée, et ceux des apôtres qui étaient de Bethzaïde sont qualifiés Galiléens. Donc la Galilée s'étendait, au moins en partie, au delà du Jourdain. Eusèbe, dans son commentaire sur Isaïe (n), dit nettement que la Galilée était au delà du Jourdain. Les Septante, dans Isaïe, XXXIII, 9, traduisent Basan par la Galilée. Or personne ne doute que Basan n'ait été au delà du Jourdain. Saint Jérôme, dans son commentaire sur cet endroit d'Isaïe, remarque que ces interprètes ont mis le nom de la province pour un lieu de la province. Il croyait donc que Basan était dans la Galilée. *Voyez*, pour ce sentiment, Ligtfoot (o) et Cellarius (p), et, pour le sentiment contraire, Reland, *Palæst.* t. I, l. I, c. xxxi, p. 181. *Voyez* aussi notre dissertation sur la géographie sainte, à la tête du commentaire sur Josué.

(a) *Exod.* xxx, 34 חלבנה *Chelbana.* 70, χαλϐάνην.
(b) *Josue* xii, 23.
(c) *Josue* v, 2, 3, 4 *et seq.*
(d) *Ose* iv 15, *et* xv, 12; *et Amos*, iv, 4; v, 5.
(e) III *Reg.* xii, 29, *ex vers.* 70. *Alexand. Cyrill. in Osee* v.
(f) *Judic.* iii, 19.
(g) I *Reg.* xi, 14, 15.
(h) I *Reg.* xiii.
(i) I *Reg.* xv.
(j) *Hieron. in Epitaph. Paulæ, Ep.* 62
(k) *Act.* v, 37.
(l) *Joseph. Antiq. l.* XX, *c.* iii.
(m) *Joseph. l.* II, *de Bello, c.* xiii, *et Plin. l.* V, *c.* xv.
(n) *Euseb. in Isai.* ix.
(o) *Ligtfoot Chronograph. in Marc. et Hor. Talmudic. in Matth.* xiv, 13.
(p) *Cellar. Geograph. antiq. l.* III, etc.

Voici comment (a) Josèphe marque les limites de la Galilée : Elle est terminée au couchant par la ville de Ptolémaïde et par le mont Carmel (qui n'appartiennent pas à la Galilée). Du côté du midi, elle est bornée par le pays de Samarie et par Scythopolis, qui est située sur le Jourdain. A l'orient, elle a pour limites les cantons d'Hippos, de Gadare et de Gaulan. Enfin, du côté du nord, elle est bornée par les confins des Tyriens.

La basse Galilée s'étend, en longueur, depuis Tibériade jusqu'à Chabulon ou Zabulon, frontière de Ptolémaïde, et sa largeur s'étend depuis *Chaloth*, située dans le Grand-Champ, jusqu'à Bersabée ; et la largeur de la haute Galilée commence à *Bersabée* jusqu'au bourg de *Baca*, qui la sépare de la province des Tyriens. Sa longueur s'étend depuis *Tella*, bourg situé sur le Jourdain, jusqu'à *Meroth*. Mais comme la situation précise de ces lieux de *Bersabée*, de *Chaloth*, de *Baca*, de *Tella*, de *Meroth*, n'est point connue, on ne peut marquer au juste l'étendue de la haute Galilée.

Josèphe dit que les Galiléens sont naturellement bons guerriers, hardis, intrépides ; qu'ils ont toujours généreusement résisté aux nations étrangères qui les environnent ; que ce pays est très-fertile et très-bien cultivé, les peuples très-laborieux et très-industrieux ; que le nombre des villes et des bourgs y est très-grand, et que tous ces lieux sont tellement peuplés, que les moindres bourgades n'ont pas moins de quinze mille habitants.

Tout le monde sait que notre Sauveur a été surnommé *Galiléen* parce qu'il avait été élevé à Nazareth, ville de Galilée. Ses disciples, et les chrétiens en général, ont aussi été nommés *Galiléens* (b) parce que les apôtres étaient de Galilée. Saint Matthieu (c) applique à la prédication du Sauveur ces paroles d'Isaïe (d) : *La terre de Zabulon et de Nephtali, le chemin de la mer au delà du Jourdain, la Galilée des Gentils, ce peuple qui était dans les ténèbres, a vu une grande lumière.* Les Galiléens ne passaient pas pour gens fort éclairés en fait de religion, et les Juifs ne croyaient pas qu'il sortît des prophètes de Galilée (e). Leur langage et leur accent étaient différents de ceux des autres Juifs du pays (f). On reconnut saint Pierre pour Galiléen à son accent.

[La Galilée est la partie de la Palestine le plus fréquemment citée dans le Nouveau Testament. « Le sens primitif du nom de la plupart de ses cités, dit M. Poujoulat (*Hist. de Jérusalem*, ch. II, t. I, p. 30), est comme un témoignage de l'ancienne prospérité de cette région ; ici vous trouverez Capharnaüm (le beau bourg) ; là Bethsaïde (la maison d'Abondance) ; plus loin Naïm ou Nabim (la belle), Maghedam (la délicieuse). » Jésus-Christ fit beaucoup de voyages, de prédications et de miracles dans la Galilée ; aussi les chrétiens du pays l'appellent-ils le *pays de l'Annonciation* ou *de l'Évangile*, dit l'auteur des *Voyages de Jésus-Christ* (1), page 187. M. Gilot de Kerhardène parle de la Galilée en ces termes : « Laissant sur la gauche, dit-il, le village de Fouleh, situé au sud-ouest du Thabor, nous rencontrâmes une fontaine ; nous ne voulûmes pas nous arrêter sous les ardeurs du soleil autour de cette fontaine, et nous allâmes chercher de l'ombre au pied d'une vieille forteresse, assise sur un plateau, à un quart de lieue du Thabor..... Du haut de ce plateau la vue est admirable ; de quelque côté que l'on considère l'horizon, on jouit du plus beau paysage. Si on voulait donner une idée de l'aspect de la Galilée, ce ne serait point la France qui fournirait la similitude, mais l'Agro-Romano ; autour de Nazareth, comme autour de Rome, c'est partout la même lumière, les mêmes sites, la même configuration du sol ; la terre y a plus d'image que de culture, plus de poésie que d'industrie agricole. La nature y est sublime comme l'Evangile, et, pour me résumer sur le pays du Christ, il suffit d'ajouter qu'après avoir visité la Palestine, la Judée et la Samarie, j'ai retrouvé ici l'ensemble de ces trois pays. Entre la plaine de Saint-Jean-d'Acre et Séphorie on croit voir les montagnes nues de la Judée ; autour de Séphorie, les beaux sites qui embellissent les environs de Naplouse ; au pied du Thabor, les plaines magnifiques de la Palestine. La Galilée est un tableau abrégé de la Terre-Sainte, et quand on l'a vue sous tous les aspects du jour et de la nuit, on comprend ce qu'elle fut du temps de Jésus-Christ, ce qu'elle était au moyen-âge sous les rois latins, et ce qu'elle est maintenant sous l'absurde pouvoir d'un pacha. Pour un artiste la Galilée est un Eden, comme elle est pour un pèlerin un sanctuaire. Rien ne lui manque, ni les accidents du sol de la Judée, ni les solitudes lumineuses de la Palestine, ni la verdoyante fécondité de la Samarie. Le Garizim et le mont des Oliviers ne sont pas plus sublimes que l'Hermon et le Thabor, ni les plages bleuâtres d'Ascalon plus solennelles que les rives parfumées du lac de Tibériade, où l'onde disparaît sous la lumière. Le sol galiléen offre partout de l'histoire et des miracles, des traces de héros et l'empreinte d'un Dieu ; et l'on sent, en contemplant la Galilée des hauteurs du Thabor, qu'elle fut le pays qu'habita l'Homme-Dieu, tant les souvenirs religieux, les merveilles de la terre et du ciel s'y mêlent à l'infini (2) »

GALILÉE. *Mer de Galilée*, autrement *lac de Tibériade*, ou *mer de Tibériade*, ou *mer de Cénéreth*, ou *de Cinéreth*, ou *de Génésareth*. *Voyez* CÉNÉRETH [et GÉNÉSAR].

GALILEENS. Nous avons déjà remarqué

(a) *Joseph. de Bello*, l. II, p. 832.
(b) *Act.* II, 7. *Arrian.* l. IV, *Dissert. Epict.* c. 7. *Julian. imper. Ep. ad Porphyr.*
(c) *Matth.* IV, 15.
(d) *Isai.* IX, 1, 2.
(e) *Joan.* VII, 41, 52.
(f) *Matth.* XXVI, 73.
(1) Ou *Description géographique des principaux lieux et monuments de la Terre-Sainte*, in-8° ; Paris, 1831.
(2) *Correspond. d'Orient*, lettr. CXXXV, tom. V, pag. 478, 479.

[au mot GALILÉE] qu'on avait donné ce nom aux chrétiens disciples de Jésus-Christ.

GALILÉENS, secte de Juifs qui s'éleva dans la Judée quelques années après la naissance de Notre-Seigneur. Ce fut un nommé Judas, natif de Gaulon, dans la haute Galilée, qui lui donna naissance, vers l'an du monde 4010, à l'occasion du dénombrement ordonné par Auguste et exécuté par Quirinius (a) la dixième année de Jésus-Christ, dix ans après la mort du grand Hérode, la dernière année d'Auguste, et après le bannissement d'Archélaüs. Ce dénombrement est fort différent de celui qui se fit à la naissance de Jésus-Christ.

Judas le Gaulonite ou le Galiléen (b) prétendait que la taxe établie par les Romains, et réglée par Quirinius, était une servitude manifeste, à laquelle tous les vrais Israélites devaient s'opposer de toutes leurs forces. Ces discours firent impression sur l'esprit du peuple. Plusieurs se joignirent à Judas, prirent les armes, et commencèrent une espèce de guerre domestique, laquelle ne se termina, à proprement parler, que par la ruine de Jérusalem et du temple. On nomma les disciples de Judas du nom de *Galiléens*, parce que Judas lui-même était de la haute Galilée, et que la plupart de ses sectateurs étaient de la même province. On les nomma aussi *Hérodiens*, parce que le royaume d'Hérode le Tétrarque s'étendait sur la Galilée de delà le Jourdain, et sur les environs de Gaulon, patrie de Judas. *Voyez* notre Dissertation sur les sectes des Juifs, à la tête de saint Luc, article des HÉRODIENS.

Les Galiléens, selon Josèphe, convenaient en tout avec les Pharisiens. La seule chose qui les distinguait était un amour excessif de la liberté, étant fortement prévenus de ce principe que Dieu seul est le chef et le prince à qui nous devons obéir. Dans l'Evangile nous les voyons sous le nom d'Hérodiens (c), qui s'adressent à Notre-Seigneur pour lui demander s'il était permis de donner le tribut à César, ou non. C'était la grande question, et le principal objet de leur secte. Lorsque Jésus-Christ parut devant Pilate (d), ses accusateurs le voulurent rendre suspect de cette hérésie, en disant qu'ils l'avaient trouvé qui empêchait que l'on rendît les tributs ordinaires à César.

GALLIM, ou ÆGALLIM, ou AGALLA, ou ÆGALLA, ville de delà le Jourdain. *Voyez* ci-devant AGALLA. — [Gallim était dans la tribu de Ruben et située, dit Barbié du Bocage, non loin du torrent de Zared. *Voyez* l'article suivant.]

GALLIM, village au voisinage d'Accaron (e) — [Cette ville, dit le géographe de la Bible de Vence, paraît appartenir à la tribu de Benjamin, *Isa*. X, 30; il paraît, dit-il encore, que c'est aussi celle qui est nommée I *Reg*. XXV, 40. Il est dit dans ce texte que Saül donna sa fille Michol à Phalti, fils de Laïs (ou Phaltiel), qui était de *Gallim*. Barbié du Bocage croit que cette ville de Gallim, patrie de Phalti, était celle de la tribu de Ruben, la seule qu'il mentionne et reconnaisse. *Accaron* n'était pas dans la tribu de Benjamin.]

GALLION, frère de Sénèque le philosophe, s'appelait auparavant *Marcus Annæus Novatus*; mais, ayant été adopté par *Lucius Junius Gallion*, il prit le nom de son père adoptif. L'empereur Claude le fit proconsul d'Achaïe, et en l'an 53 de Jésus-Christ, sous Néron, il était encore proconsul de cette province. C'était un homme d'un esprit doux et agréable. C'est à lui que Sénèque son frère dédia ses livres *De la colère*. Il eut part aux disgrâces de ses frères, comme il avait eu part à leur faveur; et Néron le fit enfin mourir comme eux. Les Juifs, irrités de ce que saint Paul convertissait plusieurs gentils, le traînèrent au tribunal de Gallion qui, en qualité de proconsul, faisait sa demeure ordinaire à Corinthe. *Ils l'accusaient d'enseigner aux hommes d'adorer Dieu d'une manière contraire à la loi* (f). Et Paul étant sur le point de parler pour sa défense, Gallion dit aux Juifs: *S'il s'agissait de quelque injustice, ou de quelque mauvaise action, je me croirais obligé de vous entendre avec patience; mais s'il ne s'agit que de questions concernant votre loi, démêlez vos différends comme vous l'entendrez; car je ne veux pas m'en rendre juge*. Il les fit ainsi retirer de son tribunal. On saisit en même temps Sosthènes, chef de la synagogue des Juifs, et on le battit devant le tribunal de Gallion, sans que ce gouverneur s'en mît en peine. An de Jésus-Christ 57, de l'ère vulgaire 54.

GALLUS; *Cesennius Gallus Voyez* GESENNIUS.

GALLUS; *Cestius Gallus*. *Voyez* CESTIUS.

GAMALA, ville de Galilée, surnommée *la ville des cavaliers*; Joseph. *Antiq*. l. III, c. 1. *Voyez* ci-devant GABA.

GAMALA, ville de delà le Jourdain, dans la Gaulanite, nommée *Gamala* à cause de la forme d'un chameau qu'elle imite en quelque sorte par sa situation (g). Elle était dans le royaume d'Agrippa; mais, n'ayant pas voulu se soumettre à ce prince, elle fut assiégée premièrement par les forces d'Agrippa, et ensuite par l'armée romaine, qui, après un long siège, la prit et la saccagea (h).

[Gamala est depuis longtemps ruinée. « Des sarcophages ornés de guirlandes et de festons, des temples, des palais, des théâtres avec des colonnades en forme d'avenues, mille débris magnifiques, attestent l'ancienne splendeur de Gamala. Buckingham est le premier qui ait décrit ces ruines (1). »

GAMALIEL, fils de Phadassur, était prince

(a) Vide *Luc*. II, 1; *Act*. v, 37, et le comment. sur *Act*. v, 57.
(b) *Antiq*. l. XVIII, c. II, ad fin.
(c) *Matth*. XXI, 16, 17.
(d) *Luc*. XXIII.
(e) *Euseb. et Hieron. in Onomast.* Γαλλίμ.

(f) *Act*. XVIII, 12, 13.
(g) *De Bello*, l. IV, c. 1
(h) *Joseph. de Bello*, l. IV, c. II, III, IV, V, VI, VII, in Græco; seu c. I, II, III, in Lat.
(1) Poujoulat, *Correspond. d'Orient*, lettr. CXXIX, tom. V, pag. 352.

de la tribu de Manassé, lorsque Moïse tira les Israélites de l'Egypte. Il était à la tête de trente-deux mille deux cents hommes de sa tribu (a).

GAMALIEL, docteur de la loi, de la secte des pharisiens, fut maître de saint Paul (b), comme aussi de saint Barnabé et de saint Etienne, si l'on en croit quelques-uns. Peu de temps après la descente du Saint-Esprit, qui arriva le jour de la Pentecôte, les Juifs voulant faire mourir saint Pierre, qu'ils avaient fait comparaître devant l'assemblée de leurs prêtres, Gamaliel demanda qu'on fît retirer les apôtres. Puis il parla à l'assemblée en ces termes (c) : *Prenez bien garde comment vous en userez à l'égard de ces personnes. Vous savez qu'il y a quelque temps il s'éleva un nommé Theudas, qui s'en faisait accroire, et voulait passer pour quelque chose de grand. Quatre cents hommes s'étant attachés à lui n'épargnèrent rien pour lui procurer du crédit; mais enfin il fut tué, et tous ceux qui s'étaient attachés à lui furent dissipés. Vous savez encore ce qui est arrivé à Judas de Gaulon le Galiléen. Il voulut s'élever dans le temps que l'on fit le dénombrement du peuple* (sous Quirinius); *mais il a péri avec les siens. Ainsi, si vous voulez suivre mon conseil, ne tourmentez plus ces gens-là, mais laissez-les faire; car si c'est l'ouvrage de Dieu vous aurez beau vous y opposer, vos efforts seront inutiles. Que si cette entreprise est une entreprise humaine, elle se dissipera et s'anéantira d'elle-même.* L'avis de Gamaliel fut suivi, et on laissa aller les apôtres.

Après la mort de saint Etienne (d), Gamaliel encouragea les chrétiens à aller la nuit enlever son corps, et leur prêta son chariot pour l'aller enterrer dans sa terre, qui était à sept ou huit lieues de Jérusalem, et qui se nommait de son nom *Caphar-Gamala*, le champ de Gamala, ou Gamaliel. On dit que Nicodème était neveu ou cousin de Gamaliel, et qu'en considération de ce dernier on se contenta d'exiler Nicodème, au lieu de le faire mourir (e). On ne doute pas que Gamaliel n'ait embrassé la foi de Jésus-Christ; mais on ne sait en quel temps il se convertit, ni par qui il fut baptisé. Il avait deux fils : l'un, nommé Abibas, qui fut baptisé avec son père; et l'autre, nommé Sédémias ou Sélémias, qui ne voulut point embrasser le christianisme. Ils ne survécurent pas de beaucoup à leur baptême, et furent enterrés dans la même grotte, où était déjà le corps de saint Etienne, mais dans des cercueils différents creusés dans le roc. La plupart des circonstances de la vie de Gamaliel que nous venons de rapporter se trouvent dans l'Histoire de la découverte du corps de saint Etienne, écrite par Lucien, et imprimée à la fin du dixième tome des Œuvres de saint Augustin, de la nouvelle édition.

On a cru que Gamaliel dont il est parlé dans les Actes était le même que Gamaliel de Japhné, ou de Dibanah, qui succéda à Jochanan, selon les docteurs juifs, dans la dignité de patriarche d'Occident (f). On avait dessein de faire mourir Gamaliel avec son père, après la prise de Jérusalem; mais Tite lui donna la vie à la prière de Jochanan. Il échappa une seconde fois, lorsque Turnus Rufus fit passer la charrue sur la place du temple. Sa sévérité fut si grande, qu'on fut obligé de mettre des bornes à son autorité. Quelques-uns même soutiennent qu'il fut déposé de sa charge; mais d'autres assurent que son autorité fut si grande, que non-seulement les Juifs de tout l'univers, mais que les rois même étrangers en permirent l'exécution, sans qu'il y en eût un seul qui s'y opposât.

Samuel le Petit vivait alors, et ce fut lui qui composa la prière contre les hérétiques, qu'on a toujours depuis récitée solennellement dans les synagogues. On demande à Dieu qu'il n'y ait point d'espérance pour les apostats; que tous les hérétiques périssent de mort subite; que le règne d'orgueil soit brisé et anéanti de nos jours. *Béni soyez-vous, ô Dieu Seigneur, qui détruisez les impies, et qui humiliez les superbes.* Quelques-uns se sont imaginé que ce Samuel le Petit était le même que saint Paul. De *Samuel* on a fait *Saül*, en ôtant le *Mem* (g). Le grec *Paulos* signifie *petit*. Saül ou Paul était contemporain et disciple de Gamaliel.

Le temps auquel ils ont vécu n'est pas absolument incompatible à ce que saint Luc raconte de Gamaliel. Il opina dans l'assemblée des prêtres (h) l'an 33 de l'ère vulgaire. Il fut témoin de la prise de Jérusalem l'an 70 de l'ère vulgaire; peu de temps après il put succéder à Jochanan dans la dignité de patriarche de sa nation. Il y a plus de difficulté sur Samuel le Petit, qu'on veut qui soit le même que saint Paul. Les auteurs juifs supposent qu'il mourut dans le judaïsme; et on sait que saint Paul se convertit de bonne heure au christianisme. La prière qu'on attribue à Samuel le Petit est presque toute contre les chrétiens, et il paraît qu'il était en grande autorité lorsqu'il la composa, au lieu que saint Paul était encore assez jeune lorsqu'il embrassa le christianisme.

GAMALIEL, petit-fils de celui dont nous venons de parler, fut, dit-on, le premier patriarche des Juifs vers l'an 97 de Jésus-Christ.

GAMARIAS, fils d'Helcias, fut envoyé à Babylone avec Elasa, fils de Saphan, de la part de Sédécias, roi de Juda, pour porter les tributs à Nabuchodonosor. Ils furent aussi chargés de la lettre que Jérémie écrivait aux captifs de Babylone, pour les avertir de ne se pas laisser surprendre par quelques faux

---

(a) *Num.* i, 10; ii, 20; vii, 54. An du monde 2514, avant Jésus-Christ 1486, avant l'ère vulg. 1490.
(b) *Act.* xxii, 3.
(c) *Act.* v, 34. An de Jésus-Christ 36, de l'ère vulgaire 33.
(d) Vide Lucian. *de sancto Stephano*, c. v, ad finem tom. X. *Oper. S. Aug* nov. edit An de Jésus-Christ 37, de l'ère vulg. 34.
(e) *Phot. Cod.* 171. Lucian. *de sancto Stephano*.
(f) Basnage, *Histoire des Juifs*, tom. II, l. IV, c. iii, art. 11.
(g) שמואל *Samuel*. שאול *Saül*.
(h) *Act.* v, 34.

prophètes, qui les flattaient d'un prompt retour. Voyez *Jerem.* XXIX, 3, 4. Vers l'an du monde 3048.

GAMARIAS, fils de Schaphan (a), était un des conseillers du roi Joakim, devant qui Baruc lut le livre des prophéties de Jérémie. Gamarias et les autres, étonnés de ce qu'ils venaient d'entendre, dirent à Baruc que la chose était trop importante pour n'être pas rapportée au roi: et ils lui demandèrent comment Jérémie lui avait dicté ce livre. Il leur dit qu'il l'avait dicté de mémoire, et comme un homme qui aurait lu dans un livre.

GAMUL, un des chefs des familles sacerdotales qui servaient dans le temple chacune à son rang et à son tour (b).

GAMZO, ville de Juda, que les Philistins prirent sous le règne d'Achaz (c). — [Ce nom de ville ne se trouve point ailleurs, et dom Calmet suppose qu'il a été altéré par les copistes.]

GANGE, fleuve d'Asie, qui prend sa source dans le mont Caucase, et va se dégorger dans l'océan Indique. Il partage les Indes par le milieu, et coule dans la province de l'Indoustan. Il n'en est point expressément parlé dans l'Ecriture, et nous ne lui donnons place en cet endroit que parce que plusieurs ont prétendu que c'était le *Phison*, dont parle Moïse, et qui est un des quatre fleuves qui sortaient du paradis terrestre. Mais il est trop éloigné de l'Euphrate et du Tigre, qui étaient certainement deux des fleuves du paradis terrestre, pour que l'on puisse croire que le Phison vienne de la même source. Il est à plus de douze cents lieues de l'Euphrate.

* GANGRENE. Saint Paul compare les discours de ceux qui ne parlent pas comme l'Eglise à la *gangrène qui répand insensiblement sa corruption.* II *Tim.* II, 17. Il y a *cancer* dans la Vulgate; mais on lit *gangræna* dans le grec.

GAONS. On appelle ainsi un ordre de docteurs juifs qui parurent en Orient après la clôture du Talmud. Le nom de *Gaons* signifie *excellents, sublimes*, comme dans nos écoles de théologie nous avons des docteurs irréfragables, sublimes, résolus, angéliques, subtils. Les *Gaons* succédèrent aux *Séburéens*, ou *Opinants*, vers le commencement du sixième siècle (d). Chanan Méischka fut le chef et le premier des *Excellents*; il rétablit l'académie de Pundebita, qui avait été fermée l'espace de trente ans.

On compte encore au rang des *Excellents* un certain *Judas l'Aveugle*, qui enseignait vers l'an 763. On lui est redevable de certaines leçons que sa nation estime fort (e). Pour ne lui pas reprocher le défaut de ses yeux, les Juifs l'ont surnommé *plein de lumières*.

Scherira l'un des Gaons, parut avec beaucoup d'éclat à la fin du dixième siècle. Il se dépouilla de sa charge pour la céder à son fils *Haï*, qui fut le dernier des *Excellents*. Haï vivait au commencement du onzième siècle, et fut estimé *comme le plus excellent des Excellents*. Il enseigna jusqu'à sa mort, qui arriva en 1037, et alors finit l'ordre des *Gaons*, qui avait subsisté 280 ou 350, ou même 448 ans; car comme on ne convient pas du commencement de ces docteurs, aussi on dispute de la durée de leur règne.

GAREB, natif de la ville de Jéther, un des braves de l'armée de David (f).

GAREB, colline auprès de Jérusalem (g). Dans la Misne (h) il est dit que de *Garob* ou Gareb à Silo il y avait trois milles, et que là était l'éphod de Micha. Mais *Gareb*, marquée dans Jérémie, ne peut pas être si éloignée de Jérusalem, puisque le prophète dit que Jérusalem s'étendra jusqu'à la colline de Gareb Or de Jérusalem à Silo, il y avait environ douze lieues.

GARIS, ville de Galilée. *Joseph de Bello*

GARIZIM, montagne de Garizim près de Sichem, dans la tribu d'Ephraïm, et dans la province de Samarie. La ville de Sichem était au pied des montagnes d'Hébal et de Garizim. Garizim était très-fertile, et Hébal entièrement stérile. Dieu avait ordonné qu'après le passage du Jourdain les Hébreux iraient aux monts Hébal et Garizim (i), et que l'on partagerait les douze tribus, en sorte que six seraient sur le mont Garizim, et six sur le mont Hébal. Les premières devaient prononcer des bénédictions en faveur de ceux qui observeraient la loi du Seigneur, et les autres des malédictions contre ceux qui la violeraient.

Après le passage du Jourdain, Josué ne différa pas d'exécuter ce que le Seigneur avait ordonné (j). Il alla avec tout le peuple au mont Hébal, y bâtit un autel, y offrit des holocaustes; et ayant partagé le peuple, comme le Seigneur l'avait ordonné, il en mit moitié sur Garizim, et moitié sur Hébal, et leur fit prononcer les bénédictions et les malédictions marquées dans Moïse (k). *Voyez* ci-après l'article Hébal.

Eusèbe (l), saint Jérôme, et après eux Procope (m) et Scaliger (n), ont cru que les monts Hébal et Garizim ne sont pas près de Sichem, mais à l'orient de Jéricho et de Galgal; et que ceux qui portaient ce nom près de Sichem étaient mal nommés, et n'étaient pas ceux que Moïse avait désignés dans le Deutéronome. Saint Epiphane place ces montagnes au delà du Jourdain (*Hæres.* IX, p. 24.) Mais cette opinion n'est nullement sou-

---

(a) *Jerem.* xxxvi, 12, 13, etc. An du monde 3399, avant Jésus-Christ 601, avant l'ère vulg. 605.
(b) I *Par.* xxiv, 17.
(c) II *Par.* xxviii, 18.
(d) Basnage, *Histoire des Juifs*, tom. VI, l. IX, c. v art. 3.
(e) *Halacoth Pessicoth. Lectiones decisæ.*
(f) II *Reg.* xxiii, 38; I *Par.* xi, 40
(g) *Jerem.* xxxi, 39

(h) *Sanhedrin. fol.* 103, 2.
(i) *Deut.* xi, 29; xxvii, 12.
(j) *Josue* viii, 33.
(k) An du monde 2553, avant Jésus-Christ 1447, avant l'ère vulgaire 1451.
(l) *Euseb. et Hieronym. in locis, in Hebal.*
(m) *Procop. in Deuteron.*
(n) *Scaliger. in Euseb*

tenable. Garizim était si près de Sichem, que Joatham, fils de Gédéon, parla du sommet de la montagne au peuple de Sichem, assemblé au pied de Garizim, et se sauva sans qu'ils pussent le poursuivre (a).

Tandis que les Hébreux demeurèrent bien unis, et qu'une seule religion régna parmi eux, le Garizim n'eut rien qui le distinguât des autres montagnes du pays; on ne voit pas même que sous les rois d'Israel il se soit fait remarquer par aucun endroit. Il n'en est rien dit dans les *Rois* ni dans les *Paralipomènes*. Mais depuis que les Chutéens furent établis dans la province de Samarie (b), Esdras de retour de la captivité, poursuivant partout l'idolâtrie, et ayant fait chasser par Néhémie, Manassé, fils de Joïada et petit-fils du grand prêtre Eliasib, pour avoir épousé la fille de Sanaballat, gouverneur de Samarie (c), saint Epiphane (d) et Procope (e) avancent qu'alors les Samaritains ôtèrent les idoles qui étaient au-dessus de leurs maisons, et les mirent dans une caverne du mont Garizim, où elles demeurèrent cachées, et qu'ils continuèrent à les adorer secrètement, en se tournant toujours de ce côté-là dans leurs prières. Et depuis que Manassé, gendre de Sanaballat, eut bâti sur le Garizim, par la permission d'Alexandre le Grand, un temple au vrai Dieu (f), les Samaritains allièrent le culte du vrai Dieu à celui des idoles cachées sous Garizim; ce qui vérifie cette parole de l'Ecriture (g) : *Ils continuèrent à adorer les idoles des nations d'où ils tiraient leur origine, quoiqu'ils adorassent aussi le Seigneur*. Mais cette tradition des idoles cachées sous le mont Garizim n'est fondée ni sur l'Ecriture, ni sur Josèphe, ni sur les historiens samaritains. — [Pour Manassé, gendre de Sanaballat, *voyez* encore plus loin.]

L'accusation qu'on a formée contre les Samaritains d'avoir adoré les idoles enfouies sous leurs montagnes ne vient apparemment que de ce qui est raconté dans la Genèse, que Jacob, au retour de la Mésopotamie (h), étant arrivé à Sichem, et ayant reçu ordre de Dieu d'aller à Béthel, ordonna à toute sa famille de lui remettre en main toutes les idoles et les pendants d'oreille superstitieux qu'ils avaient, et qu'il les enfouit sous un térébinthe qui est derrière la ville de Sichem. De là les Juifs ont forgé que les Chutéens ou les Samaritains habitant à Sichem avaient rendu leur culte à ces idoles, cachées sous un térébinthe au pied du mont Garizim.

Les Samaritains soutiennent que c'est à Garizim qu'Abraham (i) et Jacob (j) dressèrent des autels; et que c'est là où Abraham se mit en disposition d'immoler son fils Isaac. Il est certain que ce fut sur le mont *Moré*, ou *Moriah* : or Moré était au voisinage de Sichem et de Garizim, comme on le voit par la Genèse, XII, 6 : *Pertransivit Abram terram usque ad locum Sichem, usque ad convallem illustrem;* l'hébreu, *usque ad convallem More.* Et Deut. XI, 30 : *Super montem Garizim et super montem Hebal... juxta vallem tendentem et intrantem procul;* l'hébreu, *juxta Elon More;* jusqu'au chêne, ou au térébinthe de Moré. On convient aussi que Jacob ayant acheté le champ d'Hémor à Sichem, y bâtit un autel, et y offrit un sacrifice au Seigneur.

Les Samaritains ajoutent que Dieu a marqué en deux endroits que c'était sur cette montagne qu'il désirait principalement être adoré, puisque c'est là qu'il veut qu'on donne la bénédiction à ceux qui observeraient ses lois, et que c'est sur Hébal qu'on devait donner les malédictions (k); que c'est sur Garizim que Josué dressa un autel composé de douze pierres qu'il avait tirées du lit du Jourdain, et que cet autel dressé par Josué subsiste encore aujourd'hui. Que la montagne de Garizim étant belle et fertile, au lieu que celle d'Hébal est entièrement stérile, Garizim a été choisie pour les bénédictions préférablement à Hébal : comme les livres mêmes des Hébreux en conviennent. Pour soutenir leur sentiment, ils citent le texte de leur Bible, *Deutéronome*, chap. XXVII, 4, qui porte : *Quand vous aurez passé le Jourdain, vous élèverez de grandes pierres sur le mont Garizim.* (l'hébreu porte, *sur le mont Hébal*), *vous les enduirez de chaux, et vous y écrirez les paroles de cette loi,* etc., vers. 12, 13.

Et dans l'Exode XX, après le ℣. 17, ils lisent : *Lorsque le Seigneur vous aura introduits dans la terre de Chanaan, dont vous allez vous mettre en possession, vous y érigerez deux grandes pierres, vous les enduirez de chaux, et vous écrirez sur ces pierres toutes les paroles de cette loi ; et quand vous aurez passé le Jourdain, vous mettrez ces pierres sur le mont Garizim* (l'hébreu lit, *Hébal*), *et vous y bâtirez un autel au Seigneur votre Dieu ; un autel de pierres qui ne seront point taillées par le fer, de pierres brutes ; et vous offrirez sur cet autel des holocaustes au Seigneur votre Dieu, et vous y immolerez des hosties pacifiques, et vous y mangerez, et vous vous réjouirez en présence du Seigneur, sur cette montagne au delà du Jourdain, au delà du chemin de l'Occident, et dans la terre de Chananéen, qui demeure dans la plaine, vis-à-vis Galgal, auprès du Chêne de Moré, vers Sichem*. Ce qui est pris en partie du *Deutéronome* XI, 29, 30 ; et XXVII, 2 et suiv.

On voit ici une corruption manifeste du texte, soit de la part des Juifs, qui ont substitué *Hébal* à Garizim ; ou de la part des Samaritains, qui y ont substitué *Garizim* à Hébal. Mais ce qui fait infiniment contre les Samaritains, et qui aggrave le soupçon qu'on

---

(a) *Judic.* IX, 7.
(b) An du monde 3283, avant Jésus-Christ 717, avant l'ère vulgaire 721.
(c) II *Esdr.* XIII, 28. An du monde 3671, avant Jésus-Christ 329, avant l'ère vulgaire 333.
(d) *Epiphan. hæres.* 9, p. 24.
(e) *Procop. in Deuteron.*
(f) *Joseph. Antiq. l.* XI, c. VIII, p. 383, 384 *et seq.*
(g) IV *Reg.* XVII, 33.
(h) *Genes.* XXXV, 3, 4.
(i) *Genes.* XII, 6, 7. et XIII, 4.
(j) *Genes.* XXXIII, 20.
(k) *Deut.* XXVII, 12, 13.

a de leur infidélité à cet égard, c'est premièrement qu'ils sont les intéressés à la falsification ; et 2° que toutes les versions de la Bible généralement sont semblables à l'hébreu, et lisent *Hébal*, au lieu de *Garizim*. Il est vrai que ces versions, étant toutes faites sur l'hébreu, ne prouvent rien contre le samaritain, dont elles ne représentent pas le texte ; et si l'on s'était avisé de faire autant de versions du texte samaritain, qu'on en a faites du texte hébreu, les Samaritains auraient autant de raison de reprocher aux Hébreux d'avoir falsifié leur propre texte, que ceux-ci en ont de faire ce reproche aux Samaritains. Ainsi il faut convenir que cette raison n'est pas d'une grande force.

De plus, il est certain que les Hébreux auraient bien moins d'avantage sur les Samaritains, s'ils ne montraient pas, par de bonnes histoires et par des monuments authentiques, que l'exercice public de la vraie religion a toujours été établi parmi eux, et exercé dans Jérusalem ou dans d'autres lieux, et jamais à Garizim ; au lieu que les Samaritains n'ont, pour prouver leur culte à Garizim, que des histoires peu certaines et peu anciennes ; et quand même on avouerait qu'il faut lire *Garizim*, et non *Hébal* dans les lieux où ils se lisent, il ne s'ensuivrait pas que Josué et ses successeurs, dans le gouvernement du peuple de Dieu, auraient fixé les exercices de la religion de leur nation sur le mont Garizim : mais seulement qu'on y érigea un autel à la hâte, pour une cérémonie passagère et singulière. L'exercice du culte solennel de la religion juive suivait certainement l'arche d'alliance ; et l'arche ne fut fixée dans une demeure arrêtée que depuis que David l'eut placée dans son palais à Jérusalem, et que Salomon lui eut bâti un temple dans la même ville.

Les Samaritains, dans leur Chronique, assurent que Josué bâtit un temple sur le Garizim, qui fut desservi par des prêtres de la famille d'Aaron, dont le premier grand prêtre fut nommé *Rus*, duquel sont descendus tous ceux qui ont servi sur cette montagne, jusqu'aujourd'hui. La même Chronique porte que, Nabuchodonosor ayant transporté à Babylone les Juifs et les Samaritains, et ayant fait passer dans la Samarie des peuples étrangers, ceux-ci mouraient tous, parce que les fruits du pays étaient pour eux un poison mortel. Nabuchodonosor, informé de ce malheur, y renvoya les Samaritains. Mais ceux-ci ne voulurent point partir, que le roi ne donnât un édit général qui remît tous les captifs en liberté. Lorsque l'édit fut expédié, il s'éleva une dispute entre les Juifs et les Samaritains, pour savoir si ce serait à Jérusalem ou à Garizim que l'on rétablirait un temple. Après plusieurs disputes, le roi ordonna qu'on en vînt à l'épreuve du feu. On y jeta le Pentateuque des Samaritains et celui des Juifs ; mais ce dernier fut consumé dans un moment, et celui des Samaritains conservé sain et entier. Sur quoi Nabuchodonosor prononça que l'on rétablirait le temple de Garizim.

Il serait inutile de réfuter cette Chronique, dont les récits sont si visiblement faux, et inventés à plaisir. Il faut s'en tenir à Josèphe (a), quant à l'origine du temple de Garizim. Manassé, petit-fils du grand prêtre Eliasib, et frère de Jaddus, grand prêtre des Juifs, ayant été chassé de Jérusalem (b), comme nous l'avons dit, et souffrant impatiemment de se voir privé de l'honneur et des avantages du sacerdoce, Sanaballat, son beau-père, s'adressa à Alexandre le Grand, qui était alors occupé au siége de Tyr ; et lui ayant prêté obéissance pour la province de Samarie, dont il était gouverneur, lui offrit encore huit mille hommes de bonnes troupes ; ce qui disposa Alexandre à lui accorder ce qu'il lui demandait pour son gendre, et pour un grand nombre d'autres prêtres qui, s'étant trouvés comme lui engagés dans des mariages contraires à la loi, avaient mieux aimé quitter leur patrie que leurs femmes, et s'étaient venus joindre à Manassé, dans la Samarie.

Le temple fut donc bâti sur le Garizim, et consacré au Dieu d'Israel (c) ; et comme la montagne était fort haute, on y fit plusieurs degrés pour la commodité du peuple. Lorsque le roi Antiochus Epiphanes eut commencé la persécution contre les Juifs (d), les Samaritains lui écrivirent pour le supplier (e) de permettre que leur temple de Garizim, qui jusqu'alors avait été consacré à un dieu inconnu et sans nom, fût ci-après dédié à Jupiter le Grec ; ce qui leur fut aisément accordé par Antiochus. On trouve une médaille, où ce temple est représenté avec plusieurs degrés. Procope (f) dit qu'il y en avait six cent mille un. Mais un voyageur ancien, qui vivait sous l'empire de Constantin, n'y en met que trois cents.

Josèphe (g) raconte une dispute qui s'éleva en Egypte, sous le règne de Ptolémée Philométor, entre les Juifs et les Samaritains, au sujet de leur temple, les Samaritains soutenant que le temple de Garizim était le seul vrai temple du Seigneur, et les Juifs prétendant, au contraire, que c'était celui de Jérusalem. La dispute fut portée devant le roi ; on nomma des avocats de part et d'autre, et on convint que ceux qui défendraient mal leur cause, et qui perdraient leur procès, seraient aussi condamnés à mort. Ils promirent, les uns et les autres, qu'ils ne produiraient que des témoignages de la loi.

Andronique, avocat des Juifs, parla le premier, et prouva si bien l'antiquité du temple de Jérusalem, et par les Ecritures, et par la suite des pontifes, et par la considération que les rois d'Asie avaient toujours eue pour ce saint lieu, pendant qu'ils n'avaient pas même pensé au temple de Garizim, que le roi et ses

---

(a) *Antiq. l.* XI, c. vıı.
(b) An du monde 3671, avant Jésus-Christ 329, avant l'ère vulg. 333.
(c) An du monde 3672, avant Jésus-Christ 328, avant l'ère vulg. 332.

(d) An du monde 3836, avant Jésus-Christ 164, avant l'ère vulg. 163.
(e) *Antiq. l.* XII, c. vıı.
(f) *Procop. in Deuteron.*
(g) *Antiq. l.* XIII, c. vı, p. 433, 434.

amis lui donnèrent gain de cause, et ordonnèrent qu'on mît à mort Sabbæus et Théodosius, avocats des Samaritains.

Si ce récit de Josèphe est vrai, il faut que les Samaritains aient bientôt abandonné le culte de Jupiter le Grec, qu'ils avaient reçu par politique dans leur temple, sous Antiochus Epiphanes; car toute cette dispute suppose que le même Dieu était adoré à Garizim et à Jérusalem; et Ptolémée Philométor régna depuis l'an du monde 3824 jusqu'en 3861, et Antiochus Epiphanes depuis l'an du monde 3828 jusqu'en 3840.

Le temple de Garizim subsista assez longtemps sous l'invocation de Jupiter le Grec, ou l'Olympien; mais il fut détruit par Jean Hircan Machabée (a), et ne se rétablit que sous Gabinius, gouverneur de Syrie, qui répara Samarie, et lui donna son nom (b); et encore ne trouvai-je pas ce fait bien distinctement dans l'histoire. Mais toujours est-il certain que, du temps de Notre Seigneur, ce temple subsistait, et que le vrai Dieu y était adoré, puisque la Samaritaine lui dit, en lui montrant Garizim (c): *Nos pères ont adoré sur cette montagne, et vous dites que c'est à Jérusalem qu'il faut adorer.* On assure qu'Hérode le Grand, ayant rebâti Samarie, et lui ayant donné le nom de Sébaste, en l'honneur d'Auguste, voulut obliger les Samaritains à venir adorer dans le temple qu'il y avait érigé: mais ceux-ci refusèrent constamment d'y aller, et ont continué jusqu'aujourd'hui à adorer le Seigneur sur cette montagne.

[« Le Garizim est nu du côté de Naplouse (Sichem); mais le revers occidental est couvert de bois qui se rattachent à la forêt de Césarée. Moins régulier et moins élevé que le Thabor, il a une base plus large, et domine toute la Samarie. On voit encore sur cette acropole quelques misérables restes du temple schismatique, rival honteux du temple de Jérusalem... Quoique leur temple soit détruit depuis deux mille ans, les Naplousiens ne laissent pas encore aujourd'hui d'aller offrir chaque année, comme leurs aïeux, des sacrifices sur sa dernière ruine. De leur synagogue de Naplouse, ils avaient écrit, dans le seizième siècle, à Scaliger: ils ont écrit, dans le dix-neuvième, à M. de Sacy. Il est singulier que la science soit ainsi un lien entre le patriarche des Orientalistes et une peuplade Syrienne (1). »

Les Juifs ont une *fête du mont Garizim*. Voyez leur *Calendrier*, mois de *Casleu*, XXI, parmi les pièces qui sont à la tête du 1ᵉʳ volume].

GARISIMA, lieu proche de Séphoris. Josèphe (d) ne met que vingt stades entre ces deux lieux.

GARMI, de la ville de Machuti, et fils de Naham. I *Par*. IV, 19.

GASPHA, lieu de la demeure des Nathinéens (e). L'Hébreu dit que Gaspha était chef des Nathinéens.—[Huré, Barbié du Bocage, le géographe de la Bible de Vence, adoptent la leçon de l'Hébreu.]

GATEAUX. Les Hébreux avaient plusieurs sortes de gâteaux, qu'ils offraient dans le temple. Ces gâteaux étaient de farine de froment ou d'orge : on les pétrissait quelquefois avec de l'huile, et quelquefois avec du miel, et quelquefois on se contentait de les frotter d'huile, quand ils étaient cuits, ou de les faire frire dans l'huile sur le feu dans une poêle. Dans la cérémonie de la consécration d'Aaron, on offrit en sacrifice *un veau et deux béliers* (f), *avec du pain sans levain, des gâteaux sans levain frottés d'huile, des tourteaux sans levain arrosés d'huile, le tout de la plus pure fleur de farine.*

Le texte hébreu appelle *mincha* (g) toutes les offrandes qui se faisaient de grains ou de farine, de pâte, de pain ou de gâteaux, de quelque nature qu'ils fussent. Ces offrandes étaient offertes ou seules, ou avec d'autres choses. Quelquefois on offrait de la pure farine (h) : *Simila erit ejus oblatio*. Quelquefois c'étaient des gâteaux ou autres pièces de four (i) : *Sacrificium coctum in clibano;* d'autres fois c'étaient des gâteaux cuits dans la poêle (j) : *Oblatio de sartagine*, ou cuits dans une poêle percée, ou sur un gril (k) à sec : *Oblatio de craticula*. Enfin on offrait quelquefois des épis pour les griller et en tirer le grain, pour ensuite le réduire en farine ou en gruau (l).

Toutes ces manières d'offrandes, de pâtes, de grains, de pain, de gâteaux ou de farine, étaient instituées principalement en faveur des pauvres, qui ne se trouvaient pas en état de faire des sacrifices d'une plus grande valeur. Ce qui doit s'entendre des offrandes volontaires, et qui n'étaient point ordonnées par la loi: car pour les sacrifices d'obligation, la loi avait changé un animal contre un autre; par exemple (m), au lieu de deux agneaux et une brebis, elle permet aux pauvres de n'offrir qu'un agneau et deux petits de colombe.

Quant à la manière d'offrir des gâteaux, il fallait observer, premièrement, que ces offrandes fussent salées et sans levain ; car on n'offrait rien sur l'autel qui ne fût salé, ni rien où il se trouvât du levain ; mais on pouvait donner aux prêtres, pour leur nourriture, des pains levés et ordinaires. Si donc les gâteaux qu'on offrait étaient cuits au

---

(a) *Antiq. l.* XIII, c. xvii. An du monde 3874, avant Jésus-Christ 126, avant l'ère vulg. 130.
(b) *Jul. African. in Syncelli Chronico*, p. 308. An du monde 3947, avant Jésus-Christ 53, avant l'ère vulgaire 57.
(c) *Joan.* iv, 20.
(d) Joseph. *de Vita sua*, p. 1029.
(e) II *Esdr.* xi, 21.
(f) *Exod.* xxix, 1, 2.

(g) *Levit.* ii, 14. מנחה *Mincha*.
(h) *Levit.* ii, 1. סלת *Simila*.
(i) *Ibid.* v. 4.
(j) *Ibid.* v. 5.
(k) *Ibid.* v. 7.
(l) *Ibid.* v. 14.
(m) *Levit.* xiv, 21.
(1) M. Gilot de Kerhardène, dans la *Corresp. d'Orient*, lettr. CXXXV, tom. V, pag. 474-475.

four, et arrosés d'huile, ou pétris avec de l'huile (a), on offrait le tout au prêtre, qui élevait cette offrande au Seigneur, puis en prenait ce qui devait être brûlé sur l'autel, le jetait sur le feu, et gardait le reste pour lui. Si l'offrande était d'un gâteau pétri avec de l'huile, et cuit dans la poêle, on le réduisait en miettes, on jetait de l'huile par-dessus, puis on le présentait au prêtre, qui en prenait plein sa main, le jetait sur le feu de l'autel, et le reste était à lui.

Que si ces gâteaux ou ces pains étaient offerts avec des sacrifices d'animaux, comme il était ordinaire (car les grands sacrifices étaient toujours accompagnés de leurs offrandes de gâteaux, et de leurs libations de vin et d'huile), on pétrissait ces pains ou ces gâteaux avec de l'huile, et on les offrait au Seigneur, non en les versant sur la tête de l'animal qui allait être immolé, comme il se pratiquait chez les Grecs et les Romains, mais on les répandait sur le feu où l'hostie se consumait. La loi avait réglé la quantité de farine, de vin et d'huile qui devait accompagner chaque victime; car autre était la quantité qu'on en offrait aux sacrifices de bœufs, autre aux sacrifices de moutons, autres à ceux de chèvres, de brebis ou d'agneaux (b). On ajoutait aux sacrifices de bœufs trois assarons de fleur de farine, pétrie avec la moitié d'un hin d'huile et un demi-hin de vin; à ceux de moutons, deux assarons ou deux dixièmes d'épha, de fleur de farine, avec un tiers de hin d'huile et un tiers de hin de vin; à ceux de chèvres et de brebis, d'agneaux et de chevreaux, un dixième de fleur de farine, pétrie avec un quart de hin d'huile et un quart de hin de vin. On peut voir dans la table des réductions des mesures creuses des Hébreux, la capacité de l'*assaron* et du *hin*.

GATHAN, fils d'Eliphaz, fils d'Esaü. *Genes.* XXXVI, 11.

GAULAN, ou GAULON, ou GOLAN, ville célèbre de delà le Jourdain, qui donne son nom à une petite province nommée GAULANITE. Elle fut donnée à la demi-tribu de Manassé de delà le Jourdain (c). Elle fut cédée aux lévites de la famille de Gerson pour leur demeure, et devint une ville de refuge (d). Eusèbe dit que, de son temps, la ville de Gaulon était encore considérable dans la Batanée, ou dans le pays de Basan; mais il n'en marque pas précisément la situation. Il est étonnant qu'on sache si peu la position d'une ville si célèbre. Elle était dans la haute Galilée, au delà du Jourdain; et Judas de Gaulon, chef des Galiléens ou des Hérodiens, en était natif. La Gaulanite s'étendait depuis la Pérée jusqu'au Liban.

[« Le *Djolan*, l'ancienne *Gaulanite*, commence à huit heures de Damas, au midi, et s'étend à trois journées de distance sur une largeur de dix lieues environ. Cette contrée n'a pas d'émir..... Quatre tribus, qui ont des demeures fixes, habitent cette contrée, qui a plus d'étendue que l'ancienne Gaulanite, et comprend une partie de la Trachonite et de l'Iturée Le Djolan est le pays de *Suète* des chroniqueurs. Il semble quelquefois assez difficile de faire concorder les noms du moyen-âge avec les noms antiques; cependant on y parvient avec quelque recherche. C'est ainsi qu'ayant souvent montré la carte de la Syrie aux indigènes, à force de les interroger sur les noms des lieux qui environnent les villes principales, et dont ils connaissent les positions précises, je suis arrivé à retrouver plusieurs lieux dont il est question dans l'*Histoire des Croisades* : Suète est de ce nombre. Il existe encore aujourd'hui, à trois journées au midi de Damas, près de la route des caravanes de la Mecque, un village nommé *Sueda* ou *Sueta*. Sans doute qu'au moyen-âge l'émir de cette contrée résidait dans ce lieu, placé dans les montagnes qui séparent le Djolan du Hauran actuel. De là le nom vulgaire de pays de Suète, qui a embarrassé les érudits, et dont, comme vous le voyez, l'étymologie était facile, puisqu'il est d'usage de donner au pays le nom du chef-lieu. Je ne me lassais point de contempler cette région célèbre par tant d'expéditions chevaleresques, et où les rois de Jérusalem ont laissé tant de glorieux souvenirs. Elle s'étend de la Trachonite à la Décapole sur une longueur de vingt à vingt-cinq lieues, et des montagnes orientales qui longent le Jourdain et le lac de Tibériade jusqu'à la ligne qui la sépare du Hauran, sur une largeur de près de vingt lieues. Le sol est montagneux et offre à chaque pas des traces de volcan. Il est rempli de cavernes, et une de ces excavations naturelles, transformée en forteresse, fut prise par les Francs, après un siége fort curieux. Cette forteresse les rendit longtemps maîtres de la route de Damas à la Mecque, puis elle retomba au pouvoir des Sarrasins. Quand les caravanes qui allaient d'Acre ou de Jérusalem à Damas passaient par le pont de Jacob, elles traversaient le pays de Suète pendant deux journées. Maintenant cette contrée est livrée aux Bédouins d'Anefé et de Hardié, les deux tribus les plus puissantes du Nedjd (1). »]

* GAULES. Saint Paul est-il venu dans les Gaules? a-t-il été en Espagne? Ses disciples et ses compagnons, Trophime, Luc et Crescent ont-ils prêché l'Evangile chez les Gaulois, nos pères? Voici sur ces questions des recherches utiles, qui trouvent naturellement leur place ici. Nous les empruntons de M. Ed. de Bazelaire, qui s'exprime en ces termes :

« Trophime, évêque d'Arles, est le premier apôtre des Gaules sur lequel nous ayons quelques documents certains. Il était né... à Éphèse... où Jean conduisit la Vierge Marie, après l'ascension de son divin Fils. Trophime avait appris de Jean les récits évan-

---

(a) *Levit.* II, 4, 5.
(b) Voyez *Num.* XXVIII, 1, 2, 3 *et seq.*
(c) *Deut.* IV, 43.
(d) *Josue*, XXI, 27.

(1) M. Gilot de Kerhardène dans la *Corresp. d'Orient*, lettr. CLIV, tom. VII, pag. 404, 405.

géliques, et avait pu recueillir de la bouche de Marie de saints et intimes détails sur la vie du Christ. Il fut l'un des douze disciples auxquels saint Paul imposa les mains en traversant Ephèse (1), et dès lors il suivit le grand Apôtre dans tous ses voyages : de l'Asie en Macédoine, du royaume d'Alexandre au rivage de Troie, de la Grèce en Judée, chez les Barbares comme à Athènes ; quand on lapide saint Paul et quand on le proclame un dieu, devant les proconsuls et dans les prisons, toujours nous le voyons à côté de son maître. A Jérusalem, il fut la cause involontaire de l'émeute soulevée contre Paul ; car les Juifs, ayant vu un incirconcis avec ce dernier, crurent qu'au mépris de la loi il l'avait fait entrer dans le temple ; ils se jetèrent sur tous deux, les conduisirent au prétoire, d'où ils furent menés à Rome. L'Apôtre des nations demeura deux ans dans la ville éternelle, évangélisant en toute liberté, *cum omni fiducia, sine prohibitione* (2).

» Paul avait dès longtemps le projet de porter la foi en Espagne (3). Ce fut probablement alors (an 63) que, suivant la voie aurélienne tracée de Rome à Cadix par l'Italie, puis Antibes, Grasse, Fréjus, Marseille, Arles (4).... il gagna les Gaules. Des disciples qui le suivirent, nous ne connaissons que Luc, *Lucas Medicus*, qui venait d'écrire cette admirable épopée qu'on nomme les *Actes des Apôtres* (5), Trophime qu'il laissa à Arles (6), Crescent qu'il envoya à l'antique colonie de Vienne (7). On a révoqué en doute ce voyage de saint Paul en Espagne ; mais une inscription qu'on y a découverte, *à la mémoire de Néron, pour avoir purgé la province des brigands et de ceux qui cherchaient à y introduire une superstition nouvelle*: NERONI CL. CÆS. AUG. PONT. MAX. OB PROVINC. LATRONIB. ET HIS QUI NOVAM GENERI HUM. SUPERSTITION. INCULCAB. PURGATAM (8), coïncide trop bien avec l'époque où tous les Pères ont cru que ce voyage fut fait, pour qu'il soit permis d'en douter. « Pierre, dit M. de Châteaubriand (9), envoya des missionnaires en Sicile, en Italie, *dans les Gaules* et sur les côtes d'Afrique. Saint Paul arrivait à Ephèse, lorsque Claude mourut, et il catéchisa lui-même, dans *la Provence* et dans *les Espagnes*. » A son retour, il reprit Trophime avec lui, et ne put le conserver jusqu'à Rome ; car il écrivait de là à Timothée : Hâte-toi de me venir joindre au plus tôt ; *Crescent est dans les Gaules* (10); j'ai laissé Trophime malade à Milet (11). » Ainsi la France peut se souvenir avec bonheur que le grand Apôtre traversa son territoire, portant à l'univers sa puissante parole, et que deux de ses disciples, instruits aussi par Jean, le bien-aimé du Christ, en furent les premiers pasteurs. Ces faits si simples ont pourtant été niés par quelques critiques du dix-septième siècle. Ils ne pouvaient concevoir que Paul eût jamais eu la moindre idée des Gaules, lui qui veut envoyer des missionnaires *usque in ultimos orbis Britannos* (12), et se réjouit de ce que la foi est annoncée dans l'univers entier (13). Cet homme extraordinaire, dont le génie n'a pas d'égal, dont le zèle et l'activité tiennent du prodige, dont les voyages sont pour ainsi dire fabuleux, passe deux ans à Rome ; il voit des vaisseaux partir chaque jour pour Narbonne et Massalie ; une route magnifique conduit à Arles, la Rome des Gaules, *Gallula Roma* ; les citoyens de ce pays viennent d'être admis au sénat, on ne parle que d'eux sur les places, aux bains, au Forum...... et vous ne voulez pas qu'il ait pu songer à y envoyer des prédicateurs (14) ! » *Voyez* TROPHIME.

GAVER, défilé près de Jérusalem, où Ochozias, roi de Juda, fut blessé à mort par

---

(1) *Act.* xx.
(2) *Act.* xxvii, 29.
(3) *Rom.* xv, 24.
(4) Voyez *Table de Peutinger*, dans Bouche, *Chronog. de Provence*, liv. III.
(5) Si saint Luc n'avait terminé son récit au premier voyage de Paul à Rome, il nous aurait sans doute donné la suite des travaux de son maître et éclairci la question qui nous occupe. Son propre voyage dans les Gaules n'en est pas moins incontestable. « L'évangéliste saint Luc, » dit M. du Sommerard, put acquérir sans doute, dans ses » longues missions pour la propagation de la foi, en Italie, » *dans les Gaules*, en Egypte et en Achaïe, des notions » d'art... » (*Les Arts au moyen-âge.*) Fleury dit du même évangéliste : « Il prêcha la foi en Dalmatie, en « *Gaule*, en Italie, en Macédoine...... et mourut en Achaïe. (Liv. I, n. 60.) « Nous ne voyons rien, dit le savant Tille-« mont, qui empêche absolument de croire que saint Luc « et saint Crescent ont prêché la foi dans les Gaules. *(Mém. ecclés.*, tom. IV, p. 440.)
(6) Fleury, *Hist. ecclés.*, liv. II, n. 7. A tous les témoignages qu'il cite, saint Clément, saint Chrysostome, saint Cyrille, il faut joindre saint Athanase, saint Epiphane, saint Jérôme, Théodoret, Sophronius, Grégoire le Grand, cités dans Tillemont. tom. I, pag. 609. *Voyez* encore Longueval, *Hist. de l'Eglise gall.*, Dissert. prélim. Mémoires manuscrits, de la bibliothèque d'Arles. Epître de Henri Valois à M. de Marca....
(7) Dubosc, *Antiquités de Vienne*, et les auteurs cités dans la note précédente.
(8) Dans Gruter, pag. 238. Pour l'authenticité de cette inscription, *voyez* Baronius, *Annal.* et Bullet, *Hist. de l'établissement du Christian.* p. 597. Suétone (*In Neron*), désigne aussi le christianisme par ces mots : *Genus superstionis novæ atque maleficæ.*
(9) *Etud. histor.*, tom I, pag. 54, édit. de 1833.
(10) Plusieurs ont lu Γαλλίας au lieu de Γαλατίας, dans le texte. « Saint Paul, dit Eusèbe, témoigne qu'il choisit » lui-même *Crescent* parmi ses disciples pour l'envoyer » *dans les Gaules*, ἐπὶ τὰς Γαλλίας. » *Hist. Ecclés.* liv. III, ch. IV. « Le ministère de la divine parole ayant été confié » à saint *Luc*, dit saint Epiphane (*Ad hæres.* 51), il l'exerça » en passant *dans la Gaule*, dans l'Italie et la Macédoine, » *mais particulièrement dans la Gaule*, ainsi que saint Paul » l'assure dans ses Epitres ; car il ne faut pas lire la *Gala-* » *tie*, comme quelques-uns l'ont cru faussement, mais la » *Gaule*. » D'autres auteurs, tout en lisant *Galatie*, ont entendu ce mot des *Gaules*, parce qu'en effet ces deux mots avaient le même sens. Strabon dit : « τὸ δὲ Γαλατικὸν φύλον οἱ νῦν Γαλλικόν τε καὶ Γαλατικὸν καλοῦσιν... » Ptolémée appelle la Gaule Κελτογαλατία ; Polybe, Γαλατία... Photius dit, dans son *Abrégé de l'Histoire ecclés.* liv. I, c v : Constance fut proclamé empereur dans la haute Galatia où sont les Alpes. Les Alpes sont des montagnes de très-difficile accès, et la Galatie, c'est le pays que les Romains nomment la Gaule. Une province d'Asie Mineure n'était appelée Galatie que parce qu'elle était une antique colonie gallique. Voyez Théodoret, *Hist. de l'Eglise*, saint Jérôme, *Præf. in comment. Epist. ad Gal.*
(11) I *Tim.* IV, 10.
(12) Lingard, *Hist. d'Angleterre*, chap. I.
(13) *Rom.* I, 8.
(14) Ed. de Bazelaire, *Prédication du christianisme dans les Gaules*, dans l'*Université catholique*, tom. IX, pag. 198-200.

Jéhu (a). — [Gaver était dans la demi-tribu ouest de Manassé, à l'est de Magedclo, dit Barbié du Bocage, qui donne à ce lieu le titre de ville.]

GAZA, ville des Philistins, attribuée par Josué à la tribu de Juda (b). Elle était une des cinq satrapies des Philistins, située vers l'extrémité méridionale de la terre promise. Dans le texte hébreu, elle est nommée (c) *Aza* ou *Hasa*, par un *hain* ou *ain*, que les Septante expriment quelquefois par un *G*. Etienne le géographe dit que, de son temps, les Syriens l'appelaient encore *Aza*. Elle est située entre Raphia et Ascalon. La situation avantageuse de Gaza a été cause d'une infinité de révolutions auxquelles elle a été soumise. Elle fut d'abord aux Philistins, puis aux Hébreux. Elle se mit en liberté sous les règnes de Joathan ou d'Achaz. Ezéchias la reconquit (d). Elle obéit aux Chaldéens, vainqueurs de la Syrie et de la Phénicie. Ensuite elle tomba sous la puissance des Perses. Ils en étaient les maîtres lorsque Alexandre le Grand l'assiégea (e), la prit et la ruina. Elle se rétablit, au moins la petite ville de Gaze, située sur la mer, appelée autrement Majuma.

Elle fut ensuite possédée par les rois d'Egypte (f). Antiochus le Grand la prit et la saccagea (g). Les Asmonéens ou Machabées la prirent plus d'une fois sur les Syriens (h). Alexandre Jannée, roi des Juifs, la prit et la désola (i). Gabinius la rétablit (j), et l'on trouve des monnaies frappées en cette ville. Auguste la donna à Hérode le Grand (k); mais elle n'obéissait point à Archélaüs, son fils. Saint Luc (l) dit que Gaza était déserte de son temps, mais il veut apparemment parler de la grande ville de Gaze, située sur une montagne à vingt milles de la mer (m), et non pas de Majume ou de la petite Gaze, qui était très-peuplée. L'empereur Constantin donna à Majume le nom de *Constantia*, en l'honneur de son fils, et lui accorda les honneurs et les priviléges de ville indépendante de Gaza; mais l'empereur Julien lui ôta son nom et ses priviléges (n).

[M. Poujoulat a mis trois jours à visiter et à étudier Gaza, et a pu donner une idée complète de cette ville. *Voyez* la *Corresp. d'Orient*, lettre CXXXI, tom. V, pag. 394 et suiv., 410 et suiv.]

GAZABAR, Persan, père de Mithridate. I *Esdr*. I, 8.

* GAZAM, Nathinéen, chef de famille, dont les descendants revinrent de la captivité avec Zorobabel. I *Esd*. II, 48.

GAZARA. C'est le même que *Gadara*, *Gader*, *Gaderoth*, ou *Gazer*, *Gazera*, etc. Eusèbe la met à quatre milles de Nicopolis, en tirant vers le septentrion.

[Barbié du Bocage et le géographe de la Bible de Vence distinguent Gazara de Gazer. « C'était, dit le premier, une place forte d'une grande importance du temps des Machabées, située dans l'ancien territoire des Philistins, sur la frontière du pays d'Azot. On la confond ordinairement avec *Gazer*, ville dépendante évidemment de la tribu d'Ephraïm. Nous croyons cependant ces deux villes tout à fait distinctes l'une de l'autre. » Le géographe de la Bible de Vence dit aussi que *Gazara* était située près d'Azot, et il cite I *Mac*. XIV, 34. Il ajoute : « N. Sanson suppose qu'elle est la même que *Gazer*, sur les confins d'Ephraïm, *Jos*. XVI, 3. Mais le texte des Machabées la met près d'Azot, assez loin des frontières d'Ephraïm; ce qui donnerait lieu de penser qu'elle est plutôt différente de Gazer. » Barbié du Bocage dit encore que Gazara se nommait aussi *Gezer* ou *Gezeron*.]

* GAZELLE. *Voyez* BLÉ, § VIII.

GAZER, ou GAZERA; la même que GAZARA.

[Le géographe de la Bible de Vence s'exprime en ces termes sur *Gazer* : « Ville royale » des Chananéens, *Jos*. X, 33, *et* XII, 12, si» tuée sur les frontières d'Ephraïm, *Jos*. XVI, » 3. Elle fut donnée aux lévites, *Jos*. XXI, 21; » I *Par*. VI, 67. Elle est nommée ailleurs » Gezer, II *Reg*. V, 25; Gazéra, 1 *Par*. XIV, » 16. Gézéron, I *Mac*. IV, 15, et enfin Gob, » I *Reg*. XXI, 18. »

Barbié du Bocage reconnaît aussi qu'elle est la même que *Gob*, qu'elle appartient à la tribu d'Ephraïm, et est située à l'ouest de cette tribu, dans la campagne d'Ono. Il ajoute : « Son roi, Horam, fut défait par Josué; cependant ses habitants, Chananéens d'origine, furent épargnés par Ephraïm. Cette ville fut prise par le roi d'Egypte, qui la brûla et en extermina les habitants; mais donnée par ce prince à Salomon, comme dot de sa fille, celui-ci en releva les murailles. On a pensé, nous le croyons, à tort, qu'il y avait identité entre elle et Gazara. » *Voyez* GAZARA.]

* GAZER, I *Mac*. V, 8, la même que Jaser, ou Jazer, dans la tribu de Gad.

* GAZERA, 1 *Par*. XIV, 16, la même que Gazer, *Jos*. XV.

GAZOPHYLACIUM (o). Ce terme, selon l'étymologie grecque, signifie garde-trésor, ou chambre du trésor. Il y avait dans le temple de Jérusalem plus d'un lieu où l'on gardait les riches présents que les rois, les princes et les particuliers avaient consacrés au Seigneur. Mais on a étendu ce nom de *gazophylacium* à signifier aussi les chambres où l'on conservait les provisions du temple, soit pour les sacrifices, ou pour l'entretien

---

(a) IV *Reg*. ix, 27.
(b) *Josue*, xv, 45, et I *Reg*. vi, 15.
(c) עזה *Hazah*, ou *Gasa*.
(d) IV *Reg*. xviii, 8.
(e) *Vide* Plutarch. *in Alexandro, et alios*. An du monde 5672, avant Jésus-Christ 328, avant l'ère vulg. 332.
(f) *Joseph. Antiq*. l. XIII, c. 21.
(g) *Polyb. in excerptis Valesii*.
(h) I *Mac*. xi, 61; xiii, 43.
(i) *Antiq*. l. XIII, c. 21.
(j) *Antiq*. l. XIV, c. 10.
(k) *Antiq*. l. XV, c. 11.
(l) *Act*. viii, 26.
(m) *Arrian*. l. II *de Expedit. Alexandri*.
(n) *Sozomen*. l. III, c. v.
(o) Γαζοφυλάκιον répond à l'hébreu רשכם ou בים Domicilium, habitaculum.

et la nourriture des prêtres ; et même en général on a pris ce terme pour tous les appartements du temple. Dans l'Evangile (a), *gazophylacium* est mis pour le tronc dans lequel on jetait les offrandes à l'entrée du temple.

GÉ-ABARIM. *Voyez* JÉ-ABARIM.

GÉANT. En grec *gigas*, en hébreu *nophel* ou *nephilim* (b). Ce qui peut marquer ou *un monstre* ou *un homme terrible*, qui abat et qui renverse les autres hommes. L'Ecriture (c) parle des géants qui vivaient avant le déluge; elle les nomme des *nephilim*, des *hommes puissants et fameux dans l'antiquité*. Au lieu de *gigantes*, Aquila traduit (d) des *hommes qui attaquent*, qui tombent avec impétuosité sur leurs ennemis ; traduction qui rend fort bien toute la force de l'hébreu *nephilim*. Symmaque traduit (e) *des hommes violents*, cruels, qui ne suivent pour règle que la violence et la force de leurs armes.

L'Ecriture les nomme aussi quelquefois (f) *Rephaïm* ; par exemple, Codorlahomor et ses alliés battirent les *Rephaïm*, ou les géants, à Astaroth-Carnaïm. Les *Emim*, anciens habitants du pays de Moab, étaient d'une taille gigantesque ; ils étaient du nombre des Réphaïm. Les Réphaïm et les Phéréséens sont joints ensemble, comme anciens habitants du pays de Chanaan. Job dit que les anciens Réphaïm gémissent sous les eaux ; et Salomon, dans les Proverbes (g), dit que les voies de la femme débauchée conduisent aux *Réphaïm*, c'est-à-dire, dans l'enfer, où sont les géants ; et que celui qui s'écartera de la voie de la sagesse (h) ira demeurer dans l'assemblée des géants, dans les enfers, etc.

Les *Enacim*, ou les fils d'Enac, étaient les plus fameux géants de la Palestine. Ils demeuraient à Hébron et aux environs : leur taille était si fort au-dessus de l'ordinaire, que les Israélites qui avaient été envoyés pour considérer la terre promise, dirent au peuple, à leur retour, qu'ils avaient vu en ce pays des géants de la race d'Enac, qui étaient d'une grandeur si monstrueuse, que les Israélites, en comparaison, n'étaient que comme des sauterelles (i).

Enfin les Septante traduisent quelquefois par *gigas* (j) le mot hébreu *gibbor*, qui, à la lettre, ne signifie qu'un homme puissant, un homme de cœur, de valeur, un guerrier. Par exemple, ils disent que Nemrod était un géant devant le Seigneur ; que le soleil se lève comme un géant pour fournir sa carrière ; que le Seigneur abattra le géant et l'homme guerrier ; qu'il appellera ses géants dans sa colère, pour tirer vengeance de ses ennemis ; qu'il ruinera la puissance de l'Egypte par l'épée de ses géants, c'est-à-dire, de ses guerriers.

Il y a beaucoup d'apparence que les premiers hommes étaient tous d'une taille et d'une force beaucoup au-dessus de celles des hommes d'aujourd'hui, puisqu'ils vivaient beaucoup plus longtemps ; la longue vie étant d'ordinaire l'effet d'une constitution forte et vigoureuse. L'Ecriture dit qu'il y avait sur la terre beaucoup de ces hommes d'une hauteur extraordinaire, lorsque Noé parut ; mais qu'il y en avait dès auparavant, et qu'on y en vit surtout depuis que les enfants de Dieu s'allièrent avec les filles des hommes. Voici le texte de Moïse (k) : *En ce temps-là il y avait des géants sur la terre, et aussi depuis que les enfants de Dieu s'allièrent avec les filles des hommes*. Plusieurs anciens Pères (l), trompés par le livre apocryphe d'Enoch, ont avancé que les géants étaient les productions du mariage des anges avec les filles des hommes. Ils se fondaient aussi sur le texte des Septante, qui portait dans quelques exemplaires (m) : *Les anges de Dieu, ayant vu que les filles des hommes étaient belles, prirent pour femmes toutes celles qu'ils avaient choisies*. Mais Moïse, en cet endroit, ne veut dire autre chose, sinon que les hommes de la race de Seth, qui était la race des justes et les enfants de Dieu, se corrompirent par l'amour des filles de la race de Caïn, qui sont ici désignées sous le nom de *filles des hommes*. C'est ainsi que saint Chrysostome, Théodoret, saint Cyrille d'Alexandrie, saint Augustin et une infinité d'autres l'ont expliqué. — [*Voy.* ENFANTS DE DIEU.]

Quant à l'existence des géants, plusieurs écrivains, tant anciens que nouveaux (n), se sont imaginé que les géants dont il est parlé dans l'Ecriture, étaient à la vérité des hommes d'une taille avantageuse, mais qui n'était pas aussi fort au-dessus de l'ordinaire que se le sont imaginé ceux qui nous décrivent les géants comme trois ou quatre fois plus grands que les hommes d'à présent. C'étaient, disent-ils, des hommes fameux par leurs violences et par leurs crimes plutôt que par leur force ou par la grandeur de leur taille.

Mais on ne peut nier qu'il n'y ait eu autrefois des hommes d'une stature fort au-dessus de la grandeur des hommes ordinaires, à moins qu'on ne veuille s'inscrire en faux contre l'Ecriture contre les his-

---

(a) *Marc*. XII, 41, 43. *Luc.* XXI, 2.
(b) *Gigas*. בפלים, de נפל *je tombe*, ou *nophel*, un monstre, un avorton.
(c) *Genes.* VI, 4.
(d) Aquil. Ἐπιπίπτοντες, *Irruentes*.
(e) Symm. Βίαιοι, *Violenti*.
(f) רפאים *Rhephaim*. Voyez *Genes.* XIV, 5. *Deut.* II, 11, 20; III, 11, 13. *Josue*, XII, 4; XIII, 12. *Job*, XXVI, 5, etc.
(g) *Prov.* II, 18; IX, 18.
(h) *Prov.* XXI, 16.
(i) *Num.* XIII, 33.
(j) Vide *Genes.* VI, 4, apud 70. *Psalm.* XIX, 6, apud 70 et *Vulg. Isai.* III, 2, apud 70, XIII, 2, ibid.; XLIV, 24, 25,

ibid. *Ezechiel.* XXXII, 12, 21, 27, apud 70 ; XXXIX, 18, 20
(k) *Genes.* VI, 4.
(l) *Lact. l.* II, *c.* XIV. *Athenagor. Apolog. Clem. Alex. Stromat. l.* III *et* V, et *l.* II *Pædag. Tertull. l. de Idolol. c.* IX, *et de Cultu femin. c.* XI. *Cyprian. de Discipl. et habitu virg. Ambros. de Noe et Arca*, c. IV, etc.
(m) *Genes.* VI, 2, 50, *in Ms. Alex. Philo de Gigantib.* p. 284. *Joseph. Antiq. l.* I, *c.* IV. *Vide nov. edit. Hexaplorum.*
(n) Vide *Philo. de Gigant. Joseph. Antiq. l.* I, *c. IV. Origen. apud Gennad. CP in Cuten. Græc. Euseb. Præp. l.* V, *c.* IV. *Ambros. de Noe et Arca,* c. IV. *Chrysost. in Catena Cyrill. Alex. lib.* IX, *contra Julian. Gorop. Becan. de Gigantomach. Temporarius,* etc.

toires les plus certaines, et contre la tradition de tous les peuples. Les Israélites qui avaient parcouru la terre sainte dirent à leurs frères qu'ils avaient vu dans ce pays-là des géants de la race d'Enac (a), qui étaient si démesurément grands, que les autres hommes n'étaient devant eux que comme des sauterelles. Moïse (b) parle du lit d'Og, roi de Basan, qui avait neuf coudées de long, sur quatre de large, c'est-à-dire, quinze pieds quatre pouces et demi de long. Goliath avait six coudées et un paume de haut (c), c'est à-dire, dix pieds sept pouces. Ces sortes de géants étaient encore communs sous Josué et sous David, dans un temps où la vie des hommes était déjà si fort abrégée, et où l'on peut présumer que la grandeur, et la force des corps était aussi fort diminuée (1).

Homère (d) parle des géants Othus et Ephialtes, qui, à l'âge de neuf ans, avaient déjà neuf coudées de grosseur, et trente-six de hauteur. Il nous décrit aussi la grandeur du cyclope Polyphème, dont la force était telle, qu'il remuait aisément, et sans le moindre effort, une roche, que vingt chariots à quatre roues auraient à peine pu soulever de terre (e). Je ne donne pas cela pour une histoire certaine, mais simplement pour une preuve de l'ancienne tradition des peuples, qui ont toujours cru qu'anciennement les hommes étaient beaucoup plus grands et plus forts qu'ils ne le sont depuis plusieurs siècles; opinion qui se voit répandue dans tous les anciens poëtes, et autres écrivains (f).

Saint Augustin assure qu'il a vu dans le port d'Utique la dent d'un géant, qui était si grosse, qu'elle égalait cent de nos plus grosses dents (g) (2). Torniel (h) dit qu'il y a dans l'église de son ordre, à Verceil, une dent, qu'on croit être de saint Christophe, qui est à peu près de même grosseur que celle dont on vient de parler. Pline (i) raconte qu'un tremblement de terre ayant entr'ouvert une montagne dans l'île de Crète, on y découvrit un homme debout, ayant quarante-six coudées de haut, que les uns prirent pour le corps d'Orion, et les autres pour celui d'Othus. Le corps d'Oreste, ayant été déterré par ordre de l'oracle, se trouva de sept coudées, ou de dix pieds et demi. Nevius Pollio avait un pied au-dessus des plus grands hommes (j). Sous l'empereur Claude, on vit à Rome un nommé Gabbare, qui avait neuf pieds neuf pouces de haut (k). Delrio assure qu'en 1572, il vit à Rouen un Piémontais haut de plus de neuf pieds.

Plutarque (l) raconte que l'on trouva le corps du géant Antès dans la ville de Tingis en Mauritanie, et que Sertorius, ayant vu son cadavre, qui était de la longueur de soixante coudées, lui offrit des sacrifices, et le fit recouvrir de terre. Albéric, moine des Trois-Fontaines, rapporte (m) après Elinand la découverte qu'on fit du corps de Pallas, fils d'Evander, tué par Turnus. Cette découverte se fit, dit-on, en 1041; mais Albéric ne la rapporte qu'en 1054 : *Elinandus ex dictis Guillelmi. Eo tempore corpus Pallantis filii Evandri Romæ integrum repertum est, cum hoc epitaphio :*

Filius Evandri Pallas quem lancea Turni
Militis occidit, more suo jacet hic.

Quos versus non tunc factos crediderim, quamvis Carmentis litteras invenisse dicatur; sed vel ab Ennio, vel alio antiquo poeta. Ea quidem est natura conditorum balsamo corporum, quod carne tabescente cutis exterior nervos, nervi vero ossa continent.

Hiatus vulneris quod in medio corporis fecerat, quatuor pedibus et semis mensuratus est. Ardens lucerna ad caput inventa est, quam cum nullo liquoris aspergine, aut flatus violentia exstinguere valerent, quidam solertioris ingenii stilo subtus flammam foramen fecit, et mox introducto aere ignis evanuit.

Corpus muro applicatum vastitate sua magnitudinem mœnium vicit; sed procedentibus diebus stillicidiis rorulentis infusum, communem mortalium corruptionem agnovit, cute soluta, nervisque fluentibus.

Voilà bien des particularités qui paraissent venir d'auteurs contemporains et bien instruits. Toutefois j'ai peine à croire qu'on n'ait pas un peu exagéré la chose.

La Chronique de Colmar, sous l'an 1267, dit qu'on trouva près la ville de Bâle, au vil-

(a) *Num.* XIII, 33, 34.
(b) *Deut.* III, 2.
(c) I *Reg.* XVII, 4.
(d) *Odyss.* XI, v. 306.
(e) *Odyss.* IX, v. 240.
(f) Vide, si lubet, Virgil. Æneid. 2. Juvenal. Satir. 15. D. Aug. de Civit. l. XV, c. IX. Plin. l. VII, c. XVI, etc.
(g) Aug. l. XV, c. IX, de Civitate Dei.
(h) Torniel. Annal. V. T. ad an. 987, p. 80.
(i) Plin. Hist. Natural. l. VII, c. XVI.
(j) Plin. ibidem. Columel. de Re rust. c. VIII, ex Cicerone.
(k) Plin. ibid. Solin. Columel. Tacit.
(l) Plutarch. in Sertorio.
(m) Vide Alberici Chronic. adan. 1054, ex Elinando et Guillelmo.

(1) Ce n'est pas Salomon, suivant M. de Lamartine (*Voyage en Orient*, tom. II, pag. 159), qui a élevé les étonnantes constructions de Balbek. « Je crois plutôt, dit-il, que ces pierres gigantesques ont été remuées, soit par les premières races d'hommes que toutes les histoires primitives appellent géants, soit par les hommes anté-diluviens. On assure que, non loin de là, dans une vallée de l'Anti-Liban, on découvre des ossements humains d'une grandeur immense ; ce bruit a une telle consistance parmi les Arabes voisins, que le consul général d'Angleterre eu Syrie, M. Farren, homme d'une haute instruction, se propose d'aller incessamment visiter ces sépulcres mystérieux. Les traditions orientales, et le monument même élevé sur la soi-disant tombe de Noé, à peu de distance de Balbek, assignent ce séjour à ce patriarche. Les premiers hommes sortis de lui ont pu conserver longtemps encore la taille et les forces que l'humanité avait avant la submersion du globe ; ces monuments peuvent être leur ouvrage. A supposer même que la race humaine n'eût jamais excédé ses proportions actuelles, les proportions de l'intelligence humaine peuvent avoir changé: qui nous dit que cette intelligence plus jeune n'avait pas inventé des procédés mécaniques plus parfaits pour remuer, comme un grain de poussière, ces masses qu'une armée de cent mille hommes n'ébranlerait pas aujourd'hui ? Quoi qu'il en soit, quelques-unes de ces pierres de Balbek, qui ont jusqu'à soixante-deux pieds de longueur et vingt de large sur quinze d'épaisseur, sont les masses les plus prodigieuses que l'humanité ait jamais remuées.... »

(2) L'examen fait par les naturalistes de plusieurs de ces dents de géants a montré que c'étaient des dents d'animaux et non des dents d'hommes. Mais cela n'infirme en rien la véracité des témoignages qui établissent que dans l'antiquité il a existé des peuples d'une taille beaucoup plus élevée que la nôtre (S).

lage nommé Jertin, des os de géants, qui paraissaient excéder de trente pieds la hauteur d'un homme ordinaire : *Magnitudinem et longitudinem nostram XXX pedum excedentia.*

En 1701, au mois de janvier, dans un village nommé Coloubella, à six lieues de Thessalonique en Macédoine, on découvrit le corps d'un géant, enterré près de la mer dans une ancienne muraille, longue et épaisse. La mer l'ayant miné peu à peu depuis plusieurs siècles, une grande pluie la renversa enfin, et mit au jour le géant dont nous parlons. Il avait quatre-vingt-seize pieds de roi de long : son crâne contenait bien quinze boisseaux de blé, mesure de Paris ; une dent pesait quinze livres, et avait sept pouces et deux lignes de roi de hauteur. Une autre dent, sans sa racine, pesait deux livres et demie de France ; une autre dent pesait deux livres onze onces et six drachmes ; une quatrième dent pesait deux livres treize onces.

Le plus petit os du petit doigt du pied avait sept pouces et deux lignes, mesure de roi, de longueur : un os du bras avait deux pieds quatre pouces et deux lignes de circonférence : on mettait le poing dans un des os du bras. Chacun s'étant jeté dessus pour en avoir des pièces, on porta les principales au bacha et au Grand-Seigneur. Pour les autres qui restèrent, le sieur Quainet, consul des Français à Thessalonique, en fit un procès-verbal attesté de lui et du père Jérôme de Rhetel, capucin missionnaire au Levant, qui les a vus. Ledit père Jérôme a mandé la chose au révérend père Jérôme de Mousicaux, capucin à Paris, au faubourg Saint-Honoré, et a fait soussigner sa lettre par ledit sieur consul, par Pierre Rosti, Constantin Péronne, Leicheta, Flot, chirurgien, et Jean Attuchi, qui, ayant tous vu lesdits ossements, ont signé comme témoins.

On a trouvé en 1719, près de Salisbury, en Angleterre (a), un squelette humain, qui avait neuf pieds quatre pouces de long. Cette découverte a été faite à six milles de Salisbury, en un lieu nommé Stonenheng, ou *Pierres suspendues,* que les anciens appelaient *la danse des géants.* On y voit encore une enceinte de pierres brutes de vingt-quatre pieds de haut, et de sept de large, qui ne soutiennent d'autres mises en travers. On n'a pu jusqu'à présent découvrir ce que ce pouvait être que ce monument antique, qui paraît d'autant plus rare, qu'on ne trouve aucune pierre propre à bâtir dans toute la campagne voisine.

Les peuples du Pérou assurent qu'il est arrivé autrefois dans leur pays des géants qui, depuis le genou en bas, égalaient la hauteur ordinaire de l'homme. Ils ont la même tradition au Brésil et au Mexique, et ils en montrent des os d'une grandeur démesurée. On en montre aussi dans le château de Moulins en Bourbonnais. Des témoins dignes de foi assurent que, dans l'Amérique méridionale, il y a des géants qu'on appelle Caurahuès, qui ont près de neuf à dix pieds de haut.

M. Simon (b), auteur du *Dictionnaire de la Bible,* imprimé à Lyon en deux volumes *in-folio,* en 1703, atteste qu'étant curé de la paroisse de Saint-Uze, en Dauphiné, il a vu, et que depuis ce temps il a encore reçu une attestation de l'an 1699, signée de trois personnes, savoir deux châtelains, et du prêtre châtelain du château de Molard, au diocèse de Vienne, en Dauphiné, qui assurent avoir vu quelques dents d'un homme qui fut trouvé dans une prairie en 1667. Ces dents pesaient chacune dix livres ; et il y en a une, avec la partie de la mâchoire inférieure à laquelle elle est encore attachée, qui pèse avec elle dix-sept livres. On trouva dans la même prairie des ossements, la plupart pourris et en pièces ; mais un entre autres assez entier, qui avait sept pieds trois pouces de long, et deux pieds de circonférence. Après ces exemples et plusieurs autres que nous pourrions rapporter, je ne crois pas que l'on doive contester l'existence des géants. *Voyez* notre dissertation sur les géants.

Les Arabes et les Perses sont dans la même persuasion que les autres peuples au sujet de l'existence des géants. Mahomet (c) avance que *Ad* et *Schedad,* rois de Syrie et d'Arabie, étaient d'une grandeur si prodigieuse, qu'il fallait employer les plus grands arbres des forêts pour dresser leurs pavillons. Les mahométans tiennent que les Amalécites, qui étaient, selon eux, les anciens habitants de la Palestine, étaient communément hauts de neuf coudées, ou dix-huit pieds (d) ; que le géant Og, dont il est parlé dans Moïse, les surpassait tous en grandeur, et qu'il a vécu jusqu'à trois mille ans. Ils tiennent que tous les anciens géants descendaient d'*Ad*, fils d'Amalec et petit-fils de Cham ; ou, selon d'autres, Amalec était fils d'Us et petit-fils d'Aram, de la race de Sem.

Ils reconnaissent encore d'autres géants nommés Dives ou Ginn, en latin *Divi,* ou *Genii,* qui ne sont ni hommes ni anges, mais des créatures d'une autre espèce créées avant Adam et établies devant lui pour le gouvernement du monde. Ils le gouvernèrent en paix pendant l'espace de sept mille ans ; après eux vinrent les Peris, qui le gouvernèrent encore pendant deux mille ans. Mais et les Dives et les Peris étant tombés dans la révolte, Dieu leur donna pour maître *Eblis*, créature d'un ordre supérieur, et formée de l'élément du feu. Eblis leur fit la guerre. Quelques-uns prirent le bon parti et se soumirent à lui, les autres furent exterminés. Mais à la fin Eblis tomba lui-même dans l'apostasie ; et c'est lui que nous connaissons sous le nom de Satan ou de Lucifer.

GEBA, ou GABAA. — Ces termes signifient une hauteur. *Voyez* ci-devant GABAA.

'GEBA, ville de la tribu de Benjamin ; *Neh.* XI, 31, paraît être la même que Gabaa. *Voyez* ce mot.

GEBAL. — Ce terme ne se trouve que

(a) Gazette d'octobre 1719, 21 sept. art. de Londres.
(b) *Dictionn. de la Bible,* t. I, p. 523-524.
(c) *Alcoran,* ch. de l'Aurore.
(d) D'Herbelot, *Bibl. Orient., Amlak et Ad.* p. 110.

dans le psaume LXXXII, 8. *Gebal, Ammon et Amalech.* Mais le chaldéen et la version samaritaine mettent quelquefois *le mont Gebla* au lieu *du mont Séir.* Josèphe (a) parle aussi des *Gabilites*, au midi de la Palestine; et Etienne le géographe, de la *Gébalène* dans l'Arabie, et qui est la même que le pays d'Amalec. Enfin Eusèbe et saint Jérôme (*b*), dans leurs livres des lieux hébreux, font souvent mention de la *Gébalène*, ou *Gabalène*, qui est dans l'Idumée, et dont Pétra est la capitale. Tous ces caractères montrent visiblement que le pays nommé *Gébal*, ou *Gabalène*, est au midi de la tribu de Juda et dans l'Idumée méridionale. Ce terme *Gébal* signifie une *montagne*; et la dénomination de Gabalène n'est point ancienne, puisqu'elle ne paraît que dans le psaume LXXXII, que nous croyons avoir été écrit du temps de Josaphat, roi de Juda.

GEBAL, autrement GIBLET, ou BIBLOS, ville de Phénicie. *Voyez* GIBLOS.

* GEBBAI, Benjamite, *Neh.* XI, 8.

GEBBAR. — Les enfants ou les descendants de Gebbar revinrent de la captivité de Babylone au nombre de quatre-vingt-quinze (*c*). — [Il est nommé Gabaon, *Neh.* VII, 25. Plusieurs voient, dans ces deux textes, un nom de ville, comme dans les versets suivants. Barbié du Bocage, qui adopte cette interprétation, dit que Gebbar était peut-être auprès de Bethléem.]

GEBBETHON, ville de la tribu de Dan (*d*). C'est apparemment la même que *Gabbata.* [Quel Gabbata?] Basa, usurpateur du royaume d'Israel, tua Nabad, fils de Jéroboam, dans la ville de Gebbéthon (*e*). Cette ville était alors aux Philistins. — [Et est la même que *Gabathon*, ville lévitique. *Josue* XXI, 23.]

GEDELIAS, fils de Phassur, *Jer.* XXXVIII, 1.

* GEDDEL, chef de famille nathinéenne, dont les descendants revinrent de la captivité avec Zorobabel. I *Esd.* II, 56; *Neh.* VII, 49.

GEDDELTI, fils d'Héman, lévite. Sa famille était la douzième de celles qui servaient par tour dans le temple (*f*).

GEDDIEL, fils de Sodi, de la tribu de Zabulon, fut un de ceux qui furent envoyés par Moïse pour considérer la terre de Chanaan (*g*).

GEDEON, fils de Raphaïm, père de Jamnor, de la tribu de Siméon (*h*), un des aïeux de Judith.

GEDEON, fils de Joas, de la tribu de Manassé, qui avait sa demeure dans la ville d'Ephra, fut choisi de Dieu, et par une vocation tout extraordinaire, pour délivrer les Israélites de l'oppression des Madianites (*i*), où ils étaient tombés après la mort de Barac et de Débora (*j*). Les Madianites tinrent les Hébreux dans une si grande humiliation, qu'ils les obligèrent de se retirer dans des cavernes et de se fortifier dans les lieux les plus propres pour résister aux Madianites. Ceux-ci, après que les Israélites avaient semé, venaient sur leurs terres, y dressaient leurs tentes, ravageaient tous les grains en herbe, et tuaient tout le bétail qui tombait entre leurs mains. Israel, accablé de tant de maux, cria au Seigneur; et le Seigneur leur députa un prophète qui leur fit de grands reproches de leur ingratitude : mais en même temps Dieu envoya son ange vers Gédéon, fils de Joas, qui demeurait à Ephra, et qui était alors occupé à battre furtivement son grain dans un pressoir, sous un chêne, pour en dérober la connaissance aux Madianites, et pour s'enfuir aussitôt avec son blé de devant les Madianites.

L'ange du Seigneur le salua donc, et lui dit : *Le Seigneur est avec vous, ô le plus vaillant des hommes!* Gédéon répondit : *D'où vient donc que tous ces maux sont tombés sur nous, si le Seigneur est avec nous? Où sont les merveilles qu'il a faites autrefois en faveur de nos pères, si à présent il nous abandonne et nous livre aux Madianites?* Alors l'ange, qui parlait au nom du Seigneur, lui dit : *Allez; avec la force dont vous êtes rempli vous délivrerez Israel de la puissance des Madianites. Sachez que c'est moi qui vous ai envoyé.* Gédéon s'excusa. Mais le Seigneur lui dit : *Je serai avec vous, et vous battrez les Madianites comme s'ils n'étaient qu'un seul homme.* Gédéon lui demanda un signe pour s'assurer que ce n'était point une illusion, et le pria d'attendre un moment sous le chêne, jusqu'à ce qu'il lui offrît un sacrifice. Gédéon fit donc cuire un chevreau et des pains sans levain, apporta le tout sous le chêne, où l'ange était demeuré, et le lui offrit. Mais l'ange lui dit : *Prenez la chair et les pains sans levain, et mettez-les sur cette pierre, et jetez par-dessus le jus de la chair.* Ce que Gédéon ayant fait, l'ange étendit le bout de son bâton; et en ayant touché la chair et les pains sans levain, il sortit un feu de la pierre qui les consuma, et en même temps l'ange du Seigneur disparut de devant ses yeux.

Gédéon, voyant que c'était un ange, s'écria : *Hélas, Seigneur mon Dieu, j'ai vu l'ange du Seigneur face à face!* Mais le Seigneur lui dit : *La paix soit avec vous. Ne craignez point ; vous ne mourrez pas.* Il dressa au même lieu un autel au Seigneur, qu'il appela : *La paix du Seigneur.* La nuit suivante, Dieu lui ordonna d'abattre le bois et l'autel qui étaient consacrés à Baal, d'ériger un autel au Seigneur au haut du rocher où il avait déjà offert le chevreau et les pains sans levain, et d'y brûler en holocauste un des deux taureaux de son père. Gédéon obéit; et, la nuit étant venue, il se mit avec dix de ses serviteurs à abattre le bois et à renverser

---

(a) *Antiq. l.* IX, *c.* x.
(b) *Euseb. et Hieron. in Idumæa, et Seir, et Allud, et Mabsar, et Jether.*
(c) I *Esdr.* II, 20.
(d) *Josue,* XIX, 44.
(e) III *Reg.* XV, 27. An du monde 3072, avant Jésus-Christ 928, avant l'ère vulg. 952.
(f) I *Par.* XXV, 4.
(g) *Num.* XIII, 11. An du monde 2514, avant Jésus-Christ 1486, avant l'ère vulg. 1490.
(h) *Judith.* VIII, 1.
(i) *Judic.* VI, 1, 2.
(j) Depuis l'an du monde 2752 jusqu'en 2759.

l'autel de Baal. Le lendemain, les habitants d'Ephra dirent à Joas, père de Gédéon, qu'il fallait faire mourir son fils, pour venger l'injure faite à Baal. Mais Joas leur répondit : *Est-ce à vous à défendre Baal ? Si Baal est Dieu, qu'il se venge lui-même de celui qui a détruit son autel.* Depuis ce temps on donna à Gédéon le nom de *Jero-baal* (*a*), c'est-à-dire, que *Baal voie*, ou que *Baal conteste* contre celui qui a abattu son autel. C'est sous le nom de *Jerobaal*, ou de *Jerombal*, qu'il est connu dans la fausse histoire de Sanchoniathon (*b*).

Vers ce même temps les Madianites, ayant passé le Jourdain, vinrent camper dans la vallée de Jezrael; et Gédéon, rempli de l'esprit de Dieu, sonna de la trompette, assembla les Israélites de la maison d'Abiézer, qui demeuraient à Ephra et aux environs, et qui étaient de sa famille. Il envoya aussi des courriers dans les tribus de Manassé, d'Azer, de Zabulon et de Nephtali, qui étaient au nord du pays de Chanaan. Il les exhorta à secouer le joug des Madianites, et à se joindre à lui. Ces tribus vinrent en diligence et en grand nombre; de sorte que Gédéon, afin de les assurer que c'était Dieu même qui l'avait suscité pour les délivrer, pria le Seigneur de lui donner quelque signe de sa vocation, et qu'il lui plût faire tomber la rosée sur une toison qu'il étendrait sur la terre, pendant que le reste de la terre demeurerait sec et sans rosée. Dieu exauça sa prière, et la chose arriva comme il l'avait souhaitée. Il demanda après cela au Seigneur un signe tout contraire : que la toison demeurât sèche, pendant que toute la terre des environs serait humide et chargée de rosée; et Dieu lui accorda encore l'effet de cette seconde demande.

Gédéon, affermi par tous ces signes de la volonté de Dieu, marcha droit au camp des Madianites, qui étaient dans la campagne de Jezrael. Il s'arrêta avec ses troupes à la fontaine d'Harad. Alors le Seigneur lui dit : *Renvoyez une partie de ceux qui sont avec vous. Madian ne sera pas livré entre les mains d'une si grande troupe, de peur qu'Israel ne dise : C'est par mes propres forces que j'ai été délivré.* Gédéon permit donc à tous ceux qui avaient peur de s'en retourner, et il y en eut vingt-deux mille qui s'en retournèrent dans leurs maisons, en sorte qu'il n'en demeura que dix mille avec Gédéon. Ce nombre était encore trop grand; et le Seigneur dit à Gédéon : *Menez votre peuple sur le ruisseau; renvoyez tous ceux qui mettront le genou à terre pour boire à leur aise, ne retenez que ceux qui auront jeté de l'eau à leur bouche, ou qui en auront lapé avec la langue comme les chiens;* et il ne s'en trouva que trois cents de ces derniers. Gédéon retint donc ceux-ci, et renvoya les autres.

Il dit à ces trois cents hommes de se tenir prêts, et de faire provision de vivres pour quelques jours; d'avoir chacun une trompette, une lampe ou un falot, et un pot de terre vide, pour cacher le feu du falot. Cependant Dieu lui dit de s'avancer seul vers le camp des ennemis. Il y alla, et ouyt un Madianite qui racontait son songe à son compagnon, et qui lui disait qu'il avait vu comme un pain d'orge cuit sous la cendre, qui roulait dans le camp des Madianites, et qui renversait une tente qui s'était rencontrée sur son chemin. Celui à qui il parlait, lui répondit : *Cela n'est autre chose que l'épée de Gédéon, à qui le Seigneur a livré le camp des Madianites avec toute leur armée.*

Gédéon, encouragé par ce songe et par l'interprétation que le Madianite lui avait donnée, vint rejoindre ses gens, les exhorta à attaquer l'ennemi, leur dit de prendre leurs falots, leurs cruches et leurs trompettes, et de faire tout ce qu'ils lui verraient faire. Il leur donna pour mot du guet : *Au Seigneur, et à Gédéon*; les partagea en trois troupes de cent hommes chacune; et ils s'avancèrent par trois endroits vers le camp des Madianites. Ils arrivèrent à l'entrée du camp au milieu de la nuit; et Gédéon ayant tout à coup tiré sa lampe de dessous son pot, qu'il jeta par terre avec grand bruit, et s'étant mis à sonner de la trompette, ses trois cents hommes en firent de même, et demeurèrent chacun à leur poste en trois endroits du camp des Madianites. Alors la terreur se répandit parmi les ennemis; toute leur armée fut en désordre; ils commencèrent à s'enfuir, à tirer l'épée les uns contre les autres, et à se tuer mutuellement. Les Israélites des tribus de Manassé, de Nephtali et d'Aser, qui étaient voisines, accoururent, et les poursuivirent. En même temps Gédéon envoya des courriers dans la tribu d'Ephraïm, pour les avertir de garder les gués, et d'empêcher les Madianites de repasser le Jourdain. Pour lui, avec ses trois cents guerriers et ceux qui s'étaient joints à eux, il passa le Jourdain, et suivit les Madianites jusqu'au delà de Socoth et de Phanuel (*c*). Il les trouva qui se reposaient, ne croyant plus avoir rien à craindre, tomba sur eux, les défit, prit leurs deux rois, Zébée et Salmana, et revint vers Socoth et Phanuel avant le coucher du soleil.

Ces deux villes lui avaient refusé des vivres et des rafraîchissements, lorsqu'il passait près d'elles, en poursuivant les ennemis. Mais à son retour il en tira une terrible vengeance, écrasant les principaux de Socoth sous les épines du désert, et en tuant ceux de Phanuel, et en détruisant leur tour. Après cela il tua Zébée et Salmana, chefs des Madianites, et prit les ornements et les bossettes d'or qu'on mettait d'ordinaire au cou des chameaux des rois.

Ceux de la tribu d'Ephraïm firent quelque bruit, se plaignant que Gédéon ne les eût pas appelés à cette guerre : mais il les apaisa en relevant les services qu'ils avaient

---

(*a*) ירבעל Jérobaal peut dériver de ירא בעל *Videat Baal*, ou de ירב בעל *Contendat Baal*.

(*b*) *Apud Euseb. Præp. l. I.*
(*c*) *Judic.* vui, 1, 2, 3, etc.

rendus dans cette expédition, en prenant Oreb et Zeb, princes des Madianites.

Après cette victoire (a), les enfants d'Israel dirent à Gédéon : *Soyez votre prince, et commandez-nous, vous, votre fils, et le fils de votre fils ; parce que vous nous avez délivrés de la main des Madianites.* Gédéon leur répondit : *Je ne serai point votre prince, ni moi, ni mon fils ; mais ce sera le Seigneur qui sera votre prince, et qui vous commandera. Je ne vous demande qu'une chose : Donnez-moi les pendants d'oreilles que vous avez eus de votre butin ;* car les Madianites avaient coutume de porter des pendants d'oreilles d'or. Il les lui offrirent de tout leur cœur, et les jetèrent sur un manteau qu'on étendit par terre. Il s'en trouva le poids de mille sept cents sicles d'or, sans compter les colliers, les ornements et les habits de pourpre que portaient les rois de Madian, et sans les carcans d'or des chameaux. Gédéon fit de toutes ces choses précieuses un éphod, qu'il mit dans sa ville d'Éphra ; et cet éphod fut pour les Israélites un sujet de chute, et causa la ruine de Gédéon et de toute sa maison. Gédéon fut juge d'Israel depuis cette année, qui est l'an du monde 2759, jusqu'en 2768, qui est celui de sa mort, pendant neuf ans. Il eut soixante et dix fils, qui étaient sortis d'un grand nombre de femmes qu'il avait épousées ; et outre cela, il eut Abimélech, fils d'une concubine, lequel régna pendant trois ans à Sichem.

Il y a beaucoup d'apparence que Gédéon, autrement nommé Jerobaal, ou Jerubaal, est le même que *Jerombal, prêtre du Dieu Jao,* que Sanchoniathon se vantait d'avoir consulté sur les antiquités phéniciennes (b). Sanchoniathon avait vécu sous le règne d'Ithobal, roi de Tyr, vers le même temps que Sémiramis, reine d'Assyrie, et par conséquent peu après Jérobaal ou Gédéon. Mais la plupart des savants sont convaincus aujourd'hui que Sanchoniathon est un auteur fabuleux, et que celui qui a fabriqué l'ouvrage dont on a quelques fragments sous son nom était un imposteur, qui avait malicieusement mêlé quelques traits de l'histoire sacrée avec les fables des Phéniciens, pour décrier les livres sacrés des Hébreux. *Voyez* ci-après SANCHONIATHON. David (c) appelle Gédéon *Jeruboseth,* au lieu de Jerobaal, parce que les Hébreux n'aimaient pas à prononcer le nom de Baal ; d'où vient aussi qu'on dit *Miphiboseth,* au lieu de *Miphibaal.* —[*Voyez* JOSUÉ, § XXIII.]

* GEDEON, père d'Abidan, prince benjamite, *Nomb.* I, 11 ; II, 22.

GEDERA, GEDEROTH, GEDEROTHAÏM, GEDOR, etc. Ces mots ne marquent que la même ville que nous avons déjà vue sous les noms de GADERA, GASERA, GADEROTH, GASER, GAZEROTH, etc.

* GEDERA, ville de la tribu de Juda, *Jos.* XV, 36. N. Sanson suppose qu'elle est la même que Gader, ville royale des Chananéens, *Jos.* XII, 13. Barbié du Bocage et la Bible de Vence les distinguent. *Voyez* GADER.

* GEDEROTHAIM, ville de la tribu de Juda, *Jos.* XV, 86.

GEDOR, fils de Phanuel, de la tribu de Juda. I *Par.* IV, 4. — [Il y a dans le texte : *Phanuel pater Gedor ;* mais ici, comme dans beaucoup d'autres endroits de ce chapitre, *pater* signifie *chef,* prince. Ainsi Gédor est un nom de ville, et non pas un nom d'homme.]

GEDOR, fils de Jared, de la tribu de Juda. I *Par.* IV, 18.—[Même observation qu'à l'article précédent.]

GEDOR, fils [d'Abigabaon et] de Maacha, de la tribu de Benjamin. I *Par.* VIII, 31.

GEDOR. La même que *Geder,* ou *Gedera,* ou *Gadara,* etc.

[*Gédor* est reconnu dans la tribu de Juda, *Jos.* XV, 36, et I *Par.* VI, 4, 18, par le géographe de la Bible de Vence, et pour être la même que *Gador,* I *Par.* IV, 39. Barbié du Bocage la reconnaît, sous l'un et l'autre nom, dans la tribu de Dan, à l'est de Jamnia, et pour être la patrie de l'un des forts de David. Cendebée la releva et la fortifia, dit-il, d'après I *Mac.* XV, 40. Il dit encore que, près de là était une *vallée* qui portait son nom. Huré dit que Gédor était une *ville de la tribu de Juda, dans le partage de Dan,* et il indique *Jos.* XV, 58, et I *Mac.* XV, 39, 40, et I *Par.* IV, 4. *Voyez* CÉDRON, ville.]

GEDRUS. Du temps d'Eusèbe et de saint Jérôme (d), Gédrus était un gros lieu à dix milles de Diospolis, sur le chemin d'Eleuthéropolis. C'est apparemment le même que *Gedera,* ou *Gadara,* ou *Gedor.*

* GEHENNA. *Voyez* l'article suivant.

GEHENNOM, ou *Vallée d'Hennom,* ou GEHENNA, ou *Vallée des enfants d'Ennom* (e). C'était une vallée joignant Jérusalem, par où passaient les limites méridionales de la tribu de Benjamin. Eusèbe dit qu'elle était à l'orient de Jérusalem, et au pied de ses murailles. Mais il est certain qu'elle s'étendait aussi vers le midi, le long du torrent de Cédron. On croit que dans cette vallée était la voirie de Jérusalem, et qu'on y entretenait toujours un feu, pour brûler les charognes et les immondices (f) ; ce qui a fait donner à l'enfer le nom de *Gehenna* (g), à cause du feu éternel qui y doit brûler les méchants. D'autres croient avec plus de vraisemblance que le nom de *Gehenna,* donné à l'enfer, vient plutôt du feu que l'on entretenait dans la vallée d'Ennom, en l'honneur de Moloch, fausse divinité (h) que les Hébreux n'ont que trop souvent adorée, et à qui ils ont sou-

---

(a) *Judic.* VIII, 22, 23, etc.
(b) *Apud Euseb. l.* I *et* X *Præparat.*
(c) II. *Reg.* XI. 21, *in Hebr.*
(d) *Euseb. et Hieron. in Gedur.*
(e) Vide *Josue,* XV, 8, *et* IV *Reg.* XXIII, 10. גיא הנם

Gehennom, vallis Hennon.
(f) Vide *Kimchi in Psalm.* XXVII, *et Cosar. serm.* 1.
(g) *Matth.* v, 10 ; XVIII, 23. *Marc.* IX, 44. *Luc.* XXII, 5.
(h) Vide *Jerem.* VII, 50 *et seq.*

vent offert des victimes humaines de leurs propres enfants. Le roi Josias, pour souiller ce lieu (a) et le rendre odieux et méprisable aux Juifs, y fit jeter des ordures et des os de morts, afin qu'on n'y adorât plus Moloch, et qu'on n'y offrît plus de victimes humaines. *Ge-hennom*, en hébreu, signifie simplement la *vallée d'Hennom*.

[La vallée de Géhennon serait devenue, dans la suite, *l'ancien cimetière des Hébreux*, suivant le récit de M. Poujoulat. Voyez la *Corresp. d'Orient*, lettre CV, suite, tom. IV, pag. 359 et suiv.]

GEHON, nom d'un des quatre fleuves qui avaient leur source dans le paradis terrestre (b). Plusieurs ont cru, sans aucune apparence, que c'était le Nil; comme si le Nil, qui a sa source à plus de six cents lieues des sources de l'Euphrate et du Tigre, pouvait être marqué comme sortant d'un même jardin que ces deux autres fleuves. Les Arabes croient communément que c'est l'*Oxur*, fleuve qui prend sa source dans les monts Imaüs, et a son cours d'orient en occident; quand il s'approche du pays de Choraruzm, il serpente beaucoup, et semble retourner vers sa source; mais ensuite il se réfléchit, et vient décharger ses eaux dans la mer Caspienne vers le couchant. Ce fleuve fait la séparation naturelle entre les provinces habitées par les Turcs orientaux et les Perses. Les géographes modernes appellent l'Oxur *Abiamu*, c'est-à-dire, le fleuve *Amu;* les Arabes le nomment *Gehon*, et *Neher-Balkh*, la rivière de Balk, parce qu'il passe par cette ville-là. Ils croient qu'il a sa source dans le paradis, et que c'est un des quatre dénommés par Moïse.

D'autres croient que le Géhon est le canal le plus occidental des deux que font le Tigre et l'Euphrate joints ensemble, lorsqu'ils se séparent pour entrer dans la mer. C'est le sentiment de Calvin, de Scaliger et de plusieurs modernes; leur principale raison est que le canal oriental est le Phison. Mais le vrai est que l'un n'est pas plus certain que l'autre. D'autres soutiennent, au contraire, que le *Phison* est le canal occidental qui sépare l'assemblage de l'Euphrate et du Tigre, et que le *Géhon* est le canal oriental qui est formé après l'union de ces deux fleuves. Pour prouver ce sentiment, on dit que la terre de Chus, dans laquelle passe le *Géhon*, est la Cissie ou le Chuzestan. C'est le sentiment de M. Bochart et de M. Huet.

Jean Hopkinson, qui a fait une Dissertation sur le paradis terrestre, prend pour le Géhon le bras de l'Euphrate, que Pline dit avoir été détourné par les Chaldéens pour arroser leurs campagnes, et desséché par le grand nombre de coupures qu'ils en firent.

Mais, pour renverser tous ces systèmes, il ne faut qu'une réflexion, qui est que Moïse a voulu sans doute donner à connaître la situation du paradis terrestre par des caractères géographiques existants et connus de son temps. Or ni la coupure dont parle Hopkinson, ni les deux bras formés par les eaux du Nil, de l'Euphrate et du Tigre réunis, et puis séparés pour aller se dégorger séparément dans le golfe Persique : tout cela n'était pas encore fait du temps de Moïse. On ne peut donc pas dire que ce législateur ait eu en vue aucun de ces canaux pour désigner ni le Phison ni le Géhon.

Pline (c) dit expressément que les lits du Tigre et de l'Euphrate n'ont été joints qu'assez tard; qu'anciennement ils se dégorgeaient séparément dans le golfe Persique, et que leurs embouchures étaient éloignées de vingt-cinq mille pas selon les uns, ou de sept mille selon les autres : *Inter duorum amnium ostia xxv m. passus fuere, aut, ut alii tradunt, vii m. Sed longo tempore Euphratem præclusere Orcheni et accolæ agros rigantes, nec nisi per Tigrim defertur in mare.* Ailleurs il dit (d) qu'on montre encore l'embouchure par laquelle l'Euphrate tombait dans la mer: *locus ubi Euphratis ostium fuit.* Hérodote (e) attribue à la reine Nitocris les coupures et les saignées de l'Euphrate, qui ont rendu ce fleuve si faible et si dénué, de grand et de majestueux qu'il était auparavant. Cet auteur (f) parle encore de l'Euphrate comme tombant par son propre lit dans le golfe Persique, sans parler de sa jonction avec le Tigre. Pline (g) dit qu'on attribuait à Gobare, préfet de la Babylonie, les saignées de l'Euphrate : *sunt qui tradunt Euphratem Gobaris præfecti opere deductum ubi eum diximus scindi*, etc. Or certainement tout cela est bien éloigné du temps de Moïse.

Nous croyons que c'est l'Araxe, fleuve célèbre qui a sa source, comme l'Euphrate et le Tigre, dans les montagnes d'Arménie, et qui, coulant avec une rapidité presque incroyable, va se décharger dans la mer Caspienne. Le nom de *Géhon*, en hébreu, signifie *impétueux, rapide, violent*. L'auteur de l'Ecclésiastique (h) parle des inondations du Géhon au temps des vendanges, parce que l'Araxe s'enfle sur la fin de l'été, à cause de la fonte des neiges des montagnes d'Arménie. —[*Voyez* ARAXE, ARMÉNIE, etc., etc.]

GEHON, ou GEON, fontaine auprès de Jérusalem. *Voyez* GIHON, ou GION.

GELBOÉ, montagne célèbre par la défaite et par la mort du roi Saül et de son fils Jonathas (i). Eusèbe et saint Jérôme nous apprennent que cette montagne était à six milles de Bethsan, autrement Scythopolis, et qu'on y voyait encore un gros lieu, nommé *Gelbus*. Guillaume de Tyr (j) dit qu'au pied du mont Gelboé il y a une source qui coule près de la ville de Jezrael. David, dans le cantique lugubre qu'il fit en l'honneur de Saül

---

(a) IV Reg. xxiii, 10.
(b) Genes. ii, 13. גִּיחוֹן Gichon, ou Gehon.
(c) Plin. l. VI, c. xxvii.
(d) Idem, l. VI, c. xxviii.
(e) Herodot. l. I.
(f) Idem, l. I: *Euphrates, magnus et altus, et celer ex Armeniis in Rubrum mare decurrit.*
(g) Plin. l. VI, c. xxvi.
(h) Eccli. xxiv, 37.
(i) I Reg. xxxi, 1, 2, 3, etc.
(j) Guill. Tyr. l. XXII, c. xxvi.

et de Jonathas, insinue que cette montagne était fertile (a) : *Monts de Gelboé, que ni la rosée ni la pluie ne tombent jamais sur vous, et qu'on n'y voie jamais de champ qui produise des prémices, puisque sur vous a été jeté le bouclier de Saül*, etc. On dit qu'aujourd'hui ces montagnes sont sèches et stériles.

[La montagne de Gelboé était dans la tribu d'Issachar, et formait, dit Barbié du Bocage, l'extrémité nord des montagnes d'Ephraïm, sur la limite nord-ouest de la plaine de Jezrael ou d'Esdrelon. On lui donne environ mille pieds d'élévation. On y voyait un bourg assez considérable, appelé du même nom.]

* GELBOÉ, bourg situé en Issachar, sur la montagne de Gelboé, dit Barbié du Bocage.

GELBUS, au pied du mont Gelboé, à six milles de Scythopolis.

* GÉLILÉENS. *Voyez* COURONNÉS.

GELILOTH DU JOURDAIN. Quelques-uns croient que c'est un lieu au delà du Jourdain, où les tribus de Ruben, de Gad, et la demi-tribu de Manassé érigèrent un monument (b), pour servir de preuve de leur parenté avec les autres tribus qui étaient au deçà de ce fleuve (c). D'autres traduisent *Geliloth*, par les circuits, ou les tournoiements, ou même les limites, ou les hauteurs du Jourdain : *Tumuli Jordanis*. Dans Josué, XVIII, 18, on trouve *Geliloth*, pour marquer Galgale, ou les hauteurs qui sont aux environs de Galgal. La Vulgate : *Pertransit usque ad tumulos*.

GELMON (d), ou GELON, ou plutôt GILON, ville de Juda, lieu de la naissance d'Achitophel. II *Reg*. XXIII, 34. — [*Voyez* l'article suivant.]

* GELO, ville de Juda, II *Reg*. XXIII, 34, est nommée *Gilo*, Jos. XX, 51 ; II *Reg*. XV, 12. Ses habitants nommés *Gélonites*, II *Reg*. XXIII, 34 ; *Gilonites*, II *Reg*. XV, 12, et *Phélonites*, I *Par*. XI, 36.

GEMALLI, père d'Ammiel, de la tribu de Dan. *Num*. XIII, 13.

GEMARRE. Le nom de *Gemarra* (e) signifie *complément*, *perfection*. Les rabbins donnent au Pentateuque, ou aux cinq livres de Moïse, le nom de *Loi* simplement. Ils ont après cela le Talmud, qui est partagé en deux parties : la première, qui n'est qu'une application de la loi aux cas particuliers, avec la décision des anciens rabbins sur cela : cette première partie du Talmud est nommée *Mischna*, ou *Seconde Loi*, ou *Deuteroses* ; l'autre partie, qui est une explication plus étendue de la même loi, est une collection des décisions des rabbins postérieures à la *Mischna*. Ils la nomment *Gemarre*, perfection, achèvement, parce qu'ils la considèrent comme une explication de la loi à laquelle il n'y a rien à ajouter, et après laquelle il n'y a plus rien à souhaiter.

Il y a deux *Gémarres*, ou deux *Talmuds*, celui de Jérusalem et celui de Babylone. Celui de Jérusalem a été compilé, selon les Juifs, vers la fin du second ou du troisième siècle de Jésus-Christ, par un rabbin célèbre nommé Jochanan ; mais le père Morin, fameux critique, soutient que les Juifs donnent à la Gémarre une trop grande antiquité, et qu'elle ne fut achevée que vers la fin du septième siècle. Les Juifs estiment peu ce Talmud de Jérusalem à cause de son obscurité. La Gémarre de Babylone est plus nouvelle, à ce que disent les rabbins. Elle fut commencée par un docteur juif nommé Asé, et continuée par ses fils ou ses disciples, Marmar et Mar.

La Gémarre est à l'égard de la Misne ce que sont à notre égard les commentaires de nos théologiens sur le Maître des Sentences, ou sur la Somme de saint Thomas, à la différence que les Juifs donnent à leurs docteurs une autorité bien plus grande que nous n'en donnons aux nôtres. Ils croient que la Gémarre ne contient que la parole de Dieu, conservée dans la tradition des anciens, et transmise sans altération depuis Moïse jusqu'au rabbin Juda le Saint, Jochanan, Asé et José, et les autres compilateurs du Talmud, lesquels n'ont commencé à la rédiger par écrit que dans la crainte qu'elle ne se corrompît par les diverses transmigrations et persécutions auxquelles leur nation était sujette. On peut voir l'article TALMUD.

GENAM, ou plutôt, *Ge-naïs*, la vallée de Naïm, village dans le Grand-Champ de la Samarie. *Joseph. de Bello*, l. II, c. II ; *Reland*. p. 803.

GENE DE FEU, *feu éternel ;* les peines de l'enfer sont ordinairement exprimées dans l'Evangile par le terme de *gehenna*, ou *gehenna ignis* (f). Les rabbins croient que les âmes des méchants passent d'un chaud insupportable à un froid mortel, selon cette parole de Job (g) : *Ad nimium calorem transeat ab aquis nivium, et usque ad inferos peccatum illius :* Le pécheur passera des eaux de neige à une chaleur insupportable. *Voyez* ci-devant GEHENNOM.

GENEALOGIE, vient du terme grec *genealogia*, qui signifie le dénombrement des ancêtres. L'hébreu l'exprime d'ordinaire par, *sepher toledoth* (h), *liber generationum*. Les Hébreux étaient fort attentifs à conserver leurs généalogies, et on ne vit peut-être jamais de nation plus circonspecte sur cet article que la nation des Juifs. Nous trouvons encore aujourd'hui dans leurs livres saints des généalogies conduites pendant plus de trois mille cinq cents ans ; et dans nos évangélistes, nous voyons la généalogie de Jésus-Christ conduite pendant quatre mille ans, depuis Adam jusqu'à saint Joseph, ou jusqu'à Marie, sa père et mère. Dans Esdras (i) il est remarqué qu'on ne voulut

---

(a) II *Reg*. I, 6.
(b) *Josue*, XXII, 10.
(c) An du monde 2500, avant Jésus-Christ 1440, avant l'ère vulg. 1444.
(d) *Antiq*. l. VII, c. VIII, IV.

(e) *Chald*. גמרה de גמר *perficere, consummare*.
(f) *Matth., Marc., Luc. et Juc*.
(g) *Job*, XXIV, 19.
(h) ספר תולדות. *Liber generationis*. Gr. γενεαλογία.
(i) I *Esdr*. II, 62.

pas admettre au sacerdoce des prêtres qui n'avaient pu produire une généalogie exacte de leurs familles, et Josèphe (a) dit que, dans sa nation, on voit une suite de prêtres non interrompue depuis deux mille ans. Il ajoute que les prêtres ont un très-grand soin de conserver leurs généalogies, et que non-seulement dans la Judée, mais aussi dans la Babylonie, dans l'Egypte, et partout où ils se trouvent, ils ne se mésallient jamais, et ont des tables généalogiques exactes, dressées sur ces monuments authentiques qui se conservent à Jérusalem, et auxquels on a recours dans le besoin ; que dans les guerres, les persécutions et les disgrâces publiques, on a toujours eu une attention toute particulière à sauver ces monuments, et à les renouveler de temps en temps.

Il faut pourtant avouer que depuis la guerre des Romains contre les Juifs, arrivée environ trente ans après la mort de notre Sauveur, et depuis leur entière dispersion sous Adrien, arrivée à l'occasion de la révolte de Barcoquebas, les Juifs ont perdu leurs anciennes généalogies ; et il n'y en a peut-être aucun, même de ceux qui se disent de la race des prêtres, qui puisse produire des preuves authentiques de sa généalogie. Saint Jérôme (b) dit que les Juifs sont si versés dans la lecture de leurs livres et savent si parfaitement les généalogies qui y sont marquées, qu'ils récitent tous les noms depuis Abraham jusqu'à Zorobabel, comme s'ils prononçaient leur propre nom : *Ita illi a prima ætate, vernacula sui sermonis vocabula penitissimis sensibus imbiberunt, et ab exordio Adam usque ad extremum Zorobabel, omnium generationes ita memoriter velociterque percurrunt, ut eos suum putes referre nomen.* Saint Paul (c) semble condamner cette affectation de savoir les généalogies anciennes ; il les traite de vaines, d'inutiles et d'impertinentes, comme elles le sont en effet ; lorsqu'elles ne servent qu'à l'ostentation, et non à l'édification : *Stultas autem quæstiones et genealogias, et contentiones et pugnas Legis devita ; sunt enim inutiles et vanæ.*

GENERATION. Ce terme, outre sa signification ordinaire, se met aussi pour l'histoire et la généalogie d'un homme ; par exemple : *Hic est liber generationis Adam* (d) : Voilà l'histoire de la création d'Adam et celle de sa postérité. *Istæ sunt generationes cœli et terræ* (e) : Voilà le récit de la création du ciel et de la terre. Et : *Liber generationis Jesu Christi filii David* (f) : Voici la généalogie de Jésus-Christ, et l'histoire de sa vie.

Les anciens comptaient quelquefois par génération, et l'Ecriture assez souvent suit cette méthode. *Vos descendants reviendront à la quatrième génération* (g). Joseph vit les enfants d'Ephraïm jusqu'à la troisième génération (h). Le bâtard n'entrera pas dans l'assemblée du Seigneur, *jusqu'à la dixième génération* (i). Mais parmi les anciens, lorsque la durée des générations n'était pas bien marquée par l'âge des quatre hommes qui se succédaient de père en fils, on la fixait, les uns à cent ans, les autres à cent dix, les autres à trente-trois, à trente, à vingt-cinq, ou même à vingt ans. Ainsi il n'y avait sur cela rien de fixe et d'uniforme. Seulement on remarque que la durée des générations est d'autant plus longue, qu'elle approche plus des anciens temps. Par exemple, Homère dit que Nestor avait vécu trois générations, et qu'il courait la quatrième, c'est-à-dire, qu'il avait vécu plus de trois cents ans.

Cette génération ne passera point que tout ceci n'arrive (j). Tous les hommes qui vivent aujourd'hui ne seront pas morts lorsque ceci arrivera : il y en a qui vivent aujourd'hui qui seront témoins des maux que je prédis. *Les hommes de cette génération* (k), les hommes d'aujourd'hui. *Génération infidèle et perverse* (l). Et (m) : *Sauvez-vous du milieu de cette génération*, de ces hommes pervers. *La génération de la génération* (n) marque les siècles à venir. *Generationem ejus quis enarrabit?* Isai. LIII, 8 : Qui racontera la génération éternelle du Messie ? *Generatio Dei conservat eum*, I Joan. v. 18 : Les saints, les prédestinés qui sont créés de Dieu, qui sont ses enfants par la régénération, vivent dans l'innocence, parce que cette régénération, cette qualité d'enfants de Dieu les conserve et les garantit du péché.

GENESAR, ou GÉNÉSARETH. *Lac de Génésareth*, le même que le *lac de Tibériade*, et la *mer de Cinéreth*, ou *Cénéreth*. Voyez CÉNÉRETH.

[Au mois d'octobre 1832, M. de Lamartine contemplait avec admiration le lac de Génésareth, et il écrivait les lignes que je vais rapporter :

« Nous remontâmes à cheval pour longer, jusqu'au bout de la mer de Tibériade, les bords sacrés du beau lac de Génésareth. La caravane s'éloignait en silence du village où nous avions dormi, et marchait sur la rive occidentale du lac, à quelques pas de ses flots, sur une plage de sable et de cailloux, semés çà et là de quelques touffes de lauriers-roses et d'arbustes à feuilles légères et dentelées qui portent une fleur semblable au lilas. A notre gauche, une chaîne de collines à pic, noires, dépouillées, creusées de ravines profondes, tachetées de distance en distance par d'immenses pierres éparses et volcaniques, s'étendait le long du rivage que nous allions côtoyer, et, s'avançant en promontoire sombre et nu à peu près au milieu de la mer, nous cachait la ville de

---

(a) *Joseph. l.* I *contra Appion.* p. 1036.
(b) *Hieronym. ad Tit.* III, p. 208, d., *vet. edition.*
(c) *Tit.* III, 9. M. Basnage croit que les généalogies que saint Paul condamne sont les *sephiroth* dont parlent les rabbins.
(d) *Genes.* v, 1.
(e) *Genes.* II, 4.
(f) *Matth.* I, 1.
(g) *Genes.* xv, 16.
(h) *Genes.* L, 22.
(i) *Deut.* XXIII, 3.
(j) *Matth.* XXIV, 34.
(k) *Luc.* XI, 31.
(l) *Luc.* IX, 41.
(m) *Act.* II, 40.
(n) *Psalm.* XXXII, 11, *et passim.*

Tibériade et le fond du lac du côté du Liban. Nul d'entre nous n'élevait la voix; toutes les pensées étaient intimes, pressées et profondes, tant les souvenirs sacrés parlaient haut dans l'âme de chacun de nous. Quant à moi, jamais aucun lieu de la terre ne me parla au cœur plus fort et plus délicieusement. J'ai toujours aimé à parcourir la scène physique des lieux habités par les hommes que j'ai connus, admirés, aimés ou vénérés, parmi les vivants comme parmi les morts. Le pays qu'un grand homme a habité et préféré pendant son passage sur la terre m'a toujours paru la plus sûre et la plus parlante relique de lui-même, une sorte de manifestation matérielle de son génie, une révélation muette d'une partie de son âme, un commentaire vivant et sensible de sa vie, de ses actions et de ses pensées....

» Mais ce n'était plus un grand homme ou un grand poëte dont je visitais le séjour favori ici-bas; — c'était l'homme des hommes, l'homme divin, la nature et le génie de la vertu faits chair, la divinité incarnée, dont je venais adorer les traces sur les rivages mêmes où il en imprima le plus, sur les flots mêmes qui le portèrent, sur les collines où il s'asseyait, sur les pierres où il reposait son front. Il avait, de ses yeux mortels, vu cette mer, ces flots, ces collines, ces pierres; ou plutôt cette mer, ces flots, ces collines, ces pierres l'avaient vu; il avait foulé cent fois ce chemin où je marchais respectueusement; ses pieds avaient soulevé cette poussière qui s'envolait sous les miens; pendant les trois années de sa mission divine il va et vient sans cesse de Nazareth à Tibériade, de Jérusalem à Tibériade; il se promène dans les barques des pêcheurs sur la mer de Galilée; il en calme les tempêtes; il y monte sur les flots en donnant la main à son apôtre de peu de foi comme moi, main céleste dont j'ai besoin plus que lui dans les tempêtes d'opinions et de pensées plus terribles!

» La grande et mystérieuse scène de l'Evangile se passe presque tout entière sur ce lac, et au bord de ce lac, et sur les montagnes qui entourent et qui voient ce lac. Voilà *Emmaüs*, où il choisit au hasard ses disciples parmi les derniers des hommes, pour témoigner que la force de sa doctrine est dans sa doctrine même, et non dans ses impuissants organes. Voilà *Tibériade*, où il apparut à saint Pierre, et fonda en trois paroles l'éternelle hiérarchie de son Eglise. Voilà *Capharnaüm*, voilà la montagne où il fait le beau *sermon de la montagne;* voilà celle où il prononce les nouvelles *béatitudes* selon Dieu; — voilà celle où il s'écrie : *Misereor super turbam!* et multiplie les pains et les poissons, comme sa parole enfante et multiplie la vie de l'âme; voilà le golfe de la *pêche miraculeuse;* voilà tout l'Evangile enfin, avec ses paraboles touchantes et ses images tendres et délicieuses qui nous apparaissent telles qu'elles apparaissaient aux auditeurs du divin Maître, quand il leur montrait du doigt l'agneau, le bercail, le bon pasteur, le lis de la vallée; voilà enfin le pays que le Christ a préféré sur cette terre, celui qu'il a choisi pour en faire l'avant-scène de son drame mystérieux; celui où, pendant sa vie obscure de trente ans, il avait ses parents et ses amis selon la chair; celui où cette nature dont il avait la clef lui apparaissait avec le plus de charmes; voilà ces montagnes où il regardait comme nous se lever et se coucher le soleil qui mesurait si rapidement ses jours mortels; c'était là qu'il venait se reposer, méditer, prier et aimer les hommes et Dieu (1). »]

GENESE, le premier livre sacré de l'Ecriture. Il est nommé *Genèse* ou *génération*, parce qu'on trouve la généalogie des premiers patriarches, depuis Adam jusqu'aux fils et petits-fils de Jacob. Ce livre est appelé *Bereschith* en hébreu (a), parce que, dans la langue originale, il commence par ces termes. Il contient l'histoire de deux mille trois cent soixante-neuf ans, depuis le commencement du monde jusqu'à la mort du patriarche Joseph. Nous ne doutons pas que la Genèse et tout le Pentateuque ne soient l'ouvrage de Moïse. On peut voir les traités qui ont été écrits sur cette matière.

GENET. *Voyez* GENÉVRIER, qui suit.

GENEVRIER, sorte d'arbre fort commun. Il en est fait mention dans le texte latin de l'Ecriture en deux endroits. Elisée, fuyant Jézabel (b) alla du côté de Bersabée; et, étant accablé de fatigue, il se jeta sous un genévrier. L'hébreu *rethem*, רתם, que saint Jérôme, après Aquila, a traduit par un *genévrier*, est rendu dans le syriaque par *un térébinthe*, et dans le chaldéen par *un genêt*. Les Septante ont conservé l'hébreu *rathom*, ou *rethem*, et Symmaque a mis simplement *un couvert*. [Le mot hébreu désigne plutôt le *genêt*, le *spartium junceum* de Linnée, qui croît dans les déserts de l'Arabie et que Forskal a décrit. On l'appelle vulgairement *genêt d'Espagne.*]

Dans Job (XXX, 4) il est aussi parlé du genévrier dans le texte de la Vulgate : *La racine des genévriers leur servait de nourriture.* Mais ce qui rend cette traduction fort suspecte, c'est que la racine du genévrier n'est nullement propre à manger, non plus que celle du térébinthe ou du genêt. Ainsi il y a assez d'apparence que l'hébreu *rhetem* signifie en général un arbuste sauvage, ou même une plante sauvage. Le grec *radhamnos*, qui vient de l'hébreu *rathom*, signifie en général une jeune plante, un rejeton, un germe, etc.

[Dans le texte cité de Job il s'agit aussi du *genêt*, comme le fait voir Schultens sur ce texte même. Voici, au reste, ce que dit Forskal, que j'ai déjà nommé.

« *Ginesta* (Arab. *Raetam*); foliis simplicibus; ramis alternis, striatis; fructu ovali; uno loculari... Rosettæ vidi plantam e desertis allatam; postea abundantissime cre-

---

(a) ברשית *Bereschith., Genesis.*, Γενεσις.
(b) III *Reg.* xix, 4, 5.

(1) M. de Lamartine, *Voyage en Orient*, tom. I, pag. 328-331.

scentem inveni circa *Sues* in campis arenosis, altitudine fruticuli. Arab. *Ruetam beham.* Radix perquam amara ; decoctum bibunt Arabes dolore cordis (hypochondria) laborantes. Herba in aqua macerata vulneribus imponitur. Annon hæc ginesta cum hebr. רתם? In Hispania Arabicum nomen a prisco usque Saracenorum ævo servatum hodie *Retama* sonat. Vitæ pauperrimæ symbolum est Job XXX, 4, et hominis in deserto palantis, cui nullum superest alimentum nisi hujus radicis, quam Arabum nemo gustare cupit propter amaritiem. Designat quoque ipsa loca sterilia, tristia, sine arbore et umbra; ipse frutex ramis sparsis, raris, miserum est refugium in aperto et fervido campo (Confer III *Reg.* XIX, 4). Igni injecta *fragore tonat*, velut juniperus, hæc nota apprime convenit animo iracundo et immiti, *Ps.* CXIX, 4. » *Flora Ægyptiatico-Arabica*, pag. 216, apud Michael. *supplem.*, pag. 2270, 2271. Voyez aussi Celsius, *Hierobot.*, p. I, pag. 246-250, et Schultens, *in Job.*]

GENISSE. *Voyez* VACHE.

*GENNÉE, père d'un Apollonius, II *Mac.* XII, 2.

*GENTHON, un de ceux qui signèrent l'alliance avec le Seigneur au temps de Néhémie. *Neh.* X, 6.

GENTIL. Les Hébreux appelaient les Gentils du nom général de *Goïim* (*a*), qui signifie les nations qui n'ont reçu ni la foi ni la loi du Seigneur. Tout ce qui n'est point Juif ni circoncis est compris sous le nom de *Goïim;* la porte de la vie et de la justification n'était ouverte aux nations que par la foi et par la profession de la religion des Juifs avant Jésus-Christ. Ils appelaient *prosélytes* ceux qui se convertissaient, et qui embrassaient le judaïsme. Depuis la prédication de l'Evangile, la vraie religion n'est point bornée à une seule nation et à un seul pays, comme autrefois; Dieu, qui avait promis par ses prophètes d'appeler les Gentils à la foi, a exécuté ses promesses avec une surabondance de grâces; en sorte que l'Eglise chrétienne n'est presque composée que de Gentils convertis, et les Juifs, trop fiers de leurs prérogatives, ont été pour la plupart abandonnés à leur sens réprouvé, et ont méconnu Jésus-Christ leur Messie et leur libérateur, après lequel ils soupiraient depuis tant de siècles. Dans saint Paul (*b*), ordinairement les Gentils sont compris sous le nom de Grecs; *Judæus et Græcus* marquent les Juifs et les Gentils. Saint Luc dans les Actes (*c*) s'exprime de même.

Saint Paul est communément appelé l'*Apôtre des Gentils* (*d*), ou des Grecs, parce qu'il était principalement envoyé vers les peuples idolâtres, pour leur prêcher Jésus-Christ, au lieu que saint Pierre et les autres apôtres prêchaient plus ordinairement aux Juifs; d'où vient qu'on les nomme les apôtres de la *circoncision* (*e*) : *Creditum est mihi Evangelium præputii, sicut et Petro circumcisionis.*

Les anciens prophètes avaient annoncé d'une manière très précise la vocation des Gentils. Jacob (*f*) avait prédit que les nations espéreraient au Messie, et que celui qui devait être envoyé, le *Siloh*, serait l'attente des Gentils (*g*) : *Ipse erit exspectatio Gentium.* Salomon, après avoir dédié le temple qu'il avait bâti au Seigneur, adresse à Dieu cette prière : *Si quelque étranger qui n'est pas de votre peuple d'Israel vient ici d'une terre éloignée, attiré par votre grand nom et par les prodiges de votre main puissante, et de votre bras étendu, pour adorer dans ce saint lieu, vous l'exaucerez du ciel, qui est une demeure éternelle et permanente, et vous exécuterez ce que cet étranger demandera de vous, afin que tous les peuples du monde connaissent votre nom, et vous craignent, comme votre peuple d'Israel.*

Le Psalmiste (*h*) dit que le Seigneur donnera au Messie les Gentils pour son héritage : *Dabo tibi gentes hæreditatem tuam;* que l'Egypte et Babylone le connaîtront (*i*); que l'Ethiopie se hâtera de lui apporter des présents (*j*); que les rois de Tharsis et les îles, les rois des Arabes et des Sabéens lui seront tributaires. Isaïe est tout plein de pareilles prophéties, ce qui lui a mérité le nom de prophète des Gentils. *Dans les derniers temps*, dit-il (*k*), *la montagne du Seigneur sera établie sur le sommet des montagnes, et toutes les nations y viendront en foule, et des multitudes de Gentils s'y rendront, en disant : Venez, montons à la montagne du Seigneur, et à la maison du Dieu de Jacob. Il nous enseignera ses voies, et nous marcherons dans ses sentiers.* Et ailleurs (*l*) : *Je vous ai établi pour être la lumière des Gentils, afin que vous soyez mon salut, ou que vous l'annonciez, et que vous le procuriez aux nations étrangères, jusqu'à l'extrémité de la terre.* Et Zacharie (*m*) : *Le temps viendra, dit le Seigneur, que dix hommes de toutes les langues des Gentils prendront le pan de l'habit d'un Juif, et lui diront : Nous voulons aller avec vous au temple du Seigneur à Jérusalem; car nous avons appris que le Seigneur Dieu est avec vous.* Ezéchiel dans la description qu'il fait du temple de Jérusalem, y marque un parvis pour les Gentils.

Dans le Nouveau Testament nous voyons que les Gentils se rendaient quelquefois à Jérusalem pour y adorer le Seigneur. Quelques-uns de ceux-là, y étant venus peu de temps après la mort du Sauveur (*n*), s'adressèrent à saint Philippe, et le prièrent de leur faire voir Jésus-Christ. Philippe le dit à

(*a*) גוים *Goïm.* Ἔθνη.
(*b*) *Rom.* I, 14, 16; II, 9, 10; III, 9; x, 12. I *Cor.* I, 22, 24. *Galat.* III, 28.
(*c*) *Act.* VI, 1 ; XI, 20; XVIII, 4, etc.
(*d*) I *Tim.* II, 7. *Positus sum ego prædicator et apostolus et doctor gentium.*
(*e*) *Galat.* II, 7.
(*f*) *Genes.* XLIX, 10.
(*g*) II *Par.* VI, 32.
(*h*) *Psalm.* II, 8.
(*i*) *Psalm.* LXXXVI, 4.
(*j*) *Psalm.* LXXI, 9, 10.
(*k*) *Isai.* II, 2, 3, 4.
(*l*) *Isai.* XLIX, 6.
(*m*) *Zach.* VIII, 23.
(*n*) *Joan.* XII, 20, 21.

André, et Philippe et André le dirent à Jésus, qui leur répondit : *l'heure est venue que le Fils de l'homme sera glorifié.* L'eunuque de la reine Candace, qui était venu à Jérusalem (a), était aussi gentil, selon plusieurs Pères. Josèphe l'historien (b) dit que l'on avait fait dans le parvis du temple un mur ou balustrade à hauteur d'appui, et qu'il y avait d'espace en espace des colonnes avec des inscriptions en grec et en latin, qui portaient qu'il était défendu aux étrangers d'entrer plus avant; on y recevait leurs offrandes, et on y offrait pour eux des sacrifices; mais ils ne pouvaient se présenter eux-mêmes à l'autel.

Pompée entra jusque dans le sanctuaire (c); mais il n'y commit rien d'indécent; et le lendemain il ordonna qu'on purifiât le temple, et qu'on y offrît les sacrifices accoutumés. Peu de temps avant la dernière révolte des Juifs (d), quelques mutins voulurent persuader aux prêtres de ne recevoir ni hostie, ni victime qui ne fût offerte par les Juifs, et les obligèrent de rejeter celles que l'empereur faisait offrir pour le peuple romain. Les plus sages de la nation eurent beau leur montrer le danger auquel ils exposaient leur patrie (e), et que leurs ancêtres n'avaient jamais rejeté les présents des Gentils, et que le temple était orné pour la plus grande partie des offrandes qu'ils y avaient faites ; ils leur produisirent en même temps les plus savants d'entre les prêtres, qui avaient étudié toute leur vie les cérémonies de la loi, lesquels témoignèrent que leurs ancêtres avaient toujours reçu des sacrifices des étrangers.

Quelques anciens Pères semblent avoir cru que les Gentils qui ont vécu d'une manière louable et réglée, et qui ont observé la loi naturelle, ont eu part au salut. Saint Paul dans l'Epître aux Romains a donné lieu à cette opinion. Il dit que (f) *la gloire, l'honneur et la paix seront le partage de tout homme qui fait le bien ; du Juif premièrement, et du Gentil : car Dieu ne fait point acception de personne.... Lors donc que les Gentils qui n'ont point la loi, font naturellement les choses que la loi commande, n'ayant pas la loi, ils se tiennent à eux-mêmes lieu de loi, faisant voir que ce qui est prescrit par la loi, est écrit dans leur cœur. Si donc un homme incirconcis* (un Gentil) *observe les ordonnances de la loi, n'est-il pas vrai qu'il sera considéré comme circoncis, et qu'il vous condamnera, vous qui, étant circoncis, et ayant reçu la loi, êtes violateurs de la loi ?*

Saint Justin le Martyr (g) soutient que les anciens philosophes, qui ont vécu conformément à la raison, étaient déjà chrétiens, quoiqu'ils ne connussent pas Jésus-Christ; comme, par exemple, chez les Grecs, Socrate, Héraclite, et quelques autres ; et chez les barbares Abraham, Ananias, Azarias, Misael et Elie, et plusieurs autres.

Saint Clément d'Alexandrie (h) avance, que ceux qui ont vécu avant Jésus-Christ, ont eu deux moyens pour acquérir la justification : savoir la loi et la philosophie. La philosophie pouvait les rendre justes, ou du moins les disposer à la justice; c'était comme un degré pour y parvenir : elle produisait une justice, mais non pas entière et parfaite. Il dit de plus que les Gentils qui sont sortis de ce monde avant la mort du Sauveur, attendaient dans l'enfer la venue de Jésus-Christ ou des apôtres, et qu'ayant entendu leur prédication, ils crurent et furent sauvés. Il a pris ce dernier sentiment de ces paroles de saint Pierre (i) : *Jésus-Christ étant mort en sa chair, et s'étant réconcilié par l'esprit, alla prêcher aux esprits qui étaient en prison, qui autrefois avaient été incrédules.*

Ce passage de saint Pierre a donné assez d'exercice aux commentateurs. Saint Augustin (j) a dit aussi que l'âme de Jésus-Christ descendant aux enfers, c'est-à-dire, au lieu où les âmes des méchants étaient tourmentées, délivra des tourments celles que sa justice, impénétrable aux hommes, jugea en devoir être délivrées. Origène (k) est encore plus favorable au salut des Gentils. Il dit que l'âme de Jésus-Christ, étant sortie de son corps, avait conféré avec les autres âmes, pour convertir ceux d'entre les morts qui étaient les plus dociles ou les plus propres pour certaines raisons à recevoir sa doctrine. Saint Grégoire de Nazianze (l), parlant de la descente de Jésus-Christ aux enfers, laisse en doute s'il a sauvé tous ceux qu'il y trouva sans exception, ou seulement ceux qui avaient cru. Sur quoi Nicétas, qui a écrit sur le texte de ce Père, fait cette remarque: On raconte qu'un chrétien zélé s'étant un jour emporté contre Platon, le traitant d'impie et de méchant, la nuit suivante Platon lui apparut et lui reprocha la manière dont il l'avait traité : J'avoue, lui dit-il, *que je suis un grand pécheur* ; mais lorsque *Jésus-Christ vint dans les enfers, je fus le premier qui crut en lui.*

Saint Chrysostome (m) croit que ceux qui sont morts avant Jésus-Christ, et qui pour cette raison n'ont pu parvenir à sa connaissance, s'ils ont abandonné l'idolâtrie pour ne reconnaître qu'un seul Dieu, et s'ils ont mené une vie réglée et louable, auront part au bonheur du ciel. On pourrait ajouter grand nombre d'autres passages et d'autorités, tant des Pères que des docteurs chrétiens et catholiques, qui ont cru que les gens de bien parmi les Gentils, et ceux qui avaient vécu moralement bien, et qui avaient renoncé à l'idolâtrie, avaient eu part au royaume des cieux. Ceux que nous pourrions citer

---

(a) Act. viii, 27.
(b) Joseph. de Bello, l. VI, c. vi, seu ιδ, p. 916.
(c) Idem, l. I, c. v, p. 720.
(d) Idem, l. II, c. xvii, p. 809, 810.
(e) Ibidem, τοὺς μὲν προγόνους αὐτῶν κεκοσμηκέναι τὸν ναὸν ἐκ τῶν Ἀναθημάτων τῶν ἀλλοφύλων τὸ πλεῖον, αἰεὶ προσδεχομένους τὰς ἀπὸ τῶν ἔξωθεν ἐθνῶν δωρεάς.
(f) Rom. ii, 9, 10, 11, etc.

(g) Justin. Apologia 2, p. 83.
(h) Clem. Alex. l. VI Stromat. p. 637, 638, 639, et ibidem l. I, p. 319.
(i) I Petr. iii, 19.
(j) Aug. de Genes. ad litter. l. XII, c. xxxv.
(k) Origen. contra Cels. l. II, p. 438.
(l) Gregor. Nazianz. orat. 42.
(m) Chrysost. homil. 37 in Matth. p. 431.

n'en diraient pas davantage et n'auraient pas plus d'autorité que ceux que nous venons de rapporter.

Il faut à présent examiner si leur sentiment a été que les Gentils qui ont suivi la loi naturelle ont eu part au royaume des cieux ; et supposé qu'ils l'aient cru, si ce sentiment est orthodoxe. On veut bien convenir qu'un petit nombre de Pères ont cru que les Gentils qui ont eu la connaissance de Dieu, et qui ont vécu d'une manière louable et moralement bonne, sont parvenus à la béatitude. Il faut développer l'équivoque de ces mots, *connaître Dieu*, et *vivre moralement bien*. Si les premiers ne marquent qu'une connaissance purement spéculative, stérile, comme est celle des démons et des impies, et celle de ces philosophes dont parle saint Paul, *qui ont retenu la vérité captive, et qui, ayant connu Dieu, ne l'ont pas honoré*, certainement une telle connaissance ne peut servir de rien au salut ; elle n'est propre qu'à augmenter la condamnation de ces philosophes.

Aussi les Pères veulent qu'outre cela ils vivent louablement et moralement bien ; c'est-à-dire, qu'ils connaissent Dieu, qu'ils l'aiment, qu'ils lui rendent gloire, qu'ils espèrent en lui, qu'ils suivent les préceptes de la loi naturelle, et qu'ils les observent comme il faut ; c'est-à-dire, dans la vue de Dieu et par des actions animées de la grâce et de la charité, sans lesquelles il est impossible de parvenir au salut. Il faut qu'ils pratiquent le premier et le plus grand de tous les commandements, qui est d'aimer Dieu de tout son cœur, et qu'outre cela ils aiment leur prochain comme eux-mêmes. Si l'on peut montrer que les philosophes Sénèque, Socrate, Héraclite, Platon, ont connu, aimé et servi Dieu de cette manière, je ne crois pas qu'il y ait aucun théologien qui ose leur fermer l'entrée du ciel ; mais si l'on examine la vie qu'ils ont menée, je doute fort qu'on la trouve conforme à ces règles. On peut voir cette question traitée plus à fond dans Pérérius sur l'Epître aux Romains, et dans notre dissertation sur le même sujet.

GENUBATH, fils d'Adad, Iduméen, et de Taphnès, sœur de la femme de Pharaon, naquit en Egypte et fut élevé avec les fils de Pharaon (*a*).

GERA, père d'Aod, juge d'Israel. *Judic.* III; 15.

GERA, de la tribu de Benjamin, père de Séméi (*b*).

GERA, fils de Balé et petit-fils de Benjamin, *Gen.* XLVI, 21 ; I *Par.* VIII, 3, 5, 7.

GERARA, ou GÉRARE, ville des Philistins, au midi des terres de Juda [*Gen.* X, 19]. Cette ville avait des rois nommés Abimélech, du temps d'Abraham et d'Isaac ; et ces deux patriarches ayant été obligés de demeurer quelque temps à Gérare, furent obligés, pour conserver leur vie, de dire que leurs femmes n'étaient que leurs sœurs. On peut voir la Genèse, chap. XXI et XXVI, et les articles d'ABIMÉLECH, d'ABRAHAM et d'ISAAC.

Gérare était fort avancée dans l'Arabie Pétrée, étant à vingt-cinq milles d'Eleuthéropolis (*c*), au delà du Daroma, c'est-à-dire, de la partie méridionale du pays de Juda. Moïse dit qu'elle était entre Cadès et Sur (*d*). Saint Jérôme, dans ses *Traditions hébraïques sur la Genèse*, dit que de Gérare à Jérusalem, il y a trois jours de chemin. Il y avait près de Gérare un bois, dont il est fait mention dans Théodoret (*e*) ; et un torrent sur lequel était un monastère d'hommes, dont parle Sozomène (*f*). Moïse (*g*) parle aussi du torrent ou de la vallée de Gérare. Sozomène (*h*) parle d'une petite ville de *Gerres*, à cinquante stades de Peluse ; et on lit dans les livres des Machabées, que Judas fut établi gouverneur de toute la côte depuis Ptolémaïde jusqu'aux *Gerréens* (*i*). On a confondu Gérare avec Bersabée (*j*), avec Ascalon (*k*), avec Aluz (*l*), avec Arad (*m*).

[Un écrivain trop connu a nié, dans le siècle dernier, que la ville de Gérare eût existé. *Voyez* mon *Histoire de l'Ancien Testament*, tom. I, pag. 53, col. 2.]

GERASA, ou GERGESA, ville au delà, et à l'orient de la mer Morte. Elle est attribuée par les uns à la Cœlé-Syrie, par d'autres, à l'Arabie ; et on la met parmi les villes de la Décapole. Saint Matthieu (*n*) dit que Jésus-Christ étant passé dans le pays des *Géraséniens*, deux possédés, qui demeuraient dans des sépulcres, vinrent au-devant de lui, et lui dirent : *Jésus, Fils de Dieu, qu'y a-t-il entre vous et nous? Etes-vous venu ici pour nous tourmenter avant le temps?* Ils ajoutèrent : *Si vous nous chassez d'ici, envoyez-nous dans ce troupeau de pourceaux, qui est proche*. Jésus leur répondit : *Allez*. Et étant sortis, ils entrèrent dans ces pourceaux, qui se précipitèrent aussitôt dans la mer, et s'y noyèrent.

Le Grec imprimé de saint Matthieu, au lieu de *Géraséniens*, porte *Gergéséniens*; et quelques exemplaires grecs lisent *Gédaréniens*. Saint Luc, et saint Marc lisent de même. Origène (*o*) croit que la vraie leçon n'est ni *Gérasa*, ni *Gédara*; puisque ni l'une, ni l'autre de ces villes n'est au voisinage de la mer, et n'a auprès de soi des précipices, comme il y en avait près de la ville où Jésus guérit les deux possédés. Il croit donc qu'il faut entendre en cet endroit la ville de Gergesa, sur le lac de Tibériade, où l'on montrait de son temps les rochers et les précipices, d'où les porcs se précipitèrent dans le lac. [*Voyez* GADARA. « La ville de *Gé-*

(*a*) III *Reg.* xi, 20.
(*b*) III *Reg.* xvi, 5.
(*c*) Euseb. *in locis. Hieron. ibid.*
(*d*) *Genes.* xx, 1.
(*e*) Theodoret. *in* II *Par. qu.* 1.
(*f*) Sozomen. *Hist. l.* VI, c. xxxii, et *l.* IX, c. xvii.
(*g*) *Genes.* xxvi, 27.
(*h*) Sozom. *l.* VIII, c. ix.
(*i*) II *Mac.* xiii, 24.
(*j*) Cyrill. *in Amos*, p. 299.
(*k*) Syncell. *in Chronic.* p. 200, et *Vers. Samarit.*
(*l*) Arab. *in Genes.* xxvi, 1.
(*m*) Targum. Jerosol. ad Genes. xx, 1, 2.
(*n*) Matth. viii, 28.
(*o*) Origen. *in Joan.*

rasa, nommée aujourd'hui *Dsières*, dit Barbié du Bocage, possède des ruines non moins remarquables que celles de Palmyre et de Baalbeck, et qui témoignent de sa grande importance : c'est en touchant son territoire que Jésus-Christ guérit deux possédés du démon, qui étaient si furieux que personne n'osait y passer, à cause de la terreur qu'ils inspiraient. Ce territoire devait s'étendre jusqu'au bord de la mer de Galilée. On a, nous le croyons, confondu à tort les *Géraséniens* avec les *Gergéséens*. »]

GERBE. Le lendemain de la fête de Pâque (a) on apportait au temple une gerbe, comme les prémices de la moisson des orges ; et voici les cérémonies qui s'y observaient. Le quinzième de nisan au soir, lorsque la fête du premier jour de la pâque était passée (b), et que le second jour, qui était jour ouvrable, était commencé, la maison du Jugement députait trois hommes, pour aller en solennité cueillir la gerbe d'orge. Les villes des environs s'assemblaient pour voir la cérémonie. L'orge se cueillait dans le territoire de Jérusalem. Les députés demandaient par trois fois si le soleil était couché ; et on leur répondait trois fois qu'il l'était. Ensuite ils demandaient trois fois la permission de couper la gerbe ; et trois fois on la leur accordait. Ils la moissonnaient dans trois champs divers avec trois faucilles différentes, et on mettait les épis dans trois cassettes, pour les apporter au temple.

Lorsque la gerbe, ou, si l'on veut, les trois gerbes étaient au temple, on les battait dans le parvis ; et du grain qui en résultait, on en prenait un plein gomor, c'est-à-dire environ trois pintes, après l'avoir bien vanné, bien rôti et concassé. On répandait par-dessus un log d'huile, c'est-à-dire un demi-setier, un poisson et un peu plus. On y ajoutait une poignée d'encens ; et le prêtre qui recevait cette offrande, l'agitait devant le Seigneur, vers les quatre parties du monde, en forme de croix. Il en jetait une partie sur l'autel, et le reste était à lui. Après cela chacun pouvait commencer sa moisson.

GERGESA, ville ancienne, au delà, et à l'orient de la mer de Tibériade. *Voyez* ci-devant GERASA. Origène (c) croit que c'est à Gergesa qu'arriva le miracle de la guérison des deux possédés, marqué dans saint Matthieu, VIII, 28.

GERGESEENS, anciens peuples de la terre de Chanaan, et descendants de Gergéséus, cinquième fils de Chanaan [*Gen.* X, 16 ; I *Par.* I, 13]. La demeure de ces peuples était au delà de la mer de Tibériade, où l'on trouve des vestiges de leur nom dans la ville de *Gergésé*, sur le lac de Tibériade.

[Les Gergéséens étaient au nombre des sept peuples de Chanaan dont les terres devaient être données aux Israélites. *Gen.* XV, 21 ; *Deut.* VII, 1 ; *Jos.* III. 10 ; XXIV, 11. Ils devaient habiter, dit Barbié du Bocage, vers les sources du Jourdain.]

Les docteurs Juifs (d) enseignent que les Gergéséens, à l'entrée de Josué dans la terre de Chanaan, prirent le parti d'abandonner leur pays, plutôt que de se soumettre aux Hébreux. Les rabbins croient que Josué proposa aux Chananéens trois conditions : la fuite, l'assujettissement, ou la guerre. Les Gergéséens prirent la fuite et se retirèrent en Afrique. Les Gabaonites se soumirent à la servitude ; et les autres Chananéens firent la guerre.

On ne nous apprend pas en particulier en quel pays de l'Afrique se retirèrent les Gergéséens ; mais c'est une très-ancienne tradition que plusieurs Chananéens y passèrent, lorsque Josué entra dans la Terre promise. Procope (e) dit qu'ils se retirèrent d'abord en Égypte, et que de là ils se répandirent en différents endroits de l'Afrique, où ils possédèrent plusieurs villes ; et qu'encore de son temps on voyait dans la ville de Tingis deux grandes colonnes de pierres blanches, dressées près de la grande fontaine, avec une inscription en caractères phéniciens, qui portait : *Nous sommes des peuples qui avons pris la fuite devant ce voleur de Jésus, fils de Navé.*

Les docteurs hébreux (f) racontent encore que les Gergéséens vinrent porter leurs plaintes devant Alexandre le Grand, lui demandant la restitution de leur pays, qu'ils soutenaient avoir été usurpé par les Hébreux. Alexandre fit citer les Juifs, pour comparaître à cette accusation. Ceux-ci comparurent, et dans leur défense, ils prétendirent que non-seulement ils ne devaient rien aux Gergéséens, mais qu'au contraire les Gergéséens, étant des esclaves fugitifs, devaient leur être restitués, avec tous les dommages que leur avait causés leur fuite depuis tant de siècles. Ils prouvèrent le premier chef, savoir, que les Gergéséens, descendus de Chanaan, étaient esclaves, par l'arrêt prononcé par Noé contre Chanaan (g) : *Maledictus Chanaan, servus servorum erit.* Leur fuite n'était pas contestée ; il ne restait qu'à prononcer en faveur des Hébreux : mais les Gergéséens ne jugèrent pas à propos d'attendre leur propre condamnation ; ils se retirèrent et abandonnèrent leur cause.

Je ne donne pas ce récit comme une histoire incontestable. C'est un conte des rabbins, qui prouve la persuasion où ils sont que les Gergéséens se retirèrent du pays de Chanaan, lorsque Josué y entra. Il est pourtant certain qu'il en demeura un bon nombre dans le pays, puisque Josué lui-même (h) nous apprend qu'il vainquit les Gergéséens ; et ceux qu'il vainquit étaient certainement au deçà du Jourdain. Il se peut donc faire que ceux qui se sauvèrent en Afrique fussent des Gergéséens de delà la mer de Tibériade, et que les autres soient demeurés dans

---

(a) *Levit.* xxiii, 10, 11, 12
(b) Cod. Menachot. 6, 3. Vide Maimon. in Temidim et Mosaphim.
(c) Origen. Comment. in Joan.
(d) Gemar. Jerosol. tit. Schebiit. c. 6. Maimon. Halac. Mel. c. 6.
(e) Procop. de Bello Vandal. l. II, c. x.
(f) Thalmudici, Perek Cheleth.
(g) Genes. ix, 24.
(h) Josue, xxiv, 11.

le pays. *Voyez* notre dissertation sur le pays où se sauvèrent les Chananéens, imprimée à la tête du livre de Josué.

GERRENIENS, ou Gerréens, dont il est parlé II *Mach.* XIII, 24. Ce sont apparemment ceux de Gérare. *Voyez* ci-devant *Gérara.*

[Barbié du Bocage place ailleurs cette peuplade. Suivant lui, les Gerréniens étaient habitants de Gerra, dont le territoire formait une des limites; l'autre était Ptolémaïde, du pays donné par Antiochus Eupator, roi de Syrie, à Judas Machabée, à titre de chef et de prince. Quelques auteurs ont supposé qu'il était ici question de la ville de Gerra située dans la basse Egypte, entre Péluse et le lac Sirbonis; d'autres ont cru qu'il s'agissait de la ville de Gerra, située dans l'Arabie, sur la côte ouest du golfe Persique. Mais pour admettre la première conjecture, il faudrait qu'Antiochus eût été le maître de la partie de l'Egypte dont il gratifiait Judas.»]

GERSAN, Gersam (1) ou Gersom (2), fils de Moïse et de Séphora.

GERSOM, ou Gerson, fils de Lévi (3), et chef d'une des grandes familles des lévites. Cette famille était de sept mille cinq cents hommes, depuis un mois, et au-dessus, au temps de la sortie de l'Egypte (a). Leur office, dans les marches du désert, était de porter les voiles et les courtines du tabernacle (b). Leur place, dans le camp d'Israel, était à l'occident du tabernacle (c). [Le nom de Gerson revient souvent dans quelques livres de l'Ancien Testament. Ses descendants sont appelés Gersonites. *Num.* IV, 24, 28, et ailleurs.]

GERSOM, descendant de Phinées, fut un des chefs de familles qui revinrent de la captivité avec Esdras, *Esdr.* VIII, 2.

GERZI. Il est dit dans l'Ecriture (d) que David, pendant son séjour à Sicéleg, faisait des courses sur les pays de Gessuri, de *Gerzi* et d'Amalec. Je ne trouve rien dans les géographes sur les *Gersiens*. Les Septante ne le lisent pas dans leur texte; ils lisent simplement *Gesiri*, au lieu de *Gessuri*, et dans quelques exemplaires, *Geseri* et *Gesræum*. Le Syriaque et l'Arabe lisent *Gessua* et *Gedola*. — [Le pays de Gerzi était au midi de la Judée, et peut-être du pays des Philistins, dit Barbié du Bocage.]

GESSEN, ou Gessem, ou Gosen; la *terre de Gessem*, canton de l'Egypte, que Joseph fit donner à son père et à ses frères, lorsqu'ils vinrent demeurer en Egypte (e). C'était l'endroit le plus fertile du pays; et il semble que ce nom vienne de l'hébreu *Gessem*, qui signifie la *pluie;* parce que ce canton, étant fort près de la Méditerranée, était exposé à la pluie, qui est fort rare dans les autres cantons, et surtout dans la haute Egypte. Nous ne doutons pas que *Gozen* ou *Gosen*, que Josué attribue à la tribu de Juda (f), ne soit la même que la terre de Gessem, que Pharaon, roi d'Egypte, donna à Jacob et à ses fils (g). Il est certain que ce pays devait être entre la Palestine et la ville de Tanis, et que le partage des Hébreux s'étendait du côté du midi, jusqu'au Nil (h).

[« La contrée de Gessen, dit Barbié du Bocage, était située au nord-est de la ville d'Héliopolis, entre le Nil à l'ouest, et l'isthme de Suez à l'est. Il paraît, dit le géographe de la Bible de Vence, que c'est la *terre de Jessé*, nommée dans Judith, I. 9.

Dans ce pays, « les Hébreux, dit encore Barbié du Bocage, se livraient beaucoup à l'éducation du bétail; et si les Egyptiens leur montrèrent autant d'aversion qu'ils le firent, il est très-probable qu'*ayant en abomination* les pasteurs de brebis, dit la *Genèse*, ils avaient fait porter aux Israélites le poids d'une haine qui rejaillissait sur tout ce qui menait une sorte de vie nomade, peu en rapport avec leurs habitudes et leurs institutions. Cette circonstance, réunie à la qualité d'étranger que l'Hébreu conservait sur la terre d'Egypte, dut en effet avoir une grande part dans la conduite que l'Egyptien tint vis-à-vis de lui. Cela devait être plus prononcé encore à son égard qu'à celui de tout autre peuple, puisque, indépendamment de ce que sa loi défendait à l'Israélite de s'allier avec aucun étranger, il conservait toujours sa langue, sa religion et ses coutumes particulières; d'un autre côté sa population augmentait à tel point, qu'elle devait donner les plus grandes inquiétudes. »

Des incrédules, considérant le grand accroissement de la population des Israélites, depuis leur entrée en Egypte jusqu'à leur sortie de ce pays sous la conduite de Moïse, ont prétendu que le chiffre auquel se montait cette population avait été exagéré, non, il est vrai, par l'écrivain sacré, mais par quelque autre. Nous avons réfuté, au mot Accroissement, leurs objections sur ce point, à l'exception de celle que nous allons examiner ici.

Ils disent que *la province de Gessen n'était pas assez étendue pour contenir trois millions d'habitants;* car la population des Israélites, en y comprenant ceux qui n'étaient pas en état de porter les armes, et les femmes, pouvait monter à ce chiffre. Je ne vois pas d'inconvénient à dire qu'elle pouvait même monter au delà, sans qu'on eût motif de s'en étonner beaucoup (*Voyez* l'article Accroissement....). Mais quand les incrédules opposent le peu d'étendue de la province ou du canton de Gessen à ce chiffre, pour prouver qu'il a été exagéré, ils *supposent* que les Israélites étaient renfermés dans ses limites; or cette supposition est fausse, et je vais le prouver.

Les textes qui ont donné lieu à ces criti-

(a) *Num.* III, 22.
(b) *Ibid.* v. 26.
(c) *Ibid.* v. 23.
(d) I *Reg.* xxvii, 8.
(e) *Genes.* xlvii, 6.
(f) *Josue*, x, 41; xi, 16; xv, 51

(g) *Genes.* xlvi, 28.
(h) *Josue*, xiii, 3.
(1) *Exod.* ii, 22; xviii, 3. *Judic.* xviii, 50.
(2) I *Par.* xxiii, 15, 16; xxvi, 24.
(3) *Gen.* xlvi, 11; *Exod.* vi, 15, etc.

ques inconsidérées sont de l'*Exode*, XII, 37, etc. Or, dès le commencement de ce livre (ch. I, 5-7), il est dit que Joseph *était en Egypte* lorsque son père et ses frères y arrivèrent, qu'il y mourut, que les membres de cette famille s'y multiplièrent extrêmement, et que le PAYS *en fut rempli* : — *impleverunt terram*. Quel pays? L'*Egypte*, apparemment; l'Egypte, *la terre* des Pharaons *tout entière*, et non pas une partie seulement de cette terre.

La suite confirme cette interprétation. Le *nouveau roi*, dont il est parlé au verset 8, et *qui ne connaissait pas Joseph*, est un usurpateur. Les Israélites, favorisés par les Pharaons *qui avaient connu* ce grand et saint homme, demeurèrent attachés à la dynastie déchue. Ils formaient, avec ceux des Egyptiens restés fidèles aussi à cette dynastie, un parti considérable, qui inquiétait l'usurpateur. Ce dernier entrevoyait *une guerre* civile ou étrangère, et disait : *Les Israélites se joindront à nos ennemis*. Il ne lui paraissait pas qu'ils pussent vivre dans le pays sans prendre part à une contre-révolution; il pensait qu'ils aimeraient mieux quitter l'Egypte plutôt que de vivre sous un roi qui n'avait pas leur affection, et il disait à ses amis ou à ses conseillers : *Ils nous combattront* ou (1) *sortiront du* PAYS. Est-ce donc du canton de Gessen seulement qu'il s'agit ici? Il s'agit de l'Egypte tout entière, comme au chap. VI, 1, 13, 26, 27, où Dieu dit à Moïse qu'il saura bien forcer le roi à les faire sortir lui-même de SON PAYS. De même, VII, 2. 4.

Le Pharaon oppresseur des Israélites ordonna que leurs enfants mâles fussent jetés *dans le Nil*. Un jour, sa fille, allant s'y baigner, trouva sur le bord, parmi les roseaux, un panier où était un enfant hébreu. Il venait d'y être déposé par sa mère, dans l'intention, sans doute, d'intéresser à son sort la princesse, puisqu'elle avait placé sa fille de manière à observer ce qui en arriverait (chap. II, 3 et suiv.). Cet endroit, où il paraît que la princesse avait l'habitude de venir se baigner, n'était pas éloigné de la capitale (Confér. VIII, 8), ni de la demeure de la famille israélite à laquelle appartenait l'enfant exposé. Or la capitale de l'Egypte n'était pas dans le canton de Gessen : d'où il suit qu'il y avait des Israélites ailleurs que dans ce canton.

Je vais négliger plusieurs passages qu'il me faudrait interpréter, pour en citer qui n'ont pas besoin de commentaire.

Chap. VII, 4... « Je mettrai ma main sur l'Egypte, je ferai sortir mon peuple, mes armées, les enfants d'Israel *du pays d'Egypte*... — 5. Les Egyptiens sauront que je suis l'Eternel, lorsque je tendrai ma main sur l'Egypte, et que je ferai sortir les enfants d'Israel *du milieu d'eux*. — X, 22, 23... D'é-

(a) I *Reg.* xxvii, 8.
(1) Je dis *ou* au lieu de *et*, autrement ce passage n'a pas de sens. Pourquoi auraient-ils quitté l'Egypte après avoir combattu et vaincu? Je dis *et vaincu*, car ce que craignait l'usurpateur c'était le résultat du combat, et

paisses ténèbres couvrirent tout le pays d'Egypte pendant trois jours ; mais le jour luisait *partout où habitaient* les enfants d'Israel. — XI, 2. Que (les Israélites empruntent aux Egyptiens), *chaque homme à son ami et chaque femme à sa voisine*, des vases d'or et d'argent. — XI, 4, 5... Je parcourrai l'Egypte, et tout premier-né des Egyptiens.... et des animaux (qui leur appartiennent) mourra. — 6. Il s'élèvera un grand cri *dans toute l'Egypte* (chez les Egyptiens)... 7. Mais chez les enfants d'Israel... on n'entendra pas seulement un chien gronder... — XII, 12, 13. Je passerai... dans *le pays d'Egypte*,... le sang (mis) sur chaque maison où vous demeurez vous servira de signe; je verrai ce sang *et je passerai par-dessus vos maisons* : la plaie de mort ne vous touchera point *lorsque je frapperai le pays d'Egypte*. — 22, 23. Vous prendrez un bouquet d'hysope, vous le tremperez dans le sang (de l'agneau) qui (aura été reçu) dans un bassin, et *de ce sang... vous aspergerez le linteau* (de la porte) *et les deux poteaux*. Que nul d'entre vous ne sorte de la porte de sa maison jusqu'au matin. L'Eternel, *passant pour frapper de mort les Egyptiens, verra le sang sur le linteau et les deux poteaux, passera par-dessus la porte, et ne permettra pas à l'ange exterminateur d'entrer dans vos maisons et de vous frapper.* » Dieu passa; et pendant qu'il exécutait ses terribles jugements sur *toute l'Egypte*, les Israélites, mangeant l'agneau pascal et chantant le cantique de la délivrance et du départ (*Sap.* XVIII, 9), ENTENDAIENT *les voix confuses de leurs ennemis et les cris lamentables de ceux qui pleuraient la mort de leurs enfants* (Ibid. 10).

Tous ces textes prouvent que les Israélites n'étaient pas *confinés* dans le territoire de Gessen, qu'ils demeuraient dans d'autres contrées, et que leurs maisons étaient parmi celles des Egyptiens.

Une des sept plaies de l'Egypte fut le changement de l'eau en sang. Les magiciens de Pharaon imitèrent ce miracle par un prestige (*Ex*. VII, 32). « Saint Augustin, qui sur ce verset M. de Laborde, ainsi que le livre de la *Sagesse* (XI, 5), croient que les magiciens se servirent de l'eau du pays de Goshen (Gessen), qui avait été privée de la plaie générale. » Mais le livre de la *Sagesse* dit seulement que les Israélites, lorsque leurs ennemis manquaient d'eau, se réjouissaient d'en avoir abondamment. *Voyez* EAUX CHANGÉES EN SANG.]

GESSIUS FLORUS. *Voyez* FLORUS.

GESSUR. Il y a un Gessur voisin des Philistins et des Amalécites, dont il est parlé dans Josué et dans le premier livre des Rois (a). Sa demeure était entre le pays des Philistins et l'Egypte. Mais comme ce pays, qui anciennement était habité, fut dans la

non pas le combat même. Un homme qui a conquis un royaume ne craint pas de combattre pour le conserver, s'il est sûr de vaincre; mais le nouveau roi n'avait pas cette assurance: le parti de la dynastie déchue était puissant et pouvait le rétablir sur le trône.

suite réduit en solitude, ainsi que l'Ecriture le marque (a), on ne peut qu'au hasard marquer la situation de ces Gessuriens. — [Ce pays de *Gessuri* paraît avoir été situé, suivant Barbié du Bocage, au sud-est de celui des Philistins, probablement sur les confins de Juda et non loin du fleuve Sihor. De Sicéleg, qu'Achis, roi de Geth, lui avait donnée pour demeure, David y fit plusieurs courses dont le pillage et l'incendie furent, en général, les résultats.]

GESSUR, au delà du Jourdain, dans la demi-tribu de Manassé. Ces Gessuriens sont joints avec ceux de Machati (b), et il est dit qu'ils demeurèrent dans leur pays, et n'en furent pas chassés par les Israélites (c). Isboseth, fils de Saül, fut reconnu roi par ces Gessuriens et par les Israélites de Galaad (d). — [*Voyez* l'article suivant.]

GESSUR, dans la Syrie, avait son propre roi indépendant, dont David avait épousé la fille, de laquelle il eut Absalom (e). Absalom, après le meurtre d'Amnon, son frère, se retira chez le roi de Gessur, son aïeul maternel (f). Il y a toutefois lieu de douter que ce roi et ce pays de Gessur soit différent de celui de Gessur de delà le Jourdain, puisque dans les Paralipomènes (g) il est dit que Jaïr prit *Gessur et Aram*, ou (Gessur de Syrie) *et les avoth*, ou les bourgades *de Jaïr*.

[Le géographe de la Bible de Vence reconnaît que ces deux Gessur peuvent être le même sous les noms de *Gessur*, II *Reg.* III, 3; XIII, 39, et de *Gessuri*, *Deut.* III, 14; *Jos.* XIII, 2, 11, 13. Barbié du Bocage ne reconnaît qu'un pays sous ce double nom. Voici son article sur ce pays :

« GESSUR ou GESSURI, partie de la Syrie située sur la limite de la Palestine, au N., et avec les habitants de laquelle les membres de la tribu de Manassé vécurent en bonne intelligence. Il semble, d'après Josué, que ce pays, qui confinait avec celui d'Argob et le territoire de Basan, ait fait partie de la demi-tribu E. de Manassé ; et cependant, d'après les autres passages de la *Bible*, il paraît n'avoir été que contigu au territoire de cette tribu. Ce qui tend surtout à le faire croire, c'est que, tandis que partout dans le territoire les rois sont tués ou ont disparu, ici ils se sont maintenus ; ils existent même au temps de David, à qui Tholmaï, l'un d'eux, donne sa fille en mariage. De cette union naquit le fougueux Absalom, qui vint à Gessur, chez son aïeul, comme dans un lieu de refuge, d'où Joab le ramena à Jérusalem. Ce pays de Gessur devait être une partie de ce que l'on a appelé depuis *Trachonitide* et *Iturée.* »

GETH, ville célèbre des Philistins, et une de leurs cinq satrapies (h). Elle est fameuse, pour avoir donné naissance à Goliath (i). David en fit la conquête au commencement de son règne sur tout Israel (j); et cette ville demeura soumise aux rois ses successeurs, jusqu'à la décadence ou l'affaiblissement du royaume de Juda. Roboam la rebâtit, ou la fortifia, II *Par.* XI, 8. Le roi Ozias la reconquit (k) ; Ezéchias la réduisit encore une fois sous le joug (l). Josèphe l'attribue à la tribu de Dan (m) : mais Josué ne la marque pas dans la distribution des villes qu'il donna aux tribus d'Israel. Nous croyons que *Metca*, marquée dans Moïse (n), est la même que *Meteg*, marquée II *Reg.*VIII, 1, et qu'il faut traduire : David prit *Meteg et sa mère*, au lieu de : *Il prit le frein du tribut ;* ce qui est expliqué dans les Paralipomènes (o) par : *Il prit Geth et ses filles.* Geth était la mère ; Meteg était la fille. Selon cette hypothèse, la ville de Geth des Philistins, mère des géants (p), devait être assez avancée dans l'Arabie Pétrée, et vers l'Egypte ; ce qui est aussi confirmé par ce qui est dit dans les Paralipomènes (q), que les fils d'Ephraïm, étant encore en Egypte, attaquèrent la ville de Geth, et y furent taillés en pièces.

Saint Jérôme (r) dit qu'il y avait un gros bourg, nommé *Geth*, sur le chemin d'Eleuthéropolis à Gaza, et Eusèbe (s) parle d'un autre lieu de même nom, à cinq mille d'Eleuthéropolis, sur le chemin de Lidda, et par conséquent différent de celui dont parle saint Jérôme. Le même Eusèbe met encore un lieu, nommé Geth, ou Gettha, entre Jamnia et Antipatris. Aussi saint Jérôme (t), en parlant de *Geth-Opher*, patrie du prophète Jonas, dit qu'on la nomme *Geth-Opher*, ou Geth du canton d'Opher, pour la distinguer des autres Geth que l'on montrait de son temps aux environs d'Eleuthéropolis et de Diospolis : *Ad distinctionem aliarum Geth urbium, quæ juxta Eleutheropolim, sive Diospolim hodie quoque monstrantur.*

Geth était la plus méridionale des villes des Philistins, comme Accaron était la plus septentrionale, en sorte qu'Accaron et Geth sont mises comme les deux termes de la terre des Philistins (u). Geth était voisine de Marésa. *Voyez* II *Par.* XI, 8, *et Mich.* I, 14, dans l'Hébreu. Ce qui revient assez à ce que dit saint Jérôme, qui met Geth sur le chemin d'Eleuthéropolis à Gaza. Eleuthéropolis est au voisinage de Marésa, ou Morasthi, et avant Eusèbe et saint Jérôme, Eleuthéropolis n'est guère connue dans la géographie. Geth était puissante sous les prophètes Amos (v) et Michée, et indépendante des rois de Juda. Mais, comme nous l'avons déjà remarqué, elle fut prise par Ozias, roi de Juda, sous le prophète Amos, et ensuite par Ezéchias, sous

---

(a) I *Reg.* XVIII.
(b) *Deut.* III, 14. *Josue*, XII, 5.
(c) *Josue*, XIII, 13.
(d) II *Reg.* II, 8.
(e) *Ibid.* XV, 8.
(f) *Ibid.* XIV, 37.
(g) I *Par.* II, 23.
(h) I *Reg.* VI, 17.
(i) I *Reg.* XVII, 4.
(j) II *Reg.* VIII, 1
(k) *Joseph. Antiq. l.* IX, *c.* II, *et* II *Par.* XXVI, 6.
(l) *Antiq. l.* IX, *c.* 13.
(m) *Antiq. l.* V, *c.* 1.
(n) *Num.* XXXIII, 28.
(o) I *Par.* XVIII, 1.
(p) II *Reg.* XX, 20, 22.
(q) I *Par.* VII, 21.
(r) *Hieron. in Mich.* 1.
(s) *Euseb. in locis.*
(t) *Hieron Præfat. in Jonam*
(u) I *Reg.* VII, 14, et XVII, 52.
(v) *Amos*, VI, 2. *Mich.* I, 10, 14

le prophète Michée. *Gethaim*, marquée II *Reg.* IV, 3, et II *Esdr.* XI, 33, est sans doute la même que Geth. David avait une compagnie de garde géthéenne, dont Ethaï était le capitaine (a). *Geth*, ou *Gath*, signifie *un pressoir*. Ainsi il n'est pas étonnant que l'on trouve dans la Palestine plus d'un lieu du nom de Geth.

[Michée appelle Geth *ville de mensonge*. Geth, au moyen-âge, était nommée *Ibelim :* on l'appelle aujourd'hui *Ibna*. Ce n'est plus qu'un village situé sur une colline, et composé de pauvres cabanes. Les croisés, avec les ruines de Geth, construisirent une forteresse. Bonaparte, dans sa course de Gaza à Joppé, s'arrêta à Ibna. M. Poujoulat s'y arrêta aussi au mois d'avril 1831, en se rendant de Joppé à Gaza, et il eut « pour hôte le fils de l'hôte de Bonaparte. » Il visita ce village. « Ibna, dit-il, situé à une heure et demie de la mer, à quatre heures au sud de Jaffa, à trois heures à l'ouest-quart-sud de Ramla, renferme une centaine de familles. Les maisons sont bâties les unes en pierres, les autres en terre sèche; leur toit est formé du feuillage d'un arbrisseau du territoire d'Hébron, appelé *ab-resser;* une double couche de terre ou de boue recouvre ce feuillage. La colline d'Ibelim est naturelle, et non point factice, comme le dit Volney; un simple coup d'œil suffit pour s'en convaincre.

» Les débris de la forteresse d'Ibelim, bâtie en 1142 sous le roi Foulques Ier, ont été employés à la construction du village d'Ibna. L'église où priait le seigneur Balian et ses chevaliers subsiste presque tout entière, consacrée au culte de Mahomet; l'iman m'a lui-même accompagné dans ce sanctuaire dépouillé, où je respirais à la fois la majesté du Dieu qui l'habita jadis, et le parfum des vieux souvenirs de nos croisades. Un des angles de l'édifice est surmonté d'une tour bien conservée, construite en petites pierres de taille; des restes d'anciens murs touchent au monument. Au sommet de la tour qui sert aujourd'hui de minaret, on a incrusté une pierre carrée, chargée d'une inscription arabe prise dans le Coran.

» Quelques heures m'ont suffi pour visiter Ibna, les jardins et les champs d'oliviers qui l'entourent (1). »

GETH-EPHER, [ou GETH-HEPHER], ou GETH-OPHER, ou Geth du canton d'Opher, dans la Galilée, était la patrie du prophète Jonas (b). Josué (c) attribue cette ville à la tribu de Zabulon, et saint Jérôme, dans sa préface sur Jonas, dit qu'elle était à deux milles de Sépphoris, autrement Diocésarée.

[« Quelque temps avant la bataille de Tibériade, dit M. Gilot de Kerhardène (*Corresp. d'Or.*, lettre CXXXIV, tom. V, pag. 460-464), les templiers eurent à soutenir un combat terrible contre le fils de Saladin, sur la route de Nazareth à Cana; j'ai trouvé le champ de bataille, au pied du monticule que couronne le village d'*el-Mahed*. Le village d'el-Mahed était autrefois une ville nommée *Geth-Epher;* quelques géographes y placent Jotapat, célèbre par le siége que l'historien Josèphe, gouverneur de la Galilée, soutint contre les Romains. Je n'ai point vu les précipices dont l'histoire de la guerre des Juifs fait une mention expresse. Il était cinq heures du soir, je mis pied à terre pour observer le sol à mon aise, et, confiant mon cheval au guide, j'allai visiter el-Mahed et la route aux environs.

» D'après l'inspection du terrain dont chaque forme éclaircit un fait, où chaque débris fournit une histoire, et chaque écho un nom propre, il m'est démontré que c'est précisément là, à une heure à l'est nord-est de Nazareth, dans cette étroite vallée dominée de toutes parts par des collines pierreuses et nues, qu'eut lieu le combat des templiers et des Sarrasins; ce fut là qu'au milieu des gorges de montagnes, à l'ombre de l'immense Thabor, à l'heure où le soleil était encore loin de son zénith, que la France de l'Orient eut son Léonidas, ses Spartiates parés de la croix, et ses Thermopyles chrétiennes.

» Quelques détails du combat ne seront point ici déplacés. Les templiers étaient partis du château de Belvoir, situé au delà de la plaine d'Esdrelon, presque vis-à-vis du Thabor; ils arrivèrent à Nazareth pour y passer la nuit. Le lendemain, les deux grands-maîtres du Temple et de l'Hôpital, à la tête d'une poignée de chevaliers, se mirent en route pour Tibériade. La petite troupe de chevaliers croisés eut à combattre des troupes musulmanes dix fois plus nombreuses. On vit les héros chrétiens arracher les flèches dont ils étaient percés et les renvoyer aux infidèles, boire leur propre sang pour étancher leur soif, brisant leurs lances et leurs épées, se jeter sur les ennemis, se battre corps à corps, et mourir en menaçant leurs vainqueurs. Mais rien n'égala l'héroïsme de Jacquelin de Maillé, chevalier tourangeau, maréchal de l'ordre du Temple. Monté sur un destrier blanc, revêtu d'armes éclatantes, il combattit longtemps au premier rang, aidé d'un chevalier hospitalier, nommé Henri. Resté seul, il lutta parmi des monceaux de cadavres dont il s'était entouré. Son courage étonna tellement les infidèles, que la plupart lui criaient avec une pitié affectueuse : Rendez-vous, on ne vous fera point de mal; mais, préférant le martyre à une faiblesse, il ne voulut jamais se rendre. Quand son cheval tomba mort, le Décius français se releva, se précipita au milieu des ennemis, et ne succomba enfin qu'après des efforts inouïs. On vit alors des Sarrasins, qui n'avaient osé l'approcher dans le feu du combat, se ruer sur son cadavre, le déchirer comme des forcenés, et en semer à terre les lambeaux sanglants. Mais d'autres, pleins d'une admiration fanatique et superstitieuse, le prenant pour saint Georges, se partagèrent ses dépouilles comme des reliques. En effet, les musulmans se repré-

---

(a) II *Reg.* xv, 18, 19; xviii, 2.
(b) IV *Reg.* xiv, 25.
(c) *Josue*, xix, 13.

(1) M. Poujoulat, *Corresp. d'Orient*, lettre CXXX tom. V, pag. 373, 374.

sentaient saint Georges monté sur un cheval blanc et paré d'armes brillantes. Il y en eut qui répandirent de la poussière sur le cadavre, et qui, reprenant ensuite cette poussière, en couvrirent leur tête, croyant par ce contact s'inoculer dans l'âme l'héroïsme du chevalier. On sait que par esprit de vengeance les Asiatiques mutilent leurs ennemis tombés sur le champ de bataille. On raconte qu'au milieu de ces scènes d'horreur, dignes des cannibales, un Sarrasin s'étant enthousiasmé pour Jacquelin de Maillé, le fit eunuque après sa mort, et conserva avec un soin brutal les signes de sa virilité, les disposant *tamquam ad usum gignendi*, afin que, s'il était possible, il sortît des restes mutilés d'un cadavre un héritier d'un si sublime héroïsme. Un tel fait prouve le délire de l'admiration poussé jusqu'à la stupidité.

» A peine les Sarrasins, comme épouvantés de leur victoire, se furent-ils retirés, que les chrétiens de Nazareth, ayant l'archevêque à leur tête, allèrent chercher les cadavres mutilés des héros chrétiens, et les ensevelirent dans la basilique de Sainte-Marie, aujourd'hui détruite, mais dont la cour du couvent latin occupe la nef (1). Sans doute qu'en traversant cette cour on foule la cendre inconnue des preux chevaliers. Il faut lire dans la chronique de Raoul de Coggeshale, moine anglais, tout le détail de ce fait d'armes, qui eut lieu le premier mai 1187, quand la campagne, en se ranimant, s'était parée de fleurs printanières. Dieu tient dans ses mains le sort des combattants; le cours des siècles a ramené la victoire du côté des Français. Le onze avril 1799 vengea les templiers, sur la même route de Nazareth à Tibériade. Le combat de Cana fut la représaille du combat d'el-Mahed, et tous deux portent dans l'histoire le nom de combat de Nazareth.

» On trouve dans le récit de Bernard le Trésorier une circonstance très-précieuse pour la reconnaissance des lieux : le chroniqueur parle de l'aire du village près duquel tombèrent les héros chrétiens; les paysans, dit-il, ayant séparé les grains de l'épi, avaient laissé la paille sur l'aire; la multitude des musulmans était si grande, et Jacquelin combattit si longtemps seul au milieu de l'aire, que tout le sol couvert de paille ne fut bientôt qu'une poussière. Les lieux n'ont point changé depuis cette époque ; j'ai foulé à el-Mahed l'aire qui fut le théâtre de ces grands exploits; j'y ai vu les gerbes des fellahs comme au temps de Jacquelin de Maillé. »]

GETA ou GETTA. Pline (a) parle d'une ville de Getta, entre celles qui sont aux environs de Ptolémaïde et des montagnes du Carmel.

(a) *Plin. l.* V, *c.* XIX.
(b) *Josue*, XIX, 45.
(c) *Ibid.* XXI, 25.
(d) Vide *Matth.* XXVI, 36 *et seq.*

(1) Les tombeaux des templiers ont disparu dans son enceinte. Il ne reste de l'édifice, bâti par sainte Hélène, que quelques arceaux à demi brisés, intercalés dans le mur du couvent et faisant partie de la bâtisse moderne. L'église actuelle n'est guère que le tiers de la basilique

GETHER, troisième fils d'Aram, fils de Sem. *Gen.* X, 23 ; I *Par.* I, 7.

GETH-REMMON, ville de la tribu de Dan (*b*). Saint Jérôme la met à dix milles de Diospolis, sur le chemin d'Eleuthéropolis. Elle fut donnée aux lévites de la famille de Caath. [*Voyez Jos.* XXI, 24 ; I *Par.* VI, 69.]

GETH-REMMON, ville de la demi-tribu de Manassé, au deçà du Jourdain, fut donnée pour demeure aux lévites de la famille de Caath (*c*). [*Voyez* BALAAM.]

GETH-REMMON, ville de la tribu d'Ephraïm, donnée aux Caathites. I *Par.* VI, 69. — [Nous ne connaissons pas de ville de ce nom dans la tribu d'Ephraïm. Celle que l'auteur donne ici aux Caathites est de la tribu de Dan. *Voyez* son article.]

GETH-SEMANI, peut signifier le *pressoir d'huile.* C'était un village dans la montagne des Oliviers, où Jésus-Christ se retirait quelquefois pendant la nuit. C'est dans un jardin de ce village qu'il fit sa prière, qu'il sua sang et eau, et qu'il fut pris et arrêté par Judas et par ceux dont ce traître était le conducteur (*d*).

[M. de Lamartine était, le 28 octobre 1832, dans le vallon de Gethsemani. Nous allons rapporter les pages que la vue de ce lieu sacré lui a inspirées.

« Nous passâmes, dit-il, devant la porte de Damas, charmant monument du goût arabe, flanquée de deux tours; ouverte par une large, haute et élégante ogive, et crénelée de créneaux arabesques en forme de turbans de pierre. Puis nous tournâmes à droite, contre l'angle des murs de la ville, qui forment, du côté du nord, un carré régulier, et ayant à notre gauche la profonde et obscure vallée de *Gethsemani*, dont le torrent à sec du *Cédron* occupe et remplit le fond, nous suivimes, jusqu'à la Porte de Saint-Etienne, un sentier étroit touchant aux murailles, interrompu par deux belles piscines, dans l'une desquelles le Christ guérit le paralytique. Ce sentier est suspendu sur une marge étroite qui domine le précipice de Gethsemani et la vallée de Josaphat : à la porte de Saint-Etienne, il est interrompu dans sa direction le long des terrasses à pic qui portaient le temple de Salomon, et portent aujourd'hui la mosquée d'Omar; et une pente rapide et large descend tout à coup à gauche, vers le pont qui traverse le Cédron, et conduit à Gethsemani et au *jardin des Olives.* Nous passâmes ce pont, et nous redescendîmes de cheval en face d'un charmant édifice d'architecture composite, mais d'un caractère sévère et antique, qui est comme enseveli au plus profond de la vallée de Gethsemani, et en occupe toute la largeur. C'est le *tombeau supposé de la Vierge*, mère du Christ : il appartient aux Arméniens dont les couvents étaient

antique, dont l'aire entière comprenait la grande cour du couvent tel qu'il a été reconstruit dans le siècle dernier avec l'or espagnol. Le pavé de cette cour, exposé à tous les outrages, est encore celui de la basilique, mais on y cherche en vain, sur les marbres et les pierres, un épitaphe, une croix, ou un reste d'inscription gothique. Le nom de Jacquelin de Maillé ne charge plus une tombe, et ce n'est que dans l'histoire qu'il faut chercher quelque trace des martyrs d'el-Mahed.

les plus ravagés par la peste. Nous n'entrâmes donc pas dans le sanctuaire même du tombeau; je me contentai de me mettre à genoux sur la marche de marbre de la cour qui précède ce joli temple, et d'invoquer celle dont toute mère apprend de bonne heure à son enfant le culte pieux et tendre; en me levant, j'aperçus derrière moi un arpent d'étendue, touchant d'un côté à la rive élevée du torrent du Cédron, et de l'autre s'élevant doucement contre la base du *mont des Olives*. Un petit mur de pierres sans ciment entoure ce champ, et *huit oliviers*, espacés de trente à quarante pas les uns des autres, le couvrent presque tout entier de leur ombre. Ces oliviers sont au nombre des plus gros arbres de cette espèce que j'aie jamais rencontrés; la tradition fait remonter leurs années jusqu'à la date mémorable de l'agonie de l'Homme-Dieu, qui les choisit pour cacher ses divines angoisses. Leur aspect confirmerait au besoin la tradition qui les vénère; leurs immenses racines, comme les accroissements séculaires, ont soulevé la terre et les pierres qui les recouvraient, et, s'élevant de plusieurs pieds au-dessus du niveau du sol, présentent au pèlerin des sièges naturels, où il peut s'agenouiller ou s'asseoir pour recueillir les saintes pensées qui descendent de leur cimes silencieuses. Un tronc noueux, cannelé, creusé par la vieillesse, comme par des rides profondes, s'élève en large colonne sur ces groupes de racines, et, comme accablé et penché par le poids des jours, s'incline à droite ou à gauche et laisse pendre ses vastes rameaux entrelacés, que la hache a cent fois retranchés pour les rajeunir. Ces rameaux vieux et lourds, qui s'inclinent sur le tronc, en portent d'autres plus jeunes qui s'élèvent un peu vers le ciel, et d'où s'échappent quelques tiges d'une ou deux années, couronnées de quelque touffes de feuilles, et noircies de quelques petites olives bleues qui tombent, comme des reliques célestes, sur les pieds du voyageur chrétien. Je m'écartai de la caravane qui était restée autour du tombeau de la Vierge, et je m'assis un moment sur les racines du plus solitaire et du plus vieux de ces oliviers; son ombre me cachait les murs de Jérusalem; son large tronc me dérobait aux regards des bergers qui paissaient des brebis noires sur le penchant du mont des Olives. Je n'avais sous les yeux que le ravin profond et déchiré du Cédron, et les cimes de quelques autres oliviers qui couvrent en cet endroit toute la largeur de la vallée de Josaphat. Nul bruit ne s'élevait du lit du torrent à sec; nulle feuille ne frémissait sur l'arbre; je fermai un moment les yeux, je me reportai en pensée à cette nuit, veille de la rédemption du genre humain, où le messager divin avait bu jusqu'à la lie le calice de l'agonie, avant de recevoir la mort de la main des hommes, pour salaire de son céleste message.

» Je demandai ma part de ce salut qu'il était venu apporter au monde à un si haut prix; je me représentai l'océan d'angoisses qui dut inonder le cœur du Fils de l'homme quand il contempla d'un seul regard toutes les misères, toutes les ténèbres, toutes les amertumes, toutes les vanités, toutes les iniquités du sort de l'homme; quand il voulut soulever seul ce fardeau de crimes et de malheurs sous lequel l'humanité tout entière passe courbée et gémissante dans cette étroite vallée de larmes; quand il comprit qu'on ne pouvait apporter même une vérité et une consolation nouvelle à l'homme qu'au prix de sa vie; quand, reculant d'effroi devant l'ombre de la mort qu'il sentait déjà sur lui, il dit à son Père: *Que ce calice passe loin de moi!* Et moi, homme misérable, ignorant et faible, je pourrais donc m'écrier aussi au pied de l'arbre de la faiblesse humaine: Seigneur, que tous ces calices d'amertume s'éloignent de moi et soient reversés par vous dans ce calice déjà bu pour nous tous! — Lui, avait la force de le boire jusqu'à la lie, — il vous connaissait, il vous avait vu; il savait pourquoi il allait le boire; il savait quelle vie immortelle l'attendait au sortir de son tombeau de trois jours; — mais moi, Seigneur, que sais-je, si ce n'est la souffrance qui brise mon cœur, et l'espérance qu'il m'a apprise?

» Je me relevai, et j'admirai combien ce lieu avait été divinement prédestiné et choisi pour la scène la plus douloureuse de la passion de l'Homme-Dieu. C'était une vallée étroite, encaissée, profonde; fermée au nord par des hauteurs sombres et nues qui portaient les tombeaux des rois; ombragée à l'ouest par l'ombre des murs sombres et gigantesques d'une ville d'iniquités; couverte à l'orient par la cime de la montagne des Oliviers, et traversée par un torrent qui roulait ses ondes amères et jaunâtres sur les rochers brisés de la vallée de Josaphat. A quelques pas de là, un rocher noir et nu se détache, comme un promontoire, du pied de la montagne, et, suspendu sur le Cédron et sur la vallée, porte quelques vieux tombeaux des rois et des patriarches, taillés en architecture gigantesque et bizarre, et s'élance, comme le pont de la mort, sur la vallée des lamentations.

» A cette époque, sans doute, les flancs aujourd'hui demi-nus de la montagne des Oliviers étaient arrosés par l'eau des piscines et par les flots encore coulants du Cédron. Des jardins de grenadiers, d'orangers et d'oliviers couvraient d'une ombre plus épaisse l'étroite vallée de Gethsemani, qui se creuse, comme un nid de douleur, dans le fond le plus rétréci et le plus ténébreux de celle de Josaphat. L'homme d'opprobre, l'homme de douleur, pouvait s'y cacher comme un criminel, entre les racines de quelques arbres, entre les roches du torrent, sous les triples ombres de la ville, de la montagne et de la nuit; il pouvait entendre de là les pas secrets de sa mère et de ses disciples qui passaient sur le chemin, en cherchant leur Fils et leur Maître; les bruits confus, les acclamations stupides de la ville qui s'élevaient au-dessus de sa tête pour se réjouir d'avoir vaincu la vérité et chassé la justice; et le gémissement du Cédron qui roulait ses ondes sous ses pieds, et qui bientôt allait voir sa ville renversée et ses sources brisées par la ruine d'une nation coupable et aveugle. Le Christ pouvait-il mieux choisir le lieu de ses larmes? pouvait-il arroser de la sueur de sang une terre plus labourée de misères, plus abreuvée de tristesses, plus imbibée de lamentations (1)?......»

Le 2 novembre suivant, jour des Morts, l'illustre poëte, revenu de Jéricho et du lac Asphaltite, était campé auprès de la piscine de Salomon, sous les murs de Jérusalem.

« Nous voulions, dit-il, consacrer une journée à la prière dans ce lieu vers lequel tous les chrétiens se tournent en priant, comme les mahométans se tournent vers la Mecke. Nous engageâmes le religieux qui faisait seul les fonctions de curé à Jérusalem, à célébrer, pour nos parents vivants et morts, pour nos amis de tous les temps et de tous les lieux, pour nous-mêmes enfin, la commémoration du grand et douloureux sacrifice qui avait arrosé cette terre du sang du Juste, pour y faire germer la charité et l'espérance; nous y assistâmes tous dans les sentiments que nos souvenirs, nos douleurs, nos pertes, nos désirs et nos mesures diverses de piété et de croyance nous inspiraient à chacun; nous choisîmes pour temple et pour autel la grotte de Gethsemani, dans le creux de la vallée de Josaphat. C'est dans cette caverne du pied du mont des Olives, que le Christ se retirait, suivant les traditions, pour échapper quelquefois à la persécution de ses ennemis et à l'importunité de ses disciples; c'est là qu'il s'entretenait avec ses pensées célestes, et qu'il demandait à son Père que le calice trop amer qu'il avait rempli lui-même, comme nous remplissons tous le nôtre, passât loin de ses lèvres; c'est là qu'il dit à ses trois amis, la veille de sa mort, de rester à l'écart et de ne pas s'endormir, et qu'il fut obligé de les réveiller trois fois, tant le zèle de la charité humaine est prompt à s'assoupir; c'est là enfin qu'il passa ces heures terribles de l'agonie, lutte ineffable entre la vie et la mort, entre la volonté et l'instinct, entre l'âme qui veut s'affranchir et la matière qui résiste, parce qu'elle est aveugle! C'est là qu'il sua le sang et l'eau, et que, las de combattre avec lui-même sans que la victoire de l'intelligence donnât la paix à ses pensées il dit ces paroles finales, ces paroles qui résument tout l'homme et tout Dieu, ces paroles qui sont devenues la sagesse de tous les sages, et qui devraient être l'épitaphe de toutes les vies et l'inscription unique de toutes les choses créées: *Mon Père, que votre volonté soit faite, et non la mienne!*

» Le site de cette grotte, creusée dans le rocher du *Cédron*, est un des sites les plus probables et les mieux justifiés par l'aspect des lieux, de tous ceux que la pieuse crédulité populaire a assignés à chacune des scènes du drame évangélique: c'est bien là la vallée assise à l'ombre de la mort, l'abîme caché sous les murs de la ville, le creux le plus profond et vraisemblablement alors le plus fui des hommes, où le Christ, qui devait avoir tous les hommes pour ennemis, parce qu'il venait attaquer tous leurs mensonges, dut chercher quelquefois un abri et se recueillir en lui-même pour méditer, pour prier et pour souffrir! Le torrent impur de *Cédron* coule à quelques pas. Ce n'était alors qu'un égout de Jérusalem; la colline des Oliviers s'y replie pour se joindre avec les collines qui portent le tombeau des rois, et forme là comme un coude enfoncé, où des masses d'oliviers, de térébinthes et de figuiers, et ces arbres fruitiers que le pauvre peuple cultive toujours, dans la poussière même du rocher, aux alentours d'une grande ville, devaient cacher l'entrée de la grotte; de plus, ce site ne fut pas remué et rendu méconnaissable par les ruines qui ensevelirent Jérusalem. Des disciples qui avaient veillé et prié avec le Christ purent revenir et dire, en marquant le rocher et les arbres: C'était là! Une vallée ne s'efface pas comme une rue, et le moindre rocher dure plus que le plus magnifique des temples.

» La grotte de Gethsemani et le rocher qui la couvre sont entourés maintenant des murs d'une petite chapelle fermée à clef, et dont la clef reste entre les mains des religieux latins de Jérusalem. Cette grotte et les sept oliviers du champ voisin leur appartiennent; la porte, taillée dans le roc, ouvre sur la cour d'un autre pieux sanctuaire, que l'on appelle le *Tombeau de la Vierge*; celle-ci appartient aux Grecs; la grotte est profonde et haute, et divisée en deux cavités qui communiquent par une espèce de portique souterrain. Il y a plusieurs autels taillés aussi dans la roche vive; on n'a pas défiguré ce sanctuaire donné par la nature, par autant d'ornements artificiels que tous les autres sanctuaires du Saint-Sépulcre; la voûte, le sol et les parois sont le rocher même, suintant encore, comme des larmes, l'humidité caverneuse de la terre qui l'enveloppe; on a seulement appliqué, au-dessus de chaque autel, une mauvaise représentation, en lames de cuivre peint de couleur chair, et de grandeur naturelle, de la scène de l'agonie du Christ, avec les anges qui lui présentent le calice de la mort; si l'on arrachait ces mauvaises figures, qui détruisent celles que l'imagination pieuse aime à se créer dans l'ombre de cette grotte vide; si on laissait les regards mouillés de larmes monter librement et sans images sensibles vers la pensée dont cette nuit est pleine, cette grotte serait la plus intacte et la plus religieuse relique des collines de Sion; mais il faut que les hommes gâtent toujours un peu tout ce qu'ils touchent!......

» Il reste, non loin de la grotte de Gethsemani, un petit coin de terre ombragé encore par sept oliviers, que les traditions populaires assignent comme les mêmes arbres sous lesquels Jésus se coucha et pleura. Ces oliviers, en effet, portent réellement sur leurs troncs et sur leurs immenses racines la date des dix-huit siècles qui se sont écoulés de-

(1) M. de Lamartine, *Voyage en Orient*, tom. I, pag. 426-450.

puis cette grande nuit. Ces troncs sont énormes, et formés, comme tous ceux des vieux oliviers, d'un grand nombre de tiges qui semblent s'être incorporées à l'arbre, sous la même écorce, et forment comme un faisceau de colonnes accouplées. Leurs rameaux sont presque desséchés, mais portent cependant encore quelques olives. Nous cueillîmes celles qui jonchaient le sol sous les arbres; nous en fîmes tomber quelques-unes avec une pieuse discrétion, et nous en remplîmes nos poches, pour les apporter en reliques, de cette terre à nos amis. Je conçois qu'il est doux pour l'âme chrétienne de prier, en roulant dans ses doigts les noyaux d'olives de ces arbres dont Jésus arrosa et féconda peut-être les racines de ses larmes, quand il pria lui-même, pour la dernière fois, sur la terre. Si ce ne sont pas les mêmes troncs, ce sont probablement les rejetons de ces arbres sacrés. Mais rien ne prouve que ce ne soient pas identiquement les mêmes souches. J'ai parcouru toutes les parties du monde où croît l'olivier ; cet arbre vit des siècles, et nulle part je n'en ai trouvé de plus gros, quoique plantés dans un sol rocailleux et aride. J'ai bien vu, sur le sommet du Liban, des cèdres que les traditions arabes reportent aux années de Salomon. Il n'y a là rien d'impossible; la nature a donné à certains végétaux plus de durée qu'aux empires; certains chênes ont vu passer bien des dynasties, et le gland que nous foulons aux pieds, le noyau d'olive que je roule dans mes doigts, la pomme de cèdre que le vent balaye, se reproduiront, fleuriront et couvriront encore la terre de leur ombre, quand les centaines de générations qui nous suivent auront rendu à la terre cette poignée de poussière qu'elles lui empruntent tour à tour. Ceci n'est point une marque de mépris de la création pour nous (1).....» *Voyez* OLIVIERS (*Jardin des*).

* GESEM, chef de famille nathinéenne, *Neh.* VII, 51.

GEZER, ville des Philistins (a). Apparemment la même que *Gaser* ou *Gasera*, *Gedor*, *Gedora*, etc. *Voyez* ci-devant GAZER.

GEZER [Lisez GEZEZ], troisième fils de Caleb et d'Epha, sa concubine. *I Par.* II, 46.

GEZERON. La même que *Gezer* ou *Gader*.

* GEZEZ. *Voyez* GEZER.

* GEZEZ, fils d'Haran et petit-fils de Caleb et d'Epha, *I Par.* II, 46.

GIBAL. *Voyez* GEBAL.

* GIBEL ou GIBELET, la même que BYBLOS, GABALA, GÉBAL et GIBLOS. *Voyez* ces noms.

GIBBETHON. *Voyez* GEBBETHON.

GIBLII (b), ceux de *Gebal* ou de *Giblos*, nommé *Byblos* dans les auteurs profanes.

GIBLOS, ou BYBLOS, ville sur la côte de Phénicie, entre Tripoli et Béryte. Ceux de Gébal ou Byblos étaient célèbres par leur habileté à tailler la pierre et le bois (c), et par leur adresse à construire des vaisseaux (d). Il y en a qui croient que ceux qui sont nommés *Giblii* dans l'Ecriture étaient habitants de Gabale dans la Phénicie, entre Tortose et Laodicée. *Voyez* BYBLOS.

GIDEROTH, et *Giderothaïm*. *Voyez* GADER, GADERA, etc. GASER, GAZERA.

* GIE-ABARIM. *Voyez* JÉ ABARIM.

GIEZI, serviteur d'Elisée, accompagna presque toujours ce prophète, et eut part à tout ce qui lui arriva, jusqu'à ce que, s'étant laissé gagner par l'avarice, il se fit donner de l'argent par Naaman, empruntant pour cela le nom d'Elisée, comme si ce prophète l'eût envoyé, afin qu'il lui donnât un talent d'argent et une paire d'habits (e), pour deux enfants des prophètes, qui lui seraient venus demander quelque chose. Naaman ne se contenta pas d'un talent d'argent ; il lui en donna deux. Mais lorsque Giézi fut de retour, Elisée lui demanda d'où il venait. Giézi lui répondit qu'il n'était allé nulle part. Et Elisée lui dit : *Mon cœur n'était-il pas présent, lorsque vous êtes allé après Naaman, et que vous en avez reçu de l'argent et des vêtements ? C'est pourquoi la lèpre de Naaman vous demeurera attachée, à vous et à votre race pour toujours.* Et aussitôt Giézi parut lépreux, sortit de devant Elisée (f), et depuis ce temps, il ne demeura plus attaché à sa personne. Le roi d'Israel se faisait raconter par Giézi les merveilles que le Seigneur avait opérées par le moyen d'Elisée (g). On peut consulter l'article de ELISÉE.

GIHON, ou GION, fontaine à l'occident de Jérusalem. Ce fut à la fontaine de Gihon (h) que Salomon fut sacré roi par le grand prêtre Sadoc et par le prophète Nathan (i). Ezéchias fit conduire le canal supérieur de Gihon dans Jérusalem (j), afin que les ennemis, venant assiéger la ville, ne profitassent pas des eaux de cette fontaine (k).

GILO, ville de Juda. *Josue*, XV, 51. Achitophel était de Gilo. II *Reg.* XV, 12; XXIII, 34. — [*Voyez* GÉLO.]

GINEA, village situé dans le Grand-Champ, et qui sert de limites entre la Samarie et la Galilée (l). C'est apparemment le même que *Jennin*, ou *Ginnim*, dont parlent les nouveaux voyageurs, et qu'ils placent sur le chemin de Ptolémaïde à Samarie.

GINETH, père de Thebni. III *Reg.* XVI, 21.

* GIRAFE. Parmi les animaux dont Moïse a permis de manger la chair, on voit le *samer* ou le *zemer*. Les Septante ont rendu ce mot par καμηλοπάρδαλις, et la Vulgate par

---

(a) II *Reg.* v, 25
(b) III *Reg.* v, 18. *Ezech.* xxvii, 9.
(c) III *Reg.* v, 18.
(d) *Ezech.* xxvii, 9.
(e) IV *Reg.* v, 20 *et seq.*
(f) Vers l'an du monde 3114, avant Jésus-Christ 886, avant l'ère vulg. 890.
(g) IV *Reg.* viii, 4, 5 *et* 6.
(h) III *Reg.* i, 33 *et seq.*
(i) An du monde 2989, avant Jésus-Christ 1011, avant l'ère vulg. 1015.
(j) III *Par.* xxxi, 30.
(k) An du monde 5291, avant Jésus Christ 709, avant l'ère vulg. 713.
(l) *Joseph. de Bello*, l. III, c. 11
(1) M. de Lamartine, *Voyage en Orient*, tom. II, pag. 21 26.

camelopardalus (*Deut.* XIV, 5); en français *caméléopard*. C'est le nom de la *girafe*, dit Sonnini, dans le *Nouv. Dictionnaire d'Hist. naturelle*, tom. IV, pag. 162. Un autre naturaliste a fait, dans le même ouvrage, tom. IX, pag. 436-439, sur cet animal, un article dont voici quelques lignes.

«La girafe (*Camelopardalis girafa* Linn.; *Cervus camelopardalis* Erxleb.) est le seul quadrupède connu du genre, du même nom et de la seconde section de l'ordre des ruminants... Elle tient du *cerf* et du *chameau* par ses formes, et peut atteindre à la hauteur de dix-sept à dix-huit pieds... Elle a la tête semblable à celle du *cerf* ou à celle du *bœuf*, si ce n'est qu'au lieu de porter un bois solide et qui se renouvelle chaque année, comme le premier, ou des cornes creuses et persistantes, comme le dernier, elle supporte deux espèces de cornes qui ne sont autre chose que des proéminences coniques de l'os du crâne, qui ne tombent pas et qui sont toujours revêtues de la peau. Ces cornes sont droites et parallèles; elles ont à peu près un demi pied de long... Les oreilles sont grandes comme celles du *bœuf*, et ont à peu près la même forme... Le cou a six pieds de longueur... Les sabots sont fendus; ils manquent de talons, et ressemblent à ceux du *bœuf*...

»On a donné à la *girafe* le nom de *chameau-léopard*, parce que cet animal a quelque ressemblance avec le *chameau*, par la forme de sa tête, la longueur de son cou, etc.; et que sa robe ressemble à celle des léopards, par les taches fauves ou d'un brun plus ou moins foncé dont elle est parsemée...

« Les girafes, dit Buffon, d'après Allamand,
» se trouvent vers le 28ᵉ degré de latitude
» méridionale, dans les pays habités par les
» nègres, que les Hottentots nomment *Bri-*
» *nas*, ou *Briquas*; l'espèce ne paraît pas
» être répandue vers le sud au delà du 29ᵉ
» degré, et ne s'étend à l'est qu'à 5 ou 6 de-
» grés du méridien du Cap. Les Cafres qui
» habitent les côtes orientales de l'Afrique,
» ne connaissent point les girafes; il paraît
» aussi qu'aucun voyageur n'en a vu sur les
» côtes occidentales de ce continent, dont
» elles habitent seulement l'intérieur. Elles
» sont confinées dans les limites que nous
» venons d'indiquer, vers le sud et l'ouest;
» et, du côté du nord, on la retrouve jus-
» qu'en Abyssinie.»On ne trouve plus de girafes dans la haute Égypte...

»La chair de cet animal est assez bonne à manger, surtout celle des jeunes; et ses os sont remplis d'une moelle que les Hottentots trouvent exquise: aussi vont-ils souvent à la chasse des girafes...

»La girafe a reçu des Arabes le nom de *girraffa, sirapha*, ou *zurnaba*.»

(a) *Joseph. de Bello*, l. IV, c. IV.
(b) *Idem*. l. IV, c. I.
(c) *Reland. Palæst.* l. III, p. 813.
(d) *Hieronym. Comment. in Epist. ad Philemon.: Quis sit Epaphras coucaptivus Pauli, talem fabulam accepimus. Aiunt parentes Apostoli Pauli de Gyscalis regione fuisse Judæos, et eos.... in Tharsum Ciliciæ fuisse translatos*, etc

«Le mot *girafe*, dit M. Champollion-Figeac (1), est arrivé tout fait dans le français: c'est le mot arabe *zoraféh*; et l'on peut s'en tenir à la seule énonciation de cette origine. Si l'on veut cependant remonter plus haut, on peut considérer que les syllabes de ce mot n'ont, en arabe, aucun sens analogue à ce quadrupède, et l'explication qu'en donnent les lexiques est tout à fait arbitraire. On en conclut tout naturellement que la langue arabe aussi a reçu ce mot tout fait d'un autre idiome. Si l'on s'avance dans cette recherche, on trouve que le mot égytien *soraphé* est composé de deux racines qui signifient rigoureusement *long cou* ou *tête allongée*, et tel est le caractère éminent de la girafe. Ce mot est donc d'origine égyptienne; et la girafe, en effet, venue des contrées au midi de l'Egypte, et qui n'a pu être connue des Arabes que par les Egyptiens, est plusieurs fois figurée sur leurs anciens monuments, non-seulement de sculpture, mais encore dans les peintures de manuscrits; et ce fait n'est pas indifférent pour justifier l'étymologie du nom français de ce singulier quadrupède.»

GISCALA, ville de Galilée (a), dont parle Josèphe assez souvent dans ses livres *de la Guerre des Juifs*. Il dit qu'il la fit fortifier (b), et que ceux de Gabares, de Cabarages et de Tyr, la prirent de force. M. Reland (c) croit que c'est la même dont il est parlé dans les livres des Juifs sous le nom de *Gusch-Chaleb*, et qui est placée entre Morom et Capharanan.

Saint Jérôme (d) dit qu'il a appris, par une tradition fabuleuse, que saint Paul était originaire de la ville de Giscala; que ses parents avaient leur demeure dans cette ville: mais que, durant les troubles de la province, lorsque les Romains y faisaient la guerre, ils avaient été obligés de se retirer à Tharse en Cilicie. Il dit, dans un autre endroit (e), que saint Paul était de la tribu de Benjamin, et de la ville de Giscale; mais qu'après la prise de cette ville par les Romains, il avait été obligé de se retirer avec ses parents à Tharse en Cilicie. Rien n'est plus mal assorti que cette fable, puisque la guerre des Romains contre les Juifs n'a commencé qu'après la mort de saint Paul. Cet apôtre mourut en l'an 66 de Jésus-Christ, et la guerre contre les Juifs ne commença qu'en l'an 67 ou 68.

GISON, ou GEISON. C'est ainsi que Josèphe (f) appelle un petit mur à hauteur d'appui, que l'on fit faire autour du temple proprement dit, et de l'autel des holocaustes, afin que le peuple n'en approchât pas. Dans les livres des *Antiquités*, il lui donne trois coudées de haut; et dans la *Guerre des Juifs*, il ne lui donne qu'une coudée.

(e) *Idem lib. de Scriptorib. Ecclesiast.*
(f) *Antiq.* l. VIII, c. II, p. 262, f. et *de Bello*, l. VI, p. 918, D. E.
(1) *Dissertation sur l'étymologie* (24 pag. in-8°; Paris, 1829), insérée dans l'*Encyclopédie moderne*, tom. XII, et reproduite en partie dans le *Bulletin* de Férussac, section des *Sciences historiques*, tom. XI.

GITH, sorte de grain que les Grecs appellent *mélanthion*, et les Latins *nigella*, parce qu'il est noir; et les Français, *nielle* ou *poivrette*, parce qu'il ressemble à un grain de poivre en grosseur et en couleur. Isaïe (a) dit que le gith ne se foule point avec les instruments ordinaires de la trituration, avec la roue du chariot et les pointes de fer, mais qu'on le bat avec une simple verge.

GITTHA, ou *Gitthaim*. Voyez GETH.

GITTHITH. Ce terme se trouve souvent à la tête des psaumes (b), et pour l'ordinaire on le traduit par *les pressoirs*. Les interprètes débitent diverses conjectures sur ce terme *gitthith*. Les uns croient qu'il signifie une sorte d'instrument de musique; d'autres, que l'on chantait des psaumes où ce titre se trouve, après les vendanges; d'autres, enfin, que ces sortes de cantiques avaient été inventés dans la ville de Geth. Nous croyons plutôt qu'il fut donné à chanter à la bande des filles ou des musiciennes de Geth. *Voyez* l'Argument sur le psaume VIII. *Gittith* ne signifie pas les pressoirs, mais *une Géthéenne*. Pour dire *les pressoirs*, il faudrait lire *gittheth*.

GLAIVE. Le *glaive*, dans le style des Hébreux, se met souvent pour la guerre. Le Seigneur *appelle le glaive sur la terre;* il y fait venir la guerre. *La bouche du glaive*, le tranchant de l'épée. *Un homme qui tire l'épée* (*educens gladium*), est un soldat de profession. Le glaive de la bouche (*gladius oris*) (c), les mauvais discours, les accusations, les médisances, les calomnies. *Manus gladii*, la main du soldat armé. *Leur langue est un glaive tranchant* (d): la langue des méchants est plus dangereuse que l'épée. *Si vous ne vous convertissez, le Seigneur lancera son glaive contre vous* (e); il vous enverra la guerre, ou vous frappera de ses plaies. *Gladius anceps* (f), une épée à deux tranchants. *Lever l'épée sur des pierres* (g), les tailler avec un ciseau ou avec un autre instrument. *Vivre de son épée* (h), vivre de guerre et de rapine. *Lever l'épée sur quelqu'un* (i), le frapper, le blesser, le tuer, lui faire la guerre. *Celui qui prendra le glaive périra par le glaive*, Matth. XXVI, 52: ceux qui prennent l'épée de leur propre autorité, et qui se font justice à eux-mêmes, méritent d'être punis de mort par l'autorité de la justice; ou bien c'est une espèce de proverbe: Ceux qui prennent le glaive, et qui frappent les autres, font ordinairement une fin funeste. *La parole de Dieu est plus perçante qu'un glaive à deux tranchants* (j); elle pénètre jusqu'au fond de l'âme, elle s'insinue dans le cœur et dans l'esprit, etc. Saint Paul exhorte les Ephésiens (k) à s'armer de la parole de Dieu, comme d'un glaive spirituel, pour les défendre contre les ennemis de leurs âmes.

GLAPHYRE, fille d'Archélaüs, roi de Cappadoce, épousa en premières noces Alexandre, fils du grand Hérode, dont nous avons donné l'histoire sous l'article ALEXANDRE. Glaphyre eut deux fils de son mari, savoir Alexandre et Tigrane; ce dernier fut roi d'Arménie.

En secondes noces Glaphyre épousa Juba, roi de Mauritanie, qui ne vécut pas longtemps. Enfin en troisièmes noces elle épousa Archélaüs, ethnarque de Judée, frère d'Alexandre, son premier mari. On dit que, cinq jours avant sa mort (l), Alexandre, son premier mari, lui apparut, lui fit de grands reproches de lui avoir manqué de parole par le second et le troisième mariage qu'elle avait contractés; et la menaça que dans cinq jours il la retirerait à lui; ce qui arriva en effet.

GLOIRE DE DIEU. Dans Moïse (m) *la gloire du Seigneur* marque ordinairement sa présence; lorsqu'il parut, par exemple, sur le mont Sinaï, ou que la nue lumineuse, qui marquait sa présence, descendait sur la tente des assemblées. Moïse, Aaron, Nadab, Abiu, et les soixante-dix anciens d'Israël, montèrent à Sinaï, *et virent la gloire du Seigneur*. Or la gloire du Seigneur *était comme un feu ardent* sur la montagne; sous ses pieds était comme l'éclat du saphir et comme le ciel lorsqu'il est dans sa plus grande pureté. *La gloire du Seigneur* apparut aussi aux Israélites dans la nuée après leur murmure, et lorsqu'il leur donna la manne et les cailles (n). Moïse ayant demandé instamment à Dieu qu'il lui plût lui découvrir sa gloire (o), Dieu lui dit: *Vous ne pourrez voir ma face, car nul homme n'est capable d'en supporter l'éclat sans mourir; mais je vous placerai à l'entrée d'un rocher; et lorsque ma gloire passera devant ce rocher, je vous couvrirai de ma main, afin que vous ne soyez pas accablé par le poids de ma gloire; mais quand je serai passé, j'ôterai ma main, et vous me verrez par le dos, mais vous ne verrez point ma face.*—[*Voy.* JOSUÉ, addition, § XXXII.]

L'arche de Dieu est nommée *la gloire d'Israel* (p), et *la gloire de Dieu* (q). Lorsque l'arche fut prise par les Philistins, on dit: *Translata est gloria de Israel*; et le Psalmiste dit qu'il a tendrement aimé la maison de Dieu, et *le lieu de la demeure de sa gloire*.

Le Psalmiste, en quelque endroit, appelle ses instruments de musique, *sa gloire* (r): *Ut cantet tibi gloria mea*. Et ailleurs (s):

(a) *Isai.* XXVIII, 25, 27. גִּתָּ *Gith.* Μιλάνθιον.
(b) *Psal.* III, 1, *Pro torcularibus; item Psalm.* LXXX, 1; LXXXIII, 1.
(c) *Job*, V, 15.
(d) *Psalm.* LVI, 5.
(e) *Psalm.* VII, 13.
(f) *Psalm.* CXLIV, 6.
(g) *Exod.* XX. 25.
(h) *Genes.* XXVII, 40.
(i) *Isai.* II, 4.
(j) *Hebr.* IV, 12.

(k) *Ephes.* VI, 17.
(l) *Antiq. l.* XVII, c. XV. Vers l'an de Jésus-Christ 7 ou 10.
(m) *Exod.* XXIV, 9. 10, 16, 17.
(n) *Exod.* XVI, 7, 10.
(o) *Exod.* XXXIII, 18, 22.
(p) 1 *Reg.* IV, 21, 22.
(q) *Psalm.* XXIV, 8.
(r) *Psalm.* XXIX, 13.
(s) *Psalm.* LVI, 9.

Exsurge, gloria mea, exsurge, psalterium et cithara. Voyez aussi Psalm. CVIII, 3.

Les ornements des prêtres du Seigneur sont appelés *des habits de gloire;* et les vases sacrés du temple, *des vases de gloire* (a): *Vasa gloriæ ejus captiva abducta sunt* (b). *Ecce sancta nostra et pulchritudo nostra, et claritas nostra desolata est,* etc., dit Matathias, père des Machabées. Salomon *dans toute sa gloire,* dans son éclat et ses plus riches ornements, n'était pas plus beau qu'un lis.

Les Israélites, en abandonnant le Seigneur dans le désert (c), *changèrent leur gloire dans une figure de veau qui broute l'herbe.* Lorsque les prophètes veulent marquer la conversion des Gentils, ils disent que *la gloire du Seigneur remplira toute la terre,* ou que toute la terre verra la gloire du Seigneur. Et saint Paul appelle en plus d'un endroit le bonheur des fidèles, qui ont embrassé la foi de Jésus-Christ, *la gloire des enfants de Dieu* (d).

Lorsque les Hébreux exigeaient le serment d'un homme, ils lui disaient: *Rendez gloire à Dieu* (e): *Da gloriam Domino Deo Israel:* Reconnaissez la vérité, rendez-lui gloire; reconnaissez que Dieu connaît le plus secret de vos sentiments, et le plus profond de votre cœur.

LA GLOIRE DES ENFANTS SONT LEURS PÈRES (f), *la gloire des pères sont les enfants* (g); *la femme est la gloire de l'homme* (h); *nous sommes votre gloire, et vous êtes la nôtre.* Tout le monde sent l'emphase et la force de ces expressions.

Lorsque Dieu jugea à propos de retirer à lui son serviteur Moïse (i), il lui dit de monter sur la montagne d'Abarim, et d'y rendre son esprit. Moïse répondit: Que le Seigneur pourvoie un homme pour être à la tête de cette multitude. Dieu lui dit: *Prenez Josué, fils de Nun, cet homme qui est rempli de l'Esprit: imposez-lui les mains, vous lui donnerez vos ordres en présence de la multitude, et vous lui communiquerez une partie de votre gloire.* On demande quelle est cette gloire que Moïse communiqua à Josué. Onkélos et quelques rabbins croient que Moïse lui donna une partie de cet éclat qui paraissait sur son visage depuis l'entretien qu'il avait eu avec Dieu (j); il ne lui donna pas toute sa gloire, mais seulement une partie. Moïse était, disent-ils, brillant comme le soleil, et Josué comme la lune: il n'avait qu'une faible lueur et empruntée. Mais il vaut mieux l'entendre de l'autorité et de l'empire dont il eut besoin pour le gouvernement du peuple. Moïse *lui imposa les mains,* et par cette cérémonie le désigna pour son successeur dans la conduite des Israélites: il *lui donna ses ordres* et ses instructions, pour s'acquitter dignement de cet emploi.

GNIDE. Saint Paul, allant en Italie pour comparaître devant Néron (k), passa devant Gnide, promontoire de l'Asie Mineure, vis-à-vis l'île de Crète. Quelques-uns (l) l'entendent de l'île de Cnide, entre le promontoire de Gnide et l'île de Crète.

GNOSTIQUES. Le nom de gnostiques ne se rencontre pas dans les livres sacrés, ni de l'Ancien, ni du Nouveau Testament; mais les apôtres saint Pierre et saint Paul attaquent souvent dans leurs Epîtres les hérétiques de leur temps, qui dans la suite furent connus sous le nom général de *gnostiques.* Saint Paul, écrivant à Timothée (m), lui dit d'avertir certains mauvais docteurs de ne point enseigner une doctrine différente de la sienne, et *de ne se point amuser à des fables et à des généalogies sans fin.* On croit qu'il veut désigner par là les gnostiques, qui, à l'imitation des anciens mages et des platoniciens, introduisirent dans leurs sectes des espèces de généalogies, sous le nom d'Æons, dont ils composaient leur plénitude ou leur divinité fantastique. Ils étourdissaient les ignorants par ces mots inconnus, et trompaient les simples par une vaine ostentation de science.

Le même apôtre fait une peinture fort ressemblante de ces anciens hérétiques dans sa seconde Epître à Timothée, lorsqu'il dit (n): *Il y aura des hommes amoureux d'eux-mêmes, avares, glorieux, superbes, médisants, désobéissants, dénaturés, ennemis de la paix, calomniateurs, intempérants, inhumains, sans affection pour les gens de bien, traîtres, insolents, enflés d'orgueil.... qui auront une apparence de piété, mais qui en ruineront la vérité et l'esprit... Ce sont des hommes corrompus dans l'esprit, et pervertis dans la foi; mais le progrès qu'ils feront aura ses bornes,* etc. Et saint Jean, dans sa seconde Epître (o): *Plusieurs imposteurs se sont élevés dans le monde, qui ne confessent point que Jésus-Christ est venu dans la chair.* En effet, les gnostiques, ou *Doctes,* disciples de Simon le Magicien, soutenaient (p) que le Verbe, que le Christ avait paru sur la terre sans s'incarner, sans naître de la Vierge, sans avoir un corps réel, sans souffrir véritablement. Il faut voir la seconde Epître de saint Pierre, ch. II, vers. 9, 10 et suiv., et celle de saint Jude, vers. 10 et suiv., où l'on trouve le caractère de ces hérétiques bien marqué. [*Voyez* ÉVANGILE.]

[Il y avait plusieurs sortes de gnostiques, comme il y a plusieurs sortes de protestants. Toutes les sectes gnostiques ne sont pas éteintes; il en existe encore une qui a fourni à l'illustre évêque Wiseman de nouveaux éclaircissements du commencement de l'Evangile selon saint Jean. Nous allons rapporter

---

(a) *Exod.* xxviii, 2, 40. *Eccli.* L., 14.
(b) I *Mac.* ii, 9, 12.
(c) *Psalm.* cv, 20.
(d) *Rom.* v, 2; viii, 21, et II *Cor.* iv, 4, etc.
(e) *Josue,* vii, 19. *Joan.* ix, 14.
(f) *Prov.* xvi, 16.
(g) *Ezech.* iii, 13.
(h) I *Cor.* xi, 1.
(i) *Num.* xxvii, 20.
(j) *Exod.* xxxiv, 29.
(k) *Act.* xxvii, 7.
(l) *Grotius et alii quid.*
(m) I *Tim.* i, 3, 4.
(n) II *Tim.* iii, 2, 3, etc.
(o) II *Joan.* i, 7.
(p) *Irenæ. l.* III, *c.* xi. *Hieronym. advers. Lucifer.* viii. *Clem. Alex. Strom. l.* VII.

ici ce que le savant prélat a écrit sur ce sujet, et nous aurons souvent l'occasion d'y renvoyer de plusieurs articles.

« On a obtenu, dit-il, (1) de curieux éclaircissements sur un passage difficile du Nouveau Testament, par la découverte d'une secte de gnostiques encore existante, mais sur laquelle on n'avait eu peu ou point de notions jusqu'à la fin du dernier siècle : c'est un petit traité assez peu connu et publié, il y a un siècle environ, par le P. Ignace, jésuite missionnaire en Asie, qui révéla pour la première fois à l'Europe l'existence d'une secte semi-chrétienne, établie principalement dans le voisinage de Bassora; elle descendait évidemment des anciens gnostiques; mais elle professait une vénération particulière pour saint Jean-Baptiste (2). On appelle ces sectaires Nazaréens, Sabéens, Mendéens, ou disciples de Jean ; ce dernier nom est celui qu'ils se donnent eux-mêmes. Beaucoup de preuves démontrent qu'ils existent depuis les premiers siècles ; et toute leur croyance est fondée sur la philosophie orientale, c'est-à-dire sur le système des émanations. Le professeur Norberg fut le premier qui donna de plus amples renseignements sur cette étrange religion, en publiant, il y a peu d'années, leur livre sacré, le *Codex Adami* ou *Codex Nazaræus* (3). Il est écrit avec des caractères particuliers, dans un dialecte syriaque très-corrompu et extrêmement difficile à comprendre. Leur principal ouvrage, que Norberg désirait tant voir publier, est encore inédit : c'est un immense rouleau, couvert de figures curieuses et qu'ils appellent leur Divan. La copie originale existe au Muséum de la Propagande; j'en ai fait faire deux *fac-simile* : l'un est en ma possession, et je l'ai apporté, afin que vous puissiez l'examiner ; j'ai déposé l'autre à la bibliothèque de la Société Royale Asiatique de Londres.

» On savait bien que saint Jean, dans ses écrits, attaquait ouvertement les sectes gnostiques, principalement celles qui sont connues sous les noms d'Ebionites et de Cérinthiens. Cette circonstance expliquait plusieurs expressions qui, autrement, eussent été obscures, et nous faisait comprendre pourquoi il insistait si constamment sur la réalité de l'incarnation du Christ. Il était évident que le premier chapitre de son Evangile contenait une série d'aphorismes directement opposés aux opinions de ces gnostiques ; par exemple, comme ils posaient en principe l'existence de plusieurs Æons ou Etres émanés de Dieu, et inférieurs à lui; comme ils appelaient l'un de ces Æons *le Verbe*, un autre l'*unique engendré*, un autre la *lumière*, etc., et qu'ils assuraient que le monde avait été créé par un esprit mauvais, saint Jean renverse toutes ces opinions en montrant que le Père n'a qu'un Fils, que ce Fils est à la fois la Lumière, le Verbe et l'unique engendré, et que toutes choses ont été faites par lui (4).

» Mais il y avait, dans ce sublime prologue, d'autres passages qui ne s'expliquaient pas aussi facilement. Pourquoi y insiste-t-on si fortement sur l'infériorité de saint Jean-Baptiste ? Pourquoi nous dit-on qu'il n'était pas la lumière, mais que sa mission était seulement de rendre témoignage à la lumière? Et pourquoi cela est-il répété deux fois ? Pourquoi est-il dit qu'il n'était qu'un homme ? Ces assertions réitérées doivent avoir été dirigées contre quelques opinions existantes, qui demandaient à être confondues aussi bien que les autres. Cependant nous ne connaissions aucune secte qui pût y avoir donné lieu. La publication des livres sabéens a, selon toute apparence, résolu la difficulté.

» Quand le *Codex Nazaræus* fut publié pour la première fois, plusieurs savants appliquèrent ses expressions à l'éclaircissement de l'Evangile selon saint Jean. L'évidence qui en résulta fut d'abord jugée très-satisfaisante (5), mais elle fut ensuite rejetée comme de peu de valeur, particulièrement par Hug, si je m'en souviens bien. Toutefois, en parcourant ce livre, on ne peut manquer, je crois, d'être frappé par certaines opinions évidemment anciennes, que l'Apôtre semble avoir eues précisément en vue dans l'introduction de son Evangile. D'abord, la distinction entre la lumière et la vie ; secondement, la supériorité de saint Jean-Baptiste sur le Christ; troisièmement, l'identification de saint Jean avec la *lumière*.

» La première de ces erreurs était peut-être commune à d'autres sectes gnostiques ; mais dans le *Codex Nazaræus* nous voyons la lumière et la vie expressément distinguées comme deux êtres différents. Dans ce livre, la première émanation de Dieu est le *Roi de lumière*; la seconde, *le feu* ; la troisième, *l'eau;* la quatrième, *la vie* (Norberg, p. 8). Or, saint Jean repousse cette erreur dans le quatrième verset, où il dit : *Et la lumière était la vie*. La seconde erreur, qui consistait à élever saint Jean au-dessus du Christ, forme le principe fondamental de cette secte ; c'est même pour cela que ses membres sont appelés *Mende-Jahia* (disciples de Jean). Et une lettre arabe du patriarche maronite de Syrie, publiée par Norberg, nous dit qu'ils plaçaient dans leur culte, saint Jean au-dessus du Christ (*Notes de la Préface*), qu'ils distinguaient soigneusement de la *vie*. En troisième lieu, ils identifient saint Jean avec la *lumière*. Ces deux dernières erreurs résultent à la fois d'un passage que j'ai pris au hasard en ouvrant le livre : *Poursuivant ma route et arrivant à la prison de Jésus, le Messie, je demandai : Pour qui est cette prison ? On me répondit : Elle renferme ceux qui ont nié la vie et suivi le Messie* (t. II, p. 9). On suppose ensuite que le Messie s'adresse au narrateur en ces termes : *Dis-nous ton nom et montre-nous ton signe, celui que tu as reçu de l'eau, le trésor de splendeur et le grand*

---

(1) *Discours sur les rapports entre la science et la religion révélée*. Disc. VI, *Etudes orientales*.
(2) Ignatius soc. Jesu, *Narratio originis et errorum Christianorum sancti Joannis*.

(3) *Codex Nazaræus, Liber Adami appellatus*. tom. I. Hafniæ.
(4) S. Irénée, adv. *Hæreses*, lib. I, c. 1, § 2.
(5) Michaëlis, *Introduction*, t. III, p. 285.

baptême de la lumière; et en voyant ce signe, le Messie l'adore quatre fois (*Ibid.*, p. 11). Ensuite les âmes qui sont avec lui demandent la permission de retourner dans leurs corps pendant trois jours, afin d'être baptisées dans le Jourdain *au nom de cet homme qui s'est élevé au-dessus de lui* (1). Ici donc nous voyons Jean et son baptême élevés au-dessus du Christ; le Messie distingué de la *lumière*, et le baptême de Jean appelé le *baptême de la lumière.* Or, on ne peut manquer l'observer avec quelle précision l'Évangéliste contredit chacune de ces opinions blasphématoires, quand il nous dit que, *dans le Christ* ÉTAIT LA VIE; que Jean *n'était pas la lumière, mais qu'il lui rendait seulement témoignage* (v. 7, 8); et que Jean était inférieur au Christ, d'après son témoignage même. Et sur ce point les paroles de l'Évangile semblent choisies exprès pour combattre l'erreur : *Jean rendait témoignage et criait, disant : Voici celui duquel je disais : Celui qui viendra après moi sera mis avant moi, parce qu'il était avant moi* (v. 15).

» Nous avons tout lieu de penser que les opinions de cette étrange secte se sont bien modifiées dans le cours des siècles ; mais leur conformité avec le système gnostique, et, en outre, quelques preuves historiques démontrent qu'elles ne sont pas modernes; et, selon toute vraisemblance, elles descendent de ceux qui ne reçurent que le baptême de Jean. En tout cas la publication de ces documents et les connaissances que nous avons acquises sur cette secte, ont montré qu'il existait parmi les gnostiques des opinions qui correspondaient exactement aux erreurs condamnées par saint Jean. Des expressions auparavant inintelligibles sont ainsi devenues claires, et il a été prouvé que la série de propositions ou d'axiomes sans connexion apparente, qui composent ce prologue, et qui semblaient insister inutilement sur des points peu intéressants pour nous, était dirigée contre les doctrines impies réfutées dans le même Évangile.»]

GOATA, ou GOLGOTHA, ou plutôt GOLGOLTHA, ou GULGULTHA (*a*), signifie un *crâne*. On donna ce nom à une montagne voisine de Jérusalem, au couchant et au nord de cette ville, ou à cause de sa forme, qui approchait du crâne humain, ou parce qu'on y exécutait les criminels, ou parce qu'on croyait que la tête du premier homme y avait été enterrée (*b*). C'est cette montagne que nous appelons communément *Calvaire*, d'un nom dérivé du latin *calvaria*, qui signifie le *crâne*, comme *golgoltha*, en hébreu, ou en syriaque. Jésus-Christ y fut crucifié et enseveli dans le jardin de Joseph d'Arimathie, dans un tombeau creusé dans le roc. L'empereur Adrien, en rétablissant Jérusalem, sous le nom d'*Ælia*, profana le sacré tombeau du Sauveur, en le faisant combler, et mettant par-dessus des figures d'idoles les plus infâmes. Mais Dieu ayant inspiré à l'impératrice Hélène, mère de Constantin, la dévotion de rendre à ces saints lieux l'honneur qui leur est dû, elle fit nettoyer le tombeau du Sauveur, et fit bâtir par-dessus une église magnifique, qui subsiste encore aujourd'hui. — [*Voyez* CALVAIRE.]

C'est la tradition de tout l'Orient, que le premier homme a été enterré sur le mont Calvaire, ou Golgotha, où le Sauveur a souffert la mort. Les Syriens et les Arabes appellent cette montagne *Cranion*, ou *Acranion*, à cause du crâne d'Adam qu'ils croient y être enseveli. Les mahométans ont un livre dans lequel on lit un dialogue entre Jésus-Christ et le crâne d'Adam (*c*).

GOB, plaine dans laquelle se donnèrent deux combats entre les Hébreux et les Philistins (*d*). Dans le premier, *Sobocaï* tua *Saph*, de la race des géants ; dans le second, *Elchanan* tua le frère de Goliath. Au lieu de *Gob* dans les Paralipomènes (*e*), on lit *Gazer*. Les Septante, dans quelques exemplaires, portent *Nob*, au lieu de *Gob;* et dans d'autres *Geth*.

GOBELET A DEVINER. *Voyez* ci-devant COUPE.

GOBOLITE, autrement GABALITE, ou GABALÈNE ; c'est la partie la plus méridionale de la Judée et de l'Idumée. *Voyez* ci-devant GÉBAL.

GODOLIAS, fils d'Ahican, fut laissé dans la Palestine par Nabuchodonosor (*f*) après la ruine de Jérusalem et du temple (*g*), afin qu'il gouvernât le reste du peuple qui y était demeuré, et qu'il rassemblât ceux qui avaient pris la fuite. Jérémie se retira auprès de lui à Masphat, où il avait établi sa demeure ; et plusieurs Juifs, qui s'étaient enfuis dans les terres de Moab et d'Ammon, y vinrent aussi. Godolias les assura de la protection de Nabuchodonosor, pourvu qu'ils demeurassent en paix. Cependant Ismaël, fils de Nathanias, de la race royale de Juda, vint aussi voir Godolias. Celui-ci avait été averti qu'Ismael avait été envoyé par Baalis, roi d'Ammon, pour le tuer ; mais Godolias n'en voulut rien croire, et ne voulut pas permettre qu'on prévînt la mauvaise volonté d'Ismaël. Il le reçut à sa table, et le régala ; mais à la fin du repas, Ismaël et ceux qui étaient avec lui, se jetèrent sur Godolias, et le massacrèrent aussi bien que tous ceux qui se trouvèrent autour de lui, tant Juifs que Chaldéens (*h*). Alors le reste du peuple se retira en Égypte, et y entraîna Jérémie, quoi que ce prophète pût dire pour les détourner de cette résolution (*i*).

GODOLIAS, fils d'Amarias, aïeul du prophète Sophonie. *Sophon.* 1, 1.

(*a*) Κρανίου τόπος. גלגלתא *Golgoltha*.
(*b*) *Ambros. in Luc. lib.* XXIII. *Hieron. in Ephes.* v, 14. *Idem Epist. ad Marcellam, sub nomine Paulæ et Eustochii. Origen. in Matth. Epiph. hæres.* 46. *Basil. in Isai. Chrys. in Joan. homil.* 84. *Aug. t.* XVI, *de Civit.* c. 32.
(*c*) D'Herbelot, *Bibl. Orient.*, p. 278, *Cranion*.
(*d*) II *Reg.* xxi, 18, 19.
(*e*) I *Par.* xx, 4

(*f*) *Jerem.* XL, XLI, IV *Reg.* xxv, 12.
(*g*) An du Monde 3416, avant Jésus-Christ 584, avant l'ère vulg. 588.
(*h*) Vide *Jerem.* XL, XLI.
(*i*) An du monde 3417, avant Jésus-Christ 583, avant l'ère vulg. 587.
(1) *In nomine hujus viri qui te prætertit.* Ibid. p. 15

GODOLIAS, lévite, fils d'Ethan ou d'Idithun. I *Par.* XXV, 3.

GOG ET MAGOG. Nous ne séparons pas ces deux noms, parce que l'Ecriture les joint pour l'ordinaire (a). Moïse (b) parle de Magog, fils de Japhet ; mais il ne parle pas de Gog. Gog était prince de Magog, selon Ezéchiel. Magog signifie le pays, ou le peuple ; et Gog, le roi de ce pays. Nous avons fait voir sur la Genèse que la plupart des anciens faisaient Magog père des Scythes ou des Tartares, et que plusieurs interprètes trouvaient beaucoup de traces de leur nom dans les provinces de la grande Tartarie ; comme dans les provinces de *Lug* et de *Munyug*, de *Cangigu* et *Gingui*, dans les villes *Gingui* et de *Cugui*, de *Corgangui* et de *Caigui*.

D'autres ont cru que les Perses étaient les descendants de Magog. Suidas et Cédrène disent qu'on les nomme encore Magog dans leur pays. On y trouve des peuples nommés *Magusiens*, et des philosophes appelés *Mages*.

Quelques-uns (c) se sont imaginé que les Goths étaient descendus de Gog et de Magog, et que les guerres décrites par Ezéchiel, et entreprises par Gog contre les saints, ne sont autres que celles que les Goths firent au siècle cinquième contre l'empire romain.

Bochart a placé Gog aux environs du Caucase. Il dérive le nom de cette fameuse montagne de l'hébreu (d) *Gogchason*, forteresse de Gog. Il montre que Prométhée attaché au Caucase par Jupiter n'est autre que Gog. On connaît au midi du Caucase le *Gogarène*, province d'Ibérie.

Enfin la plupart croient, avec beaucoup de fondement, que Gog et Magog marqués dans Ezéchiel et dans l'Apocalypse se doivent prendre dans un sens allégorique, pour des princes ennemis des saints et de l'Eglise. Ainsi plusieurs prennent Gog d'Ezéchiel pour Antiochus Epiphanes, persécuteur des Juifs attachés à leur religion ; et celui qui est marqué dans l'Apocalypse, pour l'Antechrist, ennemi de l'Eglise et des fidèles. Nous avons essayé, dans une dissertation imprimée à la tête d'Ezéchiel, de faire voir que Gog était le même que Cambyse, roi des Perses ; et sur l'Apocalypse, nous avons prétendu que Gog et Magog désignent tous les ennemis qui persécuteront l'Eglise jusqu'à la fin des siècles.

Les Arabes appellent les descendants de Gog et de Magog, *Jagiouge* et *Magiouge* (e),

(a) *Ezech.* XXXVIII, 2, 3, etc. ; XXXIX, 1, 2, etc. *Apoc.* XX, 7.
(b) *Genes.* X, 2. Vide I *Par.* I, 5.
(c) Vide *Ambros. de Fide ad Gratian.* l. II, c. IV, ad finem.
(d) גוג חסן *Gog chasan.*
(e) D'Herbelot, *Bibl. Orient.*, p. 470, *Jagiouge* et *Magiouge.*
(1) Dans sa *Notice sur les Yamouths et les Goglans*, tribus turcomanes, qui occupent le pays arrosé par les rivières du Gourghan et de l'Attreck, Aucher-Eloi dit que, sur les rives du Gourghan, « on trouve à chaque pas des restes d'aqueducs et de canaux d'irrigation, qui attestent l'ancienne civilisation de cette contrée. » Il ajoute : « Les flancs des montagnes sont entièrement garnis de terrasses. Mais le monument le plus digne d'attention, c'est la muraille de Kizil-Alland, qui suit la rive droite du Gour-

et croient qu'ils habitent les pays les plus septentrionaux de l'Asie, au delà des pays des Tartares et des Sclaves, ou des Sclavons, nommés *Chalybes* par les anciens. Il y a apparence que Gog et Magog, selon l'idée des Arabes, habitaient autrefois les montages des Hyperboréens, et que c'est eux-mêmes que les anciens ont connus sous ce nom : car ils racontent qu'un nommé Salam, qui y fut envoyé par Vasek, neuvième calife du Corasan, de la race des Abassides, l'an de Jésus-Christ 842, fut deux ans à faire ce voyage, et qu'étant de retour après ce long terme, il rapporta qu'à trente-six journées de la mer Caspienne, tirant vers le nord, il trouva enfin les villes des Hyperboréens, qui n'étaient plus que des masures sans habitants ; et à vingt-sept jours de là, il vit la ville de *Hasna*, ainsi nommée par les Arabes, à cause de son assiette presque inaccessible. On voyait assez près de ce fort les restes du fameux rempart bâti autrefois par Alexandre le Grand, pour empêcher les nations barbares du septentrion de faire des irruptions dans le cœur de l'Asie (1). Salam se fit porter en cet endroit : car il n'était accessible à aucune voiture, ni à aucune monture, et il eut la satisfaction d'y trouver tout ce que les anciennes relations en disaient.

Les anciens peuples de Gog et Magog habitaient, dit-on, dans ces montagnes, où l'on ne pouvait arriver qu'avec des difficultés presque insurmontables. Il fallait employer dix-sept jours à monter et à descendre par des pays extrêmement raboteux, avant que d'y arriver : tout ce qu'on y portait, se voiturait sur le dos des hommes, ou des chèvres, qui sont très-grandes en ce pays-là. Les peuples qui y demeuraient étaient si peu sociables, qu'on n'a jamais pu tirer d'aucun d'entre eux la moindre connaissance de ce qui regarde cette nation ou ce pays. C'est ce qu'on lit dans les auteurs arabes touchant le pays de Gog et de Magog. Cette nation est certainement très-fameuse dans l'antiquité ; mais on ignore son ancienne demeure. Nous ne doutons pas qu'ils n'aient été du nombre des Scythes, et qu'ils ne soient confondus dans les grands et petits Tartares, et peut-être dans les Moscovites et les autres peuples du Nord. Mais comme ces peuples n'ont point d'anciens historiens, on ignore absolument leur histoire.

GOI, ou GOÏM. Ce nom signifie les peuples gentils. *Voyez* ci-devant GENTILS. Les Juifs

ghan à une distance d'à peu près une demi-heure. L'origine de cette muraille est encore un problème à résoudre ; on en ignore aussi l'étendue ; quelques auteurs l'attribuent à Iskender-Dhoul, Carnéen 1er, que quelques-uns identifient avec Djemchid, qu'il ne faut pas confondre avec Iskender ou Alexandre de Macédoine. Elle était sans contredit destinée à arrêter les incursions des nations hyperboréennes. — Dans la suite, Nouchervan l'aurait fait continuer ou réparer ; elle est appelée par les historiens arabes *Sedd-iadjiouj u Madjiouj*, et connue dans nos histoires sous le nom de *Gog et Magog*. Elevée entre le Pont-Euxin et la mer Caspienne, elle se prolongeait au delà de cette dernière en tirant vers l'Orient, ce qui a fait penser à M. d'Herbelot que c'est la continuation du même mur qui sépare la Chine d'avec la Tartarie. » etc. Aucher-Eloi, *Relations de voyages en Orient*, pag. 338, 339, etc.

ont accoutumé, quand ils parlent entre eux, de nommer les chrétiens *Goï* ou *Goïm*, et les femmes chrétiennes *Goia* ou *Goiath* ; nom qu'ils donnent en général à tous ceux qui sont incirconcis. Ils donnent au christianisme le nom de *Goïuth*, ou gentilité, et ne distinguent point les chrétiens des gentils et des idolâtres.

GOLAN. *Voyez* GAULAN.

GOLGOTHA. *Voyez* ci-devant GOATA.

GOLIATH, géant fameux de la ville de Geth, une des cinq satrapies des Philistins (*a*). Goliath vint se présenter au milieu des deux armées des Philistins et des Hébreux, campées entre Socoth et Azéca, pour défier au combat (*b*) tous les plus braves des Hébreux. Il avait six coudées et un palme de haut, c'est-à-dire, environ dix pieds et demi, en prenant la coudée à vingt pouces et demi, et le palme à trois pouces et un peu plus. Son armure était proportionnée à sa taille, et son insolence croissait tous les jours, voyant que nul des Israélites n'osait en venir aux mains avec lui. Les deux armées demeurèrent au même endroit pendant quarante jours, sans en venir aux mains. Enfin David, qui était un jeune homme occupé à paître les troupeaux de son père, étant venu au camp pour y apporter quelques provisions à ses frères, se vanta de combattre ce géant.

Aussitôt cela fut rapporté au roi, qui fit venir David. Mais, le voyant si jeune, et sans armes, il eut d'abord de la peine à le croire capable d'une telle entreprise. Toutefois il le fit revêtir de ses propres armes. Mais David, n'y étant pas accoutumé, et n'ayant pu s'en servir, prit seulement son bâton, et choisit cinq pierres dans le torrent; et marchant contre Goliath, il lui lança une pierre dans le front avec tant de roideur, que le géant fut renversé et étourdi du coup. Alors David, courant sur lui, tira l'épée du géant, et lui coupa la tête.

Goliath était de la race d'Arapha, c'est-à-dire, de la race des anciens Réphaïm; il avait la hauteur de plus de deux hommes, son armure était proportionnée à sa taille. Un auteur (*c*) qui a examiné scrupuleusement la pesanteur de cette armure, trouve, en donnant un poids proportionné à chaque partie qui la composait, qu'elle devait être de deux cent soixante et douze livres treize onces ; il donne au fer de la lance dix-huit livres et trois quarts ; à la hampe de cette lance, qui devait avoir vingt-six pieds de long, au moins autant de poids qu'au fer dont elle était armée; au casque, quinze livres; au bouclier, trente ; à l'épée, quatre livres et demie; à la cuirasse, cent cinquante-six livres et un quart. Ajoutez les bandes de cuivre qu'il avait sur les jambes, et le bouclier ou la lance que portait son écuyer, et vous trouverez à peu près le poids qu'il donne à toute l'armure.

La défaite du géant Goliath par David est un événement si extraordinaire, qu'il n'est pas étonnant que les Orientaux, qui aiment naturellement à feindre et conter du merveilleux, l'aient embellie de quelques circonstances : ils disent que Goliath était d'une taille si énorme, que son armure complète de fer pesait mille livres, et que son seul casque en pesait trois cents; que cependant David, avec une pierre de sa fronde, cassa son casque, lui perça la tête, et enfin toute la cervelle. Ils croient de plus que les rois des Philistins, qui régnèrent longtemps dans la Palestine, se nommaient tous Goliath, comme les rois d'Égypte s'appelaient *Pharaon*, et que David, après la défaite du géant dont nous parlons, extermina la nation des Philistins, dont les restes se retirèrent en Afrique, et que c'est d'eux que sont descendus les Barbares, peuples de la côte de Barbarie.

On croit que ce fut à l'occasion de la défaite de Goliath que David composa le psaume cent quarante-trois : *Benedictus Dominus Deus meus, qui docet manus meas ad prœlium, et digitos meos ad bellum.* Les Septante marquent expressément qu'il fut composé contre Goliath; mais on sait que la plupart des titres des psaumes sont d'une très-faible autorité. On lit dans les exemplaires grecs un cent cinquantième psaume, qui est hors du Canon, et qui est sur le même sujet : mais on n'a aucune raison qui nous prouve qu'il ait été composé par David.

GOLIATH, autre géant, qui fut tué par Elchanan, fils de Jaïr de Bethléem (*d*). L'auteur de la Vulgate exprime cela en ces termes : *Percussit Adeodatus filius saltus, polymitarius Bethlehemites, Goliath Getheum.* Dans les Paralipomènes (*e*), où le texte paraît plus correct, on lit : *Elchanan, fils de Jaïr, tua Lechem, frère de Goliath.* On connaît, parmi les braves de David (*f*), un nommé Elchanan de Bethléem, fils de l'oncle paternel de Joab. C'est apparemment cet Elchanan qui tua le frère de Goliath, soit que ce géant fût véritablement son frère, ou qu'il lui fût semblable par la grandeur de sa taille.

GOMER, fils de Japhet (*g*), fut père des peuples de Galatie, selon Josèphe. Les anciens peuples de ce pays s'appelaient Gomares, avant que les Galates s'en rendissent les maîtres. Le Chaldéen met Gomer dans l'Afrique. Bochart l'a placé dans la Phrygie, parce qu'en grec *Phrygia* peut marquer un charbon, de même que *Gomer* en hébreu et en syriaque. Nous croyons que les anciens Cimbres, ou les Cimmériens, sont sortis de Gomer. Voyez notre Commentaire sur la Genèse, X, 2.

Il y a assez d'apparence que Gomer, ou plutôt les Gomérites, ses descendants, peuplaient non-seulement le pays des Cimbres ou Cimmériens (*h*), mais aussi la Germanie

---

(*a*) I *Reg.* xvii, 4, 5, 6, etc.
(*b*) An du monde 2942, avant Jésus-Christ 1058, avant ère vulg. 1062.
(*c*) *Hostius in Hist. Monomach.* c. v.
(*d*) II *Reg.* xxi, 19.
(*e*) I *Par.* xx, 5.
(*f*) II *Reg.* xxiii, 24.
(*g*) *Genes.* x, 2
(*h*) *Joseph. Euseb. Zonar. Isidor. Camden.*

et la Gaule (a); le nom de *German* n'est pas fort différent de *Gomerim*. Les *Gaulois*, ou *Galates*, ou *Celtes*, venaient, dit-on, d'*Aschenez*, fils aîné de Noé; mais Cluvier prétend que l'ancienne Celtique comprenait l'Illyrie, la Germanie, la Gaule, l'Espagne et les Iles Britanniques. Il le prouve, parce que tous ces peuples parlaient anciennement le même langage. Il prétend de plus que Gomer ou sa famille peupla les pays qui sont dans l'Asie entre le Paropamise et la montagne Imaüs, et entre le confluent de l'Oxus et de l'Oby; que c'est de là que ces peuples sont nommés *Comares* dans Ptolémée, l. VI, c. XIII, et dans Mela, l. I, c. II.

GOMER, fille de Débélaïm, avant que de devenir femme du prophète Osée, vivait dans la débauche et dans la prostitution (b). Mais elle quitta ce mauvais commerce, en épousant le prophète. Osée reçut ordre du Seigneur de prendre pour épouse une femme débauchée, pour marquer la prostitution et les désordres de Samarie, qui avait abandonné le Seigneur pour se livrer à l'idolâtrie. Dieu commande au prophète de donner aux enfants qui viendront de son mariage des noms figuratifs, qui marquent sa colère poussée à bout, et sa vengeance toute prête à éclater contre le royaume des dix tribus. C'est ce qui fut exécuté par Osée dans la naissance de son premier fils, qu'il nomma *Jezrael*, et de sa première fille, qui fut nommée, *Sans miséricorde*, et de son second fils, nommé, *Vous n'êtes plus mon peuple*, etc.

Plusieurs interprètes (c), choqués de l'irrégularité qui leur paraît dans le mariage d'Osée et de Gomer, fille de Débélaïm, se sont imaginé qu'il ne s'était pas fait réellement, mais que ce n'était qu'une simple parabole; ou qu'Osée avait seulement découvert au peuple ce qui lui était arrivé en vision, mais qu'il n'en vint jamais à l'exécution réelle. Cependant toute la suite du discours de ce prophète nous montre que tout ce qu'il dit lui arriva à la lettre, et que son mariage, aussi bien que la naissance de ses enfants, furent choses très-réelles.

GOMOR (d), mesure creuse des Hébreux, à qui nous donnons trois pintes, à très-peu de chose près. Le gomor est le même que l'*assaron*, ou la dixième partie de l'*épha*. *Voyez* ASSARON.

GOMORRHE. La ville de Gomorrhe était une des principales de la Pentapole. Elle fut consumée par le feu du ciel, en punition de ses abominations. L'hébreu (e) l'appelle *Amora*, ou *Homora*; mais les Septante ont souvent exprimé le haïn par un *G*; ainsi, au lieu de *Aza*, ils disent *Gaza*, etc. Nous croyons que Gomorrhe était la plus septentrionale des cinq villes de la Pentapole, et que ce sont les ruines que l'on dit qui se voient encore dans la mer Morte, aux environs d'Engaddi. — *Voyez* ADAMA.

GONORRHÉE, *Gonorrhœa*. Ce terme marque en grec un flux que la pudeur ne permet pas de nommer, et qui devrait n'arriver que dans l'usage du mariage. Cette sorte de flux, lorsqu'on se le procure par mollesse, ou par quelque autre motif encore plus criminel, comme faisait Onan (f), est une action abominable, et digne des plus grands supplices. Les rabbins la mettent au rang des homicides; et saint Paul dit que ceux qui tombent dans le crime de mollesse n'entreront point au royaume de Dieu (g).

Lorsqu'il arrivait dans l'usage du mariage, il rendait l'homme impur jusqu'au soir, c'est-à-dire, il le rendait incapable de participer aux choses saintes; mais il ne l'excluait pas de l'usage des choses ordinaires et du commerce de la vie (h).

Lorsqu'il arrivait pendant le sommeil (i), celui à qui cet accident était survenu sortait du camp, et n'y rentrait que le soir, après s'être lavé dans l'eau.

Enfin, lorsque la gonorrhée était une maladie permanente (j), celui qui en était attaqué, passait pour impur tout le temps que durait son incommodité. Tout ce qu'il touchait, tout ce dont il se servait, contractait la même souillure. Celui qui l'avait touché, demeurait impur jusqu'au soir, et ne rentrait dans sa pureté ordinaire qu'après s'être lavé lui et ses vêtements dans l'eau. Lorsque cet accident s'arrêtait, celui qui avait souffert le flux comptait sept jours depuis sa guérison; et après avoir lavé son corps et ses habits dans les eaux vives, il était purifié. Le huitième jour il prenait deux tourterelles ou deux petits de colombe, et se présentant devant le Seigneur, à l'entrée du tabernacle, il les offrait au prêtre, qui en immolait un pour le péché, et l'autre en holocauste; et il priait pour lui, afin qu'il fût purifié de son incommodité.

GOPHNA, ou GUPHNA, ou GOPHNITH, chef-lieu d'une des dix toparchies de la Judée (k). Josèphe en compte onze, en y comprenant Jérusalem. Il joint ordinairement la toparchie *gophnitique* avec l'*Acrabatène*. Eusèbe (l) met la ville de Gophna à quinze milles de Jérusalem, en allant à Sichem ou Naplouse. Josèphe dit que Tite, venant de Césarée à Jérusalem, passa par la Samarie et par Gophna (m); et que Vespasien ayant assujetti la toparchie de Gophna, et l'Acrabatène, prit Béthel et Ephrem (n).

GORDIENS. *Monts Gordiens*. *Voyez* ci-devant, ARCHE de Noé. On croit qu'elle s'arrêta sur les monts Gordiens.

GORGIAS, célèbre capitaine des troupes d'Antiochus Epiphanes, fut envoyé par Lysias en Judée avec Nicanor, à la tête d'une ar-

---

(a) Cluvier. Germ. Antiq. l. I, c. 5, 6, 7.
(b) Ose. I, 1, 2, etc.
(c) Hieron. in Ose. Quid. apud Theodoret. Haimo. Isidor. Aben-Ezra, Kimchi, Jun. Vat. Figuer. Burgens., etc.
(d) עמר Homor. 70, Γομόρ.
(e) Genes. x, 19. עמרה. 70, Γόμορα, ou Γομορά, ou Γόμορρα.
(f) Gen. XXXVIII, 9, 10, 11.
(g) I Cor. VI, 10.
(h) Levit. xv, v. 16, 18.
(i) Deut. XXIII, 10.
(j) Levit. xv, 1, 2, 3.
(k) Plin. l. V, c. XIV. Joseph. l. III de Bello, c. IV.
(l) Euseb. in Φαραξ. Βότρυος.
(m) De Bello, l. VI, c. I.
(n) De Bello, l. V, c. VIII.

mée de quarante mille hommes de pied et de sept mille chevaux (a), avec ordre de désoler tout le pays (b), ainsi que le roi Antiochus l'avait ordonné avant son départ ; car il était alors au delà de l'Euphrate. Ces deux capitaines s'avancèrent jusqu'à Emmaüs. Judas Machabée, ayant aussi rassemblé sa petite troupe, s'avança du même côté. Gorgias, croyant le surprendre, fit un détachement de cinq mille hommes de pied et de mille chevaux choisis, et marcha la nuit du côté où il le croyait être. Mais Judas Machabée, ayant été averti de son dessein (c), décampa et alla avec ses troupes attaquer Nicanor, qui était demeuré dans le camp avec le gros de l'armée. Nicanor fut vaincu et son armée mise en déroute. Gorgias, après avoir cherché inutilement Judas Machabée, revint vers son camp ; mais le voyant occupé par les Hébreux, il se retira et n'osa hasarder le combat.

Deux ans après (d), Gorgias et Judas Machabée en étant venus aux mains dans l'Idumée (e), quelque peu de Juifs demeurèrent sur la place. Alors un cavalier nommé Dosithée fut sur le point de se saisir de Gorgias et de le prendre vif ; mais un cavalier thrace, ayant abattu l'épaule à Dosithée, donna lieu à Gorgias de se sauver à Marésa. Comme Gorgias était gouverneur de Jamnia (f) et de l'Idumée (g), et d'ailleurs fort expérimenté dans le métier de la guerre (h), il eut souvent affaire à Judas Machabée et à ses frères, mais presque toujours avec désavantage pour lui (i). Nous ne savons rien de sa mort.

GORTINE, ville autrefois fameuse dans l'île de Crète, à quinze milles du mont Ida. Le sénat romain écrivit à cette ville en faveur des Hébreux, l'an du monde 3865, avant Jésus-Christ 135, avant l'ère vulgaire 139. Gortine était alors indépendante et alliée des Romains.

GOSEN ou GOSSEM. C'est le pays de Gessem, attribué par Josué à la tribu de Juda. Voyez ci-devant GESSEN.

[Dom Calmet pense qu'il s'agit de la terre de Gessen, ou Gossen, ou Goshen, partie de l'Egypte où séjournèrent les Hébreux. Barbié du Bocage et le géographe de la Bible de Vence ne partagent pas cette opinion. Le premier dit que *Gosen* est un « pays situé entre les montagnes de Juda et du Carmel, au sud de la ville d'Hébron, et que la ville qui portait le même nom fut une de celles de la tribu de Juda. » Le second admet aussi, indépendamment de *Gessen*, pays d'Egypte, « *Gosen*, ville de la tribu de Juda, Jos. XV, 51 ; » et « *Gosen*, région méridionale de la même tribu, Jos. X, 41 ; XI, 16. N. Sanson, ajoute-t-il, suppose que ce sont les environs de la ville de *Gosen*. Dom Calmet pense que c'est la *terre de Gessen*, et suppose même que la ville de *Gosen* était dans cette région ; mais il paraît que rien n'oblige de confondre cette ville avec cette région. »]

GOSEM, Arabe (j), un de ceux qui s'opposèrent à Néhémie lorsqu'il entreprit de rétablir les murs de Jérusalem.

GOTHOLIA. C'est ainsi que les Grecs prononcent *Athalia*.

GOTHONIEL (k). Le même qu'*Othoniel*. Les Septante prononcent souvent le *hain* comme un *g*.

GOTHONIEL, prince du peuple. *Judith*. VI, 11.

GOUSSES ; en latin *siliqua*, des écosses ou des gousses de pois ou de fèves. L'enfant prodigue (l), accablé de misère et pressé de la faim, aurait désiré se rassasier des gousses dont les pourceaux se nourrissaient. Mais les plus habiles interprètes (c) croient que le grec *keratia* signifie des caroubes ou carouges, fruit d'un arbre d'Egypte qui porte le même nom. On en tirait une espèce de vin ou de liqueur d'un grand usage dans la Syrie et dans l'Egypte, et le marc se donnait aux porcs. Les Grecs et les Latins parlent de ces *caroubes* sous le nom de *ceratia*, et Pline les nomme *siliqua*, de même que la Vulgate.

On croit que le grec *keratia* signifie des caroubes ou carouges. Ce fruit est fort commun dans la Palestine, la Grèce, l'Italie, la Provence, la Barbarie. On le laisse mûrir et sécher sur l'arbre ; les pauvres s'en nourrissent, et on en donne au bétail pour l'engraisser. Le caroubier [*Ceratonia siliqua* Linn.] est un arbre de moyenne grandeur, branchu et garni de feuilles arrondies, d'un pouce ou deux de diamètre. [Il est de la famille des *légumineuses*, et forme seul un genre ; on l'appelle encore *pain de saint Jean des Allemands et des Belges*.] Ses fleurs sont des petites grappes rouges, chargées d'étamines jaunâtres. Ses fruits sont des gousses plates, longues depuis un demi-pied jusqu'à quatorze pouces, sur un pouce et demi de large ; elles sont brunes en dessus, courbées quelquefois, composées de deux cosses, qui sont séparées, par des membranes, en plusieurs loges, où sont contenues des semences plates approchant de celles de la casse. Ces cosses sont remplies, dans leur substance, d'un suc mielleux, douceâtre, qui ne s'éloigne pas beaucoup de celui de la moelle de casse. C'est apparemment la figure courbée de cette gousse qui lui a fait donner en grec le nom de *keratia*, qui signifie *de petites cornes*.

[Le fruit du caroubier est désagréable au goût lorsqu'il est vert ; mais mûr, il est assez bon. Il sert de nourriture aux pauvres, aux enfants et aux bestiaux, suivant ce que rapporte Olivier dans son *Voyage en Grèce*. Sa pulpe, qui a la consistance d'un sirop noirâtre et une saveur mielleuse, mêlée avec la

---

(a) I Mac. III, 38.
(b) An du monde 3839, avant Jésus-Christ 161, avant l'ère vulg. 165.
(c) I Mac. IV, 1, 2 et seq.
(d) An du monde 3841, avant Jésus-Christ 159, avant l'ère vulg. 163.
(e) II Mac. XII, 33, 34, 35.
(f) I Mac. v, 59.

(g) II Mac. XII, 32.
(h) II Mac. VIII, 9.
(i) Vide II Mac. x, 14, 15, et VIII, 9, et I Mac. v, 59.
(j) II Esdr. II, 19.
(k) I Par. XXVII, 15.
(l) Luc. xv, 16. Κεράτια, *Siliquæ*.
(m) *Syri Arab. Grot. Hanunond. Cleric. Bochart*, etc.

racine de réglisse, le raisin sec et divers autres fruits, sert à faire les sorbets dont les Musulmans font un usage journalier.]

GOUTTE, GOUTTEUX. On croit que le mal des pieds dont le roi Asa fut si fort incommodé pendant sa vieillesse (a) était la goutte. L'Ecriture lui reproche d'avoir mis sa confiance plutôt dans l'art des médecins que dans le Seigneur. Je ne remarque dans l'Ecriture que le seul endroit où il soit fait mention de la goutte.

GOUVERNEMENT DES HÉBREUX. *Voyez* ci-après l'article THÉOCRATIE.

GOUVERNEURS. Les Romains avaient accoutumé d'envoyer des gouverneurs dans les provinces qui leur obéissaient et dans les royaumes qu'ils avaient réduits en province. Voici la suite des gouverneurs de Syrie, recueillie par M. Boivin l'aîné.

Gouverneurs romains en Syrie avant J. C.

An.
62. Scaurus. *App. Syriaq. Joseph. Antiq.*, l. XIV, c. VIII *et* IX, *et Guerre*, I, V, VI.
62. L. Marcius Philippus. *App. Syr.*
59. Cn. Lentulus Marcellinus. *App. Syr.*
57. Gabinius. *App. Syr. et Parth. Joseph.* XIV, X. XI. *Cic. pro Sextio.*
53. M. Licinius Crassus. *Joseph.* XIV, XII. *App. Syr. et Parth.*
53. C. Cassius Longinus, pour Crassus, absent. *Ios.* XIV, XII.
52. Bibulus. *Cic. ad Attic, l.* VI. *Epist.* 5. *App. Syr. et Parth.*
Saxa. *App. Syr.*
49. Metellus Scipion. *Jos.* XIV, XIII. *Cæs. Guer. Civ., l.* I. *Plutarq. Cic.*
47. Sext. Jul. César. *Joseph. Antiq.* XIV, XVII, et *Guer.* I, VIII. *Appien, Civil. l.* III *et* IV. *Dion... Hirtius, Guer. d'Alex.*
45. L. Statius Murcus, *ou* Marcus. *Strab. l.* XVI.

La Judée ayant été réduite en province par les Romains, après le bannissement d'Archélaüs, tétrarque de ce pays, on y envoya des gouverneurs, qui sont quelquefois nommés *præses*, et quelquefois *procurator*, *prætor*, intendant, président, gouverneur (b). Ils étaient soumis aux empereurs et même aux gouverneurs de Syrie, dont la Judée faisait partie.

Le premier gouverneur [lisez procurateur] envoyé en Judée, après le bannissement d'Archélaüs, fut *Coponius* (c), chevalier romain, qui la gouverna depuis l'an de Jésus-Christ 9, qui est le 6 de l'ère vulgaire, jusqu'à l'an 13 de Jésus-Christ, 10 de l'ère vulgaire. Dans le même temps, *Publius Sulpicius Quirinius* était gouverneur de Syrie. C'est ce *Quirinius* dont parle saint Luc (d).

Marcus Ambibucus, ou *Ambivius*, succéda à Copone vers l'an 10 de l'ère vulgaire. Il gouverna peut-être trois ans, jusque vers l'an 13 de l'ère vulgaire; car le temps de son gouvernement n'est pas exprimé dans Josèphe (e).

Annius Rufus succéda à Ambibucus, vers l'an 13 de l'ère vulgaire, et gouverna un an ou deux.

Valerius Gratus succéda à Rufus, et gouverna depuis l'an 15 ou 16 de l'ère vulgaire, jusqu'en l'an 26 ou 27 de Jésus-Christ, pendant onze ans (f).

Ponce Pilate succéda à Gratus vers l'an 26 ou 27 de l'ère vulgaire, et gouverna la Judée jusqu'à la fin de l'an 36, qui est l'an 39 depuis la véritable naissance de Jésus-Christ.

Marcel fut envoyé en l'an 36 de l'ère vulgaire en la place de Pilate, pour gouverner la Judée, par Vitellius, gouverneur de Syrie.

L'année suivante, 37 de l'ère vulgaire, première de Caïus Caligula, la Judée retourna à son premier état, et fut donnée, sous le titre de royaume, à Agrippa.

Mais, après sa mort, arrivée en l'an 44 de l'ère vulgaire, et 47 de Jésus-Christ, la Judée fut de nouveau réduite en province, et l'empereur Claude y envoya *Cuspius Fadus* en qualité de gouverneur ou d'intendant (g). Il la gouverna environ deux ans, jusque vers l'an 46 de l'ère vulgaire.

Tibère Alexandre, fils d'Alexandre, alabarque des Juifs d'Alexandrie et neveu de Philon, abandonna sa religion et fut fait gouverneur de Judée en l'an 46 de l'ère vulgaire. Il gouverna la province pendant deux ans, jusqu'en l'an 48 de l'ère vulgaire.

Ventidius Cumanus succéda à Tibère Alexandre en l'an 48, et gouverna la Judée jusqu'en l'an 52 de l'ère vulgaire.

Felix, affranchi de l'empereur Claude, fut envoyé pour gouverner la Judée en l'an 52, et la gouverna jusqu'en l'an 60 de l'ère commune.

Porcius Festus fut envoyé en sa place, la même année 60, et mourut en Judée l'an 62 de l'ère vulgaire.

Albin lui succéda et arriva en Judée en l'an 62, et gouverna la Judée jusqu'en l'an 64 de l'ère vulgaire.

Gessius Florus lui succéda sur la fin de l'an 64, ou au commencement de l'an 65 de l'ère vulgaire. C'est le dernier gouverneur particulier qu'ait eu la Judée. Il y alluma la guerre par sa mauvaise conduite. On ne sait ce qu'il devint depuis l'an 66 de l'ère vulgaire. La ville de Jérusalem fut prise et ruinée en l'an 70 de l'ère vulgaire. La révolte des Juifs commença en l'an 66.

[*Voyez*, parmi les pièces préliminaires du premier volume, page XLVII, une meilleure liste des gouverneurs de Syrie et des procurateurs de Judée.]

GOZAN, fleuve dont il est parlé en plus d'un endroit de l'Ecriture (h). Il paraît, par IV *Reg.* XIX, 12, et Isaï. XXXVII, 11, que *Gozan* marquait aussi une province ou une nation : apparemment la même où coulait le

---

(a) III *Reg.* XV, 23, *et* II *Par.* XVI, 16.
(b) Ἡγεμὼν ἐπίτροπος.
(c) *Joseph. Antiq. l.* XVIII, c. I, p. 616, *et de Bello, l.* II, c. II, p. 784.
(d) *Luc.* II, 2.

(e) *Antiq. l.* XVIII, c. III, p. 619.
(f) *Joseph. ibidem.*
(g) *Joseph. l.* XIX, c. VII, p. 680 ; *de Bello, l.* II, c. XIX, p. 793.
(h) IV *Reg.* XVII, 6; XVIII, 11; XIX, 12. I *Par.* V, 26.

fleuve Gozan. Salmanasar transporta au delà de l'Euphrate, sur le fleuve Gozan, les Israélites des dix tribus, qu'il avait subjugués; et Sennachérib se vante que les rois ses prédécesseurs ont vaincu les peuples de Gozan, de Haran et autres. Il ne s'agit plus que de trouver, au delà de l'Euphrate, le fleuve ou la nation de Gozan. Ptolémée place la Gauzatine dans la Mésopotamie. Pline dit que la province Elongozine s'étend vers les sources du Tigre. Il y a un canton nommé Gauzan dans la Médie, entre le Cyrus et le fleuve Cambyse. Ptolémée met dans le même pays la ville de Gauzanie; et Benjamin de Tudèle dit que Gozan est dans la Médie, à quatre journées de Hemdam. Les rabbins croient que Gozan est le fleuve Sabbatique, qui ne coule pas, selon eux, tous les jours du sabbat, et qui est environné de feu ce jour-là, de peur qu'on n'en approche. Voilà ce que nous trouvons sur le fleuve Gozan.

GRACE. Le nom de *grâce* se prend en plusieurs sens divers dans l'Ecriture, qu'il est bon de marquer. 1° *Grâce* se prend pour la beauté, la bonne grâce, les agréments du corps. Par exemple (a) : *La grâce est répandue sur vos lèvres, c'est pourquoi le Seigneur vous a aimée.* Ecoutez les conseils de la Sagesse, *afin que votre tête soit remplie de grâce* (b).

2° GRACE se prend pour la faveur, l'amitié (c). *Si j'ai trouvé grâce à vos yeux.* Noé trouva *grâce aux yeux du Seigneur* (d). Dieu donna *grâce à Joseph aux yeux de son maître* (e). Il donna grâce aux Hébreux devant les Egyptiens, afin que ceux-ci leur prêtassent des habits et des vases précieux, etc. (f).

3° GRACE se met pour pardon, miséricorde; faire grâce et miséricorde; pardonner à quelqu'un, lui rendre ses bonnes grâces.

4° RENDRE GRACE, se prend pour témoigner sa reconnaissance (g). *Le Seigneur vous rendra miséricorde et vérité, et moi-même je vous rendrai grâce;* je vous tiendrai compte de ce que vous avez fait envers Saül. Et David recommanda à son fils Salomon *de rendre grâce*, de témoigner de la reconnaissance de sa part, au fils de Berzellaï de Galaad (h).

5° GRACE se met pour *bienfait* (i). *Gratia dati in conspectu omnis viventis* : Les bienfaits obligent tous les hommes. La *grâce* se met aussi pour la récompense. Si vous ne faites du bien qu'à vos amis, si vous n'aimez que ceux qui vous aiment, *quelle grâce en espérez-vous? Quæ gratia est vobis* (j)? Quelle récompense en attendez-vous de la part de Dieu?

6° LA GRACE se prend pour certains dons de Dieu qu'il donne gratuitement à qui il lui plaît; mais qui ne justifient pas ceux à qui il les donne, et ne tendent pas directement à leur sanctification; et ce sont ces grâces qu'on appelle des grâces gratuitement données : tels sont les dons des miracles, de la prophétie, des langues, et tous les autres dont parle saint Paul dans la première Epitre aux Corinthiens (k). Ces dons sont plutôt destinés à l'utilité des autres, qu'à celle de la personne qui les possède; quoique le bon usage qu'il en fait puisse contribuer à sa sanctification. La grâce se prend aussi pour toutes grâces justifiantes, dont les unes tendent à la justification, les autres justifient actuellement.

Il y a diverses sortes de grâces intérieures : car on peut donner ce nom aux grâces de l'entendement, aussi bien qu'aux grâces de la volonté. Il y a des grâces habituelles et actuelles.

Les théologiens divisent les grâces intérieures actuelles en *prévenantes, excitantes, opérantes*; et en grâces *subséquentes, aidantes et coopérantes.* Mais notre dessein n'est pas d'entrer dans l'examen de toutes ces sortes de grâces; cela regarde les théologiens.

Saint Augustin définit la grâce intérieure actuelle une inspiration de charité, qui nous fait faire par un saint amour ce que nous connaissons : *Legem volunt (Pelagiani) intelligi gratiam.... non inspirationem dilectionis, ut cognita sancto amore faciamus, quæ proprie gratia est* (l). Il dit aussi que la grâce de Dieu est une bénédiction de douceur, qui fait que ce que Dieu nous commande, nous plaît; que nous le désirons, et que nous l'aimons; et que si Dieu ne nous prévient pas par cette bénédiction, non-seulement le bien n'est pas accompli en nous, mais qu'il n'y est pas même commencé : *Benedictio dulcedinis est gratia Dei, qua fit in nobis ut nos delectet, et cupiamus, hoc est, amemus quod præcipit nobis; in qua si nos non prævenit Deus, non solum non perficitur, sed nec inchoatur ex nobis* (m). Sans la grâce intérieure de Jésus-Christ, l'homme ne peut faire le moindre bien (1). Il en a besoin pour commencer, continuer, et achever tout le bien qu'il fait, ou plutôt que Dieu fait en lui et avec lui par sa grâce. La grâce de Jésus-Christ est gratuite : elle ne nous est pas due : si elle nous était due, elle ne serait plus grâce; se serait une dette (n). Par elle-même elle est un secours si puissant et si efficace, qu'elle surmonte la dureté du cœur le plus rebelle, sans détruire sa liberté.

Il n'y a aucune matière en théologie sur laquelle les docteurs chrétiens aient tant écrit, que sur celles qui regardent la grâce de Dieu. C'est un mystère que l'esprit de

---

(a) Psalm. XLIV, 3.
(b) Prov. II, 9, et IV, 9.
(c) Genes. XVIII, 3.
(d) Genes. VI, 8.
(e) Genes. XXXIX, 21.
(f) Exod. XI, 3 et 21.
(g) II Reg. I., 6.
(h) III Reg. II, 7.
(i) Eccli. VI, 37.
(j) Luc. VI, 32, 33, 34.
(k) I Cor. XII, 4.
(l) Lib. IV ad Bonif. cap. V, n. 11.
(m) Lib. II ad Bonif. cap. IX, n. 21.
(n) Rom. XI, 6.
(1) Cela doit s'entendre du bien qui doit servir à obtenir la vie éternelle. Rappelez-vous la proposition 37 de Baius, qui est conçue en ces termes : *Cum Pelagio sentit qui boni aliquid naturalis, hoc est, quod ex naturæ solis viribus ortum ducit, agnoscit* (S).

l'homme a toujours voulu développer; mais malgré ses efforts, il est toujours obligé de reconnaître son insuffisance. La difficulté consiste à concilier la liberté de l'homme avec l'opération de la grâce, le concours de l'homme avec le secours du Tout-Puissant. Et qui peut fixer les justes bornes entre ces deux choses? Qui peut se vanter de connaître jusqu'où s'étendent les droits de la grâce sur le cœur de l'homme, et les droits de la liberté de l'homme prévenu, éclairé, mû et attiré par la grâce?

Quoique les livres de l'Ancien Testament s'expriment d'une manière assez claire sur la chute de l'homme, sur son impuissance au bien, sur le besoin continuel qu'il a du secours de Dieu, sur les ténèbres de son esprit, et sur les mauvais penchants de son cœur; quoique tout cela se remarque non-seulement dans les histoires, mais aussi dans les prières des saints et dans les écrits des prophètes; toutefois il s'en faut beaucoup que ces vérités soient aussi développées dans l'Ancien Testament que dans le Nouveau, et que les docteurs juifs soient aussi éclairés sur les matières de la grâce, que les Pères et les théologiens chrétiens et catholiques.

Les rabbins (a) n'ont pas une connaissance distincte du péché originel : les uns le nient, et soutiennent qu'il est incompréhensible qu'un homme naisse avec le péché; mais en même temps ils reconnaissent dans l'homme de mauvais penchants naturels; un *Figmentum malum*, qui le porte au mal. *Voy.* l'article PÉCHÉ ORIGINEL.

Quant à la grâce de Jésus-Christ, il n'est pas extraordinaire qu'ils ne la connaissent pas, parce qu'ils ne reçoivent ni sa personne, ni ses dogmes, ni les livres de ses disciples; ils ne savent pas même distinctement quelle sera la grâce que le Messie qu'ils attendent leur donnera pour effacer leurs péchés, et pour les conduire au salut. Ils croient que le Messie sera d'une sainteté parfaite (b), qu'il convertira les nations, et fera adorer en tout lieu le vrai Dieu; mais ils ne reconnaissent point la satisfaction qu'il doit faire pour le péché : ils comptent beaucoup sur leurs bonnes œuvres, sur la pénitence, sur le changement de vie; et toutefois ils avouent dans leur catéchisme (c) qu'on ne doit pas attendre le salut de la bonté de ses œuvres, ou de la perfection de sa justice, mais que c'est la grâce qui le donne.

Mais quand on vient à l'examen de cette grâce, les uns, comme Maïmonides (d), la réduisent presque au seul tempérament : comme Dieu, dit-il, a créé l'homme d'une stature droite, avec des pieds et des mains, aussi il lui a donné une volonté pour se mouvoir et pour agir comme bon lui semble; et c'est la bonté du tempérament qui rend les choses faciles ou difficiles. Il dit, de plus, *que la crainte de Dieu n'est point en la main du ciel ; qu'il dépend de l'homme d'observer ou de ne pas observer la loi et les préceptes; que la crainte de Dieu est de cet ordre; qu'elle ne dépend point de Dieu, mais de la volonté de l'homme*. Enfin les Juifs admettent la liberté d'indifférence dans toute son étendue.

Il est vrai que quelques-uns d'entre eux ont reconnu une grâce prévenante, et ont avancé *que la grâce prévient les mérites des justes*; mais le fameux Menassé-Ben-Israel (e), qui écrivait à Amsterdam au dernier siècle, a réfuté ces docteurs qui s'éloignaient de la tradition. Il prétend que si la grâce prévenait la volonté de l'homme, elle cesserait d'être libre. Il n'établit que deux sortes de secours de la part de Dieu : l'un par lequel il lui ménage les occasions favorables pour exécuter un bon dessein qu'il a formé; et l'autre par lequel il aide l'homme lorsqu'il commence de bien vivre. Il reconnaît qu'on a besoin du concours de la Providence pour toute action honnête, comme un homme qui veut charger sur ses épaules une charge fort pesante, appelle quelqu'un à son secours pour le soulager; et c'est apparemment ce que voulait dire Josèphe, lorsqu'il avançait que, selon les pharisiens, le Destin aidait les hommes dans la pratique des bonnes œuvres. Sous le nom de *Destin*, il pouvait entendre la Providence.

Ils soutiennent qu'en admettant une grâce prévenante et efficace, on détruit tout le mérite des œuvres; on fait Dieu auteur du péché et de la corruption; on admet dans Dieu une injuste acception de personnes. S'il donne la grâce efficace à tous, pourquoi ne sont-ils pas tous sauvés? Et s'il ne la donne pas à tous, où est l'égalité de sa justice? Si l'homme ne peut faire le bien sans la grâce, peut-on lui imputer le mal qu'il fait par nécessité? et pourquoi lui refuser un secours dont il ne peut se passer sans se perdre?

Un autre rabbin (f) introduit Dieu qui ouvre à l'homme le chemin de la vie et de la mort, et qui lui en donne le choix. S'il prend le chemin de la mort, Dieu ne l'abandonne pas encore entièrement ; il a placé sept anges dans ce chemin : quatre des sept sont anges de miséricorde, les trois autres sont des anges cruels. Les premiers se tiennent à chaque porte de la perdition, et font ce qu'ils peuvent pour empêcher les hommes d'y entrer. A la première porte l'ange lui crie : Que fais-tu ! il n'y a point ici de miséricorde, tu vas te jeter dans le feu. S'il passe la première porte, le second ange l'arrête et lui dit qu'il va encourir la haine de Dieu. Le troisième le menace d'être effacé du livre de vie. Le quatrième le conjure d'attendre là, et de n'aller pas plus loin, en attendant que Dieu vienne chercher les pénitents. S'il continue, les anges cruels le saisissent et le conduisent en enfer.

(a) *Maimon. Mosé Nebochim.* Basnage *Hist. des Juifs*, t. IV, l. VI, c. XIII.
(b) *Lemborch. collat. cum Judæo*, p. 73.
(c) *Catechism. Jud. qu.* 11.

(d) *Maimonid.* c. VIII. *Præfix. Pirkei Aboth. apud Pokok.* p. 237.
(e) *R. Menassé de Fragilit. humana*, § XIV, p. 116.
(f) *Eliezer. Pirkei.* c. XV, p. 32.

Dans tout cela on ne voit qu'une grâce générale et naturelle donnée à tout le monde, les effets ordinaires de la Providence, et des secours tout extérieurs, bien différents de cet attrait intérieur qui agit immédiatement sur nos âmes, et qui nous inspire l'amour du bien et la haine du mal : en quoi consiste la grâce médecinale de Jésus-Christ reconnue dans son Eglise.

Les Mahométans ont sur le sujet de la grâce des sentiments qu'on ne sera pas fâché de voir ici : Mahomet, dans son Alcoran, au chapitre de *Houd*, ou *Heber*, dit que ce patriarche, parlant aux peuples d'*Ad*, leur dit (a) : *J'ai mis toute ma confiance en Dieu, qui est mon Seigneur et le vôtre : car il n'y a aucune créature sur la terre qu'il ne tienne entre ses mains par la touffe des cheveux de son front, pour les conduire par le droit chemin où il lui plait.* Les interprètes de ce passage tiennent que cette expression, *tenir quelqu'un par la touffe des cheveux du devant de sa tête*, marque qu'on est maître absolu de sa personne, sans qu'il puisse rien faire que ce qu'il plait à celui qui le tient par cet endroit. Ils tiennent que Dieu est effectivement l'auteur et le principe de toutes les actions des créatures, et même de toutes leurs coopérations ; que c'est lui seul qui, par l'ordre de sa Providence, et par le concours des causes secondes qu'il a établies, attire chaque chose à soi, selon la capacité et les dispositions du sujet, et qu'en cela consiste l'intelligence du passage qu'on a rapporté.

Un poëte arabe a exprimé l'action de Dieu sur la créature par un vers qui porte : *Dieu a attiré celui qui a attiré ceux par qui vous êtes attiré vous-même, afin que tous aillent et retournent à lui.* Un autre a dit sur le même sujet : *Puisque tous les chemins qui se trouvent soit à droite, soit à gauche, tendent à lui, tu as beau faire : quelque chemin que tu prennes, tu iras vers lui, ou pour être récompensé, si tu as pris la droite ; ou pour être puni, si tu as pris la gauche. Comme tout prend son origine de lui, il faut aussi que tout s'y termine.*

GRADUELS. *Psaumes graduels.* Voy. l'article des PSAUMES.

GRAISSE. Dieu avait défendu aux Hébreux de manger de la graisse des animaux (b) : *Toute la graisse appartiendra au Seigneur par un droit perpétuel, de race en race ; et dans toutes vos demeures vous ne mangerez ni sang ni graisse.* Quelques interprètes (c) prennent ces paroles dans toute la rigueur de la lettre, prétendant que l'usage de la graisse est entièrement interdit aux Juifs, aussi bien que le sang. Josèphe dit que Moïse défend seulement la graisse des bœufs, des chèvres et des brebis, et de leur espèce ; ce qui est conforme à la loi du Lévitique, chap. VII, 23 : *Adipem ovis et bovis, et capræ non comedetis.*

Les nouveaux Juifs sont dans cet usage. Et à l'égard de la graisse de toute autre sorte d'animaux purs, ils se la croient permise ; même celle des animaux qui sont morts d'eux-mêmes : ce qui est conforme à cette autre loi (d) : *Vous vous servirez à différents usages de la graisse des animaux morts d'eux-mêmes, et de ceux qui ont été pris par une bête.*

Mais d'autres interprètes (e) soutiennent que la loi qui semble défendre généralement l'usage de la graisse, doit se restreindre à la graisse qui est séparée des chairs, comme celle qui couvre les reins et les intestins ; et cela seulement dans le cas de l'offrande actuelle du sacrifice ; ce qui est confirmé par ce passage du chap. VII, 23, du Lévitique, où Dieu défend de manger de la graisse des bœufs, des chèvres et des brebis ; puis il ajoute : *Si quelqu'un mange de la graisse qui doit être brûlée au Seigneur, il périra du milieu de son peuple.*

Ce nom *Graisse*, dans le style des Hébreux, signifie non-seulement la graisse des animaux, mais aussi tout ce qui y a du rapport dans les autres choses ; par exemple, la graisse du froment. *Adipe frumenti satiat te* (f). Et ailleurs (g) : Il les a rassasiés de la graisse du froment : *Cibavit eos ex adipe frumenti.* La graisse se met aussi quelquefois comme la source ou la cause de la compassion, ou de la miséricorde. Comme les entrailles se sentent émues au récit de quelque malheur, ou à la vue de quelque objet triste et affligé, on a cru que la sensibilité résidait principalement dans les entrailles, qui d'ordinaire sont chargées de graisse. Le Psalmiste reproche aux méchants d'avoir *fermé leur graisse*, d'avoir fermé leurs entrailles sur lui, de n'avoir pas été touché de compassion en voyant l'accablement où il était (h) : *Inimici mei animam meam circumdederunt, adipem suum concluserunt.* Ailleurs il leur reproche d'avoir produit leur crime de leur graisse : *Prodiit quasi ex adipe iniquitas eorum* (i) ; de l'avoir fait avec affectation, à peu près comme celui dont parle Moïse (j) : *Le bien-aimé s'est engraissé, et il a regimbé, et il a oublié Dieu son Créateur.*

LA GRAISSE DE LA TERRE. *Crassitudo terræ*, marque le fumier, ou la marne dont on engraisse la terre : *Nos os ont été jetés sur nos tombeaux*, sur la terre, comme un y répand la *graisse de la terre* (k). La graisse de la terre marque aussi sa fécondité (l) : *Det tibi Deus de rore cœli, et de pinguedine terræ abundantiam frumenti et vini.*

La graisse marque l'abondance de tout bien (m) : *J'enivrerai de graisse l'âme de mes prêtres : Inebriabo animam sacerdotum pinguedine.* Et dans Job (n) : Votre table sera remplie de graisse, *Requies mensæ tuæ erit*

(a) D'Herbelot, *Bibl. Orient*, p. 469.
(b) *Levit.* III, 17.
(c) *Judæi recent. Lyr. Villet.* Vide Joseph. *Antiq. l.* III c. I.
(d) *Levit.* VI, 24.
(e) *Cornel. Tirin. Menoch. Bonfre.*
(f) *Psalm.* CXLVI, 14.
(g) *Psalm.* LXXX, 17.

(h) *Psalm.* XVI, 10.
(i) *Psalm.* LXXII, 7.
(j) *Deut.* XXXII, 15.
(k) *Psalm.* CXL, 7.
(l) *Genes.* XXVII, 28.
(m) *Jerem.* XXXI, 14.
(n) *Job* XXXVI, 16.

plena pinguedine. Et le Psalmiste (a) : *Sicut adipe et pinguedine repleatur anima mea,* etc.

GRAND, se dit pour riche, puissant, célèbre, magnifique, illustre; ancien : *son grand fils* (b), son fils aîné. Naaman *était grand* (c) devant le roi son maître; il était dans une grande considération auprès du roi. Je vous rendrai chef ou père d'une grande nation, d'un peuple nombreux et puissant. *Moïse fut un grand homme dans toute l'Égypte* (d). Tout le pays le regardait comme un homme extraordinaire et envoyé de Dieu. *La grande mer,* par excellence, c'est la Méditerranée, sans comparaison plus grande *que la mer Morte,* et *la mer de Génésareth,* qui ne sont que des lacs. Les Hébreux seront nommés par les étrangers, *un peuple sage, une grande nation* (e), un peuple puissant et considérable. Le roi d'Assyrie est nommé *le grand Roi ;* l'Euphrate, *le grand fleuve;* la ville de Ninive, *la grande ville,* parce que le roi d'Assyrie était le plus puissant roi d'Orient, l'Euphrate le plus grand fleuve d'Assyrie, et Ninive la plus grande ville des États du roi d'Assyrie, et de tous les environs.

GRAND-CHAMP. On connaît dans la Palestine deux grandes vallées connues, dans les historiens et dans les géographes, sous le nom de *Grand-Champ.* L'une, qui s'étend le long du cours du Jourdain, depuis Tibériade jusqu'à Ségor, a la longueur d'environ douze cents stades (f), et a la largeur de cent vingt stades. L'autre, qui est appelée *le Champ,* ou la campagne d'*Esdrelon* ou de *Légion,* à cause de ces villes qui y sont situées, ou *la vallée de Jezrael,* à cause de la ville de Jezrael, s'étend de l'orient au couchant, depuis Scythopolis, assise sur le Jourdain, jusqu'à Légion au pied du Carmel, et a la longueur d'environ vingt-cinq lieues. Eusèbe et saint Jérôme (g) donnent encore une plus grande étendue au Grand-Champ qui s'étend sur le Jourdain, puisqu'ils disent qu'il commence au Liban et finit au désert de Pharan. La campagne de Jéricho était dans le Grand-Champ, et en faisait partie, comme on le voit par Eusèbe (h). On appelle quelquefois ces Grands-Champs *Aulon,* ou *Aulos,* ou *Araba,* plaine.

GRANDEUR. *Ambulare in magnis* (i), marcher à la grandeur. *Magna loqui* (j), parler avec hauteur, avec menace, avec insolence. *Depuis le plus petit jusqu'au plus grand,* manière de parler usitée dans notre langue. *Votre serviteur n'a su chose quelconque d'affaire ni grande ni petite* (k), il n'en a pas eu la moindre connaissance.

LA GRANDEUR DU COEUR (l), se prend pour l'orgueil. *La grandeur du bras* (m), pour la force, pour la sévérité. *La voix de la grandeur de Dieu* est le tonnerre. Le siége de la gran-deur, est le trône de la majesté de Dieu. *La grandeur de Dieu,* marque sa gloire, sa puissance, sa majesté, ses œuvres merveilleuses.

GRAND PRÊTRE, ou Souverain Sacrificateur. *Voy.* l'article PRÊTRE.

GRATUS (Valerius), gouverneur [lisez procurateur] de Judée, depuis l'an de Jésus-Christ 15 ou 16 jusqu'en 26 ou 27. Il succéda à Annius Rufus, et eut pour successeur Ponce-Pilate. Ainsi il gouverna onze ans cette province. Ce que l'on remarque de particulier sur son sujet (n), c'est qu'il changea souvent les grands prêtres. En effet, il déposa Ananus, pour mettre en sa place Ismael, fils de Fabi ; et peu après il ôta la grande sacrificature à Ismael, pour en revêtir Eléazar, fils d'Ananus. Il la fit passer au bout d'un an à Simon, fils de Camith ; et un an après il la donna à Caïphe gendre d'Ananus. — [*Voy.* les *Chronologies* des grands prêtres juifs et des gouverneurs de Syrie, à la tête du premier volume.]

GREC. La langue grecque est la langue originale de la plupart des livres du Nouveau Testament, à l'exception de saint Matthieu. Tous les évangélistes ont écrit en grec. Saint Luc, saint Paul, saint Pierre, saint Jacques, saint Jude, ont écrit de même ; mais, à l'exception de saint Luc, les auteurs sacrés du Nouveau Testament ont suivi la manière d'écrire des Hellénistes, c'est-à-dire des Hébreux grécisants, en mêlant une infinité de manières de parler et de tours propres à la langue hébraïque et à la syriaque, fort éloignés du tour et de l'esprit de la langue grecque ; à peu près comme un homme qui mettrait en latin un discours français, en suivant le génie de la langue française : on pourrait dire de lui qu'il parle *latinum*, mais non pas *latine.* Depuis le règne et les conquêtes d'Alexandre le Grand, la langue grecque devint la langue commune et de commerce de presque tout l'Orient. Et comme les auteurs sacrés avaient principalement en vue la conversion des Juifs répandus dans les provinces d'Orient, il était tout naturel qu'ils leur écrivissent en grec.

Dans les livres des Machabées, *lingua patria* (o) signifie la langue syrienne et hébraïque, par opposition à la langue grecque, qui était celle des officiers du roi Antiochus, qui persécutait les Juifs.

Comme il se trouvait d'ordinaire, aux fêtes solennelles des Juifs à Jérusalem, des gens de toutes les nations et même de toutes les religions, Pilate fit mettre sur la croix du Sauveur l'inscription qui marquait le motif de sa condamnation, en hébreu, ou syriaque, en grec et en latin (p); parce que c'étaient les trois langues le plus généralement

---

(a) *Psalm.* LXII, 6.
(b) *Genes.* XXVII, 1.
(c) IV *Reg.* V, 1.
(d) *Exod.* XI, 3.
(e) *Deut.* IV, 6.
(f) Vide *Joseph. Antiq.* l. IX, c. XI, et II *Par.* IV, 17, et *Joseph.* l. V *de Bello,* c. IV.
(g) *Euseb. et Hieronym. Onomast. in* Αὐλών.
(h) *Euseb. in* Ἐγγαδδί.
(i) *Psalm.* CXXX, 1.
(j) *Psalm.* LIV, 13. *Jerem.* L, 11.
(k) I *Reg.* XXII, 15.
(l) *Isai.* IX, 9.
(m) *Exod.* XV, 16.
(n) *Antiq.* l. XVIII, c. III.
(o) II *Mac.* VII, 8, 27 ; XII, 37 ; XV, 20.
(p) *Joan.* XIX, 20. *Luc.* XXIII, 38.

connues dans l'empire romain, et surtout dans la Palestine.

De là vient aussi qu'en ce temps-là plusieurs Juifs avaient deux noms, l'un grec et l'autre hébreu ; d'autres grécisaient leur nom hébreu, et lui donnaient au moins une terminaison latine. Par exemple, de *Jésus* ils faisaient *Jason*, de *Saul*, ou *Saulus*, ils faisaient *Paulus*. Saint Pierre s'appelait en hébreu *Simon*, ou *Siméon*, et en grec *Petros*. Saint *Thomas* avait ce nom, qui est hébreu, et celui de *Didymus*, qui signifie la même chose en grec. *Salomé* avait aussi le nom d'*Alexandra*, qui signifie à peu près la même chose.

Dans les livres des Machabées, le nom de Grecs se met communément pour Gentils et idolâtres. Par exemple (a) : *J'ai appris que les Juifs n'avaient pas voulu se conformer à la volonté de mon père en passant dans les rits des Grecs*, pour embrasser le culte des Grecs et leur idolâtrie. Et ailleurs (b) : Les prêtres méprisaient les honneurs de leur nation, et recherchaient les honneurs des Grecs. *Patrios quidem honores nihil habentes, græcas glorias optimas arbitrabantur*. L'honneur du sacerdoce et de ses fonctions ne les touchait point, ils aspiraient à des honneurs qu'on acquiert dans les jeux publics, etc.

Le règne des Grecs, marque celui d'Alexandre le Grand, et celui des rois de Syrie et d'Egypte, ses successeurs. Et *l'année des Grecs* (c), marquée dans les livres des Machabées, est l'ère des Séleucides, qui commence en l'an du monde 3692, la première année de la 117ᵉ olympiade, et 312 ans avant l'ère vulgaire, ou 308 avant la vraie époque de la naissance de Jésus-Christ. Mais il est à remarquer que Josèphe, les Juifs, et l'auteur du premier livre des Machabées commencent l'ère des Séleucides au mois de *nisan*, qui est le premier de l'année sainte chez les Juifs, et qui répond à la lune de mars ; au lieu que l'auteur du second livre des Machabées en prend le commencement au mois de *tizri*, qui répond à la lune de septembre ; les Grecs et les Arabes la prennent de même. Mais les Chaldéens la prennent du printemps de l'année suivante. Ainsi les Chaldéens reculent de six mois le commencement de l'année des Grecs, et les Juifs l'anticipent de six mois.

GRÈCE. Ce nom se prend d'ordinaire dans une grande étendue dans l'Ecriture, pour marquer tous les pays habités par les descendants de Javan, tant dans la Grèce que dans l'Ionie et dans l'Asie Mineure. Depuis Alexandre le Grand, le nom de Grecs se prend dans un sens encore plus vague et plus étendu, parce que, les Grecs dominant dans l'Egypte, dans la Syrie, au delà de l'Euphrate et en d'autres provinces, les Juifs s'accoutumèrent à donner le nom de Grecs à tous les peuples gentils, soumis à l'empire des Grecs, tant dans l'Orient que dans l'Occident. De là vient que, dans les livres des Machabées (d), dans l'Evangile et dans saint Paul, *un Grec* signifie communément *un Gentil. Non est distinctio Judæi et Græci :* Devant Dieu il n'y a point de distinction entre le Juif et le Gentil.

Dans les livres de l'Ancien Testament écrits en hébreu, on exprime la Grèce et les Grecs sous le nom de *Javan*. Isaïe (e) dit que le Seigneur enverra ses ambassadeurs vers différents peuples, et en particulier, *vers Javan, qui habite les îles reculées*. Ezéchiel (f) fait venir aux foires de Tyr, Javan, Thubal et Mosoc, etc. Daniel (g), parlant de Darius, fils d'Hystaspe, ou de Xerxès, dit qu'il fera la guerre au royaume de Javan. Enfin Zacharie (h) dit que le Seigneur suscitera les enfants de Sion *contre les enfants de Javan ;* ce qui marque les guerres des Machabées contre Antiochus Epiphanes et les Grecs, qui possédaient le royaume de Syrie. Dans Daniel (i), Alexandre le Grand est désigné par le nom de *roi de Javan*.

GRÊLE DE PIERRES. *Voyez* PIERRES.

GRENADE, GRENADIER. *Malus punica*, ou *Malo-granatum*, arbrisseau qui porte des grenades. La grenade est une espèce de pomme, couverte d'une écorce rougeâtre en dehors et rouge en dedans, qui s'ouvre en long, et qui montre au dedans des grains rouges remplis de suc, comme du vin, avec de petits noyaux dedans. Il y a un grenadier domestique et un grenadier sauvage. Le grenadier cultivé a plusieurs rameaux menus, anguleux, armés de quelques épines, et couverts d'une écorce rougeâtre. Ses feuilles sont petites, semblables à celles du myrte, mais moins pointues, de couleur verte, tirant un peu sur le rouge. Sa fleur est grande, belle, de couleur rouge, tirant sur le purpurin, composée de plusieurs pétales disposées en rose, dans les échancrures du calice ; ce calice est oblong, dur, purpurin, ayant en quelque sorte la figure d'une cloche. Ce grenadier cultivé porte quelquefois des fleurs doubles, et alors il ne donne point de fruits.

Le grenadier sauvage est un arbrisseau semblable au précédent, mais il est plus rude et plus épineux ; ses fleurs sont appelées *balaustes* chez les apothicaires ; elles sont astringentes et très-bonnes pour la dyssenterie, pour la diarrhée, pour la lienterie.

On assure qu'au Pérou on a vu une grenade aussi grosse qu'un baril, que les Espagnols firent porter par rareté à la procession du Saint-Sacrement. Les Musulmans, parlant de la terre sainte, disent que cinq hommes pouvaient à peine porter une grappe de raisin de ce pays-là, et que cinq personnes pouvaient demeurer dans l'écorce d'une seule de leurs grenades. Il est malaisé de pousser plus loin l'hyperbole.

Dieu ordonna à Moïse de mettre au bas de la robe d'hyacinthe du grand prêtre (j) des

---

(a) II *Mac*. XI, 24.
(b) II *Mac*. IV, 15.
(c) I *Mac*. I, 11.
(d) I *Mac*. I, 11 ; VIII, 18. II *Mac*. IV, 36 ; XI, 24 ; IV, 15.
(e) *Isai*. LXVI, 19.
(f) *Ezech*. XXVII, 13, 19.
(g) *Dan*. XI, 2.
(h) *Zach*. IX, 13.
(i) *Dan*. VIII, 21 ; X, 20.
(j) *Exod*. XXVIII, 33.

grenades en broderie, avec des clochettes sonnantes d'or. Comme les grenades étaient communes dans la Palestine, et que ce fruit est fort beau, l'Ecriture emploie assez souvent des similitudes tirées de la grenade. — [*Voy.* BLÉ, § VIII.]

GRENOUILLE (1). Elle était impure chez les Hébreux. Moïse ne la nomme pas parmi les animaux dont il était défendu de manger, mais il la distingue assez, lorsqu'il dit (a) : « Vous ne mangerez point de tout ce qui se remue dans la mer, dans les fleuves, ou dans les étangs, à moins qu'il n'ait des nageoires et des écailles. » Et saint Jean, dans l'Apocalypse (b), dit qu'il vit sortir de la bouche du faux prophète trois esprits immondes sous la forme de grenouilles.

Lorsque Moïse frappa l'Egypte de la plaie des grenouilles (c), il y en eut dans ce pays une si grande quantité, qu'elles couvraient toute la terre, entraient dans les maisons et jusque dans les fours et les lieux où l'on gardait à manger; et lorsqu'elles moururent, on les amassa en grands monceaux, qui, s'étant corrompus, causèrent dans l'Egypte une infection insupportable.

GRIFFON, *Gryphus*, ou plutôt *Gryps*. Les Septante et l'auteur de la Vulgate se servent de ce terme en deux endroits; savoir, *Levit.* XI, 13, et *Deut.* XIV, 12, pour marquer une sorte d'animal impur, dont il est défendu de manger. Le terme grec *gryps*, signifie un oiseau qui a le bec crochu, comme l'aigle; et *gryphus* se prend pour le *griffon*, qui est un oiseau fabuleux, qui a, dit-on, le corps d'un lion, la tête et les ailes d'un aigle. Mais l'hébreu *pérès* (d) signifie, selon les uns, un épervier; selon d'autres, un faucon, ou un milan, ou plutôt une sorte d'aigle. Bochart et Junius croient qu'il signifie l'aigle nommée *ossifraga*, parce qu'après avoir mangé la chair, elle laisse tomber les os sur les rochers pour les rompre et en tirer la moelle. — [Le griffon, *vultur fulvus* Lath., est un oiseau du genre des vautours, et de l'ordre des oiseaux de proie. Il a trois pieds et demi de longueur totale, et huit d'envergure. Il se trouve sur les plus hautes montagnes de l'Europe et de l'Asie. SONNINI.]

On convient que le griffon, tel que nous le décrivent les poëtes, et tel qu'on le voit représenté dans plusieurs monuments antiques, est un animal fabuleux, consacré au Soleil, à Jupiter et à la déesse Némésis. C'était un animal quadrupède, ayant la tête et les ailes d'un aigle, et le corps d'un lion, avec de très-grandes griffes aux pattes. On montre quelques-unes de ces prétendues griffes, qui ont servi autrefois de vases à boire. On dit que le griffon a tant de force, qu'il peut enlever un cavalier avec son cheval. On aussi que le griffon a la garde des trésors et des mines d'or et d'argent, et qu'il empêche les hommes d'en approcher.

Mais tout cela est fabuleux, de même que ce que disent les Perses de leur *Simorg-Anka*, ou *Griffon merveilleux*. C'est un oiseau fort extraordinaire, tant par sa grandeur que par ses autres qualités; il est si grand qu'il consume tous les fruits et tout ce qui croît dans plusieurs montagnes, pour sa subsistance; outre cela, il parle, il est raisonnable, et capable de religion (e); en un mot, c'est une fée qui a la figure d'un oiseau Cet oiseau, étant un jour interrogé sur son âge, répondit : Ce monde s'est déjà trouvé sept fois rempli de créatures, et sept fois entièrement vide d'animaux. Le siècle d'Adam, dans lequel nous sommes, doit durer sept mille ans, qui font un grand cycle d'années; j'ai déjà vu douze de ces cycles, sans que je sache combien il m'en reste à voir. L'oiseau Simorg, disent les Perses, habite dans les montagnes de Caf. Les rabbins auteurs du Talmud parlent d'un oiseau, nommé *Jukhneh*, ou *Ben-Jukhneh*, d'une grandeur incroyable, dont ils racontent mille impertinences. Ils croient qu'il est destiné à servir au festin des élus à la fin du monde.

* GUÉ DE JACOB. *Voyez* Ason.

GUEL, fils de Machi (f), fut un des envoyés par Moïse pour examiner la terre promise.

GUERRE [*Voyez* LOI, § XIII]. Les Hébreux ont été autrefois une des plus belliqueuses nations du monde. Ceux qui nous parlent de leurs guerres ne sont ni des auteurs flatteurs, ou ignorants, ou prévenus : ce sont des écrivains remplis de l'esprit de vérité et de sagesse. Leurs guerriers ne sont ni de ces héros fabuleux, ni de ces conquérants à titre d'office, dont l'emploi était de ravager les villes et les provinces et de réduire les peuples sous leur domination, par la pure envie de se faire un nom et de dominer. Ce sont pour la plupart de sages et vaillants généraux, suscités de Dieu *pour faire les guerres du Seigneur* et exterminer ses ennemis; ce sont des Josué, des Caleb, des Gédéon, des Jephté, des Samson, des David, des Josias, des Machabées, dont le nom seul suffit pour faire leur éloge.

Leurs guerres n'ont pas été entreprises pour de petits sujets, ni exécutées avec une poignée de monde. Il était question, sous Josué, de se rendre maître d'un vaste pays que Dieu leur avait abandonné, d'exterminer plusieurs peuples puissants que Dieu avait dévoués à l'anathème, et de venger la divinité offensée et la nature outragée par un peuple impie et corrompu, qui avait rempli la mesure de ses crimes. Sous les Juges, il s'agissait de se mettre en liberté en secouant le joug des rois puissants qui les tenaient assujettis; sous Saül et sous David, on vit les mêmes motifs pour entreprendre la guerre, et on y joignit celui de faire la conquête des provinces dont Dieu avait promis la jouissance à son peuple; il ne s'agissait de rien moins que d'abattre la puissance des Philistins, des Ammonites, des Moabites, des

---

(a) *Levit.* XI, 9, 10, 11, 12.
(b) *Apoc.* XVI, 13.
(c) *Exod.* VIII, 2, 3, etc.
(d) *Levit.* XI, 13. פרס *Peres.* 70, γρύψ.

(e) D'Herbelot, *Bibl. Orient.*, p. 1016-1017.
(f) *Num.* XIII, 16.
(1) *Rana*, genre de reptile de la famille des batraciens.

Iduméens, des Arabes, des Syriens et des différents princes qui possédaient ces pays.

Dans les derniers temps des royaumes d'Israel et de Juda, on a vu ces rois soutenir l'effort des plus grandes puissances de l'Asie, des rois d'Assyrie et de Chaldée, Salmanasar, Sennachérib, Assaraddon et Nabuchodonosor, qui faisaient trembler tout l'Orient. Sous les Machabées, il fallait, avec une poignée de gens, résister à toute la puissance des rois de Syrie, et soutenir contre eux la religion de leurs pères, et secouer le joug d'une domination qui n'en voulait pas moins à leur religion qu'à leur liberté. Dans les derniers temps de leur nation, avec quel courage, quelle intrépidité, quelle constance n'ont-ils pas soutenu la guerre contre les Romains, qui étaient les maîtres du monde !

Mais quelles armées mettaient-ils sur pied ? Au commencement, sous Moïse et sous Josué, ils étaient tous guerriers. Ils sortirent d'Egypte au nombre de six cent mille combattants; lorsque Josué entra dans la terre de Chanaan, il combattit tantôt avec des détachements de ses troupes et tantôt avec toute l'armée, selon les occurrences et le besoin. Souvent Dieu, pour signaler sa toute-puissance et pour confondre l'orgueil humain, a donné la victoire à de fort petites armées; par exemple sous Gédéon, où il ordonna à ce général de renvoyer la plus grande partie de son armée et de n'en retenir que trois cents hommes, avec lesquels il défit une multitude innombrable de Madianites et d'Amalécites.

Si l'on veut des exemples d'armées nombreuses, Abia, roi de Juda, attaqua avec une armée de quatre cent mille hommes Jéroboam, roi d'Israel, qui en avait jusqu'à huit cent mille, et de ces huit cent mille hommes il en demeura d'une seule bataille jusqu'à cinq cent mille de tués sur le champ de bataille (a). Phacee, fils de Romélie, roi d'Israel, tua en un seul jour cent vingt mille hommes des troupes de Juda (b); Asa, roi de Juda, ayant une armée de six cent mille hommes (c), fut attaqué par Zara, roi de Chus, qui avait une armée d'un million d'hommes; Zara fut entièrement défait par les troupes d'Asa. Les forces ordinaires de David et de Salomon étaient de plus de trois cent mille hommes toujours prêts à combattre (d). Josaphat, roi de Juda, avait onze cent soixante mille hommes de guerre, sans compter les garnisons de ses places (e).

On distingue deux sortes de guerres parmi les Hébreux. Les unes étaient d'obligation et commandées par le Seigneur; les autres étaient libres et volontaires. Les premières étaient celles que Dieu ordonnait de faire, par exemple aux Amalécites et aux Chananéens, nations dévouées à l'anathème; les autres étaient entreprises par les chefs du peuple de Dieu pour venger les injures de la nation, pour punir le crime ou l'insulte : par exemple, celle que les Hébreux firent contre la ville de Gabaa et contre la tribu de Benjamin, qui voulut soutenir son crime, et celle que David fit contre les Ammonites, dont le roi avait insulté ses ambassadeurs; ou pour soutenir et défendre ses alliés, comme celle de Josué contre les rois chananéens, qui attaquèrent les Gabaonites; enfin toutes les raisons qui peuvent autoriser une nation ou un prince à faire la guerre à une autre nation ou à un autre prince subsistaient à l'égard des Hébreux. Toutes les lois de Moïse supposent partout que les Israélites feraient la guerre et la soutiendraient contre leurs ennemis.

La première des lois de la guerre est qu'on la déclare à son ennemi, et qu'on lui demande premièrement réparation du tort qu'on prétend qu'il a fait, avant de l'attaquer. *Lorsque vous irez assiéger une ville,* dit Moïse (f), *vous lui offrirez premièrement la paix; si elle la reçoit et qu'elle ouvre ses portes, tout le peuple qui s'y trouvera aura la vie sauve, mais il vous demeurera tributaire. Que si elle ne veut pas entrer dans votre alliance et qu'elle combatte contre vous, vous l'assiégerez; et lorsque le Seigneur vous l'aura livrée entre les mains, vous mettrez à mort tous les mâles qui y seront, réservant seulement les femmes, les enfants, les animaux et tout ce qui sera dans la ville. Vous en partagerez le butin à vos soldats, et vous mangerez ce que vous aurez pris sur les ennemis que le Seigneur vous aura livrés. Voilà ce que vous ferez à l'égard des villes qui sont éloignées de vous, et qui ne sont pas du nombre de celles que vous devez posséder comme votre héritage; car pour celles-ci, je veux dire celles des Chananéens, vous n'y laisserez personne en vie, et vous passerez tout au fil de l'épée.*

DÉCLARATION DE GUERRE. On a plusieurs exemples de défi, ou de déclaration de guerre, ou de plaintes de la part de ceux qui étaient attaqués sans qu'on leur eût auparavant déclaré la guerre. Les Ammonites ayant inopinément attaqué les Israélites de delà le Jourdain, Jephté, qui avait été élu chef des Israélites, envoya leur dire (g) : *Qu'y a-t-il entre vous et moi, pour venir ainsi en armes contre moi et ravager mon pays ?* Les Ammonites renouvelèrent alors une ancienne querelle, et prétendirent que les Hébreux, au sortir de l'Egypte, avaient envahi leur pays. Josué justifia aisément son peuple de ce reproche; et comme les enfants d'Ammon ne se rendirent pas à ses raisons, il leur dit : *Que le Seigneur soit juge aujourd'hui entre Israel et les enfants d'Ammon.* Après quoi il les attaqua et les défit. Les Philistins étant entrés sur les terres de Juda pour se venger du feu que Samson avait mis dans leurs moissons (h), ceux de Juda vinrent leur demander : *Pourquoi êtes-vous ainsi venus contre nous dans notre terre ?* On leur dit qu'on n'en voulait qu'à Samson, qui avait désolé les campagnes des Philistins. Ceux de Juda

---
(a) II Par. xiii, 5... 17.
(b) I Par. xxviii, 6.
(c) II Par. xiv, 9... 13.
(d) I Par. xxvii.
(e) II Par. xvii, 14... 19.
(f) Deut. xx, 10, 11, etc.
(g) Judic. xi, 12.
(h) Judic. xv, 10, etc.

promirent de leur livrer le coupable, et les Philistins se retirèrent.

Amasias, roi de Juda, enflé de quelques avantages qu'il avait remportés contre les Iduméens, envoya défier Joas, roi d'Israel, en lui disant (a) : *Venez, voyons-nous;* le roi d'Israel, sans s'émouvoir, lui fit réponse : *Le chardon envoya un jour au cèdre du Liban lui demander sa fille en mariage pour son fils; mais les bêtes du Liban passèrent sur le chardon et l'écrasèrent. Vous avez battu les Iduméens, et votre cœur s'en est élevé. Contentez-vous de la gloire que vous avez acquise, et demeurez chez vous.* Amasias ne se rendit pas. Les deux rois se virent avec leurs armées à Bethsamès; mais celui de Juda fut battu. Benadad, roi de Syrie, étant venu avec son armée devant Samarie, envoya déclarer la guerre à Achab, roi d'Israel, en disant (b) : *Votre or et votre argent, vos femmes et vos enfants sont à moi.* Achab, qui se sentait trop faible pour lui résister, répondit : *Selon votre parole, mon seigneur et mon roi, je suis à vous, moi et tout ce qui m'appartient.* Alors Benadad, plus fier qu'auparavant, lui fit dire : *Vous me donnerez votre or et votre argent, vos femmes et vos enfants, et demain à cette heure j'enverrai vers vous mes serviteurs; ils chercheront dans votre maison et dans celles de vos serviteurs, et y prendront ce qu'il leur plaira.* Ces demandes parurent injustes et exorbitantes à Achab et à son conseil; ils résolurent de se défendre et de soutenir le siège, que Benadad fut obligé d'abandonner avec une grande perte. *Voyez* ci-après l'article SAMARIE.

La guerre étant résolue, on assemblait ou tout le peuple capable de porter les armes, ou seulement une partie, selon l'exigence du cas et la nécessité et l'importance de l'entreprise; car il ne paraît pas qu'avant le règne de David il y ait eu des troupes réglées dans Israel : on leur marquait un rendez-vous général, on en faisait la revue par tribus et par familles, et on marchait à l'ennemi. Saül, au commencement de son règne, ayant appris la cruelle proposition que les Ammonites avaient faite à ceux de la ville de Jabès en Galaad, coupa en pièces les bœufs de sa charrue et les envoya par tout le pays, disant (c) : *C'est ainsi qu'on traitera celui qui ne viendra pas au secours de Jabès.* Après cela il marcha contre l'ennemi. Les enfants d'Israel, ayant appris le crime commis par ceux de Gabaa contre la femme du lévite de Bethléem (d), résolurent d'en tirer vengeance et de ne pas rentrer dans leurs maisons qu'ils n'eussent vengé cet outrage : en même temps ils consultèrent le Seigneur, qui leur dit que la tribu de Juda leur fournirait un chef pour cette entreprise. Ils choisirent dix hommes de cent, cent de mille, et mille de dix mille pour porter les vivres à l'armée; après cela ils marchèrent contre l'ennemi.

Lorsque les Hébreux allaient faire la guerre à leurs ennemis (e), et que l'heure du combat était proche, le prêtre se présentait à la tête de l'armée, et parlait ainsi au peuple : *Ecoutez, Israel; ne craignez point vos ennemis, parce que le Seigneur votre Dieu combat pour vous.* Après cela, les officiers criaient à la tête de leurs troupes dans toute l'armée : *Y a-t-il quelqu'un qui ait bâti une maison neuve, et qui ne l'ait pas encore habitée? Qu'il s'en aille, et s'en retourne dans sa maison, de peur qu'un autre ne vienne et n'y loge le premier. Y a-t-il quelqu'un qui ait planté une vigne, et qui ne l'ait pas encore vendangée? Qu'il s'en retourne, de peur qu'un autre ne la fasse avant lui. Y a-t-il quelqu'un qui ait été fiancé à une fille, et qui ne l'ait pas encore épousée? Qu'il aille dans sa maison, de peur qu'il ne meure dans le combat, et qu'un autre ne la prenne.*

Ils ajoutaient : *Y a-t-il quelqu'un qui soit timide, et dont le cœur soit frappé de frayeur? Qu'il s'en retourne, de peur qu'il ne jette l'épouvante dans le cœur de ses frères, et qu'il ne leur inspire la timidité dont il est rempli lui-même.* Le Seigneur ordonne (f) que quand les Israélites voudront assiéger une ville, ils lui offrent d'abord la paix, et que si elle l'accepte et leur ouvre ses portes, ils conservent la vie aux habitants et se contentent de les avoir assujettis. Si elle refuse de leur ouvrir les portes, qu'ils l'assiégent, et qu'après l'avoir prise, ils fassent mourir tous les mâles et réservent tout le reste. Enfin il veut que, dans les sièges qui sont longs, et dans lesquels on est obligé d'employer des machines, on épargne les arbres fruitiers, et que l'on se contente de couper les arbres sauvages, pour les employer dans les divers ouvrages.

Dans les anciens temps, ceux qui allaient à la guerre y portaient ordinairement leurs provisions, ou ils les prenaient sur le pays ennemi; d'où vient que la plupart de ces guerres étaient de très-courte durée, parce qu'il était presque impossible de faire subsister longtemps de nombreuses armées avec les provisions que chacun emportait de chez soi. David, le plus jeune des fils d'Isaï, étant demeuré auprès des troupeaux de son père pendant que ses frères étaient à l'armée de Saül (g), Isaï envoya David porter des vivres à ses frères. Nous croyons que cette manière de faire la guerre s'observa sous Josué, sous les Juges, sous Saül, sous David au commencement de son règne, sous les rois de Juda et d'Israel, successeurs de Roboam et de Jéroboam, et sous les Machabées, jusqu'au temps de Simon Machabée, prince et grand prêtre des Juifs, qui eut des troupes soudoyées et entretenues. *Voyez* I Mac. XIV, 32. Chacun se fournissait aussi d'armes pour la guerre. Les rois des Hébreux n'ont commencé que depuis David à avoir des arsenaux.

Les rois allaient à la guerre en personne, et dans les premiers temps ils combattaient à pied comme les premiers des soldats. On ne lit

---

(a) IV Reg. xiv, 8, 9, 10.
(b) III Reg. xx, 1.
(c) I Reg. xi, 7.
(d) Judic. xx, 8.

(e) Deut. xx, 2, 3, 4 et seq.
(f) Deut. xx, 10.
(g) I Reg. xvii, 13.

en aucun endroit qu'il y ait eu des chevaux, ni pour les généraux, ni pour les officiers, du temps des Juges, de Saül, et de David. Depuis ce temps, ils furent moins rares, et il paraît que les rois de Juda et d'Israël allaient autrefois à la guerre montés sur des chariots. *Voy.* ci-devant l'article CHARIOTS.

LES OFFICIERS DE GUERRE CHEZ LES HÉBREUX, étaient premièrement *le général des armées*, ou *le prince de la milice*, tel qu'était Abner sous Saül, Joab sous David, Banaïas sous Salomon. *Les princes des tribus, ou les princes des pères*, ou des familles d'Israël, qui étaient à la tête de leurs tribus. Ils avaient de plus des *princes de mille*, ou des *tribuns*, des *capitaines de cent hommes*, des *chefs de cinquante hommes*, des *tierciers*, nommés en hébreu *schalischim*, mais dont on ignore les fonctions; et enfin des *décurions*, ou des chefs de dix hommes. Ils avaient aussi des *schopherim*, des scribes, ou des écrivains, qui étaient des espèces de commissaires qui tenaient registre des troupes, et des *schoterim*, ou inspecteurs qui avaient autorité pour commander les troupes, sur lesquelles ils avaient inspection. On peut voir la dissertation de M. le chevalier Folard, à la tête de ce Dictionnaire, *sur la Tactique des Hébreux;* notre dissertation *sur la milice des anciens Hébreux*, et celle que nous avons faite *sur les officiers de la cour et des armées des rois hébreux.*

GUITARE. Ce terme vient apparemment du grec *cithara*, et de l'hébreu *cinnor* (a). Mais la forme de la guitare est fort différente de celle de la cithare ancienne, et du cinnor des Hébreux. La cithare ou lyre antique était montée de manière que les cordes était tendues de haut en bas, soutenues par deux espèces de bras attachés par le bas à un ventre creux et résonnant, et par le haut à un bois de travers, qui tenait d'un bras à l'autre, auquel les cordes étaient liées.

GUNI, fils de Nephtali, chef de la famille des Gunites. *Num.* XXVI, 48.

*GUNI, Gadite, père d'Abdiel. I *Par.* V, 15.

GURBAAL. Ce terme ne se trouve que dans le second livre des Paralipomènes (b), où il est dit que le Seigneur donna à Ozias un secours particulier *contre les Philistins et contre les Arabes de Gurbaal.* Les Septante portent: *Contre les Arabes qui habitaient au-dessus de Pétra.* Je pense que *Gurbaal* est le même que *Gabal*, ou *la Gabalène*, dont on a parlé plus haut, qui s'étend dans l'Arabie Pétrée et dans l'Idumée, et qui est au delà des limites de la Palestine, du côté du midi.

GYMNASE *Gymnasium*, lieu d'exercice, ainsi nommé à cause qu'on s'y exerçait nu. *Gymnos* ou *gumnos*, en grec signifie *nu*. Les Grecs étaient passionnés pour les exercices du théâtre, dans lesquels des hommes nus ou presque nus s'exerçaient à la lutte, à la course, au palet, à tirer de l'arc, etc. Ils portèrent ces inclinations dans l'Orient, et introduisirent ces jeux et ces exercices dans les lieux de leurs conquêtes. Les peuples vaincus et assujettis, voulant imiter leurs vainqueurs, s'adonnèrent aux mêmes jeux, et cherchèrent à se distinguer dans ces mêmes exercices. Jason ayant introduit ces nouveautés dans Jérusalem (c), et y ayant bâti un gymnase, on vit plusieurs Juifs s'adonner entièrement à ces jeux, imiter en tout les coutumes des païens, et méprisant ce qui était en honneur dans leur pays, ne chercher qu'à exceller en ce qui était en estime parmi les Grecs. Les prêtres mêmes, négligeant les fonctions de leur ministère et les sacrifices du temple, couraient aux exercices et aspiraient au prix dont on récompensait ceux qui y réussissaient. C'est ce que nous apprenons de l'auteur du second livre des Machabées.

H

* HABA, troisième fils de Somer, de la tribu d'Aser. I *Par.* VII, 34.

HABACUC, était de la tribu de Siméon, et natif de Bethzacar, si l'on en croit l'auteur de la Vie des prophètes (d). Voyant que Nabuchodonosor s'approchait de Jérusalem et prévoyant la prise de cette ville, il se sauva à Ostracine dans l'Arabie, près le lac Sirbon. Il y vécut quelque temps. Mais les Chaldéens ayant pris Jérusalem, et étant retournés dans leur pays, Habacuc revint en Judée, pendant que les autres Juifs, qui n'avaient pas été menés à Babylone, après la mort de Godolias, se retirèrent en Égypte. Il s'occupa à cultiver ses champs; et un jour qu'il se disposait à porter à dîner à ses moissonneurs (e), il ouït une voix qui lui ordonna de porter à Daniel la même nourriture qu'il destinait à ses ouvriers. Il s'en excusa sur ce qu'il ne connaissait ni Daniel ni Babylone. Mais l'ange du Seigneur le transporta tout d'un coup par les cheveux dans cette ville, avec ce qu'il avait préparé pour ses moissonneurs; et ayant donné à manger à Daniel, qui était enfermé dans la fosse aux lions, la même main qui l'avait porté à Babylone le rapporta en Judée. Il y mourut, et fut enterré deux ans avant la fin de la captivité (f).

On lui attribue diverses prophéties, qui ne se trouvent point dans celles que nous recevons comme canoniques. On dit qu'il prédit le retour prochain du peuple captif; que le temps viendrait qu'on verrait dans le temple

---

(a) Heb. כנור Cinnor. Κιθάρα, Cithara.
(b) II *Par.* XXVI, 7.
(c) II *Mac.* IV.
(d) Epiphan. et Doroth. de Vita et morte Prophetarum.

(e) *Dan.* XIV.
(f) An du monde 3466, avant Jésus-Christ 534, avant l'ère vulg. 538.

une grande lumière, et qu'on y contemplerait la gloire de Dieu (il voulait parler du Messie) ; que la ville de Jérusalem serait détruite par un peuple venu d'Occident (c'est-à-dire, par les Romains) ; qu'alors le voile nommé *dabir* serait fendu en deux parties ; que les chapiteaux des deux colonnes seraient enlevés par les anges et cachés dans le désert, au même endroit où l'on avait caché, peu de temps avant la captivité, l'arche de l'alliance.

On lui a attribué aussi les histoires de Susanne, de Bel et du Dragon, et celles de son propre transport à Babylone, qui sont parmi les œuvres de Daniel, mais qui ne se lisent pas en hébreu. Tout cela n'est fondé que sur une inscription qui se lisait autrefois dans quelques exemplaires grecs, en ces termes : *Prophéties d'Abacum, prêtre de Juda, de la tribu de Lévi*. D'autres (a) ont prétendu que cet Abacum, prêtre dans la tribu de Juda, était fort différent du prophète dont nous avons les écrits. On montrait autrefois le tombeau d'Habacuc à *Bethzacar*, ou à *Ceila*, ou à *Echela* (b), ou à *Gabbatha*. Ces quatre lieux ne marquent apparemment que la même chose. Il est certain qu'ils étaient très-voisins l'un de l'autre, et au voisinage d'Eleuthéropolis. Sozomène (c) parle de la découverte que l'on fit de son corps à Bethzacar, du temps de Théodose l'Ancien.

Les œuvres incontestables que nous avons d'Habacuc sont en trois chapitres. Le prophète s'y plaint d'abord, dans des termes très-vifs, des désordres qu'il voyait dans le royaume de Juda (d) ; Dieu lui révèle que bientôt il en tirera une terrible vengeance par les armes des Chaldéens (e). Il prédit ensuite les conquêtes de Nabuchodonosor, sa métamorphose et sa mort (f) ; et comme le prophète était scandalisé des prospérités de ce prince idolâtre, Dieu lui fait voir ce qui doit arriver aux Chaldéens après sa mort (g). Il prédit ensuite que les vastes projets de Joakim seront renversés (h). Il parle contre un prince qui bâtissait par le sang et par l'iniquité (i) ; c'est apparemment le roi de Tyr. Il accuse un autre roi d'avoir enivré son ami, pour lui faire découvrir sa nudité (j). Nous croyons que c'est le roi d'Egypte qui engagea Sédécias, roi de Juda, dans la révolte contre Nabuchodonosor.

Habacuc, rempli de ces idées, composa un cantique (k), dans lequel il montre que Dieu se souvient de sa miséricorde, lorsqu'il est le plus en colère ; il relève les grandes merveilles que le Seigneur opéra autrefois en faveur de son peuple ; il espère que Dieu lui fera voir ses frères dans leur captivité, mais qu'il l'en délivrera, et lui donnera l'agilité et la promptitude des chevreuils, pour se sauver dans les montagnes et pour éviter la main des Chaldéens, dans le temps qu'ils ravageront la Judée. Tous ces caractères conviennent parfaitement à ce que nous avons dit de la vie de ce prophète. Il prophétisa sur la fin du royaume de Juda, en même temps que Jérémie. Il demeura dans la Judée pendant la captivité des autres Juifs à Babylone, et mourut, comme nous l'avons dit, deux ans avant le retour des Juifs sous Zorobabel (l).

HABER, ou HÉBER *Cinéen*, de la race de Jéthro, et mari de Jahel, laquelle tua Sisara, en lui enfonçant un clou dans les tempes (m).

HABIA, ou HOBIA, chef de famille sacerdotale, dont les descendants ne purent, au retour de la captivité, produire leur généalogie, et furent, pour ce motif, rejetés du sacerdoce. *Esdr.* II, 61 ; *Neh.* VII, 63.

HABITS, *Vestis, Vestitus*. Moïse défend aux Hébreux de se déguiser (n) ; l'homme ne prendra pas les habits de la femme, ni la femme les habits de l'homme. Le législateur a voulu par là précautionner les Hébreux contre les abus qui sont les suites ordinaires de ces déguisements. Une femme revêtue d'un habit d'homme ne sera plus si fort retenue par la pudeur qui est propre à son sexe ; et un homme vêtu d'un habit de femme pourra pénétrer sans crainte et sans honte dans des lieux où sans cela la pudeur et la crainte l'empêcheraient d'entrer et d'y paraître. L'importance et la sagesse de ces lois est encore plus sensible dans les mœurs des Orientaux, où les femmes demeurent toujours cachées dans des appartements où les hommes étrangers n'ont point d'accès. Tout le monde sait l'éclat que fit à Rome l'action de Claudius, qui se travestit en femme pour se glisser parmi les dames romaines qui célébraient une fête en l'honneur de la bonne déesse.

Quelques interprètes croient que Moïse, par cette défense, voulait principalement interdire aux Hébreux les superstitieuses cérémonies qui se commettaient dans certaines fêtes des divinités païennes. Dans les fêtes de Bacchus, par exemple, les hommes se travestissaient en femmes (o). On en usait de même dans les fêtes de Vénus et de Mars : dans les premières, les hommes prenaient des habits de femmes, et dans les secondes, les femmes prenaient des habits d'hommes (p). Dans l'Orient, les hommes sacrifiaient ordinairement à la lune en habits de femmes, et les femmes en habits d'hommes, parce qu'on adorait cet astre sous le nom de dieu et de déesse, et qu'on lui donnait les deux sexes. On observait la même cérémonie dans

---

(a) *Voyez* Salien, *Annal.*, et M. Huet, *Démonstr. Evangél.*
(b) Vide *Hieronym. et Euseb. in Ceila, Echela et Gabaa.*
(c) *Sozomen. Hist. Eccles.* l. I, c. xxix.
(d) *Habac.* i. 2, 3, 4.
(e) Ibid. i, 5... 10.
(f) Ibid. v. 7, 8... 12.
(g) *Habac.* i, 13, 14, et ii. 1, 2, 3, 4.
(h) Ibid. c. ii, v. 9, 10, 11.
(i) Ibid. v. 12, 13, 14.

(j) *Habac.* ii, 15, 16, 17.
(k) Ibid. iii.
(l) An du monde 3455, avant Jésus-Christ 545, avant l'ère vulg. 549.
(m) *Judic.* iv, 17, 18, 19, 20, 21. An du monde 2719, avant Jésus-Christ 1281, avant l'ère vulg. 1285.
(n) *Deut.* xxii, 5.
(o) *Lucian.* Μόνος τῶν ἄλλων γυναικεῖα οὐκ ἐνεδύσατο ἐν τοῖς διονυσίοις.
(p) *Maimon. Jul. Firmic.* c. iv.

les sacrifices de Vénus de Chypre, au rapport de Servius (a).

D'autres (b) veulent que Moïse ait seulement défendu aux femmes l'usage des armes, et aux hommes les exercices des femmes, comme s'il avait voulu dire que, dans la nation des Hébreux, il n'y aurait point de ces femmes guerrières, comme les Amazones et Sémiramis, et qu'on ne verrait point de ces sortes de gens parmi les soldats, à cause de l'indécence et des inconvénients qui en peuvent arriver. Le texte hébreu est assez favorable à cette opinion; et elle est soutenue par plusieurs habiles interprètes. L'hébreu porte à la lettre (c) : *Les vases* (les instruments, les armes) *de l'homme ne seront point sur la femme, et l'homme ne se revêtira point des habits de la femme.*

Albéric Gentil, savant jurisconsulte, a jugé que Moïse a voilé sous ces paroles une impudicité abominable, qu'il craignait de faire trop connaître en la nommant par son nom. Ces crimes n'étaient alors que trop connus, surtout dans la terre de Chanaan. Et ce qui fait croire que Moïse a voulu défendre quelque chose de plus qu'un simple changement d'habits, c'est qu'il dit que *celui qui fait cela est abominable aux yeux de Dieu.*

CHANGER D'HABITS et LAVER SES HABITS, étaient des cérémonies usitées pour se disposer à quelque action sainte, et qui demandait une pureté particulière. Jacob, quelque temps après son retour de Mésopotamie (d), dit à ses gens de jeter les dieux étrangers qui étaient dans leurs maisons, de changer d'habits, et de venir avec lui sacrifier à Béthel. Moïse (e) ordonne au peuple de se disposer à recevoir la loi du Seigneur en se purifiant et en lavant ses habits : *Sanctifica illos hodie et cras, laventque vestimenta sua.* Cela se voit en plusieurs endroits de l'Ecriture.

DÉCHIRER SES HABITS dans le deuil, est une coutume marquée en une infinité d'endroits des livres saints. Jacob, ayant appris que son fils Joseph avait été dévoré par une bête farouche, déchira ses habits, se revêtit d'un cilice, et fut longtemps inconsolable (f). Celui qui apporta du grand prêtre Héli, à Silo (g), la triste nouvelle de la prise de l'arche d'alliance, parut avec ses habits déchirés et la tête couverte de poussière. *Voy.* DEUIL ou FUNÉRAILLES des Hébreux.

UN HABIT TISSU DE LAINE ET DE LIN était défendu par la loi (h). *Veste quæ ex duobus texta est, non indueris.* Les Juifs observent encore aujourd'hui cette défense, et même ils ne cousent pas un habit de laine avec du fil, ni un habit de toile avec de la laine (i), etc.

L'HABIT NUPTIAL (j). Il est ordinaire, chez toutes les nations policées, de prendre, aux jours de noces et de cérémonies semblables, des habits de fête, comme au contraire de prendre des habits de deuil aux cérémonies lugubres. Cicéron (k) reproche à Vatinius d'avoir paru avec un habit de deuil à un repas de joie ou à une fête que donnait Quintus Arius, pendant que celui-ci et les autres conviés étaient vêtus de blanc. Les Esséniens, chez les Hébreux, se baignaient et prenaient des habits fort blancs lorsqu'ils devaient manger ensemble (l). Dans le sens moral, l'habit nuptial marque la charité agissant par les bonnes œuvres, ou la grâce et les dons du Saint-Esprit.

L'HABIT ÉTRANGER, dont il est parlé dans Sophonie (m), *visitabo super omnes qui induti sunt veste peregrina*, peut marquer les habits singuliers que prenaient les Hébreux qui suivaient les modes des étrangers ; qui ne se contentaient pas des étoffes, des toiles, des couleurs, des teintures de leurs pays ; qui en cherchaient chez les étrangers, dans la Babylonie, la Chaldée, l'Egypte, Tyr, etc. Quelques-uns croient que les Hébreux ne se contentaient pas d'imiter le culte et les superstitions des idolâtres, qu'ils prenaient aussi leurs habits dans leurs cérémonies impies et sacriléges. D'autres entendent les habits étrangers de ceux qu'ils avaient pris à gage chez le pauvre et le malheureux, et qu'ils s'appropriaient injustement contre la défense expresse de la loi (n), qui veut qu'on les rende aux pauvres lorsque la nuit est venue.

VESTIS STRAGULATA, la tapisserie que la femme forte s'est faite, en hébreu *marbadim* (o), signifie plutôt des couvertures, des tapis de lit, des courtes-pointes ou des tapis relevés des deux côtés.

L'HABIT TRAINANT, *vestis poderis*, dont il est parlé dans la Sagesse (p), dans l'Ecclésiastique (q) et dans l'Apocalypse (r), signifie à la lettre un habit qui descend jusqu'aux pieds, un habit long et traînant, un habit de cérémonie. Dans la Sagesse, il marque le manteau sacerdotal du grand prêtre, nommé en hébreu *mehil*, qui était de lin couleur de bleu céleste, ayant au bas des morceaux de grenades faites avec des laines couleur d'hyacinthe, de pourpre et de cramoisi, et des sonnettes d'or entrelacées. Dans l'Apocalypse, il marque l'habit dans lequel Jésus-Christ apparut à saint Jean : il était vêtu d'un habit long et ceint d'une ceinture d'or. Dans l'Ecclésiastique, *poderes honoris* marque un habit d'honneur, de distinction, un ornement qui ne se donne qu'aux personnes constituées en dignité.

(a) *Servius in Æneid.* II.
(b) *Joseph. Antiq. l.* IV, c. VIII. *Aug. qu.* 32. *Chald. Lyran. Vat. Fag.* etc.
(c) לא יהיה כלי גבר על אשה ולא ילבש גבר שמלת אשה.
(d) *Genes.* XXXV, 2.
(e) *Exod.* XIX, 19.
(f) *Genes.* XXXVII, 34.
(g) I *Reg.* IV, 12.
(h) *Levit.* XIX, 19.
(i) Léon de Modène, *Cérémonies des Juifs*, part. I, c. V.
(j) *Matth.* XXII, 11.
(k) *Tull. in Vatinium.*
(l) *Joseph. de Bello Jud. l.* XVI, c. XII.
(m) *Sophon.* I, 8.
(n) *Exod.* XXVI, 27.
(o) *Proverb.* XXII, 22, 26. מרבדים עשתה לה
(p) *Sap.* XVIII, 24.
(q) *Ezech.* XXVII, 9.
(r) *Apoc.* I, 13.

Les anciens conservaient souvent un grand nombre d'habits; comme on ne les taillait pas, ils pouvaient servir presque indifféremment à toutes sortes de personnes. Les rois hébreux avaient des magasins d'habits (a), et souvent ils faisaient des présents d'habits. Cet usage est encore ordinaire dans l'Orient, surtout parmi les Arabes.

Nous nous sommes étendus sur la matière des *habits des Hébreux*, dans une dissertation particulière et sur l'article VÊTEMENT. Voici encore quelques remarques sur ce sujet, tirées de Léon de Modène (b). Les Juifs d'aujourd'hui s'abstiennent de porter des habits tissus ou même cousus de deux matières différentes, et de se déguiser ou travestir comme nous l'avons déjà dit. De plus, ils se croient défendues toutes actions efféminées, le fard, les dépilatoires; et de même les femmes ne se permettent rien à cet égard de ce qui est propre aux hommes. Cet auteur semble croire que Moïse a défendu aux hommes de se couper tout le poil de la barbe (c), de peur de se rendre en cela semblables aux femmes qui n'ont pas de poil au menton.

Pour ce qui est de la manière de se vêtir, ils n'imitent pas volontiers les autres nations, si ce n'est pour s'empêcher d'être tournés en ridicules : il ne leur est pas permis de couper leurs cheveux en rond ou en couronne, ni d'y laisser des touffes, comme font les Turcs; mais ils aiment en tous lieux d'aller en habits longs ou en robes. Les femmes se vêtent à la mode du pays où elles sont, excepté que le jour de leurs noces elles couvrent leurs cheveux d'une perruque ou d'une coiffure qui ressemble à des cheveux naturels, gardant la mode du pays à l'extérieur; mais elles évitent sur toutes choses de laisser voir leurs propres cheveux.

Les hommes, chez les Juifs, tiennent pour une action indécente d'avoir la tête découverte, parce qu'ils ne croient pas que cela marque du respect; aussi ne le pratiquent-ils pas, même dans la synagogue, ce qu'ils ont conservé des mœurs orientales. Toutefois, comme parmi les chrétiens on se découvre devant les personnes de qualité, ils s'en acquittent de même.

Chaque habit qu'ils portent doit avoir quatre pans, et à chacun un cordon pendant en forme de houppes, qu'ils nomment *zizith*. *Voyez* ZIZITH.

Ce précepte ne regarde que les hommes, Moïse n'ayant rien réglé sur l'habit des femmes, peut-être parce qu'elles ne doivent pas paraître au dehors. Présentement même les Juifs, pour ne se pas rendre ridicules, se contentent de porter sous leurs habits un morceau d'étoffe carré avec les quatre houppes ou cordons dont on a parlé; mais dans la synagogue, au temps de leurs prières, ils se couvrent d'un voile de laine carré qui a ses quatre houppes aux coins : c'est ce qu'ils appellent *taled*. *Voyez* l'article.

Les hommes devraient aussi toujours avoir sur le front ce que l'Ecriture appelle *totaphoth*, et dont nous avons parlé ci-devant sous le nom de FRONTAUX; mais pour n'être pas raillés du peuple en une chose qu'ils tiennent comme sacrée, ils se contentent de mettre leur *totaphoth* dans le temps de leurs prières.

Ils croient de plus qu'il est de la bienséance de porter une ceinture sur leurs habits, ou quelque autre chose qui fasse séparation de la partie supérieure d'avec l'inférieure.

HABOR (d), ou CHABOR, ou CHABORAS, ou CHOBAR, fleuve célèbre dans la Mésopotamie, qui se dégorge dans l'Euphrate. Une partie des Israélites des dix tribus fut transportée sur le Habor. Ezéchiel a intitulé ses prophéties de dessus le Chaboras, qui est le même que *Habor*. — [Selon N. Sanson et Barbié du Bocage, Habor n'était pas un *fleuve*, mais une *ville*; et cette ville, dit Sanson, était située sur le fleuve Chaboras, et se nommait aussi Chaboras ou Chabur, tandis que, d'après Barbié du Bocage, elle était située sur le fleuve Gozan, qui était vraisemblablement dans la province médique de l'Asie.]

* HABSANIAS, père de Jérémie et grand-père de Jézonias, de la communauté des Réchabites. *Jer.* XXXV, 3.

HACCUS, père d'Urias, Israélite qui fut un des bâtisseurs des murs de Jérusalem sous Néhémie (e).

HACEL-DAMA, ou plutôt CHAKEL-DAM (f), héritage ou partage du sang (g). C'est ainsi qu'on nomma le champ qui fut acheté par les prêtres avec les trente sicles d'argent qu'ils avaient donnés à Judas d'Iscariotb pour le prix du sang de Jésus-Christ. Judas ayant reporté cet argent dans le temple, et les prêtres ne croyant pas qu'il fût permis de l'employer à l'usage du lieu saint, parce que c'était le prix du sang, en achetèrent le champ d'un potier de terre pour la sépulture des étrangers. On montrait encore ce champ du temps de saint Jérôme, au midi de Jérusalem, et on le montre encore à présent aux voyageurs. L'endroit est fort petit et couvert d'une voûte sous laquelle les corps se consument, dit-on, en moins de trois ou quatre jours. Drutmare, moine de Corbie, dit que de son temps il y avait en cet endroit un hôpital pour les pèlerins français qui allaient en Terre-Sainte. — [Le *Champ-du-Sang*, ce champ du potier, qui fut acheté avec les deniers de la trahison, est cité dans l'histoire des anciens pèlerinages; c'est là que les frères de Saint-Jean avaient coutume d'ensevelir les pèlerins qui mouraient à Jérusalem. Assez longtemps les Grecs et les Arméniens ont enterré au *Champ-du-Sang* leurs pèlerins morts dans la ville sainte; ce privilège

---
(a) III *Reg.* x, 25. IV *Reg.* xxii, 14, et x, 22
(b) Léon de Modène *Cérémonies des Juifs*, part. i, c. v.
(c) *Levit.* xix, 17.
(d) IV *Reg.* xvii, 6; xviii, 11, et I *Par.* v, 26.

(e) II *Esdr.* iii, 21.
(f) הקל דם ou חקל דם *Hæreditas sanguinis*
(h) *Matth.* xxvii, 8. *Act.* i, 19.

leur coûtant trop cher, ils y ont renoncé depuis environ cinquante ans. On voit les restes d'une chapelle à l'endroit où sont mêlées les cendres de ces chrétiens de tous les âges, qui finirent leur double pèlerinage près du Calvaire qu'ils étaient venus visiter. Haceldama est un des lieux sacrés qui appartiennent aujourd'hui à la nation arménienne. » M. Poujoulat, *Corresp. d'Orient*, lettre CXVIII, écrite au mois d'avril 1831, tom. V, p. 161.]

HACHAMONI, père de Jesbaam (*a*). Comparez II *Reg.* XXIII, 8, avec I *Par.* XI, 11, et voyez le Commentaire. Le passage des rois paraît corrompu. *Voyez* JESBAAM.

HACHELAI, fut un de ceux qui signèrent l'alliance que Néhémie renouvela avec le Seigneur (*b*). — [Le texte porte : « Les signataires (de l'alliance) furent Néhémias, Athersata, *fils d'Hachelaï....* » Au lieu d'Hachelaï, l'hébreu porte *Hechalia* ou *Heclias;* c'est Helcias. Conférer. I, 1.]

HACHILA. — Les habitants de Ziph voulurent livrer David, qui s'était réfugié dans la montagne d'Achila, au roi Saül, son persécuteur (*c*). — [« La colline d'Hachila est située, dit Barbié du Bocage, dans la tribu de Juda, vis-à-vis le désert de Ziph, dans une contrée boisée, à laquelle l'Ecriture donne le nom de forêt. » — « Elle est aussi nommée, dit le géographe de la Bible de Vence, dans la Vulgate, *Gabaa Hachila*. En hébreu, *gabaa* signifie *colline*. Elle est nommée sur la carte de N. Sanson *Collis Achillæ*, d'où est venu le nom de *Colline d'Achille*. »]

HACOC, ou HUCAC, ville de la tribu d'Aser. I *Par*. VI, 75. La même que *Hacuca*, *Josue*, XIX, 34, ou *Chuccoc*, comme prononçaient les Hébreux. Dans Josué elle est attribuée à la tribu de Nephtali. — [Je pense qu'elle était plutôt la même que *Helcath*, qui appartenait aussi à la tribu d'Aser. *Jos*. XXI, 31. *Voyez* HALCATH.]

* HACUPHA, chef de famille nathinéenne. *Esd*. II, 51; *Neh*. VII, 53.

HADAD, un des douze fils d'Ismael. I *Par*. I, 30. Le même que *Hadar*. *Genes*. chap. XXV, 15.

* HADAD. *Voyez* ADAD.

HADAD-REMMON, autrement MAXIMIANOPOLIS. *Voyez* ADAD-REMMON.

HADAIA, père de la reine Idida, qui fut mère de Josias, roi de Juda. IV *Reg*. XXII, 1.

HADAR, ou HADDAR, un des douze fils d'Ismael. *Genes*. XXV, 15. Le même que *Hadad*, I *Par*. I, 30.

HADDASA, ou CHADASSA, ville de Juda. *Jos*. XV, 37. Eusèbe (*d*) dit qu'elle était près de *Taphnæ*. Saint Jérôme disait *Gophnæ;* mais il remarque que c'est une faute. Les rabbins (*e*) disent que c'était une des plus petites villes de Juda, n'ayant que cinquante maisons Je crois que la vraie leçon d'Eusèbe

---

(*a*) I *Par*. xi, 11.
(*b*) II *Esdr*. x, 1. L'an du monde 3551, avant Jésus-Christ 449, avant l'ère vulg. 453.
(*c*) I *Reg*. xxiii, 19; xxvi, 1.
(*d*) *Euseb. et Hieronym. in Adasa*.
(*e*) Rab. in Eruvim, v, 6.
(*f*) *Joseph. Antiq*. l. XIII, c. 1 et xxiii.

est *Thaphua*, et non pas *Taphnæ*, ni *Gophnæ*.

HADID, ou CHADID, ville de Benjamin. I *Esdr*. II, 33, et II *Esdr*. XI, 34. Apparemment la même qu'*Addida*, ou *Adiada* de Josèphe (*f*), et des livres des Machabées (*g*). Ils la placent dans la *Sephala*, ou dans la plaine de Juda. Mais je ne sais si cette ville d'*Hadid* était originairement de Benjamin. Je croirais plutôt qu'elle lui fut cédée après le retour de la captivité, et qu'*Adida* est la même qu'*Adithaim*, de la tribu de Juda. *Jos*. XV, 36. Eusèbe et saint Jérôme connaissent deux villes d'*Aditha*, ou d'*Adi* : l'une près de Gaza, et l'autre près de Diospolis, autrement Lydda. Tout cela, aussi bien que la *Sephala*, nous éloigne trop du canton de Benjamin.

HADRAC, ou ADRA. *Voyez* ce qu'on a dit sur ADRA. Zacharie, IX, 1, menace Hadrac des effets de la colère de Dieu.

HADRIEL, fils de Berzellaï, épousa Mérob, fille de Saül, laquelle avait d'abord été promise à David (*h*). Hadriel en eut cinq fils, lesquels furent livrés aux Gabaonites, pour être mis à mort en présence du Seigneur, en vengeance de la cruauté que Saül, leur aïeul, avait exercée contre les Gabaonites. Le texte du second livre des Rois, XXI, 8, porte que ces cinq fils étaient de Michol et d'Hadriel; mais il y a toute apparence que le nom de *Michol* est mis pour celui de *Mérob*, ou que Michol adopta les fils de sa sœur Mérob.

* HAGAB, ou HAGABA, chef de famille nathinéenne, dont les descendants revinrent de la captivité avec Zorobabel. *Esdr*. II, 46; *Neh*. VII, 48.

HAGGI, second fils de Gad. *Gen*. XLVI, 16.

HAGGIA, fils de Samaa, un des descendants de Mérari. I *Par*. VI, 30.

HAGGITH. *Voyez* AGGITH.

HAGIOGRAPHES. Ce nom signifie en général des *écritures saintes* et dignes de respect, soit qu'elles soient canoniques et inspirées, soit qu'elles traitent simplement des choses saintes, et qu'elles soient écrites à la manière des Ecritures sacrées et inspirées (*i*). Mais le nom d'*Hagiographes* se donne proprement aux livres sacrés que les Hébreux nomment *Cethubim;* car ils distinguent tous les livres canoniques de l'Ancien Testament en trois classes (1). 1° La Loi. 2° Les Prophètes. 3° Les Hagiographes, ou *Cethubim* (*j*). Ils comptent cinq livres de la Loi ; c'est le Pentateuque, ou les cinq livres de Moïse ; huit livres des prophètes, savoir : 1° Josué ; 2° les Juges et Ruth, qui n'en font qu'un ; 3° les premier et second de Samuel, qui n'en font qu'un parmi eux ; 4° les deux livres des Rois, que nous connaissons sous le nom des troisième et quatrième livres des Rois, et qui n'en font qu'un chez les Hébreux ; 5° Isaïe; 6° Jérémie; 7° Ezechiel; 8° les douze petits Prophètes, qui ne

---

(*g*) I Mac. xii, 38; xiii, 13.
(*h*) I *Reg*. xviii, 19. An du monde 2987, avant Jésus-Christ 1013, avant l'ère vulg. 1017.
(*i*) *Vide Gloss. Ordin. Præfat. in lib. Tobiæ*, et *Driedon*. l. I, c. iv. *Catalog. divin. Script*.
(*j*) *Hieron. Præfat. in lib. Reg*
(1) *Voyez* ma note au mot CANON (S).

composent qu'un livre. Voilà les livres qu'ils comprennent sous le nom de Prophètes. Enfin les Hagiographes sont au nombre de neuf; savoir : 1° Job; 2° le Psautier, divisé en cinq parties; 3° les Proverbes; 4° l'Ecclésiaste; 5° le Cantique des Cantiques; 6° Daniel; 7° les deux livres des Paralipomènes, qui n'en font qu'un chez les Hébreux; 8° les premier et second livres d'Esdras, qui n'en font qu'un parmi les Hébreux; 9° le livre d'Esther. Saint Jérôme ajoute que quelques-uns comptent onze livres d'Hagiographes, en y mettant Ruth et les Lamentations, comme deux livres différents.

Dans sa préface sur Judith, il dit que le livre de Judith est mis par les Hébreux au rang des Hagiographes, dont l'autorité ne peut servir à appuyer les choses contestées. Il dit (a) la même chose du livre de Tobie. Il remarque que les Hébreux ne le reçoivent pas au nombre des livres sacrés et canoniques, mais seulement au rang des Hagiographes. Enfin, dans sa préface sur Daniel, il reconnaît que les Hébreux admettent onze livres parmi les Hagiographes. D'où l'on peut aisément conclure deux choses : 1° que, du temps de saint Jérôme, les Hébreux n'étaient pas fixés sur le nombre des Hagiographes; et 2° qu'ils reconnaissaient deux sortes d'Hagiographes, les uns sacrés et canoniques, et les autres d'une autorité bien inférieure, et qu'on n'employait pas dans les disputes de religion.

HAI, ville située près de Béthel (b), à l'occident de cette ville (c). Les Septante l'appellent *Agaï*, et Josèphe *Aina*; d'autres, *Aiath*. Josué ayant envoyé contre la ville d'Haï une troupe de trois mille hommes (d), Dieu permit qu'ils fussent repoussés, à cause du péché d'Achan, qui avait violé l'anathème de la ville de Jéricho, en prenant pour lui quelque chose du butin. Mais, après l'expiation du crime d'Achan, le Seigneur commanda à Josué (e) de prendre toute l'armée d'Israël, de marcher contre Haï, et de traiter cette ville et son roi comme il avait fait Jéricho; avec cette différence, qu'il abandonnait au peuple le pillage de cette ville.

Selon l'ordre du Seigneur, Josué envoya la nuit trente mille hommes pour s'aller mettre en embuscade derrière Haï, ayant bien instruit ceux qui les commandaient de ce qu'ils avaient à faire; et le lendemain, de grand matin, il marcha contre cette ville avec tout le reste de l'armée. Le roi de Haï, les ayant aperçus, sortit de la ville en hâte avec toutes ses troupes et tout son peuple, et donna sur l'armée des Israélites : ceux-ci prirent d'abord la fuite, comme si la peur les eût saisis, mais c'était une feinte pour attirer l'ennemi en pleine campagne.

Lorsque Josué les vit tous sortis des portes de leur ville, il leva son bouclier au haut d'une pique, c'était le signal qu'il avait donné à son embuscade; aussitôt elle entra dans la ville qu'elle trouva sans défense, et y mit le feu. Ceux de Haï, ayant aperçu la fumée qui s'élevait jusqu'au ciel, voulurent retourner; mais ils se trouvèrent pris en queue par ceux qui venaient de mettre le feu dans la ville, pendant que Josué et les siens, ayant fait volte-face, tombèrent sur eux, et les taillèrent en pièces, sans qu'il s'en sauvât un seul. Le roi fut pris vif, et amené à Josué. Les Israélites entrèrent dans la ville, mirent tout à feu et à sang, tuèrent en cette journée douze mille ennemis tant hommes que femmes et enfants : le roi de Haï fut mis à mort, et attaché à une potence, où il demeura jusqu'au coucher du soleil, après quoi on le détacha : il fut jeté à l'entrée de la ville, et on amassa sur lui un grand monceau de pierres. Les Israélites ensuite partagèrent entre eux tout le butin qu'ils avaient fait dans la ville, ainsi que le Seigneur l'avait permis.

Observations sur la retraite simulée de Josué, et sur la surprise de la ville de Haï (1). L'entreprise de Josué sur Haï est assez semblable, à quelques manœuvres savantes près, à celle de Gabaa, qui n'en est guère que la copie. On en voit une infinité dans l'histoire ancienne et moderne : Polybe (f) en rapporte une à peu près semblable; mais on peut dire que l'original est dans Josué, car on ne peut recourir à des historiens plus reculés dans les temps antiques, pour voir s'il ne s'y trouve pas quelque stratagème pareil. Les livres sacrés ne sont pas les plus anciens; il y avait sans doute des historiens avant Moïse, et peut-être qu'avant ce grand législateur du peuple juif toutes les ruses de guerre étaient épuisées; j'en suis persuadé, et je crois la guerre presque aussi ancienne que le monde; c'est-à-dire, dès que les hommes commencèrent à l'habiter, et que l'ambition leur fit disputer le mien d'avec le tien. Si l'on me demande quand ces deux passions y prirent naissance, je répondrai que ce fut lorsque, Adam ayant engendré Caïn et Abel, celui-ci, qui était agréable au Seigneur, fut tué par son aîné : c'en est l'origine et la première époque; mais revenons à la surprise de la ville de Haï.

Il semble par l'Ecriture que Josué n'était pas l'auteur du stratagème dont il se servit; mais on sait bien que le Seigneur est le Dieu des armées, et qu'on lui doit tout rapporter. Quand il dit à Josué : *Marchez contre Haï; dressez une embuscade derrière la ville; je vous en ai livré le roi et le peuple*; cela n'empêche pas qu'il ne lui laisse toute la gloire de l'invention et de l'exécution, comme à un grand capitaine; autrement je ne compterais pas Josué au nombre des grands hommes, si Dieu eût toujours fait des miracles en faveur de son peuple, et qu'il ne lui eût rien laissé à exécuter; mais il n'est pas obligé de faire continuellement des prodiges pour punir l'in-

---

(a) *Præfat. in Tobiam.*
(b) *Josue,* vii, 2.
(c) *Genes.* xii, 8.
(d) *Josue,* vii, 3, 4, etc. L'an du monde 2553, avant Jésus-Christ 1457, avant l'ère vulg. 1451.

(e) *Josue,* viii, 1.
(f) *Polyb. Hist. l. IV.*
(1) Par Folard. *Voyez* la préface, pag. xi

justice et la malice des hommes, et souvent il se sert d'eux pour exécuter ses décrets.

Je ne m'arrêterai point à discourir sur ces paroles : *Dressez une embuscade derrière la ville.* Dom Calmet a fait une si belle remarque sur cet endroit, que je me contenterai de la rapporter ici. « On s'étonne, dit-il, que Dieu, qui pouvait si aisément par sa puissance opprimer Haï et ses habitants, ait voulu employer l'artifice et le stratagème pour donner la victoire aux Hébreux ; moyens qui paraissent au-dessous de la grandeur du Tout-Puissant, et que certains peuples et quelques généraux ont rejetés, comme indignes de gens de cœur, et comme plus capables de ternir leur gloire que d'en augmenter l'éclat. Alexandre le Grand disait qu'il ne voulait pas dérober la victoire (a) ; les anciens Grecs et les Tibaréniens avertissaient leurs ennemis du temps et du lieu du combat ; les anciens Romains ne savaient ce que c'était que les ruses et les détours dans la guerre : *Non fraude, neque occulte, sed palam et armatum populum romanum, hostes suos ulcisci*. Ils ne cherchaient point de victoire qu'à force ouverte, et de bonne guerre ; ils voulaient que leurs ennemis fussent convaincus de leur valeur, et qu'ils se soumissent à eux sans regret, comme aux plus forts. »

Voilà bien de l'érudition. Le commentateur aurait pu encore ajouter les anciens Gaulois, les Suisses et d'autres peuples qui sont francs et ouverts sur ce point. On serait pourtant fort embarrassé de prouver que les anciens Romains n'aient point employé l'artifice et la ruse, puisque la guerre n'est autre chose que l'art de ruser avec une très-grande et très-profonde méthode. Si les Romains sont souvent tombés dans les pièges qu'on leur tendait, c'est qu'ils avaient des généraux malhabiles, qui faisaient la guerre sans génie et sans art, et qui, pour excuser leur ignorance, alléguaient qu'ils la faisaient en gens de bien, sans artifice et sans tromperie. On voit pourtant, dans l'histoire, que les Romains pour la plupart les ont mis en usage. Si Alexandre et tant d'autres grands capitaines n'ont pas voulu employer toute leur malice (b), c'est qu'ils savaient qu'ils vaincraient bien sans cela leurs ennemis. Alexandre connaissait parfaitement à qui il avait affaire. S'il eût attaqué d'autres peuples que les Perses efféminés, il n'eût eu garde de ne pas suivre le conseil que lui donnait Parménion, d'attaquer l'ennemi à la faveur de la nuit. C'est pourquoi il répondit (c) : Qu'il voulait combattre en plein jour, et qu'il aimait mieux se plaindre de la fortune que de rougir de la victoire.

Ceux qui s'étonnent que Dieu, qui pouvait si aisément opprimer Haï et ses habitants, par un seul acte de sa volonté, ne l'ait pas fait, plutôt que d'employer la ruse et l'artifice, je leur demande s'il ne pouvait pas tout de même, en un instant, en un clin d'œil, renverser les murailles de Jéricho, et dispenser son peuple de faire sept fois le tour de cette ville, pour la voir tomber au septième jour ? Ne pouvait-il pas aussi exterminer tant d'ennemis que son peuple eut à combattre, et le mettre d'abord, sans coup férir, en possession de la Terre promise ? Mais pourquoi vouloir pénétrer dans les secrets de Dieu ? S'il eût fait tout cela, il n'eût point tant fait éclater sa puissance par ce grand nombre de prodiges qu'il faisait à la vue de tout l'univers, et son peuple n'aurait aucunement mérité.

Josué se leva donc, dit l'auteur sacré (d), *et toute l'armée avec lui, pour marcher contre Haï, et il envoya la nuit trente mille hommes choisis des plus vaillants*. Il y a une contradiction manifeste entre ce verset et le douzième, où il est dit que Josué n'avait choisi que cinq mille hommes, qu'il avait envoyés en embuscade entre Béthel et Haï (1). Comment accorder cela ? Dom Calmet dit « que
» Masius (e) n'admet que cinq mille hommes
» en embuscade et vingt-cinq mille pour
» prendre la ville, persuadé qu'une armée
» de six cent mille hommes n'aurait pu que
» causer de l'embarras dans cette occasion,
» sans aucune nécessité ni aucun avan-
» tage. » Masius semble raisonner juste, et penser en homme de guerre. « Mais la plu-
» part des interprètes, continue dom Calmet,
» reconnaissent deux corps placés en em-
» buscade, tous deux entre Béthel et Haï,
» l'un de vingt-cinq et l'autre de cinq mille
» hommes. »

Josué envoya donc d'abord les trente mille hommes qui marchèrent pendant la nuit, et, pour n'être pas découverts, passèrent sans doute par derrière les hauteurs de Béthel, et vinrent se poster vers l'occident, entre ces deux villes, au lieu marqué pour l'embuscade. Celui qui était à la tête détacha alors cinq mille hommes, qui s'embusquèrent dans les endroits couverts, vis-à-vis et le plus près qu'ils purent de la ville, pour se jeter dedans tout aussitôt qu'il en serait temps.

Dom Calmet dit (f) qu'il y a des interprètes qui nient que le terme hébreu *akeb* signifie une embuscade, et qu'à la lettre, il marque le *talon*. S'il marque le talon, je dis que par métaphore il doit signifier une embuscade, puisque le propre de l'embuscade est de tomber sur les derrières de l'ennemi. Ne disons-nous pas tous les jours que l'ennemi nous talonne, qu'il est sans cesse à nos trousses ; et n'est-ce pas ordinairement par derrière, du côté des talons, que l'embuscade se découvre ?

Josué passa la nuit dans son camp, à Gal-

(a) *Vide* Grot. *l.* III *de Jure belli et pacis*, c. I, art. 20, et Serar. *in Josue*, c. VIII, qu. 2.
(b) Remarquez en passant que ce mot *malice* ne diffère que d'une lettre de *milice*, et que celui-ci ne va guère sans l'autre.
(c) *Quint. Curt. l.* IV.
(d) *Josue*, VIII, 3.
(e) *Masius in Jos.* VIII.

(f) Comment. sur Josué, VIII, 13.
(1) Il n'y a point de contradiction. Tout ce dont on peut convenir, c'est qu'il y a un peu de confusion dans le récit. Au verset 3, il s'agit de *trente mille* hommes ; on peut supposer que les *cinq mille* du verset 12 faisaient partie ou ne faisaient pas partie de ce nombre. Dans l'une ou l'autre hypothèse, où est la contradiction ?

gal, et le lendemain, s'étant levé avant le jour, il fit la revue de ses troupes, se mit à leur tête avec les anciens, et fit marcher le gros de l'armée vers Haï. Lorsqu'ils furent arrivés à la vue de la ville, Josué rangea son armée en bataille sur la colline, et descendit ensuite dans la vallée ; *ce que le roi de Haï ayant vu, il sortit à grande hâte dès le point du jour avec toute l'armée, et il conduisit ses troupes en bataille, du côté du désert* (a), où Josué, comme s'il eût été saisi de frayeur, feignait de s'enfuir pour donner amorce à son ennemi, et l'éloigner davantage de la ville. Ceux de Haï crurent devoir profiter d'une si belle occasion, dans l'espérance d'en tirer d'autant plus d'avantage, que les Hébreux s'étaient engagés dans un défilé, où, ne pouvant combattre sur un grand front, le grand nombre n'est d'aucune considération, et le petit ne peut être débordé à ses flancs, et par conséquent enveloppé ; mais ils ne se doutaient point qu'il y eût des gens en embuscade derrière eux, et qu'on dût faire volte-face sur eux pendant que ceux de l'embuscade se lèveraient au premier signal, et s'empareraient de la ville abandonnée et dégarnie de gens de guerre pour la défendre.

Le général des Hébreux, voyant que son dessein réussissait, et que ceux de Haï étaient assez éloignés de leur ville, fit faire volte-face à son armée, et donna le signal concerté pour avertir ceux de l'embuscade qu'il était temps de surprendre la ville. Le savant commentateur fait sur cet endroit une remarque pleine d'érudition, où il rapporte les différents sentiments des interprètes touchant la nature de ce signal ; mais il ne nous tire pas encore d'embarras : les uns prétendent, dit-il, que le terme hébreu *cidon* signifie un bouclier. Les Septante et Aquila l'expliquent d'un dard tout de fer, que l'on appelait *gæsos*; mais un dard est trop petit pour servir de signal et pour être vu de si loin ; un bouclier n'est guère plus aisé à distinguer. Pour moi, j'adopte volontiers le sentiment des rabbins, qui, pour être de vieux rêveurs, ont pourtant quelquefois de bons intervalles ; ils croient que c'était la hampe d'un drapeau que Josué éleva pour donner le signal à ses gens. Je conclus de là que c'était le drapeau tout entier, et qu'en style asiatique, qui approche fort du poétique, on doit prendre ici la partie pour le tout. C'était donc un drapeau que Josué éleva, et qui fut aperçu par ceux de l'embuscade, *qui se levèrent aussitôt et marchèrent vers la ville, la prirent et la brûlèrent*, non d'abord entièrement, mais en quelques endroits, pour répondre au signal, et avertir Josué que l'on en était maître ; car elle ne fut détruite et réduite en cendres qu'après le pillage.

Les gens de la ville, qui poursuivirent Josué, regardant derrière eux, et voyant la fumée de la ville qui s'élevait jusqu'au ciel, ne purent plus fuir ni d'un côté ni d'un autre, surtout après que les Israélites, qui avaient fait sem-

(a) *Josue*, viii, 14.

blant de fuir, et qui marchaient du côté du désert, tournèrent visage contre eux, et attaquèrent vivement ceux qui les poursuivaient auparavant ; car ceux de l'embuscade, qui composaient une petite armée, n'eurent garde de rester dans la ville ; ils en sortirent, et tombèrent sur les derrières de ceux de Haï, que les Hébreux commençaient à tailler en pièces ; de sorte qu'ils se trouvèrent entre deux armées, attaqués de toutes parts, et *tellement pressés devant et derrière, qu'il ne s'en sauva pas un seul d'un si grand nombre*, c'est-à-dire qu'aucun ne put prendre la fuite, et que ceux qui ne furent point tués dans la mêlée furent pris vifs avec leur roi, et mis à mort après le combat.

HAÏG, ce nom ne se trouve point dans la Bible ; mais, suivant les historiens de l'Arménie, il tient de fort près à des noms bibliques. Dans notre addition au mot ARMÉNIE, Haïg est déjà présenté comme le fondateur de cette nation ; ce qui en a été dit est dû à M. Eugène Boré, et c'est encore à ce savant orientaliste que nous allons emprunter ce qu'on va lire ici.

« Vingt-deux siècles avant notre ère, dit-il, Haïg, fils de Thaglath, qui est le même que Thorgom, fils de Japhet, sortit de la Babylonie, et vint, à la tête d'une colonie nombreuse, se fixer dans les plaines qui avoisinent le mont Ararat. Il prit possession de ce territoire, et voulut en être le maître indépendant ; mais Bélus, roi d'Assyrie, dont il avait fui la domination arbitraire, et qui voyait avec peine ce chef de tribu échapper à son autorité, voulut le soumettre, et il vint lui présenter bataille près du lac de Van. La cause juste triompha ; Bélus fut tué de la main d'Haïg, et la nouvelle colonie resta maîtresse du pays. Mais écoutons l'historien Jean nous raconter ces mêmes événements, qu'il résume, avec le mérite qui le distingue, dans la première partie de son travail.

« Le troisième patriarche, après Japhet,
» engendra trois fils, Askanaz, Riphad et
» Thorgom ; et, comme il possédait en pro-
» pre et personnellement le pays des Thra-
» ces, il jugea convenable de partager en
» trois lots ce royaume et ses autres pos-
» sessions, pour les donner en héritage à ses
» trois fils ; testament qui reçut son exécu-
» tion. Ainsi il donna la Sarmatie à Askanaz,
» qui d'abord avait imposé son nom à notre
» nation ; Riphad reçut le pays des Sarama-
» des ; et quant à Thorgom, s'étant appro-
» prié par la suite l'Arménie et en étant de-
» venu le souverain, il conserva le nom de
» sa dynastie à ce royaume, qui portait
» jusqu'alors celui d'Askanaz.

» Ainsi retenez bien que nous descendons
» à la fois d'Askanaz et de la maison de
» Thorgom ; c'est le moyen de croire à l'au-
» thenticité des traditions concernant les pre-
» miers chefs de notre nation, bien que quel-
» ques-uns adoptent sur ce point une opinion
» différente. »

» Les saintes lettres gardent un silence absolu jusqu'aux temps antérieurs à Thorgom, et, pour la suite, elles n'ont pas jugé convenable de faire connaître l'origine, la succession et l'état de ses descendants, ni de nous énumérer tous les rois d'Arménie, ou de nous dire comment elle fut régie ultérieurement par des satrapes.

» Mais un certain homme, Syrien de nation, nommé Maribas Catina, fut, par l'ordre de notre roi Vagarschag, visiter les archives des rois de Perse. Etant plein d'intelligence et de sagacité, et versé dans les lettres chaldéennes et grecques, il y découvrit, après de longues recherches, un livre authentique, qu'Alexandre, fils de Nectanèbe, avait fait traduire du chaldéen en grec. Bien qu'il renfermât beaucoup de renseignements sur l'histoire de plusieurs autres peuples, Mar-Abbas les laissa de côté, comme étrangers à son travail, et, recueillant uniquement ce qui concernait notre nation, il vint le présenter à Vagarschag.

» Grâce à lui, notre histoire a été connue et a acquis une authenticité indubitable. Ainsi nous apprenons que le beau et vaillant héros Haïg, à la stature gigantesque, était fils de Thorgom, qu'il fut le premier chef et le père de notre nation. L'histoire nous enseigne encore que, de concert avec la race primitive des géants, il travailla à la construction de la tour, monument colossal de l'orgueil, que les hommes, dans leurs pensées extravagantes, imaginaient pouvoir achever ; mais, suivant le récit des saintes Ecritures, un vent terrible souffla, par la permission de Dieu, contre cette tour et la renversa, mettant ainsi à nu l'impuissance de leur travail.

» Peu après, Nembrod, qui est le même personnage que Bel, homme fier et entreprenant, veut, en s'élevant démesurément, dominer sur toute la race des géants.

» Mais notre robuste Haïg ne courbe pas la tête, et se soustrait à son obéissance. Il marche rapidement vers notre pays avec Armenag, son fils, qu'il avait eu à Babylone, et suivi de ses filles, de ses petits-fils, de ses domestiques et des autres étrangers attachés à sa personne. Or Nembrod, ou autrement Bel, le suivait avec ses soldats, hommes habiles à tirer l'arc et à manier l'épée et la lance. Ils se rencontrèrent dans une vallée vaste et unie, comme deux torrents furieux qui se précipitent avec fracas; aussi leur duel jetait-il dans toutes les âmes le tremblement et une terreur profonde. Mais du long arc de notre Haïg part un trait au fer triangulaire, qui transperce la cuirasse d'airain de Nembrod au défaut de l'épaule, et va s'enfoncer ensuite dans la terre. Haïg, ayant donc tué Bel, régna sur le pays que lui avaient légué ses pères, et, de son nom, il l'appela *Haïk.* Il s'occupa de régler ses Etats, et, après avoir vécu encore plusieurs années, il mourut, transmettant son royaume à son fils Armenag.

» Or Armenag, unique et paisible possesseur de l'Arménie, fixa sa résidence dans une plaine, d'un aspect agréable, laquelle était environnée d'une muraille de hautes montagnes à la cime neigeuse, et qui était arrosée par des rivières dont les eaux murmurantes la coupaient en s'infiltrant dans les terres, et la traversaient dans toute sa longueur. S'étant ensuite bâti une ville près de la montagne située au nord, il l'appela de son nom Arakadj; et la plaine qui s'étend à ses pieds prit celui d'Arakadzoden. Il eut pour fils Armaïs ; et, après avoir encore vécu quelques années, il mourut.

» C'est dans cette même plaine, où se trouve une petite colline près des bords de l'Araxe, qu'Armaïs bâtit une ville et un palais, ouvrage qui fut admirablement exécuté avec des pierres d'une grande solidité. Il appela la ville Armavir. Les autres anciens historiens ont suffisamment raconté tous les exploits de sa bravoure. Il était déjà assez avancé en âge lorsqu'il engendra Amasia; et après il vécut encore quelque temps, et mourut.

» Amasia s'établit dans cette même ville d'Armavir, et fit des constructions au pied de la montagne située au midi, qu'il appela de son nom Masis ; toute la plaine qui s'étend alentour prit celui de Masisoden. Après quelques années, il engendra Kegham, puis il termina ses jours.

» Kegham vint s'établir sur le côté nord-est d'un petit lac ; et, y ayant bâti des villages et des fermes, il appela de son nom la montagne Kegham ; et le bord du lac où il avait fait ces établissements prit le nom de Kerarkouni. Il eut deux fils, Harma et Sisag. Il assigna Armavir pour résidence à son fils Harma, lequel fut chargé de l'administration du royaume de son père. Quant à Sisag, il eut pour sa part le pays qui s'étend du bord du lac au sud-est, jusqu'à la plaine que traverse l'Araxe, dont les eaux rapides et tournoyantes se précipitent avec fracas par l'ouverture étroite et resserrée d'une caverne; d'où vient que plusieurs ont nommé ce lieu Karavagh. Kegham bâtit ensuite un bel et vaste édifice, qui, d'abord nommé Keghami, fut appelé ensuite Quarni par le prince Quarnig, puis il mourut. Son fils Harma engendra Aram, et mourut aussi.

» On raconte d'Aram un grand nombre de
» faits glorieux. Sa valeur guerrière recula
» les frontières de l'Arménie dans toutes les
» directions ; et c'est à cause des actions il-
» lustres de ce héros que les nations voisi-
» nes nous appellent de son nom Arméniens.
» Ce prince ne s'empara pas seulement des
» pays dont la conquête était facile, mais en-
» core de la Cappadoce, qu'il soumit de vive
» force (1). »

» Les Assyriens ne renoncèrent pas à leurs prétentions ; et la conquérante Sémiramis vint plus tard faire valoir ses droits. L'historien Moïse de Khoren, dont nous avons déjà parlé, nous a transmis, sur cette expédition et sur les travaux exécutés par cette reine, des renseignements fort curieux que nous chercherions vainement chez tout autre auteur ancien. Bien que ce récit romanesque

(1) Jean VI, *Hist. d'Arm.,* manusc. arm. de la Bibl. roy., n° 91, pages 11, 12, 15, 17, 20. (*Note de M. Boré.*)

semble un fragment détaché de quelque ancien poëme, nous avons cru qu'il pourrait intéresser le lecteur, à qui il donnera en même temps une idée de l'exposition historique et du style des meilleurs écrivains de l'Arménie. »

ARA. SA MORT DANS UN COMBAT CONTRE SÉMIRAMIS (1).

« Peu d'années avant la mort de Ninus, » Ara régit en maître sa patrie, ayant ob-
» tenu de ce prince la même faveur qu'il
» avait accordée à son père Aram. Mais l'im-
» pudique et voluptueuse Sémiramis, qui
» depuis longues années avait entendu par-
» ler de sa beauté, brûlait de s'emparer de
» sa personne, sans toutefois rien oser en-
» treprendre ouvertement. Or, après la mort
» ou plutôt après la fuite de Ninus dans l'île
» de Crète, comme je le crois (2), Sémira-
» mis, donnant un libre cours à sa passion,
» envoya près du bel Ara des messagers
» chargés de dons et de présents, qui de-
» vaient employer la prière et la menace
» pour l'engager à venir à Ninive, soit pour
» l'épouser et régner sur tout le pays qu'ad-
» ministrait Ninus, soit seulement pour sa-
» tisfaire son amour, et retourner ensuite
» paisiblement dans ses Etats, avec de riches
» cadeaux.

« Comme les messages se répétaient sans » qu'Ara donnât son consentement, Sémi-
» ramis entre en fureur, met fin aux négo-
» ciations, et, à la tête de forces considéra-
» bles, elle atteint, par ses marches forcées,
» le prince en Arménie. A en juger par les
» apparences, son intention n'était point de
» tuer ou de poursuivre Ara, mais bien de
» le soumettre et de l'amener par la force à
» consentir à ses impurs désirs. L'ardeur de
» sa passion était telle, que, lorsqu'on par-
» lait de lui, elle tombait dans le délire,
» comme si elle le voyait. Elle arrive donc
» précipitamment dans la plaine nommée
» Ararad, du nom d'Ara; et, après avoir
» rangé ses troupes en bataille, elle recom-
» mande à ses généraux de prendre tous les
» moyens possibles pour conserver la vie au
» prince. Mais, lorsque le combat fut enga-
» gé, l'armée d'Ara fut battue, et il périt
» dans la mêlée de la main d'un des enfants
» de Sémiramis. Dans sa victoire, elle envoie
» sur le champ de bataille des hommes
» chargés de dépouiller les morts, pour
» chercher, au milieu des autres cadavres,
» celui de son cher amant. Ils trouvèrent Ara
» parmi les braves qui avaient succombé, et
» elle fit porter son corps dans son palais.

» Comme les troupes des Arméniens, dé-
» sireuses de venger la mort d'Ara, étaient
» venues attaquer la reine dans un second
» combat, elle dit : J'ai commandé aux dieux
» de lécher ses blessures et de le ressusci-
» ter. Plusieurs fois l'excès de sa passion la
» porta à recourir aux enchantements de la
» sorcellerie pour le rappeler à la vie. Lors-
» que le cadavre tomba en putréfaction, elle
» le fit jeter et cacher dans une grande fosse.
» Puis, tenant en secret un de ses favoris
» paré comme Ara, elle répandit ce bruit :
» Les dieux ont léché les plaies d'Ara; il est
» ressuscité, et ils ont mis le comble à mes
» désirs. C'est pourquoi ils méritent désor-
» mais de recevoir les plus grands honneurs,
» puisqu'ils se sont montrés si propices à
» nos vœux. Elle éleva une nouvelle statue
» aux dieux, et l'honora en lui offrant beau-
» coup de victimes, voulant faire croire à
» tous que les dieux avaient ressuscité
» Ara (3). C'est en répandant ce bruit dans
» l'Arménie, et en l'accréditant parmi le
» peuple, qu'elle apaisa la guerre. »

» La victoire de Sémiramis consolida la domination assyrienne; et, jusqu'au renversement de cette grande monarchie, l'Arménie resta tributaire et dépendante. Lorsque Varbag, gouverneur de Médie, lequel n'est que l'Arbacès des Grecs, se souleva contre Sardanapale, Baroïr, souverain de l'Arménie, entra dans cette conspiration, et le fruit qu'il en retira fut de rendre à son pays sa première indépendance. Tigrane Ier, contemporain de Cyrus, était un prince puissant; et Xénophon nous dit que l'assistance qu'il prêta au fondateur de la nouvelle monarchie des Perses contribua directement à sa victoire sur Astyages, roi des Mèdes. Son fils Vahakn fut tellement renommé par sa force et ses exploits, qu'il occupe, dans les anciens chants nationaux, la place de l'Hercule des Grecs. Ses successeurs, jusqu'à Vahé, continuèrent d'administrer le pays, en reconnaissant la suzeraineté des rois de Perse. Mais les conquêtes d'Alexandre changèrent cet état de choses. »

HAIN ou EN, ou EIN (a). Ce terme signifie une *fontaine*, et entre dans la composition de plusieurs noms de villes de la Palestine. *Voy.* ci-devant EN, etc.

HAIN-SEMÈS, ou AIN-SEMÈS, ou EN-SEMÈS, ou HIR-SEMÈS, la ville du Soleil. Elle était dans le partage de Juda. *Josue*, XV, 7. —[*Ain-Semès* signifie la *source* ou la *fontaine* du Soleil.]

HAIR, ne doit pas toujours se prendre dans la rigueur. Souvent il ne signifie autre chose qu'un moindre amour : *Nul ne peut servir à deux maîtres; car ou il en haira l'un et aimera l'autre* (b), c'est-à-dire il négligera le service de l'un, *et s'attachera à l'autre*. Et Salomon (c) : *Qui parcit virgæ odit filium suum*; souvent le père n'épargne son fils que parce qu'il l'aime trop; mais il est vrai que ce n'est point l'aimer comme il faut que de lui épargner les châtiments. *Si un homme a deux femmes, l'une bien aimée et l'autre odieuse* (d),

---

(a) יעין *Ain*, *Ein*, une fontaine, un œil.
(b) *Luc*. XVI, 13.
(c) *Proverb*. XIII, 24.
(d) *Deut*. XXI, 15.
(1) Moïse de Khoren, liv. I, ch. xv. (*Note de M. Boré.*)
(2) L'historien parle à deux reprises différentes de ce prétendu exil volontaire de Ninus dans l'île de Crète, pour ne pas être témoin des excès de la reine, son épouse. Il ne dit pas sur quelle autorité il appuie cette opinion, dont on ne retrouve aucune trace chez les autres écrivains. (*Note de M. Boré.*)

(3) Ces faits rappellent la fable d'Adonis. *Voyez* ADONIS.

c'est-à-dire moins aimée. Ainsi Jésus-Christ dit que celui qui le veut suivre, *doit haïr son père et sa mère* (a), c'est-à-dire doit les aimer moins que son salut, ne doit pas les préférer à son Dieu. *Celui qui aime l'iniquité, hait son âme* (b). Et saint Paul : *Nul ne hait sa chair* (c), soi-même, sa vie, ses parents, etc.

HALA (d), pays au delà de l'Euphrate, où les rois d'Assyrie transportèrent les Israélites des dix tribus. On n'en sait pas distinctement la situation.

[Il est nommé Lahéla, I *Par.* V, 26. N. Sanson pensait, dit le géographe de la Bible de Vence, que c'était *Chalé*, ville d'Assyrie, *Gen.* X, 11. D. Calmet pense que c'est le pays d'*Hévilah*, dont parle Moïse, *Gen.* II, 11, c'est-à-dire, la Colchide. » Barbié du Bocage, comme N. Sanson, croit que Hala est le même que Chalé, « ville d'Assyrie, située dans la Chalonitide sur le Silas, affluent du Tigre. Elle fut fondée par Assur, » ajoute-t-il.]

* HALAA, première femme d'Assur, judaïte, prince de Thécua. I *Par.* IV, 5, 7.

HALLELU-IAH. *Voyez* ALLELUIA.

HALMA, ou HALMATH (e); terme hébreu qui signifie une *vierge*, une jeune personne que l'on tient enfermée, à la manière des Orientaux et éloignée de tout commerce avec les hommes. Les auteurs des livres des Machabées (f), et celui de l'Ecclésiastique (g) donnent aux filles l'épithète d'enfermées et de cachées, pour les distinguer des femmes mariées, qui paraissent quelquefois en public. Saint Jérôme (h) distingue *béthula*, une *jeune fille*, d'*alma*, une *vierge*, en ce que celle-ci n'a jamais paru aux yeux des hommes. C'est sa propre signification dans la langue punique ou phénicienne, qui, comme on sait, est la même que la langue hébraïque. Ainsi, quand Isaïe a dit, en parlant de la naissance du Messie : *Une vierge* [lisez *la Vierge*] *concevra et enfantera*, les Juifs anciens l'ont entendu d'une vierge, dans la rigueur du terme ; et les saints évangélistes ont eu soin de nous marquer cette circonstance, comme un des caractères essentiels du Messie. *Voyez* ci-devant ALMA.

Dans le titre du Psaume 45, selon les Latins, ou 46, selon les Hébreux, on lit : *In finem filiis Core, pro arcanis*, que l'on traduit : *Pour la fin aux enfants de Coré pour les secrets*. L'hébreu porte : *Au chef de musique de la famille de Coré*, qui préside *au chœur des jeunes filles* ; à la lettre, *hal-halamoth*, sur les jeunes filles. Nous avons montré dans le commentaire sur les Psaumes (i), qu'il y avait quelquefois dans le temple, et ordinairement dans les cérémonies publiques, des chœurs de jeunes filles qui chantaient et qui faisaient leur partie dans la musique. On lit le même terme, *hal-halamoth*, à la tête du neuvième Psaume, et les interprètes y cherchent bien du mystère, les uns disant que *halamoth*, ou *almoth*, signifie un instrument de musique ; d'autres, qu'il désigne des mystères cachés. Mais nous l'expliquons simplement des chœurs de jeunes filles, ainsi que nous l'avons dit ci-devant.

HALCATH, ou ALCAT, ville de la tribu d'Aser, *Josue*, XIX, 25.

[Elle est nommée Helcath, *Jos.* XXI, 31, parmi les villes lévitiques de cette tribu, et Hucac, I *Par.* VI, 75. Suivant Barbié du Bocage, elle était située sur le bord de la mer, au nord de Ptolémaïs.]

HALHUL, ville de la tribu de Juda (j). Saint Jérôme (k) dit qu'il y avait un petit lieu nommé *Alula*, près d'Hébron. — [Halhul était au sud-est de Bethléem, dit Barbié du Bocage.]

HALIÆTUS, c'est-à-dire, *aigle marin*. Saint Jérôme se sert de ce terme, après les Septante, pour marquer une sorte d'aigle qui passait pour impur chez les Hébreux (l). L'hébreu porte *haseninach*, et Bochart croit qu'il signifie une sorte d'aigle nommé *valeria*, ou *l'aigle noir*.

* HALICARNASSE, ville d'Orient, fort célèbre, capitale de la Carie, et résidence de ses rois, située sur la côte vis-à-vis de l'île de Cos. C'est un des gouvernements auxquels les Romains écrivirent en faveur des Juifs. I *Mac.* XV, 23. — « Quoique d'un très-difficile accès, et défendue par le brave Memnon, dit Barbié du Bocage, Halicarnasse ne put résister à Alexandre, qui s'en rendit maître, mais ne la rasa cependant pas, comme on l'en a accusé. Elle jouissait encore, à l'époque de la domination romaine en Asie, d'une importance assez grande pour que les Romains l'aient considérée plutôt comme alliée que comme sujette. Deux des historiens les plus recommandables de l'antiquité y ont reçu le jour : Hérodote, surnommé à si juste titre le *Père de l'histoire*, et Denys, surnommé d'*Halicarnasse*. Vitruve vante beaucoup la magnificence de cette ville. »

HAM, ou *Hem*, ou *Cham*, pays des Zuzim, dont il est parlé dans la Genèse, XIV, 5. L'auteur de la Vulgate traduit : Codorlahomor vainquit les Réphaïms d'Astaroth-Carnaïm, *et les Zuzim avec eux* ; mais l'hébreu porte : Et *les Zuzim dans Hem*, ou dans *Ham* (d). On ne sait quelle était la situation de ce pays de *Ham*.

* HAMA. *Voyez* APAMÉE *de Syrie*, et BÉATITUDES *(Montagne des)*.

HAMATH, *Humathéens*. *Voyez* ci-devant AMATH, *Amathéens* ; EMATH.

HAMDAM, fils de Dison, descendant de Séir le Horréen. *Genes.* XXXVI, 26. — [Il est nommé Hamran, I *Par.* I, 41.]

HAMMON. *Jupiter Hammon.* C'est un sentiment presque généralement reçu parmi les

---

(a) *Luc.* xiv, 26.
(b) *Psalm.* x, 16.
(c) *Ephes.* v, 29.
(d) IV *Reg.* xvii, 6 ; xviii, 11.
(e) *Isai.* vii, 14. עלמה *Halma.*
(f) II *Mac.* iii, 19 *et* III *Mac.* i, 18.
(g) *Eccli.* lxii, 9.

(h) *Hieronym. in Isai.* vii. בתולה *Bethula.* עלמה *Halma.*
(i) *Psal.* ii, 1. על עלמות
(j) *Josue*, xv, 58.
(k) *Hieronym. in Alul.*
(l) *Levit.* xi, 13. *Deut.* xiv, 13. עזניה.
(m) *Genes.* xiv, 5. בהם זוזים

critiques, que Jupiter Ammon, adoré dans l'Egypte, est le même que Cham maudit par Noé, son père. La conformité des noms et plusieurs autres circonstances tirées de la Fable et de l'Histoire ont donné grand cours à cette opinion. L'Egypte est nommée *la terre de Cham,* en plus d'un endroit de l'Ecriture (*a*). On remarque encore des vestiges de son nom dans *Pso-Chemmis,* et *Psitachemmis,* qui sont des cantons de l'Egypte. Plutarque (*b*) parle du nom de *Chémia,* qu'on donnait à ce pays. Il est certain qu'il a été peuplé par Mezraïm, un de ses fils (*c*), et que les pays voisins ont été possédés par les descendants de ses autres fils, *Chus, Phuth* et *Chanaan.*

Si Noé est le Saturne des païens, Cham, le cadet de ses enfants, doit être leur Jupiter. Ce que les poëtes disent de Jupiter et de la violence qu'il fit à son père, a beaucoup de rapport à l'action de Cham. Jupiter coupa son père; Cham ne couvrit pas la nudité de Noé; le texte hébreu même peut marquer *il a coupé* (*d*), au lieu de, *il annonça,* en changeant la ponctuation, qui est d'une invention nouvelle. Saturne partagea tout le monde à ses trois fils : il donna à Jupiter le ciel, la mer à Neptune, les enfers à Pluton. Noé donne l'Afrique à Cham, l'Asie à Sem, l'Europe à Japhet. L'Afrique passe pour le pays le plus élevé et le plus près du ciel.

Terrarum primam Libyem, nam proxima cœlo est,
Ut probat ipse calor, tetigit.

On croit que Cham introduisit l'idolâtrie dans l'Egypte et qu'il y reçut lui-même les honneurs divins. On croit aussi qu'originairement on n'adora que les astres, et qu'ensuite on rendit le même culte aux hommes illustres et aux rois. Ammon est le même que le Soleil, selon les anciens théologiens du paganisme. Saint Clément d'Alexandrie parle d'un Apollon, fils d'Ammon. On sait qu'Apollon est le Soleil ; on donne aussi pour fils à Ammon Bauhen l'Indien, qu'il eut de la nymphe Amalthée (*e*), et qui fut l'inventeur des pressoirs.

Les Egyptiens, avant la domination d'Alexandre le Grand dans l'Asie et dans l'Egypte, ne connaissaient point le culte du Jupiter des Grecs ; mais ceux-ci ayant introduit leur religion, avec leur langue et leurs mœurs, dans l'Egypte, les Egyptiens, les plus superstitieux de tous les peuples, adoptèrent aisément le faux culte des Grecs, et le joignant à leurs anciennes traditions, en composèrent un mélange monstrueux des divinités grecques et égyptiennes. Les Grecs voulurent trouver leurs dieux dans ceux des Egyptiens, et les Egyptiens, sur quelque léger caractère de ressemblance, firent passer leurs dieux sous le nom de ceux des Grecs. On fit, par exemple, d'*Isis,* Diane, la Lune, Vénus, Cérès, etc. ; d'*Osiris,* on fit Apollon et Adonis, etc. ; d'*Ammon,* on fit Jupiter,

(*a*) Psalm. LXXVII, 51 ; CIV, 23 ; CV, 22.
(*b*) Plut. de Iside et Osiride.
(*c*) Genes. x, 6.
(*d*) Vaiagged, גד וmuntiavit. ויגד Veiagged, *il a coupé.*
(*e*) Diodor. Sicul.

DICTIONNAIRE DE LA BIBLE. II.

le Soleil, le plus grand et le premier des dieux.

Le temple de Jupiter Ammon passait pour un des plus anciens du monde : on n'en saurait montrer l'origine. Il était situé au milieu d'un bois consacré à cette divinité (*f*), et il servait de forteresse aux peuples des environs. Trois grands murs formaient son enceinte : dans la première enceinte, on voyait un ancien palais, qui avait servi autrefois de demeure aux rois du pays. Dans la seconde enceinte étaient les appartements des femmes et des enfants de ces rois ; et dans cette même enceinte étaient le temple et l'oracle d'Ammon ; enfin la dernière cour contenait les logements des gardes et des soldats du prince. Quinte-Curce, de qui nous tenons cette description, dit que les prêtres de Jupiter Ammon portaient cette divinité dans un navire, d'où pendaient des deux côtés grand nombre de plats d'argent. Ammon était représenté et adoré sous la forme d'un bélier (*g*), ou du moins avec une tête d'homme armée de cornes de bélier.

Stat tortis cornibus Ammon.

On peut voir ci-devant l'article AMMON.

HAMMOTH-DOR, ville [lévitique et] de refuge, dans la tribu de Nephtali. *Josue,* XXI, 32. (*h*) C'est peut-être *Hamath,* ou *Chamath,* de la même tribu, *Josue,* XIX, 3, que l'on croit être la ville de Tibériade. Le nom de *Hamath,* ou *Chamath,* se donne d'ordinaire aux lieux où il y a des bains d'eaux chaudes. *Voyez* AMAT-DOR.

HAMON, ou *Chamon,* ville d'Aser. *Josue,* XIX, 28. Je ne sais si ce n'est pas la même que *Chamon,* attribuée à Nephtali. I *Par.* VI, 76. [Chamon ou Hamon de I *Par.* VI, 76, est Hammoth-dor. *Voyez* ce nom et AMAT-DOR.]

HAMRAM, fils aîné de Dison, de la race de Séir le Horréen. I *Par.* I, 41. — [Il est nommé Hamdam, *Gen.* XXXVI, 26.]

HAMUEL, fils de Masma, I *Par.* IV, 26.

HAMUL, fils de Pharès, chef de la famille des Hamulistes. *Genes.* XLIX, 12. et *Num.* XXVI, 21.

HANAMEEL, fils de Sellum et parent de Jérémie, qui vendit à ce prophète un champ qu'il avait à Anathoth (*i*).

HANAN, père [ou plutôt frère] de Rinna. I *Par.* IV, 20.— [Je dis frère, parce qu'il est évident qu'il ne peut être son père. La Vulgate, il est vrai, dit bien : *Rinna filius Hanan.* Mais voici le texte en entier : *Filii... Simon : Amnon et Rinna filius Hanan...* Si Rinna est fils de Simon, comment peut-il être fils d'Hanan ? L'hébreu porte : *Les fils de Simon : Amnon et Rinna, Ben-Hanan et Thilon.* Ainsi Hanan, ou plutôt Ben-Hanan, est le troisième fils de Simon, et frère, par conséquent, d'Amnon, de Rinna et de Thilon.]

(*f*) Quint. Curt. l. IV.
(*g*) Antiquité expliquée, t. I, p. 45.
(*h*) חמת־דור Chamath-dor.
(*i*) Jerem. xxxii, 7, etc.

HANAN, [sixième] fils d'Ascl, de la tribu d'Aser [de Benjamin]. I Par. VIII, 37; IX, 44.

* HANAN, descendant de Sésac, de la tribu de Benjamin. I Par. VIII, 23.

* HANAN, fils de Maacha et l'un des braves de David. I Par. XI, 43.

* HANAN, chef de famille nathinéenne. Neh. VII, 49.

* HANAN, lévite. Neh. VIII, 7.

* HANAN, fils de Jégédélias. Jer. XXXV, 4.

HANANEEL, donna son nom à une tour de la ville de Jérusalem (a).

HANANEL, grand sacrificateur des Juifs. Voyez ANANEL.

HANANI, père du prophète Jéhu (b). — [Voyez l'article suivant.]

HANANI, prophète (c), qui vint trouver Asa, roi de Juda, et lui dit: « Parce que vous avez mis votre confiance dans le roi de Syrie et non pas dans le Seigneur, l'armée du roi de Syrie s'est échappée de vos mains. » On ne sait pas distinctement à quelle occasion ce prophète tint ce discours au roi; mais Asa le fit arrêter et mettre en prison, et exerça en même temps plusieurs violences contre son peuple (d). Quelques-uns veulent que cet Hanani soit le père du prophète Jéhu; mais cela n'est pas fort clair par l'Ecriture. Jéhu prophétisait dans le royaume d'Israel, et Hanani dans celui de Juda. Jéhu fut mis à mort par Basa, roi d'Israel, qui mourut l'an du monde 3075, et Hanani reprit Asa, roi de Juda, qui régna depuis 3049 jusqu'en 3090. — [Tout cela ne prouve pas que Hanani, qui prophétisait en Juda, ne soit pas le père de Jéhu, qui prophétisait en Israel.]

HANANI, lévite et musicien, qui avait le dix-huitième rang dans l'ordre établi par David pour le service du temple (e). — [Il etait le septième fils d'Héman.]

* HANANI, prêtre qui, ayant épousé une femme étrangère pendant la captivité, la renvoya au retour. Esdr. X, 20.

* HANANI, que Néhémie appelle son frère. Neh. I, 2; VII, 2.

* HANANIA, plusieurs de ceux qui suivent et sont nommés Hananias, sont mieux nommés Hanania.

HANANIAS, fils de Zorobabel. I Par. III, 19.

HANANIAS, fils d'Asur, faux prophète de la ville de Gabaon (f), lequel, étant venu au temple de Jérusalem dans la quatrième année du règne de Sédécias, roi de Juda (g), dit à Jérémie, en présence de tout le peuple et des prêtres: Voici ce que dit le Seigneur: J'ai brisé le joug du roi de Babylone. Dans deux ans je ferai rapporter ici les vases de la maison du Seigneur, que Nabuchodonosor a emportés à Babylone, et je ferai revenir ici Jéchonias et les autres captifs qui ont été emmenés à Babylone. Jérémie lui répondit: Ainsi soit-il; que le Seigneur daigne exécuter ce que vous venez de dire. Mais écoutez-moi. Je ne suis pas le seul prophète qui ait annoncé des maux. L'événement est la vraie justification des prophètes. On verra si ce que je vous annonce arrivera. En même temps Hananias saisit les liens que Jérémie portait depuis quelque temps sur son cou, en figure de la future captivité du peuple de Juda: et les ayant brisés, il dit: Voici ce que dit le Seigneur: Ainsi dans deux ans je briserai le joug du roi de Babylone. Comme Jérémie se retirait, le Seigneur lui inspira de retourner, et il dit: Hananias, vous avez brisé des chaînes et un joug de bois, mais le Seigneur vous en imposera un de fer. Et puisque vous séduisez ce peuple par le mensonge, vous mourrez dans cette année, parce que vous avez parlé contre le Seigneur. Et Hananias mourut dans l'année (h).

* HANANIAS, sixième fils d'Héman, était lévite et musicien, et eut le seizième rang dans l'ordre que David établit pour le service du temple. I Par. XXV, 4, 25.

* HANANIAS, un des généraux d'Ozias, roi de Juda. II Par. XXVI, 11.

* HANANIAS, chef de l'enceinte de Jérusalem. Neh. VII, 2.

* HANANIAS, citoyen qui, au retour de la captivité, renvoya sa femme parce qu'elle était étrangère. Esdr. X, 28.

* HANANIAS, fils de Selemia, contribua à la reconstruction de Jérusalem. Neh. III, 30.

* HANANIAS, père de Sédécias, qui était l'un des grands de la cour de Joachim, roi de Juda. Jer. XXXVI, 12.

* HANANIAS, père de Jésias, qui arrêta Jérémie. Jer. XXXVII, 12.

HANATHON, ou CHANNATHON, ville de la tribu de Zabulon. Josue, XIX, 14.

HANÈS, ville dont il est parlé dans Isaïe (i), et que saint Jérôme croit être sur les frontières de l'Ethiopie (j). Le Chaldéen et les nouveaux interprètes croient que Hanès est mise pour Taphnæ, c'est-à-dire, Daphnæ Pelusiæ, voisine de Damiette. Les Septante n'ont pas lu Hanès.

[Barbié du Bocage parle de Hanès en ces termes: « HANES, ville de la basse Egypte, dont le nom ressemble exactement au nom copte Hnès d'Héracléopolis, mais que Champollion (Egypte sous les Pharaons, I, p. 313) croit cependant indiquer la ville que les Grecs appelèrent Daphnes; il pense que le nom Hhanès, ou Hanès du texte hébreu, n'est qu'une corruption de Tahhaphnès, nom primitif dont les Grecs ont fait celui de Daphnès. Cette ville, située à environ cinq lieues de Péluse, sur la branche pélusiaque, fut sous les rois de race égyptienne, une place forte dans laquelle ces monarques entretenaient une garnison considérable pour s'opposer

---

(a) Jerem. xxxi, 38. I Esdr. III, 1; xii, 38. Zach. xiv, 8.
(b) III Reg. xvi, 1.
(c) II Par. xvi, 7.
(d) III Reg. xvi, 7.
(e) I Par. xxv, 4 et 25.
(f) Jerem. xxviii, 1, 16.
(g) An du monde 3409, avant Jésus-Christ 591, avant l'ère vulg. 595.
(h) An du monde 3410, avant Jésus-Christ 590, avant l'ère vulg. 594.
(i) Isai. xxx, 4.
(j) Hieron. in Isai. xxx, 4.

aux Arabes et aux Syriens, qui, à des époques fort anciennes, faisaient des invasions assez fréquentes dans la basse Egypte, voisine des contrées qu'ils habitaient. »]

* HANIEL, deuxième fils d'Olla, de la tribu d'Aser. I *Par.* VII, 39.

HANNEKEB, ville de Nephtali (*a*). L'auteur de la Vulgate l'a joint à *Adami* de cette sorte : *Adami quæ est Neceb*. [Il y a dans l'hébreu : *Adami-Neceb* ou *Nekeb.*] Les rabbins (*b*) disent qu'on lui changea son nom, et qu'on l'appela dans la suite *Ziadate.*

HANNI, lévite qui revint de la captivité de Babylone. II *Esdr.* XII, 9.

HANNIEL, fils d'Ephod, de la tribu de Manassé, fut un des députés pour aller considérer la terre promise (*c*).

HANON, fils de Naas, roi des Ammonites, est fort connu dans l'Ecriture par l'insulte qu'il fit aux ambassadeurs de David, qui l'étaient venus complimenter sur la mort de Naas, son père. Hanon, ayant écouté quelques mauvais conseillers qui lui dirent que David n'avait en vue que de découvrir les endroits les plus faibles du pays, pour ensuite l'attaquer avec avantage (*d*), fit couper les habits des ambassadeurs jusqu'à la moitié du corps, et leur fit raser la barbe, et les renvoya de cette sorte. David, irrité d'un procédé si indigne, déclara la guerre aux Ammonites, et envoya contre eux Joab avec l'élite de ses troupes (*e*). Les Ammonites avaient fait venir du secours de la Syrie et de delà l'Euphrate; mais Joab, ayant donné une partie de l'armée à son frère Abisaï, attaqua les Syriens, pendant qu'Abisaï attaquait les Ammonites. Ils vainquirent des deux côtés, et dissipèrent tout ce qui se trouva devant eux. David, ayant reçu ces nouvelles, passa lui-même le Jourdain avec le reste de ses troupes, et battit les Syriens en bataille rangée.

L'année suivante (*f*), la guerre continua contre les Ammonites (*g*). David envoya Joab pour faire le siége de Rabbath, capitale des Ammonites. Ce fut pendant ce siège que ce prince tomba dans l'adultère avec Bethsabée, et qu'il fit tuer Urie par le glaive des enfants d'Ammon. Lorsque la ville fut réduite aux abois, Joab en donna avis à David, qui vint avec le reste d'Israël, prit la ville, fit périr les habitants sous le tranchant des couteaux et sous des traînoirs, et emporta un très-grand butin. Il en usa de même envers les autres villes des Ammonites.

HANUM, [sixième] fils de Séleph, contribua [avec les habitants de Zanoé] à la construction de la porte de la Vallée, après le retour de Babylone, du temps de Néhémie (II *Esdr.* III, 13).—[Il contribua seul, avec Hanania, fils de Sélémiah, à une autre construction (verset 30), si toutefois il s'agit du même personnage.]

HAPHARAIM [ou Hepharaim], ville de la tribu d'Issachar (*h*). Eusèbe dit que de son temps il y avait un lieu nommé *Apharaim*, à six milles de Légion, vers le septentrion.

HAPHSIBA, mère de Manassé, roi de Juda (*i*).

HAPPHIM, fils de Machir. I *Par.* VII, 15.

HARAD, ou Harod, fontaine d'Arad, *Judic.* VII, 1, dans le Grand-Champ, au pied du mont Gelboë.

HARAN, fils de Caleb et d'Epha, sa concubine (*j*).

HARAN, ou Charan, ville de Mésopotamie. C'est la fameuse ville de Charres, située entre le Chaboras et l'Euphrate. *Voyez* Charan [*et* Edesse]

HARBONA, eunuque d'Assuérus, fit mourir Aman (*k*).

HARED ou Héred. *Voyez* Arad, ville de la tribu de Juda, dans la partie la plus méridionale de cette tribu.

HAREM, dont les enfants revinrent de Babylone au nombre de trois cent vingt (*l*).

* HAREPH. Ses enfants revinrent de Babylone au nombre de cent douze (*m*).

* HAREPH, un des chefs du peuple qui signèrent le renouvellement de l'alliance au temps de Néhémie. *Neh.* X, 19.

HARÈS, montagne de la tribu de Dan, où les Danites furent resserrés par les Amorrhéens (*n*). — [*Voyez* Aialon, addition.]

HARETH, forêt de la tribu de Juda, où David se retira fuyant la persécution de Saül (*o*).

HARIM, la troisième des vingt-quatre familles sacerdotales (*p*). Les descendants d'Harim revinrent de la captivité de Babylone au nombre de mille dix-sept (*q*). Il y en eut de cette famille, qui, ayant épousé des femmes étrangères, s'en séparèrent pour obéir à la Loi (*r*).

* HARIM, chef de famille dont les descendants revinrent de la captivité au nombre de trois cent vingt. *Esd.* II, 32. Il est nommé Harem, *Neh.* VII, 35, dans la Vulgate.

* HARIM, prêtre qui, au temps de Néhémie, signa le renouvellement de l'alliance avec le Seigneur. *Neh.* X, 6. La Vulgate le nomme Harem.

* HARHUR, chef de famille nathinéenne. *Esd.* II, 51 ; *Neh.* VII, 53.

* HARIPH, descendant de Caleb et prince de Beth-Gader. I *Par.* II, 51. *Voyez* Beth-Gaber.

HARMA, ou Chorma, ou Horma, ville de la tribu de Juda, et ensuite cédée à celle de Siméon (*s*). C'est la même ville, ou le même lieu à qui les Hébreux donnèrent le nom

---

(*a*) *Josue*, xix, 33.
(*b*) *Gemar. Jerosol. Megill. fol.* 70, col. 1.
(*c*) *Num.* xxxiv, 23.
(*d*) II *Reg* x, *et* I *Par.* xix.
(*e*) An du monde 2967, avant Jésus-Christ 1033, avant l'ère vulg. 1037.
(*f*) An du monde 2968, avant Jésus-Christ 1032, avant l'ère vulg. 1036.
(*g*) II *Reg.* xi, xii.
(*h*) *Josue*, xix, 19.
(*i*) IV *Reg.* xxi, 1

(*j*) I *Par.* ii, 46.
(*k*) *Esth.* i, 10 ; vii, 9.
(*l*) II *Esdr.* vii, 55.
(*m*) II *Esdr.* vii, 24.
(*n*) *Judic.* i, 35.
(*o*) I *Reg.* xxii, 5.
(*p*) I *Par.* xxiv, 8.
(*q*) I *Esdr.* ii, 39.
(*r*) I *Esd.* x, 21.
(*s*) *Josue*, xv, 30 ; xii, 4.

d'*Horma*, c'est-à-dire, anathème, après avoir vaincu le roi d'Arad (a). *Voyez* HORMA. Elle est nommée *Arama*, I *Reg*. XXX, 30. Elle s'appelait SEPHAATH, avant que les Israélites lui eussent donné le nom d'*Horma* ou *Harma*.

HARNAPHER, second fils de Sepha, I *Par*. VII, 36, de la tribu d'Aser.

HAROD, [ou HARODI]. C'est le lieu de la naissance de Semma et d'Hélica, deux vaillants hommes de l'armée de David (b). Dans un autre endroit (c), Semma est surnommé *Ararite* : *Semma de Arari* ; et dans les Paralipomènes (d), *Semma Arorites* ; et dans le même livre (e), *Sammoth de Jezer*. — [*Voyez* ARARI.]

*HAROMAPH, père de Jédaia. *Neh*. III, 10.

HAROSETH DES GENTILS, ville située sur le lac Séméchon, lieu de la demeure de Sisara, général des troupes de Jabin, roi d'Hazor (f).

HARPE, instrument de musique de figure presque triangulaire, qu'on tient debout entre les jambes pour en jouer. Elle est de trois parties ; le corps, qui fait le côté droit, est fait de huit pans de bois sur lesquels la table est posée, qui a deux ouïes, ou ouvertures faites en forme de trèfle. Elle a trois rangs de cordes, qui font soixante-dix-huit cordes en tout. Le premier rang en contient vingt neuf, qui font quatre octaves ; le second rang fait le demi-tour, et le troisième est à l'unisson du premier rang. Il y a deux rangs de chevilles, qu'on appelle boutons, du côté droit, qui servent à tenir les cordes fermes dans leurs trous, et qui sont attachées par l'autre bout à trois rangs de chevilles posées sur le côté supérieur, qu'on appelle le clavier.

La harpe se touche à vide des deux mains de la même façon, en les pinçant. Son accord est semblable à celui de l'épinette, car toutes les cordes vont de demi-ton en demi-ton. Il est certain que la harpe a été inconnue aux anciens, et Fortunat (g) marque assez qu'elle vient des Barbares.

Romanusque lyra, plaudet tibi Barbarus harpa,
Græcus Achilliaca, crotta Britanna canat.

On dispute sur l'étymologie du mot harpe : les uns le font venir des peuples nommés en latin *Arpi*, qui se servaient de cet instrument ; d'autres le dérivent de l'allemand *herp* ou *herff* ; d'autres du latin *carpo*. Les Cimbres ou Anglo-Saxons l'appelaient *harpa* ou *hearpa* (h), et il y a assez d'apparence que c'est de leur langue que ce mot est venu, et peut-être aussi l'instrument ; car jusqu'ici on ne nous a pas encore appris qui nous l'avait communiqué.

Les figures de harpe ou de *cinnor*, qu'on voit sur les médailles de Simon Machabée, n'ont aucun rapport à la harpe dont nous venons de parler, et que nos peintres mettent entre les mains du roi David ; elle ressemble beaucoup à la lyre, ou cithare inventée par Mercure ; mais elle n'a que trois ou quatre cordes, et les plus anciennes figures de lyre qu'on voit dans les bas-reliefs ou dans les médailles, n'en ont pas davantage. *Voyez* l'article MUSIQUE.

On traduit d'ordinaire le mot de *cithara*, ou de *cinyra* (i), par la harpe ; et on dépeint David avec une harpe : mais on peut assurer que *cithara* signifie la lyre ancienne, que nous avons décrite ci-devant sous le nom de GUITARE. [*Voyez* CINYRA.] On peut voir notre dissertation sur les instruments de musique des anciens Hébreux. Le *nebel* (j), ou nable, ou psaltérion ancien, avait quelque rapport à notre harpe : mais ce qui lui ressemblait le mieux, était le *hasur* (k), ou instrument à dix cordes, dont il est fait mention dans les psaumes. La différence qu'il y avait entre le *nebel* et le *hasur*, était que le premier avait le ventre creux et résonnant par le haut et se touchait par le bas. Le *hasur*, au contraire, avait son ventre creux par le bas et se touchait par le haut.

HARSA, chef de famille [nathinéenne]. I *Esdr*. II, 52.

HARUPH [ou HARUPHI], Sephatia, un des braves de David, est surnommé Haruphite (l). — [Haruphi était vraisemblablement dans la tribu de Juda.]

HARUS, père de Messalometh, femme de Manassé, roi de Juda (m).

HASABA, fils de Zorobabel. I *Par*. III, 20.

HASABIA, fils d'Amasia, lévite. I *Par*. VI, 45.

HASABIA, lévite, [cinquième] fils d'Idithun (n). Les descendants d'Hasabia eurent le douzième rang parmi les lévites qui chantaient dans le temple (o).

*HASABIA, un des chefs des lévites au temps du roi Josias. II *Par*. XXXV, 9.

*HASABIA, fils de Camuel, de la tribu de Lévi, un des premiers personnages au temps de David. I *Par*. XXVII, 17.

*HASABIA, prêtre. *Esdr*. VIII, 19, 24.

HASADIAN, fils de Zorobabel. I *Par*. III, 20.

HAZAR-SUAL, ou HAZER-SUAL, ville de la tribu de Siméon, ou de Juda. *Josue*, XV, 28 ; I *Par*. IV, 28 ; II *Esdr*. XI, 27. *Hasar*, ou *Chazar-Sual* (p), peut signifier la demeure du renard.

HASAR-SUSIM, ou HASER-SUSIM, ville de Siméon, I *Par*. IV, 31. *Chazar-Suzim* (q) signifie la demeure des chevaux. Elle est nommée *Hazer-Suza*, *Josue*, XIX, 5.

[Elle est située au nord de Gérara, dit Barbié du Bocage, et paraît être la même que

(a) *Num*. xxi, 3.
(b) II *Reg*. xxiii, 25.
(c) I *Reg*. xxiii, 11.
(d) I *Par*. xi, 27.
(e) *Ibid*. xxvii, 8.
(f) *Judic* iv, 2.
(g) Prudent l. VII, carm. 8.
(h) Auctor vitæ sancti Dunstani.
(i) נבור Cinor, cithara.

(j) נבל *Nebel*, nablium.
(k) עשור *Hasur*, decachordum.
(l) I *Par*. xii, 5.
(m) IV *Reg*. xxi, 19.
(n) I *Par*. xxv, 3.
(o) *Ibid*. xxv, 19.
(p) חצר שועל *Chazer Sual*.
(q) חצר סוסים *Chazer Susim*.

Sésenna, ville de Juda, *Jos.* XV, 31, dit le géographe de la Bible de Vence.]

HASBADAN [ou plutôt HASBADENA], lévite qui était à la gauche d'Esdras, pendant qu'il lisait la loi (*a*).

HASEBIA, maître d'une demi-rue à Ceïla, contribua au bâtiment des murs de Jérusalem (*b*). — [Est-ce le même qu'Hasebia, lévite mérarite, père d'Ezricam, I *Par.* VIII, 14? Je ne partage pas l'opinion de ceux qui le supposent. Cet Hasebia vivait avant la captivité.]

* HASEBNA, chef du peuple après la captivité. *Neh.* X, 25.

* HASEBONIA, père d'Hattus. *Neh.* III, 10.

HASEM. Ses descendants revinrent de Babylone au nombre de trois cent vingt-huit (*c*). — [C'est le même que Hasum, ci-après.]

* HASER-SUAL. *Voyez* Hasar-Sual.

HASERIM, Haseroth, Hazor, Azerothaim. Ces noms ne signifient que la même chose, et se mettent souvent devant les noms de lieux. *Hazer*, ou *Chazer*, signifie un *parvis*, ou une *demeure*. Nous connaissons dans l'Arabie Pétrée une ville d'Hazor, qui est apparemment la même que *Hazerim*, qui était l'ancienne demeure des Hévéens, avant qu'ils fussent chassés par les *Caphtorim* (*d*), ou les habitants de l'Ile de Crète, qui s'habituèrent dans la Palestine. C'est aussi, selon toutes les apparences, la même que *Hazeroth*, où les Hébreux campèrent dans leur voyage du désert (*e*).

[Tous ces mots peuvent *signifier la même chose*, mais ils ne désignent pas les mêmes lieux. J'ignore si quelque autre commentateur confond, comme dom Calmet, Haserim et Haseroth. La Bible de Vence et Barbié du Bocage distinguent ces deux localités; suivant eux, Haserim était une ville située au nord de Gaza, auprès du mont Hermon. *Voyez* Haseroth.]

* HASEROTH, campement des Hébreux dans le désert, le douzième, suivant Barbié du Bocage, mais plutôt le quatorzième, suivant la Bible de Vence et M. Léon de Laborde.

« La position d'Haseroth, dit ce dernier (*Comm. sur l'Exode*, pag. 120, col. 1), est sur la route que les pèlerins n'ont cessé de suivre en venant de Gaza et d'Hébron au mont Sinaï, près des sources qui découlent dans les vallées affluentes de l'Ouadi-Safran : c'est une nature morte de collines crayeuses, gypseuses, de l'aspect le plus chauve et le plus triste. Breydenbach la décrit bien : « En outre le XV (septembre 1484) démou-» rames en ung lieu là où la terre estoit fort » banche et les pierres comme croye, le sa-» belon ou araine comme chaux estaincte. » Burckhardt a trouvé une source appelée Hadhra, dont le nom lui a paru avoir quelque analogie avec celui de Hazeroth.....»]

* HASIM, fils d'Aher chef de famille benjamite, I *Par.* VII, 12

(*a*) II *Esdr.* VIII.
(*b*) *Ibid.* III, 17.
(*c*) *Ibid.* VII, 22.
(*d*) *Deut.* II, 23.
(*e*) *Num.* XI, 34; XIII, 1; XXXIII, 17, 18

* HASOR. *Voyez* Asor.

* HASRA, père de Thécuath, II *Par* XXXIV, 22, est nommé Araas, IV *Reg* XXII, 14.

HASSEMON, ou Hasemon, ou Hasemona, ou Esem, Esemon, Esemona, ville dans la partie la plus méridionale de Juda (*f*). — [*Voyez* Asemona.]

* HASSUB, lévite mérarite, fils d'Ezricam. I *Par.* VIII, 14.

HASUB, un de ceux qui contribuèrent au bâtiment des murs de Jérusalem, après le retour de la captivité (*g*). Il bâtit [la moitié d'une rue et] la tour des Fours, aidé de Melchias.

* HASUB, et BENJAMIN, citoyens de Jérusalem, contribuèrent à la reconstruction de cette ville. *Neh.* III, 23. *Voyez* l'article suivant.

* HASUB, chef du peuple, un de ceux qui, au temps de Néhémie, signèrent le renouvellement de l'alliance avec le Seigneur. *Neh.* X, 23. C'est peut-être le même que le précédent.

HASUM. Ses descendants revinrent de Babylone au nombre de deux cent vingt-trois (*h*). — [Il est nommé Hasem, *Neh.* VII, 22.]

* HASUM, lévite, était à la gauche d'Esdras lisant la loi. *Neh.* VIII, 4.

* HASUM, chef du peuple après la captivité, fut un des signataires du contrat d'alliance avec le Seigneur, au temps de Néhémie. *Neh.* X, 18.

* HASUPHA, chef de famille nathinéenne, dont les descendants revinrent de la captivité. *Esd.* II, 43; *Neh.* VII, 47.

* HATHATH, fils aîné d'Othoniel, et petit-fils de Cénez. I *Par.* IV, 13.

* HATIL, chef de famille nathinéenne, dont les descendants revinrent de la captivité *Esdr.* II, 57; *Neh.* VII, 59.

* HATIPHA, chef de famille nathinéenne, dont les descendants revinrent de la captivité. *Esdr.* II, 54; *Neh.* VII, 56.

* HATITA. *Voyez* Sellum, chef de famille lévitique.

HATTUS, fils de Séchénias, de la race de David (*i*). [Hattus n'était que le petit-fils de Séchénias; il était fils aîné de Séméia.] Il revint de la captivité avec Esdras. *Esd.* VIII, 2.

* HATTUS, prêtre, revint de la captivité avec Zorobabel. *Neh.* XII. 2. Il fut un des signataires de l'alliance avec le Seigneur. *Neh.* X, 4.

HAURAN, Chavran, Auran, Auranite, pays au voisinage de Damas. *Voyez* Auran.

HAUTS LIEUX, en hébreu *bamoth*, et en latin *excelsa*. Il en est souvent parlé dans l'Ecriture (*j*); et les prophètes ne reprochent rien avec plus de zèle aux Israélites, que d'aller adorer sur les hauts lieux. C'est une louange que l'Ecriture ne donne qu'à peu de

(*f*) *Josue*, XV, 27.
(*g*) II *Esdr.* III, 11.
(*h*) *Ibid.* II, 19.
(*i*) I *Par.* III, 22. I *Esdr.* VIII, 2.
(*j*) III *Reg.* III, 2, 4; XII, 31, 32; XIII, 2; XIV, 23, etc. במות *Bamoth, excelsa.*

bons princes, d'avoir détruit les hauts lieux; et plusieurs d'entre eux, quoique zélés pour l'observance de la loi, n'eurent pas le courage de ruiner ces hauteurs, et d'empêcher le peuple d'y aller sacrifier.

Les hauts lieux, tandis que le temple du Seigneur ne fut pas bâti, n'avaient rien de fort contraire aux lois du Seigneur, pourvu qu'on n'y adorât que lui, et qu'on n'y offrît ni encens, ni victimes aux idoles. Il semble que sous les Juges ils étaient tolérés, et Samuel a offert des sacrifices en plus d'un endroit, hors du tabernacle et de la présence de l'arche. Sous David même, on sacrifiait au Seigneur à Silo, à Jérusalem et à Gabaon. Mais depuis que le temple fut bâti, et que la demeure de l'arche fut fixée, on ne permit plus de sacrifier hors de Jérusalem. Salomon, au commencement de son règne, alla en pèlerinage à Gabaon. Mais depuis ce temps, on ne voit plus de sacrifice légitime hors du temple.

Les hauts lieux furent fort fréquentés dans le royaume d'Israel. Le peuple superstitieux allait quelquefois sur les montagnes sanctifiées par la présence des patriarches et des prophètes, et par les apparitions du Seigneur, pour y rendre son culte au vrai Dieu. Il ne manquait à ce culte, pour le rendre légitime, que de le faire au lieu que le Seigneur avait choisi. Mais souvent sur ces hauteurs on adorait les idoles, et on commettait mille abominations dans les bois de futaie, dans les cavernes et dans des tentes consacrées à la prostitution. C'est qui allumait le zèle des saints rois et des prophètes, pour supprimer et détruire les hauts lieux.

HAVOTH-JAIR (חות־יאיר) bourgs, ou hameaux de Jaïr. Ils étaient au nombre de soixante, au delà du Jourdain, dans la Batanée, vers les montagnes de Galaad, et dans le canton qui fut donné en partage à la demi-tribu de Manassé. Jaïr, de la tribu de Manassé, les conquit et leur donna son nom.—(Il est parlé de Havoth-Jaïr, *Num.* XXXII, 41; *Deut.* III, 14; *Jos.* XIII, 30; *Judic.* X, 4; III *Reg.* IV, 13.]

HAZAEL. Le prophète Elie, étant au mont Horeb (*a*), reçut ordre de la part du Seigneur d'aller sacrer Hazael pour être roi de Syrie (*b*). Le prophète se mit en chemin; mais il ne paraît pas qu'il ait exécuté cette commission par lui-même. Ce fut Elisée (*c*) qui, plusieurs années après, étant allé du côté de Damas (*d*), prédit à Hazael qu'il régnerait sur la Syrie. Voici ce qui se passa en cette occasion. Benadad, roi de Damas, était alors malade. Ayant appris que le prophète Elisée venait du côté de Damas, il envoya au-devant de lui Hazael avec de grands présents, pour le consulter sur sa maladie. Hazael demanda au prophète si Benadad relèverait de sa maladie. Elisée lui répondit : *Dites-lui qu'il guérira; mais le Seigneur m'a dit qu'assurément il mourrait.* En même temps Elisée parut ému, il changea de visage, et versa des larmes.

Hazael lui demanda : *Pourquoi mon seigneur pleure-t-il? C'est,* dit Elisée, *parce que je sais combien de maux vous ferez aux enfants d'Israel. Vous brûlerez leurs villes fortes, vous ferez passer au fil de l'épée leurs jeunes hommes, vous écraserez contre terre leurs petits enfants, et vous fendrez le ventre aux femmes grosses.* Hazael répondit : *Qui suis-je, moi, votre serviteur, qui ne suis qu'un chien, pour faire de si grandes choses?* Elisée lui dit : *Le Seigneur m'a révélé que vous seriez roi de Syrie.* Hazael, étant retourné vers le roi, son maître, lui dit qu'il recouvrerait la santé : mais le lendemain il l'étouffa, en lui mettant sur le visage une couverture trempée dans de l'eau; et Benadad étant mort, il régna en sa place.

Hazael ne différa pas (*e*) d'exécuter contre Israel tous les maux qu'Elisée avait prédits. Jéhu ayant quitté le siége de Ramoth de Galaad, et s'étant rendu à Samarie avec son armée (*f*), Hazael, profitant de son absence, se jeta sur les terres de delà le Jourdain, ruina tout le pays de Galaad, de Gad, de Ruben, de Manassé, depuis Aroer jusqu'au pays de Basan. Il se passa un assez grand nombre d'années, sans qu'Hazael fit aucune entreprise contre le royaume de Juda, parce qu'il était plus éloigné de Damas. Il ne commença à l'affliger que sous le règne de Joas, fils de Joachas (*g*). Il vint mettre le siége devant Geth; il la prit et marcha contre Jérusalem (*h*). Joas, ne se sentant pas assez fort pour lui résister, lui donna tout l'argent qui se trouva dans ses trésors et dans ceux de la maison du Seigneur, afin qu'il se retirât. L'année suivante, l'armée d'Hazael revint contre Joas (*i*), entra dans le pays de Juda et dans Jérusalem, fit mourir tous les princes du peuple, et envoya au roi de Syrie un très-riche butin. L'armée syrienne n'était nullement nombreuse; mais Dieu lui livra une multitude infinie de peuple de Juda; et Joas lui-même fut traité par les Syriens avec la dernière ignominie. Hazael n'épargna pas plus le roi d'Israel qu'il avait fait celui de Juda; mais on ne sait pas bien distinctement le mal qu'il lui fit (*j*). Il mourut presque en même temps que Joachas, roi d'Israel (*k*), et il eut pour successeur Benadad, son fils.— [*Voyez* BEN-ADAD II et BEN-ADAD III.]

HAZAIA, nommé HAZIA dans la Vulgate, judaïte. *Neh.* XI, 5.

HAZAZEL, ou AZAZEL (*l*), en grec, *Apo-*

(*a*) III *Reg.* xix, 15, 16.
(*b*) An du monde 3097, avant Jésus-Christ 903, avant l'ère vulg. 907.
(*c*) IV *Reg.* viii, 7.
(*d*) An du monde 3120, avant Jésus-Christ 880, avant l'ère vulg. 884.
(*e*) La même année du monde 3120.
(*f*) IV *Reg.* x, 32, 33.
(*g*) L'an du monde 3165, avant Jésus-Christ 835, avant l'ère vulg. 839.

(*h*) IV *Reg.* xii, 17, 18, *et c.* xiii.
(*i*) II *Par.* xxiv, 23, 24, etc.
(*j*) IV *Reg.* xiii, 1, 2, 3, 22.
(*k*) Vers l'an du monde 3165, avant Jésus-Christ 835, avant l'ère vulg. 839.
(*l*) חזאזל *Haz-azel.* 70, Ἀποπόμπαιος. Hieronym. *Emissarius.* Theodoret. qu. 22 in Levit. Ἀποπόμπαιος ἐκλήθη, ὡς ἀποπόμπων εἰς τὴν ἐρήμην. Sym. Ἀπερχόμενον, *Abeuntem.* Aq. Ἀπολύβρων, *Dimissum, solutum.*

pompaios, en latin, *Emissarius*. C'est ce que nous appelons communément le *Bouc émissaire*, et dont nous avons parlé sous ce titre. Le jour de l'expiation solennelle, les anciens du peuple présentaient deux boucs pour les péchés de tout Israel (a). L'on tirait au sort pour voir lequel des deux serait immolé et offert en sacrifice, et lequel serait mis en liberté. Ce dernier était le bouc *Hazazel*, ou le *Bouc émissaire*, et mis en liberté. C'est ainsi que les Septante, Aquila, Symmaque, Théodoret, saint Cyrille d'Alexandrie, et plusieurs interprètes l'expliquent. Ils croient que ce bouc mis en liberté et chargé des imprécations du grand prêtre et des péchés de tout le peuple, était comme ces animaux que les païens consacraient à quelques-unes de leurs divinités, et qu'ils abandonnaient à eux-mêmes (b). *Hazazel*, en hébreu, peut signifier *le bouc qui s'en va*, ou qui s'échappe.

D'autres croient qu'*Hazazel* est un nom de montagne; et quelques rabbins (c) avancent que cette montagne était éloignée de Jérusalem de quatre vingt-dix stades, ou onze mille cent vingt-cinq pas. Bochart veut que ce terme signifie *départ, éloignement*. Spencer enseigne qu'il signifie un démon; et que quand l'Ecriture dit qu'on envoyait un bouc à *Hazazel*, cela veut dire qu'on l'abandonnait au diable. Marc, chef des hérétiques Marcosiens (d), nommait *Hazazel* le démon dont il se servait pour faire ses prestiges. Le même Spencer cite les cabalistes et Julien l'Apostat (e) comme favorables à son sentiment. M. le Clerc traduit *hazazel* par *præcipitium*. Il croit qu'on envoyait le bouc émissaire dans un précipice, dans un lieu escarpé et inaccessible, où il périssait. Il appuie sa version sur le verset 21, où il est dit que le bouc *Hazazel* était envoyé *dans le désert*, et au verset 22, *dans un lieu inaccessible*, (*in terram præruptam*). Il dérive *hazazel* de deux termes arabes: *aza*, être dur, et *azala*, être dans la peine. Mais il vaut mieux s'en tenir à la version des anciens interprètes grecs, qui ont dérivé *hazazel* de l'hébreu *haz* ou *hez*, un bouc; et *azal*, il s'en est allé. *Voyez* Spencer dans sa dissertation *du Bouc émissaire*; Bochart, *de Animal. sacr.* part. 1, t. 2, c. 54, pag. 650 *et seq.* Marsham, *Canon. Chronol. Ægypt. sæcul.* IX.

Voici les cérémonies qui s'observaient, selon les Hébreux (f), dans ce qui regardait le bouc émissaire. On amenait dans le parvis intérieur du temple deux boucs, que l'on présentait au grand prêtre, au côté septentrional de l'autel des holocaustes: l'on plaçait ces deux boucs, l'un à la droite, l'autre à la gauche du grand prêtre. Ensuite on apportait une urne qu'on posait entre deux; et l'on y jetait deux lots, de bois, d'argent, ou d'or; mais sous le second temple, ils étaient toujours d'or. Sur l'un de ces lots était gravé, *pour le Seigneur*, et sur l'autre,

pour *Hazazel*. Après qu'on avait bien agité l'urne, le grand prêtre mettait à la fois les deux mains dans l'urne, et en tirait un lot de chaque main; le lot de la droite décidait du sort du bouc de la droite, et le lot de la gauche, du bouc de la gauche. Les Juifs disent que pendant tout le pontificat de Simon le Juste, le lot qu'il tira de la main droite fut toujours celui qui portait écrit, *pour le Seigneur*, ce qu'on prenait pour un heureux présage; au lieu qu'après sa mort cela variait, et c'était tantôt celui de la main droite, et tantôt celui de la gauche qui était *pour le Seigneur*.

Après cela le grand prêtre attachait à la tête du bouc *Hazazel*, ou émissaire, une longue bande, ou langue d'écarlate. Cette langue, sous le pontificat de Simon le Juste, parut toujours blanche, ce qui était une faveur particulière du ciel, et une marque que Dieu accordait au peuple la rémission de ses péchés; au lieu que sous les autres grands sacrificateurs, elle paraissait tantôt blanche, et tantôt de sa couleur naturelle d'écarlate. Ils appliquent à cela ces paroles d'Isaïe (g): *Quand vos péchés seraient comme l'écarlate, ils seraient blanchis comme la neige*, etc.

Après le sacrifice du bouc qui était pour le Seigneur, on amenait le bouc *Hazazel* au grand prêtre; il mettait ses deux mains sur la tête de cet animal, faisait une confession de tous ses péchés et de ceux du peuple; puis on faisait conduire *Hazazel* dans le désert par une personne choisie, sur le bord d'un précipice à douze milles de Jérusalem · là on le lâchait, et il était censé emporter tous les péchés des enfants d'Israel. Sous le pontificat du même Simon le Juste dont on a parlé, avant que le bouc *Hazazel* fût parvenu à la moitié du précipice où l'on le conduisait, il était déjà en morceaux: mais après la mort de ce grand prêtre, il s'échappait dans le désert, et était rencontré par les Sarrasins, qui le prenaient et le mangeaient. *Voyez* EXPIATION SOLENNELLE.

'HAZER-SUAL. *Voyez* HASAR-SUAL.

'HAZIR ou HEZIR, chef du peuple après la captivité. *Neh.* X, 20.

HEBAL, montagne célèbre dans la tribu d'Ephraïm, près la ville de Sichem, vis-à-vis la montagne de Garizim. Saint Jérôme, Eusèbe et quelques autres après eux, ont cru que Garizim et Hébal étaient vis-à-vis Jéricho, et assez éloignées de Sichem et de la tribu d'Ephraïm; mais nous avons montré le contraire en parlant de *Garizim*. Hébal est entièrement stérile, mais Garizim est belle et féconde. Ces deux montagnes sont si près l'une de l'autre, qu'il n'y a entre deux qu'une vallée d'environ deux cents pas de largeur. Dans cette vallée est la ville de Sichem. Les deux montagnes sont d'une longueur, d'une hauteur et d'une forme semblables. Leur figure est en demi-cercle. Elles sont si escar-

---

(a) *Levit.* XVI, 5, 7, 8, etc.
(b) Vide *Spencer Dissert. de Hirco emissario*. Bochart. *de Animal. sacr.* p. 1, l. II, t. I. V. *Marsham sæculo* IX, p. 204-207.
(c) *Jonath. R. Saad. Gaon, Kimchi. R. Salomon Aben-Ezra*, etc.
(d) *Epiphan. hæres.* 34.
(e) *Julian. apud S. Cyrill.* l. IX, *contra Julian.*
(f) *Misna in Joma. Maimonid. in Jom. Haccipurim.*
(g) *Isai.* I, 18.

pecs du côté de Sichem, qu'elles n'ont aucun talus. Leur longueur au plus est de demi-lieue (a). Il y a entre les Juifs et les Samaritains de grandes disputes sur le sujet de ces deux montagnes. *Voyez* ci-devant GARIZIM.

Moïse avait ordonné aux Israélites (b), qu'aussitôt après le passage du Jourdain, ils allassent à Sichem, et qu'ils partageassent toute leur multitude en deux corps, composés chacun de six tribus, dont les unes seraient placées sur Hébal, et les autres sur Garizim. Les six tribus qui étaient sur Garizim devaient prononcer des bénédictions pour ceux qui seraient fidèles à observer la Loi du Seigneur, et les six autres qui étaient sur Hébal devaient prononcer des malédictions contre ceux qui la violeraient. Josué, étant entré dans la terre promise, exécuta fidèlement ce que Moïse avait commandé (c), et conduisit toutes les tribus sur Hébal et sur Garizim, l'an du monde 2553, avant Jésus-Christ 1447, avant l'ère vulgaire 1451. Moïse avait ordonné en particulier (d) que l'on érigeât sur le mont Hébal un autel de pierres brutes, enduites de chaux, afin qu'on y écrivît les paroles de la loi de Dieu ; mais les Samaritains, au lieu d'*Hébal*, lisent *Garizim*, dans leur Pentateuque, parce que c'est sur le Garizim qu'est encore aujourd'hui leur autel et le lieu où ils font leurs exercices publics de religion.

Quant à la cérémonie de la consécration de la république des Hébreux, on croit qu'elle se passa de cette sorte : Les chefs des six premières tribus montèrent sur le sommet du mont Garizim, et les chefs des six autres tribus sur le haut du mont Hébal. Les prêtres, avec l'arche d'Alliance, et Josué à la tête des anciens d'Israel, se placèrent au milieu de la vallée qui est entre ces deux montagnes ; les lévites se rangèrent en rond autour de l'arche et des anciens, et le peuple se plaça au pied des deux montagnes, six tribus de chaque côté. Etant ainsi rangés, les prêtres se tournèrent du côté du mont Garizim, sur le sommet duquel étaient les six chefs, dont les six tribus étaient au pied de la même montagne, et prononcèrent, par exemple, ces paroles : *Béni soit celui qui ne fera point d'idoles en sculpture.* Les six chefs qui étaient sur la montagne, et les six tribus qui étaient au pied, répondirent : Amen. Ensuite les prêtres, se tournant vers la montagne d'Hébal, sur laquelle étaient les chefs des six autres tribus, crièrent à haute et intelligible voix : *Maudit soit celui qui fera des idoles en sculpture.* A quoi les six chefs qui étaient sur la même montagne, et les six tribus qui étaient au bas, répondirent : Amen.

L'Ecriture semble d'abord nous faire entendre qu'il y avait six tribus entières sur une montagne, et six sur l'autre ; mais, outre qu'il n'y a pas d'apparence que les tribus, qui étaient presque innombrables, eussent pu tenir sur le haut des deux montagnes, c'est qu'elles n'eussent pu ni voir la cérémonie, ni entendre les bénédictions et malédictions pour y répondre. De plus, la particule hébraïque qui est dans l'original signifie aussi bien, *auprès*, *tout contre*, que *dessus* (*Josue*, VIII, 33). Suivant cela, on peut dire que ni Josué, ni les prêtres, ni les tribus ne montèrent pas sur le sommet des montagnes, comme notre version l'insinue, mais seulement les chefs, qui pouvaient représenter en leurs personnes toutes les tribus.

A l'égard des grandes pierres qui furent dressées et enduites de chaux pour y écrire les paroles de la loi, les interprètes ne sont pas d'accord si ces pierres ou ce monument sont les mêmes que l'autel sur lequel on immola des victimes pacifiques pour en faire un festin à tout le peuple. Cependant, en comparant les versets 2 et 3 avec le 5 du chap. XXVII du Deutéronome, l'autel est très-bien distingué des pierres en question, pour ne pas s'y tromper.

HEBER, fils de Salé (e), naquit l'an du monde 1723, avant Jésus-Christ 2277, avant l'ère vulgaire 2281. Plusieurs (f) ont cru que Héber étant un des aïeux des Hébreux, c'était de lui qu'Abraham, et après lui ses descendants, avaient été appelés *Hébreux* : mais il y a beaucoup plus d'apparence que le nom d'*Hébreux* a été donné à Abraham et à sa race, parce qu'ils étaient venus dans la terre de Chanaan de delà l'Euphrate (g) ; en sorte que *Hebræus* ne voudrait dire autre chose, dans son origine, qu'un homme venu *de delà* l'Euphrate. *Heber*, en hébreu, signifie *au delà*, ou simplement *le passage*. Pourquoi Abraham, qui n'est que le sixième depuis Héber (h), aurait-il plutôt pris son nom de ce patriarche, que d'un autre de ses aïeux ? Pourquoi ne le pas prendre plutôt de Sem, par exemple, qui est qualifié par Moïse, *père de tous les enfants d'Héber*, ou de delà l'Euphrate, que d'Héber, dont la vie n'est relevée par aucune circonstance dans l'Ecriture ? La première fois qu'Abraham est nommé Hébreu (i), c'est environ dix ans depuis qu'il fut arrivé dans la terre de Chanaan, et à l'occasion de la guerre de Codorlahomor et de ses alliés. Les Septante et Aquila traduisent l'hébreu *heberi*, par *peratès*, ou *peraïtès*, qui signifie un *passager*, un homme de delà le fleuve. Si l'on veut approfondir cette question, on peut lire les Prolégomènes de Valton et les autres livres que l'on a écrits sur cette matière, et notre Commentaire sur la Genèse, X, 24.

[On ne trouvera pas inutile que, à propos de cette question, je rapporte ici quelques li-

---

(a) Morizon, *Voyage*, l. II, c. x.
(b) *Deut* xi, 29 ; xxvii et xxviii.
(c) *Josue*, viii, 30, 31.
(d) *Deut*. xxvii, 4, 5.
(e) *Genes*. xi, 14.
(f) *Joseph. Antiq. l.* XVI. *Euseb. Aug. l.* XVI *de Civit. c.* iii, *et l.* XVIII, *c.* xxxix. *Eucher. in Genes. l.* II, *c.* vii. *Beda in Genes. Lyr. Tost. Mercer. Eugub. Perer. alii*

(g) Ita Origen. Hieronym. Chrysost. Theodoret. Brug. Ribera, Arias, Est. Jos. Scalig. Munst. Grot. Selden. Lud. Cappell. Valton, etc.
(h) 1 Heber. 2 Phaleg. 3 Rehu. 4 Sarug. 5 Nachor. 6 Thare. 7 Abraham.
(i) *Genes.* xiv, 13. אברהם העברי 70, Ἄβραμ τῷ περάτῃ. Aq Τῷ περαίτῃ.

gnes de Barbié du Bocage. Ce savant, après avoir dit que la dénomination d'*Hebreux* vient d'*Héber*, suivant l'opinion du *plus grand nombre d'auteurs*, mais que, d'après Bochart, elle aurait une autre origine, ajoute : « Abraham est le premier personnage que l'Ecriture qualifie du titre d'*Hébreu*. Quelle était donc l'origine d'Abraham, et d'où venait-il? Il était bien descendant d'Héber, mais il sortait des pays situés au delà de l'Euphrate, du pays d'Ur en Chaldée; ce qui a fait dire à Judith que *les Hébreux étaient de la race des Chaldéens*. Or, ce serait là ce qu'exprimerait dans cette opinion le nom *hébreu;* il indiquerait un homme venu des pays situés au delà du fleuve de l'Euphrate, considéré généralement dans l'Ecriture comme le fleuve par excellence ; il serait dérivé, soit du mot hébreu *habar*, qui signifie *transire, passer*, soit de la préposition *heber*, *ultra, trans, au delà;* et de la sorte le mot *hibri*, que les nations occidentales ont représenté sous la forme *hebræi*, voudrait dire *ceux qui ont passé*, et on aurait donné ce nom à Abraham et à ses descendants, qui demeuraient primitivement au delà de l'Euphrate, comme on a donné le nom d'*ultramontains*, de *transalpins*, aux peuples qui habitaient au delà des montagnes, au delà des Alpes. La vraisemblance de cette explication l'a fait adopter par plusieurs auteurs ecclésiastiques anciens et modernes. Cependant on n'a pas moins continué communément de rapporter le nom *Hébreu* à *Héber*, bien que l'on ignore les faits qui ont donné à ce descendant d'Arphaxad une importance que n'ont pas les autres. Les Hébreux prirent aussi le nom d'*Israel* ou *Israélites*, et de *Juifs;* mais les époques pour ces deux dernières dénominations sont distinctes, l'une était en usage avant, et l'autre le fut après la captivité. Pour le nom *Hébreu*, on l'a indifféremment employé dans tous les temps, quoique moins fréquemment depuis la captivité. »]

C'est encore une autre question, sur laquelle les anciens et les modernes sont partagés, savoir si la langue hébraïque tire son nom d'Héber, et si, à la confusion des langues, arrivée à Babel, elle demeura dans la seule famille d'Héber et de ses descendants. Comme la confusion des langues a été considérée comme la punition de la témérité de ceux qui entreprirent de bâtir cette tour, il semble qu'on a raison de présumer que la race d'Héber, qui était dès lors destinée de Dieu pour être la souche de la race sainte, et la dépositaire de la vraie religion, n'eut point de part à cette entreprise, ni, par conséquent, à la peine dont elle fut suivie.

On répond à cela deux choses : 1° Qu'on n'a aucune preuve que la famille d'Héber n'ait pas eu de part au bâtiment de la tour de Babel; et 2° qu'il est indubitable que la langue hébraïque a été commune à des peuples qui n'avaient aucune liaison avec la famille d'Héber ; par exemple, les Phéniciens ou Chananéens, les Syriens, les Philistins, qui, du temps d'Abraham, parlaient hébreu, ou une langue très-peu différente de l'hébraïque. On ne peut donc pas dire que cette langue soit demeurée dans la seule famille d'Héber.

Mais, dira-t-on, d'où vient donc qu'on l'appelle langue hébraïque? Est-ce à cause qu'on la parlait *au delà* de l'Euphrate; comme nous avons dit ci-devant qu'on avait donné à Abraham le nom d'*Hébreu*, parce qu'il venait *de delà* ce fleuve? Je réponds : 1° Qu'il y a beaucoup d'apparence qu'on parlait en effet cette langue dans la Chaldée et dans la Mésopotamie, du temps d'Abraham, puisque ce patriarche, en entrant dans la terre des Chananéens, n'eut pas la moindre peine à se faire entendre, et à entendre la langue du pays; et, lorsque Jacob alla de la terre de Chanaan en Mésopotamie, il parla, entendit, et se fit entendre sans truchement. Ses deux femmes Rachel et Lia donnent à leurs enfants des noms hébreux. Les noms de personnes et de lieux de ces provinces, comme ceux de la Palestine, sont hébreux. Il n'est donc pas hors d'apparence que le nom de *langue hébraïque* vienne de ce qu'on la parlait au delà de l'Euphrate.

Mais, comme on la parlait aussi au deçà de ce fleuve, et que même on l'y parla plus longtemps et plus purement que dans la Chaldée et dans la Mésopotamie, ainsi qu'on le prouve parce que Jacob et Laban, ayant érigé un monument sur le mont de Galaad, lui donnèrent chacun un nom divers, selon la propriété de leur langue (a) : cela montre que dès lors la langue syriaque était assez différente de la langue hébraïque ou phénicienne; au lieu que, jusqu'au règne des Grecs, la langue hébraïque, chananéenne ou phénicienne, et celle des Philistins et des Samaritains subsistaient dans leur pureté dans la Palestine. Il semble donc qu'on doit dire que le nom de langue hébraïque vient plutôt des Hébreux, descendants d'Abraham, que des peuples de delà l'Euphrate, dont la plupart ne descendaient pas d'Héber.

Au reste, il ne faut pas s'imaginer que la langue que nous appelons hébraïque ait été ordinairement connue sous ce nom chez les profanes. Ils la connaissaient sous le nom de langue phénicienne, de langue syriaque, de langue punique, de langue des Juifs. Elle n'est devenue si célèbre parmi nous, sous le nom de langue hébraïque et de langue sainte, que parce que c'est l'idiome dans lequel sont écrits les divins oracles de l'Ancien Testament ; l'écriture même qui passe aujourd'hui pour la vraie et l'ancienne écriture hébraïque est plutôt l'écriture chaldéenne. Les vrais caractères hébreux ou phéniciens ne se sont conservés que sur les médailles et dans le Pentateuque des Samaritains. *Voyez* SAMARITAINS.

Mahomet appelle *Heber*, *Hond* dans son Alcoran, et a fait un chapitre entier sur son sujet. Voici ce qu'il en dit : (b) « Nous avons envoyé Hond aux gens de Aad, son frère; il leur a dit : O peuples, n'adorez qu'un seul Dieu, autrement vous serez au nombre des

---

(a) Genes. xxxi, 47.

(b) Alcoran, ch. de *Hond*.

Infidèles. Je ne vous demande point de récompense de la peine que je prends de vous prêcher; celui qui m'a créé m'en récompensera. Ne serez-vous jamais sages? Demandez pardon à Dieu ; convertissez-vous et obéissez à sa divine volonté, il vous enverra la pluie du ciel, et augmentera vos forces et vos richesses ; ne soyez pas au nombre des impies. Ils ont répondu : O Hond, tu ne nous apportes point de raison pour prouver ce que tu dis; tes paroles ne nous feront pas quitter nos dieux : nous n'ajoutons point de foi en tes discours, et disons de toi que quelqu'un de nos dieux te châtiera sévèrement. Il répondit: Je prends Dieu et vous-mêmes à témoin que je suis innocent du péché que vous faites d'adorer des idoles; si vous conspirez contre moi, personne ne vous pourra protéger au jour du jugement. Je suis résigné à la volonté de Dieu, mon Seigneur et le vôtre............ Dieu ajoute : Lorsque nous avons exterminé ce peuple, nous avons, par notre grâce spéciale, délivré Hond de leur malice, et tous les vrais croyants qui étaient avec lui, nous les avons garantis d'un très-grand tourment. Le peuple d'Aad a méprisé les commandements de Dieu et a désobéi à ses prophètes : il a été maudit en ce monde, et sera maudit au jour du jugement, parce qu'il a désobéi à Dieu, et a formé le dessein d'exterminer les gens de Hond, son frère. »

Il y a dans le même chapitre intitulé *Hond* plusieurs passages qui concernent la prédestination et la réprobation positives, qui ont fait dire à Mahomet que le chapitre de *Hond* lui avait fait venir les cheveux gris avant le temps, tant il en avait été effrayé.

Les peuples d'*Aad* auxquels Hond fut envoyé étaient un ancien peuple d'Arabie, descendus d'*Ad*, ou *Aad*, fils d'Amalec, et petit-fils de Cham, fils de Noé; ou selon d'autres, *Ad* était fils de Hus, et petit-fils d'Aram, fils de Sem. Ad régna dans la province d'Ad'hamosh, en Arabie, et fut père d'une tribu des anciens Arabes, nommés *Adites*. Cette tribu ayant refusé d'écouter Hod ou Héber, et ayant même conspiré contre lui, Dieu envoya contre eux un vent brûlant, nommé *Rih-Akim*, qui les fit tous périr; mais auparavant il leur envoya une famine de trois ans consécutifs, pendant lesquels le ciel fut fermé pour eux. Il périt pendant cette famine une grande partie du peuple des Adites, qui était un des plus nombreux et des plus puissants de l'Arabie. Ils s'adressèrent inutilement à leurs faux dieux, qui étaient *Sakiah*, qu'ils invoquaient pour avoir de la pluie; *Hafedah*, à qui ils recouraient pour être préservés des mauvaises rencontres pendant leurs voyages; *Razechah*, qu'ils croyaient leur fournir les choses nécessaires à la vie, et *Salemah*, qu'ils imploraient dans leurs maladies pour le recouvrement de leur santé.

Voyant que leurs dieux ne leur donnaient aucun secours, ils vouèrent un pèlerinage à *Hegiaz*, où est aujourd'hui la Mecque; les députés qui y furent envoyés au nom de la nation avaient à la tête *Morthah* et *Kil*, le premier grand partisan de Hond, et fort persuadé de la vérité de ses prédications. Kil au contraire lui était fort opposé, et très-obstiné dans l'idolâtrie. Ces députés, étant arrivés chez Moavie, roi de la province d'Hegiaz, prièrent ce prince de retenir Morthad prisonnier, pendant qu'ils iraient achever leur pèlerinage. Moavie se rendit à leur prière : ils continuèrent leur voyage, et étant arrivés au lieu où ils allaient, Kil fit cette prière à Dieu : *Seigneur, donnez au peuple d'Ad la pluie telle qu'il vous plaira*. Il ne l'eut pas plutôt achevée, qu'il parut trois nuées au ciel, l'une blanche, l'autre rouge, et la troisième noire, et en même temps on entendit du ciel ces paroles : *Choisis celle que tu veux des trois*. Kil choisit la noire, qu'il croyait la plus chargée et la plus abondante en eau. Mais lorsqu'il fut arrivé dans son pays, la nuée qui n'était grosse que de la colère de Dieu, ne produisit qu'un vent très-froid, qui, soufflant sept jours et sept nuits, extermina tous les habitants du pays, et ne laissa en vie que le prophète *Hond* ou Heber, et ceux qui avaient cru à sa parole. On montre dans ce même pays d'*Adramonth* une petite ville nommée *Cabarhond*, c'est-à-dire, *tombeau de Hond*, où l'on prétend que le prophète est enterré.

HEBREU. *Voyez* HEBER.

[Il est question, dans l'article HEBER, du nom d'*hébreu*, donné au peuple sorti d'Abraham, et de la langue que parlait ce peuple. Nous ne craignons pas de dire que de tous les peuples il n'en est aucun dont l'origine soit aussi certaine que celle du peuple hébreu ; personne n'en pouvait douter, à ce qu'il me semblait. Je croyais aussi que tout le monde, sans exception, était convaincu qu'Abraham était originaire de la Chaldée, étant né à Ur, ville qui s'appelle maintenant Orfa. Cependant, si l'on s'en rapporte à M. Champollion-Figeac, le peuple hébreu serait plus ancien qu'Abraham; c'est dans un ouvrage historique que ce savant a émis cette opinion nouvelle, anti-historique. Il passe en revue les dynasties égyptiennes : avant de quitter la XVIe, il dit :

« Les voisins de l'Egypte à l'orient semblaient plus tranquilles que les Ethiopiens, peut-être parce qu'ils étaient plus divisés, outre qu'une civilisation plus analogue, et surtout de grands intérêts commerciaux réciproquement avantageux, portaient ces voisins orientaux à des relations pacifiques. Le peuple hébreu, illustre branche de la grande famille arabe, n'habitait pas loin de l'Egypte. Encore à l'état de pasteurs, soumis au gouvernement patriarcal, à l'autorité de l'ancien, campant sous la tente, dans de gras pâturages, avec leurs troupeaux, Bédouins primitifs, pieux et hospitaliers, les Hébreux connaissaient les richesses de l'Egypte, et ne semblaient pas lui porter envie. Ils s'unissaient en mariage avec les Egyptiens. Agar, femme d'Abraham, était née en Egypte, et elle choisit pour l'épouse de son fils une autre femme de la même nation. Ils y descendaient quand la famine frappait leur pays. La famine y conduisit Abraham, âgé de soixante-quinze ans; et cet événement se passa, d'après les époques connues de l'histoire sainte, pendant le règne d'un des rois de la XVIe dynastie (1). »

Et voilà comment, au dix-neuvième siècle, on écrit l'histoire !

La XVIe dynastie finit par l'invasion des *Pasteurs* et leur établissement en Egypte. Leur règne forme la XVIIe dynastie, concurremment avec les Pharaons thébains. On sait que c'est sous le règne d'un des *pasteurs* que Joseph fut mené comme esclave en Egypte, et que, devenu premier ministre, il y fit venir Jacob son père et ses frères. On sait de plus que les douze fils de Jacob, qui était le petit-fils d'Abraham, se sont considérablement multipliés en Egypte, et que, dans la suite, leurs descendants vinrent, sous la conduite de Moïse, faire la conquête du pays de Chanaan et s'y établir. Alors, sortis de l'Egypte, errant dans le désert ou établis dans la terre de Chanaan, les descendants d'Abraham furent un peuple ; alors, et seulement alors il y eut un *peuple hébreu n'habitant pas loin de l'Egypte*.

M. Champollion-Figeac prétend que quand la famine conduisit Abraham en Egypte, le peuple hébreu existait depuis une époque qu'il n'assigne pas, mais déjà éloignée. Ce voyage eut lieu l'an 2289 avant Jésus-Christ, suivant l'*Art de vérifier les dates*; et c'est six cent quarante-quatre ans après, l'an 1645, qu'eut lieu la sortie d'Egypte, cet événement célèbre par suite duquel les fils d'Abraham devinrent un peuple. Il existe encore aujourd'hui entre les Juifs et les Chaldéens une double identité de caractères physiques et de langage qui prouve aussi contre l'opinion de M. Champollion-Figeac. *Voyez* une note de M. Dureau de la Malle, dans les *Comptes rendus de l'académie des Sciences*, tom. IX, pag. 705.]

Pour l'Epître *aux Hébreux*, *voyez* l'article de *saint Paul*, l'an 63 de Jésus-Christ et notre commentaire sur cette Epître.

Rois hébreux. *Voyez* l'article Rois [et les tables chronologiques, à la tête du premier volume].

Grands prêtres hébreux. *Voyez* l'article Prêtres [et les tables chronologiques des grands prêtres, à la tête du premier volume].

* Hébreux en Egypte, passant la mer Rouge, dans le désert, passant le Jourdain, faisant la conquête du pays de Chanaan. *Voy.* Gessen, Mer Rouge, etc., et Josué, addition, *passim*.

(a) *Num.* xiii, 23.
(b) *Josue*, xiv, 15.
(c) *Josue*, xv, 15.
(d) An du monde 2554, avant Jésus-Christ 1446, avant l'ère vulg. 1450.
(e) *Hieronym. in Epitaph. Paulæ, et in Qu. Heb. in Genes. et in locis Hebr. in Arbog, et Commen. in Matth.* 27.
(f) האדם הגדל בענקים הוא
(g) *Euseb. in locis ad vocem Arco.*
(h) *Genes.* xxx n, 7, 8, 9.
(i) *Genes.* xviii, 1.
(j) *Euseb. Demonstr. l.* V, c. ix.
(k) *Sozomen. l.* II, c. iii, vel. iv.

HEBRI, fils de Mérari, lévite. I *Par.* XXIV, 27.

HEBRON (2), ou Cnébron (3), une des plus anciennes villes du monde, puisqu'elle fut bâtie sept ans avant *Tanis*, capitale de la basse Egypte (a). Or, comme les Egyptiens vantaient fort l'antiquité de leurs villes, et que véritablement leur pays avait été peuplé des premiers après la dispersion de Babel, on peut en conclure que Hébron était toute des plus anciennes (4). On croit qu'*Arbé*, un des plus anciens géants de la Palestine, l'avait fondée ; ce qui lui fit donner le nom de *Cariath-arbé* (b), ou ville d'Arbé, qui fut ensuite changé en celui d'*Hébron*. Arbé fut le père d'Enach (c), et Enach donna son nom aux géants *Enacim*, qui demeuraient encore à Hébron lorsque Josué conquit la terre de Chanaan (d).

Dans la traduction latine de Josué, XIV, 15, on lit que *le grand Adam y est enterré: Adam maximus ibi inter Enacim situs est*; et saint Jérôme, dans plus d'un endroit (e), témoigne que c'était l'opinion des Juifs, qu'Adam y avait été enseveli. Mais on peut donner un autre sens à l'hébreu, et traduire (f) : *Le nom ancien d'Hébron est Arbé. Cet homme* (Arbé) *est le plus grand*, le chef des *Enacim*. On ne sait pas bien quand elle commença à porter le nom d'Hébron. Il y en a qui croient que ce ne fut que depuis que Caleb en eut fait la conquête, et qu'il lui donna le nom d'Hébron, à cause d'un de ses fils, qui s'appelait ainsi. Mais je crois que le nom d'Hébron est plus ancien, et que Caleb donna, peut-être par honneur, à son fils, le nom de cette ancienne et célèbre place (5).

Hébron était située sur une hauteur, à vingt-deux milles de Jérusalem, vers le midi (g), et à vingt milles de Bersabée, vers le nord. Abraham, Sara et Isaac furent enterrés près d'Hébron, dans la caverne de Macphéla, ou dans la caverne double qu'Abraham avait achetée auprès d'Ephron (h). [*Voyez* Membré, *vallée*.] On voyait près de là le chêne ou le térébinthe d'Abraham, sous lequel il avait reçu trois anges (i). Eusèbe (j), Sozomène (k), et plusieurs autres anciens (l) parlent de la vénération que non-seulement les chrétiens, mais les païens mêmes avaient pour ce térébinthe. On disait qu'il était là dès le commencement du monde, comme si ce n'eût pas été assez exagérer que de dire qu'il y était depuis Abraham, c'est-à-dire, depuis plus de deux mille trois cents ans. D'autres disaient que c'était le bâton d'un des anges, qui avait pris racine en cet endroit. On y avait établi une foire célèbre dans tout le

(l) Vide *Hieronym. et Euseb. in locis. Joseph Georg. Syncell. ex Jul. Afric.* p. 107. *Socrat. Hist. l.* I, c. xviii.
(1) M. Champollion-Figeac, ouvrage intitulé *Egypte*, dans la collection publiée par F. Didot, sous le titre d'*Univers pittoresque*, pag. 293, col. 2
(2) *Gen.* xiii, 18; xxiii, 2; xxxv, 17.
(3) I *Mac.* v, 65.
(4) L'Egypte fut peuplée par des colonies éthiopiennes.
(5) Il s'agit de Caleb, fils de Jéphoné. Or, ce Caleb n'avait pas de fils nommé Hébron. Ainsi ceux qui prétendent qu'il donna le nom de son fils à la ville, et ceux qui pensent qu'il donna le nom de la ville à son fils, sont dans l'erreur. *Voyez* ci-après un de mes articles Hébron.

pays, et on croyait que ce térébinthe était incorruptible, parce que quelquefois il paraissait tout en flammes, par le feu que l'on faisait autour, et qui ne le consumait point.

Hébron était dans le lot de Juda ; le Seigneur l'assigna pour partage à son serviteur Caleb (a). Josué prit d'abord Hébron et en tua le roi, nommé Oham (b). Mais ensuite Caleb en fit de nouveau la conquête, aidé par les troupes de sa tribu, et par la valeur d'Othoniel (c). Elle fut assignée aux prêtres pour leur demeure, et fut déclarée ville de refuge (d). David y établit le siége de son royaume, après la mort de Saül (e). Ce fut à Hébron qu'Absalon commença sa révolte (f). Pendant la captivité de Babylone, les Iduméens, s'étant jetés dans la partie méridionale de Juda, s'emparèrent d'Hébron ; d'où vient que dans Josèphe (g) elle est quelquefois attribuée à l'Idumée. On croit que c'était la demeure de Zacharie et d'Elisabeth, et le lieu de la naissance de saint Jean-Baptiste [*Voyez* AEN]. Hébron subsiste encore aujourd'hui, mais fort déchue de son ancien éclat.

[Hébron est aussi nommée *Mambré*, Gen. XXIII, 19. On appelait aussi Hébron le pays qui dépendait de cette ville. II *Reg.* II, 3. « Elle est à sept fortes heures de Jérusalem, au sud de cette ville sur la montagne de Juda, au bord de la vallée de Mambré ou d'Hébron, » dit Barbié du Bocage, qui ajoute : « Sous le nom moderne d'*El-Kalil* [ou *Il-Halil*, c'est-à-dire, cité d'Abraham], cette ville est devenue un repaire affreux de malfaiteurs, ce qui fait que les voyageurs la visitent peu. Sa population se compose de 4 à 5000 Turcs et de quelques Juifs. La montagne sur laquelle elle est assise est nue et aride ; mais au-dessous, la vallée qu'elle commande est fertile, et produit des oliviers, des vignes et de l'indigo. Hébron conserve encore son ancien temple, converti en mosquée, et dont le portique est soutenu par seize colonnes. Aucun chrétien ni aucun juif ne peut y pénétrer. Le voyageur suédois Berggren faillit être lapidé par la populace, pour s'être montré dans un lieu public : ce qui justifie sans doute le mauvais renom de ses habitants. »

Cependant M. Poujoulat a visité Hébron ; il y était au mois d'avril 1831, et c'est de cette ville qu'il écrivit la CXXII^e lettre de la *Correspondance d'Orient*, tom. V, pag. 211 et suivantes. C'est de ces lettres que nous allons tirer ce qu'on va lire sur la cité d'Abraham. Comme on ne s'aventure point sans péril dans le pays d'Hébron, les catholiques qui avaient accompagné M. Poujoulat dans plusieurs endroits de la Judée, n'osèrent lui servir de guides dans ce dangereux voyage ; le sous-cadi de Jérusalem, qu'il fréquentait et auquel il fit part de ce contre-temps, lui donna pour conducteurs des Arabes musulmans de confiance. Ecoutons maintenant M. Poujoulat :

« J'ai repassé, dit-il, par Thécua... Le chemin qui mène de Thécua à Hébron passe par des montagnes et des vallées couvertes de vignobles, de chênes et de sapins ; ce n'est plus la triste nature d'Engaddi et de Saint-Sabba, c'est un pays continuellement boisé, offrant en quelques endroits les traces d'une culture soignée... Nous aurions pu venir de Jérusalem à Hébron en moins de huit heures (1)...

» Plusieurs villages avoisinent Hébron ; le *village de la Vierge*, où s'arrêta, dit-on, Marie, lorsqu'elle fuyait vers l'Egypte, et le village appelé *Aïn-Hallill* (Fontaine d'Abraham), du nom d'une source bien connue des caravanes, sont les endroits les plus remarquables qu'on rencontre ; près du village de la Vierge, j'ai vu une citerne qui porte encore le nom de Sara. Ce doux nom de Sara jeté à vos oreilles par une voix arabe dans le pays d'Hébron, vous ramène tout à coup à ces premiers jours du monde, jours de pureté et de simplicité naïve, où les hommes étaient plus vrais parce qu'ils étaient plus près de Dieu. J'ai traversé des vallons couverts de moissons d'orge, des coteaux couronnés de vignobles ; mes guides vantaient la grosseur prodigieuse des raisins que produisent ces vignes (2)...

»... Hébron couvre le penchant d'une colline ; le nombre de ses habitants ne s'élève pas au delà de quatre mille. Un quart de la population appartient à la nation israélite, le reste est tout entier arabe-musulman. Point de chrétien à Hébron ; les disciples du Coran ne peuvent y supporter la présence des disciples de l'Evangile. Le quartier juif, qui, dans toutes les cités d'Orient, n'a que des misères à offrir au voyageur, se distingue ici par la blancheur des maisons et par une propreté rare. On croirait que les tombeaux d'Abraham, d'Isaac et de Jacob ont valu aux Israélites d'Hébron de précieux priviléges. Ni murailles ni tours ne protégent la cité ; une espèce de château y tient lieu de tout appareil militaire. Le territoire suffit pour nourrir les habitants. Quelle différence entre les bazars d'Hébron et ceux de Jérusalem! Ici les vivres abondent, on s'aperçoit qu'on foule un sol fertile, une terre qui sourit à l'homme qui l'habite. Je n'ai point vu à Hébron des visages jaunes, des joues et des yeux creusés par les souffrances de la faim : la pureté de l'air et l'abondance des vivres répandent le bien-être au sein de toute la population. La ville a des manufactures de bracelets et de lampes de verre, qui forment à peu près son seul commerce ; des caravanes exportent les lampes de verre dans le pays d'Egypte (3)... Les bracelets de verre bleu vont parer les bras de toutes les femmes arabes

---

(a) *Josue*, XIV, 13.
(b) *Ibid.* x, 3, 23, 37
(c) *Judic.* 1, 12, 13.
(d) *Josue*, XX, 7 ; XXI, 13.
(e) II *Reg.* II, 2, 3, 4, 5.

(f) II *Reg.* XV, 7, 8, 9, 10, etc.
(g) *Joseph. de Bello*, l. V, c. VII.
(1) Pag. 213.
(2) Pag. 219, 220.
(3) Pag. 222.

dans les cités, dans les villages et au désert...
Plusieurs khans, d'une construction solide, reçoivent les caravanes ; je suis logé avec mes conducteurs dans un de ces khans ; sur une natte, à côté de nous, sont assis plusieurs bédouins qui font le commerce d'une terre qu'ils apportent et dont on se sert comme matière première pour la composition du verre ; cette terre vient de neuf ou dix lieues d'Hébron, du côté du midi.

» Après les verreries, les habitants vous nomment les raisins secs comme principale branche de leur commerce ; je n'ai rencontré nulle part des raisins aussi beaux, aussi parfumés qu'à Hébron. On y fait une confiture de raisins que j'ai trouvée excellente, et qui a du renom dans la contrée. Comme il n'y a point de chrétiens à Hébron, on n'y trouve point de vin ; après la vendange, tous ces raisins sèchent au soleil au lieu de passer dans les pressoirs : on peut croire que si les gens du pays faisaient du vin, il égalerait les meilleurs vins de Chypre et du Liban. La supériorité du fruit de la vigne dans le territoire d'Hébron vous surprendra un peu moins, quand vous saurez que, d'après la tradition, c'est ici que Noé planta la première vigne (1).

» Hébron n'a aucun édifice dont je puisse vous parler avec quelque intérêt ; le seul monument que nous aimerions à visiter, est fermé à tout voyageur chrétien par le fanatisme musulman. Pour vous faire connaître l'intérieur de la mosquée d'Hébron, qui renferme les tombeaux des principaux patriarches, je suis forcé de recourir à la description d'Aly-Bey ; cette description paraît assez complète ; elle est d'ailleurs très-précieuse, parce qu'il n'existe pas d'autres documents sur ces vénérables sanctuaires, qu'il ne m'a été permis de voir que de loin. La voici :

« Les sépulcres d'Abraham et de sa famille
» sont dans un temple qui était jadis une
» église grecque. Pour y arriver, on monte
» un large et bel escalier, qui conduit à une
» longue galerie, d'où l'on entre dans une
» petite cour ; vers la gauche est un porti-
» que appuyé sur des piliers carrés. Le ves-
» tibule du temple a deux chambres, l'une à
» droite qui contient le sépulcre d'Abraham,
» et l'autre à gauche qui renferme celui de
» Sara. Dans le corps de l'église, qui est go-
» thique, entre deux gros piliers à droite,
» on aperçoit une maisonnette isolée, dans
» laquelle est le sépulcre d'Isaac, et, dans
» une autre maisonnette pareille sur la gau-
» che, celui de sa femme. Cette église, con-
» vertie en mosquée, a son méhereb, la tri-
» bune pour la prédication des vendredis, et
» une autre tribune pour les muddens ou
» chanteurs. De l'autre côté de la cour est
» un autre vestibule, qui a également une
» chambre de chaque côté. Dans celle de gau-
» che est le sépulcre de Jacob, et dans celle
» de droite celui de sa femme.

(1) Pag. 223.
(2) Pag. 225.

» A l'extrémité du portique du temple, sur
» la droite, une porte conduit à une espèce
» de longue galerie qui sert encore de mos-
» quée ; de là on passe dans une autre cham-
» bre où se trouve le sépulcre de Joseph,
» mort en Egypte, et dont la cendre fut ap-
» portée par le peuple d'Israel ! Tous les sé-
» pulcres des patriarches sont couverts de
» riches tapis de soie verte, magnifiquement
» brodés en or ; ceux de leurs femmes sont
» rouges, également brodés. Les sultans de
» Constantinople fournissent ces tapis, qu'on
» renouvelle de temps en temps. J'en comptai
» neuf, l'un sur l'autre, au sépulcre d'Abra-
» ham. Les chambres où sont les tombeaux
» sont aussi couvertes de riches tapis ; l'en-
» trée en est défendue par des grilles en fer
» et des portes en bois, plaquées en argent ;
» avec des serrures et des cadenas du même
» métal ; pour le service du temple, on com-
» pte plus de cent employés et domestiques. »

» A l'ouest d'Hébron, à une demi-heure de distance, une mosquée, bâtie au sommet d'une colline, occupe la place où étaient la tente d'Abraham et le grand chêne au pied duquel l'élu de Dieu servit le veau rôti, le beurre, le lait, le pain cuit sous la cendre, aux trois voyageurs, messagers du ciel. Après quarante siècles, des chênes croissent encore sur la montagne où s'élevait le chêne d'Abraham (2). N'est-ce pas une chose assez mystérieuse que de voir la nature s'associer en quelque sorte aux efforts de l'homme pour perpétuer le souvenir d'un passé aussi lointain ! Je touchais avec un saint respect le tronc et le feuillage de ces petits chênes ; j'aimais à me sentir couvert de leur ombre ; il me semblait alors que je me mêlais aux âges primitifs et que quelque chose de pur passait en moi. On m'a conduit près de là, à l'endroit que les vieux auteurs appellent le *champ Damascène*, aujourd'hui un champ de vignes, terre trois fois sainte où fut créé le premier homme, si nous en croyons quelques traditions. Les commentateurs de l'Ecriture et les Pères de l'Eglise ne sont pas d'accord sur le lieu du berceau du père des humains. Toutefois la vue de ce qu'on nomme le *champ Damascène* m'a rempli l'esprit des souvenirs de la création, et les délicieuses peintures de Milton me revenaient à la mémoire. Si dans le champ qu'on m'a montré je n'étais pas certain de fouler le premier sol qui ait reçu l'empreinte du pied de l'homme, du moins sur la colline de Mambré rien n'a pu porter atteinte à mes souvenirs ; j'étais bien là sur la colline du *Bien-Aimé*, de ce roi pasteur, dont toutes les langues d'Orient et d'Occident ont redit la gloire (3). »

HEBRON, fils de Caleb, chef de la famille des Hébronites, *Exod.* VI, 18.—[Cet Hébron n'était pas fils de Caleb. *Voyez* l'article suivant.]

* HEBRON, troisième fils de Caath, *Exod.* VI, 18 ; *Num.* III, 19 ; I *Par.* VI, 2, 18. Il fut chef de famille, *Num.* III, 27 ; XXVI, 58 ; I

(3) Pag. 226.

Par. XXVI, 23, 30, 31. La Vulgate l'appelle aussi Hébroni. *Num.* XXVI, 58, et ses descendants Hébronites.

* HEBRON, nommé I *Par.* II, 42, 43. Le texte porte : « Les fils de Caleb, frère de Jéraméel ; Mésa, son aîné, qui est le père de Ziph, et les fils de Marésa, père d'Hébron. Les fils d'Hébron : Coré, Thaphua, Récem et Samma. » On dit cependant qu'*Hébron est fils de Caleb*; mais je ne comprends pas comment on peut dire que *Caleb est le père d'Hébron*, quand le texte dit que c'est Marésa ; ni, 2°, comment il se fait, d'après le texte, que *les fils de Caleb* soient les fils de *Marésa, père d'Hébron*. Il y a ici, je le crois, du désordre. J'admets néanmoins qu'Hébron est le second fils de Caleb, ou un de ses petits-fils ; car l'historien sacré donne la généalogie de Caleb, comme il a donné auparavant (vers. 25 et suiv.) celle de Jéraméel, son frère aîné (vers. 9, 19, 25). Mais quel est ce Caleb? On a prétendu que c'était le fils de Jéphoné, qui conquit la ville d'Arbé, et supposé, d'une part, que Caleb donna à cette ville le nom de son fils Hébron, et d'autre part, au contraire, qu'il donna à son fils le nom d'Hébron que portait l'ancienne Arbé, lorsqu'il en fit la conquête. Ceux qui sont pour la première opinion en tirent d'étranges conséquences. Je vais en rapporter une qui n'est pas la moins absurde. M. Cahen, sur ce texte de *Jos.* XIV, 15 : *Le nom de Hebrone fut auparavant ville d'Arba*, fait cette note : « Nous lisons, *Gen.* XXXII : 2, *Kiriath-Arba qui est Hébrone*. Hébrone se trouve comme un des fils de Caleb, I *Chron.* (ou *Paral.*) II, 42. Si Hébrone est devenu le nom de *Kiriath-Arba*, par suite du nom d'un des fils de Caleb, il en résulte, d'après Masius, que Moïse n'a pas écrit les cinq livres qui composent le Pentateuque... » M. Cahen admet la supposition que le Caleb de I *Par.* II, 14, est le fils de Jéphoné, le vainqueur de *Kériath* (ville d') *Arba*, et la conséquence que Masius en tire. Je nie la supposition, m'engageant à prouver qu'elle est fausse. Si j'y parviens, j'aurai par là même prouvé l'absurdité des conséquences qu'en tirent les rationalistes. Pour y parvenir, il me suffit que Caleb, père d'Hébron, ne soit pas le même que Caleb, fils de Jéphoné et vainqueur de l'ancienne ville d'Arbé. Eh bien! Caleb, père d'Hébron, n'est pas fils de Jéphoné ; il est le troisième fils d'Hesron. C'est ce qu'apprend le même chapitre des Paralipomènes. Suivons sur ce point la généalogie de Caleb : verset 4, Juda eut, de Thamar, Pharès ; verset 5, Pharès eut Hesron ; vers. 9, 18, Hesron eut Jéraméel, Ram (ou Aram) et Caleb (ou Calubi) ; vers. 42, Caleb, frère de Jéraméel, fils aîné d'Hesron, eut Hébron.

En faut-il davantage ? N'est-il pas évident que Caleb, père d'Hébron, n'est pas du tout même que Caleb, fils de Jéphoné? D'ailleurs, l'écrivain sacré les distingue de manière à ce qu'on ne s'y méprenne pas ; parlant du père d'Hébron, il dit Caleb, *frère de Jéraméel* (vers. 42), de Jéraméel, *aîné d'Hesron* (vers. 25), tandis que, parlant de l'autre Caleb, il ajoute *fils de Jéphoné*, lequel Jéphoné est de la famille de Cénez, *Num.* XXXII, 12; *Jos.* XIV, 6.

Enfin Caleb, fils de Jéphoné, n'a pas eu de fils nommé Hébron; ses fils sont : Hir, Ela et Naham, I *Par.* IV, 15, trois en tout ; ceux de Caleb, fils d'Hesron, sont beaucoup plus nombreux (I *Par.* II, 42, 46, 48-50), et aucun d'eux ne s'appelle Hir, Ela ou Naham.

* HEBRONI. *Voyez* HÉBRON, fils de Caath.

* HEBRON, *vallée*. Cette vallée, d'où Joseph fut envoyé par son père vers ses frères à Sichem, où ils faisaient paître leurs troupeaux, paraît être la même que la vallée de Mambré (Barbié du Bocage). — *Voyez* HÉBRON, ville. MAMBRÉ.

HEBRONA, [trente-unième] campement des Israélites dans le désert, entre Jé-tébatha et Elath (*a*) [ou plutôt Eziongaber].

HEDDAI, un des braves de l'armée de David (*b*), était de la vallée, ou de dessus le torrent de Gaas. — [Il est appelé Huraï, I *Par.* XI, 32.]

HEDER [fils ou plutôt descendant d'Elphaal, benjamite], fut du nombre de ceux qui prirent la ville de Geth (*c*). — [Cela n'est pas certain.]

HEGLA, fille de Salphaad, de la tribu de Manassé. *Num.* XXVI, 33. *Hegla* signifie une *génisse*.

HELAM, lieu célèbre par la bataille que David livra aux Syriens, dans laquelle il les tailla en pièces, et leur prit leurs chevaux et leurs chariots (*d*). Dans le passage des Paralipomènes (*e*) où cette histoire est racontée, au lieu de *Helam*, qui est une ville inconnue, on lit *Alehem*, c'est-à-dire, David vint fondre *sur eux*; ce qui est apparemment la bonne leçon.

[Le géographe de la Bible de Vence et Barbié du Bocage admettent l'existence de ce lieu. Le texte de II *Reg.* X, 16, 17, ne laisse pas de doute à cet égard. Cahen dit qu'Hélam était une ville près de l'Euphrate. Lieu ou ville, peu importe, il s'agit de la position d'Hélam. Barbié du Bocage dit : « Hélam était situé sur la frontière au sud-est de la Syrie, suivant Hase (*Regn. David. et Salomon.*). Ce serait le *Cholle* de la table de Peutinger, au delà de Palmyre, vers l'Euphrate. » Il ajoute : « Cette position nous paraît toutefois devoir être rapprochée de la limite d'Israël, et indiquée non loin du mont Hermon. » Il me paraît, à moi, qu'il faut la laisser vers l'Euphrate. David a certainement porté la guerre jusqu'à ce fleuve.]

HELBA, ou CUELBA, ville de la tribu d'Aser (*f*). Ne serait-ce pas la ville de *Chelbon*, en Syrie (*g*), qui ne devait pas être éloignée

---

(*a*) *Num.* XXXIII, 34, 35.
(*b*) II *Reg.* XXIII, 30.
(*c*) I *Par.* VIII, 16.
(*d*) II *Reg.* X, 17.

(*e*) I *Par.* XIX, 17. אלהים
(*f*) *Judic.* I, 31.
(*g*) *Ezech.* XXVII, 18.

de Damas? Chelbon est célèbre par ses bons vins. *Voyez* son article.

[Dom Calmet renvoie à un article qui n'existe pas. La Vulgate, *Ezech.* XXVII, 18, dit : Damas..... vous apportait *du vin excellent.* L'hébreu dit : *du vin de Chelbon* ou *d'Helbon*, qui, suivant les uns, est un vignoble près d'Alep, et, suivant d'autres, Alep même. Les rois de Perse, dit Strabon, ne buvaient que du vin de Helbon. D'après le géographe de la Bible de Vence, dom Calmet pense qu'Helba est aussi Héleph. Voici ce qu'il dit : « Nicolas Sanson suppose que la ville d'Helba, de la tribu d'Aser, pouvait être la même qu'*Elmélech*, *Jos.* XIX, 26. Dom Calmet pense que ce pourrait être *Heleph*, qu'il suppose être sur les frontières d'Aser et de Nephtali, *Jos.* XIX, 33. Et en effet, dans l'hébreu הלבה, *Helba*, ressemble plus à הלף, *Heleph*, qu'à אלמלך, *Elmelech*. Quoi qu'il en soit, N. Sanson transporte *Heleph* fort loin des frontières d'Aser. »]

HELCATH, ou CHELCHATH, ville de la tribu d'Aser, qui fut donnée aux lévites de la famille de Gersom (a).—[*Voyez* HACOC *et* HALCATH.]

* HELCI, chef de famille sacerdotale, contemporain du grand prêtre Joacim. *Neh.* XII, 15.

* HELCIA, prêtre, contemporain d'Esdras. *Neh.* VIII, 4.

* HELCIA, ou HELCIAS. *Voyez* les articles suivants.

HELCIAS [ou plutôt, selon la Vulgate, Helchiaz, et, selon l'hébreu, Héclia ou Hakalia], père de Néhémie. II *Esdr.* 1, 1.

HELCIAS, père d'Eliacim. IV *Reg.* XVIII, 18 ; *Isa.* XXII, 20, etc.

HELCIAS, fils d'Amasaï, lévite de la famille de Mérari. I *Par.* VI, 45.

HELCIAS, père de Susanne. *Dan.* XIII, 2.

HELCIAS, père de Jérémie. *Jerem.* I, 1. Quelques-uns (b) veulent que cet Helcias soit le grand prêtre de ce nom qui vivait sous Josias, IV *Reg.* XXIII, 4, 8, 10 ; mais leur sentiment manque de bonnes preuves.

HELCIAS, grand prêtre, petit-fils de Sellum, et père d'Asarias, qui lui succéda dans la grande sacrificature. Ce fut sous le pontificat d'Helcias que l'on trouva le livre de la Loi dans le trésor du temple (c) ; ce qui engagea le roi Josias à réformer et à rétablir la religion presque tombée dans ses Etats, à cause de l'impiété des règnes précédents. Nous croyons que c'est le même qu'*Eliacim*, ou *Joakim*, qui vivait sous Manassé, et qui gouvernait lorsque Holopherne vint assiéger Béthulie en 3347, avant Jésus-Christ 653, avant l'ère vulgaire 657.

HELCIAS, père du précédent (d). Il vivait sous Ezéchias (e). Il faut voir notre dissertation sur la succession des grands prêtres hébreux, à la tête du Commentaire sur Judith.

* HELCIAS, père de Gamaria. *Jerem.* XXIX, 3.

* HELCIAS, un des ancêtres de Baruch. I *Bar.* I, 1.

* HELCIAS, lévite mérarite. I *Paralip.* XXVI, 11.

HELEC, fils de Galaad, de la tribu de Manassé, fut chef de la famille des Hélécites (f).

HELED, fils de Bana, un des braves de l'armée de David. II *Reg.* XXIII, 29.

* HELEM, chef de famille asérite. I *Paral.* VII, 35.

* HELEM ou HOLDAÏ, nommé par *Zach.* VI, 10, 14.

HELENE, sœur et épouse de Monobaze, roi des Adiabéniens, embrassa la religion des Juifs, avec Izate son fils, successeur de Monobaze (g). Cette reine, étant venue à Jérusalem, y fit bâtir un palais dans la basse ville (h), où elle demeura jusqu'à la mort d'Izate. Dans une grande famine qui désola la Judée (i), elle employa de grosses sommes au soulagement des pauvres. Paul Orose veut qu'elle ait embrassé le christianisme (j). Du temps d'Eusèbe (k) et de saint Jérôme (l), on voyait encore son tombeau, à trois stades de Jérusalem. Pausanias, qui écrivait à la fin du second siècle, et qui avait vu son mausolée, en parle comme d'une des merveilles du monde.

La famine dont on a parlé arriva l'an de Jésus-Christ 44, et c'est la même qui fut prédite par le prophète Agabus (m), et dans laquelle les chrétiens d'Antioche signalèrent leur charité envers ceux de Jérusalem (n).

HELENE ou SÉLÈNE, femme de Simon le Magicien. *Voyez* SIMON *le Magicien.*

HELEPH, ville de la tribu de Nephtali. *Josue*, XIX, 33. Elle est appelée *Meheleph* dans l'hébreu, dans les Septante et dans Eusèbe. — [*Voyez* HELBA.]

HELÈS, un des vaillants hommes de l'armée de David. II *Reg.* XXIII, 26. Il est nommé *Helès de Phalti* dans les livres des Rois ; mais dans les Paralipomènes, I *Par.* XI, 27, il est nommé *Hellès Phalonite.*

HELI, grand sacrificateur, de la race d'Ithamar, mourut l'an du monde 2888, avant Jésus-Christ 1112, avant l'ère vulgaire 1116, après avoir été juge d'Israel pendant quarante ans (o), depuis l'an du monde 2848 jusqu'en 2888. Il succéda à Abdon, et eut pour successeur Samuel dans le gouvernement du peuple ; mais, dans la grande sacrificature, il eut pour successeur *Achitob*, son troisième fils. Pendant qu'Héli jugeait le peuple, et qu'il le gouvernait dans ce qui re-

---

(a) *Josue*, XXI, 31.
(b) *Clem. Alex. l.* I *Strom. Hieron. seu author Tradit. Hebr. in Paral. Brug. Tostat. Alii.*
(c) IV *Reg.* XXII, XXIII. II *Par.* XXIV. An du monde 5380, avant Jésus-Christ 620, avant l'ère vulg. 624.
(d) *Baruch.* I, 7.
(e) IV *Reg.* XVIII, 18, 26, 37.
(f) *Num.* XXVI, 30.
(g) *Joseph Antiq. l.* XX, *c.* II.
(h) *De Bello, l.* VI, *c.* XVI, p. 920, *c, et l.* VII, *c.* XXXV, p. 964.
(i) L'an de Jésus-Christ 44.
(j) *Paul. Oros. l.* VII, *c.* VI. *Bibl. Patr. t.* XV, p. 210, etc.
(k) *Euseb. Hist. Eccl. l.* II, *c.* XII.
(l) *Hieronym.* Ep. 27, p. 172.
(m) *Act.* XI, 28.
(n) *Act.* XI, 29, 30.
(o) I *Reg.* IV, 18.

gardait le civil et le sacré ; Samson faisait l'office de libérateur et de défenseur d'Israel contre ses ennemis, surtout contre les Philistins.

On ignore de quelle manière Héli arriva à la souveraine sacrificature, et comment cette dignité passa de la famille d'Eléazar dans celle d'Ithamar, d'où était Héli. Il y en a qui croient que le souverain sacerdoce fut déféré à Héli, à cause de la négligence, ou du bas âge, ou du peu d'aptitude de ceux de la famille d'Eléazar. D'autres veulent qu'on le lui ait déféré, en considération de sa charge de juge d'Israel. Ce qui est certain, c'est que cela ne s'était pas fait sans une déclaration expresse de la volonté de Dieu; car voici comment lui parla un homme de Dieu, qui lui fut envoyé pour lui faire des reproches de la mauvaise conduite de ses enfants (a) : *J'ai choisi la maison d'Aaron votre père, pour monter à mon autel, et pour exercer mon sacerdoce; pourquoi donc avez-vous foulé aux pieds mes victimes, et pourquoi avez-vous plus honoré vos enfants que moi?* C'est pourquoi *voici ce que dit le Seigneur : J'avais déclaré que votre maison et la maison de votre père serviraient pour jamais devant ma face; mais maintenant je suis bien éloigné de cette pensée, dit le Seigneur ; car je glorifierai celui qui m'aura rendu gloire, et ceux qui me méprisent tomberont dans le mépris.* Le prophète ajouta que les deux fils d'Héli, Ophni et Phinées, mourraient en un seul jour; que Dieu ferait passer le sacerdoce dans une autre famille, et que celle d'Héli tomberait dans le mépris et dans l'indigence.

Ces prédictions furent vérifiées lorsque, sous le règne de Salomon, l'exercice de la grande sacrificature fut ôté à Abiathar (b) de la famille d'Héli, et réservé au seul Sadoc, qui était de la race d'Eléazar (c). Le grand défaut d'Héli était sa nonchalance et son indulgence pour ses enfants. Il n'ignorait pas les désordres qu'ils commettaient dans le tabernacle, et le scandale qu'ils causaient au peuple par leur mauvaise conduite (d). Mais au lieu de les punir, et de les éloigner du sacré ministère, il se contenta de leur dire : *Pourquoi faites-vous toutes ces choses que j'apprends, et dont parle tout le peuple? Ne faites plus cela, mes enfants; il est bien fâcheux que l'on publie de vous que vous portez le peuple du Seigneur à violer ses commandements. Si un homme pèche contre un homme, on peut lui rendre Dieu favorable. Mais si un homme pèche contre le Seigneur, qui priera pour lui?* Mais ses enfants n'écoutèrent pas la voix de leur père, et lorsque le prophète dont nous avons parlé lui annonça les maux dont sa maison était menacée, nous ne voyons pas que cela ait allumé son zèle, ni redoublé sa juste sévérité envers ses enfants.

Dieu lui fit encore parler par Samuel (e), qui n'était alors qu'un enfant (f), et il lui dit : *Je vais faire dans Israel une chose que nul ne pourra entendre, sans que les oreilles lui en retentissent. En ce jour-là j'accomplirai tout ce que j'ai résolu contre Héli et contre sa maison; je commencerai, et j'achèverai. J'exercerai mes jugements contre sa maison, et son iniquité ne sera jamais expiée, ni par des victimes, ni par des présents.* Héli, ayant appris ces choses de la bouche de Samuel, ne répondit autre chose, sinon : *Il est le Seigneur, qu'il fasse ce qui est agréable à ses yeux.* Dieu différa sa vengeance encore vingt-sept ans, et ce ne fut qu'en 2888, avant Jésus-Christ 1112, avant l'ère vulgaire 1116, que les fils d'Héli, Ophni et Phinées, furent mis à mort par l'épée des Philistins, que l'arche du Seigneur fut prise, et qu'Héli lui-même, ayant appris ces tristes nouvelles, tomba de sa chaise à la renverse, et se rompit le cou (g). [*Voyez* Calendrier des Juifs, à la tête du premier volume, au 10 du mois de *jiar*.] Il eut pour successeur, selon Josèphe (h), et selon la plus commune opinion, *Achitob*, son troisième fils ; selon d'autres, ce fut *Ahia* qui lui succéda. Il est certain qu'*Ahia* était grand prêtre au commencement du règne de Saül (i). Plusieurs anciens ont voulu mettre Samuel au rang des grands prêtres des Juifs, mais il est certain qu'il n'était pas de la race des prêtres, mais seulement de celle des lévites.

HELI, nommé dans saint Luc (j) comme le dernier des aïeux de notre Sauveur Jésus-Christ selon la chair, est apparemment le même que saint Joachim, père de la sainte Vierge, et connu dans plusieurs monuments très-anciens et très-respectés chez les Orientaux.

HELI, HÉLIACIM, HELCIAS, JOACHIM sont à peu près le même nom, et nous avons vu ci-devant le même grand prêtre nommé *Helcias, Joachim* et *Éliacim*.

HÉLIODORE, premier ministre de Séleucus Philopator, roi de Syrie (k) fut envoyé par le roi son maître à Jérusalem pour enlever les trésors que l'on disait être dans le temple (l). Étant arrivé à Jérusalem, et ayant déclaré le sujet de son voyage, le grand prêtre lui représenta que l'argent dont on avait parlé au roi appartenait à Hircan, fils de Joseph et petit-fils de Tobie, qui était établi de la part du roi Séleucus, intendant du pays de delà le Jourdain, et qui en levait les tributs pour le roi (m); que le reste était des dépôts appartenant à divers particuliers, auxquels on ne pouvait toucher sans violer les lois de la justice. Héliodore, insistant sur les ordres du roi, répondit qu'il fallait à toute force que cet argent fût porté au roi et prit jour pour entrer dans le temple

(a) I *Reg.* ii, 27, 28.
(b) III *Reg.* ii, 26.
(c) An du monde 2900, avant Jésus-Christ 1010, avant l'ère vulg. 1014.
(d) I *Reg.* ii, 12, 13, 22, 23.
(e) II *Reg.* iii, 1, 2, 3, etc.
(f) An du monde 2861. Samuel, étant né en 2849, avait alors douze ans.

(g) I *Reg.* iv, 1, 2.... 18.
(h) *Antiq.* l. VI, c. vii.
(i) I *Reg.* xiv, 18.
(j) *Luc.* iii, 23.
(k) II *Mac.* iii, 7, 8 *et seq.*.
(l) An du monde 3828, avant Jésus-Christ 172, avant l'ère vulg. 176.
(m) Vide *Joseph. Antiq.* l. XII, c. iv, etc.

et pour enlever les richesses qui s'y trouvaient.

Lorsqu'il fut entré dans le temple, la consternation fut extrême dans toute la ville, et surtout parmi les prêtres. Alors on vit paraître un cheval sur lequel était monté un homme terrible, vêtu magnifiquement, qui, fondant avec impétuosité sur Héliodore, le frappait avec ses pieds de devant, pendant que deux jeunes hommes, aussi brillants de gloire et richement vêtus, se tenaient aux deux côtés d'Héliodore et le fouettaient sans relâche chacun de son côté. Héliodore fut renversé ; et, tout hors de lui-même, il fut promptement emporté hors du temple dans une chaise à porteur. En même temps on vint prier le grand prêtre Onias 1er d'offrir un sacrifice, et d'employer ses prières auprès de Dieu afin d'obtenir la santé et la vie à Héliodore.

Pendant que le grand prêtre faisait sa prière, les mêmes jeunes hommes, revêtus des mêmes habits, se présentèrent à Héliodore et lui dirent : *Rendez grâces au grand prêtre Onias, car le Seigneur vous a donné la vie à cause de lui, et annoncez à tout le monde ses merveilles et sa puissance.* Ayant dit ces mots, ils disparurent. Héliodore, ayant offert une hostie à Dieu et lui ayant fait de grandes promesses, s'en retourna vers le roi Séleucus à Antioche. Il lui raconta ce qui lui était arrivé, et le roi lui demandant qui lui paraissait propre pour être envoyé de nouveau à Jérusalem, il lui répondit : *Si vous avez quelque ennemi et quelqu'un dont vous vouliez vous défaire, envoyez-le en ce lieu, et vous le verrez revenir déchiré de coups, si toutefois il en revient ; car il y a certainement quelque vertu divine dans ce temple.* Voilà ce que l'on sait de cet Héliodore. Joseph, fils de Gorion, dit que depuis cet événement Héliodore se fit juif et renonça à l'idolâtrie.

HELIOGABALE. *Voyez* ASIMAH.

HELIOPOLIS, c'est-à-dire, la *Ville du Soleil*. Il en est parlé dans la Genèse (a) et dans Ezéchiel (b). Elle est appelée *On* dans l'hébreu. Putiphar, qui donna sa fille Aseneth pour femme à Joseph, était prêtre d'Héliopolis. Cette ville était située sur le Nil à une demi-journée de Babylone d'Egypte, vers le nord. Strabon (c) parle des anciens temples et des obélisques qu'on y montrait de son temps, et des grandes maisons des prêtres qu'on y voyait, quoique la ville fût entièrement déserte.

Outre la ville d'*Héliopolis*, nommée *On* dans l'hébreu, il y en avait une autre dans l'Egypte, située entre le Caire, la ville de Copte et la mer Rouge. M. d'Herbelot (d) assure que les écrivains arabes nomment la ville de *Coos Ain-al-Schams*, c'est-à-dire, *Fontaine du Soleil*, ou *Héliopolis*, la *Ville du Soleil*. Il croit que c'est l'ancienne et la fameuse ville de Thèbes dans la haute Egypte. Il dit que les géographes arabes lui donnent soixante et un degrés trente minutes de longitude, et vingt-trois degrés trente minutes de latitude. Dapper met Héliopolis à sept mille pas du Caire vers l'orient, et auprès du village de Matarès, et par conséquent elle est fort différente de la fameuse Thèbes, capitale de la Thébaïde.—[*Voyez* MATHARÉE.]

Héliopolis est maintenant ruinée, et ne conserve plus que quelques restes de son ancienne grandeur. On dit que le nom d'Héliopolis lui fut donné à cause d'un temple qui était dédié au soleil, et où il y avait un miroir placé de telle manière, que pendant tout le jour il réfléchissait les rayons de cet astre, de sorte que tout le temple en était illuminé. On voit parmi les ruines de cette ville un obélisque dressé au milieu d'une place, avec des emblèmes hiéroglyphiques des quatre côtés, et une colonne appelée l'aiguille de Pharaon.

C'est dans cette ville d'Héliopolis qu'Onias, fils d'Onias troisième, s'étant retiré en Egypte (e), et ayant gagné les bonnes grâces de Ptolémée Philométor et de Cléopâtre, sa femme (f), obtint la permission de bâtir un temple semblable à celui de Jérusalem (g), à l'usage des Juifs qui étaient en Egypte. Ce temple subsista jusqu'au temps de Vespasien, qui le fit fermer par Lupus, préfet d'Egypte (h). *Joseph. de Bello, l.* VII, *c.* XXXVII, *p.* 995, 996. Paulin, qui succéda quelque temps après à Lupus, fit ôter tous les ornements et les richesses qui y étaient, en fit fermer toutes les portes, et ne permit pas qu'on y fît aucun exercice de religion. *Voyez* ONION. C'est le nom qu'on avait donné à ce temple.

[Sur Héliopolis d'Egypte, *voyez* une lettre très-intéressante de M. Michaud, datée du Caire et du mois d'avril 1831, dans la *Correspond. d'Orient*, lettre CXLI, tom. VI, pag. 56 et suiv., avec une suite, pag. 61 et suiv. Je vais en extraire ce qui suit (pag. 62-67).

« M. Jomard, qui a décrit l'emplacement d'Héliopolis, a parcouru toutes les campagnes voisines ; il a trouvé des ruines en plusieurs endroits, surtout dans le bourg d'*Hélioud*, situé vers le Nil ; ce bourg renferme plusieurs restes de la ville antique ; le nom d'Hélioud est lui-même un reste ou un souvenir d'Héliopolis. C'est ainsi que dans la Troade l'antiquité vit successivement l'ancienne Ilion, la nouvelle Ilion, puis la Troie d'Alexandre ; la seconde fut bâtie avec les ruines de la première, la troisième avec les débris des deux autres. La même chose a pu arriver à plusieurs villes d'Egypte, et le bourg d'Hélioud fut sans doute une nouvelle Héliopolis, qui aura été construite par les Grecs plus près du fleuve.

» Des traditions sacrées et profanes, des souvenirs de plusieurs époques et de diverses

---

(a) *Genes.* XLI, 45 ; XLVI, 20. Ἡλιουπόλις. אן.
(b) *Ezech.* XXX, 17.
(c) *Strabo, l.* XVI.
(d) *Bibl. Orient.*, p. 274.
(e) L'an du monde 3842, avant Jésus-Christ 158 avant l'ère vulg. 162.
(f) *Antiq. l.* XII, *c.* XV, *et l.* XX, *c.* VIII.
(g) An du monde 3854, avant Jésus-Christ 146, avant l'ère vulg. 150.
(h) An de Jésus-Christ 75.

croyances, se rattachent à la ville et au territoire d'Héliopolis ; cette ville est souvent mentionnée dans la Bible, qui l'appelle On, mot qui signifiait *Ville du Soleil* dans la langue des vieux Egyptiens. *Putiphar*, dont le patriarche Joseph fut l'intendant, habitait *Héliopolis*, et son nom même de *Putiphar* annonce qu'il était un des grands prêtres du dieu Soleil. [*Voyez* Joseph.] Comme Héliopolis était près du pays de Gessen, habité par les Hébreux, elle leur était beaucoup plus connue que Memphis et Thèbes. On croit même que les Juifs furent employés à construire, ou tout au moins à réparer quelques édifices de la cité égyptienne. Ce fut là sans doute que Moïse, qui est appelé dans l'Ecriture *l'élève de l'Egypte*, vint apprendre les hautes sciences qu'enseignait l'école des prêtres, les sciences dont il avait besoin pour étonner, pour convaincre Pharaon, et remplir la mission que lui avait donnée Jéhovah. Quand les Hébreux furent les maîtres de Chanaan, leurs pensées se tournèrent encore quelquefois vers Héliopolis, et, dans les mauvais jours d'Israel, ceux qui avaient à redouter la persécution vinrent y chercher un asile. Les traditions saintes nous apprennent que la famille de Jésus-Christ vint à Héliopolis lorsqu'elle fuyait les poursuites d'Hérode, et ces traditions, fort répandues au moyen-âge, attirèrent dans ce lieu un grand nombre de pèlerins ; on nous a montré, à quelques centaines de pas de l'obélisque, une fontaine qui fut longtemps l'objet de la vénération des chrétiens, et qu'on nomma longtemps la *Fontaine de Marie*.

» Une opinion s'était accréditée, que la vierge Marie avait lavé dans cette fontaine les langes de l'enfant Jésus, et depuis ce temps l'eau qu'on y puisait avait opéré quantité de miracles. Dès les premiers temps du christianisme, les fidèles bâtirent en ce lieu une église ; quand les musulmans furent maîtres de l'Egypte, ils construisirent à leur tour une mosquée près de la source miraculeuse. Les disciples des deux croyances venaient demander à la fontaine de Marie la guérison de leurs maux ; les Cophtes, les Grecs et quelques musulmans du pays y viennent encore aujourd'hui en pèlerinage ; mais le nombre des prodiges a beaucoup diminué. La chapelle chrétienne et la mosquée ont eu le sort du temple du soleil ; on n'en trouve plus de vestiges. Nous n'avons vu, auprès de la fontaine révérée, qu'une machine hydraulique, à laquelle quatre bœufs sont attelés, et qui élève l'eau au niveau du terrain.

» Une autre trace de la sainte famille attirait aussi les pèlerins : non loin de la fontaine on nous a fait entrer dans un enclos planté d'arbres ; un musulman qui nous conduisait nous a fait arrêter devant un sycomore et nous a dit : *Voilà l'arbre de Jésus et de Marie*. Les Cophtes nous disent que, dans un moment où la sainte famille fuyait devant des brigands, le tronc de cet arbre s'ouvrit tout à coup pour la recevoir ; heureusement que nous ne sommes pas obligés de croire à ce que disent ici les Cophtes et même les disciples du Coran, car la seule vue du sycomore suffirait pour démentir leurs assertions et nous disposer à l'incrédulité ; d'abord le tronc de l'arbre ne surpasse pas en grosseur celui des arbres les plus ordinaires, et ne laisse donc guère aux spectateurs l'idée du prodige qu'on suppose. J'ai remarqué de plus que le sycomore devant lequel nous nous sommes arrêtés ne ressemble pas même à celui qui est décrit par les voyageurs du seizième siècle ; comment se persuader qu'un arbre à qui on enlève chaque jour, son écorce et ses branches pour en faire des reliques, soit resté le même depuis le temps d'Hérode ? Vansleb, curé de Fontainebleau, nous rapporte que l'ancien sycomore était tombé de vieillesse en 1656 ; les pères cordeliers du Caire conservaient pieusement dans leur sacristie les derniers débris de l'arbre miraculeux. Il ne restait dans le jardin qu'une souche d'où est venu sans doute l'arbre que nous avons vu.

» Le jardin où nous sommes entrés renfermait une autre plante qui obtint aussi le respect des pèlerins ; c'est l'arbuste qui produit le baume : « La vigne du baume, dit
» Jacques de Vitri, qui ne se trouvait que
» dans la terre sainte et dans le lieu appelé
» Jéricho, fut transportée très-anciennement
» dans la plaine de Babylone (la plaine d'Héliopolis). Elle y est cultivée par les disciples du Christ qui vivent captifs sous la
» domination des Sarrasins ; ces derniers
» ont jugé par expérience, et ils en conviennent, que lorsque la vigne du baume est
» cultivée par des mains musulmanes, elle
» demeure stérile, comme si elle dédaignait
» de produire des fruits pour des infidèles. »
Telle est l'opinion qu'on avait sur le baume d'Héliopolis au treizième siècle ; le siècle suivant ne trouva point cette narration assez merveilleuse ; le seigneur d'Englure, que nous avons souvent cité et qui passa par la *plaine de Babylone*, nous parle ainsi de toutes les merveilles visitées par les pèlerins de son temps, et surtout du jardin où croissait la vigne du baume : « Quand notre dame, mère
» de Dieu, nous dit-il dans son vieux langage, eut passé les déserts et qu'elle vint
» en cedit lieu, elle mit notre Seigneur à
» terre, et alla cherchant eaue par la campagne, mais point n'en peut *tiner* (trouver);
» si s'en retourna moult dolente à son cher
» enfant, qui gisoit estendu sur le sable,
» lequel avait feru des talons en terre, tant
» qu'il en sourdit une fontaine d'eaue moult
» bonne et douce ; si fust nostre dame moult
» joyeuse de ce, et en remercion notre Seigneur ; illec recoucha notre dame son cher
» enfant et lava les *drapelets* de notre Seigneur de l'eaue d'icelle fontaine, et puis
» estendit iceux drapelets par dessus la terre
» pour les essuyer (les faire sécher), et de
» l'eaue qui dégoutoit d'iceux drapelets,
» ainsi comme ils essuyoient (séchaient),
» par chaque goutte sourdoit un petit arbrisseau, lesquels arbrisseaux portent le baume, et encore à présent y a grant planté

» (quantité) de ces arbrisseaux qui portent » le baume, et en autre lieu du monde, fors » (excepté) en paradis terrestre, vous ne » trouverez qu'il naisse baume hors en cedit » jardin. » Je cite ici le texte de notre vieux pèlerin, parce qu'on ne peut imiter le charme de sa narration. Quelle simplicité naïve, quel naturel plein de grâce dans ce petit tableau ! Ce que dit Virgile de l'arbre de Polidore, tout ce que dit le Tasse de la forêt enchantée, ne me paraît pas plus poétique ; combien il me serait doux de partager toutes les illusions de nos voyageurs du moyen-âge, et de regarder comme paroles d'Évangile tout ce qu'ils nous racontent ! Notre raison superbe et les tristes conseils qu'elle nous donne valent-ils le bonheur de croire à cette innocente poésie des légendes ! Du reste, la plante du baume, ainsi célébrée, n'existe plus dans la plaine d'Héliopolis : elle a péri comme tant d'autres merveilles du pays, sans qu'on sache dans quel temps elle a disparu et quelle a été sa fin. » *Voyez* MARIE, note.]

HÉLIOPOLIS, ville de la Célé-Syrie, entre le Liban et l'Anti-Liban, entre Laodicée et Abila, nommée autrement BALBEC, ou MALBECH. Il y avait un temple fameux dédié au Soleil, ou au dieu Balanius, dont on voit encore à présent de magnifiques restes (*a*). Je crois que c'est cette ville que le prophète Amos a voulu marquer en disant (*b*) : *J'exterminerai les habitants du camp de l'Idole.* L'hébreu : *J'exterminerai l'habitant de Bekath-aven*, ou de la vallée d'iniquité. Il donne le nom de *Bekath-aven* à la ville que les païens nommaient *Bekath-Baal*, et que l'on nomme encore aujourd'hui *Baal-bech* la vallée de Baal.

[Sur Héliopolis de Célé-Syrie, *voyez* Lamartine, *Voyage d'Orient*, tom. II, pag. 141-159 ; Poujoulat, *Correspond. d'Orient*, lettre CL, du mois de mai 1831, tom. VI, pag. 243 et suiv.]

*HELLADA, I *Mac.* VIII, 9 : c'est la Grèce.

HELLÉNISTES. Ce terme vient d'*Hellen*, un Grec (*c*). On appelait *Juifs hellénistes* ceux qui vivaient dans les villes et les provinces où la langue grecque était commune et qui, n'ayant pas l'usage de la langue hébraïque ou syriaque, ne se servaient communément que de la version grecque des Septante dans leur particulier et même dans leurs assemblées, ce qui était désapprouvé par plusieurs autres Juifs hébraïsants, qui ne pouvaient souffrir qu'on lût la sainte Écriture en une autre langue qu'en hébreu. Les Hellénistes ne sont connus que depuis le règne des Grecs dans l'Orient. Quelquefois ils sont appelés simplement *Hellènes*, Grecs ; et quelquefois *Hellenistæ* dans le Nouveau Testament (*d*) : car je ne trouve pas ce dernier terme dans les Machabées, ni dans les autres livres grecs de l'Ancien Testament.

* HELLES, judaïte, fils d'Azarias et père d'Elasa, descendant d'Hesron par Jéraméel et Sésan. I *Par.* II, 39.

HELLES PHALONITES (*e*), le même que HÉLÈS *de Phalci*, ci-devant.

HELMON-DEBLATHAIM. Campement des Israélites sur le torrent d'Arnon (*f*). De là ils allèrent à la montagne d'Abarim. — [*Voyez* DEBLATHA.]

. HELON, père d'Eliab, de la tribu de Zabulon. *Num.* I, 9.

HELON, ville de la tribu de Juda, laquelle fut donnée aux lévites [aux prêtres] (*g*). C'est apparemment la même que *Cholon*, ou *Olon*. *Josue*, XV, 51, [et que *Elon* ou *Helon Jos.* XXI, 15, dit le géographe de la Bible de Vence. Voyez l'article suivant.]

* HELON, ville lévitique de la tribu de Dan, I *Par.* VI, 69, nommée *Aialon*, *Jos.* XIX, 42 ; XXI, 24. *Voyez* AIALON et ELON. Dom Calmet confond cette ville avec celle de même nom dans la tribu de Juda, la seule qu'il mentionne. Barbié du Bocage, au contraire, ne mentionne que celle de la tribu de Dan. Le géographe de la Bible de Vence les cite toutes deux et les distingue.

* HELON, ville de la tribu de Ruben, reprise par les Moabites. *Jer.* XLVIII, 21.

* HELOU (lac de]. *Voyez* ASOR.

HEM, fils de Sophonie, au nom duquel Zacharie dit qu'on consacrera une couronne au Seigneur. *Zach.* VI, 14. [Il est appelé Josias au verset 10.]

HEMAN, fils de Lothan et petit-fils d'Esaü. *Genes.* XXXVI, 22. — [*Voyez* ELIPHAZ.]

HEMAN ESRAÏTE. *Voyez* EMAN. On trouve dans les livres des Rois (*h*) *Ethan*, *Eman*, *Chalchol* et *Dorda*, fils de Machol et fameux musiciens du temple au temps de Salomon. Et dans les Paralipomènes (*i*) nous trouvons *Zamri*, *Ethan*, *Eman*, *Chalchal* et *Dara*, fils de Zara et petit-fils de Juda. Je soupçonne que les copistes auront confondu les descendants de Machol avec ceux de Zara, et que, par erreur, on aura donné à *Eman*, ou Héman, fils de Machol, le surnom d'*Esraite*, comme s'il était fils de Zara.

HEMATH. *Voyez* EMATH. C'est *Emèse*, ville de Syrie.

HEMONA, ou VILLA HEMONA, ville de la tribu de Benjamin (*j*). — [C'est EMONA.]

HEMOR, prince de la ville de Sichem, et père d'un jeune homme nommé aussi Sichem, qui viola Dina, fille de Jacob, et attira sur son père et sur toute la ville de Sichem les effets du ressentiment des frères de Dina (*k*). *Voy.* DINA et SICHEM. Jacob, étant de retour de la Mésopotamie (*l*) alla à Sichem où il dressa ses tentes, et acheta auprès d'Hémor, pour le prix de cent késita, la partie du champ où il avait dressé ses tentes (*m*)

(*a*) *Voyez* Maundrel et Monconis.
(*b*) *Amos*, :, 5
(*c*) Ἕλλην, Hellèn, *Græcus, Gentilis.*
(*d*) *Act.* VI, 1. Ἐγένετο γογγυσμὸς τῶν Ἑλληνιστῶν. *Act.* IX, 29, et XI, 20.
(*e*) I *Par.* XI, 27.
(*f*) *Num.* XXXIII, 46.
(*g*) I *Par.* VI, 58.

(*h*) III *Reg.* IV, 31.
(*i*) I *Par.* II, 6.
(*j*) *Josue*, XVIII, 24.
(*k*) *Genes.* XXXIV.
(*l*) An du monde 2265, avant Jésus-Christ 1735, avant l'ère vulg. 1739.
(*m*) *Genes.* XXXIII, 19

* HEMORRHOIDES. *Voyez* DAGON.

HEMORROISSE. Ce terme vient du grec, et il signifie en cette langue (a) une personne qui souffre une grande perte de sang. Nous appelons l'Hémorroïsse cette femme dont il est parlé dans l'Evangile (b), laquelle était malade d'une perte de sang depuis douze ans, et qui, ayant dépensé tout son bien à se faire traiter par les médecins sans aucun succès, s'approcha de Jésus-Christ par derrière et toucha la frange de son vêtement, et tout d'un coup le sang s'arrêta. Alors Jésus dit : *Qui est-ce qui m'a touché?* Saint Pierre répondit : *Maître, la foule du peuple vous touche et vous accable, et vous demandez : Qui m'a touché?* Mais Jésus dit : *Quelqu'un m'a touché, car j'ai reconnu qu'une vertu était sortie de moi.* Alors l'Hémorroïsse s'en vint toute tremblante, et déclara devant tout le peuple ce qui l'avait portée à le toucher, et comment elle avait été guérie ; et Jésus lui dit : *Ma fille, votre foi vous a guérie ; allez en paix.*

Saint Ambroise (c) croit que cette femme était sainte Marthe. Jean Malala et Codinus l'appellent *Véronique*. Mais Eusèbe (d) assure que c'était une femme païenne, de la ville de Panéade, à la source du Jourdain, laquelle, en reconnaissance de ce miracle, érigea une statue à notre Sauveur, qu'Eusèbe assure avoir vue de ses yeux. Sozomène (e) et Philostorge (f) racontent qu'elle subsista jusqu'au temps de l'empereur Julien.

HENOCH, ou ENOCH, fils de Jared (g). *Voyez* ci-devant ENOCH. — [Il y est parlé d'ANNAC, d'où j'ai renvoyé. *Voyez* de plus la dissertation de Calmet sur Hénoch, dans la Bible de Vence, où elle a été remaniée.]

HENOCH, fils de Caïn. *Genes.* IV, 17.

HENOCH, ville bâtie par Caïn en l'honneur d'Hénoch, son fils aîné (h). C'est la plus ancienne ville du monde que l'on connaisse. Elle était à l'orient de la province d'Eden. C'est peut-être *Hanuchta*, que Ptolémée place dans la Susiane. Le faux Bérose et après lui Adrichomius placent la ville d'Hénochie, bâtie par Caïn, à l'orient du Liban, vers Damas. — [« D'autres (M. Ed. Wells, *an Historic. Geogr. of the Old and New Testam.*, t. I, p. 28) la transportent dans l'Arabie Déserte, se fondant, 1° sur ce que Moïse, en désignant la position de cette ville à l'orient, le faisait eu égard à sa position plutôt qu'à celle du paradis terrestre; et 2° sur ce que la Susiane, pays riche et fertile, est peu propre à l'accomplissement des desseins de Dieu dans le châtiment qu'il veut infliger à Caïn, en lui disant : *Quand vous l'aurez cultivée* (la terre), *elle ne vous rendra pas son fruit.* D'autres, enfin, transportent cette ville dans le Caurase, au milieu des *Heniochi*. » Barbié du Bocage.]

HENOCH, fils aîné de Ruben, chef de la famille des Hénochites (i).

HENOCH, fils de Madian. *Genes.* XXV, 4.

HENOS, fils de Seth et père de Caïnan. *Genes.* V, 6, 7. *Voyez* ENOS.

HEPHA, ou KEPHA, ou EPHA, ou CAIPHA, autrement *Sycaminon*, ville maritime, au pied et au nord du mont Carmel, au midi du port de Ptolémaïde. Elle est distante de cette ville de dix-huit milles par mer et de trente milles par terre.

* HEPHER. *Voyez* EPHER.

* HEPHER de MÉCHÉRATH, un des vaillants de David. I *Par.* XI, 36.

* HEPHER, judaïte, fils d'Assur et de Naara, I *Par.* IV, 5, 6, lequel Assur était fils d'Hesron et d'Abia, *ibid.* II, 24.

HEPHER. *Voyez* GETH-EPHER.

HEPHER, père de Salphaad et chef de la famille des Héphérites (j).

HEPTATEUQUE. Ce terme signifie, à la lettre, les *sept Ouvrages*, et on entend sous ce nom les sept premiers livres de l'Ancien Testament, qui sont la Genèse, l'Exode, le Lévitique, les Nombres, le Deutéronome, Josué et les Juges. Saint Benoît ne veut pas qu'on lise l'Heptateuque ni les livres des Rois à la conférence d'avant complies (k) : *Legat unus collationes vel vitas Patrum, non autem Heptateucum, aut Regum, quia infirmis intellectibus non erit utile illa hora hanc Scripturam audire.*

HER, fils aîné du patriarche Juda, épousa Thamar. Mais, comme il était très-corrompu aux yeux de Dieu, le Seigneur le fit mourir d'une mort prématurée (l). Comme Her n'avait point eu d'enfants de sa femme Thamar, Juda la fit épouser à Onan, son second fils, qui n'était pas moins méchant que son frère Les Hébreux croient que Her épousa Thamar n'ayant encore que huit ans, et qu'il ne demeura qu'un an avec elle (m). Le Testament des douze patriarches (n) dit que l'ange du Seigneur le fit mourir la troisième nuit de ses noces, en punition de ce qu'il ne voulait pas traiter Thamar comme sa femme, à cause qu'elle n'était pas Chananéenne, car la mère d'Her, étant de race chananéenne, avait, dit-on, conçu une haine furieuse contre Thamar sa bru, qui était de la race d'Aram, ou des Syriens. C'est pourquoi elle conseilla à son fils de ne pas consommer son mariage avec Thamar (o). Mais ces traditions, tout anciennes qu'elles sont, ne sont nullement certaines.

* HER, fils de Gad, chef de la famille des Hérites. *Num.* XXVI, 16. *Voyez* HÉRI.

* HER, fils aîné de Sela. I *Par.* IV, 21.

* HER, père d'Elmadan. *Luc.* III, 28

HERAN, fils de Suthala, de la tribu d'Ephraïm, chef des Héranites (p)

HERCULE, fils de Jupiter et d'Alcmène, fameux héros, à qui les païens ont accordé

(a) Αἱμοῤῥοοῦσα.
(b) *Luc.* VIII, 43 et seq. Γονή οὖσα ἐν ῥύσει αἵματος.
(c) *Ambros. de Salomone*, c. v.
(d) *Euseb. Hist. Eccl.* l. VII, c. XVII.
(e) *Sozomen.* l. V, c. xx.
(f) *Philostorg. Hist.* l. VII, c. III.
(g) *Genes.* v, 18, 19.
(h) *Ibid.* IV, 17.

(i) I *Par.* v, 3. *Genes.* XLVI, 9.
(j) *Num.* XXVI, 32, 33; XXVII, 1.
(k) *Reg. sancti Bened.* c. XLII.
(l) *Genes.* XXXVIII, 7.
(m) *Seder Olam* c. II.
(n) *Testament. Judæ.*
(o) Vide auctor. Oper. imperfecti in *Matth. homil.* I
(p) *Num.* XXVII, 36.

les honneurs divins. Il naquit vers le temps de la judicature de Gédéon, du monde 2757, avant Jésus-Christ 1243, avant l'ère vulgaire 1247. Il n'est fait mention d'Hercule qu'en un endroit de l'Ecriture (a). C'est à l'occasion de trois cents dragmes d'argent que Jason, faux grand prêtre de Jérusalem, envoya à Tyr pour contribuer aux jeux et aux sacrifices solennels que l'on y faisait tous les cinq ans, et que l'on y devait faire en l'an du monde 3831, avant Jésus-Christ 169, avant l'ère vulgaire 173, en présence d'Antiochus Epiphanes, roi de Syrie. Hercule était la divinité tutélaire de Tyr. Les Tyriens l'appelaient *Meliokartha*, le roi de la ville.

On a confondu diverses circonstances de la vie de Josué, de Samson et de Moïse avec celle d'Hercule (b); et les païens racontaient de ce héros à peu près la même chose que nous disons de Jonas. Hercule avait, disaient-ils (c), été trois jours dans le ventre d'un chien marin, de même que Jonas avait été trois jours dans le ventre d'une baleine, ou d'un autre monstre marin (d). Ils disaient qu'Hercule, faisant la guerre aux fils de Neptune, obtint de Jupiter une pluie de cailloux qui écrasa ces redoutables ennemis. Les fils de Neptune, c'est-à-dire, fort naturellement, les Chananéens ou les Phéniciens, gens fort adonnés au commerce et à la navigation. Dans le style de l'Ecriture, *fils de la mer* signifie un homme qui fait métier de voyager sur mer. Hercule, allant à la guerre contre Géryon, et étant fort incommodé des ardeurs du soleil, se mit en colère contre cet astre, et tendit son arc pour tirer contre lui : mais le Soleil, admirant son grand courage, lui fit présent d'une coupe dans laquelle il s'embarqua, et après son retour il la rendit au Soleil. Ceci peut marquer Josué, qui, étant à la poursuite de ses ennemis, commanda au soleil de s'arrêter jusqu'à ce qu'il se fût vengé de ses ennemis (e) : *Iracundia ejus impeditus est sol*, dit l'auteur de l'Ecclésiastique. Habacuc (f) dit que le soleil et la lune s'arrêtèrent à la vue de l'éclat des flèches du Seigneur : *Sol et luna steterunt in habitaculo suo, in luce sagittarum tuarum*, etc.

Hercule était le dieu tutélaire des esclaves : Josué était le chef, le gouverneur, le protecteur des Hébreux sortis de la servitude de l'Egypte. On le représente avec le diadème, avec l'arc et les flèches ; on lui donne le nom d'invincible, etc., épithètes qui conviennent aussi à Josué. Les anciens reconnaissent aussi un Hercule, fils du Nil; Josué était né en Egypte : Hercule enlève les pommes d'or des Hespérides, il prend les bœufs de Géryon, il étrangle les dragons : tout cela peut marquer les conquêtes de Josué sur les Chananéens. Hercule combat les Centaures et frappe les chevaux de Diomède : Josué combat les Chananéens et les défait avec leurs chevaux et leurs chariots de guerre.

Le même Hercule fournit encore dans son histoire plusieurs traits de ressemblance avec Samson. Hercule était d'une taille très-avantageuse et d'une force presque incroyable. Il se laissa aller à l'amour des femmes, et on sait ce que la Fable nous apprend de ses amours pour Omphale, qui le maîtrisa e' l'obligea même, dit-on, de prendre le fuseau. Tout cela ne convient que trop clairement à Samson, qui se livra à Dalila, et qui en fut traité d'une manière si outrageuse. Hercule combat pour les dieux contre les géants : Samson défend le peuple de Dieu contre les Philistins qui l'opprimaient, et parmi lesquels il se trouvait des hommes d'une taille gigantesque. Pour exagérer la force d'Hercule, on dit qu'il combattit contre les Pygmées, et les enferma dans sa peau de lion : cela peut marquer la facilité avec laquelle Samson défit les Philistins, qui étaient venus pour le lier et pour le prendre. Hercule tue plusieurs lions, celui de Cythère, celui de Cithéron, celui de Némée : il en étrangle un et lui force les mâchoires. Tout cela se trouve dans l'histoire de Samson, qui étrangla un lion qui se jeta sur lui tout rugissant.

Samson, livré aux Philistins après qu'il eut découvert le secret de sa force à Dalila, et assujetti aux travaux les plus durs et les plus humiliants, nous figure Hercule abandonné à Eurysthée par la haine de Junon, et obligé à subir les plus rudes épreuves pour se délivrer de servitude. Les deux colonnes d'Hercule sont admirablement représentées par celles que Samson embrassa et ébranla dans le temple de Gaze. Hercule est souvent pris pour le Soleil. Macrobe (g) prétend même que son nom, suivant l'étymologie des Grecs, signifie *la gloire de l'air*, ou le soleil. Le nom de Samson, en hébreu, vient de *Schemesh*, qui signifie le soleil. Hercule ne se servit jamais d'épée ni d'armure complète : nous ne lisons pas non plus que Samson ait jamais combattu avec des armes ordinaires ; sa force miraculeuse lui tenait lieu de toutes sortes de défenses et d'armures. — [*Voyez* BEL, § IX; SAMSON.]

HERED, fils de Béla, de la tribu de Benjamin, chef de la famille des Hérédites (h).

HERED, ou ARED, dernier fils de Benjamin. *Genes*. XLVI, 21.

HERED, ou HARED, ou ARAD, ou ADAR, ou ADARA, ville au midi de la tribu de Juda. Josué fit mourir le roi d'*Hered* (i), ou *Arad*, ou *Adar*. Cette ville était à vingt milles d'Hébron, et à quatre milles de Malathi, selon Eusèbe, entre Cadesbbarné et Asmona. — [*Voyez* EDER, mon addition et les renvois.]

*HEREM, chef de famille. *Esd*. X, 31 ; *Neh*. III, 11.

HÉRÉSIE. Ce terme vient du grec (j) *aïrésis*, et signifie en général une *secte*, un *choix*. Il se prend plus ordinairement en mauvaise

---

(a) II *Mac.* IV, 19, 20.
(b) *Voyez* M. Huet, *Démonstr. Evang*.
(c) *Voyez* Lycophron, Théophraste, etc.
(d) *Jonas*, II, 1 et seq.
(e) *Eccli*. XLVI 5.
(f) *Habac*. III, 11.
(g) *Macrob. Saturn. l*. I, c. XX.
(h) *Num.* XXVI, 40.
(i) *Josue*, XII, 14.
(j) Αἵρεσις, *hæresis, secta*.

part, dans le style ecclésiastique, pour une erreur fondamentale en fait de religion, à laquelle on s'attache avec opiniâtreté. Ainsi on appelle l'hérésie des Ariens, des Pélagiens, des Novatiens, etc. Saint Paul dit qu'il faut qu'il y ait dans l'Eglise des hérésies (a), afin que ceux qui sont éprouvés soient manifestés. Il veut que Tite évite et fuie même la compagnie d'un hérétique, après une première et une seconde admonition (b). Saint Luc, dans les Actes, parle de l'hérésie des Saducéens (c), et de celle des Pharisiens (d).

Or il est visible que parmi les Juifs ces hérésies ou ces sectes, surtout celle des Pharisiens, n'étaient nullement odieuses, puisque saint Paul, même depuis sa conversion, déclare qu'il est de la secte des Pharisiens (e). Le même apôtre dit que l'on donnait au christianisme le nom de secte, ou d'hérésie (f); et en effet dans les commencements on ne considérait guère parmi les étrangers la religion chrétienne que comme une secte ou une réforme du judaïsme; et les premiers Pères n'ont point fait difficulté de donner quelquefois à notre religion le nom de *secte divine* (g). Tertulle, avocat des Juifs, accuse saint Paul devant Félix (h) d'être le chef de *l'hérésie des Nazaréens*. Saint Paul déclare qu'il a vécu sans reproche dans *l'hérésie des Pharisiens*, qui était la plus autorisée de sa nation (i). Les Juifs de Rome, étant assemblés auprès de saint Paul, lui dirent qu'ils souhaiteraient savoir ses sentiments sur ce qui concernait le christianisme (j) : que pour eux, ils ne savaient autre chose *de cette hérésie*, sinon qu'elle était combattue partout.

Je ne parle pas ici des sectes ou hérésies des philosophes païens, qui ont donné occasion aux sectes qui ont paru parmi les Juifs; car de même que les païens distinguaient leurs philosophes en Stoïciens, Platoniciens, Péripatéticiens, Epicuriens, etc., ainsi les Hébreux, depuis le règne des Grecs en Orient, se partagèrent en Saducéens, Pharisiens, Esséniens ou Assidéens, et Hérodiens, etc. On peut à proportion montrer dans la religion chrétienne des sectes ou hérésies à peu près pareilles à celles des Juifs, non-seulement dans les écoles de philosophie, mais aussi dans celles de théologie, où l'on trouve des partages de sentiments sur des matières problématiques, et non décidées, qui ne portent aucun préjudice au fond de la religion ni à l'unité qui doit joindre tous les membres du corps de l'Eglise, dans la subordination aux mêmes chefs, dans la communion des mêmes sacrements, et dans la confession des mêmes principes essentiels de la créance.

Dès le commencement de l'Eglise chrétienne il y eut des hérésies très-dangereuses, et on peut même assurer que jamais on n'en vit de plus pernicieuses, puisqu'elles attaquaient les dogmes les plus essentiels de notre religion, comme la divinité de Jésus-Christ, sa qualité de Messie, la réalité et la vérité de son incarnation, la résurrection des morts, la liberté et l'affranchissement des cérémonies de la loi, et autres points de cette nature. Le plus ancien de ces hérésiarques est Simon le Magicien, qui voulut acheter le don de Dieu à prix d'argent, et qui voulut ensuite se faire passer pour le Messie et pour le Dieu créateur et tout-puissant (k). Cérinthe et les faux apôtres, contre qui saint Paul invective si souvent dans ses Epîtres (l), voulaient que les fidèles reçussent la circoncision, et se soumissent à toutes les observances de la loi.

Les Nicolaïtes permettaient la communauté des femmes, et ne se faisaient aucun scrupule des actions les plus honteuses, ni des superstitions du paganisme (m). Ils passèrent dans la secte des Caïnistes, qui reconnaissaient une vertu supérieure à celle du Créateur. Saint Jean, dans l'Apocalypse (n), parle des Nicolaïtes comme d'une secte d'hérétiques subsistante, et qui faisait de grands ravages dans les Eglises d'Asie. On voyait dans le même temps de faux christs et de faux prophètes (o). Saint Paul parle d'Hyménée et d'Alexandre, qu'il avait été obligé de livrer à Satan (p), pour les empêcher de dogmatiser. Il parle aussi d'Hyménée et de Philète (q), qui s'étaient égarés de la vérité, en disant que la résurrection des morts était déjà arrivée. Il prédit que dans les derniers temps il y en aura qui abandonneront la foi (r), pour se livrer à l'esprit d'erreur et à la doctrine du démon. Saint Pierre (s) et saint Jude (t) font les mêmes prédictions, et ils ne font que suivre ce que Jésus-Christ lui-même avait dit dans l'Evangile (u), qu'il viendrait de faux christs et de faux prophètes, qui séduiraient les simples par leurs prodiges et leur fausse doctrine. On peut voir les articles particuliers de NICOLAS, de SIMON, de CÉRINTHE, etc.

HERI, fils de Gad, chef de la famille des *Hérites* (v).

HÉRISSON, *hericius*, ou *herinacius*, ou *ericius*, ou *chærogryllus*. Le hérisson est un petit animal à quatre pieds, tout couvert de pointes (1). Dès qu'il se voit aperçu par un

---

(a) I *Cor.* xi, 9.
(b) *Tit.* III, 10.
(c) *Act.* v, 17.
(d) *Act.* xv, 5.
(e) *Act.* xxiii, 6 ; xxvi, 5. *Philipp.* III, 5.
(f) *Act.* xxiv, 14.
(g) *Tertull. de Pallio : Divinam sectam.*
(h) *Act.* xxiv, 5.
(i) *Act.* xxiv, 5.
(j) *Act.* xxviii, 22.
(k) *Act.* viii, 9, 10, etc.
(l) Vide *Galat.* iv, 12, 13, 17; v, 10; vi, 12. *Philipp.* III, 18.
(m) Vide *Epiph. hæres.* 25. *Phil. et Aug. de Hæres.* etc.
(n) *Apoc.* II, 15

(o) *Apoc.* II, 20. I *Joan.* II, 18, 22 ; iv, 3, et II *Joan.* v, 7, etc.
(p) I *Timoth.* I, 20.
(q) II *Timoth.* II, 16.
(r) I *Timoth.* iv, 1.
(s) II *Petr.* II, 1, et III, 5.
(t) *Judæ Ep.* v. 18.
(u) *Matth.* xxiv, 4, 24 ; vii, 15.
(v) *Genes.* xlvi, 16, *et Num.* xxvi, 16.
(1) Le hérisson, *erinaceus*, est un quadrupède du genre des carnassiers. Il vit dans les bois et dans la campagne; se retire sous des racines, des pierres, des rochers, ou dans des troncs d'arbres. Les crapauds, les limaçons, les gros scarabées et d'autres insectes font sa principale nourriture. Il mange aussi des racines et des fruits tombés. Il recherche aussi les petits oiseaux.

homme ou par un chien, il se roule, et forme comme une boule toute hérissée de pointes ; en sorte qu'on ne le peut toucher sans se blesser. Il demeure dans une tanière sous la terre, et se nourrit de fruits sauvages. Dans le Lévitique (a) le hérisson est déclaré immonde, parce qu'il ne rumine pas. L'hébreu *saphan*, que les Septante et la Vulgate ont rendu par *chærogryllus*, un *hérisson*, signifie, selon quelques-uns un *lapin*, selon d'autres un *lièvre*, et selon Bochart un certain gros rat commun en Arabie, qui est bon à manger, et nommé *aliarbuho*. — [*Voyez* ACONTIAS.]

On trouve aussi le terme hébreu *saphan* dans les psaumes (b), et les Septante l'ont rendu par *lagoos*, qui peut signifier un *lièvre*, un *lapin*, ou même un *hérisson*. Quelques anciens psautiers latins lisaient : *Petra refugium leporibus*; et les autres, *herinaciis*, comme portent aujourd'hui nos exemplaires (c). Saint Jérôme (d) croit que c'est une espèce de rat, qui se voit dans la Palestine, de la grosseur du hérisson, et à peu près de la forme d'un ours, qui demeure dans les cavernes et les creux des rochers.

Outre le hérisson terrestre, dont on vient de parler, il y a un *hérisson marin*, qui est chargé d'écailles toutes couvertes de pointes, dont il se sert au lieu de pieds ; car il marche en roulant. Il est de la forme d'un four, et est fort épais devant et derrière. Il y en a de noirs, de rouges et de purpurins, et d'autres, qui ont l'écaille, les pointes et les œufs blancs. Il n'y a point de poisson mieux armé que celui-là. Isaïe, parlant de la ruine de Babylone (e), dit que le Seigneur la réduira à servir de demeure au hérisson, et qu'elle ne sera plus qu'un grand marais d'eaux bourbeuses. L'hébreu porte (f) : *Kippod*; les Septante, *echinos*; et saint Jérôme, *erinacius*. Bochart fait voir que plusieurs entendent l'hébreu d'un oiseau de mer ou d'étang, comme le butor, le héron, le vautour, le canard, etc. ; et d'autres, d'un loutre, d'un bièvre ou d'un castor. Il est parlé du même animal dans Isaïe, XXXIV, 11, et Sophon. II, 14 ; mais la signification n'en est pas plus connue pour cela.

HÉRITAGE DE JOSEPH, champ qui était situé près de Sichem, et que Jacob avait acheté des enfants d'Hémor et donné à son fils Joseph. *Gen.* XXXIII, 19 ; XLVIII, 22 ; *Joan.* IV, 5. *Géographie sacrée* de Vence.

HERMA (g), ville [royale des Chananéens] au midi de Juda. C'est la même que *Horma*, *Harma* ou *Arama*, nommée auparavant *Sephaath*. *Voy.* HORMA ou HARMA.

HERMAPHRODITE. Ce terme vient du grec *Hermès*, qui signifie *Mercure*, et *Aphrodité*, qui signifie *Venus*. Il signifie une personne qui participe aux deux sexes, du mâle et de la femelle. Les rabbins disent qu'au commencement Dieu avait créé Adam hermaphrodite ; c'est-à-dire, apparemment, qu'il avait deux corps, l'un mâle, et l'autre femelle, collés dos contre dos (h) ou simplement collés par les côtés ; et que Dieu, en créant la femme, ne fit que séparer ces deux corps. On fonde ce ridicule sentiment sur ces paroles de Moïse (i) : *Il les créa mâle et femelle.*

HERMAS, dont il est parlé dans l'Epître de saint Paul aux Romains (j), était, selon plusieurs anciens (k), et selon plusieurs savants interprètes (l), le même que le célèbre Hermas, dont nous avons les ouvrages, qui ont été mis par quelques-uns au rang des Ecritures canoniques (m). Les livres d'Hermas, intitulés *le Pasteur*, ont été écrits à Rome, ou aux environs, vers l'an 92 de Jésus-Christ, avant la persécution de Domitien.

Adon, Usuard et le Martyrologe romain marquent la fête d'Hermas le 9 mai, et les Grecs le 8 mars, et encore le 5 d'octobre. Ils le mettent au rang des apôtres et des soixante-douze disciples. Ils ajoutent qu'il fut fait évêque de Philippes en Macédoine, ou de Philippopole en Thrace.

HERMES, dont saint Paul fait mention au même endroit. *Rom.* XVI, 14, et qu'il salue avec les autres fidèles de sa connaissance qui étaient à Rome, était, disent les Grecs, du nombre des soixante et dix disciples, et fut fait évêque de Dalmatie. On fait sa fête le 8 d'avril.

HERMES, *Trismegistos*. *Voyez* l'article de MERCURE *Trismégiste*.

HERMOGÈNE, dont parle saint Paul à Timothée (n), était, selon quelques auteurs peu certains (o), un magicien, qui fut converti par saint Jacques le Majeur avec Phygelle. Mais, après avoir suivi l'apôtre pendant quelque temps, ils le quittèrent, lorsqu'ils le virent en prison pour la foi. Tertullien (p) dit que Hermogène renonça à la foi, et qu'il est différent d'un autre Hermogène contre lequel il écrit. On prétend qu'il s'attacha aux erreurs de Simon et de Nicolas ; et sa principale erreur était qu'il niait la résurrection des morts, soutenant qu'elle était déjà faite (q). Voilà ce que l'on sait de plus certain d'Hermogène. On peut voir dans Abdias les circonstances fabuleuses de sa conversion.

(a) *Levit.* XI, 5. שפן *Heb. Schaphan.* 70, χοιρόγρυλλος, *Chærogryllus*.
(b) *Psalm.* CIII, 19. Heb. לשפנים. 70, Πέτρα καταφυγή τοῖς λαγωοῖς.
(c) *Voyez* saint Augustin sur le psaume CXXXVIII.
(d) *Hieron. Ep. ad Suniam et Fretellam.*
(e) *Isai.* XIV, 23.
(f) קפד. 70, ἐχῖνος.
(g) *Josue*, XII, 14.
(h) *Vide Thalmud. et Rabb. et Platon. in Sympos.* p 190, 191.
(i) *Genes.* I, 27.

(j) *Rom.* XVI, 14.
(k) *Origen. in Rom.* XVI. *Euseb. Hist. Eccl. l.* III, c. π. *Hieron. de Viris Illust. c.* x.
(l) *Est. Grot. Bez. Drus. Alii.*
(m) *Vide Iren. l.* IV, c. III. *Clem. Alex. l.* I *Stromat. et l.* II, *plurib. locis. Tertull. l. de Oratione, c.* XII. *Origan. homil. 8 in Numer., et alios plures citat.s a Coteler. t.* I, p. 68 et seq. PP. primi sæculi.
(n) II *Tim.* I, 15.
(o) *Abdias Apostol. Histor. in l.* IV *de Jacobo Majore.*
(p) *Tertull. contra Hermogen.*
(q) II *Tim.* II, 17

HERMON, ou CHERMON, ou AERMON, ou BAAL-HERMON. Les Sidoniens lui donnaient le nom de *Chirion* (a), et les Amorrhéens celui de *Sanir*. Saint Jérôme dit que cette montagne est au-dessus de Panéade (1), et que pendant l'été on en portait de la neige à Tyr, pour boire frais. Le chaldéen et l'interprète samaritain lui donnent le nom de *montagne de la Neige* (b), parce qu'elle en est toujours chargée à cause de sa hauteur. Dans le Deutéronome (c) il est parlé de Sion, comme faisant partie du mont Hermon. L'Ecriture (d) met le mont Hermon comme terminant le pays de delà le Jourdain au septentrion, de même que le torrent d'Arnon au midi. Baalgad était située dans la plaine du Liban, au pied du mont Hermon (e), et les Hévéens habitaient au pied de la même montagne, dans la terre de Maspha (f), *depuis Baal-Hermon, jusqu'à l'entrée d'Ermath* (g). Le mont Hermon appartenait au roi Og, et était à l'extrémité septentrionale de ses Etats (h), avant que les Israélites en fissent la conquête (2).

L'auteur du livre apocryphe d'Enoch (i) dit que les anges qu'il nomme *Egregori*, les Veillants, étant épris de l'amour des femmes, s'assemblèrent sur le mont Hermon, du temps du patriarche Jared, et s'engagèrent par serment et par des anathèmes qu'ils prononcèrent de ne se séparer jamais qu'ils n'eussent exécuté leur résolution, qui était de prendre des filles des hommes pour femmes. Les anathèmes auxquels ils se dévouèrent s'ils manquaient à leur promesse firent donner à cette montagne le nom d'Hermon, c'est-à-dire *anathème* (j). — [Voy. l'article suivant.]

Le Psalmiste (k) dit que l'union des prêtres est aussi agréable que l'est la *rosée du mont Hermon qui descend sur le mont de Sion*. Hermon est comme un nom général d'une montagne qui a plusieurs coteaux, dont l'un est appelé *Sion*, l'autre *Sanir* ou *Schirion*. Ainsi la rosée du mont Hermon descend sur le coteau de Sion, qui lui est joint, comme l'huile de senteur descend de la barbe d'Aaron sur le collet de sa tunique. Il est vrai que *Sion* ou *Zion* du psaume CXXXII est écrit autrement que celui du Deutéronome (l); mais, comme ce sont des lettres d'un même son et d'un même organe, on ne doit pas faire beaucoup de difficultés de les confondre.

Le même psalmiste dit ailleurs (m) : *Vous avez créé l'aquilon et la mer; Thabor et Hermon feront retentir leur joie*. La situation du Thabor est connue : cette montagne est entre la mer Méditerranée à l'occident, et la mer de Tibériade au couchant. Le mont Hermon est au nord de l'une et de l'autre. L'hébreu porte : *Vous avez créé l'aquilon et la droite*, c'est-à-dire le nord et le midi : *le Thabor* au midi, et *le mont Hermon* au nord, *feront retentir leur joie*. Les deux parties de ce verset sont comme synonymes, et s'expliquent l'une l'autre. — [Voy. l'article suivant. Voy. aussi HÉVÉENS et JOSUÉ, addition, § VI.]

HERMON, ou *Hermoniim*, montagne située au deçà du Jourdain, dans la tribu d'Issachar, au midi du mont Thabor. Plusieurs croient qu'il en est parlé dans cet endroit des psaumes (n) : *Je me souviendrai de vous dans le pays du Jourdain, à Hermon, à la petite montagne*; comme si ce mont Hermon de deçà le Jourdain était appelé petite montagne pour le distinguer du grand Hermon, qui était au delà de ce fleuve. Mais d'autres croient qu'il n'est fait mention du petit Hermon en aucun endroit de l'Ecriture, et que cette montagne, qui était connue sous ce nom du temps de saint Jérôme (o), dans la tribu d'Issachar, au midi du Grand-Champ, n'a été nommée Hermon que dans les derniers temps. D'autres expliquent de cette montagne d'Hermon, de deçà le Jourdain, ce qui

---

(a) Deut. III, 9, 10.
(b) Ad Deut. IV, 48.
(c) Deut. IV, 48. שיאן הוא חרמון
(d) Deut. III, 8; IV, 48.
(e) Josué, XI, 17
(f) Josué, XI, 3.
(g) Judic. III, 3.
(h) Josué, XII, 5; XIII, 11.
(i) *Lib. Enoch.* c. 1.
(j) Vide, *si placet*, Hilar. in Psalm. CXXXII.
(k) Psalm. CXXXII, 3. צִיּוֹן Zion.
(l) Deut. IV, 48. שׂיאן Sion.
(m) Psalm. LXXXVIII, 13.
(n) Psalm. XLI, 7.
(o) Hieron. Ep. 44 nov. edit. p. 552 : *Apparebit oppidum Naim in cujus portis viduæ filius suscitatus est. Videbitur et Hermonim et torrens Endor*, etc.

(1) Le château de Panéas, assiégé par saint Louis, et dont il est si souvent question dans l'histoire des guerres saintes, marque la place d'une ancienne cité appelée tour à tour Dan, Césarée de Philippes, et Panéade; il se trouve à une journée de Sidon, dans l'Anti-Liban; les murailles, qui n'ont guère vingt pieds d'élévation, sont parfaitement conservées; quatre tours entières restent encore aux angles des murs; les fossés, construits en pierres, d'environ douze pieds de profondeur, se montrent tels qu'ils étaient au douzième et au treizième siècle. Le château est bâti sur une côte, dominée par le grand sommet de l'*Hermon* dont parle l'Ecriture, et que les Arabes appellent *Gebel-el-Cheik*. A trente pas du château, la principale source du Jourdain (Nahr-el-Charria) s'échappe de l'une des grottes de la montagne; un bassin reçoit d'abord la source, qui retombe ensuite en petites cascades dans la vallée, où elle devient fleuve; près de la Jourdain a une autre source qui est cachée. Ceux qui ont vu la montagne où naissent les sources du fleuve biblique et la vallée où commence son cours disent que la Palestine n'a rien de plus pittoresque, de plus romantique et de plus verdoyant. Au-dessus du Gebel-el-Cheik est le bassin appelé par Josèphe *fontaine Phiala*, qui, d'après quelques opinions, serait la principale source du Jourdain, d'où s'écouleraient les deux autres sources, en passant par les flancs de la montagne. Sur le haut du Gebel s'élève un gros village; au bas du château, cinquante ou soixante familles arabes habitent un amas de cabanes de pierres qui porte le nom de *Banéas*. M. POUJOULAT, *Correspond. d'Orient*, lettr. CXXXVII, tom. I, pag. 529.

(2) « Le grand Hermon, au delà du Jourdain, dans la demi-tribu de Manassé, est une chaîne de montagnes, la plus élevée de la Palestine, qui fait suite à l'Anti-Liban et se rattache aux montagnes de Galaad. Elle formait au nord la limite des Etats d'Og, roi de Basan. Les Sidoniens ou Phéniciens la nommaient *Sarion*, et les Amorrhéens *Sanir*. Cependant les *Paralipomènes* et le *Cantique des Cantiques* font des monts Sanir et Hermon deux montagnes tout à fait distinctes. Le mont Hermon servait autrefois, d'après l'Ecriture, de retraite aux lions et aux léopards, animaux qui aujourd'hui ne se retrouvent plus dans le pays. Le mont Sanir produisait des sapins recherchés par les Tyriens pour la construction de leurs flottes. Aujourd'hui le mont Hermon se nomme *Dschebel-el-Scheikh*. » BARBIÉ DU BOCAGE.

est dit dans un autre psaume (a) : *Comme la rosée du mont Hermon qui descend sur le mont Sion.* Maundrel dit que la rosée en cet endroit est aussi abondante qu'une grosse pluie. Mais cela ne persuade pas que le Psalmiste parle du mont Hermon de deçà du Jourdain, puisque le mont Sion n'a aucune liaison avec lui, au lieu que nous trouvons un des côteaux du grand Hermon nommé *Sion.* — [Barbier du Bocage reconnaît aussi deux monts Hermon : le grand, comme on l'a vu dans une note sur l'article précédent, et le petit, à la position indiquée par dom Calmet. Le géographe de la Bible de Vence ne mentionne que le grand Hermon, et quant au nom d'*Hermoniim,* donné au petit Hermon par dom Calmet, il l'entend du grand : « La chaîne des montagnes de l'Hermon, dit-il, était appelée *Hermoniim,* c'est-à-dire les Hermons. » *Voyez* BÉATITUDES(*Montagne des*).]

Le sentiment commun des chrétiens d'Orient touchant l'origine des géants (b), dont il est parlé dans le premier chapitre de la Genèse, est qu'Adam, ayant fait connaître aux enfants de Seth dans quel état il jouissait dans le Paradis terrestre, fit naître dans le cœur de quelques-uns le désir d'y entrer ; à cet effet ils se retirèrent de la compagnie des autres, et choisirent la montagne d'Hermon dans la Palestine pour leur demeure, et y vécurent chastement et dans la crainte de Dieu.

Ces gens, ainsi retirés de la compagnie des autres, furent appelés les enfants de Dieu, et donnèrent par leur exemple l'idée et le modèle de l'état monastique, qui fut depuis embrassé avec tant de ferveur dans l'Orient. Mais enfin les enfants de Seth, perdant l'espérance d'entrer en possession du Paradis qu'ils considéraient comme l'héritage d'Adam, vinrent trouver les enfants de la race de Caïn, leurs parents, et, ennuyés du célibat, prirent leurs filles en mariage et engendrèrent les géants.

HERMOPOLE. — Cette ville n'est point connue dans les livres canoniques de l'Écriture ; mais quelques auteurs assez anciens (c) disent que Jésus-Christ se retira dans cette ville lorsqu'il vint en Egypte avec saint Joseph (1), et qu'étant entré dans un temple d'Hermopole, toutes les idoles tombèrent par terre et se brisèrent. Mais le peu de temps que Jésus-Christ fut en Egypte ne semble pas permettre qu'il ait poussé jusque dans la Thébaïde.

HÉRODE, fils d'Antipater et de Cypros, eut pour frères *Phasael, Joseph* et *Phéroras,* et pour sœur *Salomé.* Il épousa plusieurs femmes (d) : 1° *Doris,* dont il eut Antipater ; 2° *Marianne,* fille d'Alexandre, fils d'Aristobule, de la race des Asmonéens, dont il eut Alexandre, Aristobule, Hérode, Salampso et Cypros ; 3° *Mariamne,* fille du grand prêtre Simon, dont il eut Hérode, mari d'Hérodiade ; 4° *Malthacé,* dont il eut Archélaüs, Philippe et Olympias ; 5° *Cléopâtre,* dont il eut Hérode Antipas et Philippe ; 6° *Pallas,* dont il eut Phasael ; 7° *Phædra,* dont il eut Roxane ; 8° *Elpis,* dont il eut Salomé, qui épousa un des fils de Phéroras. Il eut encore deux autres femmes dont les noms ne nous sont point connus, et qui ne font rien à l'histoire de l'Ecriture, qui est notre principal objet dans cet ouvrage.

Hérode naquit l'an du monde 3932, avant Jésus-Christ 68, avant l'ère vulgaire 72. Son père Antipater était, selon quelques-uns (e), Iduméen de nation ; selon d'autres (f), il était Juif d'origine, ayant tiré sa naissance des Juifs qui étaient revenus de Babylone ; enfin, d'autres (g) soutiennent qu'Antipater était païen et gardien d'un temple d'Apollon à Ascalon, et qu'ayant été pris captif par des coureurs iduméens, il fut mené en Idumée et nourri suivant les mœurs des Juifs, car depuis Jean Hircan les Iduméens observaient les lois de Moïse (h).

Le père Hardouin, jésuite (i), a formé sur la maison d'Hérode un système tout nouveau. Il croit que ce prince était Athénien, parce qu'il est appelé dans quelques médailles le bienfaiteur d'Athènes, et qu'il y avait effectivement dans cette ville un Hérode du temps de César. Hérode était platonicien, et introduisit dans la Judée la secte de Platon qu'il favorisait. Les Hérodiens, qui formaient une secte chez les Juifs du temps d'Hérode, étaient ces platoniciens juifs, et les Saducéens étant les mêmes que les Hérodiens, puisque l'Evangile nomme les uns au lieu des autres, et les confond ensemble, on en conclut que les Saducéens avaient les mêmes sentiments que Platon sur la nature des esprits et des anges. Il soutient qu'Hérode n'eut aucune part au bâtiment du temple, et qu'on ne lui a attribué ce grand ouvrage que pour avoir occasion de lui donner le surnom de *Grand.* Il veut faire passer pour supposée toute l'histoire de Josèphe l'historien ; il soutient qu'Hérode n'eut que la Samarie et la Judée en partage ; que la Galilée et la Trachonite ne furent jamais sous sa juridiction. Et pourquoi ? Parce qu'il ne bâtit de forteresses que dans les deux premières provinces. S'il avait eu la Galilée et la Trachonite, on n'aurait pas manqué d'exiger de lui qu'il y bâtît des villes et des forteresses, comme des gages de sa fidélité. Zénodore possédait ces deux dernières provinces et l'Iturée, jusqu'au règne de Philippe et d'Hérode II, qui héritèrent de ces gouvernements de Zénodore, on ne sait par quelle voie. Voilà une partie du système du P. Hardouin sur la généalogie et le règne d'Hérode.

(a) *Psalm.* cxxxii, 3.
(b) D'Herbelot. *Bibl. Orient.*, p. 387.
(c) *Vitæ PP. l.* II, c. vii, pag. 460. Sozomen. l. V, c. xxi, pag. 630. Nicephor. l. X, c. xxxi.
(d) *Antiq. l.* XVII, c. i.
(e) Ibid. l. XIV, c. ii, et de Bell. l. I, c. v.
(f) Nicol. Damasc. apud Joseph. Antiq. l. XIV, c. ii, et Hist. Judæor. Arab. ad calcem Bibl. Polyglott. Paris.

(g) Julian. African. apud Euseb. Hist. Eccl. l. I, c. vi, vii. Euseb. l. III in Luc. c. iii.
(h) Antiq. l. XIII, c. xvii. An du monde 3875 avant Jésus-Christ 125, avant l'ère vulg. 129.
(i) *Harduin. de Nummis Herodiadum*
(1) L'opinion commune est que ce fut à Héliopolis. *Voy.* la lettre de M. Michaud, que j'ai indiquée à HÉLIOPOLIS.

Nicolas de Damas (a), pour faire sa cour à Hérode à qui il avait de grandes obligations, le faisait descendre des premiers d'entre les Juifs qui revinrent en Judée après la captivité de Babylone. Josèphe, qui en devait être mieux instruit, étant Juif et ayant vécu presque du temps de ce prince et sous les rois ses fils et ses petits-fils, accuse en cela cet historien d'infidélité. Pourquoi ne s'en rapporter pas à lui, et à quoi bon former des systèmes en l'air sur la supposition prétendue d'un ouvrage très-ancien certainement, et dans lequel jusqu'ici personne n'avait rien trouvé de défectueux (b)?

Hérode ne put jamais gagner le cœur ni l'affection des Juifs par tout ce qu'il fit en leur faveur: ni le bâtiment du temple qu'il fit à très-grands frais, ni les dépenses infinies qu'il fit pour nourrir le peuple dans le temps d'une extrême famine, ne purent surmonter l'antipathie qu'ils avaient contre lui. Elle était fondée sur trois raisons : 1° Sur ce qu'il n'était pas Juif, mais étranger et Iduméen d'origine; 2° sur sa cruauté, dont il avait donné des marques en une infinité de rencontres; 3° sur le peu de zèle qu'il témoignait pour l'observance de la loi de Moïse, et sur les fréquentes contraventions qu'il faisait à cette loi dans des choses publiques et de la dernière conséquence : par exemple, il fit bâtir à Jérusalem un théâtre et un amphithéâtre, et y fit célébrer des jeux en l'honneur d'Auguste. Il mit autour de ce théâtre des trophées en l'honneur du même prince et de ses victoires. Il voulut faire placer un aigle d'or sur une des portes du temple (c); il fit bâtir un temple à Auguste et à d'autres divinités, et affecta toujours de favoriser les païens et les étrangers, sans se mettre en peine de la religion des Juifs qu'il professait au dehors; mais il s'excusait sur la nécessité du temps et sur l'obéissance qu'il devait aux Romains (d).

Hérode n'eut jamais beaucoup de religion. Il fit toujours paraître que son ambition et sa grandeur étaient la seule divinité à qui il rendait ses hommages. S'il fit quelque chose pour la gloire de Dieu, il fit toujours assez voir qu'il travaillait plutôt pour sa propre réputation que pour procurer l'honneur du Seigneur. Mais, après tout, il était Juif et voulait passer pour tel.

Hérode n'avait que vingt-cinq ans (e) lorsque Antipater, son père, lui donna le gouvernement de la Galilée (f), sous l'agrément d'Hircan. Il s'y conduisit avec tant de sagesse et de valeur, qu'il rendit la paix à cette province, troublée par plusieurs voleurs qui la désolaient. Il prit entre autres un nommé Ezéchias, chef des brigands ; ce qui lui attira l'estime et l'amitié de Sextus César, gouverneur de Syrie. Mais les principaux des Juifs, jaloux de l'autorité que prenait Antipater, et du pouvoir qu'il donnait à ses fils, en vinrent porter leurs plaintes à Hircan, qui cita Hérode pour venir rendre compte de sa conduite à Jérusalem (g). Hérode y vint, mais armé et accompagné de bonnes troupes. Sa contenance effraya les juges. Il n'y eut que Saméas qui eut la hardiesse de parler et de faire tomber la faute de ce qu'on reprenait dans Hérode, sur les juges mêmes et sur Hircan, qui lui avaient laissé prendre une trop grande autorité. Mais Hircan, voyant que les juges étaient plus disposés à le condamner qu'à l'absoudre, différa le jugement au lendemain, et fit dire à Hérode de se retirer pendant la nuit.

Il se retira à Damas auprès de Sextus César, qui lui confia le gouvernement de la Célé-Syrie (h). Alors, voulant se venger de l'insulte qu'on lui avait faite en le citant à Jérusalem, il marcha contre cette ville avec une armée; mais Antipater, son père, et Phasael, son frère, l'empêchèrent de rien entreprendre et lui persuadèrent de s'en retourner. Après la mort de Jules César, Hérode fut établi gouverneur de toute la Célé-Syrie par Cassius et par Marcus (i). Ils lui donnèrent des troupes, et lui promirent même le royaume de Judée lorsque la guerre entre Marc Antoine et le jeune César serait finie (j). Vers le même temps, Antipater, père d'Hérode, fut empoisonné à Jérusalem par un nommé Malichus ; mais Hérode en tira une vengeance éclatante, en faisant égorger Malichus lorsqu'il venait à Tyr (k).

Marc Antoine étant venu en Syrie (l), et étant à Daphné près d'Antioche, cent des principaux des Juifs vinrent vers lui pour accuser Hérode et son frère Phasael. Hircan, qui avait promis sa petite-fille Mariamne à Hérode, s'y trouva. Marc Antoine, ayant ouï ce qu'on avançait contre Hérode, demanda à Hircan qui étaient plus propres à gouverner l'État, d'Hérode et de Phasael, ou de leurs accusateurs. Hircan répondit que c'étaient les deux frères. Alors Marc Antoine les établit tétrarques, et leur confia le gouvernement de toute la Judée (m). Il leur en fit expédier des lettres, et fit mettre quinze des plus mutins de leurs ennemis en prison, résolu de leur faire perdre la vie, si Hérode n'eût intercédé pour eux.

Antigone, fils d'Aristobule, ayant entrepris de dépouiller Hircan, prince et grand prêtre des Juifs (n), engagea par de grandes promesses les Parthes à marcher contre Jérusalem. Phasael défendait les murs de la ville,

---

(a) Apud Joseph. Antiq. l. XIV, c. II, p. 469.
(b) Voyez Basnage, Hist. des Juifs, t. I, l. I, c. I.
(c) Joseph. lib. XVII, c. VIII.
(d) Antiq. l. XV, c. XII, p. 538.
(e) Josèphe, Antiq. l. XIV, c. XVII, dit qu'il n'avait que 15 ans; mais nous lui en donnons 25. An du monde 3957, avant Jésus-Christ 43, avant l'ère vulg. 47. Voyez Usser. ad an. mundi 3957, p. 533.
(f) Joseph. de Bello, l. I, c. VIII, et Antiq. l. XIV, c. XVI, XVII.
(g) Antiq. l. XIV, c. XVII. An du monde 3958, avant Jésus-Christ 42, avant l'ère vulg. 46.
(h) Antiq. l. XIV, c. XVII.
(i) Antiq. l. XIV, c. XVII. An du monde 3961, avant Jésus-Christ 39, avant l'ère vulg. 43.
(j) Antiq. l. XIV, c. XIX.
(k) Ibid. c. XX.
(l) An du monde 3963, avant Jésus-Christ 37, avant l'ère vulg. 41.
(m) De Bello, l. I, c. X, et Antiq. l. XIV, c. XXIII.
(n) An du monde 3964, avant Jésus-Christ 36, avant l'ère vulg. 40.

et Hérode le palais. Pacorus, fils du roi des Parthes, ayant persuadé à Hircan et à Phasael d'aller trouver le satrape Barzaphernes, qui était en Galilée, pour convenir de quelque accommodement, il les y accompagna lui-même. Mais bientôt Hircan et Phasael s'aperçurent qu'ils étaient trahis. Dès qu'ils furent arrivés à Ecdippe, ville maritime de Phénicie, ils furent arrêtés par les Parthes, et mis dans les liens. Hérode, ayant été informé de ce qui s'était passé, sortit de Jérusalem avec sa mère Cypros, sa sœur Salomé, Mariamne, sa fiancée, et Alexandra, mère de Mariamne. Il mit toutes ces personnes dans le château de Massada, et prit le chemin de Pétra, espérant trouver du secours dans Malchus, roi des Arabes. Mais avant qu'il fût arrivé à Pétra, Malchus lui envoya dire de se retirer, parce qu'il craignait d'offenser les Parthes, s'il le recevait (a).

Hérode prit donc le chemin de Rhinocorure, et il y apprit que Phasael, son frère, s'était donné la mort, pour prévenir la mauvaise volonté des Parthes. De Rhinocorure il alla à Damiette, où, après quelques contradictions, il s'embarqua, la saison étant déjà bien avancée. Étant en mer, il fut battu d'une violente tempête, qui l'obligea de jeter dans l'eau une partie de ses effets; et il eut bien de la peine d'arriver à Rhodes. Il y fut secouru par deux de ses amis, qu'il y trouva; et la nécessité où il était ne put l'empêcher de faire du bien à cette ville, qui avait été fort maltraitée dans la guerre de Cassius. De Rhodes il se rendit à Rome, où il fit récit à Marc Antoine de l'état où étaient ses affaires. Antoine avait de l'inclination pour lui, et se souvenait du plaisir que lui avait fait autrefois en Syrie Antipater, père d'Hérode; il était d'ailleurs aigri contre Antigone, qu'il regardait comme un turbulent et un ennemi du peuple romain; et était touché des promesses qu'Hérode lui faisait de lui donner une grosse somme, s'il le faisait déclarer roi. D'ailleurs, Octavius César, qui fut depuis nommé Auguste, n'avait pas moins d'envie d'obliger Hérode. Ainsi Antoine et César s'employèrent si efficacement pour lui, que le sénat lui donna le royaume de Judée, et déclara Antigone ennemi de la république (b).

Sept jours après, il partit de Rome, et arrivant à Ptolémaïde, il commença à y ramasser quelques troupes, pour marcher contre Antigone, qui tenait assiégé le château de Massada (c). Il dégagea heureusement ses gens, qui étaient enfermés dans cette forteresse, et de là il marcha contre Jérusalem, accompagné de Silo, capitaine de quelques troupes romaines; mais Antigone lui ferma les portes; et l'hiver étant survenu, Hérode et Silo mirent leurs troupes en quartier. Il ne demeura pas toutefois en repos; mais il se saisit de divers postes, et prit plusieurs villes sur Antigone, tant dans la Judée que dans la Galilée. Il y eut l'année suivante (d) quelques combats et quelques rencontres entre les gens du parti d'Antigone et ceux d'Hérode, où celui-ci eut ordinairement l'avantage (e).

Enfin, au commencement de la troisième année du règne d'Hérode (f), il vint tout de bon faire le siège de Jérusalem, et il l'attaqua du même côté que Pompée l'avait attaquée plusieurs années auparavant. Pendant que ses gens étaient occupés aux ouvrages du siège, il alla à Samarie, où il épousa Mariamne, fille d'Alexandre (g). Après ce mariage, il revint au siège, accompagné de nouveaux renforts; et peu après, arriva aussi Sosius, chef des troupes romaines, qui lui amenait un grand secours de Syrie; de sorte que cinq mois après le commencement du siège, la première enceinte de la ville fut prise d'assaut. Quelque temps après, la seconde enceinte fut aussi forcée. Antigone et les siens se retirèrent dans le temple, mais ils ne résistèrent pas longtemps. La ville et le temple furent pris, et Antigone, qui s'était sauvé dans une tour, en descendit et vint se jeter aux pieds de Sosius, qui lui insulta, en l'appelant *Antigona*, au lieu d'*Antigonus* (h). Ainsi Hérode se vit paisible possesseur du royaume de Judée.

Jusqu'alors le pontificat avait été possédé par les rois de la race des Asmonéens. Hérode, qui n'était pas de la famille des prêtres, ne pouvant exercer ce ministère, et Hircan étant alors en captivité chez les Parthes, le roi fit venir de Babylone un nommé Ananel, pour faire les fonctions de grand sacrificateur (i). Ananel était de la famille d'Aaron, mais il n'avait pour tout mérite que celui d'être connu d'Hérode, qui le considérait depuis longtemps (j). Mariamne, épouse d'Hérode, avait un frère nommé Aristobule, à qui le pontificat devait appartenir par le droit de sa naissance. La reine ne cessa de solliciter Hérode jusqu'à ce qu'il lui eût rendu cette dignité (k), et qu'il en eût dépouillé Ananel. Aristobule n'avait alors que dix-sept ans (l), et il ne jouit de la souveraine sacrificature qu'un an, ayant été noyé par l'ordre d'Hérode (m), ainsi qu'on l'a raconté dans l'article d'ARISTOBULE.

Alexandra, mère de ce jeune prince, fit de grandes plaintes de sa mort auprès de Cléopâtre, qui anima vivement Antoine contre Hérode. Antoine manda Hérode, et l'obligea de venir se justifier. Il y vint, mais il

---

(a) *Antiq. l.* XIV, *c.* xxv.
(b) *Ibid. l.* XIV, *c.* xxvi. An du monde 3964, avant Jésus-Christ 36, avant l'ère vulg. 40.
(c) An du monde 3965, avant Jésus-Christ 35, avant l'ère vulg. 39.
(d) An du monde 3966, avant Jésus-Christ 34, avant l'ère vulg. 38.
(e) *Antiq. l.* XIV, *c.* xxvii.
(f) An du monde 3967, avant Jésus-Christ 33, avant l'ère vulg. 37.

(g) *Antiq. l.* XIV, *c.* xxvii, xxviii.
(h) *Ibid. c. ult.*
(i) An du monde 3968, avant Jésus-Christ 32, avant l'ère vulg. 36.
(j) *Antiq. l.* XV, *c.* ii, iii.
(k) *Ibid.*
(l) An du monde 3969, avant Jésus-Christ 31, avant l'ère vulg. 35.
(m) *Antiq. l.* XV, *c.* iv. An du monde 3969, avant Jésus-Christ 31, avant l'ère vulg. 35.

rut si bien gagner Antoine par ses présents et par ses discours, qu'il le mit entièrement dans son parti (a).

La guerre s'étant allumée entre Auguste et Marc Antoine (b), Hérode prit le parti d'Antoine, son bienfaiteur (c). Mais Antoine ayant été vaincu, Hérode se vit contraint de recourir à la clémence d'Auguste (d). Il l'alla trouver à Rhodes, et parut devant lui avec tous les ornements royaux, à l'exception du diadème. Il parla à Auguste avec une constance et une grandeur d'âme admirables. Il avoua qu'il avait favorisé le parti d'Antoine, et qu'il aurait fait pour lui encore davantage, s'il n'en avait été empêché par la guerre d'Arabie ; qu'il était disposé à en faire autant pour lui, et à le servir avec la même fidélité qu'il avait fait Antoine, s'il voulait lui rendre le royaume et lui accorder ses bonnes grâces. Auguste, charmé de ses manières, lui accorda ce qu'il voulut ; et Hérode fit de grands présents à ce prince et à ses amis. Et lorsque Auguste passa par la Palestine, pour aller en Égypte, Hérode l'accompagna partout et fit fournir à son armée abondamment tout ce dont elle put avoir besoin dans sa marche (e).

Hérode semblait être alors au comble de ses souhaits. Mais la paix de sa maison fut bientôt troublée par des divisions domestiques et par diverses disgrâces, qui le rendirent, même au milieu de la plus brillante fortune, un des plus malheureux princes de son siècle. Il avait pour la princesse Mariamne sa femme une si grande passion, qu'il ne pouvait la modérer ; et Mariamne, au contraire n'avait pour lui que de l'éloignement et du mépris. La jalousie et la mésintelligence s'étant mises entre la mère et la sœur d'Hérode, et Mariamne, sa femme, les premières n'oublièrent rien pour irriter Hérode contre son épouse ; et après divers petits démêlés, les choses en vinrent à un tel point d'animosité, que ce prince, transporté de fureur, fit mourir Mariamne (f). Mais quand le premier transport de sa colère fut passé, il en conçut une si grande douleur, qu'il en tomba malade et faillit mourir (g). Peu de temps après, il fit aussi mourir Alexandra, mère de Mariamne, qui avait cru trop légèrement la nouvelle qui s'était répandue de la mort d'Hérode.

Il employa les années suivantes à faire divers édifices tant publics que particuliers, dans la province et ailleurs, et à faire représenter des jeux, et à bâtir des temples en l'honneur d'Auguste. Il envoya à Rome les deux fils qu'il avait eus de Mariamne, pour les y faire élever d'une manière conforme à leur naissance. Mais le plus important ouvrage qu'il entreprit alors, fut celui de rebâtir tout à neuf le temple de Jérusalem (h). Le peuple, surpris de la proposition qu'il en fit, eut d'abord peine à y consentir (i), craignant qu'après avoir démoli l'ancien temple, il ne laissât le nouveau imparfait. Mais Hérode les rassura, en disant qu'il ne toucherait pas à l'ancien, qu'il n'eût préparé tout ce qui était nécessaire pour la construction du nouveau. Il l'acheva en neuf ans, et en fit la dédicace (j) l'an du monde 3996, avant J. C. 4, avant l'ère vulgaire 8.

Quelque temps après (k) qu'il eut commencé cet ouvrage, il fit un voyage à Rome, pour faire sa cour à Auguste, et pour voir ses deux fils, qu'il y faisait élever. Auguste le reçut très-bien ; et Hérode donna partout, tant dans son voyage que dans la ville de Rome, de grandes marques de sa libéralité. Il ramena en Judée ses deux fils, et les maria (l) : l'un, savoir Aristobule, à Bérénice, fille de Salomé ; et l'autre, savoir Alexandre, à Glaphyra, fille d'Archelaüs, roi de Cappadoce (m). Vers le même temps, Agrippa étant venu en Asie, Hérode l'invita de venir dans son royaume. Il y vint (n), et Hérode lui fit voir les villes de Samarie, autrement Sébaste, et de Césarée, qu'il avait bâties en l'honneur d'Auguste, et il le reçut à Jérusalem avec tant de magnificence, qu'Agrippa ne pouvait assez en témoigner son contentement (o).

La division s'étant de nouveau mise dans la famille d'Hérode, on lui rendit suspects ses deux fils, les princes Aristobule et Alexandre. Hérode, pour réprimer leurs saillies et leur hauteur, commença à faire venir à la cour Doris et son fils Antipater, et à leur témoigner plus d'estime et de considération. Cette préférence aigrit étrangement les deux princes, dont la naissance était beaucoup plus illustre que celle d'Antipater. Ils témoignèrent leur mécontentement d'une manière trop marquée. Hérode les mena à Rome, pour les accuser devant Auguste ; mais Auguste les réconcilia à leur père (p) ; et Hérode, étant de retour à Jérusalem, déclara devant une grande assemblée du peuple, que son intention était que ses trois fils régnassent après lui ; premièrement Antipater, et ensuite Alexandre et Aristobule.

La paix de la maison d'Hérode fut de nouveau troublée par la malice d'Antipater, et par les artifices de Phéroras et de Salomé, frère et sœur d'Hérode. Archélaüs, roi de Cappadoce, étant venu en Judée, l'an du monde 3996, avant Jésus-Christ 4, avant l'ère vulgaire 8, réconcilia de nouveau les

(a) *Antiq.* l. XV, c. IV.
(b) An du monde 3972, avant Jésus-Christ 28, avant l'ère vulgaire 32.
(c) *Antiq.* l. XV, c. VI, *de Bello*, l. I, c. XIV.
(d) An du monde 3974, avant Jésus-Christ 26, avant l'ère vulg. 30.
(e) *Antiq.* l. XV, c. 10, *de Bello*, l. I, c. xv
(f) An du monde 3976, avant Jésus-Christ 24, avant l'ère vulg. 28.
(g) *Antiq.* l. XV, c. XI.
(h) An du monde 3985, avant Jésus-Christ 15, avant l'ère vulgaire 19.

(i) *Antiq.* l. XV, c. XIV.
(j) Ibid. l. V, c. ult.
(k) An du monde 3988, avant Jésus-Christ 12, avant l'ère vulg. 16.
(l) An du monde 3989, avant Jésus-Christ 11, avant l'ère vulg. 15.
(m) *Antiq.* l. XVI, c. I, II.
(n) An du monde 3990, avant Jésus-Christ 10, avant l'ère vulg. 14.
(o) An du monde 3993, avant Jésus-Christ 7, avant l'ère vulg. 11.
(p) *Antiq.* l. XVI, c. VII, VIII.

deux frères à Hérode (a). Mais enfin les calomnies d'Antipater et de Salomé ayant prévalu, Hérode, croyant qu'ils avaient attenté à sa vie, les fit étrangler, l'an du monde 3999, un an avant la naissance du Sauveur, ainsi que l'on le peut voir dans l'article d'Alexandre, fils d'Hérode, où nous avons rapporté leur histoire plus au long.

Antipater, s'étant ainsi défait de ses deux frères, qui lui faisaient le plus d'ombrage, songea aux moyens de se délivrer d'Hérode même, dont il craignait toujours l'inconstance et le ressentiment. Pour mieux cacher ses pratiques, il fit consentir le roi, son père, à l'envoyer à Rome. Mais pendant son absence, Hérode découvrit son complot, et plusieurs mois se passèrent à approfondir les dénonciations que l'on avait faites contre Antipater (b).

Pendant ce temps, le Sauveur du monde étant né à Bethléem (c), des mages vinrent de l'Orient, pour lui rendre leurs hommages. Ils suivirent un phénomène lumineux, qui les conduisit dans la Judée. Etant arrivés à Jérusalem, ils demandèrent où était le nouveau roi des Juifs (d). A leur arrivée, toute la ville de Jérusalem fut troublée (e); et Hérode, qui était alors à Jéricho (f), où il se faisait traiter d'une maladie de langueur, dont il mourut quelques temps après, en fut aussi tout troublé; en sorte qu'il fit assembler tous les prêtres et les docteurs de la loi, pour savoir d'eux où le Christ devait naître. Ils lui dirent que c'était dans Bethléem de la tribu de Juda, suivant l'oracle du prophète Michée (g).

Alors Hérode, ayant fait venir les mages en particulier, s'enquit d'eux avec grand soin du temps auquel l'étoile leur était apparue. Il les envoya à Bethléem, et leur dit de revenir, lorsqu'ils auraient trouvé l'enfant qu'ils cherchaient. Mais l'ange du Seigneur leur ayant apparu en songe, et leur ayant découvert les mauvais desseins d'Hérode, ils s'en retournèrent dans leur pays par un autre chemin. Vers le même temps, l'ange dit à Joseph de prendre l'enfant et sa mère, et de se retirer en Egypte. Hérode, voyant qu'il avait été joué par les mages, entra dans une grande colère; et envoyant à Bethléem et dans tout le pays d'alentour, y fit tuer tous les enfants mâles âgés de deux ans et au-dessous, selon le temps dont il s'était enquis exactement des mages (1).

Antipater revint de Rome au commencement de cette année, qui est la première de Jésus-Christ, ne sachant rien de tout ce qui s'était passé contre lui. Seulement, arrivant à Césarée, il ne trouva personne qui s'empressât à le recevoir et à lui faire honneur (h). Il ne vit son père que pour entendre de sa bouche les reproches qu'il méritait. Il fut aussitôt chargé de chaînes, et mis en prison; et Hérode écrivit à Auguste, pour l'informer de ce qu'il avait découvert. Il fit ensuite un nouveau testament, par lequel il déclarait son héritier Hérode Antipas, le plus jeune de ses fils (i).

Le bruit s'étant un jour répandu qu'Hérode était mort, quelques jeunes gens abattirent en plein midi un grand aigle d'or qu'il avait fait mettre sur le grand portail du temple, contre les usages et la loi des Juifs (j). Hérode fit arrêter les auteurs de cet attentat, avec quarante de leurs disciples, et les fit brûler tout vifs. Cependant la maladie d'Hérode s'augmentait tous les jours. La fièvre n'était pas violente; c'était une chaleur lente et interne, qui le consumait au dedans. Il avait une faim si furieuse, que rien n'était capable de la rassasier. Ses intestins étaient pleins d'ulcères. Il souffrait de continuelles douleurs dans le ventre. Ses pieds étaient enflés comme ceux des hydropiques. Les parties que l'on cache avec plus de soin étaient si corrompues, qu'on en voyait sortir les vers. Il était travaillé par tout le corps d'une gratelle et d'une démangeaison insupportables.

Peu de temps avant sa mort, il fit venir à Jéricho tout ce qu'il y avait de personnes un peu considérables dans la Judée, les menaçant de mort, s'ils manquaient d'y venir. Lorsqu'ils y furent arrivés, il les fit tous enfermer dans le cirque, et contraignit en pleurant, Salomé, sa sœur, et Alexas, son beau-frère de lui promettre que dès qu'il serait mort ils feraient massacrer toutes ces personnes; afin que les Juifs de tous les cantons du pays donnassent au moins à l'extérieur des larmes à sa mort. Mais cet ordre ne fut point exécuté.

Quelque temps après, il reçut des lettres de Rome (k), par lesquelles il apprit qu'Auguste lui laissait la liberté de bannir Antipater, ou de lui ôter même la vie. Ces nouvelles le remirent un peu. Mais ses douleurs l'ayant repris avec grande violence, il voulut s'en délivrer par la mort. Il demanda un couteau, pour peler une pomme, ainsi qu'il avait accoutumé de faire, et voulut s'enfoncer le couteau dans le corps; mais Achiab, son cousin, lui retira la main, et jeta en même temps un grand cri; ce qui mit tout le palais en trouble, comme si le roi eût été mort. Ce cri pénétra jusqu'à Antipater. Il crut qu'Hérode était expiré, et tâcha de persuader à ses gardes de le mettre hors de prison. L'of-

---

(a) Antiq. l. XVI, c. xi, xii.
(b) Ibid. l. XVII, c. vi. An du monde 3999, l'année même de la naissance de Jésus-Christ, 4 ans avant l'ère vulg.
(c) L'an du monde 4000, le 25 décembre.
(d) An du monde 4001, de Jésus-Christ 1, avant l'ère vulg. 4.
(e) Matth. i, ii, etc.
(f) Antiq. l. XVII, c. viii, et de Bello, l. I, c. xxi.
(g) Mich. v, 2.
(h) Antiq. l. XVII, c. vi, vii.
(i) Antiq. l. XVII, c. viii.
(j) Ibid. et de Bello, l. I, c. xxi.
(k) Antiq. l. XVII, c. ix, et de Bello, l. XIV.
(1) Le vieil Hérode tremblait pour sa royauté; l'enfant que réchauffaient des bœufs dans une étable inquiétait le maître de Jérusalem dans son palais magnifique; celui qui venait de naître comme le plus pauvre des enfants des hommes troublait le repos du plus riche prince qui, depuis Salomon, eût gouverné la Judée. Poujoulat, Hist. de Jérus., ch. xvi, t. I, p. 373.

ficier qui en était chargé, au lieu de l'écouter, alla en avertir Hérode, qui commanda sur-le-champ qu'on l'allât tuer. Il ne survécut à son fils que de cinq jours, durant lesquels il changea son testament, et donna le royaume à Archélaüs; la Gaulanite, la Trachonite, la Batanée, à Philippe, frère germain d'Archélaüs; et la Galilée et la Pérée à Hérode Antipas. Ainsi mourut Hérode (a), âgé de près de soixante et dix ans, après avoir régné trente-six ou trente-sept ans depuis qu'il eut été déclaré roi par le sénat, et trente-quatre ans depuis qu'il fut demeuré maître de la Judée par la mort d'Antigone. — [Voyez le Calendrier des Juifs, au 7 de Casleu.]

HÉRODE LE GRAND épousa : — 1° DORIS, mère d'Antipater, qui fut mis à mort par Hérode, peu de jours avant qu'il mourût lui-même. Antipater avait épousé en premières noces la fille d'Antigone II, roi des Juifs; il épousa ensuite Mariamne, fille d'Aristobule. — 2° MARIAMNE, fille d'Alexandre [Jannée], dont il eut trois fils et deux filles. — 3° PALLAS, mère d'un fils nommé Phasael. — 4° PHÈDRE, mère de Roxane, qui épousa un fils de Phéroras. — 5° MARIAMNE, fille du grand prêtre Simon; fut mère d'Hérode [d'Hérode-Philippe, premier], époux d'Hérodiade [sa nièce], dont il eut Salomé la Danseuse, laquelle épousa, 1° Philippe, et ensuite Aristobule, fils d'Hérode, roi de Chalcide. — 6° MALTHACÉ, mère d'Archélaüs, le tétrarque de Judée, et d'Antipas [d'Hérode-Antipas], le tétrarque de Galilée, et d'une fille nommée Olympias, laquelle épousa Joseph, neveu du grand Hérode. Antipas épousa, 1° la fille d'Arétas, roi d'Arabie, et ensuite Hérodiade, épouse de son frère, encore vivant. — 7° CLÉOPATRE, mère d'Hérode et de Philippe, tétrarque de la Batanée et de la Thraconite. Celui-ci épousa Salomé la Danseuse, fille d'Hérode [d'Hérode-Philippe, son frère], le tétrarque, et d'Hérodiade. — 8° ELPIDE, qui fut mère de Salomé, qui épousa un fils de Phéroras. — 9° Sa NIÈCE, dont il n'eut point d'enfants. — 10° Sa COUSINE germaine, dont il n'eut point d'enfants.

De MARIAMNE, fille d'Alexandre Jannée, sa seconde femme, Hérode le Grand eut : — 1° Alexandre, qui épousa Glaphyre, fille du roi de Cappadoce, dont il eut Tigrane, roi d'Arménie, et Alexandre, qui épousa la fille d'Antiochus, roi de Comagène. Glaphyre, veuve d'Alexandre, épousa en secondes noces Archélaüs, fils d'Hérode et de Malthacé, Samaritaine. — 2° Aristobule, qui épousa Bérénice, fille de Salomé, dont il eut trois fils et deux filles. — 3° Hérode, mort jeune étant à Rome, aux études. — 4° Salampso, qui épousa Phasael, après avoir été promise à Phéroras. — 5° Cypros, qui épousa Antipater, fils de Costobare et de Salomé, sœur du grand Hérode.

D'ARISTOBULE, second fils d'Hérode le Grand et de Mariamne, naquirent : — 1° Hérode, roi de Chalcide, qui épousa d'abord Mariamne, fille d'Olympiade, et ensuite Bérénice, de laquelle il eut Aristobule, Bérénicius et Hircan. Aristobule épousa Salomé la Danseuse, veuve de Philippe, dont il eut trois fils : Agrippa, Hérode et Aristobule. — 2° Agrippa Ier, roi des Juifs, qui épousa Cypros, fille de Salampso, dont il eut deux fils et trois filles. — 3° Aristobule, qui épousa Jotapé, fille du roi d'Emèse. — 4° Hérodiade, qui épousa d'abord Hérode, autrement dit Philippe, le tétrarque de la Batanée, dont elle eut Salomé la Danseuse; et ensuite elle épousa Hérode-Antipas, tétrarque de Galilée. — 5° Mariamne, qui épousa Antipater, son oncle.

Enfin, d'AGRIPPA Ier, second fils d'Aristobule, second fils d'Hérode le Grand, naquirent : — 1° Drusius. — 2° Agrippa II, qui fut d'abord roi de Chalcide, et ensuite tétrarque de la Trachonite. — 3° Bérénice, qui épousa d'abord Marc, puis Hérode, roi de Chalcide, et enfin Polémon, roi de Cilicie. — 4° Mariamne, qui épousa d'abord Archélaüs, fils de Chelcias, et ensuite Démétrius, alabarque des Juifs d'Alexandrie, dont elle eut Bérénice et Agrippin. — 5° Drusille, qui épousa d'abord Aziz, roi d'Emèse, et ensuite Félix, gouverneur de Judée. Elle en eut un fils nommé Agrippa, qui mourut avec sa femme dans l'incendie du mont Vésuve.

HÉRODE, nommé PHILIPPE dans l'Evangile, fils du grand Hérode, et de Mariamne, fille du grand prêtre Simon, avait d'abord été mis sur le testament d'Hérode, comme héritier du royaume, après la mort d'Alexandre et d'Aristobule, et après la découverte de la conjuration d'Antipater (b); mais Hérode, ayant découvert que Mariamne, mère d'Hérode, avait trempé dans cette conspiration, il raya Hérode de son testament, et lui substitua Archélaüs. Hérode Philippe avait épousé Hérodiade, nièce du grand Hérode (1), dont il eut Salomé, cette danseuse de l'Evangile. Hérode-Antipas le tétrarque, son frère, étant un jour passé chez lui allant à Rome, conçut pour Hérodiade une passion criminelle, et lui parla de l'épouser (c). Hérodiade y consentit, à condition qu'Antipas répudierait la fille du roi Arétas, qu'il avait épousée longtemps auparavant. Antipas, au retour de Rome, exécuta sa promesse, et prit Hérodiade, femme de son frère Philippe, ou Hérode-Philippe. C'est contre ce mariage incestueux que saint Jean-Baptiste s'éleva avec tant de force (d); et c'est cette Hérodiade qui fit couper la tête à ce grand homme (e).

HÉRODE-ANTIPAS (f), ou ANTIPAS-HÉRODE, fils du grand Hérode et de Malhacé. Son père l'avait déclaré son successeur au royaume

---

(a) An du monde 4001, de Jésus-Christ 1, avant l'ère vulg. 4.
(b) Antiq. l. XVII, c. IV, VI.
(c) Ibid. c. VI, p. 626 An de Jésus-Christ 50.
(d) Matth XIV. Marc. VI, 17
(e) An de Jésus-Christ 31.

(f) Le nom d'Antipas est le même que celui d'Antipater, qui signifie égal au père, ou comparable au père. Je pense que le nom hébreu qui répond à Antipater, est Abihu אבִיהוּ. Celui-ci est mon père; il me tiendra lieu de père.
(1) Elle était nièce d'Hérode-Philippe qui l'épousait, et petite-fille d'Hérode le Grand.

dans son premier testament ; mais ensuite il changea, et nomma Archélaüs, roi de Judée, et ne donna à Antipas que le titre de tétrarque de la Galilée et de la Pérée. Archélaüs, fils d'Hérode, étant allé à Rome pour y faire confirmer par Auguste le testament de son père, Antipas y alla aussi, et l'empereur donna à Archélaüs la moitié de ce qui lui était assigné par le testament d'Hérode, avec la qualité d'ethnarque, lui promettant qu'il lui accorderait le titre de roi, dès qu'il s'en serait montré digne par sa vertu. Ses revenus étaient de six cents talents. Quant à Antipas, Auguste lui donna la Galilée et la Pérée, qui lui rapportaient deux cents talents; enfin il donna à Philippe, autre fils d'Hérode, la Batanée, la Trachonite et l'Auranite, et quelques autres places du revenu de cent talents (a).

Antipas, étant de retour en Judée, s'appliqua à orner et à fortifier les principales places de ses Etats. Il donna à *Bethzaïde* le nom de Juliade, en l'honneur de Julie, femme d'Auguste ; et à *Cinnéreth* celui de Tibériade, en l'honneur de Tibère. Il avait épousé la fille d'Arétas, roi d'Arabie, qu'il répudia vers l'an de J. C. 33, pour épouser Hérodiade, sa belle-sœur, femme de son frère Philippe, qui était encore vivant (b). Saint Jean-Baptiste ne cessant de crier contre ce rapt et cet inceste, Antipas le fit arrêter et mettre en prison dans le château de Maqueronte. Josèphe dit qu'Hérode Antipas avait fait arrêter saint Jean, parce qu'il attirait trop de monde auprès de lui, et qu'il craignait qu'il ne se servît de l'autorité qu'il avait acquise sur l'esprit du peuple, pour le porter à la révolte. Mais Josèphe a pris le prétexte pour la vraie cause. Les évangélistes, mieux informés que lui, puisqu'ils étaient témoins de ce qui se passait, et qu'ils connaissaient saint Jean et ses disciples d'une façon très-particulière, nous assurent que la véritable raison de la détention de saint Jean fut la haine que lui portaient Hérode et Hérodiade, à cause de la liberté avec laquelle il reprenait leur mariage scandaleux.

La sainteté et la vertu de saint Jean étaient telles, qu'Hérode même le craignait, le respectait et faisait beaucoup de choses en sa considération. Mais sa passion pour Hérodiade l'aurait porté à le faire mourir, s'il n'en eût été retenu par la crainte du peuple, qui regardait Jean-Baptiste comme un prophète (c). Un jour que le roi célébrait la fête de sa naissance avec les principaux de sa cour, la fille d'Hérodiade dansa devant lui, et lui plut de telle sorte qu'il lui promit avec serment de lui donner tout ce qu'elle demanderait. Elle alla aussitôt demander à sa mère ce qu'elle devait demander au roi ; et Hérodiade lui dit de ne demander autre chose que la tête de Jean-Baptiste. Elle revint donc dans la salle, et dit à Hérode : *Donnez-moi présentement dans ce bassin la tête de Jean-Baptiste.* Le roi fut affligé de cette demande. Mais à cause du serment qu'il avait fait, et de ceux qui étaient à table avec lui, il commanda qu'on la lui donnât ; et il envoya en même temps couper la tête de Jean dans la prison, et elle fut apportée dans un bassin, et donnée à cette fille, qui la porta à sa mère (1).

Arétas, roi d'Arabie, pour se venger de l'outrage qu'Hérode avait fait à sa fille, en la répudiant, lui déclara la guerre, et le vainquit dans un grand combat. Josèphe (d) assure que les Juifs attribuèrent la défaite de l'armée d'Antipas à la mort qu'il avait fait souffrir à Jean-Baptiste.

[Plaçons ici une observation de M. Drach. « Admirons, dit-il, comme la Synagogue donne la main à la vérité évangélique. Les Juifs de cette époque-là regardaient Jean-Baptiste comme un saint. «C'était un homme
» pieux, dit Josèphe (2), qui exhortait les
» Juifs à embrasser la vertu, à exercer la
» justice (3) et à recevoir le baptême après
» s'être rendus agréables à Dieu (4). Car ce
» baptême, disait-il, plairait à Dieu, en le
» prenant, *non pour l'expiation des péchés,*
» puisqu'on avait déjà purifié l'esprit par la
» justice, mais pour la pureté du corps. »

» Les Juifs étaient persuadés que la défaite de l'armée d'Antipas, dans la bataille rangée qu'elle livra aux forces du roi Arétas, fut la vengeance que Dieu voulut tirer de la mort de *Jean, surnommé le Baptiste* (5).

» Or, la connexion entre ces deux événements résulte de l'accord de la Synagogue avec l'Eglise. Celle-ci nous présente la page de l'Evangile où il est dit que le glorieux martyre du saint précurseur fut une suite de la coupable union d'Hérodiade avec son beau-frère, et la première nous apprend que cette bataille eut également pour cause la même union ; car Antipas, pour attirer Hérodiade chez lui, lui avait accordé le renvoi de sa femme, qui était fille d'Arétas, roi de Pétra, en Arabie (6). » Drach, *Du divorce dans la Synagogue*, note V, pag. 225-237.]

Quelques années après (e), Hérodiade, jalouse de la prospérité de son frère Agrippa, qui, de simple particulier, était devenu roi de Judée, persuada à Hérode-Antipas, son mari, d'aller à Rome, pour demander la même dignité à l'empereur Caïus. Elle voulut l'accompagner dans ce voyage, espérant que

---

(a) Voyez *Joseph. Antiq. l.* XVII, *c.* XIII.
(b) *Joseph. Antiq. l.* XVIII, *c.* VII. *Matth.* XIV, 3, 4. *Marc.* I, 14 ; VI, 17. 18. *Luc.* III, 19, 20.
(c) *Matth.* XIV, 5 et suiv.
(d) *Joseph Antiq. l.* XVIII, *c.* VII.
(e) L'an du monde 4042, de Jésus-Christ 42, de l'ère vulg. 39.
(1) Hérode-Antipas s'était d'abord contenté d'emprisonner l'homme qui lui avait reproché son mariage avec la femme de son propre frère Philippe, et dont il redoutait la popularité, si nous en croyons Josèphe. Ainsi font quelquefois les pouvoirs de la terre : c'est par la violence qu'ils se vengent de l'autorité de la vertu. Hérode-Antipas n'aurait peut-être pas songé à faire mourir Jean-Baptiste ; mais il était esclave d'une femme passionnée et farouche que la parole de l'homme de Dieu n'avait pas manqué d'atteindre dans ses vices. Poujoulat, *Hist. de Jérus.* ch. XVI, tom. I, pag. 389.
(2) *Antiq., l.* XVIII, *c.* v, n. 2, Haverc.
(3) *Justice* veut dire, conduite selon Dieu.
(4) C'est ce que l'Evangile appelle *Baptismum pœnitentiæ.*
(5) Ἰωάννου τοῦ ἐπικαλουμένου Βαπτιστοῦ.
(6) *Voyez* Josèphe, *Ant. Jud. l.* XVIII, *c.* v, *n.* 12, pag. 882, 88 3, édit. d'Haverc.

sa présence contribuerait à attirer sur son mari les faveurs de Caïus. Mais Agrippa, par une autre espèce de jalousie, écrivit à l'empereur, pour accuser Antipas, son beau-frère. L'envoyé d'Agrippa arriva à Baies, où était l'empereur, en même temps qu'Hérode recevait sa première audience. Caïus, ayant reçu les lettres d'Agrippa, les lut avec avidité. Agrippa y accusait Hérode-Antipas d'avoir été de la conspiration de Séjan contre Tibère, et d'être encore d'intelligence avec Artabane, roi des Parthes, contre les Romains. Pour preuve de cette accusation, il disait qu'Antipas avait dans ses arsenaux des armes pour armer soixante et dix mille hommes. Caïus, en colère, demanda brusquement à Antipas s'il était vrai qu'il eût une si grande quantité d'armes ; et le roi ne l'ayant osé nier, Caïus sur-le-champ le priva de sa tétrarchie, et l'envoya en exil à Lyon, dans les Gaules. Pour Hérodiade, il lui fit rendre l'argent qui était à elle, et lui promit de lui pardonner, en considération de son frère Agrippa. Mais elle aima mieux suivre son mari, et partager avec lui sa mauvaise fortune (a).

C'est ce même Hérode-Antipas qui, au temps de la passion de notre Sauveur, s'étant trouvé à Jérusalem, se railla de Jésus-Christ, que Pilate lui avait renvoyé (b), le fit revêtir d'une robe blanche, et le fit reconduire à Pilate, comme un roi ridicule, et dont l'ambition ne lui donnait nul ombrage. On ne sait pas l'année de la mort d'Antipas ; mais il est certain qu'il mourut en exil, aussi bien qu'Hérodiade. Josèphe, dans un autre endroit (c), dit qu'Antipas fut relégué en Espagne, et qu'il y mourut. Peut-être que Caïus, qui vint dans les Gaules l'année même qu'Antipas y avait été relégué, le relégua alors de Lyon en Espagne (d).

HÉRODE-AGRIPPA, fils d'Aristobule, frère d'Hérodias, et petit-fils du grand Hérode. *Voyez* AGRIPPA.

HÉRODE, roi de Chalcide, frère d'Agrippa et d'Hérodiade, fils d'Aristobule et petit-fils du grand Hérode. Il épousa en première noces Mariamne, fille d'Olympiade, et ensuite Bérénice, sa nièce, fille du grand Agrippa. L'empereur Claude lui donna le royaume de Chalcide (e) l'an 41 de Jésus-Christ. Il obtint du même empereur, vers l'an 43, l'autorité et l'inspection sur le temple et sur l'argent consacré à Dieu, avec le pouvoir de mettre et de déposer les souverains pontifes (f). Il usa de ce pouvoir, en déposant Simon Canthère, et en mettant en sa place Joseph, fils de Cani. Hérode mourut l'an 48 de Jésus-Christ. Il n'est point parlé de ce prince dans les livres sacrés. Il avoit eu de sa première femme un fils nommé Aristobule, et de sa seconde, deux fils, Bérénicien et Hircan.

HÉRODIADE, ou HÉRODIAS, fille d'Aristobule et de Bérénice, sœur du roi Agrippa, et petite-fille du grand Hérode, épousa en premières noces Hérode Philippe, son oncle, dont elle eut Salomé (g). Hérodiade, ayant écouté les propositions que lui fit Hérode-Antipas, son oncle, tétrarque de Galilée, de l'épouser à son retour de Rome, passa de la maison de Philippe dans celle d'Antipas, avec sa fille Salomé. Et comme saint Jean-Baptiste ne cessait de reprendre le mariage incestueux d'Antipas et d'Hérodiade (h), Antipas le fit mettre en prison et, quelque temps après, Hérodiade suggéra à sa fille Salomé de demander au roi la tête de Jean-Baptiste. Ainsi ce saint homme fut décapité; et saint Jérôme (i) raconte que cette femme, tenant la tête du précurseur entre ses mains, lui perça la langue avec son aiguille de tête, ainsi que la femme d'Antoine avait fait à Cicéron.

Hérodiade, souffrant impatiemment de voir son mari simple tétrarque, pendant que son frère Agrippa, qu'elle avait vu dans l'humiliation et dans la misère, était honoré du titre de roi (j), inspira à Antipas, son mari, d'aller à Rome, pour demander à l'empereur Caïus qu'il lui accordât la même grâce qu'il avait faite à Agrippa. Mais Agrippa, par une autre jalousie encore plus basse, fit en même temps partir un de ses affranchis, avec des lettres à Caïus, qui portaient qu'Hérode avait dans ses arsenaux de quoi armer soixante et dix mille hommes. Antipas, n'ayant pu nier ce fait, fut sur-le-champ relégué à Lyon (k). L'empereur, ayant su qu'Hérodiade, qui avait accompagné son mari dans ce voyage, était sœur d'Agrippa, voulait lui faire grâce (l) ; mais elle aima mieux suivre son mari dans le malheur où elle l'avait jeté, que de devoir quelque chose à la fortune de son frère. On peut voir l'article d'HÉRODE-ANTIPAS, celui d'AGRIPPA et celui d'HÉRODE-PHILIPPE.

HÉRODIENS, une des quatre sectes qui étaient parmi les Juifs du temps de notre Sauveur. Cette secte n'est pas ancienne, et elle ne peut pas avoir précédé le règne des Hérodes dans la Judée. Ni Josèphe, ni Philon n'en parlent pas sous les noms d'Hérodiens. Mais l'Évangile les désigne sous ce nom en plus d'un endroit (m). On est fort partagé sur la secte des Hérodiens : on peut compter jusqu'à huit ou neuf opinions particulières sur leur origine. Les uns ont cru que les *Hérodiens* tenaient Hérode pour le Messie (n) ; mais, comme on connaît plusieurs Hérodes qui ont régné sur les Juifs, on est encore partagé savoir lequel d'entre eux on prenait pour le Messie. La plupart sont pour le grand Hérode, fils d'Antipater, qui mourut quelques mois après la naissance

(a) *Antiq. lib.* XVIII, c. IX.
(b) *Luc.* XXIII, 11.
(c) *De Bello, lib.* II, c. XVI.
(d) Tillemont, *Ruine des Juifs*, art. 17, pag. 41
(e) *Antiq. l.* XIX, c. IV. *Dio. l.* LX.
(f) *Ibid.* XX, c. I.
(g) *Ibid.* XVIII, c. VII.
(h) *Matth.* XIV, 3 *Marc.* VI, 17

(i) *Hieron. in Rufin. l.* III, c. XI, p. 217.
(j) *Antiq. l.* XVIII, c. IX.
(k) An de Jésus-Christ 39.
(l) *Antiq. l.* XVIII, c. IX.
(m) *Matth.* XXII, 16. *Marc.* III, 6, et VIII, 15, et XII, 14
(n) Tertull. *de Præscript. Appendic. initio. Epiphan hæres. Herodian. Hieronym. contra Luciferian.*

de Jésus-Christ. Il parut dans un temps où tout le monde était dans l'attente du Messie. C'était un prince puissant, vaillant et belliqueux : on dit qu'il fit brûler les archives où l'on conservait les mémoires généalogiques de la maison de David, afin que personne ne pût prouver qu'il n'était pas de cette famille, d'où l'on savait que le Messie devait naître. Enfin, on cite Perse (a), qui parle d'une fête du roi Hérode, que l'on célébrait à Rome, même parmi les Juifs, avec de grandes illuminations.

D'autres (b) ont cru que le chef des Hérodiens était Hérode II, surnommé Antipas, tétrarque de Galilée. Ce fut un prince fort ambitieux et fort politique, puisque le Sauveur lui donne le nom de *Renard* (c). Il pouvait bien avoir l'ambition de passer pour le Messie.

Philastrius (d) et quelques autres ont cru qu'Hérode-Agrippa, qui fut établi roi de Judée par Caligula, avait donné son nom aux Hérodiens. Mais comment soutenir ce sentiment, puisque les Hérodiens étaient déjà connus quelques années avant que ce prince montât sur le trône.

Le père Hardouin (e) a imaginé que les Hérodiens étaient des Platoniciens que le roi Hérode avait mis en crédit dans la Judée, à l'imitation des Platoniciens d'Athènes, dont il suivait la secte. Ces Platoniciens, selon lui, étaient dans les mêmes principes que les Saducéens ; d'où vient que dans l'Evangile on met les Hérodiens pour les Saducéens ; et Jésus-Christ, ayant dit à ses disciples, dans saint Marc, de se garder *du levin des Pharisiens et d'Hérode* (f), leur dit dans saint Matthieu, de se garder *du levin des Pharisiens et des Saducéens* (g). Mais dans d'autres endroits, les évangélistes distinguent clairement les Saducéens des Hérodiens ; et il est très-vraisemblable que saint Marc a suppléé à ce qui manquait dans saint Matthieu.

L'auteur de l'Ouvrage Imparfait sur saint Matthieu, croit que les Hérodiens étaient des païens sujets d'Hérode-Antipas ; mais est-il croyable que les Pharisiens se soient concertés avec des païens pour tenter Jésus-Christ ?

Plusieurs Pères (h) et plusieurs commentateurs ont avancé que les Hérodiens étaient des gens de la suite d'Hérode, qui, pour contenter leur curiosité, ou pour faire leur cour à leur maître, vinrent avec les Pharisiens tenter Jésus-Christ sur le payement du tribut; mais il paraît par le récit des évangélistes, que les Hérodiens étaient une secte subsistante dans la Judée, indépendamment du roi Hérode, et de sa puissance à Jérusalem.

Quelques-uns (i) ont voulu que les Hérodiens fussent des politiques qui favorisaient la domination d'Hérode et des Romains contre les Juifs, zélés pour la liberté de leur nation (1). Les premiers soutenaient qu'il fallait payer le tribut aux rois établis par les Romains, et on leur donna le nom d'*Hérodiens*, comme qui dirait *royaux*, ou *royalistes*, par opposition aux autres Juifs, qui n'étaient pas du même sentiment, et qu'on pouvait appeler *républicains*, ou *libres*.

Saint Justin le Martyr (j) dit que les Hérodiens étaient des partisans d'Hérode, qui le reconnaissaient pour grand prêtre de leur nation; ce que les autres Juifs ne voulaient pas faire. Strabon (k) dit que ce prince prit la souveraine sacrificature, que ses prédécesseurs n'avaient point possédée. Mais Josèphe ne dit rien de pareil ; seulement il reconnaît qu'Hérode, après la mort de son beau-frère Aristobule, disposa de la souveraine sacrificature à sa volonté; ce qui déplut sans doute aux bons Israélites. Mais on n'a aucune preuve que ceux qui approuvaient en cela la conduite d'Hérode aient fait une secte dans la nation.

Scaliger (l) et quelques autres ont cru que c'était une espèce de confrérie érigée en l'honneur d'Hérode ; comme il y en eut à Rome en l'honneur d'Auguste, d'Adrien, d'Antonin, nommés pour cette raison *Sodales Augustales*, Augustaux, Adrianaux, etc.; mais cette confrérie ou société des Augustaux ne fut établie à Rome qu'après la mort d'Auguste, et aussi, par conséquent, après celle d'Hérode, qui mourut avant Auguste.

M. Prideaux (m) prouve fort bien que les Hérodiens étaient une secte formée chez les Juifs; qu'ils avaient *un levain*, ou des dogmes particuliers distingués de ceux des Pharisiens et des Saducéens, desquels Jésus-Christ veut qu'on se garde. On ne peut douter qu'ils n'aient pris leurs sentiments du grand Hérode, puisqu'ils en portaient le nom : ils étaient apparemment ses partisans, ou ses domestiques, comme les appelle la version syriaque. Il n'est question que de savoir quels étaient les dogmes des Hérodiens. Cet auteur croit qu'ils se réduisaient à ces deux chefs : 1° En ce qu'*ils croyaient que la domination des Romains sur les Juifs, était juste et légitime, et qu'il fallait s'y soumettre*. Le se-

---

(a) Pers. Sat. vi, v. 180.
(b) Theophylact. Euthym. in Matth. Voyez Basnage, Hist. des Juifs, l. III, c. viii, art. 8, 16, 17.
(c) Luc. xiii, 32.
(d) Philastr. de Hæres. Prateolus Elench. hæres. c. xiv.
(e) Harduin. de Nummis Herodiad.
(f) Marc. viii, 15.
(g) Matth. xvi, 6.
(h) Chrysost. Hieron. Drumar Jans. Valab. Erasm. Nat. Alex. etc.
(i) Origen. in Matth. c. xvii. Cyrill. Alex. l. II in Isai. u. Theophylact. in Matth. Grot. Maldonat. etc.
(j) Justin. Martyr. Dialog. cum Tryphone.
(k) Strabo l. XVI, p. 765.
(l) Scaliger Animadvers. in Euseb. Chron. n° 1882. Casaub. Proleg. in Exercit. in Baron.

(m) M. Prideaux, Hist. des Juifs, t. V, part. ii, l. V, p. 120, 121.
(1) Il est certain que la politique jouait un grand rôle dans tout ce qui se passait alors en Judée. Les accusations que les ennemis du Sauveur portèrent contre lui à Pilate étaient essentiellement politiques et n'étaient que politiques. *Voyez* ma *Réfutation* des attaques faites par un journal contre mon interprétation de quelques passages de l'Evangile, insérée dans le *Mémorial catholique*, tom. V, n° 6, décembre 1845. Plus loin, dom Calmet rapporte l'opinion de Prideaux et donne aussi la sienne sur la part que les Hérodiens prenaient dans la politique. Les Hérodiens étaient plutôt un *parti politique* qu'une *secte religieuse;* les Pharisiens, avec lesquels ils se rencontraient quelquefois sur le terrain de la politique, étaient plutôt une *secte religieuse*.

cond, qu'on pouvait en conscience, dans les circonstances présentes, suivre plusieurs usages et plusieurs modes des païens. Il est certain qu'Hérode était dans ces principes (a), puisqu'il s'excuse sur la nécessité des temps d'avoir fait plusieurs choses contre les maximes de la religion des Juifs.

Après avoir exposé ces différents sentiments sur le sujet des Hérodiens, il nous reste à prendre notre parti sur cette question. Nous voyons par l'Evangile, 1° Que c'était une secte formée et subsistante parmi les Juifs du temps de Jésus-Christ ; 2° qu'elle différait des Pharisiens, des Saducéens et des Esséniens : nous avons fait voir que la preuve qu'on apporte pour montrer qu'ils étaient les mêmes que les Saducéens, n'était pas solide ; 3° *ils paraissaient toujours avec les Pharisiens*; 4° *ils s'intéressaient à savoir s'il fallait payer le tribut aux Romains, ou non;* 5° ils étaient dans des principes dangereux, puisque le Sauveur veut qu'on se défie de *leur levain*. Or je ne vois que les disciples de Judas le Gaulonite, ou le Galiléen, à qui tous ces caractères conviennent. Ils composaient une secte bien marquée dans Josèphe (b) : *Ils étaient d'accord en toutes choses avec les Pharisiens :* la seule chose qui les distinguait était leur amour excessif pour la liberté, *persuadés qu'il n'y avait que Dieu seul à qui les hommes doivent l'obéissance.* Cette secte était dans toute sa vigueur au temps de Jésus-Christ ; elle se dissipa après la ruine de Jérusalem, lorsque la nation fut dispersée et réduite en servitude.

Judas le Gaulonite, ou le Galiléen, parut *au temps que se fit le dénombrement de tout le peuple* par ordre d'Auguste (c), l'an de Jésus-Christ 10, de l'ère vulgaire 14, dix ans après le dénombrement qui s'était fait à la naissance de Jésus-Christ. Ce Judas prétendit que les vrais Israélites, étant le peuple de Dieu, ne devaient être assujettis à aucun homme. Il eut grand nombre de disciples, que les uns nommèrent *Galiléens*, parce que Gaulon est dans la haute Galilée ; et les autres *Hérodiens*, parce que cette ville était du royaume d'Hérode-Antipas. Josèphe ne leur donne aucun nom particulier ; il dit simplement qu'ils étaient sectateurs de Judas le Gaulonite, grands amateurs de la liberté ; et au reste dans les mêmes sentiments que les Pharisiens (d). Tout ce que l'Evangile nous dit des Hérodiens revient parfaitement à l'idée que Josèphe nous donne des disciples de Judas le Gaulonite. Saint Jérôme (e) ne doute pas que ce ne soit contre ces hérétiques que saint Paul s'élève dans ses Epîtres, lorsqu'il recommande la soumission aux puissances séculières établies de Dieu. *Voyez* notre *Dissertation* sur les sectes des Juifs, à la tête du Commentaire sur saint Marc.

(a) *Antiq. l.* XV, *c.* XII, *p.* 538.
(b) *Ibid. l.* XVIII, *c.* 1 et 2.
(c) *Act.* v, 37. *Joseph. Antiq. l.* XVIII, *c.* 1, *p.* 616, *a.*
(d) *Antiq. l.* XVIII, *c.* 1, et *de Bello, l.* II, *c.* XII.
(e) *Hieron. in Ep. ad Tit. c.* III.
(f) *Rom.* XVI, 11.
(g) *Menæa,* 8 *April. Boland.* VIII *April.*
(h) *Antiq. l.* XIV, *c.* XXV, et XVI, 1.

HERODION, cousin de Saint Paul (f). Les nouveaux Grecs (g) racontent bien des choses de saint Hérodion. Ils le mettent au rang des soixante et douze disciples, et des apôtres ; et disent qu'il ne laissait pas, par un esprit d'humilité, de se rendre serviteur de tous les apôtres. Il fut ordonné prêtre, puis évêque de Patres, apparemment en Achaïe. C'est peut-être le même que saint Rhodion, dont ils disent qu'il eut la tête tranchée à Rome, le même jour que saint Pierre et saint Paul.

HERODION, château bâti par Hérode, au lieu où il avait battu ses ennemis dans sa fuite (h). Ce château était à soixante stades de Jérusalem, et ce prince voulut y être enterré (i). Il n'était pas loin de Thécué (j). M. Réland croit qu'Hérode en avait encore bâti un autre de même nom, vers les montagnes d'Arabie (k), et comme il conjecture, au delà du Jourdain. Car il faut avouer qu'un château bâti à soixante stades, ou à trois lieues de Jérusalem, ne peut naturellement s'entendre d'une forteresse construite vers les montagnes d'Arabie.

HERON, *Herodius*, *Hérodion*. Cet oiseau [*ardea*] est aquatique et sauvage. [Il est de l'ordre des échassiers.] Il est distingué par son grand bec et son long cou. Il vole assez haut, habite le long des lacs, des marais et des rivières, et se nourrit de poissons. Les butors et les courlis sont des espèces de héron. On connaît plusieurs sortes de hérons : le héron blanc, le grand héron gris ou cendré, le petit héron cendré, le héron châtain, le héron crêté, le héron étoilé, le héron noir, etc. Tous ces oiseaux diffèrent entre eux en quelque chose, soit en grosseur ou en couleur. Mais ils conviennent tous en ce qu'ils sont aquatiques, montés sur de grandes jambes, ayant un long bec et un long cou; et la plupart ont encore une aigrette ou une crête sur la tête. Le héron fait son nid dans les bois de haute futaie. Sa fiente fait perdre la verdure aux arbres sur lesquels elle tombe, et les fait mourir. Il se tient longtemps comme immobile le long des eaux, attendant le poisson, pour le surprendre lorsqu'il s'en défie le moins. Il paraît que les Septante, et saint Jérôme l'ont pris pour la *cicogne*, puisqu'ils traduisent l'hébreu *chasid* par *hérodion*. Chasid signifie miséricordieux, compatissant. La cicogne passe pour un oiseau bénin, doux, et qui nourrit ses parents durant leur vieillesse (l) ; en quoi les anciens ont dit que souvent elles étaient plus justes que les hommes. Moïse déclare la cicogne immonde, peut-être à cause qu'elle se nourrit de serpents. Le héron est un animal dont Moïse a défendu l'usage aux Hébreux (m). Job parle aussi (n) : *Penna struthionis similis est pennæ herodii*. Et le Psal-

(i) *De Bello, l.* I, *c.* XXI.
(j) *Ibid. l.* V, *c.* 7.
(k) *Ibid. l.* I, *c.* XVI.
(l) *Plato in Alcibiad. Arist. l.* IX *Hist. anim. c.* XIII, *Plin. l.* X, *c.* XXIII. *Solin. Alti.* Vide *Boch. de Anim. sacr. parte* II, *l.* II, *c.* XXIX, etc.
(m) *Levit.* XI, 19. *Deut.* XIV, 16.
(n) *Job*, XXXIX, 13.

misto (a) : *Herodii domus dux est eorum.* Mais le terme de l'original, qui est *chasidah*, signifie, selon la plupart des interprètes, une *cicogne :* il dérive de l'hébreu *chesid*, qui signifie la *miséricorde*, dont la cicogne est le symbole. Quelques anciens psautiers latins, au lieu de *herodii domus*, lisent, *fulicæ domus*, la maison de la *foulque* ou de la *poule d'eau*. Mais les Septante et plusieurs interprètes tiennent pour le héron. —[Le héron, *ardea major* Lath., se trouve au Japon, en Egypte, en Sibérie, sur les côtes de l'Afrique, dans l'Inde, dans le nord de l'Europe, etc.]

HEROON, ville à l'extrémité septentrionale ou à la pointe de la mer Rouge. C'est apparemment la même ville que nous appelons aujourd'hui Suez. Les anciens l'appellent aussi *Heroopolis*, et donnent au golfe de Suez le nom de *Sinus Heroopoliticus*.

HESBON, HESEBON, CHESBON, ou ESEBON, ville au delà du Jourdain. *Voyez* ESEBON.

HESER, ville de Juda, que Salomon bâtit ou fortifia. III *Reg.* IX, 15. C'est apparemment la même que la ville d'*Asor* ou *Hasor*. —[Huré la fait de la tribu de Nephtali, *Voyez* ASOR.]

HESLI, fils de Naggé, un des aïeux de Jésus-Christ selon la chair. *Luc.* III, 25.

HESMONA. *Voyez* ESMONA ou ASEMONA, ville au midi de Juda.

HESRAI, du Carmel, un des braves de l'armée de David (b).—[Il est nommé HESRO, 1 *Par.* XI, 37.]

HESRO ou HESRON, troisième fils de Ruben (c), chef de la famille des Hesronites (d).

HESRON, fils [aîné] de Pharès, et petit-fils de Juda. 1 *Par.* II, 5; *Genes.* XLVI, 12. —[*Voyez* HEBRON.]

HESRON. *Jos.* XV, 25. *Voyez* ASOR.

HETH, père des *Hétéens*, était le premier [le second] fils de Chanaan (e), et demeurait au midi de la Terre promise, à Hébron et aux environs. Ephron, habitant d'Hébron, était de la race de Heth (f), et toute cette ville, du temps d'Abraham, était peuplée par des enfants de Heth. Il y en a qui veulent qu'il y ait eu une ville de *Heth ;* mais on n'en voit aucune trace dans l'Ecriture.

BETHALON, ville marquée dans Ezéchiel, comme bornant la terre promise du côté du septentrion (g). C'est *Hétalon* ou *Chétala*, sur la Méditerranée, sur les côtes de Syrie, entre *Posidium* et *Laodicée*.

HETHEENS. Les descendants de Heth.

HETTHIM. Terre de Hetthim, dont il est parlé au chap. I des Juges, v. 26. *Un homme sorti de Béthel*, autrement *Luza, alla dans la terre de Hetthim, et y bâtit la ville de Luza.* Nous croyons que cet homme se retira dans le pays des Héthéens, au midi de la tribu de Juda, et qu'il y bâtit la ville de *Lusa, Elysa,* ou *Lussa*, dont nous parlent les géographes (h). Josèphe dit que les Juifs prirent sur les Arabes la ville de Lussa (i). Ce fut en mémoire de sa première patrie que cet homme donna à sa nouvelle ville le nom de *Luza*.

HEVE, ou EVE (1). C'est le nom de la première femme. *Hevah* en hébreu dérive de la même racine (j) que *haim*, la *vie ;* parce qu'elle devait être la mère de tous les vivants. Le Seigneur, ayant créé l'homme, dit (k) : *Il n'est pas bon que l'homme soit seul ; faisons-lui une aide semblable à lui.* Il lui envoya donc un profond sommeil ; et pendant qu'il était endormi, Dieu tira une de ses côtes, en forma une femme, et l'amena à Adam. Alors Adam dit : *Voilà maintenant l'os de mes os, et la chair de ma chair. Celle-ci s'appellera Ischa, comme qui dirait humaine* [*Voyez* FEMME, note], *parce qu'elle a été tirée de l'homme. C'est pourquoi l'homme quittera son père et sa mère, et s'attachera à sa femme ; et ils seront deux en une même chair.* On croit qu'elle fut créée le même jour qu'Adam, c'est-à-dire, le sixième jour de la création, et après qu'Adam eut fait la revue des animaux que Dieu avait créés, et sur lesquels le Seigneur lui avait donné l'empire et l'inspection.

Adam et Eve furent placés dans le paradis terrestre aussitôt après leur création, et Dieu leur défendit de toucher à un certain fruit, avec menace de les faire mourir, s'ils y touchaient. Ils y demeurèrent quelques jours dans la simplicité et l'innocence ; étant nus, sans rougir de leur nudité. Mais le démon, jaloux de leur bonheur, prit la forme d'un serpent, ou plutôt se cacha dans un serpent réel, et s'étant présenté devant Eve, il lui dit (l) : *Pourquoi Dieu ne vous a-t-il pas permis de manger indifféremment de tous les fruits de ce jardin ?* Eve lui répondit que Dieu leur avait défendu de toucher à un seul arbre, de peur qu'ils ne mourussent, que pour tout le reste, ils en mangeaient librement. Mais le serpent répliqua : *Assurément vous ne mourrez point ; car Dieu sait qu'aussitôt que vous aurez mangé de ce fruit, vos yeux seront ouverts, et vous serez comme des dieux, par la connaissance que vous aurez du bien et du mal.* Ainsi il voulait faire passer Dieu pour un menteur, ou un jaloux, qui enviait à sa créature une perfection et un bonheur, ou qui la menaçait d'un mal dont elle n'avait rien à craindre.

La femme, voyant donc que ce fruit était bon à manger, et beau à la vue, en prit, en mangea, et en donna à son mari, qui en mangea aussi. Alors leurs yeux furent ouverts, et ils reconnurent qu'ils étaient nus. Ils couvrirent leur nudité avec des feuilles de figuier, et allèrent se cacher au fond du bois. Dieu les y alla trouver, leur reprocha leur désobéissance, et il dit à Eve : *Je multiplierai vos douleurs et vos grossesses ; vous mettrez au monde vos enfants dans la douleur,*

(a) Psalm. CIII, 15. הַחֲסִידָה *Herodius*. 70, ἐρῳδιός.
(b) II *Reg.* XXIII, 35.
(c) *Genes.* XLVI, 9.
(d) *Num.* XXVI, 6.
(e) *Gen.* X, 15; I *Par.* I, 13.
(f) *Genes.* XXIII, 3 *et seq.*
(g) *Ezech.* XLVII, 15; XLVIII, 1.

(h) *Ptolem.* l. V, c. XVI *et* XVII.
(i) *Antiq. t.* XIV, *c.* II.
(j) חָיָה *Eva* חַיִּים *Vita.* Vide *Genes.* III, 20.
(k) *Genes.* II, 18, 19, 20.
(i) *Genes.* III, 1, 2.
(1) C'est par abus qu'on écrit *Eve ;* il faudrait écrire et prononcer *Hève*, car il y a une aspiration.

et vous serez sous la puissance de l'homme. Et à Adam : Parce que tu as écouté la voix de ta femme, etc., la terre est maudite,... tu mangeras ton pain à la sueur de ton front (1). Après cela Dieu donna à Adam et Eve des habits de peaux, et les chassa hors du Paradis. Or Adam connut sa femme Eve, et elle conçut et enfanta Caïn (*a*), en disant : *J'ai possédé un homme par le secours de Dieu.* Elle eut ensuite Abel et quelques filles, et enfin Seth. L'Ecriture ne nomme que ces trois fils d'Adam et d'Eve ; mais elle témoigne assez qu'ils en eurent beaucoup d'autres, lorsqu'elle dit qu'*ils eurent des fils et des filles* (*b*). On ne sait pas l'année de la mort d'Eve. On présume qu'elle mourut vers le même temps qu'Adam, environ la neuf cent-trentième année du monde.

Les mahométans prétendent qu'Eve donna à son premier fils le nom de *Abd-al-hareth*, c'est-à-dire, serviteur, ou fils d'un jardinier, ou d'un laboureur, parce qu'Adam fut le premier qui cultiva la terre, suivant ce qui est dit dans la Genèse (*c*), qu'il fut mis dans le Paradis *pour le cultiver*. Ils révèrent encore aujourd'hui la *grotte d'Eve*, dans la montagne de Gérahem, à trois mille pas de la Mecque. La montagne d'*Arafat*, à dix milles de la Mecque, a tiré son nom de la rencontre d'Adam et d'Eve qui se reconnurent et se rencontrèrent, disent-ils, en cet endroit, après une longue absence. Ils croient que le tombeau de la première femme est à *Gidda*, sur la mer Rouge, à deux journées de la Mecque, dont elle est pour ainsi dire le port. Ils tiennent de plus que les eaux du déluge commencèrent à sourdre, ou à sortir du four d'Eve, qui s'était conservé jusqu'alors, et avait passé de main en main jusqu'à Noé.

Les Orientaux ont rendu quelques honneurs à Adam et à Eve, comme à des bienheureux. Les Grecs en font la fête ou la mémoire le 19 de novembre. Les Maronites en font aussi commémoration dans leur liturgie (*d*). Pierre Natal a mis Adam et Eve à la tête des saints du premier âge du monde, dans la semaine que nous appelons la septuagésime, après le 22 de janvier. On peut voir l'article d'*Adam*. Saint Epiphane (*e*) dit que les Gnostiques avaient composé un écrit sous le nom d'*Évangile d'Eve*, dans lequel on lisait mille choses honteuses. D'autres hérétiques disaient (*f*) qu'Eve avait eu Caïn et Abel, non de son mari, mais d'un commerce monstrueux avec le démon. Les Manichéens (*g*) soutenaient qu'Adam et Eve n'avaient pas été créés de Dieu, mais qu'ils tiraient leur origine de *Sacla* et *Nebroda*, princes de l'impureté. Les Brachmanes des Indes croient que le péché du premier homme consiste dans la connaissance charnelle qu'il eut d'Eve, que le démon lui présenta. *Voyez* Fabricius, *Apocryph. Vet. Test.* p. 101, 102. On parle aussi d'un livre intitulé : *Les Prophéties d'Eve*, qu'on prétend avoir été composé par l'ange Raziel, précepteur d'Adam.

HEURES. Les anciens Hébreux ne partageaient pas le jour par heures. Le jour se partageait en quatre parties: le matin, le haut du jour ou midi, la première vêpre, et la dernière vêpre; et la nuit se partageait en trois parties: le soir (*h*), minuit (*i*), et la garde du matin (*j*). Si l'on trouve quelquefois le nom d'*heures* dans les Septante, c'est pour marquer les saisons, de même que dans Homère et dans Hésiode.

Le nom d'*heures* se trouve souvent dans l'Ecriture, tant de l'Ancien que du Nouveau Testament; par exemple, *pluam cras hac ipsa hora grandinem* (*k*). Et : *Liberi qui eadem hora nati sunt*, etc. (*l*). Et : *Hac eadem hora, ego tradam omnes istos vulnerandos in conspectu Israel*, etc. (*m*). Et dans Daniel (*n*) : *Quacumque hora audieritis sonitum*, etc. Dans Tobie (*o*) : *Quasi dimidiam fere horam.* Et (*p*) : *Prostrati per horas tres.* Et Judith (*q*) : *Per multas horas una voce clamaverunt ad Deum*, etc. Mais dans les livres de Moïse, et dans les autres écrits en hébreu, *hora* se met pour le temps précis, ou pour la saison (*r*). Dans Daniel on trouve le nom de *schaata*, que l'on traduit par *une heure*, et qui peut dériver du verbe *schaah*, qui signifie *cesser, se reposer.*

Les livres de Daniel, de Tobie et de Judith sont les premiers où l'on trouve le nom d'heure marqué d'une manière expresse dans le sens que nous lui donnons, ou plutôt dans le sens que lui donnaient les anciens qui ont employé ce terme en grec ou en latin, pour signifier une partie du jour ou de la nuit. Daniel, IV, 16, dit qu'il fut *environ une heure* à penser ce que signifiait la vision du roi Nabuchodonosor. Tobie, XI, 14, dit qu'il demeura environ *une demi-heure* dans une très-grande douleur, après quoi la taie tomba de dessus ses yeux. Le même Tobie, XII, 22, raconte qu'après que l'ange Raphaël lui eut déclaré et au jeune Tobie, son fils, qui il était, ils se prosternèrent et demeurèrent en cet état pendant *environ deux heures*. Judith, VII, 18, raconte que le peuple de

---

(*a*) Genes. IV, 1, 2, 3, etc.
(*b*) Ibid. V, 4.
(*c*) Ibid. II, 15.
(*d*) Vide Bona de Re Liturgic. l. II, c. XII.
(*e*) Epiphan. hæres. 2⁶. n. 2, 3.
(*f*) Idem hæres. 40, c. V.
(*g*) Anathemutism. contra Manich. apud Coteler. ad lib. IV Recognit. Clem. c. IV, p. 538. Vide et Aug. hæres. 46
(*h*) Lament. II, 19.
(*i*) Judic. VII, 19.
(*j*) Vide Exod. XXIV, 14.
(*k*) Exod. IX, 28.
(*l*) Deut. XXVIII, 57.
(*m*) Josue, X, 6.
(*n*) Dan. II, 15.
(*o*) Tob. XI, 14.
(*p*) Tob. XII, 22.
(*q*) Judith, VII, 18
(*r*) Hebr. בעת *hoc eodem tempore*, ou למועד זאת *Statuto hoc tempore*. Et dans Daniel בעדנה *in tempore statuto*. Ailleurs בשעתא *hora. Dan.* IV, 6, et IV, 16, בעת אחדת *hora una.*

(1) « Depuis six mille ans, cet irrévocable arrêt de l'Éternel reçoit son exécution pleine et entière. Jetez les yeux sur la surface de la terre ; tandis que tous les êtres vivants pourvoient sans peine à l'entretien de leur existence, presque toute l'espèce humaine ne peut soutenir la sienne qu'à l'aide des plus rudes travaux. Le reste, tourmenté de désirs, rongé de soucis, souvent de remords, ne souffre pas moins à sa manière. » BLAUD, *Traité élém. de Physiologie philos.*, prolégom., t. I, ch. I, pag. 29, note.

Béthulie, assemblé dans la synagogue, fut *plusieurs heures* à crier au Seigneur, pour le prier de les délivrer de la main d'Holopherne. Le texte hébreu ne parle pas précisément d'*heures*, mais seulement de *lignes* ou de *degrés* (a), en parlant de l'horloge d'Achaz, ou de la rétrogradation du soleil dans cette horloge ou dans ce cadran. Mais de quelque manière que le texte s'exprime, il est toujours certain qu'il s'agit là d'heures et du partage du jour en plusieurs parties. Or Achaz est beaucoup plus ancien que ni Daniel, ni Tobie, ni Judith.

Mais quelles étaient les heures dont parlent ces livres ? C'est ce qu'il est fort malaisé de dire avec certitude. Les auteurs sacrés ne nous en instruisent pas; il ne nous reste aucun auteur chaldéen ni syrien d'une assez grande antiquité pour nous en dire des nouvelles; et les Grecs, qui sont à notre égard les dépositaires de la plus profonde érudition et de la plus haute antiquité, après les livres saints, ignorent l'origine des heures chez les nations étrangères, et ne la font remonter chez eux qu'au temps d'Anaximènes, ou d'Anaximander, qui vivaient sous le règne de Cyrus, vers la fin de la captivité de Babylone. Cet auteur avait voyagé en Chaldée et pouvait bien en avoir appris la manière de partager le jour par heures. Hérodote, qui vivait sous Xerxès (b), dit expressément que les Grecs ont reçu des Babyloniens l'usage de l'aiguille solaire et des horloges. Et Xénophon (c), qui a suivi le jeune Cyrus dans son expédition, fait dire à Euthydème que le soleil, qui est lumineux, nous découvre les *heures du jour*, et que les étoiles nous découvrent les *heures* de la nuit. Aristophanes, qui vivait du temps de Socrate, parle aussi de l'aiguille solaire et des heures. Il fait demander à un de ses acteurs : Quelle heure l'aiguille du cadran marque-t-elle? On peut voir ce que nous avons remarqué sous le nom d'Horloges.

De tout ce qu'on vient de dire, il résulte que l'usage des horloges, ou des cadrans solaires, et la distribution du jour en plusieurs heures, est plus ancien chez les Orientaux que chez les Grecs; que l'auteur de cette invention n'est pas connu, et que le premier monument que nous connaissions, qui en parle d'une manière expresse, est le quatrième livre des Rois, ch. XX, où est raconté le miracle de la rétrogradation du soleil au cadran d'Achaz ; et qu'enfin on ignore la manière dont les anciens Babyloniens, Chaldéens et Hébreux partageaient leurs heures du jour et de la nuit, si elles étaient égales ou inégales.

Dans les livres du Nouveau Testament, on voit distinctement le jour partagé en douze heures égales (d), à la manière des Grecs et des Romains. Ces heures étaient toujours égales entre elles, mais inégales par rapport aux différentes saisons. Les douze heures des grands jours d'été étaient beaucoup plus longues que celles des plus courts jours d'hiver. La première heure était celle qui suivait le lever du soleil, et répondait à nos six heures du matin dans l'équinoxe; et aux autres temps, à proportion de la longueur ou de la brièveté des jours. La troisième heure répondait à neuf heures du matin dans l'équinoxe; la sixième heure en tout temps répondait à midi ; et ainsi des autres. Dans le Nouveau Testament (e), nous remarquons aussi la nuit partagée en quatre veilles; usage que les Juifs avaient emprunté des Romains.

HEVEENS, peuple descendu d'*Hévœus*, fils de Chanaan. Ce peuple demeura d'abord dans le pays qui fut depuis possédé par les *Caphtorim* ou Philistins (f). L'Ecriture dit expressément que *les Caphtorim chassèrent les Hévéens, qui demeuraient depuis Haserim jusqu'à Gaza.* Il y avait aussi des Hévéens à Sichem et à Gabaon, et par conséquent au centre de la terre promise, puisque ceux de Sichem et les Gabaonites étaient Hévéens (g). Enfin il y en avait au delà du Jourdain, au pied du mont Hermon (h). Bochart croit que Cadmus, qui conduisit une colonie de Phéniciens dans la Grèce, était Hévéen. Son nom de *Cadmus* vient de l'hébreu *kedem*, l'*orient*, parce qu'il était de la partie orientale du pays de Chanaan. Le nom de sa femme *Hermione* vient du mont Hermon, au pied duquel les Hévéens avaient leur demeure. La métamorphose des compagnons de Cadmus en serpents est fondée sur la signification du nom d'*Hévéens*, qui en phénicien signifie des serpents. — [*Voyez* Josué, addition, § VI.]

HÉVILA, fils de *Chus* (i), peupla, selon Bochart, cette partie de l'Arabie Heureuse où l'Euphrate et le Tigre se réunissent, pour se décharger ensemble dans le golfe Persique. C'est apparemment ce pays d'*Hévila* dont il est parlé *Genes.* XXV, 18, et 1 *Reg.* XV, 7, qui s'étendait jusqu'à *Sur*, du côté de l'Egypte. C'était dans ce terrain qu'était le partage des fils d'Ismael : *Ab Hevila usque Sur, introeuntibus Assyrios.* — [Huré dit que du fils de Chus (*Gen.* X, 7; 1 *Par.* 1, 9) sont venus « les Gétuliens, ou plutôt les Arabes qui sont les plus voisins de Babylone. » Il trouve un autre Hévila, « pays d'Orient entre la Syrie et l'Egypte, *Gen.* XXV, 18, le pays où habita Ismael fut depuis Hévila jusqu'à Sur ; ce sont les deux pays de l'Arabie les plus éloignés l'un de l'autre. » Il ne cite pas, comme Calmet, I *Reg.* XV, 7. Le géographe de la Bible de Vence dit simplement que « les descendants d'Hévila se répandirent dans l'Arabie, *Gen.* X, 7. » Puis, sans dire, comme Calmet, que le pays occupé par les descendants d'Hévila s'étendait (depuis.....) jusqu'à *Sur* du côté de l'Egypte, il cite le même texte et ajoute : « On connaît le pays d'Hévila,

---

(a) IV *Reg.* xx, 9, 10, 11.
(b) *Herodot. l.* II : Πόλον καὶ γνώμονα, καὶ τὰ δώδεκα μέρεα τῆς ἡμέρης παρὰ Βαβυλωνίων ἔμαθον Ἕλληνες.
(c) *Xenophon.* ὑπομνημάτων *l.* IV, p. 503.
(d) *Joan.* xi, 9, et *Matth.* xx, 3, 4, 5.

(e) *Matth.* xiv, 25. *Marc.* vi, 48; xiii, 35.
(f) *Deut.* ii, 23. *Josue*, xiii, 4.
(g) *Josue*, xi, 19. *Genes.* xxxiv, 2.
(h) *Josue*, xi, 3.
(i) *Genes.* x, 7. 1 *Par.* i, 9.

vers l'Euphrate, *Gen.* XXV, 18. » Suivant Barbié du Bocage, « la descendance du fils de Chus s'établit dans l'Arabie Heureuse, au pays du *Chaulotæi*, le *Chaulan* actuel, entre les monts Lamlam et la mer Rouge. »

On voit que tous ces auteurs sont loin de s'accorder. Tous veulent que les descendants d'Hévila, fils de Chus, aient peuplé un pays d'Hévila ; c'est en quoi seulement ils s'accordent, et ce n'est peut-être qu'une conjecture. *Voyez* AMALEC, mon addition, colonne 324.]

HEVILA, fils de Jectan (*a*), peupla apparemment la Colchide, et le pays dans lequel tournoie le fleuve du Phison ou du Phasis (*b*). On connaît, dans l'Arménie et dans le pays des Colchiens, les villes de *Cholva* et *Cholvata*, et la région *Cholobétène*, marquée dans Haiton.

[Suivant Barbié du Bocage, la descendance d'Hévila, fils de Jectan, de la race de Sem, « s'établit dans l'Arabie Déserte, sur la côte orientale du golfe Persique, peut-être vers le pays des Léonites, et vers l'enfoncement du golfe qui porte ce nom. »]

*HEVILATH, pays entouré par le Phison, et où, suivant le témoignage de la *Genèse*, on trouvait de l'or très-bon, le bdellium et la pierre d'onyx. Considérant le Phase comme étant le Phison, on a placé ce pays dans la Colchide ; et, ainsi que le fait observer ROSENMULLER (*Handb. der Bibl. Altherthum.*, t. I), ce n'est pas seulement sur la ressemblance des deux noms de fleuves qu'il faut se fonder pour admettre cette opinion, mais encore sur cette circonstance que, dans toute l'antiquité, le Phase est connu pour charrier de l'or, et pour sortir d'une contrée riche de ce précieux métal. Reland avait déjà admis cette opinion, controversée cependant, car d'autres auteurs ont placé la contrée d'Hévilath dans l'Arabie (ÉD. WELS), dans la Susiane (BOCHART), sur les bords du Gange (EUSÈBE et S. JÉRÔME), et jusque dans le royaume d'Ava, dans la presqu'île Transgangétique (BUTTEMANN, *Géogr. du Levant*). [Cet article est tout entier de Barbié du Bocage.]

HEXAPLE. On donne ce nom à un grand ouvrage composé par Origène, dans lequel il avait ramassé toutes les versions grecques de l'Ecriture qui avaient jusqu'alors été faites : savoir, celle des Septante, d'Aquila, de Symmaque, de Théodotion, et une cinquième version trouvée à Jéricho en 217, et une sixième trouvée à Nicopolis en 228. Ces six versions étaient disposées en six colonnes vis-à-vis l'une de l'autre, afin que d'un coup d'œil on pût remarquer en quoi elles étaient conformes ou différentes entre elles ; et pour les confronter plus facilement avec l'hébreu, Origène mit à leur tête l'hébreu en lettres hébraïques, et le même texte en lettres grecques dans deux colonnes, qui répondaient aux six versions dont nous venons de parler. De manière qu'il y avait en tout huit

colonnes : deux pour l'hébreu, et six pour les six versions grecques. Il y avait même une septième version qui ne contenait que les psaumes ; mais on n'y eut point égard dans la dénomination des Hexaples. Les deux colonnes de l'hébreu firent qu'on donna quelquefois à ce travail le nom d'*Octaple*, à cause des huit colonnes.

Cet ouvrage ne subsiste plus en son entier, et c'est la plus grande perte qu'on ait faite dans l'Eglise, que celle de ce travail immense. Les anciens Pères nous en ont conservé divers fragments. Eusèbe, saint Chrysostome, Théodoret, et les autres Pères Grecs, et saint Jérôme parmi les Latins, ont souvent cité les Hexaples, et ont confronté les passages de l'Ecriture suivant les diverses versions contenues dans cet ouvrage. Quelques modernes en ont ramassé les fragments : entre autres, Drusius, qui en a donné un volume assez gros, in-8°. Mais le R. P. de Monfaucon, bénédictin de la congrégation de Saint-Maur, a poussé ses recherches beaucoup plus loin, et en a donné deux volumes *in-folio* en 1713. Il y a joint des prolégomènes où il explique l'histoire et la forme des Hexaples.

Avant que de composer ses *Hexaples*, Origène avait composé les *Tétraples* (Τέτραπτα), c'est-à-dire, le recueil des quatre principales versions de l'Ecriture sous celles des Septante, d'Aquila, de Symmaque et de Théodotion. *Tétraple* signifie proprement un composé de quatre rangs, ou quatre doubles.

On croit qu'Origène commença ce grand ouvrage des Hexaples vers l'an 231 ; mais on ne peut pas dire au juste quand il l'acheva ; un travail d'aussi longue haleine ne pouvant s'exécuter que dans un assez long temps.

HEZECHIEL ; le prophète *Hézéchiel*. *Voy.* EZÉCHIEL.

HEZECHIEL, une des vingt-quatre familles sacerdotales. Elle était au vingtième rang dans le service du temple. I *Par.* XXIV, 16.

HEZECIA, revint de Babylone avec quatre-vingt-dix-huit personnes de sa famille. II *Esdr.* VII, 21. — [Ce n'est pas lui qui revint de Babylone, ce sont ses descendants. Cependant, parmi eux, il y avait aussi un chef du peuple, comme l'avait été le premier. *Neh.* X, 17. *Voyez* EZECHIA.

*HEZION, père de Tabremon, III *Reg.* XV, 18. Il est le même que le troisième Adad de Nicolas de Damas, et monta sur le trône de Syrie après Rason ou Resom, que David avait établi roi de ce pays après avoir vaincu Hadar-Ezer. *Voyez* ADAD, mon addition.

HEZIR, chef de la dix-septième famille sacerdotale (*c*).

*HHANUCA. Les Juifs célèbrent encore de nos jours l'anniversaire de la nouvelle consécration du temple de Jérusalem. Cette fête, appelée *hhanuca*, c'est-à-dire, *dédicace du temple*, commence le 25 du mois de *kislèv* (*casleu*), et dure huit jours, pendant lesquels les

---

(*a*) *Genes.* x, 29. I *Par.* I, 23.
(*b*) *Genes* II, 11.

(*c*) I *Par.* XXIV, 14.

Juifs récitent la prière par laquelle ils remercient le Seigneur des secours miraculeux qu'il a prêtés aux Asmonéens, c'est-à-dire, Machabées. (*Voyez* la traduction des Prières journalières des Juifs par Drach, p. 76, 77 ; un vol. in-12.) [*Voyez* aussi le *Calendrier*, au 25 de casleu.] Ils allument le premier soir une lumière, le second soir deux, ajoutant toujours une lumière chaque soir jusqu'au huitième. Ceci se fait en souvenir d'un autre miracle conté par le *Talmud* (*Traité Schabat, fol.* 23, *verso*), savoir : quand on purifia le temple, on ne trouva qu'une seule fiole d'huile bénite, et consacrée pour l'usage du chandelier du sanctuaire. Il n'y avait de l'huile que pour un jour ; cependant elle se multiplia au point d'alimenter le chandelier pendant huit jours, temps nécessaire pour en préparer et consacrer d'autre. Voici quelques-unes des pratiques de la fête de *hhanuca*. Le soir, quand les lumières dont nous venons de parler sont allumées, on fait sauter les enfants par-dessus à plusieurs reprises ; à tous les repas on fait de l'extraordinaire ; mais le samedi qui se rencontre dans ces jours est consacré à de véritables orgies : j'ai vu plus d'une fois des docteurs en Israel ivres-morts s'exposer aux risées de leurs ouailles pour glorifier Dieu en ce saint jour ; les écoles sont fermées : hommes, femmes, enfants, tout le monde joue aux cartes des sommes considérables, presque sans relâche, jour et nuit. On pense bien que ces jeux sont ordinairement accompagnés de tricheries, de rixes et de jurements affreux. Voilà comment le peuple, autrefois le peuple de Dieu, dont les nations étrangères admiraient la majesté et la sainteté du culte, maintenant déplorable héritier de l'aveuglement et de la réprobation de ses pères déicides, prétend honorer le Dieu infiniment parfait ! Extrait du *Dict. archéolog. de la Bible*, qui fait partie du tom. III du *Cours complet d'Ecriture sainte*.

HIADES. *Job*, IX, 9. *Voyez* HYADES.

HIBOU, autrement *Chat-huant*, nommé en latin *bubo, ulula, noctua, nycticorax*, ou corbeau de nuit. On le confond souvent avec la chouette, comme un oiseau de même espèce, c'est-à-dire, qui va la nuit et qui voit dans les ténèbres. On compte plusieurs espèces de hibou. Cet animal a la tête d'un chat et de grandes griffes fort aiguës. Il prend les souris comme les chats, ses yeux ne peuvent souffrir la grande lumière du soleil. Les oiseaux le haïssent et lui font la chasse ; et réciproquement le hibou poursuit et mange les petits oiseaux. Son cri est lugubre et affreux : il passe pour un oiseau de mauvais augure. Il était consacré à Minerve, et en cette qualité il était en honneur chez les Athéniens, qui le représentaient sur leurs médailles. On dit qu'aujourd'hui il est encore en honneur parmi les Tartares. On dérive le nom de hibou de *bubo*, qui signifie la même chose en latin ; ou du chaldéen (*a*) *ibbou*, qui a la même signification.

Le hibou, considéré par devant, a quelque chose de hideux : une tête ronde, de grands yeux fort étincelants, un regard affreux, de grandes oreilles, un bec dur et courbé, de couleur noirâtre ; la couleur de son plumage est tanné blanc et roux, assez agréablement diversifié. Il y en a de trois tailles, de grands comme le chapon, de moyens comme le ramier, et de petits comme le pigeon.

Le *hibou cornu*, ou chat-huant cornu, est de deux espèces, selon Aldrovand : savoir, le grand et le petit ; le grand a le champ du pennage plus cendré et plus blanchâtre ; le petit est plus fauve et d'une couleur de rouille plus lavée.

Le *grand hibou* est encore de deux sortes, c'est-à-dire, de la grande et de la petite espèce : le grand hibou n'a ni cornes, ni oreilles, mais en récompense il a une espèce de couronne composée de plumes très-menues et déliées, qui environnent toute sa face ; son bec est blanc et très-aigu, aussi bien que ses serres. Son dos est de couleur plombée, tacheté de marques blanches ; la poitrine et le ventre sont blanchâtres, et semés de taches noires assez grandes. Tout son corps est garni d'une si grande quantité de plumes, qu'elles le font paraître gros comme un chapon, quoique plumé il ne soit pas plus gros qu'un poulet. Il avale une souris ou un petit oiseau tout d'un coup ; mais après qu'il a fait la digestion de la chair, il vomit les plumes et les os en une pelote, comme l'alcyon rend les os et les arêtes des petits poissons.

Le *petit hibou* ressemble au gros presque en toutes choses, mais il est plus petit, et n'a guère plus de corsage qu'un pigeon de colombier. Ses yeux sont extrêmement noirs, son bec est blanc et court ; la poitrine, le ventre, le devant des ailes, le dessous du ventre et les cuisses sont couverts de plumes cendrées ; les jambes et les griffes sont hérissées de poil fauve et rougeâtre. Il a deux serres devant et deux derrière, qui sont munies d'ongles noirs, très-forts et très-aigus. Moïse met le hibou parmi les oiseaux impurs (*b*). Isaïe (*c*), parlant de Babylone réduite en solitude, dit que les hiboux s'y répondront l'un à l'autre. Enfin le Psalmiste (*d*) dit que, dans son affliction, il a été comme un hibou sous un toit. Mais les interprètes ne conviennent pas de la signification des termes hébreux que l'on traduit par *bubo, ulula, nycticorax, noctua*. Il faut consulter les commentateurs, et voir ci-devant l'article CHAT-HUANT et CHOUETTE.

HIC-SOS, ROIS PASTEURS. *Voyez* ci-devant EXODE, et ci-après PASTEURS.

HIEL, de la ville de Béthel, rebâtit la ville de Jéricho (*e*), malgré l'anathème que Josué avait prononcé contre celui qui la rétabli-

---

(*a*) אבו *Ibbou*.
(*b*) *Levit.* XI, 17. *Deut.* XIV, 17.
(*c*) *Isai.* XXII, 22.

(*d*) *Psalm.* CI, 7.
(*e*) III *Reg.* XVI, 34.

rait (a). Aussi éprouva-t-il les effets de la malédiction de Josué, puisque Dieu permit qu'il perdît *Abiram*, son fils aîné, lorsqu'il jeta les fondements de Jéricho, et *Segub*, son second fils, lorsqu'il voulut en pendre les portes.

HIER et AUJOURD'HUI se mettent, l'un pour tout *le temps passé*, même éloigné, et l'autre pour *le temps présent*, mais plus étendu que le jour auquel on parle. *Si le bœuf frappe des cornes depuis hier* (b), depuis quelque temps. Ceux qui le connaissaient *depuis hier* (c), depuis quelque temps. *Vous êtes arrivé d'hier* (d), depuis peu, etc. Jésus-Christ *subsiste hier et aujourd'hui, et il sera dans tous les siècles* (e). Sa doctrine ne varie point; ses vérités sont immuables. Il n'y a chez lui ni *hier*, ni *demain*; tout est aujourd'hui. *Nous ne sommes que d'hier*, dit Job (f), *et nos jours passent comme l'ombre sur la terre.*

HIÉRAPOLIS. Saint Paul, écrivant aux Colossiens (g), rend témoignage à Epaphras, et dit qu'il est plein de zèle et d'affection pour ceux de Laodicée et d'Hiérapole, aussi bien que pour ceux de Colosses. Hiéraple était [sur le bord du Lycus], dans la Phrygie, et au voisinage de Colosses et de Laodicée [au nord de cette dernière].

[« *Hiérapolis* ou *Ville Sainte*, avait été ainsi appelée à cause de son temple de Cybèle qui jouissait d'une grande célébrité. Elle était également renommée par le nombre extraordinaire de ses sources chaudes. Il y avait dans cette ville quelques chrétiens, comme l'annonce l'Épître de saint Paul aux habitants de Colosses, ville voisine. L'apôtre Philippe y fut enterré en l'an 84 de Jésus-Christ. Hiérapolis était la patrie du philosophe Epictète. Aujourd'hui on la nomme *Bambuk-Kalassi* ou *Château de Coton*, parce que les rochers qui l'avoisinent sont d'une blancheur éblouissante et présentent l'aspect de cette substance. » BARBIÉ DU BOCAGE.

* HIÉRAPOLIS, ville de Syrie, où *Astarté* avait un temple magnifique. « La statue de *Rhéa*, c'est-à-dire de *Mylitta*, cette déesse-nature, était adorée aussi en Syrie, dans le célèbre sanctuaire d'Hiérapolis, » dit M. Raoul-Rochette. (*Voyez* ASTARTÉ.) Lucien, dans son Traité *de la Déesse de Syrie*, s'exprime en ces termes sur ce monument :
« De tous les temples de la Syrie, le plus
» célèbre et le plus auguste est celui d'Hié-
» rapolis; car, outre les ouvrages de grand
» prix, et les offrandes qui y sont en très-
» grand nombre, il y a des marques d'une
» divinité qui y préside; on y voit les sta-
» tues suer, se mouvoir, y rendre des ora-
» cles; on y entend souvent du bruit, les
» portes étant fermées; aussi est-il le plus
» riche de tous ceux qui sont venus à ma
» connaissance... » Lucien rapporte les différentes opinions sur celui qui fit construire ce temple, dont il fait ensuite la description.

L'abbé Banier, membre de l'Académie des inscriptions et belles-lettres, cite cette description, et y joint deux réflexions; les voici:
« La première, que le temple dont Lucien parle n'était pas l'ancien, que le temps avait ruiné, ainsi qu'il le dit lui-même, mais celui qui avait été bâti par Stratonice, celle-là même qu'Antiochus céda à son fils, qui en était amoureux : aussi portait-il toutes les marques d'un temple construit par les Grecs, puisqu'on y voyait les statues de Jupiter, de Junon, et des autres dieux de la Grèce.

» La seconde, qu'il est évident que, soit pour la construction de ce temple, soit pour le service de la déesse qui y était honorée, on avait emprunté beaucoup de choses de celui de Salomon. Car, 1° celui de Syrie était divisé en deux parties, dont l'une était le temple proprement dit, l'autre le sanctuaire, où il n'était permis qu'aux principaux prêtres d'entrer ; et on sait que le seul souverain pontife avait la permission d'entrer une fois l'an dans ce qu'on appelait le *Sancta Sanctorum*. 2° L'un et l'autre de ces deux temples étaient environnés de deux parvis. 3° Il y avait à la porte de l'un et de l'autre un autel d'airain. 4° Les sacrificateurs de la déesse de Syrie étaient divisés en deux ordres, savoir, le pontife et les prêtres; il en était de même à Jérusalem. Les prêtres d'Hiérapolis étaient vêtus de blanc, et le pontife, de pourpre, avec une tiare d'or; tel était l'habit des sacrificateurs des Juifs. 5° Lucien ajoute qu'outre les prêtres, il y avait dans le temple de la déesse de Syrie une multitude d'autres ministres qui servaient dans les cérémonies, et un grand nombre d'autres qui jouaient de la flûte et de plusieurs autres instruments ; c'étaient les fonctions des lévites, qui servaient les sacrificateurs, chantaient et sonnaient de la trompette pendant les sacrifices. 6° On sacrifiait deux fois le jour à Hiérapolis, le soir et le matin; il en était de même à Jérusalem. 7° Si, dans la cérémonie d'une des fêtes d'Hiérapolis, on allait puiser de l'eau dans la mer pour la répandre dans le temple en l'honneur de la déesse, c'était une imitation de cette effusion d'eau qui se faisait à Jérusalem à la fête des Tabernacles. 8° Selon Lucien, les animaux qu'on immolait dans le temple d'Hiérapolis étaient le bœuf, la brebis et la chèvre, et on n'y offrait point de pourceaux ; il est clair que cet usage était pris des Juifs, qui, des animaux à quatre pieds, ne sacrifiaient que ceux que je viens de nommer. 9° La plus grande fête d'Hiérapolis, suivant le même auteur, arrivait au printemps, et ceux qui y assistaient sacrifiaient une brebis, l'apprêtaient et la mangeaient. On ne l'immolait pas dans le temple, mais après l'avoir présentée à l'autel et fait les libations, on la rapportait chez soi, où, après quelques prières, on l'offrait en sacrifice. Rien certainement ne ressemble plus à

(a) *Josue*, VI, 26.
(b) *Exod.* XXI, 19.
(c) I *Reg.* X, 11.
(d) II *Reg.* XV, 20.

(e) *Heb.* XIII, 8.
(f) *Job*, VIII, 9.
(g) *Coloss.* IV, 13.

la fête de Pâques, qui se célébrait aussi au printemps. 10° Il y avait à Hiérapolis, dit le même auteur, une autre sorte de sacrifice, où on couronnait la victime, puis on la lâchait, et elle se précipitait du haut du rocher où était bâti le temple. C'est là, sans doute, une imitation de la fête des Propitiations, au jour de laquelle on amenait le bouc Azazel dans le désert, couronné d'une bande d'écarlate, et on le précipitait du haut d'un rocher.

» On pourrait pousser plus loin ce parallèle, mais en voilà assez pour juger que les Syriens, du moins pour le temps dont parle Lucien, car il ne dit rien de l'ancien temple de leur déesse, avaient emprunté des Juifs plusieurs des cérémonies qui se pratiquaient à Jérusalem (1).»

Suivant Lucien (2), cité par le baron de Sainte-Croix, de l'Académie des inscriptions et belles-lettres, « un usage commémoratif du déluge se pratiquait tous les ans dans le temple d'Hiérapolis : à un certain jour de l'année, chacun allait puiser de l'eau dans un vase à la mer, et apportait ce vase bouché avec de la cire et cacheté : le vase étant présenté à un galle qui habitait au bord d'un lac sacré, peu éloigné du temple, le sceau était vérifié par lui et levé. Ensuite tous les vases étaient vidés dans une ouverture pratiquée sous le temple, et par laquelle, disait-on, s'étaient écoulées les eaux du déluge (3). »

HIEROME, Démophon, Timothée et quelques autres, que Lysias avait laissés dans la Judée, après l'accord qui avait été fait entre les Juifs et le jeune roi Antiochus Eupator, firent ce qu'ils purent par leurs mauvais traitements pour obliger les Juifs à rompre le traité (a).

HIERUSALEM. *Voyez* JÉRUSALEM.

HILLEL, fameux rabbin, qui vivait, dit saint Jérôme (b), peu de temps avant Jésus-Christ. Il était un peu plus ancien que Saméas ou Simaï, et devint chef d'une des plus célèbres écoles des Juifs. Je suis surpris que Josèphe, qui parle en plus d'un lieu de Saméas, n'ait rien dit d'Hillel, son maître, à moins qu'il ne l'ait appelé d'un autre nom ; car il fait mention de Pollion, fameux pharisien, ami d'Hérode et maître de Saméas, *Antiq*. *l*. XV, c. 1, et XIII, p. 541, et d'Ananel, qu'Hérode fit venir de Babylone pour être souverain pontife. Hillel est peut-être caché sous l'un ou l'autre de ces deux hommes. Saméas vivait du temps d'Hircan (c), et il vit les commencements d'Hérode. Ainsi Hillel a dû fleurir sous le règne de ce prince.

Ce rabbin était né à Babylone (d), et y avait demeuré jusqu'à l'âge de quarante ans ; alors il vint à Jérusalem, où il s'appliqua sérieusement à l'étude de la loi ; il s'y distingua si fort, qu'après quarante ans il fut fait chef du sanhédrin, à l'âge, par conséquent, de quatre-vingts ans. Il y vécut encore quarante ans, selon les Juifs, de sorte que, selon leur calcul, il aurait vécu six vingts ans, Il entra', disent-ils, en charge cent ans avant la prise de Jérusalem. Cette chronologie n'est pas exacte, mais les rabbins n'y regardent pas de si près.

On prétend qu'il descendait de David par sa mère, car elle était de la race de Sephata, fils de David et d'Abital ; du côté paternel, il était de la tribu de Benjamin. Tous les écrivains juifs le regardent comme le plus éminent des anciens docteurs de leur nation : ses fils et petits-fils ont rempli avec honneur la charge de président du sanhédrin pendant l'espace de dix générations. Tout cela se dit sur la foi des rabbins.

Nous croyons que Josèphe l'historien a désigné le docteur *Hillel* sous le nom de *Pollion*. Cet historien raconte (e) que, le grand Hérode assiégeant Jérusalem afin de réduire par la prise de cette place toute la Judée à la reconnaître pour roi, tous les membres du sanhédrin s'opposaient fortement à son dessein, et criaient de toutes leurs forces : *Le temple du Seigneur, le temple du Seigneur, le temple du Seigneur :* comme si Dieu, intéressé à la gloire et à la conservation de son temple, eût été obligé d'empêcher que la ville sainte ne tombât entre les mains d'Hérode, qu'ils regardaient comme un étranger ; mais que Pollion et Saméas s'étaient toujours opposés aux autres conseillers, et avaient déclaré qu'il fallait recevoir Hérode pour roi et lui rendre la ville, représentant au peuple que, leurs péchés étant montés à leur comble, Dieu voulait les punir en les livrant à Hérode, et que tous leurs efforts pour lui résister seraient inutiles. Leurs remontrances ne firent point d'impression sur les esprits : Hérode se rendit maître de la ville par force, et fit mourir tous les membres du sanhédrin, à la réserve de Pollion et de Saméas, ou *Hillel* et *Saméas*, selon ceux qui croient que Pollion est le même que Hillel.

Ces deux rabbins sont ceux dont il est parlé dans la *Misne*, ou *Deutérose*, ou seconde loi des Juifs. Ce sont les principaux maîtres de la tradition des Juifs renfermée dans la *Misne*. Ces deux rabbins s'étant partagés de sentiment, et leurs disciples étant entrés dans leur querelle, il y eut du sang répandu et des personnes tuées de part et d'autre ; mais l'école de Hillel prit enfin le dessus, et la décision fut prononcée par une prétendue voix du ciel, qu'ils appellent *Bath-Kol*, ou Fille de la voix, qui mit fin à tous les désordres. [*Voyez* BATH-KOL.] Hillel était d'une humeur douce et paisible, et Schammaï ou Saméas, au contraire, était d'un tempérament aigre et violent ; toutefois il

---

(a) II *Mac*. XII, 2.
(b) *Hieron. in Isai*. VIII, *t*. III.
(c) *Antiq. l*. XIV, c. XVII, p. 481.
(d) *Zachutus in Inchasin. Gedaliah in Schalschelu Huccubalu, David Ganz in Zemach-David.*
(e) *Joseph. Antiq. l*. XIV, c. XVII, et *l*. XV, c. I.
(1) L'abbé BANIER, *Mythologie expliquée par l'histoire*, liv. VII, ch. II, tom. I, pag. 564 et suiv., in-4°; Paris, 1738.
(2) *De Dea Syr*. § 12 et 13, pag. 94 et 95 ; § 48, pag. 125, in Lucian. Oper., tom. IX, edit. Bipont.
(3) De SAINTE-CROIX, *Recherches sur les mystères du paganisme*, 2° édit. par Sylv. de Sacy, tom. II, pag. 105, in-8°; Paris, 1817.

se lassa de la dispute, et voulut bien se rendre à une voix qu'ils ouïrent et qu'ils firent passer pour une espèce d'oracle. Les Juifs donnent le tort à Saméas, et élèvent Hillel jusqu'au ciel. — [*Voyez* le *calendrier des Juifs*, au 9 du mois d'*Adar*, à la tête du premier volume.]

Celui-ci forma plus de mille élèves dans la connaissance de la loi, et entre ces mille il y en eut quatre-vingts d'une grande distinction ; car les auteurs juifs remarquent qu'il y en avait trente dignes que la gloire de Dieu se reposât sur eux, comme elle avait reposé sur Moïse ; trente qui pouvaient faire arrêter le soleil, comme Josué l'avait arrêté. Les vingt autres étaient un peu au-dessous des premiers, mais au-dessus des seconds. Le plus éminent de tous était Jonathan, fils d'Uziel, auteur de la Paraphrase chaldaïque sur les prophètes.

Les Juifs disent que Hillel était si pauvre, qu'il était obligé de travailler de ses mains pour gagner sa vie, et que, pour satisfaire l'ardeur dont il était transporté d'apprendre, il donnait la moitié de son gain au portier de l'académie, et se nourrissait de l'autre. Ayant manqué de travail et ne pouvant fléchir le portier, il se mit à la fenêtre pour écouter : et y étant demeuré la nuit, on le trouva le matin tout couvert de neige. Le maître, l'ayant remarqué en cet état, admira son affection pour l'étude, et crut qu'il méritait qu'on violât le sabbat pour le réchauffer.

Il devint chef d'une école célèbre, et eut un grand nombre de disciples fameux. Les Juifs le comblent d'éloges magnifiques. Ils l'appellent prince du sanhédrin, chef des Pharisiens, défenseur des traditions. Saméas, son disciple, s'éloigna de ses sentiments sur plusieurs articles. Saint Jérôme (*a*) dit que ces deux grands hommes formèrent deux partis parmi les Juifs, et furent maîtres *des Scribes et des Pharisiens*. Akiba leur succéda ; et à Akiba succéda Méir. Il ajoute que les Hébreux rapportaient leur Misne et leur Deutérose à Sammaï et à Hillel. Les rabbins (*b*) racontent que Hillel, étant venu de Babylone à Jérusalem (*c*), fut consulté sur la célébration de la Pâque, qui tombait cette année-là un samedi, et que l'on fut si content de sa réponse, qu'il fut patriarche de sa nation, et que sa postérité lui succéda jusqu'au cinquième siècle de l'Eglise.

Il eut pour successeur Siméon, son fils, que l'on a confondu (*d*) avec le saint vieillard Siméon, qui reçut notre Sauveur, lorsque la sainte Vierge et saint Joseph le présentèrent au temple (*e*). Mais ce qui détruit absolument cette conjecture, c'est que Hillel, ayant tenu le patriarcat quarante ans, a vécu encore environ dix ans après la naissance de Jésus-Christ. Ainsi Siméon, son fils, ne pouvait alors être ni pontife, ni patriarche des Juifs, ni d'un âge aussi avancé que saint Luc nous l'insinue. Au reste, le nom d'Hillel ne se lit point dans l'Ecriture ; et nous ne le mettons ici que parce qu'il est très-célèbre dans les écrits des Juifs, et qu'on le fait père du saint vieillard Siméon. Il y eut encore un autre Hillel très-fameux parmi les Juifs, lequel vivait, selon les rabbins, vers l'an 240 de Jésus-Christ.

HILLEL II, fils de Judas le Saint, fut un rabbin célèbre chez les Juifs, et même chez les chrétiens. On croit (*f*) que c'est lui qui fixa l'époque de la création du monde, et compta de là les années, comme les Juifs les comptent encore aujourd'hui. Auparavant ils se servaient de différentes époques : la sortie d'Egypte était l'ère des uns, la loi donnée sur le mont Sinaï était celle des autres. Quelques-uns comptaient leurs années depuis la dédicace du temple, d'autres depuis le retour de la captivité de Babylone ; il y en avait même qui tiraient leur époque de l'entrée d'Alexandre le Grand dans Jérusalem. Mais Hillel introduisit l'usage de compter les années depuis le commencement du monde, usage qui a été suivi uniformément depuis que la Gemarre a été achevée ; et selon son calcul Jésus-Christ est né l'an du monde 3760, au lieu que selon le nôtre il est né en l'an 4000 depuis la création du monde.

On accuse les Juifs d'avoir exprès abrégé la chronologie de l'Ancien Testament et diminué le nombre des années qui se sont écoulées avant Jésus-Christ, pour pouvoir éluder les prophéties qui parlaient de la venue du Messie. Les Juifs incrédules en étaient embarrassés, et surtout on les attaquait par la prédiction d'un certain Elie, qui assurait que le Messie naîtrait, et que la loi serait abolie à la fin du quatrième millénaire du monde ; car il comptait deux mille ans sous la nature, deux mille ans sous la loi, et deux mille ans sous le Messie ; après quoi le monde devait finir. Comme cette tradition venait des Juifs, et que plusieurs d'entre eux en étaient ébranlés et se convertissaient au christianisme, le second Hillel crut rendre un service essentiel à sa nation en diminuant le nombre des années qui s'étaient écoulées depuis la création du monde jusqu'à la naissance de Jésus-Christ.

Les Juifs prétendent de plus qu'Hillel, dont nous parlons, composa un cycle de dix-neuf ans, par lequel il conciliait le cours du soleil avec celui de la lune, à la faveur de sept intercalations. Il intercalait un mois à la troisième année, à la sixième, à la huitième, à la onzième, à la quatorzième, à la dix-septième et à la dix-neuvième (*g*). Les Juifs ont reçu ce cycle avec d'autant plus de facilité, qu'il était le prince de la captivité en Occident, et on le toujours suivi, jusqu'à ce

---

(*a*) Hieron. in Isai. VIII.
(*b*) *Voyez* Basnage, *Hist. des Juifs*, t. II, l. IV, c. III, p. 26, 27, édit. Paris.
(*c*) Environ 30 ans avant la naissance de Jésus-Christ.
(*d*) Baron. an. 1, n. 40. Vide *Allat. de Simeone. Scriptis*.
(*e*) Luc. II, 25, 26, 27, 28.
(*f*) Basnage, *Hist. des Juifs*, t. II, l. IV, c. V.
(*g*) Bartolocci Bibl. Rabbiniq. t. II, p. 416, 548. Basnage, *Hist. des Juifs*, t. II, l. IV, c. V, art. 15.

que Sid réforma le calendrier en Espagne, par l'ordre du roi Alphonse.

Hillel réforma aussi le *Tekupha*, c'est-à-dire la *révolution* de l'année, en fixant les solstices et les équinoxes d'une manière plus exacte qu'on n'avait fait jusqu'alors ; par exemple, on avait mal placé l'équinoxe d'automne au 7 d'octobre : il la remit au 24 de septembre.

On croit qu'il écrivit de sa main une Bible fameuse, qui s'est conservée jusqu'au seizième siècle. Kimchi dit qu'on en gardait le Pentateuque à Tolède.

Origène avait connu Hillel II, et il le consultait souvent. Saint Epiphane assure qu'il se convertit au christianisme avant sa mort. Voici comme il raconte la chose, ainsi qu'il l'avait apprise de la bouche de Joseph, qui avait été ami intime de Hillel, tuteur de son fils, et l'un de ses disciples. Eusèbe de Verceil et saint Epiphane étant allés voir Joseph à Scythopolis, il leur dit que Hillel, descendu d'un Gamaliel, qui avait eu le patriarcat des Juifs, sentant sa fin approcher, fit appeler l'évêque de Tibériade, sous prétexte de le consulter sur son mal, comme un médecin expérimenté ; mais, ayant fait sortir les domestiques, il se fit baptiser en secret. On croit que cela arriva vers l'an 310 ou 312 de Jésus-Christ.

Il laissa un fils mineur sous la tutelle de deux amis, qui l'élevèrent dans les principes de la religion juive : il fut patriarche ou prince, comme l'avait été son père. Joseph, l'un de ses tuteurs, s'étant converti au christianisme, raconta tous ces détails à saint Epiphane et à saint Eusèbe de Verceil, ainsi que nous l'avons dit.

HIMENEE, I *Timoth*. I, 20, et II *Timoth*. II, 17. *Voyez* ci-après HYMÉNÉE.

HIMNE. *Voyez* HYMNE.

HIN, mesure creuse des Hébreux. C'était le demi-boisseau ou le demi-seah des Hébreux, ou la sixième partie du bath. Il tenait quatre pintes, chopine, demi-setier, un poisson, cinq pouces cubes, et un peu plus.

HIPOCRISIE, HIPOCRITE. *Voyez* HYPOCRISIE, HYPOCRITE.

HIPPICOS, tour de la ville de Jérusalem bâtie par Hérode le Grand, et démolie par les Romains.

HIPPOPOTAME. Ce terme ne se trouve pas dans le texte de l'Ancien Testament. Mais comme Bochart (a) et quelques autres avant lui ont prétendu que l'hébreu *behemoth*, qui signifie *des animaux* en général, marquait en particulier l'*hippopotame* dans le texte de Job (b) ch. XL, ỹ 10 et suiv., nous en donnerons ici la description. Le nom d'*hippopotame*, selon la force du grec, signifie *un cheval de fleuve*. Il se trouve principalement dans le Nil, dans l'Indus, et dans d'autres grandes rivières. On dit qu'il a le pied fourché comme un bœuf ; le dos, les crins et la queue comme le cheval ; il hennit comme lui. Il a les dents de sanglier, mais moins tran-

chantes : le cuir de son dos résiste à toutes sortes d'armes, quand il n'est point mouillé.

Thévenot, qui en avait vu un, le décrit de cette sorte (c) : Il est de couleur quasi tannée ; le derrière ressemble fort à celui du buffle, mais ses jambes sont plus courtes et plus grosses. Il est de la grandeur du chameau, et son mufle est semblable à celui du bœuf. Il a le corps deux fois gros comme un bœuf, la tête pareille à celle d'un cheval, les yeux petits, l'oreille petite, les nazeaux fort gros, point d'encolure, les pieds très-gros et presque ronds, avec quatre doigts chacun, comme ceux du crocodile ; la queue petite comme celle de l'éléphant, la peau rase et presque sans poil. A la mâchoire d'en bas il a quatre grosses dents, longues d'un demi-pied, dont deux étaient crochues, et grosses comme des cornes de bœuf. Il y en avait une à chaque côté de la gueule, les deux autres droites s'avançaient en long en dehors. Il avait été tué à coups de mousquet par des janissaires, qui le trouvèrent en terre où il ne venait paître. Ils lui tirèrent plusieurs coups sans lui percer toute la peau ; mais enfin un coup qu'on lui donna dans la mâchoire le renversa.

Cet auteur avoue que plusieurs prenaient cet animal pour un buffle marin ; mais il reconnut avec quelques autres que c'était un cheval marin. Je doute encore que ce soit là le vrai hippopotame. Quoi qu'il en soit, nous avons expliqué l'hébreu *behemoth* de l'éléphant. On peut voir ce que nous en avons dit sous *son titre*. Il y en a qui croient que l'espèce des hippopotames est éteinte dans le Nil.

[Aujourd'hui le sentiment général, et peut-être universel, est que le béhémoth est, non pas l'éléphant, mais l'hippopotame. *Voyez* mon addition au mot BÉHÉMOTH.

« L'hippopotame est le cheval de rivière des anciens. ....Cet antique patriarche des fleuves africains fut autrefois révéré comme une divinité tutélaire par les Egyptiens ; on gravait sa figure sur les obélisques de ce peuple fameux et sur les médailles des empereurs romains. Autrefois on en rencontrait dans le Nil, et on en tua encore deux près de Damiette l'an 1600. Mais ils paraissent avoir abandonné ce fleuve aujourd'hui, parce que les explosions fréquentes des armes à feu les ont épouvantés. Ils sont allés demeurer dans les parties désertes de la haute Egypte que parcourt le Nil, dans l'Ethiopie, dans les fleuves de l'Afrique....

» L'hippopotame est un quadrupède vivipare, aquatique....

» La forme de l'hippopotame est très massive, ramassée, trapue et peu élevée de terre, parce que les jambes sont fort courtes. La tête est carrée, le mufle très-gros, la gueule large, les dents longues et robustes, les yeux petits, et les oreilles basses. On compte depuis vingt-quatre jusqu'à trente-six dents à cet animal.... Quelque grandes qu'elles

---

(a) Bochart. *de Animal. sacr.* part. II, l. V, c. XV.
(b) Job, XL, 10. הִנֵּה נָא בְהֵמוֹת

(c) Thevenot, *Voyage*, part. II, c. LXXII.

soient, elles ne débordent jamais hors de la gueule, et sont toujours recouvertes en entier par les lèvres, qui sont grosses, longues et épaisses. Ces dents sont extrêmement dures ; elles font même feu avec le briquet. C'est une sorte d'ivoire qui ne jaunit jamais.

» Il paraît que l'hippopotame a, de même que la famille des grands quadrupèdes aquatiques, un odorat très-étendu et très-délicat. Ses naseaux sont placés très-bas, ses yeux sont fort petits pour sa taille, et il a une vue faible, que le grand jour offusque ; aussi est-il à demi nocturne, car il sort principalement pendant la nuit pour aller paître ; il se tient dans les roseaux épais et les lieux ombragés pendant le jour (*Sub umbra dormit in secreto calami, et in locis humentibus; protegunt umbræ umbram ejus, circumdabunt eum salices torrentis*, dit Job, XL, 16, 17). Son ouïe est assez fine ; ses oreilles ressemblent à celles du cochon ; sa tête est aplatie en dessus; tout son corps est très-gros, rond, renflé ; son ventre pend jusqu'à terre. Ses jambes sont massives, épaisses, et portent quatre sabots ou quatre doigts à chaque pied. La sole des pieds forme une semelle épaisse. Le cuir de ces animaux est extrêmement coriace, épais... On le perce difficilement, et la balle du chasseur y pénètre peu... Lorsqu'il est sec, il forme un bouclier impénétrable. Il est nu partout, et ne porte que quelques soies fort rares. La queue, longue d'un pied, épaisse, aplatie, est garnie de soies rudes et clair-semées. ....Ces animaux ont des os extrêmement durs, et Job les comparait jadis à des tuyaux d'airain. Les hippopotames de Zerenghi étaient longs de onze pieds, avaient dix pieds de circonférence, et quatre pieds et demi de hauteur.... Leur nourriture est toujours composée de végétaux, comme Gordon s'en est assuré... Leur chair est très-grasse, comme celle des cochons ; le pied ou la queue rôtis sont des morceaux délicats ; leur lard est très-estimé.... On en retire jusqu'à deux mille livres d'un seul individu ; car un hippopotame pèse ordinairement cinq à six milliers. Quelques individus ont jusqu'à quinze pieds de longueur et sept de hauteur.

» Quoique les hippopotames ne vivent que de végétaux et que leur estomac ait plusieurs poches ou dilatations, ils ne ruminent pas. Les mâles paraissent jaloux entre eux, et se battent sur terre avec fureur pour les femelles ; ils se donnent de si terribles coups de dents, qu'ils se les brisent souvent... Les hippopotames nagent très-bien ; ils aiment à se vautrer dans la fange quand ils sortent des fleuves, de même que les rhinocéros et les éléphants.

» ....Le naturel de l'hippopotame est pacifique, doux et même timide ; ses habitudes sont brutes et grossières, comme celles des cochons et des rhinocéros. Lorsqu'on l'irrite, il devient furieux ; il renverse les barques et les met en pièces avec ses grosses dents ; il en rompt facilement les planches, les submerge, les enfonce dans les eaux ; mais il fait rarement du mal aux hommes, à moins qu'il n'y soit sollicité par quelque attaque. C'est plutôt un animal brute et stupide que méchant....

» L'hippopotame a la vie fort dure, et on le tue difficilement. Il faut pour cela l'atteindre dans la tête ; car la dureté de la peau de son dos amortit beaucoup les coups qu'on lui porte en toutes les parties qui sont couvertes d'une peau épaisse....» Virey, *Nouv. Dictionn. d'histoire naturelle*, tom. XI, pag. 8-12, passim.]

HIPPOS, ville célèbre du temps de Josèphe l'historien, et qui était capitale d'un petit canton nommé Hippène (a). Cette ville était au delà du lac de Tibériade, à trente stades de Tibériade, et à soixante de Gadare (b). Les campagnes d'Hippos et de Scythopolis étaient limitrophes. L'Hippène, Gadare et la Gaulanite bornaient la Galilée du côté du midi (c). Cette ville fut épiscopale, et on trouve quelques-uns de ses évêques dans les souscriptions des conciles. On ne sait quel était son ancien nom, car *hippos* est un mot grec qui signifie *un cheval*.

HIR, fils de Caleb, [qui l'était de Jéphoné]. I *Par.* IV, 15.

* HIR, benjamite, père de Sepham et Hapham. I *Par.* VII, 12. C'est peut-être le même qu'Uraï, cinquième fils de Béla, et chef de famille, v. 7.

HIRA, fils d'Accès, de la ville de Thécué, un des braves de l'armée de David (d). — [*Voyez* Accès.]

HIRAM, dernier chef de l'Idumée, de la race d'Esaü. *Genes.* XXXVI, 43. — [*Voyez* Eliphaz.]

HIRAM, roi de Tyr, fils d'Abibal (e), connu même chez les auteurs profanes, se distingua par sa magnificence, et orna la ville de Tyr de plusieurs beaux ouvrages. Dès que David fut monté sur le trône et qu'il fut reconnu roi par tout Israel (f), Hiram envoya à David des ambassadeurs avec des ouvriers, des charpentiers et des tailleurs de pierres, et du bois de cèdre, pour bâtir un palais à David. Le même Hiram envoya des ambassadeurs à Salomon, dès qu'il eut appris qu'il avait été sacré roi en la place de son père (g), pour le féliciter sur son avénement à la couronne. Et Salomon, de son côté, lui envoya demander du bois et des pierres pour le bâtiment du temple du Seigneur, avec des ouvriers pour couper les bois et tailler les pierres. Hiram promit à Salomon tout ce qu'il voulut, moyennant certaine quantité de froment et d'huile que Salomon devait fournir à la maison d'Hiram.

(a) *De Bello*, l. III, c. 11.
(b) *Joseph. lib. de Vita*, p. 1025.
(c) *De Bello*, l. III, c. 11.
(d) I *Reg.* XXIII, 26.
(e) *Vide Dium apud Joseph. l.* I *contra Appion.*, p. 1042.
(f) II *Reg.* v, 11, 12. Vers l'an du monde 2958, avant Jésus-Christ 1042, avant l'ère vulg. 1046.
(g) III *Reg.* v, 1, 2, 3, etc. An du monde 1902, avant Jésus-Christ 1008, avant l'ère vulg. 1012.

Ces deux princes vécurent toujours en bonne intelligence; et Dius, qui avait écrit les annales de Tyr (a), raconte qu'ils entretenaient ensemble un commerce de lettres; et on voyait encore du temps de Josèphe ces lettres d'Hiram, avec les réponses de Salomon. Ménandre d'Éphèse et le même Dius parlent des énigmes que ces deux princes se proposaient l'un à l'autre (b). Dius dit que d'abord Salomon en envoya à Hiram, que celui-ci ne put résoudre, et que pour cela il paya à Salomon une grande somme d'argent; mais qu'ensuite il les expliqua par le secours d'un nommé Abdémon, et qu'en ayant proposé à son tour à Salomon que ce prince ne put résoudre, il lui fit aussi payer une plus grosse somme que lui-même ne lui en avait payée.

Après que Salomon eut achevé tous ses ouvrages (c), il fit présent à Hiram de vingt villes dans la Galilée (d). Hiram alla voir ces villes; mais elles ne lui plurent pas, et il les appela la terre de Chabul, en disant: Sont-ce donc là, mon frère, les villes que vous m'avez données? Josèphe dit que Chabul signifie ce qui ne plaît point. D'autres traduisent une terre pleine d'épines; d'autres, une terre trop forte, trop humide. Voyez CHABUL [ou plutôt CHABALON], où nous examinons la situation de ces vingt villes. L'Écriture (e) remarque que Hiram avait prêté à Salomon six vingts talents d'or, pendant qu'il était occupé à ses bâtiments. Ces cent vingt talents d'or font huit millions trois cent quarante-trois mille sept cent quarante livres de notre monnaie. Voilà ce que l'Écriture nous apprend de Hiram, roi de Tyr.

HIRAM, fils d'un Tyrien dont le nom est inconnu, et d'une mère juive, de la tribu de Nephtali, selon les livres des Rois (f); ou d'un père tyrien et d'une mère de la tribu de Dan, selon les livres des Paralipomènes (g). Ce Hiram était un excellent ouvrier en toute sorte d'ouvrages de cuivre ou de bronze; il savait non-seulement exécuter, mais aussi inventer les plus beaux ouvrages. Il fit à Salomon les deux grosses colonnes de bronze qui furent mises à l'entrée du vestibule du temple, dont l'une s'appelait *Jachin*, et l'autre *Booz*. Il fit de plus ce grand vaisseau, nommé la *Mer*, où l'on conservait de l'eau pour l'usage du temple, et dix bassins de bronze, de moindre grandeur, avec leurs socles, pour l'usage des prêtres.

HIRAS, Chananéen, de la ville d'Odollam, beau-père de Judas, fils de Jacob, qui épousa sa fille Sué (h).

HIRCAN. Jean Hircan, fils de Simon Machabée. On croit que le nom de *Hircan* lui fut donné, selon les mémoires qui sont imprimés en arabe à la fin de la Polyglotte de M. le Jeay, à cause de la victoire qu'il avait remportée contre *Hircan*, que les livres des Machabées (i) et Josèphe (j) appellent *Cendebée*. Joseph, fils de Gorion (k), dit que le fils aîné de Simon s'appelait Hircan, et qu'après sa mort, on donna ce nom à Jean, son second fils. Eusèbe (l), Sulpice-Sévère (m) et d'autres encore ont cru que le nom d'Hircan lui était venu d'une victoire qu'il avait remportée sur les Hircaniens, peut-être dans l'expédition où il accompagna Antiochus Sidétès au delà de l'Euphrate. Tout cela n'est pas fort certain. Il est sûr que le nom d'Hircan n'était pas alors inconnu ni nouveau parmi les Hébreux (n).

Le grand prêtre Simon, qui était aussi prince des Juifs, donna à Jean Hircan, son fils, le gouvernement des frontières de la Judée, du côté de la mer (o). Hircan avait son quartier ordinaire à Gazare, et le roi Antiochus Sidétès étant venu assiéger Dora, où Tryphon s'était sauvé, envoya Cendebée, un de ses généraux, contre les Juifs, avec ordre de se saisir de Gazare, et de réduire les Juifs à l'obéissance (p). Jean Hircan en donna aussitôt avis à son père Simon, qui demeurait à Jérusalem (q). Alors Simon, ayant fait venir ses deux fils, Jean Hircan et Judas, leur donna vingt mille hommes de pied et de la cavalerie, et les envoya contre Cendebée. Dès que les deux armées furent en présence et que l'on eut fait retentir les trompettes sacrées dans l'armée des Juifs, Cendebée prit la fuite avec toutes ses troupes (r). Jean et Judas les poursuivirent, et en tuèrent un grand nombre.

Quelque temps après (s), Simon ayant été malheureusement tué en trahison par Ptolémée, son gendre (t), Jean Hircan et Judas en furent avertis assez à temps pour prévenir les embûches qu'il leur tendait et pour empêcher qu'il ne se rendît maître de Jérusalem. Ils l'allèrent même assiéger dans son château de Doc, près de Jéricho, où il avait assassiné Simon; mais Ptolémée faisant battre à coups de verges la mère et les deux frères de Jean et de Simon lorsqu'ils voulaient donner l'assaut, la compassion et la tendresse des deux frères les empêchèrent de presser le siège, et l'année sabbatique étant venue, ils se retirèrent, et Ptolémée se sauva à Philadelphie. C'est ce que raconte Josèphe (u). Mais d'habiles critiques tiennent tout ce récit pour fabuleux.

Quoi qu'il en soit, il est certain qu'après

(a) Dius apud Joseph. contra Appion. l. I, p. 1042.
(b) Vide Joseph. Antiq. l. VIII, c. II, p. 287, 268.
(c) An du monde 5012, avant Jésus-Christ 988, avant l'ère vulg. 992.
(d) III Reg. IX, 10, 11, 12, etc.
(e) III Reg. IX, 14.
(f) III Reg. VII, 13, 14.
(g) II Par. II, 14.
(h) Genes. xxviii, 1, 2.
(i) I Mac. xv, 38, 39.
(j) Joseph. Antiq. l. XIII, c. xix.
(k) Ben-Gorion. l. IV, c. II.
(l) Euseb. in Chronico.

(m) Sulpit. Sever. l. II Hist. Cedren. alii.
(n) Vide II Mac. III, 11. Joseph. Antiq. l. XII, c. IV.
(o) I Mac. xiii, 54. L'an du monde 3865, avant Jésus-Christ 135, avant l'ère vulg. 139.
(p) I Mac. xv, 38, 39, 40.
(q) I Mac. xv, 1, 2 et seq.
(r) An du monde 3866, avant Jésus-Christ 134, avant l'ère vulg. 138.
(s) An du monde 3869, avant Jésus-Christ 131, avant l'ère vulg. 135.
(t) I Mac. xvi, 11 et seq., 21, 22.
(u) Joseph. Antiq. l. XIII, c. xiv, et le quatrième des Machabées.

la mort de Simon, Jean Hircan fut reconnu pour prince de sa nation, et pour grand prêtre. Et le roi Antiochus Sidétès, ayant été informé que Simon n'était plus à la tête des affaires des Juifs, se disposa à marcher contre Jérusalem (a). Il en fit le siége, et se campa au septentrion de la ville, qui était l'endroit par où elle était plus accessible. Hircan fit une vigoureuse défense, et dans une sortie il repoussa les ennemis assez loin de la ville, et ruina leurs tours et leurs travaux.

La fête des Tabernacles étant arrivée, Hircan envoya demander au roi une suspension d'armes jusqu'après la solennité. Antiochus l'accorda, et envoya même des victimes et de riches présents (b). Cette libéralité du roi engagea Hircan à lui faire des propositions de paix. Les propositions furent agréées. Antiochus entra dans la ville, et Hircan lui donna une grande somme d'argent. Josèphe dit que le roi fit abattre les créneaux des murailles, et assujettit les Juifs à lui payer certains tributs. On dit (c) que ce fut dans cette occasion que Hircan fit fouiller dans le tombeau de David, et qu'il en tira de grandes richesses. *Voyez* ce que nous avons dit sur le tombeau de David, à la fin de l'article de ce prince.

Trois ans après qu'Antiochus Sidétès fut de retour dans son pays (d), il résolut de faire la guerre à Phraates, roi des Parthes (e). Il invita Hircan à y aller avec lui. Les commencements de cette guerre furent fort heureux pour Antiochus; il battit trois fois les Parthes, et prit Babylone; mais ses troupes s'étant rendues odieuses et insupportables par leurs excès, les peuples se soulevèrent, et firent main basse sur l'armée du roi, qui était dispersée dans ses quartiers d'hiver. Il est remarqué que pendant cette guerre l'armée du roi fut obligée de demeurer deux jours en un endroit, à cause des Juifs, qui voulaient observer le repos du sabbat (f). Hircan, voyant la défaite de l'armée d'Antiochus, retourna en Syrie, et prit Alep, Médaba, Samega, Sichem, et détruisit le temple que Sanaballat avait bâti sur le mont Garizim, revint heureusement à Jérusalem, et secoua entièrement le joug des Syriens, et se mit dans une entière liberté.

L'année suivante (g) il fit la guerre aux Iduméens, les vainquit, les obligea à recevoir la circoncision et les autres pratiques des Juifs (h), et ils demeurèrent dans cet usage jusqu'après la ruine de Jérusalem et du temple par les Romains (i). Il députa ensuite des ambassadeurs à Rome, pour renouveler l'alliance avec le peuple romain (j),

et quelques années après (k) il entreprit le siège de Samarie, et en confia la conduite à Antigone et Aristobule, ses fils, qui donnèrent dans cette guerre beaucoup de marques de leur valeur et de leur conduite. Samarie fut prise après environ un an de siége. Hircan fit ruiner la ville (l), et elle ne fut rétablie qu'assez longtemps après, sous Gabinius.

Après avoir réduit Samarie, il se trouva maître de toute la Galilée et de plusieurs places frontières, et devint par là un des plus puissants princes des environs : aucun de ses voisins n'osa plus s'attaquer à lui, et il passa le reste de ses jours dans un parfait repos, par rapport aux affaires du dehors; mais il eut quelques chagrins au dedans de la part des pharisiens (m). Ces gens-là avaient acquis une réputation qui leur donnait beaucoup d'empire sur l'esprit du peuple. Hircan avait tâché, par toutes sortes de moyens, de les mettre dans ses intérêts : il avait été nourri parmi eux, et avait toujours fait profession de leur secte; il leur donnait en toute occasion des preuves de sa bienveillance.

Un jour qu'il avait invité leurs chefs à un régal magnifique, il les pria, après le repas, de lui dire s'il avait commis dans la conduite de sa vie quelque chose qui fût contraire à la justice ou à la religion, selon les maximes reçues et enseignées dans leur secte. Dès qu'il eut fini de leur parler, tous commencèrent à louer sa conduite, et à lui donner les éloges dus à un brave homme et à un bon et juste gouverneur. Hircan reçut avec joie les applaudissements que les pharisiens lui donnèrent, et qu'il croyait avoir mérités par sa conduite.

Mais quand les autres eurent cessé de parler, Eléazar, qui n'avait rien dit jusqu'alors, se leva, et, adressant la parole à Hircan, dit : Puisque vous souhaitez qu'on vous dise la vérité librement, si vous voulez montrer que vous êtes juste, quittez la souveraine sacrificature, et contentez-vous du gouvernement civil de la nation. Hircan lui demanda quelles raisons il avait de lui donner ce conseil : Parce, répliqua-t-il, que nous savons, sur le témoignage de personnes âgées parmi nous, que votre mère était une captive, et qu'en qualité de fils d'une étrangère vous êtes incapable par la loi de posséder cette charge.

Josèphe (n) assure que le fait était faux, et que tous les assistants blâmèrent extrêmement celui qui l'avait avancé, et en marquèrent fortement leur indignation. Hircan en fut si outré, qu'il résolut de s'en venger avec éclat. Jonathan, son ami intime et zélé

(a) IV *Mac. et Joseph. Antiq. l.* XIII, *c.* xvi. An du monde 3669, avant Jésus-Christ 131, avant l'ère vulgaire 135.
(b) *Antiq. l.* XVI, *c.* iv. IV *Mac. c.* ii.
(c) *Ibid l.* XIII, *c.* xvi, *et l.* IX, *c. ult.* An du monde 3870, avant Jésus-Christ 130, avant l'ère vulg. 134.
(d) An du monde 3875, avant Jésus-Christ 127, avant l'ère vulg. 131.
(e) IV *Mac. Joseph. Antiq. l.* XIII. *Alii.*
(f) IV *Mac. c.* ii. *Nicol. Damasc. apud Joseph. Antiq. l.* XV, *c.* xvi.
(g) An du monde 3875, avant Jésus-Christ 125, avant l'ère vulg. 129.
(h) *Antiq. l.* XIII, *c.* xvii.
(i) IV *Mac. c.* ii.
(j) *Antiq. l.* XIII, *c.* xvii, *et* IV *Mac. c.* ii. An du monde 3877, avant Jésus-Christ 123, avant l'ère vulgaire 127.
(k) An du monde 3894, avant Jésus-Christ 106, avant l'ère vulg. 110.
(l) *Antiq. l.* XIII, *c.* xvii, *et* IV *Mac.* iv.
(m) *Joseph. Antiq. l.* XIII, *c.* xviii.
(n) *Ibid.*

saducéen, profitant de la disposition où il le voyait, l'anima fortement contre le parti des pharisiens, et lui persuada de l'abandonner pour embrasser celui des saducéens. Voici comme il s'y prit pour cela. Il insinua à Hircan que ce n'était pas une saillie d'Eléazar, mais un coup concerté par toute la cabale dont Eléazar n'avait été que l'organe, et que pour s'en convaincre il n'avait qu'à les consulter sur la punition que méritait le calomniateur; qu'il verrait, s'il voulait bien en faire l'expérience, par leur ménagement pour le criminel, qu'ils étaient tous ses complices.

Hircan suivit son avis, et consulta ces chefs des pharisiens sur la punition que méritait celui qui avait ainsi diffamé le prince et le souverain sacrificateur de son peuple, s'attendant qu'ils le condamneraient sans doute à mort. Mais leur réponse fut que la calomnie n'était pas un crime capital, et que toute la punition qu'elle méritait n'allait qu'au fouet et à la prison. Cette douceur, dans un cas si grief, fit croire à Hircan que tout ce que Jonathan lui avait insinué était vrai, et il devint ennemi mortel de toute la secte des pharisiens, et défendit d'observer les commandements qui n'étaient fondés que sur leur prétendue tradition, infligea des peines à ceux qui contreviendraient à son ordonnance, et abandonna entièrement leur parti pour se jeter dans celui des saducéens.

Hircan ne survécut pas beaucoup à cette bourrasque, car il mourut l'année suivante, du monde 3898, avant Jésus-Christ 102, avant l'ère vulgaire 106, après vingt-neuf ans de pontificat. Josèphe dit qu'il fut favorisé du don de prophétie (a), et qu'il prédit que ses deux fils aînés, Aristobule et Antigone, ne lui survivraient pas longtemps, et que la succession passerait à Alexandre, qui n'était que le troisième. Il connut aussi par révélation le moment auquel Antiochus de Cyzique, avec lequel ses deux fils étaient à la guerre, remporta la victoire, quoiqu'il fût à deux journées du lieu où se donnait le combat.

On lui attribue aussi le bâtiment du château nommé *Baris* (b), qui servit ensuite de palais aux princes asmonéens tant qu'ils conservèrent la souveraineté parmi les Juifs. Ce palais était bâti sur un roc escarpé de cinquante coudées de haut, hors de l'enceinte du carré du temple et sur la même montagne. Il était carré, ayant deux stades de tour. C'était là où se gardaient les habits pontificaux que le grand prêtre prenait dans les grandes solennités. C'est là où le grand Hérode bâtit dans la suite la tour Antonia. *Voyez* ci-devant BARIS.

HIRCAN, fils de Joseph et neveu du petit-fils du grand sacrificateur Onias II. Joseph, son père, était receveur des tributs du roi d'Egypte, et avait plusieurs fils; mais il affectionnait principalement Hircan, parce qu'il lui trouvait plus d'esprit et d'industrie qu'à ses autres enfants. Joseph avait eu ce fils de sa propre nièce, et voici comme Josèphe l'historien raconte la chose (c). Joseph étant un jour allé à Alexandrie pour les affaires de sa recette, son frère Solymius l'y accompagna, et y mena une de ses filles qu'il avait dessein de marier à Alexandrie, s'il trouvait parmi les Juifs du lieu quelque parti qui lui convînt. Quand ils y furent arrivés, Joseph devint éperdument amoureux d'une jeune fille qu'il y vit danser. Il avoua cette faiblesse à son frère, et le pria de lui aider à avoir cette jeune fille, mais de le faire si secrètement que sa réputation n'en souffrît point. Solymius le promit; mais au lieu de la danseuse il mit sa propre fille dans le lit de son frère. Joseph, ayant un peu bu, ne s'aperçut point que c'était sa nièce. Cette intrigue dura encore quelque temps sans que Joseph s'aperçût de rien. La passion de Joseph, au lieu de diminuer, s'augmentait tous les jours. Il avoua à son frère qu'il appréhendait de ne pouvoir se surmonter sur cet article, et que sa plus grande peine était que la loi (d) ne lui permettrait pas d'épouser cette fille, parce qu'elle était étrangère; et que quand la loi le lui permettrait, le roi n'y consentirait jamais.

Là-dessus son frère lui découvrit toute l'affaire, et lui dit que cette personne pour qui il avait tant de passion était sa propre nièce, qu'il ne tenait qu'à lui de l'épouser; que ce qu'il avait fait était pour l'empêcher de commettre un péché aussi scandaleux que celui d'avoir avec une étrangère un commerce expressément défendu par la loi; qu'il avait mieux aimé faire tort à sa propre fille que de l'exposer lui-même à cette infamie. Joseph fut touché de l'amitié de son frère; il lui en témoigna sa reconnaissance, et en même temps épousa sa fille, dont il eut l'année suivante Hircan, dont nous parlons ici.

La loi de Moïse (e), à la vérité, défend le mariage de la tante avec son neveu, mais non pas de l'oncle avec sa nièce. La raison qu'en donnent les écrivains juifs est que la tante, à l'égard du neveu, étant en même ligne que la mère, a naturellement la supériorité sur lui, et que cette supériorité naturelle ne pourrait pas subsister dans le mariage où la femme est un degré au-dessous. Ainsi le mariage du neveu avec sa tante serait une espèce de renversement de l'ordre de la nature; mais le mariage de l'oncle avec la nièce n'est pas sujet aux mêmes inconvénients, car chacun y conserve à l'égard de l'autre le rang de l'ordre où la nature l'a placé.

Un jour Joseph envoya Hircan à sept journées de chemin de chez lui, avec trois cents paires de bœufs et des domestiques pour ensemencer un grand terrain (f). Mais Joseph, pour éprouver l'esprit de son fils, ôta les traits avec quoi on attache les bœufs à la

---

(a) *Antiq.* l. XIII, c. XVIII.
(b) *Ibid.* l. XVIII, c. VI.
(c) *Ibid.* l. XII, c. IV.
(d) *Exod.* XXIV, 16. *Deut.* VII, 3, *et* III *Reg.* XI, 2, *et* I *Esdr.* IX, 10, *et* II *Esdr.* X, 30, *et* XIV, 25.
(e) *Levit.* XVIII, 12, 13; XX, 19.
(f) *Antiq.* l. XII, c. IV, p. 404 *et seq.*

charrue, en sorte que, quand on fut arrivé à l'endroit marqué, les laboureurs, n'ayant point trouvé de traits, voulaient envoyer quelqu'un pour en demander au maître; mais Hircan rejeta ce conseil, fit tuer dix paires de bœufs, en distribua la chair à ses ouvriers, et employa les cuirs à faire des liens et des traits pour ses charrues. A son retour, son père loua sa sagesse, et lui sut bon gré de ce qu'il avait fait.

Quelque temps après (a) Ptolémée Philopator, roi d'Égypte, ayant eu un fils de son épouse Eurydice, tous les gouverneurs de provinces et les receveurs des tributs du roi allèrent à Alexandrie lui faire leurs compliments et faire leurs présents pour la naissance du jeune prince Ptolémée Épiphanes. Joseph y envoya Hircan, le plus jeune de ses fils (b), avec des lettres adressées à Arion, son agent à Alexandrie, afin qu'il lui donnât de quoi faire un présent au roi et à la reine. Les autres envoyés avaient donné les uns plus, les autres moins, mais aucun n'avait offert au roi de la valeur de vingt talents. Hircan, voulant les surpasser tous en libéralité, contraignit Arion à lui donner mille talents, avec lesquels il acheta cent jeunes garçons qu'il présenta au roi, et autant de jeunes filles très-bien faites dont il fit présent à la reine.

Son présent fut très-bien reçu, et lorsqu'il voulut partir le roi lui donna des lettres de recommandation pour son père et pour ses frères. Ceux-ci, irrités de la dépense excessive qu'il avait faite à Alexandrie, lui dressèrent des embûches sur le chemin; mais il se défendit si bien, qu'il tua deux de ses frères, et dissipa ceux qui en voulaient à sa vie. Étant venu à Jérusalem, et voyant que personne ne le voulait recevoir, il se retira au delà du Jourdain, où il passa le reste de sa vie dans une fort belle maison qu'il s'était bâtie en un lieu nommé Tyr (c), s'occupant à lever les tributs sur les Arabes, et les contraignant à les payer par la force des armes et en leur faisant la guerre. Il y demeura pendant les sept dernières années du règne de Séleucus Philopator (d): mais voyant qu'Antiochus Épiphanes s'était mis en possession du royaume de Syrie, et craignant que ce prince ne le recherchât pour les maux qu'il avait faits aux Arabes, il se tua lui-même, et Antiochus Épiphanes confisqua tous ses biens (e).

C'est de cet Hircan qu'il est parlé dans le second livre des Machabées (f), et qui y est nommé *Hircan, fils de Tobie*, parce qu'en effet il était petit-fils de Tobie, et propre fils de Joseph. Lorsque Héliodore voulut enlever les trésors du temple par ordre du roi Séleucus, on lui dit que la plus grande partie des richesses qui y étaient étaient un dépôt d'Hircan, fils de Tobie, receveur des tributs du roi.

HIRCAN, fils aîné d'Alexandre Jannée, roi des Juifs et frère d'Aristobule, Asmonéen. Après la mort d'Alexandre Jannée (g), sa femme Alexandra ou Salomé s'empara de la régence, qu'elle posséda pendant neuf ans, donna la grande sacrificature à Hircan, et laissa Aristobule sans emploi. Aussitôt qu'elle fut morte (h), Aristobule amassa des troupes, et se rendit maître des principaux forts du pays (i); en sorte qu'il ne lui manquait, pour ainsi dire, que le nom et les ornements du roi. Hircan demeura toutefois en possession de la royauté pendant trois ans (j), ou, comme dit Josèphe en un endroit, pendant trois mois (k). Après un combat qui se donna près de Jéricho entre les troupes d'Hircan et celles d'Aristobule, où celles d'Hircan furent battues (l), celui-ci se retira dans la citadelle de Jérusalem, et ceux de son parti se retirèrent dans le temple; mais Aristobule, étant entré dans Jérusalem, se rendit bientôt maître du temple, et on commença à traiter des conditions de paix entre les deux frères. Il fut arrêté qu'Aristobule jouirait des honneurs de la royauté et de la souveraine sacrificature, et qu'Hircan demeurerait simple particulier, jouissant en paix des biens qui étaient à lui.

Mais cette paix ne dura pas longtemps (m); Antipater, ami d'Hircan, ne cessa de le solliciter de se retirer, et de se mettre à couvert des piéges que lui tendait Aristobule, qu'il ne l'eût déterminé à se ranger sous la protection du roi des Arabes. Antipater fut envoyé secrètement chez ce prince, pour le disposer à donner retraite à Hircan. Quelque temps après il revint à Jérusalem, et ayant pris Hircan, il le mena à Pétra, chez Arétas, roi d'Arabie. Antipater se mit ensuite à presser Arétas de rétablir Hircan sur le trône de Judée. Il employa, pour l'y engager, les présents, les prières, et les promesses, et Arétas se résolut enfin de prendre son parti et de déclarer la guerre à Aristobule. On en vint à un combat, où Aristobule fut vaincu (n) et contraint de se sauver à Jérusalem, et ensuite dans le temple, où il fut assiégé par Hircan et par l'armée des Arabes.

Pendant ce temps-là, Scaurus, chef de l'armée romaine, arriva à Damas (o), et ayant reçu des ambassades, tant de la part d'Hircan que de celle d'Aristobule, qui lui demandaient son secours et lui offraient de grosses sommes d'argent, Aristobule ayant offert quatre cents talents, pendant qu'Hircan en offrit beaucoup moins, Scaurus prit

---

(a) An du monde 5795, avant Jésus-Christ 205, avant l'ère vulg. 209.
(b) Joseph. Antiq. l. XII, c. IV, p. 404, 405.
(c) Antiq. l. XII, c. v, p. 407.
(d) Jusqu'en l'an du monde 3829, avant Jésus-Christ 171, avant l'ère vulg. 175.
(e) Antiq. l. XII, c. 15.
(f) II Mac. III, 11, 12.
(g) An du monde 3926, av. Jésus-Christ 74, avant l'ère vulg. 78.
(h) An du monde 3935, avant Jésus-Christ 65, avant l'ère vulg. 69.
(i) Antiq. l. XIII, c. ult.; l. XIV, c. I.
(j) Vide Usser. ad an. M. 3935 et 3938; et Joseph. Antiq. l. XIV, c. I.
(k) Antiq. l. XV, c. IX.
(l) Ibid. l. XIV, c. I. An du monde 3938, avant Jésus-Christ 62, avant l'ère vulg. 66.
(m) Antiq. l. XIV, c. II, p. 469. An du monde 3939, avant Jésus-Christ 61, avant l'ère vulg. 65.
(n) Antiq. l. XIV, c III.
(o) Ibid. c. IV.

le parti d'Aristobule, et écrivit à Hircan et à Arétas, les menaçant des armes romaines, et de Pompée, s'ils ne se retiraient incessamment de Jérusalem. Arétas obéit sans peine, et Aristobule, ayant fait une sortie sur les troupes d'Hircan, lui tua environ sept mille hommes.

L'année suivante (a), Pompée vint lui-même à Damas (b), où il reçut des ambassades d'Aristobule et d'Hircan. Pompée ordonna que ces deux princes viendraient en personnes lui rendre compte de leur conduite. Après qu'il les eut ouïs, il les renvoya, et leur dit qu'il viendrait lui-même dans leur pays, et qu'il y viderait leur différend. Il s'y rendit en effet peu de temps après, et fit le siège de Jérusalem, Hircan fournissant abondamment aux troupes romaines ce dont elles avaient besoin (c). Le siége dura trois mois, et la ville et le temple furent pris le 20 de décembre de l'an du monde 3940, avant Jésus-Christ 60, avant l'ère vulgaire 64. Pompée rendit à Hircan la souveraine sacrificature et la dignité de prince des Juifs, mais sans lui permettre de se servir du diadème, et assujettit les Juifs à payer tribut aux Romains.

Après que Jules César eut réduit à son obéissance toute la Syrie et l'Egypte, il confirma à Hircan la grande sacrificature et le gouvernement de sa nation, le déclara ethnarque et ami du peuple romain (d) (Antiq. XIV, xvii) Ainsi Hircan demeura en paisible possession de ces deux grandes dignités, depuis l'an du monde 3940, qu'il les avait reçues de Pompée, jusqu'à l'an du monde 3964, avant Jésus-Christ 36, avant l'ère vulgaire 40, auquel il fut pris prisonnier par les Parthes et emmené à Babylone (e). Mais comme il était naturellement stupide et paresseux, Antipater avait la principale part au gouvernement et aux affaires, et ne laissait, pour ainsi dire, à Hircan que le nom de prince des Juifs. Il engagea Hircan à donner en mariage à Hérode, son fils, Mariamne, fille d'Alexandre et petite-fille d'Hircan; et dès l'an 3957 il fit donner à Hérode et à Phasael, ses fils, le gouvernement ou l'intendance des deux principales parties des Etats d'Hircan; à Hérode la Galilée, et à Phasael Jérusalem et les terres adjacentes (f). Les principaux des Juifs conçurent de la jalousie contre Antipater et contre ses fils, et ils accusèrent même Hérode d'avoir fort excédé son pouvoir dans ce qu'il avait fait dans la Galilée (g). Mais Hircan, qui favorisait Hérode, lui fit dire secrètement de se retirer de Jérusalem pendant la nuit, et de s'en retourner dans son gouvernement (h).

Antigone, fils d'Aristobule, ayant engagé par de grandes promesses les Parthes, qui étaient alors en Syrie (i), à venir le rétablir sur le trône de son père à Jérusalem, Pacorus, fils du roi des Parthes, se rendit à Jérusalem, et, ayant été reçu comme hôte par I hasael, frère d'Hérode, lui persuada de venir avec Hircan trouver Barzaphernes, qui commandait les Parthes, afin qu'ils pussent faire ensemble un accommodement (j). Mais Barzaphernes fit arrêter Hircan et Phasael, conduisit Antigone à Jérusalem, et lui livra Hircan et Phasael. Antigone craignant que Hircan ne fût quelque jour rétabli par la brigue du peuple dans la grande sacrificature, lui fit couper les oreilles, pour le rendre à l'avenir incapable de cette dignité, la loi de Moïse en excluant tous ceux qui sont ainsi mutilés (k). Après cela il le livra aux Parthes, qui le menèrent chargé de liens au delà de l'Euphrate.

Il y demeura jusqu'en l'an du monde 3968, avant Jésus-Christ 32, avant l'ère vulgaire 36. Hérode était alors roi des Juifs; et ce prince artificieux, craignant toujours quelque revers, souhaitait d'avoir Hircan en sa puissance pour l'observer et pour empêcher qu'il ne remuât (l). Hircan donc, sollicité par Hérode, et pressé par le désir naturel de revoir sa patrie, obtint de Phraates, roi de Perse, la permission de retourner en Judée. Hérode dans les commencements le combla d'honneurs; mais il n'y fut pas longtemps, qu'il vit bien que toutes les caresses d'Hérode étaient feintes.

Après la défaite d'Antoine, Alexandra, mère de Mariamne et fille d'Hircan, crut qu'Hérode, qui avait toujours été fort attaché aux intérêts d'Antoine, ne manquerait pas de ressentir les effets du ressentiment d'Auguste. Elle se mit dans l'esprit qu'Hircan pourrait remonter sur le trône de Judée (m). Elle tâcha de lui inspirer les mêmes espérances, et le sollicita de demander une retraite chez Malchus, roi des Arabes. Hircan, qui n'avait nulle ambition, rejeta d'abord ces propositions; mais enfin, vaincu par les importunités de sa fille, il écrivit à Malchus qu'il le priait de lui envoyer des cavaliers qui pussent le mener jusqu'au lac Asphaltite, frontière d'Arabie, pour le dérober aux embûches et à la mauvaise volonté d'Hérode (n).

Dosithée, qui était chargé de ces lettres, découvrit à Hérode tout le complot d'Hircan. Hérode pria Dosithée de porter les lettres cachetées à Malchus, et de lui en rapporter la réponse. Malchus répondit que très-volontiers il fournirait à Hircan les chevaux et les secours nécessaires, et qu'il lui offrait

---

(a) An du monde 3940, avant Jésus-Christ 60, avant l'ère vulg. 64.
(b) Antiq. l. XIV, c. v.
(c) Antiq. l. XIV, c. viii.
(d) An du monde 3957, avant Jésus-Christ 45, avant l'ère vulg. 47.
(e) Antiq. l. XIV, c. xxiv, xxv, et de Bello, l. I, c. xi.
(f) Antiq. l. XIV, c. xvi, xvii, et de Bello, l. I, c. viii.
(g) An du monde 3958, avant Jésus-Christ 42, avant l'ère vulg. 46.

(h) Antiq. l. XIV, c. xvii.
(i) An du monde 3964, avant Jésus-Christ 36, avant l'ère vulg. 40.
(j) Antiq. l. XIV, c. xxiv, xxv.
(k) Levit. xxi, 17, 18, etc.
(l) Antiq. l. XV, c. ii, iii.
(m) An du monde 3974, avant Jésus-Christ 26, avant l'ère vulg. 30.
(n) Antiq. l. XV, c. ix.

un asile assuré dans ses Etats. Dès qu'Hérode eut reçu ces lettres il fit venir Hircan, lui demanda quel commerce il avait avec Malchus. Hircan nia qu'il en eût aucun ; mais Hérode ayant produit les lettres, et l'ayant convaincu, le fit mourir, l'an du monde 3974, avant Jésus-Christ 26, avant l'ère vulgaire 30.

HIRCANION, château très-fort et bourg de Judée. *Joseph. de Bello, l. I, c.* xiv, *p.* 742.

HIRONDELLE (1). Il est parlé de l'hirondelle dans Isaïe (a) : *Je crierai comme le petit de l'hirondelle.* Et dans Jérémie (b) : *Le milan, la tourterelle, l'hirondelle et la cigogne ont connu le temps de leur retour.* Il est marqué dans Tobie (c) que la fiente tombée d'un nid d'hirondelle dans les yeux de ce saint homme lui fit perdre la vue. Le terme hébreu *sis*, que l'on a traduit par une *hirondelle* (d), signifie, selon quelques interprètes (e), une *grue*; et celui qui lui est joint dans Isaïe et dans Jérémie, c'est-à-dire, *hagur*, signifie, selon les mêmes interprètes, une *hirondelle*. Le Chaldéen et Symmaque traduisent le passage d'Isaïe par : *Je criais comme l'hirondelle qui est prise*; Aquila : *comme le cheval Agur*.

Les Septante, la Vulgate et Bochart croient que *sis* signifie l'*hirondelle*. Mais pour *hagur*, les Septante, la Vulgate et Symmaque l'ont pris comme un verbe. Bochart croit qu'il signifie *une grue*. Il est certain dans Jérémie que ces deux mots signifient deux oiseaux différents. Voici les raisons qui peuvent faire croire que *sis* signifie l'hirondelle. 1° Les anciens interprètes grecs l'ont pris en ce sens. 2° Le nom de *sis* répond aussi au cri de l'hirondelle, et la déesse *Isis* fut, dit-on, changée en cet oiseau. 3° L'hirondelle est un oiseau plaintif et passager, ce qui revient parfaitement aux passages d'Isaïe et de Jérémie. Quant à l'endroit de Tobie, tout le monde convient qu'il signifie une hirondelle.

Cet oiseau est noir avec quelques taches d'un blanc sale sous le ventre : il a le vol fort inégal et la vue excellente. Il paraît au printemps et en été, et disparaît en automne. On croit qu'il passe la mer et se retire en des pays chauds, ou bien il se cache dans des trous sous la terre, ou même dans des marais, et sous les eaux, où l'on pêche quelquefois de gros pelotons d'hirondelles attachées l'une à l'autre par les pattes et par le bec; et lorsqu'on les met dans un lieu chaud, elles se remuent et reviennent, quoiqu'elles parussent comme mortes auparavant. On l'appelle en grec *chelidon*, d'où vient le nom de l'herbe nommée *chelidome*,

en français *éclaire*, parce qu'on prétend qu'avec cette herbe l'hirondelle ouvre les yeux de ses petits, quand même on les aurait aveuglés exprès. On voit par l'histoire de Tobie combien la fumée, ou la fiente de l'hirondelle est dangereuse aux yeux. On assure que la cendre faite de la chair de ces animaux est excellente pour les maux d'yeux.

La Fable dit que Philomèle ou Progné, femme de Térée, fut changée en hirondelle, et que son chant, qui est lugubre et plaintif, déplore la perte d'Atys, qu'elle aimait. L'hirondelle n'est bonne à rien; on ne peut la nourrir ni en cage ni en volière. On tient qu'elle niche deux fois l'année : une fois dans le climat où elle se transporte pendant que l'hiver règne en celui-ci, et une autre fois dans les six mois qu'elle demeure dans ce pays-ci. Leur principale nourriture sont les mouches qu'elles attrapent en volant. Elles font ordinairement leur nid dans les cheminées, et reviennent tous les ans au même endroit. Leur nid est composé de terre mêlée avec de petits brins de paille.

Le martinet qui fait son nid aux fenêtres des maisons et des églises, est une espèce d'hirondelle; mais sa chair est meilleure, et il est plus blanc par-dessous le ventre que l'hirondelle.

L'hirondelle de rivage fait son nid dans des trous qu'elle trouve dans le rivage des rivières.

La GRANDE HIRONDELLE, ou *grand martinet*, ou *alérions*, fait sa demeure dans les grands trous, ou dans les bâtiments élevés, où elle niche. Elle se nourrit de mouches, de papillons et de hannetons qu'elle gobe en volant. Bellon dit qu'elle a la vue si perçante, qu'elle aperçoit une mouche de mille pas. Il y a aussi des hirondelles de mer. Nous ne voyons pas que Moïse se soit expliqué sur la pureté ou l'impureté de l'hirondelle.

HIR-SEMES, ville de la tribu de Dan. *Josue* XIX, 41. Ce nom signifie *la ville du Soleil* (f). — [Elle était située dans le canton d'Estaol, dit Barbié du Bocage. Huré et notre auteur croient qu'elle est la même que Beth-Samès. *Voyez* ce mot.]

HISOPE. *Voyez* HYSOPE.

* HISTOIRE, HISTORIEN. La Bible est surtout un recueil d'histoires ; les livres des prophètes peuvent eux-mêmes être considérés comme des livres purement historiques, indépendamment de leur caractère prophétique. Des auteurs mal avisés, qui refusent de leur reconnaître ce caractère, prétendent qu'ils ont été écrits après les événements :

Il y a dans ce verset des difficultés qui arrêtent Voltaire : « Les critiques naturalistes disent que la m.... d'hirondelle ne peut rendre personne aveugle; qu'il faudrait dormir les yeux ouverts pour qu'une ch.... d'hirondelle pût blesser la conjonctive ou la cornée. » Tout le monde sait que beaucoup de personnes dorment les yeux entr'ouverts. Les critiques naturalistes, tels que Aldrovandi, Gesner, F. de Valois, Sérarius, disent précisément que dans les pays orientaux la fiente d'hirondelle est plus chaude et plus corrosive que dans nos climats. D'ailleurs la disposition des yeux, peut-être malades, de Tobie pouvait rendre l'accident plus funeste.

(a) *Isai.* xxxviii, 14.
(b) *Jerem.* viii, 7.
(c) *Tob.* ii, 11.
(d) סים *Sis* - עגור *Hagur*.
(e) *Fagn. Munster. Buxtorf. Mercer. Rabb. Salom. et Kimchi.*
(f) עיר שמש *Urbs solis*.
(1) *Hirundo*, genre d'oiseaux de l'ordre des passereaux.
(2) On lit dans le livre de *Tobie*, ii, 11 : « Et pendant qu'il dormait, il tomba d'un nid d'hirondelle de la fiente chaude sur ses yeux; ce qui le rendit aveugle. »

ce sont donc, à leurs yeux, des livres historiques comme les autres, quant aux faits. Pour nous ce sont bien aussi des ouvrages historiques, mais écrits avant l'accomplissement des événements.

« Nous ne voulons parler ici que de l'histoire par rapport aux anciens peuples. Nous voulons dire que le peuple hébreu est le seul qui possède une histoire complète, suivie, vraie, incontestable, et que cette histoire a encore d'autres avantages qui la placent au-dessus de celles des autres nations ; le premier et le plus essentiel de tous, c'est qu'elle a pour auteur Dieu même, qui nous l'a donnée par la plume des historiens sacrés et des prophètes, qui étaient remplis d'une lumière surnaturelle, et dirigés spécialement par la vérité essentielle et infaillible. Or la vérité étant l'âme de l'histoire, il est évident que celle des Juifs doit l'emporter infiniment sur toutes les autres, qui n'ont pour auteurs que des hommes souvent ignorants ou intéressés à déguiser la vérité, et toujours sujets à se tromper et à tromper les autres, soit volontairement et par malice, soit involontairement et par défaut de lumières et de connaissance.

Mais en faisant pour un moment abstraction de l'inspiration surnaturelle qui se rencontre dans les écrivains de l'histoire des Juifs, et qui les distingue de tous les autres auteurs, de quelque nation et de quelque qualité qu'ils soient, on peut montrer à ceux qui ne reconnaissent pas cette qualité dans les auteurs sacrés, que même sans cela ces écrivains ont tout ce que l'on peut demander pour former une autorité certaine, aussi grande que l'on en puisse souhaiter en ce genre, et telle qu'il n'y en a point qui l'égale dans toutes ses circonstances en aucune autre nation et dans aucun autre pays.

Les qualités qu'on demande d'ordinaire dans un historien sont qu'il soit contemporain, sincère, bien instruit, et, autant qu'il se peut, désintéressé, exact, judicieux, exempt de préjugés, dégagé des passions, de la crainte, de l'espérance, de la haine, de l'amour ; qu'il soit domestique et non étranger, homme de guerre ou d'Etat, de qualité et connu, plutôt que simple particulier, sans naissance, sans nom, sans expérience et sans emploi. Or les auteurs de l'histoire des Juifs ont respectivement toutes ces qualités, ou du moins la plupart réunies, de manière qu'on ne peut raisonnablement les soupçonner de s'être trompés, ni d'avoir voulu nous tromper. Ajoutez que leurs récits sont si bien liés les uns avec les autres, si soutenus, si raisonnables, si conformes aux lois du bon sens et de la raison ; ils se rapportent si parfaitement aux autres histoires authentiques et étrangères que nous connaissons ; leur manière d'écrire porte un certain caractère de droiture et de vérité si uniforme ; enfin toute la nation des Hébreux a toujours tellement compté sur leur sincérité, que personne n'a jamais ni contesté ni contredit leur narration. Toutes ces qualités rassemblées forment certainement en leur faveur un préjugé que l'on ne rencontrera que difficilement dans aucune histoire profane.

Moïse, le premier et le principal auteur de l'histoire des Juifs, était un homme d'un très-beau et très-vaste génie, d'un grand courage, incapable d'une lâcheté, très-instruit, très-sérieux, très-sage, plein de religion et de piété, d'une sincérité et d'une droiture qui se déclare à chaque pas dans ses écrits. Ayant été adopté par la fille du roi d'Egypte, il n'y avait rien qu'il ne pût espérer, s'il eût voulu se livrer à sa bonne fortune. Il quitta ces espérances, pour partager avec ses frères toutes leurs disgrâces. Son zèle le porta à les secourir, jusqu'à encourir la colère du roi, et à se voir obligé de prendre la fuite. Après une longue absence, Dieu l'ayant suscité pour tirer les Israélites de l'Egypte, et pour leur donner des lois, il exécuta heureusement ce grand ouvrage ; après quoi il entreprit d'écrire l'histoire de cet événement, du vivant de tous ceux qui en avaient été les témoins, c'est-à-dire, à la face de six cent mille hommes rassemblés dans un même camp, très-attentifs à observer toutes ses démarches et tous ses discours, et très-disposés à lui résister et à le contredire, s'il eût avancé des choses contraires à la vérité, comme il en racontait de contraires à leur honneur, à leur réputation, à leurs inclinations.

Pour prendre les choses de plus haut, et pour rendre son histoire plus complète, il la conduit depuis le commencement du monde jusqu'à son temps ; il donne la généalogie des premiers auteurs de la nation des Hébreux, raconte les principales actions des patriarches, surtout de Joseph, qui avait eu tant de crédit dans l'Egypte. Tout ce détail contribuait admirablement à son dessein, puisqu'il apprenait aux Hébreux leur origine et celle des nations avec qui ils devaient bientôt entrer en guerre ou en alliance. Il leur montrait le droit qu'ils avaient au pays dont ils allaient entreprendre la conquête ; droit acquis par les promesses que Dieu en avait faites à leurs pères. Il leur proposait de grands exemples de vertu dans la personne d'Abraham et des autres patriarches, il leur mettait devant les yeux le choix plein de distinction que Dieu avait fait de leurs pères et de leur race, pour placer au milieu d'eux sa religion et son sacerdoce. De plus il lui importait extrêmement de marquer ce qui avait donné lieu à certaines cérémonies et à certaines pratiques religieuses qu'il renouvelait ou établissait de nouveau, comme le sabbat et la circoncision. Or ce sont là apparemment les motifs qui engagèrent Moïse à commencer son ouvrage par la Genèse.

Ce qu'il dit de plus incroyable dans l'Exode, s'était fait à la vue de tout Israel ; Moïse ne pouvait ni tromper les Hébreux, ni en imposer aux Egyptiens, ses ennemis. Il parle des Hébreux d'une manière qui n'est nullement flatteuse. Il parle de lui-même sans aucune affectation; il en dit le bien ou le mal, suivant les circonstances. Ce caractère de droiture se soutient toujours d'une manière uniforme. Moïse a donc toutes les qualités qui peuvent rendre un historien digne de foi, et qui peuvent mettre son témoignage hors de toute atteinte, et même au-dessus de tout soupçon de faux et de mensonge.

Il n'y a que les premiers événements de la Genèse qu'il rapporte, et qu'il ne pouvait savoir par lui-même, qui puissent faire quelque difficulté. Mais, 1° Moïse et Aaron ont trouvé dans leur famille toutes les traditions qui avaient pu venir de Lévi, leur bisaïeul. Lévi avait vécu avec Jacob, et il avait vu Isaac; Jacob avait vécu avec Isaac, et il avait vu Abraham. Abraham avait vécu avec Tharé, son père, et il avait pu voir tous ses aïeux à remonter, sinon jusqu'à Sem, du moins jusqu'à Arphaxad, fils de Sem; plusieurs de ceux-ci avaient vu Noé, qui a vécu trois cent cinquante ans depuis le déluge. Noé avait vécu six cents ans avant le déluge, et il avait vu la plupart de ses aïeux à remonter jusqu'à Enos, fils de Seth. Lamech, son père, les avait vus tous; il était né lorsque Adam mourut. Ainsi la tradition de tout ce qui s'était passé avant et après le déluge était encore récente au temps de Moïse, à cause de la longue vie des premiers hommes.

2° Il n'est pas certain qu'il n'y eût point alors d'écritures et de mémoires de ce qui s'était passé auparavant; et s'il y en avait chez les Egyptiens ou chez les Juifs, Moïse devait en être mieux informé qu'un autre, ayant été parfaitement instruit chez les Egyptiens, et n'ignorant rien de l'histoire de sa nation.

3° Enfin les choses qui sont racontées dans Moïse sont de nature à être aisément conservées dans la mémoire des hommes; par exemple, la création du monde, la chute d'Adam, le déluge, la tour de Babel, la fondation de la monarchie de Nemrod: car voilà presque à quoi se termine le détail des événements rapportés dans Moïse pour cet âge-là.

Quant au livre de Josué, que l'on attribue communément à ce chef du peuple de Dieu, qui introduisit les Israélites dans la terre de Chanaan, et qui la leur distribua par le sort, on peut en faire le même jugement que de ceux de Moïse. L'auteur était contemporain, sage, éclairé, exact, judicieux; il était à la tête du peuple hébreu; il écrivait ce qui se passait sous ses yeux, et ce qu'il faisait lui-même.

L'écrivain du livre des Juges est apparemment Samuel, dont on connaît la gravité, la sagesse, les lumières, la qualité; il avait en main des mémoires de ce qui s'était passé sous les juges, et c'est sur cela qu'il composa le livre que nous avons sous ce nom. Ainsi il peut encore passer pour contemporain, ou pour presque contemporain. S'il est auteur de la plus grande partie du premier livre des Rois, comme on le croit communément, il a écrit ce dont il a été témoin et ce à quoi il a eu grande part. L'Ecriture (a) nous apprend que les actions de David ont été décrites *par Samuel le Voyant, et par les prophètes Nathan et Gad.* Or tout le monde sait le mérite de ces deux grands hommes, qui vivaient sous David et sous Salomon.

Les autres livres historiques des Juifs ont eu pour auteurs des prophètes qui vivaient du temps des princes dont ils ont écrit la vie. Addo et Ahias écrivirent l'histoire du règne de Salomon (b); Addo et Séméias, celle du règne de Roboam (c); le même Addo, celle d'Abia (d). Hanani écrivit les Annales sous Asa (e), et Jéhu, fils d'Hanani, sous Josaphat (f). Sous le même roi on vit les prophètes Eliézer (g) et Jahaziel (h). Isaïe rédigea ce qui arriva sous Osias (i) et sous Ezéchias (j). Les prophéties d'Isaïe renferment plusieurs particularités de l'histoire d'Achaz (k). Osaï rédigea les mémoires du règne de Manassé (l). Jérémie fut chargé du même soin sous Josias et sous les rois de Juda ses successeurs. Ses prophéties sont, pour ainsi dire, une narration de ce qui se passa dans les derniers temps du royaume de Juda. Les livres des Rois et des Paralipomènes citent très-souvent les Annales des rois de Juda et d'Israel, et ils nous y renvoient comme à des mémoires publics, assurés et authentiques. Ces pièces subsistaient encore pendant la captivité, et même au retour de la captivité, s'il est vrai, comme il y a beaucoup d'apparence, qu'Esdras soit l'auteur des livres des Rois et des Paralipomènes où ces Annales sont si souvent citées. Ici doivent être placés les livres de Tobie et de Judith qui vivaient avant la captivité de Babylone; Tobie sous le règne d'Assaradon, fils de Sennachérib, et Judith sous le règne d'un Nabuchodonosor, qui paraît être Saosduchin, fils d'Assaradon. Pour l'histoire des Juifs durant la captivité de Babylone, nous avons les prophètes Daniel et Ezéchiel qui nous en apprennent beaucoup de particularités.

Après la captivité nous avons le livre d'Esther, dont l'histoire se trouve sous le règne d'un Assuérus, qui paraît être Artaxerxès Longue-Main. Ensuite viennent les livres d'Esdras et de Néhémie, qui vivaient sous le règne d'Artaxerxès; et ceux des Machabées, qui conduisent l'histoire des Juifs depuis le règne d'Alexandre le Grand jusqu'à la mort du pontife Simon, sous le règne d'Antiochus Sidétès.

Tout le monde connaît la grande capacité, le zèle et la haute piété d'Esdras : il était d'une race illustre, et durant la captivité il fut fort considéré du roi Artaxerxès, surnommé Longue-Main. Il écrivit le premier

(a) I Par. xxix, 29.
(b) II Par. ix, 29.
(c) II Par. xii, 15.
(d) II Par. xiii, 22.
(e) II Par. xvi, 7.
(f) II Par. xx, 34.

(g) II Par. xx, 37.
(h) II Par. xx, 14.
(i) II Par. xxvi, 22.
(j) II Par. xxxii, 32.
(k) Isai. vii, 1 et seq.
(l) II Par. xxxiii, 19.

des livres que nous avons sous son nom ; Néhémie écrivit le second. Ce dernier était d'une famille distinguée de la tribu de Juda (1), et échanson du même roi Artaxerxès, qui avait pour lui une affection particulière. Il parle presque toujours en première personne dans son ouvrage, et l'on cite dans les Machabées (2) les *Mémoires de Néhémie*, dont apparemment le livre que nous avons sous son nom n'est que l'abrégé, puisque l'endroit cité dans les Machabées ne s'y remarque point.

Nous avouons que dans les livres d'Esdras et de Néhémie, il s'est glissé quelques petites choses qui n'ont pas été écrites par ces deux auteurs. Mais il y a peu de livres de l'Ecriture où l'on ne remarque quelques pareilles additions qui, n'intéressent ni la foi ni les mœurs. Les anciens Hébreux ne faisaient nul scrupule d'insérer ainsi dans leurs textes certains termes propres à expliquer ce que la longueur du temps avait pu rendre trop obscur. La manière dont cela s'est fait montre plutôt la bonne foi de ces anciens temps que l'envie de tromper. On a fait ces additions sans user de finesse ni de précautions ; c'est comme nous mettons quelquefois sur la marge, ou même dans le corps des livres qui sont à nous, nos propres remarques ou celles de quelque habile homme. Des livres chargés de ces sortes de notes n'en sont pas moins authentiques ; ils n'en sont au contraire que plus recherchés. Dans les livres sacrés des Juifs les notes seront, par exemple, une généalogie poussée un peu plus loin que le premier auteur n'avait fait ; une remarque géographique, qu'une telle ville s'appelait autrefois de ce nom ; qu'en ce temps-là un tel peuple possédait ce pays ; qu'un tel lieu est au delà ou en deçà du Jourdain ; que la même chose se lit dans tel autre livre ancien. Voilà à quoi se terminent les additions que l'on remarque dans les auteurs sacrés. Il peut aussi s'y être glissé quelques fautes de copistes ; mais où est le livre où il n'y en ait point ?

L'intervalle qui se rencontre entre Néhémie et les Machabées n'est pas long. Néhémie vivait encore 442 ans avant l'ère chrétienne vulgaire et le règne d'Antiochus Epiphanes commença 175 ans avant cette ère. L'intervalle n'est que de 267 ans ; et dans cet intervalle on a l'histoire de la persécution qui éclata contre les Juifs sous Philopator, 217 ans avant l'ère chrétienne vulgaire, et qui est rapportée dans le III° livre des Machabées. L'auteur de ce livre n'est point connu, et son livre n'est point reçu au nombre des écritures canoniques ; mais cet auteur paraît ancien et très-instruit de l'événement qu'il rapporte.

Le premier livre des Machabées fut écrit en hébreu, ou plutôt en syriaque, qui était la langue de la Palestine, du temps des Machabées. Cet auteur cite à la fin de son ouvrage les mémoires du pontificat de Jean Hircan (3) ; ce qui fait juger qu'il écrivait sur des commentaires ou des annales du temps, et que sous les Machabées on avait eu soin de rédiger ce qui arrivait de plus remarquable dans le pays. L'auteur du second livre des Machabées (4) dit que Judas ramassa les monuments de sa nation, qui avaient été dissipés pendant la guerre.

Depuis les livres des Machabées, nous avons l'histoire des Juifs dans Josèphe, et dans des mémoires plus anciens qui se trouvent en arabe dans la Bible polyglotte de M. le Jay. Tout le monde connaît le jugement et le discernement de Josèphe l'historien. Joseph Scaliger lui donne le glorieux titre du plus diligent écrivain, et du plus grand amateur de la vérité que l'on connaisse (5) ; il ajoute que dans ce qui regarde non-seulement l'histoire des Juifs, mais encore l'histoire étrangère, il mérite plus de créance qu'aucun autre auteur, soit grec, soit latin. Eusèbe, saint Jérôme, Photius, en parlent aussi avec éloge ; ils étaient bons juges, et leurs éloges ne sont point outrés ; quoiqu'on ne nie pas que Josèphe n'ait en ses défauts, et qu'assez souvent il ne se soit éloigné de la vérité des saintes Ecritures.

Voilà ce que nous avons à dire sur l'authenticité et la vérité de l'histoire des Hébreux. Cette nation, au travers d'une infinité de révolutions, de disgrâces, de guerres et de malheurs, a su conserver, souvent au péril de sa vie, de ses biens et de sa liberté, les monuments de son histoire. Ils sont passés jusqu'à nous dans la langue originale dans laquelle ils ont été écrits ; cette langue, quoique morte depuis plus de dix-huit cents ans, est encore assez connue par les savants, pour entendre ces écrits ; nous en avons des traductions qui ont plus de dix-huit cents ans d'antiquité. Le peuple juif subsiste encore dans presque tous les pays du monde, toujours très-zélé pour sa religion, très-instruit de son histoire, et très-attentif à la conservation de ses monuments sacrés, de sorte qu'il ne nous reste rien à désirer pour l'authenticité et la vérité de cette histoire.

L'auteur des Paralipomènes avait en main un très-grand nombre d'écrits, de pièces et de mémoires, dont nous regrettons aujourd'hui la perte, et qui nous font comprendre l'attention qu'avaient les anciens Hébreux de conserver les faits qui concernaient leur république, et combien leur histoire serait parfaite, si Dieu eût permis que tous ces beaux monuments fussent parvenus jusqu'à nous. On cite très-souvent dans les Paralipomènes (6) les *Journaux de Juda et d'Israel*, qui étaient apparemment des mémoires où l'on écrivait jour par jour ce qui arrivait de plus remarquable dans l'Etat et dans la religion. Les auteurs de ces ouvra-

---

(1) D'autres prétendent qu'il était de la tribu de Lévi. Nous examinerons cette question dans la préface sur le livre de Néhémie.
(2) II *Mach.* II, 13.
(3) I *Mach.* XVI ult.
(4) II *Mach.* II, 14.

(5) *Joseph Scaliger. in Prolegom. in libros de Emendatione temporum.* Diligentissimus φιλαληθέστατος, omnium scriptorum Josephus, de quo nos hoc audacter dicimus, non solum in Judaicis, sed etiam in externis, tutius illi credi, quam omnibus Græcis et Latinis.
(6) II *Par.* XVI, 11 ; XXIV, 27 ; XXV, 26 ; XXVII, 7, etc.

ges n'étaient point des écrivains à gages et payés pour ne marquer que ce qui était avantageux ou agréable aux princes ; c'étaient pour la plupart des prophètes, dont la capacité, la sagesse, la maturité, le discernement, la piété, la sincérité, le désintéressement étaient connus dans tout Israel.

Du temps de David et des rois de Juda ses successeurs, il y eut toujours des prophètes qui s'appliquèrent à écrire l'histoire des princes sous lesquels ils vivaient. Samuel, Nathan et Gad écrivirent ce qui regarde le règne de David (1). Nathan, Abias et Addo prirent le même soin du temps de Salomon (2). Addo et Séméias ont écrit l'histoire de Roboam (3). Addo continua et écrivit celle d'Abia (4). Hanani, écrivit sous Asa (5), et Jéhu, fils d'Hanani sous Josaphat (6). Sous le même Josaphat on vit les prophètes Eliézer (7) et Jahaziel (8). Isaïe écrivit ce qui se passa sous Ozias (9) et sous Ezéchias (10). Ce même prophète eut beaucoup de part à ce qui arriva sous Achaz, et nous en voyons presque toute l'histoire dans ses prophéties (11). Hozaï écrivit sous Manassé (12), et Jérémie sous Josias et ses enfants, qui furent les derniers rois de Juda (13). Voilà une chaîne d'historiens tous prophètes, qui ont écrit les annales du royaume de Juda.

Le royaume d'Israel, quoique schismatique et séparé de la vraie Eglise, qui résidait dans Juda, ne fut pas entièrement abandonné de Dieu ; il s'y conserva toujours un bon nombre d'âmes fidèles et attachées à son service. Il y envoya souvent des prophètes pour rappeler à leur devoir les vrais Israélites ; et dans le temps qu'Elie croyait être le seul prophète du Seigneur conservé en vie, Dieu lui déclara qu'il s'était réservé dans Israel sept mille hommes qui n'avaient pas fléchi le genou devant Baal (14). Ahias de Silo parut sous Jéroboam, fils de Nabat (15), et Jéhu fils, d'Hanani, sous Baasa (16). Elie et un grand nombre d'autres vécurent sous le règne d'Achab. Elisée, Jonas et quantité d'autres lui succédèrent dans le ministère de la prophétie. Oded prophétisait sous Phacée (17) à Samarie. L'Ecriture ne nous dit point expressément qu'ils aient écrit des mémoires de ce qui arrivait dans le royaume d'Israel ; mais, comme on a montré que dans celui de Juda c'étaient les prophètes qui avaient ce soin, il y a toute apparence qu'il en était de même sous les rois d'Israel. Outre ces mémoires écrits par les prophètes, il y en avait encore d'autres, composés ou par des prêtres ou par des écrivains de la cour des rois de Juda et d'Israel. Ces officiers s'appelaient secrétaires ou מַזְכִּירִים, *mazkirim*, comme qui dirait *mémorialistes*, dont le principal emploi était de dresser les mémoires historiques et les journaux de tout ce qui arrivait de considérable dans l'Etat. Nous connaissons sous David et sous Salomon (18) Josaphat, fils d'Ahilud, secrétaire *a commentariis* ; sous Ezéchias on voit (19) Joahé, fils d'Asaph, et sous Josias (20) Joha, fils de Joachaz, qui remplissent le même emploi.

Quoique l'histoire du règne de Salomon eût été écrite au long par les prophètes Nathan, Ahias et Addo, elle avait encore été recueillie par des écrivains publics, qu'on cite sous le nom de *Livres des paroles des jours de Salomon* (21). Il en est de même de l'histoire de Josaphat, recueillie par Jéhu, fils d'Hanani ; et on ne laisse pas de nous citer encore les *Annales des rois de Juda*, où les particularités de son règne étaient décrites (22). Enfin dans le même endroit (23) où il est question du prophète Isaïe comme ayant écrit l'histoire d'Ezéchias, on parle aussi des *Annales des rois de Juda* pour la même histoire. Et ailleurs (24), dans un même passage, on fait mention des *Annales des rois de Juda* et du prophète Hozaï, qui avait rédigé des mémoires de la vie de Manassé. L'auteur y cite la prière de ce prince dans sa prison, prière que nous n'avons plus ; car celle qu'on lit dans nos *Bibles* est apocryphe. Ainsi l'auteur des Paralipomènes avait deux sortes de mémoires, les uns écrits par les prophètes, et les autres par les secrétaires du roi ou de la nation. Voilà quelles étaient ces *Annales de Juda et d'Israel* dont il est si souvent parlé dans l'Ecriture. Il y a assez d'apparence que les annales du royaume d'Israel furent apportées dans celui de Juda lorsque Salmanasar transporta les dix tribus à Babylone. Il est certain que plusieurs sujets de ce malheureux royaume se réfugièrent alors dans Juda.

L'auteur de ces livres cite encore des dénombrements du peuple faits en différents temps, et qui étaient entre ses mains. Il cite, par exemple, *verba vetera* (25), les anciens mémoires ou les anciennes traditions ; il rapporte quatre dénombrements, l'un du temps de David (26), l'autre du temps de Jéroboam (27), le troisième du temps de Joathan (28), et un quatrième du temps de la captivité des dix tribus (29). Il parle ailleurs (30) du dénombrement qui s'était fait par l'ordre de David, et que Joab n'acheva pas, parce que la colère de

---

(1) I Par. xxix, 29.
(2) II Par. ix, 29.
(3) II Par. xii, 15.
(4) II Par. xiii, 22.
(5) II Par. xvi, 7.
(6) II Par. xx, 34.
(7) II Par. xx, 37.
(8) II Par. xx, 14.
(9) II Par. xxvi, 22.
(10) II Par. xxxii, 32.
(11) Isai. vii, viii, ix.
(12) II Par. xxxiii, 19
(13) Jerem. i, 2, 3, et II Par. xxxv, 25.
(14) III Reg. xix, 18.
(15) III Reg. xi, 29, et xiv, 2.
(16) III Reg. xvi, 7.
(17) II Par. xxviii. 9.
(18) II Reg. viii, 16, et III Reg. iv, 3, et I Par. xviii, 15.
(19) IV Reg. xviii, 18.
(20) II Par. xxxiv, 8.
(21) III Reg. xi, 41.
(22) III Reg. xxii, 46.
(23) II Par. xxxii, 32.
(24) II Par. xxxiii, 18, 19.
(25) I Par. iv, 22.
(26) I Par. vii, 2.
(27) I Par. v, 17.
(28) Ibidem.
(29) I Par. ix, 1.
(30) I Par. xxvii, 24.

Dieu éclata sur Israel. Il avait outre cela des tables généalogiques des tribus et des principales familles dont il nous donne les descendants.

On voit par là quelle était l'application des Juifs à écrire et à conserver les monuments de leur histoire. Josèphe relève ce soin de ses pères (1), afin de faire valoir la vérité et l'authenticité de l'histoire de sa nation contre les ennemis des Juifs. « Une des plus éclatantes preuves de la vérité, dit cet historien, est l'uniformité dans laquelle les choses sont racontées par les divers écrivains qui se mêlent d'en parler ou d'en écrire. On doit croire les Grecs dans leurs propres histoires, mais non pas dans celles des étrangers, puisqu'ils s'accordent si peu entre eux sur leur article, qu'on ne sait à qui s'en rapporter. Les Egyptiens et les Babyloniens ont aussi des histoires de leur pays bien authentiques et très-anciennes, ayant été rédigées par les prêtres ou par les philosophes de ces nations. Mais parmi nous, continue-t-il, on peut assurer que la diligence et l'exactitude des écrivains méritent encore plus de foi, puisqu'on ne confiait qu'à des prêtres et à des prophètes le soin d'écrire l'histoire, et qu'ils l'ont écrite avec une fidélité qui paraît assez dans le parfait rapport et la ressemblance qui se rencontrent dans leurs écrits. Enfin il n'y a personne parmi nous qui n'ait une profonde vénération pour leurs livres, que nous tenons pour divins ; personne n'ose y faire le moindre changement ou la moindre addition. Ces livres ne sont point en grand nombre, mais on les conserve avec tant de soin et de religion, qu'il est impossible qu'il se glisse jamais de corruption dans leur texte. » Il parle au même endroit des précautions que les prêtres prenaient pour conserver leur généalogie et leur race pures de tout mélange. « Ce n'est pas seulement dans la Judée, ajoute-t-il, que les prêtres hébreux prennent ces précautions ; ils n'en prennent pas de moindres dans l'Egypte et à Babylone lorsqu'ils s'y trouvent établis : ils envoient à Jérusalem pour tirer des extraits généalogiques de celles qu'ils épousent ; et s'il arrive quelque disgrâce à la nation qui oblige les Juifs de se disperser, alors les prêtres renouvellent les anciens registres, et quiconque a manqué à la loi en s'alliant avec des femmes étrangères est exclu du ministère de l'autel et de tous les droits du sacerdoce. »

Nous voyons dans le livre d'Esdras des preuves de ce que dit Josèphe : jusqu'au retour de la captivité on éloigna de l'autel tous ceux qui ne purent produire leurs registres généalogiques (2) et ceux qui avaient épousé des femmes étrangères (3) ; on n'y reçut que les prêtres et les lévites qui se trouvèrent dans les anciens mémoires : *Scripti in libro Verborum Dierum* (4). Il paraît par ce qui est dit dans les livres des Machabées que l'on dressait aussi des mémoires de l'administration et du gouvernement des grands prêtres ; on y cite le *Livre des jours du sacerdoce du grand prêtre Jean* (5) ; mais nous pensons que c'est parce que ce grand prêtre était alors le chef et le prince de la nation. C'est de ces derniers mémoires que Josèphe a tiré toute l'histoire de sa nation depuis les Machabées. » *Vence*, t. I, 176-182 ; et VII, 17-21.

« Un passage d'Aristéas (*) Πολλὰ εἶναι καὶ παρὰ τοῖς Ἰουδαίοις τῶν παρ' αὐτοῖς νομίμων συγγράμματα, et un autre de Josèphe indiqueraient que les histoires complètes dont les livres des Rois et de Josué sont l'abrégé existaient encore du temps des Septante. Ils étaient pressés d'achever leur traduction pour retourner à Jérusalem. Ils ont traduit l'Abrégé sacré, comme pour faire connaître notre religion, on traduirait un bréviaire, et non tous les livres saints. (6)

Josèphe même ferait croire qu'elles subsistaient encore de son temps. Car il dit (7) : « Ptolémée ne posséda pas toute l'Ecriture sainte, οὐδὲ γὰρ πᾶσαν ἐκεῖνος ἔφθη λαβεῖν τὴν ἀναγραφήν. » Il ajoute ailleurs : « Le nombre des choses contenues dans les livres saints est infini, d'autant qu'ils comprennent l'histoire de cinq mille ans, et qu'ils renferment l'histoire de tout ce qui s'y était passé pendant le long intervalle de temps, l'histoire des guerres et des événements les plus considérables, et les actions les plus mémorables des princes ; et c'est de tous ces faits, continue cet historien, que je vais composer les livres que je donne ici au public. Μυρία δέ ἐστι τὰ δηλούμενα διὰ τῶν ἱερῶν γραμμάτων, ἅτε δὴ πεντακισχιλίων ἐτῶν ἱστορίας ἐν αὐτοῖς περιειλημμένης· καὶ παντοῖαι μέν εἰσι παράλογοι περιπέτειαι, πολλαὶ δὲ τύχαι πολέμων, καὶ στρατηγῶν ἀνδραγαθίαι, καὶ πολιτευμάτων μεταβολαί· τὸ σύνολον δὲ μάλιστά τις ἂν ἐκ ταύτης μάθοι τῆς ἱστορίας, ἐθελήσας αὐτὴν διελθεῖν, κ. τ. λ. Flav. Joseph. Antiq. Jud., *Præm.*, lib. I. pag. 2, § 3. »

Il ajoute enfin qu'il n'a fait que traduire en grec les livres des Hébreux, sans y rien retrancher ni rien ajouter du sien. Lib. X, cap. x, § 6. Μόνον τε μεταφράζειν τὰς Ἑβραίων βίβλους... μήτε προστιθείς τι τοῖς πράγμασιν αὐτὸς ἴδιον, μήτ' ἀφαιρεῖν ὑπεσχημένος.

Epiphane, cité par Fabricius (8), dit que, outre les vingt-deux livres sacrés, soixante-douze apocryphes furent envoyés à Ptolémée. Peut-être mit-il ces derniers dans la bibliothèque ?

Brinch (9) pense que Josèphe a suivi *non solum codicem S. Hebræum, sed et alios gentis suæ scriptores...* Vossius croit aussi la même chose. « *Josephus in Antiquitatibus Bible, fut traduit par les Septante de l'hébreu en grec du dialecte de l'Egypte, et conservé soigneusement dans la bibliothèque d'Alexandrie.* Tom. I, pag. 53, edit. Milan, 1818.

---

(1) Lib. I contra Appion.
(2) I *Esdr*. II, 61, 62.
(3) II *Esdr*. XIII, 28, 29, 30.
(4) II *Esdr*. XII, 22, 23.
(5) I *Mac*. XVI, 23, 24.
(6) *Vid.* Joseph. contr. Ap., II, IV, t. II, p. 472. Un passage de la traduction arménienne d'Eusèbe qui vient d'être imprimé pour la première fois nous indique que non-seulement le Pentateuque, mais le *texte entier* de la

(7) Tom. IV, pag. 321, trad. de Sacy.
(8) P. 135, col. 1, in fine, tom. II, edit. Joseph Havercamp.
(9) Edit. d'Havere., tom. II, p. 290.
(*) Dans Fabricius, *Var. lect.*, t. II, pag. 135.

Judaicis conscribendis non sola volumina sacra Hebræa, sed alios gentis suæ scriptores, nec non traditiones secutus est. Eo fit ut multa referat quæ scriptoribus sacris nusquam memorata sunt, immo quædam illis contraria (1). »

Josèphe (2) donne à Salomon quatre-vingts ans de règne, la Bible quarante ans. Vossius (3) défend Josèphe en disant que les livres sacrés ont retranché du règne de Salomon les quarante ans d'idolâtrie.

Sans entrer dans cette discussion, on voit clairement que Josèphe a cru devoir suivre une autre autorité. Il avait peut-être de meilleurs témoignages que nous ; il connaissait comme nous les livres sacrés, il en avait donc lu d'autres qu'il crut devoir suivre (4).

Josèphe compte cent ans depuis la destruction du temple de Salomon jusqu'à la ruine de la monarchie babylonienne, et ailleurs soixante et dix seulement. Il avait donc suivi, pour commettre ces erreurs, deux autorités différentes. Vous en trouvez encore d'autres preuves dans la réfutation de Brinch (5).

Josèphe peint les connaissances d'Abraham en astronomie, en physique et en histoire naturelle; ou Joseph a inventé ce fait, ou il l'a tiré d'une autre histoire que celle de la Genèse (6).

Josèphe (7) en diffère encore dans le motif de la haine des Hébreux contre les Chananéens : il dit (8) qu'Abraham alla en Egypte, non forcé par la famine, mais pour s'instruire avec les prêtres égyptiens de leur religion. Moïse donne pour cause la famine.

Josèphe dit qu'Abraham reçut des richesses de Pharaon et la permission de rester en Egypte, que là Abraham vécut familièrement avec les sages égyptiens, et apprit l'astronomie et la géométrie (9) : Moïse, qu'Abraham sortit d'Egypte tout de suite après qu'on lui eut rendu Sara, et retourna en Palestine (10).

Ils avaient donc suivi, je le répète, des autorités différentes.

Brinch (11) reproche à Josèphe d'avoir dit, d'après les commentaires de sa nation, qu'après le roi d'Egypte, beau-père de Salomon, aucun roi égyptien ne s'appela Pharaon, nom que leur donnent des écrivains sacrés postérieurs. Il nous apprend, dans le même chapitre, que la reine qui vint visiter Salomon *régnait sur l'Egypte et sur l'Ethiopie*, tandis que la Bible ne l'appelle que *la reine de Saba*.

Il faudrait le louer, ce me semble, d'avoir conservé des détails que la concision des livres saints nous avait dérobés.

Saint Jérôme (12) fait un grand éloge de Josèphe ; et cet éloge, à une telle époque, de la part d'un homme aussi saint et aussi versé dans ces matières, est d'un grand poids. « *Josephus, antiquitatem approbans Judaici populi, duos libros scripsit contra Appionem Alexandrinum grammaticum, et talia sæcularium profert testimonia, ut mihi miraculum subeat quomodo vir Hebræus et ab infantia sacris litteris eruditus cunctam Græcorum bibliothecam evolverit.* DUREAU DE LA MALLE.

* HITTIN. *Voy.* BÉATITUDES (*Montagnes des*).

HOBA, ou HOBAL, ou SOBA, ou SOBAL. Il est dit dans la Genèse (a) qu'Abraham poursuivit Codorlahomor et les autres rois ligués *jusqu'à Hoba, à la gauche*, ou au nord de Damas. Nous croyons que c'est la ville d'*Abila*, dans la vallée qui est entre le Liban et l'Anti-Liban. — [Un village nommé *Hoba*, dit Barbié du Bocage, existe encore à un quart de lieue au nord de Damas. *Voyez* ABRAHAM, mon addition, col. 97.]

HOBAB, fils de *Jétro* et beau-frère de Moïse. Moïse étant sur le point de partir du mont Sinaï, pour aller à la conquête de la terre promise, dit à Hobab (b) : *Nous allons partir pour aller au lieu que le Seigneur nous doit donner; venez avec nous, afin que vous ayez part aux biens que le Seigneur a promis à Israel*. Hobab répondit qu'il ne pouvait y aller, mais qu'il voulait s'en retourner dans son pays. Mais Moïse insista, et le pria avec tant d'instance, qu'enfin il se rendit à ses prières. On croit que les Cinéens, qui demeuraient au midi de Juda (c), étaient les descendants de *Hobal* le Madianite.

* HOBIA, chef de famille sacerdotale. I *Esdr.* II, 61.

* HOD, Asérite, septième fils de Supha. I *Par.* VII, 37.

* HODÈS, femme moabite (?), épouse de Saharaïm, Benjamite. I *Par.* VIII, 9.

HODSI, ou CHODSI, lieu dans le pays de Galaad. Il est dit que Joab, étant allé par ordre de David pour faire le dénombrement du peuple, vint à Gad et à la montagne de Chodsi (d). On ne sait pas la situation de ce lieu.

[Il se trouvait peut-être, dit Barbié du Bocage, dans les terres basses et marécageuses situées entre le lac Samochonites et la mer de Galilée.]

HOLAN, ou CHOLON, ou OLON, ou HÉLON, ville dans les montagnes de Juda (e) ; c'était une ville sacerdotale (f) et de refuge. — [*Voy.* HÉLON.]

HOLDA, prophétesse, femme de Sellum, fut consultée par Josias sur le livre de la loi, qu'on avait trouvé dans le trésor du temple (g). Voici comme la chose arriva.

Le roi Josias, faisant travailler aux répa-

(a) *Genes.* XIV, 15.
(b) *Num.* x, 29
(c) *Judic.* I, 16, et I *Reg.* xv, 6.
(d) II *Reg.* xxiv, 9.
(e) *Josue*, xv, 51.
(f) *Josue*, xxi, 15. I *Par.* vi, 69.
(g) IV *Reg.* xxii, 14, 15.
(1) Brinch, *ibid.*, pag. 292. *Vide Vossii Chronolog. sacr.*, cap. I. *Vide etiam* Brinch. cap. II, p. 293, où il confirme l'opinion de Vossius.
(2) *Antiq. lib.* VII, VIII, c. VIII

(3) *Chron. sacr.* e. VII.
(4) *Voyez* Brinch, p. 296, qui l'accuse pour cette discordance.
(5) Pag. 297, loc. cit.
(6) *Voyez* Brinch. p. 300.
(7) *Lib.* I, c. VII, § 1.
(8) *Lib.* I, c. VIII.
(9) *Antiq. Jud. l.* I, c. VIII, § 2.
(10) *Genes.* xII, 19, 20, xIII, 1, 3.
(11) *Cap.* VII, p. 302.
(12) *Epistola ad Magnum oratorem Rom.* tom. II, p. 332.

rations du temple de Jérusalem, le grand prêtre Helcias trouva l'original du livre de la loi dans le trésor du temple (a); et Saphan, commissaire, envoyé de la part du roi, y étant venu, Helcias lui dit : *J'ai trouvé le livre de la loi du Seigneur dans le temple,* et en même temps il le lui remit en main. Saphan le prit et le lut ; et après qu'il eut rendu compte au roi de la commission qu'il lui avait donnée, il lui dit qu'il avait reçu du grand prêtre le livre de la loi, dont il lui fit la lecture devant le roi. Celui-ci l'ayant ouï, déchira ses vêtements, et ordonna au grand prêtre *Helcias,* à *Ahicam,* fils de Saphan, à *Achobor,* fils de Micha, et à *Asaïas,* serviteur du roi, d'aller consulter de sa part le Seigneur : *Allez,* leur dit-il, *consulter le Seigneur sur mon sujet, sur le sujet du peuple et de tout Juda, à l'occasion de ce qui est contenu dans ce livre; car la colère du Seigneur est terriblement enflammée contre nous, parce que nos pères n'ont pas voulu écouter ce qui est contenu dans ce livre, ni accomplir ce qui y est commandé.*

Ils allèrent donc trouver la prophétesse Holda, femme de Sellum, maître de la garderobe, laquelle demeurait à Jérusalem dans la seconde ville ; ils lui racontèrent ce qui était arrivé, et lui exposèrent les ordres du roi. Holda leur répondit : Voici ce que dit le Seigneur : *Dites à celui qui vous a envoyés vers moi : Je vais envoyer sur ce lieu et sur ceux qui l'habitent, tous les maux dont ce livre vous menace, parce qu'ils m'ont abandonné pour adorer des dieux étrangers, et qu'ils m'ont irrité par toute leur conduite; ma colère s'allumera contre ce lieu, et ne s'éteindra point.* Quant au roi de Juda qui vous a envoyés, vous lui direz : Voici ce que dit le Seigneur, le Dieu d'Israel : *Puisqu'à la lecture de ce livre vous avez été touché de frayeur, et que vous vous êtes humilié devant le Seigneur, et que vous avez déchiré vos vêtements, et que vous avez répandu des larmes en ma présence, je vous ai écouté, dit le Seigneur, vous serez réuni à vos pères, et vous serez enseveli en paix dans votre sépulcre, et vos yeux ne verront point les maux que je ferai fondre sur ce lieu.*

Le roi, ayant reçu cette réponse (b), fit assembler tous les anciens de Juda et de Jérusalem dans le temple, s'y rendit avec eux et avec tout le reste du peuple de la ville, depuis le plus petit jusqu'au plus grand, leur fit la lecture du livre qui avait été trouvé, et renouvela avec eux l'alliance avec le Seigneur, et leur fit promettre d'observer plus fidèlement à l'avenir ses lois et ses ordonnances, et en même temps détruisit tous les restes d'idolâtrie qui étaient dans le temple et dans tout le pays. On ignore le temps de la mort de Holda; mais la découverte du livre de la loi, dont nous parlons, arriva l'an du monde 3380, avant Jésus-Christ 620, avant l'ère vulgaire 623.

HOLDAI. Zacharie (c) reçut ordre du Seigneur de demander à Holdaï, et à quelques autres, de l'or pour faire des couronnes à Jésus, fils de Josédech.

HOLDAI, un des douze chefs des troupes de David, qui servaient chacun en leur ordre au palais, avec les vingt-quatre mille hommes qu'ils commandaient (d). Holdaï entrait en service au douzième mois de l'année

HOLOCAUSTE, vient du grec *holocauston* (e), qui signifie entièrement brûlé, parce qu'on brûlait sur l'autel toute la chair des holocaustes, à la distinction des victimes pour le péché et des hosties salutaires, dont on réservait quelques parties qui n'étaient pas consumées sur l'autel. Le terme hébreu *halah* (f), qui est traduit par *holocauste,* dérive d'une racine, qui signifie *monter;* parce que l'on fait monter en fumée toute l'hostie offerte en holocauste. Les plus anciens sacrifices dont nous ayons connaissance, sont les holocaustes ; et il y a beaucoup d'apparence qu'avant la loi on n'en offrait point d'autres, et que les sacrifices, même pour le péché et pour l'action de grâces, étaient des holocaustes. *Voyez* ci-après l'article SACRIFICE. Depuis l'érection du tabernacle, ou du moins depuis la construction du temple, ou depuis que le tabernacle fut fixé en un lieu, on offrit tous les jours deux agneaux en holocauste sur l'autel d'airain; l'un le matin, et l'autre le soir ; le premier, avant tous les autres sacrifices, et le second, après tous ceux de la journée.

AUTEL DES HOLOCAUSTES. C'était une espèce de coffre de bois de séthim, couvert de lames de cuivre (g). Il avait cinq coudées en carré sur trois de hauteur. Moïse l'avait placé à l'orient et au-devant de l'entrée du tabernacle, et en plein air, afin que le feu que l'on devait toujours entretenir sur cet autel, et la fumée des victimes qu'on y devait brûler, ne gâtassent pas le dedans du tabernacle. Aux quatre coins de cet autel s'élevaient comme quatre cornes, couvertes de même métal que le reste de l'autel. Au dedans de la profondeur ou du creux de l'autel était une grille d'airain, sur laquelle on faisait le feu, et au travers de laquelle tombait la cendre, à mesure qu'elle se formait sur l'autel, et était reçue en bas dans une cuvette qui était placée sous l'autel. Aux quatre coins de cette grille étaient quatre anneaux et quatre chaînes, qui la tenaient suspendue aux quatre cornes de l'autel desquelles on a parlé. Comme cet autel était portatif, Moïse avait fait à ses côtés des anneaux, dans lesquels passaient des barres de bois de séthim, couvertes de lames de cuivre, pour porter l'autel.

Voilà quel était l'autel des holocaustes du tabernacle dressé par Moïse dans le désert : mais dans le temple de Salomon l'autel des holocaustes était beaucoup plus grand. C'était une espèce de cube, qui avait vingt coudées de long, autant de large, et dix de haut;

(a) IV *Reg.* XXII, 1, 2, 3, 4, 5, etc.
(b) IV *Reg.* XXII, 1, 2, 3, 4.
(c) *Zach.* VI, 10, 11.
(d) 1 *Par.* XXVII, 15.

(e) Ὁλόκαυστον. Ab ὅλος *totus,* et καίω, *accendo.*
(f) עלה *Ascendit; seu holocaustum.*
(g) *Exod.* XXVII, 1, 2, 3.

il était couvert de lames de cuivre fort épaisses, et rempli de pierres brutes, ayant pour y monter une rampe placée du côté de l'Orient. Au retour de la captivité de Babylone, on rétablit l'autel des holocaustes sur le modèle de celui de Salomon; mais après que le temple et l'autel eurent été profanés par les ordres d'Antiochus Epiphanes, on démolit cet autel, et on en mit les pierres en lieu pur dans le temple, en attendant qu'il vînt un prophète suscité de Dieu, qui déclarât l'usage qu'on en devait faire (*a*). Le grand Hérode, ayant renouvelé le temple de Jérusalem, y bâtit un hôtel des holocaustes, comme les précédents; mais Josèphe (*b*) dit qu'on y montait par une rampe du côté du midi.

Selon les rabbins (*c*), l'autel des holocaustes était une grosse masse toute bâtie de pierres brutes et non polies, dont la base avait trente-deux coudées ou quarante-huit pieds en carré. De là l'autel s'élevait une coudée ou un pied et demi, puis il y avait une retraite de l'épaisseur d'une coudée. Alors l'autel, n'ayant plus que trente coudées en carré, s'élevait de cinq coudées, puis recevait une nouvelle diminution ou une retraite de deux coudées de large, et par conséquent était réduit à 28 coudées en carré. De là il s'élevait encore de trois coudées, puis se rétrécissait de deux coudées. Enfin il s'élevait encore d'une coudée, et ayant toute sa largeur en carré de vingt-quatre coudées ou trente-six pieds, il formait le foyer sur lequel on brûlait les victimes, et où on entretenait le feu perpétuel.

Les deux coudées de retraite dont on a parlé, et qui se faisaient presqu'au milieu de la hauteur de l'autel, servaient comme d'un sentier au prêtre pour aller et venir autour de l'autel, pour y entretenir le feu et y mettre les victimes. Cet autel était composé de grosses plaques d'airain massif, d'où vient qu'il est nommé autel d'airain (*d*). On croit que l'autel était tout rempli de pierres brutes ou de terre, suivant ce qui est dit dans l'Exode (*e*): *Vous me ferez un autel de terre: que si vous me faites un autel de pierres, vous ne le ferez point de pierres taillées ou polies; car si vous y employez le ciseau ou un autre instrument pour en tailler les pierres, il sera souillé.* Aux quatre coins de l'autel, dans son dernier rétrécissement ou sa dernière retraite, il y avait quatre petits piliers d'une coudée en carré, creux d'une demi-coudée en carré, et de la forme d'un cube parfait. Ce sont là les *cornes de l'autel*, dont il est si souvent parlé dans l'Ecriture; elles étaient creuses, afin qu'on y pût faire couler une partie du sang de la victime.

On montait à l'autel par une rampe insensible, qui était du côté du midi; on l'appelait *kibesch*: elle avait trente-deux coudées de longueur sur seize de largeur, et aboutissait au plus haut rétrécissement ou à la plus haute retraite, précisément près du foyer ou du sommet de l'autel: car il était défendu par la loi de monter à l'autel par degrés (*f*). Les prêtres pouvaient tourner autour de l'autel et faire leurs fonctions commodément de dessus les deux retraites que nous avons marquées, savoir celle du milieu, qui était d'une coudée, et celle d'en haut, qui était aussi d'une coudée; car il leur aurait été malaisé de marcher nu-pieds sur le foyer de l'autel, toujours échauffé par le feu qu'on y entretenait continuellement.

HOLOPHERNE, lieutenant-général des armées de Nabuchodonosor, roi d'Assyrie. Nous marquerons dans l'article de NABUCHODONOSOR, qui était le prince marqué sous ce nom. On peut aussi voir ARPHAXAD. Nabuchodonosor donc ayant vaincu *Arphaxad*, roi des Mèdes, dans un grand combat (*g*), envoya à toutes les nations, pour les obliger à se soumettre à son empire (*h*), prétendant qu'il n'y avait désormais nulle puissance qui pût lui résister. Toutefois les peuples auxquels il avait députés es ambassadeurs, ayant refusé de lui obéir, il envoya contre eux Holopherne à la tête d'une puissante armée. Ce général passa l'Euphrate (*i*), entra dans la Cilicie (*j*) et dans la Syrie, et y assujettit la plupart des peuples de ces provinces; les uns de gré et les autres de force; exerçant partout mille cruautés, et voulant faire adorer le roi son maître comme un dieu.

Ayant pris la résolution de faire la conquête de l'Egypte, il s'avança vers la Judée, qui est la route ordinaire pour aller en ce pays; et il ne s'attendait guère à trouver de la résistance de la part des Juifs. Cependant il apprit qu'ils se disposaient à lui résister (*k*); et Achior, chef des Ammonites, qui s'étaient déjà soumis à Holopherne, et qui étaient dans son armée comme troupes auxiliaires, lui fit connaître qui étaient les Hébreux, et lui dit que c'était un peuple protégé particulièrement d'un Dieu tout-puissant qui le rendait invincible, tandis qu'il lui demeurait fidèle; et qu'ainsi il ne devait pas se flatter de le vaincre, à moins que le peuple n'eût commis contre Dieu quelque crime qui le rendît indigne de sa protection (*l*). Holopherne, offensé de ce discours, lui dit: *Puisque vous avez si bien fait le prophète, je veux vous faire voir qu'il n'y a point d'autre Dieu que Nabuchodonosor, et vous périrez avec les Hébreux, dont vous venez de nous vanter le Dieu et la puissance.* En même temps il fit prendre Achior et le fit mener vers Béthulie, avec ordre de le livrer aux Hébreux. Les serviteurs d'Holopherne prirent donc Achior, et l'ayant mené à la vue et assez près des murs de Béthulie, ils le lièrent à un arbre et

---

(*a*) I *Mac.* XIV, 41.
(*b*) Joseph. *de Bello*, l. VI, p. 918.
(*c*) *Misnaioth.* in *Middoth.* Maimonid. in *Beth-Habb-Abirach.* c. I, II.
(*d*) III *Reg.* VIII, 64.
(*e*) *Exod.* XX, 24, 25.
(*f*) *Exod.* XX, 26.
(*g*) An du monde 3547, avant Jésus-Christ 653, avant l'ère vulg. 657.
(*h*) *Judith.* I.
(*i*) *Judith.* II, III, IV.
(*j*) An du monde 3548, avant Jésus-Christ 652, avant l'ère vulg. 656.
(*k*) *Judith.* V.
(*l*) *Judith.* VI.

le laissèrent en cet endroit, d'où les Juifs le vinrent bientôt délier, et apprirent de sa bouche tout ce qui s'était passé.

Cependant Holopherne forma le siége de Béthulie (a) et fit couper l'eau qui allait dans la ville; ayant encore mis des gardes à la seule fontaine qui restait aux assiégés près de leurs murailles, ceux de la ville se virent bientôt réduits à l'extrémité, et ils résolurent de se rendre, si dans cinq jours Dieu ne leur envoyait pas du secours. Judith, informée de leur résolution, conçut le dessein d'aller tuer Holopherne dans son camp (b). Elle prit ses plus beaux habits, et sortit de Béthulie avec sa servante; et ayant été menée à ce général, elle feignit que Dieu lui avait inspiré le dessein de se rendre à lui, ne pouvant souffrir les crimes et les excès des Juifs.

Dès qu'Holopherne l'eut vue, il fut épris de sa beauté; et quelques jours après il l'invita à un grand festin qu'il fit aux principaux de son armée. Mais il prit tant de vin, que l'ivresse et le sommeil l'empêchèrent de satisfaire sa passion. Judith, qui fut laissée dans sa tente pendant cette nuit, lui coupa la tête avec sa propre épée (c), et étant sortie du camp avec sa servante, elle s'en retourna à Béthulie, portant la tête d'Holopherne. Dès qu'il fit jour, les assiégés firent une sortie sur les ennemis, lesquels étant entrés dans la tente de leur général, trouvèrent son cadavre sans tête, nageant dans son sang au milieu de sa tente. Alors ils reconnurent que c'était Judith qui les avait trompés. Ils prirent la fuite avec précipitation, laissant le camp plein de riches dépouilles. Les Juifs les poursuivirent, en tuèrent un grand nombre, et revinrent chargés de butin.

On est fort partagé sur le temps auquel arriva cette guerre d'Holopherne contre les Juifs. Les uns la placent avant la captivité de Babylone, sous le règne de Manassé et sous le pontificat du grand prêtre Eliacim. D'autres la reculent au temps qui a suivi la captivité. On peut voir tout cela plus au long sur l'article de JUDITH. Nous supposons qu'elle arriva avant la captivité, l'an du monde 3348, avant Jésus-Christ 652, avant l'ère vulgaire 656. — [*Voyez* NINIVE.]

HOLON, ville de Juda. *Jos.* XXI, 14. La même que *Holan*, ou *Cholan* ou *Olon*, ou *Helon*. *Voyez* HOLAN.

(a) Judith. VII.
(b) Ibid. VIII, IX, X, XI.
(c) Ibid. XII, XIII.
(d) חומר *Chomer.*
(e) Genes. I, 27.
(f) Genes. II, 20, 21, 22, etc.
(g) Genes. II, 7.
(1) « Les animaux sont de véritables ouvrages de l'homme : ils présentent dans toutes les modifications qui les éloignent de leurs types primitifs, autant de traces irrécusables de l'influence et du pouvoir humain dans les âges antérieurs : ce sont en un mot, s'il m'est permis de m'exprimer ainsi, des monuments d'un genre particulier, monuments aussi durables qu'aucun de ceux auxquels on réserve ordinairement ce nom. N'est-ce pas, en effet, l'homme qui a fait le chien, le cheval, le mouton et tant d'autres types tels que nous voyons aujourd'hui, c'est-à-dire, qui, les soumettant à son joug dans une époque très-reculée et dont la date se perd presque toujours dans la nuit des temps, a successivement modifié ces utiles espèces, a développé en eux des facultés et des instincts étrangers, au moins en apparence, à leur état primitif, leur a imprimé les formes et les caractères qu'ils présentent aujourd'hui, et d'un point du globe où la nature avait fixé leur patrie, les a transportées et répandues dans toutes les régions du monde civilisé? — Ainsi, organisation, instincts, habitudes, patrie, l'homme a tout modifié chez les espèces domestiques, ployant et soumettant partout l'ordre primitif à la loi de ses besoins, de ses volontés, de ses désirs : œuvre immense par elle-même et par ses résultats, première preuve et première base tout à la fois de la puissance presque illimitée de l'industrie humaine. » M. ISID. GEOFFROY SAINT-HILAIRE, *De la possibilité d'éclairer l'histoire naturelle de l'homme par l'étude des animaux domestiques*, Mémoire inséré dans le recueil des *Comptes-rendus des séances de l'Académie des sciences*, tom. IV, pag. 670.

HOMER, ou CHOMER (d), ou CHORUS, mesure creuse des Hébreux, qui contenait dix *baths*, et par conséquent cent quarante-neuf pintes, demi-setier, ou poisson, et un peu plus.

HOMICIDE. *Voyez* ci-après MEURTRE.

HOMME. On forme sur la création et sur la chute du premier homme une infinité de questions, que l'on trouvera examinées dans les articles d'ADAM, FEMME, HÈVE, PÉCHÉ ORIGINEL. Il est dit dans la Genèse (e) par exemple, que *l'homme fut créé mâle et femelle*, c'est-à-dire selon quelques-uns, qu'il fut créé androgyne, ou que l'homme et la femme furent créés, tenant l'un à l'autre par le côté; mais le sens le plus simple et le plus naturel du texte de Moïse est que Dieu créa l'homme et la femme, comme il créa les autres animaux, par couple, le mâle et la femelle de chaque espèce. Mais au lieu que les autres animaux furent créés tous ensemble, et par un seul *fiat*, Dieu créa l'homme et la femme séparément, et à quelque distance de temps l'un de l'autre. La femme fut créée dans le Paradis, et tirée du côté d'Adam endormi (f), et les autres animaux, tant le mâle que la femelle, sortirent immédiatement du sein de la matière inanimée.

L'homme a été créé à *l'image et à la ressemblance de son Créateur*. Cette ressemblance consiste principalement dans les qualités de son âme. Il est créé libre, intelligent, immortel, capable de vertu, de justice, de sagesse, de béatitude. Il perdit par son péché une grande partie de cette ressemblance ; du moins elle fut fort diminuée, fort affaiblie, fort altérée. On peut dire aussi qu'il a quelque ressemblance avec Dieu, par le domaine que Dieu lui a donné sur les créatures. Il l'a établi comme un petit dieu sur la terre (1). Enfin cette ressemblance peut aussi regarder celle qui devait se rencontrer entre Jésus-Christ incarné et l'homme innocent. Jésus-Christ, en se revêtant de notre nature, a rendu en quelque manière l'homme semblable à lui, en devenant semblable à l'homme.

L'homme, ayant reçu de Dieu le souffle de vie, est devenu un animal vivant (g) : *Inspiravit in faciem ejus spiraculum vitæ, et factus est homo in animam viventem*. Il reçut de Dieu la respiration et la vie, devint un animal vivant, raisonnable et immortel. Quelques-uns l'entendent de la vie de la grâce, de l'Esprit saint et sanctifiant, que Dieu donna à Adam.

L'HOMME se prend quelquefois pour l'homme en général, pour toute la nature humaine, et quelquefois pour *Adam* en particulier.

L'HOMME DE DIEU signifie ordinairement un prophète, un homme dévoué à Dieu et à son service. Moïse est qualifié (a) *l'Homme de Dieu*. David, Séméïas et les autres prophètes sont nommés de même.

FILS DE L'HOMME, marque l'homme en général : *Quid est homo quod memor es ejus, aut filius hominis, quoniam visitas eum* (b)? Les fils des hommes se prennent dans le même sens. Le Seigneur ou les anges parlant aux hommes, leur donnent souvent le nom de fils de l'homme : c'est ainsi que le Seigneur qualifie Ezéchiel (c) : *Fili hominis, sta super pedes tuos;* et l'ange Gabriel parle de même à Daniel (d). Jésus-Christ se donne souvent à lui-même le nom de Fils de l'homme.

HOMONÉE, nom de lieu dans la Galilée, à trente stades de Tibériade (e).

HON, fils de Phéleth, de la tribu de Ruben, étant entré dans la sédition de Coré, Dathan et Abiron, fut aussi compagnon de leur châtiment (f). *Voyez* ABIRON, CORÉ, DATHAN.

HONNÊTE, HONNÊTETÉ se mettent souvent pour les richesses (g). *J'ai reçu des mains de la sagesse des richesses infinies: Innumerabilis honestas per manus illius.* Et ailleurs (h): *In operibus manuum illius honestas sine defectione.* Et en parlant de Jacob(i): *Honestavit illum in laboribus;* la Sagesse l'a enrichi dans ses travaux, elle l'a rendu riche, *honestum fecit illum.*

HONNEUR, HONORER. Dans le style de l'Ecriture, l'honneur ne se prend pas seulement pour le respect intérieur ou extérieur, que l'on porte et qu'on rend aux personnes qui nous sont supérieures, et auxquelles on doit des déférences et des distinctions. Il se prend encore pour les services effectifs qu'on leur doit; par exemple (j), *Honorez votre père et votre mère, afin que vous viviez longtemps sur la terre.* Ce précepte exige que non-seulement on donne aux parents des marques de respect et de déférence, mais aussi qu'on leur donne les secours, et qu'on leur rende les services dont ils peuvent avoir besoin. Et Balac, roi de Moab, dit à Balaam (k): *Je vous ai privé de l'honneur que je vous destinais:* c'est-à-dire, de la récompense. Et Salomon (l) : *Honorez le Seigneur de votre substance, et donnez-lui les prémices de vos biens;* témoignez-lui votre respect par vos présents et par vos offrandes.

L'HONNEUR se prend aussi pour le culte d'adoration qui n'est dû qu'à Dieu (m). *J'ai eu peur de transporter à un homme l'honneur de mon Dieu,* dit Mardochée. Et le Psalmiste(n): *Rendez au Seigneur la gloire et l'honneur.* Et Malachie (o): *Si je suis le Seigneur, où est l'honneur qui m'est dû? ubi est honor meus?* Et saint Paul (p) : *A Dieu seul honneur et gloire.*

HONTE, *Ignominia.* Découvrir l'ignominie (q), ou la honte, ou *la nudité* d'une personne, sont synonymes. Isaïe menace les Egyptiens d'être emmenés captifs tout nus, sans avoir de quoi couvrir *leur honte* (r), leur nudité. Le veau d'or que les Hébreux adorèrent dans le désert, est appelé, par Moïse, *ignominia sordis* (s), une honte sale, une idole d'ordure et honteuse. Habacuc appelle (t) *la honte du vomissement,* celle d'un homme qui, après avoir bu avec excès, est obligé de rendre d'une manière honteuse et indécente. Saint Paul (u) appelle *passions d'ignominie,* les passions honteuses et brutales des hommes charnels et des païens. *L'élévation des insensés est un sujet de honte* (v) : *Stultorum exaltatio ignominia;* c'est leur propre honte et celle de ceux qui les ont élevés. *Celui qui corrige un insensé s'attire de la honte* (x), il y perd ses peines, et n'en tirera que du déshonneur. *Chargez leur face de honte* (y); corrigez-les, Seigneur, et faites-les tomber dans l'ignominie. Les Syriens ayant pris le roi Joas, *exercèrent contre lui des jugements ignominieux* (z), le traitèrent honteusement et lui firent souffrir des châtiments honteux et indignes de la majesté royale.

HOPPHA, prêtre, dont la famille tenait le treizième rang dans le nombre des vingt-quatre bandes, qui servaient tour à tour et par semaine, dans le temple sous David (aa).

HOR, montagne de l'Arabie Pétrée, aux confins de l'Idumée, sur laquelle Aaron reçut ordre du Seigneur de monter, pour se réunir à ses pères (bb). Il y mourut et y fut enterré la quarantième année de la sortie d'Egypte, l'an du monde 2552, avant Jésus-Christ 1448, avant l'ère vulgaire 1452. *Voy.* AARON.

[Pour dom Calmet, le mont Hor est tantôt la trente-septième station des Israélites dans le désert (*Voyez* sa *Table chronologique,* au tom. I, pag. 15, et tantôt la quarantième (*Voyez* au mot CAMPEMENTS, où vous verrez de plus qu'il fait le mont *Hor* le même que Moseroth, lequel Moseroth, dit-il aussi, est

---

(a) *Deut.* xxxiii, 1. *Josue,* xiv, 6.
(b) *Psalm.* viii, 5.
(c) *Ezech.* ii, 1 et passim.
(d) *Dan.* viii, 17.
(e) *Joseph. de vita sua,* p. 1020.
(f) *Num.* xvi, 1 et seq.
(g) *Sap.* vii, 11.
(h) *Ibid.* viii, 18.
(i) *Ibid.* x, 10.
(j) *Exod* xx, 12.
(k) *Num.* xxiv, 11.
(l) *Prov.* iii, 9
(m) *Esther.* xiii, 14.
(n) *Psalm.* xxv, 7.
(o) *Malach.* i, 6.
(p) I *Timoth.* i, 17.
(q) *Levit.* xviii, 15, 17, etc.
(r) *Isai.* xx, 4.
(s) *Exod.* xxxii, 25.
(t) *Habac.* ii. 16.
(u) *Rom.* i, 26.
(v) *Prov.* iii, 35.
(x) *Ibid.* ix, 7.
(y) *Psalm.* lxxxii, 17.
(z) II *Par.* xxiv, 24.
(aa) I *Par.* xxiv, 12.
(bb) *Deut.* xxxii, 50. *Num.* xx, 26; xxvii, 15.

peut-être le même que *Haseroth*). Suivant Barbié du Bocage le mont Hor marque la trente-unième station, et suivant le géographe de la Bible de Vence et M. Léon de Laborde, la trente-quatrième. J'adopte cette dernière opinion.

« Les Israélites, dit M. de Laborde, dans son *Commentaire* sur *Nomb.* XXXIII, 37, p. 181, col. 2, ne pouvaient dresser leurs tentes sur le mont Hor, qui n'est qu'un rocher escarpé....; mais ils campèrent au bas de la montagne, dans une vallée et près d'une source dont nous trouvons le nom dans le Deutéronome X, 6, nom qui s'est conservé comme par hasard dans cette partie des souvenirs de Moïse, où il n'est fait nulle mention du mont Hor, cité cependant plus loin, au chap. XXXII, 50 : *Sicut mortuus est Aaron frater tuus in monte Hor*.

» Le mont *Hor* et *Mosera* ne sont donc qu'un même endroit, qui toutefois n'a aucun rapport avec le *Moseroth* des *Nombres* (XXXIII, 30)... Associer ces deux noms, c'est contrarier la vérité, violenter le texte, pour arriver forcément à un réseau inextricable de difficultés. [*Voyez* MOSERAH.]

» J'ai dit qu'en sortant de la vallée Djerafi ou Cadès, les Israélites pouvaient se diriger à droite, et qu'ils n'avaient pas rigoureusement besoin de s'avancer jusqu'à la source de *Mosera*; mais, d'un côté le besoin de se rapprocher de la frontière des Iduméens pour profiter des provisions qu'ils comptaient acheter (*Deut.* II, 20); de l'autre la direction que leur imposait l'Eternel qui avait choisi le sommet du mont Hor pour qu'Aaron mourût en vue de tout le peuple, les poussa naturellement à travers la grande Ouadi-Araba, jusqu'au pied des montagnes orientales....

» Tout le peuple [pag. 132, col. 1] campa dans la plaine d'El-Aasa, et la source qui descend de la montagne est sans doute celle de *Mosera*. La route que les Israélites avaient suivie depuis Cadès jusqu'au mont Hor, prenait une direction septentrionale qui devait inspirer des inquiétudes aux peuplades syriennes, aussi voyons-nous qu'Arad, roi chananéen, ou plutôt le chef d'Arad, ville méridionale de la Syrie, vient dans Ouadi-Araba prévenir l'attaque des Israélites en les combattant par surprise, et leur enlève de riches dépouilles. Le Journal des voyages a enregistré cet événement (*Nomb.* XXXIII, 40). »]

HORAM, roi de Gazer, qui ayant voulu donner du secours au roi de Lachis, fut défait par Josué, et tout son pays ravagé (a).

HOREB, montagne de l'Arabie Pétrée, toute voisine du mont Sinaï; en sorte que Horeb et Sinaï ne semblent être que deux coteaux d'une même montagne. Sinaï est à l'orient, et Horeb au couchant; en sorte qu'au lever du soleil, celle-ci est couverte de l'ombre de Sinaï. Horeb a deux ou trois belles sources et quantité d'arbres fruitiers sur son sommet; au lieu que Sinaï n'a point d'autre eau que celle des pluies. C'est à Horeb que Dieu apparut à Moïse dans le buisson ardent (*b*). C'est au pied de la même montagne que Moïse frappa le rocher, et en tira de l'eau pour désaltérer le peuple (*c*). Enfin, c'est au même lieu où Elie se retira, pour éviter la persécution de Jézabel (*d*). Il est dit assez souvent dans l'Ecriture, que Dieu donna sa loi aux Hébreux à Horeb (*e*), quoiqu'ailleurs il soit marqué expressément que ce fut à Sinaï; parce que, comme nous l'avons dit, Horeb et Sinaï ne faisaient en quelque sorte qu'une montagne. — [*Voyez* SINAÏ.]

HOREB (*Rocher d'*) d'où Moïse tira de l'eau. *Voy. Exod.* XVII, 6, 7, et ci-après RAPHIDIM. — [*Voyez* JOSUÉ, addition, § XV.]

HOREM, ville de Nephtali *Jos.* XIX, 38. — [*Voyez* MAGDALEL.]

HORI, fils de Lothan, de la race de Séïr le Horréen. *Genes.* XXXVI. 22. — [*Voyez* ELIPHAZ.]

HORLOGE. Il n'est point fait mention d'horloge dans l'Ecriture, avant le règne d'Achaz (*f*); et nous ne voyons pas même distinctement que depuis ce temps, les Juifs aient ordinairement partagé leur temps par heures; ils continuèrent à compter à leur ordinaire.

Nous avons montré dans l'article des HEURES, que l'on trouve dans Daniel, dans Tobie (*g*) et dans Judith les heures distinctement marquées. Il devait donc dès lors y avoir *des horloges*, de quelque nature qu'elles fussent; soit qu'on mesurât les heures avec les pieds sur l'ombre de son corps, ou qu'on mesurât par l'ombre d'une aiguille, ou d'une colonne, ou d'un degré, ou de quelque autre manière; car toutes ces sortes d'horloges ont été autrefois en usage : les montres solaires sont encore aujourd'hui très-communes; et les gens de la campagne jugent encore assez juste de l'heure qu'il est par l'ombre de leur corps ou de leur maison.

Le terme hébreu *maaloth* (*h*), que l'on a traduit, dans la Vulgate, par *horologium*, par *linea* et par *gradus*, signifie, à la lettre, *une montée*, *un degré*; et, par conséquent, on n'en peut rien conclure pour la forme de l'horloge ou du cadran d'Achaz. Etait-ce un degré fait exprès pour marquer les heures, ou seulement y servait-il par hasard et par occasion? Etait-ce une montée ordinaire, ou une montre ou cadran solaire, à qui l'on donne le nom de degrés, à cause des lignes qui y étaient tracées ou gravées?

Une autre question aussi difficile à résoudre que la première, est de savoir d'où vient l'usage des montres et des horloges, de quelque manière qu'on les prenne; car il est aisé

(*a*) *Josue*, x, 33. L'an du monde 2554, avant Jésus-Christ 1446, avant l'ère vulg. 1450.
(*b*) *Exod.* III, 1, 2, 3, etc.
(*c*) *Exod.* xvii, 6.
(*d*) III *Reg.* xix, 8.
(*e*) *Eccli.* xxviii, 7. *Malach.* iv, 4.

(*f*) Il commença à régner l'an du monde 3262, et il mourut en 3278, avant Jésus-Christ 722, avant l'ère vulg. 726.
(*g*) *Tobie*, xii, 22.
(*h*) III *Reg.* xx, 11, *et Isaï.* xxxviii, 8. בְּמַעֲלוֹת *Mahaloth* 70. ἀναβαθμός, *Gradus*, Vulg. *Linea* et *Gradus*.

de perfectionner une invention une fois trouvée. En voilà l'usage dans la Judée marqué sous le règne d'Achaz, et sous celui de Manassé dans le livre de Judith. Assez longtemps après nous voyons le même usage dans la Chaldée, au delà de l'Euphrate, dans les livres de Tobie et de Daniel : et nous n'avons rien qui nous persuade que l'invention en était nouvelle, ni en Judée, ni en Chaldée, lorsque ces auteurs en ont parlé. Les Egyptiens se vantent d'avoir donné commencement à la coutume de partager le jour en douze heures égales, et, par conséquent, d'avoir introduit dans le monde l'usage des horloges; puisque, comme nous l'avons déjà remarqué, l'un ne peut guère aller sans l'autre. On dit (a) que Mercure Trismégiste, ayant remarqué que le Cynocéphale urine douze fois par jour, et toujours à une distance égale, et qu'il jette des cris à des heures réglées, partagea le jour en douze parties égales qu'on nomma *heures*. Mercure Trismégiste est beaucoup plus ancien que ni Achaz, ni Tobie, ni Daniel, s'il est vrai qu'il ait vécu peu de temps après Moïse.

Cela peut servir à confirmer l'opinion de ceux qui tiennent que l'invention des cadrans vient de delà l'Euphrate (b). D'autres croient que cette invention vient des Phéniciens, et que le premier vestige que l'on en rencontre dans l'antiquité, est ce qu'en dit Homère (c) : *Il y a*, dit-il, *une île nommée Syrie au-dessus d'Ortygie où l'on voit les révolutions du soleil;* c'est-à-dire, on voit dans cette île les retours du soleil, les solstices. Comme on croit que les Phéniciens avaient habité cette île, on présume que c'étaient eux qui y avaient laissé ce monument de leur science dans l'astronomie.

Environ trois cents après Homère, Phérécides dressa dans la même île un cadran solaire, pour marquer les heures (d). Enfin les Grecs avouent que ce fut Anaximander, qui le premier partagea le temps par heures (e), et qui leur apporta les cadrans solaires. Ussérius met la mort d'Anaximander sous l'an du monde 3457, sous le règne de Cyrus, et pendant la captivité de Babylone, cinq cent quarante-trois ans avant la naissance de Jésus-Christ, et cinq cent quarante-sept ans avant l'ère vulgaire. Comme ce philosophe avait voyagé en Chaldée, il pouvait en avoir apporté le cadran et l'aiguille, qui y étaient en usage.

Pour revenir à l'horloge d'Achaz, voici ce qu'en dit l'Ecriture (f) : Ezéchias étant tombé dangereusement malade, Isaïe vint lui annoncer qu'il guérirait, et que, dans trois jours, il serait en état de monter au temple. Ezéchias lui dit : *Et quel signe me donnerez-vous de cette guérison ? Voulez-vous,* lui répondit Isaïe, *que l'ombre du soleil s'avance de dix lignes, ou qu'elle retourne en arrière d'autant ? Le roi dit : Il est aisé que l'ombre s'avance de dix lignes; mais faites qu'elle recule d'autant.* Isaïe se mit en prières, et l'ombre qui avait déjà passé dix lignes retourna d'autant en arrière dans l'horloge d'Achaz.* Ceci arriva l'an du monde 3291, environ douze ans après la mort d'Achaz.

Les interprètes sont assez peu d'accord entre eux sur la forme de cette horloge d'Achaz. Saint Cyrille d'Alexandrie (g) et saint Jérôme (h) croient que c'était un escalier disposé avec tant d'art, que le soleil, en se levant, y marquait les heures par son ombre; et c'est ainsi que l'entendent la plupart des interprètes (i). D'autres croient que c'était une colonne dressée au milieu d'un pavé bien uni, sur lequel étaient gravées les heures. Les lignes imprimées sur ce pavé sont, suivant ces auteurs, ce que l'Ecriture a exprimé par le nom de degrés. Grotius le décrit ainsi, après le rabbin Elie Chomer : C'était un demi-rond sphérique concave, au milieu duquel était un globe, dont l'ombre tombait sur diverses lignes gravées dans la concavité du demi-rond. Ces lignes étaient, dit-on, au nombre de vingt-huit. Cela revient assez à l'horloge que les Grecs nommaient *scaphé*, une nacelle, ou *hemispherion*, et dont Vitruve (j) attribue l'invention à un Chaldéen nommé Bérose.

Voilà ce que l'on dit sur la forme de la montre d'Achaz. Quant à la manière dont se fit la rétrogradation de l'ombre dans cette horloge; si le soleil retourna véritablement en arrière, ou si ses rayons réfléchis par quelque nuage formé subitement et surnaturellement produisirent cet effet, c'est sur quoi on est aussi fort partagé. Quelques auteurs (k) ont cru que la rétrogradation n'avait pas été réelle, mais seulement apparente et dans l'opinion des peuples; tout ce changement n'arriva que dans l'ombre qui tomba sur le cadran d'Achaz, et non sur le mouvement du soleil : cet astre se mut à l'ordinaire; mais ses rayons réfléchis extraordinairement par l'opposition d'une nuée, ou autrement, causèrent naturellement dans la montre d'Achaz tout le changement qui fut pris pour un miracle. Et, quand la chose serait arrivée comme ils le croient, n'est-ce pas toujours un miracle de changer, à point nommé, la direction et la détermination des rayons du soleil, pour faire retourner en arrière de dix degrés l'ombre du cadran d'Achaz ?

Ceux qui tiennent que le soleil est au centre du monde que nous habitons, n'ont pas plus de peine à se tirer d'embarras à cet égard, que ceux qui tiennent que le soleil tourne autour de la terre. Sans suspendre ni arrêter le mouvement du soleil, on peut aisément concevoir que ses rayons ont pu être réfléchis d'une manière à faire paraître

---

(a) *Tull. apud Victorin. a Macrob. citat. l.* I, *c.* XXI.
(b) *Herodot. l.* II, *c.* CIX.
(c) *Homer. Odyss.* XV, *vers.* 102. Νήσος τις Συρίη κικλήσκεται (εἴ που ἀκούεις) Ὀρτυγίης καθύπερθεν ὅθι τροπαὶ Ἠελίοιο.
(d) *Laert. in Pherecide.*
(e) *Id. l.* II. *vide et Suidam, et Euseb. Præpar. l.* X.

(f) IV *Reg.* XX, 2, etc.
(g) *Cyrill. in Isai. l.* III, *c.* IV, *p.* 496.
(h) *Hieron. in Isai.* XXXVIII.
(i) *Pagn. Munst. Sanct. Vat.*
(j) *Vitruv. l.* IX, *c.* IX.
(k) La Peirere et Spinoza.

l'ombre du soleil dix lignes plus en arrière qu'elle n'aurait dû l'être, en suivant le cours ordinaire.

Mais ces dix lignes marquaient-elles autant d'heures? C'est ce qu'on ne peut nullement décider. Il pouvait y avoir plusieurs lignes pour une seule heure, ou une ligne pour chaque heure. L'Ecriture ne dit point que ce jour-là ait été plus long qu'un autre. Et, en effet, si le miracle ne consistait qu'à changer, à point nommé et pour un peu de temps, la détermination des rayons du soleil, le jour n'a pas dû être plus long qu'à l'ordinaire; et quand le soleil se serait arrêté dans sa course, comme le texte semble le dire, il ne s'ensuivrait pas que le jour aurait été plus long de dix heures qu'un jour ordinaire, puisque, comme on l'a dit, il n'est pas certain que chaque ligne marquât une heure. On peut consulter notre dissertation sur la rétrogradation du soleil dans la montre d'Achaz, à la tête de notre Commentaire sur le quatrième livre des Rois.

HORMA, ou HERMA, HARMA, ARAMA; il faudrait écrire *Chorma*, ou *Cherma* (a). Cette ville s'appelait *Séphaath*, avant que les Hébreux lui eussent donné le nom d'*Horma*, qui signifie anathème (b). Et voici ce qui donna occasion à cette dénomination. Le roi d'Arad, qui était Chananéen et habitait au midi de la Terre promise, ayant attaqué les Hébreux, les mit en fuite et prit sur eux de riches dépouilles : alors les Israélites s'engagèrent par vœu au Seigneur, de dévouer à l'anathème et d'exterminer entièrement tout ce qui appartenait au roi d'Arad. Ce qui fit donner à cet endroit le nom d'*Horma* (c). Il y a assez d'apparence que ce vœu ne fut exécuté que depuis l'entrée de Josué dans la terre promise. On trouve parmi les rois qu'il vainquit, un roi d'*Herma*, ou *Horma* (d), et un roi d'*Ared*, ou *Arad*. Horma était à la tribu de Siméon (e).

[Elle est nommée *Harma. Jos.* XV, 30, et XIX, 4. N. Sanson suppose aussi qu'elle est la même que *Herma*, ville royale des Chananéens, *Jos.* XII, 14. *Harma, Herma, Horma*, et auparavant *Séphaath*, sont aussi la même ville pour Barbié du Bocage. Huré distingue entre *Horma* de *Judic.* I, 17, et *Horma* de *Num.* XXI, 3. La *Géographie sacrée* de la Bible de Vence distingue pareillement; elle dit : « Dom Calmet suppose qu'*Horma* ou *Harma*, ville de la tribu de Siméon, est la même qu'*Horma*, célèbre par la défaite et la victoire des Israélites, *Num.* XIV, 45; XXI, 3; il paraît assez douteux que ce dernier lieu puisse être le même que la ville royale ainsi nommée. » *Voyez* les articles suivants, qui sont tirés de la *Géographie* que nous venons de citer.]

* HORMA, lieu célèbre par la défaite et la victoire des Israélites, au midi du pays de Chanaan. *Num.* XIV, 45; XXI, 3.

* HORMA, ce nom qui signifie *anathème*, fut aussi donné à la ville de *Séphaath*, qui fut dévouée à l'anathème par les Israélites, *Judic.* I, 17. Peut-être la même que *Sephata*, qui donnait son nom à une vallée dans la tribu de Juda, II *Par.* XIV, 10. *Voyez* SÉPHATA.

* HORMA, ville de la tribu d'Aser entre Sidon et Tyr. *Jos.* XIX, 29. Huré et Barbié du Bocage reconnaissent cette ville comme la Géographie de la Bible de Vence.

HORON, ou ORONAÏM, ville d'Arabie, d'où était Sanaballat (f). *Voyez* ORONAÏM.

HORRÉENS [ou CHORÉENS; *voyez* ce mot], anciens peuples qui habitèrent, au commencement, dans les montagnes de Séïr, au delà du Jourdain (g). Ils avaient des chefs, et étaient déjà puissants avant qu'Esaü eût fait la conquête de leur pays (h). Il semble que les Horréens, les descendants de Séïr, et les Iduméens, se confondirent dans la suite et ne composèrent qu'un seul peuple. — [*Voyez* AMALEC et ELIPHAZ.]

On trouve le nom hébreu *Chori*, ou *Chorim* (i), qui est traduit dans la Genèse par *Horræi*, dans plusieurs autres endroits de l'Ecriture (j), en un sens appellatif, pour signifier des grands, des héros, des puissants; et il y a assez d'apparence que les Grecs ont pris de là leur *heroes*; de même qu'ils ont pris *anax*, un roi, des fils d'*Enach*, ou Anach, fameux géant de la Palestine.

HOSANNA, ou plutôt *Hosa-na* (k); terme hébreu, qui signifie, *sauvez, je vous prie*. C'est une formule de bénédictions ou d'heureux souhaits. Ainsi, quand on cria, à l'entrée de Jésus-Christ dans Jérusalem : *Hosanna filio David*, cela ne signifie autre chose, sinon : *Seigneur, conservez ce Fils de David*, comblez-le de faveurs et de prospérités.

[« *Hosanna*, du verbe *hoschiagh*, signifiant *salvare*, et de *na*, qui veut dire *quæso*, par syncope, *hosannu*. Acclamation ordinaire aux Hébreux, tirée du psaume CXVII, comme l'on dit maintenant *Vive le roi!* car dans cet endroit du psaume où nous avons : *Domine, salvum (me) fac*, l'Hébreu porte : *Domine, salvum fac (Messiam* ou *Regem*).» Huré, v° *Hosanna*. Ce mot se trouve dans les Evangélistes, *Mat.* XXI, 9, 15 : *Hosanna filio David!* salut et gloire au Fils de David! « ou plutôt, dit encore Huré, parce que ce verbe en hébreu gouverne le datif : *Sauvez le Fils de David*, c'est-à-dire *le Messie*.» *Marc.* XI, 9, 10; *Joan.* XII, 13.]

HOSIEL, fils de Séméi, chantre et lévite, I *Par.* XXIII, 9.

HOTES, HOSPITALITE. L'hospitalité a toujours été fort en honneur par les peuples policés. Nous voyons dans Homère et dans

---

(a) חרמה Anathema
(b) *Judic.* I, 17.
(c) *Num.* XIV, 45; XXI, 3. חרמה *Chormah.*
(d) *Josue*, XII, 14.
(e) *Id.* XIX, 4; XV, 30; I *Par.* IV, 30.
(f) II *Esdr.* II, 10, etc.
(g) *Genes.* XIV, 6.
(h) *Genes.* XXXVI, 20...30.
(i) הורים *Chorim*, ou *Horim. Horræi.*
(j) III *Reg.* XXI, 8, 11, et II *Esdr.* XI, 16; IV, 14, 19; V, 7; VI, 17; VII, 5; XIII, 17. *Eccle.* X. IV *Isai.* XXXIV, 12. *Jerem.* XXVII, 20; XXXIX, 6.
(k) הושע-נא *Salva, quæso.*

les anciens auteurs grecs, quel respect ils avaient pour les hôtes. Ils croyaient que les dieux allaient quelquefois par le monde déguisés en voyageurs, et observant la conduite que tenaient les hommes envers leurs semblables. La crainte qu'on avait de mépriser un dieu, au lieu d'un voyageur, faisait qu'on recevait avec respect les plus inconnus ; et les droits de l'hospitalité étaient parmi eux les plus sacrés et les plus inviolables.

L'Ecriture nous fournit divers exemples de l'hospitalité exercée par les patriarches. Abraham reçoit les trois anges, se prosterne à leurs pieds, les invite, les presse (*a*), les sert lui-même, se tient debout en leur présence ; Sara son épouse fait la cuisine et cuit le pain pour ses hôtes. Loth attend à la porte de la ville pour recevoir les hôtes qui y pouvaient arriver (*b*). Lorsque les habitants de Sodome se présentent devant sa maison pour faire insulte à ses hôtes, il sort, il leur parle, il s'expose à leur fureur, et offre de livrer ses propres filles à leur brutalité, pourvu qu'ils épargnent ses hôtes. On voit à peu près la même chose dans ce vieillard de Gabaa, qui avait reçu le jeune lévite avec sa femme (*c*). Saint Paul se sert de l'exemple d'Abraham et de Loth (*d*), pour animer les fidèles à exercer cette vertu, disant qu'elle a mérité à ceux qui l'ont exercée, l'honneur de recevoir des anges sous la forme d'hommes.

Les apôtres saint Pierre et saint Paul, remplis de Jésus-Christ, ont eu grand soin de recommander l'hospitalité aux fidèles ; et les premiers chrétiens ont fait de l'exercice de cette vertu un de leurs plus importants devoirs. Le Sauveur dit à ses apôtres (*e*), que quiconque les reçoit le reçoit lui-même, et que celui qui leur donnera même un verre d'eau, ne perdra pas sa récompense. Enfin au dernier jour du jugement, il dira aux méchants : *Allez, maudits, au feu éternel ; j'ai été hôte, et vous ne m'avez point reçu ; ... et ce que vous n'avez pas fait au moindre des miens, vous ne l'avez pas fait à moi-même.* Saint Pierre (*f*) veut que les fidèles exercent l'hospitalité envers leurs frères sans murmure et sans plainte, *Hospitales invicem sine murmuratione.* Saint Paul dans plusieurs de ses Epîtres recommande l'hospitalité : *Hospitalitatem nolite oblivisci*, dit-il aux Hébreux (*g*). Voyez *Rom.* XII, 13. *Hospitalitatem sectantes.* Mais il la recommande surtout aux évêques. Dans les deux Epîtres à Timothée et à Tite, où il marque les devoirs et les qualités de l'évêque, il n'oublie pas l'hospitalité (*h*). *Que celui qui n'exerce pas l'hospitalité, ne soit pas fait évêque*, dit saint Grégoire le Grand (*i*). Et si l'évêque ne reçoit pas tous les étrangers dans sa maison, il est inhumain : *Episcopus nisi omnes receperit, inhumanus est*, dit saint Jérôme (*j*).

(*a*) *Genes.* xviii, 2, 3 etc.
(*b*) *Ibid.* xix, 1, 2, 3.
(*c*) *Judic.* xix, 16, 17.
(*d*) *Hebr.* xiii, 2.
(*e*) *Matth.* x, 40, 41.
(*f*) I *Petr.* iv, 9.

Les premiers fidèles étaient si zélés et si exacts à s'acquitter de ce devoir, que les païens mêmes en étaient dans l'admiration. Ils exerçaient l'hospitalité envers tous les étrangers, mais principalement envers ceux qui étaient de la même croyance et de la même communion : *Domesticos fidei.* Les fidèles n'allaient guère sans lettres de communion, qui témoignaient la pureté de leur foi. Il n'en fallait pas davantage pour les faire recevoir par tous les lieux où Jésus-Christ était connu. Nous croyons que les deux dernières lettres de saint Jean l'Evangéliste pourraient bien être de ces lettres de communion et de recommandation, que l'on donnait aux chrétiens qui allaient en voyage.

HOSTIES HUMAINES, Sacrifices d'hosties humaines. *Voyez* SACRIFICES.

HOTHAM, fils d'Héber, de la tribu d'Aser. I *Par.* VII, 32.

* HOULÉ (*Lac de*). *Voyez* ASOR.

HOZAI, prophète du Seigneur, qui vivait du temps de Manassé, roi de Juda (*k*), et qui écrivit ce qui arriva sous le règne de ce prince. [Il se peut faire, dit Huré, que l'*Oraison de Manassé* que nous avons encore, ait été tirée de ce prophète dont nous n'avons point les écrits.] Les Juifs croient qu'Hozaï est le même que le prophète Isaïe, qui a aussi vécu sous Manassé. D'autres prennent *Hozaï* dans un sens générique, pour *les Prophètes* ou *les Voyants.* C'est ainsi que l'expliquent les Septante.

Le Syriaque l'appelle *Hanan*; et l'Arabe, *Saphan.*

HUCAC, ville d'Aser. *Voyez* HACOC. Apparemment la même que *Hucuca*, qui est attribuée à Nephtali, *Josue*, XIX, 33. Elle fut cédée aux lévites, et assignée pour servir de ville de refuge (*l*). Les tribus d'Aser et de Nephtali étant limitrophes, il n'est pas fort étonnant qu'on attribue une ville qui est sur les limites des deux tribus, tantôt à l'une, et tantôt à l'autre d'entre elles.

[Dom Calmet pense qu'elle est aussi la même que *Hacoc* ; mais nous la croyons différente, et de *Hacoc*, et de *Hacuca*. Barbié du Bocage et le géographe de la Bible de Vence les distinguent aussi. *Hucac*, dit ce dernier, est nommée *Helcath*, *Jos.* XXI, 31, et est la même que *Halcath*, *Jos.* XIX, 15. *Voyez* HACOC.]

* HUCUCA, ville de la tribu de Nephtali. *Jos.* XIX, 34. Ainsi Huré, B. du Bocage, qui la place sur la frontière de Zabulon, et le géographe de Vence.

HUILE. [*Voyez* FROMENT.] On sait que les Hébreux s'oignaient d'huile tout le corps, et principalement la tête ; qu'on oignait les rois et les grands prêtres. On peut voir ce que nous en avons dit sur l'article d'ONCTION.

Isaïe appelle une hauteur féconde et grasse,

(*g*) *Heb.* xiii, 2.
(*h*) I *Timoth.* iii, 2, et *Tit.* i, 8.
(*i*) *Greg. Mag. Ep. ad Joan. Episc*
(*j*) *Hieron. Ep. ad Ocean.*
(*k*) I *Par.* xxxiii, 19.
(*l*) I *Par.* vi, 75.

une corne fille de l'huile (a) : *Vinca facta est dilecto meo in cornu filio olei*. Et ailleurs (b) il dit que Dieu fera pourrir le joug des Israélites par la quantité d'huile qu'il y répandra : *Computrescere faciam jugum a facie olei* ; il en ôtera toute la rigueur, toute l'austérité. Le grand prêtre Josué et le prince Zorobabel sont nommés *fils de l'huile* (c), c'est-à-dire que l'un et l'autre avaient reçu l'onction sainte. Job (d), parlant de l'état de sa première prospérité, dit qu'alors les rochers étaient pour lui des sources d'où coulait l'huile.

L'*huile de joie*, *oleum lætitiæ*, Psal. XLIV, 8, et *oleum gaudii*, Isaïe, LXI, 3, était l'huile de parfum dont on se frottait dans les jours de joie et de cérémonie. Moïse dit que Dieu a fait sucer à son peuple l'huile et le miel qui coulaient des rochers (e) : c'est-à-dire qu'au milieu des plus affreux déserts il leur a fourni abondamment toutes les choses, non-seulement nécessaires, mais même celles qui sont agréables. Notre Sauveur nous recommande (f), quand nous jeûnons, d'oindre notre tête et de laver notre visage, afin d'éviter toute ostentation dans le jeûne. *Mentietur opus olivæ* (g), les oliviers manqueront. Les vierges folles de l'Evangile ne prirent point d'huile pour mettre dans leurs lampes (h). *Voyez* l'article LAMPE. Saint Jacques ordonne (i) *qu'on oigne avec l'huile les malades au nom du Seigneur*. Voyez ONCTION.

HUL, ou CHUL, second fils d'Aram (k). Josèphe le nomme *Otrus*, et le place dans l'Arménie. On trouve dans ce pays plusieurs vestiges du nom de *Chul*, comme les villes de *Cholana, Colimna, Colsa, Olane, Choluatha*, etc. Hul a pu donner son nom à quelques-uns de ces endroits.

HUMILITÉ. L'humilité est la vertu de Jésus-Christ et des chrétiens. Elle consiste à avoir des sentiments bas de soi-même, fondés sur la connaissance qu'on a de son indignité et de sa dépendance du secours de Dieu. *Apprenez de moi que je suis doux et humble de cœur* (l), dit Jésus-Christ. *Dieu résiste aux superbes, et donne sa grâce aux humbles* (m), dit saint Pierre.

Humilitas se met assez souvent pour *l'humiliation*. Genes. XXIX, 39 : *Vidit Dominus humilitatem meam*. Deut. XXVI, 7 : *Respexit humilitatem nostram*. Esther XV, 2 : *Memorare dierum humilitatis tuæ*. Psal. IX, 14 : *Vide humilitatem meam de inimicis meis*, etc.

Erasme eut autrefois une grosse dispute sur le mot *humilitas* du cantique *Magnificat*, Luc. I, 48 : *Quia respexit humilitatem ancillæ suæ*, qu'il prétendait ne signifier en cet endroit que l'état humble et rabaissé de la sainte Vierge, en sorte qu'*humilitas* dans ce passage serait équivalent à *humiliatio*, ou *vilitas*. Quelques religieux écrivirent contre lui, auxquels il répondit dans son colloque intitulé *Medardus*. Il est constant qu'*humilitas* ne signifie pas toujours la vertu d'humilité, mais souvent l'état pauvre, abject, humilié où l'on se trouve, et les sentiments de timidité, de défiance, de modestie qu'inspire cet état.

Humilier signifie souvent *affliger*, réduire en servitude, *battre*, *assujettir*. *Humiliatus est Moab* : Les Moabites furent humiliés ; leur force fut abattue. *Percussit David Philistæos, et humiliavit eos* (n) : Il vainquit les Philistins, et abattit leur puissance. *Dieu humiliera le calomniateur* (o), il le chargera de confusion, il l'abattra. *Oculos superborum humiliabis* (p) : Vous humilierez, vous confondrez, vous chargerez de honte les superbes.

Humilier une vierge (q), ou *une femme prise à la guerre*, signifie lui ôter son honneur. Jérémie, Lament. V, 11 : *Mulieres in Sion humiliaverunt*. Ezech. XXII, 10 : *Immunditiam menstruatæ humiliaverunt in te* : Ils se sont approchés d'une femme dans un temps où la loi le défend.

S'humilier sous la main de Dieu (r), reconnaître sa sagesse et sa puissance. *N'avez-vous pas vu Achab humilié* (s), contrit, touché de douleur et de repentir ? *Parce que votre cœur a été saisi de frayeur, et qu'il s'est humilié devant moi* (t); que vous avez été touché de repentir et de douleur à la vue des prévarications du peuple. Les Juifs, ayant appris la venue d'Holopherne dans leur pays, humilièrent leur âme dans le jeûne et dans la prière (u). Saint Paul recommande aux fidèles de Rome (v) de ne se point élever avec arrogance, mais de s'accommoder avec les petits : *Non alta sapientes, sed humilibus consentientes*.

HUMS. *Voyez* APAMÉE.

HUPHAM, ou OPHIM, fils de Benjamin (w), et chef de la famille des Huphamites (x).

HUPPE, en latin, *upupa*. Le nom hébreu de cet oiseau est *dukipha*. Les Septante le traduisent par une *huppe*, de même que saint Jérôme. Moïse la déclare impure (y). La huppe est de la grosseur d'une grive ; son bec est long, noir, délié, un peu crochu ; ses jambes sont grises et courtes. Elle a sur la tête une aigrette de plumes de différentes couleurs, qu'elle baisse et hausse comme il lui plaît. Son cou et son estomac tirent sur le roux. Ses ailes et sa queue sont noires, avec des raies blanches.

(a) *Isai.* v, 1.
(b) *Isai.* x, 27.
(c) *Zach.* iv, 14.
(d) *Job*, xxix, 6.
(e) *Deut.* xxxii, 13
(f) *Matth.* vi, 17.
(g) *Habac.* iii, 17.
(h) *Matth.* xxv, 8.
(i) *Jacob.* v, 14.
(k) *Genes.* x, 23 ; I *Par.* i, 17.
(l) *Matth.* xi, 29.
(m) II *Petr.* v, 5.

(n) II *Reg.* viii, 1.
(o) *Psalm.* lxxi, 4.
(p) *Psalm.* xvii, 27.
(q) *Deut.* xxi, 14 ; xxii, 21, 29.
(r) I *Petr.* v, 6.
(s) III *Reg.* xxi, 29.
(t) IV *Reg.* xxii, 19.
(u) *Judith.* iv, 8
(v) *Rom.* xii, 16.
(w) *Genes.* xlvi, 21.
(x) *Num.* xxvi, 29.
(y) *Levit.* xi, 19. דוּכִיפַת.

Cet oiseau est très-beau, mais il n'a point de chant; seulement il a un cri enroué qui s'entend d'assez loin. Ses ailes ne finissent pas en pointe, comme celles des autres oiseaux, mais en rond, ce qui fait qu'il a le vol fort lent. Pline appelle la huppe *trimestre*, parce qu'on ne la voit que pendant trois mois. Elle se retire apparemment de bonne heure dans des climats plus chauds. Elle se perche rarement, et vit d'ordinaire dans des masures, ou le long des chemins. On dit qu'elle vit de vers et d'excréments humains, et qu'elle en compose son nid. Aristote dit qu'elle ne fait point de nid, mais se retire simplement dans les creux d'arbres, et qu'elle y fait ses œufs sans autre appareil. Elle fait ordinairement trois œufs, qui ressemblent à ceux de perdrix. Albert le Grand raconte que la huppe dans sa vieillesse vit avec ses petits, qui la nourrissent pendant la mue, lorsqu'elle a quitté ses plumes, et que quand elle a perdu la vue, ils la lui font revenir par le moyen d'une herbe qui leur est naturellement connue, et dont ils touchent les yeux de leur mère. Le mâle a la couronne plus haute et plus fournie que la femelle, et la couleur de son plumage est plus vive et plus allumée. On ne voit aucune huppe dans toute l'Angleterre; mais beaucoup en Allemagne.

HUR, ou plutôt *Ur*, ville de Chaldée. *Voyez* Ur.

HUR, fils de Caleb, fils d'Esron, différent de Caleb, fils de Jéphoné (1). Hur était époux de Marie, sœur de Moïse, si l'on en croit Josèphe (2). D'autres disent qu'il était son fils. On ne sait que très-peu de particularités de la vie de Hur; mais on voit, par le peu que l'Ecriture en dit, qu'il était fort considéré de Moïse. Lorsque ce législateur eut envoyé Josué contre les Amalécites, il monta sur la montagne avec Aaron et Hur (a); et pendant qu'il élevait les mains en haut, priant le Seigneur, Aaron et Hur lui soutenaient les bras, afin qu'il ne se lassât pas. Et quand Moïse alla sur le mont Sinaï pour y recevoir la loi, il dit aux anciens que s'il survenait quelque difficulté, ils avaient Aaron et Hur, qu'ils pouvaient consulter (b). Hur fut père d'Uri, et Uri fut père de *Béséléel.* — [Et ce Béséléel, petit-fils de Hur, est le célèbre artiste également contemporain de Moïse.]

HUR, prince de Madian, fut tué dans le combat que Phinées livra aux Madianites (c).

HUR [ou plutôt Huri], fils de Jora, de la tribu de Gad, père d'Abihaïl, I *Par.* V, 14, et non pas d'Abigaïl.

'HUR, père de Raphaia. *Neh.* III, 9.

HURAI, de la vallée ou du torrent de Gaas,

(a) *Exod.* xvii, 10.
(b) *Exod.* xxiv, 14.
(c) *Num.* xxxi, 8. *Jos.* xiii, 21.
(d) I *Par.* xi, 32.
(e) *Joseph. Antiq. l.* I, c. vii.
(f) *Hieron. Quæst. Hebr. in Genes.*
(g) *Genes.* xxxvi, 28, et II *Par.* i, 42.
(h) *Job,* i, 1.
(1) Dom Calmet a confondu ailleurs ces deux Caleb. *Voyez* Hébron.
(2) Les commentateurs disent que Hur, qui monta sur la montagne avec Moïse et Aaron (*Exod.* xvii, 10, 12),

un des héros de l'armée de David (d). Il est nommé *Heddaï* dans les livres des Rois. II *Reg.* XXIII, 30.

HURAM, fils d'Ahod [non fils d'Ahod, mais de Béla], de la tribu de Benjamin. I *Par.* VIII, 5.

'HURI. *Voyez* Hur.

'HURI, père de Saphat. *Num.* XIII, 6.

HUS, fils de Nachor. *Genes.* XXII, 21. — [«On place ses descendants dans l'Arabie Déserte, vers la Mésopotamie,» dit le géographe de la Bible de Vence.]

HUS, ou plutôt Us, fils d'Aram. *Genes.* X, 23, et I *Par.* I, 17. Moïse ne nous dit rien de sa généalogie ou de ses descendants. Mais les Arabes enseignent que *Hus* eut pour fils *Ad*, père du peuple des *Adites* dans l'Arabie Heureuse. Ces peuples étant tombés dans l'idolâtrie, Dieu, irrité de leur endurcissement, les extermina de la manière que nous avons racontée sous l'article d'Heber. *Voyez* M. d'Herbelot, *Biblioth. Orient.*, p. 460, *Hond.*

Josèphe (e) et saint Jérôme (f) croient que Hus, fils d'Aram, fonda la ville de Damas, et que ses descendants s'établirent dans la Trachonite, qui est voisine de la plaine de Damas. Bochart croit que les Husites peuplèrent la vallée qui est entre le Liban et l'Anti-Liban, nommée par les Arabes du nom d'*Alganta*, ou pays de *Ganth*, ou de *Hus*.

HUS, fils de Disan, de la race d'Esaü (g), demeura dans l'Idumée orientale. — [Ce Hus, dit le géographe de la Bible de Vence, était «petit-fils de Séir le Horréen,» dont les descendants s'établirent dans l'Idumée. *Gen.* XXXVI, 28. De là vient, dans le livre de Job et dans les Lamentations, *la terre de Hus. Job,* I, 1; *Thren.* IV, 1. *Voyez* Eliphaz, et l'article Hus qui suit.]

HUS. Pays de Hus, où demeurait Job (h). On est fort partagé sur le lieu où était la terre de Hus, parce qu'on ignore de quel *Hus* l'Ecriture veut parler en marquant le pays de Job; car on vient de voir dans les articles précédents trois hommes appelés Hus, qui peuvent tous avoir donné leur nom à un certain pays. Ceux qui font descendre Job de Nachor ou d'Aram cherchent la terre de *Hus* ailleurs que ceux qui croient qu'il descend d'Esaü; et il faut avouer que sur tout cela on n'a rien d'entièrement certain. Ainsi, sans entrer dans l'examen de toutes les raisons que l'on apporte pour tous ces divers sentiments, nous tenons que le vrai pays de Hus où demeurait Job était dans l'Idumée, à l'orient du Jourdain et du pays de Galaad, aux environs de la ville de Bozra, dans une province qui est connue des anciens sous le nom d'Ausite. *Voyez* notre Commentaire sur

était fils de Caleb, fils d'Esron', ou plutôt Hesron, I *Par.* ii, 19. Cela ne peut pas être, car Hur, fils de Caleb, n'est qu'à la cinquième génération depuis Juda, compté pour la première. En effet Hesron est fils de Pharès, et Pharès fils de Juda. *Ibid.* 4 et 5. Depuis le temps où Juda eut, de Thamar, Pharès, c'est-à-dire depuis une époque antérieure au départ de sa famille pour aller habiter l'Egypte jusqu'à l'époque où les Hébreux sortirent de ce pays, il s'est passé un intervalle que cinq générations ne peuvent remplir. Mais peut-être, dira-t-on, y a-t-il une lacune dans la généalogie de Juda.

Job, chap. I, vers. 1. Nous croyons que c'est ce même pays que Jérémie (a) appelle la terre de Hus, et qu'il met dans l'Idumée : *Gaude et lætare, filia Edom, quæ habitas in terra Hus.*

Eusèbe et saint Jérôme assurent que, suivant la tradition des peuples de la Palestine et des environs, la ville d'Astaroth-Carnaïm était le lieu de la demeure de Job. Or Astaroth-Carnaïm était au delà du Jourdain, entre Mahanaïm et Edraï, sur le Jabok. D'autres le font vivre dans la ville de Bozra, capitale de l'Idumée, et on croit que la mère de Job était de cette même ville. D'autres lui donnent pour demeure la fameuse ville d'Emath dont il est souvent parlé dans l'Ecriture : elle était dans la Syrie sur l'Oronte. D'autres le font vivre à *Hama*, que l'on croit être la même qu'*Apamée*, dans le même pays et sur le même fleuve. Tout cela dans la supposition que Job était un des descendants de *Hus*, fils d'Aram.

Comme nous croyons que Job pourrait bien être le même que Jobab, marqué dans la Genèse (b) et dans les Paralipomènes (c), nous croyons aussi que la patrie de Job est la ville de *Denaba*, que l'Ecriture donne pour demeure à Jobab. Or *Denaba*, selon Eusèbe et saint Jérôme, était dans le pays de Moab, entre Aréopolis et Hésébon. Ptolémée met une ville de ce nom dans la Palmyrène.

HUSAN, roi ancien de l'Idumée, successeur de Jobab. *Genes.* XXXVI, 34. — [*Voyez* ELIPHAZ.]

HUSATI, ou *Husathi*, lieu d'où était natif *Sobochaï*, un des braves de l'armée de David (d). — [*Husathite*, car c'est ce mot qui est dans le texte indiqué, « pourrait signifier, selon l'hébreu, dit le géographe de la Bible de Vence, un homme de *Husa*, et Husa pourrait être le même lieu que *Hosa*.»]

'HUSI, père de Baana. III *Reg.* IV, 16.

HUSIM, fils de Dan. *Genes.* XLVI, 23.

'HUSIM, une des femmes de Saharaïm. I *Par.* VIII, 8.

'HUZAL, sixième fils de Jectan. I *Par.* I, 21.

HYACINTHE. Sous ce nom on entend une pierre précieuse, une sorte de fleur, et une sorte de couleur. Il n'est point parlé dans l'Ecriture de la fleur d'*hyacinthe*, mais seulement de la couleur et de la pierre de même nom, dont nous allons parler dans leur article.

LA PIERRE D'HYACINTHE. L'Epouse du Cantique (e) dit que les mains de son Epoux sont faites au tour, et pleines ou ornées d'hyacinthe ; et saint Jean dans l'Apocalypse (f) dit que le onzième fondement de la céleste Jérusalem est d'hyacinthe. Or on compte quatre sortes d'hyacinthe : la première tire sur la couleur du rubis ; la seconde est d'un jaune doré ; la troisième, d'un jaune-citron ; la quatrième, de couleur de grenat. Le texte hébreu du Cantique, au lieu de pierre d'hyacinthe, porte pierre de *Tharsis*. Il en est encore parlé dans l'Exode (g). On ne sait pas bien quelle pierre c'est ; mais la plupart l'expliquent de *la chrysolithe*.

Quant à la *couleur d'hyacinthe*, Moïse en parle souvent (h). Il emploie le terme hébreu *techeleth*, qui était, selon les plus savants interprètes (i), de bleu céleste, ou de violet fort chargé, comme la couleur de la violette. On teignait cette couleur avec le sang d'une espèce d'huître nommée en latin *murex*, et en hébreu *chilson*.

HYADES. Ce terme vient du grec *hyetos*, la pluie. On ne trouve ce nom que dans Job (j), où il est mis pour l'hébreu *chimah*. Dans le même livre *chimah* est aussi traduit par *Pléiades*, les Pléiades. Nous croyons que le terme de l'original marque l'*orient*, ou *le printemps*. On peut voir le Commentaire sur Job, IX, 9.

*HYC-SOS. *Voyez* EXODE, PASTEURS (*Rois*).

HYENE ou HIENE, animal à quatre pieds. Son nom ne se trouve pas dans le texte latin de l'Ancien Testament, ni dans le Nouveau ; mais le texte hébreu du Lévitique (k) lit, *la fille de l'hyène, bath-haïana*, au lieu de *struthio*, qu'on lit dans la Vulgate. Ce même nom se trouve en plusieurs autres endroits du texte hébreu, où il est d'ordinaire traduit par *struthio, l'autruche*, quoiqu'il ne soit pas bien certain si c'est là sa vraie signification. On peut voir aussi l'article AUTRUCHE.

Il est certain que *bath-haïana*, ou la fille de l'hyène est un oiseau. Moïse la met dans le dénombrement des oiseaux dont il défend l'usage. Mais l'animal que nous connaissons sous le nom d'hyène est un animal à quatre pieds, de la grosseur à peu près d'un loup, à l'exception que ses jambes ne sont pas si hautes. Son poil est plus rude, et sa peau est mouchetée de diverses couleurs. On a fait autrefois paraître à Rome des hyènes dans les jeux publics, et on les a représentées sur quelques médailles à cause de leur rareté. C'est un animal rare qu'on ne voit guère qu'en Egypte. Spanheim, qui l'a fait graver d'après les médailles, lui donne une tête de dogue, des oreilles courtes et triangulaires, une queue de lion, des pieds de même, et le poil tout moucheté comme un tigre.

Bochart et Ludolf, dans son *Histoire d'Ethiopie*, soutiennent que l'hyène est nommée dans l'hébreu *tzeboa* (l). Jérémie (m) en parle au chap. XII, 9. Voici comme porte la Vulgate : *Mon héritage n'est-il pas comme*

(a) Jerem. Thren. IV, 21.
(b) Genes. XXXVI, 32.
(c) I Par. I, 43, 44.
(d) II Reg. XXI, 18.
(e) Cant. V, 14.
(f) Apoc. XXI, 20.
(g) Exod. XXVIII, 20. תרשיש Tharsis
(h) Exod. XXV, 4. תכלת Hyacinthus.
(i) Voyez Braunius de Vest. Sacerd. Heb. l. I, c. XIII.
(j) Job, IX, 9. כימה Chimah, Hyades. Job, XXXVIII, 31.

כימה Pleiades
(k) Levit. XI, 16. בת היענה. Vide et Job. XXX, 29. Isai. XIII, 21, et XXXIV, 13, et Jerem. L, 39, et Thren. IV, 3, et Mich. I, 8.
(l) צבוע Tzeboa. Voyez Boch. Hierozoicon. part. I. l. III, c. XI, et Ludolf. Comment. in Hist. Æthiopic. l. I, n. 81.
(m) Jerem. XII, 9. לי צבוע בחלתי העים 70, καὶ σπήλαιον ὑαίνης ἡ κληρονομία μου ἡ.οι

un *oiseau de différentes couleurs?* Et les Septante : *Mon héritage est-il devenu pour moi une caverne d'hyène?* L'hébreu peut fort bien souffrir le sens de la Vulgate; mais Bochart soutient que le terme *haït*, qu'on a traduit par un *oiseau*, signifie en général toutes sortes d'animaux sauvages, et que *tzeboah*, que l'on a rendu par *teint de diverses couleurs*, signifie l'*hyène*, ainsi nommée dans la langue sainte à cause de ses taches et de la variété de son poil.

Pline (a) parle de l'hyène, et en fait une description qui paraît fabuleuse. Il dit qu'elle est une année mâle et une année femelle, et qu'on tire de ses yeux des pierres précieuses nommées de son nom *hyæneæ*. Aristote et Ælien disent qu'elle rend les chiens muets par son ombre, qu'elle imite la parole des hommes, et les trompe, pour les attirer hors de leurs maisons et les dévorer. Ils ajoutent qu'elle a les pieds de l'homme, et point de vertèbres au cou.

Busbeque, dans son *Voyage d'Amasie* (b), raconte plusieurs particularités de cet animal. Il dit qu'il est à peu près de la forme d'un loup, mais plus bas. Son poil est assez semblable à celui d'un loup, si ce n'est qu'il est plus hérissé, et qu'il est marqué, d'espaces en espaces, de grandes taches noires. Il n'a point de cou, mais sa tête tient aux vertèbres ou à l'épine du dos, en sorte que quand il veut regarder derrière il est obligé de se tourner tout entier. Il est fort cruel et fort carnassier ; il tire les corps morts des tombeaux et les entraîne dans sa tanière. Au lieu de dents il a un os continu dans la mâchoire. On dit qu'il imite la voix de l'homme, et que par ce moyen il trompe souvent les voyageurs.

Quant à *la fille de la haïana*, qui est un oiseau dont Moïse défend l'usage, voici ce que l'Ecriture nous en apprend, et ce qui peut nous conduire à en connaître l'espèce. Il paraît par Job et par Michée que cet oiseau était un oiseau lugubre qui jetait de grands cris dans sa douleur. *J'ai été le frère des dragons*, *ou des crocodiles, et le compagnon des filles de la haïana*, dit Job (c). Et Michée (d) : *Je ferai éclater ma douleur comme le dragon*, ou le crocodile, *et je jetterai des cris de douleur comme la fille de la haïana.* Isaïe (e) et Jérémie (f), parlant de la ruine de Babylone et de l'état auquel elle devait être réduite, disent qu'elle servira de retraite aux animaux sauvages, aux dragons, et *aux filles de la haïana*. Isaïe (g) répète la même chose en parlant de la destruction de Bosra, capitale d'Idumée. Enfin Jérémie dans ses Lamentations insinue que cet oiseau est extrêmement cruel (h) : *Les dragons, ou les crocodiles, ont donné à teter à leur petits; mais la fille de mon peuple est aussi cruelle que la fille de la haïana dans le désert.*

Plusieurs interprètes ont cru que c'était la chouette, ou le hibou, oiseau triste, lugubre, solitaire, qui a un cri perçant et désagréable, mais je ne sais si on peut l'accuser de cruauté : je ne vois pas qu'on lui reproche ce défaut. Nous avons proposé, sur Isaïe, XIII, 21, 22, quelques conjectures, pour prouver que *la fille de la haïana* était le cygne. La cruauté que Jérémie reproche à cet oiseau convient assez à l'autruche, qui abandonne, dit-on, ses œufs et ses petits. Mais je ne trouve rien dans les auteurs qui ont parlé de cet oiseau, qui justifie qu'il soit ni lugubre, ni criard, ni aquatique, ni de mauvais augure, et qu'il se plaise dans les démolitions et les lieux abandonnés.

HYMÉNÉE, était apparemment un bourgeois d'Ephèse, qui, s'étant converti aux premières prédications de saint Paul, tomba ensuite dans l'hérésie de ceux qui niaient la résurrection de la chair (i), et qui disaient qu'elle était déjà faite. Saint Augustin (j) croit que leur erreur consistait à dire qu'il n'y avait point d'autre résurrection que celle de l'âme, qui ressuscite du péché à la grâce par la foi et par le baptême. Saint Paul mande à Timothée, l'an de Jésus-Christ 63, qu'il a excommunié Hyménée, et qu'il l'a livré à Satan (k) ; et deux ans après Hyménée était encore dans l'erreur, avec un nommé Phylète (l). On ne sait rien de la fin d'Hyménée.

HYMNE. Ce terme est pris sur le grec *hymnos*. Il signifie un poëme ou un cantique pieux, composé en l'honneur de Dieu ou des saints. Le nom d'*hymne* se met souvent comme synonyme à celui de cantique, de chant, de psaume. Les Hébreux ne distinguent guère ces trois choses, et ils n'ont point de terme affecté qui signifie proprement un hymne, comme distingué du psaume ou du cantique. Le terme hébreu *mismor* (m), qui signifie un *psaume*, est plus générique, et est aussi rendu par *canticum* ou *ode* ; et le terme *tehilla* (n), qui signifie *louange*, est rendu par *hymnus*.

Saint Paul veut que les chrétiens s'entretiennent en eux-mêmes *par des psaumes, des hymnes et des cantiques spirituels* (o). Saint Matthieu dit que Jésus-Christ, ayant soupé, *dit un hymne, et puis sortit* (p). Il récita l'hymne ou les psaumes que les Juifs avaient accoutumé de dire après le souper de la Pâque. Les hymnes que l'on chante dans l'Eglise chrétienne, et qui sont distingués des psaumes, sont des pièces de poésie composées pour l'ordinaire par des auteurs remplis de piété, mais non pas inspirés.

HYPERBOLE. *Voyez* ATTÉNUATION.

(a) *Plin. l.* VIII. c. xxx ; XXVIII, c. viii.
(b) *Busbeq. Iter Amasian.* p. 76.
(c) *Job*, xxx, 29.
(d) *Mich.* i, 8.
(e) *Isaï.* xiii, 21.
(f) *Jerem.* l, 39.
(g) *Isaï.* xxxiv. 13.
(h) *Thren.* iv, 3.
(i) II *Timoth.* ii, 17.
(j) *Aug. in Joan. homil.* 19.
(k) I *Timoth.* 1, 20.
(l) I *Timoth.* ii, 17.
(m) מזמור *Mismor, psalmus.*
(n) תהלה *Tehilah, laus, hymnus.*
(o) *Ephes* v, 19. *Coloss.* iii, 16.
(p) *Matth.* xxvi, 30.

HYPOCRITE. Ce terme vient du grec *hypocrites*, celui qui feint d'être ce qu'il n'est pas, qui fait un faux personnage, comme les acteurs des comédies et des tragédies. On l'explique d'ordinaire de ceux qui prennent les dehors de la vertu, sans en avoir la réalité. Notre Sauveur a souvent accusé les pharisiens d'hypocrisie. Dans les livres de l'Ancien Testament, l'hébreu *chaneph* (a), qui est rendu par *hypocrite, dissimulé*, signifie aussi un profane, un méchant, un homme souillé et corrompu, un impie, un trompeur. Jérémie (b) se sert du verbe *chaneph* pour exprimer l'infection, les souillures de la terre de Juda, causées par les crimes de ses habitants.

HYRCAN. *Voyez* ci-devant HIRCAN.

HYSOPE (1), herbe assez connue, nommée en hébreu (c) *esob*. On s'en servait ordinairement au lieu d'aspersoir, dans les purifications. Par exemple, au sortir de l'Égypte (d), Dieu ordonna aux Hébreux de prendre un bouquet d'hysope, de le tremper dans le sang de l'agneau pascal, et d'en arroser les chambranles et le haut de la porte. Quelquefois on y joignait un peu de laine couleur d'écarlate. Par exemple, dans la purification des lépreux (e), on trempait un bouquet composé d'hysope, de branches de cèdre et de laine rouge, dans l'eau, où l'on avait fait couler le sang d'un oiseau, et on en arrosait le lépreux.

L'hysope est un arbrisseau, qui jette force surgeons d'une seule racine dure comme du bois, et de la hauteur d'un pied et demi. Il pousse par intervalle d'un côté et d'autre de sa tige des feuilles longuettes, dures, odorantes, chaudes, un peu amères pour le goût. Sa fleur sort du sommet de la tige, de couleur céleste, et en manière d'épi. Il y en a de deux sortes : celle des jardins et celle des montagnes. Il y a beaucoup d'apparence que dans la Judée l'hysope s'élevait à une assez grande hauteur, puisqu'il est dit dans l'Évangile (f) que les soldats, ayant empli une éponge de vinaigre, la mirent au bout d'un bâton d'hysope, et la présentèrent à la bouche de Jésus-Christ en croix

I

IAH. C'est un des noms de Dieu, qui se trouve dans la composition de plusieurs termes hébreux ; par exemple, *Adoniah, Alleluiah, Malachiah* ; c'est-à-dire, Dieu est mon Seigneur, louez le Seigneur, le Seigneur est mon roi.

IANTHINUS. Saint Jérôme se sert souvent de ce terme dans l'Exode pour marquer la couleur violette. Il est dérivé du grec *ios*, une violette, et *anthos*, une fleur. Les Septante traduisent l'hébreu *techaschim* par couleur de pourpre, qui revient au violet. Bochart croit que c'est la même couleur que les Latins nomment *hysginus*, qui est un bleu fort chargé, ou un pourpre foncé tirant sur le noir. Pline (g) : *Cocco tinctum Tyrio tingere, ut fiat hysginum*. Les Juifs croient pour la plupart que les peaux de *techaschim*, dont parle Moïse (h), sont des peaux d'animaux ; mais ils ne sont pas d'accord sur le genre de ces animaux prétendus. Ezéchiel (i) dit à Jérusalem que Dieu l'a traitée comme une épouse chérie ; qu'il lui a donné des souliers de *tachas*, de couleur de violette ou de pourpre : *Calceavi te ianthino*.

IAO. *Voyez* JAO.

IAR. *Voyez* JAR.

IARIM. La montagne d'*Iarim* est marquée dans Josué comme une des limites du partage de Juda. *Iarim* signifie des bois, ou des forêts. Ainsi la montagne d'Iarim peut marquer en général ou la montagne des bois, ou celle sur laquelle était située la ville de Bala, autrement nommée *Cariath-Iarim*.

IBELIM, IBNA, noms modernes de l'antique ville de Geth. *Voyez* ce mot.

IBEX, chèvre sauvage, qui va fort vite, et monte sur les rochers escarpés. *Voyez* I Reg. XXIV, 3. L'hébreu *joalé* (j), se trouve aussi, *Job*, XXXIX, 1, et *Psalm.* CIII, 18, et *Prov.* V, 12. Bochart décrit ainsi ces animaux, d'après les auteurs arabes : C'est une espèce de chèvre sauvage, dont la demeure est dans des rochers escarpés. La nature lui a donné de fort grandes cornes, qu'elle recourbe jusque sur les fesses, en sorte qu'elle saute sur les plus hautes roches sur son dos sans se blesser, parce que ses cornes reçoivent et rompent le coup.

IBIS (2), oiseau immonde fort commun en Égypte. Strabon (k) dit qu'il est semblable à la cigogne, et que les uns sont blancs, et les autres noirs. Les Egyptiens adoraient ces oiseaux à cause qu'ils dévoraient les serpents, lesquels sans cela auraient inondé leur pays. Le terme hébreu *janeschoph*, que l'on a traduit par *ibis*, peut venir de *nescheph*, qui signifie les ténèbres ; ce qui est cause que Junius et Bochart, au lieu de l'ibis, entendent sous ce nom la *chouette*. Le syriaque le rend par un cygne, et l'arabe par *nisus*, qui est un aigle de mer.

(a) חנף *Chaneph, hypocrita, impius, peccator, proditor, impurus.*
(b) Jerem. III, 1, 9 ; XXIII, 15.
(c) אזוב *Esob, hyssopus.*
(d) Exod. XII, 22.
(e) Levit. XIV, 4, 6.
(f) Joan. XIX, 29.
(g) Plin. l. VIII, c. XLVIII.
(h) Exod. XXV, 5. Heb. עֹרֹת תחשים.

(i) Ezech. XVI, 10.
(j) יעלה *Ibex.*
(k) Strabo, l. XVII.
(1) *Hyssopus* Linn., genre de plantes de la famille des labiées.
(2) *Ibis, tantalus,* genre d'oiseaux de l'ordre des échassiers. L'*ibis sacré*, adoré par les Égyptiens, était le *tantalus æthiopicus*.

On convient que l'ibis est de l'espèce des cigognes. L'ibis blanc est une véritable cigogne ; le noir, qui est proprement l'ibis, est un oiseau propre à l'Egypte : il n'en sort point, et on dit même qu'il ne peut vivre hors de ce pays (1). De loin il paraît tout noir, mais à le regarder de près il est de la couleur d'un vanneau ou d'un corbeau de bois, dont le pennage paraît mêlé de vert et d'une couleur tirant sur le bleu, mêlé d'un peu de couleur pourpre. Son ventre et ses côtés sous les ailes sont blancs; son bec est grand, robuste, et de couleur d'écarlate, aussi bien que ses jambes et ses pieds. Son bec est long d'environ huit doigts, son cou est de la longueur d'un pied ou de quatorze doigts, son corps et sa poitrine sont larges comme le dos d'une oie : lorsqu'il a sa tête sous les ailes, il a la forme d'un cœur.

L'ibis blanc est répandu dans toute l'Egypte, mais le noir ne se voit communément que vers Damiette. Les Egyptiens avaient tant de vénération pour l'ibis, que c'était parmi eux un crime capital d'en avoir tué un seul, même par mégarde. Cambyse, roi de Perse, qui n'ignorait pas leur superstition à cet égard, fit mettre devant son armée des ibis, pendant qu'il assiégeait Damiette. Les Egyptiens, n'osant tirer contre elles, ni par conséquent contre les ennemis, laissèrent prendre la ville (a), qui était comme la clé de toute l'Egypte. Non-seulement l'ibis mange les serpents volants, ou *saraph*, mais il les tue lorsqu'il en a mangé son soûl. Il mange aussi les œufs des serpents, et les porte à ses petits, qui en sont fort friands. Après la mort de l'ibis, les Egyptiens l'embaumaient pour le conserver, lui faisaient des espèces de funérailles, et lui rendaient de grands honneurs.

Ce qui est fort remarquable en cet oiseau, c'est que, encore qu'il soit aquatique et qu'il vive principalement autour du Nil, il n'entre pourtant jamais dans l'eau, et ne sait pas nager. On croit que c'est de l'ibis qu'on a appris l'usage des lavements, et non pas de la cigogne. Il fait ordinairement son nid sur les palmiers, pour éviter les chats. Les anciens ont écrit qu'il concevait par le bec (b), et même qu'il mettait bas ses œufs par là (c). Mais l'un et l'autre est également faux. Aldrovand rapporte que la chair de l'ibis est rouge, comme celle du saumon, qu'elle est douce, que sa peau est très-dure, et sent fort la sauvagine.

[« Presque tous les voyageurs qui ont visité l'Egypte, dit Sonnini (*Nouv. Dict. d'hist. naturelle*, tom. XI, pag. 524), se sont mépris sur la vraie nature de l'*ibis*, que les uns ont confondu avec la cigogne, d'autres avec quelques espèces de *hérons*, quelques-uns avec un *vautour*, etc. Ces méprises sont excusables, puisque l'on chercherait vainement de nos jours en Egypte une espèce qui y fut jadis si commune et tellement attachée à ce pays, que, suivant la croyance des anciens, tous les individus que l'on transportait au dehors se laissaient mourir de faim : accoutumés non-seulement à une protection spéciale, mais encore à des soins et à des ménagements particuliers, les ibis ne durent pas subsister longtemps, dès que ces égards eurent fait place à la persécution ; ceux qui ne furent pas victimes se retirèrent dans la basse Ethiopie, où ils jouissent de la tranquillité, et où M. le chevalier Bruce les a retrouvés.

» C'est en effet à cet illustre voyageur anglais que l'on doit la connaissance exacte d'un oiseau au sujet duquel on n'était pas d'accord, parce qu'on ne le voyait plus dans les mêmes contrées qu'autrefois. Il porte dans sa nouvelle patrie le nom arabe d'*abou-Hannis*, c'est-à-dire, *père de Jean*, parce qu'il paraît en plus grand nombre vers la fête de la Saint-Jean, époque à laquelle les pluies commencent en Abyssinie, et des vols innombrables d'oiseaux aquatiques se réunissent sur les bords du Nil... » *Voyez* la suite dans le volume indiqué, où Bruce (*Voyage en Nubie*, etc., in 4°, tom. V, pag. 203) est cité.]

IBUM. Les rabbins donnent ce nom à la cérémonie par laquelle un frère épouse sa belle-sœur, veuve de son frère décédé sans enfants, en vertu de la loi de Moïse, marquée Deutéronome XXV. *Voyez* ci-après sous le nom Lévirat.

ICAMIA, fils de Sellum, et père d'Elisama, de la race de Caleb. I *Par.* II, 41.

ICABOD, fils de Phinées, et petit-fils du grand prêtre Héli. Sa mère s'en délivra dans le moment qu'elle apprit la funeste nouvelle de la prise de l'arche du Seigneur. *Icabod* peut signifier, *où est la gloire* (d) ? parce qu'à ce moment on apprit que la gloire d'Israel, l'arche du Seigneur, était tombée entre les mains des ennemis (e).

ICONE, *Iconium*, aujourd'hui *Cogni* [ou plutôt *Koniéh*], ville autrefois capitale de la Lycaonie, dans l'Asie Mineure. Saint Paul, étant venu à Icone (f), l'an de Jésus-Christ 45, y convertit plusieurs Juifs et plusieurs Gentils. On croit que ce fut dans le premier voyage qu'il fit en cette ville qu'il convertit sainte Thècle, si célèbre dans les anciens Pères. Mais quelques Juifs incrédules soulevèrent les Gentils contre Paul et Barnabé, en sorte qu'ils étaient sur le point de les outrager. Ce qui obligea saint Paul et saint Barnabé de se sauver dans les villes voisines. Saint Paul fit un second voyage à Icone l'an 51 de Jésus-Christ. Mais on ne sait aucune particularité de son voyage qui regarde la ville d'Icone en particulier.

[« Sous le nom moderne de *Koniéh*, cette ville occupe encore une circonférence de deux ou trois milles, sans compter ses faubourgs, qui sont tout aussi populeux qu'elle peut l'être elle-même. Ses murailles sont fortes, élevées et flanquées de tours carrées

---

(a) *Polyœn. l.* VII *Stratagemat.*
(b) *Salmas. in Solin.* p. 418.
(c) *Solin.* 34.
(d) איכבוד *Icabod.*

(e) I *Reg.* iv, 19, 20, 21.
(f) *Act.* xiii, 51; xiv, 1 *et seq.*
(1) Il se trouve aussi dans l'île de Ceylan, où Forster l'a observé.

bâties du temps des princes seljoucides, qui employèrent à cette construction les restes des anciens monuments d'Iconium. On aperçoit encore à Koniêh un grand nombre d'autels grecs, d'inscriptions, de colonnes, et d'autres fragments d'édifices anciens, mais dont l'antiquité ne remonte même pas jusqu'au temps de l'empire romain. » (LEAKE, *Tour and Geography of Asia Minor*, in-8°).]

IDIDA, fille d'Adaïa, de la ville de Béséchath, mère de Josias, roi de Juda (*a*).

IDITHUN, ou IDITHUM, lévite de la race de Mérari, et un des quatre grands maîtres de musique du temple de Jérusalem (*b*). C'est le même qu'Ethan (*c*). On lui attribue quelques psaumes, comme le quatre-vingt-huit, intitulé, *d'Ethan Esraïte*, et les trente-huit, soixante et un et soixante-seize, qui portent le nom d'*Idithun*. On croit que David ayant composé ces psaumes les donnait à chanter à Idithun et à sa bande, et que c'est pour cela que le nom leur en est demeuré. Mais il y a quelques-uns des psaumes qui portent le nom d'Idithun, qui paraissent avoir été composés ou pendant, ou après la captivité; et par conséquent le nom d'Idithun qu'ils portent ne peut signifier autre chose, sinon que quelques-uns des descendants et de la bande d'Idithun les composèrent longtemps après la mort du fameux Idithun, un de leurs aïeux.

IDOLATRIE, culte superstitieux qu'on rend aux idoles et aux faux dieux. En général, ce terme se prend pour tout culte impie, superstitieux et sacrilége. On n'est pas d'accord sur l'origine de l'idolâtrie. L'auteur du livre de la *Sagesse* (*d*) en propose trois sources : la première, l'amour d'un père qui a perdu son fils dans un âge peu avancé, et qui, pour se consoler de sa perte, lui fait rendre des honneurs divins; la seconde, la beauté des ouvrages de sculpture; la troisième, l'adresse d'un ouvrier en argile, qui consacre comme une divinité une statue faite de sa main. Ceux qui ont cru que l'homme avait été formé au hasard se sont imaginé qu'il était parvenu par degrés à se former une religion, et que la première cause de cette religion était la crainte et la superstition : *Primus in orbe deos fecit timor :* L'homme, troublé par des rêves importuns, s'est forgé des dieux imaginaires, dit Lucrèce (*e*).

Les plus éclairés sur cette matière sont persuadés que les premiers objets du culte des idolâtres ont été le soleil, la lune et les astres. Leur éclat, leur beauté, leur utilité par rapport à nous et à tout ce qui nous environne, a fait qu'on leur a attribué une vertu divine et ensuite un culte religieux. D'autres (*f*) ont cru que la plus ancienne idolâtrie était celle des anges. D'abord on leur rendait quelque respect, fondé sur l'excellence de leur nature et sur les secours que nous en tirons; ensuite on leur rendit un culte subordonné à celui qui est dû à Dieu ; enfin on les adora sans rapport à Dieu. Après cela, on s'imagina qu'ils étaient attachés aux astres, et insensiblement le culte qu'on leur rendait passa au soleil, à la lune, aux étoiles.

Vossius (*g*), qui a examiné cette matière avec tant de soin, soutient que les hommes ont commencé à s'éloigner du culte qu'ils devaient à Dieu en rendant des honneurs divins aux deux principes du bien et du mal. Les hommes, ayant vu que le monde était tout rempli de biens et de maux, ne purent s'imaginer que Dieu, tout plein de bonté, pût être auteur du mal. Ils inventèrent deux divinités d'une puissance égale, auxquelles ils donnèrent des fonctions toutes différentes : le premier principe, auteur du bien, créa le monde; le second principe, auteur du mal, y répandit tout le mal qu'il put. Au culte des deux principes succéda celui des esprits, surtout celui des démons; ensuite vint celui des âmes, des héros, des personnes illustres.

Mais si l'on veut recourir à la vraie source de l'idolâtrie, il faut la chercher dans la dépravation du cœur de l'homme, dans son ignorance, sa vanité, son orgueil, l'amour du plaisir, l'attachement aux choses sensibles, le libertinage, les passions brutales, l'amour déréglé d'un amant, la tendresse mal entendue d'un père pour son enfant, ou d'une épouse pour son mari, un respect outré des sujets pour leur prince, ou des enfants pour leur père, une reconnaissance excessive des biens ou des services qu'on a reçus de certaines personnes, l'admiration des grandes qualités des créatures ou des personnes illustres : une ou plusieurs de ces raisons, jointes à l'idée ineffaçable que l'homme a conçue de la Divinité, lui ont fait rendre à ce qu'il aimait, qu'il estimait ou qu'il honorait avec excès, des respects, un culte, une adoration superstitieuse.

Si l'on demande en quel temps commença ce désordre, quelques rabbins ont cru que, dès avant le déluge, les descendants de Caïn avaient introduit dans le monde le culte impie de la créature : ils croient qu'Enos en fut le premier inventeur. Ils expliquent en ce sens un passage de la Genèse, auquel on peut donner ce sens, suivant l'hébreu (*h*) : *Alors on profana le nom du Seigneur*, en le donnant aux idoles; mais les anciens interprètes grecs et saint Jérôme l'ont entendu autrement. Les Septante (*i*) : *Enos mit sa confiance à invoquer le nom du Seigneur*. Aquila (*j*) : *Alors on commença à invoquer le nom du Seigneur*. La Vulgate : *Enos commença à invoquer le nom du Seigneur*. Les Orientaux ne doutent point que l'idolâtrie n'ait été commune avant le déluge; et il n'est que trop probable que dans le débordement

---

(*a*) IV *Reg.* XXII, 1.
(*b*) I *Par.* XVI, 38, 41, 42; XXV, 3, 6. II *Par.* V, 12, etc.
(*c*) I *Par.* XV, 17. *Psalm.* LXXXVII, 1.
(*d*) *Sap.* XIII, 13, 14; XIV, 15; XV, 7, 8.
(*e*) *Lucret. l. V, de Rerum nat.*
(*f*) Joh. Clerici *Index Philog. ad hist. Philosoph. Orient* voce *Angelus* et *Astra*.
(*q*) *Vossius Tract. de Idololat.* l. I, c. I
(*h*) *Genes.* IV, 26. ות תחל לקר אבשם יהוה
(*i*) Οὗτος ἤλπισε ἐπικαλεῖσθαι τὸ ὄνομα Κυρίου τοῦ Θεοῦ.
(*j*) Aquil. Τότε ἤρχη τοῦ καλεῖσθαι ἐν ὀνόματι Κυρίου

de maux que l'Ecriture a voulu marquer en disant *que toute chair avait corrompu sa voie*, elle n'ait entendu l'impiété du culte, aussi bien que les désordres honteux de l'incontinence.

Josèphe (*a*) et la plupart des Pères semblent croire que depuis le déluge l'idolâtrie fut bientôt la religion dominante de presque tout le monde, puisque, de quelque côté que nous jetions les yeux du temps d'Abraham, nous ne voyons que faux cultes et qu'idolâtrie dans le monde. Les pères d'Abraham, et Abraham lui-même, ont été engagés dans le culte impie, comme l'Ecriture le dit d'une manière assez expresse (*b*) : *Trans fluvium habitaverunt patres vestri ab initio, Thare pater Abraham et Nachor, servieruntque diis alienis. Nunc ergo auferte deos quibus servierunt patres vestri in Mesopotamia.*

Saint Epiphane (*c*) croit que ce fut *Sarug*, aïeul de Tharé, et le premier depuis Abraham, qui introduisit l'idolâtrie après le déluge. D'autres croient que ce fut Nemrod, et qu'il institua parmi ses sujets le culte du feu, qui a subsisté pendant si longtemps dans la Perse et qui y subsiste encore en quelques endroits. On ajoute que le patriarche Abraham, n'ayant pas voulu rendre ses adorations à cet élément, fut jeté dans les flammes et en sortit miraculeusement sain et sauf. D'autres (*d*) veulent que Cham, fils de Noé, soit inventeur de l'idolâtrie. Quelques-uns (*e*) chargent aussi de ce crime son fils Chanaan. Mais il faut convenir que l'on n'a aucune preuve positive et historique de tout cela; et il y a même beaucoup d'apparence que l'idolâtrie est venue insensiblement et par degrés, et que ceux qui ont fait le premier pas vers cette impiété ne l'ont pas portée au point où on l'a vue dans la suite. On ne peut douter qu'elle ne soit très-ancienne dans le monde; mais il est impossible d'en fixer l'époque et d'en assigner l'auteur ou les auteurs. Car on ne doit pas croire que l'idolâtrie soit toute venue d'un même pays : chaque pays, chaque nation s'est fait des dieux et une religion à sa mode. Dès qu'une fois on abandonne la source d'eau vive, qui est le Seigneur (*f*), chacun se creuse des citernes boueuses : de là cette monstrueuse diversité de sentiments, de culte, de divinités, qui se trouve dans le paganisme. Je n'entre point dans l'examen de ce qui a donné commencement à l'idolâtrie chez les Grecs et chez les Romains.

[*Voyez* mon ouvrage intitulé *Repertorium Biblicum*, au mot IDOLOLATRIA.]

IDOLATRIE DES ISRAÉLITES. Les Hébreux n'ont point eu d'idolâtrie ni de dieux qui leur aient été propres : ils ont imité les superstitions des autres peuples, mais ils ne paraissent pas avoir été inventeurs en fait de religion. Dans l'Egypte, ils adorèrent les divinités égyptiennes; dans le désert, les dieux des Chananéens, des Egyptiens, des Ammonites et des Moabites; dans la terre promise, les dieux des Phéniciens, des Syriens et des autres peuples qui les environnaient.

Rachel adorait apparemment les idoles chez son père Laban, puisqu'elle lui enleva ses théraphims (*g*); Jacob, quelque temps après son retour de Mésopotamie, dit à ses gens de rejeter les dieux étrangers qui étaient au milieu d'eux, de se purifier, et de se disposer à venir avec lui à Béthel, pour y offrir des sacrifices au Seigneur (*h*). Il reçut d'eux les dieux étrangers qu'ils avaient, et les pendants d'oreilles superstitieux qu'ils portaient, et il les enfouit sous un térébinthe près de Sichem. Lia n'était pas exempte de ce culte superstitieux, puisqu'elle donna (*i*) à un de ses fils le nom de Gaad, qui est le nom du dieu de la bonne fortune.

Jacob maintint sa famille dans le culte du Seigneur tant qu'il vécut; mais après sa mort une partie de ses enfants s'abandonna au culte des divinités de l'Egypte : *Auferte deos quibus servierunt patres vestri in Mesopotamia et in Ægypto*, disait Josué aux Israélites (*j*). Amos (*k*) nous apprend que pendant leur voyage du désert ils portèrent les niches de leurs dieux, la tente de Moloch et l'image de leurs idoles. Saint Etienne, dans les Actes (*l*), leur fait le même reproche. Le veau d'or que les Hébreux adoraient au pied du mont Sinaï (*m*) était une imitation du culte du dieu Apis, qu'ils avaient adoré dans l'Egypte. Lorsque Moïse fut envoyé par le Seigneur pour tirer son peuple de ce pays, il leur dit : *Que chacun de vous rejette loin de lui les abominations de son cœur, et ne vous souillez point par le culte des idoles de l'Egypte* (*n*).

Sous le gouvernement des juges ils tombèrent souvent dans l'infidélité, et Dieu, pour les en punir, les livra aux peuples leurs ennemis. Gédéon, après avoir été favorisé de Dieu d'une manière si particulière, fit un éphod (*o*), et tendit des piéges à Israel, pour le faire tomber dans un culte illicite. Les téraphims de Micha sont connus (*p*), et leur culte continua dans Israel jusqu'à la dispersion du peuple. Enfin l'Ecriture marque expressément que les Hébreux abandonnèrent le Seigneur, qu'ils adorèrent des dieux étrangers, et qu'ils rendirent leur culte à Baal et à Astaroth (*q*) : *Fecerunt filii Israel malum in conspectu Domini, et servierunt Baalim.... et secuti sunt deos alienos, deosque populorum qui habitabant in circuitu eorum, et adoraverunt eos. Dimittentes Dominum, et servientes Baal et Astaroth.*

(*a*) Joseph. *Antiq. l. I.*
(*b*) Josue, XXIV, 2, 14.
(*c*) Epiphan. *l. de Hæres. Suidas in Sarug.*
(*d*) Cassian. Collat. 8, c. XXI.
(*e*) Lactant. *l. II de Falsa Religione*
(*f*) Jerem. II, 13, 14.
(*g*) Genes. XXXI, 30.
(*h*) Genes. XXXV, 2, 3, 4.
(*i*) Genes. XXX, 11.
(*j*) Josue, XXIV, 14.
(*k*) Amos, V, 25, 26.
(*l*) Act. VII, 42.
(*m*) Exod. XXVII, 4, 5.
(*n*) Ezech. XX, 6, 7, 8, 9.
(*o*) Judic. VIII, 27.
(*p*) Judic. XVII, 5; XVIII, 30, 31.
(*q*) Judic. II, 11, 12, 13.

Sous les gouvernements de Samuel, de Saül et de David, le culte du Seigneur paraît avoir été assez pur dans la Palestine : on y voit du déréglement et de la corruption dans les mœurs, mais peu ou point d'idolâtrie. Salomon, qui le croirait! est le premier des rois du peuple de Dieu qui, par complaisance pour les femmes étrangères qu'il épousa, fit ériger des temples à l'honneur de leurs dieux, et eut l'impie complaisance d'offrir lui-même de l'encens à ces fausses divinités (a). Il adora Astarté, déesse des Phéniciens, Moloch, dieu des Ammonites, et Chamos, dieu des Moabites. Jéroboam, fils de Nabath, qui lui succéda dans la plus grande partie de ses Etats, érigea les veaux d'or à Dan et à Béthel, et fit pécher Israel. Alors le peuple, n'étant plus retenu par la crainte de l'autorité royale, se livra sans retenue et sans borne à tout le mauvais penchant de son cœur, et adora non-seulement les veaux d'or, mais aussi toutes les divinités des Phéniciens, des Syriens, des Ammonites et des Moabites.

Ce fut surtout sous le règne d'Achab qu'on vit le désordre monté à son comble : l'impie Jézabel fit ce qu'elle put pour éteindre le culte du Seigneur, chassant et poursuivant ses prophètes, qui étaient comme une barrière qui retenait encore une partie du peuple dans la vraie religion. Dieu, irrité par les crimes et par l'idolâtrie des dix tribus, les abandonna enfin aux rois d'Assyrie et de Chaldée, qui les transportèrent au delà de l'Euphrate.

Le peuple de Juda ne fut guère moins corrompu : la peinture que les prophètes font de leurs déréglements et de leur idolâtrie, des abominations et des impudicités qui se commettaient sur les hauts lieux et dans les bois consacrés aux idoles, cette peinture fait horreur et découvre toute la corruption du cœur de l'homme abandonné à ses passions. Juda fut mené en captivité à diverses reprises, et ne revint qu'après soixante-dix ans d'absence. Depuis son retour on ne lui reproche plus l'idolâtrie, comme auparavant; il témoigna assez de zèle pour le culte du Seigneur, et à l'exception de quelques prévaricateurs qui obéirent aux ordres d'Antiochus Epiphanes (b), le reste du peuple se conserva dans les impiétés qui avaient attiré tant de disgrâces à leurs pères.

On peut voir sur l'origine de l'idolâtrie le grand ouvrage que Vossius a écrit sur ce sujet; notre dissertation sur l'origine de l'idolâtrie, à la tête du livre de la Sagesse; Seldenus, de Diis Syris, etc.

IDOLE. Le nom grec *eidolon* signifie en général une représentation, une figure. On le prend toujours en mauvaise part dans l'Ecriture, pour toutes sortes de représentations des fausses divinités du paganisme, soit des hommes, des astres ou des animaux; soit des figures en relief, en bosse, en peinture, de quelque matière et de quelque nature qu'elles soient. Dieu défend toutes sortes d'idoles, ou de figures et de représentations des créatures, pour leur rendre un culte idolâtre et superstitieux (c) : *Vous ne vous ferez aucune figure de sculpture, ni aucune représentation de ce qui est dans le ciel, sur la terre ou dans les eaux, et vous ne leur rendrez ni culte ni adoration.* Nous parlerons des idoles et des faux dieux dont il est fait mention dans l'Ecriture dans des articles particuliers, sous leurs noms. — *Voyez* mon *Repertorium Biblicum*, au mot IDOLOLATRIA, § XI.]

Les païens avaient des idoles de toutes sortes et de toutes matières : l'or, l'argent, l'airain, la pierre, le bois, l'argile, en ont été la matière; les astres, les esprits, les hommes, les animaux, les fleuves, les plantes, les éléments en ont été le sujet et le modèle. On a vu des peuples entiers adorer une pierre brute. Les Arabes, au rapport de Maxime de Tyr, adoraient une grande pierre carrée : il est certain qu'avant Mahomet ils avaient une très-grande vénération pour une certaine pierre noire, qui est encore aujourd'hui attachée à une colonne du portique du temple de la Mecque, et que les mahométans baisent par dévotion. Les anciens Israélites avaient plusieurs divinités ou plusieurs idoles dont on ne connaît point la figure. Les mahométans parlent d'une idole nommée *Soüaa*, qu'ils disent avoir été adorée dès le temps du patriarche Noé, avant le déluge (d). Les anciens Arabes adoraient aussi une idole nommée *Uza*, comme qui dirait *le dieu fort* ou puissant. Le dieu Hélagabale n'était qu'une pierre en forme de cône, sous laquelle on adorait le soleil. On a adoré aussi des hastes ou lances (e), des poutres, du feu, des animaux, le soleil, la lune, les astres, la terre, les fleurs, les plantes, les arbres, les fontaines : les peuples barbares, comme les anciens Gaulois et les Germains, n'avaient guère d'autres dieux que ceux-là.

On sait quelles étaient les anciennes idoles des Egyptiens, parce qu'il en est venu un grand nombre jusqu'à nous. La plupart sont des figures d'un très-mauvais goût (1), représentant des animaux ou des figures symboliques composées de l'homme et des animaux : ici, une tête de chien entée sur le corps d'un homme; là, la tête d'un chat sur celui d'une femme. Les bœufs, les éperviers, les corbeaux, les serpents, les plus vils insectes, les herbes mêmes de leurs jardins, recevaient en ce pays les honneurs divins.

Si l'on s'en rapporte aux rabbins et à la plupart des interprètes, les idoles dont il est parlé dans l'Ecriture étaient des figures grotesques : *Dagon* avait la forme d'un poisson ; *Belzébub*, celle d'une mouche ; les veaux d'or de Jéroboam, de même que celui que les Hébreux adorèrent dans le désert, avaient la figure d'un taureau de fonte. Nous avons parlé de toutes ces idoles sous leurs titres.

(a) III *Reg.* XI, 5, 6, 7.
(b) I *Mac* I, 12, 13, 14, 15, 57, 58, etc.
(c) *Exod.* XXIII, 4.
(d) D'Herbelot, *Bibl. Orient.*, p. 827.

(e) *Clem. Alex. in Protreptico*, p. 29, 30. *Euseb. Præparat.* l. l.
(1) *Voyez* EGYPTE, une note de M. Virey

Voyez MOLOC, CHAMOS, BÉELPHÉGOR, DAGON, ASTARTE, BAAL, etc., et les articles HAUTS LIEUX et SAMARITAINS. — [*Voyez* aussi LOI, §§ IV, VI, XXVI, XXX.]

IDUMÉE, province d'Arabie, qui tire son nom d'Edom ou d'Esaü, qui y établit sa demeure. Il s'établit d'abord dans les montagnes de Séir, dans le pays des Horréens, à l'orient et au midi de la mer Morte; et ses descendants, dans la suite, se répandirent dans l'Arabie Pétrée et dans le pays qui est au midi de la Palestine, entre la mer Morte et la Méditerranée : il arriva même que durant la captivité de Babylone, et dans les temps où la Judée était presque abandonnée, ils se jetèrent dans les terres du midi de Juda et s'avancèrent jusqu'à Hébron. Ainsi, en parlant de l'Idumée, il faut exactement distinguer les temps : du temps de Moïse, de Josué, et même sous les rois de Juda, les Iduméens étaient resserrés à l'orient et au midi de la mer Morte, dans le pays de Séir, tirant vers le golfe Elanitique; dans la suite, l'Idumée s'étendit plus au midi de Juda. La ville capitale de l'Idumée orientale était Bozra, située vers Edraï; et la capitale de l'Idumée méridionale était Pétra ou Jectael. Nous ne sommes ni les seuls ni les premiers qui ayons distingué ces deux pays d'Idumée, l'un oriental et l'autre méridional, par rapport à la Palestine; Strabon, Brocard, Bonfrère, Adrichomius, Torniel et quelques autres les ont de même fort bien distingués. *Voyez* ci-après SÉIR. — [*Voyez* aussi ELIPHAZ.]

IDUMÉENS, peuples descendus d'Edom ou d'Esaü, fils d'Isaac, et frère aîné de Jacob. Les Iduméens eurent des rois assez longtemps avant que les Juifs en eussent (*a*). Ils furent premièrement gouvernés par des chefs ou princes, et ensuite par des rois. [*Voyez* ELIPHAZ.] Ils demeurèrent indépendants jusqu'au temps de David, qui les assujettit, et qui fit voir le parfait accomplissement de la prédiction d'Isaac, qui avait dit que Jacob dominerait Esaü (*b*). Les Iduméens supportèrent très-impatiemment le joug des rois de Juda; et dès la fin du règne de Salomon, Adad Iduméen, qui avait été porté en Egypte étant encore tout enfant, revint dans son pays, et s'y fit reconnaître pour roi (*c*). Mais apparemment il ne régna que dans l'Idumée orientale; car les autres Iduméens, qui étaient au midi de la Judée, demeurèrent dans l'obéissance des rois de Juda, jusqu'au règne de Joram, fils de Josaphat, contre lequel ils se révoltèrent (*d*). Joram leur fit la guerre; mais il ne put les assujettir. Amasias, fils de Joas, roi de Juda, remporta aussi sur eux quelques avantages. Il se rendit maître de Pétra, leur tua dix mille hommes, et en fit sauter dix mille autres à bas du rocher sur lequel était située la ville de Pétra (*e*). Mais ces conquêtes n'eurent point de suite considérable.

Osias, roi de Juda, prit sur eux la ville d'Elat, sur la mer Rouge (*f*). Mais Razin, roi de Syrie, la reprit sur Ozias, et en chassa les Juifs. On croit qu'Assaradon, roi de Syrie, ravagea leur pays (*g*). Holopherne les subjugua, de même que les autres peuples d'autour de la Judée (*h*). Lorsque Nabuchodonosor assiégea Jérusalem, les Iduméens se joignirent à lui, et l'animèrent à ruiner cette ville de fond en comble, et à en arracher jusqu'aux fondements (*i*). Cette cruauté ne demeura pas longtemps impunie. Nabuchodonosor, cinq ans après la prise de Jérusalem, abattit toutes les puissances voisines de la Judée; et en particulier, les Iduméens (*j*). Judas Machabée les attaqua et les battit en plus d'une rencontre (*k*) : mais Jean Hircan les dompta et les obligea à recevoir la circoncision et à se soumettre aux autres observances de la loi des Juifs (*l*). Ils demeurèrent assujettis aux derniers rois de la Judée, jusqu'à la ruine de Jérusalem par les Romains. Ils vinrent même au secours de cette ville assiégée (*m*), et ils y entrèrent pour la défendre : mais ils n'y demeurèrent pas jusqu'à la fin; ils en sortirent et s'en retournèrent dans l'Idumée chargés de butin.

On ignore quelle était l'ancienne religion des Iduméens. Dans les commencements, il est à croire qu'ils adorèrent le vrai Dieu, dont Esaü avait appris le culte dans la maison de son père Isaac. Job, que nous croyons avoir été Iduméen, de même que quelques-uns de ses amis, dont on voit les sentiments dans son Livre, adorait encore le Seigneur, et conservait son culte dans toute sa pureté. Ils avaient abandonné la circoncision, lorsque Jean Hircan les subjugua et les obligea de se circoncire et de pratiquer la religion des Juifs (*n*). Josèphe parle d'une divinité des Iduméens (*o*), qu'ils appelaient *Kosé*. Costobare, né d'une des plus anciennes et des plus illustres maisons de l'Idumée, descendait des anciens sacrificateurs du dieu *Kosé*. Saint Epiphane dit (*p*) que les Arabes de l'Arabie Pétrée et de l'Idumée adoraient Moïse à cause des prodiges que Dieu a faits par son moyen. En hébreu *chosé* signifie un *voyant*, un prophète, qualité qui convient parfaitement à Moïse. L'Écriture ne reproche pas l'idolâtrie aux Iduméens, et ne parle en aucun lieu de leurs idoles. Les profanes qui ont parlé de la religion des Arabes ont sans doute confondu les Iduméens avec les Arabes, au milieu desquels ils habitaient. [*Voyez* KEITH, *Accomplissement des prophéties*,

---

(*a*) Genes. xxxvi, 31.
(*b*) Ibid. xxxvii, 29, 50.
(*c*) III Reg. xi, 22.
(*d*) II Par. xxi.
(*e*) Ibid. xxv.
(*f*) IV Reg. xiv.
(*g*) Isai. xxi, 11, 12, 13, et xxiv.
(*h*) Judith. iii, 14.
(*i*) Psaum. cxxxvi, 7. Thren. iv, 21, 22. Abdias, v. 11. Jerem. xii, 6; xlix, 7. Ezech. xxv, 12.
(*j*) Abdias, v. 1. Jerem. xlix, 7, 10, 20. Joseph. Antiq. l. X, c. xi.
(*k*) I Mac. v, 3, 4, et II Mac. x, 16. Joseph. Antiq. l. XI, c. xi.
(*l*) Antiq. l. XIII, c. xvii.
(*m*) Joseph. l. IV de Bello, c. vi, p. 877.
(*n*) Joseph. Antiq. l. XIII. c. xvii.
(*o*) Idem, l. XV, c. xi. Antiq.
(*p*) Epiphan. hæres. 55, p. 469.

tom. XV de la collection des *Démonstrations évangéliques.*]

IÉ-ABARIM, *Voyez* JÉ-ABARIM.

IEOVA. *Voyez* JEHOVAH.

IGAL, de la tribu d'Issachar, fut député par cette tribu avec les autres pour aller reconnaître la terre promise. *Num.* XIII, 8.

IGNACE, disciple des apôtres, évêque d'Antioche et martyr sous la persécution de Trajan. Quelques-uns (*a*) ont avancé que saint Ignace, nommé autrement *Théophoros*, ou *Théophéros*, était cet enfant que Jésus-Christ prit entre ses bras pour donner un modèle de l'humilité chrétienne (*b*). Mais cette particularité n'est nullement certaine. On voit quelques lettres de saint Ignace à la sainte Vierge, et de la sainte Vierge à saint Ignace; mais leur fausseté est bien connue. Le nom de saint Ignace ne se trouve dans aucun monument du Nouveau Testament. Saint Chrysostome (*c*) dit qu'il n'avait jamais vu Jésus-Christ; mais on croit qu'il a été disciple de saint Pierre et de saint Jean l'Évangéliste (*d*). Nous avons quelques Épîtres que ce saint écrivit comme il allait à Rome pour y souffrir le martyre. Elles sont pleines du feu divin dont il brûlait. L'histoire de son martyre est connue; et d'ailleurs elle n'est point de notre sujet.

IHELON, fils d'Esaü et d'Oolibama. *Genes.* XXXVI, 3.

IIM, ville de la tribu de Juda. *Josue*, XV, 29. —[*Voyez* ASEM.]

IJAR, ou JIAR. *Voyez* JAR.

IJE-ABARIM. *Voyez* JÉ-ABARIM.

ILAI, vaillant homme de l'armée de David. I *Par.* XI, 29. — [*Voyez* AHOH.]

ILES DES NATIONS, ou ILES DE LA MER, termes sous lesquels les Hébreux comprenaient non-seulement les terres entourées de tous côtés par les eaux, et que nous nommons *îles*, mais encore les pays dont la mer les séparait d'eux ou des Égyptiens, au milieu desquels ils demeurèrent si longtemps. Tout peuple qui leur était étranger et qui venait d'au delà des mers était désigné par la qualification générale de peuple des îles : telles furent les contrées de l'Europe, de l'Asie Mineure, et quelquefois même des pays maritimes dont la situation était peu éloignée de la leur. D'après un passage d'Isaïe (XI, 11), les *îles des nations* ou *de la mer* étant, en effet, parfaitement distinguées des pays intérieurs, tels que l'Assyrie, l'Égypte, Phétros, l'Éthiopie, Élam, Sennaar et Émath, ces expressions *îles des nations* ou *de la mer* devaient indiquer naturellement les nations d'au delà de la mer, celles de l'Europe ou de l'Asie Mineure, par exemple, qu'on ne visitait qu'en traversant la mer; sinon, à quoi eût répondu cette mention à part des *îles* après les pays intérieurs cités par le prophète? Ezéchiel (XXXVII, 3) corrobore cette opinion, lorsqu'il dit que *Tyr est près de la mer*; qu'*elle est le siége du commerce et du trafic des peuples de* TANT D'ILES DIFFÉRENTES, c'est-à-dire, de tant de peuples qui habitent au delà des mers. Enfin, d'après le premier *livre des Machabées*, au milieu des louanges qui sont faites de Simon (XIV, 5), qui *prit Joppe pour lui servir de port et pour aller dans les* ILES DE LA MER, il devient évident que par les termes *îles des nations* ou *îles de la mer* les Juifs désignaient les pays occupés par les nations avec lesquelles leurs ports trafiquaient par le moyen de la navigation. BARBIÉ DU BOCAGE.

ILLEL, père d'Abdon, juge d'Israel. *Judic.* XII, 13.

ILLYRIE. Saint Paul (*e*) dit qu'il a porté l'Évangile *depuis Jérusalem jusqu'à l'Illyrie*. Or l'Illyrie est une province d'Europe, dont les bornes anciennes étaient : du côté du septentrion, les deux Pannonies; du côté du midi, la mer Adriatique; du côté du couchant, l'Istrie; et du levant, la haute Mésie et la Macédoine. Ainsi saint Paul a prêché dans la Syrie, dans la Phénicie, dans l'Arabie, dans la Cilicie, la Pamphilie, la Pisidie, la Lycaonie, la Galatie, le Pont, la Paphlagonie, la Phrygie, la Troade, l'Asie, la Carie, la Lycie, l'Ionie, la Lydie, les îles de Cypre et de Crète, la Thrace, la Macédoine, la Thessalie, l'Achaïe.

IMAGE, ou représentation de quelque chose. Dieu a créé *l'homme à son image;* c'est-à-dire, il l'a créé comme un autre lui-même sur la terre, une espèce de demi-dieu dans le monde, pour y exercer un domaine subordonné au sien (*f*). Autrement : Il l'a créé à son image, sage, immortel, droit, juste, prévoyant, éclairé, etc. Enfin Dieu a imprimé dans l'homme son image, sa sainteté, sa vertu, sa sagesse : il a créé l'homme, et lui a donné un corps et une âme raisonnable; comme dans la suite des siècles, son Verbe, sa Sagesse devaient prendre la nature de l'homme, son corps et son âme (*g*). Adam, par son péché, a défiguré l'image de Dieu; il est déchu des dons de la grâce et de l'immortalité : mais Jésus-Christ a réformé dans nous cette image par sa grâce; ou plutôt prévenus et aidés de son secours, nous réformons dans nous-mêmes l'image de Dieu, que le péché avait corrompue (*h*) : *Sicut portavimus imaginem terreni (hominis), portemus et imaginem cœlestis.*

Dieu défend aux Hébreux (*i*) de faire aucune image ni représentation de ce qui est au ciel, ou sur la terre, ou dans les eaux, pour les adorer. Mais il ne défend pas de faire des images, ou des figures uniquement pour représenter, pour instruire, pour orner. Ainsi Moïse et Salomon firent des chérubins sur l'Arche et dans le Tabernacle : Moïse fit un serpent d'airain ; Salomon fit des lions et des bœufs de fonte, même dans le temple. Et l'Église chrétienne permet l'usage des images, pourvu qu'on en demeure au simple culte relatif, par lequel nous ho-

(*a*) *Quidam apud Anastas. Biblioth. et alii.*
(*b*) *Matth.* XVIII, 2, 3, 5, *etc.*
(*c*) *Chrysost. t.* I, *orat.* 42. *p.* 706, B.
(*d*) *Greg. Mag. l.* IV, *ep.* 37. *Hieronym. in Chronic. Ignatii Acta p.* I, 5.

(*e*) *Rom.* XV, 19.
(*f*) *Eccli.* XVII, 3.
(*g*) *Tertull. de Resurrect. carnis, c.* V.
(*h*) *Coloss.* III, 9, 10. *Vide et Rom.* VIII, 29.
(*i*) *Exod.* XX, 4.

norons les saints, dont elles portent la ressemblance; et qu'on ne croie pas qu'il y ait en elles aucune divinité ni aucune vertu, qu'on ne leur adresse pas ses prières et qu'on n'y mette pas sa confiance.

Outre l'idée ordinaire d'*image*, qui se prend pour une simple représentation d'une chose réelle, par exemple, l'image d'un homme, d'un bœuf, d'un astre, etc., que Dieu dans sa loi défend de représenter pour leur rendre quelque culte que ce soit, ce nom se prend encore de quelques autres manières, par exemple (*a*) : *In imagine pertransit homo* : l'homme passe comme un fantôme. Et (*b*) : *Imaginem ipsorum ad nihilum rediges* : Vous réduirez leur image, leur ombre, leur figure, vous les réduirez au néant. La vie de l'homme n'est que comme une fumée, une ombre, une vaine représentation : il passe, il se dissipe, il s'évanouit comme un nuage. Job (*c*), ou plutôt Eliphaz son ami, dit qu'au milieu de la nuit *une image*, un fantôme s'apparut à lui : il ne le connut point; mais il ouït comme une voix, ou comme le bruit d'un vent doux et léger : *Stetit imago coram oculis meis, et vocem quasi auræ lenis audivi*.

IMAGO se prend quelquefois dans un sens contraire, pour une représentation vive et réelle, opposée à une *image passagère*, à un fantôme, à une chose qui paraît en songe, et qui n'a nulle consistance et nulle réalité; par exemple (*d*) : *Umbram habens lex futurorum bonorum, non ipsam imaginem rerum* : La loi de Moïse ne contenait que l'ombre des biens futurs; elle n'en avait pas *l'image* réelle : elle représentait ces biens d'une manière légère, superficielle, comme ces ombres qui apparaissent la nuit, et qui n'ont rien de solide et de permanent; au lieu que l'Evangile représente les mêmes biens sous une figure vive, solide, ferme, stable et réelle : la loi n'était qu'une ombre, l'Evangile en est la réalité.

Ainsi, dans les Epîtres de saint Paul, Jésus-Christ est nommé (*e*), *l'image du Père : Evangelium gloriæ Christi, qui est imago Dei*. Et encore (*f*) : *Qui est imago Dei invisibilis, primogenitus omnis creaturæ*. Et ailleurs (*g*) il lui donne le nom de, *splendeur de la gloire, et de figure*, ou d'image *de la substance du Père*. Ce n'est point sans doute une simple image ou un simple rayon, c'est une image réelle et substantielle, de même nature et de même substance que le Père; c'est un rayon émané du Père, un écoulement de sa substance et de sa lumière.

Saint Paul veut que, *comme nous avons porté l'image de l'homme terrestre, nous portions aussi celle de l'homme céleste* (*h*). Comme nous avons porté l'image d'Adam pécheur et prévaricateur, comme nous l'avons imité dans son péché et dans sa désobéissance, ainsi nous devons travailler à retracer dans notre âme les traits de l'homme céleste, de Jésus-Christ, son obéissance, son humilité, sa patience, sa douceur, etc.

L'IMAGE se prend très-souvent pour une statue, une figure, une idole; par exemple (*i*), *Gardez-vous bien de vous faire des images d'hommes ou de femmes* pour les adorer. Et ailleurs (*j*) : *Les Israélites, étant entrés dans le temple de Baal, mirent en pièces toutes ses images*. Et l'auteur de la Sagesse (*k*), parlant des causes de l'idolâtrie, dit qu'un père percé de douleur pour la mort de son fils, *en fit faire une image*, à laquelle il rendit ensuite des honneurs divins. Et saint Jean dans l'Apocalypse (*l*) : « Dieu permit à la bête de séduire les hommes, et elle leur ordonna de faire l'image de la bête; et cette image devint vivante et animée, et tous ceux qui n'adoreront pas l'image de la bête seront mis à mort. » Cette image de la bête, image vivante et animée, à laquelle les habitants de la terre rendent leur culte et leurs adorations, sont les idoles des païens, auxquelles Julien l'Apostat rendit en quelque sorte la vie, en ressuscitant et rétablissant leur culte mort et aboli dans presque tout l'empire. [*Voyez* le *Calendrier des Juifs*, au 22 du mois Sébath.]

IMPOSITION DES MAINS. L'imposition des mains se prend en différentes manières, tant dans l'Ancien que dans le Nouveau Testament. 1° Souvent elle se prend pour l'ordination et la consécration des prêtres et des ministres sacrés (*m*), tant chez les Juifs, que chez les chrétiens. 2° Elle s'emploie aussi quelquefois pour l'établissement des juges et des magistrats, à qui l'on imposait les mains en leur confiant ces emplois (*n*). Jacob imposa les mains à Ephraïm et à Manassé, en leur donnant sa dernière bénédiction (*o*). Le grand prêtre étendait les mains vers le peuple, lorsqu'il récitait la formule solennelle des bénédictions (*p*). Les Israélites qui présentaient des hosties pour le péché au tabernacle, imposaient leurs mains sur ces hosties, en confessant leurs péchés (*q*). Les témoins imposaient les mains sur la tête de la personne accusée (*r*), comme pour marquer qu'ils se déchargeaient sur elle de la peine de son sang. Notre Sauveur imposait les mains aux enfants qu'on lui présentait, et il les bénissait (*s*). On trouve aussi l'imposition des mains employée dans le sacrement de la confirmation (*t*). Les apôtres donnaient le Saint-Esprit aux baptisés, en leur imposant les mains. Les Israé-

(*a*) Psalm. xxxviii, 7.
(*b*) Psalm. lxxii, 20.
(*c*) Job, iv, 16.
(*d*) Hebr. x, 1.
(*e*) II Cor. iv, 4.
(*f*) Coloss. i, 15.
(*g*) Hebr. i, 3.
(*h*) I Cor. xv, 49.
(*i*) Deut. iv, 16.
(*j*) IV Reg. xi, 18
(*k*) Sap xiv, 15.

(*l*) Apoc. xiii, 14, 15.
(*m*) Act. vi, 5; xiii, 3. I Tim. iv, 14, et v, 22. II Tim. i, 6.
(*n*) Num. xxvii, 18, 23. Vide, si placet, Selden. in Chronic. Alex. p. 16, 17, 18, 19, 20.
(*o*) Genes. xlviii, 14.
(*p*) Levit. ix, 22.
(*q*) Levit. i, 4; iii, 1. Exod. xxix, 19.
(*r*) Dan. xiii, 34.
(*s*) Marc. x, 16.
(*t*) Act. viii, 17; xix, 6.

lites mirent les mains sur les lévites, en les offrant au Seigneur pour être consacrés à son service (a).

IMPOSTEURS, faux Messies, faux prophètes, séducteurs, hypocrites, loups qui viennent à nous sous la peau de brebis, pour nous séduire. Moïse précautionne les Hébreux contre les imposteurs et les faux prophètes, en disant (b) : *S'il s'élève au milieu de vous un prophète ou un homme qui se vante d'avoir eu un songe prophétique, et qu'il ait prédit quelque chose, et que ce qu'il a prédit soit arrivé, et qu'il vous dise : Allons, suivons des dieux étrangers, et adorons-les; vous n'écouterez point ce prophète ou ce songeur ; mais vous le ferez mourir, parce qu'il a voulu vous détourner du Seigneur*, etc. Et ailleurs (c) : *Vous ne consulterez ni les devins, ni les enchanteurs, ni les nécromanciens, car le Seigneur a tout cela en abomination... Et s'il arrive qu'un prophète veuille parler en mon nom, sans que je lui aie donné mes ordres pour cela, ou qu'il parle au nom des dieux étrangers, il sera mis à mort.*

Ces lois furent très-mal observées dans Israel. Nulle nation n'a été plus féconde en imposteurs que celle des Hébreux ; ce peuple volage, inconstant, superstitieux, fut presque toujours la dupe de tous ceux qui voulurent lui en imposer, surtout en fait de religion. Son penchant pour l'idolâtrie et son amour pour la nouveauté lui firent adopter toutes les abominations et les impiétés de ses voisins. Le plus fameux comme le plus ancien des imposteurs qui ait paru avec réputation parmi eux, fut Jéroboam, fils de Nabath, qui, étant monté sur le trône d'Israel par la révolte contre son prince légitime, crut ne pouvoir s'y maintenir qu'en changeant l'ancienne religion, et introduisant dans ses Etats le culte des veaux d'or.

Depuis ce temps les faux prophètes et les imposteurs furent fréquents dans le pays. La reine Jézabel nourrissait quatre cent cinquante prophètes de Baal (d), et quatre cents prophètes de la déesse du Bois, qui est Astarté. Le roi Achab, étant sur le point de marcher avec Josaphat, roi de Juda, contre Ramoth de Galaad (e), consulta ses quatre cents prophètes sur le succès de son voyage; ils lui promirent tous la victoire et un heureux retour. Il ne se trouva que Michée, fils de Jemla, qui les contredit et qui prédit au roi qu'il y perdrait la vie. Isaïe (f) parle des faux prophètes qui annonçaient le mensonge à ceux qui les consultaient : *Propheta docens mendacium*. Et Jérémie (g) se plaint des prophètes qui prophétisaient au nom de Baal, et qui adoraient les idoles : *Prophetæ prophetaverunt in Baal, et idola secuti sunt*, et que ces prophètes prophétisaient le mensonge, et que les prêtres les applaudissaient (h). Et ailleurs (i), que les prophètes prophétisaient faussement en son nom, qu'il ne les a point envoyés. Tout ce prophète est rempli de pareils reproches contre les faux prophètes, qui parlent par leur propre esprit : *Prophetant de corde suo.*

Ezéchiel invective contre eux avec encore plus de véhémence (j) : *Dites aux prophètes qui prophétisent par leur propre esprit : Voici ce que dit le Seigneur à ces prophètes insensés, qui suivent leur propre esprit, et ne voient rien : Vos prophètes, ô Israel, sont comme les renards dans le désert... Ma main se fera sentir sur ces prophètes qui voient le faux, et annoncent le mensonge.* Et ailleurs (k) : *Les faux prophètes sont comme ceux qui élèvent une muraille sans mortier, ils ne prophétisent que le mensonge, en disant: Voici ce que dit le Seigneur, quoique le Seigneur n'ait pas parlé.* Osée parle aussi des prophètes insensés, qui ont été un piége et un sujet de chute à tous ceux qui les ont écoutés (l). Et Michée (m) parle de ces prophètes séducteurs, avares et gourmands, qui vendent leurs prophéties à prix d'argent, qui séduisent les peuples, et qui déclarent la guerre à ceux qui ne leur remplissent pas la bouche. Sophonie (n) n'en parle pas plus avantageusement : *Prophetæ ejus vesani, viri infideles*. Et Zacharie (o) : *En ce temps-là les faux prophètes seront confondus lorsqu'ils auront annoncé de fausses visions, et ils ne se revêtiront plus de sacs pour mentir.*

Voilà une tradition et une chaîne bien suivie d'imposteurs et de faux prophètes dans Juda et dans Israel, jusqu'après la captivité de Babylone. Sous le Nouveau Testament, Jésus-Christ a prédit qu'il viendrait de faux prophètes qui séduiraient plusieurs personnes (p) : *Surgent pseudo-christi et pseudo-prophetæ, et dabunt signa magna et prodigia, ita ut in errorem inducantur, si fieri potest, etiam electi*. Ces prédictions ne demeurèrent pas longtemps, sans qu'on en vit l'exécution. Simon le Magicien se donnait dans Samarie pour la grande vertu de Dieu (q), peu de temps après la mort du Sauveur. Josèphe parle de plusieurs imposteurs qui parurent vers le même temps. Un certain *Théudas* ou *Théodas* parut en Judée (r), du temps de Cuspius Fadus, gouverneur [procurateur] de cette province, vers l'an de Jésus-Christ ou de l'ère vulgaire 45. Il se donnait pour prophète, et trompa plusieurs Juifs, leur persuadant de quitter leurs biens, et de le suivre jusqu'au Jourdain, leur promettant de le leur faire passer à pied sec, comme avait fait autrefois Josué. Mais il fut pris et tué, avec plusieurs de ceux qui l'avaient suivi.

(a) Levit. viii, 10, 12.
(b) Deut xiii, 1, 2, etc.
(c) Deut. xvii, 10, 11, 20, 21.
(d) III Reg. xviii, 19.
(e) III Reg. xxii, 6, 78.
(f) Isai. ix, 14, 15
(g) Jerem. ii, 8.
(h) Jerem v, 31.
(i) Jerem. xiv, 4.

(j) Ezech. xiii, 2, 3, 4.
(k) Idem, xxii, 18.
(l) Ose. ix, 7, 8.
(m) Mich. iii, 5. 11.
(n) Sophon. iii, 4.
(o) Zach. xiii, 4.
(p) Matth. xxiv, 24.
(q) Act. viii, 9, 10.
(r) Joseph. Antiq. l. XX, c. n.

Un autre *Théudas*, dont parle Gamaliel, dans les Actes des Apôtres (*a*), parut quelque temps avant la mort du Sauveur; environ quatre cents hommes s'attachèrent à lui; mais il fut tué, et tous ceux qui l'avaient suivi furent dissipés. Dix ans après, un Egyptien, Juif de religion (*b*), vint à Jérusalem, feignant d'être prophète, persuada au peuple de le suivre sur le mont des Oliviers, leur promettant de faire tomber en leur présence les murs de Jérusalem, et de les introduire dans la ville par la brèche. Un autre imposteur (*c*) entraîna dans le désert un grand nombre de peuple, auquel il promettait une délivrance générale de tous maux. Judas le Galiléen, auteur de la secte des Hérodiens, soutenait que les Juifs ne devaient reconnaître que Dieu pour leur maître, et qu'ils ne pouvaient sans lâcheté et sans prévarication payer le tribut à César (*d*). Ses enfants furent héritiers de son esprit, et inspirèrent fortement l'esprit de révolte aux Juifs, leurs compatriotes, dans la guerre contre les Romains.

Après la fin de cette guerre, un certain Jonathas, tisserand de son métier (*e*), parut dans la Cyrénaïque, et séduisit grand nombre de Juifs par de faux miracles et des prestiges dont il les éblouit dans les déserts où il les entraîna. Catulle, gouverneur de la Libye Pentapolitaine, les dissipa et prit de là occasion de piller les plus riches des Juifs de ce pays-là. Mais le plus fameux des imposteurs qui parurent depuis la ruine du temple, fut Barchochébas, qui souleva les Juifs contre l'empereur Adrien, et attira contre eux les forces de l'Empire, qui les réduisirent en un état dont ils ne se sont jamais pu relever. *Voyez* ci-devant BARCHOCHÉBAS. Je ne parle pas ici des faux Messies qui ont paru en différents temps parmi les Juifs. *Voyez* le titre MESSIE.

L'état d'oppression où sont réduits les Juifs dans presque tous les pays du monde, et l'attente du Messie qu'ils espèrent toujours les devoir délivrer de tous leurs maux, les rendent plus crédules aux promesses des imposteurs, et plus susceptibles de l'espérance qu'ils leur inspirent de recouvrer leur liberté. Comme tout l'Orient était dans l'attente du Messie et du Libérateur si longtemps attendu et si souvent prédit, dans le siècle que Jésus-Christ parut, ce siècle fut plus fécond en imposteurs qu'aucun autre, à cause de l'entrée qu'ils étaient sûrs de rencontrer dans l'esprit des peuples prévenus et faciles à persuader. Ceux d'entre eux qui passaient pour plus instruits voulurent s'autoriser par là à rejeter Jésus-Christ même, en le confondant avec les séducteurs qui avaient paru et qui paraissaient de jour en jour dans leur nation. *Ce séducteur*, disaient-ils (*f*), *dit pendant qu'il était encore en vie: Je ressusciterai dans trois jours.* Les apôtres du Sauveur étaient traités de même par les Juifs endurcis (*g*) : *Ut seductores et veraces*, etc.

Mais, ce qu'on aurait peine à croire, il s'est trouvé même dans le sein du christianisme, et après tant de merveilles opérées par Jésus-Christ et par les apôtres, après tant de persécutions essuyées par l'Eglise, après tant d'écrits des infidèles et des hérétiques détruits et mis en poudre par les écrivains catholiques, il s'est trouvé, dis-je, des gens qui ont dit et qui ont même écrit que Moïse, Jésus-Christ et Mahomet étaient trois insignes imposteurs. Tout le monde parle d'un livre fameux qui a, dit-on, paru sous le titre : *De tribus impostoribus, Mose, Christo et Mahomete.* Les uns soutiennent que c'est un ouvrage supposé et qui n'a jamais paru; d'autres soutiennent qu'il existe, et on a vu des gens qui se sont vantés de l'avoir vu. — [On a écrit, depuis un siècle, bien d'autres sottises que celles qu'on lit dans ce livre. Il y a des gens pour lire ces sortes de livres, comme il y en a pour aller dans les lieux de prostitution.]

Albéric, moine des Trois-Fontaines, ordre de Cîteaux, au diocèse de Châlons-sur-Marne, qui vivait au milieu du treizième siècle, écrit dans sa Chronique, sous l'année 1239, que l'on proposa dix-sept cas contre l'empereur Frédéric II, entre lesquels il y en a un contre la religion chrétienne, dont le pape parle dans ses livres à l'archevêque de Sens; qui est qu'il y a trois imposteurs dans le monde, savoir, Moïse, Jésus-Christ et Mahomet : *Tres fuerunt baratores seu guillatores in mundo : Moyses, Christus et Mahometes.* Albéric est auteur contemporain de Frédéric II, et sa Chronique est très-estimée.

Mais si ce que dit Jean Bayon, dominicain, qui a écrit l'histoire de l'abbaye de Moyenmoutier, et qui vivait au quatorzième siècle, est vrai, l'empereur Frédéric n'est pas le premier qui ait proféré le blasphème qu'on lui attribue. Voici ce que dit cet historien : J'ai cru, dit-il, devoir insérer dans cet ouvrage ce que j'ai appris étant à Paris, par le rapport de gens de bien et véridiques : il y avait à Paris, vers l'an mil vingt-deux, un docteur de théologie, fort enflé de sa science et fort rempli de vanité et de faste, qui, étant un jour dans sa chaire, enseigna publiquement que trois imposteurs, savoir, Mahomet, Moïse et Jésus-Christ, ont trompé tout le monde : *Tres homines, videlicet Mahometes, Moyses et Christus, totum ad se trahentes deceperunt mundum.* Mais Dieu le frappa sur l'heure, et dès ce moment il oublia tout ce qu'il avait jamais su, et fut privé de l'usage de la parole.

Pierre de Vignes, secrétaire et chancelier de l'empereur Frédéric II, avoue qu'on accusait l'empereur son maître (*h*) d'avoir proféré ce blasphème. Le pape, dans une lettre circulaire adressée à tous les princes et à

(*a*) *Act.* v, 36.
(*b*) *Joseph. l.* XX, c. vi.
(*c*) *Idem, l.* II *de Bello*, c. xii. An de Jésus-Christ 60.
(*d*) *Idem, Antiq. l.* XVIII, c. i.
(*e*) *Joseph. de Bello, l.* VII, c. xxxi.
(*f*) *Matth.* xxvii, 63.
(*g*) II *Cor.* vi, 8.
(*h*) *Petrus de Vineis, Epist.* p. 211, *edit. Scharau.*

tous les prélats (a), avance cette accusation contre Frédéric, et dit qu'on la pourra prouver en temps et lieu. Matthieu Pâris (b) rapporte aussi ce qu'on disait du blasphème touchant les trois imposteurs ; mais il en parle comme d'une calomnie imputée à Frédéric par ses ennemis. L'auteur de la vie de Grégoire IX (c) ; qui est contemporain, avance que cet empereur a pris cette erreur par le commerce qu'il avait avec les Grecs et les Arabes, qui lui promettaient la monarchie universelle par la connaissance des astres ; qu'il se croyait un dieu sous l'apparence d'un homme ; que trois imposteurs étaient venus pour séduire le genre humain, mais que pour lui il devait détruire une quatrième imposture tolérée par l'ignorance des hommes, qui est l'autorité du Pape.

Frédéric ne laissa pas ces accusations sans réplique. Il fit écrire aux cardinaux (d), pour faire son apologie touchant les trois imposteurs ; il donne sa profession de foi correcte et catholique sur la divinité de Jésus-Christ et sur le mystère de l'incarnation, et parle de Moïse et de Mahomet comme doit faire un chrétien.

Voilà une accusation bien solennellement formée contre l'empereur, et bien contredite par l'accusé. Jusque-là il n'est question que de paroles ; mais on soutient qu'il y a un livre réel et existant, qui a pour titre : *Des trois Imposteurs*, etc. Les uns l'attribuent à *Muret*, d'autres à *Bernard Ochin*, d'autres à *Pierre Arétin*, d'autres à *Pogghius Florentin*, d'autres à *Postel*, savant visionnaire du seizième siècle, d'autres à *Arnaud de Villeneuve* (e), d'autres à l'empereur *Frédéric Ier*, surnommé *Barberousse* (f), d'autres à *Fréderic II*.

Florimond de Raimond (g) dit qu'il se souvient qu'en son enfance il vit l'exemplaire de ce fameux livre, dans le collége de Presle, entre les mains de Ramus. Le père Mersenne en parle dans son commentaire sur la Genèse, p. 1830. M. Deshouges, doyen des avocats du grand conseil à Paris, dans un billet de sa main que j'ai lu, dit qu'il a appris d'un de ses amis, homme docte, qu'il avait vu ce détestable livre dans la bibliothèque secrète d'un des plus puissants princes d'Allemagne, mais toutefois sous un autre titre que celui *De tribus Impostoribus*. Il ajoute qu'un autre de ses amis, qu'il ne désigne que par ces trois lettres *A. A. L.*, et dont il savait la probité et l'amour pour la vérité, l'avait assuré qu'il avait trouvé ce fameux ouvrage à Gênes, dans la boutique d'un libraire, en 1666, et qu'il l'aurait même acheté, s'il n'avait été prévenu par un autre qui l'acheta. Feu M. Alliot, ci-devant premier médecin de S. A. R. de Lorraine, m'a dit qu'on lui avait autrefois mis en main ce livre, mais qu'il ne l'avait pas voulu lire.

Christian Kortholt, dans la Préface d'un livre qu'il a composé sous le titre *De tribus Impostoribus*, et qui est imprimé à Kiel en 1680, et à Hambourg en 1700, cite quelques personnes qui disent avoir vu celui dont nous parlons ici ; mais pour celui de Kortholt, il ne regarde rien moins que Moïse, Jésus-Christ et Mahomet ; les trois imposteurs qu'il attaque, sont *Edouard Herbert*, *Thomas Hobbs* et *Benoît Spinosa*. Il dit que M. Bayle lui a écrit, du 7 des ides d'avril 1699, que le fameux livre des trois imposteurs n'était pas dans la bibliothèque de Balde de Rotterdam, et il croit que tous ceux qui se vantent de l'avoir vu sont fort suspects, ou de mauvaise foi, ou de peu d'exactitude.

Un autre auteur (h) a donné le même titre à un ouvrage composé contre trois auteurs catholiques de la première réputation. Cet auteur est M. Morin, et son ouvrage est intitulé : *Vincentii Panurgi Epistola de tribus Impostoribus ad Clariss. Vir. Johan. Baptistam Morinum D. M. atque Regium Matheseos Professorem, Parisiis* 1654. Les trois imposteurs prétendus qu'il attaque sont, Gassendi, Nevreus et Bernier. Gibert Voët, dans sa dispute de l'athéisme, dit qu'en 1614 ou 1615 on chassa de La Haye et on envoya en exil un nommé *Nactegael*, pour avoir prononcé quelques impiétés sur les trois imposteurs. On croit que M. de la Monnoye a fait une dissertation sur cette matière. On dit (i) qu'il y a encore un autre ouvrage qui a pour titre : *Des trois Imposteurs*, mais ces trois imposteurs sont *Zabathai Tzevi, Mahomet Bey* (autrement Jean Cigala), et *Padre Ottomano*.

IMPRÉCATIONS. Le terme latin *imprecor* se prend quelquefois en un bon sens, pour dire souhaiter du bien, faire des vœux favorables à une personne : par exemple (j), les frères de Rébecca la laissèrent aller avec Éliézer pour épouser Isaac, en lui souhaitant toutes sortes de prospérités : *Imprecantes prospera sorori*. Et le jeune roi Josias ayant été placé sur le trône de Juda par le grand prêtre Joïada, on lui mit le diadème et le livre de la loi sur la tête, et on fit d'heureuses acclamations, en criant : *Vive le roi* (k) ! *Imprecatique sunt ei, atque dixerunt : Vivat rex!*

Mais pour l'ordinaire, le mot d'imprécation, en latin comme en français, signifie faire des imprécations, dévouer quelqu'un aux malheurs. Ainsi on chargeait d'imprécations et de malédictions le bouc Azazel (l), on l'envoyait au désert pour y être précipité. Josué, ayant pris et ruiné la ville de

---

(a) *Apud Rainald. an.* 1239, n. 22. La lettre est datée du 1er juillet de cette année.
(b) *Matth. Paris*, p. 408.
(c) *Apud Rainald. an.* 1239, n. 28.
(d) *Petrus de Vineis*, l. I, ep. 31.
(e) *Voyez Naudé, Apolog. des grands hommes accusés de magie*, p. 267, 268.
(f) *Grot. Appendic. tract. de Antichristo.*
(g) *Hist. de l'hérés.* l. II, c. xvi.
(h) *Voyez Antibaillet*, t. I, p. 267, 268
(i) *Voyez* Basnage, *Hist. des Juifs*, t. V, l. VII, c. xvii, à la fin ; ou t. III, l. V, c. xvii, p. 550 et suiv. de l'édit. de Paris.
(j) *Genes.* xxiv, 60.
(k) II *Par.* xxiii, 11.
(l) *Levit.* xvi, 21.

Jéricho, prononça des imprécations contre celui qui la rebâtirait (a) : *Imprecatus est Josue, dicens : Maledictus vir coram Domino, qui suscitaverit et ædificaverit civitatem Jericho.* Moïse ordonne que si une femme est soupçonnée d'infidélité par son mari, on lui fasse boire des eaux de jalousie, sur lesquelles le prêtre aura prononcé des imprécations et des malédictions (b). Il veut de plus que lorsque les Hébreux seront entrés dans la terre promise (c), ils se transportent entre les montagnes d'Hébal et de Garizim, et que l'on prononce de dessus le mont Hébal des malédictions et des imprécations contre ceux qui violeront la loi de Dieu, et des bénédictions de dessus le mont Garizim envers ceux qui l'observeront.

On a parlé ci-devant des imprécations et des dévouements que les anciens faisaient contre leurs ennemis ou contre les villes assiégées. *Voyez* l'article BALAAM et celui de DÉVOUEMENTS.

Souvent les Hébreux exprimaient les imprécations en termes qui signifient le contraire de ce qu'on veut dire ; par exemple, Pharaon (d) dit à Moïse et à Aaron : *Que le Seigneur soit avec vous, comme je vous laisserai aller*, etc. C'est tout le contraire : Dieu me garde de vous laisser aller. Et David, au lieu de prononcer une imprécation contre lui-même, dit (e) : *Hæc faciat Deus inimicis David, et hæc addat, si reliquero de omnibus quæ ad eum pertinent usque mane, mingentem ad parietem* : Que Dieu traite les ennemis de David dans sa rigueur ; au lieu de dire : Que Dieu me traite dans toute sa sévérité. Et ailleurs (f) on accuse Naboth *d'avoir béni Dieu et le roi*; c'est-à-dire, d'avoir blasphémé contre Dieu et le roi. Et Job (g) offre des holocaustes au Seigneur pour expier ses enfants, *de peur qu'ils n'aient béni Dieu*; c'est-à-dire, au contraire, de peur qu'ils n'aient proféré quelque parole contraire au respect qui lui est dû. Et encore Satan dit au Seigneur (h) : Frappez la chair et les os de Job, et vous verrez *s'il ne vous bénit pas en face* : c'est-à-dire, s'il ne s'emporte pas à vous maudire.

IMPUR ; *Impureté légale.* Il y avait plusieurs sortes d'impuretés que l'on contractait sous la loi de Moïse. Les unes étaient volontaires, comme l'attouchement d'un homme mort (i), ou d'un animal mort de soi-même (j), ou d'un reptile, ou d'un animal impur (k) ; ou l'attouchement des choses saintes par celui qui n'était pas pur ou qui n'était pas prêtre ; l'attouchement d'un homme lépreux, ou incommodé de la gonorrhée, ou souillé par un mort ; ou d'une femme nouvellement accouchée (l), ou dans le cours de ses incommodités ordinaires (m), ou incommodée de quelque perte de sang extraordinaire (n). Quelquefois ces impuretés étaient involontaires ; comme lorsque l'on se trouvait, sans y penser, dans la chambre d'un homme qui tombait mort, ou que par mégarde on touchait des os, ou un tombeau, ou quelques-unes des choses souillées dont on vient de parler, ou lorsqu'on tombait la nuit ou le jour dans quelque pollution involontaire (o), ou enfin dans quelques maladies qui souillaient. comme la lèpre (p), la gonorrhée (q), etc. Enfin l'usage du mariage soit légitime, ou illégitime, souillait ceux et celles qui en usaient (r).

Les lits, les habits, les meubles, les pots qui avaient touché quelque chose de souillé, contractaient aussi une sorte de souillure, et souvent la communiquaient à d'autres. On a parlé des animaux impurs sous l'article d'ANIMAUX. La plupart des souillures légales se purifiaient par le bain, et ne duraient que jusqu'au soir. La personne souillée se plongeait tout entière dans l'eau, ou avec ses habits, ou elle et ses habits séparément. D'autres duraient sept jours, comme celle que l'on contractait en touchant un mort (s). Celle des femmes dans leurs mois durait aussi longtemps que cette incommodité n'était pas guérie. D'autres duraient quarante ou cinquante jours, comme celle des femmes nouvellement accouchées. Elles étoient impures quarante jours après la naissance d'un garçon, et cinquante après la naissance d'une fille. D'autres duraient aussi longtemps que l'on n'était pas guéri ; comme celles des lépreux et des personnes incommodées de la gonorrhée. Enfin il y avait certaines impuretés qui excluaient du commerce du monde et des villes, comme la lèpre. D'autres excluaient simplement de l'usage des choses saintes, comme l'attouchement involontaire d'un animal impur, l'usage du mariage, etc. (t). D'autres n'excluaient pas du commerce de la vie, mais seulement séparaient la personne de ses proches dans sa propre maison, en sorte que l'on n'en pouvait approcher qu'à une certaine distance, comme les femmes qui étaient nouvellement accouchées ou dans leurs infirmités ordinaires. Ceux qui les avaient touchées étaient impurs pendant tous le jour, jusqu'au soir.

Il y avait plusieurs de ces souillures qui, comme on l'a dit, se purifiaient par le bain. D'autres s'expiaient par des sacrifices, et d'autres, par une certaine eau ou lessive où il entrait de la cendre d'une génisse rousse qui s'immolait au jour de l'Expiation solennelle (u). Lorsqu'un lépreux était guéri de sa lèpre, il allait au temple, et y offrait un sacrifice de deux oiseaux, dont l'un était

(a) Josue, VI, 25, 26.
(b) Num. V, 18, 19, 20, etc.
(c) Deut. XI, 28, 29.
(d) Exod. I, 10.
(e) I Reg. XXV, 22.
(f) III Reg. XXI, 10
(g) Job, I, 5
(h) Job, II, 5.
(i) Num. XIX, 11, 14
(j) Levit. XI, 34.
(k) Levit. XI, 24... 43.

(l) Levit. XII, 2, 3, 4, 5.
(m) Levit. XVI, 19.
(n) Levit. XV, 25.
(o) Deut. XXII, 10. Vide et Levit. XV, 16.
(p) Levit. XIII, 14.
(q) Levit. XV, 2, 4.
(r) Levit. XV, 16, 18.
(s) Num. V, 2 ; XIX, 11, 12, 20.
(t) Vide Levit. XXII, 4.
(u) Num. XIX, 10, 11, 12. etc.

tué, et l'autre mis en liberté (a). L'homme qui avait été souillé par l'attouchement d'un mort, ou pour avoir assisté à des funérailles, devait se purifier par l'eau d'expiation, dont nous avons parlé, et cela sous peine de la vie. Un homme qui se serait approché de sa femme durant ses incommodités ordinaires était condamné à mort, et elle aussi (b), si la chose était portée en justice. La femme qui avait enfanté un garçon ou une fille venait au tabernacle après le temps prescrit, et y offrait pour son expiation une tourterelle et un agneau, ou, si elle était pauvre, deux tourterelles, ou deux jeunes de pigeons.

Ces sortes d'impuretés, que la loi de Moïse a exprimées avec tant d'exactitude et de soin, n'étaient que figuratives d'autres impuretés bien plus importantes qu'elle a eu soin aussi de bien marquer, qui sont les péchés et les infidélités que l'on commet contre Dieu, ou les fautes que l'on commet contre le prochain. Les saints et les prophètes de l'Ancien Testament ont bien fait connaître cette différence; et notre Sauveur, dans l'Evangile, nous a fort inculqué que ce ne sont pas les souillures extérieures et corporelles qui nous rendent désagréables à Dieu, mais les souillures intérieures qui infectent l'âme, et qui blessent la justice, la vérité et la charité.

INACHUS. *Voyez* ENAC.

INCENDIE. On donna le nom d'*Incendie, Incendium*, ou *Incensio*, en hébreu *Tabeera* (c), au campement où les Hébreux arrivèrent après qu'ils furent décampés de Sinaï. Ce qui donna lieu à ce nom fut que Dieu, irrité par les murmures des Israélites qui se plaignaient qu'ils ne mangeaient point de viande, envoya contre eux un feu qui dévora l'extrémité du camp, et fit périr un grand nombre d'Israélites.

INCESTE, conjonction illicite entre des personnes qui sont parentes jusqu'aux degrés prohibés par les lois de Dieu ou de l'Eglise. L'inceste se prend plutôt pour le crime qui se commet par cette conjonction que pour la conjonction même, laquelle, dans certains temps et dans certains cas, n'est pas considérée comme criminelle; car au commencement du monde, et encore assez longtemps depuis le déluge, les mariages entre frères et sœurs, entre tante et neveu, et entre cousins germains ont été permis. Les fils d'Adam et d'Eve n'ont pu se marier autrement, non plus que les fils et filles des enfants de Noé, jusqu'à un certain temps. Du temps d'Abraham et d'Isaac ces mariages se permettaient encore, et les Perses se les ont permis bien plus tard, puisqu'on dit que la chose ne passe pas pour criminelle ni pour honteuse chez les restes des anciens Perses encore à présent.

Il y a des auteurs qui croient que les mariages entre frères et sœurs et autres proches parents ont été permis, ou du moins tolérés jusqu'au temps de la loi de Moïse; que ce législateur est le premier qui les ait défendus aux Hébreux; que chez les autres peuples ils ont été permis encore depuis. D'autres tiennent le contraire, et il est malaisé de prouver ni l'un ni l'autre sentiment, faute de monuments historiques de ces anciens temps. Ce que nous savons certainement, c'est que le Seigneur déteste ces alliances, et qu'il défend à son peuple de se souiller (d) *par ces sortes d'infamies, comme s'y sont souillés les peuples chananéens, qu'il doit exterminer de leur pays, qu'ils ont déshonoré par ces crimes. Il déclare qu'il punira les crimes détestables de cette terre, qui a horreur de ses propres habitants, et qui les rejette avec dégoût.* Il commence ses ordonnances, au sujet des incestes et des autres conjonctions illicites, par ces mots : *Vous n'agirez point selon les coutumes du pays d'Egypte, où vous avez demeuré : vous ne vous conduirez point selon les mœurs du pays de Chanaan, où je vous introduirai... Vous observerez mes ordonnances et mes préceptes*, etc. Tout cela insinue que les incestes étaient bien communs et autorisés en Egypte et en Palestine.

Les mariages défendus par la loi sont : 1° Entre le fils et sa mère, ou entre le père et sa fille, et entre le fils et la belle-mère. 2° Entre les frères et sœurs, soit qu'ils soient frères de père et de mère, ou de l'un ou de l'autre seulement. 3° Entre l'aïeul ou l'aïeule et leur petit-fils ou leur petite-fille. 4° Entre la fille de la femme du père et le fils du même père, ce qui revient presque à ce qui a été dit au second article. 5° Entre la tante et le neveu; mais les Juifs prétendent qu'il était permis à l'oncle d'épouser sa nièce. 6° Entre le beau-père et la belle-mère. 7° Entre le beau-frère et la belle-sœur : il y a une exception à cette loi, qui est que, lorsque l'homme était mort sans enfants, son frère était obligé d'épouser sa veuve pour lui susciter des héritiers. *Voyez* Deutéronome XXV, 5. 8° Il est défendu au même homme d'épouser la mère et la fille, ni la fille du fils de sa propre femme, ni la fille de sa fille. 9° Ni la sœur de sa femme, comme Jacob qui avait épousé Rachel et Lia. Mais il y en a qui traduisent l'Hébreu de cette sorte (e) : Quand vous aurez épousé une femme, vous n'en prendrez pas une seconde; et plusieurs (f) soutiennent que ce passage défend la polygamie, qui n'a été que tolérée dans la suite.

Tous ces degrés de parenté dans lesquels il n'était pas permis de contracter mariage, sont exprimés dans ces quatre vers :

Nata, soror, neptis, matertera, fratris et uxor,
Et patrui conjux, mater, privigna, noverca,
Uxorisque soror, privigni nata, nurusque,
Atque soror patris, conjungi lege vetantur.

Moïse défend tous ces mariages incestueux sous la peine du retranchement (g) : *Quicon*

(a) *Levit.* xiv, 2, 3 *et seq.*
(b) *Levit.* xx, 18.
(c) *Num.* xi, 3. *Deut.* ix, 21. תבערה *Tabéera.*
(d) *Levit.* xviii, 24, 25.

(e) אישה אל אחתה לא תקח לצרר.
(f) Drus. Junius. Hamond. Willet. Judæi Caraitæ
(g) *Levit.* xviii, 29.

que aura commis quelqu'une de ces abominations périra du milieu de son peuple, c'est-à-dire, sera mis à mort. Cela se prouve parce que l'adultère et d'autres crimes, que la loi soumet à la mort dans d'autres endroits, sont soumis ici à la même peine du *retranchement* du milieu de son peuple. Et, dans le chapitre vingtième, où sont répétées quelques-unes de ces lois, on soumet ces crimes à la mort; par exemple (a) : *Si quelqu'un abuse de sa belle-mère, qu'ils soient tous les deux punis de mort*. Et : *Celui qui, après avoir épousé la mère, épouse encore la fille, il sera brûlé vif avec elle.* La plupart des peuples policés ont regardé les incestes comme des crimes abominables; quelques-uns les ont punis du dernier supplice; il n'y a que des barbares qui les aient permis. Saint Paul, parlant de l'incestueux de Corinthe, dit qu'il a commis un crime inconnu, et en horreur même parmi les nations (b) : *Omnino auditur inter vos fornicatio, et talis fornicatio qualis nec inter gentes ; ita ut uxorem patris sui aliquis habeat.*

L'inceste de Thamar avec Juda, son beau-père, est connu: l'Ecriture ne le condamne pas, elle semble même l'approuver; et Juda qui voulait la faire brûler comme adultère, reconnaît enfin qu'elle est plus juste que lui : *Justior me est*, parce qu'il différait malicieusement de lui donner pour époux Séla, le dernier de ses fils (c), qui devait l'épouser par la loi du lévirat, qui oblige le frère d'épouser la veuve de son frère mort sans enfants.

L'inceste de Loth avec ses deux filles ne peut s'excuser que par l'ignorance de Loth et par la simplicité de ses filles, qui crurent, ou qui feignirent de croire qu'après la ruine de Sodome et de Gomorrhe il ne restait plus d'hommes sur la terre pour les épouser (d) et pour perpétuer la race des hommes. La manière dont elles s'y prirent pour s'approcher de leur père fait voir qu'elles regardaient cette action comme illicite, et qu'elles ne doutaient pas que leur père ne l'eût eue en abomination, si elles ne lui en eussent dérobé la connaissance par l'ivresse où elles le plongèrent.

Lorsque Ammon, fils de David, voulut déshonorer par un inceste Thamar, sa sœur, cette princesse lui dit (e) : Mon frère, gardez-vous bien de commettre cette action, qui me déshonorerait dans Israel et vous ferait passer pour un prince insensé : *Mais parlez au roi notre père, demandez-moi pour votre femme, et il ne vous refusera pas votre demande.* Thamar supposait donc que les mariages entre frère et sœur étaient permis. Mais quel qu'ait été sur cela le sentiment de cette jeune princesse, quelque intention qu'elle ait eue, il est certain que la loi défend expressément ces mariages, ainsi qu'on le vient de voir.

[On l'a vu, toutes les espèces d'inceste sont défendues par Moïse. Est-ce parce qu'elles l'étaient chez les Egyptiens ? Ceux qui prétendent que Moïse a emprunté sa législation à l'Egypte répondraient sans doute affirmativement. Mais l'inceste, à commencer par celui que j'appelle de la seconde espèce, était permis en Egypte : le mariage du frère avec la sœur était légal. M. Champollion-Figeac, il est vrai, fait une distinction. « C'est sous les Grecs, dit-il (1), que le mariage fut permis entre le frère et la sœur; l'histoire des rois Ptolémées en offre de fréquents exemples : on n'en trouve aucun dans les temps antérieurs. » C'est ainsi que cet auteur croit réfuter Diodore de Sicile, qui « mentionne plusieurs lois égyptiennes, sans distinguer, dit-il, les temps où elles furent en vigueur, et sans s'occuper à discerner l'influence qu'exercèrent sur la législation égyptienne l'invasion et les coutumes des Perses et des Grecs quand ils furent maîtres de l'Egypte. » Tout cela ne me paraît que conjectural.

M. Reynier (2) fait au contraire remonter la consécration légale de l'inceste aux temps primitifs de l'Egypte, lorsque ce pays reçut de ses prêtres son organisation politique. « Les prêtres, dit M. Aubert de Vitry, s'étaient réservé jusqu'au pouvoir de faire juger les rois après leur mort, afin de les mieux soumettre à leur ascendant pendant leur vie. C'est au même motif que M. Reynier attribue avec beaucoup de vraisemblance l'inceste légal auquel les monarques de l'Egypte étaient condamnés, et dont les rois grecs se crurent obligés d'adopter l'usage révoltant. » Il est plus facile de comprendre que les rois grecs aient trouvé et suivi cet usage en Egypte, qu'il ne l'est de croire qu'ils l'y aient introduit.]

INCRÉDULE, se dit principalement de ceux qui ne veulent pas croire des vérités qu'on leur annonce, qui résistent à l'évidence des raisons, ou qui n'y veulent pas donner leur attention. Les Juifs, à qui le Sauveur prêcha l'Evangile, demeurèrent presque tous incrédules. Plusieurs mauvais chrétiens sont incrédules sur les mystères de notre religion. L'incrédulité est moins un défaut de l'esprit que du cœur.

Le texte latin de l'Ecriture emploie quelquefois le mot d'*incredibilis*, au lieu de celui d'*incredulus*; par exemple, en parlant de la femme de Loth, changée en pierre de sel (*f*) : *Incredibilis animæ stans figmentum salis*. Et l'auteur de l'Ecclésiastique (*g*) : La femme adultère est incrédule à la loi du Seigneur : *In lege Altissimi incredibilis fuit.* Et Baruch (*h*) : *Eramus incredibiles ad Dominum Deum nostrum.* Il est à remarquer que ces trois endroits que nous venons de citer ne sont pas de la traduction de saint Jérôme, mais de l'ancienne Vulgate.

(a) *Levit.* xx, 11, 19.
(b) I *Cor.* x, 1.
(c) *Genes.* xxxviii, 24, 29.
(d) *Genes.* xix, 31, etc.
(e) II *Reg.* xiii, 13.
(f) *Sap.* x, 7.
(g) *Eccli.* xxiii, 35.
(h) *Baruc.* i, 19.
(1) Ouvrage sur l'*Egypte*, faisant partie de l'*Univers pittoresque*, publié par F. Didot, pag. 41, col. 2.
(2) *De l'économie politique et rurale des Egyptiens et des Carthaginois*, ch. iii, in-8°; Genève et Paris, 1823.

Saint Pierre, dans sa première Épître (a), parle *des esprits incrédules* auxquels Jésus-Christ prêcha lorsqu'il descendit aux enfers: *His qui in carcere erant spiritibus veniens prædicavit, qui increduli fuerant aliquando, quando exspectabant patientiam Dei in diebus Noe.* Ces esprits incrédules sont les âmes des hommes qui vivaient du temps de Noé, et qui demeurèrent incrédules à la prédication de ce saint patriarche. Ces âmes furent informées de la venue de Jésus-Christ, de sa résurrection et de sa descente aux enfers; mais cela ne fit qu'augmenter leur désespoir et leurs malheurs, parce que, étant morts dans l'incrédulité et dans l'impénitence, elles ne se trouvaient pas en état de profiter de la rédemption que Jésus-Christ vint annoncer dans l'enfer aux justes, qui attendaient sa venue.

Quelques anciens Pères (b) ont cru que le Sauveur étant descendu aux enfers, y avait prêché aux païens et aux infidèles, afin que, s'ils demeuraient incrédules, leur damnation fût sans excuse; que quelques-uns avaient cru à sa prédication, et s'étaient convertis ; qu'il les avait fait entrer avec lui dans le ciel. Mais ce sentiment n'est pas suivi : l'Église croit que ceux qui sont morts dans l'impénitence et dans le crime sont damnés irrévocablement. On peut voir les commentateurs sur ce passage de saint Pierre. Nous avons déjà touché ce passage dans l'article des Esprits.

INDE, *India.* Le pays des Indes, ou de l'Inde, prend son nom du fleuve *Indus,* qui est un des plus grands fleuves de ce pays. Ses bornes sont au couchant, la Perse ; au nord, la grande Tartarie; au levant la Chine ; et au midi, la mer de l'Inde. L'Inde et le Gange sont ses principales rivières. Le terroir est très-fertile en riz, en millet, en fruits et en épiceries. La soie et le coton y sont fort communs : on y voit des éléphants, des chameaux, des singes, des perroquets verts et rouges. On y trouve des mines d'or, d'argent, de diamants, de rubis, etc., et on pêche de fort belles perles le long de ses côtes.

Les Orientaux (c) divisent les Indes en deux parties, appelées *Hend* et *Send.* Le nom de *Send* [Sind] signifie proprement le fleuve *Indus*, et on donne le même nom au pays qui est en deçà à l'occident, et au delà à l'orient de ce fleuve, le long de son cours, et principalement vers son embouchure ; et le pays de *Hend* est à l'orient du même pays de *Send*, et s'étend principalement le long du Gange, à l'orient et à l'occident de ce fleuve, depuis sa source jusqu'à son embouchure, ayant à son couchant le golfe de Perse, au midi l'océan indien, à l'orient de grands déserts qui la séparent de la Chine, et au septentrion le pays des Azacs, ou Tartares. Tout le pays de *Hend* et de *Send*, pris ensemble, se divise en trois parties. La première s'appelle *Giuzurat*, que nous appelons *Guzerate* ou *Decan*; c'est la partie la plus occidentale. La seconde porte le nom de *Manibar*, que nous appelons *Malabar*; elle est à l'orient et au midi de Guzerate. La troisième partie et la plus orientale s'appelle *Mabar*, ou *Mébar*, mot qui signifie, en arabe, le trajet, ou passage, parce que de là on passe à la Chine. Elle est tout entière au delà du golfe de Bengale, et a pour capitale la grande ville de *Canacor*, ou *Cancanor*.

Les anciens ont quelquefois compris l'Éthiopie sous le nom d'Indes, et les Persans appellent encore aujourd'hui un Ethiopien *un Indien noir.* Et les histoires des Orientaux portent que les Indiens demandèrent des évêques à Simon le Syrien, patriarche jacobite d'Alexandrie. L'océan Éthiopique des anciens est notre océan Indien.

Il est parlé des Indes en quelques endroits de l'Écriture. Par exemple, dans le livre d'Esther (d) il est dit qu'*Assuérus* régnait *depuis les Indes jusqu'à l'Ethiopie*: l'hébreu, *depuis Haddo jusqu'à Chus.* Sous le nom d'*Addo*, tous les interprètes entendent les Indes, et sous le nom de *Chus* l'Éthiopie, ou bien le pays qui s'étend sur le bord oriental du golfe Arabique, que les anciens entendaient sous le nom d'Éthiopie orientale.

Il est certain que Darius, fils d'Hystaspe, que nous croyons être le même qu'Assuérus, régnait sur quelques provinces des Indes proprement dites (e), et que les Ethiopiens lui payaient certains tributs marqués dans Hérodote (f). Job parle aussi de l'Inde (g) : *Non conferetur tinctis Indiæ coloribus.* Mais l'hébreu lit : *On ne le comparera pas au chetem d'Ophir.* Or le *chetem* se prend pour l'or. *Voyez* Ophir. Dans le premier livre des Machabées (h) le conducteur d'un éléphant est nommé *Indien*, parce que pour l'ordinaire on prenait de véritables Indiens pour conduire ces animaux. L'Indien était assis sur le cou de la bête ; et, avec une verge de fer recourbée, il lui piquait l'oreille et le faisait tourner où il voulait. Les meilleurs auteurs de l'antiquité donnent aussi communément le nom d'Indien au maître d'un éléphant, de quelque nation qu'il soit.

[Le premier livre des Machabées parle plus loin (VIII, 8) de l'Inde, *regionem Indorum.* Ce texte porte que les Romains obligèrent Antiochus le Grand de leur donner *le pays des Indiens*. Là-dessus des commentateurs supposent qu'il faut lire ici le pays des *Ioniens*, et non pas des *Indiens*, parce qu'il ne paraît pas, disent-ils, que les Romains aient étendu leur pouvoir jusqu'aux Indes. D'autres disent qu'il ne paraît pas que ni Antiochus, ni Eumène, à qui les Romains auraient donné ce pays, aient rien possédé dans les Indes ; mais qu'il suffit, pour la vérité de l'histoire, que Judas Machabée l'eût

---

(a) 1 *Petri* III, 20
(b) *Clem. Alex.* l. VI. *Stromat. Epiphan. hæres.* 46. *Ambrosiaster in Ephes.* IV *Nazianz. Orat.* 42, *sub finem. Nicet. not. in eumdem.*
(c) *Biblioth. Orient.*, p. 447. *Hend. et* p. 804. *Send.*

(d) *Esth.* I, 1. מהדו ועד כוש *Mehoddo vead Chusch.*
(e) *Herodot.* l. III, c. xciv.
(f) *Idem*, l. III, c. xcvii.
(g) *Job*, xxviii, 16. לא תסלה בכתם אפיר
(h) 1 *Mac.* vi, 37.

ouï dire et l'eût cru. Barbié du Bocage, parlant de la configuration de l'Inde, a occasion de s'expliquer sur ce texte du livre des Machabées. Voici ce qu'il dit : « Outre la division adoptée et encore suivie par les modernes, il y en avait une autre fondée sur le cours de l'Indus. On partageait, relativement à ce fleuve, les Indiens en *Indiens citérieurs* à l'O., et *Indiens ultérieurs* à l'E. Le pays des premiers forma l'*Inde Persique* ou *Macédonienne* : il avait effectivement fait partie des États assyriens et mèdes, et de la Perse, et il fut subjugué par Alexandre. C'est vraisemblablement de cette partie du pays des Indiens que parle le livre premier des *Machabées* (VIII, 8), car elle passa d *Séleucus Nicanor*, qui paraît lui-même avoir poussé ses conquêtes jusqu'à la ville de *Palibothra* sur le Gange. La domination des Séleucides sur l'Inde ne pouvait être que nominale : car, bien que ces princes la comptassent au nombre de leurs possessions, leur pouvoir y était nul ou à peu près, puisque le pays était occupé par plusieurs peuples indépendants d'eux, et soumis d'ailleurs à des princes différents. Si les connaissances des Grecs et des Romains sur l'Inde étaient bornées, à bien plus forte raison celles des Hébreux l'étaient-elles aussi. »]

* INDIFFÉRENCE, est l'état de celui qui flotte entre la foi et l'incrédulité, à qui la foi paraît un joug trop dur, qui se fait une foi plus douce, plus commode, plus tolérante, à mesure que les passions et les préjugés l'exigent, et qui est toujours, même dès le principe, plus près de l'incrédulité que de la foi. État dangereux, état funeste, qui met le salut en un péril dont l'imminence ne fait que s'accroître, si on ne se hâte d'en sortir et de se jeter dans les seuls bras de la foi. — L'*indifférence* est menacée par des paroles remarquables que Jésus-Christ chargea saint Jean d'adresser à l'évêque de Laodicée (*Voyez* TIÉDEUR) ; paroles où la langue théologique et mystique montre la *tiédeur*. Mais la *tiédeur* et l'*indifférence* ont les mêmes caractères et jouent le même rôle, quoique sur des théâtres différents : la *tiédeur* affecte plutôt les pieux de profession ; l'*indifférence* paraît plutôt parmi les autres chrétiens. La *tiédeur* devient l'indifférence sur les confins du royaume de Jésus-Christ et du royaume de Satan : le tiède est encore plus à Jésus-Christ, l'indifférent est déjà plus à Satan. *Voyez* mon *Dictionnaire de l'Écriture sainte*, au mot INDIFFÉRENTISME.

INIQUITÉ. Ce terme se prend non-seulement pour le péché, mais aussi pour la peine du péché et pour l'expiation du péché : par exemple, on dit qu'*Aaron portera les iniquités du peuple* (a) ; il les expiera. Et ailleurs (b) : Le Seigneur *rend l'iniquité des pè-*

(a) *Exod.* XXVIII, 38.
(b) *Exod.* XXXIV, 7.
(c) *Levit.* V, 1 ; XVII, 16 ; XIX, 8, etc.
(d) *Levit.* XVI, 22.
(e) I *Reg.* XXV, 28.
(f) *Psalm.* XVII, 5.
(g) *Psalm.* XLVIII, 6.
(h) *Psalm.* XCII, 20.

res sur les enfants; il fait quelquefois tomber les effets extérieures de sa colère sur les enfants des pères criminels.

PORTER SON INIQUITÉ (c), en souffrir la peine, être obligé de l'expier. Le bouc Azazel (d), ou émissaire, *portera les iniquités de la multitude dans une terre déserte;* on le conduira sur un précipice, et on le jettera à bas, pour être une victime d'expiation pour tout le peuple. *Aufer iniquitatem famulæ tuæ* (e), disait Abigaïl à David : Ne faites point retomber sur moi la faute de Nabal, mon mari.

L'homme d'iniquité, *l'enfant d'iniquité*, *la main d'iniquité*, *la voie d'iniquité*, *les ouvriers d'iniquité*, signifient un méchant homme, un enfant, ou un homme pécheur, une conduite criminelle, etc. *Les torrents d'iniquité m'ont troublé* (f). L'hébreu : *Les torrents de Bélial m'ont effrayé;* les méchants sont venus fondre sur moi comme un torrent. *Iniquitas calcanei mei circumdabit me* (g): La peine de mes iniquités, qui me suivent pas à pas, m'enveloppera tout d'un coup. *Numquid adhæret tibi sedes iniquitatis, qui fingis laborem in præcepto* (h)? Serait-il possible, ô mon Dieu, que vous fussiez de concert *avec le trône d'iniquité*, avec les Chaldéens, ces superbes et injustes dominateurs, *qui forment le mal*, le travail, la peine *par leur autorité;* qui abusent de leur pouvoir pour nous accabler de maux? *Judas acquit un champ par le prix de son iniquité* (i) ; ou plutôt, il fournit aux princes des prêtres de quoi en acheter un, en leur rendant le prix de sa trahison.

INNOCENT, INNOCENCE. La signification de ce terme est assez connue. Les Hébreux faisaient principalement consister l'innocence dans l'exemption des fautes extérieures commises contre la loi ; d'où vient qu'assez souvent ils joignent *innocens* avec *manibus* (k) : *Innocens manibus et mundo corde. Manus vestras servate innocentes* (l). *Lavabo inter innocentes manus meas* (m). Et encore Psalm. LXXII, 13 : *Ergo sine causa justificavi cor meum, et lavi inter innocentes manus meas.* Josèphe ne reconnaît point d'autres péchés que ceux qui sont mis en exécution : les péchés de pensées ne sont point punis de Dieu, selon lui.

ÊTRE INNOCENT, se prend quelquefois pour être exempt de peine. *Je ne vous traiterai pas comme innocent* ; à la lettre (n) : Je ne vous ferai pas innocent ; je vous châtierai, mais en bon père. Et ailleurs (o) en parlant aux Iduméens : Ceux qui n'avaient pas (si fort) mérité de boire le calice de ma colère, en ont goûté, *et vous croiriez en être innocent? vous n'en serez pas innocent, mais vous en boirez*, etc. Et Nahum, ch. I, vers. 3 : *Dominus mundans non faciet innocentiam:* Dieu est prêt d'exercer sa vengeance ; *il ne fera*

(i) *Act.* I, 18.
(j) *Psalm.* XXIII, 4.
(k) *Genes.* XXXVII, 22
(l) *Psalm.* XXV, 6.
(m) *Jerem.* XLVI, 28. נקה לא אנקך
(n) *Jerem.* XLIX, 12.

personne *innocent*; il n'épargnera personne. Et Moïse, *Exod.* XXXIV, 7 : *Nullus apud te per se innocens est* ; l'hébreu : *Vous ne rendrez personne innocent*. Nul péché ne demeurera impuni, Seigneur, dit le Psalmiste (a) : *Vous êtes innocent avec l'innocent:* vous traitez le juste comme juste, le bon comme bon: vous ne confondez jamais le coupable avec l'innocent.

Job, accusé par ses amis, déclare qu'il ne renoncera jamais à son innocence (b) : *Non recedam ab innocentia mea :* Je soutiendrai toujours, et je n'avouerai pas que Dieu me punisse pour mes crimes. Dieu dit de lui à Satan que malgré les maux dont il l'a frappé, il garde encore son innocence (c) : *Adhuc retinens innocentiam*. Et la femme de Job lui insulte en disant: *Adhuc permanes in simplicitate tua ?* ou *in innocentia tua*, selon l'hébreu ; vous demeurez aussi fortement attaché à vos devoirs, aussi soumis à la volonté de Dieu qu'avant votre disgrâce.

INNOCENTS. On appelle de ce nom, dans l'Eglise, les enfants qu'Hérode fit mourir à Bethléem et dans sa banlieue, depuis l'âge de deux ans et au-dessous, voulant envelopper dans ce massacre le nouveau roi des Juifs, dont il avait appris la naissance par les mages venus d'Orient. On peut voir les articles d'HÉRODE LE GRAND et des MAGES. Hérode, cachant son mauvais dessein, avait dit aux mages de chercher avec soin le nouveau roi, et, quand ils l'auraient trouvé, de lui en venir rendre compte. Mais les mages, avertis en songe par un ange, se retirèrent secrètement de la Judée, et s'en retournèrent par un autre chemin dans leur pays (d). Hérode, voyant qu'il avait été trompé par les mages, envoya à Bethléem (e) et dans toute sa banlieue, et y fit tuer tous les enfants depuis l'âge de deux ans et au-dessous, *a bimatu et infra*, selon le temps que les mages lui avaient dit que l'étoile leur était apparue pour la première fois. Les Grecs, dans leur Ménologe, et les Ethiopiens dans leur Liturgie, portent que le nombre des enfants massacrés à Bethléem et aux environs fut de quatorze mille ; ce qui n'est nullement croyable. Mais le culte des Innocents est certainement très-ancien dans l'Eglise qui les a toujours regardés comme les fleurs des martyrs (f). On montre de leurs reliques en plusieurs endroits. L'Eglise latine célèbre leur fête le 28 de décembre, et les Grecs le 29.

Il est assez surprenant que Josèphe l'historien n'ait rien dit de ce massacre. Cela fait juger que le nombre des enfants mis à mort ne fut pas si grand que le veulent les Grecs, les Ethiopiens et les Moscovites. On prétend que c'est à cette occasion qu'Auguste dit qu'il valait mieux être le pourceau que le fils d'Hérode. Auguste ayant appris, dit Macrobe (g), qu'Hérode, roi des Juifs, avait fait mourir son propre fils parmi les enfants qu'il avait fait tuer dans la Syrie, dit qu'il valait mieux être le porc que le fils de ce prince. Il y a assez d'apparence que l'empereur apprit en même temps la mort des innocents et celle d'Antipater, qu'Hérode, son père, fit mourir cinq jours avant sa mort, et qu'à cette occasion il dit ce que Macrobe raconte. Entre la mort des Innocents, et celle d'Antipater, il n'y a pas plus de six semaines. Nous avons parlé de la fuite de Jésus-Christ en Egypte dans la vie de notre Sauveur, et dans l'article FUITE EN EGYPTE. Quant à ce que dit saint Matthieu, qu'au temps du massacre des Innocents on vit l'accomplissement de cette prophétie de Jérémie (h) : *Vox in Rama audita est*, etc., nous croyons que le premier sens de la prophétie regarde le transport des dix tribus en captivité, et que saint Matthieu l'a accommodée à la circonstance dont il s'agit ici. *Voyez* RAMA.

INSTRUMENTS DE MUSIQUE. *Voyez* ci-après sous l'article MUSIQUE.

INTELLIGENCE, *Intellectus*. Ce terme, qui signifie l'*entendement*, se trouve à la tête de plusieurs psaumes. Par exemple (i) : *Intellectus ipsi David; intellectus filiis Core* (j), ou *filiis Core ad intellectum; intellectus Asaph, intellectus Ethan, intellectus Emath*, etc. L'hébreu, *Maschkil-le-David*, signifie ou que ce psaume est un cantique instructif et moral, ou qu'il est profond et demande une étude et une intelligence particulière. Les Hébreux croient que les psaumes où ce titre se remarque, sont de ceux auxquels on joignait l'explication en les récitant.

Ce terme *intellectus* se prend quelquefois pour le bon succès, la bonne fortune, le bonheur; parce qu'en hébreu le terme *schekal*, qui signifie l'intelligence, signifie aussi la prospérité et le bon succès ; par exemple (k) : *Initium sapientiæ timor Domini; intellectus bonus omnibus facientibus eum:* Dieu comble de biens ceux qui le craignent. Et ailleurs (l) : *Appropinquet deprecatio mea in conspectu tuo, juxta eloquium tuum da mihi intellectum:* Ecoutez mes prières, et, selon vos promesses, donnez un heureux succès à mes entreprises. Dans Josué (m) : *Ut intelligas cuncta quæ agis :* afin que vous réussissiez dans vos entreprises. Et encore: *Tunc diriges viam tuam, et intelliges eam*.

INTENDANTS, ou GOUVERNEURS DE JUDÉE. *Voyez* GOUVERNEURS.

INTENDANTS, ou MAÎTRES DE LA MAISON DU ROI. *Voyez* COUR DES ROIS HÉBREUX.

INTENDANTS DU ROI, OU DE SES REVENUS

(a) *Psalm.* XVII, 26.
(b) *Job*, XXVII, 5.
(c) *Job*, II. 3, 9.
(d) *Matth.* II, 16, 17.
(e) An du monde 4001, de Jésus-Christ 1, et 3 ans avant l'ère vulg.
(f) Vide *Irenæ. l.* III, c. XVIII. *Origen. in Psalm.* XXXVI, homil. 4, p. 457. *Aug. de Lib. Arbit. l.* III, § 68. *Chrysost. in Matth. homil.* 9, etc.

(g) *Macrob. l.* II, c. IV, *Saturnal.*
(h) *Jerem.* XXXII, 15.
(i) *Psalm.* XXXI, 1. לדוד משכיל.
(j) *Psalm.* XLI, 1. בשכיל לבני קרח.
(k) *Psalm.* CX, 10.
(l) *Psalm.* CXVIII, 169.
(m) *Josue*, I, 7.

« Comme l'agriculture et l'économie étaient en honneur parmi les Hébreux, les rois avaient des intendants de leurs champs (a), de leurs arbres, de leurs vignes, de leurs plants d'oliviers, de leurs troupeaux d'ânes, de chameaux, de bœufs, de chèvres et de brebis. D'autres avaient l'inspection sur les ouvriers qui travaillaient pour le roi, soit que ce fussent des gens employés à des corvées au profit du monarque, ou des esclaves qui travaillassent pour lui ; il y avait outre cela des *intendants des trésors* (b) ou *des richesses du roi* (c), c'est-à-dire des celliers et des caves pleines de vin et d'huile, et des greniers de froment du revenu du roi. Les Hébreux appellent trésors toutes sortes d'amas de choses utiles et précieuses, et sous le nom de richesses on entend non-seulement l'or et l'argent, mais principalement les fruits de la terre, le vin, l'huile et le bétail. Salomon ne regardait pas ce détail comme indigne de son attention : on trouve dans ses livres plusieurs belles maximes d'économie, et il nous parle de son application à cela dans l'Ecclésiaste (d). C'était là le goût des anciens : nous voyons dans Homère (e), Démocoon, fils du roi Priam, à qui son père avait donné l'intendance de ses beaux haras dans le pays d'Abyde ; les sept fils d'Eétion, roi des Ciliciens, gardaient les troupeaux de leur père (f). » (Tiré de la *Dissertat. sur les officiers de la cour et des armées des rois hébreux*, qui se trouve dans la Bible de Vence, tom. V, 5ᵉ édition).

* INTENDANTS DES TRIBUTS. « Les anciens rois de Perse, avant Darius, fils d'Hystaspe, s'étaient contentés de recevoir de leurs peuples des fruits et autres choses en espèce, suivant la nature et la situation du lieu de leur demeure ; mais Darius, fils d'Hystaspe, exigea les tributs et les impositions en argent (g). David, Salomon et les rois suivants recevaient des tributs en or, en argent, en bétail, en fruits, selon les facultés et la commodité des peuples. Il y avait des intendants des tributs (h) qui étaient chargés d'en faire le recouvrement. Aduram eut cet emploi sous David (i); sous Salomon, on trouve Adoniram (j), peut-être le même qu'Aduram, nommé sous le règne de David et sous le règne de Roboam (k). Salomon avait aussi confié cette charge à Jéroboam pour les tributs des tribus d'Ephraïm et de Manassé (l) ; mais nous ne savons si en cet endroit le nom de *tribut* se doit prendre en rigueur, peut-être faudrait-il l'expliquer plutôt des charges et des servitudes personnelles que les sujets étaient obligés de rendre à leurs princes : quoiqu'il en soit, Jéroboam profita des mauvaises dispositions et du mécontentement des Israélites contre Salomon; ce peuple s'étant plaint du joug accablant dont il les avait chargés, et Roboam leur ayant répondu d'une manière indiscrète et altière, Jéroboam fut élu roi des dix tribus, et, Roboam ayant envoyé vers les séditieux Aduram, intendant des tribus, le peuple le lapida (m) sans vouloir l'écouter. Parmi les Hébreux on appelait les tributs du nom de *présents* ; les peuples assujettis et tributaires faisaient des présents à leur souverain. Aujourd'hui, parmi les Perses, il y a des officiers à la cour des grands qui tiennent registres des présents qu'on fait à leurs maîtres (n). » (Tiré de la *Dissertat. sur les officiers de la cour et des armées des rois hébreux*, qui se trouve dans la Bible de Vence, tom. V, 5ᵉ édition).

INTERCALER, *Intercalation*. On nomme *intercalation* l'usage où sont les Juifs d'ajouter un treizième mois à leur année lunaire au bout de deux ou de trois ans; c'est-à-dire que dans une révolution du cycle de dix-neuf ans il y en a sept de treize mois chacun, et les autres sont seulement de douze mois; quand cela arrive, c'est-à-dire, lorsqu'on ajoute un mois intercalaire à l'année, ce mois se place entre février et mars : et alors il y a *adar premier*, et *adar second* ; et ce dernier s'appelle *ve-adar*, comme qui dirait : *et encore adar*, ou *une seconde fois adar*.

La nécessité de cette intercalation vient de ce qu'ils suivent dans leur année le cours de la lune, au lieu que nous suivons le cours du soleil. Dans l'année solaire nous intercalons tous les quatre ans un jour dans le mois de février : et cette quatrième année est nommée *bissextile*, parce qu'on y compte deux jours de suite *le sixième des calendes de mars* ; c'est-à-dire le 24 et le 25 de février, lequel, dans les années bissextiles, a vingt-neuf jours au lieu de vingt-huit. Cette intercalation est fondée sur les six heures moins onze minutes que le soleil emploie à faire son cours, au delà des 365 jours qui composent l'année solaire commune.

L'intercalation des Juifs, au contraire, se fait à cause que tous les mois lunaires sont moins longs de douze heures ou environ que les mois solaires ; ce qui fait au bout de trois ans la valeur de vingt-neuf ou trente jours. *Voyez* l'article MOIS.

INTERDIT, *anathème*. On peut voir les titres ANATHÈME, et EXCOMMUNICATION, et CORBAN.

*INTERPRÉTATION DE L'ECRITURE SAINTE *Voyez* SENS, CONTRADICTIONS.

INTERROGER, dans le style du Nouveau Testament. Le grec *erotao*, *interroger*, est souvent synonyme à *prier* ou *demander* quelque chose, *rogo*, ou *peto* ; par exemple (o) : *Ils l'interrogeaient en lui disant : Accordez-lui ce qu'elle demande*; c'est-à-dire, ils le sup-

---

(a) Vide I *Par.* xxvii, 26 *et seqq.*
(b) I *Par.* xxvii, 25 : *Hebr.* על אוצרות המלך.
(c) *Ibid.* v. 31. *Hebr.* שרי הרכוש.
(d) *Eccles.* ii; 4, 5, 7.
(e) Homer. *Iliad.* iv.
(f) Homer. *Iliad.* vi.
(g) Herodot. *l.* III, c. LXXXIX.
(h) על הבס.
(i) II *Reg.* xx, 24.
(j) III *Reg.* iv, 6
(k) III *Reg.* xii, 18.
(l) III *Reg.* xi, 28.
(m) III *Reg.* xii, 18.
(n) Chardin, *Voyage en Perse*, p. 275, 276.
(o) *Matth.* xv, 23, ἐρωτων αὐτὸν λέγοντες.

phaient de lui accorder ce qu'elle demandait. Et dans saint Marc, VII, 26 : *La Cananéenne interrogeait Jésus qu'il chassât le démon de sa fille.* Souvent l'auteur de la Vulgate a traduit le grec *erotao* par *prier* (a), parce que la suite du discours l'a déterminée à ce sens ; mais il est certain que sa vraie signification est *interroger ;* et le traducteur l'a même conservé en quelques endroits : par exemple, Luc XXII, 68 : *Si autem et interrogavero, non respondebitis mihi, neque dimittetis :* Quand je vous prierai de me mettre en liberté, vous ne m'écouterez point. Et dans saint Jean, XVI, 30 : *Nunc scimus quia scis omnia, et non opus est tibi ut quis te interroget :* Vous savez tous nos besoins, et vous n'avez pas besoin que nous vous demandions quelque chose.

INVOQUER le nom de Dieu, l'appeler à son secours, le réclamer dans son besoin (b). *Enos commença à invoquer le nom du Seigneur.* D'autres traduisent l'hébreu : *Alors on profana le nom de Dieu*, en le donnant à des idoles. *Voyez* l'article d'ENOS.

QUE VOTRE NOM SOIT INVOQUÉ SUR NOUS ; que nous ayons l'honneur de vous appartenir et d'être appelés votre peuple, vos serviteurs. *Que l'on invoque mon nom sur eux* (c) ; qu'on les qualifie fils d'Israel, qu'ils soient réputés mes enfants. Isaïe, parlant d'un temps où le pays sera fort désert et les hommes fort rares, dit par une espèce de proverbe : (d) *Sept femmes prendront un homme, et lui diront : Nous nous nourrirons et nous nous vêtirons ; nous vous demandons seulement qu'on invoque votre nom sur nous ;* que vous nous preniez pour femmes, et qu'on nous reconnaisse en cette qualité ; ôtez de dessus nous l'opprobre du célibat. *Vous êtes venu dans ce temple sur lequel mon nom a été invoqué* (e), ce temple connu sous le nom de temple du Seigneur. *Mon Dieu, jetez les yeux sur cette ville, sur laquelle votre nom a été invoqué* (f), sur Jérusalem, qui est connue sous le nom de Ville sainte, de ville du Seigneur.

INVOQUER DIEU, se met quelquefois pour tous les actes de religion, pour le culte public du Seigneur. *Tous ceux qui invoqueront le nom du Seigneur seront sauvés* (g) : quiconque croira, espérera, aimera et priera comme il faut, sera sauvé. Dieu tient en quelque sorte à l'honneur que nous l'invoquions ; il est en quelque sorte jaloux de nos adorations ; il ne veut pas qu'on invoque d'autre Dieu que lui. *Invoquez-moi au jour de votre affliction, je vous délivrerai, et vous me glorifierez* (h). Je tirerai ma gloire de votre délivrance et de la confiance que vous avez eue en moi.

IONIE, partie de l'Asie Mineure qui s'étend le long de la mer Egée, qui est à son couchant. Elle a la Carie au midi, et l'Eolide au nord. On comptait anciennement dans l'Ionie douze villes considérables : Milet, Myus, Lébébus, Colophon, Priène, Théos, Clazomène, Ephèse, Phocée et Smyrne, qui sont dans la terre ferme ; avec Chios et Samos, qui sont dans les îles de même nom. On ne doute point que le nom d'Ioniens ne vienne de *Javan*, fils de Japhet ; mais on prétend que le nom ancien des Ioniens s'étendait aux peuples de l'Attique et à d'autres peuples de la Grèce. *Voyez* JAVAN.

IONIN, lieu situé entre Sidon et Béryte, à trois heures de Sidon. « Ionin est un petit amas d'habitations avec une mosquée et un khan ; ce lieu fait face à la mer et domine une plage sablonneuse. Tout près du rivage est un puits où s'abreuvent les caravanes. Des débris antiques répandus autour des cabanes d'Ionin donnent à penser que là s'élevait jadis une ville ; la grande baie, formée par les contours de la mer, appelait naturellement une cité. Strabon cite *Leontopolis* (la ville des Lions) sur la route de Sidon à Béryte ; je désignerai volontiers Ionin comme marquant l'emplacement de Léontopolis. La cité de *Parphirion*, que l'Itinéraire de Jérusalem place à huit milles au nord de Sidon, serait la même que la ville des Lions ; Pokoke avait fait cette dernière remarque. Ionin est ainsi appelé du nom de *Jonas*, que le *grand poisson* déposa, dit-on, sur cette rive... » M. POUJOULAT, *Correspond. d'Orient*, lettre CXLIII, tom. VI, pag. 117, 118.

IOTA. C'est une lettre de l'alphabet grec, qui tire son nom du *Iod* des Hébreux, ou du *Iudh* des Syriens. Jésus-Christ dans l'Evangile a dit qu'il n'y aurait pas un iota ni un point dans la loi, qui n'eût son exécution, c'est-à-dire, que tout ce qui est prédit ou figuré dans Moïse et dans les autres livres sacrés ne demeurera pas sans exécution. Il semble que c'était une espèce de proverbe parmi les Juifs, comme c'en est un parmi nous, de dire qu'il ne s'en faudra pas un *iota*, c'est-à-dire, rien du tout. C'est que l'iota est la plus petite lettre de l'alphabet grec, comme le *Iod* dans l'alphabet hébreu. *Iota unum, aut unus apex.* Or l'*apex* est proprement un trait, une extrémité de certaines lettres hébraïques, qui passent les autres en longueur, comme le *lamed*, le *schin*, etc.

IRA, de la famille de Jaïr, ou fils de Jaïr. Le texte de l'Ecriture (i) dit qu'il *était prêtre de David.* Si l'on prend le nom de prêtre dans sa signification ordinaire et rigoureuse, il faudra dire que Ira n'était pas de la race du fameux Jaïr, descendant de Manassé. Plusieurs croient qu'il n'était pas prêtre. Le chaldéen et les rabbins disent qu'il était le docteur, le rabbin, le conseiller de David.

IRA, fils d'Accès, de la ville de Thécué, fut un des braves de l'armée de David (j).

IRAD, fils d'Enoch, et petit-fils de Caïn. *Genes.* IV, 18.

IRIS, *arc-en-ciel.* Le Seigneur ayant fait alliance avec Noé, et lui ayant promis qu'il

---
(a) Vide *Matth.* xv, 23 ; xvi, 13. *Marc.* iv, 10. *Luc.* iv, 38, 5, 3 ; vii, 5, 36, *et passim.*
(b) *Genes.* iv, 26.
(c) *Genes.* xlviii, 16.
(d) *Isai.* iv, 1
(e) *Jerem.* vii, 10.
(f) *Daniel.* ix, 8, 18.
(g) *Rom.* x, 13.
(h) *Psalm.* xlix, 15.
(i) II *Reg.* xx, 26.
(j) I *Par.* xi, 28.

n'inonderait plus la terre par un déluge universel, lui donna pour gage de sa parole l'arc-en-ciel (a) : *Je mettrai mon arc dans les nues, et il sera le signe de l'alliance qui est entre moi et la terre.* Ce n'est pas à dire qu'avant le déluge on n'ait point vu d'arc-en-ciel ; mais depuis le déluge ce signe, qui auparavant était purement naturel, devint par l'institution de Dieu un signe surnaturel et une preuve certaine que Dieu n'enverrait plus de déluge sur la terre. Le nom d'*iris* vient apparemment de l'hébreu, ou du chaldéen *ir* (b), un veillant, un ange, un messager. *Iris* était la messagère des dieux.

IRIS. Les Septante ont traduit par *iris* le mot hébreu *kiddah* (c), que saint Jérôme a traduit par *stacté*, de la myrrhe en larmes. *Ezech.* XXVII, 19. On tire de l'iris une essence d'une excellente odeur.

IRRIGATION. On sait qu'il y avait dans la terre sainte beaucoup de fontaines, de puits et de citernes. « Le pays d'Israel; dit M. Salvador (*Instit. de Moïse*, liv. III, ch. IV, tom. I, pag. 283), dut surtout à un bon système d'irrigation cette variété de produits qui suppose à la fois une grande fertilité et une grande industrie. Lorsque Caleb eut donné un champ pour dot à sa fille, elle se hâta de lui demander les sources qui naissaient au-dessus et au-dessous…. On rassemblait l'eau dans des citernes et on la faisait arriver, au moyen des balanciers ou des roues, dans les lieux les plus élevés. » « Les rochers de la Palestine, dit M. Yvart, un de nos plus savants agronomes (*Excursion agronomique en Auvergne* ; Paris, 1819); les rochers de la Palestine, sur lesquels florissait jadis la nombreuse population des douze tribus juives, et qui se trouvent aujourd'hui abandonnés à quelques hordes misérables d'Arabes déprédateurs, étaient en partie redevables aux nombreux canaux d'irrigation qu'on était parvenu à y faire circuler, de la fertilité et des riches productions qui distinguaient alors cette portion de l'Asie, devenue pauvre, dépeuplée et inculte depuis la disparition de ces sources de prospérité. »

ISAAC, fils d'Abraham et de Sara. Son nom signifie le *ris*, et Sara le lui donna à cause que quand l'ange lui promit qu'elle deviendrait mère, quoiqu'elle ne fût plus en âge d'avoir des enfants, elle sourit secrètement (d). Et quand l'enfant fut né, elle dit (e) : *Le Seigneur m'a donné un sujet de ris et de joie; et quiconque le saura s'en réjouira et en rira avec moi.* Elle le nourrit de son lait, et ne voulut pas qu'Ismael, qu'Abraham avait eu d'Agar, sa servante, héritât avec lui. Un jour même ayant vu Ismael qui jouait avec Isaac, apparemment d'une manière railleuse et trop rude, elle obtint d'Abraham qu'il serait chassé de la maison avec Agar, sa mère (f). Lorsque Isaac eut atteint l'âge d'environ vingt-cinq ans (g), le Seigneur tenta Abraham, et lui commanda de lui immoler son fils Isaac. Abraham prit donc Isaac et se mit en chemin avec deux de ses serviteurs, pour aller au lieu que le Seigneur lui devait montrer. Le troisième jour, ayant vu de loin ce lieu, il dit à ses serviteurs : *Attendez-nous ici, nous ne ferons qu'aller jusque-là moi et mon fils; et après avoir adoré, nous reviendrons à vous.* Il prit le bois destiné pour brûler l'holocauste, le mit sur son fils Isaac, et prit dans ses mains le feu et le couteau. Comme ils marchaient ensemble, Isaac dit à son père : *Voilà le feu et le bois, mais où est la victime pour l'holocauste?* Abraham, sans s'ouvrir davantage, lui répondit : *Dieu y pourvoira, mon fils.*

Étant arrivé au lieu marqué, qui est, à ce qu'on croit (h), la montagne de *Moria*, où depuis on bâtit le temple de Jérusalem (les Samaritains croient que c'est le mont Garizim, nommé aussi, selon eux, *Moré*, ou *Morah*), il est certain que Moré était au voisinage de Sichem (i) [*Voyez* JÉRUSALEM et SALEM], alors Abraham disposa le bois, lia Isaac pour servir de victime, et, prenant le couteau, il étendit la main pour égorger son fils. Mais l'ange du Seigneur lui cria : *N'étendez pas votre main pour frapper l'enfant; je connais maintenant que vous craignez Dieu, puisque, pour m'obéir, vous n'avez pas épargné votre propre fils.* Il délia donc Isaac, et immola en sa place un bélier qui se trouva là auprès pris par ses cornes dans un buisson (1). Après cela, l'ange du Seigneur lui dit : *J'ai juré par moi-même, dit le Seigneur, que, puisque vous avez fait cette action, je vous bénirai et multiplierai votre race comme les étoiles du ciel, et toutes les nations seront bénies dans celui qui sortira de vous.*

Isaac étant âgé de quarante ans (j), Abraham songea à lui donner une femme ; et ne voulant pas qu'il en épousât du nombre des Chananéennes, il envoya Eliézer, intendant de sa maison (k), dans la Mésopotamie, pour en amener à Isaac une femme qui fût de la famille de Laban, son beau-frère. Eliézer réussit dans ce voyage, et ramena Rébecca à Isaac. Isaac l'épousa et l'introduisit dans l'appartement de sa mère, qui était morte quelques années auparavant (l). Comme

---

(a) *Genes.* IX, 13. את קשתי נתתי בענן
(b) עיר *Vigil.*
(c) קדה *Kidda, casia.*
(d) *Genes.* XVIII, 10, 11, 12.
(e) *Genes.* XXI, 6, etc. An du monde 2108, avant Jésus-Christ 1892, avant l'ère vulg. 1896.
(f) An du monde 2113, avant Jésus-Christ 1887, avant l'ère vulg. 1891.
(g) *Genes.* XXII, 1, 2, 3, etc. An du monde 2133, avant Jésus-Christ 1867, avant l'ère vulg. 1871.
(h) *Ita Hebræi et Christiani, antiqui et recentiores passim.*
(i) Vide *Genes.* XII, 6, *et Deut.* XI, 30.

(j) An du monde 2148, avant Jésus-Christ 1852, avant l'ère vulg. 1856.
(k) *Gen.* XXIV.
(l) An du monde 2145.

(1) Les païens ont transplanté dans leurs fables l'histoire de ce sacrifice. « Pausanias, dans ses *Béotiques*, nous enseigne, dit Delort de Lavaur, qu'auprès de Thèbes il y avait un temple de Bacchus surnommé *Ægobolus* (*qui jetté un chevreau*), en mémoire de ce que Dieu y avait envoyé et fait trouver un chevreau, au lieu d'un enfant qu'on était sur le point d'y sacrifier; ce qui ne peut être qu'un reste de tradition du bélier que Dieu envoya pour être immolé au lieu du jeune Isaac. » Il y a d'autres imitations de ce sacrifice. *Voyez* JOSUÉ, *addition*.

Rébecca était stérile (a), Isaac pria pour elle, et Dieu lui accorda la grâce de concevoir. Elle conçut et enfanta deux jumeaux (b), Esaü et Jacob. Isaac avait plus d'inclination pour Esaü, et Rébecca pour Jacob. Or quelques années après (c) il arriva une grande famine qui obligea Isaac de se retirer à Gérare, où régnait Abimélech (d); il dit aux habitants du lieu que Rébecca était sa sœur; et bientôt elle fut enlevée, à cause de sa rare beauté, pour être la femme du roi. Mais Abimélech ayant remarqué qu'Isaac en usait avec Rébecca autrement qu'il n'aurait fait avec sa sœur, il la lui rendit. Cependant Isaac s'enrichissait beaucoup, et le nombre de ses troupeaux se multipliait de jour en jour; les Philistins, habitants de Gérare, en conçurent tant de jalousie, qu'ils comblèrent tous les puits qu'avaient faits à la campagne les serviteurs d'Isaac. Abimélech lui-même lui dit de se retirer, parce qu'il était trop puissant.

Il se retira dans la vallée et sur le torrent de Gérare, où il fit creuser de nouveaux puits, sur lesquels il survint encore quelques difficultés; enfin il revint à Bersabée, où il fixa sa demeure (e). Le Seigneur lui apparut et lui renouvela les promesses qu'il lui avait déjà faites de le bénir et de multiplier sa race. Abimélech, roi de Gérare, vint aussi l'y trouver pour faire alliance avec lui (f). Or Isaac devenu vieux (il avait cent trente-sept ans) (g), et sa vue s'étant extrêmement affaiblie, il appela Esaü, son fils aîné, et lui dit (h) : *Vous voyez que je suis vieux et que j'ignore le jour de ma mort; prenez donc vos armes, allez à la chasse, et lorsque vous aurez pris quelque chose, faites m'en cuire un mets comme vous savez que je l'aime et apportez-le-moi; afin que je vous bénisse avant que je meure.* Mais, pendant qu'Esaü était allé à la chasse, Jacob surprit la bénédiction d'Isaac, ainsi que nous l'avons rapporté sous l'article de JACOB et d'ESAU. Ainsi lorsque Esaü se présenta pour recevoir la bénédiction, il trouva qu'il avait été prévenu par son frère Jacob.

Isaac vécut encore assez longtemps après cela. Il envoya Jacob en Mésopotamie (i), afin qu'il y prit une femme de sa race, et qu'il ne s'alliât pas avec les Chananéens, ainsi qu'avait fait Esaü. Lorsque Jacob revint de ce pays au bout de vingt ans (j), Isaac était encore en vie, et il vécut encore vingt-trois ans, étant mort âgé de cent quatre-vingt-huit ans (k), l'an du monde 2283, avant Jésus-Christ 1712, avant l'ère vulgaire 1716, et il fut enterré avec Abraham par Esaü et Jacob, ses fils. Les Hébreux disent qu'Isaac eut pour maîtres dans l'étude de la loi de Dieu les patriarches Sem et Héber, qui vivaient alors; et que quand Abraham partit dans le dessein d'aller immoler Isaac il dit à Sara qu'il menait son fils à l'école de Sem (l). Ils croient aussi qu'Abraham composa les prières qu'ils ont accoutumé de réciter le matin, Isaac celles de midi, et Jacob celles du soir (m).

[Isaac est une figure expressive de Jésus-Christ. M. l'abbé Caron, curé d'Ailly-le-Haut-Clocher, a publié, il y a vingt ans environ, un excellent ouvrage où il établit les *rapports* entre ce saint patriarche et notre divin Sauveur.]

ISAAR, lévite, fils de Caath. *Exod.* VI, 18. — [C'est le même qu'Aminadab. *Voyez* ce mot, ELCANA, et ISAARI, qui suit.]

* ISAAR, second fils de Halaa, Judaïte. I *Par.* IV, 7.

ISAARI, chef de la quatrième des vingt-quatre familles des lévites. I *Par.* XXIV, 22. — [Il y a ici deux erreurs : la première, c'est qu'*Isaari* est le même qu'Isaar, fils de Caath, qui précède. Conférez I *Par.* XXIII, 12, 18, et XXIV, 22; la seconde, c'est que le chef de la quatrième des vingt-quatre familles lévitiques était Séorim, I *Par.* XXIV, 8.]

ISAI, autrement *Jessé*, fils d'Obed, et père de David (n), d'Eliab, de Samma, d'Aminadab, de Nathanael, de Rael et d'Asom. David fut le cadet de tous; mais il devint le plus illustre et le chef de sa famille.

ISAIE, fils d'Amos, le premier des quatre grands prophètes, était, dit-on (o), de race royale, s'il est vrai qu'Amos, son père, fût fils du roi Joas et frère d'Amasias, roi de Juda. Saint Jérôme (p) dit qu'Isaïe avait donné sa fille en mariage à Manassé, roi de Juda; ce qui n'est pas aisé à croire, puisque Manassé ne commença à régner que soixante ans après qu'Isaïe eut commencé à prophétiser. Nous mettons le commencement des prophéties d'Isaïe immédiatement après la mort d'Ozias (q), et nous plaçons la mort de ce prophète sous le règne de Manassé, qui commença à régner l'an du monde 3306, avant Jésus-Christ 694, avant l'ère vulgaire 698. Les Juifs croient qu'Amos, père d'Isaïe, était prophète, aussi bien que son fils, suivant cette règle, qui passe pour certaine parmi eux, que lorsque l'Ecriture marque le nom du père d'un prophète, c'est une preuve que ce père est aussi prophète. Mais cette règle n'est certainement rien moins que certaine. Saint Augustin (r) a soupçonné que le prophète Amos, dont nous avons les écrits, était le père d'Isaïe : mais outre que son nom est écrit d'une manière différente

---

(a) *Gen.* xxv, 21, 22, etc.
(b) An du monde 2168, avant Jésus-Christ 1832, avant l'ère vulg. 1836.
(c) An du monde 2187, avant Jésus-Christ 1813, avant l'ère vulg. 1817.
(d) *Gen.* xxvi, 1, 2, 3, etc.
(e) *Gen.* xxvi, 23, 24, etc.
(f) Vers l'an du monde 2210, avant Jésus-Christ 1760, avant l'ère vulg. 1764.
(g) An du monde 2245, avant Jésus-Christ 1755, avant l'ère vulg. 1759.
(h) *Gen.* xxvii, 1, 2, etc.

(i) *Gen.* xxvii, 1, 2, 3.
(j) *Gen.* xxxi. An du monde 2265, avant Jésus-Christ 1755, avant l'ère vulg. 1739.
(k) *Genes.* xxxv, 28, 29.
(l) *Sgambat. Archim. V. T. t.* II, p. 197.
(m) *Vide Fabric. Apocryph. V. T. p.* 454.
(n) *Ruth.* iv, 17. 22. I. *Par.* ii, 13. *Matth.* i, 5.
(o) *Ita Hebræi et alii post eos.*
(p) *Hieron. in Isai. t.* III, *c.* xx, *ex Hebræis.*
(q) An du monde 3246, avant Jésus-Christ 754, avant l'ère vulg. 758.
(r) *Aug. l.* XVIII, *c.* xxvii, *de Civit. Dei.*

du père d'Isaïe (a), ces deux prophètes, Amos et Isaïe, étaient contemporains, ayant vécu l'un et l'autre sous Osias. Il est vrai qu'Amos commença à prophétiser la vingt-troisième année d'Ozias, du monde 3215, et Isaïe, selon notre hypothèse, ne commença à prophétiser qu'après la mort de ce prince, en 3246, et, par conséquent, trente et un ans après Amos : de sorte qu'il n'y aurait de ce côté-là aucun inconvénient à dire qu'Amos était père d'Isaïe, si l'on en avait d'ailleurs quelques bonnes preuves. Mais nous avons montré dans l'article d'Amos que ce prophète n'était ni de qualité, ni de la tribu de Juda. Ainsi il ne peut être père d'Isaïe.

La femme d'Isaïe est nommée prophétesse (b), et les rabbins en concluent qu'elle avait l'esprit de prophétie. Mais il est très-croyable que l'on appelait prophétesses les femmes des prophètes, comme on appelait prêtresses les femmes des prêtres, simplement à cause de la qualité de leurs maris. L'Ecriture nous parle de deux fils d'Isaïe, l'un nommé *Sear-Jasub* : Le reste reviendra ; et l'autre, *Chas-Bas* : Hâtez-vous de ravager. Le premier marquait que les captifs qui devaient être menés en Babylone en reviendraient après un certain temps, et le second que les royaumes d'Israel et de Syrie seraient bientôt ravagés.

On peut partager les prophéties d'Isaïe en trois parties. La première partie comprend six chapitres, qui regardent le règne de Joathan. Les six chapitres suivants regardent le règne d'Achaz. Tout le reste est du règne d'Ezéchias. Le grand et principal objet des prophéthies d'Isaïe est la captivité de Babylone, le retour de cette captivité, et le règne du Messie. C'est pour cela que les écrivains sacrés du Nouveau Testament n'ont cité plus qu'aucun autre prophète (c), et que les Pères disent qu'il est plutôt un évangéliste qu'un prophète (d).

Dans les six premiers chapitres, qui ne contiennent qu'un seul discours, Isaïe invective fortement contre les désordres de Juda, et les menace de très-grands malheurs. Dans les six chapitres suivants il parle du siége de Jérusalem formé par Phacée et Rasin. Il promet à Achaz la naissance du Messie sous le nom d'Emmanuel, et prédit les maux qui menacent les royaumes de Syrie et d'Israel ; il invective contre l'Assyrien, qui est la verge dont Dieu se sert pour châtier les méchants. Il conclut, dans les chapitres XI et XII, en promettant un monarque juste, sage, vaillant, qui rétablira toutes choses. Au commencement du règne d'Ezéchias (e), il prononça plusieurs prophéties fâcheuses (f) contre Babylone, contre les Philistins,
contre Moab, contre Damas, contre Samarie et contre l'Égypte. Assez longtemps après il prophétisa de nouveau (g) contre l'Egypte, contre Babylone, contre Cédar, contre l'Arabie, contre Jérusalem, contre Tyr et contre toute la Judée.

La guerre de Sennachérib contre Ezéchias donna occasion à plusieurs prophéties d'Isaïe (h). Il prédit ce siége, il en fut témoin, il en annonça la fin, et menaça les auteurs des maux de Juda de la vengeance du Seigneur. Il promet à Ezéchias et à tout le peuple de Juda un règne heureux, et une parfaite liberté. Ce règne et cette paix dont la Judée jouit, après la défaite de Sennachérib, est décrite d'une manière qui ne peut se vérifier à la lettre que dans le règne de Jésus-Christ sur son Eglise.

Les chapitres XL, XLI, XLII, XLIII, XLIV et XLV contiennent un long discours, qui est une démonstration de l'existence de Dieu, de la vérité de la religion des Hébreux et de la vanité de l'idolâtrie. Dans les quatre chapitres suivants Isaïe prédit le règne de Cyrus, la délivrance de son peuple, la ruine des idoles, la chute de Babylone et le retour des Juifs. Depuis le chapitre XLIX jusqu'au ÿ 9 du chapitre LVI, Isaïe, comme représentant le Messie, nous apprend qu'il a été destiné de Dieu dès le sein de sa mère pour annoncer le retour de Jacob de sa captivité et la conversion des gentils. Il dépeint ensuite les persécutions et les traverses du Messie. Enfin le reste de son livre a pour objet la venue du Messie, la vocation des gentils, la réprobation des Juifs, et l'établissement de l'Eglise. Voilà en gros l'économie du livre d'Isaïe ; et voici ce que nous savons de sa vie.

Il nous dit que le Seigneur l'a appelé dès le sein de sa mère (i), qu'il s'est souvenu de son nom, qu'il lui a donné une langue comme un glaive tranchant, qu'il l'a caché sous l'ombre de sa main, et qu'il l'a mis comme une flèche choisie dans son carquois. Et ailleurs (j), que Dieu lui a donné une langue savante, et capable de consoler ceux dont le courage est abattu ; que, quand il reçut sa mission pour la prophétie (k), il vit le Seigneur assis sur un trône élevé, environné de chérubins, et ayant toute la terre pour marchepied. Alors il dit : « *Malheur à moi, parce que je me suis tu ; j'ai les lèvres souillées, et je demeure au milieu d'un peuple qui a aussi les lèvres impures* (1) *j'ai vu de mes yeux le Seigneur des armées.* En même temps, continue-t-il, *un des séraphins qui étaient devant le Seigneur, vola vers moi, tenant une pincette avec une pierre brûlante qu'il avait tirée de l'autel ; il en toucha ma bouche, et me dit :* Voilà qui a

---

(a) עָמוֹץ *Hamoz*, père d'Isaïe. אָמוֹס *Amos*. Le prophète Amos.
(b) Isai. VIII, 5.
(c) Aug. lib. XVIII, *de Civit.* c. xx.
(d) Aug. ibidem. Hieron. Ep. 117. Item. Præfat. in Isai. Theodoret. Præf. in Isaiam.
(e) Ezéchias commença à régner l'an du monde 3278, avant Jésus-Christ 722, avant l'ère vulg. 726.
(f) Isai. XIII, XIV, XV, XVI, XVII, XVIII, XIX.
(g) Chap. XX, XXI, XXII, XXIII, XXIV.
(h) Isai. XXIX jusqu'au XXXVI.
(i) Isai. XLIX, 1, 2, 3.
(j) Isai. L, 4.
(k) Isai. VI, 1, 2, 3.
(1) « A notre tour, nous dirons : Malheur aux hommes qui, ayant reçu la puissance d'agir, par la plume ou par la parole, garderaient le silence lorsque autour d'eux le mal s'accomplit, et mêleraient l'iniquité de leurs lèvres muettes aux iniquités de toute une génération ! » Je recueille ici avec intention ces paroles de M. Poujoulat, *Hist. de Jérusalem*, tom. I ; pag. 215.

touché vos lèvres, et votre iniquité sera effacée. *Alors j'ouïs une voix qui disait :* Qui enverrai-je, et qui ira pour nous? *Et je répondis :* Me voici; envoyez-moi. *Il me dit donc :* Allez; dites à ce peuple: Ecoutez sans entendre, et voyez sans connaître. Aveuglez le cœur de ce peuple, rendez ses oreilles sourdes et ses yeux aveugles, afin qu'il ne voie pas de ses yeux et n'entende pas de ses oreilles, de peur qu'il ne se convertisse, et que je ne lui rende la santé. » Cela voulait dire qu'il leur prêcherait, qu'il leur parlerait, qu'ils n'écouteraient pas et ne se convertiraient pas.

Pendant le cours de sa prédication, il eut une infinité de contradictions à essuyer de la part des Juifs. Il s'en plaint en divers endroits (a); mais Dieu le rassure et le soutient. La quatorzième année d'Ézéchias (b), Sennachérib, roi d'Assyrie, étant venu faire la guerre en Judée, envoya Rabsacès, son échanson, sommer Ezéchias de se soumettre à sa domination. Rabsacès dans sa harangue, parla d'une manière pleine d'insolence et de blasphème. Ezéchias, ayant entendu le rapport que lui firent ses officiers, déchira ses vêtements, alla au temple du Seigneur, et envoya dire à Isaïe ce qui s'était passé. Isaïe lui répondit (c) : *Voici ce que dit le Seigneur : Ne craignez point les paroles de blasphème, dont les serviteurs du roi d'Assyrie m'ont déshonoré ; je vais envoyer un esprit contre lui, et il n'aura pas plutôt entendu une nouvelle, qu'il retournera promptement en son pays, où je le ferai mourir d'une mort sanglante.*

Peu de temps après, Sennachérib, ayant appris que le roi Tharaca marchait contre lui, alla à sa rencontre, et envoya de nouveau Rabsacès à Jérusalem, où il proféra à peu près les mêmes blasphèmes qu'il avait dits la première fois.

Alors Isaïe envoya dire ceci à Ezéchias (d) : « Voici ce que dit le Seigneur, le Dieu d'Israel, contre Sennachérib : Il t'a méprisée et insultée, fille de Sion; il a secoué la tête derrière toi, fille de Jérusalem. A qui pense-tu avoir insulté? Qui crois-tu avoir blasphémé? Contre qui as-tu haussé ta voix, et élevé tes yeux insolents ? C'est contre le saint d'Israel. Tu as outragé le Seigneur par tes serviteurs, et tu as dit : Je suis monté avec mes chariots sur le haut des montagnes, sur le mont Liban; j'ai coupé ses grands cèdres, et ses hauts sapins ; j'ai épuisé les sources, et j'ai séché par la multitude de mes gens de pied toutes les rivières. Ne sais-tu pas que c'est moi qui ai disposé toutes ces choses, et qui les ai ordonnées dès l'éternité ? J'ai su d'où tu sortais, où tu étais, et j'ai connu ton insolence contre moi. C'est pourquoi je te mettrai un anneau aux narines, et un mors à la bouche, et je te ramènerai par le même chemin, par lequel tu es venu.

Pour vous, Ezéchias, rassurez-vous. Mangez en cette année ce qui naîtra de soi-même, vivez encore de fruits l'année d'après ; mais la troisième année, semez et moissonnez: car alors vous serez entièrement hors d'inquiétude. Voici ce que dit le Seigneur : Le roi des Assyriens n'entrera point dans cette ville, il n'y jettera point de flèches, il n'élèvera point de terrasses autour d'elle, il n'entrera point dans Jérusalem; mais il s'en retournera par le même chemin qu'il est venu. » En effet le Seigneur fit périr par la main de l'ange exterminateur cent quatre-vingt mille hommes de l'armée de Sennachérib ; et ce prince fut obligé de se sauver à Ninive, où il fut tué par ses propres fils.

En ce temps-là (e), Ezéchias tomba dans une maladie mortelle (f), et Isaïe l'étant venu trouver, lui dit : « Voici ce que dit le Seigneur : Donnez ordre aux affaires de votre maison, car vous mourrez et vous n'en échapperez point. » Alors Ezéchias fit sa prière au Seigneur et répandit beaucoup de larmes. Mais à peine Isaïe était sorti de la présence du roi, que le Seigneur lui dit : « Allez, dites à Ezéchias : Voici ce que dit le Seigneur : J'ai entendu vos prières et j'ai vu vos larmes ; j'ajouterai encore quinze années à votre vie, je vous délivrerai de la puissance du roi des Assyriens et je garantirai cette ville de ses armes. Et voici le signe que je vous donnerai pour vous assurer de la vérité de ses promesses : Je ferai retourner de dix degrés en arrière l'ombre du soleil à l'horloge d'Achaz. » Alors Isaïe fit mettre une masse de figues sur le mal d'Ezéchias, et il fut guéri si parfaitement que, dans trois jours, il fut en état d'aller au temple du Seigneur.

Peu de temps après cela, et au commencement du règne d'Assaradon, successeur de Sennachérib, Isaïe reçut ordre du Seigneur(g) de marcher pendant trois ans nu-pieds et sans habits, pour marquer d'une manière plus expresse la captivité prochaine de l'Egypte et du pays de Chus, qui s'étendait dans l'Arabie Pétrée, et qui est ordinairement traduit par l'Ethiopie.

La tradition constante des Juifs et des chrétiens (h) est qu'Isaïe fut mis à mort par le supplice de la scie, au commencement du règne de Manassé, roi de Juda. On dit que ce prince impie prit prétexte, pour le faire mourir, de ce qu'Isaïe avait dit, chap. VI, 1 : *J'ai vu le Seigneur assis sur un trône;* ce qu'il prétendait être contraire à ce qui est dit dans Moïse, *Exod.* XXXIII, 20 : *Nul homme ne me verra sans mourir.* On dit que son corps fut enterré près de Jérusalem, sous le chêne du Foulon, près de la fontaine de Siloé, d'où il fut transféré à Panéade, vers les sources du Jourdain, et de là à Constantinople, sous le règne de Théodose le Jeune, l'an 442 de Jésus-Christ. Il prophétisa fort longtemps.

(a) *Isai.* xlix, l.
(b) An du monde 3291, avant Jésus-Christ 709, avant l'ère vulg. 713.
(c) *Isai.* xxxvi, xxxvii.
(d) *Isai.* xxxvii, 21, 22, etc.
(e) An du monde 3291, avant Jésus-Christ 709, avant l'ère vulg. 713.

(f) *Isai.* xxxvii, 1, 2, 3, etc. *Voyez aussi* IV *Reg.* xx.
(g) *Isai.* xx, 1, 2, 3. Il y en a qui croient qu'il ne marcha ainsi que trois jours, qui marquaient trois années.
(h) *Origen. in c.* xxiii *Matth. et Epist. ad Jul. African. et homil. in Isai. Tertull. de Patientia; c.* xiv. *Justin. contra Tryphon. Chrysost. ad Cyriac. Hieronym. lib* XV *in Isai. Aug. l.* XVIII, *de Civit. c* xxiv, etc.

Ceux qui le font commencer à la vingt-cinquième année d'Ozias lui donnent quatre-vingt-cinq ans de prophétie. Mais nous ne croyons pas pouvoir lui en donner plus de soixante, puisqu'il ne commença qu'au commencement de Joathan, en 3246, étant mort la première année de Manassé, du monde 3306, avant Jésus-Christ 694, avant l'ère vulgaire 698.

Isaïe passe pour le plus éloquent des prophètes. Saint Jérôme (a) dit que ses écrits sont comme l'abrégé des saintes Ecritores, un amas de toutes les plus rares connaissances dont l'esprit humain soit capable; qu'on y trouve la philosophie naturelle, la morale et la théologie : *Quid loquar de physica, ethica et theologia? Quidquid sanctarum est Scripturarum, quidquid potest humana lingua proferre, et mortalium sensus accipere, isto volumine continetur.* Grotius (b) compare Isaïe à Démosthène. On trouve dans ce prophète toute la pureté de la langue hébraïque, de même que dans cet orateur toute la délicatesse du goût attique. L'un et l'autre est grand et magnifique dans son style, véhément dans ses mouvements, abondant dans ses figures, fort, impétueux quand il s'agit de relever des choses indignes, odieuses, difficiles. Isaïe avait par-dessus Démosthène l'honneur d'une naissance illustre et l'avantage d'appartenir à la famille royale de Juda. On peut lui appliquer ce que dit Quintilien (c) de Corvinus Messala, qu'il parle d'une manière aisée et coulante, et d'un style qui sent son homme de qualité. Gaspard Sanctius (d) trouve qu'Isaïe est plus fleuri et plus orné, et en même temps plus grave et plus fort qu'aucun autre écrivain que nous ayons, soit historien, poëte ou orateur; et qu'il est tel dans tous les genres de discours, qu'il n'y a aucun auteur, ni grec ni latin, qu'il n'ait laissé derrière lui.

Outre les écrits d'Isaïe que nous avons, ce prophète avait écrit un livre des Actions d'Ozias, qui est cité dans les Paralipomènes, et que nous n'avons plus (e). Origène (f), saint Épiphane (g) et saint Jérôme (h) parlent d'un autre livre intitulé : *l'Ascension d'Isaïe.* Quelques Juifs lui attribuent les Proverbes, l'Ecclésiaste, le Cantique des Cantiques et le livre de Job. Saint Ambroise (i) cite une particularité de la vie d'Isaïe, qui est que ce prophète étant en prison et en grand danger de mourir, le démon lui apparut et lui dit : Dites que vous n'avez pas parlé par l'Esprit de Dieu, et je vous délivrerai et je changerai les cœurs de ceux qui vous haïssent. Mais Isaïe aima mieux mourir que de manquer à dire la vérité. L'auteur de l'Ouvrage imparfait sur saint Matthieu (j) dit que ce prophète étant allé voir Ezéchias qui était malade, ce prince fit venir Manassé, son fils, et lui donna de bonnes instructions en présence d'Isaïe. Mais le prophète lui dit : Je crains que ce que vous dites n'entre pas dans son cœur, car je dois moi-même être mis à mort par son ordre. Ce qu'Ezéchias ayant ouï, il voulait tuer son fils Manassé; mais Isaïe le retint et lui dit : Dieu rende inutile cette résolution. Enfin on lit dans le Talmud (k) un long dialogue entre Isaïe et Ezéchias au temps de la maladie de ce prince, lorsque le prophète le vint trouver. Mais comme ces choses ne viennent que de sources apocryphes et incertaines, nous n'y faisons aucun fond. L'auteur de l'Ecclésiastique (l) fait de lui un grand éloge en ce peu de mots : *Isaïe fut un grand prophète et fidèle aux yeux du Seigneur. De son temps le soleil retourna en arrière, et il ajouta plusieurs années à la vie du roi. Il vit la fin des temps par un grand don de l'Esprit, et il consola ceux qui pleuraient en Sion. Il prédit ce qui devait arriver jusqu'à la fin des temps, et il découvrit les choses secrètes avant qu'elles arrivassent.*

Les chrétiens orientaux écrivent dans leurs histoires que le prophète Isaïe perdit le don de prophétie pendant vingt-huit ans, pour ne s'être pas opposé au roi Ozias, lorsqu'il voulut entrer dans le sanctuaire où était l'autel des parfums. Les mêmes auteurs lui donnent plus de cent vingt ans de vie.

* ISAÏE, lévite, descendant de Moïse par Gersom, était fils de Rahabias et père de Joram. I *Par.* XXVI, 25.

* ISAÏE, fils d'Athalia, descendant d'Alam ou Elam, est un des chefs de famille qui revinrent de la captivité avec Esdras. *Esdr.* VIII, 7.

* ISAÏE, lévite mérarite, revint de la captivité avec Esdras. *Esd.* VIII, 19.

* ISAÏE, Benjamite, père d'Ethéel. *Neh.* XI, 7.

* ISARI, chef de famille lévitique auquel échut le quatrième sort pour remplir les fonctions de chantre au temps de David. I *Par.* XXV, 11. Il s'appelait aussi *Sori,* et descendait d'Idithun.

ISBAAB, chef de la quatorzième famille sacerdotale qui servait au temple. I *Par.* XXIV, 13.

ISBOSETH, autrement ISBAAL, fils de Saül et son successeur dans la royauté. Son vrai nom était *Isbaal;* mais les Hébreux, qui avaient en horreur les dieux étrangers, pour ne pas prononcer *Baal,* mettaient en sa place *Boseth,* qui signifie confusion. Ainsi, au lieu de *Miphibaal,* ils disaient *Miphiboseth.* Abner, parent de Saül et général de ses troupes, fit en sorte qu'Isboseth fût reconnu roi (m) par la plupart des tribus d'Israel, pendant que David régnait à Hébron sur la tribu de Juda. Isboseth établit sa demeure à Mahanaïm, au delà du Jourdain. Il avait quarante

---

(a) Hieron. Præfat. in Isai.
(b) Grot. in IV Reg. xix, 2.
(c) Quintil. l. X, c. xx.
(d) Gasp. Sanct. Prolegom. in Isai.
(e) II Par. xxvi, 22.
(f) Origen. in Matth. xxiii, et Epist. ad African.
(g) Epiphan. hæres. 40 et 67.
(h) Hieron. in Isai. lxiv, p. 475.
(i) Ambros. in Psalm. cxviii, t. I Oper. p 1124.
(j) Auct. Oper. imperf. in Matth. homil. 1.
(k) Gemarr. Beruchot. c. i.
(l) Eccli. xlvii, 25, 27.
(m) An du monde 2949, avant Jésus-Christ 1051, avant l'ère vulg. 1055.

ans lorsqu'il commença à régner, et il régna deux ans assez paisiblement (a). Au bout de ce terme (b) il y eut un petit combat entre les troupes d'Isboseth, commandées par Abner, et celles de David, commandées par Joab, où Abner eut du dessous. Depuis ce temps il y eut toujours guerre entre la maison de Saül et celle de David (c). La maison de David allait toujours s'avançant et se fortifiant de plus en plus, et la maison de Saül, au contraire, s'affaiblissait de jour en jour.

Or Saül avait eu une concubine nommée Respha, fille d'Aïa. On accusa Abner d'en avoir abusé ou de l'avoir épousée, car l'Ecriture ne s'explique pas assez là-dessus. Isboseth dit donc à Abner : *Pourquoi vous êtes-vous approché de la concubine de mon père?* Abner fut étrangement irrité de ce reproche, et il jura qu'il ferait son pouvoir pour transporter la royauté de la maison de Saül dans celle de David. En effet il envoya dire à David que, s'il voulait lui faire part de son amitié, il lui offrirait ses services pour réunir tout Israel sous sa domination. David agréa ces propositions, et Abner parla aux anciens d'Israel pour les disposer à le reconnaître pour roi. Après cela il vint lui-même trouver David et lui rendre compte des dispositions où il les avait trouvés. Mais comme il était prêt de réunir tout Israel sous David, Abner fut tué en trahison par Joab, de la manière que nous avons dit sous l'article d'ABNER.

Isboseth, ayant appris qu'Abner avait été tué (d), perdit courage, et tout Israel tomba dans un grand trouble; car jusque-là Abner était le seul soutien de la maison de Saül, et presque en même temps Isboseth fut assassiné dans sa maison par deux chefs de troupes qu'il avait à son service, et qui, étant entrés dans son palais lorsqu'il dormait sur son lit, pendant la grande chaleur du jour, lui enfoncèrent leurs poignards dans l'aine ; et lui ayant coupé la tête la vinrent présenter à David à Hébron, croyant qu'il leur donnerait pour cela une grande récompense ; mais il leur dit : *Vive le Seigneur, qui m'a délivré des dangers les plus pressants ! Que si j'ai fait tuer celui qui me vint annoncer à Siceleg la mort de Saül, combien plus maintenant vengerai-je le sang d'un prince innocent, que des méchants ont égorgé dans sa maison et sur son lit?* En même temps il fit tuer ces deux meurtriers, et, leur ayant coupé les pieds et les mains, il les fit pendre près de la piscine d'Hébron. Il fit aussi mettre la tête d'Isboseth dans le sépulcre d'Abner à Hébron. Telle fut la fin d'Isboseth et de la royauté dans la maison de Saül.

ISCARIOTH. Eusèbe et saint Jérôme (e) parlent du bourg *Iscarioth*, dans la tribu d'Ephraïm, d'où l'on croyait qu'était Judas le traître. D'autres croient qu'il était de la tribu d'Issachar, et qu'*Iscariothes* est mis pour *Issachariothes*. Enfin il y en a qui veulent qu'il ait été de la ville de *Carioth*, dans la tribu de Juda. *Voyez Josue* XV, 25.

ISCHA. *Voyez* IESCHA.

ISIS. Il est parlé si souvent dans l'Ecriture des dieux de l'Egypte, qu'on ne peut guère se dispenser de dire ici quelque chose d'Isis, qui était la principale de ces déités. Isis, selon la théologie des Egyptiens, était la même qu'Io, que Jupiter avait aimée, et qui, ayant été métamorphosée en vache par la haine de Junon, se retira en Egypte, où Jupiter lui rendit sa première forme. Elle y épousa Osiris, roi du pays : Osiris et Isis gouvernèrent avec tant de sagesse et de douceur, et rendirent de si grands services à l'Egypte, que les Egyptiens leur rendirent les honneurs divins. On dit qu'elle leur enseigna l'art de filer la laine et de la mettre en œuvre, l'art de cultiver la terre, de recueillir le blé, et d'en faire du pain ; elle leur donna des lois et les poliça.

D'autres (f) disent qu'*Osiris* était le frère et le mari d'*Isis*, de même que Junon était sœur et épouse de Jupiter. Eusèbe (g) avance qu'Osiris était époux, frère et fils d'Isis. Lactance (h) et Minutius Félix soutiennent qu'Osiris était fils d'Isis. Quant au père d'Isis, ceux qui la confondent avec Io disent qu'elle était fille d'Inachus roi d'Argos. D'autres lui donnent Neptune pour père, et pour mère Callirhoë ; d'autres la font fille d'Argus et d'Ismène : d'autres lui donnent pour père Mercure, ou Prométhée. Hérodote (i) dit que les Egyptiens prenaient Isis pour Cérès, et lui donnaient pour fils Apollon et Diane. Que Latone avait été leur nourrice et leur libératrice. Apollon était appelé en langue égyptienne *Orus*; Cérès, Isis, et Diane, *Bubastis*.

Si l'on veut recueillir les sentiments de tous les auteurs qui ont écrit sur Isis et Osiris, on trouvera que ces deux déités renfermaient tous les dieux du paganisme. Isis est, selon eux, Cérès, Junon, la Lune, la Terre, ou la Nature, Minerve, Proserpine, Thétis, la Mère des dieux ou Cybèle, Vénus, Diane, Bellone, Hécate, Rhamnusia (j). En un mot, on lui donnait le surnom de *Myrionima*, c'est-à-dire, la déesse à mille noms. Un ancien marbre de Capoue la qualifie déesse Isis, qui êtes toutes choses, *te tibi, una quæ es omnia, dea Isis*; et dans la ville de Saïs on voyait, au rapport de Plutarque (k), sur le pavé d'un temple de Minerve, qui est la même qu'Isis, ces paroles : *Je suis tout ce qui a été, ce qui est, et ce qui sera, et nul d'entre les mortels n'a encore levé mon voile.*

Apulée fait parler Isis en ces termes (l) : *Je suis la Nature, mère de toutes choses, mai-*

(a) II Reg. 11, 8, 9, 10, 11, 12, etc.
(b) An du monde 2951, avant Jésus-Christ 1049, avant l'ère vulg. 1053.
(c) II Reg. 111, 1, 2, 3, etc. Pendant environ cinq ans, depuis l'an du monde 2951, jusqu'en 2956.
(d) II Reg. IV, 1, 2, 3, etc. An du monde 2956, avant Jésus-Christ 1044, avant l'ère vulg. 1048.
(e) *Euseb. et Hieronym. in Isai.* XXVIII, 1.

(f) *Plutarch. de Iside et Osiride.*
(g) *Euseb. Præp. l.* III, c. v.
(h) *Lactant l.* I, c. XXI.
(i) *Herodot. in Euterpe*, c. CLVI.
(j) *Apulei. l.* XI *Metamorph.*
(k) *Plutarch. de Iside et Osiride.*
(l) *Apulei. Metamorph. l.* XI.

tresse des *éléments, le commencement des siècles, la souveraine des dieux, la reine des mânes, la première des natures célestes, la face uniforme des dieux et des déesses. C'est moi qui gouverne la sublimité lumineuse des cieux, les vents salutaires des mers, le silence lugubre des enfers; ma divinité unique, mais à plusieurs formes, est honorée avec différentes, et sous différents noms. Les Phrygiens m'appellent la Pessinontienne, mère des dieux; les Athéniens, Minerve Cécropienne; ceux de Cypre, Vénus de Paphos; ceux de Crète, Diane Dyctienne; les Siciliens, ce peuple qui parle trois langues, Proserpine Stygienne; les Eleusiens, l'ancienne déesse Cérès; d'autres, Junon; d'autres, Bellone; quelques-uns, Hécaté; plusieurs m'appellent Rhamnusia; les Ethiopiens orientaux, les Ariens, ceux qui sont instruits de l'ancienne doctrine, je veux dire, les Egyptiens, m'honorent avec des cérémonies qui me sont propres, et m'appellent de mon véritable nom, la reine Isis.*

Les Egyptiens représentaient Isis avec une tête de vache, ou du moins avec des cornes (a), ou avec le croissant sur la tête; et entre les cornes du croissant, on met d'ordinaire un globe qui désigne le monde. On la représente aussi ayant sur la tête un oiseau qu'on croit être l'ibis. Souvent on la voit avec une clef, avec la croix, avec un fouet à la main. Son culte était fameux dans toute l'Egypte, mais principalement à Bubaste, à Copte et à Alexandrie.

Les anciens Germains adoraient aussi Isis; mais leur Isis était différente de celle des Egyptiens. On tenait qu'elle avait été femme de Mannus, fils de Thuiscon, dont les Germains prétendaient tirer leur origine. Quelques savants (b) ont prétendu que sous les noms de *Mannus* et d'*Isis* ces anciens peuples voulaient marquer Adam et Eve. *Mannus* en allemand signifie l'homme, de même qu'*Adam* en hébreu; et *Isis* est le même nom que *Ischa*, ou *Ischet*, qui est le nom que le premier homme donna à Eve: *Hæc vocabitur Virago* (c); l'hébreu, *Ipsa vocabitur Ischa*. On a cru la même chose d'*Isis* et d'*Osiris*, adorés chez les Egyptiens.

La question à présent est de savoir si les Israélites ont adoré Isis, et quel nom ils lui donnaient. Il est bon premièrement de remarquer que les Hébreux n'ont point de nom pour signifier une déesse. 2° Que puisqu'on représentait Isis avec une tête et des cornes de bœuf, il est assez croyable que c'est elle que les livres saints appellent *le Veau d'or*, ou, comme lisent les Septante, *les Génisses d'or*. Plusieurs Pères, parlant de l'adoration du veau d'or, ont dit que les Israélites adorèrent une tête de veau. 3° Comme les Juifs ont adoré le Soleil et la Terre sous différents noms, comme de *Gad*, de *Meni*, de *Baal*, d'*Astaroth*, du roi et de la reine et de toute la milice du ciel, il est à croire qu'ils ont rendu leurs honneurs à Isis et à Osiris, sous ces différents noms. — [*V.* DAGON.]

ISMAEL, fils d'Abraham et d'Agar. Saraï, épouse d'Abraham, voyant que Dieu ne lui avait point donné d'enfants (d), pria son mari de prendre Agar, sa servante, afin qu'au moins par son moyen elle pût avoir des enfants (e). C'était une manière d'adoption dont on voit encore des exemples dans la conduite de Rachel et de Lia, qui donnèrent aussi leurs servantes pour femmes à Jacob, leur mari, afin qu'elles leur donnassent des enfants (f). Agar, ayant donc conçu, commença à mépriser Saraï, sa maîtresse. Celle-ci s'en plaignit à Abraham, et Abraham lui dit qu'elle pouvait traiter sa servante comme elle jugerait à propos. Saraï l'ayant donc maltraitée, Agar s'enfuit. L'ange du Seigneur lui apparut dans le désert, et lui dit: *Retournez à votre maîtresse, et humiliez-vous sous sa main; vous avez conçu, et vous enfanterez un fils, que vous nommerez Ismael*, c'est-à-dire: Le Seigneur a écouté; *parce que le Seigneur vous a exaucée dans votre affliction. Ce sera un homme fier et farouche, dont la main sera élevée contre tous, et contre qui tout le monde aura la main levée. Il dressera ses tentes vis-à-vis de ses frères, et il occupera le pays voisin du leur*. Agar revint donc à la maison d'Abraham, et elle enfanta un fils, qui fut appelé Ismael (g).

Quatorze ans après (h), le Seigneur ayant visité Sara, et Isaac étant né à Abraham (i), Ismael, qui jusqu'alors s'était regardé comme l'unique héritier d'Abraham, se vit déchu de ses espérances. Un jour, Isaac étant âgé d'environ cinq ou six ans (j), Ismael se jouait avec lui d'une manière qui déplut à Sara; et elle dit à Abraham: *Chassez cette servante avec son fils; car Ismael ne sera point héritier avec mon fils Isaac*. Abraham trouva cela dur. Mais le Seigneur lui ayant dit d'écouter Sara, il renvoya Agar avec son fils, en leur donnant quelques provisions pour leur voyage. Agar, étant partie avec son fils, allait errant dans le désert de Bersabée; et l'eau qui était dans le vaisseau qu'elle portait ayant manqué, elle mit son fils sous un arbre qui était là, et s'éloigna de lui à la longueur d'un trait d'arc, disant: *Je ne verrai point mourir mon enfant*. Alors Agar ouït une voix du ciel, qui lui dit: *Ne craignez point; le Seigneur a écouté la voix de l'enfant du lieu où il est. Levez-vous, prenez-le; car je le rendrai père d'un grand peuple*. Elle se leva; et Dieu lui ayant fait voir un puits, elle en tira de l'eau, en donna à

(a) Herodot. in Euterpe, c. XLI. Philostrat. Vita Apollon. Thyane, l. I, p. 24.
(b) Voss. de Idololatria, l. I, c. XVII, XX, XXXVIII; lib. II, c XXIV, XXVII, XXXVI, LVI; et l. VII, c. II et X, et lib. CXXXVIII.
(c) Genes. II, 23. Hæc vocabitur Virago. אִשָּׁה.
(d) Genes. XVI, 1, 2, 3, etc.
(e) An du monde 2093, avant Jésus-Christ 1907, avant l'ère vulg. 1911.

(f) Genes. XXX, 3 et 9.
(g) An du monde 2094, avant Jésus-Christ 1906, avant l'ère vulgaire 1910.
(h) An du monde 2108, avant Jésus-Christ 1892, avant l'ère vulg. 1896.
(i) Genes. XXI, 1, 2, 3.
(j) An du monde 2113, avant Jésus-Christ 1887, avant l'ère vulg. 1891.

son fils, et le mena plus avant dans le désert de Pharan, où il demeura. Il devint habile à tirer de l'arc, et sa mère lui fit épouser une femme égyptienne, dont il eut douze fils (a); savoir : 1. *Nabajoth* ; 2. *Cédar;* 3. *Abdéel;* 4. *Mabsam;* 5. *Masma;* 6. *Duma;* 7. *Massa;* 8. *Hadad* ou *Hadar;* 9. *Thema;* 10. *Jethur;* 11. *Naphis;* et 12. *Cedma.* Il eut aussi une fille nommée *Maheleth* ou *Basemath. Genes.* XXXVI, 3, qui épousa Esaü; *Genes.* XXVIII. 9. Nous avons parlé de chacun des fils d'Ismael sous leurs articles.

Des douze fils d'Ismael sont sorties les douze tribus des Arabes, qui subsistent encore aujourd'hui. Saint Jérôme (b) dit que de son temps les Arabes nommaient les cantons de l'Arabie des noms des diverses tribus qui les habitaient. Les profanes donnent aux chefs des tribus des Arabes le nom de *Philarques*, et les Arabes leur donnent le nom de *Scheich-el-Kebir* (c). Les descendants d'Ismael habitèrent le pays qui est depuis *Hévila* jusqu'à *Sur. Hévila* est vers la jonction de l'Euphrate et du Tigre, et *Sur* est du côté de l'isthme qui sépare l'Egypte de l'Arabie. On connaît dans l'histoire les descendants d'Ismael sous le nom général d'Arabes et d'Ismaélites. On connaît en particulier les Nabathéens, les Cédaréniens, les Agaréniens, etc. [*V.* le *calendrier des Juifs*, au 25 de Sivan.] Depuis le septième siècle, ils ont presque tous embrassé la religion de Mahomet, et nous les appellons Turcs, ou Musulmans. Ismael mourut en présence de tous ses frères, dit la Vulgate (d); ou, suivant une autre traduction, il eut son partage vis-à-vis de tous ses frères. *V. Genes.* XVI, 12. On ignore l'année de sa mort.—[*Voy.* ARABES, BÉDOUINS, et la *Correspond. d'Orient*, lettre CXLI, de M. Michaud, tom. VI, pag. 70 et suivantes.]

Les mahométans veulent qu'Ismael ait été le fils le plus favorisé d'Abraham, et celui en faveur de qui Dieu fit à ce patriarche des promesses si magnifiques. Ils croient (e) qu'Abraham ayant voulu immoler Ismael, l'ange Gabriel l'empêcha par ordre de Dieu, et substitua en sa place un bélier que le père et le fils immolèrent au Seigneur, au lieu même où ils bâtirent depuis le temple de la Mecque. Ce temple ne fut bâti qu'après la mort d'Agar; il porta d'abord le nom de Caabah, ou Maison carrée, à cause de sa forme, et ensuite celui de *Beith-Allah*, ou Maison de Dieu. Les Arabes du temps d'Abraham attachèrent les cornes du bélier immolé par Abraham à la gouttière du toit de ce temple, d'où Mahomet les ôta dans la suite, pour ôter à ces peuples tout sujet d'idolâtrie.

Ismael, après avoir demeuré quelque temps à Jathreb, nommée aujourd'hui Médine, se retira dans l'Iémen, où il s'établit et se maria. Outre les douze fils d'Ismael dont il est parlé dans la Genèse, les Arabes lui en donnent encore un nommé *Thor*, ou *Thour*, qui a donné son nom à la montagne de Sinaï qu'ils appellent encore *Thour*, et *Thour-Sinaï*, aussi bien qu'à la ville qui est au pied de cette montagne, sur les bords de la mer Rouge.

L'Arabie était peuplée d'Arabes anciens, avant que les fils d'Ismael s'y établissent, et ce ne fut qu'après de longues disputes avec les *Giorhamides*, premiers possesseurs de ce pays, qu'ils s'accordèrent enfin sur le temple de la Mecque. La race des anciens Arabes n'est pas éteinte dans ce pays. Elle subsiste mêlée avec celle des Ismaélites. On peut voir ci-devant ce que nous avons dit des ARABES. Ce qui déplaît dans ces histoires des mahométans, c'est que, sans se mettre en peine des règles de l'histoire et de la bonne foi, ils déguisent, renversent, détruisent les récits de l'Ancien et du Nouveau Testament, pour y substituer leurs rêveries et leurs traditions qui n'ont aucun fondement dans l'antiquité, et qui ne roulent que sur l'ignorance de leur faux prophète ; cet homme ayant ouï parler des histoires saintes des Juifs et des chrétiens, les a racontées à sa manière; ses sectateurs y ont encore ajouté de nouvelles fables et de nouvelles circonstances; et, quand on veut les rappeler aux Ecritures anciennes et authentiques, ils les traitent de supposées et corrompues.

La religion des Ismaélites se peut considérer dans quatre temps différents. 1° Sous Ismael et ses successeurs immédiats, lesquels probablement suivirent la religion qu'ils avaient apprise d'Abraham et d'Ismael. 2° Sous les successeurs de ces premiers qui, s'étant mêlés avec les anciens Arabes habitants du pays, imitèrent leur idolâtrie et corrompirent la pureté du culte de leurs pères par le mélange des cérémonies étrangères. 3° Plusieurs Arabes embrassèrent le christianisme dans les premiers siècles de l'Eglise. On ne connaît pas distinctement par quel canal le christianisme passa dans ce pays; mais on connaît des martyrs d'Afrique, et on sait qu'en 249 il se tint un concile dans ce pays contre des hérétiques, qui disaient que le corps et l'âme mouraient et ressuscitaient ensemble. 4° Enfin Mahomet ayant paru dans ce pays, y séduisit une infinité de personnes, et y fit recevoir ses erreurs, partie par force, et partie par adresse. On peut voir ci-devant l'article ARABES, pour la religion des anciens Arabes, que nous ne distinguons pas des Ismaélites, depuis que ces deux peuples se sont mêlés et confondus. Quant à la religion des mahométans, elle ne regarde pas notre sujet, puisqu'elle est si nouvelle, et qu'il n'en est pas parlé dans l'Ecriture.

Le prophète Baruc (f) nous parle de la science et des études des enfants d'Agar : *Filii quoque Agar qui exquisierunt sapientiam, quæ de terra est.* Ils se piquaient de sagesse, et encore aujourd'hui les Arabes affectent un grand sérieux et des manières pleines de gravité. La reine de Saba vint éprouver si la sagesse de Salomon était telle que la renommée le publiait. Les Agaréniens et les Ismaé-

---

(a) *Genes.* xxv, 13, 14.
(b) *Hieron. Qu. Hebr. in Genes.*
(c) *Voyez* Thevenot, liv. II, c. XXXII, part. I.

(d) *Genes.* xxv, 18. עַל פְּנֵי כָל אֶחָיו נָפָל.
(e) *Bibl. Orient.*, p. 501. *Ismaël-ben-Ibrahim.*
(f) *Baruc.* III, 23.

lites sont nommés parmi les peuples qui firent la guerre aux Israélites sous le règne de Josaphat (a) et sous les juges du temps de Gédéon (b). Du temps du roi Saül les tribus de Ruben, de Gad, et la demi-tribu de Manassé firent la guerre aux Agaréens, et les défirent (c). Ces Agaréens demeuraient dans l'Arabie Déserte, à l'orient des montagnes de Galaad.

L'Ecriture désigne aussi les Arabes par un autre caractère, c'est qu'ils coupaient leurs cheveux en rond (d). Moïse défend aux Hébreux d'imiter en cela les Arabes, qui le pratiquaient, disaient-ils, en l'honneur de Bacchus et à son imitation : *Neque in rotundum attondebitis comam*. Jérémie menace de la colère de Dieu les peuples qui portent les cheveux coupés en rond (e) : *Visitabo super omnes qui attonsi sunt in comam*, et il désigne en particulier Edom, Ammon et Moab, *Dedan, Théma et Buz*, tous peuples d'Arabie, entre lesquels *Théma* était fils d'Ismael. Les Turcs se coupent encore les cheveux de la tête, et ne laissent qu'un bouquet au-dessus (f). Je ne sais si cette pratique est aussi ancienne que Moïse. Les Septante (g) appellent *zizoë* la manière de se faire les cheveux dont Moïse parle ici : or *zizoë* est un bouquet de cheveux qu'on laisse derrière ou dessus la tête, quand on a coupé tout le reste en rond. *Voyez* les articles de NABATH, CÉDAR, THÉMA, AGAR, etc.

ISMAEL, fils de Nathanias, de la race de Juda, tua en trahison Godolias (h) que Nabuchodonosor avait établi sur les restes du peuple qui était demeuré dans la Judée après la ruine de Jérusalem. *Voyez* ci-devant GoDOLIAS. Mais Jean ou Johanan, fils de Carée, ayant poursuivi Isaac [lisez Ismael] et sa troupe, et l'ayant atteint près de la piscine d'Hébron, le chargea et l'obligea de prendre la fuite. Il se retira vers Baalis, roi des Ammonites (i).

ISMAEL I, souverain sacrificateur des Juifs, fils de Phabi ou Phabée, eut un frère nommé aussi Ismael, qui fut comme lui grand sacrificateur. Le premier Ismael succéda à Ananus, et fut établi par Valérius Gratus, gouverneur [procurateur] de Judée, l'an du monde 4027, de l'ère vulgaire 24. Il fut déposé l'année suivante, et Éléazar, fils d'Ananus, lui succéda.

ISMAEL II, frère du premier, succéda à Ananias, fils de Nébédée, par la faveur du roi Agrippa (j). Les grands pontifes déposés s'étant joints à lui prétendirent se rendre maîtres des décimes et des oblations qui étaient destinées à la nourriture des simples prêtres. Ceux-ci, appuyés des principaux du peuple, se soulevèrent contre les pontifes ; et on vit entre eux, jusque dans le temple, une espèce de guerre. Ismael fut obligé d'aller à Rome avec Chelcias et dix des principaux de Jérusalem, pour demander à Néron qu'il leur fût permis de rétablir un mur que Festus, gouverneur [procurateur] de Judée avait fait abattre, parce qu'il empêchait que les troupes romaines ne vissent dans le temple, et qu'il bornait la vue du palais d'Agrippa (k) Ce fut en leur considération que Josèphe l'historien fit le voyage de Rome pour les défendre (l). Ils obtinrent ce qu'ils demandaient, par le crédit de Poppée, qui favorisait les Juifs. Ismael ne revint plus à Jérusalem ; et Agrippa lui ôta la grande sacrificature pour la donner à Joseph, fils de Simon, surnommé Cabéi.

* ISMAEL. *Voyez* ASEL.

* ISMAEL, descendant de Pheshur, prêtre, renvoya sa femme après la captivité, parce qu'elle était étrangère. *Esdr*. X, 22.

* ISMAHEL. Judaïte considérable, père de Zabadias. II *Par*. XIX, 11.

* ISMAHEL, fils de Johanan, fut un des officiers que choisit Joïada pour mettre Joas sur le trône. II *Par*. XXIII, 1.

ISRAEL. C'est le nom que l'ange donna à Jacob, après qu'il eut lutté toute la nuit contre lui à Mahanaïm ou à Phanuel. *Voyez Genes*. XXXII, 1, 2, et 28, 29, 30, et *Ose*. XII, 3. *Voyez* aussi l'article de JACOB. Israel signifie *le vainqueur de Dieu* (m), ou *un prince de Dieu*, ou , selon plusieurs anciens, *un homme qui voit Dieu*.

Le nom d'*Israel* se prend quelquefois pour la personne de Jacob; quelquefois pour tout le peuple d'Israel, toute la race de Jacob ; et quelquefois pour le royaume d'Israel ou des dix tribus, distingué du royaume de Juda.

ROIS D'ISRAEL. *Voyez* ci-après l'article ROIS.

ISRAÉLITES, les descendants d'Israel, qui furent d'abord appelés *Hébreux*, à cause d'Abraham, qui était venu de delà l'Euphrate ; et ensuite *Israélites*, à cause d'Israel, père des douze patriarches; et enfin *Juifs, Judæi*, surtout depuis le retour de la captivité de Babylone, parce qu'alors la tribu de Juda se trouva beaucoup plus forte et beaucoup plus nombreuse que les autres tribus, et que les étrangers ne connaissaient guère que cette tribu.

* ISRAELITES sortant de l'Egypte ont-ils volé les Egyptiens? *Voyez* LARCIN.

ISREELA [ou Asaréla, fils d'Asaph, était chef de] la septième des vingt-quatre familles des lévites [au temps de David]. I *Par*. XXV,14.

ISSACHAR, cinquième fils de Jacob et de Lia. Il fut conçu après que Rachel eut acheté les mandragores que Juda avait apportées à Lia, sa mère (n). Il naquit l'an du monde 2255, avant Jésus-Christ 1745, avant l'ère vulgaire 1749. Il eut quatre fils (o

---

(a) *Psalm*. LXXXII, 7.
(b) *Judic*. VII, VIII, 24.
(c) I *Par*. v, 10, 19, 20.
(d) *Levit*. XIX, 27.
(e) *Jerem*. IX, 25, 26, *et* XXV, 23.
(f) *Herodot*. l. III, c. VIII, et lib. IV, c. CLXXV.
(g) 70 Οὐ ποιήσετε σισόην ἐκ τῆς κόμης τῆς κεφαλῆς ὑμῶν.
(h) An du monde 3417, avant Jésus-Christ 585, avant l'ère vulg. 587. Vide IV *Reg*. XXV, 25, 26, 27.
(i) Vide *Jerem*. XLI, 1, 2, etc.

(j) *Joseph. Antiq. l.* XX, c. VI, p. 696. An du monde 4066, de l'ère vulg. 65.
(k) *Antiq*. l. XX, c. VII, p. 697.
(l) *Idem, de Vita sua*, 998, 999.
(m) אִישְׂרָאֵל Israel. אִישׁ רָאָה אֵל *Vir videns Deum*. אִישׁ־שַׂר־אֵל *Vir princeps Dei*.
(n) *Genes*. XXX, 14, 18.
(o) *Genes*. XLVI, 13.

Thola, Phua, Iobab et Semron. On ne sait aucune particularité de sa vie. Jacob en lui donnant sa bénédiction lui dit (a) : *Issachar, comme un âne vigoureux, demeurera dans les bornes de son partage. Il a vu que le repos est bon, et que sa terre est excellente : il a baissé l'épaule sous le fardeau, et il s'est assujetti à payer le tribut.* Le Chaldéen traduit dans un sens contraire : *Il assujettira les provinces, et rendra tributaires ceux qui resteront dans son pays.* La tribu d'Issachar eut son partage dans un des meilleurs endroits de la terre de Chanaan, le long du Grand-Champ, ou de la vallée de Jezrael ; ayant au midi la demi-tribu de Manassé, au septentrion celle de Zabulon, à l'occident la Méditerranée, et à l'orient le Jourdain et l'extrémité de la mer de Tibériade. On lit dans le Testament des douze patriarches les instructions et les avis qu'Issachar donna à ses fils avant sa mort. Mais on sait que cet ouvrage est apocryphe et sans autorité.

* ISSECHEL. *Voyez* ELIÉZER.

ISTHEMO, ville de la tribu de Juda. *Josue*, XV, 50. Elle est appelée autrement *Esthamo* [I *Reg.* XXX, 28], ou *Esthemo* [1 *Par.* VI, 58, et *Estémo*, ville sacerdotale, *Jos.* XXI, 14]. Eusèbe et saint Jérôme disent qu'elle était dans le canton d'Eleuthéropolis.

ISTOB, ou *Isch-Tob* (b), habitant de Tob, ou *bon homme*, ou *maître du pays des Tubiéniens*. Ce pays était à l'extrémité septentrionale des montagnes de Galaad, vers le mont Liban. Jephté se retira dans le pays de Tob (c), et ce canton est appelé Tubin dans les Machabées (d).

ISSUS, ou *Isus*, grand prêtre des Juifs, marqué dans Josèphe, succéda à Joram, et eut pour successeur Axioram (e). Il n'est point parlé de ce pontife dans l'Écriture, à moins que ce ne soit le même qu'Azarias des Paralipomènes. *Voyez* I *Par.* VI, 9.

* ISUHAIA, chef de famille siméonite. I Par. IV, 36.

ITABURIUS, ou ITABURIM. C'est ainsi que Josèphe appelle le mont Thabor. *Voyez l.* IV, c. II, *de Bello Jud.*

ITALIE. Saint Jérôme a traduit, *Numer.* XXIV, 24, *Ezech.*, XXVII, 6, l'hébreu *Cethim*, ou *Citthim* (f), par *Italia*. Mais nous avons fait voir sur la Genèse, X, 4, que *Cethim* marque la Macédoine. Le même saint Jérôme, dans Isaïe, chap. LXVI, y 16, a traduit par *Italia* l'hébreu *Thubal* (g), qui marque plutôt l'Espagne, selon les uns, ou les Tibaréniens, selon d'autres. Dans les livres saints écrits originairement en grec, *Italia* n'est point équivoque ; il signifie cette partie du monde dont Rome est la capitale.

ITHAI, fils de Ribaï de Gabath, un des vaillants hommes de l'armée de David. II *Reg.*, XXIII, 29.

ITHAMAR, quatrième fils d'Aaron. On ne sait aucune particularité de sa vie, et il n'y a nulle apparence qu'il ait jamais exercé la grande sacrificature. Il demeura, lui et ses enfants, au rang des simples prêtres, jusqu'à ce que la souveraine sacrificature entra dans sa famille, en la personne d'Héli, grand sacrificateur et juge d'Israel (h). Les successeurs d'Héli, de la même famille d'Ithamar, sont Achitob, Achia, Achimélech et Abiathar, qui fut déposé de l'exercice de la grande sacrificature par Salomon (i).

ITHOBAL, roi de Tyr. Ce nom ne se trouve pas dans les livres sacrés de l'Ancien Testament. On y lit *Etbaal*, qui était père de Jézabel, et beau-père d'Achab. Josèphe (j) le nomme *Ithobal*. Il dit ailleurs (k) qu'un certain Ithobal, prêtre d'Astarté, ayant tué Phellètes, roi de Tyr, régna en sa place pendant trente-deux ans. Nous croyons que c'est à ce prince que s'adressent les invectives et les menaces du prophète Ezéchiel (l). Les anciens historiens de Phénicie donnent le nom d'Ithobal au roi de Tyr sous lequel la ville fut assiégée par Nabuchodonosor (m). Voici comme lui parle Ezéchiel : « Voici ce que dit le Seigneur notre Dieu : Parce que votre cœur s'est élevé, et que vous avez dit en vous-même : Je suis un dieu, et je suis assis dans la chaire d'un dieu au milieu de la mer ; quoique vous ne soyez qu'un homme et non pas un dieu, mais parce que votre cœur s'est élevé comme si c'était le cœur d'un dieu. Vous êtes donc plus sage que Daniel, et il n'y a point de secret qui vous soit caché. Vous vous êtes rendu puissant par votre prudence et par votre sagesse. Vous avez amassé de l'or et de l'argent dans vos trésors : vous avez accru votre puissance par l'étendue de votre sagesse et par la multiplication de votre commerce, et votre cœur s'est élevé dans votre force. C'est pourquoi voici ce que dit le Seigneur : Je ferai venir contre vous des étrangers qui sont les plus puissants des peuples. Ils viendront l'épée à la main exterminer votre sagesse avec tout son éclat, et ils souilleront votre beauté. Ils vous tueront et vous précipiteront du trône, et vous mourrez dans le carnage de ceux qui seront tués au milieu de la mer. Direz-vous alors que vous êtes un dieu ? Vous mourrez de la mort des incirconcis par la main des étrangers ; car c'est moi qui ai parlé, dit le Seigneur.

» Le Seigneur dit ensuite à Ezéchiel : Faites un cantique de deuil sur le roi de Tyr. Voici ce que dit le Seigneur : Vous étiez le sceau de la ressemblance de Dieu ; vous étiez plein de sagesse et parfait en beauté ; vous avez été dans les délices du paradis de Dieu ;

(a) Genes. XLIX, 14.
(b) II Reg. x, 6.
(c) Judic. x, 3, 5.
(d) I Mac. v, 13.
(e) Joseph. Antiq. l. X, c. XI, p. 342.
(f) כתים Cethim.
(g) תובל Thubal.
(h) Depuis l'an du monde 2848 jusqu'en 2888, avant Jésus-Christ 1112, avant l'ère vulg. 1116.
(i) L'an du monde 2989, avant Jésus-Christ 1011, avant l'ère vulg. 1015. Vide III Reg. II, 27.
(j) Joseph. Antiq. l. IX, c. VI, p. 311. Comparez III Reg XVI, 31.
(k) Lib. I contra Appion. p. 1015.
(l) Ezech. XXVIII.
(m) Philostr. apud Joseph. Antiq. l. X, c. XI, et contra Appion. l. I, p. 1016.

votre vêtement était enrichi de toutes sortes de pierres précieuses. Les pierreries et l'or ont été employés pour relever votre beauté. Les instruments de musique les plus excellents ont été préparés pour le jour auquel vous avez été créé. Vous étiez comme un chérubin qui étend ses ailes pour couvrir le propitiatoire; je vous ai établi sur la montagne sainte de Dieu, et vous avez marché au milieu des pierres éclatantes comme le feu. Vous étiez parfait dans vos voies, depuis le jour de votre création jusqu'à ce que l'iniquité a été trouvée en vous. Dans la multiplication de votre commerce, vos entrailles ont été remplies d'iniquité. Je vous ai chassé de la montagne de Dieu; je vous ai exterminé, ô chérubin, qui protégiez les autres du milieu des pierres éclatantes comme le feu; car votre cœur s'est élevé dans son éclat; vous avez perdu la sagesse dans votre beauté; je vous ai précipité en terre........ Je ferai sortir du milieu de vous un feu qui vous dévorera, et je vous réduirai en cendres sur la terre, aux yeux de ceux qui vous verront. Ils en seront frappés d'étonnement : vous avez été anéanti, et vous ne vous relèverez jamais. »

Nous croyons que ces paroles d'Habacuc regardent le même prince (a) : *Malheur à celui qui bâtit sa ville du sang des hommes, et qui la fonde dans l'iniquité.* Ces richesses dont vous abusez, cette ville que vous bâtissez, *tout cela ne vient-il pas du Seigneur ? Tous les travaux des peuples seront consumés par le feu, et les efforts des nations seront réduits au néant, parce que la terre sera remplie d'ennemis, comme le fond de la mer est tout rempli de ses eaux, afin que la gloire et la justice du Seigneur soient connues de tout le monde.*

ITHURÉE, ou ITURÉE, province de Syrie ou d'Arabie, au delà du Jourdain, à l'orient de la Batanée, et au midi de la Trachonite. Saint Luc, III, 1, parle de l'*Ithurée*, et I *Par.* V, 19, des *Ithuréens*, ou de *Jethur*, selon l'hébreu. Or *Jethur* était un des fils d'Ismael (b). L'Ithurée est comprise dans l'Arabie Pétrée.

Aristobule, roi ou prince des Juifs, et fils d'Hircan, dès le commencement de son règne, fit la guerre aux Ithuréens (c); et après en avoir soumis la plus grande partie, les obligea d'embrasser le judaïsme, de même que quelques années auparavant Hircan, son père, y avait obligé les Iduméens; il leur donna l'alternative, ou de se faire circoncire et d'embrasser la religion des Juifs, ou de sortir de leur pays et de chercher un établissement ailleurs. Ils aimèrent mieux rester et faire ce qu'on exigeait d'eux. Quoique descendus d'Ismael, ils ne pratiquaient donc plus la circoncision, ou peut-être qu'Aristobule les obligea de la recevoir au huitième jour, au lieu qu'auparavant ils ne la

recevaient qu'à l'âge de douze ou treize ans. Philippe, un des fils d'Hérode, était tétrarque ou prince d'Ithurée, lorsque saint Jean Baptiste commença les fonctions de son ministère (d).

IVELIN. *Voyez* ECOLES.

IVOIRE, *Ebur*. Le trône d'ivoire de Salomon était sur six degrés, à chacun desquels était un lion. *Les maisons d'ivoire* du psaume XLIV, 9, sont des cassettes d'ivoire, faites en forme de maison. *Les maisons d'ivoire* bâties dans Samarie, *Amos* III, 15, et III *Reg.* XXII, 39, sont des palais où l'on voyait beaucoup d'ornements d'ivoire. *Voyez* YVOIRE.

IVRAIE, ou IVROIE, *Zizanium*, *lolium*. *Voyez* YVRAIE.

IVRE, IVROGNE, IVRESSE. *Voyez* sous la lettre Y.

IXION, sorte d'oiseau dont il est parlé *Deut.* XIV, 13. Moïse le met au nombre des oiseaux impurs. C'est une espèce de vautour qui est blanc, et dont la vue est fort perçante. Saint Jérôme a rendu, dans le Lévitique, XI, 14, par *milan* le terme hébreu qu'il traduit ailleurs par *ixion*. Ce terme hébreu est *raah*, ou *daah* : les copistes ayant confondu le resch avec le daleth, ont écrit *raah* dans le Deutéronome, et *daah* dans le Lévitique (e).

IZATE, roi des Adiabéniens, dont il est souvent parlé dans Josèphe (f), et dont quelques auteurs (g) font un chrétien, au lieu que Josèphe dit qu'il se convertit au judaïsme. Izate était fils de Monobaze, roi des Adiabéniens, et d'Hélène, sa sœur et son épouse. Monobaze avait une affection particulière pour Izate, et craignant les effets de la jalousie des frères de ce jeune prince, il l'envoya à Abennérich, roi de Charax-Spasin, sur le Tigre, à la tête du golfe Persique. Izate rencontra dans ce pays un marchand juif qui lui apprit à servir le vrai Dieu. Quelque temps après, Izate fut mandé par son père, établi sur une petite province d'Arménie, nommée *Kœrons*, où l'on voit, dit Josèphe, des restes de l'arche de Noé. Après la mort de son père, il revint dans l'Adiabène, où Hélène, sa mère, le fit reconnaître pour roi, et engagea Monobaze, un de ses frères, à lui remettre le diadème. Il avait toujours conservé son amour pour le judaïsme, et fut fort aise d'apprendre que sa mère avait embrassé la même religion, par le moyen d'un autre Juif.

Izate aurait voulu faire profession ouverte du judaïsme et recevoir la circoncision; mais sa mère l'en détournait, craignant les suites de cette démarche : Ananie lui-même (c'est le nom du Juif qui l'avait instruit) n'insistait pas sur cela, disant que Dieu se contenterait de la disposition de son cœur, à cause des conjonctures où il se rencontrait. Mais un jour un autre Juif l'ayant trouvé qui lisait le livre de Moïse, lui fit voir qu'il

---

(a) *Habac.* II, 12. 13, 14.
(b) *Genes.* xxv. 15, et I *Par.* I, 31.
(c) *Joseph. Antiq. l.* XIII, *c.* XIX.
(d) *Luc.* III, 1.
(e) ראה *raah* דאה *daah*.

(f) *Antiq. l.* XX, *c.* II, et *l.* VI, *c.* XXXVI, *de Bello Jud.* p. 964.
(g) Orose, l. VII, c. VI, dit qu'Hélène, mère d'Izate, avait embrassé le christianisme.

ne pouvait observer la loi ni avoir part à l'alliance sans se faire circoncire, ce qui le détermina à recevoir aussitôt la circoncision. Il déclara ce qu'il avait fait à Hélène, sa mère, et à Ananie. Cette action n'eut aucune suite fâcheuse, et Izate continua de régner avec beaucoup de bonheur. Ses frères et ses proches embrassèrent aussi enfin le judaïsme, ce qui fit soulever les grands du pays, qui lui suscitèrent des ennemis puissants qui lui déclarèrent la guerre (a). Mais il demeura victorieux, et régna vingt-quatre ans : il mourut l'an 61 de Jésus-Christ au plus tard, âgé de cinquante-cinq ans, et laissa la couronne à Monobaze, son fils. Les os d'Izate furent envoyés à Jérusalem et enterrés avec ceux d'Hélène, sa mère, dans un mausolée magnifique qu'elle avait fait faire près de cette ville (b). Au dernier siége de Jérusalem par Tite, il y avait quelques-uns des enfants et des frères d'Izate enfermés dans la ville, à qui Tite accorda la vie (c) l'an 70 de Jésus-Christ.

J

JAASIA, fils, ou habitant de Thécué; car souvent le nom le *fils*, se prend pour un habitant; par exemple, les fils de Sion, les filles de Jérusalem, etc. Jaasias fut un des commissaires nommés pour faire la recherche des Juifs qui avaient épousé des femmes étrangères après le retour de la captivité (d).

JABEL, fils de Lamech et d'Ada, fut le *père* de ceux qui logent sous des tentes, et des pasteurs (e); c'est-à-dire, il fut comme le chef et l'instituteur de ceux qui, comme les Arabes Scénites et les Nomades, vivent sous des tentes à la campagne, et font le métier de pasteurs. Le nom de *père* se prend souvent pour maître, chef, instituteur.

JABÈS. On trouve un homme de ce nom dans les Paralipomènes (f); mais l'Ecriture qui fait un grand éloge de sa piété, ne dit pas de qui il était fils. Il y en a qui croient qu'il est le même qu'Othoniel, fils de Kos, ou de Cénez. Sentiment qui n'a rien que de très-probable.

JABÈS, père de Sellum, quinzième roi d'Israel, ou du royaume de Samarie (g).

JABÈS, ville de la demi-tribu de Manassé, au delà du Jourdain. L'Ecriture lui donne ordinairement le nom de *Jabès de Galaad*, parce qu'elle était dans le pays et au pied des montagnes de Galaad. Eusèbe (h) la met à six milles de *Pella*, vers Gérasa; et par conséquent elle devait être à l'orient de la mer de Tibériade.

La ville de Jabès de Galaad fut saccagée par les Israélites, parce qu'elle n'avait pas voulu joindre ses armes aux leurs dans la guerre contre ceux de Benjamin (i) à l'occasion de l'outrage fait à la femme du lévite dans la ville de Gabaa. Quelques années après, Naas, roi des Ammonites, ayant assiégé Jabès (j), les habitants le prièrent de les recevoir à composition; mais ce prince leur répondit qu'ils n'avaient point d'autre composition à attendre que de se rendre à lui et de se laisser arracher l'œil droit. Ceux de Jabès demandèrent une trêve de sept jours, promettant de se rendre à quelle condition il voudrait, si dans ce temps il ne leur venait point de secours. Mais Saül, étant informé de l'extrémité où la ville était réduite, y accourut, tailla en pièces l'armée de Naas, et délivra ceux de Jabès. Ceux-ci conservèrent toujours beaucoup de reconnaissance pour la maison de Saül; et après la mort de ce prince, ils enlevèrent son corps et ceux de ses fils, que les Philistins avaient pendus aux murs de Bethsan, et les ensevelirent honorablement dans un bois qui était près de leur ville (k). Voici quelques remarques sur le siége de Jabès et sur le prompt secours que Saül donna aux habitants de cette ville.

☞ *Observations sur le siége de Jabès et sur la défaite des Ammonites* (1) I Reg. XI, 1,... 11. Ce qui me paraît le plus surprenant, pour ne pas dire presque impossible, dans cette guerre, c'est que Saül ait pu faire assembler en moins de huit jours une armée si nombreuse et si formidable, puisqu'*en ayant fait la revue à Besech il se trouva dans son armée trois cent mille hommes des enfants d'Israel, et trente mille de la tribu de Juda*. Josèphe (l) grossit extraordinairement ce nombre, je ne sais sur quel fondement : il compte sept cent mille Israélites et soixante et dix mille hommes de la tribu de Juda; sans doute qu'il y a faute dans le nombre, ainsi on doit s'en tenir à l'auteur sacré; encore j'ai peine à croire que cela se soit fait sans miracle. Car les tribus ne pouvaient avoir été averties en un même jour, attendu l'éloignement où elles étaient les unes des autres, et il était très-difficile de les faire trouver toutes en même temps au quartier du rendez-vous, prêtes à marcher et à combattre. Je sais bien que c'est tout un peuple aguerri qui marche en hâte au secours de ses frères enfermés dans Jabès; mais quelque diligence que fis-

---

(a) Vers l'an 50 de l'ère vulg.
(b) *Voyez* l'article d'HÉLÈNE.
(c) *De Bello*, l. VI, c. xxxvii, pag. 964.
(d) I Esdr. x, 15.
(e) Genes. iv, 20.
(f) I Par. iv, 9, 10.
(g) IV Reg. xv, 10.
(h) *Euseb. in locis, in Arisoth.* Procope de Gaza, *in Judic.* met 20 milles de *Pella* à Jabès.
(i) Judic. xxi, 8. Année incertaine.
(j) I Reg. xi, 1 *et seq.* An du monde 2909, avant Jésus-Christ 1091, avant l'ère vulg. 1094.
(k) I Reg. xxxi, 11, 12, etc. Au du monde 2949, avant Jésus-Christ 1051, avant l'ère vulg. 1055.
(l) Joseph. Antiq. l. VI, c. vi.
(1) Par Folard. *Voyez* la préface, p. xi.

sent les plus éloignés, je ne vois pas naturellement qu'ils puissent arriver à temps : ils arrivent cependant à point nommé, et Saül, inspiré de Dieu, se met à leur tête, et marche droit à l'ennemi, qu'il surprend dans son camp.

Je parlerai ailleurs de Samarie, que Benadad avait investie avec une armée des plus nombreuses; les conditions que ce roi de Syrie propose à Achab, roi d'Israel, et à son peuple paraissent tout à fait déraisonnables et capables de porter les assiégés aux dernières extrémités, et à se faire plutôt tous tuer que de s'y soumettre; mais la proposition que Naas, roi des Ammonites, fait faire ici aux habitants de Jabès est pire encore : ce roi ayant attaqué la ville, tous les habitants lui dirent (a) : *Recevez-nous à composition et nous vous serons assujettis*. Il leur répondit (b) : *La composition que je ferai avec vous sera de vous arracher à tous l'œil droit, et de vous rendre l'opprobre de tout Israel*. Cette condition est cruelle et révolte la nature; cependant les assiégés semblent s'y soumettre en lui répondant (c) : *Accordez-nous sept jours afin que nous envoyions des messagers dans tout Israel; et s'il ne se trouve personne pour nous défendre, nous nous rendrons à vous*. Ce qui leur fut accordé.

Les envoyés de la ville partirent donc, et étant arrivés à Gabaa où demeurait Saül, ils firent rapport au peuple de l'état pitoyable où se trouvaient les habitants de Jabès, leurs frères, et tout le peuple en fut touché jusqu'à verser des larmes. *Saül retournait alors de la campagne, en suivant ses bœufs; et il dit* (d) : *Qu'a ce peuple pour pleurer de cette sorte? On lui raconta ce que les habitants de Jabès avaient envoyé dire. Aussitôt l'Esprit du Seigneur se saisit de lui, et il entra dans une très-grande colère* contre le cruel Naas, roi des Ammonites, qui non content d'assujettir les habitants de Jabès, voulait encore les rendre l'opprobre de tout Israel. Alors Saül prit ses deux bœufs, les coupa en morceaux, et les fit porter par des envoyés *dans toutes les terres d'Israel*, faisant dire aux tribus: *C'est ainsi qu'on traitera les bœufs de tous ceux qui ne se mettront point en campagne pour suivre Saül et Samuel*. Il n'y avait pas un moment à perdre pour secourir ceux de Jabès; il ne leur restait plus que six jours; ainsi Saül imagina ceci pour toucher les tribus, et les exciter à accourir aussitôt au secours de leurs frères. *Alors tout le peuple fut frappé de la crainte du Seigneur*, la proposition de Naas lui fit horreur, *et ils se rendirent tous au lieu assigné, comme s'ils n'eussent été qu'un seul homme*.

Saül ayant assemblé et fait la revue de son armée à Besech, marcha sans doute toute la nuit pour arriver à Jabès au moment qu'il avait promis, ayant fait dire aux habitants de la ville par les envoyés : *Vous serez secourus demain, lorsque le soleil sera dans sa force*. Ceux de Jabès reçurent cette nouvelle, comme on peut bien s'imaginer, avec beaucoup de joie, et ils firent dire aux Ammonites: *Demain matin nous nous rendrons vers vous, et vous nous traiterez comme il vous plaira*. Le commentateur a raison de dire qu'ils ne faisaient point un mensonge; car ils leur disaient vrai : le lendemain ils devaient faire une vigoureuse sortie, et se rendre vers eux, mais les armes à la main, tandis que leurs frères devaient fondre sur le camp des Ammonites. C'était véritablement un stratagème; car sur ces paroles équivoques les ennemis se tinrent moins sur leurs gardes, s'imaginant que les habitants de la ville avaient perdu toute espérance de secours.

Le lendemain étant venu, Saül divisa son armée en trois corps, et entra dès la pointe du jour dans le milieu du camp des Ammonites (e). Il surprit, selon toute apparence, cette grande armée des Ammonites, et l'attaqua dans son camp par trois différents endroits de la circonvallation pour les occuper de toutes parts. Cette surprise déconcerta entièrement les Ammonites; car l'Ecriture ne dit point qu'ils aient fait la moindre résistance. Il ne faut point douter que ceux de la ville ne soient sortis aussitôt sur leurs ennemis, tant pour leur tenir parole, que pour aider leurs frères à les tailler en pièces.

Les Hébreux savaient très-bien les règles de la guerre; nous voyons partout dans l'Ecriture que leur méthode était de combattre par corps séparés et sur une très-grande profondeur. Il paraît ici qu'ils formèrent trois puissantes phalanges qui devaient être coupées par de petits intervalles pour servir de retraite aux blessés et pour porter les ordres, outre que les tribus étaient séparées par des intervalles et distinguées par leurs drapeaux.

Je ne comprends pas pourquoi dom Calmet avance que ce pouvait être le quatrième jour de la trêve accordée à ceux de Jabès qu'ils furent délivrés. J'ai déjà fait voir que cela était impossible, et je crois que ce ne fut tout au plus que le septième, et même le huitième à la pointe du jour. Il dit encore dans son commentaire sur le y. 11 du même chapitre, « qu'il ne remarque point que ni les
» Hébreux ni leurs voisins fortifiassent leur
» camp, mais qu'ils plaçaient seulement des
» sentinelles sur les avenues. » Il n'y a pas sans doute fait attention; car, dans son histoire de l'Ancien Testament, au sujet de la guerre de Benadad contre Achab, il dit (f) : « Que c'était la coutume d'enfermer les villes
» assiégées, par des fossés et des redoutes,
» pour réduire les assiégés à se rendre par
» la famine. » De plus, il est certain que Moïse retranchait son camp, et non-seulement les lignes de circonvallation, mais encore celles de contrevallation étaient en usage chez les Juifs et chez leurs voisins. On peut voir, dans le *Commentaire sur Polybe*, le *Traité de l'attaque et de la défense des places des anciens*, où il y a plusieurs exemples des

---

(a) I Reg. XI, 1
(b) Ibid. v. 2.
(c) Ibid. v. 3.
(d) Reg. XI, 5.
(e) Ibid. v. 11
(f) Hist. de l'Ancien Testament. tom. I, p. 582, in-4.

lignes environnantes autour des places assiégées.

JABÈS (Bois de), était situé près de la ville de ce nom dont il vient d'être parlé, et c'est dans ce bois que furent enterrés les restes de Saül et de ses fils. I *Reg.* XXXI, 13.

JABIN, roi d'Asor (a) dans la partie septentrionale de la terre de Chanaan. [*Voyez* Asor.] Ce prince, étonné des conquêtes de Josué, qui avait déjà soumis toute la partie méridionale du pays de Chanaan, envoya vers les autres rois, dans la partie septentrionale, le long du Jourdain et de la Méditerranée, et dans les montagnes qui sont au nord du pays de Chanaan, pour les engager dans une ligue offensive et défensive, en leur faisant comprendre qu'ils avaient tout à craindre et que les Israélites seraient bientôt maîtres de tout leur pays, s'ils se laissaient attaquer l'un après l'autre. Mais cela ne servit qu'à hâter leur perte et à rendre la victoire de Josué plus complète, puisqu'il gagna en un jour et par une seule bataille plus de terrain et de villes qu'il n'en eût pu seulement parcourir en plusieurs jours. Jabin se ligua donc avec les rois de Madon, de Jobab, de Séméron, d'Acsaph et plusieurs autres peuples chananéens, pour opprimer les Israélites qui étaient sous la conduite de Josué, avant qu'ils se fussent établis dans le pays. Tous ces rois et ces troupes ligués s'assemblèrent vers les eaux de Mérom pour combattre contre Israel. Alors le Seigneur dit à Josué : *Ne craignez point, car demain, à cette même heure, je vous les livrerai tous; vous couperez le jarret à leurs chevaux et réduirez en cendres leurs chariots.* Josué marcha contre eux et les attaqua à l'improviste aux eaux de Mérom; il les battit et les poursuivit jusqu'à la grande ville de Sidon, jusqu'aux eaux de Masérephoth et jusqu'à la campagne de Maspha. Il coupa les jarrets à leurs chevaux et fit mettre le feu à leurs chariots. Puis, retournant sur ses pas, il revint à Asor, la prit et en tua le roi. Voilà quelle fut la fin de Jabin. Il fut tué vers l'an du monde 2555.

☞ *Observations sur la défaite du roi d'Asor et autres rois ligués contre les Israélites* (1). Josué XI, 1 et seq. — Il est surprenant que l'auteur sacré ait si fort négligé de rapporter les circonstances d'une bataille si mémorable, puisque Josèphe (b) avance que l'armée des rois ligués contre Israel était de trois cent mille hommes de pied, de dix mille cavaliers et de vingt mille chariots de guerre : il fallait qu'elle fût du moins aussi nombreuse, puisque l'Ecriture (c) la compare au sable de la mer.

Josué sans doute fut effrayé quand il apprit que Jabin et tous les autres rois s'étaient ligués contre lui et avaient assemblé une armée si formidable, pour lui résister plus facilement et pour opprimer les Hébreux par le plus grand nombre; mais Dieu le rassura en lui disant (d) : *Ne les craignez point, car demain à cette même heure je vous les livrerai tous pour être taillés en pièces en présence d'Israel.* Cela n'empêcha pas que Josué, qui était un général habile et éclairé, ne mît en pratique tout ce que la ruse et l'artifice purent lui inspirer pour réussir dans son entreprise. Rien ne prouve davantage l'intelligence et la capacité d'un général que les ruses dont il se sert, quand il ne peut employer la force ouverte, pour vaincre son ennemi; la surprise est le moyen le plus sûr et le plus honorable, et ces sortes de stratagèmes sont très-fréquents dans l'histoire.

Josué pense donc à surprendre ses ennemis, qui, par la trop grande opinion de leurs forces, se tiennent moins sur leurs gardes. Rien n'est plus ordinaire que la négligence et le peu de prévoyance d'un général qui se voit à la tête d'une armée infiniment supérieure à celle de son ennemi; il ne peut imaginer qu'on ait seulement la pensée de l'oser attaquer; ses soldats, de même, dorment sur cette confiance et en sont plus négligents : c'est ce qui donne occasion à ces entreprises extraordinaires et presque toujours heureuses du faible contre le fort. Remarquez ceci : les petites armées, bien conduites et bien commandées, ont été de tout temps en possession de battre les plus grandes, et il y a plus d'exemples dans l'histoire de la défaite de celles-ci que du désavantage des autres, qui ont eu l'audace de les prévenir et de les surprendre par une marche forcée et finement dérobée : car tout le succès des surprises en dépend absolument.

Je ne vois ni prodige ni miracle extraordinaire dans cette fameuse défaite du roi d'Asor et de ses alliés. Le texte sacré le démontre assez (e) : *Josué marcha en diligence contre eux avec toute l'armée jusqu'aux eaux de Mérom, et les ayant chargés à l'improviste, le Seigneur les livra entre les mains des enfants d'Israel, qui les défirent et les poursuivirent de tous côtés..., en sorte qu'il ne s'en échappa pas un seul.* Suivant le récit de l'auteur sacré, dom Calmet dit fort à propos « qu'il faut » que Josué ait partagé son armée en plu- » sieurs corps afin de poursuivre les fuyards, » et qu'il en ait envoyé une partie au delà du » Jourdain, et une partie vers Sidon et vers » Maséréphoth : la situation des lieux fai- » sant juger qu'il les poursuivit plusieurs » jours, en quelque endroit que se soit donné » le combat. »

La seule circonstance que l'on trouve dans l'Ecriture de la marche de l'armée d'Israel embarrasse fort les commentateurs. Josèphe (f) dit que Josué se trouva en présence de l'ennemi après cinq jours de marche. De Galgal, d'où Josué était parti, à Mérom, selon la position d'Eusèbe, dit dom Calmet, il y a environ vingt lieues. Il se peut fort bien faire que les Israélites aient été cinq jours à faire vingt lieues; la nature du pays rend

---
(a) *Josue*, XI, 1, 2, 3 et seq.
(b) *Joseph. Antiq. l.* V, c. 1.
(c) *Josue*, XI, 4.
(d) *Ibid.* v. 6.

(e) *Josue*, XI, v. 7, 8.
(f) *Joseph. Antiq. l.* V, c. 1.
(1) Par Folard. *Voyez* la préface, p. XI.

les marches plus ou moins accélérées, et c'est tout ce qu'une grande armée, dans un pays de défilés et de montagnes, peut faire que deux ou trois lieues en un jour; et que l'ennemi, mal servi en espions, n'ait pas été averti de sa marche, ce ne serait pas un miracle, cela ne s'est vu que trop souvent de nos jours, pour ne pas croire ce qui s'est passé dans les siècles les plus reculés. Il se peut aussi que Josué se fût emparé de tous les passages, afin que l'ennemi n'eût aucun avis de sa marche, qui ne pouvait être que lente par les défilés et les montagnes qu'il avait à passer pour aller à lui. Supposez encore que Josué ait dirigé sa marche du côté du lac de Séméchon, où il y avait plus de quarante lieues à faire, je n'y trouverais pas à redire; car, lorsqu'il s'agit de surprendre une armée, le chemin le moins difficile, quoique le plus long, est le meilleur; c'est celui dont l'ennemi se méfie le moins, et par lequel on vient souvent tomber sur les flancs ou sur les derrières d'une armée lorsqu'elle s'y attend le moins. Quoi qu'il en soit, Josué surprit le roi d'Asor et ses alliés, et tailla leur armée en pièces.

On trouve dans l'Ecriture une infinité d'exemples de ces sortes de surprises de camps et d'armées, surtout sous les Machabées, où nous en voyons d'une conduite admirable et qui ne le cèdent en rien aux plus mémorables de l'antiquité.

A l'égard de l'ordre de bataille des deux armées, comme l'auteur sacré ne nous donne aucun détail des circonstances de cette action, je ne puis fournir là-dessus que des conjectures et des probabilités : il y a toute apparence que cela se passa dans une plaine; que Josué, selon la méthode des Asiatiques, qui était aussi celle des Juifs, rangea toute son infanterie sur une même ligne en phalange distinguée par grands corps, avec de fort petits intervalles entre eux. Il n'est point fait mention de cavalerie, aussi je n'en suppose point dans l'armée des Israélites. Asor en avait un grand nombre; je la suppose sur les ailes, et son infanterie au centre : c'était la méthode des peuples de l'Asie et de toutes les nations d'Occident, de placer la cavalerie sur les ailes, pour être plus facilement détachée contre les fuyards après la victoire.

JABIN, roi d'Asor (a), opprima les enfants d'Israel pendant vingt ans (b). Il avait neuf cents chariots armés de faux, et Sisara, général de ses troupes, commandait une puissante armée. Dieu, touché des pleurs de son peuple, suscita la prophétesse Débora, femme de Lapidoth, et Barach, fils d'Abinoëm, qui délivrèrent les Israélites de cette oppression. Sisara fut défait par Barach, au pied du mont Thabor, et les Israélites, prenant le dessus, se fortifièrent contre Jabin, et l'accablèrent enfin entièrement. Voyez l'article SISARA.

JABNEEL. Voy. JEBNEEL.

JABNIA [II Par. XXVI, 6], autrement JAMNIA, ville des Philistins. Voy. JAMNIA.

JABOC, torrent de delà du Jourdain, ayant sa source dans les montagnes de Galaad. Il tombe dans le Jourdain, assez près (1) de la mer de Tibériade, au midi de cette mer. C'est sur le Jaboc que le patriarche Jacob eut à sa rencontre les anges qui luttèrent contre lui (c). Le Jaboc séparait le pays des Ammonites de la Gaulanite et du pays d'Og, roi de Basan.

JACAN, ou BÉNÉ-JAACAN, ou les fils de Jaacan, campement des Israélites dans le désert (d), entre Gadgad et Moseroth. — [Voy. BÉÉROTH BÉNÉ-JAACAN.]

* JACAN, fils d'Eser, Horréen, I Par. I, 42, nommé Acan, Gen. XXXVI, 27.

JACHAN, fils d'Abigaïl, de la tribu de Gad. I Par. V, 13, 14.

JACHANAN DU CARMEL, ville dont le roi fut défait par Josué (e). Cette ville est aussi nommée Jecnam, ou Jéchonam. Elle fut possédée par la tribu de Zabulon, et donnée en partage aux lévites (f). C'est apparemment la même que Jecmaam. III Reg. IV, 12; I Par. VI, 68.

* JACHIN, cinquième fils de Siméon; il descendit en Egypte avec son père, et fut chef de la famille des Jachinites (g).

JACHIN, chef de la famille de même nom, qui était la vingt-unième entre les vingt-quatre familles sacerdotales (h).

JACHIN. C'est le nom de l'une des deux colonnes qui étaient aux deux côtés du vestibule du temple de Salomon. L'autre colonne s'appelait Booz. Elles étaient de bronze, et avaient quatre doigts d'épaisseur, dix-huit coudées de haut, et douze coudées de tour (i); j'entends le fût de la colonne, sans y comprendre la base ou le piédestal, dont l'Ecriture ne dit pas la hauteur, ni le chapiteau, qui était haut de cinq coudées. Au-dessus de chacune de ces deux colonnes était une espèce de chapiteau ou de couronnement, haut de cinq coudées (III Reg. VII, 16. Jerem. LII, 21). Dans quelques endroits on ne donne à ces chapiteaux que trois coudées (III Reg. XXV, 17), et ailleurs quatre coudées (III Reg. VII, 19). C'est qu'on les considère sous divers regards; tantôt en y comprenant les ornements et la rose ou le lis qui était au-dessus, et tantôt sans y comprendre ces ornements. Le corps entier du couronnement avait cinq coudées. Mais lorsqu'on n'y comprenait ni le lis qui était au-dessus, ni les ornements qui joignaient le chapiteau au fût de la colonne, ils n'avaient que trois coudées. Enfin, si vous en ôtez simplement le lis ou la rose, il avait quatre

(a) Judic. IV, 1, 2, 3. etc.
(b) Depuis 2699 jusqu'en 2719.
(c) Genes. XXXII, 1, 2... 23.
(d) Deut. X, 6.
(e) Josue. XII, 22.
(f) Josue. XIX, 11; XXI, 34.
(g) Num. XXVI, 12.
(h) I Par. XXIV, 16.

(i) III Reg. VII, 15. Jerem. LII, 21. Les Paralipomènes, II Par. III, 15-17, ne donnent aux deux colonnes que 35 coudées de hauteur, ce qui fait juger qu'elles n'avaient que 17 coudées et demie chacune de haut. Les 18 coudées hébraïques font 30 pieds 9 pouces. Les 12 coudées font 20 pieds 6 pouces.

(1) A trois lieues environ, suivant Danville, et à quatorze milles géographiques, suivant Reichard.

coudées. *Jachin* signifie la stabilité, et *Booz* la fermeté.

JACHIN, prêtre, compte parmi les premiers habitants de Jérusalem, après la captivité. I *Par.* IX 10 ; *Neh.* XI, 10.

JACIM, chef de la douzième famille des vingt-quatre classes sacerdotales. I *Par.* XXIV, 11.

JACIM, Benjamite, fils de Séméi, de la race de Saül. I *Par.* VIII, 19.

JACOB, fils d'Isaac et de Rébecca, naquit l'an du monde 2168, avant Jésus-Christ 1832, avant l'ère vulgaire 1836. Il était frère cadet et jumeau d'Esaü. On remarqua qu'en naissant il tenait le talon d'Esaü, son frère, ce qui lui fit donner le nom de *Jacob* (a), qui veut dire celui *qui supplante* ou qui saisit son adversaire par le pied, pour le faire tomber. C'était une espèce de pronostic de ce qu'il devait faire dans la suite. Pendant la grossesse de Rébecca, Isaac étant allé consulter le Seigneur sur les tressaillements que faisaient les deux jumeaux dans le sein de leur mère, Dieu lui déclara que Rébecca serait mère de deux fils qui deviendraient chefs de deux grands peuples ; mais que l'aîné serait asujetti au plus jeune (b). Jacob était d'un tempérament doux et paisible, qui aimait la vie tranquille de la maison ; au lieu qu'Esaü était d'un naturel plus bouillant, plus farouche, et qui avait une grande passion pour les exercices de la chasse. Isaac avait une tendresse particulière pour Esaü ; mais Rébecca aimait davantage Jacob.

Un jour Jacob ayant fait cuire pour lui un mets de lentilles, Esaü, qui revenait de la chasse extrêmement fatigué et ayant fort grand appétit, pria son frère de lui donner de ce mets qu'il avait préparé pour soi : mais Jacob ne lui en voulut point donner, à moins qu'il ne lui cédât son droit d'aînesse. Esaü répondit (c) : *Je me meurs de fatigue, de quoi me servira mon droit d'aînesse ?* Jacob reprit : *Jurez-le-moi donc.* Esaü le lui jura et lui vendit son droit d'aînesse ; et aussitôt ayant pris le mets de lentilles et le pain, il mangea et but, et s'en alla, sans se mettre en peine de son droit d'aînesse qu'il venait de vendre. Cette action, qui ne paraissait qu'un jeu, déclarait assez l'esprit et les sentiments des deux frères ; et saint Paul n'a pas fait difficulté de traiter Esaü de *profane* (d), pour avoir ainsi vendu son droit d'aînesse.

Longtemps après (e), les deux frères ayant soixante-dix-sept ans, et Isaac, leur père, cent trente-sept ans, il arriva qu'Isaac tomba malade d'une espèce de langueur ; et croyant que sa dernière heure était proche, il appela son fils Esaü, et lui dit d'aller lui prendre quelque chose à la chasse, de le lui apprêter comme il savait qu'il l'aimait, de le lui apporter, et qu'il lui donnerait sa dernière bénédiction. Esaü obéit, prend ses armes, et va à la chasse. Or Isaac avait la vue tellement affaiblie par l'âge, qu'il ne voyait plus. Rébecca, sa femme, qui avait ouï ce qu'il avait dit à Esaü, en donna avis à Jacob, son fils bien-aimé. Elle ajouta : *Suivez le conseil que je vais vous donner : Allez vite au troupeau, et apportez-moi deux des meilleurs chevreaux, afin que je les prépare pour votre père. Vous les lui présenterez, et il vous donnera sa bénédiction.* Jacob s'en excusa d'abord, disant : *Vous savez qu'Esaü mon frère est tout velu, et que moi je n'ai point de poil ; si mon père me touche avec la main, je crains qu'il ne s'imagine que j'ai voulu le tromper, et que je n'attire sur moi sa malédiction, au lieu de sa bénédiction.* Rébecca lui répondit : *Que cette malédiction retombe sur moi, mon fils ; écoutez-moi seulement, et allez querir ce que je vous dis.* Jacob y alla, et Rébecca prépara un mets à Isaac, comme elle savait qu'il l'aimait. Elle revêtit Jacob des plus beaux habits d'Esaü, lui couvrit les mains et le cou avec les peaux des chevreaux qu'elle avait fait cuire, lui donna ces mets, et le fit entrer dans la chambre d'Isaac.

Isaac l'ayant ouï, lui demanda qui il était ; car, comme on l'a dit, il ne voyait pas. Jacob répondit : *Je suis votre fils Esaü* (f). Isaac lui dit : *Comment avez-vous pu rencontrer sitôt quelque chose ?* Jacob répliqua : *La volonté de Dieu a fait que j'ai rencontré aussitôt ce que je cherchais.* Isaac lui dit d'approcher, afin qu'il le touchât et qu'il s'assurât si c'était véritablement Esaü. Il le toucha ; et, lui ayant trouvé les mains chargées de poil, il dit : *Pour la voix, c'est la voix de Jacob, mais les mains sont les mains d'Esaü.* Après donc qu'il eut bu et mangé, il dit à Jacob de s'approcher, afin qu'il le baisât et qu'il le bénît. Jacob s'étant approché, Isaac sentit la bonne odeur de ses habits, et lui dit : *Voilà l'odeur de mon fils, qui est semblable à l'odeur d'un champ bien rempli et comblé des bénédictions du Seigneur. Que le Seigneur verse sa rosée sur vos terres, et qu'il les engraisse pour produire une abondance de blé et de vin. Que les peuples vous soient assujettis, que les tribus se prosternent devant vous. Soyez le Seigneur de vos frères et le maître des enfants de votre mère. Que celui qui vous maudira soit maudit ; et que celui qui vous bénira soit comblé de bénédictions.*

(a) *Genes.* xxv, 25.
(b) *Genes.* xxv, 21, 22, 23.
(c) *Genes.* xxv, 32.
(d) *Heb.* xii, 16.
(e) *Genes.* xxvii, 1, 2, etc. An du monde 2245, avant Jésus-Christ 1755, avant l'ère vulg. 1759.
(f) Si l'on veut savoir ce que les Pères et les interprètes ont pensé de cette action de Jacob, et si c'est un péché ou non, si c'est un mensonge ou si ce n'en est pas un, on peut consulter pour l'affirmative, c'est-à-dire, pour le sentiment qui tient qu'il y a mensonge et péché, S. Aug. *l.* III *de Doct. Christ. c.* xxiii, et *l.* XXII, *contra Faust. c.* 83. Bonfrer. *et Est. in Genes.* xxvii ; et pour la négative, savoir qu'il n'y a point de péché, et qu'il n'y a qu'un de ces mensonges qui sont permis, voyez Hieronym. *l.* I. *Apolog. contra Rufin. Chrysost. homil.* 52 et 53 *in Genes.* Cassian. collat. 17, *c.* xvii *et seq.*, et *c.* xxi *et seq.* D'autres croient qu'il n'y a aucun péché, et que Jacob n'a agi que par l'inspiration de Dieu, comme Biel *in* 5 *Sent. dist.* 38, *et Petr. de Allinco in* I *Sent. q.* 12. D'autres enfin soutiennent qu'il n'y a aucun mensonge ni par conséquent aucun péché. Voyez S. Grégoire *lib.* I, *homil.* 6, *in Ezech.* et *in Job. l.* XVIII, *c.* III Isidor. Hispal. Beda. Rupert. D. Thom. 2-2, qu. 99, art. 3, ad Can. *l.* II *de Locis c.* IV. D'autres enfin croient qu'il n'a commis en cela qu'un péché véniel, comme Lyr. Tost Cajet. Lapom.

À peine Isaac avait-il achevé ces paroles, qu'Esaü arriva et vint apporter à son père les mets qu'il lui avait préparés de sa chasse. Isaac fut frappé d'un profond étonnement, et dit à Esaü : *Jacob votre frère m'est venu surprendre, et m'a ravi la bénédiction que j'avais dessein de vous donner.* Esaü répondit : *C'est avec justice qu'on lui a donné le nom de Jacob, ou d'homme qui supplante. Voici déjà la seconde fois qu'il m'a supplanté : il m'a enlevé mon droit d'aînesse, et il vient encore de me dérober la bénédiction qui m'était due.* Et s'adressant à Isaac, il le pria avec beaucoup d'instance de le bénir. Mais Isaac lui répondit : *Je l'ai établi votre maître, je lui ai assujetti tous ses frères, je lui ai donné pour nourriture le vin et le froment ; et après cela, mon fils, que puis-je faire ?* Esaü répondit : *N'avez-vous donc, mon père, qu'une bénédiction ? Je vous prie de me bénir aussi.* Et comme il pleurait, en jetant de grands cris, Isaac, touché de compassion, lui dit : *Votre bénédiction sera dans la graisse de la terre et dans la rosée du ciel ; vous vivrez de votre épée, et vous serez assujetti à votre frère ; mais le temps viendra que vous secouerez son joug de dessus votre cou, et que vous vous en délivrerez.* Quelques-uns traduisent l'hébreu dans un autre sens (a) : *Votre bénédiction sera loin de graisse de la terre et de la rosée du ciel ; mais vous vivrez de votre épée,* etc.

Depuis ce temps, Esaü conservait toujours une haine secrète contre Jacob, et disait dans son cœur : *Le temps du deuil de mon père viendra, et je me déferai de Jacob, mon frère.* Rébecca étant informée du mauvais dessein d'Esaü, fit venir Jacob et lui dit qu'il fallait qu'il allât dans la Mésopotamie, dans la ville d'Haran, auprès de Laban, son oncle, en attendant que la colère d'Esaü se passât. Elle fit ensuite entendre la même chose à Isaac, et lui dit que la vie lui serait insupportable, si Jacob épousait une Chananéenne. Isaac fit donc venir Jacob (b), lui donna sa bénédiction, et lui dit d'aller en Mésopotamie, et d'épouser une des filles de son oncle Laban. Jacob partit secrètement ; et étant arrivé, après le coucher du soleil, dans un certain lieu où il voulait passer la nuit, il prit une des pierres qui étaient là, et l'ayant mise sous sa tête, il s'endormit. Alors il vit en songe une échelle, dont le pied était appuyé sur la terre, et le haut touchait au ciel ; et des anges de Dieu, qui montaient et qui descendaient par cette échelle. Il vit aussi le Seigneur appuyé sur le haut de l'échelle, qui lui dit : *Je suis le Seigneur, le Dieu d'Abraham et d'Isaac; je vous donnerai, et à vos descendants, la terre où vous dormez, votre race sera nombreuse comme le sable de la mer, et toutes les nations seront bénies dans vous et dans celui qui sortira de vous.*

Jacob s'étant éveillé, s'écria : *Le Seigneur est vraiment en ce lieu-ci ; et je ne le savais pas. Que ce lieu est redoutable ! Ce n'est autre chose que la maison de Dieu, et la porte du ciel.* Et s'étant levé de grand matin, il prit la pierre qu'il avait mise sous sa tête, l'érigea en monument, répandant de l'huile par-dessus ; et il donna le nom de Béthel, au lieu où il avait dormi ; nom qui passa à la ville de Luza, qui était voisine. En même temps il pria le Seigneur de le protéger dans le voyage qu'il allait entreprendre, et il lui voua la dîme de tout ce qu'il pourrait acquérir par son travail.

Il partit de Béthel (c), et après quelques jours de marche, il arriva dans la Mésopotamie, près de la ville de Haran, où demeurait Laban, son oncle. Il s'informa des bergers qu'il trouva près de là si Laban était en santé. On lui dit qu'il se portait bien, et que Rachel, sa fille, allait venir en ce lieu, pour abreuver son troupeau. Dès qu'elle fut arrivée, Jacob ôta la pierre qui couvrait le puits, lui aida à donner de l'eau à ses brebis, et lui déclara qu'il était son cousin germain, fils de Rébecca, sœur de Laban. Aussitôt Rachel accourut en donner avis à son père ; et Laban vint avec empressement recevoir son neveu, et l'amener dans sa maison. Un mois s'étant écoulé, Laban dit à Jacob : *Faut-il à cause que vous êtes mon neveu que vous me serviez gratuitement ? Dites-moi donc quelle récompense vous demandez ?* Or Laban avait deux filles, dont l'aînée s'appelait Lia, et la seconde Rachel. Jacob répondit donc à Laban : *Je vous servirai sept ans, si vous voulez me donner Rachel pour femme.* Laban y consentit, et bientôt après, la cérémonie des noces se fit à la manière du pays. Le soir Laban fit mener Lia au lieu de Rachel, dans la chambre de Jacob, en sorte que Jacob ne s'aperçut de la supercherie de Laban que le lendemain au matin. Alors il s'en plaignit fortement : mais son beau-père lui répondit que ce n'était pas la coutume du pays que l'on mariât les plus jeunes avant les aînées, et que s'il voulait épouser encore Rachel, il le pouvait en le servant encore sept autres années.

Quelque injuste que fût cette condition, Jacob y consentit, par l'extrême amour qu'il portait à Rachel, et lorsqu'il l'eut épousée, il la préféra à Lia. Mais Dieu accorda la fécondité à celle-ci, pendant que Rachel était stérile. Lia eut de suite quatre fils ; savoir, Ruben, Siméon, Lévi et Juda ; et Rachel voyant qu'elle n'avait point d'enfants (d), donna à son mari sa servante, nommée Bala, afin qu'au moins elle pût par son moyen avoir des enfants de Jacob. Bala eut donc Dan et Nephtali, que Rachel regarda comme siens. Lia, à l'imitation de Rachel, donna aussi à son mari Zelpha, sa servante, qui lui enfanta Gad et Aser. Après cela, Lia conçut de nouveau et eut un cinquième et un sixième fils, Issachar et Zabulon, et une fille nommée Dina. Enfin le Seigneur se souvint de Rachel et lui donna un fils nommé Joseph.

(a) *Genes.* xxvii, 39. משמני הארץ יהיה מושבך ומטל השמים מעל

(b) *Genes.* xxviii, 1, 2, etc.

(c) *Genes.* xxix, 1, etc.

(d) *Genes.* xxx.

Jacob voyant sa famille assez nombreuse, et que le temps qu'il s'était obligé de servir Laban était fini 'e pria de trouver bon qu'il s'en retournât dans son pays avec ses femmes et ses enfants (a). Mais Laban, qui avait expérimenté combien les services de Jacob lui avaient été utiles, le pria de continuer d'avoir soin de ses troupeaux, et lui promit quelle récompense il voudrait. Jacob lui dit : *Je m'offre à vous servir encore six ans, pourvu que vous vouliez me donner tout ce qui naîtra dans vos troupeaux de brebis et de chèvres de diverses couleurs, c'est-à-dire tachetées, et outre cela, les brebis noires. Tout le reste sera pour vous*, c'est-à-dire tout ce qui naîtra d'une seule couleur dans les brebis et dans les chèvres, à l'exception des brebis noires. Par là Jacob ne se réservait que ce qui était de moindre pour la toison. Il ajouta : *Et afin que vous ne croyiez pas que je veux user d'industrie pour faire naître plus d'agneaux ou de chevreaux de diverses couleurs, séparez tout ce qui est d'une seule couleur dans vos troupeaux, et laissez-en la garde à vos enfants, et donnez-moi seulement à garder tout ce qui est de différentes couleurs*. Laban accepta volontiers ces conditions ; et le jour même, on fit la séparation des troupeaux, suivant le plan que Jacob en avait donné, et on mit trois jours de distance entre les troupeaux de Laban et ceux de Jacob.

Mais le Seigneur, voulant récompenser les travaux de Jacob, lui découvrit en songe un artifice (b) qui lui réussit admirablement pour avoir des moutons et des chevreaux de différentes couleurs. Ce fut de mettre sur les abreuvoirs, où ses bêtes venaient quand elles étaient en chaleur, des branches vertes dont il ôtait l'écorce en certains endroits, ce qui causait une diversité de couleurs aux yeux des brebis et des chèvres, dans les branches mêmes et dans leur ombre qui paraissait dans l'eau : en sorte que les yeux des brebis en étant frappés, concevaient et produisaient des petits de différentes couleurs. Il n'employait pas toutefois cet artifice dans toutes les saisons. On croit communément qu'il n'exposait les branches qu'au printemps, parce qu'il était bien aise d'avoir beaucoup de petits de l'automne. Mais en automne, il laissait aller les choses suivant le cours naturel, n'étant pas fâché que Laban en eût quelqu'un de ceux qui naissaient au printemps, et qui étaient conçus en automne (c). L'artifice dont Jacob usa dans cette occasion, n'avait rien de surnaturel en lui-même. On sait que les animaux qui sont vivement frappés de quelques objets, conçoivent d'ordinaire et font leurs petits avec quelque tache de la couleur qui les a frappés. Il n'y a de miraculeux ici que la révélation que Dieu avait faite de ce moyen à Jacob pendant son sommeil. C'est le sentiment le plus commun parmi les Latins. Saint Jérôme (d), saint Augustin (e) et saint Isidore (f) de Séville l'ont suivi et l'ont appuyé de leurs raisons : mais saint Chrysostome (g), Théodoret (h) et quelques autres ont cru que tout ceci était au-dessus des forces de la nature. —[*Voyez* Moutons.]

Jacob acquit de si grands biens par les moyens dont nous venons de parler, que Laban et ses fils en conçurent de la jalousie, et qu'ils ne purent s'empêcher d'en marquer leur chagrin, comme si Jacob leur avait ravi ce qu'ils possédaient (i). Ils ne le regardaient plus de même œil qu'auparavant, et ils disaient hautement qu'il s'était enrichi de leurs biens. Dans ce même temps, le Seigneur dit en songe à Jacob de s'en retourner dans son pays, et qu'il le protégerait. Jacob prit donc la résolution de s'en retourner dans la terre de Chanaan ; et ayant communiqué son dessein à ses femmes, il les trouva disposées à le suivre. Ainsi il prit ses femmes, ses enfants et son bétail, et sans en parler à Laban, il prit le chemin de la Palestine. Il était déjà parti depuis trois jours, lorsqu'on avertit Laban qu'il s'était retiré avec tout ce qui était à lui. Laban se mit à le poursuivre et l'atteignit enfin au bout de sept jours, sur les montagnes qui furent depuis nommées Galaad. Il se plaignit durement à Jacob de la conduite qu'il avait tenue à son égard en s'enfuyant ainsi, sans lui dire adieu. Il ajouta qu'il était en état de le faire repentir de son entreprise ; mais que le Dieu d'Abraham lui était apparu la nuit et lui avait défendu de lui rien dire d'offensant, qu'il lui pardonnait aisément l'envie qu'il avait eue de revoir son pays et ses parents. Mais, lui dit-il, *pourquoi avez-vous dérobé mes dieux?* C'est que Rachel avait pris les téraphims de Laban à l'insu de Jacob.

Jacob répondit : *Ce qui m'a fait partir sans vous en avertir, c'est que je craignais que vous ne retinssiez vos filles par force. Et à l'égard du vol, je consens que celui chez qui vous trouverez vos dieux soit mis à mort devant tous nos frères.* Alors Rachel cacha les téraphims sous le bât d'un chameau, sur lequel elle s'assit ; et, quand Laban vint dans sa tente pour y fouiller, comme il avait fait dans toutes les autres, elle le pria de l'excuser si elle ne se levait pas, disant que ce qui est ordinaire aux femmes lui était arrivé. Ainsi elle rendit inutiles toutes les recherches de son père. Jacob à son tour se plaignit à Laban de toutes les mauvaises procédés qu'il avait eues avec lui pendant son séjour dans la Mésopotamie, et de tout ce qu'il venait de faire en fouillant dans toutes ses tentes. Mais enfin tout cela se termina à se jurer réciproquement une alliance éternelle entr'eux et leurs familles après eux. Ils dressèrent un monceau de pierres sur les monts de Galaad pour servir de monument de leur amitié. Jacob nomma ce monceau *Gal-haed* ; et Laban, *Jegar-*

(a) An du monde 2260, avant Jésus-Christ 1740, avant l'ère vulg. 1744.
(b) *Genes.* xxxi, 10, 11, 12, etc.
(c) Il y a sur cela quelque difficulté dans le texte hébreu, que l'on peut voir dans les commentateurs.
(d) *Hieron. Qu. Heb. in Genes.*

(e) *August. q*. 93 *in Genes. et lib.* XVIII, c. v, *de Civitat.*
(f) *Isidor. lib.* XII *Origin. c.* 1
(g) *Chrysost. homil.* 57 *in Gen.*
(h) *Theodoret. qu.* 89 *in Gen.*
(i) *Gen.* xxxi.

scheaddutha (a); et, après avoir mangé ensemble sur le lieu même, qui depuis ce temps fut nommé Galaad, ils se séparèrent en parfaite intelligence. Laban prit la route de la Mésopotamie, et Jacob s'avançant vers le pays de Chanaan arriva sur le torrent de Jabok, à l'orient du Jourdain (b), au lieu qui depuis ce temps fut appelé *Mahanaïm*, ou les *deux camps*, à cause de deux espèces de bataillons d'anges qui vinrent en cet endroit au-devant de Jacob. On dit que ces anges partagés ainsi en deux corps étaient les tutélaires de la Mésopotamie, qui accompagnèrent Jacob jusqu'au Jabok, et les protecteurs de la terre de Chanaan, qui le reçurent et lui firent escorte à son arrivée.

Pendant l'absence de Jacob, Esaü son frère s'était établi dans les montagnes de Séïr, à l'orient tirant au midi du lieu où était alors Jacob. Celui-ci craignant que son frère ne conservât quelque ressentiment de l'injure qu'il croyait en avoir reçue, jugea à propos de le gagner par ses soumissions et par ses présents. Il lui envoya donner avis de son arrivée, et lui demander ses bonnes grâces. Aussitôt qu'Esaü fut informé de sa venue, il partit avec quatre cents hommes pour le venir joindre. Jacob crut qu'il avait quelque mauvais dessein, et pour essayer de le fléchir, il lui envoya des chèvres, des brebis, des chameaux, des vaches, des ânesses avec leurs petits, et chargea ceux qui les conduisaient de présenter le tout de sa part à Esaü, et de lui dire que c'étaient des présents qu'il lui envoyait pour trouver grâce à ses yeux, et qu'il venait lui-même après eux pour le saluer. Après avoir fait passer le torrent de Jabok à tout son monde, il demeura seul de l'autre côté; et voilà un ange sous la forme d'un homme (c) qui luttait avec lui jusqu'au matin. Cet ange, voyant qu'il ne pouvait surmonter Jacob, lui toucha le nerf de la cuisse qui se sécha aussitôt, et Jacob en demeura boiteux (d). L'ange lui dit : *Laissez-moi aller, car l'aurore commence à paraître*. Mais Jacob lui répondit : *Je ne vous laisserai point aller que vous ne m'ayez donné votre bénédiction*. L'ange lui demanda : *Quel est votre nom?* Il répondit : *Je m'appelle Jacob*. Et l'ange lui dit : *On ne vous appellera plus ci-après Jacob, mais Israel*. Et Jacob lui ayant aussi demandé son nom, il dit : *Pourquoi me demandez-vous mon nom?* Et il le bénit au même lieu. Jacob appela donc ce lieu Phanuel, en disant : *J'ai vu Dieu face à face, sans que j'en aie perdu la vie*. L'aventure qui était arrivée en cet endroit à Jacob, lorsque l'ange lui toucha le nerf de la cuisse, est cause que les Israélites ne mangent point le nerf de la cuisse des animaux.

Lorsque Jacob eut passé le Jabok, il partagea son monde en deux bandes : Lia et ses enfants allaient les premiers (e); Rachel et son fils Joseph étaient les derniers. Chacune était accompagnée de ses servantes. Jacob ayant aperçu de loin Esaü qui venait à lui, s'avança et se prosterna sept fois jusqu'en terre devant lui. Lia et Rachel en firent de même avec leurs enfants. Jacob et Esaü s'embrassèrent tendrement, et Jacob supplia Esaü d'agréer les présents qu'il lui avait fait présenter par ses serviteurs. Esaü les reçut, quoique avec peine, et il s'offrit d'accompagner Jacob avec ses gens pour lui servir d'escorte; mais Jacob le pria de n'en pas prendre la peine, disant qu'il était obligé d'aller tout doucement, à cause du monde et des animaux qu'il menait avec lui; mais qu'il espérait de l'aller voir quelque jour à Séhir. Esaü s'en retourna donc, et Jacob arriva à Socoth, au delà du Jourdain, où il bâtit une maison. Il y demeura quelque temps, puis il passa le Jourdain, et vint à Salem, ville des Sichemites, où il demeura, ayant acheté cette partie du champ où il avait dressé ses tentes, pour la somme de cent *khésita* (f) ou cent agneaux, ou cent pièces de monnaie, aux enfants d'Hémor, père de Sichem.

Pendant le séjour que Jacob fit à Salem (g), sa famille fut troublée par le violement de sa fille Dina (h), qui fut ravie par Sichem, fils d'Hémor, de la manière que nous avons rapportée dans l'article DINA, et que nous dirons encore sous SICHEM. Les fils de Jacob tirèrent une vengeance éclatante de cet outrage, en égorgeant tous les Sichémites et en pillant leur ville. Jacob craignant le ressentiment des peuples du pays, fut obligé de se retirer à Béthel (i), selon l'ordre qu'il en avait reçu de Dieu, qui lui dit d'y demeurer et d'y dresser un autel. Pour se disposer au sacrifice qu'il y devait offrir, il commanda à ses gens de se purifier, de changer d'habits et de jeter loin d'eux toutes les divinités étrangères qu'ils pouvaient avoir apportées de la Mésopotamie. Jacob prit toutes ces idoles qu'ils lui donnèrent, et il les enfouit au pied du térébinthe qui était derrière la ville de Sichem. Il sortit de Sichem sans que personne osât l'attaquer. Il arriva heureusement à Béthel, y fit ses sacrifices, et le Seigneur lui étant apparu renouvela les promesses qu'il lui avait faites de le protéger et de multiplier sa race à l'infini.

Après avoir satisfait à sa dévotion à Béthel, il prit le chemin d'Hébron pour aller

---

(a) גִּלְעָד *Galaad.* שָׁהֲדוּתָא יְגַר *Jegar schehaduta.*
(b) *Genes.* XXXII.
(c) Quelques-uns ont cru que c'était le démon qui combattait contre Jacob (*Ita quidam apud Procop. in Genes.*); d'autres, que c'était le Fils, la seconde personne de la Trinité. *Justin. Dialog. Clem. l. I. Pædag. Tertull. contra Praxeam. Hilar. l. IV, c. v, de Trinit. Athanas. orat.* 3 *contra Arian. Chrysost. in cap.* VII. *Act. Apost. Theodoret. qu.* 92 *in Genes.* D'autres ont cru, après le prophète Osée, XII, 3, que c'était un ange, et c'est le sentiment qui est devenu le plus commun depuis S. Augustin. *Lib.* XVI *de Civit. c.* XXXIX, *et qu.* 104 *in Genes.* [*Voyez* ANGE, col. 409, et not. 1.]
(d) Quelques-uns croient qu'il demeura boiteux tout le reste de sa vie. D'autres veulent qu'il ait été guéri bientôt après; et au lieu que nous lisons dans la Vulgate qu'il arriva à Salem, ils traduisent : *Il arriva sain et sauf au delà du Jourdain.*
(e) *Gen.* XXXIII.
(f) Voyez ci-après l'article KÉSITA.
(g) An du monde 2265 ou 2266, avant Jésus-Christ 1754 avant l'ère vulg. 1738
(h) *Genes.* XXXIV.
(i) *Ibid.* XXXV.

voir Isaac, son père, qui demeurait près de là dans la vallée de Mambré. En chemin Rachel mourut (a) en travail de Benjamin, et elle fut enterrée près de Bethléem. Jacob lui érigea un monument; et s'avançant vers Hébron il dressa ses tentes à la Tour du Troupeau. Il eut la satisfaction de trouver Isaac en vie, et ce bon patriarche vécut encore vingt-deux ans avec Jacob (b), n'étant mort qu'en l'an du monde 2288, âgé de cent quatre-vingts ans. Jacob et Esaü lui rendirent les derniers devoirs.

Environ dix ans avant la mort d'Isaac (c), arriva la disgrâce de Joseph qui fut vendu par ses frères, ainsi que nous le raconterons dans son article. Jacob qui crut qu'il avait été dévoré par les bêtes farouches, en fut affligé d'une manière proportionnée à la tendresse qu'il avait pour lui. Il dit dans sa douleur : *Je descendrai au tombeau en pleurant mon fils*, et il continua de le pleurer sans qu'on pût le consoler. Il fut environ vingt-deux ans dans le deuil, jusqu'à ce que Joseph se découvrit à ses frères (d) que Jacob avait envoyés en Egypte pendant la famine, pour y acheter de la nourriture (e). Jacob, ayant su que son fils qu'il pleurait depuis si longtemps, vivait encore, se réveilla comme d'un profond sommeil, et dit : *Je suis content, puisque mon fils Joseph est en vie; j'irai, et je le verrai avant que je meure*. Il partit donc de la vallée de Mambré avec toute sa famille (f), et vint à Bersabée où il y avait un autel consacré au Seigneur; il y offrit ses sacrifices, et Dieu lui apparut la nuit, et lui dit qu'il pouvait descendre en Egypte, et que Joseph lui fermerait les yeux. Il arriva en Egypte avec soixante-dix personnes de sa race.

Lorsqu'il y fut arrivé, il envoya devant lui Juda pour avertir Joseph de son arrivée, et pour lui dire de le venir recevoir dans la terre de Gessen, ainsi qu'il en était convenu. Joseph y accourut, ils s'embrassèrent avec larmes, et Joseph le présenta à Pharaon (g). Jacob ayant souhaité à ce prince toute sorte de bonheur, Pharaon lui demanda : *Quel âge avez-vous?* Il répondit : *Le temps de mon pèlerinage est de cent trente ans, temps court et mauvais, et peu de chose comparé à l'âge de mes pères*. Joseph donna donc à son père et à ses frères la terre de Gessen, qui est un des meilleurs pays de l'Egypte, et il leur fournit abondamment pendant la famine tout ce qui leur fut nécessaire pour leur subsistance.

Jacob vécut en Egypte dix-sept ans, depuis 2298 jusqu'en 2315. Alors étant tombé malade (h), Joseph le vint voir avec ses deux fils Ephraïm et Manassé. Lorsque Jacob sut qu'il était là, il le combla de bénédictions, lui dit qu'il adoptait Ephraïm et Manassé, et qu'ils seraient regardés comme Ruben et Siméon; qu'ils partageraient avec eux la terre de Chanaan que Dieu lui avait promise à Béthel, et ayant fait approcher de son lit les deux fils de Joseph, il les embrassa et les bénit. Puis Joseph les ayant tirés d'entre les bras de son père, il les plaça à ses côtés, Ephraïm à la gauche de Jacob, et Manassé à sa droite. Mais Jacob, dirigé par l'esprit de prophétie, porta sa main droite sur la tête d'Ephraïm, et sa gauche sur celle de Manassé, croisant ainsi les mains, et il commença à les bénir. Mais Joseph croyant qu'il se trompait voulut lui faire changer la disposition de ses mains, et lui faire mettre la droite sur Manassé et la gauche sur Ephraïm. Jacob ne voulut point changer, et dit à Joseph : *Je sais ce que je fais, mon fils. L'aîné sera père de plusieurs peuples, mais le cadet sera plus grand que lui*. Ainsi il mit Ephraïm devant Manassé, et la tribu du premier fut en effet toujours plus puissante que celle du second, et Ephraïm fut après Juda la plus grande tribu d'Israel. Jacob dit ensuite à Joseph que Dieu visiterait les Hébreux qui étaient en Egypte, et qu'il les ramènerait dans le pays de Chanaan promis à leurs pères. Il ajouta : *Je vous laisse en partage, par-dessus vos autres frères, le champ que j'ai gagné sur les Amorrhéens par mon épée et par mon arc*.

Quelque temps après (i), Jacob appela tous ses enfants pour leur donner sa dernière bénédiction, et leur prédire ce qui devait leur arriver dans les derniers temps. Il leur parla à tous les uns après les autres, et donna des louanges aux uns, fit des reproches aux autres, et marqua fort distinctement le caractère de chacune des tribus, et le pays qui devait leur échoir par le sort ; il donna surtout de grandes louanges à Juda et à Joseph, et promit à la tribu de Juda, que le *sceptre ne sortirait point de sa race, qu'on ne vît venir le Messie, qui est l'attente des nations*. Après cela, il recommanda à ses fils qu'ils l'enterrassent dans la caverne qui était dans le champ d'Ephron, vis-à-vis Mambré, où Abraham et Sara, Isaac et Rébecca étaient enterrés ; puis il se recoucha sur son lit, et mourut. Joseph le fit embaumer à la manière des Egyptiens (j), et il fut pleuré par toute l'Egypte pendant soixante-dix jours. Après quoi, Joseph et ses frères, accompagnés des premiers de l'Egypte, le portèrent, avec la permission du roi d'Egypte, dans le tombeau de ses pères, près d'Hébron, où Liah, sa femme, était déjà enterrée. Quand ils furent arrivés dans la terre de Chanaan, ils firent encore un grand deuil pendant sept jours ; ce qui fit donner au lieu où ils s'arrêtèrent, le nom de Deuil de l'Egypte.

(a) Genes. xxxv, 16, 17. An du monde 2266.
(b) An du monde 2288. Genes. xxxv.
(c) An du monde 2276, avant Jésus-Christ 1724, avant l'ère vulg. 1728.
(d) Joseph fut vendu en 2276. La première année de famine arriva en 2296. Jacob envoya ses fils en Egypte en 2297. Joseph se déclara à ses frères et fit venir Jacob en Egypte l'an 2298.

(e) Genes. xliii, xliv, xlv.
(f) Ibid. xlvi.
(g) Ibid. xlvii.
(h) Ibid. xlviii. An du monde 2315, avant Jésus-Christ 1685, avant l'ère vulg. 1689.
(i) Ibid. xlix. An du monde 2315, avant Jésus-Christ 1685, avant l'ère vulg. 1689
(j) Ibid. l.

L'auteur de l'Ecclésiastique (a) a fait en peu de mots l'éloge de Jacob, en disant que « le Seigneur a fait reposer sur la tête de Jacob les bénédictions et l'alliance qu'il avait faites avec Abraham et Isaac, qu'il l'a comblé de ses grâces, qu'il lui a donné la terre promise en héritage; il l'a rendu père d'une famille nombreuse, des douze patriarches chefs des douze tribus ; enfin il a fait sortir de lui (Joseph) cet homme de miséricorde qui a trouvé grâce en présence de toute chair. » Jacob a non-seulement prédit la venue du Sauveur par ses prophéties, il l'a encore représenté dans toute sa conduite, dans ses travaux, dans sa fuite, dans son mariage, 1° avec Liah, figure de la Synagogue, puis avec Rachel sa bien-aimée, figure de l'Église.

Les mahométans (b) soutiennent que Jacob père des douze patriarches d'où sont sorties les douze tribus, fut prophète, et que de sa race sont sortis tous les prophètes, à l'exception de Job, Jétro beau-père de Moïse, et Mahomet. Ils croient de plus que la royauté demeura dans sa famille jusqu'au temps de Jean-Baptiste et de Jésus-Christ; que comme les douze tribus des Juifs sont sorties de Jacob, ainsi les tribus des Arabes sont sorties d'Ismael fils aîné d'Abraham.

[Les historiens païens ont connu l'histoire de Jacob, aussi bien que celle d'Abraham et d'autres personnages célèbres de l'Ancien Testament; nous nommerons Démétrius, cité par Polyhistor, comme le rapporte Eusèbe, *Prép. Evang.*, liv. IX, ch. XXI. Plusieurs savants modernes prouvent que l'histoire de Jacob chez Laban a fourni à Homère le fond de la fable de Laomédon. *Voyez* LABAN].

JACOB (FONTAINE, ou PUITS DE). C'est le puits qui est près la ville de Sichem, sur lequel Jésus-Christ parla à la Samaritaine (c). C'était près de là que Jacob avait sa demeure, avant que ses fils eussent mis à mort les habitants de Sichem. Les anciens voyageurs parlent d'une église dédiée à saint Jean-Baptiste, bâtie en forme de croix sur la fontaine, ou le puits de Jacob (d). Ce puits était dans l'église et devant les balustres de l'autel. On y voyait encore, dit-on, le seau dont la Samaritaine s'était servie, et les malades y venaient pour y boire et pour y recouvrer la santé.

JACOB (GUÉ DE). On prétend que le gué de Jacob est au-dessus de l'embouchure du Jourdain dans la mer de Tibériade et au-dessous de Césarée de Philippe, à l'endroit où il y a aujourd'hui un pont. Mais il n'y a nulle apparence que Jacob ait passé le Jourdain en cet endroit. Il est bien plus vraisemblable qu'il le passa à Bethsan, ou aux environs ; puisqu'il est certain qu'à son retour de la Mésopotamie, il passa le Jabok à Mahanaym, et que de là il alla à Phanuel et à Socoth, qui sont près de Bethsan et bien éloignés de ce prétendu gué de Jacob. Or il paraît qu'il avait passé le Jourdain en allant à Haran, au même lieu où il le passa au retour, puisqu'il dit (e) : *J'ai passé ce fleuve du Jourdain n'ayant que mon bâton, et à présent je le passe avec deux grosses troupes.* — *Voyez* ASOR et BÉTHULIE, mes additions].

JACOB, fils de Mathan, et père de saint Joseph (f). On ne sait rien de particulier de sa vie.

* JACOBA, chef d'une famille de la tribu de Siméon, I *Par.* IV, 36, 39, 42, et non pas de Juda, comme le dit Huré.

JACQUES, surnommé LE MAJEUR, ou l'aîné, pour le distinguer de *saint Jacques le Mineur*, ou *le plus jeune*, était frère de saint Jean l'Évangéliste (g), et fils de Zébédée et de Salomé. Il était de Bethzaïde en Galilée, et quitta toutes choses pour suivre Jésus-Christ. Sa mère Salomé, qui était une des femmes qui suivaient Jésus-Christ dans ses voyages, demanda un jour à Jésus-Christ, que Jacques et Jean, ses deux fils, fussent assis à sa droite, lorsqu'il serait dans son royaume. Mais le Fils de Dieu lui répondit que c'était au Père céleste à donner ces places d'honneur (h). Saint Jacques et saint Jean son frère faisaient le métier de pêcheurs avec Zébédée leur père, avant leur vocation; ils ne quittèrent absolument leur profession que lorsque Jésus-Christ les appela, comme ils étaient dans leur barque occupés à raccommoder leurs filets (i). Ils furent témoins de la transfiguration du Sauveur (j); et un jour quelques Samaritains n'ayant pas voulu recevoir Jésus-Christ dans leur ville, Jacques et Jean lui demandèrent s'il voulait qu'ils fissent descendre le feu du ciel pour les consumer (k). On croit que c'est là ce qui leur fit donner le nom de *Boanergès*, ou fils du tonnerre. Mais Jésus-Christ réprima leur zèle, en leur disant qu'ils ne savaient pas l'esprit qui les animait, ou qui devait les animer.

Quelques jours après la résurrection du Sauveur, Jacques et Jean allèrent pêcher dans la mer de Tibériade. Ils assistèrent à l'Ascension du Sauveur ; et on dit (l) que saint Jacques prêcha à toutes les douze tribus d'Israël dispersées dans le monde. Mais cela n'est pas autrement certain. Son martyre est rapporté dans les Actes des Apôtres (m), en l'an 42 ou 44 de Jésus-Christ ; car la date n'est pas bien fixée. Hérode Agrippa, roi des Juifs, et petit-fils du Grand Hérode, le fit arrêter et le fit mourir par l'épée à Jérusalem, vers le temps de Pâque ; et voyant que sa mort avait fait plaisir aux Juifs, il arrêta aussi saint Pierre. Saint Clé-

---

(a) *Eccli.* XLIV, 23, 26.
(b) D'Herbelot, *Bibl. Orient.*, p. 466 *Jacob.*
(c) *Joan.* IV, 16
(d) *Hieron. in Epitaph. Paulæ. Antonius Martyr. Itiner.* Item *Itiner. Adamnani et Villibaldi, apud Reland. Palæst.* t. II, p. 1008, 1009
(e) *Genes.* XXXII, 10.
(f) *Matth.* I, 15.

(g) *Matth.* IV, 21.
(h) *Matth.* XX, 21.
(i) *Marc.* I, 18, 19
(j) *Matth.* XVII, 2.
(k) *Luc.* IX, 54.
(l) *Sophron. de Viris Illustr.* c. V, p. 281.
(m) *Act.* XII, 1, 2 *et seq.*

ment d'Alexandrie (a) raconte que celui qui avait mené saint Jacques devant les juges, fut si touché de sa fermeté à confesser Jésus-Christ, qu'il avoua qu'il était aussi chrétien, et qu'il fut condamné comme lui à avoir la tête tranchée. Comme ils allaient ensemble au supplice, cet homme demanda pardon à saint Jacques; celui-ci délibéra un peu s'il devait traiter comme frère un homme qui n'avait pas encore reçu le sacrement de Jésus-Christ. Mais aussitôt il l'embrassa et lui dit : la paix soit avec vous. Ils eurent ensuite tous deux la tête tranchée.

Les Grecs font sa fête le 30 d'avril, et les Latins le 25 de juillet. Saint Épiphane (b) dit que saint Jacques conserva une virginité perpétuelle, aussi bien que saint Jean, son frère; qu'ils ne se faisaient jamais couper les cheveux, qu'ils ne se baignaient jamais, qu'ils ne portaient qu'une simple tunique et un seul manteau de lin, et ne mangeaient jamais ni poisson, ni viande. Les Espagnols prétendent que ce saint est le premier Apôtre de leur pays, et que son corps y fut apporté peu de temps après sa mort. De quoi ils ne donnent pas de fort bonnes preuves. Il est certain que dès le neuvième siècle ses reliques étaient fort célèbres et fort révérées dans ce pays-là (c).

JACQUES LE MINEUR, surnommé *le frère du Seigneur* (d), et évêque de Jérusalem, était fils de Cléophas, autrement Alphée, et de Marie, sœur de la très-sainte Vierge, ainsi il était cousin germain de Jésus-Christ selon la chair. Sa sainteté admirable et sa pureté de vie lui firent donner le surnom de Juste (e). On dit qu'il était prêtre du Seigneur, et qu'il observait les lois du Nazaréat dès le ventre de sa mère, ne buvant ni vin, ni rien qui puisse enivrer (f); il ne faisait jamais raser ses cheveux, ne mangeait de rien qui eût eu vie, ne se servait ni de bain, ni d'huile pour se frotter, ne portait point de sandales, ne portait jamais d'habits de laine, mais un simple manteau de lin et une tunique de même matière. Il se prosternait si souvent en terre pour faire oraison, que son front et ses genoux s'étaient endurcis comme la peau d'un chameau. Il obtint un jour de la pluie par ses prières, étendant les mains au ciel pendant une grande sécheresse. Le souverain respect que sa vertu lui avait acquis, lui mérita, dit-on (g), un privilége fort extraordinaire, qui est qu'il pouvait entrer quand il voulait dans le lieu saint du temple de Jérusalem. Saint Jérôme (h) assure que les Juifs faisaient une telle estime de saint Jacques, qu'ils s'efforçaient à l'envi de toucher le bord de sa robe. Le Talmud des Juifs rapporte plusieurs miracles opérés par *Jacques disciple de Jésus le charpentier.* Entre autres qu'ayant été appelé pour guérir un Juif nommé Éligazar (i), qui avait été mordu d'un serpent, un rabbin prétendit qu'il ne devait point se laisser guérir au nom de Jésus-Christ. Pendant qu'on délibérait sur cela, Éligazar mourut, au grand contentement des Juifs endurcis, qui préféraient la mort à la santé procurée par le nom de Jésus-Christ.

Le Sauveur apparut à saint Jacques le Mineur huit jours après sa résurrection (j), et lui communiqua le don de science (k). Et en montant au ciel, il lui confia son trône sur la terre, et lui recommanda son Épouse, l'Église de Jérusalem. Il fut donc dès lors désigné évêque de cette Église; mais il n'en fit proprement les fonctions que depuis que les apôtres lui eurent déféré cet honneur, soit par une élection, soit par une déférence de respect et d'estime. On assure (l) que pour marque de son épiscopat, il portait sur son front une lame d'or, apparemment avec l'empreinte du nom de Dieu, à l'imitation des grands prêtres des Juifs. Saint Jacques était à Jérusalem, et y était considéré comme une des principales colonnes de l'Église, lorsque saint Paul y vint pour la première fois après sa conversion (m), l'an 37 de Jésus-Christ; et au concile de Jérusalem tenu l'an 51, saint Jacques, comme évêque de la ville, opina le dernier (n); et le résultat du concile fut principalement formé sur ce que dit saint Jacques qui, quoiqu'il observât les cérémonies de la loi, et qu'il les fit observer dans son Église, fut d'avis qu'on ne devait point imposer un tel joug aux fidèles convertis du judaïsme.

[Il y a dans ces dernières lignes plusieurs erreurs ; j'en vais relever deux. La moins importante est en ceci, que saint Jacques *fut d'avis qu'on ne devait point imposer le joug de la loi cérémonielle aux fidèles convertis du judaïsme ;* car, au contraire, c'étaient les pharisiens, *fidèles convertis du judaïsme,* qui prétendaient que les fidèles convertis *du paganisme* devaient observer cette loi, que les Juifs convertis, pharisiens ou non, *saint Jacques lui-même*, continuaient d'observer. De là, à Antioche, une dispute par suite de laquelle fut assemblé le concile de Jérusalem. Ainsi l'auteur aurait dû écrire : *convertis du paganisme,* au lieu de : *convertis du judaïsme.* — La seconde erreur provient d'un préjugé plutôt que d'un défaut d'attention; elle consiste en ce que l'auteur prétend que saint Jacques, au concile de Jérusalem, opina le dernier. La question qui avait donné occasion à la tenue du concile était celle-ci : Les fidèles convertis du paganisme doivent-ils, pour être sauvés, se soumettre au joug de la loi cérémonielle? D'abord un grand débat eut lieu dans l'assemblée; mais l'historien ne nomme pas ceux qui y prirent part. En-

---

(a) Clem. Alex. apud Euseb. l. II, c. IX.
(b) Epiphan. hæres. 58, c. IV, p. 491, 492.
(c) Voyez les Martyrologes d'Adon, d'Usuard, de Notker.
(d) Galat. I, 19. Joseph. Antiq. l. XX, c VIII, p 98.
(e) Clem. Alex. et Hegesipp. apud Euseb. Hist. l. II, c. I.
(f) Epiphan. hæres. 78, c. XIII, XIV. Euseb. l. II, c. XXIII.
(g) Hegesipp. Epiphan. et Euseb. locis cit.
(h) Hieron. in Galat. I, 19.

(i) Vide Baron. an. 63, § 8.
(j) I Cor. XV, 7.
(k) Clem. Alex. apud Euseb. l. II, c. I. Origen. contra Cels. l. I, c. XXXV. Hieronym. in Galat. I, 19.
(l) Euseb. l. II, c. I. Epiphan. hæres. 29 et 78
(m) Galat. I, 18.
(n) Act. XV, 12, 13, etc.

suite Pierre se leva et prononça un discours qu'il termina en DÉCIDANT que les fidèles convertis du paganisme ne seront pas soumis à la loi cérémonielle, et seront néanmoins sauvés. Toute l'assemblée se tut, ne fit aucune observation et accepta la décision de Pierre. Après cela, Paul et Barnabé entretinrent l'assemblée des merveilles que, par eux, le Seigneur opérait parmi les païens ; et ce ne fut que quand ils eurent fini leurs récits que Jacques parla aussi. Alors, évidemment, la question soumise au concile était décidée ; ce n'était plus une question. Donc il est inexact de dire que saint Jacques *opina* sur cette question. Si saint Jacques exposa son opinion, ce fut dans le débat qui précéda le discours et la décision de saint Pierre ; mais quel qu'ait été son avis, nous ne le connaissons pas. Et quand, la décision étant rendue, il prend la parole, c'est pour proclamer la conformité avec les prophéties et déclarer formellement qu'il l'acceptait ; c'est ensuite pour dire à l'assemblée qu'il pensait utile de mander aux Gentils convertis de s'abstenir de certaines choses, non pas suivant la loi cérémonielle, maintenant déclarée abrogée, mais suivant une loi antérieure à Moïse et seulement disciplinaire. *V.* mon *Etude sur le concile de Jérusalem* dans le *Mémorial catholique* dirigé par M. L. F. Guérin, tom. V, n° de janvier 1846, p. 206. *Voyez* aussi, pour deux autres erreurs, le n° suivant, pag. 244.]

Le progrès que faisait l'Évangile ayant alarmé les principaux des Juifs, Ananus, fils du grand prêtre Anne, dont il est parlé dans l'Évangile, entreprit de faire mourir saint Jacques. Il prit pour cela le temps que Festus, gouverneur de la Judée, étant mort, et Albin son successeur n'étant pas encore arrivé, la province se trouvait sans gouverneur. Ananus et les principaux pharisiens ayant donc fait venir Jacques devant tout le monde (*a*), lui dirent que le peuple était dans l'erreur à l'occasion de Jésus qu'il prenait pour le Christ, et que c'était à lui à le délivrer de cet égarement, puisque tout le monde était prêt à croire ce qu'il en dirait. On le fit monter sur une des galeries du temple, afin qu'il pût être ouï de la multitude, qui était assemblée de tous côtés pour la fête de Pâques. Lors donc qu'il fut monté, ils lui crièrent d'en bas : *Dites-nous, homme juste, ce que nous devons croire de Jésus qui a été crucifié.* Il répondit à haute voix : *Jésus le Fils de l'homme, dont vous parlez, est maintenant assis à la droite de la Majesté souveraine comme Fils de Dieu, et doit venir un jour porté sur les nuées du ciel.* A ces mots, un grand nombre de personnes rendirent gloire à Dieu, en criant *hosanna !*

Mais les docteurs et les pharisiens s'écrièrent : *Quoi ! le juste s'égare aussi !* Et montant au lieu où il était, ils le précipitèrent du haut du temple. Il ne mourut pas de sa chute, mais mettant les genoux en terre, il pria pour ses ennemis. Mais ceux-ci par ordre d'Ananus commencèrent à le lapider (*b*) ; enfin un foulon l'acheva en lui donnant sur la tête un grand coup du bâton, dont il se servait pour son métier (*c*).

Il fut enterré auprès du temple (*d*), au lieu même où il avait été martyrisé ; et on lui dressa au même endroit un monument qui fut fort célèbre jusqu'à la ruine de Jérusalem par les Romains. Les plus sages des Juifs désapprouvèrent fort le meurtre commis sur saint Jacques, et les emportements d'Ananus. Ils en firent de grandes plaintes à Agrippa (*e*) et à Albin, gouverneur de la province ; celui-ci le menaça par ses lettres de punir sa témérité, et Agrippa le dépouilla du pontificat, qu'il n'avait exercé que trois mois. On cite même de Josèphe (*f*) que l'on a imputé à la mort de cet homme si juste, la guerre que les Romains firent aux Juifs, et tous les malheurs qui leur arrivèrent dans la suite (1). Les anciens hérétiques ont supposé quelques écrits à saint Jacques, frère du Seigneur (*g*). Mais l'Église ne reconnaît pour authentique que son *Epître*, qui est la première des sept canoniques [ou catholiques]. Elle est écrite à tous les Juifs convertis qui étaient dans toutes les parties du monde. Nous croyons qu'il l'écrivit assez peu de temps avant sa mort, arrivée en l'an 62. Il y combat principalement l'abus que plusieurs personnes faisaient du principe de saint Paul, qui dit que c'est la foi, et non les œuvres de la loi, qui nous rend justes devant Dieu. Saint Jacques y établit fortement la nécessité des bonnes œuvres. Quoiqu'il adresse son Epître aux Juifs dispersés, on croit qu'il l'écrivit en grec, parce qu'il y cite l'Écriture suivant la version des Septante. D'ailleurs le grec était alors la langue commune de presque tout l'Orient.

[Dom Calmet n'a donné qu'une analyse du passage où Josèphe parle du crime commis sur la personne de saint Jacques, et il ne nomme pas Hégésippe, car Josèphe n'est pas le seul historien qui ait parlé de ce crime. Il ne dit rien non plus des successeurs de saint Jacques. Nous allons y suppléer par une page empruntée de Statler, *Certitude de la religion révélée*, n° 246.

« Josèphe, témoin contemporain et non suspect, dit-il, rapporte lui-même le meurtre de saint Jacques, qui eut lieu à Jérusalem. « *Albinus* (nouvellement nommé par Néron gouverneur romain, à la place de

---

(*a*) Euseb. l. II, c. xxiii.
(*b*) Joseph. Antiq. l. XX, c. viii.
(*c*) Ita Clem. Alex. Euseb. Epiphan. Hieronym.
(*d*) Euseb. l. II, c. xxii. Hieronym. de Viris Illustr. c. ii.
(*e*) Joseph. Antiq. l. XX, c. viii.
(*f*) Origen. contra Cels. l. I. Euseb. l. II, c. xxiii. Hieron. de Viris Illustr. ex Josepho ; apud quem non leguntur hodie verba ab Origene et Euseb. laudata.
(*g*) Nous avons encore le *Protévangile de S. Jacques*, qui est assez connu chez les Orientaux. *Voyez* la Bibliothèque des livres apocryphes du Nouveau Test. par M. Fabricius, p. 66. Nous avons aussi une liturgie sous son nom.

(1) Il y avait autrefois dans l'historien Josèphe deux témoignages relatifs à saint Jacques le Mineur, aujourd'hui on n'en trouve qu'un, l'autre ayant été supprimé, probablement par des gens qui voulaient effacer le souvenir d'un crime, dont l'impartialité de l'historien transmettait la connaissance à la postérité. *Voyez* Josèphe, mon addition.

Festus, étant encore en chemin, Ananus (grand prêtre de Jérusalem) convoque le conseil des juges, et après avoir fait amener devant lui le frère de Jésus-Christ nommé Jacques, ainsi que quelques autres coupables d'impiété, il les livra pour qu'on les lapidât, ce qui déplut beaucoup à tous les gens de bien et à tous les observateurs de la loi qui étaient dans la ville: aussi firent-ils prier le roi (Agrippa) par des envoyés secrets, d'enjoindre à Ananus de ne plus renouveler pareille chose dans la suite. Quelques-uns même, allant au-devant d'Albinus qui venait d'Alexandrie, lui apprirent qu'Ananus n'avait pu sans son consentement rassembler le conseil : sensible à ces paroles, Albinus écrivit avec colère au grand-prêtre, le menaçant de le punir, et c'est pour cela que trois mois après, le roi Agrippa transféra à Jésus, fils de Damnée, la charge de grand prêtre dont il dépouilla Ananus. » Ce passage est tellement lié avec le texte qui précède et qui suit, qu'aucun soupçon d'interpolation ne peut être élevé à ce sujet. Eusèbe (*Histoire Ecclésiastique, liv.* II, *chap.* XXIII) raconte le même fait d'après Hégésippe, écrivain ecclésiastique, qui *florissait au temps des premiers successeurs des apôtres*, c'est-à-dire vers l'an 120. Cet écrivain, juif de nation, dans cinq livres qu'il écrivit sur l'histoire ecclésiastique, réunit dans un style simple, depuis la passion de Jésus-Christ jusqu'à son époque, toutes les traditions apostoliques; et, après avoir parcouru toutes les provinces, après être venu de Judée à Rome, il apprit par les évêques des Eglises chrétiennes que la même foi dans les doctrines et dans les traditions apostoliques régnait partout.

» Selon Eusèbe (*Hist.*, IV, 8, 14, 22), et d'après le même Hégésippe, saint Jacques eut pour successeur à Jérusalem dans son épiscopat, saint Siméon, parent de Jésus-Christ et fils de Cléophas, frère de saint Joseph, qui gouverna cette Église pendant plus de quarante ans. Saint Siméon étant mort vers la centième année depuis Jésus-Christ, eut Juste pour successeur; à celui-ci, environ vers l'an cent onze, succédèrent les uns après les autres, Zachée, Tobie, Benjamin 1ᵉʳ, Jean, Matthias, Benjamin II, qui moururent tous dans l'espace de treize ans (*Eusèb., Chron.*, à l'ann. 112; *Hist.*, IV, 5). Ainsi, jusqu'à la dix-huitième année de l'empereur Adrien, qui dans cette année renversa Jérusalem de fond en comble, et en chassa tous les Juifs, les évêques juifs de nation, sont tous nommés dans Eusèbe sans interruption; dans la suite, des hommes qui descendaient des Gentils leur ont succédé continuellement jusqu'au temps où vivait Eusèbe. »

JADA, fils d'Onan, et père de Jéther et de Jonathan. I *Par.* II, 28, 32.

JADAIA, prêtre qui revint de la captivité de Babylone avec neuf cent soixante-treize de ses frères (*a*).

(*a*) I *Esdr.* II, 36.
(*b*) *Judith.* 1, 6.
(*c*) II *Esdr.* XII, 11.

JADASON. Il est parlé de Jadason dans Judith (*b*), et il y est dit que Nabuchodonosor vainquit Arphaxad aux environs du Tigre, de l'Euphrate et *du Jadason*, ou *l'Hydaspe*, comme porte le texte grec. Le Syriaque porte *l'Eulée*, ce qui paraît beaucoup meilleur; car le fleuve Hydaspe était dans les Indes, et l'Eulée était près la ville de Suses en Perse.

[Néanmoins, le géographe de la Bible de Vence dit « qu'il y a lieu de présumer que c'est l'Hydaspe, qui, traversant la Susiane, passait à Suse, capitale de cette province. » Barbié du Bocage dit seulement que « sans doute c'est un des affluents du Tigre. »]

JADDO, chef de la demi-tribu de Manassé au delà du Jourdain, du temps de David et de Salomon. I *Par.* XXVIII, 21.

JADDOA, JEDDOA (*c*), ou JADDUS, souverain pontife des Juifs du temps d'Alexandre le Grand (*d*). Josèphe (*e*) raconte qu'Alexandre étant occupé au siége de Tyr, envoya demander au grand prêtre Jaddus des vivres et du secours, et exigea qu'il le reconnût et lui rendît la même obéissance qu'il rendait auparavant aux Perses. Jaddus s'en excusa sur la fidélité qu'il devait à Darius, qu'il reconnaissait toujours pour son souverain. Alexandre fut indigné de sa réponse; mais il dissimula son ressentiment, pour en tirer vengeance après la réduction de Tyr. Alors il marcha contre Jérusalem; et le pontife ne se sentant pas assez fort pour lui résister, eut recours à Dieu par des sacrifices, par des jeûnes et des prières publiques, qu'il ordonna au peuple. Le Seigneur lui apparut la nuit, et le rassura, lui disant qu'il n'avait qu'à ouvrir les portes de la ville à Alexandre, aller au-devant de lui avec les ornements de sa dignité, faire paraître les prêtres et le peuple en habits blancs, et couronnés comme dans un jour de fête, et que, par là, il adoucirait le cœur du roi, et le rendrait favorable aux Juifs.

Jaddus, dès le lendemain, rendit compte au peuple de la vision qu'il avait eue, et le disposa à recevoir Alexandre. Lorsque ce prince fut assez près de la ville, Jaddus, à la tête de ses prêtres et de son peuple, sortit de Jérusalem et se présenta devant Alexandre. Tout le monde s'attendait que le roi chargerait le pontife de reproches, et ferait ressentir au peuple les effets de sa colère. Mais il en arriva tout autrement. Alexandre se jeta aux pieds du grand prêtre, comme s'il eût vu Dieu en sa personne; et comme Parménion lui demandait la cause d'une conduite si extraordinaire, il répondit que dans le temps qu'il délibérait s'il passerait en Asie, Dieu lui avait apparu sous la forme de ce pontife, et l'avait exhorté à ne rien craindre et à poursuivre hardiment son entreprise, lui disant qu'il lui donnerait toute sorte de secours; que l'honneur qu'il avait paru rendre au grand prêtre, il l'avait rendu à

(*d*) Jaddus fut grand prêtre depuis 3665 jusqu'en 3682, pendant dix-sept ans, selon Eusèbe.
(*e*) *Antiq. l.* XI, *c.* VIII.

Dieu même, dont il était l'image. Après cela, il entra dans la ville, offrit des sacrifices à Dieu dans son temple, accorda aux Juifs, tant à ceux de la Palestine, qu'à ceux qui étaient au delà de l'Euphrate, le droit de se conduire selon leurs lois, et l'exemption du tribut pour la septième année, dans laquelle les Juifs ne cultivaient pas leurs terres et ne faisaient aucune récolte. *Voyez* l'article d'ALEXANDRE le Grand. Il y a des critiques (*a*) qui croient que ce que Josèphe raconte d'Alexandre et de Jaddus est une pure fable.

[Et sur quoi est fondée l'opinion de ces critiques-là? sur des apparences.

« L'autorité de Josèphe, dit M. Poujoulat, n'est pas toujours inattaquable; et comme il est le seul auteur qui ait parlé du passage d'Alexandre à Jérusalem, on a cru pouvoir révoquer le fait en doute. Quant à nous, il nous paraît difficile de trouver de bonnes raisons pour contester la vérité du fait. Quoi de plus simple que le premier refus des Juifs d'abandonner la cause des Perses, leurs vieux protecteurs ! et quoi de plus naturel que la marche des Macédoniens contre une cité dont la résistance les irrite ! Nous comprenons ensuite le saisissement pieux du jeune Alexandre à la vue de cette phalange de prêtres et de tant de peuple, vêtus de blanc, venant au-devant de lui; à la vue du nom de Jéhovah resplendissant sur le front du pontife, vêtu de l'éphod d'azur. Le héros avait une vive imagination qui le rendait sensible aux spectacles poétiques ; lui qui ne voulut pas traverser le pays d'Ilion sans couronner de fleurs le tombeau d'Achille, et qui prit Homère pour son poëte chéri, comment se fût-il trouvé sans émotion, au milieu de ce spectacle, si grave et si nouveau, d'une troupe de prêtres en habits de fête, attachés au temple d'un Dieu unique, créateur du ciel et de la terre, et souhaitant au triomphateur de longues prospérités? Ce souvenir jette à la fois de l'éclat sur Alexandre et sur la ville des prophètes; il est trop beau pour que l'historien de Jérusalem en laisse dépouiller son livre. » POUJOULAT, *Hist. de Jérus.* ch. XIV, tom. I, p. 318.]

Jaddus eut pour successeur Onias I, son fils. Il avait un frère nommé Manassé, qui ayant épousé Nicaulis, fille de Sanaballat, chuteen ou samaritain de nation, fut obligé de se retirer auprès de son beau-père, et obtint d'Alexandre la permission de bâtir un temple sur le mont Garizim, dont il fut le premier grand-prêtre (*b*).

JADIAS, de Méronath, eut l'intendance d'une partie des troupeaux de David (*c*).

JADIHEL, fils de Benjamin. I *Par.* VII, 6. — Il est nommé Asael, cap. VIII, 1 ; *Gen.* XLVI, 21; Nomb. XXVI, 38.]

JADIHEL, lévite, fils de Mésélémia, descendant de Coré. I *Par.* XXVI, 1, 2.

JADON. Josèphe (*d*) appelle ainsi le prophète du Seigneur qui fut envoyé à Jéroboam à Béthel, lorsqu'il faisait la dédicace de ses veaux d'or (*e*). L'Écriture ne nomme pas ce prophète : mais la plupart des interprètes croient avec Josèphe, que c'était le prophète *Addo*, ou *Jeddo*, ainsi qu'il est appelé dans l'hébreu. *Voyez* ADDO *et* JÉROBOAM.

JADON, MÉRONATHITE, contribua, après le retour de la captivité, à la reconstruction de Jérusalem. *Neh.* III, 7.

JADUR, autrement JAGUR, ville de Juda. *Josué,* XV, 21. On en ignore la situation. On sait seulement qu'elle était au midi de Juda. — [Vers le sud-est, dit Barbié du Bocage.]

JAFA. C'est ainsi que les nouveaux interprètes appellent *Joppé*, ville maritime de la Palestine. *Voyez* JOPPÉ.

JAGUR ; nom de ville. *Voyez* JADUR.

JAHATH, de la race de Gerson, fils de Lobni, et père de Zamma, lévite. I *Par.*, VI, 20.

JAHATH, lévite, de la race de Mérari, intendant des ouvriers que Josias employa aux réparations du temple (*f*).

* JAHATH, fils de Raïa et arrière-petit-fils de Juda. I *Par.* IV, 1, 2.

* JAHATH, fils de Sélémoth ou Salomith, de la postérité de Moïse, par son fils Eliézer. I *Par.* XXIV, 22. Il est le même que Hébron, XXIII, 19. Conférez ce verset avec XXIV, 23

JAHAZIÉL, [troisième] fils d'Hébron [ou Jahath]. I *Par.* XXIII, 19 [XXIV, 23. *Voy.* JAHATH).

* JAHAZIEL, lévite asaphite. II *Par.* XX, 14.

JAHEL, femme d'Héber le Cinéen, tua Sisara, général de l'armée de Chanaan (*g*), lequel s'étant retiré dans la tente de cette femme, et s'y étant endormi, Jahel lui perça la tempe avec un gros clou qu'elle lui enfonça à coups de marteau. Cela arriva l'an du monde 2719, avant Jésus-Christ 1281, avant l'ère vulgaire 1285.

JAHELEL ou JALEL, troisième fils de Zabulon. *Genes.* XLVI, 14. — [*Voy.* JALEL.]

JAHIEL [ou JAHIEL], lévite et chantre du temple (*h*). Il avait aussi la garde des trésors et des portes du saint lieu (*i*).

* JAHIEL, fils d'Achamoni, était un personnage considérable à la cour de David. I *Par.* XXVII, 32.

* JAHIEL, un des fils de Josaphat, roi de Juda. II *Par.* XXI, 2.

* JAHIEL, un des premiers administrateurs du temple, sous le règne de Josias. II *Par.* XXXV, 8.

* JAHIEL. *Voy.* CHONÉNIAS *et* JÉHIEL.

JAIR, de la famille de Manassé (1), posséda un grand canton au delà du Jourdain,

---

(*a*) Rub. Azarias in Meor en aïm. part. III, et alii quidam.
(*b*) Voyez Joseph. Antiq. l. XI, c. VIII, p. 385.
(*c*) I Par. XXVII, 31.
(*d*) Antiq. l. VIII, c. III, p. 227.
(*e*) I Reg. XIII.
(*f*) II Par. XXXIV, 12.
(*g*) Judic. IV, 17.
(*h*) I Par. XVI, 5

(*i*) I Par. XV, 18, etc.
(1) Au mot *Avoth-Jaïr*, dom Calmet dit que Jaïr était fils de Manassé, et il indique *Num.* XXXII, 41, parallèle à *Deut.* III, 14, qu'il entend du juge d'Israel. Ainsi distingue-t-il et confond-il tout à la fois Jaïr, fils de Manassé et possesseur du pays d'Argob, et Jaïr de la famille de Manassé et juge d'Israel.

tout le pays d'Argob, jusqu'aux limites de Gessur et de Machati (1). Il succéda à Thola dans la judicature (a) ou le gouvernement des Israélites, et eut pour successeur Jephté. Son gouvernement fut de vingt-deux ans, depuis 2795 jusqu'en 2817. Jaïr avait trente fils qui montaient autant d'ânes (b), et qui étaient maîtres ou gouverneurs de trente villes, nommées Havoth-Jaïr. Il fut enterré à Camon, au delà du Jourdain. [*Voyez* l'article suivant.]

* JAIR, judaïte, fils de Ségub, qui était fils d'Hesron et de la fille de Machir, père ou prince de Galaad. I *Par*. II, 21, 22. Machir était de la demi-tribu de Manassé au delà du Jourdain. Il est dit, dans ce dernier verset, que Jaïr possédait vingt-trois villes dans le pays de Galaad, et au verset suivant, que Gessur et Aram lui prirent ses villes (Havoth-Jaïr), et qu'ils prirent aussi Canath et ses dépendances, soixante villes.... Qui étaient Gessur et Aram? des individus ou des peuples? Mais voici une question plus difficile à résoudre : Ce Jaïr est-il le même ou autre que celui dont l'article précède? Conférez *Nomb*. XXXII, 39-42; *Deut*., III, 13-15; *Jos*. XIII, 29-31; *Jug*. X, 3-5, et I *Par*. II, 21-23. De la conférence de ces passages il résultera plus d'une difficulté tant du côté du texte que du côté de la chronologie et des généalogies. Il faut se souvenir que le mot *ben, filius*, veut dire *descendant* aussi bien que *fils*, et le mot *pater, prince* ou *chef*, aussi bien que *père*. Je ferai seulement une observation : Juda naquit l'an 2116 avant Jésus-Christ; entre lui et Jaïr il y a Pharès, fils de Juda, Hesron, fils de Pharès, Ségub, fils d'Hesron; ainsi Jaïr est à la cinquième génération, en comptant Juda pour la première. Or, depuis la naissance de Juda jusqu'à la judicature de Jaïr, qui commença l'an 1283 avant Jésus-Christ, il s'écoula plus de huit cent trente ans. J'ai pris ces époques dans l'*Art de vérifier les dates*. *Voyez* parmi les pièces préliminaires, à la tête du premier volume. Encore une observation : Huré distingue entre Jaïr, fils de Ségub, et Jaïr, juge d'Israel, et il dit que le fils de Ségub est appelé fils de Manassé, parce que Ségub était né de la fille de Machir, *fils* de Manassé. Il remarque que Jaïr, le juge, est confondu par quelques uns avec le fils de Ségub.

JAIR, fils de Séméi et père du célèbre Mardochée. *Esth*. II, 3.

JAIR, Avoth-Jaïr. *Voyez* ci-devant Avoth. C'étaient des hameaux possédés par Jaïr.

JAIR, ou *Jaïrus*, chef de la synagogue de Capharnaüm. Sa fille étant tombée dangereusement malade, il alla supplier Jésus-Christ, avec de grandes instances, de venir lui imposer les mains, et la guérir (c). Jésus le suivit; et comme il était en chemin, on vint dire à Jaïr que sa fille était morte et qu'il était inutile que Jésus se donnât la peine d'aller plus loin. Mais Jésus les rassura et dit à Jaïr : *Ne perdez point confiance, croyez seulement*. Lorsqu'ils furent arrivés à la maison, ils y trouvèrent des pleureuses et des joueurs d'instruments, qui se disposaient à accompagner la fille au tombeau. Jésus les fit taire et leur dit que l'enfant n'était pas morte. Il entra dans la chambre avec le père et la mère de la fille, et trois de ses principaux disciples; et prenant la morte par la main, il lui dit de se lever, comme s'il l'eût simplement réveillée. Elle se leva et commença à marcher. Or, elle avait environ douze ans, et Jésus commanda qu'on lui donnât à manger.

* JALA, chef d'une famille nathinéenne. *Esd*. II, 56.

* JALALÉEL ou Jéhaleel, lévite mérarite, sous le règne d'Ezechias. II *Par*. XXIX, 12.

JALEL, fils de Zabulon, chef de la famille des Jalélites. *Num*. XXVI, 26.

JALELÉEL, fils de Caleb, et père de Ziph. I *Par*. IV, 16. — [Il n'est pas dit qu'il soit fils de Caleb.]

* JALON, fils d'Ezra. I *Par*. IV, 17.

JALOUSIE. *Eaux de jalousie*, que l'on faisait boire à une femme soupçonnée d'adultère par son mari. *Num*. V. 17, 18, etc. J'en ai parlé assez au long dans l'article Adultère [et à Eaux de jalousie]. Nous ne voyons dans l'histoire des anciens Juifs aucun exemple d'une femme éprouvée par les eaux de jalousie. La voie du divorce, qui était ouverte aux Juifs, était plus courte et plus aisée. Il est dit assez souvent dans l'Ecriture que Dieu a sur son peuple un amour de jalousie, et qu'il le punit, lorsqu'il tombe dans l'infidélité, de la même sorte qu'un époux, transporté d'amour et piqué de jalousie, punit une femme qui manque à son devoir. L'idolâtrie est une espèce de fornication, et d'adultère de la part des peuples qui ont l'avantage de connaître Dieu.

JAMBRI était un homme puissant dans la ville de Médaba, au delà du Jourdain. Un jour ses fils attaquèrent Jean, frère de Simon et de Jonathas Machabées, comme il allait chez les Nabathéens, chargé de bagage, le tuèrent, et prirent tout ce qu'il avait (d). Pour venger le sang de leur frère, et pour se dédommager de la perte que la famille de Jambri leur avait causée, Jonathas et Simon Machabées, ayant appris qu'il se faisait un grand mariage où les fils de Jambri amenaient la mariée à Médaba, se mirent en embuscade, fondirent sur cette troupe de gens qui ne songeaient qu'à se divertir, en prirent une partie et enlevèrent toutes leurs dépouilles. Ceci arriva vers l'an du monde 3843, avant Jésus-Christ 157, avant l'ère vulgaire 161. [On voit qu'il y a erreur dans la concordance de ces dates.] *Voy*. ci-après l'article Jonathas

JAMIN [ou Jachin], second fils de Siméon. *Gen*. XLVI, 10; *Ex*. VI, 15; I *Par*. IV, 24; chef de la famille des Jaminites. *Num*. XXVI, 12.

* JAMIN, judaïte, second fils de Ram. I *Par*. II, 27.

(a) *Judic*. x, 3.
(b) Cette expression marque qu'ils étaient puissants. Voyez *Judic*. v, 10; xiii, 14
(c) *Matth*. ix, 18. *Marc*. v, 22. *Luc*. viii, 43.
(d) I *Mac*. ix, 36, 37.
(1) *Deut*. iii, 14.

JAMIN, lévite, un de ceux qui, selon la Vulgate, faisaient faire silence quand Esdras lut la loi, *Neh.* VIII, 7.

JAMNÉ, fils aîné d'Aser. *Genes.* XLVI, 17. — [*Voy.* Jemna.]

JAMNIA, Jemnaa, ou Jabné, ou Jamné, ou Jamni, ou Jamnès, ville maritime dans la Palestine, située entre Azoth et Joppé. [Elle est appelée *Jabnia*, II *Par.* XXVI, 6.] Elle a un assez bon port de mer. Son nom ne se trouve pas dans le texte hébreu de Josué, mais seulement dans le grec, *Josue*, XV, 45, où l'on met *Jamnai* après Accaron, dans le nombre des villes de Juda. Osias, roi de Juda, fils d'Amasias, la prit sur les Philistins (a). Josèphe (b) dit qu'elle fut donnée en partage à la tribu de Dan. On lit dans les Machabées (c) que le port de Jamnia était à deux cent quarante stades de Jérusalem.

[« Le port de Jamnia fut, ainsi que les vaisseaux qu'il contenait, brûlé par Judas Machabée. Celui-ci vengea sur cette ville et sur Joppé les cruautés commises contre les gens de sa nation par ceux de Joppé. Aujourd'hui ce n'est plus qu'un lieu misérable, occupé par quelques pasteurs arabes : on l'appelle *Zania*.]

JAMNIA (d). Josèphe parle d'un bourg de la haute Galilée, nommé Jamnia ou Jamnith.

JAMNOR, un des ancêtres de *Judith*, VIII, 1.

JAMRA, asérite, cinquième fils de Supha. 1 *Par.* VII, 36.

JAMUEL, [ou Namuel, premier] fils de Siméon. *Genes.* XLVI, 10. [*Exod.* VI, 15; 1 *Par.* IV, 24.]

JANAI, de la tribu de Gad, fils d'Abigaïl. 1 *Par.* V, 12.

JANNA, ou Janné, fils de Joseph, et père de Melchi. *Luc.* III, 24.

JANNÈS et MAMBRÈS, ou, comme les appelle Pline (e), *Janne et Jotape*, deux magiciens, que saint Paul dit avoir résisté à Moïse pendant qu'il était en Egypte (f). Le roi Pharaon ne trouva que ces deux hommes capables de tenir contre Moïse, et d'imiter par leurs prestiges une partie de ses vrais miracles. Le paraphraste Jonathan (g) dit que c'étaient les deux fils de Balaam qui l'accompagnaient lorsqu'il vint vers Balac, roi de Moab. Artapan dit que Pharaon fit venir de la haute Egypte, au-dessus de Memphis, des magiciens, pour les opposer à Moïse. L'Ambrosiaster ou Hilaire, diacre (h), dit qu'ils étaient deux frères. Il cite un livre, intitulé : *Jannès et Mambrès*, qui est aussi cité par Origène (i), et mis au rang des livres apocryphes par le pape Gélase (j). Quelques Hébreux (k) les appellent *Janès et Jambrès*; d'autres *Jochana et Mamré*, ou *Jonas et Jombros*. Il y en a qui disent que leurs noms sont les mêmes que *Jean* et *Ambroise*. Les uns veulent qu'ils s'en soient envolés avec leurs pères ; d'autres, qu'ils furent noyés dans la mer Rouge avec les Egyptiens; d'autres, enfin, qu'ils furent mis à mort par Phinées, dans la guerre qu'il fit aux Madianites. Pallade, auteur de l'histoire Lausiaque (l), raconte que saint Macaire l'Egyptien alla exprès dans un désert éloigné de quelques journées de sa demeure, pour y voir les tombeaux de ces fameux magiciens, qu'il trouva dans un ancien jardin planté d'arbres, où il y avait une maison avec divers meubles précieux. Les démons en défendaient l'entrée, et menaçaient saint Macaire ; mais il les dissipa, et ayant visité la maison et le jardin, il se retira.

Numénius, cité dans Aristobule (m), dit que *Jannès et Mambrès étaient des scribes sacrés des Egyptiens, qui excellaient dans la magie, au temps que les Juifs furent chassés de l'Egypte. Ce furent les seuls que les Egyptiens trouvèrent capables de s'opposer à Moïse, qui était un homme dont les prières auprès de Dieu étaient très-puissantes. Ces deux hommes, Jannès et Mambrès, furent seuls capables de rendre inutiles les maux que Moïse faisait aux Egyptiens.* Pline (n) parle aussi de la faction ou de la secte des magiciens, dont il dit que Moïse, Jannès et Jocabel ou *Jotapa*, furent les chefs. Par ce dernier terme, il veut apparemment marquer le patriarche Joseph, que les Egyptiens regardaient comme un de leurs sages les plus célèbres.

Les musulmans (o) ajoutent à la véritable histoire de Moïse plusieurs particularités, tirées des livres apocryphes ou de la tradition des Orientaux. Ils disent, par exemple, que Moïse ayant fait ses premiers miracles devant Pharaon, ce prince délibéra avec son conseil ce qu'il y avait à faire dans une telle conjoncture, et que le résultat du conseil fut qu'il fallait entretenir Moïse par de belles espérances, et faire venir cependant à la cour les plus habiles magiciens de l'Egypte, dont le nombre était alors fort grand dans la Thébaïde, pour les opposer à cet homme qui leur paraissait plus expert qu'aucun de ceux qui avaient paru jusqu'alors.

On dépêcha donc aussitôt des courriers aux plus célèbres magiciens de la Thébaïde, pour leur commander de se rendre à la cour de Pharaon. *Sabour et Gadour*, frères, qui passaient pour les plus expérimentés, et qui étaient les principaux du pays, se mirent en devoir d'obéir au roi ; mais auparavant, par le conseil de leur mère, ils allèrent au tombeau de leur père pour consulter ses mânes sur le succès de leur voyage. Ils l'évoquèrent, en l'appelant par son nom ; il leur répondit, et ils lui dirent qu'il était venu en Egypte deux frères, car Moïse et Aaron ne se quittaient point, qui, sans armes ni soldats, avaient causé de très-grands dérangements

---

(a) I *Par.* xxvi, 6.
(b) *Antiq.* l. V, c. 1.
(c) II *Mac.* xii, 9.
(d) Joseph. l. II *de Bello*, c. xxv, et *in Vita sua*, p. 1012.
(e) Plin. lib. XXX c. 1.
(f) II *Timoth.* iii, 8.
(g) *Jonathan. in Num.* xxii, 22.
(h) *Ambrosiast. in* II *Timoth.* iii, 8.
(i) Origen. tract. 35 in Matth.
(j) Gelas. Dist. 15.
(k) Vide Buxtorf. Lexic. Thalmud. et Fabric. de Apocryph. V. T.
(l) Pallad. Hist. Lausiac. c. xv, p. 722, 723.
(m) Apud Euseb. Præp. l. IX, p. 241.
(n) Plin. l. XXX, c. 1.
(o) Bibl. Orient., p. 648, 649, Monosah

dans les affaires du roi ; que ce prince les avait mandés pour résister aux deux frères et pour leur opposer des prestiges plus puissants que les leurs ; qu'ils avaient appris que ces deux étrangers avaient une verge qui se changeait en dragon, et qui dévorait tout ce qui paraissait devant elle.

Le père leur répondit : Dès que vous serez arrivés à la cour de Pharaon, informez-vous si la verge dont vous me parlez se transforme en dragon pendant le sommeil de ces deux magiciens ; car les enchantements qu'un magicien peut faire n'ont nul effet pendant qu'il dort, et sachez que s'il en arrive autrement à ceux-ci, nulle créature n'est capable de leur résister. Les deux frères étant donc partis de la Thébaïde, arrivèrent à la cour du roi à Memphis, et apprirent avec grand étonnement que tandis que Moïse et Aaron prenaient leur repos, leur verge prenait aussitôt la figure d'un serpent, qui veillait à leur garde et ne laissait approcher qui que ce fût de leurs personnes.

Les deux magiciens, fort étonnés de ce prodige, ne laissèrent pas de se présenter devant le roi avec tous les autres magiciens du pays, qui s'y étaient rendus de toutes parts, et que quelques-uns font monter au nombre de soixante-dix mille ; car outre ces deux frères *Sabour* et *Gadour*, qui y étaient venus avec tous leurs disciples, on y en vit encore deux autres nommés *Giaath* et *Mospha*, dont la suite n'était pas moindre. Enfin le grand Siméon, souverain pontife de tous les prêtres d'Egypte et de tous ceux qui faisaient profession particulière de magie, s'y rendit aussi à la tête d'une très-nombreuse suite de gens de sa profession.

Tous ces gens avaient préparé des baguettes et des cordes pour contrefaire le miracle de Moïse ; et aussitôt que ce prophète eut jeté la verge miraculeuse par terre, et qu'elle fut devenue serpent, ils jetèrent aussi leurs baguettes et leurs cordes qu'ils avaient remplies de vif-argent au dedans. Ces baguettes n'eurent pas plutôt senti la chaleur du soleil, qu'elles se mirent en mouvement et à faire plusieurs plis et replis sur elles-mêmes. La plupart des spectateurs qui regardaient la chose de loin crurent d'abord, à voir ce mouvement, que c'étaient de véritables serpents. Mais ils en furent bientôt désabusés, lorsqu'ils virent que le serpent de Moïse avait mis en pièces et dévoré tous ces faux serpents.

Ce spectacle jeta la frayeur dans l'esprit des assistants, qui prirent la fuite aussitôt. Les deux frères Sabour et Gadour rendirent gloire à Dieu et se convertirent : ils renoncèrent sincèrement à leur vaine profession, et moururent généreusement pour la vraie religion, Pharaon leur ayant fait couper les pieds et les mains, et ayant fait attacher leurs corps à des gibets, supposant qu'ils avaient été gagnés par les Israélites pour favoriser Moïse et Aaron.

Tout ce récit suppose que les magiciens ne firent aucun vrai miracle, mais seulement de vains prestiges, pour tâcher d'en imposer aux yeux et à l'esprit des spectateurs. Cependant Moïse s'exprime partout d'une manière à persuader que les magiciens de Pharaon opérèrent réellement les mêmes effets que lui-même avait produits, en sorte que Pharaon et toute sa cour demeurèrent persuadés de l'égalité de la force de leurs magiciens et de celle de Moïse, jusqu'à ce que les Egyptiens, ne pouvant produire de moucherons, comme avait fait Moïse, furent contraints d'avouer que le doigt de Dieu s'en mêlait (a). Jusqu'alors ils n'y avaient donc reconnu rien de divin ni de surnaturel. Et on convient que la magie et les prestiges, les mauvais anges et les sorciers peuvent quelquefois imiter de fort près les vrais miracles et les opérations du Tout-Puissant : avouons même que Dieu peut permettre quelquefois que le démon et les méchants fassent de vrais miracles ; mais il ne permettra jamais que les élus et ceux qui cherchent sincèrement et véritablement la vérité soient induits à erreur jusqu'à la fin. Le mensonge, l'erreur, la malice, le désordre, que le démon cherche à établir, se découvriront tôt ou tard. On peut voir ci-après l'article MIRACLE.

JANNEUS, ou ALEXANDRE JANNÉE. *Voyez* ALEXANDRE ci-devant.

JANÉ. Voy. JANOÉ.

JANOÉ, ville de la tribu d'Ephraïm, sur la frontière de la demi-tribu de Manassé. *Josue*, XVI, 6 ; [IV *Reg.* XV, 29]. Eusèbe met une ville de *Jano* à douze milles de Sichem, ou de Naplouse, dans l'Acrabatène ; et une autre du nom de *Janua*, à trois milles de Légion, vers le midi.

JANUA. *Voyez* JANOÉ.

JANUM, ville de Juda, *Josue*, XV, 53, — [vers le sud d'Hébron, dit Barbié du Bocage].

JAO, ou JAVÉ, ou JABÉ. Ces noms sont comme des diminutifs ou des abrégés du nom de *Jehovah*, qui est le nom incommunicable, le nom de quatre lettres du Seigneur, que les Hébreux, par respect ou plutôt par superstition, n'osent prononcer. *Voyez* ci-après JEHOVAH. Les Samaritains prononcent *Juve*, ou *Jabe* (b), à la manière des Grecs, qui prononcent le B comme un V consonne.

JAPHA, ville de Galilée, et voisine de Jotapate, selon Josèphe (c). Il la fortifia d'une double enceinte de murailles ; mais cela ne put empêcher que les Romains ne s'en rendissent maîtres, et n'y missent tout à feu et à sang, après l'avoir prise d'assaut. C'est apparemment la même ville qui est nommée *Japhia* dans Josué (d), et attribuée à Zabulon.

JAPHA, ou plutôt JAFFA. C'est le nom que les modernes donnent à Joppé.

JAPHET, fils de Noé. Il est ordinairement nommé le troisième dans l'ordre des enfants de Noé. Toutefois nous croyons qu'il était l'aîné de ses trois fils. Japhet naquit l'an 500 de Noé (e). Moïse dit expressément qu'il

(a) *Exod.* VIII, 18, 19.
(b) Iavi, vel Iaovi, vel Iaei, vel Iau. Heb. יהוה Vide Epiphan. hæres. 40. Theodoret. qu. 15 in Exod.
(c) Joseph. lib. de Vita sua, p. 1016, et de Bello Judæor.
(d) Josue, XIX, 12.
(e) Genes. V, 31.
l. III, c. II, p. 848.

était le plus ancien des fils de Noé (a), suivant la traduction des Septante et de Symmaque. Le même Moïse dit que Cham était le plus jeune des trois, Genes. IX, 24 : *Cum didicisset Noe quæ fecerat ei filius suus minor*. Enfin Moïse (b) dit que Sem, deux ans après le déluge, n'avait que cent ans. Il n'était donc né que l'an 502 de Noé. Ainsi Japhet était le plus ancien des trois.

Japhet eut pour partage l'Europe et une partie de l'Asie. Ses descendants possédèrent toute l'Europe et les îles de la Méditerranée, tant celles qui appartiennent à l'Europe (1) que celles qui dépendent de l'Asie. Ils eurent toute l'Asie Mineure et les parties septentrionales de l'Asie au-dessus des sources du Tigre et de l'Euphrate. Noé, en bénissant Japhet, lui dit (c) : *Que le Seigneur dilate Japhet; que Japhet demeure dans les tentes de Sem, et que Chanaan soit son esclave*. Cette bénédiction de Noé s'accomplit, lorsque les Grecs et après eux les Romains portèrent leurs conquêtes dans l'Asie et dans l'Afrique où Sem et Chanaan avaient leur demeure et leur domination.

Les enfants de Japhet furent *Gomer, Magog, Madaï, Javan, Tubal, Mosoc et Thiras*. L'Ecriture dit (d) qu'*ils peuplèrent les îles des nations, et s'établirent en divers pays, chacun suivant sa langue, sa famille et son peuple*. Nous croyons que Gomer fut père des Cimbres ou Cimmériens; Magog, des Scythes; Madaï, des Macédoniens ou des Mèdes; Javan, des Ioniens et des Grecs; Thubal, des Tibaréniens; Mosoc, des Mosques ou Russiens; et Thiras, des Thraces. Mais nous parlerons de chacun de ces descendants de Japhet, sous leurs titres en particulier. Sous le nom d'*îles des nations*, les Hébreux entendent les îles de la Méditerranée et tous les pays séparés par la mer du continent de la Palestine, et où les Hébreux ne pouvaient aller que par mer; comme les Espagnes, les Gaules, l'Italie, la Grèce, l'Asie Mineure.

Japhet a été connu des profanes sous le nom de *Japetus*. Les poëtes (e) le font père du Ciel et de la Terre, ou de Titan et de la Terre. Sa demeure fut en Thessalie, où il se rendit célèbre par sa puissance et sa violence. Il épousa une nymphe nommée Asie, dont il eut quatre fils : Hesperus, Atlas, Epiméthée et Prométhée, qui sont tous très-célèbres dans la Fable ou l'histoire ancienne. Les Grecs croient que Japhet a été le père de leur race, et ils ne connaissent rien de plus ancien que lui; d'où vient le proverbe: Vieux comme Japhet, ou simplement *Japhet*, pour un homme extrêmement âgé. Il y a beaucoup d'apparence aussi que l'on a confondu Neptune avec Japhet. Leur nom a assez de ressemblance. Neptune est le Dieu de la mer, comme Japhet est le maître des îles des nations. Saturne partage tout le monde à ses trois fils, Jupiter, Pluton et Neptune; ainsi Noé distribue toute la terre à Sem, Cham et Japhet. Jupiter est le même que Cham ou Ammon; Pluton est caché sous le nom de Sem; et Japhet, sous celui de Neptune. *Voy.* Bochart, M. Huet, le Père Morin, etc.

[Nous allons citer Delort de Lavaur, *Conférence de la Fable avec l'Histoire sainte*, seconde édition, in-8°, Avignon, 1835.

« De Japhet, fils de Noé, dit-il, la fable fit Neptune dieu des mers, parce qu'une grande partie du partage de Japhet furent les îles, les péninsules, les côtes des mers et les lieux maritimes sur les côtes de l'Asie, la Grèce, l'Archipel et l'Europe. Aussi les enfants de Japhet, partageant entre eux les pays échus à leur père, sont dits dans l'Ecriture avoir partagé les îles de sa domination (2); et Evhemère, qui avait composé en grec une histoire des dieux, prise des inscriptions des anciens temples, traduite en latin par Annius, et rapportée par Lactance, enseigne que les îles et tous les lieux voisins des mers furent le partage de Neptune (3) comme de Japhet.

» On a aussi formé le nom de Neptune du même sens de celui de Japhet, qui en hébreu veut dire *étendu, dilaté*, suivant la bénédiction que Noé lui donna (4), ou du terme hébraïque *Phata*, qui signifie la même chose; ou plutôt du terme égyptien *Nephthyn* (5), c'est-à-dire des promontoires et des côtes des mers. Le nom grec de Neptune (*Poseidôn*), *Possidonius*, veut aussi dire, répandu et étendu, en langage syriaque et phénicien, d'où les Grecs l'ont transporté dans le leur.

» On l'a appelé un second Jupiter, comme ayant dans son partage le même pouvoir que Jupiter dans le sien ; mais Jupiter avait beaucoup usurpé, comme Cham, du partage de ses frères.

» On l'appelait *Taureau*, du mugissement des flots de la mer; *Dompteur des chevaux*, par la comparaison de la course des navires avec celle des chevaux. On célébrait sous les mêmes noms ceux qui avaient enseigné à dompter les flots de la mer, dont le premier fut Noé, père de Japhet; et après lui Japhet qui avait les îles et les côtes des mers en partage. On peint Neptune porté sur les flots dans un char traîné par des chevaux (6).

» On a pris de la famille de Japhet la fable de Prométhée, qu'on fait fils de Japet, sous le nom duquel on a toujours reconnu Japhet, fort peu déguisé, quoiqu'on l'ait dit frère de Saturne, par la facilité de confondre quelques degrés dans des généalogies aussi anciennes et prises sur des traditions altérées. On lui a donné pour femme une fille de l'O-

---

(a) *Genes*. x, 21. אחי יפת הגדל 70, Ἀδελφῷ ἥπερ τοῦ μείζονος. Sym. Τοῦ πρεσβύτου.
(b) *Genes*. xi, 10: *Sem erat centum annorum, quando genuit Arphaxad biennio post diluvium*.
(c) *Genes*. ix, 27.
(d) *Genes*. x, 5.
(e) Hesiod. *Theogonia*.
(1) « Les poëtes profanes de l'antiquité ont eux-mêmes fait allusion à cette origine des peuples de l'Europe, témoin ces mots d'Horace : *Audax Japeti genus* (Od. III, lib. I). Virgile, Ovide, Valérius-Flaccus, font également des allusions de ce genre. » Barbié du Bocage.
(2) *Ab his divisæ sunt insulæ gentium in regionibus suis* Au ch. 11 de la Genèse.
(3) *Neptuno maritima omnia cum insulis obvenerunt*. Lactant. *de Falsa Religione*, l. I.
(4) *Dilatet Deus Japhet*. Au ch. ix de la Genèse.
(5) On a appelé Nephthyn les bords de la terre et les promontoires, les côtes et les voisinages des mers. (Plutarque, dans Isis.)
(6) Chap. vii.

céan, comme des îles avaient été données en partage à Japhet.

» Diodore de Sicile conte que, du temps de Prométhée, il arriva un grand déluge en Egypte, où presque tous les hommes de ce pays périrent (1). Le nom de Prométhée signifie *Prévoyance*, qui fut le caractère éclatant de Noé, et par laquelle il sauva dans sa seule famille tout le genre humain. On dit que Prométhée le forma, comme Noé le rétablit ; qu'il fit descendre le feu du ciel, comme Noé le fit descendre sur le sacrifice qu'il offrit à Dieu après le déluge, Dieu voulant lui témoigner qu'il l'agréait. Les poëtes ont attaché Prométhée au mont Caucase, qui fait partie des montagnes d'Arménie, où Noé s'arrêta ; et la particularité d'un oiseau qui déchire continuellement les entrailles de Prométhée n'est que l'explication du nom de *Magog*, fils de Japhet, qui signifie en hébreu (2) *un cœur qui se dessèche* ou qui se fond, *une âme déchirée* (3).

» De Japhet, la Fable a aussi formé Japet, ce qui n'est qu'un même nom, la lettre *Pi* des Grecs répondant au *Phe* des Hébreux, et le *Pi* et le *Phi* étant aisément confondus dans le grec. Elle l'a fait fils du Ciel et de la Terre, et puissant dans la Thessalie, comme fut Japhet sorti de l'arche. On ne voyait rien au delà de ce temps : ainsi les Grecs ont reconnu Japet, ou Japhet, pour leur premier père. Ses descendants occupèrent l'Europe, la Grèce et une partie de l'Asie. La Fable s'accorde en ce point avec l'histoire (4). »]

Outre les sept fils de Japhet, dont on a parlé ci-devant, les Septante, Eusèbe, la Chronique d'Alexandrie et saint Augustin lui en donnent un huitième, nommé *Élize*, qui n'est ni dans l'hébreu ni dans le chaldéen. Les Arabes donnent aussi à Japhet un fils, dont il n'est point parlé en cet endroit ; savoir *Cozar*, qui se retira, dit-on, sur les bords du Volga, où il bâtit une ville à qui il donna son nom. Il y a des auteurs qui soutiennent que les Israélites des dix tribus emmenés captifs par les rois d'Assyrie passèrent dans le pays de Cozar, et s'avancèrent jusque dans la Tartarie et dans la Chine. Mais les Hébreux soutiennent que *Cozar* était seulement petit-fils de Japhet par *Togarma*. Il se trouve ainsi dans Josèphe fils de Gorion ; mais on ne le voit nulle part dans le texte hébreu.

Arnobe le jeune, sur le psaume cent quatrième, dit que Japhet posséda le fleuve du Tigre et deux cents pays ou provinces qui parlaient vingt-trois langues : en sorte que ces vingt-trois langues, jointes aux autres langues des fils de Cham et de Sem, font en tout soixante-douze langues, et que tous les pays peuplés par les trois fils de Noé sont au nombre de mille.

Les musulmans (a) mettent Japhet au nombre des prophètes envoyés de Dieu ; ils croient qu'il est l'aîné des fils de Noé, et que son père, après le déluge, lui donna en partage les provinces qui sont à l'orient et au septentrion des montagnes d'Arménie, sur lesquelles l'arche s'arrêta.

Avant que Japhet partît pour se rendre dans ce pays qui lui était donné en partage, Noé lui fit présent d'une pierre que les Turcs orientaux appellent *Giudé-Tasch* et *Senk-Jede*, sur laquelle il avait écrit le grand nom de Dieu, par la vertu duquel celui qui la possédait pouvait faire descendre la pluie du ciel à discrétion. Cette pierre prétendue s'est conservée assez longtemps parmi les Mogols.

Les Orientaux donnent à Japhet onze enfants mâles, savoir : 1° *Gin* ou *Sin*, ou *Tchin*, père des Chinois ; 2° *Seklab*, père des Esclavons ou anciens Chalybes ; 3° *Manschuge*, d'où viennent les Goths ou Scythes, appelés autrement Gog et Magog, ou *Jagiouge* et *Magiouge* ; 4° *Gomari* ou *Gomer*, connu dans Moïse, que nous croyons être le père des Cimbres et des Germains ; 5° *Turk*, père des peuples connus sous le nom général de Turcs ; 6° *Khalage*, qui est une race de ces peuples nommés Turcs ; 7° *Khosar*, d'où sont descendus les Kozariens. Voyez ci-devant CHOZAR ou COZAR ; 8° *Ros* ou *Rous*, père des Russiens ou Moscovites ; 9° *Soussan* ; 10° *Gaz* ; 11° *Tarage*, d'où sont venus les Turcomans. Japhet maria ses onze fils à leurs propres sœurs, afin que le pays qu'ils devaient posséder fût plus tôt peuplé. En effet, les provinces septentrionales passent pour avoir été peuplées toutes des premières.

JAPHET. Judith parle d'une province nommée *Japhet : A Cilicia usque ad fines Japhet, qui sunt ad austrum* (b). On ne connaît point de province au midi de la Cilicie qui ait été peuplée par Japhet. Aussi quelques-uns voudraient lire *Jephleth* ou *Jephleti*, au lieu de *Japhet*. D'autres lisent *Japha* ou *Jaffa*, qui est la même que Joppé. Mais il faut avouer que l'on ne sait ce que c'est que Japhet au midi de la Cilicie.

JAPHIA ou JAPHIÉ, ville de Zabulon. *Voyez* JAPHA, et *Josue*, XIX, 12.

JAPHIA, roi de Lachis, tué par Josué. *Josue*, X, 3.

JAPHIA, un des fils de David. II *Reg.* V, 16 ; I *Par*. III, 7 ; XIV, 6.

JAPHNÉ. *Voyez* ECOLE.

JAQUE. *Voyez* JACQUES, ci-devant.

JAR ou *Jiar* [ou IJAR], mois des Hébreux, qui répond à notre mois d'avril. Il était le huitième de l'année civile et le second de l'année sainte ; il n'avait que vingt-neuf jours. Le dixième jour de ce mois, les Juifs font le deuil de la mort du grand prêtre Héli et de ses deux fils Ophni et Phinées (c). Ceux qui n'ont pu faire la pâque dans le mois de nisan la font dans le mois de jar (d). Le quinzième de ce mois, Dieu envoya aux Hébreux, dans le désert, une quantité prodigieuse de cailles ; et le seizième, la manne commença à tomber. Le dix-huitième jour, les Juifs commencent la moisson du froment, trente-trois jours après Pâque ; le vingt-

---

(1) *Quo omnes pene ejus homines ditionis periere.* Diodore, liv. I.
(2) Bochard, ch. II du liv. I du Phaleg.
(3) Chap. ix.
(4) Chap. xiii.

(a) Bibl. Orient., p. 470.
(b) Judith. II, 15.
(c) I Reg. iv, 17, 18.
(d) Voyez Num. ix, 10, 11.

troisième jour, ils célèbrent une fête en mémoire de la purification du temple, faite par Judas Machabée après qu'il en eut chassé les Syriens (a); le vingt-neuvième, ils font mémoire de la mort du prophète Samuel.

JARA, fils d'Ahas, de la race de Saül. I *Par.* IX, 42.

JARA, fils de Galaad. I *Par.* V, 14.

JARAMOTH, ville de la tribu d'Issachar, laquelle fut donnée aux lévites fils de Gerson, et assignée pour ville de refuge (b). C'est apparemment la même que Rameth ou Ramoth. *Josue,* XIX, 21, [et I *Par.* VI, 73].

JARAMOTH ou JARMUTH, ou JÉRIMOTH, ville de Juda (c). Josué tua le roi de Jérimoth. *Josue,* X, 5. Saint Jérôme met *Jarmuth* à quatre milles d'Eleuthéropolis, près Esthaol; et, en parlant de *Jermus,* il dit que *Jarmucha,* apparemment la même que *Jarmuth* et *Jérimoth,* est à dix milles d'Eleuthéropolis, en allant à Jérusalem. Il faut qu'il y ait faute dans l'un ou l'autre passage.

JARDEN. C'est le nom hébreu du fleuve Jourdain.

JARDIN, en latin *hortus,* et en grec *képos,* et en hébreu *gan* (d), se dit communément d'un jardin potager, mais il se prend aussi pour un verger: d'où vient le nom de *jardin d'Eden,* ou de jardin de délices (e), donné à celui où Dieu plaça nos premiers parents. Mais pour signifier un verger, les Hébreux se servent plus souvent du mot *paradis* (f), d'où vient le grec *paradisos,* qui signifie un jardin planté d'arbres. Il est quelquefois parlé dans l'Ecriture, des *jardins du roi,* qui étaient ou dans la ville ou au pied des murs de Jérusalem. C'est là où étaient les tombeaux des rois (g). Isaïe (h) reproche aux Juifs les abominations et les actes d'idolâtrie qu'ils commettaient dans leurs jardins: *Erubescetis super hortis quos elegeratis.* Ces jardins étaient consacrés à Vénus et à Adonis. Ils y sacrifiaient (i): *Qui immolant in hortis;* et après cela ils croyaient s'être bien purifiés quand ils s'étaient lavés dans l'eau (j).

* JARDIN DE SALOMON, ou JARDIN FERMÉ. « Après une heure de marche (de Bethléem), dit madame de Lamartine (1), nous arrivons à une petite vallée étroite et encaissée, arrosée par un limpide ruisseau: c'est le Jardin de Salomon, l'*Hortus conclusus,* chanté dans le Cantique des cantiques. Effectivement, entre les cimes rocheuses des montagnes qui l'environnent de toutes parts, ce seul endroit offre des moyens de culture, et cette vallée est en tout temps un jardin délicieux, cultivé avec le plus grand soin, et présentant, dans sa belle et humide verdure, le contraste le plus frappant avec l'aridité pierreuse de tout ce qui l'entoure. Elle peut avoir une demi-lieue de long. Nous suivons le cours serpentant du ruisseau, ombragé des saules, tantôt longeant ses bords gazonnés, tantôt baignant les pieds de nos chevaux dans ses eaux transparentes sur les cailloux polis du fond, quelquefois passant d'une rive à l'autre sur une planche de cèdre; et nous arrivons sous des rochers qui ferment naturellement la vallée. »

« A l'est des piscines de Salomon (ou de la Fontaine Scellée. *Voyez* cet article), en descendant dans un étroit vallon, dit M. Poujoulat (2), on arrive, après une demi-heure de marche, au *Jardin Fermé.* Ce Jardin, vanté dans les Cantiques de Salomon, est un champ fermé de collines, planté de figuiers, de citronniers et de grenadiers; on y recueille du blé, du riz et des oignons. Au penchant du coteau septentrional qui domine le Jardin Fermé, quelques familles musulmanes se sont bâti d'humbles demeures. En me montrant ces piscines, ces fontaines, ces jardins, mes guides bethléémites répétaient avec un accent solennel: *Salomone, Salomone.* Dans ces vallons qui racontent la gloire du fils de David, au milieu de ces monuments sur lesquels le soleil brille depuis plus de trente siècles, je songeais à un monument bien plus beau, bien plus durable encore: je songeais à un livre admirable, qui, sous le nom de *Proverbes de Salomon,* nous a transmis tout ce qu'il y avait de sagesse dans les anciens temps du monde. Salomon fut un des grands poëtes du peuple hébreu. »

JARÉ, quatrième fils de Jectan. *Genes.* X, 26; [I *Par.* I, 20. Ses descendants, dit Bochart, liv. II, c. 19, ont habité les bords de la mer Rouge, ou, selon d'autres, vers l'Arménie.]

JARED, fils de Malaléel et père d'Hénoch. Il engendra Hénoch, âgé de soixante-deux ans, et mourut âgé de neuf cent soixante-deux ans. *Genes.* V, 15, 18, 19.

* JARED, judaïte, fils d'Ezra et de Judaïa. I *Par.* IV, 18.

JAREPHEL, ville de la tribu de Benjamin. *Josue.* XVIII, 27.

JARIB, fils de Siméon. I *Par.* IV, 24.—[Il est nommé Sohar, *Gen.* XLVI, 10; *Exod.* VI, 15.]

JARIB ou JOIARIB, chef de la première famille sacerdotale. I *Par.* XXIV, 7. C'est de là que descendaient les Machabées. I *Mac.* II, 1.

* JARIB. *Voyez* ÉLIÉZER.

JARIMOTH. *Voyez* JARAMOTH.

JASA ou JASSA, ville au delà du Jourdain, auprès de laquelle le roi Séhon fut défait par Moïse (k). Elle fut donnée à la tribu de Ruben (l). C'est apparemment la même que Jessa, située au nord et assez près d'Ar, capitale des Moabites. Elle fut cédée aux lévites (m). — [Elle est nommée ailleurs *Jaser, Jos.* XXI, 36, dit le géographe de la Bible de Vence. *Voyez* l'article suivant.]

JASER ou JAZER, ville au delà du Jourdain, donnée à la tribu de Gad, puis cédée

---

(a) I *Mac.* XIII, 51.
(b) *Josue,* XXI, 29, *confer. Josue,* XIX, 21.
(c) *Josue,* XV, 35.
(d) גַּן *Gan.* Κῆπος, *hortus.*
(e) *Ezech.* XXXV, 36. *Joel.* II, 3.
(f) פַּרְדֵּס *Paradis,* d'où vient παράδεισος.
(g) IV *Reg.* XXI, 18, 26.
(h) *Isaï.* I, 29.

(i) *Isai.* LXV, 3.
(j) *Isai.* LXVI, 17.
(k) *Num.* XXI, 23. *Deut.* II, 32
(l) *Josue,* XIII, 18.
(m) I *Par.* VI, 78.
(1) Dans le *Voyage en Orient* de M. de Lamartine, t. II, p. 292.
(2) *Correspond. d'Orient,* lettr. CXXI, t. V, p. 195

aux lévites (*a*). Elle était au pied des montagnes de Galaad et près le torrent de Jazer, qui forme un ruisseau ou un torrent qui se décharge dans le Jourdain.

[Cette ville de *Jaser, Jos.* XXI, 36, n'est pas, suivant le géographe de la Bible de Vence, la même que *Jazer, Jos.* XIII, 25. *Jaser*, comme le porte le premier de ces textes, était une ville lévitique de la tribu de Ruben, et la même que *Jasa* ou *Jassa, Num.* XXI, 23; *Jos.* XIII, 18; I *Par.* VI, 78. *Voyez* JASER, qui suit, JASSA et JAZER.

*JASER, ville de la tribu de Gad, *Jos.* XIII, 25, fut cédée aux lévites, *Jos.* XXI, 37. Elle est nommée ailleurs *Jezer*, I *Par.* VI, 81, et *Jazer, Num.* XXI, 32; XXXII, 1, 3. *Voyez* JAZER. *Géograph. de la Bible de Vence.*

JASER, fils de Caleb et d'Azuba. I *Par.* II, 18.

JASI, fut un de ceux qui, ayant épousé une femme étrangère, s'en sépara après le retour de la captivité de Babylone (*b*).

JASIEL, fils de Nephtali. *Genes.* XLV, 24; I *Par.* VII, 13.

*JASIEL de MOSOBIA, un des braves de David. I *Par.* XI, 46.

*JASIEL, fils d'Abner, benjamite. I *Par.* XXVII, 21.

JASON, fils d'Eléazar, fut envoyé à Rome par Judas Machabée, pour renouveler l'alliance avec les Romains (*c*), l'an du monde 3842, avant Jésus-Christ 158, avant l'ère vulgaire 162.

[Ce Jason est probablement le père d'Antipater, qui, plus tard, fut aussi envoyé à Rome dans un semblable but. I *Mac.* XIII, 16.]

JASON, Juif natif de Cyrène, qui écrivit en cinq livres l'Histoire des persécutions d'Antiochus Epiphanes et d'Eupator contre les Juifs (1). Ces cinq livres furent abrégés par un Juif dont le nom nous est inconnu. Son ouvrage est venu jusqu'à nous, et c'est le second livre des Machabées; mais celui de Jason est perdu. L'un et l'autre étaient écrits en grec. On croit que l'abréviateur de Jason a ajouté quelque chose à la fin du second livre des Machabées. On ne sait précisément l'âge ni de Jason ni de son abréviateur.

JASON, grand prêtre des Juifs et frère d'Onias III, était un homme d'une ambition sans borne, qui ne feignit point de dépouiller son frère de la grande sacrificature, pour s'en revêtir, et cela par un sacrilége, en achetant cette dignité à prix d'argent auprès d'Antiochus Epiphanes, le plus impie des princes de son temps et le plus grand ennemi des Juifs. L'histoire de Jason est racontée différemment par l'auteur du second livre des Machabées et par Josèphe l'historien. Voici ce que dit Josèphe (*d*) : A la mort d'Onias III, Jason, son frère, se mit en possession de la souveraine sacrificature, à l'exclusion de son neveu, Onias IV, fils d'Onias III; et légitime héritier de sa dignité. Jason obtint d'Antiochus Epiphanes la confirmation du sacerdoce qu'il avait usurpé, en lui offrant une grande somme d'argent. Mais Antiochus, ayant conçu du mécontentement contre Jason, le déposséda et mit en sa place Ménélaüs, son frère, qui acheta mieux la souveraine sacrificature. Ainsi les trois frères, Onias III, Jason et Ménélaüs, possédèrent successivement cette grande dignité, pendant qu'Onias IV, à qui elle appartenait de droit, en demeurait privé. Il fut obligé de se retirer en Egypte, où il bâtit le temple Onion.

L'auteur du second livre des Machabées raconte la chose autrement. Il dit (*e*) que Jason, ennuyé de voir le sacerdoce trop long temps entre les mains de son frère Onias III, offrit une grande somme d'argent à Antiochus Epiphanes, pour acheter cette dignité. Il l'obtint, et Onias III, son frère, en fut dépouillé. Jason ayant ensuite envoyé à Antioche un nommé Ménélaüs, de la tribu de Benjamin, et frère de Simon, préfet du Temple, ce Ménélaüs sut si bien gagner Antiochus Epiphanes, que, lui ayant présenté une plus grande somme d'argent, il obtint le souverain pontificat, et en fit dépouiller Jason. Ce même auteur représente Jason comme un homme sans religion, qui fit ce qu'il put pour abolir le culte du Seigneur dans Jérusalem, et pour faire passer les prêtres mêmes dans la religion des Grecs. C'est lui qu'on doit regarder comme la première cause de tous les malheurs qui arrivèrent aux Juifs de la part du roi Antiochus Epiphanes.

Pendant tout le temps de l'usurpation de Ménélaüs, Jason se tint caché dans le pays des Ammonites (*f*); mais quelque temps après, Epiphanes étant entré en Egypte, et le bruit s'étant répandu qu'il était mort, Jason, accompagné d'un corps de mille hommes (*g*), accourut à Jérusalem, et entra dans la ville malgré la résistance des citoyens. Alors Ménélaüs se sauva dans la citadelle, et Jason commença à traiter ses citoyens comme dans une ville prise de force; mais le bruit de la mort du roi s'étant bientôt dissipé, il fut obligé de se retirer une seconde fois dans le pays des Ammonites. Enfin, Arétas, roi des Arabes, l'ayant voulu envelopper pour le prendre, il se sauva en Egypte; et ne s'y croyant pas en sûreté, il alla à Lacédémone pour y trouver un asile, comme dans une ville alliée, et dont les citoyens se disaient parents des Juifs. Mais il y mourut, et son corps demeura sans sépulture, n'y ayant eu personne qui prît compassion de lui et qui voulût lui rendre les derniers devoirs que l'on ne refuse pas même aux étrangers. Jason ne jouit de la souveraine sacrificature que depuis l'an du monde 3830 jusqu'en 3832, que Ménélaüs lui fut subrogé.

JASON, dont il est parlé dans l'Epître aux Romains, chapitre XVI, 21, était l'hôte de saint Paul à Thessalonique. Jason exposa sa vie pour le sauver dans une sédition qui s'excita contre lui dans cette ville (*h*). Il parait, par l'Epître aux Romains, qu'il était pa-

---

(*a*) *Josue*, XXI, 36; XIII, 25.
(*b*) II *Esdr.* X, 37.
(*c*) I *Mac.* VIII, 17.
(*d*) *Joseph. Antiq. l.* XII, *c.* IV, *ad finem.*
(*e*) II *Mac.* IV, 8 et seq.

(*f*) II *Mac.* IV, 26.
(*g*) II *Mac.* V, 5, 6, etc.
(*h*) *Act.* XVII, 7.
(1) II *Mac.* II, 24.

rent de saint Paul : *Jason et Sosipater cognati mei*. Les Grecs le font évêque de Tharse en Cilicie, et le qualifient apôtre. Ils honorent sa mémoire le 28 ou 29 d'avril.

[Il y en a qui distinguent Jason chez qui saint Paul était logé, de Jason qui parait avoir été parent de l'Apôtre.]

JASPE (1), en latin et en grec *jaspis*, en hébreu *jaspé*, se prend ordinairement dans l'Écriture pour une pierre précieuse, quoique dans l'usage de notre langue le jaspe soit plutôt mis au nombre des marbres. Il y a plusieurs espèces de jaspe. Les plus beaux sont verts, et les plus estimés sont chargés de petites taches rouges sur le vert. On estime aussi ceux qui tirent sur la couleur de laque ou de pourpre ; on en voit d'incarnats, de rouges, de couleur de rose, de rayés, de blancs et de plusieurs couleurs ; dans quelqu'un, la nature a représenté des arbres, des fleurs, des paysages, comme s'ils y avaient été peints. Le jaspe n'est point transparent, et approche assez de la nature de l'agathe. On trouve du jaspe dans la Perse, dans les Indes, dans la Syrie, la Cappadoce, et dans plusieurs autres endroits de l'Orient. On en trouve aussi dans l'Amérique, et même dans les Pyrénées et dans la Bohême. On lui attribue diverses propriétés, comme d'arrêter le sang, d'aider les femmes qui sont en travail d'enfants, de servir de préservatifs et de contre-charmes. Dans l'Exode, XXVIII, 18, où nous lisons *jaspis* dans la Vulgate, l'Hébreu porte *saphir*(a). Et au v. 20 (b), où nous lisons *berillus* dans la Vulgate, l'hébreu porte *jaspé*, qui est rendu dans les Septante *onyx*, dans Josèphe *bérylle*, dans Jonathan *panthère*, à cause de la variété des couleurs du jaspe. Mais l'hébreu *jaspé* signifie certainement le jaspe. Les Septante ne sont pas uniformes dans la manière dont ils traduisent les noms hébreux des pierres précieuses qui sont dans l'hébreu ; et nous avons déjà averti que les Hébreux eux-mêmes ne savent pas la vraie signification de la plupart des noms de ces pierres. Ils les traduisent au hasard. On peut consulter Louis de Dieu sur le ch. XXVIII de l'Exode, où il a fort bien examiné cette matière.

JASSA, ville de Ruben, *Jos.* XIII, 18, cédée aux lévites, I *Par.* VI, 78, et nommée *Jaser*, *Jos.* XXI, 36, e *Jasa*, *Num.* XXI, 23. *Voyez* JASA et JASER.

JASSEN, II *Reg.* XXIII, 32, ou *Assem Jézonite*, comme il est appelé I *Par.* XI, 33, fut père de quelques vaillants hommes qui se distinguèrent sous le règne de David.

JASUB, de la tribu d'Issachar, chef de la famille des *Jasubites*. *Num.* XXVI, 24.

(a) *Exod.* xxviii, 18. ספיר *Saphir.* 70, ἴασπις.
(b) Vers. 20. Hebr. יספה. 70, Βηρύλλιον.
(c) *Scholiast. Aristoph. in Acarnan. act.* 1. *scen.* 5. ἴωνες γάρ οἱ Ἀθηναῖοι... πάντας τοὺς Ἕλληνας Ἰώνας οἱ βάρβαροι ἐκάλουν.
(1) On donne aujourd'hui le nom de *jaspe* à une substance opaque, résultant du mélange de la matière quartzeuse avec différentes matières colorantes, ayant une cassure terne et compacte, et des couleurs plus ou moins vives.
(2) II *Reg.* xviii, 14.
(3) *Jos.* viii, 18 : *Leva clypeum* (Hebr. *kidon*) *qui in manu tua est.* Sept. : Ἐκτεινον τὴν χεῖρά σου ἐν τῷ γαισῷ ἐν τῇ χειρί σου.
(4) *Eccli.* xlvi, 3 : *Quam gloriam adeptus est in tollendo manus suas, et jactando contra civitates rhomphæas* (Gr. ..

JASUB, ou SEAR-JASUB, fils d'Isaïe. *Voy. Isaïe*, VII. 3. *Séar-Jasub* signifie : *le reste reviendra*. Et le prophète, en donnant ce nom à son fils, voulait marquer que les Juifs qui seraient menés captifs à Babylone, en reviendraient un jour.

JATHANAEL, fils de Mésélémia, un des portiers du temple. I *Par.* XXVI, 2.

JAVAN, quatrième fils de Japhet, fut père des Ioniens ou des Grecs, tant de ceux qui étaient dans la Grèce que de ceux qui étaient dans les îles et dans le continent de l'Asie Mineure, qui s'appelaient proprement *Ioniens*. Mais anciennement les peuples de Macédoine, de l'Attique, de la Béotie et de l'Achaïe portaient aussi le nom d'Ioniens. Homère, dans son hymne en l'honneur d'Apollon, appelle ceux de Délos *Ioniens* ; et le scoliaste d'Aristophane dit que les Barbares donnent à tous les Grecs le nom d'*Ioniens*. (c). *Javan* fut père d'Elisa, de Tharsis, de Céthim et de Dodanim.

* JAVELOT ou DARD, arme ordinaire aux Hébreux, ainsi que la lance et la pique. « On lançait le dard et la lance contre l'ennemi, et souvent on en prenait plus d'une dans ses mains. Joab en prit trois pour percer Absalom suspendu par les cheveux (2). Le *kidon* que Josué éleva en haut comme un signal dans la journée de Haï, et que la Vulgate et plusieurs bons interprètes ont pris pour un bouclier, les Septante et Aquila l'ont pris pour cette sorte de dard tout de fer que l'on appelait *gæsus* (3) : le chaldéen l'entend d'une lance. L'auteur de l'Ecclésiastique, rappelant cette action de Josué, exprime ce mot par celui de *rhomphæa* (4), qui se prend aussi pour un dard. Il dit de Goliath qu'il portait un *kidon* d'airain entre ses deux épaules (5) ; et plus loin on voit que ce *kidon* est distingué de sa lance et de son épée (6). Job, parlant du Béhémoth, dit qu'il se rit de celui qui agite et lance contre lui le *kidon* (7) ; et ici la Vulgate même l'exprime par *hasta*, qui signifie une pique. Jérémie parlant des troupes de Nabuchodonosor qui devaient venir contre Jérusalem, et des troupes de Cyrus qui devaient venir contre Babylone, dit qu'elles prendront l'arc et le *kidon* (8), ce qui convient mieux au dard qu'au bouclier, puisque ordinairement les archers ne portent pas de bouclier.

Anciennement on usait de dards enveloppés de poix et d'autres matières combustibles, et on les lançait enflammés. Stace en parle dans ce passage :

Spiculaque, et multa crinitum missile flamma (9);

et Virgile :

Jamque faces et saxa volant; furor arma ministrat (10).

Et extendendo rhomphæam contra civitates ; καὶ τῷ ἐκκλίναι [Ms. Alex., καὶ ἐν τῷ ἐκτεῖναι] ῥομφαίαν ἐπὶ πόλεις].
(5) I *Reg.* xvii, 6 : *Clypeus æreus tegebat humeros ejus.* (Hebr. : *Kidon æreus inter humeros ejus.*)
(6) *Ibid.* ỳ 45 : *Tu venis ad me cum gladio et hasta et clypeo.* (Hebr. et כידן.)
(7) *Job.* xli, 20 : *Deridebit vibrantem hastam.* (Hebr. *kidon.*)
(8) *Jerem.* vi, 23 : *Sagittam* (Hebr. *arcum*) *et scutum* (Hebr. *et kidon*) *arripi. t.* li, 42 : *Arcum et scutum* (Hebr. *et kidon*) *apprehendent.*
(9) *Stat. lib.* V. Vide Lips., *Poliorcet.* l. IV, Dialog. iv
(10) *Virgil., Æneid.* i.

Saint Paul faisait allusion à ces traits lorsqu'il nous avertit de prendre le bouclier de la foi pour éteindre les traits enflammés (*tela ignea*) du malin esprit (1). On a vu l'usage de ces traits encore assez récemment dans les siéges de villes (2). L'Ecriture nous fait croire qu'ils n'étaient point inconnus aux Hébreux. « Dieu a établi sa demeure dans Sion, dit le prophète; c'est là qu'il a brisé les *étincelles de l'arc*, les boucliers, les épées et la guerre même (3). » Et ailleurs, parlant des discours trompeurs de la langue, il les compare aux *flèches* perçantes d'un homme fort, *accompagnées de charbons ardents* (4). Souvent les prophètes appellent les éclairs les *flèches du Seigneur* (5), comme par allusion à ces traits enflammés » (6). [*Voyez* BÉLIER.]

JAZER, ville de la tribu de Gad [*Num*. XXI, 32; XXXII, 1, 3, nommée *Jaser*, *Jos*. XIII, 25, et cédée aux lévites, *Jos*. XXI, 37]. On la nomme aussi *Jezer* [I *Par*. VI, 81].

* JAZER (MER ou LAC de), *Jer*. XLVIII, 32, est situé près de la ville de Jazer, dont il vient d'être fait mention, et il en sort un torrent qui va rejoindre le Jaboc.

JAZIEL, prêtre qui servit utilement David dans ses guerres. I *Par*. XII, 3; XV, 18; XVI, 6. Il était aussi distingué parmi les prêtres et les chantres du temple.

[Il n'est pas du tout certain que Jaziel, qui embrassa le parti de David, fût prêtre; aussi plusieurs le distinguent du lévite; car l'autre Jaziel n'était pas lévite.]

JAZIZ, Agarénien, intendant des troupeaux de brebis qui appartenaient à David (a).

JE-ABARIM, [ou IÉ-ABARIM, ou IJÉ-ABARIM, ou GIÉ-ABARIM], c'est-à-dire, *les défilés d'Abarim*, ou *les défilés des passants;* un des campements des Israélites dans le pays de Moab, après leur sortie d'Egypte (7). Moïse (b) dit que ce lieu est à l'orient du pays de Moab. C'est dans le même pays que sont les monts Abarim. Jérémie (c) parle d'un lieu nommé Haï ou Gaï, qui est le même que *Jé* ou *Jaï*, dans le pays de Moab.

[Dom Calmet dit ailleurs (*Voyez* tom. I p. XV, col. 2) que *Jié-Abarim* est le quarante-unième campement; et ailleurs encore (*Voy*. CAMPEMENT) le quarante-quatrième. Suivant Barbié du Bocage, c'est le trente-cinquième, et suivant le géographe de la Bible de Vence et M. Léon de Laborde, c'est le trente-huitième. Cette dernière opinion me paraît la mieux fondée. *Voyez* MARCHES.]

JEAN, en hébreu *Jochanan*, signifie *gracieux, agréable;* ou la grâce de Dieu, agréable à Dieu. L'Ecriture nous parle de plusieurs hommes illustres du nom de *Jean, Joanne* ou *Jochanan*. Le premier est JEAN (d), père de Matathias, et célèbre Machabée, qui était de la race des sacrificateurs de la famille de Joïarib.

JEAN, surnommé GADDIS, fils de Matathias, dont on vient de parler, et frère de Judas, de Jonathas et de Simon Machabées (8). Jean Machabée fut tué en trahison par les enfants de Jambri, comme il conduisait le bagage des Machabées, ses frères, chez les Nabathéens, leurs alliés (e). — [Plusieurs croient que c'est lui qui est appelé Joseph, II *Mac*. VIII, 22 ; X, 19.]

JEAN HIRCAN, fils de Simon Machabée. *Voyez* ci-devant HIRCAN.

JEAN-BAPTISTE, précurseur de Notre-Seigneur Jésus-Christ, et fils de Zacharie et d'Elisabeth, naquit l'an du monde 4000, environ six mois avant Jésus-Christ. Sa naissance, son emploi, son nom furent prédits à Zacharie, son père, lorsqu'il était dans le temple de Jérusalem, où il faisait ses fonctions de prêtre, suivant le rang de sa famille (f). L'ange Gabriel lui apparut comme il était dans le Saint, et lui annonça qu'il aurait un fils qui serait nommé Jean, dont la naissance causerait une joie universelle à tout le monde; que ce fils serait grand devant le Seigneur, qu'il ne boirait ni vin, ni autre liqueur propre à enivrer, et qu'il serait rempli du Saint-Esprit dès le ventre de sa mère; qu'il convertirait plusieurs des enfants d'Israel au Seigneur; enfin qu'il viendrait dans l'esprit et dans la vertu d'Elie, pour ramener les enfants désobéissants dans la voie de leurs pères, et pour préparer au Seigneur un peuple parfait.

Zacharie, qui était vieux et dont la femme était aussi trop âgée pour avoir des enfants, témoigna sur cela de la défiance : mais l'ange l'assura de la vérité de sa promesse, et lui dit : *Je suis Gabriel, qui ai été député pour vous annoncer cette nouvelle; et dans ce moment vous allez devenir muet jusqu'au jour que vous verrez l'accomplissement de ce que je vous dis.* En effet, il devint muet à l'heure même : et étant de retour dans sa maison, Elisabeth conçut. Mais comme si elle eût eu honte de sa grossesse, elle se tint cachée pendant cinq mois. Au sixième mois, le même ange Gabriel fut envoyé à la Vierge Marie, pour lui annoncer qu'elle deviendrait mère du Messie ; et pour preuve de la vérité de sa promesse, il lui dit qu'Elisabeth était dans le sixième mois de sa grossesse. Alors Marie vint en diligence dans les montagnes de Judée, pour visiter Elisabeth. Dès qu'elle entra dans la maison de Zacharie, et qu'elle salua Elisabeth, l'enfant, que celle-ci portait encore dans son sein, tressaillit de joie ; et elle fut remplie du Saint-Esprit. Elle éleva sa voix, bénit Marie, sa cousine, et lui dit : *D'où me vient ce bonheur, que la mère de mon Seigneur vienne vers moi?*

Le temps des couches d'Elisabeth étant ar-

(a) I *Par*. XXVII, 31.
(b) *Num*. XXI, 11. העברים עיי. 70, Γαὶ ἐν τῷ πέραν.
(c) *Jerem*. XLIX, 3. *Ulula Hesebon, quoniam vastata est Hai.*
(d) I *Mac*. II, 1.
(e) I *Mac*. IX, 36, 38.
(f) *Luc*. I, 10, 11, etc.
(1) *Ephes*. VI, 16.
(2) Du Cange, *Notes sur l'Histoire de saint Louis* par Joinville.
(3) *Ps*. LXXV, 4 : *Ibi confregit potentias arcuum*, (Hebr. *scintillas arcus*), *scutum, gladium et bellum.*
(4) *Ps*. CXIX, 4 : *Sagittæ potentis acutæ, cum carbonitus desolatoriis.*
(5) Vide *Ps*. XVII, 15; *et Habac*. III, 3.
(6) Bible de Vence, *Dissert. sur la milice des Hébr*.
(7) *Num*. XXII, 11; XXXIII, 44.
(8) I *Mac*. II, 2.

rivé, ses parents et ses voisins s'en réjouirent ; et étant venus le huitième jour pour circoncire l'enfant, ils le nommaient Zacharie, du nom de son père. Mais sa mère lui dit : *Non; mais il sera nommé Jean.* Ils lui répondirent : *Il n'y a personne dans votre famille qui porte ce nom.* Et ils demandaient par signes au père de l'enfant, comment il voulait qu'on le nommât ; et ayant demandé des tablettes, il écrivit dessus : *Jean est son nom.* En même temps sa langue se délia, et il commença à louer Dieu par un beau cantique où, après avoir loué le Seigneur, il dit en s'adressant au jeune Jean-Baptiste : *Et vous, petit enfant, vous serez appelé Prophète du Très-Haut ; car vous marcherez devant le Seigneur pour lui préparer les voies ; pour donner à son peuple la connaissance du salut, afin qu'il obtienne la rémission de ses péchés.* Or l'enfant croissait et se fortifiait en esprit, et il demeurait dans les déserts jusqu'au jour de sa manifestation à Israel.

Quelques anciens monuments apocryphes (a), portent qu'Hérode cherchant Jésus-Christ et saint Jean pour les faire mourir, Elisabeth se sauva avec son fils dans les montagnes, et qu'après avoir erré et monté longtemps, accablée de fatigue, elle dit : *O montagne de Dieu, recevez la mère avec son fils ;* et qu'aussitôt la montagne s'ouvrit, puis se referma et les déroba ainsi aux poursuites d'Hérode. Un ange leur tint compagnie, et les éclaira pendant qu'ils furent dans ce sombre réduit. On lit dans Jean Mosch (b) que saint Jean demeurait dans une caverne, en un lieu nommé Sapsas, environ à un mille au delà du Jourdain. Saint Chrysostome (c) et saint Jérôme (d) croient qu'il fut élevé dans le désert dès l'enfance. Mais saint Paulin (e) enseigne qu'il passa les premières années de sa vie dans la maison paternelle, où il apprit la loi de Moïse ; et que dès que son corps fut fortifié par l'âge, il se retira dans le désert, où il demeura, ne mangeant et ne buvant point, comme dit Jésus-Christ (f) ; c'est-à-dire, mangeant et buvant si peu, et des choses si peu propres à contenter le goût et la sensualité, que l'on pouvait dire en quelque sorte qu'il ne mangeait point, n'usant que de miel sauvage, de sauterelles, et n'étant vêtu que de poil de chameaux et d'une ceinture de cuir qu'il portait sur ses reins (g).

[Où était la demeure de Zacharie, et dans quel désert Jean se retira-t-il ? Quant à la première question, le sentiment commun est que Zacharie demeurait à Hébron : c'est une conjecture faite par les commentateurs sur un texte de saint *Luc*, 1, 39, racontant que Marie, voulant visiter sa cousine Elisabeth, partit de Nazareth et alla *au pays des montagnes, dans une ville de Juda.* Je ne vois rien dans ce texte qui puisse servir de fondement à la conjecture qui désigne Hébron. Zacharie était prêtre, et Hébron était une ville sacerdotale, *Jos.* XXI, 11 ; cela est vrai : mais je n'y vois rien non plus qui puisse faire supposer avec probabilité que Zacharie demeurait à Hébron.

Il y avait d'autres villes sacerdotales dans la tribu de Juda. *Esan* ou *Aschan* était originairement de cette tribu, *Jos.* XV, 42, et sacerdotale, I *Par.* VI, 59, Hebr. 44 ; elle était la même que *Aen* ou *Aïn*, pareillement comptée parmi les sacerdotales de Juda, *Jos.* XV, 32, et XXI, 16. Cette ville, nommée soit Esan, soit Aïn, fut donnée, il est vrai, à la tribu de Siméon, *Jos.* XIX, 7 ; mais peu importe ; où était la circonscription des tribus depuis le schisme d'Israel, depuis le retour de la captivité ? Il n'y avait plus que Juda ou la Judée, et Juda ou la Judée, au temps de l'Evangéliste, avait plus d'étendue que l'ancienne tribu de ce nom. Or, il existe une tradition d'après laquelle Zacharie avait sa résidence à Aïn. « La sainte Vierge, dit l'auteur des *Voyages de Jésus-Christ*, in-8°, Paris, 1831, parvint sans accident à la demeure du prêtre Zacharie, que l'on croit avoir été dans la ville d'Aïn ou Aen. Sainte Hélène, qui a recueilli, peu de siècles après ce voyage, toutes les traditions à ce sujet, a fait bâtir dans cette ville une église, et dans le lieu qu'avait occupé la maison de Zacharie et d'Elisabeth.... On indiquait même l'endroit où était né le fils de ces saints personnages, qui descendaient l'un et l'autre du grand prêtre Aaron ; Zacharie par la famille d'Abia, la huitième entre les vingt-quatre que David avait choisies par le sort pour desservir le temple du Seigneur (I *Par.* XXIV,10).

» Aïn, ville... sacerdotale,... à environ deux lieues au sud de Jérusalem, dans les montagnes de Judée, n'est plus aujourd'hui qu'un village appelé Saint-Jean-Baptiste. Il est bâti dans une campagne remplie d'oliviers, au pied d'une montagne, d'où la vue s'étend sur une vallée charmante. On voit encore, parmi les masures de l'ancienne ville, une église de médiocre grandeur, en forme de croix, avec un dôme. Les cordeliers sont auprès dans un fort joli couvent.

» A peu de distance, environ deux cents pas, était la maison des champs que Zacharie habitait pendant la belle saison, et où sainte Elisabeth s'était retirée lors de sa grossesse, qu'elle cacha pendant cinq mois, se dérobant en quelque façon à la faveur qu'elle avait reçue d'être tirée de l'opprobre qu'elle souffrait parmi les hommes (*Luc.* I, 24, 25). C'est cette maison que l'on croit être celle de la Visitation de la sainte Vierge ; elle est située dans une vallée agréable et fertile, qui sert maintenant de jardin au village de Saint-Jean ; mais il ne reste plus que des ruines de l'église qui la remplaçait, et où eut lieu cette précieuse entrevue, cette première manifestation du Verbe incarné.... »

Hébron n'a pas, sur ce sujet, de pareilles traditions.

Quant au désert où se retira le fils de Zacharie, « il est situé, dit le même auteur, à environ une lieue de la ville, dans une val-

---

(a) *Protevangel. Jacob.* n. 22. Vide et *Petr. Alex.* c. XII.
(b) *Joan. Mosch.* c. I.
(c) *Chrysost. homil.* X *in Matth.* p. 117, et XXXI, p. 437.
(d) *Hieron. contra Lucifer.* c. III.
(e) *Paulin. carm.* 5.
(f) *Matth.* XI, 18.
(g) *Matth.* III, 4.

lée très-agréable, environnée de montagnes tout entre-coupées de petits vallons ; c'est dans une des montagnes escarpées de ce désert que le saint précurseur de Jésus-Christ se retira depuis son enfance jusqu'à l'âge de trente ans....

» La grotte que saint Jean s'était choisie dans le cœur du rocher est en forme de cellule naturelle, et l'on ne parvient à y monter qu'avec beaucoup de peine. L'endroit qui lui servait de lit a été transformé en autel où l'on dit la messe. Au pied de la sainte grotte, on aperçoit une source d'eau vive qui s'échappe à travers les fentes du rocher, et se précipite dans la vallée. On remarque çà et là plusieurs endroits où les abeilles font leur miel ; il y a aussi un beau caroubier et une espèce de manne qui tombe pendant la nuit, et s'attache aux feuilles des arbres. En certains temps il y vient de grosses sauterelles, que les bergers les plus pauvres font rôtir sur la braise pour les manger. Saint Jean ne vécut pas toujours si reclus en cet endroit qu'il n'allât par les déserts, et surtout, au moins trois fois par an, à Jérusalem, s'acquittant dans le temple des obligations de la loi ; mais il ne s'y faisait pas remarquer, et n'y paraissait que comme un pauvre Nazaréen.

» On avait bâti sur la grotte de saint Jean un monastère qui lui était dédié, mais qui a été abandonné. Le commun sentiment est que sainte Elisabeth vint cacher son fils dans cette grotte pour le dérober à la fureur d'Hérode, lors du massacre des innocents.... »

Ces traditions du désert et de la ville d'Aïn nous persuadent qu'il ne faut pas attribuer à d'autres lieux l'honneur d'avoir vu naître et grandir le précurseur de Jésus-Christ(1).]

Après que saint Jean eut passé trente ans et plus dans le désert, Dieu le manifesta au monde, la quinzième année de Tibère (a), qui revient à la vingt-huitième année de l'ère commune ; et le saint précurseur commença à exercer son ministère en annonçant la venue du Messie. Il vint donc sur le Jourdain, et au delà de ce fleuve, prêchant la pénitence, disant que le royaume de Dieu était proche, que la cognée était déjà à la racine de l'arbre, et donnant à tous ceux qui le venaient voir les instructions nécessaires, suivant leur état. Il leur faisait confesser leurs péchés, et les plongeait en même temps dans le Jourdain, disant qu'ils devaient croire en Celui qui venait après lui, qui les baptiserait dans l'Esprit et dans le feu, et qui leur accorderait le pardon de leurs péchés. C'est de ce baptême que vint à saint Jean le surnom de *Baptiste*, ou *Baptiseur*. Il y eut quelques personnes qui s'attachèrent à lui (b), et qui devinrent ses disciples, s'exerçant comme lui dans les exercices de la pénitence, et la prêchant aux autres ; et quelques-uns de ses disciples dans la suite suivirent le Sauveur.

La vertu de Jean-Baptiste jetait un si grand éclat dans tous le pays, que plusieurs Juifs le prenaient pour le Messie ; mais il déclara nettement qu'il ne l'était pas (c). Toutefois il ne connaissait pas encore Jésus-Christ de visage. Seulement le Saint-Esprit lui avait dit que c'était celui sur qui il verrait descendre et demeurer le Saint-Esprit (d). Et lorsque Jésus-Christ vint se présenter pour recevoir son baptême, comme les autres Juifs, Jean, qui le reconnut par une lumière surnaturelle, s'excusait, en disant : *C'est moi qui ai besoin d'être baptisé et purifié par vous* (e). Mais Jésus l'obligea de lui donner le baptême, disant qu'il voulait accomplir toute justice. Cela arriva l'an 30 de l'ère commune. Jean-Baptiste avait alors environ trente-quatre ans, et Jésus-Christ trente-trois. Quelque temps après, les Juifs envoyèrent une députation à Jean, pour lui demander s'il n'était pas le Messie (f). Mais il répondit qu'il n'était ni le Christ, ni Elie, ni prophète,

(a) *Luc.* I, 30, III, 1, 2.
(b) *Joan.* I, 37, 40. *Luc.* XI, 1, 33.
(c) *Luc.* III, 15.
(d) *Joan.* I, 51, 54.
(e) *Matth.* III, 13, 14, 15.
(f) *Joan.* I, 19... 24.
(1) M. de Lamartine a vu les lieux dont on vient de lire la description. « Nous descendons (octobre 1832) les pentes escarpées de la vallée de Térébinthe (c'est l'illustre poëte qui parle), nous passons à sec le lit du torrent, et nous montons, par des escaliers taillés dans le roc, au village arabe de Saint-Jean-Baptiste, que nous apercevons devant nous...»(*Voyage en Orient*, tom. I, pag. 411.)

« Le village de Saint-Jean du désert est sur un mamelon entouré de toutes parts de profondes et sombres vallées dont on n'aperçoit pas le fond. Les flancs de ces vallées, qui font face de tous les côtés aux fenêtres du couvent, sont taillés presque à pic dans le rocher gris qui leur sert de base. Ces rochers sont percés de profondes cavernes que la nature a creusées et que les solitaires des premiers siècles ont approfondies pour y mener la vie des aigles ou des colombes. Çà et là sur des pentes un peu moins roides, on voit quelques plantations de vigne qui s'élèvent sur les troncs des petits figuiers et retombent en rampant sur le roc. Voilà l'aspect de toutes ces solitudes. Une teinte grise, tachetée d'un vert jaune, couvre tout le paysage ; du toit du couvent, on plonge de toutes parts sur des abîmes sans fond ; quelques pauvres maisons d'Arabes mahométans et chrétiens sont groupées sur les rochers, à l'ombre du monastère. Ces Arabes sont les plus féroces et les plus perfides de tous les hommes.»(P. 416.)

« Nous partons du couvent de Saint-Jean-Baptiste (pour Jérusalem)... A notre droite, le Désert de Saint-Jean, où retentit la voix, — *Vox clamavit in deserto*, — se creuse, comme un immense abîme, entre cinq ou six hautes et noires montagnes.....» (*Pag.* 419.)

M. Poujoulat présente ce désert sous un aspect plus agréable. « Si nous voulons, dit-il (*Correspond. d'Orient.* lettr. XCVI, tom. IV, pag. 223 et suiv.), une nature moins triste que la nature de Jérusalem, si nous voulons égayer nos yeux par la vue de riants paysages, allons dans une vallée qu'on appelle le *Désert de Saint-Jean*, à une heure et demie de la ville sainte, à l'occident... Ce qu'on appelle le *Désert de Saint-Jean* n'est point une terre sauvage, sans arbres et sans culture, abandonnée aux bêtes fauves et aux oiseaux de proie ; le désert qui cacha l'enfance et la jeunesse du précurseur est une de ces charmantes solitudes dans lesquelles on aimerait à voir finir ses jours ; ce sont des vallons parés d'arbustes et de fleurs, des champs d'orge et de blé, une douce et vivante nature qui semble tout à coup vous séparer des régions que Jéhovah a maudites. On rencontre dans ces vallons une grande quantité de caroubiers. La grotte qui recueillit jadis Jean-Baptiste est une roche creuse et blanchâtre, suspendue aux flancs d'un coteau élevé ; au-dessus de la grotte, les restes d'une église ; à côté, une fontaine où se désaltérait, dit-on, le fils de Zacharie. Le Désert de Saint-Jean n'offre aucune cabane, aucune espèce d'habitation ; les passereaux, les alouettes et les rossignols sont les seuls êtres qui animent cette sainte solitude ; leurs chants joyeux se mêlent à cette *voix du désert* qui semble redire encore à l'oreille du pèlerin : *Préparez la voie du Seigneur, rendez droits ses sentiers.* »

Il y a dans ces deux citations une erreur. Jean ne fit pas entendre sa voix dans ce désert, à l'*occident* de Jérusalem ; mais dans celui de Judée où *il vint*, Mat. III, 1 ; Luc. III, 3, et qui est le désert de Judée.

M. Poujoulat parle aussi du village de Saint-Jean, situé « à une demi-heure à l'est du désert de ce nom, et habité

et qu'il n'était que la voix de celui qui crie dans le désert : *Préparez la voie du Seigneur ;* qu'au reste, celui qu'ils cherchaient était au milieu d'eux, et qu'ils ne le connaissaient point. Le lendemain, Jésus étant venu vers lui, Jean dit devant tout le monde : *Voilà l'Agneau de Dieu, qui ôte les péchés du monde.*

Hérode-Antipas, ayant épousé la femme de son frère encore vivant, avait causé un grand scandale dans tout le pays. Jean-Baptiste en parla avec sa force et sa liberté ordinaires ; il en reprit Hérode lui-même en face, et lui dit qu'il ne lui était pas permis d'avoir la femme de son frère, à qui il l'avait enlevée de son vivant (a). Hérode, irrité de sa liberté, le fit arrêter et le fit mettre en prison dans le château de Macqueronte (b). Ceci arriva apparemment sur la fin de la trentième année de l'ère vulgaire ; et voici comme Josèphe raconte les motifs de cet emprisonnement : « Jean, surnommé Baptiste, était, dit-il, un homme de piété, qui exhortait fortement les Juifs à embrasser la vertu et à s'acquitter les uns envers les autres des devoirs de la justice.... Une grande multitude de peuple le suivait, étant ravi d'entendre ses discours ; et les Juifs paraissaient disposés à tout entreprendre, s'il le leur eût commandé. Hérode en conçut de l'inquiétude ; et craignant qu'il n'excitât quelque sédition, il crut devoir prévenir ce mal, de peur qu'attendant trop tard à y remédier, il n'eût un jour sujet de s'en repentir. » [*Voyez* Josèphe.]

Il demeura assez longtemps en prison ; et ses disciples ne l'abandonnèrent pas dans cet état. Hérode même le respectait et le craignait, sachant qu'il était très-aimé du peuple ; il l'écoutait en beaucoup de choses, et suivait quelquefois ses avis (c). Mais Hérodiade, qui craignait toujours qu'Hérode ne le remît en liberté, cherchait une occasion favorable pour le faire mourir. Elle la trouva enfin un jour qu'Hérode faisait un grand festin à ses amis, le jour de sa naissance. Elle envoya Salomé, sa fille, qu'elle avait eue de Philippe, son mari légitime, dans la salle du festin, pour y danser devant le roi et les conviés (d). Elle dansa si bien au gré de ce prince, qu'il lui promit de lui donner tout ce qu'elle demanderait. Aussitôt elle sortit, et alla dire à sa mère : *Que demanderai-je ?* Hérodiade lui dit : *Ne demandez rien autre chose que la tête de Jean-Baptiste.* Elle rentra donc dans la salle, et dit au roi : *Donnez-moi maintenant dans ce plat la tête de Jean-Baptiste.* Hérode fut fâché de cette demande ; mais n'osant manquer de parole devant cette compagnie, il ordonna qu'on allât couper la tête à Jean-Baptiste. Cet ordre fut exécuté sur-le-champ ; on donna la tête à Salomé, et Salomé la porta à sa mère, qui lui perça, dit-on, la langue avec son aiguille de tête (e). Cette mort arriva, à ce que l'on croit, sur la fin de la trente-unième année de l'ère vulgaire, ou au commencement de l'an 32. Le festin dont parle l'Evangile se fit apparemment à Maqueronte, où saint Jean était en prison, et où il fut décapité.— *Voyez* Hérode-Antipas.

L'Eglise grecque et la latine célèbrent la fête de la Décollation de saint Jean le 29 d'août. Les disciples de Jean, ayant appris sa mort, en donnèrent avis à Jésus-Christ (*f*), et vinrent enlever son corps. L'Evangile ne marque pas où ils l'enterrèrent ; mais du temps de Julien l'Apostat, on montrait son tombeau à Samarie, où les habitants du pays l'ouvrirent et brûlèrent une partie des os du divin précurseur. Les autres furent sauvés par quelques chrétiens, qui les apportèrent à un abbé de Jérusalem, nommé Philippe (g). Cet abbé en fit présent à saint Athanase, et saint Athanase les mit dans une muraille, en attendant qu'on les plaçât dans un lieu plus honorable. Enfin, quelque temps après, Théodose ayant abattu le temple de Sérapis, on bâtit en la place une église en l'honneur de saint Jean-Baptiste, et on y mit ces saintes reliques (h) en 395 ou 396. Le tombeau de saint Jean, qui était à Samarie, continua à être fréquenté, et Dieu y fit quantité de miracles. Sainte Paule étant en cette ville (i) fut témoin des merveilles que Dieu y opérait par les mérites de saint Jean. Nous ne nous étendrons point ici sur les diverses translations de ses reliques, et surtout de son chef ; cela n'appartient pas proprement au Dictionnaire de la Bible, puisqu'il regarde des temps beaucoup postérieurs à tous nos livres saints.—[*Voyez* un peu plus loin.]

Les Orientaux ont conservé beaucoup de circonstances de la vie de saint Jean-Baptiste, qui ne sont pas d'une grande autorité parmi ceux qui n'admettent, en fait d'histoire, que ce qui vient de bon lieu et de sources certaines. On lit par exemple dans l'Alcoran, au chapitre intitulé de la famille d'Amram, que Zacharie priant dans l'oratoire de Marie, dont il avait pour lors la garde, *les anges lui promirent de la part de Dieu un fils, qui serait nommé Jahla, parce qu'il vérifierait et confirmerait la parole ou le Verbe, et qu'il deviendrait chef et pontife de la religion du Messie ; qu'il se conserverait pur et saint, et serait*

» environ deux cents familles, dont une quinzaine seulement sont catholiques.... Autour de ce village on montre à la piété des pèlerins la place de la maison où la vierge Marie alla saluer sa cousine Elisabeth, la fontaine où la mère du Christ avait coutume de venir puiser de l'eau pendant son séjour dans cette vallée ; l'emplacement de la maison d'Elisabeth est marqué par un couvent et une église tombés en ruines.

» La population du village de Saint-Jean se distingue par un caractère sombre et turbulent ; les guerres de famille à famille y sont fréquentes et quelquefois terribles. Les religieux (franciscains) s'enferment alors dans leur monastère comme dans une forteresse, afin de se dérober aux violences des bandes arabes qui veulent des provisions ou de l'argent.....

» Le territoire de Saint-Jean fournit des fruits et des légumes aux marchés de Jérusalem ; la fête du Précurseur réunit tous les ans, dans ce village, grand nombre de catholiques de la ville sainte qui, après les cérémonies du couvent latin, passent la journée en joyeux banquets. Quoique les terres environnantes soient fécondes et bien cultivées, le village de Saint-Jean présente partout le spectacle de la misère. »

(a) *Marc.* vi, 17, 18.
(b) *Joseph. Antiq. l.* XVIII, *c.* ii, *p.* 627.
(c) *Marc.* vi, 19, 20. *Marc.* xiv, 5.
(d) *Marc.* vi, 20, 21, etc.
(e) *Hieron. in Rufin. l.* III, *c.* ii.
(f) *Matth.* xiv, 12.
(g) *Theodoret. Hist. Eccl. l.* III, *c.* iii, *Chron. Alex.* p. 682.
(h) *Rufin. Hist. c.* xxvii, *Theophan.* p. 64
(i) *Hieron. Ep.* 17.

enfin un des plus grands prophètes sortis de la lignée des gens de bien.

Ils croient (a) de plus que saint Jean ayant eu la tête tranchée par le commandement du roi des Juifs, le sang qui sortit de son corps ne put s'étancher, jusqu'à ce que Dieu en eut tiré vengeance, par une grande désolation qu'il envoya au peuple juif. Cette expression, *du sang qui ne s'étanchait point*, est apparemment figurée, pour dire que ce sang cria, qu'il demanda vengeance, jusqu'au temps de la désolation de Jérusalem par les Romains.

L'Eglise de Saint-Jean-Baptiste, à Damas, est célèbre non-seulement parmi les chrétiens, mais aussi parmi les musulmans et parmi les Sabiens ou *Mendai-Jahia*, que l'on appelle communément chrétiens de Saint-Jean. Ce temple fut d'abord dédié en l'honneur de Zacharie, père de saint Jean : mais on lui donna le nom de Saint-Jean-Baptiste, depuis que le chef du précurseur fut trouvé à Émèse, du temps de l'empereur Théodose le Jeune. On veut que les Sabiens l'aient bâti et y aient conservé le chef de saint Jean-Baptiste suspendu à la voûte, et on raconte que le calife Abdalmalech voulut acheter cette église de la main des chrétiens, et qu'il ne s'en empara par force qu'après le refus qu'ils firent-de quarante mille dinars ou pistoles d'or qu'il leur avait offertes. Cette église est présentement une mosquée. Le calife qui s'en empara dépensa pendant plusieurs années le revenu qu'il tirait de la Syrie, à l'embellir — [*Voyez* DAMAS, mon addition.]

Les mahométans citent plusieurs paroles de l'Evangile comme ayant été dites par saint Jean, quoiqu'elles soient véritablement de Jésus-Christ. Ils ont aussi composé des dialogues entre Jésus-Christ et saint Jean-Baptiste. Tout cela prouve la vénération où ce saint est parmi ces peuples.

BAPTÊME DE SAINT JEAN-BAPTISTE. Nous en avons déjà touché quelque chose dans l'article de BAPTÊME. On forme sur le baptême de saint Jean-Baptiste trois questions. La première, s'il avait la vertu de remettre les péchés. La seconde, si la pénitence que saint Jean prêchait comme une disposition à son baptême, était une simple douleur des péchés, sans qu'il fût nécessaire de l'accompagner d'œuvres satisfactoires. La troisième, si la confession des péchés que pratiquaient ceux qui s'approchaient de son baptême, était un simple aveu de ses fautes, sans entrer dans le détail des péchés particuliers qu'ils avaient commis.

Quant à la première difficulté, il est indubitable que le baptême de saint Jean ne remettait pas les péchés par une vertu qui lui fût propre. Il ne faisait que disposer à recevoir le pardon dans le baptême de Jésus-Christ : il promettait le pardon, mais il ne l'accordait pas. *Agebatur baptismus pœnitentiæ, quasi candidatus remissionis et sanctificationis in Christo subsecuturæ*, dit Tertullien (b). Après le baptême de Jean, celui de Jésus-Christ était encore nécessaire, dit saint Augustin (c), si l'on voulait obtenir la rémission des péchés : *Joannes tali baptismo pertingebat, quo percepto esset baptisma etiam Dominicum necessarium*. Ceux qui recevaient le baptême de Jean ne renaissaient pas spirituellement et n'obtenaient pas la rémission des péchés : cette grâce ne s'accordait que par la vertu du baptême de Jésus-Christ (d). *Non enim renascebantur qui Joannis baptismate baptizabantur, sed quodam præcursorio illius ministerio, qui dicebat : Parate viam Domino, huic uni in quo renasci poterant, parabantur*. Ce n'est pas chez saint Jean, mais chez Jésus-Christ que se faisait la régénération, dit Origène (e) : *Regeneratio non apud Joannem, sed apud Jesum per apostolos fiebat*.

Si quelqu'un recevait la rémission de ses péchés dans le baptême de Jean, c'était en vertu de sa foi au Messie, c'était par le mérite de sa contrition et de sa charité. Le baptême de saint Jean n'avait pas plus de vertu à cet égard que les sacrifices et les ablutions de l'ancienne loi. Ce qui le distinguait, c'est qu'il montrait, pour ainsi dire, de la main le Messie présent et arrivé, au lieu que les sacrements de la loi de Moïse l'annonçaient de loin et promettaient seulement sa venue.

La pénitence que Jean prêchait aux Juifs demandait un sincère retour à Dieu, un changement de cœur, un renouvellement de vie : *Faites de dignes fruits de pénitence*, disait-il aux Pharisiens (f), *et ne pensez point dire en vous-mêmes : Nous avons pour père Abraham.... La cognée est déjà à la racine de l'arbre. Tout arbre qui ne produit point de bon fruit, sera coupé et jeté au feu. Je vous baptise dans l'eau; mais celui qui vient après moi est plus fort que moi... Il tient son van en main, et il va nettoyer son aire : il ramassera le bon grain dans son grenier, et jettera les pailles au feu éternel*. Il ne se contente pas de belles apparences; il veut de bons fruits, il veut de bons grains et de bonnes œuvres. Il leur en montrait l'exemple par toute la conduite de sa vie, par la rigueur qu'il exerçait contre lui-même, par son extérieur, par sa retraite, par l'austérité de sa nourriture, par la dureté de ses habits. Et comme les peuples lui demandaient ce qu'ils devaient faire (g), il leur disait : *Que celui qui a deux tuniques en donne une à celui qui en manque*. Il disait aux publicains : *N'exercez ni exactions injustes, ni concussions*. Il disait aux soldats de se contenter de leur paye, et de ne faire tort à personne. Voilà ce qu'il appelle les dignes fruits de pénitence, une sincère conversion de ses mœurs.

La confession qui précédait le baptême de saint Jean était sans doute de même nature que les confessions ordinaires usitées dans sa nation, tout ainsi que son baptême était une imitation des purifications et des baptêmes usités dans la loi. Or les confessions qui se faisaient par les Israélites dans le temple,

(a) *Bibl. Orient.*, p. 471.
(b) *Tertull. l. de Baptismo*.
(c) *Aug. l. V contra Donat.*
(d) *Aug. Enchiridion de fide, spe et charitate*, c. XLIX.
(e) *Origen. in Joan. c.* VIII.
(f) *Matth.* III, 8.
(g) *Luc.* III, 10, 11, 12, 13.

en mettant la main sur la tête de leurs hosties, celle que faisait le grand prêtre au jour de l'expiation solennelle, et celles que les Israélites faisaient ce même jour, étaient toutes détaillées. Ils ne se contentaient pas de se déclarer en général coupables et pécheurs, ils confessaient les fautes particulières qu'ils avaient commises, à l'exception de celles qui pouvaient emporter peine de mort contre eux-mêmes. C'est le sentiment de Maldonat, de Jansénius, d'Estius. et en particulier de Grotius, sur le chap. III de saint Matthieu.

Les Juifs encore aujourd'hui sont dans l'usage de se confesser (a), à peu près comme les catholiques romains.

CHRÉTIENS DE SAINT-JEAN. Nous en avons parlé sous ce même titre. — [*Voyez* aussi GNOSTIQUES.]

JEAN L'ÉVANGÉLISTE (*Saint*), natif de Bethzaïde en Galilée, était fils de Zébédée et de Salomé. Sa profession était la pêche. Quelques-uns (b) ont cru qu'il avait été disciple de saint Jean-Baptiste, avant qu'il le fût de Jésus-Christ; mais on n'a aucune bonne preuve de cette opinion. Il était frère de saint Jacques le Majeur; et le Sauveur donna à ces deux frères le nom de *Boanergès*, ou fils du tonnerre, apparemment à cause de leur vivacité et de la grandeur de leur foi. On croit que saint Jean était le plus jeune des apôtres (c). Il pouvait être âgé de vingt-cinq ou vingt-six ans, lorsqu'il se mit à suivre Jésus-Christ, l'an 30 de Jésus-Christ. Il y en a qui croient qu'il était l'époux des noces de Cana (d), et qu'il conserva toujours une parfaite virginité (e); mais ce dernier sentiment est beaucoup mieux fondé dans l'antiquité que celui qui veut qu'il ait été l'époux des noces de Cana.

Le Sauveur eut toujours pour lui une tendresse et une amitié particulières; et saint Jean lui-même se désigne ordinairement sous le nom du *Disciple que Jésus aimait*. Jésus-Christ lui donna des marques particulières de son amour, lorsqu'il le prit pour assister à sa transfiguration, et que dans la dernière cène il lui permit de se reposer dans son sein, et lui découvrit qui était celui qui le devait trahir (f). La mère de saint Jean l'Évangéliste, fondée apparemment sur l'amitié que Jésus témoignait à ses deux fils Jacques et Jean, prit la liberté de lui demander qu'il les fît asseoir dans son royaume, l'un à sa droite, et l'autre à sa gauche (g) : mais le Sauveur, s'adressant aux deux frères, leur dit : *Pouvez-vous boire le calice que je boirai?* Ils répondirent : *Nous le pouvons*. Jésus leur dit : *Vous boirez la vérité mon calice; mais c'est à mon Père, et non à moi, de vous donner les places que vous demandez dans mon royaume.*

Dans le jardin des Oliviers, Jésus-Christ ne voulut avoir pour témoins de son agonie et de sa tristesse volontaire que saint Pierre, saint Jacques et saint Jean (h). Ce dernier ne s'enfuit point, lorsque les soldats vinrent prendre Jésus-Christ, et on croit que c'est lui qui le suivit jusque chez Caïphe, où il entra, et où quelque temps après il fit entrer saint Pierre (i). Il accompagna le Sauveur jusqu'à la croix; et Jésus-Christ, le voyant au pied de la croix, dit à Marie, sa mère : *Femme, voilà votre fils;* et ensuite il dit à son disciple : *Voilà votre mère* (j). Et depuis ce temps, saint Jean regarda la sainte Vierge comme sa mère, et en eut soin jusqu'à sa mort. Après la résurrection du Sauveur, saint Jean étant occupé à la pêche sur la mer de Tibériade avec d'autres disciples, Jésus parut sur le rivage, et saint Jean le reconnut le premier (k), et le dit à Pierre. Étant arrivés à bord, ils dînèrent avec Jésus-Christ; et après le repas, comme saint Jean le suivait, Pierre demanda à Jésus : *Que deviendra celui-ci?* en parlant de saint Jean. Jésus lui répondit : *Si je veux qu'il demeure ainsi, que vous importe? Suivez-moi*. Alors les disciples crurent que Jésus lui avait dit qu'il ne mourrait point; et le bruit s'en répandit parmi les fidèles; et plusieurs le croyaient encore, lorsque saint Jean écrivit son Évangile. On l'a cru encore longtemps depuis; et plusieurs ont avancé qu'il n'était pas mort. Mais saint Jean ruine lui-même ce sentiment, et il est contraire aux plus authentiques monuments de l'Église. On peut consulter notre dissertation sur la mort de saint Jean l'Évangéliste. le Martyrologe de Florentinius, et la note 17 de M. de Tillemont sur saint Jean l'Évangéliste, t. I, p. 640.

On sait assez peu de choses sur la vie de saint Jean, jusqu'à la persécution de Domitien. Peu de jours après que les apôtres eurent reçu le Saint-Esprit, saint Pierre et saint Jean, allant au temple, y guérirent un homme qui avait été perclus de ses jambes dès le ventre de sa mère (l). Ce miracle fut cause qu'on les mit en prison. On les en tira le lendemain, en leur défendant de parler de Jésus-Christ (m), mais ils continuèrent à prêcher comme auparavant; ce qui fit qu'on les mit de nouveau en prison avec les autres apôtres. Mais Dieu les en tira miraculeusement. Et comme ils ne cessaient d'annoncer Jésus-Christ au peuple, les magistrats les arrêtèrent, les firent comparaître devant eux, et les reprirent de ce que, nonobstant les défenses qu'ils leur avaient faites, ils continuaient de parler de Jésus-Christ. Les apôtres, sans s'étonner, leur répondirent qu'il fallait plutôt obéir à Dieu qu'aux hommes. On voulait les faire mourir; mais un sénateur, nommé Gamaliel, ayant demandé que l'on fît sortir les apôtres, parla avec tant de

---

(a) Buxtorf. *Synagog. Jud. c.* xx.
(b) Chrysost. *in Joan. homil.* xvii, *et Epiph. hæres.* 51
(c) Paulin. *Ep.* 396. Hieron. *Ep.* 1, p. 4.
(d) Beda *in Joan. Smaragd. Abb. S. Mich. in festo S. Joan. Præfationes vulgo præfixæ Evangel. et Apoc. Soto. Lyr. Carthus. D. Thom.* etc.
(e) Ita PP. passim. Epiph. *hæres.* 58. Ambros. *de Symbol* c. xxx, *de Instit. Virg.* c lxxii. Chrysost. *de Virg.* c lxxxii, Paulin. *Ep.* 43. Hieron. August. Alii.

(f) Joan. xxi, 20; xxiii, 25.
(g) Matth. xx, 22 Marc. x, 38, 39.
(h) Matth xxvi, 57.
(i) Joan. xviii, 15, 16. Vide Chrysost. *homil* 82 *in* Matth. Hieron. Ep. 16. Aug. *homil.* 115 *in Joan.*
(j) Joan. xix, 26.
(k) Joan. xxi, 1... 7.
(l) Act. iii, 1... 10.
(m) Act. v, 18 et seq.

sagesse aux autres membres du Sanhédrin, qu'on se contenta de faire fouetter les apôtres, et on les laissa aller.

Saint Pierre et saint Jean furent ensuite envoyés à Samarie (a), pour donner le Saint-Esprit à ceux que le diacre Philippe y avait convertis et baptisés. Saint Jean se trouva aussi au concile de Jérusalem (b), où il parut comme une des colonnes de l'Eglise. On croit qu'il alla prêcher aux Parthes; et sa première Epître a été quelquefois citée sous le nom d'*Epître aux Parthes* (c). Les Indiens tiennent qu'il a annoncé l'Evangile dans leur pays. Mais on ne doute pas qu'il n'ait prêché en Asie, et qu'il n'ait demeuré assez longtemps à Ephèse et aux environs. Il y amena la sainte Vierge, qui y mourut. Sainte Madeleine y vint aussi avec lui, et il mourut. On ignore l'année précise de son arrivée dans ce pays : mais il ne peut guère y être venu, pour y fixer sa résidence, avant l'an 66 de Jésus-Christ. Saint Jérôme (d) dit qu'il fonda et gouverna toutes les églises d'Asie ; et Tertullien (e) écrit que l'ordre épiscopal l'a eu pour auteur en ce pays-là. Ce qui ne doit pas s'entendre d'une manière si rigoureuse que l'on n'avoue que saint Pierre et saint Paul y ont fondé plusieurs églises, et que saint Timothée a gouverné l'église d'Ephèse pendant même que saint Jean était dans cette province.

L'empereur Domitien ayant déclaré la guerre à l'Eglise la quinzième année de son empire, 95 de Jésus-Christ, saint Jean l'Evangéliste fut banni d'Ephèse et mené à Rome, où il fut plongé dans l'huile bouillante, sans en recevoir aucune incommodité (f). Il en sortit même plus net et plus vigoureux qu'il n'y était entré. De là il fut relégué dans l'île de Patmos, dans la mer Egée. Il y écrivit son Apocalypse ou Révélation, dont nous avons parlé sous un titre particulier. Il ne demeura pas deux ans dans cet exil. Domitien ayant été tué l'an 96, au mois de septembre, Nerva, son successeur, rappela tous les exilés qui avaient été bannis par Domitien, et saint Jean revint à Ephèse l'an 97 de Jésus-Christ. Il était alors âgé d'environ quatre-vingt-dix ans. Les évêques et les fidèles d'Asie lui ayant demandé avec empressement qu'il leur écrivît l'Evangile de ce qu'il avait vu et ouï de notre Sauveur (g), il se rendit à leurs désirs, mais il ne commença qu'après un jeûne et des prières publiques. Il s'appliqua principalement à y rapporter ce qui sert à établir la divinité du Fils, contre certains hérétiques d'alors qui la niaient.—[*Voy.* GNOSTIQUES, se nommant disciples de saint Jean-Baptiste. *V.* aussi CHRÉTIENS DE SAINT-JEAN.]

Nous avons aussi trois Epîtres du même saint apôtre. La première, comme nous l'avons déjà marqué, est quelquefois citée sous le nom d'Epître aux Parthes, et elle n'a jamais été contestée dans l'Eglise. Le style et les principes de saint Jean s'y font sentir à chaque période. Les deux autres lui ont été contestées. La première de ces dernières est adressée à une dame de qualité nommée Electe, ou bien ce nom *Electe* est un nom symbolique, pour marquer une église chrétienne à qui une autre église écrivait. Car je soupçonne que cette épître n'est qu'une lettre de recommandation que l'on donnait aux fidèles qui allaient d'une église à une autre, et que l'on était obligé d'écrire quelquefois d'une manière énigmatique, de peur qu'elles ne tombassent entre les mains des infidèles. [*Voy.* ELECTE.] La troisième lettre est adressée à Caïus, que saint Jean loue d'exercer l'hospitalité envers les fidèles, et il l'exhorte de continuer ce saint exercice envers des personnes employées au service de l'Eglise et qui ne voulaient rien recevoir des Gentils.

Saint Jean vécut jusqu'à une extrême vieillesse, en sorte qu'à peine pouvait-il aller à l'assemblée des fidèles, sinon porté par ses disciples; et, ne pouvant plus faire de longs discours (h), il disait au peuple dans toutes les assemblées : *Mes chers enfants, aimez-vous les uns les autres.* On s'en ennuya enfin, et lorsqu'on lui parla, il répondit : *C'est là ce que le Seigneur vous commande ; et pourvu que vous le fassiez, cela suffit.* Il mourut à Ephèse (i) d'une mort paisible, la troisième année de Trajan (j), centième de Jésus-Christ. Il pouvait avoir alors quatre-vingt-quatorze ans (k), selon saint Epiphane. D'autres le font mourir beaucoup plus vieux et lui donnent jusqu'à quatre-vingt-dix-huit ou quatre-vingt-dix-neuf ans, ou même jusqu'à cent quatre, ou cent six, ou cent vingt ans. Il fut enterré près de la ville (l), et plusieurs Pères ont remarqué que son sépulcre y était (m). Le concile d'Ephèse (n) tire un motif d'éloge de cette ville, parce qu'elle possédait le corps de ce divin théologien, et le pape Célestin exhorta les Pères qui y étaient assemblés, à suivre les instructions de saint Jean, dont ils avaient le bonheur de posséder les reliques auprès d'eux (1). Saint Augustin (o), et après

---

(a) Act. vIII, 5... 12.
(b) Galat. II, 9; Act. xv, 7 et seq. — [L'opinion qui veut que saint Jean ait assisté au concile de Jérusalem n'est fondée que sur des conjectures qui ne nous paraissent pas fort solides.]
(c) Aug. Qu. Evangel. l. II, c. xxxix. Voyez Estius et notre comment. sur cette Epître.
(d) Hieron. de Viris illustr. c. ix.
(e) Tertull. contra Marcion. l. IV, c. v.
(f) Tert. Præscr. c. xxxvi, Hier. in Jovin. l. I, c. xiv.
(g) Euseb. l. VI, c. xiv, Hist. Eccl. Hier. in Matth. etc.
(h) Hieron. in Galat. vi.
(i) Aug. serm. 253, c. iv.
(j) Chron. Euseb.
(k) Epiphan. hæres. 51.
(l) Hieronym. de Viris illustr. c. ix.
(m) Dionys. Alex. apud Euseb. l. VII, c. xxv. Aug. homil.

(n) Concil. Ephes. t. III Concil. p. 573 et 616
(o) Aug. in Joan. homil. 124. Greg. Turon. de Gior. Mart. c. xxx.
(1) « Le mont Prion est souvent cité dans les antiques annales. Les voyageurs y visitent aujourd'hui les sépultures des Ephésiens, creusées dans le roc. . Le mont Prion est célèbre aussi dans l'histoire du premier âge de l'Eglise. Les chrétiens y révérèrent longtemps les tombeaux de Timothée et de saint Jean. Au temps des guerres de la Croix, à l'époque du passage de Louis VII à Ephèse, on voyait encore sur la montagne le sépulcre du saint Evangéliste. Au rapport d'Adon de Deuil, ce tombeau était entouré d'un mur *destiné à le défendre contre les païens*. Le monument sacré, que le chroniqueur pèlerin comptait au nombre des débris glorieux d'Ephèse, a disparu comme d'autres monuments ; et je n'ai pu en

lui Grégoire de Tours et saint Villebaud, parlent d'une certaine poudre que l'on voyait sur le tombeau de saint Jean, et qui semblait s'y reproduire tous les jours, à mesure qu'on en ôtait. Nous ne répétons pas ici ce que nous avons déjà remarqué sur le sentiment qui tient que saint Jean n'est point mort.

Outre l'Évangile, l'Apocalypse et les trois Épîtres de saint Jean que l'Église reçoit, on lui a supposé quelques autres écrits apocryphes : par exemple, un livre de ses prétendus voyages (a); des Actes (b) dont se servaient les Encratites, les Manichéens et les Priscillianistes; un livre de la Mort et de l'Assomption de la Vierge, un Symbole que l'on prétendait avoir été donné à saint Grégoire de Néocésarée par la sainte Vierge et saint Jean. Ce Symbole fut cité dans le cinquième concile œcuménique (c); mais les Actes et l'Histoire dont nous venons de parler sont reconnus pour apocryphes et indignes de toute créance. Saint Jean est ordinairement surnommé le Théologien, à cause de la sublimité de ses connaissances et de ses révélations, et surtout à cause du commencement de son Évangile. Polycrate, évêque d'Éphèse, assure (d) qu'il portait une lame d'or sur le front, comme prêtre et apôtre de Jésus-Christ. On le dépeint avec un calice d'où sort un serpent, parce que quelques hérétiques lui ayant présenté du poison dans un verre, il fit le signe de la croix sur ce vase, et tout le venin se dissipa sous la forme d'un serpent. Ce miracle est rapporté dans le faux Procore, qui se dit disciple de saint Jean.

JEAN-MARC, disciple et cousin de saint Barnabé, et fils d'une femme chrétienne nommée Marie, laquelle avait une maison dans Jérusalem, où les fidèles et les apôtres s'assemblaient ordinairement. Ils y étaient durant la nuit en prières, lorsque saint Pierre, délivré de prison par un ange, vint frapper à la porte (e). On dit que dans cette maison on établit dans la suite la célèbre église de Sion (f). Jean-Marc, que quelques-uns confondent très-mal à propos avec saint Marc l'évangéliste, s'attacha à saint Paul et à saint Barnabé, et les suivit lorsqu'ils s'en retournèrent à Antioche (g); il les accompagna même et les servit jusqu'à la ville de Perge dans la Pamphylie. Mais alors, voyant qu'ils entreprenaient un plus long voyage, il les quitta et s'en retourna à Jérusalem. Cela arriva l'an 45 de l'ère commune.

Quelques années après, c'est-à-dire l'an 51, Paul et Barnabé se disposant à retourner en Asie (h) pour visiter les églises qu'ils y avaient fondées, Barnabé était d'avis que Jean-Marc les accompagnât dans ce voyage; mais saint Paul n'y voulut pas consentir, ce qui fut cause que ces deux apôtres se séparèrent. Paul alla en Asie, et Barnabé avec Jean-Marc allèrent dans l'île de Chypre. On ignore ce que fit Jean-Marc depuis ce voyage jusqu'au temps qu'il se trouva à Rome, en l'an 63, et qu'il rendit de grands services à saint Paul dans sa prison. L'Apôtre parle de lui avantageusement dans l'Épître aux Colossiens (i) : *Marc, cousin de Barnabé, vous salue; s'il va vers vous, ayez soin qu'il soit bien reçu.* Il en parle encore dans l'Épître à Philémon (j), écrite l'an 62, et alors il était à Rome avec saint Paul. Mais en l'an 65, il était en Asie avec Timothée; et saint Paul, écrivant à Timothée, le prie de le lui amener à Rome (k), ajoutant qu'il lui était utile pour le ministère de l'Évangile.

On fait la fête de saint Jean-Marc le 27 de septembre, dans l'Église grecque et dans la latine. On dit qu'il a été évêque de Biblis en Phénicie. Les Grecs lui donnent le titre d'apôtre, et disent que son ombre seule guérissait les malades. Il y a assez d'apparence qu'il mourut à Éphèse, où son tombeau était fort célèbre (l). On ignore le genre et l'année de sa mort. On le nomme quelquefois simplement Jean, ou simplement Marc. Nous ne ramassons point tout ce qu'on dit de lui dans des auteurs apocryphes et incertains.

JEAN DE GISCALA, fils d'un nommé Lévi et natif de Giscala en Galilée. Il défendit d'abord la ville de Giscala contre les Romains, durant la dernière guerre que Vespasien leur fit (m). Après la prise de cette ville, il vint à Jérusalem, où il commit une infinité de maux et de violences dans le temple et dans la ville. Il feignit d'abord de tenir le parti d'Ananus et du peuple contre les Zélateurs ou les séditieux qui voulaient soutenir la guerre contre les Romains (n); mais il allait secrètement découvrir aux Zélateurs les résolutions qu'Ananus et les gens de bien prenaient pour la conservation de la république. Il sut même si bien gagner leur confiance, qu'ils le députèrent vers les Zélés, qui étaient maîtres du temple, pour moyenner un accommodement entre eux. Mais au lieu de leur inspirer des sentiments de paix, il leur conseilla de faire venir les Iduméens à leur secours, contre Ananus et ceux de son parti. Les Iduméens entrèrent dans la ville et dans le temple (o), et après avoir fait mourir Ananus et quelques autres des principaux de la ville, ils s'en retournèrent chez eux, chargés du butin qu'ils avaient fait à Jérusalem.

Cependant les Zélés se partagèrent. Jean de Giscala avait parmi eux un puissant parti; Éléazar, fils de Simon, en avait un autre. Celui-ci, voyant qu'il n'était pas le plus fort, fit venir Simon, fils de Gioras, qui était à la

reconnaître même des vestiges. Au sud-est du Prion, du côté où du gymnase, on remarque les reste d'une église qui fut peut-être celle qu'éleva Justinien en l'honneur de saint Jean. Cette église était la cathédrale des Éphésiens au temps des guerres saintes..... » M. POUJOULAY, *Corresp. d'Orient*, lettr. xiv, tom. I, pag. 295.

(a) *Athanas. in Synops.*
(b) *Epiphan. hæres.* 47. *Aug. de Fide*, c. 4, et 38.
(c) *Nyssen. Vita Thaumat.* p. 545, 547. Vide *Baron. an* 235, § 19.
(d) *Apud Eus. l.* V, c. xxiv. *Hier. de Viris. illust.* c. xlv.
(e) *Act.* xii, 12.
(f) *Alexander apud Sur.* ii *Junii*.
(g) *Act.* xii, 13; *Act.* xiii, 13.
(h) *Act.* xv, 36, 37 et seq.
(i) *Coloss.* iv, 10.
(j) *Philem.* v. 24.
(k) II *Timoth.* iv, 11.
(l) *Euseb. l.* III, c. xxxix, *et l.* VII, c. xxv. *Chryso. t orat.* 67, p 504, b.
(m) *Joseph. de Bello, l.* IV, c. iv, p. 868, in *Græco*,
(n) *De Bello, l.* IV, c. v, seu 8, in *Græco*, p. 876.
(o) *De Bello, l.* IV, c. vi, vii.

tête d'une troupe de brigands qui tenaient la campagne (a). Tel était l'état de Jérusalem lorsque Tite la vint assiéger, l'an de J.-C. 70. Eléazar était maître de l'intérieur du temple; Jean de Giscala en occupait la partie extérieure et les portiques, et Simon, fils de Gioras, était maître de la haute ville de Jérusalem et d'une partie de la basse. De cette sorte, Jean était comme entre deux feux, ayant à résister à Eléazar d'un côté, et à Simon de l'autre. Ces trois partis, quelque ennemis qu'ils fussent entre eux, se réunissaient dès qu'il s'agissait de combattre les Romains, et après cela ils recommençaient à se détruire l'un l'autre. A la fin du siége, lorsque la ville fut prise, Jean de Giscala se sauva dans un égout, où il demeura quelques jours; mais ayant été découvert et amené à Tite (b), il fut condamné à une prison perpétuelle. C'était une peine trop légère pour un homme qui s'était souillé par une infinité de crimes, et qui était la principale cause de la ruine de sa patrie, comme le remarque Josèphe (c).

* JEAN, père de saint Pierre. *Matth.* XVI, 7; *Joan.* XXI, 15.

* JEAN, fils du grand prêtre Anne. *Act.* IV, 6.

* JEAN, père d'Eupolème. I *Mac.* VIII, 17; II *Mac.* IV, 11.

* JEAN, chargé, avec Abésalom, d'une mission auprès de Lysias, II *Mac.* XI, 17. Quelques-uns supposent qu'il est le même que Jean Gaddis.

JEANNE, épouse de Chuza, intendant de la maison d'Hérode (d), était une de ces femmes qui suivaient notre Sauveur dans ses voyages, et qui l'aidaient de leurs biens. Saint Luc remarque que ces femmes avaient été délivrées par Jésus-Christ des malins esprits qui les possédaient, ou guéries des maladies dont elles étaient affligées. La femme de Chuza était ou veuve de Chuza, ou du moins elle suivait Jésus-Christ du consentement de son mari. C'était un usage parmi les Juifs que les hommes qui se consacraient à la prédication prenaient avec eux quelques femmes de piété, qui les suivaient et qui les servaient. Cela se faisait sans aucun scandale (e). Nous ne savons aucunes particularités de la vie de Jeanne, femme de Chuza.

JEBAHAR, un des fils de David, né d'une de ses concubines. II *Reg.* V, 15; I *Par.* III, 6; XIV, 5.

JEBLAAM, où JIBLEAM, ville de la demi-tribu de Manassé (f), qui demeurait au deçà du Jourdain. C'est apparemment la même que *Balaam*, marquée I *Par.* VI, 70, qui fut cédée aux lévites de la famille de Caath. On ne sait pas bien la situation de *Jeblaam.* — [Dom Calmet, au mot BALAAM, attribue cette ville à la demi-tribu de Manassé *au delà* du Jourdain; Barbié du Bocage place *Jeblaam*, qui, suivant lui et le géographe de la Bible de Vence, est la même que *Geth-remmon, Jos.* XXI, 25, sur la frontière d'Issachar, non loin de Mageddo. *Voyez* BAALAM et BALAAM.]

JEBNAEL, ou JEBNÉEL, ville sur la frontière [orientale] de Nephtali (g), [au bord du *Jordanus minor*, dit Barbié du Bocage]. Il y en a une autre du même nom dans la tribu de Juda (h).

* JEBNEEL. *Jos.* XV, 11. *Voyez* JEBNAEL. « Cette ville, dit Barbié du Bocage, originairement de la tribu de Juda et depuis de celle de Dan, était située proche de la mer. On la confond quelquefois avec *Jamnia*. »

JEBOC, torrent. *Voyez* JABOC, ou JABOK. *Num.* XXI, 24; *Deut.* II, 37; *Jos.* XII, 2.

JEBSEM, fils de Thola, et petit-fils d'Issachar. I *Par.* VI, 2; *Deut.* II, 37.

JEBUS, *Jébuséen (i),* fils de Chanaan, et père des peuples de Palestine nommés Jébuséens. Leur demeure était dans [Jébus, ville sur l'emplacement de laquelle s'éleva] Jérusalem et aux environs, dans les montagnes. Ce peuple était fort belliqueux; et il demeura dans Jérusalem jusqu'au temps de David (j).

[« Soit par crainte, soit par politique, les Israélites les ménagèrent, en sorte que les enfants de Benjamin, à qui leur pays était échu en partage, purent vivre en bonne intelligence au milieu d'eux et dans leur ville. Cependant les Jébuséens refusant d'ouvrir leurs portes à David, lorsque ce prince revenait d'Hébron à la tête de tout Israel, on fit le siége de la ville; elle fut prise, mais les habitants furent épargnés. Salomon, les traitant comme les autres peuples chananéens, dont les restes subsistaient encore, leur imposa un tribut qu'ils continuèrent de payer jusqu'à la dissolution du royaume de Juda. » BARBIÉ DU BOCAGE.]

JEBUS (k), autrement [dans la suite] JÉRUSALEM. Jébus fut fondée par Jébus ou Jébusée, fils de Chanaan, et père des Jébuséens. *Voyez* JÉRUSALEM.

JECEMIA, fils de Jéchonias, de la race royale des rois de Juda. I *Par.* III, 18.

[*Jécémia* n'était pas fils de Jéchonias, mais de Salathiel. *Voyez* ma remarque sur MELCHIRAM.]

JECHÉLIA, femme d'Amasias, roi de Juda, et mère d'Azarias. IV *Reg.* XV, 2.

* JECHONIAS, fils de Josias, *Matth.* I, 11. Il n'est appelé Jéchonias qu'en cet endroit et III *Esdr.* I, 34. C'est le second des enfants de Josias, appelé *Joachim*, I *Par.* III, 15, *Eliacim* et *Joachim*, IV *Reg.* XXIII, 34, 35. Néchaô l'établit roi à Jérusalem, à la place de Joachas, son frère. Il y régna onze ans sous la domination de Nabuchodonosor, qui, étant venu à Jérusalem, le fit enchaîner pour l'emmener à Babylone; mais il le laissa et se contenta d'en emporter tous les vases et tous les meubles précieux, IV *Reg.* XXIII, 36; XXIV, 1; II *Par.* XXXVI, 5-8. Ce roi fut un

---

(a) *Joseph. de Bello, l.* VI, c. 1, p. 904.
(b) *De Bello, l.* VII, c. XVII, seu p.ᶜ *in Græc.* p. 969.
(c) *De Bello, l.* IV, c. 8, pag. 876.
(d) *Luc.* VIII, 3.
(e) *Hieronym. in Matth.* xxvii, *alii.*
(f) *Josue,* xvii, 11.

(g) *Josue,* xix, 33.
(h) *Josue,* xv, 11.
(i) *Genes.* x, 16. *Josue,* xv, 63
(j) II *Reg.* v, 6, etc.
(k) *Josue,* xviii, 28. *Judic.* xix, 10. I *Par.* xi, 4.

très-méchant prince : c'est lui qui jeta au feu les prophéties de Jérémie que lisait Baruch ; c'est de lui que Jérémie annonça qu'il aurait la sépulture de l'âne mort et qu'il serait traîné par terre hors des portes de Jérusalem. Il cessa de payer au roi de Babylone le tribut qu'il lui devait ; mais Nabuchodonosor envoya contre lui des troupes, vint lui-même en Judée, et mit le siège devant Jérusalem. Jéchonias ou Joachim, dans une sortie contre lui, tomba mortellement frappé, hors des portes de la ville ; abandonné aux assiégeants, on le traîna avec d'autres morts sur le bord de la route ; on l'y laissa, et il eut la sépulture de l'âne mort, comme l'avait prédit Jérémie, XXII, 18.

Cet article m'a été indiqué et fourni en partie par Huré, qui compte, avec raison, deux rois de Juda nommés Jéchonias. Il résulte de là un éclaircissement pour la généalogie de Jésus-Christ donnée par saint Matthieu, I, 11, 12 : « *Josias engendra Jéchonias et ses frères*, vers le temps de la transmigration de Babylone. Et depuis la transmigration de Babylone, *Jéchonias engendra Salathiel.* » On a cru généralement qu'il s'agit ici du même Jéchonias ; et cette opinion a prévalu. Mais il faut faire attention que Jéchonias, père de Salathiel, ne peut être celui dont il est dit qu'il avait des *frères*, puisqu'il n'en avait qu'un, Sédécias ; il faut remarquer en outre que ce même Jéchonias n'était que le petit-fils de Josias. I *Par*. III, 15, 16. Les frères de Jéchonias ou Joakim, second fils de Josias, sont Johanan, l'aîné, Sédécias ou Mathanias, le troisième, et Sellum ou Joachaz le quatrième, I *Par.* III, 15. Le Joakim de ce texte ne peut être que le Jéchonias de *Matth*. I, 11. Il faut donc, dans cette généalogie, suppléer un nom et lire : *Josias engendra Jéchonias* ou Joakim *et ses frères* ; Jéchonias ou Joakim engendra Jéchonias ou Joachim, appelé aussi Chonias, *vers le temps de la transmigration de Babylone. Et depuis la transmigration de Babylone Jéchonias*, fils du premier Jéchonias, *engendra Salathiel.* V. PHADAIA ET SALATHIEL.

JECHONIAS, fils de Joakim (1), roi de Juda, et petit-fils de Josias, ne régna que trois mois sur la maison de Juda (a). On croit qu'il naquit vers le temps de la première captivité de Babylone, l'an du monde 3398, lorsque Joakim ou Joachim, ou Eliacim, son père, fut pris captif et emmené à Babylone. Joakim revint de Babylone, et régna jusqu'en 3405, qu'il fut tué par les Chaldéens, la onzième année de son règne. Jéchonias, autrement Joachin ou *Conias*, lui succéda, et ne régna que trois mois dix jours seul ; mais il avait régné dix ans conjointement avec son père. C'est ainsi que l'on concilie IV *Reg.* XXIV, 8, avec II *Par.* XXXVI, 9. Dans le quatrième livre des *Rois* il est dit qu'il avait dix-huit ans lorsqu'il commença à régner ; et dans les *Paralipomènes* il est dit qu'il n'avait que huit ans. C'est qu'il n'avait que huit ans, quand il commença à régner avec Joakim, son père, et qu'il en avait dix-huit lorsqu'il commença à régner seul.

Les livres des *Rois* et des *Paralipomènes* (b) insinuent que le peuple l'établit (2), ou du moins le reconnut pour roi en la place de son père. Mais Josèphe (c) dit que ce fut Nabuchodonosor qui lui donna le royaume, et que quelques mois après, craignant qu'il ne se portât à quelque révolte pour venger la mort de son père Joachim, il se repentit de lui avoir donné le titre de roi, et envoya contre lui une armée qui l'assiégea dans Jérusalem. Mais Jéchonias, qui était bon et juste, ne voulut pas exposer la ville au danger à son occasion ; il envoya pour otages à ceux qui commandaient au siège, sa mère et ses plus proches parents, après avoir tiré parole et serment des généraux dont on a parlé qu'ils ne feraient aucun tort ni à la ville, ni aux otages ; mais on ne lui tint pas parole, et avant la fin de l'année Nabuchodonosor envoya des ordres à ses généraux de prendre Jéchonias et de le lui envoyer à Babylone, avec sa mère, ses amis, et la jeunesse, avec tous les gens de métier de la ville ; ce qui fut exécuté. On emmena à Babylone dix mille huit cent trente-deux hommes, du nombre desquels fut le roi Jéchonias, sa mère Nolusta [lisez Nohesta] et ses principaux conseillers, que Nabuchodonosor retint en prison. C'est ce que dit Josèphe.

Le texte des livres des *Rois* est plus court, et diffère de Josèphe en quelque chose. Il dit que Jéchonias fit le mal devant le Seigneur ; que le roi de Babylone envoya d'abord son armée avec ses généraux pour assiéger Jérusalem ; qu'il se rendit ensuite lui-même au siège ; que le roi Jéchonias sortit de la ville, avec sa mère, ses princes, ses serviteurs et ses officiers, et se rendit à Nabuchodonosor ; que ce prince enleva tous les trésors du temple et ceux du palais du roi, et mit en pièces tous les vases d'or que Salomon avait faits pour l'usage du temple, et fit emporter le tout à Babylone ; qu'il enleva tous les bons bourgeois de Jérusalem, les princes et les gens de guerre au nombre de *dix mille hommes*, tous les bons ouvriers du pays, n'y laissant que les plus pauvres des habitants. Il y transféra aussi le roi, la reine sa mère, les femmes du roi, ses eunuques, les juges du pays, *sept mille hommes* de guerre, *mille bons ouvriers*, et tout ce qui se trouva de gens capables de porter les armes.

On ne sait si dans ce nombre de *dix mille hommes*, dont il a parlé d'abord, il faut comprendre les *huit mille*, dont il est parlé ensuite. Il est très-croyable que l'empressement qu'on remarque ici dans Nabuchodonosor de transporter à Babylone *omnem artificem et clusorem*, tous les bons ouvriers en fer,

---

(a) IV *Reg.* XXIV, 8. II *Par.* XXXVI, 9.
(b) IV *Reg.* XXIV, 8, 9, etc. II *Par.* XXXVI, 9, 10.
(c) *Joseph. Antiq. lib.* X, *c.* IX.
(1) Ou du premier Jéchonias dont l'article précède, *Mat.* I, 12 ; I *Par.* III, 16. « C'est lui qui fut transporté à Babylone avec tous les grands seigneurs de Judée, *Jer.* XXII, 24, 28 ; *Esth.* II, 6 ; XI, 4, etc. Il est appelé Joachin, IV *Reg.* XXIV, 8, 12, 15 ; II *Par.* XXXVI, 9. » Huré.
(2) Ces livres rapportent seulement que Jéchonias fut établi roi sans dire par qui et de quelle manière. (S.)

en or, en argent, en bois, etc., était pour peupler et remplir la ville de Babylone, qu'il avait beaucoup embellie et agrandie ; c'est à quoi butaient aussi ces transmigrations de peuples entiers, qu'il tirait de leur pays pour les faire habiter à Babylone ou dans la Babylonie, qu'il voulait rendre le plus florissant et le plus beau pays du monde.

Jérémie (a) parle de Jéchonias comme d'un méchant prince, et qui avait encouru l'indignation de Dieu par ses crimes : *Je jure par moi-même, dit le Seigneur, que quand Jéchonias, fils de Joachim, serait comme un anneau dans ma main droite, je ne laisserais pas de l'arracher de mon doigt, et de le livrer à ceux qui en veulent à sa vie, à Nabuchodonosor et aux Chaldéens, dont vous redoutez si fort le visage et la présence. Je vous enverrai, vous et votre mère, dans une terre étrangère, où vous mourrez.... Qu'est-ce que Jéchonias, sinon un vase de terre brisé et foulé aux pieds? Terre, terre, terre, écoutez la parole du Seigneur ; écrivez que cet homme sera stérile, que rien ne lui réussira dans sa vie, et qu'il ne sortira point d'héritier de sa race qui soit assis sur le trône de David.* Tout cela fut exécuté à la lettre. Jéchonias ne réussit dans aucun de ses projets. Il fut pris et mené captif à Babylone, où il mourut. Mais on croit qu'il y fit pénitence, et que Dieu le traita avec miséricorde ; car nous lisons que le roi Evilmérodach, successeur de Nabuchodonosor, le traita avec honneur, le tira de prison, lui parla avec bonté, et mit son trône au-dessus des trônes des autres princes qui étaient à sa cour (b).

Et à l'égard de ces paroles : *Ecrivez que cet homme sera stérile*, on ne peut pas les prendre à la lettre, puisqu'on sait que Jéchonias fut père de Salathiel et de plusieurs autres enfants, dont on voit le dénombrement dans les Paralipomènes (c). Mais le terme hébreu (d), qui est traduit par *stérile*, se met aussi pour un homme qui a perdu ses enfants, qui n'a point de suite, ni d'héritiers. En ce sens, Jéchonias, fils de roi, et roi lui-même, était regardé comme un homme sans lignée, dès qu'il n'avait point de fils qui lui succédât au royaume, comme en effet il n'en eut point ; car ni Salathiel, qui naquit et qui mourut dans la captivité, ni Zorobabel, qui revint de Babylone, ni aucun des descendants de Jéchonias, jusqu'à Jésus-Christ, n'a porté le sceptre et n'a été assis sur le trône de Juda. Jésus-Christ ne fut pas roi dans l'idée des hommes (1). On ne sait pas l'année de la mort de Jéchonias.

JECMAAM [ou JECMAAN], quatrième fils d'Hébron, I *Par.* XXIII, 19. — [Lequel Hébron est aussi Jahath, I *Par.* XXIV, 23, et est le troisième fils de Caath, XXIII, 12, de la race de Lévi.]

JECMAAM, ville d'Ephraïm, qui fut ensuite cédée aux lévites de la famille de Caath (e). — [C'est cette même ville, selon le géographe de la Bible de Vence, qui est nommée *Jecmaan*, III *Reg.* IV, 12, et *Cibsaïm*, Jos. XXI, 22.]

JECMAAM, ville de Juda. III *Reg.* IV, 12. — [*Voyez* l'article précédent.]

JECNAM, ou JÉCONAM, ou JECNAAM, ville dans la tribu de Zabulon, donnée aux lévites de la famille de Mérari. *Josue* XXI, 34 ; XIX, 11. C'est la même que *Jéchonam du Carmel*, [ville royale des Chananéens], *Josue* XII, 22, où elle est surnommée *du Carmel*, à cause du voisinage de cette montagne.

JECSAN, second fils d'Abraham et de Céthura, *Genes.* XXV, 2. Nous croyons qu'il a peuplé une partie de l'Arabie, et que c'est lui que les Arabes appellent Kahtan, et qu'ils reconnaissent pour chef de leur nation (f). Il demeura dans les provinces qui sont à l'orient de Béersabée, c'est-à-dire dans une partie de l'Arabie Heureuse et dans une partie de l'Arabie Déserte. C'est ce que Moïse marque expressément (g) : *Abraham fit des présents aux fils de ses autres femmes, il les sépara de son fils Isaac, et les fit aller dans le pays qui regarde l'orient.* Les fils de *Jecsan* furent *Saba* et *Dadan*, qui demeurèrent dans le même pays. — [*Voyez* ASSURIM.]

JECTAN, ou JOCTAN, premier fils d'Héber, eut pour son partage tous les pays *qui s'étendent depuis Messa jusqu'à Séphar, montagne d'Orient* (h). Nous croyons que le pa s de *Messa* est celui où se trouve le mont Masius, dans la Mésopotamie ; et que *Séphar* est le pays des *Sépharvaïms* (i), ou Sépharéniens, ou des Sapires, ou des Sarapares ; car tout cela ne marque que la même chose, c'est-à-dire, un peuple qui, selon Hérodote (j), était entre les Colchiens et les Mèdes. Or tout cela était dans les provinces que Moïse désigne d'ordinaire sous le nom de *Kedem*, ou d'Orient. On trouve dans le même pays des vestiges du nom des enfants de Jectan ; ce qui confirme encore le sentiment que nous venons de proposer. Voici les noms des treize enfants de Jectan : 1° Elmodad ; 2° Saleph ; 3° Asarmoth ; 4° Jaré ; 5° Aduram ; 6° Uzal ; 7° Décla ; 8° Ebal ; 9° Abimael ; 10° Saba ; 11° Ophir ; 12° Hévila ; 13, Jobab.

Les Arabes croient constamment que le pays qu'ils habitent a été peuplé au commencement par Jectan ou Joctan, fils de Héber et frère de Phaleg, lequel, après la division des langues, vint habiter cette péninsule de l'Asie, qui peut avoir pris son nom

---

(a) *Jerem.* XXII, 24.
(b) IV *Reg.* 27. *Jerem.* LII, 31.
(c) I *Par.* III, 17, 18, et *Matth.* I, 12.
(d) *Jerem.* XXIII, 30. האיש הזה ערירי. Vide Hieronym. in *Jerem.* XXII, 30 Theodoret. et alios ibidem.
(e) I *Par.* VI, 68.
(f) Voyez Bochart. *Phaleg.* l. I, c. XV.
(g) *Genes.* XXV, 6.
(h) *Genes.* X, 25, 26...30.
(i) IV *Reg.* XVII, 24 ; XVIII, 34 ; XIX, 15.

(j) *Herodot.* l. I et l. IV.
(1) Il le fut cependant et l'est à jamais, politiquement, dans le sens de sa réponse à Pilate. *Voyez* mon explication du texte *Regnum meum non est de hoc mundo*, et la polémique à laquelle elle a donné lieu dans le *Mémorial catholique*, dirigé par M. L.-F. Guérin, tom. V, pag. 15-19, 102, 103, 169-174, et encore le même volume, page 265, ou la *Conférence* de M. Lacordaire prêchée à Notre-Dame le 11 janvier 1846.

d'Iarab, fils de Jectan, ou d'une grande campagne qui est dans la province de Tahama, et qui porte le nom d'Arabat. Ces anciens Arabes demeurèrent sans mélange dans ce pays, jusqu'à ce qu'Ismaël et ses fils s'y établirent; et s'étant mêlés avec les autres Arabes, ils furent appelés *Mos-Arabes*, ou *Mostarabes*, qui signifie Arabes mêlés, tels que sont les Ismaélites, descendus d'Ismaël, fils d'Abraham et d'Agar.

Les mêmes auteurs donnent pour fils à Jectan *Jaarab*, premier auteur de la langue arabe, et duquel tous les autres descendants de Jectan ont pris le nom d'*Arabes;* un autre fils de Jectan fut *Ad*, père des Adites, qui furent exterminés par la colère de Dieu; *Thamond*, *Tasni*, *Giadis*, sont encore des fils de Jectan, et pères des anciennes tribus des Arabes; mais ce qui embarrasse, c'est que les noms des pères de ces anciennes tribus sont autres que ceux qui nous sont décrits dans Moïse; cela n'a pas empêché que M. Bochart n'ait placé dans l'Arabie les fils de Jectan marqués dans l'Ecriture, et il y a fort bien réussi, au jugement de plusieurs savants : dans une matière aussi obscure, et dans une chose aussi éloignée de nous, on doit se contenter du vraisemblable, et savoir gré à ceux qui travaillent à débrouiller les ténèbres d'une antiquité si reculée. On peut consulter M. Bochart sur cette matière, et si l'on veut voir des conjectures suivant un autre système, on peut voir notre commentaire sur la Genèse.

JECTEHEL, ou JECTHEL, ville de Juda. *Josue* XV, 39. Peut-être la même que *Jécabséel* (a) de la même tribu, II *Esdr.* XI, 25. Mais cette dernière est plutôt *Cabséel*. *Josue,* XV, 21, et II *Reg.* XXIII, 20, etc.

JECTEHEL, rocher que prit Amasias, roi de Juda, sur les Iduméens, et du haut duquel il précipita dix mille Iduméens, qu'il avait pris dans le combat (b). Eusèbe croit que ce rocher n'est autre que la ville de Pétra, capitale de l'Arabie Pétrée. Le combat où les Iduméens furent défaits se donna dans la *vallée des Salines*, que nous plaçons entre Palmyre et Bozra (c). Pline (d) dit que les solitudes de Palmyre s'étendent jusqu'à la ville de *Pétra*. Il est donc très-probable qu'Amasias poussa sa conquête jusqu'à cette ville, et qu'il lui donna le nom de *Jectael*, c'est-à-dire, *l'obéissance au Seigneur*, pour marquer qu'il tenait de l'obéissance qu'il avait rendue à Dieu la victoire qu'il avait remportée sur les Iduméens.

* JEDAIA, prêtre, I *Par.* VIII, 10.

JEDAIA, fils de Hazémoph, de la race sacerdotale (e).

JEDALA, ville de la tribu de Zabulon. *Josue* XIX, 15. Quelques-uns la nomment *Jédala* : mais l'hébreu lit *Jadala;* les Septante, *Nalal;* le Syriaque, *Aral*.

* JEDDO, Gadite, fils de Buz, I *Par.* V, 14.

JEDDOA, fils de Jonathan, grand prêtre des Juifs (f). C'est lui dont nous avons parlé ci-devant sous le nom de JADDUS.

JEDDU, fils de Nébo, fut un de ceux qui se séparèrent de leurs femmes, qu'ils avaient prises contre la disposition de la loi, du temps de Néhémie (g).

JEDDUA, fut un de ceux qui signèrent l'alliance avec le Seigneur, du temps d'Esdras et de Néhémie. II *Esdr.* X. 19.

JEDEI, chef de la seconde classe sacerdotale. I *Par.* XXIV, 7.

JEDIHEL, un des braves de l'armée de David qui quitta le parti de Saül pour s'attacher à ce prince (h). Il le vint trouver à Siceleg, et le servit toujours très-fidèlement. Jédihel était de la tribu de Manassé, fils de Samri, et frère de Joha.

[D'autres distinguent Jédihel, fils de Samri, I *Par.* XI, 45, et l'un des braves de David, de Jédihel, de la tribu de Manassé, qui alla trouver David à Siceleg, XII, 20.]

* JEDLAPH, fils de Nachor, et neveu d'Abraham. *Genes.* XXII, 22.

JEGAAL, second fils de Séméia, descendant de David. I *Par.* III, 22.

* JEGBAA, ville de la tribu de Gad, reconstruite par les Gadites, *Num.* XXXII, 35; *Jud.* VIII, 11, située à peu de distance de Jazer, dit Barbié du Bocage; près de Beth-Nemra, dit le géographe de la Bible de Vence.

JEGEDELIA, homme de Dieu, qui avait la garde d'un des celliers du temple. Jérémie (i) fit entrer les Réchabites dans l'appartement de Jégédélia, pour leur offrir du vin.

JEHEDEIA, Lévite, descendant de Subael. I *Par.* XXIV, 20.

JEHEZIEL, un de ces braves hommes qui quittèrent le parti de Saül pour se joindre à David (j).

JEHIAS, Lévite, qui aida à porter l'arche, lorsque David la retira de la maison d'Obédédom, pour la transporter à Jérusalem (k).

JEHIEL, chef dans la tribu de Ruben. I *Par.* V, 7.

JEHIEL, Lévite qui demeura à Gabaon. I *Par.* IX, 35. — [Il n'était pas Lévite. C'est le même qu'Abi-Gabaon. *Voyez* ce nom.]

* JEHIEL, second fils d'Hotham d'Arori, et un des vaillants de David. I *Par.* XI, 44.

* JEHIEL, secrétaire ou ministre et général du roi Ozias, II *Par.* XXVI, 11.

* JEHIEL, descendant d'Adonicam. *Esdr.* VIII, 13.

* JEHIEL, descendant de Harim, prêtre, *Esdr.* X, 21, et un autre, laïque, descendant de Nébo, 43, qui renvoyèrent leurs femmes qu'ils avaient épousées dans le temps de la captivité.

(a) ביקבצאל *Bikabzeel*.
(b) IV *Reg.* xiv, 7, et II *Par.* xxv, 5, 6, etc.
(c) Voyez la Relation de *Palmyre* insérée dans le *Voyage de M. le Brun*, pag. 343.
(d) *Plin. l.* V, c xxiv
(e) II *Esdr.* iii, 10.

(f) II *Esdr.* xii, 11, 22.
(g) I *Esdr.* x, 43.
(h) I *Par.* xi, 44, et xii, 20.
(i) *Jerem.* xxxv, 4.
(j) I *Par.* xii, 4.
(k) I *Par.* xv, 24.

JEHIEL, Jehieli, ou Jahiel, Lévite Gersonite, fils de Lédan et chef de famille. I *Par.* XXVI, 21, 22.

JEHOVAH. C'est le nom de Dieu, nom ineffable et mystérieux, que le Seigneur n'a point déclaré aux anciens patriarches avant Moïse (a) : *Nomen meum Adonai, non indicavi eis.* L'hébreu, au lieu d'*Adonai*, lit *Jehovah*. J'ai apparu à Abraham et à Isaac *dans le Dieu Sadai; mais je ne leur ai point fait connaître mon nom Jehovah.* Sadaï signifie celui qui se suffit à lui-même; *Jehovah* (b), celui qui subsiste par lui-même, et qui donne l'être et l'existence aux autres. Quand Dieu dit à Moïse qu'il n'a pas fait connaître son nom Jehovah aux anciens patriarches, ce n'est pas à dire qu'ils ne l'aient pas connu sous l'idée de Dieu créateur et subsistant par lui-même; mais c'est qu'il ne leur avait pas révélé ce nom, qui exprime si bien sa nature, et sous lequel il a voulu principalement être invoqué dans la suite. Il est vrai que Moïse se sert souvent de ce nom dans la Genèse; par exemple, il dit (c) que les enfants de *Seth furent surnommés du nom de Jehovah;* et qu'Abraham jura (d) *et leva la main au nom de Jehovah;* et enfin le Seigneur dit à Abraham (e) : *Je suis le Dieu Jehovah, qui vous ai tiré d'Ur, de Chaldée,* etc. Mais c'est que la Genèse a été écrite après que Dieu eut révélé ce nom à Moïse. Il s'en sert dans ce livre par anticipation, et parce qu'au temps où il écrivait les Juifs se servaient communément du nom de *Jehovah*. Il a suivi en cela l'usage de son temps, et non pas celui du temps des patriarches dont il écrit la vie.

Au reste, quand nous prononçons *Jehovah*, nous suivons la foule; car on ne sait pas distinctement la manière dont on doit exprimer ce nom propre et incommunicable du Seigneur, que l'on écrit par *jod, hé, vau, hé,* et qui dérive du verbe *haïah*, il a été. Les anciens l'ont exprimé différemment. Sanchoniathon écrit *Jevo* (f), Diodore de Sicile (g), Macrobe (h), saint Clément d'Alexandrie (i), saint Jérôme (j) et Origène (k) prononcent *Jao;* saint Epiphane (l), Théodoret (m) et les Samaritains, *Jabé*, ou *Javé*. On trouve aussi dans les anciens *Jahoh*, *Javo*, *Javo*, *Jaod*. Louis Capel est pour *Javo;* Drusius, pour *Javé;* Mercerus, pour *Jehevah*. Hottinger, pour *Jehva*. Les Maures appelaient leur Dieu *Juba*, que quelques-uns croient être le même que *Jehovah*. Les Latins avaient apparemment pris leur *Jovis*, ou *Jovis Pater*, de *Jehovah*. Il est certain que les quatre lettres que nous prononçons par *Jehovah*, peuvent aussi s'exprimer par *Javo, Jaho, Jaou,*
Jévo, Javé, Jehvah, etc., et que les anciens Hébreux n'en ignoraient pas la prononciation; puisqu'ils le récitaient dans leurs prières et dans la lecture de leurs livres saints.

Mais les Juifs depuis la captivité de Babylone, par un respect excessif et superstitieux pour ce saint nom, ont quitté l'habitude de le prononcer, et en ont oublié la vraie prononciation. Je pense que les Septante, c'est-à-dire, les interprètes grecs que l'on cite sous ce nom, étaient déjà dans l'usage de ne le plus exprimer, puisque dans leur traduction ils le rendent ordinairement par *Kyrios*, le Seigneur. Origène (n), saint Jérôme (o), Eusèbe (p) témoignent qu'encore de leur temps, les Juifs laissaient le nom de *Jehovah* écrit dans leurs exemplaires en caractères anciens samaritains, au lieu de l'écrire en caractères chaldéens ou hébreux communs; ce qui marque leur vénération pour ce saint nom, et la crainte qu'ils avaient que les étrangers, à qui la langue et le caractère chaldéen n'étaient pas inconnus, ne le découvrissent et n'en abusassent. Ces précautions toutefois n'ont pas empêché que les païens n'en aient souvent abusé. Origène (q) enseigne qu'ils s'en servaient dans leurs exorcismes et dans leurs charmes contre les maladies. Saint Clément d'Alexandrie (r) raconte que ceux des Egyptiens à qui il était permis d'entrer dans le temple du soleil, portaient autour d'eux le nom de *Jaou*. Trallien rapporte des vers magiques contre la goutte, où se trouvait le nom de *Jas* ou *Jaath*.

Philon (s) dit qu'après la punition du blasphémateur, qui fut lapidé dans le désert (t), Dieu fit publier une loi nouvelle par Moïse, qui portait : *Quiconque maudira le Seigneur sera coupable de péché; et quiconque prononcera le nom de Dieu sera puni de mort.* C'est ainsi que les Septante et Théodoret lisent au Lévitique, XXIV, 14, au lieu que dans l'hébreu et dans la Vulgate on lit simplement : *Celui qui maudira ses dieux (elohim) portera la peine de son péché; et celui qui blasphémera le nom du Seigneur sera puni de mort.* Philon ajoute que cette loi de Moïse est pleine d'une profonde sagesse, et que la première partie de son ordonnance défend de blasphémer les faux dieux des gentils; et la seconde ne veut pas que l'on nomme seulement mal à propos le nom de Dieu; que c'est un crime digne de mort, et punissable des derniers supplices, de se servir de ce saint nom par manière d'acquit, et seulement pour orner et remplir son discours. Josèphe (u) s'exprime avec la même réserve sur le nom de Dieu. Il dit que Dieu étant apparu à Moïse dans le

---

(a) *Exod.* VI, 3. אראה אל אברהם באל שדי ושמי יהוה לא נודעתי בהם
(b) יהוה *Jehova*. Κύριος. *Vulg. Adonai.*
(c) *Genes.* IV, 26.
(d) *Genes.* XIV, 22
(e) *Genes.* XV, 7.
(f) *Sanchoniat. apud Euseb. Præpar. l.* X, c. IX.
(g) *Diodor. Biblioth. l.* II.
(h) *Macrob. Saturnal. l* I, *c.* XVII.
(i) *Clem. Alex. l.* V *Stromat.*
(j) *Hieronym. seu alius sub ejus nomine in Psalm.* VIII.
(k) *Origen. l.* VI *contra Celsum.*
(l) *Epiphan. hæres.* 40

(m) *Theodoret.* qu. 15 *in Exod.*
(n) *Fragment. Origen. in Palæograph. Græca, l.* II, *c.* I.
(o) *Hieronym. in lib. Reg. Præfat. et in Ezech.* IX.
(p) *Euseb. in Chronico ad* 4740.
(q) *Origen. l* I *contra Cels.*
(r) *Clem. Alex. l.* V *Stromat.*
(s) *Philo, de Vita Mos. l.* III, p. 683, 684. ὃς ἂν καταράσηται τὸν Θεὸν, ἁμαρτία ἔνοχος ἔστω, ὃς δ' ἂν ὀνομάσῃ τὸ ὄνομα τοῦ Κυρίου θνησκέτω.
(t) *Levit.* XXIV, 14 *et seq.*
(u) *Antiq. l.* II, *c.* V, *n.* 12, p. 61. ὁ Θεὸς αὐτῷ σημαίνει τὴν ἑαυτοῦ προσηγορίαν, οὐ πρότερον εἰς ἀνθρώπους παρελθοῦσαν, περὶ ἧς οὔ μοι θέμις εἰπεῖν.

buisson ardent, lui révéla son nom, qu'*il n'avait jamais découvert à aucun homme, et dont il ne m'est pas*, dit-il, *permis de parler*.

Les Juifs disent que depuis le retour de la captivité, on ne prononçait le nom de Dieu qu'une seule fois dans le temple ; et cela, au jour de l'Expiation solennelle ; encore faisait-on exprès du bruit, lorsque le grand prêtre le prononçait en présence d'un petit nombre de disciples choisis, qui le pouvaient entendre, sans que le peuple l'entendît. Mais depuis la destruction du temple, on a cessé entièrement de le prononcer ; d'où vient que l'on en a perdu la vraie prononciation. Les Juifs n'expriment plus du tout le sacré nom de *Jehovah*; mais en sa place ils disent *Adonaï* ou *Elohim*, en lisant et en priant. Saint Jérôme les a imités, en mettant (a) : *Je ne leur ai point découvert mon nom Adonaï*, au lieu de, *mon nom Jehovah*. Les Hébreux modernes enseignent que c'est par la vertu du nom *Jehovah*, que Moïse avait gravé sur la verge miraculeuse, qu'il faisait tous les prodiges dont il est parlé dans l'Écriture ; et que c'est par la même vertu que Jésus-Christ a fait tous ses miracles, ayant dérobé dans le temple le nom ineffable, qu'il mit dans sa cuisse entre cuir et chair. Ils ajoutent que nous en pourrions faire de même, si nous pouvions arriver à la parfaite prononciation de ce nom. Ils se flattent que le Messie leur apprendra ce grand secret, lorsqu'il sera venu dans le monde.

Les Juifs croient que qui saurait la vraie prononciation du nom de *Jehovah*, ou du nom de quatre lettres (*b*), ne manquerait pas d'être exaucé de Dieu ; que s'ils n'ont pas le bonheur aujourd'hui d'être exaucés, cela ne vient que de ce qu'ils en ignorent la vraie prononciation. Que Simon le Juste, grand prêtre de leur nation, est le dernier qui l'ait reçue ; qu'après sa mort le nombre des profanes se multipliant, et abusant de ce nom divin, on cessa de le prononcer ; qu'à ce nom ils en substituèrent un autre composé de douze lettres (*c*), que le grand prêtre prononçait en donnant la bénédiction au peuple. Tarphon, rabbin fameux, que l'on croit être le même que Tryphon, contre lequel saint Justin, martyr, dispute dans son dialogue ; Tarphon, dis-je, raconte qu'un jour s'étant approché du prêtre pour entendre sa bénédiction, il s'aperçut qu'il n'articulait plus les douze lettres, et qu'il se contentait de marmotter, pendant que les lévites chantaient ; que cela venait de la multitude des profanes, auxquels il n'était pas de la prudence de découvrir ce nom sacré, de peur qu'ils n'en abusassent. Ils dénoncent dans leur Talmud des malédictions épouvantables contre ceux qui le prononcent ; ils se font un scrupule de tenter même de le prononcer ; ils prétendent que les anges n'en ont pas la liberté.

Il semble que les profanes mêmes aient eu quelque connaissance de ce grand nom, de ce nom ineffable. Nous avons encore dans les vers dorés de Pythagore un serment par celui qui a les quatre lettres (*d*) ; on lisait dans le frontispice d'un temple de Delphes, au rapport d'Eusèbe (*e*), cette inscription : *Tu es*. Les Égyptiens avaient mis sur un de leurs, celle-ci : *Je suis*. Les païens avaient certains noms de leurs dieux qu'ils n'osaient prononcer. Cicéron (*f*) en allègue un exemple dans un catalogue qu'il fait des divinités païennes. Lucain dit que la terre aurait tremblé, si on les avait prononcés (*g*) :

An ille
Compellandus erit quo numquam terra vocato
Non concussa tremit.

Celui de Romulus était marqué dans les archives publiques, comme parmi les Juifs celui de Jehovah, par les quatre consonnes qui composent son nom. Mais c'était moins par respect qu'ils en usaient ainsi que dans la crainte qu'on n'évoquât les dieux tutélaires de leurs villes (*h*) (1). — [*Voyez* TRINITÉ.]

Les docteurs juifs cabalistes ont beaucoup subtilisé sur le nom de Jehovah. Ils remarquent, par exemple, que dans la Genèse Moïse ne donne à Dieu que le nom *Elohim*, pendant qu'il parle de la création du monde ; mais il lui donne celui de *Jehovah*, après avoir achevé la création : c'est que, dans le premier instant, Dieu paraissait en quelque sorte imparfait, en produisant les êtres par parties : mais après avoir achevé son ouvrage, il prend le nom de *Jehovah*, qui est un nom d'une perfection infinie. C'est à cela qu'ils rapportent ces paroles du Deutérono-

---

(*a*) Exod. vi, 3.
(*b*) יהוה τετραγράμματον. Vide *Medias Thillim* in Psal. xii. Drus. *de nomine Tetragram.* c. x.
(*c*) Maimonid. *More Nebochim*, part. i, c. lxii.
(*d*) Τετρακτύς. Vide Selden. *de Diis Syr. Syntagm.* II, c. i.
(*e*) Euseb. *Præpar. l.* XI, c. x. Plutarch. *tract. de* Εἰ inscript. foribus templi Delph. t. II, p. 384.
(*f*) Cicero *de Nat. deorum.*
(*g*) Lucan. *l.* VI, vers. 744, 745.
(*h*) Plin. *l.* XXVIII, c. ii : *Constat ideo occultum* (nomen) *in cujus Dei tutela Roma esset, ne qui hostium simili modo evocarent.*
(1) Leland a remarqué aussi que le nom particulier de Dieu, Jehovah, n'était pas inconnu aux païens. Voici en quels termes il s'exprime sur ce sujet : « Diodore de Sicile nous dit que Moïse, le législateur des Juifs, avait déclaré que le Dieu appelé Iαω lui avait donné ses lois (*). Philon, le traducteur de l'Histoire phénicienne de Sanchoniathon, l'appelle Iαω, prétendant que Sanchoniathon tenait la plupart des faits rapportés dans son Histoire, de Jérombal, prêtre du Iαω, qui était presque contemporain de Moïse ; et vivait avant la guerre de Troie (**). Macrobe rapporte qu'on demanda à l'oracle d'Apollon quel était celui des dieux que l'on nommait Iαω, et que l'oracle répondit ces paroles remarquables : *Donnez le nom d'*Iαω *au Dieu suprême*. Cependant cet oracle fut appliqué dans la suite au soleil (***). Il est probable encore que le nom de *Jovis*, ou *Jovis Pater*, et par abréviation *Jupiter*, venait de *Jehovah*; et comme ce nom fut connu des plus anciens habitants de l'Italie, il se pourrait bien que l'Être qu'il désigne y fût aussi connu dans ces temps reculés. On remarque en effet quelques traces de la religion primitive dans cette contrée du monde, jusqu'aux premiers temps de la république romaine ; mais dans la suite ce nom respectable, qui, dans son origine, désignait le vrai Dieu, fut transporté au chef des idoles, auquel on attribua aussi les perfections et les honneurs de la Divinité. » LELAND, *Démonstr. évang.*, part. i, ch. xix, § 5.

(*) Diodor. Sicul., *Biblioth.*, lib. I.
(**) Apud Euseb., *Præparat. Evangel.*, lib. I, cap. ix, p. 31, A, R
(***) Macrob., *Saturn.*, lib. I, cap. xviii.

me (a) : *L'ouvrage du rocher est parfait*, ou plutôt l'ouvrage *de Dieu*, ce rocher *tout-puissant, est parfait.*

Les lettres qui composent ce nom adorable sont toutes pleines de mystères. Le *jod* qui est la première, marque *la pensée, l'idée de Dieu* : c'est une lumière inaccessible aux hommes ; c'est une de ces choses que l'œil de l'homme n'a point vues, et que l'esprit de l'homme n'a point comprises ; que c'est de cette lettre dont parlait Job en disant (b) : *Qu'elle s'est cachée loin des yeux de l'homme vivant*, etc. Le *hé*, qui est la dernière des quatre lettres, découvre l'unité de Dieu et du Créateur. C'est de là que sortent les quatre fleuves du paradis terrestre, c'est-à-dire, les quatre majestés de Dieu que les Juifs appellent *Schekinah.*

Le nom de Dieu renferme toutes choses : celui qui le prononce ébranle le ciel et la terre, et inspire la terreur aux anges mêmes. Ce nom a une autorité souveraine ; il gouverne le monde par sa puissance. Les autres noms et surnoms de la Divinité se rangent autour de lui, comme les officiers et les soldats autour de leur roi ou de leur général ; ils reçoivent de lui ses ordres et lui obéissent. C'est la source des grâces et des bénédictions ; c'est le canal des miséricordes de Dieu sur les hommes. Qui saurait tous les mystères du nom de Dieu n'ignorerait rien de toutes les voies de sa justice et de sa providence.

Les musulmans (c) se servent souvent du nom de *hu*, ou *hou*, qui signifie à peu près la même chose que *Jehovah*; c'est-à-dire, *lui, celui qui est.* Ils mettent ce nom au commencement de leurs rescrits, passe-ports, lettres patentes ; ils le prononcent souvent dans leurs prières : il y en a qui le répètent si souvent et avec tant de véhémence en criant de toutes leurs forces *hou, hou, hou,* qu'à la fin ils s'étourdissent, et tombent dans des syncopes qu'ils appellent extases. Mais le grand nom de Dieu est celui d'*Allah*, qu'ils prononcent souvent, et auquel ils ont une grande confiance. Ils disent que c'est par la vertu de ce nom que Noé faisait voguer l'arche à sa volonté ; que Japhet l'avait gravé sur une pierre précieuse qu'il laissa à ses enfants, et par le moyen de laquelle il faisait descendre la pluie quand il voulait. C'est, disent-ils, par le même nom que Jésus-Christ opérait ses miracles. Enfin chez les Arabes, et chez tous ceux qui font profession du mahométisme, le nom d'*Allah* correspond à ceux d'*Elohim* et d'*Adonaï* chez les Hébreux, et même à celui de *Jehovah*, dont on appelle ineffable, et d'un mot grec *tetragrammaton*, ou de quatre lettres, qui marque plus particulièrement l'essence divine.

JEHU. Le prophète Jéhu fils d'Hanani, fut envoyé par le Seigneur vers l'an 3073 ou 3074, avant Jésus-Christ 927 ou 926, avant l'ère vulgaire 931 ou 930, vers Basa, roi d'Israel, pour lui dire (d) : *Je vous ai élevé de la poussière, et je vous ai établi chef de mon peuple d'Israel ; et après cela vous avez marché dans les voies de Jéroboam, et vous avez fait pécher mon peuple. C'est pourquoi je retrancherai votre postérité de dessus la terre, et je ferai de votre maison ce que j'ai fait de celle de Nabat. Celui de la race de Basa qui mourra dans la ville, sera mangé par les chiens ; et celui qui mourra à la campagne, sera mangé par les oiseaux du ciel.* Le texte de la Vulgate ajoute que Basa, irrité de la liberté de Jéhu, fils d'Hanani, le fit mourir : mais le texte hébreu met simplement : *Jéhu ayant déclaré à Basa que le Seigneur avait prononcé contre lui, et que le Seigneur traiterait sa maison comme il avait traité celle de Jéroboam. Que pour cela il le fit mourir.* On ne dit pas si c'est Basa qui fit mourir Jéhu, ou si c'est le Seigneur qui fit mourir Basa.

Ce qui pourrait faire croire que c'est plutôt ce dernier, c'est que l'an du monde 3107, environ trente ans après la mort de Basa, on voit de nouveau Jéhu, fils d'Hanani, qui vient faire des reproches de la part du Seigneur à Josaphat, roi de Juda (e) : *Vous donnez*, lui dit-il, *du secours à un impie, et vous faites alliance avec un ennemi du Seigneur ? Vous vous êtes rendu digne de la colère du Seigneur ; mais parce qu'il s'est trouvé de bonnes œuvres en vous, le Seigneur vous a épargné.* Certainement, si Jéhu eût été mis à mort par Basa, il n'aurait pu se présenter si longtemps après à Josaphat. Quelques-uns veulent qu'il y ait eu deux Jéhu, fils d'Hanani : mais j'aimerais mieux dire que, dans le premier passage que nous avons proposé, il s'agit de la mort de Basa, et non de celle de Jéhu, que de multiplier les personnes sans nécessité. Au reste, on ne sait rien davantage de la vie de Jéhu. *Hanani*, son père, était aussi un prophète dont on a parlé sous son titre.

JEHU, fils de Josaphat (f) et petit-fils de Namsi, capitaine des troupes de Joram, roi d'Israel, fut destiné par le Seigneur pour régner sur Israel, et pour venger les crimes de la maison d'Achab. Le Seigneur avait donné ordre à Elisée de sacrer Jéhu (g) ; mais cet ordre ne fut exécuté que par un des enfants des prophètes, qu'il y envoya en sa place (h); apparemment afin que la chose se fît dans un plus grand secret. Le Seigneur parla à Elisée et lui déclara sa volonté sur Jéhu, l'an du monde 3097, avant l'ère vulgaire 907, et Jéhu ne fut sacré roi qu'en 3120, avant l'ère vulgaire 884, et vingt-trois ans après que l'ordre en eût été donné à Elisée. Jéhu était à Ramoth de Galaad, et assiégeait la citadelle de cette ville avec l'armée de Joram, roi d'Israel, lorsqu'on vit arriver un jeune prophète, qui le tira à part du milieu des officiers de l'armée, parmi lesquels il était as-

---

(a) Deut. xxxii, 4.
(b) Job. xxviii, 21.
(c) D'Herbelot, *Bibl. Orient.*, p. 460, Hou, et p. 526, Esma.
(d) III Reg. xvi, 1.

(e) II Par. xix, 1, 2, etc.
(f) IV Reg. ix, 2 : *Videbitis Jehu filium Josaphat filii Namsi.*
(g) III Reg. xix, 16.
(h) IV Reg. ix, 1, 2, 4 et seq.

sis; et lorsqu'ils furent seuls dans une chambre, le prophète lui répandit de l'huile sur la tête, et lui dit : Voici ce que dit le Seigneur : Je vous ai sacré aujourd'hui roi sur Israël. Vous exterminerez la maison d'Achab, et vous vengerez le sang des prophètes qui a été répandu par Jezabel. J'exterminerai par votre main la maison d'Achab., et je la traiterai comme j'ai traité celle de Jéroboam, fils de Nabat, et celle de Basa, fils d'Ahia. Jezabel sera mangée des chiens dans Jezrahel, et personne ne lui rendra les derniers devoirs.

Le prophète n'eut pas plutôt dit cela, qu'il tira la porte et se sauva, de peur qu'on ne le reconnût; et Jéhu étant rentré au lieu où étaient les autres officiers du roi, ils lui demandèrent de quoi il s'agissait, et le pressèrent de leur dire ce que cet homme était venu faire. Il leur déclara ce qui s'était passé, et que c'était un prophète envoyé du Seigneur pour le sacrer roi. Ils se levèrent aussitôt, et chacun prenant son manteau, ils en firent une espèce de trône à Jéhu; et sonnant de la trompette, ils crièrent : *Vive le roi Jéhu!* Or Joram, roi d'Israel, était alors à Jezrahel, où il se faisait traiter de quelques blessures qu'il avait reçues au siége de Ramoth. Jéhu ordonna donc qu'on ne laissât sortir personne de la ville, et en même temps il partit pour aller surprendre le roi à Jezrahel. Comme il approchait de la ville, la sentinelle avertit qu'il voyait une troupe qui venait en grande hâte. Joram envoya un officier avec un chariot de guerre, pour reconnaître qui c'était : mais Jéhu, sans répondre à cet officier, lui dit de le suivre. Joram y en envoya un second, à qui Jéhu fit le même commandement. Enfin Joram y vint lui-même, monté sur son chariot, accompagné d'Ochozias, roi de Juda, qui était aussi monté sur son chariot ; et ils rencontrèrent Jéhu sur le champ de Naboth de Jezrahel.

Joram demanda à Jéhu : *Apportez-vous la paix?* Jéhu lui répondit : *Quelle paix pouvez-vous attendre, pendant que les fornications de Jezabel, votre mère, et les sorcelleries subsistent en tant de manières ?* Joram aussitôt tournant bride, et prenant la fuite, dit à Ochozias : *Nous sommes trahis, Ochozias.* En même temps, Jéhu banda son arc, frappa Joram entre les deux épaules, lui perça le cœur, et le tua dans son chariot (a). Alors Jéhu ordonna que l'on jetât son corps dans le champ de Naboth de Jezrahel, pour accomplir la parole du prophète Elie, qui l'avait ainsi prédit. Ochozias, prenant aussi la fuite, fut blessé à mort par l'ordre de Jéhu, mais il se sauva dans son chariot jusqu'à Mageddo, où il mourut.

Jéhu vint ensuite à Jezrahel, où Jezabel était. Comme il entrait dans la ville, Jezabel, qui était à sa fenêtre, lui dit : *Celui qui a tué son maître peut-il espérer quelque paix?* Jéhu levant la tête, et la voyant, commanda à deux ou trois eunuques qui étaient en haut de la précipiter par la fenêtre. Ce qu'ils firent aussitôt, et elle fut foulée aux pieds des chevaux qui entraient, et les chiens la mangèrent, en exécution des menaces d'Elie; en sorte que quand Jéhu envoya pour la faire enterrer, on ne trouva que ses os. Après cela Jéhu envoya dire à ceux de Samarie (b) qui nourrissaient les soixante et dix fils d'Achab, qu'ils pouvaient choisir celui d'entre ces enfants qu'ils jugeraient à propos, pour le mettre sur le trône. Mais ces gens, saisis de frayeur, répondirent qu'ils étaient à Jéhu, et qu'ils lui obéiraient en toutes choses ; de sorte que Jéhu leur ordonna de faire mourir tous les enfants du roi, et de lui en envoyer les têtes ; ce qu'ils exécutèrent dès le lendemain. Alors il fit mourir tous les parents d'Achab, ses amis, les grands de la cour et les prêtres qui étaient à lui dans Jezrahel.

Après cela il vint à Samarie ; et en chemin il trouva les parents d'Ochozias, roi de Juda, qui allaient à Jezrahel pour saluer les enfants du roi et de la reine, dont ils ne savaient pas encore la mort. Jéhu les fit arrêter au nombre de quarante-deux qu'ils étaient, et les fit tous massacrer. Un peu plus loin il trouva Jonadad, fils de Réchab ; et l'ayant fait monter sur son chariot, il lui dit : *Venez avec moi, et vous verrez mon zèle pour le Seigneur.* Et quand il fut entré à Samarie, il fit mourir tous ceux qui restaient de la maison d'Achab, sans en épargner un seul. Puis ayant assemblé le peuple de Samarie, il leur dit : *Achab a rendu quelques honneurs à Baal; mais je veux lui en rendre de plus grands. Qu'on fasse donc venir tous les ministres, les prêtres et les prophètes de Baal, pour une grande fête que je veux célébrer en son honneur.* Lorsqu'ils furent tous venus et assemblés dans le temple de Baal, il ordonna qu'on leur donnât à tous des habits, et leur dit de prendre bien garde qu'il n'y eût parmi eux aucun étranger. Après quoi il dit à ses gens de faire main basse sur eux, et de n'en épargner pas un seul. Ainsi ils furent tous égorgés dans le temple de Baal. On arracha de là la statue de Baal, on la brisa et on la brûla ; puis on détruisit ce temple, et on en fit une place destinée à satisfaire aux besoins de la nature.

Le Seigneur, satisfait de la vengeance que Jéhu avait exercée contre la maison d'Achab, lui promit que ses enfants seraient assis sur le trône d'Israel jusqu'à la quatrième génération. Mais en même temps l'Ecriture (c) l'accuse de ne s'être point retiré des péchés de Jéroboam, fils de Nabat, qui avait fait pécher Israel, et qui y avait introduit le culte des veaux d'or. Le prophète Osée (d) le menace de la vengeance du Seigneur en ces termes : *Dans peu de temps je vengerai le sang répandu à Jezrahel, sur la maison de Jéhu, et je ferai cesser le règne de la maison d'Israel. Je briserai l'arc d'Israel dans la vallée de Jezrahel.* Jéhu avait à la vérité exercé

(a) An du monde 3120, avant Jésus-Christ 880, avant l'ère vulgaire 884. Voyez IV *Reg.* ix, 25.
(b) IV *Reg.* x, 1, 2, 3, etc.

(c) IV *Reg.* x, 29, 31, 32.
(d) *Ose.* i, 4, 5.

la vengeance du Seigneur sur la maison d'Achab, mais il avait aussi vengé ses injures particulières, ou plutôt il l'avait fait dans un esprit d'animosité et d'ambition. Il avait suivi sa passion plutôt que la volonté du Seigneur. Il n'était pas demeuré dans les justes bornes. Dieu récompense son obéissance, mais il punit son injustice et son ambition ; il punit son idolâtrie et le sang qu'il avait injustement répandu. Il régna vingt-huit ans sur Israel, et Joachaz, son fils, régna en sa place (a). Les quatre descendants de sa race qui régnèrent sur Israel furent Joachaz, Joas, Jéroboam II et Zacharie. Le règne de Jéhu fut traversé par la guerre que lui fit Hazael, roi de Syrie (b). Ce dernier prince ravagea toutes les frontières ou les extrémités du royaume d'Israel, et tailla en pièces tout ce qu'il y trouva. Il désola surtout le pays de delà le Jourdain et les tribus de Manassé, de Gad et de Ruben, qui y demeuraient. On ne sait pas le temps de cette guerre. Il est probable qu'elle est du commencement de Jéhu, et qu'Hazael, ayant appris que Jéhu avait quitté Ramoth de Galaad, se jeta dans ce pays et le subjugua.

JEHU, quatrième fils de Roboam, roi de Juda et d'Abihaïl. II Par. XI, 19.

JEHU, fils d'Obed, père d'Azarias. I Paralip. II, 38.

JEHUS, fils d'Esaü et d'Oolibama. Genes. XXXVI, 5.

JEHUS, fils de Balan, de la tribu de Benjamin. I Par. VII, 10.

JEHUS, fils d'Esec. I Par. VIII, 39.

JEMAI, fils de Thola et petit-fils d'Issachar. I Par. VII, 2.

JEMINI. Ce nom se met ordinairement pour *Benjamin*. Ainsi on dit que Géra, aïeul d'Aod, était fils de *Jémini* (c), c'est-à-dire, de la tribu de Benjamin. Et en parlant de Saül (d), qu'il était fils d'un homme de *Jémini*, c'est-à-dire, de la tribu de Benjamin. Ailleurs, *la terre de Jémini* (e) est la terre de Benjamin. *Jémini* en hébreu signifie ma droite. C'est le nom que Jacob donna à son fils, que Rachel avait nommé *Ben-oni*, ou fils de ma douleur (f).

JEMLA, père du prophète Michée. III Reg. XXII, 8.

JEMNA, ou JAMNA, premier fils d'Aser, chef de la famille des Jamnaïtes (g). — [Un autre, descendant d'Aser, I Par. VII, 35.]

JEMNA, Lévite, sous le règne d'Ezéchias. II Par. XXXI, 14.

JEPHDAIA, fils de Sésac. I Par. VIII, 25.

JEPHLAT, fils d'Héber, descendant d'Aser. I Paralip. VII, 32.

JEPHLETI, ville sur les frontières de Benjamin et d'Ephraïm, Josue, XVI, 3 ;—[mais appartenant à celle d'Ephraïm.]

JEPHONÉ, père de Caleb, de la tribu de Juda. Num. XIII, 7, etc.

JEPHONÉ, fils de Jether, ou Jethran, de la tribu d'Aser, et différent de Jephoné, père de Caleb, de la tribu de Juda. I Paralip. VII, 38.

JEPHTA [ou plutôt JEPHTHA], ville de la tribu de Juda, Josue, XV, 43.

JEPHTAEL [ou plutôt JEPHTHAHEL], ville de la tribu de Zabulon, Josue XIX, 14, 27 ; — [sur la limite de cette tribu et de celle d'Aser.]

JEPHTÉ [ou JEPHTHÉ], juge d'Israel et successeur de Jaïr dans le gouvernement du peuple ; il était fils d'un nommé Galaad et d'une de ses concubines (h) ; ou simplement il était natif de Maspha, fils d'une courtisane et d'un père nommé Galaad. Celui-ci ayant épousé une femme légitime, et en ayant eu des enfants, ses enfants chassèrent Jephté de la maison paternelle, disant qu'il ne pouvait être héritier avec eux (i). Jephté se retira dans le pays de Tob, et y devint chef d'une troupe de voleurs et de gens ramassés. En ce temps-là les Israélites de delà le Jourdain, se voyant pressés par les Ammonites, vinrent prier Jephté de leur donner du secours et de les commander. Jephté leur reprocha d'abord l'injustice qu'ils lui avaient faite ou du moins qu'ils n'avaient pas empêchée, lorsqu'on le chassa de la maison de son père. Mais comme ces gens le priaient avec beaucoup d'instance, il leur dit qu'il voulait bien leur donner du secours, pourvu qu'à la fin de la guerre ils le reconnussent pour leur chef. Ils s'y accordèrent et le lui promirent avec serment. Ceci arriva l'an du monde 2817, avant Jésus-Christ 1183, avant l'ère commune 1187.

Jephté, ayant été reconnu pour chef des Israélites dans une assemblée du peuple, députa vers les Ammonites pour leur dire : *Qu'y a-t-il entre vous et moi ? Pourquoi êtes-vous venus m'attaquer et ravager mon pays ?* Le roi des Ammonites lui répondit : *C'est parce qu'Israel venant d'Egypte, a pris mon pays. Rendez-le moi donc maintenant et demeurons en paix.* Jephté envoya de nouveaux ambassadeurs aux Ammonites, pour leur dire qu'Israel ne leur avait rien pris, mais seulement aux Amorrhéens, et que tout ce qu'il possédait au delà du Jourdain, il le possédait par droit de conquête. Il ajouta : Si vous croyez avoir droit de jouir de ce que Chamos, votre dieu, vous a donné, pourquoi ne jouirions-nous pas de ce que le Seigneur, notre Dieu, nous a accordé ? Séphor, roi des Moabites, qui vivait du temps de Moïse, fut témoin de la conquête que nous fîmes de son pays, qui était alors entre les mains des Amorrhéens, et cependant il ne se plaignit point et n'en demanda pas la restitution ; et vous venez aujourd'hui la demander après un si long temps. Que si vous continuez à me vouloir faire une guerre injuste, que le Seigneur en soit le juge et qu'il

---

(a) IV Reg. x, 35, 36.
(b) IV Reg x, 33, 34.
(c) Judic. III, 15.
(d) I Reg. IX, 1.
(e) I Reg. IX, 4.

(f) Genes. xxxv, 18.
(g) Genes. XLVI, 17. Num. XXVI, 44.
(h) Judic. XI, 1, 2, 3, etc.
(i) Ibid. XI, 7.

soit l'arbitre de cette journée entre Israel et les enfants d'Ammon.

Le roi des Ammonites ne voulut pas se rendre à ces raisons, et Jephté, rempli de l'Esprit du Seigneur, commença à rassembler des troupes, en parcourant tout le pays qu'occupaient les Israélites au delà du Jourdain. Alors il fit un vœu au Seigneur, s'il lui donnait la victoire contre les Ammonites, de lui offrir en holocauste le premier qui sortirait de sa maison et qui viendrait au-devant de lui. La bataille s'étant donnée, Jephté demeura victorieux et ravagea tout le pays d'Ammon. Mais comme il revenait dans sa maison, sa fille unique vint au-devant de lui en dansant au son des tambours. Alors Jephté, déchirant ses habits, dit : Ah! malheureux que je suis! Ma fille, vous m'avez trompé et vous vous êtes trompée vous-même ; car j'ai fait un vœu au Seigneur, et je ne puis manquer à ma promesse. Sa fille répondit : Mon père, si vous avez fait vœu au Seigneur, faites de moi tout ce que vous avez promis; accordez-moi seulement la grâce que je vous demande : Laissez-moi aller sur les montagnes pendant deux mois, afin que j'y pleure ma virginité avec mes compagnes. Jephté la laissa libre pendant deux mois ; après quoi, il exécuta ce qu'il avait promis.

Cependant ceux de la tribu d'Ephraïm (*a*), jaloux de la victoire que Jephté venait de remporter contre les Ammonites, passèrent le Jourdain en tumulte, vinrent se plaindre à Jephté de ce qu'il ne les avait pas appelés à cette guerre, et le menacèrent de mettre le feu à sa maison. Jephté leur répondit qu'il les avait envoyé prier de venir à son secours; mais que voyant qu'ils ne venaient pas, il avait mis son âme dans ses mains et avait hasardé un combat. Ceux d'Ephraïm ne se rendant pas à ces raisons, Jephté assembla le peuple de Galaad, leur livra bataille et les vainquit. Les victorieux ne se contentant pas de les avoir mis en fuite, se saisirent des gués du Jourdain; et lorsque quelqu'un d'Ephraïm venait sur le bord du fleuve pour se sauver, ceux de Galaad lui demandaient : N'êtes-vous pas d'Ephraïm? Il répondait : Non. Ils lui répliquaient : Dites donc *schibboleth*, qui signifie un épi ; mais au lieu de *schibboleth*, ils disaient *sibboleth*, sans aspiration; et aussitôt on les prenait et on les tuait au passage du Jourdain ; en sorte qu'il y eut quarante-deux mille hommes de la tribu d'Ephraïm qui furent tués ce jour-là.

Nous ne connaissons aucune autre particularité de la vie et du gouvernement de Jephté; nous savons seulement qu'il jugea Israel pendant six ans (*b*), et qu'il fut enterré dans la ville de Maspha en Galaad (*c*). Saint Paul (*d*) le met entre les saints de l'Ancien Testament qui se sont distingués par le mérite de leur foi. Il semble que la fable d'Iphi-

génie, fille d'Agamemnon, est tirée de l'histoire de Jephté. Agamemnon ayant par mégarde tué la biche de Diane, la déesse irritée fit naître des obstacles qui retardèrent le départ de la flotte. On consulta le devin Calchas, qui déclara que les dieux demandaient une victime du sang d'Agamemnon. Iphigénie fut conduite pour être immolée ; mais Diane, touchée de compassion, mit une biche en la place d'Iphigénie. La biche fut sacrifiée, et Iphigénie fut faite prêtresse de Diane Orthia, dans la Taurique, où l'on immolait des victimes humaines.

[Ecoutons sur ce point Delort de Lavaur, qui, après avoir cité l'histoire de Jephté, continue en ces termes :

« Voyons à présent, et mettons, vis-à-vis, la fable d'Iphigénie, dans les principaux traits qui la composent : les temps conviennent à peu près ; l'opinion que le nom d'Iphigénie est pris de la fille de Jephté paraît très-bien fondée ; la conformité en est sensible, puisqu'il n'y a eu qu'à changer *Iphigénie* en *Iphigénie*, pour en faire précisément la fille de Jephté, qu'on appelait aussi *Jephté* ou *Iiphtah*; ainsi sa fille devait être appelée *Iphtigénie*, qui veut dire *fille de Jephté*.

» Agamemnon, qui est dépeint comme un vaillant guerrier et un admirable chef, fut choisi par les Grecs pour leur général et leur prince contre les Troyens, du commun consentement de la Grèce assemblée dans la ville et le port d'*Aulide* dans la Béotie.

» Dès qu'il eut accepté le commandement, il envoya des ambassadeurs à Troie au roi Priam, pour lui demander satisfaction sur l'enlèvement dont les Grecs se plaignaient; les Troyens ayant refusé de leur donner cette satisfaction, Agamemnon, pour mettre dans son parti les dieux qui paraissaient irrités contre les Grecs et opposés au succès de leur entreprise, après leur avoir sacrifié, eut recours à Calchas, leur interprète, qui déclara de leur part que les dieux, et particulièrement Diane, ne pouvaient être apaisés, ni accorder aux Grecs un heureux voyage, que par le sacrifice d'Iphigénie (1), fille d'Agamemnon.

» D'autres, dont l'opinion est la plus vraisemblable (et elle est suivie par Cicéron) (2), ont dit qu'Agamemnon, pour s'attirer la protection des dieux dans la guerre dont il était déclaré le chef, leur avait dévoué ce qui naîtrait de plus beau dans son royaume; et que sa fille Iphigénie ayant surpassé tout le reste en beauté, il se crut obligé de l'immoler ; ce que Cicéron condamne, en jugeant qu'il y avait moins de mal à ne pas tenir sa promesse qu'à commettre un parricide.

» Agamemnon fut frappé et troublé de cette obligation; il y consentit pourtant d'abord; il eut ensuite de grands regrets sur sa fille. On le représente délibérant et dans le doute

---

(*a*) *Judic.* xii, 1, 2 et seq.
(*b*) Il mourut l'an du monde 2823, avant Jésus-Christ 1177, avant l'ère vulg. 1181.
(*c*) *Judic.* xii, 7.
(*d*) *Hebr.* xi, 31.
(1) Sanguine virgineo placandam Virginis iram
 Esse Deæ. (*Ovid. Metamorph.* lib. XII, vers. 28.)

(2) Agamemnon, cum devovisset Dianæ quod in suo regno pulcherrimum natum esset illo anno, immolavit Iphigeniam, qua nihil erat eo quidem anno natum pulchrius: promissum potius non faciendum, quam tam tetrum facinus admittendum fuit. (*Cicéron*, au troisième livre de ses *Offices*, n. 95.)

si les dieux pouvaient demander un parricide, et s'il était obligé de croire l'oracle, ou de tenir sa promesse.

» Les poëtes (1) ont ici ajouté à cette résistance des sentiments de la nature, des intrigues qui augmentent les difficultés de l'exécution de ce vœu ou de cet ordre du ciel, pour former des nœuds qui ornent leurs poëmes, et pour étaler l'éloquence qui ramena ce père à exécuter ce qu'il devait aux dieux. Ils font enfin triompher Agamemnon des faiblesses de la tendresse paternelle, par les motifs de son devoir (2) et de sa gloire; il prononce l'ordre à sa fille, qui exhorte elle-même son père à l'exécuter, avec une fermeté et une soumission merveilleuses; elle le console et se trouve trop heureuse de mourir pour une si belle cause, pour procurer la victoire et la gloire de sa patrie : avec ces sentiments elle échappe à sa mère; elle se met entre les mains de son père, pour être conduite à l'autel, au milieu des pleurs de ses compagnes, et pour y être immolée.

» Quelques auteurs ont dit qu'elle fut effectivement sacrifiée (3); d'autres plus humains ont conté qu'elle avait été sauvée et enlevée dans un nuage par les dieux, contents de l'acceptation du sacrifice (4), qui envoyèrent une biche pour être immolée au lieu d'elle. (Ils ont pris ce trait du sacrifice d'Isaac.) D'autres ont imaginé qu'elle avait été changée elle-même par les dieux en une biche ou une ourse (5). Le premier fond de cette fable était qu'elle avait été enlevée près de l'autel dans un tumulte, et qu'on avait trouvé à sa place une biche avec laquelle le sacrifice fut accompli. Dictys de Crète (6) dit que cet animal fut substitué pour sauver Iphigénie.

» Le point dans lequel ces diverses traditions conviennent est qu'Iphigénie ne parut plus dans son pays; la Fable lui donne à peu de frais une machine qui l'enleva dans la Chersonèse Taurique, où elle consacra le reste de ses jours au service du temple de Diane, dans lequel on immolait à cette déesse des hosties humaines (7), en mémoire du sacrifice de la prêtresse. Les poëtes ont substitué ces sacrifices, plus conformes à leur art et à leur religion, aux pleurs et aux fêtes lugubres par lesquelles les filles d'Israel célébraient tous les ans la mort de la fille de Jephté.

» Cette biche ou cette ourse ont été imaginées sur les courses que la fille de Jephté fit durant deux mois sur les montagnes et dans les forêts, qu'elle remplissait de regrets sur elle et sur sa famille, de mourir sans postérité

» Les dieux, après cette obéissance rendue à leurs ordres, donnèrent aux Grecs un départ heureux (8) et une glorieuse victoire.

» La raison et le succès du sacrifice, ce sacrifice même, ou l'enlèvement de ces princesses sur le point d'être immolées, la figure de biche courant dans les forêts et sur les montagnes, leur retraite dans un temple pour y être consacrées le reste de leurs jours au service divin, sont d'une même origine; le fruit de ce sacrifice fut également une grande victoire, et la raison en avait été un vœu imprudent, fait par les pères de ces célèbres victimes.

» C'est ce qui a été copié aussi fidèlement dans la fable d'Idoménée, roi de Crète, moins diversifiée dans les différents auteurs qui l'ont rapportée, et qui roule chez tous, d'une manière uniforme, sur un vœu tout à fait semblable à celui de Jephté. Rien ne peut approcher de la représentation qui est faite de cette fable dans l'incomparable ouvrage des Aventures de Télémaque, qui s'est si fort élevé au-dessus de celui (9) des Aventures d'Ulysse, son père.

» La ressemblance de cette copie avec son original est si sensible, que plusieurs l'ont reconnue ; nous n'en rapporterons que les traits essentiels, sur lesquels on peut aisément la conférer avec l'original.

» Idoménée, roi de l'île de Crète, et l'un des princes qui étaient au fameux siége de Troie, s'en retournant après le siège fini, fut surpris par une tempête si furieuse, que les plus habiles pilotes désespéraient de pouvoir éviter le naufrage. En cet état, où l'on ne se voit aucune ressource humaine, on a recours au ciel, chacun faisait des vœux, et Idoménée adressant les siens au dieu de la mer, lui promit solennellement que s'il lui procurait le retour dans son île, il lui sacrifierait la première personne qui s'y présenterait devant lui.

» Sur la nouvelle de son arrivée, le plus empressé, pour aller au-devant du roi, fut son fils. Ce prince infortuné se présenta le premier aux yeux de son malheureux père, qui, ne pouvant le regarder et fuyant sa vue, fut quelque temps sans oser lui apprendre le malheur commun, qui faisait sa tristesse : après l'avoir déclaré, il voulut se percer lui-même de son épée. Les assistants arrêtèrent sa main ; ils lui représentèrent ensuite que, pour satisfaire à une promesse imprudente, les dieux ne pouvaient agréer qu'un père donnât la mort à son fils, et qu'on pouvait les apaiser par d'autres sacrifices. Le fils cependant faisait voir une constante résolution de mourir pour dégager la promesse de son

---

(1) Ovide, 13ᵉ liv. des Métamorph.; Euripide; Racine.
(2). . . Postquam pietatem publica causa,
Rexque patrem vicit, castumque datura cruorem
Flentibus ante aram stetit Iphigenia ministris.
    Ovid. Metamorph. lib. XII, vers. 29 et seq.
(3) Sanguine placastis ventos et Virgine cæsa. *Virgile.*
Aulide quo pacto Triviai Virginis aram
Iphianassaio turparunt sanguine fœdo.
(4) Victa Dea est; nubemque oculis objecit; et inter
Officium turbamque sacri vocesque precantum,
Supposita fertur mutasse Mycenida cerva.
    (*Ovid. Metamorph.* lib. XII, vers. 32 et seq.)

Voyez aussi Hygin et Pindare, dans ses Pythiques, ode 11.
(5) Noël le Comte, au premier livre de sa Mythologie, c. vIII.
(6) En son premier livre de la Guerre de Troie.
(7) Dæmonem cui immolant ipsi Tauri aiunt esse Iphigenam Agamemnonis filiam. (*Hérodote*, liv. IV.)
(8) Accipiunt ventos a tergo mille carinæ,
Multaque perpessæ Phrygia potiuntur arena.
    (*Ovid. Metamorph.* lib. XII, vers. 37.)
(9) L'Odyssée d'Homère.

père, et pour détourner de sa tête la vengeance du dieu méprisé. Idoménée prend un moment qu'on le laissait libre, et plonge son épée dans le cœur de son fils; on retient encore sa main qui tournait l'épée contre lui-même.

» Après ce coup dénaturé, la fureur le saisit. Ce roi, auparavant très-sage, ne sait pendant quelque temps ce qu'il fait ni ce qu'il dit. Les dieux eux-mêmes se déclarèrent contre un sacrifice si impie, par une peste qu'ils envoient dans cette île; le peuple, frappé d'horreur pour cette barbarie, de pitié pour le fils poignardé, et de crainte pour les marques de l'indignation divine, ne reconnaît plus son roi et ne veut plus lui obéir. Il n'y a de salut pour lui qu'à quitter la Crète et à remonter sur ses vaisseaux, accompagné de ceux qui lui étaient demeurés fidèles. Enfin, revenu à lui-même, il aborde en Italie, où il fonde un nouveau royaume, contraint de quitter celui que sa naissance et les lois de son pays lui avaient donné après Minos et Deucalion, son aïeul et son père.

» Virgile a conté comme ce roi avait été chassé de son royaume (1), et qu'Énée apprit que le trône en était vacant. Télémaque, parcourant les mers pour chercher son père, trouva la Crète dans cet état, et les Crétois occupés à s'élire un roi à la place d'Idoménée.

» Otez les épisodes, les ornements et les suites de ces fables, le fond et l'essentiel ne sont que la copie de l'histoire de Jephté (2).»]

Il y a quelque chose de si extraordinaire dans le vœu de Jephté, que, quoique l'Ecriture en parle en termes formels et très-clairs, on ne laisse pas d'y trouver des difficultés qui embarrassent les commentateurs.

L'esprit du Seigneur s'étant saisi de Jephté, dit l'auteur sacré (a), *il parcourut le pays de Galaad et de Manassé*; sans doute pour ramasser des troupes et former une armée qui pût repousser les Ammonites, et délivrer dans la suite les Israélites de leurs incursions: *Et il fit un vœu au Seigneur, en lui disant: Si vous livrez entre mes mains les enfants d'Ammon, je vous offrirai en holocauste le premier qui sortira de la porte de ma maison pour venir au-devant de moi, lorsque je reviendrai vainqueur des Ammonites.*

Il dit clairement qu'il offrira en holocauste la première personne de sa maison qui viendra au-devant de lui à son retour de la défaite des Ammonites. Remarquez qu'il ne dit pas *la première chose, le premier animal*, mais *la première personne*. De plus il ne dit pas simplement qu'il vouera, qu'il consacrera, qu'il offrira au Seigneur celui qui viendra le premier à sa rencontre; mais il ajoute affirmativement qu'il le lui offrira en holocauste: *Eum holocaustum offeram Domino.* C'est le véritable sens du texte, et les Pères

(a) *Judic.* xi, 29, 30, 31 *et seq.*
(b) *Paquin. Moutan.*
(c) Vide *Kimchi Rab. Alii. Munst. Val. Clar. Drus. Grot. Lyr. Mariam.*, etc.
(d) *Deut.* xii, 31.
(e) *Levit.* xxvii, 2, 3, etc.
(f) *Ibid.* xxviii, 28, 29.

l'ont ainsi expliqué, comme on le verra ci-après.

Cependant, malgré l'évidence du texte, quelques nouveaux interprètes (b) l'expliquent d'une autre manière, et traduisent ainsi l'hébreu: *Et la chose qui sortira des portes de ma maison, lorsque je retournerai en paix de la guerre des Ammonites, elle sera au Seigneur, et je la lui offrirai en holocauste.* Jephté voue au Seigneur, disent-ils, ce qui viendra au-devant de lui, soit homme, soit bête; mais non pas de la même manière: c'est-à-dire, si c'est un homme ou une femme, je les consacrerai au Seigneur, ils seront au Seigneur; si c'est un animal pur et propre au sacrifice, je l'immolerai au Seigneur; si c'est un animal immonde, par exemple un chien, je le ferai mourir, ou je le rachèterai (c). De plus Jephté pouvait-il ignorer que les sacrifices de victimes humaines étaient odieux aux yeux de Dieu? *Vous n'imiterez point*, dit le Seigneur (d), *les abominations des peuples chananéens, qui ont offert à leurs dieux leurs fils et leurs filles, en les faisant passer par le feu.* Les principaux de la nation, les prêtres du Seigneur ne se seraient-ils pas opposés à l'exécution d'un pareil sacrifice? Enfin, quand on avouerait que Jephté aurait dévoué sa fille, ne savait-il pas la loi qui lui permettait de la racheter pour une somme d'argent assez modique (e)? *Celui qui aura fait un vœu, et qui aura voué sa vie au Seigneur, donnera le prix qui sera ordonné; l'homme depuis vingt ans jusqu'à soixante donnera cinquante sicles, selon le poids du sanctuaire; la femme en donnera trente: le garçon depuis cinq ans jusqu'à vingt donnera vingt sicles, la fille de même âge en donnera dix.* C'est ce qu'on dit de plus plausible pour persuader que Jephté n'avait pas fait vœu d'immoler sa fille au Seigneur.

On peut répondre à ces raisons, 1° que mal à propos on veut détourner le sens du texte, qui porte expressément, que *celui qui viendra au-devant de lui sera au Seigneur*, et *lui sera offert en holocauste*. Il parle d'une personne, et non d'une bête. 2° On ne prétend pas justifier ni le vœu précipité, ni son exécution littérale faite par Jephté; on avoue que son vœu n'est pas selon la science, et que Dieu ne demandait pas qu'il lui offrît une telle victime. Il aurait beaucoup mieux fait de demander pardon de son imprudence, et de s'imposer, de l'avis du grand prêtre de sa nation, une peine proportionnée à sa faute. 3° Le rachat des choses dévouées que la loi permet n'est pas des choses dévouées par l'anathème, mais seulement de celles qui sont dévouées par dévouement simple. Les premiers ne se rachetaient point (f). *Omne quod Domino consecratur, sive homo fuerit, sive anima, sive ager, non vendetur, nec redi-*

(1) Fama volat pulsum regnis cessisse paternis
Idomenea ducem, desertaque littora Cretæ;
Hoste vacare domos, sedesque adstare relictas.
(*Æneid.* lib. III, vers. 121.)
(2) Delort de Lavaur, *Conférence de la Fable avec l'Histoire Sainte*, chap. xxiii, seconde édition; Avignon, 1835.

mi poterit... *Omnis consecratio quæ offertur ab homine, non redimetur, sed morte morietur.*

Les Pères et plusieurs habiles commentateurs n'ont pas fait difficulté de reconnaître que Jephté avait réellement offert sa fille en holocauste Josèphe (*Antiq. l. V, c. IX.* συγχωρήσας δὲ τὸν κατὰ προειρημένον χρόνον μετὰ τοῦτον διελθόντα θύσας τὴν παῖδα ὡλοκαύτωσε) le dit expressément. Le paraphraste chaldéen dit *qu'il l'immola sans avoir consulté le grand prêtre; et que s'il l'avait consulté il aurait racheté sa fille d'une somme d'argent.* Saint Ambroise (a) déplore la dure promesse et la cruelle exécution du vœu de Jephté. Saint Augustin (b) désapprouve la conduite de Jephté, et dit qu'il fit en cela ce qui était défendu par la loi, et qui ne lui avait été commandé par aucun ordre particulier : *Fecit quod ex lege vetabatur, et nullo speciali jubebatur imperio.* Il suppose par conséquent qu'il exécuta son vœu à la lettre. Saint Jérôme (c) croit que Dieu en permit l'exécution, pour punir ce père imprudent de sa témérité : *Ut qui improspecte voverat, errorem votorum in filiæ mortem sentiret.*

Saint Chrysostome (d) remarque que Dieu, par une providence pleine de sagesse, permit que ce père fît réellement mourir sa fille, pour réprimer ceux qui dans la suite pourraient se porter légèrement à faire de pareilles promesses. C'était un exemple très-propre à inspirer aux hommes de la circonspection, et à les éloigner des vœux et des promesses précipitées. Saint Justin le martyr (e) et Théodoret (f) ont regardé cette action dans la même vue. D'autres ne se sont pas contentés de supposer le sacrifice de la fille de Jephté comme un fait certain, ils l'ont loué et approuvé. L'auteur des Questions aux orthodoxes, imprimées sous le nom de saint Justin (g), ne doute pas que la piété envers Dieu qui lui fit immoler sa fille ne l'ait fait mettre par l'Apôtre au nombre des justes. Saint Jérôme s'exprime de même (h) : *Jephte obtulit filiam virginem, et idcirco in enumeratione sanctorum ab Apostolo ponitur.* Il dit ailleurs (i) que, si le sacrifice n'est pas louable, au moins l'esprit et l'intention sont dignes d'approbation : *Non sacrificium placet, sed animus offerentis.* Saint Ambroise (j) n'ose l'accuser d'avoir exécuté sa promesse; mais il le plaint de s'être trouvé dans la nécessité de ne pouvoir accomplir son vœu que par un parricide. *Non possum accusare virum, qui necesse habuit implere quod voverat, sed tamen miserabilis necessitas, quæ solvitur parricidio.* Saint Thomas (k) reconnaît que la foi et la dévotion qui le portèrent à faire ce vœu, venaient de Dieu, et que c'est ce qui l'a fait mettre par l'Apôtre au rang des justes (l) ; mais que ce qui gâta son action fut qu'il se laissa aller à son propre mouvement, en exécutant ce qu'il avait trop légèrement promis. On peut voir notre dissertation sur cette matière, celle de Louis Capelle, celle du père Alexandre, et les auteurs qui sont cités dans notre Bibliothèque sacrée.

[L'opinion des saints Pères sur le vœu de Jephté et sur l'exécution de ce vœu n'a d'autre fondement que la lecture qu'ils ont faite du récit dans une traduction. Quoi qu'en dise dom Calmet, le texte original peut être interprété, et fort bien interprété, dans un sens qui exclut l'immolation par l'effusion du sang. J'ai déjà eu occasion d'examiner à fond cette question, lorsque j'écrivais le troisième livre de mon *Histoire de l'Ancien Testament* (tom. 1, pag. 177) ; et l'étude que j'en fis à cette époque me donna la conviction que Jephté n'avait point immolé sa fille, mais qu'il l'avait consacrée au service de Dieu.

Depuis, M. Brière, curé de Notre-Dame, à Nogent-le-Rotrou, m'a envoyé une dissertation manuscrite dont il est l'auteur, et dans laquelle il entreprend, avec beaucoup de clarté, de force et de talent, de réfuter le sentiment qui s'appuie sur le texte original, et d'établir, par l'autorité de la Vulgate et des saints Pères, que Jephté versa véritablement le sang de sa fille. Cet écrit est le mieux fait de ceux que j'ai lus sur ce sujet ; cependant il ne m'a rien enlevé de mon ancienne conviction, fondée sur des autorités et des raisons qui me paraissent plus solides.

Ceux qui soutiennent que Jephté accomplit son vœu en sacrifiant sa fille ne citent pas l'exemple de Saül, dont le vœu (car on dit que c'est un vœu) faillit coûter la vie à Jonathas, son fils (*I Reg.* XIV). Que l'on compare les deux récits, je crois que l'un peut servir à expliquer l'autre. Ils sont du même historien, et ont de frappantes analogies. Appuyés sur la Vulgate, les partisans de l'immolation triomphent assez facilement de leurs adversaires ; mais en pareille matière l'autorité de la Vulgate est moindre que celle de l'Hébreu : cette version n'a pas été inspirée, et le texte original l'a été. Il est très-certain que l'endroit où se trouve le vœu de Jephté est tout autre dans l'Hébreu. Il n'y a pas *quicumque* (être humain), mais *asher*, *quodcumque* (être humain ou animal) (1) ; il n'y a pas *primus* non plus, ni dans les Septante, ni dans l'ancienne Vulgate. L'Hébreu porte littéralement : *Le sortant qui sortira des portes de ma maison... sera au Seigneur ou j'en ferai un holocauste.* Remarquez que cela s'accorde

---
(a) Ambros. l. V. de Offic. c. XII.
(b) Aug. qu. 49 in Judic.
(c) Hieron. l. I contra Jovinian.
(d) Chrysost. homil. 14, ad popul. Antioch.
(e) Justin. seu Auctor Qu. ad Orthodox. qu. 99.
(f) Theodoret. qu. 20, in Judic.
(g) Auct. Qu. ad Orthodox. qu. 99
(h) Hieron. Epist. ad Julian.
(i) Hieron. in cap. vii Jerem.
(j) Ambros. l. III. Offic. c. XII.
(k) D. Thom. 2-2, art. 2, ad 2, qu. 88.

(l) Hebr. XI, 32, 33.
(1) *Asher* est des trois genres, et signifie *qui*, *quæ*, *quod*; c'est le récit qui détermine le genre dans lequel on doit le prendre, selon qu'il s'agit d'une personne ou d'une chose. Ici, les partisans de l'immolation entendent *asher* comme s'il s'agissait d'une personne ; mais ils ne sauraient, par aucune raison tirée du texte, justifier cette acception, tandis que nous croyons qu'il nous en fournit pour prendre ce mot dans le sens neutre. On verra plus bas que des interprètes l'ont rendu par *quidquid*, ou par *quodcumque*, ou par *quod*.

bien avec le *quodcumque :* si c'est une personne, je la consacrerai au Seigneur, si c'est un animal, je le lui immolerai. Ce *vav* conjonctif, qui a plusieurs significations, entre autres *ou,* n'est rendu ni dans les Septante, ni dans l'ancienne, ni dans la nouvelle Vulgate ; et on ne cite pas de manuscrits hébreux où il ne soit pas. Ce *ou* indique qu'il faut *quodcumque* au lieu de *quicumque* (1). Quoique les Septante aient le masculin *quicumque,* c'est-à-dire, quoiqu'ils portent: *Le sortant*... néanmoins on peut le prendre comme signifiant le neutre; aussi plusieurs Pères l'ont-ils rendu par *quidquid.* J'imagine que dans les Septante l'amphibologie de ce mot et l'omission de la particule *ou* sont la cause pour laquelle les Pères qui ont précédé saint Jérôme, ont cru à l'immolation; saint Jérôme a suivi cette opinion, sans avoir eu peut-être l'occasion de l'examiner préalablement à fond (2).

Ce même récit présente d'autres différences : par exemple au verset 35, Jephté parlant à sa fille lui dit : *Tu m'as trompé et tu t'es trompée toi-même.* Rien n'annonce, rien ne motive de telles paroles ; il y a dans l'Hébreu : *Tu m'as troublé,* etc., paroles qui conviennent dans la circonstance, comme celles-ci de Jonathas : *Mon père a troublé tout le monde,* qu'il prononça dans une circonstance analogue. Toute la difficulté repose sur les paroles de Jephté, diversement interprétées. Or on sait qu'une des premières règles pour l'interprétation d'un texte obscur, c'est de le conférer avec ceux qui ont avec lui du rapport. Ainsi *Levit.* XXVII, 2, 3, etc. passim. I *Reg.* I, 11; XIV, 4, 44. *Isa.* LXVI, 3. Une autre règle, c'est de juger les personnes, non d'après des circonstances qu'on suppose, des paroles dont le sens est contesté, des opinions superficielles, mais d'après leur législation, leurs mœurs, le rôle qu'elles jouent dans les événements, leur caractère, etc.

Les partisans de l'immolation motivent encore leur opinion sur d'autres passages du récit, par exemple, sur le verset 40, ainsi exprimé dans la Vulgate : *Ut post anni circulum conveniant in unum filiæ Israel* ET PLANGANT *filiam Jephthe Galaaditæ diebus quatuor.* Mais l'Hébreu est rendu de cette manière dans la Bible de Zurich : *Ut annua vice venirent filiæ Israel* UT DISSERERENT *cum filia Jephte Gileaditæ, quatuor scilicet diebus in anno ;* et par Arias Montanus en ces termes, plus littéralement: *A diebus in dies ibunt filiæ Israel* AD ALLOQUENDUM *filiam Iphtach Ghilhaditæ, quatuor diebus in anno.*

M. le chevalier Drach, dans son savant livre intitulé : *De l'Harmonie entre l'Eglise et la Synagogue,* a consacré un chapitre à la vénération dont la virginité a été l'objet de la part de tous les peuples. A cette occasion, il traite en passant la question relative à la fille de Jephté; mais il la résout, et voici comment « ..... Plusieurs Pères de l'Eglise d'une grande autorité disent que Jephté a accompli son vœu d'une manière sanglante... Cependant plusieurs écrivains catholiques ne craignent pas de soutenir que Jephté a sacrifié sa fille *de la seule manière qui lui était propre, puisque la loi de Moïse interdisait expressément et sévèrement les sacrifices humains.* Un vœu, et surtout son accomplissement, ne doit être que *de bono,* comme disent les théologiens. Il la sacrifia donc par la *mort* civile, spirituelle, la consacrant à la retraite et à la prière, et la vouant à une virginité perpétuelle, comme nos religieux et nos religieuses qui *meurent* au monde, sans pour cela cesser de vivre de la vie naturelle... *Non per mortem corporis,* dit Estius, *sed eo modo quo licitum erat hominem Deo offerri. Nam et oblatio hominis in ministerium perpetuum Dei,* Levit., cap. ult., *mors appellatur.* Ce grand théologien, comme aussi Nicolas de Lyre, un des plus savants et des plus habiles interprètes des Ecritures, penchent visiblement vers cette opinion, sans que ni l'un ni l'autre n'ose se prononcer franchement.

» Mais qu'il nous soit permis de dire que dans ce paragraphe, où nous traitons du respect des Hébreux pour la virginité, nous sommes au milieu de la synagogue (3). Or les principaux rabbins, Abarbanel, David Kimhhi, Lévi ben Gherschon, Isaac Abuhab, Samuel Laniado, etc., disent que Jephté voua sa fille à une virginité perpétuelle, afin qu'elle pût vaquer toute sa vie à la prière, l'enfermant dans un ermitage qu'il fit bâtir au haut de la montagne. C'est là que les vierges d'Israel allaient quatre fois par an pour *s'entretenir* avec elle et la *consoler.* Elles lui parlaient *sans la voir,* ainsi que cela se pratique dans certains couvents de femmes, parmi les Nazaréens (chrétiens). Ces rabbins s'appuient sur des raisons assez plausibles. Ce qui, à leurs yeux, prouve que le sacrifice de la fille de Jephté consistait dans sa consécration à la virginité, c'est que : 1° au verset 36, elle dit : « Mon père, puis-

---

(1) Nous avouons que le *vau* est plus souvent rendu *ou et* que par *ou :* c'est par *et* qu'il est rendu dans le manuscrit grec d'Alexandrie et dans celui d'Oxford. Mais cette observation est inutile, puisque nous argumentons contre ceux qui se fondent sur la Vulgate. Or, la Vulgate n'a ni *et* ni *ou,* non plus que le grec vulgaire. Elle porte : .... *Eum holocaustum offeram Domino ;* le grec vulgaire et l'ancienne Vulgate lisent........ *Et erit Domino; offeram eum holocaustomata.* (Notre Vulgate n'a pas non plus : *Et erit Domino.*) Les manuscrits cités ont *et* avant *offeram,* à la place occupée par le *vau* hébreu. La phrase ne semble-t-elle pas exiger *ou* au lieu de *et ?* La Bible dite de Zurich et celle d'Arias Montanus ont *et,* mais voici comme elles rendent l'Hébreu : 1° la Bible de Zurich : QUODCUMQUE *egressum fuerit mihi obviam e foribus domus meæ, cum ab Ammonitis salvus rediero, Domini erit, sacrificaboque illud holocaustum.* 2° Arias Montanus : *Et erit egrediens,* QUOD *egressum fuerit e foribus domus meæ in occursum meum, in redeundo me in pace a filiis Hammon, et erit Domino , et ascendere faciam illud ascensionem.*

(2) Voici le même verset cité en entier par saint Jérôme dans son premier livre contre Jovinien : *Quicumque exierit de domo mea in occursum mihi, cum reverti cœpero in pace a filiis Ammon, erit Domino, et offeram illum holocaustum.* On peut comparer cette version avec celle qu'il a donnée dans la Vulgate.

(3) C'est là, en effet, si nous osons en faire la remarque, qu'on devait surtout, ce nous semble, aller chercher la solution de la question présente. M. Drach l'y a trouvée. D'autres questions sont aujourd'hui différemment résolues qu'elles ne l'avaient été autrefois; les unes, à l'aide de l'archéologie ; les autres, de la philologie ; presque toutes sont au moins plus éclaircies par le progrès des sciences historiques, physiques, etc.

que tu as prononcé ce vœu, *fais de moi ce que tu as promis* » Un prêtre, et non Jephté, aurait dû l'immoler en victime. 2° Au lieu de pleurer la vie qu'elle allait perdre à un âge encore jeune, elle ne pleura que *sur sa virginité* (1), dans laquelle elle fut obligée de demeurer le reste de ses jours, verset 37. 3° Il était impossible, ainsi que nous l'avons dit, d'offrir une victime humaine. Abarbanel ajoute : « Et selon moi, c'est ce
» qui a donné aux nations d'Edom (aux
» chrétiens), l'idée de faire des monastères
» où les femmes s'enferment et observent
» une clôture perpétuelle; et tant qu'elles
» vivent, elles ne voient plus aucun homme. »
C'est ce qui a fait dire à Estius : *Itaque Hebræi interpretes et recentiores ecclesiastici scriptores intelligunt filiam Jephthe fuisse Deo oblatam non per mortem corporis*, etc. (2). Or, pour vouer à Jéhova la virginité d'une personne, il s'ensuit nécessairement qu'on devait la regarder comme agréable à Dieu.
» Si ce chef guerrier conçut un vif chagrin du sacrifice auquel il ne put se soustraire, cela s'explique par le sentiment naturel, d'autant plus que la fille dont il devait se séparer pour la vie était son unique enfant, le seul objet de ses affections paternelles (3). »]

JERAA, Egyptien, esclave de Sesan, à qui celui-ci donna sa fille Oholaï en mariage, dont il eut Ethei. I *Paralip.* II, 34, 35.

JERALA, ville de Zabulon. *Josue*, XIX, 15. Elle est nommée *Jedala* dans quelques exemplaires; et c'est la meilleure leçon, autorisée par l'hébreu.

JERAMEEL, fils de Cis. I *Par.* XXIV, 29.

JERAMEEL, fils aîné d'Hesron, de la tribu de Juda (a). Jéraméel était frère de Calubi et de Ram. Il eut pour fils Ram, Buna, Aram, Asom, Achia et Onam (b).

JERAMEEL, canton du partage de Juda, vers le midi de cette tribu (c). Il fut possédé par les descendants de Jéraméel fils d'Hesron. David disait à Achis qu'il faisait des courses dans le pays de Jéraméel, pendant qu'il ravageait le pays des Amalécites, des Gessurites et des Gersites.

JERCAAM, nom d'homme ou de lieu, I *Par.* II, 44, où nous lisons *Samma engendra Baham*, père ou prince de *Jercaam*.

JEREMIE, fils d'Helcias, de la race sacerdotale, était natif d'Anathoth, bourgade de la tribu de Benjamin (d). Il fut destiné à l'emploi de prophète dès le sein de sa mère (e), et avant sa naissance. Lorsque Dieu lui parla pour la première fois, et qu'il l'envoya porter ses ordres aux rois, aux princes, aux prêtres et au peuple de Juda, il s'excusa sur son bas âge et sur son peu d'éloquence. C'était la quatorzième année du règne de Josias, l'an du monde 3375, avant l'ère commune 629. Il continua de prophétiser jusqu'après la ruine de Jérusalem par les Chaldéens, arrivée l'an du monde 3416, et il mourut, à ce qu'on croit, dans l'Egypte, deux ans après, savoir, l'an du monde, 3418, avant Jésus-Christ 582, avant l'ère vulgaire 586.

Jérémie s'était contenté de prêcher de vive voix, sans rien écrire jusqu'à la quatrième année de Joakim, roi de Juda. Ce fut alors qu'il commença à rédiger ses prophéties, ainsi que nous le dirons ci-après. Nous allons donner un abrégé de sa vie, autant que nous le pourrons, en suivant l'ordre des temps. Lorsque Dieu appela Jérémie au ministère de la prophétie, il lui fit voir tout d'un coup qu'il aurait beaucoup à souffrir de la part des Juifs; mais il lui promit en même temps de le rendre comme un mur d'airain contre les rois, les princes et le peuple de Juda (f). Il lui fit voir aussi sous la figure d'une branche d'amandier qui commençait à fleurir (g), et sous celle d'une chaudière échauffée par un feu soufflé du côté du nord, que toute la Judée était menacée d'un très-grand malheur, et très-prochain, de la part des Chaldéens. On peut dire que c'est là l'objet général de presque toutes les prophéties de Jérémie. Elles roulent sur les crimes de Juda et sur le châtiment que le Seigneur en devait faire par la main de Nabuchodonosor, roi des Chaldéens.

Le prophète commence par une forte invective contre les désordres du royaume de Juda (h). Ces désordres étaient extrêmes durant les premières années du règne de Josias, qui est le temps où ces prophéties furent prononcées, et avant que ce prince eût réformé ses Etats (i), ce qu'il ne fit que la dix-huitième année de son règne. Pendant tout ce temps, Jérémie souffrit de grandes persécutions de la part des Juifs. Ses parents et ses compatriotes mêmes (j), ceux de la petite ville d'Anathoth, le menaçaient de le tuer s'il continuait à prophétiser. Mais le prophète les menace eux-mêmes qu'ils seront mis à mort par le glaive, et qu'ils périront par la famine. En même temps il se plaint à Dieu du bonheur dont jouissent les méchants pendant que les gens de bien sont dans l'oppression et dans la douleur. Le pays était alors dans la famine, qui était un effet de la colère du Seigneur contre son peuple. Vers ce même temps, Dieu défend à son prophète de prendre une femme, et de nourrir des enfants dans Jérusalem ; d'entrer dans aucune maison de joie et de festin, ni dans aucune maison de deuil, pour consoler ceux qui étaient

---

(a) I *Par.* II, 9.
(b) *Ibid.* II, 25, 26.
(c) I *Reg.* XXVII, 10; XXX, 29.
(d) *Jerem.* I, 1.
(e) *Ibid.* I, 5.
(f) *Ibid.* I, 18.
(g) *Ibid.* II, 12 *et seq.*
(h) *Ibid.* cap. II, III, IV, V, VI, VII, VIII *et seq.*
(i) IV *Reg.* XXIII, 4, 5, 6, etc.
(j) *Jerem.* XII, XIII, XIV, XV, XVI.
(1) Ici, vers. 57, la Vulgate lit : *Et plangam virginitatem meam*,..... Et verset suivant : *Flebat virginitatem suam*. Pagnin traduit ainsi l'Hébreu : *Et flebo* super *virginitatem meam*... *Et flevit* super *virginitatem suam*. Arias Montanus: *Et flebo* super *virginitutes meas*... *Et flevit* super *virginitates suas*. Les Septante avaient traduit de même le texte original.
(2) Nous avons transcrit la suite quelques lignes plus haut. *Note de M. Drach.*
(3) M. Drach, *de l'Harmonie entre l'Eglise et la Synagogue*, tom. II, part. I, sect. III, ch. I, § 5, et note 37, pag. 240-242, 336.

affligés. Tout cela désignait que le Seigneur avait résolu d'ôter à son peuple toute paix, toute joie, toute consolation (a).

Nous croyons que ce fut sous le règne de Sellum, fils de Josias (b), que Jérémie reçut ordre du Seigneur (c) d'aller chez un potier de terre. Il y remarqua un pot qui se cassait entre les mains du potier, lequel en fit un autre sur-le-champ avec la même argile dont le premier était composé. Jérémie déclara que cela marquait la réprobation de Juda, au lieu duquel Dieu devait susciter un autre peuple plus fidèle. Pour faire sentir plus vivement la force de cette prophétie, il reçut ordre de prendre une cruche de terre, et de la casser en présence des anciens du peuple et des prêtres, dans la vallée des enfants d'Ennon. De là il monta au temple, où il confirma tout ce qu'il leur avait dit. Phassur, capitaine du temple, le fit arrêter, et le fit mettre dans une prison du temple, où il demeura jusqu'au lendemain. Alors il prédit à Phassur que lui, ses enfants et ses amis seraient réduits en captivité.

Joakim, roi de Juda, ayant succédé à Sellum (d), Jérémie lui dit (e) que s'il veut demeurer fidèle à Dieu, on verra encore des rois de Juda dans son palais, accompagnés de tout l'éclat de leur dignité; mais que s'il continue dans ses désordres, Dieu réduira ce lieu en solitude. Mais comme Joakim, au lieu de se corriger, s'abandonnait à la cruauté et à l'avarice, et s'amusait à faire des bâtiments somptueux, Jérémie le menaça d'une mort malheureuse, et lui dit qu'il sera privé des honneurs de la sépulture. Il parle encore contre Jéchonias, frère de Joakim, et lui prédit qu'il sera livré entre les mains des Chaldéens, et qu'il ne verra jamais aucun roi de sa race sur le trône de Juda (f). Il déclame fortement contre ces deux princes, et les dépeint comme des pasteurs cruels, qui, au lieu de paître leur troupeau, le dévorent et le dissipent.

Vers le même temps, Jérémie étant monté au temple, en prédit clairement la destruction (g). Alors les faux prophètes et les prêtres le saisirent et le déclarèrent coupable de mort. Les princes du peuple y étant venus pour le juger, Jérémie, sans s'effrayer, leur déclara qu'il n'avait rien dit que par l'ordre de Dieu, et que s'ils ne se convertissaient, ils verraient bientôt l'effet de ses menaces. Ce discours arrêta les princes; ils le renvoyèrent absous, et le justifièrent par l'exemple du prophète Michée, qui avait prédit la même chose sous le roi Ezechias, sans qu'on lui eût fait la moindre peine.

Avant la quatrième année (h) de Joakim, Jérémie prophétisa contre divers peuples voisins de la Judée (i); comme les Egyptiens, les Philistins, les Tyriens, les Phéniciens, les Iduméens, les Ammonites, les Moabites, et les peuples de Damas, de Cédar, d'Asor, etc.; car Jérémie était établi le prophète des nations ou des gentils : *Prophetam in gentibus dedi te;* comme saint Paul était destiné pour être l'apôtre des gentils. Le prophète menace donc tous ces peuples de leur faire boire le calice de la colère du Seigneur. Mais cette prophétie n'eut son accomplissement parfait qu'après la ruine de Jérusalem par les Chaldéens.

La quatrième année de Joakim (j), Nabuchodonosor fut envoyé en Judée par son père Nabopolassar. Il fit le siége de Jérusalem, prit Joakim et plusieurs autres Juifs, entre lesquels étaient Daniel et ses compagnons. Il voulait les mener tous captifs à Babylone; mais il relâcha Joakim, et se contenta d'y faire conduire les autres captifs. Ce fut cette année que Jérémie (k) annonça positivement la captivité des Juifs, qui devait durer soixante-dix ans, après lesquels Dieu devait punir à leur tour les Chaldéens et les Babyloniens. Dans le même temps, il prédit pour la seconde fois que les peuples voisins des Juifs seront enivrés du calice de la colère de Dieu.

Ce fut aussi cette quatrième année de Joakim que le prophète reçut ordre du Seigneur de mettre en écrit tout ce qui lui avait été révélé depuis la treizième année de Josias, jusqu'alors (l). Jérémie obéit. Il dicta ses prophéties à Baruch, son disciple, et lui dit de les aller lire dans le temple, n'y pouvant aller lui-même, parce qu'il était dans les liens, où il avait été mis par les ordres du roi. Baruch alla donc au temple la cinquième année de Joakim; et le jour de l'Expiation solennelle, il lut devant l'assemblée du peuple les prédictions fâcheuses dont Jérémie les menaçait. Michée, fils de Gamarias, en alla donner avis aux princes et aux magistrats, qui envoyèrent quérir Baruch, avec le livre qu'il avait lu au peuple. Baruch vint et répéta de nouveau en leur présence ce qu'il avait récité devant le peuple. On informa le roi de tout ce qui s'était passé, et on interrogea Baruch sur la manière dont Jérémie lui avait dicté ce volume. Il répondit que ce prophète le lui avait dicté par cœur, sans hésiter et comme s'il avait lu dans un livre. Les magistrats dirent à Baruch de se retirer et de se tenir caché avec Jérémie ; et cependant ils portèrent le livre au roi, qui en fit lire trois ou quatre pages en sa présence; mais ayant ouï ce qu'il contenait, il le coupa avec un canif, et le jeta dans un brasier, qui était allumé devant lui (1). Il or-

---

(a) Jerem. xvi, xvii
(b) Josias mourut à Jérusalem avant l'ère vulg. 610.
(c) Jerem. xviii.
(d) Sellum ne régna que trois mois. Joakim fut mis en sa place la même année 3594. Les prophéties de Jérémie contre Joakim peuvent être de 3595
(e) Jerem. xxii.
(f) Ibid. xxiii.
(g) Ibid. xxvi.

(h) L'an du monde 3598, et la quatrième année de Joakim.
(i) Jerem. xlvi, xlvii, xlviii, xlix.
(j) An du monde 3598, avant Jésus-Christ 602, avant l'ère vulg. 606.
(k) Jerem. xxv, et xlvi, xlvii et seq.
(l) Ibid. xxxvi.
(1) Voyez le *Calendrier des Juifs*, au 6 du mois de Casleu, à la tête du premier volume.

donna en même temps qu'on se saisît de Baruch et de Jérémie : mais Dieu ne permit pas qu'on les trouvât. Jérémie reçut ordre une seconde fois de dicter à Baruch ce qui avait été brûlé, et Dieu y fit ajouter beaucoup de nouvelles choses.

Un jour Jérémie (a), par l'ordre de Dieu, introduisit dans le temple les Réchabites, et leur fit présenter du vin. Ils s'excusèrent d'en boire, disant que Jonadab, un de leurs ancêtres, le leur avait défendu, aussi bien que de demeurer dans des maisons et dans les villes, et ne leur avait permis de loger que sous des tentes. Ils ajoutèrent qu'ils n'étaient entrés dans la ville que par la nécessité, les Chaldéens occupant la campagne, et ne leur permettant pas d'y pouvoir demeurer en paix. Cette circonstance fait juger que ceci arriva pendant le siège de Jérusalem, la septième et dernière année de Joakim (b). Jérémie prit occasion de cette réponse de faire aux Juifs de vifs reproches de leur peu de soumission aux lois du Seigneur, pendant que les Réchabites avaient tant de déférence pour les ordres d'un de leurs ancêtres.

Peu de temps après cela, Joakim fut pris, tué et jeté à la voirie par les Chaldéens [comme Jérémie l'avait prédit (XXII, 18)]. Jéchonias, son fils, lui succéda, et ne régna que trois mois. Il fut aussi pris par les Chaldéens, et mené captif à Babylone. Sédécias régna après Jéchonias, depuis l'an du monde 3405 jusqu'en 3416, qui est l'année de la prise de Jérusalem par les Chaldéens.

Les rois de Moab, d'Ammon, d'Idumée, de Tyr et de Sidon, avaient envoyé des ambassadeurs à Sédécias au commencement de son règne. Jérémie fit présent à chacun de ces ambassadeurs d'un joug, pour les porter aux rois leurs maîtres, avec ordre de leur dire de la part du Seigneur que quiconque refuserait de s'assujettir de bon gré à Nabuchodonosor serait soumis à son joug et à son empire (c). Jérémie dit la même chose à Sédécias. Et comme le prophète portait sur son cou des jougs et des liens pour marquer par là aux Israélites leur captivité prochaine et leur assujettissement aux Chaldéens, un faux prophète nommé Hananie saisit ces liens et ces jougs qui étaient sur le cou de Jérémie, et les ayant brisés devant tout le monde, il dit : *C'est ainsi que le Seigneur rompra le joug que Nabuchodonosor veut imposer aux Juifs.* Comme Jérémie se retirait outré de douleur, le Seigneur lui inspira de retourner, et de dire à Hananie qu'au lieu de ce joug de bois qu'il venait de rompre le roi Nabuchodonosor leur en imposerait un autre de fer. *Et vous, Hananie,* ajouta-t-il, *puisque vous abusez du nom du Seigneur par vos mensonges, vous mourrez avant la fin de cette année.* Il mourut en effet deux mois après cette prédiction.

(a) *Jerem.* xxxv.
(b) An du monde 3405, avant Jésus-Christ 595, avant l'ère vulg. 599.
(c) *Jerem.* xxxvi.
(d) *Ibid.* xiii.
(e) An du monde 3409, avant Jésus-Christ 591, avant l'ère vulg. 595.

DICTIONNAIRE DE LA BIBLE. II.

Nous croyons que ce fut sous le règne de Sédécias que Jérémie reçut ordre du Seigneur (d) d'aller dans une caverne sur l'Euphrate pour y cacher une ceinture de lin. Il retourna quelque temps après au même lieu, et y trouva cette ceinture toute pourrie : ce qui marquait l'abandonnement que le Seigneur faisait de Juda, qu'il s'était autrefois attaché comme une ceinture. La quatrième année du même prince (e), Saraïas, frère de Baruch, ayant été envoyé à Babylone (f), apparemment pour redemander à Nabuchodonosor les vaisseaux du temple, Jérémie lui donna les prophéties qu'il avait écrites contre Babylone, avec ordre de les lire aux Juifs captifs, et après cela de les attacher à une pierre, et de les jeter dans l'eau de l'Euphrate. Jérémie (g) écrivit encore une autre fois aux mêmes captifs, par Gamarias, que le roi envoyait à Babylone, de s'établir dans ce pays, d'y bâtir des maisons, et de s'y marier, parce que leur captivité devait durer soixante et dix ans, après lesquels le Seigneur les délivrerait (h).

Un nommé Séméias, qui était alors à Babylone, écrivit à Sophonias, qui était un des premiers prêtres, et le reprit de ce qu'il permettait à Jérémie d'écrire ces choses aux captifs, et de ce qu'il ne l'avait pas mis en prison pour cela. Sophonias lut la lettre à Jérémie, et ce prophète écrivit de nouveau aux captifs de Babylone, et prédit à Séméias qu'il mourrait en captivité, et que ni lui ni sa postérité ne verraient point la délivrance du peuple de Juda.

Nabuchodonosor étant venu assiéger Jérusalem la dixième année du règne de Sédécias (i), Jérémie, qui ne cessait de prédire que la ville serait prise et le peuple réduit en captivité, fut mis en prison dans le parvis du palais. Alors Hanaméel, fils de l'oncle de Jérémie, vint trouver le prophète dans sa prison, et lui dit : *C'est à vous qu'appartient le droit de racheter un tel champ qui est à Anathoth, votre patrie.* Jérémie l'acheta ; il en passa le contrat, et en délivra l'argent (j). Il en mit la cédule entre les mains de Baruch, et lui dit de la conserver ; parce, ajouta-t-il, que le temps viendra que ce pays sera de nouveau cultivé et habité. Durant le même siège (k), le roi et les habitants de Jérusalem remirent en liberté leurs esclaves, parce que c'était l'année sabbatique, et que la vue du danger présent les rendait plus exacts à garder la loi. Mais Nabuchodonosor ayant quitté pour quelque temps le siège de la ville pour repousser le roi d'Égypte, qui faisait mine de venir à son secours, le roi et le peuple reprirent leurs esclaves, sans se mettre en peine de leur parole ni de la loi de Dieu. Jérémie sur cela s'éleva contre eux, et leur fit de terribles menaces. Depuis la levée du siège, il fut mis en liberté, et Sédécias envoya vers

(f) *Jerem.* l, ii... 1, 2, 59, 61, 62.
(g) *Ibid.* xxix.
(h) *Ibid.* xix, 24, 25 *et seq.*
(i) An du monde 3414, avant Jésus-Christ 586, avant l'ère vulg. 590.
(j) *Jerem.* xxxii, xxxiii.
(k) *Ibid.* xxxiv.

lui pour se recommander à ses prières. Le prophète fit dire au roi (a) que Nabuchodonosor reviendrait contre la ville, qu'il la prendrait et la réduirait en cendres. Comme il voulait se retirer à Anathoth, sa patrie, les gardes l'arrêtèrent comme un transfuge, et les princes le jetèrent dans un cachot, où il fut en danger de sa vie, à cause de l'incommodité du lieu. Sédécias envoya lui demander quelque temps après s'il avait quelque nouvelle révélation. Jérémie lui dit qu'infailliblement il serait livré aux Chaldéens; et le pria de le faire tirer de la prison où il était. Le roi lui accorda cette grâce, et lui fit donner tous les jours du pain pour sa nourriture, tandis qu'il y en eut dans la ville.

Nabuchodonosor étant revenu au siége de Jérusalem, la serra de plus près qu'auparavant; et Sédécias ayant envoyé demander à Jérémie (b) s'il n'avait rien de bon à lui dire, il répondit à ceux que le roi avait envoyés que la perte du roi et des princes était résolue; mais que, pour le peuple, ceux qui se rendraient aux Chaldéens auraient la vie sauve, et que ceux qui s'opiniâtreraient à demeurer dans la ville seraient enveloppés dans sa ruine. Comme ce prophète continuait à prédire les malheurs de la ville, les principaux de Jérusalem en firent leurs plaintes à Sédécias, qui leur permit de faire de Jérémie tout ce qu'ils voudraient. Ils le descendirent avec des cordes dans une citerne où il n'y avait point d'eau, mais seulement de la boue, et où le prophète serait bientôt mort, si Abdemelech n'en eût averti le roi, qui le fit tirer de là (c). Il fut toutefois laissé dans le parvis de la prison, où il demeura jusqu'à la prise de la ville, qui arriva quelque temps après, dans la onzième année ds Sédécias, du monde 3416, avant Jésus-Christ 584, avant l'ère vulgaire 588.

Jérémie fut pris avec les autres captifs, et mené avec eux jusqu'à Ramath; mais comme Nabuchodonosor avait expressément recommandé à Nabuzardan (d), général de ses troupes, d'avoir soin de Jérémie, et de lui laisser faire ce qu'il voudrait. Nabuzardan lui donna le choix de venir avec lui à Babylone, ou de demeurer dans la Judée avec le reste du peuple. Le prophète accepta ce dernier parti, et alla joindre Godolias à Masphath, où plusieurs Juifs, que la guerre avait dispersés en différents endroits, vinrent aussi se réunir. Ils y vivaient en paix et en assurance, lorsque Ismael, fils de Nathanias, accompagné de dix hommes, vint trouver Godolias à Masphath, et le tua en trahison. Mais il fut poursuivi par Johanan, fils de Carée, qui l'obligea de relâcher le butin qu'il avait pris, et de se sauver lui huitième chez les Ammonites.

Johanan ayant ramassé ce qu'il put de Juifs, les rassembla près de Bethléem (e), et l'on consulta Jérémie pour savoir si l'on devait demeurer dans la Judée ou se retirer en Egypte. Le prophète demanda du temps pour consulter le Seigneur, et au bout de dix jours il leur répondit que, s'ils allaient en Egypte, ils y périraient par l'épée, par la famine et par la peste; et que s'ils demeuraient dans le pays de Juda, Dieu les y conserverait et les y protégerait. Les chefs du peuple se mutinèrent, et soutinrent que cette réponse ne venait pas du Seigneur, et que c'était Baruch qui la lui avait suggérée, pour les détourner d'aller en Egypte. Ils prirent donc la résolution de s'y en aller, et obligèrent Jérémie et Baruch de les y accompagner. Ce prophète y prononça des prophéties contre les Juifs et contre les Egyptiens, leur prédit que Nabuchodonosor viendrait dans ce pays, et désigna même le lieu où il placerait son trône, menaça le roi d'Egypte que Dieu le livrerait entre les mains des Chaldéens, comme il y avait déjà livré Sédécias. Voilà à peu près ce que nous trouvons de la vie de Jérémie dans ses propres écrits.

Plusieurs anciens (f) tiennent qu'il fut lapidé à Taphnis en Egypte par les Juifs, qui ne pouvaient souffrir ses menaces et ses reproches; et c'est de sa mort dont on explique ces mots de l'Epître aux Hébreux (g): *Ils ont été lapidés.* Quelques rabbins croient qu'il revint en Judée, et d'autres veulent qu'il soit allé à Babylone et qu'il y soit mort. Quelques anciens Pères (h) ont enseigné qu'il n'était pas mort, non plus qu'Elie, parce que l'Ecriture ne dit rien de son décès, et parce que les apôtres répondirent à Jésus-Christ, qui leur demandait ce que les Juifs disaient de lui (i), que les uns le prenaient pour Elie, et les autres pour Jérémie. Mais le sentiment commun et général des théologiens est qu'il est mort, et qu'il doit un jour ressusciter.

Outre le livre de ses prophéties, nous avons encore ses *Lamentations* en cinq chapitres, qui sont des cantiques de deuil composés à l'occasion des derniers malheurs de Jérusalem et de sa ruine entière par les Chaldéens (1). C'est le sentiment qui nous paraît le mieux fondé. D'autres croient (j) que Jérémie les composa à l'occasion du pieux roi Josias. Il est certain qu'il écrivit des Lamentations sur ce sujet (k); mais elles ne sont pas venues jusqu'à nous. Voici ce qu'on lit dans les Paralipomènes au sujet de ces La-

(a) Jerem. xxxvii.
(b) Ibid. xxi.
(c) Ibid. xxxviii.
(d) Ibid. xxxix, 11, 12 et seq.; xl, 1, 6; xli.
(e) Ibid. xlii.
(f) Tertull. advers. Gnostic. c. viii. Hieronym. l. II. contra Jovinian. Epiphan. de Vita et Morte Prophetar. Doroth. in Synopsi. Ita et Hebræorum traditio.
(g) Hebr. xi, 37.
(h) Victorin. in Apoc. xi, 3, et plures apud Hilar. in Matth. cap. xx.
(i) Matth. xxvi, 14
(j) Hieronym. in Zach. xii, 11. Ita Chald. Interpp. Raban. Maldon. Bonav. Hugo. Thomas Figuier. Vat. Jun. Vide et Joseph. Antiq. l. X, c. vi.
(k) II Par. xxxv, 25.
(1) M. Poujoulat appelle Jérémie « le poëte des grandes douleurs. » Il cite plusieurs traits de la deuxième lamentation, qui est, à son avis, « la plus belle élégie qu'on puisse trouver dans aucune littérature du monde. » *Corresp. d'Orient,* lettr. cvii, tom. IV, pag. 423.

mentations : *Tout Juda et Jérusalem pleurèrent Josias; Jérémie surtout fit paraître sa douleur dans les Lamentations qu'il composa, et que tous les chantres et les chanteuses répètent tous les ans dans Israel.* On lui attribue aussi le psaume CXXXVI, et on veut qu'il ait composé le LXIV avec Ezéchiel. Quelques-uns (a) lui attribuent la compilation des troisième et quatrième livres des Rois, parce que le dernier chapitre de Jérémie est le même que le dernier du quatrième livre des Rois ; mais c'est que le dernier chapitre de Jérémie a été tiré du quatrième livre des Rois, pour servir comme de supplément à sa prophétie. Les livres des Machabées (b) citent certains écrits de Jérémie que l'on voyait encore l'an du monde 3880, avant Jésus-Christ 120, et 124 ans avant notre ère vulgaire. Mais ces écrits sont perdus. Enfin les Pères citent souvent Baruch sous le nom de Jérémie, parce qu'ordinairement Baruch est mis à la fin des prophéties de son maître.

Jérémie apparut après sa mort à Judas Machabée, accompagné du saint pontife Onias, et lui donna un glaive d'or tout brillant de clarté, en lui disant (c) : *Recevez cette épée comme un présent que Dieu vous envoie, et assurez-vous que par ce moyen vous abattrez les ennemis de mon peuple d'Israel.* En même temps Onias lui dit, en lui montrant Jérémie : *Voilà celui qui aime ses frères et tout le peuple d'Israel, et qui fait des prières continuelles à Dieu pour le peuple et la sainte cité.*

La Chronique d'Alexandrie (d) raconte que Jérémie, étant en Egypte, avait prédit aux prêtres égyptiens que leurs idoles seraient renversées par un tremblement de terre, lorsque le Sauveur du monde serait né et couché dans une crèche ; ce qui fut cause que, depuis ce temps ils firent représenter une vierge et un enfant couché dans une crèche, et qu'ils lui rendirent des honneurs divins. Le roi Ptolémée en ayant demandé la raison aux prêtres, ils lui dirent ce que Jérémie avait prédit à leurs ancêtres. Cette Chronique ajoute qu'Alexandre le Grand étant un jour allé au tombeau de ce prophète, et ayant appris ce qu'il avait prédit touchant sa personne et ses conquêtes, fit transporter son corps à Alexandrie, et lui fit ériger un tombeau magnifique. Jean Mosque, dans le Pré spirituel (e) raconte aussi cette dernière circonstance, et ajoute que Jérémie était fort honoré dans le quartier d'Alexandrie nommé Tétraphyle.

Eupolème, cité dans Eusèbe (f), nous apprend aussi quelques particularités de la vie de Jérémie, qui ne sont pas plus certaines que celles que nous venons de voir dans la Chronique d'Alexandrie. Cet auteur dit que Jérémie ayant dénoncé aux Juifs idolâtres leur perte prochaine, le roi Joakim voulut le faire brûler vif. Mais le prophète lui prédit que les Juifs, réduits en captivité à Babylone, emploieraient ce même bois avec lequel il le voulait brûler à préparer à manger aux Babyloniens et à leur creuser des fossés aux environs de l'Euphrate et du Tigre. Nabuchodonosor ayant appris cette prédiction de Jérémie, engagea Assibaze, roi des Mèdes, à l'accompagner dans la guerre qu'il voulait faire aux Juifs; et après avoir pris Samarie, la Galilée, Scythopolis et le pays de Galaad, il ruina Jérusalem, prit Joakim, et enleva les richesses du temple, à l'exception de l'arche et des tables de la loi, qu'il laissa à Jérémie. Il y a dans ce récit bien des choses insoutenables. Mais quant à cette dernière circonstance de l'arche, nous lisons dans le second livre des Machabées (g), que Jérémie ayant pris le feu sacré le cacha dans une citerne, où l'on ne trouva au retour de la captivité que de l'eau bourbeuse, qui ne laissa pas de s'enflammer lorsqu'on la répandit sur l'autel ; et que le même prophète transporta sur le mont Nébo le tabernacle et l'arche d'alliance, et les y cacha dans une caverne, où ils sont encore aujourd'hui.

Jérémie fut pendant toute sa vie exposé aux mauvais traitements des Juifs, dont il ne cessa de reprendre les désordres. L'auteur de l'Ecclésiastique (h), dans l'éloge qu'il donne de ce prophète, semble faire son caractère de ces persécutions qu'il eut à souffrir : *Male tractaverunt eum qui a ventre matris consecratus est propheta.* Saint Jérôme (i) remarque que le style de Jérémie est plus bas et plus négligé que celui d'Isaïe, par exemple, et de quelques autres prophètes. Il attribue ce défaut à la naissance de ce prophète, qui était né et avait été élevé à Anathoth, qui n'était qu'un village ou une petite ville de la campagne. D'autres critiques (j) trouvent de la grandeur et de l'élévation dans son style. Grotius juge avec raison que son grand talent était de toucher et d'exciter des passions de tendresse et de pitié. Les Lamentations sont un chef-d'œuvre en ce genre.

[« Dans les plans de la Providence, dit M. Coquerel, ministre protestant, Jérémie est témoin pour Dieu contre son peuple à Jérusalem, comme Ezéchiel en Assyrie et Daniel à Babylone. Il assiste en quelque sorte, de la part de Dieu même, aux derniers événements, aux derniers jours du royaume de Juda ; il prédit ces grands désastres, les explique et les justifie, à mesure qu'ils arrivent ; au pied du trône de David et sur les marches du temple de Salomon, il représente à lui seul la justice divine, pendant cinq règnes de malheurs, tâche imposante et sublime, dont la récompense ne

---

(a) Procop. Isidor. Kimchi. Tostat.
(b) II Mac. II, 1 : *Invenitur in descriptionibus Jeremiæ prophetæ.*
(c) II Mac. XV, 15.
(d) Chronic. Pasch. p. 156, 157.
(e) Joan. Mosch. Prat. spirit. p. 77, p. 877.
(f) Eupolem. apud Euseb. Præpar. l. IX, c. XXXIX.
(g) II Mac. II, 5, 6.
(h) Eccli. XLIX, 9.
(i) Hieron. Præfat. in l. VI, Comment in Jerem.
(j) Sanct. Prolegom. 2, in Jerem. Dupin. Frassen.

pouvait être sur la terre. Aucun ministère n'a été plus pénible que le sien; à l'exception de quelques récompenses particulières et du retour de la captivité, il n'annonce que fléaux, désolations, châtiments, et n'obtient que de loin en loin un peu de confiance. Il était indispensable, sans doute, qu'au temps où Dieu semblait abandonner son peuple, une voix fût toujours prête à crier que le peuple, au contraire, abandonnait son Dieu. Admirable dispensation de l'Eternel ! Pendant le cours de cette période, qui aurait effacé de la terre toute autre nation que la nation élue, les captifs, en Asie, et les assiégés, à Jérusalem, avaient tous leur prophète. Daniel, Ezéchiel et Jérémie s'entre-répondent de l'Euphrate au Jourdain : le même esprit les inspire. Quelquefois ils échangent et se renvoient leurs oracles, et attestent, par l'accord de leurs ministères, qu'un seul Dieu tient dans sa main toute-puissante le fil des grands événements qui ébranlent l'Asie.

» Une circonstance ne doit pas nous échapper (*Jer.* XVI, 2) : il paraît que, *sur un ordre divin, Jérémie a vécu célibataire; les vicissitudes de sa vie, les difficultés de sa mission rendaient cette liberté indispensable; un tel ordre était un bienfait.*

» Son caractère convenait à la tâche qui lui a été confiée : la persévérance, la modération, forment le trait qui le distingue : on le voit revenir sans cesse à la charge, infatigable à remplir sans fruit son devoir ; il ne s'emporte pas contre les incrédules qui le contredisent, contre les méchants qui le persécutent, il les plaint trop pour cela ; mais il les presse, il les conjure, il ne se lasse point de les avertir. Citoyen dévoué, il n'oublie que lui-même ; prophète intrépide, tant de résistance n'a pu le décourager, et quand Jérusalem tombe, il reste debout, au milieu des ruines de sa patrie, comme pour montrer aux vainqueurs et aux vaincus quel devait être un véritable Israélite.

» L'ordre chronologique est entièrement interverti dans son livre. C'est sans doute après le retour de la captivité que ses oracles, ses discours et les fragments de son histoire ont été recueillis avec trop de négligence ; les peuples et les règnes y sont confusément mêlés. Son style est clair, simple et fort, et en général plus prolixe que celui des autres prophètes.

» Nul ne pouvait mieux que lui déplorer les malheurs qu'il avait si longtemps prédits. Ses Lamentations, composées de cinq chants différents, expriment, sous les plus vives images, la douleur d'un citoyen et d'un fidèle. La poésie en est plus élevée que celle de ses oracles, et le triste état de la Judée, pendant la captivité, y est dépeint avec une vérité effrayante. On y reconnaît que Jérémie pouvait dire : J'ai vu les maux que je pleure. »

(a) I *Par.* v, 24.
(b) *Jerem.* xxxvi, 28.
(c) *Josue*, xviii, 21.
(d) *Deut.* xxxiv, 3.
(e) *Antiq.* l. IV, c. v.

JEREMIE, de la ville de Lobna, père d'Amital, femme de Josias, roi de Juda ; et mère de Joachas et de Sédécias. IV *Reg.* XXIV, 18.

JEREMIE, homme très-vaillant, de la tribu de Manassé, et chef de sa famille (a).

JEREMIE. Il y eut deux [ou trois] héros de ce nom dans les armées de David. I *Par.* XII, 4, 10, 13.

JEREMIE, prêtre considérable, qui, revenu de la captivité avec Zorobabel, *Neh.* XI, 1, fut un de ceux qui signèrent l'alliance avec le Seigneur, X, 1. Est-ce le même que celui des versets 12 et 34?

JEREMIE, Réchabite, père de Jezonias. *Jer.* XXXV, 3.

JEREMIE, village de Jérémie ou de Saint-Jérémie, nom que porte aujourd'hui le village où naquit le grand prophète de ce nom. *Voyez* ANATHOTH.

JEREMIEL. Le roi Joakim ordonna à Jérémiel et à quelques autres de se saisir de Baruch et de Jérémie (b) ; mais le Seigneur ne permit pas qu'on les découvrit.

JÉRIA, lévite caathite, chef de la postérité d'Hébron. I *Par.* XXVI, 31.

JERIAS arrêta le prophète Jérémie, comme il sortait de Jérusalem pour se retirer à Anathoth, sa patrie, et le mena à Sédécias, qui le livra aux grands de sa cour pour le mettre en prison. Ceux-ci le descendirent dans une citerne pleine de boue, où il serait bientôt mort, sans Abdemélech, qui l'en tira avec la permission du roi. *Jerem.* XXXVII, 13, etc.

JERIBAI, un des braves de l'armée de David. I *Par.* XI, 46.

JERICHO, ville de la tribu de Benjamin (c), environ à sept lieues de Jérusalem et à deux lieues du Jourdain. Moïse l'appelle *la ville des Palmiers* (d), à cause qu'il y avait grand nombre de ces arbres dans la plaine de Jéricho. Josèphe dit qu'il y avait dans le territoire de cette ville non-seulement beaucoup de palmiers, mais aussi l'arbre du baume (e), qui produisait cette liqueur si précieuse et si estimée des anciens. La vallée de Jéricho était arrosée par un ruisseau qui était autrefois salé et amer (f), mais qui dans la suite fut adouci par le prophète Elisée, en sorte que ses eaux rendirent la plaine de Jéricho non-seulement une des plus agréables, mais même une des plus fertiles du pays (g). Jéricho fut la première ville du pays de Chanaan, que Josué prit (h). Il y envoya d'abord des espions, qui furent reçus par une femme nommée Rahab, qui les logea chez elle, et les sauva de la main du roi de la ville, qui avait envoyé pour les faire arrêter. Elle leur fit promettre qu'ils la conserveraient, elle et toute sa famille, lorsqu'ils auraient pris la ville. *Voyez* l'article de RAHAB.

Josué reçut ordre du Seigneur d'assiéger Jéricho, peu de jours après le passage du Jourdain (i), et peut-être la veille ou le jour

(f) IV *Reg.* II, 19.
(g) *Joseph. de Bello*, l. V, c. IV.
(h) *Josue*, II, 1, 2 *et seq.*
(i) *Ibid.* VI, 1, 2, 3, etc.

de la première Pâque que les Hébreux célébrèrent dans la terre de Chanaan (a). La manière dont se devait faire le siége est tout extraordinaire. Dieu leur ordonna de faire pendant sept jours, et chaque jour une fois, le tour de la ville. Les gens de guerre marchaient à la tête, apparemment hors de la portée des traits des ennemis. Après eux, suivaient les prêtres qui sonnaient de la trompette ; puis ceux qui portaient le coffre sacré, qui renfermait les tables de la loi, et enfin tout le peuple, disposés dans le même ordre qu'ils gardaient dans leurs marches du désert. On observa cette cérémonie jusqu'au septième jour. Ce jour-là, on tourna sept fois autour de la ville ; et à la septième, au bruit des trompettes et des cris de tout le peuple, les murs tombèrent d'eux-mêmes. Le premier jour était un dimanche, disent les rabbins, et le septième, un jour de sabbat. Tout le peuple demeura dans un profond silence, pendant les six premiers jours ; mais le septième jour, Josué leur ayant dit de crier, ils élevèrent leurs voix de toute part ; et les murs étant renversés, ils entrèrent tous dans la ville, chacun par l'endroit qui était vis-à-vis de lui. *Voyez* ci-après, l'article MARCHE.

Or le Seigneur avait ordonné que la ville fût dévouée à l'anathème, et que nul ne touchât à quoi que ce fût de ce qu'on y trouverait ; qu'on n'y épargnât ni homme ni bête ; qu'on mît tout à mort, sans distinction ni d'âge ni de condition ; que la seule Rahab et sa famille seraient exceptées de cette loi générale. Tout cela fut exécuté. On mit le feu à la ville, et on consacra au Seigneur tout l'or, l'argent et le cuivre qui s'y trouvèrent. Alors Josué fit cette imprécation, et il dit : *Maudit soit devant le Seigneur l'homme qui relèvera et rebâtira Jéricho ; que son premier-né meure, lorsqu'il en jettera les fondements, et qu'il perde le dernier de ses enfants, lorsqu'il en mettra les portes*. Cette imprécation de Josué ne fut pas vaine (b). Hiel de Béthel, environ cinq cent trente-sept ans après ceci (c), entreprit de rebâtir Jéricho. Il perdit Abiram, son fils aîné, lorsqu'il en jeta les fondements, et Ségub, le dernier de ses fils, lorsqu'il en posa les portes. — [*Voyez* JOSUÉ, l'article et l'addition, §§ XXII et XXIII.]

Au reste, on ne doit point s'imaginer que, jusqu'au temps de Hiel de Béthel, il n'y ait point eu de ville de Jéricho dans ce canton-là. Nous y voyons une *ville des Palmiers*, apparemment la même que Jéricho, du temps des Juges, sous Eglon, roi des Moabites (d). Les ambassadeurs de David, qui avaient été outragés par les Ammonites, demeurèrent à Jéricho (e), jusqu'à ce que leur barbe fût revenue. Il y avait donc dès lors une ville de Jéricho, mais elle n'était pas sur les fondements de l'ancienne ; elle était au voisinage de cette première Jéricho (f) (1). Josèphe distingue assez ces deux lieux, lorsqu'il dit (g) qu'encore de son temps on voyait près de l'ancienne Jéricho, détruite autrefois par Josué, la source d'une fontaine très-abondante, qui suffisait pour arroser toute la plaine ; mais depuis que Hiel de Béthel eut réparé l'ancienne Jéricho, nul ne se fit scrupule d'y aller demeurer. Nous avons vu, dans l'article d'ÉLISÉE, de quelle manière ce prophète adoucit les eaux de cette fontaine. [Jéricho était fortifiée ; la citadelle, au temps des Machabées, fut réparée. I *Mac.* IX, 50.] Hérode avait fait bâtir à Jéricho un fort beau palais ; c'est là où il fit noyer le grand prêtre Aristobule, son beau-frère, et où il mourut lui-même. Notre Sauveur a fait quelques miracles à Jéricho ; et c'est là où il s'invita à demeurer chez Zachée, dont la foi est si fort louée dans l'Evangile.

[M. Poujoulat écrivait, au mois de mars 1831, à M. Michaud les lignes suivantes (2) : « Vous savez mieux que personne ce qu'était Jéricho, au temps des croisades : la cité chrétienne avait un évêché dépendant de Jérusalem, trois monastères, dont l'un était dédié à saint Basile, l'autre à saint Benoît, et le troisième occupé par des carmes. J'ai eu occasion de vous dire que Jéricho et ses dépendances avaient été données au monastère latin de Béthanie. Jéricho, séparée de la métropole par un affreux désert, était exposée plus qu'aucune autre ville aux attaques des ennemis de la croix ; aussi fut-elle une des premières places que perdirent les rois de Jérusalem. Il ne faut point s'attendre à trouver une nouvelle ville de Jéricho. Dans les régions musulmanes ce qui est détruit est détruit : un misérable village, appelé *Rihha* (odeur), formé de cabanes et de huttes de boue, remplace la cité de Josué et de Vespasien. Rahhab, dans la langue des Hébreux, a la même signification que Rihha dans la langue arabe ; vous savez que Rahhab est le nom de cette fameuse courtisane de Jéricho qui donna asile aux espions de Josué. Ainsi la tradition musulmane conserve les souvenirs de l'histoire sacrée d'Israel.

(a) An du monde 2553, avant Jésus-Christ 1447, avant l'ère vulg. 1451.
(b) III *Reg.* xvi, 34.
(c) Vers l'an du monde 3090, avant Jésus-Christ 910, avant l'ère vulg. 914.
(d) *Judic.* iii, 13.
(e) II *Reg.* 4, 5.
(f) Doubdan, *Voyage de la terre sainte*, c. xxxvii.
(g) *Joseph. de Bello*, l. V, c. iv.
(1) « Dans l'intervalle de temps qui s'est écoulé entre la ruine de Jéricho par Josué et sa reconstruction par Hiel, dit Barbié du Bocage, il est encore question dans l'Ecriture de cette ville ; c'est là ce qui a porté D. Calmet à penser qu'il y avait eu non loin de l'emplacement de la ville de Jéricho une Jéricho nouvelle ; mais cette opinion trouve peu d'appui dans le texte de l'Ecriture, qui permet de penser que la dénomination de cette ville ne se reproduit dans l'espace de temps indiqué que pour désigner les gens qui habitent sur l'emplacement de la ville ou aux environs. »

Cependant voici sur ce sujet une observation de M. de Lamartine : « Partis de Jéricho pour revenir à Jérusalem, avant d'entrer, dit-il, dans la première gorge des montagnes, nous voyons des traces évidentes d'antiques constructions, et nous supposons que c'est là le véritable emplacement de l'ancienne Jéricho. Il a fallu de grands progrès de civilisation pour bâtir les villes dans les plaines. On ne se trompe jamais en cherchant les villes antiques sur les hauteurs. »

(2) *Corresp. d'Orient*, lettr. cvi, tom. IV, pag. 371-373.

» La petite Jéricho arabe est entourée de sycomores, de plantes de baumes, de nopals, qui servent comme de clôture aux champs et aux jardins; quelques espaces de terre sont semés d'orge et de blé. Je n'ai pas vu un seul palmier dans les lieux où s'élevait la cité qu'on appelait cité des Palmes; en quel temps et par suite de quels événements ces arbres ont-ils disparu? J'eusse bien voulu découvrir aussi de ces roses qui ont donné lieu à tant de merveilleux récits; mais Jéricho a perdu ses roses comme elle a perdu ses palmiers, et tout cela ne se retrouve plus que dans les livres saints et dans les vieilles relations. Le territoire de Jéricho ou de Rihha offre trois espèces d'arbres qui ne se rencontrent point ailleurs. L'un, assez semblable à notre prunier, s'appelle *zaccoum* : on tire du fruit de cet arbre une huile vulnéraire, très-estimée dans la contrée; la plupart des rosaires qu'on vend à Jérusalem sont faits avec les noyaux de ce fruit. Les rameaux du zaccoum sont épineux. Une tradition chrétienne veut que ce soit le feuillage du zaccoum qui ait été tressé en couronne sur la tête de l'Homme-Dieu. La seconde espèce d'arbre, particulière à Jéricho, se nomme *dom* : le dom porte un petit fruit rouge, qu'on mange dans le pays; les femmes de Jérusalem, surtout celles qui sont en état de grossesse, recherchent beaucoup ce fruit. Mon jeune interprète arabe en a rempli les larges poches de sa robe orientale: les branches du dom sont épineuses comme celles du zaccoum. La troisième espèce d'arbre, appelée *hadag*, présente de très-petites feuilles et un branchage hérissé de pointes aiguës; son fruit, un peu moins gros qu'une noix, est de forme ronde et de couleur jaune. J'en ai cueilli quelques-uns : l'intérieur est sans noyaux et plein de chair mêlée de graines. Au temps de sa maturité, le fruit du hadag garde son éclat, et tout ce qu'il renferme se change en poussière noire. Ne serait-ce pas là cette pomme de Sodome, dont on a tant parlé? Je crois que le hadag est ce même arbre qu'a décrit M. de Châteaubriand, sans le désigner sous le nom arabe, et qu'il suppose être l'arbre de Sodome.]

LA ROSE DE JÉRICHO est louée dans l'Ecriture (a) et dans les voyageurs, quoiqu'il y ait lieu de douter que ce que l'Ecriture appelle rose de Jéricho soit la même chose que ce que les modernes entendent sous ce nom. Quoi qu'il en soit, voici ce qui est connu sous le nom de rose de Jéricho : c'est une plante qui a la forme du sureau; sa fleur vient en bouquet, composé de plusieurs petites fleurs assez semblables à celles du sureau. D'abord elle est rouge, et devient ensuite blanchâtre. La campagne de Jéricho est toute couverte de cette espèce d'arbuste. Il en vient aussi dans quelques endroits de l'Arabie. La fleur est incorruptible; elle se sèche et se referme à peu près comme la fleur de sureau, avant qu'elle s'ouvre et s'épa-

panouisse. On lui attribue plusieurs vertus, sans aucun fondement. Quand on la laisse quelque temps dans l'eau, elle s'ouvre et s'épanouit; dès qu'on la laisse quelque temps hors de l'eau, elle se resserre, et cela en toutes les saisons de l'année.

A l'égard du *baume de Jéricho*, on peut voir l'article BAUME.

JERICON, ou JERCON, ou plutôt JARKON, ville de la tribu de Dan. *Josue* XIX, 46. *Méjarcon*, ou plutôt *Mé-iarcon*, signifie *les eaux de Jarcon*. Ces lieux étaient au voisinage de Joppé. *Voyez* ARECON.

JÉRIMOTH, ville en la partie méridionale de Juda. *Voyez* JARAMOTH.

JÉRIMOTH. Il y eut plusieurs personnes de ce nom; mais nous ne savons aucune particularité de leur vie. *Voyez* I *Par.* VII, 7, 18; VIII, 14; XXIII, 13; XXIV, 30; XXV, 4, etc.

JÉRIMUTH. C'est le même nom que *Jerimoth*. On trouve aussi quelques personnes du nom de *Jerimuth*. I *Par.* XII, 5; I *Esdr.* X, 27.

JÉROBAAL. C'est le surnom que l'on donna à Gédéon, depuis qu'il eut abattu le bois de Baal, et que son père eut répondu à ceux qui s'en plaignaient, que c'était à Baal à s'en venger. *Judic.* VI, 31, 32. C'est de là que Sanchoniathon a pris son *Jerombaal*, prêtre du Dieu Jao. *Euseb. Præp.*, l. I. *Voy.* GÉDÉON.

JÉROBOAM, fils de Nabat, qui fit pécher Israel, dont le nom est si célèbre et si souvent détesté dans l'Ecriture, comme étant l'auteur du schisme et de l'idolâtrie des dix tribus, était fils de Nabat et d'une veuve nommée Sarva (b). Sa patrie était Sareda, dans la tribu d'Ephraïm. Jéroboam était hardi et entreprenant, et Salomon lui avait donné la commission de lever les tributs sur toute la maison de Joseph, c'est-à-dire sur les tribus d'Ephraïm et de Manassé. Un jour que Jéroboam était sorti de Jérusalem, et allait seul à la campagne (c), le prophète Ahias de Silo vint à sa rencontre, ayant sur ses épaules un manteau tout neuf; ils n'étaient qu'eux deux dans le champ (d). Alors Ahias prenant son manteau, le coupa en douze pièces, et dit à Jéroboam : Prenezen dix parts pour vous; car voici ce que dit le Seigneur : Je diviserai et j'arracherai le royaume de Salomon, et je vous en donnerai dix tribus. Il lui en demeurera une tribu, à cause de David, mon serviteur, et de la ville de Jérusalem, que j'ai choisie entre toutes villes d'Israel; parce que Salomon a adoré Astarté, déesse des Sidoniens, Chamos, dieu des Moabites, et Moloch, dieu des Ammonites, et parce qu'il m'a abandonné et s'est livré à l'iniquité. Je ne le priverai point toutefois du royaume; il en jouira jusqu'à sa mort; mais je l'ôterai d'entre les mains de son fils, et je vous en donnerai dix tribus. Si donc vous obéissez à mes ordres, et si vous marchez dans mes voies,

---

(a) *Eccli.* XXIV, 18 : *Quasi plantatio rosæ in Jericho*.
(b) III *Reg.* XI, 26.
(c) III *Reg.* XI, 29.

(d) L'année est incertaine; ce fut sur la fin du règne de Salomon.

comme a fait David, mon serviteur, je serai avec vous et j'établirai votre maison pour toujours, et je vous mettrai en possession du royaume d'Israel.

Jéroboam, déjà indisposé contre Salomon et animé par les promesses d'Ahias, commença à remuer et à solliciter les peuples à la révolte. Mais Salomon, en ayant eu vent, voulut faire arrêter Jéroboam, qui se sauva en Egypte et y demeura jusqu'à la mort de Salomon (a). Roboam, qui lui succéda, ayant suivi le conseil des jeunes conseillers (b), qui lui conseillèrent d'user de hauteur et de menaces envers le peuple assemblé pour le reconnaître roi, les irrita de telle sorte, qu'il y eut dix tribus qui se séparèrent de la maison de David, et qui abandonnèrent Roboam. Cependant Jéroboam était revenu d'Egypte; et les dix tribus l'ayant appris, le firent venir dans une assemblée générale, où ils l'établirent roi sur tout Israel. Jéroboam fixa sa demeure à Sichem, et s'y fortifia. Il rétablit aussi Phanuel au delà du Jourdain, et la mit en état de défense, pour contenir les tribus qui étaient de ce côté-là.

Jéroboam, oubliant la fidélité qu'il devait à Dieu, qui lui avait donné le royaume, ne songea qu'à s'y maintenir, aux dépens de la religion et du culte du Seigneur. Il dit en lui-même : Si mon peuple va à Jérusalem pour y offrir ses sacrifices et pour y rendre ses adorations à Dieu, il retournera bientôt à l'obéissance de la maison de David, et je serai la victime de l'inconstance du peuple, ou du ressentiment de Roboam. Il résolut donc de faire des veaux d'or, apparemment à l'imitation du dieu Apis, qu'il avait vu en Egypte; de les mettre l'un à Dan et l'autre à Bersabée, aux deux extrémités de ses Etats, et de faire publier par tout le pays défense d'aller désormais à Jérusalem, et ordre de rendre son culte à ces veaux d'or. N'allez plus ci-après, dit-il, à Jérusalem. Israel, voici vos dieux qui vous ont tiré de l'Egypte (1). Il fit aussi des temples dans les hauts lieux, et établit pour prêtres des gens du milieu du peuple, et qui n'étaient ni de la race d'Aaron, ni de la tribu de Lévi.

Pour faire la dédicace de son nouvel autel et la consécration de ses veaux d'or, il fit publier une fête solennelle dans tout son royaume, pour le quinzième jour du huitième mois (c); et tout le peuple étant assemblé, il monta lui-même sur l'autel pour y offrir l'encens et les sacrifices. Alors un homme de Dieu, que la plupart croient être le prophète Addo, vint de Juda (d) à Béthel, par l'ordre du Seigneur; et, voyant Jéroboam qui était sur son autel, il s'écria : Autel, autel, voici ce que dit le Seigneur : Il naîtra un fils de la maison de David qui s'appellera Josias, et il immolera sur toi les prêtres des hauts lieux qui t'encensent maintenant. Il brûlera sur toi des os d'homme. Et, pour preuve que c'est le Seigneur qui a parlé, voilà que l'autel va tout présentement se rompre, et la cendre et ce qui est dessus se répandra par terre. En même temps le roi, qui était sur l'autel, étendit la main et commanda qu'on arrêtât le prophète; mais la main qu'il avait étendue se sécha, et il ne put la retirer. L'autel aussitôt se rompit, et le feu, avec la cendre qui était dessus, se répandit par terre, suivant la prédiction de l'homme de Dieu. Alors le roi lui dit : Offrez vos prières à Dieu, afin qu'il me rende l'usage de ma main. L'homme de Dieu pria le Seigneur, et la main du roi fut remise en son premier état. Alors Jéroboam dit au prophète : Venez dîner avec moi dans ma maison, et je vous ferai des présents. Il répondit : Quand vous me donneriez la moitié de votre maison, je n'irais point avec vous, et ne goûterais rien en ce lieu; car le Seigneur me l'a très-expressément défendu.

Un événement si extraordinaire ne fit point revenir Jéroboam de son impiété; il continua à entretenir le peuple dans l'erreur et dans la superstition, en établissant des prêtres des hauts lieux, et en les engageant dans un culte contraire à la loi du Seigneur. C'est là le crime de la maison de Jéroboam, et ce qui fut cause qu'elle fut exterminée de dessus la terre. Quelque temps après (e), Abia, son fils, étant tombé malade (f), Jéroboam envoya sa femme (1) vers le prophète Ahias, pour le consulter sur la santé de son fils. Et afin que l'homme de Dieu ne reconnût point la reine, elle se déguisa et prit des habits comme une femme du commun. A peine était-elle sur le seuil de la porte du prophète, qu'Ahias, qui ne pouvait plus voir, à cause de sa vieillesse, lui cria : Entrez, femme de Jéroboam; pourquoi vous déguisez-vous? Allez; dites à Jéroboam : Voici ce que dit le Seigneur : Je vous ai établi chef de mon peuple; et vous, au lieu de me demeurer fidèle, vous m'avez tourné le dos, et vous avez donné vos adorations à des dieux étrangers. C'est pourquoi j'exterminerai la maison de Jéroboam. Ceux de sa maison qui mourront dans la ville seront mangés par les chiens, et ceux qui mourront à la campagne seront dévorés par les oiseaux du ciel. A l'égard de l'enfant, pour lequel vous me venez consulter, il mourra de sa maladie, et tout Israel le pleurera. La chose arriva comme le prophète l'avait prédit; mais Jéroboam n'en devint pas meilleur. Il mourut après vingt-deux ans de règne (g), et Nadab, son fils, régna en sa place. — [Voyez l'histoire de Jéroboam dans mon *Histoire de l'Ancien Testament.*]

JÉROBOAM, II* du nom, roi d'Israel, était fils de Joas. Il commença à régner après son père, l'an du monde 3179, avant Jésus-Christ

---

(a) An du monde 3029, avant Jésus-Christ 971, avant l'ère vulg. 975.
(b) III *Reg.* xii, 1, 2, etc.
(c) An du monde 3030, avant Jésus-Christ 970, avant l'ère vulg. 974.
(d) III *Reg.* xiii.
(e) L'année n'est pas certaine.

(f) III *Reg.* xiv.
(g) An du monde 3050, avant Jésus-Christ 950, avant l'ère vulg. 954.
(1) Voyez le *Calendrier des Juifs*, 23 du mois de sivan, à la tête du premier volume.
(2) *Voyez* Anne ou Anno.

821, avant l'ère vulgaire 825. Il régna quarante et un ans (a), et mourut l'an du monde 3220, avant Jésus-Christ 780, avant l'ère vulgaire 784. Il fit le mal devant le Seigneur, et marcha dans les voies de Jéroboam, fils de Nabat, qui avait fait pécher Israel. Son règne fut long et heureux. Il rétablit le royaume d'Israel dans son ancienne splendeur, dont il était fort déchu sous ses prédécesseurs, et reconquit les pays et les villes que les rois de Syrie avaient usurpés et démembrés de ses Etats. Il réduisit sous son obéissance toutes les terres de delà le Jourdain jusqu'à la mer Morte. Tout cela en exécution des promesses que le Seigneur lui en avait faites par le prophète Jonas, fils d'Amathi, dont nous avons encore les autres prophéties; mais nous n'avons pas celles qu'il avait faites en faveur de Jéroboam II, ni le détail des conquêtes que ce prince avait faites, et qui étaient écrites dans les annales des Rois d'Israel.

Les prophètes Osée, Amos et Jonas prophétisèrent sous Jéroboam II. On voit par leurs écrits que sous son règne l'oisiveté, la mollesse, la somptuosité, l'injustice, régnaient dans Israel (b); que la licence, en fait de religion, était extrême; que l'on fréquentait non-seulement Dan et Béthel, où l'on avait placé les veaux d'or, mais aussi Maspha de Galaad, Béersabée, le Thabor, le Carmel et Galgal, et en général les lieux où le Seigneur avait apparu aux patriarches (c), et presque toutes les hauteurs d'Israel. Ce n'était pas toujours pour y adorer les idoles; mais c'était toujours désobéir au Seigneur et s'exposer à l'occasion de tomber dans des désordres honteux, en se trouvant dans des assemblées de réjouissances et dans des lieux écartés. On remarque aussi que sous son règne on observait dans Israel plusieurs articles de la loi cérémonielle. On payait les prémices et les décimes; on observait les fêtes et le sabbat; on consacrait des Nazaréens (d).

Le prophète Amos (e) fut suscité de Dieu pour menacer la maison de Jéroboam des derniers malheurs. Il dit que les hauts lieux consacrés aux idoles seront détruits, et que la famille de Jéroboam sera exterminée par l'épée. Amasias, prêtre de Béthel (f), donna avis au roi qu'Amos était un sujet rebelle, qui inspirait au peuple l'esprit de révolte, et qui disait publiquement : Jéroboam mourra par l'épée, et Israel sera emmené captif hors de son pays. C'était une calomnie de la part de ce faux prêtre; et l'Ecriture ne dit pas que le roi y ait ajouté foi. Toutefois Amasias fit sortir Amos des terres d'Israel; et il y a toute apparence que ce ne fut que par l'autorité du prince. Nous ne savons pas davantage de particularités de la vie de Jéroboam II.

* JEROHAM. *Voyez* ELCANA.
* JEROHAM, Benjamite, père de Jobania. 1 *Par* VIII, 27; IX, 8.
* JEROHAM, prêtre descendant de Phassur, et père d'Adaïa. I *Par.* IX, 12; *Neh.* XI, 12.
* JEROHAM, de Gédor, père de Joéla et de Zobadia, qui abandonnèrent le parti de Saül pour embrasser celui de David. I *Par.* XII, 7.
* JEROHAM, Danite, père d'Ezrihel, qui était le personnage le plus considérable de sa tribu au temps de David. I *Par.* XXVII, 22.
* JEROHAM, père d'Azarias, qui entra dans les vues du grand-prêtre Joïada pour placer Joas sur le trône de ses aïeux, usurpé par Athalie. II *Par.* XXIII, 1.

JERON, ville de Nephtali. *Josue* XIX, 38.

JERUEL. Le roi Josaphat remporta une grande victoire sur les Ammonites, les Moabites (g), et autres peuples ligués dans le désert de Jéruel. Il était au couchant de la mer Morte, dans la partie méridionale de Juda, pas loin de *Sis*.

JERUSA, mère de Joathan, fils d'Ozias, roi de Juda. IV *Reg.* XV, 33.

JERUSALEM, nommée auparavant *Jébus* (h), ou *Salem* (i). Quelques-uns l'expriment par *Solyma*, ou *Jerosolyma*; les Hébreux, par *Jeruschalaïm* ou *Jeruschelem*. Ce nom peut signifier, ou la *vision de paix*, ou la *possession*, l'*héritage de paix* (1). Josué la donna à la tribu de Benjamin (j). Il prit et fit mourir le roi de Jérusalem dans la fameuse journée de Gabaon (k); et il y a toute sorte d'apparence qu'il ne laissa pas cette seule ville au milieu du pays sans la réduire, comme il avait fait les autres. Il faut toutefois avouer qu'il n'est dit en aucun endroit qu'il l'ait prise. Il paraît même, par d'autres passages, qu'elle demeura aux Jébuséens jusqu'au temps de David. (*l*) ; et il est dit expressément que les enfants de Benjamin ne chassèrent point les Jébuséens de Jérusalem (m).

D'un autre côté, cette ville paraît avoir été dans le partage de la tribu de Juda. Il est dit dans Josué (n) que *les enfants de Juda ne purent exterminer les Jébuséens qui habitaient à Jérusalem;* et dans le livre des Ju-

---

(a) IV *Reg.* XIV, 23, 24, etc.
(b) *Amos* II, 6, 7, etc.; II, 9, 10, 14; VI, 4, 5, 6; VIII, 4, 5.
(c) *Voyez Ose.* IV, 15; V, 1; VI, 8; IX, 15; XII, 11; *et Amos* V, 5; VII, 13; VIII, 14.
(d) *Amos* II, 11, 12; IV, 4, 5; V, 22, 23, VIII, 5, 5, 10.
(e) *Amos* VII, 7, 8, 9, etc.
(f) *Amos* VII, 10, 11, 12.
(g) I *Par.* XX, 16.
(h) *Josue*, XVIII, 28.
(i) *Genes.* XIV, 18; *Heb.* VII, 1; *Psalm.* LXXV, 3, *in Heb.*
(j) *Josue*, XVIII, 28.
(k) *Josue*, X, 23, 40; XII, 10
(l) II *Reg.* V.
(m) *Judic.* I, 21.

(n) *Josue*, XV, 63.
(1) « Jérusalem s'appelait autrefois *Salem*, *pacifica* (Heb. VII, 1), ensuite *Jébus*, et après cela *Jébusalem*, mot composé de deux noms : ainsi en changeant une lettre elle a été appelée Jérusalem. *Voyez* saint Jérôme sur le Ps. LXXV.
D'autres croient qu'elle a été appelée Jérusalem de *jereh, videbit*, parce que quand Abraham voulut immoler son fils, il nomma ce lieu *Dominus videbit, Jehova jirche;* de ce dernier mot et de l'ancien nom *Salem* a été formé le mot *Jérusalem*, que les Hébreux appellent *Jerusalaim*, parce qu'elle renferme deux parties, la haute et la basse ville. » HURÉ. *Voyez* MELCHISÉDECH.

ges (a), on lit que les enfants de Juda prirent et brûlèrent Jérusalem. Enfin David, qui était de la tribu de Juda, n'eut pas plutôt été reconnu roi de tout Israel, qu'il marcha contre Jérusalem et la réduisit à son obéissance, (b), en chassa les Jébuséens, et y établit le siége de son royaume. Enfin le Psalmiste attribue assez clairement Jérusalem à Juda, lorsqu'il dit (c) que le Seigneur n'a pas choisi Ephraïm, *mais la tribu de Juda et le mont de Sion*. Pour concilier ces différents textes, on peut dire que Jérusalem étant sur la frontière des deux tribus, elle est tantôt attribuée à l'une, et tantôt à l'autre; que Benjamin y avait plus de droit, par le partage que Josué avait fait du pays; et Juda, par le droit de conquête qu'il en avait faite jusqu'à deux fois : premièrement sous les Juges, et ensuite sous David. Depuis que le Seigneur eut déclaré que Jérusalem était le lieu qu'il avait choisi pour sa demeure et pour son temple, elle fut regardée comme étant la métropole de toute la nation, et comme étant à tous les Israélites en commun (d). Elle n'appartenait donc proprement ni à Benjamin, ni à Juda.

La ville de Jérusalem était bâtie sur une ou deux collines (1), et elle était tout environnée de montagnes : *Montes in circuitu ejus* (e), et dans un terrain pierreux et assez stérile, à la longueur de soixante stades, selon Strabon (f). Le territoire et les environs de Jérusalem étaient assez arrosés, ayant les fontaines de Géhon et de Siloé, et le torrent de Cédron au pied de ses murailles, et outre cela, les eaux d'Ethan, que Pilate avait conduites dans la ville par des aqueducs (g). L'ancienne ville de Jérusalem ou de Jébus, que David prit sur les Jébuséens, n'était pas bien grande. Elle était assise sur une montagne, au midi du temple. La montagne opposée, qui était au septentrion, est celle de Sion, où David bâtit une nouvelle ville qu'il appela la cité de David, dans laquelle était le palais royal et le temple du Seigneur. Ce temple était construit sur la colline de Moria, qui était un des côteaux du mont de Sion (h).

Entre ces deux montagnes était la vallée de Mello, qui séparait autrefois l'ancienne Jébus de la cité de David, mais qui fut ensuite comblée par David et par Salomon, pour joindre les deux villes (i). Depuis le règne de Manassé, il est parlé d'une nouvelle ville, appelée *la seconde*, qui fut fermée de murailles par ce prince (j). Les Machabées y firent encore quelques additions, et agrandirent considérablement la ville de Jérusalem du côté du nord (k), en y enfermant une troisième colline. Josèphe parle encore d'une quatrième colline, nommée Bézéta, qu'Agrippa avait jointe à la ville, et qu'il avait commencé à fermer de murailles. Cette nouvelle ville était au nord du temple, le long du torrent de Cédron. Ainsi la ville de Jérusalem n'avait jamais été si grande, que lorsqu'elle fut attaquée par les Romains. Elle avait alors trente-trois stades de tour, qui font quatre mille cent vingt-cinq pas, ou une lieue et presque demie, à trois mille pas la lieue. Ce qui se confirme encore par ce que dit le même Josèphe (l), qui nous apprend que le mur de circonvallation que Tite fit faire autour de la ville, avait trente-neuf stades, qui font quatre mille huit cent soixante et quinze pas, ou un peu plus d'une lieue et demie. D'autres lui donnent une bien plus grande étendue. Il faut voir Villalpand pour l'affirmative, et M. Reland pour la négative, *Palæstin. t.* II, *l.* III, p. 836, 837.

Nous n'entreprendrons pas de décrire tous les édifices publics et particuliers de cette célèbre ville. Les anciens nous sont presque entièrement inconnus. Ceux dont parle Josèphe, et dont il donne la description, n'ont que peu de rapport à la Bible, que nous nous sommes principalement proposé d'éclaircir dans cet ouvrage. Nous donnerons la description du *temple* dans son article particulier. Nous parlerons aussi des *synagogues* dans un autre endroit. Le plan que nous avons donné de Jérusalem, nous dispense de répéter ici beaucoup de choses que l'on peut voir en jetant les yeux sur cette description. Les portes que nous avons marquées, ne sont peut-être pas précisément au lieu où nous les avons mises : mais dans ces sortes de choses, il faut, malgré qu'on en ait, donner un peu aux conjectures. J'ai parlé de la Piscine probatique dans son lieu, sous BETHZAIDE, ou BETHESDA; j'ai aussi parlé des fontaines de SILOÉ et de GEHON.

Le sentiment le plus commun est que Melchisédech était roi de Jérusalem, quoiqu'il y ait sur cela quelque difficulté. Saint Jérôme (m) croit que cette ville de *Salem*, dont l'Ecriture dit que Melchisédech était roi (n), était une bourgade près de Scythopolis, où l'on voyait encore de son temps les ruines du palais de ce prince, lesquelles par leur grandeur, montraient assez quelle avait été autrefois la magnificence de cet édifice. L'auteur de la Chronique Pascale dit aussi qu'il a vu le village où était autrefois la demeure de Melchisédech. M. Réland (o) de même ne veut pas croire que Melchisédech ait régné à Salem. Nous aimons mieux suivre le sentiment du commun des Pères et des interprètes, puisqu'il n'a rien de contraire à l'Ecriture, qui donne quelquefois à Jérusalem le nom de *Salem*, et puisque l'opinion contraire

---

(a) *Judic.* ɪ, 8.
(b) II *Reg.* v, 6, 7.
(c) *Psalm.* LXXVII, 67.
(d) Voyez *Joseph. de Bello, Jud. l.* III, *c.* v, *et l.* IV, c. vɪ.
(e) *Psalm.* cxxɪv, 2.
(f) *Strabo. l.* XVI.
(g) *Joseph. de Bello, l.* II, *c.* xv.
(h) Voyez *Psalm.* xʟvɪɪ, 3. *Isai.* xɪv, 13, *et* II *Reg.* v, 7, 9, *et* I *Par.* xɪ, 5, *et* III *Reg.* vɪɪɪ, 1, *et* II *Par.* v, 2. *Ezech.* xʟ, 2.

(i) III *Reg.* ɪx, 15, 24; ɪx, 27.
(j) II *Par.* xxɪv, 22; xxxɪɪɪ, 14, *et* IV *Reg.* xxɪɪ, 24.
(k) *Joseph. de Bello, l.* V, *c.* vɪ, p. 912, 913.
(l) *Ibid., l.* VI, *c.* vɪ.
(m) *Hieron. Ep. ad Evangelum.*
(n) *Genes.* xɪv, 18.
(o) *Reland. Palæst. l.* III, p. 833 *et* 976.
(1) A dix lieues environ du Jourdain, et seize de la mer Méditerranée, par 31° 47' 47" lat. nord, et 33° longit. est de Paris. BARBIÉ DU BOCAGE.

n'est point d'accord sur la situation de la ville de Salem, qu'elle donne pour demeure à Melchisédech (1).

Les Jébuséens en étaient les maîtres sous Moïse, sous Josué, sous les Juges, et jusqu'au commencement du règne de David. On conjecture que Josué la prit sur eux, comme nous l'avons déjà remarqué. Les enfants de (*a*) Juda s'en rendirent maîtres après la mort de Josué ; mais ou ils ne la purent conserver, ou ils ne prirent que la ville basse, la citadelle étant demeurée au pouvoir des Jébuséens : et c'est là la première prise de cette ville qui soit bien marquée dans le texte sacré. La seconde est celle qui se fit au commencement du règne de David. Ce prince ne se vit pas plutôt affermi sur le trône d'Israel (*b*), qu'il marcha contre Jérusalem. La ville était si forte, que les Jébuséens qui l'occupaient, se vantaient de la défendre seulement avec des aveugles et des boiteux. Mais David la força, en chassa les Jébuséens, et la choisit pour capitale de son royaume (*c*). Depuis ce temps, Jérusalem fut le théâtre d'une infinité d'actions importantes; en sorte que vouloir faire l'histoire de cette ville, ce serait entreprendre le récit de presque toute l'histoire sainte.

David l'embellit et l'augmenta considérablement. Mais Salomon y fit tant de grands et de beaux ouvrages, qu'il la rendit une des plus belles villes de l'Orient. Sous le règne de Roboam, fils et successeur de Salomon, elle fut prise (*d*), et pillée par Sésac, roi d'Egypte. Ce prince enleva tous les trésors du temple et du palais royal (*e*).

Hazael, roi de Syrie (*f*), étant venu contre Jérusalem, et menaçant de la prendre, Joas, roi de Juda, racheta la ville par une grande somme d'argent qu'il envoya au roi de Syrie, pour l'obliger à lever le siège (*g*). Il épuisa pour cela le trésor de la maison de Dieu, et ceux du palais, pour contenter l'avidité d'Hazael, qui ne laissa pas d'envoyer contre lui l'année suivante une armée, qui défit celle de Juda, prit plusieurs princes, les fit mourir et laissa Joas lui-même dans d'extrêmes langueurs.

Quelque temps après (*h*), Joas, roi de Juda, ayant témérairement déclaré la guerre à Amasias, roi d'Israel (*i*), ce dernier prince défit l'armée de Juda, prit Joas prisonnier; et étant entré dans Jérusalem, enleva tous les trésors qui étaient, tant dans le temple, que dans le palais royal, fit démolir quatre cents coudées des murailles de la ville, depuis la porte d'Ephraïm, jusqu'à la porte de l'Angle, puis s'en retourna à Samarie.

Néchao, roi d'Egypte, au retour de son expédition contre Carchemise sur l'Euphrate (*j*), entra dans Jérusalem, prit Joachaz, que le peuple de Juda avait établi sur le trône de Josias, mit en sa place Eliakim, et emmena Joachaz en Egypte, où il mourut (*k*). On ne lit pas dans l'Écriture que Néchao ait pillé la ville ou le temple, mais il imposa sur tout le pays une taxe de cent talents d'argent, et de dix d'or, que Joakim fut obligé de payer, en imposant sur tout le peuple une capitation ou taxe réelle, à proportion de leurs biens. Il paraît par Ezéchiel (*l*), que Joachaz avait attaqué Néchao, ou du moins qu'il lui avait fait une forte résistance, avant que de se rendre à lui : *Votre mère est une lionne, qui s'est couchée au milieu de ses lionceaux qu'elle a nourris. Elle a pris un de ses lionceaux,* (c'est Joachaz) *et il est devenu lion ; il a appris à prendre sa proie et à dévorer des hommes. Les nations en ont été averties, et l'ont pris, mais non pas sans avoir reçu bien des blessures, et l'ont conduit en Egypte.*

Nabuchodonosor étant venu dans la Judée (*m*) la quatrième année du règne de Joakim,

(*a*) Judic. i, 8 : *Oppugnantes ergo filii Juda Jerusalem ceperunt eam et percusserunt, in ore gladii, tradentes cunctam incendio civitatem.*
(*b*) II Reg. v, 6.
(*c*) An du monde 2956, avant Jésus-Christ 1044, avant l'ère vulg. 1048.
(*d*) III Reg. xiv, 25, 26, 27.
(*e*) An du monde 3033, avant Jésus-Christ 967, avant l'ère vulg. 971.
(*f*) An du monde 3165, avant Jésus-Christ 835, avant l'ère vulg. 859.
(*g*) IV Reg. xii, 17, et II Par. xxiv, 24, 25.
(*h*) An du monde 3178, avant Jésus-Christ 822, avant l'ère vulg. 826.
(*i*) IV Reg. xiv, 13, et II Par. xxv, 23.
(*j*) An du monde 3394, avant Jésus-Christ 606, avant l'ère vulg. 610.
(*k*) IV Reg. xxiii, 30, et II Par. xxxvi, 1, 2, 3.
(*l*) Ezech. xix, 2, 3.
(*m*) An du monde 3398, avant Jésus-Christ 602, avant l'ère vulg. 606.

(1) Il ne s'agit ici que de critique historique. Suivant M. Poujoulat, Jérusalem, cette ville que le Seigneur s'était choisie, cette capitale du pays occupé par le peuple dont il était le roi, n'était pas, comme on le croit, celle où Melchisédech faisait sa demeure. Voici ses paroles:

« Nous n'avons pas le moyen de percer la profondeur de la nuit qui enveloppe les premiers temps de cette ville, dont le nom a passé avec tant de bruit par toutes les langues humaines. Jérusalem commença par une forteresse sur le mont Sion, voilà ce que nous savons. La montagne qui fut témoin du sacrifice d'Abraham, est-elle la même que le mont Moriah où devait s'élever le premier et le plus beau temple consacré à l'unité de Dieu? La ville de Salem, dont Melchisédeb fut pontife et roi, est-elle la même que Jérusalem? La tradition la plus générale a résolu affirmativement ces deux questions, et Bossuet lui-même l'a adoptée ; l'imagination chrétienne aime à placer l'autel de l'immolation d'Isaac, dans ces lieux où, dix-neuf siècles plus tard, se dresse la croix d'une plus grande victime ; elle aime à rapprocher le pontife de Salem du pontife éternel du monde moral, et leur donner la même cité pour terrestre royaume ; la critique historique a gardé des doutes à cet égard.

» Nous pourrions entrer dans des dissertations, qu'il serait facile de rendre savantes. Bornons-nous à éclaircir en deux mots la seule question dont nous ayons à nous occuper ici, celle qui touche à Jérusalem. La cité de Melchisédech appartenait, d'après la Genèse (xxxiii, 18), au territoire de Sichem ; Jacob y planta ses tentes en revenant de Mésopotamie ; il avait passé auparavant par Socoth, sur la rive orientale du Jourdain ; c'est après avoir quitté Salem, que le patriarche voyageur arriva à Béthel, située à l'orient de Sichem. Cette simple indication des lieux doit, selon nous, suffire pour trancher la difficulté ; du moment que la Genèse place Salem, ville de Melchisédech, sur la rive occidentale du Jourdain, au nord de Béthel, il n'est plus permis de la confondre avec l'autre cité de Salem qui, tombée au pouvoir de Jébus, ajoutant à son nom celui de son nouveau maître, s'appela *Jébusalem*, ou *Jérusalem*: celle-ci était située à douze heures de la mer, dans les montagnes, à neuf heures à l'occident du Jourdain, à douze heures au sud-ouest de Béthel. Nous ne pensons pas que la confusion des deux Salem, tant de fois reproduite, puisse désormais se montrer encore. » POUJOULAT, *Hist. de Jérusalem*, ch. iii. tom. I, pag. 51, 52. *Voyez* ABRAHAM col. 76 et note, ADONISÉDECH et SALEM.

roi de Juda (a), assiégea Jérusalem, qui était alors tributaire des rois d'Egypte ; et l'ayant assujettie à la domination des Chaldéens, il y laissa Joakim, qu'il avait eu d'abord dessein de mener chargé de chaînes à Babylone. C'est ainsi que l'on concilie les différents passages où il est parlé de cet événement, et dont les uns portent que Joakim fut mené à Babylone, d'autres qu'il y régna à Jérusalem. Il y régna dans la dépendance de Nabuchodonosor, ainsi qu'il y régnait auparavant sous le bon plaisir des rois d'Egypte. Au bout de trois ans (b), il se lassa de cette soumission, et se souleva contre Nabuchodonosor. Le roi de Chaldée occupé à d'autres affaires, ne put sitôt réduire Joakim ; il envoya seulement contre lui des troupes de Chaldéens, de Syriens, de Moabites et d'Ammonites, qui ravagèrent la Judée et emmenèrent à Babylone trois mille vingt-trois Juifs, la septième année de Joakim (c), du monde 3401 ; et quatre ans après, du monde 3405, qui était la onzième année de Joakim, ils entrèrent dans Jérusalem, prirent et mirent à mort ce prince, et jetèrent son corps à la voirie.

Jéchonias, son fils, lui succéda ; mais après un règne de trois mois et dix jours, Nabuchodonosor étant venu assiéger Jérusalem, Jéchonias fut obligé de se rendre (d) : la ville fut encore prise par les Chaldéens, et les trésors du temple et du palais royal enlevés et emportés à Babylone (e). Enfin Nabuchodonosor prit Jérusalem pour la quatrième et dernière fois, l'an du monde 3416, avant l'ère vulgaire 588, et la onzième année de Sédécias. Voici le sujet de cette guerre. Sédécias, la septième année de son règne (f), prit des mesures secrètes avec Ephrée, ou Apriès, roi d'Egypte, pour secouer le joug des Chaldéens (g), et deux ans après, il se déclara ouvertement, et refusa de payer le tribut à Nabuchodonosor. Ce prince, lassé de la mauvaise foi et de l'inconstance des Juifs, résolut d'exterminer cette perfide nation, de ruiner leur royaume, et d'en transporter les habitants au delà de l'Euphrate. Il vint donc avec une puissante armée contre Jérusalem, et arriva dans la Judée au commencement de l'an du monde 3414, qui était une année sabbatique (h), où le roi et le peuple devaient renvoyer leurs esclaves, suivant la loi du Seigneur (i), qui ordonne de mettre en liberté les esclaves hébreux toutes les septièmes années ; ce qui fut exécuté d'abord, et les esclaves demeurèrent en liberté, tandis que le roi de Babylone fut occupé à investir la ville. Mais le roi d'Egypte s'étant avancé avec son armée pour secourir Jérusalem, et Nabuchodonosor ayant quitté le siège pour le repousser, les Juifs reprirent leurs esclaves, sans se mettre en peine, ni de leur parole, ni de la loi du Seigneur. C'est ce que Jérémie leur reproche si fortement, en les menaçant des plus grandes calamités. Cependant Nabuchodonosor livra la bataille au roi d'Egypte, et après l'avoir vaincu et mis en fuite, revint au siége de Jérusalem, la prit, fit brûler et ruiner, tant la ville que le temple, et emmena les princes et le peuple en captivité. Ainsi on peut compter avant la captivité de Babylone, neuf prises de la ville de Jérusalem.

☞ *Observations sur le blocus et sur le siége de Jérusalem par Nabuchodonosor* (1). IV Reg. XXV. De toutes les villes les plus célèbres dans l'antiquité, il n'en est point de plus fameuse que Jérusalem, tant par ses bâtiments magnifiques, que par le grand nombre de siéges qu'elle a soutenus. Le plus mémorable et le dernier est celui qu'elle soutint contre Tite à la tête des Romains sous l'empire de Vespasien. Tout ce que l'art a de plus profond et de plus merveilleux est mis en œuvre dans ce siége ; le courage et la résistance des assiégés ne le cèdent en rien à la science, à la valeur et à l'opiniâtreté des assiégeants. Tous les maux qui accompagnent ordinairement les longues résistances, fondirent sur cette malheureuse ville, ainsi que Jérémie l'avait prédit (j) ; la peste et la famine ne la désolèrent pas moins que la fureur de ses ennemis. Enfin ce fut le dernier coup de la colère de Dieu, qui décida du sort et de l'anéantissement de cette superbe ville, pour punir l'ingratitude et la perfidie des Juifs. La description que Josèphe (k) nous en a donnée est si admirable, et écrite avec tant d'art, qu'il n'y a personne, si intelligent qu'il soit dans le métier des armes, qui puisse s'en tirer aussi habilement qu'il a fait. Mais revenons au siége de cette ville par Nabuchodonosor, dont nous avons à parler ici.

L'auteur sacré, à son ordinaire, loin de nous donner un détail un peu circonstancié de ce siége, passe même par-dessus les circonstances les plus nécessaires. Les lecteurs qui ignorent ce que c'est que la guerre, ne s'en mettent pas beaucoup en peine ; mais ceux qui sont au fait de cet art, ont un sensible regret de ne pas trouver dans les historiens, le récit circonstancié de tant de belles actions qui se sont passées, et dont il ne nous reste qu'une ébauche imparfaite. Cependant comme l'Ecriture rapporte en certains endroits quelques circonstances et quelques pratiques qu'elle écarte dans d'autres, tout cela joint ensemble ne laisse pas de nous conduire à la découverte de la méthode des Juifs dans l'art de l'attaque et de la défense.

La situation de Jérusalem, la force de ses murailles, et la résistance des assiégés, rendaient cette ville presque imprenable, et par conséquent les siéges fort longs. Aussi Nabuchodonosor étant arrivé devant la ville, ne tenta pas de la prendre d'assaut ; il se con-

---

(a) IV Reg. xxiv, 1, 2 etc. Daniel. i, 1. Jerem. xxv, 1, et II Par. xxxvi, 6.
(b) An du monde 3400 ou 3401, avant Jésus-Christ 369, avant l'ère vulgaire 603.
(c) Jerem. lii, 28.
(d) IV Reg. xxiv, 2, 3, 4.
(e) IV Reg. xxv, 10, etc.

(f) An du monde 3412.
(g) Ezech. xvii, 15.....18.
(h) Jerem. xxxiv, 8 et seq.
(i) Exod. xxi, 2. Deut. xv, 1, 2, 12.
(j) Jerem. ix.
(k) Joseph. de Bello Jud. l. V, c. xiii.
(1) Par Folard. Voyez la préface, pag. 11.

tenta de la bloquer d'abord par deux lignes environnantes, c'est-à-dire par une contrevallation et une circonvallation. Le roi d'Egypte s'étant mis en campagne pour venir promptement au secours de la place, Nabuchodonosor (a) marcha au-devant de lui, le défit, et le mit en fuite, et, après cette expédition, revint au siège. Ce mouvement du roi de Babylone ne nous permet pas de douter qu'il ne fit tirer une ligne de contrevallation contre les sorties de ceux de la ville, où le roi Sédécias commandait en personne, et une ligne de circonvallation contre les ennemis du dehors ; car quoique l'auteur sacré dise au second verset, que *la ville demeura enfermée par la circonvallation, jusqu'à la onzième année du roi Sédécias,* ce n'est pas à dire pour cela qu'on ne tira qu'une seule ligne ; les termes du premier verset prouvent assez qu'on pratiqua deux lignes environnantes, l'une contre la ville, et l'autre contre le secours : *Circumdederunt eam, et exstruxerunt in circuitu ejus munitiones : Ils environnèrent la ville, et firent des retranchements tout autour.*

On voit dans ce siège comme dans beaucoup d'autres, dont l'Écriture fait mention, que les lignes de circonvallation et de contrevallation étaient connues et pratiquées des peuples de l'Asie longtemps avant les Grecs et les Romains, et que ceux-ci n'en sont pas les inventeurs. Je crois qu'il ne sera pas hors de propos de rapporter ici ce que j'ai dit là-dessus dans mon Commentaire sur Polybe(b). La méthode d'environner les villes par un fossé et un retranchement contre les assiégés, et un autre en dehors du côté de la campagne, le camp entre ces deux lignes, était en usage parmi les nations asiatiques, longtemps avant les Grecs et les Romains, et peut-être plusieurs siècles avant Moïse. *Lorsque vous mettrez le siége devant une ville,* dit (c) ce grand législateur, *que le siége sera long, et que vous l'aurez environnée de machines pour la détruire, vous ne couperez point les arbres fruitiers, et vous ne ravagerez point la campagne des environs, en abattant tous les arbres à coups de cognées ; parce que ce n'est que du bois, et non des hommes qui puissent accroître le nombre de vos ennemis. Que si ce sont des arbres sauvages et qui ne produisent point de fruit, vous pouvez les couper pour en faire des machines ou des fortifications contre la ville.*

On employait ces sortes de moyens et de précautions, lorsque les villes étaient extrêmement fortes et peuplées ; on les bloquait par une ligne ou une contre-ligne avec son fossé palissadé en dedans, et quelquefois surfermé avec un parapet, dont on soutenait les terres par un fascinage. « Ce sont propre-
» ment les fossés, les murs, les palissades,
» les terrasses, dont on environnait la ville,
» qui sont appelés en hébreu *matzur,* dit
» dom Calmet (d), et tout cela ne se pouvait
» faire qu'en employer les arbres de la cam-
» pagne. » Ce qu'il y a d'admirable dans ces sortes d'ouvrages, c'est qu'ils sont tout semblables à ceux des Grecs et des Romains, dans leur construction, si on en excepte les tours qui donnaient des flancs à ces sortes d'ouvrages. Je n'en remarque point dans les camps des Hébreux, non plus que dans ceux des peuples avec lesquels ils étaient en guerre, avant le siége de Jérusalem par Nabuchodonosor.

Il y a un si grand nombre de passages dans les auteurs sacrés, qui démontrent les lignes de circonvallation et de contrevallation, qu'il serait superflu de les rapporter tous ; nous nous bornerons seulement à ce qu'en dit Isaïe (e) : *J'environnerai Ariel de tranchées, je ferai tout autour de tes murailles comme un cercle, j'élèverai des forts contre toi, et je ferai des fortifications pour te tenir assiégée.* Ce prophète parle de ces sortes d'ouvrages, comme d'une chose qui n'était pas nouvelle de son temps. Et ailleurs (f) il promet au roi Ezéchias que Sennachérib n'assiégera point Jérusalem, qu'il n'entreprendra rien sur elle, et qu'*elle ne sera point environnée de retranchements, ni de terrasses.* Cela ne signifie autre chose, sinon que le roi des Assyriens n'en ferait point l'investiture [lisez l'investissement], et qu'il ne l'environnerait pas d'une ligne de circonvallation.

Le prophète va encore plus loin : il distingue la ligne environnante des terrasses ; et je crois que ces terrasses ne marquent pas toujours de hautes élévations de terre, qui dominaient les murs, ou qui les égalaient presque en hauteur, sur lesquelles on dressait des tours ou des machines de jet, et où l'on plaçait des archers, des frondeurs et autres gens de traits ; c'est le sentiment de dom Calmet, et je crois qu'il se trompe ; c'était seulement un épaulement environnant sur le bord du fossé, tout semblable à nos tranchées, où les frondeurs et les archers tiraient sans cesse à couvert contre les défenses de la ville, pendant qu'on l'insultait de toutes parts. On voit même en plusieurs endroits de l'Ecriture, que ces sortes d'ouvrages ne servaient pas seulement à cet usage, mais encore de contrevallation pour brider et resserrer de plus près les assiégés.

Il y a toute apparence que Nabuchodonosor n'assiégea pas la ville d'abord dans les formes, et qu'il se contenta de la bloquer, ayant été averti que le roi d'Egypte venait avec toute son armée au secours de la place : car il eût fallu garder la circonvallation, de peur qu'on ne fit entrer du secours dans la ville, et laisser un grand corps de troupes pour la garde des travaux, et capable de résister contre les sorties des assiégés ; ce qui l'aurait tellement affaibli qu'il n'eût pas aller au-devant du roi d'Egypte, et celui-ci n'eût pas manqué de lui couper les vivres et de l'attaquer, pendant que les assiégés, ayant leur roi à leur tête, eussent fait de vigoureuses sorties sur lui. Mais il prévint

---

(a) Joseph. Antiq. l. X, c. x.
(b) Comment. sur Polybe, tom. II, p. 449, 450.
(c) Deut. xx, 19, 20.
(d) Comment. sur le Deut. c. xx, 19
(e) Isai. xxix, 2, 3.
(f) Idem, xxxvii, 33.

tout cela ; il marcha au-devant de l'armée égyptienne, et, après l'avoir défaite et mise en fuite, revint à Jérusalem, en fit le siège dans toutes les formes, fit dresser toutes les machines contre les murailles, la battit pendant longtemps, en sorte qu'étant désolée par la famine, *et la brèche ayant été faite, tous les gens de guerre s'enfuirent la nuit par le chemin de la porte qui est entre les murailles près la porte du Jardin du Roi, pendant que les Chaldéens étaient occupés au siège autour des murailles.* Les Chaldéens entrèrent donc par la brèche dans la ville, et s'en rendirent maîtres après environ deux ans et demi de siège, la onzième année du règne de Sédécias, le neuvième jour du quatrième mois (*a*), c'est-à-dire un mercredi 27 juillet de l'an du monde 3416.

On sera surpris de voir dans ce siége des machines de toute espèce, des tours, des béliers, des balistes et des catapultes, dont les Grecs se sont servis dans leurs sièges ; elles étaient connues des peuples de l'Asie, et l'on ne peut douter un moment que le roi de Chaldée ne les ait mises en usage au siége de Jérusalem, puisque Ezéchiel en parle si clairement en différents endroits (*b*), et surtout dans sa prophétie contre Tyr (*c*) : *Nabuchodonosor, roi de Babylone,* dit-il, *viendra avec des chevaux, des chariots de guerre, de la cavalerie et des troupes nombreuses : il vous environnera de toutes parts de retranchements et de terrasses; il lèvera le bouclier contre vous, il dressera contre vos murs ses mantelets et ses béliers,* selon l'hébreu, *ses machines de corde,* ses balistes, ses catapultes ; *et il détruira vos tours par la force de ses armes.* Peut-on rien voir de plus précis ? Qu'on ne s'avise donc pas de vouloir révoquer en doute les dessins que j'ai fait graver de ce siége de Jérusalem, où l'on voit toutes ces machines représentées. On ne peut non plus douter que les Chaldéens n'aient mis en pratique la méthode de se couvrir, pour aller du camp aux batteries, par des parallèles blindées ou par quelque autre chose d'équivalent ; il n'y avait rien de plus simple et de plus aisé : je les trouve encore pratiquées dans le dernier siége de Jérusalem par Tite.

On trouvera peut-être à redire que le dessinateur ait mis l'armée en bataille à la tête de la contrevallation ; mais c'est qu'il a voulu animer son dessin et préparer le lecteur à l'assaut qui fut donné lorsque la brèche fut faite. Il parut que les assiégés furent tout d'un coup surpris ; car on ne voit pas qu'ils aient défendu la brèche.

Josèphe (*d*) dit que les Chaldéens étant entrés dans la ville vers minuit, montèrent d'abord au temple, et que le roi Sédécias et ses gens se sauvèrent à la faveur des ténèbres, et s'enfuirent par des défilés dans le désert ; mais que les Chaldéens, en ayant été avertis par des transfuges, se mirent à les poursuivre dès la pointe du jour, et les arrêtèrent dans la plaine de Jéricho. L'auteur sacré dit à peu près la même chose : *Sédécias s'enfuit par le chemin qui mène aux campagnes du désert, et l'armée des Chaldéens poursuivit le roi et le prit dans la plaine de Jéricho : et tous les gens qui étaient avec lui furent dissipés et l'abandonnèrent.* Les rabbins avancent que Sédécias s'enfuit par un chemin souterrain, qui allait depuis le palais des rois de Juda jusqu'aux campagnes de Jéricho ; on pourrait les en croire, s'ils n'ajoutaient pas à cela quelques rêveries à leur ordinaire. Ils disent que le roi, s'étant voulu sauver par ce souterrain, Dieu permit qu'une biche le suivit au dehors, et fit autant de chemin sur lui qu'il en faisait par dessous, et que les Chaldéens, s'étant mis à poursuivre la biche, trouvèrent sans y penser le roi qui sortait du chemin couvert. A l'égard de ce souterrain, il n'est pas incroyable ; l'Ecriture et Josèphe n'en font aucune mention : mais Dion, que dom Calmet a cité, dit (*e*), en parlant du dernier siége de Jérusalem, que « les Juifs avaient des conduits souter-
» rains qui, passant sous les murs de la ville,
» allaient se rendre bien loin de là dans la
» campagne (1). »

Ayant donc pris le roi, ils l'amenèrent au roi de Babylone, à Réblatha, et le roi de Babylone lui prononça son arrêt, etc. Ce verset nous fait entendre que Nabuchodonosor, voyant que le siège tirait en longueur, en avait abandonné la conduite à ses généraux, et qu'il n'était point à Jérusalem quand elle fut prise, mais à Réblatha, que l'on croit être Apamée de Syrie, sur l'Oronte. [Ici finissent les *Observations* de Folard, et dom Calmet reprend son récit.]

Après la captivité de Babylone, la ville de Jérusalem fut rétablie et repeuplée de nouveau, l'an du monde 3468, avant Jésus-Christ 532, avant l'ère vulgaire 536, qui est la première année du règne de Cyrus à Babylone. Mais on ne rebâtit ses murs et ses portes qu'après le retour de Néhémie, l'an du monde 3550, avant l'ère vulgaire 454. Alexandre le Grand entra dans Jérusalem après la prise de Tyr, l'an du monde 3672, avant Jésus-Christ 328, avant l'ère vulgaire 332.

Après la mort de ce prince (*f*), Jérusalem demeura en la puissance des rois d'Egypte ; et Ptolémée, fils de Lagus, prit Jérusalem par artifice (*g*), si l'on s'en rapporte à Aristée et à Josèphe (*h*), et emmena captifs dans l'Egypte environ cent mille hommes, qu'il avait pris dans la Judée. Le même Josèphe (*i*) dit que Ptolémée Evergètes, roi d'Egypte, vint aussi à Jérusalem et y offrit plusieurs sacrifices d'actions de grâces. Enfin Ptolémée Philopator, après la victoire qu'il avait

---
(*a*) Jerem. xxxix, 2.
(*b*) Ezech. iv, 2 ; xxi, 22.
(*c*) Ibid. xxvi.
(*d*) Joseph. Antiq. l. X, c. ii.
(*e*) Dio. l. LXVI, p. 747.
(*f*) La mort d'Alexandre arriva l'an du monde 3681, avant Jésus-Christ 319, avant l'ère vulg. 323.
(*g*) An du monde 3684, avant Jésus-Christ 316, avant l'ère vulg. 320.
(*h*) Antiq. l. XII, c. i, ii.
(*i*) Joseph. l. II contra Appion. p. 1064. An du monde 3758, avant Jésus-Christ 242, avant l'ère vulg. 246.
(1) Oui ; mais pas jusqu'aux campagnes de Jéricho, ville située à environ sept lieues de Jérusalem.

remportée sur Antiochus le Grand, près la ville de Raphia, vint à Jérusalem, alla au temple et y offrit des sacrifices; les prêtres l'empêchèrent d'entrer dans le Sanctuaire, ce qui l'irrita de telle sorte qu'il résolut de faire périr tous les Juifs qui étaient en Egypte (*a*), ce qu'il aurait exécuté si Dieu n'avait protégé son peuple d'une manière toute miraculeuse, qui est rapportée au long dans le troisième livre des Machabées.

Antiochus le Grand ayant repris la Cœlé-Syrie et la Judée sur le roi d'Egypte (*b*), vint à Jérusalem, où il fut fort bien reçu par les Juifs, qui nourrirent son armée et ses éléphants, et lui donnèrent du secours pour réduire la garnison que Scopas avait laissée dans la citadelle de Jérusalem (*c*). Pour reconnaître ces bons services, Antiochus n'oublia rien pour rétablir Jérusalem dans sa première splendeur, accorda de grands priviléges aux Juifs, et donna de grandes sommes pour les sacrifices du temple. Séleucus, fils et successeur d'Antiochus le Grand, ne fut pas aussi favorable aux Juifs que l'avait été Antiochus. Il envoya Héliodore au temple de Jérusalem (*d*) pour en enlever les trésors (*e*); mais il fut obligé de s'en retourner sans rien faire, après avoir été fort maltraité par des anges qui lui apparurent dans le temple même.

Antiochus Epiphanes, frère et successeur de Séleucus, vint à Jérusalem (*f*) et y fut reçu par Jason, usurpateur de la souveraine sacrificature, avec de très-grands honneurs (*g*), à la lumière des flambeaux et au bruit des acclamations publiques. Pour cette fois, il n'y fit aucun mal; mais trois ans après, et l'an du monde 3834, ayant appris que ceux de Jérusalem avaient témoigné quelque joie à la fausse nouvelle qui vint qu'il était mort en Egypte, il en conçut tant d'indignation (*h*), qu'à son retour il assiégea la ville, la pilla, enleva tout l'or et les vases les plus précieux du temple, et y fit mourir plus de quatre-vingt mille hommes.

Deux ans après (*i*), il envoya à Jérusalem un nommé Apollonius, intendant des tributs, avec des ordres secrets de piller et de brûler la ville (*j*). Cet homme vint d'abord en apparence avec un esprit de paix; mais tout d'un coup il se jeta sur la ville, y fit un grand carnage, prit des dépouilles et mit le feu à la ville, ruina la plus grande partie des maisons, et ne réserva que ce qu'il fit enfermer de murailles au haut de la cité, près le temple du Seigneur, où il bâtit une citadelle et où il laissa une forte garnison. Alors Jérusalem fut abandonnée de ses propres citoyens et livrée aux gentils. L'année suivante, 3837, les sacrifices furent interrompus dans le temple, la statue de Jupiter Olympien fut placée sur l'autel, et on vit dans la Maison de Dieu l'abomination de la désolation (*k*). Les choses demeurèrent en cet état pendant trois ans (*l*). Judas Machabée ayant battu Nicanor, Gorgias et Lysias, monta à Jérusalem, nettoya le temple et y rétablit les sacrifices (*m*).

L'année suivante, Antiochus Eupator fut reçu dans Jérusalem par Judas Machabée (*n*), en suite d'une paix qui avait été conclue entre eux. Ce prince honora le temple et y fit des présents. Mais avant que de sortir de la ville, il fit abattre le mur qui était entre le temple et la citadelle, et qui mettait à couvert le lieu saint contre les entreprises des Syriens (*o*). Cette citadelle, qui tenait toujours Jérusalem dans la dépendance des rois de Syrie, subsista pendant vingt-six ans, depuis l'an du monde 3836 jusqu'en 3862, qu'elle fut prise et minée par Simon Machabée.

Antiochus Sidètes, outré de dépit des maux que lui avait faits Simon Machabée, fit la guerre à Jean Hircan, son fils et son successeur. Il vint en Judée, et après avoir fait le dégât dans la campagne et contraint Hircan de se retirer dans Jérusalem, il l'y assiégea (*p*); mais il trouva beaucoup de résistance de la part des assiégés. Il se campa à deux stades ou à deux cent cinquante pas du temple, vers la partie septentrionale de la ville, et fit dresser cent trente tours sur lesquelles il plaça grand nombre de soldats pour écarter tous ceux qui défendaient les murailles. Et comme on travaillait à les saper, on trouva que les fondements en étaient posés sur du bois; Antiochus y fit mettre le feu, ce qui fit tomber un grand pan de muraille. Mais les assiégés se mirent sur la brèche et arrêtèrent l'effort des ennemis qui voulaient entrer dans la ville. En même temps, Hircan fit une vigoureuse sortie sur les assiégeants, et contraignit Antiochus et ses gens de se retirer assez loin de la ville; après cela Hircan revint et fit brûler les tours qu'Antiochus avait fait construire.

☞ *Observations sur le siége de Jérusalem par Antiochus Sidètes* (1). IV *Mac.*, XI. — Je ne puis revenir de ma surprise sur le silence de Polybe à l'égard des Juifs et des guerres des rois Antiochus contre cette nation, et particulièrement de cet Antiochus Sidètes; car l'auteur grec entre dans un fort grand détail des expéditions de ces princes; et cependant il ne fait nulle mention des Ma-

(*a*) An du monde 3787, avant Jésus-Christ 213, avant ère vulg. 217.
(*b*) An du monde 3806, avant Jésus-Christ 194, avant ère vulg. 198.
(*c*) *Joseph. Antiq. l.* XII, *c.* III.
(*d*) An du monde 3828, avant Jésus-Christ 172, avant l'ère vulg. 176.
(*e*) II *Mac.* III.
(*f*) An du monde 3831, avant Jésus-Christ 169, avant l'ère vulg. 175.
(*g*) II *Mac.* IV, 21, 22.
(*h*) I *Mac.* I, 21. II *Mac.* V.
(*i*) An du monde 3836, avant Jésus-Christ 164, avant l'ère vulg. 168.
(*j*) I *Mac.* I, 30.
(*k*) *Ibid.* I, 62.
(*l*) Jusqu'à l'an du monde 3840, avant Jésus-Christ 160, avant l'ère vulg. 164.
(*m*) I *Mac.* IV, 36 et seq.
(*n*) An du monde 3841, avant Jésus-Christ 159, avant l'ère vulg. 163.
(*o*) I *Mac.* VI ; II *Mac.* XIII.
(*p*) An du monde 3869, avant Jésus-Christ 131, avant l'ère vulg. 135. IV *Mac.* II.
(1) Voyez ci-après, col. 968.

chabées, il ne dit pas un mot de tant de batailles et de siéges mémorables ; enfin, l'on dirait que le roi Hircan, et ce fameux siége de Jérusalem par Sidètes, que Josèphe appelle Soter, sont imaginaires. Tite-Live n'est pas mieux informé que Polybe ; on ne trouve rien des Juifs dans les autres auteurs contemporains, et ce n'est que dans ceux qui ont écrit longtemps après. Que penser de ce silence et qu'en croire?

Ce siége de Jérusalem arriva vers la fin de l'an du monde 3869. Josèphe, qui l'a décrit, rapporte des circonstances particulières que nous ne lisons pas dans le quatrième livre des Machabées. Il dit (a) qu'Antiochus « partagea son armée en sept corps, pour enfermer ainsi toute la place ; qu'il fut fort incommodé par le manquement d'eau, auquel une grande pluie remédia ; qu'il fit une double circonvallation fort grande et fort large, pour ôter aux Juifs toute sorte de communication du dedans avec le dehors ; que les assiégés faisaient de leur côté quantité de sorties, avec grande perte des assiégeants lorsqu'ils ne se tenaient pas sur leurs gardes, et que quand ils y étaient, ils se retiraient facilement dans la ville. » Il ajoute encore cette particularité : « Hircan, voyant que la quantité de bouches inutiles qui étaient dans la place pourrait consumer inutilement ses vivres, les fit sortir, et ne retint que ceux que la vigueur de l'âge rendait propres pour la guerre; mais Antiochus les empêcha de gagner la campagne, et ainsi ils demeuraient errants dans l'enceinte des murs de la ville, où la faim les consumait misérablement. Cependant la fête des tabernacles étant arrivée, les assiégés, touchés de compassion pour leurs concitoyens, les firent rentrer dans la ville,» etc. C'est avec regret que nous ne trouvons pas dans les historiens sacrés le détail entier de ces siéges si fameux.

Sidètes marcha sans doute avec un grand appareil de troupes, de machines de guerre et de toutes les choses nécessaires pour un long siége, à quoi il devait s'attendre par le souvenir des précédents ; car cette ville fit toujours *beaucoup de résistance, tant à cause de la force et de la hauteur de ses murailles que par la valeur des assiégés.*

Sidètes se campa dans la partie septentrionale de la ville, et fit dresser cent trente tours sur lesquelles il plaça des soldats pour écarter tous ceux qui paraissaient sur les murailles. Et cependant il fit travailler à saper les fondements du mur. Josèphe ne met que cent tours de trois étages ; c'en est bien assez, pour ne pas dire trop. Il est surprenant qu'il ne soit pas fait mention de béliers, et qu'on s'attacha uniquement à aller par des conduits souterrains jusque sous les fondements des murs de la ville. Mais à quoi bon toutes ces tours près à près et surtout le front de l'attaque, si on n'avait pas dessein de la battre au dessus aussi bien qu'au dessous, où les assiégés eussent pu aller et rendre l'entreprise inutile et sans effet? Je doute fort que l'on s'en soit tenu là, car je considère

(a) *Antiq. l.* XIII, *c.* XVI.

bien moins la grande dépense de ces tours que la difficulté de trouver des bois pour leur construction, dans un pays qui en devait être dénué : car il est rare d'en trouver dans un pays ravagé par des guerres presque continuelles. De plus, ces tours deviennent inutiles lorsqu'on s'en tient à réduire une ville par des galeries souterraines sous les fondements des remparts, où il faut encore une quantité prodigieuse de bois de charpente, car ces galeries ne pouvaient être que coffrées.

Les murs de Jérusalem étaient extraordinairement forts et élevés ; l'auteur des Machabées nous l'apprend, et Josèphe, qui en a donné une description très-exacte, les fait d'une hauteur surprenante. Les archers postés sur ces tours roulantes empêchaient certainement que personne ne parût sur les défenses ; mais à quel dessein cette précaution, puisqu'on n'allait que par des conduits souterrains aux fondements des murs de la ville? Était-ce pour empêcher, lorsque le mur viendrait à s'écrouler, que ceux qui étaient aux défenses n'incommodassent trop ceux qui monteraient à l'assaut? C'était trop peu de chose que cela pour un si grand appareil de tours. Pour moi, je pense que les béliers et toutes les machines de ce temps-là furent mis en pratique, et il faut croire qu'Antiochus ne s'attacha pas moins à ruiner le dessus que le dessous des murs.

Les assiégeants abrégèrent extraordinairement leur sape, car ils trouvèrent les murs de la ville bâtis sur pilotis, en sorte qu'ils ne firent que retirer les terres d'entre les pilotis et remplir les vides de matières combustibles et de fascines goudronnées auxquelles on mit le feu, ce qui fit une large brèche, en faisant écrouler le mur. Ensuite Antiochus fit donner un terrible assaut ; les assiégés le soutinrent avec tant de vigueur et de bravoure, que les assiégeants furent honteusement repoussés. *Et en même temps Hircan ayant fait une sortie sur les ennemis, leur tua bien du monde et obligea Antiochus et ses gens de se retirer assez loin de la ville.* Cette sortie dut être vigoureuse et des plus sanglantes, puisque les troupes d'Antiochus furent obligées de reculer fort loin de la ville et d'abandonner sans doute leurs retranchements. Cependant Hircan ne jugea pas à propos de s'engager plus avant, et revint prudemment sur ses pas, et se contenta de faire mettre le feu à toutes ces tours pour les réduire en cendres.

Il paraît par la suite qu'Antiochus fut charmé de la belle résistance des Juifs, et qu'il ne put s'empêcher d'avoir une estime singulière pour Hircan : car *la fête des tabernacles étant arrivée, Hircan lui envoya demander une suspension d'armes jusqu'après la solennité* (b). *Le roi l'accorda et envoya même au temple des victimes et des présents d'or et d'argent, et le grand prêtre ordonna aux prêtres de recevoir ce que le roi envoyait. La libéralité et la piété d'Antiochus engagèrent Hircan et les siens à lui demander la paix; le*

(b) C'est-à-dire pour huit jours.

roi y consentit et entra dans la ville. Hircan l'y reçut avec les principaux de son armée et leur donna un grand festin.

Antiochus se tira de cette affaire en habile homme et plus glorieusement qu'il n'eût dû s'y attendre. Sa générosité engagea le grand prêtre à lui demander la paix, et, quoiqu'elle ne fût pas fort honorable aux Juifs, la suite fit voir qu'elle servit beaucoup à leur agrandissement et à leur élévation.

Cette paix peut être mise au nombre des plus rares, car elle ne dura pas seulement pendant tout le règne d'Antiochus, mais même longtemps après la mort de ce prince, qui périt malheureusement dans une guerre qu'il eut contre les Parthes. Et Hircan, qui l'avait suivi comme son ami, profita de l'occasion de cette mort pour se rendre maître de plusieurs bonnes places; il reprit toutes les villes qui avaient été aux Juifs, assujettit les Iduméens, reçut sous sa protection tous ses voisins, qui lui promirent de demeurer dans l'obéissance et en paix; enfin il renouvela l'ancienne alliance qui avait été contractée par Judas Machabée et affermie par Jonathas entre les Juifs et les Romains (a). [Ici finissent les *Observations* de Folard.]

La ville de Jérusalem jouit d'une assez grande paix jusqu'au règne d'Hircan et d'Aristobule, fils d'Alexandre, roi des Juifs. Hircan, comme l'aîné, avait été reconnu pour roi; mais comme sa stupidité et sa lenteur le rendaient peu propre à régner, Aristobule, son frère, s'empara du royaume; et trois ans après qu'Hircan fut monté sur le trône (b), il l'obligea d'en descendre, l'ayant vaincu dans une bataille près de Jéricho, et l'ayant forcé dans le temple (c). Arétas, roi des Arabes, ayant entrepris de rétablir Hircan dans ses États, et assiégeant Aristobule dans Jérusalem, les deux frères s'adressèrent à Pompée qui était dans l'Orient, pour lui demander sa protection. Pompée entreprit de rétablir Hircan sur le trône, à l'exclusion d'Aristobule (d). Il attaqua Jérusalem, la prit après un siége de trois mois, et en fit abattre les murailles. Il entra dans le temple et pénétra jusque dans le sanctuaire, mais il eut la modestie de ne toucher à rien de tout ce qui était dans ce saint lieu. Il y laissa de très-grands trésors (e), et admira surtout l'attachement des prêtres à leurs cérémonies, qu'ils n'interrompirent pas même au milieu des alarmes du siége et de l'épée des victorieux. Le lendemain qui suivit la prise du temple, il le fit purifier et ordonna que l'on y offrît des sacrifices.

Quelques années après, Jules César, à la prière d'Hircan, et à cause des services qu'il lui avait rendus en Égypte, lui permit de rebâtir les murailles que Pompée avait fait abattre. Le décret en fut dressé à Rome et il ne fut pas plutôt apporté à Jérusalem, qu'Antigone fit travailler à ses réparations, et elle se trouva bientôt aussi forte qu'auparavant (f). Comme la ville s'augmenta encore considérablement dans la suite, le roi Agrippa entreprit d'enfermer de murailles la nouvelle ville (g); mais Narsus, préfet de Syrie, en ayant donné avis à l'empereur Claude, cet empereur lui défendit de les continuer. Josèphe dit que si on l'eût laissé faire, il les aurait faites si hautes et si fortes, que nulle puissance humaine ne les aurait pu forcer. Tacite (h) remarque que quand Tite l'assiégea, elle renfermait deux grandes collines fortifiées par de très-fortes murailles; que ces murailles n'étaient point tirées en droite ligne, mais étaient dressées par angles rentrants et par des tours, afin que lorsque l'ennemi les attaquerait, il fût à découvert par le côté, et obligé de montrer le flanc aux assiégés : *Duos colles immensum editos claudebant muri per artem obliqui, ac introrsum sinuati, ut latera oppugnantium ad ictus patescerent.* C'était la bonne et ancienne manière de fortifier les places, selon Vitruve (i) et Végèce (j).

Antigone, fils d'Aristobule, soutenu du secours des Parthes, attaqua quelques années après (k), son oncle Hircan dans Jérusalem. Hérode et Phasael défendaient la ville : mais Hircan et Phasael en étant sortis, pour aller traiter avec Pacore, fils du roi des Parthes, on les arrêta tous deux, et on les chargea de chaînes. Hérode fut obligé d'abandonner la ville, et de se sauver (l). Il alla à Rome, où par le crédit de Marc-Antoine et de César, il obtint du sénat le titre de roi. Étant de retour dans la Palestine (m), et aidé de Sosius, qui commandait l'armée romaine dans la Syrie, il assiégea Antigone dans Jérusalem (n). Après un siége de cinq mois, Antigone se rendit et se vint jeter aux genoux de Sosius, qui insulta encore à son malheur, en l'appelant *Antigona*; comme pour marquer sa lâcheté et sa faiblesse (o).

Après qu'Archélaüs, fils et successeur du grand Hérode, eut été envoyé en exil, la Judée fut réduite en province, sous l'obéissance du gouverneur de Syrie. Les empereurs romains entretinrent toujours une garnison dans la citadelle Antonia, jusqu'à la dernière révolte des Juifs (p), qui commença par le siége qu'ils firent de la forteresse Antonia, où ils forcèrent et mirent à mort la garnison romaine qui y était (q). L'année suivante, 70 de Jésus-Christ, Tite

---

(a) I *Mac.* viii, 17; xii, 1.
(b) An du monde 3938, avant Jésus-Christ 62, avant l'ère vulgaire, 66.
(c) *Joseph. Antiq.* l. XIV, c. v.
(d) An du monde 3940, avant Jésus-Christ 60, avant l'ère vulg. 64.
(e) *Joseph Antiq. l.* XIV, c. v:ii, *et de Bello, l.* I, c. v.
(f) *Joseph Antiq. l.* XIV, c. xvii.
(g) *Antiq. l.* XIX, c. vii, p. 677.
(h) *Tacit. Hist. l.* V, c. xii.
(i) *Vitruv. l.* I, c. v.
(j) *Veget. de Re milit. l.* IV, c. ii.
(k) An du monde 3964, avant Jésus-Christ 36, avan' l'ère vulg. 40.
(l) *Antiq. l.* XIV, c. xxiv, xxv, *et de Bello, l.* I, ii.
(m) An du monde 3965, avant Jésus-Christ 35, avan l'ère vulg. 39.
(n) An du monde 3966 et 3967.
(o) *Antiq. l. ult.*
(p) An du monde 4069, de Jésus-Christ 69, de l'ère vulg 66.
(q) *De Bello, l.* II, c. xi. xc. p. 810, 811, 812.

assiégea la ville, l'emporta, la brûla, et la réduisit en solitude.

Josèphe (a) remarque que Tite, après avoir pris la ville de Jérusalem, ordonna à ses soldats de la démolir entièrement, à la réserve de trois tours, qui étaient les plus grandes et les plus belles, qu'il voulut réserver comme un monument de la valeur des Romains, qui avaient pu prendre une si forte place. Ces tours furent celles de Phasael, d'Hippique et de Mariamne. Il fit aussi réserver le mur qui enveloppait la ville du côté du couchant, afin qu'il servît comme de rempart au camp des troupes qu'il y laissa pour la garde du pays. Tout le reste de la ville fut ruiné et aplani, de manière que ceux qui ne l'avaient pas vue auparavant avaient peine à se persuader qu'elle eût jamais été habitée (1).

Les auteurs juifs assurent que *Turnus Rufus*, ou plutôt *Terentius Rufus*, que Tite y laissa pour commander les troupes (b), fit passer la charrue sur la place du temple, afin qu'il ne fût plus permis de le rétablir. En effet les lois romaines défendaient de rebâtir les lieux où on avait fait cette cérémonie, sans en avoir obtenu la permission du sénat. Mais on croit que cela n'arriva, c'est-à-dire qu'on ne fit passer la charrue sur la place du temple, qu'après la révolte des Juifs sous Adrien (c). On croit même que Jérusalem ne fut pas tellement détruite, qu'il n'y restât encore quelques habitants, soit qu'ils habitassent dans ses ruines, avec les troupes romaines, ou auprès d'elles, soit qu'ils se fussent fait quelques demeures aux environs.

Saint Epiphane assure que la maison où les apôtres se retirèrent après l'ascension du Fils de Dieu, et dans laquelle ils reçurent le Saint-Esprit, fut conservée avec sept synagogues, qui étaient aussi sur la montagne de Sion, et voisines de cette maison. De plus, on sait les noms des évêques tirés de la Synagogue, qui ont gouverné l'Eglise de Jérusalem sans interruption depuis Jésus-Christ jusqu'à Adrien, qu'on y mit un évêque tiré des gentils.

Eusèbe (d) va encore plus loin que saint Epiphane, puisqu'il veut que Tite ait conservé la moitié de cette ville, conformément à l'oracle du prophète Zacharie (e); qui avait prédit qu'une portion de la ville serait conservée, et que ce ne fut que sous Adrien que la ville fut rasée jusqu'aux fondements. Enfin saint Jérôme (f) soutient que la montagne de Moriah, où était le temple, et celle de Sion, où était le palais, furent conservées par Tite. Tout cela n'est fondé que sur ce que Josèphe dit que Tite laissa cette partie du mur de Jérusalem, qui ferma du côté de l'occident; ce qu'on a interprété de la moitié de la ville; et de plus, qu'il laissa en entier les tours de Phasael, d'Hippique et de Mariamne, qu'on a cru avoir été dans la partie supérieure de la ville; d'ailleurs on a présumé avec raison, que la dixième légion qui fut laissée dans la ville, n'y demeura pas seule, qu'elle conserva des maisons pour se loger, et qu'elle permit à quelques familles des Juifs d'y habiter, pour le service des troupes.

Les rabbins prétendent que Dieu faisait des miracles continuels dans le temple et dans la ville de Jérusalem: 1° Aucune femme n'y avait jamais eu de fausses couches causées par l'odeur des viandes immolées dans le temple, ou pour en avoir mangé avec excès. 2° La chair posée sur l'autel ne se corrompait jamais, quand même on l'y aurait laissée plusieurs jours sans la faire consumer par le feu; ce qui arrivait quelquefois lorsque la quantité des victimes était trop grande. 3° Il n'arrivait jamais au grand prêtre de tomber en pollution la veille du jour de l'expiation solennelle. 4° La pluie n'éteignait jamais le feu de l'autel. 5° Le vent n'empêchait pas la fumée de monter comme une colonne vers le ciel. 6° On ne trouva jamais de défaut ni de corruption dans la manne conservée dans le Gomor d'or; ni dans les pains de proposition. 7° Jamais les Israélites ne se trouvèrent trop serrés dans les parvis du temple, quelque nombreuse qu'y fût l'assemblée. 8° Jamais personne n'a manqué de trouver du logement à Jérusalem pour y coucher. 9° Jamais Jérusalem n'a cessé d'être sainte, depuis qu'elle fut consacrée par Salomon; tout ce qui y est arrivé depuis ce temps-là n'a pas été capable de la profaner.

Ils assurent de plus que cette ville était commune à toutes les tribus, et n'appartenait à aucune en particulier, et qu'elle n'était point sujette à la loi, qui commandait d'expier par l'immolation d'une jeune vache, le meurtre commis sur les confins d'une tribu. Aucune maison n'y appartenait en propre à celui qui l'avait achetée. Il n'était pas permis d'avoir des jardins ou des vergers dans l'enceinte de la ville; et quand on transportait des corps morts d'un lieu dans un autre, il n'était pas permis de les passer par la ville, de peur qu'ils ne la souillassent. Il n'y avait dans la ville que deux sépulcres, celui de David et celui d'Holda, qui avaient été bâtis par les anciens prophètes. Toutes ces remarques sont tirées des rabbins, dont l'exactitude n'est pas toujours sans reproche.

Dans les commencements et du temps des Jébuséens, Jérusalem était fort petite. Elle

---

(a) *Joseph. de Bello Jud. l.* VII, c. xviii, p. 970.
(b) *Joseph. de Bello Jud. l.* VII, c. xx, p. 972.
(c) *Hieronym. in Zachar.* c. viii.
(d) *Euseb. l.* VI *de Demonstrat Evangel.*
(e) Zach. xiv, 2 : *Egredietur media pars civitatis in captivitatem, et reliquum populi non auferetur ex urbe.*
(f) *Hieronym. et Cyril. in Zach.* xiv.
(1) Voyez, sur la prise et la ruine de Jérusalem, mon *Histoire du Nouveau Testament*, liv. VIII, ch. vii et suiv.

— Poujoulat; *Hist. de Jérusalem*, ch. xx; — Addison, dans la collection des *Démonstrations évangél.*, tom. IX, col. 1039-1056; Keith, dans le même recueil, tom. XV, col. 403-412. — Sur Jérusalem depuis cette époque jusqu'à nos jours, voyez Michaud *Histoire des Croisades*; Poujoulat dans la *Correspond. d'Orient*, lettres xcvii-cviii; cxv-cxx, passim; Lamartine, *Voyage en Orient*; tom. I; pag. 425-465; II, 33-39.

s'accrut dans la suite à diverses reprises. Voici, selon les docteurs juifs, ce qui s'observait dans ces circonstances de l'agrandissement d'une ville (a). Le grand sanhédrin, le roi et un prophète consultaient sur cela l'*Urim et Thummim*. Après qu'ils étaient convenus du sens de l'oracle, les conseillers du sanhédrin prononçaient deux cantiques, dans lesquels il y avait une action de grâces au Seigneur. Après cela, ils prenaient deux pains levés, et sortant à l'heure même au milieu des joueurs de cymbales, de lyre et de psaltérion, ils s'arrêtaient à chaque coin de rue et à chaque bâtiment public qu'ils trouvaient en leur chemin, et prononçaient ces paroles (b) : *Je vous louerai, mon Dieu, parce que vous m'avez élevé*. Etant enfin arrivés au lieu jusqu'où la ville devait être agrandie, la procession s'arrêtait là, et des deux pains qu'on avait apportés l'on en mangeait un, et on brûlait l'autre.

Les Orientaux, de même que les anciens Juifs, donnent à Jérusalem le nom de *Ville sainte*, et quelquefois *Maison sainte*, à cause du temple qui y était bâti. Ils l'appellent aussi *Ilia*, qui est un nom corrompu de celui d'*Elia*, que l'empereur Adrien lui fit porter lorsqu'il la rétablit. Ils tiennent que Jérusalem a été bâtie par Melchisédech, fils de Sem, qui y transporta le corps d'Adam, que Noé avait conservé dans l'arche. Ils soutiennent aussi qu'elle est située au centre de la terre habitable, selon cette parole du Psalmiste (c) : *Vous avez opéré le salut au milieu de la terre*.

Mahomet, dans les premières années de la publication de sa secte, ordonna que les musulmans se tourneraient du côté de Jérusalem en faisant leurs prières; et après sa mort, la plupart de ses compagnons étaient d'avis qu'on l'enterrât dans l'enceinte de cette ville: ils croient que la pierre que Jacob oignit en allant en Mésopotamie, fut transportée à Jérusalem sur la montagne où l'on bâtit le temple de Salomon. Depuis la ruine de ce temple les chrétiens bâtirent une église magnifique au même endroit; et enfin, les Turcs s'étant rendus maîtres de la ville, Omar, un de leurs califes, bâtit près de la même pierre une mosquée, qui passe pour le premier pèlerinage des lieux de dévotion qu'ils fréquentent; après ceux de la Mecque et de Médine; et le pèlerinage de la Mecque ayant été interrompu par l'incursion des Carmates, depuis l'an 317 jusqu'à l'an 339 de l'hégire, les musulmans se rendirent à Jérusalem pour y faire leurs dévotions.

Le *cadhi* Gemaleddin, fils de Vustel, écrit que, passant par Jérusalem pour aller en Egypte, il vit les prêtres chrétiens qui portaient des fioles de verre pleines de vin sur le *Sakra*, c'est-à-dire, sur la pierre de Jacob, près de laquelle les musulmans avaient bâti un temple.

Voilà une suite des événements les plus remarquables qui sont arrivés à la ville de Jérusalem, depuis Moïse, jusqu'à sa ruine entière par les Romains. Notre dessein n'est pas de pousser plus loin nos remarques; puisque nous nous bornons à ce qui concerne la Bible et l'histoire de l'Ancien et du Nouveau Testament.

Nous avons donné ailleurs la liste des rois de Juda et des autres princes qui ont régné à Jérusalem jusqu'à Archélaüs. Nous avons aussi donné la liste chronologique des grands prêtres des Juifs. Quant aux évêques de l'Eglise chrétienne de Jérusalem, le premier qui a gouverné cette Eglise après Jésus-Christ est saint Jacques le Mineur, surnommé le frère du Seigneur, dont nous avons parlé sous son titre. Il fut choisi apparemment immédiatement après l'ascension. Il fut mis à mort par l'intrigue d'Ananus, fils d'Anne, dont il est parlé dans l'Evangile. Son martyre arriva l'an de Jésus-Christ 62. Il eut pour successeur saint Siméon, aussi parent ou cousin de notre Sauveur, et frère de saint Jacques son prédécesseur, selon quelques historiens. Saint Siméon fut martyrisé sous Trajan, vers l'an 107 de Jésus-Christ. On peut voir son titre. La suite de ses successeurs ne regarde pas notre sujet. [Nous croyons cependant devoir la donner; mais auparavant nous rappellerons que Notre-Seigneur ordonna à ses apôtres de commencer leur mission par Jérusalem (*Luc.* XXIV, 47), et qu'à leur parole « un grand nombre de Juifs abandonnèrent la Synagogue, ou plutôt, restèrent attachés à la racine de l'olivier (*Rom.* XI, 17), et formèrent l'Eglise de Jérusalem, le *berceau de l'Eglise universelle* (1). » C'est ainsi que la considéraient les saints Pères (2), et d'abord saint Irénée : *Jerusalem, ex qua habuit omnis Ecclesia initium*. Lib. III, c. 12. Saint Augustin : *Teneamus ergo Ecclesiam ex ore Domini designatam unde cœptura, et quousque perventura esset. Cœptura scilicet ab Jerusalem, et perventura in omnes gentes* (*De Unitate Ecclesiæ, alias Contra Donatistas*, 25, edit. Bened.).

En parlant des premiers disciples il dit : *Totus Christus et illis innotuit, et nobis innotuit. Sed totus ab eis nonest visus, nec a nobis totus est visus. Ab iis caput est visum, corpus creditum : a nobis corpus visum, caput creditum.* — Plus haut il avait dit : *Ecclesiam per omnes gentes, incipientibus ab Jerusalem, nondum videbant.* Serm. 116, c. vi.

Saint Jérôme : *Sed et in Jerusalem primum fundata Ecclesia totius orbis Ecclesias seminarit.* Com. in Isa. XI, 3.

L'Eglise de Jérusalem fut proclamée la *mère des autres églises* par les Pères du second concile général : *Ecclesia Hierosolymitana mater est aliarum Ecclesiarum*.

Quant aux évêques de cette Eglise, les quinze premiers, depuis saint Jacques le Mineur jusqu'à Jude, étaient de la race d'Abraham. Saint Epiphane et Eusèbe nous en ont conservé les noms dans l'ordre de leur succession. Après saint Jacques, le premier

---

(a) Talmud. Halacah. Beith. Habberhira, c. x.
(b) Psalm. xxix, 2.
(c) Psalm. lxxiii, 12.

(1) M. Drach, *Du divorce dans la Synagogue*, p. 145.
(2) Cités par M. Drach, *ibid.*, p. 239.

fut saint Simon ou Siméon, déjà nommé par dom Calmet « Il était frère utérin de son prédécesseur. Sous son gouvernement spirituel Jérusalem fut assiégée et ruinée par les Romains. Averti d'avance de ces événements ou par une inspiration surnaturelle, ou, comme le rapporte saint Epiphane (*De Pond.* c. xv, et *Hæres. Nazar.* c. vii), par le ministère d'un ange, il fit sortir de la ville, avant la guerre, tous les chrétiens qui se retirèrent à Pella, au delà du Jourdain, où fut transporté provisoirement le siége épiscopal. » — Saint Simon reçut également la palme du martyre. Il fut crucifié âgé, dit-on, de six vingts ans.

Les autres évêques furent : 3° Juste ; 4° Zachée ; 5° Tobie ; 6° Benjamin ; 7° Jean ; 8° Matthias ; 9° Philippe ; 10° Sénèque ; 11° Juste II ; 12° Lévi ; 13° Ephras ; 14° Joseph ; 15° Jude.

Lorsque, après la révolte des Juifs sous la conduite de l'imposteur Barcochébas, Adrien leur eut défendu l'accès de la nouvelle ville de Jérusalem, appelée Ælia Capitolina, les chrétiens choisirent pour la première fois un évêque du nombre des gentils convertis. C'est Marc, qui était proprement le premier évêque d'*Ælia*. Car la ville, qui au reste n'était plus sur le même emplacement, ne recouvra son nom de *Jérusalem* que sous le premier empereur chrétien (1). »

JESAAR, autrement Isaar, fils de Caath, et père de Coré, chef de la famille des Jésaarites. *Num.* III, 19, 27. Comparez aussi *Exod.* VI, 18, 22. — [*Voyez* ELCANA.]

JESAIA, lévite, musicien, fils d Idithun. *Voyez* JÉSEIAS.

JESAMARI, benjamite, fils d'Elphaal, I *Par.* VIII, 18.

JESANA, ville de la tribu d'Ephraïm. II *Par.* XIII, 19. Peut-être la même que *Senna*, *Num.* XXXIV, 4. Eusèbe et saint Jérôme mettent *Senna* à sept milles de Jéricho, vers le septentrion. — [Barbié du Bocage met Jesana dans le voisinage de Béthel, sans dire de quel côté.]

JESBA, fils d'Ezra, et père [c'est-à-dire, peut-être, chef ou prince] d'Esthamo, de la tribu de Juda. I *Par.* IV, 17. — [*Voyez* ESTHAMO.]

JESBAAM, fils de Hachmoni, capitaine de trente, ou chef dans l'armée de David. Il leva sa lance sur trois cents hommes, qu'il tua en une seule rencontre (a). Il fut un des trois héros qui passèrent à travers l'armée ennemie, et furent querir de l'eau à David dans la citerne de Bethléem (b).

Le texte hébreu du second livre des Rois, qui parle de Jesbaam, porte à la lettre (c) : *Celui qui est assis sur le trône de la sagesse, le chef des trois Adino de Hesni, qui leva sa lance sur huit cents hommes, qu'il mit à mort.*

Mais le texte des Paralipomènes, qui est parallèle à celui-ci, porte (d) : *Jesbaam, fils de Hachmoni, chef de trent ; eil leva sa lance sur trois cents hommes, qu'il tua dans une seule rencontre.* La différence qui existe entre ces deux textes pourrait faire croire que ces deux personnes sont entièrement différentes ; car comment concilier ces choses ? *Jesbaam* est fils de *Hachmoni* ; il tue *trois cents hommes*, il est *chef de trente*. *Adino* au contraire *est chef de trois*, et tue *huit cents hommes*. Cependant quand on examine la chose de près, il paraît que toute la différence ne vient que de quelques lettres qu'on a lues autrement dans les textes des deux passages. Voici comme je voudrais raccommoder le texte du deuxième livre des Rois (e) : *Jesbaam, fils d'Hachmoni, chef de trente : il leva le bois de sa lance sur trois cents hommes qu'il tua.* Les Septante lisent : *Jesbaal, fils de Techemani, était le chef de trois*, c'est lui qui est *Adino l'Asonéén* ; *il tira son épée sur huit cents.* L'édition romaine : *Jebosthé le Cananéen, chef de trois*, etc. On ne voit pas d'où ils ont pris *Adino l'Asonéen*, qui est entièrement superflu en cet endroit.—[*Voyez* JESBOAM.]

JESBAAM DE CAREHIM, ou JESBAAN, de la race de Coré, fut un des braves qui vinrent joindre David pendant la persécution de Saül (f).

JESBACASSA, fils d'Héman, lévite et chantre. Il était de la dix-septième famille entre les vingt-quatre classes de lévites. I *Par.* XXV, 4, 24.

JESBIBENOB, ou JESBI, FILS D'OB, de la race des géants ou des Réphaïm. Le fer de sa lance, ou plutôt sa lance, comme porte l'hébreu, pesait trois cents sicles, c'est-à-dire, cent cinquante onces, ou douze livres et demie, à douze onces la livre. Ce géant étant sur le point de tuer David, qui s'était fatigué dans le combat, fut lui-même mis à mort par Abisaï, fils de Sarvia (g). Alors les gens de David lui firent cette protestation : *Nous ne souffrirons plus que vous veniez à la guerre avec nous, de peur que vous n'éteigniez la lampe d'Israel.*

JESBOAM, fils de Zabdiel, était chef d'une troupe de vingt-quatre mille hommes, qui servaient dans la cour du roi David (h), au mois nisan, qui répond à notre mois de mars. Quelques-uns croient que c'est le même que Jesbaam fils de Hachmoni, dont on a parlé plus haut : *Hachmoni* signifie *le sage* ; et il se peut faire que Zabdiel ait été son vrai nom, et Hachmoni une espèce de surnom.

JESBOC, cinquième fils d'Abraham et de Céthura. *Genes.* XXV, 2.

(a) I *Par.* xi, 11.
(b) I *Par.* xi, 16, 17.
(c) II *Reg.* xxiii, 8. ישב בשבת תחכמני ראש השלישי הוא עדינו העצנו על שמנה מאות חלל.
(d) I *Par.* xi, 11. וישבעם בן חכמני ראש השלישים הוא עורר את חניתו על שלש מאות חלל בפעם אחת.
(e) ישבעם חן חכמני ראש השלישים הוא עורר את הן חניתו על שלש מאות חלל.

Je lis עורר, au lieu de עדינו. Et העץ חניתו au lieu de העצנו.
(f) I *Par.* xii, 6.
(g) II *Reg.* xxi, 16, 17
(h) I *Par.* xxvii, 2.
(1) M: Drach, *Du divorce dans la Synagogue*, p. 210-211.

JESCHA, ou Ischa (a) Plusieurs (b) croient que c'est la même que Sara, fille d'Aran, sœur de Loth, nièce et épouse d'Abraham. Mais ce sentiment n'est pas sans difficulté; car jamais Sara n'est nommée Jescha, et Abraham ne dit pas qu'elle était sa nièce, mais sa sœur. *Elle est vraiment ma sœur*, dit-il, *fille de mon père, mais non pas fille de ma mère* (c). Les Hébreux enseignent communément que Sara était fille de Tharé, aussi bien qu'Abraham ; et Saïdes Batricides, patriarche d'Alexandrie, dit, sur la tradition des Orientaux, que Tharé épousa en premières noces *Jona*, dont il eut Abraham ; et en secondes noces *Tehevita*, dont il eut Sara.

JESEIA, fils de Phaltias, descendant de David. I *Par.* III, 21.

JESEIAS, fils d'Idithun, chef de la huitième, entre les vingt-quatre familles des lévites qui servaient au temple. I *Par.* XXV, 3. — [C'est le même que Jésaia, verset 15.]

JESEMA, judaïte, fils d'Etam. I *Par.* IV, 3.

JESER, fils de Nephtali, chef de la famille des Jésérites. *Genes.* XLVI, 24; *Num.* XXVI, 49.

JESESI, de la tribu de Gad, fils de Jaddo, et père de Michel. I *Par.* V, 14.

JESI, judaïte fils d'Apphaïm et père de Sesan. I *Par.* II, 31. *Voyez* IV, 20.

JESI, chef de famille siméonite. I *Par.* IV, 42.

JESI, chef de famille dans la demi-tribu de Manassé. I *Par.* V, 24.

JESIA, chef de famille issacharite. I *Par.* VII, 3.

JESIA, benjamite qui laissa le parti de Saül pour celui de David. I *Par.* XII, 6.

JESIA, lévite caathite, descendant d'Oziel. I *Par.* XXIII, 20; XXIV, 25.

JESIAS, lévite, descendant d'Eliézer, second fils de Moïse, par Rohobia, était chef de famille. I *Par.* XXIII, 17; XXIV, 21.

JESIEL, de la tribu de Nephtali, chef des Jesiélites. *Num.* XXVI, 48.

JESIMON. C'est apparemment la même que *Hesmona*, *Asemona*, *Esem*, *Esemon* et *Esemona*, ville dans le désert de Maon, de la tribu de Siméon, très-avant dans la partie méridionale de la Palestine, et même dans l'Arabie Pétrée. *Voyez* I *Reg.* XXIII, 24. Josèphe (d) lit *le désert de Siméon*, au lieu du *désert de Maon*, où était Jésimon. Cette ville appartenait à la tribu de Siméon.

[Jésimon, appelée en hébreu *Haiesimon* au texte indiqué, était, suivant Barbié du Bocage, une ville de la tribu de Juda, peu éloignée de Ziph, vers l'est. Le géographe de la Bible de Vence la met aussi dans cette tribu, et pense qu'elle est la même qu'Hassémon, *Jos.* XV, 24. *Voyez* ALÉMONA, et au mot DÉSERT le *désert d'Arnon*. Le mot *Haiesimon* ou *Jésimon* se trouve encore I *Reg.* XXIII, 19, et XXVI, 2, où la Vulgate le rend par *désert*, car ce mot est aussi employé pour l'adjectif *désert*, *Deut.* XXXII, 10.

JESMACHIAS, était apparemment prêtre ou lévite, du temps d'Ezéchias (e). Il fut un de ceux à qui ce prince confia le soin des prémices et des offrandes que l'on apportait au temple. — [*Voyez* CHONÉNIAS.]

JESMAIAS, fils d'Abdia, chef de la tribu de Zabulon du temps de David. I *Par.* XXVII, 19.

JESRAEL, ou *Jezrael*, *Jizrael*, ou *Jezrahel*, ou *Esdrael*, ou *Stradele*, ville célèbre, située dans le Grand-Champ, entre Légion au couchant et Scythopolis à l'orient (f). Elle était à la tribu d'Issachar (g). Achab y avait un palais ; et cette ville est devenue fameuse par la vigne de Naboth, et par la vengeance que Dieu tira d'Achab à Jesrael (h). Saint Jérôme (i) dit que Jesrael était assez près de Maximinianopolis, et qu'auprès était une très-longue vallée, ayant plus de dix mille pas de long.

[Les livres saints mentionnent la vallée de Jesrael, *Judic.* VI, 33; *Os.* I, 5. Barbié du Bocage remarque que la *vallée de Jesrael*, la *plaine de Mageddo*, la *grande plaine d'Esdrelon*, ou simplement la *Grande-Plaine*, sont la même.]

Josèphe appelle la ville de Jesrael *Azare*, ou *Azarès*; la ville d'*Azarès*; et du temps de Guillaume de Tyr, on l'appelait le petit *Gerin* (j). Il y a là une belle fontaine, dont les eaux vont se rendre dans le Jourdain, du côté de Scythopolis.

JESSÉ. C'est le même qu'Isaï, père de David. Les Septante prononcent *Jessé* le mot que nous prononçons *Isaï*. On le trouve dans la Vulgate de l'une et de l'autre manière. *Voyez* ISAÏ.

JESSÉ (LA TERRE DE), *Jud.* I, 9, paraît être la *terre de Gessen*, pays d'Egypte.

JESSUI, troisième fils d'Aser (k), chef de la famille des *Jessuites* (l).

JESSU Ier, fils de Saül. I *Reg.* XIV, 49.

JESUA, second fils d'Aser. *Genes.* XLVI, 17.

JESUE, ville de la tribu de Juda. II *Esdr* XI, 26.

JESUS-CHRIST, fils de Dieu, vrai Messie, Sauveur du monde, engendré du Père avant tous les siècles, égal et consubstantiel au Père, quant à sa nature divine; inférieur au Père, et consubstantiel à la Vierge Marie, sa mère, quant à sa nature humaine; le premier et principal objet des prophéties, figuré et promis dans tout l'Ancien Testament, attendu et désiré des anciens patriarches, l'espérance et le salut des nations, la gloire, le bonheur et la consolation des chrétiens. Le nom ineffable de *Jésus*, ou, comme le prononcent les Hébreux, *Jéhosuah*, ou *Jo-*

(a) *Gen.* XI, 29.
(b) *Joseph. Antiq.* l. I, c. VI. *Aug. contra Faust.* l. XXII, c. XXXV. *Hieron. Tost. Geneb. Alii passim.*
(c) *Gen.* XX, 12.
(d) *Antiq.* l. VI, c. XIV, p. 198. G.
(e) II *Par.* XXXI, 13.
(f) *Euseb. in locis.*
(g) *Josue*, XIX, 18.
(h) Vide III *Reg.* XXI, 1 et 23, et IV *Reg.* IX, 18, et seq
(i) *Hieronym. in Ose.* I.
(j) *Guillet. Tyr* l. XXII, c. XXI.
(k) *Genes.* XLVI, 17.
(l) *Num.* XXVI, 44.

suah (a), signifie *Sauveur*, celui qui sauvera. Personne n'a jamais porté ce nom avec tant de justice, et n'en a si parfaitement rempli la signification que Jésus-Christ, Sauveur du monde, qui nous a sauvés du péché et de l'enfer, et nous a mérité le ciel par le prix de son sang.

[Jésus-Christ, Fils unique de Dieu, vrai Messie, est donc la seconde personne de la très-sainte Trinité, le Verbe. Les patriarches, les Israélites l'ont connu sous ce nom, *Memra*; c'est lui qui, préludant à la restauration du genre humain, leur est souvent apparu dans des circonstances majeures ou significatives, sous le titre d'*envoyé* ou d'*ange*, qui est celui que Jésus-Christ se donne lui-même dans l'Evangile. *Voyez* ANGE, note; MEMRA, VERBE.]

Il y avait six mois que l'ange Gabriel avait annoncé à Zacharie la naissance future de son fils Jean-Baptiste, précurseur du Messie, lorsque Dieu envoya le même ange (b) à Nazareth, ville de Galilée, vers la Vierge Marie, fiancée à Joseph, de la tribu de Juda (c). L'ange étant entré où elle était, lui dit : *Je vous salue, ô pleine de grâce; le Seigneur est avec vous; vous êtes bénie entre toutes les femmes.* Marie ayant entendu ces paroles, en fut troublée; mais l'ange la rassura et lui dit : *Vous avez trouvé grâce devant Dieu;*

(a) יְהוֹשֻׁעַ *Jehosuah.* ΙΗΣΟΥΣ, *Jesus.*
(b) L'an du monde 4000, 9 mois avant la naissance de Jésus-Christ.
(c). *Luc.* i, 26.
(d) *Luc.* ii, 1, 2, 3 *et seq.*
(e) Jésus-Christ naquit le 25 de décembre, l'an du monde 4000, de la période Julienne 4709, 4 ans avant l'ère vulg., ou, si l'on veut, 3 ans avant l'ère commune, en commençant l'année *au premier de janvier*, qui commence l'an 4710 de la période Julienne.

[Suivant l'*Art de vérifier les dates* (depuis la naissance de Jésus-Christ, tom. II, seconde partie, pag. 159), l'incarnation de Jésus-Christ fut annoncée à la Vierge Marie « l'an 747 de la fondation de Rome, selon Varron, sous le consulat de C. Antistius Vetus et de Decimus Lœlius Balbus, la 40e année de l'ère Julienne, la 39e d'Auguste, depuis la mort de Jules César, ou la 25e depuis la bataille d'Actium; la 35e depuis qu'Hérode avait été déclaré roi de la Judée; la 2e de la 195e olympiade et la 4708e de la période Julienne; c'est-à-dire cinq ans, neuf mois et sept jours avant l'ère vulgaire, le 25 du mois de mars. » Et « au mois de décembre suivant, Marie s'étant rendue à Bethléem, y mit au monde la 25 de ce même mois, vers le milieu de la nuit, Jésus-Christ, le Fils de Dieu. »

Sur la date énoncée de la fondation de Rome, l'an 747, les auteurs de l'*Art de vérifier les dates* font la remarque suivante :

« L'opinion que nous suivons comme la plus probable (car nous ne la donnons pas pour absolument certaine) sur l'année de la naissance du Sauveur est celle qui a pour auteur Marc-Antoine Cappelli, franciscain, et que M. le Noble de Saint-Georges a développée dans une savante dissertation sur ce sujet, imprimée à Paris en 1693. Il est surprenant que M. Fréret, qui a traité la même matière dans les Mémoires de l'Académie des belles-lettres (tom. XXI, pag. 278 et suiv.), ait donné la préférence au père Petau, et d'autres chronologistes qui retardent d'un an l'événement dont il s'agit, et ne le font précéder que d'environ trois mois la mort d'Hérode, arrivée, comme ils en conviennent d'après Josèphe, peu de jours avant Pâques, trente-sept ans après que le prince eut obtenu des Romains la royauté; ce qui revient à l'an 42 de l'ère Julienne, 749 de la fondation de Rome, 4e année avant notre ère vulgaire. C'est assurément resserrer dans des bornes trop étroites tout ce que l'Evangile place entre ces deux époques. En effet, il est constant, par le témoignage de saint Luc, que la sainte Vierge se soumit à la loi de la purification. Après quoi, cet évangéliste dit qu'elle retourna à Nazareth (d'où elle revint ensuite à

vous concevrez et enfanterez un fils, à qui vous donnerez le nom de Jésus. Il sera grand et sera appelé le FILS DU TRÈS-HAUT. *Le Seigneur Dieu lui donnera le trône de David, son père; et il régnera éternellement sur la maison de Jacob.* Marie lui demanda : *Comment cela se fera-t-il, puisque je ne connais point d'homme?* L'ange lui répondit : *Le Saint-Esprit surviendra en vous, et la vertu du Très-Haut vous couvrira de son ombre. C'est pourquoi le fruit saint qui naîtra de vous sera appelé le* FILS DE DIEU. *Et sachez qu'Elisabeth, votre cousine, a aussi conçu un fils dans sa vieillesse, et que voici déjà le sixième mois de sa grossesse; parce qu'il n'y a rien d'impossible à Dieu.* Alors Marie lui dit : *Voici la servante du Seigneur : qu'il me soit fait selon votre parole.*

Environ neuf mois après cela, on publia dans la Judée un édit de l'empereur Auguste (d), qui ordonnait que tous les hommes allassent se faire enregistrer dans la ville de leur naissance, ou de leur origine. Joseph, qui était de la tribu de Juda et de la famille de David, aussi bien que Marie, son épouse, se rendirent ensemble à Bethléem; et pendant qu'ils étaient en ce lieu, le terme de Marie étant accompli, elle enfanta son fils (e), et le mit dans une crèche de l'étable, où ils avaient été obligés de se loger, n'ayant

Bethléem). Or la purification de la Vierge est antérieure à l'adoration des mages, quelque intervalle que l'on mette entre la naissance du Sauveur et leur arrivée à Bethléem; puisque saint Matthieu dit qu'après leur départ Joseph fut averti par l'ange de prendre la mère avec l'enfant, et de les emmener en Egypte. Il faut donc compter d'abord les quarante jours qui s'écoulèrent depuis la naissance du Sauveur jusqu'à la purification de Marie; placer ensuite l'arrivée des mages, puis la fuite en Egypte, et enfin le temps, quelque bref qu'on veuille le supposer, que Joseph demeura dans ce pays, d'où il ne revint qu'après la mort d'Hérode. Or il n'y a nulle apparence que toutes les circonstances qu'on vient de marquer puissent se rassembler en aussi peu de temps qu'il s'en trouve entre le 25 décembre d'une année et la fin de mars de la suivante. D'où il s'ensuit que Notre-Seigneur naquit en la 40e année Julienne, 748 de la fondation de Rome, et cela s'accorde avec l'ancienne tradition, qui lui donne deux ans lorsqu'il fut ramené d'Egypte. » — Les années de Rome se comptent du 24 avril.

Le célèbre Münter, évêque danois, arrive à la même date, 748 de la fondation de Rome, par une autre voie, c'est-à-dire par des raisonnements astronomiques, dans un mémoire qu'il lut à la Société royale danoise des sciences en 1821. L'auteur trouve, dans l'étoile des mages, un moyen de lever les doutes qui regardent l'époque de la naissance du Sauveur. L'apparition de cette étoile est mentionnée non-seulement par saint Matthieu et par l'Evangile apocryphe de saint Jacques, mais aussi par Chalcidius, philosophe platonicien, dans son commentaire sur le Timée de Platon, ainsi que par l'auteur des Dialogues d'Hermippe sur l'astrologie. Quoique l'étoile soit simplement nommée *ἀστήρ*, M. Münter pense que c'était une conjonction de planètes; les Grecs et les Hébreux confondaient souvent les significations de *stella* et de *sidus*. De très-anciens livres juifs parlent d'une étoile qui devait paraître pour marquer la naissance du Christ. Abarbanel dit, dans son commentaire sur Daniel, que la grande conjonction de Saturne et de Jupiter dans le signe des Poissons est regardée par les Juifs comme un présage important, et qu'elle a eu lieu l'année du monde 2365, environ 3 ans avant la naissance de Moïse, et qu'elle a présagé la délivrance des enfants d'Israël de la captivité d'Egypte. M. Münter pense qu'il faudrait rechercher si les Juifs plus anciens énoncent l'opinion ou la tradition que la conjonction de Jupiter et de Saturne dans le signe des Poissons doit marquer la naissance du Christ. Depuis Moïse il y a eu trois conjonctions de ce genre. Képler a fixé la dernière à l'année julienne 39, ou l'an de Rome 719; au commen-

pu trouver de place dans l'hôtellerie. On doute si notre Sauveur naquit la même nuit que la sainte Vierge arriva à Bethléem, ou quelques jours après. Le sentiment le plus commun est que ce fut la même nuit : mais le texte de l'Évangile, qui porte que *pendant qu'ils étaient en ce lieu, elle enfanta son premier-né*, semblerait plutôt favoriser le sentiment contraire.

Or il y avait aux environs de Bethléem des bergers qui passaient la nuit dans les champs, veillant à la garde de leurs troupeaux. Tout d'un coup l'ange du Seigneur se présenta à eux; une lumière divine les environna, et ils ouïrent ces paroles : *Je viens vous annoncer une nouvelle qui sera pour tout le peuple un grand sujet de joie; car il vous est né aujourd'hui dans la cité de David un Sauveur, qui est le Christ, le Seigneur. Or voici la marque à laquelle vous le reconnaîtrez : Vous trouverez un enfant emmailloté, couché dans une crèche.* Au même instant il se joignit à l'ange une multitude de l'armée céleste, louant Dieu et disant : *Gloire soit à Dieu au plus haut des cieux, et paix sur la terre aux hommes de bonne volonté.* Alors les bergers allèrent en diligence à Bethléem, où ils trouvèrent Marie et Joseph, et l'enfant couché dans une crèche; et à ces marques ils reconnurent la vérité de ce qui leur avait été dit touchant cet enfant.

Le huitième jour, où l'enfant devait être circoncis (*a*), étant arrivé, il fut nommé Jésus, qui était le nom que l'ange avait annoncé, avant qu'il fût conçu dans le sein de sa mère. Quelques jours après (1), on vit arriver de l'Orient à Jérusalem des mages (*b*) qui cherchaient le nouveau roi des Juifs, et qui disaient qu'un nouvel astre leur était apparu dans leur pays, qui désignait la naissance de ce nouveau prince. A ces paroles toute la ville fut émue; et Hérode, qui était alors à Jéricho (*c*), où il se faisait traiter de la maladie dont il mourut, en ayant été informé, fit venir les prêtres; et leur ayant demandé où le Christ devait naître, ils lui répondirent que c'était à Bethléem. Alors s'étant diligemment enquis du temps de l'apparition de l'étoile, il dit aux mages d'aller trouver le nouveau roi, et qu'aussitôt qu'ils l'auraient vu, ils vinssent lui en donner avis, afin qu'il allât aussi l'adorer. Ils partirent; et aussitôt l'étoile qu'ils avaient vue en Orient, leur apparut de nouveau, et les conduisit à Bethléem, où elle s'arrêta sur le lieu où était l'enfant. Ils y entrèrent, adorèrent Jésus, lui offrirent leurs présents; et la nuit suivante, l'ange du Seigneur les ayant avertis de la mauvaise disposition d'Hérode, ils s'en retournèrent par une autre route dans leur pays (2).

Quarante jours après la naissance de Jésus, le temps de la purification de Marie étant arrivé (*d*), elle alla au temple de Jérusalem présenter son Fils premier-né, et offrir les victimes que la loi prescrivait pour les femmes après leurs couches. Le saint vieillard Siméon, rempli du Saint-Esprit, vint au temple dans le même temps; et, prenant Jésus entre ses bras, rendit grâces à Dieu, en disant qu'il mourrait content, puisqu'il avait vu le Sauveur, qui était l'attente d'Israël. Il s'y trouva aussi une sainte veuve nommée Anne, qui loua Dieu de ce qu'elle avait vu, et qui annonça la venue du Messie dans Israël.

Comme Joseph et Marie se disposaient à s'en retourner à Nazareth, un ange avertit Joseph en songe de se sauver en Égypte avec Jésus (3), parce qu'Hérode devait bientôt chercher l'enfant, pour le mettre à mort (*e*). En effet Hérode voyant que les mages s'étaient retirés, sans le venir trouver, en conçut une grande colère; et craignant que ce nouveau roi ne vînt pour le dépouiller, il envoya à Bethléem, et y fit mettre à mort, tant dans la ville que dans les confins, tous les enfants mâles au-dessous de deux ans. Hérode mourut peu de temps après ce massacre, et Archélaüs, son fils, lui succéda. Or l'ange du Seigneur apparut à Joseph dans l'Égypte, quelques mois après la mort d'Hérode, et lui dit qu'il pouvait retourner en Judée, parce que celui qui en voulait à la vie de l'enfant était mort (4). Mais étant en Judée, comme il apprit qu'Archélaüs y régnait, il ne jugea pas

---

cement de l'année suivante, la planète de Mars entra dans le même signe, ce qui a déterminé cet astronome à porter la naissance du Christ à l'année 748. Voyez *Det Kongelige Danske videnskabernes setskabs philolophiske og historiske Afhandlinger*, ou *Mémoires philos. et historiques de la Société royale danoise des sciences*, tom. I, in-4°; Copenhague, 1825.]

(*a*) An du monde 4000, de Jésus-Christ 1, et 3 ans avant l'ère vulg.
(*b*) *Matth.* II, 1 *et seq.*
(*c*) *Joseph. Antiq. l.* XVII, c. VIII, *et de Bello, l.* I, c. XXI.
(*d*) *Luc.* I, 22 *et seq.*
(*e*) *Matth.* II, 13, 18
(1) Voyez ci-dessus la note sur l'année de la naissance du Sauveur, et l'article MAGE, note.
(2) « Ces merveilles furent inconnues à la cour d'Auguste, où Virgile chantait un autre enfant : les fictions de sa muse n'égalaient pas la pompe des réalités dont quelques bergers étaient témoins. Un enfant de condition servile, de race méprisée, né dans une étable à Bethléem, voilà un singulier maître du monde, et dont Rome eût été bien étonnée d'apprendre le nom ! Et c'est néanmoins à partir de la naissance de cet enfant qu'il faut changer la chronologie et dater la première année de l'ère moderne. » CHATEAUBRIAND, *Études historiques*, pre-

mière étude, premier discours, première partie.
(3) Lorsque les parents de Jésus eurent accompli les prescriptions de la loi à raison de sa naissance, ils retournèrent à Nazareth, où ils ne restèrent que peu de temps, après quoi ils revinrent à Bethléem, dans l'intention de s'y fixer. C'est après leur retour en cette ville que les mages y arrivèrent pour rendre leurs hommages au nouveau roi des Juifs, et que l'ange avertit Joseph d'emmener l'enfant en Égypte. Voyez mon *Histoire du Nouveau Testament*, liv. I, ch. IX, pag. 7, col. 1.
(4) Sur l'arrivée et le séjour de la sainte famille en Égypte, voyez mon *Hist. du Nouv. Test.*, liv. I, ch. XI et XII. Ces faits sont reconnus par de célèbres auteurs païens.

« Que Jésus-Christ ait été en Égypte, Celse, qui bâtit là-dessus une fable monstrueuse, est si éloigné de nier le fait en lui-même, qu'il nous dit que ce fut en ce pays-là que Notre-Seigneur apprit la magie. » ADDISON, *Démonstr évang.*, sect. II, § 2.

Le traducteur de cet ouvrage ajoute, à propos de Celse, ce qui suit :

« Celse, philosophe épicurien, ami intime du fameux Lucien de Samosate, florissait le milieu du deuxième siècle, sous l'empire d'Adrien; et fut, comme Porphyre et l'empereur Julien, l'un des plus subtils et des plus dangereux ennemis du christianisme; celui en particulier qui

à propos d'y demeurer. Il aima mieux aller à Nazareth, qui était une petite ville de Galilée, où le royaume d'Archélaüs ne s'étendait pas. Jésus-Christ y demeura soumis à Joseph et à Marie, et travailla même du métier de son père, qui était, à ce qu'on croit, charpentier, jusqu'à la trentième année de l'ère vulgaire, qui était la trente-troisième de son âge.

Jésus étant âgé de douze ans (*a*), alla à Jérusalem avec Joseph et Marie, pour célébrer la Pâque (*b*). Après y avoir satisfait à ce que la loi commandait, Joseph et Marie reprirent le chemin de Nazareth ; et croyant que Jésus était avec quelques-uns de leurs parents ou de leurs amis, ils marchèrent un jour entier, sans entrer en défiance sur son absence. Mais le soir l'ayant cherché inutilement, ils s'en retournèrent le lendemain à Jérusalem, où ils le trouvèrent dans le temple assis au milieu des docteurs, les interrogeant et les écoutant. Joseph et Marie lui témoignèrent la peine où il les avait mis ; mais il leur répondit qu'ils pouvaient bien penser qu'il ne serait que dans le temple de son Père ; comme s'il eût voulu leur insinuer qu'il était inutile de le chercher ailleurs. Il s'en retourna à Nazareth avec eux, et continua d'y vivre dans une grande soumission.

Jean-Baptiste, fils de Zacharie, après avoir vécu dans le désert jusqu'à l'âge de trente-deux ans (*c*), vint sur le Jourdain prêcher le baptême de la pénitence, et annoncer que le Messie, que l'on attendait depuis si longtemps, était enfin arrivé, qu'il était au milieu des Israélites, qu'il avait déjà le van à la main, et qu'il était disposé à nettoyer son aire et à jeter la paille au feu. Comme tout le monde venait à Jean, pour être baptisé, Jésus y vint comme les autres (*e*). Jean, à qui le Saint-Esprit le fit reconnaître, l'empêchait, disant : *C'est à vous à me baptiser*. Jésus lui répondit : *Laissez-moi faire ; il faut*

que *j'accomplisse ainsi toute justice* (*f*). Jean lui donna le baptême. Et comme Jésus sortait de l'eau et faisait sa prière, les cieux s'ouvrirent, et le Saint-Esprit descendit sur lui en forme de colombe ; et on entendit une voix, qui disait : *Vous êtes mon Fils bien-aimé, en qui j'ai mis ma complaisance.*

Après cela, Jésus fut conduit par l'esprit dans le désert, pour y être tenté par le démon ; et après avoir jeûné quarante jours et quarante nuits, il eut faim ; et le tentateur s'approchant, lui dit de changer en pain les pierres qu'il lui présenta. Jésus le renvoya, en lui disant que l'homme ne vit pas seulement de pain, mais de tout ce qui sort de la bouche de Dieu, c'est-à-dire, de ce que Dieu veut bien lui donner pour lui servir de nourriture, ou de ce qui a reçu de Dieu la vertu de nourrir. Ensuite le démon le transporta sur une haute montagne, et lui dit qu'il lui donnerait tous les royaumes de la terre, qu'il lui désignait avec la main, s'il voulait l'adorer. Mais Jésus le réprima, en lui disant : *Il est écrit : Vous adorerez le Seigneur votre Dieu*. Enfin le démon le transporta sur le parapet d'une des galeries du temple, ou sur la balustrade qui régnait sur le haut de ce superbe édifice ; et il lui dit de se jeter en bas, puisqu'il est écrit : *Il a commandé à ses anges ; et ils vous recevront entre leurs mains, de peur que vous ne heurtiez vos pieds contre la pierre*. Mais le Fils de Dieu lui répondit : *Vous ne tenterez point le Seigneur votre Dieu*. Alors le démon le laissa pour un temps ; et les anges vinrent lui servir à manger.

Quelque temps après, Jean-Baptiste étant allé baptiser à Béthabara, au delà du Jourdain, Jésus passa par là, s'en retournant en Galilée ; Jean le vit, et dit à deux de ses disciples : *Voilà l'agneau de Dieu* (la Victime salutaire), *voilà celui qui ôte les péchés du monde*. Alors ces deux disciples suivirent Jésus ; allèrent au lieu où il demeurait, et de-

---

donnait à ses objections le tour le plus imposant, par l'air de mépris dont il les accompagnait. Voici comment s'exprime Porphyre sur le voyage de Notre-Seigneur en Égypte, suivant la traduction d'Élie Bouhereau : *Jésus ayant été élevé obscurément, il s'alla louer en Égypte, où ayant appris à faire quelques miracles, il s'en retourna en Judée et s'y proclama lui-même Dieu*. Le texte original porte que Jésus fit en Égypte l'essai de quelques secrets. Cet antagoniste du nom chrétien représente un Juif s'adressant à Jésus et lui reprochant qu'il était né d'une femme sans nom, vagabonde, et chassée par son mari pour avoir été surprise en adultère ; à quoi il ajoute que, pressé par la pauvreté, il s'était retiré en Égypte, où il avait puisé dans l'art magique ce pouvoir miraculeux et cette présomption qui lui avait fait prendre ensuite dans la Judée le titre de Dieu. » Voici les termes : *A viro expulsam (mulierem) et ignominiose vagabundam edidisse Jesum partu clanculario, quodque is præ inopia mercede servire coactus in Ægypto, et ibi efficacias quasdam artes doctus, quibus sibi placent Ægyptii, reversus sit tanta potentia tumidus, propter quam pro Deo haberi postulaverit.*

» Ce passage sert également à prouver que Celse reconnaissait comme avérés et le pouvoir miraculeux de Notre-Seigneur et son voyage en Égypte, tel que l'Evangile nous le rapporte. Tout ce qu'il dit de plus tombe de lui-même, puisqu'il n'y avait aucune preuve du voyage de Notre-Seigneur en Égypte que le récit des Évangiles, qui disent que Jésus-Christ en revint enfant.

» Arnobe, qui relève la puérilité de cette imputation de magie, en fait un sujet de honte pour ceux qui l'ont faite. Quoi donc, s'écrie-t-il, est-ce que les miracles de Jésus sentent le prestige des démons ou les jeux frivoles des

magiciens ? Produisez-nous donc entre ces magiciens célèbres, desquels vous dites que Jésus est l'élève, un seul homme qui, dans tout le cours des siècles, ait fait la millième partie des merveilles opérées par Jésus-Christ, » etc. *Magus fuit, clandestinis artibus omnia illa perfecit, Ægyptiorum... remotas furatus est disciplinas. Quid dicitis, o parvuli incomperta vobis et nescia temerariæ vocis loquacitate garrientes ? Ergone illa quæ gesta sunt, de nomine fuere præstigia et magicarum artium ludi? Potestis nobis aliquem designare, monstrare, ex omnibus illis magis, qui umquam fuere per sæcula, consimile aliquid Christo millesima ex parte qui fecerit* (Arnob. adv. Gent. lib. I)! »

On conserve, à Ramla, le souvenir du passage de la sainte famille. « Nous allâmes, dit M. de Lamartine (*Voyage en Orient*, tom. II, pag. 85), camper au delà de Ramla, dans un superbe bois d'oliviers qui entoure la ville... C'est là que la Vierge, saint Joseph et l'Enfant passèrent la nuit dans la campagne en fuyant en 'Égypte. »

C'est à *Héliopolis*, cité célèbre, maintenant village nommé *Hélioud*, que demeura, pendant l'espace de plus de deux ans, la sainte famille. On y voit encore des traces de son séjour. *Voyez* Héliopolis.

(*a*) An du monde 4012, de Jésus-Christ 12, de l'ère vulg. 9.
(*b*) Luc. ii, 42... 52.
(*c*) An du monde 4032, de Jésus-Christ 31, de l'ère vulg. 28.
(*d*) Matth. iii, 1... 11. Luc. iii, 15, 16.
(*e*) L'an de Jésus-Christ 33, de l'ère vulg. 30.
(*f*) Matth. iii, 13, etc. Luc. iii, 21, 22, etc.

meurèrent tout ce jour-là avec lui. Sur le soir, André, qui était l'un des deux, ayant trouvé Simon, son frère, l'amena à Jésus; et Jésus lui dit (*a*) : *Vous êtes Simon, fils de Jona*, ou de *Joanna : vous vous appellerez ci-après Cépha*, c'est-à-dire, pierre ou rocher. Le lendemain Jésus partit pour s'en aller à Nazareth ; il était accompagné d'André, de Pierre, et de cet autre disciple qui avait d'abord été trouver Jésus avec eux, et que quelques-uns veulent avoir été Barthélemy, ou Jacques, fils de Zébédée. Comme donc Jésus marchait, il rencontra Philippe, et lui dit de le suivre. Philippe le suivit ; et Philippe, ayant trouvé Nathanael, lui dit : *Nous avons trouvé le Messie, qui est Jésus de Nazareth, fils de Joseph*. Nathanael lui répondit : *Peut-il venir quelque chose de bon de Nazareth ?* Philippe reprit : *Venez, et voyez-le vous-même*. Jésus voyant venir Nathanael, dit de lui : *Voilà un vrai Israélite, dans lequel il n'y a point de fraude*. Nathanael répondit : *D'où me connaissez-vous ?* Jésus répliqua : *Avant que Philippe vous eût appelé, je vous ai vu sous le figuier*. On conjecture que Nathanael y était alors en prière, et y demandait à Dieu qu'il lui fît connaître le Messie. Alors Nathanael lui répondit : *Je vois bien que vous êtes le Fils de Dieu, le roi d'Israel*. Jésus lui dit : *Vous verrez bien d'autres choses, lorsque les cieux s'ouvriront, et que les anges monteront et descendront sur le Fils de l'homme*. C'est ainsi que le Sauveur s'appelait souvent par humilité, et pour marquer sa nature humaine.

De Béthabara, Jésus vint à Cana de Galilée, où, étant prié d'une noce avec sa mère et ses disciples, il changea l'eau en vin, et fit son premier miracle (*b*). De là il alla à Capharnaüm, où il demeura peu de jours avec sa mère et ses disciples, parce qu'il voulait aller à Jérusalem, pour y célébrer la Pâque (*c*). Étant arrivé dans le temple, il en chassa les changeurs et les marchands qui vendaient des animaux et des oiseaux pour les sacrifices (1); et comme on lui demandait par quelle autorité il en usait ainsi, il répondit : *Détruisez ce temple, et je le rebâtirai dans trois jours :* ce qu'il entendait de sa mort et de sa résurrection. Il fit plusieurs miracles en cette occasion, et plusieurs crurent en lui; mais il ne se fiait point à eux, parce qu'il connaissait leur inconstance. C'est là la première Pâque qu'il ait célébrée depuis qu'il eut commencé à prêcher et à se manifester. Ce fut durant son séjour à Jérusalem que Nicodème le vint trouver la nuit, et lui dit qu'il fallait que Dieu fût avec lui,

puisqu'il faisait de si grands miracles (*d*). Jésus lui parla du baptême et de la régénération, qui sont comme la première porte qui donnent entrée dans la religion chrétienne; il lui déclara aussi qu'il était la lumière du monde, et le Fils de Dieu descendu du ciel. Nicodème eut quelque peine à entrer dans les mystères que Jésus-Christ lui découvrit alors, mais la suite fera voir que sa foi et sa conversion furent solides et véritables.

De Jérusalem, Jésus, au lieu de retourner en Galilée, demeura en Judée, et alla sur le Jourdain, où il commença à baptiser du baptême de l'eau et du Saint-Esprit, que Jean-Baptiste avait promis et annoncé, et que Jésus-Christ venait d'expliquer à Nicodème. Aussitôt qu'il eut commencé à baptiser, il vint à lui une foule de gens pour recevoir son baptême : c'étaient principalement ses disciples qui donnaient ce sacrement ; pour lui, sa principale occupation était d'instruire et de prêcher. Le nombre de ceux qui venaient à lui fut si grand, que les disciples de Jean-Baptiste en conçurent de la jalousie, et en témoignèrent leur peine à leur maître. Mais Jean leur répondit qu'il n'était point le Messie, qu'il n'était que son précurseur et son paranymphe. *Il est l'Époux, et je ne suis que l'ami de l'Époux* (*e*).

Jean-Baptiste, ayant été arrêté, et mis en prison par les ordres d'Hérode le tétrarque (*f*), ainsi que nous l'avons dit dans l'article de JEAN-BAPTISTE, Jésus craignant que les Pharisiens, qui étaient ses ennemis déclarés, ne portassent Pilate à l'arrêter aussi, sous prétexte qu'il était suivi par une grande foule de peuple, jugea à propos de se retirer dans la Galilée (*g*), qui était de la tétrarchie de Philippe, et où Pilate n'avait aucun pouvoir. En chemin, il s'arrêta près la petite ville de Sichar, qui était habitée par des Samaritains. Jésus-Christ s'assit tout fatigué auprès du puits de Jacob, et envoya ses disciples dans la ville pour y acheter quelque nourriture. Pendant leur absence, une femme de la ville vint pour puiser de l'eau; Jésus lui demanda à boire. Elle lui témoigna sa surprise, de ce qu'un Juif lui demandait de l'eau ; parce que les Juifs et les Samaritains n'ont aucun commerce entre eux, si ce n'est dans l'extrême nécessité. Jésus l'instruisit, lui dit qu'il était en état de lui donner une eau vive, qui rejaillit jusqu'à la vie éternelle ; que le temps est venu que l'on adorera le Père, non pas seulement à Jérusalem ou à Garizim, mais dans tous les pays du monde, et qu'on lui rendra un culte vrai, pur et spirituel. La Samaritaine lui dit que

---

(*a*) Joan. I, 29,.. 44.
(*b*) Joan. II, 12... 25.
(*c*) Joan. II, 1... 21.
(*d*) Joan. III, 1... 21.
(*e*) Joan. III, 22.
(*f*) An de J. C. 3, le Père vulg. 31.
(*g*) Joan. IV, 1, 2 et seq.

(1) « Le courroux de Jésus chassant les vendeurs du temple est bien le courroux d'un Dieu. Le Messie, dans la sainte énergie de sa nature, repousse invinciblement, éternellement, toute souillure, et la menace de ses regards fait fuir ceux qui trafiquent au sanctuaire. Les marchés de bêtes à l'usage des Juifs qui, des divers points du

pays, venaient offrir des sacrifices, avaient été établis dans le portique extérieur du temple, par un sacrilège calcul des prêtres; là aussi avaient pris place les changeurs qui donnaient aux Juifs étrangers la monnaie ayant cours à Jérusalem, ou prétaient sur gages avec une effroyable usure. L'indignation du Fils de l'homme s'était allumée au spectacle de ces iniquités : *Il est écrit*, disait-il à ces trafiquants, *Ma maison sera appelée une maison de prières, et vous en avez fait une caverne de voleurs* (*Matth.* XXI, 13). Il fallait, ajouterons-nous avec S. Jérôme, qu'il parût en ce moment sur la face de Jésus un éblouissant et terrible rayon de sa divinité, pour qu'une multitude d'Israélites enchaînés à leur gain se laissassent chasser par un seul

l'on attendait bientôt le Messie, qui devait lever tous les doutes, et enseigner toute vérité. Jésus lui déclara, d'une manière expresse : *Je le suis, moi qui vous parle.*

Sur ces entrefaites, les disciples étant arrivés de la ville de Sichem, pressaient Jésus de manger. Mais il leur dit qu'il avait une autre nourriture qu'ils ne connaissaient point, qui était, d'accomplir la volonté de son Père. La femme étant allée à Sichem, y raconta l'entretien qu'elle avait eu avec Jésus, et dit qu'assurément cet homme était un prophète, et qu'il lui avait dit tout ce qu'elle avait jamais fait. Ceux de Sichem vinrent prier Jésus d'entrer dans leur ville. Il y entra, y demeura deux jours, et plusieurs crurent en lui (a).

Étant arrivé dans la Galilée, il prêchait dans les synagogues. Il vint à Nazareth, sa patrie (b), il y prêcha, et se fit à lui-même l'application d'un passage d'Isaïe (c) qui parle du Messie ; et dit qu'il était celui que le prophète avait annoncé. Ceux de Nazareth admiraient sa doctrine ; mais la bassesse de son origine leur donnait du scandale, et Jésus ne fit aucun miracle parmi eux ; il leur fit même quelques reproches de leur incrédulité, et leur dit que nul prophète n'était honoré dans sa patrie. Ce qui les remplit d'une telle colère, qu'ils le menèrent sur le haut de la montagne où leur ville était bâtie, pour le précipiter ; mais Jésus passant au milieu d'eux, sans qu'ils le pussent arrêter, alla fixer sa demeure ordinaire à Capharnaüm, quoiqu'il n'y ait demeuré que peu de temps jusqu'à sa mort ; car il allait tantôt dans un lieu, et tantôt dans un autre, prêchant, enseignant, et guérissant les malades qui lui étaient amenés de tous côtés.

Il vint à Cana pour la seconde fois ; et comme il y était, un officier du roi Hérode vint le trouver pour lui demander qu'il guérît son fils, qui était malade à Capharnaüm. Jésus lui dit qu'il pouvait s'en retourner, et que son fils était guéri. Comme il s'en retournait, ses gens lui vinrent dire que son fils était guéri dès le jour précédent à la septième heure, c'est-à-dire, à une heure après midi, qui était le moment auquel Jésus lui avait dit que son fils était guéri (d).

Quelques jours après, étant sur la mer de Tibériade, il appela pour la seconde fois Pierre et André, son frère, qui étaient alors occupés à la pêche. Étant allé un peu plus loin, il vit les deux frères, Jacques et Jean, fils de Zébédée, qui étaient aussi dans leur nacelle, et il les appela de même (e).

Étant un jour de sabbat dans la synagogue de Capharnaüm, il y guérit un démoniaque ; et, étant sorti de la synagogue, il entra dans la maison de Simon, et guérit la belle-mère de cet apôtre, laquelle avait une grande fièvre (f). Sur le soir, ceux de la ville qui avaient des malades, les apportèrent à la porte de la maison où était Jésus, et il les guérit tous. Le lendemain, de très-grand matin, il se retira seul dans un lieu désert, pour y prier. Pierre et les autres disciples allèrent l'y trouver, et lui dirent que les troupes le cherchaient. Mais il les mena par les villes et les bourgades de la Galilée, où il annonça le royaume de Dieu. Sa réputation se répandit par toute la Syrie, et on lui envoyait des malades de toute part (g).

À son retour de ce voyage, il revint à Capharnaüm, et étant comme accablé par la multitude qui venait pour l'entendre, il se mit dans la barque de Simon-Pierre, et de là il commença à enseigner le peuple, qui était sur le rivage. De là il dit à Pierre d'avancer en pleine mer, et de jeter ses filets. Pierre obéit, et il prit une si grande quantité de poissons, que ses filets se rompaient (h). Après cela il guérit un lépreux et plusieurs autres malades, entre autres un paralytique, que l'on descendit dans la maison où il était, par le toit, n'ayant pu le faire passer par la porte, à cause de la foule qui assiégeait le logis. De là Jésus alla sur le lac de Génésareth, et il appela à sa suite Matthieu, autrement Lévi, publicain de profession. *Voyez* MATTHIEU.

Jésus étant allé à Jérusalem pour y célébrer la fête de Pâque, y guérit un paralytique, qui était depuis trente-huit ans sur la piscine de Béth-esda. Ce malade ayant emporté son lit le jour du sabbat, causa une espèce de scandale parmi les Juifs, lesquels ayant su que c'était Jésus qui le lui avait commandé, résolurent de le faire mourir, comme destructeur de la loi, et comme blasphémateur ; parce que, dans un discours qu'il leur avait fait, il avait déclaré que Dieu était son Père (i). Étant sorti de Jérusalem, comme il passait par les champs au milieu des froments presque mûrs, un jour de sabbat, ses disciples pressés de la faim, froissaient des épis dans leurs mains pour en manger le grain. Les Pharisiens le trouvèrent mauvais, et s'en plaignirent à Jésus, comme d'un violement du sabbat. Jésus justifia la conduite de ses disciples par l'exemple de David, qui dans la nécessité mangea les pains de propitiation qu'on avait ôtés de devant le Seigneur quelques jours auparavant (j) ; et par celui des prêtres, qui travaillent dans le temple le jour du sabbat. Enfin il leur dit nettement qu'il était plus grand que le temple, et que comme maître du sabbat, il pouvait dispenser de la loi qui en ordonne l'observation (k).

Le jour du sabbat suivant, étant dans la synagogue de Capharnaüm, il y guérit un homme qui avait une main sèche, et fit voir aux pharisiens qu'il n'y avait en cela rien de contraire à la loi. Les pharisiens, irrités,

homme. » Pouioulat *Hist. de Jésus*, ch. xvi, tom. I, pag. 387, 388.
(a) *Joan.* iv, 45.
(b) *Luc.* iv, 14...30.
(c) *Isai.* lxi, 1, 2.
(d) *Joan.* iv, 46
(e) *Matth.* iv, 18, 19, 20, etc.

(f) *Marc.* i, 21...29.
(g) *Matth.* viii, 25 et seq.
(h) *Luc.* v, 12 ; *Matth.* ix, 2.
(i) *Joan.* v, 1-47.
(j) 1 *Reg.* xxi, 4, 5, 6.
(k) *Matth.* xii, 1, 8.

complotèrent avec les hérodiens, que nous croyons être les sectateurs de Judas le Gaulonite (a), de faire périr Jésus. Mais le Sauveur se retira à Capharnaüm, et alla sur la mer de Tibériade, où il fut suivi par une foule de gens qui venaient pour l'entendre, et pour être guéris de leurs maladies (b). Se voyant accablé de la foule, il passa la mer, et alla seul sur une montagne, où il passa la nuit en prières. Le lendemain au matin il descendit, appela ceux de ses disciples qu'il désigna, leur donna le nom et la mission d'*apôtres*, c'est-à-dire, d'*envoyés*. Et s'étant assis sur une butte qui était au bas de la montagne il commença à enseigner les apôtres et le peuple qui y était venu de toutes parts, et leur fit cet admirable sermon de la montagne, qui comprend le précis de toute sa doctrine, et l'abrégé de tout l'Evangile (c). Il y déclare qu'il fait consister la béatitude, dans la pauvreté, dans la douleur, dans les larmes de la pénitence, dans l'amour de la justice, dans l'exercice des œuvres de miséricorde, dans la pureté de cœur, dans l'amour de la paix, dans la souffrance, dans les persécutions, dans le mépris que l'on fait des biens, des honneurs, de l'estime du monde. Il fait voir qu'il ne vient pas pour détruire la loi, mais pour la perfectionner, et pour la rétablir dans sa pureté, contre les mauvaises explications des pharisiens.

Il montre ensuite qu'il vient établir une plus grande perfection que la loi n'avait fait, et qu'il défend plusieurs choses; par exemple, le divorce, que la loi tolérait; qu'il condamne non-seulement les mauvaises actions, mais aussi les mauvais désirs. Il leur donne une formule de prières dans le *Pater noster*, qui est aussi une excellente leçon de morale. Il condamne l'hypocrisie, la vanité, l'avarice, les inquiétudes pour acquérir ou pour conserver les biens de ce monde, les jugements téméraires. Il recommande l'oraison, la charité, l'amour des ennemis. Il donne cette règle générale pour se conduire envers le prochain, de ne faire à autrui ce que nous ne voudrions pas que l'on nous fît. Enfin il conclut, en disant qu'il ne suffit pas de dire et de croire, mais qu'il demande des œuvres, et que c'est sur nos œuvres que nous serons condamnés ou absous au jour du jugement. Après ce discours, on lui présenta un lépreux, qu'il toucha, qu'il guérit, et à qui il dit de s'aller montrer aux prêtres.

De là il revint à Capharnaüm, où un centenier gentil l'envoya prier par les principaux juifs de la ville de venir dans sa maison rendre la santé à un de ses serviteurs, qui était dangereusement malade. Comme il était en chemin pour y aller, cet homme lui envoya de ses amis, pour lui témoigner qu'il ne se croyait pas digne qu'il prît la peine de venir; mais qu'il suffisait qu'il eût une parole, pour guérir son serviteur (d). Enfin le centenier, voyant que Jésus-Christ avançait toujours, vint lui-même, et lui dit qu'il ne s'estimait pas digne de le recevoir dans sa maison; mais qu'il dît seulement une parole, et que son serviteur serait guéri. Jésus admira sa foi, et dit qu'il n'avait rien trouvé de tel parmi les Juifs mêmes; et en même-temps il guérit son serviteur (e). Jésus de Capharnaüm alla à Naïm, où il ressuscita le fils d'une veuve, lequel était déjà dans le cercueil, et que l'on portait en terre (f). Etant entré dans la ville, un pharisien, nommé Simon, l'invita à dîner; et pendant qu'il était à table, une femme de la ville, qui était connue pour pécheresse, vint arroser ses pieds de ses larmes, et les essuyer avec ses cheveux. Simon se scandalisa de ce qu'il se laissait toucher par cette femme : mais Jésus lui fit voir que cette femme ayant témoigné beaucoup de repentir et d'amour, avait aussi mérité que Dieu lui accordât le pardon. En même temps il la renvoya, en lui disant que ses péchés étaient remis.

Ayant parcouru toute la Galilée, il revint à Capharnaüm, où il se trouva si accablé de la foule de ceux qui le suivaient, qu'à peine avait-il le temps de manger. Ses parents, ayant été informés de la presse où il était, vinrent pour l'en tirer, disant qu'*il était hors de lui-même* (g). Le texte grec de cet endroit est obscur. Quelques-uns (h) le traduisent par : *Il était tombé en défaillance;* d'autres, *il avait perdu l'esprit;* ou, *il était sorti de sa maison*, comme un homme à lier, et qu'on veut empêcher de courir les rues et les campagnes; ou enfin : *il était comme ravi en extase*, et comme un homme rempli d'un enthousiasme, qui lui ôte la présence d'esprit (i). La sainte Vierge était du nombre de ceux qui venaient pour tirer Jésus de la foule (j); mais elle y était sans doute dans des sentiments fort éloignés de ceux des autres parents du Sauveur, qui ne croyaient pas en lui (k). On avertit donc Jésus que sa mère et ses parents le demandaient : mais étendant sa main vers ses disciples, et vers ceux qui l'écoutaient, il dit : *Voilà qui sont ma mère et mes parents; ce sont ceux qui m'écoutent, et qui font la volonté de mon Père*. Il guérit au même endroit un possédé, qui était aveugle et muet (l). Les pharisiens, jaloux de lui voir faire tant de merveilles, disaient qu'il ne chassait les démons qu'au nom de Béelsébub, prince des diables; et ils lui demandaient un prodige qui fût tel, qu'on ne pût l'attribuer qu'à la puissance de Dieu. Mais Jésus-Christ leur dit qu'il ne leur en donnerait point d'autre que celui du prophète Jonas, c'est-à-dire, le miracle de sa résurrection glorieuse, qui est comme le couronnement de tous ses prodiges.

(a) *Voyez* ci-devant l'article des HÉRODIENS.
(b) *Matth.* xi, 9, 10-22.
(c) *Matth.* v, 6, 7.
(d) Comparez *Matth.* viii, 5-13, avec *S. Luc.* vii, 1-9.
(e) *Matth.* viii, 5-13.
(f) *Luc.* vii, 10-30.
(g) *Marc.* iii, 20, 21.

(h) *Grot. in Marc.* iii. *Casaubon. Exercit. in Baron.*, etc
(i) *Heins. Hamm. Ligtfoot. in Marc.* iii. le *Voyez Commentaire.*
(j) *Marc.* iii, 21-31.
(k) *Joan.* vii, 5.
(l) *Matth.* xii, 22.

L'après dîner Jésus alla sur le bord de la mer de Tibériade; et le peuple s'étant assemblé autour de lui, il monta sur une barque, et commença de là à parler au peuple, pour n'être pas accablé de la foule. Il leur proposa diverses paraboles (a); par exemple, celle du semeur, celle de la lampe qui se met sur le chandelier, celle de l'ivraie que l'homme ennemi sème dans le champ pendant la nuit, celle du grain de moutarde, et celle du levain. Il proposa ces paraboles aux troupes, sans les leur expliquer; et lorsqu'il fut de retour à la maison, ses disciples le prièrent de leur en découvrir le sens. Il le fit, et continua à leur en proposer de nouvelles; celle du trésor caché, celle de la perle que l'on achète, en vendant tout ce que l'on a; et celle du filet jeté dans la mer, qui ramasse toutes sortes de poissons, bons et mauvais. Sur le soir, après qu'il leur eut expliqué ces paraboles, il entra dans une barque, pour passer la mer de Tibériade. Mais pendant la nuit il s'endormit; et une tempête s'étant élevée, la nacelle se trouva en danger d'être submergée. Les disciples éveillèrent Jésus. Il commanda aux vents, et rendit aussitôt le calme à la mer (b).

Il arriva au bord du canton de Gérasa, à l'orient de la mer qu'il venait de passer. Il y avait là deux fameux démoniaques; un entre autres, qui était possédé d'une légion de démons. Il vint au-devant de Jésus; et les démons se plaignaient par sa bouche, qu'il venait les tourmenter avant le temps. Ils le prièrent de ne les point envoyer dans l'abîme de l'enfer, mais plutôt dans un troupeau de porcs, qui paissaient là auprès. Jésus leur accorda ce qu'ils demandaient: et aussitôt le troupeau, qui était d'environ deux mille porcs, alla se précipiter dans la mer de Tibériade; et le démoniaque se trouva délivré. Les Géraséniens effrayés de ce prodige, et craignant quelque nouvelle perte, prièrent Jésus de se retirer de leur pays. Il repassa la mer; et étant à peine arrivé sur le bord, Jaïr, prince de la synagogue de Capharnaüm, le vint prier de rendre la santé à sa fille unique, âgée de douze ans. Comme il allait dans la maison de Jaïr, une femme qui était incommodée d'une perte de sang, fut guérie, ayant touché secrètement le bord de sa robe. Un peu après on vint dire à Jaïr que sa fille était morte. Mais Jésus l'exhorta à avoir la foi; et étant entré dans la maison, il ressuscita la fille, lui fit donner à manger, et recommanda que l'on tînt le miracle secret (c).

Comme il allait à Nazareth, sa patrie, deux aveugles vinrent lui demander instamment la vue. Ils le suivirent jusque dans la maison, et il leur accorda ce qu'ils demandaient (d). Presque en même temps il guérit un possédé qui était muet. Étant entré dans la synagogue de Nazareth, il y prêcha d'une manière qui fut admirée de tout le monde. Mais ses concitoyens se disaient l'un à l'autre: *N'est-ce pas le fils de ce charpentier? Sa mère ne s'appelle-t-elle pas Marie, et ses frères et sœurs ne sont-ils pas parmi nous?* Jésus quitta cette ville et n'y retourna plus, disant qu'un prophète n'est sans honneur que dans sa patrie (e). Peu de temps après il envoya ses disciples par tout le pays (f) pour prêcher la venue du royaume de Dieu. Il les fit partir deux à deux, avec la puissance de faire des miracles; mais il leur fit défense de porter ni provisions, ni armes, ni habits à changer, ni deux paires de sandales. Il leur dit d'entrer dans les maisons des plus gens de bien, d'y demeurer sans changer légèrement de demeure, et d'y recevoir la nourriture qu'on voudrait bien leur donner. Jésus de son côté alla prêcher dans tout le pays. Et lorsque les disciples et les apôtres eurent achevé le cours de leur mission, ils en vinrent rendre compte à leur maître, qui remercia Dieu de l'heureux succès qu'il avait donné à leur prédication.

Cependant Jésus était toujours suivi d'une grande multitude de peuple; et pour prendre quelque repos, il était obligé de se dérober à leurs importunités. Un jour il passa le lac de Génésareth, ou la mer de Tibériade, qui est la même chose, et se retira sur une montagne à l'écart, avec ses apôtres. Mais les troupes ayant su qu'il était passé, le suivirent, en faisant le tour par terre, et arrivèrent au pied de la montagne où il était, dans le désert de Bethsaïde. Jésus étant descendu de la montagne, guérit les malades qu'on lui présenta, et commença à enseigner le peuple. Comme le jour commençait à baisser, les apôtres remontrèrent à Jésus qu'il était temps de renvoyer le peuple, afin qu'il pût aller dans les bourgades acheter de quoi se nourrir. Jésus leur répondit: *Donnez-leur à manger vous-mêmes.* Ils s'en excusèrent sur l'impossibilité où ils étaient de le faire. Alors il leur demanda combien ils avaient de pains, et ayant appris qu'ils avaient cinq pains et deux poissons, il fit asseoir le peuple sur le gazon, et leur fit servir si abondamment à manger, qu'ils furent rassasiés et qu'on ramassa encore douze paniers pleins des restes des deux pains et des deux poissons. Or ceux qui mangèrent étaient au nombre d'environ cinq mille hommes, sans compter les femmes et les enfants (g).

Le peuple, sensible à un si grand bienfait, avait résolu de prendre Jésus et de le choisir pour roi; mais le soir il contraignit ses disciples d'entrer dans la barque et de repasser la mer, pendant que lui était sur la montagne, où il passa la plus grande partie de la nuit à prier. Les apôtres ayant eu le vent contraire pendant toute la nuit, au lieu d'aller à Bethsaïde, où ils avaient dessein d'aborder, furent obligés de tourner du côté de Tibériade et de Capharnaüm: et le lendemain, au point du jour, ils se trouvèrent à

(a) *Matth.* xiii, 1-26; *Luc.* viii, 18, etc.
(b) *Matth.* viii, 23 *Luc.* viii, 23 *et seq.*
(c) *Matth.* ix, 18, 19-26; *Luc.* vi, 19, 56.
(d) *Marc.* vi, 1, 2, etc.; *Matth.* ix, 27-31.

(e) *Matth.* xiii, 54-58.
(f) *Matth.* ix, 36; x, 1-17-42.
(g) *Matth.* xiv, 15-21. *Marc.* vi, 35-44. *Luc.* ix, 11-17 *Joan.* vi, 8-13.

vingt-cinq ou trente stades du bord. Alors ils virent un homme qui marchait sur la mer de leur côté, et qui faisait mine de les vouloir passer. Ils crurent que c'était un fantôme, et furent saisis de frayeur. Mais Jésus les rassura en leur disant que c'était lui. Saint Pierre lui demanda permission d'aller vers lui en marchant sur les eaux. Jésus le lui permit, et Pierre marcha quelque temps sur l'eau sans enfoncer. Mais ayant vu une vague qui le menaçait, il eut peur, et commençant à enfoncer, il cria : Seigneur, sauvez-moi, Alors Jésus le retint par la main. Les disciples prièrent le Sauveur d'entrer dans leur barque. Il y entra et aussitôt elle se trouva à bord (a).

Les troupes, qui n'avaient pas vu Jésus entrer dans la barque avec ses disciples, crurent qu'il était demeuré dans le désert de Bethsaïde, et elles l'y cherchaient avec empressement pour le faire roi. Mais quelques barques de Tibériade étant arrivées au même endroit, leur apprirent que Jésus était auprès de Tibériade. Aussitôt les troupes retournèrent au deçà de la mer, et vinrent trouver Jésus, qui, durant cet intervalle, s'était rendu à Capharnaüm. Elles lui demandèrent comment il était venu ; et Jésus leur répondit qu'elles le cherchaient non à cause des miracles, mais à cause de la nourriture qu'il leur avait donnée. Il les exhorta à chercher une nourriture qui ne périt point. Il leur dit qu'il était le pain du ciel, infiniment plus excellent que la manne que leurs pères avaient mangée dans le désert, et que sa chair était vraiment nourriture, et son sang vraiment breuvage. Ce discours étonna le peuple et fut cause que plusieurs disciples abandonnèrent Jésus (1). Alors il demanda à ses apôtres s'ils voulaient aussi s'en aller. Mais Pierre lui répondit qu'il avait dans lui les paroles de la vie éternelle, qu'il était le vrai Christ et le Fils du Dieu vivant (b).

Comme la fête de Pâques approchait, Jésus se disposa à aller à Jérusalem. Les évangélistes ne nous apprennent pas ce qu'il y fit ; ils ne marquent pas même expressément ce voyage. Saint Jean dit seulement que le miracle de la multiplication des cinq pains se fit peu avant la fête de Pâques (c). Lorsqu'il fut de retour en Galilée, quelques pharisiens se scandalisèrent de ce que ses disciples ne lavaient pas leurs mains avant que de se mettre à table. Mais Jésus les renvoya, en leur reprochant leur hypocrisie et leur attachement superstitieux à de vaines observances, pendant qu'ils négligeaient les principaux devoirs de la loi (d). Étant allé du côté de Tyr et de Sidon, une femme phénicienne ou chananéenne vint lui demander qu'il rendît la santé à sa fille. Jésus ne lui répondit rien d'abord. Mais comme elle continuait à crier,

(a) Matth. xiv, 13-34. Joan. vi, 16-21 ; Marc. vi, 47-55.
(b) Joan. vi, 22, 23-71.
(c) Joan. vi, 4, 5.
(d) Matth. xv, 10, 15, 16, 20, et Marc. vii, 1, 15, 25.
(e) Matth. xv, 22-28, etc.
(f) Matth. xv, 32, 52, Marc. viii, 1, 10.

et que ses apôtres le priaient de la renvoyer, et de lui accorder sa demande, il répondit : *Je ne suis envoyé que vers les brebis qui sont égarées du troupeau d'Israël*, voulant dire que les grâces n'étaient pas pour les gentils comme les Phéniciens. Lorsqu'il fut arrivé dans la maison, cette femme, sans se rebuter, vint se jeter à ses pieds, le suppliant de rendre la santé à sa fille. Jésus lui répondit : *Il n'est pas juste de donner aux chiens le pain des enfants. Il est vrai*, répliqua-t-elle, *mais au moins les petits chiens mangent les mies qui tombent de la table de leurs maîtres*. Jésus admira sa foi et lui accorda ce qu'elle demandait (e).

Il continua sa route vers Sidon, et remontant vers les sources du Jourdain, il vint vers la Décapole, au delà de la mer de Tibériade, où il guérit un homme sourd et muet. Il monta sur une montagne à l'écart, où il demeura trois jours. Lorsqu'il en descendit, il trouva une infinité de malades à qui il rendit la santé. Puis il fit distribuer à toute la multitude sept pains et quelques petits poissons, que ses apôtres avaient pris pour leurs provisions. Le nombre de ceux qui mangèrent était de quatre mille hommes, sans compter les femmes et les enfants. Ils furent tous rassasiés, et il en demeura encore sept paniers pleins des restes que l'on recueillit (f).

Jésus s'embarqua aussitôt et alla à Magédan, dans le canton de Dalmanutha (g), vers les sources du Jourdain. Comme il y était, quelques pharisiens et quelques saducéens vinrent lui demander un signe du ciel. Il leur dit, comme il avait déjà fait dans une autre occasion, qu'il n'avait point d'autre signe à leur donner que celui de Jonas, ce qui marquait sa résurrection future. Et à l'égard d'un signe ou d'un miracle dans le ciel, il leur témoigna que s'ils étaient aussi attentifs à examiner les temps et les prophéties qui regardaient la venue du Messie, qu'ils étaient habiles à prévoir le beau ou le mauvais temps par l'inspection du ciel, ils auraient bientôt découvert que les temps marqués dans les prophètes étaient accomplis, et qu'il était le Messie promis et attendu depuis tant de siècles.

Il s'embarqua ensuite sur la mer de Tibériade, et il vint à Bethsaïde, où il guérit un aveugle. Et étant allé du côté de Césarée de Philippe (h), il demanda à ses disciples qui l'on disait qu'il était. Ils lui répondirent que les uns disaient qu'il était Élie, d'autres Jérémie, d'autres Jean-Baptiste ou quelqu'un des anciens prophètes. C'est que les Juifs croyaient une espèce de métempsycose, et que les âmes passaient quelquefois d'un corps dans un autre, en sorte qu'un même corps pouvait avoir plusieurs âmes (i). *Et vous*, répondit Jésus, *que pensez-vous de moi?*

(g) Voyez l'article DALMANUTHA.
(h) Matth. xvi, 13-20 ; Marc. viii, 27-30 ; Luc. ix, 18.
(i) Voyez Isaac Loriens. de Revolut. animarum, Menasse-Ben-Israel de Resurrect. mort. Zohar., etc.
(1) Voyez CAPHARNAÏTES, et mon livre intitulé *Repertrium Biblicum*, au mot HÆRESIS, § vi.

Pierre lui dit : *Vous êtes le Christ, le Fils de Dieu.* Jésus loua sa foi et lui dit : *Vous êtes Pierre, et sur cette Pierre je bâtirai mon Eglise. Les portes de l'enfer ne prévaudront point contre elle. Tout ce que vous aurez lié sur la terre sera lié dans le ciel, et ce que vous aurez délié sur la terre sera aussi délié dans le ciel.* Il leur ordonna de ne dire à personne qu'il était le Christ. Il leur prédit ensuite les maux et les affronts qu'il devait souffrir à Jérusalem, et il dit aux troupes : *Si quelqu'un veut venir après moi, qu'il renonce à soi-même, qu'il porte sa croix et me suive. Celui qui veut conserver sa vie la perd ; et celui qui la perd pour l'amour de moi la conserve. Je vous dis en vérité qu'il y en a quelques-uns ici qui ne mourront point qu'ils n'aient vu le royaume de Dieu, qui doit venir avec sa puissance.* Il parlait apparemment de sa transfiguration, qui arriva six jours après.

Il mena donc trois de ses apôtres, Pierre, Jacques et Jean, fils de Zébédée, sur une haute montagne à l'écart, que l'on croit être le Thabor, où s'étant mis en prières pendant la nuit, il parut tout d'un coup brillant de gloire. Ses habits devinrent blancs et éclatants comme la neige. Les trois apôtres, qui s'étaient d'abord endormis, se réveillèrent à la clarté de cette lumière, et furent témoins de la transfiguration de leur maître. Ils virent avec lui Moïse et Elie, qui parlaient de tout ce qu'il devait endurer. Pierre, tout hors de lui-même, dit à Jésus : *Seigneur, il fait bon ici, si vous l'agréez, nous y ferons trois tentes de verdure; une pour vous, et deux autres pour Moïse et pour Elie.* L'Ecriture remarque qu'il était si transporté de joie, qu'il ne savait ce qu'il disait. Pendant ce temps, Moïse et Elie disparurent, et les apôtres ouïrent une voix, qui leur dit : *Celui-ci est mon Fils bien-aimé, en qui j'ai mis ma complaisance; écoutez le.* A cette voix ils se prosternèrent, saisis de frayeur. Mais Jésus les releva, et leur dit le matin, en descendant de la montagne, de ne découvrir à personne ce qu'ils avaient vu, jusqu'après sa résurrection *(a)*.

Etant descendus de la montagne, ils vinrent trouver les autres disciples, qui étaient au milieu d'une grande troupe, et en dispute avec les scribes, sur ce qu'ils n'avaient pu guérir un jeune homme, qui était muet, lunatique, épileptique et possédé du démon. Dès que Jésus parut, tout le monde vint au-devant de lui par honneur; et le père du jeune homme lui demanda avec instance la guérison de son fils. Jésus la lui accorda; et le démon quitta le corps qu'il possédait. Lorsque le Sauveur fut entré dans la maison, les disciples lui demandèrent pourquoi ils n'avaient pu guérir cet homme. Mais il répondit que c'était à cause de leur peu de foi, et que cette sorte de démon n'est chassée que par la prière et par le jeûne *(b)*.

Il continuait toujours à prêcher par la Galilée, et avait soin de préparer ses apôtres à voir sa passion et sa mort, en leur parlant souvent de ses souffrances. Mais ils ne comprenaient rien à ce qu'il leur disait, et même ils disputaient entre eux en chemin de la primauté. Jésus et Pierre arrivèrent les premiers à Capharnaüm; et les receveurs des deux dragmes et du demi-sicle par tête, que chaque Juif était obligé de donner au temple par an, vinrent demander à Pierre, si son Maître voulait les payer. Jésus prévint Pierre avant qu'il lui en parlât ; et lui ayant montré que comme Fils de Dieu il n'était pas obligé de payer ce tribut (1), il lui dit d'aller à la mer, qui était toute voisine de Capharnaüm, de jeter sa ligne, et que le premier poisson qu'il tirerait lui fournirait de quoi payer pour eux deux. Pierre y alla, et le premier poisson qu'il prit, avait sous sa langue un statère, ou un sicle d'argent, que saint Pierre donna aux receveurs, pour Jésus et pour lui *(c)*.

Au même moment les autres disciples arrivèrent, et par une suite de la dispute qu'ils avaient eue en chemin sur la primauté, ils demandèrent à Jésus qui serait le plus grand dans le royaume des cieux. Le Sauveur qui savait ce qui s'était passé entre eux, leur dit que pour devenir le premier, il fallait chercher à être le dernier; et prenant un petit enfant, il leur dit que s'ils voulaient entrer dans le royaume des cieux, ils devaient devenir comme cet enfant *(d)*. Il ajouta qu'on ne doit point mépriser le moindre de ceux qui croient en lui, puisque leurs anges voient toujours la face du Père céleste. Il leur donna ensuite des règles pour la correction fraternelle, et saint Pierre à cette occasion lui demanda combien de fois il devait pardonner à son frère ? s'il lui pardonnerait jusqu'à sept fois ? Jésus lui dit : *Non-seulement jusqu'à sept fois, mais jusqu'à septante fois sept fois.* Il ajouta la parabole du serviteur, à qui son maître avait remis une somme de dix mille talents, et qui n'avait point voulu avoir de compassion d'un de ses conserviteurs qui lui devait cent deniers. Le maître fit arrêter ce mauvais serviteur, et le livra aux exécuteurs de la justice, jusqu'à ce qu'il eût payé toute sa dette. Dieu en usera de même envers ceux qui ne pardonneront pas à leurs frères *(e)*.

Jésus allant à Jérusalem pour la fête de la Pentecôte, dans la dernière année de sa vie, envoya devant lui ses disciples, pour prêcher dans les lieux où il devait venir lui-même après eux. Il leur répéta les mêmes commandements qu'il leur avait déjà donnés, et leur accorda le même pouvoir de guérir les malades, et de chasser les démons. Un jour ayant envoyé quelqu'un de ses apôtres dans un bourg des Samaritains, pour lui préparer un logement, on ne voulut pas l'y recevoir. Jacques et Jean, fils de Zébédée, lui deman-

(a) Matth. xvii, 1, 9; *Marc.* ix, 1; 8; *Luc.* ix, 28, 36.
(b) Matth. xvii, 19, 21 *Marc.* ix, 18, 29.
(c) Matth. xvii, 24, 27.
(d) Matth. xviii, 1, 5.
(e) Matth. xviii, 10, 15, 35.

(1) Cette interprétation ne me paraît pas juste. Jésus dit : *Les enfants sont donc e   23*). Il faut entendre non   ceux dont il est frère.

dèrent s'il voulait qu'ils fissent descendre le feu du ciel sur cette bourgade? Mais Jésus leur dit qu'ils ne savaient à quel esprit ils appartenaient; que pour lui, il était venu, non pour perdre, mais pour sauver les hommes (a). C'est peut-être ce zèle trop ardent de ces deux disciples qui leur fit donner le nom de *Boanergès*, ou fils du tonnerre (b).

S'avançant toujours vers Jérusalem, le Sauveur alla loger chez deux sœurs, Marthe et Marie, qui demeuraient à Béthanie, à trois quarts de lieue de Jérusalem. Marthe s'empressait à préparer à manger pour Jésus et pour sa suite, pendant que Marie était assise à ses pieds, et écoutait tranquillement sa parole. Marthe s'en plaignit familièrement à Jésus. Mais il lui répondit: *Marthe, vous vous occupez à bien des choses; une seule chose est nécessaire. Marie a choisi la meilleure part, qui ne lui sera point ôtée* (c). Comme il était sur le mont des Oliviers, vis-à-vis de Jérusalem, ses disciples le prièrent de leur donner une formule de prières, comme Jean-Baptiste en avait donné aux siens. Jésus leur répéta l'Oraison Dominicale, qu'il leur avait déjà donnée dans le sermon sur la montagne (d), et continua à leur parler des qualités, et de la force de la prière. Jésus ayant guéri un possédé qui était muet, les pharisiens l'accusèrent de ne chasser les démons qu'au nom de Béelsébub. Mais Jésus, après avoir réfuté leur calomnie par ce raisonnement, que le règne de Satan ne peut être divisé, et qu'il le serait, si Satan chassait ses suppôts des corps qu'ils possèdent, il commença à invectiver fortement contre eux (e); il le fit encore avec plus de vivacité dans un repas où il fut invité par un pharisien, et où l'on trouva mauvais qu'il ne lavât pas ses mains avant que de se mettre à table (f). Il donna aux peuples et à ses disciples plusieurs instructions durant cette fête de la Pentecôte (g), qu'il serait malaisé de rapporter toutes en particulier. On peut voir les auteurs des *Concordes* et des *Harmonies* des Évangiles (1).

Comme il était encore dans Jérusalem, quelques pharisiens lui dirent qu'Hérode avait envie de le faire mourir. Jésus, qui savait toutes choses, leur répondit: *Dites à ce renard que je guéris les malades encore aujourd'hui et demain, et que dans trois jours j'achève ma course.* (Il voulait marquer par cette énigme que le temps de sa vie ne serait pas désormais bien long, et que ni Hérode, ni aucun autre n'empêcherait qu'il ne fournît toute sa carrière (h).) Vers le même temps on lui dit que Pilate avait mêlé le sang de quelques Galiléens à leurs sacrifices; il répondit que ces Galiléens n'étaient pas les plus coupables de ce pays, et il recommanda à ceux qui lui parlaient la pénitence, et les menaça qu'ils périraient, s'ils ne se convertissaient (i).

A son retour de Jérusalem, il vint à Capharnaüm, où, étant à manger chez un pharisien, on lui présenta un hydropique pour le guérir. Les pharisiens l'observaient, pour voir s'il le guérirait ce jour-là, qui était jour de sabbat. Il le guérit, et leur dit pour justifier sa conduite : *Si quelqu'un de vos bestiaux tombait dans un fossé le jour du sabbat, ne l'en tireriez-vous pas ce jour-là?* Et ils ne purent lui répondre un seul mot. Ayant aussi remarqué la manière pleine de vanité dont les conviés de ce repas prenaient les premières places, il leur donna sur cela de fort belles leçons, et leur dit que quand ils mangeaient à manger, il fallait inviter des personnes qui pussent leur en savoir gré, et qui ne fussent pas en état de leur rendre la pareille, afin que dans la résurrection des justes, Dieu leur en accordât la récompense (j). En parcourant la Galilée, il était toujours suivi d'une grande troupe de peuple, et il ne manquait pas de leur inspirer que l'essentiel de sa doctrine était le renoncement à ses proches, à ses commodités, et à soi-même; et que sans cela, il ne fallait pas se flatter d'être son disciple (k).

Étant arrivé à Capharnaüm, il ne dédaignait pas de parler, de converser, de manger même avec des publicains et des pécheurs. Les pharisiens en murmuraient, mais il leur proposa la parabole d'un homme qui avait cent brebis, et qui en ayant perdu une, quitta les quatre-vingt-dix-neuf autres, et alla chercher celle qui s'était égarée; il la trouva, la chargea sur ses épaules, et la ramena à sa maison, où il fit une grande fête avec ses amis. Rien ne marque mieux que cela son extrême amour pour la conversion des pécheurs. Il leur proposa encore celle de l'enfant prodigue, qui revient au même but (l).

Il eut dessein d'aller à Jérusalem à la fête des Tabernacles, qui se célébrait au mois d'octobre, et qui, cette année 32 de l'ère vulgaire, et 35 de Jésus-Christ, tombait le 13 octobre. Il y alla par le pays de delà le Jourdain; et en chemin il eut occasion de donner au peuple et à ses disciples diverses instructions sur l'usage des biens temporels, sur le divorce, sur l'aumône, sur le scandale, et sur d'autres devoirs que l'on peut voir dans les chapitres XVI et XVII de saint Luc. Cependant ceux de ses parents qui ne croyaient pas en lui, le sollicitaient de se rendre à Jérusalem, afin, disaient-ils, qu'il se manifestât au monde, et que les disciples qu'il avait faits dans les voyages précédents, se confirmassent dans la créance qu'ils avaient en lui. Jésus ne leur dit point qu'il y voulût aller; il leur dit seulement qu'ils pouvaient y aller eux-mêmes; mais que pour lui, son temps n'était pas encore venu. Les huit jours de la fête étaient déjà à moitié, lorsqu'il pa-

(a) *Luc.* ix, 51-56.
(b) *Marc.* iii, 17.
(c) *Luc.* ix, 58, 59-42.
(d) *Matth.* vi, 9, 10, etc.
(e) *Luc.* xi, 14-28-56.
(f) *Luc.* xi, 38-54, et *Luc.* xii.
(g) Voyez *Luc.* xi, xii, xiii.

(h) *Luc.* xiii, 31-35.
(i) *Luc.* xiii, 1-9.
(j) *Luc.* xiv, 1-14.
(k) *Luc.* xiv, 15 et seq.
(l) *Luc.* xiv, xv.
(1) Mon *Histoire du Nouveau Testament* est aussi une *Concorde* ou *Harmonie* des Évangiles.

rut au temple, et qu'il commença à y enseigner. Les Juifs, qui savaient qu'il n'avait pas étudié, admiraient sa doctrine. Il leur déclara que sa doctrine n'était pas la sienne, mais celle du Père céleste qui l'avait envoyé. Il y avait sur son sujet une grande rumeur parmi le peuple, et l'on était fort partagé à cet égard : les uns disant qu'il était le Messie, et les autres soutenant qu'il ne l'était pas. On voulut se saisir de lui, et on envoya du monde pour cela ; mais on ne le put arrêter, parce que son heure n'était pas encore venue (*a*).

Le dernier jour de la fête des Tentes ou des Tabernacles, Jésus étant au milieu du temple, criait : *Si quelqu'un a soif, qu'il vienne à moi, et qu'il boive ; et il sortira de son cœur des fleuves d'eau vive.* Ces discours augmentaient la diversité de sentiments qui était parmi le peuple. Les prêtres et les pharisiens soutenaient fortement qu'il ne pouvait être prophète, puisqu'il était de Galilée. Le peuple, touché des prodiges qu'il faisait, ne pouvait presque douter qu'il ne fût prophète, et même le Messie. Le soir étant venu, chacun se retira, et Jésus alla passer la nuit sur la montagne des Oliviers (*b*) ; le lendemain il revint au temple, et les pharisiens lui amenèrent une femme surprise en adultère, et lui demandèrent d'une manière captieuse ce qu'il en fallait faire. Jésus ne leur répondit point, mais il écrivait sur la terre comme par manière de passe-temps ; puis se relevant, il leur dit : *Que celui d'entre vous qui est sans péché lui jette la première pierre.* Puis il recommença à écrire comme auparavant. Ses accusateurs, craignant qu'il n'en dît davantage, se retirèrent les uns après les autres ; et Jésus dit à la femme : *Personne ne vous a-t-il condamnée ? Je ne vous condamnerai pas non plus. Allez, et ne péchez plus* (*c*).

Ce récit ne se lisait pas autrefois dans quelques anciens exemplaires de l'Évangile de saint Jean (*d*). Les autres évangélistes n'ont pas parlé de cet événement. Eusèbe (*e*) dit que Papias avait raconté cette histoire, l'ayant apprise des apôtres, aussi bien que plusieurs autres qui ne se trouvaient pas dans les Évangiles. La plupart des anciens Pères grecs ne l'ont point lue ; et de tous les commentateurs grecs qui sont dans la Chaîne de saint Jean, aucun ne l'a expliquée. Maldonat assure que de tous les manuscrits grecs qu'il a consultés il n'en a trouvé aucun qui lût cette histoire, si ce n'est un exemplaire qui contenait le commentaire de Léontius sur saint Jean ; et encore Léontius n'en dit-il pas un mot dans son explication ; et le texte grec qui lui est joint est marqué par des obèles ou broches, pour désigner qu'il est contesté et étranger à cet endroit. Les Arméniens l'ont retranché de leur Bible. Ni la traduction gothique d'Ulphilas, ni la syriaque imprimée à Paris et à Londres, ne l'ont point lu. Euthyme, qui vivait au commencement du douzième siècle, avoue qu'il n'est pas dans les meilleurs manuscrits, ou qu'il y est marqué d'une obèle ou broche, comme y ayant été fourré et ajouté après coup.

Mais on répond à cela que la plupart des manuscrits grecs qu'ont consultés Théodore de Bèze, Robert Etienne et M. Mille lisent le passage en question, et qu'il y en a très-peu de grecs aujourd'hui où il ne se trouve ; qu'on n'en connaît aucun latin où il ne soit ; que parmi les manuscrits syriaques, arabes et cophtes, il y en a peut-être plus qui le lisent qu'il n'y en a d'autres. Enfin Tatien, qui vivait l'an 160 de Jésus-Christ, et Ammonius, qui vivait l'an 220, l'ont reconnu et inséré dans leur Harmonie des Evangiles, d'où Eusèbe l'a pris pour l'insérer dans la sienne. L'auteur des Constitutions Apostoliques (*f*), saint Jérôme (*g*), saint Ambroise (*h*), saint Augustin (*i*), la Synopse attribuée à saint Athanase, reconnaissent cette histoire pour authentique. La plupart des plus habiles critiques, même protestants (*j*), la reconnaissent de même. Enfin, après la décision du concile de Trente qui a déclaré la Vulgate authentique, il n'est plus permis de douter de l'authenticité de ce passage. Quant à la conduite qu'a tenue Jésus-Christ envers cette femme, on peut consulter les commentateurs et ce que nous en avons dit ci-devant, sous le nom ADULTÈRE [*Voyez* aussi FEMME ADULTÈRE]. Retournons à l'histoire de Notre-Seigneur.

Le lendemain du jour que cela s'était passé dans le temple, Jésus, passant par la rue, vit un homme qui était aveugle dès sa naissance. Ses disciples lui demandèrent si c'était en punition de ses propres péchés, ou de ceux de ses parents, que cet homme était né aveugle. Jésus leur dit que ce n'était ni pour l'une ni pour l'autre de ces deux raisons ; mais afin que les œuvres de Dieu se manifestassent en lui. En même temps, crachant à terre, il fit une espèce de boue détrempée avec sa salive, en frotta les yeux de l'aveugle-né, et lui dit d'aller laver ses yeux dans la fontaine de Siloé. L'aveugle y alla, et revint parfaitement guéri. Ce miracle fit grand bruit, parce que l'aveugle était fort connu. Le lendemain on l'amena aux pharisiens pour savoir comment il avait été guéri. Il le leur raconta. Or la guérison s'était faite le jour du sabbat ; et les pharisiens soutenant que Jésus n'était pas un vrai prophète, puisqu'il violait le sabbat. Les parents de l'aveugle furent aussi appelés. Ils rendirent té-

---
(*a*) Joan. vii. 11, 15-53.
(*b*) Joan. viii, 1, 11.
(*c*) Joan. viii, 12, etc.
(*d*) Vide *Hieronym. l. II contra Pelag. c. vi : In Evangelio secundum Joannem, in multis et Græcis et Latinis codicibus, non invenitur de adultera muliere.* Vide et Selden. *Uxor. Hebr. l. III, c. xi, et varias lect. Millii in Joan.* viii.
(*e*) Euseb. Hist. Eccl. l. III, c. 39.

(*f*) *Constit. Apost. l. II, c. xxiv.*
(*g*) *Hieronym. l. II, contra Pelag, c. vi.*
(*h*) *Ambros. l. III, de Spirit. S. c. ii, et lib. VII, Ep. 58,* et *l. IX, Ep. 76.*
(*i*) *Aug. Tract. 32 in Joan, et lib. II de Adulter. Conjug. c. vi et vii, et lib de Vera et Falsa Pœnit. c. xiii, et Ep.* olim 54, nunc 153, et lib. de Consens. Evang. c. x, etc.
(*j*) *Calvin. Gomar. Selden. Uxor. Hebr. l. III, c. xi Mill. in Joan.* viii

moignage à la vérité de la guérison de leur fils; mais ils n'osèrent s'expliquer davantage, craignant les mauvais traitements des pharisiens. Comme l'aveugle guéri soutenait fortement que Jésus était un homme de bien et un prophète, on le chassa du temple. Le lendemain Jésus le rencontra, et lui dit : *Croyez-vous au Fils de Dieu? Et qui est le Fils de Dieu*, répliqua l'aveugle? Jésus lui dit : *C'est moi-même*. Aussitôt cet homme se jeta à ses pieds, et l'adora (*a*). — [*Voyez* AVEUGLE NÉ.]

Après cela Jésus retourna en Galilée : mais il n'y demeura pas longtemps, parce qu'il voulait assister à la fête de la dédicace du temple, renouvelé et nettoyé par Judas Machabée (*b*), et qui se célébrait au mois de décembre (*c*). Jésus, allant donc à cette fête, passait par le milieu de la Galilée et de la Samarie; et étant proche d'une certaine ville, dix lépreux lui crièrent de loin : *Jésus Maître, ayez pitié de nous*. Il leur dit : *Allez, montrez-vous aux prêtres*. Comme ils y allaient, ils se trouvèrent guéris. L'un d'eux, qui était Samaritain, revint à Jésus pour le remercier. Jésus lui dit : *N'y en a-t-il pas dix de guéris? Où sont donc les neuf autres? Allez; votre foi vous a sauvé* (*d*). Étant dans le temple, les pharisiens lui demandèrent : Quand viendra le royaume de Dieu? Il répondit qu'il ne viendrait pas d'une manière éclatante et qui se fît remarquer, mais que le royaume de Dieu était au milieu d'eux. A cette occasion, il donna diverses instructions à ses apôtres sur la vigilance, sur la prière assidue, et sur l'humilité opposée à la présomption, marquée dans la parabole du publicain et du pharisien qui allèrent au temple pour prier (*e*).

Jésus marchant dans le temple, dans le portique de Salomon, les Juifs l'environnèrent, et lui dirent : *Jusqu'à quand nous tiendrez-vous en suspens? Si vous êtes le Christ, dites-le nous. Je vous l'ai déjà dit*, répondit Jésus, *et vous ne le croyez point. D'ailleurs les œuvres que je fais le prouvent assez. Si vous étiez de mes brebis et de mon troupeau, vous le croiriez. Mon Père et moi ne sommes qu'un*. Alors ils prirent des pierres pour le lapider. Mais il leur dit : *Je vous ai comblés de bienfaits; est-ce pour cela que vous voulez me lapider?* Ils lui dirent : *Ce n'est point pour vos bienfaits, mais pour vos blasphèmes, parce que vous voulez passer pour Dieu*. Il leur dit : *N'est-il pas écrit : J'ai dit : Vous êtes des dieux. Si donc ceux à qui Dieu a parlé sont qualifiés dieux, pourquoi dites-vous que je suis blasphémateur en me disant Fils de Dieu, puisque Dieu m'a envoyé et sanctifié?* Ils voulaient ensuite encore l'arrêter; mais il se tira de leurs mains. Étant sorti de Jérusalem, il alla au delà du Jourdain, à Béthabara, où Jean-Baptiste avait baptisé, et il y demeura environ un mois. Plusieurs Juifs l'y vinrent trouver, et crurent en lui, disant que Jean-Baptiste n'avait fait aucun miracle, mais que Jésus en avait fait un grand nombre (*f*).

Pendant qu'il était au delà du Jourdain (*g*), Lazare, frère de Marthe et de Marie, tomba malade, et on envoya pour en informer Jésus; il dit que cette maladie n'allait point à la mort, mais à la manifestation des œuvres de Dieu. Il demeura encore deux jours au même lieu, cependant Lazare mourut; alors il dit à ses disciples que Lazare était mort, et en même temps il prit le chemin de la Judée, quoique ses disciples le dissuadassent d'y aller, disant que les Juifs cherchaient à le faire mourir. Étant arrivé à Béthanie, il trouva que Lazare était mort et enterré depuis quatre jours. Marthe étant venue au-devant de Jésus, lui dit : *Seigneur, si vous aviez été ici, mon frère ne serait pas mort*. Jésus lui répondit : *Il ressuscitera*. Marie étant aussi arrivée peu de temps après, Jésus fut touché de ses larmes, et ayant demandé où était le tombeau, il s'y fit mener; le fit ouvrir, appela Lazare à haute voix, et le ressuscita. Ce miracle fit grand bruit dans Jérusalem, et les prêtres en conclurent qu'il fallait faire mourir Jésus. Mais le Sauveur se retira à Ephrem sur le Jourdain (*h*), où il demeura jusqu'au [mardi] 24 mars, qui était le 4 de nisan.

Alors Jésus se mit en chemin pour venir à Jérusalem pour la dernière Pâque et pour y souffrir la mort. Il avertit ses apôtres de tout ce qui lui devait arriver dans ce voyage, mais cela était pour eux un mystère inconnu. Jésus approchant de Jéricho, un aveugle qui son arrivée lui demanda la vue, et l'obtint sur-le-champ, à cause de sa grande foi. Lorsque le Sauveur fut dans la ville, il vit un publicain nommé Zachée, qui était monté sur un sycomore, pour le considérer dans la foule, et il s'invita à loger chez lui; Zachée, ravi de cet honneur, se convertit et fit une pleine restitution de ce qu'il pouvait avoir pris aux pauvres (*i*). Le lendemain sortant de la ville, Jésus rendit la vue à deux aveugles, dont l'un s'appelait *Bar-Timée*, ou fils de Timée, fort connu dans ce pays-là (*j*).

Jésus arriva à Jérusalem quelques jours avant la fête de Pâque, mais il ne parut pas sitôt dans le temple, à cause de la mauvaise volonté des Juifs. Six jours avant cette fête, comme il était à table à Béthanie, dans la maison de Simon, surnommé le Lépreux, Marie, sœur de Lazare, répandit une boîte de nard-d'épi fort précieux sur les pieds du Sauveur, et les essuya de ses cheveux. Les disciples, et surtout Judas d'Iscarioth, le trouvèrent mauvais, croyant que cette libéralité était mal placée, et qu'il aurait mieux valu vendre ce parfum et le donner aux pauvres; mais Jésus prit la défense de Marie et dit que ce qu'elle venait de faire était comme un prélude de l'embaumement qui se

---

(*a*) Joan. IX, 35, 41.
(*b*) Mach. IV, 52.
(*c*) Elle se célébra cette année le 15 décembre, 27 de Casleu.
(*d*) Luc. XVII, 11-17
(*e*) Luc. XVII, 20-37; XVIII, 1 *et seq*.

(*f*) Joan. x, 34, 41.
(*g*) An du monde 4036, de Jésus-Christ 36, de l'ère vulg. 33.
(*h*) Joan. XI, 45 *et seq*.
(*i*) Luc. XVIII, XIX.
(*j*) Comparez Matth. xx, 29... 44; et Marc. x, 46... 52.

devait bientôt faire de son corps mort (a).

Le lendemain au matin, qui était le lundi 30 mars, et 10 de nisan, cinq jours avant la Pâque, Jésus, étant parti de Béthanie, s'avança vers Jérusalem, et étant près de Bethphagé, il y envoya deux de ses disciples, et leur dit de lui amener une ânesse et un ânon, afin qu'il pût monter l'ânon, et entrer ainsi à Jérusalem, afin d'accomplir les prophéties (b). Il entra donc ainsi dans la ville comme en triomphe, suivi d'une grande multitude de peuple qui criait : *Hosanna au fils de David! Béni soit le Roi qui vient au nom du Seigneur* (1) ! Il alla au temple au bruit de ces acclamations, et il en chassa ceux qui y exerçaient un trafic sordide, renversa les chaises de ceux qui vendaient des colombes, et les tables des changeurs qui étaient là, en faveur des étrangers qui venaient à Jérusalem des provinces éloignées, et qui n'avaient pas de la monnaie du pays. Il guérit aussi les aveugles et les boiteux qui étaient

(a) Vide Joan. xii, 10, 11, 12, etc. Matth. xxvi, 6..., 13. Marc. xiv, 3..., 9.
(b) Zach. ix, 9 : *Ecce Rex tuus veniet tibi justus et salvator, ipse pauper et ascendens super asinam et super pullum filium asinæ.*
(1) L'Évangile atteste qu'en cette circonstance la célèbre prophétie de Zacharie, ix, 9 : « Dites à la fille de Sion: *Voici votre roi qui vient*, » a été accomplie en Jésus-Christ. Les Juifs attendaient le Messie, le Christ, l'héritier de David, c'est-à-dire le *roi sauveur*. Voyez CHRIST et MESSIE. Tous, à l'exception des pharisiens, reconnurent le fils de Marie pour le Messie promis, pour le roi qui devait justifier leur foi et combler leurs espérances. *Hosanna!* Vive le roi! s'écriaient-ils. *Hosanna filio David* (Mat. xxi, 9)! *Béni* LE RÈGNE *de notre père David qui commence à s'établir* (Marc. xi, 10)! *Béni* LE ROI QUI VIENT *au nom du Seigneur* (Luc. xix, 58)! *Béni* LE ROI D'ISRAEL QUI VIENT ! etc. (Joan. xii, 43). Il est évident, comme je l'ai prouvé ailleurs, que Jésus-Christ, non-seulement accepta, mais encore qu'il rechercha ces honneurs rendus à sa royauté ; il voulait que sa royauté, dans le sens que l'entendaient les Juifs, c'est-à-dire, que sa royauté politique fût solennellement proclamée dans sa capitale, en face des agents et des amis de César. Voyez mon interprétation du texte *Regnum meum non est de hoc mundo*, et la polémique qui en a été la suite.

Cinq jours après, ces mêmes Juifs, gagnés au parti des pharisiens, à cette question de Pilate : *Crucifierai-je votre roi?* répondirent: *Qu'il soit crucifié!* Et Pilate, ne pouvant le soustraire à leur fureur, fit placer, selon l'usage, au haut de la croix une tablette sur laquelle il avait écrit trois fois, c'est-à-dire en trois lignes et en trois langues, hébreu, grec et latin, le nom et le crime du supplicié, savoir :

JÉSUS DE NAZARETH ROI DES JUIFS.

En vain les princes des prêtres réclamèrent contre cette inscription: « N'écrivez pas *roi des Juifs*, » disaient-ils à Pilate, « mais qu'il a dit: *Je suis le roi des Juifs.* » Pilate leur répondit: « Ce que j'ai écrit est écrit. » N'est-ce pas là une reconnaissance providentielle de la royauté de Jésus-Christ?

Cela se passait en l'an 33, le siècle n'était pas écoulé que le disciple bien-aimé, prisonnier à Pathmos, écrivant par avance l'histoire de l'Église, montrait Jésus-Christ régnant même sur ceux qui règnent. *Les rois de la terre se sont d'abord ligués contre le Seigneur et contre son Christ*, qui avait dit: *Moi, j'ai été oint son roi sur Sion sa montagne sainte*, il fallait bien que cette prophétie s'accomplît dans toutes ses parties, et c'est de cet accomplissement que parle l'ange de l'Apocalypse quand il donne à Jésus-Christ le titre de *Roi des rois et de Maître des maîtres du monde* (Apoc. xvii, 14 ; xix, 16).

Où sont-ils? Je ne le sais; mais à Rome où ils étaient, on lit sur l'obélisque de la place qui porte maintenant le nom de Pierre:

CHRISTUS VINCIT.
CHRISTUS REGNAT.
CHRISTUS IMPERAT.

Ce sont les trois lignes providentiellement écrites par Pilate au sommet de la croix, expliquées par les faits. Voyez l'histoire et méditez les institutions des peuples.

Jésus-Christ figure sur les monnaies de plusieurs nations. Voici la description d'une médaille d'or que l'on croit être du commencement du cinquième siècle.

« Cette médaille fut trouvée par des ouvriers en creusant un puits, à Kiev, en septembre 1823 (*S. Petersb. zeitschrift.*, 1824, février, p. 235). Sa forme est ronde et de la grandeur d'un impérial russe. D'un côté se trouve le Sauveur, dont la tête est entourée d'une auréole triangulaire dans laquelle se trouve le mot grec… ὁ ὤν. De la main droite il tient l'Évangile, la gauche est levée comme pour donner la bénédiction ; sur le bord se trouve l'inscription : IHZ XPI (*Jesus Christus, Rex regnantium*). Sur l'autre côté se trouvent deux figures féminines. La figure à gauche a une auréole et est placée entre les lettres Μ et Θ (Μητηρ Θεου) [qui signifient *Mère de Dieu*, dit le savant Klaproth]; elle donne à la figure à droite le *labarum* ou le drapeau impérial. La figure à droite est vêtue de la dalmatique impériale ; la main droite est posée sur la poitrine ; de la gauche elle reçoit le drapeau. Sur le bord se trouve la légende suivante: Α Ευδοξια Αυγουστα (*Eudoxia Augusta*). D'après l'opinion de quelques archéologues, cette Eudoxie est l'épouse d'Arcade, empereur de Constantinople, laquelle, d'après la chronologie de l'abbé Lenglet du Fresnoy, épousa, en 395 de notre ère, Arcade, et qui en 400 fut élevée à la qualité d'*Augusta*. »

Cette description, signée L. D. L., est tirée du *Bulletin universel des sciences* de Férussac, section des *Sciences historiques*, rédigée par MM. Champollion, 1826, tom. V, pag. 59. Déjà, deux ans auparavant, dans le même recueil, tom. I, pag. 364, 365, M. Klaproth avait donné une description de la même médaille. *Voyez aussi* les *Annal. de philos. chrét.*, 1830, tom. I, pag. 346.

Le tome XI de la même section du *Bulletin*, pag. 465, parle, d'après une publication périodique allemande (*Leipzig. literat. Zeitung*; août 1828, pag. 1618), de quatorze médailles d'or impériales de Constantinople, trouvées à Nedre Stromsberg, en Norwège. « Ces médailles sont, d'après l'examen qu'en a fait le professeur Heenbloch, des médailles de Constantinople du dixième siècle. Deux de ces médailles, qui sont du commencement du même siècle, représentent, sur le front, Jésus-Christ assis et tenant dans la main un livre, avec cette inscription : J. H. S. X. R. S. *Rex Regnantium*, autour. Sur le revers, on voit les bustes de deux empereurs, avec la cuirasse et la croix, et cette inscription : *Roman. et Xristofo. Augg.* (Romanus et Christophorus imperatores). Les douze autres médailles, qui sont du milieu du dixième siècle, diffèrent surtout des deux premières par l'inscription qu'on voit sur le revers, *Constant. et Roman. Augg.* »

Dans le tome X de la même section du *Bulletin* de Férussac, pag. 379, 380, il est fait mention de monnaies du moyen-âge trouvées à Nantes en 1828, parmi lesquelles une pièce d'or de l'un de nos rois, et dont voici la description : « Cette pièce, un peu plus large que le louis ancien, mais beaucoup plus mince, porte d'un côté un agneau, derrière lequel est une croix où est attaché un drapeau. Au-dessous de l'agneau on lit : FK. RX. *Francorum Carolus rex* ; et autour : *Agnus Dei qui tollis pec. mundi mis. nobis.* De l'autre côté est une croix fleurée, accompagnée de quatre fleurs de lis, avec ces mots autour : XPC VINCIT XPC REGNAT XPC IMPERAT. Cette pièce est un agnelet ou qu'on appelait aussi agnel et mouton.

» ... Cet agnel pourrait appartenir à Charles VI ou à Charles VII, à cause des lettres FK. RX., qui désignent un Charles... s'il est de Charles VI, il a été frappé de 1380 à 1422 ; s'il est de Charles VII, il ne date que de 1422 à 1461.... » Cette description a été primitivement donnée par le *Lycée armoricain*, tom.... juin 1828, pag. 375.

M. Depping a fait l'analyse d'une *Notice sur deux monnaies* d'or trouvées aux environs de Wijk, près de Durstède. La notice est dans *Alg. konst en Letterbode*, 1825, n. 2; et l'analyse dans le *Bulletin* de Férussac, section indiquée ci-dessus, tom. III, pag 168... « La seconde pièce est une de ces *saluts* que le duc de Bedford, régent du royaume pendant la minorité de Henri VI, fit frapper pour maintenir les droits ou prétentions de ce prince sur la France. D'un côté on voit les armes de France et d'Angleterre, la Vierge et l'Ange, avec la légende *Henricus Dei gratia Francorum et Angliæ rex*. Sur le revers on a figuré le roi, un lis et les armes d'Angleterre avec l'exergue : CHRISTUS VINCIT, CHR. REGNAT, CHR. IMPERAT. Cette pièce est d'or très-fin. Elle ressemble parfaitement à la description que fait de la monnaie du *salut* Laprey, dans son *Histoire d'Angleterre*, sous le règne de Henri VI. »

dans ce saint lieu; et les prêtres et les scribes s'étant formalisés des acclamations que l'on faisait en son honneur, il leur dit que si les peuples se taisaient, les pierres crieraient (a).

Le soir il sortit de la ville et se retira à Béthanie; et le lendemain matin, le mardi 31 de mars, et le 11 de nisan, comme il retournait à Jérusalem, il eut faim et s'approcha d'un figuier qui avait des feuilles, pour y chercher du fruit, mais n'y en ayant point trouvé, parce que ce n'était pas la saison des figues, il le maudit, et aussitôt l'arbre commença à se sécher. Étant arrivé dans le temple, il en chassa de nouveau les marchands qu'il y trouva. Les princes des prêtres cherchaient l'occasion de l'arrêter, mais ils craignaient le peuple, qui était dans l'admiration de ses discours. Sur le soir, il s'en retourna à Béthanie (b). Le mercredi suivant, 12 de nisan et 1 d'avril, comme il revenait à Jérusalem avec ses disciples, ils virent le figuier séché et le montrèrent à Jésus; il en prit occasion de relever le mérite et la force de la foi, qui peut même, avec le secours de Dieu, transporter les montagnes. Ce jour-là, étant dans le temple, les princes des prêtres et les sénateurs vinrent lui demander de quelle autorité il faisait ce qu'il faisait; mais à son tour il leur fit une demande qui les déconcerta; il leur dit : *Le baptême de Jean était-il du ciel ou des hommes?* Ils n'osèrent dire ni l'un ni l'autre; s'ils avaient répondu : *Il était du ciel*, Jésus-Christ leur aurait répliqué : *Pourquoi donc ne l'avez-vous pas reçu?* Et s'ils avaient dit : *Il était de la terre*, tout le peuple les aurait lapidés, parce qu'il tenait Jean pour un prophète. Ils lui répondirent donc qu'ils n'en savaient rien; Jésus leur dit : *Et moi je ne vous dis pas aussi de quelle autorité je fais cela* (c).

S'adressant ensuite aux prêtres, aux docteurs et aux pharisiens, il leur proposa quelques paraboles, qui avaient toutes pour objet de leur montrer que Dieu était près de les rejeter, à cause de leur infidélité, et d'appeler en leur place les gentils pour composer son Église. C'est à quoi tendaient les paraboles des deux fils, qui ayant été envoyés travailler à la vigne par leur père, l'un dit qu'il y allait et n'y alla pas, et l'autre refusa d'abord d'y aller et y alla ensuite; et celle des vignerons, qui, au temps des vendanges, maltraitèrent les serviteurs et tuèrent le fils du père de famille; et enfin celle du festin auquel les conviés ne voulurent pas venir, et auquel on fit entrer des étrangers qu'on ramassa de tous côtés (d).

Après cela les hérodiens, les saducéens et les pharisiens vinrent les uns après les autres lui faire des questions captieuses. Les hérodiens lui demandèrent s'il fallait payer le tribut à César. Jésus leur ayant montré que l'argent qui avait cours dans le pays portait l'empreinte de César, conclut qu'il fallait rendre à César ce qui était à lui, et à Dieu ce qui lui était dû. Les saducéens lui demandèrent à qui serait une femme après la résurrection, laquelle aurait épousé successivement les deux frères. Jésus leur dit qu'à la résurrection les hommes ne se marieraient point, mais qu'ils seraient comme les anges de Dieu. Enfin, il répondit aux pharisiens qui lui demandaient lequel était le plus grand commandement de la loi, que c'était celui de l'amour de Dieu, et que le second était celui de l'amour du prochain (e). Après cela il commença à invectiver fortement contre les pharisiens, et à découvrir leur hypocrisie et les abus qu'ils introduisaient dans la morale et dans la pratique de la loi (f).

Sur le soir, Jésus sortant du temple, ses disciples lui firent remarquer les beautés de cet édifice et les richesses des présents qui y étaient. Jésus leur dit qu'il viendrait un temps que le temple serait tellement détruit, qu'il n'y resterait pas pierre sur pierre. Et lorsqu'il fut hors la ville, sur le mont des Oliviers, à l'opposite du temple, ils lui demandèrent quand on verrait l'accomplissement de ce qu'il venait de dire de la ruine du temple. Alors il commença à leur parler du siège prochain de Jérusalem par les Romains, qui arriva environ trente-quatre ans après. Il leur en marqua diverses circonstances, et leur dit que la race qui vivait alors ne mourrait point que l'on ne vît l'exécution de ce qu'il disait. Il mêla à son discours quelques traits que l'on explique d'ordinaire du jugement dernier, et qui ne peuvent en effet s'entendre à la lettre du dernier siège de Jérusalem (g). Il leur proposa après cela quelques paraboles qui tendaient à les tenir dans l'attente et dans la vigilance : par exemple, celle du serviteur, qui, étant établi sur ses conserviteurs, les maltraita et se divertit pendant l'absence de son maître; mais celui-ci, à son retour, le jeta en prison comme un mauvais serviteur. Il y ajouta la parabole des cinq vierges folles et des cinq vierges sages; et celle du père de famille qui distribue diverses sommes à ses serviteurs, afin qu'ils les fassent valoir pendant son absence. A son retour, il récompense les serviteurs fidèles et laborieux, et punit les serviteurs paresseux et inutiles. Il conclut qu'il en sera ainsi au dernier jour du jugement (h).

Ce même jour mercredi, 12 de nisan, et 1 d'avril, Jésus dit à ses disciples que la Pâque se devait célébrer dans deux jours, et que le Fils de l'homme serait livré à ses ennemis, et crucifié. Ce fut ce même jour que les prêtres prirent la dernière résolution d'arrêter Jésus et de le faire mourir; et que Judas d'Iscarioth s'obligea de le leur livrer,

---

(a) Matth. xxi..., 15; Marc. xi, 1..., 11; Luc. xix, 29..., 46; Joan. xii, 12... 19.
(b) Matth. xxi, 18, 19.
(c) Matth. xxi, 20..., 29; Marc. xi, 20..., 26.
(d) Matth. xxi, 28..., 46, et xxii, 1..., 22; Luc. xx, 9..., 20; Marc. xii, 1, 17.
(g) Matth. xii, 22..., 46; Luc. xx, 2"..., 39; Marc. xii 18..., 34.
(f) Matth. xxiii, 1, 2, 3..., 39; Luc. xx, 45, 46, Marc. xii, 38..., 40.
(g) Matth. xxiv, 1, 2, 3..., 44; Luc. xxi, 5..., 24; Marc. xiii, 1, 2, 3..., 37.
(h) Matth. xxv, 1, 46.

moyennant une somme de trente sicles, qui font quarante-huit livres douze sols six deniers (a).

Le jeudi 2 d'avril, et 13 de nisan, Jésus n'entra point le matin, que l'on sache, dans Jérusalem, ou du moins il n'y fit rien qui ait été relevé par les évangélistes. Seulement il y envoya Pierre et Jean, pour y préparer une salle et ce qui était nécessaire pour la Pâque. Sur le soir, il entra dans la ville, et alla dans la maison où Pierre et Jean avaient préparé tout ce qui était nécessaire pour y faire la Pâque le lendemain; et s'étant mis à table avec eux, il leur déclara que l'un d'eux le devait trahir. Judas lui demanda si ce serait lui. Jésus lui répondit qu'il l'avait dit; mais il lui parla si bas, que les autres apôtres ne s'en aperçurent pas (b).

Comme il était à table, il leur témoigna le grand désir qu'il avait toujours eu de manger cette Pâque avec eux; après quoi il institua le sacrement de son corps et de son sang, et le donna à manger et à boire à ses apôtres. Peu de temps après, ses apôtres étant entrés en contestation sur la primauté (c), Jésus, pour guérir cet amour de leur propre excellence, sortit de table et leur lava les pieds (d). Puis il les exhorta à l'imiter et à mettre leur gloire à se rendre les uns aux autres toutes sortes de marques de respect et de déférence. Lorsqu'il se fut remis à table, il se troubla et dit à ses apôtres que l'un deux le trahirait. Pierre fit signe à Jean, qui était couché à table au-dessous de Jésus, et qui avait par conséquent sa tête dans le sein du Sauveur, de lui demander qui était celui qui devait le trahir. Jésus lui dit que c'était celui à qui il allait donner un morceau de pain trempé dans la sauce. Dès que Judas eut reçu ce morceau, il se leva de table et s'en alla, transporté par le mauvais esprit, qui était entré dans son cœur. Comme il sortait, Jésus lui dit : *Faites vite ce que vous faites*; ce qui fut interprété par les autres apôtres, comme s'il lui eût dit d'acheter ce qui était nécessaire pour la solennité, ou de donner quelques aumônes aux pauvres; car c'était lui qui portait la bourse (e).

Jésus les entretint, le reste du repas, sur l'humilité qu'ils devaient exercer les uns envers les autres, sur l'union et la charité qui devaient être entre eux, sur la confiance qu'ils devaient avoir en la Providence et en sa propre bonté pour eux. Il leur promit de leur envoyer un autre Consolateur après son départ. Il prédit à Pierre qu'il le renoncerait cette même nuit, et avant le chant du coq. Après quelques discours semblables (f), il se leva de table, et ayant dit l'hymne d'actions de grâces, il sortit de la ville avec eux. En chemin il leur fit encore un assez long discours sur l'union qu'ils devaient avoir avec lui, sur les souffrances auxquelles ils devaient être exposés, sur le Saint-Esprit qu'ils devaient recevoir, sur sa passion, sa mort et sa résurrection prochaines; sur le scandale que sa mort leur devait causer, sur leur fuite et sur le renoncement de Pierre (g). Tout cela marquait bien qu'il savait toutes choses, et qu'il n'allait à la mort que parce qu'il le voulait.

Après avoir passé le torrent de Cédron, il vint au lieu nommé Gethsémani, où il y avait un jardin. Il y entra avec ses apôtres. Et comme il y avait été fort souvent, Judas savait parfaitement l'endroit. Lors donc qu'il y fut arrivé, il dit à ses apôtres de l'attendre. jusqu'à ce qu'il eût fait sa prière. Et ayant pris avec lui Pierre, Jacques et Jean, il tomba dans une profonde tristesse; et il leur dit : *Mon âme est triste jusqu'à la mort. Demeurez ici, veillez et priez, afin que vous n'entriez pas en tentation.* Et s'étant éloigné d'environ un jet de pierre, il se mit à genoux; et se prosternant le visage contre terre, il dit : *Mon Père, toutes choses vous sont possibles; faites, s'il vous plaît, que ce calice passe loin de moi : toutefois que votre volonté soit faite, et non pas la mienne.* Alors un ange du ciel vint pour le consoler; et étant dans cette agonie, il continua plus longtemps sa prière; et il sortait de son corps une sueur comme de gouttes de sang qui coulaient jusqu'à terre (h).

Il se leva jusqu'à trois fois de son oraison, et alla voir ses apôtres, qu'il trouva toujours endormis. Enfin la troisième fois il leur dit que celui qui le devait trahir était proche, et qu'il fallait aller au-devant de lui. En effet Judas était entré dans le jardin avec une troupe de soldats, à qui il avait donné ce signal : *Saisissez celui que je baiserai, et menez-le sûrement.* Il s'approcha donc de Jésus pour le baiser. Jésus lui reprocha doucement son crime, en lui disant : *Judas, vous livrez le Fils de l'homme par un baiser !* En même temps, s'approchant de la troupe de soldats, il leur dit : *Qui cherchez-vous ?* Ils répondirent : *Jésus de Nazareth.* Jésus dit : *C'est moi.* A ces mots, ils tombèrent tous à la renverse. Il leur fit une seconde fois la même demande; et ils répondirent de même qu'ils cherchaient Jésus de Nazareth. Jésus leur dit : *Si c'est moi que vous cherchez, laissez aller ceux-ci.* Alors ils se jetèrent sur Jésus, et le lièrent. Pierre tira son épée, et coupa l'oreille à un serviteur du grand prêtre; mais Jésus guérit aussitôt cet homme, en touchant son oreille; et il dit à Pierre : *Remettez votre épée dans le fourreau; car tous ceux qui prendront l'épée périront par l'épée (i).*

Jésus fut conduit d'abord chez Anne, beau-père de Caïphe. Anne avait été grand prêtre, et Caïphe l'était actuellement cette année-là.

(a) Matth. xxvi, 1, 2-5. Marc. xiv, 1, 2. Luc. xxii, 1, 2.
(b) Matth. xxvi, 17-25. Marc. xiv, 12-21.
(c) Luc. xxii, 25 et seq.
(d) Joan. xiii, 2, 3 et seq.
(e) Joan. xiii, 21-32.
(f) Joan. xiii, 33; xiv, 1, 20. Luc. xxii, 33-38. Matth. xxvi, 30.
(g) Joan. xv, xvi, xvii.
(h) Matth. xxvi, 36, 39. Marc. xiv, 32-36. Joan. xviii, 1, 2 Luc. xxii, 40, 41, 42.
(i) Matth. xxvi, 47-54. Marc. xiv, 40-47. Luc, xxii, 47-51. Joan. xviii, 4.

Anne interrogea Jésus sur sa doctrine et sur ses disciples. Jésus lui parla avec beaucoup de liberté, et lui dit qu'il n'avait rien enseigné en secret, et que tous les Juifs étaient témoins de sa doctrine. En même temps un des serviteurs du pontife lui donna un grand soufflet, en lui disant : *Est-ce ainsi que vous parlez au pontife ?* Jésus lui dit : *Si j'ai mal parlé, faites-le voir; sinon, pourquoi me frappez-vous ?* Anne renvoya Jésus à Caïphe, qui demeurait apparemment dans la même maison ; et les soldats qui avaient arrêté Jésus commencèrent à faire du feu dans la cour, car il faisait froid ; et Simon Pierre, qui avait suivi Jésus de loin avec un autre disciple, qui était connu chez Caïphe, était entré dans cette cour, à la faveur de cet autre disciple, et se chauffait avec les autres, attendant ce qui en arriverait (*a*).

Caïphe, ayant fait venir les prêtres et les docteurs de la loi dans sa maison, fit comparaître Jésus devant leur assemblée ; et ils cherchaient des témoignages contre lui, pour le condamner à mort : mais ils n'en trouvaient point d'assez forts. Enfin il se présenta un homme qui lui avait ouï dire : *Je détruirai dans trois jours le temple de Dieu, et je le rétablirai dans un pareil nombre de jours.* Ce témoignage n'était pas exactement vrai, et il ne suffisait pas pour condamner un homme à mort. Pendant tout ce temps, Jésus demeurait dans le silence. Alors Caïphe le conjura, au nom du Dieu vivant, de dire s'il était le Christ. Il l'avoua, et dit de plus qu'il viendrait un jour sur les nues, à la droite du Père, pour exercer le jugement. A ces mots, le grand prêtre déchira ses habits et dit : *Qu'avons-nous besoin de témoins ? vous avez tous ouï ses blasphèmes ; qu'en pensez-vous ?* Ils répondirent : *Il est digne de mort* (*b*). Tout ceci se passait pendant la nuit. L'assemblée sortie, Jésus fut remis entre les mains des soldats, qui lui firent mille outrages et mille insultes.

La servante du grand prêtre, ayant envisagé Pierre, dit : *Assurément cet homme était avec Jésus de Nazareth.* Pierre le nia. Un moment après, il sortit de la cour et alla dans le vestibule ; et aussitôt le coq chanta. Une autre servante l'ayant encore considéré, dit qu'assurément il était de la suite de Jésus. Pierre le nia avec serment. Enfin, environ une heure après, quelqu'un de la compagnie assura qu'il était du nombre des disciples de Jésus, et que son langage même montrait qu'il était Galiléen. Un des parents de Malc, que Pierre avait frappé, lui soutint qu'il l'avait vu dans le jardin : mais Pierre le nia avec protestation, et soutint qu'il ne connaissait point cet homme. En même temps le coq chanta pour la seconde fois ; et Jésus qui était dans la même cour, jetant les yeux sur saint Pierre, ce regard le remplit de douleur et de confusion. Il se souvint de la prédiction de Jésus sur son renoncement ; et sortant de la cour, il pleura amèrement (*c*).

Aussitôt qu'il fut jour [vendredi 3 d'avril, 14 de nisan], les prêtres, le sénat et les docteurs s'assemblèrent et firent comparaître Jésus devant eux. Ils lui demandèrent s'il était le Christ. Il avoua qu'il était le Christ et le Fils de Dieu. En même temps ils le déclarèrent digne de mort. Mais comme les Romains, qui étaient alors les maîtres du pays, leur avaient ôté le droit de vie et de mort, et qu'ils pouvaient bien déclarer qu'un homme était coupable, mais non pas le condamner dans les formes, ni le faire exécuter à mort, ils l'amenèrent à Pilate, gouverneur de la province, et l'accusèrent de trois chefs : 1° Qu'il était perturbateur du repos public ; 2° qu'il enseignait qu'il ne fallait pas payer les tributs à l'empereur ; 3° qu'il se disait Christ et Fils de Dieu (1). Pilate l'interrogea et lui demanda s'il était roi des Juifs ou Messie. Jésus lui répondit qu'en effet il était roi, mais que son royaume n'était pas de ce monde (*d*) (2).

Comme les Juifs accusateurs de Jésus n'étaient point entrés dans le prétoire ou dans la maison de Pilate, de peur de se souiller, parce qu'ils voulaient manger la pâque le jour même sur le soir (3), Pilate, après avoir interrogé Jésus, sortit dehors et leur déclara qu'il ne trouvait en lui aucun sujet de le condamner. Cependant ils continuaient de l'accuser fortement, sans que Jésus répondît un seul mot à leurs accusations. Pilate, ayant su que Jésus était Galiléen, le renvoya à Hérode, roi ou tétrarque de Galilée, qui était alors à Jérusalem. Hérode avait depuis longtemps envie de voir Jésus, dont il avait ouï dire tant de merveilles ; et il lui fit plusieurs questions, auxquelles Jésus ne répondit rien, ce qui étonna et indigna tellement Hérode et sa cour, qu'ils le couvrirent par dérision d'un mauvais habit d'écarlate, pour insulter à sa royauté ; et Hérode le renvoya à Pilate. Depuis ce temps, Hérode et Pilate devinrent bons amis ; car auparavant ils étaient mal ensemble (*e*).

Pilate, ayant de nouveau interrogé Jésus, déclara aux Juifs que ni lui ni Hérode n'ayant rien trouvé en lui qui méritât la mort, il se contenterait de le faire châtier et le renverrait. Et voyant qu'ils insistaient toujours, il leur proposa de leur délivrer Jésus ou Barabbas, comme il avait accoutumé

(*a*) Joan. xvi, 15, 16, 17, 18. Matth. xxvi, 58.
(*b*) Matth. xxvi, 59-66, et Marc. xiv, 54, 64.
(*c*) Matth. xxvi, 67-75. Marc. xiv, 18-75. Luc. xxii, 56-63. Joan. xviii, 25, 26.
(*d*) Matth. xxvii, 1, 10. Marc. xv, 1, 2. Luc. xxiii, 2, 3. Joan. xviii, 29, 38.
(*e*) Luc. xxiii, 8-12.
(1) Il n'y a pas *et Fils de Dieu*; cela ne regardait pas Pilate. Voyez Luc. xxiii, 2, et Joan. xviii, 21.
(2) Les questions de Pilate et les réponses de Jésus sont trop incomplétement rendues ici. Voyez Joan. xviii, 35-38. Voyez aussi mon explication du texte *Mon royaume n'est pas de ce monde*, et la polémique qui en a été la suite dans le *Mémorial catholique*, tom. V, 1845, pag. 15-19, 169-174.
(3) Le jour commençait et finissait le soir, au coucher du soleil, ou à notre sixième heure de l'après-midi. Ainsi le jour pascal allait commencer au soir de notre 3 d'avril; alors allait commencer aussi le 15 de nisan. La pâque devait être mangée le 14, et c'est aussi le 14 que Notre-Seigneur et ses apôtres la mangèrent ; mais quand cette cérémonie arrivait, comme cette année, la veille du jour du sabbat, les Juifs la remettaient au jour même du sabbat.

de leur accorder la vie de quelque coupable à la fête de Pâque; mais ils demandèrent Barabbas, et crièrent qu'il fallait crucifier Jésus. Pilate, après avoir fait encore quelques tentatives pour délivrer l'innocent, se laissa vaincre par leurs cris et leurs menaces; et craignant quelque sédition, il se fit apporter de l'eau, lava ses mains, leur dit qu'il se déchargeait de sa mort, et le leur abandonna pour être crucifié. Or, il était environ la troisième heure ou neuf heures du matin, lorsque la sentence fut prononcée, et Jésus fut livré aux soldats romains, pour être exécuté à mort. Ils lui firent premièrement mille insultes sur sa royauté, le revêtirent d'un mauvais manteau de pourpre, lui mirent une couronne d'épines sur la tête et un roseau en forme de sceptre à la main; et faisant semblant de le saluer et de lui rendre leurs hommages, ils lui crachaient au visage et lui frappaient la tête avec le roseau qu'il avait en main (a).

Après cela ils le chargèrent de sa croix et le conduisirent au Calvaire, petite colline au nord et au couchant de la ville. Comme Jésus était extrêmement épuisé et que la croix était fort lourde, les soldats romains qui le conduisaient prirent un nommé Simon, qu'ils rencontrèrent, pour lui aider à la porter, soit qu'il la portât tout entière ou qu'il en portât seulement l'extrémité derrière Jésus. Lorsqu'il fut arrivé au Calvaire, on lui présenta à boire du vin mêlé de myrrhe ou de fiel; mais, l'ayant goûté, il n'en voulut point boire. On l'attacha donc à la croix entre deux voleurs : l'un à sa droite et l'autre à sa gauche. Il pria pour ceux qui le crucifiaient. Saint Marc (b) dit qu'il était environ la troisième heure du jour, c'est-à-dire neuf heures du matin; mais saint Jean (c) dit qu'il était environ la sixième heure, c'est-à-dire environ midi. Il pouvait être onze heures du matin ou environ.

Pilate fit mettre sur sa croix la sentence de sa condamnation, en ces termes : *Jésus de Nazareth, roi des Juifs*. Les Juifs auraient voulu qu'il eût mis : *Jésus, prétendu roi des Juifs*; mais il ne voulut rien changer. Les soldats partagèrent entre eux ses habits; mais pour sa tunique, ils la tirèrent au sort, n'ayant pas voulu la couper, parce qu'elle était sans couture et tout d'une pièce, faite au métier, comme il s'en faisait alors et comme il s'en fait encore aujourd'hui en Orient. Les magistrats, les prêtres, le peuple, les voleurs mêmes qui étaient en croix comme lui, lui insultaient et lui disaient : *Si tu es le Fils de Dieu, sauve-toi à présent toi-mê-*

(a) Matth. xxvii, 24-29. Marc. xv, 15-19. Luc. xxiii, 21, 25, Joan. xix, 1-16.
(b) Marc. xv, 25.
(c) Joan. xix, 14.
(d) Matth. xxvii, 39, 44. Marc. xv, 29-32. Luc. xxiii, 35-43.
(e) Joan. xix, 25, 27.
(f) Matth. xxvi, 48, 50. Joan. xix, 28, 30. Marc. xv, 54, 57.
(g) Matth. xxvii, 51-54.
(h) Joan. xix, 51-37.
(1) Le vrai jour de Pâque, le jour légal, où la victime devait être immolée, allait finir trois heures après la mort

me. Cependant un des deux voleurs reprit son compagnon, reconnut l'innocence de Jésus, et le pria de se souvenir de lui quand il serait dans son royaume; et Jésus lui promit qu'il serait ce jour-là même avec lui dans le paradis (d). Marie, mère de Jésus, Marie de Cléophas et Marie Madeleine, avec saint Jean l'évangéliste, étaient alors au pied de sa croix; et Jésus dit à sa mère, en lui montrant le disciple bien-aimé : *Femme, voilà votre fils*. Puis, s'adressant à l'apôtre, il lui dit : *Voilà votre mère*. Et depuis ce temps, saint Jean la tint toujours auprès de lui comme sa mère (e).

Environ l'heure du midi, qui était la sixième heure du jour, le soleil fut couvert de ténèbres jusqu'à la neuvième heure, ou trois heures après midi. A la neuvième heure, les ténèbres se dissipèrent, et Jésus cria à haute voix : *Mon Dieu, mon Dieu, pourquoi m'avez-vous abandonné?* Alors on lui présenta à boire du vinaigre dans une éponge; et l'ayant goûté, il dit : *Tout est consommé*; et baissant la tête, il expira (f) (1). Alors le voile du temple se déchira depuis le haut jusqu'en bas, la terre trembla, les rochers se fendirent, les tombeaux s'ouvrirent, et plusieurs corps de ceux qui étaient morts ressuscitèrent et apparurent à plusieurs après la résurrection de Jésus-Christ (g). Or, les Juifs, ne voulant pas que les corps demeurassent à la croix le lendemain, qui était le grand jour du sabbat ou la pâque, demandèrent à Pilate qu'on les en ôtât et qu'on leur rompît les jambes, afin de les faire mourir plus promptement : ce qui fut exécuté à l'égard des deux voleurs. Mais pour Jésus, l'ayant trouvé déjà mort, on ne lui rompit point les jambes : on se contenta de lui ouvrir le côté d'un coup de lance, et il en sortit de l'eau et du sang (h).

Sur le soir, Joseph d'Arimathie, qui était un des disciples de Jésus et un sénateur fort distingué, vint demander à Pilate le corps de Jésus, pour l'enterrer avant le coucher du soleil; car c'était la veille du sabbat, dont le repos commençait au coucher du soleil. [Alors allait commencer aussi le 15 de nisan.] Pilate l'accorda, et Joseph mit le corps de Jésus dans son tombeau creusé dans le roc, et qui était dans un jardin, près du lieu où il avait été crucifié. Le tombeau était fermé par une pierre qui en bouchait l'entrée; mais les prêtres, craignant que les disciples de Jésus ne vinssent enlever son corps, y mirent des gardes et scellèrent la pierre qui fermait l'entrée du tombeau, afin qu'on n'y pût toucher. Le lendemain [samedi 4 avril et

de notre Sauveur. C'est donc ce même jour que le Christ, notre pâque, comme dit saint Paul, fut immolé. Voici une coïncidence extrêmement remarquable, et je ne sais si on l'a remarquée. Il convenait, sous plus d'un rapport, que Jésus-Christ, vraie pâque, fût immolé le jour même où la loi prescrivait l'immolation de la *pâque figurative*; mais les Juifs n'auraient pas mis à mort le Fils de Dieu ce jour-là, s'ils n'avaient dérogé à la loi, en transférant la cérémonie de la pâque au jour du sabbat, quand elle se présentait la veille, ce qui devait arriver rarement. Il fallait, pour que Jésus-Christ fût immolé ce jour-là, un concours de circonstances d'où l'on pourrait tirer, ce me semble, d'utiles arguments.

15 de nisan], qui était le grand jour du sabbat, on demeura en repos, selon la loi ; mais après le coucher du soleil [16 de nisan], dès qu'il fut permis d'agir et d'acheter, les saintes femmes qui voulaient embaumer le corps du Sauveur, parce qu'il avait été mis dans le tombeau un peu à la hâte, achetèrent des drogues et des aromates pour lui rendre ce devoir. Et le lendemain [dimanche 5 avril et 16 de nisan], de très-grand matin et avant le jour, elles sortirent de la ville pour aller au Calvaire. Mais Jésus était déjà ressuscité (*Voyez* JONAS, parmi les notes, celle que j'ai tirée de M. Cahen], et les soldats qui avaient été témoins de sa résurrection étaient revenus à la ville (*a*).

Ces femmes, étant arrivées au tombeau, virent deux anges en forme humaine, vêtus d'habits blancs, et tout éclatants de lumière, qui leur dirent : « Ne craignez point. Vous cherchez Jésus de Nazareth crucifié ; il n'est point ici : il est ressuscité. Venez et voyez le lieu où il était. Dites à ses disciples et à Pierre qu'il est ressuscité et qu'il sera avant vous en Galilée. » Marie-Madeleine, plus prompte que les autres, courut rapidement à Jérusalem, et dit aux apôtres que l'on avait enlevé le corps de leur Maître et qu'elle ne savait ce que l'on en avait fait. Pierre et Jean accoururent aussitôt au sépulcre. Jean arriva le premier, mais n'entra pas dans le tombeau ; Pierre y étant entré vit les linges qui avaient enveloppé le corps du Sauveur et le suaire qui lui couvrait la tête ; Jean les vit de même : et après cela ils s'en retournèrent à Jérusalem (*b*). Marie, qui était aussi revenue au tombeau, s'étant penchée pour voir au dedans de la grotte, y vit deux anges, l'un au pied, et l'autre à la tête du sépulcre, qui lui dirent : *Pourquoi pleurez-vous ?* Elle répondit : *On a emporté mon Seigneur, et je ne sais où on l'a mis.* En même temps, s'étant retournée, elle vit Jésus sous la forme d'un jardinier. Elle lui dit : *Si c'est vous qui l'avez pris, dites-moi où vous l'avez mis, afin que je l'emporte.* Jésus lui dit : *Marie.* Aussitôt elle le reconnut et se jeta à ses pieds pour les baiser. Mais il lui dit : *Ne me touchez point ; je ne vais pas encore à mon Père. Allez dire à mes frères que je vais monter à mon Père et à leur Père, à mon Dieu et à leur Dieu* (*c*). Marie revint donc à Jérusalem et raconta aux disciples ce qu'elle avait vu. Jésus apparut encore aux autres femmes comme elles revenaient du tombeau ; il leur parla et elles l'adorèrent. Mais les apôtres les traitèrent de visionnaires et ne crurent pas ce qu'elles rapportaient (*d*).

Le même jour, dimanche, [cinquième jour d'avril ou] seizième de nisan et lendemain de la pâque, deux disciples de Jésus s'en retournaient vers la Galilée et allaient coucher à Emmaüs, à soixante stades ou environ deux lieues et demie de Jérusalem. Jésus se joignit à eux dans le chemin, sous la forme de voyageur ; et leur ayant demandé ce qu'ils disaient, ils lui parlèrent de sa mort et de sa passion, qui faisaient l'entretien de tout Jérusalem. « Nous espérions, ajoutèrent-ils, que ce Jésus rachèterait Israel ; et toutefois voici le troisième jour que cela s'est passé. Il y a même des femmes qui assurent l'avoir vu, et lui avoir parlé. » Alors Jésus les reprit de leur peu de foi, leur montra par les Ecritures que le Christ devait souffrir et entrer ainsi dans sa gloire. Lorsqu'ils furent arrivés à Emmaüs, ils invitèrent Jésus de demeurer avec eux ; et comme il faisait semblant de vouloir aller plus loin, ils le contraignirent d'entrer dans le logis avec eux. Etant à table, il bénit le pain et le leur donna : alors leurs yeux s'ouvrirent, ils le reconnurent, et il disparut de leur présence. A l'heure même ils retournèrent à Jérusalem, où ils trouvèrent les apôtres assemblés ; ils leur racontèrent ce qui leur était arrivé, et ils apprirent que Jésus était aussi apparu à Pierre (*e*).

Ils étaient encore ensemble lorsque Jésus se fit voir au milieu d'eux, quoique les portes fussent bien fermées. Cette vue les troubla et les remplit de frayeur ; mais il les rassura, leur disant : *La paix soit avec vous. Considérez mes pieds et mes mains, et voyez que c'est moi-même. Touchez-moi : un esprit n'a ni chair, ni os.* Il demanda s'ils avaient quelque chose à manger ; et comme on lui eut présenté un morceau de poisson rôti et un rayon de miel, il en mangea en leur présence ; et soufflant sur eux, il leur dit : *Recevez le Saint-Esprit. Les péchés seront remis à ceux à qui vous les remettrez, et ils seront retenus à ceux à qui vous les retiendrez.* Or, Thomas, un des douze, n'était point avec eux lorsque Jésus vint, et il leur dit : *Si je ne vois dans ses pieds et dans ses mains les trous des clous, et si je ne porte ma main dans son côté, je n'en croirai rien.*

Huit jours après [dimanche 12 d'avril], les apôtres étant tous ensemble, Jésus parut de nouveau dans la chambre et leur dit : *La paix soit avec vous.* Puis, s'adressant à Thomas, il lui dit : *Mettez votre doigt dans les plaies de mes pieds et de mes mains, et portez votre main dans mon côté ; et ne soyez plus incrédule.* Thomas répondit : *Mon Seigneur et mon Dieu !* Jésus lui dit : *Thomas, vous avez cru parce que vous avez vu : heureux ceux qui croiront sans avoir vu* (*f*) !

Les apôtres s'étant rendus en Galilée après l'octave de la pâque, Jésus se manifesta à eux sur la mer de Tibériade. Pierre, Thomas, Nathanael, Jacques, Jean et deux autres disciples étaient sur cette mer et travaillaient à pêcher, lorsque Jésus parut le matin sur le bord et leur demanda s'ils n'avaient rien pris. Ils répondirent que non, quoiqu'ils eussent travaillé pendant toute la nuit. Il leur dit de jeter leurs filets à la droite de leur barque, et qu'ils prendraient du poisson. Ils les jetèrent, et leurs filets se trouvèrent si

---

(*a*) *Matth.* XXVII, 62-66, *et* XXVIII, 1-4. *Marc.* XVI, 2-4. *Luc.* XXIV, 1-4. *Joan.* XX, 1, 2.
(*b*) *Joan.* XX, 2-8.
(*c*) *Joan.* XX, 11-17. *Marc.* XVI, 9, 10.
(*d*) *Matth.* XXVIII, 9. *Marc.* XVI, 10, 11. *Luc.* XXIV, 9-11 *Joan.* XX, 18.
(*e*) *Luc.* XXIV, 13-34. *Marc.* XVI, 12.
(*f*) *Joan.* XX, 19-31. *Luc.* XXIV, 36-41.

pleins de poissons, qu'ils se rompaient. Le disciple bien-aimé reconnut que c'était Jésus, et dit à Pierre : *C'est le Seigneur.* Aussitôt Pierre se ceignit, car il était nu, et se jeta à la nage pour arriver au bord avant la barque. Les autres tirèrent le filet à bord, et il se trouva dedans cent cinquante-trois gros poissons, sans que ce grand nombre eût fait rompre le filet. Alors Jésus leur dit d'apporter de leur pêche; et ils trouvèrent du feu préparé, avec un poisson qui rôtissait, et du pain. Ils mangèrent avec lui, et nul ne lui demanda qui il était; car il était évident que c'était Jésus (a).

Alors Jésus dit à Pierre, par trois fois consécutives : *Pierre, m'aimez-vous plus que tous ceux-là?* Pierre répondit de même, trois fois, qu'il l'aimait de tout son cœur; et Jésus lui dit autant de fois : *Paissez mes brebis* ou *mes agneaux.* Il ajouta, voulant marquer de quelle mort il mourrait : *Lorsque vous étiez jeune, vous vous ceigniez comme un voyageur et vous alliez où vous vouliez; mais lorsque vous serez vieux, un autre vous ceindra et vous mènera où vous ne voudriez point aller. Suivez-moi.* Pierre le suivit; et voyant le disciple que Jésus aimait qui suivait aussi, il dit à Jésus : *Et celui-ci, que fera-t-il?* Jésus répondit : *Si je veux qu'il demeure jusqu'à ma venue, que vous importe? Suivez-moi.* Le bruit se répandit donc parmi les frères que ce disciple ne mourrait point; mais le Seigneur ne lui avait pas dit cela. Et c'est sur ce fondement que plusieurs ont avancé que saint Jean l'évangéliste n'était pas mort. Sur quoi on peut voir notre dissertation sur la mort de saint Jean, dans le tome de l'Evangile de ce saint apôtre (b).

Les disciples du Sauveur s'étant assemblés tous ensemble sur une montagne dans la Galilée, Jésus se montra à eux tous. L'ayant vu, ils l'adorèrent; mais quelques-uns doutèrent que son corps fût un vrai corps : car pour sa résurrection et sa présence, il ne paraît pas qu'on ait pu former sur cela le moindre doute. Jésus leur dit : *Toute puissance m'a été donnée au ciel et en la terre. Allez, instruisez toutes les nations, et baptizez-les au nom du Père, et du Fils, et du Saint-Esprit; et je demeurerai avec vous jusqu'à la fin des siècles* (c). On croit que ce fut dans cette occasion qu'il se fit voir à plus de cinq cents frères ensemble, dont plusieurs vivaient encore lorsque saint Paul écrivit sa seconde Epître aux Corinthiens (d), l'an de Jésus-Christ 57.

Ensuite Jésus ordonna à ses disciples de s'en aller à Jérusalem, parce qu'il y devait monter au ciel en leur présence. Il se fit encore voir à eux, mangea avec eux, leur fit des reproches de leur incrédulité sur le sujet de sa passion et de sa résurrection, leur montrant par les Ecritures que cela devait s'accomplir de cette sorte. Il leur ouvrit l'esprit et leur donna l'intelligence des Ecritures, leur dit d'aller prêcher l'Evangile par tout le monde, leur donna le pouvoir de faire toutes sortes de miracles, leur enjoignit de baptiser et d'enseigner toutes les nations, disant que ceux qui croiraient et seraient baptisés seraient sauvés; que ceux, au contraire, qui demeureraient dans l'incrédulité seraient damnés. Il leur ordonna de demeurer dans Jérusalem jusqu'à la venue du Saint-Esprit, qui devait les revêtir d'une vertu surnaturelle et de son onction sainte (e).

Après cela il les conduisit hors de Jérusalem, jusqu'à Béthanie; et levant les yeux au ciel, il les bénit et disparut à leurs yeux, étant subitement élevé par une nuée qui le déroba à leur vue. Alors deux anges se présentèrent à eux, qui leur dirent : *Hommes de Galilée, qu'admirez-vous, ayant ainsi les yeux élevés au ciel? Ce Jésus, qui vient de monter aux cieux, viendra un jour de même que vous venez de le voir monter dans le ciel.* Ils revinrent donc du mont des Oliviers à Jérusalem, et y demeurèrent tous ensemble en oraison avec Marie, mère de Jésus, et ceux de ses parents selon la chair qui croyaient en lui, jusqu'au jour de la Pentecôte, auquel le Saint-Esprit descendit sur eux en forme de langues de feu (f).

Voilà le précis de l'histoire de la vie de Jésus-Christ, rangée selon l'ordre chronologique et suivant la concorde de l'Evangile. Nous n'y avons point fait entrer les questions de critique et de théologie, que l'on trouve dans les commentateurs; on peut les consulter dans les sources (1). Un dictionnaire n'est point un recueil de dissertations, ni un amas de réflexions critiques. J'ai traité de l'adoration des mages, du baptême institué par Jésus-Christ, de la dernière pâque, des ténèbres arrivées à la mort du Sauveur, de la résurrection de ceux qui ressuscitèrent avec lui, dans des dissertations. J'ai parlé de sa croix dans l'article de ce dictionnaire où ce nom se trouve. On peut consulter les chronologistes, sur les années de sa vie; et *Binæus,* sur les circonstances de sa naissance, de sa passion et de sa mort. Nous avons traité des habits des Hébreux, et par occasion des habits de Jésus-Christ, dans une dissertation à part; et Braunius traite au long cette matière, dans ses livres des habits des prêtres hébreux. Ainsi je me dispenserai d'entrer dans l'examen de ces particularités.

La vertu de faire des miracles est si connue dans Jésus-Christ, non-seulement parmi les chrétiens, mais aussi parmi les mahométans, que c'est une espèce de proverbe parmi eux, pour louer un ouvrier habile, que de dire : *Il a le souffle du Messie,* parce que Jésus-

---

(a) Joan. xxi, 1-14.
(b) Joan. xxi, 15-24.
(c) Matth. xxviii, 16-20.
(d) I Cor. xv, 5, 6.
(e) Marc. xvi, 14-18. Luc. xxiv, 44-48. Act. i, 3-7.
(f) Marc. xvi, 19. Luc. xxiv, 49-53. Act. i, 5-14, et ii, 1 et seq.
(1) Et nous, bien que la concorde suivie par l'auteur soit défectueuse, et que par conséquent l'arrangement chronologique des faits soit défectueux aussi, nous n'avons pu faire aucune remarque à cet égard. Ce précis de la vie du Sauveur s'étend trop sur certaines circonstances et pas assez sur d'autres. Il aurait fallu en faire un nouveau; mais le lecteur sait que nous reproduisons dom Calmet sans toucher à son texte. Chaque article, pour ainsi dire, nous donne lieu de faire cette observation.

Christ, par son seul souffle, non-seulement ressuscitait les morts, mais aussi donnait la vie aux choses inanimées. Ils tiennent, conformément au faux Evangile de l'enfance de Jésus, que pendant sa jeunesse il formait des oiseaux d'argile, et puis d'un seul souffle les faisait envoler. Ils assurent qu'il ne fut que trois heures dans le berceau (a); ils l'appellent quelquefois l'*Esprit du Père*, expression qui est tirée de quelques écrits des Pères; ils reconnaissent qu'il est né sans père, de la Vierge Marie; ils lui donnent un frère nommé Okil ou Okaïl, mais c'est un frère à la mode des Hébreux, qui donnent ce nom aux cousins germains. Ils croient qu'il est monté au ciel; qu'il détruira l'empire de l'Antechrist; qu'il exerce sa toute-puissance dans le ciel, où il est notre médiateur, et occupe la place d'honneur dans le quatrième ciel, qui est l'empyrée, selon leur système. Ils reconnaissent que l'Evangile donne la vie de l'âme et le renouvellement du cœur. Voici comme s'exprime sur cela un poëte mahométan; il parle à Jésus-Christ : *Le cœur de l'homme affligé tire toute sa consolation de vos paroles; l'âme reprend sa vie et sa vigueur, entendant seulement prononcer votre nom. Si jamais l'esprit de l'homme peut s'élever à la contemplation des mystères de la Divinité, c'est de vous qu'il tire ses lumières pour le connaître, et c'est vous qui lui donnez l'attrait dont il est pénétré.* Croirait-on que ces paroles soient d'un homme qui ne reconnaît pas la divinité de Jésus-Christ?

Les Juifs lui rendent bien moins de justice : il y en a parmi eux qui ont eu l'impiété de dire que l'âme d'Esaü était passée en l'âme de Jésus-Christ; qu'il était né d'un nommé Panthère et d'une jeune coiffeuse qu'il avait débauchée (b); que Jésus eut l'adresse de voler dans le temple le nom ineffable de Dieu, qu'il le cacha dans une plaie qu'il se fit en s'ouvrant la peau, et se déroba ainsi à deux lions formés par art magique, qui étaient placés l'un à la droite et l'autre à la gauche du sanctuaire, et qui jetaient des rugissements effroyables lorsque quelqu'un y entrait ou qu'il en sortait; que par la vertu de ce nom il ressuscita d'abord un mort et guérit un lépreux à Bethléem, lieu de sa naissance. Le bruit de ces miracles lui attira une foule de peuple qui le mena à Jérusalem, comme en triomphe, monté sur un âne.

Les prêtres, jaloux de sa réputation et de sa gloire, présentèrent requête à Hélène qui régnait alors avec son fils Monbaz ou Hircan, et lui demandèrent la punition de Jésus. Il comparut devant elle, la mit dans ses intérêts par de nouveaux prodiges. Alors un des prêtres, nommé Juda, s'offrit de faire tomber le crédit de Jésus, en apprenant comme lui à prononcer le nom de Jehovah, pourvu qu'on se chargeât du péché qu'il commettrait; il l'apprit et vint défier Jésus. Ils s'élevèrent tous deux en l'air par la vertu de ce nom : Juda entreprit de faire tomber son antagoniste, il n'y put réussir qu'en faisant de l'eau sur lui. A ce moment, ils tombèrent l'un et l'autre, parce qu'ils se trouvèrent souillés, et que la vertu du nom sacré les abandonna.

Jésus courut se laver dans le Jourdain, et commença à faire de nouveaux miracles. Juda, se trouvant inférieur à lui, et ne voulant pas toutefois se désister de son entreprise, se rangea au nombre de ses disciples, étudia ses démarches, et les découvrit aux prêtres. Jésus ayant voulu venir dans le temple, on l'arrêta avec plusieurs de ses disciples. Les autres prirent la fuite et se retirèrent dans les montagnes. Jésus étant ainsi tombé au pouvoir de ses ennemis, fut attaché à la colonne de marbre qui était dans la ville; on l'y fouetta, on le couronna d'épines, et dans sa soif, on lui présenta du vinaigre à boire. Le sanhédrin l'ayant condamné à mort, il fut lapidé. On voulut ensuite pendre son cadavre à un bois; mais le bois se rompit, parce que Jésus, prévoyant le genre de sa mort, l'avait enchanté par le nom de Jehovah.

Juda, qui ne perdait aucune occasion de faire tomber son crédit, courut chercher dans son jardin un grand chou, auquel son corps mort fut attaché. On voulut ensuite le mettre dans un tombeau ordinaire; mais Juda, craignant que ses disciples ne l'enlevassent et ne publiassent qu'il était ressuscité, l'ensevelit dans le canal d'un ruisseau dont il avait détourné l'eau, puis il y fit couler l'eau de nouveau, afin qu'on ne pût savoir le lieu de sa sépulture. La précaution de Juda n'empêcha pas qu'on ne publiât qu'il était ressuscité. La reine Hélène le crut et déclara qu'il était Fils de Dieu; mais Juda fit voir l'erreur de la reine et l'imposture des disciples de Jésus, en produisant son corps mort. On l'attacha à la queue d'un cheval, et on le traîna jusque devant le palais de la reine, qui fut enfin désabusée.

Cependant la religion de Jésus se répandait partout, par le moyen de douze hommes qui couraient les provinces et les royaumes, et prêchaient sa doctrine et ses miracles. Ce progrès affligea les sages des Juifs. Ils députèrent un nommé Simon Képha pour y remédier : il apprit le nom de Jehovah, et se rendit dans la métropole des Nazaréens; il les convainquit à force de miracles qu'il était envoyé de la part de Jésus, et les engagea à lui promettre de faire tout ce qu'il demanderait. Il leur défendit de maltraiter les Juifs, et leur ordonna de célébrer la fête de la lapidation de Jésus, et le quarantième jour de sa mort, au lieu de la fête de Pentecôte. Ils le lui promirent, à condition qu'il demeurerait avec eux. Simon y consentit; on lui bâtit une tour nommée Peter, dans laquelle il demeura enfermé pendant six ans, ne vivant que de pain et d'eau : après ce terme il mourut.

Elie vint ensuite à Rome, et soutint aux Romains que Simon les avait trompés, et que c'était lui que Jésus avait chargé de ses

(a) D'Herbelot, *Bibl. Orient.*, p. 499, *Issa-ben-Miriam*.

(b) *Toledos Jesu, ou Livre de la génération de Jésus.*

ordres : il leur commanda de se faire circoncire sous peine d'être noyés, d'observer le premier jour de la semaine au lieu du samedi ; mais, dans le même moment qu'il parlait ainsi, une pierre tomba sur sa tête et l'écrasa : *ainsi périssent tous les ennemis de Dieu.* C'est la conclusion du roman ridicule et abominable que les Juifs ont composé sous le nom de *Toledos de Jésus,* ou génération et histoire de Jésus ; on lui a donné ce nom, à l'imitation de l'Evangile de saint Matthieu, qui a le même titre : *Liber generationis Jesu Christi filii David.*

Il y a encore un autre livre qui porte le même titre, et qui fut publié par M. Huldric en 1705. Il suit de plus près l'Évangile ; mais il commet des fautes et des anachronismes insoutenables. L'auteur, qui prend le nom de Jonathan et qui se dit contemporain de Jésus-Christ, et demeurant à Jérusalem, fait naître Jésus-Christ sous le règne du grand Hérode, ce qui est conforme à la vérité et contraire à ce que les Juifs enseignent communément, que Jésus-Christ naquit l'an du monde 3671, ce qui revient au règne d'Alexandre Jannée ; mais il se trompe grossièrement quand il fait mourir Jésus-Christ sous le même règne d'Hérode. L'auteur croit que ce prince ayant reçu des plaintes contre Panthère, prétendu père de Jésus, se transporta à Bethléem, et y fit massacrer tous les enfants. Il donne à Jésus pour précepteur Josué, fils de Serachia, qui avait étudié sous Akiba, qui n'a vécu que plus de cent ans après Jésus-Christ : il dit qu'Hérode consulta sur le fait de Jésus-Christ les sénateurs de Vorms, habitant dans la terre de Césarée ou dans l'empire ; qu'Hérode et son fils firent la guerre aux disciples de Jésus, qui s'étaient retirés à Haï dans les déserts de Judée ; qu'ils adoraient Jésus et son image, aussi bien que Marie, sa mère ; qu'ils demandèrent du secours au roi de Césarée contre Hérode le fils. Que d'ignorances et de pauvretés!

Il ne faut que lire ces deux impertinents ouvrages pour en concevoir tout le mépris qu'ils méritent. Cependant les Juifs s'entretiennent dans leur aversion du christianisme par de pareils ouvrages. Ils ont fait plus, puisque, pour se tirer d'embarras sur les objections qu'on leur fait sur le temps auquel le Messie doit paraître, ils ont abrégé la chronologie de l'Ancien Testament, et ont placé la naissance du Sauveur en l'an du monde 3671, c'est-à-dire, 329 ans avant sa véritable époque. Ils ont altéré le texte de quelques prophéties qui étaient trop claires pour Jésus-Christ, et ont détourné le sens de presque toutes les autres qui le regardent, et dont l'accomplissement est plus marqué et plus évident. Ils confondent les caractères du Messie : les uns veulent qu'il soit venu il y a long-temps, mais qu'il demeure caché parmi les hommes ; les autres l'attendent, mais maudissent ceux qui supputent les temps de sa venue ; d'autres soutiennent que la venue du Messie n'est pas un article de foi. Quel entêtement! quelle mauvaise foi!

Les Pères (a) nous apprennent que, dès le commencement du christianisme, les Juifs envoyèrent par tout le monde pour décrier Jésus-Christ et sa doctrine, et pour faire croire que ses disciples étaient des imposteurs qui, après l'avoir furtivement tiré du tombeau, avaient publié qu'il était ressuscité. Saint Matthieu (b) raconte qu'après la résurrection du Sauveur, les gardes qu'on avait mis à son tombeau vinrent donner avis aux princes des prêtres de ce qui était arrivé ; et que ceux-ci ayant tenu conseil entre eux donnèrent aux soldats de grandes sommes d'argent pour les engager à dire que, pendant qu'ils dormaient, ses disciples étaient venus enlever son corps ; ce que les soldats ne manquèrent pas de publier.

Ahmed-Ben-Cassem-Al-Andacousi, more de Grenade, qui vivait l'an de Jésus-Christ 1599, cite un manuscrit arabe de saint Cæcilius, archevêque de Grenade (c), qui fut trouvé avec seize lames de plomb, gravées en caractères arabes, dans une grotte proche de la même ville. Dom Petro de Castro y Quinones, archevêque de la même ville, en a rendu lui-même témoignage. Ces lames de plomb, qu'on appelle de Grenade, ont été depuis portées à Rome, où, après un examen qui a duré plusieurs années, elles ont été enfin condamnées comme apocryphes, sous le pontificat d'Alexandre VII. Elles contiennent plusieurs histoires fabuleuses touchant l'enfance et l'éducation de Jésus-Christ et la vie de la sainte Vierge. On y lit, entre autres choses, que Jésus-Christ étant encore enfant, et apprenant à l'école l'alphabet arabique, interrogeait son maître sur la signification de chaque lettre, et qu'après en avoir appris de lui le sens et la signification grammaticale, il lui enseignait le sens mystique de chacune de ces lettres.

On peut voir sur l'article EVANGILE les faux Evangiles qu'on a publiés de la vie, de l'enfance, et de la prédication de Jésus-Christ.

On a beaucoup écrit sur la forme, sur la beauté, sur la taille de Jésus-Christ. Les uns ont prétendu qu'il avait été le plus beau d'entre les enfants des hommes. D'autres ont soutenu qu'il n'avait ni beauté ni grâce à l'extérieur ; les uns l'ont fait d'une taille très-avantageuse, d'autres ont prétendu qu'il était petit. Il est bon de donner ici le précis des raisons qu'on apporte pour soutenir ces divers sentiments.

Ceux qui soutiennent que Jésus-Christ était le plus bel homme qui fut jamais, se fondent principalement sur ces paroles de l'Ecriture (d) : *Speciosus forma præ filiis hominum, diffusa est gratia in labiis tuis :* Vous êtes le plus beau d'entre les enfants des hommes, la grâce est répandue sur vos

---

(a) Euseb. in Isai. xviii, 1. Hieronym. ibid. OEcumen. in Ep. ad Rom.
(b) Matth. xxviii, 12, 13.

(c) Bibl. Orient., p. 75, Ahmed, etc., et 512, col. 2.
(d) Psalm. xliv, 3.

lèvres. De plus il était d'un excellent tempérament ; tout ce qui peut contribuer à la beauté se rencontra dans sa conception, dans sa naissance, dans son éducation ; et rien de ce qui peut rendre un homme difforme ou mal fait n'a pu s'y rencontrer ; ni déréglement de l'imagination d'une mère, ni incommodités d'une grossesse ou d'un accouchement, ni excès dans la nourriture, ni dérangement dans la conduite. Le corps du Sauveur a dû être l'ouvrage le plus parfait, puisqu'il a été conçu d'une Vierge très-pure et très-sainte, et par l'opération du Saint-Esprit.

Les Pères n'ont pas parlé d'une manière uniforme sur cette matière. Saint Jérôme (a) croit que l'éclat et la majesté qui brillaient sur le visage du Sauveur étaient capables de lui gagner tous les cœurs ; c'est ce qui lui attira avec tant de facilité la plupart de ses apôtres ; c'est cette majesté qui renversa ceux qui vinrent pour l'arrêter dans le jardin des Oliviers. Saint Jean de Damas (b) raconte qu'Abgare, roi d'Edesse, ayant envoyé un peintre pour tirer le portrait du Sauveur, cet homme fut si ébloui de la splendeur qui éclatait sur son visage, qu'il fut obligé de renoncer à son entreprise ; et Jésus-Christ, pour satisfaire la dévotion du roi, prit la toile du peintre, l'appliqua sur son visage, et y imprima son portrait qu'il envoya au roi Abgare.

Nicéphore (c) croit que saint Luc fit les portraits de Jésus-Christ, de la sainte Vierge et des apôtres, et que c'est par ce moyen que leurs images au naturel se sont répandues par toute la terre. Il est certain qu'on a toujours eu dans l'Eglise une certaine tradition sur la figure et la taille de Jésus-Christ et des apôtres. Or, voici comme je dépeins le Sauveur d'après les images qu'on croit peintes par saint Luc : *Il était très-beau de visage, et sa hauteur était de sept sphitames, ou sept pieds ; ses cheveux tiraient sur le blond, n'étant pas fort épais, mais un peu frisés ou crépus ; ses sourcils étaient noirs et ne formaient pas exactement le demi-cercle. Il avait les yeux grands, vifs et tirant sur le jaune ; le nez long, la barbe noire et assez courte ; mais il portait les cheveux longs ; car le ciseau ne passa jamais sur sa tête, et nulle main d'homme ne la toucha, sinon celles de la Vierge sa mère, quand il était encore enfant. Son cou n'était ni roide ni élevé, et son port n'était ni haut ni fier. Il portait la tête un peu penchée : son teint était à peu près de la couleur du froment ; son visage ni rond ni en pointe : mais il était, comme celui de sa mère, un peu allongé et assez vermeil. La gravité, la prudence, la douceur et la clémence étaient peintes sur sa face ; en un mot, il ressemblait parfaitement à sa divine Mère.*

Saint Bernard (d) dit que les peuples le suivaient et étaient attachés à sa personne par l'attrait de ses grâces, par la douceur de ses discours et par l'éclat de sa beauté : *Adhærebant ei effatu pariter et aspectu illius delectati, cujus nimirum vox suavis et facies decora.* Saint Chrysostome (e) dit de même que les peuples étaient comme cloués au Sauveur, ne pouvant se lasser de le voir et de l'admirer. Dans le même endroit (f), expliquant ces paroles d'Isaïe (g) : *Non est species ei neque decor*, il dit : « Gardez-vous bien d'entendre ceci de la laideur du corps ; à Dieu ne plaise que nous le prenions en ce sens ; mais nous l'entendons du mépris qu'il a fait de tout ce que le monde estime, et de la bassesse dans laquelle il a voulu paraître. » On pourrait accumuler quantité d'autres témoignages des auteurs plus nouveaux, et des raisons de convenance, pour prouver la beauté du Sauveur ; on les peut voir dans les auteurs qui ont écrit exprès sur cette matière.

Venons à ce qu'on dit pour montrer que Jésus-Christ n'était pas beau. Voici ce qu'en dit le prophète Isaïe (h) : *Il paraîtra sans gloire au milieu des hommes, et sans beauté au milieu des enfants des hommes.... Il s'élèvera devant le Seigneur comme un rejeton et comme une racine qui sort d'une terre aride. Il n'a ni éclat ni beauté. Nous l'avons vu, et il n'avait rien de beau ni d'aimable ; il était dans le mépris comme le dernier des hommes ; un homme de douleur et éprouvé par l'infirmité. Son visage était comme abattu et méprisé, et nous ne l'avons point connu. Nous l'avons pris pour un homme frappé de Dieu, pour un lépreux et réduit dans la dernière humiliation. C'est pour nos péchés qu'il a été frappé,* etc. Tous les commentateurs conviennent que ce passage doit s'entendre du Messie. Saint Paul (i) confirme ce qu'on vient de lire, en disant que Jésus-Christ s'est humilié en prenant la forme d'un serviteur, et en paraissant parmi nous comme un homme. Les évangélistes n'ont parlé en aucun endroit de sa beauté.

Les plus anciens Pères ont reconnu qu'il n'était nullement beau : *Homo indecorus et passibilis* (j), dit saint Irénée. Celse (k) objectait aux chrétiens que Jésus-Christ, comme homme, était petit et malfait, et d'une naissance basse et obscure. Celse en inférait que Jésus-Christ n'était donc pas Dieu. Origène répondait qu'il était écrit que le corps de Jésus-Christ n'était point beau, mais non pas qu'il était d'une naissance obscure, ni petit de corps. Saint Clément d'Alexandrie (l) dans plus d'un endroit avoue que Jésus-Christ n'avait pas la beauté du corps, mais celle de l'âme ; qu'il est venu sans cette beauté corporelle qui plaît aux yeux, de peur

---

(a) Hieron. in Matth. ix, et in Matth. xxi, 12, 13, et ep. ad Principiam.
(b) Damasc. de Fide orthodox. l. IV, c. xvii. Nicephor. Hist. Eccles. l. II, c. vii.
(c) Nicephor. Hist. Eccles. l. II, c. xliii.
(d) Bernard. serm. 1 in festo omnium Sanct.
(e) Chrysost. in Psalm. xliv
(f) Idem. ibid.
(g) Isai. liii, 2.
(h) Isai. lii, 14, 15, etc. ; liii, 2, 3.
(i) Philipp. ii, 7.
(j) Irenæ. l. III, c. xix, nov. edit.
(k) Origen. contra Cels. : Ἀλλὰ, ὥς φασι, μικρὸν, καὶ δυσειδὲς καὶ ἀγενὲς ἦν.
(l) Clem. Alex. Pædagogi l. III, c. i, et l. I et III Stromat.

que les hommes, s'attachant à cet attrait extérieur, ne perdissent le goût et l'estime des choses spirituelles qu'il leur annonçait. Saint Cyrille d'Alexandrie (a) s'exprime à peu près de même, et soutient que la beauté qui lui est attribuée dans le psaume doit s'entendre de la beauté de l'âme, d'une beauté tout intérieure, et qu'il a paru dans une forme très-peu belle au dehors.

Les anciens Pères latins ne sont pas moins formels pour ce sentiment. Tertullien dit tout net que Jésus-Christ n'était pas beau : *Vultu et aspectu inglorius* (b); que son extérieur n'avait rien qui lui attirât de la considération et du respect (c) : *Ne aspectu quidem honestus.* Qui aurait osé cracher contre son visage, s'il ne l'eût en quelque sorte mérité par son peu d'apparence (d) ? *An ausus esset aliquis ungue summo perstringere corpus novum, sputaminibus contaminare faciem non merentem ?* Saint Augustin avoue que Jésus-Christ, comme homme, n'avait ni beauté, ni éclat; mais comme Dieu, il était le plus beau des enfants des hommes (e) : *Ut homo non habebat speciem neque decorem, sed speciosus forma ex eo quod est præ filiis hominum.* La plupart des anciens, comme Eusèbe, saint Basile, Théodoret, saint Ambroise, saint Isidore de Péluse, l'auteur du Commentaire sur les psaumes imprimé sous le nom de saint Jérôme, expliquent de même l'endroit du psaume XLIV, *Speciosus forma præ filiis hominum*, de la beauté de Jésus-Christ selon sa divinité.

De tout ce qu'on vient de voir, on peut conclure que les chrétiens de la première antiquité ont cru que Jésus-Christ avait été plus laid que beau selon sa nature humaine; que le sentiment contraire est plus moderne; que l'un et l'autre peut se soutenir; que ni l'un ni l'autre n'est article de foi. On peut consulter les auteurs qui ont écrit exprès sur cette matière, comme M. Rigaut, le P. Vassor, et la dissertation que nous avons fait imprimer à la tête de notre Commentaire sur Isaïe. M. l'abbé Boileau, doyen de la Sainte-Chapelle de Paris, avait fait une dissertation où il prétendait montrer que Jésus-Christ était petit. Il le prouvait principalement parce que Zachée, le voulant voir, monta sur un arbre pour le distinguer dans la foule. *Quia statura pusillus erat.* Il explique ces dernières paroles de Jésus-Christ, au lieu qu'ordinairement on les entend de Zachée.

[M. Peignot, dans un livre intitulé : *Recherches sur la personne de Jésus-Christ*, examine en chrétien sincère et en critique instruit la question de l'aspect extérieur de l'Homme-Dieu. Ces recherches sont divisées en quatre parties. Dans la première il donne des détails sur la personne de Jésus-Christ, tirés de différents écrits; dans la deuxième, il s'occupe des différents portraits de Jésus-Christ que l'on croit avoir été exécutés de son vivant et sur sa propre figure ; il parle, dans la troisième, de la statue qui fut érigée au Sauveur par l'Hémorroïsse ; enfin, la quatrième se compose de la *dissertation de dom Calmet sur la beauté de Jésus-Christ.* — M. Peignot a fait de semblables *recherches sur la personne de la sainte Vierge*, sur ses habitudes et sur ses portraits. Elles sont à la suite de celles dont la personne de Jésus-Christ avait été l'objet. — Enfin, M. Peignot termine son ouvrage par un *Essai analytique sur la généalogie et la famille de Jésus-Christ.* Et le tout forme un vol. in-8° de XXIII-275 pages ; Dijon, 1829. Sans examiner son *Essai sur la généalogie de Jésus-Christ*, j'ai remarqué qu'il avait fait erreur dans sa liste des ancêtres du Sauveur, à propos de Jéchonias, *Mat.* I, 11, 12. Après Josias (verset 10), il suppose *Joachim* ; citant ensuite l'évangéliste, il dit (verset 11) : *Jéchonias et ses frères* (Joachan et Mathaniam)... puis il suppose *Joachim, fils de Jéchonias*, et, verset 12, mentionne Salathiel. *Voyez* Jéchonias.]

JÉSUS, ou Josué, *fils de Josédech*, fut le premier grand prêtre des Juifs, après le retour de la captivité de Babylone. On ne sait pas trop précisément combien d'années il exerça la souveraine sacrificature. Son premier soin, après son arrivée à Jérusalem, fut de rétablir les sacrifices, de régler les offices et l'ordre des prêtres et des lévites (f), et enfin de rebâtir le temple, autant que le pouvait permettre l'état où les Juifs se trouvaient alors. Les prophètes Aggée et Zacharie parlent assez souvent de Jésus, fils de Josédech. Aggée (g) s'adresse à lui et à Zorobabel pour les exciter à bâtir le temple du Seigneur, après la mort de Cyrus et de Cambyse ; et la seconde année de Darius, fils d'Hystaspe, roi de Perse (h), l'Esprit du Seigneur anima Jésus et Zorobabel (i); et Aggée leur prédit, de la part du Seigneur, que dans peu de temps il ébranlerait le ciel, la terre et la mer, et toutes les nations ; et que le Désiré de toutes les nations viendrait dans le monde, et que la nouvelle maison, ou le nouveau temple qu'ils lui élevaient alors, serait comblé de gloire.

Zacharie (j) raconte que le Seigneur lui fit voir le grand prêtre Jésus, fils de Josédech, qui était debout devant l'ange du Seigneur, et Satan, qui était debout à sa droite pour l'accuser. Et l'ange du Seigneur dit à Satan : » Que le Seigneur te réprime, lui qui a élu Jérusalem pour sa demeure, et qui a, pour ainsi dire, retiré ce tison du milieu du feu. Or, Jésus était revêtu d'habits sales. Et l'ange dit : Qu'on lui ôte ses vêtements sales ; et il dit à Jésus : Je vous ai dépouillé de vos iniquités et je vous ai revêtu d'habits précieux. En même temps il lui fit mettre sur la tête une tiare éclatante ; et l'ange lui dit : Si

---

(a) Clem. Alex. Glaphyr. in Exod. ἐν εἴδει γὰρ πέφηνε τῷ λίαν καλλιστάτω.
(b) Tertull. de Idololatr.
(c) Idem adversus Judæos.
(d) Tertull. de Carne Christi.
(e) Aug. in Psalm. XLIV.

(f) I Esdr. IV, 5, 8.
(g) Aggæi I, 1, 2, etc.
(h) An du monde 3485, avant Jésus-Christ 515, avant l'ère vulg. 519.
(i) Agg. II, 5, 6, 7, 8, 9.
(j) Zach. III, 1, 2, etc.

vous marchez dans les voies du Seigneur, vous gouvernerez sa maison et vous garderez son temple; et je vous donnerai un ange pour marcher avec vous. » Enfin Dieu lui promet d'envoyer son serviteur l'Orient : *Adducam servum meum Orientem* ; c'est-à-dire le Messie, qui parut en effet sous le second temple.

Le même prophète (a) ayant eu une vision de deux oliviers qui étaient, l'un à la droite, et l'autre à la gauche du chandelier d'or dans le temple, et qui faisaient couler de l'huile dans les lamperons de ce chandelier, l'ange du Seigneur lui dit que ces deux oliviers étaient Jésus, fils de Josédech, et Zorobabel, fils de Salathiel, *qui sont les deux oints qui sont debout devant le Dominateur de toute la terre.* Zacharie reçut aussi ordre du Seigneur (b) de prendre l'or que lui offriraient les principaux des Juifs, d'en faire des couronnes pour mettre sur la tête de Jésus, fils de Josédech, et de lui promettre la venue de l'Homme surnommé l'Orient, c'est-à-dire, du Messie, qui devait vraiment bâtir un temple au Seigneur, et qui devait s'y asseoir sur son trône. Ce temple nouveau qu'il devait bâtir à Dieu est l'Eglise chrétienne, qu'il a établie, et où il a mis son trône. Au lieu d'*Orient* (c), on peut traduire le *Germe*. Quelques-uns (d), sous le nom de *Germe* ou d'*Orient*, entendent à la lettre Zorobabel, qui était le Germe de la maison de David ; mais Zorobabel étant contemporain à Jésus, il était inutile de lui promettre sa venue. Ils étaient revenus ensemble de la captivité de Babylone. Jésus, fils de Sirach, auteur du livre de l'Ecclésiastique (e), loue Jésus, fils de Josédech, et Zorobabel, comme des anneaux qui étaient à la main du Seigneur, et comme les principaux auteurs du second temple, qui fut bâti au retour de la captivité, pour la gloire éternelle du Seigneur. Jésus, fils de Josédech, eut pour successeur dans la grande sacrificature son fils *Joacim*, qui fut grand prêtre sous le règne de Xerxès. Voyez *Joseph. Antiq. l.* XI, *c.* 5, *initio*.

JÉSUS, *fils de Navé*, ou JÉSUS, *fils de Nun*. C'est le même que Josué, dont nous parlerons ci-après dans son article.

JÉSUS, *fils de Sirach*, auteur du livre de l'*Ecclésiastique* (f), était, selon Génébrard dans sa Chronique, de la race du grand prêtre Jésus, fils de Josédech. Quelques exemplaires grecs lui donnent pour aïeul Eléazar, père de Sirach de Jérusalem ; mais Jésus, fils de Sirach, qui parle de lui-même au chap. L, ✝ 29, et dans tout le chap. LI et en quelques autres endroits de son livre de l'Ecclésiastique, ne parle jamais ni de sa prétendue qualité de prêtre, ni de ses aïeux. Seulement il nous apprend qu'il a souhaité la sagesse, qu'il l'a demandée à Dieu avec instance, prosterné devant son temple ; qu'il a beaucoup voyagé, pour se perfectionner dans l'étude (g) ; qu'il a beaucoup étudié, qu'il a couru beaucoup de dangers (h), qu'ayant été noirci par des calomnies auprès du roi, il s'était vu dans un péril imminent de mort (i) ; mais que, par la miséricorde du Seigneur, il en avait été garanti. Il dit qu'il est le dernier de sa nation qui ait écrit des sentences morales (j). Enfin Jésus, son petit-fils, et traducteur de son ouvrage, témoigne que son aïeul était dans une très-haute réputation de sagesse. Voyez le prologue qui est à la tête de ce livre. On ignore qui était Sirach, père de Jésus, et on ne sait pas certainement le nom du père de Jésus, petit-fils de l'auteur et traducteur de son ouvrage.

Les Arabes (k) ont connaissance de cet écrivain et de ses ouvrages. Ils croient que lui ou son aïeul a été visir de Salomon, et ils lui donnent une femme fort vertueuse qui se nomme Fikia, et dont la vie a été écrite en Arabe. On trouve aussi un livre arabe intitulé : *Les Sentences et la Sagesse de Jésus, fils de Sirach*.

Nous avons parlé assez au long du livre de l'Ecclésiastique dans l'article ECCLÉSIASTIQUE. On peut voir ce que nous avons dit, et de l'auteur, et du livre, et de sa canonicité, et de son traducteur, et du temps auquel ils vivaient l'un et l'autre. Nous n'en dirons pas davantage en cet endroit (l).

JÉSUS, autrement *Jason*, grand prêtre des Juifs, intrus en la place d'Onias III. Voyez ci-devant JASON.

JÉSUS, *fils de Phabis*, grand prêtre des Juifs, successeur d'Ananel et prédécesseur de Simon, fils de Boéthus. Il ne fut que peu de temps pontife. Il fut déposé par le grand Hérode, l'an du monde 3981, avant Jésus-Christ 19, avant l'ère vulgaire 23. On ne sait aucune particularité de sa vie.

JÉSUS, *fils de Sias*, souverain pontife des Juifs, succéda à Eléazar, et eut pour successeur Joazas, sous le règne d'Archélaüs, fils d'Hérode. Ce Jésus, fils de Sias, ne fut pontife au plus que quatre ans, ayant été déposé en 4009, et son prédécesseur n'ayant été établi qu'en 4004.

JÉSUS, *fils de Damnée*, grand prêtre des Juifs, fut établi par le roi Agrippa, l'an de Jésus-Christ 63, et déposé la même année. Il succéda à Ananus, et eut pour successeur Jésus, fils de Gamaliel.

JÉSUS, *fils de Gamaliel*, grand prêtre des Juifs, successeur de Jésus, fils de Damnée, et prédécesseur de Matthias, fils de Théophile. Les deux pontifes Jésus, fils de Damnée, et Jésus, fils de Gamaliel, ayant chacun leur parti dans le temple et dans la ville, disputèrent le pontificat les armes à la main. Agrippa, pour apaiser cette sanglante dis-

---

(a) *Zach.* IV, 2, 3, etc.
(b) *Zach.* VI, 11.
(c) צֶמַח *Germen est nomen ejus.*
(d) Vide *Euseb. Demonstr. l.* IV. *Theodoret. ad Zach.* III et VI, *et Hieron. ibidem.*
(e) *Eccli.* XLIX, 14.
(f) *Cap.* L, 29, *et* LI, *inscription.*

(g) Voyez *Eccli.* LI, 18, et XXXIV, 10, 11, 12.
(h) *Eccli.* XXXIV, 13.
(i) *Eccli.* LI, 5, 6, 7, 8.
(j) *Eccli.* XXXIII, 16.
(k) *Bibl. Orient.*, p. 494, *Joschovah-ben-Sirakh.*
(l) Voyez aussi M. Fabricius, *Biblioth. Grecq.* t. II, l. III, p. 727.

pute, les déposa tous deux, et mit en leur place Matthias, fils de Théophile, l'an de Jésus-Christ 64.

* JETA, ville sacerdotale de la tribu de Juda, *Jos.* XXI, 16, nommée *Jota*, XV, 35, est la même qu'Asan, suivant Barbié du Bocage. *Voyez* ASAN.

JETEBA, ville de la tribu de Juda, d'où était Messalemeth, mère d'Ammon, roi de Juda. IV *Reg.* XXI, 19.

JETEBATHA, campement des Israélites dans le désert, entre Gadgad et Hébrona. *Num.* XXIII, 34. Nous conjecturons que ce peut être le même campement que les Sépulcres de Concupiscence. *Jé-taabata* (*a*) signifie les Tas de Concupiscence. — [*Voyez* KIBEROTH-AVA.]

JETHELA, ville de la tribu de Dan. *Josue*, XIX, 41.

JETHER, ville de la tribu de Dan. *Josue*, XV, 48. Elle fut ensuite cédée aux lévites de la famille de Caath. *Josue*, XXI, 14. [Elle ne fut pas donnée aux lévites, mais aux prêtres. *Voyez* le texte indiqué et I *Par.* VI, 58.] Eusèbe dit que *Jether*, autrement *Jethira*, est située dans le canton nommé Daroma, vers la ville de Malatha, à vingt milles d'Eleuthéropolis. C'est apparemment la même qu'*Ether* ou *Athar*.

[Le géographe de la Bible de Vence et Barbié du Bocage la restituent à la tribu de Juda. Le dernier la place au sud d'Esthémo, sur la frontière de la tribu de Siméon, et rappelle qu'elle fut une de celles auxquelles David envoya une part du butin fait par lui sur les Amalécites à Sicéleg.]

JETHER, fils de Gédéon, qui n'osa tuer Zébée et Salmana, quoique son père le lui commandât. *Judic.* VIII, 20.

JETHER, ou JETHRA, époux d'Abigaïl, sœur de David, et père d'Amasa. I *Par.* II, 17. — [Huré, au mot Jéthra, le prend pour une femme. Il est dit dans le livre des *Paralip.*, au lieu indiqué, que Jéther était *Ismaélite*. Ainsi, dit M. Cahen, *une sœur de David a épousé un Ismaélite*. D'autres pensent qu'en cet endroit il faut lire *Jesraélite*, fondés sur la Vulgate, qui, II *Reg.* XXVII, 25, où *Jether* est appelé *Jethra*, dit qu'il était de *Jesrael*. Je remarque que cette leçon a pour elle les Septante du Vatican, qui disent en ce dernier endroit que Jethra était *Jézaraélite*. Ainsi je crois que Jether était Jesraélite.]

* JETHER, judaïte, fils aîné de Jada, mourut sans enfants. I *Par.* II, 32.

* JETHER, judaïte, fils aîné d'Ezra. I *Par.* IV, 17.

* JETHER, ou JETHRAN, chef de famille asérite, dixième fils de Supha. I *Par.* VII, 37, 38.

JETHETH, fils d'Esaü, un des anciens chefs des Iduméens. *Genes.* XXXVI, 40. — [*Voyez* ÉLIPHAZ.]

JETHMAH, un des vaillants hommes de l'armée de David. I *Par.* XI, 46.

* JETHNAM ou JETHNAN, ville de la tribu de Juda, vers le sud. *Jos.* XV, 23. N. Sanson, joignant deux noms qui en effet ne sont séparés par aucune disjonctive, l'appelle *Jethnam-Zif* ou *Ziph. Voy.* ASAN.

*JETHRA, le même que Jether, beau-frère de David.

JETHRAHAM, fils de David et d'Egla. I *Par.* III, 3; II *Reg.* III, 5. Les Hébreux veulent que Egla soit la même que Michol, fille de Saül, ainsi qu'on l'a vu sous l'article d'EGLA.

* JETHRAI, lévite de la famille de Gersom, était fils de Zara. I *Par.* VI, 21.

* JETHRAM. *Gen.* XXXVI, 26. *Voyez* ÉLIPHAZ.

* JETHRAN, asérite. *Voyez* JETHER.

* JETHRÉENS. *Voyez* APHUTÉENS.

JETHRO, prêtre ou prince (*b*) de Madian, beau-père de Moïse. On croit qu'il était prêtre du vrai Dieu, et qu'il tenait la vraie religion, comme descendant de Madian, fils d'Abraham et de Céthura. Moïse ne feint pas de prendre alliance dans sa famille, et de l'inviter à offrir des sacrifices au Seigneur à son arrivée dans le camp d'Israel (*c*), comme adorant le même Dieu que les Israélites. On prétend qu'il avait quatre noms, *Jethro, Raguel, Hobab* et *Céni.* D'autres veulent que *Jéthro* et *Raguel* soient une même personne; que *Hobab* soit fils de Jethro, frère de Séphora et beau-frère de Moïse; et qu'enfin *Céni* soit un nom commun pour marquer le pays des Cinéens, que les descendants de Hobab habitèrent au midi de la terre promise. L'hébreu *Choten* (*d*), que saint Jérôme traduit par *cognatus*, parent, est employé *Num.* X, 29, pour marquer le degré de parenté qui était entre Moïse et Hobab. Et ailleurs le même terme est mis pour désigner la même chose entre Jéthro et Moïse. *Exod.* XVIII, 1, 27. Et cependant, dans le lieu cité des Nombres, Hobab est nommé fils de Raguel. Ce qui fait que quelques autres croient que Raguel est père de Jéthro, et Jéthro, père de Hobab. D'autre part, Raguel donne en mariage Séphora à Moïse. *Exod.* II, 18, 21. La signification de l'hébreu *choten* n'étant pas fixée, il est impossible de prendre un parti bien sûr dans cette question. [*Voyez* AMALEC.]

Voici l'occasion qui donna entrée à Moïse dans la famille de Jéthro. Moïse, ayant tué un Egyptien qui maltraitait un Hébreu, fut obligé de se sauver de l'Egypte. Il se retira dans le pays de Madian, à l'orient de la mer Rouge, entre le golfe Élanitique et le golfe Héroopolite. Etant arrivé près d'un puits où les filles de Jéthro étaient venues pour abreuver leur bétail, il survint des pasteurs qui les chassèrent. Moïse défendit ces filles et fit boire leurs brebis. Leur père, ayant su ce qui s'était passé, fit venir Moïse dans sa maison et lui donna sa fille Séphora en ma-

---

(*a*) תאהבתה עי *Acervus Concupiscentiæ*.
(*b*) Ita *Ezechiel poeta apud Euseb. l. IX, c. IV, Præparat. Jonath. Alii plures.* L'hébreu *Cohen* כהן signifie quelquefois un prince.

(*c*) *Exod.* XVIII, 11, 12.
(*d*) *Choten* חתן *Gener; affinis, cognatus.* 70, Πενθερός. *Socer, vel* γαμβρός, *Gener. Aquila, Sym., Theod.* Νυμφίος, *Sponsus.*

riage (a). [*Voyez* Moïse, ma note sur son mariage.] Moïse en eut deux fils, Gersam et Eliézer. Après avoir été quarante ans (b) chez Jéthro, il eut la vision d'un ange, qui lui parla dans le buisson ardent, et qui lui ordonna de tirer les Israélites de l'Egypte. Jéthro, informé de la volonté de Dieu, lui permit de s'en retourner en son pays avec sa femme et ses enfants. Mais Séphora ayant été obligée de retourner à Madian auprès de son père, avant que d'entrer en Egypte, Jéthro la ramena à Moïse, dans le camp au pied du mont Sinaï, environ un an après que les Hébreux furent sortis d'Egypte (c).

Jéthro ayant fait avertir Moïse de son arrivée (d), Moïse sortit hors du camp, vint au-devant de lui, se prosterna en sa présence, l'embrassa [*Voyez* BAISER], l'introduisit dans sa tente, et lui raconta tout ce que le Seigneur avait fait en faveur des Israélites. Jéthro en bénit Dieu, lui offrit des holocaustes et des hosties pacifiques, et mangea avec Moïse, Aaron et les principaux d'Israël, en la présence du Seigneur. Le lendemain Moïse, s'étant assis pour juger Israel, demeura dans cette occupation depuis le matin jusqu'au soir. Jéthro lui remontra que ce travail était au-dessus de ses forces, et qu'il se fatiguait mal à propos, lui et son peuple : qu'il devait choisir des hommes fermes et courageux, qui craignissent Dieu et haïssent l'avarice, afin de partager avec eux le poids du gouvernement ; qu'il leur confierait la connaissance des moindres affaires, et qu'il se réserverait celles qui seraient le plus de conséquence. Moïse se rendit aisément à cet avis, et choisit dans tout Israel des hommes de mérite, qu'il établit sur tout le peuple, les uns sur mille, les autres sur cent, les autres cent cinquante, et les autres sur dix hommes. Ils rendaient la justice au peuple ; et lorsqu'il se rencontrait quelque chose de plus difficile, ils le rapportaient à Moïse.

Lorsque les Israélites furent sur le point de décamper du désert de Sinaï, pour s'avancer vers la terre promise, Moïse pria Jéthro de demeurer avec le peuple, afin de leur servir de guide dans leur voyage (e) ; mais Jéthro s'en excusa et retourna à Madian, laissant, comme l'on croit, Hobab, son fils, pour conduire les Israélites dans le désert (f). Hobab entra avec eux dans la terre promise, et eut part au partage que Josué en fit. On ne sait pas ce qui arriva à Jéthro depuis ce temps. — [*Voyez* JOSUÉ, et addition, § XII.]

Les Juifs ont débité sur le sujet de Jéthro bien des fables, que nous toucherons ici en passant (g). Ils disent premièrement qu'il avait six noms ; Jéthro, Jéther, Raguel, Chobab, Céni, Phutiel et Chéber. Ils ajoutent qu'étant un des premiers conseillers de Pharaon, et lui donnant des conseils modérés et favorables aux Hébreux, au lieu que Balaam, autre conseiller de ce prince, lui en donnait de tout contraires, il fut obligé de se sauver de la cour de Pharaon et de se retirer à Madian. Il y porta avec lui une verge de saphir, qui avait été créée le sixième jour du monde, et qui avait passé par succession de temps, d'Adam à Noé, à Abraham, à Isaac, à Jacob, à Joseph, et enfin à Pharaon. Jéthro trouva le secret de l'emporter à Madian ; et l'ayant fichée en terre dans son jardin, il ne put jamais l'en arracher : mais Moïse, par le nom de Dieu dont il savait la prononciation, l'arracha très-aisément ; ce qui lui procura le mariage de Séphora. Et c'est avec la même verge que dans la suite il fit tant de miracles. Ils croient qu'il écrivit, dans le Pentateuque, la section qu'ils appellent *Jéthro*. Les mahométans le nomment *Soaib*, nom que l'on remarque dans Saadias et dans la version arabique de l'Exode.

Voici des détails curieux, mais peu certains, de la vie de Jéthro, qui nous ont été conservés par les Arabes (h). Ils lui donnent pour père Michel, fils de Taskir, et petit-fils de Madian : ce dernier était fils immédiat d'Ismaël, selon l'auteur de *Leb-Tarik* ; car Moïse ne parle pas de Madian parmi les fils d'Ismaël (i). Jéthro donna à Moïse, son gendre, la verge miraculeuse avec laquelle il fit tant de prodiges. Il fut favorisé du don de prophétie, et Dieu l'envoya pour prêcher l'unité d'un Dieu aux peuples de Madian, ses compatriotes, et les retirer de l'idolâtrie. Mahomet dit qu'il fit des miracles pour convertir cette nation (j) ; et un de ses commentateurs avance que, lorsque Jéthro voulait monter sur le haut d'une certaine montagne pour y faire sa prière, cette montagne s'abaissait pour lui en rendre la montée plus facile.

Un autre commentateur de l'Alcoran dit que Jéthro s'appliqua principalement à corriger les Madianites de l'habitude où ils étaient de voler, d'avoir deux sortes de poids et de mesures, d'acheter avec la grande, et de vendre avec la petite. Il leur disait souvent : *Ayez des mesures et des balances justes, et ne fraudez personne de ce qui lui appartient.* Outre ces fraudes que les Madianites commettaient dans le commerce, ils usaient de violences envers les voyageurs et les volaient impunément sur les grands chemins. Ils menacèrent même Jéthro de le chasser de leur pays avec ses disciples, s'ils ne rentraient tous dans la voie, c'est-à-dire, dans l'impiété qui régnait parmi eux.

Cette insolence obligea la colère de Dieu de faire éclater un exemple de sa juste sévérité contre eux. Il envoya l'ange Gabriel, qui, avec une voix de tonnerre et un cri effroyable excita un tremblement de terre qui les fit tous périr, à la réserve de Jéthro et de

---

(a) *Exod.* II, 15, 16, 17 *et seq.*
(b) Depuis l'an du monde 2473 jusqu'en 2513, avant Jésus-Christ 1487, avant l'ère vulg. 1491.
(c) An du monde 2514, avant Jésus-Christ 1486, avant l'ère vulg. 1490.
(d) *Exod.* XVIII, 1, 2, 5 *et seq.*
(e) *Exod.* XVIII, 27.
(f) *Num.* x, 29.
(g) Vide *Tanchuma* et *Mechilta* et *Scip. Sgambat.* l. II *Archiv. vet. Test.*
(h) *Bibl. Orient.*, p. 770, *Sehoaib.*
(i) *Genes.* xxv, 13, 14.
(j) Alcoran, c. *Araf.*

ceux qui, comme lui, croyaient l'unité d'un Dieu. Ce fut après cette punition que Jéthro alla trouver Moïse, son gendre, ainsi qu'il est rapporté dans l'Exode ch. XVIII, 1, 2, 3, et suiv. Les avis que Jéthro donna à Moïse dans cette occasion l'ont fait nommer par les musulmans *le prédicateur des prophètes*.

JETSON, ville de la tribu de Ruben, qui fut cédée aux lévites de la famille de Mérari (a). L'Hébreu, au lieu de *Jetson*, porte *Cademoth*, dans Josué et dans les Paralipomènes (b). On ne trouve point *Jetson* dans aucun autre dénombrement des villes de Ruben.

JETHUR, fils d'Ismael. *Genes.* XXV, 15, fut père des Ithuréens.

JETTAN. Eusèbe (c) dit qu'il y a un lieu nommé *Jettan*, à dix-huit milles d'Eleuthéropolis, dans le canton nommé Daroma.

JEUNE. Le jeûne a été dans tous les temps et parmi toutes les nations un exercice usité dans le deuil, dans la douleur, dans la tristesse. C'est un sentiment qui est en quelque sorte inspiré par la nature, qui, dans ces circonstances, se refuse la nourriture et émousse le sentiment de la faim. Nous ne voyons aucun exemple du jeûne proprement dit avant Moïse, soit que ce législateur n'en ait point remarqué dans les anciens patriarches ; ce qui est assez difficile à croire, puisqu'on y voit des deuils très-grands et très-bien marqués, comme celui d'Abraham pour Sara, et celui de Jacob pour son fils Joseph ; soit qu'il n'ait pas jugé nécessaire d'en parler d'une manière expresse. Mais il paraît par la loi, que les jeûnes même de dévotion, pour expier ses fautes, étaient communs parmi les Israélites. Moïse ordonne que si une femme mariée s'engage par vœu à un jeûne de surérogation, si son mari ne s'y oppose pas, elle sera obligée d'y satisfaire (d). Je ne parle pas du jeûne de quarante jours que Moïse passa sans manger sur la montagne d'Horeb, parce que ce jeûne n'est point dans les règles ordinaires de la nature.

Depuis Moïse, les exemples du jeûne sont communs parmi les Juifs ; mais pour les jeûnes qui se lisent dans leur calendrier, ils sont postérieurs à la loi. Moïse n'ordonne aucun jeûne particulier dans ses livres, sinon le jeûne de l'Expiation solennelle, qui est d'une obligation stricte et générale (e). Josué et les anciens d'Israel demeurèrent prosternés devant l'arche, depuis le matin jusqu'au soir, sans manger, après la défaite des Israélites devant Haï (f). Les onze tribus qui avaient pris les armes contre celle de Benjamin (g), voyant qu'elles ne pouvaient tenir contre ceux de Gabaa, se prosternèrent devant l'arche et y demeurèrent jusqu'au soir, sans manger. Les Juifs, se sentant pressés par les Philistins, s'assemblèrent devant le Seigneur à Maspha (h), et jeûnèrent en sa présence jusqu'au soir. David jeûna pendant la maladie du premier fils qu'il avait eu de Bethsabée, femme d'Urie (i). Les prophètes, Jésus-Christ, saint Jean-Baptiste, les apôtres, ont jeûné dans plusieurs occasions.

Les païens mêmes jeûnaient quelquefois ; et le roi de Ninive, effrayé par la prédication de Jonas, ordonna (j) que non-seulement les hommes, mais aussi les animaux, demeureraient sans boire et sans manger ; que les hommes et les animaux seraient couverts de sacs, et crieraient chacun en leur manière au Seigneur. Les Juifs, dans les calamités publiques, publiaient des jeûnes extraordinaires et faisaient jeûner jusqu'aux enfants à la mamelle, comme on le voit par Joel (k). Quelques Pères (l) ont avancé que dans le jeûne des Ninivites on fit jeûner jusqu'aux enfants à la mamelle. Virgile (m) fait dire à un pasteur que ses animaux mêmes jeûnèrent à la mort de César. On dit que dans les Canaries et au Pérou, quand la sécheresse est trop grande, on enferme les brebis et les chèvres, et qu'on les fait jeûner jusqu'à ce que la faim les contraigne de crier. Voilà ce que l'instinct a inspiré à des peuples païens.

Les Juifs, dans leurs jeûnes ordinaires, commencent à jeûner dès la veille, après le coucher du soleil, et demeurent sans manger jusqu'au lendemain à la même heure ; c'est-à-dire, jusqu'au lever des étoiles. Ils ne prennent aucune nourriture, ni aucune boisson pendant tout ce temps (n). Le jour de l'Expiation solennelle, où le jeûne est d'une plus grande obligation, ils jeûnent vingt-huit heures. Les hommes sont obligés au jeûne dès l'âge de treize ans accomplis, et les filles dès l'âge de onze ans accomplis. On oblige les enfants dès l'âge de sept ans, suivant la portée de leurs forces. Pendant ce jeûne, ils s'abstiennent non-seulement de toute sorte de nourriture, mais aussi du bain, des parfums, des odeurs, des onctions. Ils vont nu-pieds, vivent dans la continence et n'usent point du mariage. C'est l'idée que tous les Orientaux ont du jeûne : une abstinence de toute sorte d'attouchements sensuels et de toute sorte de nourriture et de boisson. Les Samaritains font jeûner, au jour de l'Expiation solennelle, les enfants dès qu'ils sont sevrés, ou, selon d'autres, même ceux qui sont à la mamelle ; et cela pendant les vingt-quatre heures du jeûne de ce jour-là, au lieu que les Juifs ne font jeûner que les enfants de sept ans.

Voici les principaux jours où les Juifs sont obligés au jeûne. Au mois de tizri, qui est le premier de l'année civile et le septième de l'année sainte, ils jeûnent le troisième jour,

---

(a) *Josue*, xxi, 36.
(b) I *Par.* vi, 78, 79.
(c) *Euseb. de Nomin. Hebræis.*
(d) *Num.* xxx, 14.
(e) *Levit.* xxiii, 27, 29 : *Affligetis animas vestras in eo... Omnis anima quæ afflicta non fuerit hac die, peribit de populis suis.*
(f) *Josue*, vii, 6.
(g) *Judic.* xx, 26.

(h) II *Reg.* vii, 6.
(i) II *Reg.* xii, 16.
(j) *Jonas*, iii, 5, 6.
(k) *Joel.* ii, 16.
(l) *Chrysost.* homil. 8, *in Avaros. et orat.* 4 *de Trinit. Chrysost.* t. I, homil. 7, *de Pœnit. Ambros. seu Maxim. serm.* olim 40, *inter Ambros.*
(m) *Virgil. Ecloq.* 5.
(n) Vide *Hieronym. t.* II *advers. Jovinian.*

en mémoire du meurtre commis sur la personne de Godolias. *Voyez* IV *Reg.* XXV, 25; *Jerem* XLI, 2. C'est ce même jeûne dont parle Zacharie sous le nom de jeûne du septième mois. *Zach.* VII, 5.

Le septième du même mois, ils célèbrent un jeûne à cause du veau d'or.

Le dixième, on célèbre le jeûne solennel de l'Expiation. *Levit.* XXIII, 19.

Le sixième jour du second mois, nommé marshévan, on jeûne à cause que Sédécias, roi de Juda, eut les yeux crevés par ordre de Nabuchodonosor.

Le septième jour du troisième mois, on jeûne en mémoire de ce que Joachim, roi de Juda, perça avec un canif et brûla les prophéties de Jérémie.

Le huitième jour du quatrième mois, les Juifs jeûnaient en haine de la traduction de la Bible faite d'hébreu en grec, par l'ordre de Ptolémée Philadelphe.

Le neuvième jour du même mois, on fait un jeûne dont les rabbins ne rapportent pas la raison.

Le dixième du même mois, ils jeûnent en mémoire du siége de Jérusalem attaquée par Nabuchodonosor.

Le huitième jour du cinquième mois, ils jeûnent en mémoire des justes qui ont vécu sous Josué.

Le vingt-troisième du même mois, on célèbre un jeûne à cause de la guerre que les onze tribus firent à celle de Benjamin pour punir l'injure faite à la femme d'un lévite.

Le septième jour du sixième mois, on jeûne à cause de la mort de Moïse.

Le neuvième, on jeûne à cause de la division des écoles de Sammaï et d'Hillel.

Le premier jour du septième mois de l'année civile, qui est le premier mois de l'année sainte, on jeûne à cause de la mort des enfants d'Aaron consumés par le feu sacré.

Le dixième du même mois, on jeûne à cause de la mort de Marie, sœur de Moïse.

Le vingt-sixième, on jeûne pour la mort de Josué.

Le dixième du huitième mois, on jeûne pour la mort du grand prêtre Héli et pour la prise de l'arche.

Le vingt-huitième, on jeûne pour la mort de Samuel.

Le vingt-troisième du neuvième mois, on jeûne à cause que Jéroboam, roi des dix tribus, défendit à ses sujets de porter les prémices à Jérusalem. III *Reg.* XII, 27.

Le vingt-cinquième du même mois, on jeûne à cause de la mort des rabbins Siméon, fils de Gamaliel, Ismael, fils d'Elisée, et Ananias, vicaire du grand prêtre.

Le vingt-septième du même mois, on jeûne à cause que le rabbin Hanina fut brûlé avec le livre de la loi.

Le dix-septième du dixième mois, on jeûne à cause que Moïse brisa les tables de la loi.

(a) *Luc.* XVII, 12.
(b) *Constit. Clement. Epiphan. Theophil. Buxtorf. Sytag. c.* IX. *Grot. Drus. in Luc.* XVIII.
(c) *Matth.* IX, 14.
(d) *Matth.* XI, 18, 19.

Exod. XXXII, 19. Le même jour, on fait mémoire de la cessation des sacrifices et de l'idole placée dans le temple, sous Antiochus Epiphanes.

Le neuvième du onzième mois, on jeûne à cause que Dieu dit à Moïse que nul des Israélites murmurateurs n'entreraient dans la terre promise; et que le même jour le temple de Jérusalem fut brûlé, premièrement par les Chaldéens, et longtemps après par les Romains. C'est le jeûne du cinquième mois de l'année sainte marqué dans Zacharie, VII, 5.

Le dix-huitième du même mois, on jeûne à cause que, du temps d'Achaz, la lampe qui s'allumait tous les soirs dans le Saint fut éteinte.

Le dix-septième du douzième mois de l'année civile, on jeûne en mémoire de la mort de ceux qui, ayant été envoyés pour considérer la terre promise, en firent un rapport désavantageux au peuple et l'engagèrent dans le murmure. Voyez *Num.* XIV 22, 23.

Outre ces jeûnes, qui sont communs à tous les Juifs, quoique non pas avec la même obligation, ils en ont encore d'autres de dévotion pratiqués par les plus zélés et les plus dévots. Par exemple, le pharisien dont parle l'Evangile (a) dit qu'il jeûne deux fois la semaine : *Jejuno bis in sabbato*, c'est-à-dire tous les lundis et les jeudis (b) : le jeudi, en mémoire de ce que Moïse monta ce jour-là sur la montagne de Sinaï, et le lundi, parce qu'il en descendit ce même jour. Les pharisiens et les disciples de saint Jean-Baptiste disaient au Sauveur (c) : *Pourquoi nous et les pharisiens jeûnons-nous souvent, et que vos disciples ne jeûnent point?* Et Jésus-Christ, parlant du jeûne de saint Jean, dit d'une manière exagérée (d) : *Jean est venu ne buvant ni ne mangeant, et vous dites : Il est possédé du démon.* On sait quelle a été la manière de vivre de saint Jean. On dit qu'il y avait des pharisiens qui jeûnaient jusqu'à quatre jours de la semaine. Quelques anciens ont cru que les Juifs jeûnaient tous les jours de sabbat. Justin (e) dit que Moïse et les Israélites, ayant été pendant sept jours errants dans les déserts d'Arabie sans trouver de nourriture, consacrèrent le jour de sabbat, qui est le septième, par un jeûne perpétuel. Auguste (f), écrivant à Tibère, dit qu'il n'y a point de Juif qui garde le jeûne du sabbat comme il l'a gardé le jour qu'il lui écrit. Juvénal (g) dit que les rois mêmes des Juifs passent le sabbat dans le jeûne et dans la nudité des pieds :

Exercent ubi festa mero pede sabbata reges.

Et Martial (h) attribue la puanteur des Juifs aux jeûnes du sabbat. Mais ces auteurs étaient mal informés. Les Juifs non-seulement ne jeûnent pas le jour du sabbat, le jeûne même leur est très-expressément défendu ce jour-là par les règles de leurs docteurs.

On lit dans la Misne (i) que les sages di-

(e) *Justin.* l. XXXVI *Histor.*
(f) *Sueton. in Augusto.*
(g) *Juvenal Satir.* 6.
(h) *Martial.* l. IV, *epigr.* 4.
(i) *Tract. Taanith.* n. 8, p. 368.

saient que les jours de fêtes et autres exempts de jeûne en exemptaient non-seulement pour eux-mêmes, mais aussi pour le jour qui les précédait, et même, selon quelques docteurs, pour celui qui les suivait. Maimonide et Bartenova remarquent sur ce texte que l'ancien livre, qui contenait le calendrier des fêtes d'Israël, était perdu de leur temps, et qu'on n'observait plus parmi eux de ne pas jeûner la veille et le lendemain des fêtes, mais même le jour de ces anciennes fêtes, qui n'étaient plus alors en usage. Dans le grec de Judith on lit que cette sainte femme jeûnait tous les jours de sa vie, excepté *les veilles et les jours de sabbat, les veilles et les jours de néoménies, et les jours de fêtes et de réjouissance d'Israël*. Voilà la pratique de ce que nous venons de voir dans la Misne. On en usait ainsi par respect pour la fête, afin que la joie n'en fût troublée ni par le jeûne précédent ni par le suivant.

Le matin des jours de jeûne (a), on ajoute aux prières des confessions et le récit des choses tristes qui sont arrivées à pareil jour et qui ont donné occasion au jeûne que l'on célèbre ce jour-là; on tire le rouleau de la Loi et on lit, dans le chapitre XXXII de l'Exode, y 11, ces mots : *Et Moïse pria le Seigneur son Dieu, en disant : Pourquoi, Seigneur, votre colère s'allume-t-elle contre votre peuple que vous avez fait sortir de l'Egypte*, etc. Et l'après-midi, dans la prière de Mincha ou de l'offrande, on lit de la même manière et on y ajoute ce que dit Isaïe (b) : *Recherchez le Seigneur pendant qu'on le peut trouver, invoquez-le pendant qu'il est près*, etc.

Il y a des Juifs qui, depuis le 17 de thamuz, jusqu'au 9 du mois ab, qui est un espace de trois semaines, s'abstiennent de manger de la viande et de boire du vin; mais c'est volontairement et parce que tous ces jours-là ont été malheureux à Israël. Le 9 d'ab, qui répond à la lune de juillet et d'août, en mémoire du temple brûlé par Nabuchodonosor et ensuite par Tite, les Juifs demeurent à jeun sans boire ni manger, et nu-pieds sans souliers et sans pouvoir se laver, depuis environ une heure avant le coucher du soleil, jusqu'au lendemain lorsque les étoiles commencent à paraître. Le soir de la veille, après que la prière ordinaire est finie dans la synagogue, ils s'asseyent par terre et lisent les Lamentations de Jérémie. Ils font la même chose le lendemain, y ajoutant beaucoup d'autres lamentations, demeurant tristes tout le jour, sans qu'il leur soit permis d'étudier dans les livres de la loi, mais seulement de lire Job, Jérémie, et d'autres matières tristes et lugubres. Le sabbat qui suit ce jeûne est nommé *nacamu*, c'est-à-dire, consolation, parce qu'ils y lisent ces paroles d'Isaïe (c) : *Consolez-vous, mon peuple, dit le Seigneur; parlez au cœur de Jérusalem et consolez-la*, etc., et qu'ils se consolent dans l'espérance du rétablissement de Jérusalem et du temple.

Outre les jeûnes généraux commandés à toute la nation, il y en a d'autres qui sont particuliers à chaque nation; par exemple, aux Allemands, qui, après les fêtes de Pâque et des Tabernacles, ont accoutumé de jeûner trois jours : savoir, les deux lundis suivants et le jeudi qui est entre deux : et cela fondé sur ce que les fêtes précédentes ayant été longues de huit jours, ils peuvent pendant ce temps-là avoir offensé Dieu. Pour la même raison ils jeûnent le dernier jour de l'an, et quelques-uns la veille du premier jour de chaque mois.

Si, par pénitence ou par quelque dévotion particulière, quelques-uns veulent jeûner au delà de ce qu'on vient de dire, ils ont accoutumé de prononcer ces mots avant le coucher du soleil : *J'entreprends de jeûner demain*. Après quoi ils demeurent sans manger, ni boire, depuis ce soir-là jusqu'au lendemain à pareille heure, et ajoutent une prière par laquelle ils demandent à Dieu que leur jeûne leur tienne lieu de sacrifice. Ce jour-là ils couchent sur un lit plus dur qu'à l'ordinaire (d), retranchent le nombre de leurs oreillers, changent leurs draps fins et en prennent de grossiers.

Si quelqu'un songe quelque chose de mauvais ou de funeste (e), par exemple de voir brûler le livre de la Loi, de voir le jour du pardon à l'heure de la prière du soir, de voir tomber les poutres de sa maison, ou ses dents, et que ce songe lui cause de l'inquiétude, il jeûne ce jour-là dans toute la rigueur du jeûne, sans boire ni manger d'un soir à l'autre. Cette sorte de jeûne leur paraît si importante, qu'ils peuvent même jeûner le jour du sabbat ou d'une autre fête; ce qui n'est point permis dans toute autre occasion.

Le soir que ce jeûne finit, celui qui a songé fait venir trois de ses amis avant qu'il prenne son repas, et leur dit par sept fois : *Qu'heureux soit le songe que j'ai fait!* A quoi ils répondent chaque fois : *Qu'il soit heureux et que Dieu le rende tel!* Puis ils ajoutent quelques passages des prophètes, et afin qu'il tire un heureux présage de la rémission de ses péchés, ils lui disent ces paroles de l'Ecclésiaste (f) : *Allez, mangez en joie votre pain et buvez votre vin avec allégresse, parce que vos œuvres sont agréables à Dieu*. Après quoi le jeûneur peut manger.

Ils ont confiance que le jeûne, ou leur obtiendra une heureuse interprétation de leur songe, ou en éloignera les mauvais effets; ils tiennent que *le jeûne est à l'égard du songe ce que le feu est à l'égard de l'étoupe qu'il allume et qu'il brûle* (g). S'il arrive quelque maladie à quelqu'un, si on entreprend un voyage dangereux, si on est arrêté prisonnier, on jeûne pour obtenir la santé

(a) Léon de Modène, *Cérémonies des Juifs*, partie III, c. VIII.
(b) Isaï. LV, 5.
(c) Isaï. XL, 1, 2, etc.
(d) Buxtorf. Synagog. Jud.

(e) Idem, part. I, c. IV.
(f) Eccle. IX, 7.
(g) Basnage, *Hist. des Juifs*, t. V, l. VII, c. XVIII, art. 4.

ou sa délivrance. L'enfant qui a aimé tendrement son père jeûne tous les ans le jour de sa mort. Les magiciens mêmes jeûnent afin d'évoquer les âmes des morts et les démons de l'enfer ; à plus forte raison, disent les sages, les gens de bien doivent jeûner pour attirer sur eux l'esprit de Dieu.

Les rabbins soutiennent qu'il n'est pas permis de jeûner au mois de mars, parce que c'est en ce mois que les Israélites sortirent de l'Egypte, et qu'il doit être tout entier consacré à la joie et à la reconnaissance. Cependant quelques-uns ne laissent pas de jeûner le jour que Marie, sœur de Moïse, mourut, parce qu'alors l'eau ayant manqué au peuple au campement de Cadesbarné, Israel tomba dans le murmure contre Dieu (a).

La manière ordinaire de jeûner parmi les Juifs est de ne prendre aucune nourriture ni aucune boisson, depuis le soir précédent jusqu'après le coucher du soleil du jour suivant. Toutefois il y a des Juifs qui croient qu'il est permis de manger jusqu'au matin du jour qu'on doit jeûner, et qu'il suffit de demeurer tout le jour, depuis le point du jour jusqu'au lever des étoiles, sans prendre aucune nourriture. La viande est interdite dans le jeûne, on se contente de certains légumes : car ils ne sont pas tous permis ; le beurre est aussi défendu, mais non pas les œufs. On ne célèbre point de mariage les jours de jeûne, et il est défendu de se faire raser, de se poudrer et de se baigner ; ils se jettent quelquefois des cendres sur la tête, et ils vont nu-pieds. Mais ces dernières cérémonies ne sont pas d'une obligation indispensable. Ils regardent les jeûnes et les abstinences comme un supplément aux anciens sacrifices, et y attachent un grand mérite.

Les musulmans (b), à l'imitation des chrétiens, observent le jeûne pendant le mois entier de ramadan qui est le neuvième mois de l'année arabique. Ce mois est lunaire et change perpétuellement de place, roulant successivement dans toutes les saisons de l'année, parce que ces peuples ne reçoivent point d'intercalation. On dit que ce jeûne a été institué en mémoire de l'Alcoran, que Mahomet dit lui avoir été envoyé en ce mois-là. Leur jeûne consiste à ne boire, ni manger, ni fumer pendant tout le jour, depuis le matin jusqu'au lever des étoiles. Après quoi ils boivent et mangent tant qu'ils veulent, toute la nuit, si ce n'est que le vin leur est encore plus étroitement défendu en cette rencontre qu'aux autres temps ; on en a vu à qui l'on a fait avaler du plomb fondu pour avoir violé cette règle.

Nul n'est exempt du jeûne, ni femme, ni soldat, ni voyageur, ni ouvrier, ni artisan, ni pauvre, ni riche ; le sultan jeûne comme les autres. Les malades qui sont dans l'impuissance de jeûner le ramadan sont obligés de jeûner un autre mois après leur convalescence. La soif surtout est très-pénible aux voyageurs et aux ouvriers ; mais il faut la souffrir, ou, si l'on rompt son jeûne, se résoudre de jeûner autant de jours dans un autre temps. La plupart demeurent tout le jour dans une grande inaction, évitant surtout les exercices qui peuvent causer de l'altération.

Quant aux jeûnes des chrétiens, sans parler du jeûne de quarante jours que Jésus-Christ a passé dans le désert sans manger, et qui est au-dessus des forces ordinaires de l'homme, on ne peut pas douter qu'étant aussi attaché qu'il l'était aux observances légales, il n'observât et ne fît observer par ses disciples tous les jeûnes qui étaient d'obligation dans sa nation. Mais il ne paraît pas qu'il ait pratiqué ni qu'il ait ordonné à ses disciples aucuns jeûnes particuliers et de pure dévotion. La vie pauvre, laborieuse, et presque toujours errante que lui et ses disciples ont menée pendant les trois dernières années de sa vie, ne leur permettait pas d'entreprendre de telles pratiques. Mais lorsque les pharisiens lui firent quelques reproches sur ce que ses disciples ne jeûnaient pas aussi souvent que ceux de Jean-Baptiste et les leurs (c), il leur répondit : *Pouvez-vous faire jeûner les amis de l'époux, tandis que l'époux est avec eux? Il viendra un temps que l'époux leur sera ôté, et alors ils jeûneront.* En effet la vie des apôtres et des premiers fidèles était une vie de privations, de travaux, d'austérités et de jeûne. On en peut juger par la vie de saint Paul, qui nous est mieux connue que celle des autres apôtres ; il dit (d) qu'il a été et qu'il est tous les jours exposé à mille besoins et à de fréquents jeûnes : *In fame et siti, in jejuniis multis.* Il exhorte les fidèles à l'imiter dans sa patience, dans ses afflictions, dans ses travaux, dans ses veilles, dans ses jeûnes : *in laboribus, in vigiliis, in jejuniis.* Les ordinations et les actions importantes de l'Eglise étaient accompagnées de jeûnes et d'oraisons (e). Les jeûnes des stations (f), c'est-à-dire du mercredi et du vendredi, et celui du carême, surtout de la semaine sainte, passent pour être de l'institution des apôtres.

On ne saurait assez s'étonner de l'extrême relâchement qui est arrivé dans le jeûne parmi les chrétiens, surtout dans l'Eglise latine ; et ce qui surprend plus que tout le reste, c'est que des casuistes et des prélats, qui devraient être mieux instruits de l'esprit de l'Eglise et plus zélés à soutenir les intérêts de la vérité et les règles de l'ancienne discipline, écrivent et enseignent que boire même du vin, des liqueurs, du thé, du café et du chocolat, ne rompt pas le jeûne, parce que, disent-ils, la liqueur ne fait qu'humecter et ne nourrit pas; comme le vin, par exem-

---

(a) Num. xx, 1, 2, etc.
(b) D'Herbelot, *Bibl. Orient*, p. 708. Tournefort, *Voyage*, t. II, in-octavo, p. 342. Lucas, *Voyage d'Egypte*, tom. I, etc.
(c) Luc. v, 33, 34.

(d) II Cor. vi, 5, et xi, 27.
(e) Act. xiii, 2, 3.
(f) Vide Tertull. Clement. Ignat. Epiphan. Ambros. Aug alios apud Groi. in Luc. xviii, 14 et Thomassin. du Jeûne

ple, qui est l'extrait d'un fruit très-succulent, et dont Galien a dit que certain vin nourrissait autant que la chair de porc, qui, comme l'on sait, est une nourriture des plus succulentes que l'on connaisse. Le chocolat, selon eux, le thé, le café, qui sont des liqueurs composées, et les autres liqueurs où il entre de l'eau-de-vie, ne nourrissent point. Cependant l'eau même pure nourrit, rafraîchit, délecte : l'idée de tous les peuples, Grecs et Barbares, a toujours été dans le jeûne de mortifier les sens non-seulement par la faim, mais aussi par la soif; les juifs, les musulmans, les anciens chrétiens, les païens mêmes, comme on le voit par l'exemple de ceux de Ninive, n'en ont pas jugé autrement.

C'est une erreur manifeste de dire que l'eau et les choses liquides ne nourrissent point : ne se convertissent-elles pas en chyle dans l'estomac? n'entrent-elles pas dans le cœur et dans le sang? et les nourritures les plus solides ne se réduisent-elles pas elles-mêmes en liqueurs pour pouvoir nourrir et sustenter l'homme? Car enfin tout ce que nous mangeons doit être changé en chyle, en lymphe, et ensuite en sang pour contribuer à notre entretien. Il est vrai qu'un homme qui ne boirait que de l'eau sans manger, ne pourrait vivre longtemps; mais ceux qui boivent de l'eau, du vin, ou autre chose dans le jeûne, ne laissent pas de manger avant et après avoir bu, et souvent avec abondance; en sorte que le boire est à leur égard, non-seulement une nouvelle nourriture, mais encore un dissolvant pour aider à la digestion de ce qu'ils ont pris auparavant. Enfin quand les choses liquides ne feraient que rafraîchir et délecter, on devrait se les interdire dans le jeûne, comme contraires à l'esprit de ce saint exercice, et condamnées par l'exemple des juifs, des musulmans, des païens, et à plus forte raison des anciens chrétiens.

JEUX, JOUER. Les Hébreux emploient le mot de jouer pour marquer toutes sortes de divertissements, comme la danse, les jeux d'exercices, les badineries et les amusements propres à délasser l'esprit et à donner du plaisir. Le même terme hébreu *zachak* (a), qui signifie *jouer*, se prend aussi communément pour *rire*, se divertir, se moquer, insulter. Sara ayant vu Ismael qui se jouait avec son fils Isaac en fut indignée. C'était un jeu de moquerie, ou d'insulte, ou même de batterie, de même qu'au second livre des Rois (b) : *Surgant pueri et ludant coram nobis* : Que des jeunes gens, des soldats se lèvent et se jouent en notre présence, qu'ils se battent comme par manière de jeu. Mais la suite fait voir qu'ils se battirent très-sérieusement, puisqu'ils se tuèrent tous.

On voit une autre sorte de jeu dans l'Exode,

(a) צחק *Lusit, risit.*
(b) II Reg. II, 14.
(c) Exod. xxxII, 6.
(d) Judic. xvi, 25.
(e) I Reg. xvIII, 6, 7.
(f) I Reg. vi, 5, 22.

lorsque les Israélites, ayant élevé le veau d'or, commencèrent à danser autour et à se divertir (c) : *Sedit populus manducare et bibere, et surrexerunt ludere.* Samson ayant été livré par Dalila entre les mains des Philistins, ils lui crevèrent les yeux, le mirent en prison, et quelque temps après le firent paraître en leur présence, afin qu'ils le divertît par les niches qu'ils lui feraient, et par les mouvements qu'il se donnerait pour les éviter, et pour se parer de leurs insultes (d) : *Præceperunt ut vocarent Samson, et ante eos luderet ; qui adductus de carcere, ludebat coram eis.*

Les femmes qui vinrent au-devant de David et de Saül victorieux après la mort de Goliath dansaient et jouaient des instruments, et témoignaient leur joie de mille manières (e) : *Egressæ sunt mulieres cantantes chorosque ducentes.... in tympanis lætitiæ et systris, et præcinebant ludentes*, etc. David, dans la cérémonie du transport de l'arche de la maison d'Obédédom dans son palais, dansait de toutes ses forces, *jouait* des instruments, et témoignait sa joie devant le Seigneur (f) : *David autem et omnis Israel ludebant coram Domino.* Et lorsque Michol lui reprocha qu'il n'avait pas gardé la gravité et la bienséance convenables à son rang, il lui répondit : *Et ludam, et vilior fiam* : Je jouerai, et je paraîtrai vil à mes propres yeux.

Sara, fille de Raguel, répandant son cœur devant le Seigneur, lui dit : Je ne me suis jamais mêlée avec celles qui jouaient (g). *Numquam cum ludentibus miscui me.* Et Jérémie (h) : *Non sedi cum concilio ludentium* Je ne me suis pas trouvé dans l'assemblée de ceux qui se divertissaient et qui jouaient. Et le même prophète parlant à la fille de Sion, lui dit que le temps viendra qu'elle sera rebâtie de nouveau, et qu'elle ira se divertir dans les danses avec ses pareilles (i) : *Adhuc ornaberis tympanis tuis, et egredieris in choro ludentium.* Salomon représente la Sagesse qui se joue devant le Seigneur, et qui prend son plaisir à vivre parmi les hommes (j) : *Ludens coram eo omni tempore, ludens in orbe terrarum.* Baruch semble désigner le divertissement de la chasse de l'oiseau sous le nom de jeu (k) : Où sont les princes des nations qui dominent sur les bêtes de la terre, et qui se jouent avec les oiseaux du ciel? *Qui in avibus cœli ludunt.*

Je ne vois dans l'Ecriture aucune sorte de jeux particuliers, ni jeux de hasard, ni jeux de représentations sur les théâtres, ni de courses de chevaux ou de chariots, ni de combats d'hommes ou d'animaux. Salomon, qui avoue qu'il ne s'était refusé aucun plaisir, ne parle de rien de semblable : il ne parle que de beaux bâtiments, de jardins, de vignes, de vergers, de réservoirs d'eaux,

(g) Tob. III, 17.
(h) Jerem. xv, 17.
(i) Jerem. xxxi, 4.
(j) Prov. vIII, 30, 31.
(k) Baruc. III, 17.

de bonne chère, d'amas d'or et d'argent, de musiciens et de musiciennes, etc. Dans la description d'une prospérité et d'une paix profonde, on ne parle ni de jeux ni de spectacles, mais seulement d'une terre bien cultivée et bien féconde, où chacun est en repos sous son figuier et sous sa vigne, jouissant en assurance du fruit de ses travaux ; où les vieillards, assis dans les places publiques, délibéraient sur les affaires communes, et où les jeunes gens *se revêtaient d'habits de gloire, et d'ornements propres à la guerre.* Les Israélites étaient un peuple laborieux et belliqueux, qui bornaient presque tous leurs jeux et leurs divertissements aux plaisirs champêtres, et à ceux qu'ils goûtaient dans les solennités du Seigneur, dans leurs voyages de religion et dans les repas qu'ils prenaient dans le temple.

Je parle des temps où la loi était observée, et des anciens temps de la république des Hébreux ; car lorsqu'ils se déréglaient, ils donnaient dans tous les plus grands excès des nations idolâtres, et se livraient à leurs jeux et à leurs divertissements impies et honteux. Depuis le règne des Grecs, je veux dire depuis la mort d'Alexandre le Grand et la domination des rois de Syrie dans la Judée, ils commencèrent à prendre goût aux jeux d'exercice des Grecs. On vit dans Jérusalem des gymnases et des places où l'on s'exerçait dans toutes les sortes d'exercices des Grecs : la lutte, la course, le palet, etc. (a), et les Romains ayant succédé aux Grecs, Hérode bâtit des théâtres et des amphithéâtres dans les villes de Palestine, et y fit représenter des jeux de toutes les sortes. On peut voir Josèphe et la dissertation touchant les jeux des Hébreux, composée par M. Vangenseil.

JEZABAD le Gaderothite, un des braves de David. I *Par.* XII, 4.

JÉZABEL, fille d'Ithobaal, roi de Sidon, et épouse d'Achab, roi d'Israël (1). Cette princesse introduisit dans le royaume de Samarie le culte public de Baal, d'Astarté, et des autres divinités phéniciennes, ou chananéennes, que le Seigneur avait interdit d'une manière si expresse à son peuple ; et avec ce culte impie, on y vit régner toutes les abominations qui avaient autrefois si fort irrité le Seigneur contre les Chananéens, et qui les avaient fait exterminer de dessus la terre. Jézabel était si zélée pour l'honneur de cette fausse religion, qu'elle nourrissait de sa table jusqu'à quatre cents faux prophètes des bois de futaie consacrés à la déesse Astarté ; et Achab, son mari, avait de même quatre cent cinquante prophètes de Baal (b), qu'il entretenait comme ministres de ses faux dieux.

Jézabel semblait avoir entrepris d'abolir le culte du Seigneur dans Israël, en persécutant et en mettant à mort les prophètes du Seigneur. Elle les aurait tous fait mourir, si quelques gens de bien n'en avaient sauvé une partie. Abdias, officier du roi Achab, en avait conservé jusqu'à cent pour sa part (c). Élie, qui parut en ce temps-là, ayant fait descendre le feu du ciel sur son holocauste, à la vue d'Achab et de tout Israël assemblé au mont Carmel, et le peuple ayant mis à mort (d) les quatre cents prophètes de Baal qui s'y étaient trouvés, Jézabel fit dire à Élie qu'elle le ferait périr dès le lendemain. Élie s'enfuit, et évita la fureur de cette reine impie (e).

Quelque temps après (f), Achab ayant voulu acheter la vigne de Naboth, et ce bon Israélite n'ayant pas cru la pouvoir vendre, Jézabel écrivit au nom du roi aux principaux de Jezrael, où il demeurait, de le faire mourir, et de suborner des témoins qui l'accusassent de blasphème contre Dieu, et de discours injurieux contre le roi. Ces ordres ne furent que trop exactement exécutés, et Naboth ayant été condamné et mis à mort, Achab se mit en possession de sa vigne, comme d'un bien confisqué à son profit. Comme Achab revenait de Jezrael, où il s'était mis en possession de cette vigne, Élie vint au-devant de lui, et le menaça de la part du Seigneur de le faire périr, lui et sa maison ; et à l'égard de Jézabel, qui avait été la première cause de tout ce mal ; il lui dit que son corps serait mangé des chiens dans la campagne de Jezrael, ou, selon l'Hébreu, *dans l'avant-mur de Jezrael* (g).

Ces prédictions furent vérifiées à la lettre. Lorsque Jéhu, fils de Namsi, s'étant révolté contre Achab (h), et étant venu à Jezrael, Jézabel se farda les yeux (i) avec de l'antimoine pour les faire paraître plus grands et plus noirs, mit ses ornements sur sa tête, et regardant par la fenêtre qui était dans l'appartement au-dessus de la porte de la ville, et voyant Jéhu qui entrait monté sur son chariot, elle cria : *Celui qui, comme Zambri, a tué son maître peut-il espérer quelque paix ?* Jéhu, levant la tête, demanda : *Qui est celle-là ?* Aussitôt, deux ou trois eunuques, qui étaient en haut, lui firent une profonde révérence, et Jéhu leur dit : *Jetez-la du haut en bas ;* aussitôt ils la jetèrent par la fenêtre ; et, étant tombée dans l'enceinte de l'avant-mur, elle fut mangée par les chiens. Jéhu étant entré pour boire et pour manger, dit à ses gens : *Allez voir ce qu'est devenue cette malheureuse, et ensevelissez-la, parce qu'elle est fille de roi.* Ils y allèrent, et n'en trouvèrent que le crâne, les pieds et l'extrémité des mains. Ils revinrent en rendre compte à Jéhu, qui dit : *C'est l'accomplissement de ce que le Seigneur avait prononcé par*

(a) I *Mac.* v, 16, et II *Mac.* iv, 13, 14, 15.
(b) III *Reg.* xviii, 19.
(c) III *Reg.* xviii, 13. An du monde 3096, avant Jésus-Christ 904, avant l'ère vulg. 908.
(d) III *Reg.* xviii.
(e) III *Reg.* xix, 1 *et seq.* An du monde 3096, avant Jésus-Christ 904, avant l'ère vulg. 908.
(f) III *Reg.* xxi, 1. An du monde 3105, avant Jésus-Christ 895, avant l'ère vulg. 899.
(g) III *Reg.* xxi, 23, et IV *Reg.* ix, 10.
(h) An du monde 3120, avant Jésus-Christ 880, avant l'ère vulg. 884.
(i) IV *Reg.* xxx, 31, 32.
(1) C'est Josèphe qui nomme *Ithobal* le père de Jézabel (*Antiq.* viii, 13); l'Écriture l'appelle *Ethbaal* (III *Reg.* xvi, 31).

Élie, en disant : *Les chiens mangeront la chair de Jézabel dans l'avant-mur de Jezrael. La chair de Jézabel sera dans la campagne de Jézrael comme le fumier de la terre ; et tous ceux qui passeront diront en la voyant : Est-ce là cette Jézabel ?*

Le nom de Jézabel est passé en proverbe pour marquer une femme cruelle et impie. Saint Jean, dans l'Apocalypse (a), reproche à l'évêque de Thyatire, dans l'Asie Mineure, qu'il souffre que *Jézabel, cette femme qui se dit prophétesse, enseigne et séduise les serviteurs de Jésus-Christ, pour les faire tomber dans la fornication, et leur faire manger ce qui est consacré aux idoles.* Il dit qu'il lui a donné du temps pour faire pénitence, mais qu'elle n'a point voulu se repentir. C'est pourquoi Dieu menace de l'accabler de maladies et d'afflictions, avec ceux qui se sont corrompus avec elle ; de frapper de mort ses enfants, afin que toutes les églises connaissent que le Seigneur sonde les reins et les cœurs, et qu'il rend à chacun selon ses œuvres. On ne doute pas que Jézabel en cet endroit ne soit un nom figuré, et ne signifie quelque femme qui s'amuse à dogmatiser dans l'Eglise. *Voyez* les commentateurs sur l'Apocalypse, II, 20.

JEZATHA, un des dix fils d'Aman. *Esth.* IX, 9.

JEZECHIA. *Voyez* EZÉCHIA.

JEZER, fils de Galaad, chef de la famille des Jézérites. *Num.* XXVI. 30.

JEZER, ou JAZER, ou JASER, ville de la tribu de Gad (b), laquelle fut cédée aux lévites de la famille de Mérari (c).—[*Voyez* JASER.]

JEZÉRITE. On dirait que ce mot désignerait ou un membre de la famille de Jézer, ou un habitant de la ville de Jézer, dont les articles précèdent ; mais nous trouvons que Sammoth, dit *le Jézérite* I *Par.* XXVII, 8, est dit *l'Ararite* XI, 27. Huré trouve que le mot *Jézérite* ne regarde ni l'un ni l'autre des deux mots qui précèdent, et prétend, d'après le Grec, que *Jézérite* veut dire *fils de Jézer*. *Voyez* ARARI.

JEZIA, descendant de Pharos, fut un de ceux qui renvoyèrent leurs femmes après qu'ils furent revenus de la captivité. *Esdr.* X, 25.

JEZLIA, fils d'Elphaal, benjamite. I *Par.* VIII, 18.

JEZONIAS, fils de Machati. I *Reg.* XXV, 23.

JEZONIAS, fils de Jérémie Réchabite. *Jerem.* XXXV, 3.

JEZONIAS, fils de Scaphan, chef des Israélites qui furent montrés en vision à Ezéchiel. *Ezech.* VIII, 11.

JEZONIAS, fils d'Azur, un des mauvais Israélites qui disaient de Jérusalem : *Cette ville est la marmite, et nous sommes la chair. Ezech.* XI, 1, 3.

(a) *Apoc.* II, 20.
(b) *Josue,* XIII, 25.
(c) I *Par.* VI, 81, *et Josue,* XXI, 57.
(d) *Josue,* XIX, 18.
(e) II *Reg.* I, 13, 14, etc.
(f) Vers l'an du monde 2954, avant Jésus-Christ 1046,

JEZONIAS, fils d'Osacée, marqué dans Jérémie, ch. XLII, 1. C'est apparemment le même qu'*Azarias,* fils d'Osaïe, *Jerem.* XLIII, 2, qui fut un des principaux qui engagèrent les Israélites laissés dans la Judée à aller en Egypte malgré Jérémie.

JEZRA, fils de Mosollam, et père d'Adiel. I *Par.* IX, 10.

JEZRAEL, ville de la tribu de Juda. *Josue,* XV, 56.

JEZRAEL, ville fameuse dans la tribu d'Issachar (d), située dans le Grand-Champ. *Voyez* ci-devant *Jesrael.*

JEZRAEL, fils d'Etham, de la tribu de Juda. I *Par.* IV, 3.

JEZRAEL, fils du prophète Osée et de Gomer, courtisane qu'il avait épousée. *Osee* I, 4.

JEZRAIA, intendant ou chef des chantres du temple du temps de Néhémie. II *Esdr.* XII, 41.

JOAB, fils de Sarvia, sœur de David, et frère d'Abisaï et d'Azael. Joab était un des plus vaillants hommes et des plus habiles généraux du temps de David, mais en même temps un des plus cruels, des plus vindicatifs et des plus impérieux hommes de son temps. Il rendit de très-grands services à David, et fut toujours fort attaché à son service. Il était général de ses troupes dans le temps qu'il n'était encore que roi de la tribu de Juda. La première action dont parle l'Ecriture (e), où il se signala, fut celle du combat de Gabaon contre Abner, chef du parti d'Isboseth, fils de Saül (f). Tout l'avantage fut du côté de Joab ; mais Azael, son frère, y fut tué par Abner, de la manière que nous l'avons raconté dans l'article d'AZAEL, et dans celui d'ABNER. Pour venger cette mort, Joab tua en trahison Abner, qui était venu à Hébron pour faire alliance avec David, et pour ramener tout Israel sous son obéissance (g). David eut horreur d'une action si lâche ; mais il n'osa en punir Joab, qui lui était devenu en quelque sorte redoutable.

Après que David eut été reconnu roi de tout Israel (h), il fit le siége de Jérusalem, et promit à celui qui monterait le premier sur les murs de cette ville, et qui en chasserait les Jébuséens, qu'il serait chef et général de ses armées. Joab y monta le premier, et mérita par sa valeur d'être conservé dans un emploi qu'il possédait déjà. Il eut la principale part dans les guerres que David fit contre les Syriens et les Iduméens. Il subjugua les Ammonites [*Voyez* ABISAÏ], et fit périr le brave Urie dans le siége de Rabbat, leur capitale (j). Ce fut lui qui fit revenir Absalon de son exil, et qui obtint de David que ce jeune prince rentrerait dans ses bonnes grâces, et aurait l'honneur de paraître à la cour comme auparavant. Mais autant qu'il avait paru ami d'Absalon dans sa disgrâce, autant lui fut-il opposé dans sa révolte. Il le vainc

avant l'ère vulg. 1050.
(g) II *Reg.* III, 27, 39.
(h) An du monde 2957, avant Jésus-Christ 1043, avant l'ère vulg. 1047.
(i) I *Par.* XI, 16.
(j) II *Reg.* XI, XII.

quit en bataille rangée près de Mahanaïm (a); et ayant su qu'il était suspendu par le cou à un chêne, il le tua et le perça de sa propre main, quoiqu'il sût très-bien les ordres contraires que David lui avait donnés à lui en particulier, et à toute l'armée, de conserver son fils Absalon. Et lorsque le roi fit paraître trop de douleur pour la mort de ce fils, Joab osa lui parler d'une manière peu respectueuse, jusqu'à lui dire (b): Vous avez chargé de confusion tous vos serviteurs, qui ont exposé leur vie pour conserver la vôtre, et celle de tous vos enfants et de toutes vos femmes. Vous aimez ceux qui vous haïssent, et vous n'aimez point ceux qui vous aiment. Vous nous avez fait voir aujourd'hui que vous n'avez nulle considération pour vos généraux, ni pour vos soldats; et que si Absalom vivait, et que nous fussions tous péris dans le combat, vous seriez au comble de votre joie. Ainsi levez-vous tout à cette heure, montrez-vous, et parlez à vos serviteurs; autrement je vous jure par le Seigneur qu'il ne vous restera pas un homme dans cette nuit, et que vous vous trouverez dans le plus grand danger où vous ayez jamais été.

David ressentit ce trait de l'insolence de Joab; mais il n'était pas en état de le réprimer comme il aurait voulu. Lorsque Siba, fils de Bochri, commença à lever l'étendard de la révolte, et que la plus grande partie du peuple le suivait, David commanda à Amasa (c) de ramasser des troupes dans la tribu de Juda et de le poursuivre (d), donnant ainsi l'exclusion à Joab, qui avait été jusqu'alors commandant général des troupes d'Israël. Mais Amasa ayant un peu trop tardé à venir, David dit à Abisaï, frère de Joab, de poursuivre Siba. Joab l'accompagna avec les Céréthéens et les Phéléthéens de la garde du roi. Amasa arriva peu de temps après; et étant allé joindre Abisaï et Joab à Gabaon, Joab, faisant semblant de le baiser, lui enfonça son poignard dans le ventre. Ainsi périt Amasa, qui devait être général des troupes d'Israël. Joab termina la guerre contre Siba le plus heureusement du monde, sans risquer aucun combat et sans exposer les troupes du roi, parce qu'on lui jeta la tête de Siba par-dessus les murs d'Abila, qu'il disposait d'assiéger (e). Il revint à Jérusalem, et David lui laissa le commandement général de ses armées (f), apparemment en considération du grand service qu'il venait de lui rendre.

Lorsque David, poussé par le mauvais esprit, et par une curiosité blâmable (g), entreprit de faire le dénombrement de son peuple, il en donna la commission à Joab. Celui-ci ce qu'il put pour détourner le roi de

(a) II Reg. xviii, 1, 2, 5-13, 14.
(b) II Reg. xix, 5, 6.
(c) Amasa était fils de Sarvia, aussi bien que Joab, mais d'un autre père. Absalom dans sa révolte avait donné à Amasa le commandement de ses troupes. David le confirma dans cet emploi. Voyez II Reg. xvii, 25, 26.
(d) II Reg. xx, 3, 4, 5, etc.
(e) II Reg. xx. 19, 20, 21, etc.
(f) II Reg. xx, 23.
(g) II Reg. xxiv 1, 2, 3, 4. I Par. xxi, 1, 2, 3. An du monde 2987, avant Jésus-Christ 1103, avant l'ère vulg.

cette résolution; mais ayant été obligé d'obéir, il ne le fit qu'à regret, et n'exécuta qu'en partie ce que le roi avait commandé (h). David lui-même reconnut sa faute, et Dieu l'en punit d'une manière très-sévère.

Adonias, fils de David, se voyant, après la mort d'Absalon, l'aîné de la famille royale, songea à se faire reconnaître pour roi (i). David était fort avancé en âge, et ne se mêlait que peu des affaires du gouvernement. On n'ignorait pas que David n'eût dessein de laisser la couronne à Salomon; mais comme ce prince était encore fort jeune, Adonias se flattait qu'avec le secours d'un puissant parti qu'il s'était fait il pourrait à son exclusion monter sur le trône d'Israël. Il eut soin principalement de mettre dans ses intérêts Joab, général de l'armée, et le grand prêtre Abiathar; et ayant fait un grand festin aux principaux chefs de son parti sur la fontaine de Siloé, il se fit saluer comme roi par ceux qui étaient de la fête (j). Mais David, ayant été informé à temps de ce qui se passait, fit couronner et sacrer Salomon par le grand prêtre Sadoc et par le prophète Nathan, et le fit asseoir sur son trône à la vue de tout le peuple. A cette nouvelle, Adonias se sauva au temple, comme à un asile; et Joab et les autres se retirèrent dans leurs maisons.

Cette dernière démarche de Joab indisposa de plus en plus David contre lui, de sorte que quelque temps après, se sentant près de sa fin (k), il dit à Salomon (l): Vous savez de quelle manière m'a traité Joab, fils de Sarvia, et ce qu'il a fait à deux généraux de l'armée d'Israël, à Abner, fils de Ner, et à Amasa, fils de Jéther, qu'il a assassinés, et dont il a répandu le sang en pleine paix, comme il aurait fait durant la guerre. Vous en userez selon votre sagesse, et vous ne permettrez point que dans sa vieillesse il descende en paix dans le tombeau. Quelque temps après la mort de David, Joab ayant appris que ce jeune roi avait fait tuer Adonias, qui lui avait fait demander Abisag pour femme, et qu'il avait relégué le grand prêtre Abiathar dans sa maison de campagne à Anathoth, crut qu'il devait lui-même songer à mettre sa vie en sûreté. Il se retira donc dans le temple du Seigneur, prit la corne de l'autel, pour se garantir de la mort. Mais Salomon ne crut pas que le privilège de l'asile dût l'empêcher de le faire mourir. Il envoya Banaïas, fils de Joïada, qui lui ordonna de sortir de là; mais Joab ayant répondu qu'il ne sortirait point, et qu'il mourrait au même lieu, Salomon commanda qu'on le tuât au pied de l'autel; ce qui fut exécuté. Ainsi mourut Joab [Voyez ASILE]. Il fut enterré par Banaïas dans sa maison dans le désert (m).

1017.
(h) I Par. xxi, 6.
(i) III Reg. 1, 1, 2, 3, 4, etc.
(j) III Reg. 1, 8. An du monde 2989, avant Jésus-Christ 1011, avant l'ère vulg. 1015.
(k) An du monde 2990, avant Jésus-Christ-1010, avant l'ère vulg. 1014.
(l) III Reg. ii, 5, 6, 7.
(m) L'an du monde 2990, avant Jésus-Christ 1010, avant l'ère vulg. 1014.

[*Voyez* l'histoire de Joab dans mon *Histoire de l'Ancien Testament*, liv. IV.]

JOACHAS, fils de Jéhu, roi d'Israel, succéda à son père l'an du monde 3148, avant Jésus Christ 852, avant l'ère vulgaire 856 ; il régna pendant dix-sept ans, jusqu'à l'an du monde 3165, avant Jésus-Christ 835, avant l'ère vulgaire 839. Il fit le mal devant le Seigneur (*a*) et suivit le mauvais exemple qu'avait donné Jéroboam, fils de Nabat. Aussi la fureur du Seigneur s'alluma contre Israel, et il le livra pendant tout ce temps-là à Hazael, roi de Syrie, et à Bénadad, fils d'Hazael. Joachas, accablé de tant de disgrâces, se prosterna devant le Seigneur, et le Seigneur, touché des maux d'Israel, l'écouta et lui envoya un sauveur en la personne de Joas, son fils, qui rétablit les affaires d'Israel, et délivra son peuple des mains des rois de Syrie. Il ne restait à Joachas de tous ses soldats que cinquante cavaliers, dix chariots et dix mille hommes de pied, car le roi de Syrie les avait battus et réduits comme la poudre de l'aire où l'on bat le grain. Tout cela ne fut pas capable de faire quitter aux Israélites leurs mauvaises voies et leurs superstitions. Joas, successeur de Joachas, fut plus heureux que son père, mais il ne s'éloigna pas de son impiété.

JOACHAS, autrement OCHOZIAS, roi de Juda. *Voyez* ci-après OCHOZIAS (*b*).

JOACHAS, autrement SELLUM (*c*), [troisième] fils de Josias, roi de Juda (1). Josias ayant été blessé à mort par Néchao, roi d'Egypte, et étant mort de ses blessures à Mageddo (*d*), Joachas fut reconnu roi en sa place, quoiqu'il ne fût pas l'aîné des fils de Josias (2). On le crut apparemment plus propre qu'aucun de ses frères pour tenir tête au roi d'Egypte (3). Il avait vingt-trois ans lorsqu'il commença à régner (*e*) ; il ne régna qu'environ trois mois à Jérusalem. Le roi Néchao, à son retour de son expédition contre Carchemise, étant indigné que le peuple de Juda l'eût, sans sa participation, placé sur le trône de Juda, le fit venir à Réblatha en Syrie, le dépouilla du royaume, le chargea de chaînes et l'envoya en Egypte, où il mourut (*f*). Joachim ou Eliacim, son frère, fut établi roi en sa place. Ezéchiel (*g*) insinue que Joachas résista à Néchao, qu'il lui livra une bataille, et qu'il la perdit. Voici ses paroles : *Votre mère est une lionne qui couche au milieu de ses lionceaux qu'elle a nourris ; elle a pris un de ses lionceaux, et il est devenu lion ; il a appris à prendre sa proie et à dévorer les hommes. Les nations en ont été averties, et l'ont pris, mais non pas sans avoir reçu bien des blessures, et elles l'ont conduit en Egypte.* Ce lionceau désigne visiblement Joachas. Les rabbins croient qu'il leva une armée, qu'il alla jusque dans l'Egypte pour venger la mort de son père Josias.

Il y a une difficulté considérable sur la chronologie du règne de ce prince. L'Ecriture (*h*) dit qu'*il avait vingt-trois ans lorsqu'il commença à régner, et qu'il ne régna que trois mois à Jérusalem.* Son frère Joachim lui succéda, *étant âgé de vingt-cinq ans* (*i*). La plupart en concluent que le peuple mit Joachaz sur le trône, sans suivre l'ordre naturel de la succession, quoiqu'il ne fût pas l'aîné des enfants de Josias. On ignore la raison de cette préférence, mais elle paraît indubitable parce que l'on vient de dire de l'âge de *Joachas*, comparé à celui de Joakim, son frère et son successeur.

D'autres soutiennent que *Joachas*, autrement *Sellum*, était l'aîné des fils de Josias ; et pour concilier ce que l'Ecriture dit de l'âge de Joachas, qui fut fait roi à vingt-trois ans, et de Joakim, son frère, qui, trois mois après, est mis sur le trône, âgé de vingt-cinq ans, on dit que Joachas fut à la vérité mené à Réblatha, trois mois après qu'il eut été établi roi de Juda, mais que l'écrivain sacré n'a reconnu le trône de Juda vacant qu'après sa mort, arrivée deux ou trois ans après sa déposition, et qu'alors Joachim, son cadet, avait atteint l'âge de vingt-cinq ans : pendant la prison de Joachas, Joakim, son frère, n'était regardé que comme son vicaire ou son lieutenant.

D'autres mettent un interrègne de neuf mois entre les deux rois *Joachas* et *Joakim*, et de plus ils supposent que les années de Joachas sont pleines, et celles de Joakim seulement commencées : par ce tempérament on remplit les deux ans que l'Ecriture donne à Joakim au-dessus de Joachas, son frère aîné. Mais sans se fatiguer à former des systèmes chronologiques douteux, il vaut mieux avouer que Joachas était plus jeune que Joakim, et que le peuple, sans avoir attention à l'âge, mit sur le trône de Josias le puîné de ses fils, pour des raisons que l'Ecriture n'a pas jugé à propos d'exprimer.

JOACHIM, ou JOAKIM, ou ELIACIM [ou JÉCHONIAS, *Voyez* ce nom], frère [aîné] et successeur de Joachas, roi de Juda, dont nous venons de parler, fut établi roi par Néchao, roi d'Egypte, au retour de son expédition contre la ville de Carchemise (*j*), l'an du monde 3395, avant Jésus-Christ 605, avant l'ère vulgaire 609. Néchao changea le nom d'*Eliacim* en celui de *Joakim* (4), et lui imposa une rançon de cent talents d'argent et de dix talents d'or. Pour amasser cet argent, Joakim fut obligé de faire de grosses impositions sur son peuple, exigeant de chacun à

(*a*) IV *Reg.* xiii, 1, 2, 3, etc.
(*b*) Comparez II *Par.* xxi, 17, et xxii.
(*c*) *Jerem.* xxii, 11.
(*d*) IV *Reg.* xxiii, 30, 31, 32.
(*e*) An du monde 3395, avant Jésus-Christ 605, avant l'ère vulg. 609.
(*f*) *Jerem.* xxii, 11, 12.
(*g*) *Ezech.* xix, 2, 3, 4.
(*h*) IV *Reg* xxii, 31, et II *Par.* xxvi, 2.
(*i*) IV *Reg.* xxiii, 36.

(*j*) IV *Reg.* xxiii, 34, 35, 36.
(1) La mère de Joachas se nommait Amital.
(2) L'aîné des fils de Josias s'appelait Johanan, et mourut avant lui. Son deuxième fils était Eliacim ou Eliakim, nommé aussi Joachim, et, pensons-nous, Jéchonias (*Voyez* JÉCHONIAS).
(3) D'autres ont fait une supposition plus admissible : peut-être le bruit courut-il d'abord qu'Eliakim avait péri à la guerre avec son père, qu'il y avait accompagné.
(4) Pour marquer son autorité sur lui.

proportion de son bien. Joakim avait vingt-cinq ans lorsqu'il commença à régner, et il régna onze ans à Jérusalem. Sa mère s'appelait Zébida, fille de Phadaïa de Ruma. Il fit le mal devant le Seigneur, et Jérémie (a) lui reproche de bâtir sa maison dans l'injustice, d'opprimer injustement ses sujets, de retenir le salaire de ceux qu'il employait à son service, d'avoir le cœur et les yeux tournés à l'avarice et à l'inhumanité, et de suivre le penchant qu'il avait à commettre toutes sortes d'inhumanités et de mauvaises actions. Voilà le portrait de Joakim. Le même prophète (b) nous apprend qu'il fit tirer le prophète Urie de l'Egypte, où il s'était sauvé, qu'il le fit mourir par l'épée, et qu'il le laissa sans lui donner une sépulture convenable.

Aussi le Seigneur le menace d'une fin malheureuse (c). Il mourra, dit Jérémie, et ne sera ni pleuré ni regretté; *sa sépulture sera comme celle d'un âne mort; on le jettera tout pourri hors des portes de Jérusalem.* Joakim, après avoir demeuré environ quatre ans soumis au roi d'Egypte, tomba sous la domination de Nabuchodonosor, roi des Chaldéens. Ce prince, ayant repris ce que Néchao avait conquis sur l'Euphrate, vint dans la Phénicie et dans la Judée (d), assujettit la ville de Jérusalem, et la soumit aux mêmes charges et conditions où elle était sous le roi d'Egypte (e). Joakim fut pris dans Jérusalem, et Nabuchodonosor le chargea de chaînes et voulut le mener à Babylone; mais il le remit en liberté et le laissa dans le pays, à condition qu'il lui payerait un gros tribut.

C'est ainsi que l'on concilie Daniel et Jérémie avec les Rois et les Paralipomènes (f). Les Paralipomènes, selon l'Hébreu, disent que Nabuchodonosor mit Joakim dans les fers, *pour le mener à Babylone*; et Daniel (g) raconte que le Seigneur livra Joakim entre les mains de Nabuchodonosor, et que ce prince transporta à Babylone une grande partie des vaisseaux de la maison de Dieu, et quelques captifs, du nombre desquels étaient Daniel lui-même et ses compagnons; mais il ne dit pas que Joakim y ait été conduit. Les livres des Rois et des Paralipomènes (h) marquent que Joakim *régna onze ans à Jérusalem*; Jérémie dit que Nabuchodonosor reprit Carchemise sur Néchao, roi d'Egypte, la quatrième année de Joakim (i), et ailleurs (j) que la première année de Nabuchodonosor concourt avec la quatrième année de Joakim.

Tous ces caractères chronologiques nous font voir que Nabuchodonosor ne vint en Judée que l'an du monde 3399, qui est la quatrième année de Joakim; que Joakim ne fut point mené à Babylone, mais seulement enchaîné comme pour y être mené, et qu'ensuite il fut remis en liberté, et laissé à Jérusalem; enfin que Joakim fut soumis à Néchao pendant quatre ans, avant qu'il devînt tributaire de Nabuchodonosor.

Cette année, quatrième de Joakim, Jérémie ayant dicté à Baruch toutes les prophéties qu'il avait prononcées jusqu'alors, Baruch en fit la lecture l'année suivante (k), en présence de tout le peuple assemblé au temple (l). Joakim en fut informé, et s'étant fait apporter ce livre, on le lut devant lui et devant tous les grands qui l'environnaient. Le roi était dans son appartement d'hiver, au neuvième mois, qui revient à notre mois de novembre, et il y avait devant lui un brasier plein de charbon ardent. Après qu'on en eut lu trois ou quatre pages, Joakim coupa le livre avec le canif du secrétaire, et jeta tout le reste au feu, jusqu'à ce qu'il fût consumé, sans vouloir écouter les remontrances que lui firent Elnathan, Dalaïas et Gamarias, qui s'opposèrent à cette action. La lecture du livre ne toucha ni Joakim ni ses gens, et, au lieu de se convertir, il donna ordre que l'on arrêtât Jérémie et Baruch; mais le Seigneur les cacha et ne permit pas qu'on les pût trouver.

Alors le Seigneur commanda à Jérémie de faire écrire de nouveau ses prophéties; et il prononça contre Joakim ces terribles menaces: *Voici ce que dit le Seigneur: Il ne sortira point de lui un prince qui soit assis sur le trône de David* (1). *Son corps mort sera jeté pour être exposé au chaud pendant le jour, et à la gelée pendant la nuit. Je m'élèverai contre lui, contre sa race, contre ses serviteurs, et je ferai fondre sur lui, sur Jérusalem et sur tout Juda, tous les maux dont je les ai menacés.* Joakim éprouva bientôt la vérité des prédictions de Jérémie. Il se souleva contre Nabuchodonosor trois ans après (m); et Nabuchodonosor, occupé à d'autres affaires plus importantes, et ne pouvant ou ne daignant pas aller en personne dans la Judée, y envoya des troupes de Chaldéens, de Syriens, de Moabites et d'Ammonites (n), qui ravagèrent tout le pays et emmenèrent à Babylone trois mille vingt-trois Juifs, la septième année de Joakim (o), du monde 3401, et quatre ans après Joakim lui-même fut pris, mis à mort, et jeté à la voirie, suivant la prédiction de Jérémie (p). On lui donna pour successeur Jéchonias, son fils, l'an du monde 3405, avant Jésus-Christ 595, avant l'ère vulgaire 599.

JOACHIM, époux de sainte Anne et père de la sainte Vierge Marie, aïeul de Jésus-Christ selon la chair. Nous croyons que c'est

---

(a) *Jerem.* xxii, 13, 14 *et seq.*
(b) *Jerem.* xxvi, 22.
(c) *Jerem.* xxii, 18, 19.
(d) An du monde 3399, avant Jésus-Christ 601, avant l'ère vulg. 605, et la quatrième année de Joakim.
(e) IV *Reg.* xxiv, 1, 2.
(f) II *Par.* xxxvi, 6.
(g) *Dan.* i, 1.
(h) IV *Reg.* xxiii, 56. II *Par.* xxxvi, 5.
(i) *Jerem.* xlvi, 2.
(j) *Jerem.* xxv, 1.
(k) *Jerem.* xxxvi, 1-28-32.
(l) An du monde 3399, avant Jésus-Christ 601, avant l'ère vulg. 605.
(m) An du monde 3401, avant Jésus-Christ 599, avant l'ère vulg. 603. IV *Reg.* xxiv, 1, 2.
(n) IV *Reg.* xxiv, 2, 3, etc.
(o) *Jerem.* lii, 28.
(p) *Jerem.* xxii, 18, *et* xxxv, 30.
(1) Erreur; cela fut prédit de son fils (*Jer.* xxii, 50), qui lui succéda. Ce fils se nommait Joachin ou Jéchonias.

le même qu'*Héli*, marqué dans saint Luc, (*a*). *Héli*, *Héliacim*, *Eliacim*, *Joacim*, *Joachim*, ne sont proprement que le même nom. Le nom de Joachim, père de la sainte Vierge, ne se lit pas dans les Ecritures canoniques du Nouveau Testament; mais on l'a adopté dans l'Église grecque et dans la latine: Dans la latine, depuis principalement qu'on y a célébré la fête de Sainte-Anne et de Saint-Joachim; et chez les Grecs, long-temps auparavant. Saint Augustin (*b*), répondant à Fauste le Manichéen, dit que le nom de Joachim n'étant connu que par des écrits apocryphes, ne pouvait être mis en preuve. Mais chez les Grecs, ce nom se trouve dans la plus haute antiquité. Le protévangile de saint Jacques, qui est un écrit composé par les Ebionites dès le temps des apôtres, ou au moins le second siècle de l'Église, parle au long de Joachim et d'Anne. L'Évangile apocryphe de la naissance de Marie en parle de même. On croit que cet ouvrage a été composé par Séleucus, auteur du second siècle (*c*).

Saint Pierre d'Alexandrie (*d*) parle de la mort de Zacharie, père de saint Jean-Baptiste, tué entre le temple et l'autel, et de la fuite de sainte Elisabeth, qui sont des circonstances tirées du protévangile de saint Jacques. Saint Grégoire de Nysse (*e*) cite le même ouvrage, et en rapporte d'autres circonstances. Par exemple, que Zacharie ne voulut pas éloigner la sainte Vierge du rang des vierges, même après qu'elle eut conçu. Il ajoute que le père de cette sainte Vierge était un Israélite d'une piété insigne, qui avait une femme stérile, laquelle, à cause de sa stérilité, ne pouvant avoir part aux prérogatives des femmes qui avaient eu des enfants, demanda à Dieu qu'il lui plût bénir son mariage, et en même temps lui voua le fruit qu'elle mettrait au monde. Dieu lui accorda la Vierge Marie, qui fut élevée au temple, jusqu'au temps qu'on la donna à Joseph pour être le gardien de sa virginité. Il rapporte ces choses assez au long; et on voit bien qu'il les a tirées du livre dont nous avons parlé, et qui est parvenu jusqu'à nous. On trouve à peu près les mêmes choses dans un discours d'Eustathe d'Antioche sur l'Hexaémeron (*f*), et dans saint Epiphane (*g*); ce qui fait voir l'antiquité de cette tradition. C'est de ces sources que saint Jean Damascène (*h*), Vincent de Beauvais (*i*), et Fulbert de Chartres (*j*), ont tiré ce qu'ils ont dit de la naissance de la sainte Vierge. La tradition était si générale dans l'Orient que Joachim était père de Marie, que Mahomet même en parle dans son Alcoran (*k*).

Je ne rapporte pas cela pour autoriser les livres apocryphes où le nom de Joachim se rencontre, mais seulement pour prouver l'antiquité de cette tradition dans l'Eglise. Ni les Ebionites, ni les Manichéens, ni Séleucus n'avaient aucun intérêt à nous tromper sur les noms de Joachim et d'Anne. Ils savaient ces noms d'ailleurs; et ils ne les ont rapportés dans leurs ouvrages que pour les faire mieux recevoir par les catholiques. Voici le précis de ce qu'on lit dans le protévangile de saint Jacques, qui est le plus ancien monument où le nom de Joachim, père de la Vierge, se rencontre. Joachim était un homme puissant dans Israel, qui, à toutes les fêtes solennelles, faisait de magnifiques sacrifices dans le temple. Un jour qu'il voulait présenter son offrande, un nommé Ruben lui dit que cela ne lui était pas permis, parce qu'il n'avait point de postérité dans Israel. Joachim, chargé de confusion, se retira dans le désert où il avait de grands troupeaux. Il y demeura quarante jours, s'exerçant dans le jeûne et dans la prière. Anne, son épouse, de son côté, outrée des reproches que lui avait faits une de ses servantes, s'en alla dans son jardin, y pleura amèrement le malheur de sa stérilité. Un ange lui annonça que Dieu avait exaucé sa prière; et en même temps un autre ange dit la même chose à Joachim.

Joachim étant revenu dans sa maison, Anne conçut, et enfanta une fille qu'ils nommèrent Marie. Trois ans après, ils la présentèrent au temple, où elle fut nourrie jusqu'à l'âge de douze ans de la main d'un ange. Alors on la donna à Joseph pour être le gardien de sa virginité. Depuis ce temps on ne nous dit plus rien de Joachim, ni d'Anne; et Cédrène dit que la sainte Vierge perdit son père et sa mère à l'âge de douze ans. On peut voir sur ce sujet les Bollandistes au 19 de mars, et M. de Tillemont, tome 1, note 2, sur la sainte Vierge, et notre Dissertation où nous essayons de concilier saint Matthieu et saint Luc sur la généalogie de notre Sauveur, à la tête du commentaire sur saint Luc. Le culte de saint Joachim et de sainte Anne est assez ancien dans l'Orient; mais il est plus récent dans l'Occident. Il n'y était pas encore connu du temps de saint Pierre de Damien (*l*) et de saint Bernard (*m*). On dit que le pape Jules établit la fête de saint Joachim le 20 mars, vers l'an 1510. Un Martyrologe, imprimé en 1491, mettait sa fête au 9 de décembre. Pie V l'ôta du Bréviaire romain; mais Grégoire XV l'y remit au 20 mars en 1620. On peut voir Bollandus et M. de Tillemont, et le dictionnaire de M. Bayle sous le nom *Joachim*, quoiqu'il faille lire cet auteur avec beaucoup de précaution, à cause de ses scandaleuses libertés.

JOACHIM, ou JOACIM, grand prêtre des Juifs. On ne sait aucune particularité de sa vie, sinon qu'il succéda à Josué, fils de Josédech, son père, après le retour de la captivité, et qu'il vivait sous Xerxès, roi de Perse (*n*).

(*a*) Luc. III, 23.
(*b*) Aug. l. XXIII, contra Faust. c. IX.
(*c*) Vide tom. V nov. edit. S. Hieronym., p. 442.
(*d*) Petr. Alex. Can. 15.
(*e*) Nyssen. orat. in Natale Domini, p. 778, 779.
(*f*) Eustat. Antioch. in Hexaemeron.
(*g*) Epiphan. hæres. 79, c. v.
(*h*) Damascen. l. IV, de Fide orthod. c. xv.
(*i*) Vincent. Bellov. Specul. prolog. c. IX, et l. VII, c. I xIV.
(*j*) Fulbert. Carnot. serm. in Nativ. B. M.
(*k*) Alcoran. Surat. 3.
(*l*) Damian. homil. 46, p. 106.
(*m*) Bernard. Ep. 174.
(*n*) Joseph. Antiq. l. XI, c. v, initio.

JOACHIN, autrement JÉCHONIAS. *Voyez* JÉCHONIAS.

* **JOACIM**, grand prêtre, *Neh.* XII, 10, *Voyez* JOAKIM.

JOADA [ou plutôt Joah], fils de Zemma, et petit-fils [descendant] de Gerson, lévite. I *Par.* VI, 21.

* **JOADA**, fils d'Ahaz, descendant de Saül par Jonathas. I *Par.* VIII, 36.

* **JOAH**, fils de Zamma, lévite gersonite. I *Par.* VI, 21. Un autre, au temps d'Ézéchias. II *Par.* XXIX, 12.

* **JOAHA**, troisième fils d'Obédédom, lévite coréite. I *Par.* XXVI, 4.

JOAHÉ, fils d'Asaph (*a*), fut envoyé par Ezéchias, roi de Juda, avec Eliacim et Sobna, pour répondre aux propositions de Rabsacès, député du roi Sennachérib.

JOAKIM, autrement JOACHIM, ou JOACIM, ou ELIACIM, roi de Juda. *Voyez* ci-devant JOACHIM.

JOAKIM, autrement ELIACIM, fils d'Helcias, grand prêtre des Juifs sous le règne de Manassé et de Josias. Il est plus connu sous le nom d'HELCIAS, ou ELIACIM, ou ELIACHIM, comme l'appelle le livre de Judith, IV, 5, 7, 11. — [*Voyez* la seconde chronologie des grands prêtres, le 24°, ou l'an 680, à la tête du 1er vol. pag. XLVI, col. 1.]

* **JOAKIM**, ou JOACIM, grand prêtre, fils de Josué ou Jésus, fils de Josédec, succéda à son père. *Neh.* XII, 10, *Jos. Antiq.* XI, 5.

* **JOAKIM**, grand prêtre, *Bar.* I, 7, nommé aussi Azarias et Saraïas. *Voyez* les chronologies des grands prêtres, à la tête du premier volume.

* **JOAKIM**, époux de Suzanne. *Dan.* XIII, 1 et suivants.

* **JOANNA**, un des ancêtres de Jésus-Christ. *Luc.* III, 27.

JOARIB, ou JOIARIB, chef de la première des vingt-quatre familles sacerdotales établies sous David (*b*). Les Machabées étaient sortis de cette illustre famille. I *Mach.* II, 1.

JOAS, père de Gédéon. *Judic.* VI, 31.

JOAS, fils d'Amélech, qui détint en prison le prophète Michée, par le commandement du roi Achab. III *Reg.* XXII, 26.

JOAS, un des descendants de *Sela*, fils de Juda. *Voyez* l'hébreu, I *Par.* IV, 22. Il est nommé dans la Vulgate *Securus*, le Certain.

JOAS, fils d'Ochozias, roi de Juda. Lorsque l'impie Athalie eut appris que Jéhu avait mis à mort Ochozias et tous ceux de la famille royale de Juda qu'il avait rencontrés (*c*), elle entreprit d'éteindre entièrement la race des rois, afin de s'assurer la couronne (*d*). Elle fit donc mettre à mort tous les princes ses petits-fils ; car elle était mère d'Ochozias, qui venait d'être massacré par Jéhu, et régna quelque temps à Jérusalem. Toutefois Dieu ne permit pas qu'elle réussît entièrement dans son ambitieux dessein. Josaba, ou Josabeth, fille du roi Joram, sœur d'Ochozias et épouse du grand prêtre Joïada, sut adroitement dérober le jeune Joas, qui n'était encore qu'un enfant, à la cruauté d'Athalie, et le mit dans le temple avec sa nourrice en un lieu si caché, qu'Athalie n'en eut aucune connaissance. Il y demeura pendant six ans ; mais la septième année (*e*), Joïada le fit secrètement reconnaître pour roi par les principaux officiers de la garde du temple, lesquels assemblèrent sans bruit le plus qu'ils purent de prêtres et de lévites dans le temple, au jour du sabbat, lorsque les ministres du Seigneur entraient en semaine pendant que les autres en sortaient. Joïada prit des mesures si justes, et donna à ses gens des ordres si bien concertés, que le jeune Joas fut placé sur le trône et salué roi dans le temple avant que la reine en eût vent. Dès qu'elle ouït les acclamations du peuple, elle y accourut ; mais le grand prêtre la fit arrêter, et on la tua hors du temple.

Joas reçut de la main de Joïada le diadème et le rouleau de la loi ; et le grand prêtre fit au nom du jeune roi une alliance entre le Seigneur, le roi et le peuple, afin que le peuple gardât à l'avenir une exacte fidélité au Seigneur. Il fit aussi rendre au roi le serment de fidélité et d'obéissance de la part du peuple. Après quoi, Joas fut conduit au palais royal, et placé sur le trône de ses pères. Alors le peuple accourut au temple de Baal, qui était la divinité d'Athalie ; il brisa et mit en pièces la statue du dieu, et on tua son prêtre au pied de son autel. Joas n'avait que sept ans lorsqu'il commença à régner, et il régna quarante ans à Jérusalem (*f*). Sa mère s'appelait Sébia de Bécrsabé. Il gouverna son peuple dans la justice, et se rendit agréable au Seigneur, tandis qu'il fut conduit par le pontife Joïada. Il n'abolit pas néanmoins les hauts lieux, et le peuple y immolait encore, et y offrait de l'encens.

Joïada avait donné ses ordres, sous la minorité du prince, que l'on ramassât les offrandes qui se faisaient volontairement au lieu saint pour travailler aux réparations du temple : mais ses ordres furent mal exécutés jusqu'à la vingtième année de Joas (*g*). Alors ce prince fit faire des troncs à l'entrée du temple, et se fit rendre compte de l'argent qu'on y jetait, afin qu'il fût fidèlement employé aux réparations de la maison du Seigneur (*h*) (1). Joïada étant mort âgé de cent trente ans (*i*), Joas se laissa aller

---

(*a*) IV *Reg.* xviii, 18. An du monde 3291, avant Jésus-Christ 709, avant l'ère vulg. 713.
(*b*) I *Par.* xxiv, 7.
(*c*) II *Par.* xxii, 8, 9, 10, *et* IV *Reg.* xi, 1 *et seq.*
(*d*) An du monde 3120, avant Jésus-Christ 880, avant l'ère vulg. 884.
(*e*) An du monde 3126, avant Jésus-Christ 874, avant l'ère vulg. 878.
(*f*) IV *Reg.* xii, 1, 2, etc. Depuis l'an du monde 3126 jusqu'en 3166.
(*g*) An du monde 3146, avant Jésus-Christ 854, avant l'ère vulg. 858.

(*h*) IV *Reg.* xii, 6, 7, 8, 9, *et* II *Par.* xxiv, 5, 6, 7.
(*i*) Vers l'an 3160, avant Jésus-Christ 840, avant l'ère vulg. 844.
(1) « Joas, pour subvenir aux frais de la réparation du saint monument, rétablit l'impôt général d'un demi-sicle par tête (environ dix-sept sous de notre monnaie), que Moïse avait exigé de tout Israël dans le désert à l'époque de la construction du tabernacle. Joïada s'y prêtait peu ; les lévites ne percevaient cet impôt qu'avec négligence, ce qui annonce que le peuple de Juda ne l'approuvait point. Le grand prêtre imagina un moyen dont le succès fut immense : il s'adressa à la piété généreuse, fit placer

aux mauvais conseils des courtisans et des flatteurs, qui avaient jusqu'alors été retenus par l'autorité du grand prêtre. Ils commencèrent à abandonner le temple du Seigneur, et à s'attacher au culte des idoles et des bois consacrés aux faux dieux, ou plutôt à Astarté, déesse des bois, ce qui attira la colère du Seigneur sur Juda et sur Jérusalem.

Alors l'Esprit de Dieu remplit le grand prêtre Zacharie, fils de Joïada, et il dit au peuple : *Voici ce que dit le Seigneur : Pourquoi violez-vous les préceptes de votre Dieu, et pourquoi l'avez-vous abandonné? Vous allez attirer sur vous une foule de malheurs, et le Seigneur à son tour vous abandonnera.* A ces mots, ceux qui l'écoutaient se jetèrent sur lui, et le lapidèrent, suivant l'ordre qu'ils en avaient reçu du roi (a). Zacharie en mourant dit ces paroles : *Que le Seigneur voie le traitement que vous me faites, et qu'il venge ma mort.* Dieu ne différa pas de faire sentir à Joas la juste peine de son ingratitude envers Joïada, dont il venait de lapider le fils. Hazael, roi de Syrie, vint mettre le siège devant Geth, qui appartenait aux rois de Juda; et l'ayant prise, il marcha contre Jérusalem. Pour se racheter du siége et du pillage, Joas prit tout l'argent qu'il put trouver dans le temple, et qui y avait été offert et consacré par Ochozias, son père, par Joram, son aïeul, et par lui-même, avec ce qu'il en avait dans le trésor royal, et il le donna à Hazael pour l'obliger à se retirer.

On croit que l'année suivante (b) l'armée des Syriens vint de nouveau sur les terres de Juda : mais Hazael n'y était pas en personne. Elle fit le dégât dans le pays, battit les troupes de Joas, entra dans Jérusalem, fit mourir les princes de Juda, et envoya un grand butin au roi de Syrie à Damas. Et il est remarquable que les Syriens étaient en très-petit nombre, lorsqu'ils défirent l'armée d'Israel, qui était infiniment plus forte. Ils traitèrent même Joas avec la dernière ignominie; ils l'accusèrent et le convainquirent apparemment de mauvaise foi, et de n'avoir pas exécuté ses promesses (c). Ils se retirèrent ensuite, et le laissèrent dans d'extrêmes langueurs; et ses serviteurs mêmes s'élevèrent contre lui, et le tuèrent dans son lit, pour venger le sang du grand prêtre Zacharie. Il fut enterré dans la ville de Jérusalem, mais non pas dans le tombeau des rois (d) (1). Amasias, son fils, régna en sa place.

[« Il est des hommes qui seuls ne font rien, et ne peuvent se passer de guides qui les conduisent ou de séducteurs qui les égarent; Joas paraît avoir été de ce caractère.

Ces hommes sont perdus, dès qu'ils ne distinguent plus les bons et les mauvais conseils, et suivent d'ordinaire les derniers qu'on leur donne. Il est presque honteux de n'être bon qu'à l'aide d'autrui, et l'impiété, la méchanceté la plus forte et la plus vile, est celle qu'inspirent des instigations étrangères. Cette faiblesse va toujours croissant; Joas a fini par sacrifier à ses courtisans le fils de ses bienfaiteurs; il a rendu la mort pour la couronne et la vie. Aucun exemple d'ingratitude n'est plus infâme; mais pour celui qui a connu le vrai Dieu, l'idolâtrie est une ingratitude, et celle-là rend capable de toute autre. On ne voit personne à qui s'applique plus justement qu'à ce prince la terrible parole de l'Apôtre (II Petri, II, 21) : Il vaut mieux n'avoir pas connu la voie de la justice, que de l'avoir connue et de s'en être détourné. »]

JOAS, roi d'Israel, fils et successeur de Joachas. Il avait été déclaré roi du vivant de son père, dès l'an du monde 3163, et il régna seul en l'an 3165, avant Jésus-Christ 835, avant l'ère vulgaire 839. Il régna pendant seize ans dans Samarie (e), y compris les deux ans qu'il avait régné avec son père. Il fit le mal devant le Seigneur, et imita Jéroboam, fils de Nabat, qui avait fait pécher Israel. Nous ne savons pas beaucoup de particularités de son règne; mais nous savons que le Seigneur l'avait destiné pour rétablir les affaires du royaume d'Israel, qui avaient été très-dérangées sous Joachas, son père (f).

Elisée étant tombé malade de la maladie dont il mourut (g), Joas le vint voir (h); et il pleurait devant ce prophète, en disant : *Mon père, mon père, vous êtes le char d'Israel, et celui qui le conduit.* Elisée lui dit : *Apportez-moi un arc et des flèches;* et lorsqu'on les eut apportées, il lui dit : *Mettez les mains sur l'arc;* et en même temps Elisée porta ses mains sur celles du roi, comme pour le diriger dans les coups qu'il devait tirer. Il lui dit donc : *Ouvrez la fenêtre, et tirez l'arc.* Il ouvrit, et tira. Elisée dit : *C'est la flèche du salut du Seigneur; c'est la flèche contre la Syrie.* Vous remporterez la victoire contre la Syrie à Apech, jusqu'à l'exterminer entièrement. Il lui dit encore : *Prenez des flèches, et tirez contre la terre.* Il en prit, et tira. Il frappa trois fois la terre, puis s'arrêta. Alors l'homme de Dieu se mit en colère contre lui, et lui dit : *Si vous eussiez frappé la terre jusqu'à cinq, ou six, ou sept fois, vous eussiez battu la Syrie, jusqu'à la ruiner entièrement; mais vous ne la battrez que trois fois.* Après cela Elisée mourut; et Joas re-

---

un tronc à la porte du temple, et recueillit d'énormes sommes. » l'Oujoulat, *Histoire de Jérus.* ch. xi, tom. I, p. 209. M. Poujoulat a mieux lu et mieux interprété l'écrivain sacré que ne l'avait fait dom Calmet. *Voyez* IV *Reg.* xii, 9.
(a) An du monde 3164, avant Jésus-Christ 836, avant l'ère vulg. 840.
(b) Voyez II *Par.* xxiv, 23, 24, 25. L'an du monde 3165, avant Jésus-Christ 835, avant l'ère vulg. 839.
(c) II *Par.* xxiv, 24. Vulgat. *In Joas quoque ignominiosa exercuere judicia.* L'hébreu : *Cum Joas fecerunt judicia.* Comparez IV *Reg.* xxv, 6.

(d) An du monde 3166, avant Jésus-Christ 834, avant l'ère vulg. 858.
(e) IV *Reg.* xiii, 10, 11, 12.
(f) IV *Reg.* xiii, 5.
(g) An du monde 3165, avant Jésus-Christ 835, avant l'ère vulg. 839.
(h) IV *Reg.* xiii, 14, 15, etc.
(1) Les Juifs ont refusé d'autres fois encore la sépulture royale à des rois dont le gouvernement n'avait pas été louable. *Voyez* la vie de Joas dans mon *Hist. de l'Anc. Testament,* liv. V, chap. vii, tom. 1, p. 356 et suiv.

conquit sur Benadad, roi de Syrie, fils et successeur d'Hazael, toutes les villes qu'Hazael avait prises sur Joachas, père de Joas. Joas battit Benadad dans trois combats (a), et il réunit au royaume d'Israel les villes que les rois de Syrie en avaient usurpées et démembrées (b).

Joas après cela régna en paix assez longtemps. Amasias, roi de Juda, ayant remporté une grande victoire sur les Iduméens, envoya défier Joas (c), et lui fit dire : *Venez, et voyons-nous ensemble* (d). Joas lui fit faire cette réponse par ses ambassadeurs : *Le chardon qui est sur le Liban envoya vers le cèdre du Liban, et lui dit : Donnez votre fille en mariage à mon fils. Mais en même temps les bêtes de la forêt du Liban passèrent, et foulèrent aux pieds le chardon. Vous avez défait Edom, et votre cœur s'est enflé d'orgueil. Demeurez en paix dans votre maison. Pourquoi cherchez-vous votre malheur et celui de votre peuple?* Mais Amasias ne voulut point l'écouter. Joas se mit donc en campagne. Amasias fut battu, et pris dans le combat. Joas entra dans Jérusalem, et fit abattre quatre cents coudées des murailles de cette ville, depuis la porte d'Ephraïm jusqu'à la porte de l'Angle. Il prit tous les trésors du temple et du palais royal, et s'en revint triomphant à Samarie. Il y mourut en paix peu de temps après cette victoire (e), et eut pour successeur Jéroboam II (f).

* JOAS, deuxième fils de Béchor, et petit-fils de Benjamin. I *Par.* VII, 8.

* JOAS. *Voy.* Ahiézer.

* JOAS, intendant des magasins d'huile, sous David. I *Par.* XXVII, 28.

JOATHAN, ou Joatham, le plus jeune des fils de Gédéon (g). Il s'échappa du carnage que ceux d'Ephra firent de soixante et dix de ses frères, tués en présence et par les ordres d'Abimélech, fils bâtard du même Gédéon (h). Ceux de Sichem ayant établi roi ce même Abimélech, parce qu'il était leur compatriote, Joatham, qui en eut avis, monta sur le mont Garizim, et parla de là à ceux de Sichem, qui étaient assemblés hors de leur vil e pour le couronnement du roi; et il leur dit : *Ecoutez-moi, habitants de Sichem, comme vous désirez que le Seigneur vous écoute. Les arbres allèrent un jour pour se donner un roi, et ils s'adressèrent d'abord à l'olivier, qui les remercia. Ils allèrent ensuite au figuier et à la vigne, qui en firent de même. Enfin ils s'adressèrent au buisson, qui leur répondit : Si vous voulez véritablement m'établir votre roi, venez vous reposer sous mon ombre; sinon, que le feu sorte du buisson, et qu'il dévore les cèdres du Liban.* Il ajouta : *Considérez si vous avez traité comme il faut la maison de Gédéon, qui a exposé sa vie pour vous, et qui vous a garantis de la servitude des Madianites, et si vous avez eu raison d'établir pour roi Abimélech, fils de sa servante, après avoir fait mourir soixante et dix de ses fils légitimes. Si votre conduite est juste, qu'Abimélech soit votre bonheur, et puissiez-vous être le sien; sinon, que le feu sorte de Sichem, et qu'il dévore Abimélech.* Après ces mots, il se sauva, et se retira à Béra, de peur qu'Abimélech ne le fît mourir. On ne sait ce qu'il devint depuis ce temps-là : mais la prédiction ou l'imprécation qu'il avait faite contre ceux de Sichem et Abimélech eurent leur accomplissement peu de temps après. *V.* Abimélech. [*Voyez* aussi Herder, *Histoire de la poésie des Hébreux*. Part. II, ch. VIII, pag. 452 de la traduction française. Paris, 1845.]

JOATHAN, ou Joatham, fils et successeur d'Ozias, autrement dit Azarias, roi de Juda. Ozias ayant été frappé de lèpre, pour avoir entrepris d'offrir l'encens, qui est une fonction réservée aux prêtres (i), Joathan, son fils, fut chargé du gouvernement du royaume, l'an du monde 3221, avant Jésus-Christ 779, avant l'ère vulgaire 783. Il gouverna pendant vingt-cinq ans, jusqu'en l'an du monde 3246, avant Jésus-Christ 754, avant l'ère vulg. 758. Alors il prit le titre de roi, et gouverna absolument jusqu'en l'an du monde 3262, avant Jésus-Christ 738, avant l'ère vulgaire 742. Ainsi il gouverna le royaume de Juda quarante et un ans; seize ans seul (j), et vingt-cinq ans du vivant de son père. L'Ecriture dit qu'il fit ce qui était agréable au Seigneur, et qu'il imita la piété d'Ozias, son père. Il ne détruisit pas toutefois les hauts lieux, et le peuple continuait à y aller sacrifier (k). Il bâtit la grande porte du temple, et fit beaucoup d'ouvrages sur la muraille du quartier de Jérusalem nommé Ophel. Il fit construire des forts et des châteaux sur les montagnes et dans les bois de Juda (l).

Les Ammonites, qui avaient été vaincus et assujettis par Ozias, son père (m), ayant voulu se soulever contre lui, il les battit, et leur imposa un tribut de cent talents d'argent, et de dix mille mesures de froment et d'autant d'orge. Sur la fin de son règne, le Seigneur envoya contre lui Rasin, roi de Syrie, et Phacée, roi d'Israel (n). Nous ne savons pas les particularités de ces guerres; mais il paraît par Isaïe, I, 1, 2, 3, 4, que le pays de Juda était dans un état fort triste au commencement du règne d'Achaz, fils et successeur de Joathan (o).

* JOATHAN, ou Joatham, deuxième fils de Johaddaï, descendant de Juda par Hesron. I *Par.* II, 47.

(a) An du monde 3168, avant Jésus-Christ 832, avant l'ère vulg. 836.
(b) IV *Reg.* XIII, 25.
(c) An du monde 3178, avant Jésus-Christ 822, avant l'ère vulg. 826.
(d) II *Par.* XXIV, 17, 18.
(e) An du monde 3179, avant Jésus-Christ 821, avant l'ère vulg. 825.
(f) IV *Reg.* XIII, 13.
(g) An du monde 2768, avant Jésus-Christ 1252, avant l'ère vulg. 1256.
(h) *Judic.* IX, 5, 6, etc.
(i) II *Par.* XXVI, 16, 17, etc.
(j) IV *Reg.* XV, 33.
(k) IV *Reg.* XV, 33, 34, 35.
(l) IV *Reg.* XVII, 2, 3, 4, 5, etc.
(m) II *Par.* XXVI, 7, 8.
(n) IV *Reg.* XV, 37, 38.
(o) Joathan mourut l'an du monde 3262, avant Jésus-Christ 738, avant l'ère vulg. 742.

JOAZAR, grand prêtre des Juifs, succéda à Matthias, fils de Théophile, en l'an du monde 4000, l'année de la naissance de Jésus-Christ. Il eut pour successeur Eléazar, son frère, l'an du monde 4004, et il fut établi grand prêtre pour la seconde fois en 4010, et tint cette dignité jusqu'en 4016. Alors Ananus, fils de Seth, lui succéda. Joazar, autrement Azar, était frère de Mariamne, fille du grand prêtre Simon, et femme du grand Hérode. Archélaüs, à son retour de Rome, déposa Joazar, en 4004, parce qu'il était entré dans le parti des séditieux contre lui (a). Quelque temps après, Joazar fut rétabli par les Romains, en faveur desquels il s'était déclaré en 4010. Enfin Cyrénius, gouverneur de Syrie, étant venu en Judée en 4016, déposa Joazar, et lui substitua Ananus (b).—[Voyez les chronologies des grands prêtres, à la tête du 1ᵉʳ vol.]

JOB, ou JOBAB, troisième fils d'Issachar. Genes. XLVI, 13.

JOB, ou JOBAB, fils de Zara, et petit-fils d'Esaü. Genes. XXXVI, 33; I Par. I, 44.—[Voyez ELIPHAZ.]

JOB, ou JOBAB, fils de Jectan. Genes. X, 28, et I Par. I, 23.

JOB, ou JOBAB, roi de Madon. Josue XI, 1.

JOB, ou JOBAB, fils de Géra [non pas de Géra, mais de Saharaïm, qui était probablement fils de Géra], de la tribu de Benjamin. I Par. VIII, 9.

JOB, ou JOBAB, fils d'Elphaal, de la même tribu. I Par. VIII, 18.

JOB, si célèbre par sa patience et par son attachement à la piété et à la vertu, demeurait dans la terre de Hus, ou dans l'Ausite, dans l'Idumée orientale, aux environs de Bozra. On est fort partagé sur son origine et sur le temps auquel il a vécu. On lit à la fin des exemplaires grecs et arabes de Job et dans l'ancienne Vulgate latine ces mots, et l'on y dit qu'ils sont tirés du Syriaque : *Job a demeuré dans l'Ausite, sur les confins de l'Idumée et de l'Arabie; son premier nom était Jobab. Il épousa une femme arabe, dont il eut un fils nommé Ennon. Pour lui il était fils de Zara, des descendants d'Esaü et de Bozra; en sorte qu'il était le cinquième depuis Abraham. Il régna dans l'Idumée; et voici l'ordre des rois qui y ont régné avant et après lui : Balac, fils de Béor, régna dans la ville de Dénaba; après lui régna Job, autrement appelé Jobab. A Job succéda Asom, prince de Théman. Après lui régna Adad, fils de Barad, qui défit les Madianites dans les campagnes de Moab. Le nom de sa ville était Jéthem. Les* amis de Job qui le vinrent trouver sont *Eliphaz, de la postérité d'Esaü; et roi de Théman; et Baldad, roi des Sauchiens, et Sophas, roi des Minéens.*

Voilà ce que nous avons de plus ancien touchant la généalogie de Job. Aristée, Philon, Polyhistor (c) reconnaissent cette généalogie : les anciens Pères grecs et latins ont reconnu et cité cette addition, et Théodotion l'a conservée dans sa traduction du livre de Job. Nous ne voyons aucune bonne raison pour rejeter cette tradition, qui vient apparemment des Juifs, et qui a été reçue par les anciens Pères. En la suivant, nous trouvons que Job était contemporain de Moïse. — [*Voyez* ELIPHAZ.]

ABRAHAM.
Isaac.

Jacob.   Esaü.
Lévi.   Rahuel.
Amram.   Zaré.
Moïse.   Jobab.

I Par. I, vers. 35... 44.

Job était un homme plein de droiture, de vertu et de religion (d); il avait de très-grands biens, qui consistaient en bétail et en esclaves ; ce qui faisait alors les principales richesses, même des princes, surtout dans l'Arabie et dans l'Idumée. Sa famille était nombreuse ; puisqu'il avait sept fils et trois filles, et apparemment de la même femme ; enfin il était illustre parmi tous les Orientaux, et les peuples de deçà et de delà l'Euphrate. Ses enfants se traitaient tour à tour ; et lorsque le cercle des jours de festin était achevé, Job envoyait chez ses enfants, les purifiait, et offrait pour chacun d'eux des holocaustes, afin que Dieu leur pardonnât, s'ils étaient tombés dans quelques fautes contre lui. Pour lui, il nous dit lui-même qu'il avait un éloignement infini, non-seulement de l'injustice, de l'idolâtrie, de la fraude (e), de l'adultère, mais qu'il évitait même jusqu'aux mauvaises pensées et aux regards dangereux, et qu'il avait fait un pacte avec ses yeux de ne regarder pas même une vierge (f) ; qu'il était naturellement compatissant aux misères des pauvres ; qu'il était le père de l'orphelin, l'appui de la veuve ; le conducteur de l'aveugle et le soutien du boiteux.(g).

Un jour les enfants de Dieu, ou les anges, s'étant présentés devant le Seigneur, Satan y parut aussi avec eux (1) : Le Seigneur lui demanda s'il avait remarqué Job (h), et la manière dont il vivait. Satan répondit que Job avait bien raison de servir et de crain-

---
(a) *Joseph. Antiq. l. XVII, c. xv.*
(b) *Antiq. l. XVIII, c. I, III.*
(c) *Apud Euseb. lib. IX, c. xxv, Præparat.*, Vide. et Frideric. Spanheim Hist. Jobi, c. IV.
(d) *Job. 1, 2, 3, 4, etc.*
(e) *Job. 1, 3; xxix, 7; xxxi, 26.*
(f) *Job. xxxi, 9.*
(g) *Job. xxix, 13, 14, 15, 16.*
(h) *Job. 1, 6, 7, 8 et seq.*
(1) « Quelques personnes trouvent étrange ce conseil de Dieu et des anges, et elles demandent pourquoi le diable fut admis à figurer dans ce conseil... Lorsque le texte dit que les *enfants de Dieu parurent devant le Seigneur*, c'est par le moyen de l'immensité de Dieu qui remplit tout, et qui fait que le Seigneur est présent par-tout. (Le démon y parut aussi avec eux, « pour se faire » voir, et non pour voir lui-même, dit saint Grégoire. Il » fut en la présence du Seigneur, mais le Seigneur ne fut » pas en sa présence; c'est ainsi que l'aveugle ne peut » voir la lumière du soleil dont il sent les rayons.») Dans ces moments le Seigneur s'est communiqué à chacun des anges par la voix de la manifestation de son inspiration, et au démon peut-être de la même manière ou par l'entremise d'un ange. Nous voyons deux passages semblables à celui-ci. III. *Rois*, xxii, 20-22; *Zac.* III et suiv. Comme nous ne pouvons concevoir la manière de communiquer entre eux des êtres purement spirituels, l'Ecriture a recours à des images sensibles pour s'accommoder à la faiblesse de notre intelligence. » M. DRACH, *Bible de Vence*, 5ᵉ édit. sur *Job.* 1, 6

dre le Seigneur, puisqu'il l'avait comblé de tant de biens. Mais, ajouta-t-il, étendez un peu votre main, et vous verrez s'il ne vous maudira pas en face. Dieu permit à Satan de tenter Job dans tous ses biens; mais il lui défendit de toucher à sa personne. Satan étant donc sorti de devant le Seigneur, alla exercer la permission que Dieu lui avait donnée. Il commença par les bœufs. Une troupe de Sabéens, peuples arabes, vinrent fondre sur les laboureurs de Job, les passèrent au fil de l'épée, et enlevèrent tous les bœufs. Un seul serviteur échappa pour en apporter la nouvelle. Cet homme parlait encore, lorsqu'un second vint dire à Job: Le feu du ciel est tombé sur vos moutons et sur ceux qui les gardaient, et les a tous réduits en cendres; et je me suis sauvé seul pour vous en dire la nouvelle.

Il n'avait pas achevé de parler, lorsqu'un troisième vint dire à Job: Les Chaldéens, divisés en trois bandes, se sont jetés sur vos chameaux, et les ont enlevés. Ils ont tué tous vos gens, et je me suis sauvé seul pour vous en dire la nouvelle. Cet homme parlait encore, lorsqu'il en vint un quatrième, qui dit: Lorsque vos fils et vos filles mangeaient et buvaient dans la maison de leur frère aîné, un vent impétueux est venu fondre tout d'un coup contre la maison, et l'ayant ébranlée, l'a fait tomber sur vos enfants; et ils ont tous été écrasés sous ses ruines. Je me suis échappé seul pour vous en dire la nouvelle. Alors Job déchira ses vêtements; et s'étant coupé les cheveux, il se jeta par terre, en disant: Je suis sorti nu du ventre de ma mère, et j'y retournerai nu. Le Seigneur m'avait tout donné, le Seigneur m'a tout ôté; il n'est arrivé que ce qui lui a plu; que le nom du Seigneur soit béni!

Satan se trouva encore une autre fois devant le Seigneur (a); et le Seigneur lui ayant demandé s'il n'avait pas considéré la patience de Job, au milieu des maux dont il l'avait affligé, Satan repartit: L'homme abandonnera toujours peau pour peau, et il donnera tout pour sauver sa vie; mais étendez votre main, et frappez ses os et sa chair, et vous verrez s'il ne vous maudit pas en face. Le Seigneur répondit: Va, il est en ta main; mais ne touche pas à sa vie. Satan le frappa donc d'une effroyable plaie, depuis la tête jusqu'aux pieds; et Job s'étant assis sur un fumier, ôtait, avec un morceau d'un pot de terre, le pus qui sortait de ses ulcères. Alors sa femme lui vint dire: Quoi! vous demeurez encore dans votre simplicité et dans votre piété; maudissez Dieu, et puis vous mourrez. Job lui répondit: Vous parlez comme une femme qui n'a point de sens. Si nous avons reçu les biens de la main du Seigneur, pourquoi n'en recevrions-nous pas aussi les maux? Dans tout cela Job ne pécha point par ses lèvres.

Cependant trois amis de Job apprirent les maux qui lui étaient arrivés; et étant partis chacun de leur pays, le vinrent trouver; Eliphaz de Théman, Baldad de Such et Sophar de Namath. On en voit encore un quatrième, nommé Eliu de Buz (b), qui paraît au chap. XXXII de Job, et qui se mêle dans leur dialogue. Ces amis vinrent donc trouver Job; et ayant levé les yeux de loin pour le considérer, ils ne le reconnurent point. S'étant enfin approchés, ils commencèrent à pleurer, à déchirer leurs habits, à jeter de la poussière en l'air, pour la faire retomber sur leur tête; et ils demeurèrent assis sur la terre auprès de lui pendant sept jours, sans lui rien dire. Mais à la fin, Job rompit le silence (c), et se plaignit amèrement de son malheur. Ses amis, ne distinguant pas les maux dont Dieu éprouve ses amis de ceux dont il châtie les méchants, prirent les plaintes de Job pour autant de marques de son impatience, et l'accusèrent d'impiété envers Dieu, l'invitant à retourner à lui par la pénitence et à se soumettre humblement à sa justice, puisqu'il ne souffrait rien qu'il n'eût bien mérité par ses crimes précédents.

Job, convaincu de son innocence et sûr du témoignage de sa conscience, soutint au contraire que ses peines étaient au-dessus de ses fautes, et prouva que Dieu châtiait quelquefois les justes simplement pour les éprouver, pour leur donner lieu de se perfectionner, ou enfin parce qu'il le voulait pour des raisons inconnues aux hommes. C'est là le principe de Job. Ses amis étaient dans un système tout différent. Voilà sur quoi roule tout le livre de Job, et tous les discours que l'on y lit. Pour terminer cette dispute (d), Dieu paraît dans une nuée, et décide en faveur de Job, sans toutefois approuver les expressions dures, que la véhémence de la douleur et la chaleur de la dispute lui avaient comme arrachées. Job reconnut humblement sa faute, et en demanda pardon (e). Le Seigneur condamne les amis de Job, et leur ordonne d'expier leurs péchés par des sacrifices qu'ils feront offrir par les mains de Job. Il retire et arrête le pouvoir du démon, rend la santé à Job, lui donne le double des biens qu'il possédait auparavant, lui accorde une belle et nombreuse famille, et couronne une sainte vie par une heureuse mort. Voilà le précis de l'histoire de Job.

Le temps auquel ce saint homme a vécu est un point fort contesté. Mais en le supposant contemporain de Moïse, et plaçant le temps de son épreuve quelques années après la sortie de l'Egypte (on ne peut pas le mettre auparavant, puisqu'il parle de cet événement (f), il pourra avoir vécu jusqu'au temps d'Othoniel. Supposant, par exemple, qu'il fut frappé de Dieu sept ans après la sortie d'Egypte, en l'an du monde 2520, avant Jésus-Christ 1480, avant l'ère vulgaire 1484, et ayant vécu cent quarante ans après son rétablissement, comme il le dit lui-même (g),

---

(a) Job. II, 1, 2, 3 et seq.
(b) Job. xxxii, 2: Eliu filius Barachel Buzites, de cognatione Ram.
(c) Job. III, 1, 2, 3 et seq.
(d) Job. xxxviii, xxxix, xl, xli
(e) Job. xlii.
(f) Job. xxvi, 12.
(g) Job. xlii, 16.

il sera mort en 2660, deux ans avant la mort d'Othoniel. On croit (a) qu'il avait vécu soixante et dix ans dans la prospérité, et qu'après sa disgrâce, Dieu lui doubla ce nombre. Ainsi il aura vécu en tout deux cent dix ans, supposé que sa disgrâce n'ait été que d'un an. Ceux qui veulent qu'il ait été sept ans, ou même davantage, dans la maladie, pourront augmenter d'autant le nombre que nous avons marqué; car en cela on n'a rien de bien certain.

On a montré son tombeau en plus d'un endroit. Le plus célèbre est dans la Trachonite, vers les sources du Jourdain, où l'on remarque depuis plusieurs siècles, une pyramide, que l'on croit être le tombeau de Job (b). On place ce tombeau entre les villes de Théman, de Suéthe et de Naamath, que l'on suppose avoir été dans ce pays-là. Le paraphraste chaldéen nommé Coc le fait vivre dans l'Arménie; et les voyageurs disent qu'on y montre un tombeau de Job. Mais on croit que ce Job était un capitaine mahométan, assez nouveau. Un autre interprète chaldéen place Job à Constantinople. On montre auprès des murailles de cette ville un tombeau que quelques-uns ont pris pour celui de Job (c) : mais on assure que ce Job était un Arabe de ce nom qui fut tué dans un siége de Constantinople en 672, et enterré au pied de ses murs. Il y avait au sixième siècle à Constantinople un monastère dédié à saint Job (d); mais on ne dit pas que son corps y ait été. Eusèbe et saint Jérôme (e) assurent que l'on tenait par tradition que la demeure de Job avait été à *Astaroth-Carnaïm*, ville située dans la Batanée au delà du Jourdain; et qu'on y voyait encore sa maison. L'Ecriture (f) donne à *Jobab*, que nous croyons être le même que Job, Dénaba pour capitale de son royaume. Cette ville était dans l'Ausite, ou dans l'Arabie Déserte. Comme nous supposons que Job est le même que Jobab, nous devons dire qu'il vécut et mourut à Dénaba.

On a prétendu avoir à Rome les reliques de saint Job, et on dit que Rhotaris, roi des Lombards, les y avait apportées dès le septième siècle (g). Elles y demeurèrent jusqu'au dernier siècle, qu'elles en furent enlevées par des voleurs, sans qu'on sache ce qu'elles sont devenues depuis. Le nom de Job se trouve dans les anciens martyrologes, avec le titre de prophète, de saint et de martyr. Son culte est fort ancien et fort étendu chez les Grecs et chez les Latins. Les Grecs ont choisi le 6 de mai pour faire la fête de saint Job, et ils ont été suivis par les chrétiens d'Arabie, d'Egypte, d'Ethiopie, de Russie ou de Moscovie. Les Latins font la fête le dixième de mai. C'est le premier des saints de l'Ancien Testament, après les frères Machabées martyrs, à qui l'Eglise chrétienne d'Occident ait décerné des honneurs publics religieux; et on ne connaît aucun saint entre les patriarches et les prophètes à qui l'on ait consacré des églises ou dédié des chapelles en plus grand nombre qu'à ce saint homme. On en voit une infinité surtout en Espagne et en Italie, et on l'invoque principalement contre la lèpre, la ladrerie, la gale, la vérole et les autres maux qui ont du rapport à ceux-là. *Voy*. M. Baillet, Vie des saints de l'Ancien Testament, dixième de mai.

Nous avons traité de la maladie de Job dans une Dissertation particulière, imprimée à la tête de notre Commentaire sur Job. Pinéda (h) avait traité le même sujet longtemps avant nous, et avait trouvé dans le corps de ce saint homme jusqu'à trente-deux ou trente-trois sortes de maladies. Bartholin (i) lui en compte près de douze; et saint Chrysostome (j) ne feint pas de dire que Job essuya tous les maux qu'un homme est capable de souffrir, et qu'il les souffrit au souverain degré; que le démon épuisa sur lui tous les traits de sa malice; en un mot, que ce saint homme fut mis à toute épreuve, et qu'il endura tous les maux du monde dans un seul corps. En considérant exactement tout ce que Job dit de lui-même dans son livre, il nous paraît que la plupart des circonstances de son mal sont des symptômes de la lèpre; et l'on peut avancer que c'est le sentiment de la plupart des Pères et des commentateurs. Saint Chrysostome, Apollinaire, Polychrone, le prêtre Philippe, le vénérable Bède, l'auteur des Sermons *ad Fratres in Eremo*, cité sous le nom de saint Augustin, Pinéda, Bartholin, Bolduc, Vatable, Cyprien de Cîteaux et plusieurs autres l'enseignent d'une manière explicite ou du moins implicite.

Ceux qui ont enseigné qu'il était attaqué du mal honteux, que l'on appelle mal de Naples ou vérole, reviennent à peu près au même sentiment, puisque ce mal n'est autre apparemment que la lèpre. L'Eglise latine invoque saint Job dans ces sortes de maladies; et on lui a consacré la plupart des ladreries, des léproseries et des hôpitaux où l'on traite ceux qui sont attaqués de ce honteux mal. Nous ne prétendons pas par là faire aucune tache à l'honneur et à la sainteté du saint dont nous parlons. On peut être attaqué de cette maladie, sans avoir commis aucune action d'intempérance; et les voyageurs (k) enseignent qu'elle se communique dans les pays chauds avec une si grande activité, qu'il ne faut souvent que s'entretenir familièrement avec une personne gâtée de ce mal, pour le gagner. *Voyez* notre dissertation sur ce sujet.

Quelques-uns (l) ont douté de l'existence

(a) *Ita Hebræi PP. plerique.* Vide Mercer. Pineda, Torniel. Cornel.
(b) Brocard. Adrichom. Tirin Cotovic. Alii.
(c) Ricaut, de *l'Empire ottoman*, l. I, p. 16. Elmacin. Hist. Saracen. l. I, c. vii.
(d) Du Cange, *Constantinop. chrét.*, l. IV, p. 104, n. 18.
(e) Euseb. et Hieron. in locis Hebr.
(f) Genes. xxxvi, 32, et I Par. i, 43. 44.
(g) Vide Guall. Sanctuas. Pap. l. IV, c. ii.

(h) Pineda in Job. ii, 7, 8, t. I, p. 137 *et seq.*
(i) Bartholin. de Morbis Biblic. c. vii.
(j) Chrysost. Caten. in Job. p, 51.
(k) Chardin, *Voyag. de Perse*, t. II, première partie, en dernier, p. 220.
(l) *Rabbini quidam in Talmud tract. Baba Batra. Maimonid Anabaptistæ. Salmasius in familiari colloquis apud Spanheim Hist. Jobi.*

de la personne de Job, et ont traité son livre d'histoire fabuleuse, et faite à plaisir. Spinosa a cru que Job était un païen. D'autres (a) le font vivre avant Moïse; d'autres, du temps de Moïse; et d'autres, après lui, et sous les Juges. Il y en a qui le reculent jusqu'au temps de David et de Salomon (b); d'autres, jusque vers la captivité de Babylone, ou même jusqu'au temps de cette captivité. Enfin il y a des rabbins qui croient qu'il a vécu sous le règne d'Assuérus et d'Esther, et qu'il avait une école à Tibériade dans la Palestine, avant qu'il fût transporté à Babylone (c). Mais on ne peut nier l'existence de Job, sans démentir Ezéchiel (d), Tobie (e) et saint Jacques (f), qui en parlent comme d'un saint homme, d'un vrai modèle de patience; sans s'opposer au torrent de toute la tradition des Juifs et des chrétiens, et à toute l'autorité des Pères grecs et latins. Job n'a pas vécu sous la loi des Juifs, et n'a peut-être pas été soumis à la loi de la circoncision, et en ce sens on peut avouer qu'il a été païen, comme on dit que Melchisédech et quelques autres justes l'ont été : mais en ce sens le nom de païen n'a rien d'odieux ni de méprisable. Quoique le temps auquel ce saint homme a vécu soit encore douteux, on ne peut toutefois le reculer jusqu'au temps de David et de Salomon; et beaucoup moins jusqu'à la captivité de Babylone, puisqu'il est cité par Tobie et par Ezéchiel comme un ancien patriarche; et puisqu'il parle de Pharaon et du passage de la mer Rouge d'une manière assez expresse (g); quoiqu'il ne soit pas impossible que celui qui a écrit son livre en l'état où nous l'avons n'ait vécu après David et après Salomon, puisqu'il semble quelquefois faire allusion aux Psaumes, à Jérémie et aux Proverbes.

Les Orientaux ont débité sur le sujet de Job plusieurs particularités qui ne se lisent pas dans l'Ecriture. Ils font ainsi sa généalogie (h) : *Abraham, Isaac, Esaü, Razakh, Anosch, Job,* ou *Aiub,* comme ils l'écrivent. Eutychius, patriarche d'Alexandrie, le fait aussi descendre d'Esaü de cette manière; *Esaü, Raguel, Razakh, Amos, Job.* Mais il y a des historiens arabes qui le font descendre d'Ismael (i), et qui prétendent qu'il est le premier des trois prophètes descendants d'Ismael; ces trois prophètes sont, selon eux, *Job, Jéthro* et *Mahomet.* Les mêmes auteurs croient que sa femme s'appelait *Rasima,* et qu'elle descendait de la race de Loth, c'est-à-dire des Moabites ou des Ammonites; que Job fut affligé d'une grande maladie pendant trois ans, selon les uns; ou pendant sept ans, selon les autres.

Qu'alors, ayant recouvré sa santé à l'âge de 80 ans, il eut un fils nommé *Basch-Ben-Aiub,* ou *Basch fils de Job.* Quelques autres historiens lui en donnent jusqu'à cinq, avec lesquels ils disent qu'il fit la guerre à une nation d'Arabes qui confinait avec l'Idumée, et qui s'appelait *Dhul-Khefel.* Ce nom leur avait été donné, parce qu'ils étaient tout déhanchés, et qu'ils ressemblaient, par les jambes et les cuisses, au train de derrière d'un cheval, à peu près comme l'on dépeint les centaures. Job, aidé de ses fils, extermina ce peuple brutal, qui refusait de recevoir le culte d'un seul Dieu qu'il leur prêchait.

Le Seigneur ayant béni Job, et l'ayant comblé de biens, le démon en conçut de la jalousie; et s'étant présenté à Dieu lui dit que Job ne le servait que par intérêt; que s'il retirait une fois ses faveurs Job ne lui rendrait pas une seule adoration par jour. Dieu lui permit de lui enlever ses biens et ses enfants, et Job n'en devint pas moins fidèle à servir Dieu, ni moins soumis à sa volonté.

Cette constance augmenta la rage et la jalousie de Satan; il se présenta de nouveau devant le Seigneur, et lui dit que Job ne continuait à le servir que dans l'espérance de recevoir de nouveaux bienfaits de sa libéralité; mais que s'il le frappait dans son corps, il verrait qu'il abandonnerait entièrement son service, et qu'il s'échapperait en murmure contre lui. Dieu permit encore au démon d'éprouver Job par une dangereuse maladie, à condition néanmoins qu'il épargnerait sa bouche, ses yeux et ses oreilles. Alors le démon lui souffla par le nez une chaleur si pestilentielle, que la masse de son sang en fut aussitôt corrompue, et que tout son corps ne devint qu'un ulcère, dont la puanteur écartait loin de lui tous ceux qui voulaient l'approcher.

On fut obligé de le mettre hors de la ville, dans un lieu fort éloigné, et malgré tous ces maux, Job ne perdit jamais patience. Sa femme nommée Rasima ne l'abandonna point, et ne manqua point de lui porter tout ce qui lui était nécessaire. Le démon de son côté lui dérobait tout ce qu'elle avait préparé pour lui donner, et l'ayant enfin réduite à n'avoir plus rien de quoi soulager son mari, il lui apparut sous la forme d'une femme chauve, qui lui dit que si elle voulait lui donner les deux tresses de ses cheveux qui lui pendaient sur le cou, elle lui fournirait tous les jours de quoi faire subsister son mari. Rasima accepta cette offre, et donna ses deux tresses à la vieille.

Le démon alla aussitôt trouver Job, et lui dit que sa femme ayant été surprise dans une action déshonnête, on lui avait coupé ses cheveux. Job s'aperçut bientôt que ses cheveux lui manquaient, et se doutant bien qu'elle s'était laissé tromper du démon, jura que s'il recouvrait jamais sa santé, il la châtierait sévèrement de cette faute. Le démon, fort satisfait d'avoir fait tomber Job dans l'impatience, se transforma aussitôt en ange

---

(a) Origen. l. VI contra Celsum.
(b) Talmudistæ et alii apud Maimonid. Morè Nebochim. c. XXII.
(c) Talmud. Tract. Baba Batra.
(d) Ezech. XIV, 14.

(e) Tob. II, 12, 15.
(f) Jacob. v, 11.
(g) Job. XXVI, 12, et XV, 24, 25.
(h) Bibl. Orient., p. 81, Aiub.
(i) Voy. Idem, p. 460, col. 1.

de lumière, et alla annoncer, comme de la part de Dieu, aux peuples du pays, que Job était déchu de la faveur de Dieu, et qu'ils ne devaient plus ajouter foi à ses paroles, ni permettre qu'il demeurât parmi eux, de peur que la colère de Dieu ne s'étendît sur toute leur nation.

Job, ayant appris tout ce qui s'était passé, eut recours à Dieu, et lui dit avec confiance : *Seigneur, la douleur me serre de tous côtés; mais vous êtes le plus miséricordieux de tous ceux qui font miséricorde.* Cette prière achevée, Dieu fit cesser en un moment toutes les souffrances de Job. L'ange Gabriel descendit du ciel, prit Job par la main, le fit lever du lieu où il était, frappa la terre de son pied, et en fit sourdre une fontaine d'eau très-pure, dans laquelle Job ayant lavé son corps et en ayant bu, se trouva tout d'un coup parfaitement guéri et rétabli en une parfaite santé. Après cela Dieu lui rendit ses biens, et les multiplia de telle sorte que, pour en exprimer l'abondance, les auteurs arabes disent qu'il tombait chez lui une pluie d'or.

LIVRE DE JOB. On a formé une infinité de conjectures diverses sur le livre de Job. Les uns ont cru que Job lui-même l'avait écrit en syriaque ou en arabe, et qu'ensuite Moïse ou quelque autre Israélite l'avait mis en hébreu. D'autres l'ont attribué à Eliu, l'un des amis de Job, ou à ses autres amis, ou à Moïse, ou à Salomon, ou à Isaïe, ou à quelque autre écrivain encore plus récent. Il est certain que le livre ne fournit en lui-même aucune preuve décisive pour en reconnaître l'auteur. Ce qui paraît incontestable, c'est que celui qui l'a composé, quel qu'il soit, était juif de religion, et postérieur au temps de Job. Il y fait de trop fréquentes allusions aux expressions de l'Ecriture, pour croire qu'elle ne lui ait pas été très-familière. Nous avons recueilli un grand nombre de ces allusions et de ces passages parallèles et semblables, entre Job et les autres écrivains sacrés, et nous avons mis dans leur jour les raisons de chacun des sentiments que l'on a proposés sur l'auteur de ce livre.

La langue originale du livre de Job est l'hébraïque, mais mêlée de plusieurs expressions arabes et chaldéennes, et de plusieurs tours qui ne sont pas connus dans l'hébreu; d'où vient que cet ouvrage est si obscur et si difficile. Il est écrit en vers, mais de ces vers libres quant à la mesure et à la cadence, et dont la principale beauté consiste dans la grandeur de l'expression, dans la hardiesse et la sublimité des pensées, dans la vivacité des mouvements, dans la grandeur des peintures, dans la variété des caractères. Je ne crois pas que dans toute l'antiquité on puisse trouver une poésie plus riche, plus relevée, plus magnifique, plus variée, plus ornée, plus touchante que celle-ci. L'auteur, quel qu'il soit, a mis en œuvre toutes les beautés de l'art, pour faire soutenir à chacun des quatre personnages qu'il introduit sur la scène, son propre caractère, et les sentiments qu'ils se sont engagés de défendre. Le fond de l'histoire et ses circonstances sont dans l'exacte vérité; les sentiments, les raisons et les preuves des personnages y sont très-fidèlement exprimés; mais il y a beaucoup d'apparence que les termes et le tour de l'expression sont l'ouvrage du poëte, ou de l'écrivain, quel qu'il soit.

[« Le livre de Job est le premier drame du monde et peut-être le poëme le plus ancien. J'ai eu l'idée de composer un Job, mais je l'ai trouvé trop sublime. Il n'y a point de poésie que je puisse comparer au livre de Job. » Lord BYRON, dans ses *Conversations*, tom. XII de ses œuvres, pag. 326, Paris, Ladvocat.]

Quant à la canonicité du livre de Job, elle est reconnue généralement dans les Eglises grecque et latine ; elle y a toujours passé comme un article de foi; et ce sentiment est venu de la synagogue à l'Eglise chrétienne. Saint Paul semble citer en plus d'un endroit le livre de Job; du moins il y fait visiblement allusion (a). Saint Jacques dans son Epître, loue la patience de Job, et dit qu'elle est connue à ceux à qui il écrit (b). Théodore de Mopsueste (c) accuse l'auteur du livre de Job d'une vaine ostentation des sciences profanes, de la Fable et de l'histoire poétique. Il lui reproche aussi de faire dire à Job des choses incompatibles avec la religion et la sainteté de ce saint homme, et plus capables de scandaliser que d'édifier. Mais ce fameux et hardi critique ne jugeait du livre de Job que sur la version grecque qu'il avait entre les mains, où l'on remarque effectivement quelques allusions à la Fable et à l'histoire poétique. Mais s'il avait vu le texte original, il n'y aurait rien remarqué de pareil. Quelques-uns accusent Luther et les anabaptistes de rejeter aussi le livre de Job; mais Scultet et Spanheim tâchent d'en justifier Luther. On peut consulter sur toutes ces difficultés que nous venons d'exposer sommairement, et sur plusieurs autres que l'on forme sur la personne et sur le livre de Job, le commentaire du P. Pinéda, notre commentaire et l'Histoire de Job de M. Spanheim. — [Sur les mêmes difficultés, *voyez* aussi les dissertations qui précèdent le livre de Job dans la Bible de Vence, les notes de M. Drach sur les premiers versets du premier chapitre, et Herder, *Histoire de la poésie des Hébreux*, part. I, notamment le cinquième dialogue. La Fable s'est emparée de l'histoire de Job comme de tant d'autres; c'est ce que prouve Delort de Lavaur dans son livre intitulé : *Conférence de la Fable avec l'Histoire sainte*, chap. XXI, pag. 147-154 de l'édition in-8°; Avignon, 1835. Il est difficile, en lisant ce chapitre, de ne pas reconnaître toute l'histoire de Job dans la fable de Niobé. *Voyez* OR et ZODIAQUE.]

* JOBANIA, Benjamite, fils ou descendant de Jéroham, un des premiers qui habitèrent

---

(a) *Rom.* II, 11, *collatum cum Job.* XXXIV, 19. I *Timoth* VI, 7, *cum Job.* I, 21, *et Heb.* XII, 5, *cum Job.* V.. 17.
(b) *Jacobi* v, 11 · *Sufferentiam beati Job audistis.*
(c) *Vide Synod. V OEcumen. collut.* 4, art. 63.

Jérusalem au retour de la captivité. I *Par.* IX, 8.

JOCABED, épouse d'Amram, et mère de Marie, de Moïse et d'Aaron. On forme quelques difficultés sur le degré de parenté qui était entre Amram et Jocabed. Les uns (a) prétendent que Jocabed était fille immédiate de Lévi, et tante d'Amram, son mari. Ils se fondent sur le texte hébreu, *Exod.* II, 1, et VI, 20; *Num.* XXVI, 59, où elle est nommée fille de Lévi. D'autres soutiennent qu'elle était seulement cousine germaine d'Amram, étant fille d'un des frères de Caath. Le chaldéen sur le chap. VI, 20 de l'Exode, dit qu'elle était fille de la sœur d'Amram ; et les Septante, qu'elle était fille du frère du même Amram. Le texte hébreu *doda* (b), qui se lit dans cet endroit, ne marque pas toujours le même degré de parenté entre les personnes; et le nom de *fille de Lévi* se peut entendre ou d'une fille immédiate, ou d'une personne descendue d'Aaron. Ainsi, ni le texte de l'Ecriture, ni l'autorité des interprètes, puisqu'ils sont si partagés entre eux, ne peuvent nous fixer dans cette question. Toutefois il me paraît plus probable que Jocabed était simplement cousine germaine d'Amram : 1° si elle eût été fille immédiate de Lévi, la disproportion entre son âge et celui d'Amram aurait été trop grande; 2° les mariages entre la tante et le neveu étaient défendus par la loi, et l'on n'a aucune preuve qu'ils aient été permis auparavant; 3° le nom de *fille de Lévi* se peut très-bien prendre pour petite-fille dans le style des Hébreux.

JOCTAN, fils de Héber. *Voyez* JECTAN et CAHTAN.

JOED, Benjamite, père de Mosollam. *Neh.* XI, 7.

JOEL [ou JOHEL], fils aîné du prophète Samuel. Samuel, étant devenu vieux (c), établit ses deux fils, Joel et Abia, pour juges sur Israel (d). Ils exerçaient leur juridiction dans la ville de Bersabée, à l'extrémité méridionale de la Palestine. Mais ils ne marchèrent pas sur les traces de leur père ; ils reçurent des présents et rendirent des jugements injustes; ce qui obligea les anciens d'Israel à demander un roi à Samuel. — [Johel se nommait aussi *Vasseni.* Voyez ELCANA.]

JOEL, fils de Josabia, de la tribu de Siméon. I *Par.* IV, 35.

JOEL [ou JOHEL], fils d'Israhia, de la tribu d'Issachar. I *Par.* VII, 3.

JOEL, un des vaillants hommes de l'armée de David. I *Par.* XI, 37. — [Ici il est dit *frère de Nathan*, I *Reg.* XXIII, 36, il est appelé *Igaal* et dit *fils de Nathan, de Soba. Frère* se dit pour *parent*, et *fils* pour *descendant.* Il y en a qui pensent qu'il était son frère par la naissance, et son fils par adoption.]

JOEL, lévite, un des chefs de la musique du temps de David. I *Par.* XV, 7.

JOEL, fils de Phadaïa, de la tribu de Manassé. I *Par.* XXVII, 20.

JOEL, fils de Phatuel, le second des douze petits prophètes, était, dit-on (e), de la tribu de Ruben et de la ville de *Béthoron*, ou plutôt *Bétharan;* car *Béthoron* était au deçà du Jourdain, dans la tribu d'Ephraïm, et *Bétharan* était de l'autre côté du fleuve, dans la tribu de Ruben. Joel prophétisa dans le royaume de Juda ; et nous croyons qu'il n'y parut qu'après le transport des dix tribus et la ruine du royaume d'Israel. On ne sait pas distinctement l'année où il commença à prophétiser, ni celle de sa mort. Il parle d'une grande famine et d'une inondation de sauterelles, qui ravagèrent la Judée: mais comme ces maux ne sont point rares dans ce pays, et que l'histoire n'a pas tenu registre de toutes ces sortes d'événements, on n'en peut rien inférer pour fixer l'époque de la prophétie de Joel.

Saint Jérôme, suivi de plusieurs autres tant anciens que modernes, a cru que Joel était contemporain d'Osée, suivant cette règle (f) que, quand on n'a point de preuve certaine du temps auquel a vécu un prophète, on doit le rapporter au temps de celui qui précède et dont l'époque est connue. Cette règle n'est pas toujours certaine, et ne doit pas empêcher de suivre un autre système, si l'on a de bonnes raisons pour le faire. Les Hébreux veulent que Joel ait prophétisé sous Manassé, et croient que la famine dont il parle est la même qui est marquée dans Jérémie, VIII, 13. Mais si cela est, comme il y a assez d'apparence, il faut dire que Joel prophétisa après Manassé, puisque, dans le même endroit de Jérémie, le Seigneur déclare qu'il est résolu de disperser son peuple parmi les nations, à cause des péchés que Manassé a commis; ce qui insinue que Manassé n'était plus. Ainsi nous aimons mieux placer Joel sous Josias, roi de Juda, en même temps que Jérémie. Il représente sous l'idée d'une armée ennemie une nuée de sauterelles qui, de son temps, vint fondre sur la Judée et qui y causa un dégât infini. Cela joint aux chenilles et à la sécheresse y amena une grande famine. Dieu, touché des malheurs et des prières de son peuple, dissipa les sauterelles, et le vent les jeta dans la mer, la fertilité et l'abondance succédèrent à la famine. Après cela le prophète prédit le jour du Seigneur (g), la vengeance qu'il doit exercer dans la vallée de Jezrael. Il parle du *Docteur de la justice*, que Dieu doit envoyer (h); du Saint-Esprit, qui doit descendre sur toute chair (i). Il dit que Jérusalem sera éternellement habitée (j); que de là sortira le salut (k); que quiconque invoquera le nom

---

(a) *Ita Hebræi Testament.* xii. *Patriarch. Tostat. Usser. et alii.*
(b) דודה *Dodai.*
(c) An du monde 2908, avant Jésus-Christ 1092, avant l'ère vulg. 1096.
(d) I *Reg.* viii, 1, 2 *et seq.* I *Par.* vi, 53.
(e) *Ita Epiphan. Doroth. Isidor. Hebræi.*
(f) *Hieron. Præfat. in omnes prophetas : In quibus autem tempus non præfertur in titulo, sub illis eos regibus prophetasse, sub quibus et hi qui ante eos habent titulos prophetaverunt.*
(g) *Joel.* ii, 2, 3 *et seq.*
(h) *Joel.* ii, 23, 29.
(i) *Joel.* ii, 28.
(j) *Joel.* iii, 20.
(k) *Joel.* ii, 32.

du Seigneur sera sauvé (a). Tout cela regarde la nouvelle alliance et le temps du Messie.

* JOEL, Rubénite, père de Samaïa. I *Par.* V, 4. L'historien sacré ne dit pas de qui il était fils; suivant les uns, il était fils d'Enoch, fils aîné de Ruben, ou de Charmi, dernier fils de Ruben, nommé au verset 3. C'est probablement le même Joel dont il est parlé au verset 8; dans ce cas, Samaïa du verset 4 et Samma du verset 8 sont aussi le même.

* JOEL, descendant de Nébo, revenu dans la patrie, renvoya sa femme qui était idolâtre. *Esdr.* X, 43.

JOELA, fils de Jéroham, fut un de ceux qui s'attachèrent à David dans le temps de sa disgrâce. I *Par.* XII, 7.

JOEZER, un des braves [Benjamites qui abandonnèrent le parti de Saül pour prendre celui] de David. I *Par.* XII, 6.

JOHA, [fils de Samri et frère de Jédihel, fut] un des plus braves de l'armée de David. I *Par.* XI, 45.

JOHA, secrétaire du roi Josias qui fut employé aux réparations du temple. II *Par.* XXXIV, 8.

* JOHA, fils de Baria, Benjamite. I *Par.* VIII, 16.

JOHANAN, fils de Carée, ayant su qu'Ismael, fils de Nathanias, était venu à Masphath, pour tuer Godolias (b), qui y avait été laissé par Nabuchodonosor pour gouverner les restes du peuple qui étaient demeurés dans le pays; Johanan, dis-je, en avertit Godolias, et s'offrit même à aller tuer Ismael pour le prévenir. Mais Godolias, ne l'ayant pas voulu croire, fut massacré peu de temps après; en l'an du monde 3417, avant Jésus-Christ 583, avant l'ère vulgaire 587.

JOHANAN, fils [aîné] de Josias. I *Par.* III, 15. Il y a apparence que Johanan mourut sans lignée [et avant son père], puisque l'Ecriture ne parle plus de lui.

JOHANAN, [cinquième] fils d'*Elioenaï*, un des descendants de David par Zorobabel. I *Par.* III, *ultimo*.

JOHANAN, grand prêtre des Juifs, fils du grand prêtre Azarias, et père d'un autre Azarias. I *Par.* VI, 9, 10. On croit que c'est le même que Joïada, père de Zacharie, sous Joas, roi de Juda. II *Par.* XIX *et seq.* — [*Voyez* JOIADA.]

JOHANAN, ou JONATHAN [*Neh.* XII, 11], ou JEAN, grand prêtre des Juifs, fils de *Joiada*, et père de *Jeddoa*. *Voyez* II *Esdr.* XII, 10, 11, 12 [ou plutôt 22, 23]. Il vivait sous Esdras et Néhémie. Josèphe (c) raconte une chose qui a fait un grand tort à la mémoire de Johanan. Josuah ou Jésus, son frère, s'était mis si bien dans l'esprit de Bagoses, gouverneur de Syrie et de Phénicie sous le roi de Perse, qu'il obtint de lui la charge de souverain sacrificateur, à l'exclusion de Johanan, son frère, qui en avait déjà joui plusieurs années Jésus vint à Jérusalem pour prendre possession de sa nouvelle dignité, et en dépouiller son frère. Mais celui-ci, refusant de se soumettre à l'ordre de Bagoses, il y eut de grandes contestations, et l'on en vint aux mains de part et d'autre : la chose alla si loin, que Jonahan tua son frère dans la cour intérieure du temple.

Cette action, déjà fort criminelle par elle-même, l'était encore beaucoup davantage par la profanation du lieu saint où elle avait été commise. Bagoses, en étant informé, se rendit à Jérusalem en grande colère pour prendre connaissance du meurtre. Il voulut entrer dans le temple pour voir l'endroit où il s'était commis; on lui en refusa l'entrée comme étant gentil et profane. Comment, s'écria-t-il, suis-je donc plus souillé que le corps mort que vous y avez massacré? Et en même temps, transporté de colère, il entre dans le temple malgré les prêtres, prend connaissance du fait, et condamne le temple à une amende qu'il se fit payer par les prêtres de l'argent du trésor. Cette amende fut de cinquante drachmes pour chaque agneau du sacrifice continuel qui s'offrait tous les soirs et tous les matins, c'est-à-dire, deux agneaux par jour. Cette amende se paya jusqu'à la mort du roi Artaxerxès ; alors les révolutions qui arrivèrent dans l'Etat et le changement de gouverneur, firent qu'on ne l'exigea plus. —[*Voyez* JONATHAS.]

Le grand prêtre Johanan ou Jean mourut après avoir exercé la souveraine sacrificature pendant 32 ans (d) ; Jaddoa, son fils, lui succéda. *Voyez* l'article de JONATHAS [*grand sacrificateur*, et les listes des grands prêtres, au mot PRÊTRE, et parmi les pièces préliminaires à la tête du 1er volume.]

JOHANAN, le huitième des braves de l'armée de David. I *Par.* XXVI, 3. — [Il y a erreur ici. Le texte indiqué mentionne un lévite.]

JOHANAN, lieutenant général des armées de Josaphat. II *Par.* XXVII, 15.

* JOHANAN, un des principaux prêtres au temps du grand prêtre Joacim ; il était chef de la famille sacerdotale d'Amarias. *Neh.* XII, 13.

* JOHANAN, Benjamite qui abandonna le parti de Saül, son parent, pour celui de David. I *Par.* XII, 4.

* JOHANAN, Gadite qui se joignit à David fuyant Saül, et fut officier dans son armée. I *Par.* XII, 12.

* JOHANAN, sixième fils de Mésélémia, lévite coréite. I *Par.* XXVI, 3.

JOIADA, nommé *Joadus* par Josèphe, succéda à Azarias dans la grande sacrificature, et eut pour successeur son fils Zacharie. Il semble que les Paralipomènes ont confondu *Johanan* et *Azarias* avec Joïada et Zacharias. *Voyez* I *Par.* VI, 9, 10. Nous avons déjà parlé assez au long de Joïada dans l'article d'ATHALIE, et dans celui de JOAS. Ce grand prêtre avec son épouse Josabeth sauvèrent le jeune prince Joas, fils de Joram, roi de Juda, qui n'avait pas encore un an (e), des

---

(a) *Joel.* II, 28, 29.
(b) IV *Reg.* xxv, 25. *Jerem.* xL, 15, 16.
(c) *Joseph. Antiq. l.* XI, *c.* vii.

(d) *Joseph. Antiq. l.* XI, *c.* vii.
(e) An du monde 3120, avant Jésus-Christ 880, avant l'ère vulg. 884.

mains d'Athalie qui, pour régner seule, avait entrepris d'éteindre entièrement la race royale. Joïada cacha ce jeune prince dans le temple, avec sa nourrice (a); et, au bout de sept ans, il le fit reconnaître pour roi, et le rétablit sur le trône de David, après avoir fait périr la cruelle Athalie (b). Il fit paraître dans toute cette affaire une prudence, une sagesse, une conduite admirables.

Dès qu'Athalie fut morte et le jeune roi établi sur le trône, il fit ruiner le temple de Baal et briser sa statue. Le royaume, conduit par ses soins et par ses conseils, changea de face, tant pour la religion que pour le civil; et, tandis que Joïada vécut et que Joas suivit ses conseils, tout lui réussit heureusement. Le grand prêtre avait conçu le dessein de faire au temple les réparations nécessaires, et il avait fait amasser pour cela des sommes considérables dans toutes les villes de Juda (c): mais les lévites ne s'acquittèrent pas de cette commission avec toute la diligence convenable, et l'on ne travailla comme il faut aux réparations de la maison du Seigneur que depuis la majorité du roi, et depuis que ce prince joignit son autorité à celle du pontife, pour faire exécuter ce dessein (1).

Joïada laissa un fils nommé Zacharie, qui fut grand prêtre après lui, et que Joas fit mourir (d), par une ingratitude qui a chargé sa mémoire d'une honte et d'un opprobre éternel. Voyez JOAS et ZACHARIE. Pour Joïada, il mourut dans une heureuse vieillesse, âgé de cent trente ans (e), l'an du monde 3160, avant Jésus-Christ 840, avant l'ère vulgaire 844. Il fut enterré dans les tombeaux des rois à Jérusalem, par une distinction qui était bien due aux services qu'il avait rendus au roi, à l'Etat et à la famille royale.

[« La fidélité la plus noble, dit M. Coquerel, ministre protestant, ou l'ambition la plus audacieuse, voilà ce qu'il faut reconnaître en ce grand prêtre. Peut-être autant de pontifes ont voulu porter le sceptre que de rois la tiare, et, sans contredit, en plaçant sur le trône un enfant de sept ans, Jéhojadah s'assurait l'autorité suprême. Sa dignité, autant que le grand service qu'il avait rendu, lui donnait le droit de l'exercer, et tout s'accorde à justifier sa conspiration; le vœu de la nation : sans le concours du peuple, un complot si simple ne pouvait réussir ; l'intérêt du culte : il fallait un Jéhojadah pour nettoyer le pays et la capitale de toutes les abominations que la race d'Achab y avait apportées, et le besoin que l'on avait de lui est bien prouvé par le retour de l'idolâtrie après sa mort; enfin l'usage qu'il a fait du pouvoir : son exemple est une des rares exceptions à la règle que les minorités ne sont pas heureuses. Un ambitieux se sert rarement de sa puissance dans l'intérêt seul de la religion et de la vertu.»]

JOIADA, ou JUDAS (f), grand prêtre des Juifs, successeur d'Eliasib ou de Joasib, qui vivait sous Néhémie vers l'an du monde 3550, avant Jésus-Christ 450, avant l'ère vulgaire 454. Joïada eut pour successeur *Jonathan* ou *Jean*. On ne sait ni l'année précise du pontificat de Joïada, ni le temps de sa mort.

* JOIADA, père de Banaïas. II Reg. VIII, 18, et ailleurs. On trouve aussi *Joïada, fils de Banaïas*, I Par. XXVII, 34, et on demande s'il ne faudrait pas lire *Banaïas, fils de Joïada*, comme au verset 5, et XI, 22, 24; et XVIII, 17. D'autres n'hésitent pas à reconnaître et Joïada, père de Banaïas, et Joïada, *fils* de Banaïas.

* JOIADA, chef de la race d'Aaron qui, avec trois mille sept cents hommes, alla se réunir à David lorsqu'il était à Hébron. I Par. XII, 27.

* JOIADA, fils de Phaséa, contribua, sous Néhémie, à la reconstruction des murs de Jérusalem. Neh. III, 6.

JOIARIB. Voyez JOARIB, chef de la première des vingt-quatre classes des prêtres.

* JOKIM, nommé dans l'Hébr. I Par. IV, 22.

JONA. Ce nom signifie *une colombe;* et *Bar-jona* (g), le fils de la colombe. Mais il paraît que la meilleure leçon est *Bar-ioanna,* ou *Jochanna,* fils de Jean. Saint Pierre avait pour père un nommé *Joanna,* ou, par abrégé, *Jona.*

JONADAB, fils de Semmaa, neveu de David et cousin germain d'Amnon (h). Ce Jonadab passait pour fort prudent, et était grand ami d'Amnon, fils de David. Ce jeune prince étant tombé malade d'une maladie de langueur (i), Jonadab lui en demanda la cause. Amnon lui déclara confidemment qu'il avait une passion très-violente pour sa sœur Thamar, née de David et d'une autre mère. Jonadab lui dit : Demeurez couché sur votre lit, et feignez d'être malade. Lorsque le roi, votre père, viendra vous visiter, vous le prierez de vous envoyer votre sœur Thamar, pour vous préparer quelque chose que vous preniez de sa main. Amnon suivit ce mauvais conseil, et viola Thamar; ce qui fut cause qu'Absalon, frère de Thamar, tua Amnon (j), et jeta toute la famille royale dans la désolation.

JONADAB, fils de Réchab, chef des Réchabites. Voyez RÉCHABITES, et notre Dissertation sur les Réchabites, à la tête de Jérémie. Jonadab, fils de Réchab, vivait du temps de Jéhu, roi d'Israel. On croit que c'est lui qui ajouta à l'ancienne austérité des Réchabites (k) celle de ne pas boire de vin, de ne pas cultiver de champs, et de se contenter de ce que leurs troupeaux et leurs campagnes pouvaient leur donner pour leur

---

(a) IV Reg. xi, xii, et II Par. xxiii, xxiv.
(b) An du monde 3126, avant Jésus-Christ 874, avant l'ère vulg. 878.
(c) IV Reg. xii, et II Par. xxiv, 5, 6, etc.
(d) II Par. xxiv, 20, 21. An du monde 3164, avant Jésus-Christ 836, avant l'ère vulg. 840.
(e) II Par. xxiv, 15.
(f) II Esdr. xii, 10.

(g) Matth. xvi, 17.
(h) II Reg. xiii, 3, 4, 5.
(i) An du monde 2972, avant Jésus-Christ 1028, avant l'ère vulg. 1032.
(j) An du monde 2974, avant Jésus-Christ 1026, avant l'ère vulg. 1030.
(k) Jerem. xxxv, 6, 7.
(1) Voyez JOAS, parmi les notes.

nourriture. On ignore quelle était la demeure ordinaire de Jonadab; mais nous lisons dans les livres des *Rois* (a) que Jéhu, ayant été suscité de Dieu pour punir les crimes de la maison d'Achab, et venant à Samarie pour faire périr tous les faux prophètes et les prêtres de Baal, rencontra Jonadab, fils de Réchab, et, l'ayant salué, lui dit : *Votre cœur est-il droit à mon égard, comme le mien l'est au vôtre?* Jonadab lui répondit : Je suis à vous. Alors Jéhu lui donna la main, le fit monter sur son chariot, et lui dit : Venez avec moi, et soyez témoin du zèle dont je brûle pour le Seigneur. Il le conduisit à Samarie, et fit mourir en sa présence tout ce qui restait de la maison d'Achab et tous les ministres du temple de Baal (b). C'est tout ce que nous savons de la vie de Jonadab. On parlera de ses disciples dans l'article des RÉCHABITES.

JONAS, fils d'Amathi, le cinquième des petits prophètes, était Galiléen, natif de *Geth-opher* (c), que l'on croit être la même que Jotapate, célèbre par le siége que Josèphe l'historien y soutint contre l'armée romaine, un peu avant la ruine de Jérusalem. Geth-opher était dans le pays de Zabulon, où se trouvait le canton d'*Opher*, ou *Epher*. Saint Jérôme la place à deux milles de Séphoris, tirant vers Tibériade. Quelques rabbins croient que Jonas était ce fils de la veuve de Sarepta, qui fut ressuscité par Élie (d); et cela, parce que cette veuve, ayant reçu son fils vivant, dit au prophète : *Je sais à présent que la parole de Dieu est vérité dans votre bouche.* On donna à ce jeune homme le nom de fils d'*Amathi*, parce qu'en hébreu *amath* signifie la *vérité*, et que, par sa résurrection, Jonas était en quelque sorte devenu fils d'Élie. Cette raison est certainement très-faible. Toutefois le sentiment qui veut que Jonas soit le fils de cette veuve est très-commun (e). Il est certain que Jonas vivait sous Joas et sous Jéroboam II, rois d'Israël. Il ne peut donc être le fils de la veuve de Sarepta, puisque le premier de ces deux princes ne commença à régner que soixante ans après le transport d'Élie. D'autres ont voulu que Jonas ait été le fils de la femme de Sunam, dont Élisée ressuscita le fils (f). Mais Sunam et Geth-opher sont des lieux trop éloignés l'un de l'autre; et nous savons certainement par l'Ecriture que Jonas était de Geth-opher. Quelques-uns croient que Jonas était ce prophète qu'Elisée envoya à Jéhu pour le sacrer roi d'Israel (g) : mais ce fait n'est nullement certain.

L'auteur de la Vie et de la Mort des prophètes, cité sous le nom de saint Epiphane et de Dorothée, et la Chronique pascale disent que Jonas était natif de Cariatham, près d'Asoth, sur la Méditerranée. On lui attribue au même endroit cette prophétie : *Quand on verra dans Jérusalem des peuples innombrables venus du côté de l'occident, alors on doit s'attendre à voir périr cette ville de fond en comble; et que cette ville sera ruinée quand on verra pleurer la pierre avec compassion.* Ces nations, venues du côté de l'occident, sont les Romains; et la pierre qui pleure sur Jérusalem, est Jésus-Christ, qui est nommé la pierre angulaire dans l'Ecriture, et qui pleura sur Jérusalem peu de jours avant sa passion. Le même saint Epiphane raconte que Jonas, de retour de Ninive, et confus de ce que sa prédiction contre cette ville n'eût pas été suivie de l'exécution, se retira avec sa mère près de la ville de Sur, ou plutôt de Tyr, où il demeura jusqu'à sa mort, dans la campagne de Saar; et qu'il fut enterré dans la caverne de *Cenezæus*, juge d'Israel. Ce juge est apparemment Caleb, ou Othoniel; on donne à Caleb le surnom de *Cénézéen* en plus d'un endroit (h); mais on ne lit pas qu'il ait été juge d'Israel. Othoniel était fils de Cénez. *Josue*, XV, 17; *Judic*. I, 13.

Voici ce que nous savons certainement sur le sujet de Jonas. Dieu lui ayant ordonné d'aller à Ninive (i), et d'y prêcher que le cri des crimes de ses habitants était monté jusqu'au ciel, et qu'ils étaient menacés d'une ruine prochaine, au lieu d'obéir à ces ordres, il voulut s'enfuir, et aller à Tharse en Cilicie. Il s'embarqua donc à Joppé [*Voyez* JOPPÉ]; mais le Seigneur ayant envoyé sur la mer une violente tempête, les mariniers saisis de crainte, crièrent chacun à leur Dieu, et jetèrent dans la mer ce qui était dans leur vaisseau pour le soulager. Cependant Jonas dormait au fond du vaisseau. Alors le pilote alla l'éveiller, et ceux qui étaient dans le navire jetèrent au sort pour savoir d'où venait cette tempête; car elle les avait surpris dans un temps où il n'y en avait aucune apparence. Ayant donc jeté le sort, il tomba sur Jonas. Ils lui demandèrent qui il était, et ce qu'il pouvait avoir fait pour attirer sur eux un tel orage. Il leur répondit qu'il était Hébreu, qu'il adorait le Dieu du ciel, qu'il était du nombre de ses prophètes, et qu'il fuyait devant sa face, pour ne pas aller à Ninive, où il était envoyé. Ils lui demandèrent ce qu'il y avait à faire pour se garantir du naufrage. Il répondit : Prenez-moi, et me jetez dans la mer, et la tempête s'apaisera. En effet ils le jetèrent dans la mer, et aussitôt l'orage fut apaisé.

Dieu prépara en même temps un grand poisson pour engloutir Jonas (j). Ce poisson était, selon les uns, une baleine; ou, selon d'autres, la lamie, le *canis tarcharias*, ou le chien de mer. On peut consulter sur cela notre Dissertation sur le poisson qu'englou-

(a) IV·Reg. x, 15, 16.
(b) An du monde 3120, avant Jésus-Christ 880, avant l'ère vulg. 884.
(c) IV Reg. xiv, 25.
(d) III Reg xvii, 17.
(e) Vide Hieron. Præf. in Jonam. Pseudo-Epiph. et Doroth. de Vita et Morte prophet. quæst. ad Antioch. q. 65,

inter Opera S. Athanas.
(f) IV Reg. iv, 16, 17, 36, 37.
(g) IV Reg. ix, 1, 2, 3 et seq.
(h) Num. xxxii, 12. Josue, xiv, 6 et 14.
(i) Jonas, i, 1, 2, etc.
(j) Jonas, ii, 1, 2, 3, etc.

tit Jonas, imprimée à la tête des douze *Petits prophètes*; et ci-après l'article Poisson qui engloutit Jonas (1). Le prophète fut reçu dans le ventre du poisson, et il y demeura trois jours et trois nuits. Il cria au Seigneur, et le Seigneur l'exauça, et ordonna au poisson de le rendre, et de le jeter sur le bord (2). On croit qu'il le jeta au pied d'une montagne qui s'avance beaucoup dans la mer, entre Bérythe et Tripoli (*a*). D'autres croient que ce fut sur les côtes de Cilicie, à deux lieues au nord d'Alexandrette (*b*), ce qui est beaucoup plus probable que ce que quelques-uns enseignent, que le poisson le conduisit jusque dans le Pont-Euxin (*c*), d'autres dans la mer Rouge, et d'autres dans le golfe Persique, et d'autres au bord proche de Ninive; ce qui n'a nulle apparence de vérité — [*Voyez* Ionin.]

Alors le Seigneur fit entendre sa voix une seconde fois à Jonas (*d*), et lui dit d'aller à Ninive. Il y alla; et étant entré dans la ville, qui avait trois journées de chemin, c'est-à-dire, environ vingt-cinq lieues de tour, comme le marque Diodore de Sicile (*e*), Jonas marcha pendant un jour entier dans la ville, en criant : *Dans quarante jours Ninive sera détruite.* Les Ninivites crurent à sa parole (3), et se convertirent. Ils ordonnèrent un jeûne public, et se couvrirent de sacs, depuis le plus petit jusqu'au plus grand. Le roi même de Ninive, que nous croyons être le père de Sardanapale, connu dans les profanes sous le nom d'*Anacyndaraxa*, ou d'*Anabaxare*, et, dans l'Ecriture, sous le nom de *Phul*, descendit de son trône, se couvrit d'un sac, et s'assit sur la cendre. Il fit défense aux hommes de prendre aucune nourriture, et de donner aux animaux ni à manger ni à boire. Il ordonna que les hommes et les animaux se couvriraient de sacs, et qu'ils crieraient au Seigneur de toute leur force. Dieu se laissa toucher à leur pénitence, et n'exécuta point la sentence qu'il avait prononcée contre eux.

Jonas s'en affligea, et s'en plaignit à Dieu (*f*), disant qu'il s'était toujours bien douté qu'étant un Dieu de clémence et de miséricorde, il ne manquerait pas de se laisser fléchir. Il demanda au Seigneur qu'il le tirât du monde; et s'étant retiré hors de la ville, il se fit un petit couvert de feuillages, jusqu'à ce qu'il vit ce qui arriverait à la ville. Le Seigneur fit croître au-dessus de sa cabane une plante nommée en hébreu *kikaion* (*g*), que les uns ont rendu par une *courge*, d'autres par un *lierre*, d'autres par *palma Christi*, ou *ricinus*. *Voyez* ci-après Kikaion [*et* Ricin]. Le lendemain, dès le point du jour, le Seigneur envoya un ver qui piqua la racine de cette plante, et la fit sécher; de sorte que le soleil venant à donner sur la tête de Jonas, il se trouva dans un si grand abattement qu'il demanda à Dieu qu'il le tirât du monde. Alors le Seigneur lui dit : *Croyez-vous avoir raison de vous fâcher ainsi pour la mort d'une plante qui ne vous a rien coûté, qui est née dans une nuit, et est morte la nuit suivante ? Et vous ne voudriez pas que je pardonnasse à une ville comme Ninive, où il y a six vingt mille personnes qui ne savent pas distinguer leur main droite d'avec la gauche,* c'est-à-dire, où il y a six vingt mille enfants qui n'ont pas l'usage de la raison, et qui n'ont point encore offensé Dieu par des péchés actuels ? Comme les enfants ne font, pour l'ordinaire, que la cinquième partie des personnes qui remplissent les villes, on présume qu'il y avait dans Ninive environ six cent mille personnes.

Après cela, Jonas revint apparemment de Ninive dans la Judée. Nous avons vu ci-devant ce que saint Epiphane a dit de sa retraite à Tyr, et de sa mort dans la campagne de Saraa. Les Orientaux, qui montrent son tombeau à Mosul qu'ils croient être la même que Ninive, sont persuadés qu'il y mourut et y fut enterré. Du temps de saint Jérôme on voyait son tombeau dans la Palestine, à Geth (*h*); et les Turcs encore aujourd'hui montrent son mausolée à Geth-opher, dans une chapelle souterraine, renfermée dans une mosquée (*i*). On croit avoir le corps de Jonas à Venise, dans l'église de Saint-Apol-

---

(*a*) C'est la tradition de ce pays-là, dit le R. P. Eugène Roger, t. I, c. xii.
(*b*) Tavernier, *Voyage de Perse*, t. II, c. i.
(*c*) Joseph. *Antiq. l. IX, c. xi*.
(*d*) *Jonas* iii, 1, 2, etc.
(*e*) Diodor. Sicul. l. II Biblioth.
(*f*) *Jonas* iv, 1, 2, 3, etc.
(*g*) קיקיון Kikaion. 70, Κολοκύνθη, *Cucurbita*. Alii *Interpp.* Græci Κισσός, *Hedera*.
(*h*) Hieron. Prolog. in Jonam.
(*i*) Adrichom. Quæresm. Eugen. Roger., etc.

(1) On ne dit plus, depuis quelque temps, que le poisson, dans le ventre duquel Jonas passa trois jours, était la baleine : car ce n'était pas, comme on l'a reconnu, la baleine. Le texte dit seulement un *grand poisson*. Notre Sauveur, lorsqu'il rappelle ce fait, dit aussi un *grand poisson*. Je suis surpris que M. de Lamennais, dans sa traduction des Évangiles (Matth. xii, 40), fasse dire à Notre-Seigneur, comme les traducteurs d'autrefois, que c'était la baleine.

(2) « Kim'hi, au commencement du chapitre r de Jonas, pour expliquer l'objet de ce livre, dit qu'il s'agit d'un miracle que Dieu a fait avec le prophète. Il serait donc inutile, dit M. Cahen, de rechercher de quelle espèce était ce grand poisson. Les exemples cités par des voyageurs d'hommes avalés par un poisson et qui en sont sortis vivants, la circonstance observée par quelques commentateurs que vingt-sept à vingt-huit heures peuvent, dans les idées des Hébreux, signifier trois jours, pourvu qu'une partie se passe le premier et une partie le troisième jour, tout cela n'empêcherait pas le miracle qu'un poisson se serait trouvé là à point nommé; la prière dont il est question dans le verset suivant augmente ce miracle. » Cahen, sur *Jon.* ii, 1.

(3) « Les saintes Ecritures, qui racontent la délivrance miraculeuse de Jonas précipité à la mer, ne disent point que la Providence opéra, en faveur du prophète, le prodige nouveau de lui donner la science infuse de la langue des habitants de Ninive. C'est que, à cette époque, Jonas pouvait peut-être, en parlant la langue hébraïque (Jon. i, 9), être compris du peuple dans ses prédications. » Eug. Boré, *Mémoire sur la Chaldée*, adressé à l'Académie des Inscriptions et Belles-Lettres, dans la *Corresp. et les Mém. d'un voyageur en Orient*, tom. II, p. 181, voir. M. Boré dit qu'autrefois les Juifs communiquaient par le langage avec les peuples chaldéens, babyloniens, assyriens, « ainsi que le font actuellement, dit-il (*Ibid.*), les Juifs dispersés au milieu des Chaldéens, que nous avons vus et entendus converser avec eux et s'expliquer intelligiblement, bien qu'ils parlent un dialecte plus rapproché de l'hébreu que celui de la Chaldée orientale. » Plus loin, le savant voyageur nous apprend que les Chaldéens (Nestoriens) observent « un jeûne de trois jours à l'honneur du prophète Jonas, par l'intercession duquel ils ont été délivrés d'une peste » (*Ibid.*, pag. 211).

linaire. On en voit aussi des reliques à Nocéra, dans le royaume de Naples, et dans l'abbaye du Mont-Cassin, où l'on montre une de ses côtes (1). Les Grecs ont depuis longtemps marqué leur vénération pour la personne de Jonas. Dès le sixième siècle il y avait une église et un monastère dédiés à ce prophète. Les Grecs font sa fête le 21 de septembre, et les Russes le 22. Son nom ne paraît pas dans les anciens martyrologes des Latins. Vers le quatorzième siècle on le mit au 27 de janvier ; mais Baronius l'a fait remettre au 21 septembre. *Voyez* Bollandus *et* M. Baillet.

On ne sait en quel temps Jonas prédit (*a*) que Jéroboam II, roi d'Israel, rétablirait le royaume de Samarie dans sa première étendue, depuis l'entrée d'Emath jusqu'à la mer Morte. On ignore si ce fut avant ou après son voyage de Ninive. Notre Sauveur dans l'Evangile a souvent fait mention de Jonas. Il dit (*b*) que les Ninivites s'élèveront au jour du jugement contre les Juifs, et les condamneront ; parce qu'ils ont fait pénitence à la prédication de Jonas, et que les Juifs ne le veulent pas écouter, lui qui est plus grand que Jonas. Et lorsque les pharisiens lui demandèrent un signe pour prouver sa mission (*c*), il leur répondit qu'il ne leur en donnerait point d'autre que celui du prophète Jonas, c'est-à-dire celui de sa résurrection, qui devait mettre le comble à tous ses autres miracles, et rendre les Juifs inexcusables dans leur endurcissement.

[Jonas a fourni à la hiéroglyphique chrétienne un sujet dont elle a beaucoup profité. « Il se retrouve partout comme emblème de la résurrection, dit M. Cyprien Robert. Toutes les circonstances de l'histoire de sa mission se trouvent traitées dans une suite de tableaux et de bas-reliefs. D'abord on le voit triste et rêveur, après l'ordre qu'il a reçu de Dieu ; assis sur une pierre, il semble désirer la mort (2) ; puis, au milieu de la tempête, il est jeté à la mer par les matelots ordinairement nus, pour signifier la rudesse de leur travail (3) ; sur un autre relief, il est tombé dans la gueule du monstre qui l'a déjà à moitié englouti (4) ; la tempête est figurée par la lune, en déesse à tête radiée, ou par un triton, ou Borée planant bizarrement dans les airs, et soufflant dans une trompette marine (5) ; quelquefois le monstre se répète deux fois dans la même scène (6), ou bien il a deux têtes et deux gueules béantes, l'une engloutissant, l'autre rejetant Jonas sur le rivage (7). Alors on le voit, s'appuyant sur le bras droit et couché sous les feuilles de la citrouille dite *cucurbita lagenaria*, d'où pendent des fruits allongés, comme les concombres, qui étaient sculptées en bois dans plusieurs endroits du temple de Salomon (8). Partout Jonas est nu, ainsi que Daniel (9) exposé dans la fosse aux lions... (10). » — « Partout on voit Jonas englouti ou revomi par la baleine, ou couché en paix sous l'arbre du rivage : figure des élus de Dieu que la Providence défend jusque dans la gueule des monstres, et qui se retrouvent intacts après le combat ; emblème du Sauveur dans le tombeau, etc. (11). »]

L'Ecriture (*d*) dit que Jonas s'enfuit de la Judée *de devant la face du Seigneur*, et s'embarqua à Joppé pour se sauver à Tharsis : *Ut fugeret in Tharsis a facie Domini*. C'est lui-même qui a écrit ces mots, qui semblent insinuer qu'il croyait qu'étant à Tharsis, il serait hors de portée de la puissance de Dieu, et que Dieu ne voudrait pas ou ne pourrait pas de là l'envoyer à Ninive. Si le prophète pensait ainsi, certainement sa pensée n'était pas selon la science. Mais il vaut mieux prendre ces mots, *ut fugeret a facie Domini*, comme s'ils voulaient dire que le prophète s'imaginait que, dès qu'il serait éloigné de la Judée, Dieu ne penserait plus à l'envoyer à Ninive ; mais qu'il y en enverrait quelque autre, parce qu'il n'est pas ordinaire que Dieu répande l'esprit de prophétie hors de la terre sainte ; mais de quelque manière qu'on l'interprète, il est véritable qu'elle emporte quelque incongruité, et qu'elle n'est nullement exacte.

Les mahométans connaissent l'histoire de Jonas ; mais ils ne la connaissent qu'imparfaitement (*e*). Ils disent qu'il fut envoyé de Dieu à la ville de *Mosul* ou *Moussal*, sur le Tigre. Mosul est, dit-on, bâtie à l'endroit ou auprès de l'ancienne Ninive. Il leur dit que s'ils ne se convertissaient leur ville périrait infailliblement un tel jour qu'il leur marqua. Le jour arrivé, la ville ne périt point, et on ne vit rien arriver de ce dont le prophète l'avait menacée, parce que les habitants

---

(*a*) IV *Reg.* xiv, 25.
(*b*) *Matth.* xii, 41 ; *Luc.* xi, 32.
(*c*) *Matth.* xii, 39, 40 ; xvi, 4 ; *Luc.* xi, 29, 30, 31.
(*d*) *Jonas*, i, 3.
(*e*) Bibl. Orient., p. 495, *Jounous-Ben-Mathæi*.
(1) Dans les *Relations de voyages* d'Aucher-Eloi en *Orient*, se trouve un *Journal d'une campagne au service de Méhémet-Pacha*, en 1834, par un jeune musulman que le pacha d'Egypte avait envoyé faire son éducation en France. Méhémet-Pacha commandait une petite armée envoyée par Ali-Pacha, gouverneur de Bagdad, pour forcer les villes de Mossoul, de Kerkout, de Mardin et les villages en dépendant, à payer régulièrement les contributions. Le jeune musulman, qui accompagnait cette expédition en qualité d'ingénieur en chef, dit ce qui suit dans son journal : « Nous arrivâmes à *Jonous-Neb*, ou *Ninive*, » en face de Mossoul : on dit que le prophète Jonas y est » enterré ; peut-être cette tradition s'applique-t-elle seu» lement au supérieur, nommé Jonas, d'un couvent armé» nien qui a été fondé dans cet endroit. » (Pag. 115 des *Relations* d'Aucher-Eloi). Je vois sur la carte qui est jointe à ces *Relations* un village appelé *Jonas*, situé assez loin de Ninive. Aucher-Eloi en parle dans son *Journal* de 1835 : « Je passai, dit-il, près du village de *Jonas*, où l'on » prétend qu'est le tombeau du prophète de ce nom. La » mosquée qui renferme ces précieuses reliques est » située au sommet d'un monticule autour duquel est cons» truit le village » (Pag. 207 des *Relations*). Je ne puis couvenir que le tombeau de Jonas soit ici ou là ; mais je remarque que ces traditions perpétuent la mémoire de la mission de Jonas à Ninive.
(2) Aringhi et Bosio.
(3) Bottari, pl. 31, 37, 42, 56.
(4) *Id.*, pl. 86.
(5) *Id.*, pl. 85.
(6) *Id.*, pl. 42.
(7) *Id.*, pl. 53 et 85.
(8) *Id.*, passim.
(9) *Id.*, pl. 40, 41, 63, 73, 75.
(10) Cyprien Robert, *Cours d'Hiéroglyph. chrét.* dans *l'Université catholique*, to. ii, VII, pag. 115, col. 1.
(11) *Idem ibid.*, pag. 290, col. 2.

avaient détourné les effets de la puissance de Dieu par leur pénitence. Jonas pour se dérober aux reproches des Ninivites, résolut de s'enfuir. Il s'embarqua, et le vaisseau dans lequel il était, étant en pleine mer, s'arrêta tout à coup, sans qu'on pût le faire ni avancer, ni reculer.

Les mariniers, dans cette extrémité, résolurent de jeter un homme du vaisseau dans la mer, s'imaginant par ce moyen apaiser Dieu, ou enfin faire cesser la cause qui les arrêtait. Ils tirèrent au sort, et trois fois le sort tomba sur Jonas. Il fut jeté en mer, et aussitôt un poisson l'engloutit, et l'emporta jusqu'au plus profond des abîmes. Alors il prononça cette prière qui est rapportée dans l'Alcoran, et que les mahométans tiennent pour la plus sainte et la plus efficace de toutes les prières : *Il n'y a point, Seigneur, d'autre Dieu que vous. Soyez loué à jamais ; je suis du nombre des pécheurs; mais vous êtes miséricordieux au-dessus de tout ce que je puis dire.* Les mahométans ont appelé ce prophète *le compagnon du poisson*, à cause qu'il a demeuré 40 jours dans le ventre de celui qui l'engloutit. Selon la véritable histoire, il n'y demeura que trois jours. Théodoret (a) dit que Jonas n'ayant pas voulu aller de bon cœur à Ninive, Dieu l'y envoya chargé de chaînes.

JONATHAN, lévite, fils de Gerson, et petit-fils de Moïse, demeura assez longtemps à Laïs, dans la maison de Micha, et y exerça son ministère de lévite envers un éphod et quelques figures superstitieuses que Micha s'était faites, et qu'il avait mises dans sa chapelle domestique (b). Mais après quelques années, six cents hommes de la tribu de Dan, qui allaient chercher un nouvel établissement sur les terres des Sidoniens (c), ayant passé par là, engagèrent Jonathan à les suivre. Il alla donc avec eux, et s'établit à Dan, où ceux de la tribu de ce nom mirent les figures superstitieuses qu'ils avaient enlevées de la maison de Micha, et y établirent pour prêtre Jonathan, et ses enfants après lui. Or ces idoles demeurèrent à *Dan*, autrement *Laïs*, tout le temps que l'arche du Seigneur fut à Silo, et jusqu'au temps de la captivité de Dan. L'arche du Seigneur fut à Silo jusqu'à la dernière année du grand prêtre Héli, qui fut celle de la prise de l'arche par les Philistins, l'an du monde 2888, avant Jésus-Christ 1112, avant l'ère vulgaire 1116. La captivité de Dan peut marquer, ou l'oppression de cette tribu par les Philistins, après la prise de l'arche du Seigneur, ou la grande captivité des dix tribus qui furent emmenées captives au delà de l'Euphrate par les rois d'Assyrie. *Voyez* notre Commentaire sur les *Juges*, XVIII, 31.

JONATHAN. *Voyez* BEN-HAÏL.

JONATHAN-BEN-UZIEL, ou fils d'Uziel. Nous avons sous son nom un *Targum*, ou une Paraphrase des cinq livres de Moïse, et une autre des prophètes, c'est-à-dire sur Josué, les Juges, les deux livres de Samuel, les deux livres des Rois, Isaïe, Jérémie, Ezéchiel et les douze petits prophètes : c'est-à-dire sur tous les livres de l'Ancien Testament, à l'exception des hagiographes, qui sont Job, les Psaumes, les Proverbes, l'Ecclésiaste, le Cantique des Cantiques, Daniel, les Paralipomènes, Esdras, Néhémie, et Esther.

Les Juifs (d) donnent de grands éloges à Jonathan. Ils le font vivre du temps d'Aggée, de Zacharie et de Malachie, c'est-à-dire peu de temps après le retour de la captivité, et ils croient qu'il reçut d'eux la loi orale ou la tradition. Ils ajoutent qu'il fut aussi le premier et le plus excellent disciple d'Hillel, ce fameux rabbin qui vivait, dit-on, un peu avant la venue de Jésus-Christ, ou vers le même temps, sous le règne du grand Hérode. Mais s'il a vu Aggée, Zacharie et Malachie, et qu'il ait encore été disciple de Hillel, il faut qu'il ait vécu près de cinq cents ans, ce qui est incroyable.

Quoi qu'il en soit, les Juifs ne sauraient se lasser de relever le mérite de Jonathan, fils d'Uziel. Ils l'égalent à Moïse, et racontent que pendant qu'il travaillait à sa Paraphrase, Dieu le protégeait d'une manière visible; qu'afin que rien ne le détournât de son application, si une mouche venait s'asseoir sur son papier, ou qu'un oiseau vint voler sur sa tête, ils étaient aussitôt consumés par le feu du ciel, sans que ni lui ni ce qui était autour de lui en fussent endommagés : que voulant faire un Targum sur les hagiographes, comme il en avait fait sur la loi et sur les prophètes, il en fut empêché par une voix du ciel qui lui dit que la fin du Messie y était déterminée. Cette partie ou l'autre, vraie ou fausse, mais plutôt fausse que vraie, a donné occasion à quelques chrétiens de profiter de cet aveu pour soutenir contre les Juifs que la mort du Messie était clairement prédite dans le prophète Daniel, que les Hébreux mettent au rang des hagiographes. Et, depuis ces disputes, les Juifs modernes ont pris la liberté de changer ce passage, de peur que cet aveu ne leur fît tort.

Des deux Targums attribués à Jonathan, fils d'Uziel, il paraît qu'il n'a composé que celui qui est sur les premiers et sur les derniers prophètes. Les Juifs appellent *premiers prophètes*, Josué, les Juges, Samuel et les Rois : et *les derniers prophètes*, Isaïe, Jérémie, Ezéchiel et les douze petits prophètes.

Le Targum, ou la Paraphrase sur tous ces livres, approche assez du style de celui d'Onkélos, qui passe pour le meilleur de tous : on y voit à peu près la même pureté de style; mais au lieu que le Targum d'Onkélos est une version exacte et assez littérale, Jonathan prend la liberté de paraphraser, d'étendre et d'ajouter, tantôt une glose,

---

(a) *Hist. Relig.* c. IV, p. 496. καὶ μὴ βουλόμενον διοριώντην παρήγουμα.

(b) Josue, XVII, 7, 8, etc. XVIII, 1, 2, etc. 30, 31.

(c) L'année est incertaine. Cela arriva sous les Juges,

et dans un temps où il n'y avait ni rois, ni chefs dans Israel.

(d) *Zachar. in Inchasim. Gedaliah in Schalscheloth. Haccabala. Talmud in Baba Bathra*, etc.

tantôt une histoire qui ne font pas beaucoup d'honneur à l'ouvrage. Ce qu'il a fait sur les derniers prophètes est encore plus négligé, plus imparfait et moins littéral que le reste. Voilà ce qui regarde le vrai Targum de ce paraphraste (1).

Celui qu'on lui attribue sur la loi, c'est-à-dire, sur les cinq livres de Moïse, est fort différent du premier, tant pour le style, comme il est aisé de s'en persuader en les lisant avec attention et en les comparant l'un avec l'autre, que pour la méthode ; car cette dernière Paraphrase est encore plus farcie de fables, de gloses, de longues explications et de vaines additions, que ne l'est le Targum sur les prophètes, que personne ne conteste à Jonathan. De plus, il y est parlé de diverses choses qui n'existaient pas encore de son temps, ou du moins qui ne portaient pas le nom qu'il leur donne (a) ; par exemple, il y parle des six ordres ou livres de la Misne, qui ne fut composée que bien longtemps après lui ; on y trouve les noms de Constantinople et de Lombardie, qui sont encore plus récents que la Misne.

On ne sait pas qui est le véritable auteur de ce dernier Targum ; il a demeuré longtemps inconnu même aux Juifs : on n'en avait point de connaissance avant qu'il parût imprimé à Venise, il y a environ cent cinquante ans ; apparemment qu'on n'y mit le nom de Jonathan que pour donner du crédit à l'ouvrage, et afin qu'il se débitât mieux. *Voyez* l'article TARGUM. On a retranché une bonne partie des impertinences du Targum de Jonathan dans l'édition de la Bible polyglotte d'Anvers. *Voyez* le R. P. Morin, *Exercitat. Bibl.* lib. II, Exercit. VIII, c. 1, II, III.

JONATHAS, ou JONATHAN, fils de Saül, prince d'un excellent naturel et très-fidèle ami de David dans l'une et dans l'autre fortune. Jonathas donna des marques de sa valeur et de sa conduite dans toutes les occasions qui s'en présentèrent durant les guerres que Saül fit aux Philistins. Un jour (b) que les Philistins étaient campés à Machmas avec une très-puissante armée, et l'armée de Saül, qui n'était que de six cents hommes (c), étant campée à Gabaa de Benjamin (d), Jonathas dit à son écuyer : *Allons au camp des Philistins.* Mais il n'en dit rien au roi son père ; et le peuple ne savait point non plus où il était allé. Pour pénétrer au camp des Philistins, il y avait un défilé entre deux rochers. Or, en allant vers les Philistins, Jonathas dit à son écuyer : *Lorsque ces gens-là nous auront aperçus, s'ils nous disent : Attendez-nous là, demeurons, et n'allons pas plus loin ; mais s'ils disent : Montez ici, montons-y ; car ce sera une marque que le Seigneur nous les aura livrés entre les mains.*

Lors donc que la garde des Philistins les eut aperçus, elle dit : *Voilà les Hébreux, qui comme des rats sortent des cavernes où ils s'étaient cachés ;* et les plus avancés du camp des Philistins leur crièrent : *Montez ici, et nous vous ferons voir quelque chose.* Alors Jonathas dit à son écuyer : *Suivez-moi, car le Seigneur les a livrés entre les mains d'Israel.* Ils montèrent, et commencèrent à tuer tout ce qui tomba sous leurs mains. Le trouble se mit dans l'armée des Philistins, et les sentinelles du camp de Saül, s'apercevant du mouvement qui était de ce côté-là, en avertirent ce prince. On trouva que Jonathas et son écuyer n'étaient plus dans le camp. Le bruit et le tumulte croissant dans le camp des Philistins, les Hébreux y accoururent, et trouvèrent qu'ils s'étaient percés l'un l'autre. Saül se mit donc à poursuivre ceux qui fuyaient, et il prononça ces paroles devant toute son armée : *Maudit soit celui qui mangera avant le soir.*

Jonathas, qui n'était pas présent, et qui n'avait rien su de cela, s'étant trouvé dans un bois où il y avait beaucoup de miel, trempa le bout de son bâton dans le miel, et en goûta un peu. Quelqu'un lui dit : *Le roi votre père a fait défense avec exécration de manger quoi que ce soit.* Jonathas répondit : *Mon père a troublé tout le monde par cette défense. Combien le peuple se serait-il fortifié, s'il eût mangé de ce qu'il aurait rencontré dans la poursuite des ennemis ?* La victoire qu'Israel remporta ce jour-là sur les Philistins fut entière ; et Saül fut d'avis de les aller encore attaquer pendant la nuit, afin qu'il n'en échappât aucun. Il fit pour cela consulter le Seigneur ; mais le Seigneur ne répondit rien. Alors Saül fit jeter le sort sur tout le peuple, pour savoir qui était celui qui avait violé le serment, et la protestation qu'il avait faite au nom de Dieu de ne prendre aucune nourriture ; et le sort tomba sur Jonathas. Saül lui dit : *Que Dieu me traite dans toute sa sévérité, si vous ne mourrez aujourd'hui, Jonathas.* Mais tout le peuple s'opposa à la résolution du roi, et l'empêcha d'exécuter ce qu'il avait dit.

Quelques années après (e), David ayant vaincu Goliath de la manière que chacun sait, Jonathas conçut pour lui une amitié si parfaite, qu'il l'aimait comme lui-même (f). Pour lui en donner des preuves, il se dépouilla de la tunique dont il était vêtu, et la donna à David. Il lui fit aussi présent de son épée, de son arc et de son baudrier. Et lorsque David eut encouru la disgrâce de Saül, Jonathas demeura toujours fortement attaché à son ami. Il lui donna avis de la résolution que son père avait prise de le tuer (g), lui conseilla de se retirer, et fit en sorte auprès de Saül, que ce prince lui promit avec serment qu'il ne le ferait point mourir. Saül

---

(a) *Targum in Exod.* xxvi, 9.
(b) An du monde 2911, ou 1812, avant Jésus-Christ 1083, avant l'ère vulg. 1092.
(c) I *Reg.* xiii, 15, 16 *et seq*
(d) I *Reg.* xiv, 1, 2, etc.
(e) An du monde 2942, avant Jésus-Christ 1058, avant l'ère vulg. 1062.

(f) I *Reg.* xviii.
(g) I *Reg.* xix, 1, 2, 3, etc.
(1) Ce Targum a été interpolé en plusieurs endroits, comme le montre la collation des manuscrits. Il a été traduit en latin par Zamora, et c'est cette traduction qui existe dans les polyglottes. (S.)

ayant de nouveau résolu de faire mourir David (a), Jonathas prit la liberté d'en parler au roi pour le dissuader de ce dessein; mais ayant reconnu que la perte de son ami était résolue (b), il vint en donner avis à David, qui s'était cependant tenu caché dans un champ; et par le moyen du signal dont ils étaient convenus ensemble, ils se virent, ils se parlèrent, confirmèrent leur amitié et leur alliance avec serment. Jonathas s'engagea de faire savoir à David tout ce qu'il pourrait découvrir de la mauvaise volonté de son père; et David de sa part s'obligea avec serment de traiter toujours Jonathas comme son meilleur ami, et d'user de miséricorde envers sa famille, si Jonathas venait à mourir avant lui. Après cela ils se séparèrent, et Jonathas rentra dans la ville de Gabaa, sans que personne eût été témoin de leur entrevue.

L'année suivante (c), comme David était dans la forêt du désert de Ziph, et que Saül le cherchait avec ses troupes pour le prendre (d), Jonathas alla secrètement trouver son ami, et lui dit: *Ne craignez point; car Saül mon père, quoi qu'il fasse, ne vous trouvera point; vous serez roi d'Israel, et je serai votre second; et mon père le sait bien lui-même.* Ils renouvelèrent ensemble leur alliance, et se séparèrent. Enfin, la guerre s'étant de nouveau allumée entre les Hébreux et les Philistins (e), Saül et Jonathas se campèrent sur le mont Gelboé avec l'armée d'Israel; mais ils y furent forcés, leurs troupes mises en déroute, et eux-mêmes mis à mort (f). La nouvelle en ayant été portée à David, il en fit un deuil très-amer, et consacra à leur honneur un cantique funèbre, où il fait éclater toute la tendresse de son cœur envers son ami Jonathas (g). Jonathas eut un fils nommé Miphiboseth, que David combla de biens. *Voyez* MIPHIBOSETH.

JONATHAS, fils du grand prêtre Abiathar, vint donner avis à Adonias et à ceux de son parti qui étaient assemblés près de la fontaine de Rogel que David avait déclaré Salomon son successeur, et qu'il l'avait fait reconnaître roi d'Israel (h); l'an du monde 2989, avant Jésus-Christ 1011, avant l'ère vulgaire 1015.

JONATHAS, fils de Sagé et d'Arari, un des vaillants hommes de l'armée de David (i). Dans le troisième livre des Rois, chapitre XXIII, 32, 33; on lit: *Jonathas et Semma d'Arari.*

JONATHAS, fils de Samaa, et neveu de David, tua un géant, qui avait six doigts à chaque pied et à chaque main (j).

JONATHAS, fils d'Ozia, intendant des finances de David. I *Par.* XXVII, 25.

JONATHAS, fils d'Asael, fut nommé pour faire la recherche de ceux qui avaient épousé des femmes étrangères, du temps d'Esdras. I *Esdr.* X, 15.

JONATHAS, grand sacrificateur, fils de Joïada, et petit-fils d'Eliasib. Il eut pour successeur *Jeddoa* ou *Jaddus*, célèbre du temps d'Alexandre le Grand. On ne sait pas précisément la durée du pontificat de Jonathas. Josèphe (k), et après lui Eusèbe et saint Jérôme, l'appellent *Jean*; au lieu de Jonathas, et disent qu'il vécut sous le roi Artaxerxès. Josèphe raconte que ce pontife avait un frère nommé Jésus, qui était fort ami de Bagosès, gouverneur de la Judée de la part des Perses. Bagosès lui avait promis de lui faire avoir la souveraine sacrificature, et d'en faire dépouiller Jonathas, son frère. Jésus, se fondant sur ces promesses, entreprit de paroles Jonathas jusque dans le temple; et leur querelle alla si loin, que Jonathas le tua dans le saint lieu. Dieu punit ce sacrilége par la perte de la liberté dont les Juifs jouissaient alors; car Bagosès accourut au temple, fit de grands reproches aux prêtres, entra dans le saint lieu, et fit porter au peuple pendant sept ans la peine de cette profanation. — [*Voyez* JOHANAN.]

JONATHAS (l), scribe et concierge des prisons de Jérusalem sous le roi Sédécias. Il fit beaucoup souffrir le prophète Jérémie, qui fut mis dans la prison dont il était le gardien; en sorte que ce prophète demanda instamment au roi Sédécias, qui l'avait fait venir en sa présence, de ne le pas renvoyer dans ce cachot où il était en danger de sa vie.

JONATHAS, surnommé *Apphus* (m), fils de Mattathias, et frère de Judas Machabée. Après la mort de Judas, il fut établi chef du peuple et capitaine des troupes d'Israel (n). Bacchides en fut bientôt averti (o). Jonathas se retira d'abord sur le lac Asphaltite, ensuite passa le Jourdain, et voyant que Bacchides, général des troupes de Démétrius Soter, s'approchait avec une puissante armée pour le combattre le jour du sabbat (p), et posté de manière qu'il avait les ennemis en tête, le Jourdain à dos, des bois et des marais à droite et à gauche, il exhorta ses gens à implorer le secours du ciel, et leur représenta la nécessité où ils étaient de vaincre ou mourir, puisqu'il ne leur restait aucun moyen d'échapper. Aussitôt il livra la bataille, et se trouvant à portée de Bacchides, il étendit le bras pour le percer; mais Bacchides eut l'adresse d'éviter le coup en se retirant en arrière. Enfin Jonathas et les siens après avoir couché sur la place mille de leurs ennemis, craignant d'être accablés par la multitude, se jetèrent dans le Jourdain, et le

---

(a) An du monde 2944, avant Jésus-Christ 1056, avant l'ère vulg. 1060.
(b) I *Reg.* xx.
(c) An du monde 2945, avant Jésus-Christ 1055, avant l'ère vulg. 1059.
(d) I *Reg.* xxiii, 16, 17.
(e) An du monde 2949, avant Jésus-Christ 1051, avant l'ère vulg. 1055.
(f) I *Reg.* xxxi, 1, 2.
(g) II *Reg.* i, 18, 19, 20.

(h) III *Reg.* i, 42, 43, etc.
(i) I *Par.* xi, 33.
(j) I *Par.* xx, 7.
(k) *Antiq.* l. XI, c. vii.
(l) *Jerem.* xxxvii, 14, 15, 19.
(m) I *Mac.* ii, 5.
(n) I *Mac.* ix, 28, 29.
(o) Au du monde 3843, avant Jésus-Christ 157, avant l'ère vulg. 161.
(p) I *Mac.* ix, 43 *et seq.*

passèrent à la nage en leur présence, sans qu'ils osassent les poursuivre, et ensuite ils se retirèrent à Jérusalem.

Observations sur le combat de Jonathas contre Bacchides (1). I Mac. IX, 44 et suiv. L'auteur du premier livre des Machabées est si succinct et si abstrait dans le récit de cette action de Jonathas contre Bacchides, que l'on a peine à le comprendre; mais pour l'éclaircir, il faut reprendre l'affaire de plus haut. Jonathas ayant reçu le commandement après la mort de Judas, son frère, Bacchides cherchait tous les moyens de le tuer; mais Jonathas et Simon, son frère, et tous ceux qui l'accompagnaient, l'ayant su, se retirèrent dans le désert de Thécué. Bacchides l'apprit et vint lui-même avec toute son armée le jour du sabbat au delà du Jourdain : ainsi on voit d'abord par ces circonstances que Jonathas était d'un côté du Jourdain, et Bacchides de l'autre. Alors Jonathas envoya Jean, son frère, chez les Nabathéens, leurs amis, pour les prier de mettre à couvert leur bagage, qui était très-grand et qui les embarrassait. Mais les fils de Jambri, étant sortis de Médaba, prirent Jean, apparemment le tuèrent, et s'en allèrent avec tout ce qu'il avait. Jonathas et Simon, son frère, ayant appris ce qui s'était passé, et que les fils de Jambri menaient de Médaba en grande pompe une nouvelle fiancée, qui était fille d'un des premiers princes de Chanaan; ayant à cœur le sang de leur frère qui avait été répandu, ils allèrent se poster derrière une montagne qui les mettait à couvert, dans le dessein sans doute de venger la mort de leur frère, et de se dédommager du vol qu'on leur avait fait. Or le désert de Thécué, où ils s'étaient d'abord retirés, était à l'occident du Jourdain, et Médaba à l'orient, et de l'autre côté du fleuve; par conséquent Jonathas et ses gens avaient passé le Jourdain pour aller sur le chemin de Médaba, où ils tirèrent vengeance du crime des enfants de Jambri; et ce fut sans doute au retour de cette expédition que Jonathas se trouva surpris entre Bacchides et le Jourdain. Toute la difficulté ne consistait qu'en ce que l'auteur sacré a omis la circonstance du premier passage du Jourdain, et de cette manière elle se trouve entièrement levée.

La harangue de Jonathas est des plus belles et des plus pathétiques : *Allons, courage,* dit-il à ses gens (a), *combattons nos ennemis, car il n'en est pas de ce jour comme d'hier, ou du jour d'auparavant. On nous présente le combat, nous avons le Jourdain derrière nous, à droite et à gauche des bois et des marais, il n'y a plus moyen de reculer. Criez donc au ciel, afin qu'il vous délivre des mains de vos ennemis.* On doit sentir, en lisant ce discours, l'effet qu'il doit produire sur le cœur des soldats qui se trouvent dans une telle situation; rien n'est plus magnifique, ni plus touchant, enfin on peut dire que c'est un chef-d'œuvre en ce genre.

En même temps il livra la bataille, et Jonathas étendit la main pour frapper Bacchides; mais celui-ci évita le coup en se retirant en arrière. Ce passage nous fait voir que les deux chefs étaient chacun à la tête de leur armée, et à portée de se battre. *Mille hommes de l'armée de Bacchides demeurèrent en ce jour-là sur la place. Enfin Jonathas et ceux qui étaient avec lui se jetèrent dans le Jourdain, et le passèrent à la nage devant eux.* Jonathas, voyant que malgré ses efforts il n'avait pu rompre ses ennemis, et qu'il ne pouvait plus résister à leur nombre, prit la résolution de risquer le passage du fleuve en présence de son ennemi, pour sauver, s'il était possible, sa petite armée. Cet expédient lui réussit; et Bacchides, surpris de la hardiesse de son ennemi, n'osa le poursuivre.

L'action du général juif est admirable, il se comporta avec une prudence sans pareille : il était le plus faible, cependant il sut se tirer avec gloire et même avec avantage d'un pas si dangereux. La conduite de Bacchides ne lui est pas fort honorable; il était beaucoup supérieur à son ennemi; il aurait pu l'envelopper par le grand nombre de ses troupes, s'il l'eût attaqué en tout autre endroit qu'entre deux marais et deux bois, où il ne pouvait lui opposer qu'un front égal au sien : car c'est une mauvaise manœuvre que de se ranger sur plusieurs lignes; une seule sur une grande profondeur, bien ordonnée et bien conduite, avec l'audace d'un petit nombre de soldats déterminés, et réduits dans la nécessité de vaincre ou mourir; une seule, dis-je, suffit pour remporter la victoire, puisqu'il ne s'agit que de percer la première ligne de ses ennemis, dont la retraite devient impossible par sa déroute; car outre que la foule des fuyards met le trouble et la confusion dans la seconde ligne, c'est que les peuples de l'Asie, aussi bien que les Grecs, combattaient en phalange, sans intervalles entre les corps, ou si petits, qu'il aurait été très-difficile que ceux qui venaient d'être rompus pussent s'échapper sans rompre la seconde ligne. On ne voit pas même que les Asiatiques combattissent sur deux phalanges; et les Grecs, lorsque le terrain ne leur permettait pas de s'étendre sur un plus grand front, doublaient ou triplaient leur phalange, et ne formaient qu'un corps quelquefois sur cent de file. Annibal (b) se rangea sur trois phalanges à Zama, ce qui n'avait jamais été pratiqué; et bien qu'il fût à la tête d'une armée de cinquante mille hommes, il fut battu par Scipion, qui n'en avait que vingt-deux, et qui se rangea sur une ligne de deux colonnes; car il comprit bien que la victoire dépendait uniquement de la défaite de la première ligne; ainsi il battit en Afrique le grand Annibal, qui n'avait pu être vaincu en Italie.

Enfin, pour revenir à l'ordre de bataille entre les Juifs et Bacchides, je range les Juifs sur deux corps, qui remplissaient l'espace entre les marais et les bois. A l'égard de Bacchides, il ne put que ranger son infante-

---

(a) I Mac. ix, 44, 45 46.
(b) Polyb. Hist. l. XV.

(1) Par Folard. Voyez la Préface, pag. XI.

rie sur deux lignes, et sa cavalerie sur les ailes. C'est tout ce que j'en puis conjecturer, suivant la situation des lieux, et la méthode ordinaire des Juifs et des autres peuples de l'Asie. [Ici se terminent les *Observations* de Folard.]

Après cette affaire, Bacchides s'en retourna en Syrie. Mais les ennemis de la paix l'ayant fait revenir, dans l'espérance de faire périr Jonathas dans une nuit, lorsqu'il y penserait le moins, Jonathas les prévint, prit cent cinquante des plus méchants auteurs de ce dessein, les fit mourir, et puis se retira avec Simon, son frère, dans la forteresse de *Beth-bessen*, dans le désert (a). C'est *Beth-agla*, dans le désert de Jéricho. Bacchides l'y vint assiéger. Jonathas, après une vigoureuse défense, sortit de la forteresse, défit Odarène et Phaseron, et tua grand nombre d'ennemis. D'un autre côté, Simon, son frère, ayant fait une sortie, brûla les machines des ennemis, attaqua l'armée de Bacchides, et la défit. De sorte que Bacchides tourna sa colère contre ceux qui lui avaient inspiré ce conseil, les fit mourir, et se disposa à s'en retourner en Syrie avec le débris de son armée.

Alors Jonathas envoya lui faire des propositions de paix. Bacchides les accepta, s'en retourna en Syrie, et ne revint plus en Judée. Jonathas demeura à Machmas, où il jugea le peuple ; et il extermina les impies d'Israël. Il ne fixa pas sa demeure à Jérusalem, parce que les troupes de Démétrius Nicator, roi de Syrie, en occupaient la citadelle. Quelques années après (b), les rois Alexandre Balès et Démétrius Soter, qui se disputaient le royaume de Syrie, écrivirent à Jonathas, demandant son amitié, et s'efforçant par leurs promesses, et par les marques d'estime et de confiance qu'ils lui donnaient, de l'engager à entrer dans leur parti (c). Jonathas accepta les offres d'Alexandre Balès, et se déclara pour lui contre Démétrius. Il se revêtit pour la première fois des ornements du grand prêtre en la fête des Tabernacles de l'an 160 des Grecs, qui revient à l'an du monde 3852, avant Jésus-Christ 148, avant l'ère vulgaire 152. Ce fut en suite de la lettre d'Alexandre Balès, qui lui donnait cette dignité, que le peuple le pria de l'accepter, et qu'il en fit solennellement les fonctions.

Deux ans après (d), Alexandre Balès ayant célébré à Ptolémaïde son mariage avec la fille du roi d'Egypte, Jonathas y fut invité, et y parut avec une magnificence royale. Quelques-uns de ses ennemis ayant voulu l'accuser auprès du roi, non-seulement on n'écouta point leurs accusations, mais on le revêtit de pourpre, le roi le fit asseoir auprès de lui, et défendit qu'on formât contre lui la moindre plainte. Jonathas étant revenu à Jérusalem, y demeura en paix pendant quelques années. Mais au bout de deux ans (e), Démétrius Nicator, fils de Démétrius Soter, roi de Syrie, dont on a parlé, étant venu en Syrie, envoya Apollonius, général de ses troupes, à Jamnia dans la Palestine (f) défier Jonathas au combat, disant, qu'il ne se fiait que sur ses montagnes et ses rochers, où il se tenait, sans oser venir en pleine campagne. Jonathas, piqué de ces reproches, amassa dix mille hommes choisis, descendit dans la plaine, vint assiéger Joppé, et l'emporta aisément. De là il marcha contre Apollonius, le battit, lui tua huit mille hommes, et revint chargé de dépouilles à Jérusalem. Alexandre Balès, informé de ces heureux succès, le combla d'honneurs et de marques de son estime. *Voyez* l'article APOLLONIUS.

Alexandre Balès fut mis à mort quelques années après (g), et Démétrius Nicator monta sur le trône de Syrie (h). Jonathas, profitant des troubles qui étaient en Syrie, assiégea la citadelle de Jérusalem. Mais des personnes malintentionnées en ayant informé Démétrius, il manda Jonathas à Ptolémaïde pour répondre aux accusations qu'on formait contre lui. Il y alla, et sut, par ses riches présents, gagner l'amitié du roi, et charger de confusion ses accusateurs. Démétrius lui confirma la jouissance de ce qu'il possédait déjà, et y ajouta de nouvelles grâces. Quelque temps après (i), Jonathas ayant demandé à Démétrius qu'il fît sortir de la citadelle de Jérusalem les troupes qu'il y tenait, ce prince lui répondit que non-seulement il ferait ce qu'il lui demandait, mais aussi qu'il l'élèverait en gloire lui et son peuple, pourvu qu'il voulût lui envoyer du secours pour réduire ceux d'Antioche, qui s'étaient soulevés contre lui (j). Jonathas lui envoya trois mille hommes choisis, qui le délivrèrent du danger où il était ; car son peuple l'avait assiégé dans son palais. Ceux d'Antioche furent obligés de recourir à sa clémence et de lui demander la paix.

Démétrius n'eut pas la reconnaissance qu'il devait pour un si grand service. Il se brouilla bientôt avec Jonathas, et lui fit tout le mal qu'il put (k). Son ingratitude fut cause que Jonathas se déclara pour le jeune Antiochus, que Tryphon mit sur le trône de Syrie (l). Jonathas livra plusieurs combats aux généraux de Démétrius, où il eut toujours tout l'avantage. Vers le même temps il renouvela l'alliance avec les Romains (m) et avec les Lacédémoniens. Ensuite, ayant appris que les généraux de Démétrius marchaient contre lui, il alla au-devant d'eux

(a) I *Mac.* IX, 59, 60, 61, etc. An du monde 3846, avant Jésus-Christ 154, avant l'ère vulg. 158.
(b) Dans les années du monde 3851 et 3852.
(c) I *Mac.* x, 1, 2, 3, etc.
(d) L'an du monde 3854, avant Jésus-Christ 146, avant l'ère vulg. 150.
(e) An du monde 3856, avant Jésus-Christ 144, avant l'ère vulg. 148.
(f) I *Mac.* x, 67 *et seq.*
(g) Au du monde 3858, avant Jésus-Christ 142, avant l'ère vulg. 146.
(h) I *Mac.* xi.
(i) An du monde 3860, avant Jésus-Christ 140, avant l'ère vulg. 144.
(f) I *Mac.* xi, 41, 42, etc.
(k) I *Mac.* xi, 53, 54, etc.
(l) An du monde 5860, avant Jésus-Christ 140, avant l'ère vulg. 144.
(m) 1 *Mac.* xii, 1, 2, etc.

jusque dans la Syrie : mais ils n'osèrent en venir aux mains, et se retirèrent. Jonathas marcha avec son armée contre les Arabes Zabadéens, ou Nabathéens ; il les défit, et revint à Jérusalem chargé de dépouilles. Il se mit à rebâtir les murs de Jérusalem, et à élever un mur entre la forteresse, qui était encore entré les mains des Syriens, et la ville.

Cependant Tryphon, ayant conçu le dessein de sedéfaire du jeune roi Antiochus et de se mettre en sa place sur le trône, crut qu'il devait premièrement s'assurer de la personne de Jonathas. Il l'attira à Ptolémaïde, n'ayant avec lui que mille hommes ; et dès qu'il y fut entré, ceux de la ville fermèrent les portes, égorgèrent les Juifs qui accompagnaient Jonathas, l'arrêtèrent lui-même, et le mirent dans les liens. Tryphon marcha ensuite contre Simon, frère de Jonathas, qui avait été établi chef du peuple en sa place (a). Simon se mit en état de se bien défendre. Mais Tryphon, craignant de hasarder un combat, fit dire à Simon qu'il n'avait arrêté Jonathas que parce qu'il devait quelques sommes au roi ; qu'il lui envoyât cent talents d'argent et les deux fils de Jonathas pour otages, et qu'alors il le renverrait. Simon comprit aisément que ces propositions n'étaient nullement sincères : toutefois, pour ne pas s'attirer des reproches de la part du peuple, il envoya à Tryphon ce qu'il avait demandé. Mais Tryphon ne tint pas sa parole : il tua Jonathas et ses fils quelque temps après (b) à Bascama, peut-être Bésech, pas loin de Bethsan (1). Simon envoya querir les os de Jonathas, son frère, et les ensevelit à Modin, dans un mausolée magnifique qu'il y fit bâtir (c) en mémoire de son père et de ses frères. C'était un édifice élevé, bâti de pierres polies en dedans et en dehors. Il y érigea sept pyramides : une pour son père, une pour sa mère, et quatre pour ses quatre frères. Il orna cet édifice de grandes colonnes, et il plaça sur les colonnes des armes et des navires en sculpture, que l'on découvrait de fort loin, lorsqu'on passait sur la mer de ce côté-là. Ce sépulcre se voyait encore du temps d'Eusèbe et de saint Jérôme. Tout Israel fit un grand deuil à la mort de Jonathas, et on le pleura pendant plusieurs jours.

JONATHAS, fils d'Absalomi, fut envoyé par Simon Machabée pour s'emparer de la ville de Joppé. Jonathas entra de force dans la ville, en chassa ceux qui y étaient, et s'y établit en leur place (d).

JONATHAS, fils d'Ananus, et grand prêtre des Juifs. Il succéda à Joseph, surnommé Caïphe, l'an du monde 4038, et 38 de Jésus-Christ. Il eut pour successeur son fils Théophile, établi en 4040, et déposé en 4044. Ce fut Vitellius, gouverneur de Syrie, qui créa Jonathas grand prêtre (e), et qui quelque temps après le dépouilla du pontificat pour en revêtir Théophile (f). Agrippa l'ôta à Théophile pour le donner à Simon, surnommé Cantharas, fils de Boéthus (g). Quelque temps après il en dépouilla Simon, et l'offrit de nouveau à Jonathas (h). Mais celui-ci s'en excusa, et dit au roi qu'il était très-sensible à l'honneur qu'il lui voulait faire, mais qu'il ne s'en croyait pas digne ; qu'il était content d'avoir porté une fois les sacrés ornements, qu'il connaissait un homme qui méritait mieux cette dignité par la pureté de ses mœurs et l'innocence de sa vie : c'était Matthias, son frère, à qui le roi donna effectivement le pontificat, l'an de Jésus-Christ 45, de l'ère vulg. 43.

Jonathas avait eu beaucoup de part à ce que Félix fût envoyé gouverneur de Judée, et il croyait par là avoir plus d'autorité qu'un autre à l'avertir des maux qu'il commettait dans le pays. Félix, las des remontrances d'un tel censeur, résolut de le faire mourir (i). Et comme la vie irréprochable de Jonathas ne lui en fournissait point de prétexte, il engagea un nommé Dora, natif de Jérusalem, grand ami de Jonathas, à l'assassiner. Dora aposta donc quelques assassins, qui, étant venus à Jérusalem avec des dagues cachées sous leurs manteaux, se mêlèrent avec les gens de Jonathas et, se jetant sur ce vieillard, le massacrèrent. Nous ne savons pas précisément en quelle année cela arriva. Félix fut gouverneur de Judée jusqu'en l'an 60 de l'ère vulg.

JONICUS, ou JONITHUS, que la Fable fait quatrième fils de Noé, n'est pas connu dans l'Ecriture, ni dans Josèphe, ni dans aucun auteur ancien et authentique. Le premier qui en fasse mention est le faux Méthodius, d'où Pierre Comestor a copié ce qu'il en dit dans son Histoire scolastique, et après lui tous ceux qui en ont parlé.

Voici donc ce qu'on en lit dans le prétendu Méthodius, évêque de Patare et martyr, dans son livre intitulé : *Révélations de ce qui est arrivé depuis le commencement du monde, et qui doit encore arriver dans la suite*, t. III *Biblioth. PP.*, p. 727 et seq., c. vi. L'an du monde 3109 Noé eut un quatrième fils nommé Jonithus, et l'an 3300 il lui fit de grands présents, et l'envoya dans la terre d'Etham. Or après la mort de Noé, l'an du monde 3690, les fils de Noé vinrent de l'Orient et de la terre d'Etham, et bâtirent une tour dans la terre de Sennaar, où arriva la dispersion des hommes et la confusion

---

(a) I *Mac.* xiii, 1, 2, 3, 4, etc.
(b) An du monde 3861, avant Jésus-Christ 139, avant l'ère vulg. 143.
(c) I *Mac.* xiii, 27.
(d) I *Mac.* xiii, 11. An du monde 3861, avant Jésus-Christ 139, avant l'ère vulg. 143.
(e) *Joseph. Antiq. l.* XVIII, *c.* vi.
(f) *Antiq. l.* XVIII, *c.* vii.
(g) *Antiq. l.* XIX, *c.* v.
(h) *Antiq. l.* XIX, *c.* v.

(i) *Antiq. l.* XX, *c.* vi.
(1) « La fin de Jonathas est une éternelle souillure pour ce Tryphon ou Diodote, qui, voulant saisir la couronne de Syrie, et redoutant l'intervention du grand prêtre, le fit prisonnier à Ptolémaïs en trompant lâchement sa bonne foi. L'âme souffre quand elle voit l'héroïsme succomber ainsi dans les pièges que lui dresse l'infâme calcul d'un misérable ambitieux. » POUJOULAT, *Hist. de Jérus.*, ch xv, suite, t. I, p. 355.

des langues. Ce Jonithus eut son partage depuis l'entrée d'Etham jusqu'à la mer; tout le pays du soleil, ou de l'Orient, et il y fixa sa demeure. Il reçut du Seigneur le don de sagesse pour les arts et pour les lettres, et fut le premier inventeur de l'astronomie. Nemrod l'étant venu voir, Jonithus lui apprit que, selon l'influence des astres, il devait régner sur la terre... Nemrod et Jonithus vivaient en bonne intelligence, pendant que les fils de Noé étaient en guerre contre Nemrod. Jonithus fit bâtir une ville qui porta son nom, et il écrivit à Nemrod que les fils de Japhet détruiraient le royaume de Cham. Tout le monde sait que ce prétendu Méthodius est un imposteur, qui ne mérite aucune créance.

JOPPÉ, ville et port de mer de la Palestine, sur la Méditerranée. Elle est nommée *Jaffa* ou *Japha* dans les auteurs du moyen âge et dans les modernes. C'était le seul port que les Hébreux possédassent sur la Méditerranée. Les profanes croient qu'elle tire son nom de Joppé, fille d'Eolus (*a*), et femme de Céphée, qui en est le fondateur. On y voyait encore du temps de saint Jérôme (*b*) des marques de la chaîne à laquelle Andromède avait été attachée lorsqu'on l'exposa au monstre marin pour être dévorée. Il y a quelque apparence que la fable d'Andromède a été forgée sur l'aventure de Jonas, qui, s'étant embarqué à Joppé, fut jeté dans la mer et englouti par un monstre marin. *Voyez* JONAS. Joppé était située dans une belle plaine, entre *Jamnia* au midi, et *Césarée de Palestine* au nord, et *Rama* ou *Ramula* à l'orient. Le port de Joppé n'est nullement bon à cause des rochers qui s'avancent dans la mer (*c*). Il est souvent fait mention de Joppé, tant dans les livres de l'Ancien Testament écrits en hébreu que dans les livres des Machabées et dans le Nouveau Testament. *Tabitha*, que saint Pierre ressuscita, demeurait à Joppé (*d*). Le même apôtre était à Joppé (*e*) lorsque Dieu lui fit voir un linge plein de reptiles, pour lui marquer qu'il ne devait plus faire de distinction entre le Juif et le gentil, lorsqu'il trouvait des gens disposés à recevoir la parole de la vérité.

[« Cette ville, qui serait, dit-on, antérieure au déluge, porte aujourd'hui le nom de *Yaffa* ou *Jaffa*, devenue célèbre à la fin du siècle dernier par le siége mémorable qu'y mirent les Français, alors que leur armée était horriblement décimée par la peste. Le port est devenu, dans ces derniers temps, inaccessible aux vaisseaux d'une grande capacité : les sables, poussés par les vents dans la direction du nord, s'y sont amoncelés; mal qui n'est cependant point tout à fait sans remède. « Jaffa deviendrait, dit le voyageur Buckingham, un entrepôt pour les manufactures de » l'Europe, le blé de l'Egypte, les pierres précieuses et les épices de l'Inde, entre les mains » d'un gouvernement actif et animé d'un bon » vouloir. » L'eau potable, ce qui est un avantage d'autant plus précieux pour cette ville que la côte n'en est généralement point très-pourvue, y est abondante. Deux fontaines en fournissent aux habitants de la ville au delà de leurs besoins. M. de Châteaubriand parle beaucoup des sources qui existent dans les environs et à peu de profondeur de la surface du sol. Pendant le temps des croisades, Joppé fut conquise par les chrétiens, qui s'y maintinrent jusqu'à l'an 1188 ; les soudans d'Egypte s'en emparèrent alors. La femme de saint Louis y accoucha d'une fille qui fut nommée *Blanche*. La situation de Joppé offre deux déterminations différentes. Selon M. de Hell, elle serait de 32° 2' 30" lat. N., et 32° 30' 35" long. E.; suivant M. le capitaine Gauttier, ce serait 32° 3' 25" lat. N., et 32° 25' 55" long. est. » BARBIÉ DU BOCAGE. *Voyez* la *Corresp. d'Orient*, lettr. CII, de M. Michaud, tom. IV, pag. 311 et suiv.; lettr. CXXIX, de M. Poujoulat, tom. V, pag. 361 et suivantes; l'*Histoire des Croisades*.]

* JOR, ruisseau. *Voyez* ASOR *et* JOURDAIN.

* JORA ou HAREPH, chef de famille dont cent douze descendants revinrent de la captivité. *Esd.* II, 18; *Neh.* VII, 24.

* JORAI, chef de famille gadite. I *Paral.* V, 13.

JORAM, fils de Thoü, roi d'Emath en Syrie, fut envoyé par son père à David pour le féliciter de la victoire qu'il avait remportée sur Adarezer, roi de Syrie, son ennemi. II *Reg.* VIII, 10. L'an du monde 2960, avant J.-C. 1040, avant l'ère vulgaire 1044.

JORAM, fils et successeur de Josaphat, roi de Juda. Il naquit l'an du monde 3080, il fut associé à la royauté par son père l'an 3112, il commença à régner seul après la mort de Josaphat (*f*), arrivée en 3116, et il mourut en 3119, selon Ussérius; c'est-à-dire, avant J.-C. 881, avant l'ère vulgaire 885. Il épousa Athalie, fille d'Achab, qui l'engagea dans l'idolâtrie et dans divers crimes, et qui fut cause de tous les malheurs dont son règne fut accompagné. Joram, s'étant affermi dans le royaume, commença par se défaire de tous ses frères, que Josaphat avait éloignés des affaires et qu'il avait placés dans les villes fortes de Juda, avec de bonnes pensions en or et en argent. Dieu, pour punir l'impiété de Joram, permit que les Iduméens, qui depuis le règne de David avaient toujours été assujettis aux rois de Juda, se révoltassent (*g*). Joram marcha contre eux, défit leur cavalerie; mais il ne profita pas de sa victoire, soit par le peu de valeur de ses propres troupes, ou par son peu de conduite. Ce qui est certain, c'est que les Iduméens demeurèrent pour cette fois affranchis du joug des Hébreux.

Vers ce même temps, Lobna, ville de Juda, se révolta aussi et ne voulut plus reconnaî-

---

(*a*) *Stephan. in Joppe.*
(*b*) *Hieron. in cap.* I *Jonæ, et in Epitaphio Paulæ. Vide et Joseph. de Bello Jud. l.* III, *c.* xv, *p.* 855. *D.*
(*c*) *Joseph. l.* III *de Bello, c.* xv, *p.* 855. *D.*
(*d*) *Act.* IX, 36, 37, etc.

(*e*) *Act.* x, 5 *et seq.*
(*f*) *Voyez* IV *Reg.* VIII, 16, *et* II *Par.* XXI, 3, 4, 5, etc.
(*g*) An du monde 3115, avant Jésus-Christ 885, avant l'ère vulg. 889. *Vide* IV *Reg.* VIII, 20, 21, *et* II *Par.* XXI, 8, 9.

tre Joram pour son souverain. Or on lui apporta des lettres du prophète Élie (a), qui avait été transporté hors du monde environ huit ans auparavant; soit que ce prophète eût écrit ces lettres du lieu où il est encore à présent attendant la fin des siècles, soit qu'il les eût écrites avant son transport, prévoyant en esprit tous les maux que devait faire Joram (1). Quoi qu'il en soit, ces lettres lui reprochaient (b) et son impiété et le meurtre qu'il avait fait de ses frères, et le menaçaient de le frapper d'une grande plaie, lui, ses femmes, ses enfants et son peuple, et de lui envoyer une dyssenterie qui lui ferait jeter ses entrailles avec de très-grandes douleurs. Ces menaces furent bientôt suivies de l'effet: les Philistins et les Arabes, qui sont au midi de la Palestine, firent irruption dans les terres de Juda, les ravagèrent, pillèrent le palais du roi, enlevèrent ses femmes et ses enfants; en sorte qu'il ne lui resta que Joachaz, le plus jeune de tous. Par-dessus tout cela, Dieu le frappa d'une cruelle dyssenterie, qui le tourmenta pendant deux ans et qui le réduisit au tombeau. Le peuple ne lui rendit pas les mêmes honneurs qu'il avait rendus aux rois ses prédécesseurs, en brûlant sur leurs corps quantité d'aromates. On l'enterra dans Jérusalem, mais non pas dans les tombeaux des rois (c). Il eut pour successeur Ochozias, autrement Joachaz.

[« Impie et cruel à la fois, dit M. Coquerel, Joram est d'autant plus coupable qu'il avait à choisir entre les exemples de son père et les conseils de son épouse. La mort de ses frères est cette atroce politique, si commune en Orient, par laquelle le fils aîné fait périr toute sa famille pour s'assurer un trône paisible. Son règne commence en quelque sorte les idolâtries et les crimes en Juda; il a été le premier tyran, le premier impie de ce royaume. Roboam et Abija, moins coupables que lui, avaient eu pour successeurs Asa et Josaphat; avec Joram, qui n'a pas honte de s'allier au sang d'Achab, s'ouvre une ère nouvelle, qu'il était digne d'ouvrir; le sang dont il a teint le sceptre de David se sèche à peine, les idoles ne tombent que pour se relever. La Providence l'a d'autant plus justement puni, que son peuple, meilleur que lui, n'a eu que peu à souffrir de ces châtiments; la perte de l'Idumée était plus sensible au monarque qu'à la nation. Sa longue agonie a été une grande leçon pour tout Israel; la lettre du prophète a dû le remplir malgré lui d'épouvante, et si d'abord il a douté, pendant deux années d'agonie il a eu le temps de la relire! »]

JORAM, fils et successeur d'Achab, roi d'Israel. Il ne succéda pas immédiatement à Achab, son père, mais à Ochozias, son frère aîné, qui, étant mort sans enfants, lui laissa le royaume (d). Il fit le mal devant le Seigneur (e), mais non pas autant qu'Achab, son père, et Jézabel, sa mère, car il ôta les statues de Baal que son père avait fait faire; mais il suivit les voies de Jéroboam, fils de Nabat, c'est-à-dire qu'il continua à rendre un culte impie aux veaux d'or. Mésa, roi de Moab, qui devait au roi d'Israel cent mille agneaux et cent mille béliers avec leurs toisons, s'étant révolté et ayant refusé de payer ce tribut, Joram se prépara à lui faire la guerre, et il invita Josaphat, roi de Juda, à venir avec lui. Il y vint et amena encore le roi d'Edom, qui lui était tributaire. Ces trois princes s'avancèrent avec leur armée par le désert d'Idumée; mais ils se trouvèrent bientôt en danger de périr, parce qu'ils manquaient d'eau. Elisée leur en procura et les tira de ce péril; mais ce ne fut pas en considération de Joram. Ce prophète lui reprocha en face ses impiétés et lui dit que s'il n'avait pas eu plus d'égard pour Josaphat, roi de Juda, que pour lui, il n'aurait pas daigné seulement le regarder en face.

Elisée ne laissa pas de rendre de très-importants services à Joram pendant les guerres qu'il eut avec le roi de Syrie (f). Ce prophète lui découvrait tous les desseins et les résolutions qui se prenaient dans le conseil de Benadad, et rendait par là inutiles tous les efforts de ce prince. Benadad étant venu assiéger Samarie (g), la famine y fut si terrible, qu'une mère y mangea son propre enfant (2). Joram en étant informé, déchira ses vêtements, et tout le peuple fut témoin du cilice qu'il portait sur sa chair. En même temps il donna ordre à un de ses gens d'aller couper la tête à Elisée, comme s'il eût été cause de ces maux ou comme s'il eût été en son pouvoir de les arrêter. Elisée, qui était alors dans sa maison, dit à ses amis qui étaient avec lui, de fermer la porte et d'empêcher

(a) An du monde 3116, avant Jésus-Christ 884, avant l'ère vulg. 888. Élie fut transporté en 3108.
(b) II Par. xxi, 12, 13.
(c) An du monde 3119, avant Jésus-Christ 881, avant l'ère vulg. 885.
(d) An du monde 3108, avant Jésus-Christ 892, avant l'ère vulg. 896.
(e) IV Reg. iii, 2, 3, etc.
(f) IV Reg. vi. An du monde 3115, avant Jésus-Christ 885, avant l'ère vulg. 889.
(g) IV Reg. vi, vii. An du monde 3119, avant Jésus-Christ 881, avant l'ère vulg. 885.
(1) « On attribue à Jéhu (prophète, fils d'Hanani) l'écrit prophétique, dit M. Coquerel (Biogr. sacr., v° Jéhu), remis à Joram, roi de Juda, et qui porte le nom d'Élie (II Chron. xxi, 12), dont l'enlèvement au ciel est antérieur au règne de ce méchant roi. Il est probable qu'il faut voir ici une faute de copiste, Élie pour Jéhu, erreur qui se réduit au changement d'une seule lettre. »
Parmi les catholiques, « l'opinion la plus commune est que le prophète Élie écrivit cette lettre à Joram du lieu où il a été transporté. Mais on ne sait pas l'époque de son enlèvement; et il pouvait bien n'être pas encore enlevé. » Note de la Bible de Vence sur II Par. xxi, 12, à laquelle M. Drach ajoute l'observation suivante :
« Les rabbins et quelques chrétiens pensent que cette lettre fut écrite par Élie avant son enlèvement, et qu'il chargea Elisée de la faire parvenir quand il en serait temps. »
M. Cahen, sur le même texte, s'exprime ainsi qu'il suit : « Kimhi dit : *Ceci est arrivé après l'ascension de ce prophète, qui s'est manifesté à l'un des prophètes, dans la bouche duquel il mit le contenu de cet écrit, en lui disant de le porter à Iehorame, afin que celui-ci crût que cet écrit lui venait du ciel, pour qu'il s'humiliât et sût qu'il avait très-mal fait.* Cette supposition est probable, mais est-elle fondée? Il ajoute : *Il faut bien que cela ait eu lieu après l'ascension, puisque du temps de Iehoschaphate on mentionne Elischa comme ayant servi Élie* (II ou IV Rois, iii, 11) : *or Elischa n'a quitté Élie qu'au moment de l'ascension de celui-ci* (Ibid. ii). »
(2) *Voyez* ANTHROPOPHAGIE.

que celui que le roi avait envoyé n'entrât, disant que Joram venait lui-même révoquer cet ordre qu'il avait donné trop précipitamment.

Le roi arriva en effet presque en même temps et dit à Elisée (a) : *Vous voyez l'extrême malheur où nous sommes réduits; et que puis-je attendre davantage du Seigneur ?* Elisée lui répondit : *Demain à cette même heure, la mesure de farine se donnera pour un stater ou un sicle à la porte de Samarie, et on aura pour un stater deux mesures d'orge.* (Le stater ou sicle valait trente-deux sous six deniers de notre monnaie.) Un des officiers de l'armée, sur la main duquel le roi s'appuyait, répondit à l'homme de Dieu : *Quand le Seigneur ouvrirait les cataractes du ciel, ce que vous dites pourrait-il être ?* Elisée lui répondit : *Vous le verrez de vos yeux, mais vous n'en mangerez point.* Quatre lépreux qui étaient hors de la ville, étant allés la nuit au camp des Syriens, trouvèrent qu'ils s'étaient retirés, et que, saisis d'une terreur panique, ils s'étaient enfuis et avaient laissé leur camp rempli de provisions. Ces lépreux en avertirent les sentinelles de la ville, qui en firent donner avis au roi. Joram crut d'abord que c'était une feinte des ennemis, qui avaient fait semblant de se retirer pour attirer les assiégés hors de la ville et pour les faire tous périr par l'épée. Il envoya quelques cavaliers à la découverte, et ils lui rapportèrent qu'ils avaient trouvé tous les chemins remplis de vêtements et d'armes, que les Syriens avaient jetés pour courir plus vite.

Alors tout le peuple sortit de Samarie, pilla le camp des ennemis, et on vit l'accomplissement de la prophétie d'Elisée sur le prix du froment et de l'orge à la porte de Samarie. L'officier du roi qui avait dit que la chose était impossible, ayant été établi par Joram à la porte de la ville, y fut étouffé par la foule. Quelque temps après (b), le roi s'entretenant avec Giézi des miracles d'Elisée, son hôtesse de Sunam, dont il avait ressuscité le fils, se présenta devant le roi (c), et lui demanda la restitution de ses héritages, qui avaient été confisqués pendant son absence, parce que le prophète lui avait dit de se retirer dans une terre étrangère pendant la famine qui devait durer sept ans. Elle revint donc au bout de ce terme; et Giézi ayant dit au roi que c'était elle-même dont Elisée avait ressuscité le fils, Joram lui fit aussitôt rendre ce qui lui avait été pris.

Vers ce temps-là (d) Joram attaqua la ville de Ramoth en Galaad, et l'emporta; mais il y fut dangereusement blessé et obligé de s'en retourner à Jezrael pour se faire traiter de ses blessures (e). Il laissa Jéhu, qui commandait son armée, pour réduire la citadelle, qui tenait encore. Cependant Jéhu ayant reçu l'onction royale par un jeune prophète envoyé de la part du Seigneur, avec ordre de lui dire d'exterminer Joram et toute la race d'Achab, Jéhu partit sur-le-champ, et vint en diligence à Jezrael. La sentinelle qui était sur la tour de Jezrael vit Jéhu avec sa troupe qui venait, et il en donna aussitôt avis au roi. Joram envoya sur-le-champ un chariot au-devant d'eux; mais Jéhu dit à celui qui conduisait le chariot : *Passez, et suivez-moi*, sans s'expliquer davantage. Joram en envoya un second, qui ne revint point non plus.

Alors il monta lui-même sur son chariot, et alla accompagné d'Ochozias, roi de Juda, qui montait un autre chariot, au-devant de Jéhu. Il le rencontrèrent dans le champ de Naboth de Jezrael. Alors Joram dit à Jéhu : *Apportez-vous la paix ?* Jéhu répondit : *Quelle paix pouvez-vous espérer, pendant que les fornications et les sorcelleries de Jézabel, votre mère, subsistent encore en tant de manières ?* Joram aussitôt tournant bride, s'écria : *Nous sommes trahis, Ochozias.* En même temps Jéhu banda son arc, et frappa Joram d'une flèche entre les épaules. La flèche lui perça le cœur, et il tomba mort dans son chariot. et Jéhu dit au capitaine de ses gardes : *Prenez-le, et le jetez dans le champ de Naboth de Jezrael; car il me souvient de la parole que dit Elie, que le sang d'Achab et de sa race serait répandu dans ce champ, pour venger le sang de Naboth et de ses enfants, qu'il a fait mourir si injustement.* Ainsi mourut Joram, roi d'Israel, la douzième année de son règne, l'an du monde 3120, avant Jésus-Christ 880, avant l'ère vulgaire 884. Jéhu lui succéda. On peut voir ci-devant BENADAD et JÉHU.

[« Il semble, en lisant l'histoire de Joram, que la Providence, dit M. Coquerel, ait voulu tenter un dernier effort, pour relever cette race abominable, avant de l'exterminer. Aucun prince n'a reçu, et en calamités et en délivrances, de plus fortes leçons que Joram, toutes données en vain. L'exemple de Josaphat lui montre l'utilité du recours à Dieu, qui peut abreuver toute une armée dans un désert; celui de Mésah lui apprend jusqu'où peut aller l'idolâtrie; celui de Naaman lui prouve que Dieu transporte où il lui plaît ses prodiges; Elisée, enfin, est toujours là pour annoncer, ou détourner, ou réparer les plus grands maux qui puissent frapper un peuple et un roi. Rien ne triomphe de l'apathie de Joram; comme son père, il a tous les caractères d'un prince faible. Son manque de foi a causé ses infortunes et ses lâchetés; on le voit, pendant tout son règne, lent dans ses entreprises, irrésolu quand il fallait agir, et toujours tremblant à chaque danger. Un prince hébreu ne devait chercher de ressource qu'en Dieu; cette pensée n'est jamais venue à Joram, et s'étant volontairement privé de cet appui, ne sachant persévérer en rien, si ce n'est en sa faiblesse, est-il surprenant, qu'il ait toujours douté la veille des bienfaits, et tremblé des périls du lendemain ? »]

(a) IV *Reg.* VII, 1, 2, 3, etc.
(b) An du monde 3120, avant Jésus-Christ 880, avant l'ère vulg. 884.
(c) IV *Reg.* VIII, 3, 4, 5.
(d) An du monde 3120, avant Jésus-Christ 880, avant l'ère vulg. 884.
(e) II *Reg.* VIII, 27, 28; IX, 1, 2, 3, etc. II *Par* XXII, 4, 5 *et seq.*

* JORAM, fils de Zéchri, descendant de Gerson, fils de Moïse. I *Par.* XXVI, 25.

* JORAM, prêtre. *Voyez* BEN-HAÏL.

* JORIM, un des ancêtres de Jésus-Christ. *Luc.* III, 29.

* JOSA, fils d'Amasias et chef de famille siméonite. I *Par.* IV, 34, 38.

JOSABA, ou JOSABETH, fille de Joram, et sœur d'Ochozias, roi de Juda, épousa le grand sacrificateur Joïda, et garantit la race des rois de Juda, de sa perte entière, ayant sauvé des mains d'Athalie le jeune Joas, qui n'avait encore qu'un an, pendant qu'Athalie mettait à mort tous les princes de la famille royale (a). *Voyez* ci-devant JOAS et JOÏADA, et ATHALIE.

* JOSABAD. *Voyez* JOSACHAR.

* JOSABHESED, fils de Zorobabel. 1 *Par.* III, 20.

* JOSABIA, fils de Saraïa, siméonite. I *Par.* IV, 35.

* JOSACHAR, fils de Semmaath, femme ammonite. IV *Reg.* XII, 21. Il est nommé *Zabad*, II *Par.* XXIV, 26.

* JOSACHAR et JOSABAD, fils d'une femme moabite, nommée Sémarith ou Somer, étaient au service de Joas, roi de Juda, qui avait fait tuer Zacharie, fils du grand prêtre Joïada, à qui il devait la vie et la couronne. Ils tuèrent ce monarque ingrat dans son lit pour venger le sang de sa victime.

* JOSAIA, fils d'Elnaem, fut un des braves de David. I *Par.* XI, 46.

JOSAPHAT, fils d'Ahilul, secrétaire de David, et ensuite de Salomon. II *Reg.* VIII, 16, et III *Reg.* IV, 3.

JOSAPHAT, fils de Pharué, intendant de la part de Salomon en la tribu d'Issachar. III *Reg.* IV, 17.

JOSAPHAT, roi de Juda, fils d'Aza, aussi roi de Juda, et d'Azuba, fille de Salaï. Il monta sur le trône âgé de trente-cinq ans, et en régna vingt-cinq (b). Il eut toujours l'avantage sur Basa, roi d'Israel, et il mit de bonnes garnisons dans les villes de Juda, et même dans celles d'Ephraïm, que son père avait conquises. Le Seigneur fut toujours avec lui, parce qu'il fut fidèle au Seigneur. Il fit abattre les hauts lieux, et les bois où l'on commettait des actions abominables. La troisième année de son règne (c), il envoya des officiers de sa cour, des prêtres et des lévites dans tous les cantons de Juda ; avec le livre de la loi, pour instruire le peuple de ses devoirs. Dieu bénit de telle sorte le zèle de ce prince, qu'il était craint et révéré de tous ses voisins. Les Philistins et les Arabes lui étaient tributaires. Il bâtit dans Juda plusieurs maisons en forme de tours, et fit fortifier plusieurs villes. Il entretenait ordinairement onze cent soixante mille hommes, sans compter les troupes qui étaient dans ses places. Ce nombre paraît prodigieux pour un aussi petit Etat que celui de Juda, et ces troupes apparemment ne servaient que par quartiers. Mais enfin Josaphat pouvait mettre sur pied ce nombre de soldats (1)

Une chose que l'Ecriture lui reproche, c'est l'alliance qu'il fit avec Achab, roi d'Israel (d). Quelque temps après (e), il alla visiter Achab à Samarie ; et Achab l'invita à marcher avec lui contre Ramoth de Galaad. Josaphat y consentit : mais il voulut auparavant que l'on consultât sur cette entreprise un prophète du Seigneur. On fit donc venir Michée, fils de Jemla, qui dit : *J'ai vu tout Israel dispersé dans les montagnes comme des brebis sans pasteurs.* Et le Seigneur dit : *Ces gens-là n'ont point de chefs, que chacun s'en retourne dans sa maison.* Aussitôt le roi dit à Josaphat : *Ne vous ai-je pas bien dit que cet homme ne me prophétise jamais rien de bon ?* Achab fit donc mettre Michée en prison, et ne laissa pas de marcher contre Ramoth, accompagné de Josaphat. Mais Achab dit à Josaphat : *Je changerai d'habits avant que d'aller au combat : mais pour vous, prenez vos habits ordinaires.* Or le roi de Syrie, qui défendait Ramoth, avait donné ses ordres que l'on ne s'attachât qu'au roi d'Israel, et qu'on le lui amenât vif ou mort. Lors donc que l'on aperçut Josaphat avec les ornements royaux, on ne douta point que ce ne fût le roi d'Israel ; et tout le fort du combat tomba sur lui. Mais Josaphat se mit à crier au Seigneur ; on le reconnut, et on cessa de le poursuivre. Cependant il arriva qu'un soldat syrien tira au hasard une flèche, et perça Achab, qui mourut dans son chariot. Pour Josaphat, il s'en retourna en paix à Jérusalem.

Mais le prophète Jéhu, fils d'Hanani, le reprit fortement du secours qu'il avait donné à Achab (f), et Josaphat répara cette faute, par les bons règlements qu'il fit et par le bon ordre qu'il établit dans ses Etats, tant pour le civil, en mettant de bons juges dans les lieux, que pour le sacré, en réglant l'ordre et la discipline des prêtres et des lévites, et en leur ordonnant d'exécuter fidèlement ce qui était de leur devoir. Après cela (g), les Moabites, les Ammonites, et les Méoniens, peuples de l'Arabie Pétrée, déclarèrent la guerre à Josaphat. Ils s'avancèrent jusqu'à Azazon-Thamar, autrement appelée Engaddi. Josaphat eut recours au jeûne et à la prière.

(a) IV *Reg.* xi, 1, 2, 3, etc. An du monde 3126, avant Jésus-Christ 874, avant l'ère vulg. 878.
(b) Josaphat régna depuis l'an du monde 3090 jusqu'en 3115, avant Jésus-Christ 885, avant l'ère vulg. 889. *Vide* III *Reg.* xv, 24, et II *Par.* xvii, 1, 2, etc.
(c) An du monde 3093, avant Jésus-Christ 907, avant l'ère vulg. 911. *Vide* II *Par.* xvi, 7, 8, 9, etc.
(d) III *Reg.* xxii, et II *Par.* xviii.
(e) An du monde 5107, avant Jésus-Christ 893, avant l'ère vulg. 897.
(f) II *Par.* xix, 1, 2, 3, etc.
(g) II *Par.* xx, 1, 2, 3, etc. L'an du monde 5108, avant Jésus-Christ 892, avant l'ère vulg. 806.

(1) « Si l'élévation du chiffre des diverses troupes n'est pas l'exagération ou l'erreur d'un copiste, nous ne verrons dans ces onze cent soixante mille combattants que le nombre des Juifs dont le roi Josaphat pouvait disposer en cas de guerre, et non point une armée sur pied et constamment entretenue aux frais du gouvernement de Juda. L'Ecriture parle de citadelles, de tours, de divers travaux de défense exécutés sous le successeur d'Oza. Du reste, il fallait que la force guerrière du pays de Juda eût grandi sous la main de Josaphat, car aucun peuple n'osait l'attaquer, et tous les royaumes d'alentour le redoutaient. » POUJOULAT, *Hist. de Jérus.*, tom. I, ch. x, p. 197.

Il alla au temple avec tout le peuple, et adressa son oraison au Seigneur. Alors Jahaziel, fils de Zacharie, animé de l'Esprit du Seigneur, rassura le roi, et promit de la part de Dieu que le lendemain ils auraient la victoire sans combattre. En effet, le lendemain ces peuples assemblés contre Juda, frappés d'un esprit de vertige, se tuèrent l'un l'autre; en sorte que Josaphat et son armée n'eurent qu'à recueillir les dépouilles et les armes des morts.

Quelque temps après (a), Josaphat fit alliance avec Ochozias, roi d'Israel (1). Ils équipèrent ensemble une flotte dans le port d'Asiongaber, sur [le bras de] la mer Rouge [nommé golfe Elanitique], pour aller à Tharsis. Dieu n'approuva point cette conduite de Josaphat, parce qu'Ochozias, roi d'Israel, était un prince impie (b). Eliézer, fils de Dodaü de Maréza, vint trouver Josaphat, et lui dit : *Parce que vous avez fait alliance avec cet impie, Dieu a renversé vos desseins, et vos vaisseaux ont été brisés ; de sorte qu'ils n'ont pu faire le voyage de Tharsis.* Ce prince continua le reste de sa vie à marcher dans les voies du Seigneur, sans s'en détourner; mais néanmoins il ne détruisit pas les hauts lieux, et son peuple n'avait pas tourné son cœur vers le Dieu de ses pères. Josaphat mourut après vingt-cinq ans de règne (c), et fut enterré à Jérusalem dans le tombeau des rois. Son fils Joram régna en sa place (d). — [Voyez leur vie dans mon *Histoire de l'Ancien Testament*.]

JOSAPHAT, père de Jéhu, qui devint roi d'Israel. IV *Reg.* IX, 2, 14.

JOSAPHAT DE MATHANI, un des héros de David. I *Par.* XI, 43.

JOSAPHAT, prêtre du temps de David. I *Par.* XV, 24.

JOSAPHAT. *Vallée de Josaphat.* Joel (e) dit que *le Seigneur assemblera toutes les nations dans la vallée de Josaphat, et qu'il entrera en jugement avec elles dans cet endroit.* Aben-Ezra croit que cette vallée est celle où le roi Josaphat remporta une si grande victoire, et avec tant de facilité, sur les Moabites, les Ammonites et les Méoniens de l'Arabie Pétrée. II *Par.* XX, 1, 2, 3 et suivants. Cette vallée était vers la mer Morte, et au delà du désert de Thécué ; et depuis cet événement, elle porta le nom de *Vallée de bénédiction.* II *Par.* XX, 26. D'autres (f) croient que la vallée de Josaphat est entre les murs de Jérusalem et le mont des Oliviers, et qu'elle est arrosée du torrent de Cédron, qui coule au milieu de cette vallée. Saint Cyrille d'Alexandrie (g), sans s'expliquer davantage, dit que cette vallée n'est éloignée que de quelques stades de Jérusalem. Enfin il y en a qui soutiennent que les anciens Hébreux n'ayant aucun lieu distinct sous le nom de vallée de Josaphat, Joel a voulu sous ce nom marquer en général le lieu où le Seigneur doit exercer son jugement contre les nations, et celui où il doit paraître au jugement dernier avec tout l'éclat de sa majesté (h). Josaphat en hébreu signifie *le jugement de Dieu.* Voyez les commentateurs sur Joel, III, 2. Il y a assez d'apparence que dans Joel, la *vallée de Josaphat*, ou *du Jugement de Dieu*, est symbolique, aussi bien que le même prophète, et au même chapitre, la *vallée du carnage, vallis concisionis,* Joel. III, 14. C'est sur cet endroit que les Juifs et plusieurs chrétiens ont cru que le dernier jugement se ferait dans la vallée de Josaphat.

[Que l'on nomme vallée de Josaphat cette vallée qui s'étend à l'orient de Jérusalem, entre la ville et le mont des Oliviers, et que traverse le torrent de Cédron, c'est ce qui a lieu communément. Si ce nom lui vient, comme on le croit généralement aussi, du roi Josaphat, c'est ce qui est vraisemblable. « En sortant par la porte Dorée, dit l'auteur des *Voyages de Jésus-Christ*, on descend dans la vallée de Josaphat, qui s'étend du nord au sud... Elle a souvent changé de nom, suivant les différents rois qui se sont succédé. Celui du roi Josaphat, qu'elle a conservé, n'est pas un des moins célèbres. La longueur et la profondeur de cette vallée sont peu considérables, mais son aspect est délicieux par les arbres dont elle est plantée... Sur la partie orientale de la vallée de Josaphat et vis à vis le temple, on voit le tombeau du prince dont elle porte le nom ; il est taillé dans le roc comme une petite salle carrée; auprès se trouve celui d'Absalom... Il y a aussi celui du prophète Zacharie... [*Voyez* ABSALOM.] Entre ces deux derniers sépulcres est placée la grotte où saint Jacques se cacha lorsque Jésus-Christ fut arrêté... Continuons à descendre vers le sud dans cette vallée, qui semble, dit M. de Châteaubriand, avoir toujours servi de cimetière à Jérusalem : on y rencontre les monuments des siècles les plus reculés et des temps les plus modernes. Les Juifs y viennent des quatre parties du monde. Un étranger leur vend au poids de l'or un coin de terre pour couvrir leurs os, dans le champ de leurs aïeux.. La vallée de Josaphat prend au sud le nom de *Siloé...* » (2).

« Il n'est aucun voyageur qui, à la vue du cimetière des Juifs dans la vallée de Josaphat, n'ait songé un moment à l'étonnante destinée des enfants d'Abraham et de Jacob. Après la mort de Jésus-Christ, lorsqu'un vent de malédiction dispersa le peuple hébreu sur toute la surface de la terre, la première douleur de ces proscrits fut sans doute de ne plus

---

(a) An du monde 3108, avant Jésus-Christ 892, avant l'ère vulg. 896.
(b) II *Par.* xx, 35, 36.
(c) An du monde 3115, avant Jésus-Christ 885, avant l'ère vulg. 889.
(d) II *Par.* xxi, 1, 2, et III *Reg.* xxii, 42 *et seq.*
(e) *Joel.* iii, 2, 12.
(f) *Beda de Locis. Brocard. Salignac. Adrichom. Alii.*
(g) *Cyrill. Alex. in Joel.* iii.

(h) Vide *Hieronym. in Joel.* iii. *Albert. Remig. Haim. Lyr. Vat. Tirin.* etc.
(1) Il est surprenant que Josaphat, après avoir été réprimandé pour s'être associé à la fortune d'Achab, commette la même faute avec Ochozias. Mais une faute encore plus inconcevable, c'est qu'il ait donné pour épouse à son fils Joram Athalie, fille d'Achab.
(2) *Voyages de Jésus-Christ*, p. 313, 314.

pouvoir mêler leurs os aux os de leurs pères. Chez les Hébreux, la coutume la plus sainte, la consolation la plus douce était d'être enseveli dans le sépulcre des ancêtres. Aussi ceux-là furent toujours réputés heureux, qui purent trouver un peu de place pour leurs cendres dans le pays de Jérusalem. Les Juifs de toutes les nations de l'univers sont ramenés sans cesse par leurs vœux et leurs pensées vers la montagne de Sion. Chaque année il arrive ici une foule de vieillards israélites. Leur passage dans le monde, avant qu'ils ne touchent le sol sacré de Jérusalem, est pour eux ce qu'avaient été pour leurs pères ces longs voyages dans le désert, avant d'arriver à la terre de promission ; mais les Israélites voyageurs marchaient ayant à leur tête un pontife, un législateur et un Dieu, et maintenant les débris du royaume de Juda passent sur la terre comme des tribus errantes, condamnés au travail et aux humiliations, sans roi, sans autels, sans prophètes et presque sans Dieu ; car Israel a tué ses pontifes et ses prophètes, et suspendu au bois infâme celui qui avait été envoyé comme un Dieu Sauveur. Pour ce peuple hébreu, qui n'a plus de patrie au monde, qui n'obtient qu'à prix d'or la liberté de vivre et de mourir dans la capitale de ses anciens rois, la vallée de Josaphat est devenue comme une dernière patrie ; c'est là qu'après les longues courses et les tribulations de l'exil, le Juif vagabond trouve son repos sous la pierre et dans l'étroit espace de terre qu'il s'est acheté » (1).

« L'aspect de la vallée de Josaphat est conforme à la destination que les idées chrétiennes lui assignent. Elle ressemble à un vaste sépulcre, trop étroit cependant pour les flots du genre humain qui doivent s'y accumuler. Dominée de toutes parts elle-même par des monuments funèbres ; encaissée à son extrémité méridionale dans le rocher de Silhoa, tout percé de caves sépulcrales comme une ruche de la mort ; ayant çà et là pour bornes tumulaires les tombeaux de Josaphat et celui d'Absalon, taillés en pyramides dans le roc vif et ombragés d'un côté par les noires collines du mont des Offenses, de l'autre par les remparts du temple écroulé ; ce fut un lieu naturellement imprégné d'une sainte horreur, destiné de bonne heure à devenir les gémonies d'une grande ville, et où l'imagination des prophètes dut placer sans efforts les scènes de mort, de résurrection et de jugement. On se figure la vallée de Josaphat comme un vaste encaissement de montagnes où le Cédron, large et noir torrent aux eaux lugubres, coule avec des murmures lamentables; où de larges gorges, ouvertes sur les quatre vents, s'élargissent pour laisser passer les quatre torrents des morts venant de l'orient et de l'occident, du septentrion et du midi ; les immenses gradins des collines s'y étendent en amphithéâtre pour faire place aux enfants innombrables d'Adam, venant assister, chacun pour sa part, au dénoûment final du grand drame de l'humanité : rien de tout cela. La vallée de Josaphat n'est qu'un fossé naturel creusé entre deux monticules de quelques cents pieds d'élévation, dont l'un porte Jérusalem et l'autre la cime du mont des Olives ; les remparts de Jérusalem, en s'écroulant, en combleraient la plus grande partie ; nulle gorge n'y a son embouchure ; le Cédron, qui sort de terre à quelques pas au-dessus de la vallée, n'est qu'un torrent formé en hiver par l'écoulement des eaux pluviales qui dégouttent de quelques champs d'oliviers au-dessous des tombeaux des rois, et il est traversé par un pont au milieu de la vallée, en face d'une des portes de Jérusalem ; il a quelques pas de large, et la vallée, dans cet endroit, n'est pas plus large que son fleuve. Ce fleuve, sans eau, trace seulement un lit rapide de cailloux blancs au fond de cette gorge. La vallée de Josaphat, en un mot, ressemble tout à fait à un de ces fossés creusés au pied des hautes fortifications d'une grande ville, où l'égout de la ville roule en hiver ses immondices, où quelques pauvres habitants des faubourgs disputent un coin de terre aux remparts pour cultiver quelques légumes, où les chèvres et les ânes abandonnés vont brouter, sur les pentes escarpées, l'herbe flétrie par les immondices et la poussière. Semez le sol de pierres sépulcrales appartenant à tous les cultes du monde, et vous aurez devant les yeux la vallée du Jugement (2).

JOSEDECH, fils et successeur de Saraïas (*a*), souverain pontife des Juifs. Il ne paraît pas qu'il ait jamais exercé les fonctions de la souveraine sacrificature. Il mourut à Babylone. Mais son fils Josué, ou Jésus, revint de la captivité, et entra dans l'exercice de sa dignité, après le rétablissement du temple (*b*), l'an du monde 3468, avant Jésus-Christ 532, avant l'ère vulgaire 536.

JOSEPH, fils de Jacob et de Rachel, frère de Benjamin, naquit en Mésopotamie (*c*), l'an du monde 2259, avant Jésus-Christ 1741, avant l'ère vulgaire 1745. Joseph fut favorisé de Dieu de révélations et de songes prophétiques dès sa jeunesse. Jacob, son père, qui l'avait eu dans sa vieillesse, l'aimait plus tendrement que ses autres fils, et il lui avait fait un habit de diverses couleurs. Ses frères, voyant ces petites marques d'amitié, en conçurent de la jalousie ; et Joseph, sans y penser, augmenta encore ces mauvaises dispositions, en accusant ses frères d'un crime énorme (*d*), ou même en parlant mal d'eux, et en racontant les mauvais discours qu'ils tenaient. Les Septante, suivis des Pères grecs, lisent au contraire que ce furent ses frères, les enfants de Bala et de Zelpha, qui décrièrent Joseph auprès de leur père. Mais ce

---

(*a*) I *Par.* VI, 14, 15 ; I *Esdr.* III, 2.
(*b*) I *Esdr.* III, 2 ; VIII, 2 ; X, 18, etc.
(*c*) *Genes.* XXX, 22, 23, 24.
(*d*) *Genes.* XXXVII, 2, 3. 4. ויבא דבתם רעה 70. Κατήνεγκαν δὲ Ἰωσὴφ ψόγον πονηρὸν πρὸς Ἰσραήλ. Vide *Chrysost. Theodoret.*

Diodor. etc.
(1) M. POUJOULAT, *Corresp. d'Orient*, lettr. c-, tom. IV, pag. 353, 354.
(2) M. de Lamartine, *Voyage en Orient*, tom. I, pag. 462-464.

qui les indisposa le plus contre lui, ce furent certains songes qu'ils leur raconta (a). Il leur dit qu'il avait vu en songe douze gerbes de ses frères se prosterner devant sa gerbe, qui était debout dans un champ; et une autre fois, qu'il avait vu le soleil et la lune et douze étoiles se baisser profondément en sa présence. Jacob écoutait tout cela dans le silence; mais les frères de Joseph ne le pouvaient souffrir.

Un jour que ses frères paissaient leurs troupeaux vers Sichem, Jacob l'envoya pour les visiter. Un homme, ayant rencontré Joseph dans la campagne, lui dit que ses frères n'étaient plus à Sichem, mais à Dothaïm. Il y alla; et ses frères l'ayant vu venir de loin, se dirent l'un à l'autre : *Voici notre songeur qui vient; venez, tuons-le, et le jetons dans une vieille citerne; et nous dirons qu'une bête farouche l'a dévoré.* Ils le saisirent donc et le dépouillèrent; mais ils ne le tuèrent pas, Ruben s'étant opposé à la résolution qu'ils avaient prise de le faire mourir. Ils le descendirent dans une vieille citerne où il n'y avait point d'eau (1); mais peu de temps après, ayant aperçu une caravane de marchands Ismaélites et Madianites, qui venaient des montagnes de Galaad, et qui portaient des aromates et de la résine en Égypte, ils leur vendirent Joseph, et envoyèrent à Jacob sa tunique teinte du sang d'un chevreau qu'ils avaient tué; et ils lui firent dire : *Voilà une robe que nous avons trouvée; voyez si c'est celle de votre fils, ou non.* Jacob demeura inconsolable de la mort de son fils, qu'il croyait avoir été véritablement dévoré des bêtes; et les frères de Joseph tinrent la chose extrêmement secrète.

Les marchands dont on a parlé vendirent Joseph pour esclave à Putiphar, eunuque ou officier de Pharaon, et général de ses troupes, ou capitaine de ses gardes. Joseph sut si bien gagner la confiance de son maître, qu'il lui donna l'intendance de sa maison (b) et le soin de tout son domestique. Mais la femme de Putiphar, ayant conçu pour ce jeune esclave une passion criminelle, le sollicita plus d'une fois à consentir à son mauvais désir. Joseph s'en défendit toujours. Enfin un jour elle le pressa si fortement, qu'il ne put se tirer de ses mains, qu'en lui abandonnant son manteau, qu'elle tenait. Cette femme, se voyant ainsi méprisée, commença à crier et à se plaindre que ce jeune Hébreu l'avait voulu violer; et montrant son manteau, qu'elle tenait en main, elle persuada aisément à son mari que Joseph avait voulu lui faire violence. Putiphar mit donc Joseph en prison (c). Mais soit qu'il eût enfin reconnu son innocence, ou qu'il eût simplement compassion de sa disgrâce, il lui donna l'intendance sur les autres prisonniers, et le traita avec assez de douceur, sans toutefois le remettre en liberté.

Or il arriva que deux officiers du roi d'Égypte, son échanson et son panetier (2), ayant encouru la disgrâce de leur maître, furent aussi mis en prison avec Joseph (d). Après quelque temps, ils eurent chacun un songe qui marquait ce qui leur devait arriver. Ils racontèrent leur songe à Joseph, qui leur en donna l'explication. Le songe de l'échanson était qu'il lui semblait qu'ayant exprimé du vin dans une coupe, il la présentait au roi à son ordinaire. Joseph lui dit que dans trois jours il serait rétabli dans son emploi, et le pria en même temps de ne pas oublier le service qu'il venait de lui rendre, et de lui procurer la liberté. Le panetier songea que des oiseaux venaient manger sur sa tête dans un panier toutes les sortes de pâtisseries et de pains qu'il avait coutume de servir devant le roi. Joseph lui prédit qu'il serait décapité, et ensuite attaché à la croix, où les oiseaux dévoreraient son cadavre. Ces prédictions furent bientôt suivies de l'effet. L'échanson fut rétabli dans sa première dignité; mais il ne se souvint pas de son bienfaiteur, et ne parla point pour lors de Joseph à Pharaon.

Deux ans après (e), Pharaon eut un songe que nul ne put lui expliquer. Il lui sembla qu'il voyait sept vaches grasses et sept vaches maigres et que les maigres mangeaient et consumaient entièrement les grasses (f). S'étant rendormi, il vit en songe sept épis beaux et pleins, et sept épis minces et desséchés, et que les épis vides consumaient les sept épis pleins. Ce songe l'ayant rempli d'inquiétude, son échanson se souvint enfin de Joseph, et dit au roi de quelle manière il avait expliqué le songe du panetier et le sien. En même temps Pharaon ordonna que l'on fît venir Joseph. On le tira de prison, on le rasa, on lui fit changer d'habits, et on le présenta devant le roi. Le roi lui raconta ses songes, et Joseph les lui expliqua, en disant que les sept vaches et les sept épis ne signifiaient qu'une même chose : que tout cela marquait qu'il viendrait d'abord sept années d'une très-grande abondance, lesquelles seraient suivies de sept autres années d'une telle stérilité, que l'on ne pourrait ni semer ni moissonner, et que pour prévenir le malheur de

---

(a) An du monde 2276, avant Jésus-Christ 1724, avant l'ère vulg. 1728.
(b) Gen. xxxix, 1, 2, 3, etc.
(c) An du monde 2286, avant Jésus-Christ 1714, avant l'ère vulg. 1718.
(d) Genes. xl, 1, 2, 3, etc. An du monde 2287, avant Jésus-Christ 1713, avant l'ère vulg. 1717.
(e) An du monde 2289, avant Jésus-Christ 1711, avant l'ère vulg. 1713.
(f) Gen. xli, 1, 2, 3.
(1) Cette citerne existe encore, et on l'appelle la citerne de Joseph. Elle est au milieu de la plaine de Dothaïm, et surmontée d'un petit dôme, qui, vu de loin, et éclairé par les rayons du soleil couchant, est semblable à un point blanc placé à l'horizon. C'est ainsi que l'a vue et qu'en parle M. Gilot de Kerhardène, *Corresp. d'Orient*, lettr CLXXXIV, tom. VII, pag. 588.
(2) En Abyssinie, autrement en Éthiopie, d'où sont venus les Égyptiens, parmi les grands de la cour, « ceux qui étaient vêtus avec le plus d'élégance et avaient la suite la plus nombreuse, étaient des hommes tenant les emplois de grand panetier, de grand échanson, » etc. Lord VALENTIA, *Voyage*, etc., tom. IV, pag. 65, *Journal de M. Salt*. « Les emplois d'échanson et de panetier ont été très-honorables dans l'antiquité, et c'était pour se soumettre aux usages reçus de tout temps en Abyssinie, qu'Ouelléta-Sellassé investissait ses grands personnages de ces fonctions. » COMBES et TAMISIER, *Voyage en Abyss.*, tom. IV, p. 306.

la famine des sept dernières années, il fallait choisir un homme sage et habile, qui pendant les sept années de fertilité, amassât dans les greniers du roi la cinquième partie des grains que la terre produirait, et qui seraient mis en réserve pour les sept années de famine.

Ce conseil fut bien reçu du roi et de tous ses officiers, et Pharaon dit à Joseph : *Puisque vous nous avez fait connaître ce qui doit arriver, où pourrais-je trouver quelqu'un plus propre que vous pour l'emploi que vous proposez? Je vous donne l'intendance de ma maison et de toute l'Egypte; tout mon peuple vous obéira ; je n'aurai au-dessus de vous que le trône.* En même temps il lui mit au doigt l'anneau qu'il portait, le fit revêtir d'une robe de fin lin, ou de coton, lui mit au cou un collier d'or, le fit monter sur le chariot qui suivait le sien, et fit crier devant lui par un héraut qu'il était l'intendant de toute l'Egypte. Il lui changea son nom, et le fit appeler (a) *Zaphnath-phaneah*, qui signifie, en égyptien, dit saint Jérôme, *le Sauveur du monde.* D'autres le traduisent par : *Celui qui découvre les choses cachées;* et il lui fit épouser Aseneth, fille de Putiphar (1), prêtre d'On ou Héliopolis. Les Pères et les interprètes sont partagés sur ce Putiphar. Les uns (b) croient que c'est le même qui fut le premier maître de Joseph, et qui le mit en prison. D'autres (c) croient que c'en était un autre; et en effet son nom s'écrit d'une manière un peu différente du premier. Saint Augustin (d) n'ose rien décider sur cette question, et nous devons imiter sa retenue dans une matière où l'Ecriture ne fournit pas d'assez fortes preuves pour nous déterminer. Joseph eut deux fils de son mariage, Manassé et Ephraïm, qui lui naquirent avant le commencement de la famine. Quant à Aseneth, on trouve une longue fable de son mariage avec Joseph, dans le *Miroir Historial* de Vincent de Beauvais, liv. II, c. 118. *Voyez* aussi l'*Hist. Scolastique.* — [*Voyez* Aseneth.]

Pendant les sept années de fertilité, Joseph eut soin de faire de grands amas de grains, ainsi qu'il l'avait conseillé lui-même. Et après cela on vit arriver la famine qu'il avait prédite. Cette famine n'affligea pas seulement l'Egypte, elle se fit aussi sentir dans les autres parties du monde, surtout dans la terre de Chanaan, où était Jacob avec ses fils. De toute part on venait en Egypte pour acheter des grains, et Pharaon renvoyait tout le monde à Joseph, voulant qu'il fût le seul dispensateur de tout le froment du pays, et qu'il ne se fît rien que par ses ordres. Jacob envoya donc ses fils en Egypte, aussi bien que les autres (e), pour y acheter de quoi vivre; il ne retint avec lui que Benjamin, craignant qu'il ne lui arrivât quelque chose en chemin. Joseph reconnut fort bien ses frères, quoiqu'ils ne le reconnussent pas. Il leur parla durement, leur dit qu'ils étaient des espions, retint Siméon dans les liens, apparemment parce qu'il avait été le plus ardent de ses ennemis, et ne laissa aller les autres qu'à condition qu'ils lui amèneraient le plus jeune de leurs frères, dont ils lui avaient parlé. En les renvoyant, il fit remplir leurs sacs de grains, et fit mettre l'argent de chacun d'eux au fond du sac, sans qu'ils s'en aperçussent.

Comme la famine croissait de jour en jour, Jacob fut contraint, malgré sa répugnance, d'envoyer de nouveau ses fils en Egypte, et de laisser aller avec eux Benjamin (f). Lorsqu'ils furent arrivés auprès de Joseph, et qu'il eut vu avec eux son frère Benjamin, il ordonna à ses gens de préparer à manger pour ces étrangers, parce qu'il voulait qu'ils dînassent ce jour-là avec lui. Cependant il alla à ses affaires, et ne revint que vers midi, pour dîner. Lorsqu'il fut entré, ses frères se prosternèrent en sa présence, et lui offrirent les présents que Jacob lui envoyait. Il leur demanda comment se portait leur père, et si ce jeune homme qu'ils avaient amené était leur jeune frère. Ayant salué Benjamin, il sortit promptement, parce qu'il ne pouvait plus retenir ses larmes. Après cela, il fit servir à manger. On servit à Joseph et aux Egyptiens à part, et aux Hébreux d'un autre côté, parce que les Egyptiens ne mangent pas avec les Hébreux, et qu'ils les regardent comme impurs et profanes. Joseph fit placer ses frères selon leur âge, et fit servir à Benjamin une portion cinq fois plus grande qu'aux autres ; ce qui les remplit tous d'admiration.

Le lendemain matin on leur donna du grain dans leurs sacs, et on mit secrètement dans celui de Benjamin (g) la coupe de Joseph *Voyez* [Augure]. A peine étaient-ils sortis de la ville, que Joseph fit courir après eux, et leur fit faire de grands reproches de la manière dont ils en usaient en prenant ainsi la coupe de l'intendant du pays, qui les avait comblés de biens et d'honneurs. On ouvrit le sac de Benjamin, et on y trouva en effet la coupe de Joseph. Cet accident les couvrit de confusion. Ils retournèrent tous à la ville avec Benjamin. Juda supplia Joseph de vouloir bien le recevoir pour esclave au lieu de Benjamin, et lui remontra que s'il retournait vers son père sans lui ramener son cher fils, il le ferait mourir de douleur. Joseph ne pouvait plus retenir ses larmes (h) ; et faisant sortir tous les étrangers qui étaient là,

---

(a) *Genes.* xli, 45. צָפְנַת פַּעְנֵחַ 70, Ψονθομφανήχ. *Alias*, ᾧ ἀπεκαλύφθη τὸ μέλλον, Celui à qui les choses futures ont été découvertes. Un autre, ᾧ κεκρυμμένα ἐκάλυψεν, Celui à qui Dieu a découvert les choses cachées. Le Syriaque, ὁ εἰδὼς τὰ κρυπτά, Celui qui connaît les choses secrètes.
(b) *Hebræi apud Hieron. Qu. Hebr. in Genes. apud Origen. in Catena Ms. Rupert. Tostat. Alii quidam.*
(c) *Chrysost. homil.* 63 *in Genes. Alii plures.*
(d) *Aug. qu.* 136 *in Genes.*
(e) *Gen.* xli, 1, 2, 3, etc. An du monde 2297, avant Jésus-Christ 1703, avant l'ère vulg. 1707.

(f) An du monde 2298, avant Jésus-Christ 1702, avant l'ère vulg. 1706. *Genes.* xliii, 1, 2, etc.
(g) *Genes.* xliv, 1, 2, 3, etc.
(h) *Gen.* xlv, 1, 2, 3, etc.
(1) Le nom de Putiphar, « ramené à sa véritable orthographe, *Péléphré*, est en effet, dit M. Champollion, un nom égyptien qui signifie celui qui appartient à Phré ('le dieu Soleil), et il est analogue à d'autres noms égyptiens, tirés aussi de ceux de divinités, tels que Pet-Ammon, et Pet-Isis. » Le nom d'*Asseneth* est, dit le même savant, « un autre nom égyptien d'une étymologie très-régulière. »

il éleva sa voix, et laissant couler ses pleurs, il dit à ses frères : *Je suis Joseph; mon père vit-il encore?* Mais ils ne lui purent répondre, tant ils étaient saisis d'étonnement. Et les faisant approcher, il ajouta : *Ne craignez point, et ne vous affligez point de ce que vous m'avez vendu. Dieu m'a envoyé en ce pays pour votre conservation. Allez vite vers mon père, et dites-lui de ma part de venir me trouver en ce pays-ci. Je vous donnerai la terre de Gessen, où vous demeurerez avec vos familles et vos bestiaux ; car la famine doit encore durer quelques années.* Après cela il les embrassa tous, et principalement Benjamin, et les laissa aller.

Etant arrivés en la terre de Chanaan, ils annoncèrent à Jacob que Joseph, son fils, était en vie, et qu'il était comme le roi de toute l'Egypte. Jacob, à cette nouvelle, se réveilla comme d'un profond sommeil, et sans perdre de temps se disposa pour aller embrasser son fils en Egypte (*a*). Etant arrivé à la frontière de ce pays, il envoya devant lui Juda, pour annoncer sa venue à Joseph. Joseph monta promptement sur son chariot, et vint au-devant de son père jusqu'à la terre de Gessen. Ils s'embrassèrent avec les transports de joie et de tendresse que l'on peut s'imaginer ; et Joseph, étant allé trouver Pharaon (*b*), lui dit que son père et ses frères étaient venus de la terre de Chanaan; qu'ils étaient pasteurs de brebis. En même temps il lui présenta Jacob et quelques-uns de ses frères. Le roi vit avec plaisir ce vénérable vieillard, et il dit à Joseph de leur donner la terre de Gessen, et de choisir, pour être intendants de ses troupeaux, ceux de ses frères qu'il croirait propres à cet emploi. Joseph donna donc à Jacob et à ses fils la terre de Gessen, où était la ville de Ramessé, afin qu'ils y demeurassent avec leurs troupeaux.

La famine croissant toujours, Joseph attira dans les coffres du roi tout l'argent des Egyptiens, pour du blé ; puis il leur demanda leur bétail, et ensuite leurs champs, et enfin leurs personnes. Ayant ainsi acquis tout le pays au profit du roi, il dit aux Egyptiens qu'il leur rendrait leur bétail et leurs champs, avec du blé pour semer, à condition qu'ils payeraient au roi la cinquième partie de tout ce qu'ils recueilleraient. Ils y consentirent, et c'est de là que vint la coutume qui s'observa dans la suite, que le cinquième des fruits de l'Egypte appartenait à Pharaon, à l'exception toutefois des terres des prêtres, qui furent privilégiées.

Jacob, ayant vécu dix-sept ans en Egypte (*c*), et sentant que le temps de sa mort approchait (*d*), fit venir Joseph, et lui dit : *Si j'ai trouvé grâce devant vous, mettez votre main sous ma cuisse, et promettez-moi de ne me pas enterrer dans ce pays.* Joseph fit ce que son père désirait, et lui promit de l'enterrer dans la terre de Chanaan, dans le tombeau de ses pères. Après cela, Jacob adora Dieu, tourné vers le chevet de son lit (*e*), ou, selon les Septante, il adora le sommet du bâton ou du sceptre que Joseph portait en sa main ; ou enfin, selon quelques nouveaux interprètes, il se recoucha, et se pencha sur le chevet de son lit. Il est certain que l'on peut donner à l'hébreu ces différentes significations, suivant les différentes manières de le lire. Quelque temps après, on avertit Joseph que son père était plus malade; et ayant pris avec soi ses deux fils Manassé et Ephraïm, il l'alla voir. Jacob lui dit qu'il adoptait ses deux fils Manassé et Ephraïm, et qu'ils seraient dans sa famille comme Ruben et Siméon. Après cela, il fit avancer les deux fils de Joseph, il les embrassa et les bénit; et mettant ses mains sur leurs têtes, Joseph remarqua qu'il avait mis la main gauche sur la tête de Manassé, quoiqu'il fût l'aîné, et la droite sur Ephraïm, qui était le cadet. Joseph voulut les ôter.

Mais Jacob lui dit qu'il savait parfaitement ce qu'il faisait; que Manassé serait père d'un grand peuple, mais qu'Ephraïm serait plus puissant. Après avoir béni Ephraïm et Manassé, il dit à Joseph qu'il lui donnait en héritage, par-dessus ses autres frères, le champ d'auprès de Sichem, qu'il avait *gagné avec son épée et son arc* (*f*). Il voulait apparemment parler du champ situé près la ville de Sichem, qu'il avait acheté des enfants d'Hémor, à son retour de la Mésopotamie. Mais comment dit-il qu'il l'a *tiré des mains de l'Amorrhéen avec son épée et avec son arc?* C'est peut-être qu'après sa retraite d'auprès de Sichem, à cause de la violence exercée par ses fils contre les habitants de cette ville, il fut obligé dans la suite de se remettre en possession de cet héritage, en chassant par la force les Amorrhéens, qui s'en étaient emparés. *Voyez* les Commentateurs sur Genes. XLVIII, 22.

Après cela Jacob fit venir tous ses enfants, et donna à chacun d'eux une bénédiction particulière. Il dit à Joseph (*g*) : *Joseph, est un rejeton d'un arbre chargé de fruits, une branche d'un arbre planté sur le courant des eaux. Ses branches sont semblables à celles des arbrisseaux qui croissent le long des murailles. Ceux qui sont armés de dards l'ont attaqué : mais son arc est demeuré fortement tendu; les liens de ses bras ont été déliés par la main du puissant Dieu de Jacob. Le Dieu de votre père sera votre secours, et le Tout-Puissant vous comblera de bénédictions tant du ciel que de la terre; tant du lait des mamelles que du fruit des entrailles. Que les bénédictions que je vous donne soient au-dessus de toutes celles que j'ai reçues; qu'elles s'étendent jusqu'à la venue du Désir des collines éternelles.*

Lorsque Jacob fut expiré (*h*), Joseph se

(*a*) *Gen.* XLVI, 1, 2, 3, etc.
(*b*) *Gen.* XLVII, 1, 2, 3, etc.
(*c*) An du monde 2315, avant Jésus-Christ 1685, avant l'ère vulg 1689.
(*d*) *Gen.* XLVII, 29.

(*e*) *Gen.* XLVII, 31. וישתחו על ראש המטה 70, προσεκύνησεν ἐπὶ τὸ ἄκρον τῆς ῥάβδου αὐτοῦ. *Ita et Paul. Hebr.* XI, 21.
(*f*) *Gen.* XXXIII, 18, 19.
(*g*) *Gen.* XLIX, 22, 23.
(*h*) *Gen.* L.

jeta sur son visage, fondant en larmes. Ensuite il le fit embaumer par les médecins d'Egypte, dont le métier était aussi d'embaumer. Ils furent trente jours à l'embaumer; et ensuite on le mit encore quarante jours dans le nitre, pour achever de dessécher ses chairs. Et pendant tout ce temps, qui fut de soixante-dix jours, on fit le deuil de Jacob dans toute l'Egypte. Le temps du deuil étant fini, Joseph fit demander au roi qu'il lui plût de lui permettre d'aller enterrer son père dans la terre de Chanaan. Le roi le permit, et Joseph fut accompagné dans ce convoi par les principaux de la cour de Pharaon et du reste de l'Egypte. Etant arrivés à l'aire d'Athad, ils y firent encore un deuil de sept jours, après quoi ils mirent le corps dans la caverne double, ou dans la caverne de Macphela, qu'Abraham avait achetée d'Ephron le Héthéen. Or, après que Joseph fut retourné en Egypte, ses frères, craignant qu'il n'eût quelque ressentiment contre eux, lui firent dire : *Votre père nous a ordonné, avant sa mort, de vous prier de nous pardonner ce que nous avons fait contre vous : nous vous demandons donc aujourd'hui cette grâce.* Joseph versa des larmes, et lorsqu'ils furent en sa présence, il leur dit : *Pouvons-nous résister à la volonté de Dieu? Dieu a changé en bien les mauvais desseins que vous aviez conçus contre moi. Ne craignez point : je vous nourrirai, vous et vos enfants.*

Joseph, après avoir vécu cent dix ans, et avoir vu ses petits-fils jusqu'à la troisième génération, tomba malade, et dit à ses frères : *Dieu vous visitera après ma mort, et vous tirera de ce pays, pour vous faire entrer dans la terre qu'il a promise à nos pères. Promettez-moi donc avec serment de transporter mes os avec vous, lorsque vous sortirez de ce pays.* Ils le lui promirent; et après sa mort (a) son corps fut mis dans un cercueil en Egypte, et Moïse transporta son corps, lorsqu'il tira les Israélites de ce pays (b). Il fut donné en garde à la tribu d'Ephraïm, qui l'enterra près de Sichem (c), dans le champ que Jacob avait donné en propre à Joseph, un peu avant sa mort. Les rabbins (d) ont débité bien des contes sur le sujet du cercueil de Joseph, que les Egyptiens avaient, disent-ils, caché sous la terre dans le lit du fleuve, de peur que les Hébreux ne l'emportassent, sachant que dès qu'ils auraient ce corps, les Egyptiens ne pourraient plus les retenir dans leur pays. Mais Moïse sut le découvrir et l'enlever malgré eux.

L'auteur de l'Ecclésiastique (e) fait l'éloge du patriarche Joseph en ces termes : *De Jacob est né cet homme de miséricorde, qui a trouvé grâce aux yeux de toute chair. Il naquit pour être le prince de ses frères et l'appui de sa famille; pour être le chef de ses proches et le ferme soutien de son peuple. Ses os ont été visités, et ont prophétisé après sa mort.* Il veut marquer que ses os furent transportés hors de l'Egypte, et que cela arriva ensuite de la prophétie qu'il avait faite, que Dieu visiterait les Hébreux et les ferait entrer dans la terre promise. — [*Voyez* APIS.]

[Il y a des écrivains qui prétendent que les Hébreux ont emprunté des Egyptiens leurs lois, leurs usages, etc. Cette opinion, qui n'est fondée qu'en apparence, n'est pas universellement reçue; et c'est un auteur moderne, d'un mérite distingué, que je vais citer à propos de Joseph, qui me fournit l'occasion de faire cette remarque. « Bien que le collége des prêtres de l'Egypte, dit-il, ne puisse guère nous paraître plus vénérable que les autres pontifes du paganisme, il est difficile de ne pas reconnaître, dans les institutions religieuses et civiles des Egytiens, une empreinte assez remarquable de l'antique sagesse d'Abraham et de Jacob. Il ne faut pas oublier que Joseph fut le principal ministre de ce royaume pendant quatre-vingts ans. C'est même à lui que la tradition orientale attribue la fondation de Memphis, la construction du canal du Caire pour l'écoulement des eaux du Nil, l'érection des obélisques et des pyramides, que, dans le moyen-âge, on prenait encore pour les *greniers de prévoyance* de Joseph. On sait que le peuple lui donna jadis le nom de *père tendre*, et Pharaon celui de l'*homme qui sait les choses cachées*. Peut-être le dépôt mystérieux des prêtres égyptiens enfermait-il des traditions secrètes communiquées par cet illustre fils de Jacob. Peut-être la politique avait-elle recommandé à cet égard une prudence sévère... » (1).

Je ferai encore une remarque, c'est qu'on n'est pas bien fixé aujourd'hui sur ce qu'on appelait autrefois les *greniers de Joseph*. Ce ne sont pas des pyramides que des voyageurs modernes reconnaissent pour avoir porté ce nom jadis, comme on va le voir plus loin dans une note.

M. Champollion-Figeac, qui appelle *légende* la narration historique de la vie de Joseph donnée par Moïse, établit le rapport chronologique entre cette narration et la dynastie des pasteurs. Laissons-le parler.

« Les écrivains grecs, commentateurs de la Bible, et parmi eux les plus savants, dit-il, reconnaissent unanimement que les malheurs et le triomphe de Joseph en Egypte se passèrent pendant le règne du roi Apophis, le quatrième de la XVII° dynastie, de celle des Pasteurs, qui avaient fait de Memphis le lieu de la résidence royale. Ces mêmes écrivains fixent à la 17° année du règne d'Apophis l'élévation de Joseph au gouvernement de l'Egypte. Les dates historiques, tirées des monuments originaux précédemment exposés, nous paraissent convenir avec ces mêmes indications : nous devons au lecteur de le rendre juge de ce sentiment.

(a) An du monde 2269, avant Jésus-Christ 1734, avant l'ère vulg. 1735.
(b) *Exod.* XIII, 19.
(c) *Josue*, XXIV, 32.
(d) *Voyez* la *Vie de Moïse*, publiée en hébreu et en latin, par M. Gaulmin.
(e) *Eccli.* XLIX, 16, 17.
(1) M. de VILLENEUVE-BARGEMONT, *Histoire de l'économie politique*, troisième leçon.

» Selon le tableau des dynasties égyptiennes, qui se trouve à la page 269 de ce précis, la 17ᵉ année du règne d'Apophis répondait à l'an 1967 avant l'ère chrétienne : Joseph était alors âgé de 30 ans; si, à ce dernier nombre, on ajoute 91 ans pour l'âge de Jacob à la naissance de Joseph, 60 ans pour l'âge d'Isaac à la naissance de Jacob, et les 25 ans dont la venue d'Abraham en Egypte précéda la naissance d'Isaac, on aura un total de 206 années, qui, ajoutées à l'an 1967 qui répondait à la 17ᵉ année d'Apophis de la XVIIᵉ dynastie, donnent l'année 2173. Or, cette année 2173, d'après le même tableau précité, appartient à la XVIᵉ dynastie égyptienne ; et c'est en effet durant le règne de cette même dynastie que nous avons déjà indiqué (page 293) la venue d'Abraham en Egypte : les temps de Joseph, premier ministre du pasteur Apophis, s'accordent ainsi très-bien avec les temps d'Abraham et avec l'ordre généralement reconnu des dynasties d'Egypte pour les époques qui précédèrent son invasion.

» Il en est de même pour les temps qui la suivirent ; aux sept années de fertilité succéda, en Egypte et dans les contrées voisines, une famine générale. Les frères de Joseph se rendirent en Egypte pour acheter des grains ; la seconde année de la famine, ils amenèrent Jacob auprès de leur frère qui s'était fait connaître ; et 17 ans après Jacob mourut ; Joseph comptait alors la 56ᵉ année de son âge, et Apophis la 43ᵉ de son règne. Ce roi parvint jusqu'à la 61ᵉ ; et, à sa mort, l'an 1922 avant J. C., Joseph était âgé de 74 ans. Or, qu'on prolonge sa vie jusqu'à 110 ans, comme le disent les écrivains bibliques, ou qu'on lui donne âge d'homme comme à tous les hommes ses contemporains dans l'histoire, le règne des deux rois pasteurs qui succèdèrent à Apophis dépassera toujours de près d'un siècle la durée de la vie de Joseph ; et, dans ces mêmes supputations, Joseph aura pu voir les petits-fils de ses fils, Ephraïm et Manassé ; enfin, de la mort de Joseph jusqu'à l'Exode, ou la sortie des Hébreux de l'Egypte sous la conduite de Moïse, la suite des années suffira pour placer dans un ordre régulier de succession tous les événements que la Bible raconte à la suite de la mort de Joseph : celle de ses frères, de sa parenté, la multiplication des Israélites, et l'avénement de ce roi nouveau, qui, selon la Bible, ignorant et Joseph et sa renommée, opprima le peuple d'Israel, et le soumit à la plus dure servitude. C'est ainsi que les annales de l'Egypte, dressées d'après l'autorité des monuments originaux, se prêtent exactement aux relations synchroniques des annales des peuples qui la connurent, et par la concordance de ces rapports pour les temps et les lieux produit, pour ces annales diverses, rédigées dans des intérêts mutuellement inconnus les uns aux autres, des certitudes mutuelles » (1).] *Voyez* PHARAON.

On lit, dans le *Testament des douze patriarches*, plusieurs particularités de la vie de Joseph, qui sont absolument apocryphes, aussi bien que la prophétie que Joseph y fait de la naissance de la sainte Vierge, qui sera, dit-il, de la tribu de Juda et de Lévi, et qui donnera naissance a l'Agneau de Dieu. Joseph dit ensuite à ses enfants d'emporter les os de Zelpha, et de les enterrer dans le pays de Chanaan, auprès du tombeau de Rachel. Plusieurs savants (a) ont cru que les Egyptiens avaient adoré Joseph sous les noms d'Apis, d'Osiris et de Sérapis, et même sous les noms d'Hermès, de Thamuz et d'Adonis. On a attribué à Joseph un livre intitulé : *La Prière de Joseph*, qui est citée en plus d'un endroit (b). Trithème parle d'un livre magique attribué à Joseph, et intitulé : *Le Miroir de Joseph* (c).

Artapane, cité dans Eusèbe (d), dit que Joseph, étant venu en Egypte, montra aux Egyptiens la manière de partager les champs, et de cultiver chacun son propre héritage ; au lieu qu'auparavant chacun cultivait ce qu'il jugeait à propos, toutes les terres étant en commun. Il ajoute qu'il inventa aussi les mesures ; ce qui lui mérita des honneurs extraordinaires de la part de ces peuples. Mahomet, dans l'Alcoran, surate XII, raconte au long l'histoire de Joseph ; mais il y mêle plusieurs circonstances fabuleuses, sur lesquelles les Orientaux ont encore beaucoup enchéri. *Voyez* les Notes de Maraccius sur l'Alcoran.

Nous avons parlé du mariage de Joseph avec la fille de Putiphar, sous l'article d'ASENETH. Les mahométans ont plusieurs livres contenant les amours prétendus de Joseph avec *Zoleïkha* (e), fille de Pharaon, roi d'Egypte, et femme de Putiphar. Ils se servent du nom et de l'exemple de Joseph pour élever leur cœur à l'amour de Dieu. *Joseph* et *Zoleïkha* sont, à leur égard, ce que sont, dans le Cantique des cantiques de Salomon, l'Epoux et l'Epouse ; c'est-à-dire, Jésus-Christ et l'Eglise, ou Dieu et l'âme fidèle ; sous l'allégorie d'un amour ordinaire, on élève le cœur à un amour divin et surnaturel.

Mahomet raconte l'histoire de Joseph d'une façon assez différente de Moïse (f). Joseph ayant raconté à son père son songe du soleil, de la lune et des douze étoiles qui l'adoraient, Jacob lui dit : Mon fils, ne dis pas ton songe à tes frères, ils conspireront contre toi ; le diable est ennemi déclaré des hommes ; tu seras l'élu du Seigneur, etc. Les frères de Joseph, voyant que leur père l'ai-

---

(a) *Voyez* S. Paulin, *Natali* xi *S. Felicis*, v. 100. *Rufin.* l. II, c. xxiii, *Hist. Eccles.* etc. Braun. l. IV, c. xiii, *Select. sacr.* Sgambat. *Archiv. V. T. Fabricius* in *apocryph. V. T.* in Joseph.
(b) Origen. *Philocaliæ*, p. 79, *edit. Oxon.* et in Joan. t. V, p. 77.
(c) *Voyez* Naudé, *Apolog. des grands hommes accusés de magie*, c. xv.

(d) *Artapan. apud Euseb.* l. IX, c. xxiii, *Præparat.*
(e) D'Herbelot, *Bibl. Orient.*, p. 496, *Jousouf Ben-Jacob.*
(f) Alcoran, ch. de *Joseph.*
(1) M. Champollion-Figeac, dans son ouvrage intitulé *Egypte*, pag. 299, 300, qui fait partie de l'*Univers pittoresque* publié par F. Didot.

mait mieux qu'eux tous, résolurent de le tuer. Ils dirent un jour à Jacob : Pourquoi n'envoyez-vous pas Joseph aux champs avec nous ? nous en aurons grand soin, il se divertira et se réjouira. J'appréhende, répondit-il, que vous ne soyez négligents à le garder. Craignez-vous, ont-ils dit, que le loup ne le mange auprès de nous, et que nous n'ayons pas la force de le défendre ? Ils l'emmenèrent le matin avec eux, et le jetèrent dans un puits. Le soir ils retournèrent chez leur père les yeux baignés de larmes feintes, et lui dirent : Mon père, nous jouions et courions à qui courrait mieux ; Joseph était demeuré auprès de nos hardes, le loup est venu qui l'a mangé ; et comme Jacob n'en voulait rien croire, ils lui montrèrent sa chemise ensanglantée. Jacob leur dit : C'est vous qui avez fait cela ; vous en répondrez devant Dieu, il est mon protecteur ; et prit patience sans crier.

Le même jour il passa une caravane auprès de ce puits, qui voulut puiser de l'eau pour boire. Ils descendirent leur seau dedans, et Joseph s'y attacha pour sortir. Ils lui donnèrent des habits, l'emmenèrent secrètement, et le vendirent à bon marché, argent comptant. Celui qui l'acheta en Egypte, commanda à sa femme d'en avoir soin ; qu'un jour il serait utile à leur service, et leur servirait d'enfant. Lorsqu'il fut arrivé à l'âge de vingt ans, Zoleïkha, femme de son maître, conçut pour lui une passion déréglée ; elle l'enferma un jour dans sa chambre, et voulut le solliciter au crime. Dieu me garde, dit-il, de trahir mon maître, et de tomber dans le désordre ; et en même temps il s'enfuit vers la porte. Sa maîtresse l'arrêta, et arracha sa chemise par le dos. Son mari se rencontra derrière la porte ; elle lui dit : Que mérite celui qui a voulu déshonorer la maison de son maître, sinon d'être mis en prison, et rigoureusement châtié ? Seigneur, dit Joseph, c'est elle qui me sollicite ; cet enfant qui est dans le berceau en sera témoin. L'enfant, qui était au berceau, dit : Si la chemise de Joseph est déchirée par devant, elle dit la vérité ; et si la chemise est déchirée par derrière, Joseph a dit vrai, et elle est menteuse. Le mari, ayant vu la chemise de Joseph déchirée par derrière, reconnut l'innocence de celui-ci et la malice de sa femme.

Le bruit de cette action se répandit bientôt dans la ville, et les dames disaient que la femme du riche avait sollicité son valet. La maîtresse de Joseph, l'ayant appris, leur fit un très-beau festin. Lorsqu'elles furent à table, elle fit entrer Joseph : dès qu'il parut, elles demeurèrent comme interdites de l'extrême beauté de ce jeune homme, en sorte que, ne sachant plus ce qu'elles faisaient, elles se coupaient les doigts, au lieu de couper de la viande, et disaient entre elles : Ce n'est pas un homme, c'est un ange. Voilà, leur dit Zoleïkha, comme pour s'excuser, celui que j'ai aimé avec tant de passion. Quelque temps après elle le sollicita de nouveau, et Joseph ayant témoigné la même fermeté qu'auparavant, elle le fit mettre en prison, où il expliqua les songes du panetier et de l'échanson de Pharaon.

Joseph demeura prisonnier pendant neuf ans ; après lesquels le roi eut le songe des sept vaches et des sept épis, qui fut expliqué par Joseph, non à Pharaon, mais à l'échanson du roi, à qui il avait auparavant expliqué le songe de la grappe dont il exprimait le jus dans la coupe de Pharaon. Cet homme, qui était alors en liberté, ayant prié Joseph de lui expliquer le songe du roi, Joseph le satisfit ; et l'échanson alla en rendre compte à Pharaon. Ce prince mit Joseph en liberté, et l'établit surintendant de ses finances.

Mahomet raconte ensuite de quelle manière les frères de Joseph vinrent en Egypte pour y acheter du blé ; comme Benjamin y fut arrêté ; comme Joseph se découvrit à ses frères, et leur dit : Retournez trouver votre père, et lui portez cette chemise ; jetez-la-lui sur la face, et il recouvrera la vue ; après cela revenez ici avec toute votre famille. La caravane était encore à moitié chemin de son retour, lorsque Jacob dit à ceux qui étaient auprès de lui : Je sens l'odeur de mon fils Joseph ; vous vous moquez de moi, mais ce que je dis est véritable. Quelques jours après arriva un de ses fils, qui lui apporta des nouvelles de Joseph ; et lui ayant jeté la chemise de son cher fils, il en recouvra aussitôt la vue, qu'il avait perdue à force de pleurer. Jacob ne tarda pas à se rendre en Egypte avec toute sa famille. Joseph le prit par la main, et lui dit : Entrez dans l'Egypte sans peur ; en même temps il le fit asseoir, et ses frères se prosternèrent devant lui. Alors il lui dit : Mon père, voilà l'explication de mon songe, Dieu l'a rendu véritable. Voilà comme ce fameux imposteur raconte l'histoire de Joseph.

Ses sectateurs disent que Joseph avait dix-sept ans lorsqu'il fut vendu ; que le roi d'Egypte, qui régnait alors, était *Rian*, fils de Valid ; que ce prince, qui est aussi nommé *Pharaon*, c'est-à-dire en langue égyptienne, monarque absolu, fut instruit par Joseph de la connaissance du vrai Dieu ; mais qu'il eut pour successeur un impie nommé *Kabous*, fils de Massaab ; que depuis l'arrivée de Jacob en Egypte, jusqu'à la sortie des Israélites, sous Moïse, il se passa 430 ans ; que ce législateur emporta les os et le cercueil de Joseph, qu'il trouva dans le lit du Nil.

Ebn Batrik, autrement Eutychius, patriarche d'Alexandrie, dit que Joseph, âgé de trente ans, épousa *Azim*, fille du *Kahen d'Aïn Schems*, c'est-à-dire du prêtre, du devin de la fontaine du Soleil : c'est le nom qu'on donne à l'ancienne ville d'*On*, nommée par les Grecs *Héliopolis*. Il ajoute que la mesure du Nil, qui est à Memphis, est l'ouvrage de Joseph, aussi bien que le canal creusé dans la ville du Caire pour la décharge des eaux du Nil. C'est ce canal que nos voyageurs appellent ordinairement *le Calis*. Quant à *la mesure du Nil* (a), c'est une colonne dressée au milieu de ce fleuve, sur laquelle

(a) Νειλομέτριον ou Νειλοσκόπιον.

sont marqués les degrés de l'accroissement ou de la diminution des eaux du Nil, qui font le bonheur et la fertilité du pays. S'il s'élève à la hauteur de dix-huit degrés, ou de dix-huit brasses, c'est une très-grande abondance dans l'Egypte ; s'il ne s'élève qu'au-dessous de quatorze degrés, on doit s'attendre à la disette.

Les Orientaux attribuent aussi à Joseph les puits [*Voyez* Puits] et les greniers publics (1), qui portent encore aujourd'hui son nom, de même que les obélisques et les pyramides. En un mot, on lui fait honneur de tout ce qu'il y a de plus rare et de plus ancien dans l'Egypte. Ils veulent qu'il ait enseigné aux Égyptiens les sciences les plus relevées, et surtout la géométrie, qui leur était fort nécessaire pour le partage et la division de leurs terres. Ils croient qu'il avait sur l'épaule un point lumineux semblable à une étoile, qui était un caractère ineffaçable du don de prophétie et de sa future grandeur.

JOSEPH, fils de Tobie et d'une sœur du grand prêtre Onias (*a*). Ce grand prêtre, qui gouvernait les Juifs comme chef de la nation dans le civil, comme dans le gouvernement ecclésiastique, était extrêmement avare, et avait avec cela un fort petit génie et fort peu de prudence. Il négligea pendant quelques années de payer au roi d'Egypte un tribut de vingt talents que ses prédécesseurs avaient toujours payé régulièrement, comme un hommage qu'ils faisaient à cette couronne. Le roi envoya Athénion, un de ses courtisans, à Jérusalem, pour contraindre les Juifs de payer les arrérages, qui montaient à une somme considérable, les menaçant, si on ne lui comptait cette somme, d'envoyer des soldats qui les chasseraient du pays, et partageraient les terres entre eux. Cette demande n'émut pas beaucoup Onias, que l'âge avait rendu comme insensible ; mais elle causa une terrible alarme à Jérusalem.

Joseph, neveu d'Onias, était alors dans une maison de campagne. Sa mère lui écrivit ce qui se passait ; il revint aussitôt à Jérusalem, parla à Onias, son oncle, lui remontra le danger auquel il exposait toute la nation, lui dit qu'il n'y avait qu'un seul parti à prendre, qui était d'aller au plus tôt en Egypte pour tâcher d'accommoder l'affaire, en s'adressant directement au roi. Onias ne se trouvant pas en état ni en disposition d'entreprendre le voyage, Joseph offrit de se charger de la commission, et d'aller trouver Ptolémée ; à quoi Onias consentit sans peine.

Dès qu'il eut obtenu ce consentement, il assemble le peuple dans le parvis extérieur du temple, leur expose ce qu'il a fait avec son oncle, et leur dit que s'ils voulaient approuver le choix que son oncle avait fait de lui, ils n'avaient qu'à se mettre l'esprit en repos, et qu'il ne doutait point qu'il ne raccommodât l'affaire. Le peuple lui fit de grands remerciments et le pria de continuer. Au sortir de l'assemblée il va trouver Athénion, le mène chez lui, le régale magnifiquement, lui fait des présents considérables, et le prie d'assurer le roi qu'il se rendra incessamment à la cour, et qu'il fera en sorte qu'il sera satisfait.

Athénion revint à Alexandrie charmé des manières obligeantes de Joseph, et parla de lui d'une manière si avantageuse, que le roi se fit un plaisir de le voir, et se prépara à le recevoir avec tous les agréments possibles.

Dès qu'Athénion fut parti, Joseph emprunta d'un banquier de Samarie vingt mille drachmes, qui font environ cent dix-huit mille livres de notre monnaie, supposé que ce soient des drachmes d'or à 5 liv. 13 s. 6 d. l'une. De cet argent il se fit faire un équipage, avec lequel il partit pour se rendre à Alexandrie.

Sur la route il rencontra des gens de la première qualité de la Célé-Syrie et de la Palestine, qui y allaient aussi, et fit le voyage avec eux. Leur dessein était d'y prendre les grandes fermes de ces provinces. Comme ils avaient un train magnifique pour faire figure à la cour, ils se moquaient de celui de Joseph qui n'en approchait pas. Il souffrait leurs plaisanteries avec esprit, observant ce qu'ils disaient sur les qualités et les revenus de leur pays, et en tira assez de lumières pour se mettre en état de pouvoir rire à son tour à leurs dépens tout le reste de sa vie.

Etant arrivés à Alexandrie, ils apprirent que le roi était allé faire un tour à Memphis. Joseph, sans perdre de temps, se mit en chemin pour l'aller trouver. Il le rencontra comme il revenait avec la reine et Athénion dans son char. Athénion le reconnut, et dit au roi que c'était là ce jeune homme, neveu d'Onias, dont il lui avait parlé. Le roi le fit monter dans son char, et lui parla du mé-

---

(*b*) *Joseph. Antiq. l.* XII, *c.* III, IV. Onias II entra dans l'exercice de la grande sacrificature l'an du monde 3771, avant Jésus-Christ 229. On ignore l'année dans laquelle Joseph entra dans la ferme dont il parle ici.

(1) « L'on voit au vieux Caire les greniers de Joseph, si toutefois l'on peut donner le nom de greniers à un grand terrain, entouré de murailles de vingt pieds de hauteur, et divisé en espèces de cours, sans voûte, ni aucune autre couverture, dans lequel l'on dépose les grains amenés de la haute Egypte pour le fisc, et où ils sont la pâture d'une multitude d'oiseaux et le dépôt de leurs ordures. Les murs de cette enceinte sont d'une mauvaise construction ; ils n'ont rien qui annonce une bâtisse ancienne, et ce n'est que l'amour du merveilleux qui a pu en attribuer l'élévation au patriarche Joseph. » Sonnini, *Voyage en Egypte*, t. III, p. 19.

« Les voyageurs ont coutume de visiter, au vieux Caire, *les greniers de Joseph* ; on appelle de la sorte une enceinte découverte, entourée de hautes murailles, dans laquelle se déposent les grains venus de la haute Egypte, et destinés à l'entretien de l'armée ; des tourterelles s'abattent sans cesse sur des tas de blé ; ces oiseaux qu'on respecte et qu'on laisse faire m'ont rappelé la colombe d'Anrou ; ce qu'ils dévorent en orge, en froment et en dourah, suffirait, m'a-t-on dit, à nourrir tous les pauvres du vieux Caire, et c'est ainsi que les musulmans entendent la charité. Je n'ai pas besoin de vous dire que ces greniers de Joseph ne renontent ni au patriarche Joseph, ni à Saladin, que les Arabes appellent *Iousouf* ; si on en croyait les traditions populaires, le fils de Jacob et le fils d'Ayoub auraient élevé en Egypte plus de monuments que les Pharaons. » Michaud, *Corresp. d'Orient*, lettr. cxxxix, tom. VI, pag. 21

contentement qu'il avait d'Onias, au sujet du payement des tributs. Joseph excusa son oncle le mieux qu'il put, et sut si bien gagner le roi, que ce prince lui fit donner un appartement dans le palais royal à Alexandrie, et le faisait même manger à sa table.

Le jour de l'adjudication des fermes du roi étant venu, quand ce fut le tour de celles de Célé-Syrie et de Phénicie, les compagnons de voyage de Joseph n'offrirent pour les provinces de Célé-Syrie, de Phénicie, de Judée et de Samarie, que huit mille talents. Joseph, qui pendant le voyage avait observé tout ce qu'ils avaient dit sur ce sujet, et avait compris que ces fermes valaient plus du double, leur fit des reproches de ce qu'ils mettaient les revenus du roi si bas, et en offrit le double, ou seize mille talents, dont les partisans avaient accoutumé de profiter, et qu'il offrit de remettre au trésor. Ptolémée, ravi de voir augmenter si considérablement ses revenus, mais craignant que Joseph ne fût pas en état de payer ce qu'il offrait, lui demanda là-dessus quelle caution il donnerait. J'en donnerai, sire, répondit-il, dont vous serez content; et je me flatte que vous et la reine voudrez bien répondre pour moi. Le roi se mit à rire de cette saillie, et lui fit adjuger la ferme.

Après cela, il emprunta à Alexandrie cinq cents talents, avec lesquels il paya au roi ce que lui devait son oncle, et s'étant fait déclarer receveur général des deniers du roi dans les provinces dont on a parlé ci-dessus, on lui accorda aussi une garde de deux mille hommes, qu'il demanda pour sa sûreté dans l'exécution de ce nouvel emploi, et partit aussitôt d'Alexandrie pour en aller prendre possession. Etant arrivé à Ascalon, qui était de son département, il voulut se faire payer des deniers qui étaient dus au roi; mais on lui parla grossièrement et insolemment, et on lui refusa le payement. Il fit prendre par ses soldats vingt des plus mutins, les fit châtier comme ils le méritaient, et envoya au roi mille talents qu'il retira de leurs biens confisqués. Cet exemple et un pareil qu'il fit à Scythopolis, où il trouva aussi de la résistance, intimidèrent si fort tous les autres, qu'il ne trouva plus aucune opposition à lever les deniers du roi. Il fut continué dans cet emploi pendant vingt-deux ans, apparemment jusqu'à ce que ces provinces furent conquises par Antiochus le Grand, roi de Syrie, vers l'an du monde 3802. Ainsi il faudrait dire que Joseph entra dans cet emploi vers l'an 3780.

Le roi Antiochus le Grand ayant marié sa fille Cléopâtre à Ptolémée Epiphane, roi d'Egypte, en 3812, et lui ayant donné pour dot la Célé-Syrie, la Phénicie, la Judée et la Samarie, Joseph rentra apparemment dans son emploi de receveur des tributs ; et il le tint encore pendant quelque temps, puisque la reine Cléopâtre étant accouchée d'un fils vers l'an 3817, et toutes les personnes de qualité et de distinction de la Célé-Syrie et de la Palestine étant allées à Alexandrie en féliciter le roi et la reine, Joseph, n'étant plus en état de faire le voyage, y envoya son fils Hircan, dont nous avons parlé ci-devant sous le nom d'HIRCAN.

JOSEPH, fils de Jacob, petit-fils de Mathan (a), époux de la sainte Vierge, et père nourricier de Jésus-Christ. Tout ce que l'on dit de son âge et des autres circonstances de sa vie, à l'exception de ce qui se lit dans l'Evangile, n'étant fondé que sur des autorités apocryphes, nous ne nous y arrêterons pas. Plusieurs anciens (b) ont cru qu'avant son mariage avec la sainte Vierge, il avait eu une autre femme nommée *Escha*, ou Marie, de laquelle il avait eu saint Jacques le Mineur, et les autres, que l'Ecriture appelle les frères de Jésus-Christ. Mais cela est entièrement contraire à ceux qui tiennent que saint Joseph a toujours gardé une virginité parfaite; sentiment qui est enseigné par saint Jérôme contre Helvidius, et qui est aujourd'hui communément suivi par les Latins. De plus, l'opinion qui veut que saint Jacques le Mineur soit fils de saint Joseph et de Marie, que l'on croit être la sœur de la sainte Vierge; cette opinion, dis-je, est insoutenable, puisque Marie, mère de Jacques, vivait encore au temps de la passion de Jésus-Christ (c), à moins qu'on ne veuille dire que saint Joseph l'avait répudiée, pour épouser la sainte Vierge; ou que ce saint a eu en même temps pour femmes les deux sœurs, ce qui est entièrement contraire à la loi (d). *Voyez* la note 3 de M. de Tillemont sur saint Jacques le Mineur.

L'Evangile apocryphe de la naissance de la Vierge, suivi par saint Epiphane et par plusieurs autres, porte que saint Joseph était fort vieux, lorsqu'il épousa la sainte Vierge. Saint Epiphane (e) lui donne plus de quatre-vingts ans, et dit qu'il avait déjà six enfants d'une première femme. Il n'épousa pas la sainte Vierge par son choix, mais par le sort; ni pour en user avec elle comme avec sa femme, mais simplement pour être le gardien de sa virginité. D'autres croient qu'il fut obligé de l'épouser, comme étant son plus proche parent et son plus proche héritier (f). La verge fleurie que les peintres mettent entre les mains de saint Joseph, désigne la verge qu'il présenta au grand prêtre, avec les autres de la maison de David, qui pouvaient prétendre au mariage de Marie. De toutes ces verges, il n'y eut que celle de Joseph qui fleurit. C'était le signe par lequel Dieu déclarait ordinairement sa volonté sur ces sortes de mariages des vierges qui lui étaient consacrées. Mais laissons ces rêveries tirées des livres apocryphes, comme

---

(a) *Matth.* I, 15, 16.
(b) *Euseb. l. II Hist. Eccl. Plures apud Hieronym. in Helvid. c. IX, et in Matth. XII; Epiphan. hæres.* 28, *c. VII, et hæres.* 78, *c. VII, VIII. Nicephor. l. II, c. III. Hilar. in Matt.* I, 1. *Ambros. de Instit. Virg. c. VI. Ambrosiast. in Galat.* I, 19.
(c) *Marc.* XV, 40.
(d) *Levit.* XVIII, 18.
(e) *Epiphan. hæres.* 51, *c. X.*
(f) *Vide Grot. ad Matth.* I, 16. *Casaubon. ad Baron.* I, n. 57, *alit ex Epiphan. hær.* 78, *c.* 7

les appelle saint Jérôme (a), et attachons-nous à ce que l'Evangile nous apprend de saint Joseph.

Saint Joseph était juste, dit l'Evangile (b) ; et c'est le plus grand éloge qu'on puisse faire de sa vertu, puisque la justice comprend toutes les vertus. Il épousa la sainte Vierge, qu'il savait bien être dans la résolution de garder la virginité ; et par conséquent il était lui-même dans la même résolution. Sa demeure ordinaire était à Nazareth, surtout depuis son mariage : car il y a des auteurs qui croient que sa véritable patrie était Capharnaüm ; d'autres, que c'était Bethléem. Il vivait du travail de ses mains, et était artisan (c) de son métier : mais on n'est pas d'accord quel métier il exerçait. Les uns le font charpentier ; d'autres, serrurier ; d'autres, maçon. Saint Justin le Martyr (d) dit qu'il travaillait à faire des jougs et des charrues. Le livre apocryphe de l'enfance de Jésus, qui est très-ancien, rapporte un miracle que le Sauveur fit dans la boutique de son père, qui était charpentier. Saint Ambroise (e) dit qu'il travaillait à abattre et à tailler des arbres, et bâtir des maisons ; mais au même endroit il parle des outils de serrurier, qu'il maniait, et dont il se servait. Libanius ayant demandé en raillant à un chrétien ce que faisait Jésus-Christ (f) : Il fait, lui répondit-il, un cercueil pour l'empereur Julien. L'auteur de l'Ouvrage imparfait sur saint Matthieu (g), saint Thomas, et grand nombre de nouveaux interprètes, le font aussi charpentier.

Ceux qui tiennent que saint Joseph était serrurier ou maréchal, citent saint Hilaire (h), saint Pierre Chrysologue (i), Bède le Vénérable (j), l'Evangile hébreu de saint Matthieu, donné par Tilius. Hugues le Cardinal (k) le fait orfèvre ; mais il ne désapprouve pas le sentiment qui le fait maçon. Théophile d'Antioche et saint Ambroise ne répugnent pas à le faire serrurier, puisqu'ils disent qu'il travaillait avec le soufflet et le feu.

Le mystère de l'Incarnation du Fils de Dieu n'avait point d'abord été découvert à saint Joseph ; et ce saint homme, ayant remarqué la grossesse de Marie son épouse (l), ou sa fiancée, et ne sachant à quoi l'attribuer, voulut la renvoyer secrètement, en lui donnant un billet de divorce, au lieu de la déshonorer publiquement. Mais lorsqu'il était dans cette résolution, l'ange du Seigneur lui apparut en songe, et lui dit (m) : *Joseph, fils de David, ne craignez point de prendre Marie pour votre épouse ; parce que ce qui est formé dans elle vient du Saint-Esprit. Elle enfantera un fils, et vous lui donnerez le nom de Jésus, ou de Sauveur ; parce qu'il sauvera son peuple, et le délivrera de ses péchés.* Après cela Joseph prit Marie dans sa maison, et la retint comme son épouse.

Environ six mois après (n), Joseph fut obligé d'aller à Bethléem, lieu de son origine, pour s'y faire enregistrer (o) avec Marie, son épouse, en conséquence d'une ordonnance de l'empereur Auguste, qui faisait faire un dénombrement général de tout l'empire. Pendant qu'ils étaient en ce lieu, le temps auquel Marie devait accoucher arriva, et elle mit au monde son Fils Jésus-Christ. Le temps de la purification de Marie étant arrivé quarante jours après la naissance de l'Enfant, Joseph et Marie le portèrent à Jérusalem, et firent tout ce qui est ordonné par la loi dans de pareilles occasions. Comme ils se disposaient à s'en retourner à Bethléem, l'ange du Seigneur avertit Joseph en songe (p), qu'il eût à porter l'Enfant en Egypte, parce que le roi Hérode cherchait à le faire mourir. On ne sait combien de temps ils demeurèrent en Egypte : mais il y a beaucoup d'apparence qu'ils n'y séjournèrent pas longtemps, puisque Hérode mourut vers la fête de Pâque, peu de mois après le massacre des Innocents. — [*Voyez* Jésus-Christ.]

Alors l'ange avertit de nouveau saint Joseph qu'il pouvait revenir en Judée. Lorsqu'il y fut de nouveau arrivé, ayant appris qu'Archélaüs avait succédé à Hérode, et craignant que ce prince n'eût hérité de la cruauté de son père, au lieu d'aller à Jérusalem ou à Bethléem, il se retira à Nazareth, dans la Galilée, qui n'était pas du royaume d'Archélaüs, mais de celui d'Hérode-Antipas. Il y demeura jusqu'à sa mort, occupé à travailler de son métier, et vivant dans une grande simplicité et dans une grande exactitude à pratiquer les observances de la loi. Il amena Jésus-Christ, âgé de douze ans, avec Marie à Jérusalem pour la fête de Pâque, et ils eurent la douleur de le perdre pendant trois jours (q). Lorsqu'ils le trouvèrent dans le temple, la Vierge dit à Jésus : *Mon Fils, pourquoi avez-vous agi ainsi avec nous ? Voilà votre père et moi qui vous cherchions tout affligés. Mais Jésus leur répondit : Pourquoi est-ce que vous me cherchiez ? ne saviez-vous pas qu'il faut que je sois occupé à ce qui regarde le service de mon Père?* Ou, selon une autre traduction : Ne saviez-vous pas que le lieu où il me fallait chercher était la maison de mon Père (r) ? Mais ils ne comprirent pas ce qu'il leur disait : il s'en retourna à Nazareth, et il leur était soumis.

Voilà ce que l'Ecriture nous apprend de saint Joseph. On croit (s) avec beaucoup de probabilité qu'il était mort avant que Jésus-

---

(a) Hieron. in Matth. I, 2.
(b) Matth. I, 19.
(c) Matth. XIII, 55 : Οὐχ οὗτός ἐστιν ὁ τοῦ τέκτονος υἱός;
(d) Justin. Martyr. Dialog. cum Tryphone p. 316.
(e) Ambros. in Lucam. l. III, n. 2, ex Theophil. Antioch.
(f) Matth. XIII.
(f) Apud Theodoret. Hist. Eccles. l. III, c. XVIII, Sozom. l. VI, c. II, etc.
(g) Auct. Operis imperfecti in Matth. homil. 1.
(h) Hilar. in Matth.
(i) Chrysolog. serm. 48.
(j) Beda Venerab. in Marc. c. VI.
(k) Hugo in Marc. VI.
(l) Ambros. in Luc. l. III, n. 2, Theophil. Antioch. in Matth. XIII.
(m) Matth. I, 18.
(n) An du monde 4000, l'année de la naissance de Jésus-Christ.
(o) Luc. II, 1, 2, 3, etc.
(p) Matth. II, 13, 14.
(q) Luc. II, 42, 51.
(r) Luc. II, 49 : Ὅτι ἐν τοῖς τοῦ πατρός μου δεῖ εἶναί με.
(s) Vide Epiphan. hæres. 78. c. x, Ambros. in Luc XXIII, et alios.

Christ commençât à prêcher l'Evangile. Saint Joseph ne paraît point ni aux noces de Cana, ni dans aucune autre circonstance de la prédication du Sauveur ; et Jésus-Christ à la croix recommande sa sainte Mère à saint Jean, ce qu'il n'aurait pas fait sans doute si elle avait eu son mari. Les voyageurs prétendent que son tombeau est dans la vallée de Josaphat, à l'orient de Jérusalem ; mais les anciens n'en ont point parlé. On ne montre nulle part aucune des reliques de son corps, mais seulement quelques-uns de ses meubles, comme son anneau nuptial, qu'on prétend avoir à Pérouse, en Italie, et en quelques autres lieux. Son nom se trouve dans de très-anciens Martyrologes au 19 de mars : mais on n'a commencé à faire sa fête qu'assez tard. On croit que ce furent les carmes qui apportèrent cette fête d'Orient dans les églises d'Occident ; et la dévotion particulière qu'eut sainte Thérèse envers saint Joseph n'a pas peu contribué dans le dernier siècle à augmenter la solennité de son culte.

[« Fiancé de Marie, dit un auteur protestant, Joseph a porté, selon les usages juifs, le nom de son époux. Avant que les Evangiles eussent été publiés, Jésus quelquefois a été cru fils de Joseph (*Mat.* XIII, 55 ; *Luc.* IV, 22 ; *Joan.* I, 45, VI, 42), et les historiens sacrés ont rapporté, sans crainte et sans scrupule, cette erreur, que leurs récits réfutaient si bien. Son exemple prouve avec quel soin les généalogies étaient encore conservées, puisqu'un simple artisan se faisait inscrire sans contradiction comme issu du sang de David. D'un accord unanime, on prend aujourd'hui la liste donnée par saint Matthieu, pour la généalogie de Joseph. Cet évangéliste dit formellement que Jacob fut père de Joseph ; saint Luc se sert d'un terme bien plus vague, lorsque, rapportant la descendance de Marie, il remplace son nom par celui de Joseph. Le plus souvent, en effet, les Juifs, dans leurs listes généalogiques, dressées avec une attention si excessive que saint Paul peut-être le leur reproche (I *Tim.* I, 4), omettaient les noms des femmes et suivaient la ligne masculine ; de là vient que saint Matthieu, écrivant principalement pour les chrétiens de la Palestine, s'est conformé à l'usage, et donne la généalogie de Joseph ; saint Luc, au contraire, qui n'a point composé son Evangile pour cette classe de fidèles, a inséré celle de Marie. Sans doute aussi il a voulu aller au-devant d'une objection qui s'offrait d'elle-même ; Jésus n'étant pas fils de Joseph, on devait naturellement demander quelle était l'extraction de sa mère. Le seul but des deux auteurs sacrés a été de démontrer que le Messie descendait de David, et les Juifs n'ont jamais révoqué en doute cette origine, quoique le titre de fils de David ait été souvent donné à Jésus en leur présence. Enfin, l'on comprend, puisque Joseph et Marie appartenaient tous deux au sang royal, que leurs deux généalogies doivent quelquefois se séparer, et quelquefois se confondre.

» Joseph, selon le témoignage de saint Matthieu, était un homme intègre et droit : toute sa conduite est pleine de modération et de prudence ; la tâche que la sagesse divine lui réservait demandait un caractère pareil ; il a fait précisément tout ce qu'il devait faire, sans plus ni moins ; c'est toujours assez pour l'homme de répondre aux vues de la Providence. »]

JOSEPH, ou José (*a*), fils de Marie de Cléophas, était frère de saint Jacques le Mineur, et proche parent de Notre-Seigneur Jésus-Christ selon la chair, étant fils de Marie, sœur de la sainte Vierge, et de Cléophas, frère de saint Joseph (*b*) ; ou fils de saint Joseph lui-même, comme le prétendent plusieurs anciens (*c*), qui ont voulu que saint Joseph ait été marié avec Marie de Cléophas, ou avec *Escha*, avant que d'épouser la sainte Vierge. Il y en a qui croient que Joseph, fils de Marie de Cléophas, est le même que *Joseph Barsabas*, surnommé le *Juste*, dont il est parlé dans les *Actes des Apôtres*, et qui fut proposé avec saint Matthias, pour remplir la place du traître Judas (*d*). Mais cela n'est nullement certain. L'Ecriture ne nous apprend rien de particulier touchant Joseph, frère du Seigneur. S'il était du nombre de ceux de ses parents qui ne croyaient point en lui, lorsqu'ils voulaient lui persuader d'aller à la fête des Tabernacles, quelques mois avant sa mort, il y a apparence qu'il se convertit depuis ; car l'Ecriture insinue qu'à la fin tous les frères de Jésus-Christ croyaient en lui (*e*) ; et saint Chrysostome (*f*) dit qu'ils se signalèrent par la grandeur de leur foi et de leur vertu.

JOSEPH BARSABAS, surnommé le *Juste*, est un des premiers disciples de Jésus-Christ, ayant été avec lui dès le commencement (*g*). Il était du nombre des soixante-douze disciples (*h*). Saint Pierre l'ayant proposé avec saint Matthias, pour remplir la place de Judas le traître, saint Matthias fut préféré. Joseph continua dans le ministère apostolique jusqu'à la fin ; et Papias (*i*) nous apprend que ce saint ayant bu du poison, la grâce de Jésus-Christ le garantit de la mort. Les Martyrologes d'Usuard et d'Adon mettent sa fête le 20 de juillet, et disent de lui qu'il souffrit beaucoup de la part des Juifs ; et qu'enfin il mourut en Judée et eut une fin glorieuse.

JOSEPH D'ARIMATHIE, ou de *Ramatha* (*j*), sénateur des Juifs, et disciple secret de

---

(a) Marc. xv, 40. Matth. xiii, 55; xxvii, 56.
(b) Hegesipp. apud Euseb. l. III, c. ii, Hist. Eccles.
(c) Voyez ci-devant l'article de saint Joseph.
(d) Act. i, 23.
(e) Act. i, 13, 14.
(f) Chrysost. in Matth. homil. 5, p. 39, b, in Acta homil. 5, p. 28, in Joan. homil. 20, p. 134, e.
(g) Act. i, 21, 23.
(h) Vide Euseb. l. I, c. xii; Clem. Alex. Beda, Epiphan. de Christ. carn. c. iv.
(i) Papias apud Euseb. l. III, c. xxxix, Hist. Eccl.
(j) Eusèbe, sur le nom de *Rumah*, dit que c'est la même qu'*Arimathée*. Et sur le nom *Armathem Sépha*, il dit que c'est la même qu'*Arimathie*, dont il est fait mention dans l'Evangile. Saint Jérôme dans l'épitaphe de sainte Paule, dit qu'*Arimathie* n'est pas loin de *Diospolis*, ou *Lidda*. C'est donc la ville de *Rama*, ou *Ramula*, entre Joppé et Jérusalem.

Jésus-Christ (a). Il ne consentit point (b) aux desseins des autres Juifs, et surtout des autres membres du Sanhédrin, qui avaient condamné et fait mourir Jésus-Christ ; et lorsque le Sauveur fut mort, il alla hardiment trouver Pilate, et lui demanda le corps de Jésus (c), pour l'ensevelir. Il l'obtint, et lui donna une sépulture honorable, dans un sépulcre tout neuf qu'il avait fait creuser dans un jardin qui était sur la même montagne du Calvaire où Jésus avait été crucifié (d). Après l'avoir mis dans le tombeau, il en ferma l'entrée par une pierre taillée exprès, qui en remplissait exactement toute l'ouverture. L'Église grecque fait la fête de saint Joseph d'Arimathie le 31 de juillet. Son nom ne se lit pas dans les anciens Martyrologes latins, et il n'est dans le romain que depuis l'an 1585. Le corps de saint Joseph d'Arimathie fut, dit-on (e), apporté en l'abbaye de Moyenmentier, par Fortunat, archevêque de Grade, à qui Charlemagne avait donné ce monastère à titre de bénéfice. Le corps du saint y fut honoré jusqu'au dixième siècle ; mais alors le monastère ayant été donné à des chanoines qui y demeurèrent pendant soixante-dix ans, les reliques de ce saint furent enlevées par des moines étrangers, et furent perdues avec beaucoup d'autres. Je ne rapporte pas ici ce qu'on lit dans les faux Actes de Joseph d'Arimathie. On peut consulter sur cela les Bollandistes au 17 de mars.

[« Joseph, ami de Nicodème, et que la crainte des Juifs avait engagé à tenir secrète sa foi, a noblement racheté cette faiblesse. Les évangélistes n'ont que brièvement rapporté les délibérations du sanhédrin ; il est probable que Joseph reconnut alors que le moment était venu de se montrer, et de prendre contre les méchants la défense du juste. Le devoir qu'il s'impose, d'ensevelir avec honneur Jésus, prouve qu'après s'être déclaré, il a persévéré dans sa fidélité. Il était riche, et la tombe où il a fait déposer le corps du Sauveur annonce en effet une fortune considérable ; Joseph est le seul homme qui, après avoir cédé à un autre le sépulcre qu'il s'était préparé, ait pu cependant y dormir lui-même. »]

JOSEPH, mari de Salomé, sœur du grand Hérode, fut établi gouverneur de Judée en l'absence de ce prince ; et lorsqu'il partit pour aller se justifier auprès de Marc-Antoine, sur la mort du jeune Aristobule, frère de Mariamne, il donna un ordre sévère à Joseph, qu'au cas qu'Antoine le fît mourir, il ne manquât pas aussitôt de faire mourir Mariamne, de peur qu'après sa mort elle ne tombât en la puissance d'un autre. Mais Joseph ayant imprudemment déclaré à Mariamne l'ordre qu'il avait, croyant par là lui persuader l'extrême passion qu'Hérode avait pour elle, Mariamne en conçut une nouvelle aversion pour son mari ; et Hérode ne fut pas plutôt de retour, qu'elle lui en fit de sanglants reproches. Hérode commença dès ce moment à douter de la fidélité de sa femme, et à soupçonner Joseph d'avoir eu avec elle de trop grandes familiarités, puisqu'il lui avait déclaré un secret de cette importance. Ainsi, sans vouloir seulement l'entendre, il le fit mourir sur le champ (f).

JOSEPH CAÏPHE. Voyez CAÏPHE.

JOSEPH, fils d'Ellem, fut substitué pour un jour au grand prêtre Matthias, parce que celui-ci, en songeant pendant la nuit, s'était souillé, s'imaginant être auprès de sa femme (g). Cette souillure le rendant incapable, selon la loi (h), de faire ses fonctions, on les fit exercer ce jour-là par ce Joseph son parent.

JOSEPH, fils de Canée, grand pontife des Juifs, depuis l'an du monde 4048 jusqu'en 4050.

JOSEPH, surnommé CABÉI ou GADDIS, grand prêtre des Juifs, établi par Agrippa, l'an du monde 4066, et destitué la même année.

JOSEPH, fils d'Antipater, et frère du grand Hérode, fut tué dans un combat qu'il livra à Antigone Asmonéen, contre la défense que lui en avait faite son frère Hérode. Voyez Antiq. lib. XIV, cap. XXVII.

JOSEPH, fils de Gorion, et le pontife Ananus, furent nommés pour mettre la ville de Jérusalem en état de défense, pendant la dernière guerre des Juifs contre les Romains (i) vers l'an de Jésus-Christ 67. Ce Joseph est fort différent d'un autre auteur de même nom, qui a écrit une Histoire des Juifs en hébreu, qui a été traduite en latin, et imprimée plusieurs fois. On croit que ce dernier Joseph, fils de Gorion, était Français, et qu'il vivait dans le onzième siècle. Il se donne pour Joseph l'historien, fils de Matthias ; mais il se trahit, il découvre son ignorance à chaque pas. Cet auteur, dont on ne peut savoir au juste ni l'âge, ni la naissance, ni la profession, se donne pour *un sacrificateur et un prince de son peuple, qui a reçu l'onction pour la guerre, l'esprit de sagesse et d'intelligence, de conseil et de force, de science et de crainte de Dieu ; pour un homme qui a donné sa vie pour le peuple de Dieu, pour son sanctuaire et pour sa nation.* C'est le témoignage qu'il se rend à lui-même. Il ajoute qu'un de ses soldats lui cria un jour : *Vous êtes l'homme de Dieu ; béni soit le Seigneur, le Dieu d'Israel, qui a créé l'âme que vous portez, et qui vous a rempli de sagesse.* Lorsqu'il fut pris, on s'entre-demandait dans l'armée ennemie : *Est-ce là cet homme si redoutable aux Romains ? Comment a été pris celui qui seul jetait la terreur dans notre armée, et qui a rempli l'univers du bruit de sa valeur ?*

(a) Joan. XIX, 38.
(b) Luc. XXIII, 51.
(c) Marc. XV, 43. Joan. XIX, 38.
(d) Matth. XXVII, 60. Joan. XIX, 40, 41.
(e) Richerii Senoniens. Monach. Chronic. l II, c. VII, VIII, etc. Joan. de Bayon. Chronic. Ms. Mediani Monasterii. Ces auteurs font de Fortunat un archevêque de Jérusalem ; mais c'est sans doute le même que Fortunat, archevêque de Grade sous Charlemagne. Voyez Le Cointe Annal. Franc. t. VI, p. 817.
(f) Joseph. Antiq. l. XV, c. IV, p. 513, 516.
(g) Joseph. Antiq. l. XVII, c. VIII, p. 597. d.
(h) Deut. XXIII, 10. Levit. XXII, 4, 5.
(i) Joseph. de Bello Jud. l, II, c. XLII, p. 823.

Après la prise de Jérusalem, Tite rendit justice aux excellentes qualités du fils de Gorion, et l'éleva au-dessus de tous les lévites et les sacrificateurs de sa nation.

Ces éloges si outrés, et entassés avec tant d'affectation, forment déjà un préjugé très-désavantageux contre celui qui se les donne à lui-même. Mais les Juifs, qui ont accoutumé d'estimer beaucoup ce qui vient de chez eux, n'ont rien trouvé de trop dans ces louanges. Le rabbin Than, qui publia l'Histoire du faux Joseph (a) assure que *toutes les paroles de cet écrivain sont justice et vérité : qu'il n'y a pas une seule fausseté dans ses écrits : qu'il approche plus près des anciens prophètes, qu'aucun écrivain qui ait paru : que la main du Seigneur a reposé sur lui pendant qu'il composait son ouvrage, et que peu s'en faut que ses paroles ne soient les paroles d'un homme-Dieu.* Sébastien Munster, auteur luthérien, qui nous a donné la même histoire, l'a mutilée de près de la moitié, peut-être pour épargner l'honneur de cet historien ; mais les éditions qu'on en a faites depuis lui, nous mettent en état de juger par nous-mêmes du mérite de l'ouvrage. En voici quelques échantillons.

Joseph dit qu'il était né 134 ans depuis que le *Césaréat*, que les Grecs appellent *Imperiosa*, avait été institué chez les Romains : et qu'*il avait cinquante-un ans lorsque Jules César vint au monde.* Il dit qu'il a vu *Jules César qui est le premier roi que les Latins appellent Imperius, ou le premier César, celui qui rétablit le Césaréat une troisième fois chez les Romains.* Il dit aussi qu'il était contemporain *de Jésus, fils de Sirach, prince chez les Juifs.* Comment accorder toute cette chronologie ? Un homme contemporain de Jésus, fils de Sirach, âgé de 51 ans à la naissance de Jules César, né 134 ans depuis l'établissement de l'empire chez les Romains !

Son père Gorion a survécu à la prise de Jérusalem, puisqu'il sortit de cette ville lorsque Tite l'eut prise. Gorion devait donc avoir alors au moins 240 ans. Joseph avait composé grand nombre d'ouvrages dès le temps de Jules César. Il publia, dit-il, à la prière du sénat, un grand livre qu'il intitula : *Joseph.* C'était une chronique ou histoire romaine, dans laquelle on voyait particulièrement ce qui s'était passé pendant que les consuls ont gouverné la république. Non content d'avoir rapporté les événements passés, il étendait ses soins sur l'avenir, et prédisait à cette grande ville ce qui lui devait arriver jusqu'à sa ruine totale. Toutefois il ne se donnait pas pour prophète ; mais *il rapportait ce qu'il avait appris des sages qui avaient vécu auprès des prophètes, et des païens, qui sont véritables et fidèles dans leurs conjectures.* Il nous aurait fait plaisir de nous dire qui sont ces *sages qu'il a vus, et qui ont vécu auprès des prophètes.* Il y a encore un grand intervalle du temps des anciens prophètes des Hébreux jusqu'au temps de Jules César. Au reste, il lui était aisé d'écrire les révolutions de la ville de Rome après coup, lui qui ne vivait qu'au onzième siècle.

Cet ouvrage fut suivi de *la Sapience*, où il ne parlait que des sages et des docteurs qui l'avaient précédé. Ce livre, aussi bien que le précédent, est apparemment un ouvrage chimérique, et qui n'exista jamais.

Ensuite il fit l'apologie de sa nation et de sa famille contre les païens. Il se vante d'avoir fait un ouvrage pareil à celui de Joseph l'historien grec contre Appion ; de quoi le fils de Gorion ne fut certainement jamais capable.

Enfin il publia la fameuse histoire dont nous parlons, et qui n'a été connue que vers le douzième siècle (b) ; aucun auteur ancien n'en a parlé. Cet ouvrage peut être considéré comme une chronique de ce qui s'était fait sous le second temple. L'auteur se persuade qu'on le regardera à l'avenir comme le prince des historiens. Il s'élève au-dessus de Tite-Live, dont il prétend relever les fautes. Il raconte qu'il a eu en main quantité d'autres auteurs, dont il a tiré une partie de ce qu'il dit. Il dit qu'il a lu Tite-Live, Trogue-Pompée, Strabon, Porophyus, apparemment Porphyre : les livres de Caïnan, fils d'Enos, ceux des Mèdes, des Macédoniens et des Perses ; les lettres d'Alexandre à Aristote ; le livre des Grecs, celui des Alliances des Romains, un ouvrage de *Kirker*, ou de Cicéron, qui avait été témoin oculaire de ce que Pompée fit souffrir aux sacrificateurs à la prise de Jérusalem : le Calendrier que Jules César avait composé pour les Grecs et les Nazaréens ; la Chronique des Césars romains ; le Recueil des Droits Romains, que Vespasien baisa le jour de son couronnement. Que de mensonges et d'impostures !

Voici un échantillon de sa science en fait d'histoire romaine. Il dit qu'il vivait lorsque Jules César s'empara de l'Empire. C'était la troisième fois que les Romains avaient vu parmi eux cette forme de gouvernement. Tarquin fut le premier César, Alexandre le Grand porta ses conquêtes en Italie, se rendit maître de Rome, et y régna. *Imperius*, fils de Ptolémée Philadelphe, roi d'Égypte, s'en empara longtemps après, et y établit le *Césaréat*, ou l'Empire. Cette monarchie y subsista jusqu'à ce qu'Antoine, amoureux de Cléopâtre, viola les droits du peuple qui se souleva.

Les Romains, après avoir chassé Antoine, se lièrent par serment, comme ils avaient fait du temps de Tarquin, le premier des *Césars*, de ne souffrir jamais de César. Cependant Jules ayant obtenu du sénat le commandement des armées d'Occident, comme Pompée avait celui des armées d'Orient, ce jeune héros, à l'âge de dix-neuf ans, battit les Français et les Bretons, et, en quatre ans, soumit tous les rois d'Occident. Il revint à Rome, enflé de ses succès, et annonça

---

(a) Édition de Constantinople en 1499, 1510, et à Venise en 1544.

(b) Salomon Jarchi, Juif de France, qui vivait environ l'an 1140, est le premier qui en ait parlé expressément. Après lui on le trouve cité par Aben-Ezra, Abraham Ben-dior, et David Kimchi, qui vivait vers le même temps.

fièrement au sénat qu'il voulait devenir César. Le sénat s'y opposa, par une longue et ennuyeuse harangue que Joseph, fils de Gorion, rapporte, et qui est de sa façon. César employa les menaces et la violence, menaça tous les sénateurs de les massacrer, battit Pompée, et fut le premier des empereurs de la troisième dynastie. Voilà le système historique de l'empire romain, selon notre auteur.

L'histoire qu'il a donnée d'Alexandre le Grand est un tissu de fables et d'erreurs grossières : jamais on ne vit de roman plus mal entendu et plus rempli de pauvretés. L'auteur se vante d'avoir tiré cette histoire de la généalogie de ce prince, écrite par les mages d'Égypte, l'année qui suivit immédiatement sa mort. M. Gagnière a publié depuis peu un ouvrage latin, qui a pour titre : *les Actions d'Alexandre*, avec une traduction latine de Joseph-Ben-Gorion. L'auteur latin convient, dans presque tous les faits, avec Joseph, fils de Gorion, et il dit, comme lui, qu'il a tiré son histoire des mémoires des mages d'Égypte; mais il est malaisé de décider lequel des deux est le plus ancien. L'écrivain latin est un peu moins farci de fables, il n'est pas ancien; mais l'hébreu paraît plus moderne : il parle souvent de la Bretagne, il fait mention de la Normandie, de la Loire, d'Amboise, de Chinon, de la France, de la Lombardie, de l'Angleterre, de la Hongrie, de la Turquie.

Il parle des Bourguignons, des Bulgares, des habitants de Cracovie, des Croates ou Cravates, des florins d'or, etc., qui sont des preuves incontestables de nouveauté. Il est remarquable qu'il n'a lu Joseph l'historien que dans la version de Rufin. On ne doute point qu'il ne soit Français d'origine, et qu'il n'ait écrit en France ; mais on doute si c'est en Touraine, en Bretagne ou en Normandie. On peut voir les éditions de cet auteur, surtout celle de Gotha et de Leipsik, en 1710, par M. Frédéric *Breithaupt*, et M. Basnage, *Histoire des Juifs*, tom. VII, liv. X, c. VII, édit. Paris.

JOSEPH [ou plus communément JOSÈPHE] l'historien, Juif, surnommé FLAVIUS, fils de Matthias, de la race des prêtres, naquit à Jérusalem, la première année du règne de Caïus (*a*), 37 de Jésus-Christ. Il fut si bien instruit, qu'à l'âge de quatorze ans les pontifes mêmes le consultaient sur ce qui concerne la loi (*b*). Depuis l'âge de seize ans jusqu'à dix-neuf, il s'occupa à des exercices très-laborieux dans le désert, sous la conduite d'un nommé Bané ; et, après avoir bien examiné les trois principales sectes qui étaient alors en réputation chez les Juifs, il s'attacha à celle des Pharisiens (*c*). A dix-neuf ans, c'est-à-dire l'an 56 ou 57 de Jésus-Christ, il revint à Jérusalem, où il commença à entrer dans les affaires publiques. Vers l'an 65 de Jésus-Christ, étant âgé de plus de vingt-six ans, il fit un voyage à Rome, pour servir quelqu'un de ses amis. En y allant, il fit un naufrage, et de plus de six cents personnes qui étaient dans son vaisseau, lui et quatre-vingts autres seulement se sauvèrent, en nageant toute la nuit. Il obtint la liberté de ses amis par le moyen de Poppée, que Néron avait épousée en l'an 62. Il paraît qu'il avait eu trois femmes. Il dit aux Juifs qu'il avait sa femme à Jérusalem (*d*). Ailleurs, il dit que Vespasien lui en fit épouser une de Césarée (*e*), qu'il quitta bientôt, pour en épouser une d'Alexandrie.

Au commencement de la guerre des Juifs contre les Romains, et l'an 66 de Jésus-Christ, il fut envoyé dans la Galilée, en qualité de gouverneur (*f*). Il y fit un grand nombre d'actions mémorables, qu'il a décrites lui-même avec soin dans ses livres de la Guerre des Juifs. Vespasien l'assiégea dans Jotapate, ville de Galilée, et il s'y défendit d'une manière qui fut admirée même des Romains. *Voyez* ci-après JOTAPATE. Lorsqu'ils eurent pris la place, Josèphe se sauva dans une caverne fort secrète, où il trouva quarante Juifs qui s'y étaient déjà retirés (*g*). Ils y furent découverts au bout de trois jours, et Vespasien, qui désirait extrêmement de l'avoir en vie, envoya jusqu'à trois fois lui offrir la vie, s'il voulait se rendre. Josèphe eut quelque peine à se fier à la paroles des Romains; mais enfin, s'y étant fié, ses compagnons s'opposèrent à sa résolution, et lui déclarèrent qu'il fallait qu'il mourût, ou de sa propre main ou de la leur. Il leur fit un beau discours, pour montrer qu'il n'est point permis de s'ôter la vie, et que ce n'est point une action de générosité, mais de faiblesse. Ils ne se rendirent pas à ses raisons, et ce qu'il put gagner sur eux fut qu'ils tireraient au sort qui mourrait le premier. Ils tirèrent, et il arriva par le sort que tous les autres étant morts, il demeura seul avec un autre, à qui il persuada, sans beaucoup de peine, de préférer la vie à la mort.

Il se rendit donc à Vespasien (*h*), qui le voulut garder, pour l'envoyer à Rome, à l'empereur Néron. Josèphe, l'ayant su, demanda à parler à Vespasien en particulier. Il eut une audience, où Vespasien était seul avec Tite et deux de ses intimes amis. Josèphe lui prédit qu'il serait élevé à l'empire après Néron et après quelques autres qui règneraient ; et pour le persuader de la vérité de cette prédiction, il lui dit qu'il avait prédit à ceux de Jotapate le jour auquel elle devait être prise ; ce qui fut suivi de l'exécution, au rapport des prisonniers juifs. Quoique Vespasien ne fît pas alors grand fonds sur la prédiction de Josèphe, l'événement en fit voir la vérité bientôt après ; car il fut proclamé empereur, l'an de Jésus-Christ 69. Quelque temps après, il tint une assemblée à Béryte, où, après avoir loué publiquement le cou-

---

(*a*) *Joseph. de Vita sua*, p. 998, *et Antiq. l.* XX, *c.* IX.
(*b*) *Idem de Vita sua*, p. 998.
(*c*) *De Vita*, p. 998, 999.
(*d*) *De Bello, l.* V, *c.* XXVI, p. 951.

(*e*) *De Vita sua*, p. 1030, *f. g.*
(*f*) *De Vita*, p. 1000. *De Bello, l.* II, *c.* XLII *et seq.*
(*g*) *De Bello, l.* III, *c.* XXIV, p. 830, 831.
(*h*) *De Bello, l.* II, *c.* XXVII, p. 854.

rage de Joseph, il fit briser les chaînes dont il avait été lié jusqu'alors, pour lui rendre l'honneur aussi bien que la liberté ; car on avait accoutumé de les briser ainsi à ceux qui avaient été mis injustement dans les liens (*a*).

Josèphe accompagna Tite au siége de Jérusalem, et il essaya plusieurs fois de faire rentrer les Juifs en eux-mêmes, et de les engager à recourir à la clémence des Romains. Ses remontrances et ses discours furent inutiles. Les Juifs n'y répondirent que par des injures et des malédictions. Un jour même, comme il leur parlait assez près des murailles, il reçut un coup de pierre qui le fit tomber évanoui (*b*). Les Juifs accoururent pour le prendre; mais les Romains furent les plus forts, et l'emportèrent, pour le panser. Après la prise de la ville (*c*), il obtint la liberté de plusieurs Juifs ; et Tite lui donna aussi des livres sacrés, qu'il lui avait demandés. La guerre étant finie, Tite s'en retourna à Rome, et y mena Josèphe avec lui, en 71. Vespasien le fit loger dans la maison qu'il avait avant qu'il fût empereur, le fit citoyen romain, lui assigna une pension, lui donna des terres dans la Judée, et lui témoigna toujours beaucoup d'affection (*d*). Tite ne lui en témoigna pas moins. Il prit le nom de *Flavius*, qui était celui de la famille de Vespasien, parce qu'il se regardait comme affranchi de l'empereur.

Dans le loisir où il se trouva à Rome, il s'occupa à écrire l'histoire de la guerre des Juifs, sur les mémoires qu'il en avait dressés. Il la composa d'abord en sa langue propre (*e*), qui était une espèce de syriaque, et cet ouvrage se répandit bientôt parmi les Arabes, les Adiabéniens, les Babyloniens, les Parthes et les Juifs de delà l'Euphrate. Ensuite il la traduisit en grec, en faveur des Romains. On ignore en quel temps il apprit la langue grecque. Il avoue qu'il ne l'avait jamais pu bien prononcer, parce qu'il ne l'avait pas apprise de jeunesse, les Juifs estimant peu l'étude des langues (*f*). Il prend pour témoins de la vérité de sa narration tous ceux qui avaient assisté à cette guerre. Et dès que cet ouvrage fut achevé, il le présenta à Vespasien, à Tite et au roi Agrippa, qui tous l'approuvèrent par de grands éloges. Tite le fit mettre dans une bibliothèque publique, et signa de sa main l'exemplaire qui y devait être mis, comme étant la source d'où l'on devait apprendre l'histoire de la ruine de Jérusalem (*g*). Nous nous intéressons d'autant plus à remarquer ces circonstances, que l'histoire de la guerre des Juifs est l'accomplissement des prédictions que Jésus-Christ en avait faites avant sa mort (*h*), et la juste punition du crime que les Juifs avaient commis en le crucifiant.

(*a*) *De Bello*, l. IV, '. xxxviii, xxxix, p. 900, 901.
(*b*) *De Bello*, l. V. c. xxxv, p. 939.
(*c*) An de Jésus-Christ ou de l'ère vulg. 70.
(*d*) *De Vita sua*, p. 1031. 1032.
(*e*) *Joseph. de Bello*, Prolog. p. 705.
(*f*) *Antiq.* l. XX, c. ix, p. 705, *a*.
(*g*) *Joseph. de Vita*, p. 1026. *Hieronym. de Viris illustr.* c. xiii.

Après que Josèphe eut écrit l'histoire de la guerre des Juifs contre les Romains, il entreprit de faire l'histoire générale de sa nation, en la commençant dès l'origine du monde, et en la conduisant jusqu'à la douzième année de Néron, de Jésus-Christ 66, en laquelle les Juifs se révoltèrent. Il entreprit cet ouvrage à la prière d'un nommé Epaphrodite, que l'on croit (*i*) être ce célèbre affranchi de Néron que Domitien fit mourir en l'an 95 de Jésus-Christ. Josèphe acheva cet ouvrage en la cinquante-sixième année de son âge, treizième de Domitien, et 93 de Jésus-Christ. Il fait profession de ne rien ajouter ni retrancher de ce qui est dans les livres saints, dont il a tiré ce qu'il dit. Mais on se plaint qu'il a mal exécuté sa promesse, ayant, dans plus d'une occasion, ou supprimé, ou altéré, ou déguisé des faits qui sont bien marqués dans l'Ecriture. Possevin (*j*) a fait une liste des fautes qu'on remarque dans Josèphe, et on pourrait y en ajouter plusieurs autres. — [*Voyez* HISTOIRE.]

Il joignit à ses *Antiquités* les livres de sa *Vie*, qu'il écrivit dans un temps où il y avait encore plusieurs personnes qui pouvaient le démentir, et où il s'éloignait de la vérité (*k*) ; et on l'a considérée comme une partie du vingtième livre de ses *Antiquités*. Elle est adressée au même Epaphrodite à qui il avait dédié les dix livres des *Antiquités des Juifs*. Epaphrodite étant mort l'an 95 de Jésus-Christ, il faut dire que le livre de sa *Vie* est de 93 ou 94. La principale partie de cet ouvrage est employée à décrire ce qu'il fit étant gouverneur de Galilée.

Comme diverses personnes semblaient douter de ce qu'il avait dit des Juifs, et de leur histoire qu'il avait composée (*l*), il entreprit un nouvel ouvrage, intitulé : *Contre Appion*, ou, selon Eusèbe et saint Jérôme : *De l'antiquité des Juifs* (*m*). Il l'adressa au même Epaphrodite dont on a parlé. Il y fait voir, par un grand nombre de passages des auteurs profanes, l'antiquité de la nation des Hébreux, et la conformité des écrivains anciens et étrangers à rapporter plusieurs grands événements marqués dans l'histoire des Juifs. Il y fait l'apologie de sa nation contre Appion et contre quelques autres qui la calomniaient.

Enfin on cite sous son nom un discours fort éloquent, intitulé : *De l'Empire de la raison*, qui, dans quelques Bibles grecques, porte le titre du *quatrième livre des Machabées*, parce qu'il y parle du martyre des sept frères Machabées, dont l'histoire est rapportée d'une manière plus simple et plus abrégée dans le second livre canonique des Machabées (*n*). Mais nous avons quelque peine à croire que

(*h*) *Matth.* xxiv. *Luc.* xix, 43, 44, etc.
(*i*) *Pearson. Opera posthum.* p. 172. *Dio, lib.* LXVII, p. 766. *Tillemont, Ruine des Juifs,* art. 81.
(*j*) *Possevin. Apparat. pag.* 967, 968.
(*k*) *Antiq.* l. XX, c. ix, p. 705.
(*l*) *Contra Appion.* l. I, p. 1035.
(*m*) *Euseb. Hist. Eccl.* l. III, c. ix ; *de Præparat. Evanç.* l. VIII, c. vii. *Hieron. de Viris illustr.* c. xiii.
(*n*) II *Mac.* vii.

cet ouvrage soit de Josèphe, premièrement, à cause de la différence du style; secondement, parce que Josèphe ne le cite point du tout, et n'en parle pas comme il fait de ses autres ouvrages; troisièmement, parce qu'il y a plusieurs choses contraires à l'Ecriture et à la vraie histoire des Machabées. *Voyez* notre préface sur le quatrième livre des Machabées.

Josèphe a parlé très-avantageusement de Jésus-Christ (a), disant qu'il était le Messie et le Christ prédit par les prophètes, qu'il avait fait un grand nombre de miracles, qu'après avoir été mis à mort il avait apparu vivant, trois jours après; qu'il eut beaucoup de disciples, et qu'on voyait encore la secte des chrétiens, qui tiraient de lui leur nom. Quelques modernes (b) ont douté de la vérité de ce passage; mais les anciens l'ayant cité, et se trouvant dans tous les exemplaires de Josèphe, nous ne voyons aucun sujet d'en abandonner la possession. On peut consulter sur cet endroit François de Roye, M. Huet dans sa *Démonstration évangélique* (c), et M. de Tillemont, note 40 sur la ruine des Juifs; et enfin un petit ouvrage, publié en 1661 par M. Christophe Arnoldus, où il a ramassé trente lettres de divers savants qui s'expliquent sur ce sujet, et vingt-neuf extraits de divers ouvrages sur la même matière.

Josèphe a rendu aussi un témoignage très-avantageux à saint Jean-Baptiste (d), et à saint Jacques le Mineur, évêque de Jérusalem (e), qu'il désigne sous le nom de frère de Jésus, appelé le Christ. On lisait autrefois dans son *Histoire* que l'empereur Claude avait chassé les Juifs de Rome (f), et que les Juifs attribuaient la ruine de Jérusalem à la mort de saint Jacques le Mineur (g). On s'étonne qu'il n'ait rien dit du meurtre des Innocents; mais il a omis plusieurs autres choses. On croit que l'ancienne version latine des OEuvres de Josèphe que nous avons, a été faite par Rufin, prêtre d'Aquilée. Photius fait grand cas de l'*Histoire* de Josèphe (h); et saint Jérôme en fait un éloge magnifique, en disant qu'il est le Tite-Live des Grecs (i). Enfin Eusèbe (j) dit qu'on lui dressa une statue dans Rome, en considération de ses écrits. On ne sait pas l'année de sa mort. Son nom ne se lit pas dans les livres sacrés. Mais comme nous le citons souvent dans ce Dictionnaire, et que nous avons tiré de lui un grand nombre de particularités, nous avons cru devoir en parler ici avec quelque étendue.

[Nous allons ajouter ce qui suit, parce que nous y avons renvoyé de plusieurs endroits.

On vient de voir qu'on lisait autrefois, dans Josèphe, un témoignage sur la mort de saint Jacques, évêque de Jérusalem. Nous avons déjà remarqué, dans une note sur l'article consacré à cet apôtre, que ce témoignage avait été supprimé, probablement par ceux qui se sentaient solidairement responsables d'un crime dont l'impartialité de l'historien juif accusait ses compatriotes, et nous avons renvoyé ici, où il va être question des divers témoignages rendus par ce même historien à saint Jacques le Mineur, à saint Jean-Baptiste et à Jésus-Christ. Nous allons laisser parler le célèbre évêque d'Avranches.

« *Témoignage de Josèphe sur la mort de saint Jacques, frère de Jésus*..... La mort de saint Jacques, ainsi que la cruauté du grand prêtre Ananus, qui en fut l'auteur, sont rappelées par Josèphe. Il flétrit la conduite de ce pontife avec une éloquente indignation, ajoute que tous les gens de bien ont détesté cet horrible forfait, et que c'est à ce crime qu'il faut attribuer la vengeance que Dieu exerça contre les Juifs lors de la ruine de Jérusalem. Origène, dans ses écrits contre Celse, rapporte un autre passage de Josèphe (l. I et II, et *in Matth*. XIII). Eusèbe les cite tous les deux (*Hist*. liv. II, c. 23). Aujourd'hui on n'en trouve plus qu'un dans les ouvrages de Josèphe (*Antiquit*., liv. XI, ch. 8). Je vais les placer ici l'un et l'autre, parce qu'ils sont fort importants, et qu'il y est expressément fait mention de Jésus-Christ. *Ces événements eurent lieu en punition de la mort de Jacques le juste, frère de Jésus appelé Christ, les Juifs l'ayant mis à mort, quoiqu'il fût innocent*. Le second passage est ainsi conçu: *Ananus le jeune, qui était alors grand prêtre, comme nous l'avons vu, était d'un caractère présomptueux et plein d'audace; il assembla le conseil des juges, fit comparaître le frère de Jésus, appelé le Christ (il se nommait Jacques) et quelques autres, et, sans attendre la fin des débats, les fit condamner à être lapidés comme violateurs des lois. Tous les habitants justes, et qui observaient soigneusement la loi, virent avec peine ce jugement*. Le premier passage est retranché dans les livres de Josèphe; mais comme Origène et Eusèbe dans ses discussions avec les païens le citent distinctement et avec assurance, et qu'ils vivaient l'un et l'autre au milieu des Juifs, comme saint Jérôme aussi en parle (*des Ecrivains sacrés*, Josèphe), il est impossible d'imaginer qu'ils l'ont supposé eux ou d'autres, ou bien qu'il y ait eu le moindre doute à cet égard. C'est comme cet autre passage, que saint Jérôme attribue à Josèphe, et Fréculfe après lui (tom. II *Chron*., liv. II, ch. 5), et Suidas (in Ἰησοῦς): Josèphe aurait dit en termes formels, au dix-huitième livre des Antiquités, que *Jean-Baptiste avait été un véritable prophète*. or ce passage ne se trouve pas. Suidas dit encore que Josèphe a écrit que *Jésus avait offert des victimes dans le temple avec les prêtres*; cependant aujourd'hui ses livres ne contiennent aucune trace de ces mots. Faudra-t-il pour cela accuser Origène, Eusèbe, saint Jérôme, d'être des faussaires? Assurément non. Il est bien plus croyable que ces passages ont été retranchés par des Juifs des premiers temps: ils n'auront

---

(a) *Antiq. l.* XVIII, c. IV, *pag.* 621, 622.
(b) Blondell, *des Sibyll.*, l. I, c VII, p. 28, 29.
(c) Huet. Demonstr. Evangel. propos. 3, art. 11.
(d) *Antiq. l.* XVIII, c. VII
(e) *Antiq. l.* XX, c. VIII

(f) Vide apud Gros. l. VII, c. VI.
(g) Origen. in Matth. Græc. p. 223, c. d.
(h) Photius, codice 47.
(i) Hieronym. de Viris illustr. c. XIII.
(j) Euseb. Hist. Eccl. l. III, c. IX.

pu souffrir qu'un écrivain aussi distingué, un homme de leur nation, fît peser sur leurs ancêtres, par l'autorité de son témoignage, l'odieux d'une si grande injustice, et ils auront préféré employer la fraude pour l'effacer, sans voir que leur fraude et leur perfidie ne serviraient qu'à faire ressortir davantage la cruauté et les massacres de leurs ancêtres. On peut leur prêter cette supposition avec d'autant plus de vraisemblance qu'il est plus facile d'effacer quelque chose dans un ouvrage que d'y faire quelque addition. Les Juifs avaient déjà usé de la même fraude, en retranchant l'histoire de Susanne dans les exemplaires hébreux des Ecritures : Origène leur en fait le reproche dans sa lettre à Jules Africain ; il les accuse d'avoir mieux aimé arracher avec leur main sacrilége quelques feuilles des oracles divins, que d'être forcés de convenir de l'impiété et de l'impudicité de quelques-uns de leurs ancêtres, chefs dans leur nation.

» *Témoignage remarquable de Josèphe sur Jésus-Christ. Son authenticité.* S'il en est ainsi, on peut dire qu'ils ont mis la même ruse à retrancher un autre passage que les disputes des savants ont rendu célèbre, et dans lequel Josèphe parle en termes formels des vertus de Jésus-Christ, de ses miracles, de sa mort, de sa résurrection, des prophéties qui le concernent, des égards que les chrétiens lui témoignaient, de leur foi dans ses paroles. Voici ce passage, corrigé sur les exemplaires de la Bibliothèque royale : *Il parut en ce temps un homme d'une haute sagesse, appelé Jésus, si cependant on peut dire que c'était un homme, tant il opérait de miracles : il enseignait ceux qui prenaient plaisir à être instruits de la vérité ; il avait un grand nombre de disciples aussi bien parmi les gentils que parmi les Juifs : c'était le Christ ; il fut accusé parmi les premiers de notre nation et condamné par Pilate à être crucifié* (1). *Ceux qui l'avaient aimé durant sa vie ne l'abandonnèrent pas après sa mort; il ressuscita trois jours après sa mort, et se montra à ses disciples. Les prophètes avaient prédit ce miracle et plusieurs autres qui se sont accomplis en lui. Depuis lui, on a toujours vu de ses disciples qu'on nomme chrétiens.* Ce passage remarquable aurait été d'une grande autorité en faveur du christianisme, si un zèle trop curieux et indiscret n'en avait diminué la valeur. On a recueilli, il y a quelques années, et réuni en un petit format tout ce que les écrivains modernes ont dit à ce sujet. Les uns ont prétendu que ce passage était supposé, et que les premiers chrétiens, par une pieuse fraude, l'avaient ajouté à l'histoire de Josèphe; les autres au contraire soutenaient qu'il était réellement de Josèphe. Pour moi, puisque je ne puis laisser passer cette question sans dire mon avis, que je suis forcé de me prononcer, je dis formellement que je ne puis admettre l'opinion de ceux qui ont révoqué en doute l'authenticité de ce passage. Ce qui me fait penser ainsi, c'est qu'il se trouve dans tous les exemplaires de l'Histoire de Josèphe, soit manuscrits, soit imprimés. Je m'appuie aussi sur l'autorité d'Eusèbe, qui le rapporte comme un passage authentique dans sa *Démonstration évangélique* et dans son *Histoire ecclésiastique*. J'ai pour moi encore saint Jérôme, qui l'a traduit en latin dans son livre des *Ecrivains ecclésiastiques*, au chapitre de *Josèphe*. Isidore de Péluse en fait mention dans ses *Lettres*; il est rapporté dans les *Histoires* d'Hermias, de Sozomène (*Hist.* lib. I), de Georges Cédrinus (*Hist. cont.*, p. 169), de Nicéphore (*Hist.* lib. I, c. 39); Suidas en parle dans son Dictionnaire (in Ἰωσήφ), Théodore Métochite dans son *Histoire*, et Hégésippe dans son livre de la *Ruine de Jérusalem*. Depuis ces écrivains, il nous a été transmis sans aucune interruption, ce qui suffit, comme je l'ai prouvé, pour établir l'authenticité d'un écrit. Je fonde encore mon opinion sur la raison : en effet, il n'est pas probable qu'un historien adroit et distingué comme Josèphe, en écrivant l'histoire des Juifs, eût gardé le silence sur un homme qui a fait tant de bruit non-seulement dans sa nation, mais dans presque tout l'univers ; qui a fondé une secte qui porte son nom; qui a eu plusieurs disciples ; qui s'est appelé le Christ : cela seul eût dû suffire pour lui attirer l'attention des Juifs, qui étaient dans une grande attente du Christ, et qui ont fait mention dans leurs histoires de tous ceux qui ont pris ce titre. Comment admettre qu'il ait cru devoir faire l'éloge de saint Jean-Baptiste, de saint Jacques, et qu'il n'ait pas voulu parler de Jésus-Christ, dont la célébrité était bien plus grande ; surtout quand, pour faire mieux ressortir saint Jacques, il le nomma frère de Jésus, appelé Messie, qu'il savait être un personnage bien plus important? Loin de m'étonner que Josèphe ait écrit ce passage, je serais bien plus surpris qu'on pût s'imaginer qu'il n'ait pas parlé de Jésus : il n'est personne tant soit peu familier avec les ouvrages de Josèphe qui ne lui reprochât au contraire une lacune, s'il n'avait pas rendu hommage à la grande célébrité de Jésus. Joignez à ces raisons la contexture des phrases et le style qui annoncent un auteur grec, et de plus certaines tournures familières à Josèphe. Toutes ces considérations me font croire que ce passage est authentique, et qu'il est impossible d'en trouver qui offrent plus de garantie de leur authenticité.

» *Première objection. Réponse.* Voyons les

---

(1) M. l'évêque d'Avranches aurait dû remarquer que Pilate *ne condamna pas* le Sauveur. Mais il y a ici faute dans la traduction, ou une variante dans les exemplaires de Josèphe. Ce passage, dans la citation d'Eusèbe, est rendu en ces termes : « Lorsque, sur les accusations des princes de notre nation, *il eut été crucifié par Pilate....* » Arnaud d'Andilly le rend ainsi dans sa traduction faite sur le texte de Josèphe : « Des principaux de notre nation l'ayant accusé devant Pilate, *il le fit crucifier.* » Ditton le traduit : « Et quoique Pilate *l'eût supplicié* sur la croix, à la sollicitation de nos propres chefs... » Bufflier : « Etant accusé par les princes de notre nation, Pilate *le fit crucifier.* » — Bullet : « Et Pilate, poussé par l'envie des premiers de notre nation, l'ayant *fait crucifier...* » Peignot : « Pilate l'ayant fait crucifier sur la dénonciation des principaux d'entre nous.... » Enfin, je ne connais aucune traduction du célèbre passage de Josèphe où il soit dit que Pilate *condamna Jésus-Christ.*

objections que nous opposent nos adversaires. Ils disent qu'Origène en plusieurs endroits a soutenu clairement que Josèphe n'a jamais connu Jésus pour le Christ. Ils en disent autant de Théodoret. Ils vont même jusqu'à vouloir que cet écrivain ait appliqué à Vespasien, par flatterie ou sincèrement, toutes les prophéties qui concernaient le Messie; et comme dans cet endroit Jésus est clairement appelé le Messie : *Celui-ci était le Christ*, ils prétendent que ces mots ne se trouvaient pas dans les exemplaires de ces écrivains, ou qu'ils les regardaient comme supposés et intercalés. Je réponds qu'Origène et Théodoret ont pu n'avoir que des exemplaires tronqués de Josèphe, des exemplaires qui auraient subi quelques mutilations de la part des Juifs, et je prouverai bientôt que ce n'est pas là une simple supposition, mais bien la vérité; par conséquent ils n'ont pas vu le passage remarquable de Josèphe, et quand ils l'auraient vu, ils auraient pu, ils auraient dû lui donner un sens autre que celui que les paroles paraissent indiquer d'abord. Car Josèphe n'a pas voulu dire que Jésus était en effet le Christ qu'attendaient les Juifs; mais qu'on l'appelait communément le Christ. Il a formellement indiqué ce sens ailleurs : *Jésus qui est appelé le Christ*. Cette manière de qualifier Jésus était assez en usage; ainsi nous lisons dans saint Matthieu (I, 16) : *De qui est né Jésus qui est appelé Christ*. Cette façon de parler est encore employée par les ennemis du Sauveur : Pilate s'exprime ainsi : *Lequel voulez-vous que je délivre, Barabbas ou Jésus qu'on appelle le Christ?* Et peu après : *Que ferai-je donc de Jésus qu'on appelle Christ* (XXVII, 17, 22)? Des gardes impies s'écrient : *Christ, prophétise-nous qui t'a frappé* (XXVI, 68)? Les princes des prêtres et les scribes se disaient l'un à l'autre : *Que ce Christ, que ce roi d'Israel descende maintenant de la croix* (Marc. XV, 32). Les païens ne le connaissaient que sous le nom de Christ. Suétone, dans sa *Vie* de l'empereur Claude, dit : *Il chassa de Rome les Juifs que le Christ poussait à de fréquentes émeutes* (ch. 25). Tacite s'exprime ainsi : *Son nom est le Christ, celui qui fut supplicié sous le gouverneur Ponce-Pilate*. Pline, dans sa Lettre à Trajan, et Lampride, dans sa *Vie* d'Alexandre Sévère, ne parlent pas différemment. C'est ce qui a fait appeler ses disciples chrétiens. Ecoutons Eusèbe, dans sa Démonstration évangélique: *Il est le seul entre tous les Hébreux qui recevaient une onction corporelle, qui ait été appelé par tout le monde Christ* (oint), *et il a rempli tout l'univers de ses disciples, qui tiraient de lui leur nom de chrétiens* (ch. 29 et 43). Il dit dans le premier livre de son Histoire (ch. 3) : *Une preuve frappante et évidente qu'il y avait en lui une vertu surnaturelle et divine, c'est qu'il est le seul de tous les hommes qui aient jamais paru sur la terre qu'on a appelé le Christ, et que ce nom lui a toujours été donné indistinctement par les Grecs et les Barbares*. Donc Josèphe, en disant, *Il était le Christ*, a voulu sous-entendre ces mots, *Celui qu'on appelle le Christ*. Nous avons un exemple remarquable d'une ellipse semblable dans l'inscription placée au-dessus de la croix du Sauveur : car Pilate, en écrivant : *Jésus de Nazareth, roi des Juifs* (Joan. XIX, 19, 21), sous-entendait ces mots, *qui se disait tel*, que les chefs et les princes des Juifs demandaient qu'on ajoutât. Josèphe appelait Jésus-Christ comme Pilate l'appelait, roi des Juifs. C'est ainsi que l'entend saint Jérôme, car il a traduit le passage de Josèphe par ces mots : *Et on le croyait le Christ*. Il s'attachait à la pensée de l'auteur, et il avait son texte sous les yeux. On voit d'après cela qu'Origène et Théodoret ont pu dire que Josèphe n'a pas reconnu le Christ dans Jésus, et que cet historien a fait à un autre personnage l'application des prophéties concernant le Messie. On insiste : Si Josèphe n'a pas cru que Jésus était le Messie, il a dû le regarder comme un fourbe et un imposteur, puisqu'il se serait vanté faussement d'être le Messie, bien loin d'en faire l'éloge et de l'égaler presque à Dieu. Pour moi, je trouve que Josèphe s'est conduit en parfait historien, qui raconte les événements tels qu'ils se sont passés, quoiqu'ils puissent lui être contraires, et ne cherche qu'à être vrai, sans émettre son opinion. Voilà ce qu'a fait Josèphe : il a écrit que Jésus a fait des miracles, a donné des préceptes aux hommes, s'est attiré plusieurs disciples; qu'il a été appelé le Christ et a passé pour l'être; qu'il a été accusé par les chefs de sa nation, condamné par Pilate à être crucifié; qu'il est ressuscité et s'est montré à ses disciples après sa mort; que les prophéties se sont accomplies en lui, et que les chrétiens tirent de lui leur nom et leur religion. Tout cela était si évident du temps de Josèphe, qu'il n'aurait pu le taire sans se rendre coupable d'une odieuse partialité. Il ne parle pas de ce qu'il pensait lui-même à cet égard, de ce que pensaient les chrétiens et les Juifs. Quand il dit que la doctrine de Jésus était embrassée par tous ceux qui aimaient la vérité, il n'entend pas faire croire par là qu'il regarde comme vrai tout ce que Jésus disait; il veut dire seulement que les disciples de Jésus se glorifiaient d'aimer la vérité, et qu'ils affectionnaient cette gloire par-dessus tout. Au reste, si on veut absolument que Josèphe ait penché pour les chrétiens, j'y consens, pourvu qu'on m'accorde que dans le passage qui nous occupe il ne le fait pas voir. Nous le trouverons encore ailleurs employant adroitement le même art.

» *Deuxième objection. Réponse.* On nous objecte en second lieu que les premiers défenseurs du christianisme n'ont jamais défendu la religion en invoquant ce puissant témoignage, ni saint Justin, ni Tertullien, ni tant d'autres; pas même Photius, qui a fait un abrégé de Josèphe et nous en a laissé une critique; ni Joseph Ben-Gorion, qui a calqué son Histoire des Juifs sur celle de Josèphe, fils de Matthias : or assurément ils auraient parlé de ce passage s'ils l'avaient connu ou regardé comme authentique. Mais les Juifs, qui l'avaient supprimé dans un grand nombre d'exemplaires dès les premiers temps, avaient des raisons pour en agir ainsi ; comme nous avons bien des motifs de soupçonner qu'ils ont fait pour les passages relatifs à la mort de saint Jacques et de saint Jean-Baptiste, et aux témoignages en faveur de Jésus, dont j'ai déjà parlé. Ce qui confirme notre conjecture, c'est le reproche adressé par Baronius aux Juifs, d'avoir effacé ce témoignage de Josèphe en faveur de Jésus dans un ancien manuscrit qui contenait la traduction en hébreu de l'Histoire grecque de Josèphe. Casaubon a voulu affaiblir ce reproche de Baronius par des conjectures qu'il a imaginées, pour faire croire à sa fausseté : mais il a été peu juste envers un savant connu pour son exactitude et sa probité scrupuleuse ; car il était question d'un fait et non d'un point de droit, et il faut être bien aveuglé par l'esprit de parti pour ne pas vouloir ajouter foi aux assertions d'un homme aussi honorable que Baronius, et taxer d'inexactitude un homme aussi scrupuleux. Or, d'après le témoignage d'un savant moderne qui a eu plus de sincérité, ce manuscrit dont parle Baronius se trouve à la bibliothèque du Vatican et le justifie pleinement. Nous avons encore à l'appui de notre conjecture, entre autres reproches du même genre, celui de saint Justin (*Dial. cum Tryph.*), qui se plaignait que les Juifs ne se gênaient pas pour arracher d'une manière sacrilége certains passages dans leurs livres sacrés, quand ils y rencontraient des endroits qui pouvaient leur nuire. Dès lors il n'est pas étonnant que les écrivains chrétiens qui se servaient d'exemplaires falsifiés et privés surtout de ce passage si remarquable, n'aient pu s'en prévaloir. C'est sans doute sur un de ces exemplaires qu'aura travaillé Photius. Et encore je verrais une autre raison pour qu'il n'en eût pas parlé ; il peut être difficile de croire qu'un homme d'une aussi grande érudition et qui écrivait avec tant de soin, eût pu ignorer que ce passage se trouvait dans plusieurs autres exemplaires. Il pouvait le savoir par Eusèbe (*Hist.* liv. IV, ch. 18) et d'autres. Mais s'il n'en a pas parlé, c'est que son but n'était pas de donner un abrégé de tout le livre des *Antiquités* de Josèphe. Qu'on lise son ccxxxviii° chapitre, on y verra très-peu de chose sur Hérode. S'il faut dire que le passage de Josèphe sur Jésus est falsifié, parce que Photius le passe sous silence, il faudra donc soutenir que les quatorze premiers livres des *Antiquités* sont également falsifiés, car il n'en parle pas non plus : il donne fort peu de chose de cet ouvrage ; aussi n'a-t-il pas intitulé son livre, *Morceaux extraits de Josèphe*, mais simplement, *Morceau extrait*, au singulier. Encore n'a-t-il pas voulu s'assujettir à une rigoureuse servilité ; il rapporte des choses qui ne sont pas dans Josèphe, comme en cet endroit : *Cet Hérode est fils d'Antipater l'Iduméen et d'une femme arabe (son véritable nom était Cypris). Sous son règne, le Christ notre Dieu est né d'une vierge pour le salut du genre humain; Hérode, entraîné par sa colère contre lui, abandonna le culte du vrai Dieu, et fit mourir un grand nombre de petits enfants.* Si nous retranchons à Josèphe tout ce que ne rapporte pas Photius, nous ne devons pas, pour être justes, lui attribuer tout ce que dit Photius : il s'ensuivra que Josèphe aura écrit que Jésus est Dieu, qu'il est né d'une vierge, qu'il est le Sauveur du genre humain ; et il aura parlé du massacre des innocents par Hérode, parce que Photius rapporte toutes ces choses. Que nos adversaires choisissent entre les deux partis, ou de reconnaître le passage de Josèphe, quoique Photius ne le rapporte pas, ou de reconnaître dans Josèphe tout ce que rapporte Photius. Photius avait déjà parlé des *Antiquités* de Josèphe au LXXVI° *codex*, mais il se borne à en citer le commencement et la fin, et s'étend ensuite sur Josèphe lui-même ; faudra-t-il en conclure qu'excepté le commencement et la fin, les *Antiquités Judaïques* sont controuvées ? Ajoutez encore que les savants se sont souvent plaints de ce que Photius s'était amusé à faire des extraits sur des sujets frivoles et peu importants, et qu'il avait négligé les meilleurs auteurs, les plus utiles, pour s'attacher à ce qu'il y avait de plus superficiel. Scaliger, dans ses Lettres (*ep.* 401 *ad Rhodoman.*) lui reproche d'avoir négligé les livres de Diodore, où il aurait trouvé les antiquités des Assyriens, des Chaldéens et des Phéniciens, et de lui avoir préféré les Babyloniques de Jamblique. Je ne vois pas davantage ce qu'un homme sensé pourra conclure du silence de Ben-Gorion. D'abord Scaliger a fort bien prouvé (*Elench. Triher.* 4, 5) que l'histoire juive qu'on lui attribue n'est pas de lui, mais de quelque Juif moderne ; plusieurs savants depuis ont également prouvé ce fait. D'ailleurs, l'auteur voulait, non pas traduire fidèlement l'histoire grecque de Josèphe, mais se contenter d'un abrégé ; est-il étonnant qu'un auteur rusé ait omis un passage aussi remarquable et qu'il n'ait pas voulu lui donner une nouvelle autorité en le rapportant ? Ainsi, l'auteur quel qu'il soit, avait deux raisons pour ne pas rapporter le passage de Josèphe : il voulait être court, et favoriser sa nation. Au reste j'ai déjà dit qu'il y a peu à craindre d'un argument négatif.

»*Troisième objection. Réponse.* On nous fait une autre objection de ce que ce passage se trouve peu lié dans le récit de Josèphe avec ce qui précède et ce qui suit ; mais elle mérite peu d'attention. Il est ordinaire aux historiens d'accumuler des événements divers et qui ont entre eux peu de connexité, pour varier leur récit, sans égard à l'ordre dans lequel ils sont arrivés. S'ils n'en agissaient pas ainsi, ils priveraient leurs lecteurs d'un grand attrait, et s'ôteraient à eux-mêmes la facilité d'embellir leur histoire ; ils s'embarrasseraient d'une infinité de difficultés, ils perdraient un temps précieux à enchaîner tous les faits, et iraient même contre les règles de l'histoire, qui obligent un auteur à s'attacher plutôt à l'ordre des temps qu'à la suite des événements. C'est ainsi qu'a fait Josèphe, et il a eu raison : l'histoire qui suit immédiatement dans son livre arriva avant la mort de Jésus-Christ; cependant il n'en a pas moins observé l'ordre des temps, car il ne parle pas seulement de la mort de Jésus, il rapporte tout ce qui concerne sa vie, ses occupations, ses actions diverses; il rapproche tout comme dans un seul cadre, et le raconte au temps où les événements sont censés se passer: il ne se fatigue pas à rapporter chaque chose en son temps. Casaubon a démontré (*Adv. Baron. Exerc.* XI, *ad annum* XXI, ch. 12) que c'était la méthode des historiens les plus distingués.

» *Quatrième objection. Réponse.* Il est dit dans le passage de Josèphe que Jésus s'était fait plusieurs disciples parmi les Gentils; or, dit Blondel (*Ep. ad Arnold.*), ce fait est faux; car parmi les païens il n'y eut qu'une ou deux femmes qui s'attachèrent à lui. C'est possible, mais ses apôtres ne tardèrent pas à convertir des peuples entiers; or Josèphe parle de son temps, où il voyait le christianisme faire de grands progrès, et il attribuait avec raison à Jésus ce que ses apôtres faisaient par lui et en vertu de la mission qu'il leur avait donnée.

» *Cinquième objection. Réponse.* Blondel ajoute que des chrétiens composés indistinctement de Juifs et de Gentils ne forment pas à proprement parler une nation, que ce mot ne saurait leur convenir. Je laisse aux grammairiens le soin d'expliquer la valeur du mot employé par Josèphe, il n'en est pas moins certain qu'on a pu appeler les chrétiens une nation par métaphore. Et puis, pourquoi exiger un si scrupuleux choix d'expressions grecques d'un helléniste juif?

Sixième objection. Réponse. Blondel dit qu'il est absurde de supposer que Josèphe, qui devait pencher plus pour les croyances des païens que pour celles des apôtres, eût reconnu que les prophètes avaient prédit toutes les circonstances relatives à la vie, à la mort et à la résurrection de Jésus-Christ. Mais ce qu'il a dit doit avoir le même sens que le passage déjà cité: *Il était le Christ*, ce qui signifiait: Puisqu'on croit qu'il est le Christ, les prophéties qui ont promis le Messie à notre nation ont trouvé en lui leur accomplissement.

» *Réponse spéciale aux objections de Tannegui-Lefèvre, sur le témoignage de Josèphe en faveur de Jésus.* Je vais maintenant répondre à mon concitoyen Tannegui-Lefèvre, homme très-instruit et d'un esprit brillant et orné. Ayant eu le malheur de quitter le sein de l'Église où il était né et où il avait été élevé; entraîné par la légèreté de son âge, il voulait dans un âge plus mûr revenir à cette Église et abjurer ses erreurs sur lesquelles il avait ouvert les yeux. C'est lui-même qui m'en a fait l'aveu dans ses lettres, peu avant sa mort; et je dois le publier ici à son honneur, quoique la mort l'ait surpris sans qu'il ait pu accomplir son dessein. Il a composé une longue lettre contre l'authenticité de ce témoignage; il y reproduit les arguments que je viens de réfuter, il en ajoute de nouveaux. Examinons-les séparément. Il remarque d'abord que Josèphe était de la race des prêtres, très-attaché à la secte des pharisiens (laquelle était surtout l'objet des attaques de Jésus-Christ); que dès lors il était peu probable que Josèphe eût loué une personne qui maltraitait si fort les gens de son parti. Mais saint Paul était aussi pharisien et un ennemi très-acharné du christianisme, qu'il a fini par embrasser; au contraire, Josèphe, qui était de la race des prêtres et ami des pharisiens, a cru que Vespasien était le Messie, lui le plus mortel ennemi des Juifs, du moins Josèphe a feint de le croire. Ensuite, en homme érudit, il s'en prend à la différence du style, il trouve celui-ci froid, décousu, et prouvant, dans celui qui l'aura ajouté au texte, un travail pénible et peu naturel. Qu'il est heureux d'avoir l'odorat si fin, et de flairer si vite ce que nous autres, avec la plus grande application, nous ne pouvons pas même soupçonner! Je déclare que je n'y découvre aucune différence, et qu'un œuf ne ressemble pas plus à un œuf, que ce passage au reste du texte de Josèphe. Enfin, il trouve à redire à ces mots: *Un certain Jésus*. Cette manière de s'exprimer, dit-il, s'applique à un homme dont on fait peu de cas, et la suite, au contraire, contient un éloge magnifique de Jésus. Il est vrai que les exemplaires de l'*Histoire* d'Eusèbe portent ces mots: *Un certain Jésus*; mais ils ne se trouvent pas dans sa *Démonstration évangélique* (liv. III, ch. 5), ni dans les exemplaires de Josèphe que j'ai surtout consultés, ni dans saint Jérôme, qui traduit ainsi: *Dans ce temps vivait Jésus, homme d'une sagesse remarquable*, ni dans Isidore de Péluse, ni dans Nicéphore, ni dans Métochite, ni dans Hégésippe. Ainsi on devrait effacer ce mot dans l'*Histoire* d'Eusèbe. Au reste, qu'on l'y laisse; j'admets que le mot soit dans l'original, je soutiens qu'il n'ôte rien à la dignité de la personne à laquelle il est appliqué. Est-ce que saint Luc rabaissait Zacharie lorsqu'il disait (*Luc.* V, 5): *Dans les jours d'Hérode il y eut un certain prêtre nommé Zacharie?* Saint Paul rabaissait-il Ananie, lorsqu'il dit la même chose de lui (*Act.* XXII, 12)? Saint Luc parle ainsi de l'orateur Tertulle (*Act.* XXIV, 1). Saint Justin emploie la même expression à l'égard de l'apôtre saint Jean (*Dial. cum Triph.*); saint Augustin qualifie ainsi Cicéron (*Conf.* liv. III, ch. 4); Hippolyte perd-il de sa dignité, lorsqu'Ovide lui fait dire (*Metam.*, liv. XV): *Auriez-vous appris qu'un certain Hippolyte a succombé à la mort?* Josèphe ajoute: *Si toutefois on doit l'appeler un homme, car il opérait des miracles.* Voici comment Lefèvre raisonne à cette occasion: Josèphe ne veut pas qu'on appelle Jésus un homme, il veut donc qu'il soit un Dieu; or, jamais les Juifs n'ont pensé que le Messie serait Dieu; il devait aussi regarder comme des dieux Moïse, Élie, Élisée et les autres hommes qui ont fait des miracles. Mais je nie d'abord que les Juifs n'aient jamais cru que le Messie serait Dieu; je démontrerai le contraire plus tard, dans ma neuvième proposition. D'ailleurs, Josèphe pouvait parler ici par métaphore et d'une manière oratoire, pour rehausser l'ééclat des prodiges opérés par Jésus et célébrer ses bienfaits; c'est comme s'il eût dit: Jésus a fait de si grandes merveilles, qu'il paraissait plutôt un Dieu qu'un homme. Arnobe a pu dire: *Quand il serait vrai que Jésus est né homme, cependant, à cause de ses nombreux bienfaits qu'il a répandus sur les hommes, on devrait l'appeler un Dieu.* Tigellius (*Ap. Philostr. Vit. Apoll.* liv. IV, c. 15) et Hiéroclès (*Ap. Euseb. in Hier.*) ont dit qu'Apollonius de Tyane avait une nature surnaturelle, qu'il ressemblait à la divinité, à cause des prestiges avec lesquels il fascinait les yeux du vulgaire ; quelques-uns même ont dit que c'était un dieu. Les héros des premiers temps passaient pour des dieux à cause de leurs exploits et des services qu'ils rendaient aux hommes. De là le proverbe : L'homme est un dieu pour l'homme. Pline a dit (liv. II, ch. 7): *Celui-là est dieu pour des hommes qui rend service aux hommes.* C'est là aussi l'origine de tous les dieux du paganisme. C'est pourquoi encore la plupart des rois et des chefs des peuples ont reçu les honneurs divins.....

» Lefèvre prétendra-t-il que les païens pouvaient en agir de la sorte, mais qu'il n'en était pas de même des Juifs, qui adoraient le vrai Dieu, qui savaient que ce Dieu avait dit (Exode, XXXIV, 14): *Le Seigneur s'appelle le Dieu jaloux ;* qu'Hérode s'étant laissé rendre les honneurs divins, fut puni pour cette impiété. Cependant souvent dans l'Ecriture les premiers magistrats sont appelés dieux. Leur religion n'empêcha pas les Sichémites, dans la lettre qu'ils écrivirent à Antiochus Epiphane, de l'appeler Dieu. Les chrétiens eux-mêmes ont employé cette expression. Saint Grégoire de Nazianze dit que le chrétien devient fils de Dieu, héritier de Jésus-Christ et dieu lui-même; il exhorte le chrétien à être un dieu pour les pauvres en imitant la miséricorde de Dieu. L'auteur des *Commentaires sur les Psaumes*, qui portent le nom de saint Jérôme, dit (*Comment. in Ps.* CXV, 11): *Tant que nous sommes hommes, nous nous laissons aller au mensonge: quand nous serons des dieux, nous ne mentirons plus. Si quelqu'un est saint, il devient un dieu; quand il est devenu dieu, il cesse d'être homme et ne ment plus.* Boëce dit aussi (*Cons.*, lib. III, Pros. 10): *Dieu est un par nature, mais il y a plusieurs dieux qui sont dieux par leur participation à la divinité.* Lorsque les Vénitiens se virent accablés par Louis XII, roi de France, ils députèrent en ambassade, vers l'empereur Maximilien, Antoine Justinien, pour implorer son secours. Cet ambassadeur, pour mieux disposer l'empereur à son égard, lui dit que les Vénitiens le regardaient comme un dieu, et avaient pour lui la même vénération. C'est Guichardin qui nous rappelle ce fait (*Hist. d'Italie*, liv. VIII). On connaît l'épitaphe de Matthieu Corvin, roi de Hongrie : *Cette urne renferme les cendres de Corvin : ses exploits en faisaient un dieu; sa mort a prouvé qu'il n'était qu'un homme.* Lefèvre désapprouve cette phrase du passage de Josèphe, qu'il trouve traînante et de mauvais goût : *Il en-seignait la vérité à ceux qui prenaient plaisir à en être instruits.* Pour moi, je la trouve simple et naturelle, sans prétention, et bien rendue. Il ajoute qu'il est déraisonnable de dire : *Puisque les prophètes avaient prédit ces miracles et plusieurs autres qui se sont accomplis en sa personne.* Il aurait dû remarquer que toute personne qui aurait dit, comme venait de le faire Josèphe, que Jésus était ou passait pour être le Christ, qu'il était ressuscité trois jours après sa mort, devait aussi dire qu'il avait ou passait pour avoir accompli en lui les prophéties concernant le Messie. Je l'ai déjà prouvé dans ma sixième définition. Après avoir trouvé que dans le passage dont je défends en ce moment l'authenticité, on donne trop d'éloges à Jésus, Lefèvre change tout à coup son plan d'attaque: il prétend que pour un historien qui aurait cru que Jésus était le Messie, il n'en dit pas assez de bien. Si Josèphe était l'auteur de ce passage, continue-t-il, il aurait dû s'étendre sur ce qu'était le Christ ; expliquer aux Grecs, pour qui il écrivait, le genre de ministère auquel il se livrait. D'abord Lefèvre se trompe ; il a cru voir dans la préface de Josèphe : *J'ai entrepris cette histoire dans l'espoir que tous les Grecs lui trouveront de l'intérêt.* Ce n'était pas pour les Grecs que Josèphe écrivait, mais pour les Romains, comme le savent tous ceux qui connaissent les circonstances de la vie de Josèphe. Lefèvre a été trompé par le mot Ἕλληνες, qui doit s'entendre de tous les païens et non pas des Grecs seulement ; c'est dans ce sens que ce mot est pris par tous les hellénistes et les anciens auteurs chrétiens. Au reste, cette objection qu'il nous fait va servir à confirmer notre opinion. Je conviens que Josèphe aurait dû expliquer ce qu'était le Christ, et qu'il l'aurait fait s'il avait cru que Jésus était le Messie. Comme il n'a pas donné cette explication, j'en conclus qu'il n'admettait pas que Jésus fût vraiment le Christ, mais qu'il était seulement surnommé le Christ; il n'avait pas à donner les motifs qui le faisaient surnommer ainsi.

» En comparant le témoignage de Josèphe sur Jésus et son témoignage sur S. Jean-Baptiste, Tannegui Lefèvre cherche avec mauvaise foi à établir une grande différence entre ces deux témoignages ; moi qui n'ai pas l'esprit aussi pénétrant que lui, je n'en vois aucune. Il demande ensuite pourquoi Josèphe ne parle pas de la qualité de précurseur de S. Jean-Baptiste. La réponse est toute simple, c'est que Josèphe n'avait pas le dessein d'exposer la doctrine des Juifs sur l'attente du Messie, et qu'il ne croyait pas que Jésus fût le Messie. Lefèvre, qui blâme Josèphe de ne pas avoir parlé de la qualité de précurseur qu'avait S. Jean, nous donne lui-même la raison de ce silence. Ainsi il parle pour et contre, selon la circonstance. Voulez-vous d'une chose, il ne la veut pas ne la voulez-vous pas, il la veut. Il commence par dire que dans notre passage il n'y a aucun rapport entre ce qui précède et ce qui suit ; j'ai prouvé le contraire. Ensuite il indique la place où aurait pu se faire l'interpolation ou la falsification avec plus de succès ; il montre comment on aurait dû s'y prendre ; il fournit les expressions qui auraient mieux convenu ; mais à quoi bon ? puisqu'il n'y a pas d'interpolation. Il veut aussi que S. Jérôme soit complice de la fraude, parce qu'il a rendu les mots du grec ὁ Χριστός οὗτος ἦν, *celui-là était le Christ*, par ces mots : *celui-là passait pour le Christ ;* il aime mieux trouver deux coupables que de reconnaître qu'il n'y en a aucun. N'était-il pas plus convenable de supposer qu'un homme d'une sainteté si éminente traduisait fidèlement, comme réellement il l'a fait, et qu'il rendait la véritable pensée de Josèphe ? Dans ma réponse à la deuxième objection citée plus haut, j'ai prouvé qu'on ne pouvait rien conclure du silence de S. Justin, de Clément d'Alexandrie, d'Origène et de Photius. J'ai montré aussi, en répondant à la première objection, pourquoi Origène et Théodoret, supposé qu'ils eussent eu sous les yeux des exemplaires fidèles de Josèphe, et qu'ils y eussent lu le texte qui nous occupe, n'auraient pas dû pour cela croire que Josèphe était chrétien. D'après Lefèvre, il résulterait du témoignage d'Origène non-seulement que Josèphe n'a pas écrit ce qu'on lui attribue, mais que dans le même passage précité il a, au contraire, cherché à rabaisser le mérite de Jésus et à jeter de la défaveur sur la bonne opinion qu'on avait conçue de lui. Ici Lefèvre a encore tort, et il est tout aussi mal fondé, car voici les paroles d'Origène sur Josèphe (Tom. XI, *in Matth*.) : *Il est étonnant que, ne reconnaissant pas Jésus pour le Messie, il ait rendu à S. Jacques un témoignage aussi éclatant de son innocence*. Origène dit ailleurs (*in lib. I contra Cels*.) : *Quoique ce même Josèphe ne crût pas que Jésus fût le Christ*. De ces passages, Lefèvre conclut que Josèphe ne croyait pas que Jésus fût le Christ ; par conséquent le passage qu'on lui attribue et où Jésus est reconnu pour le Christ n'est pas de lui : il en tire en second lieu cette autre conclusion, que Josèphe aurait, au contraire, écrit contre Jésus. La première conclusion de Lefèvre tombe devant le vrai texte de Josèphe, qu'il suffit de rétablir. Il porte ὁ Χριστός οὗτος ἦν, qu'il faut traduire comme l'a fait S. Jérôme, *il passait pour le Christ*. Les propres paroles d'Origène, dont il veut se faire une arme, suffisent pour détruire sa seconde conclusion. *Il ne reconnaissait pas Jésus pour le Messie ; il ne croyait pas que Jésus fût le Christ ;* car on en peut dire autant de Pilate, d'Hérode, de Suétone, de Tacite, d'Antonin le Pieux et de Marc-Aurèle le philosophe ; en conclura-t-on que Pilate, Hérode et les autres que je viens de nommer ont écrit contre Jésus ? Ce n'est pas tout : dans sa belle humeur de tout critiquer, non-seulement Lefèvre découvre ce que nous ne soupçonnerions jamais dans les paroles d'Origène, savoir que Josèphe a écrit contre Jésus, il sait même ce que Josèphe a écrit (ce qu'au reste avait déjà essayé de faire autrefois Jean de Cloppenbourg, dans une lettre à Capelle) ; et il a imaginé de rejeter sur le compte d'Eusèbe l'accusation d'avoir falsifié le passage de Josèphe. Pour nous, nous y mettons plus de franchise et plus de simplicité ; nous n'avons pas la hardiesse de nier l'évidence, pas plus que d'admettre ce qui n'est pas. Nous ne croyons pas pouvoir nous permettre de rejeter un témoignage confirmé par tous les textes et par l'accord et le consentement de tous les écrivains de l'antiquité, pour accepter de simples conjectures, présentées, il est vrai, avec beaucoup d'art et d'érudition, mais qui n'en sont pas moins pourtant de pures conjectures. D'ailleurs, n'est-il pas plus séant pour un chrétien de préférer combattre avec nous et dans nos rangs ; et tout en voulant la vérité avant tout, de désirer que ce qui peut servir à l'établir soit vrai ? »

Il nous semble difficile, après cela, de se croire quelque motif un peu plausible de ne pas admettre l'authenticité du morceau dont il s'agit, et qui a été l'objet de tant de discussions depuis environ trois cents ans seulement (1). Ces discussions, cependant, ne sont pas terminées ; on continue de renouveler les difficultés des premiers critiques, comme si on n'y eût point répondu d'une manière assez satisfaisante. Un de nos contemporains, écrivain distingué, a publié, il y a peu d'années, dans un journal ou dans

---

(1) « On ne connaît personne avant le seizième siècle, dit Statler, qui se soit avisé de soupçonner que ce passage avait été interpolé ; alors seulement Hubert Gisanius et Luc Osiander s'efforcèrent les premiers d'en affaiblir l'autorité ; plusieurs autres, pour s'acquérir un nom par une critique plus fine, suivirent bientôt leurs traces, comme Saumaise, Blondell, Tannegui-Lefèvre et d'autres dont Ellies Dupin donne pompeusement les conjectures dans sa *Nouvelle Bibliothèque*. Mais ils sont contredits pleinement par les hommes les plus savants qui, dans l'opinion publique, passent pour les meilleurs critiques, comme Pic de la Mirandole, Sixte de Sienne, Bellarmin, Possevin, Huet, Vossius, Ussérius et une foule d'autres dont Charles Daubuz a recueilli le catalogue dans le premier livre du savant ouvrage qu'il a publié sur ce sujet. Voyez Bossuet lui-même, dans sa dissertation sur le témoignage de Josèphe. D'après la première règle de la saine critique, tous ces savants s'appuient sur l'autorité et l'authenticité de tous les anciens manuscrits, tant grecs que latins, sans qu'on ait encore pu montrer qu'un seul de ces anciens manuscrits soit différent des autres. Eusèbe, le premier de tous, cite ce témoignage de Josèphe dans sa *Démonstr. évang.*, liv. III, ch. v, et dans son *Hist. Ecclés.*, liv. I, ch. x ; il assure l'avoir lu dans un manuscrit de Jérusalem ; Eusèbe, dis-je, qui lut avec le plus grand soin tous les anciens livres, et qui parcourut toutes les bibliothèques, lorsque l'Église eut trouvé la paix dans l'avénement de Constantin. Ce passage existe aussi dans le plus ancien des manuscrits de la bibliothèque Palatine ; dans celui qu'on garde à la bibliothèque Césaréenne, et qu'Auger Rusbeq s'était autrefois procuré à Constantinople ; dans les deux manuscrits de la bibliothèque de Médicis, que les savants Isaac Vossius et Emery Bigot ont examinés avec le plus grand soin ; dans celui qu'a lu saint Jérôme, et qui était différent de celui qu'avait lu Eusèbe, comme le prouve Charles Daubuz ; dans celui qu'a eu entre les mains Isidore de Péluse, écrivain grec, qui florissait vers l'an 412 (liv. IV, lettr. cxxv), et que Sozomène (*Hist.*, liv. 1, ch. 1) a lu aussi ; dans celui qui a été traduit en latin par Marc-Aurèle Cassiodore, dont l'exactitude, la réserve et le discernement achevé dans la recherche des plus anciens et des plus authentiques exemplaires éclatent assez dans son livre de l'*Instit. divin.*, ch. vii, et dans la préface de sa traduction, pag. 138, col. 2. Tous les écrivains qui sont venus après se sont tous, sans restriction, rangés à cet avis, jusqu'à ce que vinssent ces nouveaux critiques transcendants du seizième siècle. » Statler, *Certitude de la relig. révél.*, § 293.

une brochure, son opinion sur cette question : je ne connais pas ce travail, mais je pense que l'auteur s'est plutôt prononcé pour l'interpolation que pour l'authenticité.

Que le morceau ait été interpolé, admettons cette hypothèse, les critiques ont-ils lieu de croire avoir fait une belle découverte, et les ennemis du christianisme en sont-ils plus avancés? C'est ce qu'il faut voir. « L'abbé Bullet, dans son *Etablissement du christianisme* (Vesoul, 1825, in-8°, pag. 171-175), ne prend parti ni pour ni contre, dit M. Peignot; mais il soutient que le silence de Josèphe sur Jésus-Christ, dans le cas où le passage eût été interpolé, serait aussi avantageux à la cause du christianisme que le passage même. Il le prouve par des raisons péremptoires tirées de ce que Josèphe a parlé minutieusement de tous les faux Messies de ce temps-là. Pourquoi n'eût-il rien dit de Jésus-Christ? C'est qu'il ne le regardait pas comme un faux Messie, et qu'il n'osait pas non plus le reconnaître pour le véritable, dans la crainte de déplaire à sa nation et aux Romains. » Mais écoutons Bullet lui-même, accordant aux incrédules que Josèphe n'a point parlé de Jésus-Christ, et examinant les inductions que l'on peut tirer de son silence :

« 1° Cet historien, qui naquit trois ou quatre ans après la mort de Jésus-Christ, dit-il, n'a pu ignorer qu'il avait paru dans la Judée un homme charlatan, imposteur, magicien ou prophète, nommé Jésus, qui avait fait des prodiges, ou qui avait trouvé le secret de le faire croire à un certain nombre de personnes. Il ne pouvait ignorer que, de son temps, il y avait encore, dans cette province, des gens qui faisaient profession de le reconnaître pour maître. Lorsqu'il fut transporté à Rome, il ne put ignorer que Néron avait fait punir, par des supplices inusités et extraordinaires, un grand nombre de chrétiens qui étaient dans cette ville ; il ne put ignorer que leur martyre avait été un spectacle pour le peuple romain : spectacle d'un si grand éclat, que Tacite et Suétone l'avaient consigné dans les annales de l'empire. Il vit que sous Domitien on faisait à Rome et dans les provinces le procès aux chrétiens, et qu'ils étaient punis de mort par les ordres de l'empereur.

» 2° Josèphe a-t-il dû parler de Jésus et de ses disciples dans son histoire? n'a-t-il pas pu regarder cet événement comme n'étant pas assez considérable pour y tenir place? Je réponds que non, et voici les raisons sur lesquelles je m'appuie :

» 1° Du temps de Josèphe, les chrétiens étaient déjà une société si considérable qu'elle attirait l'attention des empereurs. Ces maîtres du monde portaient des lois contre eux, décernaient contre eux le dernier supplice, et les faisaient rechercher par les magistrats. Ainsi l'intégrité de l'histoire exigeait que l'on en parlât : Tacite et Suétone en ont jugé ainsi, eux pour qui la secte des chrétiens était un objet bien moins intéressant que pour un Juif tel que Josèphe. Ces deux historiens ont cru que la naissance et l'établissement du christianisme était d'une assez grande importance pour tenir rang parmi les grands événements qu'ils transmettaient à la postérité.

» 2° Josèphe, au livre XVIII de ses *Antiquités*, chap. II, parle des trois sectes qui étaient chez les Juifs : des esséniens, des saducéens et des pharisiens, quoique ces deux dernières ne subsistassent plus après la ruine de la nation, et dans le temps qu'il écrivait son histoire. Il ne devait donc pas se taire sur la secte des chrétiens, qui, s'étant formée parmi les Juifs, subsistait encore de son temps, avait pris bien d'autres accroissements que celles dont il parle, puisqu'elle s'était répandue dans les diverses provinces de l'Empire, et même dans la capitale, tandis que les autres n'étaient pas sorties de la Judée ou de quelques lieux voisins.

» 3° Josèphe parle exactement de tous les imposteurs ou chefs de parti qui se sont élevés parmi les Juifs, depuis l'empire d'Auguste jusqu'à la ruine de Jérusalem.

» Il écrit que Judas le Gaulanite, ou le Galiléen, excitait les Juifs à se soulever contre les Romains ; et, dans un autre endroit, il dit que le président Tibère Alexandre fit crucifier les deux fils de ce séditieux (*Antiquités judaïques*, l. XVIII, c. 1; l. XX, c. 3).

» Il raconte qu'un imposteur assembla les Samaritains sur le mont Garisim, en leur promettant qu'il leur découvrirait les vaisseaux sacrés que Moïse avait enfouis en ce lieu.

» Il parle de la prédication de saint Jean-Baptiste, du concours de peuple qui se faisait auprès de lui. Il rend témoignage à la sainteté de sa vie ; il ajoute que les Juifs crurent que l'armée d'Hérode avait été défaite par Arétas, roi des Arabes, en punition du crime que ce prince avait commis en faisant mourir ce saint homme (*Liv.* XVIII, c. 7).

» Il rapporte qu'un imposteur, nommé Theudas, séduisit un grand nombre de Juifs, et les conduisit vers le Jourdain, en leur promettant qu'il diviserait ce fleuve, et le leur ferait passer à pied sec. Cuspius Fadus, président de la Judée, en ayant été averti, envoya des gens de guerre qui dissipèrent cette multitude, qui tuèrent Theudas, dont ils rapportèrent la tête au président (*Liv.* XX, c. 2).

» Il écrit que Félix, président de la province, ayant pris par ruse Eléazar, fils de Dinée, chef d'une troupe considérable de brigands, il l'envoya chargé de chaînes à Rome (*Liv.* XX, c. 6).

» Il raconte (*Ibid.*) qu'un Egyptien étant venu à Jérusalem, se donna pour prophète, et persuada au peuple de le suivre sur la montagne des Oliviers, d'où il verrait tomber par ses ordres les murailles de Jérusalem ; ce qui étant venu à la connaissance de Félix, il se mit à la tête des troupes qui étaient dans cette ville, et ayant chargé cette populace séduite, il en tua quatre cents, et fit deux cents prisonniers. L'Egyptien, s'étant sauvé, ne parut plus.

» Il rapporte qu'un imposteur magicien

attira le peuple dans le désert, en lui promettant que sous sa conduite il serait à couvert de toutes sortes de maux. Le président Festus envoya contre eux des troupes qui les défirent et les dispersèrent (*Liv.* XX, c. 7).

» Jésus était le chef d'un parti bien plus considérable, et qui faisait bien plus de bruit que tous ceux dont cet auteur a parlé. Ces imposteurs, ces chefs de partis, ces hommes qui avaient fait des assemblées, n'avaient eu des sectateurs que dans la Judée; leur parti, leurs assemblées avaient été bientôt dissipés, et il n'en restait plus que le souvenir lorsque Josèphe écrivait son histoire. Il n'en était pas ainsi de la secte, de l'assemblée, du parti qu'avait formé Jésus; il subsistait encore du temps de Josèphe, il était répandu dans toutes les provinces de l'empire et jusque dans la capitale. Les maîtres du monde employaient toute leur autorité pour l'anéantir; ainsi ce parti ou cette secte méritait bien plus que toutes celles dont parle Josèphe, de tenir un rang dans son histoire.

» Josèphe, n'ayant pu ignorer Jésus ni la secte dont il était chef; ayant dû, conformément aux lois de l'histoire et à la méthode qu'il s'était prescrite, écrire ce qu'il en savait, pourquoi a-t-il gardé sur cela un si profond silence? Essayons de le découvrir. Pour y parvenir, je forme ce raisonnement:

» Ou cet historien a cru que tout ce que les disciples de Jésus disaient de leur maître était faux, ou il a cru qu'il était vrai. Dans le premier cas, il ne se serait pas tu; tout le portait à parler en cette occasion: l'intérêt de la vérité, le zèle pour sa religion, dont les chrétiens, par leurs impostures, sapaient les fondements; l'amour de sa nation, que les disciples de Jésus accusaient d'avoir fait mourir, par une maligne et cruelle jalousie, le Messie, le Fils de Dieu. En dévoilant les impostures des apôtres, Josèphe couvrait de confusion les ennemis de son peuple; il se rendait agréable à sa nation, il se conciliait la faveur des empereurs qui persécutaient le christianisme naissant; il s'attirait les applaudissements de tous les hommes qui avaient cette religion en horreur; il détrompait les chrétiens mêmes que les premiers disciples de Jésus avaient séduits. Croira-t-on jamais qu'un homme instruit d'une fourberie qu'il était si intéressé de faire connaître, garde sur cela le plus profond silence, surtout lorsque l'occasion se présente si naturellement d'en parler? Si l'on répandait parmi le peuple de faux miracles qui tendissent à ébranler sa foi, avec quel zèle nos écrivains ne découvriraient-ils pas l'imposture pour prévenir la séduction? Ne regarderaient-ils pas, et avec raison, le silence, en cette occasion, comme une prévarication criminelle? Il paraît donc évident que si Josèphe avait cru que ce que les apôtres disaient de leur Maître était faux, il aurait eu soin de le faire connaître. S'il ne l'a pas cru faux, il l'a cru vrai; et la seule crainte de déplaire à sa nation, aux Romains, aux empereurs, lui a fermé la bouche; auquel cas son silence vaut son témoignage, et sert également pour autoriser la vérité des faits sur lesquels le christianisme est établi.

» J'écrivais ces observations en 1754. Je les communiquai alors à quelques personnes qui en parurent satisfaites. J'ai vu depuis avec plaisir le nouveau traducteur (1) de Josèphe penser comme moi, que le silence de cet auteur sur Jésus-Christ vaudrait son témoignage.»]

JOSEPH, surnommé l'AVEUGLE, était, dit-on, professeur dans l'Académie de *Sara*, vers l'an 351. Les Juifs lui donnent le nom de *Grande Lumière*, ou *Saghi-Nakor* (a). On lui donne aussi le surnom de *Sinaï*, parce qu'il se vantait de savoir en perfection toutes les traditions qui avaient été données à Moïse sur la montagne de Sinaï. On lui attribue les paraphrases chaldaïques sur les psaumes, Job, les Proverbes, l'Ecclésiaste, le Cantique des cantiques, Ruth et Esther. Mais tout le monde ne convient pas que les paraphrases sur tous ces livres soient du même auteur (b), tant on voit de différence dans son style et dans sa méthode; étant tantôt très-court et très-serré, et tantôt très-diffus et très-étendu. Par exemple, il est très-long sur le Cantique des cantiques et sur l'Ecclésiaste; mais sur les autres livres il est beaucoup plus court. Son style n'est ni pur, ni châtié; on y remarque les fables de la Misne et du Talmud. On y trouve les noms des Turcs et de Constantinople; ce qui fait dire au P. Morin (c) qu'elles sont beaucoup plus récentes que ne le veulent les Juifs. Elie Lévite (d) dit qu'on y remarque des traces de la langue babylonienne, de la grecque, de la latine et de la persane.

JOSIAS (2), fils d'Amon roi de Juda, et d'Idida, fille de Hadaïah de Bésécath (e). Il commença à régner, étant âgé de huit ans, l'an du monde 3363, avant Jésus-Christ 637, avant l'ère vulgaire 641. Il fit ce qui était agréable au Seigneur, et marcha dans toutes les voies de David, sans se détourner ni à droite ni à gauche. Il commença à chercher Dieu dès la huitième année de son règne, qui était la seizième de son âge, du monde 3370, et en la douzième année de son règne, qui était la vingtième de son âge (f), il purifia Juda et Jérusalem des hauts lieux, des bois profanes, des idoles et des figures superstitieuses. Il brûla les os des prêtres des faux dieux sur les autels de leurs idoles. Il ne se contenta pas de ruiner ainsi les restes de l'i-

---

(a) *Ganz. Tzemach. David. ad an.* 113.
(b) *Huet. de Claris Interpretib.*, § 6.
(c) *Morin. Exercit. Biblic.* l. II, *exercit.* VIII, c. 2.
(d) *Elias Levita Præfat. in Metargamin.*
(e) IV *Reg.* XXII, 1, 2, etc.
(f) II *Par.* XXXIV, 1, 2, 3, etc. An du monde 3374, avant Jésus-Christ 626, avant l'ère vulg. 650.
(1) Le Père Gillet, sans doute, dont la version, meilleure que celle d'Arnaud d'Andilly, parut en 4 vol. in-4°, Paris, 1756 et années suivantes. On annonce comme devant paraître prochainement, sous le nom de MM. Glaire et Quatremère, une nouvelle traduction des Œuvres de Josèphe.
(2) Un prophète avait prédit sa naissance et son nom plus de trois cents ans avant l'événement III *Reg.* XIII, 2; IV *Reg.* XXIII, 16, etc.

dolâtrie dans ses Etats; il alla en personne dans les villes d'Ephraïm, de Manassé, de Siméon et de Nephtali, et n'en revint qu'après y avoir renversé tous les monuments de l'idolâtrie.

Il s'appliqua après cela (a) à réparer le temple du Seigneur, qui avait été fort négligé sous les règnes précédents. Mais comme l'on transportait l'argent qui avait été offert au temple par les Israélites, pour le donner aux ouvriers et aux entrepreneurs, le grand prêtre Helcias trouva dans la chambre du trésor, *le livre de la loi du Seigneur, donnée par les mains de Moïse* (b). On croit (c) que c'était l'original de la loi, et qu'il s'était trouvé ou dans une muraille, ou dans quelque coffre, ou même à côté de l'arche; car il paraît qu'alors elle n'était pas dans le sanctuaire, puisque Josias ordonne aux prêtres de la remettre en sa place, et leur défend de la porter davantage de lieu en lieu (d). Saint Chrysostome, dans un endroit (e), dit que l'on trouva ce livre dans un tas d'ordures; et ailleurs (f), qu'on le trouva dans un trou sous terre, et presque effacé. Il croit que l'on ne découvrit que le Deutéronome, apparemment parce qu'il est dit que Moïse fit mettre le Deutéronome de la loi à côté de l'arche (g).

Saphan, secrétaire, donna avis au roi de la découverte que l'on avait faite du livre de la loi du Seigneur (h); et Josias, se l'ayant fait lire et ayant entendu les paroles de la Loi, déchira ses vêtements et dit au grand prêtre et aux principaux officiers de sa cour : *Allez consulter le Seigneur sur ce qui me regarde, moi et tout mon peuple, sur ce qui vient d'être trouvé; car la colère du Seigneur est embrasée contre nous, à cause des péchés de nos pères.* Ils allèrent donc trouver la prophétesse Holda, femme de Sellum, et lui demandèrent ce qu'il y avait à faire dans cette occasion. Holda leur répondit : *Voici ce que dit le Seigneur : Je vais faire fondre sur ce lieu tous les maux que le roi de Juda a lus dans le livre de la loi, parce qu'ils m'ont abandonné, pour sacrifier à des dieux étrangers. Mais pour le roi de Juda, qui vous a envoyés, voici ce que vous lui direz : Parce que vous avez été effrayé à la lecture du livre de la loi, que vous vous êtes humilié et que vous avez déchiré vos vêtements et pleuré devant moi, j'ai écouté votre prière; vous serez enseveli en paix avec vos pères, et vos yeux ne verront point les maux que je dois faire tomber sur cette ville.*

Ces envoyés vinrent rapporter au roi ce que la prophétesse leur avait dit (i); et le roi, ayant fait assembler tous les anciens de Juda et de Jérusalem, monta avec eux au temple du Seigneur. Il leur lut le livre qui venait d'être trouvé, et fit alliance avec le Seigneur, pour s'engager à marcher dans ses voies et à observer ses préceptes et ses ordonnances. Il s'y obligea avec serment, et fit promettre la même chose à tous ceux qui se trouvèrent à cette assemblée. Il fit ensuite détruire tout ce qui pouvait encore rester de monuments superstitieux et idolâtres, tant dans Jérusalem que dans tout Juda. Il extermina les augures et ceux qui adoraient les astres, et fit périr les efféminés qui se prostituaient en l'honneur des faux dieux. Il interdit l'exercice des fonctions sacrées aux prêtres qui avaient prêté leur ministère pour les sacrifices que l'on faisait aux hauts lieux. Il profana le lieu de Tophet et la vallée d'Hennon, souilla tous les lieux que l'idolâtrie et la superstition avaient consacrés, brisa les statues qui y étaient et remplit ces lieux d'ossements de morts. Il renversa l'autel que Jéroboam, fils de Nabat, roi d'Israel, avait érigé à Béthel, fit déterrer les os des faux prophètes et les prêtres des veaux d'or; mais il épargna le tombeau du prophète du Seigneur, que le Seigneur avait envoyé contre Jéroboam (j), et qui, ayant été trompé par un autre prophète, viola l'ordre que le Seigneur lui avait donné de ne point manger en ce lieu. Cet autre prophète qui s'était fait enterrer au même lieu fut aussi épargné à cause de lui (k).

Josias ordonna ensuite (l) à tout son peuple de célébrer la pâque, suivant ce qui en était écrit dans le livre de la Loi (m). L'Ecriture dit que depuis le temps des juges et de tous les rois de Juda et d'Israel, jamais pâque ne fut célébrée comme celle qui se fit la dix-huitième année de Josias; et qu'il n'y a point eu avant lui de roi qui lui fût semblable, ni qui fût retourné comme lui au Seigneur de tout son cœur, de toute son âme et de toute sa force. Cependant la colère que le Seigneur avait conçue contre Juda ne fut point apaisée; car Pharaon Néchao, roi d'Egypte, voulant passer par la Judée (n), pour aller attaquer la ville de Carchemise sur l'Euphrate, Josias s'opposa à son passage et lui livra bataille à Mageddo, au pied du mont Carmel. [*Voyez* NÉCHAO.] Ce bon prince y fut blessé mortellement; et ayant été mené à Jérusalem, il y mourut de ses blessures. Le peuple fit un grand deuil à samort, et Jérémie composa sur cela un cantique lugubre. Josias fut enterré avec les rois ses prédécesseurs à Jérusalem. Le peuple de Juda prit Joachaz, autrement Sellum, un des fils de Josias [le troisième], et l'établit roi en sa place.

Voici l'éloge que Jésus, fils de Sirach (o), fait du roi Josias : « La mémoire de Josias est

---

(a) Vers l'an du monde 3380, avant Jésus-Christ 620, avant l'ère vulg. 624.
(b) II Par. xxxiv, 13. ספר הורת יהוה ביד משה
(c) Joseph. Antiq. l. X, c. v : ἀνεγίνωσκεν ταῖς ἱεραῖς βίβλοις ταῖς Μωυσέως ἐν τῷ ναῷ κειμέναις. Grot. Jun. Pisc. Hebræi, aliiplures.
(d) II Par. xxxv, 3.
(e) Chrysost. in I Cor. II, hom. 7.
(f) Idem in Matth II, hom. 9.
(g) Deut. xxxI, 26.
(h) IV Reg. xxII, 9, 10, 11, etc. II Par. xxx, 18, 19, 20, etc.
(i) IV Reg. xxxv, 1, 2, 3, et II Par. xxxiv, 29, 30, etc.
(j) III Reg. xIII, 31, 32.
(k) IV Reg. xxIII, 17, 18.
(l) An du monde 3381, avant Jésus-Christ 619, avant l'ère vulg. 623.
(m) IV Reg. xxIII, 21, etc. II Par. xxxv, 1, 2, etc.
(n) IV Reg. xxIII, 29, et II Par. xxxv, 20, 21. An du monde 3394, avant Jésus-Christ 606, avant l'ère vulg. 610.
(o) Eccl. xLIx, 1, 2, 3, etc

comme un parfum d'une odeur admirable, composé par un excellent parfumeur. Son souvenir sera doux à la bouche de tous les hommes comme le miel et comme un concert de musique dans un festin délicieux. Dieu l'a destiné pour faire entrer le peuple dans la voie de la pénitence, et il a exterminé les abominations de l'impiété. Il a tourné son cœur vers le Seigneur; et dans un temps de péché il s'est affermi dans la piété. Hors David, Ezéchias et Josias, tous ont péché. »

On vit sous le règne de Josias plusieurs prophètes dans Juda : Jérémie et Baruch, Joel et Sophonie, et la prophétesse Holda. Plusieurs (a) ont cru que les Lamentations de Jérémie, que nous avons encore aujourd'hui, furent composées à la mort de Josias; et que c'est de ces lamentations que parle le second livre des Paralipomènes (b), qui étaient si célèbres de ce temps-là, et que tous les musiciens et les musiciennes continuèrent à chanter encore longtemps après. Le deuil qui se fit à la mort de ce prince était comme passé en loi et en proverbe; et le prophète Zacharie (c), parlant du deuil qui se devait faire à la mort du Messie, fait allusion à celui de Josias : *Sicut planctus Adad-Remmon in campo Mageddon.* On sait que Josias fut blessé à mort à Mageddo, près d'Adad-Remmon. Josias laissa quatre fils : *Joachaz,* autrement Sellum [c'est le troisième]; *Eliacim,* ou Joakim [c'est le deuxième; il est aussi appelé Jéchonias, *Mat.* I, 11. *Voyez* JÉCHONIAS.]; *Sédécias,* autrement Matthanias [c'est le quatrième]; et *Johanan* [c'est l'aîné]; ce dernier mourut apparemment jeune. Les trois autres régnèrent [d'abord le troisième, ensuite le deuxième, qui lui succéda, et à qui succéda Joachin, son fils; enfin le quatrième, qui monta sur le trône après Joachin, son neveu]. *Voyez* leur titre.

On forme quelques difficultés sur l'histoire de Josias. La première, sur ce qu'il ne se contenta pas d'abolir l'idolâtrie dans Jérusalem et dans ses Etats, mais qu'il alla encore dans les terres du royaume d'Israel (d), y renversa l'autel que Jéroboam, fils de Nabat, y avait érigé, coupa le bois de haute futaie et détruisit le haut lieu où le peuple sacrifiait aux veaux d'or; il en usa de même dans tous les lieux dépendant du royaume de Samarie; il détruisit les lieux consacrés à la superstition et à l'idolâtrie, mit à mort tous les prêtres des hauts lieux, brûla des os de morts sur les autels pour les souiller, et s'en revint ainsi à Jérusalem. Il est vrai qu'alors le royaume d'Israel ne subsistait plus, les dix tribus ayant été transportées au delà de l'Euphrate (e); mais il y avait encore grand nombre d'habitants dans le pays, tant du nombre des Israélites qui s'y étaient conservés, que des chrétiens [lisez Chutéens (1)], et autres peuples que les rois d'Assyrie y avaient fait venir. Toujours paraît-il certain que Josias n'était pas souverain de ce pays, qui obéissait aux rois d'Assyrie : comment donc y exerce-t-il ces droits de souveraineté ?

On peut répondre, 1° que Josias suivit peut-être moins en cela les règles de la politique que celles de son zèle et de sa piété. 2° Il est très-croyable que, sage et bien conseillé qu'il était, il ne fit rien que suivant le conseil des plus sages et des plus éclairés de son royaume. 3° On voit par la suite de l'histoire de Josias, que ce prince était allié des rois de Chaldée, puisqu'il s'opposa à Néchao, roi d'Egypte, qui marchait contre la ville de Carchemise. Il est donc très-vraisemblable que Josias possédait les terres de Samarie, comme celles de la Judée, et que les rois de Chaldée lui avaient donné la souveraineté sur ce misérable reste du royaume. L'Ecriture ne nous en dit rien; mais elle ne dit pas le contraire. 4° Enfin les Chutéens et les autres peuples qu'Assaradon avait fait venir dans ce pays ne devaient pas s'intéresser beaucoup au maintien de la religion des Israélites des dix tribus; et ceux des dix tribus qui étaient restés dans le pays n'étaient pas en état de résister à Josias, ni même de se plaindre aux rois de Chaldée, puisqu'ils n'étaient demeurés dans le pays que par tolérance et sans aveu.

La seconde difficulté regarde l'expédition de Josias contre Néchao, roi d'Egypte. Néchao, on ne sait par quel motif, marcha contre la ville de Carchemise, située sur l'Euphrate (f), et appartenant aux rois de Babylone, ou aux rois d'Assyrie, comme porte le quatrième livre des Rois. Josias se mit à la tête de son armée et voulut s'opposer à son passage. Le roi d'Egypte lui envoya des ambassadeurs pour lui dire : *Qu'y a-t-il entre vous et moi? Ce n'est pas à vous que j'en veux; mais je fais la guerre à une autre maison, contre laquelle Dieu m'a commandé de marcher au plus tôt. Cessez de vous opposer à Dieu qui est avec moi, de peur qu'il ne vous fasse mourir.* Josias ne voulut pas acquiescer à ce que Néchao lui disait *de la part de Dieu*: il l'attaqua à Mageddo et y fut blessé à mort. Dans tout ceci l'Ecriture s'explique comme si véritablement Néchao eût été engagé par les ordres de Dieu à marcher contre la ville de Carchemise.

On croit (g) que le prophète Jérémie, ou quelque autre prophète du Seigneur, avait parlé à Néchao et lui avait ordonné d'entreprendre la guerre contre cette ville. Le troisième livre d'Esdras (h) dit que Josias ne voulut pas acquiescer à la parole du prophète dans cette occasion. Mais quel intérêt

---

(a) *Hieronym.* in *Zach.* XII, *Chald. Interp. Raban. Maldonat. Thomas, Bonavent. Hugo, Vat. Jun.* etc. Nous nous sommes déclaré pour le sentiment contraire dans la préface sur les Lamentations.
(b) II *Par.* XXXV, 24, 25.
(c) *Zach.* XII, 11.
(d) IV *Reg.* XXIII, 25.
(e) Le royaume d'Israel fut détruit l'an du monde 5279,
et Josias ne monta sur le trône qu'en 3363. Il n'entreprit la réforme dont nous parlons que vers l'an 3381, avant Jésus-Christ 619.
(f) IV *Reg.* XXIII, 29, 30, et II *Par.* XXXV, 20.
(g) *Auctor Tradit. Hebr.* in *Paralipp.* et *Grot. Alii.*
(h) III *Esd.* I, 28.
(1) Cette faute grossière se trouve aussi dans l'édition de Toulouse 1783, donnée par les soins de Rondet.

pouvait avoir ce prince à s'opposer au roi d'Egypte, qui ne lui demandait rien? Il y a beaucoup d'apparence que Josias était ou allié ou même soumis et tributaire aux rois de Chaldée, successeurs de ceux d'Assyrie, à qui Manassé, son père, avait été livré, et n'avait été rétabli sur le trône que sous la charge de demeurer fidèle aux rois ses bienfaiteurs. Josias était sans doute entré dans les mêmes engagements. Il était donc non-seulement de la politique, mais même de la justice de défendre le passage par son pays au roi d'Egypte, qui allait attaquer une place de l'empire de Chaldée. S'il parut ne pas assez respecter dans cette occasion les ordres de Dieu, dont lui parlait Néchao, c'est qu'il ne crut pas que le Seigneur fût auteur de cette expédition, et il n'était pas obligé d'en croire son ennemi sur sa parole.

JOSPHIAS, revint de Babylone avec soixante personnes. *Voyez* I *Esdr.* VIII, 10.

JOSUÉ, fils de Nun, nommé par les Grecs, *Jésus, fils de Navé*, était de la tribu d'Ephraïm. Il naquit l'an du monde 2460, avant Jésus-Christ 1540, avant l'ère vulgaire 1544. Il s'attacha au service de Moïse, et l'Ecriture lui donne d'ordinaire le surnom de serviteur de Moïse (*a*). Son premier nom était *Osée*, et on le trouve sous ce nom dans les *Nombres*, XIII, 9, 17. On croit que Moïse lui changea son nom, en y ajoutant le nom de Dieu. *Hoseah* (*b*) signifie Sauveur; *Jéhosua*, le salut de Dieu, ou il sauvera. Sa qualité de *serviteur de Moïse* n'est point une tache ou un déshonneur à sa mémoire. C'est au contraire un des plus grands honneurs qu'il ait pu recevoir, et une marque de distinction très-particulière de la part de Moïse, de l'avoir choisi pour son ministre. Dans les temps héroïques, les grands hommes avaient ainsi des serviteurs, qui étaient des gens d'une valeur reconnue et d'une grande qualité. Ainsi, dans Homère, Patrocle était serviteur d'Achille, et Mérione serviteur d'Idoméné. Or Patrocle et Mérione étaient deux princes grecs très-considérés dans l'armée qui était devant Troie. Elisée était serviteur d'Elie et lui versait de l'eau sur les mains (*c*); cela n'empêchait pas qu'il ne fût un grand prophète.

La première occasion où Josué eut lieu de signaler sa valeur fut dans la guerre qu'il fit par ordre du Seigneur aux Amalécites (*d*). Il les battit, et mit en fuite toute leur armée. Dieu ordonna ensuite à Moïse d'écrire cet événement et d'avertir Josué qu'il avait résolu d'exterminer Amalec de dessous le ciel. Lorsque Moïse monta sur la montagne de Sinaï, pour y recevoir la loi du Seigneur, et qu'il y demeura quarante jours et quarante nuits sans boire ni manger, Josué y demeura avec lui, quoique non pas apparemment au même lieu, ni dans la même abstinence (*e*), et lorsque Moïse descendit de la montagne (*f*), Josué entendit d'abord le bruit du peuple qui jouait et qui dansait autour du veau d'or. Il crut que c'était le cri d'un combat; mais Moïse reconnut bientôt ce que c'était, il savait que le peuple était tombé dans l'idolâtrie.

Josué était fort assidu au tabernacle de l'assemblée (*g*); c'est lui qui le gardait, et qui en avait soin; il semble même qu'il y faisait sa demeure, ou qu'il demeurait tout auprès. Un jour, ayant remarqué dans le camp deux personnes qui prophétisaient (*h*), sans que Moïse leur eût imposé les mains, il en avertit Moïse, et il lui dit de les empêcher. Mais le saint législateur lui répondit : *Pourquoi avez-vous de la jalousie pour moi ? Plût à Dieu que tous prophétisassent !* Lorsque le peuple fut arrivé à Cadès-Barné (*i*), Josué fut député avec douze autres hommes, pour considérer le pays de Chanaan (*j*). Et lorsque ces députés furent de retour (1), et qu'ils eurent exagéré la difficulté de faire la conquête de ce pays, Josué et Caleb soutinrent que la chose n'était nullement difficile, si le Seigneur était avec eux. Ce qui fut cause que Dieu jura la mort de tous les murmurateurs, et qu'il les exclut tous de la terre promise; mais en même temps il promit à Josué et à Caleb qu'ils y entreraient, et la partageraient aux douze tribus.

Moïse, étant près de sa fin (*k*), pria le Seigneur de désigner celui qui lui devait succéder dans le gouvernement du peuple; et Dieu lui ordonna d'imposer les mains sur Josué, de lui communiquer une partie de son esprit et de sa gloire (*l*), afin que le peuple l'écoutât et lui obéit. Après la mort de Moïse (*m*), il prit le commandement des Israélites; et Dieu le favorisa dans toutes les occasions. Il envoya d'abord des espions, pour considérer la ville de Jéricho (*n*), et dès qu'ils furent de retour, et qu'ils lui eurent appris l'état de la ville, et la consternation des Chananéens, il fit passer le Jourdain à toute l'armée d'Israel (*o*). Les prêtres marchèrent à la tête du peuple, avec l'arche

---

(*a*) *Exod.* xxiv, 13; xxxiii. *Deut.* i, 38, etc.
(*b*) הוֹשֵׁעַ *Hoseah.* יְהוֹשֻׁעַ *Jehosuah.* On dispute sur le temps auquel Josué commença à porter ce nom. Les uns croient que ce fut après la défaite des Amalécites, et les autres que ce ne fut que depuis le retour des députés qui avaient considéré la terre promise. Les Grecs au lieu d'*Osée*, lisent *Ausem*.
(*c*) IV *Reg.* iii, 11.
(*d*) *Exod.* xvii, 9, 10. An du monde 2513, avant Jésus-Christ 1487, avant l'ère vulg. 1491.
(*e*) *Exod.* xxiv, 13.
(*f*) *Exod.* xxxii, 17.
(*g*) *Exod.* xxxiii, 12.
(*h*) *Num.* xi, 28, 29.
(*i*) An du monde 2514, avant Jésus-Christ 1486, avant l'ère vulg. 1490.
(*j*) *Num.* xiii, 17.

(*k*) *Num.* xxvii, 18.
(*l*) An du monde 2552, avant Jésus-Christ 1448, avant l'ère vulg. 1452.
(*m*) An du monde 2553, avant Jésus-Christ 1447, avant l'ère vulg. 1451.
(*n*) *Josue*, ii, 1, 2, 3 *et seq.*
(*o*) An du monde 2553, avant Jésus-Christ 1447, avant l'ère vulg. 1451.
(1) Dans la hiéroglyphique chrétienne. « toute l'histoire de Josué suit celle du législateur sur les mosaïques de Sainte-Marie-Majeure. On le voit, dans Matuacbi (tom III) sur une lampe sépulcrale, revenant avec Caleb de la terre promise, d'où ils rapportent l'énorme grappe de raisin : sujet qui se retrouve quelquefois, dit Münter, répété dans le nord de l'Europe, sur les plus anciens baptistères. » M. CYPRIEN-ROBERT, *Cours d'hiéroglyphiq. chrét.*, dans *l'Université cathol.* tom. VII, p. 114, col. 2

d'alliance (a); et dès qu'ils eurent mis les pieds dans le fleuve, les eaux qui venaient d'en haut s'arrêtèrent comme une montagne, et celles d'en bas s'écoulèrent dans la mer Morte; en sorte que le fleuve demeura à sec dans une étendue d'environ deux lieues. Les prêtres demeurèrent au milieu du lit du Jourdain, jusqu'à ce que le peuple fût passé; et Josué fit prendre douze pierres du milieu du fleuve, qu'il fit mettre à Galgala, et en fit aussi ériger douze au milieu du Jourdain, afin que les unes ou les autres servissent de monument du miracle qui venait d'arriver.

[« Cette région dans laquelle les Israélites venaient d'entrer après avoir passé le Jourdain, dit M. Poujoulat, renfermait des places fortes et des populations belliqueuses; les douze, envoyés de Moïse y avaient vu, disaient-ils, de nombreux habitants, des hommes d'une plus haute taille que les Hébreux, des villes dont les murailles et les tours touchaient au ciel. Ces peuplades indigènes ou venues à la suite d'émigrations plus ou moins anciennes, étaient les Ammonites, les Madianites, les Moabites, les Amalécites, les Amorrhéens, les Philistins, les Héthéens, etc., etc. Les Hébreux se présentaient comme leur ennemi à tous; la guerre allait commencer, guerre terrible, guerre d'extermination. Que de combats! quelle mer de sang sortira des glaives des Israélites! Le regard se détourne avec effroi de ces massacres se renouvelant sans cesse; et comme ils s'accomplissent au nom de Jéhovah, nous devons faire dès ce moment une observation qui trouvera de fréquentes applications dans le cours de cette histoire.

» En voyant le sang couler comme l'eau sous l'épée des Hébreux, et les vainqueurs multiplier, sous les formes les plus barbares, les images de la mort; en voyant la compassion ou la lassitude du glaive parfois punie, ainsi qu'une violation des ordres divins, il faut se ressouvenir qu'il n'y avait aucune alliance, aucune transaction possible entre les Hébreux et les peuples de ce pays. Le Seigneur avait interdit toute amitié, tout rapprochement avec les habitants de la terre de Chanaan, et avait ordonné de les tuer sans miséricorde, de renverser leurs autels, leurs images, leurs bois sacrés : « Si » vous ne les faisiez pas mourir, disait le » Seigneur, ceux qui resteraient seraient » comme des clous dans vos yeux, comme des » lances dans vos flancs. » La pensée de Moïse était l'établissement du dogme de l'unité de Dieu; toute relation pacifique avec les nations idolâtres devenait dangereuse pour le peuple hébreu, poursuivi par les souvenirs de la mythologie égyptienne; la guerre était nécessaire; la triple barrière des mœurs, des intérêts et de la religion, séparant éternellement les Israélites et les vingt nations qu'ils avaient à combattre, la lutte ne pouvait se terminer que par l'abaissement absolu de l'une des parties belligérantes : le champ de bataille devait rester aux indigènes ou aux Hébreux venus des bords du Nil : il n'y avait pas de milieu politique à espérer.

» Un fait dut contribuer à rendre moins difficile l'entrée des Hébreux dans ce pays, ce fut l'émigration d'une multitude de Chananéens. A l'approche de la nation qui avait miraculeusement traversé la mer Rouge, en laissant derrière elle, ensevelis sous les flots, les bataillons égyptiens, et qui avait triomphé de plusieurs peuples belliqueux de l'Arabie, les Chananéens, menacés de cette invasion, furent saisis d'effroi : un grand nombre s'en alla aux pays d'Afrique et de Grèce, dont les chemins leur étaient connus par le commerce. Le Seigneur, en divers passages de l'Ecriture, avait annoncé aux Juifs la dispersion de leurs ennemis. Un curieux monument de cette dispersion se voyait au sixième siècle dans la Mauritanie Tingitane; deux colonnes de pierre blanche portaient une inscription phénicienne dont voici le sens : « Nous sommes ceux qui avons pris » la fuite devant le brigand Jésus, fils de Navé, » c'est-à-dire fils de Nun. C'est Procope qui parle de ces deux colonnes; on a voulu contester son assertion, mais on n'a apporté contre elle que des dénégations purement gratuites. » POUJOULAT, *Hist. de Jérusalem*, ch. II, tom. I, p. 34-36.]

Peu de jours après le passage du Jourdain, Josué fit prendre la circoncision (b) à tous ceux qui étaient nés dans le désert, et qui, à cause des fréquents changements de lieu, n'avaient pu la recevoir depuis la sortie d'Egypte. Après cela, on célébra la fête de Pâque (c), le 14 du mois de nisan, de l'an du monde 2553. Alors ils commencèrent à manger des épis et du grain nouveau de la terre de Chanaan, comme pour se mettre en possession de ce pays; et la manne qui les avait nourris jusqu'alors cessa de tomber. Or Josué, étant dans le territoire de Jéricho (d), vit devant lui un homme qui était debout, et qui tenait une épée nue. Il alla à lui et lui dit : *Etes-vous des nôtres ou des ennemis?* L'homme répondit : *Je suis le prince de l'armée du Seigneur, et je viens ici maintenant à votre secours.* Josué se prosterna le visage contre terre, et l'ange lui dit : *Otez vos souliers, parce que le lieu où vous êtes est saint.*

Peu de jours après, il reçut ordre du Seigneur d'assiéger Jéricho (e). Il y en a même qui croient, avec assez de raison, que l'on fit ce siège pendant les sept jours de la Pâque. Les six premiers jours, toute l'armée d'Israel, ayant les prêtres avec l'arche à leur tête, firent le tour de la ville, sans rien dire, une fois par jour. Le septième jour, ils firent sept fois le tour de la ville; et au septième tour, les prêtres ayant commencé à sonner des trompettes sacrées, tout le peuple jeta un grand cri, et les murailles de la ville furent renversées, en sorte que chacun entra par l'endroit qui était vis-à-vis de lui. On

(a) *Josue*, III, 12, 13 *et seq.*
(b) *Josue*, v, 1, 2, 3, etc.
(c) *Josue*, v, 10, 11, 12, etc

(d) *Josue*, v, 13, 14, 15.
(e) *Josue*, VI, 1, 2, 3, etc

mit tout à feu et à sang, sans épargner ni hommes ni animaux. On réserva seulement les métaux, pour être consacrés au Seigneur; Rahab avec sa famille fut aussi épargnée, parce qu'elle avait sauvé les espions envoyés par Josué. *Voyez* RAHAB. Josué fit alors cette imprécation contre Jéricho : *Maudit soit l'homme qui rebâtira Jéricho. Que son premier-né meure, lorsqu'il en jettera les fondements; et qu'il perde le dernier de ses enfants, lorsqu'il en mettra les portes.* On vit l'accomplissement de cette prophétie plusieurs siècles après. *Voyez* ci-devant HIEL, et III *Reg.* XVI, 34 [et JÉRICHO].

Ensuite Josué envoya trois mille hommes contre Haï : mais cette petite armée fut repoussée avec perte de trente-six hommes. Cet échec abattit le cœur des Israélites. Josué s'en plaignit au Seigneur : mais le Seigneur lui dit qu'Israel avait violé l'anathème prononcé contre Jéricho, et que le peuple ne pourrait tenir contre ses ennemis (a), tant que ce crime ne serait pas expié. On assembla le peuple, on tira au sort, et le sort tomba sur Achan, fils de Charmi. Achan avoua sa faute. On courut chercher dans sa tente une règle ou un lingot d'or, qu'il y avait caché, avec un manteau d'écarlate, et deux cents sicles d'argent. On le lapida avec tous les siens, et on brûla tout ce qui était à lui. *Voyez* l'article d'ACHAN. Après cela, Josué se rendit aisément maître de Haï. La ville fut pillée, puis brûlée; tous ses habitants furent mis à mort, et son roi attaché à une potence, où il demeura jusqu'au soir.

Dieu avait ordonné qu'après le passage du Jourdain on lui érigeât un autel sur le mont Hébal (b). Josué, en exécution de cet ordre, après la prise de Jéricho et de Haï, conduisit le peuple aux monts Hébal et Garizim (c), où il fit prononcer les bénédictions et les malédictions marquées dans Moïse, et ériger un autel de pierres brutes, qu'il fit enduire de chaux, sur lequel il fit écrire le Deutéronome de la loi du Seigneur; c'est-à-dire, ou le Décalogue, qui comprend le précis de la loi, ou les bénédictions et les malédictions marquées dans Moïse, *Deuteron.* XXVII, 4, 5, 6 et suiv., ou le précis du Deutéronome. Le terme hébreu (d) que l'on a traduit par *Deutéronome*, signifie la *copie*, ou le *double de la Loi.* On offrit sur cet autel des holocaustes, et le peuple s'en retourna à Galgal, qui fut pendant quelques années le campement de tout le peuple. Eusèbe et saint Jérôme ont placé Hébal dans la plaine de Jéricho : mais il est certainement près de la ville de Sichem.

Vers le même temps, les Gabaonites vinrent faire alliance avec Josué (e), feignant qu'ils étaient venus de fort loin, et qu'ils n'étaient point du nombre des peuples chananéens dévoués à l'anathème. Josué et les anciens d'Israel les reçurent, et firent alliance avec eux, sans consulter le Seigneur. Mais trois jours après, ils apprirent qu'ils étaient chananéens, et qu'ils habitaient dans les villes de Gabaon, de Caphira, de Béroth et de Cariath-Iarim. Le peuple murmura contre les princes; et il fut résolu qu'on leur conserverait la vie, puisqu'on la leur avait promise au nom du Seigneur; mais qu'ils seraient condamnés à couper le bois et à porter l'eau pour le service de tout le peuple. Alors Adonibésech, roi de Jérusalem, voyant que les Gabaonites s'étaient ainsi livrés aux Hébreux sans combat, se ligua avec quatre autres rois chananéens (f), et alla attaquer Gabaon. Mais Josué, en ayant été informé, marcha toute la nuit, et vint dès le matin attaquer si brusquement les cinq rois ligués, qu'il les mit en fuite, et en tailla en pièces un grand nombre. Et comme les ennemis fuyaient dans la descente de Béthoron, le Seigneur fit pleuvoir sur eux, jusqu'à Azéca, une grêle de grosses pierres, qui en tua un très-grand nombre. Alors Josué dit : *Soleil, arrête-toi vis-à-vis de Gabaon ; lune, n'avance pas contre la vallée d'Aïalon.* Et le soleil et la lune s'arrêtèrent, jusqu'à ce que le peuple du Seigneur se fût vengé de ses ennemis. Nous avons fait des dissertations particulières sur cette pluie de pierres, et sur l'arrêt du soleil et de la lune, que l'on peut consulter à la tête de notre Commentaire sur Josué. — [*Voyez* AÏALON.]

Les cinq rois s'étant sauvés dans une caverne près de Macéda, Josué fit rouler de grosses pierres à l'entrée de la caverne, en attendant que l'armée eût entièrement dissipé les ennemis. Sur le soir l'armée revint à Macéda. Josué tua ces cinq rois, et fit pendre leurs cadavres à des potences, où ils demeurèrent jusqu'au soir. Josué, profitant du trouble où étaient les Chananéens, attaqua et prit plusieurs villes de leur pays, comme Macéda, Lebna, Lachis, Héglon, Hébron, y mit le feu, tua leurs rois, et fit passer au fil de l'épée tout ce qu'il y trouva de vivant. Il saccagea tout le pays depuis Cadès-Barné jusqu'à Gaza, et tout le pays de Gozen jusqu'à Gabaon, c'est-à-dire toute la partie méridionale de la Palestine. Enfin il revint avec toute l'armée à Galgale.

L'année suivante (g) le roi d'Asor, qui demeurait au-dessus du lac de Séméchon, dans la Galilée, se ligua avec plusieurs rois de Chanaan (h), pour essayer d'opprimer les Israélites par leur grand nombre. Ils s'assemblèrent aux eaux de Mérom, au midi du mont Carmel. Alors Josué marcha contre eux, et les ayant chargés à l'improviste, les défit et les poursuivit jusqu'à la grande Sidon, jusqu'aux Eaux de Maséréphot, et jusqu'à Maspha, vers l'orient. Les Hébreux tuèrent tout ce qui tomba sous leur main;

(a) *Josue,* VII, 1, 2, 3 *et seq.*
(b) *Deut.* XXVII, 4, 5, etc.
(c) *Josue,* VIII, 3. An du monde 2553, avant Jésus-Christ 1447, avant l'ère vulg. 1451.
(d) *Josue,* VIII, 32. אֶת מִשְׁנֵה תּוֹרַת מֹשֶׁה 70. T, δευτερονόμιον, ἀφ' ὧν Μωϋσῆς, etc.
(e) *Josue,* IX, 1, 2, 3, etc.
(f) *Josue,* X, 1, 2, 3, 4, etc.
(g) An du monde 2554, avant Jésus-Christ 1446, avant l'ère vulg. 1450.
(h) *Josue,* XI, 1, 2, 3, etc.

ils coupèrent les jarrets à leurs chevaux, et brûlèrent tous leurs chariots, comme le Seigneur l'avait commandé. De là Josué revint à Asor, la prit, la brûla, et en tua le roi et tous les habitants. Il prit et ruina de même toutes les villes d'alentour, et fit mourir leurs rois. Tout cela ne se fit pas en un jour, ni même en un an : il fallut quelques années pour réduire à l'obéissance tout le pays, car il fut obligé de faire la guerre à tous ces rois, nul ne s'étant rendu sans combat.

Ce ne fut donc que vers la sixième année depuis l'entrée des Israélites dans la terre de Chanaan (a), que l'on commença à partager les terres conquises (b). Caleb demanda d'abord qu'on lui assignât son partage dans les montagnes de Juda, et à Hébron, ainsi que le Seigneur l'avait ordonné; et on lui accorda ce qu'il demandait. *Voyez* CALEB. Après cela on partagea par le sort à chaque tribu le terrain qui lui convenait ; premièrement à Juda, puis à Ephraïm et à la demi-tribu de Manassé, qui n'avait point encore eu son partage ; car l'autre moitié de cette tribu avait eu son lot au delà du Jourdain.

Après cela (c), le peuple s'assembla à Silo (d), pour faire le partage de ce qui devait être donné aux autres tribus. Josué envoya des arpenteurs dans tout le pays ; et après leur retour on tira au sort, et on assigna les lots aux tribus de Benjamin, de Siméon, de Zabulon, d'Issachar, d'Aser, de Nephtali et de Dan. Et enfin on donna à Josué pour sa part Tamnat-Saraa, dans les montagnes d'Ephraïm. Puis on assigna six villes de refuge, pour ceux qui avaient commis un meurtre casuel et involontaire (e), et quarante-six villes pour la demeure des prêtres et des lévites. Enfin les tribus de Ruben et de Gad et la demi-tribu de Manassé, ayant satisfait à leurs promesses, et ayant aidé leurs frères à faire la conquête du pays de Chanaan, s'en retournèrent au delà du Jourdain, où Moïse leur avait assigné leur lot. Mais étant arrivées sur le bord du Jourdain, elles y érigèrent un monument pour servir de mémoire aux races à venir, qu'elles n'étaient qu'un même peuple avec les autres tribus de deçà le fleuve (f). Josué, ayant été informé de cette entreprise, et craignant que ce ne fût un monument ou un autel idolâtre, et contraire au culte du Seigneur, envoya leur demander ce qu'elles avaient voulu faire par cet autel. Mais les tribus de Ruben, de Gad et de Manassé ayant déclaré aux députés leur véritable intention, ils s'en retournèrent en paix vers Josué.

Ce grand homme, se voyant près de sa fin (g), fit venir toutes les tribus d'Israël à Sichem, et y fit apporter l'arche d'alliance. Là, après avoir représenté aux Israélites les faveurs qu'ils avaient reçues de Dieu, et les avoir exhortés à demeurer fidèles au Seigneur (h),

il fit alliance de la part du Seigneur avec le peuple, et le peuple réciproquement s'engagea à servir le Seigneur et à lui obéir en toutes choses. Josué en rédigea l'acte, qu'il écrivit dans le livre de la Loi du Seigneur ; et pour en conserver la mémoire, il en érigea un monument, par une très-grosse pierre qu'il mit sous le chêne qui était près de Sichem. Après cela il mourut (1), âgé de cent dix ans, l'an du monde 2570, avant Jésus-Christ 1430, avant l'ère vulgaire 1434. Le Saint-Esprit a fait son éloge par la plume de Jésus, fils de Sirach, en ces termes (i) : « Jésus, fils de Navé, s'est distingué par sa valeur dans la guerre. Il a succédé à Moïse dans l'esprit de prophétie. Il a été grand, selon le nom qu'il portait. (*Il a parfaitement rempli le nom de Sauveur qu'il portait.*) Il a été très-grand, pour sauver les élus de Dieu, pour renverser ceux qui s'élevaient contre lui, et pour faire la conquête du pays qui devait être l'héritage d'Israel. Combien s'est-il acquis de gloire, lorsqu'il tenait les mains élevées, et qu'il lançait son dard contre les villes ? (*Voyez Josue*, VIII, 18 : *Leva clypeum*, etc.) Où est l'armée qui ait tenu en sa présence ? Car le Seigneur lui menait en quelque sorte les ennemis pour les vaincre. N'a-t-il pas arrêté le soleil dans le transport de sa colère, lorsqu'un jour devint plus grand que deux ? Il invoqua le Très-Haut, dans le temps qu'il se vit environné par les ennemis de toutes parts. Le Tout-Puissant l'écouta, et fit fondre sur les Chananéens une grêle de grosses pierres. Il les tailla en pièces à la descente de la vallée, afin que les nations connussent la puissance du Seigneur, et qu'elles apprissent qu'il n'est pas aisé de combattre contre Dieu. Enfin Josué a toujours suivi le Tout-Puissant. »

Le livre qui porte le nom de Josué est ordinairement attribué à ce grand homme. Il est dit dans le dernier chapitre, verset 26, que Josué écrivit toutes ces choses. Jésus, fils de Sirach, dit qu'il succéda à Moïse dans le ministère de la prophétie (j). Enfin la Synagogue et l'Eglise sont d'accord à lui attribuer cet ouvrage et à le reconnaître pour canonique. Il faut toutefois avouer qu'il y a certains termes, certains noms de lieux , et certaines circonstances d'histoire , qui ne conviennent pas au temps de Josué, et qui font juger que le livre a été retouché depuis lui, et que les copistes y ont fait quelques additions et quelques corrections. Mais il y a peu de livres dans l'Ecriture où l'on ne remarque de pareilles choses. On peut consulter notre préface sur Josué et les auteurs qui ont écrit des prolégomènes sur les livres saints.

Les Samaritains ont un livre de Josué qu'ils conservent avec respect, et dont ils se servent pour fonder leurs prétentions contre les Juifs :

(a) An du monde 2559, avant Jésus-Christ 1441, avant l'ère vulg. 1445.
(b) *Josue*, XIII, XIV, XV, XVI, XVII.
(c) An du monde 2560, avant Jésus-Christ 1440, avant l'ère vulg. 1444.
(d) *Josue*, XVIII, XIX.
(e) *Josue*, XX, XXI.

(f) *Josue*, XXI.
(g) An du monde 2570, avant Jésus-Christ 1430, avant l'ère vulg. 1434.
(h) *Josue*, XXIII, XXIV.
(i) *Eccli.* XLVI, 1, 2, *et seq.*
(j) *Eccli.* XLVI, 1.
(1) *Voyez* le *Calendrier des Juifs*, au 26 de nisan.

mais ce livre est bien différent de celui que les Juifs et les chrétiens tiennent pour canonique. Ce livre contient quarante-sept chapitres, remplis d'une infinité de fables et de puérilités. Il commence à l'endroit où Moïse choisit Josué pour lui succéder dans le gouvernement du peuple. Il rapporte l'histoire du devin Balaam, qui fut appelé pour dévouer les Israélites à l'anathème. Il parle de la guerre de Moïse contre les Madianites, de ce qui y donna occasion, de la mort de Balaam, de la mort de Moïse, du deuil que l'on fit pour lui. Il rapporte fort au long le passage du Jourdain, la prise de Jéricho, et ajoute grand nombre de merveilles qui ne sont pas dans le vrai livre de Josué. Il décrit une guerre de Saubec, fils d'Héman, roi de Perse, accompagnée de mille circonstances fabuleuses. Après la mort de Josué, ce livre lui donne pour successeur Terfico, de la tribu d'Ephraïm. L'auteur comprend dans son histoire ce qui concerne les juges, les rois de Juda, Jaddus et Alexandre le Grand, le siége de Jérusalem par Adrien. Il finit par ce qui regarde Nathanael, et ses fils Babarraba, Akbare et Phinées. Ce livre n'est point imprimé. Joseph Scaliger, à qui il appartenait, le légua à la bibliothèque de Leyde, où il est encore à présent en caractères samaritains, mais en langue arabe, et traduit sur l'hébreu (a).

Les Juifs attribuent à Josué une prière qu'ils récitent ou tout entière, ou en partie, lorsqu'ils sortent de leurs synagogues. Elle commence ainsi: *C'est à nous qu'il appartient de louer le Seigneur de l'univers, et de célébrer le Créateur du monde; puisqu'il ne nous a pas faits semblables aux nations de la terre, et qu'il nous a préparé un héritage infiniment plus riche et plus grand,* etc. *Voyez* Vagenseil, *Tela ignea Satanæ,* p. 223, 227. Ils attribuent aussi à Josué dix règlements, qui devaient s'observer dans la terre promise (b). Le premier est, qu'il est permis de faire paître le menu bétail dans les forêts dont les arbres sont grands; mais non pas le gros bétail. Le second, qu'il est permis à tous les Israélites de ramasser dans le champ d'un autre de menus morceaux de bois, et qui passent pour des épines, pourvu toutefois qu'ils les trouvent par terre, et qu'ils ne les coupent point. Les autres règlements sont à peu près de même nature. On ne lit nulle part que Josué ait été marié, ni qu'il ait eu des enfants. Après sa mort, les anciens d'Israel gouvernèrent le peuple. C'était une espèce d'aristocratie. Mais on ne sait s'il y avait parmi eux quelqu'un qui tînt le premier rang, ni qui il était. On croit toutefois qu'Othoniel eut la principale part au gouvernement pendant ce temps-là.

Les mahométans (c) croient que Josué fut envoyé de Dieu pour combattre les géants qui possédaient la ville et le pays d'*Ariha,* ou de Jéricho. Il leur livra la bataille un vendredi au soir; et comme la nuit s'approchait, et qu'il ne pouvait combattre le jour du sabbat, il pria le Seigneur de prolonger la journée pour lui donner assez de temps pour les défaire. Sa prière fut exaucée, et le soleil demeura une heure et demie sur l'horizon plus qu'il n'aurait fait. C'est un des motifs qui ont obligé les musulmans à choisir ce jour préférablement au samedi pour en faire leur jour de fête. Ils ajoutent que Josué chassa les Philistins, ou plutôt les Chananéens, de leur pays, et qu'il les obligea de se retirer en Afrique.

[L'histoire de Josué, à laquelle on a mêlé d'autres faits bibliques, a fourni aux poëtes la fable de Jason et des Argonautes. Jason n'est que le nom de Josué grécisé. Delort de Lavaur a établi admirablement le rapport qui existe entre cette histoire et cette fable; c'est la plus riche partie de son livre, et, plutôt que de la morceler, nous avons préféré la donner tout entière ici, où l'on trouvera les matières que nous avons indiquées par des renvois dans une foule d'articles. Pour faciliter les recherches, nous avons divisé en paragraphes et fait précéder d'un sommaire la dissertation de Delort de Lavaur.

I. Les prêtres égyptiens avaient reçu par tradition la connaissance des faits primitifs, plus ou moins défigurés.— II. Les premiers écrivains égyptiens et, après eux, les Grecs conservaient généralement la signification des noms étrangers qu'ils traduisaient dans leurs langues.— III. Les faits bibliques, principalement ceux qui s'accomplirent au temps de Moïse et de Josué, connus des Grecs par Orphée et Cadmus, ont fourni le fond de la fable des Argonautes.—IV. Histoire littéraire de cette fable ou de ce poëme.—V. Idée de la concordance qui existe entre cette fable grecque et l'histoire sainte.— VI. Abraham. *Agar. Sara. Cadmus.* Les *Hévéens.* Le mont *Hermon.Aran,* père de Sara.—VII. *Isaac. Abraham. Sara. Agar.* Sacrifice d'*Isaac. Philistins.* Le pays de *Chanaam. Rebecca. Bathuel.*—VIII. Sortie d'Egypte. Hébreux ou Juifs, leur origine, suivant Hérodote. *Pharaon.* Hébreux en Egypte; loi de mort contre leurs enfants mâles; *Moïse* enfant. Le *Nil.*—IX. *Moïse; Josué;* mort de *Moïse. Pharaon. Moïse* demande à aller avec le peuple sacrifier dans le désert; Pharaon accorde et retire la permission. Plaies d'Egypte (et § XVII).— X. Chefs du peuple de Dieu. Mort de *Moïse. Josué.*— XI. Sortie d'Égypte. Le *Nil.* Pèlerinage des Hébreux dans le désert. Arche d'alliance. *Pharaon;* mort de son fils aîné et de tous les autres fils aînés des Egyptiens, la nuit du départ des Israélites. Autel de pierres non taillées. Oblations et sacrifices.— XII. Pèlerinage des Hébreux dans le désert. Cantique de *Moïse. Jéthro.*—XIII. Fornication corporelle et spirituelle des Israélites avec les filles de *Moab* et de *Madian.* Crimes de *Sodome;* Loth et ses filles; origine des Moabites. Punition de *Sodome* et autres villes de la *Pentapole. Balac* et *Balaam.*—XIV. Baume d'Arabie. Les *Enacim. Og,* roi de Basan.—XV. Fontaine d'*Horeb.* Sacrifices pour les crimes involontaires. Villes de refuge.—XVI. *Moïse* meurt sans être entré dans la terre promise; causes de cette punition; il est enseveli sans qu'on sache en quel endroit.—XVII. Plaies d'Egypte.— XVIII. Autel de douze pierres élevé par Moïse. Les Israélites passent l'Arnon. Colombe de *Noé.*—XIX. Derniers devoirs rendus à *Moïse.* Obstacles rencontrés par les Israélites dans leur pèlerinage. Leur arrivée au *Jourdain;* ils passent le fleuve et rendent grâces à Dieu.—XX. *Rahab. Moïse.*—XXI. Le pays de *Chanaam.* Les espions de *Josué. Rahab.* Difficultés de la conquête du pays de Chanaan. Ange qui se présente à Josué (et § XXXI).—XXII. *Caleb* et les autres espions de *Moïse. Rahab.* Le roi de Jéricho. Promesses des espions de Josué à Rahab.—XXIII. Passage du *Jourdain. Gédéon,* vainqueur des Madianites et des Amalécites. Entrée des Israélites dans la terre de Chanaan; les murs de *Jéricho* tombent. Arche d'alliance. Passage de la mer *Rouge.*— XXIV. Prise et ruine de *Jéricho;* mort de ses habitants.

(a) Voyez M. Fabric. *Apocryph. V. T.* p. 876, 877, *et seq.*

(b) Vide apud Selden. *de Jure nat. et gent. l.* VI, c. II.
(c) D'Herbelot, *Bibl. Orient.,* p. 494, *Joschuna.*

Rahab reçu parmi les vainqueurs. — XXV. Ligue des rois chananéens pour combattre les Israélites. *Abraham* et ses descendants. *Moïse*. — XXVI. Nuée ou colonne lumineuse dirigeant la marche des Israélites dans le désert. — XXVII. Les Israélites, accusés et poursuivis par les Egyptiens, passent la mer *Rouge*. — XXVIII. Conduite répréhensible des Israélites dans le désert. Intercession de *Moïse*. Expiations que Dieu prescrit. Arche d'alliance; propitiatoire. Difficultés du voyage des Israélites dans le désert. — XXIX. Longévité des patriarches. *Manne*, nourriture des Hébreux dans le désert. — XXX. Arche d'alliance. Passage de la mer *Rouge*. — XXXI. Ange qui se présente à Josué. Nuée ou colonne tantôt lumineuse et tantôt obscure dirigeant la marche des Israélites. *Phéniciens* faisant le commerce avec la Mauritanie. *Chananéens* fuyant devant Josué et Phéniciens chassés, établis dans les pays barbaresques. Soif des Israélites dans le désert. Serpents brûlants. Eaux de contradiction. *Samson*. — XXXII. *Og*, roi de Basan. Gloire de Dieu paraissant au-dessus du Tabernacle. *Phéniciens* et *Chananéens* portant dans la Grèce et ailleurs une connaissance imparfaite des événements consignés dans l'histoire des Israélites sous Moïse et Josué.

I. Critias (dans un dialogue de Platon) (1), redisant ce que Solon avait raconté à son aïeul des belles connaissances et des plus anciennes histoires du monde, enseigne que les prêtres égyptiens, de qui Solon les avait apprises, avouaient les tenir par tradition de leurs ancêtres, qui les avaient reçues de ceux qui étaient instruits de l'origine et des premières histoires de l'univers. Il dit que les premiers hommes et leurs enfants, occupés de la recherche des choses nécessaires et du défaut des commodités de la vie, n'avaient eu ni le soin, ni le loisir de conserver par des histoires ou par d'autres monuments étendus et réglés la mémoire exacte et fidèle de ce qui s'était passé de considérable. Ils avaient seulement sauvé de l'oubli, par des traditions confuses, quelques faits éclatants et des lambeaux des aventures les plus remarquables, avec quelques noms de personnages illustres. C'est ce qui s'était conservé dans leur postérité : ces noms et un souvenir confus ou des restes altérés des faits les plus célèbres des premiers temps. Aussi Solon se souvenait que dans le récit des plus anciennes histoires ces prêtres nommaient plusieurs personnages des mêmes noms qu'on n'avait connus dans la Grèce que par ceux qui les avaient portés depuis.

II. Solon remarquait encore que les premiers Egyptiens, qui avaient écrit ces histoires, et qui les avaient prises d'un autre peuple et d'une langue différente de la leur, avaient transporté et traduit en leur langue ces mêmes noms en d'autres à peu près du même sens, comme Solon leur avait aussi conservé dans la langue grecque la même signification qu'ils avaient dans les langues d'où il les avait tirés. — Hérodote, dans son second livre, nous apprend que cette observation des noms et de leur signification était même un point de religion pour les Grecs, à qui l'oracle de Dodone avait ordonné d'employer pour les dieux de leur théologie et pour ce qui y avait du rapport les mêmes noms qu'ils avaient reçus des Egyptiens et de toutes ces nations qu'ils appelaient barbares. Josèphe, dans son Histoire des Juifs, livre I, chapitre V, rapporte que quelques-uns de ces premiers noms s'étaient conservés chez les nations, et que d'autres y avaient été changés, principalement chez les Grecs, qui avaient voulu abolir dans la suite les anciens noms qui leur paraissaient barbares, pour leur en substituer d'autres en leur langue, en leur conservant néanmoins la signification des anciens.

III. Ainsi les Grecs, si curieux, dont les savants allaient puiser dans de longs voyages en Egypte les connaissances de l'antiquité des premiers temps, et qui regardaient les bibliothèques des anciens écrits, recherchés et ramassés de toutes parts, comme un des plus précieux ornements de leur pays (2), avaient composé leurs premières et leurs merveilleuses histoires fabuleuses, des histoires les plus éclatantes des Hébreux, qu'une tradition défigurée avait fait passer dans la Grèce, des Egyptiens et des Phéniciens chassés de leur pays par les Hébreux. De ce nombre étaient particulièrement les aventures mémorables de Moïse, de Josué, et du peuple hébreu sous leur conduite, dans la sortie de l'Egypte, dans le long voyage du désert, et dans la conquête de la Palestine. — Démétrius, dans Eusèbe (3), raconte au roi Ptolémée Philadelphe que des orateurs grecs avaient travaillé à travestir en leur langue quelques endroits de l'Ecriture des Juifs, et qu'un poète tragique de sa connaissance, nommé Théodote, avait voulu accommoder quelques aventures de la même Ecriture à une fable de ses tragédies; mais qu'il n'avait pu la finir, et qu'il avait été obligé de la laisser imparfaite. — L'économie de la longue suite des aventures de Moïse et de Josué, avec l'imitation des noms, fut rapportée et conservée dans la plus ancienne expédition fabuleuse célébrée par les Grecs, qui est celle de la Toison d'or, par laquelle ils ont voulu immortaliser leurs premiers héros sous le nom d'Argonautes. Ces aventures avaient passé dans la Grèce, comme nous l'avons dit : premièrement, de l'Egypte par Orphée, et depuis de la Phénicie par Cadmus et par ceux de sa suite ; car après que Josué se fut rendu maître de la Palestine, Cadmus, avec une troupe de Phéniciens ou Chananéens, fuyant Josué et les Israélites, se sauva en Grèce dans la Béotie (4), et y apporta les histoires de Moïse et de Josué, fort défigurées, telles qu'elles étaient répandues dans leur pays.

IV. Saint Augustin (5) dit aussi que c'est au temps que les Hébreux étaient gouvernés par des juges, après Josué, que la fable de Phrixus et de Hellé (qui est le commencement de celle des Argonautes) est rapportée par les Grecs, avec plusieurs autres de leurs fables. Hésiode en fait mention sur la fin de sa Théogonie, environ mille ans avant Jésus-

---

(1) Dialogue intitulé *Critias*.
(2) Bibliothecæ, qui proprius est Athenarum ornatus. *In trisildis Orat. Panathenaica.*
(3) Chap. III du livre VIII de la *Préparation Evangélique.*
(4) Bochart, dans son *Chanaan*, liv. I, ch. XVIII, après Vossius.
(5) Chap. XII du livre XVIII de la *Cité de Dieu.*

Christ. — Epiménide de Crète, établi à Athènes vers la XLVII° olympiade, avait décrit cette expédition des Argonautes sous la conduite de Jason, en six mille cinq cents vers (comme Diogène Laërce nous l'apprend en la Vie de ce philosophe), du temps de Solon, environ 596 ans avant Jésus-Christ. — Nous en avons encore, sous le nom d'Orphée, le reste d'un poëme d'un autre Orphée de Crotone, ou d'Onomacrite, qui parut au temps du tyran Pisistrate, 560 ans avant Jésus-Christ; ce poëme fut suivi de quelques autres, d'un Denys Milésien et d'Antimaque. Le même sujet fut célébré par Pindare, dans ses odes (la 4° de ses Pythiques), 500 ans avant Jésus-Christ. Trogue Pompée, sous l'empire d'Auguste, en rapporta dans son Histoire universelle ce qu'il en avait recueilli des Grecs; nous le trouvons dans l'abrégé que Justin en a fait, au livre XLII°. — Les plus illustres circonstances de ces histoires conservées par une longue tradition, mais défigurées par les narrations passionnées des Egyptiens et des Phéniciens, et déguisées par les différents génies des peuples et des auteurs, suivant leurs vues particulières et suivant le style de la poésie, furent recueillies en un beau corps de poëme grec par Apollonius, natif d'Alexandrie, dit Rhodien, intendant de la bibliothèque de Ptolémée Evergètes, roi d'Egypte, frère et successeur de Ptolémée Philadelphe, 246 ans avant Jésus-Christ. Ce poëte y ramassa tout ce que les traditions et les monuments des Egyptiens, les relations des Phéniciens, les contes des Grecs, et les écrits de cette curieuse et magnifique bibliothèque pouvaient lui fournir pour composer son ouvrage. — Valérius Flaccus, sous l'empire de Vespasien, en composa un poëme héroïque latin fort estimé, tiré des auteurs que nous avons cités, et particulièrement d'Apollonius. — Cette fameuse expédition des Argonautes sous Jason, leur chef, est placée par Diodore de Sicile (1) et par le P. Petau, dans sa Chronologie, vers l'an du monde 2740, ou 2759, qui est 1245 ans avant Jésus-Christ, répondant au temps que Gédéon gouvernait les Hébreux : ce qui commença en l'an du monde 2730, et dura 40 ans, environ 300 ans après que les Hébreux furent sortis d'Egypte, 240 années après les merveilleuses expéditions de Josué, qui les avait introduits dans la Palestine, et environ 40 années avant l'époque de la guerre de Troie (2).

V. Ce que le temps, la diversité des nations, l'ignorance des peuples, et les différents génies ont mis de changements, de transpositions, de confusion dans cette copie de l'histoire sainte du peuple de Dieu, y a cependant laissé une conformité de traits considérables, et un fond de ressemblance jusque dans les noms, qui font bien reconnaître l'original

---
(1) Livre IV de sa *Bibliothèque historique*.
(2) Josèphe, ch. v du liv. I° de sa *Réponse à Appion*, confirme, par des témoignages irréprochables, que ceux qu'on nommait pasteurs, c'est-à-dire, les ancêtres des Juifs, sortirent d'Egypte 293 ans avant que Danaüs allât à Argos, quoique les Argiens se vantent tant de l'antiquité

divin, dans la fable qui en est la copie. Elle a aussi été le premier fond de l'histoire fabuleuse des Grecs, et elle a fourni aux poëtes grecs et latins les plus riches idées pour l'invention et pour la conduite de leurs plus célèbres poëmes, et pour toutes leurs fictions, soit en vers, soit en prose. — On ne peut pas demander, dans tous les endroits de cette fable séparés, une conformité égale avec l'histoire ; mais liés ensemble ils font un corps dont le rapport brillant et sensible frappe les yeux, et jette sa clarté sur tout l'ouvrage.

VI. La Fable commence, comme notre histoire sainte, par les chefs de la race de ses héros. Au lieu d'Abraham, elle met *Athamas*, qu'elle dit fils d'Eole, roi des vents, nom phénicien fait de celui d'*Aolin* (3), c'est-à-dire *vents et tempêtes*, comme celui de *Tharé*, père d'Abraham, signifie, en hébreu, *qui souffle*. On peut aussi avoir formé Athamas du grec Αθανασια, *immortalité*, sur ce que Abraham, en hébreu, signifie *père d'une postérité innombrable et sans fin*. — Cet Athamas fut roi de Thèbes dans la Béotie, après Cadmus, Phénicien, ou Chananéen, qui avait fondé cette ville, et qui lui avait donné ce nom d'une autre ville de son pays de Chanaan, dans lequel Abraham s'était aussi établi et avait fini ses jours (4). — Athamas eut deux femmes en même temps, et en renvoya une. On a nommé la première, dont il eut des enfants, *Néphelé*, c'est-à-dire *tombée des nues*, ou *étrangère*; qui est le même sens du nom d'*Agar*, Egyptienne, la première dont Abraham eut des enfants. L'autre femme d'Athamas fut *Ino*, fille de Cadmus, Chananéen, qui en grec veut dire *forte et puissante*, comme Sara, autre femme d'Abraham, veut dire en hébreu, *puissante et maîtresse*. — Cadmus, comme nous l'avons déjà observé, conduisit dans la Grèce les Phéniciens chassés de leur pays par Josué, et remplit du bruit des merveilles de Moïse et de Josué fort défigurées et même corrompues malignement. Les Cadméens, ou Hévéens, connus sous le nom d'habitants du mont *Hermon*, vers l'orient de la terre de Chanaan (d'où la femme de Cadmus fut nommée *Hermione* ou *Harmonie*), et le nom grec de Cadmus, père d'Ino, est de la même signification que celui d'*Aran*, père de Sara, qui veut dire, en hébreu, *habitant des montagnes*.

VII. Nous voici à l'entrée de la Fable et de l'histoire, où leur ressemblance se fait, comme dans la suite, sentir aux moins attentifs. — Le fils d'Athamas le plus connu fut nommé *Phrixus*, qui veut dire *Ris*, de même que le nom du célèbre *Isaac* (5), fils d'Abraham. Il y eut une violente jalousie entre les deux premières femmes d'Athamas, Ino et Néphelé, comme entre *Sara* et *Agar*, à l'occasion de leurs enfants. Néphelé fut renvoyée par Athamas, comme *Agar* par *Abraham*. La Fable fait arriver une grande disette et la

---
de ce prince, près de mille ans, disent-ils, avant la guerre de Troie.
(3) Bochart, *in Chanaan*, l. I, c. xxxiii.
(4) *Genes.* c. xii et suiv., et xxv.
(5) Chap. xxi de la *Genèse*.

famine dans le pays d'Athamas, comme elle est dans l'histoire d'*Abraham*. Athamas fit mourir ou chassa Mélicerte, qu'il avait eu d'Ino; ayant quitté le pays qu'il habitait, il alla s'établir ailleurs par ordre du ciel, et il y épousa une troisième femme, comme *Abraham*. Ce Mélicerte est un nom phénicien (1). Aussi les Grecs tenaient tous ces contes des Phéniciens. — La Fable confond ensuite l'ordre du sacrifice d'*Isaac*, dans sa copie, qui est Phrixus. Elle n'a pu comprendre cet ordre de Dieu et la foi merveilleuse d'*Abraham*. Elle a mis les choses selon son génie; mais les traits qu'elle a conservés ne peuvent s'y méconnaître. Ceux qui avaient été envoyés, dit-elle, pour consulter l'oracle, corrompus par la marâtre, en rapportèrent la réponse, qui ordonnait la mort de Phrixus. Son père Athamas le conduisait à l'autel, tout prêt à l'y immoler lui-même, malgré sa répugnance naturelle, lorsqu'un bélier, envoyé par Jupiter, se présenta et leur parla. Il découvrit la fourberie, il inspira et donna à Phrixus le moyen de se sauver, il s'offrit lui-même pour l'emporter. — Il n'est pas besoin de rapporter ici l'histoire du sacrifice d'*Isaac*, pour les confronter. Il n'y a personne qui ne le reconnaisse dans le tableau du sacrifice de Phrixus. — Ce Phrixus (ou Isaac) quitta son pays; il passa la mer avec son bélier; et il s'arrêta dans un pays de l'Asie appelé Colchide, aujourd'hui la Mingrelie, entre la mer Noire, l'Arménie et le Caucase. Les premiers habitants de ce pays étaient venus d'Egypte (2), et quelques-uns étaient ensuite allés de la Colchide occuper une partie de la Phénicie, ou terre de Chanaan, qu'ils possédaient déjà avant le temps d'Abraham. — Ainsi les Colques avaient pour pères les Egyptiens, avec lesquels ils avaient aussi bien des rapports et beaucoup de choses communes; et ils étaient pères d'une partie des *Philistins*. Leur langue était fort semblable à la phénicienne: mêmes noms, mêmes mœurs. Le roi de Colchos se disait fils du soleil, comme le roi d'Egypte; et la Colchide était appelée une autre Ethiopie. L'un et l'autre pays de Chanaan et de Colchos, tenus par les mêmes peuples, étaient fameux par leurs richesses et par leur fertilité, qui faisaient dire de l'un par les Grecs, dans leurs manières figurées, que les rivières y roulaient du sable d'or; comme de l'autre, par les Phéniciens, qu'il y *coulait des ruisseaux de lait et de miel* (3).

La Fable avait donc changé la scène, de la Palestine à Colchos, habitée par les mêmes peuples. Elle y avait aussi fait prendre des alliances par les enfants d'Eole et d'Athamas, prédécesseurs de ceux qui vinrent y conquérir la Toison d'or, Phrixus ayant épousé une fille du roi de Colchos; comme les prédécesseurs des Hébreux qui allèrent conquérir la Palestine, Abraham et Isaac avaient fait des alliances avec les rois des Philistins (4).

Il semble même que dans les noms de *Chalciope*, femme de Phrixus, et d'*Æétès*, roi de Colchos, son père, on ait voulu conserver la force des noms de *Rebecca*, femme d'Isaac, et de *Bathuel*, son père; car comme *Rebecca*, en hébreu, signifie *contention et dureté*, de même, en grec, *Chalkeos* ou *Chalkeios* veut dire, *qui est d'airain et dur*. Et l'on disait qu'*Æétès* était fils du soleil, le premier dieu de Colchos, sur ce que *Bathuel* veut dire, *qui tire son origine de Dieu*.

VIII. La même fable transporta l'Egypte dans la Grèce, d'où elle voulut faire partir, comme pour les rendre siens, les héros de cette fameuse expédition; mais elle y porta aussi les noms des lieux et des fleuves de l'Egypte. Non seulement elle conserva le même nom au chef, mais encore elle appela les Grecs qui allèrent à cette conquête *Minyes* (5), du nom d'un pays qui fait partie de l'Arabie Heureuse, situé sur les bords de la mer Rouge, dont les habitants étaient les Minyens, et d'où Hérodote (6) et d'autres ont fait venir les Juifs qui occupèrent la Palestine. — Les descendants d'Eole, par un autre frère d'Athamas, établis dans la Thessalie, que les Grecs ont choisie pour y placer les aventures de l'Egypte, furent redoutés par *Pélias*, qui en était roi, et dans lequel ils ont représenté Pharaon, roi d'Egypte. On l'a feint fils du dieu des eaux, et son nom veut dire *noir et livide*; Pharaon est aussi qualifié de dieu des eaux, et son nom, en arabe, veut dire figurément *crocodile*, et, en syriaque, *vengeur et envieux*. — Les oracles avaient fait craindre à ce roi qu'il était en danger par des descendants d'Eole (7), dont les prédécesseurs avaient gouverné ce pays, y avaient bâti des villes, et y servaient à présent. (Les ancêtres des Hébreux avaient aussi gouverné autrefois l'Egypte.) Les historiens égyptiens convenaient que des étrangers étaient venus s'établir dans l'Egypte, y avaient régné ou demeuré environ cinq cents ans sous le nom de *pasteurs*. C'étaient certainement les Juifs qui y avaient régné quelque temps et y avaient servi dans la suite. Aussi sont-ils appelés tantôt *rois pasteurs*, tantôt *pasteurs captifs*, par Manethon, Egyptien, et par Josèphe, dans sa Réponse à Appion ; ils y avaient aussi bâti des villes, Phithom et Ramessès, dans la région de Gessen, et ils y étaient dans la servitude sous Pharaon, auquel ses docteurs avaient également prédit qu'il devait naître un enfant hébreu qui relèverait la gloire de sa nation et qui humilierait l'Egypte, comme Josèphe (8) nous l'apprend. — Pélias ayant donc pris des mesures et donné des ordres précis pour faire mourir tous les descendants d'Athamas et d'Eole dans ses Etats, les parents de Jason,

---

(1) Bochart, Chanaan, lib. I, c. xxxiv.
(2) Hérodote, l. II; Diodore, l. I; Bochart, dans le Phaleg. l. IV, c. xxxi, avec tous les anciens historiens et Poëtes, sur l'origine des Colques; Apollonius, liv. IV, v. 278.
(3) Chap. III, v 8 de l'Exode

(4) Ch. xx et xxvi de la *Genèse*.
(5) Bochart, dans le Phaleg. liv. II, c. xxii.
(6) Hérodote, l. VII.
(7) Sed non ulla quies animo, fratrisque paventi
Progeniem divumque minas. *Valer. Flaccus*, l. I.
(8) Chap. v du l. II, de l'*Histoire des Juifs*

encore enfant, qui était de cette race, ne voyant d'autre moyen de le dérober à la fureur de ce prince, firent semblant de l'enterrer comme mort (1); cependant, par une nuit obscure, ils l'emportèrent enfermé dans une boîte, à la campagne, dans l'antre de Chiron, où il fut élevé par ce sage précepteur, travaillant la terre et gardant les troupeaux sur les bords du fleuve Anaure. On a donné à ce fleuve un nom qui ne convient qu'au Nil, pour conserver l'idée et les noms de l'Egypte, d'où l'histoire était transportée par la Fable dans la Thessalie. *Anaure*, en grec, veut dire *sans vents et sans exhalaisons* (2). Hérodote, Diodore, Pline, Héliodore, et Solin, en son *Polyhistor*, assurent que le Nil est le seul fleuve du monde à qui cela convient; et le Scholiaste d'Apollonius justifie par plusieurs autorités qu'il n'y avait dans la Thessalie aucun fleuve de ce nom, et que c'était un nom de figure et de ressemblance. Ce fut après avoir ainsi sauvé cet enfant qu'on l'appela *Jason*. — Toutes ces conformités ne laissent pas douter que la Fable ne soit tirée de l'histoire, dans laquelle Pharaon, ayant donné des ordres pour faire mourir tous les enfants mâles des Hébreux, les parents de Moïse, enfant, après l'avoir caché quelque temps, l'exposèrent dans un panier sur les eaux, d'où il fut sauvé par un miracle de la providence divine, qui le déroba à Pharaon, ce qui le fit nommer *Moïse*. Quand il fut grand, il fut obligé de se retirer dans la terre de Madian et de là auprès de Jéthro, dont il garda les troupeaux (3).

IX. En cet endroit, le Seigneur lui apparut au milieu d'un buisson ardent. Il lui ordonna de se déchausser, de se mettre à la tête de son peuple et de le conduire hors de l'Egypte, dans la terre de Chanaan, où coulaient des ruisseaux de lait et de miel (4). Nous allons voir la copie de cet endroit dans la Fable.—Mais la Fable, confondant les deux chefs, a rassemblé les aventures de Moïse et de Josué seulement sur celui-ci, qui eut la gloire d'introduire le peuple de Dieu dans la Palestine et d'en faire la conquête, Moïse étant mort en chemin sans y entrer. Aussi a-t-elle conservé le même son et le même sens du nom de Josué dans celui de *Jason* (c'est-à-dire *Sauveur*), qui fut le chef et qui eut la gloire de l'expédition de la Toison d'or, dont il est le héros, sur le modèle de Josué; Hercule (Moïse), qui était parti avec lui, et qui ne lui cédait en rien, s'étant perdu en chemin. —Pélias fut averti et pressé de nouveau de se défier et de se défaire de celui qui lui paraîtrait adorant et sacrifiant sans chaussure et les pieds nus (5); ce qui représente ce que nous avons vu de Moïse et ce qui est aussi rapporté de Josué (6), qui reçut un pareil ordre de se déchausser, quand un ange lui parla devant Jéricho. D'où cet usage, dans les sacrifices, passa à tous les prêtres des Hébreux (7), et était si connu pour leur être propre, qu'il suffisait pour les désigner (8).

Peu de temps après, Jason, traversant à pied l'Anaure (qui est le Nil) pour assister à un sacrifice qu'on faisait au delà de ce fleuve au dieu de la mer (et non pas aux dieux du pays), y laissa sa chaussure, en sortit avec un pied nu (9), et parut en cet état devant le roi, qui en fut très-étonné. Jason demanda au roi la restitution du royaume avec une hardiesse qui l'étonna encore plus. Pélias, surpris, la lui promit avec serment, mais avec l'intention de n'en rien faire et de chercher à le perdre. Pour le jeter dans des dangers dont il ne pût échapper, il l'engagea dans une navigation et une expédition où sa perte paraissait inévitable (10) : c'était le voyage par mer à Colchos et la conquête de la Toison d'or. — D'autres disent (car il n'est pas étrange que les fables varient) que Jason, pour échapper à Pélias et pour aller acquérir de la gloire, lui demanda la permission de ce voyage et de cette entreprise, et que Pélias la lui accorda dans l'espérance qu'il y périrait. — C'est l'imitation des promesses faites et de la permission accordée par Pharaon à Moïse d'aller avec le peuple dans le désert (11), et de l'emploi qui lui fut donné, suivant Josèphe (12), d'aller faire la guerre contre les Ethiopiens, où l'on espérait qu'il périrait. — Les Egyptiens, pour ménager la gloire de leur roi et de leur nation, et pour diminuer celle des Hébreux, avaient caché, autant qu'ils avaient pu, les prodiges que Moïse fit pour obliger Pharaon à laisser sortir avec lui le peuple de Dieu; ils ont voulu faire passer cette sortie comme faite par l'ordre de Pharaon, par qui cette grande troupe (comme ils l'ont publié et comme leurs auteurs l'ont dit) fut renvoyée sous ce chef et comme chassée de l'Egypte à cause du culte particulier de Dieu, dont elle faisait profession (13). Néanmoins ils ont conservé et placé dans un autre endroit, et en la personne d'un autre roi que nous trouverons dans la suite, les plaies dont ce roi d'Egypte fut frappé (14). Mais ils ont copié la demande de Moïse à Pharaon, les promesses et les ser-

---

(1) Pindar. *Pyth.* ode 4. Tzetzes, Chiliad. 6, Histor. 96. Natalis Comes, Mythol. lib. VI, c. viii.
(2) Quique nec humentes nebulas, nec rore madentem Aera, nec ventos tenues suspirat Anauros.
Lucanus, lib. VI.
(3) Suivant le témoignage d'Artapan, dans Eusèbe, liv. IX, ch. xxvii, de la Préparation Evangélique.
(4) Chap. iii de l'Exode.
(5) Illius per viri consilia, quem publicitus esset visurus uno indutum calceo esse occidendum. *Apollonius*, in princip.
(6) Chap. v de Josué, v. 15 et 16.
(7) Theodoret, sur l'Exode.
(8) Observant ubi festa mero pede sabbata reges
Juvenal. Sat. 6.

(9) Alterum reliquit calceum, interfuturus sacro epulari, quod Neptuno parenti fiebat, ignorata Junone Pelasgica. *Apollonius*, in princip.
(10) Eique negotium ærumnosæ instruxit navigationis. ut in mari aut in terra perimeretur. *Apollonius*.
(11) Chap. xii de l'Exode, v. 31, 32 et 33.
(12) Liv. II de son Histoire, ch. v.
(13) Diodore, liv. XL de sa Bibliothèque, dans l'extrait que Photius en a donné dans la sienne.
(14) Numénius, pythagoricien, cité par Eusèbe, ch. viii du liv. IX de la Préparation Evangélique, a fait mention de ces plaies infligées par Moïse, chef des Juifs, favorisé de Dieu; auquel les Egyptiens opposèrent leurs magiciens, Jannès et Mambrès, qui employèrent en vain leur art pour les combattre.

ments de celui-ci tant de fois violés, et tous ses prétextes pour les éluder.

X. Après cet ordre ou cette permission de s'en aller, un nombre considérable des plus illustres héros vinrent se joindre à Jason pour l'accompagner dans son voyage. On y voyait des prêtres, des gens instruits des choses divines, des devins qui prédisaient l'avenir le plus caché, de vaillants hommes capables des plus grandes entreprises : Lyncée, dont la vue perçante pénétrait au travers des montagnes et dans les entrailles de la terre ; Orphée, dont le chant faisait suivre les forêts et les rochers, et arrêtait le cours des fleuves ; d'autres personnages habiles en toutes sortes sortes d'arts et d'une prudence consommée, jusqu'au nombre d'environ soixante, qui n'avaient pas leurs égaux, et tous enfants des dieux. — Voilà à peu près les chefs du peuple de Dieu qui sortirent de l'Egypte, et dont Moïse composa le sénat, par le conseil duquel il voulut gouverner ce peuple. La Fable a encore marqué Moïse, mais d'une manière obscure, quoique sensible, dans le trait que nous allons rapporter. — Le grand Hercule voulut être de cette illustre compagnie, qui s'en tint extrêmement honorée ; et comme ils furent assemblés pour choisir un chef, Hercule fut nommé d'une commune voix, par Jason comme par les autres, pour les conduire et leur commander. Lui seul s'y opposa, et leur remontra que le ciel avait destiné et réservé à Jason la gloire de cette expédition, à la fin de laquelle Hercule ne devait pas même se trouver (1). — C'est ici certainement la copie de la mort de Moïse, dans le voyage et avant l'entrée dans la terre promise, laissant à Josué l'honneur d'y introduire les Hébreux. Mais on n'a conservé que le nom de ce dernier dans celui que la Fable a fait le chef de cette expédition. Si cet endroit de la Fable n'était pas tiré de l'histoire, comment aurait-on mis dans cette compagnie Hercule, que tous reconnaissaient devoir en être le chef, pour ne l'être pas, et pour le faire quitter et disparaître en chemin, sur le point d'arriver au terme de l'expédition ? Il paraît difficile d'y trouver quelque sens, si ce n'est par rapport à l'oracle que la Fable a voulu copier.

XI. Ils firent construire sur les bords du fleuve Anaure (que nous avons vu être le Nil), suivant les ordres et sous la conduite de la déesse de la sagesse, Minerve, le grand et célèbre navire qu'ils appelèrent *Argo* (2), d'un nom phénicien, *arca* ou *arco*, qui veut dire un grand et long vaisseau (3). On lui a attribué les fameux prodiges du voyage des Israélites, et particulièrement ceux de l'arche que Moïse fit faire suivant les ordres et le modèle qu'il en reçut de Dieu ; car, d'un côté, avec le navire Argo, ils parcoururent les mers, les fleuves et les terres ; et comme il portait ces héros sur les eaux, eux aussi le portaient sur leurs épaules au travers des terres qui se trouvaient sur leur route (4). Ainsi la Fable a renversé et corrompu le miracle du passage des Israélites dans la mer Rouge et dans le Jourdain. D'autre part, la Fable a fait mettre dans le navire Argo, par la main de Minerve même, un mât de chêne de la forêt de Dodone, auquel était attaché un oracle qui apprenait à cette troupe les volontés du ciel sur sa conduite (5). Ils le consultaient, et il leur répondait sur ce qu'ils devaient faire ou éviter, comme Dieu parlait et répondait de l'arche à Moïse sur les doutes qu'il avait pour la conduite de son peuple (6). — Cette illustre troupe d'enfants des dieux s'embarque donc sur le fameux vaisseau ; et comme on les vit prêts à mettre à la voile, le roi et les sages de sa cour avaient beaucoup de peine à laisser partir tant de héros (7). Ainsi, quand les Israélites sortirent de l'Egypte, le roi et ses serviteurs firent réflexion qu'ils avaient eu tort de laisser ainsi aller ce grand peuple. Pélias fut encore plus consterné et enragé, quand il ne retrouva pas Acaste, son fils, qui était parti secrètement et déguisé avec les autres Argonautes (8). Voilà la copie défigurée du fils aîné de Pharaon, mort la nuit du départ des Israélites, avec tous les autres aînés des Egyptiens. — Après tous les préparatifs du voyage, et avant de mettre à la voile, Jason ordonne un sacrifice solennel au dieu dont il descend, qui doit les conduire, et qui est révéré dans le pays où ils vont (9). Chacun s'empresse de porter des pierres non taillées (10) ; on en dresse un autel qu'on couvre de branches d'olivier ; après s'être lavé les mains et avoir répandu sur cet autel de la fleur de farine assaisonnée de sel et d'huile (11), on immole deux bœufs à l'honneur de ce dieu, en invoquant sa protection. Le souverain dieu du ciel invoqué par Jason lui promet par la voix du tonnerre et des éclairs son heureux secours (12), et tout le ciel fut attentif sur cette troupe héroïque et à ce voyage de ses illustres enfants.

XII. Au reste, le voyage sur les mers, sur les fleuves et dans les terres, qu'on fait faire

---

(1) ...... Nam fata vetabant
Alcidem indomitum contingere Phasidis undas.
Orpheus, Argonaut.

(2) Apollonius Rhodius. Orphée dit que cette déesse même le bâtit.
At dea faginem celeri struit ordine puppim, etc.

(3) Bochart, *in Phaleg. lib. I, c. III, et in Chanaam lib. II, c. XI.*

(4) Pindar. Pyth. Ode 4, str. 2.

(5) Ipsi divina fuerat trabes impacta, quam mediæ carinæ Minerva e Dodonea quercu adaptaverat. *Apollon. lib. I, v. 526.*

...... Resonans vocem dat concita fagus,
Argolica Pallas secuit quam diva bipenni.
Orpheus. Argonaut.

(6) Chap. V de l'Exode.

(7) Quo tantum heroum globum explodit terra Græciæ! *Apollonius.*

(8) Mox advertunt Acastum, etc. qui humeros amiciverat. *Apollonius.*

(9) Proavium invocans cum prece Apollinem. *Idem.*

(10) Ex lapidibus rudibus et non cæduis. *Idem, lib. I, v. 403.* comme il est ordonné au chap. XX, v. 25, de l'Exode, au chap. XXVI du Deutéron., et au VIII° de Josué.

(11) Fruges salsas, *Apollon. lib. I, 425,* comme au liv. I, ch. II, du Lévitique, v. 14.

(12) Pindar. Pyth. Ode 4. Eo die omnes cœlo dii desperunt navim, etc. *Apollon. lib. I, v. 547.*

à ces célèbres voyageurs, est si mal entendu et si peu raisonnable, que personne n'a pu le concevoir et y trouver quelque suite qui satisfît. Il n'est point d'imagination assez déréglée d'où pussent sortir des rêveries si extravagantes, si l'on n'y eût suivi les traditions altérées et confuses du long pèlerinage des Hébreux errants dans le désert (1). Comme eux, nous verrons les Argonautes s'écarter du lieu où ils veulent aller; nous les verrons prendre des routes opposées et parcourir des mers et des terres inconnues pour arriver dans un pays assez voisin de celui d'où ils étaient partis. — Comme Jason était sérieux et pensif, un de la compagnie, nommé Idas, blasphème contre la Divinité et se moque de la protection des dieux (2). Tous les autres s'élèvent contre lui et le menacent. Orphée chante des hymnes à la louange de ces mêmes dieux qui ont créé et tiré du chaos l'univers (3), il chante leurs ouvrages et leurs bienfaits (4). — Ils étaient déjà en mer et ils sortaient du port à force de rames et de voiles; Chiron, chez qui Jason avait été sauvé et élevé jusqu'à ce qu'il allât se présenter à Pélias, courut au rivage sur leur route avec sa femme, qui portait entre ses bras le petit Achille, fils de Pélée, un des chefs compagnons de Jason; il leur donna des avis, anima leur courage, et fit des vœux pour l'heureux succès de leur entreprise (5). Ainsi Jéthro, beau-père de Moïse, qui s'était retiré chez lui jusqu'à ce qu'il allât se présenter à Pharaon, ayant appris les merveilles de sa sortie d'Egypte et du commencement de son voyage, vint le trouver à l'entrée du désert, avec la femme et deux enfants de Moïse, où il lui donna d'excellents avis, et fit avec lui des sacrifices à Dieu, qui le protégeait si visiblement (6).

XIII. Le vaisseau s'éloigna bientôt des bords de la Thessalie, et après avoir côtoyé avec un vent favorable la Macédoine et ensuite la Thrace, qui est aujourd'hui la Romagne, il aborda à l'île de Lemnos, à présent nommée Stalimène, dans l'Archipel. Ce fut la première station des Argonautes, que le poëte appelle funeste (7), dans laquelle la Fable a copié des traits éclatants, et qui ne peuvent être douteux, de la fameuse et funeste station du voyage des Israélites, et de leur commerce avec les femmes moabites et madianites. Il n'y a qu'à considérer cette aventure dans la copie depuis son origine. — On conte que, par une vengeance de la déesse Vénus, tous les hommes de cette île ayant pris de l'aversion et du mépris pour leurs femmes, ces femmes se défirent d'eux (8), et qu'il n'y resta qu'un seul homme, qui était Thoas, fils de Bacchus, père de la reine, sauvé de la perte générale par la piété de sa fille (9); qu'à l'arrivée des Argonautes, qui ne voulaient que passer, ces femmes allèrent au-devant d'eux avec leurs plus belles parures; qu'elles employèrent leurs charmes et toute leur adresse pour les faire entrer dans leur villes, et ensuite pour les y retenir; qu'après s'en être légèrement excusés, ils suivirent ces enchanteresses (10); qu'ils prirent de la passion pour elles, et qu'oubliant leur devoir et les promesses du ciel, ils demeurèrent avec elles, malgré les remontrances de plusieurs des plus sages des principaux chefs, et particulièrement d'Hercule; qu'ils s'établirent là avec ces femmes, comme s'ils eussent dû y passer leur vie, jusqu'à ce que les reproches d'Hercule (11) et des autres qui étaient demeurés avec lui réveillassent en eux des mouvements de honte et de crainte, leur donnassent la force de rompre leurs chaînes, malgré les gémissements et les cris de ces femmes (12), et leur fissent prendre brusquement la fuite pour se rembarquer et pour s'éloigner de ce rivage funeste. — On voit dans ces aventures, premièrement l'origine des Moabites défigurée, mais certainement copiée; l'éloignement malheureux des habitants du pays de Loth pour leurs femmes, qui leur attira la punition du ciel; enfin comme après cette punition les filles de Loth crurent que leur père fut le seul homme resté dans le monde (13), et l'aînée, lui ayant fait boire du vin jusqu'à l'enivrer, en eut un fils, dont le nom conserva la mémoire de sa naissance, car elle l'appela *Moab* (14), c'est-à-dire *né de mon père*. Ce Moab fut le père des Moabites, sur lesquels a été forgée la fable des Lemniens et de Thoas, seul homme demeuré dans tout ce peuple. Elle fait aussi Thoas fils de Bacchus (15), qui l'eut d'Ariane dans une île déserte, parce que Moab était venu de l'ivresse de son père, qui, enseveli dans le vin, eut commerce avec sa fille dans la caverne où ils s'étaient retirés (16). — On a aussi donné à l'île où l'on a transporté ces aventures le nom phénicien de *Lemnos*, c'est-à-dire *éclatante des feux* qui paraissent en sortir (17), à cause de l'état où fut réduit le pays de Loth (18), qui conserve, par la fumée,

---

(1) Populus non ducitur per viam Philistiim vicinam, sed circumducitur per viam deserti juxta mare Rubrum. *Exod.* c. xiii, v. 17, 18.
(2) Non enim Jovi adscripsero victorias justius quam hastæ meæ. *Apollonius*, l. I, a v. 465 ad 495.
(3) Quomodo terra et cœlum, prætereaque mare..... *Exod.* l. I, v. 496.
(4) Mane videbitis gloriam Domini; audivit enim murmur vestrum contra Dominum. *Exod.* c. xvi, v. 7.
(5) Chiron multa hortatus manu virili tutum discedentibus reditum precari non desinebat. *Apollonius*, lib. 1, v. 555.
(6) Exod. c. xviii.
(7) Noxiam Lemnum. *Apollonius*, lib. I, v. 605.
(8) Ubi totus universe populus abnormi culpa fœminarum anno prius fuerat crudeliter contrucidatus, etc. A puellaribus quidem conjugibus alienati viri secubuerunt. *Apollonius*.

(9) Ex omnibus sola seni pepercit patri Thoanti Hypsipyla. *Idem*.
(10) Ipsum et reliquos quotquot sunt, ut in agrum urbemque fidenter se benevoleque recipiant, invitant. Idem in littus subvectæ multa perferebant xenia, et cæteros ut inirent suas domos induxerunt. *Apoll*.
(11) Ex uno semper die in alterum recrastinabatur cursus, et longum ibidem hæsissent, imo senuissent, nisi socios seorsim mulieribus convocatos Hercules tali quadam voce castigasset. *Idem*.
(12) At illæ, re cognita, currebant in medios, etc., ac circa viros profusæ querebantur. *Idem*.
(13) Chap. xix de la Genèse, v. 31 et 32.
(14) Au même chap. xix, v. 37.
(15) Ovide, liv. VII des Métamorphoses
(16) Chap. xix de la Genèse, v. 33.
(17) Bochart, in *Chanaam*, lib. I, c. xii.
(18) Ch. xix de la Genèse, v. 28, et ch. x de la Sagesse, v. 7.

qui en sort encore, les marques et les restes du feu du ciel qui consuma ses villes. C'est aussi sur cela que la Fable a fait précipiter du ciel dans cette même île Vulcain, qu'elle a fait le dieu du feu, et qu'elle appelle en grec d'un nom syriaque qui veut dire le père du feu (1). — Comme les Israélites passaient dans le voisinage des Madianites, à l'orient de la Judée, le long de la mer Morte et du Jourdain, sans avoir néanmoins aucun dessein contre eux, Balac, leur roi, qui craignait les Israélites, après avoir cherché vainement d'autres moyens de les défaire, prit la résolution, suivant le conseil de Balaam, d'envoyer vers leur camp les plus belles filles moabites avec tous leurs ornements, et avec ordre d'employer tous leurs charmes et leurs artifices pour leur donner de l'amour et se rendre par là leurs maîtresses. Elles y réussirent et pervertirent la plus grande partie des Israélites, auxquels elles firent perdre le désir et le souvenir de la terre qui leur était promise, interrompre leur voyage et abandonner leur honneur, leur religion et tous leurs devoirs. Moïse, avec quelques-uns des chefs les plus zélés qui lui étaient demeurés fidèles, les en retirèrent par des reproches sanglants, animés de l'Esprit de Dieu, et par des punitions terribles qui leur firent maudire et déclarer pour ennemis les Moabites et les Madianites, leurs alliés, et les obligèrent à reprendre incontinent leur route vers la terre dont la conquête leur était destinée (2). — Peut-on voir ces deux peintures sans être convaincu (malgré tous les changements causés nécessairement par la diversité des traditions, des temps, des langues et des génies), que la Fable est la copie défigurée de l'histoire? Cet épisode historique des Israélites ainsi arrêtés par ces femmes est le vrai et premier modèle de Circé, de Calypso, qui arrêtèrent Ulysse, de la Didon d'Enée, et de toutes les erreurs et semblables aventures des grands voyages imaginés par les auteurs qui ont voulu faire des poëmes et des romans comme ceux d'Homère et de Virgile.

XIV. De là les Argonautes sont conduits presque directement dans une île qu'on appelle *Electride* (3), sans que l'on sache si elle était dans la mer Noire, dans l'Archipel, ou dans la mer Adriatique, et qui ne se trouve nulle part. Elle est ainsi nommée d'un arbre qui y produit et distille l'ambre : ce qui n'a jamais été dans aucun de ces pays, et ce que la Fable a forgé sur la tradition de l'arbre d'où distille le baume, qui est dans le voyage et dans le pays des Israélites (4). Elle n'a pas voulu négliger cet ornement, d'un arbre qui produit une liqueur si précieuse. Aussi Pline (5) assure que ces îles Electrides ne sont qu'une fiction de la vanité grecque. Ce qui prouve, comme les autres erreurs et irrégularités de ce voyage, que ce n'est ni une histoire véritable, ni une pure invention des poëtes, qui n'auraient eu garde de choquer ainsi et la géographie et toute vraisemblance, mais que c'est une copie altérée et rendue bizarre par l'assujettissement à ce que les traditions avaient retenu de la vérité de l'histoire. — Ils entrent dans le Bosphore de Thrace et ils abordent à une île de la Propontide, dont une partie était habitée par des géants effroyables, qui avaient chacun six bras et six jambes, et qui étaient la terreur de tous leurs voisins (6). Voilà les géants affreux dont parlèrent ceux que Moïse avait envoyés (7) pour considérer la terre promise; ils rapportèrent avoir vu des enfants d'Enac (8) d'une hauteur et d'une figure monstrueuse, auprès desquels ils ne paraissaient, disaient-ils, que comme des sauterelles. — L'autre partie de l'île était habitée par les Doliens, sur lesquels régnait Cyzicus, qui vint avec les siens au devant des Argonautes (9), et leur donna tous les témoignages d'une bonne amitié, suivant l'avis et l'ordre qu'il en avait reçus d'un oracle (10). Jason et plusieurs autres sortirent du vaisseau et suivirent le roi dans sa ville. Cependant les géants voisins étant venus attaquer ceux des Argonautes qui étaient demeurés dans le navire, Hercule et ceux qui s'y trouvèrent les défirent et les tuèrent tous (11). C'est comme Moïse avait vu le géant Og, roi de Basan (12), qui était venu, avec tout ce qui restait de la race des géants, l'attaquer sur son passage; mais les peuples descendants de Loth et d'Eaü (13), ni même les Gabaonites, ne prirent les armes contre les Israélites, et ne furent attaqués par eux.

XV. Bientôt après que nos héros eurent quitté ce port, un orage violent les y reporta dans une nuit obscure, durant laquelle les habitants, ne les reconnaissant pas, les prirent pour des ennemis. Et comme ils ne savaient non plus eux-mêmes où ils étaient, on se battit de part et d'autre jusqu'au jour. Le roi Cyzicus fut trouvé parmi les morts, au grand regret de ses sujets et des Argonautes, qui l'avaient tué par ignorance après en avoir reçu tant de témoignages d'amitié. Ils firent, pour expier ce meurtre involontaire, des sacrifices sur le mont de Dyndime à la mère des dieux (14), qui fit alors sortir leur

---

(1) Ephaisthos, *Syriace*, af-esto, *id est*, père du feu. Bochart, Chanaan, l. I, c. xu.
(2) Chap. xxv des Nombres, et chap. vi du liv. IV de l'Histoire de Josèphe.
(3) Orphei monitu appulerunt vesperi in insulam Electræ, etc. *Apollonius*.
(4) Pline liv. XXII, ch. xxv; et Justin, liv. XXXVI de son abrégé de l'Histoire de Trogue Pompée.
(5) Liv. III, ch xxvi.
(6) Et eumquidem habent injuriosi efferique gigantes, qui a finitimis numquam sine fugendi terrore visuntur. *Apollonius*.
(7) Ch. xiii des Nombres.
(8) De ces enfants d'Enac les savants conviennent qu'a été formé le nom grec *Anax*, qui signifie puissant, roi, maître, d'où Castor et Pollux, célèbres par leur force, étaient nommés *Anakes*.
(9) Illis pacate Doliones simul cum ipso Cyzico accedebant obviam. *Apollonius*.
(10) Etenim oraculo fuerat præmonitus ut facilem se atque obvium præberet. *Idem*.
(11) Aggressi cædem gigantum heroes bellicosi, donec omnes vi confecissent. *Idem*.
(12) Chap. xxi des Nombres et ch. iii du Deutéronome.
(13) Chap. ii du Deutéronome.
(14) Aram a lapide juxta aggerarunt, et frondibus redimiti invocarunt Matrem Dindymenam. *Appollonius*, et *Orpheus Argonaut*.

faveur une fontaine dans un endroit sec où il n'y avait jamais eu d'eau (1). Après quoi ils s'éloignèrent et abordèrent dans la Mysie aux extrémités de la Phrygie. — Ce carnage involontaire et ce meurtre de ce roi ami, avec les sacrifices pour l'expier, ont été forgés sur la tradition des ordres donnés à Moïse (2) au sujet des meurtres commis sans dessein et sans inimitié, et des sacrifices pour les expier. Ainsi Adraste, prince phrygien (3), ayant tué par imprudence son frère, se réfugie chez Crésus, roi des Lydiens, et se fait purifier par ce roi pour expier ce meurtre involontaire. Ce qui a aussi rapport aux villes de refuge dont il est fait mention dans le chapitre XXIX du Deutéronome. — La fontaine nouvellement produite tout d'un coup dans un lieu aride est une imitation de la source que Dieu accorda à Moïse, et que celui-ci fit sortir d'un coup de verge du rocher d'Oreb dans le désert de Raphidim (4).

XVI. Dans la Fable, Hercule ayant rompu sa rame par trop d'efforts, va pour en couper une dans une forêt (5), et dans le temps qu'il y était enfoncé le vent s'étant rendu favorable, les Argonautes pressés se rembarquent avec précipitation dans l'obscurité de la nuit et s'éloignent de la terre. Ils avaient déjà passé le promontoire de Posidée, dans l'Ionie, lorsqu'au retour de l'aurore ils aperçurent qu'Hercule leur manquait (6). Ils voulaient rebrousser chemin, mais les vents opposés ne le leur permirent pas; et comme ils faisaient des efforts pour revenir le chercher, un dieu marin leur prédit que tous leurs soins seraient inutiles, parce que les destins (7) avaient réglé qu'Hercule ne mettrait jamais le pied dans la Colchide (8); qu'ainsi ils devaient s'en consoler. — C'est ce que la Fable a retenu de la mort de Moïse, arrivée dans le voyage des Israélites, et avant leur entrée dans la terre promise. Elle a même conservé quelque trace de la cause pour laquelle Dieu ne voulut pas que Moïse y entrât, parce qu'au lieu d'un seul coup de verge sur le rocher pour en faire sortir de l'eau, il frappa deux grands coups (9), par quelque défiance de l'ordre et de la promesse de Dieu: ce qui a fait donner pour occasion à la perte d'Hercule d'avoir rompu sa rame par de trop grands efforts. De plus, ils font Hercule perdu et non pas mort, sur ce que Moïse fut enseveli sans que personne le sût (10) et sans

qu'on ait pu découvrir le lieu de sa sépulture

XVII. Les Argonautes parcourent encore des mers et des climats différents : ils essuient divers combats, et arrivent vis-à-vis de la Bithynie (11), dans le pays du malheureux Phinée, descendant de Phénix, frère de Cadmus. (12) Ce prince, par une punition des dieux, avait été rendu aveugle, et il était persécuté par les harpies, oiseaux horribles envoyés du ciel, qui, avec leur bec et leurs griffes, lui enlevaient presque tout ce qu'il voulait manger, et répandaient sur ce qu'elles en laissaient des ordures et une odeur si insupportable qu'il ne pouvait y toucher ; de sorte qu'il mourait de faim et de langueur dans les ténèbres et dans cette persécution continuelle. — N'est-ce pas un reste de la tradition des ténèbres et des autres plaies dont Dieu frappa Pharaon par la main de Moïse, et singulièrement des insectes qui remplissaient sa maison, son lit, les fours et toutes les viandes de ce prince et des Égyptiens, lorsqu'il ne voulait pas laisser aller le peuple de Dieu avec Moïse ? On y voit bien clairement les sauterelles qui mangeaient tout et qui, par les prières de Moïse et sur les promesses que Pharaon fit d'obéir à Dieu, furent emportées par le vent dans la mer (13); car Phinée fut délivré des harpies par Zéthès et Calaïs, enfants du vent Borée, qui les chassèrent dans la mer Ionienne jusqu'aux îles qui, de cet événement, furent appelées Strophades (14), après que Phinée les eut assurés par serment que les dieux seraient contents qu'ils l'eussent délivré de ses infortunes.

XVIII. Ils quittent Phinée, et après avoir élevé un autel sur le bord de la mer à douze divinités (15), en témoignage de cette aventure, ils se rembarquent, et arrivent au fameux détroit des îles Symplegades, autrement Pierres Cyanées, près du canal de la mer Noire (16). Ces îles, dont la proximité avait donné lieu de feindre qu'elles se choquaient continuellement avec un mouvement et un bruit effroyables, occupaient ce passage du Pont-Euxin, et le rendaient absolument impraticable. Mais, suivant l'instruction qu'ils en avaient reçue de la part des dieux, ils lâchèrent une colombe qui devait servir de guide au vaisseau pour ce passage si elle volait au delà, et qui devait le faire rebrousser

---

(1) Aliud creavit portentum dea: cum enim nullo antea manasset latice Dindymus, illis tunc scaturibat ex sicco cacumine perennis. *Apollonius.*
Saxis fons vitreus inde e mediis manat, etc. *Orpheus*
(2) Chap. IV du Lévitique; ch. XXXV des Nombres, v. 22 et suiv.
(3) Hérodote, liv. I.
(4) Ch. XVII de l'Exode.
(5) Sic ut tonsam e medio dirumperet, et alterum ipse fragmen retinens caderet, alterum mari auferretur, in sylvain abire cœpit filius Jovis, quo maturius ipse sibi accommodum pararet remum. *Apollonius.*
(6) Jam sublucebat aurora, cum ecce sentiunt se destituisse illum per imprudentiam. *Idem.*
(7) E mari emicat Glaucus, et inclamat : Cur præter magni numen Jovis nitimini in Ætæ urbem transportare animosum Herculem? *Idem.*
(8) ...... Nam fata vetabant

Alcidem indomitum contingere Phasidis undas.
Orphée; et Hérodote, en son livre septième
(9) Chap. XX des Nombres.
(10) Chap. dernier du Deutéronome.
(11) Bochart, Chanaan, liv. I, ch. X.
(12) Phineus Agenore satus incolabat, qui atrocissimis conflictabatur ærumnis, jucundo luminum lumine adempto, neque ei quidquam cibi Harpiæ relinquebant, aut id tetrum afflabat odorem, nec sustinuit quis non modo admovere gutturi, sed ne procul quidem adstare. *Apollonius*
(13) Chap. VIII, IX, X de l'Exode.
(14) Illas Zethes et Calais Aquilone sati propellunt supra mare usque ad Plotas insulas (quæ dehinc Strophades sunt nominatæ). *Apollonius,* lib. II, v. 222.
(15) Ædificata duodecim diis ara in objecto littore maris, et impositis donis, in navim celerem se revocant. *Apollonius et Orpheus.*
(16) Pline, liv. VI, c. X.

si elle revenait ou périssait sans passer (1). Ils luttèrent en même temps de toutes leurs forces avec les rames contre les flots et les écueils; et par le secours de Minerve (2), qui vint élever elle-même le vaisseau par dessus ces rochers mouvants et sur les montagnes des flots, sans perdre de vue la route de la colombe, ils passèrent sans perte et furent transportés au delà du détroit et de ces rochers qui, dès lors, se rejoignirent et ne se sont plus séparés (3). Ils reconnurent l'assistance du ciel, et que par son secours rien après cela ne leur serait impossible (4).
— Cet autel, élevé à douze divinités, est une copie de l'autel élevé par Moïse au pied du mont Sinaï, composé de douze pierres portant chacune le nom d'une des douze tribus d'Israël (5). Ces pierres fabuleuses qu'on a feint se mouvoir et se choquer, au travers desquelles il fallait et l'on ne pouvait passer, et au-dessus desquelles le vaisseau est porté miraculeusement par la main d'une divinité, avec quelques autres endroits et écueils qui paraissaient insurmontables, sont pris de pareils obstacles du voyage des Israélites, et entre autres de ce qui est rapporté au sujet du fleuve ou des torrents d'Arnon (6) qui sépare les Moabites des Amorrhéens. « Le Sei- « gneur fera pour son peuple, dans les tor- « rents d'Arnon, ce qu'il a fait dans la mer « Rouge ; les rochers de ces torrents se sont « abaissés pour laisser passer le peuple du « Seigneur. » On y a aussi marqué les prodiges de l'arche qui était portée au travers des eaux comme au-dessus des terres et des rochers, et l'assistance continuelle de Dieu, dont les Hébreux ne devaient jamais douter, après les expériences qu'ils en avaient faites.
— La colombe, lâchée par l'avis et les ordres du ciel, pour indiquer et assurer la route des Argonautes, est prise de la colombe que Noé avait lâchée de l'arche lors du déluge. C'est sur la foi et sur la conduite de cette colombe que Dieu voulut qu'il sortît de l'arche pour revenir sur la terre déchargée des eaux lorsque la colombe s'éloigna et ne revint plus. — Cependant le chef était agité de soucis dans la crainte de voir sa troupe rebutée par les nouveaux périls qui se rencontraient à chaque pas, et où elle devait encore être exposée (7). Il l'encourageait, il lui montrait et lui inspirait une entière confiance (8).

XIX. Les Argonautes côtoyèrent la Bythinie, appelée autrefois Mariandyne, aujourd'hui l'Anatolie, et ils abordèrent à une île déserte appelée Thyniade (9), autrement Apollonie, où sur le point du jour Apollon leur apparut en voyageur (10). Ils lui sacrifièrent et de là ils passèrent devant l'embouchure des fleuves Sangar et Lycus. Ils furent reçus en amis par les habitants du pays; ils y perdirent deux des leurs, dont un fut Tiphys, leur pilote; Ancée, fils de Neptune, en prit la place, et ils rendirent solennellement les derniers devoirs aux morts (11). — Ancée était phénicien (12) et petit-fils de Phénix, frère de Cadmus, c'est-à-dire Chananéen. Les Argonautes, sous sa conduite, continuèrent leur voyage; ils passèrent sur les côtes de la Cappadoce, en plusieurs autres pays, auprès de l'île Arétiade (13) ou de Mars, et après une rude tempête qui mit leur navire à deux doigts de sa perte, ils rencontrèrent sur les bords de cette île les enfants de Phrixus qui venaient d'y être jetés par le même orage, et que Æète, roi de Colchos, leur aïeul maternel, envoyait dans la Grèce pour y recueillir les biens et les États de leur père (14). Ils se racontèrent de part et d'autre leurs aventures, après s'être reconnus comme descendants des mêmes aïeux ; ils coururent tous d'abord à un temple de Mars (15), et ils lui sacrifièrent. Jason instruisit les enfants de Phrixus de son dessein (16) ; il les exhorta de revenir avec lui à Colchos, et de lui donner leurs avis et leurs secours pour y enlever de concert la Toison d'or du bélier de leur père. Argus, l'aîné de ces enfants, lui remontra les forces et la cruauté d'Æète, les difficultés et les dangers insurmontables de cette entreprise (17). Pélée rassura l'illustre troupe par les promesses et les expériences qu'ils avaient de l'assistance des dieux (18). Ils firent voile de là tous ensemble au point du jour, et après avoir passé plusieurs îles et des terres habitées par divers peuples et avoir traversé le Pont, ils découvrirent les monts du Caucase (19), et ils entrèrent de nuit dans la rivière du Phase (20), au delà de la mer, entre le Caucase et la ville capitale de la Colchide, nommée Æa, d'un côté, et de l'autre le champ et le bois de Mars où était la toison gardée

---

(1) Auspiciali columba e navigio praemissa, si per ipsa saxa in pontum evolaverit integra, vos quoque secate iter per angiportum maris; quod si pereat inter volandum, navigate retro. *Apollonius.*
(2) Minerva, manu laeva solidae adnixa rupi, dextra navim protrusit in procursum, eaque erupit sublimiter. *Apollonius et Orpheus.*
(3) Saxa vero unum in locum, etc. *Apollonius.*
(4) Cum saxa nobis exire permisit Deus, diutius formidare mitte. *Apollonius.*
(5) Ch. xxiv de l'Exode, v. 4.
(6) Ch. xxi des Nombres, v. 14 et 15.
(7) At ego ne minima quidem mei urgeor sollicitudine, sed circa istius et aliorum vicem sum anxius comitum, etc. *Apollonius.*
(8) In futurum, nec si per orci voragines sit eundum, praeportem ullum pavoris signum, etc. *Idem.*
(9) Pline, liv. VI, ch. xii, parle de cette île.
(10) Ad insulam desertam Thyniadem ubi illis Latonae filius plane apparuit e Lybia rediens, etc. et dixit Orpheus: Apollini faciamus quae suppetunt excitata littorali ara. *Apollonius.*
(11) Et ipsos funerarunt magnifice. *Idem.*
(12) Bochart, in Chanaan, lib. I, c. vııı.
(13) *Apollonius et Orpheus.* Et inde in insulam Aretiadem.
(14) Ipsis occurrunt Phrixo nati filii ad urbem Orchomenium ab Æa profecti, ut acciperent patris patrimonium, hos fluctibus jactatos et naufragos unda ejecerat in littus insulae. *Apollonius.*
(15) Tum sacra fecerunt ad aram Martis, etc. *Idem.*
(16) At vos aventibus nobis in Graeciam avehere pellem auream adjutores adeste et cursus monstratores. *Idem.*
(17) Ipsis Argus exponit labores et ingentia pericula subeunda, etc. *Idem.*
(18) Peleus fidenter respondit ne timeant, qui magnam sint partem a divis prosati, etc. *Idem.*
(19) Ponti se sinus in conspectum dat pergentibus, protinus Caucasiorum se montium aperiunt ruinae, etc. *Idem.*
(20) Venerunt noctu ad latum Phasidem et ultimas ponti metas, remisque subeunt patentem alveum fluvii, etc. *Idem.*

Le mot *Phasis*, syrien, signifie simplement un fleuve.

par le dragon veillant sans cesse (1). Jason fit d'abord des libations en l'honneur du Dieu du fleuve et des dieux du pays (2), et après avoir jeté les ancres, ils délibérèrent durant la nuit sur ce qu'ils avaient à faire (3) et sur la manière d'aller trouver Æète. — Ainsi les Israélites errèrent longtemps : ils parcourent divers pays et divers peuples ; ils perdirent Aaron et Marie, frère et sœur de Moïse, auxquels ils rendirent les derniers devoirs (4) avec beaucoup de solennité ; ils trouvèrent des obstacles prodigieux ; Moïse craignit souvent de les voir rebutés, et il eut souvent besoin de les rassurer et de leur redonner de la confiance par les expériences des secours miraculeux qu'ils avaient reçus, surtout lorsque ceux qui étaient allés observer la terre promise leur eurent étalé comme invincibles les obstacles et les périls d'y entrer (5). Ils rencontrèrent sur leur chemin les Moabites et les Ammonites, descendants de Loth, neveu d'Abraham, leur père, qu'il leur fut défendu de troubler (6), et qu'ils ménagèrent comme leurs alliés. Enfin, avec l'assistance continuelle de Dieu, qui s'était même laissé voir à eux, ils parvinrent au fleuve du Jourdain qui était l'entrée de la terre qu'ils allaient conquérir. Ils le passèrent miraculeusement et à pied sec, et ils bâtirent sur le bord et au milieu un autel de douze pierres non taillées.

XX. Junon et Minerve, les divinités de la Puissance et de la Sagesse, qui favorisaient les Argonautes, cherchant les moyens de leur aplanir les difficultés presque insurmontables de leur entreprise (7), n'en trouvèrent point de meilleur que de mettre l'habile Médée, fille du roi Æète, dans leurs intérêts, en lui faisant inspirer de la passion pour leur chef par la déesse et par le dieu de l'amour (8). Après en être convenus, elles conduisirent Jason avec deux de ses compagnons, enveloppés d'un nuage (9), jusqu'au palais du roi. Là le nuage se dissipa, comme il allait se présenter à ce prince ; et dès que Médée l'eut aperçu, blessée par une flèche de l'Amour, elle en devint passionnée et disposée à le secourir (10). — Ce grand ressort de cette fable et ce dénouement, qui n'avait aucun fondement chez les Grecs, et qui y passait pour une pure invention des poëtes, soit d'Euripide, soit des autres, comme l'enseigne Ælien (11), et comme le remarque Bochart (12), est pris assez visiblement du chapitre second du livre de Josué, et de l'historien Josèphe (13). — La puissance et la sagesse de Dieu prirent en cette occasion un soin particulier de la conduite de Josué et des Israélites, et elles éclatèrent dans les succès miraculeux, qu'ils ne pouvaient attendre que d'elles. Josué, sous ces divins auspices, envoya deux des siens à Jéricho, où ils entrèrent malgré la garde exacte qu'on y faisait (14). Ils furent adressés et conduits, sans être vus ou connus, chez une femme, nommée *Rahab*, qui recevait tous les étrangers, peu réglée dans sa conduite, *qui faisait du bruit et résolue* (15), comme son nom en hébreu le signifie, mais capable de bons conseils et secours, que Dieu avait prévenue en leur faveur et mise dans leurs intérêts : si bien qu'elle s'exposa à la fureur du roi, qu'elle le trompa, sauva ces gens, et leur livra Jéricho, après leur avoir fait jurer qu'ils la sauveraient (16). — Le nom de *Médée* (17) n'est aussi qu'un nom feint et accommodé à cette aventure, soit de la Fable, soit de l'histoire, et veut seulement dire, une personne *qui conseille, qui conduit et qui prend soin*. — Les poëtes n'ont eu garde d'oublier dans leur Fable ce que l'histoire et la tradition des Juifs apprenaient, et ce que Josèphe (18) conte à l'avantage de Moïse, que la nécessité des affaires et les pertes de l'Egypte l'ayant fait nommer général des Egyptiens contre les Ethiopiens (19), après les avoir chassés de l'Egypte, il les poursuivit chez eux : qu'après la prise de plusieurs villes, il assiégea leur capitale, et que durant le siège la fille du roi d'Ethiopie, qui de dessus les murailles avait vu faire à Moïse des actions surprenantes de valeur et de conduite, passa de l'admiration à un violent amour pour lui, et lui offrit de l'épouser. Il accepta cette proposition, à condition qu'elle lui remettrait la place. Ils se jurèrent une foi mutuelle, et après l'avoir accomplie, Moïse ramena les Egyptiens victorieux dans leur pays. Voilà ce que Josèphe, l'historien des Juifs, dit de Moïse ; c'est plus qu'il n'en dit lui-même ; et cela convenait trop au génie et à l'héroïsme poétique, pour n'être pas adopté et employé par les poëtes grecs dans leur Fable, comme il a été du goût de toutes les poésies et des romans de tous les pays faits sur le même modèle.

XXI. La Fable met au-devant du palais d'Æète des fontaines de lait, de vin et d'huile (20), comme dans l'histoire sacrée il coulait

---

(1) Ex altera parte Campus Martius et sacer Deo lucus, ubi Draco pervigil servat pellem, etc. *Idem.*
(2) Jason in flumen vini defundit libamenta, tum Telluri, tum Diis loci suppliciter orans auxilium eorum, etc. *Idem.*
(3) Inter nos ipsos consultemus, etc. *Idem.*
(4) Chap. xx des Nombres, et Josèphe, liv. IV, ch. IV.
(5) Chap. XIII et XIV des Nombres.
(6) Chap. II du Deutéronome.
(7) Juno et Minerva his faventes inter se consultant qua ratione, et quibus auxiliis illi auratam Æetæ pellem, etc. *Apollonius*, lib. III.
(8) Communi consilio Venerem orant ut Æetæ virginem ad Jasonis redigat desiderium, ut illa cum eo conspirans benevole raptum pellis aureæ et reditum conciliet. *Idem.*
(9) Progredientibus benevola Juno caliginem aeriam circumfudit. *Idem.*
(10) Puellam telum imo sub corde perrodebat in ignis vicem, etc., et ad istam faciem latenter sub pectore coarctatus gliscebat pestilens amor. *Apollonius.*
(11) Ælianus, Variæ Historiæ, lib. V, cap. ult.
(12) Bochart, in Phaleg. lib. IV, cap. xxxi.
(13) Josèphe, liv. II, ch. v, et liv. V, c. I de son Histoire.
(14) Misit Josue duos exploratores in abscondito, qui pergentes ingressi sunt domum mulieris meretricis nomine Rahab. Chap. II de Josué.
(15) Rahab, id est, fortis et tumultuans
(16) Chap. II de Josué.
(17) Medeo, en grec, signifie *rego, curo, consilium do*.
(18) Chap. v du liv. II de son Histoire des Juifs.
(19) Nous avons vu qu'on appelait Colchos une autre Ethiopie. Bochart, dans le Phaleg., ch. xxxi.
(20) Vivi fontes quatuor manabant, quorum unus scatebat lacte, sequens vino, etc. *Apollonius.*

dans le pays de Chanaan des ruisseaux de lait et de miel. — Le roi Æète, déjà prévenu et troublé des frayeurs et des présages d'un songe funeste que les dieux lui avaient envoyé (1), instruit aussi par la renommée, des merveilles plus qu'humaines que ces étrangers avaient faites dans leur voyage, dès qu'il eut appris d'eux-mêmes ce qu'ils venaient chercher, consterné et ne doutant plus de sa ruine, il fut saisi de rage, et il proposa à Jason des conditions qui devaient le faire périr (2).

C'est ce que Rahab avait dit aux espions de Josué (3), que la terreur de leur approche avait saisi le roi et tous les habitants, consternés et persuadés de leur ruine infaillible : qu'ils savaient quels prodiges Dieu avait faits en leur faveur, et qu'il leur avait livré cette terre. Aussi le roi ayant su que deux étrangers ou espions étaient entrés dans Jéricho et chez cette femme, il y envoya pour les prendre, et les fit chercher partout pour les faire périr.

Les conditions (4) qu'Æète proposa à Jason pour avoir la Toison d'or furent de mettre sous le joug deux taureaux qui avaient les pieds et les cornes d'airain, et qui jetaient des flammes par la bouche : de labourer avec ces taureaux quatre arpents du Champ de Mars, qui n'avaient jamais été défrichés : d'y semer ensuite des dents de dragon, d'où devaient sortir à l'instant des hommes tout armés et prêts à combattre : de mettre en pièces tous ces soldats sans qu'il en restât un : de tuer le dragon veillant qui gardait la toison, et d'accomplir tous ces travaux dans un seul jour. — Les poëtes ont voulu par ces fictions représenter les obstacles naturellement insurmontables que Dieu fit vaincre aux Israélites, et les prodiges qu'il opéra pour leur livrer la terre de Chanaan (dont la vérité s'était altérée par les traditions et par le passage de diverses nations et en différents auteurs). Ils ont peint sous ces figures les grands fleuves, les fortes armées, les murailles avec des portes de fer et des serrures d'airain (5), les fortifications bien gardées qui défendaient ce pays, l'ange que Josué trouva dans le voisinage de Jéricho (6), qui se présenta à lui sur le chemin avec une épée nue à la main, dont il fut effrayé, et qui lui déclara être envoyé pour son secours. Les idées de ces fictions étaient aussi toutes Phéniciennes ou Chananéennes, et quelques-unes même tirées de l'histoire sainte. Bochart (7) nous apprend que tout cela est pris de l'Hébreu, de ce que le même mot syriaque signifie *des richesses* et *une toison* : qu'un autre mot signifie de même *des murailles* et *des taureaux* ; et que, dans la même langue, le même terme dont on se sert pour dire *des piques d'airain*, veut dire *un dragon*. Ainsi, l'on a feint une toison dont on fait la conquête, des taureaux et des dragons qu'il faut combattre et vaincre. — Le même Bochart (8) nous apprend que la fable des hommes qui naissent tout armés des dents de dragon s'est formée du double sens et de la mauvaise interprétation de ces paroles chaldaïques : *Il assembla une armée de soldats armés de piques d'airain, prêts à combattre* : qu'on a expliquées ainsi : *Il vit naître des dents de serpents, une armée de cinq hommes* : ou pour mieux dire, *des soldats rangés cinq à cinq* ; comme on voit au chapitre XIII de l'Exode (9), *armés ou rangés cinq à cinq* ; qui était la manière de ranger et de faire marcher les troupes chez les Égyptiens. Ainsi, Ménélas, au retour de Troie, voit en Égypte le roi Protée (10), c'est-à-dire le roi d'Égypte, représenté comme un dieu marin au milieu de ses eaux et de ses fleuves, qui fait la revue et le compte de ses troupes cinq à cinq. Et les Troyens marchent en cinq compagnies (11), pour attaquer le mur que les Grecs avaient élevé devant leur flotte. Cette mauvaise interprétation vint de ce qu'en hébreu les mêmes mots qui signifient *des piques d'airain*, signifient *des dents de serpent* ou *de dragon*, comme nous l'avons vu : et le même mot *Chamuschim* veut dire *cinq*, ou *rangé par cinq, et prêt à combattre*. C'est ce qui a donné lieu à la fable de Cadmus, d'où celle-ci est copiée ; aussi dit-elle que c'étaient des dents des restes de celles du serpent tué par Cadmus (12). Ainsi, tout est ici phénicien.

XXII. C'est encore une copie défigurée de ce que rapportèrent les espions envoyés du désert de Pharan par Moïse (13) pour reconnaître la terre promise, qu'ils y avaient vu des fleuves profonds, des montagnes inaccessibles, des monstres horribles ; que cette terre dévorait ses habitants : à quoi l'on avait pu ajouter assez naturellement qu'elle en produisait en même temps d'autres tout armés ; ce qui est une manière de parler ordinaire, pour marquer de nouveaux soldats qui prennent d'abord la place de ceux qui ont péri. Cette idée peut aussi être venue des soldats qui, s'étant cachés en embuscade ventre contre terre, s'élèvent tout d'un coup sur les ennemis qui avaient passé presque sur eux sans les voir, comme firent les Israé-

---

(1) Tunc etiam Juno ferri per somnia jussit
Æetæ exitium; vehemens hinc protinus omnem
Regalem cum mente domum concusserat horror.
Orpheus, Argonaut.

(2) Exulceratus alte extumescit mente iracunda, etc. Et dedero, inquit, tibi pellem, si placuerit conditio. *Apollonius.*

3) Chap. II de Josué, v. 9.

(4) Pares mihi Campum tondent Martium æripedes Tauri, qui flammas exhalant ore. Eos agito junctos per scruposum Martis novale quatuor amplum jugera ; quo peraratò inspergendi sunt diri serpentis dentes qui pullulant viros corpore armato ; hi dilaniandi, hastaque demetendi undique laterum ingoetentes; mane jungendi boves, vespere messis absolvenda, etc. *Apollonius.*

(5) Ainsi que le porte la paraphrase Chaldaïque du ch. vi de Josué.
(6) Ch. v de Josué.
(7) In Phaleg. lib. IV, cap. XXXI.
(8) In Chanaan, lib. I, c. XIX.
(9) Vers. 18 du texte Hébreu, *Quintati*, ou *Chamuschim*.
(10) Au IVᵉ de l'Odyssée.
(11) Livre XII de l'Iliade.
(12) Dedit in certamen rex Æetes suspectos dentes Aonii serpentis quem Cadmus, cum venerat quæsitum Europam, interemit. *Apollonius*, lib. III, v. 1176.
(13) Chap. XIII des Nombres.

lites contre les habitants de la ville de Haï (1). — Ce rapport des espions avait fort effrayé et rebuté les Israélites (2) ; Moïse, Caleb et Josué eurent bien de la peine à les rassurer. Ainsi les compagnons de Jason furent consternés des conditions proposées pour la conquête de la Toison ; quelques-uns cependant étaient d'avis de la tenter (3), et ils s'y offraient eux-mêmes. Argus les encouragea, sur les assurances du secours de Chalciope, sa mère, et de Médée, sœur de sa mère, très-habile enchanteresse, qui savait arrêter l'activité des flammes, le cours des fleuves et des astres (4). Il leur dit qu'il tâcherait de les mettre dans leurs intérêts. Ils eurent en même temps un heureux augure de quelque oiseau, et ils se souvinrent que Phinée leur avait prédit que le succès de leur entreprise viendrait du secours d'une femme (5). — Voilà Josué et Caleb (6) qui, dans la consternation du peuple presque soulevé, le raniment par la considération de la fertilité de la terre promise, et par l'assurance qu'ils lui donnent que, par le secours infaillible de Dieu qui a promis de ne point les abandonner, ils surmonteront tous les obstacles et vaincront tous les monstres qu'on leur faisait craindre. Ensuite Dieu met la célèbre et habile Rahab dans leurs intérêts, comme nous l'avons vu, et sur-le-champ l'armée eut un présage heureux et certain, par l'éclat de la gloire du Seigneur qui parut aux yeux de tous sur le tabernacle, et qui leur remit dans l'esprit toutes les prédictions et les promesses qui leur avaient été faites. Æète cependant résout avec ses confidents de perdre tous les Argonautes après Jason, comme des brigands ravisseurs du bien d'autrui (7), de brûler leur vaisseau et de se défaire aussi des enfants de Phryxus, ses petits-fils (8), mais qui étaient du même sang que Jason. Ce dessein connu alarma Chalciope, leur mère, qui engagea plus fortement Médée à la conservation de Jason (9), à laquelle le salut de ses enfants était désormais attaché. Médée, dont la passion déjà maîtresse de son cœur fut soutenue par les prières de sa sœur (10), après quelques combats entre son devoir et son amour, se détermina enfin à donner à Jason le secours de ses enchantements contre les flammes des taureaux (11) et le fer des combattants qui devaient sortir armés de la terre. La nuit suivante, elle lui met en main le baume enchanté, dans un temple hors de la ville, où il s'était rendu avec deux de ses compagnons (12) ; elle lui enseigne le moyen de se défaire de ces soldats naissants, en jetant seulement au milieu d'eux une pierre qui les obligera à tourner leurs armes contre eux-mêmes (13) et à s'entre-tuer tous, sans qu'il ait besoin de les combattre. Elle lui demande seulement et lui fait promettre de ne pas l'oublier (14) et de lui tenir les paroles qu'il lui donnait d'une reconnaissance éternelle. Jason alla conter aux siens les assurances qu'il venait de recevoir ; il fit un sacrifice qui lui avait été prescrit et qui fut suivi de bruits souterrains qui l'assuraient d'un heureux succès (15). — Après avoir frotté son corps et ses armes de la liqueur enchantée (16), il va dans le Champ de Mars ; il reçoit d'Æète la semence fatale ; il attaque en la présence de ce roi et de toute sa cour effrayée les taureaux furieux qui lui portaient des coups terribles de leurs cornes d'airain, et qui vomissaient contre lui des torrents impétueux de flamme ; il les saisit l'un après l'autre, les arrête, les met sous le joug d'airain, les attelle à une charrue de diamant, et leur fait fendre et labourer le champ ; il y sème les dents ; les sillons poussent des géants, enfants de Mars (17), tout armés et animés au combat. Jason jette au milieu d'eux une grosse pierre (18). Dès lors ceux qui étaient déjà nés se jettent comme des chiens enragés les uns sur les autres, ils se déchirent et s'entre-tuent ; Jason perce et abat les autres à demi-nés ; les sillons regorgent de leur sang ; enfin il en achève la

---

(1) Chap. vIII de Josué ; et ch. I du liv. V de l'Histoire de Josèphe.
(2) Chap. vIII des Nombres.
(3) Hæc ubi prolata, cunctis labor videbatur inexhaustus, etc. Peleas tamen frequentes inter proceres fortis animi edit sententiam, etc. Tertius tum Idas, et deinde alii firmitate animi, etc. *Apollonius*, lib. III, vers. 502 et seq.
(4) At Argus : Confido idoneam vobis opem meæ fore parentis, etc. Ejus soror herbis actuosi ignis sedat flammam, sonoros fluviorum cursus sistit, tum astra et præclaræ itinera lunæ retardat, etc. *Eod. lib.* III, l. 521 et seq.
(5) Dii præsentes dederunt ipsis augurium placidæ avis, etc. Nempe puella est concilianda, ut Phineus in Cypride cecinit spem locandam. *Eodem lib.* III, vers. 540 et seq.
(6) Au ch. xIV des Nombres.
(7) Inter hæc Æetes fraudes Minyis et molestias molitur, qui ut grassatores in suam ditionem alieno manus peculio admoveant. *Apollonius*, lib. III, vers. 576 et seq.
(8) Eam a Phryxi et Chalciope sobole instructam esse pestem. *Ibid.* vers. 605.
(9) Chalciopa ad Medeam ; per ego te Deos oro, perque te ipsam et parentes, ne illos evidente sinas exitio sub oculis tuis obrui lugubriter. *Ibid.* vers. 701.
(10) Medea tandem dolosum erumpit sermonem, perurgente cupidinum turba ; Chalciopa, tuæ sobolis res meum perfluctuat animum ; ne cernas me vivere diutius, etc. *Apollonius*, lib. III, vers. 725 et seq.
(11) Ubi dilucidabit in templum Hecatæ, portabo herbas deliniendis tauris, etc. *Ibid.* 738.
(12) Hecatæ fanum invehitur Jason ab Argo edoctus ; huc etiam contendit, Mopso comite, et Argo. Medea ex fascia exemptum prodige obtulit medicamen. *Ibid.* v. 1013.
(13) Nunc attende quid auxiliabunda tibi consulam ; ubi meus jam pater tradiderit dentes ad serendum e draconis maxillis, etc., v. 1027. Lapidem solum latenter projicito, et illi, de eo tanquam asperi de cibo canes, cædibus se occident mutuis, etc. *Apollonius*, lib. III, v. 1057.
(14) Et densa prehensum manu appellans : Memineris saltem nomen Medeæ, sicut et ego vicissim meminero absentis, etc. At Jason, nec ulla connubium nostrum res divellet alia quam mors. *Ibid.* v. 1128 et præced.
(15) Tum suis redditus declarat rem totam, etc. Ovem immolat, etc. Hecatem invocat, etc. Subterranei canes latrant, tremunt prata, ululant paludum Nymphæ. *Ibid.* v. 1220.
(16) Jason de Medeæ præceptis, succu liquato clypeum perfricat, et hastam et gladium, etc. *Apollonius*, lib. III, v. 1278.
(17) Hic vero cervices rite illigavit, et in medios sublatum æreum temonem coaptavit, etc. Et gravidam dentibus galeam recipit, et aratam in terram spargit dentes, etc. Jam universum per agrum expullabant Gigantes, et circumquaque horrebat scutis, hastis et cassidibus ager Martis, etc. *Ibid.*
(18) Jason arripuit magnum saxum, et procul in medios abjecit ; illi instar canum alii alios interemerunt. *Ibid.*

moisson fatale avant la fin du même jour (1), et Æète se retire tout consterné, pour chercher, mais sans espoir, quelque autre moyen de le perdre. — Nous voyons dans Æète les mouvements qui agitaient le roi de Jéricho (2), prévenu que Dieu avait livré son pays aux Israélites; dans Médée, les conseils et les secours de Rahab; enfin, dans les promesses que les Argonautes font à Médée, celle que Rahab exigea aussi des Israélites (3). — Nous avons déjà vu comme les poëtes grecs ont mêlé dans cet endroit ce que Josèphe (4) conte de la passion que la fille du roi d'Éthiopie prit pour Moïse. — Nous avons aussi rapporté l'explication et l'origine phénicienne de ces travaux par lesquels Jason fut obligé de conquérir la célèbre toison.

XXIII. Les deux espions envoyés par Josué, étant revenus au camp, rendirent compte de leur voyage et de leurs découvertes; sur quoi Josué (5) ayant invoqué le Seigneur, et ordonné au peuple de se sanctifier, le Seigneur les assura de nouveau d'un heureux succès. Il marche ensuite intrépide vers le Jourdain avec tout le peuple, qui suit l'arche d'alliance. Les eaux de ce fleuve se retirent des deux côtés; les Israélites le passent, après l'arche, au travers du canal à sec. — Ce passage miraculeux du Jourdain est ce qu'on a copié, en langage poétique, par les taureaux aux cornes d'airain et qui vomissaient des flammes, domptés par le héros dont la fable a fait la copie de Josué. On sait qu'elle représentait les fleuves par des taureaux, que leurs canaux et leur cours rapide en étaient les cornes, que l'impétuosité de ces fleuves était figurée par la fureur de ces taureaux, et que ceux qui détournaient ces fleuves, ou qui trouvaient de nouveaux moyens de passer, étaient peints et célébrés comme ayant dompté ces taureaux. Ces allégories sont connues et sont justifiées par le combat fabuleux d'Hercule contre le taureau, dans lequel le fleuve Achéloüs était transformé ou représenté. — La défaite de ces combattants nés de la terre, qui, tournant leurs armes les uns contre les autres, s'entre-tuent eux-mêmes sans qu'il en coûte à Jason que d'avoir fait rouler une pierre au milieu d'eux (comme il lui avait été suggéré), et que d'être le spectateur de leur carnage, est empruntée de la défaite des Madianites et des Amalécites par Gédéon (6). Ce général se présenta contre leur armée nombreuse, avec trois cents hommes seulement sans autres armes que des trompettes et des lampes, suivant l'ordre qu'il en avait reçu de Dieu, et il vit, sans combattre, les ennemis se troubler, tourner leurs armes les uns contre les autres, et s'entre-tuer. Ce qui avait été prédit par un soldat madianite (7), qui conta à ses camarades avoir vu comme un pain d'orge cuit sous la cendre rouler du camp de Gédéon dans le leur, renverser une tente et mettre tout leur camp en déroute. C'est ce que la Fable a copié par la pierre que Jason fait rouler parmi les enfants de Mars armés, et qui les oblige à se défaire eux-mêmes. — Après le passage des Israélites, les eaux du Jourdain reprirent leur cours ordinaire (8); l'entrée de la terre promise et la conquête de Jéricho ne furent plus qu'un effet et une suite de prodiges et de miracles de la main du Tout-Puissant. Rien ne résiste: les ennemis des Israélites sont vaincus sans combat, et les murs de Jéricho tombent d'eux-mêmes (9) à la seule vue de ce peuple et au seul bruit de ses trompettes. Le roi et les habitants, bien loin de repousser les Israélites, ne savent comment se sauver eux-mêmes. Au bruit de ces merveilles (10), tous les rois de Chanaan perdent cœur; il ne leur reste aucune force pour s'opposer à l'entrée et aux conquêtes des enfants d'Israel. — Ce passage de l'arche et des Israélites qui la suivaient, dans le Jourdain, dans la mer Rouge, et au travers des eaux et des terres, la Fable, ainsi que nous l'avons remarqué, l'a copié par le passage de son navire Argo au travers des terres et des eaux, où tantôt il portait les Argonautes, et tantôt ils le portaient eux-mêmes. — Diodore rapporte que les habitants de certaine région de l'Arabie, voisine de la mer, ont chez eux une tradition de plusieurs générations, que la mer de leurs côtes, qui paraît verte, se retira autrefois tout entière fort loin de ses rivages, et laissa voir le fond sec et à découvert, et qu'elle y revint bientôt après comme auparavant. Ce qui est visiblement une tradition du passage miraculeux de la mer Rouge.

XXIV. Médée, jugeant bien que son père ne lui pardonnerait pas les secours qu'elle avait prêtés à Jason (11), prit la résolution de se sauver avec les Argonautes. Les enfants de sa sœur et de Phrixus l'y conduisirent (12) avec Jason, qui lui donna de nouveau sa foi en présence des dieux et de ses compagnons. (13) Elle leur fit conduire le vaisseau près du bois sacré, où la toison fatale était suspendue (14) et gardée par un dragon toujours veillant: Médée l'endormit avec ses

---

(1) Jason metebat plerosque, ventris tenus et illum dimidiatos in aere exstantes, alios humerorum tenus prominentes, alios ruentes in prælium, unde sulci sanguine implebantur; die tabescente certamen erat ab illo fluitum. Æetes revertit in oppidum, meditabundus viam qua illis occurreret dirius. *Ibid.*
(2) Josué, II, 2 et seq.
(3) Josué, II, 12 et seq.
(4) Hist. des Juifs, l. II, c. v.
(5) Cap. III.
(6) Chap. VII des Juges, v. 21.
(7) *Ibid.* v. 13 et 14.
(8) Chap. IV de Josué, v. 18.

(9) Chap. VI de Josué.
(10) Au commencement du ch. V de Josué.
(11) Augurabat Medea Æetem non latere auxiliationem, atque ideo totam esse noxiam ultrorum. *Apollonius*, lib. IV.
(12) Turbatam Medeam cum Phrixi natis aufugere impulit Juno, etc. Raptim per aviam semitam extra mœnia Urbis venit. *Ibid.* v. 95 et seq.
(13) Jason Jovem jurat et testatur et Junonem pronubam. etc. Et cum dicto dextram cum dextra copulat, etc. *Ibid.* v. 95 et seq.
(14) Ibi tum illa jubet eos ad augustum nemus citam agere navem, ut de nocte vellem cautam asportent. *Ibid.*

drogues (1), et fit prendre la toison d'or par Jason sans aucun obstacle; il n'eut qu'à la recevoir des mains de Médée, et il la porta dans le vaisseau (2), où elle fut admirée de tous avec les actions de grâces dues à Médée (3), à qui ces héros devaient le succès de leur expédition et leur glorieux retour dans leur pays. — Dans la consternation générale de Jéricho et de tout le pays (4), cette ville était encore bien fermée, fortifiée et gardée; mais, par une suite de prodiges, à l'approche de l'arche, au seul bruit des trompettes et du cri de la multitude, les murs de Jéricho tombent avec toutes ses fortifications; les soldats qui la gardaient sont comme endormis. Les Israélites se rendent maîtres de cette ville sans combat et sans résistance : tout y est saccagé; rien ne se sauve, hors Rahab avec ses frères et ses parents, que les Israélites prennent au milieu d'eux, par les ordres de Dieu, et comme ils le lui avaient promis pour leur avoir livré le pays que Dieu leur avait destiné (5). Josué confirme les promesses qu'on lui avait faites; il la prend en sa protection; il lui donne ensuite des terres, et continue de la traiter avec toute la faveur qu'elle pouvait souhaiter.

XXV. Æète, furieux, court au rivage, escorté de tous les siens : il invoque les dieux pour sa vengeance; il fait partir des troupes sur ses vaisseaux pour suivre les Argonautes. Ceux-ci sont secourus par Junon (6), qui pousse le navire Argo vers la Grèce. Comme ils étaient déjà avancés, ils se souvinrent qu'il leur avait été déclaré (7) qu'ils devaient s'en retourner par une autre route, qui avait été marquée par les prêtres thébains ou égyptiens (8), le plus ancien des peuples, et déjà connu avant que la Grèce fût habitée (9): que de ce pays fertilisé par le Nil était autrefois sorti un chef qui avait parcouru l'Europe et l'Asie, qui avait conquis une grande étendue de pays et fondé quantité de villes, et entre autres, Æète, capitale de la Colchide, qui subsistait encore. Ils se souviennent que, chez ces peuples, on voyait gravés sur des colonnes très-antiques (10) les chemins et les situations de tous les endroits de la terre et de la mer où l'on pouvait voyager; et qu'on y voyait au delà de la mer un grand fleuve d'un cours très-étendu, appelé Danube (11), qui prend sa source dans les Alpes, et va passer chez les Thraces et chez les Scythes, etc. — C'est ici, dans l'histoire sainte, les peuples et les rois voisins de Jéricho, qui se soulèvent et se joignent pour combattre et pour arrêter les Israélites, que la puissance de Dieu pousse dans le pays et qu'elle soutient toujours miraculeusement. Ce sont les détours et les longueurs de leur voyage. C'est Abraham, Jacob et Joseph, les auteurs et les anciens chefs des Égyptiens, reconnus par eux sous le nom de pasteurs, fondateurs et maîtres du pays (12) et des villes que les Israélites, sortis d'Egypte, étaient allés conquérir. Ce sont enfin ces célèbres colonnes de Mercure (13), où les prêtres égyptiens avaient, dit-on, gravé les grandes connaissances de Dieu, de ses ouvrages, du ciel et de la terre, qu'ils avaient apprises d'Abraham et de sa famille, et ensuite de Moïse, durant leur séjour en Egypte. Ces colonnes sont célébrées par plusieurs auteurs. — Plusieurs savants ont aussi prouvé que les Egyptiens avaient formé et composé leur Mercure (dont ils avaient donné le nom à ces fameuses colonnes), de Joseph et de Moïse, auxquels ils devaient, ainsi qu'à Abraham, leurs belles connaissances si supérieures en antiquité à toutes celles des Grecs; c'est ce qu'Eusèbe (14) établit sur l'autorité des historiens chaldéens et égyptiens, de Diodore de Sicile, et ce qu'enseignent les vers d'Orphée sur le Verbe divin (15), rapportés par saint Clément d'Alexandrie (16), où il dit que Dieu n'était connu qu'à Abraham et à sa famille.

XXVI. Pendant que les Argonautes discouraient sur l'Egypte, ils furent interrompus par un prodige que Junon fit paraître. (17) Une flamme céleste leur marqua la route qu'ils devaient suivre; ils voguèrent à pleines voiles; et cette flamme céleste, accompagnée d'un vent favorable, ne les quitta point, jusqu'à ce qu'ayant traversé toute la

(1) Monstrum Medea sopit venenis lethalibus cum carmine, etc. *Apollonius*, lib. IV.
(2) Et revertuntur ad navem cum magna pelle, quam Jason portabat, etc. *Ibid.*
(3) Coram omnibus Jason spondet Medeam uxorem sibi sumpturum, etc., v. 194. Vos quoque tanquam totius Achaiæ vestrique ipsorum strenuam adjutricem servabitis. *Ibid.*
(4) Chap. vi de Josué.
(5) Au même chap. vi de Josué, et chap. i du liv. V de l'*Histoire des Juifs*, par Josèphe.
(6) Ferox rex solem Jovemque fœderum arbitros facinorum testatus, etc. Eodem Colchi die navibus Pontum ingressi, etc. Isti vero, flante violentius vento, providentia deæ Junonis, ocissime feruntur in agrum Pelasgicum. *Apollonius*, lib. IV.
(7) In mentem venit Phineus, qui alium dixerat cursum ex Æea fore, etc. *Ibid.*
(8) Est alia navigatio quam deorum sacerdotes monstrarunt Theba Tritonia orti. *Ibid.* v. 255 et seq.
(9) Nondum augustum genus Danaorum licebat comperire; quemdam dicunt ex Ægypto ortum, quæ celebrabatur priorum mater virorum; peragratis Europa et Asia incolas dedisse Æeæ, quæ in hodiernum diem stat cum posteris eorum. *Ibid.*
(10) Atque hi sacerdotes scriptas majorum suorum pietate servant columnas, in quibus omnia sunt itinera et fines maris terræque circumquaque profecturis, etc. *Ibid.*
(11) Ac nonnullus est fluvius, ultimum Oceani cornu, latus et continuæ profunditatis, quem dixerunt Istrum, cujus fontes Riphæis in montibus, deinde Tracum et Scytharum oras superscendit. *Ibid.* v. 280 et seq.
(12) Justin, liv. XXXVI, ch. ii de son Histoire abrégée.
(13) Jamblique, au commencement de son livre sur les Mystères des Égyptiens; Augustinus Steuchus; Manethon rapporté par le Syncelle et par Eusèbe, *Chronic.* lib. I, et M. Huet en sa Démonstration Évangélique, proposition 4, ch. ii, n. 14.
(14) Liv. III de sa Préparation Évangélique.
(15) Unum præterquam, cui derivatur origo
Chaldæum ex genere. Is noscebat sidera cœli
Illorumque vias, et qui moveatur in orbem
Sphæra, et telluris circumvertatur io axe
Spiritus, et regat hanc, etc.   *Orpheus*.
(16) Stromat. lib. V.
(17) Juno prodigio monstravit Minyis viam; ducebatur tractus flammæ cœlestis quo verum erat iter, et læti velis passis mare incurrebant. Flatus vero et cœlestis fulgur flammæ mansit donec magnum Istri fluentum essent invecti, etc. *Apollonius*, lib. IV, v. 302.

mer du Pont, ils fussent portés dans le Danube. — Voilà l'imitation de la colonne de flamme durant la nuit, et de nuages durant le jour, qui conduisait les Israélites (1) et leur servait de guide dans les vastes solitudes du désert, comme Moïse l'avait demandé à Dieu.

XXVII. Cependant les Colques commandés par Absyrte, fils du roi Æète (2), après avoir traversé les roches Cyanées et le Pont, arrivèrent à une petite île près d'une des bouches du Danube, qu'ils remontèrent. Ils entrèrent de là dans la mer Adriatique, dont ils investirent l'entrée, afin que les Argonautes qui devaient y passer, ne pussent leur échapper. Comme ceux-ci qui venaient après eux, ne pouvaient éviter d'en venir aux mains, Jason, pendant une trêve qui fut ménagée, poignarda dans les ténèbres Absyrte (3) qui venait conférer avec Médée; et après quelques expiations il couvrit son corps de terre. (4) Les Argonautes tuèrent tous ceux qui étaient sur le vaisseau d'Absyrte (5), et profitant de la nuit, ils s'éloignent dans la mer à force de rames, et ils arrivent à l'île Electride, près de l'endroit où le Pô s'y dégorge. Les Colques ne sachant, après la perte de leur prince, quel parti prendre, et n'osant retourner vers leur roi, et s'exposer à sa fureur, se dispersèrent dans les îles et les terres voisines de l'Illyrie et des frontières de l'Epire près des monts Cérauniens. (6) — La Fable, qui confond et altère l'histoire, et qui a voulu ramener ses héros dans leur pays, a copié ici comment les Egyptiens poursuivirent les Israélites jusque sur les bords de la mer Rouge (7), où ils comptèrent qu'ils ne pouvaient leur échapper, enfermés comme ils étaient entre la puissante armée des Egyptiens et la mer; ce qui fit que les Israélites eux-mêmes se crurent perdus. Les Egyptiens qui n'avaient pas voulu débiter sincèrement la nouvelle de la mort de leurs enfants et du fils du roi, arrivée la veille du départ des Israélites, ni le passage miraculeux de ce peuple dans la mer, ni la perte de Pharaon et de toute son armée avec lui dans les abîmes des eaux, avaient donné lieu par leurs déguisements à dire que le fils du roi avait été surpris en trahison et massacré par ce peuple qu'il poursuivait, que ce meurtre avait mis l'armée des Egyptiens en déroute, et les avait obligés à se disperser et à s'établir en divers pays, parce qu'ils n'osèrent retourner dans le leur.

XXVIII. Les Argonautes, poursuivant librement leur route, abordèrent chez les Hylléens dans la Liburnie, qui fait partie de l'Illyrie, aujourd'hui Croatie. Ils virent plusieurs îles de la mer Ionienne, celles de Corcyre, de Malte et de Nymphée, où l'on a fait régner Calypso. (8) Ils furent surpris par une tempête effroyable, où ils crurent périr; ils entendirent une voix distincte qui, sortant de la poutre de Dodone, placée par Minerve au milieu du vaisseau, leur annonça la colère de Jupiter pour le meurtre d'Absyrte (9), et leur prédit qu'ils ne se tireraient jamais des périls de leur longue navigation, s'ils n'expiaient ce parricide inhumain par le moyen de Circé (10), chez laquelle Castor et Pollux, après avoir imploré le secours du ciel, devaient les conduire.

Ce sont des imitations de la colère et des menaces de Dieu contre les Israélites pour leurs crimes, leurs murmures et leurs révoltes (11), avec les moyens d'en obtenir le pardon, et de fléchir la clémence de Dieu irrité, par les prières et l'intercession de Moïse et de Josué: ceux-ci, par les expiations que Dieu leur prescrivait, apaisaient sa colère, et ensuite, secourus du ciel, conduisaient ce peuple heureusement et glorieusement au travers d'un pays ennemi et de dangers affreux. La voix de la poutre qui était au milieu du vaisseau des Argonautes, et qui leur prédisait ce qu'ils avaient à craindre, et leur enseignait ce qu'ils devaient faire, est une copie, comme nous l'avons déjà observé, du propitiatoire qui était au-dessus de l'Arche (12), et d'où Dieu parlait aux Israélites et leur donnait ses ordres.

Le vaisseau, sous la conduite des deux frères Castor et Pollux, est emporté sur la route qu'il venait de faire, jusque dans le Pô, où l'on a feint que Phaéton avait été précipité

---

(1) Nombres, IX, 15 et seq.

(2) Colchorum alii quibus praeerat Absyrtus, Cyaneas ponti rupes pervadebant, et qua Istrus vergit in mare venerunt; et trausitum intersepierunt. *Apollonius*, lib. IV, v. 328.
Le Scholiaste d'Apollonius, et Strabon, liv. I de sa Géographie, ch. xxxiii, disent que la tradition enseignait qu'anciennement il y avait un canal de communication du Danube à la mer Adriatique, dont il ne paraissait plus rien de leur temps.

(3) Jason e latebra irruens elato manu gladio, Absyrtum maciat, etc. *Ibid.*

(4) Tum Jason primitiis cadaveris obtruncatis, etc. Ut fas est percussori clandestinam expiat caedem, et obruit humo cadaver. *Ibid.* v. 480.

(5) Heroes Colchorum stragem fecerunt; deinde incubuerunt assidue remis, donec in Electridem aspirarunt insulam omnium postremam prope flumen Eridanum. *Ibid.*

(6) Reliqui Colchi, iram Aeetae veriti, patriam horruerunt, et illico alii alio appulsi habitatum ierunt, quidam illas tenuerunt insulas ubi habent ab Absyrto nomen. *Ibid.*

(7) Au ch. XIV de l'Exode.

(8) Corcyram; exinde Melitam et Nymphaeam ubi regina Calypso sedit. *Apollonius*, lib. IV, v. 571 et seq.

(9) Ira Jovis ob caedem Absyrti excitatae sunt procellae... Subitum clamat articulate loquax cavae navis lignum, quod medium ad carinam Minerva ex Dodonaea aptaverat quercu, non evasuros cecinit, nisi Circe immane Absyrti parricidium piaverit. *Ibid.* v. 580.

Dat vocem concita fagus,
Argolica Pallas secuit quam diva bipenni, etc.
.....Atque utinam collisa et perdita dudum
Cyaneis petris Euxini in fluctibus essem! etc.
.....Me fera semper Erynnis,
Absyrti effuso cognati saeva cruore,
Insequitur, neque vos patriis succedere tectis
Fas est pollutos, etc.
Ni prius invisum maleae in littore justa
Purgetis per sacra nefas, etc.
Orpheus, Argonaut.

(10) Vias ergo Ausonium ad mare deos orent, in quo sint Circem inventuri Persae Solisque filiam, etc. *Apollonius*.

(11) En plusieurs endroits de l'Exode, au temps de Moïse, et ch. VII de Josué, v. 12 et 13.

(12) Au ch. V de l'Exode.

du char de son père (1) par la foudre de Jupiter. Cette fable de Phaéton est aussi prise des livres de Moïse (2). De là les Argonautes, ayant gagné le Rhône (3), furent portés avec violence vers le détroit et jusqu'à l'entrée de l'Océan, d'où ils n'auraient pu revenir et se sauver ; mais Junon avec un grand cri les retint et les porta sur les côtes des Celtes et des Liguriens. Ils passèrent près des îles de Provence; ils gagnèrent de là les côtes de la mer de Toscane, et ils arrivèrent au port d'Æée, séjour de la fameuse Circé, sœur d'Æète, roi de Colchos, où ils furent purifiés par les expiations convenables. — Courses, écarts, détours, qui ne sont ni croyables ni possibles, par lesquels la Fable a voulu imiter la longueur, les détours et les difficultés du voyage des Israélites, surtout dans le désert, et les dangers dont ils furent si souvent délivrés par des effets sensibles de la toute-puissance de Dieu. La Fable n'a pas voulu non plus omettre les expiations solennelles prescrites dans la loi de Moïse et pratiquées en plusieurs occasions pour purifier le peuple qui avait irrité Dieu, et qui s'était souillé par des crimes et par des révoltes contre lui. — Junon, par le secours d'Eole, les fit porter rapidement et heureusement dans l'île des Phéaciens (4), aujourd'hui Corfou, dont le roi les garantit d'une autre armée navale des Colques qui les y joignit, et où Jason et Médée furent mariés en présence de Junon. De là ils avaient, le septième jour, passé la Sicile ; mais les destins avaient réglé qu'ils devaient être portés sur les côtes de la Libye, et souffrir beaucoup (5). En effet, lorsqu'ils étaient déjà à la vue des terres de la Grèce (6), une tempête furieuse, qui dura neuf jours et autant de nuits, les porta sur les côtes d'Afrique. — Continuation des mêmes embarras dans la Fable, pour copier les longueurs et la route extraordinaire du voyage des Israélites.

XXIX. Orphée (7) fait passer les Argonautes chez des peuples appelés *Macrobies*, à cause de la longueur de leur vie ; ils vivaient mille ans dans l'abondance, la tranquillité et toutes les prospérités. « Ils étaient, dit-il, » pleins de justice et de sagesse, et ils me- » naient une vie aussi exempte de tous cri- » mes qu'elle était longue; ils se nourris- » saient d'une rosée délicieuse que le ciel » faisait distiller continuellement dans leur » pays. » — Les géographes ont vainement cherché un pays pour y placer ces Macrobies. Quoi qu'on ait dit des Ethiopiens, de quelques Indiens et d'autres, il n'y a point eu de peuple connu qui ait porté ce nom ni où les gens aient communément vécu si longtemps et de cette sorte. On a voulu suivre dans cet endroit ce qu'on apprenait par la tradition et par nos saints livres des longues vies des anciens patriarches, Mathusalem, Noé, Abraham, et autres de leurs temps, connus par l'Histoire sainte et célèbres par leur innocence, leur sagesse et leur justice, chez les Egyptiens et chez les autres peuples voisins. — La mémoire de la manne dont Dieu avait nourri son peuple dans le désert, de cette rosée que le ciel faisait distiller tous les matins pour le nourrir (8), s'était aussi conservée dans la tradition de cette rosée que la Fable fait distiller dans le pays de ces Macrobies pour leur nourriture. On trouve cette même tradition, dans ce qu'Hérodote (9) et Solin (10) content du lieu appelé la Table du soleil dans l'Ethiopie, vers Méroé, où ils placent aussi leurs Macrobies (11) » C'était, disent-ils, une cam- » pagne qui toutes les nuits était garnie » et couverte de viandes exquises, toutes » préparées, de tous les goûts et de toutes » les espèces de ce que l'on peut manger de » plus excellent ; le ciel les renouvelait cha- » que nuit, et tous pouvaient en prendre et » en manger dès que le soleil était levé. » — Ces deux traits de l'histoire de Moïse n'étaient pas perdus dans le temps du poëme d'Orphée, comme nous venons de voir; mais ils s'étaient dissipés ensuite, ou ils furent négligés par Apollonius ; ainsi la mémoire des faits s'est affaiblie, et s'est perdue par le temps, par le passage d'un peuple à un autre, et par le différent génie des auteurs. Si nous avions ce poëme d'Orphée en son entier et ceux des poëtes qui avaient avant lui célébré le même sujet, nous y trouverions sans doute bien plus de traits des histoires de Moïse et de Josué; ils nous en fourniraient de plus entiers, de mieux suivis et de moins défigurés que ceux qui n'ont été conservés que par une tradition affaiblie et confuse, et qui, du débris des anciens ouvrages, ont passé dans ceux qui ont été composés si longtemps après.

XXX. Le navire Argo fut porté par la

---

(1) Orantibus illis, sic procurrit navis ut in ipsum Eridani penetrarent fluxum in quem Phaeton, etc. *Apollonius*, lib. IV, v. 600.

(2) Comme l'auteur le montre dans son ouvrage, pages 150-161 de l'édition in-8° de 1835.

(3) Exinde in alium Rhodani fluentum invehuntur, et auferebantur versus Oceani sinum, in quem imprudentes erant illapsuri, unde neque redire, neque servari quivissent; verum Juno intonuit, ac tandem invenerunt viam, etc. In Stœchades evaserunt insulas, et pernavigato Pelago Ausonio littus Hetruscum contuente, in inclytum Æeæ portum appelerunt. Ibi in Circen incidunt, quæ ipsos lustrat libamentis sacrisque, etc. *Ibid. a. v.* 627 usque ad 740 et seq.

(4) Juno itidem mittit ad Thetidem et Æolum, ut Minyis navigantibus faveant. Scyllam inter et Charybdim præterlabuntur, et ad Phæaces Argo variis jactata periculis penetrat, ubi Colchicos assequuntur. *Ibid.*

(5) Sed fata nequaquam permittebant ut heroes inferrent Achææ vedem priusquam in Libyæ oris fuerint passi, etc.

DICTIONNAIRE DE LA BIBLE. II.

(6) Et jam apparebat tellus Pelopis, cum procella novem dies et totidem noctes ipsos aufert, donec attingant Syrtim, ubi nulla domum reversio restat navigii. *Ibid. usque ad* vers. 1235.

(7). Venimus ad dites omnique ex parte beatos
Macrobios, facilem qui vitam in longa trahentes
Sæcula millenos implent feliciter annos,
Immunes vitiique omnis, etc.
Ambrosiumque bibunt succum de rore perenni.
Orpheus, Argonaut.

(8) Au ch. xvi de l'Exode
(9) Hérodote, liv. III.
(10) Solin, ch. xxxiii, de l'Ethiopie.
(11) Apud Æthiopes Macrobios locus est dictus Helioutrapoza, seu Mensa Solis, opiparis epulis semper refertus, et omnium quadrupedum assa refertus carne quibus indiscrete omnes vescuntur ; nam et divinitus eas augeri ferunt. *Solinus et Herodotus*, dd. locis.

tempête dans les Syrtes, ou sables; bien avant dans les terres, d'où il était impossible de retirer les vaisseaux qui s'y enfonçaient (1), et qui manquaient tellement d'eau pour se mouvoir, qu'à peine la quille du vaisseau y était-elle trempée. (Ce sont les sèches de Barbarie entre les royaumes de Barca et de Tripoli.) Les Argonautes descendent tristement à terre (2); ils n'aperçoivent que de vastes campagnes de sable, sans eau, sans apparence de chemins et sans habitations. Ni la valeur ni la prudence ne pouvaient les sauver (3), et ils étaient perdus sans ressource, s'ils n'eussent été secourus par les génies du pays, qui, touchés de compassion pour ces héros, se firent voir et connaître à Jason. Ils lui donnèrent de l'assurance, lui enseignèrent et lui ordonnèrent de porter avec ses compagnons leur vaisseau sur leurs épaules au travers des terres, en suivant les traces d'un cheval miraculeux, qui, sortant de la mer, et traversant les terres d'une course aussi rapide que le vol des oiseaux, les conduirait en quelque lieu où ils pourraient remettre le navire à l'eau. Ils le prirent donc sur leurs épaules, et le portèrent avec tout ce qui était dedans, durant douze jours et douze nuits, au travers des vastes sables de l'Afrique, avec des fatigues et des difficultés insurmontables à tous autres qu'à des enfants des dieux (4), et autrement que par leur secours tout-puissant. — Après cette narration, le poëte, pour s'excuser de son peu de vraisemblance comme s'il avait peur et honte qu'on lui en attribuât l'invention, ajoute (5) que c'est un conte de l'invention des muses, qu'il est obligé de le rapporter comme étant leur interprète, et comme une de leurs plus anciennes traditions qu'il ne lui a pas été permis de rejeter. — C'est ainsi que, pour suivre un peu la tradition obscure sur le passage de l'arche et des Israélites au travers des mers et des fleuves comme au travers des terres, et l'accommoder à leurs manières, ils avaient achevé de la défigurer, et n'avaient fait qu'une imitation ridicule, contre toute vraisemblance et toute possibilité, pour avoir travaillé sur le fond d'une vérité qu'ils voulaient altérer. — Les Egyptiens et leurs voisins ne voulurent pas d'abord célébrer le passage miraculeux du peuple de Dieu dans la mer Rouge; mais ils ne purent en abolir le souvenir parmi eux, comme ils tâchèrent de déguiser ce fait. La tradition, confuse et fort affaiblie à mesure qu'elle s'écartait du temps où cela s'était passé, fit de l'arche miraculeuse un navire aussi miraculeux qui portait ces héros au travers des mers inconnues, qui leur faisait parcourir des pays immenses, dont même quelques-uns n'ont jamais été; navire qui à son tour était porté au travers d'espaces immenses au milieu des terres, avec tout ce qu'il contenait, sur les épaules de ces voyageurs, qui dans toute leur vigueur n'auraient jamais pu avoir assez de force seulement pour le lever (6), comme leurs auteurs mêmes l'avouent. Aussi le poëte, assez hardi d'ailleurs pour les fictions, s'est cru obligé de s'excuser de celle-ci sur la nécessité de suivre une tradition qui passait pour certaine, et qu'il n'osait ni démentir ni supprimer, comme si elle eût eu quelque chose de religieux, qu'il n'était pas permis de détruire même après l'avoir défiguré. Nous avons vu comme la déesse de la sagesse avait fabriqué ce navire, et y avait mis un bois qui rendait des oracles; ce qui est sur le modèle de l'arche, aussi bien que la vénération religieuse conservée pour ce navire, que les poëtes transportèrent au ciel (7) pour en faire une constellation.

XXXI. Les génies qui apparurent à Jason pour l'encourager et le secourir sont encore copiés sur l'ange qui apparut à Josué (8) entre le Jourdain et la ville de Jéricho. Il se présenta à lui avec une épée nue à la main, et lui dit qu'il était le prince de l'armée du Seigneur, envoyé là pour le secourir. — Le cheval dételé du char de Neptune, et qui volait au travers des déserts pour y tracer la route que les Argonautes devaient suivre, est une nouvelle représentation de la colonne de nuage durant le jour, et de feu durant la nuit, qui était donnée aux Israélites pour les conduire dans le désert. Nous en avons vu d'autres images, que les poëtes n'ont voulu diversifier à leur manière. — Les Argonautes, dans cet effroyable trajet et sous ce terrible fardeau, souffrirent de la soif tout ce qu'on peut souffrir, jusqu'à ce qu'ils arrivassent au fameux verger des Hespérides dans la Mauritanie (9), où les pommes d'or avaient été jusqu'alors gardées par un dragon qui avait été depuis peu blessé par Hercule. — Ce pays de Barbarie avait été fort connu et fréquenté par les Phéniciens, qui y avaient souvent voyagé, qui y avaient laissé plusieurs mo-

---

(1) Huc projicit eos procella inter ingentes arenas juxta littus, ut perexigua cariæ pars relinqueretur in aquis, et unde nulla navigandi et exeundi spes superesset. *Apollonius*, lib. IV, v. 1240 et seq.

(2) Hic deruunt e navi, ac dolentissime contemplantur aera et vastæ dona telluris, ac nihil aquationis, nullum callem, nullam procul pastoritiam videbant villam, etc. *Ibid.*

(3) Indignissimis modis occidimus, neque effugium patet malí. *Ibid.* v. 1247 et seq.

(4) Heroinæ Africæ Deæ terrestres familiares Jasoni apparent, etc., quarum monitis et consilio heroes navem, et quidquid in ea erat, humeris impositam duodecim dies noctesque portarunt per arenosæ telluris Africæ spatia, etc. Multis ærumnis et laboribus, quibus non suffecisset nisi Deum sati sanguine, per iter quod equi portentum in aere percurrens ipsis signaverat, ad sinum maris Tritonium lacum, etc. *Ibid.* v. 1509 et seq.

(5) Musarum hæc fabula est; ego ut internuntius Pieridum succino; atque hanc certo certius accepi dictionem. *Ibid.* v. 1381 et seq.

(6) Extra omnem verisimilitudinem, cum vix eam in mare detrusissent viribus integris. Fictio non minus absurda quam si quis hominum volare dicat. *Apollonii Scholiastes*, in v. 1381, lib. IV.

(7) Argo, servando Dea facta Deos.

(8) Chap. v de Josué, v. 13.

(9) Sicca exceperat sitis perpessionem ærumnæ dolorumque, donec contigerunt campum in quo ad hunc diem aurea custodiit Hesperidum mala terrestris serpens. *Apollonius*, lib. IV, v. 1394 et seq.

numents et établi des habitations. Saint Augustin (1) dit qu'encore de son temps les paysans, interrogés de leur origine, répondaient en langage punique qu'ils étaient Chananéens. L'historien Procope (2) rapporte qu'on voyait aussi de son temps sur ces côtes de Barbarie, près de Tanger, deux colonnes bâties par les Chananéens qui s'y étaient établis, dont l'inscription gravée marquait qu'ils avaient été chassés de leur pays par Josué, fils de Navé, brigand ou usurpateur. Et Salluste (3) enseigne que des colonies de Phéniciens chassés de leur pays étaient venues peu de temps après Hercule s'établir sur les côtes d'Afrique, où elles avaient bâti des villes ; ce qu'il dit avoir été tiré des archives des rois de Numidie. Ainsi toutes ces fables sont d'origine phénicienne, transportées dans la Grèce par le commerce des Phéniciens. — On voit dans les livres de Moïse combien les Israélites souffrirent de la soif dans le désert. L'idée de ce dragon du jardin des Hespérides, et de celui qui gardait la toison d'or, peut bien avoir été prise des serpents brûlants que Dieu irrité envoya contre les Israélites dans leur voyage (4), qui en tuèrent quantité, et dont Moïse les délivra. Ces pommes d'or sont une pure fiction, comme le remarquent Pline (5), Solin (6) et Polyhistor. — Les Hespérides, pressées par les prières d'Orphée de lui enseigner de l'eau, pour les empêcher lui et ses compagnons de périr de soif, leur racontèrent qu'un téméraire, qu'elles dépeignirent, fait et armé comme Hercule, était venu la veille; qu'il avait tué leur dragon, qu'il s'était chargé de leurs pommes d'or, et que cherchant aussi de l'eau pour se désaltérer, et désespérant d'en trouver, il avait frappé du pied sur un rocher avec tant de force, qu'il en était sorti une source abondante (7), qu'elles leur montrèrent (8). Ils y coururent, et se désaltérèrent avec avidité. — C'est une suite des traditions que les Chananéens avaient répandues. Cette seconde source, sortie d'un prodigieux coup de pied d'Hercule pour soulager la soif mortelle des Argonautes dans les déserts arides de la Libye, est une imitation de la seconde source que Moïse fit sortir du rocher par des coups redoublés de verge, dans le désert de Sin ou de Pharan (9), pour guérir la soif mortelle des Israélites vers la fin de leur voyage; elle peut l'être aussi de la source que Dieu fit sortir, pour Samson, de la mâchoire avec laquelle il avait défait mille Philistins (10). La Libye, par son nom arabe, *Lub*, ne veut dire qu'un pays sec (11), altéré et sans eau.

XXXII. C'était près du marais ou du lac Tritonien qu'ils avaient porté leur vaisseau (12), et de là sur un fleuve qui en sort et qui en prend son nom. Un Triton les fit rentrer par un détroit dans la mer du Péloponèse (13 ; il les conduisit jusqu'à la vue de l'île de Crète, d'où un géant monstrueux, qui paraissait être d'airain, monté sur un rocher élevé, fut sur le point de les accabler (14), en leur jetant des pierres d'une grosseur épouvantable. Mais il fut renversé et précipité dans la mer (15) par les enchantements de Médée.

C'est la mémoire et la copie d'Og, roi de Basan, seul resté de la race des géants (16), que Dieu livra avec son peuple entre les mains de Moïse, et qui fut taillé en pièces. Le lit de ce roi était d'airain; il avait neuf coudées de long, et quatre de large (17).

Après avoir passé la nuit en cet endroit, ils sacrifièrent à Minerve (18); et se trouvant le lendemain surpris par une nuit et par un orage horrible (19), ils eurent recours à Apollon pour lui demander leur retour dans leur pays. Ce dieu leur apparut sur un rocher noir et élevé, d'où par l'éclat de son arc il leur découvrit une petite île de la mer Égée (20), à laquelle ils allèrent aborder; ils y élevèrent un autel à Apollon, qu'ils nommèrent *Eclatant* (21), et ils appelèrent cette île *Anaphe*; de là, après plusieurs jours de navigation, ayant côtoyé une partie de la Grèce, ils entrèrent sains et glorieux dans le golfe et le port de Pagase (22), dans la Thessalie, leur patrie.

Les Israélites furent toujours conduits visiblement par la sagesse divine; et quand ils tombèrent dans la défiance de pouvoir entrer dans la terre qui leur était promise, la gloire de Dieu parut à toute l'armée au-dessus du tabernacle de l'alliance (23), et tous en virent l'éclat; alors ils furent résolus d'aller où Dieu leur ordonnait.

Bochart (24) montre que les Phéniciens

---

(1) In expositione inchoata Epistolæ ad Romanos, art. 13
(2) Vandalic. lib. II.
(3) Dans la guerre de Jugurtha.
(4) Chap. xxi des Nombres.
(5) Pline, ch. i et v du liv. II de son Histoire.
(6) Solin, chap. xxvii.
(7) Hesperides docent ut nuper Hercules huc pertransiens, arensque siti, calce pedis imam rupem sic pulsasset, ut ubertim scateret latex, et e fissili saxo bibisset ductim. *Apollonius*, liv. IV, v. 1455 et seq.
(8) Et scatebram illis indicant, qua inventa saxatili aqua satiantur. *Ibid.* v. 1458.
(9) Nombr. xx, 2 et suiv.
(10) Chap. xv des Juges, v. 18 et 19.
(11) Bochart, in Phaleg, lib. IV, ch. xxxiii.
(12) Pline, liv. V, ch. iv.
(13) Ducente Tritone et monstrante Paludis ostium et transitum in mare, veniunt ad navigandum in Peloponesum, et Cretam adeunt. *Apollonius*, lib. IV, vers. 1571 et seq.
(14) Verum aheneus eos Talus a duro scopulo refractis lapidibus vetuit religare funes a terra. *Ibid.* v. 1638.
(15) Iste, cum æreus esset, cessit tamen et succubuit, etc. *Ibid.* v. 1670 et seq.
(16) Chap. xxi des Nombres.
(17) Chap. iii du Deutéronome.
(18) Orto recens die, delubrum Minervæ Minoæ excitant. *Apollonius*, lib. IV, v. 1690.
(19) Utrum in orco navigent, minime noscentes. *Ibid.* v. 1699.
(20) Tu Latonæ fili secundissimus de cœlo venisti, et dextra aureum alte sustulisti arcum, qui candidum quoquo versus spargebat jubar, quo illis una ex Sporadibus brevis apparuit insula, quo appulerunt, etc. *Ibid.*
(21) Ibi pulchrum Apollini sacellum faciunt, Æglelem vocantes Phœbum, splendoris causa, et insulam nuncuparunt Anapham. *Ibid.* a v. 1706 ad 1718.
(22) Ibi tum tellurem Cecropiam, tum Aulidem præ ternearunt Euboicam, tum opuntias Locrensium urbes, gratabundi littora Pagasica intrarunt. *Ibid.* in fine lib. IV.
(23) Chap. xiv des Nombres, v. 10.
(24) Bochart, Chanaan, liv. I, ch. xiv et xv.

avaient fort fréquenté ces îles de la mer Egée, qu'ils y avaient laissé quantité de monuments de leur passage et de leur séjour, et qu'entre autres ils avaient donné à cette île le nom d'*Anaphe*, qui veut dire en phénicien *couverte de bois et de forêts*.

Ainsi cette fable est toute composée des traditions que les Chananéens ou Phéniciens avaient répandues dans leurs voyages. On y voit des traits défigurés par ces traditions, mais certainement pris de l'histoire des Israélites sous Moïse et sous Josué. Cette histoire a été le fond et l'original de la fable, et elle s'y reconnaît d'une manière sensible. DELORT DE LAVAUR, *Conférence de la Fable avec l'Histoire sainte*, chap. XVII. Avignon, 1835, seconde édition, in-8, pag. 89-131.]

JOSUE, fils de Josédech, grand prêtre des Juifs. *Voyez* JÉSUS, *fils de Josédech*, qui est le même, et dont on a parlé ci-devant.

*JOSUE LE BETHSAMITE, dans le champ duquel s'arrêta le chariot qui portait l'arche. I *Reg.* VI, 14, 18.

JOTA, ville de Juda. *Josue*, XV, 54. Bonfrère croit que c'est la même qu'*Asan*; *Josue* XIX, 7, et I *Par.* VI, 59. Mais il y a plus d'apparence que c'est la même que *Jeta*, *Josue* XXI, 15, et que *Jethnam*, *Josue* XV, 23. Eusèbe met *Jethnam* à huit milles d'Hébron, vers l'orient.

JOTAPATE, ville de Galilée. Josèphe dit qu'elle était à quarante stades de Gabara (a), ou peut-être *Gadara*. C'était la plus forte place de la Galilée, étant située sur une montagne, et des rochers inaccessibles de tous côtés, hors la partie septentrionale, par où l'on pouvait y aller (b). Elle fut prise et ruinée l'an 67 de l'ère vulgaire. Plusieurs croient que c'est la même que *Geth-epher* [*Voyez* ce nom], patrie du prophète Jonas; ce qui n'est nullement certain. On trouve dans un concile de Jérusalem, tenu en 536, la souscription d'un évêque de *Jotabé*, dans la Palestine. On ignore si Jotabé est la même que Jotapate.

La ville de Jotapate est célèbre par le siège que Josèphe l'historien y soutint contre Vespasien, alors général de l'armée romaine, et depuis empereur. Voici comme la chose se passa. Vespasien ayant résolu de faire la guerre en personne aux Juifs, entra dans la Galilée pour épouvanter Jérusalem et toute la Judée, et leur donner lieu de se repentir de leur soulèvement; il marcha d'abord contre Jotapate, ayant fait premièrement aplanir les chemins qui y conduisaient, et qui étaient de très-difficile accès à l'infanterie, et inaccessibles à la cavalerie : il était à la tête d'environ soixante mille hommes, sans compter un très-grand nombre de valets qui, ayant servi au milieu des périls et des exercices de la guerre, pouvaient passer pour de bons soldats (c).

Josèphe, ayant appris le dessein de Vespasien, se jeta dans Jotapate le 21 mai de l'an du monde 4070. Vespasien en fut ravi, croyant qu'en le prenant il se rendrait bientôt maître de toute la Galilée; ainsi il envoya sur-le-champ Placide et Ebutius, deux capitaines vaillants et expérimentés, avec mille chevaux pour investir la place de tous côtés, afin que Josèphe ne pût s'échapper (d). Le lendemain il y vint avec toute l'armée, et commença le jour suivant à l'attaquer; mais il y trouva une résistance à laquelle il ne s'attendait pas; il lui fallut faire le siège dans les formes; et les Juifs faisant des sorties continuelles brûlaient les machines, et renversaient tous les travaux des Romains, en sorte que Vespasien se considérait lui-même comme assiégé dans son camp.

Voyant donc que les Juifs rendaient tous ses efforts et tous ses travaux inutiles et qu'il n'avançait rien, il se détermina à prendre la ville par la famine ou par la soif, car il savait que l'on y manquait d'eau (e); mais Josèphe, pour lui ôter cette espérance, fit mettre aux créneaux des murs quantité d'habits tout dégouttants d'eau; ce qui surprit et affligea tellement les Romains, que ne pouvant s'imaginer que des gens qui auraient manqué d'eau dussent la perdre ainsi inutilement, ils en revinrent à la voie de la force.

Vespasien fit dresser toutes ses machines contre la ville, le bélier fit brèche aux murs (f), il fut donné de terribles assauts, où il se passa de part et d'autre des actions extraordinaires de valeur. Enfin Vespasien ayant été averti par un transfuge de l'état de la place et que l'heure la plus favorable pour livrer l'assaut serait vers la pointe du jour, parce qu'alors les assiégés, épuisés par un siège si long et si opiniâtre et accablés de fatigues, étaient presque tous plongés dans un profond sommeil (g). Vespasien profita de cet avis : il envoya Tite et le tribun Sabinus avec quelques soldats choisis qui tuèrent les sentinelles; ils furent suivis par Céréalis et Placide, et entrèrent dans la ville, longtemps avant que les habitants fussent éveillés, et qu'ils s'en fussent aperçus, et tuèrent tout ce qu'ils rencontrèrent, sans aucune distinction. La ville fut prise le premier jour de juillet, la treizième année du règne de Néron, après quarante-sept jours de siège. On y compta quarante mille Juifs de tués, outre douze cents prisonniers, qui n'étaient apparemment que des femmes et des enfants. Josèphe se sauva dans une caverne secrète, où il trouva quarante des siens; mais ayant été découverts, ils aimèrent mieux se tuer l'un l'autre que de se rendre. Josèphe étant resté lui deuxième se rendit, et comme on l'eut amené devant Vespasien, qui voulait l'envoyer à Néron, il le fit changer de dessein, en considération de Tite, dont il avait gagné les bonnes grâces, en leur prédisant à tous deux l'empire.

☞ *Observations* (de Folard) *sur le siège de* Jotapate. Josèphe l. III, c. II *et seq*. Le

---

(a) *Joseph. in Vita*, pag. 1017.
(b) *De Bello*, l. III, c. IV
(c) *Joseph. de Bello*, l. III, c. V.
(d) *Ibid.* c. II.

(e) *Ibid.* c. XIII.
(f) *Ibid.* c. XV.
(g) *Ibid.* c. XXIII.

siége de Jérusalem, si célèbre dans l'histoire et que l'on met au nombre des plus mémorables de l'antiquité pour l'attaque et la défense, est, au jugement des connaisseurs qui examinent de plus près les choses, beaucoup inférieur à celui de Jotapate. Tout ce que l'art a de plus grand et de plus profond, tout ce que l'on peut opposer à une attaque savante et d'une conduite admirable, tout ce que l'esprit humain peut inventer de fin, de rusé, de hardi, sans être imprudent ni téméraire, se trouve dans celui-ci. Josèphe, un des plus fameux et des plus exacts des historiens de l'antiquité, nous a donné dans son Histoire de la guerre des Juifs contre les Romains, un détail merveilleux du siége de cette place, qu'il défendait lui-même avec toute la valeur, l'artifice et l'intelligence qu'on peut désirer dans un guerrier habile et expérimenté dans une des plus savantes parties et des plus délicates de la science des armes ; ce n'est pas peu de s'en tirer avec honneur, lorsqu'on a en tête un ennemi vigoureux, hardi et entreprenant, et qui excelle particulièrement dans l'attaque des places : car les Romains surtout l'emportaient dans cette partie des armes, et c'est ce qui rendit la défense de Josèphe plus glorieuse.

Vespasien fut choisi par l'empereur Néron pour réduire les Juifs ; il entra d'abord dans la Galilée, à la tête de plus de soixante mille hommes, et vint assiéger Jotapate. Voici la description que Josèphe nous en donne (a) : *Cette ville est presque entièrement bâtie sur un roc escarpé et environné de trois côtés de vallées si profondes, que les yeux ne peuvent sans s'éblouir porter leurs regards jusqu'en bas. Le seul côté qui regarde le septentrion, et où l'on a bâti sur la pente de la montagne, est accessible : mais Josèphe l'avait fait fortifier et enfermer dans la ville, afin que les ennemis ne pussent approcher du haut de cette montagne qui la commandait ; et d'autres montagnes qui étaient à l'entour de la ville en cachaient la vue de telle sorte, que l'on ne pouvait l'apercevoir que l'on ne fût dedans.* Telle était la force de Jotapate.

On voit par cette description qu'elle était capable d'une grande résistance ; mais si l'on considère les travaux des Romains, et jusqu'où ils furent poussés, et les furieux assauts qu'ils donnèrent, on ne pourra s'empêcher d'admirer la grandeur du courage des assiégés et la conduite admirable de celui qui les commandait, car cela passe l'imagination. La ville de Jérusalem était infiniment plus forte par la hauteur et l'épaisseur de ses murailles lorsque Tite l'assiégea ; et ce qui est encore de plus remarquable, c'est que les troupes qui étaient dedans surpassaient le nombre des assiégeants, ce qui n'était pas à beaucoup près dans Jotapate. La valeur et l'audace déterminée étaient égales dans ces deux siéges ; mais on voit dans la défense de Jotapate la science jointe à une conduite merveilleuse, qu'on ne remarque pas dans celle

(a) Joseph. de Bello, l. III, c. xii.
(b) Joseph. de Bello, l. III, c. xi.

de Jérusalem. Le *virtus indocta* de Végèce, c'est-à-dire, la fureur et la rage se trouvèrent dans ce dernier ; mais dans l'autre la capacité du chef et le courage intrépide des soldats opposent à des Romains bien disciplinés et bien commandés une témérité prudente, c'est-à-dire, une valeur qui passe les bornes ordinaires, et qui produit dans le cœur des soldats un tel désir de vaincre, qu'un gouverneur est en état de les pousser jusqu'à périr plutôt que de céder dans une extrémité où le salut de tous se trouve en danger.

Comme les Romains étaient impérieux et violents dans tout ce qu'ils entreprenaient, il leur arrivait souvent de s'engager dans des desseins imprudents et téméraires, par l'opinion qu'ils avaient de leurs forces et de leur courage, et par le mépris qu'ils faisaient des peuples contre qui ils faisaient la guerre (j'entends ici les peuples de l'Asie, car ils agissaient avec moins de circonspection contre ceux-ci que contre les autres, si l'on en excepte les Parthes). Leur discipline était si admirable, leurs généraux si habiles et si expérimentés, surtout dans l'art des siéges dont ils connaissaient tout le fin, qu'il ne faut pas trouver étrange qu'ils sortissent quelquefois des règles de la prudence contre des ennemis qui leur étaient inférieurs. La guerre contre les Juifs les inquiétait, leur valeur désespérée leur paraissait redoutable ; mais comme ils manquaient alors de chefs, et qu'ils ne combattaient plus par conséquent que tumultuairement et sans discipline, ils crurent les trouver partout les mêmes, et ils se trompèrent fort à Jotapate.

Vespasien fit investir cette ville ; et comme il voulait répondre à la bonne opinion que l'empereur avait conçue de lui en terminant promptement une guerre qui pouvait avoir des suites fâcheuses, par la crainte qu'il avait que, si elle traînait en longueur, les peuples voisins ne se déclarassent en faveur des Juifs ou ne leur prêtassent sous main du secours, il résolut, malgré la force de la place, la capacité et la valeur du chef, et le nombre des habitants et des troupes qui s'étaient jetés dedans, de tenter une escalade, pour la prendre d'emblée ; mais il trouva à qui parler, et fut vigoureusement repoussé ; *le lendemain on commença à battre la ville*. Josèphe (b) semble ici mal débuter, ou le traducteur (c) n'est pas exact : il paraît visiblement par le chapitre suivant, qu'on ne battit la ville qu'après plusieurs attaques et insultes réitérées, mais qu'on tâcha d'abord de l'emporter par escalade, l'épée à la main : ainsi il aurait dû dire, *le lendemain on commença à attaquer la ville*. Les Romains y trouvèrent une résistance surprenante, tous leurs efforts furent inutiles ; ils furent repoussés avec honte, et comme ils en étaient plus susceptibles que de crainte, ils se piquèrent et y revinrent le lendemain, et en sortirent aussi honteux et aussi avancés que le premier jour. Ils étaient trop fiers pour s'en tenir là, et les assiégés

(c) M. Arnaud d'Andilly

trop braves et trop bien conduits pour ne pas leur apprendre à les mieux connaître; aussi ne se rebutèrent-ils pas, car ils soutinrent cinq assauts consécutifs; et pour faire voir qu'ils avaient plus besoin de brides que d'éperons ils firent de vigoureuses sorties, tandis qu'ils défendaient leurs remparts, grand sujet d'humiliation pour les Romains, qui avec de si grandes forces rebouchèrent partout; ainsi Vespasien vit bien qu'il n'y avait rien à gagner contre des gens si braves et si résolus, et qu'il n'en viendrait jamais à bout que par un siége régulier et dans les formes.

Les préparatifs que les assiégeants firent pour s'assurer cette conquête sont surprenans, et les travaux presque incroyables; car il fallut y aller pied à pied par des tranchées ou parallèles de claies, et élever des terrasses ou cavaliers d'une hauteur prodigieuse, pour dominer par-dessus les murs de la ville. A ces travaux Josèphe fit construire et opposa un mur encore plus haut, avec des tours et des créneaux, et pour y travailler à couvert, il fit planter debout de grosses poutres auxquelles il suspendit des rideaux de peaux de bœufs fraîchement tués, qui rendirent les coups de flèches inutiles, rompaient la force des pierres lancées par les machines, et amortissaient celle du feu par leur humidité.

Les Romains entreprirent ce siége avec un tel appareil de machines qui lançaient des traits et des pierres, que rien n'est plus surprenant. Vespasien, dit (a) l'auteur juif, disposa cent soixante machines qui tiraient incessamment quantité de dards contre ceux qui défendaient les murailles; et il fit aussi mettre en batterie d'autres plus grosses machines, dont les unes lançaient des javelots, les autres de très-grosses pierres; et il faisait en même temps jeter tant de feux, et tirer tant de flèches par ses Arabes et autres gens de trait, que tout l'espace qui se trouvait entre les murs et la terrasse en était si plein, qu'il paraissait impossible d'y aborder. Mais rien n'était capable d'étonner les Juifs; ils ne laissaient pas de faire des sorties, où, après avoir arraché ce qui couvrait les travailleurs et les avoir contraints de quitter la place, ils ruinaient leurs ouvrages, mettaient le feu aux claies, et aux autres choses dont ils se couvraient. Il est apparent que la vigoureuse défense des assiégés et les sorties fréquentes qu'ils faisaient sur les travaux des Romains les empêchèrent d'approcher plustôt le bélier pour battre et ouvrir le mur de la ville; et il est étonnant que Josèphe perdit toute espérance de sauver la place avant que le bélier eût été mis en batterie, puisqu'il tint conseil avec ses principaux officiers pour se retirer. Voulait-il sonder la garnison et les habitants? Il était persuadé de leur résolution à se défendre. Était-ce le manquement de sel? Ce n'était pas un mal insupportable; mais le plus grand mal était l'eau qui leur manquait, et qu'il fut obligé de leur faire distribuer par mesure. Mais le peuple, dit-il (b),

(a) Joseph. de Bello, l. III, c. xII.
(b) Ibid. c. xIV.

qui découvrit son dessein, vint en foule le conjurer de ne les point abandonner, et de considérer que toute leur confiance était en lui, qu'il pouvait seul les sauver en demeurant avec eux, parce que l'ayant à leur tête ils combattraient avec joie jusqu'au dernier soupir, etc. Un gouverneur brave et courageux qui se trouve à la tête de telles gens est sans doute heureux, et ce qu'il y a de plus admirable, c'est qu'ils lui tinrent parole. Je ne sais si Josèphe, avec les raisons qu'il leur allégua, était bien assuré, en sortant de la ville, de lever une armée assez forte pour les secourir contre la puissance des Romains; mais on ne se paya pas de ses raisons: il n'y en eut pas un, jusqu'aux femmes et aux enfants, qui ne le conjurassent de demeurer avec eux, et ces femmes et ces enfants ne furent pas moins utiles dans ce siége mémorable que les hommes les plus vigoureux. Josèphe ne pensa donc plus à la retraite, mais à se défendre jusqu'à l'extrémité. Des paroles il passa aux effets (c): Il fit une sortie avec les plus braves de ses gens, poussa les gardes romaines, força leurs retranchements (la tranchée), donna jusque dans leur camp, renversa les peaux sous lesquelles les soldats étaient huttés, et mit le feu dans leurs travaux. Il fit le lendemain et les jours suivants la même chose, et continua encore durant quelques jours et quelques nuits d'agir avec une semblable vigueur, sans qu'une fatigue si extraordinaire la pût ralentir. Vespasien tomba en admiration d'une valeur et d'une audace si surprenante; c'étaient, disait-il, des désespérés qu'il fallait éviter, plutôt que d'en venir aux mains avec eux; mais ces désespérés remportèrent de grands avantages, et dans les défenses rien n'est plus à craindre que le désespoir bien conduit des chefs.

Contre des gens qui se défendent ainsi il faut user de grandes précautions. Les Romains allaient lentement et avançaient peu: il fallait de bonnes plates-formes pour assurer les béliers; ils furent mis en batterie et soutenus d'une infinité de gens de trait, postés sur les tours et sur les terrasses, qui lançaient continuellement des flèches. Le mur fut battu vigoureusement; les Juifs opposèrent à l'effort du bélier des sacs pleins de paille, qu'ils descendaient à l'endroit où il frappait, et rompaient ainsi la force des coups. Cette invention, dit (d) l'auteur juif, retarda beaucoup les Romains; car de quelque côté qu'ils tournassent leur bélier, il y rencontrait ces sacs pleins de paille, qui rendaient ses coups inutiles; mais enfin ils y remédièrent en coupant avec des faulx attachées à de longues perches, les cordes où ces sacs étaient attachés. Les Romains auraient été assez embarrassés, si au lieu de cordes les assiégés se fussent servis de chaînes pour suspendre leurs sacs; mais apparemment qu'ils en manquaient.

Rien n'est plus admirable dans les siéges que toutes ces machines de jet des anciens, c'est-à-dire, les catapultes et les balistes, particulièrement celles-ci, qui poussaient des

(c) Joseph. de Bello, l. III, c. xIV.
(d) Ibid. c. xV.

pierres avec tant de force et de violence, que Josèphe dit (a) : qu'*elles abattaient les créneaux, faisaient des ouvertures aux angles des tours, et dans les endroits même où les assiégés étaient les plus pressés elles tuaient ceux qui étaient derrière les autres, sans que ceux qui étaient devant eux les pussent garantir de leurs coups.* Cela n'est pas surprenant quand on connaît la force de ces machines. On voit dans plusieurs auteurs, et surtout dans Polybe (b), où je renvoie le lecteur, des effets encore plus étonnants de la force prodigieuse de ces machines, et les poids immenses qu'elles chassaient et portaient loin de plus d'un mille d'Italie.

Les béliers et les machines de jet désespéraient les assiégés ; déjà les murs menaçaient ruine, lorsqu'ils s'avisèrent de ramasser tout ce qu'ils purent de matières combustibles, y mêlèrent du bitume, de la poix et du soufre, y mirent le feu, et en même temps lancèrent tout cela par trois endroits différents sur les machines et dans les travaux des Romains, qui leur avaient coûté tant de temps et de peine à construire, et qui furent brûlés en moins d'une heure, sans qu'ils pussent l'empêcher. Josèphe dans le même temps, voyant que tout lui réussissait, fit une vigoureuse sortie avec ce qu'il avait de gens d'élite dans la ville ; et ayant pris des falots ardents en leurs mains, ils allèrent jusque dans le camp des Romains brûler toutes les machines, toutes les huttes, et tous les travaux de la dixième légion, qui était le corps le plus redoutable de l'infanterie romaine.

Les Romains, ne se décourageant pas après tant d'infortunes, rétablirent leurs travaux, remirent de nouveaux béliers en batterie, et battirent le mur déjà ébranlé avec tant de vigueur, qu'ils le renversèrent et firent une brèche assez large pour donner l'assaut. Je n'entrerai point ici dans le détail : la description que Josèphe (c) en a faite est admirable, et d'un homme de métier ; je dirai seulement que jamais brèche ne fut insultée avec tant de vigueur, ni mieux défendue. Les Romains y rebouchèrent comme dans tous les assauts qu'ils donnèrent ; toujours battus et jamais rebutés, bien qu'ils perdissent une infinité de braves soldats. Vespasien vit bien qu'il fallait en venir à de nouveaux ouvrages ; *il fit travailler à hausser ses plates-formes et dresser dessus des tours de bois de cinquante pieds de haut, toutes couvertes de fer pour les affermir par leur pesanteur, et les rendre à l'épreuve du feu. Il mit dessus, outre ces légères machines qui jetaient des flèches et des pierres, les plus adroits de ses archers et de ses frondeurs.* Ainsi, comme ces tours et ces terrasses dominaient les remparts, les Juifs furent contraints d'abandonner la brèche ; mais ils chargèrent et repoussèrent vigoureusement, quoique avec perte, les Romains qui tentèrent d'y monter.

Enfin les habitants de Jotapate avaient soutenu, contre toute apparence, quarante-sept jours de siége, et supporté avec un courage invincible les fatigues, les misères et tous les maux les plus affreux, lorsqu'un transfuge de la ville fut la cause de sa perte. Il vint rendre compte à Vespasien de l'état de la place, du petit nombre de gens qui restaient pour la défendre, et que, pour la surprendre et s'en emparer *il n'y avait qu'à les attaquer à la pointe du jour, parce que c'était alors qu'ils tâchaient à prendre quelque repos en suite de tant de fatigues ; et ceux même qui étaient en garde, ne pouvant résister au sommeil, étaient presque tous endormis.* Ce rapport fut suspect à Vespasien ; mais comme il ne risquait pas beaucoup d'ajouter foi aux avis de ce traître qui ne disait que trop vrai, il le fit garder, et donna ses ordres pour l'attaque. Ainsi, à l'heure marquée, Tite, avec quelques officiers à la tête d'une troupe de soldats choisis, s'avancèrent sans bruit, et trouvant tout endormi, tuèrent les sentinelles, coupèrent la gorge au corps de garde, et s'emparèrent de la forteresse. Toute l'armée ensuite étant entrée dans la ville, ils firent main basse sur ses infortunés habitants, qui étaient pour la plupart encore ensevelis dans le sommeil ; et le souvenir des maux qu'ils avaient soufferts ayant effacé de leur cœur tout sentiment de compassion, ils commirent des cruautés inouïes, et ne pardonnèrent à personne.

JOUR. On distingue quatre sortes de jours : *le jour naturel, le jour astronomique, le jour civil et le jour artificiel.* Le jour naturel ou solaire est la durée de vingt-quatre heures. Le jour astronomique est la durée de la révolution entière de l'équateur, et de la portion du même équateur que parcourt le soleil pendant un jour naturel, par son propre mouvement. Le jour civil est celui que l'usage commun d'une nation détermine à l'égard de son commencement ou de sa fin. Les Hébreux commençaient leurs jours d'un soir à l'autre, tant pour le civil que pour le sacré : *A vespera usque ad vesperam, celebrabitis sabbata vestra* (d). L'Église catholique en use encore à présent de même pour l'office ecclésiastique, mais non pas pour le repos des fêtes. Les Babyloniens comptaient leurs jours d'un lever du soleil à l'autre ; ce qui est pratiqué encore aujourd'hui par ceux de Nüremberg ; les Italiens, du coucher du soleil à l'autre ; les astronomes, d'un midi à l'autre midi ; les catholiques romains, de minuit à minuit. Enfin le jour artificiel est la durée du temps que le soleil est sur l'horizon, ce qui est inégal selon les temps et les lieux, à cause de l'obliquité de la sphère. Les auteurs sacrés partagent ordinairement le jour en douze heures inégales, et la nuit de même. La sixième heure répond toujours à midi dans toutes les saisons de l'année, et,

---

(a) *De Bello,* c. XVI.
(b) *Commentaire sur Polybe* tom. II, et III, *in-quarto.* Paris.
(c) *De Bello,* l. III, c. XVI, XVII, XVIII.
(d) *Levit.* XXIII, 32. Moïse ne met jamais de différence quant au commencement et à la fin, entre le jour civil et le jour sacré. Il met toujours le soir le premier. Par exemple, au commencement de la Genèse, en parlant du premier jour de la création : *Factum est vespere et mane dies primus,* etc.

la douzième heure a in dernière heure du jour. Mais pendant l'été, cette douzième heure, de même que toutes les autres, étaient plus grandes que celles de l'hiver. Voyez l'article HEURES.

JOURDAIN, nommé en Hébreu *Jarden*, en grec *Jordanès*, et en latin *Jordanis*, fleuve très-célèbre dans les livres sacrés. On prétend qu'il tire son nom de l'hébreu (a) *Jor*, qui signifie un ruisseau, et *Dan*, qui est une petite ville près de la source de ce fleuve ; ou, selon d'autres, qu'il tire son origine de deux ruisseaux, dont l'un s'appelle *Jor*, et l'autre *Dan*. Mais ces étymologies sont très-douteuses. 1° Il n'est pas vrai que le Jourdain soit formé de deux ruisseaux, ni qu'il y en ait un qui s'appelle *Dan*, quoique la plupart des cartes géographiques le marquent ainsi. L'origine visible du Jourdain est un petit ruisseau qui a sa source dans le mont Liban, et sur lequel est située la petite ville de Dan, quatre lieues plus haut que Césarée de Philippes, où commence proprement le Jourdain. L'autre source du Jourdain, qui est la plus considérable, quoique la moins apparente, est le lac *Phiala*, environ à quatre lieues au midi de Césarée de Philippes. Ce lac a une communication par-dessous terre avec le Jourdain, et il lui fournit assez d'eau à Césarée pour passer déjà pour un fleuve. Voyez Josèphe, de la Guerre des Juifs, *l*. I, c. XVI, *et l*. III, c. XVIII.

2° Le nom de Dan est certainement beaucoup plus nouveau que celui du Jourdain. Nous savons qu'une colonie de la tribu de Dan (b) s'étant emparée de la ville de Laïs lui donna le nom de Dan, à cause du chef de sa tribu. Cela n'arriva qu'après la mort de Josué, et pendant l'anarchie qui suivit la mort des anciens d'Israël, qui avaient vu les merveilles du Seigneur. Or, avant ce temps, le Jourdain était fort connu, et on ne voit pas qu'il ait jamais porté un autre nom. On pourrait peut-être, avec plus de raison, dériver le nom de *Jarden* de l'hébreu *Jarad*, descendre, à cause de la chute et du cours rapide de ce fleuve (1). — [*Voyez* ASOR, HERMON, et ci-après l'addition à cet article, et celle à l'article du JOURDAIN PETIT.]

Le Jourdain depuis sa source, que nous prenons à Césarée de Philippes, coule dans l'espace d'environ cinquante lieues, jusqu'à son embouchure dans la mer Morte, autrement appelée le lac Asphaltite, où il se perd. Il forme dans son cours le lac de Séméchon [ou de Houlé], à cinq ou six lieues de sa source. De là il entre dans le lac de Tibériade, et passe tout au travers. Il se déborde vers le temps de la moisson des orges (c), ou de la fête de Pâques. Les bords du Jourdain sont couverts de joncs, de roseaux, de cannes, de saules et d'autres arbres, qui font que pendant l'été on a assez de peine de voir l'eau de ce fleuve (d). On dit qu'il y a pour ainsi dire deux lits, et deux bords du Jourdain distingués l'un de l'autre. Le premier est celui où ce fleuve coule lorsqu'il est dans son état naturel ; le second est celui qu'il remplit lorsqu'il se déborde.

Les voyageurs remarquent que les lions se retirent pendant l'été dans les arbres et les roseaux qui croissent le long de ce fleuve, et qu'ils sont obligés d'en sortir lorsque ce fleuve commence à s'enfler. C'est à quoi le prophète Jérémie fait allusion, lorsqu'il compare les ennemis qui viennent attaquer Jérusalem (e), ou Babylone (f), *à des lions qui sortent de l'orgueil*, ou de l'inondation *du Jourdain ;* qui sont chassés de leurs forts par l'inondation de ce fleuve. Zacharie (g) nous représente les princes de Juda, affligés de se voir éloignés de Jérusalem, comme des lions qui rugissent en voyant l'orgueil, ou la hauteur du Jourdain ravagée. Maundrel, dans son *Voyage*, dit que la largeur du Jourdain, à l'endroit de Jéricho, au temps qu'il le vit, était d'environ soixante pieds, et que sa rapidité était telle, qu'un homme n'aurait pu le passer à la nage.

Le long du Jourdain il y a, aux deux côtés, une grande plaine qui s'étend depuis le lac de Tibériade jusqu'à la mer Morte (h). Josèphe dit que cette plaine est longue de douze cents stades, large de six vingts. Il ajoute que cette plaine est extrêmement aride pendant l'été, et que l'air en est malsain, à cause de l'excessive chaleur. Il n'y a proprement que les bords du Jourdain qui soient arrosés, tout le reste est désert (i). On sait par l'Ecriture les miracles qui se firent dans le Jourdain, lorsque ce fleuve se partagea pour laisser un passage libre aux Hébreux, sous la conduite de Josué (j), [*Voyez* JOSUÉ, l'article et l'addition, §§ XXIX et XXX], lorsque Elie et Elisée le passèrent en marchant sur les eaux (k) ; lorsque Elisée fit nager le fer de la coignée qui était tombé dans ce fleuve (l) ; lorsque le Sauveur du monde fut baptisé dans le même fleuve (m), que le ciel s'ouvrit, et que le Saint-Esprit descendit sur lui.

[Après avoir quitté les rivages de la mer Morte, « nous avons, dit M. Poujoulat dans

---

(a) ראי *Jor*. דן *Dan*. ירדן *Jorden*.
(b) *Judic*. XVIII, 1, 2, 5-29.
(c) *Josue*, III, 15 ; *Eccli*. XXIV, 29.
(d) *Pietro della Valle. Maundrel.*
(e) *Jerem*. XLIX, 19.
(f) *Jerem*. L, 44
(g) *Zach*. XI, 3. *Voyez* saint Jérôme sur cet endroit de Zacharie
(h) *Vide Joseph. de Bello*, c. IV.
(i) *Joseph. l*. III *de Bello*, c. XVIII.
(j) *Josue*, III, 13 *et seq*.
(k) IV *Reg*. II, 8 et 14.
(l) IV *Reg*. VI, 6, 7.

(m) *Matth*. III, 16.
(1) « *Jordanis*, Hebr., *fluvius judicii*. » Huré. De même la table des noms hébreux qui se trouve dans presque toutes les éditions de la Bible. « Les noms que les poètes ont donnés aux fleuves de Troie, dit Delort de Lavaur, p. 187, sont de leur invention. Celui de Simoïs a été formé sur le sens du nom du *Jourdain*, qui dans la langue phénicienne signifie *fleuve du jugement*. *Sinoo*, en grec, veut dire *reprendre, corriger*; ils ont dit le *Fleuve de correction*, pour suivre dans sa signification le nom du fleuve de la Palestine. » Les Arabes appellent aujourd'hui le Jourdain *Nahr-el-Sherka*, ce qui veut dire aussi *Fleuve du jugement*

une lettre écrite à M. Michaud, nous avons marché du côté de l'embouchure du Jourdain, où nous sommes arrivés en moins de trois quarts d'heure. En touchant aux bords du fleuve, mon premier mouvement a été de boire de son eau, c'était une manière de saluer le fleuve le plus poétique du monde; je me rappelle combien mon imagination fut vivement frappée quand je visitai avec vous le Simoïs et le Scamandre; mais je me suis senti bien autrement ému à la vue du Jourdain; les fleuves d'Ilion n'avaient parlé qu'à mon esprit, le Jourdain parlait à mon âme; ceux-là n'avaient pour moi que des souvenirs d'études, celui-ci me rendait mes affections, mes souvenirs du premier âge; il me faisait rêver à mon enfance religieuse; j'éprouvais à l'aspect du Jourdain quelque chose de ce qu'on éprouve à l'aspect du pays natal, des rives paternelles, *flumina nota*. Vous n'avez pas été vous-même étranger à ces sortes d'impressions, et vous avez eu occasion d'exprimer une idée semblable dans une de vos lettres sur Jérusalem.

» Le Jourdain, en se jetant dans la mer Morte, élargit son lit et devient peu profond; là les bords du fleuve sont fangeux et couverts de roseaux; des troupes de canards sauvages battaient de leurs ailes les flots de l'embouchure, et plusieurs s'envolaient au-dessus du lac; là le Jourdain est guéable.... Les pèlerins qui nous suivaient regardaient avec des yeux presque indifférents l'embouchure du Jourdain; ce qu'ils demandaient à visiter, c'est l'endroit où le Christ reçut le baptême des mains de son précurseur... Nous suivions les rives du Jourdain à des distances plus ou moins rapprochées; le fleuve serpente sous une double ligne de saules et de roseaux; nous nous avancions sur une terre sablonneuse où croissent çà et là des touffes de tamarin, de palma-christi et d'agnuscastus. A chaque instant, on croyait voir s'élancer sur nous, non point les lions des rives du Jourdain dont parle l'Ecriture, mais des bandes de bédouins aussi redoutables que les bêtes du désert; notre caravane cheminait en silence, et les mots *Iordanos! Iordanos!* se faisaient seuls quelquefois entendre au milieu des pèlerins grecs.

» Une marche de trois heures sous un soleil qui embrasait le sable autour de nous, nous a conduits dans le lieu révéré. A peine arrivés, les pèlerins, quittant leurs vêtements et poussant des cris d'allégresse, sont entrés dans le fleuve; chaque chrétien a plongé trois fois sa tête dans l'onde sacrée en faisant des signes de croix; des prêtres grecs répandaient eux-mêmes l'eau baptismale sur la tête de plusieurs pèlerins. Ces pauvres Grecs buvaient de l'eau du Jourdain tant qu'ils pouvaient, et se baignaient avec une joie religieuse; en purifiant leur corps, ils croyaient purifier aussi leur âme; le fleuve emportait toutes les souillures, et chaque pèlerin, au sortir du fleuve, voyait s'ouvrir pour lui les portes du ciel....

» Cet endroit du fleuve, qui est devenu comme un sanctuaire, est entouré de grands saules et d'arbustes qui lui donnent une riante physionomie. Je vous disais, il y a peu de jours, que le torrent de Cédron ou de la *tristesse* doit gémir en coulant, il n'en est pas de même pour le Jourdain; le murmure de chaque flot qui passe est comme un accent joyeux. Ce lieu a toujours été un lieu saint pour les disciples de l'Evangile; dans les premiers siècles de l'Eglise, c'est là que les fidèles accouraient des pays les plus lointains pour régénérer leur foi. Pendant le moyen âge, que de chrétiens d'Occident sont venus visiter ces bords!

» Quand on est dans le lieu du baptême de Jésus, on a devant soi, à l'orient, dans le pays arabique, la montagne de Nébo, d'où le Seigneur fit voir à Moïse la terre de promission, et qui fut témoin des derniers moments du législateur inspiré. J'ai mesuré de l'œil cette montagne qui vit alors un des plus intéressants spectacles dont l'histoire puisse garder le souvenir. Le dernier jour de Moïse sur le mont Nébo et dans la vallée de Phogor s'offre à nous avec une imposante solennité; le saint vieillard était là sur les confins de deux mondes, entre le désert et les régions plus heureuses que Dieu destinait à Israel; du haut de la montagne il parcourut des yeux le pays où devaient s'accomplir tant de grandes choses, et sa pensée prophétique dut s'attrister à la vue des crimes et des malheurs futurs du peuple hébreu. Là-bas, dans cette vallée que je découvre à l'orient, Moïse rappela aux enfants d'Israel les commandements du Seigneur, leur adressa ses instructions dernières, son dernier adieu; il mourut entre les bras d'Eléazar et de Josué, qui allait devenir le nouveau conducteur de la nation choisie, et la Bible nous apprend que le soin de sa sépulture fut confié à des anges. Quelle grande figure que celle de Moïse, à la fois pontife, législateur et historien! Quelle merveilleuse et poétique vie! Quarante ans dans la cour de Pharaon; quarante ans berger avec les bergers de Madian; quarante ans dans le désert, pasteur d'un peuple qui devait plus tard donner un sauveur au monde. Moïse voit Dieu face à face, tantôt sous la forme d'une flamme ardente, tantôt sous des formes humaines; une autre fois il voit Dieu dans la nue, entourée de la majesté du tonnerre. Tout est prodige dans cette existence, et la sépulture du sublime auteur du *Pentateuque* est devenue elle-même un mystère pour les hommes.

» La science et les traditions n'ont pu indiquer d'une manière précise l'endroit où les Israélites passèrent le Jourdain; il est à présumer que ce fut non loin du lieu où le Christ a reçu le baptême, puisque les Hébreux avaient vis-à-vis d'eux la cité de Jéricho. Le passage se fit au temps de la moisson, et le fleuve avait débordé. Les prêtres qui portaient l'arche d'alliance marchaient devant le peuple, et quand ils commencèrent à mouiller leurs pieds, soudain les eaux qui descendaient, s'élevant comme une montagne, s'arrêtèrent immobiles, et le reste du fleuve s'écoula dans la mer du désert; puis,

Josué choisit douze hommes, un de chaque tribu, pour prendre dans le Jourdain desséché douze pierres destinées à servir de monument; lorsque dans les âges suivants, les enfants des Hébreux demandaient ce que voulaient dire ces pierres, on leur répondait: Les eaux du Jourdain se sont séchées devant l'arche du Seigneur, et ces pierres sont chargées de le rappeler aux enfants d'Israel. De tels récits seraient-ils déplacés dans une épopée?

» Les Arabes donnent au Jourdain le nom de *Nahr-el-Sherka* (fleuve du jugement); on peut remarquer que cette dénomination n'est que la traduction fidèle du nom primitif *Jordan*; le mot *jor* signifie *fleuve* en hébreu, et *dan* veut dire *jugement*. Assez de voyageurs ont parlé des sources du Jourdain, des pays qu'il traverse dans son cours. Voyez quelle est sa destinée! Après avoir baigné de riantes vallées, après avoir promené ses eaux au milieu d'un des plus beaux lacs de la terre (celui de Génésareth), ce fleuve aux religieux souvenirs vient s'abîmer plein de gloire dans la mer du crime et de la mort. » M. Poujoulat, *Corresp. d'Orient*, lettr. CVII, écrite au mois de mars 1831, tom. IV, pag. 388-375, *passim.* »

Dix-huit mois après cette date, M. de Lamartine contemplait le fleuve des prophètes et le fleuve de l'Evangile au midi du lac de Génésareth, et voici en quels termes il en parle dans son *Voyage en Orient*, tom. I, pag. 321-325:

« Le Jourdain sort en serpentant du lac, se glisse dans la plaine basse et marécageuse d'Esdraëlon, à environ cinquante pas du lac; il passe, en bouillonnant un peu et en faisant entendre son premier murmure, sous les arches ruinées d'un pont d'architecture romaine. C'est là que nous nous dirigeons par une pente rapide et pierreuse, et que nous voulons saluer ses eaux consacrées dans les souvenirs de deux religions! En peu de minutes nous sommes à ses bords: nous descendons de cheval, nous nous baignons la tête, les pieds et les mains dans ses eaux douces, tièdes et bleues comme les eaux du Rhône quand il s'échappe du lac de Genève. Le Jourdain, dans cet endroit, qui doit être à peu près le milieu de sa course, ne serait pas digne du nom de fleuve dans un pays à plus larges dimensions; mais il surpasse cependant de beaucoup l'Eurotas et le Céphise, et tous ces fleuves dont les noms fabuleux ou historiques retentissent de bonne heure dans notre mémoire, et nous présentent une image de force, de rapidité et d'abondance, que l'aspect de la réalité détruit. Le Jourdain ici même est plus qu'un torrent; quoiqu'à la fin d'un automne sans pluie, il roule doucement dans un lit d'environ cent pieds de large une nappe d'eau de deux ou trois pieds de profondeur, claire, limpide, transparente, laissant compter les cailloux de son lit, et d'une de ces belles couleurs qui rend toute la profonde couleur d'un firmament d'Asie, plus bleu même que le ciel, comme une image plus belle que l'objet, comme une glace qui colore ce qu'elle réfléchit. A vingt ou trente pas de ses eaux, la plage, qu'il laisse à présent à sec, est semée de pierres roulantes, de joncs et quelques touffes de lauriers-roses encore en fleurs. Cette plage a cinq à six pieds de profondeur au-dessous du niveau de la plaine, et témoigne de la dimension du fleuve dans la saison ordinaire des pleines eaux. Cette dimension, se'on moi, doit être de huit à dix pieds de profondeur sur cent à cent vingt pieds de largeur. Il est plus étroit, plus haut et plus bas dans la plaine; mais alors il est plus encaissé et plus profond, et l'endroit où nous le contemplions est un des quatre gués que le fleuve a dans tout son cours. Je bus dans le creux de ma main de l'eau du Jourdain, de l'eau que tant de poëtes divins avaient bue avant moi, de cette eau qui coula sur la tête innocente de la victime volontaire! Je trouvai cette eau parfaitement douce, d'une saveur agréable et d'une grande limpidité. L'habitude que l'on contracte dans les voyages d'Orient de ne boire que de l'eau, et d'en boire souvent, rend le palais excellent juge des qualités d'une eau nouvelle. Il ne manquerait à l'eau du Jourdain qu'une de ces qualités, la fraîcheur. Elle était tiède, et quoique mes lèvres et mes mains fussent échauffées par une marche de onze heures sans ombre, par un soleil dévorant, mes mains, mes lèvres et mon front éprouvaient une impression de tiédeur en touchant l'eau de ce fleuve.

» Comme tous les voyageurs qui viennent, à travers tant de fatigues, de distances et de périls, visiter dans son abandon ce fleuve jadis roi, je remplis quelques bouteilles de ses eaux pour les porter à des amis moins heureux que moi, et je remplis les fontes de mes pistolets de cailloux que je ramassai sur le bord de son cours. Que ne pouvais-je emporter aussi l'inspiration sainte et prophétique dont s'abreuvait jadis les bardes de ses sacrés rivages, et surtout un peu de cette sainteté et de cette pureté d'esprit et de cœur qu'il contracta sans doute en baignant le plus pur et le plus saint des enfants des hommes! Je remontai ensuite à cheval, je fis le tour de quelques-uns des piliers ruinés qui portaient le pont ou l'aqueduc dont j'ai parlé plus haut, je ne vis rien que la maçonnerie dégradée de toutes les constructions romaines de cette époque, ni marbre, ni sculpture, ni inscription; aucune arche ne subsistait, mais dix piliers étaient encore debout, et l'on distinguait les fondations de quatre ou cinq autres; chaque arche, d'environ dix pieds d'ouverture, ce qui s'accorde assez bien avec la dimension de cent vingt pieds, qu'à vue d'œil je crois devoir donner au Jourdain.

» Au reste, ce que j'écris ici de la dimension du Jourdain n'a pour objet que de satisfaire la curiosité des personnes qui veulent se faire des mesures justes et exactes des images mêmes de leurs pensées, et non de prêter des armes aux ennemis et aux défenseurs de la foi chrétienne, armes pitoyables des deux parts. Qu'importe que le Jourdain soit un torrent ou un fleuve? que la Judée soit un monceau de roches stériles ou un jardin délicieux? que telle montagne ne soit qu'une colline, et tel royaume une province? Ces hommes qui s'acharnent, se combattent sur de pareilles questions, sont aussi insensés que ceux qui croient avoir renversé une croyance de deux mille ans, quand ils ont laborieusement cherché à donner un démenti à la Bible et un soufflet aux prophéties? Ne croirait-on pas, à voir ces grands combats sur un mot mal compris ou mal interprété des deux parts, que les religions sont des choses géométriques que l'on démontre par un chiffre ou que l'on détruit par un argument; et que des générations de croyants ou d'incrédules sont là toutes prêtes à attendre la fin de la discussion et à passer immédiatement dans le parti du meilleur logicien et de l'antiquaire le plus érudit et le plus ingénieux? Stériles disputes qui ne pervertissent et ne convertissent personne! Les religions ne se prouvent pas, ne se démontrent pas, ne s'établissent pas, ne se ruinent pas par de la logique! elles sont, de tous les mystères de la nature et de l'esprit humain, le plus mystérieux et le plus inexplicable! elles sont d'instinct et non de raisonnement! comme les vents qui soufflent de l'orient ou de l'occident, mais dont personne ne connaît la cause ni le point de départ, elles soufflent, Dieu seul sait d'où, Dieu seul sait pourquoi, Dieu seul sait pour combien de siècles et sur quelles contrées du globe! Elles sont, parce qu'elles sont; on ne les prend, on ne les quitte pas à volonté, sur la parole de telle ou telle bouche; elles font partie du cœur même plus encore que de l'esprit de l'homme.»]

JOURDAIN (Petit.) Le Petit Jourdain n'est autre que le Jourdain, quand il est plus près de sa source, et avant qu'il soit grossi par les eaux des fontaines et des ruisseaux qui s'y déchargent (a). Josèphe (b) dit que les marais du lac Séméchon s'étendent jusqu'à la délicieuse campagne de Daphné, dont les fontaines nourrissent le petit Jourdain et le conduisent dans le grand Jourdain, au-dessous du temple du bœuf d'or, ou du veau d'or. Je crois qu'au lieu de *Daphné* il faudrait lire *Dan*, et que Dan doit être placée beaucoup plus près du lac de Séméchon qu'on ne la met ordinairement.

[*Voyez* Asor et Hermon. «Le Jourdain, dit Barbié du Bocage, a deux sources principales, situées au pied des montagnes de l'Anti-Liban, et dont la plus orientale sort d'un petit lac nommé *Phiala*; ... l'autre, plus occidentale, porte le nom de *Petit Jourdain*. Toutes deux se réunissent un peu au nord du lac de Samochonites, appelé dans l'Ecriture les *eaux de Mérom* et forment le véritable ou le *Grand Jourdain*.»

Dans la citation que nous avons empruntée de M. Gilot de Kerhardène et que nous avons eu occasion de placer à l'article Asor, il est question du Petit Jourdain; elle se termine par ces mots : « (Le pont El-Mardj) facilite le passage du cours d'eau que les commentateurs de la Bible ont nommé le Petit Jourdain. » M. Gilot poursuit en ces termes (*Corresp. d'Orient*, lettr. CLXXXIV, tom. VII) : « Rapide comme un torrent des Alpes, encaissé entre deux rives verdoyantes, paré de lauriers-roses dont les fleurs et les feuillages se reflètent dans le cristal limpide, ce cours d'eau m'a rappelé les poétiques ruisseaux de la Grèce. La pente est si brusque, que le courant, arrêté de distance en distance par des roches ou des cailloux arrondis sous l'effet des eaux, forme de bruyantes cascades dont l'écume blanchit la surface de l'onde.

» A neuf heures nous avions passé le pont à la file, ce qui avait obligé la caravane à s'étendre; jusqu'alors elle s'était tenue serrée à cause d'une nuée de Bédouins qui épiaient tous ses mouvements. Au delà du Petit Jourdain, on se trouve, comme par enchantement, dans un site magnifique; et pour la première fois, en Syrie, je retrouvais avec délices la riante verdure de la France. Il me semblait voir un frais paysage de la Bretagne, tant le gazon était émaillé de fleurs. Le doux chant des oiseaux cachés dans les feuillages qui bordent le ruisseau ajoutait encore aux charmes du paysage varié. C'est dans cette presqu'île (tracée par le petit Jourdain, le lac de Houlé ou de Séméchon et le ruisseau de Jor), au haut de la vallée, qu'Abraham surprit de nuit dans leur camp les quatre rois..... (pag. 392, 393).

» Plus on remonte vers la source du Jourdain et plus la vallée se resserre. Elle se prolonge à trois lieues de distance jusqu'aux fleuves couverts de neiges du Gibel-el-Cheik, et renferme, entre Banias et le point où elle commence, deux villages druses. A une demi-lieue du ruisseau de Dan, nous atteignîmes la belle forêt dont parlent les chroniqueurs des croisades; elle s'étend des deux côtés du Jourdain au midi de Banias (Panias, Paniade, Césarée de Philippes), sur une longueur de quatre lieues, et se compose presque tout entière d'azadaracs et de chênes verts qui donnent la noix de galle. Sur la lisière de la forêt, entre les deux ruisseaux de *Jor* et de *Dan*, dont la réunion forme le *Jourdain*, un campement de Bédouins occupait le sol où tant d'armées ont campé tour à tour..... (pag. 395).

» Après avoir joui çà et là de l'ombre rare des bosquets, nous atteignîmes les rives du ruisseau de Jor ou le Jourdain proprement dit. Nous suivîmes le cours du fleuve qui coule à droite sous l'ombrage, et nous atteignîmes, en montant toujours au nord-est, le petit pont de Banias. Ce pont, placé au-dessous du village, est beaucoup plus grossier que le pont d'El-Merdj, construit sur le ruisseau de Dan; il est de même bâti de pierres noircies par le temps, et les deux ponts semblent avoir une origine commune avec les murailles et le château de Banias. Nous avions laissé sur la gauche, à une lieue de distance au nord, les débris oubliés de Dan, le point le plus septentrional de la

---

(a) Vide *Joseph. Antiq.* l. V, c. II, et l. VIII, c. III, et Reland. *Palæst.* t. I, p. 273.

(b) *Joseph. de Bello*, l. IV, c. I, *initio*, 873.

terre sainte. On aperçoit à une demi-lieue de Banias le village de Souciba ou Soubeïta, placé sur le sommet du mont Panion (Panéus). C'est la forteresse ou citadelle de Banias.... Ayant passé le pont, placé à un demi-mille de la source visible du Jourdain, on fit halte un moment, et nous entrâmes en phalange dans l'antique Panias ou Panéade que l'archevêque de Tyr, nomme aussi Bélinas. On compte depuis Méléa six heures de marche.... (pag. 396).

» La caravane, après avoir traversé le village dans sa longueur, vint s'établir sur l'esplanade, au-dessus des fossés à sec du château franc..... Le cheik de Banias vint nous y trouver..... Nous lui demandâmes un musulman du village pour nous guider dans nos recherches aux environs. Je vous offre mon fils, nous dit-il, mais d'abord veuillez me suivre ; je vais vous conduire moi-même à la source du *Nahr-Ardine*. — C'est ainsi que les Arabes *el Ghor* nomment le *Jourdain* au-dessus du lac de Tibériade ; entre le lac et la mer Morte, ils l'appellent *El-Charria*. Nous descendîmes dans les fossés du château, puis, sortant par une large brèche et longeant la rive gauche du Jourdain, nous atteignîmes en trois minutes la grotte mystérieuse d'où jaillit le fleuve sacré. Cette grotte naturelle, consacrée au dieu *Pan* sous la domination romaine, a donné son nom à la cité antique. La voûte régulière qui ouvre le bassin ressemble à celles des cryptes phéniciennes creusées par le ciseau dans les hauteurs qui dominent Saïde, et destinées à servir de sépulcres aux familles sidoniennes. Cette grotte est haute de vingt-cinq pieds, et large de trente. En hiver, l'eau du bassin déborde et remplit l'espace rocailleux placé entre le village, la forteresse et le rocher perpendiculaire qui écrase sous sa hauteur le village humblement assis à ses pieds. Alors l'onde souterraine, s'agitant à plein bord dans le bassin intérieur, sort en bouillonnant des profonds abîmes du Panion, et va former un cours limpide et écumeux qui se joue à la sortie, au milieu des roches tombées de la montagne, et des pierres du château éparses dans son lit impétueux. Le bloc calcaire du mont Panion, taillé à pic et régulier comme le pourtour extérieur du Colysée, a cent pieds d'élévation verticale ; à la base, il offre trois grottes naturelles, et au-dessus des niches sculptées avec art et des inscriptions grecques à demi effacées. D'après ce que j'ai pu en déchiffrer, ces inscriptions seraient de l'époque des empereurs romains.

» Après avoir puisé à la source sacrée et bu cette eau célèbre par tant de miracles, nous revînmes sur nos pas en longeant le rocher, et le cheik nous fit entrer dans la grotte la plus éloignée de la source. C'est la plus petite des trois grottes, celle du milieu étant aussi vaste que la première où jaillit le Jourdain. Les Arabes la nomment la grotte de *Cavadja-Ibrahim*, et ce nom lui vient sans doute par tradition de ce que le patriarche *Abraham* s'y reposa au retour de l'expédition contre les quatre rois, après les avoir atteints à l'occident de Damas....

» Nous étant assis avec le cheik sous l'ombrage séculaire de quatre beaux platanes dont le Jourdain baignait les racines, on fit cercle autour de nous.... Ce café en plein air, où étaient réunis les principaux du village, est le lieu public de Banias. Il est situé à l'est entre le village et les ruines du château ; c'est là que se tient le divan et qu'on délibère le chibouc à la main..... » (pag. 398-400). *Voyez* BÉTHULIE, l'addition, et la note I.]

* JOURNAUX, ou recueils de faits mentionnés dans la Bible. *Voyez* HISTOIRE.

JOZABAD, fils de Somer, fut un des meurtriers qui assassinèrent Joas, roi de Juda (*a*), l'an du monde 3165, avant Jésus-Christ 835, avant l'ère vulgaire 839.

JOZABAD, de la tribu de Manassé, un des braves de l'armée de David. I *Par.* XII, 20.

JOZABAD, fils d'Obédédom, lévite et portier du tabernacle. I *Par.* XXVI, 4.

JOZABAD, chef de cent quatre-vingt mille hommes des armées de Josaphat. II *Par.* XVII, 18.

JUBAL, fils de Lamech et d'Ada. Il inventa les instruments de musique dès avant le déluge (*b*).

JUBILE, en hébreu *Jobel* (*c*). L'année du jubilé était la cinquantième année, qui arrivait après sept semaines d'années, ou sept fois sept ans (*d*) : *Sanctificabis annum quinquagesimum; ipse est annus jubilæus.* Malgré la clarté de ce texte, plusieurs commentateurs soutiennent que le jubilé se célébrait dans la quarante-neuvième année, et précisément la dernière de la septième semaine d'années. Moïse favorise ce sentiment lorsqu'il dit, *Levit.* XXV, 8 : *Numerabis tibi septem hebdomadas annorum, id est, septies septem, quæ simul faciunt annos quadraginta novem.* Ceux qui soutiennent cette opinion, font remarquer l'inconvénient qu'il y aurait de faire célébrer l'année du jubilé la cinquantième année après l'année sabbatique, qui arrive à la quarante-neuvième année. Ces deux années de repos de suite pourraient avoir de dangereuses conséquences dans un pays, et y causer la famine.

Le terme hébreu *Jobel* signifie, selon les rabbins, une corne de bélier, avec laquelle on annonçait l'année du jubilé. Mais comment la corne de bélier, qui est solide, et non creuse, pourrait-elle servir de trompette? C'était donc apparemment une trompette de cuivre, faite en forme de corne de bélier. D'autres tirent l'étymologie de *Jobel*, de l'hébreu *Jubal*, qui signifiait, dit-on, autrefois jouer des instruments. Nous croyons qu'il vient du verbe *Hobil*, ramener, rappeler ; parce qu'alors chaque chose était ramenée à son premier maître.

L'année du jubilé commençait au premier jour de Tizri, qui est le premier mois de l'année civile, qui revenait à peu près au mois de septembre et vers l'équinoxe d'au-

---

(*a*) IV *Reg.* XII, 21.
(*b*) *Genes.* IV, 21.

(*c*) יובל *Jubal* ou *Jobel*
(*d*) *Levit.* XXV, 8.

tomne. En cette année (a) on ne semait ni on ne moissonnait point; mais on se contentait de recueillir ce que la terre et les arbres produisaient d'eux-mêmes. Chacun rentrait dans ses héritages, soit qu'ils fussent vendus, engagés, ou aliénés. Les esclaves hébreux, de quelque manière qu'ils fussent tombés dans l'esclavage, étaient affranchis avec leurs femmes et leurs enfants, même ceux qui avaient renoncé au privilége que leur donnait l'année sabbatique de recouvrer leur liberté. Il n'en était pas de même des esclaves étrangers, lesquels ne jouissaient point du droit que donnait le jubilé. Il y a quelques autres particularités sur cette année, que l'on peut lire *Levit.* XXV.

Pour concilier les deux sentiments qui partagent les interprètes sur le sujet du jubilé, savoir si l'on doit le célébrer la cinquantième année précise, comme le dit Moïse, *Levit.* XXV, 10, et comme l'entendent Philon, Josèphe, Eusèbe, saint Jérôme, saint Augustin, saint Grégoire le Grand, saint Isidore, tous les Juifs, tant talmudistes que caraïtes, et un très-grand nombre de commentateurs; ou seulement la quarante-neuvième année, comme Moïse le marque assez clairement au chapitre XXV, 8. du *Levitiq.*, et comme l'expliquent plusieurs bons commentateurs (*b*) et chronologistes : il me semble qu'on peut dire que la cinquantième année est mise pour la quarante-neuvième, afin de faire un compte rond, comme tous les jours on dit huit jours pour une semaine, trente jours pour un mois, cinq ans pour une olympiade, quoiqu'en rigueur la semaine n'ait que sept jours, le mois quelquefois trente et un, quelquefois vingt-huit, ou vingt-neuf, ou trente jours, et l'olympiade seulement quatre ans. De plus, comme l'année du jubilé se commençait après la fin de la quarante-neuvième, et au commencement de la cinquantième année, on pouvait indifféremment lui donner le nom de la quarante-neuvième et de la cinquantième année.

La plus grande difficulté consiste à savoir si ces deux années quarante-neuf et cinquante on observait le sabbat, ou le repos de la terre, ou seulement à la quarante-neuvième année. Il semble qu'il y aurait de trop grands inconvénients à observer de suite deux années de repos : on satisfait à l'intention du législateur par le repos d'une seule année. La septième des années sabbatiques était seulement plus privilégiée, plus célèbre que les deux précédentes; on concilie tout, et les difficultés s'évanouissent par ce tempérament.

Voici quelques détails touchant l'année du jubilé : elle commençait dès le premier jour du mois Tizri. Mais ni les esclaves n'étaient remis en liberté, ni les terres n'étaient rendues à leurs premiers maîtres (*c*) qu'au dixième jour de ce mois. On passait les neuf premiers jours dans la joie et dans les plaisirs, à peu près comme les Romains dans leurs saturnales. Durant ces neuf jours les esclaves ne faisaient aucun ouvrage à leurs maîtres, mais ils mangeaient, buvaient et se réjouissaient, et prenaient chacun une couronne sur la tête. Le jour de l'expiation solennelle, qui est le dixième de Tizri, n'était pas plutôt arrivé, que les conseillers du sanhédrin faisaient sonner des trompettes, et à l'instant les esclaves étaient déclarés libres, et les terres revenaient à leurs anciens maîtres.

Le motif de cette loi était d'empêcher que les riches n'opprimassent les pauvres et les réduisissent en un esclavage perpétuel, qu'ils ne s'attirassent tous les fonds par les voies de l'achat, ou de l'engagement, ou enfin de l'usurpation; que les dettes ne vinssent à se trop multiplier, et par conséquent à ruiner entièrement les pauvres; que les esclaves ne demeurassent pas toujours, eux, leurs femmes et leurs enfants, dans la servitude. De plus Moïse voulait conserver, autant qu'il était possible, la liberté des personnes, l'égalité des biens, l'ordre des familles, dans le pays. Enfin il voulait que le peuple s'attachât à son pays, à ses terres, à son héritage, qu'il s'y affectionnât comme à un bien qui lui venait de ses pères, et qu'il devait laisser à ses enfants sans crainte qu'il sortît pour toujours de sa famille.

Lycurgue établit quelque chose de pareil parmi les Lacédémoniens en y ordonnant l'égalité des biens, en bannissant l'esclavage et empêchant, autant qu'il pouvait, que nul ne devînt trop puissant et trop riche. C'est pour cela qu'il établit l'ostracisme, qui consistait à bannir de la république les citoyens dont les richesses ou la trop grande puissance faisaient ombrage aux autres. Stolon avait voulu réprimer l'avidité et l'avarice des anciens Romains, en faisant une loi qui défendait à chaque particulier d'avoir plus de cinq cents arpents de terre; mais la fraude se mit bientôt de la partie et renversa cette sage ordonnance. Stolon lui même fut le premier à violer sa propre loi, et fut condamné parce qu'il en possédait mille, conjointement avec son fils, qu'il avait exprès émancipé à cet effet.

L'année du jubilé avait plusieurs prérogatives par-dessus l'année sabbatique; et la sabbatique a aussi quelques petits avantages par-dessus l'année du jubilé (*d*) : l'année sabbatique annulait les dettes, ce que ne faisait pas le jubilé; mais le jubilé remet les esclaves en liberté, et rend les terres à leurs anciens maîtres; de plus il restitue les terres d'abord au commencement du jubilé, au lieu que dans l'année sabbatique les dettes ne sont annulées qu'à la fin de l'année. Les biens qui avaient été achetés ou donnés retournaient sans difficulté à leurs anciens maîtres; ceux qui étaient venus par droit de succession demeuraient à ceux qui en jouissaient; les contrats de vente où l'on avait exprimé un certain nombre d'années subsistaient pendant toutes ces années, nonobs-

---

(a) *Levit.* xxv, 11, 12, 13, etc.
(b) *Hugo Cardinal Mercator. Jul. Scaliger. Rador.*, etc, *Cunæus de Rep. Heb.* l. I, c. vi.

(c) *Maimonid. Halaca Schemitta Vejobel.*
(d) *Maimonid. loco citato.*

tant la rencontre du jubilé. Mais les contrats absolus et illimités, étaient cassés par le jubilé (*a*). Les maisons et les autres édifices bâtis dans les villes murées ne revenaient point au propriétaire en l'année du jubilé.

Depuis la captivité de Babylone on continua d'observer les années sabbatiques, mais non pas les années du jubilé (*b*). Alexandre le Grand accorda aux Juifs l'exemption du tribut pour la septième année, à raison du repos qu'ils observaient cette année-là (*c*) ; mais à l'égard du jubilé, puisqu'il n'était institué que pour empêcher l'anéantissement du partage fait par Josué et la confusion des tribus et des familles, il ne fut plus praticable comme avant la dispersion des tribus, celles qui revinrent de captivité s'étant établies comme elles purent et où elles purent, et un très-grand nombre de familles, et peut-être des tribus entières, étant demeurées dans le lieu de leur captivité. — [*Voyez* ACQUISITION, ANNÉE SABBATIQUE, LÉGISLATION DE MOISE.]

Ussérius met le premier jubilé qui fut observé depuis la loi de Moïse en l'an de la période julienne 3318, du monde 2609, avant Jésus-Christ 1391, avant l'ère vulgaire 1395.

Le second jubilé, l'an de la période julienne 3367, du monde 2658, avant Jésus-Christ 1342, avant l'ère vulg. 1346.

Le troisième jubilé en l'an de la période julienne 3417, du monde 2707, avant Jésus-Christ 1293, avant l'ère vulg. 1297, et ainsi des autres. On peut voir les tables chronologiques et compter quarante-neuf ans de jubilé en jubilé.

A l'imitation des Juifs, les chrétiens ont aussi établi un jubilé, mais qui ne regarde que la rémission des péchés et l'indulgence que l'Eglise accorde aux pécheurs, en vertu du pouvoir qu'elle a reçu de Jésus-Christ de lier et de délier. Ces sortes de jubilés n'ont été établis que depuis le pape Boniface VIII, en l'an 1300 de Jésus-Christ, et encore n'ont-ils commencé à porter le nom de jubilé que depuis Sixte IV, qui fut fait pape en 1471, et qui, dans sa bulle de l'an 1473, donna à l'indulgence plénière et générale qu'il accordait à tous les fidèles le nom de jubilé. Dans les commencements, ces jubilés ne s'accordaient que de cent en cent ans; mais le pape Clément VI, en 1342, les réduisit à cinquante. Grégoire XI les avait fixés à un espace de trente-trois ans ; et Paul II, trouvant que cette durée était encore trop longue, ordonna que de vingt-cinq en vingt-cinq ans on donnerait un jubilé ; ce qui s'est toujours pratiqué depuis ce temps-là. Cela n'empêche pas que les souverains pontifes n'accordent aussi des jubilés en l'année de leur consécration et dans les grandes nécessités de l'Eglise ; mais ce sont plutôt des indulgences en forme de jubilé que de véritables jubilés. Je n'entre pas plus avant dans cette matière,
parce qu'elle ne regarde qu'indirectement mon sujet, et que le Nouveau Testament ne parle du jubilé en aucun endroit, sinon d'une manière implicite, lorsqu'il marque le pouvoir de lier et de délier accordé aux apôtres, et celui d'user d'indulgence envers les pécheurs vraiment pénitents. *Voyez Matth.* XVI, 19, et II *Cor.* II, 10.

JUCADAM, ville de la tribu de Juda. *Josue* XV, 56.

* JUCHAL, fils de Sélémias, un des principaux officiers de Sédécias, roi de Juda. *Jer.* XXXVII, 3 ; XXXVIII, 1.

JUD, ou JUDI, ville de la tribu de Dan. *Josue* XIX, 56.

JUDA, est opposé à Israel, qui désigne le royaume des dix tribus ou de Samarie, par opposition à celui de Juda et des descendants de David. Une des principales prérogatives de cette tribu est d'avoir conservé le dépôt de la vraie religion et l'exercice public du sacerdoce et des cérémonies de la loi dans le temple de Jérusalem, pendant que les dix tribus s'abandonnaient au culte des veaux d'or et à l'idolâtrie.

ROIS DE JUDA. *Voyez* la liste des rois de Juda sous l'article ROIS.

JUDA, ou JUDAS, ou JÉHUDA, quatrième fils de Jacob et de Lia, naquit en Mésopotamie (*d*) l'an du monde 2249, avant Jésus-Christ 1751, avant l'ère vulgaire 1755. Ce fut lui qui conseilla à ses frères de vendre Joseph aux marchands Ismaélites, plutôt que de tremper leurs mains dans son sang (*e*). Il épousa Sué, fille d'un Chananéen nommé Hiram (*f*), et il en eut trois fils, Her, Onan et Séla. Il maria Her à une fille nommée Thamar. Her était un scélérat, que Dieu frappa de mort pour ses crimes. Juda dit à Onan, son second fils, de prendre la veuve de son frère, qui était mort sans enfants, et de lui susciter de la lignée; mais Onan, par une action abominable, empêchait Thamar de devenir mère. C'est pourquoi le Seigneur le frappa aussi de mort. Juda craignant de donner Séla, son troisième fils, à sa bru, l'amusait par des promesses, sans venir à l'exécution. Thamar, voyant bien que Juda ne cherchait qu'à tirer la chose en longueur et à éluder ses promesses ; se déguisa, prit l'habit d'une courtisane, et se mit sur un chemin où Juda devait passer. Juda s'étant donc approché de Thamar, elle conçut, et enfanta deux fils, dont l'un fut nommé *Pharès*, et l'autre *Zara* (*g*). On peut voir les articles de THAMAR, de PHARÈS et de ZARA.

Juda fut toujours regardé comme le premier et le plus considéré des enfants de Jacob. Sa tribu fut la plus puissante et la plus nombreuse. Il semble que les privilèges de premier-né passèrent de Ruben à lui, après l'inceste que commit Ruben (*h*) avec Bala, femme de son père. Voici la bénédiction que Jacob donna à Juda au lit de la mort (*i*) :

(*a*) *Selden. de Succession. in bona, l.* III. *c.* XXIV.
(*b*) *Maimonid. Halacha Schemitta Vejobel. Cunæus de Rep. Heb. l.* I, *c.* VI.
(*c*) *Joseph. Antiq. l.* XI, *c. ult.*
(*d*) *Genes.* XXXIX, 35.
(*e*) *Genes.* XXXVII, 26. An du monde 2276, avant Jésus-

Christ 1724, avant l'ère vulg. 1728.
(*f*) *Genes.* XXXVIII, 1, 2, etc.
(*g*) *Genes.* XXXVIII, 27, 28, 29.
(*h*) *Genes.* XXXV, 22.
(*i*) *Genes.* XLIX, 8, 9, 10.

Juda, vos frères vous loueront; votre main s'appesantira sur la tête de vos ennemis; les enfants de votre père s'inclineront profondément devant vous. Juda est un jeune lion. Vous êtes allé, ô mon fils! pour ravir votre proie; vous vous êtes reposé, et vous vous êtes couché comme un lion; qui osera le réveiller? Le sceptre ne sera point ôté de Juda, et le prince ne sortira point de sa race jusqu'à la venue de Celui qui doit être envoyé, et qui sera l'Attente des nations. Cet endroit contient une promesse que la royauté ne sortira point de sa famille, et que le Messie en tirera sa naissance. Jacob ajoute: *Il liera son ânon à la vigne, et vous attacherez, mon fils, votre ânesse au cep de la vigne. Il lavera sa robe dans le vin, et son manteau dans le sang du raisin. Ses yeux sont plus beaux que le vin, et ses dents plus blanches que la neige.* Ou, selon une autre version: *Ses yeux sont rubiconds à cause du vin, et ses dents sont blanches à cause du lait.* Tout cela marquait la fécondité de son pays.

Le lot de Juda occupait toute la partie méridionale de la Palestine; et les tribus de Siméon et de Dan possédèrent plusieurs villes, qui d'abord avaient été attribuées à Juda. Cette tribu était si nombreuse, qu'au sortir de l'Egypte elle était composée de soixante-quatorze mille six cents hommes capables de porter les armes (a). La royauté passa de la tribu de Benjamin, d'où étaient Saül et Isboseth, dans celle de Juda, qui était la tribu de David et de ses successeurs, rois jusqu'à la captivité de Babylone Et depuis le retour de la captivité, quoique cette tribu ne régnât pas, elle occupait toujours néanmoins la première place, elle donnait le sceptre à ceux qui régnaient, elle réunissait en quelque sorte toute la nation des Hébreux dans elle-même, et on ne les connaissait que sous le nom de *Judæi*, Juifs, descendants de Juda. Le Testament des douze patriarches fait prononcer à Juda une prophétie concernant le Messie; mais on voit bien qu'elle a été faite après coup.

JUDA, surnommé LE SAINT, en hébreu *Haccados*, auteur de la *Misne*, était fils de Simon le Juste, fameux docteur juif. Juda était chef ou recteur de l'école de Tibériade en Galilée, et parvint à la dignité de président du sanhédrin, qui se tenait dans la même ville; il est reconnu pour prince de sa nation, et a vécu sous trois empereurs qui ont été favorables aux Juifs: savoir Antonin le Pieux, Marc-Aurèle et Commode. Le premier prit possession de l'empire en 138, et le second mourut en 194 de Jésus-Christ. Ainsi on peut fixer son âge dans le milieu du second siècle de l'Eglise. On prétend (b) qu'il vint au monde le même jour qu'Akiba mourut. Celui-ci était comme un soleil qui se couchait pour la nation des Juifs, mais en même temps se levait comme un autre soleil pour répandre la lumière dans Israel. Suivant cela, il faut fixer la naissance de Juda à l'an de Jésus-Christ 135 ou 136, qui est celui de la prise de Béther et de la mort d'Akiba.

(a) Num. 1, 26, 27.

Le lieu de la naissance de Juda fut Tzippuri, située sur une montagne de Galilée. Ce lieu avait été autrefois considérable. Quelques-uns croient que c'est là que quelques auteurs, sous l'autorité du faux Hégésippe, font naître Anne, mère de la sainte Vierge, et Hermanna, sœur de sainte Elisabeth. Siméon, père de Juda, circoncit son fils le huitième jour, conformément à la loi, et contre la défense de l'empereur Adrien, qui avait défendu cette pratique. Siméon fut cité devant l'empereur; mais avant d'y comparaître, il passa chez la mère du jeune Antonin qui était au berceau, emprunta ce jeune prince, et laissa le sien en la place, le présenta à Adrien, et lui prouva que l'accusation formée contre lui était fausse, puisque cet enfant qu'il voyait n'était pas circoncis. Adrien crut que c'était le jeune Juda, et renvoya l'accusé. Au retour, Siméon repassa chez la princesse, lui rendit son fils, et reprit le jeune Juda. Cette histoire est impertinente, et pèche contre toutes les règles; mais on la donne pour ce qu'elle vaut.

Quelques-uns donnent à Juda le surnom de *Saint*, à cause de cette secrète circoncision qu'il reçut alors: d'autres soutiennent qu'il le mérita par l'innocence et la pureté de sa vie. Nous n'en savons pas assez de particularités pour en juger, et d'ailleurs ce n'est pas ici le lieu d'approfondir cette matière; nous ne parlons de cet homme que par rapport à la Misne dont il est auteur. Jusqu'alors les traditions reçues par le canal des docteurs et des prophètes s'étaient conservées dans la mémoire des hommes. Les maîtres les enseignaient de vive voix dans les écoles, et chacun glosant, y ajoutant, ou retranchant à sa manière, elles commençaient à se multiplier à l'infini, et à s'altérer insensiblement en passant par tant de bouches. Les Sages résolurent donc de les rédiger par écrit, et Judas fut choisi pour le faire. Une autre raison qui les détermina encore, fut la calamité qu'ils venaient d'essuyer sous Adrien, la dispersion de leurs docteurs, la ruine de leurs écoles, la perte de leurs livres, et le désastre de leur nation. Comment conserver l'unité des sentiments, et le dépôt des traditions dans cet éloignement, et au milieu de tant de traverses?

Juda se chargea donc de dresser le corps du Droit civil et canonique des Juifs, et d'en former une espèce de cours et de système, qu'on peut suivre exactement dans les écoles de sa nation. Il nomma son ouvrage *Misna*, comme qui dirait, seconde loi. Il le partagea en six parties, ou en six livres, dont chacun contient plusieurs traités. Il y en a soixante-trois en tout. Il rangea fort méthodiquement sous ces soixante-trois chefs, tout ce que la tradition de leurs ancêtres avait transmis jusque-là sur la tradition et sur la loi. Ce livre ne parut pas plutôt qu'il fut reçu avec une profonde vénération par tous les Juifs. Les savants d'entre eux en firent le sujet de leurs études, et les principaux d'entr'eux, tant en Judée, qu'en Baby-

(b) Vide *Ganz. Chronic.*

lone, se mirent à le commenter. Ce sont ces commentaires, qui, avec le texte de la *Misna*, composent les deux Thalmuds, c'est-à-dire, celui de Jérusalem et celui de Babylone. *Voyez* ci-après l'article de MISNA, et celui de THALMUD. Bartolocci croit que Juda le Saint mourut en l'an 194 de Jésus-Christ. M. Basnage met sa mort en 210 ou 215. Il eut pour fils et successeur dans la dignité de prince de sa nation le rabbin Gamaliel.

JUDAS MACHABÉE, fils de Matthatias, succéda à son père dans la charge de chef du peuple fidèle (*a*), durant la persécution d'Antiochus Epiphanes (*b*). Dès auparavant il avait donné des marques de sa valeur, de sa conduite et de son zèle pour la loi de Dieu, en s'opposant à ceux qui abandonnaient le Seigneur pour sacrifier aux idoles. C'est ce qui obligea Matthatias, son père, à le déclarer son successeur, et à le mettre à la tête de ses frères. Une des premières expéditions (*c*) de Judas Machabée fut contre Appolonius, général des troupes syriennes qui étaient dans la Palestine. Judas marcha contre lui, le tua, le tailla en pièces, ou mit en fuite son armée; il prit l'épée d'Apollonius, et s'en servit d'ordinaire dans les combats toute sa vie. Séron, capitaine syrien, croyant acquérir de la gloire par la défaite de Judas, ne fit au contraire qu'augmenter celle de Judas par sa propre défaite (*d*).

Antiochus, étonné de la valeur de Judas, envoya contre lui trois capitaines de réputation (*e*), Nicanor, Gorgias et Ptolémée, fils de Dorimène (*f*). Judas assembla son armée à Maspha, se prépara au combat par la prière, marcha contre l'ennemi, attaqua Nicanor seul, et, en l'absence de Gorgias, le battit, et mit son armée en fuite. Ensuite Gorgias étant venu, et ayant vu le camp de Nicanor en feu, se retira promptement, sans oser en venir aux mains. L'année suivante (*g*) Lysias, régent du royaume en l'absence d'Antiochus Epiphanes, qui était allé au delà de l'Euphrate; Lysias, dis-je, vint en Judée avec une armée de soixante mille hommes choisis et de cinq mille chevaux (*h*). Judas alla au-devant d'eux jusqu'à Béthoron; et ayant fait sa prière, il les attaqua, en tua cinq mille sur la place, et mit le reste en fuite. Lysias fut obligé de s'en retourner à Antioche pour y lever une nouvelle armée.

Judas, se voyant ainsi maître de la campagne, monta à Jérusalem avec son armée (*i*). Ils virent les lieux saints tout déserts, l'autel profané, les parvis remplis d'épines, et les chambres joignant le temple toutes détruites. Judas partagea ses gens, en occupa une partie à nettoyer les lieux saints, et posta les autres entre la citadelle et le temple, afin qu'ils empêchassent les troupes syriennes, qui occupaient la forteresse, d'incommoder ceux qui travaillaient à purifier le saint lieu et à le remettre en état pour pouvoir y offrir des sacrifices. Ils mirent à part les pierres de l'ancien autel qui avait été profané (1), en bâtirent un nouveau de pierres brutes, rebâtirent le saint et le sanctuaire, firent de nouveaux vases sacrés, et le 25 du neuvième mois, nommé casleu, la cent quarante-huitième année des Grecs, qui revient à l'an du monde 3840, avant Jésus-Christ 160, avant l'ère vulgaire 164, ils offrirent le sacrifice du matin sur l'autel des holocaustes, et rétablirent dans le temple le culte public, qui avait été interrompu pendant trois ans entiers. Ils firent une nouvelle dédicace du temple avec toute la pompe qu'ils purent, selon l'état présent de leurs affaires, et célébrèrent cette fête pendant huit jours (*j*). C'est la mémoire de cette dédicace dont il est parlé dans l'Evangile, où il est dit que Jésus vint au temple de Jérusalem à la dédicace pendant l'hiver (*k*). — [*Voyez* le Calendrier des *Juifs*, au 25 de casleu.]

Peu de temps après, et apparemment la même année, Judas défit encore deux capitaines syriens, Timothée et Bachides, et fit porter à Jérusalem le butin qu'il avait pris sur eux (*l*). Il fit aussi fortifier Bethsura, qui était une espèce de barrière qui mettait Jérusalem à couvert du côté de l'Idumée (*m*). Judas attaqua les Iduméens (*n*), ceux de l'Acrabatène, les fils de Béan, les Ammonites, et Timothée, qui était entré en Judée, et fit partout des prodiges de valeur; il battit, tailla en pièces et dissipa tous ses ennemis. [*Voy.* le *Calendrier des Juifs*, au 15 de sivan.] Les peuples de Galaad (*o*) ayant conspiré contre les Israélites qui étaient dans leur pays, et ayant résolu de les exterminer, les Israélites se retirèrent dans la forteresse de Dathéma. Judas, en étant informé, accourut à leur secours, et en même temps il envoya son frère Simon au secours des Israélites de Galilée, qui étaient menacés d'une ruine entière par les peuples de Tyr et de Sidon, et autres étrangers qui s'étaient jeté dans leur pays. Il donna à Simon trois mille hommes, et il en prit avec lui huit mille.

Simon battit les ennemis, leur tua près de trois mille hommes; et ayant pris avec lui les Juifs de Galilée, il les amena de la Judée pour y demeurer plus en sûreté. Judas passa le Jourdain, prit Bosor, y mit le feu. Il arriva à Dathéma dans le temps qu'on y don-

---

(*a*) I *Mac.* II, 49, 70.
(*b*) An du monde 3838, avant Jésus-Christ 162, avant l'ère vulg. 166.
(*c*) I *Mac.* III, 1, 2, 3, etc. An du monde 3838.
(*d*) I *Mac.* III, 13, 14, etc.
(*e*) I *Mac.* III, 58, 59, etc.
(*f*) An du monde 3839, avant Jésus-Christ 161, avant l'ère vulg. 165.
(*g*) An du monde 3840, avant Jésus-Christ 160, avant l'ère vulg. 164.
(*h*) I *Mac.* IV, 28, 29, 30; etc.
(*i*) Même année 3840. *Voyez* I *Mac.* IV, 37, 48, etc.

(*j*) I *Mac.* IV, 53, 54, 55, etc.
(*k*) *Joan.* X, 22.
(*l*) II *Mac.* VIII, 30, et X, 24.
(*m*) I *Mac.* IV, 61.
(*n*) I *Mac.* V, 3, 4, 5, etc., et II *Mac.* X, 24 et seq.
(*o*) I *Mac.* V, 8, 9, 10, etc. Au du monde 3841, avant Jésus-Christ 159, avant l'ère vulg. 163.
(1) « Ils les mirent sur la montagne du temple, dans un lieu propre, dit le texte, en attendant qu'il vînt un prophète qui déclarât ce qu'il en fallait faire. » Cela fit instituer une sorte de fête qui fût fixée au 25 du mois de marschevan.

nait l'assaut; mais les ennemis ne l'eurent pas plutôt reconnu, qu'ils abandonnèrent leurs entreprises, et prirent la fuite. De là il alla à Maspha, à Hésébon, à Maget, à Bosor, et prit toutes ces villes. Timothée ayant de nouveau assemblé quelques troupes, Judas marcha contre lui, et le défit; il prit ensuite Astaroth-Carnaïm, et la réduisit en cendres. Alors Judas ayant assemblé tout ce qu'il trouva de Juifs dans le pays de delà le Jourdain, les amena dans la Judée. En passant il prit, et pilla la ville d'Ephron, qui lui avait refusé le passage. Etant heureusement arrivés à Jérusalem, ils montèrent au temple, et y offrirent des sacrifices d'actions de grâces. Judas fit ensuite la guerre aux Iduméens; il leur prit Hébron, entra dans le pays des Philistins, prit Azoth, et parcourut toute la Samarie, et revint dans le pays de Juda chargé de riches dépouilles. Cependant Lysias vint une seconde fois en Judée (a) à la tête d'une puissante armée (b); il s'avança jusqu'à Bethsure, environ à six lieues de Jérusalem. Judas marcha contre lui, et lorsqu'il sortit de Jérusalem, il parut à la tête de ses troupes un ange sous la forme d'un cavalier, qui les remplit de joie et de courage. Ils se jetèrent sur les ennemis, et tuèrent onze mille hommes de pied et seize cents chevaux, mirent le reste en fuite, et Lysias lui-même fut obligé de se sauver honteusement et de faire la paix avec Judas. Eupator, qui avait succédé à Antiochus Epiphanes, permit aux Juifs de vivre selon leurs lois, et de faire dans le temple de Jérusalem toutes leurs fonctions avec toute sorte de liberté.

Ce traité ayant été conclu, Lysias s'en retourna à Antioche (c). Mais Timothée, Apollonius, Jérôme, Démophon et Nicanor, qui étaient demeurés dans le pays, ne laissaient point les Juifs en repos et ne cherchaient qu'à troubler la paix. Et ceux de Joppé, ayant invité les Juifs qui demeuraient dans leur ville à entrer dans des vaisseaux, comme pour se divertir sur la mer, les noyèrent tous, avec leurs femmes et leurs enfants. Judas, pour venger cette perfidie, marcha contre eux, brûla leurs barques et mit le feu à leur port; il en aurait fait autant à leur ville, sans la nouvelle qu'il reçut que ceux de Jamnia voulaient de même exterminer les Juifs de leur ville. Judas les prévint, et brûla leur port et leurs vaisseaux. De là il alla au delà du Jourdain, où il fut attaqué par une troupe de cinq cents Arabes; il les battit et les contraignit de lui demander la paix. Il attaqua Chasbin ou Esébon, la prit, la saccagea; et il y eut un si grand nombre de morts, que l'eau de l'étang qui était près de là fut teinte de leur sang. Il s'avança vers Characa, dans le pays des Tubiéniens; mais n'y ayant pas trouvé Timothée, qu'il cherchait, il le rencontra qui était à la tête de six vingt mille hommes de pied et de deux mille cinq cents chevaux. Quoique Judas n'eût que six mille soldats, il dissipa cette armée et en tua trente mille hommes. De là il alla à Carnion ou à Carnaïm, et y fit périr vingt-cinq mille hommes. Il passa ensuite à Ephron, prit la ville et y tua encore vingt-cinq mille hommes. Il arriva à Jérusalem avant la Pentecôte.

Après cette fête, il marcha contre Gorgias (d). D'abord les Juifs eurent quelque désavantage; mais Judas, ayant invoqué le Seigneur, mit en fuite l'armée ennemie: Gorgias lui-même ne s'échappa qu'avec assez de peine. Judas rassembla ses gens à Odollam, pour y célébrer le sabbat; et le jour suivant, lorsqu'on vint pour enterrer les Juifs qui avaient été tués dans le combat, on trouva sous les habits de ceux qui étaient morts des choses qui avaient été consacrées aux idoles dans Jamnia. Et tout le monde imputa leur mort à ce vol qu'ils avaient fait des choses impures et profanes. Judas fit faire une quête de douze mille drachmes d'argent, qu'il envoya à Jérusalem, afin qu'on y offrît des sacrifices pour l'âme de ceux qui étaient morts, ayant de bons et saints sentiments sur la résurrection; car s'il n'avait espéré que ceux qui avaient été tués ressusciteraient un jour, il eût regardé comme une chose vaine et superflue de prier pour les morts.

Antiochus Eupator ayant appris ces succès de Judas Machabée (e) vint lui-même en Judée, accompagné de Lysias, à la tête d'une armée de cent mille hommes de pied, de vingt mille chevaux et de trente-deux éléphants (f). Il assiégea Bethsure. Judas marcha au secours de ses frères; du premier choc, il défit six cents hommes des ennemis, et son frère Eléazar tua de sa main le plus beau des éléphants de l'armée, croyant que le roi le montait. La petite armée de Judas ne pouvant tenir tête aux troupes du roi se retira à Jérusalem. Eupator les suivit et vint assiéger la ville et principalement le temple, que Judas avait fortifié et où il s'était retiré. Le siège tirant en longueur, et Lysias craignant que Philippe, qui avait été déclaré régent du royaume par Antiochus Epiphanes, ne se rendît maître d'Antioche, fit la paix avec Judas et s'en retourna promptement en Syrie.

Démétrius, fils de Séleucus, oncle d'Eupator et légitime héritier du royaume de Syrie, ayant mis à mort Eupator et Lysias, et s'étant fait reconnaître roi de Syrie (g), donna la grande sacrificature des Juifs à Alcime, et envoya avec lui Bacchides en Judée, avec une armée, pour réprimer les entreprises de Judas (h). Bacchides entra dans Jérusalem et mit Alcime en possession de la grande sacrificature. Cependant Judas, s'é-

(a) An du monde 3841, avant Jésus-Christ 159, avant l'ère vulg. 163.
(b) II Mac. xi, 1, 2, 3, etc., 27, 28, etc.
(c) II Mac. xii, 1, 2, 3, etc. Même année 3841
(d) II Mac. xii, 32, 33, etc.
(e) An du monde 3841, avant Jésus-Christ 159, avant l'ère vulg. 163.
(f) I Mac. vi, 28, 29, 30, etc., et II Mac. xiii.
(g) An du monde 3842, avant Jésus-Christ 158, avant l'ère vulg. 162.
(h) I Mac. vii, 7, 8, etc. II Mac. xiv.

tant retiré, demeura quelque temps sans rien entreprendre; mais voyant les excès et les violences que commettait Alcime, il amassa quelques troupes et fit mourir ceux qui avaient abandonné son parti. De sorte qu'Alcime, voyant qu'il n'était pas le plus fort dans la province, se retira à Antioche et accusa Judas de plusieurs crimes. Démétrius envoya Nicanor en Judée avec des troupes (a). Avant que d'entrer à Jérusalem, il envoya des députés à Judas pour lui faire des propositions de paix. Judas les ayant exposées au peuple et aux sénateurs, tous furent d'avis de les accepter : c'est pourquoi on prit jour pour leur ratification. Judas et Nicanor se virent à la campagne; et Judas, crainte de surprise, fit tenir des gens armés dans des lieux avantageux. La conférence se passa comme elle devait. Nicanor demeura ensuite à Jérusalem dans la citadelle, et Judas dans la ville. Nicanor était pénétré d'estime pour Judas; il l'aimait d'un amour sincère; il le pria même de se marier, et il se maria; et ils vivaient ensemble familièrement.

Mais Alcime, voyant la bonne intelligence qui était entre eux (b), vint trouver Démétrius, et lui dit que Nicanor trahissait ses intérêts. Le roi, aigri par ces calomnies, écrivit à Nicanor qu'il trouvait fort mauvais qu'il eût ainsi fait amitié avec Judas, et il lui ordonna de l'envoyer au plus tôt chargé de chaînes à Antioche. Nicanor, ayant reçu ces ordres, cherchait l'occasion de les exécuter. Judas, s'étant aperçu de quelque refroidissement de sa part, s'en défia; et ayant ramassé quelques troupes, il se déroba à Nicanor et se tint à la campagne avec ses gens. Nicanor marcha contre lui et l'attaqua à Caphar-Salama; mais il fut repoussé avec perte de plus de cinq mille hommes, et contraint de se retirer à Jérusalem. Il menaça de détruire le temple si on ne lui remettait Judas entre les mains; et étant parti pour aller à Béthoron, où l'armée de Syrie le vint joindre, Judas l'alla attaquer avec tant d'impétuosité, qu'il défit ses troupes et que Nicanor lui-même fut tué le premier. Le reste de son armée ayant pris la fuite, fut taillé en pièces par les habitants du pays, sans qu'il en restât un seul. La tête et la main droite de Nicanor furent pendues vis-à-vis de Jérusalem, et l'on institua une fête au 13 d'adar pour célébrer la mémoire de cette victoire. Ce fut dans cette occasion que Judas vit en esprit le grand prêtre Onias, qui priait pour tout le peuple, et ensuite le prophète Jérémie, qui lui présenta une épée d'or, en lui disant qu'avec elle il renverserait les ennemis d'Israel.

Démétrius, ayant appris que Nicanor avait été tué dans le combat (c) et son armée défaite, envoya de nouveau en Judée Bacchides et Alcime, avec l'aile droite de ses troupes (d). Ils vinrent d'abord à Jérusalem et de là à Bérée ou Béroth, ville de la tribu de Benjamin. Judas était à Laïs ou Béthel, avec trois mille hommes choisis. Ses gens, voyant une si grande armée, furent saisis de frayeur, et plusieurs se retirèrent du camp : en sorte qu'il n'y en resta que huit cents. Judas, se voyant ainsi abandonné, en eut le cœur abattu, et dit à ceux qui restaient : *Allons combattre l'ennemi, si nous pouvons*. Comme ses gens l'en détournaient et lui remontraient qu'il fallait attendre quelque renfort, il leur dit : *Dieu nous garde d'en user ainsi. Si notre heure est venue, mourons courageusement pour nos frères et ne souillons point notre gloire par une telle tache*. Ils marchèrent donc à l'ennemi. Judas ayant remarqué que l'aile droite, où commandait Bacchides, était la plus forte, il l'assaillit, la rompit, et la poursuivit jusqu'à la montagne d'Azot. Mais ceux qui étaient à l'aile gauche suivirent par derrière Judas et l'enveloppèrent : de sorte qu'après un combat long et opiniâtre, où plusieurs de part et d'autre furent blessés ou tués, Judas lui-même tomba mort, et tous les autres prirent la fuite.

Alors Jonathas et Simon emportèrent le corps de Judas, leur frère (e), et le mirent dans le sépulcre de leur famille à Modin. Tout Israel fit un grand deuil à sa mort; et ils disaient : *Comment cet homme invincible est-il tombé, lui qui sauvait le peuple d'Israel?* Les autres guerres de Judas, les actions extraordinaires qu'il a faites et la grandeur de son courage sont en trop grand nombre pour pouvoir être toutes rapportées. Joseph Ben-Gorion (f) dit que Judas eut des enfants, mais qu'ils moururent jeunes. L'Ecriture n'en dit rien; et Judas étant mort la même année de son mariage, il est fort croyable qu'il mourut sans lignée. Ce grand homme a été une des plus expresses figures du Messie, vrai Sauveur d'Israel; et nous croyons que c'est à lui, comme figure de Jésus-Christ, que l'on doit rapporter les éloges marqués dans Isaïe, chap. LXIII : *Qui est celui-ci, qui vient d'Edom? Qui est ce conquérant, qui vient de Bosra avec sa robe teinte de sang?* etc.

[« Judas Machabée est un de ces personnages qui, dans notre imagination, marchent avec la main de Dieu sur leur tête, et nous nous étonnons que le trépas puisse les atteindre. Nous répétons ces paroles que la terre de Judée entendit au loin : *Comment est tombé cet homme puissant qui sauvait le peuple d'Israel?* Judas Machabée est l'Achille des Hébreux; et si un Homère chrétien se saisissait de cette figure, que de divins tableaux il aurait à nous retracer! Judas vécut dans le siècle des Scipions; aussi grand qu'eux par la vaillance, il fut plus admirable. Il ne combattit point pour asservir des peuples et dans l'espoir de monter au Capitole; mais il se dévouait, l'épée à la main, à ses frères d'Israel, menacés dans leurs lois et leurs croyances; il se dévouait au salut de sa na-

---

(a) An du monde 3843, avant Jésus-Christ 167, avant l'ère vulg. 167.
(b) II *Mac.* xiv, 26, 27, etc.
(c) Au du monde 3843, avant Jésus-Christ 157, avant l'ère vulg. 161.
(d) I *Mac.* ix, 1, 2, 3, etc.
(e) I *Mac.* i, 19, 20, etc.
(f) *Gorion.*, l. i. 111, c. ii.

tion, et parvint à l'accomplir. » POUJOULAT, *Hist. de Jérus.*, ch. XV, suite, t. I, p. 349.]

JUDAS. C'est le nom que l'on donne au quatrième des sept frères Machabées, qui souffrirent le martyre à Antioche ou à Jérusalem sous Antiochus Epiphanes. Mais ce nom ne se trouve dans aucun auteur authentique.

JUDAS D'ISCHARIOTH, OU JUDAS LE TRAITRE, ayant été choisi par Jésus-Christ pour être mis au nombre de ses apôtres et pour être le dépositaire des aumônes que l'on offrait à Jésus-Christ et aux apôtres pour leur entretien, se corrompit de telle sorte, qu'il trahit son Dieu et son Seigneur, et qu'il le livra à ses ennemis pour le faire mourir. Marie, sœur de Lazare, ayant répandu un parfum précieux sur les pieds du Sauveur, Judas fut un des apôtres qui en murmura le plus haut; et bientôt après il alla trouver les prêtres pour leur livrer Jésus-Christ. Ils lui promirent trente sicles, qui font environ quarante-huit livres douze sols, à prendre le sicle sur le pied de trente-deux sols cinq deniers. Avant la fin de la dernière cène, il sortit de la salle et alla avertir les prêtres que cette nuit il leur livrerait Jésus, parce qu'il savait le lieu où il se retirait pendant la nuit.

On forme sur son sujet plusieurs questions. 1° On demande d'où lui vient le nom d'Ischarioth. Eusèbe et saint Jérôme (a) croient qu'il était de la tribu d'Ephraïm, et natif du bourg d'Ischarioth dans cette tribu. D'autres (b) veulent qu'il ait été de la tribu d'Issachar et que de là l'on ait formé *Issachariothes*, d'où, par abréviation, on a fait *Ischarioth*. D'autres veulent que ce nom dérive du bourg de Carioth, dans la tribu de Juda (c). *Isch Carioth* signifie en hébreu *l'homme de Carioth*.

2° On demande s'il participa au corps de notre Sauveur, dans le dernier souper qu'il fit avec ses apôtres. Plusieurs anciens, comme l'auteur des Constitutions apostoliques (d), saint Hilaire (e), Innocent III (f), Victor d'Antioche (g), l'abbé Rupert (h), Théophylacte (i) et quelques autres ont cru qu'il n'avait point assisté à l'institution de l'eucharistie, et qu'aussitôt que Jésus-Christ l'eut désigné comme étant celui qui le devait trahir, il sortit et s'en alla. Mais la plupart des anciens et des modernes (j) tiennent qu'il assista à l'institution de l'eucharistie : ce qui est confirmé par saint Luc (k), qui, ayant raconté ce que Jésus-Christ dit en instituant ce divin sacrement, dit que Jésus prononça ces paroles : *La main de celui qui me doit trahir est avec moi à cette table.* Quelques-uns (l) ont cru que le morceau trempé dans la sauce que Jésus présenta à Judas était l'eucharistie; d'autres (m), qu'en trempant ce pain il lui ôta la consécration. Origène, sur saint Jean, rapporte trois opinions sur la communion de Judas, et il ne se déclare pour aucune des trois : 1° que Judas avait reçu le corps de Jésus-Christ; 2° que le démon l'en avait empêché; 3° qu'il n'avait reçu que du pain, et non pas le corps de Jésus-Christ.

3° On demande quand il reporta aux prêtres l'argent qu'il avait reçu d'eux pour leur livrer son Maître. Il y en a qui croient que cela n'arriva qu'après la mort de Jésus-Christ (n); d'autres croient que ce fut avant que Jésus-Christ eût été condamné par Pilate (1), et dans le temps que les prêtres et les scribes insistaient auprès de ce gouverneur (2) afin qu'il le leur abandonnât pour le crucifier; enfin d'autres prétendent qu'il ne reporta son argent aux prêtres que quand il vit que la sentence de mort était prononcée contre Jésus. Alors il alla les trouver dans le temple, et leur dit : *J'ai péché en trahissant le sang innocent.* Mais ils lui répondirent : *Que nous importe? c'est votre affaire.* Alors, jetant cet argent dans le temple et s'étant retiré, il s'alla pendre. Quelques Pères (o) semblent louer la pénitence de Judas; mais les autres la regardent comme très-défectueuse et très-inutile, puisqu'il désespéra de la miséricorde de son Dieu. Origène et Théophylacte, écrivant sur saint Matthieu, disent que Judas, voyant que son Maître était condamné et qu'il ne pouvait plus obtenir de lui le pardon en cette vie, se hâta de le prévenir et de l'aller attendre en l'autre monde, pour le prier de lui faire miséricorde.

4° On forme quelques difficultés sur la manière dont Judas mourut. Saint Matthieu dit simplement qu'il se pendit; mais saint Luc, dans les Actes (p), dit de plus que Judas, s'étant précipité, se creva et répandit tous ses intestins. Théophylacte dit que s'étant d'abord pendu, comme le dit saint Matthieu, le poids de son corps fit pencher l'arbre auquel il s'était attaché; et qu'ayant été secouru, il vécut encore quelque temps; mais qu'ayant gagné une hydropisie, il en creva

---

(a) *Euseb. et Hieronym. in Isai.* xxvii, 1. *Hieronym. in Matth.* p. 29.
(b) *Hieron. de Nominib. Hebr. in Matth.*
(c) *Josue,* xv, 25.
(d) *Constit.* l. V, c. xiii.
(e) *Hilar. in Matth. can.* 31.
(f) *Innocent.* III, *de Myster. alt.* l. IV, c. xi.
(g) *Victor Antioch. in Marc.* xiv.
(h) *Rupert. in Matth.* l. X, et *in Joan.* l. XII.
(i) *Theophylact. in Matth* xxvi.
(j) *Origen. homil.* 36 *in Matth. Victor Antioch. in Marc.* xiv. *Cyrill. Jerosolym. Catech.* 13. *Cyrill. Alex. in Joan.* l. IX, c. xiii. *Chrysost. homil.* 82 *et* 83 *in Matth. Theodoret. ad* 11 *Cor.* x, 23. *Hieronym.* l. II *contra Jovinian. Abaelard. serm. in Pass. Domini. Magister Sentent.* l. IV, *dist.* 11. *Alens. Thom. Soto,* etc.

(k) *Luc.* xxii, 21.
(l) *Concil. Bracar.* 3, c. i, ii. *Jul. Papa Ep. ad episcopos per Ægyptum,* diss. 2, *de Censur.* c. vii. *Burchard. decret.* 5, 1. *Ivo parte* ii, c. xi. *Allat. Hist. de Liberis Græc.*
(m) *Dionys. Barsalibas apud Euseb. Renaudot,* t. IV. *Perpétuité de la foi,* c. v, p. 148.
(n) *Auct. Qu. in vet. et nov. Test. Vat.*, etc.
(o) *Origen. in Matth. tract.* 35 *et* l. II, *contra Cels. Hieron. in Matth.* xxvii. *Ambros. in Luc.* l. X. *Chrysost. in Matth. homil.* 86.
(p) *Act.* i, 18. Πρηνὴς γενόμενος, ἐλάκησε μέσος, καὶ ἐξεχύθη πάντα τὰ σπλάγχνα αὐτοῦ.
(1) Jésus-Christ ne fut pas condamné par Pilate.
(2) Pilate n'était pas gouverneur, mais procurateur

et mourut. Euthyme dit que comme Judas ne venait que de se pendre, quelqu'un le détacha et le mit en un endroit où il vécut encore quelque temps; mais qu'ensuite, étant tombé d'un lieu élevé, il se creva dans sa chute et répandit ses entrailles. Papias, cité dans Œcuménius, sur les Actes, disait que le lien qui l'attachait à l'arbre s'étant rompu, il vécut encore quelque temps et creva enfin par le milieu. D'autres croient qu'ayant été jeté à la voirie après sa mort, il y creva, comme il arrive aux cadavres ainsi abandonnés, et répandit toutes ses entrailles. Plusieurs nouveaux (a) croient que le texte grec de saint Matthieu (b) peut marquer simplement que Judas fut étouffé de douleur, de désespoir, ou même d'esquinancie, et que dans l'excès de son mal il tomba sur son visage, creva et expira; ou que, pressé par son désespoir, il se précipita et se creva. Voilà à peu près ce que l'on dit sur ce sujet (1). On peut voir l'article d'HACELDAMA, pour le champ que l'on acheta avec l'argent que Judas reporta aux prêtres.

Les anciens Pères (c) parlent d'un faux Evangile, sous le nom d'*Evangile de Judas*, qui avait été composé par les caïnites pour autoriser leurs opinions extravagantes. Ils reconnaissaient une vertu supérieure à celle du Créateur, et qui lui était contraire; que ceux que nous regardons comme les plus grands scélérats qui eussent jamais été, Caïn, Coré, les Sodomites, Judas le Traître, avaient connu ce premier principe et lui avaient prêté leur ministère contre la vertu du Créateur du monde. Judas, seul d'entre les apôtres, savait, disent-ils, ce mystère; et, pour procurer plus promptement le salut à Israel, se hâta de livrer Jésus-Christ, qui avait déclaré plusieurs fois qu'il devait être mis à mort pour le salut du monde.

JUDAS ou JUDE, surnommé BARSABAS, fut envoyé de Jérusalem, avec Paul et Barnabé, à l'Eglise d'Antioche, pour lui faire connaître la résolution qui avait été prise au concile de Jérusalem sur le sujet des observances légales (d). Il y en a qui croient que ce *Jude* était le frère de Joseph, surnommé aussi *Barsabas*, qui fut proposé avec saint Matthias pour remplir la place de Judas le Traître (e). Saint Luc nous dit que Jude Barsabas était prophète et des premiers d'entre les frères. On croit qu'il était du nombre des septante disciples. Après avoir été quelque temps à Antioche il s'en retourna à Jérusalem (f). On ne sait rien davantage de sa vie, de sa naissance, ni de sa mort.

JUDE ou JUDAS, surnommé THADÉE ou LEBBÉE, et *le Zélé*, est aussi quelquefois appelé *le frère du Seigneur* (g), parce qu'il était, à ce qu'on croit, fils de Marie, sœur de la sainte Vierge, et frère de saint Jacques le Mineur, évêque de Jérusalem. Il fut marié et eut des enfants, puisque Hégésippe (h) parle de deux martyrs ses petits-fils. Nicéphore donne à sa femme le nom de Marie. Dans la dernière cène (i), il demanda à Jésus pourquoi il devait se manifester à ses apôtres, et non pas au monde. Saint Paulin (j) dit qu'il prêcha dans la Libye; et il semble dire que son corps y était demeuré. Saint Jérôme, sur saint Matthieu, chap. X, verset 4, dit qu'après l'Ascension il fut envoyé à Edesse, vers le roi Abgare. Les nouveaux Grecs avancent de même qu'il a prêché dans la ville d'Edesse et dans toute la Mésopotamie. On veut qu'il ait aussi prêché dans la Judée, la Samarie, l'Idumée, la Syrie, et surtout dans l'Arménie et dans la Perse. Mais on ne sait aucunes particularités bien certaines de sa vie.

Nous avons de lui une Epître canonique, qui n'est adressée à aucune Eglise particulière, mais à tous les fidèles qui sont aimés du Père et appelés du Fils Notre-Seigneur. Il paraît par le verset 17 de cette Epître, où il cite la seconde Epître de saint Pierre, et par tout le corps de la lettre, où il imite les expressions de ce prince des apôtres, comme déjà connues à ceux à qui il parle, que son dessein a été d'écrire aux Juifs convertis, qui étaient répandus dans toutes les provinces d'Orient, dans l'Asie Mineure et au delà de l'Euphrate. Il y combat les faux docteurs, qu'on croit être les gnostiques, les nicolaïtes et les simoniens, qui corrompaient la saine doctrine et jetaient le trouble dans l'Eglise.

On ignore en quel temps elle a été écrite, mais elle l'est certainement depuis les hérétiques dont on vient de parler; et saint Jude y parle des apôtres comme de personnes mortes déjà depuis quelque temps (k). Il y cite la seconde Epître de saint Pierre et fait allusion à la seconde Epître de saint Paul à Timothée (l) : ce qui fait juger qu'elle n'est que depuis la mort des apôtres saint Pierre et saint Paul, et par conséquent après l'an 65 de Jésus-Christ. Il est même assez croyable qu'il ne l'écrivit qu'après la ruine de Jérusalem.

Quelques anciens (m) ont douté de sa canonicité et de son authenticité. Eusèbe (n) témoigne qu'elle a été peu citée par les écrivains ecclésiastiques; mais il remarque en même temps qu'on la lisait publiquement

---

(a) Vide Erasm. Heins. Grot. Hamm. Gronov. Dissert. de Casu Judæ.
(b) Matth. xxvii, 5. Καὶ ἀπελθὼν ἀπήγξατο.
(c) Irenæ. l. I, c. xxxv; Epiphan. hæres. 28, n. 1. Theodoret. Hæretic. Fabul. c. xv.
(d) Act. xv, 22, 23. An de Jésus-Christ 51, de l'ère vulg. 51.
(e) Act. I, 13.
(f) Act. xv, 32, 33.
(g) Vide Matth. xii, 55.
(h) Hegesipp. apud Euseb. l. III, c. xx, Hist. Eccl.
(i) Joan. xiv, 12.
(j) Paulin. carm. 26.
(k) Judæ v. 17. Et comparez II Petri iii, 31.
(l) II Timoth. iii, 1, comparé à Jud. v. 18.
(m) Euseb. l. III, c. xxv, Hist. Eccl. Hieronym. de Viris illustr. c. iv, Amphiloc. carm. ad Seleuc.
(n) Euseb. l. II, c. xxii.
(1) C'est beaucoup trop. Judas se pendit, il tomba, son ventre creva et ses entrailles se répandirent. Mais comment, étant pendu, tomba-t-il? Que de choses pendues tombent soit quand on veut les dépendre, soit que la corde se rompe. Judas s'était pendu dans un lieu retiré, où il y avait des rochers : quel lieu retiré, près de Jérusalem, où il n'y ait pas de rochers? Le corps de Judas tomba par un accident quelconque, sur un rocher et s'ouvrit dans sa chute.

dans plusieurs Eglises. Ce qui a le plus contribué à la faire rejeter par plusieurs, c'est que l'apôtre y cite le livre d'Enoch, ou du moins sa prophétie. Il y cite aussi un fait de la vie de Moïse qui ne se trouve point dans les livres canoniques de l'Ancien Testament, et qu'on croit avoir été pris d'un ouvrage apocryphe intitulé : *L'Assomption de Moïse*. Les autorités qu'il tire de ces deux livres apocryphes ont fait balancer pendant quelque temps à mettre cette Epître dans le Canon des Ecritures ; mais enfin elle y est reçue communément depuis plusieurs siècles. Saint Jude pouvait savoir d'ailleurs ce qu'il cite des livres apocryphes ; ou il pouvait, étant inspiré du Saint-Esprit, discerner dans ces livres les vérités de l'erreur à laquelle elles étaient mêlées. On peut voir nos Dissertations sur le livre d'Hénoch et sur la mort de Moïse.

Grotius (a) a cru que cette Epître n'était pas de saint Jude apôtre, mais de Judas, quinzième évêque de Jérusalem, qui vivait sous Adrien, un peu avant que Barchochéba parût. Il croit que ces mots, *frater autem Jacobi*, qui se lisent au commencement de cette Epître, ont été ajoutés par les copistes : et que saint Jude n'aurait pas oublié de s'y qualifier apôtre ; ce qu'il ne fait pas : qu'enfin toutes les Eglises auraient reçu cette Epître dès le commencement, si l'on eût cru qu'elle eût été d'un apôtre. Mais cet auteur ne donne aucune preuve de l'addition prétendue faite de ces mots : *Frater autem Jacobi*. Saint Pierre, saint Paul et saint Jean ne mettent pas toujours leur qualité d'apôtres à la tête de leurs lettres. Enfin le doute de quelques Eglises sur l'authenticité de cette Epître ne doit pas plus lui préjudicier que le même doute sur tant d'autres livres canoniques de l'Ancien et du Nouveau Testament.

On a attribué à saint Jude un faux Evangile, qui a été condamné par le pape Gélase. Nous avons déjà remarqué que saint Jude avait eu deux petits-fils martyrs sous Domitien. Ils furent accusés et menés à Rome, comme descendus de David, et parents de Christ (b). Ceux qui ont dit que notre saint Jude avait prêché à Edesse et dans la Mésopotamie semblent l'avoir confondu avec saint Thadée, un des septante disciples, fort différent de l'apôtre saint Jude. Saint Thadée fut en effet envoyé à Abgare par saint Thomas, comme le témoigne Eusèbe (c) en plus d'un endroit.—[*Voyez* ABAGARE *et* THADÉE.] Abdias, Fortunat, Bède et les martyrologes latins portent que saint Jude souffrit le martyre, et fut enterré dans la Perse. Quelques Grecs disent qu'il est mort en paix à Bérythe. Leurs Ménologes, qui mettent sa fête au 19 juin, disent qu'il fut tué à coups de flèches à *Arara*, apparemment dans l'Arménie, où l'on trouve le mont Ararat et la ville d'Ariarathe. Les Arméniens tiennent par tradition qu'il a souffert le martyre dans leur pays.

JUDAS ou JOÏADA, grand prêtre des Juifs depuis la captivité de Babylone. Il fut fils d'Eliasib, et père de Jonathan. *Voyez* II *Esdr.* XII, 10.

JUDAS, dont le nom se lit au chap. I, v. 10, du second livre des Machabées, était peut-être Judas l'Essénien, ou Judas fils d'Hircan, et surnommé Aristobule, dont nous allons parler. On ne le connaît que parce que son nom se lit à la tête d'une lettre du sénat de Jérusalem à Aristobule, précepteur du roi Ptolémée, écrite vers l'an du monde 3880, avant Jésus-Christ 120, avant l'è vulgaire 124.

JUDAS, surnommé l'ESSÉNIEN, est connu dans Josèphe (d) par le don de prophétie dont il était rempli. Il avait prédit qu'Antigone, Asmonéen, frère du roi Aristobule, serait tué en un certain jour dans la tour de Straton. Le même jour qu'il devait être mis à mort, selon sa prophétie, ce jeune prince arriva à Jérusalem, tout glorieux d'une victoire qu'il venait de remporter. Judas, le voyant, dit à ses disciples : *Je voudrais être mort, puisque je vois aujourd'hui que mes prédictions seront trouvées fausses. Comment Antigone pourrait-il être mis à mort aujourd'hui à la tour de Straton, qui est éloignée d'ici de plus d'une journée de chemin ?* Mais il ignorait que l'Esprit qui parlait en lui, avait voulu désigner, non la tour de Straton, sur la Méditerranée, où l'on bâtit depuis Césarée de Palestine, mais une autre tour de Straton, qui était dans le palais, et où Antigone fut effectivement tué peu de temps après, par les ordres du roi Aristobule.

JUDAS, autrement ARISTOBULE, fils aîné de Jean Hircan. *Voyez* ARISTOBULE.

JUDAS, fils de Sarifée, s'étant joint à Matthias, fils de Margalothe, persuada à ses écoliers d'arracher une aigle d'or, qu'Hérode le Grand avait fait mettre sur une des portes du temple. *Joseph. Antiq. l.* XVII, *c.* VIII *et* XI.

JUDAS DE GAULAN, ou GAULANITE, s'opposa au dénombrement que fit Cyrénius dans la Judée (e), et y excita un très-grand soulèvement, prétendant que les Juifs étaient libres, et ne devaient reconnaître aucune autre domination que celle de Dieu (f). Ainsi les sectateurs de Judas aimaient mieux souffrir toutes sortes de supplices que de donner le nom de Maître ou de Seigneur à quelque puissance de la terre que ce fût. Le même Judas est nommé *Judas le Galiléen* dans les Actes des apôtres (g). Gamaliel en parle en ces termes : *Après Theudas, Judas de Galilée s'éleva dans le temps du dénombrement du peuple, et attira à lui beaucoup de monde. Mais il périt, et tous ceux qui étaient de son parti furent dissipés.* Judas était Galiléen, natif de la ville de Gamala, dans la Gaulanite ; d'où vient qu'il est nommé indifféremment Judas Galiléen, et Judas Gaulanite. Et comme ce pays était de la domination d'Hérode, au lieu que la Judée était soumise aux Romains,

---

(a) Grot. in Epist. Judæ.
(b) Euseb. Hist. Eccl. l. III, c. XIX, XX.
(c) Euseb. l. I, c. XIII et l II, c. I Hist Eccles.
(d) Joseph. Antiq. l. XIII, c. XIX.

(e) Luc. II, 1.
(f) Joseph. Antiq. l. XVIII, c. I, II. An de Jésus-Christ 10, et 7 de l'ère vulg.
(g) Act. v, 37.

les Juifs donnaient aux sectateurs de Judas de Gaulan le nom d'Hérodiens; c'est sous ce nom qu'ils sont connus dans l'Evangile. *Voy.* ci-devant l'article HÉRODIENS.

Quant à ce que dit Gamaliel, que Judas périt avec tous ceux qui étaient de son parti, il faut qu'il ait été mal informé de l'état du parti de Judas, puisqu'il est certain qu'il subsista longtemps après Juda, et longtemps après Gamaliel lui-même. La secte des Hérodiens ne différait pas beaucoup de celle des Pharisiens. Il n'y avait que son amour excessif pour la liberté qui la distinguât. Elle produisit les sicaires et les zélés, qui, après avoir allumé le feu de la révolte dans toute la Judée, furent la cause de la ruine de Jérusalem et de tout le pays. *Voy. Joseph. Antiq. l.* XVIII, *c.* I et II. On ne sait ni le temps, ni le genre de la mort de Judas le Gaulanite.

JUDAS, hôte de saint Paul à Damas. *Act.* IX, 9, 11. On ne sait aucunes particularités de sa vie.

JUDÉE, province d'Asie, appelée anciennement TERRE DE CHANAAN OU PALESTINE, et ensuite TERRE PROMISE, TERRE D'ISRAEL; et enfin JUDÉE. Ce ne fut que depuis le retour de la captivité de Babylone qu'elle porta ce nom; parce qu'alors la tribu de Juda était la principale et presque la seule qui fît quelque figure dans le pays, et que les terres des Israélites des autres tribus avaient presque toutes été occupées par les Samaritains, les Iduméens, les Arabes et les Philistins. Les Juifs, de retour de la captivité, commencèrent à se rétablir autour de Jérusalem, et dans le partage de Juda, d'où ils se répandirent ensuite dans le reste du pays. *Voy.* sous l'article CHANAAN et CHANANÉENS ce qu'on a dit des anciens peuples de la Judée. Les Philistins étaient étrangers dans ce pays; ils y étaient venus de l'île de *Caphtor* ou de *Crète*. *Voy.* CAPHTOR. Les Phéniciens, qui s'y maintinrent toujours, même après l'entrée des Hébreux, étaient des restes des anciens *Chananéens*.

Ces deux peuples, les *Philistins* au midi, et les *Phéniciens* au nord, occupaient presque toutes les côtes de la Méditerranée. Les Juifs occupaient le reste du pays, ayant le Liban et la Syrie au nord, l'Arabie Pétrée et l'Idumée méridionale au midi, les montagnes de Galaad, l'Idumée orientale, l'Arabie Déserte, les Ammonites et les Moabites, à l'orient; les Philistins, les Phéniciens et la Méditerranée, au couchant. Le Jourdain coupait tout ce pays en deux parts presque égales, et prenant sa source au pied du Liban, coulait du nord au midi, jusque dans la mer Morte, où il se perdait.

La Judée, avant l'arrivée des Hébreux, était gouvernée par des rois chananéens,

qui exerçaient une puissance absolue chacun dans sa ville. Lorsque Josué en eut fait la conquête, il la gouverna comme lieutenant du Seigneur, et exécuteur de ses ordres. A Josué succédèrent les anciens pendant environ quinze ans. Après cela les Israélites tombèrent dans une espèce d'anarchie, qui dura sept ou huit ans. Ensuite ils furent gouvernés par des juges pendant trois cent dix-sept ans; et enfin par des rois, depuis Saül, jusqu'à la captivité de Babylone, pendant cinq cent sept ans. Depuis le retour de la captivité, la Judée demeura soumise aux rois de Perse, puis à Alexandre le Grand, et ensuite à ses successeurs; tantôt aux rois de Syrie, et tantôt aux rois d'Egypte; ayant cependant beaucoup de déférence, dans le gouvernement particulier, pour le grand prêtre et les chefs de la famille de David (*a*). Depuis que les Machabées eurent maintenu la religion et rétabli les affaires des Juifs, ils demeurèrent en possession de la souveraine autorité jusqu'au règne du grand Hérode, pendant environ cent trente-cinq ans (*b*).

Liste des gouverneurs qui ont gouverné la Judée de la part des Romains. *Voy.* GOUVERNEURS, — [et parmi les pièces préliminaires qui sont à la tête du premier volume.]

Liste des juges qui ont gouverné la Judée. *Voy.* l'article JUGES.

Liste des rois qui ont gouverné la Judée. *Voy.* l'article ROIS.

Liste des grands prêtres qui ont gouverné la Judée. *Voy.* PRÊTRES.

Quant à la qualité du pays de Judée, on ne peut rien ajouter à la peinture que l'Ecriture nous en fait. Elle la décrit comme un pays le plus beau et le plus fertile qui soit au monde, un pays où coulent des ruisseaux de lait et de miel (*c*). Josèphe nous en parle à peu près de même (*d*). Les voyageurs ne racontent qu'avec admiration la fertilité de certaines contrées de ce pays. Il est vrai qu'il y a des endroits arides et pierreux, et qu'en général le pays est aujourd'hui assez stérile; mais c'est qu'il manque d'habitants qui le cultivent. La Judée est presque partout montueuse, mais ses montagnes ne sont pas trop hautes, et presque toutes étaient autrefois bien cultivées et très-fécondes en oliviers, en vignes et en autres arbres. Les pâturages y sont excellents, les fruits merveilleux. Elle a des eaux en abondance; et s'il y pleut rarement, les rosées de la nuit suppléent à la pluie, et humectent les plaines et les campagnes (*e*).

[La Judée est la patrie des céréales, notamment du blé et de l'orge, de la vigne, de différentes espèces de minéraux, de végétaux et d'animaux. *Voy.* BLÉ, §§ V-IX, XII. La Judée a été l'objet de prophéties terribles, qui ont été accomplies et s'accom-

---

(*a*) Cet état dura environ 569 ans, depuis le retour de la captivité en 3168 jusqu'au gouvernement de Judas Machabée en 3837.
(*b*) Depuis l'an du monde 3837, qui est l'année du gouvernement de Judas Machabée, jusqu'en l'an 3695, qui est l'année dans laquelle Hérode fut déclaré roi par le sénat.
(*c*) *Exod.* III, 8. *Ezech.* XX, 6, etc. Vide *Num.* XIII, 28. *Deut.* VIII, 7. *Isai.* XXXVI, 17.

(*d*) *Ioseph. Antiq. l.* XV, *c.* V, *et de Bello, l.* III, *c.* II, XVII et XXVI, *et Antiq. l.* VIII, *c.* II *et Hecatæn. avud Joseph. l.* I, *contra Appion.* p. 1049.
(*e*) *Voyez* M. Réland, *Palæstin. l.* I, *c.* LVII, p. 380 *et seq.* — [Voyez aussi, et de préférence, les voyageurs modernes, MM. de Châteaubriand, le duc de Raguse, de Lamartine, la Correspondance d'Orient, l'Histoire des croisades, les Lettres de quelques Juifs.]

*JUDI, un des principaux officiers de Joachim, roi de Juda. *Jer.* XXXVI, 14, 21, 23.

JUDITH, de la tribu de Ruben, fille de Mérari, et veuve de Manassé, s'est rendue célèbre par la délivrance de Béthulie, assiégée par Holopherne. *Voy.* ce que nous avons déjà rapporté sur l'article d'HOLOPHERNE, et sur celui de BÉTHULIE. Judith, depuis qu'elle était demeurée veuve (a), s'était fait au haut de sa maison une chambre secrète, où elle demeurait enfermée avec les filles qui la servaient; ayant un cilice sur les reins, elle jeûnait tous les jours de sa vie, hors les jours de sabbat et les autres jours de fêtes de sa nation. Elle était d'une rare beauté, et son mari lui avait laissé de grandes richesses, un grand nombre de serviteurs, et de grands héritages, où elle avait de nombreux troupeaux de bœufs et de moutons. Elle était très-estimée de tout le monde, à cause de sa vertu et de sa piété, et il n'y avait personne qui dît la moindre chose à son désavantage.

Ayant appris qu'Ozias, qui était le premier de la ville de Béthulie, avait promis de livrer la ville dans cinq jours à Holopherne, elle fit venir Chabri et Charmi, anciens du peuple, et leur dit : *Comment Ozias a-t-il consenti de livrer la ville aux Assyriens, s'il ne nous venait point de secours dans cinq jours? Qui êtes-vous, pour tenter ainsi le Seigneur? Ce n'est pas là le moyen d'attirer sa miséricorde, mais plutôt d'exciter sa colère, et d'allumer sa fureur. Mais à présent recourons à la clémence du Seigneur, humilions-nous devant lui, reconnaissons que nous sommes entièrement à lui; et attendons avec patience les effets de sa miséricorde.* Elle ajouta : *Je vous exhorte à prier, et à recommander tout ceci au Seigneur. Pour moi, j'ai résolu de sortir cette nuit de la ville avec ma servante. Vous vous tiendrez à la porte de Béthulie, vous m'ouvrirez, et vous me laisserez aller, sans vous informer de mon dessein; et dans quelques jours, je viendrai moi-même vous dire de mes nouvelles.* Ils la quittèrent donc, et s'en allèrent.

Judith après cela, entra dans son oratoire (b); et, s'étant revêtue d'un cilice, elle se mit de la cendre sur la tête, et se prosternant devant le Seigneur, elle lui fit sa prière, lui demandant qu'il lui plût humilier Holopherne et les autres ennemis d'Israel, garantir son peuple du danger qui le menaçait, et lui donner à elle assez d'agrément pour toucher Holopherne, assez de constance pour le mépriser, et assez de force pour le perdre. Après sa prière (c), elle se leva, descendit de la plate-forme dans sa maison, où elle ôta son cilice, quitta ses habits de veuve, se lava, se parfuma, se peigna, se mit une coiffure magnifique, se revêtit d'habits précieux, prit une chaussure très-riche, des bracelets, des pendants d'oreilles, des bagues. Enfin elle se para de tous ses ornements; et Dieu augmenta encore sa beauté, afin qu'elle parût aux yeux de tous avec un lustre incomparable. Elle chargea sa servante des provisions nécessaires pour le voyage, et alla avec elle à la porte de la ville, où Ozias et les anciens l'attendaient. Ils lui ouvrirent les portes, sans lui faire aucune demande, se contentant de faire des vœux pour le succès de son voyage, et de sa bonne résolution.

Comme elle descendait de la montagne, les gardes avancées des Assyriens la rencontrèrent; et lui ayant demandé où elle allait, elle leur dit : *Je me suis enfuie de Béthulie, ayant connu que vous deviez bientôt prendre et piller la ville, et je suis venue pour découvrir au prince Holopherne tous les secrets des Juifs, et pour lui donner un moyen de prendre la ville, sans qu'il lui en coûte un seul homme.* Ils la menèrent donc à la tente d'Holopherne. Aussitôt que ce général la vit, il fut pris par ses propres yeux; et ses officiers disaient : *Certainement les Hébreux ne sont point un peuple si méprisable, puisqu'ils ont de si belles femmes. Ils méritent bien qu'on leur fasse la guerre, quand ce ne serait que pour avoir de si belles esclaves.* Judith se prosterna aux pieds d'Holopherne; et Holopherne l'ayant fait relever par ses gens, lui dit (d) : *Ayez bon courage, et ne craignez point; car je n'ai jamais fait de mal à qui que ce soit qui ait voulu se soumettre volontairement au roi Nabuchodonosor. Mais à présent dites-moi ce qui vous a portée à venir vers nous?*

Judith lui répondit qu'elle s'était retirée du milieu des Hébreux, premièrement, parce qu'elle savait que Dieu, irrité par leurs crimes, était résolu de les abandonner à leurs ennemis, et secondement, parce que, étant réduits à la dernière extrémité, elle n'avait pas cru pouvoir prendre un parti plus sûr pour sa propre conservation, ni lui rendre un plus grand service dans la conjoncture présente, que de l'informer de l'état de ces choses. Holopherne repartit : *Dieu nous a favorisés de vous envoyer ainsi vers nous. Si votre Dieu me rend maître de toute la nation des Hébreux, ainsi que vous me le faites espérer, il sera aussi mon Dieu, et vous serez grande dans la maison de Nabuchodonosor, et illustre dans toute la terre.* Alors (e) il ordonna qu'on la fît entrer au lieu où étaient ses trésors, et qu'on lui donnât à manger de sa table. Mais Judith le pria de trouver bon qu'elle ne mangeât point d'autre viande que des provisions qu'elle avait apportées, de peur qu'elle ne se souillât par des viandes étrangères. Elle demanda aussi, en entrant dans l'appartement qu'on lui donna, qu'elle en pût sortir la nuit, et avant le jour, pour aller faire sa prière, ce qui lui fut accordé. Elle vécut pendant trois ou quatre jours de cette manière, sans que l'on conçût aucune défiance contre elle, en la voyant sortir du camp et y rentrer, après s'être lavée dans la fontaine et avoir fait sa prière.

Mais le quatrième jour, Holopherne la fit

(a) *Judith.* VIII, 4, 5, 6 et seq.
(b) *Ibid.* IX, 1, 2, 3, etc.
(c) *Ibid.* X, 1, 2, etc.

(d) *Judith.* XI, 1, 2, 3, etc.
(e) *Ibid.* XII, 1, 2, 3, etc.

inviter par Bagao, son eunuque, de venir passer la nuit chez lui, pour manger, pour boire et pour se réjouir. Judith y alla, parée de tous ses ornements. Elle but et mangea, non de la table d'Holopherne, mais de ce que sa servante lui avait préparé ; et Holopherne fut tellement transporté de joie en la voyant, qu'il but du vin plus qu'il n'en avait bu en aucun repas dans toute sa vie. Le soir étant venu (a), ses serviteurs se hâtèrent de s'en retourner chacun chez soi ; et Bagao ferma les portes de la chambre et s'en alla. Judith y était seule avec sa servante, et Holopherne était accablé de sommeil par l'excès du vin. Judith dit donc à sa servante de se tenir dehors et de faire sentinelle ; et en même temps, faisant sa prière à Dieu, elle détacha le sabre d'Holopherne, qui était à la colonne et au chevet de son lit ; et l'ayant tiré du fourreau, elle prit cet homme par les cheveux, et dit : *Seigneur, fortifiez-moi à cette heure.* Puis lui frappant le cou par deux fois, elle lui coupa la tête, l'enveloppa dans une des courtines du pavillon, donna à sa servante la tête d'Holopherne, et lui dit de la mettre dans son sac. Puis elles sortirent toutes deux, selon leur coutume, comme pour aller prier hors du camp.

Étant arrivées à la porte de la ville, Judith cria : *Ouvrez les portes, parce que Dieu est avec nous, et qu'il a signalé sa puissance dans Israel.* On lui ouvrit, et aussitôt toute la ville s'assembla autour d'elle. Elle se mit sur un lieu éminent, leur montra la tête d'Holopherne, et leur dit en peu de mots ce qu'elle avait fait. On fit venir Achior, à qui l'on montra aussi la tête d'Holopherne. Enfin Judith parla aux anciens et à tout le peuple en ces termes (b) : *Pendez cette tête aux murailles, et aussitôt que le soleil sera levé, que chacun prenne ses armes, et sortez avec grand bruit : mais ne descendez pas jusqu'au bas de la montagne ; faites seulement semblant de vouloir attaquer les ennemis. Alors il faudra que les gardes aillent éveiller le général ; et quand ils le trouveront sans tête et nageant dans son sang, la frayeur les saisira, et ils prendront tous la fuite. Alors marchez hardiment contre eux, car le Seigneur vous les livrera entre les mains.*

On suivit ce conseil, et la chose arriva comme Judith l'avait prédite. Dès que les Assyriens surent qu'Holopherne avait été tué, ils ne songèrent plus qu'à fuir. Les Hébreux se mirent à les poursuivre avec de grands cris. En même temps Ozias envoya dans toutes les villes d'Israël pour les avertir de ce qui s'était passé, afin que de tous côtés on courût sus aux Assyriens. La défaite fut extraordinaire, et tout le pays fut enrichi des dépouilles que l'on gagna dans cette occasion. Le grand prêtre Joachim vint de Jérusalem à Béthulie, pour féliciter Judith de la victoire qu'elle avait procurée à Israel. On ramassa tout ce que l'on crut avoir appartenu à Holopherne, en habits, en or, en argent, en pierreries, et on le donna à Judith. Alors cette sainte veuve, pour rendre grâces au Seigneur, auteur de tant de grâces (c), chanta un cantique en son honneur ; et prenant toutes les armes d'Holopherne, dont le peuple lui avait fait présent, et le rideau de son pavillon, elle consacra le tout au Seigneur, comme un monument d'un si grand bienfait. Le nom de Judith devint après cela très-célèbre dans Israel. Les jours de fête elle paraissait en public avec une grande gloire ; et, après avoir demeuré cent cinq ans dans la maison de son mari, à Béthulie, et avoir donné la liberté à sa suivante, elle mourut et fut enterrée avec son époux, à Béthulie, et tout le peuple la pleura pendant sept jours. Or le jour de cette victoire a été mis par les Hébreux au rang des fêtes. Plusieurs savants (d) croient qu'on ne doit point chercher d'autre fête de la victoire de Judith que celle qui se célèbre pour la dédicace ou le renouvellement du temple par Judas Machabée, le 25 de casleu. Léon de Modène (e) et le calendrier des Juifs donné par Sigonius (f) la mettent ce jour-là. — [*Voyez* le *Calendrier des Juifs*, à la tête du premier volume de ce *Dictionnaire*, au 25 de casleu, et au 17 d'élul.]

La plus grande difficulté qu'on forme sur le livre de Judith, consiste à fixer le temps auquel l'histoire qu'il renferme est arrivée. Le texte grec et le syriaque semblent prouver que ce fut après le retour de la captivité de Babylone. Le texte latin de la Vulgate peut s'expliquer du temps qui précéda cette captivité. L'un et l'autre souffrent encore de très-grandes difficultés, de quelque manière qu'on l'entende, et en quelque temps qu'on la place. Nous allons donner un précis des deux systèmes ou des deux opinions, dont l'une soutient que l'histoire de Judith arriva avant la captivité, et l'autre qu'elle n'arriva qu'après. Ces deux sentiments ont encore des sous-divisions et des diversités dans lesquelles nous n'entrerons pas, la chose demandant une trop grande étude.

De dire qu'on lèvera toutes les difficultés, et qu'on satisfera parfaitement à toutes les objections qu'on peut former contre cette histoire, c'est ce qui paraît impossible, quelque parti qu'on prenne, et quelque système qu'on suive. L'histoire sacrée ni l'histoire profane ne nous donnent au temps de Manassé, ni dans celui de Sédécias, ni après ni avant la captivité, un roi de Ninive nommé *Nabuchodonosor*, qui, la douzième ou la dix-septième année de son règne ait vaincu un roi des Mèdes nommé *Arphaxad*. On aura même bien de la peine à trouver en ces temps-là, et à point nommé, un grand prêtre des Juifs nommé *Joachim*, ou *Eliacim*, dans le temps auquel on voudra placer cette histoire. Enfin il restera toujours des difficultés presque insurmontables quand on voudra concilier le texte grec et le syriaque avec le latin de saint Jérôme, et qu'on voudra éplucher

---

(a) *Judith.* XIII, 1, 2, 3.
(b) *Ibid.* XIV.
(c) *Ibid.* XVI.

(d) *Grot. Cornel. a Lapide. Bellarm. Salian. Torniel.*
(e) Léon de Modène, part. III, c. IX.
(f) *Sigon. l.* III, c. XVII, *de Repub. Hebr.*

tout ce qui regarde la géographie et les autres circonstances de ce récit. Il n'y en aura peut-être pas de moindres si, en s'attachant uniquement à la Vulgate, on veut rejeter les versions grecque et syriaque et l'ancienne italique.

Ce n'est pas la seule histoire où l'on trouve des difficultés, soit dans les noms propres, dans les dates ou dans d'autres particularités. On est tout accoutumé, dans les histoires d'Orient, de trouver un même prince désigné sous différents noms dans les profanes et dans les auteurs sacrés, dans les écrivains grecs et dans les hébreux, et même dans les historiens du pays. Les savants ne font sur cela aucune difficulté. Ainsi, que l'on donne à *Nabuchodonosor* de Judith le nom de *Saosduschin*, ou de *Cambyse*, ou de *Xerxès*, personne n'en doit être surpris, non plus que de voir donner à *Arphaxad* le nom de *Phraortès*, ou quelque autre nom de roi des Mèdes connu dans Hérodote ou dans un autre historien grec. Nous comptons donc ces difficultés comme déjà résolues, quand il ne sera question que du nom.

Il y aurait une autre chose plus importante à éclaircir, avant que d'entrer en matière : c'est de savoir à quel texte on doit s'en tenir, au grec ou au latin; car, pour le syriaque, on ne doute pas qu'il ne soit pris sur le grec, et j'avoue de bonne foi qu'en ne lisant que le grec, je croirais que l'histoire de Judith est arrivée et a été écrite après la captivité; mais en suivant le latin, on peut la mettre avant la captivité de Babylone. Il s'agit donc de savoir auquel des deux textes on doit donner la préférence. Le texte grec est très-ancien; les uns l'attribuent à Théodotion, qui vivait sous Commode, lequel n'a commencé à régner que l'an 180 de Jésus-Christ ; mais elle est plus ancienne, puisqu'elle est citée par saint Clément, Romain, dans son Epître aux Corinthiens, écrite environ un siècle auparavant. La syriaque est aussi très-ancienne, et faite sur un texte grec plus correct que celui que nous avons aujourd'hui, mais qui est le même quant au fond.

La version latine italique, ou l'ancienne Vulgate, est faite aussi sur le grec mais elle est très-défectueuse. La Vulgate de saint Jérôme, que l'Eglise a reconnue pour authentique, a été faite sur un texte chaldéen, que saint Jérôme a pris pour le vrai original de Judith. Il entreprit cette traduction à la prière de sainte Paule et d'Eustochium ; mais il nous laisse un sujet de dispute et d'embarras, lorsqu'il dit dans sa préface (a) qu'il a rendu le sens sans s'attacher à la lettre, et qu'il a retranché les variétés vicieuses qui se trouvaient dans différents exemplaires. *Magis sensum e sensu, quam ex verbo verbum transferens, multorum codicum varietatem vitiosissimam amputavi, sola ea quæ intelligentia integra in verbis Chaldæis invenire potui, Latinis expressi.* Saint Jérôme n'avait pas sans doute une grande quantité d'exemplaires chaldéens ; ce n'est pas de là qu'il a retranché *les variétés vicieuses*, mais des exemplaires latins ; et il

(a) *Hieron. Præfat. in Judith.*

n'a laissé dans sa traduction que ce qu'il a trouvé d'*intelligible dans le chaldéen*. Il avait donc sous les yeux l'ancienne version latine ; il en a retranché les choses superflues, il y laissa tout ce qu'il trouvait conforme au chaldéen ; il y ajouta apparemment aussi ce qui y manquait : ainsi, sa version est plutôt une réforme de l'ancienne qu'une traduction toute nouvelle ; et en effet, nous y remarquons encore des termes qui viennent de l'ancienne, et qui sont tirés du grec ; par exemple : *Unxit se myro optimo*. Judith. X, 3. Elle s'oignit d'excellent parfum. *Myron* en grec signifie du parfum. Et au chap. IX, ỳ 13 : *Percuties eum labiis charitatis meæ* (b) : Vous le frapperez des lèvres de mon amour ; au lieu de *labiis fallaciæ meæ*, Par les discours dont je tâcherai de le tromper. L'équivoque vient du grec qui lit *apatés*, tromperie, au lieu d'*agapès*, amour, que lisait celui dont saint Jérôme avait la traduction en main.

Et comme dans ces versions libres, où l'on ne s'assujettit pas à rendre tout ce qui est dans l'original ; mais seulement à exprimer le sens et à rendre son auteur intelligible, on use quelquefois d'une plus grande liberté, et quelquefois on se restreint davantage ; il aurait été à souhaiter, ou que saint Jérôme suivît dans Judith la même méthode qu'il a suivie dans ses autres traductions, c'est-à-dire qu'il s'attachât littéralement à son texte, ou qu'il nous avertît jusqu'à quel point il a porté la liberté qu'il a prise dans sa version, où il s'est contenté, *magis sensum e sensu, quam ex verbo verbum transferre* ; car qui nous a dit qu'il n'a rien supprimé dans le Chaldéen, ou qu'il n'a rien laissé dans la Vulgate, de ce qui en devait être retranché ? Comme le texte chaldéen qu'avait saint Jérôme n'est pas venu jusqu'à nous, nous n'en saurions porter un jugement certain ; et après cela quelle certitude avons-nous que ce texte était l'original du livre de Judith ? Si c'était le premier original, c'est déjà un grand préjugé pour le sentiment qui place cette histoire après la captivité de Babylone ; car avant ce temps on n'écrivait pas en chaldéen parmi les Juifs.

Ceux qui soutiennent que l'histoire de Judith est arrivée avant la captivité de Babylone, et du temps de Manassé, croient qu'il suffit de montrer qu'il n'y a rien dans l'histoire qui y répugne. Or, en supposant que Nabuchodonosor de Judith est le même que *Saosduchin* de Ptolémée, qui régna sur les Assyriens et les Chaldéens, et qui succéda à Assaradon, roi d'Assyrie ; qu'*Arphaxad* est le même que Phraortès, connu dans Hérodote ; que ces deux princes se sont fait la guerre la douzième année de Saosduchin ; qu'Arphaxad ayant été vaincu, Saosduchin résolut d'assujettir à son empire tous les peuples dont il est parlé dans Judith ; qu'à cet effet il envoya Holopherne à la tête de ses armées, pour réduire par la force, ceux qui n'avaient pas voulu le reconnaître pour souverain. Qu'en ce temps Manassé, délivré de-

(b) *Judith. Græc.* IX, 13.

puis peu de captivité, où il avait été mené à Babylone, demeurait à Jérusalem, se mêlant peu du gouvernement, et n'osant se déclarer ouvertement contre les Chaldéens, dont il venait d'éprouver la colère et la puissance, et laissant au grand prêtre Eliacim, ou Joachim, le soin de la plus grande partie des affaires. Que ceux de Béthulie résolurent avec le secours de Dieu, de conserver leur liberté et leur religion, et fermèrent leurs portes à Holopherne. Judith, voyant l'extrémité où la ville était réduite, entreprit de faire périr Holopherne, à quoi elle réussit, comme on le voit dans ce livre.

Or il n'y a rien dans tout cela qui blesse les lois de l'histoire, ni qui soit contraire à la chronologie. Nous plaçons la guerre entre Nabuchodonosor et Arphaxad, en l'an du monde 3347, l'expédition d'Holopherne 3348, et la mort d'Holopherne la même année. Manassé avait été pris et mené à Babylone en 3329. Il revint quelques années après, et mourut en 3361.

On peut répondre à certaines expressions difficiles tirées du texte grec de Judith; par exemple, à ce que dit Achior, que *le temple du Seigneur avait été mis par terre* (a), que *depuis leur retour de leur dispersion ils étaient rentrés en possession de Jérusalem où est leur sanctuaire* (b); et encore, qu'*ils étaient revenus depuis peu de captivité, et nouvellement rassemblés dans la Judée* (c). On peut, dis-je, répondre à tout cela, en distinguant dans Israel des captivités et des dispersions particulières, et d'autres dispersions générales. Sous Manassé, le temple fut profané, et une partie du peuple mené en captivité : ce prince et son peuple revinrent de cette dispersion passagère, le temple fut purifié, cela était arrivé depuis peu. C'est ce que voulait marquer l'auteur de la version grecque de cet ouvrage. Voilà ce qu'on dit pour soutenir ce système, que nous avons suivi dans notre commentaire.

L'opinion qui place l'histoire de Judith après la captivité de Babylone s'appuie principalement sur l'autorité de la version grecque. Cette traduction est certainement très-ancienne : la version italique, qui était la seule en usage chez les Latins avant saint Jérôme, et la syriaque ont été faites sur elle. Elle peut passer pour originale, n'ayant rien de plus ancien ni de plus authentique, puisqu'il est douteux que le Chaldéen de saint Jérôme soit le texte original de cet ouvrage. Peut-être que l'hébreu dont parle Origène, était plus authentique ; mais il n'est pas venu jusqu'à nous.

Si l'on veut soutenir que le texte chaldéen soit l'original, il s'ensuivra, comme on l'a déjà remarqué, que l'ouvrage a été écrit depuis la captivité, et que l'histoire est aussi probablement arrivée en ce temps-là. De plus, il n'y avait point alors de roi dans le pays ; il n'en est fait aucune mention dans tout le cours de cette histoire ; on ne s'adresse qu'au grand prêtre, dans une affaire qui regardait directement le roi, puisqu'il était question de faire la guerre, ou du moins de résister à un monarque très-puissant et capable de renverser le royaume de Juda. Dire que Manassé par politique, ou par crainte, dissimulait ce qui se passait, et laissait au grand-prêtre le maniement des affaires, c'est avancer une chose presque incroyable ; d'ailleurs c'était vouloir tromper par un jeu d'enfant le roi de Chaldée, comme si ce prince eût pu ignorer qu'il y avait un roi dans Juda, que ce roi lui était soumis, et que rien de ce qui s'y passait ne se pouvait faire à son insu et sans sa participation ; et à qui persuadera-t-on que si l'affaire de Béthulie eût tourné autrement qu'elle ne fit, le roi de Babylone ne s'en serait pas pris à Manassé, sous prétexte qu'il ne parut pas dans cette affaire ? Ce n'est point ainsi que l'on juge de ces sortes d'affaires ; on n'y prend pas si aisément le change.

De plus où trouver un pontife Eliacim du temps de Manassé ? Les catalogues conservés dans les Paralipomènes, dans Josèphe, et ce qu'on en peut recueillir dans différents endroits de l'Ecriture, ne nous en fournissent point de ce nom en ce temps-là. Nous trouvons *Helcias* sous Ezéchias (d), et un autre Helcias sous Josias (e), et un grand prêtre nommé Joakim au temps de la prise de Jérusalem par les Chaldéens (f) ; mais nous n'en trouvons aucun du nom de Joakim ou d'Eliacim sous Manassé. Il est vrai que le nom d'Helcias approche assez de celui d'Eliacim, et que les Hébreux étaient assez libres à changer de nom, surtout lorsqu'il n'y avait que peu ou point de différence pour le sens ; et comme il n'y en a presque point entre Helcias et Eliacim, je veux bien ne pas insister beaucoup sur cette raison, et avouer que le même *Helcias* ou *Eliacim* a pu vivre sous Manassé et sous Josias.

Mais ce qui paraît démonstratif pour le sentiment qui place ceci après le retour de la captivité de Babylone, c'est ce que porte le Grec, chap. IV, ỳ 2 (g), *que tout récemment les Israélites étaient de retour de la captivité : que depuis peu le peuple de Judée s'était rassemblé : que les vases sacrés, l'autel et le temple avaient été sanctifiés de la souillure dont ils avaient été profanés.* Achior, général des Ammonites dit la même chose à Holopherne (h) : *Exterminati sunt præliis a multis nationibus, et plurimi eorum captivi abducti sunt in terram non suam. Nuper autem reversi ex dispersione qua dispersi fuerant, adunati sunt... et iterum possident Jerusalem, ubi sunt sancta eorum.* Et remarquez que ce dernier passage est tiré de la Vulgate ; mais le grec ajoute : *Et le temple de leur Dieu a été renversé* (à la lettre, *réduit au pavé*, ou *foulé aux pieds*) ; *et leurs villes ont été prises par les ennemis... et ils habitent de nouveau dans*

(a) *Judith.* v, 18, *in Græco.*
(b) *Ibid.* v, 23.
(c) *Ibid.* iv, 2.
(d) IV *Reg.* xviii, 18, 26, 37.
(e) IV *Reg.* xxii, 4, *et* II *Par.* xxxiv, 9.

(f) *Baruc.* i, 7.
(g) *Judith.* iv, 2.
(h) *Ibid.* v, 23. *Græc.* ỳ 18. καὶ ὁ ναὸς τοῦ Θεοῦ αὐτῶν ἐγενήθη εἰς ἔδαφος, etc., καὶ κατεκυρίευθησαν ἐν τῇ ἐρήμῳ ὅτι ἦν ἔρημος.

les montagnes qui étaient inhabitées. On a beau s'efforcer de détourner le sens de ces passages : leur lecture seule et la première impression qu'ils font sur l'esprit conduisent naturellement à dire que cette histoire s'est passée depuis le retour de la captivité ; c'est ainsi que l'ont cru presque tous les anciens (*a*), et plusieurs nouveaux (*b*). S'ils ne se trouvaient que dans le grec, on pourrait peut-être rejeter son autorité ; mais nous avons vu que la Vulgate même porte que les Juifs, après avoir été dispersés, se sont enfin réunis, *et sont rentrés de nouveau en possession de Jérusalem, où est leur temple.* Ces dernières paroles peuvent-elles naturellement s'expliquer d'une captivité passagère, arrivée sous Manassé ?

De plus on soutient que Phraortès, dont on fait l'Arphaxad de Judith (*c*), survécut assez longtemps à Saosduchin que l'on veut être Nabuchodonosor de la même histoire, et que Judith dit avoir tué à coups de flèches son adversaire Arphaxad. Saosduchin mourut, selon le P. Pétau, l'an 4067 de la période Julienne, et Phraortès seulement l'an 4071. Si cela est, il faut de nécessité abandonner le système que nous avons proposé d'abord, et recevoir cette histoire après le retour de Babylone.

Enfin on dit, pour soutenir ce sentiment, que le texte de la Vulgate, aussi bien que le texte grec, porte que (*d*) *Judith vécut cent cinq ans, et que pendant le temps de sa vie et plusieurs années après sa mort nul ennemi ne troubla Israel.* Que l'on suppose, si l'on veut, que Judith avait cinquante ans lorsqu'elle parut devant Holopherne pour lui inspirer de l'amour par sa beauté, qu'elle ait encore vécu cinquante-cinq ans, comment soutenir que pendant ces cinquante-cinq dernières années de sa vie, et *encore plusieurs années après,* les Juifs ne furent troublés par aucun ennemi, puisqu'on sait que depuis l'an du monde 3347, auquel on met cette guerre d'Holopherne, jusqu'à soixante ans de là, on ne vit dans la Judée qu'un enchaînement de maux et une suite de disgrâces presque continuelles ?

Il faut donc reconnaître, dit-on, que cette histoire n'est arrivée qu'après la captivité de Babylone ; et dans cette supposition, il y a encore partage de sentiments. David Ganz, historien juif, dit qu'un poëte qui a écrit l'histoire de la dédicace du temple, rapporte cet événement au temps des Asmonéens ; qu'un autre a dit que la chose s'était faite du temps de Cambyse, fils de Cyrus : mais, ajoute Ganz, les sages du siècle disent qu'il faut placer cette histoire au même temps que le miracle de la dédicace ; c'est-à-dire, le miracle de la multiplication de l'huile qui dura pendant huit jours dans les lampes. *Voyez* ci-devant la FÊTE DES LUMIÈRES. Eusèbe la place sous Cambyse, Syncelle sous Xerxès, Sulpice-Sévère sous Ochus ; d'autres sous Antiochus Epiphanes, et du temps des Machabées.

Et ce dernier sentiment est sans doute le plus aisé à soutenir, si l'on veut reconnaître que l'on établit une fête en mémoire de cet événement, comme il se lit dans la Vulgate, mais non dans le Grec, ni dans le Syriaque, ni dans l'ancienne Italique, qui ne portent rien de semblable. La plupart des commentateurs croient que cette fête de Judith n'est autre que celle du renouvellement du feu sacré, et de la nouvelle dédicace du temple par Judas Machabée. Léon de Modène est de ce sentiment (*e*) ; aussi bien que Salien, Bellarmin, Tornielle, Cornélius à Lapide, Grotius, etc.

On cite un passage de Philon qui porte que le grand sacrificateur Jésus institua la fête de Judith sous Darius Longue-Main. Voici son passage entier : *Assuérus demeurait à Babylone, et le grand prêtre Jésus alla le trouver, parce que les gouverneurs de Syrie avaient écrit contre les Juifs ; mais il fut un an sans obtenir d'audience, parce que le roi était trop occupé des affaires de la guerre. Ayant gagné la victoire, il envoya l'année suivante Holopherne en Judée, et ayant appris qu'on lui avait tranché la tête, il défendit de rebâtir le temple. Darius Longue-Main lui succéda, et Jésus revint à Jérusalem. Ce fut lui qui ordonna qu'on célébrât la fête de Judith tous les ans.* On cite aussi un calendrier hébreu publié par Sigonius (*f*), où se trouve la fête de Judith au 25 du neuvième mois ou de casleu ; ce qui revient à la fête de la Dédicace du temple, et du renouvellement du feu sacré par Judas Machabée.

Mais on répond au passage du prétendu Philon, qu'il est tiré d'Anne de Viterbe, reconnu pour un des plus insignes imposteurs, en fait de supposition d'ouvrage, qui ait jamais paru : ainsi il est inutile de le réfuter. Quant au calendrier de Sigonius, Selden s'inscrit en faux contre cet ouvrage. D'ailleurs le temps auquel se célébrait la fête de la Dédicace du temple était le 25 de casleu, qui revient au 25 du mois lunaire, qui répond à peu près à novembre, et n'a nul rapport à la fête de Judith ni à la délivrance de Béthulie, qui doivent être arrivées vers le mois de septembre. Enfin si Léon de Modène, et quelques livres de prières, imprimés à l'usage des Juifs, parlent de la victoire de Judith au jour de la Dédicace du temple, il ne s'ensuit pas que l'on ait fait ce jour-là la fête de la Délivrance de Béthulie par Judith. On y rappelle la mémoire de cet événement comme ayant quelque rapport à ce qui arriva sous Judas Machabée ; et d'ailleurs quelques auteurs juifs tiennent que Judith, dont il est parlé dans ces hymnes ou ces prières, était une sœur de Judas Machabée, laquelle, étant aimée de Nicanor, général des troupes sy-

---

(*a*) Euseb. *in Chronico. Aug. l.* XVIIII *de Civit. c.* XVI. *Sulpit. Sever. l.* II *Syncell.*
(*b*) Sixt. Senens. Dionys. Carthus. Lyran. Natal. Alex. Estius, etc.
(*c*) Voyez Basnage, *Hist. des Juifs,* t. I, p. 255, 256, c.

XIX, art. 18, 19.
(*d*) *Judith.* XVI, 28, 30.
(*e*) Léon de Modène, *Cérémonies des Juifs,* partie III, c. IX.
(*f*) Sigonius *de Repub. Hebr. l.* III, c. XVII.

riennes, l'enivra et lui coupa la tête. Nous croyons cette aventure très-fausse; mais quelques Juifs la débitent comme certaine.

Si l'on veut donc soutenir la vérité de la fête instituée en mémoire de la victoire remportée par Judith sur Holopherne, dans la supposition que cette histoire est arrivée avant la captivité de Babylone, il faut dire que les Juifs ont cessé de la célébrer il y a très-longtemps, ou qu'ils l'ont transférée du jour où elle se célébrait anciennement, en celui où ils font la dédicace du temple sous Judas Machabée.

On s'étonne avec raison qu'une poignée de gens enfermés dans la petite ville de Béthulie, quand même on supposerait qu'ils étaient soutenus de tous les Juifs qui étaient alors dans la Judée, aient osé résister à Holopherne et à toute la puissance des Assyriens; mais on doit faire attention que Nabuchodonosor avait résolu non-seulement de subjuguer toutes les nations qui étaient depuis l'Euphrate jusqu'à l'Ethiopie, mais aussi qu'il voulait les obliger de l'adorer et de le reconnaître pour seul Dieu (a): *Præceperat illi Nabuchodonosor rex, ut omnes deos terræ exterminaret, videlicet, ut ipse solus diceretur deus ab his nationibus quæ potuissent Holophernis potentia subjugari.* Et ailleurs (b), les princes de l'armée d'Holopherne, après avoir ouï le discours d'Achior, s'exhortent à marcher contre Béthulie, afin, disent-ils, *que toutes les nations sachent que Nabuchodonosor est le dieu de la terre, et qu'il n'y en a point d'autre que lui.* C'était une des maximes d'Etat des rois de Perse de se faire rendre des honneurs divins: *Persas non pie tantum, sed etiam prudenter reges suos inter deos coluere: majestatem enim imperii salutis esse tutelam,* dit Cléon, dans Quinte-Curce (c).

On ne doit donc pas s'étonner que les Juifs se soient opposés à cette folle et impie prévention de Nabuchodonosor et de son général; ils n'auraient pu, sans impiété et sans renoncer à leur religion, se soumettre à la domination d'un tel roi, et ils avaient raison de se promettre le secours de Dieu dans cette guerre; et quand Dieu aurait permis qu'ils succombassent, cela leur aurait été non-seulement très-glorieux, mais aussi très-avantageux.

Sur les autres questions qu'on forme sur l'histoire de Judith, *voyez* les Prolégomènes de Sérarius sur Judith; la Vérité de l'histoire de Judith, par D. Bernard de Montfaucon; notre Préface sur Judith, etc. Nous avons cru la devoir fixer avant la captivité de Babylone; et voici la chronologie de cette histoire, suivant notre hypothèse.

Chronologie de l'histoire de Judith, dans l'hypothèse qu'elle soit arrivée du temps de Manassé.

An du monde
3285. Naissance de Judith.
3306. Manassé, roi de Juda, commence à régner.
3347. Guerre entre Nabuchodonosor et Arphaxad, autrement Saosduchin, roi d'Assyrie, et Phraortès, roi des Mèdes.
3348. Expédition d'Holopherne, siége de Béthulie, mort d'Holopherne.
3361. Mort de Manassé, roi de Juda.
3363. Mort d'Amon, roi de Juda.
3390. Mort de Judith, âgée de cent cinq ans.

L'authenticité et la canonicité du livre de Judith sont un point fort contesté. On forme cent difficultés sur le temps, sur les personnes, et sur les autres circonstances qui se rencontrent dans cette histoire. Nous avons tâché de satisfaire à ce qu'on oppose de plus plausible contre elle, et nous avons essayé d'établir sa canonicité et son authenticité dans notre préface sur ce livre. Les Juifs la lisaient et la conservaient du temps de saint Jérôme. On peut voir les passages rapportés par M. Voisin dans sa savante préface sur le *Pugio fidei.* Les Juifs ont fait imprimer la traduction de Judith en hébreu, et en ont une version en persan. Saint Clément, pape, l'a citée dans son Epître aux Corinthiens (d), aussi bien que l'auteur des Constitutions apostoliques, écrites sous le nom du même saint Clément (e). Saint Clément d'Alexandrie, liv. IV des Stromates; Origène, *homil.* 19 sur Jérémie, et tome III sur saint Jean; Tertullien, *lib. de Monogamia,* c. XVII; saint Ambroise, *lib. III de Officiis, et lib. de Viduis.* Saint Jérôme le cite dans son Epître à Furia; et dans sa préface sur le livre de Judith il dit que le concile de Nicée avait reçu ce livre parmi les canoniques (f); non pas qu'il eût fait un canon exprès pour l'approuver, car on n'en connaît aucun où il en soit fait mention; et saint Jérôme lui-même n'en cite aucun: mais il savait peut-être que les Pères du concile l'avaient allégué, ou il présumait que le concile l'avait approuvé, puisque, depuis ce concile, les Pères l'avaient reconnu et cité. Saint Athanase, ou l'auteur de la Synopse qui lui est attribuée, en donne le précis comme des autres livres sacrés. Saint Augustin (g) et toute l'Eglise d'Afrique (h) le recevaient dans leur canon. Le pape Innocent Ier, dans son Epître à Exupère, et le pape Gélase, dans le concile de Rome, l'ont reconnu pour canonique. Il est cité dans saint Fulgence (i), et dans deux auteurs anciens, dont les sermons sont imprimés dans l'appendix du cinquième tome de saint Augustin. Je ne parle pas des écrivains ecclésiastiques plus nouveaux, qui

---

(a) Judith, III, 13.
(b) Ibid. v, 29.
(c) Q. Curt. l. VIII.
(d) Clem. Rom. Ep. I ad Corinth. p. 197.
(e) Constit. Apostol. l. VIII, c. II, can. 85, alias 76, p. 448.
(f) Hieronym. Præfat. in lib. Judith : *Apud Hebræos liber Judith inter hagiographa legitur... sed quia hunc librum synodus Nicæna in numero sacrarum Scripturarum legitur computasse, acquievi petitioni vestræ.*
(g) Aug. de Doctr. Christ. l. II, c. VIII.
(h) Conc. Carthag. III, can. 47.
(i) Fulgent. Ep. 2 ad Gallum.

sont en très-grand nombre et très-favorables à Judith. Enfin le concile de Trente a confirmé le livre de Judith dans la possession où il était dans l'Eglise de passer pour écriture divine. Ces autorités sont plus que suffisantes pour fixer nos doutes sur la canonicité de ce livre, quand nous ne pourrions satisfaire en particulier à toutes les objections que l'on forme contre lui.

L'auteur du livre de Judith est inconnu. Saint Jérôme (a) semble croire que Judith l'écrivit elle-même, mais il ne donne aucune bonne preuve de son sentiment. D'autres veulent que le grand prêtre Joachim, ou Eliacim, dont il est parlé dans ce livre, en soit l'auteur : tout cela s'avance sur de simples conjectures. Ceux qui croient que l'histoire de Judith arriva du temps de Cambyse, et après la captivité de Babylone, conjecturent que Josué, fils de Josédech, grand prêtre d'alors, l'écrivit. L'auteur, quel qu'il soit, ne paraît pas contemporain. Il dit que de son temps la famille d'Achior subsistait encore dans Israel (b), et que l'on y célébrait encore la fête de la Victoire de Judith (c) Expressions qui insinuent que la chose était passée depuis assez longtemps.

Les Juifs du temps d'Origène (d) avaient l'histoire de Judith en hébreu, c'est-à-dire apparemment en chaldéen, que l'on a souvent confondu avec l'hébreu. Saint Jérôme dit que de son temps ils la lisaient encore en chaldéen et la mettaient au nombre des hagiographes (e). Sébastien Munster (f) croit que les Juifs de Constantinople l'ont encore à présent en cette langue. Mais jusqu'ici on n'a rien vu d'imprimé de Judith en cette langue. La version syriaque que nous en avons est prise sur le grec, mais sur un grec plus correct que celui que nous lisons aujourd'hui. Saint Jérôme a fait sa version latine sur le chaldéen, et cette version est si différente de la grecque, qu'on ne saurait croire que l'une et l'autre viennent de la même source et du même original. Saint Jérôme se plaint fort de la variété qui se voyait entre les exemplaires latins de son temps, et il est aisé de se convaincre de la justice de ses plaintes en confrontant entre eux les morceaux de ces traductions qui sont venus jusqu'à nous, et ce qui en est cité dans les Pères. On peut voir notre préface sur Judith et les notes qui sont au bas du commentaire.

* JUDITH, fille de Béeri. *Voyez* ADA.

* JUDITH (FONTAINE DE). *Voyez* BÉTHULIE.

JUGEMENT ; en hébreu (g) *mischphat*, en grec *krisis*, en latin *judicium*. Ces termes ont diverses significations dans l'Ecriture. Ils se prennent, 1° pour le pouvoir de juger absolument : *Dei judicium est* (h) : Le pouvoir de juger appartient à Dieu; les juges ne sont que ses lieutenants. *Deus dedit Filio potestatem judicium facere, quia Filius hominis est* (i) : Dieu a donné au Fils le pouvoir d'exercer le jugement, parce qu'il est le Fils de l'homme. *Judicium datum est illis (apostolis)* (j) : Le pouvoir de juger a été donné aux apôtres.

2° *Judicium* se met pour la droiture, l'équité et les autres bonnes qualités du juge. *Deus, judicium tuum regi da, et justitiam tuam filio regis* (k) : Seigneur, accordez à votre roi la droiture dans les jugements, donnez au fils du roi la justice et l'équité. *Honor regis judicium diligit* (l) : La majesté et la gloire du roi éclatent dans la droiture de ses jugements, et dans son amour pour la justice. *Justitia et judicium præparatio sedis tuæ* (m) : La justice et l'équité sont le soutien de votre trône.

3° *Judicium* signifie assez souvent la justice vindicative et la rigueur des jugements de Dieu. Par exemple (n) : *In cunctis diis Ægypti faciam judicia*. J'exercerai ma vengeance, mes jugements, sur tous les dieux de l'Egypte. *Quando facies de persequentibus me judicium* (o)? Quand me vengerez-vous de mes persécuteurs? quand exercerez-vous contre eux vos jugements? *Cum feceris judicia tua in terra, justitiam discent habitatores orbis* (p) : Lorsque vous aurez exercé vos jugements, votre sévérité sur la terre, les hommes apprendront à pratiquer la justice.

4° *Facere judicium et justitiam* marque l'exercice de toute vertu, la justice, l'équité, la vérité, la fidélité : *Scio quod (Abraham) præcepturus sit filiis suis ut faciant judicium et justitiam* (q) : Je sais qu'Abraham recommandera à ses enfants d'agir selon l'équité et la justice. *Feci judicium et justitiam* (r) : J'ai pratiqué la justice et l'équité. *Exspectavi ut faceret judicium, et ecce iniquitas; et justitiam, et ecce clamor* (s) : J'ai attendu que ma vigne, mon héritage, mon peuple exerçât le jugement, l'équité, et je ne vois que des actions injustes; qu'il pratiquât la justice, et je n'entends que les cris de ses iniquités.

5° *Judicium* se met assez souvent pour les lois de Dieu, et surtout pour les lois judicielles. *Hæc sunt judicia quæ propones eis* (t) : Voilà les ordonnances que vous leur proposerez. *Narravit Moyses populo omnia verba Domini atque judicia* (u) : Moïse proposa au peuple tout ce que le Seigneur lui avait dit et tous ses commandements. *Non fecit taliter omni nationi, et judicia sua non manifestavit eis* (v) : Il n'a pas traité de même toutes les

---

(a) *Hieron. in Agg.* i, 6.
(b) *Judith.* xiv, 6.
(c) *Ibid.* xvi, 31.
(d) *Origen. Ep. ad African.*
(e) *Hieronym. Præfat. in Judith.*
(f) *Seb. Munster. Præfat. in Tobiam Hebr.*
(g) בשפט *Mischphat.* Κρίσις, *Judicium.*
(h) *Deut.* i, 17
(i) *Joan.* v, 27.
(j) *Apoc.* xx, 4.
(k) *Psalm.* lxxi, 2.

(l) *Psalm.* xcviii, 4.
(m) *Psal.* lxxxviii, 15.
(n) *Exod.* xii, 12.
(o) *Psalm.* cxviii, 84.
(p) *Isai.* xxvi, 9.
(q) *Genes.* xviii, 19.
(r) *Psalm.* cxviii, 121.
(s) *Isai.* v, 7.
(t) *Levit.* xxi, 1.
(u) *Exod.* xxiv, 3.
(v) *Psalm.* cxlvii, 20.

nations, et il ne leur a pas fait connaître ses jugements, ses ordonnances, etc.

6° *Judicium* se met aussi pour la coutume, l'usage : *Miserere mei secundum judicium diligentium nomen tuum* (a) : Ayez pitié de moi et traitez-moi comme vous avez accoutumé de traiter ceux qui vous aiment. Cette expression, *secundum judicium*, selon la coutume, est bien plus fréquente dans l'Hébreu que dans la Vulgate, où elle a été traduite par *ut assolet, ut decet, pro more*, etc. Levit. V, 10, Hebr. : *Faciet holocaustum secundum judicium* : Il fera brûler l'holocauste selon la coutume, etc.

7° *Judicium* se met pour la discrétion, la sagesse, la prudence. *Disponet sermones suos in judicio* (b) : Il réglera ses discours avec sagesse. *Jurabis : Vivit Dominus, in veritate, et in judicio, et in justitia* (c) : Vous jurerez : Vive le Seigneur, dans la vérité, dans le jugement et dans la justice : c'est-à-dire, dans la vérité, pour ne rien dire de faux; dans le jugement, pour discerner quand il convient de jurer; dans la justice, pour éviter de faire tort au prochain. Mais, dans ce passage, *in judicio* peut très-bien marquer l'équité, la justice, etc.

8° On appelait le pectoral du grand prêtre (d) *pectorale judicii*, et quelquefois *judicium* (e) simplement. *Aaron gestabit judicium filiorum Israel* : Aaron portera le jugement des enfants d'Israel; c'est-à-dire, le pectoral, qui est la marque de son autorité sur les enfants d'Israel. Le grand prêtre était le chef de la justice de la nation des Hébreux.

9° *Judicium* se prend pour le jugement dernier. *Statutum est hominibus semel mori, post hoc autem judicium* (f) : Il est arrêté que les hommes meurent une fois, et qu'ensuite ils soient jugés. Dans Joel (g), le Seigneur dit qu'il rassemblera toutes les nations dans la vallée de Josaphat, et qu'il entrera en jugement avec elles pour venger son peuple qu'elles ont opprimé. *Voyez* ci-devant JOSAPHAT, et ailleurs VALLÉE DE JOSAPHAT. Salomon (h) : *Scito quod pro omnibus his adducet te Deus in judicium* : Sachez que Dieu vous fera paraître en jugement pour toutes ces choses. *Non intres in judicium cum servo tuo, quia non justificabitur in conspectu tuo omnis vivens* (i) : N'entrez point en jugement avec votre serviteur, parce que nul homme ne sera justifié devant vous. *Judicium post mortem veniet, quando iterum reviviscemus* (j) : Le jugement arrivera après notre mort, quand nous ressusciterons. On peut voir saint Matthieu, XXV, 31 et suiv., et la première Epître de saint Paul aux Thessaloniciens, et celle de saint Jude sur le jugement dernier et sur les signes qui doivent le précéder.

(a) *Psalm.* cxvIII, 132.
(b) *Ibid.* cxI, 5.
(c) *Jerem.* IV, 2.
(d) *Exod.* xxvIII, 15, 29.
(e) *Ibid.* xxvIII, 30.
(f) *Heb.* IX, 27.
(g) *Joel* III, 2.
(h) *Eccle.* XI, 9.
(i) *Psalm* cxLII, 2.
(j) IV *Esdr.* xIV, 35.

JUGEMENT DE ZÈLE. Les Juifs prétendent que dans certaines circonstances, où l'on voit un Juif qui blesse l'honneur de Dieu, qui viole impunément la loi, qui blasphème contre Dieu, contre son temple ou contre son législateur; ou même lorsqu'on voit un païen qui veut engager le peuple dans le désordre, dans l'idolâtrie, dans le violement des lois du Seigneur, on peut impunément le mettre à mort, et, sans autre forme de justice, s'abandonner à son zèle et ôter ce scandale du milieu du peuple. Ils fondent cette jurisprudence sur l'exemple de Phinées, fils d'Eléazar, qui, ayant vu entrer un Israélite dans la tente d'une fille prostituée de Madian (k), prit un javelot, le suivit et tua ces deux coupables dans le moment qu'ils commettaient le crime. Ils citent aussi l'exemple de Mathathias, père des Machabées, qui, emporté par son zèle (l), mit à mort un Israélite qui voulait sacrifier aux faux dieux.

Les inconvénients de cette sorte de jugement de zèle sont sensibles : une multitude inconsidérée, un Israélite outré, un fanatique se croira permis de faire périr un homme qu'il croira contraire aux intérêts de Dieu et de la religion. Les exemples n'en sont que trop fréquents dans l'histoire. C'est par ce faux zèle qu'ils lapidèrent saint Etienne (m), qu'ils se saisirent de saint Paul, dans la résolution de le faire mourir (n), et que plus de quarante hommes (o) ils firent vœu de ne boire ni manger qu'ils ne l'eussent mis à mort. Saint Jacques, évêque de Jérusalem, fut exécuté de la même sorte, et Jésus-Christ n'aurait pas évité la mort dans le temple un jour qu'ils s'imaginèrent qu'il blasphémait, s'il ne se fût caché et retiré du milieu d'eux (p).

JUGEMENT (LA FONTAINE DU) (q) est la même que la *fontaine de Cadès*, au midi de la terre promise. On donna aux eaux de Cadès le nom d'*eaux de contradiction*, parce que Moïse (r) y fut contredit et irrité par les murmures des Israélites; et celui de *fontaine du Jugement*, parce que Dieu exerça sa colère contre Moïse, et lui dénonça qu'il n'entrerait point dans la terre promise, parce qu'il ne l'avait point honoré aux yeux des enfants d'Israel. Les rabbins (s) veulent que le nom de fontaine du Jugement lui vienne de ce que les peuples voisins s'assemblaient en cet endroit pour recevoir la justice et pour terminer leurs différends.

JUGES, en hébreu *Sophetim* (t). On donne le nom de juges à ceux qui gouvernèrent les Israélites depuis Josué jusqu'à Saül. Les Carthaginois, colonie des Tyriens, avaient aussi des magistrats ou gouverneurs, qu'ils

(k) *Num.* xxv, 6 et seq.
(l) I *Mac.* II, 24.
(m) *Act.* vII, 58.
(n) *Ibid.* xxI, 27, et *Act.* xxII, 22, 23.
(o) *Ibid.* xxIII, 12.
(p) *Joan.* vIII, 9.
(q) *Genes* xIv, 7. משפט עין *Fons Judicii*
(r) *Num.* xx, 13. *Psal* cv, 32.
(s) *Chald. Ita et Jarchi, et Grot.*
(t) שפטים Gr. κριταί. *Judices.*

appelaient *Suffetes* ou *Sophetim* (a), ayant comme ceux des Hébreux une autorité presque égale à celle des rois. Quelques-uns croient que les *archontes* chez les Athéniens, et les dictateurs chez les Romains, étaient à peu près la même chose que les juges chez les Hébreux. Grotius compare le gouvernement des Hébreux sous les juges à celui qu'on voyait dans les Gaules, dans l'Allemagne et dans la Bretagne avant que les Romains l'eussent changé. La charge de juge n'était pas héréditaire chez les Israélites. Ces gouverneurs n'étaient que les lieutenants de Dieu, qui en était le seul vrai monarque ; c'était lui qui suscitait les juges, et qui leur donnait toute leur autorité. Lorsque les Hébreux demandèrent un roi, comme en avaient les autres peuples des environs, Dieu dit à Samuel (b) : *Ce n'est point vous qu'ils ont rejeté, c'est moi, puisqu'ils ne veulent plus que je règne sur eux.* Quand on offrit la royauté à Gédéon et à sa postérité après lui, il répondit (c) : *Je ne vous dominerai point, ni moi ni mon fils après moi ; ce sera le Seigneur qui sera votre roi.*

La dignité de juges était à vie, mais leur succession ne fut pas toujours suivie et sans interruption. Il y eut de temps en temps des anarchies ou des intervalles, pendant lesquels la république était sans chefs et sans juges. Il y eut aussi d'assez longs intervalles de servitude et d'oppression, sous lesquels les Hébreux gémissant sous la domination des étrangers, n'avaient ni juges ni gouverneurs. Quoique régulièrement Dieu suscitât lui-même, d'une manière particulière, et par une déclaration expresse de sa volonté, ceux qu'il voulait donner pour juges aux Israélites, toutefois, dans quelques occasions, sans attendre une révélation particulière, le peuple choisissait celui qui lui paraissait le plus propre à le tirer de l'oppression. Par exemple, quand les Israélites de delà le Jourdain choisirent Jephté pour les conduire dans la guerre contre les Ammonites. Comme assez souvent les oppressions qui faisaient recourir au secours des juges ne se faisaient pas sentir sur tout Israel, aussi le pouvoir des juges choisis ou suscités pour procurer la délivrance de ces servitudes ne s'étendait pas sur tout le peuple, mais seulement sur le pays qu'ils avaient délivré. Par exemple, nous ne voyons pas que Jephté ait exercé son autorité au deçà du Jourdain, ni que Barac, par exemple, ait exercé la sienne au delà de ce fleuve.

Le verbe *juger*, et le nom de *juge*, se met quelquefois dans l'Ecriture pour régner, exercer la souveraine autorité sur un peuple. *Donnez-nous un roi qui nous juge*, disent les Israélites à Samuel (d). Salomon demande à Dieu les lumières nécessaires pour juger Israel (e). Joathan, fils d'Azarias, roi de Juda, gouvernait le palais en la place de son père, qui était lépreux, *et jugeait le peu-*

ple du pays (f). Et Absalon, briguant la royauté, disait (g) : *Qui m'établira juge du pays ?* Aussi l'autorité des juges n'était pas inférieure à celle des rois. Elle s'étendait sur les affaires de la guerre et de la paix. Ils jugeaient les procès avec une autorité absolue; mais ils n'avaient aucun pouvoir de faire de nouvelles lois, ni d'imposer de nouvelles charges au peuple. Ils étaient protecteurs des lois, défenseurs de la religion, et les vengeurs des crimes, surtout de l'idolâtrie ; au reste, sans éclat, sans pompe, sans gardes, sans suite, sans équipage, à moins que leurs richesses ne les missent en état de se donner un train conforme à leur dignité. Le revenu de leur charge consistait en présents qu'on leur faisait ; ils n'avaient aucun émolument réglé, et ne levaient rien sur le peuple. La durée du temps des juges, depuis la mort de Josué jusqu'au commencement du règne de Saül, est de trois cent trente neuf ans. Voici l'ordre chronologique des juges et des servitudes qui ont été dans le pays durant cet intervalle :

Ordre chronologique des juges.

An du monde :

2570. Mort de Josué.

2585. Gouvernement des anciens pendant environ quinze ans.

2592. Anarchie d'environ sept ans, jusqu'en 2592.

C'est à ce temps qu'on rapporte l'histoire de Micha, la conquête de la ville de Laïs par une partie de la tribu de Dan, et la guerre des onze tribus contre Benjamin.

2591. *Première servitude, sous Chusan Rasathaïm, roi de Mésopotamie.* Elle commença en 2591, et dura huit ans, jusqu'en 2599.

2599. Othoniel délivra Israel la quarantième année après la paix donnée au pays par Josué.

2662. Paix d'environ soixante-deux ans, depuis la délivrance procurée par Othoniel, en 2599 jusqu'en 2662, qu'arriva *la seconde servitude sous Eglon, roi des Moabites.* Elle dura dix-huit ans.

2679. Aod délivre Israel.

Après lui Samgar gouverna, et le pays fut en paix jusqu'à la quatre-vingtième année depuis la première délivrance procurée par Othoniel.

2699. *Troisième servitude sous les Chananéens*, qui dura vingt ans, depuis 2699 jusqu'en 2719.

2719. Débora et Barac délivrent les Israélites. Depuis la délivrance procurée par Aod jusqu'à la fin du gouvernement de Débora et de Barac il y a quarante ans.

2752. *Quatrième servitude sous les Madianites*, qui dura sept ans, depuis 2752 jusqu'en 2759.

2759. Gédéon remet les Israélites en liberté. Depuis la délivrance procurée par Barac et Débora jusqu'à celle que procura Gédéon, il y a quarante ans

---

(a) T. Liv. Decad. 3, l. VII: *Suffetes summus erat Pœnis magistratus.*
(b) I Reg. viii, 7.
(c) Judic. viii, 23.
(d) I Reg. viii, 5, 6.
(e) III Reg. iii, 9.
(f) IV Reg. xv, 5.
(g) II Reg. xv, 4.

2768. Abimélech, fils naturel de Gédéon, est reconnu pour roi par ceux de Sichem. Il fait mourir soixante et dix de ses frères ; il règne trois ans.

2771. Depuis 2768 jusqu'en 2771. Il mourut au siége de Thèbes, en Palestine.

2772. Thola gouverne après Abimélech pendant vingt-trois ans, depuis 2772 jusqu'en 2795.

2795. Jaïr succède à Thola et gouverne pendant vingt-deux ans, depuis 2795 jusqu'en 2816.

2799. *Cinquième servitude sous les Philistins,* qui dura dix-huit ans, depuis 2799 jusqu'en 2817.

2817. Mort de Jaïr.

2817. Jephté est choisi pour chef des Israélites de delà le Jourdain ; il défait les Ammonites qui les opprimaient. Jephté gouverne six ans, depuis 2817 jusqu'en 2823.

2823. Mort de Jephté.

2830. Abésan gouverne sept ans ; depuis 2823 jusqu'en 2830.

2840. Ahialon succède à Abésan. Il gouverne depuis 2830 jusqu'en 2840.

2848. Abdon juge Israel pendant huit ans, depuis 2840 jusqu'en 2848.

2848. *Sixième servitude sous les Philistins,* qui dura quarante ans, depuis 2848 jusqu'en 2888.

2848. Héli, grand prêtre, de la race d'Ithamar, gouverna pendant quarante ans, tout le temps de la servitude sous les Philistins.

2849. Naissance de Samson.

2887. Mort de Samson, qui fut juge d'Israel pendant la judicature du grand prêtre Héli.

2888. Mort d'Héli, et commencement de Samuel, qui lui succéda.

2909. Election et onction de Saül, premier roi des Hébreux.

LE LIVRE DES JUGES que l'Eglise reconnaît pour authentique et canonique, est attribué par quelques-uns à Phinées ; par d'autres, à Esdras ou à Ezéchias ; et par d'autres, à Samuel, ou à tous les juges, qui auraient écrit chacun l'histoire de leur temps et de leur judicature. Mais il nous paraît que c'est l'ouvrage d'un seul auteur, et qui vivait après le temps des juges. Une preuve sensible de ce sentiment, c'est qu'au chapitre II, au verset 10 et dans les suivants, il fait un précis de tout le livre, et en donne une idée générale. L'opinion qui l'attribue à Samuel se soutient assez bien. 1° L'auteur vivait en un temps où les Jébuséens étaient encore maîtres de Jérusalem (a), et par conséquent avant David. 2° Il paraît qu'alors la république des Hébreux était gouvernée par des rois, puisque l'auteur remarque en plus d'un endroit sous les juges, qu'alors il n'y avait point de roi dans Israel.

On ne laisse pas de former contre ce sentiment quelques difficultés considérables. Par exemple, il est dit dans les Juges, chapitre XVIII, 30, 31, *que les enfants de Dan établirent Jonathan et ses fils prêtres dans la* tribu *de Dan, jusqu'au jour de leur captivité ; et que l'idole de Micha demeura chez eux, tandis que la maison du Seigneur fut à Silo.* Le tabernacle ou la maison de Dieu ne fut à Silo que jusqu'au commencement de Samuel ; car alors on la tira de Silo, pour la porter au camp où elle fut prise par les Philistins (b) ; et depuis ce temps, elle fut renvoyée à Cariath-iarim (c). Quant à la captivité de la tribu de Dan, il semble que l'on ne peut guère l'entendre que de celle qui arriva sous Teglathphalasar, roi d'Assyrie, plusieurs centaines d'années après Samuel, et par conséquent il n'a pu écrire ce livre, à moins qu'on ne reconnaisse que ce passage y a été ajouté depuis lui ; ce qui n'est nullement incroyable, puisqu'on a d'autres preuves et d'autres exemples de pareilles additions faites au texte des livres sacrés.

JUGES ORDINAIRES POUR LES AFFAIRES CIVILES, ET POUR LES AFFAIRES DE RELIGION. Moïse avait ordonné (d) que l'on établît dans chaque ville des juges et des magistrats, pour terminer les différends du peuple, et que lorsqu'il arriverait quelque affaire d'une plus grande conséquence, on se transportât au lieu que le Seigneur aurait choisi pour y examiner la difficulté devant les prêtres de la race d'Aaron et devant le juge (ou le chef du peuple) que le Seigneur aurait suscité en ce temps-là ; et il veut qu'on défère à leur jugement, sous peine de la mort. Lorsque Josaphat, roi de Juda, voulut réformer ses Etats (e), il établit dans toutes les villes des juges, auxquels il recommanda la vigilance et la justice, comme exerçant l'autorité de Dieu même. Il établit aussi à Jérusalem deux tribunaux : l'un de prêtres et de lévites, et l'autre de princes des familles de la nation. Le premier connaissait des affaires qui concernent la loi et les cérémonies de la religion, qui leur étaient renvoyées par les juges civils ; et le second connaissait *de ce qui regarde l'office du roi,* c'est-à-dire, les affaires civiles et les intérêts des particuliers. Voilà quelle était la police des Hébreux avant la captivité de Babylone, autant que nous en pouvons juger par les livres saints.

Mais les docteurs juifs nous en donnent une idée assez différente. Ils tiennent qu'il y avait à Jérusalem une assemblée de soixante-douze juges. Ils nomment cette assemblée sanhédrin, qui est un mot corrompu, formé sur le grec *synédrion.* Ils croient que cette compagnie subsista toujours dans leur nation, depuis son établissement sous Moïse (f), lorsqu'il désigna soixante-douze anciens, à qui Dieu communiqua son esprit, pour l'aider dans le gouvernement du peuple. Mais nous croyons que cet établissement ne subsista que jusqu'au temps du partage de la terre promise par Josué, et qu'il ne fut rétabli que depuis les Machabées. Il subsistait du temps de

---

(a) *Judic.* I, 21.
(b) I *Reg.* IV, 4, 5. etc
(c) I *Reg.* VI, 21, 22, etc.
(d) *Deut.* XVI, 18, *et* XVII, 8, 9. Voyez aussi *Ezech.* XLIV,

21, *et Joseph. Antiq. l.* X, *c. ult.*
(e) II *Par.* XIX, 5, 8. etc.
(f) *Num.* XI, 16, 17

Notre-Seigneur, et dura apparemment jusqu'à la ruine du temple; mais non pas toujours avec une égale autorité : car depuis l'exil d'Archélaüs les Romains, ayant réduit la Judée en province, s'attribuèrent à eux seuls le droit de vie et de mort. *Voyez* ci-après SANHÉDRIN.

Quant aux tribunaux inférieurs, voici, selon les rabbins et les interprètes, quels ils étaient du temps de Notre-Seigneur. 1° Il y avait dans chaque ville trois juges, qui connaissaient des moindres fautes, comme du vol et choses semblables. 2° Il y avait un autre tribunal, composé de vingt-trois juges, qui jugeaient des affaires importantes et criminelles, et dont les sentences allaient ordinairement à la mort; d'autant qu'on ne portait devant eux que des causes qui méritaient cette peine. 3° Le grand sanhédrin était à Jérusalem, et connaissait des affaires les plus importantes de la religion et de l'État, et de celles qui concernaient le roi et le grand prêtre. On croit que notre Sauveur faisait allusion à ces deux derniers tribunaux, lorsqu'il disait (a) : *Quiconque se mettra en colère contre son frère méritera d'être condamné par le jugement;* c'est-à-dire, par les vingt-trois juges. *Et celui qui dira à son frère : Raca, méritera d'être condamné par le conseil;* c'est-à-dire, par le grand sanhédrin. On peut voir notre dissertation sur la police des Hébreux, imprimée à la tête du livre des Nombres. Le lieu ordinaire où les juges s'assemblaient était la porte de la ville (b). *Voyez* ci-après PORTE. Le sanhédrin s'assemblait dans une des salles du temple.

Voici quelques remarques tirées de la Misne (c) et de ses commentateurs, au sujet des différents juges qui se voyaient dans la Palestine, et de leur juridiction. Les rabbins conviennent que dans chaque ville où l'on comptait au moins cent personnes il devait y avoir un tribunal de trois juges, devant lesquels se plaidaient les petites causes, *sur le gain, sur la perte, sur la restitution.* Ces trois juges avaient droit seulement de condamner au fouet. On consultait ce tribunal sur l'intercalation des mois. Les trois jugés pouvaient donner l'imposition des mains, et recevoir des docteurs; ils pouvaient installer des juges, en disant : *Toi, rabbi tel N., tu as été honoré du pouvoir de juger et d'infliger des peines.* Mais il fallait, pour jouir de ce droit, qu'au moins l'un des trois juges eût reçu l'ordination, afin de la pouvoir donner aux autres. C'étaient les parties qui nommaient leurs juges; une des parties choisissait son juge, l'autre partie en nommait un second, et les deux juges en prenaient un troisième, avec lequel ils décidaient.

Josèphe (d) nous donne une idée assez différente de la police des Juifs; il dit que Moïse ordonna qu'on établit dans chaque ville sept juges d'une vertu reconnue, ou un corps de sénateurs composé de sept juges, et à la compagnie de sept juges on donne deux ministres de la tribu de Lévi; ainsi il devait, selon cet auteur, y avoir dans chaque ville sept juges laïques et deux ministres de l'ordre des lévites. Or certainement Josèphe est plus croyable dans ces sortes de choses que les rabbins, puisqu'il est beaucoup plus ancien et mieux instruit que les docteurs juifs. Josèphe a vu la république des Hébreux subsistante et florissante; et les rabbins ne sont venus que longtemps après la ruine du temple, et la dispersion de la nation.

Le second tribunal était composé de vingt-trois juges, qui jugeaient des causes capitales, et qui condamnaient à mort les hommes et les bêtes qui avaient blessé un homme. Je ne trouve ce nombre de juges ordonné ni dans Moïse, ni dans les auteurs sacrés. Josèphe n'en parle point; il dit simplement que si les sept juges dont nous avons parlé ne se trouvaient pas assez éclairés pour juger quelqu'une des causes qu'on leur avait portées, ils les rapportaient au grand prêtre dans la ville sainte (e).

Il n'est pas hors de propos de représenter la manière dont les juges de ce tribunal prenaient leur séance, parce qu'ayant rapport à celle du grand sanhédrin, cela servira à donner une idée plus juste et à expliquer les sentiments des docteurs juifs.

Les vingt-trois juges faisaient un demi-cercle; au milieu était assis le président, qu'on appelait le prince du sénat : son mérite et sa sagesse l'élevaient à cette dignité. Le père du sénat était assis à sa droite, et tenait le second rang; mais cette charge a été imaginée par les docteurs talmudistes. Chacun des vingt-trois juges prenait sa place à droite et à gauche, selon son rang. Quelques-uns mettent trois secrétaires, l'un pour recueillir les suffrages de ceux qui *absolvaient,* le second pour recueillir les suffrages de ceux qui *condamnaient,* et le troisième recueillait les uns et les autres. Les trois ordres de disciples étaient placés sur des bancs au bas de la salle, chacun selon leur âge et leur capacité. On faisait venir de toute la Judée les plus habiles, en les faisant passer des autres tribunaux à celui de Jérusalem, composé de vingt-trois juges; on les mettait d'abord dans la dernière classe, et ces élèves montaient ensuite par degrés à la qualité de juges. Par cette description il paraît que les rabbins ont voulu donner une haute idée de leur magistrature et de leurs magistrats ; cependant on semble vouloir préférer leur autorité à celle de Josèphe, qui renverse toutes ces idées.

JUIFS, *Judæi.* C'est le nom qu'on donna depuis la captivité de Babylone aux Israélites qui revinrent de Babylone. *Judæi* vient de *Juda,* parce qu'alors la tribu de Juda se

---
(a) Matth. v, 21, 22.
(b) Ruth. iv, 1.
(c) *Misna Tract. Sanhedrin. t. IV.*
(d) *Antiq. l. IV, c. ult., p.* 122. Ἀρχέτωσαν δὲ καθ' ἑκάστην πόλιν

ἄνδρες ἑπτά... ἑκάστῃ δὲ ἀρχῇ δύο ἄνδρες ὑπηρέται διδόσθωσαν ἐκ τῆς τῶν λευιτῶν φυλῆς.
(e) *Joseph. loco citato.*

trouva non-seulement la plus puissante, mais presque la seule qui fît figure dans le pays et qui y parût avec quelque éclat. Depuis la captivité, qui est le temps où ils ont commencé à être proprement appelés Juifs, ils se multiplièrent et se fortifièrent de telle sorte, qu'au temps de Notre-Seigneur et quarante ans après, lorsqu'ils déclarèrent la guerre aux Romains, ils étaient une des plus puissantes nations de l'Orient.

Ils s'appliquèrent à rétablir le temple du Seigneur et la ville sainte, sous Esdras et Néhémie, comme nous le voyons dans les livres qui portent les noms de ces deux saints personnages. Depuis ce temps ils eurent plus de zèle pour l'observance de leurs lois, plus de fidélité à la pratique de leurs devoirs, plus d'éloignement de l'idolâtrie qu'ils n'en avaient témoigné auparavant. Les Israélites des dix tribus qui revinrent de la captivité en différents temps furent confondus avec ceux de Juda et portèrent le nom de Juifs, peut-être par des vues de politique, parce que la permission accordée par Cyrus aux captifs hébreux de retourner dans leur pays n'avait été accordée expressément qu'à ceux du royaume de Juda; ou parce que tous les Hébreux se trouvant après la captivité réunis sous une même monarchie, et n'y ayant plus en ce sens de distinction entre Juda et Israël, ils prirent tous le nom de Juda, comme de la plus considérable partie et de celle où résidait le chef de la religion, c'est-à-dire le grand prêtre, qui résidait à Jérusalem, et le prince du pays, qui était toujours de la tribu de Juda, subordonné au gouverneur envoyé par les rois de Perse.

Sous le règne de ces rois, ils jouirent d'une grande paix, et eurent le loisir de se rétablir tranquillement dans leur pays, d'y rebâtir leurs villes et d'y cultiver leurs champs, qui avaient été si longtemps abandonnés. Pendant cet intervalle, ceux qui étaient demeurés au delà de l'Euphrate, coururent un grand danger (a), à cause de l'ambition d'Aman et de la fermeté de Mardochée, qui ne put se résoudre à rendre à ce favori des honneurs qui ne lui étaient pas dus. Mais Esther eut le crédit de faire révoquer l'édit que le roi de Perse avait rendu contre les Juifs, et Mardochée fut élevé à de grands honneurs et prit la place qu'Aman occupait dans l'État et dans la cour; les Juifs se vengèrent de leurs ennemis et devinrent terribles à ceux qui les avaient méprisés.

Lorsque Alexandre le Grand entreprit la guerre contre Darius Codomanus, dernier roi des Perses, les Juifs demeurèrent fidèlement attachés à Darius, qui était leur légitime souverain, et refusèrent à Alexandre les secours qu'il leur demandait pour le siége de Tyr auquel il était occupé. Ce prince résolut de se venger de leur refus, et, après qu'il eut pris la ville, il marcha contre Jérusalem. Mais le grand prêtre étant allé au-devant de lui, à la tête de tout son clergé et de tout le peuple, Alexandre le reçut avec respect (b), combla de grâces la nation des Juifs et leur accorda l'exemption de tributs pour toutes les septièmes années, faveur qu'il ne voulut pas accorder aux Samaritains.

Depuis la mort d'Alexandre le Grand les Juifs furent sujets tantôt aux rois d'Égypte, et tantôt à ceux de Syrie, selon que ces princes étaient plus ou moins puissants et qu'ils poussaient plus ou moins leurs conquêtes les uns contre les autres.

Sous Ptolémée Philopator, roi d'Égypte, ils souffrirent une rude persécution dans ses États (c) : ce prince voulut les faire écraser sous les pieds de ses éléphants; mais Dieu les garantit de ce péril par un effet de sa protection miraculeuse.

La division s'étant mise parmi leurs prêtres, et Jason ayant acheté la souveraine sacrificature auprès du roi Antiochus Epiphanes (d), ce prince en prit occasion de persécuter les Juifs, et entreprit de leur faire abandonner leur religion pour embrasser celle des Grecs. Il n'y eut tourments qu'il ne leur fît souffrir pour vaincre leur constance; il trouva une résistance inflexible dans les Machabées et dans un grand nombre de bons Israélites qui se joignirent à eux, et qui, par des prodiges de valeur, soutinrent la vraie religion et rendirent enfin la liberté à leur pays. Les Asmonéens ou Machabées, après avoir exercé pendant quelque temps la souveraine sacrificature sous l'empire des rois de Syrie, se tirèrent enfin de leur dépendance et joignirent la principauté ou la souveraineté temporelle à la dignité du sacerdoce. Ce fut Hircan qui secoua entièrement le joug des Syriens (e); mais ce fut Aristobule, son fils et son successeur, qui le premier prit le titre de roi (f). Le royaume demeura dans sa famille jusqu'au temps d'Hérode, fils d'Antipater, Iduméen (g).

Il y eut toutefois quelque interruption, car Gabinius, gouverneur de Syrie, étant entré en Judée à la tête d'une puissante armée, peu de temps après que Pompée en fut sorti, réduisit à l'obéissance Alexandre, fils aîné d'Aristobule, qui s'était sauvé d'entre les mains de Pompée, rétablit Hircan dans la grande sacrificature, et changea presque entièrement l'état civil du pays : de monarchique qu'il était il le rendit aristocratique (h), y supprima le titre de roi, et, au lieu du grand sanhédrin et des tribunaux ordinaires qui rendaient la justice dans Jérusalem et dans les autres villes, il établit cinq différentes cours dans la Judée, dont chacune était indépendante des autres et exerçait une souveraine autorité dans son ressort. La première fut mise à Jérusalem, la seconde à Jéricho, la troisième à Gadara, la quatrième à Amathur, et la cinquième à Séphoris. Tout le pays fut partagé en cinq provinces ou dé-

---

(a) An du monde 3495, avant Jésus-Christ 509.
(b) An du monde 3672, avant Jésus-Christ 328.
(c) An du monde 3787, avant Jésus-Christ 213.
(d) An du monde 3834, avant Jésus-Christ 166.

(e) An du monde 3874, avant Jésus-Christ 126.
(f) An du monde 3898, avant Jésus-Christ 102.
(g) An du monde 3964, avant Jésus-Christ 36.
(h) An du monde 3947, avant Jésus-Christ 53.

partements, et chaque province fut obligée de recourir à la justice de l'une des cours qui lui était assignée, et où les affaires se terminaient sans appel.

Quelques années après (a), Jules César étant venu de l'Egypte dans la Palestine pour se rendre en Syrie, Antigone, fils d'Aristobule, dernier roi des Juifs, vint se jeter à ses pieds et le prier de le rétablir dans la principauté de son père, se plaignant en même temps d'Hircan et d'Antipater. Mais ce dernier, à qui César avait de très-grandes obligations, à cause des services qu'il lui avait rendus pendant la guerre d'Egypte, sut si bien justifier sa conduite et celle d'Hircan, qu'il renvoya Antigone comme un turbulent et un séditieux, ordonna qu'Hircan garderait la souveraine sacrificature et la principauté de Judée, et donna en même temps à Antipater la charge de procurateur de Judée sous Hircan. L'aristocratie établie par Gabinius fut abolie, et le gouvernement rétabli sur le même pied qu'il était auparavant.

Antigone, fils d'Aristobule, ayant donné de grosses sommes aux Parthes, afin qu'ils lui aidassent à monter sur le trône de ses pères (b), trouva moyen de dissiper les forces d'Hircan qu'Hérode et ses frères soutenaient ; puis, Hérode s'étant retiré en Italie, Antigone prit Hircan, lui fit couper les oreilles pour le rendre désormais incapable de la grande sacrificature, le livra aux Parthes qui l'emmenèrent dans leur pays, et s'empara ainsi du sacerdoce et de la principauté des Juifs.

Mais Hérode étant arrivé à Rome (c) et ayant exposé à Antoine l'état des affaires de Judée, Antoine, conjointement avec Octavien, surnommé depuis Auguste, lui fit donner la couronne de Judée, qu'il posséda jusqu'à la mort et qu'il transmit à ses enfants. Je coule légèrement sur tout cela, mon dessein n'étant ici que de donner une idée générale de l'état et du gouvernement des Juifs, depuis leur retour de la captivité de Babylone jusqu'au temps d'Hérode.

Après la mort de ce prince, son royaume fut partagé entre ses fils. Archélaüs eut la Judée, l'Idumée et la Samarie ; Hérode Antipas eut la Galilée et la Pérée ; Philippe eut l'Auranite et la Trachonite, Panéas et la Batanée. Archélaüs ne régna que dix ans en Judée : il fut accusé devant Auguste par les Juifs et les Samaritains, et, n'ayant pu se justifier, il fut relégué à Vienne en Gaule, et la Judée fut réduite en province. Elle était en cet état à la mort du Sauveur.

Ils eurent des gouverneurs [ou plutôt des procurateurs] romains, depuis ce temps jusqu'à la ruine de Jérusalem. J'en ai donné la liste sous l'article de GOUVERNEURS. Après la ruine de Jérusalem, la Judée fut comprise sous le gouvernement des présidents de Syrie, et les Juifs firent encore peuple à part, et demeurèrent dans leur pays assujettis aux Romains jusqu'au règne d'Adrien ; alors ils se révoltèrent et firent la guerre aux Romains ; la plupart y périrent misérablement, et leur nation fut entièrement dispersée. *Voyez* l'article BARCOCHÉBAS.

La religion des Juifs peut être considérée sous différents regards, par rapport aux différents états où leur nation s'est trouvée. Sous les patriarches ils suivaient la religion naturelle (1), éloignés de l'idolâtrie et des crimes, qui sont des suites de l'athéisme ou du culte superstitieux des faux dieux ; observant la circoncision, qui était le sceau de l'alliance que Dieu avait faite avec Abraham, et les lois que la raison, aidée des lumières de la grâce et de la foi, découvre à ceux qui ont le cœur droit et qui cherchent sérieusement Dieu, sa justice et sa vérité, vivant dans l'attente du Messie, du Désiré des nations, qui devait accomplir leurs espérances et leurs désirs, et les combler de ses lumières et de ses bénédictions. Telle était la religion d'Abraham, d'Isaac, de Jacob, de Juda, de Joseph et des autres patriarches, qui conservèrent dans leurs familles le culte du Seigneur et la tradition de la vraie religion (2).

Depuis Moïse, la religion des Juifs fut plus fixe et plus détaillée. Le droit et la religion naturelle furent mieux éclaircis. Auparavant chacun honorait Dieu suivant le penchant de son cœur, et à la manière qu'il jugeait à propos (3). Depuis Moïse, les cérémonies, les jours, les fêtes, les prêtres, les victimes, furent déterminés avec une précision infinie. Ce législateur marqua jusqu'à l'âge, au sexe et à la couleur du poil de certaines hosties ; il en fixa le nombre, les qualités, la nature, à quelle heure, par qui, pourquoi, et dans quelles occasions on les devait offrir. Il régla la tribu, la famille, les qualités corporelles, l'habit, l'ordre, le rang, les fonctions des prêtres et des lévites. Il spécifia les mesures, les métaux, les bois, les laines, qui devaient composer le tabernacle ou le temple portatif du Seigneur ; les dimensions, le métal et la figure de l'autel et de ses ustensiles ; en un mot, il n'omit rien de ce qui concernait le culte du Seigneur, qui est le premier et le principal, et pour mieux dire l'unique objet de la religion des Juifs.

On y peut rapporter aussi les diverses purifications qu'on employait pour se disposer à approcher des choses saintes ; les impuretés qui en éloignaient, les manières d'expier ses souillures, de les prévenir, de les éviter ; l'attention continuelle où devaient être les Juifs pour ne pas tomber dans quelques-unes de ces souillures qui excluaient tantôt de la société civile, tantôt de l'usage

---

(a) An du monde 3957, avant Jésus-Christ 43.
(b) An du monde 3964, avant Jésus-Christ 36.
(c) An du monde 3964, avant Jésus-Christ 36.
(1) La religion naturelle ! Voilà un singulier mot dans un dictionnaire de la Bible. La Bible ne parle pas de cette religion-là, qui est d'invention moderne et philosophique.
(2) La vraie religion, c'est la religion révélée, la religion divine. Toute religion qui n'est pas la religion révélée, ou qui est autre chose que la religion révélée, est fausse. Mais où est la fausse religion qui ne conserve quelque trace de la vraie religion ?
(3) Je crois que cela est faux. Depuis Adam jusqu'à Moïse les fidèles ont rendu à Dieu le culte qu'il avait prescrit.

des choses saintes, tantôt du camp et de sa propre maison. Il n'y avait pas jusqu'à certaines incommodités naturelles, certaines maladies, certains accidents involontaires, qui n'exigeassent des purifications. L'attouchement d'un animal mort de lui-même, l'assistance à des funérailles, l'attouchement d'une personne souillée, étaient capables de souiller un homme, et le mettaient dans l'obligation de se purifier.

Je ne m'étendrai pas ici sur les lois morales, judicielles et cérémonielles des Juifs ; j'en ai traité sous l'article des Lois ; mais je ne puis me dispenser de remarquer l'extrême rigueur de cette loi, qui condamnait à mort, par exemple, ceux qui violaient le sabbat, qui contractaient des mariages dans les degrés défendus, qui tombaient dans l'adultère, qui s'approchaient d'une femme durant ses incommodités ordinaires, qui commettaient des crimes contre la nature, qui sollicitaient leurs frères à l'idolâtrie, qui consultaient les devins et les magiciens, qui blasphémaient contre le Seigneur, qui s'approchaient des choses saintes sans s'être purifiés. Un laïque ou même un lévite qui serait entré dans le temple, c'est-à-dire dans le saint, ou dans le sanctuaire, qui aurait touché ou vu à nu l'arche d'alliance, tout cela et plusieurs autres fautes étaient punies de mort. Tel était l'esprit de la loi ancienne, un esprit de crainte, d'esclavage, de contrainte. La loi était représentée par Agar, dit saint Paul, elle n'engendrait que des esclaves (a) : *In servitutem generans*. L'Evangile, au contraire, produit des hommes libres (b) : *Non enim accepistis spiritum servitutis iterum in timore, sed accepistis spiritum adoptionis filiorum*, etc.

Le long séjour que les Hébreux firent en Egypte leur laissa un violent penchant pour l'idolâtrie ; ni les miracles que Moïse fit à leurs yeux, ni les précautions qu'il prit pour les retirer du culte des idoles, ni la rigueur des lois qu'il publia sur ce sujet, ni les marques éclatantes de la présence du Seigneur dans le camp d'Israel, ne furent capables de vaincre ce malheureux penchant, ni d'en arrêter le cours et les effets. *M'avez-vous offert des hosties et des sacrifices dans le désert pendant les quarante ans de votre voyage?* dit le Seigneur par Amos (c). *Vous avez porté la tente de Moloch votre dieu, l'image de vos idoles, l'astre de votre dieu que vous vous êtes fait*. On sait avec quelle facilité ils tombèrent dans l'adoration du veau d'or, presque à peine sortis, pour ainsi dire, du lit de la mer Rouge, où ils avaient été témoins des effets de cette merveille qui avait jeté l'effroi dans le cœur des nations voisines.

Moïse donna donc ses lois dans le désert, mais on ne les y observa pas. Lorsque vous serez entrés dans le pays que le Seigneur vous donnera (d), *vous ne ferez pas comme nous faisons aujourd'hui, chacun ce qu'il juge à propos ; car jusqu'ici vous n'êtes pas encore arrivés au repos et à la possession que le Seigneur votre Dieu doit vous donner*. On ne donna pas même la circoncision aux enfants qui naquirent dans le désert (e), tant à cause du danger de mort auquel auraient été exposés les enfants nouvellement circoncis, par la fatigue des voyages et par les fréquents décampements, qu'à cause que le peuple d'Israel, n'étant pas mêlé avec les autres nations, n'avait pas besoin de prendre le signe qui était principalement institué pour les distinguer des autres peuples.

Pendant les guerres que Josué fit aux Chananéens, et avant que l'arche du Seigneur fût fixée en un lieu certain et assuré, il fut malaisé d'observer toutes les lois de Moïse ; aussi sous Josué, sous les juges et même sous le règne de Saül, on vit assez de liberté dans Israel sur l'observance de plusieurs articles de la loi, qui furent beaucoup mieux observés sous David, par exemple, et sous Salomon, lorsque les Hébreux se trouvèrent en paix dans leur pays, et que l'accès fut libre et aisé au lieu où se trouvait le tabernacle. Auparavant on sacrifiait en différents endroits du pays, et les plus religieux observateurs de la loi ne se faisaient nulle difficulté sur cela, pourvu que les sacrifices s'offrissent au Seigneur. On était même obligé de tolérer quantité d'abus, faute de pouvoir et d'autorité nécessaires pour les réprimer. *Dans ces jours-là*, dit l'Ecriture (f). *il n'y avait point de loi dans Israel, et chacun faisait ce qui était agréable à ses yeux*, ou ce qui lui paraissait bon. De là l'éphod de Micha (g), qui fut transporté dans la ville de Laïs ; de là celui que Gédéon fit dans sa famille (h) ; de là les désordres des fils du grand prêtre Héli (i) ; de là le crime de ceux de Gabaa, et les fréquentes idolâtries des Israélites, dont il est parlé dans le livre des Juges. *Voyez* Judic. II, 1, 2, 3, *et* 11, 12 : *Fecerunt filii Israel malum in conspectu Domini, et servierunt Baalim, ac dimiserunt Dominum patrum suorum... et secuti sunt deos alienos, deosque populorum qui habitabant in circuitu eorum*.

Saül et David, avec toute leur autorité, ne furent pas encore capables de réprimer entièrement des désordres si enracinés. On pratiquait encore dans le secret les superstitions qu'on n'osait exercer en public. On sacrifiait sur les hauts lieux, on consultait les devins et les magiciens. Salomon, que Dieu avait choisi pour lui bâtir un temple, fut lui-même un sujet de chute et de scandale à tout Israel ; il dressa des autels aux fausses divinités des Phéniciens, des Moabites et des Ammonites (j) ; et non-seulement il permit à ses femmes d'adorer les divinités de leurs pays, il les adora lui-même. Il est peu des rois ses successeurs qui n'aient eu à cet

(a) Galat. IV, 24.
(b) Rom. VIII, 15.
(c) Amos, V, 25, 26.
(d) Deut. XII, 8, 9.
(e) Josue, V, 4, 5, 6, 7.

(f) Judic. XVII, 5, 6; XVIII, 31; XXI, 24
(g) Ibid. XVII, 4.
(h) Ibid. VIII, 27.
(i) I Reg. II, 12, 13, etc.
(j) II Reg. XI, 5, 6, 7.

égard des faiblesses semblables aux siennes. Roboam [lisez Jéroboam], fils de Nabat, roi d'Israel, introduisit le culte des veaux d'or dans le royaume d'Israel; et ce culte y prit de si profondes racines, qu'il n'en fut jamais entièrement arraché. Il y eut de temps en temps quelques réformes dans Juda, mais elles ne firent que suspendre le mal, elles ne l'arrêtèrent pas entièrement et n'en fermèrent pas la source.

La captivité de Babylone fut un remède plus efficace. Les Hébreux, accablés sous la main de Dieu, rentrèrent en eux-mêmes et renoncèrent sincèrement aux idoles. On ne les vit jamais plus fidèles, ni plus exacts à observer les lois du Seigneur, que depuis ce temps; et les enfants d'Israel (a), après avoir été longtemps *sans rois, sans prince, sans sacrifice, sans autel, sans éphod et sans téraphim, retournèrent enfin au Seigneur et à David*, leur roi, et *furent frappés de sa crainte*, etc. Dieu se réserva (b) *un peuple pauvre et humble, qui espéra au nom du Seigneur. Les restes d'Israel ne commirent plus l'iniquité ni le mensonge; ils demeurèrent en paix, et nul ne les troubla dans leur héritage.* La persécution d'Antiochus Epiphanes ne servit qu'à séparer la paille du bon grain, et à faire éclater le zèle, le courage et la fermeté des Machabées.

Vers ce même temps on vit dans la religion des Juifs ce qui ne s'y était pas vu jusqu'alors : je veux dire des sectes et des partages de sentiments sur des matières très-importantes de la loi. Les pharisiens, les saducéens, les esséniens formèrent trois partis dans le pays; à peu près comme chez les Grecs on voyait les académiciens les péripatéticiens, les stoïciens et les épicuriens. Les pharisiens prirent le dessus et acquirent un crédit infini parmi le peuple. Les Saducéens étaient moins nombreux, mais avaient plusieurs riches dans leur parti. Les esséniens étaient les plus parfaits, vivaient dans la retraite et ne se mélaient point des affaires publiques. On peut voir ce que nous avons dit de ces différentes sectes dans leurs articles particuliers.

Le Sauveur trouva beaucoup à réformer dans les dogmes et dans les pratiques des pharisiens. Il se déclara hautement contre les dangereuses explications qu'ils donnaient à la loi, et s'attira par là leur haine, qui aboutit enfin à le faire mourir. De son temps la loi était connue et observée, et on peut dire que jamais peut-être on n'avait vu tant de zèle et de ponctualité dans l'observance extérieure des ordonnances de Moïse. Mais l'esprit de la loi, la pratique des vertus solides, l'humilité, la simplicité, l'amour de la pauvreté, des humiliations, des souffrances, l'amour de Dieu et celui du prochain, n'étaient presque pas connus. Les pharisiens ne pratiquaient la loi que par ostentation. Ils étaient remplis d'orgueil, de jalousie, d'avarice; ils avaient altéré les plus importants préceptes par des explications vicieuses. Telle était la religion que Jésus-Christ entreprit de réformer, et qu'il a effectivement réformée dans l'Evangile.

Toute la nation des Juifs, leur sacerdoce et leur royaume, sont une prophétie du peuple chrétien, du sacerdoce et du règne de Jésus-Christ, selon la remarque de saint Augustin (c) : tout ce qui leur arrivait était figuratif, dit saint Paul (d), et leur servitude en Egypte, et leur délivrance miraculeuse, et leur passage de la mer Rouge, et leur voyage du désert, et leur entrée dans la terre promise, et leur circoncision, leurs cérémonies, leurs prêtres, leurs sacrifices, tout cela figurait la venue de Jésus-Christ, l'établissement du christianisme, les devoirs et les prérogatives des chrétiens, leur sacerdoce, leurs sacrements, l'excellence de l'Evangile.

Cette nation, qui dans la première intention de Moïse, devait demeurer réunie et rassemblée dans un même pays, fut dans la suite, par un effet de la sagesse de Dieu, dispersée en une infinité d'endroits, afin qu'avant la venue du Messie on les connût par tout le monde, et que par la singularité de leur vie, de leurs mœurs, de leur religion, de leur histoire et de leurs lois, les peuples étrangers apprissent qui étaient les Juifs, et qu'insensiblement cette connaissance générale les disposât à recevoir l'Evangile et à reconnaître le Messie, que les Juifs attendaient, et dont ils disaient tant de merveilles. Aussi lorsque Jésus-Christ parut, tout l'Orient était dans l'attente de la naissance de ce rédempteur et de ce monarque qui devait faire le bonheur, l'espérance et le salut des peuples.

La même Providence a permis que depuis la mort de Jésus-Christ les Juifs fussent de nouveau dispersés dans tous les endroits du monde, portant partout les marques de leur réprobation et de la peine du crime que leurs pères ont commis contre la personne de Jésus-Christ, leur Messie et leur Libérateur, qu'ils ont rejeté et crucifié. On les voit partout odieux, méprisés et humiliés, persécutés, demeurant toutefois toujours opiniâtrement attachés à leurs cérémonies et aux traditions de leurs pères, quoique dans l'éloignement où ils sont de Jérusalem, et n'ayant plus ni prêtres, ni temple, ils ne puissent observer la plupart de leurs lois cérémonielles. Ils attendent toujours la venue du Messie, qui ne paraîtra qu'au jour du jugement, pour les juger et pour lever le voile qui est répandu sur leurs yeux et sur leur cœur (e) : *Usque in hodiernum diem velamen positum est super cor eorum; cum autem conversus fuerit ad Dominum, auferetur velamen.*

Ils conservent, ils portent, ils lisent, ils étudient les livres sacrés de l'Ancien Testament, sans en pénétrer le sens; ils en savent la lettre, mais ils n'en pénètrent pas les mystères. Ils portent la lumière pour les autres, et non pour s'éclairer eux-mêmes, dit saint

---

(a) Ose. III, 4.
(b) Sophon. III, 12.
(c) Aug. l. VII, c. xxxii, de Civit. Dei.

(d) I Cor. x, 6, 10 : *Omnia in figura contingebant illis*
(e) II Cor. III, 15, 16.

Augustin (a). Ils portent nos livres, comme des serviteurs portent ceux des enfants qui vont aux écoles ; ils portent les livres qui nous instruisent de ce que nous devons croire (b) : *Codicem portat Judæus, unde credat Christianus : librarii nostri facti sunt, quomodo solent servi post dominos codices ferre, ut illi portando deficiant, illi legendo proficiant.* Quand nous disputons avec les païens, avec les infidèles, avec les incrédules, qui ne reçoivent pas notre témoignage, nous les convainquons par les livres des Juifs, qui certainement ne les ont ni conservés, ni composés pour nous faire plaisir. Voilà à quoi nous servent les Juifs; ils contribuent malgré eux à l'avancement du christianisme : *Nobis serviunt Judæi, tamquam capsarii nostri sunt, studentibus nobis codices portant* (c).

Nous avons donné presque toute l'histoire des Juifs dans le cours de cet ouvrage, en rapportant les vies des hommes illustres qui ont paru parmi eux, depuis le commencement du monde jusqu'à la ruine de Jérusalem. On peut aussi consulter la table chronologique de l'histoire sainte, à la tête du premier tome de ce dictionnaire, et la carte géographique de la Judée, pour voir l'étendue de ce pays et le partage de chaque tribu. Nous avons parlé dans les dissertations particulières de leur chronologie, de leur police, de leur monnaie, de leur poésie, de leurs supplices, de leurs mariages, de leurs divorces, de leurs maisons, de leur musique, de leur manger, de leur milice, des officiers de la cour de leurs rois, de leur parenté avec les Spartiates, de l'ordre et de la succession de leurs grands prêtres, de leurs livres sacrés, tant en général qu'en particulier, de leurs textes, de leur langue, de leurs traductions, de leur système du monde, de leurs écoles, de leurs habits. Nous en avons fait aussi sur les différentes sectes qui étaient parmi eux, sur Melchisédech, sur Enoch et sur différents autres sujets qui ont rapport à la nation et à la religion des Juifs. On peut voir ces dissertations dans les recueils que l'on en a faits à part, ou dans notre commentaire sur les livres de l'Ancien et du Nouveau Testament. Il serait impossible de traiter ici toutes ces choses avec quelque étendue, et il y en a plusieurs dont nous avons parlé dans ce dictionnaire sous leurs articles.

ARTICLES DE FOI DES JUIFS. *Voyez* ci-devant sous le nom FOI.

ROIS DES JUIFS. *Voyez* sous l'art. ROIS.

GRANDS PRÊTRES DES JUIFS. *Voyez* sous l'article PRÊTRES.

JUIFS. *Leurs dispersions, leurs captivités :* s'ils en sont revenus. *Voyez* CAPTIVITÉS et TRANSMIGRATIONS.

JUIF ERRANT. Je suis si persuadé que tout ce qu'on débite du Juif errant est fabuleux, que je ne daignerais pas en parler ici, si je ne savais qu'il y a encore des gens assez simples pour croire qu'il en est quelque chose. L'exemple d'Enoch et d'Elie qui sont encore vivants, et que l'on croit habiter en quelque lieu secret sur la terre; la persuasion des Juifs qui croient que le prophète Elie assiste invisiblement à la cérémonie de la circoncision de leurs enfants (d); les paroles de Jésus-Christ dans l'Evangile, qui dit, en parlant de saint Jean l'Evangéliste : *Si je veux qu'il demeure jusqu'à ma venue, que cela vous fait-il?* suivez-moi (e) : ce que plusieurs anciens et quelques nouveaux ont entendu comme si le Sauveur avait promis à cet apôtre qu'il ne mourrait point qu'au jour du jugement : tout cela leur fait croire qu'il y a un Juif errant.

Ils appellent à leur secours les auteurs mahométans (f), qui racontent que, l'an 16 de l'hégire, un capitaine nommé *Fadhila*, qui commandait trois cents cavaliers, étant arrivé avec sa troupe sur la fin du jour entre deux montagnes, et ayant intimé à haute voix la prière du soir par ces mots : *Dieu est grand*, il ouït une voix qui répéta les mêmes paroles, et continua de prononcer avec lui la prière jusqu'à la fin. *Fadhila* soupçonna d'abord que c'était l'écho; mais ayant remarqué que la voix répétait distinctement et entièrement tous les mots, il lui dit : *O toi qui me réponds, si tu es de l'ordre des anges, la vertu de Dieu soit avec toi ; si tu es du genre des autres esprits, à la bonne heure : mais si tu es homme comme moi, fais-toi voir à mes yeux.* Il n'eut pas plutôt achevé ces paroles, qu'un vieillard à tête chauve, tenant un bâton à sa main, et ayant l'air d'un derviche, parut aussitôt devant lui.

Après s'être salués civilement, Fadhila demanda au vieillard qui il était. Il répondit qu'il s'appelait Zerib, fils du fils d'Elie, et ajouta : *Je suis ici par l'ordre du Seigneur Jésus, qui m'a laissé en ce monde pour y vivre jusqu'à ce qu'il vienne une seconde fois en terre. Je l'attends donc ce Seigneur, qui est la source de tout bonheur, et je fais selon ses ordres ma demeure derrière cette montagne.* Fadhila lui demanda dans quel temps le Seigneur Jésus devait paraître. Il répondit : *A la fin du monde et au jugement dernier. Et quelles sont les marques de la proximité de ce jour,* reprit Fadhila ? Zerib lui dit alors d'un ton de prophète : *Quand les hommes et les femmes se mêleront sans distinction de sexe; quand l'abondance des vivres n'en fera pas diminuer le prix ; lorsqu'on répandra le sang des innocents, que les pauvres demanderont l'aumône sans qu'on la leur donne; quand la charité sera éteinte, qu'on mettra la sainte Ecriture en chansons, que les temples dédiés au vrai Dieu se rempliront d'idoles, sachez qu'alors le jour du jugement sera proche.* Il n'eut pas plutôt achevé ces paroles, qu'il disparut.

Mais venons au *Juif errant*. On raconte son histoire avec quelques diversités. Mat-

---

(a) *Aug. serm. ad catechum. de Symbolo*, p. 578, nov. edit.
(b) *Idem in Psalm.* LVI, p. 834.
(c) *Idem in Psalm.* XL, p. 353.

(d) Léon de Modène, part. IV, c. VIII.
(e) *Joan.* XXI, 21, 22, 23.
(f) D'Herbelot, *Bibl. Orient.*, p. 932 Zerid.

thieu Paris, sous l'an 1229, raconte qu'un prélat arménien vint en ce temps-là en Angleterre avec des lettres de recommandation du pape, par lesquelles il priait les prélats qu'on fît voir à cet archevêque étranger les principales reliques du pays, et qu'on lui montrât de quelle manière on servait Dieu dans les églises d'Angleterre. Paris, qui vivait alors, dit que plusieurs personnes interrogèrent en diverses occasions cet archevêque, et lui demandèrent des nouvelles du Juif errant, qui était en Orient, et lui firent diverses questions sur son sujet, s'il vivait encore, qui il était et ce qu'il disait de lui-même.

Le prélat assurait que ce Juif était en Arménie, et un des officiers de sa suite conta que c'était le portier de Pilate, nommé *Cataphilus*, lequel, voyant qu'on traînait Jésus-Christ hors du prétoire, lui donna un coup de poing sur le dos pour le pousser plus promptement dehors, et que Jésus-Christ lui dit : *Le Fils de l'homme s'en va, mais tu attendras son avénement.* Ce portier se convertit, fut baptisé par Ananias et appelé Joseph; qu'il vit toujours, et que, quand il a atteint l'âge de cent ans, il tombe malade et dans une pâmoison pendant laquelle il rajeunit et revient à l'âge de trente ans, qu'il avait lorsque Jésus-Christ mourut.

Cet officier assurait que Joseph était connu de son maître, qu'il l'avait vu manger à sa table peu de temps avant qu'il partît; qu'il répond avec beaucoup de gravité et sans rire lorsqu'on l'interroge sur des faits anciens : par exemple, sur la résurrection des morts, qui sortirent de leurs tombeaux lorsque Jésus-Christ fut crucifié; sur l'histoire des apôtres et des anciens saints personnages. Il est toujours dans la crainte que Jésus-Christ ne vienne juger le monde; car c'est alors qu'il doit mourir. La faute qu'il a commise en frappant Jésus-Christ le fait trembler; cependant il espère toujours le pardon, parce qu'il a péché par ignorance (*a*).

Il a paru de temps en temps de semblables imposteurs, qui, profitant ou plutôt abusant de la crédulité des peuples, se sont donnés pour le Juif errant, et, mettant à profit quelque connaissance qu'ils avaient de l'histoire ancienne et des langues d'Orient, ont persuadé aux simples qu'ils étaient le prétendu Juif Errant. Il en parut un à Hambourg en 1547 (*b*). Un chrétien assure l'y avoir vu et l'avoir vu prêcher dans une église de la ville : c'était un homme qui paraissait âgé de cinquante ans, d'une taille avantageuse, portant de longs cheveux épandus sur ses épaules; il gémissait souvent, ce qu'on attribuait à la douleur qu'il avait de sa faute. Il disait qu'au temps de la passion de Jésus-Christ il était cordonnier à Jérusalem, demeurant près de la porte par où le Sauveur devait passer pour aller au Calvaire. Il était Juif et s'appelait Assuérus; Jésus, se trouvant fatigué, voulut se reposer sur sa boutique; Assuérus le frappa, et Jésus lui dit : *Je me reposerai ici, mais tu courras jusqu'à ce que je vienne.* En effet il commença à courir dès ce moment, suivit Jésus-Christ, et a toujours erré depuis.

En voici un autre qui parut en Angleterre il y a nombre d'années. J'ai une lettre manuscrite, écrite de Londres par madame de Mazarin à madame de Bouillon, où on lit qu'il y a en ce pays un homme qui prétend avoir vécu plus de dix-sept cents ans. Il assure qu'il était officier du divan de Jérusalem dans le temps que Jésus-Christ fut condamné par Ponce-Pilate; qu'il repoussa brusquement le Sauveur hors du prétoire, en lui disant : *Va, sors; pourquoi restes-tu ici ?* que Jésus-Christ lui répondit : *Je m'en vais, mais tu marcheras jusqu'à mon avénement.* Il se souvient d'avoir vu tous les apôtres, des traits de leurs visages, de leurs cheveux, de leurs habillements. Il a voyagé dans tous les pays du monde, et doit errer jusqu'à la fin des siècles; il se vante de guérir les malades en les touchant; il parle plusieurs langues; il rend un compte si exact de tout ce qui s'est passé dans tous les âges, que ceux qui l'écoutent ne savent qu'en penser. Les deux universités ont envoyé leurs docteurs pour s'entretenir avec lui; mais ils n'ont pu, avec tout leur savoir, le surprendre en contradiction.

Un gentilhomme d'une grande érudition lui parla en arabe, auquel il répondit d'abord en la même langue, lui disant qu'à peine y avait-il au monde une seule histoire véritable. Le gentilhomme lui demanda ce qu'il pensait de Mahomet. J'ai connu, lui dit-il, très-particulièrement son père à Ormus en Perse; et, pour Mahomet, c'était un homme fort éclairé, mais toutefois sujet à l'erreur, comme les autres hommes; et une de ses principales erreurs, c'est d'avoir nié que Jésus-Christ ait été crucifié, parce que j'y étais présent, et de mes propres yeux je l'ai vu attaché à la croix. Il dit à ce gentilhomme qu'il était à Rome lorsque Néron y fit mettre le feu; qu'il a vu aussi Saladin à son retour des conquêtes du Levant; il dit beaucoup de particularités de Soliman le Magnifique. Il a aussi connu Tamerlan, Bajazet, Eterlan, et fait un ample récit des guerres de la terre sainte; il prétend être dans peu de jours à Londres, où il satisfera la curiosité de ceux qui s'adresseront à lui. C'est ce que porte la lettre dont j'ai parlé. Elle dit de plus que le peuple et les simples attribuent à cet homme beaucoup de miracles, mais que les plus éclairés le regardent comme un imposteur; et c'est sans doute le jugement que l'on doit porter de celui-là et de tous les autres qui auront la même présomption.

[Ce qu'on appelle le *Juif errant*, ce n'est pas un homme; c'est plus qu'un homme : c'est un peuple. Son histoire n'est pas une histoire : c'est une légende, un mythe; ce n'est pas une histoire, dis-je, en un sens, et pourtant, considérée sous un autre point de vue, c'est bien une vraie histoire. « La race

---

(*a*) Basnage. *Hist. des Juifs*, t. III, liv. V., c. XIV, p. 253, édit. Paris.

(*b*) *Idem ibid. ex Schudt Compend. histor. Jud.*

juive, dit M. Douhaire (*Cours sur l'histoire de la poésie chrétienne; cycle des apocryphes* (1), la race juive a été, dans le moyen âge, l'objet d'une légende dont la célébrité est encore populaire, mais dont le symbolisme profond n'est pas universellement compris : c'est celle du *Juif errant*.... Pour nos aïeux, pour ceux du moins qui avaient l'intelligence des mythes chrétiens, l'histoire du Juif errant n'était pas l'histoire d'un homme, mais celle d'une nation tout entière. Sous le voile de cette fiction il y avait pour eux une sombre réalité. Cet homme fantastique était à leurs yeux l'image du peuple déicide. Cette vie sans fin et sans félicité, cette existence éternellement agitée, cette destinée étrangère à toutes les consolations de la terre, leur représentaient la condition désolée de la race maudite d'Israël. Ahasvérus était, dans la poésie chrétienne, l'opposé de *saint Christophe* (2). Saint Christophe figurait le peuple chrétien, tel que l'ont fait l'espérance et la foi; Ahasvérus était l'image du peuple juif dans l'état où l'ont réduit l'anathème et le désespoir. »]

JULES, centenier de la cohorte nommée l'Auguste, entre les mains de qui Festus, gouverneur de Judée, remit saint Paul pour le conduire à Rome, où il avait appelé. Jules eut toujours beaucoup de considération pour saint Paul. Etant arrivé à Alexandrie, il le remit sur un autre vaisseau qui allait à Rome. *Voyez* Act. XXVII, 1, 2, 3, etc.

JULES CÉSAR. Le nom de *César* est devenu propre aux empereurs romains depuis *Jules César*, qui changea l'état de la république romaine d'aristocratie en monarchie. L'Écriture parle souvent de *César*, c'est-à-dire *des empereurs*, mais rarement elle met leur nom propre, par exemple (a), *Est-il permis de payer le tribut à César?* C'était alors Tibère qui régnait; et saint Paul, dans les Actes (b) : *J'en appelle à César : vous avez appelé à César, vous irez à César*. Il parlait de l'empereur Néron. Et ailleurs (c) : *Ceux de la maison de César vous saluent*. Il parle encore du même empereur. Saint Luc nomme (d) *César Auguste*, *Tibère César* (e) et *Claude César* (f).

Jules César ou *Caius Julius César*, le premier des empereurs romains, ne nous intéresse dans cet ouvrage qu'autant qu'il a eu part aux affaires des Juifs et à l'histoire sainte; ainsi nous ne nous engageons pas de donner ici toute son histoire, mais seulement de remarquer ce qu'il a fait par rapport aux Juifs. Il était fils de Lucius César et d'Aurélie, fille de Cotta. Il naquit l'an 654 de Rome (g), 98 ans avant Jésus-Christ. A l'âge de 16 ans il perdit son père, et l'année d'après il fut désigné grand prêtre de Jupiter. Le dictateur Sylla avait résolu de le faire mourir; et César n'évita la mort qu'en se cachant et en gagnant à force d'argent ceux qui avaient ordre de l'arrêter. Sylla lui pardonna enfin, vaincu par les prières de ses amis. Mais il prédit que ce jeune homme ruinerait un jour l'État.

Après avoir passé successivement par les charges de tribun, de questeur, d'édile, de souverain pontife, de préteur ou gouverneur d'Espagne, il obtint enfin le consulat l'an 695 (h) de Rome, et opta le gouvernement des Gaules, qu'il réduisit en forme de province après les avoir toutes réduites à l'obéissance pendant les neuf ou dix ans de son gouvernement. Cependant sa fille Julie étant morte, la bonne intelligence qui avait régné jusque-là entre lui et Pompée, son gendre, époux de Julie, fut entièrement détruite, parce que César ne pouvant souffrir de maître, ni Pompée de compagnon, ils commencèrent à se regarder comme rivaux. Pompée, qui était à Rome, s'opposa à toutes les demandes de César absent, et César, irrité, entra en Italie avec son armée victorieuse (i), et donna si fort l'épouvante à ses ennemis, qu'ils prirent la fuite après avoir réglé les affaires d'Italie.

Il mit en liberté Aristobule, roi de Judée (j), et l'envoya dans son pays avec deux légions pour y soutenir ses intérêts aussi bien que dans le voisinage, en Syrie, en Phénicie et en Arabie. Mais ceux du parti de Pompée trouvèrent moyen de l'empoisonner en chemin. Alexandre, fils d'Aristobule, levait déjà des troupes en Syrie pour les joindre à celles de son père, qu'il attendait. Mais Pompée en ayant eu avis, envoya ordre à Scipion en Syrie de le faire mourir, ce qui fut exécuté. Cependant César était allé en Espagne, où il défit l'armée de Pompée, commandée par trois de ses généraux. Il retourna ensuite à Rome, puis passa en Macédoine, où il battit Pompée à Pharsale (k).

Il le poursuivit jusqu'à Alexandrie, où ayant appris qu'il avait été tué, il tourna ses armes contre Ptolémée, roi d'Egypte. César s'était enfermé dans Alexandrie avec des troupes, où il se trouvait fort embarrassé et fort pressé par l'armée égyptienne. Il envoya Mithridate, un des siens, en Syrie et en Cilicie pour lui amasser des secours. Antipater, père du grand Hérode, qui gouvernait le grand prêtre Hircan, prince des Juifs, engagea ce prince et quelques princes arabes du voisinage d'envoyer du secours à César (l). Il marcha lui-même en Egypte avec

---

(a) *Matth.* xxii, 17.
(b) *Act.* xxv, 11, 12.
(c) *Philipp.* iv, 22.
(d) *Luc.* ii, 1.
(e) *Idem,* iii, 1.
(f) *Act.* xi, 28.
(g) An du monde 3906... avant Jésus-Christ 98.
(h) An du monde 3947, avant Jésus-Christ 57.
(i) L'an 705 de Rome, du monde 3957, avant Jésus-Christ 47.
(j) *Joseph. Antiq. l.* XIV, c. xiii, *Dio Cassius l.* XLI.

(k) L'an de Rome 706, avant Jésus-Christ 46, du monde 3958.
(l) *Joseph. Antiq. l.* XIV, c. xiv, xv.
(1) Dans l'*Université catholique*, tom. VIII, pag. 92 et suiv. Huitième leçon.
(2) La légende de saint Christophe, légende au reste purement imaginaire, est l'une des créations les plus curieuses du moyen âge. Nulle conception n'a été plus populaire. Il n'y avait pas d'église, il y a cinquante ans, qui n'offrît, peinte ou sculptée, l'image de cet homme colossal qui porte le Christ sur ses épaules à travers les flots. *Note de M. Douhaire.*

trois mille hommes, qu'il joignit aux troupes de Mithridate. Ils attaquèrent ensemble Péluse, qu'ils emportèrent. On attribua ce succès à la valeur d'Antipater, qui monta le premier sur la brèche. De là ils s'avancèrent vers Alexandrie, et Antipater, par son crédit et par les lettres d'Hircan qu'il portait, obligea les Juifs du canton d'Onion de lui ouvrir les passages et de se déclarer pour César. A leur exemple, ceux de Memphis en firent de même. Ptolémée envoya contre Mithridate et Antipater un camp volant pour leur disputer le passage du Nil ; mais les troupes du roi furent battues. Ptolémée vint ensuite en personne avec toute son armée : César en fit de même. On en vint bientôt à une bataille, où César remporta une victoire complète, qui le rendit maître de toute l'Egypte.

Il conserva toujours une grande reconnaissance de l'important service qu'Antipater lui avait rendu dans cette occasion. Avant que de partir d'Alexandrie, il fit confirmer tous les priviléges dont les Juifs jouissaient dans l'Egypte (a), et fit ériger une colonne sur laquelle il fit graver tous ces priviléges, avec le décret qui les confirmait. En passant par la Palestine, Antigone, fils du roi Aristobule dont on vient de parler, vint se jeter à ses pieds, lui représenta d'une manière fort touchante la mort de son père et de son frère : le premier empoisonné, et le second décapité à Antioche pour avoir soutenu ses intérêts, et le pria de le rétablir dans la principauté de son père. Il se plaignit aussi du tort que lui faisaient Antipater et Hircan, qui avaient toute l'autorité dans la Judée ; mais Antipater, qui était encore à la suite de César, sut si bien justifier sa conduite et celle d'Hircan, que César rejeta les accusations d'Antigone, et ordonna qu'Hircan garderait la dignité de souverain sacrificateur des Juifs et la principauté de la Judée pour lui et pour ses successeurs à perpétuité, et donna à Antipater la charge de procurateur de la Judée sous Hircan. Il fit graver ce décret en grec et en latin sur des planches d'airain qui devaient être déposées dans le capitole à Rome, et dans les temples de Tyr, de Sidon et d'Ascalon en Phénicie.

Quelques années après (b), et sous son cinquième et dernier consulat (c), César, à la prière d'Hircan et en considération des services qu'il lui avait rendus en Egypte et en Syrie, lui permit de rebâtir les murailles de Jérusalem, que Pompée avait fait abattre. Il fit un décret sur cela à Rome, qui ne fut pas plutôt apporté à Jérusalem, qu'Antipater commença à y faire travailler, et la ville fut bientôt fortifiée comme elle l'était avant sa démolition. César fut tué bientôt après, le quinzième de mars de l'an du monde 3960, avant Jésus-Christ 40, avant l'ère vulgaire 44.

(a) *Joseph. Antiq. l.* XIV, *c.* xvII, *et contra Appion.* l. II.
(b) An 44 avant Jésus-Christ, du monde 3960.
(c) *Joseph. Antiq. l.* XIV, *c* xvII.
(d) Vide *Plin. l.* V, *c.* xIV, xv, *et Joseph. l.* II, *de Bello*

JULIADE, ou JULIAS, autrement LIVIAS, ou LIVIADE ; car Josèphe donne ordinairement le nom de *Julie* à l'impératrice *Livie*, femme d'Auguste. On connaît deux villes de Juliade dans la Judée : l'une bâtie par Hérode Antipas à l'embouchure du Jourdain, dans le lac de Tibériade, nommée autrement *Bethzaïde*. Et dans l'Evangile, on ne la nomme pas autrement que Bethzaïde. Nous croyons qu'elle était au delà du Jourdain (d) dans la Gaulanite. *Voyez* BETHZAÏDE.

L'autre, près de l'embouchure du Jourdain, dans la mer Morte, fut bâtie au lieu où était auparavant *Betharan* ou *Betharamphta*. Voyez *Joseph. Antiq. l.* XVIII, *c.* III, *et liv.* II *de la Guerre des Juifs, chap.* VIII. Elle fut augmentée et nommée *Julias* par Hérode, surnommé Philippe.

JULIAS, *Julie*, femme romaine, que quelques-uns (e) croient avoir été la femme de Philologue, dont saint Paul parle dans son Epître aux Romains, immédiatement avant que de parler de Julie. Quelques autres doutent si *Julias* n'est pas plutôt un nom d'homme. *Rom.* XVI, 15.

JULIEN. Marc-Antoine Julien, intendant de Judée, en l'an 70 de Jésus-Christ. *Voyez* ci-après MARCUS ANTONIUS JULIANUS.

JULUS. Josèphe donne ce nom au grand prêtre des Juifs qui succéda à Judéas, et qui eut pour successeur Jotham. *Antiq. l.* X, *c.* XI, *p.* 343. Le nom de *Julus* ne se trouve pas dans l'Ecriture, et on ignore quel était le vrai nom hébreu de ce pontife.

JUNIE, ou, comme lisent quelques exemplaires, JULIE, est jointe à Andronique dans l'Epître aux Romains, chap. XVI, ỹ 7. Ils étaient parents de saint Paul : *Salutate Andronicum et Juniam, cognatos et concaptivos meos, qui sunt nobiles in apostolis.* Ces dernières paroles, *qui sont considérables entre les apôtres*, font croire à plusieurs modernes (f) que *Junias* est un homme aussi bien qu'Andronique. Mais saint Chrysostome, Théophylacte et plusieurs autres prennent Andronique pour un homme et Junie pour une femme, et peut-être pour l'épouse d'Andronique. Les Grecs et les Latins font leur fête le dix-septième de mai, et les distinguent comme le mari et la femme.

JUNON. *Voyez* BEL, § VIII.

JUPITER était fils de Saturne et de Rhéa ou d'Opis, et frère jumeau de Junon, qui devint sa femme. Opis le cacha après sa naissance, pour le dérober à la connaissance de Saturne, qui, en vertu d'une convention faite entre lui et son frère Titan, dévorait tous les enfants mâles qui lui naissaient. Il fut élevé par les Curètes dans un antre du mont Ida, et nourri du lait de la chèvre Amalthée. Dans la suite, il chassa son père du ciel, et partagea l'empire du monde avec ses frères. Il eut pour lui l'empire du ciel et de la terre, Neptune eut la mer et les eaux,

c. VIII, *et lib.* III, *c.* II.
(e) Origen. *in Rom.* XVI, 15.
(f) *Plerique in Estio in Rom.* XVI, 7. *Menoc. Tir. Hamm.* Vide *et Theodoret. in Rom.*

Pluton eut les enfers. On prétend que toute cette fable enveloppe l'histoire de Noé et de ses trois fi's, Cham, Sem et Japheth. Selon ce système, Noé est Saturne, qui vit périr tous les hommes dans les eaux du déluge, et qui les engloutit en quelque sorte, en ne les recevant pas dans l'arche qu'il avait bâtie pour lui et pour sa famille (a). Jupiter est *Cham*, Neptune est *Japheth*, Sem est *Pluton*. On s'est expliqué ailleurs plus au long sur ce sujet. — [*Voyez* Bélus, Cham, Japheth, Nemrod, Sem.]

Les Titans entreprirent de détrôner Jupiter, comme il avait détrôné Saturne, son père. Ces Titans étaient des géants, fils de Titan et de la Terre; ils déclarèrent la guerre à Jupiter, et, pour escalader le ciel, entassèrent montagnes sur montagnes: leurs efforts furent inutiles. Jupiter les renversa à coups de foudre et les enferma sous les eaux et au-dessous des montagnes, d'où ils ne peuvent sortir. Ces Titans nous représentent les anciens géants qui bâtirent la tour de Babel, et dont Dieu confondit l'orgueil et la présomption, en changeant leurs langues et en répandant parmi eux l'esprit de discorde et de division.

Le nom de *Jupiter*, ou de *Jovis Pater*, vient apparemment du nom *Jehovah*, prononcé avec la terminaison latine *Jovis*, au lieu de *Jova*. On trouve *Jovis* au nominatif aussi bien qu'aux cas obliques, par exemple dans les médailles, *Jovis Custos*, *Jovis Propugnator*, *Jovis Stator*. On y a ajouté *Pater*, et pour dire *Jovis Pater*, on a dit *Jupiter*, et comme *Jehovah*, ou *Jova*, est le vrai nom de Dieu, son nom incommunicable, le nom qui signifie son essence, le Dieu par essence et par excellence, à la distinction des dieux, des anges, des princes et des juges, à qui l'on donne quelquefois ce nom, parce qu'ils agissent au nom de Dieu, et qu'ils exercent sur la terre une partie de son autorité : ainsi chez les païens on donne au premier et au plus grand des dieux le nom de *Jovis*, pour marquer son indépendance, sa supériorité; d'où vient qu'on assure que Jupiter est le *Baal* des Phéniciens, le *Belus* des Assyriens et des Babyloniens, le *Zeus* des Grecs, le *Moloch* des Ammonites, le *Marnas* de ceux de Gaze; enfin sous le nom de Jupiter les anciens adoraient toute la nature.

Les anciens Pères chrétiens soutenaient contre les païens que Jupiter était un simple homme, né dans l'île de Crète. Ceux qu'on appelle théologiens, dit Cicéron (b), comptent jusqu'à trois Jupiter, dont le premier et le second sont nés en Arcadie; le troisième est le fils de Saturne qui naquit en Crète, où l'on montre son sépulcre : *Tertium Cretensem Saturni filium, cujus in illa insula sepulcrum ostenditur*. On prétend qu'il régna dans cette île, et on dit même qu'il y a eu deux rois de ce nom dans cette île, n'étant pas possible qu'un seul homme ait pu faire tout ce qu'on attribue à Jupiter. Par exemple, il est certain que Jupiter qui fut élevé par les Curètes, n'est pas le même qui enleva Europe, fille d'Agénor, roi de Phénicie, plus moderne que lui de plusieurs siècles. Varron, au rapport de Tertullien, comptait jusqu'à trois cents Jupiter : il y a apparence qu'il les comptait par le nombre de ses épithètes et des lieux où il était adoré; car il est vrai qu'on lui donne une infinité de surnoms. L'aigle lui était principalement consacré; on le dépeint portant dans ses griffes la foudre de Jupiter.

Le nom de Jupiter n'a été connu aux Hébreux que depuis le règne d'Alexandre le Grand et des rois ses successeurs dans l'Asie. Antiochus Epiphanes fit mettre l'idole de *Jupiter Olympien* dans le temple de Jérusalem, et celle de *Jupiter l'Hospitalier* dans le temple du mont Garizim (c). Saint Paul et saint Barnabé étant à Eystres, ville de Lycaonie, furent pris pour des dieux, parce qu'ils avaient guéri sur-le-champ, par leur seule parole, un boiteux de naissance. On prit saint Paul pour Mercure, à cause apparemment de son éloquence, et saint Barnabé pour Jupiter, à cause de sa bonne mine (d). *Voyez* ci-après ce que l'on a remarqué sur l'article Olympien. *Jupiter Olympien*.

JUREMENT. Dieu défend le faux serment (e) et les serments inutiles (f); mais il veut que quand la nécessité et l'importance de la matière demandent que l'on jure, on le fasse en son nom (g), et non pas au nom des dieux étrangers (h), ou au nom des choses inanimées et terrestres, ou même par le ciel et par les astres, ou par la vie de quelque homme que ce soit. Notre Sauveur, qui était venu, non pour détruire la loi, mais pour la perfectionner, défend toutes sortes de jurements (i), et les premiers chrétiens observaient cela à la lettre, comme on le voit dans Tertullien, dans Eusèbe, dans saint Chrysostome, dans saint Basile, dans saint Jérôme, etc. Il faut toutefois avouer que ni les apôtres, ni les Pères universellement n'ont pas condamné le jurement ni même les serments pour toute occasion et pour toutes sortes de sujets. Il est des circonstances où l'on ne peut moralement s'en dispenser. Mais il ne faut jamais jurer sans une très-grande nécessité ou utilité. Nous devons vivre avec tant de bonne foi et de droiture, que notre parole vaille un serment, et ne jurer jamais que selon la justice et la vérité. *Voyez* saint Augustin, *Ep*. 157, *n*. 40, et les commentateurs sur saint Matthieu, V, 33, 34.

JUSTE, nom d'homme. *Joseph*, surnommé *Barsabas*, avait aussi le surnom de *Juste*. *Voyez* Joseph *et* Barsabas. Il fut proposé avec

---

(a) *Lactant. l.* I, c. xiii, *de Falsa Religione* : *Nunc idcirco quod ait vulgus, comedisse filios suos, qui extulerit, sepulturæque mandaverit.*
(b) *Tullius, l.* II *de Natura Deorum*.
(c) II *Mac*. vi, 2.
(d) *Act.* xiv, 11, 12.

(e) *Levit.* xix, 12.
(f) *Exod.* xx, 7.
(g) *Deut.* vi, 13, *et Jerem.* iv, 2.
(h) *Exod.* xxiii, 13.
(i) *Matth.* v, 33.

saint Matthias (a) pour être mis en la place de Judas le Traître.

JUSTE, Juif, autrement appelé *Jésus* et surnommé *Juste*, était à Rome avec saint Paul en l'an 62, lorsqu'il écrivit l'Epître aux Colossiens. L'apôtre dit dans cette lettre que Jésus le Juste et Jean Marc étaient alors les seuls qui travaillassent avec lui pour le royaume de Dieu (b).

JUSTE. *Titus Justus*, logea saint Paul à Corinthe vers l'an 53. Il était gentil, mais craignant Dieu (c). Saint Chrysostome (d) et Grotius (e) ont cru que ce *Tite Juste* était le même Tite à qui saint Paul a écrit une lettre. Mais l'opinion contraire est plus suivie.

* JUSTE. *Voyez* JUSTICE.

* JUSTES (LIVRE DES). Il est cité par Josué et par Samuel (*Jos.* X, 13; II *Reg.* I, 18), et il est perdu. Cependant un journal anglais (*Courier Galignani's Messeng.*, du 12 novembre 1828) a annoncé qu'il était retrouvé. « Cet ancien ouvrage, dit-il, fut obtenu à grands frais par Alcuzim, l'homme le plus illustre de son temps à Gazan en Perse, où il paraît avoir été conservé depuis l'époque du retour des Juifs de la captivité de Babylone, ayant été transporté par Cyrus dans son propre pays. » Le *Bulletin* de Férussac, section des *sciences historiques*, a répété cette nouvelle, tom. XI, pag. 158; Paris, 1829. Nous ignorons si elle est vraie, et si elle a eu quelque résultat. *Voyez* LIVRES PERDUS.

JUSTICE, dans un sens appellatif. 1° La *justice* se met ordinairement pour la bonté, l'équité, la vertu qui rend à chacun ce qui lui est dû, et souvent pour la vertu et la piété en général, enfin pour l'assemblage de toutes les qualités qui font l'homme de bien. *Voyez* Ezech. X, III, 5-9.

2° Quelquefois la *justice* est mise par opposition à la miséricorde, comme une vertu qui venge dans la rigueur les injures faites à Dieu par le péché.

3° D'autres fois elle se met pour la clémence, la miséricorde, l'indulgence que Dieu exerce envers les pécheurs. Elle se trouve souvent en ce sens dans Isaïe (f). Elle se dit aussi quelquefois de l'homme bénin, clément, indulgent (g). Ainsi saint Matthieu (h) marque que saint Joseph étant juste ne voulut pas diffamer Marie.

4° Elle se prend aussi pour l'aumône. *Rachetez vos péchés par la justice*, dit Daniel à Nabuchodonosor. *Dan.* IV, 24. *Voyez* aussi *Prov.* XI, 18, et XXI, 26, *et passim*.

5° Elle se met pour la justice que Dieu nous rend, et la vengeance qu'il exerce contre nos ennemis. *Le jugement s'est éloigné de nous, et la justice n'est point venue jusqu'à nous*, dit Isaïe LIX, 9. C'est-à-dire, nous attendions que Dieu nous tirerait de l'oppression, et qu'il nous vengerait de nos ennemis; mais nous ne voyons aucun changement dans notre condition.

6° FAIRE LE JUGEMENT ET LA JUSTICE est une expression commune pour marquer tous les devoirs de l'homme, tant envers Dieu qu'envers le prochain, surtout rendre la justice et exercer l'équité envers tout le monde.

7° JUSTIFIER QUELQU'UN signifie souvent le déclarer juste, l'absoudre. Dieu condamne le juge qui justifie l'impie (i). *Justifier* se met aussi pour instruire, pour montrer les voies de la justice (j). Enfin *justifier* se prend pour faire voir qu'un autre est moins coupable que nous. Jérusalem par ses erreurs a justifié Samarie et Sodome (k), elle a fait voir qu'on pouvait aller plus loin que n'avaient fait ces villes en fait de dérèglements et de dissolutions.

K. Cette lettre répond au Koph des Hébreux (l), et quelquefois même au Caph (m). Elle est presque entièrement bannie de notre langue, et nous ne nous en servons guère que pour exprimer des noms étrangers. On pourra chercher sous la lettre C les noms qu'on ne trouvera pas ici sous le K.

KABALE, *Kabala*, tradition. *Voyez* sous le C, CABALE.

KADESH. *Voyez* CADÈS.

* KADIM, vent d'est ou d'orient, que Dieu fit souffler pour ouvrir aux Israélites un passage dans la mer Rouge. *Exod.* XIV, 21 : *Un violent vent d'orient*. La Vulgate traduit : *Un vent violent et brûlant*. Il devait être en effet violent ou sec et brûlant.

KADUMIM. *Voyez* CADUMIM. Le torrent Cadumim.

* KAIPHA. *Voyez* CAÏPHE, ville.

KALENDES, premier jour du mois, autrement appelé NÉOMÉNIE. *Voyez* sous le C, CALENDES *et* NÉOMÉNIES.

KANNA, ou CANNA, canne; en latin *Calamus*; sorte de mesure des Hébreux. C'était leur toise. Elle avait dix pieds trois pouces de long. *Voyez* CANNE.

KARAITES, secte des Juifs qui s'attachent

(a) *Act.* I, 23.
(b) *Coloss.* IV, 10, 11.
(c) *Act.* XVIII, 7.
(d) *Chrysost. in Ep. ad Tit. homil.* 1, p. 619.
(e) *Grot. in Ep. ad Tit.*
(f) *Isai.* XLI, 10 ; XLII, 6 ; XLV, 8 ; LVI, 1 ; LXI, 10. Vide *et Psal.* L, 16, *et* CXLII, 1, etc.
(g) *Psal.* L, 16, *et* CXLII, 1. *Eccle.* VII, 17. *Rom.* III, 25, 26

(h) *Matth.* I, 19. *Voyez Grot. Drus. Hamm. Prinæ. Camerar. Cnactebut. Toynard. Martianay, Galak. ad Matth.* I, 19, etc.
(i) *Prov.* XVII, 15. *Isai.* V, 23
(j) *Isai.* LIII, 11. *Dan.* XII, 3.
(k) *Ezech.* XVI, 51, 52.
(l) קוֹף Koph.
(m) כַף Caph.

principalement au texte et au sens littéral de l'Ecriture, et qui sont opposés aux rabbanistes, qui font leur capital des traditions des anciens. *Voyez* sous le C, CARAÏTES. — [*Voyez* aussi RAB.]

[Voici de nouvelles recherches sur les karaïtes. Nous les tirons du *Bulletin des sciences* de Férussac (section de *géographie*, tome XVII, pag. 271-274. Paris, 1829). Elles sont intitulées *Notice sur les Juifs karaïtes*, et avaient paru d'abord dans les *Archives du Nord (Siéverni Arkhif)*, mars 1827, n° 6, p. 97. Cette *Notice* est signée *N. de Rouguier*, et nous la reproduisons telle qu'elle est dans le *Bulletin*.

« On trouve en Egypte, en Crimée, près de Kherson, en Volhynie et en Lithuanie, une secte de Juifs appelés karaïtes, et plus souvent karaïmes. Il en existait aussi en Espagne au douzième siècle ; mais ils en furent chassés par les intrigues des rabbinites. Plusieurs écrivains juifs et chrétiens, Trigland, Wolf, Schubart, Selden, un certain Salomon, auteur d'un ouvrage intitulé *Arpirion*, et Gustave Peringer, un de leurs coreligionnaires, que Charles XI, roi de Suède, envoya, en 1690, à la synagogue de Lithuanie en qualité de professeur de langues orientales, nous ont laissé des documents sur l'origine de ces sectaires, sur leur histoire et leur organisation civile et religieuse.

» Les karaïtes tirent leur nom du mot *kara* (1), qui signifie *écriture*. Il paraît que cette dénomination leur fut donnée parce qu'ils s'attachent à la lettre seule de l'Ecriture, et qu'ils n'adoptent pas, comme les autres Juifs appelés talmudistes, ou rabbinites, l'autorité du Talmud, ni les interprétations des rabbins. Aussi passent-ils dans l'opinion de ces derniers pour des hérétiques et pour avoir des règles communes avec les saducéens. Les karaïtes n'ont pas repoussé ce second reproche : ils avouent même qu'ils sont d'accord avec les saducéens, quant à l'observance des fêtes, et qu'ils partagent quelques-unes de leurs croyances religieuses. Cependant, des savants chrétiens, dont l'impartialité ne peut être suspectée, assurent que, dans les siècles du moyen âge, ils avaient renoncé en grande partie à la doctrine des saducéens, et le père Bartolocci, auteur de la *Bibliothèque rabbinique*, les compare même aux Samaritains, et affirme qu'ils ne reconnaissent que cinq livres de Moïse.

» Outre les principaux points de dissidence dont il vient d'être question, les karaïtes diffèrent encore des rabbinites sous le rapport de la liturgie, du mode de circoncision, du régime alimentaire et de l'appréciation des degrés de parenté qui s'opposent au mariage.

» Leurs lois civiles présentent aussi quelques caractères distinctifs. Elles permettent la polygamie, qui cependant est repoussée par leurs mœurs. Chez eux, comme chez les rabbinites, les fiançailles sont un lien aussi indissoluble que le mariage, et, pour le rompre, il faut se prévaloir des mêmes moyens que pour le divorce ; cependant, la fille mineure que son père a fiancée redevient libre, à son gré, si celui-ci meurt avant la conclusion du mariage. Les causes principales du divorce sont : la stérilité pendant dix ans, l'idiotisme et les défauts physiques notoires de la femme, tels que la cécité, la surdité, etc., l'inconduite du mari et son refus de satisfaire aux obligations du mariage.

» Ils ne peuvent faire, ni par donations entre vifs, ni par testament, aucune disposition au préjudice de leurs héritiers ; il ne leur est pas non-plus permis d'en avantager un, de préférence aux autres. Voici dans quel ordre se règlent les successions : 1° les fils, 2° leur descendance masculine, 3° les filles, 4° leurs enfants indistinctement, 5° le père, 6° les oncles paternels, 7° les frères, 8° la mère. Les enfants naturels ne sont pas exclus, pourvu que la mère soit karaïte. Le mari ne peut jamais hériter de sa femme ; seulement il est loisible à celle-ci de lui abandonner une certaine partie de sa dot.

» Morin, Grido, Wagenseil et presque tous les rabbinites prétendent que leur schisme ne date que de l'année 750 après J.-C.: eux soutiennent, au contraire, qu'avant la destruction du premier temple de Jérusalem, ils existaient sous le nom de *Société du fils de Jésudé*, et que plus tard seulement on les désigna sous celui de karaïtes, pour les distinguer des talmudistes. A les en croire, le Christ serait issu d'une famille karaïte, et leurs princes, tout-puissants autrefois, auraient régné sur l'Egypte. D'après l'opinion de Scaliger, celle de Trigland et de Wolf, leur histoire présente trois époques : la première remonterait à Siméon-ben-Chétak, l'un d'eux, qui, forcé d'émigrer à Alexandrie pour éviter la persécution dirigée en 106 avant J.-C. par Alexandre Jannée contre tous les savants de ses Etats, revint à Jérusalem lorsque le danger fut passé, et commença à y prêcher sa doctrine : la seconde époque remonterait à Anan, qui en 750 après J.-C. fut leur chef à Babylone : la troisième, enfin, à Hédélias-ben-don-Davis, qui, au quinzième siècle, fit le voyage de Lisbonne à Constantinople, dans l'intention de réunir ses coreligionnaires aux autres Juifs ; mais celui-ci, ayant échoué dans son projet, leur donna un code de lois qui, avec l'*Adéreth*, livre de morale fort estimé parmi eux, forma la base de leurs institutions.

» On n'a point de données historiques sur

(1) Il existe dans plusieurs langues de l'Europe beaucoup de mots analogues à *kara*, sous le rapport du sens et de la consonnance : le plus remarquable est le français *caractère*. La syllabe radicale *k-r*, prononcée à l'aide d'une voyelle, variable suivant les dialectes, se retrouve dans l'allemand *s-chre-ibe*, le latin *s-cr-ibo*, le grec γρ-άφω (le *g* et le *k* ou *c* se confondent), etc. On ne doit donc pas être étonné de la rencontrer aussi dans *gr-aver*, *gr-avure* qui fut le premier moyen auquel l'homme eut recours pour peindre sa pensée. Mais ne peut-on faire un pas de plus ; et, lorsqu'on voit combien il y a de ressemblance entre *gr-aver* et l'allemand *gr-aben* (creuser), est-il possible de révoquer en doute leur commune origine ? Or tous ces mots sont de la *même famille* et s'expliquent ici l'un par l'autre.—C'est ainsi que la philologie comparative et analytique, dont l'utilité n'est quelquefois pas assez appréciée, sert d'appui à l'histoire comme à toutes les autres sciences. (Note de M. Aubert de Vitry.)

leur établissement en Pologne, où, d'après le recensement de 1790, ils forment une population de 4,296 individus ; on sait seulement qu'à différentes époques des priviléges leur furent accordés par Casimir IV, Sigismond I et Etienne Batori. Il semblerait cependant, d'après les traditions constantes de leurs synagogues, que les premières colonies qui s'établirent en Pologne y arrivèrent de la Crimée, sous la conduite du célèbre Witowt, grand-duc de Lithuanie. Ce qui pourrait corroborer cette opinion, c'est l'usage dans lequel ils sont d'employer le dialecte tartare dans la conversation, et de punir ceux qui commettent des fautes graves en leur battant la plante des pieds à la manière turque. Leur premier rabbin réside à Tchoufout-kale, près de la ville de Bakhtchisaraï en Crimée, et dans les occasions importantes, les karaïtes de Lutzk et de Trotzki ne manquent pas de recourir à ses lumières.

» Leur civilisation est en rapport avec celle des contrées qu'ils habitent. Quoique les rabbinites les accusent d'ignorance, ils possèdent néanmoins un nombre d'ouvrages suffisant pour le développement de leur éducation politique et religieuse. Au reste, si l'on ne voit pas que la science ait été portée chez eux à un degré bien supérieur, du moins ne peut-on leur refuser le juste tribut d'éloges auquel ils ont droit par leur probité reconnue et leurs vertus sociales. Pauvres, mais laborieux, ils trouvent dans leur industrie assez de ressources pour fournir à l'entretien de leurs familles. La plupart sont voituriers; quelques-uns aussi font le commerce en détail. Jamais ni les promesses, ni les menaces, n'ont pu les déterminer au vil métier de l'espionnage, et les archives de Pologne donnent la preuve qu'aucun d'eux, pendant l'espace de quatre siècles, n'a été poursuivi pour crime. En Gallicie, le gouvernement les a exemptés des charges supportées par les autres Juifs, et leur a accordé les mêmes droits qu'aux sujets chrétiens. »]

KARIATH-SEPHER. *Voyez* CARIATH-SÉPHER, la ville des livres, nommée autrement Dabir, dans la partie méridionale de la tribu de Juda.

KASIDÉENS. *Voyez* ASSIDÉENS, et I *Mach.* VII, 13, et *Psalm.* LXXVIII, 3.

KASIB, ou KASBI, ville de la tribu de Juda. *Genes.* XXXVIII, 5. *Voyez* CASIB.

KEDAR, père des Kédaréniens, dans l'Arabie déserte. *Voyez* CÉDAR.

KEDEM. C'est un terme hébreu que l'on trouve en quelques endroits de l'Écriture, et qui est ordinairement traduit par *l'Orient*(a). Il est dit, par exemple, que les enfants de Noé n'ayant qu'un seul langage, *partirent de l'Orient et vinrent dans la terre de Sennaar*. On forme sur cela quelque difficulté, parce que la terre de Sennaar n'est pas au couchant de l'Arménie, où l'on sait que l'arche s'arrêta, et que l'Arménie n'est pas à l'orient de la Babylonie, où était la terre de Sennaar. On sait au contraire qu'elle est au nord de ce pays. Pour se tirer d'embarras, les interprètes et les commentateurs ont imaginé différentes explications de ce passage. Les uns (b) ont entendu par le nom de *Kédem* le pays qui, dans la suite, fut peuplé par *Kedma*, dernier des fils d'Ismael (c). D'autres, que *Kédem* était mis pour, *au commencement*; et que Moïse a voulu marquer le terme d'où les premiers hommes partirent après le déluge, pour se répandre dans différents pays. D'autres (d), que Moïse a parlé selon l'usage des Assyriens, qui nommaient *Kédem*, ou *Orient*, toutes les provinces de leur empire qui étaient situées au delà du Tigre; et *Occident*, ou *Arab*, celles qui étaient au deçà de ce fleuve. Drusius, au lieu de, *Ils partirent de l'Orient*, traduit, *ils partirent pour aller vers l'Orient*. Il rapporte quelques passages qui paraissent favoriser son explication. Mais il faut avouer qu'elle est violente.

Il nous paraît par un grand nombre d'endroits de l'Ancien et même du Nouveau Testament, que les auteurs sacrés appelaient du nom de *Kédem*, ou d'*Orient*, les provinces qui étaient au delà de l'Euphrate et du Tigre, même la Mésopotamie, l'Arménie et la Perse. Moïse, qui avait été nourri en Égypte, et qui avait vécu longtemps en Arabie, suivait aussi apparemment en cela l'usage de ce pays. Il est certain que la Babylonie, la Chaldée, la Susiane, la Perse et une partie de la Mésopotamie, de même que les fleuves de l'Euphrate et du Tigre, dans la plus grande partie de leur cours, sont à l'orient de la Palestine, de l'Egypte et de l'Arabie.

Il est encore certain que les peuples qui venaient de l'Arménie, de la Syrie, de la Médie, de la Mésopotamie supérieure, entraient dans la Palestine et dans l'Egypte du côté d'orient. Il n'en a pas fallu davantage aux Hébreux pour dire que ces peuples étaient à l'orient à leur égard. Enfin nous prouvons que ces pays étaient connus parmi les Hébreux sous le nom d'Orient, par ces passages : Balaam dit que Balac, roi de Moab, *l'a fait venir des montagnes d'Orient* (e), c'est-à-dire, de Péthor sur l'Euphrate. Isaïe dit qu'Abraham est venu de l'Orient dans la terre de Chanaan (f). On sait qu'il était venu de la Mésopotamie et de la Chaldée. Le même prophète dit (g) que Cyrus viendra de l'Orient contre Babylone. Il met la Syrie à l'orient de la Judée (h). Daniel dit qu'Antiochus fut troublé par les nouvelles qu'il reçut touchant la révolte des provinces d'Orient ; c'est-à-dire, des provinces de delà l'Euphrate (i). Saint Matthieu dit que les mages qui vinrent adorer Jésus-Christ étaient partis de l'Orient (j).

Tout cela démontre, à mon sens, ce que nous avons avancé, que dans le style de l'Écriture,

---

(a) *Genes.* XI, 1, 2. מקדם *ab Oriente.*
(b) *Capelle apud Bochart. Phaley. l.* I, *c.* vii.
(c) *Genes.* XXV, 15.
(d) *Bochart. loco citato.*
(e) *Num.* XXIII, 7.

(f) *Isai.* XLI, 2.
(g) *Isai.* XLVI, 11.
(h) *Isai.* IX, 12.
(i) *Dan.* XI, 44.
(j) *Matth.* II, 1

l'*Orient* se met souvent pour les provinces qui sont au nord de la Judée et de l'Egypte, mais d'où l'on n'entre d'ordinaire dans la Palestine que du côté de Damas, qui est à l'orient septentrional de ce pays.

KEDMA. *Voyez* CEDMA, un des fils d'Ismael.

KEDRON. Le torrent de Kédron. *Voyez* CÉDRON.

KEPHA, KAIPHA, ou KEIPHA, ou KÉPHA, ville située au pied du mont Carmel, du côté du nord, vis-à-vis de Ptolémaïde. Elle est aussi appelée *Sycaminon*, la ville des figuiers sauvages. *Voyez* CÉPHA, ou SYCAMINON.

KEREM. *Voyez* CHÉREM, anathème ou excommunication. Il ne doit pas s'écrire avec le K, mais avec le *ch* (a).

KERMES. *Voyez* VER, VERMICULUS.

KESITHA. Ce terme se trouve dans la Genèse (b) et dans Job (c), et il est traduit par des brebis ou des agneaux. De sorte que Jacob acheta le champ où il avait dressé ses tentes pour le prix de cent agneaux, et que chacun des parents et des amis de Job, après son rétablissement, lui fit présent d'un agneau ou d'une jeune brebis. Mais la plupart des rabbins et des nouveaux interprètes croient que *kesitha* signifie plutôt une pièce de monnaie; car donner à un homme comme Job une jeune brebis, cela paraît un présent trop peu digne de la générosité de ses amis et de ses parents, et trop peu proportionné à ses besoins, à sa qualité et à la leur. Mais ne peut-on pas faire la même objection, si l'on admet que kesitha signifie une pièce de monnaie, à moins que l'on ne suppose qu'elle était d'or et d'un prix considérable; car il y en a qui la font très-petite? David Kimchi explique *kesitha*, par מעה, qui ne signifie que le *gérah*, hébraïque, valant une obole ou un peu plus de la valeur d'un sol sept deniers. Les Hébreux n'avaient point de pièce de monnaie plus petite que le gérah, qui est rendu par *méhah* dans le Chaldéen. I *Reg.* II, 37. Bochart et Eugubin ont cru que les Septante portaient *des mines*, au lieu de *des agneaux*; en grec, *hecaton mnôn*, au lieu de *hecaton amnôn*. Or la mine valait soixante sicles hébreux, et par conséquent quatre-vingt-dix-sept livres six sous dix deniers. M. Le Pelletier de Rouen croit que le *kesitha* était une monnaie de Perse, marquée d'un côté d'un archer (*kesitha* ou *keseth*, en hébreu, signifie un arc), et de l'autre, d'un agneau; que cette monnaie était d'or et connue en Orient sous le nom de darique, et de la valeur d'environ douze livres dix sous de notre monnaie. Plusieurs savants, sans exprimer la valeur du *kesitha*, disent que c'était une monnaie d'argent, dont l'empreinte était une brebis; d'où vient que les Septante et la Vulgate l'ont rendue par une brebis. Nous croyons que *kesitha* était une bourse d'or ou d'argent. Aujourd'hui dans l'Orient, on compte encore par bourse.

La bourse en Perse est de cinquante tomans, qui font deux mille cinq cents pièces de dix-huit sous de notre monnaie. Le terme *kista*, en chaldéen, signifie une mesure, un vase. Et Eustathe dit que *kista* est une mesure des Perses. Jonathan et le Targum de Jérusalem traduisent *kesitha* par une perle. *Voyez* notre commentaire sur *Gen.* XXXIII, 19.

KIBERATH-HARETZ (d). Ce terme se trouve dans la Genèse, chap. XXXV, 16, et XLVIII, 7, et IV *Reg.* V, 19. Saint Jérôme le traduit dans les deux premiers passages par le printemps, *verno tempore*; et au troisième, par le plus beau temps de l'année, *electo terræ tempore*. Les Septante ont conservé le terme hébreu *chaphrata*, et l'ont joint à *hippodrome*, voulant peut-être marquer que *kiberath-haretz* était l'espace qu'un cheval courait dans l'hippodrome, qui était de deux stades ou de trois cents pas. Aquila traduit, *le long du chemin*; d'autres (e), un arpent de terre; d'autres, le chemin que l'on peut faire d'un repas à l'autre. Nous croyons que *kiberath* vient de l'hébreu *karab* ou *kabar*, qui signifie labourer; et que *kiberath-haretz* signifie un sillon de terre ou la longueur d'un terrain que des bœufs peuvent labourer par jour. Cette longueur est de cent vingt pieds de long; et le journal ou l'arpent est le double de cette longueur. *Jugum vocabatur*, dit Pline (f), *quod uno jugo boum in die arari posset. Actus, in quo boves agerentur cum aratro, uno impetu justo. Hic erat CXX pedum; duplicatusque in longitudine jugerum faciebat*. Comparez Columelle, l. V, c. 1; Isidor., *Origin. l.* XV, c. xv. *Voyez* aussi I *Reg.* XIV, 14, où il est dit que Jonathas et son écuyer tuèrent vingt hommes, *dans l'espace de la moitié d'un champ qu'un bœuf peut labourer en un jour*.

KIBEROTH-ABAH ou AVAH, ou plutôt, KIBEROTH-HATTAAVAH (g), les *Sépulcres de Concupiscence*. On donna ce nom à un des campements des Israélites dans le désert, parce qu'ayant demandé à Dieu de la viande pour leur nourriture, témoignant qu'ils étaient dégoûtés de la manne, Dieu leur envoya des cailles en si grande quantité, qu'ils en eurent pour plusieurs jours. Mais ces viandes étaient encore dans leur bouche (h), lorsque Dieu les frappa et on fit mourir un si grand nombre, que le lieu en fut appelé *les Sépulcres de Concupiscence*.

[Dom Calmet, dans sa *table chronologique*, qui est à la tête du premier volume, pag. XV, marque *Kiberoth-Taava* comme étant le quinzième campement des Israélites; il le marque au mot CAMPEMENTS comme étant le *dix-huitième*. C'était le *treizième*, suivant le géographe de la Bible de Vence et M. Léon de Laborde. Dom Calmet, dans les deux endroits indiqués, compte *Tabéera* pour un campement; le quatorzième dans le premier, et

---

(a) חרם *Cherem, Anathema*.
(b) Genes. xxxiii, 19. Heb. באה עשׂיטה 70 : ἑκατὸν ἀμνῶν. *Vulg.* : *Centum agnis. Idem repetitur apud Josue*, xxiv, 32.
(c) Job. xlii, 11. איש קשׂיטה אחת *Unusquisque ovem suam*.
(d) Genes. xxxv, 16. ויהי עוד כברת הארץ 70 : κατὰ τὸν ἱππόδρομον Χαβραθὰ τῆς γῆς. *Aquil.* : κατὰ ὁδὸν τῆς γῆς.
(e) *Chald. Syr. Vatab.*
(f) *Plin. l.* XVIII, c. iii.
(g) *Num.* xi, 33, 55. קברות התאוה *Kiberoth hattaavah, Sepulcra concupiscentiæ*.
(h) *Num.* xi, 33, 34. *Psalm.* lxxvii, 30.

le dix-septième dans le second. Mais *Tabéera* n'est point un campement, ou plutôt c'est le même que celui de *Kiberoth-Taava*. Ecoutons M. de Laborde *(Comment. sur l'Exode).*

« Les *Nombres*, dans le XXXIII° chapitre, ne donnent aucun détail; mais nous lisons, chap. X, 33, que les Israélites [quittant leur station du Sinaï] *marchèrent pendant trois jours* à travers un terrible et grand désert (*Deut*. I, 19), qui paraît n'avoir pas eu de nom. Rendons-nous compte de la contrée qu'ils traversent, nous examinerons ensuite les emplacements de chacun des campements.

» Il n'y a que trois routes pour entrer dans la presqu'île du Sinaï, comme pour en sortir : l'une par Suez, la seconde par le littoral du côté de l'Accabah, la troisième par Ouadi-Safran, au milieu de la montagne de Tyh. Moïse ne pouvait songer à la première, et, quant aux deux autres, la route le long de la mer était impraticable pour une aussi grande caravane, parce qu'elle se resserre contre les rochers, au point de ne laisser passage que pour un seul individu, et souvent seulement à marée basse.

» Il ne restait donc à Moïse qu'un chemin, celui de la montagne de Tyh, chemin que suivent encore aujourd'hui tous les pèlerins qui arrivent de Syrie, défilé par lequel seul les Torats sont exposés aux attaques de leurs voisins les Tyats, comme les Hébreux l'avaient été à la surprise des Amalécites.

» J'ai suivi ce désert, et je ne trouve dans la Bible qu'un tableau fidèle; c'est un effroyable désert, qui, depuis la montagne de Tyh, élevée de 4,500 pieds à peu près, s'abaisse en monotones terrasses jusqu'au niveau de la mer, où il déverse ses eaux, dans la saison des pluies. Le terrain, formé de craie et de gypse mêlé de silex, est dépouillé.... » *Pag*. 116, col. 1.

« Le premier jour, les Israélites s'élevèrent sur le dos des rochers qui descendent en grandes nappes de la montagne de Tyh. Ils campèrent à l'entrée du défilé. La journée avait été longue, difficile pour les animaux et le menu peuple, et d'autant plus fatigante, que c'était la première marche après un repos, et le premier désert après un campement [le Sinaï] qui, comparativement, pouvait être regardé comme fertile.

» Il y eut dans le camp des murmures, des séditions; le feu du ciel frappa les plus coupables, et cette station fut appelée *Tabéera*. On voit que ce nom n'appartient pas à la localité, qui n'en avait pas. Ce nom, du reste, ce n'est pas le seul qu'on lui donne :... le même peuple ayant, en ce même lieu, murmuré pour avoir de la viande à manger, Dieu lui envoya des cailles et le frappa en même temps d'une grande plaie : d'où vient que ce lieu fut encore appelé *Kiberoth-Taava;* mais ce sont deux noms pour désigner une même station, à laquelle le journal du voyage n'en donne qu'un..... » Ainsi, « cette station, dans un désert qui n'avait pas de nom fut appelée, par ceux qui avaient souffert de la plaie, suite de cette nourriture [les cailles], *Kiberoth-Taava* ou Sépulcres de Concupiscence [*Num*. XI, 31-34], et ceux qui avaient été punis de leur murmure par le feu lui donnèrent le nom de *Tabéera* (*Num*. XI, 3). » *Pag*. 117, col. 1.

« Au moment de quitter cette station, de faire lever les tentes, Moïse organise l'ordre qui devra être suivi dans le départ, la marche et l'arrivée. Des trompettes sont chargés d'appeler les différentes parties du camp qui doivent se mettre en mouvement; et chacun reçoit la place et le rang qui lui appartient dans ce grand défilé. » *Pag*. 119, col. 1.]

'KIDON. *Voyez* CHIDON.

KIKAION. Ce terme se lit dans Jonas, IV, 6, (*a*) où saint Jérôme a mis *hedera*, le lierre. Les Septante l'avaient traduit par *la courge*. Aquila l'avait rendu par *le lierre*, aussi bien que saint Jérôme (*b*). Ce Père avoue que le nom de lierre ne répond pas à la signification de l'hébreu *kikaion;* mais que n'ayant point trouvé de termes latins propres pour le signifier, il avait mieux aimé mettre *hedera* que de laisser *kikaion*, qu'on aurait pu prendre pour un animal monstrueux des Indes ou des montagnes de la Béotie. Voici ce que c'est que le *kikaion*, selon lui : c'est un arbuste qui croît dans les lieux sablonneux de la Palestine, et qui vient avec tant de rapidité, que dans peu de jours il arrive à une hauteur considérable. Ses feuilles sont larges et à peu près de la forme de celles de la vigne. Il se soutient sur son tronc sans être appuyé d'autre chose, et fournit sous l'épaisseur de ses feuilles un ombrage fort agréable.

Les nouveaux interprètes (*c*) conviennent presque tous que l'hébreu *kikaion* signifie *la palma Christi* ou *ricinus*, appelé en égyptien *kiki*, et en grec *seli cyprion*. C'est une plante semblable au lis, dont les feuilles sont lisses, éparpillées et mouchetées de taches noires. Sa tige est ronde et polie, et produit des fleurs de diverses couleurs. Dioscoride dit qu'il y en a une espèce qui devient grande comme un arbre, et aussi haute qu'un petit figuier. Ses feuilles sont comme le plane, quoique plus grandes, plus lissées et plus noires. Ses branches et son tronc sont creux comme un roseau. C'est apparemment de cette dernière espèce que parle Jonas. Saint Augustin (*d*) raconte qu'un évêque d'Afrique ayant voulu faire lire dans l'assemblée de son peuple la traduction de saint Jérôme, tous les assistants furent scandalisés, lorsqu'ils entendirent nommer *un lierre*, au lieu d'*une courge*, qu'ils avaient accoutumé d'entendre; qu'il fallut s'en rapporter aux Juifs qui étaient dans la ville, lesquels par malice ou par ignorance, déclarèrent que l'hébreu signifiait une courge; de sorte que cet évêque, pour apaiser son peuple et pour le retenir dans sa communion, fut obligé de dire

---

(*a*) *Jonas*. IV, 6. קִיקָיוֹן *Kikaion*. 70 : Κολοκύνθη. *Cucurbita*.
Aqu. : Κισσός, *hedera*.
(*b*) Vide Hieronym. *in Jonam*, IV

(*c*) *Kimchi*. *Boch*. *Mont*. *Jun*. *Risc*. *Mercer*. *Grot*. *Buxtorf*. *Drus*. *Ursin*. *Brenian*. *Alii*
(*d*) *Aug*. Ep. 71, et Ep. *Hieronym*. inter Augustin. 75 n. 23.

que cet endroit de la traduction de saint Jérôme était fautif. — *Voyez* RICIN.

KINNERETH, ou CINNERETH, Tibériade. *Lac de Cinnereth*, lac de Tibériade. —[*Voyez* CÉNÉRETH.]

KINNOR, instrument de musique. *Voyez* ci-devant l'article CINYRA.

KION. Amos (*a*) reproche aux Israélites d'avoir adoré les idoles dans le désert, et d'avoir porté *la base de leurs idoles* ; en hébreu, *kion de vos images*. *Voyez* ci-devant CHION, et ci-après REMPHAM, et l'article SAMARITAINS.

KIPPUR, ou plutôt CHIPPUR (*b*), fête du Pardon ou de l'Expiation solennelle. *Levit.* XVI. *Voyez* EXPIATION.

(*a*) *Amos*, v. 25, 26.

KIR-HARESETH. *Voyez* AR, ARÉOPOLIS, capitale des Moabites.

KIRIATH-ARBE, KIRIATH-SEPHER, KIRIATH-IARIM. *Voyez* CARIATH-ARBÉ et les autres par un C.

KISON, ou KISSON. *Voyez* CISON. Le torrent de Cison.

KITHIM, ou KITTHIM, autrement CÉTHIM, nom hébreu qui, en quelques endroits, désigne particulièrement la Macédoine, ou en général *la Grèce*; ailleurs, selon quelques-uns, l'Italie et, selon d'autres, *les Chaldéens*. *Voyez* CÉTHIM *et* ITALIE.

KOS. *Voyez* JABÈS.

KOSEBA, ville du royaume de Moab. *Voyez* l'Hébreu de I *Par.* IV, 21.

(*b*) כפור *Chippur, Expiatio.*

FIN DU DEUXIÈME VOLUME.

Imprimerie MIGNE, au Petit-Montrouge.

www.ingramcontent.com/pod-product-compliance
Lightning Source LLC
Chambersburg PA
CBHW071155230426
43668CB00009B/957